# סידור קורן מהדורת קול יעקב

Sidur Koren Kol Ya'akob • Nosaḥ Aram Ṣoba

קורן ירושלים

EDICIÓN LOBEL

# סידור קורן נוסח ארם צובה

# SIDUR KOREN NOSAḤ ARAM ṢOBA EN ESPAÑOL

## קוֹל יַעֲקֹב


PROLOGADO Y COMENTADO POR

Rabino Lord Jonathan Sacks זצ״ל

EDITOR EN JEFE

Rabino Shelomó Ezra Antebi Sacca

TRADUCTOR

Rabino Israel Diament


•


KOREN PUBLISHERS JERUSALEM

**La Edición Lobel**
del
*Sidur Koren*
está dedicada a los cientos de miles de personas
que lo utilizan para sus oraciones diarias.

Que vuestras plegarias sean inmediatamente escuchadas
y resulten una fuente de bendición
para cada uno de ustedes, para vuestras familias,
y para la generalidad del pueblo de Israel.

Familia Lobel
Nueva York, EE. UU.

Sidur Koren Kol Ya'akob en Español
Nosaḥ Aram Soba
Primera edición © 5782 (2022)

Editorial Koren Jerusalem Ltd.
POB 4044 Jerusalem 9104001 ISRAEL
POB 8531 New Milford CT 06776 USA

www.korenpub.com



La presente traducción a la lengua española está basada en la traducción comentada al inglés, que a su vez está basada en la primera traducción comentada al inglés publicada por vez primera en Gran Bretaña en el año 2006 en el Libro Diario de Oraciones de la Unión de Congregaciones del Commonwealth: Nueva traducción y comentario a cargo del Gran Rabino Jonathan Sacks (Cuarta edición, Compilación © United Synagogue), editado por Collins, una división de HarperCollins Publishers, London.



tapa dura, ISBN: 978-965-7767-07-8

Impreso En PRC

KYES01

ÍNDICE

# PREFACIO AL SIDUR KOL YA'AKOB

*"Una generación tras otra alabará Tu labor…"*

Desde su publicación inicial en la lengua hebrea en 1981, el Sidur Koren ha sido siempre reconocido por su exactitud textual y su diseño gráfico innovador, lo cual llevó a nada menos que transformar el modo en que las personas rezan y se conectan con Dios. El maestro tipógrafo Eliahu Koren albergaba la esperanza de poder "presentar a quienes rezan un medio para atraerlos y conectarlos, no solamente a las palabras del rezo sino también a los contenidos y significados que se encontraban ante nuestros sabios cuando acuñaron las frases de nuestras plegarias y ante nuestros rabinos a lo largo de las generaciones cuando compilaron las diferentes versiones de nuestras oraciones". El diseño tipográfico de Koren procura enlentecer la velocidad de lectura y así ayudar a transmitir más vívidamente al usuario el significado del texto.

En esta presente edición en la lengua española hemos mantenido nuestro compromiso con estas virtudes de nuestros Sidurim, amén de haberlos enriquecido con la perspicaz introducción y el lúcido comentario de uno de los pensadores judíos más articulados y originales de nuestro tiempo, el Rabino Lord Jonathan Sacks z"l.

Este es el Sidur más completo que hemos publicado. A raíz de la excelente recepción de la primera edición inglesa del Sidur Koren Sacks del 2008, hemos atendido a los diferentes pedidos y sugerencias recibidos creando una nueva edición más exhaustiva, completa y útil para todo el año, incluyendo también a los Jaguim.

Al igual que todos nuestros Sidurim y Majzorim, la presente obra ofrece características singulares:

Se usaron dos tipos diferentes de letra diseñados por Eliahu Koren a lo largo de todo el Sidur.

- El tipo de letra Koren para Tanaj es utilizado para textos bíblicos (salvo cuando los mismos están integrados en la plegaria),
- El tipo de letra Koren para Sidur es el empleado en los rezos, de acuerdo con la convicción del Sr. Koren en cuanto a que la presentación del texto bíblico debe ser distintiva.
- Accesorios de lectura, los cuales están detalladamente explicados

en la guía para el lector y que facilitan una correcta comprensión y manejo del texto.

- Un diseño gráfico que distingue la poesía de la prosa y proporciona un espacio que permite que las páginas "respiren". Hemos desarrollado un estilo paralelo para el texto inglés que balancea el peso de las letras hebreas para avanzar así en la ulterior intención del Sr. Koren de presentar textos "en un estilo que no promueve la rutina o el apuro, sino que incentiva a quien reza a involucrar su mente y su corazón en la plegaria".

A lo largo de todo el texto hay instrucciones concisas.

Este Sidur incluye plegarias para Yom Ha'Aṣmaut, lo cual pone de manifiesto la conexión esencial e integral existente entre el pueblo judío alrededor del mundo y el Estado de Israel, así como también la centralidad de Jerusalém para todos nosotros.

Es siempre un privilegio colaborar en un proyecto junto a personas que comparten nuestro compromiso y entusiasmo por transmitir la belleza de la Tefilá. Estamos enormemente agradecidos a Judith y David Lobel por su apoyo y es para nosotros un honor que su nombre encabece esta edición. Las sugerencias de índole eminentemente práctica del Sr. Lobel fueron particularmente útiles durante el proceso de elaboración conceptual. En nombre de los académicos, editores y diseñadores del presente volumen les agradezco; en representación de los usuarios, por siempre estaremos en deuda con ustedes.

Deseamos agradecer al Rabino Sacks ז"ל por su formidable introducción, traducción y comentario, así como también por su activo involucramiento durante la preparación de este Sidur; y al Rabino Shelomó Antebi Sacca por su notable liderazgo durante todo el proceso creativo.

Este Sidur no podría haber visto la luz de no mediar la traducción excelente y articulada del Rabino Israel Diament, la capaz labor de edición y el esmero de nuestros directores de edición Rabino Avishai Magence y Caryn Meltz. La labor tipográfica y de diseño fue llevada a cabo por Rina Ben Gal.

No nos resta más que esperar haber logrado llevar la visión de Eliahu Koren a una nueva generación y una gran audiencia de judíos de habla hispana, fomentando así *Avodat HaShem* entre judíos de todas partes.

Matthew Miller, Editor
Jerusalém, 5782 (2022)

# יִשְׂמְחוּ הַשָּׁמַיִם וְתָגֵל הָאָרֶ"ץ
# זֶה הַיּוֹם עָשָׂה ה׳ נָגִילָה וְנִשְׂמְחָה בוֹ.

זכו עדות ישראל בדורנו לעריכה של סידורים הנאמנים למנהגיהן, עדה ועדה ככתבה ועם ועם כלשונו, באכסניה של תורה – הוצאת קורן המפורסמת בדייקנותה ויופייה.

ובכלל הברכה נתברכנו אנו בני קהילות ארם צובה בסידור קורן מהדורת קול יעקב (בתרגום לאנגלית) בעריכת ידי"נ יוסף הררי יצ"ו עם ביאור מאת הרב המפורסם רבי יהונתן זקס זצ"ל.

וכעת חיה יוצא לאור העולם סידור קורן מהדורת קול יעקב בתרגום לספרדית עם הביאור הנזכר.

אני מודה לצוות הוצאת קורן ולמר מאיר מילר מו"ל ההוצאה על האמון שנתנו בי לערוך סידור זה שבו תשתמר מסורת אבותינו בכלי משובח ומיוחד כדרכה של הוצאת קורן, בבחינת קנקן חדש מלא ישן. כמו כן, אני מודה לכל צוות הוצאת קורן על שיתוף הפעולה ועל ההתגברות על כל הקשיים שהתעוררו במהלך העבודה, ולידי"נ יוסף הררי הי"ו שבתיווכו זכיתי לעסוק בעבודת קודש זו.

ברצוני להבהיר כמה דברים חשובים בנוגע למנהגי ארם צובה ולסידור זה. מנהגי ארם צובה התפתחו והתעצבו במשך הדורות מקדם קדמתה בחלב שבסוריה (ארם צובה) עיר של חכמים וסופרים. מנהגי אר"ץ נשתמרו עד הדורות האחרונים בידי שומרי משמרת הקודש, הלוא המה קהילות בני ארם צובה שבכל העולם.

על אודות מנהג אר"ץ לך נא ראה מה שכתב מו"ר ועט"ר זך השכל והרעיון מקים עולה של תורה חכם שאול מטלוב עבאדי זיע"א (מגן בעדי סי׳ יד או׳ א):

> אין ספק כי מנהג אר"ץ בהררי א-ל יסודתו ובקדש נתקן ע"י חו"ר מנהיגי הקהל ולא מצד הדיוטות. חלב מפורסמת מאז ומעולם לעיר של חכמים ושל סופרים וההמון שם אינו נוטה ימין ושמאל מאשר יגידו מוריו.

אולם מטבע הדברים המנהגים והמסורות אינם מתפתחים באופן אחיד, ולעיתים באותה העיר ובאותו בית הכנסת ישנם גוונים שונים. אף על פי כן, רוח הקדושה הנושבת בתוך העדה נשמרת במנהגיה החיים והקיימים בה.

ואכן סידור זה נערך בהתאם למסורת אבותינו ורבותינו כפי שקיבלנו אותה מפי מעתיקי השמועה. בעיקר לפי מנהגם המקורי של אבותינו בני אר״ץ שבאו לפני יותר ממאה שנה מחלב לבואנוס איירס וייסדו את ק״ק יסוד הדת יע״א ובראשם מו״ר ועט״ר עומד בפרץ חכם שאול סתהון דבאח ע״ה מח״ס דבר שאול.

והנה בקיום התורה ומצוותיה המסורת החיה היא היסוד שלה, ואי־אפשר לדעת את התורה ולקיימה בלי מסורת חיה, וכמו שכותב הנשר הגדול רבינו משה בן מימון, הרמב״ם, בפירוש המשנה (מנחות ד, א), שבמשנה לא מובאות כל ההלכות הנצרכות בצורה בסיסית:

> והרי המשנה לא קבעה למצוות אלו (ציצית, תפילין מזוזות וברכותיהם) דברים מיוחדים הכוללים את כל משפטיהם... וטעם הדבר לדעתי פרסומן בזמן חבור המשנה, ושהם היו דברים מפורסמים רגילים אצל ההמונים והיחידים לא נעלם ענינם מאף אחד, ולפיכך לא היה מקום לדעתו לדבר בה, כשם שלא קבע סדר התפלה כלומר נוסחה וסדר מנוי שליח צבור מחמת פרסומו של דבר, לפי שלא חבר סדור אלא חבר ספר דינים.

נמצא שחיבורי התורה לא נתחברו כדי ללמוד מהם את המסורת אלא הם מיועדים עבור שומרי המסורת, כי המסורת נשמרת בטהרתה רק בצורה חיה ולא מתוך הכתב, ועל דרך הכתוב (דניאל ב, כא) ״יהב חכמתא לחכימין״. כמו כן, סידור זה בא לשמש את בני קהילות ארם צובה שבעורקיהן זורמת נפש המסורת והיא חיה וקיימת. ולכן סידור זה אינו תחליף למנהג החי אלא מגן עליו. למשל, סימון השווא הנח והנע שבסידור (שהוא כמנהגנו) איננו מוחלט אלא ההברה משתנה לפי הניגון והקצב, כידוע, ״ותן לחכם ויחכם עוד״.

יהי רצון שסידור זה יהיה לעזר ולמגן למען שמירת מסורת אבותינו.

הודאה מיוחדת לעומדים על המשמר שזכו לשמש את זקני העדה הראשונים, שעמדו אחריהם לשרת בקודש לפני התיבה ושמרו קבלתם באמנות. מהם זכיתי ללמוד ואיתם זכיתי לברר וללבן את מנהגי אבותינו כסולת נקייה: החזן הקבוע

אברהם (Alberto) כפיף יצ״ו, אתסאדי דניאל בינכר דוויך יצ״ו, החזן יהודה (Leo) סאלם יצ״ו, ד״ר נסים טוויל יצ״ו, רבי אברהם עדס שליט״א מח״ס דרך אר״ץ והחזן יוסף (Jose) טרנג׳ן יצ״ו.

כמו כן, אני מודה לידידי נפשי שעזרוני בכל ענייני הסידור: דוד צפצ׳ייה יצ״ו (בפרט בנוגע להגהה ולדקדוק), אחי היקר אברהם ברוך יצ״ו, מרדכי צאיג יצ״ו ויעקב חלבה יצ״ו.

ומלא פי תהילה לה׳ על מה שזיכני להיות בן לאבי מורי הרה״ג רבי יצחק ענתבי סקא שליט״א ואמי מורתי מרת אסתר תחי׳, שאהבתם אותי אינה יודעת גבולות, וכן על מה שהכניסני לבית חמי וחמותי מרסלו ורוקסנה סוויד יצ״ו, שטוב ליבם נשפך עלינו תמיד.

לסיום, הנני מודה מקרב לב לאשתי, אשת החיל, מנשים באוהל תבורך, מרת חנה מישל תחי׳ על מסירותה ואהבתה אליי ואל ילדינו ועל שעומדת על משמר משפחתנו. יהי רצון שכל בניי ובנותיי יהיו לימודי ה׳ ולא תמוש התורה מפי ומפי זרעי עד עולם!

החותם בלב שמח,

שלמה עזרא ענתבי סקא
בואנוס איירס תשפ״ב

הוראות קריאה:

שווא נע: ( ְ)

שווא נח: ( ְ)

קמץ רחב: ( ָ)

קמץ קטן: ( ָ)

## PREFACIO

La Sepharadic Heritage Foundation está agradecida a Boré Olam de poder presentar esta versión hebreo-español de nuestro mundialmente famoso Sidur Kol Ya'akob para las comunidades sirio-sefaradíes. Es para mí un honor y un placer haber colaborado con la editorial Koren Jerusalém en este monumental proyecto. Tanto Koren como su editor Matthew Miller son reconocidos en todo el mundo como líderes en la publicación de contenidos judaicos. La calidad de sus productos, su profesionalismo y su atención a cada detalle no tienen parangón. Estoy muy emocionado de haber trabajado junto a ellos en este proyecto y espero que podamos seguir colaborando estrechamente en futuros emprendimientos.

En la presente publicación, Koren ha tomado nuestro Sidur Kol Ya'akob y le ha agregado de manera maravillosa una lúcida traducción y el comentario de uno de los grandes líderes del mundo judío, el Rabino Lord Jonathan Sacks, de bendita memoria. En mi carácter de ávido seguidor y alumno del Rabino Sacks, cuando se me propuso que una de nuestras publicaciones llevara su nombre me sentí extasiado, honrado y agradecido. El producto final es un sidur claro y de fácil comprensión, que por lo tanto, logrará inspirar a quienes de él recen y así glorificar al Todopoderoso.

Estaré por siempre agradecido con mi gran amigo y fiel consejero el Sr. Joey Harari por hacer realidad este proyecto. Joey se ha dedicado de cuerpo y alma en su carácter de editor responsable. Que HaShem lo bendiga con renovados bríos para que pueda continuar con Su labor y bendecir Su Nombre.

Le estaremos eternamente agradecidos a la familia Safra por su apoyo y dedicación al Sepharadic Heritage Foundation. El Sidur Kol Ya'akob fue originalmente dedicado a la memoria de Jacob Safra A"H, y se dedica además a la memoria de su esposa Esther Safra A"H, sus hijos Elie, Edmond, Moise y Joseph A"H y sus hijas Paulette, Evelyn y Arlette A"H. Que su recuerdo sea bendito y que las plegarias facilitadas por estos sidurim sean en su mérito.

Estamos también agradecidos a Joe y Trina Cayre por su apoyo al Sephardic Heritage Foundation y por su guía que tanto nos ayuda a continuar con nuestra bendita misión.

◂ El Sepharadic

El Sepharadic Heritage Foundation continúa la labor de su fundador, mi ya fallecido abuelo Sam Catton A"H. Es este su legado, y si bien ya no está físicamente con nosotros, su presencia es permanentemente perceptible tanto para nuestra familia como para la comunidad en general. Gracias a su visión e incansables esfuerzos nos vemos bendecidos con publicaciones que embellecen nuestros rezos, elevándolos al Cielo como una voz unida y armoniosa. Tengo la certeza de que nos está observando desde las alturas y ama este nuevo proyecto que es consistente con su visión de la fundación, conectando a nuestra comunidad con su legado y manteniendo sus tradiciones.

Que HaShem continúe guiándonos y fortaleciéndonos para continuar así con nuestra misión vital en alabanza a Su Nombre.

Con sinceridad y humildad,
David Catton
Presidente de la
Sepharadic Heritage Foundation

La Sepharadic Heritage Foundation es una organización sin fines de lucro enfocada en facilitar la observancia religiosa y cultural de las comunidades judías sirio-sefaradíes. Hemos producido libros de oración por más de cincuenta años, abasteciendo a las comunidades sirio-sefaradíes del mundo entero incluidas las de México, Estados Unidos, Sur y Centroamérica, Europa y Asia. Por medio de la distribución de estas publicaciones, el Sephardic Heritage Foundation busca perpetuar las plegarias veneradas, las tradiciones sagradas y las costumbres valiosas de una de las comunidades más antiguas del mundo, la comunidad de Aram Soba (Alepo, Siria). Nuestra labor está influenciada e inspirada por la de nuestro ya fallecido fundador, el Sr. Sam Catton, Q.E.P.D.

## ENTENDIENDO LA PLEGARIA JUDÍA

### 1. *Introducción*

La plegaria es el lenguaje del alma al conversar con Dios. Es el aspecto más íntimo de la vida religiosa y el más transformador. El mero hecho de que podemos rezar es un testimonio de los elementos más profundos de la fe judía: que el universo no apareció accidentalmente ni que nuestras vidas estén destinadas a estar privadas de sentido. El universo existe, y nosotros existimos, porque alguien – el Dios Único, Autor de todo – nos trajo a la existencia con amor. Esta creencia más que ninguna otra es la que redime la vida de la soledad y al destino de la tragedia.

En la oración hablamos a una presencia más vasta que el universo insondable, pero más cercana a nosotros de lo que estamos de nosotros mismos; el Dios trascendente que es a la vez la Voz interior. Si bien el lenguaje falla cuando tratamos de describir un Ser que está más allá de los parámetros del habla, el lenguaje es todo lo que tenemos, y es suficiente. Pues Dios que hizo el mundo por medio de palabras creativas, y reveló Su voluntad por medio de palabras sagradas, escucha nuestras expresiones colmadas de plegarias. El lenguaje es el puente que nos une al Infinito.

Yehudá HaLeví, el gran poeta del siglo XI, dijo que la oración es para el alma lo que el alimento es para el cuerpo. Sin rezo, algo en nuestro interior se atrofia y muere. Es posible tener una vida sin rezo al igual que es posible tenerla sin música, amor o risa, pero se trata de una vida disminuida, carente de dimensiones enteras de experiencia. Necesitamos espacio dentro del alma para expresar nuestra alegría de ser, nuestra fascinación ante el universo, nuestras esperanzas, nuestros temores, nuestros fracasos, nuestras aspiraciones – para traer nuestros pensamientos más profundos como ofrendas al Dios que los escucha, y a su vez escuchar al Dios que nos llama. Quienes rezan respiran un aire más expansivo: "En la prisión de sus días / Enseña al hombre libre cómo alabar" (W. H. Auden).

El *Sidur* es la sinfonía coral que el pueblo del Pacto ha cantado a Dios a lo largo de cuarenta siglos, desde los días de los patriarcas hasta el presente. En él escuchamos las voces de los profetas de Israel, de los sacerdotes y los reyes, de sus sabios y eruditos, de sus poetas y filósofos, racionalistas y místicos, cantando en una calibrada armonía. Su libreto teje conjuntamente textos de casi todos los rincones de la vasta biblioteca

◄ de la espiritualidad

de la espiritualidad judía: La Torá, los Profetas, los Hagiógrafos, la compilación clásica de la Ley Oral – la Mishná, el Midrash y el Talmud – junto a pasajes filosóficos como "Los Trece Principios de la Fe" de Maimónides y extractos del *Zohar*, el texto central del misticismo judío.

En el judaísmo hay espacio para la meditación individual, para la petición personal. Pero cuando rezamos públicamente, lo hacemos como miembros del pueblo que ha servido, hablado y discutido con Dios por más tiempo y en las más variadas circunstancias que ninguno otro en la historia. Usamos las palabras de los más grandes que nos antecedieron para articular nuestras plegarias y sumarlas a las de otros a través del mundo y de los siglos.

Casi cada época y cada comunidad judía importante ha sumado algo de su autoría: palabras nuevas, plegarias, costumbres y melodías. Existen varias liturgias diferentes: ashkenazí, sefaradí, oriental, yemenita, italiana, la de Ribí Iṣḥak Luria y la del Gaón de Vilna y otros, cada una con sus propias subdivisiones. Cada tradición posee una característica propia, a la que la ley judía aplica el principio de "*nahara nahara ufashte*": "Cada río posee su propio curso". Cada una de las tradiciones históricas posee su propia integridad, su propio canal a través del cual las palabras fluyen de la tierra al cielo.

Esta introducción nos cuenta cómo la plegaria adquirió su formato presente, las diferentes fibras espirituales de las cuales está tejida, las estructuras que contiene y el sendero que marca en la travesía del espíritu.

### 2. *Las dos fuentes de la oración*

La frase más conocida sobre el servicio religioso judío es: "Si has de servir al Señor tu Dios con todo tu corazón (Deuteronomio 11:13) – ¿Cuál es el servicio del corazón (*avodá shebalev*)? Es la oración" (*Sifrei* a Deuteronomio 41). Detrás de estas simples palabras se encuentra una historia destacable.

A lo largo de la Biblia Hebrea encontramos dos formas bastante diferentes de servicio religioso. Una es la oración. Fuera del libro de los Salmos encontramos 140 referencias a personas que rezan; en noventa y siete casos se nos relata las palabras que pronunciaron. Abraham ora por las ciudades de la llanura. Ya'akob reza pidiendo salvación antes de confrontar a su hermano E'sav. Ḥaná reza para tener un hijo. Todas estas

◂ plegarias

plegarias son directas, simples y espontáneas. Carecen de fórmula fija, de texto prefijado. Algunas son sumamente breves, como la plegaria de cinco palabras de Moshé por su hermana Miriam: "Por favor, Dios, cúrala ahora". Otras plegarias son largas, como aquella de Moshé que duró cuarenta días pidiendo que Dios perdone al pueblo de Israel tras el pecado del becerro de oro. No existen reglas generales, estas plegarias carecen de tiempo fijo, sitio o liturgia. Son improvisadas en virtud de las demandas circunstanciales.

La otra forma, generalmente conocida como "*Avodá*" – "servicio" – es el sacrificio. El sacrificio no podría ser más diferente que la plegaria. Tal como está estipulado desde Éxodo hasta Deuteronomio el servicio de los sacrificios está minuciosamente especificado. Posee su orden prescrito: qué ofrendas deben ser realizadas, cuándo y a manos de quién. Poseen un sitio designado: el Tabernáculo en el desierto y más adelante, el Templo de Jerusalém. No hay allí lugar para la espontaneidad. Cuando Nadav y Avihú, dos de los hijos de Aharón HaCohén realizaron una ofrenda espontánea de incienso, murieron (Levítico 10:1–2). Los libros de Moshé contienen dos textos fijos asociados con el Templo: la Bendición Sacerdotal (Números 6:24–26) y la declaración realizada por quienes traían las primicias (Deuteronomio 26:5–10). Ciertos sacrificios, tales como los expiatorios por pecados incluían una confesión verbal. Los Salmos eran cantados en el Templo y la Mishná detalla las plegarias que allí se recitaban. Pero el acto mismo del sacrificio era carente de palabras. Tenía lugar en silencio.

Vemos pues dos tradiciones bastante diferentes, la plegaria y el sacrificio: una espontánea y la otra rigurosamente legislada; una podía ser realizada en cualquier parte, en cualquier momento por cualquier persona; la otra podía realizarse únicamente en un lugar fijo de acuerdo con un conjunto de procedimientos detallados e inflexibles. ¿Cómo es que estas dos formas de servicio Divino se transformaron en una?

La respuesta la encontramos en la crisis y renovación nacionales que tuvieron lugar tras la destrucción del Primer Templo a manos de Nabucodonosor en el 586 a.e.c. El Salmo 137 ha preservado vívidamente la situación rayana con la desesperanza que imperaba entre los exiliados: "Junto a los ríos de Babilonia, allí nos sentábamos y allí llorábamos al recordar a Ṣion... ¿Cómo habremos de cantar el cántico del Señor sobre

◂ tierra

tierra extraña?" En el exilio babilonio los judíos comenzaron a reunirse a leer la Torá, a articular una esperanza colectiva de retorno, a recordar el Templo y su servicio. Estas asambleas (*kinishtu* en babilonio, *kneset* en hebreo) no eran sustitutos del Templo, más bien eran recordatorios de este. El libro de Daniel, establecido en Babilonia, habla de una triple plegaria diaria orientada a Jerusalém (Daniel 6:11). La pérdida del Templo y la experiencia del exilio condujeron a la aparición de reuniones regulares para el estudio y la oración.

El siguiente capítulo en esta historia fue escrito por Ezra (siglo V a.e.c.) quien junto con el estadista Nehemías reorganizó la vida judía en Israel tras el retorno de Babilonia. Ezra ("el escriba") fue un nuevo modelo en la historia judía: el educador como héroe. El libro de Nehemías (8:1–9) contiene una descripción detallada de la asamblea nacional que Ezra convocó en Jerusalém, donde leyó la Torá en voz alta con la ayuda de los levitas que la explicaron al pueblo.

Ezra y Nehemías se vieron perturbados por el alto grado de asimilación que imperaba entre los judíos que se habían quedado en Israel. Sabían que de no mediar una fuerte identidad religiosa el pueblo habría de desaparecer al mezclarse con otras naciones y otras culturas. A los efectos de protegerse ante esta eventualidad pusieron en movimiento iniciativas de largo alcance, incluida la reafirmación nacional del pacto del pueblo de Israel con Dios (Nehemías cap. 10). Uno de los desarrollos más importantes fue la primera formulación de plegarias, atribuida por los sabios a Ezra y los miembros de la Gran Asamblea. Maimónides sugiere que uno de los motivos para hacerlo fue el restablecimiento del hebreo como lengua nacional: en ese tiempo "la mitad de los niños hablaban el lenguaje de Ashdod, o el de otros pueblos, y no sabían hablar en el lenguaje de Yehudá" (Nehemías 13:24, Maimónides - Leyes del Rezo 1:4).

Uno de los resultados de esta renovación religiosa fue el nacimiento o crecimiento de la sinagoga. Durante el período del Segundo Templo los sacerdotes fueron divididos en veinticuatro grupos llamados "*mishmarot*", cada uno de los cuales servía en el Templo una semana en rotación y era acompañado por un grupo de laicos locales llamados "*ma'amadot*", alguno de los cuales los acompañaban al Templo mientras que otros se quedaban en sus pueblos y aldeas y recitaban plegarias que coincidían temporalmente con los sacrificios. Se haya desarrollado la sinagoga a partir de

◂ estas "ma'amadot"

estas "ma'amadot" o haya surgido antes, cuando el Segundo Templo fue destruido en el año 70 e.c. esta ya era una institución bien establecida.

La sinagoga fue "una de las mayores revoluciones en la historia de la religión y la sociedad" (M. Stern). Fue el primer lugar de culto que no se tornó sagrado en virtud de alguna asociación histórica, ni en virtud de los sacrificios que eran ofrendados, sino simplemente porque la gente se reunía allí a estudiar y a orar. La sinagoga encarnaba una de las grandes verdades del monoteísmo: Que el Dios que está en todas partes puede ser servido en cualquier sitio. Tras la pérdida del Segundo Templo se transformó en el hogar en el exilio del pueblo diseminado. Cada sinagoga era un fragmento de Jerusalém. Si bien la destrucción del Templo implicó que los sacrificios no podían ya ser ofrendados, en su lugar surgió la ofrenda de palabras, a saber, la oración.

La transición del sacrificio a la oración no fue un desarrollo repentino. Mil años antes, en su discurso de inauguración del Templo el rey Salomón había enfatizado el rezo por sobre los sacrificios (Reyes I 8:12–53). Por medio de Isaías (56:7), Dios había dicho: "Mi Casa será llamada *casa de oración* para todas las naciones". El profeta Oseas (14:3) había dicho: "Llevad con vosotros palabras y retornen al Señor... en vez de bueyes pagaremos con (la ofrenda de) nuestros labios". El sacrificio era el acompañamiento exterior de la acción interior del corazón y la mente: el agradecimiento, el arrepentimiento y demás. Por lo tanto, si bien la acción exterior ya no era posible, la interior se mantuvo. Así fue cómo el sacrificio se transformó en oración.

Lo que en un tiempo fueron dos formas diferentes de servicio se habían transformado en una sola. El rezo adquirió el carácter altamente estructurado de los sacrificios con textos y tiempos prefijados. El silencio que solía acompañar a los sacrificios fue transmutado por el habla. Dos tradiciones, la plegaria profética por un lado y la ofrenda sacerdotal por el otro se fusionaron transformándose en una misma. Esta es la historia para destacar tras las palabras "¿Cuál es el servicio (sacrificio) del corazón? Es la oración".

Una serie de discusiones respecto de la naturaleza de la plegaria recorren las centurias. Según Maimónides rezar a diario es un precepto bíblico; según Najmánides es únicamente rabínico. Dos maestros del siglo III, Ribí Yosé hijo de Ribí Ḥanina y Ribí Yehoshúa hijo de Leví discordaron respecto del origen de los rezos, el primero sostenía que fueron instituidos por los patriarcas – Abraham inició el rezo de la mañana, Isḥak el de la tarde y Ya'akob el de la noche – mientras que el segundo sostenía que estos se correspondían con los sacrificios. Siglos antes, Rabán Gamliel y los sabios diferían respecto de cuál plegaria era más importante, la A'midá silenciosa o la repetición del oficiante. Cada uno de estos debates, en última instancia se derivan de la pregunta de cuál de las dos fuentes de la oración es la de mayor importancia – las plegarias improvisadas de los personajes bíblicos o los sacrificios en el Tabernáculo y en el Templo.

En realidad, no hay respuesta a semejante interrogante: el rezo tal como lo hemos conocido durante dos milenios se basa en ambas tradiciones. Más aún, nosotros honramos a ambas porque *cada A'midá es recitada dos veces,* una en silencio por parte de los individuos y la segunda públicamente y en voz alta por el oficiante. La A'midá silenciosa rememora las plegarias de los individuos en la Biblia, mientras que la repetición por parte del oficiante rememora los sacrificios – por lo tanto, no hay repetición de la A'midá en la noche ya que no se realizaban sacrificios en la noche. En la oración se encontraron dos grandes corrientes de la espiritualidad judía tornándose una sola.

### 3. *Estructuras del rezo*

El vocablo hebreo para libro de oración, *Sidur,* significa literalmente "orden". En su cúspide, la plegaria es una experiencia intensamente emocional. La magia de alabar, el regocijo de la acción de gracias, la pasión del amor, el temblor ante el temor, el corazón quebrado de la confesión, el anhelo de la esperanza, todos estos sentimientos son parte de la tonalidad de la oración. Empero el judaísmo es también, y por sobre todo, una religión de la mente, ya que las emociones no controladas pueden ser anárquicas y destructivas como el chocar de un río contra sus riberas. El primer capítulo de Génesis que da cuenta de la creación del mundo evoca un sentido del orden. Cada día tiene su tarea, cada forma de vida tiene su lugar, y el resultado (hasta la aparición del pecado) fue armonioso. Por lo tanto, la plegaria judía tiene un orden. Al igual que una sinfonía coral, tiene movimientos, cada uno con sus estados de ánimo, sus temas a desplegar, su lógica de desarrollo. En esta sección analizaré algunas de estas estructuras.

◂ El *Sidur*

El *Sidur,* tal como existe en la actualidad, es el resultado de unos cuarenta siglos de historia judía. Sin embargo, este resultado no es meramente un bricolaje, una cobija conformada por retazos de azarosas adiciones. Es como si la composición del libro de oraciones fuese la obra de "una mano invisible", una inspiración divina que trasciende las intenciones de cualquier autor particular. Para ser específicos, la forma refleja la substancia. El formato del rezo revela la forma básica del espíritu judío tal como fue moldeado en su encuentro con Dios. Estas son algunas de las características estructurales de las plegarias:

### A. DE LO UNIVERSAL A LO PARTICULAR

En general, las secuencias de la plegaria judía se mueven de lo universal a lo particular. Por ejemplo, la plegaria de agradecimiento tras haber comido comienza con una bendición que da gracias a Dios "que alimenta *al mundo* todo con Su bondad". La segunda bendición pasa a mencionar particularidades: Israel, la liberación de la esclavitud, "Tu pacto que sellaste en nuestra carne", la Torá y los preceptos. Agradecemos a Dios "por la tierra (de Israel) y por el alimento". La tercera bendición está más estrechamente enfocada aún. Se refiere a la ciudad santa, Jerusalém.

El mismo patrón es dable encontrar en las dos bendiciones previas a la recitación del Shemá en los rezos de la mañana y de la noche. La primera habla del universo (Dios da luz a la tierra, crea el día y la noche), mientras que la segunda se refiere a la Torá, al vínculo de amor específico que existe entre Dios y el pueblo judío. Observe y encontrará muchos otros ejemplos en el Sidur (una excepción es la plegaria de Alenu cuyo primer párrafo habla de la particularidad judía, mientras que en el segundo lo hace sobre la esperanza universal. A este respecto, ver la sección B. LA SIMETRÍA ESPEJO-IMAGEN).

Este movimiento de lo universal a lo particular es distintivamente judío. La cultura occidental, bajo la influencia de Platón, ha tendido a moverse en la dirección opuesta, de la instancia concreta a la regla general valorando lo universal por sobre las particularidades. El judaísmo es la gran narrativa contra platónica en la civilización occidental.

Pasando de lo universal a lo particular, el libro de oraciones refleja la estructura de la Torá misma. En Génesis, en sus primeros once capítulos, comienza con una descripción de la condición universal de la humanidad.

◂ Solamente

Solamente en su duodécimo capítulo encontramos un llamado a un individuo, Abraham, para que deje su tierra, su familia y la casa de su padre para llevar una vida de rectitud por medio de la cual "todas las familias de la tierra serán bendecidas".

Existen reglas universales para la conducta humana, las llamamos las leyes de Noaj. Sin embargo, servimos a nuestro Dios a través de la particularidad de nuestra historia, lenguaje y herencia. El amor más elevado no es abstracto sino concreto. Quienes realmente aman, aprecian aquello que hace de su amado alguien diferente, único, irremplazable: este es el tema del más grande de los libros que versan sobre el amor religioso, el Cantar de los Cantares. Así, nosotros creemos, es como Dios nos ama.

### B. LA SIMETRÍA ESPEJO-IMAGEN

Muchos pasajes de la Torá están construidos en la forma de simetría espejo-imagen, técnicamente conocida como quiasmo: una secuencia que sigue la forma ABCCBA, en la que la segunda mitad de los versículos invierten el orden de la primera. Un ejemplo preciso es el mandamiento de seis palabras que conforma el centro del pacto de Dios con Noaj (Génesis 9:6):

> [A] Quien derrame [B] la sangre [C] del hombre [C] a manos del hombre [B] su sangre [A] será derramada.

Esto es más que una herramienta estilística. Es la expresión de una de las creencias más profundas de la Torá, a saber, la naturaleza recíproca de la justicia. Quienes hacen el bien son bendecidos con bien. Quienes hacen el mal sufren el mal. Lo que nos ocurre es la imagen especular de lo que hacemos. Por lo tanto, la forma refleja la substancia: la simetría espejo-imagen es el equivalente literario de un mundo justo.

Algunas plegarias poseen una estructura espejo - imagen. Por ejemplo, la mayoría de los párrafos de la A'midá concluyen del mismo modo como empiezan ("al finalizar una bendición uno debe decir algo similar a su inicio" *Pesaḥim* 104A). Por ello, por ejemplo, la decimosexta bendición comienza diciendo "Escucha nuestra voz" y finaliza diciendo "que atiende la plegaria". La decimoctava bendición comienza diciendo "Te agradecemos a Ti" y finaliza diciendo "a Ti corresponde agradecer". La A'midá en su totalidad comienza pidiendo a Dios que nos ayude a abrir nuestra

◂ boca

boca para rezar y finaliza pidiendo a Dios que nos ayude a cerrar la boca para no pronunciar palabras engañosas.

Según el Rabino Yosef Soloveitchik las primeras tres y las últimas tres bendiciones guardan una relación espejo – imagen. La última emplea las mismas palabras clave que la primera: generosidad (*jesed*) y amor (*ahavá*). La penúltima tiene el mismo tema que la segunda: el obsequio de la vida y los milagros ocultos que nos rodean constantemente. La decimoséptima y la tercera versan las dos sobre la santidad. Es así como la finalización de la A'midá es una imagen especular de su inicio.

Esto explica por qué *Alenu*, la plegaria con que concluyen la mayoría de los rezos, está construida en una secuencia inversa a la de las demás oraciones. Las otras pasan de lo universal a lo particular, pero *Alenu* invierte el orden, comenzando con un himno a la particularidad ("por no habernos hecho como las naciones de los países") finalizando con una de las grandes plegarias por la universalidad, pidiendo por el día en que "*toda* la humanidad invoque Tu Nombre". *Alenu* confiere a cada rezo una estructura de quiasmo. Las plegarias anteriores han sido A-B (de universal a particular); *Alenu* es B-A (de lo particular a lo universal).

Tal como veremos, muchos de los demás principios estructurales son series de tres partes de la forma A-B-A.

### C. ALABANZA, PETICIÓN, AGRADECIMIENTO

Los sabios establecieron que la A'midá – la plegaria por excelencia – debe seguir un patrón básico de alabanza (*shevaj*), petición (*bakashá*) y reconocimiento o agradecimiento (*hodaiá*). Así lo postula Maimónides: "La obligación de rezar implica que cada persona, según sus posibilidades, debe suplicar y orar diariamente, pronunciando primeramente *alabanzas* a Dios, luego, por medio de una *súplica o ruego* humildes, pedirle todos sus menesteres y finalmente rendirle *agradecimiento* al Eterno por los beneficios ya otorgados con rica abundancia" (Leyes de la Plegaria 1:2).

La A'midá está construida según este modelo. De sus diecinueve bendiciones, las primeras tres manifiestan alabanza. Las trece intermedias que se recitan en los días de la semana son pedidos (no realizamos peticiones en la A'midá de Shabat o de Yom Tov, que son tiempos dedicados a agradecer a Dios por lo que poseemos, lo opuesto a pedirle aquello de lo que carecemos). Las últimas tres bendiciones son de agradecimiento.

◂ El mismo

El mismo patrón puede observarse en las bendiciones por la Torá al comienzo de la plegaria matinal (ver en la sección G. FRACTALES).

### D. PREPARACIÓN, PLEGARIA, MEDITACIÓN

La plegaria requiere de una intensa concentración, lo cual lleva tiempo. Es imposible pasar directamente del estrés y las preocupaciones de la vida diaria a la presencia de la eternidad. Una plegaria tampoco debe terminar abruptamente. Debe ser internalizada, si es que ha de dejar una marca en nuestro interior para el momento en que retornamos a nuestros mundanales propósitos. Maimónides escribe que por cuanto que la plegaria requiere de concentración mental, uno debe sentarse un rato *antes* de comenzar a rezar a los efectos de enfocar su mente. Luego, se debe rezar con tono suave, suplicante, y no considerar el servicio como una carga que debe soportar y que habrá de desechar previo a partir rumbo a sus quehaceres. Por ello, *tras* haber concluido sus plegarias deberá sentarse un rato y solamente después habrá de partir. Los sagrados sabios de la antigüedad solían detenerse a meditar una hora previo al rezo y una hora después del mismo, al tiempo que rezaban a lo largo de una hora (Leyes de la Plegaria 4:16).

En el rezo de la mañana los versículos de alabanza (*Pesuké DeZimrá*) son la preparación. En ellos, nuestros pensamientos pasan gradualmente del mundo visible al Creador invisible. El Shemá, la A'midá y las bendiciones aledañas son la plegaria en sí. El resto del servicio es nuestra meditación al abandonar la órbita celestial y reingresar en el campo magnético de la tierra.

### E. DESCRIPCIÓN, EXPERIENCIA, REMEMBRANZA

Una cosa es describir una experiencia y otra muy diferente es vivirla. Una de las características llamativas del rezo matinal en los días de la semana es la triple repetición de la *Kedushá* ("Santo, Santo, Santo"), una vez previo al Shemá (pasaje conocido como *"Kedushat Yotzer"*); una segunda vez durante la repetición de la A'midá por parte del oficiante y una tercera vez durante la plegaria "Un redentor llegará a Ṣion" (pasaje conocido como *"Kedushá DeSidra"*). La primera y tercera Kedushá difieren de la segunda en que: 1) No requieren de *minián* y 2) no es obligatorio recitarlas de pie.

La *Kedushá*, uno de los momentos supremos de santidad en la oración judía, está construida sobre la base de las visiones místicas de Isaías y Ezequiel, visiones de un Dios entronado majestuosamente, rodeado de ángeles que cantan Su alabanza. En la primera y la tercera *Kedushá* describimos el orden angelical; en la segunda lo decretamos utilizando las mismas palabras, pero esta vez por medio de un hablar directo y no descriptivo (Gueonim, Maimónides). La intensidad de la *Kedushá* aumenta debido a su estructura de tres movimientos: primeramente, la anticipación y preparación, luego la experiencia en sí y finalmente la remembranza.

### F. PRIVADO, PÚBLICO, PRIVADO

La A'midá propiamente dicha, especialmente en las mañanas y las tardes de los días de semana está construida según un patrón triádico. Primero es recitada en silencio por los miembros de la congregación como individuos. Luego es repetida públicamente en voz alta por parte del oficiante. Esta suele estar seguida de súplicas personales (*Taḥanún*) recitadas en voz baja. Tal como he sugerido arriba, esta es una manera de recrear los dos modos de espiritualidad de los que deriva la plegaria. La A'midá silenciosa rememora los rezos intensamente personales de los patriarcas y los profetas. La repetición pública representa la ofrenda diaria que sacrificaban los sacerdotes en el Templo en nombre de todo el pueblo de Israel (en la A'midá de la noche no hay repetición ya que en ese horario no se ofrendaban sacrificios). Así, las oraciones entretejen voces sacerdotales con proféticas, individuales con colectivas, en una sola sonata de tres movimientos de gran profundidad y resonancia.

### G. FRACTALES

Al científico Benoit Mandelbrot le debemos el concepto de los fractales: el descubrimiento de que los fenómenos en la naturaleza despliegan un mismo patrón a diferentes niveles de magnitud. Una simple roca se ve como una montaña. Cristales, copos de nieve y helechos están conformados por elementos poseedores de las mismas formas que el todo. La geometría fractal es el equivalente científico a la capacidad mística de percibir lo grande en lo pequeño: "Ver un mundo en un grano de arena/ Y el Cielo en una flor silvestre, / Sostener el Infinito en la palma de tu mano y la eternidad en una hora" (William Blake).

◂ La primera

La primera de las bendiciones que se ocupan de peticiones en la A'midá diaria es un fractal. Replica en miniatura la estructura de la A'midá en su totalidad (Alabanza – Pedido – Agradecimiento). Comienza con la frase: "Tú agracias a la humanidad con conocimiento y enseñas a los mortales entendimiento", pasando luego al pedido: "Agrácianos con conocimiento, entendimiento y discernimiento", y culmina agradeciendo: "Bendito eres Tú Señor, que con gracia otorga el conocimiento". Como este, usted habrá de encontrar muchos otros fractales en el *Sidur*.

La existencia de fractales en el Sidur nos muestra cuán profundamente se retroalimentan las estructuras de la espiritualidad judía en la arquitectura de la plegaria.

### H. EXPANSIÓN MIDRÁSHICA

El Midrash es la investigación rabínica del significado de los textos sagrados. La raíz *d-r-sh* significa "explorar, investigar, explicar y exponer". Busca las inflexiones y las insinuaciones de las palabras, explicitando sus dimensiones implícitas de significado.

Un ejemplo de esto lo encontramos en la plegaria de *Nishmat* de Shabat por la mañana (página 465). Una frase clave en esta plegaria, dicha por Moshé e incorporada en el primer párrafo de la A'midá es "Dios grande, poderoso y reverenciado" (Deuteronomio 10:17). *Nishmat* medita sobre estas cuatro palabras una por una:

Dios – en Tu absoluto poder,
Grande – en la gloria de Tu Nombre,
Poderoso – por siempre,
Reverenciado – por Sus maravillosas acciones.

Otro ejemplo lo encontramos en el pasaje de Shabat por la mañana que sigue a la frase "que forma la luz y crea la oscuridad, hace la paz y todo lo crea" (páginas 532–536). Una breve plegaria toma la palabra "todo" y construye alrededor de esta un quíntuple cúmulo de variantes: "*Todos* Te agradecerán y *todos* Te alabarán y *todos* declararán: No hay santo como el Señor. *Todos* Te exaltarán, ¡Sela! Tú *todo* lo formaste".

Prestad atención siempre a las repeticiones en el rezo – como las diez menciones de la palabra "bendito" en *Baruj SheAmar* ("Bendito es Quien habló"), las ocho veces que aparece la palabra "Verdad" tras el Shemá, o las cinco veces que aparece el vocablo "todos" tras *Barjú* ("Bendecid al Señor") del Shabat por la mañana. La reiteración nunca es simple repetición. La plegaria nos invita meditar sobre las múltiples capas de significado que pueden existir para una misma palabra o frase, como si las palabras fuesen diamantes y al girarlos en diferentes ángulos lográramos captar sus múltiples refracciones de luz.

### I. ESTRUCTURAS NUMÉRICAS

Tal como hemos visto, muchas de las plegarias poseen una estructura tripartita obvia, pero en algunos casos esto es repetido en gran detalle a una menor escala, como en los fractales.

Los ejemplos más impactantes los encontramos en la A'midá de los días de la semana, que está compuesta de tres partes: alabanza, pedidos y agradecimiento. La primera y la última de estas secciones está construida en tres partes: tres bendiciones de alabanza al principio y tres de agradecimiento al final. Lo que resulta menos obvio es que las trece bendiciones intermedias de los "pedidos" poseen también una estructura tripartita. Hay seis pedidos que son individuales, seguidos por seis pedidos colectivos, cada uno de los cuales está dividido en dos grupos de tres. Los pedidos individuales comienzan con tres que son de carácter espiritual (conocimiento, retorno, perdón) seguidos por tres de índole material (redención, curación, prosperidad). Los pedidos colectivos comienzan con tres elementos político-históricos (reunión de los exilios, justicia, contra los apóstatas y delatores) seguidos por tres bases espirituales de la nacionalidad (por los justos, reconstrucción de Jerusalém y reino de David). La decimotercera bendición de pedidos, "respuesta a la oración", se encuentra fuera de esta estructura porque no está dirigida a ninguna petición específica siendo una oración que pide que todas nuestras plegarias sean atendidas.

El número siete es también significativo e indica siempre santidad, tal como el séptimo día es Shabat, el séptimo mes es el de Tishrí con sus días solemnes, el séptimo año indica la liberación, el cincuentavo es el año del jubileo, que es la culminación de siete ciclos de siete años. En el judaísmo el siete es más que un simple número primo. Es *uno después del seis.* El seis representa lo material, lo físico, lo secular. En la antigua Mesopotamia, lugar de nacimiento de Abraham, se empleaba originalmente un sistema

◂ numérico

numérico basado en la cifra seis. La civilización occidental lleva todavía los rastros de este sistema en su día de veinticuatro horas (2x6 horas de luz más dos x 6 horas de oscuridad), los sesenta minutos (10x6) en una hora, y los segundos de un minuto, los 360 grados del círculo (6x6x10). Todas estas cifras se originaron en la astronomía, en la que la antigua Mesopotamia se destacaba. El judaísmo reconoce estructuras de tiempo y espacio de seis partes, pero le agrega que Dios existe más allá del tiempo y el espacio. Es así como el siete – uno más allá del seis – se transformó en símbolo de lo sagrado.

El seis tampoco es un mero número para el judaísmo. Esto se torna evidente cuando leemos cuidadosamente la historia de la Creación en Génesis 1. Los primeros seis días entran en dos grupos. En los primeros tres Dios creó y separó *dominios* (1: luz y oscuridad, 2: aguas superiores e inferiores, 3: el mar y la tierra seca). En los segundos tres días Dios *pobló* esos dominios, cada uno con sus objetos o sus formas de vida apropiados (4: sol, luna, y estrellas, 5: pájaros y peces, 6: animales terrestres y ser humano). El séptimo día, el Shabat, es *sagrado* porque se encuentra por *fuera* de la naturaleza y de sus leyes científicas causales.

Reflejando esos patrones, el rezo de la mañana está estructurado en torno al número siete: los tres párrafos del Shemá rodeados de tres bendiciones que llevan a la séptima, la A'midá, que es el dominio de lo sagrado, donde nos encontramos directamente ante la Presencia Divina. En días sagrados – Shabat y Yom Tov – la A'midá posee una séptuple estructura: los tres primeros y los tres últimos párrafos más uno en medio dedicado a "la santidad del día".

Se deduce que las estructuras séxtuples en el *Sidur* señalan el universo y la Creación. Así, en las mañanas de los días de semana recitamos seis salmos (145–150) en los versículos de alabanza. El *Kabalat Shabat* también cuenta con seis salmos que se corresponden con los días de la semana, previo al *Lejá Dodí* que representa el Shabat. La bendición posterior al Shemá repite la palabra clave "*emet*" ("verdadero") seis veces para mostrar cómo el amor Divino se traduce en acción redentora en el tiempo y en el espacio mundanal.

Muchas plegarias tales como *El Adón* (página 481) y *Alenu* están construidas en estructuras de cuatro: versos de cuatro líneas, cada uno de cuatro palabras. A menudo, esto refleja el misticismo judío con sus

◄ cuatro

cuatro "mundos": *Asiá* (Acción), *Yetzirá* (Formación), *Beriá* (Creación) y *Atzilut* (Emanación). El misticismo de la *Merkavá*, basado en la visión del profeta Ezequiel de la carroza celestial es un motivo importante en la plegaria rabínica temprana.

El número diez representa los diez enunciados por medio de los cuales el mundo fue creado (los diez sitios en Génesis 1 en los que la creación fue precedida por las palabras "Dios dijo"). Este es el motivo por el cual *Baruj SheAmar*, la bendición previa a la sección de la creación en el rezo, comienza con una letanía de diez frases, cada una de las cuales comienza con la palabra "Bendito".

El número quince representa los quince escalones que separan los patios del Templo, los quince salmos que comienzan con "Cántico de las ascensiones" y el valor numérico de las dos primeras letras del Nombre Divino más sagrado. Así, existen quince expresiones de alabanza en la plegaria de *Yshtabaj* (página 471), quince adjetivos que suceden a "El Señor vuestro Dios es verdadero" que finaliza el recitado del Shemá en el rezo de la mañana, quince salmos hay en los versículos de alabanza de Shabat y de Yom Tov por la mañana y así sucesivamente. Existen además otros patrones numéricos más intrincados.

Todas estas no son solamente convenciones de índole estético, como lo es, por ejemplo, el formato del soneto de catorce líneas o la estructura de cuatro movimientos de una sinfonía. Como siempre, en el judaísmo existe una correspondencia entre la forma y el contenido, estructura y substancia. Los sabios, al igual que los antiguos griegos, y tal como lo confirma la ciencia moderna, entendieron que la *realidad posee una estructura numérica*. Al reflejar esta estructura en el rezo, evocamos el sentido de un mundo ordenado en el cual estamos llamados a respetar diferencias y honrar límites, aceptando de buena gana la integridad de la ley natural y moral.

### J. DEL AMOR AL TEMOR REVERENCIAL

Las emociones religiosas supremas son el amor y el temor – en ese orden. La Torá nos ordena "Amarás al Señor tu Dios". Se nos preceptúa asimismo experimentar el sentimiento asociado al vocablo hebreo de "*irá*" que significa "temor, miedo, reverencia". Así lo expone Maimónides: "Cuando una persona contempla Sus grandes y maravillosas obras y Sus creaturas, y a partir de ello alcanza un atisbo de Su sabiduría la cual es incomparable

◂ e infinita

e infinita, inmediatamente habrá de amarlo, alabarlo, glorificarlo y anhelar en gran manera conocer Su gran Nombre… Y cuando hubiere reflexionado sobre estos asuntos, habrá de retroceder con asombro y temor y se dará cuenta que es una pequeña creatura, humilde y sombría, dotada de una inteligencia débil y limitada al pararse ante la presencia de Quien es perfecto en conocimiento" (*Yesodei HaTorá* 2:2).

La expresión suprema de amor en el judaísmo es el Shemá con su mandato: "Amarás al Señor tu Dios con todo tu corazón, con toda tu alma y con todas tus fuerzas". La expresión suprema de temor reverencial es el rezo de la A'midá, cuando nos encontramos conscientemente de pie ante la presencia de Dios. El movimiento básico tanto del rezo de la mañana como el de la noche es primeramente ascender a una cumbre de amor, el Shemá, y de allí ir al encuentro del temor reverencial, la A'midá.

### 4. *Creación, Revelación, Redención*

Hay un principio estructural de las plegarias que merece una especial atención ya que tiene que ver con los fundamentos de la fe judía. En el siglo XII, Moisés Maimónides enumeró los Trece Principios de la Fe Judía. Estos figuran en el Sidur en dos formatos, como el poema conocido bajo el nombre de Ygdal (página 25) y en su versión en prosa la encontramos al final del rezo matinal (página 205).

Ribí Shimón ben Tzemaj Durán (1361–1444) señaló que los principios de la fe de Maimónides podrían ser analizados y categorizados según tres temas: (1) La existencia de Dios, el Creador (principios 1–5: La Existencia de Dios, Su unicidad, Su incorporeidad y eternidad, y el que sólo Él es digno de ser servido); (2) La Revelación Divina (principios 6–9: La profecía, la singularidad de Moshé, el origen Divino de la Torá y su inmutabilidad), y (3) La justicia Divina (principios 10–13: La omnisciencia Divina, Él retribuye de acuerdo con nuestras acciones, Él traerá el Mashiaḥ y hará resucitar a los muertos). El filósofo Franz Rosenzweig resumió esto en tres palabras: Creación, Revelación, Redención. La Creación es la relación entre Dios y el universo. Revelación es la relación entre Dios y la humanidad. La Redención tiene lugar cuando aplicamos la Revelación a la Creación.

El movimiento de la Creación a la Revelación y a la Redención es uno de los grandes motivos estructurales del rezo. Un ejemplo de esto

◂ son las

son las tres bendiciones rodeando el recitado del Shemá por la mañana y que conducen hacia la A'midá (páginas 89–107). La primera de estas versa sobre la *creación* del universo en el espacio y el tiempo, la segunda lo hace sobre la *revelación* de la Torá y la tercera se refiere a los milagros de la historia culminando con las palabras "que *redimió* a Israel".

Los tres párrafos del Shemá presentan el mismo patrón. El primero se refiere a la Creación (la unicidad de Dios y Su soberanía), el segundo lo hace respecto a la Revelación (aceptación de los preceptos) y el tercero versa sobre la Redención ("Yo Soy el Señor vuestro Dios quien os sacó de la tierra de Egipto").

El rezo matinal de los días de la semana en su totalidad está construido según este principio. Primero se recitan los versículos de alabanza extraídos del libro de los Salmos con su majestuosa visión de la Creación. Luego prosigue la sección central – el recitado del Shemá y sus bendiciones que conducen a la A'midá – en la cual nos sentamos para luego ponernos de pie ante la inmediata presencia de Dios (Revelación). Finalmente llegamos a las plegarias finales con su frase central "Un *redentor* llegará a Ṣion". De igual manera, el segundo párrafo del Alenu implica una visión de la Redención.

El patrón vuelve a repetirse nuevamente en los rezos de Shabat por la noche, mañana y tarde. En la bendición central de la A'midá del viernes por la noche nos referimos al Shabat de la Creación ("culminación de la Creación de los cielos y la tierra"). Por la mañana nos referimos al Shabat de la Revelación (cuando Moshé "bajó consigo las dos tablas de piedra en sus manos"). En la tarde anticipamos el futuro del a Redención (cuando "Tú eres Uno y Tu Nombre es Uno" y el pueblo de Israel es "una nación única sobre la tierra").

El Rabino Yosef Soloveitchik sugirió que esta misma secuencia es la base de la estructura tripartita de la A'midá de los días de la semana: alabanza, pedidos y agradecimiento. La alabanza "emerge del alma embelesada en su contemplación del *misterium magnum* de la Creación", el pedido "fluye desde un corazón dolido que se encuentra a sí mismo en las profundidades existenciales", y el agradecimiento "es entonado por la persona que, por la gracia de Dios, ha alcanzado la Redención". La Creación conduce a la alabanza, la Revelación al pedido y la Redención al agradecimiento.

◂ En estas

En estas múltiples formas, la plegaria continuamente reitera los principios básicos de la fe judía.

## 5. *Plegaria y estudio*

Una sola actividad espiritual fue considerada por nuestros sabios como superior a rezar y es el estudio de la Torá, la palabra de Dios a la humanidad y Su pacto para con nuestros ancestros y nosotros (*Shabat* 10A). Todo *Pirkei Avot* (Ética de los Patriarcas) contiene una serie de variantes sobre el tema de una vida dedicada al estudio de la Torá. Al rezar – hablamos, al estudiar – escuchamos.

Desde los tiempos más remotos, la sinagoga fue una casa de estudio al igual que de oración. Las reuniones de estudio (probablemente entorno a la figura de un profeta; ver Reyes II 4:23 y los comentarios de Radak y Ralbag; *Sucá 27b*) pudieron haber precedido en varios siglos a los servicios formales de oración. En consecuencia, hay actos del estudio que están entretejidos con las plegarias.

El caso más obvio es la lectura pública de la Torá, una parte central de los servicios religiosos de Shabat y Yom Tov, y en menor forma en las mañanas de lunes y jueves y los sábados por la tarde. Hay otros ejemplos. En las bendiciones matinales previo a los versículos de alabanza, existen dos ciclos de estudio, cada uno de los cuales consta de tres partes: (1) Torá, un pasaje de los libros de Moshé; (2) Mishná, el documento clave de la Ley Oral; y (3) el Talmud en su más amplio sentido (páginas 11 y 43–55).

En la sección principal del rezo, el párrafo que antecede al Shemá es un tipo de bendición por la Torá (ver *Berajot* 11B), y el Shemá en sí, representa el estudio de la Torá (*Menajot* 99B). La última sección de los rezos matinales de los días de la semana (páginas 175–177) fue originalmente asociada a la costumbre de estudiar diez versículos de los libros de los profetas. El Kadish, que juega un papel tan importante en los rezos, tuvo su origen como oración de conclusión de la *derashá* – disertación pública sobre textos bíblicos en la casa de estudio. Todo el rezo de la mañana de los días de semana es pues una fuga extendida entre el estudio y la oración.

Esto está dramatizado por medio de dos frases clave: la primera es *Shemá Israel*, "Escucha Israel", la palabra de Dios por medio de Moshé y la Torá, y la segunda es *Shemá Kolenu*, "Escucha nuestra voz", el párrafo de la A'midá que resume todos nuestros pedidos (ver arriba). Estas frases enmarcan el gran diálogo entre el estudio y la oración. La fe vive en estos dos actos de escucha: la nuestra al llamado de Dios y la de Dios a la súplica de la humanidad.

## *6. Plegaria y mística*

El misticismo judío ha jugado un rol principal en el libro de oraciones. Los ejemplos más obvios son los pasajes del *Zohar* "Bendito es el Nombre" (página 523), el Himno de la Gloria Celestial (páginas 591–593), escrito por uno de los piadosos medievales del norte de Europa y dos cánticos escritos por los místicos del siglo XVI allegados a Ribí Isḥak Luria "Amado del Alma" (página 327) y "Ven Amado Mío" (páginas 337–341).

De un modo menos obvio, muchas de las antiguas plegarias post bíblicas están profundamente influidas por las obras místicas de *Hejalot* ("Palacio") y *Merkavá* ("Carroza"), se trata de dos sistemas esotéricos que tratan sobre los misterios de la Creación, los órdenes angelicales y los recintos más interiores de la Gloria Divina.

De todas maneras, no cabe duda de que la mayor contribución mística al rezo es la *Kedushá*, recitada en tres formas diferentes, la más notable de las cuales tiene lugar durante la repetición de la A'midá por parte del oficiante. Hemos mencionado los dos mayores tributarios del rezo: las plegarias espontáneas recitadas por personajes de la Biblia Hebrea y la ofrenda de sacrificios en el Templo. La tercera vertiente es la mística y su expresión más sublime es la *Kedushá*, basada en las visiones celestiales de Isaías (capítulo 6) y Ezequiel (capítulos 1–3). Hay momentos en el rezo en los que nos asemejamos a los profetas, otros en los que somos cual sacerdotes, pero no hay un salto de fe más osado que aquel que tiene lugar durante la *Kedushá*, cuando cumplimos el papel de ángeles que entonan alabanzas a Dios en Sus recintos más interiores.

La familiaridad genera desatención, y podemos fácilmente pasar por la *Kedushá* sin darnos cuenta de su asombroso drama. "Los ángeles ministeriales no comienzan a entonar alabanzas en el cielo hasta que los hijos de Israel no lo hacen aquí en la tierra" (*Julín* 91B). "Ustedes", dijo Dios por medio de Isaías, "sois Mis testigos (Isaías 43:10). Israel es "el pueblo que He formado para Mí para que reciten Mi alabanza" (ídem 43:20). Somos los ángeles de Dios en la tierra, Sus emisarios y embajadores. El pueblo judío, si bien fue siempre pequeño y vulnerable, de todas maneras le ha

◂ sido

sido encomendada la más exaltada misión que se le haya conferido alguna vez a la humanidad: testimoniar, en nuestro propio ser algo que está más allá de nosotros mismos: ser "la señal de la trascendencia Divina" en un mundo en el cual Su presencia por lo general suele estar oculta.

Esta es una idea mística, y como todo misticismo, se cierne en el borde de lo inteligible. La mística es el intento de decir lo indecible, conocer lo insondable, de alcanzar con el lenguaje una realidad que se encuentra más allá de éste. A menudo, en el curso de la historia, el misticismo ha tendido a restar valor al mundo sensorial en favor de un ámbito más elevado de espiritualidad incorpórea. El misticismo judío no ha ido por ese camino, en lugar de ello, escogió inundar nuestras vidas en la tierra con la deslumbrante luz del Resplandor Divino (*Zohar*, el título del texto místico judío más famoso).

### 7. *Reviviendo la historia*

La historia ha dejado también su marca en el *Sidur*. Hay pasajes indicados en el comentario que nacieron como secuelas de una tragedia o una salvación milagrosa. Esta edición del *Sidur* incluye también plegarias sugeridas para Yom Ha'Aṣmaut y Yom Yerushalaim, días que conmemoran el nacimiento del Estado de Israel en 1948 y la Guerra de los Seis Días en 1967.

No menos significativo, el rezo en la sinagoga nos invita en muchos puntos a recrear la historia. Los versículos de alabanza comienzan con el cántico de celebración entonado por el Rey David cuando trajo el Arca del Pacto a Jerusalém. Los versículos que cantamos cuando extraemos el rollo de la Torá del Arca Sagrada y cuando lo devolvemos a ésta, rememoran la travesía de los hijos de Israel a través del desierto cuando transportaban consigo el Arca del Pacto. En una de las transiciones más fascinantes del rezo, al pasar de la meditación individual a la oración pública (páginas 79–83), recordamos tres momentos épicos de la formación nacional: cuando el Rey David reunió al pueblo para encomendarles la construcción del Templo, cuando Ezra convocó una asamblea nacional para renovar el pacto tras retornar del exilio babilónico, y cuando Moshé guio a los hijos de Israel a través del Mar Rojo. Incluso los tres pasos hacia adelante que damos al iniciar la A'midá, rememoran también los tres episodios bíblicos en los cuales personas dieron un paso al frente (*vaigash*) como preludio a una plegaria: Abraham cuando rogó por las ciudades

◂ de la planicie

de la planicie, Yehudá cuando pidió ante Yosef que libere a Benjamín y Eliahu cuando invocó a Dios frente a los profetas del Ba'al en el Monte Carmel.

Somos un pueblo definido por la historia. Cargamos nuestro pasado con nosotros. Lo revivimos en el ritual y en la oración. No somos únicamente individuos solitarios desconectados del pasado y del presente. Somos personajes en la historia continuada más antigua del mundo, encargados de escribir su próximo capítulo y entregarlo a quienes vienen tras de nosotros. El *Sidur* es, entre otras cosas, un libro de memoria judía.

### *8. Plegaria y fe*

El *Sidur* es también el libro de la fe judía. Estudiosos del judaísmo, al notar que posee poca teología sistemática han llegado a veces a concluir que se trata de una religión de acciones y no de credos, actos y no creencias. Se equivocaron porque buscaban en el sitio errado. Buscaban una biblioteca de obras como las de Moisés Maimónides: *"Guía de los Perplejos"*. En vez de ello, deberían haber buscado en el libro de oraciones. El hogar de la creencia judía es el *Sidur*.

En múltiples puntos, las plegarias han sido moldeadas en respuesta a controversias teológicas. La declaración inicial tras el recitado del *Barjú* en el rezo de la mañana "que forma la luz y crea la oscuridad, hace la paz y todo lo crea" es una protesta contra el dualismo que tenía no pocos seguidores en los primeros cuatro siglos de la era común, bajo las formas de las corrientes gnósticas y maniqueístas. Su presencia puede ser rastreada en los antiguos documentos descubiertos en los años 40 en los manuscritos del Mar Muerto y de Nag Hammadi. En contra del dualismo y su visión de perpetua lucha cósmica, el judaísmo insiste que toda la realidad deriva de una única fuente.

El segundo párrafo de la A'midá con su quíntuple referencia a la resurrección de los muertos refleja la antigua controversia existente entre los saduceos y los fariseos. La plegaria matinal que reza "Dios mío, el alma que colocaste en mi interior es pura" (página 7) probablemente esté dirigida contra la doctrina paulina del pecado original. El capítulo de la Mishná "¿Con qué (mechas) se encienden las velas de Shabat y con cuáles no?" (páginas 347–349) probablemente fue insertado como parte de la polémica que se mantenía con la secta caraíta. Los Diez Mandamientos que se recitaban diariamente en el Templo de Jerusalém después del Shemá fueron retirados del rezo cuando comenzaron a ser empleados por sectarios para sostener que solamente esos mandamientos fueron ordenados por Dios.

El hecho de que la fe judía fue incorporada al rezo en lugar de ser analizada en el marco de obras de teología es de una inmensa significación. Nosotros no analizamos nuestra fe, la oramos. No filosofamos sobre la verdad, la cantamos. Incluso los Trece Principios de la Fe de Maimónides, el credo más famoso en la historia judía, logró ingresar finalmente a la corriente central de la conciencia judía cuando fue transformado en una canción e incluido en el *Sidur* a modo de himno, conocido bajo el nombre de "*Ygdal*". Para el judaísmo la teología se torna real cuando se transforma en plegaria. Nosotros no hablamos de Dios. Nosotros Le hablamos a Dios.

He conocido varias personas ateas. El supervisor de mi doctorado – el extinto Sir Bernard Williams, descrito como la mente más brillante en Gran Bretaña – era una de estas. Él era un ser humano noble, bondadoso y profundamente moral, pero no podía comprender en absoluto mi fe. Para él, en última instancia, la vida era una tragedia. El universo era ciego a nuestra presencia, sordo a nuestras plegarias e indiferente a nuestras esperanzas. No existe significado alguno más allá del que los seres humanos construyen para sí. Somos polvo en la superficie del infinito.

Yo entendía esta postura, pero al final de cuentas no podía compartir su creencia de que, en cierta forma, es más honesto desesperar que confiar, ver la existencia como un accidente y no percibirla investida de un significado que nos esforzamos por descubrir. Sir Bernard amaba la antigua Grecia, yo al Israel bíblico. Grecia le dio al mundo la tragedia, Israel le enseñó la esperanza. Un pueblo, una persona que puede rezar, es alguien que incluso en la noche más oscura del alma, nunca habrá de perder por completo la esperanza.

### *9. Plegaria y sacrificio*

La conexión entre la plegaria y el sacrificio es profunda. Tal como hemos visto, el sacrificio no es el único antecedente de nuestro rezo, varias plegarias fueron dichas por personajes bíblicos. Estas plegarias fueron recitadas sin ser acompañadas de ofrendas. Aun así, el sistema de sacrificios es un importante tributario del río judío de la oración. Tras la destrucción del

Segundo Templo, el rezo se tornó en el sustituto del sacrificio. Es la *avodá shebalev,* "el sacrificio del corazón". Sin embargo, es justamente esta característica del rezo la que muchos encuentran difícil de entender o percibir como edificante. ¿Qué era entonces un sacrificio?

La palabra hebrea para sacrificio es "*korbán*", la cual deriva de una raíz que significa "acercarse" o "acercar". El problema esencial al que el sacrificio viene a servir de respuesta es ¿cómo es posible acercarse a Dios? Esta es una interrogante profunda – quizás se trate de *la* pregunta de la vida religiosa, no simplemente por la absoluta disparidad existente entre la infinidad de Dios y nuestra finitud, sino también porque las circunstancias de la vida hacen que nuestra mirada tienda a orientarse hacia abajo, más en dirección de nuestras necesidades que hacia arriba en dirección de nuestro origen. La palabra hebrea para universo, *olam,* está conectada al verbo que significa "ocultar" (ver Levítico 4:13, Deuteronomio 22:1). El mundo físico es un sitio en el cual la presencia de Dios es real, aunque oculta. Nuestro horizonte de conciencia está acortado. Nos enfocamos en nuestros propios objetos y deseos. Caminamos a la luz de Dios, pero nuestra mente suele estar en otras cuestiones.

¿Cómo podemos entonces acercarnos a Dios? Mediante un acto de renunciamiento, regalando algo, específicamente, *devolviendo* algo. Los sacrificios de la era bíblica eran formas en las que el individuo o la nación como un todo decían: Dios, lo que poseemos, es realmente Tuyo. El mundo existe gracias a Ti. *Nosotros* existimos gracias a Ti. En última instancia, nada de lo que tenemos es nuestro. A la luz de esto, el gesto fundamental del sacrificio es absurdo. Lo que Le damos a Dios es algo que ya Le pertenece. Tal como dijera el Rey David: "pues, ¿quién soy, y qué es este mi pueblo para que Te realicemos estas generosas ofrendas? Todo proviene de Ti y Te hemos dado aquello que de Tu mano proviene" (Crónicas I 29:14). Y aun así, *restituir* a Dios es uno de los instintos más profundos del alma. Al hacerlo, reconocemos nuestra dependencia, desechamos el caparazón de la auto absorción. Es por ello que la Torá, en una de sus frases más conmovedoras, se refiere al sacrificio denominándolo *reiaj nijoaj,* "aroma agradable" para Dios.

Uno de los aromas más dulces de la paternidad es cuando un niño, que de momento está siendo criado para convertirse en un adulto, obsequia un presente a sus padres para expresar su agradecimiento. Esto parece

◂ ser absurdo

ser absurdo. ¿Qué puede dar un niño a sus padres que se aproxime remotamente a lo que éstos le dan, a saber, la vida misma? Empero, esto es así, y lo contrario también es cierto. La cosa más cruel que puede hacer un niño es no agradecer a sus padres. El Talmud atribuye a Ribí Akiva la frase *Avinu Malkenu*, "Padre nuestro, Rey nuestro". Estas dos palabras encierran la esencia del rezo judío. Dios es el Rey – Hacedor y Soberano del vasto universo. Aun así, incluso antes de que Dios sea nuestro Rey, es nuestro Padre, nuestro Progenitor, Aquél que nos hace enamorarnos, que nos ha alimentado y mantenido, que nos ha enseñado Sus caminos, y Quien tiernamente vigila nuestro destino. El sacrificio – ese presente que obsequiamos a Dios – es el regalo de la creatura al Creador, de quien es propiedad a su Propietario, del niño a su Progenitor. Si la creación es un acto de amor, el sacrificio es un agradecimiento por ese amor.

El extinto Rabino Yosef Soloveitchik enfatizó la diferencia entre *ma'asé mitzvá* – el acto exterior preceptuado por el mandamiento, y *kiyum mitzvá,* que es el cumplimiento real y efectivo del precepto. Por ejemplo, cuando el Templo estaba en pie, una persona podía traer un sacrificio de penitencia para expiar por un pecado cometido – esto era el acto exterior. Empero, el cumplimiento del precepto radica en la confesión y la contrición, actos relativos a la mente y a la voluntad. En los tiempos bíblicos el orden de los sacrificios era el acto exterior, pero el interior – el agradecimiento, la dependencia, reconocimiento, acción de gracias, alabanza – eran esenciales para el cumplimiento del precepto. Esta es la razón por la cual el judaísmo pudo sobrevivir la destrucción del Templo y la cesación de la ofrenda de sacrificios. El acto exterior ya no pudo ser efectuado, pero el interno permaneció. Este es el vínculo entre sacrificio y oración.

La diferencia entre la plegaria como pedido y la plegaria como sacrificio radica en que la petición *procura, busca,* mientras que el sacrificio *da, entrega.* Los profetas solían pedir perdón, liberación y bendición en nombre de la totalidad del pueblo. El sacerdote que ofrendaba sacrificios en el Templo no pedía nada. La plegaria derivada de la ofrenda es el devolver a Dios aquello que Él ya posee: nuestras vidas, nuestros días, nuestro mundo. La plegaria es el presente de la Creación a su Creador.

Los profetas solían criticar el sistema de los sacrificios. Le reservaron parte de su más lacerante prosa. Sin embargo, ninguno de ellos propuso su

◂ abolición

abolición, ya que a lo que ellos se oponían no era al acto de la ofrenda sino al *maasé* carente de *kiyum*, el acto exterior sin el reconocimiento interior que le confiere a la acción su sentido y su significación. La idea de que Dios sólo puede ser servido exteriormente es pagana, y no hay nada peor que la intrusión del paganismo en el ámbito mismo de la santidad. Tanto entonces como hoy, la señal del paganismo es la coexistencia de prácticas religiosas junto a la injusticia y a la falta de compasión en la interacción entre el practicante y el mundo.

El sacrificio, al igual que la plegaria, es un acto transformativo. Nosotros deberíamos hoy salir de la sinagoga tal como nuestros ancestros salieron alguna vez del Templo de Jerusalém, viéndose a sí mismos y al mundo diferentes, lozanamente conscientes de que el mundo es obra de Dios, la Torá es la palabra de Dios, nuestros compañeros en la fe hijos de Dios y nuestros congéneres humanos creados a imagen de Dios. Tras haber realizado una travesía de retorno a nuestra fuente, a Aquél que da vida a todos, emergemos reenfocados y revitalizados. Habiendo estado distantes, nos hemos acercado. Esta es la plegaria del sacrificio, *korbán*, que devuelve a Dios simbólicamente algo de todo lo que nos ha dado, permitiendo de este modo ver la existencia misma como un obsequio a ser celebrado y santificado.

## *10. Kavaná: Dirigiendo la mente*

Orar es más que pronunciar ciertas palabras en un determinado orden. Requiere concentración, atención, involucramiento de la mente y el corazón, así como los hemisferios derecho e izquierdo del cerebro. De no mediar devoción, decía Ribí Bejaié Ibn Pakuda, la plegaria es como un cuerpo carente de alma. La palabra hebrea clave aquí es *kavaná*, que significa atención o conciencia plena (*mindfulness*), intención, foco, dirección de la mente. En el contexto del rezo, este vocablo posee múltiples significados.

El nivel más básico es el de *kavaná leshem mitzvá* que significa tener la intención de cumplir con un precepto. Esto implica que no actuamos por motivos sociales o estéticos. Rezamos porque se nos preceptuó hacerlo. Por lo general, en el judaísmo existe un debate de larga data respecto de si los preceptos requieren o no *kavaná*, pero ciertamente que el rezo si, ya que se trata por sobre todo de una acción de la mente.

◂ En un segundo

En un segundo nivel, *kavaná* significa comprender las palabras (*perush hamilim*). Las secciones más importantes del rezo requieren al menos de kavaná en este sentido. Sin ella, las palabras que pronunciamos son meros sonidos. La comprensión de las palabras es mucho más sencilla por la existencia de traducciones y comentarios.

Un tercer nivel se refiere al contexto. ¿Cómo entiendo mi situación durante el rezo? Maimónides establece este principio de la siguiente manera: "*La mente debe liberarse de todo pensamiento extraño y quien reza debe darse cuenta que se encuentra de pie ante la Divina Presencia*". Estos son elementos esenciales, al menos de la A'midá que es la plegaria por excelencia en la que somos conscientes de hallarnos de pie ante Dios. Es por ello por lo que damos tres pasos hacia adelante al comienzo, y tres hacia atrás al finalizar – como si estuviésemos ingresando y luego abandonando un espacio sagrado.

El cuarto nivel de kavaná es no simplemente decir las palabras sino afirmarlas. Así, por ejemplo, mientras se recita el primer párrafo del Shemá, nosotros "aceptamos el yugo del Reino Celestial", declaramos nuestra lealtad a Dios como autoridad suprema en nuestras vidas. En el segundo párrafo "aceptamos el yugo de los preceptos". La palabra Amén significa aproximadamente "Afirmo lo que se ha dicho". En la oración, nos introducimos dentro de las palabras. Asumimos un compromiso. Declaramos nuestra fe, nuestra confianza, nuestra dependencia. Tenemos la intención de decir lo que decimos.

Existen por supuesto niveles superiores de *kavaná*. Místicos y filósofos a través de los tiempos desarrollaron prácticas meditativas elaboradas para ser empleadas antes y durante el rezo. Pero en su forma más simple, *kavaná* es la práctica de la armonía entre la palabra y el pensamiento, entre el cuerpo y el alma. Así es como describe la *kavaná* Ribí Yehudá HaLeví:

> La lengua debe concordar con el pensamiento sin salir de sus límites, no habrá de recitar su plegaria de un modo costumbrista o natural como el canto del estornino o el loro, sino que cada palabra debe ser pronunciada pensada e intencionalmente. Este momento habrá de representar el corazón y el núcleo de su tiempo, y todos sus otros momentos deben ser percibidos como caminos que lo conducen a

este. Él debe ansiar su cercanía, pues al hacerlo se asemeja a los entes espirituales y se aparta de los animales, de modo tal que los tres momentos diarios de rezo habrán de ser el corazón de su día y el Shabat el fruto de su semana, porque es el día destinado para apegarse a la Divinidad. Su labor espiritual habrá de realizarla con alegría y no con sumisión… (Cuzarí III:5).

Por supuesto que esto no siempre ocurre. Se cuenta que una vez Ribí Levi Iṣhak de Berditchev fue a lo de uno de sus seguidores tras la conclusión del rezo, estrechó su mano y le dijo: "Bienvenido a casa". El discípulo le respondió: "Pero no he ido a ninguna parte". "Tu cuerpo no ha ido a ninguna parte", le dijo el Rebe, "pero tu mente ha ido bien lejos, por eso te di la bienvenida".

Ribí Menajem Mendel de Kotzk dijo una vez: "¿Por qué se dice en el Shemá 'Estas palabras que Te ordeno hoy deben estar *sobre* tu corazón'? ¿No debería estar escrito 'deben estar *en* tu corazón'? La respuesta es que el corazón no siempre está abierto, por lo tanto, las palabras deben reposar sobre éste de modo tal que al abrirse estén allí listas para ingresar".

El rezo requiere de práctica. Esto está implícito en la definición de la plegaria como *avodá shebalev*, "servicio del corazón". La palabra avodá, servicio, significa también trabajo esforzado, labor, actividad agotadora. Al rezar, debemos trabajar. Pero hay también momentos en los que la plegaria más inarticulada, recitada desde el corazón, logra perforar los cielos. Lo que cuenta es la seriedad y la honestidad. "El SEÑOR está cerca de quienes Le llaman, de todos aquellos que claman a Él con verdad".

## *11. La escalera de Ya'akob*

El rezo es un viaje que ha sido descrito de muchas maneras. Según los místicos es una travesía a través de los cuatro niveles del ser – Acción, Formación, Creación, Emanación. Ribí Ya'akob Emden elaboró un detallado esquema en el cual las plegarias representan movimientos desde el patio exterior al recinto del Santo Sanctórum del Templo de Jerusalém. Según todas las versiones, las etapas del rezo constituyen un ascenso y un descenso que alcanza su máximo nivel en el medio, durante el Shemá y la A'midá.

La metáfora que en mi opinión capta mejor el espíritu de la plegaria es el sueño de Ya'akob, en el cual estando solo, en la noche, escapando del peligro y lejos de su casa contempló una escalera que va desde la tierra el cielo con ángeles ascendiendo y descendiendo. Se despertó y dijo: "¡Qué increíble es este lugar! No es otro más que la casa de Dios y éste es el pórtico del cielo" (Génesis 28:10–17).

Nuestros sabios dijeron que "este lugar" se refería a Jerusalém. Esta es una verdad midráshica. Pero existe otro significado, simple y llano, pero no menos transformador. El verbo empleado por la Torá *vaifgá* significa "pasar por ahí, como si fuera casualidad". "Este lugar" – era cualquier lugar. Cualquier ubicación, en cualquier momento, incluso la soledad de una oscura noche puede ser el sitio y el momento para rezar. Si tenemos la fuerza de soñar y luego al despertar, de negarse a dejar ir el sueño, entonces aquí, ahora, allí donde me encuentre – puede ser el portón del cielo.

El rezo es una escalera y nosotros somos los ángeles. Si hay un tema recurrente a través de las plegarias es el de Creación – Revelación – Redención, o Ascenso – Encuentro – Descenso. En los versículos de alabanza escalamos desde la tierra hasta el cielo meditando sobre la Creación. Al igual que en un paisaje de Turner o Monet, los salmos nos permiten ver un universo bañado en luz, mas esta no es la luz de la belleza sino de la santidad – la luz que nuestros sabios dijeron que Dios creó el primero día y "ocultó para los justos en el Mundo Venidero". A través de algunas de las mejores poesías alguna vez escritas, vemos en los Salmos al mundo como la obra maestra de Dios, empapado de Su resplandor, hasta alcanzar un crescendo en el Salmo 150 con sus trece repeticiones del vocablo "alabad" intercaladas en las treinta y cinco palabras del pasaje.

Al llegar a *Barjú* y a las bendiciones del Shemá nos hemos acercado al encuentro. Estamos ahora en el cielo junto a los ángeles. Alcanzamos la Revelación. La Divina Presencia está cercana, casi tangible. Hablamos de amor en una de las bendiciones más entrañablemente bellas, "Tú nos has amado con un gran amor", con su conmovedora frase: "Padre nuestro, Padre compasivo, que actúas con clemencia, apiádate de nosotros". Llega entonces la gran declaración de fe en el corazón o núcleo central del rezo, el Shemá, con su apasionada profesión de la unicidad de Dios y la más elevada de todas las expresiones de amor: "Con todo tu corazón, con toda tu alma y con todas tus fuerzas". Concluyendo con una mención

◂ del Éxodo

del Éxodo, el Shemá desemboca en la bendición de *Emet* con su énfasis en la Redención, la salida de Egipto y el cruce del mar. Luego viene la A'midá, la suprema elevación de la plegaria. En este punto se fusionan tres tradiciones: la A'midá silenciosa recitada por los individuos que es un recordatorio de la plegaria de los profetas, la repetición por parte del oficiante que representa la labor sacerdotal y la plegaria como sacrificio, y luego la *Kedushá*, la plegaria como experiencia mística.

A partir de aquí la plegaria comienza su descenso. Primero llega el *Taḥanún*, pasaje en el cual hablamos privada e íntimamente con el Rey. En este punto, con una mezcla de angustia y súplica, no hablamos del amor de Dios por el pueblo de Israel sino del amor desafiante de los judíos por el Creador: "Y aun así no olvidamos Tu Nombre, por favor, no nos olvides". Encontramos en estas palabras una referencia que nos retrotrae al Shemá: "Guardián de Israel, cuida el remanente de Israel, no dejes que perezca Israel, quienes proclaman la unicidad de Tu Nombre y dicen: 'Escucha, Israel'".

Luego viene *Ashrei* y los pasajes subsiguientes, similares a los versículos de alabanza, pero esta vez con la Redención y no la Creación como su tema. El versículo clave es "Un redentor llegará a Ṣion". La sección concluye con una plegaria en la que pedimos transformarnos en agentes de redención al volver a involucrarnos con el mundo ("Sea Tu voluntad… que cuidemos Tus leyes en este mundo"). Ahora estamos nuevamente en la tierra, habiendo completado el rezo salvo por *Alenu*, *Kadish* y el Salmo del Día. Estamos listos para reingresar a la vida y sus desafíos.

¿Qué ha logrado el rezo? Si realmente hemos orado ahora sabemos que el mundo no se materializó por obra de la casualidad. Una única voluntad guía es la que dirigió su aparente carácter fortuito o aleatoriedad. Sabemos también que esa Voluntad no se acabó allí, sino que permanece íntimamente involucrada con el universo, que Él renueva a diario, y con la humanidad, cuyos destinos preside. Él gobierna. Hemos escalado la alta escalera y hemos visto, aunque tan solo sea vagamente, cuán pequeñas son algunas de nuestras preocupaciones. Nuestro paisaje emocional se ha expandido. Hemos dado voz a un espectro de emociones: agradecimiento, alabanza, amor, temor, culpa, arrepentimiento, recuerdo, esperanza. Al abandonar la sinagoga y dirigirnos al mundo exterior sabemos que no estamos solos, que Dios está con nosotros, que no debemos sentir miedo a equivocarnos porque Dios perdona; que nuestras esperanzas no son vanas, que estamos aquí con un propósito y que queda aún trabajo por hacer.

No somos las mismas personas tras haber estado de pie ante la Presencia Divina que antes de hacerlo. Hemos sido transformados. Vemos el mundo bajo una luz diferente. Quizás irradiamos una luz diferente. Hemos hablado a Dios y Lo hemos escuchado. Nos hemos alineado con las energías morales del universo. Nos hemos transformado en lo que en la terminología luriánica se denomina 'recipientes para la bendición de Dios'. Hemos cambiado por medio de la oración.

### 12. *¿Es respondida la plegaria?*

¿Es respondida la plegaria? Si Dios es inmutable, ¿cómo podemos cambiarlo con lo que decimos? Incluso descontando esto, ¿por qué necesitamos articular nuestros pedidos? Seguramente Dios, que ve el corazón, conoce nuestros deseos aun antes que nosotros mismos, sin que tengamos que ponerlos en palabras. Lo que deseamos que ocurra puede ser bueno o malo a ojos de Dios. Si es bueno Dios hará que ocurra, aunque no recemos. Si es malo, Dios no permitirá que ocurra, aunque recemos. Entonces, ¿para qué rezamos?

La respuesta judía clásica es simple pero profunda. Sin un recipiente que contenga la bendición, no puede haber bendición. Si carecemos de receptáculo para captar la lluvia, esta caerá, pero no tendremos nada para beber. Si carecemos de un receptor de radio, las ondas sonoras fluirán, pero no seremos capaces de convertirlas en sonido. Las bendiciones de Dios fluyen constantemente, pero a menos que nos transformemos en vasijas, fluirán hacia otra parte. *Rezar es el acto de transformarnos en vehículo de la Divinidad.*

Hablando desde mi experiencia personal y de varios encuentros que sostuve con personas para las que rezar ha sido un salvavidas, sé que nuestras plegarias son respondidas: no siempre del modo que esperábamos, no siempre tan rápido como queríamos, pero *la plegaria nunca resulta en vano*. A veces la respuesta es "No". Si concedernos una petición podría dañar a otros, Dios no lo hará. Pero "No" es también una respuesta, y cuando Dios decide que algo por lo que he rezado no debe ocurrir, entonces debo orar para obtener la sabiduría de comprender el

◂ por qué

por qué. Esto también resulta ser parte del crecimiento espiritual: aceptar de buena gana aquello que no podemos o no debemos cambiar. La plegaria no es un sustituto del esfuerzo humano, por el contrario, rezar es una de las fuentes de energía más poderosas para alimentarlo. Dios nos concede la fuerza de alcanzar lo que debemos alcanzar y hacer aquello para lo que fuimos puestos sobre la tierra.

*La plegaria cambia al mundo porque nos cambia a nosotros.* En su punto álgido se trata de una experiencia profundamente transformadora. Si realmente hemos rezado, con el correr del tiempo habremos de saber que el mundo fue hecho, y nosotros fuimos hechos con un propósito: que Dios, si bien es inconmensurablemente vasto es también intensamente cercano; que "si mi padre y mi madre me abandonasen, el Señor me recogería"; que Dios está junto a nosotros en nuestros esfuerzos, y que no trabajamos en vano. Sabemos también que somos parte de una comunidad de fe, y con nosotros están cuatro mil años de historia, así como las plegarias y las esperanzas de aquellos que nos antecedieron. Por más distantes que nos sintamos de Dios, Él está atrás nuestro y todo lo que tenemos que hacer es girar nuestro rostro en Su dirección. La fe nació y vive en la plegaria, y es el antídoto del miedo: "El Señor es la fortaleza de mi vida, ¿de quién tendré miedo?".

Ser acariciado por las alas de la eternidad hace diferencia. El triple rezo diario actúa sobre nosotros de un modo que no es inmediatamente visible. Así como el mar suaviza la piedra, tal como los reiterados golpes de martillo del escultor van dando forma al mármol, de igual manera la plegaria – cíclica, siguiendo los ritmos del mismo tiempo – gradualmente va desgastando los bordes irregulares de nuestro carácter, transformándolo en una obra de arte devocional. Comenzamos a ver la belleza del mundo creado. Nos posicionamos como parte de la historia de nuestro pueblo. Lentamente, pasamos a pensar menos en "Yo" y más en "Nosotros", menos en aquello que nos falta y más en lo que tenemos, menos en lo que precisamos del mundo y más en lo que el mundo necesita de nosotros. La plegaria no se trata de obtener lo que deseamos sino de aprender qué es lo que queremos. Nuestras prioridades cambian, nos tornamos menos adustos, aprendemos la profunda alegría que sobreviene al aprender a alabar y agradecer. El mundo que construimos en el mañana nace en las plegarias que elevamos hoy.

◂ Cuando

Cuando al final de su visión Ya'akob abrió sus ojos dijo con una sensación de temor reverencial: "Seguramente Dios está en este lugar y yo no lo sabía". Esto es lo que hace el rezo. Abre nuestros ojos a la maravilla del mundo. Abre nuestros oídos a la aún tenue voz de Dios. Abre nuestros corazones a quienes necesitan de nuestra ayuda. Dios existe allí donde rezamos. Tal como dijera Ribí Menajem Mendel de Kotzk: "Dios habita allí donde Le permiten entrar". Y en el diálogo entre el alma humana y la del universo, nace una fuerza sutil pero trascendente.

Rabino Jonathan Sacks
Londres 5769 (2009)

# ימי חול

## DÍAS DE SEMANA

# Shaḥrit

## AL DESPERTAR

*Al despertar, se dice:*

מוֹדֶה Te agradezco, Rey viviente y eterno,
por devolverme piadosamente el alma.
Grande es Tu confianza.

*Tras lavar manos se dice:*

בָּרוּךְ Bendito eres Tú Señor, nuestro Dios, Rey del universo,
que nos ha santificado con Sus preceptos
y nos ordenó el lavado de manos.

*Tras haber atendido las necesidades fisiológicas a lo largo de todo el día se dice:*

בָּרוּךְ Bendito eres Tú Señor, nuestro Dios, Rey del universo,
que formó al hombre con sabiduría
y creó en él numerosos orificios y cavidades.
Es revelado y sabido ante el trono de Tu gloria que,
si uno de estos se bloquease o desobturase,
sería imposible sobrevivir siquiera un instante.
Bendito eres Tú Señor, que curas toda carne y obras maravillas.

---

Dios. Expresar esta gratitud por el hecho de estar con vida nos prepara para santificar y celebrar una nueva jornada.

אֲשֶׁר יָצַר *Que formó al hombre con sabiduría:* esta bendición agradece por las intrincadas maravillas del cuerpo humano. *Si uno de estos se desobturase u obstruyese-* la más mínima variación en el genoma humano puede generar dolencias fatales. Cuanto mejor comprendemos la complejidad de la vida más apreciamos "Cuán numerosas son Tus obras Señor, Tú las hiciste con sabiduría; toda la tierra está colmada de Tus creaciones" (Salmos 104:24). Esta bendición rechaza la idea de que únicamente el espíritu es de carácter sagrado y el ámbito físico está privado de lo Divino.

# תפילות השחר

## השכמת הבוקר

*Al despertar, se dice:*

מוֹדֶה/ *mujeres* מוֹדָה/ אֲנִי לְפָנֶיךָ מֶלֶךְ חַי וְקַיָּם
שֶׁהֶחֱזַרְתָּ בִּי נִשְׁמָתִי בְּחֶמְלָה
רַבָּה אֱמוּנָתֶךָ.

*Tras lavar manos se dice:*

בָּרוּךְ אַתָּה יְהֹוָה, אֱלֹהֵינוּ מֶלֶךְ הָעוֹלָם
אֲשֶׁר קִדְּשָׁנוּ בְּמִצְוֹתָיו וְצִוָּנוּ עַל נְטִילַת יָדָיִם.

*Tras haber atendido las necesidades fisiológicas a lo largo de todo el día se dice:*

בָּרוּךְ אַתָּה יְהֹוָה, אֱלֹהֵינוּ מֶלֶךְ הָעוֹלָם
אֲשֶׁר יָצַר אֶת הָאָדָם בְּחָכְמָה
וּבָרָא בוֹ נְקָבִים נְקָבִים, חֲלוּלִים חֲלוּלִים.
גָּלוּי וְיָדוּעַ לִפְנֵי כִסֵּא כְבוֹדֶךָ
שֶׁאִם יִסָּתֵם אֶחָד מֵהֶם אוֹ אִם יִפָּתֵחַ אֶחָד מֵהֶם
אִי אֶפְשָׁר לְהִתְקַיֵּם אֲפִלּוּ שָׁעָה אֶחָת.
בָּרוּךְ אַתָּה יְהֹוָה, רוֹפֵא כָל־בָּשָׂר וּמַפְלִיא לַעֲשׂוֹת.

---

מוֹדֶה אֲנִי *Te agradezco:* Estas palabras deben decirse de inmediato al despertarse. Por su intermedio agradecemos a Dios por el hecho de estar vivos y la renovación diaria de la vida. Según nuestros sabios el sueño es "una sesentava parte de la muerte" (*Berajot* 57B). Por ello, el despertar es en cierto modo un renacer. A pesar de lo breve de su extensión, esta frase articula un acto transformativo de fe: el reconocimiento de que la vida es un obsequio de

## BENDICIONES MATINALES

אֱלֹהַי Dios mío,
el alma que colocaste en mi interior es pura.
Tú la creaste,
Tú la formaste
y Tú la insuflaste dentro mío,
Tú la resguardas en mi interior
y en el futuro Tú la tomarás de mí
y me la regresarás en el futuro por venir.
Mientras el alma permanezca en mi seno Te agradeceré
Señor, Dios mío y de mis ancestros,
Por cuanto que Tú eres el regente de todas las acciones,
dueño de todas las almas, soberano de todas las creaturas,
viviente y eterno.
Bendito eres Tú Señor,
que restituye las almas a los cuerpos sin vida.

בָּרוּךְ Bendito eres Tú Señor, nuestro Dios,
Rey del universo,
que concedes entendimiento al corazón
para distinguir entre el día y la noche.

---

El propósito de estas bendiciones es concientizarnos de aquello que de otra forma sería dado por sobre entendido. Agradecer es un acto de atención focalizada, trayendo a un primer plano aquello que de otra forma permanecería en un segundo plano de la consciencia. “El mundo está colmado de luz Divina pero para contemplarla debemos abrir nuestros ojos” (Ribí Najman de Breslav).

הַנּוֹתֵן לַשֶּׂכְוִי *Que concedes entendimiento al corazón:* esta es la traducción del texto según Rabeinu Asher (Rosh); Rashí y Abudraham lo leyeron, “que concedes al gallo”. Según la lectura del Rosh la primera bendición matinal es un reflejo de la primera de la sección de los pedidos en la A'midá, esto es, un pedido para que el ser humano comprenda, discierna, tal como el primer acto de la creación Divina fue separar la luz de la oscuridad.

## ברכות השחר

אֱלֹהַי

נְשָׁמָה שֶׁנָּתַתָּ בִּי טְהוֹרָה.

אַתָּה בְרָאתָהּ, אַתָּה יְצַרְתָּהּ, אַתָּה נְפַחְתָּהּ בִּי

וְאַתָּה מְשַׁמְּרָהּ בְּקִרְבִּי

וְאַתָּה עָתִיד לִטְּלָהּ מִמֶּנִּי וּלְהַחֲזִירָהּ בִּי לֶעָתִיד לָבוֹא.

כָּל־זְמַן שֶׁהַנְּשָׁמָה בְקִרְבִּי

מוֹדֶה/ *mujeres:* מוֹדָה/ אֲנִי לְפָנֶיךָ

יְהוָה אֱלֹהַי וֵאלֹהֵי אֲבוֹתַי

שֶׁאַתָּה הוּא רִבּוֹן כָּל־הַמַּעֲשִׂים, אֲדוֹן כָּל־הַנְּשָׁמוֹת

מוֹשֵׁל בְּכָל־הַבְּרִיּוֹת, חַי וְקַיָּם לָעַד

בָּרוּךְ אַתָּה יְהוָה, הַמַּחֲזִיר נְשָׁמוֹת לִפְגָרִים מֵתִים.

בָּרוּךְ אַתָּה יְהוָה, אֱלֹהֵינוּ מֶלֶךְ הָעוֹלָם

הַנּוֹתֵן לַשֶּׂכְוִי בִינָה

לְהַבְחִין בֵּין יוֹם וּבֵין לָיְלָה.

---

אֱלֹהַי *Dios mío, el alma que colocaste en mi interior es pura:* se trata de una afirmación de la creencia judía respecto de la libertad y la responsabilidad de cada ser humano. El alma como tal es pura. Poseemos instintos buenos y malos y debemos escoger entre ellos. La bendición concluye con una referencia a la resurrección de los muertos, volviendo así al tema de las primeras palabras que pronunciamos en la mañana.

בָּרוּךְ אַתָּה *Bendito eres Tú:* estas bendiciones detalladas en el Talmud (*Berajot* 60B) originalmente eran recitadas en la casa para acompañar las diferentes etapas del despertar. "*Que da visión al ciego*" se recitaba al abrir los ojos, "*que viste a los desnudos*" al vestirse y así sucesivamente. Muchas autoridades halájicas medievales sostuvieron que estas bendiciones debían ser recitadas en la sinagoga.

Bendito eres Tú Señor, nuestro Dios,
Rey del universo,
que da visión a los ciegos.

Bendito eres Tú Señor, nuestro Dios,
Rey del universo,
que libera a los cautivos.

Bendito eres Tú Señor, nuestro Dios,
Rey del universo,
que yergue a los encorvados.

Bendito eres Tú Señor, nuestro Dios,
Rey del universo,
que viste a los desnudos.

Bendito eres Tú Señor, nuestro Dios,
Rey del universo,
que da fuerza al exhausto.

Bendito eres Tú Señor, nuestro Dios,
Rey del universo,
que establece la tierra sobre las aguas.

Bendito eres Tú Señor, nuestro Dios,
Rey del universo,
que afirma el paso del hombre.

*La siguiente bendición no se recita en Yom Kipur ni en Tish'á BeAb.*

Bendito eres Tú Señor, nuestro Dios,
Rey del universo,
que me ha provisto de todo menester.

Bendito eres Tú Señor, nuestro Dios,
Rey del universo,
que ciñe a Israel con fortaleza.

בָּרוּךְ אַתָּה יְהוָה, אֱלֹהֵינוּ מֶלֶךְ הָעוֹלָם
פּוֹקֵחַ עִוְרִים.

בָּרוּךְ אַתָּה יְהוָה, אֱלֹהֵינוּ מֶלֶךְ הָעוֹלָם
מַתִּיר אֲסוּרִים.

בָּרוּךְ אַתָּה יְהוָה, אֱלֹהֵינוּ מֶלֶךְ הָעוֹלָם
זוֹקֵף כְּפוּפִים.

בָּרוּךְ אַתָּה יְהוָה, אֱלֹהֵינוּ מֶלֶךְ הָעוֹלָם
מַלְבִּישׁ עֲרֻמִּים.

בָּרוּךְ אַתָּה יְהוָה, אֱלֹהֵינוּ מֶלֶךְ הָעוֹלָם
הַנּוֹתֵן לַיָּעֵף כֹּחַ.

בָּרוּךְ אַתָּה יְהוָה, אֱלֹהֵינוּ מֶלֶךְ הָעוֹלָם
רוֹקַע הָאָרֶץ עַל הַמָּיִם.

בָּרוּךְ אַתָּה יְהוָה, אֱלֹהֵינוּ מֶלֶךְ הָעוֹלָם
הַמֵּכִין מִצְעֲדֵי גָבֶר.

*La siguiente bendición no se recita en* תשעה באב *ni en* יום הכיפורים

בָּרוּךְ אַתָּה יְהוָה, אֱלֹהֵינוּ מֶלֶךְ הָעוֹלָם
שֶׁעָשָׂה לִי כָּל־צָרְכִּי.

בָּרוּךְ אַתָּה יְהוָה, אֱלֹהֵינוּ מֶלֶךְ הָעוֹלָם
אוֹזֵר יִשְׂרָאֵל בִּגְבוּרָה.

Bendito eres Tú Señor, nuestro Dios,
Rey del universo,
que corona a Israel con gloria.

Bendito eres Tú Señor, nuestro Dios,
Rey del universo,
que no me ha hecho gentil.

Bendito eres Tú Señor, nuestro Dios,
Rey del universo,
que no me ha hecho esclavo.

*hombres:* Bendito eres Tú Señor, nuestro Dios,
Rey del universo,
que no me ha hecho mujer.

*mujeres:* Bendito Aquel que me hizo conforme
a Su voluntad.

בָּרוּךְ Bendito eres Tú Señor, nuestro Dios, Rey del universo,
que quitas el sueño de nuestros ojos
y la somnolencia de nuestros párpados.
Sea Tu voluntad Señor, Dios nuestro y de nuestros ancestros,
que nos acostumbres a Tu Torá, y nos apegues a Tus preceptos.

---

del cumplimiento de determinados preceptos que aplican al varón judío. Mediante estas bendiciones expresamos nuestra fe respecto de que los preceptos no son una pesada carga sino una querida vocación.

הַמַּעֲבִיר *Que quitas el sueño de mis ojos:* habiendo ya agradecido a Dios por todo lo bueno que nos rodea, concluimos pidiéndole que nos ayude a dedicar nuestras vidas a Su servicio, y que los diferentes obstáculos que se presenten no nos disuadan. La plegaria culmina agradeciendo la generosidad de Dios, recordando el versículo de Salmos 92(3): "Proclamar Tu benevolencia por la mañana y Tu confianza por las noches".

בָּרוּךְ אַתָּה יְהֹוָה, אֱלֹהֵינוּ מֶלֶךְ הָעוֹלָם
עוֹטֵר יִשְׂרָאֵל בְּתִפְאָרָה.

בָּרוּךְ אַתָּה יְהֹוָה, אֱלֹהֵינוּ מֶלֶךְ הָעוֹלָם
שֶׁלֹּא עָשַׂנִי גּוֹי. / *mujeres:* גּוֹיָה.

בָּרוּךְ אַתָּה יְהֹוָה, אֱלֹהֵינוּ מֶלֶךְ הָעוֹלָם
שֶׁלֹּא עָשַׂנִי עָבֶד. / *mujeres:* שִׁפְחָה.

*hombres:* בָּרוּךְ אַתָּה יְהֹוָה, אֱלֹהֵינוּ מֶלֶךְ הָעוֹלָם
שֶׁלֹּא עָשַׂנִי אִשָּׁה.

*mujeres:* בָּרוּךְ שֶׁעָשַׂנִי כִּרְצוֹנוֹ.

בָּרוּךְ אַתָּה יְהֹוָה, אֱלֹהֵינוּ מֶלֶךְ הָעוֹלָם
הַמַּעֲבִיר חֶבְלֵי שֵׁנָה מֵעֵינֵינוּ וּתְנוּמָה מֵעַפְעַפֵּינוּ.
וִיהִי רָצוֹן מִלְּפָנֶיךָ, יְהֹוָה אֱלֹהֵינוּ וֵאלֹהֵי אֲבוֹתֵינוּ
שֶׁתַּרְגִּילֵנוּ בְּתוֹרָתֶךָ, וְתַדְבִּיקֵנוּ בְּמִצְוֹתֶיךָ

---

שֶׁלֹּא עָשַׂנִי *Que no me ha hecho gentil, esclavo o mujer:* estas tres bendiciones están mencionadas en el Talmud (*Menajot* 43B). Antes de bendecir a Dios por las universalidades de la vida humana Le bendecimos por las particularidades de nuestra identidad. Pertenecemos al pueblo del pacto; somos libres; y poseemos responsabilidades diferentes como hombres y como mujeres. Estas bendiciones no tienen nada que ver con jerarquías de dignidad pues creemos que cada ser humano está creado igual a semejanza de Dios. Se trata más bien de expresiones de consciencia de los deberes especiales que encierra la vida judía. Gentiles, esclavos y mujeres se encuentran exentos

No permitas que incurramos en el error,
la trasgresión, la tentación o el escarnio.
Mantennos alejados de la inclinación al mal
y apéganos a la inclinación al bien.
Otórganos hoy amor, gracia, generosidad
y misericordia ante Tus ojos y los ojos de todos
quienes nos contemplan,
y prodíganos abundante benevolencia.
Bendito eres Tú Señor,
que otorga abundante benevolencia a Su pueblo Israel.

יְהִי Sea Tu voluntad Señor, Dios nuestro y de nuestros ancestros, que nos salves a diario hoy y todos los días del arrogante y de la arrogancia misma, del mal hombre, la mala mujer, la inclinación al mal, el mal amigo, el mal vecino, de cualquier contratiempo, del mal mirar, las habladurías, la delación, el falso testimonio, el odio de las creaturas, la patraña, la muerte dolorosa, las enfermedades graves, los malos sucesos, del proceso judicial difícil, del oponente difícil sea éste o no parte del pacto (N. de T. judío) y del juicio del Guehinam. (El Compasivo nos salvará de todos estos). *Berajot 16b*

(Maimónides), por lo tanto, oramos para mantenernos a salvo de personas dañinas, situaciones difíciles y tentaciones. Esta oración refleja "el tramado social de la fe" (Rabino Lord Jakobovits).

וְאַל תְּבִיאֵנוּ לִידֵי חֵטְא וְלֹא לִידֵי עֲבֵרָה
וְלֹא לִידֵי נִסָּיוֹן וְלֹא לִידֵי בִזָּיוֹן
וְתַרְחִיקֵנוּ מִיֵּצֶר הָרָע וְתַדְבִּיקֵנוּ בְּיֵצֶר הַטּוֹב
וּתְנֵנוּ לְאַהֲבָה לְחֵן וּלְחֶסֶד וּלְרַחֲמִים
בְּעֵינֶיךָ וּבְעֵינֵי כָל־רוֹאֵינוּ
וְגָמְלֵנוּ חֲסָדִים טוֹבִים.
בָּרוּךְ אַתָּה יְהוָה, גּוֹמֵל חֲסָדִים טוֹבִים לְעַמּוֹ יִשְׂרָאֵל.

יְהִי רָצוֹן מִלְּפָנֶיךָ, יְהוָה אֱלֹהֵינוּ וֵאלֹהֵי אֲבוֹתֵינוּ, שֶׁתַּצִּילֵנוּ הַיּוֹם וּבְכָל־יוֹם וָיוֹם מֵעַזֵּי פָנִים וּמֵעַזּוּת פָּנִים, מֵאָדָם רָע, מֵאִשָּׁה רָעָה, מִיֵּצֶר רָע, מֵחָבֵר רָע, מִשָּׁכֵן רָע, מִפֶּגַע רָע, מֵעַיִן הָרָע, וּמִלָּשׁוֹן הָרָע, מִמַּלְשִׁינוּת, מֵעֵדוּת שֶׁקֶר, מִשִּׂנְאַת הַבְּרִיּוֹת, מֵעֲלִילָה, מִמִּיתָה מְשֻׁנָּה, מֵחֳלָאִים רָעִים, מִמִּקְרִים רָעִים, מִדִּין קָשֶׁה, וּמִבַּעַל דִּין קָשֶׁה, בֵּין שֶׁהוּא בֶן־בְּרִית וּבֵין שֶׁאֵינוֹ בֶן־בְּרִית, וּמִדִּינָהּ שֶׁל גֵּיהִנֹּם. (הָרַחֲמָן הוּא יַצִּילֵנוּ מִכֻּלָּם). ברכות טז:

---

יְהִי רָצוֹן *Sea Tu voluntad:* se trata de una meditación compuesta por Ribí Yehudá HaNasí (final del segundo y principios del tercer siglo de la era común), compilador de la Mishná y líder de la comunidad judía en la tierra de Israel. Somos seres sociales, influenciados por nuestro entorno

## LAS BENDICIONES DE LA TORÁ

בָּרוּךְ Bendito eres Tú Señor, nuestro Dios, Rey del universo, *Berajot 11b*
que nos ha santificado con Sus preceptos
y nos ordenó respecto de las palabras de la Torá.

וְהַעֲרֶב נָא Que las palabras de Tu Torá Señor,
nuestro Dios, sean agradables en nuestras bocas
y las bocas de Tu pueblo, la casa de Israel,
y nosotros y nuestros descendientes
y los descendientes de nuestros descendientes
(Y los descendientes de Tu pueblo la Casa de Israel)
seamos todos conocedores de Tu Nombre
y estudiosos de Tu Torá por amor a Ti.
Bendito eres Tú Señor, que enseña la Torá a Su pueblo Israel.

בָּרוּךְ Bendito eres Tú Señor, nuestro Dios, Rey del universo,
que nos ha escogido de entre todas las naciones
y nos entregó Su Torá.
Bendito eres Tú Señor, Dador de la Torá

(Tú que eres bueno y prodigas el bien, enséñame Tus leyes). *Sal. 119*

---

elección implica responsabilidad y está inseparablemente ligada al estudio de la Torá y su puesta en práctica.

Por ello, a los efectos de cumplir de inmediato con el contenido de las bendiciones leemos tres textos cuyo recitado es una forma de estudio. El Talmud (*Kidushín* 30a) nos indica que el estudio debe dividirse en tres partes: estudio de (1) Torá, (2) Mishná, y (3) Guemará. Por ello leemos: (1) un texto bíblico – la bendición sacerdotal, (2) un pasaje de la Mishná que versa sobre preceptos que carecen de una medida fija para su cumplimiento, y (3) un pasaje de la Guemará que habla de la recompensa por las buenas acciones en este mundo y en el Venidero.

# ברכות התורה

ברכות יא:

בָּרוּךְ אַתָּה יְהֹוָה, אֱלֹהֵינוּ מֶלֶךְ הָעוֹלָם
אֲשֶׁר קִדְּשָׁנוּ בְּמִצְוֹתָיו וְצִוָּנוּ עַל דִּבְרֵי תוֹרָה.
וְהַעֲרֶב נָא יְהֹוָה אֱלֹהֵינוּ אֶת דִּבְרֵי תוֹרָתְךָ
בְּפִינוּ וּבְפִיפִיּוֹת עַמְּךָ בֵּית יִשְׂרָאֵל
וְנִהְיֶה אֲנַחְנוּ, וְצֶאֱצָאֵינוּ, וְצֶאֱצָאֵי צֶאֱצָאֵינוּ
(וְצֶאֱצָאֵי עַמְּךָ בֵּית יִשְׂרָאֵל)
כֻּלָּנוּ יוֹדְעֵי שְׁמֶךָ וְלוֹמְדֵי תוֹרָתְךָ לִשְׁמָהּ.
בָּרוּךְ אַתָּה יְהֹוָה, הַמְלַמֵּד תּוֹרָה לְעַמּוֹ יִשְׂרָאֵל.
בָּרוּךְ אַתָּה יְהֹוָה, אֱלֹהֵינוּ מֶלֶךְ הָעוֹלָם
אֲשֶׁר בָּחַר בָּנוּ מִכָּל־הָעַמִּים וְנָתַן לָנוּ אֶת תּוֹרָתוֹ.
בָּרוּךְ אַתָּה יְהֹוָה, נוֹתֵן הַתּוֹרָה

תהלים קיט

(טוֹב אַתָּה וּמֵטִיב לַמְּדֵנִי חֻקֶּיךָ).

---

LAS BENDICIONES DE LA TORÁ

La historia del judaísmo es la historia del amor que profesó un pueblo al libro de los libros, la Torá. A modo de antesala al estudio, pronunciamos dos bendiciones y una plegaria. La primera, "que nos consagró con Sus preceptos" se trata de una bendición por el precepto de dedicarnos al estudio de la Torá, una declaración de que no estudiamos como mero ejercicio intelectual o cultural, sino que se trata del cumplimiento de un deber Divino. Esta bendición es seguida por una plegaria en la que le pedimos a Dios que haga nuestro estudio dulce y agradable y nos ayude a trasmitirlo a nuestros hijos. La bendición final, "*que nos escogió*" es un reconocimiento del hecho que la

Y habló el SEÑOR a Moshé diciendo: *Núm. 6*
Dile a Aharón y a sus hijos:
Así bendeciréis a los hijos de Israel:
"El SEÑOR te bendiga y te guarde.
El SEÑOR te ilumine con Su Presencia y te agracie.
El SEÑOR dirija Su Presencia hacia ti y te conceda la paz".
Y pondrán Mi Nombre sobre los hijos de Israel
y Yo los bendeciré.

*Hay quienes acostumbran a agregar aquí versículos,*
*y hay quienes acostumbran a adicionar los siguientes:*

"Y vosotros que os adherís al SEÑOR vuestro Dios estáis todos vivos hoy". *Deut. 4*
"El ángel que me liberó de todo mal bendiga a los jóvenes y que sean llamados por mi nombre y los nombres de mis padres Abraham e Iṣḥak, y que se multipliquen abundantemente en el seno de la tierra". *Gén. 48*

וַיְדַבֵּר יְהוָה אֶל־מֹשֶׁה לֵּאמֹר: במדבר ו

דַּבֵּר אֶל־אַהֲרֹן וְאֶל־בָּנָיו לֵאמֹר

כֹּה תְבָרְכוּ אֶת־בְּנֵי יִשְׂרָאֵל אָמוֹר לָהֶם:

יְבָרֶכְךָ יְהוָה וְיִשְׁמְרֶךָ:

יָאֵר יְהוָה ׀ פָּנָיו אֵלֶיךָ וִיחֻנֶּךָּ:

יִשָּׂא יְהוָה ׀ פָּנָיו אֵלֶיךָ וְיָשֵׂם לְךָ שָׁלוֹם:

וְשָׂמוּ אֶת־שְׁמִי עַל־בְּנֵי יִשְׂרָאֵל וַאֲנִי אֲבָרְכֵם:

*Hay quienes acostumbran a agregar aquí versículos,*
*y hay quienes acostumbran a adicionar los siguientes:*

וְאַתֶּם הַדְּבֵקִים בַּיהוָה אֱלֹהֵיכֶם חַיִּים כֻּלְּכֶם הַיּוֹם: הַמַּלְאָךְ הַגֹּאֵל אֹתִי דברים ד
מִכָּל־רָע יְבָרֵךְ אֶת־הַנְּעָרִים וְיִקָּרֵא בָהֶם שְׁמִי וְשֵׁם אֲבֹתַי אַבְרָהָם וְיִצְחָק בראשית מח
וְיִדְגּוּ לָרֹב בְּקֶרֶב הָאָרֶץ:

# Tikún Ḥaṣot

# סדר תיקון חצות

## תקון רחל

אָנָּא, יְהֹוָה אֱלֹהֵינוּ וֵאלֹהֵי אֲבוֹתֵינוּ תָּבֹא לְפָנֶיךָ תְּפִלָּתֵנוּ, וְאַל־תִּתְעַלַּם מַלְכֵּנוּ מִתְּחִנָּתֵנוּ, שֶׁאֵין אֲנַחְנוּ עַזֵּי פָנִים וּקְשֵׁה עֹרֶף לוֹמַר לְפָנֶיךָ יְהֹוָה אֱלֹהֵינוּ וֵאלֹהֵי אֲבוֹתֵינוּ צַדִּיקִים אֲנַחְנוּ וְלֹא חָטָאנוּ, אֲבָל חָטָאנוּ, עָוִינוּ, פָּשַׁעְנוּ, אֲנַחְנוּ וַאֲבוֹתֵינוּ וְאַנְשֵׁי בֵיתֵנוּ:

אָשַׁמְנוּ, בָּגַדְנוּ, גָּזַלְנוּ, דִּבַּרְנוּ דֹפִי וְלָשׁוֹן הָרָע, הֶעֱוִינוּ, וְהִרְשַׁעְנוּ, זַדְנוּ, חָמַסְנוּ, טָפַלְנוּ שֶׁקֶר, יָעַצְנוּ עֵצוֹת רָעוֹת, כִּזַּבְנוּ, לַצְנוּ, לוֹצַצְנוּ, מָרַדְנוּ, נִאַצְנוּ, נִאַפְנוּ, נִשְׁבַּעְנוּ לַשָּׁוְא וְלַשֶּׁקֶר, סָרַרְנוּ, עָוִינוּ, פָּשַׁעְנוּ, צָרַרְנוּ, קִשִּׁינוּ עֹרֶף, רָשַׁעְנוּ, שִׁחַתְנוּ, תִּעַבְנוּ, תָּעִינוּ וְתִעְתָּעְנוּ, וְסַרְנוּ מִמִּצְוֹתֶיךָ וּמִמִּשְׁפָּטֶיךָ הַטּוֹבִים וְלֹא שָׁוָה לָנוּ, וְאַתָּה צַדִּיק עַל־כָּל־הַבָּא עָלֵינוּ, כִּי אֱמֶת עָשִׂיתָ וַאֲנַחְנוּ הִרְשָׁעְנוּ:

מַה־נֹּאמַר לְפָנֶיךָ יוֹשֵׁב מָרוֹם, וּמַה־נְּסַפֵּר לְפָנֶיךָ שׁוֹכֵן שְׁחָקִים, הֲלֹא כָּל־הַנִּסְתָּרוֹת וְהַנִּגְלוֹת אַתָּה יוֹדֵעַ. אַתָּה יוֹדֵעַ רָזֵי עוֹלָם, וְתַעֲלוּמוֹת סִתְרֵי כָּל־חָי. אַתָּה חוֹפֵשׂ כָּל־חַדְרֵי בָטֶן, וּבוֹחֵן כְּלָיוֹת וָלֵב. אֵין כָּל־דָּבָר נֶעְלָם מִמָּךְ, וְאֵין נִסְתָּר מִנֶּגֶד עֵינֶיךָ:

וּבְכֵן, יְהִי רָצוֹן מִלְּפָנֶיךָ יְהֹוָה אֱלֹהֵינוּ וֵאלֹהֵי אֲבוֹתֵינוּ שֶׁתִּסְלַח לָנוּ עַל־חַטֹּאתֵינוּ, וְתִמְחֹל לָנוּ עַל־כָּל־עֲוֹנוֹתֵינוּ, וּתְכַפֵּר לָנוּ עַל־כָּל־פְּשָׁעֵינוּ:

*Se sienta en el suelo para llorar por la destrucción del Bet Hamikdash mientras se dice:*

תהלים קלז

עַל נַהֲרוֹת ׀ בָּבֶל שָׁם יָשַׁבְנוּ גַּם־בָּכִינוּ בְּזָכְרֵנוּ אֶת־צִיּוֹן: עַל־עֲרָבִים בְּתוֹכָהּ תָּלִינוּ כִּנֹּרוֹתֵינוּ: כִּי שָׁם שְׁאֵלוּנוּ שׁוֹבֵינוּ דִּבְרֵי־שִׁיר וְתוֹלָלֵינוּ שִׂמְחָה שִׁירוּ לָנוּ מִשִּׁיר צִיּוֹן: אֵיךְ נָשִׁיר אֶת־שִׁיר־יְהֹוָה עַל אַדְמַת נֵכָר: אִם־אֶשְׁכָּחֵךְ יְרוּשָׁלָםִ תִּשְׁכַּח יְמִינִי: תִּדְבַּק־לְשׁוֹנִי ׀ לְחִכִּי אִם־לֹא אֶזְכְּרֵכִי אִם־לֹא אַעֲלֶה

אֶת־יְרוּשָׁלַ͏ִם עַל רֹאשׁ שִׂמְחָתִי: זְכֹר יְהֹוָה | לִבְנֵי אֱדוֹם אֵת יוֹם יְרוּשָׁלָ͏ִם הָאֹמְרִים עָרוּ | עָרוּ עַד הַיְסוֹד בָּהּ: בַּת־בָּבֶל הַשְּׁדוּדָה אַשְׁרֵי שֶׁיְשַׁלֶּם־לָךְ אֶת־גְּמוּלֵךְ שֶׁגָּמַלְתְּ לָנוּ: אַשְׁרֵי | שֶׁיֹּאחֵז וְנִפֵּץ אֶת־עֹלָלַיִךְ אֶל־הַסָּלַע:

*Se llora por el asesinato de los justos mientras se dice:*

תהלים עט מִזְמוֹר לְאָסָף אֱלֹהִים בָּאוּ גוֹיִם | בְּנַחֲלָתֶךָ טִמְּאוּ אֶת־הֵיכַל קָדְשֶׁךָ שָׂמוּ אֶת־יְרוּשָׁלַ͏ִם לְעִיִּים: נָתְנוּ אֶת־נִבְלַת עֲבָדֶיךָ מַאֲכָל לְעוֹף הַשָּׁמָיִם בְּשַׂר חֲסִידֶיךָ לְחַיְתוֹ־אָרֶץ: שָׁפְכוּ דָמָם | כַּמַּיִם סְבִיבוֹת יְרוּשָׁלָ͏ִם וְאֵין קוֹבֵר: הָיִינוּ חֶרְפָּה לִשְׁכֵנֵינוּ לַעַג וָקֶלֶס לִסְבִיבוֹתֵינוּ: עַד־מָה יְהֹוָה תֶּאֱנַף לָנֶצַח תִּבְעַר כְּמוֹ־אֵשׁ קִנְאָתֶךָ: שְׁפֹךְ חֲמָתְךָ אֶל־הַגּוֹיִם אֲשֶׁר לֹא־יְדָעוּךָ וְעַל מַמְלָכוֹת אֲשֶׁר בְּשִׁמְךָ לֹא קָרָאוּ: כִּי אָכַל אֶת־יַעֲקֹב וְאֶת־נָוֵהוּ הֵשַׁמּוּ: אַל־תִּזְכָּר־לָנוּ עֲוֹנֹת רִאשֹׁנִים מַהֵר יְקַדְּמוּנוּ רַחֲמֶיךָ כִּי דַלּוֹנוּ מְאֹד: עָזְרֵנוּ | אֱלֹהֵי יִשְׁעֵנוּ עַל־דְּבַר כְּבוֹד־שְׁמֶךָ וְהַצִּילֵנוּ וְכַפֵּר עַל־חַטֹּאתֵינוּ לְמַעַן שְׁמֶךָ: לָמָּה | יֹאמְרוּ הַגּוֹיִם אַיֵּה אֱלֹהֵיהֶם יִוָּדַע בַּגּוֹיִם לְעֵינֵינוּ נִקְמַת דַּם־עֲבָדֶיךָ הַשָּׁפוּךְ: תָּבוֹא לְפָנֶיךָ אֶנְקַת אָסִיר כְּגֹדֶל זְרוֹעֲךָ הוֹתֵר בְּנֵי תְמוּתָה: וְהָשֵׁב לִשְׁכֵנֵינוּ שִׁבְעָתַיִם אֶל־חֵיקָם חֶרְפָּתָם אֲשֶׁר חֵרְפוּךָ אֲדֹנָי: וַאֲנַחְנוּ עַמְּךָ | וְצֹאן מַרְעִיתֶךָ נוֹדֶה לְּךָ לְעוֹלָם לְדֹר וָדֹר נְסַפֵּר תְּהִלָּתֶךָ:

איכה ה זְכֹר יְהֹוָה מֶה־הָיָה לָנוּ הַבִּיטָה וּרְאֵה אֶת־חֶרְפָּתֵנוּ: נַחֲלָתֵנוּ נֶהֶפְכָה לְזָרִים בָּתֵּינוּ לְנָכְרִים: יְתוֹמִים הָיִינוּ וְאֵין אָב אִמֹּתֵינוּ כְּאַלְמָנוֹת: מֵימֵינוּ בְּכֶסֶף שָׁתִינוּ עֵצֵינוּ בִּמְחִיר יָבֹאוּ: עַל צַוָּארֵנוּ נִרְדָּפְנוּ יָגַעְנוּ וְלֹא הוּנַח־לָנוּ: מִצְרַיִם נָתַנּוּ יָד אַשּׁוּר לִשְׂבֹּעַ לָחֶם:

אֲבֹתֵינוּ חָטְאוּ וְאֵינָם וַאֲנַחְנוּ עֲוֺנֹתֵיהֶם סָבָלְנוּ׃ עֲבָדִים מָשְׁלוּ בָנוּ פֹּרֵק אֵין מִיָּדָם׃ בְּנַפְשֵׁנוּ נָבִיא לַחְמֵנוּ מִפְּנֵי חֶרֶב הַמִּדְבָּר׃ עוֹרֵנוּ כְּתַנּוּר נִכְמָרוּ מִפְּנֵי זַלְעֲפוֹת רָעָב׃ נָשִׁים בְּצִיּוֹן עִנּוּ בְּתֻלֹת בְּעָרֵי יְהוּדָה׃ שָׂרִים בְּיָדָם נִתְלוּ פְּנֵי זְקֵנִים לֹא נֶהְדָּרוּ׃ בַּחוּרִים טְחוֹן נָשָׂאוּ וּנְעָרִים בָּעֵץ כָּשָׁלוּ׃ זְקֵנִים מִשַּׁעַר שָׁבָתוּ בַּחוּרִים מִנְּגִינָתָם׃ שָׁבַת מְשׂוֹשׂ לִבֵּנוּ נֶהְפַּךְ לְאֵבֶל מְחֹלֵנוּ׃ נָפְלָה עֲטֶרֶת רֹאשֵׁנוּ אוֹי־נָא לָנוּ כִּי חָטָאנוּ׃ עַל־זֶה הָיָה דָוֶה לִבֵּנוּ עַל־אֵלֶּה חָשְׁכוּ עֵינֵינוּ׃ עַל הַר־צִיּוֹן שֶׁשָּׁמֵם שׁוּעָלִים הִלְּכוּ־בוֹ׃ אַתָּה יְהוָה לְעוֹלָם תֵּשֵׁב כִּסְאֲךָ לְדֹר וָדוֹר׃ לָמָּה לָנֶצַח תִּשְׁכָּחֵנוּ תַּעַזְבֵנוּ לְאֹרֶךְ יָמִים׃ הֲשִׁיבֵנוּ יְהוָה ׀ אֵלֶיךָ וְנָשׁוּבָה חַדֵּשׁ יָמֵינוּ כְּקֶדֶם׃ כִּי אִם־מָאֹס מְאַסְתָּנוּ קָצַפְתָּ עָלֵינוּ עַד־מְאֹד׃ הֲשִׁיבֵנוּ יְהוָה ׀ אֵלֶיךָ וְנָשׁוּבָה חַדֵּשׁ יָמֵינוּ כְּקֶדֶם׃

ישעיה סג הַבֵּט מִשָּׁמַיִם וּרְאֵה מִזְּבֻל קָדְשְׁךָ וְתִפְאַרְתֶּךָ אַיֵּה קִנְאָתְךָ וּגְבוּרֹתֶךָ הֲמוֹן מֵעֶיךָ וְרַחֲמֶיךָ אֵלַי הִתְאַפָּקוּ׃ כִּי־אַתָּה אָבִינוּ כִּי אַבְרָהָם לֹא יְדָעָנוּ וְיִשְׂרָאֵל לֹא יַכִּירָנוּ אַתָּה יְהוָה אָבִינוּ גֹּאֲלֵנוּ מֵעוֹלָם שְׁמֶךָ׃ לָמָּה תַתְעֵנוּ יְהוָה מִדְּרָכֶיךָ תַּקְשִׁיחַ לִבֵּנוּ מִיִּרְאָתֶךָ שׁוּב לְמַעַן עֲבָדֶיךָ שִׁבְטֵי נַחֲלָתֶךָ׃ לַמִּצְעָר יָרְשׁוּ עַם־קָדְשֶׁךָ צָרֵינוּ בּוֹסְסוּ מִקְדָּשֶׁךָ׃

ישעיה סד וְעַתָּה יְהוָה אָבִינוּ אָתָּה אֲנַחְנוּ הַחֹמֶר וְאַתָּה יֹצְרֵנוּ וּמַעֲשֵׂה יָדְךָ כֻּלָּנוּ׃ אַל־תִּקְצֹף יְהוָה עַד־מְאֹד וְאַל־לָעַד תִּזְכֹּר עָוֺן הֵן הַבֶּט־נָא עַמְּךָ כֻלָּנוּ׃ עָרֵי קָדְשְׁךָ הָיוּ מִדְבָּר צִיּוֹן מִדְבָּר הָיָתָה יְרוּשָׁלַם שְׁמָמָה׃ בֵּית קָדְשֵׁנוּ וְתִפְאַרְתֵּנוּ אֲשֶׁר הִלְלוּךָ אֲבֹתֵינוּ הָיָה לִשְׂרֵפַת אֵשׁ וְכָל־מַחֲמַדֵּינוּ הָיָה לְחָרְבָּה׃ הַעַל־אֵלֶּה תִתְאַפַּק יְהוָה תֶּחֱשֶׁה וּתְעַנֵּנוּ עַד־מְאֹד׃

ירמיה יד הֲמָאֹס מָאַסְתָּ אֶת־יְהוּדָה אִם־בְּצִיּוֹן גָּעֲלָה נַפְשֶׁךָ מַדּוּעַ הִכִּיתָנוּ
וְאֵין לָנוּ מַרְפֵּא קַוֵּה לְשָׁלוֹם וְאֵין טוֹב וּלְעֵת מַרְפֵּא וְהִנֵּה בְעָתָה׃
יָדַעְנוּ יְהֹוָה רִשְׁעֵנוּ עֲוֺן אֲבוֹתֵינוּ כִּי חָטָאנוּ לָךְ׃ אַל־תִּנְאַץ
לְמַעַן שִׁמְךָ אַל־תְּנַבֵּל כִּסֵּא כְבוֹדֶךָ זְכֹר אַל־תָּפֵר בְּרִיתְךָ אִתָּנוּ׃
ירמיה לא כֹּה ׀ אָמַר יְהֹוָה קוֹל בְּרָמָה נִשְׁמָע נְהִי בְּכִי תַמְרוּרִים רָחֵל מְבַכָּה
עַל־בָּנֶיהָ מֵאֲנָה לְהִנָּחֵם עַל־בָּנֶיהָ כִּי אֵינֶנּוּ׃

ירמיה כה יְהֹוָה מִמָּרוֹם יִשְׁאָג וּמִמְּעוֹן קָדְשׁוֹ יִתֵּן קוֹלוֹ, שָׁאֹג יִשְׁאַג עַל־
ישעיה כב נָוֵהוּ׃ וַיִּקְרָא אֲדֹנָי יֱהֹוִה צְבָאוֹת בַּיּוֹם הַהוּא לִבְכִי וּלְמִסְפֵּד
איכה א וּלְקָרְחָה וְלַחֲגֹר שָׂק׃ עַל־אֵלֶּה ׀ אֲנִי בוֹכִיָּה עֵינִי ׀ עֵינִי יֹרְדָה
מַּיִם כִּי־רָחַק מִמֶּנִּי מְנַחֵם מֵשִׁיב נַפְשִׁי הָיוּ בָנַי שׁוֹמֵמִים כִּי גָבַר
ירמיה ח אוֹיֵב׃ עַל־שֶׁבֶר בַּת־עַמִּי הָשְׁבָּרְתִּי קָדַרְתִּי שַׁמָּה הֶחֱזִקָתְנִי׃
מִי־יִתֵּן רֹאשִׁי מַיִם וְעֵינִי מְקוֹר דִּמְעָה וְאֶבְכֶּה יוֹמָם וָלַיְלָה אֵת
ישעיה נ ישעיה לג חַלְלֵי בַת־עַמִּי׃ אַלְבִּישׁ שָׁמַיִם קַדְרוּת וְשַׂק אָשִׂים כְּסוּתָם׃ הֵן
אֶרְאֶלָּם צָעֲקוּ חֻצָה מַלְאֲכֵי שָׁלוֹם מַר יִבְכָּיוּן׃

אוֹי לִי עַל גָּלוּת הַשְּׁכִינָה. אוֹי לִי עַל חֻרְבַּן בֵּית הַמִּקְדָּשׁ. אוֹי לִי עַל שְׂרֵפַת הַתּוֹרָה. אוֹי לִי עַל הֲרִיגַת הַצַּדִּיקִים. אוֹי לִי עַל חִלּוּל שְׁמוֹ הַגָּדוֹל וְתוֹרָתוֹ הַקְּדוֹשָׁה. אוֹי לִי עַל כִּי גָבַר אוֹיֵב. אוֹי לִי עַל צַעַר כָּל־הָעוֹלָמוֹת. אוֹי לִי עַל צַעַר הָאָבוֹת הַקְּדוֹשִׁים וְהָאִמָּהוֹת הַקְּדוֹשׁוֹת. אוֹי לִי עַל צַעַר הַנְּבִיאִים וְהַחֲסִידִים וְהַצַּדִּיקִים אֲשֶׁר בְּגַן עֵדֶן. אוֹי לִי עַל צַעֲרוֹ שֶׁל מָשִׁיחַ. עֲוֺנֹתֵינוּ הִטּוּ אֵלֶּה, וּפְשָׁעֵינוּ הֶאֱרִיכוּ קִצֵּנוּ, וְחַטֹּאתֵינוּ מָנְעוּ הַטּוֹב מִמֶּנּוּ. אוֹי לָהֶם לַבָּנִים שֶׁגָּלוּ מֵעַל שֻׁלְחַן אֲבִיהֶם זֶה כַּמָּה אֹרֶךְ יָמִים וְשָׁנִים רַבִּים וְרָעִים. כָּל־דּוֹר שֶׁלֹּא נִבְנָה בֵּית הַמִּקְדָּשׁ בְּיָמָיו כְּאִלּוּ נֶחֱרַב בְּיָמָיו׃

עַל־הֵיכָלִי אֶבְכֶּה יוֹמָם וָלַיְלָה,
וּלְתִפְאֶרֶת צִיּוֹן עִיר הַמְּהֻלָּלָה.
וּלְתִפְאֶרֶת צִיּוֹן עִיר הַמְּהֻלָּלָה

בְּכִי תָמִיד עַל־חָרְבַּן פְּעָמִים,
אֶרֶץ צְבִי צְבִי יְרוּשָׁלַיִם,
וְעַל־עַמְּךָ אֲשֶׁר הָלַךְ בַּגּוֹלָה.
וּלְתִפְאֶרֶת צִיּוֹן עִיר הַמְּהֻלָּלָה

בֵּית תִּפְאַרְתִּי שָׂם אוֹיֵב לְשַׁמָּה,
הוֹשִׁיבַנִי בִּידֵי נְבָיוֹת וְשַׁמָּה,
עַל־זֹאת אֶבְכֶּה תָמִיד בְּקוֹל יְלָלָה.
וּלְתִפְאֶרֶת צִיּוֹן עִיר הַמְּהֻלָּלָה

סִפְרֵי תוֹרָה כִּי חֻלְּלָה תִּפְאַרְתֵּךְ,
נָפַל נִזְרֵךְ מִיּוֹם שֶׁנֶּחֱרַב בֵּיתֵךְ,
וּשְׂאִי קִינָה עַל אָהֳלִיבָה וְאָהֳלָה.
וּלְתִפְאֶרֶת צִיּוֹן עִיר הַמְּהֻלָּלָה

חִזְקוּ עַמִּי מַהֵר אֶבְנֶה דְבִירְכֶם,
נָקָם אֶלְבַּשׁ וְאָשִׁיב אֶת שְׁבוּתְכֶם,
תּוֹךְ הֵיכָלִי אֶשְׁכּוֹן כְּבַתְּחִלָּה,
כִּי מִצִּיּוֹן תֵּצֵא תוֹרָה וּתְהִלָּה.

כִּדְכְתִיב: כִּ֣י מִצִּיּוֹן֙ תֵּצֵ֣א תוֹרָ֔ה וּדְבַר־יְהֹוָ֖ה מִירוּשָׁלָֽםִ:

עוּרָה נָא יְמִינְךָ רָמָה, וְלִזְעוּמָה קְרָא נֶחָמָה.
וְיֵאָמֵר לְדַלָּה וַעֲגוּמָה, עֲנִיָּה סֹעֲרָה נֻחָמָה.

עוּרָה נָא חֲשׂוֹף זְרֹעֲךָ, וְגַלֵּה נָא קֵץ יִשְׁעֲךָ.
וְיֵאָמֵר לְשֶׂה נֶאֱלָמָה, עֲנִיָּה סֹעֲרָה נֻחָמָה.

עוּרָה נָא יְמִינְךָ הָאֵל, וּפְדֵה בְרַחֲמֶיךָ יִשְׂרָאֵל.
וְיֵאָמֵר לְעַם דַּל הַשּׁוֹאֵל, וּבָא לְצִיּוֹן גּוֹאֵל.
עוּרָה נָא יְמִינְךָ עֶלְיוֹן, וּבְנֵה בְרַחֲמֶיךָ אֶת־צִיּוֹן.
וְיֵאָמֵר לְעַם דַּל וְאֶבְיוֹן. כִּי־נִחַם יְהֹוָה צִיּוֹן.

כִּדְכְתִיב: כִּֽי־נִחַ֨ם יְהֹוָ֜ה צִיּ֗וֹן נִחַם֙ כׇּל־חׇרְבֹתֶ֔יהָ וַיָּ֤שֶׂם מִדְבָּרָהּ֙ כְּעֵ֔דֶן וְעַרְבָתָ֖הּ כְּגַן־יְהֹוָ֑ה שָׂשׂ֤וֹן וְשִׂמְחָה֙ יִמָּ֣צֵא בָ֔הּ תּוֹדָ֖ה וְק֥וֹל זִמְרָֽה׃ ישעיה נא

הִתְנַעֲרִ֧י מֵעָפָ֛ר ק֥וּמִי שְּׁבִ֖י יְרוּשָׁלָ֑͏ִם הִתְפַּתְּחִי֙ מוֹסְרֵ֣י צַוָּארֵ֔ךְ שְׁבִיָּ֖ה בַּת־צִיּֽוֹן׃

עַל־חוֹמֹתַ֣יִךְ יְרוּשָׁלַ֗͏ִם הִפְקַ֙דְתִּי֙ שֹֽׁמְרִ֔ים כׇּל־הַיּ֧וֹם וְכׇל־הַלַּ֛יְלָה תָּמִ֖יד לֹ֣א יֶחֱשׁ֑וּ הַמַּזְכִּרִים֙ אֶת־יְהֹוָ֔ה אַל־דֳּמִ֖י לָכֶֽם׃ וְאַל־תִּתְּנ֥וּ דֳמִ֖י ל֑וֹ עַד־יְכוֹנֵ֗ן וְעַד־יָשִׂ֧ים אֶת־יְרוּשָׁלַ֛͏ִם תְּהִלָּ֖ה בָּאָֽרֶץ׃ נִשְׁבַּ֧ע יְהֹוָ֛ה בִּימִינ֖וֹ וּבִזְר֣וֹעַ עֻזּ֑וֹ אִם־אֶתֵּ֨ן אֶת־דְּגָנֵ֥ךְ ע֛וֹד מַאֲכָ֖ל לְאֹיְבַ֑יִךְ וְאִם־יִשְׁתּ֤וּ בְנֵֽי־נֵכָר֙ תִּֽירוֹשֵׁ֔ךְ אֲשֶׁ֥ר יָגַ֖עַתְּ בּֽוֹ׃ כִּ֤י מְאַסְפָיו֙ יֹֽאכְלֻ֔הוּ וְהִֽלְל֖וּ אֶת־יְהֹוָ֑ה וּמְקַבְּצָ֥יו יִשְׁתֻּ֖הוּ בְּחַצְר֥וֹת קׇדְשִֽׁי׃ ישעיה סב

הַטֵּ֨ה אֱלֹהַ֥י ׀ אׇזְנְךָ֮ וּֽשְׁמָע֒ פְּקַ֣ח עֵינֶ֗יךָ וּרְאֵה֙ שֹֽׁמְמֹתֵ֔ינוּ וְהָעִ֕יר אֲשֶׁר־נִקְרָ֥א שִׁמְךָ֖ עָלֶ֑יהָ כִּ֣י ׀ לֹ֣א עַל־צִדְקֹתֵ֗ינוּ אֲנַ֨חְנוּ מַפִּילִ֤ים תַּחֲנוּנֵ֙ינוּ֙ לְפָנֶ֔יךָ כִּ֖י עַל־רַחֲמֶ֥יךָ הָרַבִּֽים׃ אֲדֹנָ֤י ׀ שְׁמָ֙עָה֙ אֲדֹנָ֣י ׀ סְלָ֔חָה אֲדֹנָ֛י הַקְשִׁ֥יבָה וַעֲשֵׂ֖ה אַל־תְּאַחַ֑ר לְמַעַנְךָ֙ אֱלֹהַ֔י כִּֽי־שִׁמְךָ֣ נִקְרָ֔א עַל־עִירְךָ֖ וְעַל־עַמֶּֽךָ׃

אַתָּ֣ה תָ֭קוּם תְּרַחֵ֣ם צִיּ֑וֹן כִּי־עֵ֥ת לְ֝חֶנְנָ֗הּ כִּֽי־בָ֥א מוֹעֵֽד׃ תהלים קב
כִּֽי־רָצ֣וּ עֲ֭בָדֶיךָ אֶת־אֲבָנֶ֑יהָ וְאֶת־עֲפָרָ֥הּ יְחֹנֵֽנוּ׃
בּוֹנֵ֣ה יְרוּשָׁלַ֣͏ִם יְהֹוָ֑ה נִדְחֵ֖י יִשְׂרָאֵ֣ל יְכַנֵּֽס׃ תהלים קמז

# תקון לאה

תהלים מב לַמְנַצֵּחַ מַשְׂכִּיל לִבְנֵי־קֹרַח: כְּאַיָּל תַּעֲרֹג עַל־אֲפִיקֵי־מָיִם כֵּן נַפְשִׁי תַעֲרֹג אֵלֶיךָ אֱלֹהִים: צָמְאָה נַפְשִׁי ׀ לֵאלֹהִים לְאֵל חָי מָתַי אָבוֹא וְאֵרָאֶה פְּנֵי אֱלֹהִים: הָיְתָה־לִּי דִמְעָתִי לֶחֶם יוֹמָם וָלָיְלָה בֶּאֱמֹר אֵלַי כָּל־הַיּוֹם אַיֵּה אֱלֹהֶיךָ: אֵלֶּה אֶזְכְּרָה ׀ וְאֶשְׁפְּכָה עָלַי ׀ נַפְשִׁי כִּי אֶעֱבֹר ׀ בַּסָּךְ אֶדַּדֵּם עַד־בֵּית אֱלֹהִים בְּקוֹל־רִנָּה וְתוֹדָה הָמוֹן חוֹגֵג: מַה־תִּשְׁתּוֹחֲחִי ׀ נַפְשִׁי וַתֶּהֱמִי עָלָי הוֹחִילִי לֵאלֹהִים כִּי־עוֹד אוֹדֶנּוּ יְשׁוּעוֹת פָּנָיו: אֱלֹהַי עָלַי נַפְשִׁי תִשְׁתּוֹחָח עַל־כֵּן אֶזְכָּרְךָ מֵאֶרֶץ יַרְדֵּן וְחֶרְמוֹנִים מֵהַר מִצְעָר: תְּהוֹם־אֶל־תְּהוֹם קוֹרֵא לְקוֹל צִנּוֹרֶיךָ כָּל־מִשְׁבָּרֶיךָ וְגַלֶּיךָ עָלַי עָבָרוּ: יוֹמָם ׀ יְצַוֶּה יְהֹוָה ׀ חַסְדּוֹ וּבַלַּיְלָה שִׁירוֹ עִמִּי תְּפִלָּה לְאֵל חַיָּי: אוֹמְרָה ׀ לְאֵל סַלְעִי לָמָה שְׁכַחְתָּנִי לָמָּה־קֹדֵר אֵלֵךְ בְּלַחַץ אוֹיֵב: בְּרֶצַח ׀ בְּעַצְמוֹתַי חֵרְפוּנִי צוֹרְרָי בְּאָמְרָם אֵלַי כָּל־הַיּוֹם אַיֵּה אֱלֹהֶיךָ: מַה־תִּשְׁתּוֹחֲחִי ׀ נַפְשִׁי וּמַה־תֶּהֱמִי עָלָי הוֹחִילִי לֵאלֹהִים כִּי־עוֹד אוֹדֶנּוּ יְשׁוּעֹת פָּנַי וֵאלֹהָי:

תהלים מג שָׁפְטֵנִי אֱלֹהִים ׀ וְרִיבָה רִיבִי מִגּוֹי לֹא־חָסִיד מֵאִישׁ־מִרְמָה וְעַוְלָה תְפַלְּטֵנִי: כִּי־אַתָּה ׀ אֱלֹהֵי מָעוּזִּי לָמָה זְנַחְתָּנִי לָמָּה־קֹדֵר אֶתְהַלֵּךְ בְּלַחַץ אוֹיֵב: שְׁלַח־אוֹרְךָ וַאֲמִתְּךָ הֵמָּה יַנְחוּנִי יְבִיאוּנִי אֶל־הַר־קָדְשְׁךָ וְאֶל־מִשְׁכְּנוֹתֶיךָ: וְאָבוֹאָה ׀ אֶל־מִזְבַּח אֱלֹהִים אֶל־אֵל שִׂמְחַת גִּילִי וְאוֹדְךָ בְכִנּוֹר אֱלֹהִים אֱלֹהָי: מַה־תִּשְׁתּוֹחֲחִי ׀ נַפְשִׁי וּמַה־תֶּהֱמִי עָלָי הוֹחִילִי לֵאלֹהִים כִּי־עוֹד אוֹדֶנּוּ יְשׁוּעֹת פָּנַי וֵאלֹהָי:

*En los días en que tajanún es omitido, no se debe decir el siguiente salmo:*

תהלים כ לַמְנַצֵּחַ מִזְמוֹר לְדָוִד: יַעַנְךָ יְהֹוָה בְּיוֹם צָרָה יְשַׂגֶּבְךָ שֵׁם ׀ אֱלֹהֵי יַעֲקֹב: יִשְׁלַח־עֶזְרְךָ מִקֹּדֶשׁ וּמִצִּיּוֹן יִסְעָדֶךָּ: יִזְכֹּר כָּל־מִנְחֹתֶךָ וְעוֹלָתְ

יְדַשְּׁנֶה סֶּלָה׃ יִתֶּן־לְךָ כִלְבָבֶךָ וְכָל־עֲצָתְךָ יְמַלֵּא׃ נְרַנְּנָה ׀ בִּישׁוּעָתֶךָ וּבְשֵׁם־אֱלֹהֵינוּ נִדְגֹּל יְמַלֵּא יְהוָה כָּל־מִשְׁאֲלוֹתֶיךָ׃ עַתָּה יָדַעְתִּי כִּי הוֹשִׁיעַ ׀ יְהוָה מְשִׁיחוֹ יַעֲנֵהוּ מִשְּׁמֵי קָדְשׁוֹ בִּגְבֻרוֹת יֵשַׁע יְמִינוֹ׃ אֵלֶּה בָרֶכֶב וְאֵלֶּה בַסּוּסִים וַאֲנַחְנוּ ׀ בְּשֵׁם־יְהוָה אֱלֹהֵינוּ נַזְכִּיר׃ הֵמָּה כָּרְעוּ וְנָפָלוּ וַאֲנַחְנוּ קַּמְנוּ וַנִּתְעוֹדָד׃ יְהוָה הוֹשִׁיעָה הַמֶּלֶךְ יַעֲנֵנוּ בְיוֹם־קָרְאֵנוּ׃

תהלים כד לְדָוִד מִזְמוֹר לַיהוָה הָאָרֶץ וּמְלוֹאָהּ תֵּבֵל וְיֹשְׁבֵי בָהּ׃ כִּי־הוּא עַל־יַמִּים יְסָדָהּ וְעַל־נְהָרוֹת יְכוֹנְנֶהָ׃ מִי־יַעֲלֶה בְהַר־יְהוָה וּמִי־יָקוּם בִּמְקוֹם קָדְשׁוֹ׃ נְקִי כַפַּיִם וּבַר־לֵבָב אֲשֶׁר ׀ לֹא־נָשָׂא לַשָּׁוְא נַפְשִׁי וְלֹא נִשְׁבַּע לְמִרְמָה׃ יִשָּׂא בְרָכָה מֵאֵת יְהוָה וּצְדָקָה מֵאֱלֹהֵי יִשְׁעוֹ׃ זֶה דּוֹר דֹּרְשָׁו מְבַקְשֵׁי פָנֶיךָ יַעֲקֹב סֶלָה׃ שְׂאוּ שְׁעָרִים ׀ רָאשֵׁיכֶם וְהִנָּשְׂאוּ פִּתְחֵי עוֹלָם וְיָבוֹא מֶלֶךְ הַכָּבוֹד׃ מִי זֶה מֶלֶךְ הַכָּבוֹד יְהוָה עִזּוּז וְגִבּוֹר יְהוָה גִּבּוֹר מִלְחָמָה׃ שְׂאוּ שְׁעָרִים ׀ רָאשֵׁיכֶם וּשְׂאוּ פִּתְחֵי עוֹלָם וְיָבֹא מֶלֶךְ הַכָּבוֹד׃ מִי הוּא זֶה מֶלֶךְ הַכָּבוֹד יְהוָה צְבָאוֹת הוּא מֶלֶךְ הַכָּבוֹד סֶלָה׃

תהלים סז לַמְנַצֵּחַ בִּנְגִינֹת מִזְמוֹר שִׁיר׃ אֱלֹהִים יְחָנֵּנוּ וִיבָרְכֵנוּ יָאֵר פָּנָיו אִתָּנוּ סֶלָה׃ לָדַעַת בָּאָרֶץ דַּרְכֶּךָ בְּכָל־גּוֹיִם יְשׁוּעָתֶךָ׃ יוֹדוּךָ עַמִּים ׀ אֱלֹהִים יוֹדוּךָ עַמִּים כֻּלָּם׃ יִשְׂמְחוּ וִירַנְּנוּ לְאֻמִּים כִּי־תִשְׁפֹּט עַמִּים מִישֹׁר וּלְאֻמִּים ׀ בָּאָרֶץ תַּנְחֵם סֶלָה׃ יוֹדוּךָ עַמִּים ׀ אֱלֹהִים יוֹדוּךָ עַמִּים כֻּלָּם׃ אֶרֶץ נָתְנָה יְבוּלָהּ יְבָרְכֵנוּ אֱלֹהִים אֱלֹהֵינוּ׃ יְבָרְכֵנוּ אֱלֹהִים וְיִירְאוּ אוֹתוֹ כָּל־אַפְסֵי־אָרֶץ׃

תהלים קיא הַלְלוּיָהּ ׀ אוֹדֶה יְהוָה בְּכָל־לֵבָב בְּסוֹד יְשָׁרִים וְעֵדָה׃ גְּדֹלִים מַעֲשֵׂי יְהוָה דְּרוּשִׁים לְכָל־חֶפְצֵיהֶם׃ הוֹד־וְהָדָר פָּעֳלוֹ וְצִדְקָתוֹ עֹמֶדֶת לָעַד׃ זֵכֶר עָשָׂה לְנִפְלְאוֹתָיו חַנּוּן וְרַחוּם יְהוָה׃ טֶרֶף נָתַן לִירֵאָיו

יִזְכֹּר לְעוֹלָם בְּרִיתוֹ׃ כֹּחַ מַעֲשָׂיו הִגִּיד לְעַמּוֹ לָתֵת לָהֶם נַחֲלַת
גּוֹיִם׃ מַעֲשֵׂי יָדָיו אֱמֶת וּמִשְׁפָּט נֶאֱמָנִים כָּל־פִּקּוּדָיו׃ סְמוּכִים לָעַד
לְעוֹלָם עֲשׂוּיִם בֶּאֱמֶת וְיָשָׁר׃ פְּדוּת ׀ שָׁלַח לְעַמּוֹ צִוָּה־לְעוֹלָם
בְּרִיתוֹ קָדוֹשׁ וְנוֹרָא שְׁמוֹ׃ רֵאשִׁית חָכְמָה ׀ יִרְאַת יְהֹוָה שֵׂכֶל טוֹב
לְכָל־עֹשֵׂיהֶם תְּהִלָּתוֹ עֹמֶדֶת לָעַד׃

ישעיה כד נוֹעַ תָּנוּעַ אֶרֶץ כַּשִּׁכּוֹר וְהִתְנוֹדְדָה כַּמְּלוּנָה וְכָבַד עָלֶיהָ פִּשְׁעָהּ
וְנָפְלָה וְלֹא־תֹסִיף קוּם׃ וְהָיָה בַּיּוֹם הַהוּא יִפְקֹד יְהֹוָה עַל־צְבָא
הַמָּרוֹם בַּמָּרוֹם וְעַל־מַלְכֵי הָאֲדָמָה עַל־הָאֲדָמָה׃

*Se recita el siguiente salmo sollozando; suplicándole a Dios perdón por los pecados.*

תהלים נא לַמְנַצֵּחַ מִזְמוֹר לְדָוִד׃ בְּבוֹא־אֵלָיו נָתָן הַנָּבִיא כַּאֲשֶׁר־בָּא אֶל־
בַּת־שָׁבַע׃ חָנֵּנִי אֱלֹהִים כְּחַסְדֶּךָ כְּרֹב רַחֲמֶיךָ מְחֵה פְשָׁעָי׃ הֶרֶב
כַּבְּסֵנִי מֵעֲוֹנִי וּמֵחַטָּאתִי טַהֲרֵנִי׃ כִּי־פְשָׁעַי אֲנִי אֵדָע וְחַטָּאתִי נֶגְדִּי
תָמִיד׃ לְךָ לְבַדְּךָ ׀ חָטָאתִי וְהָרַע בְּעֵינֶיךָ עָשִׂיתִי לְמַעַן תִּצְדַּק
בְּדָבְרֶךָ תִּזְכֶּה בְשָׁפְטֶךָ׃ הֵן־בְּעָווֹן חוֹלָלְתִּי וּבְחֵטְא יֶחֱמַתְנִי אִמִּי׃
הֵן־אֱמֶת חָפַצְתָּ בַטֻּחוֹת וּבְסָתֻם חָכְמָה תוֹדִיעֵנִי׃ תְּחַטְּאֵנִי בְאֵזוֹב
וְאֶטְהָר תְּכַבְּסֵנִי וּמִשֶּׁלֶג אַלְבִּין׃ תַּשְׁמִיעֵנִי שָׂשׂוֹן וְשִׂמְחָה תָּגֵלְנָה
עֲצָמוֹת דִּכִּיתָ׃ הַסְתֵּר פָּנֶיךָ מֵחֲטָאָי וְכָל־עֲוֹנֹתַי מְחֵה׃ לֵב טָהוֹר
בְּרָא־לִי אֱלֹהִים וְרוּחַ נָכוֹן חַדֵּשׁ בְּקִרְבִּי׃ אַל־תַּשְׁלִיכֵנִי מִלְּפָנֶיךָ
וְרוּחַ קָדְשְׁךָ אַל־תִּקַּח מִמֶּנִּי׃ הָשִׁיבָה לִּי שְׂשׂוֹן יִשְׁעֶךָ וְרוּחַ נְדִיבָה
תִסְמְכֵנִי׃ אֲלַמְּדָה פֹשְׁעִים דְּרָכֶיךָ וְחַטָּאִים אֵלֶיךָ יָשׁוּבוּ׃ הַצִּילֵנִי
מִדָּמִים ׀ אֱלֹהִים אֱלֹהֵי תְּשׁוּעָתִי תְּרַנֵּן לְשׁוֹנִי צִדְקָתֶךָ׃ אֲדֹנָי
שְׂפָתַי תִּפְתָּח וּפִי יַגִּיד תְּהִלָּתֶךָ׃ כִּי לֹא־תַחְפֹּץ זֶבַח וְאֶתֵּנָה עוֹלָה
לֹא תִרְצֶה׃ זִבְחֵי אֱלֹהִים רוּחַ נִשְׁבָּרָה לֵב־נִשְׁבָּר וְנִדְכֶּה אֱלֹהִים

לֹא תִבְזֶה: הֵיטִיבָה בִרְצוֹנְךָ אֶת־צִיּוֹן תִּבְנֶה חוֹמוֹת יְרוּשָׁלָם: אָז תַּחְפֹּץ זִבְחֵי־צֶדֶק עוֹלָה וְכָלִיל אָז יַעֲלוּ עַל־מִזְבַּחֲךָ פָרִים:

שִׁיר הַמַּעֲלוֹת בְּשׁוּב יְהוָה אֶת־שִׁיבַת צִיּוֹן הָיִינוּ כְּחֹלְמִים: אָז יִמָּלֵא שְׂחוֹק פִּינוּ וּלְשׁוֹנֵנוּ רִנָּה אָז יֹאמְרוּ בַגּוֹיִם הִגְדִּיל יְהוָה לַעֲשׂוֹת עִם־אֵלֶּה: הִגְדִּיל יְהוָה לַעֲשׂוֹת עִמָּנוּ הָיִינוּ שְׂמֵחִים: שׁוּבָה יְהוָה אֶת־שְׁבִיתֵנוּ כַּאֲפִיקִים בַּנֶּגֶב: הַזֹּרְעִים בְּדִמְעָה בְּרִנָּה יִקְצֹרוּ: הָלוֹךְ יֵלֵךְ | וּבָכֹה נֹשֵׂא מֶשֶׁךְ־הַזָּרַע בֹּא־יָבוֹא בְרִנָּה נֹשֵׂא אֲלֻמֹּתָיו: תהלים קכו

*Cuando el Tikún Raḥel es omitido, no se debe decir el siguiente versículo:*

עַד אָנָה בְּכִיָּה בְצִיּוֹן וּמִסְפֵּד בִּירוּשָׁלָיִם:

תָּקוּם תְּרַחֵם צִיּוֹן, תִּבְנֶה חוֹמוֹת יְרוּשָׁלָיִם:

אַתָּה תָקוּם תְּרַחֵם צִיּוֹן כִּי־עֵת לְחֶנְנָהּ כִּי־בָא מוֹעֵד:

כִּי־רָצוּ עֲבָדֶיךָ אֶת־אֲבָנֶיהָ וְאֶת־עֲפָרָהּ יְחֹנֵנוּ:

בּוֹנֵה יְרוּשָׁלַםִ יְהוָה נִדְחֵי יִשְׂרָאֵל יְכַנֵּס:

אֱלֹהֵינוּ וֵאלֹהֵי אֲבוֹתֵינוּ מֶלֶךְ רַחֲמָן רַחֵם עָלֵינוּ, טוֹב וּמֵטִיב הִדָּרֶשׁ לָנוּ, שׁוּבָה עָלֵינוּ בַּהֲמוֹן רַחֲמֶיךָ, בִּגְלַל אָבוֹת שֶׁעָשׂוּ רְצוֹנֶךָ, בְּנֵה בֵיתְךָ כְּבַתְּחִלָּה, כּוֹנֵן בֵּית מִקְדָּשְׁךָ עַל־מְכוֹנוֹ, הַרְאֵנוּ בְּבִנְיָנוֹ, שַׂמְּחֵנוּ בְּתִקּוּנוֹ, וְהָשֵׁב שְׁכִינָתְךָ לְתוֹכוֹ, וְהָשֵׁב כֹּהֲנִים לַעֲבוֹדָתָם, וּלְוִיִּים לְדוּכָנָם לְשִׁירָם וּלְזִמְרָם, וְהָשֵׁב יִשְׂרָאֵל לִנְוֵיהֶם, וְשָׁם נַעֲלֶה וְנֵרָאֶה וְנִשְׁתַּחֲוֶה לְפָנֶיךָ:

יְהִי רָצוֹן מִלְּפָנֶיךָ יְהוָה אֱלֹהֵינוּ וֵאלֹהֵי אֲבוֹתֵינוּ, שֶׁתַּעֲלֵנוּ בְשִׂמְחָה לְאַרְצֵנוּ, וְתִטָּעֵנוּ בִּגְבוּלֵנוּ, וְשָׁם נַעֲשֶׂה לְפָנֶיךָ אֶת־קָרְבְּנוֹת חוֹבוֹתֵינוּ, תְּמִידִים כְּסִדְרָם וּמוּסָפִים כְּהִלְכָתָם:

כָּל־יִשְׂרָאֵל יֵשׁ לָהֶם חֵלֶק לָעוֹלָם הַבָּא, שֶׁנֶּאֱמַר: וְעַמֵּךְ כֻּלָּם צַדִּיקִים, לְעוֹלָם יִירְשׁוּ אָרֶץ, נֵצֶר מַטָּעַי מַעֲשֵׂה יָדַי לְהִתְפָּאֵר:

# תמיד פרק א

בִּשְׁלֹשָׁה מְקוֹמוֹת הַכֹּהֲנִים שׁוֹמְרִים בְּבֵית הַמִּקְדָּשׁ: בְּבֵית אַבְטִינָס, וּבְבֵית הַנִּיצוֹץ, וּבְבֵית הַמּוֹקֵד. בֵּית אַבְטִינָס וּבֵית הַנִּיצוֹץ הָיוּ עֲלִיּוֹת, וְהָרוֹבִים שׁוֹמְרִים שָׁם. בֵּית הַמּוֹקֵד, כִּפָּה – וּבַיִת גָּדוֹל הָיָה, מֻקָּף רוֹבָדִים שֶׁל אֶבֶן, וְזִקְנֵי בֵית אָב יְשֵׁנִים שָׁם, וּמַפְתְּחוֹת הָעֲזָרָה בְּיָדָם. וּפִרְחֵי כְהֻנָּה אִישׁ כִּסְתוֹ בָאָרֶץ. לֹא הָיוּ יְשֵׁנִים בְּבִגְדֵי קֹדֶשׁ, אֶלָּא פוֹשְׁטִין אוֹתָן וּמְקַפְּלִין אוֹתָן וּמַנִּיחִים אוֹתָן תַּחַת רָאשֵׁיהֶן, וּמִתְכַּסִּין בִּכְסוּת עַצְמָן. אֵירַע קֶרִי לְאֶחָד מֵהֶן, יוֹצֵא וְהוֹלֵךְ לוֹ בִּמְסִבָּה הַהוֹלֶכֶת תַּחַת הַבִּירָה, וְנֵרוֹת דּוֹלְקִין מִכָּאן וּמִכָּאן, עַד שֶׁהוּא מַגִּיעַ לְבֵית הַטְּבִילָה, וּמְדוּרָה הָיְתָה שָׁם, וּבֵית כִּסֵּא שֶׁל כָּבוֹד. וְזֶה הָיָה כְבוֹדוֹ – מְצָאוֹ נָעוּל, יוֹדֵעַ שֶׁיֵּשׁ שָׁם אָדָם; פָּתוּחַ, יוֹדֵעַ שֶׁאֵין שָׁם אָדָם. יָרַד וְטָבַל, עָלָה וְנִסְתַּפַּג, וְנִתְחַמֵּם כְּנֶגֶד הַמְּדוּרָה, בָּא וְיָשַׁב לוֹ אֵצֶל אֶחָיו הַכֹּהֲנִים עַד שֶׁהַשְּׁעָרִים נִפְתָּחִים, וְיוֹצֵא וְהוֹלֵךְ לוֹ: מִי שֶׁהוּא רוֹצֶה לִתְרוֹם אֶת הַמִּזְבֵּחַ, מַשְׁכִּים וְטוֹבֵל עַד שֶׁלֹּא יָבוֹא הַמְמֻנֶּה. וְכִי בְּאֵיזוֹ שָׁעָה הַמְמֻנֶּה בָא? לֹא כָל־הָעִתִּים שָׁווֹת – פְּעָמִים שֶׁהוּא בָא מִקְּרִיאַת הַגֶּבֶר, אוֹ סָמוּךְ לוֹ מִלְּפָנָיו אוֹ מִלְּאַחֲרָיו. הַמְמֻנֶּה בָא וְדוֹפֵק עֲלֵיהֶם, וְהֵם פּוֹתְחִים לוֹ. אָמַר לָהֶם: מִי שֶׁטָּבַל יָבוֹא וְיָפִיס. הֵפִיסוּ, זָכָה מִי שֶׁזָּכָה: נָטַל אֶת־הַמַּפְתֵּחַ וּפָתַח אֶת־הַפִּשְׁפָּשׁ, וְנִכְנַס מִבֵּית הַמּוֹקֵד לָעֲזָרָה, וְנִכְנְסוּ אַחֲרָיו וּשְׁתֵּי אֲבוּקוֹת שֶׁל אוּר בְּיָדָם. וְנֶחֱלְקוּ לִשְׁתֵּי כִתּוֹת, אֵלּוּ הוֹלְכִים בָּאַכְסַדְרָה דֶּרֶךְ הַמִּזְרָח, וְאֵלּוּ הוֹלְכִים בָּאַכְסַדְרָה דֶּרֶךְ הַמַּעֲרָב. הָיוּ בוֹדְקִין וְהוֹלְכִין עַד שֶׁמַּגִּיעִין לִמְקוֹם בֵּית עוֹשֵׂי חֲבִתִּין. הִגִּיעוּ אֵלּוּ וָאֵלּוּ, אָמְרוּ שָׁלוֹם, הַכֹּל שָׁלוֹם. הֶעֱמִידוּ עוֹשֵׂי חֲבִתִּין לַעֲשׂוֹת חֲבִתִּין: מִי שֶׁזָּכָה לִתְרוֹם אֶת־הַמִּזְבֵּחַ, הוּא יִתְרוֹם אֶת־הַמִּזְבֵּחַ, וְהֵם אוֹמְרִים לוֹ, הִזָּהֵר שֶׁמָּא תִגַּע בַּכְּלִי עַד שֶׁתְּקַדֵּשׁ יָדֶיךָ וְרַגְלֶיךָ מִן הַכִּיּוֹר, וַהֲרֵי הַמַּחְתָּה נְתוּנָה בַּמִּקְצוֹעַ בֵּין הַכֶּבֶשׁ לַמִּזְבֵּחַ בְּמַעֲרָבוֹ שֶׁל כֶּבֶשׁ. אֵין אָדָם נִכְנָס עִמּוֹ, וְלֹא נֵר בְּיָדוֹ, אֶלָּא מְהַלֵּךְ לְאוֹר הַמַּעֲרָכָה. לֹא הָיוּ רוֹאִין אוֹתוֹ, וְלֹא שׁוֹמְעִין אֶת קוֹלוֹ, עַד שֶׁשּׁוֹמְעִין קוֹל הָעֵץ שֶׁעָשָׂה בֶּן קָטִין מוּכְנִי לַכִּיּוֹר, וְהֵם אוֹמְרִים הִגִּיעַ עֵת. קִדֵּשׁ יָדָיו וְרַגְלָיו

מִן הַכִּיּוֹר, נָטַל מַחְתַּת הַכֶּסֶף וְעָלָה לְרֹאשׁ הַמִּזְבֵּחַ, וּפִנָּה אֶת־הַגֶּחָלִים הֵילָךְ וְהֵילָךְ וְחָתָה מִן הַמְּאֻכָּלוֹת הַפְּנִימִיּוֹת, וְיָרַד. הִגִּיעַ לָרִצְפָּה, הָפַךְ פָּנָיו לַצָּפוֹן, וְהָלַךְ לְמִזְרָחוֹ שֶׁל כֶּבֶשׁ כְּעֶשֶׂר אַמּוֹת. צָבַר אֶת־הַגֶּחָלִים עַל־גַּבֵּי הָרִצְפָּה רָחוֹק מִן הַכֶּבֶשׁ שְׁלֹשָׁה טְפָחִים, מָקוֹם שֶׁנּוֹתְנִין שָׁם מֻרְאַת הָעוֹף וְדִשּׁוּן מִזְבֵּחַ הַפְּנִימִי וְהַמְּנוֹרָה:

רִבִּי חֲנַנְיָה בֶּן־עֲקַשְׁיָא אוֹמֵר: רָצָה הַקָּדוֹשׁ בָּרוּךְ הוּא לְזַכּוֹת אֶת־יִשְׂרָאֵל, לְפִיכָךְ הִרְבָּה לָהֶם תּוֹרָה וּמִצְוֹת. שֶׁנֶּאֱמַר: יְהֹוָה חָפֵץ לְמַעַן צִדְקוֹ, יַגְדִּיל תּוֹרָה וְיַאְדִּיר:

## CÁNTICOS

*Se acostumbra a cantar las siguientes canciones antes del rezo del día de Shabat.*

*Autor: Ribí Shelomó Ibn Gabirol*

Todas las creaturas superiores e inferiores,
darán testimonio al unísono:
El SEÑOR es Uno y Su Nombre es Uno. *Zac. 14*

Treinta y dos son las sendas de Tu camino,
por ello, quien conoce sus secretos relatarán Tu grandeza.
De estas aprenderán que de Ti todo proviene,
y Tú eres el Único Dios Rey.
Darán testimonio al unísono / El SEÑOR es Uno
y Su Nombre es Uno.

Cuando los hombres contemplan el universo,
descubren que salvo Tú todo es dual.
Todo está contado y pesado,
y todos fueron entregados por un mismo Pastor.
Darán testimonio al unísono / El SEÑOR es Uno
y Su Nombre es Uno.

Desde el comienzo al final del mundo encuentras la señal,
Norte, Oeste, Este y Sur,
el firmamento y la tierra son todos testigos fidedignos,
todos juntos apoyan el mismo testimonio.
Darán testimonio al unísono / El SEÑOR es Uno
y Su Nombre es Uno.

De Ti todo proviene y Tú todo lo provees,
Tú permanecerás eternamente y ellos se perderán.
Por ello, todo ser creado rendirá ante Ti honores,
pues de inicio a fin todas las creaturas tienen un solo Padre.
Darán testimonio al unísono / El SEÑOR es Uno
y Su Nombre es Uno.

# בקשות

*Se acostumbra a cantar las siguientes canciones antes del rezo del día de* שבת.

בקשה לרבי שלמה אבן גבירול

כָּל בְּרוּאֵי מַעְלָה וּמַטָּה
יָעִידוּן יַגִּידוּן כֻּלָּם כְּאֶחָד
יְהֹוָה אֶחָד וּשְׁמוֹ אֶחָד: זכריה יד

שְׁלוֹשִׁים וּשְׁתַּיִם נְתִיבוֹת שְׁבִילָךְ
לְכָל מֵבִין סוֹדָם יְסַפְּרוּ גָּדְלָךְ
מֵהֶם יַכִּירוּן כִּי הַכֹּל שֶׁלָּךְ
וְאַתָּה הָאֵל הַמֶּלֶךְ הַמְיֻחָד
יָעִידוּן יַגִּידוּן כֻּלָּם כְּאֶחָד / יְהֹוָה אֶחָד וּשְׁמוֹ אֶחָד:

לְבָבוֹת בְּחָשְׁבָם עוֹלָם בָּנוּי
יִמְצְאוּ כָּל יֵשׁ בִּלְתְּךָ שָׁנוּי
בְּמִסְפָּר בְּמִשְׁקָל הַכֹּל מָנוּי
כֻּלָּם נִתְּנוּ מֵרֹעֶה אֶחָד
יָעִידוּן יַגִּידוּן כֻּלָּם כְּאֶחָד / יְהֹוָה אֶחָד וּשְׁמוֹ אֶחָד:

מֵרֹאשׁ וְעַד סוֹף יֵשׁ לְךָ סִימָן
צָפוֹן וָיָם וְקֶדֶם וְתֵימָן
שַׁחַק וְתֵבֵל לְךָ עֵד נֶאֱמָן
מִזֶּה אֶחָד וּמִזֶּה אֶחָד
יָעִידוּן יַגִּידוּן כֻּלָּם כְּאֶחָד / יְהֹוָה אֶחָד וּשְׁמוֹ אֶחָד:

הַכֹּל מִמְּךָ נִזְבָּד זָבֹד
אַתָּה תַעֲמֹד וְהֵם יֹאבְדוּ אָבֹד
לָכֵן כָּל יְצוּר לְךָ יִתֵּן כָּבוֹד
כִּי מֵרֹאשׁ וְעַד סוֹף הֲלֹא אָב אֶחָד
יָעִידוּן יַגִּידוּן כֻּלָּם כְּאֶחָד / יְהֹוָה אֶחָד וּשְׁמוֹ אֶחָד:

Y en Tu Torá Señor Dios nuestro está escrito:
Escucha Israel, el Señor es nuestro Dios, el Señor es Uno. Has de saber hoy y responder a tu corazón que el Señor es el Dios en las alturas del cielo y abajo en la tierra, no hay otro salvo Él. *Deut. 4*

Bendeciré el Nombre del Señor,
que está oculto ante todo ser creado,
y esperaré Su benevolencia todos los días de mi vida,
por toda la bondad que ha prodigado.

*En días de semana:* Nos dio la Torá ya que deseó hacernos meritorios.
*En Shabat:* Nos dio el Shabat, para nuestro deleite y regocijo.
Tu diestra es grande para con nosotros, sálvanos de toda desgracia.

Tu Nombre se engrandecerá ante nuestros ojos,
por sobre todas las creaturas, Rey poderoso y encumbrado.
Y en virtud de nuestros numerosos pecados, nos dio por despojo.

Nuestros enemigos nos dominaron, por reñir y discutir.
Rompieron nuestros huesos,
y los dejaron cual vara quebrada.

Y Dios, en Su gran benevolencia,
dirigió Su rostro hacia Su pueblo.
Y en Su bondad enviará, rápidamente a nuestro Mashiaḥ.

Junto a él vendrá el profeta Eliahu, para cumplir la profecía.

וּבְתוֹרָתְךָ יְהוָה אֱלֹהֵינוּ כָּתוּב לֵאמֹר:

דברים ד שְׁמַע יִשְׂרָאֵל, יְהוָה אֱלֹהֵינוּ, יְהוָה אֶחָד: וְיָדַעְתָּ הַיּוֹם וַהֲשֵׁבֹתָ אֶל־לְבָבֶךָ, כִּי יְהוָה הוּא הָאֱלֹהִים בַּשָּׁמַיִם מִמַּעַל וְעַל־הָאָרֶץ מִתָּחַת, אֵין עוֹד:

אֲבָרֵךְ אֶת שֵׁם יְהוָה, הַנֶּעְלָם מִכָּל נִמְצָא<br>
וַאֲקַוֶּה חַסְדּוֹ כָּל יָמַי, עַל כָּל טוֹב אֲשֶׁר עָשָׂה.

בחול: נָתַן לָנוּ אֶת הַתּוֹרָה, לְזַכּוֹתֵנוּ רָצָה<br>
בשבת: נָתַן לָנוּ אֶת הַשַּׁבָּת, לְהִתְעַנֵּג בּוֹ וּלְדִיצָה<br>
יְמִינְךָ גָּבַר עָלֵינוּ, תַּצִּילֵנוּ מִכָּל צָרָה.

שִׁמְךָ יִגָּדֵל לְעֵינֵינוּ, עַל כָּל מֶלֶךְ רָם וְנִשָּׂא<br>
וּמֵרֹב כָּל חַטֹּאתֵינוּ, נְתָנֵנוּ לִמְשִׁסָּה.

מָשְׁלוּ בָּנוּ אוֹיְבֵינוּ, הֵן לְרִיב הֵן לְמַצָּה<br>
שִׁבְּרוּ כָּל עַצְמוֹתֵינוּ, כְּקָנֶה הָרְצוּצָה.

וְהָאֵל בְּרֹב חֲסָדָיו, פָּנָיו לְעַמּוֹ נָשָׂא<br>
וּבְטוּבוֹ יִשְׁלַח לָנוּ, מְשִׁיחֵנוּ בִּמְרוּצָה.

עִמּוֹ אֵלִיָּהוּ הַנָּבִיא, לְקַיֵּם אֶת הַמַּשָּׂא.

אֲדוֹן עוֹלָם Señor del Universo,
Que reinó antes de que cosa alguna fuera creada.

Cuando todo fue hecho conforme a Su voluntad
entonces fue proclamado Rey.

Cuando todo cese de existir
Él reverentemente reinará en soledad.

Él fue, Él es
y Él será por siempre glorioso.

Él es Uno y no hay otro
a quien compararlo o asociarlo;

sin comienzo y sin fin,
Él detenta el poder y el gobierno.

Sin medida y sin semejanza,
sin cambio o transformación.

Sin adición y sin separación,
Supremo en potencia y poder.

Él es mi Dios y mi Redentor viviente.
Él es la fortaleza en la cual me respaldo en los días difíciles.

Él es mi estandarte y mi refugio,
mi porción en el día en que Le habré de llamar.

Él es sanador y Él cura,
Él contempla y socorre.

En Su mano depositaré mi alma
al dormirme y al despertarme.

Dios está conmigo, no habré de temer;
Él tendrá mi alma y mi cuerpo a salvo.

En Su Santuario se regocijará mi alma,
Él enviará prontamente a nuestro redentor.

Entonces cantaremos en mi Sagrado Templo,
Amén, Amén oh reverenciado Nombre.

אֲדוֹן עוֹלָם אֲשֶׁר מָלַךְ      בְּטֶרֶם כָּל־יְצִיר נִבְרָא

לְעֵת נַעֲשָׂה בְחֶפְצוֹ כֹּל      אֲזַי מֶלֶךְ שְׁמוֹ נִקְרָא

וְאַחֲרֵי כִּכְלוֹת הַכֹּל      לְבַדּוֹ יִמְלֹךְ נוֹרָא

וְהוּא הָיָה וְהוּא הֹוֶה      וְהוּא יִהְיֶה בְּתִפְאָרָה

וְהוּא אֶחָד וְאֵין שֵׁנִי      לְהַמְשִׁילוֹ לְהַחְבִּירָה

בְּלִי רֵאשִׁית, בְּלִי תַכְלִית      וְלוֹ הָעֹז וְהַמִּשְׂרָה

בְּלִי עֵרֶךְ, בְּלִי דִמְיוֹן      בְּלִי שִׁנּוּי וּתְמוּרָה

בְּלִי חִבּוּר, בְּלִי פֵרוּד      גְּדָל־כֹּחַ וּגְבוּרָה

וְהוּא אֵלִי וְחַי גּוֹאֲלִי      וְצוּר חֶבְלִי בְּיוֹם צָרָה

וְהוּא נִסִּי וּמָנוּסִי      מְנָת כּוֹסִי בְּיוֹם אֶקְרָא

וְהוּא רוֹפֵא וְהוּא מַרְפֵּא      וְהוּא צוֹפֶה וְהוּא עֶזְרָה

בְּיָדוֹ אַפְקִיד רוּחִי      בְּעֵת אִישַׁן וְאָעִירָה

וְעִם רוּחִי גְּוִיָּתִי      יְהוָה לִי וְלֹא אִירָא

בְּמִקְדָּשׁוֹ תָּגֵל נַפְשִׁי      מְשִׁיחֵנוּ יִשְׁלַח מְהֵרָה

וְאָז נָשִׁיר בְּבֵית קָדְשִׁי      אָמֵן אָמֵן שֵׁם הַנּוֹרָא.

רִבִּי חֲנַנְיָא Ribí Ḥananiá Ben A'kashiá dice: El Santo Bendito Él quiso dar méri- *Macot 23*
tos a Israel y por ello les incrementó el estudio de la Torá y el cumplimiento
de preceptos, tal como está escrito: "El Señor, deseó dar mérito a Israel y *Isa. 42*
para ello engrandeció la Torá y la enalteció".

## KADISH DE LOS RABINOS

*El Ḥazán y los dolientes recitan el Kadish de los Rabinos:*

יִתְגַּדַּל Que Su Gran Nombre sea magnificado y santificado,
en el mundo que creó conforme a Su voluntad.
Que establezca Su reino, haga florecer Su salvación
y apresure la llegada de Su ungido
durante vuestra vida y en vuestros días
y en la vida de toda la casa de Israel,
pronto y rápidamente y decid: Amén.

Que Su Gran Nombre sea bendito
por siempre y por toda la eternidad.

Sea bendecido, alabado, glorificado y exaltado, encumbrado
y magnificado, enaltecido y ensalzado el Nombre del Santo Bendito Él;
más allá de cualquier bendición, cántico, alabanza y consolación
pronunciados en el mundo y decid: Amén.

Para Israel, para nuestros maestros,
sus discípulos y los discípulos de sus discípulos,
para todos quienes se involucran en el estudio de la sagrada Torá,
en este sitio o en cualquier otra parte,
que vengan a nosotros, a ellos y a vosotros
gracia, benevolencia y compasión de nuestro Dios,
Señor de los cielos y la tierra y decid: Amén.

Que haya gran paz celestial, vida, saciedad, salvación, consolación,
refugio, sanación, redención, perdón y expiación, bienestar
y salvación para nosotros y para todo Su pueblo Israel y decid: Amén.

*Antes de decir 'Quien obra paz' se dan tres pasos hacia atrás.*

Quien obra la paz en Sus alturas, con compasión haga la paz
para nosotros y todo Su pueblo Israel y decid: Amén.

רִבִּי חֲנַנְיָא בֶּן עֲקַשְׁיָא אוֹמֵר: רָצָה הַקָּדוֹשׁ בָּרוּךְ הוּא לְזַכּוֹת אֶת יִשְׂרָאֵל, לְפִיכָךְ מכות כג
הִרְבָּה לָהֶם תּוֹרָה וּמִצְוֹת. שֶׁנֶּאֱמַר: יְהוָה חָפֵץ לְמַעַן צִדְקוֹ, יַגְדִּיל תּוֹרָה וְיַאְדִּיר: ישעיה מב

## קדיש דרבנן

*El* חזן *y los* אבלים *recitan* קדיש דרבנן:

יִתְגַּדַּל וְיִתְקַדַּשׁ שְׁמֵהּ רַבָּא (קהל: אָמֵן)
בְּעָלְמָא דִּי בְרָא כִרְעוּתֵהּ
וְיַמְלִיךְ מַלְכוּתֵהּ וְיַצְמַח פֻּרְקָנֵהּ וִיקָרֵב מְשִׁיחֵהּ (קהל: אָמֵן)
בְּחַיֵּיכוֹן וּבְיוֹמֵיכוֹן וּבְחַיֵּי דְכָל־בֵּית יִשְׂרָאֵל
בַּעֲגָלָא וּבִזְמַן קָרִיב, וְאִמְרוּ אָמֵן. (קהל: אָמֵן)
יְהֵא שְׁמֵהּ רַבָּא מְבָרַךְ לְעָלַם וּלְעָלְמֵי עָלְמַיָּא יִתְבָּרַךְ
וְיִשְׁתַּבַּח וְיִתְפָּאַר וְיִתְרוֹמַם וְיִתְנַשֵּׂא וְיִתְהַדָּר וְיִתְעַלֶּה וְיִתְהַלָּל
שְׁמֵהּ דְּקֻדְשָׁא בְּרִיךְ הוּא (קהל: אָמֵן)
לְעֵלָּא מִן כָּל־בִּרְכָתָא שִׁירָתָא, תִּשְׁבְּחָתָא וְנֶחָמָתָא
דַּאֲמִירָן בְּעָלְמָא, וְאִמְרוּ אָמֵן. (קהל: אָמֵן)
עַל יִשְׂרָאֵל וְעַל רַבָּנָן
וְעַל תַּלְמִידֵיהוֹן וְעַל־כָּל־תַּלְמִידֵי תַלְמִידֵיהוֹן
דְּעָסְקִין בְּאוֹרָיְתָא קַדִּישְׁתָּא
דִּי בְאַתְרָא הָדֵין, וְדִי בְכָל־אֲתַר וַאֲתַר
יְהֵא לָנָא וּלְהוֹן וּלְכוֹן חִנָּא וְחִסְדָּא
וְרַחֲמֵי מִן קֳדָם אֱלָהָנָא מָארֵי שְׁמַיָּא וְאַרְעָא, וְאִמְרוּ אָמֵן. (קהל: אָמֵן)
יְהֵא שְׁלָמָא רַבָּא מִן שְׁמַיָּא, חַיִּים וְשָׂבָע וִישׁוּעָה וְנֶחָמָה
וְשֵׁיזָבָא וּרְפוּאָה וּגְאֻלָּה וּסְלִיחָה וְכַפָּרָה וְרֵוַח וְהַצָּלָה
לָנוּ וּלְכָל־עַמּוֹ יִשְׂרָאֵל, וְאִמְרוּ אָמֵן. (קהל: אָמֵן)

*Antes de decir* 'עֹשֶׂה שָׁלוֹם' *se dan tres pasos hacia atrás.*

עֹשֶׂה שָׁלוֹם בִּמְרוֹמָיו, הוּא בְּרַחֲמָיו יַעֲשֶׂה שָׁלוֹם עָלֵינוּ
וְעַל־כָּל־עַמּוֹ יִשְׂרָאֵל, וְאִמְרוּ אָמֵן. (קהל: אָמֵן)

# פתיחת אליהו הנביא זכור לטוב

הקדמת תיקוני זוהר דף יז פתח אליהו הנביא זכור לטוב ואמר: רבון עלמין, דאנת הוא חד ולא
בחשבן. אנת הוא עלאה על כל־עלאין, סתימא על כל־סתימין. לית
מחשבה תפיסא בך כלל. אנת הוא דאפקת עשר תקונין וקרינן לון עשר
ספירן לאנהגא בהון עלמין סתימין דלא אתגלין ועלמין דאתגלין. ובהון
אתכסיאת מבני נשא. ואנת הוא דקשיר לון ומיחד לון. ובגין דאנת מלגאו,
כל־מאן דאפריש חד מן חבריה מאלין עשר, אתחשיב ליה כאלו אפריש
בך. ואלין עשר ספירן אנון אזלין כסדרן, חד אריך וחד קצר וחד בינוני,
ואנת הוא דאנהיג לון, ולית מאן דאנהיג לך, לא לעלא ולא לתתא ולא
מכל־סטרא. לבושין תקנת לון דמניהו פרחין נשמתין לבני נשא. וכמה
גופין תקנת לון דאתקריאו גופא לגבי לבושין דמכסין עליהון. ואתקריאו
בתקונא דא. חסד דרועא ימינא. גבורה דרועא שמאלא. תפארת גופא.
נצח והוד תרין שוקין. יסוד סיומא דגופא אות ברית קדש. מלכות פה
תורה שבעל פה קרינן לה. חכמה מוחא איהי מחשבה מלגאו. בינה לבא
דברים כט ובה הלב מבין. ועל אלין תרין כתיב: הנסתרת ליהוה אלהינו: כתר עליון
ישעיה מו איהו כתר מלכות. ועליה אתמר: מגיד מראשית אחרית: ואיהו קרקפתא
דתפלי. מלגאו איהו יו"ד ה"א וא"ו ה"א דאיהו ארח אצילות. איהו שקיו
דאילנא בדרועוי וענפוי, כמיא דאשקי לאילנא ואתרבי בההוא שקיו.

רבון עלמין, אנת הוא עלת העלות וסבת הסבות, דאשקי לאילנא בההוא נביעו, וההוא נביעו, איהו כנשמתא לגופא, דאיהי חיים לגופא, ובך לית דמיון ולית דיוקנא מכל־מה דלגאו ולבר. ובראת שמיא וארעא. ואפקת מנהון שמשא וסיהרא וכוכביא ומזלי. ובארעא אילנין ודשאין וגנתא דעדן ועשבין וחיון ועופין ונונין ובעירין ובני נשא. לאשתמודעא בהון עלאין, ואיך יתנהגון בהון עלאין ותתאין, ואיך אשתמודען מעלאי ותתאי. ולית דידע בך כלל, ובר מנך לית יחודא בעלאי ותתאי. ואנת אשתמודע אדון על כלא. וכל־ספירן כל־חד אית ליה שם ידיע, ובהון אתקריאו מלאכיא. ואנת לית לך שם ידיע, דאנת הוא ממלא כל־שמהן, ואנת הוא שלימו דכלהו. וכד אנת תסתלק מנהון, אשתארו כלהו שמהן, כגופא בלא נשמתא.

אַנְתְּ חַכִּים וְלָאו בְּחָכְמָה יְדִיעָא, אַנְתְּ הוּא מֵבִין וְלָאו מִבִּינָה יְדִיעָא, לֵית לָךְ אֲתַר יְדִיעָא, אֶלָּא לְאִשְׁתְּמוֹדְעָא תָּקְפָּךְ וְחֵילָךְ לִבְנֵי נָשָׁא, וּלְאַחֲזָאָה לוֹן אֵיךְ אִתְנְהִיג עָלְמָא בְּדִינָא וּבְרַחֲמֵי דְּאִנּוּן צֶדֶק וּמִשְׁפָּט כְּפוּם עוֹבָדֵיהוֹן דִּבְנֵי נָשָׁא, דִּין אִיהוּ גְּבוּרָה, מִשְׁפָּט עַמּוּדָא דְאֶמְצָעִיתָא, צֶדֶק מַלְכוּתָא קַדִּישָׁא, מֹאזְנֵי צֶדֶק תְּרֵין סָמְכֵי קְשׁוֹט, הִין צֶדֶק אוֹת בְּרִית. כֹּלָּא לְאַחֲזָאָה אֵיךְ אִתְנְהִיג עָלְמָא. אֲבָל לָאו דְּאִית לָךְ צֶדֶק יְדִיעָא דְּאִיהוּ דִּין, וְלָאו מִשְׁפָּט יְדִיעָא דְּאִיהוּ רַחֲמֵי, וְלָאו מִכָּל־אִלֵּין מִדּוֹת כְּלָל. קוּם רִבִּי שִׁמְעוֹן וְיִתְחַדְּשׁוּן מִלִּין עַל יְדָךְ, דְּהָא רְשׁוּתָא אִית לָךְ לְגַלָּאָה רָזִין טְמִירִין עַל יְדָךְ, מַה דְּלָא אִתְיְהִיב רְשׁוּ לְגַלָּאָה לְשׁוּם בַּר נָשׁ עַד כְּעָן.

קָם רִבִּי שִׁמְעוֹן, פָּתַח וְאָמַר: לְךָ יְהוָה הַגְּדֻלָּה וְהַגְּבוּרָה וְהַתִּפְאֶרֶת וְהַנֵּצַח דהי"א כט
וְהַהוֹד: עִלָּאִין שְׁמָעוּ, אִנּוּן דְּמִיכִין דְּחֶבְרוֹן וְרַעְיָא מְהֵימְנָא אִתְּעָרוּ מִשְּׁנַתְכוֹן.
הָקִיצוּ וְרַנְּנוּ שֹׁכְנֵי עָפָר: אִלֵּין אִנּוּן צַדִּיקַיָּא דְּאִנּוּן מִסִּטְרָא דְּהַהוּא דְּאִתְּמַר ישעיה כו
בַּהּ: אֲנִי יְשֵׁנָה וְלִבִּי עֵר: וְלָאו אִנּוּן מֵתִים, וּבְגִין דָּא אִתְּמַר בְּהוֹן: הָקִיצוּ וְרַנְּנוּ שיר השירים ה
שֹׁכְנֵי עָפָר: רַעְיָא מְהֵימְנָא אַנְתְּ וַאֲבָהָן הָקִיצוּ וְרַנְּנוּ לְאִתְּעָרוּתָא דִּשְׁכִינְתָּא
דְּאִיהִי יְשֵׁנָה בְּגָלוּתָא, דְּעַד כְּעָן צַדִּיקַיָּא כֻּלְּהוּ דְּמִיכִין וְשִׁנְתָּא בְּחוֹרֵיהוֹן,
מִיָּד יְהִיבַת שְׁכִינְתָּא תְּלַת קָלִין לְגַבֵּי רַעְיָא מְהֵימְנָא וְיֵימָא לֵיהּ: קוּם רַעְיָא
מְהֵימְנָא, דְּהָא עָלָךְ אִתְּמַר: קוֹל דּוֹדִי דוֹפֵק: לְגַבָּאי בְּאַרְבַּע אַתְוָן דִּילֵיהּ,
וְיֵימָא בְהוֹן: פִּתְחִי־לִי אֲחֹתִי רַעְיָתִי יוֹנָתִי תַמָּתִי: דְּהָא תַּם־עֲוֹנֵךְ בַּת־צִיּוֹן
לֹא יוֹסִיף לְהַגְלוֹתֵךְ: שֶׁרֹּאשִׁי נִמְלָא־טָל. מַאי נִמְלָא טָל, אֶלָּא אָמַר קֻדְשָׁא איכה ד
בְּרִיךְ הוּא: אַנְתְּ חָשַׁבְתְּ דְּמִיּוֹמָא דְּאִתְחָרַב בֵּי מַקְדְּשָׁא דְּעָאלְנָא בְּבֵיתָא
דִּילִי וְעָאלְנָא בְּיִשּׁוּבָא, לָאו הָכִי, דְּלָא עָאלְנָא כָּל־זִמְנָא דְּאַנְתְּ בְּגָלוּתָא,
הֲרֵי לָךְ סִימָנָא שֶׁרֹּאשִׁי נִמְלָא־טָל, ה"א שְׁכִינְתָּא בְּגָלוּתָא, שְׁלִימוּ דִּילַהּ
וְחַיִּים דִּילַהּ אִיהוּ טָל, וְדָא אִיהוּ יו"ד ה"א וא"ו, וְאוֹת הֵ"א אִיהִי שְׁכִינְתָּא
דְּלָא מֵחֻשְׁבַּן טָ"ל, אֶלָּא יו"ד ה"א וא"ו דְּסַלִּיקוּ אַתְוָן לְחֻשְׁבַּן טָ"ל, דְּאִיהִי
מַלְיָא לִשְׁכִינְתָּא, מִנְּבִיעוּ דְּכָל־מְקוֹרִין עִלָּאִין. מִיָּד קָם רַעְיָא מְהֵימְנָא וַאֲבָהָן
קַדִּישִׁין עִמֵּיהּ. עַד כָּאן רָזָא דְיִחוּדָא.
בָּרוּךְ יְהוָה לְעוֹלָם אָמֵן וְאָמֵן: תהלים פט

וִיהִי Que el agrado del Señor nuestro Dios sea sobre nosotros, y la acción de nuestras manos sea establecida para nosotros. Oh Eterno, aprueba la obra de nuestras manos. *Sal. 90*

וַתִּתְפַּלֵּל Y oró Ḥaná y dijo: Mi corazón se regocija en el Señor; mi poder se ensalza en el Señor. Se ensanchó mi boca ante a mis adversarios pues me alegro con Tu salvación. No hay santo como el Señor; pues nada hay excepto Tú; y no hay poderoso como nuestro Dios. No os excedáis ni habléis, grandezas, altanería, ni salga arrogancia de vuestra boca. Pues Dios de los pensamientos es el Señor y ante Él son mensuradas las acciones. Los arcos de los valientes se han quebrado mientras que los tambaleantes se han ceñido en fortaleza. Los hartos de pan se convirtieron en asalariados, mientras que cesaron los hambrientos. Hasta que la estéril pudo parir siete mientras la madre de muchos hijos ha fenecido. El Señor decreta la muerte y concede la vida. Él hace descender al sepulcro y subir de él. El Señor empobrece y enriquece, abate y enaltece. Levanta del polvo al pobre, y eleva al menesteroso del estiércol para asentarle junto a los nobles y el trono de Gloria les hace heredar, pues del Señor son los fundamentos de la tierra y estableció sobre ellos el mundo. Él guarda los pasos de Sus piadosos, mientras los impíos perecen en las tinieblas, pues no es con su propia fuerza que el hombre prevale. Delante del Señor serán quebrantados Sus contendientes y sobre ellos tronará desde los cielos. El Señor juzgará los confines de la tierra, y concederá fortaleza a Su rey y elevará el poder de Su ungido. *1 Sam. 2*

אֲתְוֹהִי ¡Cuán grandes son sus señales y cuán prodigiosas! Tu reino es un reino por todos los tiempos y Tu dominio por todas las generaciones. *Dan. 3*
Relataremos Tu alabanza. Noche, mañana y tarde oraré y clamaré, y Él escuchará mi voz. Al entonar su canto los astros matinales, y exclamar jubilosamente todos los ángeles. No habré de temer a las decenas de miles de *Sal. 79* *Sal. 25*
personas que se congregan contra mí pues yo deposito mi confianza en el Señor, tengo puesta mi esperanza en el Dios de mi salvación, Tú me habrás de escuchar, oh, Dios mío. *Miq. 7*

*En Shabat y en Yom Tob se omite:*

> No te regocijes ante mí, enemigo mío, pues he caído y me he levantado, y aunque yazca en la penumbra el Señor es luz para mí.

Pues en Ti Señor he puesto mi esperanza, Tú me habrás de responder oh, *Sal. 38*
Dios mío. Mis pies han andado siempre con rectitud, habré de bendecir *Sal. 26*
al Señor en medio de congregaciones. Mi boca declarará la alabanza del *Sal. 145*
Señor y todas las creaturas bendecirán Su sagrado Nombre por siempre.
Nosotros bendeciremos a Dios desde ahora y por siempre, ¡Aleluyá! *Sal. 115*

תהלים צ — וִיהִי ׀ נֹעַם אֲדֹנָי אֱלֹהֵינוּ עָלֵינוּ וּמַעֲשֵׂה יָדֵינוּ כּוֹנְנָה עָלֵינוּ וּמַעֲשֵׂה יָדֵינוּ כּוֹנְנֵהוּ׃

שמואל א׳ ב — וַתִּתְפַּלֵּל חַנָּה וַתֹּאמַר עָלַץ לִבִּי בַּיהֹוָה רָמָה קַרְנִי בַּיהֹוָה רָחַב פִּי עַל־אוֹיְבַי כִּי שָׂמַחְתִּי בִּישׁוּעָתֶךָ׃ אֵין־קָדוֹשׁ כַּיהֹוָה כִּי־אֵין בִּלְתֶּךָ וְאֵין צוּר כֵּאלֹהֵינוּ׃ אַל־תַּרְבּוּ תְדַבְּרוּ גְּבֹהָה גְבֹהָה יֵצֵא עָתָק מִפִּיכֶם כִּי אֵל דֵּעוֹת יְהֹוָה וְלוֹ נִתְכְּנוּ עֲלִלוֹת׃ קֶשֶׁת גִּבֹּרִים חַתִּים וְנִכְשָׁלִים אָזְרוּ חָיִל׃ שְׂבֵעִים בַּלֶּחֶם נִשְׂכָּרוּ וּרְעֵבִים חָדֵלּוּ עַד־עֲקָרָה יָלְדָה שִׁבְעָה וְרַבַּת בָּנִים אֻמְלָלָה׃ יְהֹוָה מֵמִית וּמְחַיֶּה מוֹרִיד שְׁאוֹל וַיָּעַל׃ יְהֹוָה מוֹרִישׁ וּמַעֲשִׁיר מַשְׁפִּיל אַף־מְרוֹמֵם׃ מֵקִים מֵעָפָר דָּל מֵאַשְׁפֹּת יָרִים אֶבְיוֹן לְהוֹשִׁיב עִם־נְדִיבִים וְכִסֵּא כָבוֹד יַנְחִלֵם כִּי לַיהֹוָה מְצֻקֵי אֶרֶץ וַיָּשֶׁת עֲלֵיהֶם תֵּבֵל׃ רַגְלֵי חֲסִידָו יִשְׁמֹר וּרְשָׁעִים בַּחֹשֶׁךְ יִדָּמּוּ כִּי־לֹא בְכֹחַ יִגְבַּר־אִישׁ׃ יְהֹוָה יֵחַתּוּ מְרִיבָו עָלָו בַּשָּׁמַיִם יַרְעֵם יְהֹוָה יָדִין אַפְסֵי־אָרֶץ וְיִתֶּן־עֹז לְמַלְכּוֹ וְיָרֵם קֶרֶן מְשִׁיחוֹ׃

דניאל ג — אָתוֹהִי כְּמָה רַבְרְבִין וְתִמְהוֹהִי כְּמָה תַקִּיפִין מַלְכוּתֵהּ מַלְכוּת
תהלים עט — עָלַם וְשָׁלְטָנֵהּ עִם־דָּר וְדָר׃ וַאֲנַחְנוּ עַמְּךָ ׀ וְצֹאן מַרְעִיתֶךָ נוֹדֶה לְּךָ
תהלים כה — לְעוֹלָם לְדוֹר וָדֹר נְסַפֵּר תְּהִלָּתֶךָ׃ עֶרֶב וָבֹקֶר וְצָהֳרַיִם אָשִׂיחָה וְאֶהֱמֶה
איוב לח / תהלים ג — וַיִּשְׁמַע קוֹלִי׃ בְּרָן־יַחַד כּוֹכְבֵי בֹקֶר וַיָּרִיעוּ כָּל־בְּנֵי אֱלֹהִים׃ לֹא־אִירָא
מיכה ז — מֵרִבְבוֹת עָם אֲשֶׁר סָבִיב שָׁתוּ עָלָי׃ וַאֲנִי בַּיהֹוָה אֲצַפֶּה אוֹחִילָה
לֵאלֹהֵי יִשְׁעִי יִשְׁמָעֵנִי אֱלֹהָי׃

*En* שבת *y en* יום טוב *se omite:*

אַל־תִּשְׂמְחִי אֹיַבְתִּי לִי, כִּי נָפַלְתִּי קָמְתִּי
כִּי־אֵשֵׁב בַּחֹשֶׁךְ, יְהֹוָה אוֹר לִי׃

תהלים לח / תהלים כו — כִּי־לְךָ יְהֹוָה הוֹחָלְתִּי, אַתָּה תַעֲנֶה אֲדֹנָי אֱלֹהָי׃ רַגְלִי עָמְדָה בְמִישׁוֹר,
תהלים קמה — בְּמַקְהֵלִים אֲבָרֵךְ יְהֹוָה׃ תְּהִלַּת יְהֹוָה יְדַבֶּר פִּי וִיבָרֵךְ כָּל־בָּשָׂר
תהלים קטו — שֵׁם קָדְשׁוֹ לְעוֹלָם וָעֶד׃ וַאֲנַחְנוּ ׀ נְבָרֵךְ יָהּ מֵעַתָּה וְעַד־עוֹלָם
הַלְלוּיָהּ׃

## EL AMARRAMIENTO DE IṢḤAK

אֱלֹהֵינוּ Dios nuestro y de nuestros ancestros, recuérdanos favorablemente y tennos presentes en Tu memoria de salvación y compasión desde los más altos cielos. Recuérdanos SEÑOR nuestro Dios el amor de los ancestros, tus siervos Abraham, Iṣḥak e Israel, el pacto y la generosidad y el juramento que hiciste a nuestro patriarca Abraham en el Monte Moriá, y el amarramiento ("Akedá") de su hijo Iṣḥak sobre el altar, tal como está escrito en Tu Torá:

וַיְהִי Aconteció después de estos eventos, que Dios sometió a prueba a Abraham; díjole: Abraham y él dijo: Heme aquí. Y Él dijo: Toma, por favor, a tu hijo, tu único, a quien amas, a Iṣḥak y vete a la tierra de Moriá y ofrécelo allí como holocausto sobre uno de los montes que Yo habré de indicarte. Madrugó Abraham – por la mañana– aparejó su asno, tomó consigo a sus dos mozos y a Iṣḥak –su hijo – cortó la leña para el holocausto, se aprestó y se encaminó hacia el lugar que le había dicho Dios. Al tercer día Abraham alzó la vista y divisó el lugar desde lejos. Y dijo Abraham a sus mozos: permaneced aquí con el asno, mientras yo y el niño iremos hasta allí, nos prosternaremos y volveremos a vosotros. Tomó Abraham la leña para el holocausto, la puso sobre Iṣḥak – su hijo – y tomó en su mano el fuego y el cuchillo y ambos se encaminaron juntos. Y habló Iṣḥak a Abraham – su padre y le dijo: Padre mío, y le respondió: Heme aquí, hijo mío. Dijo él: He aquí el fuego y la leña, mas ¿dónde está el cordero para el holocausto? Y dijo Abraham: Dios proveerá el cordero para el holocausto, hijo mío, y siguieron ambos andando juntos. Y llegaron al lugar que le había dicho Dios y allí Abraham erigió el altar y colocó la leña; amarró a Iṣḥyak – su hijo – y le puso sobre el altar encima de los leños. *Gén. 22*

## פרשת העקדה

אֱלֹהֵינוּ וֵאלֹהֵי אֲבוֹתֵינוּ, זָכְרֵנוּ בְּזִכְרוֹן טוֹב מִלְּפָנֶיךָ, וּפָקְדֵנוּ בִּפְקֻדַּת יְשׁוּעָה
וְרַחֲמִים מִשְּׁמֵי שְׁמֵי קֶדֶם, וּזְכָר־לָנוּ יְהוָה אֱלֹהֵינוּ, אַהֲבַת הַקַּדְמוֹנִים
אַבְרָהָם יִצְחָק וְיִשְׂרָאֵל עֲבָדֶיךָ, אֶת הַבְּרִית וְאֶת הַחֶסֶד וְאֶת הַשְּׁבוּעָה,
שֶׁנִּשְׁבַּעְתָּ לְאַבְרָהָם אָבִינוּ בְּהַר הַמּוֹרִיָּה, וְאֶת הָעֲקֵדָה שֶׁעָקַד אֶת יִצְחָק
בְּנוֹ עַל גַּבֵּי הַמִּזְבֵּחַ, כַּכָּתוּב בְּתוֹרָתֶךָ:

בראשית כב וַיְהִי אַחַר הַדְּבָרִים הָאֵלֶּה וְהָאֱלֹהִים נִסָּה אֶת־אַבְרָהָם
וַיֹּאמֶר אֵלָיו אַבְרָהָם וַיֹּאמֶר הִנֵּנִי: וַיֹּאמֶר קַח־נָא אֶת־בִּנְךָ
אֶת־יְחִידְךָ אֲשֶׁר־אָהַבְתָּ אֶת־יִצְחָק וְלֶךְ־לְךָ אֶל־אֶרֶץ
הַמֹּרִיָּה וְהַעֲלֵהוּ שָׁם לְעֹלָה עַל אַחַד הֶהָרִים אֲשֶׁר אֹמַר
אֵלֶיךָ: וַיַּשְׁכֵּם אַבְרָהָם בַּבֹּקֶר וַיַּחֲבֹשׁ אֶת־חֲמֹרוֹ וַיִּקַּח
אֶת־שְׁנֵי נְעָרָיו אִתּוֹ וְאֵת יִצְחָק בְּנוֹ וַיְבַקַּע עֲצֵי עֹלָה
וַיָּקָם וַיֵּלֶךְ אֶל־הַמָּקוֹם אֲשֶׁר־אָמַר־לוֹ הָאֱלֹהִים: בַּיּוֹם
הַשְּׁלִישִׁי וַיִּשָּׂא אַבְרָהָם אֶת־עֵינָיו וַיַּרְא אֶת־הַמָּקוֹם
מֵרָחֹק: וַיֹּאמֶר אַבְרָהָם אֶל־נְעָרָיו שְׁבוּ־לָכֶם פֹּה עִם־
הַחֲמוֹר וַאֲנִי וְהַנַּעַר נֵלְכָה עַד־כֹּה וְנִשְׁתַּחֲוֶה וְנָשׁוּבָה
אֲלֵיכֶם: וַיִּקַּח אַבְרָהָם אֶת־עֲצֵי הָעֹלָה וַיָּשֶׂם עַל־יִצְחָק
בְּנוֹ וַיִּקַּח בְּיָדוֹ אֶת־הָאֵשׁ וְאֶת־הַמַּאֲכֶלֶת וַיֵּלְכוּ שְׁנֵיהֶם
יַחְדָּו: וַיֹּאמֶר יִצְחָק אֶל־אַבְרָהָם אָבִיו וַיֹּאמֶר אָבִי וַיֹּאמֶר
הִנֶּנִּי בְנִי וַיֹּאמֶר הִנֵּה הָאֵשׁ וְהָעֵצִים וְאַיֵּה הַשֶּׂה לְעֹלָה:
וַיֹּאמֶר אַבְרָהָם אֱלֹהִים יִרְאֶה־לּוֹ הַשֶּׂה לְעֹלָה בְּנִי וַיֵּלְכוּ
שְׁנֵיהֶם יַחְדָּו: וַיָּבֹאוּ אֶל־הַמָּקוֹם אֲשֶׁר אָמַר־לוֹ הָאֱלֹהִים
וַיִּבֶן שָׁם אַבְרָהָם אֶת־הַמִּזְבֵּחַ וַיַּעֲרֹךְ אֶת־הָעֵצִים וַיַּעֲקֹד
אֶת־יִצְחָק בְּנוֹ וַיָּשֶׂם אֹתוֹ עַל־הַמִּזְבֵּחַ מִמַּעַל לָעֵצִים:

Extendió Abraham su mano y tomó el cuchillo para sacrificar a su hijo. Mas el emisario del SEÑOR le llamó desde los cielos y le dijo: Abraham, Abraham; y éste dijo: Heme aquí. Y dijo: No levantes tu mano sobre el muchacho y no le hagas nada pues ahora sé que eres temeroso de Dios, pues no Me has negado ni a tu hijo – a tu único. Alzó Abraham sus ojos y miró y he aquí un carnero que se enredaba con sus cuernos en la espesura. Abraham fue y tomó el carnero y lo ofreció en holocausto en sustitución de su hijo. Llamó Abraham a aquel sitio: "El SEÑOR verá", tal como se dice hasta hoy: "En el monte del SEÑOR será visto". Llamó el emisario del SEÑOR a Abraham por segunda vez desde los cielos y dijo: Por Mí he jurado – dice el SEÑOR –puesto que tú has hecho esto y no Me negaste ni aún a tu hijo, a tu único. Pues habré de bendecirte y acrecentar tu descendencia, la cual será como las estrellas de los cielos y como la arena de la orilla del mar y tu descendencia poseerá las ciudades de sus adversarios. Y serán bendecidas por tu descendencia todas las naciones de la tierra, puesto que tú has obedecido Mi mandato. Volvió Abraham hasta sus mozos y se aprestaron y partieron juntos hacia Beer Sheva. Y Abraham se asentó en Beer Sheva.

*Algunos agregan:*

Sea Tu voluntad SEÑOR, Dios nuestro y de nuestros ancestros, que Te colmes de compasión para con nosotros, y recuerdes el amarramiento de nuestro patriarca Iṣḥak hijo de nuestro patriarca Abraham de bendita memoria como si sus cenizas se encontrasen amontonadas sobre el altar de sacrificios, y al contemplar estas cenizas anules todo decreto adverso, difícil y dañino para nosotros, y nos permitas un retorno completo ante Ti, nos salves de la inclinación al mal así como de todo pecado o transgresión, prolonga nuestros días con bien y nuestros años agradablemente.

רִבּוֹנוֹ Amo del Universo, así como nuestro patriarca Abraham se sobrepuso a su compasión para hacer Tu voluntad con corazón íntegro, que Tu misericordia se sobreponga a Tu enojo y prevalezca

וַיִּשְׁלַח אַבְרָהָם אֶת־יָדוֹ וַיִּקַּח אֶת־הַמַּאֲכֶלֶת לִשְׁחֹט אֶת־בְּנוֹ: וַיִּקְרָא אֵלָיו מַלְאַךְ יְהֹוָה מִן־הַשָּׁמַיִם וַיֹּאמֶר אַבְרָהָם ׀ אַבְרָהָם וַיֹּאמֶר הִנֵּנִי: וַיֹּאמֶר אַל־תִּשְׁלַח יָדְךָ אֶל־הַנַּעַר וְאַל־תַּעַשׂ לוֹ מְאוּמָה כִּי ׀ עַתָּה יָדַעְתִּי כִּי־יְרֵא אֱלֹהִים אַתָּה וְלֹא חָשַׂכְתָּ אֶת־בִּנְךָ אֶת־יְחִידְךָ מִמֶּנִּי: וַיִּשָּׂא אַבְרָהָם אֶת־עֵינָיו וַיַּרְא וְהִנֵּה־אַיִל אַחַר נֶאֱחַז בַּסְּבַךְ בְּקַרְנָיו וַיֵּלֶךְ אַבְרָהָם וַיִּקַּח אֶת־הָאַיִל וַיַּעֲלֵהוּ לְעֹלָה תַּחַת בְּנוֹ: וַיִּקְרָא אַבְרָהָם שֵׁם־הַמָּקוֹם הַהוּא יְהֹוָה ׀ יִרְאֶה אֲשֶׁר יֵאָמֵר הַיּוֹם בְּהַר יְהֹוָה יֵרָאֶה: וַיִּקְרָא מַלְאַךְ יְהֹוָה אֶל־אַבְרָהָם שֵׁנִית מִן־הַשָּׁמָיִם: וַיֹּאמֶר בִּי נִשְׁבַּעְתִּי נְאֻם־יְהֹוָה כִּי יַעַן אֲשֶׁר עָשִׂיתָ אֶת־הַדָּבָר הַזֶּה וְלֹא חָשַׂכְתָּ אֶת־בִּנְךָ אֶת־יְחִידֶךָ: כִּי־בָרֵךְ אֲבָרֶכְךָ וְהַרְבָּה אַרְבֶּה אֶת־זַרְעֲךָ כְּכוֹכְבֵי הַשָּׁמַיִם וְכַחוֹל אֲשֶׁר עַל־שְׂפַת הַיָּם וְיִרַשׁ זַרְעֲךָ אֵת שַׁעַר אֹיְבָיו: וְהִתְבָּרְכוּ בְזַרְעֲךָ כֹּל גּוֹיֵי הָאָרֶץ עֵקֶב אֲשֶׁר שָׁמַעְתָּ בְּקֹלִי: וַיָּשָׁב אַבְרָהָם אֶל־נְעָרָיו וַיָּקֻמוּ וַיֵּלְכוּ יַחְדָּו אֶל־בְּאֵר שָׁבַע וַיֵּשֶׁב אַבְרָהָם בִּבְאֵר שָׁבַע:

*Algunos agregan:*

יְהִי רָצוֹן מִלְּפָנֶיךָ יְהֹוָה אֱלֹהֵינוּ וֵאלֹהֵי אֲבוֹתֵינוּ, שֶׁתִּתְמַלֵּא רַחֲמִים עָלֵינוּ, וְתִזְכֹּר לָנוּ עֲקֵדָתוֹ שֶׁל יִצְחָק אָבִינוּ בֶּן אַבְרָהָם אָבִינוּ עָלָיו הַשָּׁלוֹם כְּאִלּוּ אֶפְרוֹ צָבוּר וּמֻנָּח עַל גַּבֵּי הַמִּזְבֵּחַ, וְתַבִּיט בְּאֶפְרוֹ לְבַטֵּל מֵעָלֵינוּ כָּל גְּזֵרוֹת קָשׁוֹת וְרָעוֹת, וּתְזַכֵּנוּ לַחֲזוֹר בִּתְשׁוּבָה שְׁלֵמָה, וְתַצִּילֵנוּ מִיֵּצֶר הָרָע וּמִכָּל חֵטְא, וְתַאֲרִיךְ יָמֵינוּ בְּטוֹב וּשְׁנוֹתֵינוּ בַּנְּעִימִים.

רִבּוֹנוֹ שֶׁל עוֹלָם, כְּמוֹ שֶׁכָּבַשׁ אַבְרָהָם אָבִינוּ אֶת רַחֲמָיו לַעֲשׂוֹת
רְצוֹנְךָ בְּלֵבָב שָׁלֵם, כֵּן יִכְבְּשׁוּ רַחֲמֶיךָ אֶת כַּעַסְךָ, וְיִגֹּלּוּ רַחֲמֶיךָ ברכות ז.

Tu misericordia sobre Tus otros atributos. Trátanos mediante Tus atributos de benevolencia y misericordia y que en Tu gran bondad Tu ira se revierta de Tu pueblo, Tu ciudad, Tu tierra y Tu heredad. Haz que se cumpla en nosotros SEÑOR, nuestro Dios, aquello que nos prometiste en Tu Torá por medio de Tu siervo Moshé, tal como está escrito: "Recordaré Mi pacto con Ya'akob, también Mi pacto *Lev. 26*
con Iṣḥak, y también Mi pacto con Abraham recordaré, y a la tierra recordaré". Y fue dicho: "Incluso estando en tierra de sus enemigos no los rechacé ni los detesté al punto de destruirlos, ni anulé Mi pacto con ellos, pues Yo Soy el SEÑOR su Dios". Y fue dicho: "Y les recordaré el pacto que establecí con los primeros, a quienes saqué de la tierra de Egipto ante los ojos de las naciones para ser su Dios, Yo Soy el SEÑOR". Y fue dicho: "Y el SEÑOR regresará a tus dispersos *Deut. 30*
y tendrá compasión de ti, y volverá a reunirte de todos los pueblos entre los que te dispersó. Reúne a nuestras dispersiones, tal como está escrito: "Si tus dispersos se encuentran al final del cielo de allí te reunirá el SEÑOR y de allí te tomará" Y fue dicho: "Y el SEÑOR tu Dios te traerá a la tierra que habían poseído tus padres y la poseerás; y te hará bien y te acrecentará más que a tus padres". Y por medio de Tus profetas fue dicho: "SEÑOR, agrácianos, por cuanto que en *Isa. 33*
Ti hemos depositado nuestra esperanza, sé nuestro brazo por la mañana y nuestro salvador en tiempos de dificultad". Y fue dicho: "Es tiempo de dificultad para Ya'akob y de este será redimido" Y fue *Jer. 30*
dicho: "En toda su afliccionÉl fue afligido y el ángel de Su presencia *Isa. 63*
los salvó, con su amor y compasión los redimió, los tomó y cargó consigo todos los días pretéritos". Y fue dicho: "Quien es como Tú, *Miq. 7*
Dios que perdona la iniquidad y pasa por alto la trasgresión para el remanente de Su heredad. No mantiene por siempre Su enojo, pues Él desea la benevolencia. Él volverá a tener compasión de nosotros y suprimirá nuestras iniquidades, y arrojará a las profundidades del mar todos sus pecados. Concede la verdad a Ya'akob, la generosidad a Abraham, tal como lo juraste a nuestros ancestros en días pretéritos". Y fue dicho: "Y los traeré a Mi Monte Sagrado y los regocijaré en Mi *Isa. 56*
Casa de Oración, sus ofrendas y sus sacrificios serán aceptados sobre Mi altar, pues Mi Casa será Casa de Oración para todas las naciones".

עַל מִדּוֹתֶיךָ. וְתִתְנַהֵג עִמָּנוּ יְהֹוָה אֱלֹהֵינוּ בְּמִדַּת הַחֶסֶד וּבְמִדַּת
הָרַחֲמִים, וְתִכָּנֵס לָנוּ לִפְנִים מִשּׁוּרַת הַדִּין. וּבְטוּבְךָ הַגָּדוֹל יָשׁוּב
חֲרוֹן אַפְּךָ מֵעַמְּךָ וּמֵעִירְךָ וּמֵאַרְצְךָ וּמִנַּחֲלָתֶךָ. וְקַיֶּם לָנוּ יְהֹוָה
אֱלֹהֵינוּ אֶת הַדָּבָר שֶׁהִבְטַחְתָּנוּ בְּתוֹרָתֶךָ עַל יְדֵי מֹשֶׁה עַבְדֶּךָ,
כָּאָמוּר: וְזָכַרְתִּי אֶת־בְּרִיתִי יַעֲקוֹב, וְאַף אֶת־בְּרִיתִי יִצְחָק, וְאַף ויקרא כו
אֶת־בְּרִיתִי אַבְרָהָם אֶזְכֹּר, וְהָאָרֶץ אֶזְכֹּר: וְנֶאֱמַר, וְאַף גַּם־זֹאת
בִּהְיוֹתָם בְּאֶרֶץ אֹיְבֵיהֶם, לֹא־מְאַסְתִּים וְלֹא־גְעַלְתִּים לְכַלֹּתָם,
לְהָפֵר בְּרִיתִי אִתָּם, כִּי אֲנִי יְהֹוָה אֱלֹהֵיהֶם: וְנֶאֱמַר, וְזָכַרְתִּי לָהֶם
בְּרִית רִאשֹׁנִים, אֲשֶׁר הוֹצֵאתִי־אֹתָם מֵאֶרֶץ מִצְרַיִם לְעֵינֵי הַגּוֹיִם,
לִהְיוֹת לָהֶם לֵאלֹהִים, אֲנִי יְהֹוָה: וְנֶאֱמַר: וְשָׁב יְהֹוָה אֱלֹהֶיךָ אֶת־ דברים ל
שְׁבוּתְךָ וְרִחֲמֶךָ, וְשָׁב וְקִבֶּצְךָ מִכָּל־הָעַמִּים, אֲשֶׁר הֱפִיצְךָ יְהֹוָה
אֱלֹהֶיךָ שָׁמָּה: אִם־יִהְיֶה נִדַּחֲךָ בִּקְצֵה הַשָּׁמָיִם, מִשָּׁם יְקַבֶּצְךָ
יְהֹוָה אֱלֹהֶיךָ, וּמִשָּׁם יִקָּחֶךָ: וֶהֱבִיאֲךָ יְהֹוָה אֱלֹהֶיךָ אֶל־הָאָרֶץ
אֲשֶׁר־יָרְשׁוּ אֲבֹתֶיךָ וִירִשְׁתָּהּ, וְהֵיטִבְךָ וְהִרְבְּךָ מֵאֲבֹתֶיךָ: וְנֶאֱמַר
עַל יְדֵי נְבִיאֶךָ: יְהֹוָה חָנֵּנוּ, לְךָ קִוִּינוּ, הֱיֵה זְרֹעָם לַבְּקָרִים אַף־ ישעיה לג
יְשׁוּעָתֵנוּ בְּעֵת צָרָה: וְנֶאֱמַר: וְעֵת־צָרָה הִיא לְיַעֲקֹב וּמִמֶּנָּה יִוָּשֵׁעַ: ירמיה ל
וְנֶאֱמַר: בְּכָל־צָרָתָם לוֹ צָר, וּמַלְאַךְ פָּנָיו הוֹשִׁיעָם, בְּאַהֲבָתוֹ ישעיה סג
וּבְחֶמְלָתוֹ הוּא גְאָלָם, וַיְנַטְּלֵם וַיְנַשְּׂאֵם כָּל־יְמֵי עוֹלָם: וְנֶאֱמַר:
מִי־אֵל כָּמוֹךָ נֹשֵׂא עָוֹן וְעֹבֵר עַל־פֶּשַׁע לִשְׁאֵרִית נַחֲלָתוֹ, לֹא־ מיכה ז
הֶחֱזִיק לָעַד אַפּוֹ, כִּי־חָפֵץ חֶסֶד הוּא: יָשׁוּב יְרַחֲמֵנוּ, יִכְבֹּשׁ
עֲוֹנֹתֵינוּ, וְתַשְׁלִיךְ בִּמְצֻלוֹת יָם כָּל־חַטֹּאתָם: תִּתֵּן אֱמֶת לְיַעֲקֹב,
חֶסֶד לְאַבְרָהָם, אֲשֶׁר־נִשְׁבַּעְתָּ לַאֲבֹתֵינוּ מִימֵי קֶדֶם: וְנֶאֱמַר,
וַהֲבִיאוֹתִים אֶל־הַר קָדְשִׁי, וְשִׂמַּחְתִּים בְּבֵית תְּפִלָּתִי, עוֹלֹתֵיהֶם ישעיה נו
וְזִבְחֵיהֶם לְרָצוֹן עַל־מִזְבְּחִי, כִּי בֵיתִי בֵּית־תְּפִלָּה יִקָּרֵא לְכָל־
הָעַמִּים:

אֵלּוּ Estas son aquellas cosas las cuales carecen de una medida fija: el rincón del campo (N. de T. que se deja para los pobres – Peá –), las primicias, los actos de presencia ante Dios (N. de T. en las fiestas, trayendo ofrendas), los actos de benevolencia y el estudio de la Torá. *Mishná Peá 1:1*

אֵלּוּ Estas son aquellas cosas de cuyos frutos ingerimos en este mundo, pero cuya completa recompensa nos aguarda en el Mundo por Venir: *Shabat 127a*

Honrar a los padres; hacer actos de benevolencia;
brindar hospitalidad a los huéspedes; llegar temprano
a la sinagoga; traer la paz entre el hombre y su prójimo,
entre el marido y su mujer –

pero el estudio de la Torá es equivalente a todos juntos.

## LA ACEPTACIÓN DEL YUGO CELESTIAL

לְעוֹלָם Una persona ha de ser siempre temerosa de Dios tanto en público como en privado, reconocer la verdad y decir la verdad en su corazón.
Ha de levantarse temprano y proclamar:

---

y "reconocer la verdad y recitarla al interior de su corazón" (esto aludiría a la práctica secreta del judaísmo) y el recitado de las primeras frases del Shemá las cuales no podían ser recitadas en su horario normal. La bendición final, "Que santifica Su Nombre en medio de multitudes", se refiere al martirio de aquellos que fueron a la muerte por no abjurar de su fe. Esta forma de martirio en hebreo recibe el nombre de *"Kidush HaShem"*, o sea, la santificación del Nombre de Dios.

משנה, פאה א, א

אֵלּוּ דְבָרִים שֶׁאֵין לָהֶם שִׁיעוּר
הַפֵּאָה וְהַבִּכּוּרִים וְהָרֵאָיוֹן
וּגְמִילוּת חֲסָדִים וְתַלְמוּד תּוֹרָה.

שבת קכז.

אֵלּוּ דְבָרִים שֶׁאָדָם עוֹשֶׂה אוֹתָם
אוֹכֵל מִפֵּרוֹתֵיהֶם בָּעוֹלָם הַזֶּה
וְהַקֶּרֶן קַיֶּמֶת לוֹ לָעוֹלָם הַבָּא
וְאֵלּוּ הֵן
כִּבּוּד אָב וָאֵם וּגְמִילוּת חֲסָדִים וּבִקּוּר חוֹלִים
וְהַכְנָסַת אוֹרְחִים וְהַשְׁכָּמַת בֵּית הַכְּנֶסֶת
וַהֲבָאַת שָׁלוֹם בֵּין אָדָם לַחֲבֵרוֹ וּבֵין אִישׁ לְאִשְׁתּוֹ
וְתַלְמוּד תּוֹרָה כְּנֶגֶד כֻּלָּם.

## קבלת עול מלכות שמים

לְעוֹלָם יְהֵא אָדָם יְרֵא שָׁמַיִם בְּסֵתֶר כְּבַגָּלוּי
וּמוֹדֶה עַל הָאֱמֶת וְדוֹבֵר אֱמֶת בִּלְבָבוֹ
וְיַשְׁכֵּים וְיֹאמַר

---

לְעוֹלָם *Una persona ha de ser siempre:* Toda esta sección hasta "Que santifica Su Nombre en medio de multitudes" aparece en un Midrash de siglo x llamado *Tana Debei Eliahu* (capítulo 21). Algunos creen que este texto data del período de la persecución persa a manos de Yazdegerd II quien en el año 456 de la era común prohibió a los judíos observar el Shabat y estudiar la Torá. Los judíos continuaron cumpliendo preceptos en secreto y recitando plegarías en tiempos y en formas de modo tal que no pudiesen ser detectados por sus perseguidores. Esto explica la referencia al temor a Dios "en privado"

רִבּוֹן הָעוֹלָמִים Amo del Universo y SEÑOR de SEÑORES,
no suplicamos ante Ti por ser justos Dan. 9
sino en virtud de Tu gran compasión.
¡SEÑOR, escucha!, ¡SEÑOR, perdona!,
¡SEÑOR, atiende nuestro pedido,
actúa y no Te demores!
Hazlo por Ti, Dios mío,
pues Tu pueblo y Tu ciudad son llamados por Tu Nombre.

¿Qué somos? ¿Qué son nuestras vidas?
¿Cuál es nuestra benevolencia?
¿Cuál nuestra rectitud?
¿Cuál nuestro poder?
¿Cuál es nuestra fortaleza?
¿Qué podemos decir ante Ti SEÑOR,
Dios nuestro y de nuestros ancestros?
¿Acaso todos los poderosos no son
sino insignificantes comparados contigo?
Las personas de renombre son como si nunca hubiesen existido,
los sabios como si nada supiesen
y los inteligentes cual carentes de comprensión.
Pues la mayor parte de nuestras acciones son vanas
y nuestros días de vida cual hálito pasajero ante Ti.
La preeminencia del ser humano por sobre los animales Ecle. 3
es nula ya que todo es un suspiro fugaz.

---

respiro". Este vocablo transmite un sentido de la brevedad e insustancialidad de la vida como fenómeno puramente físico. Todo aquello que vive pronto muere, y es como si nunca hubiera existido. *Empero:* Tú nos has creado, nos has hecho y nos has elegido. Somos infinitesimalmente pequeños y aún así acariciados por las alas del Infinito. Somos polvo, empero *"somos Tu pueblo, los hijos de Tu pacto"*, descendientes de aquellos a quienes Tú separaste para que den testimonio al mundo de Tu existencia y majestad.

רִבּוֹן הָעוֹלָמִים וַאֲדוֹנֵי הָאֲדוֹנִים
לֹא עַל־צִדְקוֹתֵינוּ אֲנַחְנוּ מַפִּילִים תַּחֲנוּנֵינוּ לְפָנֶיךָ דניאל ט
כִּי עַל־רַחֲמֶיךָ הָרַבִּים:
אֲדֹנָי שְׁמָעָה, אֲדֹנָי סְלָחָה
אֲדֹנָי הַקְשִׁיבָה וַעֲשֵׂה אַל־תְּאַחַר
לְמַעַנְךָ אֱלֹהַי
כִּי־שִׁמְךָ נִקְרָא עַל־עִירְךָ וְעַל־עַמֶּךָ:

מָה אֲנַחְנוּ, מֶה חַיֵּינוּ
מֶה חַסְדֵּנוּ, מַה צִּדְקוֹתֵינוּ
מַה כֹּחֵנוּ, מַה גְּבוּרָתֵנוּ
מַה נֹּאמַר לְפָנֶיךָ, יְהוָה אֱלֹהֵינוּ וֵאלֹהֵי אֲבוֹתֵינוּ
הֲלֹא כָּל־הַגִּבּוֹרִים כְּאַיִן לְפָנֶיךָ וְאַנְשֵׁי הַשֵּׁם כְּלֹא הָיוּ
וַחֲכָמִים כִּבְלִי מַדָּע, וּנְבוֹנִים כִּבְלִי הַשְׂכֵּל
כִּי רֹב מַעֲשֵׂינוּ תֹּהוּ, וִימֵי חַיֵּינוּ הֶבֶל לְפָנֶיךָ
וּמוֹתַר הָאָדָם מִן־הַבְּהֵמָה אָיִן, כִּי הַכֹּל הָבֶל: קהלת ג

---

רִבּוֹן *Amo del Universo:* este pasaje aparece también en el rezo de *Neilá* de Yom Kipur. Expresa la paradoja de la condición humana ante la presencia de Dios. Sabemos cuán pequeños somos y cuán efímeras nuestras vidas. La palabra hebrea *hevel* que puede ser traducida como hálito, suspiro (o vanidad) es clave en los primeros capítulos del libro de Eclesiastés de donde se extrae esta frase. En el Eclesiastés se ha traducido hevel también como “vano (vanidad), carente de sentido, fútil o vacío”. Sin embargo, literalmente significa “un breve

לְבַד Salvo la prístina alma
que en un futuro deberá rendir cuentas ante Tu Trono de Gloria,
y todas las naciones serán insignificantes ante Ti,
tal como fuera dicho:
"He aquí que las naciones son para Él cual gota de agua *Isa. 40*
en un balde, son considerados cual polvo sobre una balanza,
hace desaparecer las islas como polvo".

אֲבָל Empero nosotros somos Tu pueblo, los hijos de Tu pacto,
los hijos de Tu amado Abraham
a quien le prometieras en el Monte Moriá;
la descendencia de Iṣḥak, su único hijo,
quien fuera amarrado sobre el altar;
la congregación de Tu primogénito Ya'akob
quien a causa del amor que le profesaste
y el regocijo que en él tuviste lo llamaste Israel y Yeshurún.

לְפִיכָךְ Por lo tanto, es nuestro deber agradecer,
alabar y loar Tu gran Nombre,
y debemos entonar todos los días
por siempre cánticos delante de Ti.
Felices somos nosotros,
cuán buena es nuestra porción
y cuán encantador nuestro destino,
y cuán bella nuestra herencia.
Felices somos nosotros cuando temprano
por la mañana y tarde por la noche,
en las sinagogas y las casas de estudio
unificamos a diario Tu Nombre
y recitamos dos veces al día con amor:

לְבַד הַנְּשָׁמָה הַטְּהוֹרָה
שֶׁהִיא עֲתִידָה לִתֵּן דִּין וְחֶשְׁבּוֹן לִפְנֵי כִּסֵּא כְבוֹדֶךָ
וְכָל־הַגּוֹיִם כְּאַיִן נֶגְדֶּךָ
שֶׁנֶּאֱמַר
הֵן גּוֹיִם כְּמַר מִדְּלִי ישעיה מ
וּכְשַׁחַק מֹאזְנַיִם נֶחְשָׁבוּ
הֵן אִיִּים כַּדַּק יִטּוֹל:

אֲבָל אֲנַחְנוּ עַמְּךָ בְּנֵי בְרִיתֶךָ
בְּנֵי אַבְרָהָם אֹהַבְךָ שֶׁנִּשְׁבַּעְתָּ לּוֹ בְּהַר הַמּוֹרִיָּה
זֶרַע יִצְחָק עֲקֵדְךָ שֶׁנֶּעֱקַד עַל גַּבֵּי הַמִּזְבֵּחַ
עֲדַת יַעֲקֹב בִּנְךָ בְכוֹרֶךָ
שֶׁמֵּאַהֲבָתְךָ שֶׁאָהַבְתָּ אוֹתוֹ, וּמִשִּׂמְחָתְךָ שֶׁשָּׂמַחְתָּ בּוֹ
קָרָאתָ שְׁמוֹ יִשְׂרָאֵל וִישֻׁרוּן.

לְפִיכָךְ אֲנַחְנוּ חַיָּבִים
לְהוֹדוֹת לְךָ, וּלְשַׁבֵּחֲךָ וּלְפָאֶרְךָ וּלְרוֹמִמְךָ
וְלִתֵּן שִׁיר שֶׁבַח וְהוֹדָאָה לְשִׁמְךָ הַגָּדוֹל
וְחַיָּבִים אֲנַחְנוּ לוֹמַר לְפָנֶיךָ שִׁירָה בְּכָל־יוֹם תָּמִיד.
אַשְׁרֵינוּ, מַה טּוֹב חֶלְקֵנוּ, וּמַה נָּעִים גּוֹרָלֵנוּ
וּמַה יָּפָה מְאֹד יְרֻשָּׁתֵנוּ.
אַשְׁרֵינוּ, כְּשֶׁאֲנַחְנוּ מַשְׁכִּימִים וּמַעֲרִיבִים
בְּבָתֵּי כְנֵסִיּוֹת וּבְבָתֵּי מִדְרָשׁוֹת
וּמְיַחֲדִים שִׁמְךָ בְּכָל־יוֹם תָּמִיד
אוֹמְרִים פַּעֲמַיִם בְּאַהֲבָה

Escucha Israel, el SEÑOR es nuestro Dios, el SEÑOR es Uno. *Deut. 6*

*En voz baja:* Bendito sea el Nombre de Su glorioso Reino por siempre

אַתָּה הוּא Tú eres Uno previo a que creaste el mundo.
Tú eres Uno ahora que ya creaste el mundo.
Tú eres el poderoso en este mundo y en el Venidero.
Tú y Tus años no tendrán fin. *Sal. 102*
Consagra Tu Nombre por medio de la nación
que lo consagra en Tu mundo.
A través de Tu salvación eleva y exalta nuestro honor;
sálvanos pronto en aras de Tu Nombre.
Bendito es Aquél
que santifica Su Nombre en medio de multitudes.

אַתָּה הוּא Tú eres el SEÑOR,
el Dios en las alturas de los cielos y abajo en la tierra,
en los cielos de los cielos superiores y en los inferiores.

Tú eres el primero y Tú eres el último,
y más allá de Ti no hay deidad alguna.
Reúne de los cuatro confines de la tierra
a los dispersos que depositan en Ti sus esperanzas.

---

nuestra identidad: "Yo el Eterno no he cambiado y vosotros hijos de Israel no habéis sido destruidos" (Malaquías 3:6).

אַתָּה הוּא *Tú eres el SEÑOR:* esta segunda plegaria pide por la finalización del exilio y culmina con el versículo de Sofonías (3:20) que habla de la reunión

דברים ו

**שְׁמַע יִשְׂרָאֵל, יְהוָה אֱלֹהֵינוּ, יְהוָה אֶחָד:**

*En voz baja:* בָּרוּךְ שֵׁם כְּבוֹד מַלְכוּתוֹ לְעוֹלָם וָעֶד.

אַתָּה הוּא אֶחָד קֹדֶם שֶׁבָּרָאתָ הָעוֹלָם
וְאַתָּה הוּא אֶחָד לְאַחַר שֶׁבָּרָאתָ הָעוֹלָם
אַתָּה הוּא אֵל בָּעוֹלָם הַזֶּה, וְאַתָּה הוּא אֵל בָּעוֹלָם הַבָּא
וְאַתָּה־הוּא וּשְׁנוֹתֶיךָ לֹא יִתָּמּוּ: תהלים קב
קַדֵּשׁ שִׁמְךָ בְּעוֹלָמְךָ עַל עַם מְקַדְּשֵׁי שְׁמֶךָ
וּבִישׁוּעָתְךָ מַלְכֵּנוּ תָּרוּם וְתַגְבִּיהַּ קַרְנֵנוּ
וְתוֹשִׁיעֵנוּ בְּקָרוֹב לְמַעַן שְׁמֶךָ.
בָּרוּךְ הַמְקַדֵּשׁ שְׁמוֹ בָּרַבִּים.

אַתָּה הוּא יְהוָה הָאֱלֹהִים
בַּשָּׁמַיִם מִמַּעַל וְעַל הָאָרֶץ מִתָּחַת
בִּשְׁמֵי הַשָּׁמַיִם הָעֶלְיוֹנִים וְהַתַּחְתּוֹנִים

אַתָּה הוּא רִאשׁוֹן וְאַתָּה הוּא אַחֲרוֹן
וּמִבַּלְעָדֶיךָ אֵין אֱלֹהִים.
קַבֵּץ נְפוּצוֹת קֹוֶיךָ מֵאַרְבַּע כַּנְפוֹת הָאָרֶץ.

---

**אַתָּה הוּא** *Tú has existido:* esta plegaria pone énfasis en el carácter insustituible e inmutable de Dios, probablemente fue incorporada en tiempos de persecución y expresa el rechazo judío a abandonar su fe. Dios no altera ni revoca Su pacto, por lo tanto, no debemos renunciar ni a nuestra fe ni a

Que toda la humanidad pueda reconocer y saber que
solamente Tú eres el Dios que está *II Reyes 19*
por sobre todos los reinos terrenales.
Tú hiciste los cielos y la tierra, *Éx. 20*
el mar y todos los seres que estos contienen.
¿Quién de entre todas Tus creaturas,
tanto en los ámbitos superiores como los inferiores,
puede decirte qué hacer y cómo obrar?

אָבִינוּ Padre celestial, viviente y eterno,
sé caritativo y benevolente con nosotros en aras de la Gloria
de Tu Nombre grande, poderoso y maravilloso con el que somos
llamados, cumple en nosotros SEÑOR, nuestro Dios,
aquello que nos prometiste
por medio de Tu profeta Ṣefaniá,
tal como fue dicho:

"En ese momento os traeré, *Sof. 3*
y cuando os reúna os daré renombre
y fama entre todos los pueblos de la tierra
cuando habré de devolver a vuestros exilados
ante vuestros ojos,
dijo el SEÑOR".

---

y orgullo durante algunos de los más prolongados períodos de persecución que conocieron en la historia.

יַכִּירוּ וְיֵדְעוּ כָּל־בָּאֵי עוֹלָם
כִּי אַתָּה־הוּא הָאֱלֹהִים לְבַדְּךָ לְכֹל מַמְלְכוֹת הָאָרֶץ מלכים ב׳ יט
אַתָּה עָשִׂיתָ אֶת־הַשָּׁמַיִם וְאֶת־הָאָרֶץ:
אֶת־הַיָּם וְאֶת־כָּל־אֲשֶׁר־בָּם: שמות כ
וּמִי בְּכָל־מַעֲשֵׂי יָדֶיךָ בָּעֶלְיוֹנִים וּבַתַּחְתּוֹנִים
שֶׁיֹּאמַר לְךָ מַה־תַּעֲשֶׂה וּמַה־תִּפְעָל.

אָבִינוּ שֶׁבַּשָּׁמַיִם, חַי וְקַיָּם
עֲשֵׂה עִמָּנוּ צְדָקָה וָחֶסֶד
בַּעֲבוּר כְּבוֹד שִׁמְךָ הַגָּדוֹל הַגִּבּוֹר וְהַנּוֹרָא שֶׁנִּקְרָא עָלֵינוּ
וְקַיֶּם לָנוּ יְהֹוָה אֱלֹהֵינוּ אֶת הַדָּבָר שֶׁהִבְטַחְתָּנוּ
עַל יְדֵי צְפַנְיָה חוֹזָךְ
כָּאָמוּר
בָּעֵת הַהִיא אָבִיא אֶתְכֶם, וּבָעֵת קַבְּצִי אֶתְכֶם צפניה ג
כִּי־אֶתֵּן אֶתְכֶם לְשֵׁם וְלִתְהִלָּה בְּכֹל עַמֵּי הָאָרֶץ
בְּשׁוּבִי אֶת־שְׁבוּתֵיכֶם לְעֵינֵיכֶם
אָמַר יְהֹוָה:

---

de los judíos y de un tiempo en el cual “os daré renombre y fama entre todos los pueblos de la tierra”. Toda esta secuencia de plegarias es un elocuente testimonio de cómo los judíos mantuvieron la fe y la esperanza con dignidad

## OFRENDAS

יְהִי Sea Tu voluntad Señor, Dios nuestro y de nuestros padres que tengas compasión por nosotros y perdones nuestros pecados y expíes todas nuestras iniquidades y absuelvas todas nuestras trasgresiones. Que construyas el Templo prontamente en nuestros días para que podamos ofrendarte en él la ofrenda permanente que expíe por nosotros, tal como Tú lo escribiste en Tu Torá, por medio de Tu siervo Moshé, como está dicho:

### LA OFRENDA DIARIA

El Señor habló a Moshé diciendo: "Ordena a los hijos de Israel y diles: 'Sed cuidadosos en cuanto a ofrendarme en el tiempo estipulado Mi sacrificio consumido al fuego, de aroma grato ante Mí'. Y habrás de decirles: 'Este es el sacrificio que habréis de ofrecer ante el Señor – dos corderos de un año sin defecto, dos al día, holocausto perpetuo. Uno de los corderos lo ofrecerás por la mañana, y el otro lo ofrecerás al atardecer junto a una ofrenda de un décimo de efá de harina de flor amasada con un cuarto de hin de aceite de oliva machacada. Este es el Holocausto perpetuo tal como fue instituido en el Monte Sinaí, de aroma grato, sacrificio ante el Señor. Y su libación es un cuarto de hin (de vino) para cada cordero; que se verterá en el Santuario como libación de bebida fermentada ante el Señor. Y el segundo cordero lo ofrecerás al atardecer, lo habrás de hacer de la misma forma que la ofrenda de la mañana y con la misma libación. Este es el sacrificio de aroma agradable ante el Señor'". *Núm. 28*

---

leyes relativas a las ofrendas sustituye la realización de éstas (*Ta'anit* 27b). El pasaje de la Mishná (*Zevajim* 5) está relacionado a los sacrificios y fue escogido porque carece de desacuerdos o debates entre los sabios, y entonces, sigue la regla que indica que se debe rezar "después de una halajá definida", o sea, una que no está sujeta a discusión.

# סדר התמיד

יְהִי רָצוֹן מִלְּפָנֶיךָ, יְהוָה אֱלֹהֵינוּ וֵאלֹהֵי אֲבוֹתֵינוּ, שֶׁתְּרַחֵם עָלֵינוּ, וְתִמְחוֹל לָנוּ אֶת כָּל־חַטֹּאתֵינוּ, וּתְכַפֵּר לָנוּ אֶת כָּל־עֲוֹנוֹתֵינוּ, וְתִמְחוֹל וְתִסְלַח לְכָל־פְּשָׁעֵינוּ, וְשֶׁתִּבָּנֶה בֵּית הַמִּקְדָּשׁ בִּמְהֵרָה בְיָמֵינוּ, וְנַקְרִיב לְפָנֶיךָ קָרְבַּן הַתָּמִיד שֶׁיְּכַפֵּר בַּעֲדֵנוּ, כְּמוֹ שֶׁכָּתַבְתָּ עָלֵינוּ בְּתוֹרָתֶךָ עַל יְדֵי מֹשֶׁה עַבְדֶּךָ, כָּאָמוּר:

פרשת קרבן התמיד

במדבר כח וַיְדַבֵּר יְהוָה אֶל־מֹשֶׁה לֵּאמֹר: צַו אֶת־בְּנֵי יִשְׂרָאֵל וְאָמַרְתָּ אֲלֵהֶם אֶת־קָרְבָּנִי לַחְמִי לְאִשַּׁי רֵיחַ נִיחֹחִי תִּשְׁמְרוּ לְהַקְרִיב לִי בְּמוֹעֲדוֹ: וְאָמַרְתָּ לָהֶם זֶה הָאִשֶּׁה אֲשֶׁר תַּקְרִיבוּ לַיהוָה כְּבָשִׂים בְּנֵי־שָׁנָה תְמִימִם שְׁנַיִם לַיּוֹם עֹלָה תָמִיד: אֶת־הַכֶּבֶשׂ אֶחָד תַּעֲשֶׂה בַבֹּקֶר וְאֵת הַכֶּבֶשׂ הַשֵּׁנִי תַּעֲשֶׂה בֵּין הָעַרְבָּיִם: וַעֲשִׂירִית הָאֵיפָה סֹלֶת לְמִנְחָה בְּלוּלָה בְּשֶׁמֶן כָּתִית רְבִיעִת הַהִין: עֹלַת תָּמִיד הָעֲשֻׂיָה בְּהַר סִינַי לְרֵיחַ נִיחֹחַ אִשֶּׁה לַיהוָה: וְנִסְכּוֹ רְבִיעִת הַהִין לַכֶּבֶשׂ הָאֶחָד בַּקֹּדֶשׁ הַסֵּךְ נֶסֶךְ שֵׁכָר לַיהוָה: וְאֵת הַכֶּבֶשׂ הַשֵּׁנִי תַּעֲשֶׂה בֵּין הָעַרְבָּיִם כְּמִנְחַת הַבֹּקֶר וּכְנִסְכּוֹ תַּעֲשֶׂה אִשֵּׁה רֵיחַ נִיחֹחַ לַיהוָה:

---

**OFRENDAS**

Aquí continúa un segundo ciclo de estudio poseedor de la misma estructura que el primero, con pasajes de (1) la Torá, (2) la Mishná, y (3) la Guemará. Los pasajes de la Torá están relacionados al sacrificio diario, semanal y mensual pues según nuestros sabios, en ausencia del Templo, el estudio de las

אַתָּה הוּא Tú eres el Señor nuestro Dios, ante Quien nuestros padres ofrendaban el fragante incienso en días en que el Templo estaba en pie, tal como les ordenaste mediante Tu profeta Moshé, y así está escrito en Tu Torá:

## EL INCIENSO

Dijo el Señor a Moshé: Toma para ti especias: bálsamo resinoso, uña aromática, gálbano e incienso puro, en cantidades iguales. Y harás con ello el incienso, elaborado según el arte del perfumista, mezclado, puro y consagrado. Y molerás muy fino parte de este y lo pondrás delante del Testimonio, delante de la Tienda de Reunión donde he de reunirme contigo y será sacrosanto para vosotros. *Éx. 30*

Y fue dicho:

Y cada mañana Aharón quemará sobre él incienso aromático al asear lámparas. Y al encender Aharón las lámparas – al atardecer – lo hará quemar. Incienso cotidiano ante el Señor por vuestras generaciones.

תָּנוּ Enseñaron nuestros sabios: ¿Cómo debe prepararse el incienso? *Karetot 6a* Pesaba 368 "mané", 365 se corresponden con los días del año solar, un mané por día, una mitad debía ser ofrendada en la mañana y la otra mitad por la tarde y tres "mané" adicionales de los cuales el Sumo Sacerdote tomaba dos puñados llenos en Yom Kipur. Estos eran devueltos al mortero el día previo a Yom Kipur y se molían intensamente hasta que quedaban sumamente finos. El incienso incluía once clases de especies: bálsamo, uña aromática, gálbano y olíbano, cada una con un peso de 70 "mané", mirra, casia, nardo y azafrán cada una con un peso de 16 "mané", 12 "mané" de costus, tres de corteza aromática, nueve de canela, nueve "kab" de lejía de Carshina, tres "seá" y tres "kab" de vino de Chipre. Si no se conseguía vino de Chipre se podía emplear vino blanco añejo. Un cuarto de "kab" de sal de Sodoma, una pizca de una hierba humeante.

אַתָּה הוּא יְהוָה אֱלֹהֵינוּ שֶׁהִקְטִירוּ אֲבוֹתֵינוּ לְפָנֶיךָ אֶת קְטֹרֶת הַסַּמִּים בִּזְמַן שֶׁבֵּית הַמִּקְדָּשׁ קַיָּם, כַּאֲשֶׁר צִוִּיתָ אוֹתָם עַל יַד מֹשֶׁה נְבִיאֶךָ, כַּכָּתוּב בְּתוֹרָתֶךָ:

פרשת הקטורת

וַיֹּאמֶר יְהוָה אֶל־מֹשֶׁה קַח־לְךָ סַמִּים נָטָף ׀ וּשְׁחֵלֶת וְחֶלְבְּנָה שמות ל
סַמִּים וּלְבֹנָה זַכָּה בַּד בְּבַד יִהְיֶה: וְעָשִׂיתָ אֹתָהּ קְטֹרֶת רֹקַח
מַעֲשֵׂה רוֹקֵחַ מְמֻלָּח טָהוֹר קֹדֶשׁ: וְשָׁחַקְתָּ מִמֶּנָּה הָדֵק
וְנָתַתָּה מִמֶּנָּה לִפְנֵי הָעֵדֻת בְּאֹהֶל מוֹעֵד אֲשֶׁר אִוָּעֵד לְךָ
שָׁמָּה קֹדֶשׁ קָדָשִׁים תִּהְיֶה לָכֶם:

וְנֶאֱמַר

וְהִקְטִיר עָלָיו אַהֲרֹן קְטֹרֶת סַמִּים בַּבֹּקֶר בַּבֹּקֶר בְּהֵיטִיבוֹ אֶת־הַנֵּרֹת יַקְטִירֶנָּה: וּבְהַעֲלֹת אַהֲרֹן אֶת־הַנֵּרֹת בֵּין הָעַרְבַּיִם יַקְטִירֶנָּה קְטֹרֶת תָּמִיד לִפְנֵי יְהוָה לְדֹרֹתֵיכֶם:

תָּנוּ רַבָּנָן: פִּטּוּם הַקְּטֹרֶת כֵּיצַד. שְׁלֹשׁ מֵאוֹת וְשִׁשִּׁים וּשְׁמוֹנָה מָנִים כריתות
הָיוּ בָהּ. שְׁלֹשׁ מֵאוֹת וְשִׁשִּׁים וַחֲמִשָּׁה כְּמִנְיַן יְמוֹת הַחַמָּה, מָנֶה ו.
בְּכָל־יוֹם, מַחֲצִיתוֹ בַּבֹּקֶר וּמַחֲצִיתוֹ בָּעֶרֶב. וּשְׁלֹשָׁה מָנִים יְתֵרִים,
שֶׁמֵּהֶם מַכְנִיס כֹּהֵן גָּדוֹל וְנוֹטֵל מֵהֶם מְלֹא חָפְנָיו בְּיוֹם הַכִּפּוּרִים,
וּמַחֲזִירָן לְמַכְתֶּשֶׁת בְּעֶרֶב יוֹם הַכִּפּוּרִים כְּדֵי לְקַיֵּם מִצְוַת דַּקָּה מִן
הַדַּקָּה. וְאַחַד עָשָׂר סַמָּנִים הָיוּ בָהּ, וְאֵלּוּ הֵן: א הַצֳּרִי ב וְהַצִּפֹּרֶן
ג וְהַחֶלְבְּנָה ד וְהַלְּבוֹנָה, מִשְׁקַל שִׁבְעִים שִׁבְעִים מָנֶה. ה מֹר ו וּקְצִיעָה
ז וְשִׁבֹּלֶת נֵרְדְּ ח וְכַרְכֹּם, מִשְׁקַל שִׁשָּׁה עָשָׂר שִׁשָּׁה עָשָׂר מָנֶה.
ט הַקֹּשְׁטְ (הַקּוֹשְׁטְ) שְׁנֵים עָשָׂר י קִלּוּפָה שְׁלֹשָׁה יא קִנָּמוֹן תִּשְׁעָה.
בֹּרִית כַּרְשִׁינָא תִּשְׁעָה קַבִּין, יֵין קַפְרִיסִין סְאִין תְּלָת וְקַבִּין תְּלָתָא,
וְאִם לֹא מָצָא יֵין קַפְרִיסִין מֵבִיא חֲמַר חִוַּר עַתִּיק. מֶלַח סְדוֹמִית
רֹבַע הַקָּב, מַעֲלֶה עָשָׁן כָּל־שֶׁהוּא.

Ribí Natán de Babilonia dice: también una pizca de ámbar del Jordán. Si le agregaba miel a la mezcla se la transformaba en no apta para uso sagrado. Si omitía alguno de los ingredientes era pasible de pena de muerte.

Rabán Shim'ón ben Gamliel dice: el "bálsamo" es una savia que gotea del árbol del mismo nombre. Lejía de Carshina era usado para frotar la uña aromática y así mejorarla. El vino de Chipre era usado para remojar la uña aromática para conferirle un olor acre. Si bien la orina es buena para este propósito, no se la podía ingresar en el Templo pues sería una falta de respeto.

Se enseñó, dice Ribí Natán: mientras molía (el incienso) decía "muele bien, muele fino" pues el sonido rítmico es bueno para las especies. Si se mezcló en medias cantidades el producto es apto para su uso, mas no hemos escuchado que este principio se aplique a tercios o cuartos. Ribí Yehudá dijo: la regla general es que si se llevó a cabo en las proporciones correctas el producto es apto para su uso, aunque se haya preparado la mitad de la cantidad, empero quien omite alguno de los ingredientes es pasible de pena de muerte.

Enseñó Bar Kapara: una vez cada sesenta o setenta años se acumulaban excedentes equivalentes al consumo de medio año. Bar Kapara también nos enseña: si una diminuta cantidad de miel se hubiese mezclado en el incienso nadie podría haber resistido el aroma. Entonces, ¿por qué no le agregaban miel a la mezcla? Porque la Torá dice: "ni levadura ni miel podréis hacer consumir como sacrificio ante el Señor". *Lev. 2*

La salvación pertenece al Eterno, *Sal. 3*
que Tu bendición repose sobre Tu pueblo.

El Señor de las Huestes Celestiales es con nosotros, *Sal. 46*
el Dios de Ya'akob es nuestra fortaleza, Sela.

Señor de las Huestes Celestiales, *Sal. 84*
feliz del hombre que confía en Ti.

El Señor salva, el Rey nos responderá *Sal. 20*
el día que Le invoquemos.

Haznos retornar a Ti Señor y retornaremos, *Lam. 5*
renueva nuestros días como antaño.

Entonces las ofrendas de Yehudá y Jerusalém agradarán al *Mal. 3*
Señor como en los días de antaño y los años pretéritos.

רַבִּי נָתָן הַבַּבְלִי אוֹמֵר, אַף מִכִּפַּת הַיַּרְדֵּן כָּל־שֶׁהִיא. אִם נָתַן בָּהּ
דְּבַשׁ פְּסָלָהּ, וְאִם חִסֵּר אַחַת מִכָּל־סַמָּמֶנֶיהָ חַיָּב מִיתָה.

רַבָּן שִׁמְעוֹן בֶּן גַּמְלִיאֵל אוֹמֵר, הַצֳּרִי אֵינוֹ אֶלָּא שְׂרָף הַנּוֹטֵף מֵעֲצֵי
הַקְּטָף. בֹּרִית כַּרְשִׁינָא לְמָה הִיא בָאָה, כְּדֵי לְשַׁפּוֹת בָּהּ אֶת
הַצִּפֹּרֶן כְּדֵי שֶׁתְּהֵא נָאָה. יֵין קַפְרִיסִין לְמָה הוּא בָא, כְּדֵי לִשְׁרוֹת
בּוֹ אֶת הַצִּפֹּרֶן כְּדֵי שֶׁתְּהֵא עַזָּה. וַהֲלֹא מֵי רַגְלַיִם יָפִין לָהּ, אֶלָּא
שֶׁאֵין מַכְנִיסִין מֵי רַגְלַיִם בַּמִּקְדָּשׁ מִפְּנֵי הַכָּבוֹד.

תַּנְיָא, רַבִּי נָתָן אוֹמֵר, כְּשֶׁהוּא שׁוֹחֵק אוֹמֵר, הָדֵק הֵיטֵב, הֵיטֵב
הָדֵק, מִפְּנֵי שֶׁהַקּוֹל יָפֶה לַבְּשָׂמִים. פִּטְּמָהּ לַחֲצָאִין כְּשֵׁרָה, לִשְׁלִישׁ
וְלִרְבִיעַ לֹא שָׁמַעְנוּ. אָמַר רַבִּי יְהוּדָה, זֶה הַכְּלָל, אִם כְּמִדָּתָהּ כְּשֵׁרָה
לַחֲצָאִין, וְאִם חִסֵּר אַחַת מִכָּל־סַמָּמֶנֶיהָ חַיָּב מִיתָה.

תָּנֵי בַר קַפָּרָא: אַחַת לְשִׁשִּׁים אוֹ לְשִׁבְעִים שָׁנָה הָיְתָה בָאָה שֶׁל
שִׁירַיִם לַחֲצָאִין. וְעוֹד תָּנֵי בַר קַפָּרָא: אִלּוּ הָיָה נוֹתֵן בָּהּ קָרְטוֹב
שֶׁל דְּבַשׁ אֵין אָדָם יָכוֹל לַעֲמֹד מִפְּנֵי רֵיחָהּ, וְלָמָּה אֵין מְעָרְבִין בָּהּ
דְּבַשׁ, מִפְּנֵי שֶׁהַתּוֹרָה אָמְרָה: כִּי כָל־שְׂאֹר וְכָל־דְּבַשׁ לֹא־תַקְטִירוּ ויקרא ב
מִמֶּנּוּ אִשֶּׁה לַיהוָה:

תהלים ג — לַיהוָה הַיְשׁוּעָה, עַל־עַמְּךָ בִרְכָתֶךָ סֶּלָה:

תהלים מו — יְהוָה צְבָאוֹת עִמָּנוּ, מִשְׂגָּב־לָנוּ אֱלֹהֵי יַעֲקֹב סֶלָה:

תהלים פד — יְהוָה צְבָאוֹת, אַשְׁרֵי אָדָם בֹּטֵחַ בָּךְ:

תהלים כ — יְהוָה הוֹשִׁיעָה, הַמֶּלֶךְ יַעֲנֵנוּ בְיוֹם־קָרְאֵנוּ:

איכה ה — הֲשִׁיבֵנוּ יְהוָה אֵלֶיךָ וְנָשׁוּבָה, חַדֵּשׁ יָמֵינוּ כְּקֶדֶם:

מלאכי ג — וְעָרְבָה לַיהוָה מִנְחַת יְהוּדָה וִירוּשָׁלָםִ
כִּימֵי עוֹלָם וּכְשָׁנִים קַדְמֹנִיּוֹת:

## EL ORDEN DE LAS LABORES SACERDOTALES

אַבַּיֵּי Abaié relataba el orden de las funciones sacerdotales diarias según la tradición y en concomitancia con las enseñanzas de Aba Shaúl: la gran pila o montón de madera antecede a la segunda pila para el incienso; la segunda pila para el incienso antecede a la acomodación de los dos troncos de madera; la acomodación de los dos troncos de madera antecede al retiro de las cenizas del altar interior; el retiro de las cenizas del altar interior antecede a la limpieza de las cinco lámparas, la limpieza de las cinco lámparas antecede a la sangre de la ofrenda diaria; la sangre de la ofrenda diaria antecede a la limpieza de las otras dos lámparas; la limpieza de las otras dos lámparas antecede a la ofrenda del incienso; la ofrenda del incienso antecede a la quema de los órganos; la quema de los órganos antecede a la ofrenda de la harina; la ofrenda de la harina antecede a las tortas (o panqueques); las tortas (o panqueques) anteceden a las libaciones de vino; las libaciones de vino anteceden a las ofrendas adicionales; las ofrendas adicionales anteceden a los incensarios; los incensarios anteceden a la ofrenda de la tarde; tal como se ha dicho: "y ordenará sobre él (sobre el fuego) el holocausto y hará consumir sobre él los sebos de las ofrendas de paz" (Shelamím); "sobre él" (sobre la ofrenda diaria) se completaban todas las demás ofrendas.

*Yomá 33a*

*Lev. 6*

אָנָּא Por favor, por el poder de Tu gran diestra, libera a la nación cautiva.
Acepta la plegaria de Tu pueblo. Tú que eres reverenciado, fortifícanos y purifícanos.
Por favor, Todopoderoso, cuida como a la pupila del ojo a quienes buscan Tu unicidad.
Bendícelos, purifícalos, tenles compasión, garantízales por siempre la recompensa de Tu rectitud.
Todopoderoso, Santo, guía a Tu congregación con Tu gran benevolencia.
Único, exaltado, dirígete a Tu pueblo que proclama Tu santidad. Acepta nuestra plegaria y escucha nuestro clamor, Tú que conoces todos los pensamientos ocultos.
*En voz baja:* Bendito sea el Nombre de Su glorioso reino por siempre.

Amo del Universo, Tú nos ordenaste sacrificar la ofrenda diaria en su horario correspondiente con los cohanim en su servicio, los levitas en su plataforma y los israelitas en su puesto. Ahora, por causa de

## סדר המערכה

יומא לג. אַבַּיֵי, הֲוָה מְסַדֵּר סֵדֶר הַמַּעֲרָכָה מִשְּׁמָא דִגְמָרָא, וְאַלִּבָּא דְּאַבָּא שָׁאוּל: מַעֲרָכָה גְדוֹלָה קוֹדֶמֶת לְמַעֲרָכָה שְׁנִיָּה שֶׁל קְטֹרֶת, וּמַעֲרָכָה שְׁנִיָּה שֶׁל קְטֹרֶת קוֹדֶמֶת לְסִדּוּר שְׁנֵי גִזְרֵי עֵצִים, וְסִדּוּר שְׁנֵי גִזְרֵי עֵצִים, קוֹדֵם לְדִשּׁוּן מִזְבֵּחַ הַפְּנִימִי, וְדִשּׁוּן מִזְבֵּחַ הַפְּנִימִי קוֹדֵם לַהֲטָבַת חָמֵשׁ נֵרוֹת, וַהֲטָבַת חָמֵשׁ נֵרוֹת קוֹדֶמֶת לְדַם הַתָּמִיד, וְדַם הַתָּמִיד קוֹדֵם לַהֲטָבַת שְׁתֵּי נֵרוֹת, וַהֲטָבַת שְׁתֵּי נֵרוֹת קוֹדֶמֶת לִקְטֹרֶת, וּקְטֹרֶת לְאֵבָרִים, וְאֵבָרִים לְמִנְחָה, וּמִנְחָה לַחֲבִתִּין, וַחֲבִתִּין לִנְסָכִין, וּנְסָכִין לְמוּסָפִין, וּמוּסָפִין לְבָזִיכִין, וּבָזִיכִין קוֹדְמִין לְתָמִיד שֶׁל בֵּין הָעַרְבַּיִם שֶׁנֶּאֱמַר: וְעָרַךְ ויקרא ו עָלֶיהָ הָעֹלָה, וְהִקְטִיר עָלֶיהָ חֶלְבֵי הַשְּׁלָמִים: עָלֶיהָ הַשְׁלֵם כָּל־הַקָּרְבָּנוֹת כֻּלָּם.

אָנָּא, בְּכֹחַ גְּדֻלַּת יְמִינְךָ תַּתִּיר צְרוּרָה.
קַבֵּל רִנַּת עַמְּךָ, שַׂגְּבֵנוּ טַהֲרֵנוּ נוֹרָא.
נָא גִבּוֹר דּוֹרְשֵׁי יִחוּדְךָ, כְּבָבַת שָׁמְרֵם.
בָּרְכֵם, טַהֲרֵם רַחֲמֵי צִדְקָתְךָ, תָּמִיד גָּמְלֵם.
חֲסִין קָדוֹשׁ בְּרֹב טוּבְךָ, נַהֵל עֲדָתֶךָ.
יָחִיד גֵּאֶה לְעַמְּךָ פְּנֵה זוֹכְרֵי קְדֻשָּׁתֶךָ.
שַׁוְעָתֵנוּ קַבֵּל, וּשְׁמַע צַעֲקָתֵנוּ יוֹדֵעַ תַּעֲלוּמוֹת.
בלחש: בָּרוּךְ, שֵׁם כְּבוֹד מַלְכוּתוֹ, לְעוֹלָם וָעֶד.

רִבּוֹן הָעוֹלָמִים, אַתָּה צִוִּיתָנוּ לְהַקְרִיב קָרְבַּן הַתָּמִיד בְּמוֹעֲדוֹ, וְלִהְיוֹת כֹּהֲנִים בַּעֲבוֹדָתָם וּלְוִיִּם בְּדוּכָנָם וְיִשְׂרָאֵל בְּמַעֲמָדָם.

nuestros pecados nuestro Santuario fue destruido y se suspendió el sacrificio de la ofrenda permanente, y ya no tenemos cohen en su servicio ni levita en su plataforma ni israelita en su puesto. Mas Tú dijiste: "Te ofreceremos el sacrificio de nuestros labios en sustituto de los bueyes". Por ello, sea Tu voluntad Señor, Dios nuestro y de nuestros ancestros, que las plegarias de nuestros labios sean consideradas y aceptadas favorablemente ante Ti como si hubiéramos sacrificado la ofrenda diaria en su lugar y tiempo correspondientes de acuerdo con sus leyes, tal como fue dicho: "Habrá de inmolarlo ante el Señor sobre el costado norte del altar, y los hijos de Aharón, los cohaním, rociarán su sangre sobre el altar en derredor". Y fue dicho: "Esta es la ley que rige para el holocausto, la ofrenda de la harina, la ofrenda expiatoria, la ofrenda culposa y el sacrificio de la ofrenda de paz".

*Ose. 14*

*Lev. 1*

*Lev. 7*

## LEYES RELATIVAS A LAS OFRENDAS, MISHNÁ ZEBAḤIM

*Zebaḥim cap. 5*

אֵיזֶהוּ מְקוֹמָן ¿Cuál es la ubicación de los sacrificios? Las ofrendas más sagradas eran faenadas en el lado norte. El buey y el chivo de Yom Kipur eran faenados en el lado norte. Su sangre era recibida en la vasija sagrada en el lado norte y debía ser asperjada entre los postes del arca del pacto hacia la cortina del Santo Sanctórum y sobre el altar de oro. La omisión de cualquiera de estas aspersiones invalidaba la ceremonia de expiación. El resto de sangre debía ser vertido sobre el lado occidental de la base del altar exterior. Sin embargo, si esto no era realizado, la ceremonia no era invalidada.

Los bueyes y los chivos que eran quemados completamente se faenaban en el lado norte, su sangre era recibida en la vasija sagrada en el lado norte y debía ser asperjada hacia la cortina y sobre el altar de oro. La omisión de alguna de estas aspersiones invalidaba la ceremonia. El resto de sangre era vertido sobre el lado occidental de la base del altar exterior. Sin embargo, si esto no era realizado la ceremonia no era invalidada. Todas estas ofrendas eran quemadas allí donde se depositaban las cenizas del altar.

Las ofrendas expiatorias tanto individuales como colectivas. Estas son las ofrendas expiatorias colectivas: el chivo ofrendado en Rosh Ḥodesh y en fiestas era faenado en el lado norte, su sangre era recibida en una vasija sagrada en el lado norte y requería de cuatro aspersiones, una en cada esquina del altar. ¿Cómo se hacía esto? El cohen ascendía por la rampa y giraba a su derecha en la cornisa o reborde circundante. Llegaba a la esquina sureste, luego iba hacia el noreste, luego al noroeste y luego al sudoeste. La sangre restante era

וְעַתָּה בַּעֲוֹנוֹתֵינוּ חָרַב בֵּית הַמִּקְדָּשׁ וּבָטַל הַתָּמִיד, וְאֵין לָנוּ לֹא
כֹהֵן בַּעֲבוֹדָתוֹ וְלֹא לֵוִי בְּדוּכָנוֹ וְלֹא יִשְׂרָאֵל בְּמַעֲמָדוֹ. וְאַתָּה
אָמַרְתָּ: וּנְשַׁלְּמָה פָרִים שְׂפָתֵינוּ: לָכֵן יְהִי רָצוֹן מִלְּפָנֶיךָ, יְהוָה הושע יד
אֱלֹהֵינוּ וֵאלֹהֵי אֲבוֹתֵינוּ, שֶׁיְּהֵא שִׂיחַ שִׂפְתוֹתֵינוּ זֶה חָשׁוּב
וּמְקֻבָּל וּמְרֻצֶּה לְפָנֶיךָ, כְּאִלּוּ הִקְרַבְנוּ קָרְבַּן הַתָּמִיד בְּמוֹעֲדוֹ
וְעָמַדְנוּ עַל מַעֲמָדוֹ, וְנֶאֱמַר: וְשָׁחַט אֹתוֹ עַל יֶרֶךְ הַמִּזְבֵּחַ צָפֹנָה ויקרא א
לִפְנֵי יְהוָה וְזָרְקוּ בְּנֵי אַהֲרֹן הַכֹּהֲנִים אֶת־דָּמוֹ עַל־הַמִּזְבֵּחַ סָבִיב:
וְנֶאֱמַר: זֹאת הַתּוֹרָה לָעֹלָה לַמִּנְחָה וְלַחַטָּאת וְלָאָשָׁם וְלַמִּלּוּאִים ויקרא ז
וּלְזֶבַח הַשְּׁלָמִים:

דיני זבחים

א אֵיזֶהוּ מְקוֹמָן שֶׁל זְבָחִים: קָדְשֵׁי קָדָשִׁים שְׁחִיטָתָן בַּצָּפוֹן. פַּר וְשָׂעִיר שֶׁל יוֹם הַכִּפּוּרִים, שְׁחִיטָתָן בַּצָּפוֹן, וְקִבּוּל דָּמָן בִּכְלֵי שָׁרֵת בַּצָּפוֹן, וְדָמָן טָעוּן הַזָּיָה עַל בֵּין הַבַּדִּים, וְעַל הַפָּרֹכֶת, וְעַל מִזְבַּח הַזָּהָב. מַתָּנָה אַחַת מֵהֶן מְעַכָּבֶת. שִׁירֵי הַדָּם הָיָה שׁוֹפֵךְ עַל יְסוֹד מַעֲרָבִי שֶׁל מִזְבֵּחַ הַחִיצוֹן, אִם לֹא נָתַן לֹא עִכֵּב. זבחים פרק ה

ב פָּרִים הַנִּשְׂרָפִים וּשְׂעִירִים הַנִּשְׂרָפִים, שְׁחִיטָתָן בַּצָּפוֹן, וְקִבּוּל דָּמָן בִּכְלֵי שָׁרֵת בַּצָּפוֹן, וְדָמָן טָעוּן הַזָּיָה עַל הַפָּרֹכֶת וְעַל מִזְבַּח הַזָּהָב. מַתָּנָה אַחַת מֵהֶן מְעַכָּבֶת. שִׁירֵי הַדָּם הָיָה שׁוֹפֵךְ עַל יְסוֹד מַעֲרָבִי שֶׁל מִזְבֵּחַ הַחִיצוֹן, אִם לֹא נָתַן לֹא עִכֵּב. אֵלּוּ וָאֵלּוּ נִשְׂרָפִין בְּבֵית הַדָּשֶׁן.

ג חַטֹּאת הַצִּבּוּר וְהַיָּחִיד. אֵלּוּ הֵן חַטֹּאת הַצִּבּוּר: שְׂעִירֵי רָאשֵׁי חֳדָשִׁים וְשֶׁל מוֹעֲדוֹת. שְׁחִיטָתָן בַּצָּפוֹן, וְקִבּוּל דָּמָן בִּכְלֵי שָׁרֵת בַּצָּפוֹן, וְדָמָן טָעוּן אַרְבַּע מַתָּנוֹת עַל אַרְבַּע קְרָנוֹת. כֵּיצַד, עָלָה בַכֶּבֶשׁ, וּפָנָה לַסּוֹבֵב, וּבָא לוֹ לְקֶרֶן דְּרוֹמִית מִזְרָחִית, מִזְרָחִית צְפוֹנִית, צְפוֹנִית מַעֲרָבִית, מַעֲרָבִית דְּרוֹמִית. שִׁירֵי הַדָּם הָיָה

vertida en el lado sur de la base del altar. La carne de estas ofrendas preparadas de cualquier manera era consumida dentro de las cortinas del patio por los cohanim varones, ese día y la noche que le sigue hasta la medianoche.

El holocausto ("olá") era de los sacrificios más sagrados, era faenado en el lado norte y su sangre era recibida en una vasija sagrada en el lado norte y requería de dos aspersiones en las dos esquinas opuestas del altar, cuatro en total. La ofrenda debía ser desollada y desmembrada y consumida enteramente por el fuego.

Las ofrendas de paz ("shelamím") comunales y las ofrendas culposas ("ashamot"). Estas eran las ofrendas de culpa: la ofrenda de culpa por robo, la ofrenda de culpa por el uso profano de un objeto sagrado – la ofrenda de culpa por por una relación prohibida con una sierva comprometida, la ofrenda de culpa del Nazir que se impurificó en el contacto con un cadáver; la ofrenda de culpa del leproso al momento de su purificación y la ofrenda de culpa en caso de duda. Todas estas eran faenadas en el lado norte y su sangre recibida en la vasija sagrada en el lado norte y requería de dos aspersiones en las dos esquinas opuestas del altar, cuatro en total. La carne de estas ofrendas era preparada de cualquier manera y era comida por los cohanim varones dentro de las cortinas del patio, ese día y la noche que le sigue hasta la medianoche.

Las ofrendas de acción de gracias ("todá") y el carnero del Nazir eran de menor santidad. Podían ser faenadas en cualquier parte del patio del Templo y su sangre requería de dos aspersiones en las dos esquinas opuestas del altar, cuatro en total. La carne de estas ofrendas era preparada de cualquier manera y era comida en cualquier parte de la ciudad de Jerusalém por cualquier persona durante ese día y la noche que le sigue hasta la medianoche. Esto aplica también a la porción de la ofrenda que era entregada a los cohanim, con la única diferencia que la porción de los cohanim era ingerida únicamente por estos, sus mujeres, hijos y siervos.

El primogénito y el diezmo del rebaño y el cordero de Pesaḥ eran ofrendas de menor santidad. Podían ser faenadas en cualquier parte del patio del Templo y su sangre requería de una sola aspersión, que debía ser realizada encima de la base del altar. Su ingestión variaba: la ofrenda del primogénito era ingerida únicamente por los cohanim mientras que el diezmo podía ser comido por cualquier persona. Ambos podían ser ingeridos en cualquier sitio dentro de la ciudad y preparados de cualquier manera durante dos días y una noche. El cordero de Pesaḥ debía ser comido sólo de noche, pudiendo comerse sólo hasta la medianoche. El cordero de Pesaḥ no podía ser ingerido sino por quienes eran parte del grupo que lo ofrendaba y solo se podía comer asado.

שׁוֹפֵךְ עַל יְסוֹד הַדְּרוֹמִי. וְנֶאֱכָלִין לִפְנִים מִן הַקְּלָעִים, לְזִכְרֵי כְהֻנָּה, בְּכָל־מַאֲכָל, לְיוֹם וָלַיְלָה עַד חֲצוֹת.

ד הָעוֹלָה קֹדֶשׁ קָדָשִׁים. שְׁחִיטָתָהּ בַּצָּפוֹן, וְקִבּוּל דָּמָהּ בִּכְלִי שָׁרֵת בַּצָּפוֹן, וְדָמָהּ טָעוּן שְׁתֵּי מַתָּנוֹת שֶׁהֵן אַרְבַּע, וּטְעוּנָה הֶפְשֵׁט וְנִתּוּחַ, וְכָלִיל לָאִשִּׁים.

ה זִבְחֵי שַׁלְמֵי צִבּוּר וַאֲשָׁמוֹת. אֵלּוּ הֵן אֲשָׁמוֹת: אֲשַׁם גְּזֵלוֹת, אֲשַׁם מְעִילוֹת, אֲשַׁם שִׁפְחָה חֲרוּפָה, אֲשַׁם נָזִיר, אֲשַׁם מְצֹרָע, אָשָׁם תָּלוּי. שְׁחִיטָתָן בַּצָּפוֹן, וְקִבּוּל דָּמָן בִּכְלִי שָׁרֵת בַּצָּפוֹן, וְדָמָן טָעוּן שְׁתֵּי מַתָּנוֹת שֶׁהֵן אַרְבַּע. וְנֶאֱכָלִין לִפְנִים מִן הַקְּלָעִים, לְזִכְרֵי כְהֻנָּה, בְּכָל־מַאֲכָל, לְיוֹם וָלַיְלָה עַד חֲצוֹת.

ו הַתּוֹדָה וְאֵיל נָזִיר קָדָשִׁים קַלִּים. שְׁחִיטָתָן בְּכָל־מָקוֹם בָּעֲזָרָה, וְדָמָן טָעוּן שְׁתֵּי מַתָּנוֹת שֶׁהֵן אַרְבַּע, וְנֶאֱכָלִין בְּכָל־הָעִיר, לְכָל־אָדָם, בְּכָל־מַאֲכָל, לְיוֹם וָלַיְלָה עַד חֲצוֹת. הַמּוּרָם מֵהֶם כַּיּוֹצֵא בָהֶם, אֶלָּא שֶׁהַמּוּרָם נֶאֱכָל לַכֹּהֲנִים, לִנְשֵׁיהֶם, וְלִבְנֵיהֶם וּלְעַבְדֵיהֶם.

ז שְׁלָמִים קָדָשִׁים קַלִּים. שְׁחִיטָתָן בְּכָל־מָקוֹם בָּעֲזָרָה, וְדָמָן טָעוּן שְׁתֵּי מַתָּנוֹת שֶׁהֵן אַרְבַּע, וְנֶאֱכָלִין בְּכָל־הָעִיר, לְכָל־אָדָם, בְּכָל־מַאֲכָל, לִשְׁנֵי יָמִים וְלַיְלָה אֶחָד. הַמּוּרָם מֵהֶם כַּיּוֹצֵא בָהֶם, אֶלָּא שֶׁהַמּוּרָם נֶאֱכָל לַכֹּהֲנִים, לִנְשֵׁיהֶם, וְלִבְנֵיהֶם וּלְעַבְדֵיהֶם.

ח הַבְּכוֹר וְהַמַּעֲשֵׂר וְהַפֶּסַח קָדָשִׁים קַלִּים. שְׁחִיטָתָן בְּכָל־מָקוֹם בָּעֲזָרָה, וְדָמָן טָעוּן מַתָּנָה אַחַת, וּבִלְבַד שֶׁיִּתֵּן כְּנֶגֶד הַיְסוֹד. שִׁנָּה בַאֲכִילָתָן, הַבְּכוֹר נֶאֱכָל לַכֹּהֲנִים וְהַמַּעֲשֵׂר לְכָל־אָדָם, וְנֶאֱכָלִין בְּכָל־הָעִיר, בְּכָל־מַאֲכָל, לִשְׁנֵי יָמִים וְלַיְלָה אֶחָד. הַפֶּסַח אֵינוֹ נֶאֱכָל אֶלָּא בַלַּיְלָה, וְאֵינוֹ נֶאֱכָל אֶלָּא עַד חֲצוֹת, וְאֵינוֹ נֶאֱכָל אֶלָּא לִמְנוּיָיו, וְאֵינוֹ נֶאֱכָל אֶלָּא צָלִי.

## LOS TRECE PRINCIPIOS EXEGÉTICOS DE RIBÍ ISHM'AEL

רִבִּי יִשְׁמָעֵאל Ribí Ishma'el dice:

La Torá es estudiada mediante trece principios interpretativos:

1. Una inferencia de una ley más leve a una más estricta y viceversa.
2. Una inferencia derivada de palabras idénticas en dos pasajes distintos.
3. De un principio general derivado de un texto o de dos textos relacionados.
4. De una ley general seguida de ejemplos específicos (cuando la ley se aplica únicamente a esos ejemplos).
5. De un ejemplo específico seguido de una ley general (cuando la ley se aplica a todo lo implicado en el enunciado general).
6. Una ley general seguida de ejemplos específicos que concluye con una ley general: aquí puedes inferir solamente casos similares a los ejemplos.
7. Cuando un enunciado general requiere de aclaración por medio de un ejemplo específico, o un ejemplo específico que requiere de aclaración por medio de un principio general (en un caso así no se aplican las reglas 4 y 5).
8. Cuando un caso particular ya incluido en el enunciado general está expresamente mencionado a los efectos de enseñarnos algo nuevo; esta provisión especial aplica a todos los demás casos incluidos en el enunciado general.
9. Cuando un caso particular incluido en el enunciado general, es mencionado expresamente para analizar una disposición análoga, se menciona expresamente para disminuir y no para aumentar la severidad de la ley.
10. Cuando un caso particular, aunque está incluido en el enunciado general, es mencionado explícitamente para agregar otra disposición a la general, se menciona a los efectos de disminuir en algunos casos e incrementar en otros, la severidad de la ley.
11. Cuando un caso particular incluido en el enunciado general es explícitamente mencionado con una nueva disposición, los términos del enunciado general ya no aplican más para él a menos que la Escritura (un versículo bíblico) lo hagan en forma explícita.
12. Una cuestión que se elucida en su contexto o del pasaje siguiente.
13. Asimismo, cuando dos pasajes parecen contradecirse serán elucidados por un tercero que los reconcilie.

Yehudá Ben Temá dijo: Sé valiente como el leopardo, ligero como el águila, ágil como el ciervo y valeroso como el león para cumplir la voluntad de tu Padre Celestial. El solía decir: El desvergonzado habrá de ir al Guehinam (Pena Celestial); el pudoroso al Gan Eden. Sea Tu voluntad Señor, Dios nuestro y de nuestros ancestros que el Templo sea reconstruido pronto en nuestros días, que nos concedas nuestra porción en Tu Torá, para cumplir Tus leyes con corazón íntegro. *Mishná Abot 5:24*

---

estudio de los principios hermenéuticos por medio de los cuales se interpreta la Torá" (Maimónides Leyes del Estudio de la Torá 1:11). Este texto fue escogido porque aparece en el comienzo del *Sifrá*, que es un comentario

## ברייתא דרבי ישמעאל

רִבִּי יִשְׁמָעֵאל אוֹמֵר: בִּשְׁלֹשׁ עֶשְׂרֵה מִדּוֹת הַתּוֹרָה נִדְרֶשֶׁת

א מִקַּל וָחֹמֶר

ב מִגְּזֵרָה שָׁוָה

ג מִבִּנְיַן אָב וְכָתוּב אֶחָד, וּמִבִּנְיַן אָב וּשְׁנֵי כְתוּבִים

ד מִכְּלָל וּפְרָט

ה מִפְּרָט וּכְלָל

ו כְּלָל וּפְרָט וּכְלָל, אִי אַתָּה דָן אֶלָּא כְּעֵין הַפְּרָט

ז מִכְּלָל שֶׁהוּא צָרִיךְ לִפְרָט, וּמִפְּרָט שֶׁהוּא צָרִיךְ לִכְלָל

ח וְכָל־דָּבָר שֶׁהָיָה בִּכְלָל, וְיָצָא מִן הַכְּלָל לְלַמֵּד
לֹא לְלַמֵּד עַל עַצְמוֹ יָצָא, אֶלָּא לְלַמֵּד עַל הַכְּלָל כֻּלּוֹ יָצָא

ט וְכָל־דָּבָר שֶׁהָיָה בִּכְלָל, וְיָצָא לִטְעֹן טָעוּן אַחֵר שֶׁהוּא כְעִנְיָנוֹ
יָצָא לְהָקֵל וְלֹא לְהַחֲמִיר

י וְכָל־דָּבָר שֶׁהָיָה בִּכְלָל, וְיָצָא לִטְעֹן טָעוּן אַחֵר שֶׁלֹּא כְעִנְיָנוֹ
יָצָא לְהָקֵל וּלְהַחֲמִיר

יא וְכָל־דָּבָר שֶׁהָיָה בִּכְלָל, וְיָצָא לִדּוֹן בְּדָבָר חָדָשׁ
אִי אַתָּה יָכוֹל לְהַחֲזִירוֹ לִכְלָלוֹ
עַד שֶׁיַּחֲזִירֶנּוּ הַכָּתוּב לִכְלָלוֹ בְּפֵרוּשׁ

יב וְדָבָר הַלָּמֵד מֵעִנְיָנוֹ, וְדָבָר הַלָּמֵד מִסּוֹפוֹ

יג וְכֵן שְׁנֵי כְתוּבִים הַמַּכְחִישִׁים זֶה אֶת זֶה
עַד שֶׁיָּבוֹא הַכָּתוּב הַשְּׁלִישִׁי וְיַכְרִיעַ בֵּינֵיהֶם.

משנה, אבות ה, כד

יְהוּדָה בֶן תֵּימָא אוֹמֵר: הֱוֵי עַז כַּנָּמֵר וְקַל כַּנֶּשֶׁר, וְרָץ כַּצְּבִי וְגִבּוֹר כָּאֲרִי, לַעֲשׂוֹת רְצוֹן אָבִיךָ שֶׁבַּשָּׁמָיִם. הוּא הָיָה אוֹמֵר: עַז פָּנִים לְגֵיהִנֹּם, וּבֹשֶׁת פָּנִים לְגַן עֵדֶן. יְהִי רָצוֹן מִלְּפָנֶיךָ, יְהֹוָה אֱלֹהֵינוּ וֵאלֹהֵי אֲבוֹתֵינוּ, שֶׁתִּבְנֶה בֵּית הַמִּקְדָּשׁ בִּמְהֵרָה בְיָמֵינוּ, וְתֵן חֶלְקֵנוּ בְּתוֹרָתֶךָ, לַעֲשׂוֹת חֻקֵּי רְצוֹנֶךָ וּלְעָבְדְךָ בְּלֵבָב שָׁלֵם.

---

LOS PRINCIPIOS EXEGÉTICOS DE RIBÍ ISHMAEL

Este pasaje está incluido como elemento del Talmud definido en su más amplio sentido como "el arribo a conclusiones partiendo de premisas, el desarrollo de implicaciones de los enunciados, comparar aforismos y el

## KADISH DE LOS RABINOS

*El Ḥazán y los dolientes recitan aquí el Kadish de los Rabinos:*

יִתְגַּדַּל Que Su Gran Nombre sea magnificado y santificado,
en el mundo que creó conforme a Su voluntad.
Que establezca Su reino,
haga florecer Su salvación
y apresure la llegada de Su ungido
durante vuestra vida y en vuestros días
y en la vida de toda la casa de Israel,
pronto y rápidamente y decid: Amén.

Que Su Gran Nombre sea bendito
por siempre y por toda la eternidad.
Sea bendecido, alabado, glorificado
y exaltado, encumbrado
y magnificado, enaltecido y ensalzado
el Nombre del Santo Bendito Él;
más allá de cualquier bendición,
cántico, alabanza y consolación
pronunciados en el mundo y decid: Amén.

---

en la cual la soberanía Divina será reconocida por todos los habitantes de la tierra. Está escrito principalmente en arameo que era la lengua más hablada por los judíos en los primeros siglos de la era común.

El Kadish tiene cinco formas: (1) Medio Kadish que se recita al comienzo o al final de una sección del rezo; (2) Kadish Completo (*Titkabal*), que marca el final de la A'midá y sus meditaciones; (3) Kadish de Duelo; (4) Kadish de los Rabinos que se recita tras el estudio de un pasaje de la Torá oral; (5) Kadish de la Renovación que se recita solamente al concluir el estudio de un tratado del Talmud o por un niño en el funeral de un progenitor.

El Kadish de los Rabinos no solamente ora por el establecimiento del reino de Dios sino por los maestros que enseñan Torá y sus discípulos. Este

## קדיש דרבנן

*El* חזן *y los* אבלים *recitan aquí el* קדיש דרבנן*:*

יִתְגַּדַּל וְיִתְקַדַּשׁ שְׁמֵהּ רַבָּא (קהל: אָמֵן)
בְּעָלְמָא דִּי בְרָא כִרְעוּתֵהּ
וְיַמְלִיךְ מַלְכוּתֵהּ וְיַצְמַח פֻּרְקָנֵהּ וִיקָרֵב מְשִׁיחֵהּ (קהל: אָמֵן)
בְּחַיֵּיכוֹן וּבְיוֹמֵיכוֹן וּבְחַיֵּי דְכָל־בֵּית יִשְׂרָאֵל
בַּעֲגָלָא וּבִזְמַן קָרִיב, וְאִמְרוּ אָמֵן. (קהל: אָמֵן)

יְהֵא שְׁמֵהּ רַבָּא מְבָרַךְ לְעָלַם וּלְעָלְמֵי עָלְמַיָּא יִתְבָּרַךְ
וְיִשְׁתַּבַּח וְיִתְפָּאַר וְיִתְרוֹמַם וְיִתְנַשֵּׂא
וְיִתְהַדָּר וְיִתְעַלֶּה וְיִתְהַלָּל
שְׁמֵהּ דְּקֻדְשָׁא בְּרִיךְ הוּא (קהל: אָמֵן)
לְעֵלָּא מִן כָּל־בִּרְכָתָא
שִׁירָתָא, תִּשְׁבְּחָתָא וְנֶחָמָתָא
דַּאֲמִירָן בְּעָלְמָא, וְאִמְרוּ אָמֵן. (קהל: אָמֵן)

---

halájico al libro del Levítico, que es la fuente de la mayoría de las leyes relativas a las ofrendas. Además, nos recuerda el nexo indisoluble entre la Torá Escrita (los libros de Moisés) y la Torá Oral (Mishná, Midrash y Talmud). Los principios de Ribí Ishmael nos muestran como la última se deriva de la primera.

EL KADISH DE LOS RABINOS

El Kadish es una de las plegarias más importantes y su origen no se remonta a la sinagoga sino a la casa de estudio. Se desarrolló a partir de una costumbre que todavía es ampliamente practicada, y es la de culminar todo discurso o sermón con la esperanza de que pronto veamos el arribo de la era mesiánica,

Para Israel, para nuestros maestros,
sus discípulos y los discípulos de sus discípulos,
para todos quienes se involucran en el estudio de la sagrada Torá,
en este sitio o en cualquier otra parte,
que vengan a nosotros, a ellos y a vosotros
gracia, benevolencia y compasión de nuestro Dios,
Señor de los cielos y la tierra y decid: Amén.

Que haya gran paz celestial,
vida, saciedad, salvación, consolación,
refugio, sanación, redención, perdón y expiación, bienestar
y salvación para nosotros
y para todo Su pueblo Israel y decid: Amén.

*Antes de decir 'Quien obra paz' se dan tres pasos hacia atrás.*

Quien obra la paz en Sus alturas,
con compasión haga la paz
para nosotros y todo Su pueblo Israel y decid: Amén.

---

estudiar, enseñar, internalizar la voluntad de Dios, el unir nuestras mentes a las de los grandes maestros y eruditos del pasado y de éstas fluye y se deriva todo lo demás.

עַל יִשְׂרָאֵל וְעַל רַבָּנָן
וְעַל תַּלְמִידֵיהוֹן וְעַל־כָּל־תַּלְמִידֵי תַלְמִידֵיהוֹן
דְּעָסְקִין בְּאוֹרַיְתָא קַדִּישְׁתָּא
דִּי בְאַתְרָא הָדֵין, וְדִי בְכָל־אֲתַר וַאֲתַר
יְהֵא לְנָא וּלְהוֹן וּלְכוֹן
חִנָּא וְחִסְדָּא וְרַחֲמֵי
מִן קֳדָם אֱלָהָנָא מָארֵי שְׁמַיָּא וְאַרְעָא, וְאִמְרוּ אָמֵן. (קהל: אָמֵן)

יְהֵא שְׁלָמָא רַבָּא מִן שְׁמַיָּא
חַיִּים וְשָׂבָע וִישׁוּעָה וְנֶחָמָה
וְשֵׁיזָבָא וּרְפוּאָה וּגְאֻלָּה וּסְלִיחָה וְכַפָּרָה
וְרֶוַח וְהַצָּלָה
לָנוּ וּלְכָל־עַמּוֹ יִשְׂרָאֵל, וְאִמְרוּ אָמֵן. (קהל: אָמֵן)

*Antes de decir 'עֹשֶׂה שָׁלוֹם' se dan tres pasos hacia atrás.*

עֹשֶׂה שָׁלוֹם בִּמְרוֹמָיו
הוּא בְּרַחֲמָיו יַעֲשֶׂה שָׁלוֹם עָלֵינוּ
וְעַל־כָּל־עַמּוֹ יִשְׂרָאֵל, וְאִמְרוּ אָמֵן. (קהל: אָמֵן)

---

Kadish es el primero que se recita en el día, lo cual se desprende del sistema de valores clásico del judaísmo. La nuestra es una fe que posee una marcada pasión por la educación, cuyos héroes son maestros y cuyas fortalezas son las escuelas y las casas de estudio. La expresión suprema del judaísmo es el

## ZEMIROT

הוֹדוּ לַיהוָה Agradeced al Señor, invocad Su Nombre, difundid Sus actos entre las naciones. Cantadle, haced música para Él, relatad todas Sus maravillas. Glorificaos en Su santo Nombre, que se regocijen los corazones de quienes buscan al Señor. Buscad al Señor y Su fortaleza, procurad Su Presencia siempre. Recordad las maravillas que efectuó, sus milagros y los juicios de Su boca. Descendientes de Israel Su siervo, hijos de Ya'akob, Sus elegidos, Él es el Señor nuestro Dios y Sus juicios están en toda la tierra. Recordad por siempre Su pacto, la palabra que ordenó por mil generaciones, la cual pactó con Abraham, y Su juramento a Isḥak y la estableció como estatuto para Ya'akob, como pacto eterno para Israel, diciendo, "A ti te daré la tierra de Quena'an, la porción de vuestra herencia". Cuando erais pocos en número y casi extranjeros en ella, errando de nación en nación y de un reino a otro pueblo, mas Él no permitió que fuerais oprimidos y por vosotros amonestó a monarcas: "No toquéis a Mis ungidos ni dañéis a Mis profetas". *I Cró. 16*

Cantad al Señor la tierra toda, proclamad Su salvación a diario. Relatad Su gloria entre las naciones, Sus maravillas entre los pueblos. Pues el Señor es grande e infinitamente alabado en gran manera, temido y reverenciado por encima de todas las fuerzas celestiales. Pues todas las deidades de las naciones son meramente ídolos; mientras que el Señor es quien hizo los cielos. Majestad y esplendor ante Él, fortaleza y júbilo en Su recinto.

Rendid al Señor familias de las naciones, tributad al Señor el debido honor y poder. Rendid gloria al Señor por Su Nombre, tomad ofrenda y presentaos ante Él, prosternaos ante el Señor en el esplendor de la Santidad. Temblad ante Él, toda la tierra, Él afirmó la tierra para que no tambalease. Que se regocijen los cielos y alegre la tierra, que declaren entre las naciones: "El Señor es el Rey". Rugirá el mar y todo lo que este contiene, el campo y todo lo que en él se encuentra estarán jubilosos. Entonces cantarán los árboles del bosque ante

---

"Pues todas las deidades" para enfatizar la necesidad de efectuar una pausa entre la palabra "ídolos" y el nombre de Dios.

## זמירות

דברי הימים א׳ טז

הוֹדוּ לַיהוָה קִרְאוּ בִשְׁמוֹ, הוֹדִיעוּ בָעַמִּים עֲלִילֹתָיו: שִׁירוּ לוֹ, זַמְּרוּ־לוֹ, שִׂיחוּ בְּכָל־נִפְלְאוֹתָיו: הִתְהַלְלוּ בְּשֵׁם קָדְשׁוֹ, יִשְׂמַח לֵב מְבַקְשֵׁי יְהוָה: דִּרְשׁוּ יְהוָה וְעֻזּוֹ, בַּקְּשׁוּ פָנָיו תָּמִיד: זִכְרוּ נִפְלְאֹתָיו אֲשֶׁר עָשָׂה, מֹפְתָיו וּמִשְׁפְּטֵי־פִיהוּ: זֶרַע יִשְׂרָאֵל עַבְדּוֹ, בְּנֵי יַעֲקֹב בְּחִירָיו: הוּא יְהוָה אֱלֹהֵינוּ בְּכָל־הָאָרֶץ מִשְׁפָּטָיו: זִכְרוּ לְעוֹלָם בְּרִיתוֹ, דָּבָר צִוָּה לְאֶלֶף דּוֹר: אֲשֶׁר כָּרַת אֶת־אַבְרָהָם, וּשְׁבוּעָתוֹ לְיִצְחָק: וַיַּעֲמִידֶהָ לְיַעֲקֹב לְחֹק, לְיִשְׂרָאֵל בְּרִית עוֹלָם: לֵאמֹר, לְךָ אֶתֵּן אֶרֶץ־כְּנָעַן, חֶבֶל נַחֲלַתְכֶם: בִּהְיוֹתְכֶם מְתֵי מִסְפָּר, כִּמְעַט וְגָרִים בָּהּ: וַיִּתְהַלְּכוּ מִגּוֹי אֶל־גּוֹי, וּמִמַּמְלָכָה אֶל־עַם אַחֵר: לֹא־הִנִּיחַ לְאִישׁ לְעָשְׁקָם, וַיּוֹכַח עֲלֵיהֶם מְלָכִים: אַל־תִּגְּעוּ בִּמְשִׁיחָי, וּבִנְבִיאַי אַל־תָּרֵעוּ:

שִׁירוּ לַיהוָה כָּל־הָאָרֶץ, בַּשְּׂרוּ מִיּוֹם־אֶל־יוֹם יְשׁוּעָתוֹ: סַפְּרוּ בַגּוֹיִם אֶת־כְּבוֹדוֹ, בְּכָל־הָעַמִּים נִפְלְאֹתָיו: כִּי גָדוֹל יְהוָה וּמְהֻלָּל מְאֹד, וְנוֹרָא הוּא עַל־כָּל־אֱלֹהִים: כִּי כָּל־אֱלֹהֵי הָעַמִּים אֱלִילִים, וַיהוָה שָׁמַיִם עָשָׂה: הוֹד וְהָדָר לְפָנָיו, עֹז וְחֶדְוָה בִּמְקֹמוֹ: הָבוּ לַיהוָה מִשְׁפְּחוֹת עַמִּים, הָבוּ לַיהוָה כָּבוֹד וָעֹז: הָבוּ לַיהוָה כְּבוֹד שְׁמוֹ, שְׂאוּ מִנְחָה וּבֹאוּ לְפָנָיו, הִשְׁתַּחֲווּ לַיהוָה בְּהַדְרַת־קֹדֶשׁ: חִילוּ מִלְּפָנָיו כָּל־הָאָרֶץ, אַף־תִּכּוֹן תֵּבֵל בַּל־תִּמּוֹט: יִשְׂמְחוּ הַשָּׁמַיִם וְתָגֵל הָאָרֶץ, וְיֹאמְרוּ בַגּוֹיִם יְהוָה מָלָךְ: יִרְעַם הַיָּם וּמְלוֹאוֹ, יַעֲלֹץ הַשָּׂדֶה וְכָל־אֲשֶׁר־בּוֹ: אָז יְרַנְּנוּ עֲצֵי הַיָּעַר, מִלִּפְנֵי יְהוָה, כִּי־בָא

---

הוֹדוּ לַיהוה *Agradeced al Señor:* Se trata de un salmo de agradecimiento compuesto por el Rey David para celebrar el arribo del Arca del Pacto a Jerusalém. En muchas comunidades el oficiante recita en voz alta el versículo

el Señor, pues viene a juzgar la tierra .Agradeced al Señor que es bueno y por siempre Su benevolencia. Decid: "Sálvanos Dios de nuestra salvación, reúnenos y rescátanos de entre las naciones para que podamos agradecer a Tu sagrado Nombre y glorificarnos en Tu alabanza. Bendito es Señor Dios de Israel desde este mundo y hasta la eternidad. Y todo el pueblo diga "Amén y alabanza al Señor".

Ensalzad al Señor nuestro Dios y prosternaos ante Su escabel, *Sal. 99*
Santo es Él. Ensalzad al Señor nuestro Dios y prosternaos en Su
monte sagrado, pues el Señor nuestro Dios es Santo.

Él es compasivo, perdonará la iniquidad y no destruirá, suprimirá *Sal. 78*
Su ira y no encenderá Su furia. Tú Señor no retengas Tu compasión *Sal. 40*
para conmigo, Tu benevolencia y Tu verdad siempre me protegen.
Recuerda Señor Tu misericordia y Tu benevolencia, pues desde *Sal. 25*
siempre han existido. Conferid poder al Señor, Su majestad está *Sal. 68*
sobre Israel y Su poder en el firmamento. Tú eres reverenciado Señor
desde Tus Santuarios. Este es el Dios de Israel que da poder y fortaleza
al pueblo, bendito sea Dios. Dios de la retribución, Señor, Dios de la *Sal. 94*
retribución, ¡manifiéstate! Yérguete, Juez de toda la tierra. Retribuye a
los arrogantes su merecido. La salvación proviene del Señor, que Tu *Sal. 3*
bendición sea sobre Tu pueblo. El Señor de las Huestes Celestiales es *Sal. 46*
con nosotros, el Dios de Ya'akob es nuestra fortaleza, Sela. Señor de *Sal. 84*
las Huestes Celestiales, feliz del hombre que confía en TI. El Señor *Sal. 20*
salva, el Rey nos responderá en el día que Le invoquemos.

**הוֹשִׁיעָה** Redime a Tu pueblo y bendice a Tu herencia, cuídalos y *Sal. 28*
elévalos por siempre. Nuestra alma anhela al Señor, nuestra ayuda y *Sal. 33*
escudo en Él. En Él se regocijará nuestro corazón, pues confiamos en
Su Nombre sagrado. Que Tu benevolencia Señor sea sobre nosotros
así como hemos depositado en Ti nuestra confianza. Muéstranos *Sal. 85*
Tu generosidad y concédenos Tu redención. Levántate, ayúdanos y *Sal. 44*
sálvanos en pos de Tu benevolencia. Yo Soy el Señor tu Dios que te *Sal. 81*

---

entonces y hoy, desde los días del Rey David hasta la actualidad. Si bien ya no poseemos el Arca continuamos siendo parte del pacto.

לִשְׁפּוֹט אֶת־הָאָרֶץ: הוֹדוּ לַיהֹוָה כִּי טוֹב, כִּי לְעוֹלָם חַסְדּוֹ: וְאִמְרוּ,
הוֹשִׁיעֵנוּ אֱלֹהֵי יִשְׁעֵנוּ, וְקַבְּצֵנוּ וְהַצִּילֵנוּ מִן־הַגּוֹיִם, לְהֹדוֹת לְשֵׁם
קָדְשֶׁךָ, לְהִשְׁתַּבֵּחַ בִּתְהִלָּתֶךָ: בָּרוּךְ יְהֹוָה אֱלֹהֵי יִשְׂרָאֵל מִן־הָעוֹלָם
וְעַד־הָעֹלָם, וַיֹּאמְרוּ כָל־הָעָם אָמֵן, וְהַלֵּל לַיהֹוָה:

רוֹמְמוּ יְהֹוָה אֱלֹהֵינוּ וְהִשְׁתַּחֲווּ לַהֲדֹם רַגְלָיו, קָדוֹשׁ הוּא: תהלים צט
רוֹמְמוּ יְהֹוָה אֱלֹהֵינוּ וְהִשְׁתַּחֲווּ לְהַר קָדְשׁוֹ, כִּי־קָדוֹשׁ יְהֹוָה אֱלֹהֵינוּ:

וְהוּא רַחוּם יְכַפֵּר עָוֹן וְלֹא־יַשְׁחִית, וְהִרְבָּה לְהָשִׁיב אַפּוֹ, תהלים עח
וְלֹא־יָעִיר כָּל־חֲמָתוֹ: אַתָּה יְהֹוָה לֹא־תִכְלָא רַחֲמֶיךָ מִמֶּנִּי, חַסְדְּךָ תהלים מ
וַאֲמִתְּךָ תָּמִיד יִצְּרוּנִי: זְכֹר־רַחֲמֶיךָ יְהֹוָה וַחֲסָדֶיךָ, כִּי מֵעוֹלָם הֵמָּה: תהלים כה
תְּנוּ עֹז לֵאלֹהִים, עַל־יִשְׂרָאֵל גַּאֲוָתוֹ, וְעֻזּוֹ בַּשְּׁחָקִים: נוֹרָא אֱלֹהִים תהלים סח
מִמִּקְדָּשֶׁיךָ, אֵל יִשְׂרָאֵל הוּא נֹתֵן עֹז וְתַעֲצֻמוֹת לָעָם, בָּרוּךְ אֱלֹהִים:

אֵל־נְקָמוֹת יְהֹוָה, אֵל נְקָמוֹת הוֹפִיעַ: הִנָּשֵׂא שֹׁפֵט הָאָרֶץ, תהלים צד
הָשֵׁב גְּמוּל עַל־גֵּאִים: לַיהֹוָה הַיְשׁוּעָה, עַל־עַמְּךָ בִרְכָתֶךָ סֶּלָה: תהלים ג

יְהֹוָה צְבָאוֹת עִמָּנוּ, מִשְׂגָּב־לָנוּ אֱלֹהֵי יַעֲקֹב סֶלָה: יְהֹוָה תהלים מו תהלים פד
צְבָאוֹת, אַשְׁרֵי אָדָם בֹּטֵחַ בָּךְ: יְהֹוָה הוֹשִׁיעָה, הַמֶּלֶךְ יַעֲנֵנוּ בְיוֹם־ תהלים כ
קָרְאֵנוּ:

הוֹשִׁיעָה אֶת־עַמֶּךָ, וּבָרֵךְ אֶת־נַחֲלָתֶךָ, וּרְעֵם וְנַשְּׂאֵם עַד־ תהלים כח
הָעוֹלָם: נַפְשֵׁנוּ חִכְּתָה לַיהֹוָה, עֶזְרֵנוּ וּמָגִנֵּנוּ הוּא: כִּי־בוֹ יִשְׂמַח תהלים לג
לִבֵּנוּ, כִּי בְשֵׁם קָדְשׁוֹ בָטָחְנוּ: יְהִי־חַסְדְּךָ יְהֹוָה עָלֵינוּ, כַּאֲשֶׁר יִחַלְנוּ
לָךְ: הַרְאֵנוּ יְהֹוָה חַסְדֶּךָ, וְיֶשְׁעֲךָ תִּתֶּן־לָנוּ: קוּמָה עֶזְרָתָה לָּנוּ, תהלים פה תהלים מד
וּפְדֵנוּ לְמַעַן חַסְדֶּךָ: אָנֹכִי יְהֹוָה אֱלֹהֶיךָ הַמַּעַלְךָ מֵאֶרֶץ מִצְרָיִם, תהלים פא

---

**רוֹמְמוּ** *Ensalzad:* Estos párrafos (hasta כִּי גָמַל עָלָי "pues me ha prodigado") son una selección de versículos del libro de Salmos que refieren la cuestión de la esperanza y la confianza en Dios. Procura generar una transición entre

sacó de la tierra de Egipto, abre tu boca y la llenaré. Feliz del pueblo *Sal. 144*
para el que esto es así, feliz del pueblo que el Señor es su Dios. En *Sal. 13*
cuanto a mí, he confiado en Tu Bondad, mi corazón se regocija en Tu salvación. Cantaré al Señor pues Él me ha retribuido generosamente.

אֲרוֹמִמְךָ Te exaltaré Señor porque me has levantado y no permitiste *Sal. 30*
que mis enemigos se regocijen sobre mí. Señor, mi Dios, clamé a Ti y me curaste. Señor, elevaste mi alma del sepulcro, evitaste que descienda al pozo. Cantad al Señor, vosotros Sus devotos, agradeced a Su Nombre Sagrado. Ya que Su enojo es momentáneo pero Su favor por toda la vida. En la noche pernoctará con llanto, pero por la mañana todo es regocijo. Yo me había dicho en mi tranquilidad: "Jamás vacilaré" Señor, es gracias a Tu Voluntad que me has mantenido en las cumbres de mi vigor; pero si Tu rostro has de ocultar me habría aterrado. A Ti Señor he clamado, a mi Señor supliqué: "¿Qué beneficio puede haber si muero y desciendo al sepulcro? ¿Acaso el polvo podrá agradecerte? ¿Podrá declarar Tu verdad? Señor, escúchame con favor, Señor, sé de mi ayuda". Transformaste mi pesar en danza, quitaste mis harapos y me ceñiste de regocijo, para que mi alma pueda cantar Tu gloria sin callar. Señor, mi Dios, por siempre Te agradeceré.

## LA COLOCACIÓN DEL TALET

*Aquí se acostumbra a envolverse en el talet y colocarse los tefilín.*

*Antes de envolverse en el talet se dice:*

וִיהִי Que el agrado del Señor nuestro Dios sea sobre nosotros, y la acción *Sal. 90*
de nuestras manos sea establecida para nosotros. Oh Eterno, aprueba la obra de nuestras manos.

בָּרְכִי נַפְשִׁי Bendice alma mía, al Señor, Dios mío, Tú eres grandemente *Sal. 104*
ensalzado; Te has vestido de majestad y esplendor. Te envuelves en un vestido de luz, Tú has extendido los cielos cual tienda.

---

precepto adquirió dos formas diferentes: el talet como prenda que se viste durante el rezo por sobre nuestra ropa y el talet katán que se usa por debajo de nuestra vestimenta. Si bien ambos cumplen con un mismo precepto, se los consideró muy diferentes y por lo tanto se les adjudicó dos bendiciones diferentes.

הַרְחֶב־פִּיךָ וַאֲמַלְאֵהוּ: אַשְׁרֵי הָעָם שֶׁכָּכָה לּוֹ, אַשְׁרֵי הָעָם שֶׁיהוָה תהלים קמד
אֱלֹהָיו: וַאֲנִי בְּחַסְדְּךָ בָטַחְתִּי, יָגֵל לִבִּי בִּישׁוּעָתֶךָ, אָשִׁירָה לַיהוָה, תהלים יג
כִּי גָמַל עָלָי:

אֲרוֹמִמְךָ יְהוָה כִּי דִלִּיתָנִי וְלֹא־שִׂמַּחְתָּ אֹיְבַי לִי: יְהוָה אֱלֹהָי שִׁוַּעְתִּי תהלים ל
אֵלֶיךָ וַתִּרְפָּאֵנִי: יְהוָה הֶעֱלִיתָ מִן־שְׁאוֹל נַפְשִׁי חִיִּיתַנִי מִיָּרְדִי־בוֹר:
זַמְּרוּ לַיהוָה חֲסִידָיו וְהוֹדוּ לְזֵכֶר קָדְשׁוֹ: כִּי רֶגַע ׀ בְּאַפּוֹ חַיִּים בִּרְצוֹנוֹ
בָּעֶרֶב יָלִין בֶּכִי וְלַבֹּקֶר רִנָּה: וַאֲנִי אָמַרְתִּי בְשַׁלְוִי בַּל־אֶמּוֹט לְעוֹלָם:
יְהוָה בִּרְצוֹנְךָ הֶעֱמַדְתָּה לְהַרְרִי עֹז הִסְתַּרְתָּ פָנֶיךָ הָיִיתִי נִבְהָל:
אֵלֶיךָ יְהוָה אֶקְרָא וְאֶל־אֲדֹנָי אֶתְחַנָּן: מַה־בֶּצַע בְּדָמִי בְּרִדְתִּי אֶל
שָׁחַת הֲיוֹדְךָ עָפָר הֲיַגִּיד אֲמִתֶּךָ: שְׁמַע־יְהוָה וְחָנֵּנִי יְהוָה הֱיֵה־עֹזֵר
לִי: הָפַכְתָּ מִסְפְּדִי לְמָחוֹל לִי פִּתַּחְתָּ שַׂקִּי וַתְּאַזְּרֵנִי שִׂמְחָה: לְמַעַן ׀
יְזַמֶּרְךָ כָבוֹד וְלֹא יִדֹּם יְהוָה אֱלֹהַי לְעוֹלָם אוֹדֶךָּ:

## עטיפת טלית

*Aquí se acostumbra a envolverse en el* טלית *y colocarse los* תפילין*.*

*Antes de envolverse en el* טלית *se dice:*

וִיהִי ׀ נֹעַם אֲדֹנָי אֱלֹהֵינוּ עָלֵינוּ וּמַעֲשֵׂה יָדֵינוּ כּוֹנְנָה עָלֵינוּ וּמַעֲשֵׂה יָדֵינוּ תהלים צ
כּוֹנְנֵהוּ:

בָּרְכִי נַפְשִׁי אֶת־יְהוָה, יְהוָה אֱלֹהַי גָּדַלְתָּ מְּאֹד, הוֹד וְהָדָר לָבָשְׁתָּ: תהלים קד
עֹטֶה־אוֹר כַּשַּׂלְמָה, נוֹטֶה שָׁמַיִם כַּיְרִיעָה:

---

TALET Y TEFILÍN

El precepto de colocar ṣiṣit en las cuatro puntas de nuestra vestimenta tiene por finalidad que tengamos permanentemente presente nuestra misión: “Para que recordéis y cumpláis todos Mis preceptos, y seáis consagrados para vuestro Dios” (Números 15:40). A lo largo del tiempo el cumplimiento de este

בָּרוּךְ Bendito eres Tú Señor, nuestro Dios, Rey del universo,
que nos ha santificado con Sus preceptos
y nos ordenó envolvernos con el ṣiṣit.

*Luego de poner los extremos del Talet sobre los hombros, antes de bajarlos, se dicen los siguientes pesukím:*

מַה־יָּקָר Cuán preciosa es Tu benevolencia, oh Dios, que los hijos de los hombres se refugian a la sombra de Tus alas. Que se vean colmados por la abundancia de Tu casa, y beban las delicias de Tu río de deleites. Pues en Ti está la fuente de la vida, y en Tu luz veremos luz. Extiende Tu bondadoso amor a quienes Te conocen y Tu rectitud para los de íntegro corazón. *Sal. 36*

## LA COLOCACIÓN DE LOS TEFILÍN

*Antes de ajustar la correa del tefilín sobre el brazo se dice:*

וִיהִי Que el agrado del Señor nuestro Dios sea sobre nosotros, y la acción de nuestras manos sea establecida para nosotros. Oh Eterno, aprueba la obra de nuestras manos. *Sal. 90*

בָּרוּךְ Bendito eres Tú Señor, nuestro Dios, Rey del universo,
que nos ha santificado con Sus preceptos
y nos ordenó colocar el tefilín.

*Se recita la bendición sentados y se acostumbra a incorporarse levemente al pronunciar la palabra 'colocar' ('לְהָנִיחַ') así como también a prolongar la pronunciación de la letra 'he' (ה"א).*

*Quien haya hablado antes de colocarse el tefilín de la cabeza, debe recitar la siguiente bendición:*

בָּרוּךְ Bendito eres Tú Señor, nuestro Dios, Rey del universo,
que nos ha santificado con Sus preceptos
y nos ordenó el precepto del tefilín.

*Mientras se ordenan las resuót del Tefilín de la cabeza se dice:*

Y verán todos los pueblos de la tierra que se te llama por el Nombre del Señor y te temerán. *Deut. 28*

---

corazón. *"Toda tu alma"*: se refiere al tefilín de la cabeza que se corresponde con el asiento de la consciencia que es el alma. *"Todo tu poder"* se refiere a la correa del tefilín del brazo que simboliza acción, poder, fortaleza. Es así que el tefilín simboliza el amor a Dios en las emociones (corazón), en el pensamiento (cabeza) y en la acción (mano).

בָּרוּךְ אַתָּה יְהֹוָה, אֱלֹהֵינוּ מֶלֶךְ הָעוֹלָם
אֲשֶׁר קִדְּשָׁנוּ בְּמִצְוֹתָיו וְצִוָּנוּ לְהִתְעַטֵּף בְּצִיצִית.

*Luego de poner los extremos del* טלית *sobre los hombros, antes de bajarlos, se dicen los siguientes* פסוקים*:*

תהלים לו מַה־יָּקָר חַסְדְּךָ אֱלֹהִים וּבְנֵי אָדָם בְּצֵל כְּנָפֶיךָ יֶחֱסָיוּן: יִרְוְיֻן מִדֶּשֶׁן
בֵּיתֶךָ וְנַחַל עֲדָנֶיךָ תַשְׁקֵם: כִּי־עִמְּךָ מְקוֹר חַיִּים בְּאוֹרְךָ נִרְאֶה־אוֹר:
מְשֹׁךְ חַסְדְּךָ לְיֹדְעֶיךָ וְצִדְקָתְךָ לְיִשְׁרֵי־לֵב:

## הנחת תפילין

*Antes de ajustar la correa del* תפילין *sobre el brazo se dice:*

תהלים צ וִיהִי ׀ נֹעַם אֲדֹנָי אֱלֹהֵינוּ עָלֵינוּ וּמַעֲשֵׂה יָדֵינוּ כּוֹנְנָה עָלֵינוּ וּמַעֲשֵׂה יָדֵינוּ כּוֹנְנֵהוּ:

בָּרוּךְ אַתָּה יְהֹוָה, אֱלֹהֵינוּ מֶלֶךְ הָעוֹלָם
אֲשֶׁר קִדְּשָׁנוּ בְּמִצְוֹתָיו וְצִוָּנוּ לְהָנִיחַ תְּפִלִּין.

*Se recita la bendición sentados y se acostumbra a incorporarse levemente al pronunciar la palabra 'colocar' ('לְהָנִיחַ') así como también a prolongar la pronunciación de la letra 'he' (ה״א).*

*Quien haya hablado antes de colocarse el* תפילין *de la cabeza, debe recitar la siguiente bendición:*

בָּרוּךְ אַתָּה יְהֹוָה, אֱלֹהֵינוּ מֶלֶךְ הָעוֹלָם
אֲשֶׁר קִדְּשָׁנוּ בְּמִצְוֹתָיו וְצִוָּנוּ עַל מִצְוַת תְּפִלִּין.

*Mientras se ordenan las resuót del* תפילין *de la cabeza se dice:*

דברים כח וְרָאוּ כָּל־עַמֵּי הָאָרֶץ כִּי שֵׁם יְהֹוָה נִקְרָא עָלֶיךָ וְיָרְאוּ מִמֶּךָּ:

---

*Tefilín:* la palabra tefilín (el objeto es llamado *Totafot* por la Torá) significa "emblema, señal, insignia", un símbolo visible de una idea abstracta. Los tefilín son nuestro recordatorio del precepto del Shemá que ordena "Amarás al Señor tu Dios con todo tu corazón, toda tu alma y todo tu poder" (Deut. 6:5). *"Todo tu corazón":* es el tefilín que se coloca en el brazo junto al

*Enrollar la correa del tefilín del brazo tres veces alrededor del dedo mayor y decir:*

וְאֵרַשְׂתִּיךְ Y te desposaré por siempre. *Ose. 2*
Y te desposaré con rectitud y justicia, benevolencia y compasión.
Y te desposaré con fidelidad; y conocerás al SEÑOR.

*Luego de ponerse los tefilín se dice:*

Dios Supremo, emana sobre mí de Tu sabiduría; y de Tu entendimiento dame comprensión, obra conmigo con gran benevolencia, con Tu gran poder destruye a mis enemigos y a quienes contra mí se alzan. Vierte el buen aceite sobre los siete brazos de la Menorá, y prodiga de Tu bien a Tus creaturas. Tú abres Tu mano y satisfaces el deseo de cada ser viviente. *Sal. 145*

*Tras colocar los tefilín se recita lo siguiente:*

וַיְדַבֵּר Y habló el SEÑOR a Moshé diciendo: consagra para Mí todo primogénito: todo el que abre matriz, entre los hijos de Israel, en el hombre y en la bestia; Mío es. Y dijo Moshé al pueblo: recordad este día en el cual habéis salido de Egipto, de la casa de esclavitud; ya que con mano poderosa el SEÑOR os ha sacado a vosotros de aquí. Y no se comerá pan leudo. Hoy vosotros estáis saliendo, en el mes de Aviv. Y será que cuando te traiga el SEÑOR a la tierra del Quena'aní, y del Ḥití y del Emorí y del Jiví y del Yebusí, la cual había jurado a tus padres para dártela a ti -tierra que mana leche y miel- observarás este rito en este mes. Siete días habrás de comer panes ácimos y el séptimo día será de celebración para el SEÑOR. Panes ázimos se habrá de comer en los siete días, y no se te verá pan leudo ni levadura en todo tu dominio. Y habrás de narrar a tu hijo en aquel día diciendo: Por causa de esto el SEÑOR ha hecho para mí portentos al salir de Egipto. Y será para ti como signo sobre tu mano y como remembranza entre tus ojos, para que la Torá del SEÑOR esté en tu boca; pues con mano poderosa el SEÑOR te ha hecho salir de Egipto. Y habrás de observar esta ley en su fecha año tras año. *Éx. 13*

---

del tefilín del brazo alrededor del dedo mayor se asemeja a colocar un anillo matrimonial y nos recuerda el gran amor que Dios profesa al pueblo de Israel y el amor de este último para con Dios.

*Enrollar la correa del* תפילין *del brazo tres veces alrededor del dedo mayor y decir:*

וְאֵרַשְׂתִּיךְ לִי לְעוֹלָם הושע ב
וְאֵרַשְׂתִּיךְ לִי בְּצֶדֶק וּבְמִשְׁפָּט וּבְחֶסֶד וּבְרַחֲמִים:
וְאֵרַשְׂתִּיךְ לִי בֶּאֱמוּנָה וְיָדַעַתְּ אֶת־יְהוָה:

*Luego de ponerse los* תפילין *se dice:*

וּמֵחָכְמָתְךָ אֵל עֶלְיוֹן תַּאֲצִיל עָלַי, וּמִבִּינָתְךָ תְּבִינֵנִי, וּבְחַסְדְּךָ תַּגְדִּיל עָלַי, וּבִגְבוּרָתְךָ תַּצְמִית אוֹיְבַי וְקָמַי. וְשֶׁמֶן הַטּוֹב תָּרִיק עַל שִׁבְעָה קְנֵי הַמְּנוֹרָה, לְהַשְׁפִּיעַ טוּבְךָ לִבְרִיּוֹתֶיךָ. פּוֹתֵחַ אֶת־יָדֶךָ וּמַשְׂבִּיעַ לְכָל־חַי רָצוֹן: תהלים קמה

*Tras colocar los* תפילין *se recita lo siguiente:*

וַיְדַבֵּר יְהוָה אֶל־מֹשֶׁה לֵּאמֹר: קַדֶּשׁ־לִי כָל־בְּכוֹר פֶּטֶר כָּל־רֶחֶם שמות יג
בִּבְנֵי יִשְׂרָאֵל בָּאָדָם וּבַבְּהֵמָה לִי הוּא: וַיֹּאמֶר מֹשֶׁה אֶל־הָעָם
זָכוֹר אֶת־הַיּוֹם הַזֶּה אֲשֶׁר יְצָאתֶם מִמִּצְרַיִם מִבֵּית עֲבָדִים כִּי
בְּחֹזֶק יָד הוֹצִיא יְהוָה אֶתְכֶם מִזֶּה וְלֹא יֵאָכֵל חָמֵץ: הַיּוֹם אַתֶּם
יֹצְאִים בְּחֹדֶשׁ הָאָבִיב: וְהָיָה כִי־יְבִיאֲךָ יְהוָה אֶל־אֶרֶץ הַכְּנַעֲנִי
וְהַחִתִּי וְהָאֱמֹרִי וְהַחִוִּי וְהַיְבוּסִי אֲשֶׁר נִשְׁבַּע לַאֲבֹתֶיךָ לָתֶת לָךְ
אֶרֶץ זָבַת חָלָב וּדְבָשׁ וְעָבַדְתָּ אֶת־הָעֲבֹדָה הַזֹּאת בַּחֹדֶשׁ הַזֶּה:
שִׁבְעַת יָמִים תֹּאכַל מַצֹּת וּבַיּוֹם הַשְּׁבִיעִי חַג לַיהוָה: מַצּוֹת יֵאָכֵל
אֵת שִׁבְעַת הַיָּמִים וְלֹא־יֵרָאֶה לְךָ חָמֵץ וְלֹא־יֵרָאֶה לְךָ שְׂאֹר
בְּכָל־גְּבֻלֶךָ: וְהִגַּדְתָּ לְבִנְךָ בַּיּוֹם הַהוּא לֵאמֹר בַּעֲבוּר זֶה עָשָׂה
יְהוָה לִי בְּצֵאתִי מִמִּצְרָיִם: וְהָיָה לְךָ לְאוֹת עַל־יָדְךָ וּלְזִכָּרוֹן בֵּין
עֵינֶיךָ לְמַעַן תִּהְיֶה תּוֹרַת יְהוָה בְּפִיךָ כִּי בְּיָד חֲזָקָה הוֹצִאֲךָ יְהוָה
מִמִּצְרָיִם: וְשָׁמַרְתָּ אֶת־הַחֻקָּה הַזֹּאת לְמוֹעֲדָהּ מִיָּמִים יָמִימָה:

---

וְאֵרַשְׂתִּיךְ *Y te desposaré:* estas excelsas líneas del libro del profeta Oseas comparan o asemejan el pacto que Dios estableció con el pueblo de Israel a un matrimonio – una promesa mutua de fe fruto del amor. Envolver la correa

וְהָיָה Y será que cuando te traiga el Señor a la tierra del Quena'aní, como Él ha jurado a ti y a tus padres y te la dé a ti. Y habrás de separar todo el que abre la matriz para el Señor y todo el que abre la matriz de animal que tuvieres; los machos, para el Señor. Y todo primogénito de asno redimirás por medio de un cordero y si no lo redimieres lo habrás de desnucar. Empero redimirás todo primogénito entre tus hijos. Y será mañana cuando te preguntare tu hijo: ¿Qué es esto? Habrás de decirle: con mano poderosa el Señor nos sacó de Egipto de la casa de la esclavitud. Empero ocurrió que cuando se endureció Par'ó y no nos quiso liberar, el Señor mató a todo primogénito en la tierra de Egipto, desde el del hombre hasta el de la bestia. Por ello yo sacrifico ante el Señor todo el que abre la matriz entre los machos; empero redimiré a todo primogénito de entre mis hijos. Y estas palabras serán como signo sobre tu mano y como filacterias entre tus ojos ya que con la mano poderosa nos sacó el Señor de Egipto.

*Recitar de pie:*

*Desde Rosh HaShaná hasta Yom Kipur y en Hoshaná Rabá se dice:*

El Señor es Dios, el Señor es Dios. *I Rey. 18*
El Señor es Dios, el Señor es Dios.

El Señor reina, el Señor ha reinado,
el Señor reinará por toda la eternidad.

El Señor reina, el Señor ha reinado,
el Señor reinará por toda la eternidad.

Entonces el Señor será el Rey sobre toda la tierra; *Zac. 14*
en ese día el Señor será Uno y Su Nombre Uno.

“Sálvanos Dios de nuestra salvación, *Sal. 106*
reúnenos y rescátanos de entre las naciones para que podamos
agradecer a Tu sagrado Nombre y glorificarnos en Tu alabanza.
Bendito es Señor Dios de Israel desde este mundo y hasta la eternidad.
Y todo el pueblo diga “Amén, Aleluyá”.
Todas las almas alabarán a Dios ¡Aleluyá! *Sal. 150*

וְהָיָ֞ה כִּֽי־יְבִֽאֲךָ֤ יְהֹוָה֙ אֶל־אֶ֣רֶץ הַֽכְּנַעֲנִ֔י כַּאֲשֶׁ֛ר נִשְׁבַּ֥ע לְךָ֖ וְלַאֲבֹתֶ֑יךָ
וּנְתָנָ֖הּ לָֽךְ׃ וְהַעֲבַרְתָּ֥ כָל־פֶּֽטֶר־רֶ֖חֶם לַֽיהֹוָ֑ה וְכָל־פֶּ֣טֶר ׀ שֶׁ֣גֶר
בְּהֵמָ֗ה אֲשֶׁ֨ר יִהְיֶ֥ה לְךָ֛ הַזְּכָרִ֖ים לַֽיהֹוָֽה׃ וְכָל־פֶּ֤טֶר חֲמֹר֙ תִּפְדֶּ֣ה
בְשֶׂ֔ה וְאִם־לֹ֥א תִפְדֶּ֖ה וַעֲרַפְתּ֑וֹ וְכֹ֨ל בְּכ֥וֹר אָדָ֛ם בְּבָנֶ֖יךָ תִּפְדֶּֽה׃
וְהָיָ֞ה כִּֽי־יִשְׁאָלְךָ֥ בִנְךָ֛ מָחָ֖ר לֵאמֹ֣ר מַה־זֹּ֑את וְאָמַרְתָּ֣ אֵלָ֔יו בְּחֹ֣זֶק
יָ֔ד הוֹצִיאָ֧נוּ יְהֹוָ֛ה מִמִּצְרַ֖יִם מִבֵּ֥ית עֲבָדִֽים׃ וַיְהִ֗י כִּֽי־הִקְשָׁ֣ה פַרְעֹה֮
לְשַׁלְּחֵ֒נוּ֒ וַיַּהֲרֹ֨ג יְהֹוָ֤ה כָּל־בְּכוֹר֙ בְּאֶ֣רֶץ מִצְרַ֔יִם מִבְּכֹ֥ר אָדָ֖ם וְעַד־
בְּכ֣וֹר בְּהֵמָ֑ה עַל־כֵּן֩ אֲנִ֨י זֹבֵ֜חַ לַֽיהֹוָ֗ה כָּל־פֶּ֤טֶר רֶ֙חֶם֙ הַזְּכָרִ֔ים וְכָל־
בְּכ֥וֹר בָּנַ֖י אֶפְדֶּֽה׃ וְהָיָ֤ה לְאוֹת֙ עַל־יָ֣דְכָ֔ה וּלְטוֹטָפֹ֖ת בֵּ֣ין עֵינֶ֑יךָ כִּ֚י
בְּחֹ֣זֶק יָ֔ד הוֹצִיאָ֥נוּ יְהֹוָ֖ה מִמִּצְרָֽיִם׃

*Recitar de pie:*

*Desde* ראש השנה *hasta* יום הכיפורים *y en* הושענא רבה *se dice:*

יְהֹוָה הוּא הָאֱלֹהִים, יְהֹוָה הוּא הָאֱלֹהִים: מלכים א׳ יח
יְהֹוָה הוּא הָאֱלֹהִים, יְהֹוָה הוּא הָאֱלֹהִים:

יְהֹוָה מֶלֶךְ, יְהֹוָה מָלָךְ, יְהֹוָה יִמְלֹךְ לְעֹלָם וָעֶד:
יְהֹוָה מֶלֶךְ, יְהֹוָה מָלָךְ, יְהֹוָה יִמְלֹךְ לְעֹלָם וָעֶד:

וְהָיָה יְהֹוָה לְמֶלֶךְ עַל־כָּל־הָאָרֶץ זכריה יד
בַּיּוֹם הַהוּא יִהְיֶה יְהֹוָה אֶחָד וּשְׁמוֹ אֶחָד:

הוֹשִׁיעֵנוּ יְהֹוָה אֱלֹהֵינוּ וְקַבְּצֵנוּ מִן־הַגּוֹיִם תהלים קו
לְהוֹדוֹת לְשֵׁם קָדְשֶׁךָ לְהִשְׁתַּבֵּחַ בִּתְהִלָּתֶךָ:

בָּרוּךְ יְהֹוָה אֱלֹהֵי יִשְׂרָאֵל מִן־הָעוֹלָם וְעַד הָעוֹלָם
וְאָמַר כָּל־הָעָם אָמֵן, הַלְלוּיָהּ:

כֹּל הַנְּשָׁמָה תְּהַלֵּל יָהּ, הַלְלוּיָהּ: תהלים קנ

*En Shabat y festividades pasar a la página 482*

*Hay quienes recitan este versículo:*

"Pues en Ti está la fuente de la vida, en Tu luz contemplaremos luz" *Sal. 36*

He puesto al Señor siempre delante de mí, Él está a mi derecha y no me habré de derribar. *Sal. 16*

לַמְנַצֵּחַ Para el jefe de los músicos de los instrumentos de cuerda. *Sal. 67* Un salmo. Que Dios nos conceda gracia y nos bendiga, que Su rostro ilumine hacia nosotros, Sela. Para que Tu senda sea conocida en la tierra y Tu salvación entre las naciones. Dios, los pueblos Te alabarán, todas las naciones Te agradecerán. Las naciones se habrán de regocijar y prorrumpirán en canto pues habrás de juzgar a los pueblos con rectitud y los guiarás en la tierra, Sela. Dios, los pueblos Te alabarán, todas las naciones Te agradecerán. La tierra ha dado su cosecha, que el Señor nuestro Dios nos bendiga. Que Dios nos bendiga y en todos los confines de la tierra Le teman con reverencia.

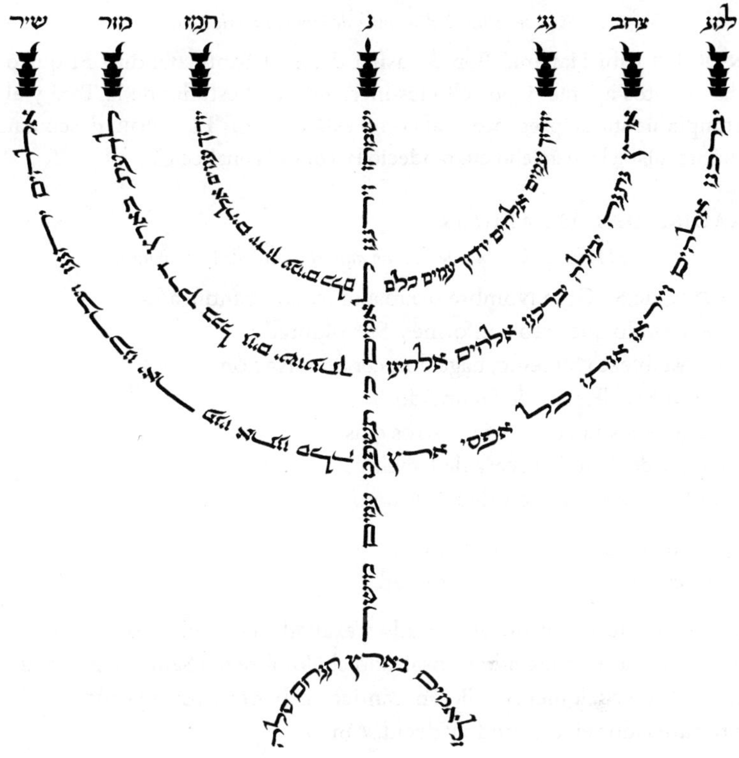

*En* שבת *y festividades pasar a la página 483*

*Hay quienes recitan este versículo:*

כִּי־עִמְּךָ מְקוֹר חַיִּים בְּאוֹרְךָ נִרְאֶה־אוֹר: תהלים לו

שִׁוִּיתִי יהוה לְנֶגְדִּי תָמִיד כִּי מִימִינִי בַּל־אֶמּוֹט: תהלים טז

לַמְנַצֵּחַ בִּנְגִינֹת מִזְמוֹר שִׁיר: אֱלֹהִים יְחָנֵּנוּ וִיבָרְכֵנוּ יָאֵר פָּנָיו תהלים סז
אִתָּנוּ סֶלָה: לָדַעַת בָּאָרֶץ דַּרְכֶּךָ בְּכָל־גּוֹיִם יְשׁוּעָתֶךָ: יוֹדוּךָ
עַמִּים ׀ אֱלֹהִים יוֹדוּךָ עַמִּים כֻּלָּם: יִשְׂמְחוּ וִירַנְּנוּ לְאֻמִּים כִּי־
תִשְׁפֹּט עַמִּים מִישֹׁר וּלְאֻמִּים ׀ בָּאָרֶץ תַּנְחֵם סֶלָה: יוֹדוּךָ עַמִּים ׀
אֱלֹהִים יוֹדוּךָ עַמִּים כֻּלָּם: אֶרֶץ נָתְנָה יְבוּלָהּ יְבָרְכֵנוּ אֱלֹהִים אֱלֹהֵינוּ:
יְבָרְכֵנוּ אֱלֹהִים וְיִירְאוּ אוֹתוֹ כָּל־אַפְסֵי־אָרֶץ:

*Si no se recitó Kadish antes de Hodu, hacerlo aquí.*

רִבִּי חֲנַנְיָא Ribí Ḥananiá Ben A'kashiá dice: El Santo Bendito Él quiso *Macot 23*
dar méritos a Israel y por ello les incrementó el estudio de la Torá y el
cumplimiento de preceptos, tal como está escrito: "El Señor, deseó dar *Isa. 42*
mérito a Israel y para ello engrandeció la Torá y la enalteció".

## KADISH DE LOS RABINOS

*El Ḥazán y los dolientes recitan aquí el Kadish de los Rabinos:*

יִתְגַּדַּל Que Su Gran Nombre sea magnificado y santificado,
en el mundo que creó conforme a Su voluntad.
Que establezca Su reino, haga florecer Su salvación
y apresure la llegada de Su ungido
durante vuestra vida y en vuestros días
y en la vida de toda la casa de Israel,
pronto y rápidamente y decid: Amén.

Que Su Gran Nombre sea bendito
por siempre y por toda la eternidad.

Sea bendecido, alabado, glorificado y exaltado, encumbrado
y magnificado, enaltecido y ensalzado el Nombre del Santo Bendito Él;
más allá de cualquier bendición, cántico, alabanza y consolación
pronunciados en el mundo y decid: Amén.

Para Israel, para nuestros maestros,
sus discípulos y los discípulos de sus discípulos,
para todos quienes se involucran en el estudio de la sagrada Torá,
en este sitio o en cualquier otra parte,
que vengan a nosotros, a ellos y a vosotros
gracia, benevolencia y compasión de nuestro Dios,
Señor de los cielos y la tierra y decid: Amén.

Que haya gran paz celestial, vida, saciedad, salvación, consolación,
refugio, sanación, redención, perdón y expiación, bienestar
y salvación para nosotros y para todo Su pueblo Israel y decid: Amén.

*Antes de decir 'Quien obra paz' se dan tres pasos hacia atrás.*

Quien obra la paz en Sus alturas,
con compasión haga la paz
para nosotros y todo Su pueblo Israel y decid: Amén.

*Si no se recitó* קדיש *antes de* הודו*, hacerlo aquí.*

רִבִּי חֲנַנְיָא בֶּן עֲקַשְׁיָא אוֹמֵר: רָצָה הַקָּדוֹשׁ בָּרוּךְ הוּא לְזַכּוֹת אֶת יִשְׂרָאֵל, לְפִיכָךְ מכות כג
הִרְבָּה לָהֶם תּוֹרָה וּמִצְוֹת. שֶׁנֶּאֱמַר: יְהוָה חָפֵץ לְמַעַן צִדְקוֹ, יַגְדִּיל תּוֹרָה וְיַאְדִּיר: ישעיה מב

## קדיש דרבנן

*El* חזן *y los* אבלים *recitan aquí el* קדיש דרבנן*:*

יִתְגַּדַּל וְיִתְקַדַּשׁ שְׁמֵהּ רַבָּא (קהל: אָמֵן)
בְּעָלְמָא דִּי בְרָא כִרְעוּתֵהּ
וְיַמְלִיךְ מַלְכוּתֵהּ וְיַצְמַח פֻּרְקָנֵהּ וִיקָרֵב מְשִׁיחֵהּ (קהל: אָמֵן)
בְּחַיֵּיכוֹן וּבְיוֹמֵיכוֹן וּבְחַיֵּי דְכָל־בֵּית יִשְׂרָאֵל
בַּעֲגָלָא וּבִזְמַן קָרִיב, וְאִמְרוּ אָמֵן. (קהל: אָמֵן)

יְהֵא שְׁמֵהּ רַבָּא מְבָרַךְ לְעָלַם וּלְעָלְמֵי עָלְמַיָּא יִתְבָּרַךְ
וְיִשְׁתַּבַּח וְיִתְפָּאַר וְיִתְרוֹמַם וְיִתְנַשֵּׂא וְיִתְהַדָּר וְיִתְעַלֶּה וְיִתְהַלָּל
שְׁמֵהּ דְּקֻדְשָׁא בְּרִיךְ הוּא (קהל: אָמֵן)

לְעֵלָּא מִן כָּל־בִּרְכָתָא שִׁירָתָא, תֻּשְׁבְּחָתָא וְנֶחֱמָתָא דַּאֲמִירָן
בְּעָלְמָא, וְאִמְרוּ אָמֵן. (קהל: אָמֵן)

עַל יִשְׂרָאֵל וְעַל רַבָּנָן וְעַל תַּלְמִידֵיהוֹן וְעַל־כָּל־תַּלְמִידֵי תַלְמִידֵיהוֹן
דְּעָסְקִין בְּאוֹרַיְתָא קַדִּישְׁתָּא
דִּי בְּאַתְרָא הָדֵין, וְדִי בְּכָל־אֲתַר וַאֲתַר
יְהֵא לָנָא וּלְהוֹן וּלְכוֹן חִנָּא וְחִסְדָּא
וְרַחֲמֵי מִן קֳדָם אֱלָהָנָא מָארֵי שְׁמַיָּא וְאַרְעָא, וְאִמְרוּ אָמֵן. (קהל: אָמֵן)

יְהֵא שְׁלָמָא רַבָּא מִן שְׁמַיָּא, חַיִּים וְשָׂבָע וִישׁוּעָה וְנֶחָמָה
וְשֵׁיזָבָא וּרְפוּאָה וּגְאֻלָּה וּסְלִיחָה וְכַפָּרָה, וְרֶוַח וְהַצָּלָה
לָנוּ וּלְכָל־עַמּוֹ יִשְׂרָאֵל, וְאִמְרוּ אָמֵן. (קהל: אָמֵן)

*Antes de decir* 'עֹשֶׂה שָׁלוֹם' *se dan tres pasos hacia atrás.*

עֹשֶׂה שָׁלוֹם בִּמְרוֹמָיו
הוּא בְּרַחֲמָיו יַעֲשֶׂה שָׁלוֹם עָלֵינוּ
וְעַל־כָּל־עַמּוֹ יִשְׂרָאֵל, וְאִמְרוּ אָמֵן. (קהל: אָמֵן)

# Shaḥrit para los Días de Semana

## PESUKÉ DEZIMRÁ

*Desde aquí hasta después de la A'midá no está permitido hablar. Se acostumbra a tomar los dos ṣiṣiot delanteros con la mano derecha y al teminar Baruj Sheamar besarlos.*

*Se recita de pie:*

**BENDITO ES QUIEN HABLÓ**

y el mundo cobró existencia, Bendito es.
Bendito es Él Quien habla y actúa.
Bendito es Él Quien decreta y cumple.
Bendito es Él Quien mantiene la Creación.
Bendito es Él Quien muestra compasión por la tierra.
Bendito es Él Quien se apiada de las creaturas.
Bendito es Él Quien recompensa a quienes Le temen.
Bendito es Él Quien vive por siempre y existe eternamente.
Bendito es Él Quien redime y salva.
Bendito es Su Nombre.

---

este relato no mediante una prosa científica sino con poesía majestuosa, no *probando* o *demostrando* sino proclamando al Eterno en el corazón de todos.

Los elementos centrales de los *Pesuké DeZimrá* son: (1) Salmos 145 (*Ashrei*), una plegaria a la que nuestros sabios adjudicaron especial importancia, especificando que debe ser recitada tres veces al día; y (2) Salmos 146-150 que conforman la culminación "in crescendo" de la totalidad del libro de los Salmos. Estos seis salmos se corresponden con los seis días de la creación; otros son agregados en Shabat y días festivos. Alrededor de este núcleo interior se fueron agregando otros pasajes: algunos provenientes de otros libros bíblicos y otros elaborados a partir de versículos selectos del libro de Salmos. Esta sección comienza y culmina con un párrafo de bendiciones: "Bendito es quien habló" (*Baruj SheAmar*) al principio, y "Que Tu Nombre sea alabado por siempre" (*Yshtabaj*) al final.

בָּרוּךְ שֶׁאָמַר *Bendito es Quien habló:* Es una bendición introductoria en dos partes a la sección de los Versículos de Alabanza. En la primera se alaba a Dios

# שחרית לימות חול

## פסוקי דזמרה

*Desde aquí hasta después de la* עמידה *no está permitido hablar.*
*Se acostumbra a tomar los dos* ציציות *delanteros con la*
*mano derecha y al teminar* 'בָּרוּךְ שֶׁאָמַר' *besarlos.*

*Se recita de pie:*

בָּרוּךְ שֶׁאָמַר
וְהָיָה הָעוֹלָם, בָּרוּךְ הוּא.
בָּרוּךְ אוֹמֵר וְעוֹשֶׂה
בָּרוּךְ גּוֹזֵר וּמְקַיֵּם
בָּרוּךְ עוֹשֶׂה בְרֵאשִׁית
בָּרוּךְ מְרַחֵם עַל הָאָרֶץ
בָּרוּךְ מְרַחֵם עַל הַבְּרִיּוֹת
בָּרוּךְ מְשַׁלֵּם שָׂכָר טוֹב לִירֵאָיו
בָּרוּךְ חַי לָעַד וְקַיָּם לָנֶצַח
בָּרוּךְ פּוֹדֶה וּמַצִּיל, בָּרוּךְ שְׁמוֹ.

---

PESUKÉ DEZIMRÁ/VERSÍCULOS DE ALABANZA

"Una persona debe primeramente enumerar la alabanza del Santo Bendito Él y luego rezar" (Berajot 32B), por ello, los siguientes pasajes son conocidos como "Versículos de Alabanza". El rezo de la mañana desde este punto y hasta el final está estructurado en tres partes cuyos temas centrales son: (1) *Creación:* Dios tal como se manifiesta en la naturaleza; (2) *Revelación:* Dios tal como se manifiesta en la Torá y el rezo; y (3) *Redención:* Dios tal como se manifiesta en la historia y en nuestras vidas. El tema de los versículos de alabanza es el de la Creación – Dios como el arquitecto y hacedor de un universo esplendorosamente diverso, cuyo ordenamiento atestigua la unidad de la voluntad creadora que subyace en todo cuanto existe. Los salmos cuentan

Bendito eres Tú Señor, nuestro Dios, Rey del universo, Dios, Padre compasivo, exaltado por la boca de Su pueblo, alabado y glorificado por las expresiones de Sus devotos y Sus siervos. Con los cánticos de David Tu Servidor Te loaremos Señor, Dios nuestro. Con alabanzas y salmos Te engrandeceremos, Te alabaremos, Te glorificaremos, evocaremos Tu Nombre y Te coronaremos, Rey nuestro, nuestro Dios, Único, que insuflas vida a los mundos, Rey cuyo Nombre es alabado, loado y glorificado por toda la eternidad. Bendito eres Tú Señor, Rey exaltado con cánticos de alabanza.

*Recitar sentado (no se recita en víspera de Pesaḥ ni en Ḥol HaMo'ed Pesaḥ):*

מִזְמוֹר לְתוֹדָה Salmo de agradecimiento. Clamad al Señor jubilosamente toda la tierra. Servid al Señor con alegría, venid a Él con cánticos. Sabed que el Señor es Dios, Él nos hizo y nosotros somos Suyos, Su pueblo y Su rebaño. Acudid a Sus portales con agradecimiento y a Sus atrios con alabanza, agradecedle y bendecid Su Nombre. Pues el Señor es benevolente, Su bondad es eterna y Su fidelidad por todas las generaciones. *Sal. 100*

---

semejante, la recitamos de pie, y al finalizarla besamos los dos ṣiṣiot delanteros del talet.

מִזְמוֹר לְתוֹדָה *Salmo de agradecimiento:* Este salmo acompañaba la ofrenda del korbán todá, la ofrenda de acción de gracias (Levítico 7:12), que era traída al Templo a los efectos de expresar gratitud por haber superado una situación de riesgo (recuperación tras una enfermedad, la compleción de una travesía peligrosa o la liberación del cautiverio). En la actualidad, en vez de ofrendar el sacrificio recitamos la bendición de HaGomel (tras sobrevivir una enfermedad, un parto o algún tipo de situación peligrosa). Este salmo apareció por primera vez como parte del rezo diario en los libros de rezo yemenita y francés durante la Edad Media. Su presencia aquí procura enfatizar el espíritu de acción de gracias que predomina en esta sección del rezo.

בָּרוּךְ אַתָּה יְהֹוָה, אֱלֹהֵינוּ מֶלֶךְ הָעוֹלָם
הָאֵל אָב הָרַחֲמָן הַמְּהֻלָּל בְּפֶה עַמּוֹ
מְשֻׁבָּח וּמְפֹאָר בִּלְשׁוֹן חֲסִידָיו וַעֲבָדָיו
וּבְשִׁירֵי דָוִד עַבְדֶּךָ נְהַלֶּלְךָ יְהֹוָה אֱלֹהֵינוּ, בִּשְׁבָחוֹת וּבִזְמִירוֹת
וּנְגַדֶּלְךָ וּנְשַׁבֵּחֲךָ וּנְפָאֶרְךָ וְנַמְלִיכְךָ
וְנַזְכִּיר שִׁמְךָ מַלְכֵּנוּ אֱלֹהֵינוּ, יָחִיד חֵי הָעוֹלָמִים
מֶלֶךְ מְשֻׁבָּח וּמְפֹאָר עֲדֵי עַד שְׁמוֹ הַגָּדוֹל.
בָּרוּךְ אַתָּה יְהֹוָה, מֶלֶךְ מְהֻלָּל בַּתִּשְׁבָּחוֹת.

*Recitar sentado (no se recita en víspera de* פסח *ni en* חול המועד פסח*):*

מִזְמוֹר לְתוֹדָה הָרִיעוּ לַיהֹוָה כָּל־הָאָרֶץ: עִבְדוּ אֶת־יְהֹוָה תהלים ק
בְּשִׂמְחָה בֹּאוּ לְפָנָיו בִּרְנָנָה: דְּעוּ כִּי־יְהֹוָה הוּא אֱלֹהִים הוּא
עָשָׂנוּ וְלוֹ אֲנַחְנוּ עַמּוֹ וְצֹאן מַרְעִיתוֹ: בֹּאוּ שְׁעָרָיו | בְּתוֹדָה
חֲצֵרֹתָיו בִּתְהִלָּה הוֹדוּ לוֹ בָּרְכוּ שְׁמוֹ: כִּי־טוֹב יְהֹוָה לְעוֹלָם
חַסְדּוֹ וְעַד־דֹּר וָדֹר אֱמוּנָתוֹ:

---

como el Creador en diez frases encomiásticas, cada una de las cuales inicia con la expresión “Bendito es” (la segunda frase, “baruj hú” o “bendito es” no es un versículo aparte sino que originalmente se trataba de la respuesta de la congregación). El número diez se corresponde con las diez veces que está escrito *Vaiomer,* “Y dijo Dios” en el relato de la Creación tal como figura en el libro de Génesis capítulo 1, razón por la cual nuestros sabios, de bendita memoria, dijeron que “Dios creó el mundo mediante diez alocuciones”.

*Bendito eres Tú*: La segunda mitad de las bendiciones es un preludio a los versículos bíblicos que siguen a continuación, principalmente provenientes del libro de los Salmos (“Con los cánticos de Tu siervo David te loaremos”) pero también del libro de Crónicas y Nehemías (“magnificado de la boca de Su pueblo”). A los efectos de enfatizar la trascendencia de declaración

Que la gloria del Señor perdure por siempre y se regocije el Señor *Sal. 104*
en Sus obras. Que el Nombre del Señor sea bendito desde ahora y *Sal. 113*
hasta la eternidad. Desde la salida del sol hasta su ocaso, alabado es
el Nombre del Señor. Elevado es el Señor por encima de todas las *Isa. 103*
naciones y Su gloria por sobre los cielos. Señor, Tu Nombre es por
la eternidad, Señor, Tu renombre es por todas las generaciones.
El Señor estableció Su trono en los cielos y Su reinado todo lo
gobierna. Que se regocijen los cielos y alegre la tierra, que declaren *I Crón. 16*
entre las naciones: "El Señor es el Rey". El Señor reina, el Señor ha
reinado, el Señor reinará por toda la eternidad. El Señor es el Rey del *Sal. 10*
mundo por siempre, incluso cuando las naciones hayan desaparecido
de Su tierra. El Señor desbarató el plan de las naciones, frustró las *Sal. 33*
intenciones de los pueblos. Numerosos son los pensamientos en el
corazón del hombre, pero sólo el consejo del Señor prevalecerá. El *Prov. 19*
plan del Señor siempre permanecerá, Sus pensamientos por todas las
generaciones. Pues Él habló y el mundo fue, Él ordenó y se mantuvo *Sal. 33*
firme. Pues el Señor escogió a Ṣion, la deseó como sitio de Su Morada. *Sal. 132*
Pues Dios escogió a Ya'akob como propio y al pueblo de Israel como *Sal. 135*
Su heredad. Pues el Señor no descuidará a Su pueblo ni abandonará *Sal. 94*
Su heredad. Él es compasivo, perdonará la iniquidad y no destruirá, *Sal. 20*
suprimirá Su ira y no encenderá Su furia. El Señor salva, el Rey nos
responderá en el día que Le invoquemos.

אַשְׁרֵי Felices aquellos que residen en Tu morada; *Sal. 84*
continuarán alabándote, ¡Sela!
Feliz del pueblo para el que esto es así, *Sal. 144*
feliz del pueblo que el Señor es su Dios.

Salmo de alabanza de David. *Sal. 145*

א Te ensalzaré oh Dios, mi Rey y bendeciré Tu Nombre por siempre. ב Todos los días Te bendeciré y alabaré Tu Nombre por siempre. ג El Señor es grande en sobremanera y Su grandeza es insondable. ד Una generación tras otra alabará Tu labor y contará sobre Tus poderosas acciones. ה Ponderaré el glorioso esplendor de Tu majestad y Tus actos maravillosos.

יְהִי כְבוֹד יְהוָה לְעוֹלָם, יִשְׂמַח יְהוָה בְּמַעֲשָׂיו: יְהִי שֵׁם יְהוָה תהלים קד תהלים קיג
מְבֹרָךְ, מֵעַתָּה וְעַד־עוֹלָם: מִמִּזְרַח־שֶׁמֶשׁ עַד־מְבוֹאוֹ, מְהֻלָּל
שֵׁם יְהוָה: רָם עַל־כָּל־גּוֹיִם יְהוָה, עַל הַשָּׁמַיִם כְּבוֹדוֹ: יְהוָה שִׁמְךָ תהלים קלה
לְעוֹלָם, יְהוָה זִכְרְךָ לְדֹר־וָדֹר: יְהוָה בַּשָּׁמַיִם הֵכִין כִּסְאוֹ, וּמַלְכוּתוֹ תהלים קג
בַּכֹּל מָשָׁלָה: יִשְׂמְחוּ הַשָּׁמַיִם וְתָגֵל הָאָרֶץ, וְיֹאמְרוּ בַגּוֹיִם יְהוָה דברי הימים א׳ טז
מָלָךְ: יְהוָה מֶלֶךְ, יְהוָה מָלָךְ, יְהוָה יִמְלֹךְ לְעוֹלָם וָעֶד: יְהוָה מֶלֶךְ תהלים י
עוֹלָם וָעֶד, אָבְדוּ גוֹיִם מֵאַרְצוֹ: יְהוָה הֵפִיר עֲצַת־גּוֹיִם, הֵנִיא תהלים לג
מַחְשְׁבוֹת עַמִּים: רַבּוֹת מַחֲשָׁבוֹת בְּלֶב־אִישׁ, וַעֲצַת יְהוָה הִיא משלי יט
תָקוּם: עֲצַת יְהוָה לְעוֹלָם תַּעֲמֹד, מַחְשְׁבוֹת לִבּוֹ לְדֹר וָדֹר: כִּי הוּא תהלים לג
אָמַר וַיֶּהִי, הוּא־צִוָּה וַיַּעֲמֹד: כִּי־בָחַר יְהוָה בְּצִיּוֹן, אִוָּהּ לְמוֹשָׁב תהלים קלב
לוֹ: כִּי־יַעֲקֹב בָּחַר לוֹ יָהּ, יִשְׂרָאֵל לִסְגֻלָּתוֹ: כִּי לֹא־יִטֹּשׁ יְהוָה תהלים קלה תהלים צד
עַמּוֹ, וְנַחֲלָתוֹ לֹא יַעֲזֹב: וְהוּא רַחוּם יְכַפֵּר עָוֹן וְלֹא־יַשְׁחִית, וְהִרְבָּה תהלים עח
לְהָשִׁיב אַפּוֹ, וְלֹא־יָעִיר כָּל־חֲמָתוֹ: יְהוָה הוֹשִׁיעָה, הַמֶּלֶךְ יַעֲנֵנוּ תהלים כ
בְיוֹם־קָרְאֵנוּ:

אַשְׁרֵי יוֹשְׁבֵי בֵיתֶךָ עוֹד יְהַלְלוּךָ סֶּלָה: תהלים פד
אַשְׁרֵי הָעָם שֶׁכָּכָה לּוֹ תהלים קמד
אַשְׁרֵי הָעָם שֶׁיהוָה אֱלֹהָיו:

תְּהִלָּה לְדָוִד תהלים קמה

אֲרוֹמִמְךָ אֱלוֹהַי הַמֶּלֶךְ וַאֲבָרְכָה שִׁמְךָ לְעוֹלָם וָעֶד:
בְּכָל־יוֹם אֲבָרְכֶךָּ וַאֲהַלְלָה שִׁמְךָ לְעוֹלָם וָעֶד:
גָּדוֹל יְהוָה וּמְהֻלָּל מְאֹד וְלִגְדֻלָּתוֹ אֵין חֵקֶר:
דּוֹר לְדוֹר יְשַׁבַּח מַעֲשֶׂיךָ וּגְבוּרֹתֶיךָ יַגִּידוּ:
הֲדַר כְּבוֹד הוֹדֶךָ וְדִבְרֵי נִפְלְאֹתֶיךָ אָשִׂיחָה:

ו Ellos relatarán el poder de Tus venerables acciones y de Tu grandeza. ז Ellos recitarán el recuerdo de Tu gran benevolencia y cantarán con regocijo Tu rectitud. ח El SEÑOR es compasivo y misericordioso, paciente y muy benevolente. ט El SEÑOR es bueno con todos y Su misericordia para con todas Sus creaturas. י Todas Tus Obras Te agradecerán y Tus devotos Te bendecirán. כ Ellos recitarán la gloria de Tu reinado y hablarán de Tus poderosas acciones. ל Darán a conocer a los hombres Sus poderosas acciones, y la gloria de la majestad de Su reino. מ Tu reino es un reino por todos los tiempos y Tu dominio por todas las generaciones. ס El SEÑOR sostiene a los que se caen y yergue a los encorvados. ע Todos alzan su mirada a Ti con esperanza y Tú les provees de su alimento en el momento adecuado. פ Tú abres Tu mano y satisfaces el deseo de cada ser viviente. צ El SEÑOR es justo en todas Sus sendas y magnánimo en todos Sus actos. ק El SEÑOR está cercano a todos quienes Le llaman, de todos aquellos que claman a Él con la verdad. ר Él colmará el deseo de quienes Lo reverencian, escuchará su clamor y los redimirá. ש El SEÑOR protege a todos aquellos que Le aman y destruirá a todos los malvados. ת Mi boca declarará la alabanza del SEÑOR y todas las creaturas bendecirán Su sagrado Nombre por siempre.

Nosotros bendeciremos a Dios desde ahora y por siempre, ¡Aleluyá! *Sal. 115*

¡הַלְלוּיָהּ Aleluyá! Alma mía, alaba al SEÑOR. Alabaré al SEÑOR toda mi vida; cantaré a mi Dios mientras viva. No depositéis vuestra confianza en príncipes, o en mortales que no pueden salvar. Su hálito de vida expira y retornan a la tierra, en ese día sus planes fenecen. Feliz aquel cuya ayuda es el Dios de Ya'akob y cuya esperanza está depositada en el SEÑOR su Dios, que hizo el cielo y la tierra, el mar y todo lo que este contiene; que mantiene Su verdad por siempre. Él asegura la justicia para los oprimidos. Da alimento a los hambrientos. El SEÑOR libera a los prisioneros. El SEÑOR da visión a los ciegos y yergue a los encorvados, el SEÑOR ama a los justos. El SEÑOR protege a los *Sal. 146*

וֶעֱזוּז נוֹרְאֹתֶיךָ יֹאמֵרוּ וּגְדוּלָּתְךָ אֲסַפְּרֶנָּה:
זֵכֶר רַב־טוּבְךָ יַבִּיעוּ וְצִדְקָתְךָ יְרַנֵּנוּ:
חַנּוּן וְרַחוּם יְהוָה אֶרֶךְ אַפַּיִם וּגְדָל־חָסֶד:
טוֹב־יְהוָה לַכֹּל וְרַחֲמָיו עַל־כָּל־מַעֲשָׂיו:
יוֹדוּךָ יְהוָה כָּל־מַעֲשֶׂיךָ וַחֲסִידֶיךָ יְבָרְכוּכָה:
כְּבוֹד מַלְכוּתְךָ יֹאמֵרוּ וּגְבוּרָתְךָ יְדַבֵּרוּ:
לְהוֹדִיעַ ׀ לִבְנֵי הָאָדָם גְּבוּרֹתָיו וּכְבוֹד הֲדַר מַלְכוּתוֹ:
מַלְכוּתְךָ מַלְכוּת כָּל־עֹלָמִים וּמֶמְשַׁלְתְּךָ בְּכָל־דּוֹר וָדֹר:
סוֹמֵךְ יְהוָה לְכָל־הַנֹּפְלִים וְזוֹקֵף לְכָל־הַכְּפוּפִים:
עֵינֵי־כֹל אֵלֶיךָ יְשַׂבֵּרוּ וְאַתָּה נוֹתֵן־לָהֶם אֶת־אָכְלָם בְּעִתּוֹ:
פּוֹתֵחַ אֶת־יָדֶךָ וּמַשְׂבִּיעַ לְכָל־חַי רָצוֹן:
צַדִּיק יְהוָה בְּכָל־דְּרָכָיו וְחָסִיד בְּכָל־מַעֲשָׂיו:
קָרוֹב יְהוָה לְכָל־קֹרְאָיו לְכֹל אֲשֶׁר יִקְרָאֻהוּ בֶאֱמֶת:
רְצוֹן־יְרֵאָיו יַעֲשֶׂה וְאֶת־שַׁוְעָתָם יִשְׁמַע וְיוֹשִׁיעֵם:
שׁוֹמֵר יְהוָה אֶת־כָּל־אֹהֲבָיו וְאֵת כָּל־הָרְשָׁעִים יַשְׁמִיד:
תְּהִלַּת יְהוָה יְדַבֶּר פִּי וִיבָרֵךְ כָּל־בָּשָׂר שֵׁם קָדְשׁוֹ לְעוֹלָם וָעֶד:
וַאֲנַחְנוּ ׀ נְבָרֵךְ יָהּ מֵעַתָּה וְעַד־עוֹלָם הַלְלוּיָהּ: תהלים קטו

הַלְלוּיָהּ הַלְלִי נַפְשִׁי אֶת־יְהוָה: אֲהַלְלָה יְהוָה בְּחַיָּי אֲזַמְּרָה תהלים קמו
לֵאלֹהַי בְּעוֹדִי: אַל־תִּבְטְחוּ בִנְדִיבִים בְּבֶן־אָדָם ׀ שֶׁאֵין לוֹ
תְשׁוּעָה: תֵּצֵא רוּחוֹ יָשֻׁב לְאַדְמָתוֹ בַּיּוֹם הַהוּא אָבְדוּ עֶשְׁתֹּנֹתָיו:
אַשְׁרֵי שֶׁאֵל יַעֲקֹב בְּעֶזְרוֹ שִׂבְרוֹ עַל־יְהוָה אֱלֹהָיו: עֹשֶׂה ׀ שָׁמַיִם
וָאָרֶץ אֶת־הַיָּם וְאֶת־כָּל־אֲשֶׁר־בָּם הַשֹּׁמֵר אֱמֶת לְעוֹלָם: עֹשֶׂה
מִשְׁפָּט ׀ לָעֲשׁוּקִים נֹתֵן לֶחֶם לָרְעֵבִים יְהוָה מַתִּיר אֲסוּרִים: יְהוָה ׀
פֹּקֵחַ עִוְרִים יְהוָה זֹקֵף כְּפוּפִים יְהוָה אֹהֵב צַדִּיקִים: יְהוָה ׀ שֹׁמֵר

prosélitos, da aliento al huérfano y a la viuda, frustra el camino del malvado. Que el Señor reine por siempre. Él es tu Dios, Ṣion, por todas las generaciones ¡Aleluyá!

הַלְלוּיָהּ כִּי־טוֹב׃ Aleluyá! Qué bueno es entonar cánticos a nuestro Dios, qué agradable y apropiado alabarle. El Señor reconstruye Jerusalém, reúne a los exiliados dispersos de Israel. Cura a quienes tienen quebrantados sus corazones y aplica vendaje a sus pesares. Cuenta el número de las estrellas y a cada una llama por su nombre. Grande y poderoso es nuestro Señor y Su entendimiento es ilimitado. El Señor da ánimo a los humildes, humilla a los malvados y los arroja a tierra. Cantad al Señor con agradecimiento, haced música con el arpa a nuestro Dios. Él cubre los cielos con nubes. Provee de lluvia a la tierra y hace que las montañas se cubran de hierbas. Provee alimento a la bestia y a los polluelos del cuervo cuando Le claman. No tiene deleite en la fortaleza de los caballos ni se satisface en las piernas de un hombre. El Señor se complace en quienes Le temen y en aquellos esperanzados en Su benevolencia. Jerusalém, alaba al Señor, Ṣión loa a tu Dios pues Él ha reforzado los cerrojos de tus portones y bendecido a tus hijos en tu seno. Ha traído la paz a tus fronteras y te saciará con el mejor de los trigos. Él ha enviado Su mandamiento hacia la tierra, Su palabra corre velozmente. Él hace caer nieve cual vellón de lana, esparce la escarcha cual ceniza, arroja el granizo cual migajas. ¿Quién puede sostenerse ante Su frío? Él envía Su palabra y los derrite, hace soplar el viento y fluir el agua. Él ha declarado Sus palabras a Ya'akob, Sus leyes y estatutos a Israel. Él no ha hecho esto con ninguna otra nación, ni les hizo conocer Sus leyes, ¡Aleluyá! *Sal. 147*

הַלְלוּיָהּ הַלְלוּ׃ Aleluyá! Alabad al Señor desde los cielos, loadle desde las alturas. Alábenlo todos sus ángeles, alábenlo todas Sus huestes. Alábenlo el sol y la luna, alábenlo todas las estrellas luminosas. Alábenlo los cielos de los cielos y las aguas que están por encima de los cielos. Que alaben el Nombre del Señor, pues Él ordenó y fueron creados. Él los estableció para siempre en todo momento, emitió un decreto que no habrá de cambiar. Alabad al Señor desde la tierra: los monstruos marinos y todos los mares profundos; el fuego y el granizo, la nieve y el vapor, el viento tempestuoso que cumple Su palabra. Las montañas y todas las colinas, el árbol frutal y todos los cedros; los *Sal. 148*

אֶת־גֵּרִים יְתוֹם וְאַלְמָנָה יְעוֹדֵד וְדֶרֶךְ רְשָׁעִים יְעַוֵּת: יִמְלֹךְ יְהוָה ׀ לְעוֹלָם אֱלֹהַיִךְ צִיּוֹן לְדֹר וָדֹר הַלְלוּיָהּ:

תהלים קמז

הַלְלוּיָהּ ׀ כִּי־טוֹב זַמְּרָה אֱלֹהֵינוּ כִּי־נָעִים נָאוָה תְהִלָּה: בּוֹנֵה יְרוּשָׁלַםִ יְהוָה נִדְחֵי יִשְׂרָאֵל יְכַנֵּס: הָרֹפֵא לִשְׁבוּרֵי לֵב וּמְחַבֵּשׁ לְעַצְּבוֹתָם: מוֹנֶה מִסְפָּר לַכּוֹכָבִים לְכֻלָּם שֵׁמוֹת יִקְרָא: גָּדוֹל אֲדוֹנֵינוּ וְרַב־כֹּחַ לִתְבוּנָתוֹ אֵין מִסְפָּר: מְעוֹדֵד עֲנָוִים יְהוָה מַשְׁפִּיל רְשָׁעִים עֲדֵי־אָרֶץ: עֱנוּ לַיהוָה בְּתוֹדָה זַמְּרוּ לֵאלֹהֵינוּ בְכִנּוֹר: הַמְכַסֶּה שָׁמַיִם ׀ בְּעָבִים הַמֵּכִין לָאָרֶץ מָטָר הַמַּצְמִיחַ הָרִים חָצִיר: נוֹתֵן לִבְהֵמָה לַחְמָהּ לִבְנֵי עֹרֵב אֲשֶׁר יִקְרָאוּ: לֹא בִגְבוּרַת הַסּוּס יֶחְפָּץ לֹא־בְשׁוֹקֵי הָאִישׁ יִרְצֶה: רוֹצֶה יְהוָה אֶת־יְרֵאָיו אֶת־הַמְיַחֲלִים לְחַסְדּוֹ: שַׁבְּחִי יְרוּשָׁלַםִ אֶת־יְהוָה הַלְלִי אֱלֹהַיִךְ צִיּוֹן: כִּי־חִזַּק בְּרִיחֵי שְׁעָרָיִךְ בֵּרַךְ בָּנַיִךְ בְּקִרְבֵּךְ: הַשָּׂם־גְּבוּלֵךְ שָׁלוֹם חֵלֶב חִטִּים יַשְׂבִּיעֵךְ: הַשֹּׁלֵחַ אִמְרָתוֹ אָרֶץ עַד־מְהֵרָה יָרוּץ דְּבָרוֹ: הַנֹּתֵן שֶׁלֶג כַּצָּמֶר כְּפוֹר כָּאֵפֶר יְפַזֵּר: מַשְׁלִיךְ קַרְחוֹ כְפִתִּים לִפְנֵי קָרָתוֹ מִי יַעֲמֹד: יִשְׁלַח דְּבָרוֹ וְיַמְסֵם יַשֵּׁב רוּחוֹ יִזְּלוּ־מָיִם: מַגִּיד דְּבָרָו לְיַעֲקֹב חֻקָּיו וּמִשְׁפָּטָיו לְיִשְׂרָאֵל: לֹא עָשָׂה כֵן ׀ לְכָל־גּוֹי וּמִשְׁפָּטִים בַּל־יְדָעוּם הַלְלוּיָהּ:

תהלים קמח

הַלְלוּיָהּ ׀ הַלְלוּ אֶת־יְהוָה מִן־הַשָּׁמַיִם הַלְלוּהוּ בַּמְּרוֹמִים: הַלְלוּהוּ כָל־מַלְאָכָיו הַלְלוּהוּ כָּל־צְבָאָו: הַלְלוּהוּ שֶׁמֶשׁ וְיָרֵחַ הַלְלוּהוּ כָּל־כּוֹכְבֵי אוֹר: הַלְלוּהוּ שְׁמֵי הַשָּׁמָיִם וְהַמַּיִם ׀ אֲשֶׁר מֵעַל הַשָּׁמָיִם: יְהַלְלוּ אֶת־שֵׁם יְהוָה כִּי הוּא צִוָּה וְנִבְרָאוּ: וַיַּעֲמִידֵם לָעַד לְעוֹלָם חָק־נָתַן וְלֹא יַעֲבוֹר: הַלְלוּ אֶת־יְהוָה מִן־הָאָרֶץ תַּנִּינִים וְכָל־תְּהֹמוֹת: אֵשׁ וּבָרָד שֶׁלֶג וְקִיטוֹר רוּחַ סְעָרָה עֹשָׂה דְבָרוֹ: הֶהָרִים וְכָל־גְּבָעוֹת עֵץ פְּרִי וְכָל־אֲרָזִים: הַחַיָּה וְכָל־

animales salvajes y toda bestia, reptiles y aves aladas. Los reyes de la tierra y todas las naciones, príncipes y jueces terrenales, jóvenes y también doncellas, ancianos y mozos. Alabad el Nombre del Señor, pues es único y encumbrado, Su gloria está sobre la tierra y el cielo. Él ha elevado el honor de Su pueblo, la gloria de Sus devotos, los hijos de Israel que son Su pueblo cercano, ¡Aleluyá!

¡הַלְלוּיָהּ שִׁירוּ Aleluyá! Entonad al Señor un nuevo cántico, Su alabanza en la congregación de los piadosos. Que se regocije Israel en Su Hacedor, que se alegren los hijos de Ṣion en Su Rey. Alabad Su Nombre con danzas, cantadle con tambor y arpa. Pues el Señor se deleita en Su pueblo, dignifica a los humildes con salvación. Que los devotos se deleiten en la gloria, que entonen cánticos de regocijo sobre sus camas. Que las excelsas alabanzas estén en sus gargantas y una espada de doble filo en sus manos: para imponer la retribución entre las naciones, castigos sobre los pueblos, amarrando a sus reyes con cadenas y a sus nobles con grillos de hierro. Llevando a cabo contra ellos el juicio escrito. Este es el esplendor de todos Sus devotos, ¡Aleluyá! *Sal. 149*

¡הַלְלוּיָהּ Aleluyá! Alabad a Dios en Su Santuario; alabadle en el firmamento de Su poder. Alabadle por Sus poderosas acciones, alabadle conforme a Su Grandeza. Alabadle al son del shofar, alabadle con el arpa y la lira. Alabadle con pandero y danza, alabadle con instrumentos de cuerda y flauta. Alabadle con platillos resonantes; con el resonar de los címbalos. Todas las almas alabarán a Dios ¡Aleluyá! Todas las almas alabarán a Dios ¡Aleluyá! *Sal. 150*

בָּרוּךְ Bendito sea el Señor por siempre. Amén y Amén. *Sal. 89*
Bendito sea el Señor desde Ṣion, que mora en Jerusalém, ¡Aleluyá! *Sal. 135*
Bendito sea el Señor Dios de Israel, pues sólo Él obra maravillas. *Sal. 72*
Bendito sea Su Nombre Glorioso por siempre,
que la tierra se vea colmada de Su presencia. Amén y Amén.

בְּהֵמָה רֶמֶשׂ וְצִפּוֹר כָּנָף: מַלְכֵי־אֶרֶץ וְכׇל־לְאֻמִּים שָׂרִים וְכׇל־
שֹׁפְטֵי אָרֶץ: בַּחוּרִים וְגַם־בְּתוּלוֹת זְקֵנִים עִם־נְעָרִים: יְהַלְלוּ ׀
אֶת־שֵׁם יְהוָה כִּי־נִשְׂגָּב שְׁמוֹ לְבַדּוֹ הוֹדוֹ עַל־אֶרֶץ וְשָׁמָיִם: וַיָּרֶם
קֶרֶן ׀ לְעַמּוֹ תְּהִלָּה לְכׇל־חֲסִידָיו לִבְנֵי יִשְׂרָאֵל עַם קְרֹבוֹ הַלְלוּיָהּ:

הַלְלוּיָהּ ׀ שִׁירוּ לַיהוָה שִׁיר חָדָשׁ תְּהִלָּתוֹ בִּקְהַל חֲסִידִים: יִשְׂמַח תהלים קמט
יִשְׂרָאֵל בְּעֹשָׂיו בְּנֵי־צִיּוֹן יָגִילוּ בְמַלְכָּם: יְהַלְלוּ שְׁמוֹ בְמָחוֹל בְּתֹף
וְכִנּוֹר יְזַמְּרוּ־לוֹ: כִּי־רוֹצֶה יְהוָה בְּעַמּוֹ יְפָאֵר עֲנָוִים בִּישׁוּעָה:
יַעְלְזוּ חֲסִידִים בְּכָבוֹד יְרַנְּנוּ עַל־מִשְׁכְּבוֹתָם: רוֹמְמוֹת אֵל בִּגְרוֹנָם
וְחֶרֶב פִּיפִיּוֹת בְּיָדָם: לַעֲשׂוֹת נְקָמָה בַּגּוֹיִם תּוֹכֵחוֹת בַּלְאֻמִּים:
לֶאְסֹר מַלְכֵיהֶם בְּזִקִּים וְנִכְבְּדֵיהֶם בְּכַבְלֵי בַרְזֶל: לַעֲשׂוֹת בָּהֶם ׀
מִשְׁפָּט כָּתוּב הָדָר הוּא לְכׇל־חֲסִידָיו הַלְלוּיָהּ:

הַלְלוּיָהּ ׀ הַלְלוּ־אֵל בְּקׇדְשׁוֹ הַלְלוּהוּ בִּרְקִיעַ עֻזּוֹ: הַלְלוּהוּ תהלים קנ
בִגְבוּרֹתָיו הַלְלוּהוּ כְּרֹב גֻּדְלוֹ: הַלְלוּהוּ בְּתֵקַע שׁוֹפָר הַלְלוּהוּ
בְּנֵבֶל וְכִנּוֹר: הַלְלוּהוּ בְתֹף וּמָחוֹל הַלְלוּהוּ בְּמִנִּים וְעֻגָב: הַלְלוּהוּ
בְצִלְצְלֵי־שָׁמַע הַלְלוּהוּ בְּצִלְצְלֵי תְרוּעָה: כֹּל הַנְּשָׁמָה תְּהַלֵּל יָהּ
הַלְלוּיָהּ:
כֹּל הַנְּשָׁמָה תְּהַלֵּל יָהּ הַלְלוּיָהּ:

בָּרוּךְ יְהוָה לְעוֹלָם אָמֵן ׀ וְאָמֵן: תהלים פט
בָּרוּךְ יְהוָה ׀ מִצִּיּוֹן שֹׁכֵן יְרוּשָׁלָיִם הַלְלוּיָהּ: תהלים קלה
בָּרוּךְ ׀ יְהוָה אֱלֹהִים אֱלֹהֵי יִשְׂרָאֵל עֹשֵׂה נִפְלָאוֹת לְבַדּוֹ: תהלים עב
וּבָרוּךְ ׀ שֵׁם כְּבוֹדוֹ לְעוֹלָם
וְיִמָּלֵא כְבוֹדוֹ אֶת־כֹּל הָאָרֶץ אָמֵן ׀ וְאָמֵן:

*Recitar parado:*

וַיְבָרֶךְ David bendijo al Señor frente a toda la asamblea. Y David dijo: Bendito eres Tú Señor, Dios de nuestro patriarca Israel desde siempre y por toda la eternidad. Señor, tuya es la grandeza, el poder y el esplendor, la eternidad y la gloria, pues todo en los cielos y en la tierra Te pertenece. Señor, Tuyo es el reino y eres Supremo a todo gobernante. La riqueza y el honor proceden de Ti y Tú todo lo riges *Aquí hay quienes acostumbran a dar Sedaká.* en Tu mano están el poder y la fortaleza. Tienes el poder de engrandecer y fortalecer a todos. Por ello ahora, Dios nuestro, Te agradecemos y alabamos Tu glorioso Nombre. *I Crón. 29*

Y bendijeron el Nombre de Tu gloria, elevado por sobre toda bendición o alabanza. Solamente Tú eres el Señor, Tú hiciste los cielos, los cielos de los cielos y todas sus huestes, la tierra y todo lo que hay sobre ella, los mares y todo lo que contienen, Tú les das vida a todos y las huestes celestiales se prosternan ante Ti. *Neh. 9*

Tú eres el Señor Dios, *Recitar sentado:* que escogiste a Abram lo sacaste de Ur de los caldeos y cambiaste su nombre a Abraham. Tú encontraste su corazón fiel a Ti, estableciste con él el pacto para dar a sus descendientes la tierra del Quena'aní, del Ḥití, del Emorí, del Perizí, del Yebusí y del Guirgashí. Tú cumpliste Tu promesa pues eres justo. Tú viste el sufrimiento de nuestros antepasados en Egipto. Tú escuchaste su clamor en el Mar Rojo. Tú enviaste señales y maravillas contra Par'ó y todos sus siervos y sobre todos los habitantes de la tierra, pues Tú sabías con cuánta saña los habían tratado los egipcios. Tú Te hiciste de renombre que perdura hasta hoy, dividiste el mar ante ellos, de modo tal que pudieron atravesar el mar sobre tierra seca, y arrojaste a sus perseguidores a las profundidades, cual piedra en aguas turbulentas.

---

como la razón por la cual nos ponemos de pie en este momento del rezo, lo hacemos para cumplir con un precepto que es el de dar dinero para la caridad.

Otros relacionan el hecho de que nos ponemos de pie con el pasaje que inicia con las palabras "Solamente Tú" que está extraído de la gran reunión popular que se realizó en los días del retorno de Babilonia, reunión en la cual se renovó el pacto con Dios. Inmediatamente antes de este pasaje leemos que los levitas llamaron al pueblo y le dijeron: "Levantaos y bendecid al Señor vuestro Dios" (Nehemías 9:5). Es así que nosotros nos ponemos de pie en recuerdo de aquella reunión (Rabino Eli Munk).

*Recitar parado:*

דברי הימים א׳ כט

וַיְבָרֶךְ דָּוִיד אֶת־יהוה לְעֵינֵי כָּל־הַקָּהָל וַיֹּאמֶר דָּוִיד בָּרוּךְ אַתָּה יהוה אֱלֹהֵי יִשְׂרָאֵל אָבִינוּ מֵעוֹלָם וְעַד־עוֹלָם: לְךָ יהוה הַגְּדֻלָּה וְהַגְּבוּרָה וְהַתִּפְאֶרֶת וְהַנֵּצַח וְהַהוֹד כִּי־כֹל בַּשָּׁמַיִם וּבָאָרֶץ לְךָ יהוה הַמַּמְלָכָה וְהַמִּתְנַשֵּׂא לְכֹל לְרֹאשׁ: וְהָעֹשֶׁר וְהַכָּבוֹד מִלְּפָנֶיךָ וְאַתָּה מוֹשֵׁל בַּכֹּל *Aquí hay quienes acostumbran a dar* צדקה. וּבְיָדְךָ כֹּחַ וּגְבוּרָה וּבְיָדְךָ לְגַדֵּל וּלְחַזֵּק לַכֹּל: וְעַתָּה אֱלֹהֵינוּ מוֹדִים אֲנַחְנוּ לָךְ וּמְהַלְלִים לְשֵׁם תִּפְאַרְתֶּךָ:

נחמיה ט

וִיבָרְכוּ שֵׁם כְּבֹדֶךָ וּמְרוֹמַם עַל־כָּל־בְּרָכָה וּתְהִלָּה: אַתָּה־הוּא יהוה לְבַדֶּךָ אַתָּ עָשִׂיתָ אֶת־הַשָּׁמַיִם שְׁמֵי הַשָּׁמַיִם וְכָל־צְבָאָם הָאָרֶץ וְכָל־אֲשֶׁר עָלֶיהָ הַיַּמִּים וְכָל־אֲשֶׁר בָּהֶם וְאַתָּה מְחַיֶּה אֶת־כֻּלָּם וּצְבָא הַשָּׁמַיִם לְךָ מִשְׁתַּחֲוִים:

*Recitar sentado:* אַתָּה הוּא יהוה הָאֱלֹהִים אֲשֶׁר בָּחַרְתָּ בְּאַבְרָם וְהוֹצֵאתוֹ מֵאוּר כַּשְׂדִּים וְשַׂמְתָּ שְּׁמוֹ אַבְרָהָם: וּמָצָאתָ אֶת־לְבָבוֹ נֶאֱמָן לְפָנֶיךָ וְכָרוֹת עִמּוֹ הַבְּרִית לָתֵת אֶת־אֶרֶץ הַכְּנַעֲנִי הַחִתִּי הָאֱמֹרִי וְהַפְּרִזִּי וְהַיְבוּסִי וְהַגִּרְגָּשִׁי לָתֵת לְזַרְעוֹ וַתָּקֶם אֶת־דְּבָרֶיךָ כִּי צַדִּיק אָתָּה: וַתֵּרֶא אֶת־עֳנִי אֲבֹתֵינוּ בְּמִצְרָיִם וְאֶת־זַעֲקָתָם שָׁמַעְתָּ עַל־יַם־סוּף: וַתִּתֵּן אֹתֹת וּמֹפְתִים בְּפַרְעֹה וּבְכָל־עֲבָדָיו וּבְכָל־עַם אַרְצוֹ כִּי יָדַעְתָּ כִּי הֵזִידוּ עֲלֵיהֶם וַתַּעַשׂ־לְךָ שֵׁם כְּהַיּוֹם הַזֶּה: וְהַיָּם בָּקַעְתָּ לִפְנֵיהֶם וַיַּעַבְרוּ בְתוֹךְ־הַיָּם בַּיַּבָּשָׁה וְאֶת־רֹדְפֵיהֶם הִשְׁלַכְתָּ בִמְצוֹלֹת כְּמוֹ־אֶבֶן בְּמַיִם עַזִּים:

---

וַיְבָרֶךְ דָּוִיד *David bendijo:* Este pasaje es parte de la plegaria de acción de gracias dicha por el Rey David al final de su vida tras haber reunido los recursos necesarios para la construcción del Templo en Jerusalém, la cual sería llevada a cabo por su hijo Salomón. Al igual que con el Tabernáculo, el Templo fue construido a partir de los donativos voluntarios de la totalidad del pueblo. Por ello, muchos acostumbran a donar dinero para acciones filantrópicas en este momento del rezo. Algunos consideran a este donativo

וַיּוֹשַׁע En aquel día el Señor salvó a Israel de las manos de los egipcios. *Éx. 14*
Israel vio a los egipcios muertos, a la orilla del mar. Israel presenció el gran poder que el Señor ejerció sobre Egipto. Y el pueblo veneró al Señor, y tuvieron fe en el Señor y en Moshé Su Servidor.

אָז יָשִׁיר־מֹשֶׁה Entonces Moshé y los hijos de Israel entonaron este *Éx. 15*
cántico para el Señor diciendo:
He de cantar para el Señor, ya que Él ha triunfado gloriosamente; al caballo y a su jinete arrojó al mar.
Dios es mi fuerza y mi canción, pues Él ha sido para mí, mi salvación.
Este es mi Dios y lo he de glorificar, el Dios de mi padre y lo habré de exaltar.
El Señor triunfa en las batallas, el Señor es Su Nombre.
Los carros de Par'ó y su ejército arrojó al mar, y los selectos entre sus oficiales fueron ahogados en el Mar de los Juncos.
Los abismos los cubrieron, descendieron a las profundidades cual piedra.
Tu diestra, oh Señor, es majestuosa en poder. Tu diestra; oh, Señor, quebranta al enemigo.
Y con la grandeza de Tu majestad destruiste a quienes se levantaron contra Ti.
Liberaste Tu furia que los consumió cual paja.
Y con el soplo de Tu furor se apilaron las aguas, se irguieron cual muro.
Los abismos se congelaron en el corazón del mar.
Dijo el enemigo: "Voy a perseguir, alcanzar y repartir el botín, saciaré mis deseos.
Desenvainaré mi espada, Mi brazo los vaciará".
Soplaste con Tu viento, el mar los cubrió, se hundieron cual plomo en aguas embravecidas.
¿Quién es como Tú entre los fuertes Señor?
¿Quién como Tú magnificado por la Santidad?
Infinito en alabanzas, Hacedor de maravillas.
¡Extendiste Tu diestra, los tragó la tierra!

וַיּוֹשַׁע יְהוָה בַּיּוֹם הַהוּא אֶת־יִשְׂרָאֵל מִיַּד מִצְרָיִם וַיַּרְא יִשְׂרָאֵל שמות יד
אֶת־מִצְרַיִם מֵת עַל־שְׂפַת הַיָּם: וַיַּרְא יִשְׂרָאֵל אֶת־הַיָּד הַגְּדֹלָה
אֲשֶׁר עָשָׂה יְהוָה בְּמִצְרַיִם וַיִּירְאוּ הָעָם אֶת־יְהוָה וַיַּאֲמִינוּ בַּיהוָה
וּבְמֹשֶׁה עַבְדּוֹ:

אָז יָשִׁיר־מֹשֶׁה וּבְנֵי יִשְׂרָאֵל אֶת־הַשִּׁירָה הַזֹּאת לַיהוָה וַיֹּאמְרוּ שמות טו
לֵאמֹר אָשִׁירָה לַיהוָה כִּי־גָאֹה גָּאָה סוּס
וְרֹכְבוֹ רָמָה בַיָּם: עָזִּי וְזִמְרָת יָהּ וַיְהִי־לִי
לִישׁוּעָה זֶה אֵלִי וְאַנְוֵהוּ אֱלֹהֵי
אָבִי וַאֲרֹמְמֶנְהוּ: יְהוָה אִישׁ מִלְחָמָה יְהוָה
שְׁמוֹ: מַרְכְּבֹת פַּרְעֹה וְחֵילוֹ יָרָה בַיָּם וּמִבְחַר
שָׁלִשָׁיו טֻבְּעוּ בְיַם־סוּף: תְּהֹמֹת יְכַסְיֻמוּ יָרְדוּ בִמְצוֹלֹת כְּמוֹ־
אָבֶן: יְמִינְךָ יְהוָה נֶאְדָּרִי בַּכֹּחַ יְמִינְךָ
יְהוָה תִּרְעַץ אוֹיֵב: וּבְרֹב גְּאוֹנְךָ תַּהֲרֹס
קָמֶיךָ תְּשַׁלַּח חֲרֹנְךָ יֹאכְלֵמוֹ כַּקַּשׁ: וּבְרוּחַ
אַפֶּיךָ נֶעֶרְמוּ מַיִם נִצְּבוּ כְמוֹ־נֵד
נֹזְלִים קָפְאוּ תְהֹמֹת בְּלֶב־יָם: אָמַר
אוֹיֵב אֶרְדֹּף אַשִּׂיג אֲחַלֵּק שָׁלָל תִּמְלָאֵמוֹ
נַפְשִׁי אָרִיק חַרְבִּי תּוֹרִישֵׁמוֹ יָדִי: נָשַׁפְתָּ
בְרוּחֲךָ כִּסָּמוֹ יָם צָלְלוּ כַּעוֹפֶרֶת בְּמַיִם
אַדִּירִים: מִי־כָמֹכָה בָּאֵלִם יְהוָה מִי
כָּמֹכָה נֶאְדָּר בַּקֹּדֶשׁ נוֹרָא תְהִלֹּת עֹשֵׂה
פֶלֶא: נָטִיתָ יְמִינְךָ תִּבְלָעֵמוֹ אָרֶץ: נָחִיתָ

Condujiste con Tu benevolencia a este pueblo que has redimido; lo dirigirás con Tu Poder hacia la morada de Tu Santidad.
Los pueblos lo oyeron y temblaron, el temor se apoderó de los habitantes de tierras filisteas.
Entonces se aterraron los jefes de Edom, los fuertes de Moab fueron presas del temblor, se desmoronaron todos los habitantes de Quena'an.
Caerá sobre ellos temor y miedo. Ante la grandeza de Tu Poder enmudecieron cual piedra.
Hasta que pasó Tu pueblo, SEÑOR,
hasta que pasó este pueblo que adquiriste;
Tú los traerás y los plantarás en la montaña de Tu heredad, que estableciste para Tu morada. ¡Tú lo has hecho! SEÑOR.
El Santuario del SEÑOR que han establecido Tus manos.
El SEÑOR reinará por toda la eternidad.

El SEÑOR reinará por toda la eternidad.
El reino del SEÑOR está establecido por siempre y por toda la eternidad.
Pues habían entrado los caballos de Par'ó con sus carros y sus jinetes en el mar, mas el SEÑOR hizo volver sobre ellos a las aguas del mar.
Empero los hijos de Israel anduvieron por tierra seca en medio del mar.

Pues el reino pertenece al SEÑOR y Él gobierna a las naciones. *Sal. 22*
Y ascenderán los salvadores al Monte Ṣion *Oba. 1*
para juzgar al Monte de E'sav,
y el reino será del SEÑOR.
Entonces el SEÑOR será el Rey sobre toda la tierra; *Zac. 14*
en ese día el SEÑOR será Uno y Su Nombre Uno.

בְּחַסְדְּךָ֖ עַם־ז֣וּ גָּאָ֑לְתָּ נֵהַ֥לְתָּ בְעָזְּךָ֖ אֶל־נְוֵ֥ה
קָדְשֶֽׁךָ׃ שָֽׁמְע֥וּ עַמִּ֖ים יִרְגָּז֑וּן חִ֣יל
אָחַ֔ז יֹשְׁבֵ֖י פְּלָֽשֶׁת׃ אָ֤ז נִבְהֲלוּ֙ אַלּ֣וּפֵי
אֱד֔וֹם אֵילֵ֣י מוֹאָ֔ב יֹֽאחֲזֵ֖מוֹ רָ֑עַד נָמֹ֕גוּ
כֹּ֖ל יֹשְׁבֵ֥י כְנָֽעַן׃ תִּפֹּ֨ל עֲלֵיהֶ֤ם אֵימָ֙תָה֙
וָפַ֔חַד בִּגְדֹ֥ל זְרוֹעֲךָ֖ יִדְּמ֣וּ כָּאָ֑בֶן עַד־
יַעֲבֹ֤ר עַמְּךָ֙ יְהוָ֔ה עַד־יַעֲבֹ֖ר עַם־ז֥וּ
קָנִֽיתָ׃ תְּבִאֵ֗מוֹ וְתִטָּעֵ֙מוֹ֙ בְּהַ֣ר נַחֲלָֽתְךָ֔ מָכ֥וֹן
לְשִׁבְתְּךָ֛ פָּעַ֖לְתָּ יְהוָ֑ה מִקְּדָ֕שׁ אֲדֹנָ֖י כּוֹנְנ֥וּ
יָדֶֽיךָ׃ יְהוָ֥ה ׀ יִמְלֹ֖ךְ לְעֹלָ֥ם וָעֶֽד׃
יְהוָ֥ה ׀ יִמְלֹ֖ךְ לְעֹלָ֥ם וָעֶֽד׃
יְהוָה מַלְכוּתֵהּ קָאֵם לְעָלַם וּלְעָלְמֵי עָלְמַיָּא. תרגום אונקלוס שם
כִּ֣י
בָא֩ ס֨וּס פַּרְעֹ֜ה בְּרִכְבּ֤וֹ וּבְפָרָשָׁיו֙ בַּיָּ֔ם וַיָּ֧שֶׁב יְהוָ֛ה עֲלֵהֶ֖ם אֶת־מֵ֣י
הַיָּ֑ם וּבְנֵ֧י יִשְׂרָאֵ֛ל הָלְכ֥וּ בַיַּבָּשָׁ֖ה בְּת֥וֹךְ הַיָּֽם׃

כִּי לַיהוָה הַמְּלוּכָה, וּמֹשֵׁל בַּגּוֹיִם: תהלים כב
וְעָלוּ מוֹשִׁעִים בְּהַר צִיּוֹן לִשְׁפֹּט אֶת־הַר עֵשָׂו עובדיה א
וְהָיְתָה לַיהוָה הַמְּלוּכָה:
וְהָיָה יְהוָה לְמֶלֶךְ עַל־כָּל־הָאָרֶץ זכריה יד
בַּיּוֹם הַהוּא יִהְיֶה יְהוָה אֶחָד וּשְׁמוֹ אֶחָד:

יִשְׁתַּבַּח Que Tu Nombre sea alabado por siempre,
Rey nuestro,
Dios, Rey grande y sagrado en el cielo y en la tierra,
pues a Ti Señor,
Dios nuestro y de nuestros ancestros,
corresponde por siempre elevar cánticos y loas,
alabanzas y salmos,
fortaleza y dominio,
eternidad, grandeza y poder,
gloria y esplendor,
santidad y reinado,
bendiciones y agradecimientos a Tu grande
y sagrado Nombre desde ahora y para siempre Tú eres Dios. *Sal. 90*
Bendito eres Tú Señor,
Rey grande y glorioso en alabanzas,
Dios de agradecimientos,
Señor de maravillas, Creador de todas las almas,
soberano por sobre todas las creaturas,
que se deleita en cánticos,
Rey, Dios, Vida de los mundos. Amén.

# יִשְׁתַּבַּח

שִׁמְךָ לָעַד מַלְכֵּנוּ

הָאֵל הַמֶּלֶךְ הַגָּדוֹל וְהַקָּדוֹשׁ בַּשָּׁמַיִם וּבָאָרֶץ

כִּי לְךָ נָאֶה, יְהוָה אֱלֹהֵינוּ וֵאלֹהֵי אֲבוֹתֵינוּ

לְעוֹלָם וָעֶד

שִׁיר וּשְׁבָחָה, הַלֵּל וְזִמְרָה

עֹז וּמֶמְשָׁלָה, נֶצַח, גְּדֻלָּה, גְּבוּרָה

תְּהִלָּה וְתִפְאֶרֶת, קְדֻשָּׁה וּמַלְכוּת

בְּרָכוֹת וְהוֹדָאוֹת לְשִׁמְךָ הַגָּדוֹל וְהַקָּדוֹשׁ

וּמֵעוֹלָם וְעַד־עוֹלָם אַתָּה אֵל: תהלים צ

בָּרוּךְ אַתָּה יְהוָה

מֶלֶךְ גָּדוֹל וּמְהֻלָּל בַּתִּשְׁבָּחוֹת

אֵל הַהוֹדָאוֹת, אֲדוֹן הַנִּפְלָאוֹת

בּוֹרֵא כָּל־הַנְּשָׁמוֹת, רִבּוֹן כָּל־הַמַּעֲשִׂים

הַבּוֹחֵר בְּשִׁירֵי זִמְרָה

מֶלֶךְ, אֵל, חַי הָעוֹלָמִים. אָמֵן.

*Desde Rosh HaShaná hasta Yom Kipur y en Hoshaná Rabá se dice:*

שִׁיר הַמַּעֲלוֹת Cántico de las ascensiones. Desde las profundidades Te invoqué, SEÑOR. SEÑOR, escucha mi voz, que Tus oídos estén atentos a la voz de mis súplicas. Si Tú SEÑOR, has de llevar la cuenta de los pecados, ¿quién podrá sobrevivir? Pero el perdón está contigo para que puedas ser venerado reverencialmente. Mi confianza estuvo puesta en el SEÑOR, mi alma anhela, y cifro mis esperanzas en Su palabra. Mi alma espera al SEÑOR más de lo que los guardianes aguardan la mañana, más que lo que los guardianes aguardan por el alba. Israel, cifra tu esperanza en el SEÑOR pues con el SEÑOR está la benevolencia y Su poder de redención es grande. Y Él redimirá a Israel de todos sus pecados. *Sal. 130*

## MEDIO KADISH

*El Ḥazán y los dolientes recitan Medio Kadish y luego Barejú:*

יִתְגַּדַּל Que Su Gran Nombre sea magnificado y santificado,
en el mundo que creó conforme a Su voluntad.
Que establezca Su reino, haga florecer Su salvación
y apresure la llegada de Su ungido
durante vuestra vida y en vuestros días
y en la vida de toda la casa de Israel,
pronto y rápidamente y decid: Amén.

Que Su Gran Nombre sea bendito
por siempre y por toda la eternidad.

Sea bendecido, alabado, glorificado
y exaltado, encumbrado
y magnificado, enaltecido y ensalzado
el Nombre del Santo Bendito Él;
más allá de cualquier bendición,
cántico, alabanza y consolación
pronunciados en el mundo y decid: Amén.

*Desde* ראש השנה *hasta* יום הכיפורים *y en* הושענא רבה *se dice:*

שִׁיר הַמַּעֲלוֹת מִמַּעֲמַקִּים קְרָאתִיךָ יְהוָה: אֲדֹנָי שִׁמְעָה תהלים קל
בְקוֹלִי תִּהְיֶינָה אָזְנֶיךָ קַשֻּׁבוֹת לְקוֹל תַּחֲנוּנָי: אִם־עֲוֺנוֹת
תִּשְׁמָר־יָהּ אֲדֹנָי מִי יַעֲמֹד: כִּי־עִמְּךָ הַסְּלִיחָה לְמַעַן תִּוָּרֵא:
קִוִּיתִי יְהוָה קִוְּתָה נַפְשִׁי וְלִדְבָרוֹ הוֹחָלְתִּי: נַפְשִׁי לַאדֹנָי
מִשֹּׁמְרִים לַבֹּקֶר שֹׁמְרִים לַבֹּקֶר: יַחֵל יִשְׂרָאֵל אֶל־יְהוָה
כִּי־עִם־יְהוָה הַחֶסֶד וְהַרְבֵּה עִמּוֹ פְדוּת: וְהוּא יִפְדֶּה אֶת־
יִשְׂרָאֵל מִכֹּל עֲוֺנוֹתָיו:

## חצי קדיש

*El* חזן *y los* אבלים *recitan* חצי קדיש *y luego* בָּרְכוּ:

יִתְגַּדַּל וְיִתְקַדַּשׁ שְׁמֵהּ רַבָּא (קהל: אָמֵן)
בְּעָלְמָא דִּי בְרָא כִרְעוּתֵהּ
וְיַמְלִיךְ מַלְכוּתֵהּ
וְיַצְמַח פֻּרְקָנֵהּ וִיקָרֵב מְשִׁיחֵהּ (קהל: אָמֵן)
בְּחַיֵּיכוֹן וּבְיוֹמֵיכוֹן וּבְחַיֵּי דְכָל־בֵּית יִשְׂרָאֵל
בַּעֲגָלָא וּבִזְמַן קָרִיב, וְאִמְרוּ אָמֵן. (קהל: אָמֵן)

יְהֵא שְׁמֵהּ רַבָּא מְבָרַךְ לְעָלַם וּלְעָלְמֵי עָלְמַיָּא יִתְבָּרַךְ
וְיִשְׁתַּבַּח וְיִתְפָּאַר וְיִתְרוֹמַם וְיִתְנַשֵּׂא
וְיִתְהַדָּר וְיִתְעַלֶּה וְיִתְהַלָּל
שְׁמֵהּ דְּקֻדְשָׁא בְּרִיךְ הוּא (קהל: אָמֵן)
לְעֵלָּא מִן כָּל־בִּרְכָתָא
שִׁירָתָא, תֻּשְׁבְּחָתָא וְנֶחֱמָתָא
דַּאֲמִירָן בְּעָלְמָא, וְאִמְרוּ אָמֵן. (קהל: אָמֵן)

# EL RECITADO DEL SHEMÁ Y SUS BENDICIONES

*El Ḥazán y las demás personas que recitan Kadish:* **BENDECID**
al Señor el Bendecido.

*El kahal responde:* Bendecid al Señor el Bendecido
por toda la eternidad.

*El Ḥazán y las demás personas que recitan Kadish:* Bendecid al Señor el Bendecido
por toda la eternidad.

*Al decir "que forma la luz" se acostumbra a tocar el tefilín del brazo y besar la mano*

בָּרוּךְ Bendito eres Tú Señor, nuestro Dios, Rey del universo,
que forma la luz y crea la oscuridad,
hace la paz y todo lo crea.

הַמֵּאִיר Ilumina a la tierra y sus habitantes con misericordia,
y en Su bondad renueva continuamente,
día tras día, la labor de la creación.
Cuán numerosas son Tus obras Señor, *Sal. 104*
todas las hiciste con sabiduría,
la tierra está plena de Tus creaciones.
Sólo Él es el Rey exaltado desde el inicio de los tiempos,
alabado, glorificado y elevado desde que el mundo comenzó.

---

el Shemá dos veces al día (por la mañana y por la noche, "al acostarte y al levantarte") y era parte del orden del rezo desde los días del Templo. La transición al rezo de la congregación está indicada por el llamado "Bendecid al Señor que es bendito" el cual insta a todos los presentes a unirse al servicio.

## קריאת שמע וברכותיה

*El חזן y las demás personas que recitan Kadish:*

# בָּרְכוּ

אֶת יְהוָה הַמְבֹרָךְ.

*El קהל responde:*

בָּרוּךְ יְהוָה הַמְבֹרָךְ לְעוֹלָם וָעֶד.

*El חזן y las demás personas que recitan Kadish:*

בָּרוּךְ יְהוָה הַמְבֹרָךְ לְעוֹלָם וָעֶד.

*Al decir 'יוֹצֵר אוֹר' se acostumbra a tocar el tefilín del brazo y besar la mano.*

בָּרוּךְ אַתָּה יְהוָה, אֱלֹהֵינוּ מֶלֶךְ הָעוֹלָם
יוֹצֵר אוֹר וּבוֹרֵא חֹשֶׁךְ
עֹשֶׂה שָׁלוֹם וּבוֹרֵא אֶת הַכֹּל.

הַמֵּאִיר לָאָרֶץ וְלַדָּרִים עָלֶיהָ בְּרַחֲמִים
וּבְטוּבוֹ מְחַדֵּשׁ בְּכָל־יוֹם תָּמִיד מַעֲשֵׂה בְרֵאשִׁית.
מָה־רַבּוּ מַעֲשֶׂיךָ יְהוָה, כֻּלָּם בְּחָכְמָה עָשִׂיתָ תהלים קד
מָלְאָה הָאָרֶץ קִנְיָנֶךָ:
הַמֶּלֶךְ הַמְרוֹמָם לְבַדּוֹ מֵאָז
הַמְשֻׁבָּח וְהַמְפֹאָר וְהַמִּתְנַשֵּׂא מִימוֹת עוֹלָם.

---

EL RECITADO DEL SHEMÁ Y SUS BENDICIONES

Los *Pesuké DeZimrá* son la antesala del rezo. Ahora la congregación pasa a una plegaria en cuyo núcleo central están el recitado del Shemá y el de la A'midá (el rezo que se lleva a cabo de pie). Es precepto de la Torá recitar

אֱלֹהֵי עוֹלָם Dios eterno,
en Tu gran compasión, apiádate de nosotros,
Señor que nos inspiras fuerzas, nuestra Roca
y Baluarte, Escudo de nuestra salvación,
Tú eres nuestro Refugio.

אֵל בָּרוּךְ El Dios bendito, grande en conocimiento,
preparó e hizo los rayos del sol.
Él, que es Benevolente, dio gloria a Su Nombre,
rodeando Su poder de estrellas radiantes.
Los líderes sagrados de Sus huestes exaltan al Eterno,
proclaman constantemente la gloria de Dios y Su santidad.

תִּתְבָּרַךְ Sea el Señor nuestro Dios bendito
en las alturas del cielo y abajo en la tierra,
por sobre la magnificencia de la labor de Tus manos
y por sobre las radiantes luces que has hecho.
Que ellas Te glorifiquen, Sela.

תִּתְבָּרַךְ Que seas bendito por siempre,
nuestra Fortaleza, nuestro Rey
y Redentor, Creador de los seres sagrados.
Que Tu nombre sea alabado por siempre,
Rey nuestro, Creador de los ángeles ministeriales,
los cuales se posan en las alturas del universo,
proclamando al unísono con temor reverencial
y en voz alta, las palabras del Dios viviente, del Rey eterno.

---

la luz física proveniente del sol, la luna y las estrellas originada el cuarto día de la Creación y la luz espiritual que fue creada en el primer día ("Sea la luz"). Esta plegaria articula el pasaje del primero al segundo tipo: del universo tal como lo vemos nosotros a la visión mística de Dios sobre Su trono de Gloria rodeado de los ángeles.

אֱלֹהֵי עוֹלָם
בְּרַחֲמֶיךָ הָרַבִּים רַחֵם עָלֵינוּ
אֲדוֹן עֻזֵּנוּ, צוּר מִשְׂגַּבֵּנוּ
מָגֵן יִשְׁעֵנוּ, מִשְׂגָּב בַּעֲדֵנוּ.

אֵל בָּרוּךְ גְּדוֹל דֵּעָה, הֵכִין וּפָעַל זָהֳרֵי חַמָּה
טוֹב יָצַר כָּבוֹד לִשְׁמוֹ, מְאוֹרוֹת נָתַן סְבִיבוֹת עֻזּוֹ
פִּנּוֹת צְבָאוֹת קְדוֹשִׁים, רוֹמְמֵי שַׁדַּי
תָּמִיד מְסַפְּרִים כְּבוֹד אֵל וּקְדֻשָּׁתוֹ.

תִּתְבָּרַךְ יְהֹוָה אֱלֹהֵינוּ בַּשָּׁמַיִם מִמַּעַל וְעַל הָאָרֶץ מִתָּחַת
עַל כָּל שֶׁבַח מַעֲשֵׂה יָדֶיךָ, וְעַל מְאוֹרֵי אוֹר שֶׁיָּצַרְתָּ
הֵמָּה יְפָאֲרוּךָ סֶּלָה.

תִּתְבָּרַךְ לָנֶצַח צוּרֵנוּ
מַלְכֵּנוּ וְגוֹאֲלֵנוּ, בּוֹרֵא קְדוֹשִׁים
יִשְׁתַּבַּח שִׁמְךָ לָעַד מַלְכֵּנוּ, יוֹצֵר מְשָׁרְתִים
וַאֲשֶׁר מְשָׁרְתָיו כֻּלָּם עוֹמְדִים בְּרוּם עוֹלָם
וּמַשְׁמִיעִים בְּיִרְאָה יַחַד בְּקוֹל
דִּבְרֵי אֱלֹהִים חַיִּים וּמֶלֶךְ עוֹלָם.

---

אֵל בָּרוּךְ *El Dios bendito:* se trata de un acróstico en orden alfabético de veintidós letras. Si bien la primera bendición se refiere a la Creación en general, el rezo matinal pone énfasis en el elemento del cual estamos más conscientes al iniciarse el día: la creación de la luz. Existen dos tipos de luz:

Todos ellos son amados, todos ellos son puros,
todos ellos son poderosos, todos ellos son sagrados,
todos hacen con temor y reverencia la voluntad de su Hacedor.
Y todos abren sus bocas en santidad y pureza,
con cánticos y salmos,
bendicen, alaban, glorifican, y santifican,
y reverencian y declaran la soberanía de –
El Nombre del Dios que es el grande, poderoso y reverencialmente temido Rey, Santo es Él.

וְכֻלָּם Y todos aceptan sobre sí, el uno del otro
el Yugo Celestial y se dan unos de otros permiso
para santificar y ensalzar a su Creador,
con espíritu sereno a Quien los formó,
mediante habla pura y dulce melodía.
Todos ellos al unísono proclaman Su santidad,
y dicen con temor reverencial:

Santo, Santo, Santo Señor de las Huestes Celestiales; *Isa. 6*
todo el universo está pleno de Su gloria.

וְהָאוֹפַנִּים Entonces, los Ofanim y las Ḥaiot Sagradas,
con un gran clamor se elevan en dirección a los Serafim
y frente a estos alaban diciendo:

Bendita es la gloria del Señor desde Su sitial. *Eze. 3*

---

El tema de esta sección del rezo es la *Revelación*: Dios tal como se ha manifestado a Sí mismo según las palabras de la Torá. Por ello en el núcleo central del pasaje encontramos tres textos de la Torá, colectivamente conocidos por su primera palabra, *Shemá*. Alrededor de este núcleo

כֻּלָּם אֲהוּבִים כֻּלָּם בְּרוּרִים

כֻּלָּם גִּבּוֹרִים כֻּלָּם קְדוֹשִׁים

כֻּלָּם עוֹשִׂים בְּאֵימָה וּבְיִרְאָה רְצוֹן קוֹנֵיהֶם

וְכֻלָּם פּוֹתְחִים אֶת פִּיהֶם בִּקְדֻשָּׁה וּבְטָהֳרָה

בְּשִׁירָה וּבְזִמְרָה

וּמְבָרְכִין וּמְשַׁבְּחִין וּמְפָאֲרִין

וּמַקְדִּישִׁין וּמַעֲרִיצִין וּמַמְלִיכִין

אֶת שֵׁם הָאֵל הַמֶּלֶךְ הַגָּדוֹל, הַגִּבּוֹר וְהַנּוֹרָא

קָדוֹשׁ הוּא.

וְכֻלָּם מְקַבְּלִים עֲלֵיהֶם עֹל מַלְכוּת שָׁמַיִם זֶה מִזֶּה

וְנוֹתְנִים רְשׁוּת זֶה לָזֶה

לְהַקְדִּישׁ לְיוֹצְרָם בְּנַחַת רוּחַ

בְּשָׂפָה בְרוּרָה וּבִנְעִימָה

קְדֻשָּׁה כֻּלָּם כְּאֶחָד עוֹנִים בְּאֵימָה וְאוֹמְרִים בְּיִרְאָה

ישעיה ו קָדוֹשׁ ׀ קָדוֹשׁ קָדוֹשׁ יְהוָה צְבָאוֹת

מְלֹא כָל־הָאָרֶץ כְּבוֹדוֹ:

וְהָאוֹפַנִּים וְחַיּוֹת הַקֹּדֶשׁ

בְּרַעַשׁ גָּדוֹל מִתְנַשְּׂאִים לְעֻמַּת הַשְּׂרָפִים

לְעֻמָּתָם מְשַׁבְּחִים וְאוֹמְרִים

יחזקאל ג בָּרוּךְ כְּבוֹד־יְהוָה מִמְּקוֹמוֹ:

---

Las tres bendiciones y los tres párrafos del recitado del Shemá conforman seis pasajes que conducen al séptimo que es la A'midá. En el judaísmo el siete es el número de lo sagrado. Si desea leer una explicación más extensa de esta sección del rezo vaya a la página 455.

לָאֵל Ofrendan melodías al Dios bendito.
Al Rey, Dios eterno y viviente entonan salmos
y proclaman alabanzas.

Pues solamente Él es encumbrado y sagrado,
realiza acciones poderosas y crea cosas nuevas,
domina batallas, cultiva justicia,
hace crecer la salvación, crea curaciones,
es reverenciado con alabanzas, SEÑOR de maravillas,

que en Su bondad renueva a diario la obra de la Creación.
Como está dicho:

"Alabadle por haber hecho las grandes luminarias, *Sal. 136*
porque Su amor es eterno".

Bendito eres Tú SEÑOR, que formas las luminarias.

אַהֲבַת עוֹלָם Tú nos has amado con amor eterno, SEÑOR, nuestro Dios, has tenido para con nosotros gran compasión.
Padre nuestro, Rey nuestro,
a causa de Tu gran Nombre y a causa de nuestros ancestros
que confiaron en Ti y a quienes enseñaste las leyes de vida,
para que cumplan Tu voluntad con corazón íntegro,
agrácianos y enséñanos. Apiádate de nosotros Padre nuestro, Padre compasivo, que actúas con clemencia,
ten por favor compasión para con nosotros,
infunde en nuestros corazones entendimiento para comprender y discernir, escuchar aprender y enseñar, cuidar,
realizar y cumplir con amor todas las enseñanzas de Tu Torá.

---

la temática de los *Pesuké DeZimrá*) está vinculada a la Creación, la cual se renueva a diario. La segunda, La tercera, אֱמֶת וְיַצִּיב, ("verdadero y firme") tiene que ver con la Redención.

לָאֵל בָּרוּךְ, נְעִימוֹת יִתֵּנוּ
לַמֶּלֶךְ אֵל חַי וְקַיָּם, זְמִירוֹת יֹאמֵרוּ וְתִשְׁבָּחוֹת יַשְׁמִיעוּ
כִּי הוּא לְבַדּוֹ מָרוֹם וְקָדוֹשׁ
פּוֹעֵל גְּבוּרוֹת, עוֹשֶׂה חֲדָשׁוֹת
בַּעַל מִלְחָמוֹת, זוֹרֵעַ צְדָקוֹת
מַצְמִיחַ יְשׁוּעוֹת, בּוֹרֵא רְפוּאוֹת
נוֹרָא תְהִלּוֹת, אֲדוֹן הַנִּפְלָאוֹת
הַמְחַדֵּשׁ בְּטוּבוֹ בְּכָל־יוֹם תָּמִיד מַעֲשֵׂה בְרֵאשִׁית
כָּאָמוּר
לְעֹשֵׂה אוֹרִים גְּדֹלִים, כִּי לְעוֹלָם חַסְדּוֹ: תהלים קלו
בָּרוּךְ אַתָּה יְהוָה, יוֹצֵר הַמְּאוֹרוֹת.

אַהֲבַת עוֹלָם אֲהַבְתָּנוּ, יְהוָה אֱלֹהֵינוּ
חֶמְלָה גְדוֹלָה וִיתֵרָה חָמַלְתָּ עָלֵינוּ.
אָבִינוּ מַלְכֵּנוּ
בַּעֲבוּר שִׁמְךָ הַגָּדוֹל, וּבַעֲבוּר אֲבוֹתֵינוּ שֶׁבָּטְחוּ בְךָ
וַתְּלַמְּדֵמוֹ חֻקֵּי חַיִּים, לַעֲשׂוֹת רְצוֹנְךָ בְּלֵבָב שָׁלֵם
כֵּן תְּחָנֵּנוּ אָבִינוּ, אָב הָרַחֲמָן
הַמְרַחֵם, רַחֵם נָא עָלֵינוּ
וְתֵן בְּלִבֵּנוּ בִּינָה לְהָבִין, לְהַשְׂכִּיל, לִשְׁמֹעַ, לִלְמֹד וּלְלַמֵּד
לִשְׁמֹר וְלַעֲשׂוֹת וּלְקַיֵּם, אֶת כָּל־דִּבְרֵי תַלְמוּד תּוֹרָתְךָ בְּאַהֲבָה.

---

encontramos tres bendiciones, dos anteriores al recitado del Shemá y una posterior. Al igual que en el rezo de la mañana, sus temas principales son la Creación, la Revelación y la Redención. La primera (continuando con

Ilumina nuestros ojos con Tu Torá y haz que se aferren nuestros
corazones a Tus preceptos, unifica nuestros corazones
para amar y temer reverencialmente a Tu Nombre,
para que nunca sintamos vergüenza,
ni bochorno y no tropecemos jamás.
Tal como hemos confiado en Tu Nombre sagrado,
grande y reverenciado, así podamos alegrarnos
y regocijarnos en Tu salvación.
Que nunca nos abandonen Tu compasión Señor
ni tu inmensa bondad, Sela.

*En * se reúnen los cuatro ṣiṣiot del talet.*

מַהֵר Trae sobre nosotros prontamente bendición
*desde los cuatro confines de la tierra
y quiebra el yugo de las naciones que pesa sobre nuestro cuello,
y prontamente condúcenos erguidos a nuestra tierra.
Pues Tú eres un Dios que realiza actos de salvación,
y nos escogiste de entre todas las naciones y todas las lenguas,
acercándonos a Tu Gran Nombre, con amor,
para agradecerte, proclamar Tu unicidad,
temer reverencialmente y amar Tu Nombre.
Bendito eres Tú Señor, que escoge a Su pueblo Israel con amor.

## Escucha Israel, el Señor es nuestro Dios, el Señor es Uno. *Deut. 6*

*En voz baja:* Bendito sea el Nombre de Su glorioso Reino por siempre.

---

judío aprende a pronunciar, así como también es parte de las últimas que pronunciaban aquellos judíos que marchaban a la muerte por no abjurar de su fe. Es la suprema declaración de la fe judaica.

וְהָאֵר עֵינֵינוּ בְּתוֹרָתֶךָ וְדַבֵּק לִבֵּנוּ בְּמִצְוֹתֶיךָ
וְיַחֵד לְבָבֵנוּ לְאַהֲבָה וּלְיִרְאָה אֶת שְׁמֶךָ.
לֹא נֵבוֹשׁ וְלֹא נִכָּלֵם וְלֹא נִכָּשֵׁל לְעוֹלָם וָעֶד
כִּי בְשֵׁם קָדְשְׁךָ הַגָּדוֹל הַגִּבּוֹר וְהַנּוֹרָא בָּטָחְנוּ
נָגִילָה וְנִשְׂמְחָה בִּישׁוּעָתֶךָ.
וְרַחֲמֶיךָ יְהוָה אֱלֹהֵינוּ וַחֲסָדֶיךָ הָרַבִּים
אַל יַעַזְבוּנוּ נֶצַח סֶלָה וָעֶד.

*En * se reúnen los cuatro* ציציות *del* טלית.

מַהֵר וְהָבֵא עָלֵינוּ בְּרָכָה וְשָׁלוֹם
* מְהֵרָה מֵאַרְבַּע כַּנְפוֹת כָּל־הָאָרֶץ
וּשְׁבוֹר עֹל הַגּוֹיִם מֵעַל צַוָּארֵנוּ, וְהוֹלִיכֵנוּ מְהֵרָה קוֹמְמִיּוּת לְאַרְצֵנוּ.
כִּי אֵל פּוֹעֵל יְשׁוּעוֹת אָתָּה, וּבָנוּ בָחַרְתָּ מִכָּל־עַם וְלָשׁוֹן
וְקֵרַבְתָּנוּ מַלְכֵּנוּ לְשִׁמְךָ הַגָּדוֹל בְּאַהֲבָה
לְהוֹדוֹת לְךָ, וּלְיַחֶדְךָ, לְיִרְאָה וּלְאַהֲבָה אֶת שְׁמֶךָ.
בָּרוּךְ אַתָּה יְהוָה, הַבּוֹחֵר בְּעַמּוֹ יִשְׂרָאֵל בְּאַהֲבָה.

דברים ו שְׁמַע יִשְׂרָאֵל יְהוָה אֱלֹהֵינוּ יְהוָה ׀ אֶחָד׃
בלחש: בָּרוּךְ שֵׁם כְּבוֹד מַלְכוּתוֹ לְעוֹלָם וָעֶד.

---

EL SHEMÁ

El Shemá es nuestra más antigua e importante plegaria, es parte de la liturgia desde los días del Templo y se recitaba de noche y de día, "al acostarte y al levantarte". Su primera frase es parte de las primeras palabras que todo niño

וְאָהַבְתָּ Amarás al SEÑOR tu Dios con todo tu corazón, con toda tu alma y con todas tus fuerzas. Estas palabras que te ordeno hoy deben estar sobre tu corazón, se las transmitirás a tus hijos hablando sobre ellas, cuando estés en tu hogar y cuando transites por el camino, al acostarte y al levantarte. Y las atarás como señal sobre tu brazo y serán un emblema entre tus ojos. Y las escribirás en los marcos de tus puertas y sobre tus portones. *Deut. 6*

וְהָיָה Y será que, si realmente escucháis Mis preceptos que os ordeno el día de hoy, amando al SEÑOR vuestro Dios y sirviéndole con todo vuestro corazón y toda vuestra alma, entonces daré lluvia en su tiempo sobre vuestra tierra, tanto la primera como la postrera, y recogerás tus cereales, tu mosto y tu aceite de oliva. Proveeré hierba en tu campo para tus animales, y comerás y te saciarás. Tened cuidado de no permitir que vuestro corazón se desvíe, sirviendo a dioses extraños y postrándose ante ellos. *Recitar en voz baja* Entonces se encenderá *Detenerse brevemente* la ira del SEÑOR con vosotros y bloqueará los cielos para que no haya lluvias, la tierra no dará su cosecha y os perderéis prontamente de la buena tierra *Volver a recitar en voz alta* que el SEÑOR os ha dado. Y pondrán estas palabras Mías sobre vuestros corazones, y las atarán sobre vuestros brazos y las tendrán por emblema entre vuestros ojos. Y las enseñarán a vuestros hijos hablando de ellas cuando estés en tu hogar y cuando transites por los caminos, al acostarte y al levantarte. Y las escribirás en los marcos de tus puertas y sobre tus portones, para que se prolonguen vuestros días y los de vuestros hijos sobre la tierra que el SEÑOR prometió entregar a vuestros ancestros para que la habiten, mientras los cielos permanezcan sobre la tierra. *Deut. 11*

---

acto supremo de fe entendida como prestar atención a la Voz que hizo que el universo adquiera existencia, que nos creó con amor y nos guía a lo largo de nuestras vidas.

El primer párrafo implica *Kabalat Ol Maljut Shamaim*, “la aceptación del Yugo Celestial”. Nosotros prometemos lealtad al Creador, Soberano del

וְאָהַבְתָּ אֵת יְהוָה אֱלֹהֶיךָ בְּכָל־לְבָבְךָ וּבְכָל־נַפְשְׁךָ וּבְכָל־מְאֹדֶךָ׃ דברים ו
וְהָיוּ הַדְּבָרִים הָאֵלֶּה אֲשֶׁר אָנֹכִי מְצַוְּךָ הַיּוֹם עַל־לְבָבֶךָ׃ וְשִׁנַּנְתָּם
לְבָנֶיךָ וְדִבַּרְתָּ בָּם בְּשִׁבְתְּךָ בְּבֵיתֶךָ וּבְלֶכְתְּךָ בַדֶּרֶךְ וּבְשָׁכְבְּךָ
וּבְקוּמֶךָ׃ וּקְשַׁרְתָּם לְאוֹת עַל־יָדֶךָ וְהָיוּ לְטֹטָפֹת בֵּין עֵינֶיךָ׃
וּכְתַבְתָּם עַל־מְזֻזוֹת בֵּיתֶךָ וּבִשְׁעָרֶיךָ׃

וְהָיָה אִם־שָׁמֹעַ תִּשְׁמְעוּ אֶל־מִצְוֹתַי אֲשֶׁר אָנֹכִי מְצַוֶּה אֶתְכֶם דברים יא
הַיּוֹם לְאַהֲבָה אֶת־יְהוָה אֱלֹהֵיכֶם וּלְעָבְדוֹ בְּכָל־לְבַבְכֶם וּבְכָל־
נַפְשְׁכֶם׃ וְנָתַתִּי מְטַר־אַרְצְכֶם בְּעִתּוֹ יוֹרֶה וּמַלְקוֹשׁ וְאָסַפְתָּ דְגָנֶךָ
וְתִירֹשְׁךָ וְיִצְהָרֶךָ׃ וְנָתַתִּי עֵשֶׂב בְּשָׂדְךָ לִבְהֶמְתֶּךָ וְאָכַלְתָּ וְשָׂבָעְתָּ׃
הִשָּׁמְרוּ לָכֶם פֶּן־יִפְתֶּה לְבַבְכֶם וְסַרְתֶּם וַעֲבַדְתֶּם אֱלֹהִים אֲחֵרִים
וְהִשְׁתַּחֲוִיתֶם לָהֶם׃ יאמר בלחש: וְחָרָה יפסיק מעט אַף־יְהוָה בָּכֶם וְעָצַר
אֶת־הַשָּׁמַיִם וְלֹא־יִהְיֶה מָטָר וְהָאֲדָמָה לֹא תִתֵּן אֶת־יְבוּלָהּ
וַאֲבַדְתֶּם מְהֵרָה מֵעַל הָאָרֶץ הַטֹּבָה בקול רם אֲשֶׁר יְהוָה נֹתֵן לָכֶם׃
וְשַׂמְתֶּם אֶת־דְּבָרַי אֵלֶּה עַל־לְבַבְכֶם וְעַל־נַפְשְׁכֶם וּקְשַׁרְתֶּם
אֹתָם לְאוֹת עַל־יֶדְכֶם וְהָיוּ לְטוֹטָפֹת בֵּין עֵינֵיכֶם׃ וְלִמַּדְתֶּם אֹתָם
אֶת־בְּנֵיכֶם לְדַבֵּר בָּם בְּשִׁבְתְּךָ בְּבֵיתֶךָ וּבְלֶכְתְּךָ בַדֶּרֶךְ וּבְשָׁכְבְּךָ
וּבְקוּמֶךָ׃ וּכְתַבְתָּם עַל־מְזוּזוֹת בֵּיתֶךָ וּבִשְׁעָרֶיךָ׃ לְמַעַן יִרְבּוּ
יְמֵיכֶם וִימֵי בְנֵיכֶם עַל הָאֲדָמָה אֲשֶׁר נִשְׁבַּע יְהוָה לַאֲבֹתֵיכֶם
לָתֵת לָהֶם כִּימֵי הַשָּׁמַיִם עַל־הָאָרֶץ׃

---

El Shemá no contiene pedido humano alguno, ni alabanza, ni súplica. Se trata de una serie de lecturas bíblicas. Es más bien el preludio de un rezo que uno propiamente dicho. Durante la plegaria, nosotros le hablamos a Dios. En el Shemá es Dios quien nos habla a nosotros por intermedio de la Torá. La palabra “Shemá” significa literalmente “escucha” y recitarlo es un

וַיֹּאמֶר El SEÑOR habló a Moshé diciéndole: Habla a los hijos de Israel y diles que hagan ṣiṣit en las esquinas de sus vestimentas por todas sus generaciones. Y pondrán en el ṣiṣit de cada esquina de la vestimenta un hilo celeste. Y será para vosotros por ṣiṣit y lo veréis y recordaréis así todos los preceptos del SEÑOR y los cumpliréis, sin desviarse tras vuestros corazones y vuestros ojos, en virtud de los cuales os corrompéis. A fin de que recordéis todos Mis preceptos y seáis santos para vuestro Dios, Yo Soy el SEÑOR vuestro Dios, quien os sacó de la tierra de Egipto para ser vuestro Dios, Yo Soy el SEÑOR vuestro Dios. *Núm. 15*

*Kahal:*

# Verdadero

*Ḥazán:*

El SEÑOR vuestro Dios es verdadero –

---

individuales, el segundo se dirige a nosotros como pueblo, el cual está definido por el pacto que establecimos con Dios y sus 613 preceptos. Ribí Sa'adiá Gaón dijo que "nuestra nación es tal en virtud de su Torá", y por lo tanto nuestro destino nacional depende de nuestra fe colectiva.

El tercer párrafo habla del ṣiṣit que es un recordatorio permanente de los preceptos Divinos. Este pasaje menciona también la salida de Egipto, la cual estamos preceptuados de recordar "todos los días de nuestra vida".

וַיֹּ֥אמֶר יְהֹוָ֖ה אֶל־מֹשֶׁ֥ה לֵּאמֹֽר׃ דַּבֵּ֞ר אֶל־בְּנֵ֤י יִשְׂרָאֵל֙ וְאָמַרְתָּ֣ במדבר טו
אֲלֵהֶ֔ם וְעָשׂ֨וּ לָהֶ֥ם צִיצִ֛ת עַל־כַּנְפֵ֥י בִגְדֵיהֶ֖ם לְדֹרֹתָ֑ם וְנָֽתְנ֛וּ עַל־
צִיצִ֥ת הַכָּנָ֖ף פְּתִ֥יל תְּכֵֽלֶת׃ וְהָיָ֣ה לָכֶם֮ לְצִיצִת֒ וּרְאִיתֶ֣ם אֹת֗וֹ
וּזְכַרְתֶּם֙ אֶת־כׇּל־מִצְוֺ֣ת יְהֹוָ֔ה וַעֲשִׂיתֶ֖ם אֹתָ֑ם וְלֹֽא־תָת֜וּרוּ אַחֲרֵ֤י
לְבַבְכֶם֙ וְאַחֲרֵ֣י עֵֽינֵיכֶ֔ם אֲשֶׁר־אַתֶּ֥ם זֹנִ֖ים אַחֲרֵיהֶֽם׃ לְמַ֣עַן תִּזְכְּר֔וּ
וַעֲשִׂיתֶ֖ם אֶת־כׇּל־מִצְוֺתָ֑י וִהְיִיתֶ֥ם קְדֹשִׁ֖ים לֵאלֹהֵיכֶֽם׃ אֲנִ֞י יְהֹוָ֣ה
אֱלֹהֵיכֶ֗ם אֲשֶׁ֨ר הוֹצֵ֤אתִי אֶתְכֶם֙ מֵאֶ֣רֶץ מִצְרַ֔יִם לִהְי֥וֹת לָכֶ֖ם
לֵאלֹהִ֑ים אֲנִ֖י יְהֹוָ֥ה אֱלֹהֵיכֶֽם׃

הקהל:

**אֱמֶת**

חזן:

**יְהֹוָה אֱלֹהֵיכֶם אֱמֶת**

---

universo, a cuya autoridad responden todos los poderes terrenales. Nosotros hacemos esto no con miedo sino con amor y con la totalidad de nuestro ser, la totalidad de nuestro corazón, nuestra alma y nuestro poder. Este amor cubre todo cuanto hacemos, desde las relaciones con nuestros hijos hasta los hogares que construimos.

El segundo párrafo implica *Kabalat Ol Mitzvot,* "la aceptación de los preceptos". Si el primer párrafo se dirige a nosotros como personas

וְיַצִּיב Y firme, estable, duradera, recta, fiel, amada, querida, placentera, agradable, reverenciada, poderosa, perfecta y aceptada, buena y bella es esta fe para nosotros por siempre.

Verdadero es el Dios Eterno, nuestro Rey,
Fortaleza de Ya'akob, Escudo de nuestra redención.
Él existe y Su Nombre existe
a lo largo de todas las generaciones.
Su trono está establecido,
Su reinado y Su fidelidad existen por siempre.

*En * soltar los ṣiṣiot de la mano.*

Sus palabras son vivientes y duraderas,
son fidedignas y deseadas *por siempre
y para toda la eternidad.
Para nuestros ancestros, para nosotros,
para nuestros descendientes,
y nuestras generaciones que de nosotros
se desarrollen y por todas las generaciones
de la simiente de Israel Tus Servidores.
Esta fe ha probado ser fidedigna
y por siempre duradera para las generaciones
primeras y para las postreras.
Verdadero, fidedigno e irrevocable es este decreto.

---

palabras de esta sección "que redimió a Israel" y el inicio de la A'midá (*Berajot* 14B, 9B). La conexión entre ambas es el tema central de esta sección, la *Redención.* El Shemá culmina refiriéndose a la redención pasada. En la A'midá oramos por la redención futura. Conectar el pasado con el futuro es lo "verdadero" – es creer completamente en Dios y el pacto que estableció con nosotros.

וְיַצִּיב, וְנָכוֹן, וְקַיָּם, וְיָשָׁר, וְנֶאֱמָן, וְאָהוּב, וְחָבִיב
וְנֶחְמָד וְנָעִים, וְנוֹרָא, וְאַדִּיר, וּמְתֻקָּן, וּמְקֻבָּל
וְטוֹב, וְיָפֶה הַדָּבָר הַזֶּה עָלֵינוּ לְעוֹלָם וָעֶד.

אֱמֶת אֱלֹהֵי עוֹלָם מַלְכֵּנוּ
צוּר יַעֲקֹב מָגֵן יִשְׁעֵנוּ
לְדוֹר וָדוֹר הוּא קַיָּם
וּשְׁמוֹ קַיָּם
וְכִסְאוֹ נָכוֹן
וּמַלְכוּתוֹ וֶאֱמוּנָתוֹ לָעַד קַיֶּמֶת

*En * soltar los* ציציות *de la mano.*

וּדְבָרָיו חָיִים וְקַיָּמִים
וְנֶאֱמָנִים וְנֶחֱמָדִים
לָעַד *וּלְעוֹלְמֵי עוֹלָמִים
עַל אֲבוֹתֵינוּ, עָלֵינוּ
וְעַל בָּנֵינוּ וְעַל דּוֹרוֹתֵינוּ
וְעַל־כָּל־דּוֹרוֹת זֶרַע יִשְׂרָאֵל עֲבָדֶיךָ
עַל הָרִאשׁוֹנִים וְעַל הָאַחֲרוֹנִים
דָּבָר טוֹב וְקַיָּם
בֶּאֱמֶת וּבֶאֱמוּנָה, חֹק וְלֹא יַעֲבֹר.

---

וְיַצִּיב *Y firme:* esta sección del rezo, junto al Shemá y la A'midá, nos devuelve a los días del Templo. Nuestros sabios enfatizaron que no debe mediar interrupción entre las últimas palabras del Shemá "Yo Soy el SEÑOR vuestro Dios" y las primeras de la plegaria "*Verdadero* y firme", o entre las últimas

אֱמֶת Es verdad Tú eres el SEÑOR Dios nuestro
y de nuestros ancestros, Rey nuestro
y de nuestros padres, redentor nuestro
y de nuestros antepasados,
nuestro Hacedor, Fortaleza de nuestra salvación,
Aquél que nos prodiga y nos rescata:
Tu Nombre es eterno
y no existe para nosotros ningún Dios excepto Tú.

עֶזְרַת Tú has sido siempre la ayuda de nuestros ancestros, has sido el Escudo y la Salvación de los hijos que les sucedieron en todas las generaciones. Tu morada está en las cúspides del universo, Tu justicia y Tu rectitud alcanzan todos los confines de la tierra.

Verdad es que feliz del hombre que obedece Tus preceptos y lleva Tus enseñanzas y Tu palabra a su corazón.

Verdaderamente Tu eres el amo de Tu pueblo y un Rey poderoso que aboga por su causa, la de los padres y la de los hijos.

Verdaderamente Tú eres el Primero y el Último y aparte de Ti no tenemos rey ni redentor ni salvador.

Verdad es que Tú nos redimiste de Egipto SEÑOR, nuestro Dios,
nos liberaste de la casa de la esclavitud,
heriste de muerte a todos sus primogénitos mas a Tu primogénito redimiste.
Partiste para ellos el Mar de los Juncos, ahogaste a los arrogantes e hiciste cruzar el mar a Tus amados.
Las aguas cubrieron a sus perseguidores, *Sal. 106*
ningunos de ellos quedó.

אֱמֶת שֶׁאַתָּה הוּא יְהֹוָה, אֱלֹהֵינוּ וֵאלֹהֵי אֲבוֹתֵינוּ
מַלְכֵּנוּ מֶלֶךְ אֲבוֹתֵינוּ
גּוֹאֲלֵנוּ גּוֹאֵל אֲבוֹתֵינוּ
יוֹצְרֵנוּ צוּר יְשׁוּעָתֵנוּ
פּוֹדֵנוּ וּמַצִּילֵנוּ מֵעוֹלָם הוּא שְׁמֶךָ
וְאֵין לָנוּ עוֹד אֱלֹהִים זוּלָתְךָ, סֶלָה.
עֶזְרַת אֲבוֹתֵינוּ אַתָּה הוּא מֵעוֹלָם
מָגֵן וּמוֹשִׁיעַ לָהֶם וְלִבְנֵיהֶם אַחֲרֵיהֶם בְּכָל־דּוֹר וָדוֹר.
בְּרוּם עוֹלָם מוֹשָׁבֶךָ
וּמִשְׁפָּטֶיךָ וְצִדְקָתְךָ עַד אַפְסֵי אָרֶץ.

אֱמֶת אַשְׁרֵי אִישׁ שֶׁיִּשְׁמַע לְמִצְוֹתֶיךָ
וְתוֹרָתְךָ וּדְבָרְךָ יָשִׂים עַל לִבּוֹ.

אֱמֶת שָׁאַתָּה הוּא אָדוֹן לְעַמֶּךָ
וּמֶלֶךְ גִּבּוֹר לָרִיב רִיבָם לְאָבוֹת וּבָנִים.

אֱמֶת אַתָּה הוּא רִאשׁוֹן וְאַתָּה הוּא אַחֲרוֹן
וּמִבַּלְעָדֶיךָ אֵין לָנוּ מֶלֶךְ גּוֹאֵל וּמוֹשִׁיעַ.

אֱמֶת מִמִּצְרַיִם גְּאַלְתָּנוּ, יְהֹוָה אֱלֹהֵינוּ
מִבֵּית עֲבָדִים פְּדִיתָנוּ
כָּל־בְּכוֹרֵיהֶם הָרַגְתָּ, וּבְכוֹרְךָ יִשְׂרָאֵל גָּאַלְתָּ
וְיַם סוּף לָהֶם בָּקַעְתָּ
וְזֵדִים טִבַּעְתָּ, וִידִידִים עָבְרוּ יָם
וַיְכַסּוּ־מַיִם צָרֵיהֶם, אֶחָד מֵהֶם לֹא נוֹתָר: תהלים קו

עַל זֹאת Por ello los amados alabaron y ensalzaron a Dios,
los apreciados entonaron salmos, cánticos y loas,
bendiciendo y agradeciendo al Rey viviente y Eterno.
Elevado y ensalzado, grande y reverencialmente temido,
Él humilla a los soberbios hasta el suelo
y enaltece a los humildes,
hasta las alturas libera prisioneros,
salva a los necesitados,
ayuda a los pobres y responde a Su pueblo
cuando claman ante Él.

*Al decir "Alabanzas" ponerse de pie.*

תְּהִלּוֹת Alabanzas al Dios Supremo, su redentor,
el Dios Bendito que es bendecido.
Moshé y los hijos de Israel
entonaron para Ti un cántico con gran algarabía
y todos exclamaron:
"¿Quién es como Tú entre los fuertes SEÑOR? *Éx. 15*
¿Quién como Tú magnificado por la Santidad?
Infinito en alabanzas, Hacedor de maravillas".

Los libertos entonaron a orillas del mar un nuevo cántico
de alabanza a Tu gran Nombre.
Todos juntos agradecieron,
proclamaron Tu reino
y declararon:
"El SEÑOR reinará por toda la eternidad". *Éx. 15*

וְנֶאֱמַר Y fue dicho:
nuestro Redentor, Su nombre es el SEÑOR de las Huestes Celestiales, Santidad de Israel *Sal. 47*
Bendito eres Tú SEÑOR, que redimió a Israel.

עַל זֹאת שִׁבְּחוּ אֲהוּבִים וְרוֹמְמוּ לָאֵל
וְנָתְנוּ יְדִידִים זְמִירוֹת, שִׁירוֹת וְתִשְׁבָּחוֹת
בְּרָכוֹת וְהוֹדָאוֹת לַמֶּלֶךְ אֵל חַי וְקַיָּם
רָם וְנִשָּׂא, גָּדוֹל (גִּבּוֹר) וְנוֹרָא
מַשְׁפִּיל גֵּאִים עֲדֵי אָרֶץ
מַגְבִּיהַּ שְׁפָלִים עַד מָרוֹם
מוֹצִיא אֲסִירִים, פּוֹדֶה עֲנָוִים, עוֹזֵר דַּלִּים
הָעוֹנֶה לְעַמּוֹ יִשְׂרָאֵל בְּעֵת שַׁוְּעָם אֵלָיו.

*Al decir 'תְּהִלּוֹת' ponerse de pie.*

תְּהִלּוֹת לָאֵל עֶלְיוֹן גּוֹאֲלָם
בָּרוּךְ הוּא וּמְבֹרָךְ
מֹשֶׁה וּבְנֵי יִשְׂרָאֵל
לְךָ עָנוּ שִׁירָה בְּשִׂמְחָה רַבָּה
וְאָמְרוּ כֻלָּם

מִי־כָמֹכָה בָּאֵלִם, יְהוָה
מִי כָּמֹכָה נֶאְדָּר בַּקֹּדֶשׁ
נוֹרָא תְהִלֹּת, עֹשֵׂה פֶלֶא: שמות טו

שִׁירָה חֲדָשָׁה שִׁבְּחוּ גְאוּלִים
לְשִׁמְךָ הַגָּדוֹל עַל שְׂפַת הַיָּם
יַחַד כֻּלָּם הוֹדוּ וְהִמְלִיכוּ
וְאָמְרוּ

יְהוָה יִמְלֹךְ לְעֹלָם וָעֶד: שמות טו

וְנֶאֱמַר

גֹּאֲלֵנוּ יְהוָה צְבָאוֹת שְׁמוֹ, קְדוֹשׁ יִשְׂרָאֵל: ישעיה מז

בָּרוּךְ אַתָּה יְהוָה, גָּאַל יִשְׂרָאֵל.

## LA A'MIDÁ

Señor, abre mis labios para que mi boca pronuncie Tu alabanza. *Sal. 51*

### PATRIARCAS

בָּרוּךְ Bendito eres Tú Señor,
Dios nuestro y de nuestros ancestros,
Dios de Abraham, Dios de Iṣḥak y Dios de Ya'akob,
Dios grande, poderoso y maravilloso, Señor supremo,
que prodiga generosamente y es el Creador de todo lo existente,
Quien recuerda la gracia de los ancestros y traerá al Redentor
para los hijos de sus hijos en aras de Su Nombre con amor.

*Entre Rosh HaShaná y Yom Kipur:* Recuérdanos para la vida, Rey que anhela la vida
e inscríbenos en el libro de la vida
por Ti, oh Dios de vida.

Rey que ayuda, redime y protege.
Bendito eres Tú Señor, Escudo de Abraham.

---

consistió en dieciocho bendiciones (hoy diecinueve). Posee una estructura tripartita: (1) *alabanzas* (bendiciones 1–3), (2) *peticiones* (bendiciones 4–16), (3) *agradecimientos* (bendiciones 17–19). Cada una de estas partes posee asimismo una propia estructura tripartita. La primera y tercera sección contienen tres bendiciones cada una. La sección central contiene doce bendiciones (4–15), seis solicitudes personales y seis colectivas. Las primeras tres peticiones personales son de tipo espiritual (sabiduría, retorno y perdón). Las otras tres peticiones personales son de índole material (liberación, salud y sustento). Los tres primeros pedidos nacionales se refieren a cuestiones físicas (reunión de los exiliados, justicia y la conclusión de las disputas internas). Las segundas tres peticiones colectivas se refieren a las necesidades espirituales de la nación (los justos y los piadosos, la reconstrucción de Jerusalém y la restauración de la dinastía Davídica). La última de las bendiciones de petición, la décimo sexta ("Escucha nuestra voz"), queda por fuera de esta estructura pues se trata de una plegaria por la plegaria en sí. En este punto los individuos pueden agregar sus pedidos personales.

אבות *Bendición 1: Patriarcas* (página anterior). En estos acordes iniciales nos remontamos a los albores de la historia de nuestro pueblo – los días de los

# עמידה

אֲדֹנָי, שְׂפָתַי תִּפְתָּח, וּפִי יַגִּיד תְּהִלָּתֶךָ: תהלים נא

אבות

בָּרוּךְ אַתָּה יְהוָה, אֱלֹהֵינוּ וֵאלֹהֵי אֲבוֹתֵינוּ
אֱלֹהֵי אַבְרָהָם, אֱלֹהֵי יִצְחָק, וֵאלֹהֵי יַעֲקֹב
הָאֵל הַגָּדוֹל הַגִּבּוֹר וְהַנּוֹרָא, אֵל עֶלְיוֹן
גּוֹמֵל חֲסָדִים טוֹבִים, קוֹנֵה הַכֹּל
וְזוֹכֵר חַסְדֵי אָבוֹת
וּמֵבִיא גוֹאֵל לִבְנֵי בְנֵיהֶם לְמַעַן שְׁמוֹ בְּאַהֲבָה.

בעשרת ימי תשובה: זָכְרֵנוּ לְחַיִּים, מֶלֶךְ חָפֵץ בַּחַיִּים
כָּתְבֵנוּ בְּסֵפֶר חַיִּים, לְמַעַנְךָ אֱלֹהִים חַיִּים.

מֶלֶךְ עוֹזֵר וּמוֹשִׁיעַ וּמָגֵן.
בָּרוּךְ אַתָּה יְהוָה, מָגֵן אַבְרָהָם.

---

LA A'MIDÁ: EL REZO DE PIE

La A'midá es el pináculo de la plegaria: allí es cuando ingresamos al Santo Sanctórum de la vivencia religiosa. La recitamos de pie pues somos conscientes que nos encontramos ante la inmediata presencia de Dios. El vocablo "A'midá" se deriva también de las plegarias que recitaban las personas que pertenecían al *Ma'amad*, que eran grupos de laicos o personas no vinculadas al sacerdocio que en días del Segundo Templo acompañaban al *Mishmar* o turno de cohanim de su región que de acuerdo con el cronograma servían en el Templo cada veinticuatro semanas. El *Ma'amad* fue uno de los prototipos o formas tempranas de plegaria comunitaria.

Según la tradición, los orígenes de la forma primaria de la A'midá se remontan a la Gran Asamblea de los tiempos de Ezra, la cual se constituyó con el regreso de los judíos del exilio babilónico. Siglos más tarde, fue canonizada en su forma final por Shimón HaPakuli durante los días de Rabán Gamliel II (*Berajot* 28B).

Usualmente es llamada *Shemoné Esré*, "Dieciocho", pues originalmente

## PODER DE DIOS

אַתָּה גִּבּוֹר SEÑOR, Tú eres eternamente poderoso,
Tú revives a los muertos y tienes gran poder de salvación.

*Verano:* Hace descender el rocío.
*Invierno:* Hace soplar el viento y descender la lluvia.

Sostiene con benevolencia a todos los seres vivos,
revive a los muertos con gran misericordia,
da soporte a quienes se caen, cura a los enfermos,
libera a los prisioneros
y cumple Su promesa con quienes yacen ya en la tierra.
¿Quién es como Tú Todopoderoso?
¿Quién se Te puede asemejar?
Rey que quita la vida y la restaura
y hace brotar la Redención.

*Entre Rosh HaShaná y Yom Kipur:* ¿Quién como Tú Padre misericordioso,
que recuerdas a Tus creaturas para la vida con piedad?

Eres fiel en revivir a los muertos.
Bendito eres Tú SEÑOR, que revive a los muertos.

*Durante el rezo en voz baja continúe en "Tú eres santo".*

---

la estructura poética de esta concisa pero poderosa plegaria: cuatro frases, cada una de las cuales concluye con el vocablo *hayim* "vida".

גבורות *Bendición 2: Poder de Dios.* La quíntuple referencia a la resurrección de los muertos refleja la controversia que existió entre los saduceos y los fariseos en las postrimerías de la era del Segundo Templo. Los saduceos rechazaban la creencia en la resurrección; los fariseos, de quienes provenimos, la afirmaban. La creencia de que quienes han fallecido volverán a vivir algún día es uno de los grandes principios judíos vinculado a la esperanza, y está basado en la visión del profeta Ezequiel del valle de los huesos secos que retornan a la vida. Los judíos mantuvieron viva a la esperanza; la esperanza mantuvo con vida a los judíos.

גבורות

אַתָּה גִּבּוֹר לְעוֹלָם, אֲדֹנָי
מְחַיֶּה מֵתִים אַתָּה, רַב לְהוֹשִׁיעַ

בקיץ: מוֹרִיד הַטָּל / בחורף: מַשִּׁיב הָרוּחַ וּמוֹרִיד הַגֶּשֶׁם

מְכַלְכֵּל חַיִּים בְּחֶסֶד
מְחַיֶּה מֵתִים בְּרַחֲמִים רַבִּים
סוֹמֵךְ נוֹפְלִים, וְרוֹפֵא חוֹלִים, וּמַתִּיר אֲסוּרִים
וּמְקַיֵּם אֱמוּנָתוֹ לִישֵׁנֵי עָפָר.
מִי כָמוֹךָ, בַּעַל גְּבוּרוֹת
וּמִי דּוֹמֶה לָּךְ
מֶלֶךְ מֵמִית וּמְחַיֶּה וּמַצְמִיחַ יְשׁוּעָה.

בעשרת ימי תשובה: מִי כָמוֹךָ אָב הָרַחֲמָן,
זוֹכֵר יְצוּרָיו בְּרַחֲמִים לְחַיִּים.

וְנֶאֱמָן אַתָּה לְהַחֲיוֹת מֵתִים.
בָּרוּךְ אַתָּה יְהֹוָה, מְחַיֵּה הַמֵּתִים.

*Durante el rezo en voz baja continúe en 'אַתָּה קָדוֹשׁ'.*

---

patriarcas, Abraham, Iṣḥak y Ya'akob. Al hacerlo, nos hacemos eco de Moshé quien siempre se refería a nuestros ancestros al orar pidiendo el perdón para nuestro pueblo. El amor de Dios para con los patriarcas, amén del pacto que estableció con ellos quienes fueron los primeros en escuchar Su llamado, es el plano supremo sobre el cual nos paramos al dirigirnos a Él para orar. El párrafo concluye con una referencia a Abraham quien fuera la primera persona en atender el llamado Divino. לְמַעַנְךָ אֱלֹהִים חַיִּים *Por Ti, oh Dios de vida:* la traducción literal sería Dios viviente, empero procuramos preservar

## KEDUSHÁ

*Recitar junto al Ḥazán durante la repetición del rezo:*

נְקַדֵּשְׁךָ Te santificaremos y reverenciaremos con las palabras pronunciadas por los sagrados Serafim que santifican tres veces Tu Nombre en el Santuario, tal cual está escrito por Tu profeta: "y un ángel daba voces al otro diciendo: *Isa. 6*

*En voz alta:* Santo, Santo, Santo, SEÑOR de las Huestes Celestiales, toda la tierra está llena de Su gloria".

Quienes están frente a ellos dicen:

*En voz alta:* "Bendita es la gloria del SEÑOR desde Su sitial". *Eze. 3*

Y en Tus escrituras sagradas leemos:

*En voz alta:* "El SEÑOR reinará por siempre, tu Dios Ṣion, de generación en generación ¡Aleluyá!". *Sal. 146*

## SANTIDAD

אַתָּה קָדוֹשׁ Tú eres santo y Tu Nombre es santo,
y los santos Te alaban a diario, ¡Sela!
Bendito eres Tú SEÑOR,
el Dios santo. (*Entre Rosh HaShaná y Yom Kipur:* el Rey santo).

---

Nos paramos con los pies juntos, nos elevamos en puntas de pie tal como si también nosotros fuéramos ángeles.

En la *Kedushá* vamos más allá del rezo sacerdotal semejante al sacrificio y del rezo profético como diálogo, pasando al rezo como una experiencia mística. Esta plegaria es de un carácter tan sagrado, que en Israel, en tiempos antiguos, se recitaba únicamente en Shabat y días festivos. El Zohar interpreta la visión del patriarca Ya'akob de la escalera que conecta la tierra con el cielo con ángeles que ascienden y descienden (Génesis 28:12), como una metáfora que se refiere al rezo, y este es también uno de los sentidos de la *Kedushá*. Hemos ascendido la escalera desde la tierra hasta el cielo. Al repetir el oficiante el rezo en nombre de la totalidad de la comunidad, alcanzamos la cúspide de la experiencia religiosa.

קדושת השם *Bendición 3: Santidad*. La triple referencia a la santidad ("Tú eres santo y Tu Nombre es santo, y los santos Te alaban a diario") es un reflejo de la triple declaración de los ángeles en la visión de Isaías: " Santo, Santo, Santo, SEÑOR de las Huestes Celestiales, toda la tierra está llena de Su gloria". *Kadosh*, "santo", significa "separado, distinto". Cuando se usa el vocablo santo para

## קדושה

*Recitar junto al* חזן *durante la repetición del rezo:*

נְקַדֵּשׁ וְנַעֲרִיצְךָ כְּנֹעַם שִׂיחַ סוֹד שַׂרְפֵי קֹדֶשׁ, הַמְשַׁלְּשִׁים לְךָ קְדֻשָּׁה
וְכֵן כָּתוּב עַל יַד נְבִיאֶךָ: וְקָרָא זֶה אֶל־זֶה וְאָמַר ישעיה ו

בקול רם: קָדוֹשׁ, קָדוֹשׁ, קָדוֹשׁ, יְהוָה צְבָאוֹת, מְלֹא כָל־הָאָרֶץ כְּבוֹדוֹ:

לְעֻמָּתָם מְשַׁבְּחִים וְאוֹמְרִים

בקול רם: בָּרוּךְ כְּבוֹד־יְהוָה מִמְּקוֹמוֹ: יחזקאל ג

וּבְדִבְרֵי קָדְשְׁךָ כָּתוּב לֵאמֹר

בקול רם: יִמְלֹךְ יְהוָה לְעוֹלָם, אֱלֹהַיִךְ צִיּוֹן לְדֹר וָדֹר, הַלְלוּיָהּ: תהלים קמו

## קדושת השם

אַתָּה קָדוֹשׁ וְשִׁמְךָ קָדוֹשׁ
וּקְדוֹשִׁים בְּכָל־יוֹם יְהַלְלוּךָ סֶּלָה.
בָּרוּךְ אַתָּה יְהוָה, הָאֵל הַקָּדוֹשׁ. / בעשרת ימי תשובה: הַמֶּלֶךְ הַקָּדוֹשׁ./

קדושה *Kedushá.* La *Kedushá* es la instancia suprema de santidad en el rezo y adquiere diversas formas. Lo común a todas ellas es que se estructuran en torno a dos visiones místicas supremas de la Biblia, la de Isaías (capítulo 6) y la de Ezequiel (capítulos 1–3). El profeta, divisa a Dios en Su trono de gloria rodeado de ángeles que cantan Su alabanza. Isaías los escucha cantar "Santo, Santo, Santo, Señor de las Huestes Celestiales, toda la tierra está llena de Su gloria". Ezequiel (3:12) los escucha cantar "Bendita es la gloria del Señor desde Su sitial". Juntos, constituyen la expresión más sublime de plegaria ante la presencia de Dios.

En la mañana se recita la *Kedushá* tres veces en diferentes puntos del rezo. Existe la *Kedushat Yotzer* que figura en la primera de las tres bendiciones del recitado del Shemá (página 95), *Kedushá DeA'midá* que se recita durante la repetición de la A'midá por parte del oficiante y la *Kedushá DeSidrá* hacia el final del rezo. La primera y la tercera no requieren de *minián* para ser recitadas y se las dice estando sentados. La segunda requiere de minián y se recita de pie. Esto obedece a que la primera y la tercera son descripciones de los cánticos angelicales mientras que la segunda es una recreación de los mismos.

### CONOCIMIENTO

אַתָּה חוֹנֵן Tú agracias a la humanidad con conocimiento
y enseñas a los mortales entendimiento.
Agrácianos con sabiduría,
entendimiento y conocimiento que de Ti provienen.
Bendito eres Tú Señor, que con gracia otorga el conocimiento.

### RETORNO

הֲשִׁיבֵנוּ Padre nuestro, haznos retornar a Tu Torá.
Rey nuestro, acércanos a Tu servicio.
Haznos retornar en completo arrepentimiento ante Ti.
Bendito eres Tú Señor, que desea el arrepentimiento.

### PERDÓN

סְלַח לָנוּ Perdónanos Padre nuestro porque hemos errado.
Discúlpanos, Rey nuestro
porque hemos pecado intencionalmente;
pues Tú eres un Dios bondadoso que perdona.
Bendito eres Tú Señor,
que perdona reiteradamente con clemencia.

---

(Jer. 17:9). Una emoción no encaminada puede desviar y hasta resultar destructiva.

Este párrafo replica la estructura de la A'midá en su totalidad. Comienza con alabanza ("Tú agracias a la humanidad con conocimiento), luego efectúa un pedido ("Agrácianos con conocimiento") y concluye con un agradecimiento ("que indulgentemente concede el conocimiento").

תשובה *Bendición 5: Retorno.* El conocimiento y el entendimiento nos permiten ver dónde nos hemos desviado de la senda recta de la vida. Por ello, pedimos a Dios que nos ayude a encontrar el camino al retorno.

סליחה *Bendición 6: Perdón.* El retorno nos lleva a pedir a Dios que nos perdone. Esto aplica únicamente a trasgresiones entre el hombre y Dios. En el caso de trasgresiones para con el prójimo el perdón se obtiene solamente si hemos perdonado u obtenido el perdón de la persona a la que afectamos. Conocimiento, retorno y perdón son las tres necesidades primarias de la mente y el alma.

דעת

אַתָּה חוֹנֵן לְאָדָם דַּעַת
וּמְלַמֵּד לֶאֱנוֹשׁ בִּינָה.
וְחָנֵּנוּ מֵאִתְּךָ חָכְמָה בִּינָה וָדָעַת.
בָּרוּךְ אַתָּה יְהוָה, חוֹנֵן הַדָּעַת.

תשובה

הֲשִׁיבֵנוּ אָבִינוּ לְתוֹרָתֶךָ
וְקָרְבֵנוּ מַלְכֵּנוּ לַעֲבוֹדָתֶךָ
וְהַחֲזִירֵנוּ בִּתְשׁוּבָה שְׁלֵמָה לְפָנֶיךָ.
בָּרוּךְ אַתָּה יְהוָה, הָרוֹצֶה בִּתְשׁוּבָה.

סליחה

סְלַח לָנוּ אָבִינוּ כִּי חָטָאנוּ
מְחֹל לָנוּ מַלְכֵּנוּ כִּי פָשָׁעְנוּ
כִּי אֵל טוֹב וְסַלָּח אָתָּה.
בָּרוּךְ אַתָּה יְהוָה, חַנּוּן הַמַּרְבֶּה לִסְלֹחַ.

---

referirse a Dios se indica Su trascendencia, el hecho de que Él está por fuera de la naturaleza, la crea y la sustenta. Cuando el vocablo se usa en referencia al pueblo de Israel significa que estamos llamados a apartarnos de los ídolos de la época, y en vez de adorarlos vivimos en continua proximidad y cercanía a Dios.

Los primeros tres párrafos de la A'midá (salvo la *Kedushá*) conforman una unidad. El primero habla del inicio de la era del pacto durante los días de los patriarcas. El segundo se refiere al final de los días: la resurrección. El tercero se refiere a la santidad, más allá del espacio y el tiempo.

**דעת** *Bendición 4: Conocimiento.* Esta es la primera de las bendiciones en las que elevamos nuestros pedidos. Cuando Dios le preguntó al Rey Salomón qué es aquello que deseaba por sobre todas las cosas (1 Reyes 3:5–15), éste pidió sabiduría y otro tanto hacemos nosotros. El conocimiento es anterior a la emoción, ya que "el corazón es, por sobre todas las cosas, veleidoso"

### REDENCIÓN

רְאֵה Mira nuestra aflicción, litiga nuestra causa,
envíanos pronto redención completa en aras de Tu Nombre,
porque Tú eres un poderoso redentor.
Bendito eres Tú SEÑOR, redentor de Israel.

---

*En días de ayuno público el Ḥazán agrega:*

עֲנֵנוּ Respóndenos Padre nuestro, respóndenos en este nuestro día de ayuno, pues nos encontramos en medio de una gran angustia. No mires nuestra maldad y no ignores nuestra súplica. Sé próximo a nuestro clamor. Respóndenos aún antes de que Te imploremos, escúchanos aún antes de que hablemos, tal como está escrito: "Y será que antes de que Me invoquen Yo responderé, mientras ellos todavía hablan Yo ya habré escuchado". Pues Tú SEÑOR, siempre *Isa. 65* redimes y rescatas en tiempos de aflicción y desgracia. Bendito eres Tú SEÑOR, que responde a Su pueblo Israel en tiempos de aflicción.

---

### CURACIÓN

רְפָאֵנוּ Cúranos SEÑOR, y seremos curados.
Sálvanos y seremos salvos, pues Tú eres nuestra alabanza.
Trae completa recuperación para todas nuestras enfermedades,
dolores y dolencias,
pues Tú eres el Dios curador, misericordioso y confiable.
Bendito eres Tú SEÑOR,
que cura a los enfermos de Su pueblo Israel.

---

que podamos ser salvos de sufrir no por nosotros mismos sino para poder servirte a Ti sin distracción alguna (Ribí Ya'akob Tzví Mecklenburg). גּוֹאֵל יִשְׂרָאֵל *Redentor de Israel:* en el presente, como contrapartida a la bendición inmediatamente anterior a la A'midá en la que rememoramos una redención del pasado.

ענגו *Respóndenos:* Se trata de una plegaria especial que se recita en los días de ayuno público (*Ta'anit* 11A). El oficiante la recita en este punto durante la repetición de la A'midá.

רפואה *Bendición 8: Curación.* Oramos para que el tratamiento médico sea exitoso y que Dios sea parte del proceso curativo. Nosotros somos tanto cuerpo como alma, la salud de un aspecto incide en la del otro.

גאולה

רְאֵה נָא בְעָנְיֵנוּ, וְרִיבָה רִיבֵנוּ
וּמַהֵר לְגָאֳלֵנוּ גְאֻלָּה שְׁלֵמָה לְמַעַן שְׁמֶךָ
כִּי אֵל גּוֹאֵל חָזָק אָתָּה.
בָּרוּךְ אַתָּה יְהֹוָה, גּוֹאֵל יִשְׂרָאֵל.

*En días de ayuno público el* חזן *agrega:*

עֲנֵנוּ אָבִינוּ עֲנֵנוּ בְּיוֹם צוֹם הַתַּעֲנִית הַזֶּה, כִּי בְצָרָה גְדוֹלָה אֲנָחְנוּ. אַל תֵּפֶן לְרִשְׁעֵנוּ, וְאַל תִּתְעַלַּם מַלְכֵּנוּ מִבַּקָּשָׁתֵנוּ. הֱיֵה נָא קָרוֹב לְשַׁוְעָתֵנוּ. טֶרֶם נִקְרָא אֵלֶיךָ אַתָּה תַעֲנֶה, נְדַבֵּר וְאַתָּה תִשְׁמַע, כַּדָּבָר שֶׁנֶּאֱמַר:
וְהָיָה טֶרֶם יִקְרָאוּ וַאֲנִי אֶעֱנֶה, עוֹד הֵם מְדַבְּרִים וַאֲנִי אֶשְׁמָע: כִּי אַתָּה יְהֹוָה פּוֹדֶה וּמַצִּיל וְעוֹנֶה וּמְרַחֵם בְּכָל־עֵת צָרָה וְצוּקָה. בָּרוּךְ אַתָּה יְהֹוָה, הָעוֹנֶה לְעַמּוֹ יִשְׂרָאֵל בְּעֵת צָרָה. ישעיה סה

רפואה

רְפָאֵנוּ יְהֹוָה וְנֵרָפֵא
הוֹשִׁיעֵנוּ וְנִוָּשֵׁעָה, כִּי תְהִלָּתֵנוּ אָתָּה
וְהַעֲלֵה אֲרוּכָה וּמַרְפֵּא לְכָל־תַּחֲלוּאֵינוּ
וּלְכָל־מַכְאוֹבֵינוּ וּלְכָל־מַכּוֹתֵינוּ
כִּי אֵל רוֹפֵא רַחֲמָן וְנֶאֱמָן אָתָּה.
בָּרוּךְ אַתָּה יְהֹוָה, רוֹפֵא חוֹלֵי עַמּוֹ יִשְׂרָאֵל.

---

גאולה *Bendición 7: Redención.* Los comentaristas explican que este pedido no se refiere a la redención nacional ya que esta será objeto de otra petición posterior. Aquí el texto se refiere a la redención de una crisis personal: cautiverio, persecución, infortunio, aflicción. Ribí Shimshon Rafael Hirsch hace una distinción entre las primeras dos frases de modo tal que: "Mira nuestra aflicción" se refiere al sufrimiento que no fue causado por otros, al tiempo que "litiga nuestra causa" se refiere a quienes procuran hacernos daño. Un argumento racional suele ser insuficiente para superar un odio profesado, por ello, depositamos nuestra fe en las manos de Dios y le pedimos que aplaque la hostilidad (Rabino J. H. Hertz). לְמַעַן שְׁמֶךָ *en aras de Tu Nombre:*

PROSPERIDAD

*Verano:* בָּרְכֵנוּ Bendícenos Señor, nuestro Dios,
en todas las obras de nuestras manos
y bendice nuestro año con rocíos benevolentes,
bendición y generosidad.
Que tras su finalización haya vida,
saciedad y paz como en los mejores y más benditos años,
pues Tú eres un Dios bondadoso,
que hace el bien y bendice los años.
Bendito eres Tú Señor, que bendice los años.

*Invierno:* בָּרֵךְ Bendice para nosotros este año Señor, nuestro Dios,
y todas sus especies de cosechas para bien.
Concédenos rocío y lluvia de bendición sobre la faz de la tierra, riega diligentemente al planeta
y sacia al mundo entero con Tu bondad,
colma nuestras manos de Tus bendiciones,
de la riqueza de Tus dones.
Cuida y salva a este año de todo evento malo,
de toda destrucción o desgracia,
haz que sea un año de esperanza y que culmine en paz,
apiádate y ten compasión de él y de toda su cosecha
y todos sus frutos.
Bendícelo con lluvias benevolentes,
bendición y generosidad.
Que tras su finalización haya vida,
saciedad y paz como en los mejores y más benditos años,
pues Tú eres un Dios bondadoso,
que hace el bien y bendice los años.
Bendito eres Tú Señor, que bendice los años.

---

de la lluvia por lo que esta bendición en los meses de invierno incluye un pedido por lluvias. Este país le enseña a la gente la necesidad de rezar.

### ברכת השנים

בקיץ בָּרְכֵנוּ יְהֹוָה אֱלֹהֵינוּ בְּכָל־מַעֲשֵׂי יָדֵינוּ
וּבָרֵךְ שְׁנָתֵנוּ בְּטַלְלֵי רָצוֹן בְּרָכָה וּנְדָבָה
וּתְהִי אַחֲרִיתָהּ, חַיִּים וְשָׂבָע וְשָׁלוֹם
כַּשָּׁנִים הַטּוֹבוֹת לִבְרָכָה
כִּי אֵל טוֹב וּמֵטִיב אַתָּה וּמְבָרֵךְ הַשָּׁנִים.
בָּרוּךְ אַתָּה יְהֹוָה, מְבָרֵךְ הַשָּׁנִים.

בחורף בָּרֵךְ עָלֵינוּ יְהֹוָה אֱלֹהֵינוּ אֶת הַשָּׁנָה הַזֹּאת
וְאֶת כָּל־מִינֵי תְבוּאָתָהּ לְטוֹבָה
וְתֵן טַל וּמָטָר לִבְרָכָה עַל כָּל־פְּנֵי הָאֲדָמָה
וְרַוֵּה פְּנֵי תֵבֵל, וְשַׂבַּע אֶת הָעוֹלָם כֻּלּוֹ מִטּוּבָךְ
וּמַלֵּא יָדֵינוּ מִבִּרְכוֹתֶיךָ, וּמֵעֹשֶׁר מַתְּנוֹת יָדֶיךָ
שָׁמְרָה וְהַצִּילָה שָׁנָה זוֹ מִכָּל־דָּבָר רָע
וּמִכָּל־מִינֵי מַשְׁחִית, וּמִכָּל־מִינֵי פֻרְעָנוּת
וַעֲשֵׂה לָהּ תִּקְוָה טוֹבָה וְאַחֲרִית שָׁלוֹם
חוּס וְרַחֵם עָלֶיהָ וְעַל־כָּל־תְּבוּאָתָהּ וּפֵרוֹתֶיהָ
וּבָרְכָהּ בְּגִשְׁמֵי רָצוֹן בְּרָכָה וּנְדָבָה
וּתְהִי אַחֲרִיתָהּ, חַיִּים וְשָׂבָע וְשָׁלוֹם, כַּשָּׁנִים הַטּוֹבוֹת לִבְרָכָה
כִּי אֵל טוֹב וּמֵטִיב אַתָּה וּמְבָרֵךְ הַשָּׁנִים.
בָּרוּךְ אַתָּה יְהֹוָה, מְבָרֵךְ הַשָּׁנִים.

---

**ברכת השנים** *Bendición 9: Prosperidad.* Oramos para que Dios bendiga nuestro esfuerzo por obtener el sustento. La agricultura en la tierra de Israel depende

### REUNIÓN DE LOS EXILIOS

תְּקַע Haz sonar el gran shofar de nuestra liberación,
iza el estandarte de la reunión de nuestros exilios
y reúnenos pronto en nuestra tierra desde los
cuatro confines del mundo.
Bendito eres Tú SEÑOR, que reúne a los dispersos
de Su pueblo Israel.

### JUSTICIA

הָשִׁיבָה Restaura nuestros jueces como en el principio
y nuestros consejeros como al inicio
y quita de entre nosotros desgracias, penas y suspiros de angustia.
Pues solamente Tú SEÑOR, reinas sobre nosotros
con benevolencia, compasión ,rectitud y justicia.
Bendito eres Tú SEÑOR, Rey que ama la rectitud y la justicia.

*Entre Rosh HaShaná y Yom Kipur:* el Rey de la justicia

### CONTRA LOS APÓSTATAS Y DELATORES

לַמִּינִים Que no haya esperanza para los apóstatas
y los delatores y los traidores,
y que todos los maliciosos perezcan de inmediato;
que todos Tus enemigos y todos aquellos que Te odian sean
pronto cercenados, que el reinado del mal sea arrancado,
quebrado, eliminado y doblegado pronto en nuestros días.
Bendito eres Tú SEÑOR,
que quiebra a los enemigos y doblega a los apóstatas.

---

autónomo. Los "jueces", en el libro bíblico así intitulado, no eran simplemente magistrados en el estricto sentido judicial de la palabra, sino que eran líderes populares (Ribí Abraham ben HaRambám). La plegaria por la restauración de los jueces a continuación de la de la reunión de los exilios es entonces una petición por la restauración de la soberanía nacional. וְהָסֵר מִמֶּנּוּ יָגוֹן וַאֲנָחָה *Quita de entre nosotros penas y suspiros de angustia:* se trata del lamento de un pueblo que ha conocido de cerca lo precario que resulta depender de la buena voluntad de los otros.

ברכת המינים *Bendición 12: Contra los apóstatas y delatores.* El texto de este párrafo pasó por numerosos cambios a lo largo de los siglos. Originalmente

קיבוץ גלויות

תְּקַע בְּשׁוֹפָר גָּדוֹל לְחֵרוּתֵנוּ
וְשָׂא נֵס לְקַבֵּץ גָּלֻיּוֹתֵינוּ
וְקַבְּצֵנוּ מְהֵרָה יַחַד מֵאַרְבַּע כַּנְפוֹת הָאָרֶץ לְאַרְצֵנוּ.
בָּרוּךְ אַתָּה יְהוָֹה, מְקַבֵּץ נִדְחֵי עַמּוֹ יִשְׂרָאֵל.

השבת המשפט

הָשִׁיבָה שׁוֹפְטֵינוּ כְּבָרִאשׁוֹנָה וְיוֹעֲצֵינוּ כְּבַתְּחִלָּה
וְהָסֵר מִמֶּנּוּ צָרָה, יָגוֹן וַאֲנָחָה
וּמְלֹךְ עָלֵינוּ מְהֵרָה אַתָּה יְהוָֹה לְבַדְּךָ
בְּחֶסֶד וּבְרַחֲמִים בְּצֶדֶק וּבְמִשְׁפָּט.
בָּרוּךְ אַתָּה יְהוָֹה, מֶלֶךְ אוֹהֵב צְדָקָה וּמִשְׁפָּט.

/ בעשרת ימי תשובה: הַמֶּלֶךְ הַמִּשְׁפָּט./

ברכת המינים

לַמִּינִים וְלַמַּלְשִׁינִים וְלַמּוֹסְרִים אַל תְּהִי תִקְוָה
וְכָל־הַזֵּדִים כְּרֶגַע יֹאבֵדוּ
וְכָל־אוֹיְבֶיךָ וְכָל שׂוֹנְאֶיךָ מְהֵרָה יִכָּרֵתוּ
וּמַלְכוּת הָרִשְׁעָה מְהֵרָה תְעַקֵּר וּתְשַׁבֵּר
וּתְכַלֵּם וְתַכְנִיעֵם בִּמְהֵרָה בְיָמֵינוּ.
בָּרוּךְ אַתָּה יְהוָֹה, שׁוֹבֵר אוֹיְבִים וּמַכְנִיעַ מִינִים.

---

קיבוץ גלויות *Bendición 10: Reunión de los exilios.* En este párrafo el pedido pasa del ámbito personal al colectivo. Esta nueva etapa se inicia con tres pedidos de tenor político-histórico: el retorno de los exilios, la restauración de la independencia y el final del faccionalismo que tanto daño le ha causado al pueblo de Israel desde los tiempos bíblicos y hasta finales del Segundo Templo. תְּקַע בְּשׁוֹפָר גָּדוֹל *Toca el gran shofar:* en referencia a Isaías 27:13, "En ese día sonará un gran shofar". וְשָׂא נֵס *Iza el estandarte:* Isaías 11:12, "E izará una bandera para las naciones y reunirá a los exiliados de Israel, reunirá a los dispersos de Judea de los cuatro confines de la tierra".

משפט *Bendición 11: Justicia.* Se trata de una plegaria que pide el gobierno

POR LOS JUSTOS

עַל הַצַּדִּיקִים Que se despierte Tu compasión SEÑOR,
nuestro Dios, por los justos, los piadosos,
por el remanente de Tu pueblo la casa de Israel,
los ancianos, por el remanente de sus eruditos,
los justos prosélitos y por nosotros.
Concede una generosa recompensa a todos aquellos
que confían de verdad en Tu Nombre,
y que nuestro destino sea con ellos,
y que nunca nos avergoncemos pues en Ti hemos confiado
y en Tu gran generosidad nos hemos apoyado.
Bendito eres Tú SEÑOR, sostén y confianza de los justos.

RECONSTRUCCIÓN DE JERUSALÉM

תִּשְׁכּוֹן Reside en medio de Tu ciudad Jerusalém,
tal como lo prometiste,
establece rápidamente en ella el trono de David
y reconstrúyela cual edificación eterna
prontamente en nuestros días.
Bendito eres Tú SEÑOR, que reconstruye a Jerusalém.

---

los piadosos, los ancianos, los eruditos y los prosélitos. פְּלֵיטַת סוֹפְרֵיהֶם *El remanente de sus eruditos* es una referencia a aquellos judíos que sobrevivieron las persecuciones religiosas de los griegos y los romanos, y más tarde sobrevivieron también las cruzadas, así como quienes vivieron durante el Holocausto. El judaísmo ha perdido a muchos de sus máximos eruditos bajo la forma de mártires.

בניין ירושלים *Bendición 14: Reconstrucción de Jerusalém.* Jerusalém es el hogar del alma judía, el lugar hacia el cual nos dirigimos para orar y por cuya restauración los judíos han rezado en cada generación. El libro de los Salmos nos ha dejado una descripción indeleble de cómo se sentían los judíos cuando la ciudad cayó en manos de los babilonios en el siglo VI A.E.C.: "A la orilla de los ríos de Babilonia nos sentábamos y llorábamos al recordar a Ṣion… que mi lengua se pegue a mi paladar si no te recordase, si no pusiese a Jerusalém por sobre mi mayor alegría" (Salmos 137). Jerusalém es mencionada más de 600 veces en la Biblia.

על הצדיקים

עַל הַצַּדִּיקִים וְעַל הַחֲסִידִים
וְעַל שְׁאֵרִית עַמְּךָ בֵּית יִשְׂרָאֵל וְעַל זִקְנֵיהֶם
וְעַל פְּלֵטַת בֵּית סוֹפְרֵיהֶם וְעַל גֵּרֵי הַצֶּדֶק וְעָלֵינוּ
יֶהֱמוּ נָא רַחֲמֶיךָ יְהוָה אֱלֹהֵינוּ
וְתֵן שָׂכָר טוֹב לְכָל־הַבּוֹטְחִים בְּשִׁמְךָ בֶּאֱמֶת
וְשִׂים חֶלְקֵנוּ עִמָּהֶם
וּלְעוֹלָם לֹא נֵבוֹשׁ כִּי בְךָ בָּטָחְנוּ
וְעַל חַסְדְּךָ הַגָּדוֹל בֶּאֱמֶת נִשְׁעָנְנוּ.
בָּרוּךְ אַתָּה יְהוָה, מִשְׁעָן וּמִבְטָח לַצַּדִּיקִים.

בניין ירושלים

תִּשְׁכּוֹן בְּתוֹךְ יְרוּשָׁלַיִם עִירְךָ כַּאֲשֶׁר דִּבַּרְתָּ
וְכִסֵּא דָוִד עַבְדְּךָ מְהֵרָה בְּתוֹכָהּ תָּכִין
וּבְנֵה אוֹתָהּ בִּנְיַן עוֹלָם בִּמְהֵרָה בְיָמֵינוּ.
בָּרוּךְ אַתָּה יְהוָה, בּוֹנֵה יְרוּשָׁלָיִם.

---

tuvo como objeto el sectarismo que dividió al mundo judío durante la era del Segundo Templo. En días del imperio heleno hubo judíos que se volvieron en contra de su propio pueblo. En el judaísmo la idea de la fe incluye también el concepto de la lealtad – al pueblo y a su legado. Esta bendición es una protesta contra la deslealtad.

El Talmud (*Berajot* 28B) dice que para redactar esta bendición Rabán Gamliel recurrió a Shmuel HaKatán. El Rav Kuk señala que Shmuel HaKatán era conocido por su apego al principio de "no te alegrarás ante la caída de tu enemigo" (*Avot* 4:24). Solamente a una persona que ama profundamente a su prójimo se le puede encomendar la labor de redactar semejante plegaria, que debe estar libre de toda animosidad y deleite ante el infortunio ajeno.

על הצדיקים *Bendición 13:* הַצַּדִּיקִים *Los justos.* Tras mencionar a quienes dañan al pueblo judío pasamos a describir a quienes lo dotan de grandeza: los justos,

*En 9 de Av se recita aquí "Consuela":*

Consuela SEÑOR, Dios nuestro, a los dolientes de Ṣion y Jerusalém, y a la ciudad enlutada y arrasada, humillada y desolada. Ella está sentada sin sus hijos y su cabeza está cubierta en señal de duelo cual mujer estéril que no dio a luz. Devorada por legiones y heredada por idólatras, a Tu pueblo Israel masacraron asesinando premeditadamente a hombres piadosos servidores del Altísimo. Por ello Ṣion llora amargamente y Jerusalém alza su voz. Mi corazón, mi corazón se enluta por sus asesinados, mis entrañas se angustian por sus víctimas. Pues Tú SEÑOR por medio del fuego destruiste la ciudad y por medio del fuego la habrás de reconstruir, tal como está escrito: "Y Yo seré para ella, dijo el SEÑOR, cual muralla de fuego que la circunda y Mi gloria se manifestará en ella". *Zac. 2*

REINO DE DAVID

אֶת צֶמַח Haz florecer prontamente el retoño de Tu siervo David,
y su magnificencia se eleve hacia lo alto por medio de Tu salvación,
pues esperamos y aguardamos a diario Tu salvación.
Bendito eres Tú SEÑOR, que haces florecer la gloria de la salvación.

RESPUESTA A LA ORACIÓN

שְׁמַע Escucha nuestra voz SEÑOR, nuestro Dios.
Padre compasivo, apiádate y ten compasión de nosotros
y recibe con misericordia y benevolencia nuestra plegaria,
pues Tú Dios, escuchas las plegarias y las súplicas.
No nos dejes volver de Tu presencia con las manos vacías,

---

llegada del Mashiaḥ. La palabra Mashiaḥ en hebreo significa "ungido" y será un descendiente debidamente designado de la dinastía davídica.

שומע תפילה *Bendición 16: Respuesta a la oración.* Se trata de una bendición que incluye a los demás pedidos por cuanto que ruega a Dios que todas las plegarias sean escuchadas. En este punto de la A'midá silenciosa se pueden incluir cualquier tipo de peticiones personales.

*En* תשעה באב *se recita aquí* 'נַחֵם':

נַחֵם יְהוָה אֱלֹהֵינוּ אֶת אֲבֵלֵי צִיּוֹן וְאֶת אֲבֵלֵי יְרוּשָׁלַיִם וְאֶת הָעִיר
הַחֲרֵבָה וְהַבְּזוּיָה וְהַשּׁוֹמֵמָה, מִבְּלִי בָנֶיהָ הִיא יוֹשֶׁבֶת, וְרֹאשָׁהּ חָפוּי
כְּאִשָּׁה עֲקָרָה שֶׁלֹּא יָלָדָה. וַיְבַלְּעוּהָ לִגְיוֹנִים, וַיִּירָשׁוּהָ, וַיָּטִילוּ אֶת עַמְּךָ
יִשְׂרָאֵל לֶחָרֶב, וַיַּהַרְגוּ בְזָדוֹן חֲסִידֵי עֶלְיוֹן. עַל כֵּן צִיּוֹן בְּמַר תִּבְכֶּה
וִירוּשָׁלַיִם תִּתֵּן קוֹלָהּ. לִבִּי לִבִּי עַל חַלְלֵיהֶם, מֵעַי מֵעַי עַל הֲרוּגֵיהֶם.
זכריה ב כִּי אַתָּה יְהוָה בָּאֵשׁ הִצַּתָּהּ וּבָאֵשׁ אַתָּה עָתִיד לִבְנוֹתָהּ, כַּכָּתוּב: וַאֲנִי
אֶהְיֶה־לָּהּ, נְאֻם־יְהוָה, חוֹמַת אֵשׁ סָבִיב, וּלְכָבוֹד אֶהְיֶה בְתוֹכָהּ: בָּרוּךְ
אַתָּה יְהוָה, מְנַחֵם צִיּוֹן בְּבִנְיַן יְרוּשָׁלָיִם.

---

מלכות בית דוד

אֶת צֶמַח דָּוִד עַבְדְּךָ מְהֵרָה תַצְמִיחַ
וְקַרְנוֹ תָּרוּם בִּישׁוּעָתֶךָ
כִּי לִישׁוּעָתְךָ קִוִּינוּ וְצִפִּינוּ כָּל־הַיּוֹם.
בָּרוּךְ אַתָּה יְהוָה, מַצְמִיחַ קֶרֶן יְשׁוּעָה.

שומע תפילה

שְׁמַע קוֹלֵנוּ יְהוָה אֱלֹהֵינוּ
אָב הָרַחֲמָן חוּס וְרַחֵם עָלֵינוּ
וְקַבֵּל בְּרַחֲמִים וּבְרָצוֹן אֶת תְּפִלָּתֵנוּ
כִּי אֵל שׁוֹמֵעַ תְּפִלּוֹת וְתַחֲנוּנִים אָתָּה
וּמִלְּפָנֶיךָ מַלְכֵּנוּ רֵיקָם אַל תְּשִׁיבֵנוּ

---

מלכות בית דוד *Bendición 15: Reino de David.* Dios le prometió a David que la monarquía estaría siempre en manos de sus descendientes. La dinastía davídica llegó a su fin con la conquista babilónica y será restaurada con la

se clemente, respóndenos y escucha nuestras plegarias*,
pues Tú atiendes las plegarias de cada boca.
Bendito eres Tú Señor, que atiende la plegaria.

** En días de ayuno, el Kahal agrega "Respóndenos":*

עֲנֵנוּ Respóndenos Padre nuestro, respóndenos en este nuestro día de ayuno, pues nos encontramos en medio de una gran angustia. No mires nuestra maldad y no ignores nuestra súplica. Sé próximo a nuestro clamor. Respóndenos aún antes de que Te imploremos, escúchanos aún antes de que hablemos, tal como está escrito: "Y será que antes de que Me invoquen Yo responderé, mientras ellos todavía hablan Yo ya habré escuchado". Pues Tú Señor, siempre redimes y rescatas en tiempos de aflicción y desgracia. *Isa. 65*

EL SERVICIO DEL TEMPLO

רְצֵה Acepta con benevolencia Señor, nuestro Dios,
a Tu pueblo Israel y atiende sus plegarias.
Restaura el servicio en Tu más sagrada casa y acepta favorable
y amorosamente las ofrendas ígneas de Israel y sus rezos.
Que siempre recibas con agrado el servicio de Tu pueblo Israel.

*En Rosh Ḥodesh y en Ḥol HaMo'ed se dice:*

אֱלֹהֵינוּ Dios nuestro y de nuestros ancestros, que ascienda, acuda y llegue; sea visible, sea aceptada, sea escuchada, sea considerada y sea recordada delante de Ti nuestra memoria, y la de nuestros patriarcas, y la del Mashiaḥ hijo de David Tu siervo, y la de todo Tu pueblo la casa de Israel – para liberación y bienestar, gracia, benevolencia y compasión, en este día de:

*En Rosh Ḥodesh:* Rosh Ḥodesh
*En Pesaḥ:* Fiesta de las Maṣot, día de sagrada convocatoria
*En Sucot:* Fiesta de Sucot, día de sagrada convocatoria

Para que en él tengas compasión y nos redimas. Recuérdanos Señor, nuestro Dios en él para bien, tennos presentes en él para bendición y redímenos en él para una buena vida, de acuerdo con Tu promesa de salvación y misericordia. Apiádate, agrácianos, compadécete y ten misericordia de nosotros y redímenos, pues nuestros ojos están puestos en Ti ya que Tú Dios eres un Rey benevolente y compasivo.

---

Este párrafo fue originalmente una plegaria que pedía que Dios acepte la ofrenda del día. Luego los cohanim recitaban *Modím*, "Te agradecemos a Ti" y bendecían al pueblo. Según las *Tosafot* esto significa que recitaban la triple

חָנֵּנוּ וַעֲנֵנוּ וּשְׁמַע תְּפִלָּתֵנוּ* כִּי אַתָּה שׁוֹמֵעַ תְּפִלַּת כָּל־פֶּה.
בָּרוּךְ אַתָּה יְהֹוָה, שׁוֹמֵעַ תְּפִלָּה.

** En días de ayuno, el* קהל *agrega* 'עֲנֵנוּ':

עֲנֵנוּ אָבִינוּ עֲנֵנוּ בְּיוֹם צוֹם הַתַּעֲנִית הַזֶּה, כִּי בְצָרָה גְדוֹלָה אֲנָחְנוּ. אַל
תֵּפֶן לְרִשְׁעֵנוּ, וְאַל תִּתְעַלַּם מַלְכֵּנוּ מִבַּקָּשָׁתֵנוּ. הֱיֵה נָא קָרוֹב לְשַׁוְעָתֵנוּ,
טֶרֶם נִקְרָא אֵלֶיךָ אַתָּה תַעֲנֶה, נְדַבֵּר וְאַתָּה תִשְׁמַע, כַּדָּבָר שֶׁנֶּאֱמַר: וְהָיָה ישעיה סה
טֶרֶם יִקְרָאוּ וַאֲנִי אֶעֱנֶה, עוֹד הֵם מְדַבְּרִים וַאֲנִי אֶשְׁמָע: כִּי אַתָּה יְהֹוָה
פּוֹדֶה וּמַצִּיל וְעוֹנֶה וּמְרַחֵם בְּכָל־עֵת צָרָה וְצוּקָה.

עבודה

רְצֵה יְהֹוָה אֱלֹהֵינוּ בְּעַמְּךָ יִשְׂרָאֵל וְלִתְפִלָּתָם שְׁעֵה
וְהָשֵׁב הָעֲבוֹדָה לִדְבִיר בֵּיתֶךָ
וְאִשֵּׁי יִשְׂרָאֵל וּתְפִלָּתָם מְהֵרָה בְּאַהֲבָה תְקַבֵּל בְּרָצוֹן
וּתְהִי לְרָצוֹן תָּמִיד עֲבוֹדַת יִשְׂרָאֵל עַמֶּךָ.

*En* ראש חודש *y en* חול המועד *se dice:*

אֱלֹהֵינוּ וֵאלֹהֵי אֲבוֹתֵינוּ, יַעֲלֶה וְיָבוֹא, יַגִּיעַ, יֵרָאֶה וְיֵרָצֶה, יִשָּׁמַע
יִפָּקֵד וְיִזָּכֵר זִכְרוֹנֵנוּ וְזִכְרוֹן אֲבוֹתֵינוּ, זִכְרוֹן יְרוּשָׁלַיִם עִירָךְ, וְזִכְרוֹן
מָשִׁיחַ בֶּן דָּוִד עַבְדָּךְ, וְזִכְרוֹן כָּל־עַמְּךָ בֵּית יִשְׂרָאֵל, לְפָנֶיךָ, לִפְלֵיטָה
לְטוֹבָה, לְחֵן, לְחֶסֶד וּלְרַחֲמִים, בְּיוֹם

בראש חודש: רֹאשׁ חֹדֶשׁ הַזֶּה
בפסח: חַג הַמַּצּוֹת הַזֶּה, בְּיוֹם מִקְרָא קֹדֶשׁ הַזֶּה
בסוכות: חַג הַסֻּכּוֹת הַזֶּה, בְּיוֹם מִקְרָא קֹדֶשׁ הַזֶּה

לְרַחֵם בּוֹ עָלֵינוּ וּלְהוֹשִׁיעֵנוּ. זָכְרֵנוּ יְהֹוָה אֱלֹהֵינוּ בּוֹ לְטוֹבָה, וּפָקְדֵנוּ
בוֹ לִבְרָכָה, וְהוֹשִׁיעֵנוּ בוֹ לְחַיִּים טוֹבִים בִּדְבַר יְשׁוּעָה וְרַחֲמִים. חוּס
וְחָנֵּנוּ וַחֲמֹל וְרַחֵם עָלֵינוּ וְהוֹשִׁיעֵנוּ, כִּי אֵלֶיךָ עֵינֵינוּ, כִּי אֵל מֶלֶךְ
חַנּוּן וְרַחוּם אָתָּה.

**עבודה** *Bendición 17: El Servicio del Templo.* Las últimas tres bendiciones que los sabios llaman "de agradecimiento" están entrelazadas pues eran pronunciadas antiguamente por los cohanim en el Templo (*Tamid* 5:1).

וְאַתָּה Y Tú en Tu gran compasión nos desearás
y Te complacerás en nosotros.
Que nuestros ojos contemplen Tu retorno a Ṣión con compasión.
Bendito eres Tú SEÑOR, que restaura Su presencia en Ṣion.

AGRADECIMIENTO

מוֹדִים Te agradecemos a Ti,
pues eres el SEÑOR,
Dios nuestro y de nuestros ancestros por siempre.
Eres nuestra Roca
y la de nuestra existencia,
Escudo de nuestra salvación.
De generación en generación Te agradeceremos, y relataremos Tu alabanza por nuestras vidas que están depositadas en Tus manos, por nuestras almas que están a Tu cargo, por Tus milagros para con nosotros a diario, y las bondades y maravillas que nos prodigas en todo momento, noche, mañana y tarde.
El Benevolente, pues Tu compasión nunca concluye,
Tú eres compasivo, pues no cesan Tus bondades.
Siempre hemos depositado nuestra esperanza en Ti.

*Mientras el Ḥazán recita el pasaje paralelo el Kahal se inclina y dice en voz baja:*

מוֹדִים Te agradecemos a Ti,
pues eres el SEÑOR,
Dios nuestro
y de nuestros ancestros,
Dios de toda carne, Formador nuestro y del universo.
Bendiciones y agradecimientos
a Tu Nombre grandioso
y sagrado, por habernos
preservado con vida
y mantenido.
De igual forma, danos vida,
agrácianos y reúne
a Tus exiliados en
Tu patio sagrado,
para que cumplan
con Tus leyes y hagan
Tu voluntad con integridad
de corazón,
por ello nos corresponde
agradecerte.
Bendito es el Dios
a Quien debemos agradecer.

---

explicó la diferencia entre un milagro "revelado o manifiesto" y otro "oculto". Los milagros revelados trascienden las leyes naturales mientras que los ocultos tienen lugar en el marco de las mismas. Dios está presente no sólo mediante señales y maravillas sino también en las leyes mismas que gobiernan el universo. Ver lo milagroso en lo cotidiano es parte de la visión judía que está bellamente expresada en estas líneas.

וְאַתָּה בְּרַחֲמֶיךָ הָרַבִּים תַּחְפֹּץ בָּנוּ וְתִרְצֵנוּ
וְתֶחֱזֶינָה עֵינֵינוּ בְּשׁוּבְךָ לְצִיּוֹן בְּרַחֲמִים.
בָּרוּךְ אַתָּה יְהוָה, הַמַּחֲזִיר שְׁכִינָתוֹ לְצִיּוֹן.

הודאה

מוֹדִים אֲנַחְנוּ לָךְ
שָׁאַתָּה הוּא יְהוָה אֱלֹהֵינוּ
וֵאלֹהֵי אֲבוֹתֵינוּ לְעוֹלָם וָעֶד.
צוּרֵנוּ, צוּר חַיֵּינוּ וּמָגֵן יִשְׁעֵנוּ
אַתָּה הוּא לְדוֹר וָדוֹר
נוֹדֶה לְּךָ וּנְסַפֵּר תְּהִלָּתֶךָ
עַל חַיֵּינוּ הַמְּסוּרִים בְּיָדֶךָ
וְעַל נִשְׁמוֹתֵינוּ הַפְּקוּדוֹת לָךְ.
וְעַל נִסֶּיךָ שֶׁבְּכָל־יוֹם עִמָּנוּ
וְעַל נִפְלְאוֹתֶיךָ וְטוֹבוֹתֶיךָ שֶׁבְּכָל־עֵת
עֶרֶב וָבֹקֶר וְצָהֳרָיִם.
הַטּוֹב, כִּי לֹא כָלוּ רַחֲמֶיךָ
הַמְרַחֵם, כִּי לֹא תַמּוּ חֲסָדֶיךָ
כִּי מֵעוֹלָם קִוִּינוּ לָךְ.

*Mientras el* חזן *recita el pasaje paralelo el* קהל *se inclina y dice en voz baja:*

מוֹדִים אֲנַחְנוּ לָךְ
שָׁאַתָּה הוּא יְהוָה אֱלֹהֵינוּ
וֵאלֹהֵי אֲבוֹתֵינוּ
אֱלֹהֵי כָל־בָּשָׂר
יוֹצְרֵנוּ יוֹצֵר בְּרֵאשִׁית.
בְּרָכוֹת וְהוֹדָאוֹת
לְשִׁמְךָ הַגָּדוֹל וְהַקָּדוֹשׁ
עַל שֶׁהֶחֱיִיתָנוּ וְקִיַּמְתָּנוּ.
כֵּן תְּחַיֵּנוּ וּתְחָנֵּנוּ
וְתֶאֱסֹף גָּלֻיּוֹתֵינוּ לְחַצְרוֹת
קָדְשֶׁךָ לִשְׁמֹר חֻקֶּיךָ
וְלַעֲשׂוֹת רְצוֹנֶךָ
וּלְעָבְדְּךָ בְּלֵבָב שָׁלֵם
עַל שֶׁאֲנַחְנוּ מוֹדִים לָךְ.
בָּרוּךְ אֵל הַהוֹדָאוֹת.

---

bendición sacerdotal, empero según Maimónides esto significa que recitaban la bendición que comienza con שִׂים שָׁלוֹם, "Instaura paz".

הודאה *Bendición 18: Agradecimiento.* La raíz de este vocablo hebreo (י־ד־ה) posee tres significados: (1) inclinarse (ver Targum a II Samuel 16:4) por lo que nos inclinamos al inicio y al final de esta bendición; (2) confesar o profesar; y (3) agradecer. La bendición comienza como una confesión de fe y pasa a agradecer a Dios por las bendiciones que nos rodean constantemente. וְעַל נִסֶּיךָ שֶׁבְּכָל יוֹם עִמָּנוּ *por Tus milagros para con nosotros a diario:* Najmánides

*En Ḥanucá y Purim:*

עַל הַנִּסִּים (Te agradecemos también) por los milagros, la redención, los actos poderosos, las salvaciones, las maravillas y consolaciones que hiciste en favor de nuestros ancestros en aquellos días en este tiempo.

*En Ḥanucá:*

בִּימֵי מַתִּתְיָה En los días de Matitiahu hijo de Yojanán, el Sumo Sacerdote, el jasmoneo y sus hijos, cuando el malvado reino griego se levantó contra Tu pueblo Israel para hacerles olvidar Tu Torá y forzarlos a transgredir los estatutos de Tu voluntad. Y Tú, con gran compasión, estuviste junto a ellos en el tiempo de su desgracia, luchaste por su causa, juzgaste su reclamo y vengaste su opresión. Entregaste fuertes en manos de débiles, muchos en manos de pocos, malvados en manos de justos impuros en manos de puros, arrogantes en manos de estudiosos de Tu Torá. Hiciste para Ti un Nombre Grande y Sagrado en Tu mundo, y a Tu pueblo Israel diste gran redención y salvación en un día como este. Luego, Tus hijos ingresaron a Tu recinto sagrado, limpiaron Tu Templo, purificaron Tu santuario, encendieron velas en Tus cortes y establecieron estos ocho días de Ḥanucá de agradecimiento y alabanza, e hiciste para ellos milagros y maravillas, por lo que agradeceremos a Tu gran Nombre, Sela.

*Continúa con "Por todo esto".*

*En Purim:*

בִּימֵי מָרְדְּכַי וְאֶסְתֵּר En los días de Mordejai y Ester, en la ciudad capital
de Shushán, cuando el malvado Hamán se alzó contra Tu pueblo *Est. 3*
procurando destruir, matar y exterminar a todos los judíos, jóvenes y mayores, niños y mujeres en un solo día, el trece del duodécimo mes que es el de Adar y saquear sus posesiones. Entonces Tú, con gran compasión desbarataste su plan, arruinaste su proyecto y le retribuiste por su maldad haciéndolo colgar junto a sus hijos de un cadalso e hiciste para ellos milagros y maravillas, por lo que agradeceremos a Tu gran Nombre, Sela.

*Continúa con "Por todo esto".*

וְעַל כֻּלָּם Por todo esto, Rey nuestro, que Tu Nombre sea bendecido, exaltado y encumbrado por siempre.
Que todos los seres vivos Te agradezcan, ¡Sela!

*Entre Rosh HaShaná y Yom Kipur:* E inscribe a todos los hijos de Tu pacto para una buena vida.

בחנוכה ובפורים:

עַל הַנִּסִּים וְעַל הַפֻּרְקָן וְעַל הַגְּבוּרוֹת וְעַל הַתְּשׁוּעוֹת וְעַל הַנִּפְלָאוֹת וְעַל הַנֶּחָמוֹת שֶׁעָשִׂיתָ לַאֲבוֹתֵינוּ בַּיָּמִים הָהֵם בִּזְּמַן הַזֶּה.

בחנוכה:

בִּימֵי מַתִּתְיָה בֶּן יוֹחָנָן כֹּהֵן גָּדוֹל חַשְׁמוֹנָאִי וּבָנָיו, כְּשֶׁעָמְדָה מַלְכוּת יָוָן הָרְשָׁעָה עַל עַמְּךָ יִשְׂרָאֵל לְשַׁכְּחָם תּוֹרָתֶךָ וּלְהַעֲבִירָם מֵחֻקֵּי רְצוֹנֶךָ, וְאַתָּה בְּרַחֲמֶיךָ הָרַבִּים עָמַדְתָּ לָהֶם בְּעֵת צָרָתָם, רַבְתָּ אֶת רִיבָם, דַּנְתָּ אֶת דִּינָם, נָקַמְתָּ אֶת נִקְמָתָם, מָסַרְתָּ גִבּוֹרִים בְּיַד חַלָּשִׁים, וְרַבִּים בְּיַד מְעַטִּים, וּרְשָׁעִים בְּיַד צַדִּיקִים, וּטְמֵאִים בְּיַד טְהוֹרִים, וְזֵדִים בְּיַד עוֹסְקֵי תוֹרָתֶךָ. לְךָ עָשִׂיתָ שֵׁם גָּדוֹל וְקָדוֹשׁ בְּעוֹלָמֶךָ, וּלְעַמְּךָ יִשְׂרָאֵל עָשִׂיתָ תְּשׁוּעָה גְדוֹלָה וּפֻרְקָן כְּהַיּוֹם הַזֶּה. וְאַחַר כָּךְ בָּאוּ בָנֶיךָ לִדְבִיר בֵּיתֶךָ, וּפִנּוּ אֶת הֵיכָלֶךָ, וְטִהֲרוּ אֶת מִקְדָּשֶׁךָ, וְהִדְלִיקוּ נֵרוֹת בְּחַצְרוֹת קָדְשֶׁךָ, וְקָבְעוּ שְׁמוֹנַת יְמֵי חֲנֻכָּה אֵלּוּ, בְּהַלֵּל וּבְהוֹדָאָה, וְעָשִׂיתָ עִמָּהֶם נִסִּים וְנִפְלָאוֹת, וְנוֹדֶה לְשִׁמְךָ הַגָּדוֹל, סֶלָה.

וממשיך 'וְעַל כֻּלָּם'.

בפורים:

בִּימֵי מָרְדְּכַי וְאֶסְתֵּר בְּשׁוּשַׁן הַבִּירָה, כְּשֶׁעָמַד עֲלֵיהֶם הָמָן הָרָשָׁע,
בִּקֵּשׁ לְהַשְׁמִיד לַהֲרֹג וּלְאַבֵּד אֶת־כָּל־הַיְּהוּדִים מִנַּעַר וְעַד־זָקֵן טַף אסתר ג
וְנָשִׁים בְּיוֹם אֶחָד, בִּשְׁלוֹשָׁה עָשָׂר לְחֹדֶשׁ שְׁנֵים־עָשָׂר, הוּא־חֹדֶשׁ אֲדָר, וּשְׁלָלָם לָבוֹז: וְאַתָּה בְּרַחֲמֶיךָ הָרַבִּים הֵפַרְתָּ אֶת עֲצָתוֹ, וְקִלְקַלְתָּ אֶת מַחֲשַׁבְתּוֹ, וַהֲשֵׁבוֹתָ לּוֹ גְּמוּלוֹ בְּרֹאשׁוֹ, וְתָלוּ אוֹתוֹ וְאֶת בָּנָיו עַל הָעֵץ, וְעָשִׂיתָ עִמָּהֶם נִסִּים וְנִפְלָאוֹת, וְנוֹדֶה לְשִׁמְךָ הַגָּדוֹל, סֶלָה.

וממשיך 'וְעַל כֻּלָּם'.

## וְעַל כֻּלָּם

## יִתְבָּרַךְ וְיִתְרוֹמַם וְיִתְנַשֵּׂא תָּמִיד שִׁמְךָ מַלְכֵּנוּ לְעוֹלָם וָעֶד וְכָל־הַחַיִּים יוֹדוּךָ סֶּלָה

בעשרת ימי תשובה: וּכְתֹב לְחַיִּים טוֹבִים כָּל־בְּנֵי בְרִיתֶךָ.

Y alaben y bendigan a Tu gran Nombre de verdad, pues por siempre eres bondadoso. Dios de nuestra redención y nuestro socorro, ¡Sela! El Dios bondadoso. Bendito eres Tú Señor, Tu Nombre es "Bueno" y a Ti corresponde agradecer.

---

## BIRCAT COHANIM

*Durante la repetición del rezo, el Ḥazán dirige la bendición de los cohanim.*

*Los cohanim dicen "Que así sea Tu voluntad" previo al recitado de su bendición:*

יְהִי Sea Tu voluntad Señor, Dios nuestro y de nuestros ancestros, que esta bendición que nos ordenaste impartir a Tu pueblo de Israel resulte íntegra, carente de obstáculo e iniquidad desde hoy y para siempre.

*Si más de un cohen está presente, el Ḥazán exclama:*

**¡Cohanim!**

*y los cohanim recitan la bendición:*

בָּרוּךְ Bendito eres Tú Señor, nuestro Dios, Rey del universo, que nos santificó con la santidad de Aharón y nos ordenó bendecir a Su pueblo Israel con amor.

*Si hay más de un cohen presente, estos comienzan solos a recitar "Yebarejejá" y el Ḥazán dicta a partir de "HaShem".*

El Señor te bendiga y te guarde. *Kahal:* Amén *Núm. 6*
El Señor te ilumine con Su
Presencia y te agracie. *Kahal:* Amén
El Señor dirija Su Presencia
hacia ti y te conceda la paz. *Kahal:* Amén.

*Los cohanim agregan en silencio:*

רִבּוֹן Soberano de los mundos, hemos cumplido aquello que nos ordenaste, *Deut. 26*
por ello obra Tú de acuerdo a lo que nos prometiste. Divisa desde Tu santo aposento, desde el cielo, y bendice a Tu pueblo, a Israel.

*En caso de no haber cohanim presentes el Ḥazán dice:*

אֱלֹהֵינוּ Dios nuestro y de nuestros ancestros, bendícenos con la triple bendición de la Torá, escrita por la mano de Tu siervo Moshé y pronunciada por Aharón y sus hijos los cohanim, Tu pueblo consagrado, como fue dicho:

El Señor te bendiga y te guarde. *Kahal:* Que así sea Tu voluntad. *Núm. 6*
El Señor te ilumine con Su
Presencia y te agracie. *Kahal:* Que así sea Tu voluntad
El Señor dirija Su Presencia
hacia ti y te conceda la paz. *Kahal:* Que así sea Tu voluntad.
Y pondrán Mi Nombre sobre los hijos de Israel y los bendeciré.

---

וִיהַלְלוּ וִיבָרְכוּ אֶת שִׁמְךָ הַגָּדוֹל בֶּאֱמֶת לְעוֹלָם כִּי טוֹב הָאֵל יְשׁוּעָתֵנוּ וְעֶזְרָתֵנוּ סֶלָה, הָאֵל הַטּוֹב.
בָּרוּךְ אַתָּה יְהֹוָה, הַטּוֹב שִׁמְךָ וּלְךָ נָאֶה לְהוֹדוֹת.

---

ברכת כהנים:

*Durante la repetición del rezo, el* חזן *dirige la bendición de los* כהנים.
*Los* כהנים *dicen* 'יְהִי רָצוֹן' *previo al recitado de su bendición:*

יְהִי רָצוֹן מִלְּפָנֶיךָ, יְהֹוָה אֱלֹהֵינוּ וֵאלֹהֵי אֲבוֹתֵינוּ, שֶׁתְּהֵא בְּרָכָה זוֹ שֶׁצִּוִּיתָנוּ לְבָרֵךְ אֶת עַמְּךָ יִשְׂרָאֵל בְּרָכָה שְׁלֵמָה וְלֹא יִהְיֶה בָּהּ מִכְשׁוֹל וְעָוֹן מֵעַתָּה וְעַד עוֹלָם.

*Si más de un* כהן *está presente, el* חזן *exclama:*

כֹּהֲנִים

*y los* כהנים *recitan la bendición:*

בָּרוּךְ אַתָּה יְהֹוָה, אֱלֹהֵינוּ מֶלֶךְ הָעוֹלָם
אֲשֶׁר קִדְּשָׁנוּ בִּקְדֻשָּׁתוֹ שֶׁל אַהֲרֹן, וְצִוָּנוּ לְבָרֵךְ אֶת עַמּוֹ יִשְׂרָאֵל בְּאַהֲבָה.

*Si hay más de un cohen presente, estos comienzan solos a recitar* 'יְבָרֶכְךָ' *y el* חזן *dicta a partir de* 'יְהֹוָה':

יְבָרֶכְךָ — קהל: כֵּן יְהִי רָצוֹן — במדבר ו
יְהֹוָה וְיִשְׁמְרֶךָ: — קהל: אָמֵן
יָאֵר יְהֹוָה פָּנָיו אֵלֶיךָ וִיחֻנֶּךָּ: — קהל: אָמֵן
יִשָּׂא יְהֹוָה פָּנָיו אֵלֶיךָ וְיָשֵׂם לְךָ שָׁלוֹם: — קהל: אָמֵן

*Los* כהנים *agregan en silencio:*

רִבּוֹן הָעוֹלָמִים, עָשִׂינוּ מַה שֶּׁגָּזַרְתָּ עָלֵינוּ, עֲשֵׂה אַתָּה מַה שֶּׁהִבְטַחְתָּנוּ, הַשְׁקִיפָה מִמְּעוֹן קָדְשְׁךָ מִן־הַשָּׁמַיִם וּבָרֵךְ אֶת־עַמְּךָ אֶת־יִשְׂרָאֵל: — דברים כו

*En caso de no haber* כהנים *presentes el* חזן *dice:*

אֱלֹהֵינוּ וֵאלֹהֵי אֲבוֹתֵינוּ, בָּרְכֵנוּ בַּבְּרָכָה הַמְשֻׁלֶּשֶׁת בַּתּוֹרָה, הַכְּתוּבָה עַל יְדֵי מֹשֶׁה עַבְדֶּךָ, הָאֲמוּרָה מִפִּי אַהֲרֹן וּבָנָיו כֹּהֲנִים עַם קְדוֹשֶׁיךָ, כָּאָמוּר

יְבָרֶכְךָ יְהֹוָה וְיִשְׁמְרֶךָ: — קהל: כֵּן יְהִי רָצוֹן — במדבר ו
יָאֵר יְהֹוָה פָּנָיו אֵלֶיךָ וִיחֻנֶּךָּ: — קהל: כֵּן יְהִי רָצוֹן
יִשָּׂא יְהֹוָה פָּנָיו אֵלֶיךָ וְיָשֵׂם לְךָ שָׁלוֹם: — קהל: כֵּן יְהִי רָצוֹן
וְשָׂמוּ אֶת־שְׁמִי עַל־בְּנֵי יִשְׂרָאֵל, וַאֲנִי אֲבָרְכֵם:

PAZ

שִׂים שָׁלוֹם Instaura paz, bien y bendición
vida, gracia y benevolencia,
justicia y compasión sobre nosotros y todo Tu pueblo Israel.
Bendícenos Padre nuestro, a todos nosotros como uno,
con la luz de Tu Semblante, pues en la luz de Tu Semblante nos
has dado SEÑOR, nuestro Dios, Torá, y vida,
amor y benevolencia, justicia y compasión, bendición y paz.
Que ante Tus ojos sea bueno bendecir a todo Tu pueblo Israel,
con gran poder y paz.

*Entre Rosh HaShaná y Yom Kipur:* Que seamos recordados e inscritos nosotros y todo Tu pueblo la casa de Israel en el libro de la vida, la bendición, la paz, la prosperidad, salvación, consuelo y decretos favorables, para una buena vida y para la paz.

בָּרוּךְ Bendito eres Tú SEÑOR, que bendice a Su pueblo Israel con la paz, Amén.

יִהְיוּ Que las palabras de mi boca y la meditación de mi corazón hallen favor ante Ti SEÑOR, mi Fortaleza y mi Redentor. *Sal. 19*

*Aquí concluye la repetición de la A'midá.*

---

nación la espada contra otra; ni aprenderán más el arte de la guerra" (Isaías 2:4). La paz es la esperanza última del monoteísmo, pues cree que el mundo es el producto de una única voluntad y no el resultado de la ciega colisión entre elementos en conflicto.

שלום

שִׂים שָׁלוֹם טוֹבָה וּבְרָכָה
חַיִּים חֵן וָחֶסֶד
צְדָקָה וְרַחֲמִים עָלֵינוּ וְעַל־כָּל־יִשְׂרָאֵל עַמֶּךָ.
וּבָרְכֵנוּ אָבִינוּ כֻּלָּנוּ כְּאֶחָד בְּאוֹר פָּנֶיךָ
כִּי בְאוֹר פָּנֶיךָ נָתַתָּ לָּנוּ יְהוָה אֱלֹהֵינוּ תּוֹרָה וְחַיִּים
אַהֲבָה וָחֶסֶד, צְדָקָה וְרַחֲמִים, בְּרָכָה וְשָׁלוֹם.
וְטוֹב בְּעֵינֶיךָ לְבָרְכֵנוּ, וּלְבָרֵךְ אֶת כָּל־עַמְּךָ יִשְׂרָאֵל
בְּרֹב עֹז וְשָׁלוֹם.

בעשרת ימי תשובה: וּבְסֵפֶר חַיִּים, בְּרָכָה וְשָׁלוֹם, וּפַרְנָסָה טוֹבָה
וִישׁוּעָה וְנֶחָמָה, וּגְזֵרוֹת טוֹבוֹת נִזָּכֵר וְנִכָּתֵב לְפָנֶיךָ
אֲנַחְנוּ וְכָל־עַמְּךָ יִשְׂרָאֵל, לְחַיִּים טוֹבִים וּלְשָׁלוֹם.

בָּרוּךְ אַתָּה יְהוָה, הַמְבָרֵךְ אֶת עַמּוֹ יִשְׂרָאֵל בַּשָּׁלוֹם. אָמֵן.
יִהְיוּ לְרָצוֹן אִמְרֵי־פִי וְהֶגְיוֹן לִבִּי לְפָנֶיךָ, יְהוָה צוּרִי וְגֹאֲלִי: תהלים יט

*Aquí concluye la repetición de la* עמידה.

שלום *Bendición 19: Paz. Shalom* significa más que el vocablo español "paz", implica también "completitud, perfección, interacción armónica". Los profetas de Israel fueron los primeros en la historia en concebir la paz como un ideal, más notoriamente plasmado en las palabras de Isaías: "No izará una

אֱלֹהַי Dios mío, *Berakhot 17a*
preserva mi lengua del mal y mis labios de pronunciar engaño.
Que mi alma calle ante quienes me maldicen,
y sea como el polvo para con todos.
Abre mi corazón a Tu Torá y que mi alma persiga Tus preceptos.
Rápidamente deja sin efecto el consejo y frustra los planes de quienes conspiran contra mí.
Que sean cual tamo ante el viento *Sal. 35*
y acosados por el ángel del Señor
Actúa en pos de Tu Nombre, actúa en pos de Tu diestra,
actúa en pos de Tu santidad, actúa en pos de Tu Torá.
Para que Tus amados sean liberados, *Sal. 60*
redime con Tu diestra y respóndeme.
Que las palabras de mi boca y la meditación de mi corazón *Sal. 19*
hallen favor ante Ti Señor, mi Fortaleza y mi Redentor.

*Antes de decir 'Quien obra paz' se dan tres pasos hacia atrás.*
*En los Diez Días del Retorno se dice "HaShalom" en vez de "Shalom".*

Quien obra la paz en Sus alturas,
con compasión haga la paz para nosotros y
todo Su pueblo Israel y decid: Amén.

Sea Tu voluntad Señor, Dios nuestro y de nuestros ancestros, que el Templo sea reconstruido prontamente en nuestros días, y nos concedas una porción en Tu Torá, para cumplir con las leyes de Tu voluntad y servirte con corazón íntegro.

*Halel para Rosh Ḥodesh está en la página 822*
*Las súplicas para los cuatro ayunos están en la página 1002*

אֱלֹהַי ברכות יז

נְצֹר לְשׁוֹנִי מֵרָע וּשְׂפָתַי מִדַּבֵּר מִרְמָה

וְלִמְקַלְלַי נַפְשִׁי תִדֹּם, וְנַפְשִׁי כֶּעָפָר לַכֹּל תִּהְיֶה.

פְּתַח לִבִּי בְּתוֹרָתֶךָ, וּבְמִצְוֹתֶיךָ תִּרְדֹּף נַפְשִׁי.

וְכָל־הַקָּמִים עָלַי לְרָעָה, מְהֵרָה הָפֵר עֲצָתָם וְקַלְקֵל מַחֲשַׁבְתָּם.

יִהְיוּ כְּמֹץ לִפְנֵי־רוּחַ וּמַלְאַךְ יְהוָה דֹּחֶה: תהלים לה

עֲשֵׂה לְמַעַן שְׁמֶךָ, עֲשֵׂה לְמַעַן יְמִינֶךָ

עֲשֵׂה לְמַעַן תּוֹרָתֶךָ, עֲשֵׂה לְמַעַן קְדֻשָּׁתֶךָ.

לְמַעַן יֵחָלְצוּן יְדִידֶיךָ, הוֹשִׁיעָה יְמִינְךָ וַעֲנֵנִי: תהלים ס

יִהְיוּ לְרָצוֹן אִמְרֵי־פִי וְהֶגְיוֹן לִבִּי לְפָנֶיךָ, יְהוָה צוּרִי וְגֹאֲלִי: תהלים יט

*Antes de decir 'עֹשֶׂה שָׁלוֹם' se dan tres pasos hacia atrás.*
*En los Diez Días del Retorno se dice 'הַשָּׁלוֹם' en vez de 'שָׁלוֹם'.*

עֹשֶׂה שָׁלוֹם בִּמְרוֹמָיו

הוּא בְּרַחֲמָיו, יַעֲשֶׂה שָׁלוֹם עָלֵינוּ

וְעַל־כָּל־עַמּוֹ יִשְׂרָאֵל, וְאִמְרוּ אָמֵן.

יְהִי רָצוֹן מִלְּפָנֶיךָ, יְהוָה אֱלֹהֵינוּ וֵאלֹהֵי אֲבוֹתֵינוּ, שֶׁתִּבָּנֶה בֵּית הַמִּקְדָּשׁ בִּמְהֵרָה בְיָמֵינוּ, וְתֵן חֶלְקֵנוּ בְּתוֹרָתֶךָ, לַעֲשׂוֹת חֻקֵּי רְצוֹנֶךָ וּלְעָבְדְּךָ בְּלֵבָב שָׁלֵם.

*El* הלל *para* ראש חודש *está en la página 823*
*Las* תחנונים *para los cuatro ayunos están en la página 1003*

## ABINU MALKENU

*Desde Rosh HaShaná y hasta Yom Kipur se dice Abinu Malkenu:*

Padre nuestro, Rey nuestro, hemos pecado ante Ti.

Padre nuestro, Rey nuestro, no tenemos Rey salvo Tú.

Padre nuestro, Rey nuestro, actúa generosamente con nosotros en aras de Tu Nombre.

Padre nuestro, Rey nuestro, renueva para nosotros un buen año.

Padre nuestro, Rey nuestro, suprime todo veredicto adverso para con nosotros.

Padre nuestro, Rey nuestro, anula los planes de quienes nos odian.

Padre nuestro, Rey nuestro, frustra el consejo de nuestros enemigos.

Padre nuestro, Rey nuestro, haz desaparecer todo acusador y adversario.

Padre nuestro, Rey nuestro, termina con toda pestilencia, espada, desgracia, hambruna, cautiverio, saqueo, destrucción y epidemia, acusador, mala inclinación y enfermedades graves entre los hijos de Tu pacto.

Padre nuestro, Rey nuestro, envía una completa curación para los enfermos de Tu pueblo (Israel).

Padre nuestro, Rey nuestro, evita la epidemia en Tu heredad.

Padre nuestro, Rey nuestro, recuerda que estamos hechos del polvo de la tierra.

Padre nuestro, Rey nuestro, perdona y disculpa todas nuestras iniquidades.

---

reflejamos tanto nuestra historia como nuestra fe: historia, ya que Dios nos llamó Sus hijos ("Mi hijo primogénito Israel") en el Monte Sinaí antes de que Él se hubiera convertido en nuestro Rey; fe porque le pedimos a Dios que permita que Su amor paterno atempere la severidad de la justicia.

# אבינו מלכנו

*Desde Rosh HaShaná y hasta Yom Kipur se dice* 'אָבִֽינוּ מַלְכֵּֽנוּ':

אָבִֽינוּ מַלְכֵּֽנוּ, חָטָֽאנוּ לְפָנֶֽיךָ.
אָבִֽינוּ מַלְכֵּֽנוּ, אֵין לָֽנוּ מֶֽלֶךְ אֶֽלָּא אָֽתָּה.
אָבִֽינוּ מַלְכֵּֽנוּ, עֲשֵׂה עִמָּֽנוּ לְמַֽעַן שְׁמֶֽךָ.
אָבִֽינוּ מַלְכֵּֽנוּ, חַדֵּשׁ עָלֵֽינוּ שָׁנָה טוֹבָה.
אָבִֽינוּ מַלְכֵּֽנוּ, בַּטֵּל מֵעָלֵֽינוּ כָּל־גְּזֵרוֹת קָשׁוֹת וְרָעוֹת.
אָבִֽינוּ מַלְכֵּֽנוּ, בַּטֵּל מַחְשְׁבוֹת שׂוֹנְאֵֽינוּ.
אָבִֽינוּ מַלְכֵּֽנוּ, הָפֵר עֲצַת אוֹיְבֵֽינוּ.
אָבִֽינוּ מַלְכֵּֽנוּ, כַּלֵּה כָּל־צַר וּמַשְׂטִין וּמְקַטְרֵג מֵעָלֵֽינוּ.
אָבִֽינוּ מַלְכֵּֽנוּ, כַּלֵּה דֶּֽבֶר וְחֶֽרֶב וְרָעָה וְרָעָב
וּשְׁבִי וּבִזָּה וּמַשְׁחִית וּמַגֵּפָה
וְשָׂטָן וְיֵֽצֶר הָרַע וְחוֹלָאִים רָעִים
מִבְּנֵי בְרִיתֶֽךָ.
אָבִֽינוּ מַלְכֵּֽנוּ, שְׁלַח רְפוּאָה שְׁלֵמָה (לְכָל־)חוֹלֵי עַמֶּֽךָ (יִשְׂרָאֵל).
אָבִֽינוּ מַלְכֵּֽנוּ, מְנַע מַגֵּפָה מִנַּחֲלָתֶֽךָ.
אָבִֽינוּ מַלְכֵּֽנוּ, זָכוֹר כִּי עָפָר אֲנָֽחְנוּ.
אָבִֽינוּ מַלְכֵּֽנוּ, מְחֹל וּסְלַח לְכָל־עֲוֹנוֹתֵֽינוּ.

---

אָבִֽינוּ מַלְכֵּֽנוּ *Padre nuestro, Rey nuestro:* Plegaria que en su forma primigenia se le atribuye a Ribí Akiva. Las primeras dos palabras combinan los dos aspectos de nuestra relación con Dios. Él es nuestro Rey y por ende nosotros somos Sus súbditos; Él es nuestro Padre y por lo tanto nosotros somos Sus hijos. El primer tipo de relacionamiento está regido por la justicia, el segundo por el amor, la compasión y el perdón. Al ubicar las palabras en orden inverso,

Padre nuestro, Rey nuestro, deshace los veredictos adversos para con nosotros.

Padre nuestro, Rey nuestro, en tu inmensa compasión borra el registro de nuestros pecados.

Padre nuestro, Rey nuestro, borra y quita de Tu vista nuestras trasgresiones.

Padre nuestro, Rey nuestro, inscríbenos en el libro de la buena vida.

Padre nuestro, Rey nuestro, inscríbenos en el libro de los justos y los piadosos.

Padre nuestro, Rey nuestro, inscríbenos en el libro de los rectos y los íntegros.

Padre nuestro, Rey nuestro, inscríbenos en el libro del perdón, la disculpa y la expiación.

Padre nuestro, Rey nuestro, inscríbenos en el libro de los alimentos y el buen sustento.

Sea Tu voluntad Señor, Dios nuestro y de nuestros ancestros, que nos proporciones a nosotros, a los miembros de nuestros hogares y a todos aquellos que se alimentan de nuestras mesas nuestros alimentos y los suyos, hoy y siempre, de manera honorable, por el mérito de Tu Grande y Sagrado Nombre que es el regente del sustento.

Padre nuestro, Rey nuestro, inscríbenos en el libro de la redención y la salvación.

Padre nuestro, Rey nuestro, recuérdanos favorablemente delante de Ti.

Padre nuestro, Rey nuestro, haz florecer la salvación pronto para nosotros.

Padre nuestro, Rey nuestro, alza el honor de Tu pueblo Israel.

Padre nuestro, Rey nuestro, eleva el honor de Tu ungido.

Padre nuestro, Rey nuestro, haznos retornar a Ti en completo arrepentimiento.

Padre nuestro, Rey nuestro, escucha nuestra voz, apiádate y Se compasivo con nosotros.

אָבִֽינוּ מַלְכֵּֽנוּ, קְרַע רֽוֹעַ גְּזַר דִּינֵֽנוּ.

אָבִֽינוּ מַלְכֵּֽנוּ, מְחֹק בְּרַחֲמֶֽיךָ הָרַבִּים כָּל־שִׁטְרֵי חוֹבוֹתֵֽינוּ.

אָבִֽינוּ מַלְכֵּֽנוּ, מְחֵה וְהַעֲבֵר פְּשָׁעֵֽינוּ מִנֶּֽגֶד עֵינֶֽיךָ.

אָבִֽינוּ מַלְכֵּֽנוּ, כָּתְבֵֽנוּ בְּסֵֽפֶר חַיִּים טוֹבִים.

אָבִֽינוּ מַלְכֵּֽנוּ, כָּתְבֵֽנוּ בְּסֵֽפֶר צַדִּיקִים וַחֲסִידִים.

אָבִֽינוּ מַלְכֵּֽנוּ, כָּתְבֵֽנוּ בְּסֵֽפֶר יְשָׁרִים וּתְמִימִים.

אָבִֽינוּ מַלְכֵּֽנוּ, כָּתְבֵֽנוּ בְּסֵֽפֶר מְחִילָה וּסְלִיחָה וְכַפָּרָה.

אָבִֽינוּ מַלְכֵּֽנוּ, כָּתְבֵֽנוּ בְּסֵֽפֶר מְזוֹנוֹת וּפַרְנָסָה טוֹבָה.

יְהִי רָצוֹן מִלְּפָנֶֽיךָ יְהוָֹה אֱלֹהֵֽינוּ וֵאלֹהֵי אֲבוֹתֵֽינוּ
שֶׁתִּתֵּן לָֽנוּ וְלִבְנֵי בֵיתֵֽנוּ וּלְכָל־הַסּוֹמְכִים עַל שֻׁלְחָנֵֽנוּ
הַיּוֹם וּבְכָל־יוֹם וָיוֹם מְזוֹנוֹתֵֽינוּ וּמְזוֹנוֹתֵיהֶם בְּכָבוֹד בִּזְכוּת
שִׁמְךָ הַגָּדוֹל וְהַקָּדוֹשׁ (דיקרנוסא) הַמְמֻנֶּה עַל הַפַּרְנָסָה

אָבִֽינוּ מַלְכֵּֽנוּ, כָּתְבֵֽנוּ בְּסֵֽפֶר גְּאֻלָּה וִישׁוּעָה.

אָבִֽינוּ מַלְכֵּֽנוּ, זָכְרֵֽנוּ בְּזִכְרוֹן טוֹב מִלְּפָנֶֽיךָ.

אָבִֽינוּ מַלְכֵּֽנוּ, הַצְמַח לָֽנוּ יְשׁוּעָה בְּקָרוֹב.

אָבִֽינוּ מַלְכֵּֽנוּ, הָרֵם קֶֽרֶן יִשְׂרָאֵל עַמֶּֽךָ.

אָבִֽינוּ מַלְכֵּֽנוּ, וְהָרֵם קֶֽרֶן מְשִׁיחֶֽךָ.

אָבִֽינוּ מַלְכֵּֽנוּ, הַחֲזִירֵֽנוּ בִּתְשׁוּבָה שְׁלֵמָה לְפָנֶֽיךָ.

אָבִֽינוּ מַלְכֵּֽנוּ, שְׁמַע קוֹלֵֽנוּ חוּס וְרַחֵם עָלֵֽינוּ.

Padre nuestro, Rey nuestro, actúa por Ti, si no por nosotros.

Padre nuestro, Rey nuestro, recibe compasivamente y de buena gana nuestras plegarias.

Padre nuestro, Rey nuestro, no nos retornes de Ti con las manos vacías.

*Cuando no se recitan las súplicas se dice:*

יְהִי Que el Nombre del Señor sea bendito desde ahora y hasta la eternidad. Desde la salida del sol hasta su ocaso, alabado es el Nombre *Sal. 113*
del Señor. El Señor es nuestro Soberano, cuán exaltado es Tu Nombre en toda la tierra. *Sal. 8*

## MEDIO KADISH

*El Ḥazán y los Avelim recitan Medio Kadish:*

יִתְגַּדַּל Que Su Gran Nombre sea magnificado y santificado,
en el mundo que creó conforme a Su voluntad.
Que establezca Su reino, haga florecer Su salvación
y apresure la llegada de Su ungido
durante vuestra vida y en vuestros días
y en la vida de toda la casa de Israel,
pronto y rápidamente y decid: Amén.

Que Su Gran Nombre sea bendito
por siempre y por toda la eternidad.

Sea bendecido, alabado, glorificado
y exaltado, encumbrado
y magnificado, enaltecido y ensalzado
el Nombre del Santo Bendito Él;
más allá de cualquier bendición,
cántico, alabanza y consolación
pronunciados en el mundo y decid: Amén.

אָבִינוּ מַלְכֵּנוּ, עֲשֵׂה לְמַעַנְךָ אִם לֹא לְמַעֲנֵנוּ.

אָבִינוּ מַלְכֵּנוּ, קַבֵּל בְּרַחֲמִים וּבְרָצוֹן אֶת תְּפִלָּתֵנוּ.

אָבִינוּ מַלְכֵּנוּ, אַל תְּשִׁיבֵנוּ רֵיקָם מִלְּפָנֶיךָ.

*Cuando no se recitan las súplicas se dice:*

יְהִי שֵׁם יְהוָה מְבֹרָךְ מֵעַתָּה וְעַד־עוֹלָם: תהלים קיג
מִמִּזְרַח־שֶׁמֶשׁ עַד־מְבוֹאוֹ מְהֻלָּל שֵׁם יְהוָה:
יְהוָה אֲדֹנֵינוּ, מָה־אַדִּיר שִׁמְךָ בְּכָל־הָאָרֶץ: תהלים ח

### חצי קדיש

*El* חזן *y los* אבלים *recitan* חצי קדיש*:*

יִתְגַּדַּל וְיִתְקַדַּשׁ שְׁמֵהּ רַבָּא (קהל: אָמֵן)
בְּעָלְמָא דִּי בְרָא כִרְעוּתֵהּ
וְיַמְלִיךְ מַלְכוּתֵהּ
וְיַצְמַח פֻּרְקָנֵהּ וִיקָרֵב מְשִׁיחֵהּ (קהל: אָמֵן)
בְּחַיֵּיכוֹן וּבְיוֹמֵיכוֹן וּבְחַיֵּי דְכָל־בֵּית יִשְׂרָאֵל
בַּעֲגָלָא וּבִזְמַן קָרִיב, וְאִמְרוּ אָמֵן. (קהל: אָמֵן)

יְהֵא שְׁמֵהּ רַבָּא מְבָרַךְ לְעָלַם וּלְעָלְמֵי עָלְמַיָּא יִתְבָּרַךְ
וְיִשְׁתַּבַּח וְיִתְפָּאַר וְיִתְרוֹמַם וְיִתְנַשֵּׂא
וְיִתְהַדָּר וְיִתְעַלֶּה וְיִתְהַלָּל
שְׁמֵהּ דְּקֻדְשָׁא בְּרִיךְ הוּא (קהל: אָמֵן)
לְעֵלָּא מִן כָּל־בִּרְכָתָא
שִׁירָתָא, תֻּשְׁבְּחָתָא וְנֶחָמָתָא
דַּאֲמִירָן בְּעָלְמָא, וְאִמְרוּ אָמֵן. (קהל: אָמֵן)

# Súplicas

*En los días siguientes se omiten las súplicas tanto en Shaḥrit como en Minḥá: Rosh Ḥodesh, todo el mes de Nisán, Yom Ha'Aṣmaut (5 de Yiar), Pesaḥ Shení (14 de Yiar), Lag Laomer (18 de Yiar), entre el 1 y el 12 de Siván, Nes Musán (13 de Siván), Tish'á BeAb, Tu BeAb, desde el 11 de Tishrí hasta el final de ese mes, Tu BiShvat (15 de Shevat), 14 y 15 de Adar Rishón y Adar Shení (Purim y Shushán Purim).*

*Las súplicas se omiten también en el rezo de Minḥá que precede el inicio de los días arriba mencionados con la excepción del día previo a Rosh HaShaná y el anterior a Yom Kipur. En estos días se recitan las súplicas en el rezo de Minḥá.*

*Asimismo, las súplicas son también omitidas en la casa del doliente, cuando se realiza una circuncisión en la sinagoga o si se reza en un minián del cual participa un Bar Mitzvá, un novio (durante la semana siguiente a la boda), el Mohel, el Sandak o el padre del niño circuncidado (en el día del Berit Milá).*

## SÚPLICAS DIARIAS – VIDUI

**אָנָּא** Por favor Señor, Dios nuestro y de nuestros ancestros, que nuestra plegaria llegue ante Ti, y no ignores Rey nuestro nuestra súplica, pues no somos tan arrogantes ni obstinados como para decir delante de Ti Señor, Dios nuestro y de nuestros antepasados,somos justos y no hemos pecado, mas en verdad, nosotros, nuestros ancestros y los miembros de nuestra familia hemos pecado, cometido iniquidades y transgresiones.

---

susurramos nuestros pensamientos más profundos, expresamos nuestros sentimientos de insuficiencia y vulnerabilidad. Sabemos que somos indignos: no decimos nada en nuestra defensa salvo que poseemos una absoluta fe en Dios.

La palabra *Taḥanún* deriva de la raíz *j-n-n* que significa "mostrarse favorable, ser graciable, perdonar". Lo que diferencia el *Taḥanún* de otras formas de rezo es el grado en que enfatizamos nuestros errores y nuestra carencia de buenas acciones en el haber. Expresamos nuestra dependencia en la incondicional gracia y compasión Divina. El *Taḥanún* se asemeja más a la música de cámara que a una sinfonía del alma, y posee una intensidad tonal única.

Esta práctica de intercalar rezos públicos con intervalos de plegaria personal se remonta a los días del Templo. Tras la ofrenda diaria "los levitas entonaban el Salmo (del día). Al llegar al final de cada sección (los salmos estaban divididos en tres partes) se tocaba el shofar y el pueblo se prosternaba"

# תחנונים

*En los días siguientes se omiten las súplicas tanto en* שחרית *como en* מנחה*:*
פסח שני, יום העצמאות, ניסן *todo el mes de*, ראש חודש
*todo el mes de*, ט״ו באב, תשעה באב, יג סיון (נס מוסאן), א-יב סיון, ל״ג לעומר
ראש השנה *y* יום הכיפורים, *desde el* יא תשרי *hasta el final de ese mes*,
(שושן פורים *y* פורים) אדר ב׳ *y* אדר א׳ *de* יד-טו, ט״ו בשבט.

*Las súplicas se omiten también en el rezo de* מנחה *que precede el inicio de los días arriba mencionados con la excepción del, día previo a* ראש השנה *y el anterior a* יום הכיפורים *En estos días se recitan las súplicas en el rezo de*מנחה.

*Asimismo, las súplicas son también omitidas en la casa del doliente, cuando se realiza un* ברית מילה *en la sinagoga, un novio (durante la semana siguiente a la boda), el* מוהל*, el* סנדק *o el padre del niño circuncidado (en el día del* ברית מילה*).*

## וידוי ונפילת אפים

אָנָּא יְהֹוָה אֱלֹהֵינוּ וֵאלֹהֵי אֲבוֹתֵינוּ
תָּבֹא לְפָנֶיךָ תְּפִלָּתֵנוּ, וְאַל תִּתְעַלַּם מַלְכֵּנוּ מִתְּחִנָּתֵנוּ
שֶׁאֵין אֲנַחְנוּ עַזֵּי פָנִים וּקְשֵׁי עֹרֶף לוֹמַר לְפָנֶיךָ
יְהֹוָה אֱלֹהֵינוּ וֵאלֹהֵי אֲבוֹתֵינוּ
צַדִּיקִים אֲנַחְנוּ וְלֹא חָטָאנוּ
אֲבָל חָטָאנוּ, עָוִינוּ, פָּשַׁעְנוּ, אֲנַחְנוּ וַאֲבוֹתֵינוּ וְאַנְשֵׁי בֵיתֵנוּ.

---

TAḤANÚN: SUPLICANDO A DIOS

Esta sección del rezo recibe el nombre de *Taḥanún* o "súplica" e implica un regreso a la plegaria individual que se iniciase en la A'midá silenciosa. El Sidur mantiene un delicado equilibrio entre las dos formas de dirigirse a Dios: como individuos mediante nuestros anhelos y temores personales; y como comunidad, cuyo destino y aspiraciones compartimos. Primero rezamos individualmente (la A'midá silenciosa), luego comunitariamente (la repetición del oficiante) y posteriormente retornamos al rezo individual con *Taḥanún*.

Sabiendo que nuestro tiempo ante la directa presencia del Supremo Rey de Reyes está llegando a su fin, nos dirigimos a Él de modo directo en busca de lo que sería una suerte de audiencia privada. Nuestras voces se aquietan,

אָשַׁמְנוּ Hemos sido culpables, hemos actuado traicioneramente, hemos robado, hemos calumniado. Hemos actuado perversamente, hemos causado maldad, hemos pecado premeditadamente, hemos actuado con violencia, hemos acusado en falso. Dimos malos consejos, mentimos, nos mofamos, nos hemos rebelado, hemos provocado, hemos cometido adulterio, hemos jurado en vano e incumplido juramentos, hemos desobedecido, hemos cometido iniquidad, hemos transgredido, hemos perseguido, hemos sido obstinados. Hemos actuado alevosamente, hemos corrompido, hemos actuado en forma abominable, nos hemos desviado y hemos llevado a otros por mal camino.

וְסַרְנוּ Nos hemos apartado de Tus preceptos y de Tus buenas sentencias, pero de nada nos ha servido.

Pero Tú eres justo en todo lo que nos ha sobrevenido, pues Tú actuaste *Neh. 9*
con Verdad mientras que nosotros hicimos el mal.

---

Una tradición que figura en la literatura gaonítica indica que estas plegarias tuvieron su origen durante las persecuciones perpetradas por los romanos, cuando tres exiliados cruzaron el Mar Mediterráneo encontrando refugio temporario para luego volver a sufrir de persecuciones. Algunos de los pasajes deben haber sido agregados en los tiempos de las persecuciones godas y francas del siglo VII. Estos textos reflejan las lágrimas de los judíos que sufrieron de persecuciones, expulsiones, humillaciones y también derramamiento de sangre por parte de las naciones en el seno de las cuales habitaban. Incluso en tiempos de libertad, continuamos recitando estas plegarias, compartiendo la fe de nuestros ancestros y recordando sus lágrimas.

Un aspecto destacable de estas plegarias es la ausencia de enojo o desesperación. Si alguna vez llegamos a dudar de la capacidad de la oración para transformar una situación humana, aquí hallaremos la respuesta. A pesar de ser tratado como un pueblo de parias, los judíos nunca se dejaron definir por sus enemigos. Lloraron y manifestaron su pesar: "Dios, contempla cuán escaso es nuestro honor entre las naciones, nos aborrecen como si fuéramos impuros". De todas maneras, se mantuvieron como pueblo del pacto, hijos de la promesa Divina, íntegros e inquebrantables. El rezo sustenta la esperanza y esta derrota la tragedia. En estas profundas y conmovedoras palabras, los judíos hallaron la fuerza para sobrevivir.

Dado su carácter penitencial, *Taḥanún* no se recita en días festivos, ni el 9 de Av ni en la casa del doliente.

אָשַׁמְנוּ, בָּגַדְנוּ, גָּזַלְנוּ, דִּבַּרְנוּ דֹפִי וְלָשׁוֹן הָרָע, הֶעֱוִינוּ, וְהִרְשַׁעְנוּ
זַדְנוּ, חָמַסְנוּ, טָפַלְנוּ שֶׁקֶר, יָעַצְנוּ עֵצוֹת רָעוֹת
כִּזַּבְנוּ, לַצְנוּ, לוֹצַצְנוּ, מָרַדְנוּ, נִאַצְנוּ, נִאַפְנוּ
נִשְׁבַּעְנוּ לַשָּׁוְא וְלַשֶּׁקֶר
סָרַרְנוּ, עָוִינוּ, פָּשַׁעְנוּ, צָרַרְנוּ
קִשִּׁינוּ עֹרֶף, רָשַׁעְנוּ, שִׁחַתְנוּ, תִּעַבְנוּ, תָּעִינוּ וְתִעְתָּעְנוּ
וְסַרְנוּ מִמִּצְוֹתֶיךָ וּמִמִּשְׁפָּטֶיךָ הַטּוֹבִים וְלֹא שָׁוָה לָנוּ.
וְאַתָּה צַדִּיק עַל כָּל־הַבָּא עָלֵינוּ נחמיה ט
כִּי־אֱמֶת עָשִׂיתָ וַאֲנַחְנוּ הִרְשָׁעְנוּ:

---

(*Tamid* 7:3). Algunas comunidades mantienen la costumbre de prosternase con el rostro hacia el suelo, incluso después de haberse destruido el Templo. Nosotros mantenemos algo de este gesto al inclinar y apoyar nuestras cabezas sobre nuestros brazos y cubrir nuestros rostros al recitar el Salmo 6. La repetición de la A'midá por parte del oficiante viene a sustituir la ofrenda diaria, y por ello después "nos inclinamos sobre nuestros rostros".

La costumbre de adjudicarle un significado especial a los días lunes y jueves posee también un origen sumamente antiguo. En época del Segundo Templo los lunes y jueves eran los días en los que ayunaban los piadosos. De acuerdo con la tradición, un día jueves Moshé emprendió su ascenso al Monte Sinaí para recibir las segundas tablas y descendió un lunes cuarenta días más tarde (10 de Tishrí, Yom Kipur). Las segundas tablas fueron una señal de perdón Divino. Por ello, estos días fueron vistos como días favorables. Además, lunes y jueves eran días de mercado y las personas llegaban a la ciudad provenientes de las diferentes comarcas y aldeas. Las congregaciones eran más numerosas; la Torá era leída, sesionaban los Tribunales de Justicia. El carácter elevado de la atmósfera espiritual de esos días indujo a que la plegaria de tipo penitencial fuera más extensa, por ello, los lunes y los jueves el *Taḥanún* es más largo.

Una de las instancias bíblicas clásicas de súplicas es la plegaria de Daniel en nombre de los exiliados en Babilonia (cap. 9). Secciones de esa plegaria junto a otros versículos de libros proféticos y de Salmos conforman el núcleo de esta sección. Hay tres secciones, cada una de las cuales contienen dieciocho menciones del Nombre de Dios, y por ello las recitamos en silencio y de pie como si se tratase de una forma de A'midá.

אֵל אֶרֶךְ Tú eres Dios que demora en enojarse, Tú eres llamado el SEÑOR de la Compasión, la grandeza de Tu misericordia y Tu benevolencia le diste a saber al humilde (Moshé) en tiempos pretéritos tal como está escrito en Tu Torá:

"El SEÑOR descendió en medio de una nube, *Éx. 34*
y se irguió junto a Él allí e invocó el Nombre del SEÑOR",
y allí está escrito:

וַיַּעֲבֹר Y el SEÑOR pasó ante él (Moshé) y proclamó:
SEÑOR, SEÑOR, compasivo y benevolente, tardo en la ira, abundante en generosidad y verdad, prodiga Su benevolencia por miles de generaciones, perdona la iniquidad, la rebelión y el pecado y perdona (a quienes retornan).

*se recita sentado inclinando la espalda hacia adelante y apoyando la cabeza sobre el brazo izquierdo.*

רַחוּם Dios compasivo y clemente, hemos pecado ante Ti, apiádate de nosotros y sálvanos.

*En voz baja:*

לְדָוִד Salmo de David, A Ti oh SEÑOR elevo mi alma. Dios mío, en Ti he confiado, que no me avergüence, que mis enemigos no triunfen sobre mí. Todos aquellos que en Ti depositan su confianza no se avergonzarán, lo harán quienes traicionan sin causa alguna. Enséñame SEÑOR Tu caminos, instrúyeme en Tus sendas. Guíame en Tu verdad y hazme saber que Tú eres el Dios de mi redención, en Ti deposito mis esperanzas todo el día. Recuerda SEÑOR Tu compasión y Tu benevolencia pues desde siempre han existido. No recuerdes los pecados ni las transgresiones de mi mocedad, recuérdame conforme a Tu benevolencia SEÑOR. El SEÑOR es benevolente y recto, por ello instruye el camino a quienes pecan. Guiará a los humildes justamente y les enseñará Su camino. Todas las sendas del SEÑOR son benevolencia y verdad para aquellos que guardan Su pacto y Sus testimonios. En aras de Tu Nombre SEÑOR, perdona mi iniquidad pues esta es abundante. ¿Quién es el varón temeroso del SEÑOR? A él le habrá de enseñar el camino a escoger. Su alma descansará en la abundancia y su simiente heredará la tierra. El secreto del SEÑOR está reservado a quienes Le temen, y Su pacto es para que Le conozcan. Mis ojos se dirigen siempre al SEÑOR pues Él quitará mis pies de la *Sal. 25*

אֵל אֶרֶךְ אַפַּיִם אַתָּה וּבַעַל הָרַחֲמִים (נִקְרֵאתָ)
גְּדֻלַּת רַחֲמֶיךָ וַחֲסָדֶיךָ (תִּזְכֹּר הַיּוֹם לְזֶרַע יְדִידֶיךָ כְּמוֹ שֶׁ)הוֹדַעְתָּ
לֶעָנָו מִקֶּדֶם וְכֵן כָּתוּב בְּתוֹרָתָךְ:
וַיֵּרֶד יְהוָה בֶּעָנָן וַיִּתְיַצֵּב עִמּוֹ שָׁם וַיִּקְרָא בְשֵׁם יְהוָה: שמות לד
וְשָׁם נֶאֱמַר:
וַיַּעֲבֹר יְהוָה ׀ עַל־פָּנָיו וַיִּקְרָא
יְהוָה ׀ יְהוָה אֵל רַחוּם וְחַנּוּן אֶרֶךְ אַפַּיִם וְרַב־חֶסֶד וֶאֱמֶת:
נֹצֵר חֶסֶד לָאֲלָפִים נֹשֵׂא עָוֹן וָפֶשַׁע וְחַטָּאָה וְנַקֵּה:

*se recita sentado inclinando la espalda hacia adelante y apoyando la cabeza sobre el brazo izquierdo.*

רַחוּם וְחַנּוּן, חָטָאנוּ לְפָנֶיךָ רַחֵם עָלֵינוּ וְהוֹשִׁיעֵנוּ.

*En voz baja:*

לְדָוִד אֵלֶיךָ יְהוָה נַפְשִׁי אֶשָּׂא: אֱלֹהַי בְּךָ בָטַחְתִּי אַל־אֵבוֹשָׁה תהלים כה
אַל־יַעַלְצוּ אוֹיְבַי לִי: גַּם כָּל־קֹוֶיךָ לֹא יֵבֹשׁוּ יֵבֹשׁוּ הַבּוֹגְדִים רֵיקָם:
דְּרָכֶיךָ יְהוָה הוֹדִיעֵנִי אֹרְחוֹתֶיךָ לַמְּדֵנִי: הַדְרִיכֵנִי בַאֲמִתֶּךָ ׀
וְלַמְּדֵנִי כִּי־אַתָּה אֱלֹהֵי יִשְׁעִי אוֹתְךָ קִוִּיתִי כָּל־הַיּוֹם: זְכֹר־רַחֲמֶיךָ
יְהוָה וַחֲסָדֶיךָ כִּי מֵעוֹלָם הֵמָּה: חַטֹּאות נְעוּרַי ׀ וּפְשָׁעַי אַל־
תִּזְכֹּר כְּחַסְדְּךָ זְכָר־לִי־אַתָּה לְמַעַן טוּבְךָ יְהוָה: טוֹב־וְיָשָׁר יְהוָה
עַל־כֵּן יוֹרֶה חַטָּאִים בַּדָּרֶךְ: יַדְרֵךְ עֲנָוִים בַּמִּשְׁפָּט וִילַמֵּד עֲנָוִים
דַּרְכּוֹ: כָּל־אָרְחוֹת יְהוָה חֶסֶד וֶאֱמֶת לְנֹצְרֵי בְרִיתוֹ וְעֵדֹתָיו:
לְמַעַן־שִׁמְךָ יְהוָה וְסָלַחְתָּ לַעֲוֹנִי כִּי רַב־הוּא: מִי־זֶה הָאִישׁ
יְרֵא יְהוָה יוֹרֶנּוּ בְּדֶרֶךְ יִבְחָר: נַפְשׁוֹ בְּטוֹב תָּלִין וְזַרְעוֹ יִירַשׁ
אָרֶץ: סוֹד יְהוָה לִירֵאָיו וּבְרִיתוֹ לְהוֹדִיעָם: עֵינַי תָּמִיד אֶל־

red. Dirígete a mí y agráciame pues me encuentro solo y afligido. Las angustias de mi corazón han aumentado, sácame de mis dificultades. Contempla mi aflicción y mi inconducta y perdona todos mis pecados. Mira cómo mis enemigos se han multiplicado y el odio cruel que me profesan. Cuida mi alma y sálvame, no dejes que me avergüence, pues me he refugiado en Ti. La integridad y la rectitud me habrán de preservar pues en Ti he depositado mis esperanzas. Redime oh Dios a Israel de todas sus angustias. Y Él redimirá a Israel de todos sus pecados. *Sal. 30*

*Reanudar, recitando en voz alta:*

יְהֹוָה Señor, Dios de Israel, aplaca Tu furia y retira el mal destinado a Tu pueblo. *Éx. 32*

*Para el lunes:*

Señor, ¿dónde está Tu bondad de antaño? / Aquella de la que nuestros padres nos contaron que habías obrado con nosotros.
En el tiempo en que Tu gloria residía / en la tienda establecida para Tu morada y allí hablaba con nosotros. *Ose. 12*
Alejaste de nosotros el resplandor de Tu Presencia, / y ahora, ¿hacia dónde se dirigió la que no está hoy con nosotros? *Deut. 29*
Devuelve Tu Presencia cual antaño, y se reforzarán / Tus hijos y entonces dirán: ¡El Señor ha obrado grandemente con nosotros! *Sal. 126*
Apresúrate en curar nuestras dolencias, / haznos retornar Dios de nuestra salvación, y deja sin efecto Tu enojo para con nosotros. *Sal. 85*

*Continúa en "Aplaca Tu ardiente ira".*

*Para el jueves:*

Señor, el remanente del cautiverio de Ariel se pregunta:/ ¿se ha olvidado Dios de Su piedad? ¿Ha dejado que su enojo deje sin efecto Su compasión? *Sal. 77*
Detestó Su recinto y Su pórtico, / no recordó el escabel de Sus pies en el día de Su enojo y no actuó compasivamente como solia hacerlo. *Amos 1*
¿Dónde están Sus maravillas y Sus bondades / de las que nos relataron Sus siervos a quienes retribuyó compasivamente? *Isa. 63*
Ante la gran angustia que me embarga he de decir: Caigamos en manos del Señor pues grande es Su compasión. *I Sam. 24*
Su palabra es la que esperamos y aquella que nos consoló, / pues las bondades del Señor no se han acabado pues no se ha terminado Su compasión. *Lam. 3*

*Continúa en "Aplaca Tu ardiente ira".*

*Para lunes y jueves:*

Aplaca Tu ardiente ira, y retira el mal destinado a Tu pueblo. No te enojes tanto, *Éx. 32*
Señor, ni recuerdes la transgresión por siempre, contempla por favor, todos nosotros *Isa. 64*
somos Tu pueblo. Aunque nuestras iniquidades atestigüen en nuestra contra Señor, *Jer. 14*
actúa en pos de Tu Nombre. Señor, perdónanos.

יְהוָה כִּי הוּא־יוֹצִיא מֵרֶשֶׁת רַגְלָי: פְּנֵה־אֵלַי וְחָנֵּנִי כִּי־יָחִיד
וְעָנִי אָנִי: צָרוֹת לְבָבִי הִרְחִיבוּ מִמְּצוּקוֹתַי הוֹצִיאֵנִי: רְאֵה עָנְיִי
וַעֲמָלִי וְשָׂא לְכָל־חַטֹּאותָי: רְאֵה־אוֹיְבַי כִּי־רָבּוּ וְשִׂנְאַת חָמָס
שְׂנֵאוּנִי: שָׁמְרָה נַפְשִׁי וְהַצִּילֵנִי אַל־אֵבוֹשׁ כִּי־חָסִיתִי בָךְ: תֹּם־
וָיֹשֶׁר יִצְּרוּנִי כִּי קִוִּיתִיךָ: פְּדֵה אֱלֹהִים אֶת־יִשְׂרָאֵל מִכֹּל צָרוֹתָיו:
וְהוּא יִפְדֶּה אֶת־יִשְׂרָאֵל מִכֹּל עֲוֹנֹתָיו: תהלים קל

*Reanudar, recitando en voz alta:*

יְהוָה אֱלֹהֵי יִשְׂרָאֵל, שׁוּב מֵחֲרוֹן אַפֶּךָ וְהִנָּחֵם עַל־הָרָעָה לְעַמֶּךָ: שמות לב

ליום שני:

יְהוָה, אַיֵּה חֲסָדֶיךָ הָרִאשֹׁנִים / אֲשֶׁר סִפְּרוּ לָנוּ אֲבוֹתֵינוּ מִלְּפָנִים אֲשֶׁר עָשִׂיתָ עִמָּנוּ.
בִּזְמַן כְּבוֹדְךָ שָׁכַן / בְּאֹהֶל לְשִׁבְתּוֹ מוּכָן וְשָׁם יְדַבֵּר עִמָּנוּ: הושע יב
רִחַקְתָּ מִמֶּנּוּ זִיו הַשְּׁכִינָה / וְעַתָּה אָנָה פָנָה אֲשֶׁר אֵינֶנּוּ פֹּה עִמָּנוּ: דברים כט
הֲשִׁיבֵהוּ לְקַדְמוּתוֹ, וְיִגְבְּרוּ / בָּנֶיךָ, וְאָז יֹאמְרוּ הִגְדִּיל יְהוָה לַעֲשׂוֹת עִמָּנוּ: תהלים קכו
מַהֵר לִרְפֹּא נִגְעֵנוּ / שׁוּבֵנוּ אֱלֹהֵי יִשְׁעֵנוּ וְהָפֵר כַּעַסְךָ עִמָּנוּ: תהלים פה

*Continúa en* 'שׁוּב מֵחֲרוֹן אַפֶּךָ'.

ליום חמישי:

יְהוָה, שְׁאֵרִית פְּלֵיטַת אֲרִיאֵל / הֲשָׁכַח חַנּוֹת אֵל אִם־קָפַץ בְּאַף רַחֲמָיו תהלים עז
מָאַס דְּבִירוֹ וְסִפּוֹ / וְלֹא זָכַר הֲדֹם רַגְלָיו בְּיוֹם אַפּוֹ כְּמִנְהַג רַחֲמָיו: עמוס א
וְאַיֵּה נִפְלְאוֹתָיו וַחֲסָדָיו / אֲשֶׁר סִפְּרוּ לָנוּ עֲבָדָיו אֲשֶׁר־גְּמָלָם כְּרַחֲמָיו: ישעיה סג
אוֹמַר בְּרֹב תוֹת יְגוֹנַי / נִפְּלָה־נָּא בְיַד־יְהוָה כִּי־רַבִּים רַחֲמָו: שמואל ב׳ כד
לִדְבָרוֹ יְחַלְנוּ וְהִתְנַחַמְנוּ / חַסְדֵי יְהוָה כִּי לֹא־תָמְנוּ כִּי לֹא־כָלוּ רַחֲמָיו: איכה ג

*Continúa en* 'שׁוּב מֵחֲרוֹן אַפֶּךָ'.

לשני וחמישי:

שׁוּב מֵחֲרוֹן אַפֶּךָ, וְהִנָּחֵם עַל־הָרָעָה לְעַמֶּךָ: אַל־תִּקְצֹף יְהוָה עַד־מְאֹד, שמות לב
וְאַל־לָעַד תִּזְכֹּר עָוֹן, הֵן הַבֶּט־נָא עַמְּךָ כֻלָּנוּ: אִם־עֲוֹנֵינוּ עָנוּ בָנוּ, יְהוָה ישעיה סד
עֲשֵׂה לְמַעַן שְׁמֶךָ, כִּי־רַבּוּ מְשׁוּבֹתֵינוּ, לְךָ חָטָאנוּ: אָדוֹן סְלַח לָנוּ. ירמיה יד

Padre nuestro, Rey nuestro, Tú eres nuestro Padre. *Ta'anit 25b*
Padre nuestro, Rey nuestro, no tenemos Rey salvo Tú.
Padre nuestro, Rey nuestro, ten compasión por nosotros.
Padre nuestro, Rey nuestro se clemente y respóndenos, pues
carecemos de buenas acciones en
nuestro haber; obra con nosotros con
caridad y benevolencia y sálvanos.

וַאֲנַחְנוּ Y nosotros no sabemos qué hacer, mas nuestros ojos están *II Crón. 20*
puestos en Ti. Recuerda SEÑOR Tu compasión y Tu benevolencia *Sal. 25*
pues desde siempre han existido. Que Tu benevolencia SEÑOR, sea *Sal. 33*
sobre nosotros pues en Ti hemos depositado nuestras esperanzas.
No nos recuerdes los pecados de quienes nos antecedieron. Que *Sal. 79*
Tu misericordia nos encuentre prontamente, pues hemos caído
muy bajo. Nuestra ayuda está en el Nombre del SEÑOR, Hacedor *Sal. 124*
de los cielos y la tierra. Sé clemente con nosotros SEÑOR, pues ya *Sal. 123*
nos hemos saciado de burlas. En Tu ira recuerda Tu misericordia. *Hab. 3*
En Tu ira recuerda Tu amor. En Tu ira recuerda el amarramiento
(de Yitzjak). En Tu ira recuerda la integridad. El SEÑOR salva, el Rey *Sal. 20*
nos responderá el día que Le invoquemos. Pues Él conoce nuestra *Sal. 103*
inclinación, Él recuerda que estamos hechos de polvo. Ayúdanos, *Sal. 79*
Dios de nuestra salvación, por la gloria de Tu Nombre. Sálvanos y
expía nuestros pecados en pos de Tu Nombre.

*En los días que no son lunes o jueves las súplicas culminan aquí.*
*Los días lunes y jueves continuar las súplicas en la página 180*

אָבִינוּ מַלְכֵּנוּ, אָבִינוּ אָתָּה. תענית כה:

אָבִינוּ מַלְכֵּנוּ, אֵין לָנוּ מֶלֶךְ אֶלָּא אָתָּה.

אָבִינוּ מַלְכֵּנוּ, רַחֵם עָלֵינוּ.

אָבִינוּ מַלְכֵּנוּ, חָנֵּנוּ וַעֲנֵנוּ, כִּי אֵין בָּנוּ מַעֲשִׂים טוֹבִים

עֲשֵׂה עִמָּנוּ צְדָקָה וָחֶסֶד

לְמַעַן שִׁמְךָ הַגָּדוֹל וְהוֹשִׁיעֵנוּ.

וַאֲנַחְנוּ לֹא נֵדַע מַה־נַּעֲשֶׂה, כִּי עָלֶיךָ עֵינֵינוּ: זְכֹר־רַחֲמֶיךָ יְהֹוָה דה״ב כ תהלים כה

וַחֲסָדֶיךָ, כִּי מֵעוֹלָם הֵמָּה: יְהִי־חַסְדְּךָ יְהֹוָה עָלֵינוּ, כַּאֲשֶׁר יִחַלְנוּ תהלים לג

לָךְ: אַל־תִּזְכָּר־לָנוּ עֲוֹנֹת רִאשֹׁנִים, מַהֵר יְקַדְּמוּנוּ רַחֲמֶיךָ כִּי תהלים עט

דַלּוֹנוּ מְאֹד: עֶזְרֵנוּ בְּשֵׁם יְהֹוָה, עֹשֵׂה שָׁמַיִם וָאָרֶץ: חָנֵּנוּ יְהֹוָה תהלים קכד תהלים קכג

חָנֵּנוּ, כִּי־רַב שָׂבַעְנוּ בוּז: בְּרֹגֶז, רַחֵם תִּזְכּוֹר: בְּרֹגֶז, אַהֲבָה תִּזְכֹּר. חבקוק ג

בְּרֹגֶז, עֲקֵדָה תִּזְכֹּר. בְּרֹגֶז, תְּמִימוּת תִּזְכֹּר. יְהֹוָה הוֹשִׁיעָה, הַמֶּלֶךְ תהלים כ

יַעֲנֵנוּ בְיוֹם־קָרְאֵנוּ: כִּי־הוּא יָדַע יִצְרֵנוּ, זָכוּר כִּי־עָפָר אֲנָחְנוּ: תהלים קג

עָזְרֵנוּ אֱלֹהֵי יִשְׁעֵנוּ עַל־דְּבַר כְּבוֹד־שְׁמֶךָ, וְהַצִּילֵנוּ וְכַפֵּר עַל־ תהלים עט

חַטֹּאתֵינוּ לְמַעַן שְׁמֶךָ:

*En los días que no son lunes o jueves las súplicas culminan aquí.*
*Los días lunes y jueves continuar las súplicas en la página 181*

יְהִי Que el Nombre del Señor sea bendito desde ahora Sal. 113
y hasta la eternidad. Desde la salida del sol hasta su ocaso,
alabado es el Nombre del Señor. El Señor es nuestro Soberano, Sal. 8
cuán exaltado es Tu Nombre en toda la tierra.

## MEDIO KADISH

*El Ḥazán y los Avelim recitan Medio Kadish:*

יִתְגַּדַּל Que Su Gran Nombre sea magnificado y santificado,
en el mundo que creó conforme a Su voluntad.
Que establezca Su reino, haga florecer Su salvación
y apresure la llegada de Su ungido
durante vuestra vida y en vuestros días
y en la vida de toda la casa de Israel,
pronto y rápidamente y decid: Amén.

Que Su Gran Nombre sea bendito
por siempre y por toda la eternidad.

Sea bendecido, alabado, glorificado
y exaltado, encumbrado
y magnificado, enaltecido y ensalzado
el Nombre del Santo Bendito Él;
más allá de cualquier bendición,
cántico, alabanza y consolación
pronunciados en el mundo y decid: Amén.

יְהִי שֵׁם יְהֹוָה מְבֹרָךְ מֵעַתָּה וְעַד־עוֹלָם: תהלים קיג
מִמִּזְרַח־שֶׁמֶשׁ עַד־מְבוֹאוֹ מְהֻלָּל שֵׁם יְהֹוָה:
יְהֹוָה אֲדֹנֵינוּ, מָה־אַדִּיר שִׁמְךָ בְּכָל־הָאָרֶץ: תהלים ח

## חצי קדיש

*El* חזן *y los* אבלים *recitan* חצי קדיש:

יִתְגַּדַּל וְיִתְקַדַּשׁ שְׁמֵהּ רַבָּא (קהל: אָמֵן)
בְּעָלְמָא דִּי בְרָא כִרְעוּתֵהּ
וְיַמְלִיךְ מַלְכוּתֵהּ
וְיַצְמַח פֻּרְקָנֵהּ וִיקָרֵב מְשִׁיחֵהּ (קהל: אָמֵן)
בְּחַיֵּיכוֹן וּבְיוֹמֵיכוֹן וּבְחַיֵּי דְכָל־בֵּית יִשְׂרָאֵל
בַּעֲגָלָא וּבִזְמַן קָרִיב, וְאִמְרוּ אָמֵן. (קהל: אָמֵן)

יְהֵא שְׁמֵהּ רַבָּא מְבָרַךְ לְעָלַם וּלְעָלְמֵי עָלְמַיָּא יִתְבָּרַךְ
וְיִשְׁתַּבַּח וְיִתְפָּאַר וְיִתְרוֹמַם וְיִתְנַשֵּׂא
וְיִתְהַדָּר וְיִתְעַלֶּה וְיִתְהַלָּל
שְׁמֵהּ דְּקֻדְשָׁא בְּרִיךְ הוּא (קהל: אָמֵן)
לְעֵלָּא מִן כָּל־בִּרְכָתָא
שִׁירָתָא, תֻּשְׁבְּחָתָא וְנֶחֱמָתָא
דַּאֲמִירָן בְּעָלְמָא, וְאִמְרוּ אָמֵן. (קהל: אָמֵן)

## TAḤANUNÍM PARA LUNES Y JUEVES

*Súplicas adicionales para lunes y jueves:*

אֵל מֶלֶךְ Dios, Rey que se sienta sobre el trono de la compasión y actúa con benevolencia. Perdona las iniquidades de Su pueblo haciéndolos pasar ante Él en orden. Es abundante en perdón para con los pecadores y los trasgresores. Hace justicia con toda carne y espíritu, no retribuyéndoles de acuerdo con sus malas acciones.

Dios, Tú nos enseñaste a recitar los trece atributos, recuerda hoy para nosotros el pacto de los trece atributos, tal como en tiempos pretéritos revelaste al humilde (Moshé), como está escrito:

Y el Señor descendió en una nube y se paró allí junto a él, *Éx. 34*
y proclamó el Nombre del Señor, y allí está escrito:
Y el Señor pasó ante él (Moshé) y proclamó:
Señor, Señor, compasivo y benevolente, tardo en la ira,
abundante en generosidad y verdad,
prodiga Su benevolencia por miles de generaciones,
perdona la iniquidad, la rebelión y el pecado
y perdona (a quienes retornan).

*Para el lunes (Entre Rosh HaShaná y Yom Kipur se recita el siguiente pasaje también en los días jueves).*

אַנְשֵׁי אֱמוּנָה Los varones de fe han desaparecido,
aquellos que venían por el mérito de sus acciones.
Heroicamente se paraban ante la brecha para repeler los decretos adversos.
Ellos eran para nosotros cual muralla, refugio en el día de la ira.
Mediante susurros lograban aplacaban la furia,
detenían la ira por medio de sus súplicas.
Antes de que Te implorasen les respondías,
ellos sabían dirigirse a Ti y hacer aceptadas sus súplicas.
Tenías compasión de ellos cual padre, y no desatendías sus pedidos.
En virtud de nuestras iniquidades les hemos perdido,
fueron llevados de entre nosotros a causa de nuestros pecados.
Han partido hacia su descanso eterno,
y nos han dejado en medio de nuestros lamentos.
Se han marchado quienes erigían cercas,
fueron eliminados los que aplacaban la ira.
No hay quien se pare ante la brecha, se acabaron los que merecían apaciguarte.
Hemos deambulado por los cuatro confines,
sin haber hallado remedio a nuestro mal.
Retornamos a Ti con rostros avergonzados,
para procurarte oh Dios, en el tiempo de nuestras desgracias.

*Entre Rosh HaShaná y Yom Kipur: "en el tiempo de nuestras selijot".*

# תחנונים לשני וחמישי

*Súplicas adicionales para lunes y jueves:*

אֵל מֶלֶךְ יוֹשֵׁב עַל כִּסֵּא רַחֲמִים, וּמִתְנַהֵג בַּחֲסִידוּת מוֹחֵל עֲוֹנוֹת עַמּוֹ
מַעֲבִיר רִאשׁוֹן רִאשׁוֹן, מַרְבֶּה מְחִילָה לְחַטָּאִים וּסְלִיחָה לְפוֹשְׁעִים
עוֹשֶׂה צְדָקוֹת עִם כָּל־בָּשָׂר וְרוּחַ, לֹא כְרָעָתָם לָהֶם גּוֹמֵל.
אֵל, הוֹרֵיתָנוּ לוֹמַר מִדּוֹת שְׁלֹשׁ עֶשְׂרֵה
זְכָר לָנוּ הַיּוֹם בְּרִית שְׁלֹשׁ עֶשְׂרֵה
כְּמוֹ שֶׁהוֹדַעְתָּ לֶעָנָו מִקֶּדֶם, וְכֵן כָּתוּב בְּתוֹרָתְךָ:

וַיֵּרֶד יְהוָה בֶּעָנָן וַיִּתְיַצֵּב עִמּוֹ שָׁם וַיִּקְרָא בְשֵׁם יְהוָה: שמות לד

וְשָׁם נֶאֱמַר:

וַיַּעֲבֹר יְהוָה ׀ עַל־פָּנָיו וַיִּקְרָא

יְהוָה ׀ יְהוָה אֵל רַחוּם וְחַנּוּן אֶרֶךְ אַפַּיִם וְרַב־חֶסֶד וֶאֱמֶת:
נֹצֵר חֶסֶד לָאֲלָפִים נֹשֵׂא עָוֹן וָפֶשַׁע וְחַטָּאָה וְנַקֵּה:

*Para el lunes (Entre* ראש השנה *y* יום הכיפורים *se recita el siguiente pasaje también en los días jueves).*

אַנְשֵׁי אֱמוּנָה אָבָדוּ / בָּאִים בְּכֹחַ מַעֲשֵׂיהֶם
גִּבּוֹרִים לַעֲמֹד בַּפֶּרֶץ / דּוֹחִים אֶת הַגְּזֵרוֹת
הָיוּ לָנוּ לְחוֹמָה / וּלְמַחְסֶה בְּיוֹם זַעַם
זוֹעֲכִים אַף בְּלַחֲשָׁם / חֵמָה עָצְרוּ בְשַׁוְעָם
טֶרֶם קְרָאוּךָ עֲנִיתָם / יוֹדְעִים לַעֲתֹר וּלְרַצּוֹת
כְּאָב רִחַמְתָּ לְמַעֲנָם / לֹא הֱשִׁיבוֹתָ פְּנֵיהֶם רֵיקָם
מֵרֹב עֲוֹנֵינוּ אֲבַדְנוּם / נֶאֶסְפוּ מֶנּוּ בַּחֲטָאֵינוּ
סָעוּ הֵמָּה לִמְנוּחוֹת / עָזְבוּ אוֹתָנוּ לַאֲנָחוֹת
פָּסוּ גוֹדְרֵי גָדֵר / צָמְתוּ מְשִׁיבֵי חֵמָה
קָמִים בַּפֶּרֶץ אַיִן / רְאוּיִם לִרְצוֹתְךָ אָפֵסוּ
שׁוֹטַטְנוּ בְּאַרְבַּע פִּנּוֹת / תְּרוּפָה לֹא מָצָאנוּ
שַׁבְנוּ אֵלֶיךָ בְּבֹשֶׁת פָּנֵינוּ / לְשַׁחֶרְךָ אֵל בְּעֵת צָרוֹתֵינוּ.

*Entre Rosh HaShaná y Yom Kipur:* 'בְּעֵת סְלִיחָתֵנוּ'.

אֵל מֶלֶךְ Dios, Rey que se sienta sobre el trono de la compasión y actúa con benevolencia. Perdona las iniquidades de Su pueblo haciéndolos pasar ante Él en orden. Es abundante en perdón para con los pecadores y los trasgresores. Hace justicia con toda carne y espíritu, no retribuyéndoles de acuerdo con sus malas acciones.

Dios, Tú nos enseñaste a recitar los trece atributos, recuerda hoy para nosotros el pacto de los trece atributos, tal como en tiempos pretéritos revelaste al humilde (Moshé), como está escrito:

Y el SEÑOR descendió en una nube y se paró allí junto a él, *Éx. 34*
y proclamó el Nombre del SEÑOR, y allí está escrito:
Y el SEÑOR pasó ante él (Moshé) y proclamó:
SEÑOR, SEÑOR, compasivo y benevolente, tardo en la ira,
abundante en generosidad y verdad, prodiga Su benevolencia
por miles de generaciones, perdona la iniquidad,
la rebelión y el pecado y perdona (a quienes retornan).

*Para el jueves (entre Rosh HaShaná y Yom Kipur se recita el siguiente pasaje también en los días lunes):*

תָּמַהְנוּ Nos hemos espantado de tantas calamidades,
nuestro vigor se ha debilitado ante tantas desgracias.
Fuimos grandemente humillados,
hemos descendido hasta el polvo mismo de la tierra.
Oh Compasivo, esta es nuestra naturaleza,
somos obstinados y rebeldes.
Hemos gritado con nuestra propia boca:
"pecamos", mas nuestro corazón es veleidoso y tozudo.
Altísimo, Tu compasión es desde siempre, Tuyo es el perdón.
Cambia decreto adverso, inclínate hacia la benevolencia.
No Te ocultes en momentos como este,
ya que nos encontramos en una gran desgracia.
Permite que todos perciban, que Tu benevolencia
y Tu generosidad son para con nosotros.
Sella la boca de Satán, para que no nos acuse,
dirige a él Tu ira y siléncialo.
Nombra un ángel defensor que hable en nuestro favor,
para que relate nuestra rectitud.
Tus caminos, oh compasivo y benevolente,
has revelado al fiel servidor de Tu morada (Moshé).
Cuando él Te lo pidió, Tú le hiciste saber Tu fidelidad.

אֵל מֶלֶךְ יוֹשֵׁב עַל כִּסֵּא רַחֲמִים, וּמִתְנַהֵג בַּחֲסִידוּת
מוֹחֵל עֲוֹנוֹת עַמּוֹ, מַעֲבִיר רִאשׁוֹן רִאשׁוֹן
מַרְבֶּה מְחִילָה לְחַטָּאִים וּסְלִיחָה לַפּוֹשְׁעִים
עוֹשֶׂה צְדָקוֹת עִם כָּל־בָּשָׂר וָרוּחַ, לֹא כְרָעָתָם לָהֶם גּוֹמֵל.
אֵל, הוֹרֵתָנוּ לוֹמַר מִדּוֹת שְׁלֹשׁ עֶשְׂרֵה
זְכֹר לָנוּ הַיּוֹם בְּרִית שְׁלֹשׁ עֶשְׂרֵה
כְּמוֹ שֶׁהוֹדַעְתָּ לֶעָנָו מִקֶּדֶם, וְכֵן כָּתוּב בְּתוֹרָתֶךָ:
וַיֵּרֶד יְהוָה בֶּעָנָן וַיִּתְיַצֵּב עִמּוֹ שָׁם וַיִּקְרָא בְשֵׁם יְהוָה: שמות לד
וְשָׁם נֶאֱמַר:
וַיַּעֲבֹר יְהוָה | עַל־פָּנָיו וַיִּקְרָא
יְהוָה | יְהוָה אֵל רַחוּם וְחַנּוּן אֶרֶךְ אַפַּיִם וְרַב־חֶסֶד וֶאֱמֶת:
נֹצֵר חֶסֶד לָאֲלָפִים נֹשֵׂא עָוֹן וָפֶשַׁע וְחַטָּאָה וְנַקֵּה:

*Para el jueves (entre* ראש השנה *y* יום הכיפורים *se recita el siguiente pasaje también en los días lunes):*

תָּמַהְנוּ מֵרָעוֹת / תָּשַׁשׁ כֹּחֵנוּ מִצָּרוֹת
שַׁחְנוּ עַד לִמְאֹד / שָׁפַלְנוּ עַד עָפָר
רַחוּם, כָּךְ הִיא מִדָּתֶנוּ / קְשֵׁי עֹרֶף וּמַמְרִים אֲנָחְנוּ
צָעַקְנוּ בְּפִינוּ חָטָאנוּ / פְּתַלְתּוֹל וְעִקֵּשׁ לִבֵּנוּ
עֶלְיוֹן, רַחֲמֶיךָ מֵעוֹלָם / סְלִיחָה עִמְּךָ הִיא
נִחַם עַל הָרָעָה / מַטֶּה כְלַפֵּי חֶסֶד
לֹא תִתְעַלַּם בְּעִתּוֹת כָּאֵל / כִּי בְצָרָה גְדוֹלָה אֲנָחְנוּ
יִוָּדַע לְעֵינֵי הַכֹּל / טוּבְךָ וְחַסְדְּךָ עִמָּנוּ
חֲתֹם פֶּה שָׂטָן וְאַל יַשְׂטִין עָלֵינוּ / זְעַם בּוֹ וְיִדּוֹם
וְיַעֲמֹד מַלְאָךְ מֵלִיץ טוֹב לְצַדְּקֵנוּ / הוּא יַגִּיד יָשְׁרֵנוּ
דְּרָכֶיךָ רַחוּם וְחַנּוּן / גִּלִּיתָ לְנֶאֱמַן בַּיִת
בְּבַקְּשׁוֹ אָז מִלְּפָנֶיךָ / אֱמוּנָתְךָ הוֹדַעְתָּ לּוֹ.

אֵל מֶלֶךְ Dios, Rey que se sienta sobre el trono de la compasión y actúa con benevolencia. Perdona las iniquidades de Su pueblo haciéndolos pasar ante Él en orden. Es abundante en perdón para con los pecadores y los trasgresores. Hace justicia con toda carne y espíritu, no retribuyéndoles de acuerdo con sus malas acciones.

Dios, Tú nos enseñaste a recitar los trece atributos, recuerda hoy para nosotros el pacto de los trece atributos, tal como en tiempos pretéritos revelaste al humilde (Moshé), como está escrito:

Y el Señor descendió en una nube y se paró allí junto a él, *Éx. 34*
y proclamó el Nombre del Señor, y allí está escrito:
Y el Señor pasó ante él (Moshé) y proclamó:
Señor, Señor, compasivo y benevolente, tardo en la ira,
abundante en generosidad y verdad,
prodiga Su benevolencia por miles de generaciones, perdona la iniquidad,
la rebelión y el pecado y perdona (a quienes retornan).

*Para lunes y jueves:*

אֱלֹהֵינוּ Dios nuestro y de nuestros ancestros,
no traigas sobre nosotros la destrucción,
afirma Tu mano en el juicio.
Al llegar delante de Ti nuestra reprensión,
no nos borres de Tu libro.
Al acercarte a estudiar nuestro castigo,
haz que Tu compasión anteceda a Tu ira.
Pobres son nuestras acciones ante Tu mirada,
acerca a nosotros la justicia que de Ti procede.
Tú nos has enseñado que al clamar ante Ti,
ordenas firmemente Tu salvación.
Haz regresar al exiliado a la tienda del íntegro (Ya'akob),
mira cómo sus puertas de entrada han sido desoladas.
Recuerda aquello que dijiste:
"el testimonio no será olvidado de la boca de su descendencia.
Abre el sello de Tu testimonio y revela Tu secreto al enseñar,
al semicírculo que se ubica en el ombligo del mundo
(referencia al Sanhedrín Guedolá de 71)
y que no falte del impar (referencia al Sanhedrín Ketaná de 23
miembros, número impar que permite definiciones).
Señor, conoce a Israel que Te ha conocido,
elimina a las naciones que no lo han hecho.
Pues harás retornar a la fortaleza (Jerusalém)
a los prisioneros de la esperanza.

אֵל מֶלֶךְ יוֹשֵׁב עַל כִּסֵּא רַחֲמִים, וּמִתְנַהֵג בַּחֲסִידוּת
מוֹחֵל עֲוֹנוֹת עַמּוֹ, מַעֲבִיר רִאשׁוֹן רִאשׁוֹן
מַרְבֶּה מְחִילָה לְחַטָּאִים וּסְלִיחָה לַפּוֹשְׁעִים
עוֹשֶׂה צְדָקוֹת עִם כָּל־בָּשָׂר וְרוּחַ, לֹא כְרָעָתָם לָהֶם גּוֹמֵל.
אֵל, הוֹרֵיתָנוּ לוֹמַר מִדּוֹת שְׁלֹשׁ עֶשְׂרֵה
זְכֹר לָנוּ הַיּוֹם בְּרִית שְׁלֹשׁ עֶשְׂרֵה
כְּמוֹ שֶׁהוֹדַעְתָּ לֶעָנָו מִקֶּדֶם, וְכֵן כָּתוּב בְּתוֹרָתָךְ:
וַיֵּרֶד יְהוָה בֶּעָנָן וַיִּתְיַצֵּב עִמּוֹ שָׁם וַיִּקְרָא בְשֵׁם יְהוָה: שמות לד
וְשָׁם נֶאֱמַר:
וַיַּעֲבֹר יְהוָה ׀ עַל־פָּנָיו וַיִּקְרָא
יְהוָה ׀ יְהוָה אֵל רַחוּם וְחַנּוּן אֶרֶךְ אַפַּיִם וְרַב־חֶסֶד וֶאֱמֶת:
נֹצֵר חֶסֶד לָאֲלָפִים נֹשֵׂא עָוֺן וָפֶשַׁע וְחַטָּאָה וְנַקֵּה:

*Para lunes y jueves:*

אֱלֹהֵינוּ וֵאלֹהֵי אֲבוֹתֵינוּ
אַל תַּעַשׂ עִמָּנוּ כָּלָה / תֹּאחֵז יָדְךָ בַּמִּשְׁפָּט
בְּבוֹא תוֹכֵחָה נֶגְדֶּךָ / שְׁמֵנוּ מִסִּפְרְךָ אַל תֶּמַח
גִּשְׁתְּךָ לַחֲקוֹר מוּסָר / רַחֲמֶיךָ יְקַדְּמוּ רָגְזֶךָ
דַּלּוּת מַעֲשִׂים בְּשׁוּרֶךָ / קָרֵב צֶדֶק מֵאֵלֶיךָ
הוֹרֵנוּ בְּזַעֲקֵנוּ לָךְ / צַו יְשׁוּעָתֵנוּ בְּמַפְגִּיעַ
וְתָשִׁיב שְׁבוּת אָהֳלֵי תָם / פְּתָחָיו רְאֵה כִּי שָׁמֵמוּ
זְכוֹר נַאֲמְתָּ / עֵדוּת לֹא תִשָּׁכַח מִפִּי זַרְעוֹ
חוֹתַם תְּעוּדָה תַּתִּיר / סוֹדְךָ שִׂים בְּלִמּוּדֶךָ
טַבּוּר אַגַּן הַסַּהַר / נָא אַל יֶחְסַר הַמָּזֶג
יָהּ, דַּע אֶת יִשְׂרָאֵל אֲשֶׁר יְדָעוּךָ / מַגֵּר אֶת הַגּוֹיִם אֲשֶׁר לֹא יְדָעוּךָ
כִּי תָשִׁיב לְבִצָּרוֹן / לְכוּדִים אֲסִירֵי הַתִּקְוָה.

מַה נֹּאמַר Qué podemos decir ante Ti, a Ti que moras en las alturas;y qué podemos contar ante de Ti, a Ti que habitas en los firmamentos, ¿acaso no conoces todo lo oculto y lo revelado por igual? Tú conoces todos los secretos del mundo y los misterios de todo ser vivo, Tú buscas en el interior de la persona examinando sus riñones y su corazón. Nada hay oculto ante Ti ni hay secreto ante Tus ojos.

יְהִי רָצוֹן Sea Tu voluntad Señor, Dios nuestro y de nuestros ancestros, que te apiades de nosotros, perdones todos nuestros pecados, expíes todas nuestras iniquidades, perdones y disculpes todas nuestras trasgresiones.

Perdona nuestra iniquidad y nuestro pecado, tómanos por *Éx. 34*
Tu heredad. Perdónanos, Padre nuestro, pues hemos pecado. Discúlpanos, Rey nuestro por haber transgredido. Pues Tú Señor, eres bueno, perdonas y eres generoso en benevolencia para con todos los que Te invocan. En aras de Tu Nombre Señor, vivifícanos.
En Tu justicia, libéranos de la desgracia. El Señor de las Huestes *Sal. 46*
Celestiales es con nosotros, el Dios de Ya'akob es nuestra fortaleza,
¡Sela! Señor de las Huestes Celestiales, feliz del hombre que *Sal. 84*
confía en Ti. El Señor salva, el Rey nos responderá el día que Le *Sal. 20*
invoquemos. Haznos retornar a Ti Señor y retornaremos, renueva *Lam. 5*
nuestros días como antaño.

וְהוּא רַחוּם Él es compasivo, perdonará la iniquidad y no destruirá, *Sal. 78*
suprimirá Su ira y no encenderá Su furia. Tú Señor, no retengas Tu *Sal. 40*
compasión de nosotros, que Tu generosidad y Tu verdad siempre
nos protejan. Sálvanos Señor, nuestro Dios y reúnenos de entre *Sal. 106*
las naciones, para que agradezcamos a Tu Nombre Sagrado y nos
glorifiquemos en Tu alabanza. Si has de guardar el conteo de nuestros *Sal. 130*
pecados Señor, ¿quién podría mantenerse de pie? Pues Tuyo es el

---

ofrendamos a Dios nuestras lágrimas: "Los sacrificios de Dios son un espíritu quebrantado, Señor, Tú no despreciarás un corazón quebrado y humilde" (Salmos 51:19).

מַה נֹּאמַר לְפָנֶיךָ יוֹשֵׁב מָרוֹם, וּמַה נְּסַפֵּר לְפָנֶיךָ שׁוֹכֵן שְׁחָקִים,
הֲלֹא כָּל־הַנִּסְתָּרוֹת וְהַנִּגְלוֹת אַתָּה יוֹדֵעַ. אַתָּה יוֹדֵעַ רָזֵי עוֹלָם,
וְתַעֲלוּמוֹת סִתְרֵי כָּל־חָי. אַתָּה חוֹפֵשׂ כָּל־חַדְרֵי בָטֶן, רוֹאֶה כְלָיוֹת
וָלֵב. אֵין כָּל־דָּבָר נֶעְלָם מִמָּךְ, וְאֵין נִסְתָּר מִנֶּגֶד עֵינֶיךָ.

יְהִי רָצוֹן מִלְּפָנֶיךָ, יְהוָה אֱלֹהֵינוּ וֵאלֹהֵי אֲבוֹתֵינוּ, שֶׁתְּרַחֵם עָלֵינוּ
וְתִמְחֹל לָנוּ אֶת כָּל־חַטֹּאתֵינוּ, וּתְכַפֶּר לָנוּ אֶת כָּל־עֲוֹנוֹתֵינוּ,
וְתִמְחֹל וְתִסְלַח לְכָל־פְּשָׁעֵינוּ. וְסָלַחְתָּ לַעֲוֹנֵנוּ וּלְחַטָּאתֵנוּ שמות לד
וּנְחַלְתָּנוּ: סְלַח לָנוּ אָבִינוּ כִּי חָטָאנוּ, מְחַל לָנוּ מַלְכֵּנוּ כִּי פָשָׁעְנוּ.
כִּי־אַתָּה אֲדֹנָי טוֹב וְסַלָּח, וְרַב־חֶסֶד לְכָל־קֹרְאֶיךָ: לְמַעַן־שִׁמְךָ תהלים פו תהלים כה
יְהוָה, וְסָלַחְתָּ לַעֲוֹנֵינוּ כִּי רַב־הוּא: לְמַעַן־שִׁמְךָ יְהוָה תְּחַיֵּנוּ, תהלים קמג
בְּצִדְקָתְךָ תּוֹצִיא מִצָּרָה נַפְשֵׁנוּ: יְהוָה צְבָאוֹת עִמָּנוּ, מִשְׂגָּב־ תהלים מו
לָנוּ אֱלֹהֵי יַעֲקֹב סֶלָה: יְהוָה צְבָאוֹת, אַשְׁרֵי אָדָם בֹּטֵחַ בָּךְ: תהלים פד
יְהוָה הוֹשִׁיעָה, הַמֶּלֶךְ יַעֲנֵנוּ בְיוֹם־קָרְאֵנוּ: הֲשִׁיבֵנוּ יְהוָה אֵלֶיךָ תהלים כ איכה ה
וְנָשׁוּבָה, חַדֵּשׁ יָמֵינוּ כְּקֶדֶם:

וְהוּא רַחוּם יְכַפֵּר עָוֹן וְלֹא־יַשְׁחִית, וְהִרְבָּה לְהָשִׁיב אַפּוֹ וְלֹא־יָעִיר תהלים עח
כָּל־חֲמָתוֹ: אַתָּה יְהוָה לֹא־תִכְלָא רַחֲמֶיךָ מִמֶּנִּי, חַסְדְּךָ וַאֲמִתְּךָ תהלים מ
תָּמִיד יִצְּרוּנִי: הוֹשִׁיעֵנוּ יְהוָה אֱלֹהֵינוּ וְקַבְּצֵנוּ מִן־הַגּוֹיִם, לְהוֹדוֹת תהלים קו
לְשֵׁם קָדְשֶׁךָ לְהִשְׁתַּבֵּחַ בִּתְהִלָּתֶךָ: אִם־עֲוֹנוֹת תִּשְׁמָר־יָהּ, אֲדֹנָי תהלים קל

---

וְהוּא רַחוּם *Él es compasivo:* Se trata de una plegaria de penitencia compuesta de una variedad de textos bíblicos que van desde Génesis y Éxodo, pasando por los profetas Isaías, Jeremías y Yoel hasta Lamentaciones, Daniel y Salmos en los Hagiógrafos. Careciendo del Templo y los sacrificios, en su lugar

perdón para que puedas ser reverenciado. No te conduzcas con *Sal. 103*
nosotros de acuerdo con nuestros pecados ni nos retribuyas de
acuerdo con nuestras malas acciones. Aunque nuestras iniquidades *Jer. 14*
atestigüen en nuestra contra SEÑOR, actúa en pos de Tu Nombre.
Recuerda SEÑOR Tu compasión y Tu benevolencia pues desde *Sal. 25*
siempre han existido. El SEÑOR nos responderá en día de angustia, *Sal. 20*
que el Nombre del Dios de Ya'akob nos proteja. SEÑOR, salva, el Rey
nos habrá de responder el día que Le invoquemos.

Padre nuestro, Rey nuestro se clemente y respóndenos, pues carecemos de buenas acciones en nuestro haber; obra con nosotros con caridad y benevolencia y sálvanos.

וְעַתָּה Y ahora SEÑOR, nuestro Dios, que sacaste a Tu pueblo de la *Dan. 9*
tierra de Egipto con mano fuerte haciéndote de un Nombre como en este mismo día: hemos pecado y actuado erradamente. SEÑOR, con toda Tu rectitud, aleja Tu furia y Tu enojo de la ciudad de Jerusalém, Tu monte sagrado. Pues a raíz de nuestras trasgresiones y las de nuestros ancestros, Jerusalém y Tu pueblo se han tornado el oprobio de todos quienes nos rodean. Ahora, escucha Dios nuestro la plegaria y las súplicas de Tu siervo, deja que Tu semblante brille sobre Tu desolado Santuario por Tu bien. Dios, inclina Tu oído y escucha, abre Tus ojos y contempla nuestra desolación, y la ciudad que lleva sobre sí Tu Nombre, pues no es en virtud de nuestra rectitud que Te suplicamos sino en virtud de Tu gran compasión. ¡SEÑOR, escucha!, ¡SEÑOR, perdona!, ¡SEÑOR, atiende nuestro pedido, actúa y no Te demores! Hazlo por Ti Dios mío, pues Tu pueblo y Tu ciudad son llamados por Tu Nombre.

---

harapos y con cenizas sobre su cabeza le rogó a Dios que perdone al pueblo y ponga punto final a su sufrimiento. Estas palabras tienen un protagonismo central en las Selijot o plegarias de penitencia de los días de ayuno público.

מִי יַעֲמֹד: כִּי־עִמְּךָ הַסְּלִיחָה לְמַעַן תִּוָּרֵא: לֹא כַחֲטָאֵינוּ עֲשֵׂה תהלים קג
לָנוּ, וְלֹא כַעֲוֹנֹתֵינוּ גְּמֹל עָלֵינוּ: אִם־עֲוֹנֵינוּ עָנוּ בָנוּ, יְהוָה עֲשֵׂה ירמיה יד
לְמַעַן שְׁמֶךָ: זְכֹר־רַחֲמֶיךָ יְהוָה וַחֲסָדֶיךָ, כִּי מֵעוֹלָם הֵמָּה: יַעַנְךָ תהלים כה תהלים כ
יְהוָה בְּיוֹם צָרָה, יְשַׂגֶּבְךָ שֵׁם אֱלֹהֵי יַעֲקֹב: יְהוָה הוֹשִׁיעָה, הַמֶּלֶךְ
יַעֲנֵנוּ בְיוֹם־קָרְאֵנוּ:

אָבִינוּ מַלְכֵּנוּ, חָנֵּנוּ וַעֲנֵנוּ כִּי אֵין בָּנוּ מַעֲשִׂים
עֲשֵׂה עִמָּנוּ צְדָקָה כְּרֹב רַחֲמֶיךָ, וְהוֹשִׁיעֵנוּ לְמַעַן שְׁמֶךָ.

וְעַתָּה אֲדֹנָי אֱלֹהֵינוּ, אֲשֶׁר הוֹצֵאתָ אֶת־עַמְּךָ מֵאֶרֶץ מִצְרַיִם בְּיָד דניאל ט
חֲזָקָה וַתַּעַשׂ־לְךָ שֵׁם כַּיּוֹם הַזֶּה, חָטָאנוּ רָשָׁעְנוּ: אֲדֹנָי, כְּכָל־
צִדְקֹתֶךָ יָשָׁב־נָא אַפְּךָ וַחֲמָתְךָ, מֵעִירְךָ יְרוּשָׁלִַם הַר־קָדְשֶׁךָ,
כִּי בַחֲטָאֵינוּ וּבַעֲוֹנוֹת אֲבֹתֵינוּ, יְרוּשָׁלִַם וְעַמְּךָ לְחֶרְפָּה לְכָל־
סְבִיבֹתֵינוּ: וְעַתָּה שְׁמַע אֱלֹהֵינוּ אֶל־תְּפִלַּת עַבְדְּךָ וְאֶל־תַּחֲנוּנָיו,
וְהָאֵר פָּנֶיךָ עַל־מִקְדָּשְׁךָ הַשָּׁמֵם, לְמַעַן אֲדֹנָי: הַטֵּה אֱלֹהַי אָזְנְךָ
וּשְׁמָע, פְּקַח עֵינֶיךָ וּרְאֵה שֹׁמְמֹתֵינוּ וְהָעִיר אֲשֶׁר־נִקְרָא שִׁמְךָ
עָלֶיהָ, כִּי לֹא עַל־צִדְקֹתֵינוּ אֲנַחְנוּ מַפִּילִים תַּחֲנוּנֵינוּ לְפָנֶיךָ, כִּי
עַל־רַחֲמֶיךָ הָרַבִּים: אֲדֹנָי שְׁמָעָה, אֲדֹנָי סְלָחָה, אֲדֹנָי הַקְשִׁיבָה
וַעֲשֵׂה אַל־תְּאַחַר, לְמַעַנְךָ אֱלֹהַי, כִּי־שִׁמְךָ נִקְרָא עַל־עִירְךָ
וְעַל־עַמֶּךָ:

---

וְעַתָּה *Y ahora:* Se trata de una plegaria pronunciada por Daniel (9:15-19) durante el primer año del reinado del Rey Jerjes, cuando visualizó que la desolación de Jerusalém habría de durar setenta años. En ayunas, vistiendo

אָבִינוּ Padre nuestro, Padre compasivo, muéstranos una señal para el bien y reúne a nuestros dispersos desde los cuatro confines de la tierra. Todas las naciones reconocerán y sabrán que Tú eres el SEÑOR, nuestro Padre. *Isa. 64*

אֲנַחְנוּ הַחֹמֶר Nosotros somos la arcilla y Tú nuestro alfarero, todos somos Tu obra. Padre nuestro, Rey nuestro, nuestra Fortaleza y nuestro Redentor, apiádate SEÑOR de Tu pueblo, no permitas el escarnio de Tu heredad mediante el dominio de naciones extranjeras. ¿Por qué habrán de decir las naciones: dónde está su Dios? Sabemos SEÑOR que hemos pecado y que no hay quien pueda interceder por nosotros en tiempos de dificultades salvo Tu gran Nombre. Tal como un padre se compadece de sus hijos, apiádate de nosotros. Ten compasión de Tu pueblo, apiádate de Tu heredad, obra con gracia hacia nosotros y respóndenos. Pues Tuya es la rectitud, y obras maravillas en todo momento. Mira por favor y salva a Tu rebaño. No permitas que seamos gobernados por la ira, pues Tuya es la salvación, en Ti depositamos nuestras esperanzas. Dios del perdón, por favor discúlpanos, pues Tú eres un Dios bondadoso que perdona. *Joel 2*

אָנָּא מֶלֶךְ Por favor, Rey pleno de clemencia y compasión, recuerda y ve el Pacto entre las Partes (con Abraham), y que aparezca ante Ti el amarramiento de su único hijo (Iṣḥak), y en aras de nuestro padre Israel, no nos abandones Padre nuestro, no nos dejes desamparados Rey nuestro, no nos olvides Hacedor nuestro ni nos aniquiles en nuestro exilio, pues Tú eres un Rey clemente y compasivo.

אֵין כָּמוֹךָ No hay clemente y compasivo como Tú nuestro Dios, no hay quien como Tú lento en iras y que abunde en benevolencia y verdad. Con Tu gran compasión, sálvanos del tumulto y la furia. Recuerda a Tus siervos Abraham, Iṣḥak y Ya'akob, no contemples *Deut. 9*

---

Tú nuestro Creador: cuídanos tal como un artista preserva su más preciada obra maestra; (3) somos Tus testigos, portadores de Tu Nombre: por ello sálvanos en aras de Tu Nombre. No permitas que las naciones, al ver nuestro sufrimiento, digan: ¿dónde está Dios?

אָבִינוּ אָב הָרַחֲמָן, הַרְאֵנוּ אוֹת לְטוֹבָה וְקַבֵּץ נְפוּצוֹתֵינוּ מֵאַרְבַּע
כַּנְפוֹת הָאָרֶץ. יַכִּירוּ וְיֵדְעוּ כָּל־הַגּוֹיִם, כִּי אַתָּה יְהֹוָה אָבִינוּ אָתָּה. ישעיה סד

אֲנַחְנוּ הַחֹמֶר וְאַתָּה יֹצְרֵנוּ וּמַעֲשֵׂה יָדְךָ כֻּלָּנוּ: אָבִינוּ מַלְכֵּנוּ צוּרֵנוּ
וְגוֹאֲלֵנוּ, חוּסָה יְהֹוָה עַל־עַמֶּךָ וְאַל־תִּתֵּן נַחֲלָתְךָ לְחֶרְפָּה לִמְשָׁל־ יואל ב
בָּם גּוֹיִם, לָמָּה יֹאמְרוּ בָעַמִּים אַיֵּה אֱלֹהֵיהֶם: יָדַעְנוּ יְהֹוָה כִּי
חָטָאנוּ וְאֵין מִי יַעֲמֹד בַּעֲדֵנוּ, אֶלָּא שִׁמְךָ הַגָּדוֹל יַעֲמָד־לָנוּ בְּעֵת
צָרָה, וּכְרַחֵם אָב עַל בָּנִים רַחֵם עָלֵינוּ. חֲמֹל עַל עַמֶּךָ, וְרַחֵם עַל
נַחֲלָתֶךָ, חוּסָה נָּא כְּרֹב רַחֲמֶיךָ, חָנֵּנוּ מַלְכֵּנוּ וַעֲנֵנוּ. לְךָ אֲדֹנָי
הַצְּדָקָה, עֹשֵׂה נִפְלָאוֹת בְּכָל־עֵת וָעֵת. הַבֶּט נָא וְהוֹשִׁיעָה נָּא
צֹאן מַרְעִיתֶךָ. אַל יִמְשָׁל־בָּנוּ קֶצֶף, כִּי לְךָ יְהֹוָה הַיְשׁוּעָה, בְּךָ
תוֹחַלְתֵּנוּ. אֱלוֹהַּ סְלִיחוֹת, אָנָּא סְלַח נָא, כִּי אֵל טוֹב וְסַלָּח אָתָּה.

אָנָּא מֶלֶךְ רַחוּם וְחַנּוּן, זְכֹר וְהַבֵּט לִבְרִית בֵּין הַבְּתָרִים, וְתֵרָאֶה
לְפָנֶיךָ עֲקֵדַת יָחִיד, וּלְמַעַן יִשְׂרָאֵל אָבִינוּ, אַל תַּעַזְבֵנוּ אָבִינוּ,
וְאַל תִּטְּשֵׁנוּ מַלְכֵּנוּ, וְאַל תִּשְׁכָּחֵנוּ יוֹצְרֵנוּ, וְאַל תַּעַשׂ עִמָּנוּ כָלָה
בְּגָלוּתֵנוּ, כִּי אֵל מֶלֶךְ חַנּוּן וְרַחוּם אָתָּה.

אֵין כָּמוֹךָ חַנּוּן וְרַחוּם אֱלֹהֵינוּ. אֵין כָּמוֹךָ אֵל אֶרֶךְ אַפַּיִם
וְרַב חֶסֶד וֶאֱמֶת. הוֹשִׁיעֵנוּ וְרַחֲמֵנוּ, מֵרַעַשׁ וּמֵרֹגֶז הַצִּילֵנוּ. זְכֹר דברים ט
לַעֲבָדֶיךָ לְאַבְרָהָם לְיִצְחָק וּלְיַעֲקֹב, אַל־תֵּפֶן אֶל־קְשִׁי הָעָם

---

אֲנַחְנוּ הַחֹמֶר *Nosotros somos la arcilla y Tú nuestro alfarero:* Versículo de Isaías (64:7) que se transformó en la base de uno de los poemas litúrgicos que se recitan en la noche de *Kol Nidrei.* Este pasaje entreteje tres llamados a la compasión Divina: (1) somos Tus hijos y Tú nuestro Padre: sé compasivo con nosotros tal como un padre perdona a su hijo; (2) somos Tu creación y

la obstinación de este pueblo, ni su maldad ni sus malas acciones. Aplaca Tu furia y retira el mal destinado a Tu pueblo. Quita de nosotros el flagelo de la muerte, pues Tú eres compasivo. Pues así es Tu proceder, prodigando el bien gratuitamente en cada generación. Por favor SEÑOR, sálvanos, por favor, SEÑOR, haznos prosperar. Por favor SEÑOR, respóndenos el día en que Te invoquemos. En Ti depositamos nuestras esperanzas, a Ti Te esperamos SEÑOR, a Ti Te anhelamos SEÑOR. No Te mantengas en silencio mientras sufrimos, pues las naciones dicen: "Su esperanza está perdida". Ante Ti solamente se habrá de flexionar toda rodilla e inclinar todos aquellos que se yerguen alto.

*Éx. 32* *Sal. 118*

הַפּוֹתֵחַ יָד Tú que abres Tu mano para recibir a los transgresores y pecadores que retornan, nuestra alma se siente confundida por nuestra gran pena. No nos olvides para siempre, álzate y sálvanos. No derrames sobre nosotros Tu ira pues somos Tu pueblo, el pueblo de Tu pacto. Dios, contempla cuán escaso es nuestro honor entre las naciones, nos aborrecen como si fuéramos impuros. ¿Hasta cuándo Tu poder seguirá cautivo y Tu esplendor permanecerá en la mano de enemigos? Humíllalos y prívalos de poder. Que nuestros sufrimientos no te parezcan insignificantes. Que Tu compasión nos alcance rápidamente en el día de nuestra desgracia. Si no lo haces por nosotros, hazlo por Ti, no destruyas a nuestro remanente, pues hacia Ti se dirigen nuestros ojos, pues Tú eres un Rey piadoso y compasivo. Recuerda nuestro testimonio, que constantemente decimos con amor dos veces cada día: Escucha Israel, el SEÑOR es nuestro Dios, el SEÑOR es Uno.

*Deut. 6*

וַיַּעֲבֹר Y el SEÑOR pasó ante él (Moshé) y proclamó: *Éx. 34*
SEÑOR, SEÑOR, compasivo y benevolente,
tardo en la ira, abundante en generosidad y verdad, prodiga Su
benevolencia por miles de generaciones, perdona la iniquidad, la
rebelión y el pecado y perdona (a quienes retornan).

הַזֶּה וְאֶל־רִשְׁעוֹ וְאֶל־חַטָּאתוֹ: שׁוּב מֵחֲרוֹן אַפֶּךָ, וְהִנָּחֵם עַל־ שמות לב
הָרָעָה לְעַמֶּךָ: וְהָסֵר מִמֶּנּוּ מַכַּת הַמָּוֶת כִּי רַחוּם אָתָּה, כִּי כֵן
דַּרְכְּךָ לַעֲשׂוֹת חֶסֶד חִנָּם בְּכָל־דּוֹר וָדוֹר. אָנָּא יְהוָה הוֹשִׁיעָה תהלים קיח
נָּא, אָנָּא יְהוָה הַצְלִיחָה נָא: אָנָּא יְהוָה עֲנֵנוּ בְּיוֹם קָרְאֵנוּ. לְךָ
יְהוָה קִוִּינוּ, לְךָ יְהוָה חִכִּינוּ, לְךָ יְהוָה נְיַחֵל. אַל תֶּחֱשֶׁה וּתְעַנֵּנוּ,
כִּי נָאֲמוּ גוֹיִם אָבְדָה תִקְוָתָם. כָּל־בֶּרֶךְ לְךָ תִכְרַע, וְכָל־קוֹמָה
לְפָנֶיךָ תִשְׁתַּחֲוֶה.

הַפּוֹתֵחַ יָד בִּתְשׁוּבָה לְקַבֵּל פּוֹשְׁעִים וְחַטָּאִים, נִבְהֲלָה נַפְשֵׁנוּ מֵרֹב עִצְּבוֹנֵנוּ, אַל תִּשְׁכָּחֵנוּ נֶצַח, קוּמָה וְהוֹשִׁיעֵנוּ. אַל תִּשְׁפֹּךְ חֲרוֹנְךָ עָלֵינוּ כִּי עַמְּךָ אֲנַחְנוּ בְּנֵי בְרִיתֶךָ. אֵל, הַבִּיטָה, דַּל כְּבוֹדֵנוּ בַּגּוֹיִם וְשִׁקְּצוּנוּ כְּטֻמְאַת הַנִּדָּה. עַד מָתַי עֻזְּךָ בַּשְּׁבִי וְתִפְאַרְתְּךָ בְּיַד צָר. הֵמָּה יִרְאוּ וְיֵבֹשׁוּ וְיֵחַתּוּ מִגְּבוּרָתָם. עוֹרְרָה גְבוּרָתְךָ וְהוֹשִׁיעֵנוּ לְמַעַן שְׁמֶךָ. אַל יִמְעֲטוּ לְפָנֶיךָ תְּלָאוֹתֵינוּ, מַהֵר יְקַדְּמוּנוּ רַחֲמֶיךָ בְּעֵת צָרוֹתֵינוּ. לֹא לְמַעֲנֵנוּ אֶלָּא לְמַעַנְךָ פְּעַל, וְאַל תַּשְׁחִית אֶת זֵכֶר שְׁאֵרִיתֵנוּ, כִּי לְךָ מְיַחֲלוֹת עֵינֵינוּ, כִּי אֵל
מֶלֶךְ חַנּוּן וְרַחוּם אָתָּה. וּזְכֹר עֵדוּתֵנוּ בְּכָל־יוֹם תָּמִיד אוֹמְרִים
פַּעֲמַיִם בְּאַהֲבָה, שְׁמַע יִשְׂרָאֵל, יְהוָה אֱלֹהֵינוּ, יְהוָה אֶחָד: דברים ו

וַיַּעֲבֹר יְהוָה ׀ עַל־פָּנָיו וַיִּקְרָא שמות לד
יְהוָה ׀ יְהוָה אֵל רַחוּם וְחַנּוּן אֶרֶךְ אַפַּיִם וְרַב־חֶסֶד וֶאֱמֶת:
נֹצֵר חֶסֶד לָאֲלָפִים נֹשֵׂא עָוֹן וָפֶשַׁע וְחַטָּאָה וְנַקֵּה:

---

הַפּוֹתֵחַ יָד *Tú que abres Tu mano:* El perdón Divino se extiende más allá de la estricta retribución por las acciones realizadas: "No deseo la muerte de los malvados sino que retornen de sus caminos y vivan" (Ezequiel 33:11).

יְהִי Que el Nombre del SEÑOR sea bendito desde ahora Sal. 113
y hasta la eternidad. Desde la salida del sol hasta su ocaso, alabado es el
Nombre del SEÑOR. El SEÑOR es nuestro Soberano, cuán exaltado es Tu Sal. 8
Nombre en toda la tierra.

## MEDIO KADISH

*El Ḥazán y los Abelim recitan Medio Kadish:*

יִתְגַּדַּל Que Su Gran Nombre sea magnificado y santificado,
en el mundo que creó conforme a Su voluntad.
Que establezca Su reino, haga florecer Su salvación
y apresure la llegada de Su ungido
durante vuestra vida y en vuestros días
y en la vida de toda la casa de Israel,
pronto y rápidamente y decid: Amén.

Que Su Gran Nombre sea bendito
por siempre y por toda la eternidad.

Sea bendecido, alabado, glorificado
y exaltado, encumbrado
y magnificado, enaltecido y ensalzado
el Nombre del Santo Bendito Él;
más allá de cualquier bendición,
cántico, alabanza y consolación
pronunciados en el mundo y decid: Amén.

*En los días del conteo del O'mer el Kahal cuenta el O'mer en voz alta sin recitar la bendición correspondiente (en los días en los que se lee la Torá se cuenta luego de los versículos que se recitan durante la extracción y conducción del Sefer).*

יְהִי שֵׁם יְהֹוָה מְבֹרָךְ מֵעַתָּה וְעַד־עוֹלָם: תהלים קיג
מִמִּזְרַח־שֶׁמֶשׁ עַד־מְבוֹאוֹ מְהֻלָּל שֵׁם יְהֹוָה:
יְהֹוָה אֲדֹנֵינוּ, מָה־אַדִּיר שִׁמְךָ בְּכָל־הָאָרֶץ: תהלים ח

## חצי קדיש

*El* חזן *y los* אבלים *recitan* חצי קדיש*:*

יִתְגַּדַּל וְיִתְקַדַּשׁ שְׁמֵהּ רַבָּא (קהל: אָמֵן)
בְּעָלְמָא דִּי בְרָא כִרְעוּתֵהּ
וְיַמְלִיךְ מַלְכוּתֵהּ
וְיַצְמַח פֻּרְקָנֵהּ וִיקָרֵב מְשִׁיחֵהּ (קהל: אָמֵן)
בְּחַיֵּיכוֹן וּבְיוֹמֵיכוֹן וּבְחַיֵּי דְכָל־בֵּית יִשְׂרָאֵל
בַּעֲגָלָא וּבִזְמַן קָרִיב, וְאִמְרוּ אָמֵן. (קהל: אָמֵן)

יְהֵא שְׁמֵהּ רַבָּא מְבָרַךְ לְעָלַם וּלְעָלְמֵי עָלְמַיָּא יִתְבָּרַךְ
וְיִשְׁתַּבַּח וְיִתְפָּאַר וְיִתְרוֹמַם וְיִתְנַשֵּׂא
וְיִתְהַדָּר וְיִתְעַלֶּה וְיִתְהַלָּל
שְׁמֵהּ דְּקֻדְשָׁא בְּרִיךְ הוּא (קהל: אָמֵן)
לְעֵלָּא מִן כָּל־בִּרְכָתָא
שִׁירָתָא, תֻּשְׁבְּחָתָא וְנֶחֱמָתָא
דַּאֲמִירָן בְּעָלְמָא, וְאִמְרוּ אָמֵן. (קהל: אָמֵן)

*En los días del conteo del* העומר *el* קהל *cuenta el* עומר *en voz alta sin recitar la bendición correspondiente (en los días en los que se lee la* תורה *se cuenta luego de los versículos que se recitan durante la extracción y conducción del Sefer).*

# EXTRACCIÓN DEL SEFER TORÁ DEL HEJAL

*Los lunes y los jueves se leen tres aliot (cohen, leví e Israel) de la parashá de la semana (página 1149)*
*En caso de no haber un leví, quien subió como cohen vuelve a bendecir una segunda vez en su lugar. En caso de no haber un cohen, suben a la Torá tres israelitas y no habrá de subir un leví en lugar del cohen.*

*Mientras se abre el Hejal y se extrae la Torá, se recita:*

Exaltad al Señor conmigo, y ensalcemos juntos Su Nombre. *Sal. 34*

רוֹמְמוּ Ensalzad al Señor nuestro Dios y prosternaos ante Su *Sal. 99*
escabel, Santo es Él. Ensalzad al Señor nuestro Dios y prosternaos
en Su monte sagrado, pues el Señor, nuestro Dios, es Santo. ¿Pues *Sal. 18*
quién salvo el Señor es Dios y quién es una Fortaleza salvo nuestro
Dios?

Reconozcamos todos la fuerza de Dios y demos honor a la Torá. *Sal. 144*
Feliz del pueblo para el que esto es así, feliz del pueblo que el
Señor es su Dios.

*En Rosh Ḥodesh y en Ḥol HaMo'ed en lugar de estos versículos, se recita:*

Que el Señor nuestro Dios sea con nosotros, *I Re. 8*
tal como lo fue con nuestros ancestros.
Redime a tu pueblo y bendice a Tu herencia, *Sal. 28*
cuídalos y elévalos por siempre.

---

En momentos críticos durante la era bíblica, cuando el pueblo se apartaba de su fe, la renovación nacional estaba signada por una lectura pública de la Torá. El rey Yehoshafat envió emisarios que "enseñaron por toda Judea y llevaban consigo un rollo de la Torá del Señor. Iban de localidad en localidad por toda Judea y enseñaban al pueblo". (II Crónicas 17:9).

El rey Yoshiahu reunió "a todos los hombres de Judea, a los habitantes de Jerusalém, los sacerdotes, los levitas y todo el pueblo, jóvenes y ancianos por igual, y les leyó todo el Libro del Pacto que había sido hallado en el Templo del Señor" (II Crónicas 34:30).

El libro de Nehemías (8:1-12) contiene una descripción gráfica del retorno de los exiliados provenientes de Babilonia. Ezra reunió al pueblo en el Templo

# פתיחת ההיכל

*Los lunes y los jueves se leen tres aliot* (כהן, לוי וישראל)
*de la* פרשת השבוע (*página 1149*)
*En caso de no haber un* לוי*, quien subió como* כהן *vuelve a bendecir una segunda vez en su lugar. En caso de no haber un* כהן*, suben a la* תורה *tres israelitas y no habrá de subir un* לוי *en lugar del* כהן*.*

*Mientras se abre el* היכל *y se extrae la* תורה*, se recita:*

תהלים לד גַּדְּלוּ לַיהוָה אִתִּי, וּנְרוֹמְמָה שְׁמוֹ יַחְדָּו:

תהלים צט רוֹמְמוּ יְהוָה אֱלֹהֵינוּ וְהִשְׁתַּחֲווּ לַהֲדֹם רַגְלָיו, קָדוֹשׁ הוּא: רוֹמְמוּ
יְהוָה אֱלֹהֵינוּ וְהִשְׁתַּחֲווּ לְהַר קָדְשׁוֹ, כִּי־קָדוֹשׁ יְהוָה אֱלֹהֵינוּ:
תהלים יח כִּי מִי אֱלוֹהַּ מִבַּלְעֲדֵי יְהוָה, וּמִי צוּר זוּלָתִי אֱלֹהֵינוּ:

תהלים קמד הַכֹּל תְּנוּ עֹז לֵאלֹהִים וּתְנוּ כָבוֹד לַתּוֹרָה:
אַשְׁרֵי הָעָם שֶׁכָּכָה לּוֹ, אַשְׁרֵי הָעָם שֶׁיְהוָה אֱלֹהָיו:

*En* ראש חודש *y en* חול המועד *en lugar de estos versículos, se recita:*

מלכים א׳ ח יְהִי יְהוָה אֱלֹהֵינוּ עִמָּנוּ כַּאֲשֶׁר הָיָה עִם־אֲבֹתֵינוּ
אַל־יַעַזְבֵנוּ וְאַל־יִטְּשֵׁנוּ:
תהלים כח הוֹשִׁיעָה אֶת־עַמֶּךָ וּבָרֵךְ אֶת־נַחֲלָתֶךָ וּרְעֵם וְנַשְּׂאֵם עַד־הָעוֹלָם:

---

LA LECTURA DE LA TORÁ

Desde tiempos remotos, la lectura pública de la Torá ha sido un elemento constitutivo de la vida espiritual del pueblo de Israel. En el Monte Sinaí cuando tuvo por objetivo confirmar el pacto entre el pueblo de Israel y Dios, Moshé "tomó el Libro del Pacto y lo leyó al pueblo en voz alta" (Éxodo 24:7). El penúltimo mandamiento de la Torá especifica que cada siete años (en la fiesta de Sucot que sigue a la conclusión del año sabático) debe celebrarse una asamblea nacional en la cual "el pueblo, hombres, mujeres, niños y los extranjeros que habitan en tus comunidades deben escuchar y aprender a temer al Señor tu Dios y observar fielmente todas las palabras de esta Torá" (Deut. 31:12).

*Desde la extracción del Sefer Torá hasta que es colocado sobre la Tebá se dice:*

Esta es la Torá que colocó Moshé frente al pueblo de Israel. *Deut. 4*
La Torá que Moshé nos ordenó es la heredad *Deut. 33*
de la congregación de Ya'akob.
Es el árbol de la vida para quienes se aferran a ella *Prov. 3*
y quienes la sostienen son felices.
Sus caminos son caminos placenteros, y todas sus sendas son de paz.
Grande es la paz de aquellos que aman Tu Torá *Sal. 119*
y no habrán de padecer tropiezos.
El SEÑOR dará fuerza a Su pueblo. *Sal. 29*
El SEÑOR bendecirá a Su pueblo con la paz.
Pues os he dado una buena instrucción, no abandonéis Mi Torá. *Prov. 4*
El SEÑOR, en aras del mérito de Israel deseó engrandecer la *Isa. 42*
Torá y enaltecerla.

---

más exactamente "exposición"). El judaísmo es predicado, en un grado sin precedentes, por medio de la alfabetización universal y el estudio a lo largo de toda la vida. La Torá no es solamente un pergamino escrito, debe quedar grabada en el alma del judío.

*Keriat HaTorá* se traduce como "la lectura de la Torá", también significa "la proclamación de la Torá". La lectura pública reafirma de un modo simbólico que la Torá es la constitución escrita del pueblo judío como nación bajo la soberanía de Dios. Se trata de una recreación de la revelación en el Monte Sinaí, cuando el pueblo de Israel se constituyera por primera vez en una nación, unido por medio de las leyes de la Torá y convocado a llevar sus ideales a la vida práctica.

עֵץ־חַיִּים הִיא לַמַּחֲזִיקִים בָּהּ *Es árbol de la vida para quienes se aferran a ella:* si bien a Adám y a Javá se les prohibió comer del fruto del árbol de la vida (Gén. 3:22), la Torá es nuestro contacto con la eternidad en el ámbito temporal. La inmortalidad no es una cuestión relativa a cuánto vivimos sino a cómo lo hacemos.

*Desde la extracción del* ספר תורה *hasta que es colocado sobre la* תיבה *se dice:*

בָּרוּךְ הַבָּא בְּשֵׁם יְהֹוָה.

וְזֹאת הַתּוֹרָה אֲשֶׁר־שָׂם מֹשֶׁה לִפְנֵי בְּנֵי יִשְׂרָאֵל: דברים ד

תּוֹרָה צִוָּה־לָנוּ מֹשֶׁה, מוֹרָשָׁה קְהִלַּת יַעֲקֹב: דברים לג

עֵץ־חַיִּים הִיא לַמַּחֲזִיקִים בָּהּ, וְתֹמְכֶיהָ מְאֻשָּׁר: משלי ג

דְּרָכֶיהָ דַרְכֵי־נֹעַם וְכָל־נְתִיבוֹתֶיהָ שָׁלוֹם:

שָׁלוֹם רָב לְאֹהֲבֵי תוֹרָתֶךָ, וְאֵין־לָמוֹ מִכְשׁוֹל: תהלים קיט

יְהֹוָה עֹז לְעַמּוֹ יִתֵּן, יְהֹוָה יְבָרֵךְ אֶת־עַמּוֹ בַשָּׁלוֹם: תהלים כט

כִּי לֶקַח טוֹב נָתַתִּי לָכֶם, תּוֹרָתִי אַל־תַּעֲזֹבוּ: משלי ד

יְהֹוָה חָפֵץ לְמַעַן צִדְקוֹ, יַגְדִּיל תּוֹרָה וְיַאְדִּיר: ישעיה מב

---

y les leyó la Torá "desde el amanecer hasta el mediodía", con la asistencia de los levitas que "interpretaban y explicaban el significado para que la gente entendiera los versículos".

Estas eran ocasiones de carácter nacional. A un nivel más local, la tradición nos indica que Moshé instituyó la práctica de leer la Torá en Shabat, Yom Tov, Ḥol HaMo'ed y Rosh Ḥodesh. Ezra ordenó que se lea también los lunes y los jueves (días en los que funcionaba el mercado en la antigüedad) y los Shabat por la tarde (Talmud Jerosolimitano *Meguilá* 4:1). La lectura pública de la Torá es una institución de larga data, tal como la del rezo.

La sinagoga se transformó no sólo en una casa de oración sino también en una de estudio. El resultado es una dinámica tensión entre el habla y la escucha. En el rezo hablamos a Dios. En el estudio escuchamos a Dios hablándonos mediante Su palabra, la cual se mantiene inalterable y sin mengua alguna a lo largo de los siglos.

La asamblea convocada por Ezra, en la cual no sólo se leía la Torá, sino que además se la explicaba, se transformó en el modelo de actividad educativa de la sinagoga, y una de cuyas variadas formas es la *derashá* ("sermón" o

## BENDICIÓN PREVIA A LA LECTURA DE LA TORÁ:

*Olé:* Rabinos: Bendecid al Señor el Bendecido.

*Kahal:* Bendecid al Señor el Bendecido por toda la eternidad.

*Olé:* Bendecid al Señor el Bendecido por toda la eternidad.

בָּרוּךְ Bendito eres Tú Señor, nuestro Dios, Rey del universo, que nos ha escogido de entre todas las naciones y nos entregó Su Torá. Bendito eres Tú Señor, Dador de la Torá.

*Bendición posterior a la lectura de la Torá:*

בָּרוּךְ Bendito eres Tú Señor, nuestro Dios, Rey del universo, que nos ha entregado Su Torá, la Torá verdadera y plantó en nuestro interior la vida eterna.

Bendito eres Tú Señor, Dador de la Torá.

## LA BENDICIÓN DE HAGOMEL

*Se acostumbra a recitar el siguiente versículo antes de la Bendición de Hagomel:*

Alabad la benevolencia del Señor, y las maravillas que obra con los seres humanos. *Sal. 106*

*Hay quienes dicen:*

Agradeceré al Señor con todo mi corazón, siguiendo el consejo de los rectos y de la congregación. *Sal. 111*

*Hay quienes dicen:*

Agradeced al Señor porque es bueno; pues Su benevolencia es eterna. *Sal. 118*

*Si más de una persona precisa recitar Hagomel, cada una debe hacerlo por separado.*

*Quien bendice recita:* בָּרוּךְ Bendito eres Tú Señor, nuestro Dios, Rey del universo, que retribuye bondades a quienes no lo merecen y me ha prodigado todo el bien.

*El Kahal responde:* Amén. (El Dios que te ha prodigado todo el bien) continúe prodigándote todo lo bueno, Sela.

*Tras la lectura correspondiente al último olé se recita Kadish.*

## ברכות התורה

עולה: רַבָּנָן, בָּרְכוּ אֶת יְהוָה הַמְבֹרָךְ.

קהל: בָּרוּךְ יְהוָה הַמְבֹרָךְ לְעוֹלָם וָעֶד.

עולה: בָּרוּךְ יְהוָה הַמְבֹרָךְ לְעוֹלָם וָעֶד.

בָּרוּךְ אַתָּה יְהוָה, אֱלֹהֵינוּ מֶלֶךְ הָעוֹלָם
אֲשֶׁר בָּחַר בָּנוּ מִכָּל־הָעַמִּים, וְנָתַן לָנוּ אֶת תּוֹרָתוֹ.
בָּרוּךְ אַתָּה יְהוָה, נוֹתֵן הַתּוֹרָה.

*Bendición posterior a la lectura de la Torá:*

בָּרוּךְ אַתָּה יְהוָה, אֱלֹהֵינוּ מֶלֶךְ הָעוֹלָם
אֲשֶׁר נָתַן לָנוּ תּוֹרָתוֹ תּוֹרַת אֱמֶת
וְחַיֵּי עוֹלָם נָטַע בְּתוֹכֵנוּ.
בָּרוּךְ אַתָּה יְהוָה, נוֹתֵן הַתּוֹרָה.

## ברכת הגומל

*Se acostumbra a recitar el siguiente versículo antes de la* ברכת הגומל*:*

יוֹדוּ לַיהוָה חַסְדּוֹ וְנִפְלְאוֹתָיו לִבְנֵי אָדָם: תהלים קז

*Hay quienes dicen:*

אוֹדֶה יְהוָה בְּכָל־לֵבָב, בְּסוֹד יְשָׁרִים וְעֵדָה: תהלים קיא

*Hay quienes dicen:*

הוֹדוּ לַיהוָה כִּי־טוֹב כִּי לְעוֹלָם חַסְדּוֹ: תהלים קיח

*Si más de una persona precisa recitar Hagomel, cada una debe hacerlo por separado.*

המברך: בָּרוּךְ אַתָּה יְהוָה, אֱלֹהֵינוּ מֶלֶךְ הָעוֹלָם
הַגּוֹמֵל לְחַיָּבִים טוֹבוֹת, שֶׁגְּמָלַנִי כָּל־טוּב.

הקהל: אָמֵן. (הָאֵל שֶׁגְּמָלְךָ כָּל־טוּב
הוּא בְּרַחֲמָיו יִשְׁמָרְךָ וְיִגְמָלְךָ לָעַד כָּל־טוּב, סֶלָה.)

*Tras la lectura correspondiente al último* עולה *se recita* קדיש*.*

## MEDIO KADISH

*El Ḥazán y el olé recitan Medio Kadish:*

יִתְגַּדַּל Que Su Gran Nombre sea magnificado y santificado,
en el mundo que creó conforme a Su voluntad.
Que establezca Su reino, haga florecer Su salvación
y apresure la llegada de Su ungido
durante vuestra vida y en vuestros días
y en la vida de toda la casa de Israel,
pronto y rápidamente y decid: Amén.

Que Su Gran Nombre sea bendito
por siempre y por toda la eternidad.

Sea bendecido, alabado, glorificado y exaltado, encumbrado
y magnificado, enaltecido y ensalzado
el Nombre del Santo Bendito Él;
más allá de cualquier bendición, cántico, alabanza y consolación
pronunciados en el mundo y decid: Amén.

## ASHRÉ

Que Tu benevolencia SEÑOR sea sobre nosotros, *Sal. 33*
así como hemos depositado en Ti nuestra confianza.
אַשְׁרֵי Felices aquellos que residen en Tu morada; *Sal. 84*
continuarán alabándote, ¡Sela!
Feliz del pueblo para el que esto es así, *Sal. 144*
feliz del pueblo que el SEÑOR es su Dios.

Salmo de alabanza de David. *Sal. 145*

Te ensalzaré oh Dios, mi Rey y bendeciré Tu Nombre por siempre. Todos los días Te bendeciré y alabaré Tu Nombre por siempre. El SEÑOR es grande en sobremanera y Su grandeza es insondable. Una generación tras otra alabará Tu labor y contará sobre Tus poderosas acciones. Ponderaré el glorioso esplendor de Tu majestad y Tus actos maravillosos. Ellos relatarán el poder

---

un tiempo antes del rezo a fin de prepararse y con posterioridad al mismo dedicaban tiempo a la meditación. Según el Talmud esta práctica se basa en el primer renglón del *Ashré*: "Felices aquellos que residen en Tu morada".

## חצי קדיש

*El* חזן *y el* עולה *recitan* חצי קדיש:

יִתְגַּדַּל וְיִתְקַדַּשׁ שְׁמֵהּ רַבָּא (קהל: אָמֵן)
בְּעָלְמָא דִּי בְרָא כִרְעוּתֵהּ, וְיַמְלִיךְ מַלְכוּתֵהּ
וְיַצְמַח פֻּרְקָנֵהּ וִיקָרֵב מְשִׁיחֵהּ (קהל: אָמֵן)
בְּחַיֵּיכוֹן וּבְיוֹמֵיכוֹן וּבְחַיֵּי דְכָל־בֵּית יִשְׂרָאֵל
בַּעֲגָלָא וּבִזְמַן קָרִיב, וְאִמְרוּ אָמֵן. (קהל: אָמֵן)
יְהֵא שְׁמֵהּ רַבָּא מְבָרַךְ לְעָלַם וּלְעָלְמֵי עָלְמַיָּא יִתְבָּרַךְ
וְיִשְׁתַּבַּח וְיִתְפָּאַר וְיִתְרוֹמַם וְיִתְנַשֵּׂא וְיִתְהַדָּר וְיִתְעַלֶּה וְיִתְהַלָּל
שְׁמֵהּ דְּקֻדְשָׁא בְּרִיךְ הוּא (קהל: אָמֵן)
לְעֵלָּא מִן כָּל־בִּרְכָתָא, שִׁירָתָא, תִּשְׁבְּחָתָא וְנֶחֱמָתָא
דַּאֲמִירָן בְּעָלְמָא, וְאִמְרוּ אָמֵן. (קהל: אָמֵן)

## אשרי

יְהִי־חַסְדְּךָ יְהוָה עָלֵינוּ, כַּאֲשֶׁר יִחַלְנוּ לָךְ: תהלים לג
אַשְׁרֵי יוֹשְׁבֵי בֵיתֶךָ עוֹד יְהַלְלוּךָ סֶּלָה: תהלים פד
אַשְׁרֵי הָעָם שֶׁכָּכָה לּוֹ אַשְׁרֵי הָעָם שֶׁיְהוָה אֱלֹהָיו: תהלים קמד
תְּהִלָּה לְדָוִד תהלים קמה
אֲרוֹמִמְךָ אֱלוֹהַי הַמֶּלֶךְ וַאֲבָרְכָה שִׁמְךָ לְעוֹלָם וָעֶד:
בְּכָל־יוֹם אֲבָרְכֶךָּ וַאֲהַלְלָה שִׁמְךָ לְעוֹלָם וָעֶד:
גָּדוֹל יְהוָה וּמְהֻלָּל מְאֹד וְלִגְדֻלָּתוֹ אֵין חֵקֶר:
דּוֹר לְדוֹר יְשַׁבַּח מַעֲשֶׂיךָ וּגְבוּרֹתֶיךָ יַגִּידוּ:
הֲדַר כְּבוֹד הוֹדֶךָ וְדִבְרֵי נִפְלְאֹתֶיךָ אָשִׂיחָה:

---

אַשְׁרֵי *Felices aquellos:* Así como recitamos *Ashrei previo* a los pasajes de Shemá y la A'midá, lo mismo hacemos con *posterioridad* a estos siguiendo así la costumbre de los "antiguos devotos" o "jasidim rishonim", que destinaban

de Tus venerables acciones y de Tu grandeza. Ellos recitarán el recuerdo de Tu gran benevolencia y cantarán con regocijo Tu rectitud. El Señor es compasivo y misericordioso, paciente y muy benevolente. El Señor es bueno con todos y Su misericordia para con todas Sus creaturas. Todas Tus Obras Te agradecerán y Tus devotos Te bendecirán. Ellos recitarán la gloria de Tu reinado y hablarán de Tus poderosas acciones. Darán a conocer a los hombres Sus poderosas acciones, y la gloria de la majestad de Su reino. Tu reino es un reino por todos los tiempos y Tu dominio por todas las generaciones. El Señor sostiene a los que se caen y yergue a los encorvados. Todos alzan su mirada a Ti con esperanza y Tú les provees de su alimento en el momento adecuado. Tú abres Tu mano y satisfaces el deseo de cada ser viviente. El Señor es justo en todas Sus sendas y magnánimo en todos Sus actos. El Señor está cercano a todos quienes Le llaman, de todos aquellos que claman a Él con la verdad. Él colmará el deseo de quienes Lo reverencian, escuchará su clamor y los redimirá. El Señor protege a todos aquellos que Le aman y destruirá a todos los malvados. Mi boca declarará la alabanza del Señor y todas las creaturas bendecirán Su sagrado Nombre por siempre.

Nosotros bendeciremos a Dios desde ahora y por siempre, ¡Aleluyá! *Sal. 115*

*En días en los que no se recitan las súplicas, se omite lo siguiente:*

לַמְנַצֵּחַ Para el director de música, salmo de David. Que el Señor *Sal. 20*
te responda en el día de tu angustia, que el Nombre del Dios de Ya'akob te proteja. Que te envíe Su ayuda desde el Santuario y apoyo desde Ṣion. Que recuerde todas tus ofrendas y acepte todos tus sacrificios ígneos, ¡Sela! Que cumpla el deseo de tu corazón y haga cumplir tus planes. Nos regocijaremos en Tu salvación e izaremos un estandarte en el Nombre de nuestro Dios, que el Señor colme todas tus peticiones. Ahora sé que el Señor salva a

---

mantenga alejados de cualquier percance. Dada la solemnidad de su estilo, este salmo se omite en días de fiesta y en la casa del doliente a los efectos de no sustraer la alegría de los primeros ni agregar dolor al segundo.

וֶעֱזוּז נוֹרְאֹתֶיךָ יֹאמֵרוּ וּגְדוּלָּתְךָ אֲסַפְּרֶנָּה:
זֵכֶר רַב־טוּבְךָ יַבִּיעוּ וְצִדְקָתְךָ יְרַנֵּנוּ:
חַנּוּן וְרַחוּם יְהוָה אֶרֶךְ אַפַּיִם וּגְדָל־חָסֶד:
טוֹב־יְהוָה לַכֹּל וְרַחֲמָיו עַל־כָּל־מַעֲשָׂיו:
יוֹדוּךָ יְהוָה כָּל־מַעֲשֶׂיךָ וַחֲסִידֶיךָ יְבָרְכוּכָה:
כְּבוֹד מַלְכוּתְךָ יֹאמֵרוּ וּגְבוּרָתְךָ יְדַבֵּרוּ:
לְהוֹדִיעַ ׀ לִבְנֵי הָאָדָם גְּבוּרֹתָיו וּכְבוֹד הֲדַר מַלְכוּתוֹ:
מַלְכוּתְךָ מַלְכוּת כָּל־עֹלָמִים וּמֶמְשַׁלְתְּךָ בְּכָל־דּוֹר וָדֹר:
סוֹמֵךְ יְהוָה לְכָל־הַנֹּפְלִים וְזוֹקֵף לְכָל־הַכְּפוּפִים:
עֵינֵי־כֹל אֵלֶיךָ יְשַׂבֵּרוּ וְאַתָּה נוֹתֵן־לָהֶם אֶת־אָכְלָם בְּעִתּוֹ:
פּוֹתֵחַ אֶת־יָדֶךָ וּמַשְׂבִּיעַ לְכָל־חַי רָצוֹן:
צַדִּיק יְהוָה בְּכָל־דְּרָכָיו וְחָסִיד בְּכָל־מַעֲשָׂיו:
קָרוֹב יְהוָה לְכָל־קֹרְאָיו לְכֹל אֲשֶׁר יִקְרָאֻהוּ בֶאֱמֶת:
רְצוֹן־יְרֵאָיו יַעֲשֶׂה וְאֶת־שַׁוְעָתָם יִשְׁמַע וְיוֹשִׁיעֵם:
שׁוֹמֵר יְהוָה אֶת־כָּל־אֹהֲבָיו וְאֵת כָּל־הָרְשָׁעִים יַשְׁמִיד:
תְּהִלַּת יְהוָה יְדַבֶּר פִּי וִיבָרֵךְ כָּל־בָּשָׂר שֵׁם קָדְשׁוֹ לְעוֹלָם וָעֶד:
וַאֲנַחְנוּ ׀ נְבָרֵךְ יָהּ מֵעַתָּה וְעַד־עוֹלָם הַלְלוּיָהּ: תהלים קטו

*En días en los que no se recitan las súplicas, se omite lo siguiente:*

לַמְנַצֵּחַ מִזְמוֹר לְדָוִד: יַעַנְךָ יְהוָה בְּיוֹם צָרָה יְשַׂגֶּבְךָ שֵׁם ׀ אֱלֹהֵי תהלים כ
יַעֲקֹב: יִשְׁלַח־עֶזְרְךָ מִקֹּדֶשׁ וּמִצִּיּוֹן יִסְעָדֶךָּ: יִזְכֹּר כָּל־מִנְחֹתֶיךָ
וְעוֹלָתְךָ יְדַשְּׁנֶה סֶלָה: יִתֶּן־לְךָ כִלְבָבֶךָ וְכָל־עֲצָתְךָ יְמַלֵּא: נְרַנְּנָה ׀
בִּישׁוּעָתֶךָ וּבְשֵׁם־אֱלֹהֵינוּ נִדְגֹּל יְמַלֵּא יְהוָה כָּל־מִשְׁאֲלוֹתֶיךָ: עַתָּה

---

לַמְנַצֵּחַ *Salmo 20:* Se trata de un plegaria que pide protección de todo daño. Al llegar el rezo a su fase final, nos preparamos para volver a salir al mundo exterior que posee riesgos y peligros y por lo tanto pedimos a Dios que nos

Su ungido, le responde desde los cielos santos con el poder salvador de Su diestra. Algunos depositan su confianza en los carros de guerra y otros en los caballos, mas nosotros habremos de invocar el Nombre del SEÑOR nuestro Dios. Ellos fueron puestos de rodillas y cayeron, mientras que nosotros nos levantamos y nos mantuvimos fuerte. SEÑOR, ¡salva! El rey nos responderá el día en que Le invoquemos.

## KEDUSHÁ DESIDRÁ

*En la casa del Abel se comienza en "Y Tú eres Santo".*

וּבָא לְצִיּוֹן "Un redentor llegará a Ṣion, para aquellos de Ya'akob que retornen de sus pecados", declara el SEÑOR. *Sal. 59*

"Y en cuanto a mí, este es Mi pacto con ellos" dice el SEÑOR. "Mi espíritu que está en ti y Mis palabras que puse en tu boca, no se apartarán de tu boca, ni de la boca de tus hijos ni de la boca de los hijos de tus hijos desde ahora y por siempre", dice el SEÑOR.

Y Tú eres Santo, entronado por las alabanzas de Israel. Y un ángel daba voces al otro diciendo: "Santo, Santo, Santo, SEÑOR de las Huestes Celestiales, toda la tierra está llena de Su gloria". *Sal. 22 Isa. 6*

*En voz baja:* Y reciben permiso uno del otro, diciendo: "Santo en los altos cielos, recinto de Su presencia; Santo en la tierra la obra de Su poder, el SEÑOR de las Huestes Celestiales es Santo por siempre en todo tiempo, toda la tierra está plena del resplandor de Su gloria". *Targúm Yonatán Isa. 6*

Luego un viento me elevó y escuché tras de mí el sonido de un inmenso clamor: "Bendita es la gloria del SEÑOR desde Su sitial". *Eze. 3*

*En voz baja:* Luego, un viento me elevó y escuché tras de mí el ruido de una gran tempestad de aquellos que pronunciaron alabanza, diciendo, "Bendita es la gloria del SEÑOR desde Su sitial en el recinto de Su presencia". *Targúm Yonatán a Eze. 3*

El SEÑOR reinará por toda la eternidad. *Éx. 15*

*En voz baja:* El reino del SEÑOR se ha establecido para siempre y por todos los tiempos. *Targúm Onkelos a Éx. 15*

---

וְאַתָּה קָדוֹשׁ *Y Tú eres Santo:* esta *Kedushá* es la tercera y última del rezo de la mañana y es conocida como *Kedushá DeSidrá.* Aquí se la incorpora en un contexto de estudio, sus versículos son seguidos de su traducción al arameo,

יָדַעְתִּי כִּי הוֹשִׁיעַ ׀ יְהֹוָה מְשִׁיחוֹ יַעֲנֵהוּ מִשְּׁמֵי קָדְשׁוֹ בִּגְבוּרוֹת יֵשַׁע
יְמִינוֹ: אֵלֶּה בָרֶכֶב וְאֵלֶּה בַסּוּסִים וַאֲנַחְנוּ ׀ בְּשֵׁם־יְהֹוָה אֱלֹהֵינוּ
נַזְכִּיר: הֵמָּה כָּרְעוּ וְנָפָלוּ וַאֲנַחְנוּ קַּמְנוּ וַנִּתְעוֹדָד: יְהֹוָה הוֹשִׁיעָה
הַמֶּלֶךְ יַעֲנֵנוּ בְיוֹם־קָרְאֵנוּ:

## קדושה דסידרא

*En la casa del* אבל *se comienza en* 'וְאַתָּה קָדוֹשׁ'.

ישעיה נט
וּבָא לְצִיּוֹן גּוֹאֵל, וּלְשָׁבֵי פֶשַׁע בְּיַעֲקֹב, נְאֻם יְהֹוָה:
וַאֲנִי זֹאת בְּרִיתִי אוֹתָם, אָמַר יְהֹוָה, רוּחִי אֲשֶׁר עָלֶיךָ וּדְבָרַי
אֲשֶׁר־שַׂמְתִּי בְּפִיךָ, לֹא־יָמוּשׁוּ מִפִּיךָ וּמִפִּי זַרְעֲךָ וּמִפִּי זֶרַע זַרְעֲךָ
אָמַר יְהֹוָה, מֵעַתָּה וְעַד־עוֹלָם:

תהלים כב / ישעיה ו
וְאַתָּה קָדוֹשׁ יוֹשֵׁב תְּהִלּוֹת יִשְׂרָאֵל: וְקָרָא זֶה אֶל־זֶה וְאָמַר
קָדוֹשׁ, קָדוֹשׁ, קָדוֹשׁ, יְהֹוָה צְבָאוֹת, מְלֹא כָל־הָאָרֶץ כְּבוֹדוֹ:

תרגום יונתן שם
*En voz baja:* וּמְקַבְּלִין דֵּין מִן דֵּין וְאָמְרִין, קַדִּישׁ בִּשְׁמֵי מְרוֹמָא עִלָּאָה בֵּית
שְׁכִינְתֵּהּ, קַדִּישׁ עַל אַרְעָא עוֹבַד גְּבוּרְתֵּהּ, קַדִּישׁ לְעָלַם וּלְעָלְמֵי עָלְמַיָּא, יְהֹוָה
צְבָאוֹת, מַלְיָא כָל־אַרְעָא זִיו יְקָרֵהּ.

יחזקאל ג
וַתִּשָּׂאֵנִי רוּחַ, וָאֶשְׁמַע אַחֲרַי קוֹל רַעַשׁ גָּדוֹל
בָּרוּךְ כְּבוֹד־יְהֹוָה מִמְּקוֹמוֹ:

תרגום יונתן שם
*En voz baja:* וּנְטָלַתְנִי רוּחָא, וּשְׁמָעִית בַּתְרַי קָל זִיעַ סַגִּיא, דִּמְשַׁבְּחִין וְאָמְרִין,
בְּרִיךְ יְקָרָא דַיהֹוָה מֵאֲתַר בֵּית שְׁכִינְתֵּהּ.

שמות טו
יְהֹוָה יִמְלֹךְ לְעֹלָם וָעֶד:

תרגום אונקלוס שם
*En voz baja:* יְהֹוָה מַלְכוּתֵהּ קָאֵם לְעָלַם וּלְעָלְמֵי עָלְמַיָּא.

---

וּבָא לְצִיּוֹן גּוֹאֵל *Un redentor llegará a Ṣion:* Estos dos versículos (de Isaías) son el único remanente de la antigua costumbre de estudiar textos proféticos después del rezo.

יְהוָה Señor, Dios de nuestros ancestros Abraham, Iṣḥak e Israel, guarda esto por siempre de modo tal que conforme los pensamientos del corazón de Tu pueblo, y orienta su corazón hacia Ti. Él es compasivo, perdonará la iniquidad y no destruirá, suprimirá Su ira y no encenderá Su furia. Pues Tú Señor, eres bueno y perdonas, pleno en benevolencia con todo aquel que Te invoca. Tu justicia es eternamente recta y Tu Torá es verdad. Concede la verdad a Ya'akob, la benevolencia a Abraham, tal como prometiste a nuestros ancestros en tiempos pretéritos.

*I Crón. 29* *Sal. 78* *Sal. 86* *Sal. 119* *Miq. 7*

בָּרוּךְ אֲדֹנָי יוֹם יוֹם Bendito es el Señor día tras día pues carga con nosotros (nos colma con Sus bendiciones); Dios de nuestra salvación, ¡Sela! El Señor de las Huestes Celestiales es con nosotros, el Dios de Ya'akob es nuestra fortaleza, ¡Sela! Señor de las Huestes Celestiales, feliz del hombre que confía en Ti. El Señor salva, el Rey nos responderá el día que Le invoquemos.

*Sal. 65* *Sal. 46* *Sal. 84* *Sal. 20*

בָּרוּךְ אֱלֹהֵינוּ Bendito es nuestro Dios que nos creó para Su gloria, separándonos de los extraviados, nos entregó la Torá verdadera, plantó en nuestro interior la vida eterna. El compasivo abrirá nuestro corazón con Su Torá imbuyendo nuestro corazón con el amor y el temor reverencial hacia Él, para que podamos cumplir Su voluntad y servirle con corazón integro, para que nuestros esfuerzos no sean en vano ni seamos generadores de confusión.

יְהִי רָצוֹן Sea Tu voluntad Señor, Dios nuestro y de nuestros ancestros, que cuidemos Tus leyes en este mundo y tengamos el mérito de vivir, ver y heredar la bondad y la bendición de la vida del Mundo Venidero. Para que mi alma pueda cantar Tu gloria sin callar. El Señor mi Dios, por siempre Te agradeceré. El Señor, en aras del mérito de Israel deseó engrandecer la Torá y enaltecerla. Aquellos que conocen Tu Nombre confían en Ti, porque Tú Señor no has abandonado a quienes Te buscan. El Señor es nuestro Soberano, cuán exaltado es Tu Nombre en toda la tierra. Sed fuertes y tome coraje vuestro corazón, todos vosotros que esperáis al Señor.

*Sal. 30* *Isa. 42* *Sal. 9* *Sal. 8* *Sal. 31*

---

preceptos, y en lo colectivo pedimos poder presenciar el arribo de la era mesiánica.

יְהוָה אֱלֹהֵי אַבְרָהָם יִצְחָק וְיִשְׂרָאֵל אֲבֹתֵינוּ, שָׁמְרָה־זֹּאת לְעוֹלָם דברי הימים א׳ כט
לְיֵצֶר מַחְשְׁבוֹת לְבַב עַמֶּךָ, וְהָכֵן לְבָבָם אֵלֶיךָ: וְהוּא רַחוּם יְכַפֵּר עָוֹן תהלים עח
וְלֹא־יַשְׁחִית, וְהִרְבָּה לְהָשִׁיב אַפּוֹ, וְלֹא־יָעִיר כָּל־חֲמָתוֹ: כִּי־אַתָּה תהלים פו
אֲדֹנָי טוֹב וְסַלָּח, וְרַב־חֶסֶד לְכָל־קֹרְאֶיךָ: צִדְקָתְךָ צֶדֶק לְעוֹלָם תהלים קיט
וְתוֹרָתְךָ אֱמֶת: תִּתֵּן אֱמֶת לְיַעֲקֹב, חֶסֶד לְאַבְרָהָם, אֲשֶׁר־נִשְׁבַּעְתָּ מיכה ז
לַאֲבֹתֵינוּ מִימֵי קֶדֶם:

בָּרוּךְ אֲדֹנָי יוֹם יוֹם, יַעֲמָס־לָנוּ הָאֵל יְשׁוּעָתֵנוּ סֶלָה: יְהוָה צְבָאוֹת תהלים סח תהלים מו
עִמָּנוּ, מִשְׂגָּב־לָנוּ אֱלֹהֵי יַעֲקֹב סֶלָה: יְהוָה צְבָאוֹת, אַשְׁרֵי אָדָם תהלים פד
בֹּטֵחַ בָּךְ: יְהוָה הוֹשִׁיעָה, הַמֶּלֶךְ יַעֲנֵנוּ בְיוֹם־קָרְאֵנוּ: תהלים כ

בָּרוּךְ אֱלֹהֵינוּ שֶׁבְּרָאָנוּ לִכְבוֹדוֹ, וְהִבְדִּילָנוּ מִן הַתּוֹעִים, וְנָתַן לָנוּ תּוֹרַת אֱמֶת, וְחַיֵּי עוֹלָם נָטַע בְּתוֹכֵנוּ. הָרַחֲמָן הוּא יִפְתַּח לִבֵּנוּ בְּתוֹרָתוֹ, וְיָשִׂים בְּלִבֵּנוּ אַהֲבָתוֹ וְיִרְאָתוֹ לַעֲשׂוֹת רְצוֹנוֹ וּלְעָבְדוֹ בְּלֵבָב שָׁלֵם, לֹא נִיגַע לָרִיק וְלֹא נֵלֵד לַבֶּהָלָה.

יְהִי רָצוֹן מִלְּפָנֶיךָ, יְהוָה אֱלֹהֵינוּ וֵאלֹהֵי אֲבוֹתֵינוּ, שֶׁנִּשְׁמֹר חֻקֶּיךָ
וּמִצְוֹתֶיךָ בָּעוֹלָם הַזֶּה, וְנִזְכֶּה וְנִחְיֶה וְנִירַשׁ טוֹבָה וּבְרָכָה, לְחַיֵּי
הָעוֹלָם הַבָּא. לְמַעַן יְזַמֶּרְךָ כָבוֹד וְלֹא יִדֹּם, יְהוָה אֱלֹהַי, לְעוֹלָם תהלים ל
אוֹדֶךָּ: יְהוָה חָפֵץ לְמַעַן צִדְקוֹ, יַגְדִּיל תּוֹרָה וְיַאְדִּיר: וְיִבְטְחוּ ישעיה מב תהלים ט
בְךָ יוֹדְעֵי שְׁמֶךָ, כִּי לֹא־עָזַבְתָּ דֹרְשֶׁיךָ, יְהוָה: יְהוָה אֲדֹנֵינוּ מָה־אַדִּיר תהלים ח
שִׁמְךָ בְּכָל־הָאָרֶץ: חִזְקוּ וְיַאֲמֵץ לְבַבְכֶם, כָּל־הַמְיַחֲלִים לַיהוָה: תהלים לא

---

así como también de su ampliación (durante mucho tiempo el arameo fue la lengua habitual de estudio).

בָּרוּךְ אֱלֹהֵינוּ *Bendito es nuestro Dios:* A continuación tenemos una bendición y una plegaria. La bendición marca el final de la sesión de estudio de la Torá (como contraparte de las dos bendiciones que se recitan al subir a la Torá). Por su parte, la plegaria está enfocada al futuro tanto en lo personal como en lo colectivo: en lo personal pedimos a Dios que nos ayude a cumplir Sus

## KADISH TITKABAL

*El Ḥazán recita solo el Kadish Titkabal:*

יִתְגַּדַּל Que Su Gran Nombre sea magnificado y santificado,
en el mundo que creó conforme a Su voluntad.
Que establezca Su reino, haga florecer Su salvación
y apresure la llegada de Su ungido
durante vuestra vida y en vuestros días
y en la vida de toda la casa de Israel,
pronto y rápidamente y decid: Amén.

Que Su Gran Nombre sea bendito por siempre y por toda la eternidad.

Sea bendecido, alabado, glorificado y exaltado, encumbrado
y magnificado, enaltecido y ensalzado
el Nombre del Santo Bendito Él;
más allá de cualquier bendición,
cántico, alabanza y consolación
pronunciados en el mundo y decid: Amén.

Que nuestras plegarias y súplicas junto
a las de todo el pueblo de Israel
sean aceptadas por nuestro Padre Celestial y Terrenal y decid: Amén.

Que haya gran paz celestial, vida, saciedad, salvación, consolación,
refugio, sanación, redención, perdón y expiación, bienestar
y salvación para nosotros y para todo Su pueblo Israel y decid: Amén.

*Antes de decir 'Quien obra paz' se dan tres pasos hacia atrás.*
*En los Diez Días del Retorno se dice "HaShalom" en vez de "Shalom".*

Quien obra la paz en Sus alturas,
con compasión haga la paz
para nosotros y todo Su pueblo Israel y decid: Amén.

*Se recita lo siguiente al devolverse el Sefer Torá al Hejal:*

יְהַלְלוּ Que alaben el Nombre del Señor, pues solamente Su Nombre *Sal. 148*
es sublime. Su majestuosidad está sobre la tierra y el cielo. Él elevará el
honor de Su pueblo, la alabanza de todos Sus devotos, los hijos de Israel,
Su pueblo cercano, ¡Aleluya! El Señor es Dios. El Señor es Dios. En *I Reyes 18* *Deut. 4*
las alturas del cielo y abajo en la tierra y no hay otro salvo Él. No hay *Sal. 86*
nadie como Tú entre los poderes celestiales Señor, ni hay obra como
la Tuya. Haznos retornar a Ti Señor y retornaremos, renueva nuestros *Lam. 5*
días como antaño.

## קדיש תתקבל

*El* חזן *recita el* קדיש תתקבל *solo:*

וְיִתְקַדַּשׁ שְׁמֵהּ רַבָּא (קהל: אָמֵן)
בְּעָלְמָא דִּי בְרָא כִרְעוּתֵהּ
וְיַמְלִיךְ מַלְכוּתֵהּ וְיַצְמַח פֻּרְקָנֵהּ וִיקָרֵב מְשִׁיחֵהּ (קהל: אָמֵן)
בְּחַיֵּיכוֹן וּבְיוֹמֵיכוֹן וּבְחַיֵּי דְכָל־בֵּית יִשְׂרָאֵל
בַּעֲגָלָא וּבִזְמַן קָרִיב, וְאִמְרוּ אָמֵן. (קהל: אָמֵן)

יְהֵא שְׁמֵהּ רַבָּא מְבָרַךְ לְעָלַם וּלְעָלְמֵי עָלְמַיָּא יִתְבָּרַךְ
וְיִשְׁתַּבַּח וְיִתְפָּאַר וְיִתְרוֹמַם וְיִתְנַשֵּׂא
וְיִתְהַדָּר וְיִתְעַלֶּה וְיִתְהַלָּל שְׁמֵהּ דְּקֻדְשָׁא בְּרִיךְ הוּא (קהל: אָמֵן)
לְעֵלָּא מִן כָּל־בִּרְכָתָא, שִׁירָתָא, תִּשְׁבְּחָתָא וְנֶחָמָתָא
דַּאֲמִירָן בְּעָלְמָא, וְאִמְרוּ אָמֵן. (קהל: אָמֵן)

תִּתְקַבַּל צְלוֹתָנָא וּבָעוּתָנָא
עִם כָּל־צְלוֹתְהוֹן וּבָעוּתְהוֹן דְּכָל־בֵּית יִשְׂרָאֵל
קֳדָם אֲבוּנָא אֱלָהָנָא מָארֵי שְׁמַיָּא וְאַרְעָא, וְאִמְרוּ אָמֵן. (קהל: אָמֵן)

יְהֵא שְׁלָמָא רַבָּא מִן שְׁמַיָּא, חַיִּים וְשָׂבָע וִישׁוּעָה וְנֶחָמָה
וְשֵׁיזָבָא וּרְפוּאָה, וּגְאֻלָּה וּסְלִיחָה וְכַפָּרָה, וְרֶוַח וְהַצָּלָה
לָנוּ וּלְכָל־עַמּוֹ יִשְׂרָאֵל, וְאִמְרוּ אָמֵן. (קהל: אָמֵן)

*Antes de decir* 'עֹשֶׂה שָׁלוֹם' *se dan tres pasos hacia atrás.*
*En los* עשרת ימי תשובה *se dice* 'הַשָּׁלוֹם' *en vez de* 'שָׁלוֹם'*.*

עֹשֶׂה שָׁלוֹם בִּמְרוֹמָיו
הוּא בְּרַחֲמָיו יַעֲשֶׂה שָׁלוֹם
עָלֵינוּ וְעַל־כָּל־עַמּוֹ יִשְׂרָאֵל, וְאִמְרוּ אָמֵן. (קהל: אָמֵן)

*Se recita lo siguiente al devolverse el* ספר תורה *al* היכל*:*

יְהַלְלוּ אֶת־שֵׁם יְהֹוָה, כִּי־נִשְׂגָּב שְׁמוֹ לְבַדּוֹ, הוֹדוֹ עַל־אֶרֶץ וְשָׁמָיִם: תהלים קמח
וַיָּרֶם קֶרֶן לְעַמּוֹ, תְּהִלָּה לְכָל־חֲסִידָיו, לִבְנֵי יִשְׂרָאֵל עַם קְרֹבוֹ הַלְלוּיָהּ:
יְהֹוָה הוּא הָאֱלֹהִים, יְהֹוָה הוּא הָאֱלֹהִים: בַּשָּׁמַיִם מִמַּעַל וְעַל־הָאָרֶץ מלכים א׳ יח דברים ד
מִתָּחַת, אֵין עוֹד: אֵין־כָּמוֹךָ בָאֱלֹהִים, אֲדֹנָי, וְאֵין כְּמַעֲשֶׂיךָ: הֲשִׁיבֵנוּ יְהֹוָה תהלים פו איכה ה
אֵלֶיךָ וְנָשׁוּבָה, חַדֵּשׁ יָמֵינוּ כְּקֶדֶם:

## EL SALMO DEL DÍA

*Cuando se omiten las súplicas no se dice el siguiente pasaje y se pasa a "La casa de Ya'akob".*

תְּפִלָּה לְדָוִד Plegaria de David. SEÑOR, préstame atención y respóndeme pues he aquí que soy pobre y mísero. Cuida mi alma pues soy piadoso, salva a Tu servidor pues Tú eres mi Dios en quien confío. Apiádate de mí SEÑOR pues a Ti Te invoco todo el día. Alegra el alma de Tu servidor pues a Ti SEÑOR elevo mi alma. Tú eres un Dios bondadoso, que perdona y pleno de generosidad para todos los que Te invocan. Escucha SEÑOR mi plegaria, oye la voz de mis súplicas. En el día de mi desgracia a Ti clamaré pues me responderás. No hay nadie como Tú entre los poderes celestiales SEÑOR, ni hay obra como la Tuya. Todas las naciones que hiciste vendrán y se prosternarán ante Ti SEÑOR y honrarán Tu Nombre. Pues Tú eres grande y haces maravillas. Solo Tú eres Dios. Enséñame SEÑOR Tus caminos, andaré en Tu verdad, haz mi corazón íntegro para que reverencie Tu Nombre. Te agradeceré SEÑOR mi Dios con todo mi corazón y honraré Tu Nombre por siempre. Pues grande es Tu benevolencia conmigo, has salvado mi alma del más profundo infierno. Dios, maliciosos se han alzado contra mí y una turba de hombre violentos que no Te tienen presente ante sí procuran mi vida. Y Tú SEÑOR, Dios compasivo y benevolente, tardo en la ira, abundante en generosidad y verdad. Vuélvete a mí y apiádate, concede de Tu fortaleza a Tu servidor y salva al hijo de Tu sierva. Dame una buena señal y que todos aquellos que me odian vean que Tú SEÑOR me has ayudado y consolado.

---

incluía textos de los libros de los profetas. La conclusión de una sesión de estudio estaba marcada por una serie de plegarias que comenzaban con "Tú eres Dios". El Kadish se origina en esas sesiones.

El nexo entre estas dos ideas, la redención y el estudio de la Torá, se logra por medio de la lectura de dos versículos consecutivos del profeta Isaías, el primero de los cuales habla de la Redención ("Un redentor llegará a Ṣion") y

# שיר של יום

*Cuando se omiten los* תחנונים *no se dice el siguiente pasaje y se pasa a '*בית יעקב*'.*

תְּפִלָּה לְדָוִד הַטֵּה־יְהוָה אָזְנְךָ עֲנֵנִי כִּי־עָנִי וְאֶבְיוֹן אָנִי׃ שָׁמְרָה נַפְשִׁי כִּי־חָסִיד אָנִי הוֹשַׁע עַבְדְּךָ אַתָּה אֱלֹהַי הַבּוֹטֵחַ אֵלֶיךָ׃ חָנֵּנִי אֲדֹנָי כִּי־אֵלֶיךָ אֶקְרָא כָּל־הַיּוֹם׃ שַׂמֵּחַ נֶפֶשׁ עַבְדֶּךָ כִּי־אֵלֶיךָ אֲדֹנָי נַפְשִׁי אֶשָּׂא׃ כִּי־אַתָּה אֲדֹנָי טוֹב וְסַלָּח וְרַב־חֶסֶד לְכָל־קֹרְאֶיךָ׃ הַאֲזִינָה יְהוָה תְּפִלָּתִי וְהַקְשִׁיבָה בְּקוֹל תַּחֲנוּנוֹתָי׃ בְּיוֹם צָרָתִי אֶקְרָאֶךָּ כִּי תַעֲנֵנִי׃ אֵין־כָּמוֹךָ בָאֱלֹהִים ׀ אֲדֹנָי וְאֵין כְּמַעֲשֶׂיךָ׃ כָּל־גּוֹיִם ׀ אֲשֶׁר עָשִׂיתָ יָבוֹאוּ ׀ וְיִשְׁתַּחֲווּ לְפָנֶיךָ אֲדֹנָי וִיכַבְּדוּ לִשְׁמֶךָ׃ כִּי־גָדוֹל אַתָּה וְעֹשֵׂה נִפְלָאוֹת אַתָּה אֱלֹהִים לְבַדֶּךָ׃ הוֹרֵנִי יְהוָה ׀ דַּרְכֶּךָ אֲהַלֵּךְ בַּאֲמִתֶּךָ יַחֵד לְבָבִי לְיִרְאָה שְׁמֶךָ׃ אוֹדְךָ ׀ אֲדֹנָי אֱלֹהַי בְּכָל־לְבָבִי וַאֲכַבְּדָה שִׁמְךָ לְעוֹלָם׃ כִּי־חַסְדְּךָ גָּדוֹל עָלָי וְהִצַּלְתָּ נַפְשִׁי מִשְּׁאוֹל תַּחְתִּיָּה׃ אֱלֹהִים ׀ זֵדִים קָמוּ־עָלַי וַעֲדַת עָרִיצִים בִּקְשׁוּ נַפְשִׁי וְלֹא שָׂמוּךָ לְנֶגְדָּם׃ וְאַתָּה אֲדֹנָי אֵל־רַחוּם וְחַנּוּן אֶרֶךְ אַפַּיִם וְרַב־חֶסֶד וֶאֱמֶת׃ פְּנֵה אֵלַי וְחָנֵּנִי תְּנָה־עֻזְּךָ לְעַבְדֶּךָ וְהוֹשִׁיעָה לְבֶן־אֲמָתֶךָ׃ עֲשֵׂה־עִמִּי אוֹת לְטוֹבָה וְיִרְאוּ שֹׂנְאַי וְיֵבֹשׁוּ כִּי־אַתָּה יְהוָה עֲזַרְתַּנִי וְנִחַמְתָּנִי׃

---

FINALIZACIÓN DEL REZO

Aquí comienza la sección final del rezo, la cual conjuga dos elementos distintos: uno es la conclusión formal del rezo de la mañana que incluye *Alenu* y el *Salmo del Día* con un énfasis en el tema de la Redención; el otro es el estudio. Desde tiempos pretéritos se acostumbra a estudiar tras concluir el rezo y esta práctica sigue siendo muy común. Originalmente, este estudio

בֵּית יַעֲקֹב Casa de Ya'akob, levantémonos y marchemos en pos de *Isa. 2*
la luz del Señor. Pues todas las naciones marchan en nombre de *Miq. 4*
sus dioses, y nosotros lo haremos en Nombre del Señor nuestro
Dios por siempre. Que el Señor nuestro Dios sea con nosotros, *I Rey. 8*
tal como lo fue con nuestros ancestros. Que vuelque nuestros corazones hacia Él para que andemos por Sus sendas y observemos Sus preceptos, Sus leyes y Sus sentencias que ordenó a nuestros padres. Que estas palabras mías de súplica ante el Señor estén cercanas al Señor nuestro Dios día y noche, para cumplir con la ley de Su siervo y con la sentencia de Su pueblo Israel, día tras día. Para que todas las naciones de la tierra sepan que el Señor es el Dios y no hay ninguno otro.

שִׁיר הַמַּעֲלוֹת Cántico de las ascensiones de David. De no haber *Sal. 124*
estado el Señor con nosotros – que Israel lo diga – de no haber estado el Señor de nuestro lado al alzarse los hombres contra nosotros en su furia hacia nosotros nos habrían tragado vivos. Las aguas nos habrían anegado y el torrente arrasado nuestra alma. Las aguas maliciosas nos habrían arrastrado. Bendito sea el Señor que no permitió que seamos presas de sus dientes. Nos liberamos cual ave que huye de la trampa. La trampa se rompió y escapamos. Nuestra ayuda está en el Nombre del Señor, Hacedor de los cielos y la tierra.

---

de la palabra de Dios, y la redención que es la *externalización* de la misma, procurando así vivir de acuerdo a los mandamientos de la Torá.

ישעיה ב מיכה ד בֵּית יַעֲקֹב, לְכוּ וְנֵלְכָה בְּאוֹר יְהֹוָה: כִּי כָּל־הָעַמִּים יֵלְכוּ אִישׁ
מלכים א׳ ח בְּשֵׁם אֱלֹהָיו, וַאֲנַחְנוּ נֵלֵךְ בְּשֵׁם־יְהֹוָה אֱלֹהֵינוּ לְעוֹלָם וָעֶד: יְהִי
יְהֹוָה אֱלֹהֵינוּ עִמָּנוּ, כַּאֲשֶׁר הָיָה עִם־אֲבֹתֵינוּ, אַל־יַעַזְבֵנוּ וְאַל־
יִטְּשֵׁנוּ: לְהַטּוֹת לְבָבֵנוּ אֵלָיו, לָלֶכֶת בְּכָל־דְּרָכָיו וְלִשְׁמֹר מִצְוֹתָיו
וְחֻקָּיו וּמִשְׁפָּטָיו, אֲשֶׁר צִוָּה אֶת־אֲבֹתֵינוּ: וְיִהְיוּ דְבָרַי אֵלֶּה, אֲשֶׁר
הִתְחַנַּנְתִּי לִפְנֵי יְהֹוָה, קְרֹבִים אֶל־יְהֹוָה אֱלֹהֵינוּ יוֹמָם וָלָיְלָה,
לַעֲשׂוֹת מִשְׁפַּט עַבְדּוֹ וּמִשְׁפַּט עַמּוֹ יִשְׂרָאֵל, דְּבַר־יוֹם בְּיוֹמוֹ:
לְמַעַן דַּעַת כָּל־עַמֵּי הָאָרֶץ כִּי יְהֹוָה הוּא הָאֱלֹהִים, אֵין עוֹד:

תהלים קכד שִׁיר הַמַּעֲלוֹת לְדָוִד לוּלֵי יְהֹוָה שֶׁהָיָה לָנוּ יֹאמַר־נָא יִשְׂרָאֵל:
לוּלֵי יְהֹוָה שֶׁהָיָה לָנוּ בְּקוּם עָלֵינוּ אָדָם: אֲזַי חַיִּים בְּלָעוּנוּ
בַּחֲרוֹת אַפָּם בָּנוּ: אֲזַי הַמַּיִם שְׁטָפוּנוּ נַחְלָה עָבַר עַל־נַפְשֵׁנוּ:
אֲזַי עָבַר עַל־נַפְשֵׁנוּ הַמַּיִם הַזֵּידוֹנִים: בָּרוּךְ יְהֹוָה שֶׁלֹּא נְתָנָנוּ
טֶרֶף לְשִׁנֵּיהֶם: נַפְשֵׁנוּ כְּצִפּוֹר נִמְלְטָה מִפַּח יוֹקְשִׁים הַפַּח נִשְׁבָּר
וַאֲנַחְנוּ נִמְלָטְנוּ: עֶזְרֵנוּ בְּשֵׁם יְהֹוָה עֹשֵׂה שָׁמַיִם וָאָרֶץ:

el segundo sobre el estudio de la Torá ("Mis palabras que puse en tu boca, no se apartarán de tu boca, ni de la boca de tus hijos…"). De esta forma previo a salir al mundo del trabajo se asocian el estudio, que es la *internalización*

## EL SALMO DEL DÍA

*Domingo:* Este el salmo que los levitas entonaban cada día sobre el estrado, cántico para el primer día de la semana:

לְדָוִד מִזְמוֹר Salmo de David, del SEÑOR es la tierra y todo lo que esta *Sal. 24*
contiene, así como el mundo y quienes en él viven, todos pertenecen al SEÑOR. Pues Él la fundó sobre los mares y la estableció sobre los ríos. ¿Quién podrá ascender al monte del SEÑOR, y quién podrá permanecer en el lugar de Su Santidad? Aquél cuyas manos estén limpias y su corazón sea puro, que no haya usado Mi Nombre en vano ni juró falsamente. Recibirá bendición de parte del SEÑOR y será recompensado por el Dios de su salvación. Esta es la generación de quienes Lo buscan, los descendientes de Ya'akob que procuran Tu presencia, ¡Sela! Alzad portales, vuestras cabezas, y sed alzadas, puertas eternas, para que el Rey glorioso pueda entrar. ¿Quién es el Rey glorioso? El SEÑOR, fuerte y poderoso; el SEÑOR, poderoso en batalla. Alzad vuestras cabezas, portales; alzadlas, puertas eternas, para que el Rey glorioso pueda entrar. ¿Quién es el Rey glorioso? El SEÑOR de las Huestes Celestiales, Él es el Rey glorioso por toda la eternidad. Sela.

*Continúa con "Sálvanos" en la página 224.*

*Lunes:* Este el salmo que los levitas entonaban cada día sobre el estrado, cántico para el segundo día de la semana:

שִׁיר מִזְמוֹר Cántico. Un salmo de los hijos de Koraḥ. Grande es el *Sal. 48*
SEÑOR y sumamente alabado en la ciudad de nuestro Dios, en Su montaña sagrada – hermosa en sus alturas, regocijo de la tierra toda, Monte de Ṣion en su lado norte, ciudad del Gran Rey. En sus palacios Dios es reconocido como sublime. Ved como los reyes aunaron fuerzas y

---

שִׁיר מִזְמוֹר לִבְנֵי־קֹרַח *Lunes: Salmo 48.* Se trata de un himno de alabanza a la belleza y resistencia de Jerusalém, la ciudad que sobrevivió a todos aquellos que procuraron conquistarla.

> "Una veintena de conquistadores la vieron como su premio más selecto y más de una docena de veces fue completamente destruida. Los babilonios la quemaron y deportaron a su población; los romanos asesinaron a un millón de sus habitantes, la arrasaron hasta sus cimientos y pasaron el arado sobre ella y esparcieron sal sobre los surcos; Adriano desterró

## שיר של יום

ליום א׳ הַשִּׁיר שֶׁהָיוּ הַלְוִיִּם אוֹמְרִים בְּכׇל־יוֹם עַל הַדּוּכָן, מִזְמוֹר לְיוֹם רִאשׁוֹן בְּשַׁבָּת קֹדֶשׁ:

תהלים כד
לְדָוִד מִזְמוֹר לַיהוָה הָאָרֶץ וּמְלוֹאָהּ תֵּבֵל וְיֹשְׁבֵי בָהּ: כִּי־הוּא עַל־
יַמִּים יְסָדָהּ וְעַל־נְהָרוֹת יְכוֹנְנֶהָ: מִי־יַעֲלֶה בְהַר־יְהוָה וּמִי־יָקוּם
בִּמְקוֹם קׇדְשׁוֹ: נְקִי כַפַּיִם וּבַר־לֵבָב אֲשֶׁר לֹא־נָשָׂא לַשָּׁוְא נַפְשִׁי
וְלֹא נִשְׁבַּע לְמִרְמָה: יִשָּׂא בְרָכָה מֵאֵת יְהוָה וּצְדָקָה מֵאֱלֹהֵי יִשְׁעוֹ:
זֶה דּוֹר דֹּרְשָׁו מְבַקְשֵׁי פָנֶיךָ יַעֲקֹב סֶלָה: שְׂאוּ שְׁעָרִים ׀ רָאשֵׁיכֶם
וְהִנָּשְׂאוּ פִּתְחֵי עוֹלָם וְיָבוֹא מֶלֶךְ הַכָּבוֹד: מִי זֶה מֶלֶךְ הַכָּבוֹד יְהוָה
עִזּוּז וְגִבּוֹר יְהוָה גִּבּוֹר מִלְחָמָה: שְׂאוּ שְׁעָרִים ׀ רָאשֵׁיכֶם וּשְׂאוּ פִּתְחֵי
עוֹלָם וְיָבֹא מֶלֶךְ הַכָּבוֹד: מִי הוּא זֶה מֶלֶךְ הַכָּבוֹד יְהוָה צְבָאוֹת הוּא
מֶלֶךְ הַכָּבוֹד סֶלָה:

*Continúa con* 'הוֹשִׁיעֵנוּ' *en la página 225.*

ליום ב׳ הַשִּׁיר שֶׁהָיוּ הַלְוִיִּם אוֹמְרִים בְּכׇל־יוֹם עַל הַדּוּכָן, מִזְמוֹר לְיוֹם שֵׁנִי בְּשַׁבָּת קֹדֶשׁ:

תהלים מח
שִׁיר מִזְמוֹר לִבְנֵי־קֹרַח: גָּדוֹל יְהוָה וּמְהֻלָּל מְאֹד בְּעִיר אֱלֹהֵינוּ הַר־
קׇדְשׁוֹ: יְפֵה נוֹף מְשׂוֹשׂ כׇּל־הָאָרֶץ הַר־צִיּוֹן יַרְכְּתֵי צָפוֹן קִרְיַת מֶלֶךְ
רָב: אֱלֹהִים בְּאַרְמְנוֹתֶיהָ נוֹדַע לְמִשְׂגָּב: כִּי־הִנֵּה הַמְּלָכִים נוֹעֲדוּ

---

EL SALMO DEL DÍA

Cada uno de los siete días de la semana se recitaba un salmo especial en el Templo. Todavía los recitamos rememorando aquellos días y esperando su futura restauración.

לְדָוִד מִזְמוֹר *Domingo: Salmo 24.* Los versículos iniciales de este salmo son un espejo del acto de la creación y nos recuerdan que cada semana es un reflejo de los siete días iniciales de ella. El salmo alude también al Templo, construido sobre el "monte del Señor". La conexión entre ambos se basa en la idea de que el Templo era un microcosmos del universo y su construcción es la contraparte de la creación Divina del cosmos.

avanzaron juntos. Ellos vieron, se asombraron, entraron en pánico y huyeron. Allí fueron presa del miedo, con dolores similares a las contracciones de una parturienta, cual barcos de Tarshish que naufragan a causa del viento de oriente. Como hemos oído, así hemos visto, en la ciudad del Señor de las Huestes Celestiales, en la ciudad de nuestro Señor, que Dios la preserve por siempre, ¡Sela! En medio de Tu santuario Señor, hemos meditado sobre Tu amor. Tu alabanza es similar a Tu Nombre, alcanza los confines de la tierra. Tu diestra está llena de justicia. Que se regocije el Monte de Ṣion, que los poblados de Judá se alegren a causa de Tus sentencias. Caminad alrededor de Ṣion y bordeadla, contad sus torres, divisad sus ciudadelas para poder contarle a la futura generación que este es el Señor, nuestro Dios, por siempre y para siempre. Él nos conducirá eternamente.

*Continúa con "Sálvanos" en la página 224.*

*Martes:* Este el salmo que los levitas entonaban cada día sobre el estrado, cántico para el tercer día de la semana:

מִזְמוֹר לְאָסָף Salmo de Asaf. Dios reside en la Asamblea Divina. En *Sal. 82*
el seno de los jueces dicta Su sentencia. ¿Hasta cuándo juzgaréis injustamente favoreciendo a los malvados? Sela. Haced justicia con el necesitado y el huérfano, tratad con rectitud al pobre y al desvalido. Rescatad al débil y al carenciado. Salvadlos de las manos de los pérfidos. Mas ellos no saben, ni comprenden. Caminan por las tinieblas mientras tiemblan los cimientos de la tierra. Dije una vez: "Sois cual dioses, todos vosotros sois hijos del Altísimo". Pero moriréis como simples humanos y caeréis como cualquier príncipe. Levántate, oh Dios, juzga la tierra, porque Tú posees todas las naciones.

*Continúa con "Sálvanos" en la página 224.*

---

así como las leyes científicas introducen orden en el cosmos. En última instancia, la justicia pertenece a Dios. Por lo tanto, el juez debe actuar con humildad e integridad, trayendo orden Divino al caos humano. "Un juez que sentencia dictámenes verdaderos se transforma en un socio del Santo Bendito Él en el acto de la creación" (*Shabat* 10a).

עֲבְרוּ יַחְדָּו: הֵמָּה רָאוּ כֵּן תָּמָהוּ נִבְהֲלוּ נֶחְפָּזוּ: רְעָדָה אֲחָזָתַם שָׁם חִיל כַּיּוֹלֵדָה: בְּרוּחַ קָדִים תְּשַׁבֵּר אֳנִיּוֹת תַּרְשִׁישׁ: כַּאֲשֶׁר שָׁמַעְנוּ | כֵּן רָאִינוּ בְּעִיר־יְהוָה צְבָאוֹת בְּעִיר אֱלֹהֵינוּ אֱלֹהִים יְכוֹנְנֶהָ עַד־עוֹלָם סֶלָה: דִּמִּינוּ אֱלֹהִים חַסְדֶּךָ בְּקֶרֶב הֵיכָלֶךָ: כְּשִׁמְךָ | אֱלֹהִים כֵּן תְּהִלָּתְךָ עַל־קַצְוֵי־אֶרֶץ צֶדֶק מָלְאָה יְמִינֶךָ: יִשְׂמַח | הַר־צִיּוֹן תָּגֵלְנָה בְּנוֹת יְהוּדָה לְמַעַן מִשְׁפָּטֶיךָ: סֹבּוּ צִיּוֹן וְהַקִּיפוּהָ סִפְרוּ מִגְדָּלֶיהָ: שִׁיתוּ לִבְּכֶם | לְחֵילָה פַּסְּגוּ אַרְמְנוֹתֶיהָ לְמַעַן תְּסַפְּרוּ לְדוֹר אַחֲרוֹן: כִּי זֶה | אֱלֹהִים אֱלֹהֵינוּ עוֹלָם וָעֶד הוּא יְנַהֲגֵנוּ עַל־מוּת:

*Continúa con* 'הוֹשִׁיעֵנוּ' *en la página 225.*

ליום ג׳ הַשִּׁיר שֶׁהָיוּ הַלְוִיִּם אוֹמְרִים בְּכָל־יוֹם עַל הַדּוּכָן, מִזְמוֹר לְיוֹם שְׁלִישִׁי בְּשַׁבַּת קֹדֶשׁ:

תהלים פב מִזְמוֹר לְאָסָף אֱלֹהִים נִצָּב בַּעֲדַת־אֵל בְּקֶרֶב אֱלֹהִים יִשְׁפֹּט: עַד־מָתַי תִּשְׁפְּטוּ־עָוֶל וּפְנֵי רְשָׁעִים תִּשְׂאוּ־סֶלָה: שִׁפְטוּ־דַל וְיָתוֹם עָנִי וָרָשׁ הַצְדִּיקוּ: פַּלְּטוּ־דַל וְאֶבְיוֹן מִיַּד רְשָׁעִים הַצִּילוּ: לֹא יָדְעוּ | וְלֹא יָבִינוּ בַּחֲשֵׁכָה יִתְהַלָּכוּ יִמּוֹטוּ כָּל־מוֹסְדֵי אָרֶץ: אֲנִי־אָמַרְתִּי אֱלֹהִים אַתֶּם וּבְנֵי עֶלְיוֹן כֻּלְּכֶם: אָכֵן כְּאָדָם תְּמוּתוּן וּכְאַחַד הַשָּׂרִים תִּפֹּלוּ: קוּמָה אֱלֹהִים שָׁפְטָה הָאָרֶץ כִּי־אַתָּה תִנְחַל בְּכָל־הַגּוֹיִם:

*Continúa con* 'הוֹשִׁיעֵנוּ' *en la página 225*

---

su mero nombre de los labios de las personas haciéndola llamar *Aelia Capitolina* prohibiendo a los judíos ingresar a su perímetro so pena de muerte. Los persas y los árabes, los bárbaros, los cruzados y los turcos la ocuparon y la volvieron a ocupar, la saquearon y la quemaron y, aun así, maravillosamente, siempre resurge de sus cenizas a una vida renovada y gloriosa. Es la ciudad eterna del pueblo eterno" (Rabino J. H. Hertz).

מִזְמוֹר לְאָסָף *Martes: Salmo 82.* El salmo del martes se refiere a los jueces y a la justicia. La justicia es la aplicación de la norma que trae orden a la sociedad,

*Miércoles:* Este el salmo que los levitas entonaban cada día sobre el estrado, cántico para el cuarto día de la semana:

אֵל־נְקָמוֹת Dios de la retribución, SEÑOR, Dios de la retribución, ¡manifiéstate! Yérguete, Juez de toda la tierra. Retribuye a los arrogantes su merecido. ¿Hasta cuándo han los inicuos SEÑOR, hasta cuándo han los inicuos de alegrarse? Constantemente hablan con insolencia; todos los inicuos actúan con arrogancia. Reprimen a Tu pueblo, SEÑOR, afligen a Tu heredad. Matan a la viuda y al extranjero. Asesinan al huérfano. Dicen "El SEÑOR no verá, y el Dios de Ya'akob no prestará atención". Escuchad vosotros, los insensatos del pueblo. Vosotros, necios, ¿cuándo habréis de entender? ¿Acaso quien implantó el oído no habrá de oír? Aquél que dio forma al ojo, ¿no habrá de ver? Quien reprende a las naciones, ¿acaso no habrá de castigar? Él es quien enseña conocimiento al hombre. El SEÑOR sabe que los pensamientos del hombre son vanos. Feliz del hombre que es instruido por Dios y a quien le enseña Su Torá, concediéndole tranquilidad en días difíciles, hasta que sea cavado un pozo para los malvados. Porque el SEÑOR no desamparará a Su pueblo ni abandonará Su heredad. La sentencia volverá a ser acorde con la justicia y la habrán de seguir todos aquellos que tienen un corazón recto. ¿Quién se habrá de levantar para protegerme de los inicuos? ¿Quién habrá de estar junto a mí ante los malhechores? De no ser porque me ayudaste SEÑOR, ya casi me habría sumido en el silencio de la muerte. Cuando pensé que mis pies resbalaban, Tu benevolencia SEÑOR me dio apoyo. Cuando fui presa de la ansiedad, Tu consuelo deleitó a mi alma. ¿Puede acaso un trono corrupto aliarse a Ti? ¿Puede acaso la injusticia transformarse en ley? Ellos unen fuerzas contra la existencia de los justos y condenan a muerte a inocentes. Pero el SEÑOR es mi fortaleza, mi Dios es la Roca de mi refugio. Él habrá de tornar sobre ellos su maldad y destruirlos por sus malas acciones. El SEÑOR nuestro Dios los habrá de destruir. *Sal. 94*

*Continúa con "Sálvanos" en la página 224.*

---

comunidades recitan este salmo en Yom HaShoá, el día de recordación del Holocausto (27 de Nisán).

ליום ד׳ הַשִּׁיר שֶׁהָיוּ הַלְוִיִּם אוֹמְרִים בְּכׇל־יוֹם עַל הַדּוּכָן, מִזְמוֹר לְיוֹם רְבִיעִי בְּשַׁבַּת קֹדֶשׁ:

תהלים צד אֵל־נְקָמוֹת יְהֹוָה אֵל נְקָמוֹת הוֹפִיעַ: הִנָּשֵׂא שֹׁפֵט הָאָרֶץ הָשֵׁב גְּמוּל עַל־גֵּאִים: עַד־מָתַי רְשָׁעִים ׀ יְהֹוָה עַד־מָתַי רְשָׁעִים יַעֲלֹזוּ: יַבִּיעוּ יְדַבְּרוּ עָתָק יִתְאַמְּרוּ כׇּל־פֹּעֲלֵי אָוֶן: עַמְּךָ יְהֹוָה יְדַכְּאוּ וְנַחֲלָתְךָ יְעַנּוּ: אַלְמָנָה וְגֵר יַהֲרֹגוּ וִיתוֹמִים יְרַצֵּחוּ: וַיֹּאמְרוּ לֹא יִרְאֶה־יָּהּ וְלֹא־יָבִין אֱלֹהֵי יַעֲקֹב: בִּינוּ בֹּעֲרִים בָּעָם וּכְסִילִים מָתַי תַּשְׂכִּילוּ: הֲנֹטַע אֹזֶן הֲלֹא יִשְׁמָע אִם־יֹצֵר עַיִן הֲלֹא יַבִּיט: הֲיֹסֵר גּוֹיִם הֲלֹא יוֹכִיחַ הַמְלַמֵּד אָדָם דָּעַת: יְהֹוָה יֹדֵעַ מַחְשְׁבוֹת אָדָם כִּי־הֵמָּה הָבֶל: אַשְׁרֵי הַגֶּבֶר אֲשֶׁר־תְּיַסְּרֶנּוּ יָּהּ וּמִתּוֹרָתְךָ תְלַמְּדֶנּוּ: לְהַשְׁקִיט לוֹ מִימֵי רָע עַד יִכָּרֶה לָרָשָׁע שָׁחַת: כִּי ׀ לֹא־יִטֹּשׁ יְהֹוָה עַמּוֹ וְנַחֲלָתוֹ לֹא יַעֲזֹב: כִּי־עַד־צֶדֶק יָשׁוּב מִשְׁפָּט וְאַחֲרָיו כׇּל־יִשְׁרֵי־לֵב: מִי־יָקוּם לִי עִם־מְרֵעִים מִי־יִתְיַצֵּב לִי עִם־פֹּעֲלֵי אָוֶן: לוּלֵי יְהֹוָה עֶזְרָתָה לִּי כִּמְעַט ׀ שָׁכְנָה דוּמָה נַפְשִׁי: אִם־אָמַרְתִּי מָטָה רַגְלִי חַסְדְּךָ יְהֹוָה יִסְעָדֵנִי: בְּרֹב שַׂרְעַפַּי בְּקִרְבִּי תַּנְחוּמֶיךָ יְשַׁעַשְׁעוּ נַפְשִׁי: הַיְחׇבְרְךָ כִּסֵּא הַוּוֹת יֹצֵר עָמָל עֲלֵי־חֹק: יָגוֹדּוּ עַל־נֶפֶשׁ צַדִּיק וְדָם נָקִי יַרְשִׁיעוּ: וַיְהִי יְהֹוָה לִי לְמִשְׂגָּב וֵאלֹהַי לְצוּר מַחְסִי: וַיָּשֶׁב עֲלֵיהֶם ׀ אֶת־אוֹנָם וּבְרָעָתָם יַצְמִיתֵם יַצְמִיתֵם יְהֹוָה אֱלֹהֵינוּ:

*Continúa con 'הוֹשִׁיעֵנוּ' en la página 225.*

---

אֵל־נְקָמוֹת *Miércoles: Salmo 94.* Este salmo marca la mitad de la semana y posee un intenso poder de conexión entre la fe religiosa y la conducta ética, así como también entre sus opuestos: la falta de fe y el fracaso de la humanidad. Cuando el ser humano comienza a adorarse a sí mismo soñando con transformarse en una deidad termina tornándose más bajo que un animal. Algunas

*Jueves:* Este el salmo que los levitas entonaban cada día sobre el estrado, cántico para el quinto día de la semana:

לַמְנַצֵּחַ Al director de la música. Sobre el Guitit. Salmo de Asaf. Cantad con júbilo al Dios de nuestra fortaleza, aclamad al Dios de Ya'akob. Elevad un cántico y percutid el tambor, tocad la dulce arpa y la lira. Tocad el shofar en el novilunio, en el día de nuestra fiesta que es cuando la luna está oculta. Pues se trata de una ley para Israel, una ordenanza del Dios de Ya'akob. Él lo estableció como testimonio para Yosef cuando Él salió hacia la tierra de Egipto, idioma que no conocía oí. Yo alivié el peso de su espalda. Sus manos quedaron libres de la canasta del constructor. Tú clamaste en la desgracia y Yo te rescaté. Yo te respondí desde el sitio oculto del trueno; Yo te puse a prueba en las aguas de Meribá, ¡Sela! Escucha pueblo Mío y te he de advertir. Israel, si tan sólo me escuchases. Que no haya en tu seno dioses extraños, no te inclines ante deidades extranjeras. Yo Soy el SEÑOR Tu Dios, quien te sacó de la tierra de Egipto. Abre tu boca ampliamente y habré de colmarla. Empero Mi pueblo no me escuchó, Israel nada quiso saber de Mí. Por ello los abandoné a sus necios corazones, les dejé seguir sus propios consejos. Si Mi pueblo Me escuchase, si Israel anduviese por Mis caminos, pronto sometería a todos sus enemigos y alzaría Mi mano contra quienes los acosan. Quienes odian al SEÑOR se acobardarían ante Él y su condena duraría por siempre. Lo alimentaría a Israel con lo mejor del trigo, y con miel de la peña te saciaría. *Sal. 81*

*Continúa con "Sálvanos" en la página 224.*

*Viernes:* Este el salmo que los levitas entonaban cada día sobre el estrado, cántico para el sexto día de la semana:

יְהוָה מָלָךְ El SEÑOR reina. Él está ataviado en majestad. El SEÑOR está investido, ceñido de fortaleza. El mundo está firmemente establecido, para que no vacile. Tu trono está firme desde entonces, Tú eres Eterno. Los ríos elevaron, SEÑOR, los ríos han alzado sus voces. Ríos, elevad vuestras rompientes olas. Más que el sonido de muchas aguas, más que las poderosas rompientes de mar, el SEÑOR es poderoso en las Alturas. Tus testimonios son de lo más fidedignos; Tu morada resplandecerá de santidad, SEÑOR, para siempre. *Sal. 93*

*El viernes no se recita "Sálvanos".*

---

de la Creación ("El mundo está firmemente establecido"), este salmo es apropiado para el sexto día en el cual "los cielos, la tierra y todas sus huestes fueron completados".

ליום ה׳ הַשִּׁיר שֶׁהָיוּ הַלְוִיִּם אוֹמְרִים בְּבֵית הַמִּקְדָּשׁ... 

תהלים פא

לַמְנַצֵּחַ ׀ עַל־הַגִּתִּית לְאָסָף: הַרְנִינוּ לֵאלֹהִים עוּזֵּנוּ הָרִיעוּ לֵאלֹהֵי יַעֲקֹב: שְׂאוּ־זִמְרָה וּתְנוּ־תֹף כִּנּוֹר נָעִים עִם־נָבֶל: תִּקְעוּ בַחֹדֶשׁ שׁוֹפָר בַּכֵּסֶה לְיוֹם חַגֵּנוּ: כִּי חֹק לְיִשְׂרָאֵל הוּא מִשְׁפָּט לֵאלֹהֵי יַעֲקֹב: עֵדוּת ׀ בִּיהוֹסֵף שָׂמוֹ בְּצֵאתוֹ עַל־אֶרֶץ מִצְרָיִם שְׂפַת לֹא־יָדַעְתִּי אֶשְׁמָע: הֲסִירוֹתִי מִסֵּבֶל שִׁכְמוֹ כַּפָּיו מִדּוּד תַּעֲבֹרְנָה: בַּצָּרָה קָרָאתָ וָאֲחַלְּצֶךָּ אֶעֶנְךָ בְּסֵתֶר רַעַם אֶבְחָנְךָ עַל־מֵי מְרִיבָה סֶלָה: שְׁמַע עַמִּי וְאָעִידָה בָּךְ יִשְׂרָאֵל אִם־תִּשְׁמַע־לִי: לֹא־יִהְיֶה בְךָ אֵל זָר וְלֹא תִשְׁתַּחֲוֶה לְאֵל נֵכָר: אָנֹכִי ׀ יְהוָה אֱלֹהֶיךָ הַמַּעַלְךָ מֵאֶרֶץ מִצְרָיִם הַרְחֶב־פִּיךָ וַאֲמַלְאֵהוּ: וְלֹא־שָׁמַע עַמִּי לְקוֹלִי וְיִשְׂרָאֵל לֹא־אָבָה לִי: וָאֲשַׁלְּחֵהוּ בִּשְׁרִירוּת לִבָּם יֵלְכוּ בְּמוֹעֲצוֹתֵיהֶם: לוּ עַמִּי שֹׁמֵעַ לִי יִשְׂרָאֵל בִּדְרָכַי יְהַלֵּכוּ: כִּמְעַט אוֹיְבֵיהֶם אַכְנִיעַ וְעַל־צָרֵיהֶם אָשִׁיב יָדִי: מְשַׂנְאֵי יְהוָה יְכַחֲשׁוּ־לוֹ וִיהִי עִתָּם לְעוֹלָם: וַיַּאֲכִילֵהוּ מֵחֵלֶב חִטָּה וּמִצּוּר דְּבַשׁ אַשְׂבִּיעֶךָ:

*Continúa con 'הוֹשִׁיעֵנוּ' en la página 225.*

ליום ו׳ הַשִּׁיר שֶׁהָיוּ הַלְוִיִּם אוֹמְרִים בְּבֵית הַמִּקְדָּשׁ... 

תהלים צג

יְהוָה מָלָךְ גֵּאוּת לָבֵשׁ לָבֵשׁ יְהוָה עֹז הִתְאַזָּר אַף־תִּכּוֹן תֵּבֵל בַּל־תִּמּוֹט: נָכוֹן כִּסְאֲךָ מֵאָז מֵעוֹלָם אָתָּה: נָשְׂאוּ נְהָרוֹת ׀ יְהוָה נָשְׂאוּ נְהָרוֹת קוֹלָם יִשְׂאוּ נְהָרוֹת דָּכְיָם: מִקֹּלוֹת ׀ מַיִם רַבִּים אַדִּירִים מִשְׁבְּרֵי־יָם אַדִּיר בַּמָּרוֹם יְהוָה: עֵדֹתֶיךָ ׀ נֶאֶמְנוּ מְאֹד לְבֵיתְךָ נַאֲוָה־קֹּדֶשׁ יְהוָה לְאֹרֶךְ יָמִים:

*El viernes no se recita 'הוֹשִׁיעֵנוּ'*

---

לַמְנַצֵּחַ *Jueves: Salmo 81.* Dios aboga por Su pueblo: se trata de una expresión clásica de uno de los grandes temas de la literatura profética, el amor de Dios junto a Su exasperación por sus hijos. “Si Mi pueblo Me escuchase, si Israel anduviese por Mis caminos”.

יְהוָה מָלָךְ *Viernes: Salmo 93.* Hablando tal como lo hace sobre la finalización

הוֹשִׁיעֵנוּ Sálvanos Señor, nuestro Dios, y reúnenos de entre las naciones *Sal. 106*
para que podamos agradecer a Tu sagrado Nombre y glorificarnos en Tu
alabanza. Bendito es el Señor Dios de Israel desde este mundo y hasta
la eternidad. Y todo el pueblo diga "Amén y alabanza al Señor". Bendito *Sal. 135*
sea el Señor desde Ṣion, que mora en Jerusalém, ¡Aleluyá! Bendito sea el *Sal. 72*
Señor Dios de Israel, pues solo Él obra maravillas. Bendito sea Su Nombre
Glorioso por siempre, que la tierra se vea colmada de Su presencia. Amén
y Amén.

*En un casa de un doliente se dice el siguiente salmo*
*(Nuestro Maestro y Rabino el Jajam Isaac Chehebar, de bendita memoria, estableció que se recite el siguiente salmo después de "Alenu Leshabeaḥ" y luego se diga nuevamente Kadish Yehé Shelamá).*

לַמְנַצֵּחַ Para el director de música. Salmo de los hijos de Koraḥ. Escuchad *Sal. 49*
esto todas las naciones, prestad atención todos los habitantes del mundo, los humildes y los encumbrados, juntos los ricos y los pobres. Mi boca hablará palabras de sabiduría y la meditación de mi corazón entendimiento. Escucharé atentamente una parábola y expondré mi misterio al son de la lira. ¿Por qué habré de temer en los días de desgracia, cuando la maldad de mis enemigos me rodee, confiados en su poder y vanagloriados en su riqueza? Ningún hombre puede redimir a su hermano o dar a Dios un rescate por él, pues la redención es muy costosa, y ningún importe es lo suficientemente alto como para permitirle vivir para siempre sin jamás ver la tumba. Pues él ve a los hombres sabios morir, junto con el necio y el ignorante perecen y dejan sus fortunas a otros. Piensan que sus casas perdurarán para siempre y sus moradas por todas las generaciones, llamando a sus tierras con sus nombres. Empero, el hombre no perdura en su honor y se asemeja a las bestias por cuanto que perece. Este es el camino que siguen los necios y de aquellos que corren tras ellos aprobando sus palabras. Sela. Están destinados a la tumba tal como las ovejas, la muerte será su pastor y los íntegros gobernarán sobre ellos en la aurora. Su forma será consumida en el abismo, que no será refugio para ellos. Mas Dios redimirá mi alma del sepulcro, pues me tomará, Sela. No temas cuando veas a alguien enriquecerse y colmar de gloria su casa. Pues nada habrá de llevarse al morir. Su honor no descenderá con él a la tumba. Aunque se haya bendecido a sí mismo en vida – y los hombres siempre te alaban cuando prosperas – igualmente se reunirá con la generación de sus ancestros que no verán jamás la luz. Un hombre que a pesar de su esplendor carece de entendimiento, se asemeja a las bestias que perecen.

La salvación de los justos es del Señor. Él es su fortaleza en tiempos de desgracia. El *Sal. 37*
Señor los ayuda y los libra, los libra de los malvados y los redime porque se refugian en Él.

הוֹשִׁיעֵנוּ ׀ יְהֹוָה אֱלֹהֵינוּ וְקַבְּצֵנוּ מִן־הַגּוֹיִם לְהֹדוֹת לְשֵׁם קׇדְשֶׁךָ תהלים קו
לְהִשְׁתַּבֵּחַ בִּתְהִלָּתֶךָ: בָּרוּךְ יְהֹוָה ׀ אֱלֹהֵי יִשְׂרָאֵל מִן־הָעוֹלָם ׀
וְעַד הָעוֹלָם וְאָמַר כׇּל־הָעָם אָמֵן הַלְלוּיָהּ: בָּרוּךְ יְהֹוָה ׀ מִצִּיּוֹן שֹׁכֵן תהלים קלה
יְרוּשָׁלָיִם הַלְלוּיָהּ: בָּרוּךְ ׀ יְהֹוָה אֱלֹהִים אֱלֹהֵי יִשְׂרָאֵל עֹשֵׂה נִפְלָאוֹת תהלים עב
לְבַדּוֹ: וּבָרוּךְ ׀ שֵׁם כְּבוֹדוֹ לְעוֹלָם וְיִמָּלֵא כְבוֹדוֹ אֶת־כֹּל־הָאָרֶץ
אָמֵן ׀ וְאָמֵן:

*En un* בית אבל *se dice el siguiente* מזמור

(*Nuestro Maestro y Rabino el* חכם *Isaac Chehebar, de bendita memoria, estableció que se recite el siguiente salmo después de* 'עָלֵינוּ' *y luego se diga nuevamente* 'קדיש יהא שלמא לְשַׁבֵּחַ').

לַמְנַצֵּחַ לִבְנֵי־קֹרַח מִזְמוֹר: שִׁמְעוּ־זֹאת כׇּל־הָעַמִּים הַאֲזִינוּ כׇּל־ תהלים מט
יֹשְׁבֵי חָלֶד: גַּם־בְּנֵי אָדָם גַּם־בְּנֵי־אִישׁ יַחַד עָשִׁיר וְאֶבְיוֹן: פִּי יְדַבֵּר
חׇכְמוֹת וְהָגוּת לִבִּי תְבוּנוֹת: אַטֶּה לְמָשָׁל אׇזְנִי אֶפְתַּח בְּכִנּוֹר חִידָתִי:
לָמָּה אִירָא בִּימֵי רָע עֲוֺן עֲקֵבַי יְסוּבֵּנִי: הַבֹּטְחִים עַל־חֵילָם וּבְרֹב
עׇשְׁרָם יִתְהַלָּלוּ: אָח לֹא־פָדֹה יִפְדֶּה אִישׁ לֹא־יִתֵּן לֵאלֹהִים כׇּפְרוֹ:
וְיֵקַר פִּדְיוֹן נַפְשָׁם וְחָדַל לְעוֹלָם: וִיחִי־עוֹד לָנֶצַח לֹא יִרְאֶה הַשָּׁחַת: כִּי
יִרְאֶה ׀ חֲכָמִים יָמוּתוּ יַחַד כְּסִיל וָבַעַר יֹאבֵדוּ וְעָזְבוּ לַאֲחֵרִים חֵילָם:
קִרְבָּם בָּתֵּימוֹ ׀ לְעוֹלָם מִשְׁכְּנֹתָם לְדֹר וָדֹר קָרְאוּ בִשְׁמוֹתָם עֲלֵי
אֲדָמוֹת: וְאָדָם בִּיקָר בַּל־יָלִין נִמְשַׁל כַּבְּהֵמוֹת נִדְמוּ: זֶה דַרְכָּם כֵּסֶל
לָמוֹ וְאַחֲרֵיהֶם ׀ בְּפִיהֶם יִרְצוּ סֶלָה: כַּצֹּאן ׀ לִשְׁאוֹל שַׁתּוּ מָוֶת יִרְעֵם
וַיִּרְדּוּ בָם יְשָׁרִים ׀ לַבֹּקֶר וְצוּרָם לְבַלּוֹת שְׁאוֹל מִזְּבֻל לוֹ: אַךְ־אֱלֹהִים
יִפְדֶּה נַפְשִׁי מִיַּד שְׁאוֹל כִּי יִקָּחֵנִי סֶלָה: אַל־תִּירָא כִּי־יַעֲשִׁר אִישׁ כִּי־
יִרְבֶּה כְּבוֹד בֵּיתוֹ: כִּי לֹא בְמוֹתוֹ יִקַּח הַכֹּל לֹא־יֵרֵד אַחֲרָיו כְּבוֹדוֹ:
כִּי־נַפְשׁוֹ בְּחַיָּיו יְבָרֵךְ וְיוֹדֻךָ כִּי־תֵיטִיב לָךְ: תָּבוֹא עַד־דּוֹר אֲבוֹתָיו
עַד־נֵצַח לֹא יִרְאוּ־אוֹר: אָדָם בִּיקָר וְלֹא יָבִין נִמְשַׁל כַּבְּהֵמוֹת נִדְמוּ:

וּתְשׁוּעַת צַדִּיקִים מֵיְהֹוָה מָעוּזָּם בְּעֵת צָרָה: וַיַּעְזְרֵם יְהֹוָה וַיְפַלְּטֵם יְפַלְּטֵם תהלים לז
מֵרְשָׁעִים וְיוֹשִׁיעֵם כִּי־חָסוּ בוֹ:

## KADISH YEHÉ SHELAMÁ

*La Ḥazán y los dolientes recitan Kadish Yehé Shelamá:*

יִתְגַּדַּל Que Su Gran Nombre sea magnificado y santificado,
en el mundo que creó conforme a Su voluntad.
Que establezca Su reino, haga florecer Su salvación y apresure la llegada de Su ungido
durante vuestra vida y en vuestros días
y en la vida de toda la casa de Israel,
pronto y rápidamente y decid: Amén.

Que Su Gran Nombre sea bendito
por siempre y por toda la eternidad.

Sea bendecido, alabado, glorificado
y exaltado, encumbrado
y magnificado, enaltecido y ensalzado
el Nombre del Santo Bendito Él;
más allá de cualquier bendición,
cántico, alabanza y consolación
pronunciados en el mundo y decid: Amén.

Que haya gran paz celestial,
vida, saciedad, salvación, consolación,
refugio, sanación, redención, perdón y expiación, bienestar
y salvación para nosotros
y para todo Su pueblo Israel y decid: Amén.

*Antes de decir 'Quien obra paz' se dan tres pasos hacia atrás.*

Quien obra la paz en Sus alturas,
con compasión haga la paz
para nosotros y todo Su pueblo Israel y decid: Amén.

## קדיש יהא שלמא

*El* חזן *y los* אבלים *recitan* קדיש יהא שלמא:

יִתְגַּדַּל וְיִתְקַדַּשׁ שְׁמֵהּ רַבָּא (קהל: אָמֵן)
בְּעָלְמָא דִּי בְרָא כִרְעוּתֵהּ
וְיַמְלִיךְ מַלְכוּתֵהּ וְיַצְמַח פֻּרְקָנֵהּ וִיקָרֵב מְשִׁיחֵהּ (קהל: אָמֵן)
בְּחַיֵּיכוֹן וּבְיוֹמֵיכוֹן וּבְחַיֵּי דְכָל־בֵּית יִשְׂרָאֵל
בַּעֲגָלָא וּבִזְמַן קָרִיב, וְאִמְרוּ אָמֵן. (קהל: אָמֵן)

יְהֵא שְׁמֵהּ רַבָּא מְבָרַךְ לְעָלַם וּלְעָלְמֵי עָלְמַיָּא יִתְבָּרַךְ
וְיִשְׁתַּבַּח וְיִתְפָּאַר וְיִתְרוֹמַם וְיִתְנַשֵּׂא
וְיִתְהַדָּר וְיִתְעַלֶּה וְיִתְהַלָּל
שְׁמֵהּ דְּקֻדְשָׁא בְּרִיךְ הוּא (קהל: אָמֵן)
לְעֵלָּא מִן כָּל־בִּרְכָתָא
שִׁירָתָא, תֻּשְׁבְּחָתָא וְנֶחָמָתָא
דַּאֲמִירָן בְּעָלְמָא, וְאִמְרוּ אָמֵן. (קהל: אָמֵן)

יְהֵא שְׁלָמָא רַבָּא מִן שְׁמַיָּא
חַיִּים וְשָׂבָע וִישׁוּעָה וְנֶחָמָה
וְשֵׁיזָבָא וּרְפוּאָה וּגְאֻלָּה וּסְלִיחָה וְכַפָּרָה, וְרֶוַח וְהַצָּלָה
לָנוּ וּלְכָל־עַמּוֹ יִשְׂרָאֵל, וְאִמְרוּ אָמֵן. (קהל: אָמֵן)

*Antes de decir* 'עֹשֶׂה שָׁלוֹם' *se dan tres pasos hacia atrás.*

עֹשֶׂה שָׁלוֹם בִּמְרוֹמָיו
הוּא בְּרַחֲמָיו יַעֲשֶׂה שָׁלוֹם עָלֵינוּ
וְעַל־כָּל־עַמּוֹ יִשְׂרָאֵל, וְאִמְרוּ אָמֵן. (קהל: אָמֵן)

Ten esperanza en el SEÑOR fortalece y anima tu corazón y ten esperanza en el SEÑOR. No hay santo como el SEÑOR; pues nada hay excepto Tú; y no hay poderoso como nuestro Dios. ¿Quién es Dios salvo el SEÑOR? ¿Y quién es Fortaleza salvo nuestro Dios? *Sal. 27* *I Sam. 2* *Sal. 18*

אֵין כֵּאלֹהֵינוּ No hay como nuestro Dios, no hay como nuestro Señor, no hay como nuestro Rey, no hay como nuestro Salvador.
¿Quién como nuestro Dios? ¿Quién como nuestro Señor?
¿Quién como nuestro Rey? ¿Quién como nuestro Salvador?
Agradeceremos a nuestro Dios, agradeceremos a nuestro Señor, agradeceremos a nuestro Rey, agradeceremos a nuestro Salvador.
Bendito es nuestro Dios, bendito es nuestro Señor, bendito es nuestro Rey, bendito es nuestro Salvador.
Tú eres nuestro Dios, Tú eres nuestro Señor, Tú eres nuestro Rey, Tú eres nuestro Salvador.
Tú nos salvarás.
Tú Te levantarás y te compadecerás de Ṣion, pues es momento de apiadarte de ella, pues ha llegado el momento. *Sal. 102*

Tú eres el SEÑOR nuestro Dios, a quien nuestros ancestros ofrendaban el fragante incienso en los días en que el Sagrado Templo estaba en pie, tal como les ordenaste por medio de Tu profeta Moshé, como está escrito en Tu Torá:

## EL INCIENSO

Dijo el SEÑOR a Moshé: Toma para ti especias: bálsamo resinoso, uña aromática, gálbano e incienso puro, en cantidades iguales. Y harás con ello el incienso, elaborado según el arte del perfumista, mezclado, puro y consagrado. Y molerás muy fino parte de este y lo pondrás delante del Testimonio, delante de la Tienda de Reunión donde he de reunirme contigo y será sacrosanto para vosotros. *Éx. 30*

Y fue dicho:

Y cada mañana Aharón quemará sobre él incienso aromático al asear lámparas. Y al encender Aharón las lámparas – al atardecer – lo hará quemar. Incienso cotidiano ante el SEÑOR por vuestras generaciones.

קַוֵּה אֶל־יְהוָה, חֲזַק וְיַאֲמֵץ לִבֶּךָ, וְקַוֵּה אֶל־יְהוָה: תהלים כז
אֵין־קָדוֹשׁ כַּיהוָה, כִּי־אֵין בִּלְתֶּךָ, וְאֵין צוּר כֵּאלֹהֵינוּ: שמואל א׳ ב
כִּי מִי אֱלוֹהַּ מִבַּלְעֲדֵי יְהוָה, וּמִי צוּר זוּלָתִי אֱלֹהֵינוּ: תהלים יח

אֵין כֵּאלֹהֵינוּ, אֵין כַּאדוֹנֵינוּ, אֵין כְּמַלְכֵּנוּ, אֵין כְּמוֹשִׁיעֵנוּ.
מִי כֵאלֹהֵינוּ, מִי כַאדוֹנֵינוּ, מִי כְמַלְכֵּנוּ, מִי כְמוֹשִׁיעֵנוּ.
נוֹדֶה לֵאלֹהֵינוּ, נוֹדֶה לַאדוֹנֵינוּ, נוֹדֶה לְמַלְכֵּנוּ, נוֹדֶה לְמוֹשִׁיעֵנוּ.
בָּרוּךְ אֱלֹהֵינוּ, בָּרוּךְ אֲדוֹנֵינוּ, בָּרוּךְ מַלְכֵּנוּ, בָּרוּךְ מוֹשִׁיעֵנוּ.
אַתָּה הוּא אֱלֹהֵינוּ, אַתָּה הוּא אֲדוֹנֵינוּ,
אַתָּה הוּא מַלְכֵּנוּ, אַתָּה הוּא מוֹשִׁיעֵנוּ.
אַתָּה תוֹשִׁיעֵנוּ
אַתָּה תָקוּם תְּרַחֵם צִיּוֹן, כִּי־עֵת לְחֶנְנָהּ, כִּי־בָא מוֹעֵד: תהלים קב

אַתָּה הוּא יְהוָה אֱלֹהֵינוּ שֶׁהִקְטִירוּ אֲבוֹתֵינוּ לְפָנֶיךָ אֶת קְטֹרֶת הַסַּמִּים בִּזְמַן שֶׁבֵּית הַמִּקְדָּשׁ קַיָּם, כַּאֲשֶׁר צִוִּיתָ אוֹתָם עַל יַד מֹשֶׁה נְבִיאָךְ, כַּכָּתוּב בְּתוֹרָתָךְ:

פרשת הקטורת

וַיֹּאמֶר יְהוָה אֶל־מֹשֶׁה קַח־לְךָ סַמִּים נָטָף ׀ וּשְׁחֵלֶת וְחֶלְבְּנָה סַמִּים וּלְבֹנָה זַכָּה בַּד בְּבַד יִהְיֶה: וְעָשִׂיתָ אֹתָהּ קְטֹרֶת רֹקַח מַעֲשֵׂה רוֹקֵחַ מְמֻלָּח טָהוֹר קֹדֶשׁ: וְשָׁחַקְתָּ מִמֶּנָּה הָדֵק וְנָתַתָּה מִמֶּנָּה לִפְנֵי הָעֵדֻת בְּאֹהֶל מוֹעֵד אֲשֶׁר אִוָּעֵד לְךָ שָׁמָּה קֹדֶשׁ קָדָשִׁים תִּהְיֶה לָכֶם: שמות ל

וְנֶאֱמַר

וְהִקְטִיר עָלָיו אַהֲרֹן קְטֹרֶת סַמִּים בַּבֹּקֶר בַּבֹּקֶר בְּהֵיטִיבוֹ אֶת־הַנֵּרֹת יַקְטִירֶנָּה: וּבְהַעֲלֹת אַהֲרֹן אֶת־הַנֵּרֹת בֵּין הָעַרְבַּיִם יַקְטִירֶנָּה קְטֹרֶת תָּמִיד לִפְנֵי יְהוָה לְדֹרֹתֵיכֶם:

תָּנוּ Enseñaron nuestros sabios: ¿Cómo debe prepararse el incienso? Pesaba 368 "mané", 365 se corresponden con los días del año solar, un mané por día, una mitad debía ser ofrendada en la mañana y la otra mitad por la tarde y tres "mané" adicionales de los cuales el Sumo Sacerdote tomaba dos puñados llenos en Yom Kipur. Estos eran devueltos al mortero el día previo a Yom Kipur y se molían intensamente hasta que quedaban sumamente finos. El incienso incluía once clases de especies: bálsamo, uña aromática, gálbano y olíbano, cada una con un peso de 70 "mané", mirra, casia, nardo y azafrán cada una con un peso de 16 "mané", doce "mané" de costus, tres de corteza aromática, nueve de canela, nueve "kab" de lejía de Carshina, tres "seá" y tres "kab" de vino de Chipre. Si no se conseguía vino de Chipre se podía emplear vino blanco añejo. Un cuarto de "kab" de sal de Sodoma, una pizca de una hierba humeante. *Karetot 6a*

Ribí Natán de Babilonia dice: también una pizca de ámbar del Jordán. Si le agregaba miel a la mezcla se la transformaba en no apta para uso sagrado. Si omitía alguno de los ingredientes era pasible de pena de muerte.

Rabán Shim'ón ben Gamliel dice: el "bálsamo" es una savia que gotea del árbol del mismo nombre. Lejía de Carshina era usado para frotar la uña aromática y así mejorarla. El vino de Chipre era usado para remojar la uña aromática para conferirle un olor acre. Si bien la orina es buena para este propósito, no se la podía ingresar en el Templo pues sería una falta de respeto.

Se enseñó, dice Ribí Natán: mientras molía (el incienso) decía "muele bien, muele fino" pues el sonido rítmico es bueno para las especies. Si se mezcló en medias cantidades el producto es apto para su uso, mas no hemos escuchado que este principio se aplique a tercios o cuartos. Ribí Yehudá dijo: la regla general es que si se llevó a cabo en las proporciones correctas el producto es apto para su uso, aunque se haya preparado la mitad de la cantidad, empero quien omite alguno de los ingredientes es pasible de pena de muerte.

תָּנוּ רַבָּנָן: פִּטּוּם הַקְּטֹרֶת כֵּיצַד. שְׁלֹשׁ מֵאוֹת וְשִׁשִּׁים וּשְׁמוֹנָה מָנִים הָיוּ בָהּ. שְׁלֹשׁ מֵאוֹת וְשִׁשִּׁים וַחֲמִשָּׁה כְּמִנְיַן יְמוֹת הַחַמָּה, מָנֶה בְּכָל־יוֹם, מַחֲצִיתוֹ בַּבֹּקֶר וּמַחֲצִיתוֹ בָּעֶרֶב. וּשְׁלֹשָׁה מָנִים יְתֵרִים, שֶׁמֵּהֶם מַכְנִיס כֹּהֵן גָּדוֹל וְנוֹטֵל מֵהֶם מְלֹא חָפְנָיו בְּיוֹם הַכִּפּוּרִים, וּמַחֲזִירָן לְמַכְתֶּשֶׁת בְּעֶרֶב יוֹם הַכִּפּוּרִים כְּדֵי לְקַיֵּם מִצְוַת דַּקָּה מִן הַדַּקָּה. וְאַחַד עָשָׂר סַמָּנִים הָיוּ בָהּ, וְאֵלּוּ הֵן: א הַצֳּרִי ב וְהַצִּפֹּרֶן ג וְהַחֶלְבְּנָה ד וְהַלְּבוֹנָה, מִשְׁקַל שִׁבְעִים שִׁבְעִים מָנֶה. ה מֹר ו וּקְצִיעָה ז וְשִׁבֹּלֶת נֵרְדְּ ח וְכַרְכֹּם, מִשְׁקַל שִׁשָּׁה עָשָׂר שִׁשָּׁה עָשָׂר מָנֶה. ט הַקֹּשְׁטְ (הַקּוֹשְׁטְ) שְׁנֵים עָשָׂר י קִלּוּפָה שְׁלֹשָׁה יא קִנָּמוֹן תִּשְׁעָה. בֹּרִית כַּרְשִׁינָא תִּשְׁעָה קַבִּין, יֵין קַפְרִיסִין סְאִין תְּלָת וְקַבִּין תְּלָתָא, וְאִם לֹא מָצָא יֵין קַפְרִיסִין מֵבִיא חֲמַר חִוַּר עַתִּיק. מֶלַח סְדוֹמִית רֹבַע הַקָּב, מַעֲלֶה עָשָׁן כָּל־שֶׁהוּא. כריתות ו.

רִבִּי נָתָן הַבַּבְלִי אוֹמֵר, אַף כִּפַּת הַיַּרְדֵּן כָּל־שֶׁהִיא. אִם נָתַן בָּהּ דְּבַשׁ פְּסָלָהּ, וְאִם חִסַּר אַחַת מִכָּל־סַמָּנֶיהָ חַיָּב מִיתָה.

רַבָּן שִׁמְעוֹן בֶּן גַּמְלִיאֵל אוֹמֵר, הַצֳּרִי אֵינוֹ אֶלָּא שְׂרָף הַנּוֹטֵף מֵעֲצֵי הַקְּטָף. בֹּרִית כַּרְשִׁינָא לְמָה הִיא בָאָה, כְּדֵי לְשַׁפּוֹת בָּהּ אֶת הַצִּפֹּרֶן כְּדֵי שֶׁתְּהֵא נָאָה. יֵין קַפְרִיסִין לְמָה הוּא בָא, כְּדֵי לִשְׁרוֹת בּוֹ אֶת הַצִּפֹּרֶן כְּדֵי שֶׁתְּהֵא עַזָּה. וַהֲלֹא מֵי רַגְלַיִם יָפִין לָהּ, אֶלָּא שֶׁאֵין מַכְנִיסִין מֵי רַגְלַיִם בַּמִּקְדָּשׁ מִפְּנֵי הַכָּבוֹד.

תַּנְיָא, רִבִּי נָתָן אוֹמֵר, כְּשֶׁהוּא שׁוֹחֵק אוֹמֵר, הָדֵק הֵיטֵב, הֵיטֵב הָדֵק, מִפְּנֵי שֶׁהַקּוֹל יָפֶה לַבְּשָׂמִים. פִּטְּמָהּ לַחֲצָאִין כְּשֵׁרָה, לְשָׁלִישׁ וּלְרָבִיעַ לֹא שָׁמַעְנוּ. אָמַר רִבִּי יְהוּדָה, זֶה הַכְּלָל, אִם כְּמִדָּתָהּ כְּשֵׁרָה לַחֲצָאִין, וְאִם חִסַּר אַחַת מִכָּל־סַמָּנֶיהָ חַיָּב מִיתָה.

Enseñó Bar Kapara: una vez cada sesenta o setenta años se acumulaban excedentes equivalentes al consumo de medio año. Bar Kapara también nos enseña: si una diminuta cantidad de miel se hubiese mezclado en el incienso nadie podría haber resistido el aroma. Entonces, ¿por qué no le agregaban miel a la mezcla? Porque la Torá dice: "ni levadura ni miel podréis hacer consumir como sacrificio ante el Señor". *Lev. 2*

La salvación pertenece al Eterno, *Sal. 3*
que Tu bendición repose sobre Tu pueblo.
El Señor de las Huestes Celestiales es con nosotros, *Sal. 46*
el Dios de Ya'akob es nuestra fortaleza, Sela.
Señor de las Huestes Celestiales, *Sal. 84*
feliz del hombre que confía en Ti.
El Señor salva, el Rey nos responderá *Sal. 20*
el día que Le invoquemos.
Haznos retornar a Ti Señor y retornaremos, *Lam. 5*
renueva nuestros días como antaño.
Entonces las ofrendas de Yehudá y Jerusalém agradarán al *Mal. 3*
Señor como en los días de antaño y los años pretéritos.

תָּנָא דְבֵי אֵלִיָּהוּ Se enseñó en la academia de Eliahu: *Meguilá 28b*
Todo aquél que estudia las leyes de la Torá ("halajot") a diario se le asegura que alcanzará el Mundo Venidero, tal como fue dicho: "Suyos son los caminos ("halijot") del mundo". No leas "caminos" ("halijot") sino "leyes" ("halajot"). *Hab. 3*

Dijo Ribí Elazar en nombre de Ribí Ḥanina: Los discípulos de los sabios incrementan la paz en el mundo, tal como fue dicho "Y todos tus hijos serán estudiosos del Señor, y grande será la paz de tus hijos ("banaij"). No los llames "tus hijos" ("banaij") sino "tus constructores" ("bonaij"). Haya paz en tus fortalezas, quietud en tus palacios. En pos de mis hermanos y amigos diré: "Sea contigo la paz". En pos de la casa del Señor nuestro Dios pediré por el bien por ti. Que veas hijos de tus hijos, paz sobre Israel. Grande es la paz de aquellos que aman Tu Torá y no habrán de padecer tropiezos. El Señor dará fuerza a Su pueblo. El Señor bendecirá a Su pueblo con la paz. *Berajot 64a* *Isa. 54* *Sal. 122* *Sal. 128* *Sal. 119* *Sal. 29*

תָּנֵי בַר קַפָּרָא: אַחַת לְשִׁשִּׁים אוֹ לְשִׁבְעִים שָׁנָה הָיְתָה בָאָה שֶׁל
שִׁירַיִם לַחֲצָאִין. וְעוֹד תָּנֵי בַר קַפָּרָא: אִלּוּ הָיָה נוֹתֵן בָּהּ קָרְטוֹב
שֶׁל דְּבַשׁ אֵין אָדָם יָכוֹל לַעֲמֹד מִפְּנֵי רֵיחָהּ, וְלָמָּה אֵין מְעָרְבִין
בָּהּ דְּבַשׁ, מִפְּנֵי שֶׁהַתּוֹרָה אָמְרָה: כִּי כָל־שְׂאֹר וְכָל־דְּבַשׁ לֹא־ ויקרא ב
תַקְטִירוּ מִמֶּנּוּ אִשֶּׁה לַיהוָה:

לַיהוָה הַיְשׁוּעָה, עַל־עַמְּךָ בִרְכָתֶךָ סֶּלָה: תהלים ג
יְהוָה צְבָאוֹת עִמָּנוּ, מִשְׂגָּב־לָנוּ אֱלֹהֵי יַעֲקֹב סֶלָה: תהלים מו
יְהוָה צְבָאוֹת, אַשְׁרֵי אָדָם בֹּטֵחַ בָּךְ: תהלים פד
יְהוָה הוֹשִׁיעָה, הַמֶּלֶךְ יַעֲנֵנוּ בְיוֹם־קָרְאֵנוּ: תהלים כ
הֲשִׁיבֵנוּ יְהוָה אֵלֶיךָ וְנָשׁוּבָה, חַדֵּשׁ יָמֵינוּ כְּקֶדֶם: איכה ה
וְעָרְבָה לַיהוָה מִנְחַת יְהוּדָה וִירוּשָׁלָםִ מלאכי ג
כִּימֵי עוֹלָם וּכְשָׁנִים קַדְמֹנִיּוֹת:

תָּנָא דְבֵי אֵלִיָּהוּ: מגילה כח:
כָּל־הַשּׁוֹנֶה הֲלָכוֹת בְּכָל־יוֹם, מֻבְטָח לוֹ שֶׁהוּא בֶּן הָעוֹלָם הַבָּא
שֶׁנֶּאֱמַר הֲלִיכוֹת עוֹלָם לוֹ: אַל תִּקְרֵי הֲלִיכוֹת אֶלָּא הֲלָכוֹת. חבקוק ג

אָמַר רַבִּי אֶלְעָזָר, אָמַר רַבִּי חֲנִינָא: תַּלְמִידֵי חֲכָמִים מַרְבִּים שָׁלוֹם ברכות סד.
בָּעוֹלָם, שֶׁנֶּאֱמַר וְכָל־בָּנַיִךְ לִמּוּדֵי יְהוָה, וְרַב שְׁלוֹם בָּנָיִךְ: אַל ישעיה נד
תִּקְרֵי בָּנָיִךְ, אֶלָּא בּוֹנָיִךְ. יְהִי־שָׁלוֹם בְּחֵילֵךְ, שַׁלְוָה בְּאַרְמְנוֹתָיִךְ: תהלים קכב
לְמַעַן אַחַי וְרֵעָי אֲדַבְּרָה־נָּא שָׁלוֹם בָּךְ: לְמַעַן בֵּית־יְהוָה אֱלֹהֵינוּ
אֲבַקְשָׁה טוֹב לָךְ: וּרְאֵה־בָנִים לְבָנֶיךָ, שָׁלוֹם עַל־יִשְׂרָאֵל: שָׁלוֹם תהלים קכח תהלים קיט
רָב לְאֹהֲבֵי תוֹרָתֶךָ, וְאֵין־לָמוֹ מִכְשׁוֹל: יְהוָה עֹז לְעַמּוֹ יִתֵּן, יְהוָה תהלים כט
יְבָרֵךְ אֶת־עַמּוֹ בַשָּׁלוֹם:

## KADISH DE LOS RABINOS

*El Ḥazán y los dolientes recitan aquí el Kadish de los Rabinos:*

יִתְגַּדַּל Que Su Gran Nombre sea magnificado y santificado,
en el mundo que creó conforme a Su voluntad.
Que establezca Su reino, haga florecer Su salvación
y apresure la llegada de Su ungido
durante vuestra vida y en vuestros días
y en la vida de toda la casa de Israel,
pronto y rápidamente y decid: Amén.

Que Su Gran Nombre sea bendito
por siempre y por toda la eternidad.

Sea bendecido, alabado, glorificado y exaltado, encumbrado
y magnificado, enaltecido y ensalzado
el Nombre del Santo Bendito Él;
más allá de cualquier bendición, cántico, alabanza y consolación
pronunciados en el mundo y decid: Amén.

Para Israel, para nuestros maestros,
sus discípulos y los discípulos de sus discípulos,
para todos quienes se involucran en el estudio de la sagrada Torá,
en este sitio o en cualquier otra parte,
que vengan a nosotros, a ellos y a vosotros
gracia, benevolencia y compasión de nuestro Dios,
Señor de los cielos y la tierra y decid: Amén.

Que haya gran paz celestial,
vida, saciedad, salvación, consolación,
refugio, sanación, redención, perdón y expiación, bienestar
y salvación para nosotros
y para todo Su pueblo Israel y decid: Amén.

*Antes de decir 'Quien obra paz' se dan tres pasos hacia atrás.*

Quien obra la paz en Sus alturas,
con compasión haga la paz
para nosotros y todo Su pueblo Israel y decid: Amén.

## קדיש דרבנן

*El* חזן *y los* אבלים *recitan aquí el* קדיש דרבנן:

יִתְגַּדַּל וְיִתְקַדַּשׁ שְׁמֵהּ רַבָּא (קהל: אָמֵן)
בְּעָלְמָא דִּי בְרָא כִרְעוּתֵהּ וְיַמְלִיךְ מַלְכוּתֵהּ
וְיַצְמַח פֻּרְקָנֵהּ וִיקָרֵב מְשִׁיחֵהּ (קהל: אָמֵן)
בְּחַיֵּיכוֹן וּבְיוֹמֵיכוֹן וּבְחַיֵּי דְכָל־בֵּית יִשְׂרָאֵל
בַּעֲגָלָא וּבִזְמַן קָרִיב, וְאִמְרוּ אָמֵן. (קהל: אָמֵן)

יְהֵא שְׁמֵהּ רַבָּא מְבָרַךְ לְעָלַם וּלְעָלְמֵי עָלְמַיָּא יִתְבָּרַךְ
וְיִשְׁתַּבַּח וְיִתְפָּאַר וְיִתְרוֹמַם וְיִתְנַשֵּׂא וְיִתְהַדָּר וְיִתְעַלֶּה וְיִתְהַלָּל
שְׁמֵהּ דְּקֻדְשָׁא בְּרִיךְ הוּא (קהל: אָמֵן)
לְעֵלָּא מִן כָּל־בִּרְכָתָא שִׁירָתָא, תִּשְׁבְּחָתָא וְנֶחָמָתָא, דַּאֲמִירָן בְּעָלְמָא
וְאִמְרוּ אָמֵן. (קהל: אָמֵן)

עַל יִשְׂרָאֵל וְעַל רַבָּנָן
וְעַל תַּלְמִידֵיהוֹן וְעַל־כָּל־תַּלְמִידֵי תַלְמִידֵיהוֹן
דְּעָסְקִין בְּאוֹרַיְתָא קַדִּשְׁתָּא
דִּי בְאַתְרָא הָדֵין וְדִי בְכָל־אֲתַר וַאֲתַר
יְהֵא לָנָא וּלְהוֹן וּלְכוֹן חִנָּא וְחִסְדָּא
וְרַחֲמֵי מִן קֳדָם אֱלָהָנָא מָארֵי שְׁמַיָּא וְאַרְעָא, וְאִמְרוּ אָמֵן. (קהל: אָמֵן)

יְהֵא שְׁלָמָא רַבָּא מִן שְׁמַיָּא חַיִּים וְשָׂבָע וִישׁוּעָה וְנֶחָמָה
וְשֵׁיזָבָא וּרְפוּאָה וּגְאֻלָּה, וּסְלִיחָה וְכַפָּרָה, וְרֶוַח וְהַצָּלָה
לָנוּ וּלְכָל־עַמּוֹ יִשְׂרָאֵל, וְאִמְרוּ אָמֵן. (קהל: אָמֵן)

*Antes de decir* 'עֹשֶׂה שָׁלוֹם' *se dan tres pasos hacia atrás.*

עֹשֶׂה שָׁלוֹם בִּמְרוֹמָיו
הוּא בְּרַחֲמָיו יַעֲשֶׂה שָׁלוֹם עָלֵינוּ
וְעַל־כָּל־עַמּוֹ יִשְׂרָאֵל, וְאִמְרוּ אָמֵן. (קהל: אָמֵן)

*Las personas que recitan Kadish dicen:* Bendecid al Señor que es bendito.

*El Kahal responde:* Bendecid al Señor que es bendito por siempre.

*Las personas que recitan Kadish repiten:* Bendecid al Señor que es bendito por siempre.

עָלֵינוּ Es nuestro deber alabar al Amo de todo,
engrandecer al Creador del universo
por no habernos hecho como las naciones
de los países ni habernos puesto entre las familias de la tierra;
que no hizo nuestra porción similar a la de ellos ni nuestro destino como el de sus multitudes.
Pues ellos se prosternan a la vanidad y al vacío
y le oran a un dios que no puede salvarlos.
*inclinarse* Empero nosotros nos prosternamos
ante el Supremo Rey de Reyes,
el Santo Bendito Él,
que extiende los cielos y establece la tierra,
y Su trono de gloria se encuentra en los cielos
y el poder de Su Presencia mora en las alturas.
Él es nuestro Dios, no hay otro.
Verdadero es nuestro Rey y no hay ningún otro,
tal como está escrito en Su Torá: "Has de saber hoy *Deut. 4*
y responder a tu corazón que el Señor es el Dios en las alturas del cielo y abajo en la tierra, no hay otro salvo Él.

---

trata de una declaración de fe más que de una plegaria, habla de la vocación particular del pueblo judío como portadores del mensaje monoteísta. En dos oportunidades, esta plegaria recurre a la expresión "no hay otro" que en el idioma hebreo se pronuncia mediante el empleo de los dos monosílabos *"ein od"*.

*El* חזן *y las demás personas que recitan Kadish:* בָּרְכוּ אֶת יְהוָה הַמְבֹרָךְ.

*El* קהל *responde:* בָּרוּךְ יְהוָה הַמְבֹרָךְ לְעוֹלָם וָעֶד.

*El* חזן *y las demás personas que recitan Kadish:* בָּרוּךְ יְהוָה הַמְבֹרָךְ לְעוֹלָם וָעֶד.

עָלֵינוּ לְשַׁבֵּחַ לַאֲדוֹן הַכֹּל, לָתֵת גְּדֻלָּה לְיוֹצֵר בְּרֵאשִׁית
שֶׁלֹּא עָשָׂנוּ כְּגוֹיֵי הָאֲרָצוֹת, וְלֹא שָׂמָנוּ כְּמִשְׁפְּחוֹת הָאֲדָמָה
שֶׁלֹּא שָׂם חֶלְקֵנוּ כָּהֶם וְגוֹרָלֵנוּ כְּכָל־הֲמוֹנָם.
שֶׁהֵם מִשְׁתַּחֲוִים לְהֶבֶל וָרִיק וּמִתְפַּלְלִים אֶל־אֵל לֹא יוֹשִׁיעַ.
*inclinarse* וַאֲנַחְנוּ מִשְׁתַּחֲוִים לִפְנֵי מֶלֶךְ מַלְכֵי הַמְּלָכִים
הַקָּדוֹשׁ בָּרוּךְ הוּא
שֶׁהוּא נוֹטֶה שָׁמַיִם וְיוֹסֵד אָרֶץ
וּמוֹשַׁב יְקָרוֹ בַּשָּׁמַיִם מִמַּעַל, וּשְׁכִינַת עֻזּוֹ בְּגָבְהֵי מְרוֹמִים.
הוּא אֱלֹהֵינוּ, וְאֵין עוֹד אַחֵר
אֱמֶת מַלְכֵּנוּ, וְאֶפֶס זוּלָתוֹ
כַּכָּתוּב בַּתּוֹרָה, וְיָדַעְתָּ הַיּוֹם וַהֲשֵׁבֹתָ אֶל־לְבָבֶךָ דברים ד
כִּי יְהוָה הוּא הָאֱלֹהִים בַּשָּׁמַיִם מִמַּעַל וְעַל־הָאָרֶץ מִתָּחַת
אֵין עוֹד:

---

עָלֵינוּ *Es nuestro deber:* Desde los siglos XII o XIII se tornó costumbre culminar todos los rezos con la magnífica plegaria conocida como Alenu, un constructo de dos párrafos que conjuntamente afirman vehementemente la singularidad de la fe judía y sus aspiraciones universales para la humanidad toda.

El primer párrafo fue originalmente usado (y aún lo es) como introducción a la bendición de Maljuiot en el rezo de *Musaf* de Rosh HaShaná. Se

עַל כֵּן Por lo tanto, depositamos en Ti nuestra confianza SEÑOR,
Dios nuestro,
que podamos ver pronto el esplendor de Tu poder,
cuando remuevas las abominaciones de la faz de la tierra,
y los ídolos sean completamente destruidos,
cuando el mundo sea perfeccionado bajo
la soberanía del Todopoderoso,
cuando toda la humanidad invoque Tu Nombre
y todos los malvados de la tierra se volverán hacia Ti.
Todos los habitantes de la tierra reconocerán y sabrán que toda
rodilla debe inclinarse ante Ti
y cada lengua debe jurarte fidelidad.
Ante Ti SEÑOR, Dios nuestro, se habrán de arrodillar
e inclinar y darán honor a Tu glorioso Nombre.
Aceptarán el yugo de Tu reino
y pronto reinarás sobre ellos por siempre jamás.
Pues Tuyo es el reino por siempre,
y reinarás gloriosamente por toda la eternidad,
tal como está escrito en Tu Torá:
"El SEÑOR reinará por siempre y por toda la eternidad". *Éx. 16*
Y fue dicho: "Entonces el SEÑOR será el Rey sobre toda la tierra; *Zac. 14*
en ese día el SEÑOR será Uno y Su Nombre Uno".
Y en Tu Torá SEÑOR, Dios nuestro, está escrito:
"Escucha Israel, el SEÑOR es nuestro Dios, el SEÑOR es Uno". *Deut. 6*

*Según la costumbre siria no se recita nada después de 'Alenu'.*

---

Ninguna plegaria expresa más elocuentemente la naturaleza dual del pueblo judío: su historia singular como nación escogida para ser testigos de Dios en la tierra y su aspiración universal de que llegue un tiempo en el cual lo habitantes de la tierra reconocerán al Dios a cuya imagen fueron creados.

עַל כֵּן נְקַוֶּה־לָּךְ, יְהֹוָה אֱלֹהֵינוּ, לִרְאוֹת מְהֵרָה בְּתִפְאֶרֶת עֻזָּךְ
לְהַעֲבִיר גִּלּוּלִים מִן הָאָרֶץ וְהָאֱלִילִים כָּרוֹת יִכָּרֵתוּן
לְתַקֵּן עוֹלָם בְּמַלְכוּת שַׁדַּי
וְכָל־בְּנֵי בָשָׂר יִקְרְאוּ בִשְׁמֶךָ לְהַפְנוֹת אֵלֶיךָ כָּל־רִשְׁעֵי אָרֶץ
יַכִּירוּ וְיֵדְעוּ כָּל־יוֹשְׁבֵי תֵבֵל
כִּי לְךָ תִּכְרַע כָּל־בֶּרֶךְ, תִּשָּׁבַע כָּל־לָשׁוֹן.
לְפָנֶיךָ יְהֹוָה אֱלֹהֵינוּ יִכְרְעוּ וְיִפֹּלוּ, וְלִכְבוֹד שִׁמְךָ יְקָר יִתֵּנוּ
וִיקַבְּלוּ כֻלָּם אֶת עֹל מַלְכוּתֶךָ
וְתִמְלֹךְ עֲלֵיהֶם מְהֵרָה לְעוֹלָם וָעֶד
כִּי הַמַּלְכוּת שֶׁלְּךָ הִיא וּלְעוֹלְמֵי עַד תִּמְלֹךְ בְּכָבוֹד
כַּכָּתוּב בְּתוֹרָתֶךָ, יְהֹוָה יִמְלֹךְ לְעֹלָם וָעֶד: שמות טו
וְנֶאֱמַר, וְהָיָה יְהֹוָה לְמֶלֶךְ עַל־כָּל־הָאָרֶץ זכריה יד
בַּיּוֹם הַהוּא יִהְיֶה יְהֹוָה אֶחָד וּשְׁמוֹ אֶחָד:
וּבְתוֹרָתְךָ יְהֹוָה אֱלֹהֵינוּ כָּתוּב לֵאמֹר
שְׁמַע יִשְׂרָאֵל, יְהֹוָה אֱלֹהֵינוּ יְהֹוָה אֶחָד: דברים ו

*Según la costumbre siria no se recita nada después de 'עָלֵינוּ'.*

---

El segundo párrafo se enfoca en Dios y en el futuro, en un tiempo en el cual toda la humanidad reconocerá al Dios Único, visión elocuentemente transmitida por el profeta Zacarías de cuyo libro se extrae el versículo final de la plegaria. Este párrafo contiene la frase "cuando el mundo sea perfeccionado bajo la soberanía del Todopoderoso", que se constituyó en tema central del misticismo luriano del siglo XVI (*"tikún olam"*).

# Minḥá para los Días de Semana

וִיהִי Que el agrado del Señor nuestro Dios sea sobre nosotros, y la acción de nuestras manos sea establecida para nosotros. Oh Eterno, aprueba la obra de nuestras manos. *Sal. 90*

לַמְנַצֵּחַ Para el jefe de los músicos. Sobre la guitit. *Sal. 84*
Salmo de los hijos de Koraḥ.
Cuán bellos son Tus lugares de residencia,
Señor de las Huestes Celestiales.
Mi alma ansía y anhela los atrios del Señor.
Mi corazón y mi carne cantarán gozosamente al Dios viviente.
El gorrión ha encontrado casa
y la golondrina nido para sí para criar a sus pichones,
cerca de Tus altares Señor de las Huestes Celestiales,
mi Rey y mi Dios.
Felices aquellos que residen en Tu morada;
continuarán alabándote, ¡Sela!
Feliz del hombre que en Ti tiene su fortaleza,
y en su corazón las sendas.
Al pasar por el valle de las lágrimas lo transforman en manantial,
y la primera lluvia los cubre de bendición.
Irán de éxito en éxito, se presentarán ante Dios en Ṣion.
Señor de las Huestes Celestiales, escucha mi plegaria,
préstale atención Dios de Ya'akob. Sela.

---

le adjudicaron una especial importancia a este rezo y notaron que el profeta Elías había orado en este momento del día y su plegaria había sido respondida favorablemente (1 Reyes 18:36).

Su estructura es simple. Comienza con *Ashrei* a modo de preludio del rezo y se torna la tercera de las tres veces al día que este salmo es recitado. La A'midá es idéntica a la de la mañana salvo por dos variantes. En la repetición en voz alta del oficiante se omite la bendición sacerdotal ya que los cohanim

# מנחה לימות חול

וִיהִי ׀ נֹעַם אֲדֹנָי אֱלֹהֵינוּ עָלֵינוּ וּמַעֲשֵׂה יָדֵינוּ כּוֹנְנָה עָלֵינוּ וּמַעֲשֵׂה יָדֵינוּ כּוֹנְנֵהוּ׃ תהלים צ

לַמְנַצֵּחַ עַל־הַגִּתִּית לִבְנֵי־קֹרַח מִזְמוֹר׃ תהלים פד
מַה־יְּדִידוֹת מִשְׁכְּנוֹתֶיךָ יְהוָה צְבָאוֹת׃
נִכְסְפָה וְגַם־כָּלְתָה ׀ נַפְשִׁי לְחַצְרוֹת יְהוָה
לִבִּי וּבְשָׂרִי יְרַנְּנוּ אֶל אֵל־חָי׃
גַּם־צִפּוֹר ׀ מָצְאָה בַיִת
וּדְרוֹר ׀ קֵן ׀ לָהּ אֲשֶׁר־שָׁתָה אֶפְרֹחֶיהָ
אֶת־מִזְבְּחוֹתֶיךָ יְהוָה צְבָאוֹת מַלְכִּי וֵאלֹהָי׃
אַשְׁרֵי יוֹשְׁבֵי בֵיתֶךָ עוֹד יְהַלְלוּךָ סֶּלָה׃
אַשְׁרֵי אָדָם עוֹז־לוֹ בָךְ מְסִלּוֹת בִּלְבָבָם׃
עֹבְרֵי ׀ בְּעֵמֶק הַבָּכָא מַעְיָן יְשִׁיתוּהוּ
גַּם־בְּרָכוֹת יַעְטֶה מוֹרֶה׃
יֵלְכוּ מֵחַיִל אֶל־חָיִל יֵרָאֶה אֶל־אֱלֹהִים בְּצִיּוֹן׃
יְהוָה אֱלֹהִים צְבָאוֹת שִׁמְעָה תְפִלָּתִי
הַאֲזִינָה אֱלֹהֵי יַעֲקֹב סֶלָה׃

---

EL REZO DE LA TARDE

El rezo de la tarde se corresponde con la ofrenda vespertina (Números 28:4). La "*Minḥá*" u "ofenda de harina" no era exclusiva de la tarde. Este rezo debe haber adquirido la denominación de "Minḥá" en virtud del versículo de los Salmos (141:2) que reza: "Establézcase mi plegaria ante Ti como incienso, el alzado de mis manos como la ofrenda de la tarde (*minḥat arev*)". Los sabios

Mira oh Dios, Escudo nuestro,
y contempla el rostro de Tu ungido.
Pues un día en Tus atrios es mejor que mil fuera de ellos,
escogería ubicarme en el umbral de la Casa
de Dios que habitar en las tiendas de la maldad.
Pues el SEÑOR Dios es Sol y Escudo,
el SEÑOR concederá gracia y honor,
y no evitará el bien de aquellos que andan con integridad.
SEÑOR de las Huestes Celestiales,
feliz del hombre que en Ti confía.

## LA OFRENDA DIARIA

El SEÑOR habló a Moshé diciendo: "Ordena a los hijos de Israel y diles: 'Sed cuidadosos en cuanto a ofrendarme en el tiempo estipulado Mi sacrificio consumido al fuego, de aroma grato ante Mí'. Y habrás de decirles: 'Este es el sacrificio que habréis de ofrecer ante el SEÑOR – dos corderos de un año sin defecto, dos al día, holocausto perpetuo. Uno de los corderos lo ofrecerás por la mañana, y el otro lo ofrecerás al atardecer junto a una ofrenda de un décimo de efá de harina de flor amasada con un cuarto de hin de aceite de oliva machacada. Este es el Holocausto perpetuo tal como fue instituido en el Monte Sinaí, de aroma grato, sacrificio ante el SEÑOR. Y su libación es un cuarto de hin (de vino) para cada cordero; que se verterá en el Santuario como libación de bebida fermentada ante el SEÑOR. Y el segundo cordero lo ofrecerás al atardecer, lo habrás de hacer de la misma forma que la ofrenda de la mañana y con la misma libación. Este es el sacrificio de aroma agradable ante el SEÑOR'". *Núm. 28*

---

Tov y algunas otras ocasiones especiales (ver página 168). El rezo concluye con el recitado de *Alenu*.

מָגִנֵּנוּ רְאֵה אֱלֹהִים וְהַבֵּט פְּנֵי מְשִׁיחֶךָ׃
כִּי טוֹב־יוֹם בַּחֲצֵרֶיךָ מֵאָלֶף
בָּחַרְתִּי הִסְתּוֹפֵף בְּבֵית אֱלֹהַי מִדּוּר בְּאׇהֳלֵי־רֶשַׁע׃
כִּי שֶׁמֶשׁ ׀ וּמָגֵן יְהֹוָה אֱלֹהִים
חֵן וְכָבוֹד יִתֵּן יְהֹוָה
לֹא יִמְנַע־טוֹב לַהֹלְכִים בְּתָמִים׃
יְהֹוָה צְבָאוֹת אַשְׁרֵי אָדָם בֹּטֵחַ בָּךְ׃

### פרשת קרבן התמיד

וַיְדַבֵּר יְהֹוָה אֶל־מֹשֶׁה לֵּאמֹר׃ צַו אֶת־בְּנֵי יִשְׂרָאֵל וְאָמַרְתָּ במדבר כח
אֲלֵהֶם אֶת־קׇרְבָּנִי לַחְמִי לְאִשַּׁי רֵיחַ נִיחֹחִי תִּשְׁמְרוּ לְהַקְרִיב
לִי בְּמוֹעֲדוֹ׃ וְאָמַרְתָּ לָהֶם זֶה הָאִשֶּׁה אֲשֶׁר תַּקְרִיבוּ לַיהֹוָה
כְּבָשִׂים בְּנֵי־שָׁנָה תְמִימִם שְׁנַיִם לַיּוֹם עֹלָה תָמִיד׃ אֶת־
הַכֶּבֶשׂ אֶחָד תַּעֲשֶׂה בַבֹּקֶר וְאֵת הַכֶּבֶשׂ הַשֵּׁנִי תַּעֲשֶׂה בֵּין
הָעַרְבָּיִם׃ וַעֲשִׂירִית הָאֵיפָה סֹלֶת לְמִנְחָה בְּלוּלָה בְּשֶׁמֶן
כָּתִית רְבִיעִת הַהִין׃ עֹלַת תָּמִיד הָעֲשֻׂיָה בְּהַר סִינַי לְרֵיחַ
נִיחֹחַ אִשֶּׁה לַיהֹוָה׃ וְנִסְכּוֹ רְבִיעִת הַהִין לַכֶּבֶשׂ הָאֶחָד
בַּקֹּדֶשׁ הַסֵּךְ נֶסֶךְ שֵׁכָר לַיהֹוָה׃ וְאֵת הַכֶּבֶשׂ הַשֵּׁנִי תַּעֲשֶׂה
בֵּין הָעַרְבָּיִם כְּמִנְחַת הַבֹּקֶר וּכְנִסְכּוֹ תַּעֲשֶׂה אִשֵּׁה רֵיחַ
נִיחֹחַ לַיהֹוָה׃

---

no bendecían a la congregación por la tarde. Asimismo, la bendición final que está asociada a la bendición sacerdotal en el Templo adquiere un formato más breve. En Minḥá También se recita *Taḥanún* en aquellos días en que es recitado por la mañana, con la excepción de la víspera de Shabat y de Yom

**אַתָּה הוּא** Tú eres el Señor nuestro Dios, ante Quien nuestros padres ofrendaban el fragante incienso en días en que el Templo estaba en pie, tal como les ordenaste mediante Tu profeta Moshé, y así está escrito en Tu Torá:

EL INCIENSO

Dijo el Señor a Moshé: Toma para ti especias: bálsamo resinoso, uña aromática, gálbano e incienso puro, en cantidades iguales. Y harás con ello el incienso, elaborado según el arte del perfumista, mezclado, puro y consagrado. Y molerás muy fino parte de este y lo pondrás delante del Testimonio, delante de la Tienda de Reunión donde he de reunirme contigo y será sacrosanto para vosotros. *Éx. 30*

Y fue dicho:

Y cada mañana Aharón quemará sobre él incienso aromático al asear lámparas. Y al encender Aharón las lámparas – al atardecer – lo hará quemar. Incienso cotidiano ante el Señor por vuestras generaciones.

**תָּנוּ** Enseñaron nuestros sabios: ¿Cómo debe prepararse el incienso? *Karetot 6a* Pesaba 368 "mané", 365 se corresponden con los días del año solar, un mané por día, una mitad debía ser ofrendada en la mañana y la otra mitad por la tarde y tres "mané" adicionales de los cuales el Sumo Sacerdote tomaba dos puñados llenos en Yom Kipur. Estos eran devueltos al mortero el día previo a Yom Kipur y se molían intensamente hasta que quedaban sumamente finos. El incienso incluía once clases de especies: bálsamo, uña aromática, gálbano y olíbano, cada una con un peso de 70 "mané", mirra, casia, nardo y azafrán cada una con un peso de 16 "mané", 12 "mané" de costus, tres de corteza aromática, nueve de canela, nueve "kab" de lejía de Carshina, tres "seá" y tres "kab" de vino de Chipre. Si no se conseguía vino de Chipre se podía emplear vino blanco añejo. Un cuarto de "kab" de sal de Sodoma, una pizca de una hierba humeante.

אַתָּה הוּא יְהֹוָה אֱלֹהֵינוּ שֶׁהִקְטִירוּ אֲבוֹתֵינוּ לְפָנֶיךָ אֶת קְטֹרֶת הַסַּמִּים בִּזְמַן שֶׁבֵּית הַמִּקְדָּשׁ קַיָּם, כַּאֲשֶׁר צִוִּיתָ אוֹתָם עַל יַד מֹשֶׁה נְבִיאֶךָ, כַּכָּתוּב בְּתוֹרָתֶךָ:

פרשת הקטורת

שמות ל וַיֹּאמֶר יְהֹוָה אֶל־מֹשֶׁה קַח־לְךָ סַמִּים נָטָף ׀ וּשְׁחֵלֶת וְחֶלְבְּנָה סַמִּים וּלְבֹנָה זַכָּה בַּד בְּבַד יִהְיֶה: וְעָשִׂיתָ אֹתָהּ קְטֹרֶת רֹקַח מַעֲשֵׂה רוֹקֵחַ מְמֻלָּח טָהוֹר קֹדֶשׁ: וְשָׁחַקְתָּ מִמֶּנָּה הָדֵק וְנָתַתָּה מִמֶּנָּה לִפְנֵי הָעֵדֻת בְּאֹהֶל מוֹעֵד אֲשֶׁר אִוָּעֵד לְךָ שָׁמָּה קֹדֶשׁ קָדָשִׁים תִּהְיֶה לָכֶם:

וְנֶאֱמַר

שמות ל וְהִקְטִיר עָלָיו אַהֲרֹן קְטֹרֶת סַמִּים בַּבֹּקֶר בַּבֹּקֶר בְּהֵיטִיבוֹ אֶת־הַנֵּרֹת יַקְטִירֶנָּה: וּבְהַעֲלֹת אַהֲרֹן אֶת־הַנֵּרֹת בֵּין הָעַרְבַּיִם יַקְטִירֶנָּה קְטֹרֶת תָּמִיד לִפְנֵי יְהֹוָה לְדֹרֹתֵיכֶם:

כריתות ו. תָּנוּ רַבָּנָן: פִּטּוּם הַקְּטֹרֶת כֵּיצַד. שְׁלֹשׁ מֵאוֹת וְשִׁשִּׁים וּשְׁמוֹנָה מָנִים הָיוּ בָהּ. שְׁלֹשׁ מֵאוֹת וְשִׁשִּׁים וַחֲמִשָּׁה כְּמִנְיַן יְמוֹת הַחַמָּה, מָנֶה בְּכָל־יוֹם, מַחֲצִיתוֹ בַּבֹּקֶר וּמַחֲצִיתוֹ בָּעֶרֶב. וּשְׁלֹשָׁה מָנִים יְתֵרִים, שֶׁמֵּהֶם מַכְנִיס כֹּהֵן גָּדוֹל וְנוֹטֵל מֵהֶם מְלֹא חָפְנָיו בְּיוֹם הַכִּפּוּרִים, וּמַחֲזִירָן לְמַכְתֶּשֶׁת בְּעֶרֶב יוֹם הַכִּפּוּרִים כְּדֵי לְקַיֵּם מִצְוַת דַּקָּה מִן הַדַּקָּה. וְאַחַד עָשָׂר סַמָּנִים הָיוּ בָהּ, וְאֵלּוּ הֵן: א הַצֳּרִי ב וְהַצִּפֹּרֶן ג וְהַחֶלְבְּנָה ד וְהַלְּבוֹנָה, מִשְׁקַל שִׁבְעִים שִׁבְעִים מָנֶה. ה מֹר ו וּקְצִיעָה ז וְשִׁבֹּלֶת נֵרְדְּ ח וְכַרְכֹּם, מִשְׁקַל שִׁשָּׁה עָשָׂר שִׁשָּׁה עָשָׂר מָנֶה. ט הַקֹּשְׁטְ (הַקּוֹשְׁטְ) שְׁנֵים עָשָׂר י קִלּוּפָה שְׁלֹשָׁה יא קִנָּמוֹן תִּשְׁעָה. בּוֹרִית כַּרְשִׁינָא תִּשְׁעָה קַבִּין, יֵין קַפְרִיסִין סְאִין תְּלָת וְקַבִּין תְּלָתָא, וְאִם לֹא מָצָא יֵין קַפְרִיסִין מֵבִיא חֲמַר חִוַּר עַתִּיק. מֶלַח סְדוֹמִית רֹבַע הַקָּב, מַעֲלֶה עָשָׁן כָּל־שֶׁהוּא.

Ribí Natán de Babilonia dice: también una pizca de ámbar del Jordán. Si le agregaba miel a la mezcla se la transformaba en no apta para uso sagrado. Si omitía alguno de los ingredientes era pasible de pena de muerte.

Rabán Shim'ón ben Gamliel dice: el "bálsamo" es una savia que gotea del árbol del mismo nombre. Lejía de Carshina era usado para frotar la uña aromática y así mejorarla. El vino de Chipre era usado para remojar la uña aromática para conferirle un olor acre. Si bien la orina es buena para este propósito, no se la podía ingresar en el Templo pues sería una falta de respeto.

Se enseñó, dice Ribí Natán: mientras molía (el incienso) decía "muele bien, muele fino" pues el sonido rítmico es bueno para las especies. Si se mezcló en medias cantidades el producto es apto para su uso, mas no hemos escuchado que este principio se aplique a tercios o cuartos. Ribí Yehudá dijo: la regla general es que si se llevó a cabo en las proporciones correctas el producto es apto para su uso, aunque se haya preparado la mitad de la cantidad, empero quien omite alguno de los ingredientes es pasible de pena de muerte.

Enseñó Bar Kapara: una vez cada sesenta o setenta años se acumulaban excedentes equivalentes al consumo de medio año. Bar Kapara también nos enseña: si una diminuta cantidad de miel se hubiese mezclado en el incienso nadie podría haber resistido el aroma. Entonces, ¿por qué no le agregaban miel a la mezcla? Porque la Torá dice: "ni levadura ni miel *Lev. 2*
podréis hacer consumir como sacrificio ante el Señor".

La salvación pertenece al Eterno, *Sal. 3*
que Tu bendición repose sobre Tu pueblo.
El Señor de las Huestes Celestiales es con nosotros, *Sal. 46*
el Dios de Ya'akob es nuestra fortaleza, Sela.
Señor de las Huestes Celestiales, *Sal. 84*
feliz del hombre que confía en Ti.
El Señor salva, el Rey nos responderá *Sal. 20*
el día que Le invoquemos.

Haznos retornar a Ti Señor y retornaremos, *Lam. 5*
renueva nuestros días como antaño.

Entonces las ofrendas de Yehudá y Jerusalém agradarán al *Mal. 3*
Señor como en los días de antaño y los años pretéritos.

רִבִּי נָתָן הַבַּבְלִי אוֹמֵר, אַף מִכִּפַּת הַיַּרְדֵּן כָּל־שֶׁהִיא. אִם נָתַן בָּהּ דְּבַשׁ פְּסָלָהּ, וְאִם חִסֵּר אַחַת מִכָּל־סַמָּמָנֶיהָ חַיָּב מִיתָה.

רַבָּן שִׁמְעוֹן בֶּן גַּמְלִיאֵל אוֹמֵר, הַצֳּרִי אֵינוֹ אֶלָּא שְׂרָף הַנּוֹטֵף מֵעֲצֵי הַקְּטָף. בֹּרִית כַּרְשִׁינָא לְמָה הִיא בָאָה, כְּדֵי לְשַׁפּוֹת בָּהּ אֶת הַצִּפֹּרֶן כְּדֵי שֶׁתְּהֵא נָאָה. יֵין קַפְרִיסִין לְמָה הוּא בָא, כְּדֵי לִשְׁרוֹת בּוֹ אֶת הַצִּפֹּרֶן כְּדֵי שֶׁתְּהֵא עַזָּה. וַהֲלֹא מֵי רַגְלַיִם יָפִין לָהּ, אֶלָּא שֶׁאֵין מַכְנִיסִין מֵי רַגְלַיִם בַּמִּקְדָּשׁ מִפְּנֵי הַכָּבוֹד.

תַּנְיָא, רִבִּי נָתָן אוֹמֵר, כְּשֶׁהוּא שׁוֹחֵק אוֹמֵר, הָדֵק הֵיטֵב, הֵיטֵב הָדֵק, מִפְּנֵי שֶׁהַקּוֹל יָפֶה לַבְּשָׂמִים. פִּטְּמָהּ לַחֲצָאִין כְּשֵׁרָה, לִשְׁלִישׁ וּלְרָבִיעַ לֹא שָׁמַעְנוּ. אָמַר רִבִּי יְהוּדָה, זֶה הַכְּלָל, אִם כְּמִדָּתָהּ כְּשֵׁרָה לַחֲצָאִין, וְאִם חִסֵּר אַחַת מִכָּל־סַמָּמָנֶיהָ חַיָּב מִיתָה.

תָּנֵי בַר קַפָּרָא: אַחַת לְשִׁשִּׁים אוֹ לְשִׁבְעִים שָׁנָה הָיְתָה בָאָה שֶׁל שִׁירַיִם לַחֲצָאִין. וְעוֹד תָּנֵי בַר קַפָּרָא: אִלּוּ הָיָה נוֹתֵן בָּהּ קָרְטוֹב שֶׁל דְּבַשׁ אֵין אָדָם יָכוֹל לַעֲמֹד מִפְּנֵי רֵיחָהּ, וְלָמָּה אֵין מְעָרְבִין בָּהּ דְּבַשׁ, מִפְּנֵי שֶׁהַתּוֹרָה אָמְרָה: כִּי כָל־שְׂאֹר וְכָל־דְּבַשׁ לֹא־תַקְטִירוּ מִמֶּנּוּ אִשֶּׁה לַיהוָה: ויקרא ב

לַיהוָה הַיְשׁוּעָה, עַל־עַמְּךָ בִרְכָתֶךָ סֶּלָה: תהלים ג

יְהוָה צְבָאוֹת עִמָּנוּ, מִשְׂגָּב־לָנוּ אֱלֹהֵי יַעֲקֹב סֶלָה: תהלים מו

יְהוָה צְבָאוֹת, אַשְׁרֵי אָדָם בֹּטֵחַ בָּךְ: תהלים פד

יְהוָה הוֹשִׁיעָה, הַמֶּלֶךְ יַעֲנֵנוּ בְיוֹם־קָרְאֵנוּ: תהלים כ

הֲשִׁיבֵנוּ יְהוָה אֵלֶיךָ וְנָשׁוּבָה, חַדֵּשׁ יָמֵינוּ כְּקֶדֶם: איכה ה

וְעָרְבָה לַיהוָה מִנְחַת יְהוּדָה וִירוּשָׁלָםִ מלאכי ג
כִּימֵי עוֹלָם וּכְשָׁנִים קַדְמֹנִיּוֹת:

אַשְׁרֵי Felices aquellos que residen en Tu morada; *Sal. 84*
continuarán alabándote, ¡Sela!
Feliz del pueblo para el que esto es así, *Sal. 144*
feliz del pueblo que el Señor es su Dios.

Salmo de alabanza de David. *Sal. 145*

א Te ensalzaré oh Dios, mi Rey y bendeciré Tu Nombre por siempre. ב Todos los días Te bendeciré y alabaré Tu Nombre por siempre. ג El Señor es grande en sobremanera y Su grandeza es insondable. ד Una generación tras otra alabará Tu labor y contará sobre Tus poderosas acciones. ה Ponderaré el glorioso esplendor de Tu majestad y Tus actos maravillosos. ו Ellos relatarán el poder de Tus venerables acciones y de Tu grandeza. ז Ellos recitarán el recuerdo de Tu gran benevolencia y cantarán con regocijo Tu rectitud. ח El Señor es compasivo y misericordioso, paciente y muy benevolente. ט El Señor es bueno con todos y Su misericordia para con todas Sus creaturas. י Todas Tus Obras Te agradecerán y Tus devotos Te bendecirán. כ Ellos recitarán la gloria de Tu reinado y hablarán de Tus poderosas acciones. ל Darán a conocer a los hombres Sus poderosas acciones, y la gloria de la majestad de Su reino. מ Tu reino es un reino por todos los tiempos y Tu dominio por todas las generaciones. ס El Señor sostiene a los que se caen y yergue a los encorvados. ע Todos alzan su mirada a Ti con esperanza y Tú les provees de su alimento en el momento adecuado. פ Tú abres Tu mano y satisfaces el deseo de cada ser viviente. צ El Señor es justo en todas Sus sendas y magnánimo en todos Sus actos. ק El Señor está cercano a todos quienes Le llaman, de todos aquellos que claman a Él con la verdad. ר Él colmará el deseo de quienes Lo reverencian, escuchará su clamor y los redimirá. ש El Señor protege a todos aquellos que Le aman y destruirá a todos los malvados. ת Mi boca declarará la alabanza del Señor y todas las creaturas bendecirán Su sagrado Nombre por siempre.

Nosotros bendeciremos a Dios desde ahora y por siempre, ¡Aleluyá! *Sal. 115*

אַשְׁרֵי יוֹשְׁבֵי בֵיתֶךָ עוֹד יְהַלְלוּךָ סֶּלָה: תהלים פד

אַשְׁרֵי הָעָם שֶׁכָּכָה לּוֹ אַשְׁרֵי הָעָם שֶׁיהוה אֱלֹהָיו: תהלים קמד

תְּהִלָּה לְדָוִד תהלים קמה

אֲרוֹמִמְךָ אֱלוֹהַי הַמֶּלֶךְ וַאֲבָרְכָה שִׁמְךָ לְעוֹלָם וָעֶד:

בְּכָל־יוֹם אֲבָרְכֶךָּ וַאֲהַלְלָה שִׁמְךָ לְעוֹלָם וָעֶד:

גָּדוֹל יְהוָה וּמְהֻלָּל מְאֹד וְלִגְדֻלָּתוֹ אֵין חֵקֶר:

דּוֹר לְדוֹר יְשַׁבַּח מַעֲשֶׂיךָ וּגְבוּרֹתֶיךָ יַגִּידוּ:

הֲדַר כְּבוֹד הוֹדֶךָ וְדִבְרֵי נִפְלְאוֹתֶיךָ אָשִׂיחָה:

וֶעֱזוּז נוֹרְאוֹתֶיךָ יֹאמֵרוּ וּגְדוּלָּתְךָ אֲסַפְּרֶנָּה:

זֵכֶר רַב־טוּבְךָ יַבִּיעוּ וְצִדְקָתְךָ יְרַנֵּנוּ:

חַנּוּן וְרַחוּם יְהוָה אֶרֶךְ אַפַּיִם וּגְדָל־חָסֶד:

טוֹב־יְהוָה לַכֹּל וְרַחֲמָיו עַל־כָּל־מַעֲשָׂיו:

יוֹדוּךָ יְהוָה כָּל־מַעֲשֶׂיךָ וַחֲסִידֶיךָ יְבָרְכוּכָה:

כְּבוֹד מַלְכוּתְךָ יֹאמֵרוּ וּגְבוּרָתְךָ יְדַבֵּרוּ:

לְהוֹדִיעַ ׀ לִבְנֵי הָאָדָם גְּבוּרֹתָיו וּכְבוֹד הֲדַר מַלְכוּתוֹ:

מַלְכוּתְךָ מַלְכוּת כָּל־עֹלָמִים וּמֶמְשַׁלְתְּךָ בְּכָל־דּוֹר וָדֹר:

סוֹמֵךְ יְהוָה לְכָל־הַנֹּפְלִים וְזוֹקֵף לְכָל־הַכְּפוּפִים:

עֵינֵי־כֹל אֵלֶיךָ יְשַׂבֵּרוּ וְאַתָּה נוֹתֵן־לָהֶם אֶת־אָכְלָם בְּעִתּוֹ:

פּוֹתֵחַ אֶת־יָדֶךָ וּמַשְׂבִּיעַ לְכָל־חַי רָצוֹן:

צַדִּיק יְהוָה בְּכָל־דְּרָכָיו וְחָסִיד בְּכָל־מַעֲשָׂיו:

קָרוֹב יְהוָה לְכָל־קֹרְאָיו לְכֹל אֲשֶׁר יִקְרָאֻהוּ בֶאֱמֶת:

רְצוֹן־יְרֵאָיו יַעֲשֶׂה וְאֶת־שַׁוְעָתָם יִשְׁמַע וְיוֹשִׁיעֵם:

שׁוֹמֵר יְהוָה אֶת־כָּל־אֹהֲבָיו וְאֵת כָּל־הָרְשָׁעִים יַשְׁמִיד:

תְּהִלַּת יְהוָה יְדַבֶּר פִּי וִיבָרֵךְ כָּל־בָּשָׂר שֵׁם קָדְשׁוֹ לְעוֹלָם וָעֶד:

וַאֲנַחְנוּ ׀ נְבָרֵךְ יָהּ מֵעַתָּה וְעַד־עוֹלָם הַלְלוּיָהּ: תהלים קטו

תִּכּוֹן Sea mi plegaria cual incienso ante Ti, *Sal. 141*
la elevación de mis manos cual ofrenda vespertina.
Presta atención a mi clamor, mi Rey y mi Dios, *Sal. 5*
pues a Ti he de rezar.

## MEDIO KADISH

*El Ḥazán y los Avelim recitan Medio Kadish:*

יִתְגַּדַּל Que Su Gran Nombre sea magnificado y santificado,
en el mundo que creó conforme a Su voluntad.
Que establezca Su reino, haga florecer Su salvación
y apresure la llegada de Su ungido
durante vuestra vida y en vuestros días
y en la vida de toda la casa de Israel,
pronto y rápidamente
y decid: Amén.

Que Su Gran Nombre sea bendito
por siempre y por toda la eternidad.

Sea bendecido, alabado, glorificado
y exaltado, encumbrado
y magnificado, enaltecido y ensalzado
el Nombre del Santo Bendito Él;
más allá de cualquier bendición,
cántico, alabanza y consolación
pronunciados en el mundo
y decid: Amén.

תִּכּוֹן תְּפִלָּתִי קְטֹרֶת לְפָנֶיךָ, תהלים קמא
מַשְׂאַת כַּפַּי מִנְחַת־עָרֶב:
הַקְשִׁיבָה לְקוֹל שַׁוְעִי מַלְכִּי וֵאלֹהָי, תהלים ה
כִּי־אֵלֶיךָ אֶתְפַּלָּל:

## חצי קדיש

*El* חזן *y los* אבלים *recitan* חצי קדיש:

יִתְגַּדַּל וְיִתְקַדַּשׁ שְׁמֵהּ רַבָּא (קהל: אָמֵן)
בְּעָלְמָא דִּי בְרָא כִרְעוּתֵהּ
וְיַמְלִיךְ מַלְכוּתֵהּ
וְיַצְמַח פֻּרְקָנֵהּ וִיקָרֵב מְשִׁיחֵהּ (קהל: אָמֵן)
בְּחַיֵּיכוֹן וּבְיוֹמֵיכוֹן וּבְחַיֵּי דְכָל־בֵּית יִשְׂרָאֵל
בַּעֲגָלָא וּבִזְמַן קָרִיב, וְאִמְרוּ אָמֵן. (קהל: אָמֵן)

יְהֵא שְׁמֵהּ רַבָּא מְבָרַךְ לְעָלַם וּלְעָלְמֵי עָלְמַיָּא יִתְבָּרַךְ
וְיִשְׁתַּבַּח וְיִתְפָּאַר וְיִתְרוֹמַם וְיִתְנַשֵּׂא
וְיִתְהַדָּר וְיִתְעַלֶּה וְיִתְהַלָּל
שְׁמֵהּ דְּקֻדְשָׁא בְּרִיךְ הוּא (קהל: אָמֵן)
לְעֵלָּא מִן כָּל־בִּרְכָתָא
שִׁירָתָא, תֻּשְׁבְּחָתָא וְנֶחֱמָתָא
דַּאֲמִירָן בְּעָלְמָא, וְאִמְרוּ אָמֵן. (קהל: אָמֵן)

## LA A'MIDÁ

SEÑOR, abre mis labios para que mi boca pronuncie Tu alabanza. *Sal. 51*

PATRIARCAS

בָּרוּךְ Bendito eres Tú SEÑOR,
Dios nuestro y de nuestros ancestros,
Dios de Abraham, Dios de Iṣḥak y Dios de Ya'akob,
Dios grande, poderoso y maravilloso, SEÑOR supremo,
que prodiga generosamente y es el Creador de todo lo existente,
Quien recuerda la gracia de los ancestros y traerá al Redentor
para los hijos de sus hijos en aras de Su Nombre con amor.

*Entre Rosh HaShaná y Yom Kipur:* Recuérdanos para la vida, Rey que anhela la vida
e inscríbenos en el libro de la vida
por Ti, oh Dios de vida.

Rey que ayuda, redime y protege.
Bendito eres Tú SEÑOR, Escudo de Abraham.

PODER DE DIOS

אַתָּה גִּבּוֹר SEÑOR, Tú eres eternamente poderoso,
Tú revives a los muertos y tienes gran poder de salvación.

*Verano:* Hace descender el rocío.
*Invierno:* Hace soplar el viento y descender la lluvia.

---

tengo lengua y hablar pesados". Isaías dijo: "Soy una persona de labios impuros". Jeremías dijo: "No puedo hablar pues soy como un niño". Por ello, nuestra primera petición a Dios es que nos ayude en el mismo acto de rezar.

# עמידה

אֲדֹנָי, שְׂפָתַי תִּפְתָּח, וּפִי יַגִּיד תְּהִלָּתֶךָ: תהלים נא

אבות

בָּרוּךְ אַתָּה יְהוָה, אֱלֹהֵינוּ וֵאלֹהֵי אֲבוֹתֵינוּ
אֱלֹהֵי אַבְרָהָם, אֱלֹהֵי יִצְחָק, וֵאלֹהֵי יַעֲקֹב
הָאֵל הַגָּדוֹל הַגִּבּוֹר וְהַנּוֹרָא, אֵל עֶלְיוֹן
גּוֹמֵל חֲסָדִים טוֹבִים, קוֹנֵה הַכֹּל
וְזוֹכֵר חַסְדֵי אָבוֹת
וּמֵבִיא גוֹאֵל לִבְנֵי בְנֵיהֶם לְמַעַן שְׁמוֹ בְּאַהֲבָה.

בעשרת ימי תשובה: זָכְרֵנוּ לְחַיִּים, מֶלֶךְ חָפֵץ בַּחַיִּים
כָּתְבֵנוּ בְּסֵפֶר חַיִּים, לְמַעַנְךָ אֱלֹהִים חַיִּים.

מֶלֶךְ עוֹזֵר וּמוֹשִׁיעַ וּמָגֵן.
בָּרוּךְ אַתָּה יְהוָה, מָגֵן אַבְרָהָם.

גבורות

אַתָּה גִּבּוֹר לְעוֹלָם, אֲדֹנָי
מְחַיֵּה מֵתִים אַתָּה, רַב לְהוֹשִׁיעַ

בקיץ: מוֹרִיד הַטָּל / בחורף: מַשִּׁיב הָרוּחַ וּמוֹרִיד הַגֶּשֶׁם

---

אֲדֹנָי, שְׂפָתַי תִּפְתָּח *Señor, abre mis labios:* al encontrarnos ante la presencia de Dios sentimos nuestra pequeñez. El mayor de los profetas se sentía limitado en su capacidad de expresión. Moshé dijo: "No soy una persona de palabras…

Sostiene con benevolencia a todos los seres vivos,
revive a los muertos con gran misericordia,
da soporte a quienes se caen, cura a los enfermos,
libera a los prisioneros
y cumple Su promesa con quienes yacen ya en la tierra.
¿Quién es como Tú Todopoderoso?
¿Quién se Te puede asemejar?
Rey que quita la vida y la restaura y hace brotar la Redención.

*Entre Rosh HaShaná y Yom Kipur:* ¿Quién como Tú Padre misericordioso,
que recuerdas a Tus creaturas para la vida con piedad?

Eres fiel en revivir a los muertos.
Bendito eres Tú Señor, que revive a los muertos.

*Durante el rezo en voz baja continúe en "Tú eres santo".*

---

KEDUSHÁ

*Recitar junto al Ḥazán durante la repetición del rezo:*

נְקַדֵּישָׁךְ Te santificaremos y reverenciaremos con las palabras pronunciadas por los sagrados Serafim que santifican tres veces Tu Nombre en el Santuario, tal cual está escrito por Tu profeta: "y un ángel daba voces al otro diciendo: *Isa. 6*

*En voz alta:* Santo, Santo, Santo, Señor de las Huestes Celestiales,
toda la tierra está llena de Su gloria.

Quienes están frente a ellos dicen:

*En voz alta:* "Bendita es la gloria del Señor desde Su sitial". *Eze. 3*

Y en Tus escrituras sagradas leemos:

*En voz alta:* "El Señor reinará por siempre, tu Dios Ṣion, *Sal. 146*
de generación en generación ¡Aleluyá!".

---

SANTIDAD

אַתָּה קָדוֹשׁ Tú eres santo y Tu Nombre es santo,
y los santos Te alaban a diario, ¡Sela!
Bendito eres Tú Señor, el Dios santo.

(*Entre Rosh HaShaná y Yom Kipur:* el Rey santo).

מְכַלְכֵּל חַיִּים בְּחֶסֶד, מְחַיֵּה מֵתִים בְּרַחֲמִים רַבִּים
סוֹמֵךְ נוֹפְלִים, וְרוֹפֵא חוֹלִים, וּמַתִּיר אֲסוּרִים
וּמְקַיֵּם אֱמוּנָתוֹ לִישֵׁנֵי עָפָר.
מִי כָמוֹךָ, בַּעַל גְּבוּרוֹת
וּמִי דּוֹמֶה לָּךְ
מֶלֶךְ מֵמִית וּמְחַיֶּה וּמַצְמִיחַ יְשׁוּעָה.

בעשרת ימי תשובה: מִי כָמוֹךָ אָב הָרַחֲמָן, זוֹכֵר יְצוּרָיו בְּרַחֲמִים לְחַיִּים.

וְנֶאֱמָן אַתָּה לְהַחֲיוֹת מֵתִים.
בָּרוּךְ אַתָּה יְהֹוָה, מְחַיֵּה הַמֵּתִים.

*Durante el rezo en voz baja continúe en 'אַתָּה קָדוֹשׁ'.*

---

## קדושה

*Recitar junto al* חזן *durante la repetición del rezo:*

נַקְדִּישָׁךְ וְנַעֲרִיצָךְ כְּנֹעַם שִׂיחַ סוֹד שַׂרְפֵי קֹדֶשׁ, הַמְשַׁלְּשִׁים לְךָ קְדֻשָּׁה
וְכֵן כָּתוּב עַל יַד נְבִיאָךְ: וְקָרָא זֶה אֶל־זֶה וְאָמַר ישעיה ו

בקול רם: קָדוֹשׁ, קָדוֹשׁ, קָדוֹשׁ, יְהֹוָה צְבָאוֹת, מְלֹא כָל־הָאָרֶץ כְּבוֹדוֹ:

לְעֻמָּתָם מְשַׁבְּחִים וְאוֹמְרִים

בקול רם: בָּרוּךְ כְּבוֹד־יְהֹוָה מִמְּקוֹמוֹ: יחזקאל ג

וּבְדִבְרֵי קָדְשְׁךָ כָּתוּב לֵאמֹר

בקול רם: יִמְלֹךְ יְהֹוָה לְעוֹלָם, אֱלֹהַיִךְ צִיּוֹן לְדֹר וָדֹר, הַלְלוּיָהּ: תהלים קמו

---

## קדושת השם

אַתָּה קָדוֹשׁ וְשִׁמְךָ קָדוֹשׁ
וּקְדוֹשִׁים בְּכָל־יוֹם יְהַלְלוּךָ סֶּלָה.
בָּרוּךְ אַתָּה יְהֹוָה, הָאֵל הַקָּדוֹשׁ.

/ בעשרת ימי תשובה: הַמֶּלֶךְ הַקָּדוֹשׁ./

CONOCIMIENTO

אַתָּה חוֹנֵן Tú agracias a la humanidad con conocimiento
y enseñas a los mortales entendimiento.
Agrácianos con sabiduría,
entendimiento y conocimiento que de Ti provienen.
Bendito eres Tú Señor, que con gracia otorga el conocimiento.

RETORNO

הֲשִׁיבֵנוּ Padre nuestro,
haznos retornar a Tu Torá.
Rey nuestro, acércanos a Tu servicio.
Haznos retornar en completo arrepentimiento ante Ti.
Bendito eres Tú Señor, que desea el arrepentimiento.

PERDÓN

סְלַח לָנוּ Perdónanos Padre nuestro porque hemos errado.
Discúlpanos, Rey nuestro
porque hemos pecado intencionalmente;
pues Tú eres un Dios bondadoso que perdona.
Bendito eres Tú Señor,
que perdona reiteradamente con clemencia.

REDENCIÓN

רְאֵה Mira nuestra aflicción, litiga nuestra causa,
envíanos pronto redención completa en aras de Tu Nombre,
porque Tú eres un poderoso redentor.
Bendito eres Tú Señor, redentor de Israel.

---

*En días de ayuno público el Ḥazán agrega en la repetición del rezo:*

עֲנֵנוּ Respóndenos Padre nuestro, respóndenos en este nuestro día de ayuno, pues nos encontramos en medio de una gran angustia. No mires nuestra maldad y no ignores nuestra súplica. Sé próximo

דעת

אַתָּה חוֹנֵן לְאָדָם דַּעַת
וּמְלַמֵּד לֶאֱנוֹשׁ בִּינָה.
וְחָנֵּנוּ מֵאִתְּךָ חָכְמָה בִּינָה וָדָעַת.
בָּרוּךְ אַתָּה יְהֹוָה, חוֹנֵן הַדָּעַת.

תשובה

הֲשִׁיבֵנוּ אָבִינוּ לְתוֹרָתֶךָ
וְקָרְבֵנוּ מַלְכֵּנוּ לַעֲבוֹדָתֶךָ
וְהַחֲזִירֵנוּ בִּתְשׁוּבָה שְׁלֵמָה לְפָנֶיךָ.
בָּרוּךְ אַתָּה יְהֹוָה, הָרוֹצֶה בִּתְשׁוּבָה.

סליחה

סְלַח לָנוּ אָבִינוּ כִּי חָטָאנוּ
מְחֹל לָנוּ מַלְכֵּנוּ כִּי פָשָׁעְנוּ
כִּי אֵל טוֹב וְסַלָּח אָתָּה.
בָּרוּךְ אַתָּה יְהֹוָה, חַנּוּן הַמַּרְבֶּה לִסְלֹחַ.

גאולה

רְאֵה נָא בְעָנְיֵנוּ, וְרִיבָה רִיבֵנוּ
וּמַהֵר לְגָאֳלֵנוּ גְּאֻלָּה שְׁלֵמָה לְמַעַן שְׁמֶךָ
כִּי אֵל גּוֹאֵל חָזָק אָתָּה.
בָּרוּךְ אַתָּה יְהֹוָה, גּוֹאֵל יִשְׂרָאֵל.

---

*En días de ayuno público el* חזן *agrega en la repetición del rezo:*

עֲנֵנוּ אָבִינוּ עֲנֵנוּ בְּיוֹם צוֹם הַתַּעֲנִית הַזֶּה, כִּי בְצָרָה גְדוֹלָה אֲנָחְנוּ. אַל תֵּפֶן לְרִשְׁעֵנוּ, וְאַל תִּתְעַלַּם מַלְכֵּנוּ מִבַּקָּשָׁתֵנוּ. הֱיֵה נָא קָרוֹב

a nuestro clamor. Respóndenos aún antes de que Te imploremos, escúchanos aún antes de que hablemos, tal como está escrito: "Y será que antes de que Me invoquen Yo responderé, mientras ellos todavía hablan Yo ya habré escuchado". Pues Tú SEÑOR, siempre redimes y rescatas en tiempos de aflicción y desgracia. Bendito eres Tú SEÑOR, que responde a Su pueblo Israel en tiempos de aflicción. *Isa. 65*

CURACIÓN

רְפָאֵנוּ Cúranos SEÑOR, y seremos curados.
Sálvanos y seremos salvos, pues Tú eres nuestra alabanza.
Trae completa recuperación para todas nuestras enfermedades, dolores y dolencias,
pues Tú eres el Dios curador, misericordioso y confiable.
Bendito eres Tú SEÑOR,
que cura a los enfermos de Su pueblo Israel.

PROSPERIDAD

*Verano:* בָּרְכֵנוּ Bendícenos SEÑOR, nuestro Dios,
en todas las obras de nuestras manos
y bendice nuestro año con rocíos benevolentes,
bendición y generosidad.
Que tras su finalización haya vida,
saciedad y paz como en los mejores y más benditos años,
pues Tú eres un Dios bondadoso,
que hace el bien y bendice los años.
Bendito eres Tú SEÑOR, que bendice los años.

*Invierno:* בָּרֵךְ Bendice para nosotros este año SEÑOR, nuestro Dios,
y todas sus especies de cosechas para bien.
Concédenos rocío y lluvia de bendición sobre la faz de la tierra, riega diligentemente al planeta
y sacia al mundo entero con Tu bondad,
colma nuestras manos de Tus bendiciones,
de la riqueza de Tus dones.
Cuida y salva a este año de todo evento malo,

לִשְׁוּעָתֵֽנוּ. טֶֽרֶם נִקְרָא אֵלֶֽיךָ אַתָּה תַעֲנֶה, נְדַבֵּר וְאַתָּה תִשְׁמַע,
כַּדָּבָר שֶׁנֶּאֱמַר: וְהָיָה טֶֽרֶם יִקְרָֽאוּ וַאֲנִי אֶעֱנֶה, עוֹד הֵם מְדַבְּרִים וַאֲנִי ישעיה סה
אֶשְׁמָע: כִּי אַתָּה יְהוָה פּוֹדֶה וּמַצִּיל וְעוֹנֶה וּמְרַחֵם בְּכָל־עֵת צָרָה
וְצוּקָה. בָּרוּךְ אַתָּה יְהוָה, הָעוֹנֶה לְעַמּוֹ יִשְׂרָאֵל בְּעֵת צָרָה.

רפואה

רְפָאֵֽנוּ יְהוָה וְנֵרָפֵא
הוֹשִׁיעֵֽנוּ וְנִוָּשֵֽׁעָה, כִּי תְהִלָּתֵֽנוּ אָֽתָּה
וְהַעֲלֵה אֲרוּכָה וּמַרְפֵּא לְכָל־תַּחֲלוּאֵֽינוּ
וּלְכָל־מַכְאוֹבֵֽינוּ וּלְכָל־מַכּוֹתֵֽינוּ
כִּי אֵל רוֹפֵא רַחֲמָן וְנֶאֱמָן אָֽתָּה.
בָּרוּךְ אַתָּה יְהוָה, רוֹפֵא חוֹלֵי עַמּוֹ יִשְׂרָאֵל.

ברכת השנים

בקיץ בָּרְכֵֽנוּ יְהוָה אֱלֹהֵֽינוּ בְּכָל־מַעֲשֵׂי יָדֵֽינוּ
וּבָרֵךְ שְׁנָתֵֽנוּ בְּטַלְלֵי רָצוֹן בְּרָכָה וּנְדָבָה
וּתְהִי אַחֲרִיתָהּ, חַיִּים וְשָׂבָע וְשָׁלוֹם
כַּשָּׁנִים הַטּוֹבוֹת לִבְרָכָה
כִּי אֵל טוֹב וּמֵטִיב אַתָּה וּמְבָרֵךְ הַשָּׁנִים.
בָּרוּךְ אַתָּה יְהוָה, מְבָרֵךְ הַשָּׁנִים.

בחורף בָּרֵךְ עָלֵֽינוּ יְהוָה אֱלֹהֵֽינוּ אֶת הַשָּׁנָה הַזֹּאת
וְאֶת כָּל־מִינֵי תְבוּאָתָהּ לְטוֹבָה
וְתֵן טַל וּמָטָר לִבְרָכָה עַל כָּל־פְּנֵי הָאֲדָמָה
וְרַוֵּה פְּנֵי תֵבֵל, וְשַׂבַּע אֶת הָעוֹלָם כֻּלּוֹ מִטּוּבָךְ
וּמַלֵּא יָדֵֽינוּ מִבִּרְכוֹתֶֽיךָ, וּמֵעֹֽשֶׁר מַתְּנוֹת יָדֶֽיךָ
שָׁמְרָה וְהַצִּֽילָה שָׁנָה זוֹ מִכָּל־דָּבָר רָע

de toda destrucción o desgracia,
haz que sea un año de esperanza y que culmine en paz,
apiádate y ten compasión de él y de toda su cosecha
y todos sus frutos.
Bendícelo con lluvias benevolentes,
bendición y generosidad.
Que tras su finalización haya vida,
saciedad y paz como en los mejores y más benditos años,
pues Tú eres un Dios bondadoso,
que hace el bien y bendice los años.
Bendito eres Tú SEÑOR, que bendice los años.

### REUNIÓN DE LOS EXILIOS

תְּקַע Haz sonar el gran shofar de nuestra liberación,
iza el estandarte de la reunión de nuestros exilios
y reúnenos pronto en nuestra tierra desde los
cuatro confines del mundo.
Bendito eres Tú SEÑOR,
que reúne a los dispersos de Su pueblo Israel.

### JUSTICIA

הָשִׁיבָה Restaura nuestros jueces como en el principio
y nuestros consejeros como al inicio
y quita de entre nosotros desgracias,
penas y suspiros de angustia.
Pues solamente Tú SEÑOR, reinas sobre nosotros
con benevolencia, compasión ,rectitud y justicia.
Bendito eres Tú SEÑOR, Rey que ama la rectitud y la justicia.

*Entre Rosh HaShaná y Yom Kipur:* el Rey de la justicia

וּמִכָּל־מִינֵי מַשְׁחִית, וּמִכָּל־מִינֵי פֻרְעָנוּת
וַעֲשֵׂה לָהּ תִּקְוָה טוֹבָה וְאַחֲרִית שָׁלוֹם
חוּס וְרַחֵם עָלֶיהָ וְעַל־כָּל־תְּבוּאָתָהּ וּפֵרוֹתֶיהָ
וּבָרְכָהּ בְּגִשְׁמֵי רָצוֹן בְּרָכָה וּנְדָבָה
וּתְהִי אַחֲרִיתָהּ, חַיִּים וְשָׂבָע וְשָׁלוֹם
כַּשָּׁנִים הַטּוֹבוֹת לִבְרָכָה
כִּי אֵל טוֹב וּמֵטִיב אַתָּה וּמְבָרֵךְ הַשָּׁנִים.
בָּרוּךְ אַתָּה יְהֹוָה, מְבָרֵךְ הַשָּׁנִים.

קיבוץ גלויות

תְּקַע בְּשׁוֹפָר גָּדוֹל לְחֵרוּתֵנוּ
וְשָׂא נֵס לְקַבֵּץ גָּלֻיּוֹתֵינוּ
וְקַבְּצֵנוּ מְהֵרָה יַחַד מֵאַרְבַּע כַּנְפוֹת הָאָרֶץ לְאַרְצֵנוּ.
בָּרוּךְ אַתָּה יְהֹוָה, מְקַבֵּץ נִדְחֵי עַמּוֹ יִשְׂרָאֵל.

השבת המשפט

הָשִׁיבָה שׁוֹפְטֵינוּ כְּבָרִאשׁוֹנָה וְיוֹעֲצֵינוּ כְּבַתְּחִלָּה
וְהָסֵר מִמֶּנּוּ צָרָה, יָגוֹן וַאֲנָחָה
וּמְלֹךְ עָלֵינוּ מְהֵרָה אַתָּה יְהֹוָה לְבַדְּךָ
בְּחֶסֶד וּבְרַחֲמִים בְּצֶדֶק וּבְמִשְׁפָּט.
בָּרוּךְ אַתָּה יְהֹוָה, מֶלֶךְ אוֹהֵב צְדָקָה וּמִשְׁפָּט.

/ בעשרת ימי תשובה: הַמֶּלֶךְ הַמִּשְׁפָּט./

### CONTRA LOS APÓSTATAS Y DELATORES

לַמִּינִים Que no haya esperanza para los apóstatas
y los delatores y los traidores,
y que todos los maliciosos perezcan de inmediato;
que todos Tus enemigos y todos aquellos que Te odian sean
pronto cercenados, que el reinado del mal sea arrancado,
quebrado, eliminado y doblegado pronto en nuestros días.
Bendito eres Tú Señor,
que quiebra a los enemigos y doblega a los apóstatas.

### POR LOS JUSTOS

עַל הַצַּדִּיקִים Que se despierte Tu compasión Señor,
nuestro Dios, por los justos, los piadosos,
por el remanente de Tu pueblo la casa de Israel,
los ancianos, por el remanente de sus eruditos,
los justos prosélitos y por nosotros.
Concede una generosa recompensa a todos aquellos
que confían de verdad en Tu Nombre,
y que nuestro destino sea con ellos,
y que nunca nos avergoncemos pues en Ti hemos confiado
y en Tu gran generosidad nos hemos apoyado.
Bendito eres Tú Señor, sostén y confianza de los justos.

### RECONSTRUCCIÓN DE JERUSALÉM

תִּשְׁכּוֹן Reside en medio de Tu ciudad Jerusalém,
tal como lo prometiste,
establece rápidamente en ella el trono de David
y reconstrúyela cual edificación eterna
prontamente en nuestros días.
Bendito eres Tú Señor, que reconstruye a Jerusalém.

ברכת המינים

לַמִּינִים וְלַמַּלְשִׁינִים וְלַמּוֹסְרִים אַל תְּהִי תִקְוָה
וְכָל־הַזֵּדִים כְּרֶגַע יֹאבֵדוּ
וְכָל־אוֹיְבֶיךָ וְכָל שׂוֹנְאֶיךָ מְהֵרָה יִכָּרֵתוּ
וּמַלְכוּת הָרִשְׁעָה מְהֵרָה תְעַקֵּר וּתְשַׁבֵּר
וּתְכַלֵּם וְתַכְנִיעֵם בִּמְהֵרָה בְיָמֵינוּ.
בָּרוּךְ אַתָּה יְהוָֹה, שׁוֹבֵר אוֹיְבִים וּמַכְנִיעַ מִינִים.

על הצדיקים

עַל הַצַּדִּיקִים וְעַל הַחֲסִידִים
וְעַל שְׁאֵרִית עַמְּךָ בֵּית יִשְׂרָאֵל וְעַל זְקֵנֵיהֶם
וְעַל פְּלֵטַת בֵּית סוֹפְרֵיהֶם וְעַל גֵּרֵי הַצֶּדֶק וְעָלֵינוּ
יֶהֱמוּ נָא רַחֲמֶיךָ יְהוָֹה אֱלֹהֵינוּ
וְתֵן שָׂכָר טוֹב לְכָל־הַבּוֹטְחִים בְּשִׁמְךָ בֶּאֱמֶת
וְשִׂים חֶלְקֵנוּ עִמָּהֶם
וּלְעוֹלָם לֹא נֵבוֹשׁ כִּי בְךָ בָטָחְנוּ
וְעַל חַסְדְּךָ הַגָּדוֹל בֶּאֱמֶת נִשְׁעָנְנוּ.
בָּרוּךְ אַתָּה יְהוָֹה, מִשְׁעָן וּמִבְטָח לַצַּדִּיקִים.

בניין ירושלים

תִּשְׁכּוֹן בְּתוֹךְ יְרוּשָׁלַיִם עִירְךָ כַּאֲשֶׁר דִּבַּרְתָּ
וְכִסֵּא דָוִד עַבְדְּךָ מְהֵרָה בְּתוֹכָהּ תָּכִין
וּבְנֵה אוֹתָהּ בִּנְיַן עוֹלָם בִּמְהֵרָה בְיָמֵינוּ.
בָּרוּךְ אַתָּה יְהוָֹה, בּוֹנֵה יְרוּשָׁלָיִם.

*El 9 de Av se recita aquí "Consuela":*

Consuela SEÑOR, Dios nuestro, a los dolientes de Ṣion y Jerusalém, y a la ciudad enlutada y arrasada, humillada y desolada. Ella está sentada sin sus hijos y su cabeza está cubierta en señal de duelo cual mujer estéril que no dio a luz. Devorada por legiones y heredada por idólatras, a Tu pueblo Israel masacraron asesinando premeditadamente a hombres piadosos servidores del Altísimo. Por ello Ṣion llora amargamente y Jerusalém alza su voz. Mi corazón, mi corazón se enluta por sus asesinados, mis entrañas se angustian por sus víctimas. Pues Tú SEÑOR por medio del fuego destruiste la ciudad y por medio del fuego la habrás de reconstruir, tal como está
escrito: "Y Yo seré para ella, dijo el SEÑOR, cual muralla de fuego que *Zac. 2*
la circunda y Mi gloria se manifestará en ella".

REINO DE DAVID

אֶת צֶמַח Haz florecer prontamente el retoño de Tu siervo David,
y su magnificencia se eleve hacia lo alto por medio de Tu salvación,
pues esperamos y aguardamos a diario Tu salvación.
Bendito eres Tú SEÑOR, que haces florecer la gloria de la salvación.

RESPUESTA A LA ORACIÓN

שְׁמַע Escucha nuestra voz SEÑOR, nuestro Dios.
Padre compasivo, apiádate y ten compasión de nosotros
y recibe con misericordia
y benevolencia nuestra plegaria,
pues Tú Dios, escuchas las plegarias y las súplicas.
No nos dejes volver de Tu presencia con las manos vacías,
se clemente, respóndenos y escucha nuestras plegarias*,
pues Tú atiendes las plegarias de cada boca.
Bendito eres Tú SEÑOR, que atiende la plegaria.

* *En días de ayuno, durante el rezo en voz baja se agrega "Respóndenos":*

עֲנֵנוּ Respóndenos Padre nuestro, respóndenos en este nuestro día de ayuno, pues nos encontramos en medio de una gran angustia. No mires nuestra maldad y no ignores nuestra súplica. Sé próximo

*El 9 de Av se recita aquí 'נַחֵם':*

נַחֵם יְהוָה אֱלֹהֵינוּ אֶת אֲבֵלֵי צִיּוֹן וְאֶת אֲבֵלֵי יְרוּשָׁלָיִם וְאֶת הָעִיר
הַחֲרֵבָה וְהַבְּזוּיָה וְהַשּׁוֹמֵמָה, מִבְּלִי בָנֶיהָ הִיא יוֹשֶׁבֶת, וְרֹאשָׁהּ חָפוּי
כְּאִשָּׁה עֲקָרָה שֶׁלֹּא יָלָדָה. וַיְבַלְּעוּהָ לִגְיוֹנִים, וַיִּירָשׁוּהָ, וַיָּטִילוּ אֶת עַמְּךָ
יִשְׂרָאֵל לֶחָרֶב, וַיַּהַרְגוּ בְזָדוֹן חֲסִידֵי עֶלְיוֹן. עַל כֵּן צִיּוֹן בְּמַר תִּבְכֶּה
וִירוּשָׁלַיִם תִּתֵּן קוֹלָהּ. לִבִּי לִבִּי עַל חַלְלֵיהֶם, מֵעַי מֵעַי עַל הֲרוּגֵיהֶם.
כִּי אַתָּה יְהוָה בָּאֵשׁ הִצַּתָּהּ וּבָאֵשׁ אַתָּה עָתִיד לִבְנוֹתָהּ, כַּכָּתוּב: וַאֲנִי זכריה ב
אֶהְיֶה־לָּהּ, נְאֻם־יְהוָה, חוֹמַת אֵשׁ סָבִיב, וּלְכָבוֹד אֶהְיֶה בְתוֹכָהּ: בָּרוּךְ
אַתָּה יְהוָה, מְנַחֵם צִיּוֹן בְּבִנְיַן יְרוּשָׁלָיִם.

מלכות בית דוד

אֶת צֶמַח דָּוִד עַבְדְּךָ מְהֵרָה תַצְמִיחַ
וְקַרְנוֹ תָּרוּם בִּישׁוּעָתֶךָ, כִּי לִישׁוּעָתְךָ קִוִּינוּ וְצִפִּינוּ כָּל־הַיּוֹם.
בָּרוּךְ אַתָּה יְהוָה, מַצְמִיחַ קֶרֶן יְשׁוּעָה.

שומע תפילה

שְׁמַע קוֹלֵנוּ יְהוָה אֱלֹהֵינוּ
אָב הָרַחֲמָן חוּס וְרַחֵם עָלֵינוּ
וְקַבֵּל בְּרַחֲמִים וּבְרָצוֹן אֶת תְּפִלָּתֵנוּ
כִּי אֵל שׁוֹמֵעַ תְּפִלּוֹת וְתַחֲנוּנִים אָתָּה
וּמִלְּפָנֶיךָ מַלְכֵּנוּ רֵיקָם אַל תְּשִׁיבֵנוּ
חָנֵּנוּ וַעֲנֵנוּ וּשְׁמַע תְּפִלָּתֵנוּ*
כִּי אַתָּה שׁוֹמֵעַ תְּפִלַּת כָּל־פֶּה.
בָּרוּךְ אַתָּה יְהוָה, שׁוֹמֵעַ תְּפִלָּה.

* *En días de ayuno, durante el rezo en voz baja se agrega 'עֲנֵנוּ':*

עֲנֵנוּ אָבִינוּ עֲנֵנוּ בְּיוֹם צוֹם הַתַּעֲנִית הַזֶּה, כִּי בְצָרָה גְדוֹלָה אֲנָחְנוּ.
אַל תֵּפֶן לְרִשְׁעֵנוּ, וְאַל תִּתְעַלַּם מַלְכֵּנוּ מִבַּקָּשָׁתֵנוּ. הֱיֵה נָא קָרוֹב

a nuestro clamor. Respóndenos aún antes de que Te imploremos, escúchanos aún antes de que hablemos, tal como está escrito: "Y será que antes de que Me invoquen Yo responderé, mientras ellos todavía hablan Yo ya habré escuchado". Pues Tú SEÑOR, siempre redimes y rescatas en tiempos de aflicción y desgracia. *Isa. 65*

## EL SERVICIO DEL TEMPLO

רְצֵה Acepta con benevolencia SEÑOR, nuestro Dios,
a Tu pueblo Israel y atiende sus plegarias.
Restaura el servicio en Tu más sagrada casa y acepta favorable
y amorosamente las ofrendas ígneas de Israel y sus rezos.
Que siempre recibas con agrado el servicio de Tu pueblo Israel.

*En Rosh Ḥodesh y en Ḥol HaMo'ed se dice:*

אֱלֹהֵינוּ Dios nuestro y de nuestros ancestros, que ascienda, acuda y llegue; sea visible, sea aceptada, sea escuchada, sea considerada y sea recordada delante de Ti nuestra memoria, y la de nuestros patriarcas, y la del Mashiaḥ hijo de David Tu siervo, y la de todo Tu pueblo la casa de Israel – para liberación y bienestar, gracia, benevolencia y compasión, en este día de:

*En Rosh Ḥodesh:* Rosh Ḥodesh
*En Pesaḥ:* Fiesta de las Maṣot, día de sagrada convocatoria
*En Sucot:* Fiesta de Sucot, día de sagrada convocatoria

Para que en él tengas compasión y nos redimas. Recuérdanos SEÑOR, nuestro Dios en él para bien, tennos presentes en él para bendición y redímenos en él para una buena vida, de acuerdo con Tu promesa de salvación y misericordia. Apiádate, agrácianos, compadécete y ten misericordia de nosotros y redímenos, pues nuestros ojos están puestos en Ti ya que Tú Dios eres un Rey benevolente y compasivo.

וְאַתָּה Y Tú en Tu gran compasión nos desearás
y Te complacerás en nosotros.
Que nuestros ojos contemplen Tu retorno a Ṣion con compasión.
Bendito eres Tú SEÑOR, que restaura Su presencia en Ṣion.

לְשַׁוְעָתֵנוּ, טֶרֶם נִקְרָא אֵלֶיךָ אַתָּה תַעֲנֶה, נְדַבֵּר וְאַתָּה תִשְׁמַע,
כַּדָּבָר שֶׁנֶּאֱמַר: וְהָיָה טֶרֶם יִקְרָאוּ וַאֲנִי אֶעֱנֶה, עוֹד הֵם מְדַבְּרִים ישעיה סה
וַאֲנִי אֶשְׁמָע: כִּי אַתָּה יְהֹוָה פּוֹדֶה וּמַצִּיל וְעוֹנֶה וּמְרַחֵם בְּכָל־עֵת
צָרָה וְצוּקָה.

עבודה

רְצֵה יְהֹוָה אֱלֹהֵינוּ בְּעַמְּךָ יִשְׂרָאֵל וְלִתְפִלָּתָם שְׁעֵה
וְהָשֵׁב הָעֲבוֹדָה לִדְבִיר בֵּיתֶךָ
וְאִשֵּׁי יִשְׂרָאֵל וּתְפִלָּתָם מְהֵרָה בְּאַהֲבָה תְקַבֵּל בְּרָצוֹן
וּתְהִי לְרָצוֹן תָּמִיד עֲבוֹדַת יִשְׂרָאֵל עַמֶּךָ.

*En* ראש חודש *y en* חול המועד *se dice:*

אֱלֹהֵינוּ וֵאלֹהֵי אֲבוֹתֵינוּ, יַעֲלֶה וְיָבוֹא, יַגִּיעַ, יֵרָאֶה וְיֵרָצֶה, יִשָּׁמַע יִפָּקֵד וְיִזָּכֵר זִכְרוֹנֵנוּ וְזִכְרוֹן אֲבוֹתֵינוּ, זִכְרוֹן יְרוּשָׁלַיִם עִירֶךָ, וְזִכְרוֹן מָשִׁיחַ בֶּן דָּוִד עַבְדֶּךָ, וְזִכְרוֹן כָּל־עַמְּךָ בֵּית יִשְׂרָאֵל, לְפָנֶיךָ, לִפְלֵיטָה לְטוֹבָה, לְחֵן, לְחֶסֶד וּלְרַחֲמִים, בְּיוֹם

בראש חודש: רֹאשׁ הַחֹדֶשׁ הַזֶּה

בפסח: חַג הַמַּצּוֹת הַזֶּה, בְּיוֹם מִקְרָא קֹדֶשׁ הַזֶּה

בסוכות: חַג הַסֻּכּוֹת הַזֶּה, בְּיוֹם מִקְרָא קֹדֶשׁ הַזֶּה

לְרַחֵם בּוֹ עָלֵינוּ וּלְהוֹשִׁיעֵנוּ. זָכְרֵנוּ יְהֹוָה אֱלֹהֵינוּ בּוֹ לְטוֹבָה, וּפָקְדֵנוּ בוֹ לִבְרָכָה, וְהוֹשִׁיעֵנוּ בוֹ לְחַיִּים טוֹבִים בִּדְבַר יְשׁוּעָה וְרַחֲמִים. חוּס וְחָנֵּנוּ וַחֲמוֹל וְרַחֵם עָלֵינוּ וְהוֹשִׁיעֵנוּ, כִּי אֵלֶיךָ עֵינֵינוּ, כִּי אֵל מֶלֶךְ חַנּוּן וְרַחוּם אָתָּה.

וְאַתָּה בְּרַחֲמֶיךָ הָרַבִּים תַּחְפֹּץ בָּנוּ וְתִרְצֵנוּ
וְתֶחֱזֶינָה עֵינֵינוּ בְּשׁוּבְךָ לְצִיּוֹן בְּרַחֲמִים.
בָּרוּךְ אַתָּה יְהֹוָה, הַמַּחֲזִיר שְׁכִינָתוֹ לְצִיּוֹן.

## AGRADECIMIENTO

מוֹדִים Te agradecemos a Ti,
pues eres el SEÑOR,
Dios nuestro y de nuestros ancestros por siempre.
Eres nuestra Roca
y la de nuestra existencia,
Escudo de nuestra salvación.
De generación en generación Te agradeceremos, y relataremos Tu alabanza por nuestras vidas que están depositadas en Tus manos, por nuestras almas que están a Tu cargo, por Tus milagros para con nosotros a diario, y las bondades y maravillas que nos prodigas en todo momento, noche, mañana y tarde.
El Benevolente, pues Tu compasión nunca concluye,
Tú eres compasivo, pues no cesan Tus bondades.
Siempre hemos depositado nuestra esperanza en Ti.

*Mientras el Ḥazán recita el pasaje paralelo el kahal se inclina y dice en voz baja:*

מוֹדִים Te agradecemos a Ti,
pues eres el SEÑOR,
Dios nuestro
y de nuestros ancestros,
Dios de toda carne, Formador nuestro y del universo.
Bendiciones y agradecimientos a Tu Nombre grandioso y sagrado, por habernos preservado con vida y mantenido.
De igual forma, danos vida, agrácianos y reúne a Tus exiliados en Tu patio sagrado,
para que cumplan con Tus leyes y hagan Tu voluntad con integridad de corazón,
por ello nos corresponde agradecerte.
Bendito es el Dios
a Quien debemos agradecer.

---

*En Ḥanucá y Purim:*

עַל הַנִּסִּים (Te agradecemos también) por los milagros, la redención, los actos poderosos, las salvaciones, las maravillas y consolaciones que hiciste en favor de nuestros ancestros en aquellos días en este tiempo.

*En Ḥanucá:*

בִּימֵי מַתִּתְיָה En los días de Matitiahu hijo de Yojanán, el Sumo Sacerdote, el jasmoneo y sus hijos, cuando el malvado reino griego se levantó contra Tu pueblo Israel para hacerles olvidar Tu Torá y forzarlos a transgredir los estatutos de Tu voluntad. Y Tú, con gran compasión,

**הודאה**

מוֹדִים אֲנַחְנוּ לָךְ
שָׁאַתָּה הוּא יְהֹוָה אֱלֹהֵינוּ
וֵאלֹהֵי אֲבוֹתֵינוּ לְעוֹלָם וָעֶד.
צוּרֵנוּ, צוּר חַיֵּינוּ וּמָגֵן יִשְׁעֵנוּ
אַתָּה הוּא לְדוֹר וָדוֹר
נוֹדֶה לְּךָ וּנְסַפֵּר תְּהִלָּתֶךָ
עַל חַיֵּינוּ הַמְּסוּרִים בְּיָדֶךָ
וְעַל נִשְׁמוֹתֵינוּ הַפְּקוּדוֹת לָךְ
וְעַל נִסֶּיךָ שֶׁבְּכָל־יוֹם עִמָּנוּ
וְעַל נִפְלְאוֹתֶיךָ וְטוֹבוֹתֶיךָ שֶׁבְּכָל־עֵת
עֶרֶב וָבֹקֶר וְצָהֳרָיִם.
הַטּוֹב, כִּי לֹא כָלוּ רַחֲמֶיךָ
הַמְרַחֵם, כִּי לֹא תַמּוּ חֲסָדֶיךָ
כִּי מֵעוֹלָם קִוִּינוּ לָךְ.

*Mientras el* חזן *recita el pasaje paralelo el* קהל *se inclina y dice en voz baja*

מוֹדִים אֲנַחְנוּ לָךְ
שָׁאַתָּה הוּא יְהֹוָה אֱלֹהֵינוּ
וֵאלֹהֵי אֲבוֹתֵינוּ
אֱלֹהֵי כָל־בָּשָׂר
יוֹצְרֵנוּ יוֹצֵר בְּרֵאשִׁית.
בְּרָכוֹת וְהוֹדָאוֹת
לְשִׁמְךָ הַגָּדוֹל וְהַקָּדוֹשׁ
עַל שֶׁהֶחֱיִיתָנוּ וְקִיַּמְתָּנוּ.
כֵּן תְּחַיֵּנוּ וּתְחָנֵּנוּ
וְתֶאֱסֹף גָּלֻיּוֹתֵינוּ לְחַצְרוֹת
קָדְשֶׁךָ לִשְׁמֹר חֻקֶּיךָ
וְלַעֲשׂוֹת רְצוֹנֶךָ
וּלְעָבְדְּךָ בְּלֵבָב שָׁלֵם
עַל שֶׁאֲנַחְנוּ מוֹדִים לָךְ.
בָּרוּךְ אֵל הַהוֹדָאוֹת.

---

בחנוכה ובפורים:

עַל הַנִּסִּים וְעַל הַפֻּרְקָן וְעַל הַגְּבוּרוֹת וְעַל הַתְּשׁוּעוֹת וְעַל הַנִּפְלָאוֹת וְעַל הַנֶּחָמוֹת שֶׁעָשִׂיתָ לַאֲבוֹתֵינוּ בַּיָּמִים הָהֵם בִּזְּמַן הַזֶּה.

בחנוכה:

בִּימֵי מַתִּתְיָה בֶּן יוֹחָנָן כֹּהֵן גָּדוֹל חַשְׁמוֹנָאִי וּבָנָיו, כְּשֶׁעָמְדָה עֲלֵיהֶם מַלְכוּת יָוָן הָרְשָׁעָה עַל עַמְּךָ יִשְׂרָאֵל לְשַׁכְּחָם מִתּוֹרָתֶךָ וּלְהַעֲבִירָם מֵחֻקֵּי רְצוֹנֶךָ, וְאַתָּה בְּרַחֲמֶיךָ הָרַבִּים עָמַדְתָּ לָהֶם בְּעֵת צָרָתָם,

estuviste junto a ellos en el tiempo de su desgracia, luchaste por su causa, juzgaste su reclamo y vengaste su opresión. Entregaste fuertes en manos de débiles, muchos en manos de pocos, malvados en manos de justos impuros en manos de puros, arrogantes en manos de estudiosos de Tu Torá. Hiciste para Ti un Nombre Grande y Sagrado en Tu mundo, y a Tu pueblo Israel diste gran redención y salvación en un día como este. Luego, Tus hijos ingresaron a Tu recinto sagrado, limpiaron Tu Templo, purificaron Tu santuario, encendieron velas en Tus cortes y establecieron estos ocho días de Ḥanucá de agradecimiento y alabanza, e hiciste para ellos milagros y maravillas, por lo que agradeceremos a Tu gran Nombre, Sela.

*Continúa con "Por todo esto".*

*En Purim:*

בִּימֵי מָרְדְּכַי וְאֶסְתֵּר En los días de Mordejai y Ester, en la ciudad capital de Shushán, cuando el malvado Hamán se alzó contra Tu pueblo
procurando destruir, matar y exterminar a todos los judíos, jóvenes y *Est. 3*
mayores, niños y mujeres en un solo día, el trece del duodécimo mes que es el de Adar y saquear sus posesiones. Entonces Tú, con gran compasión desbarataste su plan, arruinaste su proyecto y le retribuiste por su maldad haciéndolo colgar junto a sus hijos de un cadalso e hiciste para ellos milagros y maravillas, por lo que agradeceremos a Tu gran Nombre, Sela.

*Continúa con "Por todo esto".*

---

וְעַל כֻּלָּם Por todo esto, Rey nuestro, que Tu Nombre sea
bendecido, exaltado y encumbrado por siempre.
Que todos los seres vivos Te agradezcan, ¡Sela!

*Entre Rosh HaShaná y Yom Kipur:* E inscribe a todos los hijos de Tu pacto para una buena vida.

Y alaben y bendigan a Tu gran Nombre de verdad,
pues por siempre eres bondadoso.
Dios de nuestra redención y nuestro socorro, ¡Sela!
El Dios bondadoso.
Bendito eres Tú Señor, Tu Nombre es "Bueno"
y a Ti corresponde agradecer.

רַבְתָּ אֶת רִיבָם, דַּנְתָּ אֶת דִּינָם, נָקַמְתָּ אֶת נִקְמָתָם, מָסַרְתָּ גִּבּוֹרִים בְּיַד חַלָּשִׁים, וְרַבִּים בְּיַד מְעַטִּים, וּרְשָׁעִים בְּיַד צַדִּיקִים, וּטְמֵאִים בְּיַד טְהוֹרִים, וְזֵדִים בְּיַד עוֹסְקֵי תוֹרָתֶךָ. לְךָ עָשִׂיתָ שֵׁם גָּדוֹל וְקָדוֹשׁ בְּעוֹלָמֶךָ, וּלְעַמְּךָ יִשְׂרָאֵל עָשִׂיתָ תְּשׁוּעָה גְדוֹלָה וּפֻרְקָן כְּהַיּוֹם הַזֶּה. וְאַחַר כָּךְ בָּאוּ בָנֶיךָ לִדְבִיר בֵּיתֶךָ, וּפִנּוּ אֶת הֵיכָלֶךָ, וְטִהֲרוּ אֶת מִקְדָּשֶׁךָ, וְהִדְלִיקוּ נֵרוֹת בְּחַצְרוֹת קָדְשֶׁךָ, וְקָבְעוּ שְׁמוֹנַת יְמֵי חֲנֻכָּה אֵלּוּ, בְּהַלֵּל וּבְהוֹדָאָה, וְעָשִׂיתָ עִמָּהֶם נִסִּים וְנִפְלָאוֹת, וְנוֹדֶה לְשִׁמְךָ הַגָּדוֹל, סֶלָה.

וממשיך ׳וְעַל כֻּלָּם׳.

בפורים:

בִּימֵי מָרְדְּכַי וְאֶסְתֵּר בְּשׁוּשַׁן הַבִּירָה, כְּשֶׁעָמַד עֲלֵיהֶם הָמָן הָרָשָׁע, בִּקֵּשׁ לְהַשְׁמִיד לַהֲרֹג וּלְאַבֵּד אֶת־כָּל־הַיְּהוּדִים מִנַּעַר וְעַד־זָקֵן אסתר ג
טַף וְנָשִׁים בְּיוֹם אֶחָד, בִּשְׁלוֹשָׁה עָשָׂר לְחֹדֶשׁ שְׁנֵים־עָשָׂר, הוּא־חֹדֶשׁ אֲדָר, וּשְׁלָלָם לָבוֹז: וְאַתָּה בְּרַחֲמֶיךָ הָרַבִּים הֵפַרְתָּ אֶת עֲצָתוֹ, וְקִלְקַלְתָּ אֶת מַחֲשַׁבְתּוֹ, וַהֲשֵׁבוֹתָ לּוֹ גְּמוּלוֹ בְּרֹאשׁוֹ, וְתָלוּ אוֹתוֹ וְאֶת בָּנָיו עַל הָעֵץ, וְעָשִׂיתָ עִמָּהֶם נִסִּים וְנִפְלָאוֹת, וְנוֹדֶה לְשִׁמְךָ הַגָּדוֹל, סֶלָה.

וממשיך ׳וְעַל כֻּלָּם׳.

---

וְעַל כֻּלָּם
יִתְבָּרַךְ וְיִתְרוֹמַם וְיִתְנַשֵּׂא תָּמִיד שִׁמְךָ מַלְכֵּנוּ לְעוֹלָם וָעֶד
וְכָל־הַחַיִּים יוֹדוּךָ סֶּלָה

בעשרת ימי תשובה: וּכְתֹב לְחַיִּים טוֹבִים כָּל־בְּנֵי בְרִיתֶךָ.

וִיהַלְלוּ וִיבָרְכוּ אֶת שִׁמְךָ הַגָּדוֹל בֶּאֱמֶת לְעוֹלָם כִּי טוֹב
הָאֵל יְשׁוּעָתֵנוּ וְעֶזְרָתֵנוּ סֶלָה, הָאֵל הַטּוֹב.
בָּרוּךְ אַתָּה יְהֹוָה, הַטּוֹב שִׁמְךָ וּלְךָ נָאֶה לְהוֹדוֹת.

## BIRCAT COHANIM

*En días de ayuno publico durante la repetición del rezo, el Ḥazán dirige la bendición sacerdotal.*

*Los cohanim dicen "Que así sea Tu voluntad" previo al recitado de su bendición:*

יְהִי Sea Tu voluntad Señor, Dios nuestro y de nuestros ancestros, que esta bendición que nos ordenaste impartir a Tu pueblo de Israel resulte íntegra, carente de obstáculo e iniquidad desde hoy y para siempre.

*Si más de un cohen está presente, el Ḥazán exclama:*

**¡Cohanim!**

*y los cohanim recitan la bendición:*

בָּרוּךְ Bendito eres Tú Señor, nuestro Dios, Rey del universo, que nos santificó con la santidad de Aharón y nos ordenó bendecir a Su pueblo Israel con amor.

*Si hay más de un cohen presente, estos comienzan solos a recitar "Yebarejejá" y el Ḥazán dicta a partir de "HaShem".*

El Señor te bendiga y te guarde. *Kahal:* Amén *Núm. 6*
El Señor te ilumine con Su
Presencia y te agracie. *Kahal:* Amén
El Señor dirija Su Presencia
hacia ti y te conceda la paz. *Kahal:* Amén.

*Los cohanim agregan en silencio:*

רִבּוֹן Soberano de los mundos, hemos cumplido aquello que nos ordenaste, *Deut. 26*
por ello obra Tú de acuerdo a lo que nos prometiste. Divisa desde Tu santo aposento, desde el cielo, y bendice a Tu pueblo, a Israel.

*En caso de no haber cohanim presentes el Ḥazán dice:*

אֱלֹהֵינוּ Dios nuestro y de nuestros ancestros, bendícenos con la triple bendición de la Torá, escrita por la mano de Tu siervo Moshé y pronunciada por Aharón y sus hijos los cohanim, Tu pueblo consagrado, como fue dicho:

El Señor te bendiga y te guarde. *Kahal:* Que así sea Tu voluntad. *Núm. 6*
El Señor te ilumine con Su
Presencia y te agracie. *Kahal:* Que así sea Tu voluntad
El Señor dirija Su Presencia
hacia ti y te conceda la paz. *Kahal:* Que así sea Tu voluntad.

Y pondrán Mi Nombre sobre los hijos de Israel y los bendeciré.

## ברכת כהנים:

*En días de ayuno publico durante la repetición del rezo,*
*el* חזן *dirige la bendición de los* כהנים*.*
*Los* כהנים *dicen* 'יְהִי רָצוֹן' *previo al recitado de su bendición:*

יְהִי רָצוֹן מִלְּפָנֶיךָ, יְהֹוָה אֱלֹהֵינוּ וֵאלֹהֵי אֲבוֹתֵינוּ, שֶׁתְּהֵא הַבְּרָכָה הַזּוֹ שֶׁצִּוִּיתָנוּ לְבָרֵךְ אֶת עַמְּךָ יִשְׂרָאֵל בְּרָכָה שְׁלֵמָה וְלֹא יִהְיֶה בָּהּ מִכְשׁוֹל וְעָוֹן מֵעַתָּה וְעַד עוֹלָם.

*Si más de un* כהן *está presente, el* חזן *exclama:*

**כֹּהֲנִים**

*y los* כהנים *recitan la bendición:*

בָּרוּךְ אַתָּה יְהֹוָה, אֱלֹהֵינוּ מֶלֶךְ הָעוֹלָם
אֲשֶׁר קִדְּשָׁנוּ בִּקְדֻשָּׁתוֹ שֶׁל אַהֲרֹן, וְצִוָּנוּ לְבָרֵךְ אֶת עַמּוֹ יִשְׂרָאֵל בְּאַהֲבָה.

*Si hay más de un cohen presente, estos comienzan solos*
*a recitar* 'יְבָרֶכְךָ' *y el* חזן *dicta a partir de* 'יְהֹוָה':

יְבָרֶכְךָ — קהל: כֵּן יְהִי רָצוֹן — במדבר ו
יְהֹוָה וְיִשְׁמְרֶךָ: — קהל: אָמֵן
יָאֵר יְהֹוָה פָּנָיו אֵלֶיךָ וִיחֻנֶּךָּ: — קהל: אָמֵן
יִשָּׂא יְהֹוָה פָּנָיו אֵלֶיךָ וְיָשֵׂם לְךָ שָׁלוֹם: — קהל: אָמֵן

*Los* כהנים *agregan en silencio:*

רִבּוֹן הָעוֹלָמִים, עָשִׂינוּ מַה שֶּׁגָּזַרְתָּ עָלֵינוּ, עֲשֵׂה אַתָּה מַה שֶּׁהִבְטַחְתָּנוּ, הַשְׁקִיפָה מִמְּעוֹן קָדְשְׁךָ מִן־הַשָּׁמַיִם וּבָרֵךְ אֶת־עַמְּךָ אֶת־יִשְׂרָאֵל: — דברים כו

*En caso de no haber* כהנים *presentes el* חזן *dice:*

אֱלֹהֵינוּ וֵאלֹהֵי אֲבוֹתֵינוּ, בָּרְכֵנוּ בַּבְּרָכָה הַמְשֻׁלֶּשֶׁת בַּתּוֹרָה, הַכְּתוּבָה עַל יְדֵי מֹשֶׁה עַבְדֶּךָ, הָאֲמוּרָה מִפִּי אַהֲרֹן וּבָנָיו כֹּהֲנִים עַם קְדוֹשֶׁךָ, כָּאָמוּר

יְבָרֶכְךָ יְהֹוָה וְיִשְׁמְרֶךָ: — קהל: כֵּן יְהִי רָצוֹן — במדבר ו
יָאֵר יְהֹוָה פָּנָיו אֵלֶיךָ וִיחֻנֶּךָּ: — קהל: כֵּן יְהִי רָצוֹן
יִשָּׂא יְהֹוָה פָּנָיו אֵלֶיךָ וְיָשֵׂם לְךָ שָׁלוֹם: — קהל: כֵּן יְהִי רָצוֹן
וְשָׂמוּ אֶת־שְׁמִי עַל־בְּנֵי יִשְׂרָאֵל, וַאֲנִי אֲבָרְכֵם:

PAZ

שִׂים שָׁלוֹם Instaura paz, bien y bendición
vida, gracia y benevolencia,
justicia y compasión sobre nosotros y todo Tu pueblo Israel.
Bendícenos Padre nuestro, a todos nosotros como uno,
con la luz de Tu Semblante, pues en la luz de Tu Semblante nos
has dado SEÑOR, nuestro Dios, Torá y vida, amor y benevolencia,
justicia y compasión, bendición y paz.
Que ante Tus ojos sea bueno bendecir a todo Tu pueblo Israel,
con gran poder y paz.

*Entre Rosh HaShaná y Yom Kipur:* Que seamos recordados e inscritos nosotros y todo Tu pueblo la casa de Israel en el libro de la vida, la bendición, la paz, la prosperidad, salvación, consuelo y decretos favorables, para una buena vida y para la paz.

בָּרוּךְ Bendito eres Tú SEÑOR, que bendice a Su pueblo Israel con la paz, Amén.

יִהְיוּ Que las palabras de mi boca y la meditación de mi corazón *Sal. 19*
hallen favor ante Ti SEÑOR, mi Fortaleza y mi Redentor.

*Aquí concluye la repetición de la A'midá.*

אֱלֹהַי Dios mío, *Berajot 17a*
preserva mi lengua del mal y mis labios de pronunciar engaño.
Que mi alma calle ante quienes me maldicen,
y sea como el polvo para con todos.
Abre mi corazón a Tu Torá y que mi alma persiga Tus preceptos.
Rápidamente deja sin efecto el consejo y frustra los planes de
quienes conspiran contra mí.
Que sean cual tamo ante el viento y acosados por el ángel del SEÑOR *Sal. 35*
Actúa en pos de Tu Nombre, actúa en pos de Tu diestra,
actúa en pos de Tu santidad, actúa en pos de Tu Torá.
Para que Tus amados sean liberados, *Sal. 60*
redime con Tu diestra y respóndeme.
Que las palabras de mi boca y la meditación de mi corazón *Sal. 19*
hallen favor ante Ti SEÑOR, mi Fortaleza y mi Redentor.

שלום

שִׂים שָׁלוֹם טוֹבָה וּבְרָכָה, חַיִּים חֵן וָחֶסֶד
צְדָקָה וְרַחֲמִים עָלֵינוּ וְעַל־כָּל־יִשְׂרָאֵל עַמֶּךָ.
וּבָרְכֵנוּ אָבִינוּ כֻּלָּנוּ כְּאֶחָד בְּאוֹר פָּנֶיךָ
כִּי בְאוֹר פָּנֶיךָ נָתַתָּ לָּנוּ יְהוָה אֱלֹהֵינוּ תּוֹרָה וְחַיִּים
אַהֲבָה וָחֶסֶד, צְדָקָה וְרַחֲמִים, בְּרָכָה וְשָׁלוֹם.
וְטוֹב בְּעֵינֶיךָ לְבָרְכֵנוּ, וּלְבָרֵךְ אֶת כָּל־עַמְּךָ יִשְׂרָאֵל
בְּרֹב עֹז וְשָׁלוֹם.

בעשרת ימי תשובה: וּבְסֵפֶר חַיִּים, בְּרָכָה וְשָׁלוֹם, וּפַרְנָסָה טוֹבָה
וִישׁוּעָה וְנֶחָמָה, וּגְזֵרוֹת טוֹבוֹת נִזָּכֵר וְנִכָּתֵב לְפָנֶיךָ
אֲנַחְנוּ וְכָל־עַמְּךָ יִשְׂרָאֵל, לְחַיִּים טוֹבִים וּלְשָׁלוֹם.

בָּרוּךְ אַתָּה יְהוָה, הַמְבָרֵךְ אֶת עַמּוֹ יִשְׂרָאֵל בַּשָּׁלוֹם. אָמֵן.

יִהְיוּ לְרָצוֹן אִמְרֵי־פִי וְהֶגְיוֹן לִבִּי לְפָנֶיךָ, יְהוָה צוּרִי וְגֹאֲלִי: תהלים יט

*Aquí concluye la repetición de la A'midá.*

אֱלֹהַי ברכות יז
נְצֹר לְשׁוֹנִי מֵרָע וְשִׂפְתוֹתַי מִדַּבֵּר מִרְמָה
וְלִמְקַלְלַי נַפְשִׁי תִדֹּם, וְנַפְשִׁי כֶּעָפָר לַכֹּל תִּהְיֶה.
פְּתַח לִבִּי בְּתוֹרָתֶךָ, וְאַחֲרֵי מִצְוֹתֶיךָ תִּרְדֹּף נַפְשִׁי.
וְכָל־הַקָּמִים עָלַי לְרָעָה, מְהֵרָה הָפֵר עֲצָתָם וְקַלְקֵל מַחְשְׁבוֹתָם.
יִהְיוּ כְּמֹץ לִפְנֵי־רוּחַ וּמַלְאַךְ יְהוָה דּוֹחֶה: תהלים לה

עֲשֵׂה לְמַעַן שְׁמֶךָ, עֲשֵׂה לְמַעַן יְמִינֶךָ
עֲשֵׂה לְמַעַן תּוֹרָתֶךָ, עֲשֵׂה לְמַעַן קְדֻשָּׁתֶךָ.

לְמַעַן יֵחָלְצוּן יְדִידֶיךָ, הוֹשִׁיעָה יְמִינְךָ וַעֲנֵנִי: תהלים ס
יִהְיוּ לְרָצוֹן אִמְרֵי־פִי וְהֶגְיוֹן לִבִּי לְפָנֶיךָ, יְהוָה צוּרִי וְגֹאֲלִי: תהלים יט

*Antes de decir 'Quien obra paz' se dan tres pasos hacia atrás.*
*En los Diez Días del Retorno se dice "HaShalom" en vez de "Shalom".*

Quien obra la paz en Sus alturas, con compasión
haga la paz para nosotros y todo Su pueblo Israel y decid: Amén.

Sea Tu voluntad SEÑOR, Dios nuestro y de nuestros ancestros que el Templo sea reconstruido pronto en nuestros días, que nos concedas nuestra porción en Tu Torá, para cumplir las leyes de Tu voluntad y servirte con corazón íntegro.

## ABINU MALKENU

*Desde Rosh HaShaná y hasta Yom Kipur se dice Abinu Malkenu:*

Padre nuestro, Rey nuestro, hemos pecado ante Ti.
Padre nuestro, Rey nuestro, no tenemos Rey salvo Tú.
Padre nuestro, Rey nuestro, actúa generosamente con nosotros en aras de Tu Nombre.
Padre nuestro, Rey nuestro, renueva para nosotros un buen año.
Padre nuestro, Rey nuestro, suprime todo veredicto adverso para con nosotros.
Padre nuestro, Rey nuestro, anula los planes de quienes nos odian.
Padre nuestro, Rey nuestro, frustra el consejo de nuestros enemigos.
Padre nuestro, Rey nuestro, haz desaparecer todo acusador y adversario.
Padre nuestro, Rey nuestro, termina con toda pestilencia, espada, desgracia, hambruna, cautiverio, saqueo, destrucción y epidemia, acusador, mala inclinación y enfermedades graves entre los hijos de Tu pacto.
Padre nuestro, Rey nuestro, envía una completa curación para los enfermos de Tu pueblo (Israel).
Padre nuestro, Rey nuestro, evita la epidemia en Tu heredad.
Padre nuestro, Rey nuestro, recuerda que estamos hechos del polvo de la tierra.
Padre nuestro, Rey nuestro, perdona y disculpa todas nuestras iniquidades.
Padre nuestro, Rey nuestro, deshace los veredictos adversos para con nosotros.

*Antes de decir 'עֹשֶׂה שָׁלוֹם' se dan tres pasos hacia atrás.*
*En los Diez Días del Retorno se dice 'הַשָּׁלוֹם' en vez de 'שָׁלוֹם'.*

**עֹשֶׂה שָׁלוֹם בִּמְרוֹמָיו**
**הוּא בְּרַחֲמָיו, יַעֲשֶׂה שָׁלוֹם עָלֵינוּ וְעַל־כָּל־עַמּוֹ יִשְׂרָאֵל, וְאִמְרוּ אָמֵן.**

יְהִי רָצוֹן מִלְּפָנֶיךָ, יְהוָה אֱלֹהֵינוּ וֵאלֹהֵי אֲבוֹתֵינוּ, שֶׁתִּבְנֶה בֵּית הַמִּקְדָּשׁ בִּמְהֵרָה בְיָמֵינוּ, וְתֵן חֶלְקֵנוּ בְּתוֹרָתֶךָ, לַעֲשׂוֹת חֻקֵּי רְצוֹנֶךָ וּלְעָבְדְךָ בְּלֵבָב שָׁלֵם.

## אבינו מלכנו

*Desde* ראש השנה *y hasta* יום הכיפורים*, se dice 'אָבִינוּ מַלְכֵּנוּ':*

אָבִינוּ מַלְכֵּנוּ, חָטָאנוּ לְפָנֶיךָ.
אָבִינוּ מַלְכֵּנוּ, אֵין לָנוּ מֶלֶךְ אֶלָּא אָתָּה.
אָבִינוּ מַלְכֵּנוּ, עֲשֵׂה עִמָּנוּ לְמַעַן שְׁמֶךָ.
אָבִינוּ מַלְכֵּנוּ, חַדֵּשׁ עָלֵינוּ שָׁנָה טוֹבָה.
אָבִינוּ מַלְכֵּנוּ, בַּטֵּל מֵעָלֵינוּ כָּל־גְּזֵרוֹת קָשׁוֹת וְרָעוֹת.
אָבִינוּ מַלְכֵּנוּ, בַּטֵּל מַחְשְׁבוֹת שׂוֹנְאֵינוּ.
אָבִינוּ מַלְכֵּנוּ, הָפֵר עֲצַת אוֹיְבֵינוּ.
אָבִינוּ מַלְכֵּנוּ, כַּלֵּה כָּל־צַר וּמַשְׂטִין וּמְקַטְרֵג מֵעָלֵינוּ.
אָבִינוּ מַלְכֵּנוּ, כַּלֵּה דֶּבֶר וְחֶרֶב וְרָעָה וְרָעָב
וּשְׁבִי וּבִזָּה וּמַשְׁחִית וּמַגֵּפָה
וְשָׂטָן וְיֵצֶר הָרָע וְחוֹלָאִים רָעִים
מִבְּנֵי בְרִיתֶךָ.
אָבִינוּ מַלְכֵּנוּ, שְׁלַח רְפוּאָה שְׁלֵמָה (לְכָל־)חוֹלֵי עַמֶּךָ (יִשְׂרָאֵל).
אָבִינוּ מַלְכֵּנוּ, מְנַע מַגֵּפָה מִנַּחֲלָתֶךָ.
אָבִינוּ מַלְכֵּנוּ, זָכוֹר כִּי עָפָר אֲנָחְנוּ.
אָבִינוּ מַלְכֵּנוּ, מְחֹל וּסְלַח לְכָל־עֲוֹנוֹתֵינוּ.
אָבִינוּ מַלְכֵּנוּ, קְרַע רֹעַ גְּזַר דִּינֵנוּ.

Padre nuestro, Rey nuestro, en tu inmensa compasión borra el registro de nuestros pecados.
Padre nuestro, Rey nuestro, borra y quita de Tu vista nuestras trasgresiones.
Padre nuestro, Rey nuestro, inscríbenos en el libro de la buena vida.
Padre nuestro, Rey nuestro, inscríbenos en el libro de los justos y los piadosos.
Padre nuestro, Rey nuestro, inscríbenos en el libro de los rectos y los íntegros.
Padre nuestro, Rey nuestro, inscríbenos en el libro del perdón, la disculpa y la expiación.
Padre nuestro, Rey nuestro, inscríbenos en el libro de los alimentos y el buen sustento.

Sea Tu voluntad Señor, Dios nuestro y de nuestros ancestros, que nos proporciones a nosotros, a los miembros de nuestros hogares y a todos aquellos que se alimentan de nuestras mesas nuestros alimentos y los suyos, hoy y siempre, de manera honorable, por el mérito de Tu Grande y Sagrado Nombre que es el regente del sustento.

Padre nuestro, Rey nuestro, inscríbenos en el libro de la redención y la salvación.
Padre nuestro, Rey nuestro, recuérdanos favorablemente delante de Ti.
Padre nuestro, Rey nuestro, haz florecer la salvación pronto para nosotros.
Padre nuestro, Rey nuestro, alza el honor de Tu pueblo Israel.
Padre nuestro, Rey nuestro, eleva el honor de Tu ungido.
Padre nuestro, Rey nuestro, haznos retornar a Ti en completo arrepentimiento.
Padre nuestro, Rey nuestro, escucha nuestra voz, apiádate y Se compasivo con nosotros.
Padre nuestro, Rey nuestro, actúa por Ti, si no por nosotros.
Padre nuestro, Rey nuestro, recibe compasivamente y de buena gana nuestras plegarias.
Padre nuestro, Rey nuestro, no nos retornes de Ti con las manos vacías.

אָבִינוּ מַלְכֵּנוּ, מְחֹק בְּרַחֲמֶיךָ הָרַבִּים כָּל־שִׁטְרֵי חוֹבוֹתֵינוּ.

אָבִינוּ מַלְכֵּנוּ, מְחֵה וְהַעֲבֵר פְּשָׁעֵינוּ מִנֶּגֶד עֵינֶיךָ.

אָבִינוּ מַלְכֵּנוּ, כָּתְבֵנוּ בְּסֵפֶר חַיִּים טוֹבִים.

אָבִינוּ מַלְכֵּנוּ, כָּתְבֵנוּ בְּסֵפֶר צַדִּיקִים וַחֲסִידִים.

אָבִינוּ מַלְכֵּנוּ, כָּתְבֵנוּ בְּסֵפֶר יְשָׁרִים וּתְמִימִים.

אָבִינוּ מַלְכֵּנוּ, כָּתְבֵנוּ בְּסֵפֶר מְחִילָה וּסְלִיחָה וְכַפָּרָה.

אָבִינוּ מַלְכֵּנוּ, כָּתְבֵנוּ בְּסֵפֶר מְזוֹנוֹת וּפַרְנָסָה טוֹבָה.

יְהִי רָצוֹן מִלְּפָנֶיךָ יְהֹוָה אֱלֹהֵינוּ וֵאלֹהֵי אֲבוֹתֵינוּ
שֶׁתִּתֵּן לָנוּ וְלִבְנֵי בֵיתֵנוּ וּלְכָל־הַסּוֹמְכִים עַל שֻׁלְחָנֵנוּ
הַיּוֹם וּבְכָל־יוֹם וָיוֹם מְזוֹנוֹתֵינוּ וּמְזוֹנוֹתֵיהֶם בְּכָבוֹד בִּזְכוּת
שִׁמְךָ הַגָּדוֹל וְהַקָּדוֹשׁ (דיקרנוסא) הַמְמֻנֶּה עַל הַפַּרְנָסָה

אָבִינוּ מַלְכֵּנוּ, כָּתְבֵנוּ בְּסֵפֶר גְּאֻלָּה וִישׁוּעָה.

אָבִינוּ מַלְכֵּנוּ, זָכְרֵנוּ בְּזִכְרוֹן טוֹב מִלְּפָנֶיךָ.

אָבִינוּ מַלְכֵּנוּ, הַצְמַח לָנוּ יְשׁוּעָה בְּקָרוֹב.

אָבִינוּ מַלְכֵּנוּ, הָרֵם קֶרֶן יִשְׂרָאֵל עַמֶּךָ.

אָבִינוּ מַלְכֵּנוּ, וְהָרֵם קֶרֶן מְשִׁיחֶךָ.

אָבִינוּ מַלְכֵּנוּ, הַחֲזִירֵנוּ בִּתְשׁוּבָה שְׁלֵמָה לְפָנֶיךָ.

אָבִינוּ מַלְכֵּנוּ, שְׁמַע קוֹלֵנוּ חוּס וְרַחֵם עָלֵינוּ.

אָבִינוּ מַלְכֵּנוּ, עֲשֵׂה לְמַעַנְךָ אִם לֹא לְמַעֲנֵנוּ.

אָבִינוּ מַלְכֵּנוּ, קַבֵּל בְּרַחֲמִים וּבְרָצוֹן אֶת תְּפִלָּתֵנוּ.

אָבִינוּ מַלְכֵּנוּ, אַל תְּשִׁיבֵנוּ רֵיקָם מִלְּפָנֶיךָ.

*Cuando no se recitan las súplicas se dice:*

יְהִי Que el Nombre del Señor sea bendito desde ahora y hasta la eternidad. Desde la salida del sol hasta su ocaso, alabado es el Nombre del Señor. El Señor es nuestro Soberano, cuán exaltado es Tu Nombre en toda la tierra. *Sal. 113* *Sal. 8*

## KADISH TITKABAL

*El Ḥazán recita el Kadish Titkabal solo:*

יִתְגַּדַּל Que Su Gran Nombre sea magnificado y santificado,
en el mundo que creó conforme a Su voluntad.
Que establezca Su reino, haga florecer Su salvación
y apresure la llegada de Su ungido
durante vuestra vida y en vuestros días
y en la vida de toda la casa de Israel,
pronto y rápidamente y decid: Amén.

Que Su Gran Nombre sea bendito por siempre y por toda la eternidad.

Sea bendecido, alabado, glorificado y exaltado, encumbrado
y magnificado, enaltecido y ensalzado
el Nombre del Santo Bendito Él;
más allá de cualquier bendición, cántico, alabanza y consolación
pronunciados en el mundo y decid: Amén.

Que nuestras plegarias y súplicas junto
a las de todo el pueblo de Israel
sean aceptadas por nuestro Padre Celestial y Terrenal y decid: Amén.

Que haya gran paz celestial, vida, saciedad, salvación, consolación,
refugio, sanación, redención, perdón y expiación, bienestar
y salvación para nosotros y para todo Su pueblo Israel y decid: Amén.

*Antes de decir 'Quien obra paz' se dan tres pasos hacia atrás.*
*En los Diez Días del Retorno se dice "HaShalom" en vez de "Shalom".*

Quien obra la paz en Sus alturas,
con compasión haga la paz
para nosotros y todo Su pueblo Israel y decid: Amén.

*Continúa en pág. 292*

*Cuando no se recitan las* תחנונים *se dice:*

יְהִי שֵׁם יְהֹוָה מְבֹרָךְ מֵעַתָּה וְעַד־עוֹלָם: תהלים קיג
מִמִּזְרַח־שֶׁמֶשׁ עַד־מְבוֹאוֹ מְהֻלָּל שֵׁם יְהֹוָה:
יְהֹוָה אֲדֹנֵינוּ, מָה־אַדִּיר שִׁמְךָ בְּכָל־הָאָרֶץ: תהלים ח

## קדיש תתקבל

*El* חזן *recita el* קדיש תתקבל *solo:*

יִתְגַּדַּל וְיִתְקַדַּשׁ שְׁמֵהּ רַבָּא (קהל: אָמֵן)
בְּעָלְמָא דִּי בְרָא כִרְעוּתֵהּ
וְיַמְלִיךְ מַלְכוּתֵהּ וְיַצְמַח פֻּרְקָנֵהּ וִיקָרֵב מְשִׁיחֵהּ (קהל: אָמֵן)
בְּחַיֵּיכוֹן וּבְיוֹמֵיכוֹן וּבְחַיֵּי דְכָל־בֵּית יִשְׂרָאֵל
בַּעֲגָלָא וּבִזְמַן קָרִיב, וְאִמְרוּ אָמֵן. (קהל: אָמֵן)

יְהֵא שְׁמֵהּ רַבָּא מְבָרַךְ לְעָלַם וּלְעָלְמֵי עָלְמַיָּא יִתְבָּרַךְ
וְיִשְׁתַּבַּח וְיִתְפָּאַר וְיִתְרוֹמַם וְיִתְנַשֵּׂא
וְיִתְהַדָּר וְיִתְעַלֶּה וְיִתְהַלָּל שְׁמֵהּ דְּקֻדְשָׁא בְּרִיךְ הוּא (קהל: אָמֵן)
לְעֵלָּא מִן כָּל־בִּרְכָתָא, שִׁירָתָא, תֻּשְׁבְּחָתָא וְנֶחָמָתָא
דַּאֲמִירָן בְּעָלְמָא, וְאִמְרוּ אָמֵן. (קהל: אָמֵן)

תִּתְקַבַּל צְלוֹתַנָא וּבָעוּתַנָא
עִם כָּל־צְלוֹתְהוֹן וּבָעוּתְהוֹן דְּכָל־בֵּית יִשְׂרָאֵל
קֳדָם אֲבוּנָא אֱלָהָנָא מָארֵי שְׁמַיָּא וְאַרְעָא, וְאִמְרוּ אָמֵן. (קהל: אָמֵן)

יְהֵא שְׁלָמָא רַבָּא מִן שְׁמַיָּא, חַיִּים וְשָׂבָע וִישׁוּעָה וְנֶחָמָה
וְשֵׁיזָבָא וּרְפוּאָה, וּגְאֻלָּה וּסְלִיחָה וְכַפָּרָה, וְרֶוַח וְהַצָּלָה
לָנוּ וּלְכָל־עַמּוֹ יִשְׂרָאֵל, וְאִמְרוּ אָמֵן. (קהל: אָמֵן)

*Antes de decir 'עֹשֶׂה שָׁלוֹם' se dan tres pasos hacia atrás.*
*En los Diez Días del Retorno se dice 'הַשָּׁלוֹם' en vez de 'שָׁלוֹם'.*

עֹשֶׂה שָׁלוֹם בִּמְרוֹמָיו
הוּא בְּרַחֲמָיו יַעֲשֶׂה שָׁלוֹם
עָלֵינוּ וְעַל־כָּל־עַמּוֹ יִשְׂרָאֵל, וְאִמְרוּ אָמֵן. (קהל: אָמֵן)

*Continúa en pág. 293*

# SÚPLICAS

## SÚPLICAS DIARIAS – VIDUI E INCLINACIÓN SOBRE EL ROSTRO

*Sobre los días en los que la inclinación sobre el rostro y las súplicas son omitidas, ver en la página 168.*

*De pie:*

אָנָּא Por favor Señor, Dios nuestro y de nuestros ancestros,
que nuestra plegaria llegue ante Ti,
y no ignores Rey nuestro nuestra súplica,
pues no somos tan arrogantes ni obstinados
como para decir delante de Ti Señor,
Dios nuestro y de nuestros antepasados,
somos justos y no hemos pecado, mas en verdad,
nosotros, nuestros ancestros y los miembros de nuestra familia
hemos pecado, cometido iniquidades y transgresiones.

אָשַׁמְנוּ Hemos sido culpables, hemos actuado traicioneramente,
hemos robado, hemos calumniado. Hemos actuado perversamente,
hemos causado maldad, hemos pecado premeditadamente,
hemos actuado con violencia, hemos acusado en falso.
Dimos malos consejos, mentimos, nos mofamos, nos enfurecimos,
nos hemos rebelado, hemos provocado, hemos cometido adulterio,
hemos jurado en vano e incumplido juramentos,
hemos desobedecido, hemos cometido iniquidad,
hemos transgredido, hemos perseguido, hemos sido obstinados.
Hemos actuado alevosamente, hemos corrompido,
hemos actuado en forma abominable, nos hemos desviado
y hemos llevado a otros por mal camino.

וְסַרְנוּ Nos hemos apartado de Tus preceptos
y de Tus buenas sentencias, pero de nada nos ha servido.
Pero Tú eres justo en todo lo que nos ha sobrevenido, *Neh. 9*
pues Tú actuaste con Verdad mientras que nosotros hicimos el mal.

# תחנונים

## וידוי ונפילת אפים

*Sobre los días en los que* נפילת אפים *y los* תחנונים *son omitidos ver en la página 169.*

בעמידה

אָנָּא יְהֹוָה אֱלֹהֵינוּ וֵאלֹהֵי אֲבוֹתֵינוּ
תָּבֹא לְפָנֶיךָ תְּפִלָּתֵנוּ
וְאַל תִּתְעַלַּם מַלְכֵּנוּ מִתְּחִנָּתֵנוּ
שֶׁאֵין אֲנַחְנוּ עַזֵּי פָנִים וּקְשֵׁי עֹרֶף לוֹמַר לְפָנֶיךָ
יְהֹוָה אֱלֹהֵינוּ וֵאלֹהֵי אֲבוֹתֵינוּ
צַדִּיקִים אֲנַחְנוּ וְלֹא חָטָאנוּ
אֲבָל חָטָאנוּ, עָוִינוּ, פָּשַׁעְנוּ
אֲנַחְנוּ וַאֲבוֹתֵינוּ וְאַנְשֵׁי בֵיתֵנוּ.

אָשַׁמְנוּ, בָּגַדְנוּ, גָּזַלְנוּ, דִּבַּרְנוּ דֹפִי וְלָשׁוֹן הָרָע
הֶעֱוִינוּ וְהִרְשַׁעְנוּ, זַדְנוּ, חָמַסְנוּ, טָפַלְנוּ שֶׁקֶר
יָעַצְנוּ עֵצוֹת רָעוֹת, כִּזַּבְנוּ, לַצְנוּ, לוֹצַצְנוּ
מָרַדְנוּ, נִאַצְנוּ, נִאַפְנוּ, נִשְׁבַּעְנוּ לַשָּׁוְא וְלַשֶּׁקֶר
סָרַרְנוּ, עָוִינוּ, פָּשַׁעְנוּ, צָרַרְנוּ, קִשִּׁינוּ עֹרֶף
רָשַׁעְנוּ, שִׁחַתְנוּ, תִּעַבְנוּ, תָּעִינוּ וְתִעְתָּעְנוּ
וְסַרְנוּ מִמִּצְוֹתֶיךָ וּמִמִּשְׁפָּטֶיךָ הַטּוֹבִים וְלֹא שָׁוָה לָנוּ.
וְאַתָּה צַדִּיק עַל כָּל־הַבָּא עָלֵינוּ נחמיה ט
כִּי־אֱמֶת עָשִׂיתָ וַאֲנַחְנוּ הִרְשָׁעְנוּ:

אֵל אֶרֶךְ Tú eres Dios que demora en enojarse, Tú eres llamado el
Señor de la Compasión, la grandeza de Tu misericordia
y Tu benevolencia le diste a saber al humilde (Moshé) en tiempos
pretéritos tal como está escrito en Tu Torá:
"El Señor descendió en medio de una nube, Éx. 34
y se irguió junto a Él allí e invocó el Nombre del Señor",
y allí está escrito:
וַיַּעֲבֹר Y el Señor pasó ante él (Moshé) y proclamó:
Señor, Señor, compasivo y benevolente, tardo en la ira,
abundante en generosidad y verdad, prodiga Su benevolencia por
miles de generaciones, perdona la iniquidad, la rebelión y el pecado
y perdona (a quienes retornan).

*se recita sentado inclinando la espalda hacia adelante y apoyando la cabeza sobre el brazo izquierdo.*

*Se acostumbra a saltear el siguiente pasaje si se reza contiguo a la puesta del sol.*

רַחוּם Dios compasivo y clemente, hemos pecado ante Ti,
apiádate de nosotros y sálvanos.

*En voz baja:*

לְדָוִד Salmo de David, A Ti oh Señor elevo mi alma. Dios mío, en Sal. 25
Ti he confiado, que no me avergüence, que mis enemigos no triunfen sobre mí. Todos aquellos que en Ti depositan su confianza no se avergonzarán, lo harán quienes traicionan sin causa alguna. Enséñame Señor Tu caminos, instrúyeme en Tus sendas. Guíame en Tu verdad y hazme saber que Tú eres el Dios de mi redención, en Ti deposito mis esperanzas todo el día. Recuerda Señor Tu compasión y Tu benevolencia pues desde siempre han existido. No recuerdes los pecados ni las transgresiones de mi mocedad, recuérdame conforme a Tu benevolencia Señor. El Señor es benevolente y recto, por ello instruye el camino a quienes pecan. Guiará a los humildes justamente y les enseñará Su camino. Todas las sendas del Señor son benevolencia y verdad para aquellos que guardan Su pacto y Sus testimonios. En aras de Tu Nombre Señor, perdona mi iniquidad pues esta es abundante. ¿Quién es el varón temeroso del Señor? A él le habrá de enseñar el camino a escoger. Su alma descansará en la abundancia y su simiente heredará la tierra. El secreto del Señor está reservado a quienes Le temen, y Su pacto es para que Le conozcan. Mis ojos se

אֵל אֶרֶךְ אַפַּיִם אַתָּה וּבַעַל הָרַחֲמִים (נִקְרֵאתָ)
גְּדֻלַּת רַחֲמֶיךָ וַחֲסָדֶיךָ (תִּזְכֹּר הַיּוֹם לְזֶרַע יְדִידֶיךָ כְּמוֹ שֶׁ)הוֹדַעְתָּ
לֶעָנָו מִקֶּדֶם וְכֵן כָּתוּב בְּתוֹרָתְךָ:

שמות לד

וַיֵּרֶד יְהֹוָה בֶּעָנָן וַיִּתְיַצֵּב עִמּוֹ שָׁם וַיִּקְרָא בְשֵׁם יְהֹוָה:
וְשָׁם נֶאֱמַר:
וַיַּעֲבֹר יְהֹוָה ׀ עַל־פָּנָיו וַיִּקְרָא
יְהֹוָה ׀ יְהֹוָה אֵל רַחוּם וְחַנּוּן אֶרֶךְ אַפַּיִם וְרַב־חֶסֶד וֶאֱמֶת:
נֹצֵר חֶסֶד לָאֲלָפִים נֹשֵׂא עָוֺן וָפֶשַׁע וְחַטָּאָה וְנַקֵּה:

*se recita sentado inclinando la espalda hacia adelante y apoyando la cabeza sobre el brazo izquierdo.*

*Se acostumbra a saltear el siguiente pasaje si se reza contiguo a la puesta del sol.*

רַחוּם וְחַנּוּן, חָטָאנוּ לְפָנֶיךָ רַחֵם עָלֵינוּ וְהוֹשִׁיעֵנוּ.

*En voz baja:*

תהלים כה

לְדָוִד אֵלֶיךָ יְהֹוָה נַפְשִׁי אֶשָּׂא: אֱלֹהַי בְּךָ בָטַחְתִּי אַל־אֵבוֹשָׁה
אַל־יַעַלְצוּ אֹיְבַי לִי: גַּם כָּל־קֹוֶיךָ לֹא יֵבֹשׁוּ יֵבֹשׁוּ הַבּוֹגְדִים רֵיקָם:
דְּרָכֶיךָ יְהֹוָה הוֹדִיעֵנִי אֹרְחוֹתֶיךָ לַמְּדֵנִי: הַדְרִיכֵנִי בַאֲמִתֶּךָ ׀
וְלַמְּדֵנִי כִּי־אַתָּה אֱלֹהֵי יִשְׁעִי אוֹתְךָ קִוִּיתִי כָּל־הַיּוֹם: זְכֹר־רַחֲמֶיךָ
יְהֹוָה וַחֲסָדֶיךָ כִּי מֵעוֹלָם הֵמָּה: חַטֹּאות נְעוּרַי ׀ וּפְשָׁעַי אַל־
תִּזְכֹּר כְּחַסְדְּךָ זְכָר־לִי־אַתָּה לְמַעַן טוּבְךָ יְהֹוָה: טוֹב־וְיָשָׁר
יְהֹוָה עַל־כֵּן יוֹרֶה חַטָּאִים בַּדָּרֶךְ: יַדְרֵךְ עֲנָוִים בַּמִּשְׁפָּט וִילַמֵּד
עֲנָוִים דַּרְכּוֹ: כָּל־אָרְחוֹת יְהֹוָה חֶסֶד וֶאֱמֶת לְנֹצְרֵי בְרִיתוֹ
וְעֵדֹתָיו: לְמַעַן־שִׁמְךָ יְהֹוָה וְסָלַחְתָּ לַעֲוֺנִי כִּי רַב־הוּא: מִי־זֶה
הָאִישׁ יְרֵא יְהֹוָה יוֹרֶנּוּ בְּדֶרֶךְ יִבְחָר: נַפְשׁוֹ בְּטוֹב תָּלִין וְזַרְעוֹ
יִירַשׁ אָרֶץ: סוֹד יְהֹוָה לִירֵאָיו וּבְרִיתוֹ לְהוֹדִיעָם: עֵינַי תָּמִיד

dirigen siempre al SEÑOR pues Él quitará mis pies de la red. Dirígete a mí y agráciame pues me encuentro solo y afligido. Las angustias de mi corazón han aumentado, sácame de mis dificultades. Contempla mi aflicción y mi inconducta y perdona todos mis pecados. Mira cómo mis enemigos se han multiplicado y el odio cruel que me profesan. Cuida mi alma y sálvame, no dejes que me avergüence, pues me he refugiado en Ti. La integridad y la rectitud me habrán de preservar pues en Ti he depositado mis esperanzas. Redime oh Dios a Israel de todas sus angustias. Y Él redimirá a Israel de todos sus pecados. *Sal. 130*

*Reanudar, recitando en voz alta:*

יְהוָה SEÑOR, Dios de Israel, aplaca Tu furia y retira el mal destinado a Tu pueblo. *Éx. 32*

Padre nuestro, Rey nuestro, Tú eres nuestro Padre. *Ta'anit 25b*
Padre nuestro, Rey nuestro, no tenemos Rey salvo Tú.
Padre nuestro, Rey nuestro, ten compasión por nosotros.
Padre nuestro, Rey nuestro se clemente y respóndenos, pues carecemos de buenas acciones en nuestro haber; obra con nosotros con caridad y benevolencia y sálvanos.

וַאֲנַחְנוּ Y nosotros no sabemos qué hacer, mas nuestros ojos están *II Crón. 20*
puestos en Ti. Recuerda SEÑOR Tu compasión y Tu benevolencia *Sal. 25*
pues desde siempre han existido. Que Tu benevolencia SEÑOR, sea *Sal. 33*
sobre nosotros pues en Ti hemos depositado nuestras esperanzas.
No nos recuerdes los pecados de quienes nos antecedieron. Que Tu *Sal. 79*
misericordia nos encuentre prontamente, pues hemos caído muy bajo.
Nuestra ayuda está en el Nombre del SEÑOR, Hacedor de los cielos y *Sal. 124*
la tierra. Sé clemente con nosotros SEÑOR, pues ya nos hemos saciado *Sal. 123*
de burlas. En Tu ira recuerda Tu misericordia. En Tu ira recuerda Tu *Hab. 3*
amor. En Tu ira recuerda el amarramiento (de Yitzjak). En Tu ira
recuerda la integridad. El SEÑOR salva, el Rey nos responderá el día *Sal. 20*
que Le invoquemos. Pues Él conoce nuestra inclinación, Él recuerda *Sal. 103*
que estamos hechos de polvo. Ayúdanos, Dios de nuestra salvación, *Sal. 79*
por la gloria de Tu Nombre. Sálvanos y expía nuestros pecados en
pos de Tu Nombre.

אֶל־יְהֹוָה כִּי הוּא־יוֹצִיא מֵרֶשֶׁת רַגְלָי: פְּנֵה־אֵלַי וְחָנֵּנִי כִּי־יָחִיד
וְעָנִי אָנִי: צָרוֹת לְבָבִי הִרְחִיבוּ מִמְּצוּקוֹתַי הוֹצִיאֵנִי: רְאֵה עָנְיִי
וַעֲמָלִי וְשָׂא לְכָל־חַטֹּאותָי: רְאֵה־אוֹיְבַי כִּי־רָבּוּ וְשִׂנְאַת חָמָס
שְׂנֵאוּנִי: שָׁמְרָה נַפְשִׁי וְהַצִּילֵנִי אַל־אֵבוֹשׁ כִּי־חָסִיתִי בָךְ: תֹּם־
וָיֹשֶׁר יִצְּרוּנִי כִּי קִוִּיתִיךָ: פְּדֵה אֱלֹהִים אֶת־יִשְׂרָאֵל מִכֹּל צָרוֹתָיו:
וְהוּא יִפְדֶּה אֶת־יִשְׂרָאֵל מִכֹּל עֲוֹנוֹתָיו: תהלים קל

*Reanudar, recitando en voz alta:*

יְהֹוָה אֱלֹהֵי יִשְׂרָאֵל, שׁוּב מֵחֲרוֹן אַפֶּךָ וְהִנָּחֵם עַל־הָרָעָה לְעַמֶּךָ: שמות לב

אָבִינוּ מַלְכֵּנוּ, אָבִינוּ אָתָּה. תענית כה:
אָבִינוּ מַלְכֵּנוּ, אֵין לָנוּ מֶלֶךְ אֶלָּא אָתָּה.
אָבִינוּ מַלְכֵּנוּ, רַחֵם עָלֵינוּ.
אָבִינוּ מַלְכֵּנוּ, חָנֵּנוּ וַעֲנֵנוּ, כִּי אֵין בָּנוּ מַעֲשִׂים טוֹבִים
עֲשֵׂה עִמָּנוּ צְדָקָה וָחֶסֶד לְמַעַן שִׁמְךָ הַגָּדוֹל
וְהוֹשִׁיעֵנוּ.

וַאֲנַחְנוּ לֹא נֵדַע מַה־נַּעֲשֶׂה, כִּי עָלֶיךָ עֵינֵינוּ: זְכֹר־רַחֲמֶיךָ יְהֹוָה דה״ב כ תהלים כה
וַחֲסָדֶיךָ, כִּי מֵעוֹלָם הֵמָּה: יְהִי־חַסְדְּךָ יְהֹוָה עָלֵינוּ, כַּאֲשֶׁר יִחַלְנוּ תהלים לג
לָךְ: אַל־תִּזְכָּר־לָנוּ עֲוֹנֹת רִאשֹׁנִים, מַהֵר יְקַדְּמוּנוּ רַחֲמֶיךָ כִּי תהלים עט
דַלּוֹנוּ מְאֹד: עֶזְרֵנוּ בְּשֵׁם יְהֹוָה, עֹשֵׂה שָׁמַיִם וָאָרֶץ: חָנֵּנוּ יְהֹוָה תהלים קכד תהלים קכג
חָנֵּנוּ, כִּי־רַב שָׂבַעְנוּ בוּז: בְּרֹגֶז, רַחֵם תִּזְכּוֹר: בְּרֹגֶז, אַהֲבָה תִּזְכֹּר. חבקוק ג
בְּרֹגֶז, עֲקֵדָה תִּזְכֹּר. בְּרֹגֶז, תְּמִימוּת תִּזְכֹּר. יְהֹוָה הוֹשִׁיעָה, הַמֶּלֶךְ תהלים כ
יַעֲנֵנוּ בְיוֹם־קָרְאֵנוּ: כִּי־הוּא יָדַע יִצְרֵנוּ, זָכוּר כִּי־עָפָר אֲנָחְנוּ: תהלים קג
עָזְרֵנוּ אֱלֹהֵי יִשְׁעֵנוּ עַל־דְּבַר כְּבוֹד־שְׁמֶךָ, וְהַצִּילֵנוּ וְכַפֵּר עַל־ תהלים עט
חַטֹּאתֵינוּ לְמַעַן שְׁמֶךָ:

יְהִי Que el Nombre del Señor sea bendito desde ahora y hasta la eternidad. Desde la salida del sol hasta su ocaso, alabado es el Nombre del Señor. El Señor es nuestro Soberano, cuán exaltado es Tu Nombre en toda la tierra. *Sal. 113* *Sal. 8*

## KADISH TITKABAL

*El Ḥazán recita el Kadish Titkabal solo:*

יִתְגַּדַּל Que Su Gran Nombre sea magnificado y santificado,
en el mundo que creó conforme a Su voluntad.
Que establezca Su reino, haga florecer Su salvación
y apresure la llegada de Su ungido
durante vuestra vida y en vuestros días
y en la vida de toda la casa de Israel,
pronto y rápidamente y decid: Amén.

Que Su Gran Nombre sea bendito por siempre y por toda la eternidad.

Sea bendecido, alabado, glorificado y exaltado, encumbrado
y magnificado, enaltecido y ensalzado
el Nombre del Santo Bendito Él;
más allá de cualquier bendición, cántico, alabanza y consolación
pronunciados en el mundo y decid: Amén.

Que nuestras plegarias y súplicas junto
a las de todo el pueblo de Israel
sean aceptadas por nuestro Padre Celestial y Terrenal y decid: Amén.

Que haya gran paz celestial, vida, saciedad, salvación, consolación,
refugio, sanación, redención, perdón y expiación, bienestar
y salvación para nosotros y para todo Su pueblo Israel y decid: Amén.

*Antes de decir 'Quien obra paz' se dan tres pasos hacia atrás.*
*En los Diez Días del Retorno se dice "HaShalom" en vez de "Shalom".*

Quien obra la paz en Sus alturas,
con compasión haga la paz
para nosotros y todo Su pueblo Israel y decid: Amén.

יְהִי שֵׁם יְהוָה מְבֹרָךְ מֵעַתָּה וְעַד־עוֹלָם: תהלים קיג
מִמִּזְרַח־שֶׁמֶשׁ עַד־מְבוֹאוֹ מְהֻלָּל שֵׁם יְהוָה:
יְהוָה אֲדֹנֵינוּ, מָה־אַדִּיר שִׁמְךָ בְּכָל־הָאָרֶץ: תהלים ח

## קדיש תתקבל

*El* חזן *recita el* קדיש תתקבל *solo:*

וְיִתְקַדַּשׁ שְׁמֵהּ רַבָּא (קהל: אָמֵן)
בְּעָלְמָא דִּי בְרָא כִרְעוּתֵהּ
וְיַמְלִיךְ מַלְכוּתֵהּ וְיַצְמַח פֻּרְקָנֵהּ וִיקָרֵב מְשִׁיחֵהּ (קהל: אָמֵן)
בְּחַיֵּיכוֹן וּבְיוֹמֵיכוֹן וּבְחַיֵּי דְכָל־בֵּית יִשְׂרָאֵל
בַּעֲגָלָא וּבִזְמַן קָרִיב, וְאִמְרוּ אָמֵן. (קהל: אָמֵן)

יְהֵא שְׁמֵהּ רַבָּא מְבָרַךְ לְעָלַם וּלְעָלְמֵי עָלְמַיָּא יִתְבָּרַךְ
וְיִשְׁתַּבַּח וְיִתְפָּאַר וְיִתְרוֹמַם וְיִתְנַשֵּׂא
וְיִתְהַדָּר וְיִתְעַלֶּה וְיִתְהַלָּל שְׁמֵהּ דְּקֻדְשָׁא בְּרִיךְ הוּא (קהל: אָמֵן)
לְעֵלָּא מִן כָּל־בִּרְכָתָא, שִׁירָתָא, תֻּשְׁבְּחָתָא וְנֶחֱמָתָא
דַּאֲמִירָן בְּעָלְמָא, וְאִמְרוּ אָמֵן. (קהל: אָמֵן)

תִּתְקַבַּל צְלוֹתְנָא וּבָעוּתְנָא
עִם כָּל־צְלוֹתְהוֹן וּבָעוּתְהוֹן דְּכָל־בֵּית יִשְׂרָאֵל
קֳדָם אֲבוּנָא אֱלָהָנָא מָארֵי שְׁמַיָּא וְאַרְעָא, וְאִמְרוּ אָמֵן. (קהל: אָמֵן)

יְהֵא שְׁלָמָא רַבָּא מִן שְׁמַיָּא, חַיִּים וְשָׂבָע וִישׁוּעָה וְנֶחָמָה
וְשֵׁיזָבָא וּרְפוּאָה, וּגְאֻלָּה וּסְלִיחָה וְכַפָּרָה, וְרֶוַח וְהַצָּלָה
לָנוּ וּלְכָל־עַמּוֹ יִשְׂרָאֵל, וְאִמְרוּ אָמֵן. (קהל: אָמֵן)

*Antes de decir 'עֹשֶׂה שָׁלוֹם' se dan tres pasos hacia atrás.*
*En los Diez Días del Retorno se dice 'הַשָּׁלוֹם' en vez de 'שָׁלוֹם'.*

עֹשֶׂה שָׁלוֹם בִּמְרוֹמָיו
הוּא בְּרַחֲמָיו יַעֲשֶׂה שָׁלוֹם
עָלֵינוּ וְעַל־כָּל־עַמּוֹ יִשְׂרָאֵל, וְאִמְרוּ אָמֵן. (קהל: אָמֵן)

*Para días de semana (excepto viernes):*

לַמְנַצֵּחַ Para el jefe de los músicos de los instrumentos de cuerda. Un salmo – una canción. Que Dios nos conceda gracia y nos bendiga, que Su rostro ilumine hacia nosotros, Sela. Para que Tu senda sea conocida en la tierra y Tu salvación entre las naciones. Dios, los pueblos Te alabarán, todas las naciones Te agradecerán. Las naciones se habrán de regocijar y prorrumpirán en canto, pues habrás de juzgar a los pueblos con rectitud y los guiarás en la tierra, Sela. Dios, los pueblos Te alabarán, todas las naciones Te agradecerán. La tierra ha dado su cosecha, que el SEÑOR nuestro Dios nos bendiga. Que Dios nos bendiga y en todos los confines de la tierra Le teman con reverencia. *Sal. 67*

*Únicamente el viernes por la tarde se dice:*

יְהוָה מָלָךְ El SEÑOR ha reinado. Él se ha revestido de majestad. El SEÑOR está investido de poder, ceñido de fortaleza. También al mundo lo ha establecido firmemente, para que no vacile. Tu trono está firme desde entonces, Tú eres Eterno. Los ríos SEÑOR, los ríos han alzado sus voces. Ríos, elevad vuestras rompientes olas. Más que el sonido de muchas aguas, más que las poderosas rompientes del mar, el SEÑOR es poderoso en las Alturas. Tus testimonios son de lo más fidedignos; Tu morada resplandecerá de santidad SEÑOR, para siempre. *Sal. 93*

*En Ḥol HaMo'ed Sucot se dice únicamente el siguiente salmo:*

שִׁיר הַמַּעֲלוֹת Cántico de las ascensiones de David. Me regocijé cuando me dijeron vayamos a la casa del SEÑOR. Nuestros pies estuvieron parados frente a tus portales, Jerusalém. Jerusalém, la que está edificada cual ciudad en la que está junto y unida. Allí ascendían las tribus del Eterno, testimonio de Israel, para agradecer al Nombre del SEÑOR. Pues allí estaban los asientos de la justicia, los tronos de la Casa de David. Orad por la paz de Jerusalém: Que quienes te aman prosperen. Haya paz en tus fortalezas y tranquilidad en tus palacios. En aras de mis hermanos y amigos diré: "Haya paz en ti". En aras de la Casa del SEÑOR nuestro Dios pediré por tu bien. *Sal. 122*

*En Ḥol HaMo'ed Pesaḥ se dice únicamente el siguiente salmo:*

בְּצֵאת Cuando Israel salió de Egipto, la casa de Ya'akob de una nación que habla una lengua extraña, Yehudá se transformó en Su Santuario e Israel Su dominio. El mar vio y huyó, el Río Jordán se dio vuelta. Las montañas danzaron cual carneros, las colinas cual corderos. Qué te ocurre oh mar, ¿por qué escapas? ¿Por qué el Jordán se da vuelta? ¿Por qué vosotras, las montañas, saltáis cual carneros y las colinas cual corderos? Es ante la presencia del SEÑOR Creador de la tierra, ante la presencia del Dios de Ya'akob. Aquél que tornó al peñasco en una laguna, al pedernal en un manantial que fluye. *Sal. 114*

*Para días de semana (excepto viernes):*

לַמְנַצֵּחַ בִּנְגִינֹת מִזְמוֹר שִׁיר: אֱלֹהִים יְחָנֵּנוּ וִיבָרְכֵנוּ יָאֵר פָּנָיו תהלים סז
אִתָּנוּ סֶלָה: לָדַעַת בָּאָרֶץ דַּרְכֶּךָ בְּכָל־גּוֹיִם יְשׁוּעָתֶךָ: יוֹדוּךָ
עַמִּים ׀ אֱלֹהִים יוֹדוּךָ עַמִּים כֻּלָּם: יִשְׂמְחוּ וִירַנְּנוּ לְאֻמִּים כִּי־
תִשְׁפֹּט עַמִּים מִישֹׁר וּלְאֻמִּים ׀ בָּאָרֶץ תַּנְחֵם סֶלָה: יוֹדוּךָ עַמִּים ׀
אֱלֹהִים יוֹדוּךָ עַמִּים כֻּלָּם: אֶרֶץ נָתְנָה יְבוּלָהּ יְבָרְכֵנוּ אֱלֹהִים
אֱלֹהֵינוּ: יְבָרְכֵנוּ אֱלֹהִים וְיִירְאוּ אוֹתוֹ כָּל־אַפְסֵי־אָרֶץ:

*Únicamente el viernes por la tarde se dice:*

יְהוָה מָלָךְ גֵּאוּת לָבֵשׁ לָבֵשׁ יְהוָה עֹז הִתְאַזָּר אַף־תִּכּוֹן תֵּבֵל תהלים צג
בַּל־תִּמּוֹט: נָכוֹן כִּסְאֲךָ מֵאָז מֵעוֹלָם אָתָּה: נָשְׂאוּ נְהָרוֹת ׀ יְהוָה
נָשְׂאוּ נְהָרוֹת קוֹלָם יִשְׂאוּ נְהָרוֹת דָּכְיָם: מִקֹּלוֹת ׀ מַיִם רַבִּים
אַדִּירִים מִשְׁבְּרֵי־יָם אַדִּיר בַּמָּרוֹם יְהוָה: עֵדֹתֶיךָ ׀ נֶאֶמְנוּ מְאֹד
לְבֵיתְךָ נַאֲוָה־קֹדֶשׁ יְהוָה לְאֹרֶךְ יָמִים:

*En* חול המועד סוכות *se dice únicamente el siguiente* מזמור*:*

שִׁיר הַמַּעֲלוֹת לְדָוִד שָׂמַחְתִּי בְּאֹמְרִים לִי בֵּית יְהוָה נֵלֵךְ: עֹמְדוֹת הָיוּ תהלים קכב
רַגְלֵינוּ בִּשְׁעָרַיִךְ יְרוּשָׁלָםִ: יְרוּשָׁלַםִ הַבְּנוּיָה כְּעִיר שֶׁחֻבְּרָה־לָּהּ יַחְדָּו: שֶׁשָּׁם
עָלוּ שְׁבָטִים שִׁבְטֵי־יָהּ עֵדוּת לְיִשְׂרָאֵל לְהֹדוֹת לְשֵׁם יְהוָה: כִּי שָׁמָּה ׀ יָשְׁבוּ
כִסְאוֹת לְמִשְׁפָּט כִּסְאוֹת לְבֵית דָּוִד: שַׁאֲלוּ שְׁלוֹם יְרוּשָׁלָםִ יִשְׁלָיוּ אֹהֲבָיִךְ:
יְהִי־שָׁלוֹם בְּחֵילֵךְ שַׁלְוָה בְּאַרְמְנוֹתָיִךְ: לְמַעַן אַחַי וְרֵעָי אֲדַבְּרָה־נָּא שָׁלוֹם
בָּךְ: לְמַעַן בֵּית־יְהוָה אֱלֹהֵינוּ אֲבַקְשָׁה טוֹב לָךְ:

*En* חול המועד פסח *se dice únicamente el siguiente* מזמור*:*

בְּצֵאת יִשְׂרָאֵל מִמִּצְרָיִם בֵּית יַעֲקֹב מֵעַם לֹעֵז: הָיְתָה יְהוּדָה לְקָדְשׁוֹ תהלים קיד
יִשְׂרָאֵל מַמְשְׁלוֹתָיו: הַיָּם רָאָה וַיָּנֹס הַיַּרְדֵּן יִסֹּב לְאָחוֹר: הֶהָרִים רָקְדוּ
כְאֵילִים גְּבָעוֹת כִּבְנֵי־צֹאן: מַה־לְּךָ הַיָּם כִּי תָנוּס הַיַּרְדֵּן תִּסֹּב לְאָחוֹר:
הֶהָרִים תִּרְקְדוּ כְאֵילִים גְּבָעוֹת כִּבְנֵי־צֹאן: מִלִּפְנֵי אָדוֹן חוּלִי אָרֶץ מִלִּפְנֵי
אֱלוֹהַּ יַעֲקֹב: הַהֹפְכִי הַצּוּר אֲגַם־מָיִם חַלָּמִישׁ לְמַעְיְנוֹ־מָיִם:

*En Purim se dice únicamente el siguiente salmo:*

שִׁיר הַמַּעֲלוֹת Cántico de las ascensiones de David. De no haber estado el Señor con nosotros – que Israel lo diga – de no haber estado el Señor de nuestro lado al alzarse los hombres contra nosotros en su furia hacia nosotros nos habrían tragado vivos. Las aguas nos habrían anegado y el torrente arrasado nuestra alma. Las aguas maliciosas nos habrían arrastrado. Bendito sea el Señor que no permitió que seamos presas de sus dientes. Nos liberamos cual ave que huye de la trampa. La trampa se rompió y escapamos. Nuestra ayuda está en el Nombre del Señor, Hacedor de los cielos y la tierra. *Sal. 124*

## KADISH YEHÉ SHELAMÁ

*El Ḥazán y los Avelim recitan Kadish Yehé Shelamá:*

יִתְגַּדַּל Que Su Gran Nombre sea magnificado y santificado,
en el mundo que creó conforme a Su voluntad.
Que establezca Su reino, haga florecer Su salvación
y apresure la llegada de Su ungido
durante vuestra vida y en vuestros días
y en la vida de toda la casa de Israel,
pronto y rápidamente y decid: Amén.

Que Su Gran Nombre sea bendito
por siempre y por toda la eternidad.

Sea bendecido, alabado, glorificado y exaltado, encumbrado
y magnificado, enaltecido y ensalzado
el Nombre del Santo Bendito Él;
más allá de cualquier bendición, cántico, alabanza y consolación
pronunciados en el mundo y decid: Amén.

Que haya gran paz celestial, vida, saciedad,
salvación, consolación, refugio, sanación,
redención, perdón y expiación, bienestar y salvación
para nosotros y para todo Su pueblo Israel y decid: Amén.

*Antes de decir 'Quien obra paz' se dan tres pasos hacia atrás.*

Quien obra la paz en Sus alturas,
con compasión haga la paz
para nosotros y todo Su pueblo Israel y decid: Amén.

*En* פורים *se dice únicamente el siguiente* מזמור*:*

שִׁיר הַמַּעֲלוֹת לְדָוִד לוּלֵי יְהוָה שֶׁהָיָה לָנוּ יֹאמַר־נָא יִשְׂרָאֵל: לוּלֵי יְהוָה שֶׁהָיָה לָנוּ בְּקוּם עָלֵינוּ אָדָם: אֲזַי חַיִּים בְּלָעוּנוּ בַּחֲרוֹת אַפָּם בָּנוּ: אֲזַי הַמַּיִם שְׁטָפוּנוּ נַחְלָה עָבַר עַל־נַפְשֵׁנוּ: אֲזַי עָבַר עַל־נַפְשֵׁנוּ הַמַּיִם הַזֵּידוֹנִים: בָּרוּךְ יְהוָה שֶׁלֹּא נְתָנָנוּ טֶרֶף לְשִׁנֵּיהֶם: נַפְשֵׁנוּ כְּצִפּוֹר נִמְלְטָה מִפַּח יוֹקְשִׁים הַפַּח נִשְׁבָּר וַאֲנַחְנוּ נִמְלָטְנוּ: עֶזְרֵנוּ בְּשֵׁם יְהוָה עֹשֵׂה שָׁמַיִם וָאָרֶץ: תהלים קכד

קדיש יהא שלמא

*El* חזן *y los* אבלים *recitan* קדיש יהא שלמא*:*

יִתְגַּדַּל וְיִתְקַדַּשׁ שְׁמֵהּ רַבָּא (קהל: אָמֵן)
בְּעָלְמָא דִּי בְרָא כִרְעוּתֵהּ
וְיַמְלִיךְ מַלְכוּתֵהּ וְיַצְמַח פֻּרְקָנֵהּ וִיקָרֵב מְשִׁיחֵהּ (קהל: אָמֵן)
בְּחַיֵּיכוֹן וּבְיוֹמֵיכוֹן וּבְחַיֵּי דְכָל־בֵּית יִשְׂרָאֵל
בַּעֲגָלָא וּבִזְמַן קָרִיב, וְאִמְרוּ אָמֵן. (קהל: אָמֵן)

יְהֵא שְׁמֵהּ רַבָּא מְבָרַךְ לְעָלַם וּלְעָלְמֵי עָלְמַיָּא יִתְבָּרַךְ
וְיִשְׁתַּבַּח וְיִתְפָּאַר וְיִתְרוֹמַם
וְיִתְנַשֵּׂא וְיִתְהַדָּר וְיִתְעַלֶּה וְיִתְהַלָּל
שְׁמֵהּ דְּקֻדְשָׁא בְּרִיךְ הוּא (קהל: אָמֵן)
לְעֵלָּא מִן כָּל־בִּרְכָתָא, שִׁירָתָא, תֻּשְׁבְּחָתָא וְנֶחֱמָתָא
דַּאֲמִירָן בְּעָלְמָא, וְאִמְרוּ אָמֵן. (קהל: אָמֵן)

יְהֵא שְׁלָמָא רַבָּא מִן שְׁמַיָּא, חַיִּים וְשָׂבָע וִישׁוּעָה וְנֶחָמָה
וְשֵׁיזָבָא וּרְפוּאָה וּגְאֻלָּה וּסְלִיחָה וְכַפָּרָה, וְרֶוַח וְהַצָּלָה
לָנוּ וּלְכָל־עַמּוֹ יִשְׂרָאֵל, וְאִמְרוּ אָמֵן. (קהל: אָמֵן)

*Antes de decir* 'עֹשֶׂה שָׁלוֹם' *se dan tres pasos hacia atrás.*

עֹשֶׂה שָׁלוֹם בִּמְרוֹמָיו
הוּא בְּרַחֲמָיו יַעֲשֶׂה שָׁלוֹם עָלֵינוּ
וְעַל־כָּל־עַמּוֹ יִשְׂרָאֵל, וְאִמְרוּ אָמֵן. (קהל: אָמֵן)

עָלֵינוּ Es nuestro deber alabar al Amo de todo, engrandecer al Creador del universo por no habernos hecho como las naciones de los países ni habernos puesto entre las familias de la tierra; que no hizo nuestra porción similar a la de ellos ni nuestro destino como el de sus multitudes. Pues ellos se prosternan a la vanidad y al vacío y le oran a un dios que no puede salvarlos. *Nos inclinamos* Empero nosotros nos prosternamos ante el Supremo Rey de Reyes, el Santo Bendito Él, que extiende los cielos y establece la tierra, y Su trono de gloria se encuentra en los cielos y el poder de Su Presencia mora en las alturas. Él es nuestro Dios, no hay otro. Verdadero es nuestro
Rey y no hay ningún otro, tal como está escrito en Su Torá: "Has *Deut. 4*
de saber hoy y responder a tu corazón que el SEÑOR es el Dios en las alturas del cielo y abajo en la tierra, no hay otro salvo Él.

עַל כֵּן Por lo tanto, depositamos en Ti nuestra confianza SEÑOR, Dios nuestro, que podamos ver pronto el esplendor de Tu poder, cuando remuevas las abominaciones de la faz de la tierra, y los ídolos sean completamente destruidos, cuando el mundo sea perfeccionado bajo la soberanía del Todopoderoso, cuando toda la humanidad invoque Tu Nombre y todos los malvados de la tierra se volverán hacia Ti. Todos los habitantes de la tierra reconocerán y sabrán que toda rodilla debe inclinarse ante Ti y cada lengua debe jurarte fidelidad. Ante Ti SEÑOR, Dios nuestro, se habrán de arrodillar e inclinar y darán honor a Tu glorioso Nombre. Aceptarán el yugo de Tu reino y pronto reinarás sobre ellos por siempre jamás. Pues Tuyo es el reino por siempre, y reinarás gloriosamente por
toda la eternidad, tal como está escrito en Tu Torá: "El SEÑOR *Éx. 16*
reinará por siempre y por toda la eternidad". Y fue dicho: "Entonces *Zac. 14*
el SEÑOR será el Rey sobre toda la tierra; en ese día el SEÑOR será Uno y Su Nombre Uno". Y en Tu Torá SEÑOR, Dios nuestro, está
escrito: "Escucha Israel, el SEÑOR es nuestro Dios, el SEÑOR es *Deut. 6*
Uno".

עָלֵינוּ לְשַׁבֵּחַ לַאֲדוֹן הַכֹּל, לָתֵת גְּדֻלָּה לְיוֹצֵר בְּרֵאשִׁית
שֶׁלֹּא עָשָׂנוּ כְּגוֹיֵי הָאֲרָצוֹת, וְלֹא שָׂמָנוּ כְּמִשְׁפְּחוֹת הָאֲדָמָה
שֶׁלֹּא שָׂם חֶלְקֵנוּ כָּהֶם וְגוֹרָלֵנוּ כְּכָל־הֲמוֹנָם.
שֶׁהֵם מִשְׁתַּחֲוִים לְהֶבֶל וָרִיק וּמִתְפַּלְלִים אֶל־אֵל לֹא יוֹשִׁיעַ.
כורעים וַאֲנַחְנוּ מִשְׁתַּחֲוִים לִפְנֵי מֶלֶךְ מַלְכֵי הַמְּלָכִים
הַקָּדוֹשׁ בָּרוּךְ הוּא
שֶׁהוּא נוֹטֶה שָׁמַיִם וְיוֹסֵד אָרֶץ
וּמוֹשַׁב יְקָרוֹ בַּשָּׁמַיִם מִמַּעַל, וּשְׁכִינַת עֻזּוֹ בְּגָבְהֵי מְרוֹמִים.
הוּא אֱלֹהֵינוּ, וְאֵין עוֹד אַחֵר, אֱמֶת מַלְכֵּנוּ, וְאֶפֶס זוּלָתוֹ
כַּכָּתוּב בַּתּוֹרָה, וְיָדַעְתָּ הַיּוֹם וַהֲשֵׁבֹתָ אֶל־לְבָבֶךָ דברים ד
כִּי יְהוָה הוּא הָאֱלֹהִים בַּשָּׁמַיִם מִמַּעַל וְעַל־הָאָרֶץ מִתָּחַת אֵין עוֹד:

עַל כֵּן נְקַוֶּה־לְּךָ, יְהוָה אֱלֹהֵינוּ, לִרְאוֹת מְהֵרָה בְּתִפְאֶרֶת עֻזֶּךָ
לְהַעֲבִיר גִּלּוּלִים מִן הָאָרֶץ וְהָאֱלִילִים כָּרוֹת יִכָּרֵתוּן
לְתַקֵּן עוֹלָם בְּמַלְכוּת שַׁדַּי
וְכָל־בְּנֵי בָשָׂר יִקְרְאוּ בִשְׁמֶךָ לְהַפְנוֹת אֵלֶיךָ כָּל־רִשְׁעֵי אָרֶץ
יַכִּירוּ וְיֵדְעוּ כָּל־יוֹשְׁבֵי תֵבֵל, כִּי לְךָ תִּכְרַע כָּל־בֶּרֶךְ, תִּשָּׁבַע כָּל־לָשׁוֹן.
לְפָנֶיךָ יְהוָה אֱלֹהֵינוּ יִכְרְעוּ וְיִפֹּלוּ, וְלִכְבוֹד שִׁמְךָ יְקָר יִתֵּנוּ
וִיקַבְּלוּ כֻלָּם אֶת עֹל מַלְכוּתֶךָ
וְתִמְלֹךְ עֲלֵיהֶם מְהֵרָה לְעוֹלָם וָעֶד
כִּי הַמַּלְכוּת שֶׁלְּךָ הִיא וּלְעוֹלְמֵי עַד תִּמְלֹךְ בְּכָבוֹד
כַּכָּתוּב בְּתוֹרָתֶךָ, יְהוָה יִמְלֹךְ לְעֹלָם וָעֶד: שמות טו
וְנֶאֱמַר, וְהָיָה יְהוָה לְמֶלֶךְ עַל־כָּל־הָאָרֶץ זכריה יד
בַּיּוֹם הַהוּא יִהְיֶה יְהוָה אֶחָד וּשְׁמוֹ אֶחָד:
וּבְתוֹרָתְךָ יְהוָה אֱלֹהֵינוּ כָּתוּב לֵאמֹר
שְׁמַע יִשְׂרָאֵל, יְהוָה אֱלֹהֵינוּ יְהוָה אֶחָד: דברים ו

# SALMOS PREVIO AL REZO DE A'RBIT

*El salmo para Ḥol HaMo'ed Pesaḥ: página 884*
*El salmo para Ḥol HaMo'ed Sucot: página 890.*

*En la primera noche de Rosh Ḥodesh, salvo que sea viernes, se dice:*

*Cuando Rosh Ḥodesh se celebra por dos días y el primero de estos cae en Shabat, hay quienes acostumbran a recitar el siguiente salmo en la noche de la salida del Shabat y hay quienes acostumbran a omitirlo.*

בָּרְכִי Bendice alma mía, al Señor, Dios mío, Tú eres grandemente ensalzado; Te has vestido de majestad y esplendor. Te envuelves en un vestido de luz, Tú has extendido los cielos cual tienda. Él ha establecido las vigas de sus cámaras superiores con agua; Él hace de las nubes Su carroza, andando sobre las alas del viento. Hace de los vientos Sus mensajeros y a las llamas del fuego Sus ministros. Él fijó la tierra en sus cimientos de modo tal que nunca pueda ser sacudida. La cubriste con el profundo mar cual ropaje, las aguas se posaron sobre las montañas. Ante Tu reprimenda huyeron, de Tu estruendosa voz apresuraron a huir. Ascenderán a las montañas y descenderán a los valles hacia el sitio que Tú les adjudicaste. Les estableciste un límite que nunca habrán de pasar para no volver a cubrir la tierra. Él hace fluir los manantiales en los valles, los hace transitar entre las colinas, dando así de beber a las bestias del campo, saciando la sed a los asnos salvajes. Los pájaros del cielo viven junto a ellos, trinando entre el follaje. Riega las montañas desde sus alturas, la tierra se saciará del fruto de Tu labor. Hace crecer heno para el ganado y las hierbas por la labor del hombre, para sacar el pan de la tierra y vino para alegrar el corazón humano, aceite para hacer brillar su semblante y pan para sustentar el corazón del hombre. Los árboles del Señor beben hasta colmarse, los cedros del Líbano que Él plantó. Allí los pájaros construyen sus nidos, la cigüeña hace su hogar entre los cipreses. Las altas cimas son para las cabras salvajes, las rocas son refugio para los conejos. Hizo la luna para marcar las Festividades e hizo que el sol sepa su ocaso. Tú traes la oscuridad y se hace de noche, y se movilizan todos los animales del bosque. Los cachorros aúllan tras su presa y piden de Dios su alimento. Al salir el sol se reúnen y retornan a sus guaridas para yacer allí. El hombre sale rumbo a su labor, para trabajar hasta el anochecer. Cuán numerosas son Tus obras Señor, todas las hiciste con sabiduría, la tierra está plena de Tus creaciones.

*Sal. 104*

# מזמורים לפני ערבית

*El salmo para* חול המועד פסח *página 885.*
*El salmo para* חול המועד סוכות *página 891.*

*En la primera noche de* ראש חודש, *salvo que sea viernes, se dice:*
*Cuando* ראש חודש *se celebra por dos días y el primero de estos cae en* שבת,
*hay quienes acostumbran a recitar el siguiente* מזמור *en la noche de* מוצאי שבת
*y hay quienes acostumbran a omitirlo.*

תהלים קד
בָּרְכִי נַפְשִׁי אֶת־יְהוָה, יְהוָה אֱלֹהַי גָּדַלְתָּ מְּאֹד הוֹד וְהָדָר לָבָשְׁתָּ:
עֹטֶה־אוֹר כַּשַּׂלְמָה נוֹטֶה שָׁמַיִם כַּיְרִיעָה: הַמְקָרֶה בַמַּיִם עֲלִיּוֹתָיו
הַשָּׂם־עָבִים רְכוּבוֹ הַמְהַלֵּךְ עַל־כַּנְפֵי־רוּחַ: עֹשֶׂה מַלְאָכָיו רוּחוֹת
מְשָׁרְתָיו אֵשׁ לֹהֵט: יָסַד־אֶרֶץ עַל־מְכוֹנֶיהָ בַּל־תִּמּוֹט עוֹלָם וָעֶד:
תְּהוֹם כַּלְּבוּשׁ כִּסִּיתוֹ עַל־הָרִים יַעַמְדוּ־מָיִם: מִן־גַּעֲרָתְךָ יְנוּסוּן
מִן־קוֹל רַעַמְךָ יֵחָפֵזוּן: יַעֲלוּ הָרִים יֵרְדוּ בְקָעוֹת אֶל־מְקוֹם זֶה ׀
יָסַדְתָּ לָהֶם: גְּבוּל־שַׂמְתָּ בַּל־יַעֲבֹרוּן בַּל־יְשׁוּבוּן לְכַסּוֹת הָאָרֶץ:
הַמְשַׁלֵּחַ מַעְיָנִים בַּנְּחָלִים בֵּין הָרִים יְהַלֵּכוּן: יַשְׁקוּ כָּל־חַיְתוֹ שָׂדָי
יִשְׁבְּרוּ פְרָאִים צְמָאָם: עֲלֵיהֶם עוֹף־הַשָּׁמַיִם יִשְׁכּוֹן מִבֵּין עֳפָאיִם
יִתְּנוּ־קוֹל: מַשְׁקֶה הָרִים מֵעֲלִיּוֹתָיו מִפְּרִי מַעֲשֶׂיךָ תִּשְׂבַּע הָאָרֶץ:
מַצְמִיחַ חָצִיר ׀ לַבְּהֵמָה וְעֵשֶׂב לַעֲבֹדַת הָאָדָם לְהוֹצִיא לֶחֶם מִן־
הָאָרֶץ: וְיַיִן ׀ יְשַׂמַּח לְבַב־אֱנוֹשׁ לְהַצְהִיל פָּנִים מִשָּׁמֶן וְלֶחֶם לְבַב־
אֱנוֹשׁ יִסְעָד: יִשְׂבְּעוּ עֲצֵי יְהוָה אַרְזֵי לְבָנוֹן אֲשֶׁר נָטָע: אֲשֶׁר־שָׁם
צִפֳּרִים יְקַנֵּנוּ חֲסִידָה בְּרוֹשִׁים בֵּיתָהּ: הָרִים הַגְּבֹהִים לַיְּעֵלִים
סְלָעִים מַחְסֶה לַשְׁפַנִּים: עָשָׂה יָרֵחַ לְמוֹעֲדִים שֶׁמֶשׁ יָדַע מְבוֹאוֹ:
תָּשֶׁת־חֹשֶׁךְ וִיהִי לָיְלָה בּוֹ־תִרְמֹשׂ כָּל־חַיְתוֹ־יָעַר: הַכְּפִירִים
שֹׁאֲגִים לַטָּרֶף וּלְבַקֵּשׁ מֵאֵל אָכְלָם: תִּזְרַח הַשֶּׁמֶשׁ יֵאָסֵפוּן וְאֶל־
מְעוֹנֹתָם יִרְבָּצוּן: יֵצֵא אָדָם לְפָעֳלוֹ וְלַעֲבֹדָתוֹ עֲדֵי־עָרֶב: מָה־
רַבּוּ מַעֲשֶׂיךָ ׀ יְהוָה כֻּלָּם בְּחָכְמָה עָשִׂיתָ מָלְאָה הָאָרֶץ קִנְיָנֶךָ:

Este es el gran y ancho mar con sus incontables creaturas pululantes, seres vivos grandes y pequeños. Allí navegan las embarcaciones. Allí está el Leviatán que Tú creaste para Tu deleite. Todos ellos elevan su mirada a Ti esperando que los alimentes cuando lo necesiten. Lo que Tú les des será lo que habrán de recoger, cuando Tú abres Tu mano se habrán de satisfacer con bien. Si ocultas Tu rostro habrán de aterrorizarse, cuando les quites el aliento habrán de perecer y retornar al polvo. Cuando les devuelvas su espíritu serán creados renovando la vida en la tierra. Que la gloria del Señor sea por siempre, que el Señor se regocije en Sus creaturas. Cuando Él dirige Su mirada a la tierra, ésta se estremece. Cuando toca las montañas expiden humo. Cantaré al Señor mientras viva, entonaré cánticos a mi Dios toda mi vida. Que mis meditaciones sean de Su agrado, yo me regocijaré en el Señor Que los pecados desaparezcan de la tierra y no haya más malvados. Bendice al Señor alma mía. ¡Aleluya!

*En Purim:*

El Señor es grande en Ṣion y es encumbrado por sobre todas las nacio- *Sal. 99*
nes. Pues la palabra del Señor es recta y todas Sus acciones fidedignas. *Sal. 33*
Por la palabra del Señor los cielos fueron hechos, y por medio del
hálito de Su boca todas sus huestes. Mi lengua declarará Tu rectitud, y *Sal. 35*
Tu alabanza todo el día.

לַמְנַצֵּחַ Para el jefe de los músicos, sobre Ayelet Hashaḥar (la aurora), un *Sal. 22*
salmo para David. Dios mío, Dios mío, ¿por qué me has abandonado? ¿Por qué te encuentras tan lejos de mi salvación y de las palabras de mi clamor? Dios mío, clamo a Ti de día y no me respondes, lo hago por la noche y no tengo sosiego. Mas Tú eres Santo, entronado por las alabanzas de Israel. En Ti depositaron su confianza nuestros ancestros, confiaron y los rescataste. A Ti clamaron y lograron librarse, en Ti confiaron y no fueron avergonzados. Mas yo soy un gusano y no un hombre, oprobio de los hombres y despreciado por el pueblo. Todos aquellos que me ven se mofan de mí, estiran su boca y mueven su cabeza diciendo: "Se encomendó al Señor, que Él lo libere ya que en Él se complació. Pues Tú eres quien me sacó del vientre materno, quien me asegura desde el seno materno. Fui arrojado sobre Ti desde la matriz, eres mi Dios desde el vientre de mi madre. No te alejes de mí

זֶה ׀ הַיָּם גָּדוֹל וּרְחַב יָדָיִם שָׁם־רֶמֶשׂ וְאֵין מִסְפָּר חַיּוֹת קְטַנּוֹת
עִם־גְּדֹלוֹת: שָׁם אֳנִיּוֹת יְהַלֵּכוּן לִוְיָתָן זֶה־יָצַרְתָּ לְשַׂחֶק־בּוֹ: כֻּלָּם
אֵלֶיךָ יְשַׂבֵּרוּן לָתֵת אָכְלָם בְּעִתּוֹ: תִּתֵּן לָהֶם יִלְקֹטוּן תִּפְתַּח יָדְךָ
יִשְׂבְּעוּן טוֹב: תַּסְתִּיר פָּנֶיךָ יִבָּהֵלוּן תֹּסֵף רוּחָם יִגְוָעוּן וְאֶל־עֲפָרָם
יְשׁוּבוּן: תְּשַׁלַּח רוּחֲךָ יִבָּרֵאוּן וּתְחַדֵּשׁ פְּנֵי אֲדָמָה: יְהִי כְבוֹד יְהוָה
לְעוֹלָם יִשְׂמַח יְהוָה בְּמַעֲשָׂיו: הַמַּבִּיט לָאָרֶץ וַתִּרְעָד יִגַּע בֶּהָרִים
וְיֶעֱשָׁנוּ: אָשִׁירָה לַיהוָה בְּחַיָּי אֲזַמְּרָה לֵאלֹהַי בְּעוֹדִי: יֶעֱרַב עָלָיו
שִׂיחִי אָנֹכִי אֶשְׂמַח בַּיהוָה: יִתַּמּוּ חַטָּאִים ׀ מִן־הָאָרֶץ וּרְשָׁעִים ׀
עוֹד אֵינָם בָּרְכִי נַפְשִׁי אֶת־יְהוָה הַלְלוּיָהּ:

בפורים:

יְהוָה בְּצִיּוֹן גָּדוֹל, וְרָם הוּא עַל־כָּל־הָעַמִּים: כִּי־יָשָׁר דְּבַר־יְהוָה, תהלים צט / תהלים לג
וְכָל־מַעֲשֵׂהוּ בֶּאֱמוּנָה: בִּדְבַר יְהוָה שָׁמַיִם נַעֲשׂוּ, וּבְרוּחַ פִּיו כָּל־
צְבָאָם: וּלְשׁוֹנִי תֶּהְגֶּה צִדְקֶךָ, כָּל־הַיּוֹם תְּהִלָּתֶךָ: תהלים לה

לַמְנַצֵּחַ עַל־אַיֶּלֶת הַשַּׁחַר מִזְמוֹר לְדָוִד: אֵלִי אֵלִי לָמָה עֲזַבְתָּנִי תהלים כב
רָחוֹק מִישׁוּעָתִי דִּבְרֵי שַׁאֲגָתִי: אֱלֹהַי אֶקְרָא יוֹמָם וְלֹא תַעֲנֶה
וְלַיְלָה וְלֹא־דוּמִיָּה לִי: וְאַתָּה קָדוֹשׁ יוֹשֵׁב תְּהִלּוֹת יִשְׂרָאֵל: בְּךָ
בָּטְחוּ אֲבֹתֵינוּ בָּטְחוּ וַתְּפַלְּטֵמוֹ: אֵלֶיךָ זָעֲקוּ וְנִמְלָטוּ בְּךָ בָטְחוּ
וְלֹא־בוֹשׁוּ: וְאָנֹכִי תוֹלַעַת וְלֹא־אִישׁ חֶרְפַּת אָדָם וּבְזוּי עָם: כָּל־
רֹאַי יַלְעִגוּ לִי יַפְטִירוּ בְשָׂפָה יָנִיעוּ רֹאשׁ: גֹּל אֶל־יְהוָה יְפַלְּטֵהוּ
יַצִּילֵהוּ כִּי חָפֵץ בּוֹ: כִּי־אַתָּה גֹחִי מִבָּטֶן מַבְטִיחִי עַל־שְׁדֵי
אִמִּי: עָלֶיךָ הָשְׁלַכְתִּי מֵרָחֶם מִבֶּטֶן אִמִּי אֵלִי אָתָּה: אַל־תִּרְחַק

pues la angustia está cercana, pues no tengo quien me ayude. Me han rodeado muchos toros, fuertes toros del Bashán me han cercado. Abren amenazantes su boca hacia mí, cual leones devoradores y rugientes. He sido derramado como las agua aguas y mis huesos se descoyuntaron, mi corazón se derritió cual cera en el seno de mis entrañas. Mi vigor se ha secado cual losa, mi lengua se pegó al paladar y me has abandonado junto al polvo de la muerte. Porque me han rodeado perros, hordas de maliciosos me han cercado, me ataron como a un león de manos y pies. Contaré todos mis huesos, ellos me miran y me observan. Se habrán de repartir mis ropas, y por mis prendas echarán suerte. Pero Tú SEÑOR, no te apartes, mi Fortaleza, apresúrate en venir en mi ayuda. Salva a mi alma de la espada, a mi vida del perro. Sálvame de las fauces del león y de los cuernos de los búfalos. Narraré Tu Nombre entre mis hermanos y Te alabaré en el seno de la congregación. Los temerosos del SEÑOR alabadle, toda la simiente honradle y todos los hijos de Israel temedle. Porque no despreció ni abominó la miseria del afligido ni ocultó Su rostro de nosotros, y al clamarle escucha. De Ti proviene mi alabanza, cumpliré mis votos públicamente ante quienes Le temen. Los humildes comerán y se saciarán, alabarán al SEÑOR quienes le procuran, sus corazones vivirán por siempre. Recordarán y retornarán al SEÑOR todos los confines de la tierra y se prosternarán ante Ti todas las familias de las naciones. Pues el reino pertenece al SEÑOR y Él gobierna a las naciones. Comerán y se prosternarán ante Él todos los poderosos de la tierra, se arrodillarán ante Él todos los mortales, aún aquél que no puede mantener viva su propia alma. Una simiente selecta Le servirá, será contado al SEÑOR de generación en generación. Vendrán y proclamarán Su justicia a un pueblo que habrá de nacer, le anunciarán que Él lo ha hecho.

*En la casa de un doliente se dice:*

לַמְנַצֵּחַ Para el director de música. Salmo de los hijos de Koraḥ. *Sal. 49*
Escuchad esto todas las naciones, prestad atención todos los habitantes del mundo, los humildes y los encumbrados, juntos los ricos y los pobres. Mi boca hablará palabras de sabiduría y la meditación de mi corazón entendimiento. Escucharé atentamente una parábola y expondré mi misterio al son de la lira. ¿Por qué habré de temer en los

מִמֶּנִּי כִּי־צָרָה קְרוֹבָה כִּי־אֵין עוֹזֵר: סְבָבוּנִי פָּרִים רַבִּים אַבִּירֵי
בָשָׁן כִּתְּרוּנִי: פָּצוּ עָלַי פִּיהֶם אַרְיֵה טֹרֵף וְשֹׁאֵג: כַּמַּיִם נִשְׁפַּכְתִּי
וְהִתְפָּרְדוּ כָּל־עַצְמוֹתָי הָיָה לִבִּי כַּדּוֹנָג נָמֵס בְּתוֹךְ מֵעָי: יָבֵשׁ
כַּחֶרֶשׂ ׀ כֹּחִי וּלְשׁוֹנִי מֻדְבָּק מַלְקוֹחָי וְלַעֲפַר־מָוֶת תִּשְׁפְּתֵנִי: כִּי
סְבָבוּנִי כְּלָבִים עֲדַת מְרֵעִים הִקִּיפוּנִי כָּאֲרִי יָדַי וְרַגְלָי: אֲסַפֵּר
כָּל־עַצְמוֹתָי הֵמָּה יַבִּיטוּ יִרְאוּ־בִי: יְחַלְּקוּ בְגָדַי לָהֶם וְעַל־לְבוּשִׁי
יַפִּילוּ גוֹרָל: וְאַתָּה יְהוָה אַל־תִּרְחָק אֱיָלוּתִי לְעֶזְרָתִי חוּשָׁה:
הַצִּילָה מֵחֶרֶב נַפְשִׁי מִיַּד־כֶּלֶב יְחִידָתִי: הוֹשִׁיעֵנִי מִפִּי אַרְיֵה
וּמִקַּרְנֵי רֵמִים עֲנִיתָנִי: אֲסַפְּרָה שִׁמְךָ לְאֶחָי בְּתוֹךְ קָהָל אֲהַלְלֶךָּ:
יִרְאֵי יְהוָה ׀ הַלְלוּהוּ כָּל־זֶרַע יַעֲקֹב כַּבְּדוּהוּ וְגוּרוּ מִמֶּנּוּ כָּל־זֶרַע
יִשְׂרָאֵל: כִּי לֹא־בָזָה וְלֹא שִׁקַּץ עֱנוּת עָנִי וְלֹא־הִסְתִּיר פָּנָיו מִמֶּנּוּ
וּבְשַׁוְּעוֹ אֵלָיו שָׁמֵעַ: מֵאִתְּךָ תְהִלָּתִי בְּקָהָל רָב נְדָרַי אֲשַׁלֵּם נֶגֶד
יְרֵאָיו: יֹאכְלוּ עֲנָוִים ׀ וְיִשְׂבָּעוּ יְהַלְלוּ יְהוָה דֹּרְשָׁיו יְחִי לְבַבְכֶם
לָעַד: יִזְכְּרוּ ׀ וְיָשֻׁבוּ אֶל־יְהוָה כָּל־אַפְסֵי־אָרֶץ וְיִשְׁתַּחֲווּ לְפָנֶיךָ
כָּל־מִשְׁפְּחוֹת גּוֹיִם: כִּי לַיהוָה הַמְּלוּכָה וּמֹשֵׁל בַּגּוֹיִם: אָכְלוּ
וַיִּשְׁתַּחֲווּ ׀ כָּל־דִּשְׁנֵי־אֶרֶץ לְפָנָיו יִכְרְעוּ כָּל־יוֹרְדֵי עָפָר וְנַפְשׁוֹ
לֹא חִיָּה: זֶרַע יַעַבְדֶנּוּ יְסֻפַּר לַאדֹנָי לַדּוֹר: יָבֹאוּ וְיַגִּידוּ צִדְקָתוֹ
לְעַם נוֹלָד כִּי עָשָׂה:

*En un* בית אבל *se dice:*

לַמְנַצֵּחַ לִבְנֵי־קֹרַח מִזְמוֹר: שִׁמְעוּ־זֹאת כָּל־הָעַמִּים הַאֲזִינוּ תהלים מט
כָּל־יֹשְׁבֵי חָלֶד: גַּם־בְּנֵי אָדָם גַּם־בְּנֵי־אִישׁ יַחַד עָשִׁיר וְאֶבְיוֹן:
פִּי יְדַבֵּר חָכְמוֹת וְהָגוּת לִבִּי תְבוּנוֹת: אַטֶּה לְמָשָׁל אָזְנִי אֶפְתַּח
בְּכִנּוֹר חִידָתִי: לָמָּה אִירָא בִּימֵי רָע עֲוֺן עֲקֵבַי יְסֻבֵּנִי: הַבֹּטְחִים

días de desgracia, cuando la maldad de mis enemigos me rodee, confiados en su poder y vanagloriados en su riqueza? Ningún hombre puede redimir a su hermano o dar a Dios un rescate por él, pues la redención es muy costosa, y ningún importe es lo suficientemente alto como para permitirle vivir para siempre sin jamás ver la tumba. Pues él ve a los hombres sabios morir, junto con el necio y el ignorante perecen y dejan sus fortunas a otros. Piensan que sus casas perdurarán para siempre y sus moradas por todas las generaciones, llamando a sus tierras con sus nombres. Empero, el hombre no perdura en su honor y se asemeja a las bestias por cuanto que perece. Este es el camino que siguen los necios y de aquellos que corren tras ellos aprobando sus palabras. Sela. Están destinados a la tumba tal como las ovejas, la muerte será su pastor y los íntegros gobernarán sobre ellos en la aurora. Su forma será consumida en el abismo, que no será refugio para ellos. Mas Dios redimirá mi alma del sepulcro, pues me tomará, Sela. No temas cuando veas a alguien enriquecerse y colmar de gloria su casa. Pues nada habrá de llevarse al morir. Su honor no descenderá con él a la tumba. Aunque se haya bendecido a sí mismo en vida - y los hombres siempre te alaban cuando prosperas– igualmente se reunirá con la generación de sus ancestros que no verán jamás la luz. Un hombre que a pesar de su esplendor carece de entendimiento, se asemeja a las bestias que perecen.

וּתְשׁוּעַת La salvación de los justos proviene del Señor, Él es su fortaleza *Sal. 37*
en tiempos de desgracia. El Señor les ayuda y los libra, los libra de los malvados y los salva, pues ellos se refugiaron en Él.

עַל־חֵילָם וּבְרֹב עָשְׁרָם יִתְהַלָּלוּ: אָח לֹא־פָדֹה יִפְדֶּה אִישׁ לֹא־יִתֵּן
לֵאלֹהִים כׇּפְרוֹ: וְיֵקַר פִּדְיוֹן נַפְשָׁם וְחָדַל לְעוֹלָם: וִיחִי־עוֹד לָנֶצַח
לֹא יִרְאֶה הַשָּׁחַת: כִּי יִרְאֶה ׀ חֲכָמִים יָמוּתוּ יַחַד כְּסִיל וָבַעַר
יֹאבֵדוּ וְעָזְבוּ לַאֲחֵרִים חֵילָם: קִרְבָּם בָּתֵּימוֹ ׀ לְעוֹלָם מִשְׁכְּנֹתָם
לְדֹר וָדֹר קָרְאוּ בִשְׁמוֹתָם עֲלֵי אֲדָמוֹת: וְאָדָם בִּיקָר בַּל־יָלִין
נִמְשַׁל כַּבְּהֵמוֹת נִדְמוּ: זֶה דַרְכָּם כֵּסֶל לָמוֹ וְאַחֲרֵיהֶם ׀ בְּפִיהֶם
יִרְצוּ סֶלָה: כַּצֹּאן ׀ לִשְׁאוֹל שַׁתּוּ מָוֶת יִרְעֵם וַיִּרְדּוּ בָם יְשָׁרִים ׀
לַבֹּקֶר וְצוּרָם לְבַלּוֹת שְׁאוֹל מִזְּבֻל לוֹ: אַךְ־אֱלֹהִים יִפְדֶּה נַפְשִׁי
מִיַּד שְׁאוֹל כִּי יִקָּחֵנִי סֶלָה: אַל־תִּירָא כִּי־יַעֲשִׁר אִישׁ כִּי־יִרְבֶּה
כְּבוֹד בֵּיתוֹ: כִּי לֹא בְמוֹתוֹ יִקַּח הַכֹּל לֹא־יֵרֵד אַחֲרָיו כְּבוֹדוֹ: כִּי־
נַפְשׁוֹ בְּחַיָּיו יְבָרֵךְ וְיוֹדֻךָ כִּי־תֵיטִיב לָךְ: תָּבוֹא עַד־דּוֹר אֲבוֹתָיו
עַד־נֵצַח לֹא יִרְאוּ־אוֹר: אָדָם בִּיקָר וְלֹא יָבִין נִמְשַׁל כַּבְּהֵמוֹת
נִדְמוּ:

וּתְשׁוּעַת צַדִּיקִים מֵיְהֹוָה מָעוּזָּם בְּעֵת צָרָה: וַיַּעְזְרֵם יְהֹוָה תהלים לז
וַיְפַלְּטֵם יְפַלְּטֵם מֵרְשָׁעִים וְיוֹשִׁיעֵם כִּי־חָסוּ בוֹ:

# A'rbit para los Días de Semana

וִיהִי Que el agrado del SEÑOR nuestro Dios sea sobre nosotros, y la acción de nuestras manos sea establecida para nosotros. Oh Eterno, aprueba la obra de nuestras manos. *Sal. 90*

El SEÑOR de las Huestes Celestiales es con nosotros, *Sal. 46*
el Dios de Ya'akob es nuestra fortaleza, Sela.
SEÑOR de las Huestes Celestiales, feliz del hombre *Sal. 84*
que confía en Ti.
El SEÑOR salva, el Rey nos responderá en el día *Sal. 20*
que Le invoquemos.

## MEDIO KADISH

*El Ḥazán y los Avelim recitan Medio Kadish y luego Barejú:*

יִתְגַּדַּל Que Su Gran Nombre sea magnificado y santificado,
en el mundo que creó conforme a Su voluntad.
Que establezca Su reino, haga florecer Su salvación
y apresure la llegada de Su ungido durante vuestra vida
y en vuestros días
y en la vida de toda la casa de Israel,
pronto y rápidamentey decid: Amén.

Que Su Gran Nombre sea bendito por sie
mpre y por toda la eternidad.

Sea bendecido, alabado, glorificado y exaltado, encumbrado
y magnificado, enaltecido y ensalzado el Nombre del Santo Bendito Él;
más allá de cualquier bendición, cántico, alabanza y consolación
pronunciados en el mundo y decid: Amén.

---

La tradición identifica al rezo nocturno con el patriarca Ya'akob quien vivió sus experiencias espirituales más intensas por la noche, especialmente la visión que guarda más estrecha relación con el rezo y es la de la escalera que se apoya en la tierra y alcanza los cielos por la que los ángeles ascendían y descendían. Durante esta visión Dios le promete a Ya'akob "te protegeré

# ערבית לימות חול

וִיהִי ׀ נֹעַם אֲדֹנָי אֱלֹהֵינוּ עָלֵינוּ וּמַעֲשֵׂה יָדֵינוּ כּוֹנְנָה עָלֵינוּ וּמַעֲשֵׂה יָדֵינוּ כּוֹנְנֵהוּ: תהלים צ

יְהוָה צְבָאוֹת עִמָּנוּ מִשְׂגָּב לָנוּ אֱלֹהֵי יַעֲקֹב סֶלָה: תהלים מו

יְהוָה צְבָאוֹת אַשְׁרֵי אָדָם בֹּטֵחַ בָּךְ: תהלים פד

יְהוָה הוֹשִׁיעָה הַמֶּלֶךְ יַעֲנֵנוּ בְיוֹם־קָרְאֵנוּ: תהלים כ

## חצי קדיש

*El* חזן *y los* אבלים *recitan* חצי קדיש *y luego* בָּרְכוּ:

יִתְגַּדַּל וְיִתְקַדַּשׁ שְׁמֵהּ רַבָּא (קהל: אָמֵן)
בְּעָלְמָא דִּי בְרָא כִרְעוּתֵהּ
וְיַמְלִיךְ מַלְכוּתֵהּ וְיַצְמַח פֻּרְקָנֵהּ וִיקָרֵב מְשִׁיחֵהּ (קהל: אָמֵן)
בְּחַיֵּיכוֹן וּבְיוֹמֵיכוֹן וּבְחַיֵּי דְכָל־בֵּית יִשְׂרָאֵל
בַּעֲגָלָא וּבִזְמַן קָרִיב, וְאִמְרוּ אָמֵן. (קהל: אָמֵן)
יְהֵא שְׁמֵהּ רַבָּא מְבָרַךְ לְעָלַם וּלְעָלְמֵי עָלְמַיָּא יִתְבָּרַךְ
וְיִשְׁתַּבַּח וְיִתְפָּאַר וְיִתְרוֹמַם וְיִתְנַשֵּׂא וְיִתְהַדָּר וְיִתְעַלֶּה וְיִתְהַלָּל
שְׁמֵהּ דְּקֻדְשָׁא בְּרִיךְ הוּא (קהל: אָמֵן)
לְעֵלָּא מִן כָּל־בִּרְכָתָא, שִׁירָתָא, תֻּשְׁבְּחָתָא וְנֶחֱמָתָא
דַּאֲמִירָן בְּעָלְמָא, וְאִמְרוּ אָמֵן. (קהל: אָמֵן)

---

EL REZO DE LA NOCHE

Recitar el Shemá por la noche ("al acostarte") es un precepto de la Torá. Al inicio de la era post Santuario de Jerusalém había quienes sostenían que la A'midá de la noche no era obligatoria ya que, a diferencia de los rezos de la mañana y la tarde, no tenía un sacrificio correspondiente en el Templo (*Berajot* 27B–28A). Sin embargo, la observancia del rezo de la noche se tornó tan común y difundida entre las diferentes comunidades que eventualmente se tornó obligatoria. De todas maneras, por cuanto que el rezo de la noche no se corresponde con una ofrenda fija del Templo no es repetido por el oficiante.

Él es compasivo, perdonará la iniquidad y no destruirá, *Sal. 78*
suprimirá Su ira y no encenderá Su furia.
El Señor salva, el Rey nos responderá el día que Le invoquemos. *Sal. 20*

## EL RECITADO DEL SHEMÁ Y SUS BENDICIONES

*El Ḥazán y las demás personas que recitan Kadish:* **BENDECID**
al Señor el Bendecido.

*El kahal responde:* Bendecid al Señor el Bendecido
por toda la eternidad.

*El Ḥazán y las demás personas que recitan Kadish:* Bendecid al Señor el Bendecido
por toda la eternidad.

בָּרוּךְ אַתָּה Bendito eres Tú Señor, nuestro Dios, Rey del universo,
Quien con Su palabra trae los anocheceres por medio de Su sabiduría,
abre los portones del cielo por medio de Su entendimiento,
hace cambiar los tiempos y rotar las estaciones,
y por efecto de Su voluntad ordena las estrellas
en sus constelaciones en el firmamento.
Él crea el día y la noche, envolviendo la luz ante el advenimiento
de la oscuridad y la oscuridad ante el advenimiento de la luz.
Él hace pasar el día y trae la noche, y diferencia entre el día y la noche,
Su Nombre es Señor de las Huestes Celestiales. *Jer. 31*
Bendito eres Tú Señor, que hace caer las noches.

---

בָּרְכוּ אֶת יהוה *Bendecid al Señor:* Se trata de un llamado al rezo para toda la congregación, similar al del rezo de la mañana y se deriva del versículo (Salmos 34:4) que dice: "Exaltad al Señor conmigo, y ensalcemos juntos Su Nombre".

הַמַּעֲרִיב עֲרָבִים *Que hace caer las noches:* Alabanza a Dios en su carácter de Creador del universo y por lo tanto del tiempo mismo. Al igual que en el

תהלים עח
וְהוּא רַחוּם יְכַפֵּר עָוֹן וְלֹא־יַשְׁחִית
וְהִרְבָּה לְהָשִׁיב אַפּוֹ, וְלֹא־יָעִיר כָּל־חֲמָתוֹ:
תהלים כ
יְהוָה הוֹשִׁיעָה, הַמֶּלֶךְ יַעֲנֵנוּ בְיוֹם־קָרְאֵנוּ:

## קריאת שמע וברכותיה

*El* חזן *y las demás personas que recitan* קדיש*:*

# בָּרְכוּ

אֶת יְהוָה הַמְבֹרָךְ.

*El* קהל *responde:*
בָּרוּךְ יְהוָה הַמְבֹרָךְ לְעוֹלָם וָעֶד.

*El* חזן *y las demás personas que recitan* קדיש*:*
בָּרוּךְ יְהוָה הַמְבֹרָךְ לְעוֹלָם וָעֶד.

בָּרוּךְ אַתָּה יְהוָה, אֱלֹהֵינוּ מֶלֶךְ הָעוֹלָם
אֲשֶׁר בִּדְבָרוֹ מַעֲרִיב עֲרָבִים בְּחָכְמָה
פּוֹתֵחַ שְׁעָרִים בִּתְבוּנָה, מְשַׁנֶּה עִתִּים וּמַחֲלִיף אֶת הַזְּמַנִּים
וּמְסַדֵּר אֶת הַכּוֹכָבִים בְּמִשְׁמְרוֹתֵיהֶם בָּרָקִיעַ כִּרְצוֹנוֹ.
בּוֹרֵא יוֹמָם וָלָיְלָה, גּוֹלֵל אוֹר מִפְּנֵי חֹשֶׁךְ וְחֹשֶׁךְ מִפְּנֵי אוֹר
הַמַּעֲבִיר יוֹם וּמֵבִיא לָיְלָה, וּמַבְדִּיל בֵּין יוֹם וּבֵין לָיְלָה
ירמיה לא
יְהוָה צְבָאוֹת שְׁמוֹ:
בָּרוּךְ אַתָּה יְהוָה, הַמַּעֲרִיב עֲרָבִים.

---

donde sea que fueres" (Génesis 28:15). El servicio nocturno representa nuestra confianza en Dios en la oscuridad y el peligro de la noche.

וְהוּא רַחוּם *Él es compasivo:* Es un preludio al rezo extraído del libro de los Salmos y que funge como equivalente a los versículos de alabanza del rezo matinal. El versículo (Salmos 78:38) contiene trece palabras que aluden a los "Los Trece Atributos de la Misericordia".

אַהֲבַת עוֹלָם Tú has amado a Tu pueblo, la casa de Israel,
con un amor eterno.
Nos has enseñado Torá y preceptos, leyes y ordenanzas.
Por ello SEÑOR, Dios nuestro, al acostarnos
y al levantarnos hablaremos de Tus leyes,
nos alegraremos y nos regocijaremos por siempre con las palabras
de Tu Torá, Tus preceptos y Tus estatutos.
Pues ellos son nuestra vida y la extensión de nuestros días
y meditaremos sobre ellos de día y de noche.
Que nunca apartes Tu amor y Tu piedad de nosotros.
Bendito eres Tú SEÑOR, que ama a Su pueblo Israel.

## Escucha Israel, el SEÑOR es nuestro Dios, el SEÑOR es Uno. *Deut. 6*

*En voz baja:* Bendito sea el Nombre de Su glorioso Reino por siempre.

וְאָהַבְתָּ Amarás al SEÑOR tu Dios con todo tu corazón, con toda tu alma y con todas tus fuerzas. Estas palabras que te ordeno hoy deben estar sobre tu corazón, se las transmitirás a tus hijos hablando sobre ellas, cuando estés en tu hogar y cuando transites por el camino, al acostarte y al levantarte. Y las atarás como señal sobre tu brazo y serán un emblema entre tus ojos. Y las escribirás en los marcos de tus puertas y sobre tus portones. *Deut. 6*

וְהָיָה Y será que, si realmente escucháis Mis preceptos que os ordeno el día de hoy, amando al SEÑOR vuestro Dios y sirviéndole con todo vuestro corazón y toda vuestra alma, entonces daré lluvia *Deut. 11*

---

para el pueblo de Israel de la Torá y sus preceptos. Así como Dios se conecta con el pueblo de Israel por medio de la palabra y la acción nosotros lo hacemos por medio de las palabras de la Torá y la acción del cumplimiento de los preceptos. No existe una frase que exprese más simple y profundamente el amor de los judíos por la existencia de los preceptos que aquella que reza: "Pues ellos son nuestra vida y la extensión de nuestros días".

אַהֲבַת עוֹלָם בֵּית יִשְׂרָאֵל עַמְּךָ אָהָבְתָּ
תּוֹרָה וּמִצְוֹת חֻקִּים וּמִשְׁפָּטִים אוֹתָנוּ לִמַּדְתָּ
עַל כֵּן יְהֹוָה אֱלֹהֵינוּ בְּשָׁכְבֵנוּ וּבְקוּמֵנוּ נָשִׂיחַ בְּחֻקֶּיךָ
וְנִשְׂמַח וְנַעֲלֹז בְּדִבְרֵי תַלְמוּד תּוֹרָתֶךָ
וּמִצְוֹתֶיךָ וְחֻקּוֹתֶיךָ לְעוֹלָם וָעֶד
כִּי הֵם חַיֵּינוּ וְאֹרֶךְ יָמֵינוּ וּבָהֶם נֶהְגֶּה יוֹמָם וָלָיְלָה.
וְאַהֲבָתְךָ וְחֶמְלָתְךָ לֹא תָסוּר מִמֶּנּוּ לְעוֹלָמִים.
בָּרוּךְ אַתָּה יְהֹוָה, אוֹהֵב אֶת עַמּוֹ יִשְׂרָאֵל.

דברים ו
## שְׁמַע יִשְׂרָאֵל יְהֹוָה אֱלֹהֵינוּ יְהֹוָה | אֶחָד:

בלחש: בָּרוּךְ שֵׁם כְּבוֹד מַלְכוּתוֹ לְעוֹלָם וָעֶד.

דברים ו
וְאָהַבְתָּ אֵת יְהֹוָה אֱלֹהֶיךָ בְּכָל־לְבָבְךָ וּבְכָל־נַפְשְׁךָ וּבְכָל־מְאֹדֶךָ:
וְהָיוּ הַדְּבָרִים הָאֵלֶּה אֲשֶׁר אָנֹכִי מְצַוְּךָ הַיּוֹם עַל־לְבָבֶךָ: וְשִׁנַּנְתָּם
לְבָנֶיךָ וְדִבַּרְתָּ בָּם בְּשִׁבְתְּךָ בְּבֵיתֶךָ וּבְלֶכְתְּךָ בַדֶּרֶךְ וּבְשָׁכְבְּךָ
וּבְקוּמֶךָ: וּקְשַׁרְתָּם לְאוֹת עַל־יָדֶךָ וְהָיוּ לְטֹטָפֹת בֵּין עֵינֶיךָ:
וּכְתַבְתָּם עַל־מְזֻזוֹת בֵּיתֶךָ וּבִשְׁעָרֶיךָ:

דברים יא
וְהָיָה אִם־שָׁמֹעַ תִּשְׁמְעוּ אֶל־מִצְוֹתַי אֲשֶׁר אָנֹכִי מְצַוֶּה אֶתְכֶם
הַיּוֹם לְאַהֲבָה אֶת־יְהֹוָה אֱלֹהֵיכֶם וּלְעָבְדוֹ בְּכָל־לְבַבְכֶם וּבְכָל־
נַפְשְׁכֶם: וְנָתַתִּי מְטַר־אַרְצְכֶם בְּעִתּוֹ יוֹרֶה וּמַלְקוֹשׁ וְאָסַפְתָּ דְגָנֶךָ

---

rezo de la mañana, las dos bendiciones anteriores al recitado del Shemá y la bendición posterior hablan de los tres elementos claves en la fe judía: la Creación, la Revelación y la Redención.

אַהֲבַת עוֹלָם *Con un amor eterno:* La contraparte de la bendición de la mañana, en la que leemos "Tú nos has amado con un gran amor". Ambas expresiones se refieren al amor Divino en términos de revelación: el obsequio de Dios

en su tiempo sobre vuestra tierra, tanto la primera como la postrera, y recogerás tus cereales, tu mosto y tu aceite de oliva. Proveeré hierba en tu campo para tus animales, y comerás y te saciarás. Tened cuidado de no permitir que vuestro corazón se desvíe, sirviendo a dioses extraños y postrándose ante ellos. *Recitar en voz baja* Entonces se encenderá *Detenerse brevemente* la ira del Señor con vosotros y bloqueará los cielos para que no haya lluvias, la tierra no dará su cosecha y os perderéis prontamente de la buena tierra *Volver a recitar en voz alta* que el Señor os ha dado. Y pondrán estas palabras Mías sobre vuestros corazones, y las atarán sobre vuestros brazos y las tendrán por emblema entre vuestros ojos. Y las enseñarán a vuestros hijos hablando de ellas cuando estés en tu hogar y cuando transites por los caminos, al acostarte y al levantarte. Y las escribirás en los marcos de tus puertas y sobre tus portones, para que se prolonguen vuestros días y los de vuestros hijos sobre la tierra que el Señor prometió entregar a vuestros ancestros para que la habiten, mientras los cielos permanezcan sobre la tierra.

וַיֹּאמֶר El Señor habló a Moshé diciéndole: Habla a los hijos de Israel y diles que hagan ṣiṣit en las esquinas de sus vestimentas por todas sus generaciones. Y pondrán en el ṣiṣit de cada esquina de la vestimenta un hilo celeste. Y será para vosotros por ṣiṣit y lo veréis y recordaréis así todos los preceptos del Señor y los cumpliréis, sin desviarse tras vuestros corazones y vuestros ojos, en virtud de los cuales os corrompéis. A fin de que recordéis todos Mis preceptos y seáis santos para vuestro Dios, Yo Soy el Señor vuestro Dios, quien os sacó de la tierra de Egipto para ser vuestro Dios, Yo Soy el Señor vuestro Dios. *Núm. 15*

*Kahal:*

## Verdadero

*Ḥazán:*

El Señor vuestro Dios es verdadero –

וְתִירֹשְׁךָ וְיִצְהָרֶךָ: וְנָתַתִּי עֵשֶׂב בְּשָׂדְךָ לִבְהֶמְתֶּךָ וְאָכַלְתָּ וְשָׂבָעְתָּ:
הִשָּׁמְרוּ לָכֶם פֶּן־יִפְתֶּה לְבַבְכֶם וְסַרְתֶּם וַעֲבַדְתֶּם אֱלֹהִים אֲחֵרִים
וְהִשְׁתַּחֲוִיתֶם לָהֶם: יאמר בלחש: וְחָרָה יפסיק מעט אַף־יְהוָה בָּכֶם וְעָצַר
אֶת־הַשָּׁמַיִם וְלֹא־יִהְיֶה מָטָר וְהָאֲדָמָה לֹא תִתֵּן אֶת־יְבוּלָהּ
וַאֲבַדְתֶּם מְהֵרָה מֵעַל הָאָרֶץ הַטֹּבָה בקול רם אֲשֶׁר יְהוָה נֹתֵן לָכֶם:
וְשַׂמְתֶּם אֶת־דְּבָרַי אֵלֶּה עַל־לְבַבְכֶם וְעַל־נַפְשְׁכֶם וּקְשַׁרְתֶּם
אֹתָם לְאוֹת עַל־יֶדְכֶם וְהָיוּ לְטוֹטָפֹת בֵּין עֵינֵיכֶם: וְלִמַּדְתֶּם אֹתָם
אֶת־בְּנֵיכֶם לְדַבֵּר בָּם בְּשִׁבְתְּךָ בְּבֵיתֶךָ וּבְלֶכְתְּךָ בַדֶּרֶךְ וּבְשָׁכְבְּךָ
וּבְקוּמֶךָ: וּכְתַבְתָּם עַל־מְזוּזוֹת בֵּיתֶךָ וּבִשְׁעָרֶיךָ: לְמַעַן יִרְבּוּ
יְמֵיכֶם וִימֵי בְנֵיכֶם עַל הָאֲדָמָה אֲשֶׁר נִשְׁבַּע יְהוָה לַאֲבֹתֵיכֶם
לָתֵת לָהֶם כִּימֵי הַשָּׁמַיִם עַל־הָאָרֶץ:

וַיֹּאמֶר יְהוָה אֶל־מֹשֶׁה לֵּאמֹר: דַּבֵּר אֶל־בְּנֵי יִשְׂרָאֵל וְאָמַרְתָּ במדבר טו
אֲלֵהֶם וְעָשׂוּ לָהֶם צִיצִת עַל־כַּנְפֵי בִגְדֵיהֶם לְדֹרֹתָם וְנָתְנוּ עַל־
צִיצִת הַכָּנָף פְּתִיל תְּכֵלֶת: וְהָיָה לָכֶם לְצִיצִת וּרְאִיתֶם אֹתוֹ
וּזְכַרְתֶּם אֶת־כׇּל־מִצְוֺת יְהוָה וַעֲשִׂיתֶם אֹתָם וְלֹא־תָתוּרוּ אַחֲרֵי
לְבַבְכֶם וְאַחֲרֵי עֵינֵיכֶם אֲשֶׁר־אַתֶּם זֹנִים אַחֲרֵיהֶם: לְמַעַן תִּזְכְּרוּ
וַעֲשִׂיתֶם אֶת־כׇּל־מִצְוֺתָי וִהְיִיתֶם קְדֹשִׁים לֵאלֹהֵיכֶם: אֲנִי יְהוָה
אֱלֹהֵיכֶם אֲשֶׁר הוֹצֵאתִי אֶתְכֶם מֵאֶרֶץ מִצְרַיִם לִהְיוֹת לָכֶם
לֵאלֹהִים אֲנִי יְהוָה אֱלֹהֵיכֶם:

קהל:

**אֱמֶת**

חזן:

יְהוָה אֱלֹהֵיכֶם אֱמֶת

וֶאֱמוּנָה y fidedigno y firmemente establecido es todo esto
para nosotros pues Él es el SEÑOR nuestro Dios
y no hay otro fuera de Él,
y nosotros somos Su pueblo Israel.
Él nos rescata de las manos de reyes,
Él es nuestro Rey y nos redime de todos los opresores.
Él da su merecido a quienes nos acosan
y a todos nuestros enemigos mortales.
Él nos mantiene con vida *Sal. 66*
y no permite que nuestros pies resbalen.
Él nos guía sobre los sitios encumbrados
de nuestros enemigos elevando nuestro prestigio
por sobre todos aquellos que nos odian.
Él es el Dios que hace para nosotros milagros,
se venga de Par'ó,
lleva a cabo señales y maravillas
en la tierra de los hijos de Ḥam.
Quien hirió en Su ira a todos los primogénitos egipcios
y sacó de entre estos a Su pueblo Israel
de la esclavitud a la libertad eterna.
Él es quien condujo a Sus hijos por el Mar de los Juncos
dividido y hundió en sus profundidades a quienes los
perseguían y odiaban.
Sus hijos al ver Su poder Lo alabaron
y loaron Su Nombre.
Y Su reinado aceptaron sobre sí de buena gana.
Moshé y los hijos de Israel respondieron a Ti
entonando cánticos con gran alegría,
exclamando todos:

מִי־כָמֹכָה "¿Quién es como Tú entre los fuertes SEÑOR? *Éx. 15*
¿Quién como Tú magnificado por la Santidad?
Infinito en alabanzas, hacedor de maravillas".

---

reminiscencia de la frase del Salmo 92 que dice: "narrar Tu bondad en la mañana y Tu fidelidad en la noche".

וֶאֱמוּנָה כָּל־זֹאת וְקַיָּם עָלֵינוּ
כִּי הוּא יְהֹוָה אֱלֹהֵינוּ וְאֵין זוּלָתוֹ, וַאֲנַחְנוּ יִשְׂרָאֵל עַמּוֹ.
הַפּוֹדֵנוּ מִיַּד מְלָכִים, הַגּוֹאֲלֵנוּ מַלְכֵּנוּ מִכַּף כָּל־עָרִיצִים
הָאֵל הַנִּפְרָע לָנוּ מִצָּרֵינוּ
הַמְשַׁלֵּם גְּמוּל לְכָל־אוֹיְבֵי נַפְשֵׁנוּ.
תהלים סו הַשָּׂם נַפְשֵׁנוּ בַּחַיִּים, וְלֹא־נָתַן לַמּוֹט רַגְלֵנוּ:
הַמַּדְרִיכֵנוּ עַל בָּמוֹת אוֹיְבֵינוּ
וַיָּרֶם קַרְנֵנוּ עַל כָּל־שׂוֹנְאֵינוּ.
הָאֵל הָעוֹשֶׂה לָּנוּ נִסִּים, נְקָמָה בְּפַרְעֹה
בְּאוֹתוֹת וּבְמוֹפְתִים בְּאַדְמַת בְּנֵי חָם.
הַמַּכֶּה בְעֶבְרָתוֹ כָּל־בְּכוֹרֵי מִצְרָיִם
וַיּוֹצֵא אֶת עַמּוֹ יִשְׂרָאֵל מִתּוֹכָם
מֵעַבְדוּת לְחֵרוּת עוֹלָם.
הַמַּעֲבִיר בָּנָיו בֵּין גִּזְרֵי יַם סוּף
וְאֶת רוֹדְפֵיהֶם וְאֶת שׂוֹנְאֵיהֶם בִּתְהוֹמוֹת טִבַּע.
רָאוּ בָנִים אֶת גְּבוּרָתוֹ
שִׁבְּחוּ וְהוֹדוּ לִשְׁמוֹ
וּמַלְכוּתוֹ בְּרָצוֹן קִבְּלוּ עֲלֵיהֶם.
מֹשֶׁה וּבְנֵי יִשְׂרָאֵל לְךָ עָנוּ שִׁירָה בְּשִׂמְחָה רַבָּה
וְאָמְרוּ כֻלָּם

שמות טו מִי־כָמֹכָה בָּאֵלִם יְהֹוָה
מִי כָּמֹכָה נֶאְדָּר בַּקֹּדֶשׁ
נוֹרָא תְהִלֹּת עֹשֵׂה פֶלֶא:

---

אֱמֶת וֶאֱמוּנָה *Verdadero y fidedigno:* Se trata de una bendición que versa sobre la Redención, paralela a la matinal que dice אֱמֶת וְיַצִּיב "Verdadero y firme". El especial énfasis del carácter fidedigno en el rezo de la noche resulta una

Tus hijos, SEÑOR nuestro Dios, contemplaron Tu majestad en el mar.
Juntos todos Te agradecieron y Te coronaron y dijeron:
"El SEÑOR reinará por toda la eternidad". *Éx. 15*
Y fue dicho:
"Pues el SEÑOR ha redimido a Ya'akob salvándole *Jer. 31*
de un poder superior al suyo".
Bendito eres Tú SEÑOR, que redimió a Israel.

הַשְׁכִּיבֵנוּ Ayúdanos Padre nuestro, a irnos a dormir en paz
y levantarnos Rey nuestro para una buena vida
y para la paz.
Extiende sobre nosotros Tu Sucá de paz,
guíanos con Tu buen consejo
y sálvanos en pos de Tu Nombre.
Defiéndenos y retira de encima nuestro todo ataque enemigo,
peste, espada, enfermedad, desgracia, maldad, hambruna
y dolor, destrucción y epidemia.
Quiebra y aparta a nuestro adversario de ante nosotros
y detrás nuestro, acógenos bajo la sombra de Tus alas.
Y guarda nuestras salidas y nuestras entradas para la vida
y para la paz ahora y siempre.
Pues Tú eres el Dios que nos cuida y protege de todo mal,
del terror del día y del de la noche.
He aquí que el Guardián de Israel no dormita ni duerme. *Sal. 121*
Bendito eres Tú SEÑOR, que guarda a Su pueblo Israel por
siempre de todo mal. Amén.

---

en el rezo matinal es una plegaria por protección contra los peligros que acechan en la noche.

מַלְכוּתְךָ יְהֹוָה אֱלֹהֵינוּ רָאוּ בָנֶיךָ עַל הַיָּם
יַחַד כֻּלָּם הוֹדוּ וְהִמְלִיכוּ וְאָמְרוּ
יְהֹוָה יִמְלֹךְ לְעֹלָם וָעֶד: שמות טו
וְנֶאֱמַר
כִּי־פָדָה יְהֹוָה אֶת־יַעֲקֹב וּגְאָלוֹ מִיַּד חָזָק מִמֶּנּוּ: ירמיה לא
בָּרוּךְ אַתָּה יְהֹוָה, גָּאַל יִשְׂרָאֵל.

הַשְׁכִּיבֵנוּ אָבִינוּ לְשָׁלוֹם
וְהַעֲמִידֵנוּ מַלְכֵּנוּ לְחַיִּים טוֹבִים וּלְשָׁלוֹם
וּפְרֹשׂ עָלֵינוּ סֻכַּת שְׁלוֹמֶךָ
וְתַקְּנֵנוּ מַלְכֵּנוּ בְּעֵצָה טוֹבָה מִלְּפָנֶיךָ
וְהוֹשִׁיעֵנוּ מְהֵרָה לְמַעַן שְׁמֶךָ.
וְהָגֵן בַּעֲדֵנוּ, וְהָסֵר מֵעָלֵינוּ מַכַּת אוֹיֵב, דֶּבֶר, חֶרֶב, חֳלִי
צָרָה, רָעָה, רָעָב וְיָגוֹן וּמַשְׁחִית וּמַגֵּפָה.
שְׁבֹר וְהָסֵר שָׂטָן מִלְּפָנֵינוּ וּמֵאַחֲרֵינוּ
וּבְצֵל כְּנָפֶיךָ תַּסְתִּירֵנוּ.
וּשְׁמֹר צֵאתֵנוּ וּבוֹאֵנוּ לְחַיִּים טוֹבִים וּלְשָׁלוֹם
מֵעַתָּה וְעַד עוֹלָם
כִּי אֵל שׁוֹמְרֵנוּ וּמַצִּילֵנוּ אַתָּה מִכָּל־דָּבָר רָע
מִפַּחַד יוֹם וּמִפַּחַד לָיְלָה.
הִנֵּה לֹא יָנוּם וְלֹא יִישָׁן שׁוֹמֵר יִשְׂרָאֵל. תהלים קכא
בָּרוּךְ אַתָּה יְהֹוָה, שׁוֹמֵר אֶת עַמּוֹ יִשְׂרָאֵל מִכָּל־דָּבָר רָע לָעַד.
אָמֵן.

---

הַשְׁכִּיבֵנוּ *Ayúdanos... a irnos a dormir*: Esta bendición que carece de paralelo

### MEDIO KADISH

*El Ḥazán y los Avelim recitan Medio Kadish:*

יִתְגַּדַּל Que Su Gran Nombre sea magnificado y santificado,
en el mundo que creó conforme a Su voluntad.
Que establezca Su reino, haga florecer Su salvación
y apresure la llegada de Su ungido
durante vuestra vida y en vuestros días
y en la vida de toda la casa de Israel,
pronto y rápidamente y decid: Amén.

Que Su Gran Nombre sea bendito
por siempre y por toda la eternidad.

Sea bendecido, alabado, glorificado y exaltado, encumbrado
y magnificado, enaltecido y ensalzado
el Nombre del Santo Bendito Él;
más allá de cualquier bendición, cántico, alabanza y consolación
pronunciados en el mundo y decid: Amén.

## LA A'MIDÁ

SEÑOR, abre mis labios para que mi boca pronuncie Tu alabanza. *Sal. 51*

### PATRIARCAS

בָּרוּךְ Bendito eres Tú SEÑOR,
Dios nuestro y de nuestros ancestros,
Dios de Abraham, Dios de Isḥak y Dios de Ya'akob,
Dios grande, poderoso y maravilloso, SEÑOR supremo,
que prodiga generosamente y es el Creador de todo lo existente,
Quien recuerda la gracia de los ancestros
y traerá al Redentor para los hijos de sus hijos en aras de Su
Nombre con amor.

*Entre Rosh HaShaná y Yom Kipur:* Recuérdanos para la vida, Rey que anhela la vida
e inscríbenos en el libro de la vida
por Ti, oh Dios de vida.

חצי קדיש

*El* חזן *y los* אבלים *recitan* חצי קדיש:

יִתְגַּדַּל וְיִתְקַדַּשׁ שְׁמֵהּ רַבָּא (קהל: אָמֵן)
בְּעָלְמָא דִּי בְרָא כִרְעוּתֵהּ
וְיַמְלִיךְ מַלְכוּתֵהּ וְיַצְמַח פֻּרְקָנֵהּ וִיקָרֵב מְשִׁיחֵהּ (קהל: אָמֵן)
בְּחַיֵּיכוֹן וּבְיוֹמֵיכוֹן וּבְחַיֵּי דְכָל־בֵּית יִשְׂרָאֵל
בַּעֲגָלָא וּבִזְמַן קָרִיב, וְאִמְרוּ אָמֵן. (קהל: אָמֵן)

יְהֵא שְׁמֵהּ רַבָּא מְבָרַךְ לְעָלַם וּלְעָלְמֵי עָלְמַיָּא יִתְבָּרַךְ
וְיִשְׁתַּבַּח וְיִתְפָּאַר וְיִתְרוֹמַם וְיִתְנַשֵּׂא
וְיִתְהַדָּר וְיִתְעַלֶּה וְיִתְהַלָּל
שְׁמֵהּ דְּקֻדְשָׁא בְּרִיךְ הוּא (קהל: אָמֵן)
לְעֵלָּא מִן כָּל־בִּרְכָתָא, שִׁירָתָא, תֻּשְׁבְּחָתָא וְנֶחֱמָתָא
דַּאֲמִירָן בְּעָלְמָא, וְאִמְרוּ אָמֵן. (קהל: אָמֵן)

## עמידה

אֲדֹנָי, שְׂפָתַי תִּפְתָּח, וּפִי יַגִּיד תְּהִלָּתֶךָ: תהלים נא

אבות

בָּרוּךְ אַתָּה יהוה, אֱלֹהֵינוּ וֵאלֹהֵי אֲבוֹתֵינוּ
אֱלֹהֵי אַבְרָהָם, אֱלֹהֵי יִצְחָק, וֵאלֹהֵי יַעֲקֹב
הָאֵל הַגָּדוֹל הַגִּבּוֹר וְהַנּוֹרָא, אֵל עֶלְיוֹן
גּוֹמֵל חֲסָדִים טוֹבִים, קוֹנֵה הַכֹּל
וְזוֹכֵר חַסְדֵי אָבוֹת
וּמֵבִיא גוֹאֵל לִבְנֵי בְנֵיהֶם לְמַעַן שְׁמוֹ בְּאַהֲבָה.

בעשרת ימי תשובה: זָכְרֵנוּ לְחַיִּים, מֶלֶךְ חָפֵץ בַּחַיִּים
כָּתְבֵנוּ בְּסֵפֶר הַחַיִּים, לְמַעַנְךָ אֱלֹהִים חַיִּים.

Rey que ayuda, redime y protege.
Bendito eres Tú Señor, Escudo de Abraham.

## PODER DE DIOS

אַתָּה גִּבּוֹר Señor, Tú eres eternamente poderoso,
Tú revives a los muertos y tienes gran poder de salvación.

*Verano:* Hace descender el rocío.
*Invierno:* Hace soplar el viento y descender la lluvia.

Sostiene con benevolencia a todos los seres vivos,
revive a los muertos con gran misericordia,
da soporte a quienes se caen, cura a los enfermos,
libera a los prisioneros
y cumple Su promesa con quienes yacen ya en la tierra.
¿Quién es como Tú Todopoderoso?
¿Quién se Te puede asemejar?
Rey que quita la vida y la restaura
y hace brotar la Redención.

*Entre Rosh HaShaná y Yom Kipur:* ¿Quién como Tú Padre misericordioso,
que recuerdas a Tus creaturas para la vida con piedad?

Eres fiel en revivir a los muertos.
Bendito eres Tú Señor, que revive a los muertos.

## SANTIDAD

אַתָּה קָדוֹשׁ Tú eres santo y Tu Nombre es santo,
y los santos Te alaban a diario, ¡Sela!
Bendito eres Tú Señor,
el Dios santo.

(*Entre Rosh HaShaná y Yom Kipur:* el Rey santo).

מֶלֶךְ עוֹזֵר וּמוֹשִׁיעַ וּמָגֵן.
בָּרוּךְ אַתָּה יְהוָה, מָגֵן אַבְרָהָם.

גבורות

אַתָּה גִּבּוֹר לְעוֹלָם, אֲדֹנָי
מְחַיֵּה מֵתִים אַתָּה, רַב לְהוֹשִׁיעַ

בקיץ: מוֹרִיד הַטָּל / בחורף: מַשִּׁיב הָרוּחַ וּמוֹרִיד הַגֶּשֶׁם

מְכַלְכֵּל חַיִּים בְּחֶסֶד, מְחַיֵּה מֵתִים בְּרַחֲמִים רַבִּים
סוֹמֵךְ נוֹפְלִים, וְרוֹפֵא חוֹלִים, וּמַתִּיר אֲסוּרִים
וּמְקַיֵּם אֱמוּנָתוֹ לִישֵׁנֵי עָפָר.
מִי כָמוֹךָ, בַּעַל גְּבוּרוֹת
וּמִי דּוֹמֶה לָּךְ, מֶלֶךְ מֵמִית וּמְחַיֶּה וּמַצְמִיחַ יְשׁוּעָה.

בעשרת ימי תשובה: מִי כָמוֹךָ אַב הָרַחֲמָן
זוֹכֵר יְצוּרָיו בְּרַחֲמִים לְחַיִּים.

וְנֶאֱמָן אַתָּה לְהַחֲיוֹת מֵתִים.
בָּרוּךְ אַתָּה יְהוָה, מְחַיֵּה הַמֵּתִים.

קדושת השם

אַתָּה קָדוֹשׁ וְשִׁמְךָ קָדוֹשׁ
וּקְדוֹשִׁים בְּכָל־יוֹם יְהַלְלוּךָ סֶּלָה.
בָּרוּךְ אַתָּה יְהוָה, הָאֵל הַקָּדוֹשׁ.

/ בעשרת ימי תשובה: הַמֶּלֶךְ הַקָּדוֹשׁ./

## CONOCIMIENTO

אַתָּה חוֹנֵן Tú agracias a la humanidad con conocimiento
y enseñas a los mortales entendimiento.

*Al concluir tanto Shabat como Yom Tob se agrega:*

אַתָּה חוֹנַנְתָּנוּ Tú nos agraciaste SEÑOR, nuestro Dios, con conocimiento y discernimiento. Tú nos ordenaste distinguir entre lo santo y lo profano, entre la luz y la oscuridad, entre Israel y las naciones. Tal como Tú nos distinguiste SEÑOR, nuestro Dios de las naciones de la tierra y las familias mundo, de igual manera rescátanos y sálvanos de un acusador malvado, de un daño grave y de todo tipo de decretos adversos duros y malos que pudiesen sobrevenir al mundo.

Agrácianos con sabiduría, entendimiento
y conocimiento que de Ti provienen.
Bendito eres Tú SEÑOR, que con gracia otorga el conocimiento.

## RETORNO

הֲשִׁיבֵנוּ Padre nuestro, haznos retornar a Tu Torá.
Rey nuestro, acércanos a Tu servicio.
Haznos retornar en completo arrepentimiento ante Ti.
Bendito eres Tú SEÑOR, que desea el arrepentimiento.

En la naturaleza no existen límites claros. El día se desvanece gradualmente tornándose así noche; el invierno se transforma gradualmente en primavera; la vida se torna sensibilidad. Según la Torá, lo que une al ser humano con Dios es nuestra capacidad de separar, clasificar y nombrar, para de esa manera percibir el orden en medio del caos. Al comenzar la semana laboral tomamos consciencia del orden Divino como preludio necesario a los actos humanos de creación.

דעת

אַתָּה חוֹנֵן לְאָדָם דַּעַת
וּמְלַמֵּד לֶאֱנוֹשׁ בִּינָה.

*Al* מוצאי שבת *como* יום טוב*, se agrega:*

אַתָּה חוֹנַנְתָּנוּ יְהֹוָה אֱלֹהֵינוּ, מַדָּע וְהַשְׂכֵּל. אַתָּה אָמַרְתָּ לְהַבְדִּיל בֵּין קֹדֶשׁ לְחֹל וּבֵין אוֹר לְחֹשֶׁךְ וּבֵין יִשְׂרָאֵל לָעַמִּים וּבֵין יוֹם הַשְּׁבִיעִי לְשֵׁשֶׁת יְמֵי הַמַּעֲשֶׂה. כְּשֵׁם שֶׁהִבְדַּלְתָּנוּ יְהֹוָה אֱלֹהֵינוּ מֵעַמֵּי הָאֲרָצוֹת וּמִמִּשְׁפְּחוֹת הָאֲדָמָה, כָּךְ פְּדֵנוּ וְהַצִּילֵנוּ מִשָּׂטָן רָע, וּמִפֶּגַע רָע, וּמִכָּל־גְּזֵרוֹת קָשׁוֹת וְרָעוֹת הַמִּתְרַגְּשׁוֹת לָבוֹא בָּעוֹלָם.

וְחָנֵּנוּ מֵאִתְּךָ חָכְמָה בִּינָה וָדָעַת.
בָּרוּךְ אַתָּה יְהֹוָה, חוֹנֵן הַדָּעַת.

תשובה

הֲשִׁיבֵנוּ אָבִינוּ לְתוֹרָתֶךָ
וְקָרְבֵנוּ מַלְכֵּנוּ לַעֲבוֹדָתֶךָ
וְהַחֲזִירֵנוּ בִּתְשׁוּבָה שְׁלֵמָה לְפָנֶיךָ.
בָּרוּךְ אַתָּה יְהֹוָה, הָרוֹצֶה בִּתְשׁוּבָה.

אַתָּה חוֹנַנְתָּנוּ *Tú nos agraciaste:* Desde los tiempos del Talmud este párrafo ha servido para marcar la Havdalá, esto es, la transición del tiempo sacro al profano, dentro de la A'midá. La Havdalá se repite como una ceremonia separada en la sinagoga después del rezo, y luego nuevamente en el hogar. Su ubicación aquí en la bendición que habla del conocimiento indica la conexión esencial existente entre la mente humana y su capacidad de discernimiento (El Talmud dice que "Si no hay conocimiento, ¿cómo puede haber discernimiento?" [*Berajot* 5:2]).

## PERDÓN

סְלַח לָנוּ Perdónanos Padre nuestro porque hemos errado.
Discúlpanos, Rey nuestro
porque hemos pecado intencionalmente;
pues Tú eres un Dios bondadoso que perdona.
Bendito eres Tú SEÑOR,
que perdona reiteradamente con clemencia.

## REDENCIÓN

רְאֵה Mira nuestra aflicción, litiga nuestra causa,
envíanos pronto redención completa
en aras de Tu Nombre,
porque Tú eres un poderoso redentor.
Bendito eres Tú SEÑOR, redentor de Israel.

## CURACIÓN

רְפָאֵנוּ Cúranos SEÑOR, y seremos curados.
Sálvanos y seremos salvos, pues Tú eres nuestra alabanza.
Trae completa recuperación para todas nuestras enfermedades,
dolores y dolencias,
pues Tú eres el Dios curador, misericordioso y confiable.
Bendito eres Tú SEÑOR,
que cura a los enfermos de Su pueblo Israel.

## PROSPERIDAD

*Verano:* בָּרְכֵנוּ Bendícenos SEÑOR, nuestro Dios,
en todas las obras de nuestras manos
y bendice nuestro año con rocíos benevolentes,
bendición y generosidad.
Que tras su finalización haya vida,
saciedad y paz como en los mejores y más benditos años,
pues Tú eres un Dios bondadoso,
que hace el bien y bendice los años.
Bendito eres Tú SEÑOR, que bendice los años.

סליחה

סְלַח לָנוּ אָבִינוּ כִּי חָטָאנוּ
מְחל לָנוּ מַלְכֵּנוּ כִּי פָשָׁעְנוּ
כִּי אֵל טוֹב וְסַלָּח אָתָּה.
בָּרוּךְ אַתָּה יְהוָה, חַנּוּן הַמַּרְבֶּה לִסְלֹחַ.

גאולה

רְאֵה נָא בְעָנְיֵנוּ, וְרִיבָה רִיבֵנוּ
וּמַהֵר לְגָאֳלֵנוּ גְּאֻלָּה שְׁלֵמָה לְמַעַן שְׁמֶךָ
כִּי אֵל גּוֹאֵל חָזָק אָתָּה.
בָּרוּךְ אַתָּה יְהוָה, גּוֹאֵל יִשְׂרָאֵל.

רפואה

רְפָאֵנוּ יְהוָה וְנֵרָפֵא
הוֹשִׁיעֵנוּ וְנִוָּשֵׁעָה, כִּי תְהִלָּתֵנוּ אָתָּה
וְהַעֲלֵה אֲרוּכָה וּמַרְפֵּא לְכָל־תַּחֲלוּאֵינוּ
וּלְכָל־מַכְאוֹבֵינוּ וּלְכָל־מַכּוֹתֵינוּ
כִּי אֵל רוֹפֵא רַחֲמָן וְנֶאֱמָן אָתָּה.
בָּרוּךְ אַתָּה יְהוָה, רוֹפֵא חוֹלֵי עַמּוֹ יִשְׂרָאֵל.

ברכת השנים

בקיץ בָּרְכֵנוּ יְהוָה אֱלֹהֵינוּ בְּכָל־מַעֲשֵׂי יָדֵינוּ
וּבָרֵךְ שְׁנָתֵנוּ בְּטַלְלֵי רָצוֹן בְּרָכָה וּנְדָבָה
וּתְהִי אַחֲרִיתָהּ, חַיִּים וְשָׂבָע וְשָׁלוֹם
כַּשָּׁנִים הַטּוֹבוֹת לִבְרָכָה
כִּי אֵל טוֹב וּמֵטִיב אַתָּה וּמְבָרֵךְ הַשָּׁנִים.
בָּרוּךְ אַתָּה יְהוָה, מְבָרֵךְ הַשָּׁנִים.

*Invierno:* בָּרֵךְ Bendice para nosotros este año SEÑOR, nuestro Dios, y todas sus especies de cosechas para bien.
Concédenos rocío y lluvia de bendición sobre la faz de la tierra, riega diligentemente al planeta
y sacia al mundo entero con Tu bondad,
colma nuestras manos de Tus bendiciones,
de la riqueza de Tus dones.
Cuida y salva a este año de todo evento malo,
de toda destrucción o desgracia,
haz que sea un año de esperanza y que culmine en paz,
apiádate y ten compasión de él y de toda su cosecha
y todos sus frutos.
Bendícelo con lluvias benevolentes,
bendición y generosidad.
Que tras su finalización haya vida,
saciedad y paz como en los mejores y más benditos años,
pues Tú eres un Dios bondadoso,
que hace el bien y bendice los años.
Bendito eres Tú SEÑOR, que bendice los años.

## REUNIÓN DE LOS EXILIOS

תְּקַע Haz sonar el gran shofar de nuestra liberación,
iza el estandarte de la reunión de nuestros exilios
y reúnenos pronto en nuestra tierra desde los
cuatro confines del mundo.
Bendito eres Tú SEÑOR,
que reúne a los dispersos de Su pueblo Israel.

## JUSTICIA

הָשִׁיבָה Restaura nuestros jueces como en el principio
y nuestros consejeros como al inicio
y quita de entre nosotros desgracias, penas y suspiros de angustia.
Pues solamente Tú SEÑOR, reinas sobre nosotros

בחורף **בָּרֵךְ עָלֵינוּ יְהוָה אֱלֹהֵינוּ אֶת הַשָּׁנָה הַזֹּאת**
**וְאֶת כָּל־מִינֵי תְבוּאָתָהּ לְטוֹבָה**
**וְתֵן טַל וּמָטָר לִבְרָכָה עַל כָּל־פְּנֵי הָאֲדָמָה**
**וְרַוֵּה פְּנֵי תֵבֵל, וְשַׂבַּע אֶת הָעוֹלָם כֻּלּוֹ מִטּוּבֶךָ**
**וּמַלֵּא יָדֵינוּ מִבִּרְכוֹתֶיךָ, וּמֵעֹשֶׁר מַתְּנוֹת יָדֶיךָ**
**שָׁמְרָה וְהַצִּילָה שָׁנָה זוֹ מִכָּל־דָּבָר רָע**
**וּמִכָּל־מִינֵי מַשְׁחִית, וּמִכָּל־מִינֵי פֻרְעָנוּת**
**וַעֲשֵׂה לָהּ תִּקְוָה טוֹבָה וְאַחֲרִית שָׁלוֹם**
**חוּס וְרַחֵם עָלֶיהָ וְעַל־כָּל־תְּבוּאָתָהּ וּפֵרוֹתֶיהָ**
**וּבָרְכָהּ בְּגִשְׁמֵי רָצוֹן בְּרָכָה וּנְדָבָה**
**וּתְהִי אַחֲרִיתָהּ, חַיִּים וְשָׂבָע וְשָׁלוֹם**
**כַּשָּׁנִים הַטּוֹבוֹת לִבְרָכָה**
**כִּי אֵל טוֹב וּמֵטִיב אַתָּה וּמְבָרֵךְ הַשָּׁנִים.**
**בָּרוּךְ אַתָּה יְהוָה, מְבָרֵךְ הַשָּׁנִים.**

קיבוץ גלויות

**תְּקַע בְּשׁוֹפָר גָּדוֹל לְחֵרוּתֵנוּ**
**וְשָׂא נֵס לְקַבֵּץ גָּלֻיּוֹתֵינוּ**
**וְקַבְּצֵנוּ מְהֵרָה יַחַד מֵאַרְבַּע כַּנְפוֹת הָאָרֶץ לְאַרְצֵנוּ.**
**בָּרוּךְ אַתָּה יְהוָה, מְקַבֵּץ נִדְחֵי עַמּוֹ יִשְׂרָאֵל.**

השבת המשפט

**הָשִׁיבָה שׁוֹפְטֵינוּ כְּבָרִאשׁוֹנָה, וְיוֹעֲצֵינוּ כְּבַתְּחִלָּה**
**וְהָסֵר מִמֶּנּוּ צָרָה, יָגוֹן וַאֲנָחָה, וּמְלֹךְ עָלֵינוּ מְהֵרָה**
**אַתָּה יְהוָה לְבַדְּךָ**

con benevolencia, compasión ,rectitud y justicia.
Bendito eres Tú Señor, Rey que ama la rectitud y la justicia.
*Entre Rosh HaShaná y Yom Kipur:* el Rey de la justicia

### CONTRA LOS APÓSTATAS Y DELATORES

לַמִּינִים Que no haya esperanza para los apóstatas
y los delatores y los traidores,
y que todos los maliciosos perezcan de inmediato;
que todos Tus enemigos y todos aquellos que Te odian sean
pronto cercenados, que el reinado del mal sea arrancado,
quebrado, eliminado y doblegado pronto en nuestros días.
Bendito eres Tú Señor,
que quiebra a los enemigos y doblega a los apóstatas.

### POR LOS JUSTOS

עַל הַצַּדִּיקִים Que se despierte Tu compasión Señor,
nuestro Dios, por los justos, los piadosos,
por el remanente de Tu pueblo la casa de Israel,
los ancianos, por el remanente de sus eruditos,
los justos prosélitos y por nosotros.
Concede una generosa recompensa a todos aquellos
que confían de verdad en Tu Nombre,
y que nuestro destino sea con ellos,
y que nunca nos avergoncemos pues en Ti hemos confiado
y en Tu gran generosidad nos hemos apoyado.
Bendito eres Tú Señor, sostén y confianza de los justos.

### RECONSTRUCCIÓN DE JERUSALÉM

תִּשְׁכּוֹן Reside en medio de Tu ciudad Jerusalém,
tal como lo prometiste,
establece rápidamente en ella el trono de David
y reconstrúyela cual edificación eterna prontamente en nuestros días.
Bendito eres Tú Señor, que reconstruye a Jerusalém.

בְּחֶסֶד וּבְרַחֲמִים בְּצֶדֶק וּבְמִשְׁפָּט.

בָּרוּךְ אַתָּה יְהוָה, מֶלֶךְ אוֹהֵב צְדָקָה וּמִשְׁפָּט.

/ בעשרת ימי תשובה: הַמֶּלֶךְ הַמִּשְׁפָּט./

ברכת המינים

לַמִּינִים וְלַמַּלְשִׁינִים וְלַמּוֹסְרִים אַל תְּהִי תִקְוָה
וְכָל־הַזֵּדִים כְּרֶגַע יֹאבֵדוּ
וְכָל־אוֹיְבֶיךָ וְכָל שׂוֹנְאֶיךָ מְהֵרָה יִכָּרֵתוּ
וּמַלְכוּת הָרִשְׁעָה מְהֵרָה תְעַקֵּר וּתְשַׁבֵּר
וּתְכַלֵּם וְתַכְנִיעֵם בִּמְהֵרָה בְיָמֵינוּ.

בָּרוּךְ אַתָּה יְהוָה, שׁוֹבֵר אוֹיְבִים וּמַכְנִיעַ מִינִים.

על הצדיקים

עַל הַצַּדִּיקִים וְעַל הַחֲסִידִים
וְעַל שְׁאֵרִית עַמְּךָ בֵּית יִשְׂרָאֵל וְעַל זִקְנֵיהֶם
וְעַל פְּלֵטַת בֵּית סוֹפְרֵיהֶם וְעַל גֵּרֵי הַצֶּדֶק וְעָלֵינוּ
יֶהֱמוּ נָא רַחֲמֶיךָ יְהוָה אֱלֹהֵינוּ
וְתֵן שָׂכָר טוֹב לְכָל־הַבּוֹטְחִים בְּשִׁמְךָ בֶּאֱמֶת
וְשִׂים חֶלְקֵנוּ עִמָּהֶם, וּלְעוֹלָם לֹא נֵבוֹשׁ
כִּי בְךָ בָטָחְנוּ, וְעַל חַסְדְּךָ הַגָּדוֹל בֶּאֱמֶת נִשְׁעָנְנוּ.

בָּרוּךְ אַתָּה יְהוָה, מִשְׁעָן וּמִבְטָח לַצַּדִּיקִים.

בניין ירושלים

תִּשְׁכּוֹן בְּתוֹךְ יְרוּשָׁלַיִם עִירְךָ כַּאֲשֶׁר דִּבַּרְתָּ
וְכִסֵּא דָוִד עַבְדְּךָ מְהֵרָה בְּתוֹכָהּ תָּכִין
וּבְנֵה אוֹתָהּ בִּנְיַן עוֹלָם בִּמְהֵרָה בְיָמֵינוּ.

בָּרוּךְ אַתָּה יְהוָה, בּוֹנֵה יְרוּשָׁלָיִם.

*El 9 de Av se recita aquí "Consuela":*

Consuela SEÑOR, Dios nuestro, a los dolientes de Ṣion y Jerusalém, y a la ciudad enlutada y arrasada, humillada y desolada. Ella está sentada sin sus hijos y su cabeza está cubierta en señal de duelo cual mujer estéril que no dio a luz. Devorada por legiones y heredada por idólatras, a Tu pueblo Israel masacraron asesinando premeditadamente a hombres piadosos servidores del Altísimo. Por ello Ṣion llora amargamente y Jerusalém alza su voz. Mi corazón, mi corazón se enluta por sus asesinados, mis entrañas se angustian por sus víctimas. Pues Tú SEÑOR por medio del fuego destruiste la ciudad y por medio del fuego la habrás de reconstruir, tal como está escrito: "Y Yo seré para ella, dijo el SEÑOR, *Zac. 2*
cual muralla de fuego que la circunda y Mi gloria se manifestará en ella". Bendito eres Tú SEÑOR, que consuela a Ṣion y construye a Jerusalém.

## REINO DE DAVID

אֶת צֶמַח Haz florecer prontamente el retoño de Tu siervo David,
y su magnificencia se eleve hacia lo alto por medio de Tu salvación,
pues esperamos y aguardamos a diario Tu salvación.
Bendito eres Tú SEÑOR, que haces florecer la gloria de la salvación.

## RESPUESTA A LA ORACIÓN

שְׁמַע Escucha nuestra voz SEÑOR, nuestro Dios.
Padre compasivo, apiádate y ten compasión de nosotros
y recibe con misericordia y benevolencia nuestra plegaria,
pues Tú Dios, escuchas las plegarias y las súplicas.
No nos dejes volver de Tu presencia con las manos vacías,
se clemente, respóndenos y escucha nuestras plegarias*,
pues Tú atiendes las plegarias de cada boca.
Bendito eres Tú SEÑOR, que atiende la plegaria.

* *En la noche del 9 de Ab, el Kahal agrega:*

עֲנֵנוּ Respóndenos Padre nuestro, respóndenos en este nuestro día de ayuno, pues nos encontramos en medio de una gran angustia. No mires nuestra maldad y no ignores nuestra súplica. Sé próximo a nuestro clamor. Respóndenos aún antes de que Te imploremos, escúchanos aún antes de que hablemos, tal como está escrito: "Y será que antes de que Me invoquen *Isa. 65*
Yo responderé, mientras ellos todavía hablan Yo ya habré escuchado". Pues Tú SEÑOR, siempre redimes y rescatas en tiempos de aflicción y desgracia.

*El 9 de Av se recita aquí* 'נַחֵם':

נַחֵם יְהֹוָה אֱלֹהֵינוּ אֶת אֲבֵלֵי צִיּוֹן וְאֶת אֲבֵלֵי יְרוּשָׁלָיִם וְאֶת הָעִיר הַחֲרֵבָה וְהַבְּזוּיָה וְהַשּׁוֹמֵמָה, מִבְּלִי בָנֶיהָ הִיא יוֹשֶׁבֶת, וְרֹאשָׁהּ חָפוּי כְּאִשָּׁה עֲקָרָה שֶׁלֹּא יָלָדָה. וַיְבַלְּעוּהָ לִגְיוֹנִים, וַיִּירָשׁוּהָ, וַיָּטִילוּ אֶת עַמְּךָ יִשְׂרָאֵל לֶחָרֶב, וַיַּהַרְגוּ בְזָדוֹן חֲסִידֵי עֶלְיוֹן. עַל כֵּן צִיּוֹן בְּמַר תִּבְכֶּה וִירוּשָׁלַיִם תִּתֵּן קוֹלָהּ. לִבִּי לִבִּי עַל חַלְלֵיהֶם, מֵעַי מֵעַי עַל הֲרוּגֵיהֶם.
זכריה ב כִּי אַתָּה יְהֹוָה בָּאֵשׁ הִצַּתָּהּ וּבָאֵשׁ אַתָּה עָתִיד לִבְנוֹתָהּ, כַּכָּתוּב: וַאֲנִי אֶהְיֶה־לָּהּ, נְאֻם־יְהֹוָה, חוֹמַת אֵשׁ סָבִיב, וּלְכָבוֹד אֶהְיֶה בְתוֹכָהּ: בָּרוּךְ אַתָּה יְהֹוָה, מְנַחֵם צִיּוֹן בְּבִנְיַן יְרוּשָׁלָיִם.

מלכות בית דוד

אֶת צֶמַח דָּוִד עַבְדְּךָ מְהֵרָה תַצְמִיחַ, וְקַרְנוֹ תָּרוּם בִּישׁוּעָתֶךָ
כִּי לִישׁוּעָתְךָ קִוִּינוּ וְצִפִּינוּ כָּל־הַיּוֹם.
בָּרוּךְ אַתָּה יְהֹוָה, מַצְמִיחַ קֶרֶן יְשׁוּעָה.

שומע תפילה

שְׁמַע קוֹלֵנוּ יְהֹוָה אֱלֹהֵינוּ, אָב הָרַחֲמָן חוּס וְרַחֵם עָלֵינוּ
וְקַבֵּל בְּרַחֲמִים וּבְרָצוֹן אֶת תְּפִלָּתֵנוּ
כִּי אֵל שׁוֹמֵעַ תְּפִלּוֹת וְתַחֲנוּנִים אָתָּה
וּמִלְּפָנֶיךָ מַלְכֵּנוּ רֵיקָם אַל תְּשִׁיבֵנוּ
חָנֵּנוּ וַעֲנֵנוּ וּשְׁמַע תְּפִלָּתֵנוּ* כִּי אַתָּה שׁוֹמֵעַ תְּפִלַּת כָּל־פֶּה.
בָּרוּךְ אַתָּה יְהֹוָה, שׁוֹמֵעַ תְּפִלָּה.

---

* בליל תשעה באב, *el* קהל *agrega:*

עֲנֵנוּ אָבִינוּ עֲנֵנוּ בְּיוֹם צוֹם הַתַּעֲנִית הַזֶּה, כִּי בְצָרָה גְדוֹלָה אֲנָחְנוּ. אַל תֵּפֶן לְרִשְׁעֵנוּ, וְאַל תִּתְעַלַּם מַלְכֵּנוּ מִבַּקָּשָׁתֵנוּ. הֱיֵה נָא קָרוֹב לְשַׁוְעָתֵנוּ, טֶרֶם
ישעיה סה נִקְרָא אֵלֶיךָ אַתָּה תַעֲנֶה, נְדַבֵּר וְאַתָּה תִשְׁמַע, כַּדָּבָר שֶׁנֶּאֱמַר: וְהָיָה טֶרֶם יִקְרָאוּ וַאֲנִי אֶעֱנֶה, עוֹד הֵם מְדַבְּרִים וַאֲנִי אֶשְׁמָע: כִּי אַתָּה יְהֹוָה פּוֹדֶה וּמַצִּיל וְעוֹנֶה וּמְרַחֵם בְּכָל־עֵת צָרָה וְצוּקָה.

## EL SERVICIO DEL TEMPLO

רְצֵה Acepta con benevolencia Señor, nuestro Dios,
a Tu pueblo Israel y atiende sus plegarias.
Restaura el servicio en Tu más sagrada casa y acepta favorable
y amorosamente las ofrendas ígneas de Israel y sus rezos.
Que siempre recibas con agrado el servicio de Tu pueblo Israel.

---

*En Rosh Ḥodesh y en Ḥol HaMo'ed se dice:*

אֱלֹהֵינוּ Dios nuestro y de nuestros ancestros, que ascienda, acuda y llegue; sea visible, sea aceptada, sea escuchada, sea considerada y sea recordada delante de Ti nuestra memoria, y la de nuestros patriarcas, y la del Mashiaḥ hijo de David Tu siervo, y la de todo Tu pueblo la casa de Israel – para liberación y bienestar, gracia, benevolencia y compasión, en este día de:

*En Rosh Ḥodesh:* Rosh Ḥodesh
*En Pesaḥ:* Fiesta de las Maṣot, día de sagrada convocatoria
*En Sucot:* Fiesta de Sucot, día de sagrada convocatoria

Para que en él tengas compasión y nos redimas. Recuérdanos Señor, nuestro Dios en él para bien, tennos presentes en él para bendición y redímenos en él para una buena vida, de acuerdo con Tu promesa de salvación y misericordia. Apiádate, agrácianos, compadécete y ten misericordia de nosotros y redímenos, pues nuestros ojos están puestos en Ti ya que Tú Dios eres un Rey benevolente y compasivo.

---

וְאַתָּה Y Tú en Tu gran compasión nos desearás
y Te complacerás en nosotros.
Que nuestros ojos contemplen Tu retorno a Ṣion con compasión.
Bendito eres Tú Señor, que restaura Su presencia en Ṣion.

## AGRADECIMIENTO

מוֹדִים Te agradecemos a Ti,
pues eres el Señor, Dios nuestro
y de nuestros ancestros por siempre.
Eres nuestra Roca y la de nuestra existencia,
Escudo de nuestra salvación.
De generación en generación Te agradeceremos,

עבודה

רְצֵה יְהֹוָה אֱלֹהֵינוּ בְּעַמְּךָ יִשְׂרָאֵל, וְלִתְפִלָּתָם שְׁעֵה
וְהָשֵׁב הָעֲבוֹדָה לִדְבִיר בֵּיתֶךָ
וְאִשֵּׁי יִשְׂרָאֵל וּתְפִלָּתָם מְהֵרָה בְּאַהֲבָה תְקַבֵּל בְּרָצוֹן
וּתְהִי לְרָצוֹן תָּמִיד עֲבוֹדַת יִשְׂרָאֵל עַמֶּךָ.

---

*En* ראש חודש *y en* חול המועד*, se dice:*

אֱלֹהֵינוּ וֵאלֹהֵי אֲבוֹתֵינוּ, יַעֲלֶה וְיָבוֹא, יַגִּיעַ יֵרָאֶה וְיֵרָצֶה, יִשָּׁמַע יִפָּקֵד וְיִזָּכֵר זִכְרוֹנֵנוּ וְזִכְרוֹן אֲבוֹתֵינוּ, זִכְרוֹן יְרוּשָׁלַיִם עִירֶךָ, וְזִכְרוֹן מָשִׁיחַ בֶּן דָּוִד עַבְדֶּךָ, וְזִכְרוֹן כָּל־עַמְּךָ בֵּית יִשְׂרָאֵל, לְפָנֶיךָ, לִפְלֵיטָה לְטוֹבָה, לְחֵן, לְחֶסֶד וּלְרַחֲמִים, בְּיוֹם

בראש חודש: רֹאשׁ חֹדֶשׁ הַזֶּה

בפסח: חַג הַמַּצּוֹת הַזֶּה, בְּיוֹם מִקְרָא קֹדֶשׁ הַזֶּה

בסוכות: חַג הַסֻּכּוֹת הַזֶּה, בְּיוֹם מִקְרָא קֹדֶשׁ הַזֶּה

לְרַחֵם בּוֹ עָלֵינוּ וּלְהוֹשִׁיעֵנוּ. זָכְרֵנוּ יְהֹוָה אֱלֹהֵינוּ בּוֹ לְטוֹבָה, וּפָקְדֵנוּ בוֹ לִבְרָכָה, וְהוֹשִׁיעֵנוּ בוֹ לְחַיִּים טוֹבִים בִּדְבַר יְשׁוּעָה וְרַחֲמִים. חוּס וְחָנֵּנוּ וַחֲמוֹל וְרַחֵם עָלֵינוּ וְהוֹשִׁיעֵנוּ, כִּי אֵלֶיךָ עֵינֵינוּ, כִּי אֵל מֶלֶךְ חַנּוּן וְרַחוּם אָתָּה.

---

וְאַתָּה בְּרַחֲמֶיךָ הָרַבִּים תַּחְפֹּץ בָּנוּ וְתִרְצֵנוּ
וְתֶחֱזֶינָה עֵינֵינוּ בְּשׁוּבְךָ לְצִיּוֹן בְּרַחֲמִים.
בָּרוּךְ אַתָּה יְהֹוָה, הַמַּחֲזִיר שְׁכִינָתוֹ לְצִיּוֹן.

הודאה

מוֹדִים אֲנַחְנוּ לָךְ
שָׁאַתָּה הוּא יְהֹוָה אֱלֹהֵינוּ וֵאלֹהֵי אֲבוֹתֵינוּ לְעוֹלָם וָעֶד.
צוּרֵנוּ, צוּר חַיֵּינוּ וּמָגֵן יִשְׁעֵנוּ אַתָּה הוּא
לְדוֹר וָדוֹר נוֹדֶה לְךָ וּנְסַפֵּר תְּהִלָּתֶךָ

y relataremos Tu alabanza
por nuestras vidas que están depositadas en Tus manos,
por nuestras almas que están a Tu cargo,
por Tus milagros para con nosotros a diario, y las bondades
y maravillas que nos prodigas en todo momento,
noche, mañana y tarde.
El Benevolente, pues Tu compasión nunca concluye,
Tú eres compasivo, pues no cesan Tus bondades.
Siempre hemos depositado nuestra esperanza en Ti.

---

*En Ḥanucá y Purim:*

עַל הַנִּסִּים (Te agradecemos también) por los milagros, la redención, los actos poderosos, las salvaciones, las maravillas y consolaciones que hiciste en favor de nuestros ancestros en aquellos días en este tiempo.

*En Ḥanucá:*

בִּימֵי מַתִּתְיָה En los días de Matitiahu hijo de Yojanán, el Sumo Sacerdote, el jasmoneo y sus hijos, cuando el malvado reino griego se levantó contra Tu pueblo Israel para hacerles olvidar Tu Torá y forzarlos a transgredir los estatutos de Tu voluntad. Y Tú, con gran compasión, estuviste junto a ellos en el tiempo de su desgracia, luchaste por su causa, juzgaste su reclamo y vengaste su opresión. Entregaste fuertes en manos de débiles, muchos en manos de pocos, malvados en manos de justos impuros en manos de puros, arrogantes en manos de estudiosos de Tu Torá. Hiciste para Ti un Nombre Grande y Sagrado en Tu mundo, y a Tu pueblo Israel diste gran redención y salvación en un día como este. Luego, Tus hijos ingresaron a Tu recinto sagrado, limpiaron Tu Templo, purificaron Tu santuario, encendieron velas en Tus cortes y establecieron estos ocho días de Ḥanucá de agradecimiento y alabanza, e hiciste para ellos milagros y maravillas, por lo que agradeceremos a Tu gran Nombre, Sela.

*Continúa con "Por todo esto".*

*En Purim:*

בִּימֵי מָרְדְּכַי וְאֶסְתֵּר En los días de Mordejai y Ester, en la ciudad capital de Shushán, cuando el malvado Hamán se alzó contra Tu pueblo procurando destruir ,matar y exterminar a todos los judíos, jóvenes y *Est. 3*
mayores, niños y mujeres en un solo día, el trece del duodécimo mes que es el de Adar y saquear sus posesiones. Entonces Tú, con gran compasión

עַל חַיֵּינוּ הַמְּסוּרִים בְּיָדֶךָ
וְעַל נִשְׁמוֹתֵינוּ הַפְּקוּדוֹת לָךְ
וְעַל נִסֶּיךָ שֶׁבְּכָל־יוֹם עִמָּנוּ
וְעַל נִפְלְאוֹתֶיךָ וְטוֹבוֹתֶיךָ שֶׁבְּכָל־עֵת, עֶרֶב וָבֹקֶר וְצָהֳרָיִם.
הַטּוֹב, כִּי לֹא כָלוּ רַחֲמֶיךָ
הַמְרַחֵם, כִּי לֹא תַמּוּ חֲסָדֶיךָ
כִּי מֵעוֹלָם קִוִּינוּ לָךְ.

---

בחנוכה ובפורים:

עַל הַנִּסִּים וְעַל הַפֻּרְקָן וְעַל הַגְּבוּרוֹת וְעַל הַתְּשׁוּעוֹת וְעַל הַנִּפְלָאוֹת וְעַל הַנֶּחָמוֹת שֶׁעָשִׂיתָ לַאֲבוֹתֵינוּ בַּיָּמִים הָהֵם בַּזְּמַן הַזֶּה.

בחנוכה:

בִּימֵי מַתִּתְיָה בֶּן יוֹחָנָן כֹּהֵן גָּדוֹל חַשְׁמוֹנַאי וּבָנָיו, כְּשֶׁעָמְדָה עֲלֵיהֶם מַלְכוּת יָוָן הָרְשָׁעָה עַל עַמְּךָ יִשְׂרָאֵל לְשַׁכְּחָם תּוֹרָתֶךָ וּלְהַעֲבִירָם מֵחֻקֵּי רְצוֹנֶךָ, וְאַתָּה בְּרַחֲמֶיךָ הָרַבִּים עָמַדְתָּ לָהֶם בְּעֵת צָרָתָם, רַבְתָּ אֶת רִיבָם, דַּנְתָּ אֶת דִּינָם, נָקַמְתָּ אֶת נִקְמָתָם, מָסַרְתָּ גִבּוֹרִים בְּיַד חַלָּשִׁים, וְרַבִּים בְּיַד מְעַטִּים, וּרְשָׁעִים בְּיַד צַדִּיקִים, וּטְמֵאִים בְּיַד טְהוֹרִים, וְזֵדִים בְּיַד עוֹסְקֵי תוֹרָתֶךָ. לְךָ עָשִׂיתָ שֵׁם גָּדוֹל וְקָדוֹשׁ בְּעוֹלָמֶךָ, וּלְעַמְּךָ יִשְׂרָאֵל עָשִׂיתָ תְּשׁוּעָה גְדוֹלָה וּפֻרְקָן כְּהַיּוֹם הַזֶּה. וְאַחַר כָּךְ בָּאוּ בָנֶיךָ לִדְבִיר בֵּיתֶךָ, וּפִנּוּ אֶת הֵיכָלֶךָ, וְטִהֲרוּ אֶת מִקְדָּשֶׁךָ, וְהִדְלִיקוּ נֵרוֹת בְּחַצְרוֹת קָדְשֶׁךָ, וְקָבְעוּ שְׁמוֹנַת יְמֵי חֲנֻכָּה אֵלּוּ, בְּהַלֵּל וּבְהוֹדָאָה, וְעָשִׂיתָ עִמָּהֶם נִסִּים וְנִפְלָאוֹת, וְנוֹדֶה לְשִׁמְךָ הַגָּדוֹל, סֶלָה.

וממשיך וְעַל כֻּלָּם.

בפורים:

בִּימֵי מָרְדְּכַי וְאֶסְתֵּר בְּשׁוּשַׁן הַבִּירָה, כְּשֶׁעָמַד עֲלֵיהֶם הָמָן הָרָשָׁע,
בִּקֵּשׁ לְהַשְׁמִיד לַהֲרֹג וּלְאַבֵּד אֶת־כָּל־הַיְּהוּדִים מִנַּעַר וְעַד־זָקֵן טַף אסתר ג
וְנָשִׁים בְּיוֹם אֶחָד, בִּשְׁלוֹשָׁה עָשָׂר לְחֹדֶשׁ שְׁנֵים־עָשָׂר, הוּא־חֹדֶשׁ
אֲדָר, וּשְׁלָלָם לָבוֹז: וְאַתָּה בְּרַחֲמֶיךָ הָרַבִּים הֵפַרְתָּ אֶת עֲצָתוֹ, וְקִלְקַלְתָּ

desbarataste su plan, arruinaste su proyecto y le retribuiste por su maldad haciéndolo colgar junto a sus hijos de un cadalso e hiciste para ellos milagros y maravillas, por lo que agradeceremos a Tu gran Nombre, Sela.

*Continúa con "Por todo esto".*

---

וְעַל כֻּלָּם Por todo esto, Rey nuestro, que Tu Nombre sea bendecido, exaltado y encumbrado por siempre.
Que todos los seres vivos Te agradezcan, ¡Sela!

*Entre Rosh HaShaná y Yom Kipur:* E inscribe a todos los hijos de Tu pacto para una buena vida.

Y alaben y bendigan a Tu gran Nombre de verdad, pues por siempre eres bondadoso. Dios de nuestra redención y nuestro socorro, ¡Sela! El Dios bondadoso. Bendito eres Tú SEÑOR, Tu Nombre es "Bueno" y a Ti corresponde agradecer.

PAZ

שִׂים שָׁלוֹם Instaura paz, bien y bendición vida, gracia y benevolencia, justicia y compasión sobre nosotros y todo Tu pueblo Israel.
Bendícenos Padre nuestro, a todos nosotros como uno,
con la luz de Tu Semblante, pues en la luz de Tu Semblante nos has dado SEÑOR, nuestro Dios, Torá, y vida,
amor y benevolencia, justicia y compasión, bendición y paz.
Que ante Tus ojos sea bueno bendecir a todo Tu pueblo Israel,
con gran poder y paz.

*Entre Rosh HaShaná y Yom Kipur:* Que seamos recordados e inscritos nosotros y todo Tu pueblo la casa de Israel en el libro de la vida, la bendición, la paz, la prosperidad, salvación, consuelo y decretos favorables, para una buena vida y para la paz.

בָּרוּךְ Bendito eres Tú SEÑOR, que bendice a Su pueblo Israel con la paz, Amén.

יִהְיוּ Que las palabras de mi boca y la meditación de mi corazón hallen favor *Sal. 19*
ante Ti SEÑOR, mi Fortaleza y mi Redentor.

אֶת מַחֲשַׁבְתּוֹ, וַהֲשֵׁבוֹתָ לּוֹ גְּמוּלוֹ בְּרֹאשׁוֹ, וְתָלוּ אוֹתוֹ וְאֶת בָּנָיו עַל הָעֵץ, וְעָשִׂיתָ עִמָּהֶם נִסִּים וְנִפְלָאוֹת, וְנוֹדֶה לְשִׁמְךָ הַגָּדוֹל, סֶלָה.

וממשיך ׳וְעַל כֻּלָּם׳.

וְעַל כֻּלָּם
יִתְבָּרַךְ וְיִתְרוֹמַם וְיִתְנַשֵּׂא תָּמִיד שִׁמְךָ מַלְכֵּנוּ לְעוֹלָם וָעֶד
וְכָל־הַחַיִּים יוֹדוּךָ סֶּלָה

בעשרת ימי תשובה: וּכְתֹב לְחַיִּים טוֹבִים כָּל־בְּנֵי בְרִיתֶךָ.

וִיהַלְלוּ וִיבָרְכוּ אֶת שִׁמְךָ הַגָּדוֹל בֶּאֱמֶת לְעוֹלָם כִּי טוֹב
הָאֵל יְשׁוּעָתֵנוּ וְעֶזְרָתֵנוּ סֶלָה, הָאֵל הַטּוֹב.
בָּרוּךְ אַתָּה יְהוָֹה, הַטּוֹב שִׁמְךָ וּלְךָ נָאֶה לְהוֹדוֹת.

שלום

שִׂים שָׁלוֹם טוֹבָה וּבְרָכָה, חַיִּים חֵן וָחֶסֶד
צְדָקָה וְרַחֲמִים עָלֵינוּ וְעַל־כָּל־יִשְׂרָאֵל עַמֶּךָ.
וּבָרְכֵנוּ אָבִינוּ כֻּלָּנוּ כְּאֶחָד בְּאוֹר פָּנֶיךָ
כִּי בְאוֹר פָּנֶיךָ נָתַתָּ לָּנוּ יְהוָֹה אֱלֹהֵינוּ תּוֹרָה וְחַיִּים
אַהֲבָה וָחֶסֶד, צְדָקָה וְרַחֲמִים, בְּרָכָה וְשָׁלוֹם.
וְטוֹב בְּעֵינֶיךָ לְבָרְכֵנוּ, וּלְבָרֵךְ אֶת כָּל־עַמְּךָ יִשְׂרָאֵל
בְּרֹב עֹז וְשָׁלוֹם.

בעשרת ימי תשובה: וּבְסֵפֶר חַיִּים, בְּרָכָה וְשָׁלוֹם, וּפַרְנָסָה טוֹבָה
וִישׁוּעָה וְנֶחָמָה, וּגְזֵרוֹת טוֹבוֹת נִזָּכֵר וְנִכָּתֵב לְפָנֶיךָ
אֲנַחְנוּ וְכָל־עַמְּךָ יִשְׂרָאֵל, לְחַיִּים טוֹבִים וּלְשָׁלוֹם.

בָּרוּךְ אַתָּה יְהוָֹה, הַמְבָרֵךְ אֶת עַמּוֹ יִשְׂרָאֵל בַּשָּׁלוֹם. אָמֵן.

יִהְיוּ לְרָצוֹן אִמְרֵי־פִי וְהֶגְיוֹן לִבִּי לְפָנֶיךָ, יְהוָֹה צוּרִי וְגֹאֲלִי: תהלים יט

אֱלֹהַי Dios mío, Berakhot 17a
preserva mi lengua del mal y mis labios de pronunciar engaño.
Que mi alma calle ante quienes me maldicen,
y sea como el polvo para con todos.
Abre mi corazón a Tu Torá y que mi alma persiga Tus preceptos.
Rápidamente deja sin efecto el consejo
y frustra los planes de quienes conspiran contra mí.
Que sean cual tamo ante el viento *Sal. 35*
y acosados por el ángel del Señor

Actúa en pos de Tu Nombre, actúa en pos de Tu diestra,
actúa en pos de Tu santidad, actúa en pos de Tu Torá.

Para que Tus amados sean liberados, *Sal. 60*
redime con Tu diestra y respóndeme.
Que las palabras de mi boca y la meditación de mi corazón *Sal. 19*
hallen favor ante Ti Señor, mi Fortaleza y mi Redentor.

*Antes de decir 'Quien obra paz' se dan tres pasos hacia atrás.*
*En los Diez Días del Retorno se dice "HaShalom" en vez de "Shalom".*

Quien obra la paz en Sus alturas,
con compasión haga la paz para nosotros
y todo Su pueblo Israel y decid: Amén.

Sea Tu voluntad Señor, Dios nuestro y de nuestros ancestros que el Templo sea reconstruido pronto en nuestros días, que nos concedas nuestra porción en Tu Torá, para cumplir las leyes de Tu voluntad y servirte con corazón íntegro.

יְהִי Que el Nombre del Señor sea bendito desde ahora y hasta la eternidad. Desde la salida del sol hasta su ocaso, alabado es el Nombre del Señor. El Señor es nuestro Soberano, cuán exaltado es Tu Nombre en toda la tierra. *Sal. 113* *Sal. 8*

ברכות יז

אֱלֹהַי

נְצֹר לְשׁוֹנִי מֵרָע וּשְׂפָתוֹתַי מִדַּבֵּר מִרְמָה

וְלִמְקַלְלַי נַפְשִׁי תִדֹּם, וְנַפְשִׁי כֶּעָפָר לַכֹּל תִּהְיֶה.

פְּתַח לִבִּי בְּתוֹרָתֶךָ, וְאַחֲרֵי מִצְוֹתֶיךָ תִּרְדֹּף נַפְשִׁי.

וְכָל־הַקָּמִים עָלַי לְרָעָה

מְהֵרָה הָפֵר עֲצָתָם וְקַלְקֵל מַחֲשַׁבְתָּם.

תהלים לה

יִהְיוּ כְּמֹץ לִפְנֵי־רוּחַ וּמַלְאַךְ יְהוָה דּוֹחֶה:

עֲשֵׂה לְמַעַן שְׁמֶךָ, עֲשֵׂה לְמַעַן יְמִינֶךָ

עֲשֵׂה לְמַעַן תּוֹרָתֶךָ, עֲשֵׂה לְמַעַן קְדֻשָּׁתֶךָ.

תהלים ס

לְמַעַן יֵחָלְצוּן יְדִידֶיךָ, הוֹשִׁיעָה יְמִינְךָ וַעֲנֵנִי:

תהלים יט

יִהְיוּ לְרָצוֹן אִמְרֵי־פִי וְהֶגְיוֹן לִבִּי לְפָנֶיךָ, יְהוָה צוּרִי וְגֹאֲלִי:

*Antes de decir 'עֹשֶׂה שָׁלוֹם' se dan tres pasos hacia atrás.*
*En los Diez Días del Retorno se dice 'הַשָּׁלוֹם' en vez de 'שָׁלוֹם'.*

עֹשֶׂה שָׁלוֹם בִּמְרוֹמָיו

הוּא בְּרַחֲמָיו, יַעֲשֶׂה שָׁלוֹם עָלֵינוּ וְעַל־כָּל־עַמּוֹ יִשְׂרָאֵל

וְאִמְרוּ אָמֵן.

יְהִי רָצוֹן מִלְּפָנֶיךָ, יְהוָה אֱלֹהֵינוּ וֵאלֹהֵי אֲבוֹתֵינוּ, שֶׁתִּבָּנֶה בֵּית הַמִּקְדָּשׁ בִּמְהֵרָה בְיָמֵינוּ, וְתֵן חֶלְקֵנוּ בְּתוֹרָתֶךָ, לַעֲשׂוֹת חֻקֵּי רְצוֹנֶךָ וּלְעָבְדְךָ בְּלֵבָב שָׁלֵם.

תהלים קיג

יְהִי שֵׁם יְהוָה מְבֹרָךְ מֵעַתָּה וְעַד־עוֹלָם:

מִמִּזְרַח־שֶׁמֶשׁ עַד־מְבוֹאוֹ מְהֻלָּל שֵׁם יְהוָה:

תהלים ח

יְהוָה אֲדֹנֵינוּ, מָה־אַדִּיר שִׁמְךָ בְּכָל־הָאָרֶץ:

## KADISH TITKABAL

*Solamente el Ḥazán recita el Kadish Titkabal:*

יִתְגַּדַּל Que Su Gran Nombre sea magnificado y santificado,
en el mundo que creó conforme a Su voluntad.
Que establezca Su reino, haga florecer Su salvación
y apresure la llegada de Su ungido
durante vuestra vida y en vuestros días
y en la vida de toda la casa de Israel,
pronto y rápidamente y decid: Amén.

Que Su Gran Nombre sea bendito
por siempre y por toda la eternidad.

Sea bendecido, alabado, glorificado y exaltado, encumbrado
y magnificado, enaltecido y ensalzado
el Nombre del Santo Bendito Él;
más allá de cualquier bendición,
cántico, alabanza y consolación
pronunciados en el mundo y decid: Amén.

Que nuestras plegarias y súplicas junto
a las de todo el pueblo de Israel
sean aceptadas por nuestro Padre Celestial
y Terrenal y decid: Amén.

Que haya gran paz celestial, vida, saciedad,
salvación, consolación, refugio, sanación,
redención, perdón y expiación, bienestar
y salvación para nosotros
y para todo Su pueblo Israel y decid: Amén.

*Antes de decir 'Quien obra paz' se dan tres pasos hacia atrás.*

Quien obra la paz en Sus alturas,
con compasión haga la paz
para nosotros y todo Su pueblo Israel y decid: Amén.

*Durante los días del conteo del O'mer, se acostumbra a contar (en la página 346) luego del Kadish Titkabal.*

## קדיש תתקבל

*Solamente el* חזן *recita el* קדיש תתקבל*:*

יִתְגַּדַּל וְיִתְקַדַּשׁ שְׁמֵהּ רַבָּא (קהל: אָמֵן)
בְּעָלְמָא דִּי בְרָא כִרְעוּתֵהּ
וְיַמְלִיךְ מַלְכוּתֵהּ וְיַצְמַח פֻּרְקָנֵהּ וִיקָרֵב מְשִׁיחֵהּ (קהל: אָמֵן)
בְּחַיֵּיכוֹן וּבְיוֹמֵיכוֹן וּבְחַיֵּי דְכָל־בֵּית יִשְׂרָאֵל
בַּעֲגָלָא וּבִזְמַן קָרִיב, וְאִמְרוּ אָמֵן. (קהל: אָמֵן)

יְהֵא שְׁמֵהּ רַבָּא מְבָרַךְ לְעָלַם וּלְעָלְמֵי עָלְמַיָּא יִתְבָּרַךְ
וְיִשְׁתַּבַּח וְיִתְפָּאַר וְיִתְרוֹמַם וְיִתְנַשֵּׂא
וְיִתְהַדָּר וְיִתְעַלֶּה וְיִתְהַלָּל שְׁמֵהּ דְּקֻדְשָׁא בְּרִיךְ הוּא (קהל: אָמֵן)
לְעֵלָּא מִן כָּל־בִּרְכָתָא, שִׁירָתָא, תֻּשְׁבְּחָתָא וְנֶחָמָתָא
דַּאֲמִירָן בְּעָלְמָא, וְאִמְרוּ אָמֵן. (קהל: אָמֵן)

תִּתְקַבַּל צְלוֹתָנָא וּבָעוּתָנָא
עִם כָּל־צְלוֹתְהוֹן וּבָעוּתְהוֹן דְּכָל־בֵּית יִשְׂרָאֵל
קֳדָם אֲבוּנָא אֱלָהָנָא מָארֵי שְׁמַיָּא וְאַרְעָא
וְאִמְרוּ אָמֵן. (קהל: אָמֵן)

יְהֵא שְׁלָמָא רַבָּא מִן שְׁמַיָּא, חַיִּים וְשָׂבָע וִישׁוּעָה וְנֶחָמָה
וְשֵׁיזָבָא וּרְפוּאָה, וּגְאֻלָּה וּסְלִיחָה וְכַפָּרָה, וְרֶוַח וְהַצָּלָה
לָנוּ וּלְכָל־עַמּוֹ יִשְׂרָאֵל, וְאִמְרוּ אָמֵן. (קהל: אָמֵן)

*Antes de decir 'עֹשֶׂה שָׁלוֹם' se dan tres pasos hacia atrás.*

עֹשֶׂה שָׁלוֹם בִּמְרוֹמָיו
הוּא בְּרַחֲמָיו יַעֲשֶׂה שָׁלוֹם
עָלֵינוּ וְעַל־כָּל־עַמּוֹ יִשְׂרָאֵל, וְאִמְרוּ אָמֵן. (קהל: אָמֵן)

*Durante los días de* ספירת העומר*, se acostumbra a contar* *(en la página 347)* *luego del* קדיש תתקבל*.*

*En días de semana:*

שִׁיר לַמַּעֲלוֹת Cántico de las ascensiones. Elevaré mis ojos hacia las montañas, ¿de dónde vendrá mi ayuda? Mi ayuda proviene del Señor que creó los cielos y la tierra. Él no permitirá que resbale tu pie; tu guardián no dormita. El Guardián de Israel no descansa ni duerme. El Señor te cuidará, será la protección a tu diestra. El sol no te abrasará de día ni la luna te afectará por la noche. El Señor te cuidará de todo mal, cuidará tu alma. El Señor resguardará tu salida y tu retorno desde hoy y para siempre. *Sal. 121*

*En Ḥol HaMo'ed Sucot se dice únicamente el siguiente salmo:*

שִׁיר הַמַּעֲלוֹת Cántico de las ascensiones de David. Me regocijé cuando me dijeron vayamos a la casa del Señor. Nuestros pies estuvieron parados frente a tus portales, Jerusalém. Jerusalém, la que está edificada cual ciudad en la que está junto y unida. Allí ascendían las tribus del Eterno, testimonio de Israel, para agradecer al Nombre del Señor. Pues allí estaban los asientos de la justicia, los tronos de la Casa de David. Orad por la paz de Jerusalém: Que quienes te aman prosperen. Haya paz en tus fortalezas y tranquilidad en tus palacios. En aras de mis hermanos y amigos diré: "Haya paz en ti". En aras de la Casa del Señor nuestro Dios pediré por tu bien. *Sal. 122*

*En Ḥol HaMo'ed Pesaḥ se dice únicamente el siguiente salmo:*

בְּצֵאת Cuando Israel salió de Egipto, la casa de Ya'akob de una nación que habla una lengua extraña, Yehudá se transformó en Su Santuario e Israel Su dominio. El mar vio y huyó, el Río Jordán se dio vuelta. Las montañas danzaron cual carneros, las colinas cual corderos. Qué te ocurre oh mar, ¿por qué escapas? ¿Por qué el Jordán se da vuelta? ¿Por qué vosotras, las montañas, saltáis cual carneros y las colinas cual corderos? Es ante la presencia del Señor Creador de la tierra, ante la presencia del Dios de Ya'akob. Aquél que tornó al peñasco en una laguna, al pedernal en un manantial que fluye. *Sal. 114*

*En Purim se dice únicamente el siguiente salmo:*

שִׁיר הַמַּעֲלוֹת Cántico de las ascensiones de David. De no haber estado el Señor con nosotros – que Israel lo diga – de no haber estado el Señor de nuestro lado al alzarse los hombres contra nosotros en su furia hacia nosotros nos habrían tragado vivos. Las aguas nos habrían anegado y el torrente arrasado nuestra alma. Las aguas maliciosas nos habrían arrastrado. Bendito sea el Señor que no permitió que seamos presas de sus dientes. Nos liberamos cual ave que huye de la trampa. La trampa se rompió y escapamos. Nuestra ayuda está en el Nombre del Señor, Hacedor de los cielos y la tierra. *Sal. 124*

בחול:

שִׁיר לַמַּעֲלוֹת אֶשָּׂא עֵינַי אֶל־הֶהָרִים מֵאַיִן יָבֹא עֶזְרִי: עֶזְרִי תהלים קכא
מֵעִם יְהוָה עֹשֵׂה שָׁמַיִם וָאָרֶץ: אַל־יִתֵּן לַמּוֹט רַגְלֶךָ אַל־יָנוּם
שֹׁמְרֶךָ: הִנֵּה לֹא־יָנוּם וְלֹא יִישָׁן שׁוֹמֵר יִשְׂרָאֵל: יְהוָה שֹׁמְרֶךָ
יְהוָה צִלְּךָ עַל־יַד יְמִינֶךָ: יוֹמָם הַשֶּׁמֶשׁ לֹא־יַכֶּכָּה וְיָרֵחַ בַּלָּיְלָה:
יְהוָה יִשְׁמָרְךָ מִכָּל־רָע יִשְׁמֹר אֶת־נַפְשֶׁךָ: יְהוָה יִשְׁמָר־צֵאתְךָ
וּבוֹאֶךָ מֵעַתָּה וְעַד־עוֹלָם:

*En* חול המועד סוכות *se dice únicamente el siguiente* מזמור:

שִׁיר הַמַּעֲלוֹת לְדָוִד שָׂמַחְתִּי בְּאֹמְרִים לִי בֵּית יְהוָה נֵלֵךְ: עֹמְדוֹת הָיוּ תהלים קכב
רַגְלֵינוּ בִּשְׁעָרַיִךְ יְרוּשָׁלָםִ: יְרוּשָׁלַםִ הַבְּנוּיָה כְּעִיר שֶׁחֻבְּרָה־לָּהּ יַחְדָּו: שֶׁשָּׁם
עָלוּ שְׁבָטִים שִׁבְטֵי־יָהּ עֵדוּת לְיִשְׂרָאֵל לְהֹדוֹת לְשֵׁם יְהוָה: כִּי שָׁמָּה ׀ יָשְׁבוּ
כִסְאוֹת לְמִשְׁפָּט כִּסְאוֹת לְבֵית דָּוִד: שַׁאֲלוּ שְׁלוֹם יְרוּשָׁלָםִ יִשְׁלָיוּ אֹהֲבָיִךְ:
יְהִי־שָׁלוֹם בְּחֵילֵךְ שַׁלְוָה בְּאַרְמְנוֹתָיִךְ: לְמַעַן אַחַי וְרֵעָי אֲדַבְּרָה־נָּא שָׁלוֹם
בָּךְ: לְמַעַן בֵּית־יְהוָה אֱלֹהֵינוּ אֲבַקְשָׁה טוֹב לָךְ:

*En* חול המועד פסח *se dice únicamente el siguiente* מזמור:

בְּצֵאת יִשְׂרָאֵל מִמִּצְרָיִם בֵּית יַעֲקֹב מֵעַם לֹעֵז: הָיְתָה יְהוּדָה לְקָדְשׁוֹ תהלים קיד
יִשְׂרָאֵל מַמְשְׁלוֹתָיו: הַיָּם רָאָה וַיָּנֹס הַיַּרְדֵּן יִסֹּב לְאָחוֹר: הֶהָרִים רָקְדוּ
כְאֵילִים גְּבָעוֹת כִּבְנֵי־צֹאן: מַה־לְּךָ הַיָּם כִּי תָנוּס הַיַּרְדֵּן תִּסֹּב לְאָחוֹר:
הֶהָרִים תִּרְקְדוּ כְאֵילִים גְּבָעוֹת כִּבְנֵי־צֹאן: מִלִּפְנֵי אָדוֹן חוּלִי אָרֶץ מִלִּפְנֵי
אֱלוֹהַּ יַעֲקֹב: הַהֹפְכִי הַצּוּר אֲגַם־מָיִם חַלָּמִישׁ לְמַעְיְנוֹ־מָיִם:

*En* פורים *se dice únicamente el siguiente* מזמור:

שִׁיר הַמַּעֲלוֹת לְדָוִד לוּלֵי יְהוָה שֶׁהָיָה לָנוּ יֹאמַר־נָא יִשְׂרָאֵל: לוּלֵי יְהוָה תהלים קכד
שֶׁהָיָה לָנוּ בְּקוּם עָלֵינוּ אָדָם: אֲזַי חַיִּים בְּלָעוּנוּ בַּחֲרוֹת אַפָּם בָּנוּ: אֲזַי הַמַּיִם
שְׁטָפוּנוּ נַחְלָה עָבַר עַל־נַפְשֵׁנוּ: אֲזַי עָבַר עַל־נַפְשֵׁנוּ הַמַּיִם הַזֵּידוֹנִים:
בָּרוּךְ יְהוָה שֶׁלֹּא נְתָנָנוּ טֶרֶף לְשִׁנֵּיהֶם: נַפְשֵׁנוּ כְּצִפּוֹר נִמְלְטָה מִפַּח יוֹקְשִׁים
הַפַּח נִשְׁבָּר וַאֲנַחְנוּ נִמְלָטְנוּ: עֶזְרֵנוּ בְּשֵׁם יְהוָה עֹשֵׂה שָׁמַיִם וָאָרֶץ:

## KADISH YEHÉ SHELAMÁ

*El Ḥazán y los dolientes recitan Kadish Yehé Shelamá:*

יִתְגַּדַּל Que Su Gran Nombre sea magnificado y santificado,
en el mundo que creó conforme a Su voluntad.
Que establezca Su reino, haga florecer Su salvación
y apresure la llegada de Su ungido
durante vuestra vida y en vuestros días
y en la vida de toda la casa de Israel,
pronto y rápidamente y decid: Amén.

Que Su Gran Nombre sea bendito
por siempre y por toda la eternidad.

Sea bendecido, alabado, glorificado y exaltado, encumbrado
y magnificado, enaltecido y ensalzado
el Nombre del Santo Bendito Él;
más allá de cualquier bendición, cántico, alabanza y consolación
pronunciados en el mundo y decid: Amén.

Que haya gran paz celestial, vida, saciedad,
salvación, consolación, refugio, sanación,
redención, perdón y expiación, bienestar y salvación
para nosotros y para todo Su pueblo Israel y decid: Amén.

*Antes de decir 'Quien obra paz' se dan tres pasos hacia atrás.*

Quien obra la paz en Sus alturas,
con compasión haga la paz
para nosotros y todo Su pueblo Israel y decid: Amén.

*El Ḥazán y las demás personas que recitan Kadish:*

Bendecid Al Señor El Bendecido.

*El kahal responde:*

Bendecid al Señor el Bendecido por toda la eternidad.

*El Ḥazán y las demás personas que recitan Kadish:*

Bendecid al Señor el Bendecido por toda la eternidad.

## קדיש יהא שלמא

*El* חזן *y los* אבלים *recitan* קדיש יהא שלמא:

יִתְגַּדַּל וְיִתְקַדַּשׁ שְׁמֵהּ רַבָּא (קהל: אָמֵן)
בְּעָלְמָא דִּי בְרָא כִרְעוּתֵהּ
וְיַמְלִיךְ מַלְכוּתֵהּ וְיַצְמַח פֻּרְקָנֵהּ וִיקָרֵב מְשִׁיחֵהּ (קהל: אָמֵן)
בְּחַיֵּיכוֹן וּבְיוֹמֵיכוֹן וּבְחַיֵּי דְכָל־בֵּית יִשְׂרָאֵל
בַּעֲגָלָא וּבִזְמַן קָרִיב, וְאִמְרוּ אָמֵן. (קהל: אָמֵן)

יְהֵא שְׁמֵהּ רַבָּא מְבָרַךְ לְעָלַם וּלְעָלְמֵי עָלְמַיָּא יִתְבָּרַךְ
וְיִשְׁתַּבַּח וְיִתְפָּאַר וְיִתְרוֹמַם וְיִתְנַשֵּׂא
וְיִתְהַדָּר וְיִתְעַלֶּה וְיִתְהַלָּל
שְׁמֵהּ דְּקֻדְשָׁא בְּרִיךְ הוּא (קהל: אָמֵן)
לְעֵלָּא מִן כָּל־בִּרְכָתָא, שִׁירָתָא, תִּשְׁבְּחָתָא וְנֶחָמָתָא
דַּאֲמִירָן בְּעָלְמָא, וְאִמְרוּ אָמֵן. (קהל: אָמֵן)

יְהֵא שְׁלָמָא רַבָּא מִן שְׁמַיָּא
חַיִּים וְשָׂבָע וִישׁוּעָה וְנֶחָמָה
וְשֵׁיזָבָא וּרְפוּאָה וּגְאֻלָּה וּסְלִיחָה וְכַפָּרָה, וְרֶוַח וְהַצָּלָה
לָנוּ וּלְכָל־עַמּוֹ יִשְׂרָאֵל, וְאִמְרוּ אָמֵן. (קהל: אָמֵן)

*Antes de decir* 'עֹשֶׂה שָׁלוֹם' *se dan tres pasos hacia atrás.*

עֹשֶׂה שָׁלוֹם בִּמְרוֹמָיו
הוּא בְּרַחֲמָיו יַעֲשֶׂה שָׁלוֹם עָלֵינוּ
וְעַל־כָּל־עַמּוֹ יִשְׂרָאֵל, וְאִמְרוּ אָמֵן. (קהל: אָמֵן)

*El* חזן *y las demás personas que recitan* קדיש: בָּרְכוּ אֶת יְהֹוָה הַמְבֹרָךְ.

*El* קהל *responde:* בָּרוּךְ יְהֹוָה הַמְבֹרָךְ לְעוֹלָם וָעֶד.

*El* חזן *y las demás personas que recitan* קדיש: בָּרוּךְ יְהֹוָה הַמְבֹרָךְ לְעוֹלָם וָעֶד.

עָלֵינוּ Es nuestro deber alabar al Amo de todo, engrandecer al Creador del universo por no habernos hecho como las naciones de los países ni habernos puesto entre las familias de la tierra; que no hizo nuestra porción similar a la de ellos ni nuestro destino como el de sus multitudes. Pues ellos se prosternan a la vanidad y al vacío y le oran a un dios que no puede salvarlos. *Nos inclinamos* Empero nosotros nos prosternamos ante el Supremo Rey de Reyes, el Santo Bendito Él, que extiende los cielos y establece la tierra, y Su trono de gloria se encuentra en los cielos y el poder de Su Presencia mora en las alturas. Él es nuestro Dios, no hay otro. Verdadero es nuestro Rey y no hay ningún otro, tal como está escrito en Su Torá: "Has *Deut. 4* de saber hoy y responder a tu corazón que el Señor es el Dios en las alturas del cielo y abajo en la tierra, no hay otro salvo Él.

עַל כֵּן Por lo tanto, depositamos en Ti nuestra confianza Señor, Dios nuestro, que podamos ver pronto el esplendor de Tu poder, cuando remuevas las abominaciones de la faz de la tierra, y los ídolos sean completamente destruidos, cuando el mundo sea perfeccionado bajo la soberanía del Todopoderoso, cuando toda la humanidad invoque Tu Nombre y todos los malvados de la tierra se volverán hacia Ti. Todos los habitantes de la tierra reconocerán y sabrán que toda rodilla debe inclinarse ante Ti y cada lengua debe jurarte fidelidad. Ante Ti Señor, Dios nuestro, se habrán de arrodillar e inclinar y darán honor a Tu glorioso Nombre. Aceptarán el yugo de Tu reino y pronto reinarás sobre ellos por siempre jamás. Pues Tuyo es el reino por siempre, y reinarás gloriosamente por toda la eternidad, tal como está escrito en Tu Torá: "El Señor *Éx. 16* reinará por siempre y por toda la eternidad". Y fue dicho: "Entonces *Zac. 14* el Señor será el Rey sobre toda la tierra; en ese día el Señor será Uno y Su Nombre Uno". Y en Tu Torá Señor, Dios nuestro, está escrito: "Escucha Israel, el Señor es nuestro Dios, el Señor es *Deut. 6* Uno".

עָלֵינוּ לְשַׁבֵּחַ לַאֲדוֹן הַכֹּל, לָתֵת גְּדֻלָּה לְיוֹצֵר בְּרֵאשִׁית
שֶׁלֹּא עָשָׂנוּ כְּגוֹיֵי הָאֲרָצוֹת, וְלֹא שָׂמָנוּ כְּמִשְׁפְּחוֹת הָאֲדָמָה
שֶׁלֹּא שָׂם חֶלְקֵנוּ כָּהֶם וְגוֹרָלֵנוּ כְּכָל־הֲמוֹנָם.
שֶׁהֵם מִשְׁתַּחֲוִים לְהֶבֶל וָרִיק וּמִתְפַּלְלִים אֶל־אֵל לֹא יוֹשִׁיעַ.
וַאֲנַחְנוּ מִשְׁתַּחֲוִים לִפְנֵי מֶלֶךְ מַלְכֵי הַמְּלָכִים כורעים
הַקָּדוֹשׁ בָּרוּךְ הוּא, שֶׁהוּא נוֹטֶה שָׁמַיִם וְיוֹסֵד אָרֶץ
וּמוֹשַׁב יְקָרוֹ בַּשָּׁמַיִם מִמַּעַל, וּשְׁכִינַת עֻזּוֹ בְּגָבְהֵי מְרוֹמִים.
הוּא אֱלֹהֵינוּ, וְאֵין עוֹד אַחֵר
אֱמֶת מַלְכֵּנוּ, וְאֶפֶס זוּלָתוֹ
כַּכָּתוּב בְּתוֹרָה, וְיָדַעְתָּ הַיּוֹם וַהֲשֵׁבֹתָ אֶל־לְבָבֶךָ דברים ד
כִּי יְהוָה הוּא הָאֱלֹהִים בַּשָּׁמַיִם מִמַּעַל וְעַל־הָאָרֶץ מִתָּחַת
אֵין עוֹד:

עַל כֵּן נְקַוֶּה לְּךָ, יְהוָה אֱלֹהֵינוּ, לִרְאוֹת מְהֵרָה בְּתִפְאֶרֶת עֻזֶּךָ
לְהַעֲבִיר גִּלּוּלִים מִן הָאָרֶץ וְהָאֱלִילִים כָּרוֹת יִכָּרֵתוּן
לְתַקֵּן עוֹלָם בְּמַלְכוּת שַׁדַּי
וְכָל־בְּנֵי בָשָׂר יִקְרְאוּ בִשְׁמֶךָ לְהַפְנוֹת אֵלֶיךָ כָּל־רִשְׁעֵי אָרֶץ
יַכִּירוּ וְיֵדְעוּ כָּל־יוֹשְׁבֵי תֵבֵל, כִּי לְךָ תִּכְרַע כָּל־בֶּרֶךְ, תִּשָּׁבַע כָּל־לָשׁוֹן.
לְפָנֶיךָ יְהוָה אֱלֹהֵינוּ יִכְרְעוּ וְיִפֹּלוּ, וְלִכְבוֹד שִׁמְךָ יְקָר יִתֵּנוּ
וִיקַבְּלוּ כֻלָּם אֶת עֹל מַלְכוּתֶךָ
וְתִמְלֹךְ עֲלֵיהֶם מְהֵרָה לְעוֹלָם וָעֶד
כִּי הַמַּלְכוּת שֶׁלְּךָ הִיא וּלְעוֹלְמֵי עַד תִּמְלֹךְ בְּכָבוֹד
כַּכָּתוּב בְּתוֹרָתֶךָ, יְהוָה יִמְלֹךְ לְעֹלָם וָעֶד: שמות טו
וְנֶאֱמַר, וְהָיָה יְהוָה לְמֶלֶךְ עַל־כָּל־הָאָרֶץ זכריה יד
בַּיּוֹם הַהוּא יִהְיֶה יְהוָה אֶחָד וּשְׁמוֹ אֶחָד:
וּבְתוֹרָתְךָ יְהוָה אֱלֹהֵינוּ כָּתוּב לֵאמֹר
שְׁמַע יִשְׂרָאֵל, יְהוָה אֱלֹהֵינוּ יְהוָה אֶחָד: דברים ו

# EL CONTEO DEL O'MER

*A partir de la segunda noche de Pesaḥ, después de A'rbit, se procede al conteo del O'mer. Debe ser contado tras el anochecer. Cada uno debe contar para sí y esto debe realizarse de pie.*

וִיהִי Que el agrado del SEÑOR nuestro Dios sea sobre nosotros, *Sal. 90*
y la acción de nuestras manos sea establecida para nosotros.
Oh Eterno, aprueba la obra de nuestras manos.

בָּרְכִי נַפְשִׁי Bendice alma mía, al SEÑOR, Dios mío, *Sal. 104*
Tú eres grandemente ensalzado; Te has vestido de majestad y esplendor.
Te envuelves en un vestido de luz, Tú has extendido los cielos cual tienda.

*Oficiante:* Con el permiso de mis maestros y con vuestro permiso.

*La Kahal responde:* Con el permiso del Cielo.

בָּרוּךְ Bendito eres Tú SEÑOR, nuestro Dios,
Rey del universo, que nos consagró con Sus preceptos
y nos ordenó el conteo del O'mer.

16 de Nisán.

1. Hoy es el primer día del O'mer.

17 de Nisán.

2. Hoy es el segundo día del O'mer.

18 de Nisán.

3. Hoy es el tercer día del O'mer.

19 de Nisán.

4. Hoy es el cuarto día del O'mer.

20 de Nisán.

5. Hoy es el quinto día del O'mer.

21 de Nisán.

6. Hoy es el sexto día del O'mer.

---

Templo los sabios ordenaron que debíamos seguir contando los días como recordatorio de esta antigua práctica. Los cuarenta y nueve días conectan el éxodo de Egipto con la entrega de la Torá en el Monte Sinaí y son un tiempo de preparación y crecimiento que consiste en abandonar el mundo de la esclavitud para disponerse a ingresar al mundo de la responsabilidad personal, social y espiritual. La mística judía le confirió especial significación a este periodo del año en su carácter de período de limpieza de los distintos aspectos del alma, uno tras otro.

# סדר ספירת העומר

*A partir de la segunda noche de פסח, después de ערבית, se procede al conteo del עומר. Debe ser contado tras el anochecer. Cada uno debe contar para sí y esto debe realizarse de pie.*

וִיהִי ׀ נֹעַם אֲדֹנָי אֱלֹהֵינוּ עָלֵינוּ וּמַעֲשֵׂה יָדֵינוּ כּוֹנְנָה עָלֵינוּ וּמַעֲשֵׂה יָדֵינוּ כּוֹנְנֵהוּ: תהלים צ

בָּרְכִי נַפְשִׁי אֶת־יְהֹוָה, יְהֹוָה אֱלֹהַי גָּדַלְתָּ מְאֹד, הוֹד וְהָדָר לָבָשְׁתָּ: תהלים קד
עֹטֶה־אוֹר כַּשַּׂלְמָה, נוֹטֶה שָׁמַיִם כַּיְרִיעָה:

שליח ציבור: **בִּרְשׁוּת מוֹרַי וְרַבּוֹתַי.**

הקהל עונים: **שָׁמַיִם.**

**בָּרוּךְ אַתָּה יְהֹוָה, אֱלֹהֵינוּ מֶלֶךְ הָעוֹלָם**
**אֲשֶׁר קִדְּשָׁנוּ בְּמִצְוֹתָיו וְצִוָּנוּ עַל סְפִירַת הָעֹמֶר.**

ט״ז בניסן, יום שני של פסח

1. **הַיּוֹם יוֹם אֶחָד לָעֹמֶר.**

חסד שבחסד

י״ז בניסן, יום שלישי של פסח

2. **הַיּוֹם שְׁנֵי יָמִים לָעֹמֶר.**

גבורה שבחסד

י״ח בניסן, יום רביעי של פסח

3. **הַיּוֹם שְׁלֹשָׁה יָמִים לָעֹמֶר.**

תפארת שבחסד

י״ט בניסן, יום חמישי של פסח

4. **הַיּוֹם אַרְבָּעָה יָמִים לָעֹמֶר.**

נצח שבחסד

כ׳ בניסן, יום שישי של פסח

5. **הַיּוֹם חֲמִשָּׁה יָמִים לָעֹמֶר.**

הוד שבחסד

כ״א בניסן, שביעי של פסח

6. **הַיּוֹם שִׁשָּׁה יָמִים לָעֹמֶר.**

יסוד שבחסד

---

CONTEO DEL O'MER

En días en los que el Templo estaba en pie, al día siguiente de Pesaḥ se llevaba a cabo la ofrenda del O'mer (entre 2.16 y 4.3 litros dependiendo de la fuente rabínica) de grano de cebada nueva. A partir de ese momento comenzaba un conteo de cuarenta y nueve días – siete semanas completas – y en el día cincuenta se celebraba la fiesta de Shabu'ot. Con la destrucción del

22 de Nisán.

7. Hoy es el séptimo día,
que es una semana
del O'mer.

23 de Nisán.

8. Hoy es el octavo día,
que es una semana
y un día del O'mer.

24 de Nisán.

9. Hoy es el noveno día,
que es una semana
y dos días del O'mer.

25 de Nisán.

10. Hoy es el décimo día,
que es una semana
y tres días del O'mer.

26 de Nisán.

11. Hoy es el undécimo día,
que es una semana
y cuatro días del O'mer.

27 de Nisán.

12. Hoy es el duodécimo día,
que es una semana
y cinco días del O'mer.

28 de Nisán.

13. Hoy es el decimotercer día,
que es una semana
y seis días del O'mer.

29 de Nisán.

14. Hoy es el decimocuarto día,
que son dos semanas
del O'mer.

30 de Nisán, primer día de Rosh Ḥodesh.

15. Hoy es el decimoquinto día,
que son dos semanas
y un día del O'mer.

1 de Iyar, segundo día de Rosh Ḥodesh.

16. Hoy es el decimosexto día,
que son dos semanas
y dos días del O'mer.

2 de Iyar.

17. Hoy es el decimoséptimo día,
que son dos semanas
y tres días del O'mer.

3 de Iyar.

18. Hoy es el decimoctavo día,
que son dos semanas
y cuatro días del O'mer.

4 de Iyar.

19. Hoy es el decimonoveno día,
que son dos semanas
y cinco días del O'mer.

5 de Iyar, Yom Ha'Aṣmaut.

20. Hoy es el vigésimo día,
que son dos semanas
y seis días del O'mer.

כ״ב בניסן

7. הַיּוֹם שִׁבְעָה יָמִים לָעֹמֶר
שֶׁהֵם שָׁבוּעַ אֶחָד.

מלכות שבחסד

כ״ג בניסן

8. הַיּוֹם שְׁמוֹנָה יָמִים לָעֹמֶר
שֶׁהֵם שָׁבוּעַ אֶחָד וְיוֹם אֶחָד.

חסד שבגבורה

כ״ד בניסן

9. הַיּוֹם תִּשְׁעָה יָמִים לָעֹמֶר
שֶׁהֵם שָׁבוּעַ אֶחָד וּשְׁנֵי יָמִים.

גבורה שבגבורה

כ״ה בניסן

10. הַיּוֹם עֲשָׂרָה יָמִים לָעֹמֶר
שֶׁהֵם שָׁבוּעַ אֶחָד
וּשְׁלֹשָׁה יָמִים.

תפארת שבגבורה

כ״ו בניסן

11. הַיּוֹם אַחַד עָשָׂר יוֹם לָעֹמֶר
שֶׁהֵם שָׁבוּעַ אֶחָד
וְאַרְבָּעָה יָמִים.

נצח שבגבורה

כ״ז בניסן

12. הַיּוֹם שְׁנֵים עָשָׂר יוֹם לָעֹמֶר
שֶׁהֵם שָׁבוּעַ אֶחָד
וַחֲמִשָּׁה יָמִים.

הוד שבגבורה

כ״ח בניסן

13. הַיּוֹם שְׁלֹשָׁה עָשָׂר יוֹם לָעֹמֶר
שֶׁהֵם שָׁבוּעַ אֶחָד וְשִׁשָּׁה
יָמִים.

יסוד שבגבורה

כ״ט בניסן

14. הַיּוֹם אַרְבָּעָה עָשָׂר יוֹם לָעֹמֶר
שֶׁהֵם שְׁנֵי שָׁבוּעוֹת.

מלכות שבגבורה

ל׳ בניסן, א׳ דראש חודש

15. הַיּוֹם חֲמִשָּׁה עָשָׂר יוֹם לָעֹמֶר
שֶׁהֵם שְׁנֵי שָׁבוּעוֹת וְיוֹם אֶחָד.

חסד שבתפארת

א׳ באייר, ב׳ דראש חודש

16. הַיּוֹם שִׁשָּׁה עָשָׂר יוֹם לָעֹמֶר
שֶׁהֵם שְׁנֵי שָׁבוּעוֹת וּשְׁנֵי
יָמִים.

גבורה שבתפארת

ב׳ באייר

17. הַיּוֹם שִׁבְעָה עָשָׂר יוֹם לָעֹמֶר
שֶׁהֵם שְׁנֵי שָׁבוּעוֹת
וּשְׁלֹשָׁה יָמִים.

תפארת שבתפארת

ג׳ באייר

18. הַיּוֹם שְׁמוֹנָה עָשָׂר יוֹם לָעֹמֶר
שֶׁהֵם שְׁנֵי שָׁבוּעוֹת
וְאַרְבָּעָה יָמִים.

נצח שבתפארת

ד׳ באייר

19. הַיּוֹם תִּשְׁעָה עָשָׂר יוֹם לָעֹמֶר
שֶׁהֵם שְׁנֵי שָׁבוּעוֹת
וַחֲמִשָּׁה יָמִים.

הוד שבתפארת

ה׳ באייר, יום העצמאות

20. הַיּוֹם עֶשְׂרִים יוֹם לָעֹמֶר
שֶׁהֵם שְׁנֵי שָׁבוּעוֹת
וְשִׁשָּׁה יָמִים.

יסוד שבתפארת

6 de Iyar.

21. Hoy es el vigésimo primer día,
que son tres semanas
del O’mer.

7 de Iyar.

22. Hoy es el vigésimo segundo día,
que son tres semanas
y un día del O’mer.

8 de Iyar.

23. Hoy es el vigésimo tercer día,
que son tres semanas
y dos días del O’mer.

9 de Iyar.

24. Hoy es el vigésimo cuarto día,
que son tres semanas
y tres días del O’mer.

10 de Iyar.

25. Hoy es el vigésimo quinto día,
que son tres semanas
y cuatro días del O’mer.

11 de Iyar.

26. Hoy es el vigésimo sexto día,
que son tres semanas y cinco
días del O’mer.

12 de Iyar.

27. Hoy es el vigésimo séptimo día,
que son tres semanas
y seis días del O’mer.

13 de Iyar.

28. Hoy es el vigésimo octavo día,
que son cuatro semanas
del O’mer.

14 de Iyar, Pesaḥ Shení.

29. Hoy es el vigésimo noveno día,
que son cuatro semanas y un
día del O’mer.

15 de Iyar.

30. Hoy es el trigésimo día,
que son cuatro semanas
y dos días del O’mer.

16 de Iyar.

31. Hoy es el trigésimo primer día,
que son cuatro semanas
y tres días del O’mer.

17 de Iyar.

32. Hoy es el trigésimo segundo
día, que son cuatro semanas
y cuatro días del O’mer.

18 de Iyar, Lag Ba’O’mer.

33. Hoy es el trigésimo tercer día,
que son cuatro semanas
y cinco días del O’mer.

19 de Iyar.

34. Hoy es el trigésimo cuarto día,
que son cuatro semanas
y seis días del O’mer.

ו׳ באייר

21. הַיּוֹם אֶחָד וְעֶשְׂרִים יוֹם לָעֹמֶר
שֶׁהֵם שְׁלֹשָׁה שָׁבוּעוֹת.
מלכות שבתפארת

ז׳ באייר

22. הַיּוֹם שְׁנַיִם וְעֶשְׂרִים יוֹם לָעֹמֶר
שֶׁהֵם שְׁלֹשָׁה שָׁבוּעוֹת
וְיוֹם אֶחָד. חסד שבנצח

ח׳ באייר

23. הַיּוֹם שְׁלֹשָׁה וְעֶשְׂרִים יוֹם
לָעֹמֶר שֶׁהֵם שְׁלֹשָׁה שָׁבוּעוֹת
וּשְׁנֵי יָמִים. גבורה שבנצח

ט׳ באייר

24. הַיּוֹם אַרְבָּעָה וְעֶשְׂרִים יוֹם
לָעֹמֶר שֶׁהֵם שְׁלֹשָׁה שָׁבוּעוֹת
וּשְׁלֹשָׁה יָמִים. תפארת שבנצח

י׳ באייר

25. הַיּוֹם חֲמִשָּׁה וְעֶשְׂרִים יוֹם
לָעֹמֶר שֶׁהֵם שְׁלֹשָׁה שָׁבוּעוֹת
וְאַרְבָּעָה יָמִים. נצח שבנצח

י״א באייר

26. הַיּוֹם שִׁשָּׁה וְעֶשְׂרִים יוֹם
לָעֹמֶר שֶׁהֵם שְׁלֹשָׁה שָׁבוּעוֹת
וַחֲמִשָּׁה יָמִים. הוד שבנצח

י״ב באייר

27. הַיּוֹם שִׁבְעָה וְעֶשְׂרִים יוֹם
לָעֹמֶר שֶׁהֵם שְׁלֹשָׁה שָׁבוּעוֹת
וְשִׁשָּׁה יָמִים. יסוד שבנצח

י״ג באייר

28. הַיּוֹם שְׁמוֹנָה וְעֶשְׂרִים
יוֹם לָעֹמֶר שֶׁהֵם אַרְבָּעָה
שָׁבוּעוֹת. מלכות שבנצח

י״ד באייר, פסח שני

29. הַיּוֹם תִּשְׁעָה וְעֶשְׂרִים יוֹם
לָעֹמֶר שֶׁהֵם אַרְבָּעָה שָׁבוּעוֹת
וְיוֹם אֶחָד. חסד שבהוד

ט״ו באייר

30. הַיּוֹם שְׁלֹשִׁים יוֹם לָעֹמֶר
שֶׁהֵם אַרְבָּעָה שָׁבוּעוֹת
וּשְׁנֵי יָמִים. גבורה שבהוד

ט״ז באייר

31. הַיּוֹם אֶחָד וּשְׁלֹשִׁים יוֹם
לָעֹמֶר שֶׁהֵם אַרְבָּעָה שָׁבוּעוֹת
וּשְׁלֹשָׁה יָמִים. תפארת שבהוד

י״ז באייר

32. הַיּוֹם שְׁנַיִם וּשְׁלֹשִׁים יוֹם
לָעֹמֶר שֶׁהֵם אַרְבָּעָה שָׁבוּעוֹת
וְאַרְבָּעָה יָמִים. נצח שבהוד

י״ח באייר, לג לעומר

33. הַיּוֹם שְׁלֹשָׁה וּשְׁלֹשִׁים יוֹם
לָעֹמֶר שֶׁהֵם אַרְבָּעָה שָׁבוּעוֹת
וַחֲמִשָּׁה יָמִים. הוד שבהוד

י״ט באייר

34. הַיּוֹם אַרְבָּעָה וּשְׁלֹשִׁים יוֹם
לָעֹמֶר שֶׁהֵם אַרְבָּעָה שָׁבוּעוֹת
וְשִׁשָּׁה יָמִים. יסוד שבהוד

20 de Iyar.

35. Hoy es el trigésimo quinto día, que son cinco semanas del O'mer.

21 de Iyar.

36. Hoy es el trigésimo sexto día, que son cinco semanas y un día del O'mer.

22 de Iyar.

37. Hoy es el trigésimo séptimo día, que son cinco semanas y dos días del O'mer.

23 de Iyar.

38. Hoy es el trigésimo octavo día, que son cinco semanas y tres días del O'mer.

24 de Iyar.

39. Hoy es el trigésimo noveno día, que son cinco semanas y cuatro días del O'mer.

25 de Iyar.

40. Hoy es el cuadragésimo día, que son cinco semanas y cinco días del O'mer.

26 de Yiar.

41. Hoy es el cuadragésimo primer día, que son cinco semanas y seis días del O'mer.

27 de Iyar.

42. Hoy es el cuadragésimo segundo día, que son seis semanas del O'mer.

28 de Iyar, Yom Yerushalaim.

43. Hoy es el cuadragésimo tercer día, que son seis semanas y un día del O'mer.

29 de Iyar.

44. Hoy es el cuadragésimo cuarto día, que son seis semanas y dos días del O'mer.

1 de Siván. Rosh Ḥodesh.

45. Hoy es el cuadragésimo quinto día, que son seis semanas y tres días del O'mer.

2 de Siván.

46. Hoy es el cuadragésimo sexto día que son seis semanas y cuatro días del O'mer.

3 de Siván.

47. Hoy es el cuadragésimo séptimo día, que son seis semanas y cinco días del O'mer.

4 de Siván.

48. Hoy es el cuadragésimo octavo día que son siete semanas y seis días del O'mer.

כ׳ באייר

35. הַיּוֹם חֲמִשָּׁה וּשְׁלֹשִׁים יוֹם
לָעֹמֶר שֶׁהֵם חֲמִשָּׁה שָׁבוּעוֹת.

מלכות שבהוד

כ״א באייר

36. הַיּוֹם שִׁשָּׁה וּשְׁלֹשִׁים יוֹם
לָעֹמֶר שֶׁהֵם חֲמִשָּׁה שָׁבוּעוֹת
וְיוֹם אֶחָד. חסד שביסוד

כ״ב באייר

37. הַיּוֹם שִׁבְעָה וּשְׁלֹשִׁים יוֹם
לָעֹמֶר שֶׁהֵם חֲמִשָּׁה שָׁבוּעוֹת
וּשְׁנֵי יָמִים. גבורה שביסוד

כ״ג באייר

38. הַיּוֹם שְׁמוֹנָה וּשְׁלֹשִׁים יוֹם
לָעֹמֶר שֶׁהֵם חֲמִשָּׁה שָׁבוּעוֹת
וּשְׁלֹשָׁה יָמִים. תפארת שביסוד

כ״ד באייר

39. הַיּוֹם תִּשְׁעָה וּשְׁלֹשִׁים יוֹם
לָעֹמֶר שֶׁהֵם חֲמִשָּׁה שָׁבוּעוֹת
וְאַרְבָּעָה יָמִים.

נצח שביסוד

כ״ה באייר

40. הַיּוֹם אַרְבָּעִים יוֹם לָעֹמֶר
שֶׁהֵם חֲמִשָּׁה שָׁבוּעוֹת
וַחֲמִשָּׁה יָמִים. הוד שביסוד

כ״ו באייר

41. הַיּוֹם אֶחָד וְאַרְבָּעִים יוֹם
לָעֹמֶר שֶׁהֵם חֲמִשָּׁה שָׁבוּעוֹת
וְשִׁשָּׁה יָמִים. יסוד שביסוד

כ״ז באייר

42. הַיּוֹם שְׁנַיִם וְאַרְבָּעִים יוֹם
לָעֹמֶר שֶׁהֵם שִׁשָּׁה שָׁבוּעוֹת.

מלכות שביסוד

כ״ח באייר, יום ירושלים

43. הַיּוֹם שְׁלֹשָׁה וְאַרְבָּעִים יוֹם
לָעֹמֶר שֶׁהֵם שִׁשָּׁה שָׁבוּעוֹת
וְיוֹם אֶחָד. חסד שבמלכות

כ״ט באייר

44. הַיּוֹם אַרְבָּעָה וְאַרְבָּעִים יוֹם
לָעֹמֶר שֶׁהֵם שִׁשָּׁה שָׁבוּעוֹת
וּשְׁנֵי יָמִים. גבורה שבמלכות

א׳ בסיון, ראש חודש

45. הַיּוֹם חֲמִשָּׁה וְאַרְבָּעִים יוֹם
לָעֹמֶר שֶׁהֵם שִׁשָּׁה שָׁבוּעוֹת
וּשְׁלֹשָׁה יָמִים.

תפארת שבמלכות

ב׳ בסיון

46. הַיּוֹם שִׁשָּׁה וְאַרְבָּעִים יוֹם
לָעֹמֶר שֶׁהֵם שִׁשָּׁה שָׁבוּעוֹת
וְאַרְבָּעָה יָמִים. נצח שבמלכות

ג׳ בסיון

47. הַיּוֹם שִׁבְעָה וְאַרְבָּעִים יוֹם
לָעֹמֶר שֶׁהֵם שִׁשָּׁה שָׁבוּעוֹת
וַחֲמִשָּׁה יָמִים. הוד שבמלכות

ד׳ בסיון

48. הַיּוֹם שְׁמוֹנָה וְאַרְבָּעִים יוֹם
לָעֹמֶר שֶׁהֵם שִׁשָּׁה שָׁבוּעוֹת
וְשִׁשָּׁה יָמִים. יסוד שבמלכות

5 de Siván, víspera de Shabu'ot.

49. Hoy es el cuadragésimo noveno día
que son siete semanas del O'mer.

הָרַחֲמָן Que el Compasivo devuelva a su sitio y restaure el servicio del Templo pronto en nuestros días. Amen, ¡Sela!

לַמְנַצֵּחַ Para el jefe de los músicos de los instrumentos de cuerda. Un salmo. Que Dios nos conceda gracia y nos bendiga, que Su rostro ilumine en nuestra dirección, Sela. Para que Tu senda sea conocida en la tierra y Tu salvación entre las naciones. Dios, los pueblos Te alabarán, todas las naciones Te agradecerán. Las naciones se habrán de regocijar y prorrumpirán en canto pues habrás de juzgar a los pueblos con rectitud y los guiarás en la tierra, Sela. Dios, los pueblos Te alabarán, todas las naciones Te agradecerán. La tierra ha dado su cosecha, que el SEÑOR nuestro Dios nos bendiga. Que Dios nos bendiga y en todos los confines de la tierra Le teman con reverencia. *Sal. 67*

אָנָּא Por favor, por el poder de Tu gran diestra, libera a la nación cautiva. Acepta la plegaria de Tu pueblo. Tú que eres reverenciado, fortifícanos y purifícanos. Por favor, Todopoderoso, cuida como a la pupila del ojo a quienes buscan Tu unicidad. Bendícelos, purifícalos, tenles compasión, garantízales por siempre la recompensa de Tu rectitud. Todopoderoso, Santo, guía a Tu congregación con Tu gran benevolencia. Único, exaltado, dirígete a Tu pueblo que proclama Tu santidad. Acepta nuestra plegaria y escucha nuestro clamor, Tú que conoces todos los pensamientos ocultos.

*En voz baja:* Bendito sea el Nombre de Su glorioso reino por siempre.

---

salmo) contiene cuarenta y nueve palabras que se corresponden con los días del conteo del O'mer.

ה׳ בסיוון, ערב שבועות

49. הַיּוֹם תִּשְׁעָה וְאַרְבָּעִים יוֹם לָעֹמֶר
שֶׁהֵם שִׁבְעָה שָׁבוּעוֹת. מלכות שבמלכות

הָרַחֲמָן הוּא יַחֲזִיר עֲבוֹדַת בֵּית הַמִּקְדָּשׁ לִמְקוֹמָהּ
בִּמְהֵרָה בְיָמֵינוּ (אָמֵן סֶלָה).

לַמְנַצֵּחַ בִּנְגִינֹת מִזְמוֹר שִׁיר: אֱלֹהִים יְחָנֵּנוּ וִיבָרְכֵנוּ יָאֵר פָּנָיו תהלים סז
אִתָּנוּ סֶלָה: לָדַעַת בָּאָרֶץ דַּרְכֶּךָ בְּכָל־גּוֹיִם יְשׁוּעָתֶךָ: יוֹדוּךָ
עַמִּים | אֱלֹהִים יוֹדוּךָ עַמִּים כֻּלָּם: יִשְׂמְחוּ וִירַנְּנוּ לְאֻמִּים כִּי־
תִשְׁפֹּט עַמִּים מִישֹׁר וּלְאֻמִּים | בָּאָרֶץ תַּנְחֵם סֶלָה: יוֹדוּךָ עַמִּים |
אֱלֹהִים יוֹדוּךָ עַמִּים כֻּלָּם: אֶרֶץ נָתְנָה יְבוּלָהּ יְבָרְכֵנוּ אֱלֹהִים
אֱלֹהֵינוּ: יְבָרְכֵנוּ אֱלֹהִים וְיִירְאוּ אוֹתוֹ כָּל־אַפְסֵי־אָרֶץ:

אָנָּא, בְּכֹחַ גְּדֻלַּת יְמִינְךָ, תַּתִּיר צְרוּרָה.
קַבֵּל רִנַּת עַמְּךָ, שַׂגְּבֵנוּ, טַהֲרֵנוּ נוֹרָא.
נָא גִבּוֹר, דּוֹרְשֵׁי יִחוּדְךָ, כְּבָבַת שָׁמְרֵם.
בָּרְכֵם, טַהֲרֵם, רַחֲמֵי צִדְקָתְךָ, תָּמִיד גָּמְלֵם.
חֲסִין קָדוֹשׁ, בְּרֹב טוּבְךָ, נַהֵל עֲדָתֶךָ.
יָחִיד גֵּאֶה, לְעַמְּךָ פְּנֵה, זוֹכְרֵי קְדֻשָּׁתֶךָ.
שַׁוְעָתֵנוּ קַבֵּל, וּשְׁמַע צַעֲקָתֵנוּ, יוֹדֵעַ תַּעֲלוּמוֹת.

בלחש: בָּרוּךְ שֵׁם כְּבוֹד מַלְכוּתוֹ לְעוֹלָם וָעֶד.

---

לַמְנַצֵּחַ *Salmo 67:* Fue escogido para recitarlo en este momento en virtud de que (salvo el primer versículo que es un sobrescrito y no parte integral del

## RECITADO DEL SHEMÁ ANTES DE IR A DORMIR

*En lo que respecta al recitado del Shemá antes de ir a dormir no hay una costumbre definida, por eso traemos aquí la versión más comúnmente empleada en nuestros días (Hay quienes acostumbran a recitar unicamente las tres porciones del recitado del Shemá sin más agregados).*

רִבּוֹנוֹ Soberano del universo, por la presente perdono a toda aquella persona que me haya hecho enojar, me haya provocado o haya pecado contra mi persona tanto física como económicamente, o por haberme faltado el debido respeto, o por cualquier otra cuestión relativa a mi persona, tanto voluntaria como involuntariamente, tanto inadvertida como deliberadamente, tanto en palabras como en hechos, en esta o en otra encarnación, perdono a toda la casa de Israel. Y que nadie sea castigado por mi causa.

יְהִי Sea Tu voluntad Señor, Dios mío y de mis ancestros que no vuelva a pecar, y respecto de aquellas trasgresiones que he cometido ante Ti, bórralas con Tu gran compasión, mas no por medio de sufrimiento y enfermedades dolorosas. Que las palabras de mi boca y la meditación *Sal. 19*
de mi corazón hallen favor ante Ti Señor, mi Fortaleza y mi Redentor.

*En algunas versiones toda está bendición está redactada en plural.*

בָּרוּךְ הַמַּפִּיל Bendito es aquél que hace sobrevenir los lazos del sueño sobre mis ojos y la somnolencia sobre mis párpados e ilumina la pupila del ojo. Sea Tu voluntad Señor, Dios mío y de mis ancestros que me permitas acostarme en paz y levantarme para una buena vida y en paz, concédeme mi porción en Tu Torá, acostúmbrame al cumplimiento de los preceptos, no permitas que adopte hábitos de transgresión, no permitas que incurra en el error, la tentación o el escarnio. Que predominen en mí la inclinación al bien y no la inclinación al mal, sálvame de la inclinación al mal y de enfermedades dolorosas. No permitas que malos sueños o pensamientos inquietantes me perturben. Que mi lecho sea íntegro ante Ti e ilumina mis ojos para que no duerma el sueño de la muerte. Bendito es aquél que ilumina al mundo entero con Su Gloria.

(Dios, ¡Rey fiel!)

---

debe ocurrir con las últimas que pronunciamos por la noche.

# סדר קריאת שמע שעל המיטה

*En lo que respecta al* קריאת שמע *antes de ir a dormir no hay una costumbre definida, por eso traemos aquí la versión más comúnmente empleada en nuestros días (Hay quienes acostumbran a recitar unicamente los tres* פרקים *del* קריאת שמע *sin más agregados).*

רִבּוֹנוֹ שֶׁל עוֹלָם, הֲרֵינִי מוֹחֵל וְסוֹלֵחַ לְכָל־מִי שֶׁהִכְעִיס וְהִקְנִיט אוֹתִי אוֹ שֶׁחָטָא כְּנֶגְדִּי, בֵּין בְּגוּפִי בֵּין בְּמָמוֹנִי בֵּין בִּכְבוֹדִי בֵּין בְּכָל־אֲשֶׁר לִי, בֵּין בְּאֹנֶס בֵּין בְּרָצוֹן, בֵּין בְּשׁוֹגֵג בֵּין בְּמֵזִיד, בֵּין בְּדִבּוּר בֵּין בְּמַעֲשֶׂה, בֵּין בְּגִלְגּוּל זֶה, בֵּין בְּגִלְגּוּל אַחֵר, לְכָל־בַּר יִשְׂרָאֵל. וְלֹא יֵעָנֵשׁ שׁוּם אָדָם בְּסִבָּתִי.

יְהִי רָצוֹן מִלְּפָנֶיךָ, יְהוָה אֱלֹהַי וֵאלֹהֵי אֲבוֹתַי, שֶׁלֹּא אֶחֱטָא עוֹד, וּמַה שֶּׁחָטָאתִי לְפָנֶיךָ מְחֹק בְּרַחֲמֶיךָ הָרַבִּים, אֲבָל לֹא עַל יְדֵי יִסּוּרִין וָחֳלָאִים
רָעִים. יִהְיוּ לְרָצוֹן אִמְרֵי־פִי וְהֶגְיוֹן לִבִּי לְפָנֶיךָ, יְהוָה צוּרִי וְגֹאֲלִי: תהלים יט

*En algunas versiones toda está bendición está redactada en plural.*

בָּרוּךְ הַמַּפִּיל חֶבְלֵי שֵׁנָה עַל עֵינַי וּתְנוּמָה עַל עַפְעַפָּי, וּמֵאִיר לְאִישׁוֹן בַּת עָיִן. יְהִי רָצוֹן מִלְּפָנֶיךָ, יְהוָה אֱלֹהַי וֵאלֹהֵי אֲבוֹתַי, שֶׁתַּשְׁכִּיבֵנִי לְשָׁלוֹם וְתַעֲמִידֵנִי לְחַיִּים טוֹבִים וּלְשָׁלוֹם, וְתֵן חֶלְקִי בְּתוֹרָתֶךָ, וְתַרְגִּילֵנִי לִדְבַר מִצְוָה, וְאַל תַּרְגִּילֵנִי לִדְבַר עֲבֵרָה, וְאַל תְּבִיאֵנִי לִידֵי חֵטְא, וְלֹא לִידֵי נִסָּיוֹן וְלֹא לִידֵי בִזָּיוֹן, וְיִשְׁלֹט בִּי יֵצֶר הַטּוֹב וְאַל יִשְׁלֹט בִּי יֵצֶר הָרָע, וְתַצִּילֵנִי מִיֵּצֶר הָרָע וּמֵחֳלָאִים רָעִים, וְאַל יְבַהֲלוּנִי חֲלוֹמוֹת רָעִים וְהַרְהוֹרִים רָעִים, וּתְהֵא מִטָּתִי שְׁלֵמָה לְפָנֶיךָ, וְהָאֵר עֵינַי פֶּן אִישַׁן הַמָּוֶת. בָּרוּךְ הַמֵּאִיר לָעוֹלָם כֻּלּוֹ בִּכְבוֹדוֹ.

(אֵל מֶלֶךְ נֶאֱמָן)

---

**RECITADO DEL SHEMÁ ANTES DE IR A DORMIR**

Tal como las primeras palabras de nuestro día deben ser de oración, otro tanto

*El siguiente versículo debe ser recitado en voz alta cubriendo los ojos con la mano derecha:*

## Escucha Israel, el Señor es nuestro Dios, el Señor es Uno. *Deut. 6*

*En voz baja:* Bendito sea el Nombre de Su glorioso Reino por siempre

וְאָהַבְתָּ Amarás al Señor tu Dios con todo tu corazón, con toda tu alma y con todas tus fuerzas. Estas palabras que te ordeno hoy deben estar sobre tu corazón, se las transmitirás a tus hijos hablando sobre ellas, cuando estés en tu hogar y cuando transites por el camino, al acostarte y al levantarte. Y las atarás como señal sobre tu brazo y serán un emblema entre tus ojos. Y las escribirás en los marcos de tus puertas y sobre tus portones. *Deut. 6*

וְהָיָה Y será que, si realmente escucháis Mis preceptos que os ordeno el día de hoy, amando al Señor vuestro Dios y sirviéndole con todo vuestro corazón y toda vuestra alma, entonces daré lluvia en su tiempo sobre vuestra tierra, tanto la primera como la postrera, y recogerás tus cereales, tu mosto y tu aceite de oliva. Proveeré hierba en tu campo para tus animales, y comerás y te saciarás. Tened cuidado de no permitir que vuestro corazón se desvíe, sirviendo a dioses extraños y postrándose ante ellos. *Recitar en voz baja* Entonces se encenderá *Detenerse brevemente* la ira del Señor con vosotros y bloqueará los cielos para que no haya lluvias, la tierra no dará su cosecha y os perderéis prontamente de la buena tierra *Volver a recitar en voz alta* que el Señor os ha dado. Y pondrán estas palabras Mías sobre vuestros corazones, y las atarán sobre vuestros brazos y las tendrán por emblema entre vuestros ojos. Y las enseñarán a vuestros hijos hablando de ellas cuando estés en tu hogar y cuando transites por los caminos, al acostarte y al levantarte. Y las escribirás en los marcos de tus puertas y sobre tus portones, para que se prolonguen vuestros días y los de vuestros hijos sobre la tierra que el Señor prometió entregar a vuestros ancestros para que la habiten, mientras los cielos permanezcan sobre la tierra. *Deut. 11*

*El siguiente versículo debe ser recitado en voz alta cubriendo los ojos con la mano derecha:*

דברים ו **שְׁמַע יִשְׂרָאֵל יְהוָה אֱלֹהֵינוּ יְהוָה ׀ אֶחָד:**

בלחש: בָּרוּךְ שֵׁם כְּבוֹד מַלְכוּתוֹ לְעוֹלָם וָעֶד.

דברים ו וְאָהַבְתָּ אֵת יְהוָה אֱלֹהֶיךָ בְּכָל־לְבָבְךָ וּבְכָל־נַפְשְׁךָ וּבְכָל־מְאֹדֶךָ:
וְהָיוּ הַדְּבָרִים הָאֵלֶּה אֲשֶׁר אָנֹכִי מְצַוְּךָ הַיּוֹם עַל־לְבָבֶךָ: וְשִׁנַּנְתָּם
לְבָנֶיךָ וְדִבַּרְתָּ בָּם בְּשִׁבְתְּךָ בְּבֵיתֶךָ וּבְלֶכְתְּךָ בַדֶּרֶךְ וּבְשָׁכְבְּךָ
וּבְקוּמֶךָ: וּקְשַׁרְתָּם לְאוֹת עַל־יָדֶךָ וְהָיוּ לְטֹטָפֹת בֵּין עֵינֶיךָ:
וּכְתַבְתָּם עַל־מְזֻזוֹת בֵּיתֶךָ וּבִשְׁעָרֶיךָ:

דברים יא וְהָיָה אִם־שָׁמֹעַ תִּשְׁמְעוּ אֶל־מִצְוֹתַי אֲשֶׁר אָנֹכִי מְצַוֶּה אֶתְכֶם
הַיּוֹם לְאַהֲבָה אֶת־יְהוָה אֱלֹהֵיכֶם וּלְעָבְדוֹ בְּכָל־לְבַבְכֶם וּבְכָל־
נַפְשְׁכֶם: וְנָתַתִּי מְטַר־אַרְצְכֶם בְּעִתּוֹ יוֹרֶה וּמַלְקוֹשׁ וְאָסַפְתָּ דְגָנֶךָ
וְתִירֹשְׁךָ וְיִצְהָרֶךָ: וְנָתַתִּי עֵשֶׂב בְּשָׂדְךָ לִבְהֶמְתֶּךָ וְאָכַלְתָּ וְשָׂבָעְתָּ:
הִשָּׁמְרוּ לָכֶם פֶּן־יִפְתֶּה לְבַבְכֶם וְסַרְתֶּם וַעֲבַדְתֶּם אֱלֹהִים אֲחֵרִים
וְהִשְׁתַּחֲוִיתֶם לָהֶם: יאמר בלחש: וְחָרָה יפסיק מעט אַף־יְהוָה בָּכֶם וְעָצַר
אֶת־הַשָּׁמַיִם וְלֹא־יִהְיֶה מָטָר וְהָאֲדָמָה לֹא תִתֵּן אֶת־יְבוּלָהּ
וַאֲבַדְתֶּם מְהֵרָה מֵעַל הָאָרֶץ הַטֹּבָה בקול רם אֲשֶׁר יְהוָה נֹתֵן לָכֶם:
וְשַׂמְתֶּם אֶת־דְּבָרַי אֵלֶּה עַל־לְבַבְכֶם וְעַל־נַפְשְׁכֶם וּקְשַׁרְתֶּם
אֹתָם לְאוֹת עַל־יֶדְכֶם וְהָיוּ לְטוֹטָפֹת בֵּין עֵינֵיכֶם: וְלִמַּדְתֶּם אֹתָם
אֶת־בְּנֵיכֶם לְדַבֵּר בָּם בְּשִׁבְתְּךָ בְּבֵיתֶךָ וּבְלֶכְתְּךָ בַדֶּרֶךְ וּבְשָׁכְבְּךָ
וּבְקוּמֶךָ: וּכְתַבְתָּם עַל־מְזוּזוֹת בֵּיתֶךָ וּבִשְׁעָרֶיךָ: לְמַעַן יִרְבּוּ
יְמֵיכֶם וִימֵי בְנֵיכֶם עַל הָאֲדָמָה אֲשֶׁר נִשְׁבַּע יְהוָה לַאֲבֹתֵיכֶם
לָתֵת לָהֶם כִּימֵי הַשָּׁמַיִם עַל־הָאָרֶץ:

וַיֹּאמֶר El SEÑOR habló a Moshé diciéndole: Habla a los hijos de Israel y diles que hagan ṣiṣit en las esquinas de sus vestimentas por todas sus generaciones. Y pondrán en el ṣiṣit de cada esquina de la vestimenta un hilo celeste. Y será para vosotros por ṣiṣit y lo veréis y recordaréis así todos los preceptos del SEÑOR y los cumpliréis, sin desviarse tras vuestros corazones y vuestros ojos, en virtud de los cuales os corrompéis. A fin de que recordéis todos Mis preceptos y seáis santos para vuestro Dios, Yo Soy el SEÑOR vuestro Dios, quien os sacó de la tierra de Egipto para ser vuestro Dios, Yo Soy el SEÑOR vuestro Dios. *Núm. 15*

*Hay quienes finalizan diciendo:*

El SEÑOR vuestro Dios es verdadero.

יַעְלְזוּ Que los devotos se deleiten en la gloria, *Sal. 149*
que entonen cánticos de regocijo sobre sus camas.
Que las excelsas alabanzas estén en sus gargantas
y una espada de doble filo en sus manos.

הִנֵּה ¡ Mira! Es la cama del Rey Shelomó y alrededor de esta hay sesenta guerreros de los más fuertes de Israel. Todos empuñan la espada y son duchos en el arte de la guerra, cada uno de ellos lleva su espada sobre su muslo y están preparados para el terror de las noches. *Cant. 3*

יְבָרֶכְךָ El SEÑOR te bendiga y te guarde. *Núm. 6*
El SEÑOR te ilumine con Su Presencia y te agracie.
El SEÑOR dirija Su Presencia hacia ti y te conceda la paz.

יֹשֵׁב בְּסֵתֶר Él que habita en el refugio del Altísimo y reside a la sombra de Shadai. Diré al SEÑOR que es mi refugio y mi fortaleza, es mi Dios y en Él confiaré. Él te salvará de la trampa del cazador y de la mortal pestilencia. Él te cubrirá con Sus alas y bajo éstas hallarás protección; Su verdad es escudo y armadura. *Sal. 91*

במדבר טו
וַיֹּאמֶר יְהֹוָה אֶל־מֹשֶׁה לֵּאמֹר: דַּבֵּר אֶל־בְּנֵי יִשְׂרָאֵל וְאָמַרְתָּ אֲלֵהֶם וְעָשׂוּ לָהֶם צִיצִת עַל־כַּנְפֵי בִגְדֵיהֶם לְדֹרֹתָם וְנָתְנוּ עַל־צִיצִת הַכָּנָף פְּתִיל תְּכֵלֶת: וְהָיָה לָכֶם לְצִיצִת וּרְאִיתֶם אֹתוֹ וּזְכַרְתֶּם אֶת־כָּל־מִצְוֹת יְהֹוָה וַעֲשִׂיתֶם אֹתָם וְלֹא־תָתוּרוּ אַחֲרֵי לְבַבְכֶם וְאַחֲרֵי עֵינֵיכֶם אֲשֶׁר־אַתֶּם זֹנִים אַחֲרֵיהֶם: לְמַעַן תִּזְכְּרוּ וַעֲשִׂיתֶם אֶת־כָּל־מִצְוֹתָי וִהְיִיתֶם קְדֹשִׁים לֵאלֹהֵיכֶם: אֲנִי יְהֹוָה אֱלֹהֵיכֶם אֲשֶׁר הוֹצֵאתִי אֶתְכֶם מֵאֶרֶץ מִצְרַיִם לִהְיוֹת לָכֶם לֵאלֹהִים אֲנִי יְהֹוָה אֱלֹהֵיכֶם:

*Hay quienes finalizan diciendo:*

יְהֹוָה אֱלֹהֵיכֶם אֱמֶת

תהלים קמט
יַעְלְזוּ חֲסִידִים בְּכָבוֹד, יְרַנְּנוּ עַל־מִשְׁכְּבוֹתָם:
רוֹמְמוֹת אֵל בִּגְרוֹנָם, וְחֶרֶב פִּיפִיּוֹת בְּיָדָם:

שיר השירים ג
הִנֵּה מִטָּתוֹ שֶׁלִּשְׁלֹמֹה, שִׁשִּׁים גִּבֹּרִים סָבִיב לָהּ, מִגִּבֹּרֵי יִשְׂרָאֵל: כֻּלָּם אֲחֻזֵי חֶרֶב, מְלֻמְּדֵי מִלְחָמָה אִישׁ חַרְבּוֹ עַל־יְרֵכוֹ מִפַּחַד בַּלֵּילוֹת:

במדבר ו
יְבָרֶכְךָ יְהֹוָה וְיִשְׁמְרֶךָ:
יָאֵר יְהֹוָה פָּנָיו אֵלֶיךָ וִיחֻנֶּךָּ:
יִשָּׂא יְהֹוָה פָּנָיו אֵלֶיךָ וְיָשֵׂם לְךָ שָׁלוֹם:

תהלים צא
יֹשֵׁב בְּסֵתֶר עֶלְיוֹן, בְּצֵל שַׁדַּי יִתְלוֹנָן:
אֹמַר לַיהֹוָה מַחְסִי וּמְצוּדָתִי, אֱלֹהַי אֶבְטַח־בּוֹ:
כִּי הוּא יַצִּילְךָ מִפַּח יָקוּשׁ, מִדֶּבֶר הַוּוֹת:

No temerás por el terror de la noche ni de la saeta diurna, ni de la peste que anda en la oscuridad ni al destructor que asola a mediodía. Mil caerán a tu lado y diez mil junto a tu diestra, mas no podrán acercarse a ti. Tú habrás de contemplar únicamente con Tus ojos y verás a los malvados recibir su merecido. Pues Tú SEÑOR eres mi refugio.

*Se omite en los días que no se dicen súplicas.*

אָנָּא Por favor SEÑOR, Dios nuestro y de nuestros ancestros, que nuestra plegaria llegue ante Ti, y no ignores Rey nuestro nuestra súplica, pues no somos tan arrogantes ni obstinados como para decir delante de Ti SEÑOR, Dios nuestro y de nuestros antepasados, somos justos y no hemos pecado, mas en verdad, nosotros, nuestros ancestros y los miembros de nuestra familia hemos pecado, cometido iniquidades y transgresiones.

אָשַׁמְנוּ Hemos sido culpables, hemos actuado traicioneramente, hemos robado, hemos calumniado. Hemos actuado perversamente, hemos causado maldad, hemos pecado premeditadamente, hemos actuado con violencia, hemos acusado en falso. Dimos malos consejos, mentimos, nos mofamos, nos enfurecimos, nos hemos rebelado, hemos provocado, hemos cometido adulterio, hemos jurado en vano e incumplido juramentos, hemos desobedecido, hemos cometido iniquidad, hemos transgredido, hemos perseguido, hemos sido obstinados. Hemos actuado alevosamente, hemos corrompido, hemos actuado en forma abominable, nos hemos desviado y hemos llevado a otros por mal camino.

וְסַרְנוּ Nos hemos apartado de Tus preceptos y de Tus buenas sentencias, pero de nada nos ha servido. Pero Tú eres justo en todo lo que nos ha sobrevenido, pues Tú actuaste con Verdad mientras que nosotros hicimos el mal. *Neh. 9*

בְּאֶבְרָתוֹ יָסֶךְ לָךְ, וְתַחַת־כְּנָפָיו תֶּחְסֶה, צִנָּה וְסֹחֵרָה אֲמִתּוֹ:
לֹא־תִירָא מִפַּחַד לָיְלָה, מֵחֵץ יָעוּף יוֹמָם:
מִדֶּבֶר בָּאֹפֶל יַהֲלֹךְ, מִקֶּטֶב יָשׁוּד צָהֳרָיִם:
יִפֹּל מִצִּדְּךָ אֶלֶף, וּרְבָבָה מִימִינֶךָ, אֵלֶיךָ לֹא יִגָּשׁ:
רַק בְּעֵינֶיךָ תַבִּיט, וְשִׁלֻּמַת רְשָׁעִים תִּרְאֶה:
כִּי־אַתָּה יְהֹוָה מַחְסִי:

*Se omite en los días que no se dice* תחנונים*.*

אָנָּא יְהֹוָה אֱלֹהֵינוּ וֵאלֹהֵי אֲבוֹתֵינוּ
תָּבֹא לְפָנֶיךָ תְּפִלָּתֵנוּ, וְאַל תִּתְעַלַּם מַלְכֵּנוּ מִתְּחִנָּתֵנוּ
שֶׁאֵין אֲנַחְנוּ עַזֵּי פָנִים וּקְשֵׁי עֹרֶף לוֹמַר לְפָנֶיךָ
יְהֹוָה אֱלֹהֵינוּ וֵאלֹהֵי אֲבוֹתֵינוּ
צַדִּיקִים אֲנַחְנוּ וְלֹא חָטָאנוּ
אֲבָל חָטָאנוּ, עָוִינוּ, פָּשַׁעְנוּ, אֲנַחְנוּ וַאֲבוֹתֵינוּ וְאַנְשֵׁי בֵיתֵנוּ.

אָשַׁמְנוּ, בָּגַדְנוּ, גָּזַלְנוּ, דִּבַּרְנוּ דֹפִי וְלָשׁוֹן הָרָע, הֶעֱוִינוּ, וְהִרְשַׁעְנוּ
זַדְנוּ, חָמַסְנוּ, טָפַלְנוּ שֶׁקֶר, יָעַצְנוּ עֵצוֹת רָעוֹת
כִּזַּבְנוּ, לַצְנוּ, לוֹצַצְנוּ, מָרַדְנוּ, נִאַצְנוּ, נִאַפְנוּ
נִשְׁבַּעְנוּ לַשָּׁוְא וְלַשֶּׁקֶר
סָרַרְנוּ, עָוִינוּ, פָּשַׁעְנוּ, צָרַרְנוּ
קִשִּׁינוּ עֹרֶף, רָשַׁעְנוּ, שִׁחַתְנוּ, תִּעַבְנוּ, תָּעִינוּ וְתִעְתָּעְנוּ

וְסַרְנוּ מִמִּצְוֹתֶיךָ וּמִמִּשְׁפָּטֶיךָ הַטּוֹבִים וְלֹא שָׁוָה לָנוּ.
וְאַתָּה צַדִּיק עַל כָּל־הַבָּא עָלֵינוּ נחמיה ט
כִּי־אֱמֶת עָשִׂיתָ וַאֲנַחְנוּ הִרְשָׁעְנוּ:

*Recitar la totalidad de "Ana BeKoaḥ"*
*y luego repetir tres veces el renglón de la noche correspondiente.*

*Moṣaé Shabat* אָנָּא Por favor, por el poder de Tu gran diestra,
libera a la nación cautiva.

*Domingo por la noche:* Acepta la plegaria de Tu pueblo.
Tú que eres reverenciado, fortifícanos y purifícanos.

*Lunes por la noche:* Por favor, Todopoderoso,
cuida como a la pupila del ojo a quienes buscan
Tu unicidad.

*Martes por la noche:* Bendícelos, purifícalos, tenles compasión,
garantízales por siempre la recompensa de Tu rectitud.

*Miércoles por la noche:* Todopoderoso, Santo, guía a Tu congregación
con Tu gran benevolencia.

*Jueves por la noche:* Único, exaltado, dirígete a Tu pueblo
que proclama Tu santidad.

*Viernes por la noche:* Acepta nuestra plegaria y escucha nuestro clamor,
Tú que conoces todos los pensamientos ocultos.

*Luego, recitar en voz baja:* Bendito sea el Nombre de Su glorioso reino por siempre.

אַתָּה Tú Te levantarás y te compadecerás de Ṣion, *Sal. 102*
pues es momento de apiadarte de ella, pues ha llegado el momento.

En Tu mano depositaré mi espíritu, Señor, *Sal. 31*
Dios de la verdad me has redimido.

*Repetir este versículo hasta quedar dormido imbuido de palabras de Torá.*

La Torá que Moshé nos ordenó es la heredad *Deut. 33*
de la congregación de Ya'akob.

*Recitar la totalidad de 'אָנָּא, בְּכֹחַ'*
*y luego repetir tres veces el renglón de la noche correspondiente.*

ליל א׳ אָנָּא, בְּכֹחַ גְּדֻלַּת יְמִינְךָ, תַּתִּיר צְרוּרָה.
ליל ב׳ קַבֵּל רִנַּת עַמְּךָ, שַׂגְּבֵנוּ, טַהֲרֵנוּ נוֹרָא.
ליל ג׳ נָא גִבּוֹר, דּוֹרְשֵׁי יִחוּדְךָ, כְּבָבַת שָׁמְרֵם.
ליל ד׳ בָּרְכֵם, טַהֲרֵם, רַחֲמֵי צִדְקָתְךָ, תָּמִיד גָּמְלֵם.
ליל ה׳ חֲסִין קָדוֹשׁ, בְּרֹב טוּבְךָ, נַהֵל עֲדָתֶךָ.
ליל ו׳ יָחִיד גֵּאֶה, לְעַמְּךָ פְּנֵה, זוֹכְרֵי קְדֻשָּׁתֶךָ.
ליל שבת שַׁוְעָתֵנוּ קַבֵּל, וּשְׁמַע צַעֲקָתֵנוּ, יוֹדֵעַ תַּעֲלוּמוֹת.

*Luego, recitar en voz baja:* בָּרוּךְ, שֵׁם כְּבוֹד מַלְכוּתוֹ, לְעוֹלָם וָעֶד.

תהלים קב אַתָּה תָקוּם תְּרַחֵם צִיּוֹן, כִּי־עֵת לְחֶנְנָהּ כִּי־בָא מוֹעֵד:
תהלים לא בְּיָדְךָ אַפְקִיד רוּחִי, פָּדִיתָה אוֹתִי יְהוָה אֵל אֱמֶת:

*Repetir este versículo hasta quedar dormido imbuido de palabras de Torá.*

דברים לג תּוֹרָה צִוָּה־לָנוּ מֹשֶׁה מוֹרָשָׁה קְהִלַּת יַעֲקֹב:

# שבת
## SHABAT

# Ereb Shabat y Yom Tob

## ERUB ḤAṢEROT

בָּרוּךְ Bendito eres Tú SEÑOR, nuestro Dios, Rey del universo,
que nos ha santificado con Sus preceptos
y nos ordenó el mandamiento del Erub.

בְּדֵין Mediante este Erub tendremos permitido transportar, ingresar a las casas objetos desde el patio o retirar de estas objetos hacia el patio, o de una casa a otra entre todas las casas que rodean este patio.

*Erub Tabshilín en la página 1074.*

---

Las velas sabáticas también simbolizan la luz de la Divina Presencia, la cual ilumina los vínculos en el interior del hogar. Ribí Akiva señaló que las palabras hebreas que denominan al hombre (*ish*) y a la mujer (*ishá*) contienen en su interior letras que forman la palabra "esh" (fuego). Esto obedece a que tanto la

# ערב שבת ויום טוב

## עירוב חצרות

בָּרוּךְ אַתָּה יְהֹוָה, אֱלֹהֵינוּ מֶלֶךְ הָעוֹלָם
אֲשֶׁר קִדְּשָׁנוּ בְּמִצְוֹתָיו וְצִוָּנוּ עַל מִצְוַת עֵרוּב.

ואומר:

בארמית: בְּדֵין עֵרוּבָא יְהֵא שְׁרֵי לָנָא לְאַפּוֹקֵי וּלְעַיּוֹלֵי מִן הַבָּתִּים לֶחָצֵר וּמִן הֶחָצֵר לַבָּתִּים וּמִבַּיִת לְבַיִת לְכָל־הַבָּתִּים שֶׁבֶּחָצֵר.

או בעברית: בְּעֵרוּב זֶה יִהְיֶה מֻתָּר לָנוּ לְהוֹצִיא וּלְהַכְנִיס מִן הַבָּתִּים לֶחָצֵר וּמִן הֶחָצֵר לַבָּתִּים וּמִבַּיִת לְבַיִת לְכָל־הַבָּתִּים שֶׁבֶּחָצֵר.

עירוב תבשילין *en la página 1075.*

---

ENCENDIDO DE LAS VELAS (*página siguiente*)
El encendido de velas es un precepto positivo de origen rabínico y simboliza la armonía en el hogar (*"Shalom Bayit"*). Al crear la paz hogareña contribuimos a instaurar la paz en el mundo.

## ENCENDIDO DE LAS VELAS

*Bendición previa al encendido de las velas sabáticas:*

בָּרוּךְ Bendito eres Tú SEÑOR, nuestro Dios, Rey del universo,
que nos ha santificado con Sus preceptos
y nos ordenó encender las velas de Shabat.

*En Yom Tob:*

Bendito eres Tú SEÑOR, nuestro Dios, Rey del universo,
que nos ha santificado con Sus preceptos
y nos ordenó encender (las velas de Shabat y) las velas
de Yom Tob.

---

Normalmente recitamos bendiciones por el cumplimiento de preceptos antes de llevarlos a cabo. Sin embargo, en el caso de las velas de Shabat la bendición se recita después del encendido, por lo que antecede la aceptación mental del día y sus prohibiciones. La bendición se recita con los ojos cubiertos, de modo tal que la bendición sucede al encendido, pero le antecede la obtención del beneficio del mismo.

# הדלקת נרות

*Bendición previa al encendido de las velas sabáticas:*

בָּרוּךְ אַתָּה יְהֹוָה, אֱלֹהֵינוּ מֶלֶךְ הָעוֹלָם
אֲשֶׁר קִדְּשָׁנוּ בְּמִצְוֹתָיו וְצִוָּנוּ לְהַדְלִיק נֵר שֶׁל שַׁבָּת.

*En* יום טוב:

בָּרוּךְ אַתָּה יְהֹוָה, אֱלֹהֵינוּ מֶלֶךְ הָעוֹלָם
אֲשֶׁר קִדְּשָׁנוּ בְּמִצְוֹתָיו
וְצִוָּנוּ לְהַדְלִיק נֵר שֶׁל (שַׁבָּת וְ) יוֹם טוֹב.

---

palabra hombre como mujer poseen una letra aparentemente innecesaria, "*yud*" en la palabra hombre (*ish*) y "*heh*" en la palabra mujer (*ishá*) las cuales al unirse forman el Nombre de Dios. Por ello, Ribí Akiva concluye que "cuando el marido y la mujer son meritorios, la Divina Presencia reside entre ellos" (*Sotá* 17A).

Según la antigua tradición las mujeres deben llevar a cabo este precepto por cuanto que ellas son las principales guardianas del hogar. Nuestra costumbre es encender dos velas las cuales representan las dos dimensiones del Shabat: "*shamor*", "cuidar", que se refiere a la observancia de las prohibiciones sabáticas y "*zajor*", "recordar", que es cumplir con los preceptos positivos del día.

# EL CANTAR DE LOS CANTARES

וִיהִי Que el agrado del Señor nuestro Dios sea sobre nosotros, y la acción de nuestras manos sea establecida para nosotros. Oh Eterno, aprueba la obra de nuestras manos. *Sal. 90*

1 שִׁיר הַשִּׁירִים אֲשֶׁר לִשְׁלֹמֹה: El Cantar de los Cantares que es de Shelomó.
¡Que me bese de los besos de su boca! Ya que tus amores son mejores
que el vino. Por el aroma de tus óleos fragantes, tu nombre fluye cual óleo
vertido, por eso las mozas te aman. Atráeme hacia ti, corramos, el rey me
ha traído a sus aposentos, alegrémonos y regocijémonos juntos.
Celebremos tus amores más que el vino. Con probidad te aman a
ti. Negra soy yo, pero bella, hijas de Jerusalém. Como las tiendas
de Kedar, como las cortinas de Shelomó. No me veáis que estoy morena,
pues me ha tostado el sol. Los hijos de mi madre se enfadaron conmigo,
me obligaron a cuidar de los viñedos, ¡mas mi propia viña descuidé!
Dime, tú, amor de mi vida ¿dónde apacientas tus rebaños?, ¿dónde los
haces yacer a mediodía? Pues, ¿por qué habré de estar vagando entre los
rebaños de tus compañeros! Si no lo sabes, oh, la más hermosa entre las
mujeres, ve tras las huellas del rebaño y apacienta tus cabritos junto a las
moradas de los pastores. Cual yegua en las carrozas de Par'ó te he
imaginado, amada mía. Son bellas tus mejillas entre los pendientes y tu
cuello entre los collares. Te habremos de hacer pendientes de oro con
incrustaciones de plata. Mientras el rey está en su diván, mi perfume ha
exhalado su fragancia. Mi amado es para mí cual saquillo de mirra que
duerme entre mis senos. Mi amado es para mí cual racimo de alheña de
los vergeles de E'n Guedi. Cuán hermosa eres mi bien amada, he
aquí que eres bella, tus ojos son cual palomas. Cuán hermoso eres amado
mío, también encantador, nuestro lecho es cual alfombra de flores. Las
2 vigas de nuestra casa son los cedros y el artesonado es de cipreses. Yo soy
el narciso del Sharón, el lirio de los valles. Mi amada es entre las doncellas
cual lirio entre los espinos. Mi amado es entre los mozos cual manzano
entre los árboles del bosque. A su sombra – he deseado sentarme – y lo
he hecho, y su fruto es dulce a mi paladar. Él me ha traído a la casa del
banquete, e izó sobre mí el estandarte del amor. Sostenedme con pasas,
confortadme con manzanas, porque desfallezco de amor. Su izquierda
está bajo mi cabeza y con su diestra me abraza. Os conjuro a vosotras,

# שִׁיר הַשִּׁירִים

וִיהִי ׀ נֹעַם אֲדֹנָי אֱלֹהֵינוּ עָלֵינוּ וּמַעֲשֵׂה יָדֵינוּ כּוֹנְנָה עָלֵינוּ וּמַעֲשֵׂה יָדֵינוּ כּוֹנְנֵהוּ: תהלים צ

א שִׁיר הַשִּׁירִים אֲשֶׁר לִשְׁלֹמֹה: יִשָּׁקֵנִי מִנְּשִׁיקוֹת פִּיהוּ כִּי־טוֹבִים
דֹּדֶיךָ מִיָּיִן: לְרֵיחַ שְׁמָנֶיךָ טוֹבִים שֶׁמֶן תּוּרַק שְׁמֶךָ עַל־כֵּן עֲלָמוֹת
אֲהֵבוּךָ: מָשְׁכֵנִי אַחֲרֶיךָ נָּרוּצָה הֱבִיאַנִי הַמֶּלֶךְ חֲדָרָיו נָגִילָה וְנִשְׂמְחָה
בָּךְ נַזְכִּירָה דֹדֶיךָ מִיַּיִן מֵישָׁרִים אֲהֵבוּךָ: שְׁחוֹרָה אֲנִי
וְנָאוָה בְּנוֹת יְרוּשָׁלָםִ כְּאָהֳלֵי קֵדָר כִּירִיעוֹת שְׁלֹמֹה: אַל־תִּרְאוּנִי
שֶׁאֲנִי שְׁחַרְחֹרֶת שֶׁשֱּׁזָפַתְנִי הַשָּׁמֶשׁ בְּנֵי אִמִּי נִחֲרוּ־בִי שָׂמֻנִי נֹטֵרָה
אֶת־הַכְּרָמִים כַּרְמִי שֶׁלִּי לֹא נָטָרְתִּי: הַגִּידָה לִּי שֶׁאָהֲבָה נַפְשִׁי אֵיכָה
תִרְעֶה אֵיכָה תַּרְבִּיץ בַּצָּהֳרָיִם שַׁלָּמָה אֶהְיֶה כְּעֹטְיָה עַל עֶדְרֵי
חֲבֵרֶיךָ: אִם־לֹא תֵדְעִי לָךְ הַיָּפָה בַּנָּשִׁים צְאִי־לָךְ בְּעִקְבֵי הַצֹּאן וּרְעִי
אֶת־גְּדִיֹּתַיִךְ עַל מִשְׁכְּנוֹת הָרֹעִים: לְסֻסָתִי בְּרִכְבֵי פַרְעֹה
דִּמִּיתִיךְ רַעְיָתִי: נָאווּ לְחָיַיִךְ בַּתֹּרִים צַוָּארֵךְ בַּחֲרוּזִים: תּוֹרֵי זָהָב
נַעֲשֶׂה־לָּךְ עִם נְקֻדּוֹת הַכָּסֶף: עַד־שֶׁהַמֶּלֶךְ בִּמְסִבּוֹ נִרְדִּי נָתַן רֵיחוֹ:
צְרוֹר הַמֹּר ׀ דּוֹדִי לִי בֵּין שָׁדַי יָלִין: אֶשְׁכֹּל הַכֹּפֶר ׀ דּוֹדִי לִי בְּכַרְמֵי
עֵין גֶּדִי: הִנָּךְ יָפָה רַעְיָתִי הִנָּךְ יָפָה עֵינַיִךְ יוֹנִים: הִנְּךָ יָפֶה
דוֹדִי אַף נָעִים אַף־עַרְשֵׂנוּ רַעֲנָנָה: קֹרוֹת בָּתֵּינוּ אֲרָזִים רַהִיטֵנוּ רחיטנו
ב בְּרוֹתִים: אֲנִי חֲבַצֶּלֶת הַשָּׁרוֹן שׁוֹשַׁנַּת הָעֲמָקִים: כְּשׁוֹשַׁנָּה בֵּין
הַחוֹחִים כֵּן רַעְיָתִי בֵּין הַבָּנוֹת: כְּתַפּוּחַ בַּעֲצֵי הַיַּעַר כֵּן דּוֹדִי בֵּין
הַבָּנִים בְּצִלּוֹ חִמַּדְתִּי וְיָשַׁבְתִּי וּפִרְיוֹ מָתוֹק לְחִכִּי: הֱבִיאַנִי אֶל־בֵּית
הַיָּיִן וְדִגְלוֹ עָלַי אַהֲבָה: סַמְּכוּנִי בָּאֲשִׁישׁוֹת רַפְּדוּנִי בַּתַּפּוּחִים כִּי־
חוֹלַת אַהֲבָה אָנִי: שְׂמֹאלוֹ תַּחַת לְרֹאשִׁי וִימִינוֹ תְּחַבְּקֵנִי: הִשְׁבַּעְתִּי

hijas de Jerusalém, por las gacelas o por las ciervas del campo que no
desveléis ni despertéis al amor, hasta que ella lo desee. ¡La voz de
mi amado! ¡Mírenlo, aquí, él viene! Saltando por sobre los montes, brin-
cando por sobre los collados. Mi amado es cual ciervo, se parece a un
cervatillo. Helo aquí que está de pie, detrás de nuestro muro. Mira por las
ventanas, atisba por las celosías. Mi amado declaró y me dijo: "Levántate
mi bien amada, y ven conmigo hermosa mía". Pues he aquí que el in-
vierno se ha ido, la lluvia ha cesado y se ha esfumado. Las flores ya se ven
en la tierra, ha llegado el tiempo del canto de los pájaros y el arrullo de la
tórtola se oye en nuestra tierra. La higuera ha dado ya sus primeros frutos,
y las vides sus retoños, los cuales exhalan su fragancia. ¡Levántate mi bien
amada, y ven conmigo hermosa mía! Paloma mía, que te es-
condes entre las grietas de la roca, en el escondrijo escarpado, muéstrame
tu semblante, hazme oír tu voz; ya que tu voz es agradable y hermoso tu
semblante. Atrapad para nosotros a los zorros, a esos zorros
pequeños que dañan los viñedos. Y nuestros viñedos están en flor. Mi
amado es mío, y yo soy de él, el que pastorea entre los lirios. Hasta que
refresque el día y se hayan disipado las sombras. Gira, aseméjate amado
3 mío al corzo o a al cervatillo, sobre las montañas escarpadas. Por
las noches, sobre mi lecho, busco al que mi alma ama, lo he buscado, mas
no lo he hallado. Me levantaré ahora, y daré vueltas en la ciudad, por los
mercados y por las calles buscando al que mi alma ama. Le busqué, mas
no le hallé. Me encontraron los centinelas mientras rondan la ciudad y
les pregunté: ¿Habéis visto a aquél al que mi alma ama? Apenas los hube
pasado cuando hallé al que mi alma ama. Le aprehendí y no le solté
hasta que le traje a la casa de mi madre, al aposento en el que ella me
concibió. Os conjuro a vosotras, hijas de Jerusalém, por las gacelas o por
las ciervas del campo que no desveléis ni despertéis al amor, hasta ella
que lo desee. ¿Quién es ésta que asciende desde el desi-
erto cual columna de humo, sahumada con mirra e incienso y con polvo
de mercader? ¡Mira! Es la cama del Rey Shelomó y alrededor de esta
hay sesenta guerreros de los más fuertes de Israel. Todos empuñan la
espada y son duchos en el arte de la guerra, cada uno de ellos lleva su
espada sobre su muslo y están preparados para el terror de las
noches. Shelomó se hizo un palanquín de maderas del Lebanón.

אֶתְכֶם בְּנוֹת יְרוּשָׁלַם בִּצְבָאוֹת אוֹ בְּאַיְלוֹת הַשָּׂדֶה אִם־תָּעִירוּ ׀
וְאִם־תְּעוֹרְרוּ אֶת־הָאַהֲבָה עַד שֶׁתֶּחְפָּץ׃ קוֹל דּוֹדִי הִנֵּה־
זֶה בָּא מְדַלֵּג עַל־הֶהָרִים מְקַפֵּץ עַל־הַגְּבָעוֹת׃ דּוֹמֶה דוֹדִי לִצְבִי
אוֹ לְעֹפֶר הָאַיָּלִים הִנֵּה־זֶה עוֹמֵד אַחַר כָּתְלֵנוּ מַשְׁגִּיחַ מִן־הַחַלֹּנוֹת
מֵצִיץ מִן־הַחֲרַכִּים׃ עָנָה דוֹדִי וְאָמַר לִי קוּמִי לָךְ רַעְיָתִי יָפָתִי וּלְכִי־
לָךְ׃ כִּי־הִנֵּה הַסְּתָו עָבָר הַגֶּשֶׁם חָלַף הָלַךְ לוֹ׃ הַנִּצָּנִים נִרְאוּ בָאָרֶץ
עֵת הַזָּמִיר הִגִּיעַ וְקוֹל הַתּוֹר נִשְׁמַע בְּאַרְצֵנוּ׃ הַתְּאֵנָה חָנְטָה
פַגֶּיהָ וְהַגְּפָנִים ׀ סְמָדַר נָתְנוּ רֵיחַ קוּמִי לָךְ רַעְיָתִי יָפָתִי וּלְכִי־ לְכִי
לָךְ׃ יוֹנָתִי בְּחַגְוֵי הַסֶּלַע בְּסֵתֶר הַמַּדְרֵגָה הַרְאִינִי
אֶת־מַרְאַיִךְ הַשְׁמִיעִנִי אֶת־קוֹלֵךְ כִּי־קוֹלֵךְ עָרֵב וּמַרְאֵיךְ
נָאוֶה׃ אֶחֱזוּ־לָנוּ שׁוּעָלִים שֻׁעָלִים קְטַנִּים מְחַבְּלִים כְּרָמִים
וּכְרָמֵינוּ סְמָדַר׃ דּוֹדִי לִי וַאֲנִי לוֹ הָרֹעֶה בַּשּׁוֹשַׁנִּים׃ עַד שֶׁיָּפוּחַ הַיּוֹם
וְנָסוּ הַצְּלָלִים סֹב דְּמֵה־לְךָ דוֹדִי לִצְבִי אוֹ לְעֹפֶר הָאַיָּלִים עַל־הָרֵי
ג בָתֶר׃ עַל־מִשְׁכָּבִי בַּלֵּילוֹת בִּקַּשְׁתִּי אֵת שֶׁאָהֲבָה נַפְשִׁי
בִּקַּשְׁתִּיו וְלֹא מְצָאתִיו׃ אָקוּמָה נָּא וַאֲסוֹבְבָה בָעִיר בַּשְּׁוָקִים
וּבָרְחֹבוֹת אֲבַקְשָׁה אֵת שֶׁאָהֲבָה נַפְשִׁי בִּקַּשְׁתִּיו וְלֹא מְצָאתִיו׃
מְצָאוּנִי הַשֹּׁמְרִים הַסֹּבְבִים בָּעִיר אֵת שֶׁאָהֲבָה נַפְשִׁי רְאִיתֶם׃ כִּמְעַט
שֶׁעָבַרְתִּי מֵהֶם עַד שֶׁמָּצָאתִי אֵת שֶׁאָהֲבָה נַפְשִׁי אֲחַזְתִּיו וְלֹא אַרְפֶּנּוּ
עַד־שֶׁהֲבֵיאתִיו אֶל־בֵּית אִמִּי וְאֶל־חֶדֶר הוֹרָתִי׃ הִשְׁבַּעְתִּי אֶתְכֶם
בְּנוֹת יְרוּשָׁלַם בִּצְבָאוֹת אוֹ בְּאַיְלוֹת הַשָּׂדֶה אִם־תָּעִירוּ ׀ וְאִם־
תְּעוֹרְרוּ אֶת־הָאַהֲבָה עַד שֶׁתֶּחְפָּץ׃ מִי זֹאת עֹלָה מִן־
הַמִּדְבָּר כְּתִימֲרוֹת עָשָׁן מְקֻטֶּרֶת מוֹר וּלְבוֹנָה מִכֹּל אַבְקַת רוֹכֵל׃
הִנֵּה מִטָּתוֹ שֶׁלִּשְׁלֹמֹה שִׁשִּׁים גִּבֹּרִים סָבִיב לָהּ מִגִּבֹּרֵי יִשְׂרָאֵל׃
כֻּלָּם אֲחֻזֵי חֶרֶב מְלֻמְּדֵי מִלְחָמָה אִישׁ חַרְבּוֹ עַל־יְרֵכוֹ מִפַּחַד
בַּלֵּילוֹת׃ אַפִּרְיוֹן עָשָׂה לוֹ הַמֶּלֶךְ שְׁלֹמֹה מֵעֲצֵי הַלְּבָנוֹן׃

Sus columnas las hizo de plata, su cobertor de oro, su dosel de púrpura,
su interior fue decorado con esmero por las hijas de Jerusalém. Salid y
contemplad, hijas de Ṣion, al rey Shelomó con la corona que le coronó
su madre en el día de sus esponsales y en el día del regocijo de su
4 corazón. ¡Cuán hermosa eres mi bien amada! ¡Cuán bella eres!
Tus ojos son cual palomas a través de tu velo. Tu cabello es cual rebaño
de cabritos que se deslizan en los montes de Guil'ad. Tus dientes son cual
rebaño de ovejas recién trasquiladas que ascienden del lavado; todos son
íntegros y no hay en ellos mella alguna. Tus labios son cual hilo carmesí
y tu hablar es hermoso. Tu sien es cual gajo de granada a través de tu velo.
Tu cuello se asemeja a la torre de David, construida con piedras labradas,
de la que penden mil escudos, todos protectores de valientes. Tus dos
senos son cual cervatillos, mellizos de gacela que pacen entre los lirios.
Hasta que refresque el día y se hayan disipado las sombras, me iré al
monte de la mirra y a la colina del incienso. ¡Toda tú hermosa eres, ama-
da mía, y no hay en ti defecto alguno! Ven conmigo desde el
Lebanón, novia, ven conmigo desde el Lebanón, contempla desde la
cúspide de Amaná, desde las cimas del Senir y del Hermón, desde las
guaridas de los leones, desde los montes de los leopardos. Me has embe-
lesado hermana y novia mía, me has embelesado con uno de tus ojos, con
una sola gargantilla de tus collares. ¡Cuán hermosos son tus amores,
hermana y novia mía! ¡Cuán bellos son tus amores! ¡Más que el
vino! ¡Y la fragancia de tus óleos, más que todos los bálsamos!
Tus labios destilan miel, novia. Miel y leche debajo de tu lengua;
y la fragancia de tus atuendos se asemeja a la fragancia del
Lebanón. Eres un jardín cerrado hermana y novia mía. Fuente
cerrada, manantial sellado. Tus brotes son cual vergel de granados, con
frutos excelsos, alheña nardo y azafrán, caña aromática y canela, con to-
dos los árboles de incienso, mirra y áloe, con todos los bálsamos selectos.
Manantial de jardines, aljibe de aguas surgentes y aguas que fluyen desde
el Lebanón. ¡Despiértate viento norte, y ven acá viento sur! Sopla en mi
huerto. ¡Que fluyan sus aromas! ¡Venga mi amado a su jardín, y que coma
5 el fruto de sus delicias! He llegado a mi jardín, hermana y novia mía; he
recogido mi mirra junto con mi bálsamo, he comido mi colmena con su
miel, he bebido mi vino con mi leche. ¡Comed amigos! ¡Bebed y em-
briagaos, amados! Aunque dormida estoy, mi corazón está

עַמּוּדָיו עָשָׂה כֶסֶף רְפִידָתוֹ זָהָב מֶרְכָּבוֹ אַרְגָּמָן תּוֹכוֹ רָצוּף אַהֲבָה
מִבְּנוֹת יְרוּשָׁלָ͏ִם: צְאֶינָה ׀ וּרְאֶינָה בְּנוֹת צִיּוֹן בַּמֶּלֶךְ שְׁלֹמֹה בָּעֲטָרָה
ד שֶׁעִטְּרָה־לּוֹ אִמּוֹ בְּיוֹם חֲתֻנָּתוֹ וּבְיוֹם שִׂמְחַת לִבּוֹ: הִנָּךְ
יָפָה רַעְיָתִי הִנָּךְ יָפָה עֵינַיִךְ יוֹנִים מִבַּעַד לְצַמָּתֵךְ שַׂעְרֵךְ כְּעֵדֶר הָעִזִּים
שֶׁגָּלְשׁוּ מֵהַר גִּלְעָד: שִׁנַּיִךְ כְּעֵדֶר הַקְּצוּבוֹת שֶׁעָלוּ מִן־הָרַחְצָה שֶׁכֻּלָּם
מַתְאִימוֹת וְשַׁכֻּלָה אֵין בָּהֶם: כְּחוּט הַשָּׁנִי שִׂפְתוֹתַיִךְ וּמִדְבָּרֵיךְ נָאוֶה
כְּפֶלַח הָרִמּוֹן רַקָּתֵךְ מִבַּעַד לְצַמָּתֵךְ: כְּמִגְדַּל דָּוִיד צַוָּארֵךְ בָּנוּי
לְתַלְפִּיּוֹת אֶלֶף הַמָּגֵן תָּלוּי עָלָיו כֹּל שִׁלְטֵי הַגִּבֹּרִים: שְׁנֵי שָׁדַיִךְ כִּשְׁנֵי
עֳפָרִים תְּאוֹמֵי צְבִיָּה הָרוֹעִים בַּשּׁוֹשַׁנִּים: עַד שֶׁיָּפוּחַ הַיּוֹם וְנָסוּ
הַצְּלָלִים אֵלֶךְ לִי אֶל־הַר הַמּוֹר וְאֶל־גִּבְעַת הַלְּבוֹנָה: כֻּלָּךְ יָפָה
רַעְיָתִי וּמוּם אֵין בָּךְ: אִתִּי מִלְּבָנוֹן כַּלָּה אִתִּי מִלְּבָנוֹן
תָּבוֹאִי תָּשׁוּרִי ׀ מֵרֹאשׁ אֲמָנָה מֵרֹאשׁ שְׂנִיר וְחֶרְמוֹן מִמְּעֹנוֹת אֲרָיוֹת
מֵהַרְרֵי נְמֵרִים: לִבַּבְתִּנִי אֲחֹתִי כַלָּה לִבַּבְתִּינִי בְּאַחַת מֵעֵינַיִךְ בְּאַחַד באחד
עֲנָק מִצַּוְּרֹנָיִךְ: מַה־יָּפוּ דֹדַיִךְ אֲחֹתִי כַלָּה מַה־טֹּבוּ דֹדַיִךְ מִיַּיִן וְרֵיחַ
שְׁמָנַיִךְ מִכָּל־בְּשָׂמִים: נֹפֶת תִּטֹּפְנָה שִׂפְתוֹתַיִךְ כַּלָּה דְּבַשׁ וְחָלָב
תַּחַת לְשׁוֹנֵךְ וְרֵיחַ שַׂלְמֹתַיִךְ כְּרֵיחַ לְבָנוֹן: גַּן ׀ נָעוּל אֲחֹתִי
כַלָּה גַּל נָעוּל מַעְיָן חָתוּם: שְׁלָחַיִךְ פַּרְדֵּס רִמּוֹנִים עִם פְּרִי מְגָדִים
כְּפָרִים עִם־נְרָדִים: נֵרְדְּ ׀ וְכַרְכֹּם קָנֶה וְקִנָּמוֹן עִם כָּל־עֲצֵי לְבוֹנָה
מֹר וַאֲהָלוֹת עִם כָּל־רָאשֵׁי בְשָׂמִים: מַעְיַן גַּנִּים בְּאֵר מַיִם חַיִּים
וְנֹזְלִים מִן־לְבָנוֹן: עוּרִי צָפוֹן וּבוֹאִי תֵימָן הָפִיחִי גַנִּי יִזְּלוּ בְשָׂמָיו יָבֹא
ה דוֹדִי לְגַנּוֹ וְיֹאכַל פְּרִי מְגָדָיו: בָּאתִי לְגַנִּי אֲחֹתִי כַלָּה אָרִיתִי מוֹרִי
עִם־בְּשָׂמִי אָכַלְתִּי יַעְרִי עִם־דִּבְשִׁי שָׁתִיתִי יֵינִי עִם־חֲלָבִי אִכְלוּ
רֵעִים שְׁתוּ וְשִׁכְרוּ דּוֹדִים: אֲנִי יְשֵׁנָה וְלִבִּי עֵר קוֹל ׀
דּוֹדִי דוֹפֵק פִּתְחִי־לִי אֲחֹתִי רַעְיָתִי יוֹנָתִי תַמָּתִי שֶׁרֹּאשִׁי נִמְלָא־טָל

despierto. ¡Una voz! Mi amado llama: "¡Hermana mía, amada mía, mi
paloma, mi perfecta! Pues mi cabeza está empapada de rocío y la hume-
dad de la noche corre por mis bucles. Ya me he quitado mi túnica, ¿cómo
habré de ponérmela de nuevo? Me he lavado los pies, ¿cómo los habré de
manchar?" Mi amado pasó su mano por la abertura del cerrojo y mis
entrañas se conmovieron por él. Me levanté para abrirle a mi amado, y
mis manos destilaron mirra, gotas de mirra se deslizaron por mis dedos
y caían sobre los herrajes de la cerradura. Le abrí a mi amado, empero mi
amado ya se había dado vuelta, se esfumó, y tras su voz se salía mi alma.
Le he buscado mas no le he hallado. Le llamé mas no me respondió. Me
encontraron los centinelas, los que rondan la ciudad. Me golpearon, me
hirieron, los centinelas de la muralla me quitaron de encima el velo. Os
conjuro a vosotras, hijas de Jerusalém. Si halláis a mi amado: ¿qué le
habréis de anunciar? Que estoy enferma de amor. "Dinos hermosa entre
hermosas, en qué aventaja tu amado a otros hombres? ¿En qué aventaja
tu amado a otros hombres para que así nos hayas conjurado?" Mi amado
es blanco y rubicundo, insigne entre diez millares. Su cabeza es cual oro
refinado. Sus bucles penden negros como el cuervo. Sus ojos son cual
palomas sobre corrientes de agua que se bañan en leche, asentados sobre
engaste. Sus mejillas son cual cantero de bálsamo donde crecen especias
perfumadas; sus labios son cual lirios de los que gotea mirra. Sus brazos
son cual barras de oro rellenos de berilo. Su vientre es de reluciente marfil
recubierto de zafiros. Sus piernas son cual columnas de mármol asenta-
das sobre bases de oro fino. Su porte se asemeja al del Líbano, esbelto
como los cedros. Su paladar es de dulzuras y todo él, placeres. Éste es mi
6 amado y éste es mi querido, hijas de Jerusalém.¿ A dónde fue tu amado,
la más hermosa de las mujeres? ¿A dónde se volvió tu amado? ¡Iremos
contigo a buscarlo! Mi amado descendió a su jardín, a los canteros de
bálsamo, a apacentar en los jardines y a recoger lirios.

Yo soy de mi amado y mi amado es mío, el que pastorea entre los lirios.
Amada mía, tú eres hermosa como Tirtzá. Bella como Jerusalém. Tú
eres imponente como los reales abanderados. Aparta de mí tus ojos ya
que ellos me subyugan. Tu cabello es cual rebaño de cabritos que se
deslizan desde la montaña de Guil'ad. Tus dientes son cual rebaño de
cabras, que ascienden del lavado; todos ellos son parejos, y ninguna mella
hay en ellos. Tu sien es cual gajo de granada a través de tu velo. Sesenta
son las reinas, y ochenta las concubinas, y las mozas son sin número.

קְוֻצּוֹתַי רְסִיסֵי לָיְלָה: פָּשַׁטְתִּי אֶת־כֻּתָּנְתִּי אֵיכָכָה אֶלְבָּשֶׁנָּה רָחַצְתִּי
אֶת־רַגְלַי אֵיכָכָה אֲטַנְּפֵם: דּוֹדִי שָׁלַח יָדוֹ מִן־הַחוֹר וּמֵעַי הָמוּ
עָלָיו: קַמְתִּי אֲנִי לִפְתֹּחַ לְדוֹדִי וְיָדַי נָטְפוּ־מוֹר וְאֶצְבְּעֹתַי מוֹר עֹבֵר
עַל כַּפּוֹת הַמַּנְעוּל: פָּתַחְתִּי אֲנִי לְדוֹדִי וְדוֹדִי חָמַק עָבָר נַפְשִׁי יָצְאָה
בְדַבְּרוֹ בִּקַּשְׁתִּיהוּ וְלֹא מְצָאתִיהוּ קְרָאתִיו וְלֹא עָנָנִי: מְצָאֻנִי
הַשֹּׁמְרִים הַסֹּבְבִים בָּעִיר הִכּוּנִי פְצָעוּנִי נָשְׂאוּ אֶת־רְדִידִי מֵעָלַי
שֹׁמְרֵי הַחֹמוֹת: הִשְׁבַּעְתִּי אֶתְכֶם בְּנוֹת יְרוּשָׁלָםִ אִם־תִּמְצְאוּ אֶת־
דּוֹדִי מַה־תַּגִּידוּ לוֹ שֶׁחוֹלַת אַהֲבָה אָנִי: מַה־דּוֹדֵךְ מִדּוֹד הַיָּפָה
בַּנָּשִׁים מַה־דּוֹדֵךְ מִדּוֹד שֶׁכָּכָה הִשְׁבַּעְתָּנוּ: דּוֹדִי צַח וְאָדוֹם דָּגוּל
מֵרְבָבָה: רֹאשׁוֹ כֶּתֶם פָּז קְוֻצּוֹתָיו תַּלְתַּלִּים שְׁחֹרוֹת כָּעוֹרֵב: עֵינָיו
כְּיוֹנִים עַל־אֲפִיקֵי מָיִם רֹחֲצוֹת בֶּחָלָב יֹשְׁבוֹת עַל־מִלֵּאת: לְחָיָו
כַּעֲרוּגַת הַבֹּשֶׂם מִגְדְּלוֹת מֶרְקָחִים שִׂפְתוֹתָיו שׁוֹשַׁנִּים נֹטְפוֹת מוֹר
עֹבֵר: יָדָיו גְּלִילֵי זָהָב מְמֻלָּאִים בַּתַּרְשִׁישׁ מֵעָיו עֶשֶׁת שֵׁן מְעֻלֶּפֶת
סַפִּירִים: שׁוֹקָיו עַמּוּדֵי שֵׁשׁ מְיֻסָּדִים עַל־אַדְנֵי־פָז מַרְאֵהוּ כַּלְּבָנוֹן
בָּחוּר כָּאֲרָזִים: חִכּוֹ מַמְתַקִּים וְכֻלּוֹ מַחֲמַדִּים זֶה דוֹדִי וְזֶה רֵעִי בְּנוֹת
ו יְרוּשָׁלָםִ: אָנָה הָלַךְ דּוֹדֵךְ הַיָּפָה בַּנָּשִׁים אָנָה פָּנָה דוֹדֵךְ וּנְבַקְשֶׁנּוּ
עִמָּךְ: דּוֹדִי יָרַד לְגַנּוֹ לַעֲרֻגוֹת הַבֹּשֶׂם לִרְעוֹת בַּגַּנִּים וְלִלְקֹט שׁוֹשַׁנִּים:
אֲנִי לְדוֹדִי וְדוֹדִי לִי הָרֹעֶה בַּשּׁוֹשַׁנִּים:

יָפָה אַתְּ רַעְיָתִי כְּתִרְצָה נָאוָה כִּירוּשָׁלָםִ אֲיֻמָּה כַּנִּדְגָּלוֹת: הָסֵבִּי עֵינַיִךְ
מִנֶּגְדִּי שֶׁהֵם הִרְהִיבֻנִי שַׂעְרֵךְ כְּעֵדֶר הָעִזִּים שֶׁגָּלְשׁוּ מִן־הַגִּלְעָד: שִׁנַּיִךְ
כְּעֵדֶר הָרְחֵלִים שֶׁעָלוּ מִן־הָרַחְצָה שֶׁכֻּלָּם מַתְאִימוֹת וְשַׁכֻּלָה אֵין
בָּהֶם: כְּפֶלַח הָרִמּוֹן רַקָּתֵךְ מִבַּעַד לְצַמָּתֵךְ: שִׁשִּׁים הֵמָּה מְלָכוֹת
וּשְׁמֹנִים פִּילַגְשִׁים וַעֲלָמוֹת אֵין מִסְפָּר: אַחַת הִיא יוֹנָתִי תַמָּתִי אַחַת

Una es mi paloma, mi perfecta. Única es para su madre. Pura es para su progenitora. Las mujeres la ven y la elogian, las reinas y las concubinas la han loado. ¿Quién es ésta que asoma como el alba, hermosa como la luna, límpida como el sol, imponente como reales abanderados? Descendí al huerto de los nogales para contemplar la flora del valle, ver si ha florecido la vid y si los granados están ya en flor. Sin advertirlo, mi pasión me puso entre las carrozas principescas de mi pueblo. Vuelve, vuelve "la Shulamit", vuelve, vuelve para que te veamos! ¿Qué vais a ver en "la Shulamit" salvo danzas de los campamentos? Cuán hermosos son tus pies calzados, princesa mía. Los contornos de tus caderas son cual joyas, obra de hábil artesano. Tu ombligo es cual vasija de luneta rebosante de buen vino. Tu vientre es cual montón de trigo rodeado de lirios. Tus dos senos son cual dos cervatillos, mellizos de gacela. Tu cuello, como torre de marfil, tus ojos, albercas en Jeshbón, junto al pórtico de Bat Ribím, tu nariz es como la torre de Lebanón que mira hacia Damasco. Tu cabeza es como el Carmel, y tu cabellera como la púrpura. ¡Con tus rizos has cautivado al rey! ¡Cuán bella eres amor mío y cuan encantadora en tus delicias! Tu talla se asemeja a una palmera y tus senos son cual racimos. Pensé: he de trepar a esa palmera, y adueñarme de sus racimos. Y tus senos han de ser tus senos cual racimos de uvas, y tu aliento como la fragancia de las manzanas, y tu paladar como el buen vino. Que fluya el vino hacia mi amado con suavidad. Que dé locuacidad a sus labios adormecidos. Yo soy de mi amado y sobre mí está su deseo. ¡Anda amado mío, salgamos al campo! Pernoctemos en las aldeas. Madruguemos para ir a los viñedos y ver si ha florecido ya la vid, si se han abierto las gemas y brotado los granados. Allí, te daré mis amores. Las mandrágoras exhalan
su aroma y cerca de nuestras puertas también lo hacen todos los frutos
8 nuevos, así como añejos. Amado mío, los he guardado para ti. Ah, si fueras
mi hermano, el que mamó de los senos de mi madre, al encontrarte en la calle podría besarte; y por cierto, ¡no me despreciarían! Te conduciría, te traería a la casa de mi madre, me enseñarías. Te daría de beber vino con especias y el zumo de mi granado. Su izquierda está bajo mi cabeza y con su diestra me abraza. Os conjuro a vosotras, hijas de Jerusalém, que no desveléis, ni despertéis al amor, hasta que ella lo desee. ¿Quién es ésta que asciende desde el desierto, reclinándose sobre su amado? Debajo del manzano te desperté, allí te concibió tu madre, allí te dio a luz.

הִיא לְאִמָּהּ בָּרָה הִיא לְיוֹלַדְתָּהּ רָאוּהָ בָנוֹת וַיְאַשְּׁרוּהָ מְלָכוֹת
וּפִילַגְשִׁים וַיְהַלְלוּהָ׃ מִי־זֹאת הַנִּשְׁקָפָה כְּמוֹ־שָׁחַר יָפָה
כַלְּבָנָה בָּרָה כַּחַמָּה אֲיֻמָּה כַּנִּדְגָּלוֹת׃ אֶל־גִּנַּת אֱגוֹז יָרַדְתִּי לִרְאוֹת
בְּאִבֵּי הַנָּחַל לִרְאוֹת הֲפָרְחָה הַגֶּפֶן הֵנֵצוּ הָרִמֹּנִים׃ לֹא יָדַעְתִּי נַפְשִׁי
ז שָׂמַתְנִי מַרְכְּבוֹת עַמִּי נָדִיב׃ שׁוּבִי שׁוּבִי הַשּׁוּלַמִּית שׁוּבִי שׁוּבִי
וְנֶחֱזֶה־בָּךְ מַה־תֶּחֱזוּ בַּשּׁוּלַמִּית כִּמְחֹלַת הַמַּחֲנָיִם׃ מַה־יָּפוּ פְעָמַיִךְ
בַּנְּעָלִים בַּת־נָדִיב חַמּוּקֵי יְרֵכַיִךְ כְּמוֹ חֲלָאִים מַעֲשֵׂה יְדֵי אָמָּן׃ שָׁרְרֵךְ
אַגַּן הַסַּהַר אַל־יֶחְסַר הַמָּזֶג בִּטְנֵךְ עֲרֵמַת חִטִּים סוּגָה בַּשּׁוֹשַׁנִּים׃ שְׁנֵי
שָׁדַיִךְ כִּשְׁנֵי עֳפָרִים תָּאֳמֵי צְבִיָּה׃ צַוָּארֵךְ כְּמִגְדַּל הַשֵּׁן עֵינַיִךְ בְּרֵכוֹת
בְּחֶשְׁבּוֹן עַל־שַׁעַר בַּת־רַבִּים אַפֵּךְ כְּמִגְדַּל הַלְּבָנוֹן צוֹפֶה פְּנֵי דַמָּשֶׂק׃
רֹאשֵׁךְ עָלַיִךְ כַּכַּרְמֶל וְדַלַּת רֹאשֵׁךְ כָּאַרְגָּמָן מֶלֶךְ אָסוּר בָּרְהָטִים׃
מַה־יָּפִית וּמַה־נָּעַמְתְּ אַהֲבָה בַּתַּעֲנוּגִים׃ זֹאת קוֹמָתֵךְ דָּמְתָה לְתָמָר
וְשָׁדַיִךְ לְאַשְׁכֹּלוֹת׃ אָמַרְתִּי אֶעֱלֶה בְתָמָר אֹחֲזָה בְּסַנְסִנָּיו וְיִהְיוּ־נָא
שָׁדַיִךְ כְּאֶשְׁכְּלוֹת הַגֶּפֶן וְרֵיחַ אַפֵּךְ כַּתַּפּוּחִים׃ וְחִכֵּךְ כְּיֵין הַטּוֹב הוֹלֵךְ
לְדוֹדִי לְמֵישָׁרִים דּוֹבֵב שִׂפְתֵי יְשֵׁנִים׃ אֲנִי לְדוֹדִי וְעָלַי תְּשׁוּקָתוֹ׃
לְכָה דוֹדִי נֵצֵא הַשָּׂדֶה נָלִינָה בַּכְּפָרִים׃ נַשְׁכִּימָה לַכְּרָמִים נִרְאֶה
אִם־פָּרְחָה הַגֶּפֶן פִּתַּח הַסְּמָדַר הֵנֵצוּ הָרִמּוֹנִים שָׁם אֶתֵּן אֶת־דֹּדַי לָךְ׃
הַדּוּדָאִים נָתְנוּ־רֵיחַ וְעַל־פְּתָחֵינוּ כָּל־מְגָדִים חֲדָשִׁים גַּם־יְשָׁנִים דּוֹדִי
ח צָפַנְתִּי לָךְ׃ מִי יִתֶּנְךָ כְּאָח לִי יוֹנֵק שְׁדֵי אִמִּי אֶמְצָאֲךָ בַחוּץ אֶשָּׁקְךָ
גַּם לֹא־יָבֻזוּ לִי׃ אֶנְהָגֲךָ אֲבִיאֲךָ אֶל־בֵּית אִמִּי תְּלַמְּדֵנִי אַשְׁקְךָ מִיַּיִן
הָרֶקַח מֵעֲסִיס רִמֹּנִי׃ שְׂמֹאלוֹ תַּחַת רֹאשִׁי וִימִינוֹ תְּחַבְּקֵנִי׃ הִשְׁבַּעְתִּי
אֶתְכֶם בְּנוֹת יְרוּשָׁלָםִ מַה־תָּעִירוּ ׀ וּמַה־תְּעֹרְרוּ אֶת־הָאַהֲבָה עַד
שֶׁתֶּחְפָּץ׃ מִי זֹאת עֹלָה מִן־הַמִּדְבָּר מִתְרַפֶּקֶת עַל־דּוֹדָהּ
תַּחַת הַתַּפּוּחַ עוֹרַרְתִּיךָ שָׁמָּה חִבְּלַתְךָ אִמֶּךָ שָׁמָּה חִבְּלָה יְלָדַתְךָ׃

Grábame como sello sobre tu corazón, como una marca sobre tu brazo. Ya que el amor es fuerte como la muerte, el celo es duro como el sepulcro. Sus brasas son brasas de fuego, llamarada. Aguas muchas no podrán apagar el amor, ni los ríos podrán extinguirlo. Si diere el hombre toda la riqueza de su casa por el amor, despreciar, lo despreciarían a él. Tenemos una hermana menor, pero carece de senos. ¿Qué habremos de hacer por nuestra hermana en el día que vengan a pedirla? Si fuera una muralla construiremos sobre ella una torrecilla de plata. Si fuera una puerta, la recubriremos con un panel de cedro. Yo soy una muralla y mis senos son cual torres. Entonces sería a sus ojos como la que halla la paz. Shelomó tuvo un viñedo en Ba'al Hamón y lo entregó a sus cuidadores. Cada hombre había de traer por su fruto mil siclos de plata. Mi vid, está ante mí. Los mil siclos para ti Shelomó; y doscientos para los que cuidan su fruto. Tú, que estás asentada en los jardines, los amigos prestan oído a tu voz. ¡Házmela oír! Huye, amado mío, corre por los montes de las balsameras cual ciervo o cervatillo.

הַיּוֹשֶׁבֶת Tú, que estás asentada en los jardines, los amigos prestan oído a tu voz. ¡Házmela oír! Huye, amado mío, corre por los montes de las balsameras cual ciervo o cervatillo. Salid y ved, oh hijas de Ṣion y contemplad al rey Shelomó, mirad la corona que le dio su madre en el día de su boda y en el día de la alegría de su corazón.

רִבּוֹן Soberano del universo, sea Tu voluntad Señor, Dios nuestro y de nuestros ancestros, que por el mérito de haber leído y estudiado el Cantar de los Cantares que se corresponde con el Santo Sanctórum ("Kodesh Hakodashim"); por el mérito de la pureza de sus sagrados, puros y reverenciados versículos, palabras, letras, puntos y entonaciones, así como combinaciones e insinuaciones que del texto se desprenden, sea éste un momento de compasión, atención y escucha. Te clamaremos y nos responderás, Te imploraremos y nos aceptarás. Que el recitado y el estudio del Cantar de los Cantares resulte agradable para Ti como si hubiésemos alcanzado a captar los secretos maravillosos y asombrosos que se encuentran sellados y ocultos al interior del texto, y tengamos el mérito de alcanzar el sitio desde el cual las fuerzas vitales, los espíritus y las almas son extraídos como si hubiésemos realizado lo que nos correspondía hacer para llegar a este nivel, tanto en esta como en otras encarnaciones. Que

שִׂימֵ֨נִי כַחוֹתָ֜ם עַל־לִבֶּ֗ךָ כַּחוֹתָם֙ עַל־זְרוֹעֶ֔ךָ כִּֽי־עַזָּ֤ה כַמָּ֙וֶת֙ אַהֲבָ֔ה
קָשָׁ֥ה כִשְׁא֖וֹל קִנְאָ֑ה רְשָׁפֶ֕יהָ רִשְׁפֵּ֕י אֵ֖שׁ שַׁלְהֶבֶתְיָֽה׃ מַ֣יִם רַבִּ֗ים
לֹ֤א יֽוּכְלוּ֙ לְכַבּ֣וֹת אֶת־הָאַהֲבָ֔ה וּנְהָר֖וֹת לֹ֣א יִשְׁטְפ֑וּהָ אִם־יִתֵּ֨ן אִ֜ישׁ
אֶת־כָּל־ה֤וֹן בֵּיתוֹ֙ בָּאַהֲבָ֔ה בּ֖וֹז יָב֥וּזוּ לֽוֹ׃ אָח֤וֹת לָ֙נוּ֙ קְטַנָּ֔ה
וְשָׁדַ֖יִם אֵ֣ין לָ֑הּ מַֽה־נַּעֲשֶׂה֙ לַאֲחֹתֵ֔נוּ בַּיּ֖וֹם שֶׁיְּדֻבַּר־בָּֽהּ׃ אִם־חוֹמָ֣ה
הִ֔יא נִבְנֶ֥ה עָלֶ֖יהָ טִ֣ירַת כָּ֑סֶף וְאִם־דֶּ֣לֶת הִ֔יא נָצ֥וּר עָלֶ֖יהָ ל֥וּחַ אָֽרֶז׃
אֲנִ֣י חוֹמָ֔ה וְשָׁדַ֖י כַּמִּגְדָּל֑וֹת אָ֛ז הָיִ֥יתִי בְעֵינָ֖יו כְּמוֹצְאֵ֥ת שָׁלֽוֹם׃ כֶּ֣רֶם
הָיָ֤ה לִשְׁלֹמֹה֙ בְּבַ֣עַל הָמ֔וֹן נָתַ֥ן אֶת־הַכֶּ֖רֶם לַנֹּטְרִ֑ים אִ֛ישׁ יָבִ֥א בְּפִרְי֖וֹ
אֶ֥לֶף כָּֽסֶף׃ כַּרְמִ֥י שֶׁלִּ֖י לְפָנָ֑י הָאֶ֤לֶף לְךָ֙ שְׁלֹמֹ֔ה וּמָאתַ֖יִם לְנֹטְרִ֥ים אֶת־
פִּרְיֽוֹ׃ הַיּוֹשֶׁ֣בֶת בַּגַּנִּ֗ים חֲבֵרִ֛ים מַקְשִׁיבִ֥ים לְקוֹלֵ֖ךְ הַשְׁמִיעִֽינִי׃ בְּרַ֣ח ׀
דּוֹדִ֗י וּֽדְמֵה־לְךָ֤ לִצְבִי֙ א֚וֹ לְעֹ֣פֶר הָֽאַיָּלִ֔ים עַ֖ל הָרֵ֥י בְשָׂמִֽים׃

הַיּוֹשֶׁ֣בֶת בַּגַּנִּ֗ים חֲבֵרִ֛ים מַקְשִׁיבִ֥ים לְקוֹלֵ֖ךְ הַשְׁמִיעִֽינִי׃
בְּרַ֣ח ׀ דּוֹדִ֗י וּֽדְמֵה־לְךָ֤ לִצְבִי֙ א֚וֹ לְעֹ֣פֶר הָֽאַיָּלִ֔ים עַ֖ל הָרֵ֥י בְשָׂמִֽים׃
צְאֶ֧ינָה ׀ וּֽרְאֶ֛ינָה בְּנ֥וֹת צִיּ֖וֹן בַּמֶּ֣לֶךְ שְׁלֹמֹ֑ה בָּעֲטָרָ֗ה שֶׁעִטְּרָה־לּ֤וֹ אִמּוֹ֙
בְּי֣וֹם חֲתֻנָּת֔וֹ וּבְי֖וֹם שִׂמְחַ֥ת לִבּֽוֹ׃

רִבּוֹן כָּל־הָעוֹלָמִים, יְהִי רָצוֹן מִלְּפָנֶיךָ, יְהֹוָה אֱלֹהֵינוּ וֵאלֹהֵי אֲבוֹתֵינוּ, שֶׁבִּזְכוּת שִׁיר הַשִּׁירִים אֲשֶׁר קָרִינוּ וְלָמַדְנוּ שֶׁהוּא קֹדֶשׁ קָדָשִׁים, בִּזְכוּת פְּסוּקָיו תֵּבוֹתָיו אוֹתִיּוֹתָיו נְקֻדּוֹתָיו, טְעָמָיו וְצֵרוּפָיו וּרְמָזָיו וְסוֹדוֹתָיו הַקְּדוֹשִׁים וְהַטְּהוֹרִים הַנּוֹרָאִים הַיּוֹצְאִים מִמֶּנּוּ, שֶׁתְּהֵא שָׁעָה זוֹ שְׁעַת רַחֲמִים, שְׁעַת הַקְשָׁבָה, שְׁעַת הַאֲזָנָה. וְנִקְרָאֲךָ וְתַעֲנֵנוּ, נַעְתִּיר לְךָ וְתֵעָתֶר לָנוּ. וְיִהְיֶה עוֹלֶה לְפָנֶיךָ קְרִיאַת וְלִמּוּד שִׁיר הַשִּׁירִים כְּאִלּוּ הִשַּׂגְנוּ כָּל־הַסּוֹדוֹת הַנִּפְלָאִים וְהַנּוֹרָאִים אֲשֶׁר הֵם חֲתוּמִים וּסְתוּמִים בּוֹ בְּכָל־תְּנָאָיו, וְנִזְכֶּה לַמָּקוֹם שֶׁהַנְּפָשׁוֹת הָרוּחוֹת וְהַנְּשָׁמוֹת נֶחְצָבוֹת מִשָּׁם, וּכְאִלּוּ עָשִׂינוּ כָּל־מַה שֶּׁמּוּטָל עָלֵינוּ לְהַשִּׂיג בֵּין בְּגִלְגּוּל זֶה בֵּין

estemos entre quienes tienen el mérito de ascender y alcanzar el Mundo Venidero junto a los demás justos y piadosos. Cumple para bien los deseos de nuestros corazones para servirte, permanece junto a nuestros corazones y a las palabras pronunciadas por nuestras bocas cuando elaboramos nuestros pensamientos y junto a nuestras manos cuando obramos. Envía bendición, éxito y bienestar a todo cuanto nuestras manos realicen, respóndenos y elévanos del polvo de la tierra, levántanos de nuestro menesteroso muladar y devuelve Tu Divina Presencia a Tu ciudad sagrada, pronto en nuestros días. Amén y Amén Sela.

## KADISH YEHÉ SHELAMÁ

*Uno de los cantores entona el Kadish Yehé Shelamá con Makam Bayat.*

יִתְגַּדַּל Que Su Gran Nombre sea magnificado y santificado,
en el mundo que creó conforme a Su voluntad.
Que establezca Su reino, haga florecer Su salvación
y apresure la llegada de Su ungido
durante vuestra vida y en vuestros días
y en la vida de toda la casa de Israel,
pronto y rápidamente y decid: Amén.

Que Su Gran Nombre sea bendito
por siempre y por toda la eternidad.

Sea bendecido, alabado, glorificado y exaltado, encumbrado
y magnificado, enaltecido y ensalzado
el Nombre del Santo Bendito Él;
más allá de cualquier bendición, cántico, alabanza y consolación
pronunciados en el mundo y decid: Amén.

Que haya gran paz celestial, vida, saciedad,
salvación, consolación, refugio, sanación,
redención, perdón y expiación, bienestar y salvación
para nosotros y para todo Su pueblo Israel y decid: Amén.

*Antes de decir 'Quien obra paz' se dan tres pasos hacia atrás.*

Quien obra la paz en Sus alturas,
con compasión haga la paz
para nosotros y todo Su pueblo Israel y decid: Amén.

*Se acostumbra a entonar cánticos según el Makam de la semana.*

בְּגִלְגּוּלִים אֲחֵרִים, וְלִהְיוֹת מִן הָעוֹלִים וְהַזּוֹכִים לָעוֹלָם הַבָּא עִם שְׁאָר צַדִּיקִים וַחֲסִידִים. וּמַלֵּא כָּל־מִשְׁאֲלוֹת לִבֵּנוּ לְטוֹבָה לַעֲבוֹדָתֶךָ, וְתִהְיֶה עִם לְבָבֵנוּ וְאִמְרֵי פִּינוּ בְּעֵת מַחְשְׁבוֹתֵינוּ וְעִם יָדֵינוּ בְּעֵת מַעְבָּדֵינוּ. וְתִשְׁלַח בְּרָכָה הָרְוָחָה וְהַצְלָחָה בְּכָל־מַעֲשֵׂה יָדֵינוּ, וּמֵעָפָר עֲנִיֵּנוּ תְּקִימֵנוּ, וּמֵאַשְׁפּוֹת דַּלּוּתֵנוּ תְּרוֹמְמֵנוּ, וְתָשִׁיב שְׁכִינָתְךָ לְעִיר קָדְשְׁךָ בִּמְהֵרָה בְיָמֵינוּ, אָמֵן. אָמֵן וְאָמֵן סֶלָה.

### קדיש יהא שלמא

*Uno de los cantores entona el קדיש יהא שלמא con Makam Bayat.*

יִתְגַּדַּל וְיִתְקַדַּשׁ שְׁמֵהּ רַבָּא (קהל: אָמֵן)
בְּעָלְמָא דִּי בְרָא כִרְעוּתֵהּ
וְיַמְלִיךְ מַלְכוּתֵהּ וְיַצְמַח פֻּרְקָנֵהּ וִיקָרֵב מְשִׁיחֵהּ (קהל: אָמֵן)
בְּחַיֵּיכוֹן וּבְיוֹמֵיכוֹן וּבְחַיֵּי דְכָל־בֵּית יִשְׂרָאֵל
בַּעֲגָלָא וּבִזְמַן קָרִיב, וְאִמְרוּ אָמֵן. (קהל: אָמֵן)

יְהֵא שְׁמֵהּ רַבָּא מְבָרַךְ לְעָלַם וּלְעָלְמֵי עָלְמַיָּא יִתְבָּרַךְ
וְיִשְׁתַּבַּח וְיִתְפָּאַר וְיִתְרוֹמַם
וְיִתְנַשֵּׂא וְיִתְהַדָּר וְיִתְעַלֶּה וְיִתְהַלָּל
שְׁמֵהּ דְּקֻדְשָׁא בְּרִיךְ הוּא (קהל: אָמֵן)
לְעֵלָּא מִן כָּל־בִּרְכָתָא, שִׁירָתָא, תֻּשְׁבְּחָתָא וְנֶחָמָתָא
דַּאֲמִירָן בְּעָלְמָא, וְאִמְרוּ אָמֵן. (קהל: אָמֵן)

יְהֵא שְׁלָמָא רַבָּא מִן שְׁמַיָּא, חַיִּים וְשָׂבָע וִישׁוּעָה וְנֶחָמָה
וְשֵׁיזָבָא וּרְפוּאָה וּגְאֻלָּה וּסְלִיחָה וְכַפָּרָה, וְרֵוַח וְהַצָּלָה
לָנוּ וּלְכָל־עַמּוֹ יִשְׂרָאֵל, וְאִמְרוּ אָמֵן. (קהל: אָמֵן)

*Antes de decir 'עֹשֶׂה שָׁלוֹם' se dan tres pasos hacia atrás.*

עֹשֶׂה שָׁלוֹם בִּמְרוֹמָיו
הוּא בְּרַחֲמָיו יַעֲשֶׂה שָׁלוֹם עָלֵינוּ
וְעַל־כָּל־עַמּוֹ יִשְׂרָאֵל, וְאִמְרוּ אָמֵן. (קהל: אָמֵן)

*Se acostumbra a entonar cánticos según el Makam de la semana.*

# KABALAT SHABAT

*Ponerse de pie para recibir el Shabat.*
*No se dirige el cuerpo hacia ninguna dirección específica.*

מִזְמוֹר לְדָוִד Cántico de David. Tributad al SEÑOR vosotros los ángeles, *Sal. 29*
tributad al SEÑOR gloria y fortaleza. Tributad al SEÑOR gloria en virtud de Su Nombre, prosternaos ante el SEÑOR con el esplendor de la santidad. La voz del SEÑOR se escucha sobre las aguas, el Dios de la gloria hace temblar, la voz del SEÑOR está sobre aguas abundantes. La voz del SEÑOR resuena con poder, la voz del SEÑOR resuena con esplendor. La voz del SEÑOR quiebra los cedros y el SEÑOR quebró así los cedros del Líbano. Hizo bailar al Líbano cual ternero y al Monte Sirión cual joven órix. La voz del SEÑOR hace estallar llamas de fuego. La voz de SEÑOR hace temblar al desierto, el SEÑOR aterrará al desierto de Kadesh. La voz del SEÑOR hace parir a las gacelas y descubre a los bosques, y en Su Santuario todos dicen ¡Gloria! El SEÑOR fue entronado en el diluvio, y permaneció en Su trono por siempre. El SEÑOR dará poder a Su pueblo, el SEÑOR bendecirá a Su pueblo con la paz.

---

*Seder HaYom*) de recitar seis salmos suplementarios (95–99 y 29) previos al *Lejá Dodí*. Un recordatorio adicional de la costumbre original es el hecho que giramos y nos tornamos hacia el oeste al recitar el último verso del Lejá Dodí, mirando en dirección del sol poniente y dando la bienvenida a la novia. A los efectos de enfatizar el carácter no preceptivo del *Kabalat Shabat,* en algunas sinagogas se acostumbra que el oficiante lo recita sobre la *bimá* y no en el sitio desde el cual se suele dirigir el rezo (*Amud*) y que es al frente de la sinagoga.

Los seis salmos que se recitan antes del *Lejá Dodí* representan los seis días de la semana. Los primeros cinco aparecen secuencialmente en el libro de los Salmos (95–99). Estos hablan del cántico que toda la Creación entona a su Creador. Estos son seguidos por el Salmo 29 que muchos entienden se trata de una descripción de la entrega de la Torá en el Monte Sinaí. El poema de *Lejá Dodí* ansía el arribo de la Redención futura al tiempo que los Salmos 92 y 93 vislumbran el final de los días. De ese modo, toda la secuencia está estructurada en torno a un movimiento que va de la Creación a la Redención.

מִזְמוֹר לְדָוִד *Salmo 29. Cántico de David. Tributad al SEÑOR*: Este salmo es muy rico tanto en imagen como en lenguaje y quiebra la secuencia de los salmos anteriores (95–99). Muchos lo interpretan como una descripción poética

# קבלת שבת

*Ponerse de pie para recibir el שבת.*
*No se dirige el cuerpo hacia ninguna dirección específica.*

מזמור לדוד הבו ליהוה בני אלים הבו ליהוה כבוד ועז: הבו תהלים כט
ליהוה כבוד שמו השתחוו ליהוה בהדרת־קדש: קול יהוה על־
המים אל־הכבוד הרעים יהוה על־מים רבים: קול־יהוה בכח
קול יהוה בהדר: קול יהוה שבר ארזים וישבר יהוה את־ארזי
הלבנון: וירקידם כמו־עגל לבנון ושריון כמו בן־ראמים: קול־
יהוה חצב להבות אש: קול יהוה יחיל מדבר יחיל יהוה מדבר
קדש: קול יהוה | יחולל אילות ויחשף יערות ובהיכלו כלו אמר
כבוד: יהוה למבול ישב וישב יהוה מלך לעולם: יהוה עז לעמו
יתן יהוה | יברך את־עמו בשלום:

---

KABALAT SHABAT/ DÁNDOLE LA BIENVENIDA AL SHABAT

Desde tiempos del Talmud el Shabat era visto como una novia y el día considerado como un casamiento. "Ribí Ḥanina se vestía y en víspera de Shabat al caer el sol se paraba y declaraba: 'vayamos a darle la bienvenida al Shabat, a la novia'. Ribí Yanai se vestía en víspera de Shabat y declaraba: 'ven oh novia, ven oh novia' (*Shabat* 119A).

Al final del siglo XVI esta idea fue desarrollada con renovada intensidad por un importante grupo de místicos judíos en la ciudad de Tzfat. Entre ellos se encontraban Ribí Moshé Cordovero quien adoptó la costumbre de recitar una serie de salmos como bienvenida al ingreso del Shabat; su cuñado Ribí Shelomó Alkabetz, el autor del poema "*Lejá Dodí*" ("Ven amado mío"), Ribí Elazar Azikri autor de *Iedid Nefesh* ("Amado del alma") y Ribí Isḥak Luria (conocido como el Arízal o el Arí) que fue el más grande de los místicos de Tzfat y cuya doctrina aportó nuevas dimensiones de profundidad a nuestra percepción del rezo y la observancia del Shabat como acciones que reparan las fracturas espirituales del universo.

Durante el siglo XII se acostumbraba recitar el salmo 92 entonándolo como cántico de bienvenida del Shabat. Los cabalistas de Tzfat fueron más allá. Vestidos de blanco, salían a los campos a la hora de la puesta del sol entonando cánticos y salmos a la novia, el Shabat. Este es el origen de la costumbre (mencionada por vez primera Ribí Moshé Ben Yehudá Makir, autor del libro

לְכָה דוֹדִי Ven amado mío,
vayamos a saludar a la novia,
demos la bienvenida al Shabat.

שָׁמוֹר "Cuida" y "Recuerda" en una sola expresión,
nos hizo escuchar el Dios Único.
El SEÑOR es Uno y Su Nombre Uno,
para renombre, esplendor y alabanza.

לִקְרַאת A recibir al Shabat, ¡vayamos!,
pues es la fuente de la bendición,
desde el principio,
del instante primigenio consagrada.
Final en la creación,
aunque primera en la concepción.

---

bíblicas, muchas de las cuales son profecías de Isaías que hablan sobre la consolación junto con ideas talmúdicas y midráshicas.

שָׁמוֹר וְזָכוֹר בְּדִבּוּר אֶחָד *"Cuida" y "Recuerda" en una sola expresión:* Esto se refiere a las dos versiones de los Diez Mandamientos. En la primera (Éxodo 20:8) el pueblo de Israel fue preceptuado de "recordar" el Shabat, en la segunda (Deut. 5:12) se le ordenó "cuidarlo". De acuerdo con los sabios ambas expresiones fueron dichas al unísono. "Cuidar se refiere a los preceptos restrictivos del Shabat, que son las prohibiciones relativas a las labores; al tiempo que "recordar" se refiere a los preceptos positivos, esto es, la santificación del Shabat por medio de la palabra y la acción. La idea es que ambos conceptos fueron pronunciados simultáneamente nos enseña que los aspectos restrictivos y positivos del tiempo sagrado son inseparables. Las prohibiciones de realización de labor generan el espacio para el descanso y el deleite.

לְכָה דוֹדִי לִקְרַאת כַּלָּה
פְּנֵי שַׁבָּת נְקַבְּלָה.

שָׁמוֹר וְזָכוֹר בְּדִבּוּר אֶחָד
הִשְׁמִיעָנוּ אֵל הַמְיֻחָד
יהוה אֶחָד וּשְׁמוֹ אֶחָד
לְשֵׁם וּלְתִפְאֶרֶת וְלִתְהִלָּה.

לִקְרַאת שַׁבָּת לְכוּ וְנֵלְכָה
כִּי הִיא מְקוֹר הַבְּרָכָה
מֵרֹאשׁ מִקֶּדֶם נְסוּכָה
סוֹף מַעֲשֶׂה בְּמַחֲשָׁבָה תְּחִלָּה.

---

de la entrega de la Torá. El Talmud Jerosolimitano (*Berajot* 4:3) vincula las siete menciones de la palabra "voz" con las siete bendiciones de la A'midá de Shabat. Su estilo es significativo. Describe una tormenta devastadora que destroza la tierra y cede, de modo tal que la ultima palabra del salmo es el vocablo "paz". Asimismo, algún día la tormenta de la historia humana se transfigurará en paz. La Redención se encuentra al final de la historia tal como el Shabat se encuentra al final de la semana.

לְכָה דוֹדִי *Ven amado mío:* Esta canción – la composición original introducida en este rezo por parte de los cabalistas de Tzfat – fue escrita por Ribí Shelomó Alkabetz. Esta es una pieza de trascendente belleza que habla del Shabat, de Jerusalém, del pueblo judío y del Mashiaḥ antes de retornar al Shabat en su último verso. Este himno está magistralmente tejido de citas

מִקְדַּשׁ Santuario del Rey, ciudad real,
levántate y sal de tu ruinosa situación.
Has pasado mucho tiempo en el valle de las lágrimas.
Y Él tendrá de ti compasión.

הִתְעוֹרְרִי Despierta, anímate,
pues tu luz llega, ¡levántate e ilumina!
Despierta, anímate, entona una canción,
pues la Gloria del Señor se ha revelado en ti.

בּוֹאִי Ven en paz, oh diadema de su marido;
ven con regocijo, con alegría y con júbilo,
en el seno de los fieles del pueblo elegido.
Ven, oh novia, ven, oh novia.
¡Oh reina del Shabat!

---

una renovada gloria. Estos versos irradian la esperanza originada en la fe, la victoria de la alegría por sobre la desesperación.

בּוֹאִי בְשָׁלוֹם *Ven en paz:* A esta altura acostumbramos darnos vuelta a los efectos de recibir la llegada de la novia, el Shabat, tal como lo hacían los cabalistas en los campos de Tzfat.

מִקְדַּשׁ מֶלֶךְ עִיר מְלוּכָה
קוּמִי צְאִי מִתּוֹךְ הַהֲפֵכָה
רַב לָךְ שֶׁבֶת בְּעֵמֶק הַבָּכָא
וְהוּא יַחֲמֹל עָלַיִךְ חֶמְלָה.

הִתְעוֹרְרִי הִתְעוֹרְרִי
כִּי בָא אוֹרֵךְ קוּמִי אוֹרִי
עוּרִי עוּרִי, שִׁיר דַּבֵּרִי
כְּבוֹד יְהֹוָה עָלַיִךְ נִגְלָה.

בּוֹאִי בְשָׁלוֹם עֲטֶרֶת בַּעְלָהּ
גַּם בְּרִנָּה בְּשִׂמְחָה וּבְצָהֳלָה
תּוֹךְ אֱמוּנֵי עַם סְגֻלָּה
בּוֹאִי כַלָּה, בּוֹאִי כַלָּה
שַׁבָּת מַלְכְּתָא.

---

מִקְדַּשׁ מֶלֶךְ עִיר מְלוּכָה *Santuario del Rey, ciudad real:* En este y en los próximos cuatro versos el poeta nos relata la condición desolada de Jerusalém y del pueblo judío en sus días. Haciendo uso de un lenguaje extraído del libro de Isaías, se dirige primeramente a Jerusalém, luego al pueblo judío y posteriormente a la tierra de Israel, convocándolos a deshacerse del dolor y despertar

מִזְמוֹר Cántico para el día de Shabat. *Sal. 92*
Es bueno agradecer al Señor y entonar cánticos a Tu Gran Nombre.
Narrar Tu bondad en la mañana y Tu fidelidad en la noche
con la música de la lira de diez cuerdas, con la melodía del arpa.
Porque Tú me has regocijado con Tu obra,
por la labor de Tus manos te he de cantar.
Cuán grandes son Tus obras Señor,
Tus pensamientos muy profundos;
el ignorante no lo conocerá y el necio no lo habrá de comprender.
Al brotar los malvados cual hierba, al florecer todos los pecadores,
empero serán aniquilados para siempre.
Y Tú Señor por siempre serás encumbrado.
Pues Tus enemigos Señor serán destruidos,
los malhechores dispersados.
Tú has elevado mi orgullo tal como se yergue el órix ("reem"),
me has ungido con aceite fresco.
Mi ojo contemplará triunfante a mis adversarios,
mis oídos habrán de oír la caída de mis enemigos.
El justo crecerá como la palma, se erguirá como el cedro del Líbano.
Plantados en la casa del Señor,
florecerán en los patios de nuestro Dios.
Darán su fruto aun en su vejez, vigorosos y lozanos,
proclamando la rectitud del Señor,
Él es mi Fortaleza y no hay injusticia en Él.

---

y la opresión para crear un mundo de armonía y respeto por la totalidad de la Creación entendida como obra de Dios, y del ser humano como Su imagen.

En ese tiempo, al mirar retrospectivamente la historia, las personas verán que si bien la maldad brotó cual hierba su existencia fue de corto alcance mientras que el bien, si bien crece lentamente, alcanza la altura de "los cedros del Líbano". Dado que nuestra perspectiva es de corto alcance, nos parece que habitamos un mundo en el cual el mal prevalece. Si tuviésemos la capacidad de percibir la historia en su totalidad sabríamos que el bien finalmente sale victorioso y en el largo plazo la justicia prevalece.

תהלים צב

מִזְמוֹר שִׁיר לְיוֹם הַשַּׁבָּת:
טוֹב לְהֹדוֹת לַיהֹוָה וּלְזַמֵּר לְשִׁמְךָ עֶלְיוֹן:
לְהַגִּיד בַּבֹּקֶר חַסְדֶּךָ וֶאֱמוּנָתְךָ בַּלֵּילוֹת:
עֲלֵי־עָשׂוֹר וַעֲלֵי־נָבֶל עֲלֵי הִגָּיוֹן בְּכִנּוֹר:
כִּי שִׂמַּחְתַּנִי יְהֹוָה בְּפָעֳלֶךָ בְּמַעֲשֵׂי יָדֶיךָ אֲרַנֵּן:
מַה־גָּדְלוּ מַעֲשֶׂיךָ יְהֹוָה מְאֹד עָמְקוּ מַחְשְׁבֹתֶיךָ:
אִישׁ־בַּעַר לֹא יֵדָע וּכְסִיל לֹא־יָבִין אֶת־זֹאת:
בִּפְרֹחַ רְשָׁעִים ׀ כְּמוֹ עֵשֶׂב
וַיָּצִיצוּ כָּל־פֹּעֲלֵי אָוֶן לְהִשָּׁמְדָם עֲדֵי־עַד:
וְאַתָּה מָרוֹם לְעֹלָם יְהֹוָה:
כִּי הִנֵּה אֹיְבֶיךָ יְהֹוָה כִּי־הִנֵּה אֹיְבֶיךָ יֹאבֵדוּ
יִתְפָּרְדוּ כָּל־פֹּעֲלֵי אָוֶן:
וַתָּרֶם כִּרְאֵים קַרְנִי בַּלֹּתִי בְּשֶׁמֶן רַעֲנָן:
וַתַּבֵּט עֵינִי בְּשׁוּרָי בַּקָּמִים עָלַי מְרֵעִים תִּשְׁמַעְנָה אָזְנָי:
צַדִּיק כַּתָּמָר יִפְרָח כְּאֶרֶז בַּלְּבָנוֹן יִשְׂגֶּה:
שְׁתוּלִים בְּבֵית יְהֹוָה בְּחַצְרוֹת אֱלֹהֵינוּ יַפְרִיחוּ:
עוֹד יְנוּבוּן בְּשֵׂיבָה דְּשֵׁנִים וְרַעֲנַנִּים יִהְיוּ:
לְהַגִּיד כִּי־יָשָׁר יְהֹוָה צוּרִי וְלֹא־עַוְלָתָה בּוֹ:

---

מִזְמוֹר שִׁיר לְיוֹם הַשַּׁבָּת *Cántico para el día de Shabat:* Este salmo que era cantado en Shabat por los levitas fue entendido por nuestros sabios como un cántico por "un tiempo que ha de venir, un día que ha de ser completamente Shabat y de descanso permanente". Shabat no es solamente un día de descanso, se trata de un ensayo en el tiempo de una era más allá del tiempo en la cual la humanidad, guiada por el llamado Divino, avanzará allende las contiendas, la maldad

יְהֹוָה מָלָךְ El SEÑOR ha reinado. Él se ha revestido de majestad. El SEÑOR está investido de poder, ceñido de fortaleza. También al mundo lo ha establecido firmemente, para que no vacile. Tu trono está firme desde entonces, Tú eres Eterno. Los ríos SEÑOR, los ríos han alzado sus voces. Ríos, elevad vuestras rompientes olas. Más que el sonido de muchas aguas, más que las poderosas rompientes del mar, el SEÑOR es poderoso en las Alturas. Tus testimonios son de lo más fidedignos; Tu morada resplandecerá de santidad SEÑOR, para siempre. *Sal. 93*

Todo Israel tiene una porción en el Mundo Venidero, tal como fue dicho: "Tu pueblo será todo de justos, heredarán por siempre la tierra, retoño de Mi plantío, la obra de Mis propias manos de la cual Me he de vanagloriar". *Sanhedrín 90a* *Isa. 60*

*El siguiente pasaje no se recita en Yom Tob, en Shabat Ḥol HaMo'ed, Shabat Ḥanucá ni en la casa del avel.*

1. בַּמֶּה מַדְלִיקִין ¿ Con qué se encienden las velas de Shabat y con qué no? No se enciende con fibra proveniente del cedro, ni proveniente del lino, ni proveniente de la seda, ni con mecha de cáñamo, ni con mecha del desierto, ni con musgo (algas) que crece junto al agua. No se enciende con brea, ni con cera, ni con aceite de ricino, ni con aceite de combustión, ni con grasa de rabo, ni con sebo. Naḥum de Meda dice: se enciende con sebo cocido y los sabios dicen que no se enciende con sebo ni cocido ni sin cocer.

2. No se enciende con aceite combustible en Yom Tob. Ribí Ishma'el dice que no se enciende con alquitrán por respeto al Shabat, y los sabios permiten todos los tipos de aceite: el aceite de sésamo, el aceite de nueces, el aceite de rábanos, el aceite de pescado, el aceite de calabaza, alquitrán y petróleo. Ribí Tarfón dice que se enciende únicamente con aceite de oliva.

---

texto recitado está vinculado a una antigua controversia entre quienes aceptaban la validez de la Torá Oral y aquellos que la negaban (saduceos y posteriormente los caraítas). Estos últimos sostenían que el precepto que

תהלים צג

יְהוָה מָלָךְ גֵּאוּת לָבֵשׁ
לָבֵשׁ יְהוָה עֹז הִתְאַזָּר אַף־תִּכּוֹן תֵּבֵל בַּל־תִּמּוֹט:
נָכוֹן כִּסְאֲךָ מֵאָז מֵעוֹלָם אָתָּה:
נָשְׂאוּ נְהָרוֹת ׀ יְהוָה נָשְׂאוּ נְהָרוֹת קוֹלָם יִשְׂאוּ נְהָרוֹת דָּכְיָם:
מִקֹּלוֹת ׀ מַיִם רַבִּים אַדִּירִים מִשְׁבְּרֵי־יָם אַדִּיר בַּמָּרוֹם יְהוָה:
עֵדֹתֶיךָ ׀ נֶאֶמְנוּ מְאֹד לְבֵיתְךָ נַאֲוָה־קֹדֶשׁ יְהוָה לְאֹרֶךְ יָמִים:

סנהדרין צ.

כָּל־יִשְׂרָאֵל יֵשׁ לָהֶם חֵלֶק לָעוֹלָם הַבָּא שֶׁנֶּאֱמַר:

ישעיה ס

וְעַמֵּךְ כֻּלָּם צַדִּיקִים לְעוֹלָם יִירְשׁוּ אָרֶץ, נֵצֶר מַטָּעַי מַעֲשֵׂה יָדַי לְהִתְפָּאֵר:

*El siguiente pasaje no se recita en* יום טוב*, en* שבת חול המועד,
שבת חנוכה *ni en la* בית אבל.

משנה שבת פרק שני

א בַּמֶּה מַדְלִיקִין וּבַמָּה אֵין מַדְלִיקִין. אֵין מַדְלִיקִין לֹא בְלֶכֶשׁ, וְלֹא בְחֹסֶן, וְלֹא בְכַלָּךְ, וְלֹא בִפְתִילַת הָאִידָן, וְלֹא בִפְתִילַת הַמִּדְבָּר, וְלֹא בִירוֹקָה שֶׁעַל פְּנֵי הַמָּיִם. לֹא בְזֶפֶת וְלֹא בְשַׁעֲוָה וְלֹא בְשֶׁמֶן קִיק וְלֹא בְשֶׁמֶן שְׂרֵפָה וְלֹא בְאַלְיָה וְלֹא בְחֵלֶב. נַחוּם הַמָּדִי אוֹמֵר: מַדְלִיקִין בְּחֵלֶב מְבֻשָּׁל, וַחֲכָמִים אוֹמְרִים: אֶחָד מְבֻשָּׁל וְאֶחָד שֶׁאֵינוֹ מְבֻשָּׁל, אֵין מַדְלִיקִין בּוֹ.

ב אֵין מַדְלִיקִין בְּשֶׁמֶן שְׂרֵפָה בְּיוֹם טוֹב. רַבִּי יִשְׁמָעֵאל אוֹמֵר: אֵין מַדְלִיקִין בְּעִטְרָן מִפְּנֵי כְבוֹד הַשַּׁבָּת. וַחֲכָמִים מַתִּירִין בְּכָל־הַשְּׁמָנִים, בְּשֶׁמֶן שֻׁמְשְׁמִין, בְּשֶׁמֶן אֱגוֹזִים, בְּשֶׁמֶן צְנוֹנוֹת, בְּשֶׁמֶן דָּגִים, בְּשֶׁמֶן פַּקּוּעוֹת, בְּעִטְרָן וּבְנֵפְט. רַבִּי טַרְפוֹן אוֹמֵר: אֵין מַדְלִיקִין אֶלָּא בְּשֶׁמֶן זַיִת בִּלְבָד.

---

בַּמֶּה מַדְלִיקִין *¿Con qué se encienden las velas de Shabat? Este segundo capítulo del Tratado de Shabat de la Mishná fue agregado a los efectos de prolongar el rezo en beneficio de quienes llegan tarde a la sinagoga.* Sin embargo, el

3. De todos los derivados del árbol no se emplea para elaborar mechas salvo el lino, y todo lo que se deriva del árbol no adquiere impureza de la tienda salvo el lino. Si la mecha fue elaborada a partir de una prenda de vestir que está retorcida pero no se chamuscó, Ribí Eliezer dice que es susceptible de impurificarse y por lo tanto no se debe emplear para el encendido. Empero Ribí Akiva dice que no es susceptible de impurificarse y puede ser utilizada para el encendido.

4. No se debe perforar la cáscara de un huevo y llenarla de aceite y colocarla sobre la lámpara a los efectos de que gotee sobre esta, aunque la lámpara sea de arcilla, pero Ribí Yehudá lo permite. Empero, si el artesano que fabricó la lámpara, desde un inicio las unió, estará permitido por considerarse un solo recipiente. No se debe llenar un platón con aceite y colocarlo al costado de la lámpara de modo tal que la mecha ingrese en él y absorba, empero Ribí Yehudá lo permite.

5. Quien apaga la lámpara en virtud de que teme ser divisado por gentiles, ladrones, malos espíritus, o por causa de un enfermo que está durmiendo es libre de culpa. Quien la apaga para economizar vela, aceite o mecha es culpable. Ribí Iosé lo exime de cargo en todos los casos salvo si apaga para economizar mecha pues de ese modo la puede convertir en carbón.

6. Por tres transgresiones las mujeres fallecen durante el parto: por descuidarse en las leyes de pureza familiar, por no ser cuidadosas en la separación de la jalá y por no ser cuidadosas en el encendido de las velas de Shabat.

7. Un hombre debe pronunciar estas tres cosas en su casa en víspera de Shabat cuando comienza a oscurecer: ¿Habéis separado el diezmo? ¿Habéis dispuesto el Erub? ¡Encended la vela! En caso de duda de si oscureció o no que no se separe el diezmo de productos que con seguridad no fueron aun diezmados, no se sumergen los utensilios en la mikve de purificación ni se encienden las velas. Empero se diezma aquello que quizás fue diezmado, se establece el Erub y se cubre los Ḥamín.

ג כָּל־הַיּוֹצֵא מִן הָעֵץ אֵין מַדְלִיקִין בּוֹ, אֶלָּא פִשְׁתָּן. וְכָל־הַיּוֹצֵא מִן הָעֵץ אֵינוֹ מִטַּמֵּא טֻמְאַת אֹהָלִים, אֶלָּא פִשְׁתָּן. פְּתִילַת הַבֶּגֶד שֶׁקִּפְּלָהּ וְלֹא הִבְהֲבָהּ, רַבִּי אֱלִיעֶזֶר אוֹמֵר: טְמֵאָה הִיא, וְאֵין מַדְלִיקִין בָּהּ. רַבִּי עֲקִיבָא אוֹמֵר: טְהוֹרָה הִיא, וּמַדְלִיקִין בָּהּ.

ד לֹא יִקֹּב אָדָם שְׁפוֹפֶרֶת שֶׁל בֵּיצָה וִימַלְּאֶנָּה שֶׁמֶן וְיִתְּנֶנָּה עַל פִּי הַנֵּר, בִּשְׁבִיל שֶׁתְּהֵא מְנַטֶּפֶת, וַאֲפִלּוּ הִיא שֶׁל חֶרֶס. וְרַבִּי יְהוּדָה מַתִּיר. אֲבָל אִם חִבְּרָהּ הַיּוֹצֵר מִתְּחִלָּה, מֻתָּר, מִפְּנֵי שֶׁהוּא כְּלִי אֶחָד. לֹא יְמַלֵּא אָדָם קְעָרָה שֶׁמֶן וְיִתְּנֶנָּה בְּצַד הַנֵּר וְיִתֵּן רֹאשׁ הַפְּתִילָה בְּתוֹכָהּ, בִּשְׁבִיל שֶׁתְּהֵא שׁוֹאֶבֶת. וְרַבִּי יְהוּדָה מַתִּיר.

ה הַמְכַבֶּה אֶת הַנֵּר מִפְּנֵי שֶׁהוּא מִתְיָרֵא מִפְּנֵי גוֹיִם, מִפְּנֵי לִסְטִים, מִפְּנֵי רוּחַ רָעָה, אוֹ בִּשְׁבִיל הַחוֹלֶה שֶׁיִּישַׁן, פָּטוּר. כְּחָס עַל הַנֵּר, כְּחָס עַל הַשֶּׁמֶן, כְּחָס עַל הַפְּתִילָה, חַיָּב. וְרַבִּי יוֹסֵי פּוֹטֵר בְּכֻלָּן חוּץ מִן הַפְּתִילָה, מִפְּנֵי שֶׁהוּא עוֹשָׂהּ פֶּחָם.

ו עַל שָׁלֹשׁ עֲבֵרוֹת נָשִׁים מֵתוֹת בִּשְׁעַת לֵדָתָן, עַל שֶׁאֵינָן זְהִירוֹת בַּנִּדָּה, בַּחַלָּה וּבְהַדְלָקַת הַנֵּר.

ז שְׁלֹשָׁה דְבָרִים צָרִיךְ אָדָם לוֹמַר בְּתוֹךְ בֵּיתוֹ עֶרֶב שַׁבָּת עִם חֲשֵׁכָה: עִשַּׂרְתֶּן, עֵרַבְתֶּן, הַדְלִיקוּ אֶת הַנֵּר. סָפֵק חֲשֵׁכָה סָפֵק אֵינָהּ חֲשֵׁכָה, אֵין מְעַשְּׂרִין אֶת הַוַּדַּאי, וְאֵין מַטְבִּילִין אֶת הַכֵּלִים, וְאֵין מַדְלִיקִין אֶת הַנֵּרוֹת. אֲבָל מְעַשְּׂרִין אֶת הַדְּמַאי, וּמְעָרְבִין וְטוֹמְנִין אֶת הַחַמִּין.

---

reza “No harás arder fuego en tu morada el día de Shabat” (Éxodo 35:3) vedaba e impedía el uso de todo tipo de luminaria, al tiempo que los sabios sostenían que el mandamiento prohibía encenderla mas no prohibía el uso de aquella que fue encendida antes de Shabat. Por lo tanto, se estudia este capítulo de la Mishná que es parte de la Torá Oral y se ocupa de las velas de Shabat (*Sefer HaItim*).

Ribí Ḥananiá Ben A'kashiá dice: El Santo Bendito Él quiso dar méritos a Israel y por ello les incrementó el estudio de la Torá y el cumplimiento de preceptos, tal como está escrito: "El SEÑOR, en aras del mérito de Israel deseó engrandecer la Torá y enaltecerla". *Macot 23b* *Isa. 42*

## KADISH DE LOS RABINOS

*El Ḥazán y los avelim recitan aquí el Kadish de los Rabinos:*

יִתְגַּדַּל Que Su Gran Nombre sea magnificado y santificado,
en el mundo que creó conforme a Su voluntad.
Que establezca Su reino, haga florecer Su salvación
y apresure la llegada de Su ungido
durante vuestra vida y en vuestros días
y en la vida de toda la casa de Israel,
pronto y rápidamente y decid: Amén.

Que Su Gran Nombre sea bendito por siempre y por toda la eternidad.

Sea bendecido, alabado, glorificado y exaltado, encumbrado
y magnificado, enaltecido y ensalzado
el Nombre del Santo Bendito Él;
más allá de cualquier bendición, cántico, alabanza y consolación
pronunciados en el mundo y decid: Amén.

Para Israel, para nuestros maestros,
sus discípulos y los discípulos de sus discípulos,
para todos quienes se involucran en el estudio de la sagrada Torá,
en este sitio o en cualquier otra parte,
que vengan a nosotros, a ellos y a vosotros
gracia, benevolencia y compasión de nuestro Dios,
Señor de los cielos y la tierra y decid: Amén.

Que haya gran paz celestial, vida, saciedad, salvación, consolación,
refugio, sanación, redención, perdón y expiación, bienestar
y salvación para nosotros y para todo Su pueblo Israel
y decid: Amén.

*Antes de decir 'Quien obra paz' se dan tres pasos hacia atrás.*

Quien obra la paz en Sus alturas, con compasión haga la paz
para nosotros y todo Su pueblo Israel y decid: Amén.

רִבִּי חֲנַנְיָא בֶּן עֲקַשְׁיָא אוֹמֵר: רָצָה הַקָּדוֹשׁ בָּרוּךְ הוּא לְזַכּוֹת אֶת מכות כג:
יִשְׂרָאֵל, לְפִיכָךְ הִרְבָּה לָהֶם תּוֹרָה וּמִצְוֹת. שֶׁנֶּאֱמַר: יְהוָה חָפֵץ לְמַעַן ישעיה מב
צִדְקוֹ, יַגְדִּיל תּוֹרָה וְיַאְדִּיר:

קדיש דרבנן

*El* חזן *y los* אבלים *recitan aquí el* קדיש דרבנן*:*

יִתְגַּדַּל וְיִתְקַדַּשׁ שְׁמֵהּ רַבָּא (קהל: אָמֵן)
בְּעָלְמָא דִּי בְרָא כִרְעוּתֵהּ
וְיַמְלִיךְ מַלְכוּתֵהּ וְיַצְמַח פֻּרְקָנֵהּ וִיקָרֵב מְשִׁיחֵהּ (קהל: אָמֵן)
בְּחַיֵּיכוֹן וּבְיוֹמֵיכוֹן וּבְחַיֵּי דְכָל־בֵּית יִשְׂרָאֵל
בַּעֲגָלָא וּבִזְמַן קָרִיב, וְאִמְרוּ אָמֵן. (קהל: אָמֵן)

יְהֵא שְׁמֵהּ רַבָּא מְבָרַךְ לְעָלַם וּלְעָלְמֵי עָלְמַיָּא יִתְבָּרַךְ
וְיִשְׁתַּבַּח וְיִתְפָּאַר וְיִתְרוֹמַם וְיִתְנַשֵּׂא
וְיִתְהַדָּר וְיִתְעַלֶּה וְיִתְהַלָּל שְׁמֵהּ דְּקֻדְשָׁא בְּרִיךְ הוּא (קהל: אָמֵן)

לְעֵלָּא מִן כָּל־בִּרְכָתָא, שִׁירָתָא, תֻּשְׁבְּחָתָא וְנֶחֱמָתָא
דַּאֲמִירָן בְּעָלְמָא, וְאִמְרוּ אָמֵן. (קהל: אָמֵן)

עַל יִשְׂרָאֵל וְעַל רַבָּנָן וְעַל תַּלְמִידֵיהוֹן וְעַל־כָּל־תַּלְמִידֵי תַלְמִידֵיהוֹן
דְּעָסְקִין בְּאוֹרַיְתָא קַדִּישְׁתָּא
דִּי בְאַתְרָא הָדֵין, וְדִי בְכָל־אֲתַר וַאֲתַר
יְהֵא לָנָא וּלְהוֹן וּלְכוֹן חִנָּא וְחִסְדָּא וְרַחֲמֵי
מִן קֳדָם אֱלָהָנָא מָארֵי שְׁמַיָּא וְאַרְעָא, וְאִמְרוּ אָמֵן. (קהל: אָמֵן)

יְהֵא שְׁלָמָא רַבָּא מִן שְׁמַיָּא חַיִּים וְשָׂבָע וִישׁוּעָה וְנֶחָמָה
וְשֵׁיזָבָא וּרְפוּאָה וּגְאֻלָּה וּסְלִיחָה וְכַפָּרָה, וְרֶוַח וְהַצָּלָה
לָנוּ וּלְכָל־עַמּוֹ יִשְׂרָאֵל, וְאִמְרוּ אָמֵן. (קהל: אָמֵן)

*Antes de decir* 'עֹשֶׂה שָׁלוֹם' *se dan tres pasos hacia atrás.*

עֹשֶׂה שָׁלוֹם בִּמְרוֹמָיו הוּא בְּרַחֲמָיו יַעֲשֶׂה שָׁלוֹם עָלֵינוּ
וְעַל־כָּל־עַמּוֹ יִשְׂרָאֵל, וְאִמְרוּ אָמֵן. (קהל: אָמֵן)

*En Yom Tob, se pasa a la página 884 para recitar el salmo correspondiente y se omite "Mizmor Shir leYom HaShabat".*

מִזְמוֹר Cántico para el día de Shabat. Es bueno agradecer al Señor *Sal. 92*
y entonar cánticos a Tu Gran Nombre. Narrar Tu bondad en la mañana y Tu fidelidad en la noche con la música de la lira de diez cuerdas, con la melodía del arpa. Porque Tú me has regocijado con Tu obra, por la labor de Tus manos te he de cantar. Cuán grandes son Tus obras Señor, Tus pensamientos muy profundos; el ignorante no lo conocerá y el necio no lo habrá de comprender. Al brotar los malvados cual hierba, al florecer todos los pecadores, empero serán aniquilados para siempre. Y Tú Señor por siempre serás encumbrado. Pues Tus enemigos Señor serán destruidos, los malhechores dispersados. Tú has elevado mi orgullo tal como se yergue el órix ("reem"), me has ungido con aceite fresco. Mi ojo contemplará triunfante a mis adversarios, mis oídos habrán de oír la caída de mis enemigos. El justo crecerá como la palma, se erguirá como el cedro del Líbano. Plantados en la casa del Señor, florecerán en los patios de nuestro Dios. Darán su fruto aun en su vejez, vigorosos y lozanos, proclamando la rectitud del Señor, Él es mi Fortaleza y no hay injusticia en Él.

יְהוָה מָלָךְ El Señor ha reinado. *Sal. 93*
Él se ha revestido de majestad.
El Señor está investido de poder, ceñido de fortaleza.
También al mundo lo ha establecido firmemente,
para que no vacile. Tu trono está firme desde entonces,
Tú eres Eterno. Los ríos Señor, los ríos han alzado sus voces.
Ríos, elevad vuestras rompientes olas.
Más que el sonido de muchas aguas,
más que las poderosas rompientes del mar,
el Señor es poderoso en las Alturas.
Tus testimonios son de lo más fidedignos;
Tu morada resplandecerá de santidad Señor, para siempre.

*En* יום טוב*, se pasa a la página 885 para recitar el salmo correspondiente y se omite* 'מִזְמוֹר שִׁיר לְיוֹם הַשַּׁבָּת'.

תהלים צב

מִזְמוֹר שִׁיר לְיוֹם הַשַּׁבָּת:
טוֹב לְהֹדוֹת לַיהוה וּלְזַמֵּר לְשִׁמְךָ עֶלְיוֹן:
לְהַגִּיד בַּבֹּקֶר חַסְדֶּךָ וֶאֱמוּנָתְךָ בַּלֵּילוֹת:
עֲלֵי־עָשׂוֹר וַעֲלֵי־נָבֶל עֲלֵי הִגָּיוֹן בְּכִנּוֹר:
כִּי שִׂמַּחְתַּנִי יהוה בְּפָעֳלֶךָ בְּמַעֲשֵׂי יָדֶיךָ אֲרַנֵּן:
מַה־גָּדְלוּ מַעֲשֶׂיךָ יהוה מְאֹד עָמְקוּ מַחְשְׁבֹתֶיךָ:
אִישׁ־בַּעַר לֹא יֵדָע וּכְסִיל לֹא־יָבִין אֶת־זֹאת:
בִּפְרֹחַ רְשָׁעִים | כְּמוֹ עֵשֶׂב וַיָּצִיצוּ כָּל־פֹּעֲלֵי אָוֶן לְהִשָּׁמְדָם עֲדֵי־עַד:
וְאַתָּה מָרוֹם לְעֹלָם יהוה:
כִּי הִנֵּה אֹיְבֶיךָ יהוה כִּי־הִנֵּה אֹיְבֶיךָ יֹאבֵדוּ יִתְפָּרְדוּ כָּל־פֹּעֲלֵי אָוֶן:
וַתָּרֶם כִּרְאֵים קַרְנִי בַּלֹּתִי בְּשֶׁמֶן רַעֲנָן:
וַתַּבֵּט עֵינִי בְּשׁוּרָי בַּקָּמִים עָלַי מְרֵעִים תִּשְׁמַעְנָה אָזְנָי:
צַדִּיק כַּתָּמָר יִפְרָח כְּאֶרֶז בַּלְּבָנוֹן יִשְׂגֶּה:
שְׁתוּלִים בְּבֵית יהוה בְּחַצְרוֹת אֱלֹהֵינוּ יַפְרִיחוּ:
עוֹד יְנוּבוּן בְּשֵׂיבָה דְּשֵׁנִים וְרַעֲנַנִּים יִהְיוּ:
לְהַגִּיד כִּי־יָשָׁר יהוה צוּרִי וְלֹא־עַוְלָתָה בּוֹ:

תהלים צג

יהוה מָלָךְ גֵּאוּת לָבֵשׁ
לָבֵשׁ יהוה עֹז הִתְאַזָּר אַף־תִּכּוֹן תֵּבֵל בַּל־תִּמּוֹט:
נָכוֹן כִּסְאֲךָ מֵאָז מֵעוֹלָם אָתָּה:
נָשְׂאוּ נְהָרוֹת | יהוה נָשְׂאוּ נְהָרוֹת קוֹלָם יִשְׂאוּ נְהָרוֹת דָּכְיָם:
מִקֹּלוֹת | מַיִם רַבִּים אַדִּירִים מִשְׁבְּרֵי־יָם אַדִּיר בַּמָּרוֹם יהוה:
עֵדֹתֶיךָ | נֶאֶמְנוּ מְאֹד לְבֵיתְךָ נַאֲוָה־קֹדֶשׁ יהוה לְאֹרֶךְ יָמִים:

# A'rbit para Shabat y Yom Tob

## MEDIO KADISH

*El Ḥazán recita Medio Kadish entonando una melodía:*

יִתְגַּדַּל Que Su Gran Nombre sea magnificado y santificado,
en el mundo que creó conforme a Su voluntad.
Que establezca Su reino, haga florecer Su salvación
y apresure la llegada de Su ungido
durante vuestra vida y en vuestros días
y en la vida de toda la casa de Israel,
pronto y rápidamente y decid: Amén.

Que Su Gran Nombre sea bendito
por siempre y por toda la eternidad.

Sea bendecido, alabado, glorificado y exaltado, encumbrado
y magnificado, enaltecido y ensalzado
el Nombre del Santo Bendito Él;
más allá de cualquier bendición,cántico, alabanza y consolación
pronunciados en el mundo y decid: Amén.

## EL RECITADO DEL SHEMÁ Y SUS BENDICIONES

*El Ḥazán y las demás personas que recitan Kadish:* **BENDECID** al Señor el Bendecido.

*El kahal responde:* Bendecid al Señor el Bendecido
por toda la eternidad.

*El Ḥazán y las demás personas que recitan Kadish:* Bendecid al Señor el Bendecido
por toda la eternidad.

# ערבית לשבת וליום טוב

## חצי קדיש

*El* חזן *recita* חצי קדיש *entonando una melodía:*

יִתְגַּדַּל וְיִתְקַדַּשׁ שְׁמֵהּ רַבָּא (קהל: אָמֵן)
בְּעָלְמָא דִּי בְרָא כִרְעוּתֵהּ וְיַמְלִיךְ מַלְכוּתֵהּ
וְיַצְמַח פֻּרְקָנֵהּ וִיקָרֵב מְשִׁיחֵהּ (קהל: אָמֵן)
בְּחַיֵּיכוֹן וּבְיוֹמֵיכוֹן וּבְחַיֵּי דְכָל־בֵּית יִשְׂרָאֵל
בַּעֲגָלָא וּבִזְמַן קָרִיב, וְאִמְרוּ אָמֵן. (קהל: אָמֵן)

יְהֵא שְׁמֵהּ רַבָּא מְבָרַךְ לְעָלַם וּלְעָלְמֵי עָלְמַיָּא יִתְבָּרַךְ
וְיִשְׁתַּבַּח וְיִתְפָּאַר וְיִתְרוֹמַם
וְיִתְנַשֵּׂא וְיִתְהַדָּר וְיִתְעַלֶּה וְיִתְהַלָּל
שְׁמֵהּ דְּקֻדְשָׁא בְּרִיךְ הוּא (קהל: אָמֵן)
לְעֵלָּא מִן כָּל־בִּרְכָתָא, שִׁירָתָא, תִּשְׁבְּחָתָא וְנֶחָמָתָא
דַּאֲמִירָן בְּעָלְמָא, וְאִמְרוּ אָמֵן. (קהל: אָמֵן)

## קריאת שמע וברכותיה

*El* חזן *y las demás personas que recitan Kadish:*

בָּרְכוּ
אֶת יְהֹוָה הַמְבֹרָךְ.

*El* קהל *responde:*

בָּרוּךְ יְהֹוָה הַמְבֹרָךְ לְעוֹלָם וָעֶד.

*El* חזן *y las demás personas que recitan Kadish:*

בָּרוּךְ יְהֹוָה הַמְבֹרָךְ לְעוֹלָם וָעֶד.

בָּרוּךְ אַתָּה Bendito eres Tú SEÑOR, nuestro Dios,Rey del universo,
quien con Su palabra trae los anocheceres por medio de Su sabiduría,
abre los portones del cielo por medio de Su entendimiento,
hace cambiar los tiempos y rotar las estaciones,
y por efecto de Su voluntad ordena las estrellas
en sus constelaciones en el firmamento.
Él crea el día y la noche, envolviendo la luz ante el advenimiento
de la oscuridad y la oscuridad ante el advenimiento de la luz.
Él hace pasar el día y trae la noche, y diferencia entre el día
y la noche, Su Nombre es SEÑOR de las Huestes Celestiales. *Jer. 31*
Bendito eres Tú SEÑOR, que hace caer las noches.

אַהֲבַת עוֹלָם Tú has amado a Tu pueblo,
la casa de Israel, con un amor eterno.
Nos has enseñado Torá y preceptos, leyes y ordenanzas.
Por ello SEÑOR, Dios nuestro,
al acostarnos y al levantarnos hablaremos de Tus leyes,
nos alegraremos y nos regocijaremos por siempre con las palabras
de Tu Torá, Tus preceptos y Tus estatutos.
Pues ellos son nuestra vida y la extensión de nuestros días
y meditaremos sobre ellos de día y de noche.
Que nunca apartes Tu amor y Tu piedad de nosotros.
Bendito eres Tú SEÑOR, que ama a Su pueblo Israel.

---

ción ("que redimió a Israel"). El sidur es nuestro tutor en materia de creencias, nos enseña a ver el mundo a través de los ojos de la fe.

אַהֲבַת עוֹלָם *Con un amor eterno:* Nada más elocuentemente rechaza la idea de que el judaísmo es una religión rígida y legalista que este magnífico poema en el cual el pueblo de Israel expresa su agradecimiento por haber recibido la Torá y "preceptos, leyes y ordenanzas". Aquí, la ley se transforma en amor y el amor en ley. Dios nos une a Él enseñándonos cómo actuar de acuerdo con Su voluntad, la cual se transforma en "nuestra vida y la extensión de nuestros días".

בָּרוּךְ אַתָּה יְהוָה, אֱלֹהֵינוּ מֶלֶךְ הָעוֹלָם
אֲשֶׁר בִּדְבָרוֹ מַעֲרִיב עֲרָבִים בְּחָכְמָה
פּוֹתֵחַ שְׁעָרִים בִּתְבוּנָה, מְשַׁנֶּה עִתִּים וּמַחֲלִיף אֶת הַזְּמַנִּים
וּמְסַדֵּר אֶת הַכּוֹכָבִים בְּמִשְׁמְרוֹתֵיהֶם בָּרָקִיעַ כִּרְצוֹנוֹ.
בּוֹרֵא יוֹמָם וָלָיְלָה, גּוֹלֵל אוֹר מִפְּנֵי חֹשֶׁךְ וְחֹשֶׁךְ מִפְּנֵי אוֹר
הַמַּעֲבִיר יוֹם וּמֵבִיא לָיְלָה, וּמַבְדִּיל בֵּין יוֹם וּבֵין לָיְלָה
יְהוָה צְבָאוֹת שְׁמוֹ: ירמיה לא
בָּרוּךְ אַתָּה יְהוָה, הַמַּעֲרִיב עֲרָבִים.

אַהֲבַת עוֹלָם בֵּית יִשְׂרָאֵל עַמְּךָ אָהָבְתָּ
תּוֹרָה וּמִצְוֹת חֻקִּים וּמִשְׁפָּטִים אוֹתָנוּ לִמַּדְתָּ
עַל כֵּן יְהוָה אֱלֹהֵינוּ בְּשָׁכְבֵנוּ וּבְקוּמֵנוּ נָשִׂיחַ בְּחֻקֶּיךָ
וְנִשְׂמַח וְנַעֲלֹז בְּדִבְרֵי תַלְמוּד תּוֹרָתֶךָ
וּמִצְוֹתֶיךָ וְחֻקּוֹתֶיךָ לְעוֹלָם וָעֶד
כִּי הֵם חַיֵּינוּ וְאֹרֶךְ יָמֵינוּ וּבָהֶם נֶהְגֶּה יוֹמָם וָלָיְלָה.
וְאַהֲבָתְךָ וְחֶמְלָתְךָ לֹא תָסוּר מִמֶּנּוּ לְעוֹלָמִים.
בָּרוּךְ אַתָּה יְהוָה, אוֹהֵב אֶת עַמּוֹ יִשְׂרָאֵל.

---

אֲשֶׁר בִּדְבָרוֹ מַעֲרִיב עֲרָבִים *Quien por Su palabra trae los anocheceres:* Las tres creencias centrales del judaísmo son la Creación (que Dios hizo el universo), la Revelación (que Dios habla a la humanidad) y la Redención (que Dios rescata a la humanidad al enseñarnos cómo actuar con justicia y compasión). Las bendiciones que rodean el recitado del Shemá están conformadas de acuerdo con este patrón. Esta, que es la primera, habla de la Creación – del cielo y la tierra, luz y oscuridad, día y noche. La siguiente bendición habla de Revelación, de la entrega de la Torá a los hijos de Israel por parte de Dios. La tercera, inmediatamente posterior al recitado del Shemá habla de la Reden-

Escucha Israel, el Señor es nuestro Dios, el Señor es Uno. *Deut. 6*

*En voz baja:* Bendito sea el Nombre de Su glorioso Reino por siempre.

וְאָהַבְתָּ Amarás al Señor tu Dios con todo tu corazón, con toda tu alma y con todas tus fuerzas. Estas palabras que te ordeno hoy deben estar sobre tu corazón, se las transmitirás a tus hijos hablando sobre ellas, cuando estés en tu hogar y cuando transites por el camino, al acostarte y al levantarte. Y las atarás como señal sobre tu brazo y serán un emblema entre tus ojos. Y las escribirás en los marcos de tus puertas y sobre tus portones. *Deut. 6*

וְהָיָה Y será que, si realmente escucháis Mis preceptos que os ordeno el día de hoy, amando al Señor vuestro Dios y sirviéndole con todo vuestro corazón y toda vuestra alma, entonces daré lluvia en su tiempo sobre vuestra tierra, tanto la primera como la postrera, y recogerás tus cereales, tu mosto y tu aceite de oliva. Proveeré hierba en tu campo para tus animales, y comerás y te saciarás. Tened cuidado de no permitir que vuestro corazón se desvíe, sirviendo a dioses extraños y postrándose ante ellos. *Recitar en voz baja* Entonces se encenderá *Detenerse brevemente* la ira del Señor con vosotros y bloqueará los cielos para que no haya lluvias, la tierra no dará su cosecha y os perderéis prontamente de la buena tierra *Volver a recitar en voz alta* que el Señor os ha dado. Y pondrán estas palabras Mías sobre vuestros corazones, y las atarán sobre vuestros brazos y las tendrán por emblema entre vuestros ojos. Y las enseñarán a vuestros hijos hablando de ellas cuando estés en tu hogar y cuando transites por los caminos, al acostarte y al levantarte. *Deut. 11*

---

es la más famosa plegaria judía y es un llamado a la acción por parte de la mente, la emoción y la voluntad. Nos invita a reflexionar, esforzarnos en entender y afirmar la unicidad de Dios. Dios habla todavía en una "suave y tenue voz" (1 Reyes 19:12) y servirle es escucharle con la totalidad de nuestro ser.

דברים ו

# שְׁמַע יִשְׂרָאֵל יְהֹוָה אֱלֹהֵינוּ יְהֹוָה ׀ אֶחָד׃

בלחש: בָּרוּךְ שֵׁם כְּבוֹד מַלְכוּתוֹ לְעוֹלָם וָעֶד.

דברים ו
וְאָהַבְתָּ אֵת יְהֹוָה אֱלֹהֶיךָ בְּכָל־לְבָבְךָ וּבְכָל־נַפְשְׁךָ וּבְכָל־מְאֹדֶךָ׃
וְהָיוּ הַדְּבָרִים הָאֵלֶּה אֲשֶׁר אָנֹכִי מְצַוְּךָ הַיּוֹם עַל־לְבָבֶךָ׃ וְשִׁנַּנְתָּם
לְבָנֶיךָ וְדִבַּרְתָּ בָּם בְּשִׁבְתְּךָ בְּבֵיתֶךָ וּבְלֶכְתְּךָ בַדֶּרֶךְ וּבְשָׁכְבְּךָ
וּבְקוּמֶךָ׃ וּקְשַׁרְתָּם לְאוֹת עַל־יָדֶךָ וְהָיוּ לְטֹטָפֹת בֵּין עֵינֶיךָ׃
וּכְתַבְתָּם עַל־מְזֻזוֹת בֵּיתֶךָ וּבִשְׁעָרֶיךָ׃

דברים יא
וְהָיָה אִם־שָׁמֹעַ תִּשְׁמְעוּ אֶל־מִצְוֹתַי אֲשֶׁר אָנֹכִי מְצַוֶּה אֶתְכֶם
הַיּוֹם לְאַהֲבָה אֶת־יְהֹוָה אֱלֹהֵיכֶם וּלְעָבְדוֹ בְּכָל־לְבַבְכֶם וּבְכָל־
נַפְשְׁכֶם׃ וְנָתַתִּי מְטַר־אַרְצְכֶם בְּעִתּוֹ יוֹרֶה וּמַלְקוֹשׁ וְאָסַפְתָּ דְגָנֶךָ
וְתִירֹשְׁךָ וְיִצְהָרֶךָ׃ וְנָתַתִּי עֵשֶׂב בְּשָׂדְךָ לִבְהֶמְתֶּךָ וְאָכַלְתָּ וְשָׂבָעְתָּ׃
הִשָּׁמְרוּ לָכֶם פֶּן־יִפְתֶּה לְבַבְכֶם וְסַרְתֶּם וַעֲבַדְתֶּם אֱלֹהִים אֲחֵרִים
וְהִשְׁתַּחֲוִיתֶם לָהֶם׃ יאמר בלחש: וְחָרָה יפסיק מעט אַף־יְהֹוָה בָּכֶם וְעָצַר
אֶת־הַשָּׁמַיִם וְלֹא־יִהְיֶה מָטָר וְהָאֲדָמָה לֹא תִתֵּן אֶת־יְבוּלָהּ
וַאֲבַדְתֶּם מְהֵרָה מֵעַל הָאָרֶץ הַטֹּבָה בקול רם אֲשֶׁר יְהֹוָה נֹתֵן לָכֶם׃
וְשַׂמְתֶּם אֶת־דְּבָרַי אֵלֶּה עַל־לְבַבְכֶם וְעַל־נַפְשְׁכֶם וּקְשַׁרְתֶּם
אֹתָם לְאוֹת עַל־יֶדְכֶם וְהָיוּ לְטוֹטָפֹת בֵּין עֵינֵיכֶם׃ וְלִמַּדְתֶּם אֹתָם
אֶת־בְּנֵיכֶם לְדַבֵּר בָּם בְּשִׁבְתְּךָ בְּבֵיתֶךָ וּבְלֶכְתְּךָ בַדֶּרֶךְ וּבְשָׁכְבְּךָ

---

שְׁמַע יִשְׂרָאֵל *Escucha Israel: Shemá* no solo significa "escucha" sino también "oye, comprende, internaliza, responde y obedece". Aquí se traduce como "escucha" por cuanto que la escucha es activa mientras que oír es pasivo. Esta

Y las escribirás en los marcos de tus puertas y sobre tus portones, para que se prolonguen vuestros días y los de vuestros hijos sobre la tierra que el SEÑOR prometió entregar a vuestros ancestros para que la habiten, mientras los cielos permanezcan sobre la tierra.

וַיֹּאמֶר El SEÑOR habló a Moshé diciéndole: Habla a los hijos de Israel y diles que hagan ṣiṣit en las esquinas de sus vestimentas por todas sus generaciones. Y pondrán en el ṣiṣit de cada esquina de la vestimenta un hilo celeste. Y será para vosotros por ṣiṣit y lo veréis y recordaréis así todos los preceptos del SEÑOR y los cumpliréis, sin desviarse tras vuestros corazones y vuestros ojos, en virtud de los cuales os corrompéis. A fin de que recordéis todos Mis preceptos y seáis santos para vuestro Dios, Yo Soy el SEÑOR vuestro Dios, quien os sacó de la tierra de Egipto para ser vuestro Dios, Yo Soy el SEÑOR vuestro Dios. *Núm. 15*

*Kahal:*

Verdadero

*Ḥazán:*

El SEÑOR vuestro Dios es verdadero –

---

dente, es una cultura del oído y no del ojo. Los patriarcas y los profetas no veían a Dios, lo escuchaban. A los efectos de enfatizar la naturaleza no visible de la fe judía, acostumbramos cubrir nuestros ojos al recitar estas palabras.

וּבְקוּמֶךָ: וּכְתַבְתָּם עַל־מְזוּזוֹת בֵּיתֶךָ וּבִשְׁעָרֶיךָ: לְמַעַן יִרְבּוּ
יְמֵיכֶם וִימֵי בְנֵיכֶם עַל הָאֲדָמָה אֲשֶׁר נִשְׁבַּע יְהוָה לַאֲבֹתֵיכֶם
לָתֵת לָהֶם כִּימֵי הַשָּׁמַיִם עַל־הָאָרֶץ:

במדבר טו
וַיֹּאמֶר יְהוָה אֶל־מֹשֶׁה לֵּאמֹר: דַּבֵּר אֶל־בְּנֵי יִשְׂרָאֵל וְאָמַרְתָּ
אֲלֵהֶם וְעָשׂוּ לָהֶם צִיצִת עַל־כַּנְפֵי בִגְדֵיהֶם לְדֹרֹתָם וְנָתְנוּ עַל־
צִיצִת הַכָּנָף פְּתִיל תְּכֵלֶת: וְהָיָה לָכֶם לְצִיצִת וּרְאִיתֶם אֹתוֹ
וּזְכַרְתֶּם אֶת־כָּל־מִצְוֹת יְהוָה וַעֲשִׂיתֶם אֹתָם וְלֹא־תָתֻרוּ אַחֲרֵי
לְבַבְכֶם וְאַחֲרֵי עֵינֵיכֶם אֲשֶׁר־אַתֶּם זֹנִים אַחֲרֵיהֶם: לְמַעַן תִּזְכְּרוּ
וַעֲשִׂיתֶם אֶת־כָּל־מִצְוֹתָי וִהְיִיתֶם קְדֹשִׁים לֵאלֹהֵיכֶם: אֲנִי יְהוָה
אֱלֹהֵיכֶם אֲשֶׁר הוֹצֵאתִי אֶתְכֶם מֵאֶרֶץ מִצְרַיִם לִהְיוֹת לָכֶם
לֵאלֹהִים אֲנִי יְהוָה אֱלֹהֵיכֶם:

קהל:

**אֱמֶת**

חזן:

**יְהוָה אֱלֹהֵיכֶם אֱמֶת**

---

Los vocablos mundanos empleados para denotar comprensión están sumamente influidos por el lenguaje vinculado a la vista. Nosotros hablamos de "previsión", "visión", "observación", "perspectiva" y cuando comprendemos algo decimos "lo veo". El judaísmo postula un Dios invisible y trascen-

וֶאֱמוּנָה y fidedigno y firmemente establecido es todo esto
para nosotros pues Él es el Señor nuestro Dios
y no hay otro fuera de Él,
y nosotros somos Su pueblo Israel.
Él nos rescata de las manos de reyes,
Él es nuestro Rey y nos redime de todos los opresores.
Él da su merecido a quienes nos acosan
y a todos nuestros enemigos mortales.
Él nos mantiene con vida *Sal. 66*
y no permite que nuestros pies resbalen.
Él nos guía sobre los sitios encumbrados
de nuestros enemigos elevando nuestro prestigio
por sobre todos aquellos que nos odian.
Él es el Dios que obra para nosotros milagros,
se venga para nosotros de Par'ó,
lleva a cabo señales y maravillas
en la tierra de los hijos de Ḥam.
Quien hirió en Su ira a todos los primogénitos egipcios
y sacó de entre estos a Su pueblo Israel
de la esclavitud a la libertad eterna.
Él es quien condujo a Sus hijos por el Mar de los Juncos
dividido y hundió en sus profundidades a quienes los
perseguían y odiaban.
Sus hijos al ver Su poder Lo alabaron
y loaron Su Nombre.
Y Su reinado aceptaron sobre sí de buena gana.
Moshé y los hijos de Israel respondieron a Ti
entonando cánticos con gran alegría,
exclamando todos:

מִי כָמֹכָה "¿Quién es como Tú entre los fuertes Señor? *Éx. 15*
¿Quién como Tú magnificado por la Santidad?
Infinito en alabanzas, hacedor de maravillas".

וֶאֱמוּנָה כָּל־זֹאת וְקַיָּם עָלֵינוּ
כִּי הוּא יְהוָה אֱלֹהֵינוּ וְאֵין זוּלָתוֹ
וַאֲנַחְנוּ יִשְׂרָאֵל עַמּוֹ.
הַפּוֹדֵנוּ מִיַּד מְלָכִים
הַגּוֹאֲלֵנוּ מַלְכֵּנוּ מִכַּף כָּל־עָרִיצִים
הָאֵל הַנִּפְרָע לָנוּ מִצָּרֵינוּ
הַמְשַׁלֵּם גְּמוּל לְכָל־אֹיְבֵי נַפְשֵׁנוּ.
הַשָּׂם נַפְשֵׁנוּ בַּחַיִּים, וְלֹא־נָתַן לַמּוֹט רַגְלֵנוּ: תהלים סו
הַמַּדְרִיכֵנוּ עַל בָּמוֹת אוֹיְבֵינוּ
וַיָּרֶם קַרְנֵנוּ עַל כָּל־שׂוֹנְאֵינוּ.
הָאֵל הָעוֹשֶׂה לָנוּ נִסִּים, נְקָמָה בְּפַרְעֹה
בְּאוֹתוֹת וּבְמוֹפְתִים בְּאַדְמַת בְּנֵי חָם.
הַמַּכֶּה בְעֶבְרָתוֹ כָּל־בְּכוֹרֵי מִצְרָיִם
וַיּוֹצֵא אֶת עַמּוֹ יִשְׂרָאֵל מִתּוֹכָם
מֵעַבְדוּת לְחֵרוּת עוֹלָם.
הַמַּעֲבִיר בָּנָיו בֵּין גִּזְרֵי יַם סוּף
וְאֶת רוֹדְפֵיהֶם וְאֶת שׂוֹנְאֵיהֶם בִּתְהוֹמוֹת טִבַּע.
רָאוּ בָנִים אֶת גְּבוּרָתוֹ
שִׁבְּחוּ וְהוֹדוּ לִשְׁמוֹ
וּמַלְכוּתוֹ בְּרָצוֹן קִבְּלוּ עֲלֵיהֶם.
מֹשֶׁה וּבְנֵי יִשְׂרָאֵל לְךָ עָנוּ שִׁירָה בְּשִׂמְחָה רַבָּה
וְאָמְרוּ כֻלָּם

מִי־כָמֹכָה בָּאֵלִם יְהוָה שמות טו
מִי כָּמֹכָה נֶאְדָּר בַּקֹּדֶשׁ
נוֹרָא תְהִלֹּת עֹשֵׂה פֶלֶא:

Tus hijos, SEÑOR nuestro Dios,
contemplaron Tu majestad en el mar.
Juntos todos Te agradecieron y Te coronaron y dijeron:
"El SEÑOR reinará por toda la eternidad". *Éx. 15*

Y fue dicho:
"Pues el SEÑOR ha redimido a Ya'akob *Jer. 31*
salvándole de un poder superior al suyo".
Bendito eres Tú SEÑOR, que redimió a Israel.

הַשְׁכִּיבֵנוּ Ayúdanos Padre nuestro,
a irnos a dormir en paz
y levantarnos Rey nuestro para una buena vida
y para la paz. Extiende sobre nosotros Tu Sucá de paz,
guíanos con Tu buen consejo y sálvanos en pos de Tu Nombre.
Defiéndenos y extiende sobre nosotros la sucá de compasión y paz.
Bendito eres Tú SEÑOR, que extiende una sucá de paz sobre
nosotros y sobre todo el pueblo de Israel
y sobre Jerusalém. Amén.

*Cuando Yom Tob cae en día de semana se omite lo siguiente:*

וְשָׁמְרוּ Habrán de guardar los hijos de Israel el Shabat, *Éx. 31*
para observar el Shabat por sus generaciones, por Pacto eterno.
Entre Mí y los hijos de Israel es un signo para la eternidad.
Ya que en seis días el SEÑOR hizo los cielos y la tierra,
mas en el día séptimo cesó de toda labor y reposó.

*En Yom Tob se recitan los siguientes versículos y se pasa* *a la página 894 para efectuar la A'midá:*

אֵלֶּה Estas son las festividades señaladas por el SEÑOR, días de convocatorias sagradas las que habréis de proclamar en su tiempo indicado. *Lev. 23*

מַלְכוּתְךָ יְהוָה אֱלֹהֵינוּ רָאוּ בָנֶיךָ עַל הַיָּם
יַחַד כֻּלָּם הוֹדוּ וְהִמְלִיכוּ וְאָמְרוּ
יְהוָה יִמְלֹךְ לְעֹלָם וָעֶד: שמות טו
וְנֶאֱמַר
כִּי־פָדָה יְהוָה אֶת־יַעֲקֹב וּגְאָלוֹ מִיַּד חָזָק מִמֶּנּוּ: ירמיה לא
בָּרוּךְ אַתָּה יְהוָה, גָּאַל יִשְׂרָאֵל.

הַשְׁכִּיבֵנוּ אָבִינוּ לְשָׁלוֹם
וְהַעֲמִידֵנוּ מַלְכֵּנוּ לְחַיִּים טוֹבִים וּלְשָׁלוֹם
וּפְרֹשׂ עָלֵינוּ סֻכַּת שְׁלוֹמֶךָ
וְתַקְּנֵנוּ מַלְכֵּנוּ בְּעֵצָה טוֹבָה מִלְּפָנֶיךָ
וְהוֹשִׁיעֵנוּ מְהֵרָה לְמַעַן שְׁמֶךָ.
וְהָגֵן בַּעֲדֵנוּ, וּפְרֹשׂ עָלֵינוּ סֻכַּת רַחֲמִים וְשָׁלוֹם.
בָּרוּךְ אַתָּה יְהוָה הַפּוֹרֵשׂ סֻכַּת שָׁלוֹם עָלֵינוּ
וְעַל־כָּל־עַמּוֹ יִשְׂרָאֵל וְעַל יְרוּשָׁלָיִם. אָמֵן.

*Cuando* יום טוב *cae en día de semana se omite lo siguiente:*

וְשָׁמְרוּ בְנֵי־יִשְׂרָאֵל אֶת־הַשַּׁבָּת שמות לא
לַעֲשׂוֹת אֶת־הַשַּׁבָּת לְדֹרֹתָם בְּרִית עוֹלָם:
בֵּינִי וּבֵין בְּנֵי יִשְׂרָאֵל אוֹת הִוא לְעֹלָם
כִּי־שֵׁשֶׁת יָמִים עָשָׂה יְהוָה אֶת־הַשָּׁמַיִם וְאֶת־הָאָרֶץ
וּבַיּוֹם הַשְּׁבִיעִי שָׁבַת וַיִּנָּפַשׁ:

*En* יום טוב *se recitan los siguientes versículos y se pasa a la página 895 para efectuar la A'midá:*

אֵלֶּה מוֹעֲדֵי יְהוָה מִקְרָאֵי קֹדֶשׁ אֲשֶׁר־תִּקְרְאוּ אֹתָם בְּמוֹעֲדָם: ויקרא כג

MEDIO KADISH

*El Ḥazán recita Medio Kadish:*

יִתְגַּדַּל Que Su Gran Nombre sea magnificado y santificado,
en el mundo que creó conforme a Su voluntad.
Que establezca Su reino, haga florecer Su salvación
y apresure la llegada de Su ungido
durante vuestra vida y en vuestros días
y en la vida de toda la casa de Israel,
pronto y rápidamente y decid: Amén.

Que Su Gran Nombre sea bendito
por siempre y por toda la eternidad.

Sea bendecido, alabado, glorificado y exaltado, encumbrado
y magnificado, enaltecido y ensalzado
el Nombre del Santo Bendito Él;
más allá de cualquier bendición, cántico, alabanza y consolación
pronunciados en el mundo y decid: Amén.

## LA A'MIDÁ

SEÑOR, abre mis labios para que mi boca pronuncie Tu alabanza. *Sal. 51*

PATRIARCAS

בָּרוּךְ Bendito eres Tú SEÑOR,
Dios nuestro y de nuestros ancestros,
Dios de Abraham, Dios de Iṣḥak y Dios de Ya'akob,
Dios grande, poderoso y maravilloso, SEÑOR supremo,
que prodiga generosamente y es el Creador de todo lo existente,

---

el de la tarde (el rezo de Musaf entra en una categoría aparte). La calidad del tiempo en Shabat es diferente de la de otros días: se asemeja a una sinfonía que posee diferentes movimientos.

El viernes por la noche, hablamos del Shabat de la Creación, por la mañana del Shabat de la Revelación, tal como fue ordenado en el Monte Sinaí, y por la tarde anhelamos el futuro Shabat de la Redención. Por ello, en la noche, reflexionamos sobre el nacimiento del tiempo; en la mañana sobre el tiempo

חצי קדיש

*El* חזן *y los* אבלים *recitan Medio Kadish:*

יִתְגַּדַּל וְיִתְקַדַּשׁ שְׁמֵהּ רַבָּא (קהל: אָמֵן)
בְּעָלְמָא דִּי בְרָא כִרְעוּתֵהּ
וְיַמְלִיךְ מַלְכוּתֵהּ
וְיַצְמַח פֻּרְקָנֵהּ וִיקָרֵב מְשִׁיחֵהּ (קהל: אָמֵן)
בְּחַיֵּיכוֹן וּבְיוֹמֵיכוֹן וּבְחַיֵּי דְכָל־בֵּית יִשְׂרָאֵל
בַּעֲגָלָא וּבִזְמַן קָרִיב, וְאִמְרוּ אָמֵן. (קהל: אָמֵן)

יְהֵא שְׁמֵהּ רַבָּא מְבָרַךְ לְעָלַם וּלְעָלְמֵי עָלְמַיָּא יִתְבָּרַךְ
וְיִשְׁתַּבַּח וְיִתְפָּאַר וְיִתְרוֹמַם וְיִתְנַשֵּׂא וְיִתְהַדָּר וְיִתְעַלֶּה וְיִתְהַלָּל
שְׁמֵהּ דְּקֻדְשָׁא בְּרִיךְ הוּא (קהל: אָמֵן)
לְעֵלָּא מִן כָּל־בִּרְכָתָא, שִׁירָתָא, תֻּשְׁבְּחָתָא וְנֶחֱמָתָא
דַּאֲמִירָן בְּעָלְמָא, וְאִמְרוּ אָמֵן. (קהל: אָמֵן)

## עמידה

אֲדֹנָי, שְׂפָתַי תִּפְתָּח, וּפִי יַגִּיד תְּהִלָּתֶךָ: תהלים נא

אבות

בָּרוּךְ אַתָּה יְהוָה, אֱלֹהֵינוּ וֵאלֹהֵי אֲבוֹתֵינוּ
אֱלֹהֵי אַבְרָהָם, אֱלֹהֵי יִצְחָק, וֵאלֹהֵי יַעֲקֹב
הָאֵל הַגָּדוֹל הַגִּבּוֹר וְהַנּוֹרָא, אֵל עֶלְיוֹן
גּוֹמֵל חֲסָדִים טוֹבִים, קוֹנֵה הַכֹּל

---

A'MIDÁ DEL VIERNES A LA NOCHE

En Shabat y en Yom Tov, la "A'midá", esto es, la plegaria que se recita de pie, no contiene diecinueve bendiciones sino siete (Musaf de Rosh HaShaná contiene nueve). Las primeras tres y las últimas tres, con variantes menores, son las mismas a lo largo de todo el año. La séptima bendición (la central) está dedicada a la santidad especial del día. Solamente en Shabat esta bendición es diferente en cada uno de los tres rezos, el vespertino, el matutino y

Quien recuerda la gracia de los ancestros
y traerá al Redentor para los hijos de sus hijos en aras de Su Nombre con amor.

*En Shabat Teshubá:* Recuérdanos para la vida, Rey que anhela la vida
e inscríbenos en el libro de la vida
por Ti, oh Dios de vida.

Rey que ayuda, redime y protege.
Bendito eres Tú Señor, Escudo de Abraham.

PODER DE DIOS

אַתָּה גִּבּוֹר Señor, Tú eres eternamente poderoso,
Tú revives a los muertos y tienes gran poder de salvación.

*Verano:* Hace descender el rocío.

*Invierno:* Hace soplar el viento y descender la lluvia.

Sostiene con benevolencia a todos los seres vivos,
revive a los muertos con gran misericordia,
da soporte a quienes se caen, cura a los enfermos,
libera a los prisioneros
y cumple Su promesa con quienes yacen ya en la tierra.
¿Quién es como Tú Todopoderoso?
¿Quién se Te puede asemejar?
Rey que quita la vida y la restaura y hace brotar la Redención.

*En Shabat Teshubá:* ¿Quién como Tú Padre misericordioso,
que recuerdas a Tus creaturas para la vida con piedad?

Eres fiel en revivir a los muertos.
Bendito eres Tú Señor, que revive a los muertos.

---

Otra interpretación ve en las tres etapas del Shabat las tres partes de una ceremonia nupcial: primeramente el compromiso, *kidushín*; luego el matrimonio propiamente simbolizado por la alegría y luego el *ijud* que es el ingreso del novio y la novia a una misma habitación (Abudarham). Esta idea está reflejada en el lenguaje de la A'midá y concuerda con la comprensión mística del Shabat como la novia y el día mismo del enlace de tierra y cielo.

וְזוֹכֵר חַסְדֵי אָבוֹת
וּמֵבִיא גוֹאֵל לִבְנֵי בְנֵיהֶם לְמַעַן שְׁמוֹ בְּאַהֲבָה.

בשבת תשובה: זָכְרֵנוּ לְחַיִּים, מֶלֶךְ חָפֵץ בַּחַיִּים
כָּתְבֵנוּ בְּסֵפֶר חַיִּים, לְמַעַנְךָ אֱלֹהִים חַיִּים.

מֶלֶךְ עוֹזֵר וּמוֹשִׁיעַ וּמָגֵן.
בָּרוּךְ אַתָּה יְהֹוָה, מָגֵן אַבְרָהָם.

**גבורות**

אַתָּה גִּבּוֹר לְעוֹלָם, אֲדֹנָי
מְחַיֵּה מֵתִים אַתָּה, רַב לְהוֹשִׁיעַ

בקיץ: מוֹרִיד הַטָּל / בחורף: מַשִּׁיב הָרוּחַ וּמוֹרִיד הַגֶּשֶׁם

מְכַלְכֵּל חַיִּים בְּחֶסֶד, מְחַיֵּה מֵתִים בְּרַחֲמִים רַבִּים
סוֹמֵךְ נוֹפְלִים, וְרוֹפֵא חוֹלִים, וּמַתִּיר אֲסוּרִים
וּמְקַיֵּם אֱמוּנָתוֹ לִישֵׁנֵי עָפָר.
מִי כָמוֹךָ, בַּעַל גְּבוּרוֹת
וּמִי דוֹמֶה לָּךְ, מֶלֶךְ מֵמִית וּמְחַיֶּה וּמַצְמִיחַ יְשׁוּעָה.

בשבת תשובה: מִי כָמוֹךָ אַב הָרַחֲמָן, זוֹכֵר יְצוּרָיו בְּרַחֲמִים לְחַיִּים.

וְנֶאֱמָן אַתָּה לְהַחֲיוֹת מֵתִים.
בָּרוּךְ אַתָּה יְהֹוָה, מְחַיֵּה הַמֵּתִים.

---

histórico, del recordado pasado y el actual presente; y por la tarde sobre la culminación del tiempo y sobre el Mundo Venidero del cual el Shabat es una degustación previa. El Shabat se transforma así en un viaje por las tres fases de la fe: la creación Divina del universo, Su revelación ante la humanidad y Sus actos redentorios, los cuales nos convocan colectivamente a construir un mundo en paz consigo mismo en virtud de hallarse en paz con Dios.

### SANTIDAD

אַתָּה קָדוֹשׁ Tú eres santo y Tu Nombre es santo,
y los santos Te alaban a diario, ¡Sela!
Bendito eres Tú SEÑOR,
el Dios santo.

(*En Shabat Teshubá:* el Rey santo).

### LA SANTIDAD DEL DÍA

אַתָּה Tú consagraste el séptimo día en pos de Tu Nombre,
como culminación de la Creación de los cielos y la tierra.
Y lo bendijiste de entre todos los días,
y lo santificaste de entre todos los tiempos,
y así es como está escrito en Tu Torá:

> וַיְכֻלּוּ Y quedaron concluidos los cielos y la tierra y todo lo que contienen. Habiendo concluido Dios en el día séptimo Su obra que Él había hecho, cesó en el día séptimo de toda Su Creación que Él había hecho. Y bendijo Dios al día séptimo y lo consagró, ya que en él cesó de toda Su obra, que Dios había creado para hacer.

---

contiene siete palabras, el segundo catorce y el texto en su totalidad 469 (7 × 67). Desde el mero inicio el número siete predomina, como para señalar desde el principio que el séptimo día es la culminación y el propósito de la creación: "Final en la creación aunque primera en la concepción".

וַיְקַדֵּשׁ אֹתוֹ *Y lo consagró:* Esta es la primera vez que un vocablo relativo a la palabra "sagrado" aparece en la Torá, indicando que el tiempo y no solamente el espacio es sagrado. Los sabios señalaron similitudes entre el Shabat y el Santuario (Tabernáculo) construido por los israelitas en el desierto. Las treinta y nueve categorías de labor realzadas en el edifico del Santuario son las mismas que están prohibidas en Shabat. Así, el Shabat es un "Santuario en el tiempo" e Israel, el "pueblo eterno", es la nación llamada a santificar el tiempo.

קדושת השם

אַתָּה קָדוֹשׁ וְשִׁמְךָ קָדוֹשׁ
וּקְדוֹשִׁים בְּכָל־יוֹם יְהַלְלְוּךָ סֶּלָה.
בָּרוּךְ אַתָּה יְהוָה, הָאֵל הַקָּדוֹשׁ. /בשבת תשובה: הַמֶּלֶךְ הַקָּדוֹשׁ./

קדושת היום

אַתָּה קִדַּשְׁתָּ אֶת יוֹם הַשְּׁבִיעִי לִשְׁמֶךָ
תַּכְלִית מַעֲשֵׂה שָׁמַיִם וָאָרֶץ
וּבֵרַכְתּוֹ מִכָּל־הַיָּמִים, וְקִדַּשְׁתּוֹ מִכָּל־הַזְּמַנִּים
וְכֵן כָּתוּב בְּתוֹרָתֶךָ

וַיְכֻלּוּ הַשָּׁמַיִם וְהָאָרֶץ וְכָל־צְבָאָם: בראשית ב
וַיְכַל אֱלֹהִים בַּיּוֹם הַשְּׁבִיעִי מְלַאכְתּוֹ אֲשֶׁר עָשָׂה
וַיִּשְׁבֹּת בַּיּוֹם הַשְּׁבִיעִי מִכָּל־מְלַאכְתּוֹ אֲשֶׁר עָשָׂה:
וַיְבָרֶךְ אֱלֹהִים אֶת־יוֹם הַשְּׁבִיעִי, וַיְקַדֵּשׁ אֹתוֹ
כִּי בוֹ שָׁבַת מִכָּל־מְלַאכְתּוֹ, אֲשֶׁר־בָּרָא אֱלֹהִים לַעֲשׂוֹת:

---

אַתָּה קִדַּשְׁתָּ *Tú consagraste:* Tal como señalamos anteriormente, la bendición del viernes por la noche habla de la Creación: "Tú consagraste el séptimo día en aras de Tu Nombre, como culminación de la Creación de los cielos y la tierra". Esto se refiere a los inicios del tiempo: el séptimo día de la Creación en el cual Dios descansó y el universo era joven. Aquí se usa el vocablo "consagró", palabra clave en la ceremonia del compromiso y la declaración que se realiza bajo el palio nupcial.

וַיְכֻלּוּ הַשָּׁמַיִם וְהָאָרֶץ *Y quedaron concluidos los cielos y la tierra:* Estos tres versículos concluyen el relato bíblico de la Creación. Contienen 35 palabras (5×7). Todo el narrativo de la Creación (Génesis 1:1–2:3) está construido sobre múltiplos de siete. La palabra "bueno" aparece siete veces, la palabra Dios treinta y cinco y la palabra "tierra" veintiún veces. El versículo inicial

יִשְׂמְחוּ Quienes observan el Shabat y lo llaman deleite se habrán de regocijar en Tu reinado.
El pueblo que santifica el séptimo día se verá satisfecho en su totalidad y se deleitarán en Tu bondad,
pues Tú viste con beneplácito el séptimo día y lo santificaste.
Lo declaraste el más preciado de los días,
recordatorio de la obra de la Creación.

אֱלֹהֵינוּ Dios nuestro y de nuestros ancestros,
complácete en nuestro descanso.
Santifícanos con Tus preceptos
y haz que nuestra porción esté en Tu Torá.
Sácianos de Tu bondad y regocíjanos con Tu salvación
y purifica nuestros corazones para que Te sirvamos con verdad.
Léganos Señor nuestro Dios, con amor y favor Tu sagrado Shabat,
tal que reposen en él los hijos de Israel que santifican Tu Nombre.
Bendito eres Tú Señor, que santifica el Shabat.

### EL SERVICIO DEL TEMPLO

רְצֵה Acepta con benevolencia Señor, nuestro Dios,
a Tu pueblo Israel y atiende sus plegarias.
Restaura el servicio en Tu más sagrada casa y acepta favorable
y amorosamente las ofrendas ígneas de Israel y sus rezos.
Que siempre recibas con agrado el servicio de Tu pueblo Israel.

---

*En Rosh Ḥodesh y en Ḥol HaMo'ed se dice:*

אֱלֹהֵינוּ Dios nuestro y de nuestros ancestros, que ascienda, acuda y llegue; sea visible, sea aceptada, sea escuchada, sea considerada y sea recordada delante de Ti nuestra memoria, y la de nuestros patriarcas, y la del Mashiaḥ hijo de David Tu siervo, y la de todo Tu pueblo la casa de Israel – para liberación y bienestar, gracia, benevolencia y compasión, en este día de:

*En Rosh Ḥodesh:* Rosh Ḥodesh
*En Pesaḥ:* Fiesta de las Maṣot, día de sagrada convocatoria
*En Sucot:* Fiesta de Sucot, día de sagrada convocatoria

יִשְׂמְחוּ בְמַלְכוּתְךָ שׁוֹמְרֵי שַׁבָּת וְקוֹרְאֵי עֹנֶג.
עַם מְקַדְּשֵׁי שְׁבִיעִי, כֻּלָּם יִשְׂבְּעוּ וְיִתְעַנְּגוּ מִטּוּבֶךָ
וְהַשְּׁבִיעִי רָצִיתָ־בּוֹ וְקִדַּשְׁתּוֹ
חֶמְדַּת יָמִים אוֹתוֹ קָרָאתָ, זֵכֶר לְמַעֲשֵׂה בְרֵאשִׁית.

אֱלֹהֵינוּ וֵאלֹהֵי אֲבוֹתֵינוּ, רְצֵה־נָא בִמְנוּחָתֵנוּ
קַדְּשֵׁנוּ בְּמִצְוֹתֶיךָ, שִׂים חֶלְקֵנוּ בְּתוֹרָתֶךָ
שַׂבְּעֵנוּ מִטּוּבֶךָ, שַׂמֵּחַ נַפְשֵׁנוּ בִּישׁוּעָתֶךָ
וְטַהֵר לִבֵּנוּ לְעָבְדְּךָ בֶּאֱמֶת.
וְהַנְחִילֵנוּ, יְהֹוָה אֱלֹהֵינוּ, בְּאַהֲבָה וּבְרָצוֹן שַׁבַּת קָדְשֶׁךָ
וְיָנוּחוּ בָהּ כָּל־יִשְׂרָאֵל מְקַדְּשֵׁי שְׁמֶךָ.
בָּרוּךְ אַתָּה יְהֹוָה, מְקַדֵּשׁ הַשַּׁבָּת.

עבודה

רְצֵה יְהֹוָה אֱלֹהֵינוּ בְּעַמְּךָ יִשְׂרָאֵל
וְלִתְפִלָּתָם שְׁעֵה
וְהָשֵׁב הָעֲבוֹדָה לִדְבִיר בֵּיתֶךָ
וְאִשֵּׁי יִשְׂרָאֵל וּתְפִלָּתָם מְהֵרָה בְּאַהֲבָה תְקַבֵּל בְּרָצוֹן
וּתְהִי לְרָצוֹן תָּמִיד עֲבוֹדַת יִשְׂרָאֵל עַמֶּךָ.

---

*En* ראש חודש *y en* חול המועד*, se dice:*

אֱלֹהֵינוּ וֵאלֹהֵי אֲבוֹתֵינוּ, יַעֲלֶה וְיָבוֹא, יַגִּיעַ יֵרָאֶה וְיֵרָצֶה, יִשָּׁמַע
יִפָּקֵד וְיִזָּכֵר זִכְרוֹנֵנוּ וְזִכְרוֹן אֲבוֹתֵינוּ, זִכְרוֹן יְרוּשָׁלַיִם עִירֶךָ, וְזִכְרוֹן
מָשִׁיחַ בֶּן דָּוִד עַבְדֶּךָ, וְזִכְרוֹן כָּל־עַמְּךָ בֵּית יִשְׂרָאֵל, לְפָנֶיךָ, לִפְלֵיטָה
לְטוֹבָה, לְחֵן, לְחֶסֶד וּלְרַחֲמִים, בְּיוֹם

בראש חודש: רֹאשׁ חֹדֶשׁ הַזֶּה

בפסח: חַג הַמַּצּוֹת הַזֶּה, בְּיוֹם מִקְרָא קֹדֶשׁ הַזֶּה

בסוכות: חַג הַסֻּכּוֹת הַזֶּה, בְּיוֹם מִקְרָא קֹדֶשׁ הַזֶּה

Para que en él tengas compasión y nos redimas. Recuérdanos Señor, nuestro Dios en él para bien, tennos presentes en él para bendición y redímenos en él para una buena vida, de acuerdo con Tu promesa de salvación y misericordia. Apiádate, agrácianos, compadécete y ten misericordia de nosotros y redímenos, pues nuestros ojos están puestos en Ti ya que Tú Dios eres un Rey benevolente y compasivo.

---

וְאַתָּה Y Tú en Tu gran compasión nos desearás
y Te complacerás en nosotros.
Que nuestros ojos contemplen Tu retorno a Ṣion con compasión.
Bendito eres Tú Señor, que restaura Su presencia en Ṣion.

AGRADECIMIENTO

מוֹדִים Te agradecemos a Ti, pues eres el Señor, Dios nuestro
y de nuestros ancestros por siempre.
Eres nuestra Roca y la de nuestra existencia,
Escudo de nuestra salvación.
De generación en generación Te agradeceremos,
y relataremos Tu alabanza
por nuestras vidas que están depositadas en Tus manos,
por nuestras almas que están a Tu cargo,
por Tus milagros para con nosotros a diario, y las bondades
y maravillas que nos prodigas en todo momento,
noche, mañana y tarde.
El Benevolente, pues Tu compasión nunca concluye,
Tú eres compasivo, pues no cesan Tus bondades.
Siempre hemos depositado nuestra esperanza en Ti.

---

*En Ḥanucá y Purim:*

עַל הַנִּסִּים (Te agradecemos también) por los milagros, la redención, los actos poderosos, las salvaciones, las maravillas y consolaciones que hiciste en favor de nuestros ancestros en aquellos días en este tiempo.

*En Ḥanucá:*

בִּימֵי מַתִּתְיָה En los días de Matitiahu hijo de Yojanán, el Sumo Sacerdote, el jasmoneo y sus hijos, cuando el malvado reino griego se levantó

לְרַחֵם בּוֹ עָלֵינוּ וּלְהוֹשִׁיעֵנוּ. זָכְרֵנוּ יְהוָֹה אֱלֹהֵינוּ בּוֹ לְטוֹבָה, וּפָקְדֵנוּ בוֹ לִבְרָכָה, וְהוֹשִׁיעֵנוּ בוֹ לְחַיִּים טוֹבִים בִּדְבַר יְשׁוּעָה וְרַחֲמִים. חוּס וְחָנֵּנוּ וַחֲמֹל וְרַחֵם עָלֵינוּ וְהוֹשִׁיעֵנוּ, כִּי אֵלֶיךָ עֵינֵינוּ, כִּי אֵל מֶלֶךְ חַנּוּן וְרַחוּם אָתָּה.

---

וְאַתָּה בְּרַחֲמֶיךָ הָרַבִּים תַּחְפֹּץ בָּנוּ וְתִרְצֵנוּ
וְתֶחֱזֶינָה עֵינֵינוּ בְּשׁוּבְךָ לְצִיּוֹן בְּרַחֲמִים.
בָּרוּךְ אַתָּה יְהוָֹה, הַמַּחֲזִיר שְׁכִינָתוֹ לְצִיּוֹן.

הודאה

מוֹדִים אֲנַחְנוּ לָךְ
שָׁאַתָּה הוּא יְהוָֹה אֱלֹהֵינוּ וֵאלֹהֵי אֲבוֹתֵינוּ לְעוֹלָם וָעֶד.
צוּרֵנוּ, צוּר חַיֵּינוּ וּמָגֵן יִשְׁעֵנוּ אַתָּה הוּא
לְדוֹר וָדוֹר נוֹדֶה לְּךָ וּנְסַפֵּר תְּהִלָּתֶךָ
עַל חַיֵּינוּ הַמְּסוּרִים בְּיָדֶךָ וְעַל נִשְׁמוֹתֵינוּ הַפְּקוּדוֹת לָךְ
וְעַל נִסֶּיךָ שֶׁבְּכָל־יוֹם עִמָּנוּ
וְעַל נִפְלְאוֹתֶיךָ וְטוֹבוֹתֶיךָ שֶׁבְּכָל־עֵת, עֶרֶב וָבֹקֶר וְצָהֳרָיִם.
הַטּוֹב, כִּי לֹא כָלוּ רַחֲמֶיךָ, הַמְרַחֵם, כִּי לֹא תַמּוּ חֲסָדֶיךָ
כִּי מֵעוֹלָם קִוִּינוּ לָךְ.

---

בחנוכה ובפורים המשולש בירושלים:

עַל הַנִּסִּים וְעַל הַפֻּרְקָן וְעַל הַגְּבוּרוֹת וְעַל הַתְּשׁוּעוֹת וְעַל הַנִּפְלָאוֹת וְעַל הַנֶּחָמוֹת שֶׁעָשִׂיתָ לַאֲבוֹתֵינוּ בַּיָּמִים הָהֵם בַּזְּמַן הַזֶּה.

בחנוכה:

בִּימֵי מַתִּתְיָה בֶּן יוֹחָנָן כֹּהֵן גָּדוֹל חַשְׁמוֹנַאי וּבָנָיו, כְּשֶׁעָמְדָה עֲלֵיהֶם מַלְכוּת יָוָן הָרְשָׁעָה עַל עַמְּךָ יִשְׂרָאֵל לְשַׁכְּחָם מִתּוֹרָתֶךָ וּלְהַעֲבִירָם

contra Tu pueblo Israel para hacerles olvidar Tu Torá y forzarlos a transgredir los estatutos de Tu voluntad. Y Tú, con gran compasión, estuviste junto a ellos en el tiempo de su desgracia, luchaste por su causa, juzgaste su reclamo y vengaste su opresión. Entregaste fuertes en manos de débiles, muchos en manos de pocos, malvados en manos de justos impuros en manos de puros, arrogantes en manos de estudiosos de Tu Torá. Hiciste para Ti un Nombre Grande y Sagrado en Tu mundo, y a Tu pueblo Israel diste gran redención y salvación en un día como este. Luego, Tus hijos ingresaron a Tu recinto sagrado, limpiaron Tu Templo, purificaron Tu santuario, encendieron velas en Tus cortes y establecieron estos ocho días de Ḥanucá de agradecimiento y alabanza, e hiciste para ellos milagros y maravillas, por lo que agradeceremos a Tu gran Nombre, Sela.

*Continúa con "Por todo esto".*

*En Purim Triple en Jerusalém se agrega:*

בִּימֵי מָרְדְּכַי וְאֶסְתֵּר En los días de Mordejai y Ester, en la ciudad capital de Shushán, cuando el malvado Hamán se alzó contra Tu pueblo procurando destruir, matar y exterminar a todos los judíos, jóvenes y *Est. 3*
mayores, niños y mujeres en un solo día, el trece del duodécimo mes que es el de Adar y saquear sus posesiones. Entonces Tú, con gran compasión desbarataste su plan, arruinaste su proyecto y le retribuiste por su maldad haciéndolo colgar junto a sus hijos de un cadalso e hiciste para ellos milagros y maravillas, por lo que agradeceremos a Tu gran Nombre, Sela.

*Continúa con "Por todo esto".*

---

וְעַל כֻּלָּם Por todo esto, Rey nuestro, que Tu Nombre sea bendecido, exaltado y encumbrado por siempre.
Que todos los seres vivos Te agradezcan, ¡Sela!

*En Shabat Teshubá:* E inscribe a todos los hijos de Tu pacto para una buena vida.

Y alaben y bendigan a Tu gran Nombre de verdad, pues por siempre eres bondadoso. Dios de nuestra redención y nuestro socorro, ¡Sela! El Dios bondadoso. Bendito eres Tú SEÑOR, Tu Nombre es "Bueno" y a Ti corresponde agradecer.

מֵחֻקֵּי רְצוֹנֶךָ, וְאַתָּה בְּרַחֲמֶיךָ הָרַבִּים עָמַדְתָּ לָהֶם בְּעֵת צָרָתָם, רַבְתָּ אֶת רִיבָם, דַּנְתָּ אֶת דִּינָם, נָקַמְתָּ אֶת נִקְמָתָם, מָסַרְתָּ גִּבּוֹרִים בְּיַד חַלָּשִׁים, וְרַבִּים בְּיַד מְעַטִּים, וּרְשָׁעִים בְּיַד צַדִּיקִים, וּטְמֵאִים בְּיַד טְהוֹרִים, וְזֵדִים בְּיַד עוֹסְקֵי תוֹרָתֶךָ. לְךָ עָשִׂיתָ שֵׁם גָּדוֹל וְקָדוֹשׁ בְּעוֹלָמֶךָ, וּלְעַמְּךָ יִשְׂרָאֵל עָשִׂיתָ תְּשׁוּעָה גְדוֹלָה וּפֻרְקָן כְּהַיּוֹם הַזֶּה. וְאַחַר כָּךְ בָּאוּ בָנֶיךָ לִדְבִיר בֵּיתֶךָ, וּפִנּוּ אֶת הֵיכָלֶךָ, וְטִהֲרוּ אֶת מִקְדָּשֶׁךָ, וְהִדְלִיקוּ נֵרוֹת בְּחַצְרוֹת קָדְשֶׁךָ, וְקָבְעוּ שְׁמוֹנַת יְמֵי חֲנֻכָּה אֵלּוּ, בְּהַלֵּל וּבְהוֹדָאָה, וְעָשִׂיתָ עִמָּהֶם נִסִּים וְנִפְלָאוֹת, וְנוֹדֶה לְשִׁמְךָ הַגָּדוֹל, סֶלָה.

וממשיך 'וְעַל כֻּלָּם'.

בפורים המשולש בירושלים:

בִּימֵי מָרְדְּכַי וְאֶסְתֵּר בְּשׁוּשַׁן הַבִּירָה, כְּשֶׁעָמַד עֲלֵיהֶם הָמָן הָרָשָׁע,
בִּקֵּשׁ לְהַשְׁמִיד לַהֲרֹג וּלְאַבֵּד אֶת־כָּל־הַיְּהוּדִים מִנַּעַר וְעַד־זָקֵן טַף אסתר ג
וְנָשִׁים בְּיוֹם אֶחָד, בִּשְׁלוֹשָׁה עָשָׂר לְחֹדֶשׁ שְׁנֵים־עָשָׂר, הוּא־חֹדֶשׁ אֲדָר,
וּשְׁלָלָם לָבוֹז: וְאַתָּה בְּרַחֲמֶיךָ הָרַבִּים הֵפַרְתָּ אֶת עֲצָתוֹ, וְקִלְקַלְתָּ אֶת מַחֲשַׁבְתּוֹ, וַהֲשֵׁבוֹתָ לּוֹ גְּמוּלוֹ בְּרֹאשׁוֹ, וְתָלוּ אוֹתוֹ וְאֶת בָּנָיו עַל הָעֵץ, וְעָשִׂיתָ עִמָּהֶם נִסִּים וְנִפְלָאוֹת, וְנוֹדֶה לְשִׁמְךָ הַגָּדוֹל, סֶלָה.

וממשיך 'וְעַל כֻּלָּם'.

---

וְעַל כֻּלָּם

יִתְבָּרַךְ וְיִתְרוֹמַם וְיִתְנַשֵּׂא תָּמִיד שִׁמְךָ מַלְכֵּנוּ לְעוֹלָם וָעֶד
וְכָל־הַחַיִּים יוֹדוּךָ סֶּלָה

בשבת תשובה: וּכְתֹב לְחַיִּים טוֹבִים כָּל־בְּנֵי בְרִיתֶךָ.

וִיהַלְלוּ וִיבָרְכוּ אֶת שִׁמְךָ הַגָּדוֹל בֶּאֱמֶת לְעוֹלָם כִּי טוֹב
הָאֵל יְשׁוּעָתֵנוּ וְעֶזְרָתֵנוּ סֶלָה, הָאֵל הַטּוֹב.
בָּרוּךְ אַתָּה יְהוָה, הַטּוֹב שִׁמְךָ וּלְךָ נָאֶה לְהוֹדוֹת.

PAZ

שִׂים שָׁלוֹם Instaura paz, bien y bendición vida, gracia y benevolencia,
justicia y compasión sobre nosotros y todo Tu pueblo Israel.
Bendícenos Padre nuestro, a todos nosotros como uno,
con la luz de Tu Semblante, pues en la luz de Tu Semblante nos
has dado Señor, nuestro Dios, Torá, y vida,
amor y benevolencia, justicia y compasión, bendición y paz.
Que ante Tus ojos sea bueno bendecir a todo Tu pueblo Israel,
con gran poder y paz.

*En Shabat Teshubá:* Que seamos recordados e inscritos nosotros y todo
Tu pueblo la casa de Israel en el libro de la vida, la
bendición, la paz, la prosperidad, salvación, consuelo y
decretos favorables, para una buena vida y para la paz.

בָּרוּךְ Bendito eres Tú Señor, que bendice a Su pueblo Israel con
la paz, Amén.

יִהְיוּ Que las palabras de mi boca y la meditación de mi corazón hallen *Sal. 19*
favor ante Ti Señor, mi Fortaleza y mi Redentor.

אֱלֹהַי Dios mío, *Berajot 17a*
preserva mi lengua del mal y mis labios de pronunciar engaño.
Que mi alma calle ante quienes me maldicen,
y sea como el polvo para con todos.
Abre mi corazón a Tu Torá y que mi alma persiga Tus preceptos.
Rápidamente deja sin efecto el consejo
y frustra los planes de quienes conspiran contra mí.
Que sean cual tamo ante el viento *Sal. 35*
y acosados por el ángel del Señor
Actúa en pos de Tu Nombre, actúa en pos de Tu diestra,
actúa en pos de Tu santidad, actúa en pos de Tu Torá.
Para que Tus amados sean liberados, *Sal. 60*
redime con Tu diestra y respóndeme.
Que las palabras de mi boca y la meditación de mi corazón *Sal. 19*
hallen favor ante Ti Señor, mi Fortaleza y mi Redentor.

שלום

שִׂים שָׁלוֹם טוֹבָה וּבְרָכָה, חַיִּים חֵן וָחֶסֶד

צְדָקָה וְרַחֲמִים עָלֵינוּ וְעַל־כָּל־יִשְׂרָאֵל עַמֶּךָ.

וּבָרְכֵנוּ אָבִינוּ כֻּלָּנוּ כְּאֶחָד בְּאוֹר פָּנֶיךָ

כִּי בְאוֹר פָּנֶיךָ נָתַתָּ לָּנוּ, יְהוָה אֱלֹהֵינוּ תּוֹרָה וְחַיִּים

אַהֲבָה וָחֶסֶד, צְדָקָה וְרַחֲמִים, בְּרָכָה וְשָׁלוֹם.

וְטוֹב בְּעֵינֶיךָ לְבָרְכֵנוּ, וּלְבָרֵךְ אֶת כָּל־עַמְּךָ יִשְׂרָאֵל

בְּרֹב עֹז וְשָׁלוֹם.

בשבת תשובה: וּבְסֵפֶר חַיִּים, בְּרָכָה וְשָׁלוֹם, וּפַרְנָסָה טוֹבָה, וִישׁוּעָה
וְנֶחָמָה, וּגְזֵרוֹת טוֹבוֹת, נִזָּכֵר וְנִכָּתֵב לְפָנֶיךָ, אֲנַחְנוּ
וְכָל־עַמְּךָ יִשְׂרָאֵל, לְחַיִּים טוֹבִים וּלְשָׁלוֹם.

בָּרוּךְ אַתָּה יְהוָה, הַמְבָרֵךְ אֶת עַמּוֹ יִשְׂרָאֵל בַּשָּׁלוֹם. אָמֵן.

יִהְיוּ לְרָצוֹן אִמְרֵי־פִי וְהֶגְיוֹן לִבִּי לְפָנֶיךָ, יְהוָה צוּרִי וְגֹאֲלִי: תהלים יט

אֱלֹהַי ברכות יז

נְצֹר לְשׁוֹנִי מֵרָע וּשְׂפָתוֹתַי מִדַּבֵּר מִרְמָה

וְלִמְקַלְלַי נַפְשִׁי תִדֹּם, וְנַפְשִׁי כֶּעָפָר לַכֹּל תִּהְיֶה.

פְּתַח לִבִּי בְּתוֹרָתֶךָ, וְאַחֲרֵי מִצְוֹתֶיךָ תִּרְדֹּף נַפְשִׁי.

וְכָל־הַקָּמִים עָלַי לְרָעָה

מְהֵרָה הָפֵר עֲצָתָם וְקַלְקֵל מַחְשְׁבוֹתָם.

יִהְיוּ כְּמֹץ לִפְנֵי־רוּחַ וּמַלְאַךְ יְהוָה דּוֹחֶה: תהלים לה

עֲשֵׂה לְמַעַן שְׁמֶךָ, עֲשֵׂה לְמַעַן יְמִינֶךָ

עֲשֵׂה לְמַעַן תּוֹרָתֶךָ, עֲשֵׂה לְמַעַן קְדֻשָּׁתֶךָ.

לְמַעַן יֵחָלְצוּן יְדִידֶיךָ, הוֹשִׁיעָה יְמִינְךָ וַעֲנֵנִי: תהלים ס

יִהְיוּ לְרָצוֹן אִמְרֵי־פִי וְהֶגְיוֹן לִבִּי לְפָנֶיךָ, יְהוָה צוּרִי וְגֹאֲלִי: תהלים יט

*Antes de decir 'Quien obra paz' se dan tres pasos hacia atrás.*
*En los Diez Días del Retorno se dice "HaShalom" en vez de "Shalom".*

Quien obra la paz en Sus alturas,
con compasión haga la paz para nosotros y
todo Su pueblo Israel
y decid: Amén.

וַיְכֻלּוּ Y quedaron concluidos los cielos y la tierra y todo lo que contienen. Habiendo concluido Dios en el día séptimo Su obra que Él había hecho, cesó en el día séptimo de toda Su Creación que Él había hecho. Y bendijo Dios al día séptimo y lo consagró, ya que en él cesó de toda Su obra, que Dios había creado para hacer.

*El kahal responde en voz alta:*

¡Es verdad!

## BERAJÁ ME'EN SHEBA PARA EL ḤAZÁN

בָּרוּךְ Bendito eres Tú Señor, Dios nuestro y de nuestros ancestros,
Dios de Abraham, Dios de Iṣḥak y Dios de Ya'akob,
Dios grande, poderoso y maravilloso, Señor Supremo,
Creador de los cielos y la tierra.
Fue el escudo de nuestros ancestros
por medio de Su palabra,
revivirá a los muertos por Su promesa.
El Dios / *En Shabat Teshubá:* El Rey/ sagrado, no hay nadie como Él.

---

del rezo del viernes por la noche. Según la tradición, su aparición obedece al hecho de que en Babilonia – donde las sinagogas se encontraban mayormente en el radio suburbano – volver a casa por la noche implicaba un riesgo. Este rezo fue agregado en beneficio de quienes llegaron tarde a él a los efectos de que toda la comunidad pueda retirarse conjuntamente.

*Antes de decir 'עֹשֶׂה שָׁלוֹם' se dan tres pasos hacia atrás.*
*En los Diez Días del Retorno se dice 'הַשָּׁלוֹם' en vez de 'שָׁלוֹם'.*

עֹשֶׂה שָׁלוֹם בִּמְרוֹמָיו
הוּא בְּרַחֲמָיו, יַעֲשֶׂה שָׁלוֹם עָלֵינוּ וְעַל־כָּל־עַמּוֹ יִשְׂרָאֵל
וְאִמְרוּ אָמֵן.

וַיְכֻלּוּ הַשָּׁמַיִם וְהָאָרֶץ וְכָל־צְבָאָם: בראשית ב
וַיְכַל אֱלֹהִים בַּיּוֹם הַשְּׁבִיעִי מְלַאכְתּוֹ אֲשֶׁר עָשָׂה
וַיִּשְׁבֹּת בַּיּוֹם הַשְּׁבִיעִי מִכָּל־מְלַאכְתּוֹ אֲשֶׁר עָשָׂה:
וַיְבָרֶךְ אֱלֹהִים אֶת־יוֹם הַשְּׁבִיעִי וַיְקַדֵּשׁ אֹתוֹ
כִּי בוֹ שָׁבַת מִכָּל־מְלַאכְתּוֹ אֲשֶׁר־בָּרָא אֱלֹהִים לַעֲשׂוֹת:

*El* קהל *responde en voz alta:*

אֱמֶת

## ברכה מעין שבע לחזן

בָּרוּךְ אַתָּה יְהוָה, אֱלֹהֵינוּ וֵאלֹהֵי אֲבוֹתֵינוּ
אֱלֹהֵי אַבְרָהָם, אֱלֹהֵי יִצְחָק, וֵאלֹהֵי יַעֲקֹב
הָאֵל הַגָּדוֹל הַגִּבּוֹר וְהַנּוֹרָא, אֵל עֶלְיוֹן
קוֹנֵה בְּרַחֲמָיו שָׁמַיִם וָאָרֶץ.
מָגֵן אָבוֹת בִּדְבָרוֹ, מְחַיֵּה מֵתִים בְּמַאֲמָרוֹ
הָאֵל / בשבת תשובה: הַמֶּלֶךְ / הַקָּדוֹשׁ שֶׁאֵין כָּמוֹהוּ

---

מָגֵן אָבוֹת בִּדְבָרוֹ *"Fue el escudo de nuestros ancestros por medio de Su palabra"*: Se trata de un resumen de las siete bendiciones de la A'midá que es exclusivo

Que da descanso a Su pueblo en Su sagrado Shabat
por haberlos hallado meritorios de Su favor
para concederles reposo.
Ante Él serviremos con reverencia y con temor
y agradeceremos a Su Nombre todos los días por siempre,
fuente de las bendiciones y Dios de profusas alabanzas,
Señor de la paz, que santifica el Shabat y bendice al séptimo día,
y concede reposo con santidad a un pueblo colmado de deleite,
en recuerdo de la obra de la Creación.

אֱלֹהֵינוּ Dios nuestro y de nuestros ancestros,
complácete en nuestro descanso.
Santifícanos con Tus preceptos
y haz que nuestra porción esté en Tu Torá.
Sácianos de Tu bondad y regocíjanos con Tu salvación
y purifica nuestros corazones para que Te sirvamos con verdad.
Léganos Señor nuestro Dios,
con amor y favor Tu sagrado Shabat,
tal que reposen en él los hijos de Israel que santifican Tu Nombre.
Bendito eres Tú Señor, que santifica el Shabat.

## KADISH TITKABAL

*Solamente el Ḥazán recita el Kadish Titkabal:*

יִתְגַּדַּל Que Su Gran Nombre sea magnificado y santificado,
en el mundo que creó conforme a Su voluntad.
Que establezca Su reino, haga florecer Su salvación
y apresure la llegada de Su ungido
durante vuestra vida y en vuestros días
y en la vida de toda la casa de Israel,
pronto y rápidamente y decid: Amén.

הַמֵּנִיחַ לְעַמּוֹ בְּיוֹם שַׁבַּת קָדְשׁוֹ
כִּי בָם רָצָה לְהָנִיחַ לָהֶם
לְפָנָיו נַעֲבֹד בְּיִרְאָה וָפַחַד
וְנוֹדֶה לִשְׁמוֹ בְּכָל־יוֹם תָּמִיד מֵעֵין הַבְּרָכוֹת וְרֹב הַהוֹדָאוֹת
לַאֲדוֹן הַשָּׁלוֹם, מְקַדֵּשׁ הַשַּׁבָּת וּמְבָרֵךְ הַשְּׁבִיעִי
וּמֵנִיחַ בִּקְדֻשָּׁה לְעַם מְדֻשְּׁנֵי־עֹנֶג
זֵכֶר לְמַעֲשֵׂה בְרֵאשִׁית.

אֱלֹהֵינוּ וֵאלֹהֵי אֲבוֹתֵינוּ, רְצֵה־נָא בִמְנוּחָתֵנוּ.
קַדְּשֵׁנוּ בְּמִצְוֹתֶיךָ, שִׂים חֶלְקֵנוּ בְּתוֹרָתֶךָ
שַׂבְּעֵנוּ מִטּוּבֶךָ, שַׂמַּח נַפְשֵׁנוּ בִּישׁוּעָתֶךָ
וְטַהֵר לִבֵּנוּ לְעָבְדְּךָ בֶּאֱמֶת.
וְהַנְחִילֵנוּ, יְהֹוָה אֱלֹהֵינוּ
בְּאַהֲבָה וּבְרָצוֹן שַׁבַּת קָדְשֶׁךָ
וְיָנוּחוּ בָהּ כָּל־יִשְׂרָאֵל מְקַדְּשֵׁי שְׁמֶךָ.
בָּרוּךְ אַתָּה יְהֹוָה, מְקַדֵּשׁ הַשַּׁבָּת.

## קדיש תתקבל

*Solamente el* חזן *recita el* קדיש תתקבל*:*

יִתְגַּדַּל וְיִתְקַדַּשׁ שְׁמֵהּ רַבָּא (קהל: אָמֵן)
בְּעָלְמָא דִּי בְרָא כִרְעוּתֵהּ
וְיַמְלִיךְ מַלְכוּתֵהּ וְיַצְמַח פֻּרְקָנֵהּ וִיקָרֵב מְשִׁיחֵהּ (קהל: אָמֵן)
בְּחַיֵּיכוֹן וּבְיוֹמֵיכוֹן וּבְחַיֵּי דְכָל־בֵּית יִשְׂרָאֵל
בַּעֲגָלָא וּבִזְמַן קָרִיב, וְאִמְרוּ אָמֵן. (קהל: אָמֵן)

Que Su Gran Nombre sea bendito
por siempre y por toda la eternidad.

Sea bendecido, alabado, glorificado y exaltado, encumbrado
y magnificado, enaltecido y ensalzado
el Nombre del Santo Bendito Él;
más allá de cualquier bendición,
cántico, alabanza y consolación
pronunciados en el mundo y decid: Amén.

Que nuestras plegarias y súplicas junto
a las de todo el pueblo de Israel
sean aceptadas por nuestro Padre Celestial
y Terrenal y decid: Amén.

Que haya gran paz celestial, vida, saciedad,
salvación, consolación, refugio, sanación,
redención, perdón y expiación, bienestar
y salvación para nosotros
y para todo Su pueblo Israel y decid: Amén.

*Antes de decir 'Quien obra paz' se dan tres pasos hacia atrás.*

Quien obra la paz en Sus alturas,
con compasión haga la paz
para nosotros y todo Su pueblo Israel y decid: Amén.

מִזְמוֹר לְדָוִד Salmo de David. El Señor es mi pastor, nada me habrá de faltar. Él me hará retozar en verdes pasturas, me conducirá por plácidas aguas. Él refresca mi alma, me conducirá por sendas justas en aras de Su Nombre. Aunque me encuentre en un valle de sombra de muerte no habré de temer, pues Tú estás conmigo. Tu vara y Tu cayado me han de consolar. Preparas ante mí una mesa en presencia de mis enemigos; ungiste mi cabeza con aceite, mi copa rebosa. Sólo el bien y la generosidad me habrán de perseguir todos los días de mi vida. Y viviré en la Casa del Señor por siempre. *Sal. 23*

יְהֵא שְׁמֵהּ רַבָּא מְבָרַךְ לְעָלַם וּלְעָלְמֵי עָלְמַיָּא יִתְבָּרַךְ
וְיִשְׁתַּבַּח וְיִתְפָּאַר וְיִתְרוֹמַם וְיִתְנַשֵּׂא
וְיִתְהַדָּר וְיִתְעַלֶּה וְיִתְהַלָּל שְׁמֵהּ דְּקֻדְשָׁא בְּרִיךְ הוּא (קהל: אָמֵן)
לְעֵֽלָּא מִן כָּל־בִּרְכָתָא, שִׁירָתָא, תֻּשְׁבְּחָתָא וְנֶחֱמָתָא
דַּאֲמִירָן בְּעָלְמָא, וְאִמְרוּ אָמֵן. (קהל: אָמֵן)

תִּתְקַבַּל צְלוֹתְהוֹן וּבָעוּתְהוֹן
עִם כָּל־צְלוֹתְהוֹן וּבָעוּתְהוֹן דְּכָל־בֵּית יִשְׂרָאֵל
קֳדָם אֲבוּנָא אֱלָהָנָא מָארֵי שְׁמַיָּא וְאַרְעָא
וְאִמְרוּ אָמֵן. (קהל: אָמֵן)

יְהֵא שְׁלָמָא רַבָּא מִן שְׁמַיָּא, חַיִּים וְשָׂבָע וִישׁוּעָה וְנֶחָמָה
וְשֵׁיזָבָא וּרְפוּאָה, וּגְאֻלָּה וּסְלִיחָה וְכַפָּרָה, וְרֶוַח וְהַצָּלָה
לָנוּ וּלְכָל־עַמּוֹ יִשְׂרָאֵל, וְאִמְרוּ אָמֵן. (קהל: אָמֵן)

*Antes de decir 'עֹשֶׂה שָׁלוֹם' se dan tres pasos hacia atrás.*

עֹשֶׂה שָׁלוֹם בִּמְרוֹמָיו
הוּא בְּרַחֲמָיו יַעֲשֶׂה שָׁלוֹם
עָלֵינוּ וְעַל־כָּל־עַמּוֹ יִשְׂרָאֵל, וְאִמְרוּ אָמֵן. (קהל: אָמֵן)

מִזְמוֹר לְדָוִד יְהוָה רֹעִי לֹא אֶחְסָר: תהלים כג
בִּנְאוֹת דֶּשֶׁא יַרְבִּיצֵנִי עַל־מֵי מְנֻחוֹת יְנַהֲלֵנִי:
נַפְשִׁי יְשׁוֹבֵב יַנְחֵנִי בְמַעְגְּלֵי־צֶדֶק לְמַעַן שְׁמוֹ:
גַּם כִּי־אֵלֵךְ בְּגֵיא צַלְמָוֶת לֹא־אִירָא רָע
כִּי־אַתָּה עִמָּדִי שִׁבְטְךָ וּמִשְׁעַנְתֶּךָ הֵמָּה יְנַחֲמֻנִי:
תַּעֲרֹךְ לְפָנַי ׀ שֻׁלְחָן נֶגֶד צֹרְרָי דִּשַּׁנְתָּ בַשֶּׁמֶן רֹאשִׁי כּוֹסִי רְוָיָה:
אַךְ ׀ טוֹב וָחֶסֶד יִרְדְּפוּנִי כָּל־יְמֵי חַיָּי
וְשַׁבְתִּי בְּבֵית־יְהוָה לְאֹרֶךְ יָמִים:

*En Ḥol HaMo'ed Sucot se dice:*

שִׁיר הַמַּעֲלוֹת Cántico de las ascensiones de David. Me regocijé cuando me dijeron vayamos a la casa del SEÑOR. Nuestros pies estuvieron parados frente a tus portales, Jerusalém. Jerusalém, la que está edificada cual ciudad en la que está junto y unida. Allí ascendían las tribus del Eterno, testimonio de Israel, para agradecer al Nombre del SEÑOR. Pues allí estaban los asientos de la justicia, los tronos de la Casa de David. Orad por la paz de Jerusalém: Que quienes te aman prosperen. Haya paz en tus fortalezas y tranquilidad en tus palacios. En aras de mis hermanos y amigos diré: "Haya paz en ti". En aras de la Casa del SEÑOR nuestro Dios pediré por tu bien. *Sal. 122*

*Se recita Kadish Yehé Shelamá y posteriormente "Alenu".*

*En Ḥol HaMo'ed Pesaḥ se dice:*

בְּצֵאת Cuando Israel salió de Egipto, la casa de Ya'akob de una nación que habla una lengua extraña, Yehudá se transformó en Su Santuario e Israel Su dominio. El mar vio y huyó, el Río Jordán se dio vuelta. Las montañas danzaron cual carneros, las colinas cual corderos. Qué te ocurre oh mar, ¿por qué escapas? ¿Por qué el Jordán se da vuelta? ¿Por qué vosotras, las montañas, saltáis cual carneros y las colinas cual corderos? Es ante la presencia del SEÑOR Creador de la tierra, ante la presencia del Dios de Ya'akob. Aquél que tornó al peñasco en una laguna, al pedernal en un manantial que fluye. *Sal. 114*

*En Purim Triple se recita el Salmo 124 en la página 292*

## KADISH YEHÉ SHELAMÁ

*El Ḥazán y los avelim recitan Kadish Yehé Shelamá:*

יִתְגַּדַּל Que Su Gran Nombre sea magnificado y santificado,
en el mundo que creó conforme a Su voluntad.
Que establezca Su reino, haga florecer Su salvación
y apresure la llegada de Su ungido
durante vuestra vida y en vuestros días
y en la vida de toda la casa de Israel,
pronto y rápidamente y decid: Amén.

*En* חול המועד סוכות *se dice:*

שִׁיר הַמַּעֲלוֹת לְדָוִד שָׂמַחְתִּי בְּאֹמְרִים לִי בֵּית יְהוָה נֵלֵךְ: עֹמְדוֹת תהלים קכב
הָיוּ רַגְלֵינוּ בִּשְׁעָרַיִךְ יְרוּשָׁלָםִ: יְרוּשָׁלַםִ הַבְּנוּיָה כְּעִיר שֶׁחֻבְּרָה־
לָּהּ יַחְדָּו: שֶׁשָּׁם עָלוּ שְׁבָטִים שִׁבְטֵי־יָהּ עֵדוּת לְיִשְׂרָאֵל לְהֹדוֹת
לְשֵׁם יְהוָה: כִּי שָׁמָּה ׀ יָשְׁבוּ כִסְאוֹת לְמִשְׁפָּט כִּסְאוֹת לְבֵית דָּוִד:
שַׁאֲלוּ שְׁלוֹם יְרוּשָׁלָםִ יִשְׁלָיוּ אֹהֲבָיִךְ: יְהִי־שָׁלוֹם בְּחֵילֵךְ שַׁלְוָה
בְּאַרְמְנוֹתָיִךְ: לְמַעַן אַחַי וְרֵעָי אֲדַבְּרָה־נָּא שָׁלוֹם בָּךְ: לְמַעַן בֵּית־
יְהוָה אֱלֹהֵינוּ אֲבַקְשָׁה טוֹב לָךְ:

*Se recita Kadish Yehé Shelamá y posteriormente* 'עָלֵינוּ'.

*En* חול המועד פסח *se dice:*

בְּצֵאת יִשְׂרָאֵל מִמִּצְרָיִם בֵּית יַעֲקֹב מֵעַם לֹעֵז: הָיְתָה יְהוּדָה תהלים קיד
לְקָדְשׁוֹ יִשְׂרָאֵל מַמְשְׁלוֹתָיו: הַיָּם רָאָה וַיָּנֹס הַיַּרְדֵּן יִסֹּב לְאָחוֹר:
הֶהָרִים רָקְדוּ כְאֵילִים גְּבָעוֹת כִּבְנֵי־צֹאן: מַה־לְּךָ הַיָּם כִּי תָנוּס
הַיַּרְדֵּן תִּסֹּב לְאָחוֹר: הֶהָרִים תִּרְקְדוּ כְאֵילִים גְּבָעוֹת כִּבְנֵי־צֹאן:
מִלִּפְנֵי אָדוֹן חוּלִי אָרֶץ מִלִּפְנֵי אֱלוֹהַּ יַעֲקֹב: הַהֹפְכִי הַצּוּר אֲגַם־
מָיִם חַלָּמִישׁ לְמַעְיְנוֹ־מָיִם:

*En* משולש פורים *se recita el* מזמור קכד *en la página 293*

## קדיש יהא שלמא

*El* חזן *y los avelim recitan* קדיש יהא שלמא

יִתְגַּדַּל וְיִתְקַדַּשׁ שְׁמֵהּ רַבָּא (קהל: אָמֵן)
בְּעָלְמָא דִּי בְרָא כִרְעוּתֵהּ
וְיַמְלִיךְ מַלְכוּתֵהּ וְיַצְמַח פֻּרְקָנֵהּ וִיקָרֵב מְשִׁיחֵהּ (קהל: אָמֵן)
בְּחַיֵּיכוֹן וּבְיוֹמֵיכוֹן וּבְחַיֵּי דְכָל־בֵּית יִשְׂרָאֵל
בַּעֲגָלָא וּבִזְמַן קָרִיב, וְאִמְרוּ אָמֵן. (קהל: אָמֵן)

Que Su Gran Nombre sea bendito
por siempre y por toda la eternidad.

Sea bendecido, alabado, glorificado y exaltado, encumbrado
y magnificado, enaltecido y ensalzado
el Nombre del Santo Bendito Él;
más allá de cualquier bendición, cántico, alabanza y consolación
pronunciados en el mundo y decid: Amén.

Que haya gran paz celestial, vida, saciedad,
salvación, consolación, refugio, sanación,
redención, perdón y expiación, bienestar y salvación
para nosotros y para todo Su pueblo Israel y decid: Amén.

*Antes de decir 'Quien obra paz' se dan tres pasos hacia atrás.*

Quien obra la paz en Sus alturas,
con compasión haga la paz
para nosotros y todo Su pueblo Israel y decid: Amén.

*Los que recitan Kadish dicen:* Bendecid al Señor el Bendecido.

*El Kahal responde:* Bendecid al Señor el Bendecido
por toda la eternidad.

*Los que recitan Kadish responden:* Bendecid al Señor el Bendecido
por toda la eternidad.

עָלֵינוּ Es nuestro deber alabar al Amo de todo,
engrandecer al Creador del universo
por no habernos hecho como las naciones de los países ni
habernos puesto entre las familias de la tierra;
que no hizo nuestra porción similar a la de ellos ni nuestro
destino como el de sus multitudes.
Pues ellos se prosternan a la vanidad y al vacío
y le oran a un dios que no puede salvarlos.
*Nos inclinamos* Empero nosotros nos prosternamos ante el Supremo

יְהֵא שְׁמֵהּ רַבָּא מְבָרַךְ לְעָלַם וּלְעָלְמֵי עָלְמַיָּא יִתְבָּרַךְ
וְיִשְׁתַּבַּח וְיִתְפָּאַר וְיִתְרוֹמַם
וְיִתְנַשֵּׂא וְיִתְהַדָּר וְיִתְעַלֶּה וְיִתְהַלָּל
שְׁמֵהּ דְּקֻדְשָׁא בְּרִיךְ הוּא (קהל: אָמֵן)
לְעֵלָּא מִן כָּל־בִּרְכָתָא, שִׁירָתָא, תֻּשְׁבְּחָתָא וְנֶחֱמָתָא
דַּאֲמִירָן בְּעָלְמָא, וְאִמְרוּ אָמֵן. (קהל: אָמֵן)

יְהֵא שְׁלָמָא רַבָּא מִן שְׁמַיָּא, חַיִּים וְשָׂבָע וִישׁוּעָה וְנֶחָמָה
וְשֵׁיזָבָא וּרְפוּאָה וּגְאֻלָּה וּסְלִיחָה וְכַפָּרָה, וְרֶוַח וְהַצָּלָה
לָנוּ וּלְכָל־עַמּוֹ יִשְׂרָאֵל, וְאִמְרוּ אָמֵן. (קהל: אָמֵן)

*Antes de decir 'עֹשֶׂה שָׁלוֹם' se dan tres pasos hacia atrás.*

עֹשֶׂה שָׁלוֹם בִּמְרוֹמָיו
הוּא בְּרַחֲמָיו יַעֲשֶׂה שָׁלוֹם עָלֵינוּ
וְעַל־כָּל־עַמּוֹ יִשְׂרָאֵל, וְאִמְרוּ אָמֵן. (קהל: אָמֵן)

*Los que recitan* קדיש *dicen:* בָּרְכוּ אֶת יְהֹוָה הַמְבֹרָךְ.

*El* קהל *responde:* בָּרוּךְ יְהֹוָה הַמְבֹרָךְ לְעוֹלָם וָעֶד.

*Los que recitan* קדיש *responden:* בָּרוּךְ יְהֹוָה הַמְבֹרָךְ לְעוֹלָם וָעֶד.

עָלֵינוּ לְשַׁבֵּחַ לַאֲדוֹן הַכֹּל
לָתֵת גְּדֻלָּה לְיוֹצֵר בְּרֵאשִׁית
שֶׁלֹּא עָשָׂנוּ כְּגוֹיֵי הָאֲרָצוֹת, וְלֹא שָׂמָנוּ כְּמִשְׁפְּחוֹת הָאֲדָמָה
שֶׁלֹּא שָׂם חֶלְקֵנוּ כָּהֶם וְגוֹרָלֵנוּ כְּכָל־הֲמוֹנָם.
שֶׁהֵם מִשְׁתַּחֲוִים לְהֶבֶל וָרִיק וּמִתְפַּלְלִים אֶל־אֵל לֹא יוֹשִׁיעַ.
כורעים וַאֲנַחְנוּ מִשְׁתַּחֲוִים לִפְנֵי מֶלֶךְ מַלְכֵי הַמְּלָכִים

Rey de Reyes, el Santo Bendito Él,
que extiende los cielos y establece la tierra,
y Su trono de gloria se encuentra en los cielos
y el poder de Su Presencia mora en las alturas.
Él es nuestro Dios, no hay otro.
Verdadero es nuestro Rey y no hay ningún otro,
tal como está escrito en Su Torá: “Has de saber hoy y responder *Deut. 4*
a tu corazón que el Señor es el Dios en las alturas del cielo
y abajo en la tierra, no hay otro salvo Él.

עַל כֵּן Por lo tanto, depositamos en Ti nuestra confianza Señor,
Dios nuestro, que podamos ver pronto el esplendor de Tu poder,
cuando remuevas las abominaciones de la faz de la tierra,
y los ídolos sean completamente destruidos,
cuando el mundo sea perfeccionado bajo l
a soberanía del Todopoderoso,
cuando toda la humanidad invoque Tu Nombre
y todos los malvados de la tierra se volverán hacia Ti.
Todos los habitantes de la tierra reconocerán
y sabrán que toda rodilla debe inclinarse ante Ti
y cada lengua debe jurarte fidelidad.
Ante Ti Señor, Dios nuestro, se habrán de arrodillar e inclinar
y darán honor a Tu glorioso Nombre.
Aceptarán el yugo de Tu reino
y pronto reinarás sobre ellos por siempre jamás.
Pues Tuyo es el reino por siempre,
y reinarás gloriosamente por toda la eternidad,
tal como está escrito en Tu Torá: “El Señor reinará por siempre *Éx. 16*
y por toda la eternidad”.
Y fue dicho: “Entonces el Señor será el Rey sobre toda la tierra; *Zac. 14*
en ese día el Señor será Uno y Su Nombre Uno”. Y en Tu Torá
Señor, Dios nuestro, está escrito:
“Escucha Israel, el Señor es nuestro Dios, el Señor es Uno”. *Deut. 6*

הַקָּדוֹשׁ בָּרוּךְ הוּא
שֶׁהוּא נוֹטֶה שָׁמַיִם וְיוֹסֵד אָרֶץ
וּמוֹשַׁב יְקָרוֹ בַּשָּׁמַיִם מִמַּעַל, וּשְׁכִינַת עֻזּוֹ בְּגָבְהֵי מְרוֹמִים.
הוּא אֱלֹהֵינוּ, וְאֵין עוֹד אַחֵר
אֱמֶת מַלְכֵּנוּ, וְאֶפֶס זוּלָתוֹ
כַּכָּתוּב בַּתּוֹרָה, וְיָדַעְתָּ הַיּוֹם וַהֲשֵׁבֹתָ אֶל־לְבָבֶךָ דברים ד
כִּי יְהוָה הוּא הָאֱלֹהִים בַּשָּׁמַיִם מִמַּעַל וְעַל־הָאָרֶץ מִתָּחַת
אֵין עוֹד:

עַל כֵּן נְקַוֶּה־לְּךָ
יְהוָה אֱלֹהֵינוּ, לִרְאוֹת מְהֵרָה בְּתִפְאֶרֶת עֻזֶּךָ
לְהַעֲבִיר גִּלּוּלִים מִן הָאָרֶץ וְהָאֱלִילִים כָּרוֹת יִכָּרֵתוּן
לְתַקֵּן עוֹלָם בְּמַלְכוּת שַׁדַּי
וְכָל־בְּנֵי בָשָׂר יִקְרְאוּ בִשְׁמֶךָ לְהַפְנוֹת אֵלֶיךָ כָּל־רִשְׁעֵי אָרֶץ
יַכִּירוּ וְיֵדְעוּ כָּל־יוֹשְׁבֵי תֵבֵל
כִּי לְךָ תִּכְרַע כָּל־בֶּרֶךְ, תִּשָּׁבַע כָּל־לָשׁוֹן.
לְפָנֶיךָ יְהוָה אֱלֹהֵינוּ יִכְרְעוּ וְיִפֹּלוּ
וְלִכְבוֹד שִׁמְךָ יְקָר יִתֵּנוּ
וִיקַבְּלוּ כֻלָּם אֶת עֹל מַלְכוּתֶךָ
וְתִמְלֹךְ עֲלֵיהֶם מְהֵרָה לְעוֹלָם וָעֶד
כִּי הַמַּלְכוּת שֶׁלְּךָ הִיא וּלְעוֹלְמֵי עַד תִּמְלֹךְ בְּכָבוֹד
כַּכָּתוּב בְּתוֹרָתֶךָ, יְהוָה יִמְלֹךְ לְעֹלָם וָעֶד: שמות טו
וְנֶאֱמַר, וְהָיָה יְהוָה לְמֶלֶךְ עַל־כָּל־הָאָרֶץ זכריה יד
בַּיּוֹם הַהוּא יִהְיֶה יְהוָה אֶחָד וּשְׁמוֹ אֶחָד:
וּבְתוֹרָתְךָ יְהוָה אֱלֹהֵינוּ כָּתוּב לֵאמֹר
שְׁמַע יִשְׂרָאֵל, יְהוָה אֱלֹהֵינוּ יְהוָה אֶחָד: דברים ו

יִגְדַּל ENGRANDECIDO

es el Dios viviente y habrá de ser loado.
Él existe y Su existencia trasciende el tiempo.

Es Uno y Único en Su Unicidad,
ésta es insondable e infinita.

No posee forma corporal ni sustancia;
Su santidad está más allá de cualquier comparación.

Es anterior a todo ser creado.
Él fue el primero y no hubo inicio a Su comienzo.

Él es el Amo del mundo;
y todas las creaturas manifiestan Su grandeza y majestad.

Brindó el rico flujo de Su profecía a personas
por Él atesoradas en las cuales se glorificó.

Nunca surgió en el pueblo de Israel un profeta como Moshé,
quien contempló claramente la Imagen Divina.

Dios concedió a Su pueblo una Torá verdadera
de mano de Su profeta, el más fiel de Su Casa.

Dios no alterará ni cambiará Su ley
por ninguna otra, jamás.

Él contempla y percibe nuestros pensamientos más íntimos;
ni bien algo comienza Él prevé su final.

Él recompensa generosamente por los actos de bien,
castiga a los malvados según su iniquidad.

Al final de los días enviará a nuestro ungido (Mashiaḥ)
para redimir a aquellos que aguardan la salvación final.

Dios revivirá a los muertos con gran generosidad.
¡Bendito Sea por siempre Su glorioso Nombre!

*Se acostumbra a repartir perfume entre los presentes y estos recitan la bendición: 'Creador de las especies aromáticas'.*

---

la fe con desapego académico. Nosotros la cantamos, afirmando nuestra fe con alegría.

יִגְדַּל אֱלֹהִים חַי וְיִשְׁתַּבַּח   נִמְצָא וְאֵין עֵת אֶל־מְצִיאוּתוֹ
אֶחָד וְאֵין יָחִיד כְּיִחוּדוֹ   נֶעְלָם וְגַם אֵין סוֹף לְאַחְדוּתוֹ
אֵין לוֹ דְמוּת הַגּוּף וְאֵינוֹ גוּף   לֹא נַעֲרֹךְ אֵלָיו קְדֻשָּׁתוֹ
קַדְמוֹן לְכָל־דָּבָר אֲשֶׁר נִבְרָא   רִאשׁוֹן וְאֵין רֵאשִׁית לְרֵאשִׁיתוֹ
הִנּוֹ אֲדוֹן עוֹלָם לְכָל־נוֹצָר   יוֹרֶה גְדֻלָּתוֹ וּמַלְכוּתוֹ
שֶׁפַע נְבוּאָתוֹ נְתָנוֹ אֶל־   אַנְשֵׁי סְגֻלָּתוֹ וְתִפְאַרְתּוֹ
לֹא קָם בְּיִשְׂרָאֵל כְּמֹשֶׁה עוֹד   נָבִיא וּמַבִּיט אֶת־תְּמוּנָתוֹ
תּוֹרַת אֱמֶת נָתַן לְעַמּוֹ אֵל   עַל־יַד נְבִיאוֹ נֶאֱמַן בֵּיתוֹ
לֹא יַחֲלִיף הָאֵל וְלֹא יָמִיר   דָּתוֹ, לְעוֹלָמִים לְזוּלָתוֹ
צוֹפֶה וְיוֹדֵעַ סְתָרֵינוּ   מַבִּיט לְסוֹף דָּבָר בְּקַדְמוּתוֹ
גּוֹמֵל לְאִישׁ חָסִיד כְּמִפְעָלוֹ   נוֹתֵן לְרָשָׁע רָע כְּרִשְׁעָתוֹ
יִשְׁלַח לְקֵץ יָמִין מְשִׁיחֵנוּ   לִפְדּוֹת מְחַכֵּי קֵץ יְשׁוּעָתוֹ
מֵתִים יְחַיֶּה אֵל בְּרֹב חַסְדּוֹ   בָּרוּךְ עֲדֵי־עַד שֵׁם תְּהִלָּתוֹ
אֵלֶּה שְׁלֹשׁ עֶשְׂרֵה לְעִקָּרִים   הֵן הֵם יְסוֹד דַּת אֵל וְתוֹרָתוֹ
תּוֹרַת מֹשֶׁה אֱמֶת וּנְבוּאָתוֹ   בָּרוּךְ עֲדֵי־עַד שֵׁם תְּהִלָּתוֹ.

*Se acostumbra a repartir perfume entre los presentes*
*y estos recitan la bendición: 'מיני בשמים'.*

---

יִגְדַּל אֱלֹהִים חַי *Engrandecido es el Dios viviente:* Se trata de una versión poética de los Trece Principios de la Fe Judía de Maimónides y fue escrita por Ribí Daniel Bar Yehudá (Roma siglo XIV) en la cual cada línea representa uno de los principios. Al igual que en el caso del poema Adon Olam, la presencia de Ygdal en el Sidur es un recordatorio de que éste no es únicamente un libro de rezos sino el libro preponderante de la fe judía. El judaísmo contiene poca teología sistemática. Nosotros hablamos con Dios más de lo que hablamos sobre Dios. Aun así, el judaísmo es una fe cuyas distintas creencias encuentran su morada en el libro de rezos. Nosotros no analizamos

# Kidush y Zemirot para la Noche de Shabat

## LA CENA DE SHABAT

*Hay quienes no recitan todos estos pasajes y comienzan directamente con el Kidush en la página 452*

*Repetir tres veces cada uno de los siguientes versículos*

שָׁלוֹם עֲלֵיכֶם La paz sea con vosotros ,ángeles ministeriales, enviados del Altísimo, del Supremo Rey de Reyes, el Santo Bendito Él.

Venid en paz, ángeles de la paz, enviados del Altísimo, del Supremo Rey de Reyes, el Santo Bendito Él.

Bendecidme con paz, ángeles de la paz, enviados del Altísimo, del Supremo Rey de Reyes, el Santo Bendito Él.

Que vuestra salida sea en paz, ángeles de la paz, enviados del Altísimo, del Supremo Rey de Reyes, el Santo Bendito Él.

כִּי מַלְאָכָיו Él ordenará a Sus ángeles para que cuiden de ti en todos tus caminos. *Sal. 91*
El Señor proteja tu salida y tu retorno de hoy y para siempre. *Sal. 121*

---

relación con Dios y con aquellos más cercanos a nosotros es en ambos casos un pacto; o sea, una promesa mutua de amor y lealtad. A través de la familia y la calidad de sus relaciones la bendición Divina fluye en el mundo.

Previo a la noche del viernes promulgamos los valores sobre los cuales el hogar está construido: (1) encendiendo velas que simbolizan la paz hogareña; (2) bendiciendo a los niños, nuestra responsabilidad y nuestra continuidad; (3) recibiendo a los ángeles, señales invisibles de la protección de Dios; (4) alabando a la "mujer virtuosa", guardiana del hogar; (5) recitando Kidush, la dimensión de la santidad; (6) recitando la bendición del pan que simboliza el sustento como obsequio Divino; (7) cantando y diciendo palabras de Torá que expresan jubilosamente nuestra fe.

שָׁלוֹם עֲלֵיכֶם *La paz sea con vosotros:* Poema basado en el pasaje talmúdico (*Shabat* 119B) que nos relata que dos ángeles ministeriales acompañan a la

# סדר קידוש וזמירות

## סדר סעודת ליל שבת

*Hay quienes no recitan todos estos pasajes y comienzan directamente con el* קידוש *en la página 453*
*Repetir tres veces cada uno de los siguientes versículos:*

שָׁלוֹם עֲלֵיכֶם, מַלְאֲכֵי הַשָּׁרֵת מַלְאֲכֵי עֶלְיוֹן
מִמֶּלֶךְ מַלְכֵי הַמְּלָכִים הַקָּדוֹשׁ בָּרוּךְ הוּא.

בּוֹאֲכֶם לְשָׁלוֹם, מַלְאֲכֵי הַשָּׁלוֹם מַלְאֲכֵי עֶלְיוֹן
מִמֶּלֶךְ מַלְכֵי הַמְּלָכִים הַקָּדוֹשׁ בָּרוּךְ הוּא.

בָּרְכוּנִי לְשָׁלוֹם, מַלְאֲכֵי הַשָּׁלוֹם מַלְאֲכֵי עֶלְיוֹן
מִמֶּלֶךְ מַלְכֵי הַמְּלָכִים הַקָּדוֹשׁ בָּרוּךְ הוּא.

בְּצֵאתְכֶם לְשָׁלוֹם, מַלְאֲכֵי הַשָּׁלוֹם מַלְאֲכֵי עֶלְיוֹן
מִמֶּלֶךְ מַלְכֵי הַמְּלָכִים הַקָּדוֹשׁ בָּרוּךְ הוּא.

כִּי מַלְאָכָיו יְצַוֶּה־לָּךְ, לִשְׁמָרְךָ בְּכָל־דְּרָכֶיךָ: תהלים צא
יְהוָה יִשְׁמָר־צֵאתְךָ וּבוֹאֶךָ, מֵעַתָּה וְעַד־עוֹלָם: תהלים קכא

---

SHABAT EN EL HOGAR

El Shabat es la celebración del hogar judío, y el hogar es la matriz del judaísmo. Los profetas compararon la relación entre Dios y el pueblo de Israel a la existente entre un marido y una mujer, así como también entre un padre y un hijo. La palabra hebrea *"emuná"*, normalmente traducida como "fe", en realidad significa "fidelidad", virtud nacida y mantenida en el interior del hogar. El amor entre un marido y su mujer es la redención humana de la soledad, el amor entre padres e hijos es lo más cercano a la inmortalidad que alcanzamos en este mundo, pues es a través de los hijos que nosotros y aquello por lo que vivimos continúa existiendo.

Es el viernes por la noche cuando liberados de las presiones del trabajo, podemos dedicar tiempo y atención amorosa unos a otros. Es también cuando sentimos más profundamente la Presencia Divina en el hogar. Nuestra

אֵשֶׁת־חַיִל Mujer virtuosa, ¿quién la ha de hallar? Su valor es mucho mayor que el de las perlas. Prov. 31

ב El corazón de su marido confía en ella y a él nada le faltará.

ג Ella le retribuye con bien y no mal, todos los días de su vida.

ד Ella procura lana y lino y trabaja con manos diligentes.

ה Es cual nave mercante que trae el sustento desde lejos.

ו Se levanta cuando aún es de noche y provee de alimentos para su hogar y porciones para sus criadas.

ז Ella vislumbra un campo y lo compra, de sus ganancias planta una viña.

ח Ciñe su cintura con vigor y fortalece sus brazos.

ט Ve que su faena es exitosa, su lámpara no se apagará por la noche.

י Aplica sus manos en la rueca y sus palmas sostienen el huso.

כ Extiende su palma al menesteroso y sus brazos al pobre.

ל No teme por su familia cuando nieva pues en su hogar todos visten lana carmesí.

מ Hace tapices cobertores bordados, su vestimenta es de fino lino y lana púrpura.

נ Su marido es renombrado en los portones de la ciudad, donde se sienta junto a los ancianos del país.

ס Ella hace sábanas de lino y las vende, abastece a los mercaderes de cinturones.

ע Ella se viste con poder y esplendor y puede reír ante los días por venir.

פ Abre su boca con sabiduría, y la Torá de benevolencia sobre su lengua.

צ Ella contempla la conducta de su familia y jamás come el pan del ocio.

ק Sus hijos se levantan y la hacen feliz, su marido la alaba.

ר "Muchas mujeres han hecho méritos, pero tú las has superado a todas".

ש La gracia es mentirosa y la belleza vana, una mujer temerosa del Señor es aquella que debe ser ensalzada.

ת Dadle del fruto de su esfuerzo y que sus acciones le hagan prestigiosa en los portones.

---

a la mujer ideal: activa, práctica, mujer de negocios así como también directora del hogar, inmiscuida en el bienestar de personas extrañas así como de su familia, mujer de sabiduría y generosidad, "ella se viste con poder y esplendor". La palabra "*jail*" ("virtuosa") que aparece en la frase inicial significa fortaleza tanto moral como física. Varios comentaristas ven en este pasaje a la mujer como símbolo de la Divina Presencia (o al Shabat personificado en una novia). Sin negar el significado alegórico del texto, el poema es asimismo un himno de agradecimiento a la mujer, ama de casa, por las bendiciones que trae a la familia y al hogar.

אֵשֶׁת־חַיִל מִי יִמְצָא וְרָחֹק מִפְּנִינִים מִכְרָהּ: משלי לא
בָּטַח בָּהּ לֵב בַּעְלָהּ וְשָׁלָל לֹא יֶחְסָר:
גְּמָלַתְהוּ טוֹב וְלֹא־רָע כֹּל יְמֵי חַיֶּיהָ:
דָּרְשָׁה צֶמֶר וּפִשְׁתִּים וַתַּעַשׂ בְּחֵפֶץ כַּפֶּיהָ:
הָיְתָה כָּאֳנִיּוֹת סוֹחֵר מִמֶּרְחָק תָּבִיא לַחְמָהּ:
וַתָּקָם ׀ בְּעוֹד לַיְלָה וַתִּתֵּן טֶרֶף לְבֵיתָהּ וְחֹק לְנַעֲרֹתֶיהָ:
זָמְמָה שָׂדֶה וַתִּקָּחֵהוּ מִפְּרִי כַפֶּיהָ נטע כָּרֶם:
חָגְרָה בְעוֹז מָתְנֶיהָ וַתְּאַמֵּץ זְרֹעוֹתֶיהָ:
טָעֲמָה כִּי־טוֹב סַחְרָהּ לֹא־יִכְבֶּה בַלַּיְל נֵרָהּ:
יָדֶיהָ שִׁלְּחָה בַכִּישׁוֹר וְכַפֶּיהָ תָּמְכוּ פָלֶךְ:
כַּפָּהּ פָּרְשָׂה לֶעָנִי וְיָדֶיהָ שִׁלְּחָה לָאֶבְיוֹן:
לֹא־תִירָא לְבֵיתָהּ מִשָּׁלֶג כִּי כָל־בֵּיתָהּ לָבֻשׁ שָׁנִים:
מַרְבַדִּים עָשְׂתָה־לָּהּ שֵׁשׁ וְאַרְגָּמָן לְבוּשָׁהּ:
נוֹדָע בַּשְּׁעָרִים בַּעְלָהּ בְּשִׁבְתּוֹ עִם־זִקְנֵי־אָרֶץ:
סָדִין עָשְׂתָה וַתִּמְכֹּר וַחֲגוֹר נָתְנָה לַכְּנַעֲנִי:
עוֹז־וְהָדָר לְבוּשָׁהּ וַתִּשְׂחַק לְיוֹם אַחֲרוֹן:
פִּיהָ פָּתְחָה בְחָכְמָה וְתוֹרַת־חֶסֶד עַל־לְשׁוֹנָהּ:
צוֹפִיָּה הֲלִיכוֹת בֵּיתָהּ וְלֶחֶם עַצְלוּת לֹא תֹאכֵל:
קָמוּ בָנֶיהָ וַיְאַשְּׁרוּהָ בַּעְלָהּ וַיְהַלְלָהּ:
רַבּוֹת בָּנוֹת עָשׂוּ חָיִל וְאַתְּ עָלִית עַל־כֻּלָּנָה:
שֶׁקֶר הַחֵן וְהֶבֶל הַיֹּפִי אִשָּׁה יִרְאַת־יְהוָה הִיא תִתְהַלָּל:
תְּנוּ־לָהּ מִפְּרִי יָדֶיהָ וִיהַלְלוּהָ בַשְּׁעָרִים מַעֲשֶׂיהָ:

---

persona el viernes por la noche al regreso de la sinagoga a la casa. Cuando estos ven que el hogar está preparado para el Shabat bendicen a la familia. El autor del poema es anónimo, pero es mencionado por primera vez en los círculos místicos durante el siglo XVII.

אֵשֶׁת־חַיִל *Mujer virtuosa:* Este texto es un acróstico alfabético extraído del último capítulo del libro de Proverbios. En una serie de escenas nos describe

El Nombre del Señor es una torre fortificada *Prov. 18*
a la que asciende corriendo el justo.
Pues por Mí se incrementarán tus días *Prov. 9*
y se te agregarán años de vida.
Es el árbol de la vida para quienes se aferran a ella, *Prov. 3*
y quienes la sostienen son felices.

*Algunos dicen:*

אַתְקִינוּ סְעוּדָתָא Preparad el banquete de la fidelidad perfecta,
que es el regocijo del sagrado Rey.
Preparad el banquete del Rey.

Este es el banquete del "Campo de las Manzanas Sagradas" ('Ḥakal Tapuḥín Kadishín'), del "Rostro Pequeño" ('Ze'er Anpín') y el "Santo Antiguo" ('A'tiká Kadishá') (términos místicos para aspectos de lo Divino) que acuden a participar de la comida.

אֲהַלְלָה Alabaré el Nombre de Dios con un cántico y Lo engrandeceré por medio del agradecimiento. *Sal. 69*

יְהֹוָה El Señor es mi poder y mi escudo, en Él ha confiado mi corazón y fui ayudado, mi corazón se ha alegrado y con cántico Le habré de alabar. *Sal. 28*

אֲזַמֵּר He de podar las fuerzas del mal por medio de cánticos de alabanza para ingresar a los sagrados pórticos del "campo de las manzanas sagradas".
Invitemos ahora a la Divina Presencia con una mesa renovada y un fino candelabro que irradia luz sobre nuestras cabezas.
Entre la derecha y la izquierda se encuentra la novia, cubierta de joyas, adornada y vestida.
Su marido la abraza y en el regocijo de su unión las fuerzas del mal son destruidas.
Gritos y pesares cesan, un nuevo rostro asciende por sobre espíritus y almas.
Ella tendrá un grande y doble regocijo, la luz vendrá y con esta, bendiciones benevolentes.
Acercaos, amigos queridos, preparad diferentes tipos de manjares, pescado y aves.
Renovando almas y espíritus por medio de los treinta y dos (senderos del conocimiento) y las tres ramas de las escrituras (Torá, Nebiím y Ketubím).
Ella (la Divina Presencia) posee setenta coronas y por encima el Rey es coronado con todas estas en el Santo Sanctórum.
Junto a ella están grabados y ocultos todos los mundos, empero el mortero del "Anciano en Días" libera todo cuanto estaba oculto.
Sea Su voluntad que la Divina Presencia repose sobre Su pueblo, el cual, en aras de Su Nombre, se deleita con dulces alimentos y miel.
Dispondré hacia el lado sur el candelabro de la sabiduría oculta en el sur y en el norte colocaré la mesa con el pan.

מִגְדַּל־עֹז שֵׁם יְהֹוָה בּוֹ־יָרוּץ צַדִּיק וְנִשְׂגָּב: משלי יח
כִּי־בִי יִרְבּוּ יָמֶיךָ וְיוֹסִיפוּ לְּךָ שְׁנוֹת חַיִּים: משלי ט
עֵץ־חַיִּים הִיא לַמַּחֲזִיקִים בָּהּ וְתֹמְכֶיהָ מְאֻשָּׁר: משלי ג
דְּרָכֶיהָ דַרְכֵי־נֹעַם וְכָל־נְתִיבֹתֶיהָ שָׁלוֹם:

*Algunos dicen:*

אַתְקִֽינוּ סְעוּדָתָא דִמְהֵימְנוּתָא שְׁלֵימָתָא
חֶדְוָתָא דְמַלְכָּא קַדִּישָׁא.
אַתְקִֽינוּ סְעוּדָתָא דְמַלְכָּא.

דָּא הִיא סְעוּדָתָא דַחֲקַל תַּפּוּחִין קַדִּישִׁין
וּזְעֵיר אַנְפִּין וְעַתִּיקָא קַדִּישָׁא אַתְיָן לְסַעֲדָא בַּהֲדָהּ.

אֲהַלְלָה שֵׁם־אֱלֹהִים בְּשִׁיר, וַאֲגַדְּלֶנּוּ בְתוֹדָה: תהלים סט
יְהֹוָה עֻזִּי וּמָגִנִּי, בּוֹ בָטַח לִבִּי וְנֶעֱזָרְתִּי, וַיַּעֲלֹז לִבִּי, וּמִשִּׁירִי אֲהוֹדֶנּוּ: תהלים כח

אֲזַמֵּר בִּשְׁבָחִין   לְמֵיעַל גּוֹ פִתְחִין   דְּבַחֲקַל תַּפּוּחִין   דְּאִנּוּן קַדִּישִׁין.
נְזַמֵּן לַהּ הַשְׁתָּא   בְּפָתוֹרָא חַדְתָּא   וּבִמְנַרְתָּא טַבְתָּא   דְּנַהֲרָא עַל רֵישִׁין.
יְמִינָא וּשְׂמָאלָא   וּבֵינַיְהוּ כַּלָּה   בְּקִשּׁוּטִין אָזְלָא   וּמָאנִין וּלְבוּשִׁין.
יְחַבֵּק לַהּ בַּעְלָהּ   וּבִיסוֹדָא דִילָהּ   דְּעָבֵיד נַיְחָא לַהּ   יְהֵא כַתִּישׁ כַּתִּישִׁין.
צְוָחִין אַף עַקְתִין   בְּטֵילִין וּשְׁבִיתִין   בְּרַם אַנְפִּין חַדְתִּין   וְרוּחִין עִם נַפְשִׁין.
חֲדוּ סַגֵּי יֵיתֵי   וְעַל חֲדָא תַרְתֵּי   נְהוֹרָא לַהּ יִמְטֵי   וּבִרְכָאן דִּנְפִישִׁין.
קְרִיבוּ שׁוּשְׁבִינִין   עֲבִידוּ תִקּוּנִין   לְאַפָּשָׁא זֵינִין   וְנוּנִין עִם רַחֲשִׁין.
לְמֶעְבַּד נִשְׁמָתִין   וְרוּחִין חַדְתִּין   בְּתַרְתֵּין וּבִתְלָתִין   וּבִתְלָתָא שִׁבְשִׁין.
וְעִטּוּרִין שַׁבְעִין לָהּ   וּמַלְכָּא דִלְעֵלָּא   דְּיִתְעַטַּר כֹּלָּא   בְּקַדִּישׁ קַדִּישִׁין.
רְשִׁימִין וּסְתִימִין   בְּגוֹ כָל־עָלְמִין   בְּרַם עַתִּיק יוֹמִין   הֲלָא בַטִּישׁ בַּטִּישִׁין.
יְהֵא רַעֲוָא קַמֵּהּ   דְּתִשְׁרֵי עַל עַמֵּהּ   דְּיִתְעַנַּג לִשְׁמֵהּ   בְּמִתִּיקִין וְדוּבְשִׁין.
אֲסַדֵּר לִדְרוֹמָא   מְנַרְתָּא דִסְתִימָא   וְשֻׁלְחָן עִם נַהֲמָא   וּבִצְפוֹנָא אַרְשִׁין.

Con vino en la copa y ramos de mirto en honor al novio y la novia,
el débil recibirá fortaleza.
Hagamos coronas de palabras preciosas, setenta coronas más allá de las cincuenta
(bendiciones patriarcales).
En Shabat las fuerzas impuras y los ángeles destructores cesan y desisten, y quienes
se encuentran confinados tienen un respiro.
Que la Divina Presencia sea coronada con seis hogazas de pan a cada lado, tal como
los dos juegos de seis panes y demás artículos del Templo.
Para rebanar la jalá, del tamaño de una aceituna o de un huevo, interpretando las
dos letras 'yud' tanto de acuerdo a su lectura simple como fonética.
Las aceitunas poseen aceite puro y al ser prensadas con una piedra de molino este
fluye cual arroyo, y lo mismo ocurre con el pan que contiene secretos Divinos.
Hablemos de secretos, de palabras ocultas que no están reveladas, que se
mantienen encubiertas y desconocidas.
Sea la novia coronada con secretos superiores en esta fiesta de los ángeles sagrados.

וִיהֵא רַעֲוָא Sea la voluntad del "Santo Antiguo", el más sagrado entre los sagrados, el más oculto entre los ocultos y el más inefable, que fluya el rocío superior desde Él para que colme la cabeza del "Rostro Pequeño" y regar así el "Campo de las Manzanas Sagradas" con aspecto radiante, beneplácito y deleite supremo. Que del "Santo Antiguo", el más sagrado entre los sagrados, el más oculto entre los ocultos y el más inefable, fluya sobre nosotros benevolencia, compasión, gracia y bondad, supremo resplandor, con amistad y deleite para mí y los miembros de mi familia, aquellos cercanos a mí y todos los hijos de su pueblo Israel. Que nos libre de experiencias penosas que pudiesen sobrevenir sobre el mundo, disponga para nosotros y nos suministre de un abundante sustento de la fuente de la cual depende toda manutención. Que nos proteja del mal de ojo, de la espada del ángel de la muerte, del juicio del Guehinom, y nos conceda a nosotros y a todo nuestro pueblo gracia, benevolencia, larga vida, sustento abundante y compasión ante Él. Amén, sea esta Su voluntad. Amén y Amén.

*Hay quienes acostumbran a leer este pasaje del sagrado libro del Zohar:* *Zohar*

זָכוֹר Recuerda el día de Shabat, para consagrarlo. Ribí Isḥak habló y dijo: está *Éx. 20*
escrito "Y bendijo Dios al día séptimo" y respecto del maná está escrito "Seis *Sal. 16*
días lo recogeréis y el séptimo día será Shabat, no lo habrá". Si en ese día no se puede obtener sustento, ¿qué éste tiene de bendición? Por otra parte, ha sido enseñado que todas las bendiciones tanto superiores como inferiores dependen del séptimo día. ¿Por qué se enseña que el Maná no puede ser hallado el séptimo día? Porque los seis días celestiales son bendecidos por ese día, todos y cada uno de ellos proveen de sustento abajo, cada uno a su respectivo día, de la abundancia que recibió del séptimo día. Por esta razón,

בְּחַמְרָא גוֹ כַסָּא וּמְדָאנֵי אָסָּא לְאָרוּס וַאֲרוּסָה לְהִתְקָפָא חַלָּשִׁין.

נְעַבֵּד לְהוֹן כִּתְרִין בְּמִלִּין יַקִּירִין בְּשַׁבְעִין עִטּוּרִין דְּעַל גַּבֵּי חַמְשִׁין.

שְׁכִינְתָּא תִתְעַטַּר בְּשִׁית נַהֲמֵי לִסְטַר בְּוָוִין תִּתְקַטַּר וְזֵינִין דִּכְנִישִׁין.

שְׁבִיתִין וּשְׁבִיקִין מְסָאֲבִין דִּרְחִיקִין חֲבִילִין דִּמְעִיקִין וְכָל זֵינֵי חֲרָשִׁין.

לְמִבְצַע עַל רִיפְתָּא כְּזֵיתָא וּכְבֵיעָתָא תְּרֵין יוּדִין נְקַטָא סְתִימִין וּפְרִישִׁין.

מְשַׁח זֵיתָא דָּכְיָא דְּטָחֲנִין רֵיחַיָּא וְנַגְדִּין נַחֲלַיָּא בְּגַוָּהּ בִּלְחִישִׁין.

הֲלָא נֵימָא רָזִין וּמִלִּין דִּגְנִיזִין דְּלֵיתְהוֹן מִתַּחֲזִין טְמִירִין וּכְבִישִׁין.

אִתְעַטְּרַת כַּלָּה בְּרָזִין דִּלְעֵילָּא בְּגוֹ הַאי הִלּוּלָא דְּעִירִין קַדִּישִׁין.

וִיהֵא רַעֲוָא מִן קֳדָם עַתִּיקָא קַדִּישָׁא דְּכָל־קַדִּישִׁין, טְמִירָא דְּכָל־טְמִירִין, סְתִימָא דְּכֹלָּא, דְּיִתְמְשַׁךְ טַלָּא עִלָּאָה מִנֵּהּ לְמַלְיָא רֵישֵׁהּ דִּזְעֵיר אַנְפִּין, וּלְהַטִּיל לַחֲקַל תַּפּוּחִין קַדִּישִׁין בִּנְהִירוּ דְאַנְפִּין בְּרַעֲוָא וּבְחֶדְוָתָא דְּכֹלָּא. וְיִתְמְשַׁךְ מִן קֳדָם עַתִּיקָא קַדִּישָׁא דְּכָל־קַדִּישִׁין, טְמִירָא דְּכָל־טְמִירִין, סְתִימָא דְּכֹלָּא, רְעוּתָא וְרַחֲמֵי, חִנָּא וְחִסְדָּא, בִּנְהִירוּ עִלָּאָה, בִּרְעוּתָא וְחֶדְוָה, עָלַי וְעַל־כָּל־בְּנֵי בֵיתִי וְעַל־כָּל־הַנִּלְוִים אֵלַי וְעַל־כָּל־בְּנֵי יִשְׂרָאֵל עַמֵּיהּ, (וְיִפְרְקִנָן מִכָּל־עַקְתִין בִּישִׁין דְּיֵיתוּן לְעָלְמָא. וְיַזְמִין וְיִתְיְהִב לָנָא מְזוֹנָא וּפַרְנָסְתָא טָבְתָא בְּלִי צָרָה וְעַקְתָא מִמַּזָּלָא דְּכָל־מְזוֹנֵי בֵּיהּ תַּלְיָא, וִישֵׁזְבִנָן מֵעֵינָא בִישָׁא וּמֵחַרְבָּא דְמַלְאַךְ הַמָּוֶת וּמִדִּינָהּ שֶׁל גֵּיהִנָּם, וְיֵיתֵי לָנָא וּלְכָל־נַפְשָׁתָנָא, חִנָּא וְחִסְדָּא וְחַיֵּי אֲרִיכֵי וּמְזוֹנֵי רְוִיחֵי וְרַחֲמֵי מִן קֳדָמֵהּ). אָמֵן כֵּן יְהִי רָצוֹן. אָמֵן וְאָמֵן.

*Hay quienes acostumbran a leer este pasaje del sagrado* הזוהר הקדוש*:*

זָכוֹר אֶת יוֹם הַשַּׁבָּת לְקַדְּשׁוֹ: רִבִּי יִצְחָק פְּתַח וְאָמַר, כְּתִיב וַיְבָרֶךְ אֱלֹהִים ספר הזהר שמות כ
אֶת יוֹם הַשְּׁבִיעִי: וּכְתִיב בַּמָּן שֵׁשֶׁת יָמִים תִּלְקְטֻהוּ וּבַיּוֹם הַשְּׁבִיעִי שַׁבָּת תהלים טז
לֹא יִהְיֶה בּוֹ: כֵּיוָן דְּלָא מִשְׁתְּכַח בֵּיהּ מְזוֹנֵי, מַה בִּרְכְתָא אִשְׁתְּכַח בֵּיהּ?
אֶלָּא הָכִי תָּאנָא, כָּל־בִּרְכָאן דִּלְעֵלָּא וְתַתָּא, בְּיוֹמָא שְׁבִיעָאָה תַּלְיָין. וְתָאנָא,
אַמַּאי לָא אִשְׁתְּכַח מַנָּא בְּיוֹמָא שְׁבִיעָאָה, מִשּׁוּם דְּהַהוּא יוֹמָא מִתְבָּרְכָאן
מִנֵּהּ כָּל־שִׁתָּא יוֹמִין עִלָּאִין, וְכָל־חַד וְחַד יָהִיב מְזוֹנֵהּ לְתַתָּא, כָּל חַד בְּיוֹמוֹי,
מֵהַהִיא בִּרְכָה דְּמִתְבָּרְכָאן בְּיוֹמָא שְׁבִיעָאָה. בְּגִין כָּךְ מַאן דְּאִיהוּ בְּדַרְגָּא

una persona que posee un grado apropiado de fe debe poner su mesa en la noche del viernes de modo tal que ésta se vea bendecida durante los seis días de la semana, ya que se trata de un momento de abundancia que trae bendición a los seis días de la semana y no es dable hallar bendición en una mesa vacía. Por este motivo uno debe preparar la mesa el viernes por la noche con pan y otros alimentos. Ribí Isḥak dijo: uno debe preparar también su mesa el Shabat por la mañana. Ribí Yehudá dijo: uno debe deleitarse en ese día y disfrutar de tres comidas para que la saciedad y el placer tengan efecto sobre el mundo en ese día. Ese día, la cabeza del "Rostro Pequeño" se ve colmada de rocío que desciende del "Santo Antiguo", el más inefable, y riega el "Campo de las Manzanas Sagradas" tres veces, desde que Shabat comienza, de modo tal que todas se ven bendecidas como uno. Por esta razón los hombres deben deleitarse tres veces, así como la "Fe Superior" depende de estas tres cosas: el "Santo Antiguo", el "Rostro Pequeño" y el "Campo de las Manzanas Sagradas". Una persona debe deleitarse y regocijarse en estas comidas. Aquel que omite una de ellas es percibido en las alturas como dañado y el castigo para que ello conlleva es grande. Por este motivo uno debe preparar su mesa tres veces, y desde el inicio del Shabat su mesa no debe estar vacía y de esta manera se verá bendecida los seis días de la semana. De este modo uno demuestra y refuerza la "Fe Superior". Ribí Shim'ón dijo: cuando una persona completa tres comidas en Shabat una voz celestial emerge y declara: "Entonces te deleitarás en el Señor" – esta es la primera comida la cual se corresponde con *Isa. 58* el "Santo Antiguo"; "Yo te haré montar por las alturas de la tierra" – esta es la segunda comida que se corresponde con el "Campo de Manzanas Sagradas", "te alimentaré de la heredad de tu padre Ya'akob", esta es la compleción por parte de la tercera comida que se corresponde con el "Rostro Pequeño". Estas tres comidas deben ser completadas en correspondencia con estas tres entidades celestiales y a las personas les incumbe deleitarse y regocijarse en ellas por tratarse ello de la fidelidad perfecta. En virtud de todo esto, vemos que el Shabat es superior a todos los demás tiempos y días festivos. Ribí Jía dijo: debido a esto por cuanto que todo se haya en él es mencionado tres veces, tal como está escrito: "Habiendo concluido Dios en el día séptimo", "cesó en el *Gén. 2* día séptimo" y "Y bendijo Dios al día séptimo". Cuando Ribí Aba se sentó a la mesa para ingerir una comida sabática, se regocijaba en cada una de ellas y decía: 'esta es la comida sagrada del "Santo Antiguo", el más oculto de todos'. A la comida siguiente decía: 'esta es la comida del Santo Bendito Él. Y así en cada comida, regocijándose en cada una de ellas. Una vez que completaba las tres comidas decía: 'Las comidas de la fe han sido completadas'. Cuando

דִּמְהֵימְנוּתָא, בָּעֵי לְסַדְּרָא פָּתוֹרָא וּלְאַתְקָנָא סְעוּדָתָא בְּלֵילְיָא דְשַׁבַּתָּא, בְּגִין דְּיִתְבָּרַךְ פָּתוֹרֵהּ כָּל־אִנּוּן שִׁתָּא יוֹמִין, דְּהָא בְּהַהוּא זִמְנָא אִזְדַּמַּן בִּרְכָּה לְאִתְבָּרְכָא כָּל־שִׁתָּא יוֹמִין דְשַׁבַּתָּא, וּבִרְכְתָא לָא אִשְׁתְּכַח בְּפָתוֹרָא רֵיקַנְיָא. וְעַל כָּךְ בָּעֵי לְסַדְּרָא פָּתוֹרֵהּ בְּלֵילְיָא דְשַׁבַּתָּא בְּנַהֲמָא וּבִמְזוֹנֵי. רִבִּי יִצְחָק אָמַר, אֲפִלּוּ בְּיוֹמָא דְשַׁבַּתָּא נַמֵּי. רִבִּי יְהוּדָה אָמַר, בָּעֵי לְאִתְעַנְּגָא בְּהַאי יוֹמָא וּלְמֵיכַל תְּלָת סְעוּדָתֵי בְּשַׁבַּתָּא, בְּגִין דְּיִשְׁתְּכַח שָׂבְעָא וְעִנּוּגָא בְּהַאי יוֹמָא בְּעָלְמָא. רִבִּי אַבָּא אָמַר, לְאִזְדַּמְּנָא בִּרְכָתָא בְּאִנּוּן יוֹמִין דִּלְעֵלָּא דְּמִתְבָּרְכָאן מֵהַאי יוֹמָא. וְהַאי יוֹמָא מַלְיָא רֵישֵׁיהּ דִּזְעֵיר אַנְפִּין מִטַּלָּא דְנָחִית מֵעַתִּיקָא קַדִּישָׁא סְתִימָא דְכֹלָּא, וְאַטֵּיל לַחֲקְלָא דְתַפּוּחִין קַדִּישִׁין תְּלָת זִמְנֵי מִכַּד עָיֵל שַׁבַּתָּא, בְּגִין דְּיִתְבָּרְכוּן כֻּלְּהוֹן כַּחֲדָא. וְעַל דָּא בָּעֵי בַּר נָשׁ לְאִתְעַנְּגָא תְּלָת זִמְנִין אִלֵּין, דְּהָא בְּהָא תַּלְיָא מְהֵימְנוּתָא דִלְעֵילָּא בְּעַתִּיקָא קַדִּישָׁא וּבִזְעֵיר אַנְפִּין וּבַחֲקְלָא דְתַפּוּחִין, וּבָעֵי בַּר נָשׁ לְאִתְעַנְּגָא בְּהוּ וּלְמֶחֱדֵי בְּהוּ. וּמָאן דְּגָרַע חַד סְעוּדָתָא מִנַּיְהוּ אַחֲזֵי פְּגִימוּתָא לְעֵילָּא, וְעוֹנְשֵׁיהּ דְּהַהוּא בַּר נָשׁ סַגִּי. בְּגִינֵי כָּךְ בָּעֵי לְסַדְּרָא פָּתוֹרֵהּ תְּלָת זִמְנִין מִכַּד עָיֵל שַׁבַּתָּא, וְלָא יִשְׁתְּכַח פָּתוֹרֵהּ רֵיקַנְיָא, וְתִשְׁרֵי בִּרְכְתָא עֲלֵהּ כָּל־שְׁאָר יוֹמֵי דְשַׁבַּתָּא. וּבְהַאי מִלָּה אַחֲזֵי וְתָלֵי מְהֵימְנוּתָא לְעֵילָּא. רִבִּי שִׁמְעוֹן אָמַר, הַאי מַאן דְּאַשְׁלִים תְּלָת סְעוּדָתֵי בְּשַׁבַּתָּא, קָלָא נָפִיק וּמַכְרְזָא עֲלֵהּ: אָז תִּתְעַנַּג עַל־יְהֹוָה, דָּא סְעוּדָתָא (ישעיה נח) חֲדָא, לָקֳבֵל עַתִּיקָא קַדִּישָׁא דְּכָל־קַדִּישִׁין. וְהִרְכַּבְתִּיךָ עַל־בָּמֳתֵי אָרֶץ, דָּא סְעוּדָתָא תִּנְיָינָא, לָקֳבֵל חַקְלָא דְתַפּוּחִין קַדִּישִׁין. וְהַאֲכַלְתִּיךָ נַחֲלַת יַעֲקֹב אָבִיךָ, דָּא הוּא שְׁלִימוּ דְּאִשְׁתְּלִים בִּזְעֵיר אַנְפִּין. וְלָקֳבְלַיְיהוּ בָּעֵי לְאַשְׁלְמָא סְעוּדָתֵהּ, וּבָעֵי לְאִתְעַנְּגָא בְּכֻלְּהוּ סְעוּדָתֵי בְּכָל־חַד וְחַד מִנַּיְהוּ, מִשּׁוּם דְּאִיהוּ מְהֵימְנוּתָא שְׁלֵימָתָא. וּבְגִין כָּךְ שַׁבַּתָּא אִתְיַקַּר מִכָּל־שְׁאָר זִמְנִין וְחַגִּין, מִשּׁוּם דְּכֹלָּא בֵּהּ אִשְׁתְּכַח וְלָא אִשְׁתְּכַח הָכִי בְּכֻלְּהוּ זִמְנִין וְחַגִּין. אָמַר רִבִּי חִיָּא, בְּגִין כָּךְ מִשּׁוּם דְּאִשְׁתְּכַח כֹּלָּא בֵּהּ, אִדְכַּר תְּלָת זִמְנִין, דִּכְתִיב, וַיְכַל אֱלֹהִים (בראשית ב) בַּיּוֹם הַשְּׁבִיעִי: וַיִּשְׁבֹּת בַּיּוֹם הַשְּׁבִיעִי: וַיְבָרֶךְ אֱלֹהִים אֶת־יוֹם הַשְּׁבִיעִי: רִבִּי אַבָּא (נ״א רַב הַמְנוּנָא סָבָא) כַּד הֲוָה יָתִיב בִּסְעוּדָתָא דְשַׁבַּתָּא הֲוָה חָדֵי בְּכָל־חַד וְחַד, וַהֲוָה אָמַר, דָּא הִיא סְעוּדָתָא קַדִּישָׁא דְּעַתִּיקָא קַדִּישָׁא סְתִימָא דְכֹלָּא. בִּסְעוּדָתָא אַחֲרָא הֲוָה אָמַר, דָּא הִיא סְעוּדָתָא דְּקוּדְשָׁא בְּרִיךְ הוּא.

Ribí Shim'ón asistía a una comida sabática decía lo siguiente: "Preparen la comida de la 'Fe Superior', preparen la comida del Rey". Luego se sentaba y se regocijaba. Cuando completaba la tercera comida las entidades celestiales declaraban por él: "Entonces te deleitarás en el SEÑOR y Yo te haré montar por las alturas de la tierra y te alimentaré de la heredad de tu padre Ya'akob". Ribí El'azar dijo a su padre: "¿Cómo alcanzan estas comidas su objetivo espiritual?" Le respondió: "Respecto de la noche de Shabat está escrito 'Yo te haré montar por las alturas de la tierra'. Esa misma noche la "Mujer Noble" ("Matronita") es bendecida y todo el "Campo de Manzanas Sagradas" lo es, y la mesa de la persona es bendecida y recibe alma adicional. En esa noche es cuando la "Mujer Noble" se regocija. Corresponde entonces que la persona se regocije con deleite e ingiera la comida de la "Mujer Noble". Bendito es el *Sal. 89*
SEÑOR por siempre, Amén y Amén.

## KIDUSH PARA LA NOCHE DE SHABAT

*El Kidush se recita entonando el Makam Nawa.*

**יוֹם הַשִּׁשִּׁי** El sexto día. Y quedaron concluidos los cielos y la tierra *Gén. 1*
y todo lo que contienen.
Habiendo concluido Dios en el día séptimo Su obra que Él había *Gén. 2*
hecho, cesó en el día séptimo de toda Su creación que Él había hecho. Y bendijo Dios al día séptimo y lo consagró, ya que en él cesó de toda Su obra, que Dios había creado para hacer. Cuando se recita Kidush para otras personas se agrega:

Prestad atención señores míos.
(¡Por la vida!)

**בָּרוּךְ** Bendito eres Tú SEÑOR, nuestro Dios Rey del universo, creador del fruto de la vid.

---

cuando Dios completó la Creación y reposó durante el séptimo día; (2) una bendición sobre el vino; y (3) una bendición por el día mismo.

Acostumbramos comenzar el primer párrafo con las dos últimas palabras del versículo anterior de modo tal que las primeras cuatro letras hebreas del

וְכֵן בְּכֻלְּהוּ סְעוּדָתֵי, וַהֲוָה חָדֵי בְּכָל־חַד וְחַד. כַּד הֲוָה אַשְׁלִים סְעוּדָתֵי, אָמַר אַשְׁלִימוּ סְעוּדָתֵי דִּמְהֵימְנוּתָא. רַבִּי שִׁמְעוֹן כַּד הֲוָה אָתֵי לִסְעוּדָתָא הֲוָה אָמַר הָכִי, אַתְקִינוּ סְעוּדָתָא דִּמְהֵימְנוּתָא עִלָּאָה, אַתְקִינוּ סְעוּדָתָא דְמַלְכָּא, וַהֲוָה יָתִיב וְחָדֵי. כַּד אַשְׁלִים סְעוּדָתָא תְּלִיתָאָה הֲווּ מַכְרְזֵי עֲלֵהּ, אָז תִּתְעַנַּג עַל־יְהוָה וְהִרְכַּבְתִּיךָ עַל־בָּמֳתֵי אָרֶץ, וְהַאֲכַלְתִּיךָ נַחֲלַת יַעֲקֹב אָבִיךָ: אָמַר רַבִּי אֶלְעָזָר לַאֲבוּי, אִלֵּין סְעוּדָתֵי הֵיךְ מִתְתַּקְנָן? אָמַר לֵיהּ, לֵילְיָא דְשַׁבְּתָא כְּתִיב בֵּיהּ, וְהִרְכַּבְתִּיךָ עַל־בָּמֳתֵי אָרֶץ: בֵּיהּ בְּלֵילְיָא מִתְבָּרְכָא מַטְרוֹנִיתָא וְכֻלְּהוּ חֲקַל תַּפּוּחִין, וּמִתְבָּרְכָא פָּתוּרֵהּ דְּבַר נָשׁ, וְנִשְׁמְתָא אִתּוֹסְפַת, וְהַהוּא לֵילְיָא חֶדְוָה דְמַטְרוֹנִיתָא הֲוֵי, וּבָעֵי בַּר נָשׁ לְמֶחֱדֵי בְּחֶדְוָתָא וּלְמֵיכַל סְעוּדָתָא דְמַטְרוֹנִיתָא.

תהלים פט בָּרוּךְ יְהוָה לְעוֹלָם, אָמֵן וְאָמֵן:

# קדוש לליל שבת

*El Kidush se recita entonando el* מקאם נאוה.

בראשית א יוֹם הַשִּׁשִּׁי: וַיְכֻלּוּ הַשָּׁמַיִם וְהָאָרֶץ וְכָל־צְבָאָם:

בראשית ב וַיְכַל אֱלֹהִים בַּיּוֹם הַשְּׁבִיעִי מְלַאכְתּוֹ אֲשֶׁר עָשָׂה
וַיִּשְׁבֹּת בַּיּוֹם הַשְּׁבִיעִי מִכָּל־מְלַאכְתּוֹ אֲשֶׁר עָשָׂה:
וַיְבָרֶךְ אֱלֹהִים אֶת־יוֹם הַשְּׁבִיעִי וַיְקַדֵּשׁ אֹתוֹ
כִּי בוֹ שָׁבַת מִכָּל־מְלַאכְתּוֹ אֲשֶׁר־בָּרָא אֱלֹהִים לַעֲשׂוֹת:

סַבְרִי מָרָנָן

(עונים: לְחַיִּים)

בָּרוּךְ אַתָּה יְהוָה, אֱלֹהֵינוּ מֶלֶךְ הָעוֹלָם
בּוֹרֵא פְּרִי הַגָּפֶן.

---

קידוש *Kidush:* En los diez mandamientos se nos ordena recordar el Shabat. Se entendió que esto significa una declaración verbal recitada sobre una copa de vino: o sea, el Kidush. El Kidush del viernes por la noche contiene tres elementos: (1) la lectura de un pasaje bíblico que se refiere al primer Shabat,

Bendito eres Tú SEÑOR, nuestro Dios, Rey del universo,
que nos ha santificado con Sus preceptos,
y se ha complacido con nosotros,
y nos ha hecho heredar con amor
y favor Su sagrado Shabat recordatorio de la Obra de la Creación.
Pues este es el primero de los días de sagrada convocatoria,
recordatorio de la salida de Egipto.
Con amor y favor nos concediste Tu sagrado Shabat en heredad.
Bendito eres Tú SEÑOR, que santifica el Shabat.

*Tras las bendiciones, todos de pie, beben de la copa.*

*Tras el recitado del Kidush cada uno de los miembros del hogar besa la mano de su padre y de su madre, y estos a su vez los bendicen.*

## LAVADO DE MANOS

*Se realiza el lavado de manos ritual y se recita:*

בָּרוּךְ Bendito eres Tú SEÑOR, nuestro Dios, Rey del universo,
que nos ha santificado con Sus preceptos
y nos ordenó el lavado de manos.

## BENDICIÓN POR EL PAN

*Hay quienes acostumbran a decir antes de la bendición por el pan:*

כְּאָמוּר Tal como fue dicho: "Tú abres Tu mano y satisfaces el deseo de cada ser viviente": *Sal. 145*

*Se bendice sobre dos panes:*

בָּרוּךְ Bendito eres Tú SEÑOR, nuestro Dios, Rey del universo,
que extrae el pan de la tierra.

*Quien bendice por el pan come una rebanada y luego reparte otras entre los comensales arrojándoselas cuidadosamente.*

---

voz baja. La bendición sobre el día menciona las dos creencias fundamentales de las que el Shabat opera como recordatorio: la Creación y el Éxodo.

# בָּרוּךְ אַתָּה יְהֹוָה, אֱלֹהֵינוּ מֶלֶךְ הָעוֹלָם
# אֲשֶׁר קִדְּשָׁנוּ בְּמִצְוֹתָיו, וְרָצָה בָנוּ
# וְשַׁבַּת קָדְשׁוֹ בְּאַהֲבָה וּבְרָצוֹן הִנְחִילָנוּ
# זִכָּרוֹן לְמַעֲשֵׂה בְרֵאשִׁית
# תְּחִלָּה לְמִקְרָאֵי קֹדֶשׁ זֵכֶר לִיצִיאַת מִצְרָיִם.
# וְשַׁבַּת קָדְשְׁךָ בְּאַהֲבָה וּבְרָצוֹן הִנְחַלְתָּנוּ.
# בָּרוּךְ אַתָּה יְהֹוָה, מְקַדֵּשׁ הַשַּׁבָּת.

*Tras las bendiciones, todos de pie, beben de la copa.*

*Tras el recitado del* קידוש *cada uno de los miembros del hogar besa la mano de su padre y de su madre, y estos a su vez los bendicen.*

## נטילת ידיים

*Se realiza el lavado de manos ritual y se recita:*

# בָּרוּךְ אַתָּה יְהֹוָה, אֱלֹהֵינוּ מֶלֶךְ הָעוֹלָם
# אֲשֶׁר קִדְּשָׁנוּ בְּמִצְוֹתָיו, וְצִוָּנוּ עַל נְטִילַת יָדָיִם.

## ברכת המוציא

*Hay quienes previo al recitado de la 'ברכת המוציא' acostumbran a decir:*

כָּאָמוּר פּוֹתֵחַ אֶת־יָדֶךָ, וּמַשְׂבִּיעַ לְכָל־חַי רָצוֹן: תהלים קמה

*Se bendice sobre dos panes:*

# בָּרוּךְ אַתָּה יְהֹוָה, אֱלֹהֵינוּ מֶלֶךְ הָעוֹלָם
# הַמּוֹצִיא לֶחֶם מִן הָאָרֶץ.

*Quien bendice por el pan come una rebanada y luego reparte otras entre los comensales arrojándoselas cuidadosamente.*

---

Kidush – *Yom Hashishí Vaijulú Hashamaim* – conformen el Nombre Sagrado de cuatro letras (Tetragrámaton.). Las palabras anteriores se pronuncian en

## BIRCAT HAMAZÓN

*Al finalizar la comida se vierte Maim Aḥaronim (aguas finales) sobre las puntas de los dedos, y al hacerlo se dice: 'Maim Aḥaronim Ḥobá', (hay quienes acostumbran a pasar los dedos húmedos por sobre los labios).*

Para el jefe de los músicos de los instrumentos de cuerda. Un salmo. *Sal. 67*
Que Dios nos conceda gracia y nos bendiga, que Su rostro ilumine hacia nosotros, Sela. Para que Tu senda sea conocida en la tierra y Tu salvación entre las naciones. Dios, los pueblos te alabarán, todas las naciones te agradecerán. Las naciones se habrán de regocijar y prorrumpirán en canto, pues habrás de juzgar a los pueblos con rectitud y los guiarás en la tierra, Sela. Dios, los pueblos te alabarán, todas las naciones te agradecerán. La tierra ha dado su cosecha, que el Señor nuestro Dios nos bendiga. Que Dios nos bendiga y en todos los confines de la tierra Le teman con reverencia.

Bendeciré al Señor en todo momento, Su alabanza siempre está *Sal. 34*
en mi boca. Habiéndose escuchado todo esto la conclusión es que *Ecle. 12*
debes temer a Dios y cuidar Sus preceptos porque esto es el todo
del hombre. Mi boca recitará la alabanza del Señor y todas las *Sal. 145*
creaturas bendecirán Su sagrado Nombre por siempre. Nosotros *Sal. 115*
bendeciremos a Dios desde ahora y por siempre, ¡Aleluyá! Y él me *Eze. 41*
dijo: "Esta es la mesa delante del Señor"

---

La forma original de agradecimiento consistía en tres bendiciones que secuencialmente van de lo universal a lo particular. En la primera agradecemos a Dios por dar sustento al mundo y a todos los seres vivos. La segunda es nacional: agradecemos a Dios por la tierra de Israel, así como por las demás bendiciones de la vida judía: el pacto y su señal, la circuncisión, y la Torá. La tercera se dirige a Jerusalém. El cuarto párrafo es una adición posterior: según el Talmud (*Berajot* 48b) se agregó tras la rebelión de Bar Kojba en el año 135 e.c. Con el correr del tiempo se ha extendido considerablemente.

# סדר ברכת המזון

*Al finalizar la comida se vierte* מים אחרונים *(aguas finales) sobre las puntas de los dedos, y al hacerlo se dice:* 'מים אחרונים חובה', *(hay quienes acostumbran a pasar los dedos húmedos por sobre los labios).*

תהלים סז למנצח בנגינת מזמור שיר: אלהים יחננו ויברכנו יאר פניו אתנו
סלה: לדעת בארץ דרכך בכל־גוים ישועתך: יודוך עמים ׀
אלהים יודוך עמים כלם: ישמחו וירננו לאמים כי־תשפט עמים
מישר ולאמים ׀ בארץ תנחם סלה: יודוך עמים ׀ אלהים יודוך
עמים כלם: ארץ נתנה יבולה יברכנו אלהים אלהינו: יברכנו
אלהים וייראו אותו כל־אפסי־ארץ:

תהלים לד קהלת יב אברכה את־יהוה בכל־עת, תמיד תהלתו בפי: סוף דבר הכל
נשמע, את־האלהים ירא ואת־מצותיו שמור, כי־זה כל־האדם:
תהלים קמה תהלת יהוה ידבר פי, ויברך כל־בשר שם קדשו, לעולם ועד:
תהלים קטו יחזקאל מא ואנחנו נברך יה, מעתה ועד־עולם, הללויה: וידבר אלי, זה
השלחן, אשר לפני יהוה:

---

BIRCAT HAMAZÓN / EL AGRADECIMIENTO DESPUÉS DE LAS COMIDAS
El agradecimiento tras haber comido fue específicamente preceptuado por la Torá: "Y comerás y te saciarás y bendecirás al Señor tu Dios sobre la tierra buena que te concedió" (Deuteronomio 8:10). Moshé enseñó a los hijos de Israel que el agradecimiento es una institución central en la vida judía, "no sea que se enorgullezca tu corazón, y te olvides del Señor tu Dios… y digas en tu corazón: 'Mi poder y la fuerza de mi mano me han traído esta riqueza'" (ibid. 14-17). En caso de estar privados de un sentido de gratitud y de percibir un poder trascendente, las naciones, al igual que los individuos, finalmente decaen.

## ZIMÚN/INVITACIÓN

*Cuando tres o más hombres han comido juntos, el oficiante dice lo siguiente. Cuando diez o más hombres han comido juntos, se agregan las palabras que están entre paréntesis:*

*(Cuando los comensales dicen 'Bendito (es nuestro Dios) que comimos de lo suyo' se incorporan levemente. Otro tanto se hace cuando el oficiante repite 'Bendito (es nuestro Dios) que comimos...')*

*Oficiante:* Con vuestro permiso.

*Los demás responden:* Con el permiso del Cielo.

*Oficiante:* bendigamos (*en presencia de minián:* a nuestro Dios)
(*en un banquete nupcial:* que la alegría está en Su morada)
que comimos de lo Suyo.

*Los demás:* Bendito(*en presencia de minián:* es nuestro Dios)
(*en un banquete nupcial:* que la alegría está en Su morada)
y de Su gran bondad vivimos.

*Oficiante:* Bendito (*en presencia de minián:* es nuestro Dios)
(*en un banquete nupcial:* que la alegría está en Su morada)
y de Su gran bondad vivimos.

---

al de la recitación del "Barjú", "Bendecid al Señor", con el cual inician los servicios tanto matutino como nocturno. El zimún pone énfasis en el carácter eminentemente comunal de la plegaria en el judaísmo. Además del zimún común que aparece aquí, existen formas especiales del mismo para (1) un banquete nupcial, (2) un banquete posterior a una circuncisión, y (3) una comida en la casa de un doliente.

# סדר הזימון

*Cuando tres o más hombres han comido juntos, el oficiante dice lo siguiente.*
*Cuando diez o más hombres han comido juntos,*
*se agregan las palabras que están entre paréntesis:*
*(Cuando los comensales dicen 'בָּרוּךְ שֶׁאָכַלְנוּ מִשֶּׁלּוֹ' se incorporan levemente.*
*Otro tanto se hace cuando el oficiante repite '...בָּרוּךְ שֶׁאָכַלְנוּ מִשֶּׁלּוֹ')*

המזמן: **בִּרְשׁוּתְכֶם** והשומעים עונים: **שָׁמַיִם**

המזמן: **נְבָרֵךְ** (במניין: **אֱלֹהֵינוּ**) (בסעודת נישואין: **שֶׁהַשִּׂמְחָה בִּמְעוֹנוֹ**) **שֶׁאָכַלְנוּ מִשֶּׁלּוֹ.**

המסובים: **בָּרוּךְ** (במניין: **אֱלֹהֵינוּ**) (בסעודת נישואין: **שֶׁהַשִּׂמְחָה בִּמְעוֹנוֹ**) **שֶׁאָכַלְנוּ מִשֶּׁלּוֹ וּבְטוּבוֹ הַגָּדוֹל חָיִינוּ.**

המזמן: **בָּרוּךְ** (במניין: **אֱלֹהֵינוּ**) (בסעודת נישואין: **שֶׁהַשִּׂמְחָה בִּמְעוֹנוֹ**) **שֶׁאָכַלְנוּ מִשֶּׁלּוֹ וּבְטוּבוֹ הַגָּדוֹל חָיִינוּ.**

---

ZIMÚN / INVITACIÓN

Una comida de la que participan tres varones adultos requiere de una invitación formal para agradecer, el zimún. El Talmud lo deriva del versículo: "Exaltad al Señor conmigo, y ensalcemos juntos Su Nombre" (Salmos 34:4). Una versión levemente más extensa se emplea cuando hay al menos diez personas presentes. El acto de invitar a sumarse al agradecimiento es similar

# Bircat Hamazón

*Algunos dicen:* Bendito Él y bendito Su Nombre, bendito sea Su recuerdo por siempre.

## BENDICIÓN POR EL ALIMENTO

בָּרוּךְ Bendito eres Tú SEÑOR, nuestro Dios, Rey del universo,
que nos alimenta a nosotros y al mundo todo con Su bondad,
con gracia, generosidad y compasión.
Él da alimento y sustento a todo ser vivo,
pues Su benevolencia es eterna, *Sal. 136*
y en Su gran bondad nunca nos faltó
y que nunca nos falte alimento,
pues Su mesa está servida para todos,
y dispuso sustento y alimento para todas Sus creaturas que
Él creó con compasión y gran benevolencia.
Tal como fue dicho:
"Tú abres Tu mano y satisfaces el deseo de cada ser viviente". *Sal. 145*
Bendito eres Tú SEÑOR que alimentas compasivamente a todos.

## BENDICIÓN POR LA TIERRA

(Por nuestra tierra y por la heredad de nuestros ancestros)
Te agradecemos SEÑOR, nuestro Dios,
por haber dado en heredad a nuestros ancestros una tierra deseable,
buena y espaciosa; el pacto, la Torá, la vida y el alimento,

---

preceptos. En Ḥanucá y Purim se dice aquí *Al Hanisim* (["Te agradecemos también] por los milagros"), tal como en la A'midá en el párrafo paralelo de *Modim* ("Te agradecemos").

# בִּרְכַּת הַמָּזוֹן

יש אומרים: בָּרוּךְ הוּא וּבָרוּךְ שְׁמוֹ, וּבָרוּךְ זִכְרוֹ לְעוֹלְמֵי עַד.

ברכת הזן

בָּרוּךְ אַתָּה יְהוָה, אֱלֹהֵינוּ מֶלֶךְ הָעוֹלָם
הַזָּן אוֹתָנוּ וְאֶת הָעוֹלָם כֻּלּוֹ בְּטוּבוֹ
בְּחֵן בְּחֶסֶד בְּרֶוַח וּבְרַחֲמִים
נֹתֵן לֶחֶם לְכָל־בָּשָׂר כִּי לְעוֹלָם חַסְדּוֹ: תהלים קלו
וּבְטוּבוֹ הַגָּדוֹל, תָּמִיד לֹא חָסַר לָנוּ
וְאַל יֶחְסַר לָנוּ מָזוֹן תָּמִיד לְעוֹלָם וָעֶד
כִּי הוּא זָן וּמְפַרְנֵס לַכֹּל, וְשֻׁלְחָנוֹ עָרוּךְ לַכֹּל
וְהִתְקִין מִחְיָה וּמָזוֹן לְכָל־בְּרִיּוֹתָיו אֲשֶׁר בָּרָא
בְּרַחֲמָיו וּבְרֹב חֲסָדָיו
כָּאָמוּר: פּוֹתֵחַ אֶת־יָדֶךָ וּמַשְׂבִּיעַ לְכָל־חַי רָצוֹן: תהלים קמה
בָּרוּךְ אַתָּה יְהוָה, הַזָּן בְּרַחֲמָיו אֶת הַכֹּל.

ברכת הארץ

(עַל אַרְצֵנוּ וְעַל נַחֲלַת אֲבוֹתֵינוּ)
נוֹדֶה לְךָ, יְהוָה אֱלֹהֵינוּ
עַל שֶׁהִנְחַלְתָּ לַאֲבוֹתֵינוּ אֶרֶץ חֶמְדָּה טוֹבָה וּרְחָבָה
בְּרִית וְתוֹרָה, חַיִּים וּמָזוֹן

---

נוֹדֶה *Te agradecemos:* Tras agradecer a Dios por la tierra, el párrafo continúa agradeciendo por otras bondades que dispensó el Eterno a Israel: el éxodo de Egipto, el pacto y su señal, la circuncisión, la entrega de la Torá y los

y por habernos sacado de la tierra de Egipto,
y habernos liberado de la casa de la esclavitud,
y por Tu pacto que sellaste en nuestra carne,
(y por Tu Torá que nos has enseñado)
y por Tus leyes que nos has hecho conocer,
y por la vida y el alimento con el cual Tú nos nutres y mantienes.

---

*En Ḥanucá y Purim:*

עַל הַנִּסִּים (Te agradecemos también) por los milagros, la redención, los actos poderosos, las salvaciones, las maravillas y consolaciones que hiciste en favor de nuestros ancestros en aquellos días en este tiempo.

*En Ḥanucá:*

בִּימֵי מַתִּתְיָה En los días de Matitiahu hijo de Yojanán, el Sumo Sacerdote, el jasmoneo y sus hijos, cuando el malvado reino griego se levantó contra Tu pueblo Israel para hacerles olvidar Tu Torá y forzarlos a transgredir los estatutos de Tu voluntad. Y Tú, con gran compasión, estuviste junto a ellos en el tiempo de su desgracia, luchaste por su causa, juzgaste su reclamo y vengaste su opresión. Entregaste fuertes en manos de débiles, muchos en manos de pocos, malvados en manos de justos impuros en manos de puros, arrogantes en manos de estudiosos de Tu Torá. Hiciste para Ti un Nombre Grande y Sagrado en Tu mundo, y a Tu pueblo Israel diste gran redención y salvación en un día como este. Luego, Tus hijos ingresaron a Tu recinto sagrado, limpiaron Tu Templo, purificaron Tu santuario, encendieron velas en Tus cortes y establecieron estos ocho días de Ḥanucá de agradecimiento y alabanza, e hiciste para ellos milagros y maravillas, por lo que agradeceremos a Tu gran Nombre, Sela. *Continúa con "Por todo esto".*

*En Purim:*

בִּימֵי מָרְדְּכַי וְאֶסְתֵּר En los días de Mordejai y Ester, en la ciudad capital de Shushán, cuando el malvado Hamán se alzó contra Tu pueblo
procurando destruir, matar y exterminar a todos los judíos, jóvenes y *Est. 3*
mayores, niños y mujeres en un solo día, el trece del duodécimo mes que es el de Adar y saquear sus posesiones. Entonces Tú, con gran compasión desbarataste su plan, arruinaste su proyecto y le retribuiste por su maldad haciéndolo colgar junto a sus hijos de un cadalso e hiciste para ellos milagros y maravillas, por lo que agradeceremos a Tu gran Nombre, Sela.

*Continúa con "Por todo esto"*

---

עַל שֶׁהוֹצֵאתָנוּ מֵאֶרֶץ מִצְרַיִם וּפְדִיתָנוּ מִבֵּית עֲבָדִים
וְעַל בְּרִיתְךָ שֶׁחָתַמְתָּ בִּבְשָׂרֵנוּ
(וְעַל תּוֹרָתְךָ שֶׁלִּמַּדְתָּנוּ) וְעַל חֻקֵּי רְצוֹנְךָ שֶׁהוֹדַעְתָּנוּ
וְעַל חַיִּים וּמָזוֹן שֶׁאַתָּה זָן וּמְפַרְנֵס אוֹתָנוּ.

---

בחנוכה ובפורים:

עַל הַנִּסִּים וְעַל הַפֻּרְקָן וְעַל הַגְּבוּרוֹת וְעַל הַתְּשׁוּעוֹת וְעַל הַנִּפְלָאוֹת וְעַל הַנֶּחָמוֹת שֶׁעָשִׂיתָ לַאֲבוֹתֵינוּ בַּיָּמִים הָהֵם בַּזְּמַן הַזֶּה.

בחנוכה:

בִּימֵי מַתִּתְיָה בֶן יוֹחָנָן כֹּהֵן גָּדוֹל חַשְׁמוֹנָאִי וּבָנָיו, כְּשֶׁעָמְדָה עֲלֵיהֶם מַלְכוּת יָוָן הָרְשָׁעָה עַל עַמְּךָ יִשְׂרָאֵל לְשַׁכְּחָם מִתּוֹרָתֶךָ וּלְהַעֲבִירָם מֵחֻקֵּי רְצוֹנֶךָ, וְאַתָּה בְּרַחֲמֶיךָ הָרַבִּים עָמַדְתָּ לָהֶם בְּעֵת צָרָתָם, רַבְתָּ אֶת רִיבָם, דַּנְתָּ אֶת דִּינָם, נָקַמְתָּ אֶת נִקְמָתָם, מָסַרְתָּ גִבּוֹרִים בְּיַד חַלָּשִׁים, וְרַבִּים בְּיַד מְעַטִּים, וּרְשָׁעִים בְּיַד צַדִּיקִים, וּטְמֵאִים בְּיַד טְהוֹרִים, וְזֵדִים בְּיַד עוֹסְקֵי תוֹרָתֶךָ. לְךָ עָשִׂיתָ שֵׁם גָּדוֹל וְקָדוֹשׁ בְּעוֹלָמֶךָ, וּלְעַמְּךָ יִשְׂרָאֵל עָשִׂיתָ תְּשׁוּעָה גְדוֹלָה וּפֻרְקָן כְּהַיּוֹם הַזֶּה. וְאַחַר כָּךְ בָּאוּ בָנֶיךָ לִדְבִיר בֵּיתֶךָ, וּפִנּוּ אֶת הֵיכָלֶךָ, וְטִהֲרוּ אֶת מִקְדָּשֶׁךָ, וְהִדְלִיקוּ נֵרוֹת בְּחַצְרוֹת קָדְשֶׁךָ, וְקָבְעוּ שְׁמוֹנַת יְמֵי חֲנֻכָּה אֵלּוּ, בְּהַלֵּל וּבְהוֹדָאָה, וְעָשִׂיתָ עִמָּהֶם נִסִּים וְנִפְלָאוֹת, וְנוֹדֶה לְשִׁמְךָ הַגָּדוֹל, סֶלָה.

וממשיך ׳עַל הַכֹּל׳

בפורים:

בִּימֵי מָרְדְּכַי וְאֶסְתֵּר בְּשׁוּשַׁן הַבִּירָה, כְּשֶׁעָמַד עֲלֵיהֶם הָמָן הָרָשָׁע,
בִּקֵּשׁ לְהַשְׁמִיד לַהֲרֹג וּלְאַבֵּד אֶת־כָּל־הַיְּהוּדִים מִנַּעַר וְעַד־זָקֵן טַף אסתר ג
וְנָשִׁים בְּיוֹם אֶחָד, בִּשְׁלוֹשָׁה עָשָׂר לְחֹדֶשׁ שְׁנֵים־עָשָׂר, הוּא־חֹדֶשׁ
אֲדָר, וּשְׁלָלָם לָבוֹז: וְאַתָּה בְּרַחֲמֶיךָ הָרַבִּים הֵפַרְתָּ אֶת עֲצָתוֹ, וְקִלְקַלְתָּ
אֶת מַחֲשַׁבְתּוֹ, וַהֲשֵׁבוֹתָ לּוֹ גְּמוּלוֹ בְּרֹאשׁוֹ, וְתָלוּ אוֹתוֹ וְאֶת בָּנָיו עַל
הָעֵץ, וְעָשִׂיתָ עִמָּהֶם נִסִּים וְנִפְלָאוֹת, וְנוֹדֶה לְשִׁמְךָ הַגָּדוֹל, סֶלָה.

וממשיך ׳עַל הַכֹּל׳

עַל הַכֹּל Por todo esto Señor, Dios nuestro,
Te agradecemos y bendecimos Tu Nombre,
tal como fue dicho: "Y comerás y te saciarás
y bendecirás al Señor tu Dios
sobre la tierra buena que te concedió".
Bendito eres Tú Señor, por la tierra y por el alimento.

BENDICIÓN POR JERUSALÉM

רַחֵם Ten compasión, por favor, Señor, nuestro Dios,
por nosotros y por Tu pueblo Israel, por Tu ciudad Jerusalém,
y por el Monte de Ṣion el recinto de Tu Gloria,
y por Tu Templo, y por Tu morada y por Tu recinto
y por la Casa grande y sagrada que lleva Tu Nombre.
Nuestro Padre, nuestro Amigo, nuestro Proveedor,
Quien nos prodiga sustento y nos mantiene,
Señor, nuestro Dios, socórrenos
y envíanos pronto alivio de todos nuestros opresores.
Y por favor, no permitas que precisemos recibir las dádivas
o los préstamos de los mortales,
que son pobres en cantidad y grandes en vergüenza,
sino solamente por medio de Tu mano llena, amplia, rica y abierta;
que no nos avergoncemos en este mundo
ni suframos escarnio en el Mundo Venidero,
y retorne a su sitio el reino de David
Tu ungido pronto en nuestros días.

(*Los avelim continúan en la página 1128*).

---

*En Shabat se agrega:*

רְצֵה Tórnate con benevolencia y fortalécenos, Señor, nuestro Dios, por medio de Tus preceptos y por medio del precepto del séptimo día,este grande y sagrado Shabat. Pues este día es grande y sagrado ante Ti. En él cesaremos y reposaremos tal como lo preceptuaron las leyes de Tu voluntad. Que no suframos de pesar o angustia en nuestro día de descanso, y muéstranos el consuelo de Ṣion pronto en nuestros días, pues Tú eres el dueño de la consolación.

עַל הַכֹּל, יְהוָֹה אֱלֹהֵינוּ אֲנַחְנוּ מוֹדִים לָךְ וּמְבָרְכִים אֶת שְׁמָךְ.
כָּאָמוּר: וְאָכַלְתָּ וְשָׂבָעְתָּ וּבֵרַכְתָּ (ימזוג הכוס) אֶת־יְהוָֹה אֱלֹהֶיךָ דברים ח
עַל־הָאָרֶץ הַטֹּבָה אֲשֶׁר נָתַן־לָךְ:
בָּרוּךְ אַתָּה יְהוָֹה, עַל הָאָרֶץ וְעַל הַמָּזוֹן.

ברכת ירושלים

רַחֵם יְהוָֹה אֱלֹהֵינוּ עָלֵינוּ וְעַל יִשְׂרָאֵל עַמָּךְ
וְעַל יְרוּשָׁלַיִם עִירָךְ וְעַל הַר צִיּוֹן מִשְׁכַּן כְּבוֹדָךְ
וְעַל הֵיכָלָךְ וְעַל מְעוֹנָךְ וְעַל דְּבִירָךְ
וְעַל הַבַּיִת הַגָּדוֹל וְהַקָּדוֹשׁ שֶׁנִּקְרָא שִׁמְךָ עָלָיו
אָבִינוּ, רְעֵנוּ, זוּנֵנוּ, פַּרְנְסֵנוּ, כַּלְכְּלֵנוּ
הַרְוִיחֵנוּ, הַרְוַח־לָנוּ מְהֵרָה מִכָּל צָרוֹתֵינוּ
וְאַל־תַּצְרִיכֵנוּ, יְהוָֹה אֱלֹהֵינוּ לִידֵי מַתְּנוֹת בָּשָׂר וָדָם
וְלֹא לִידֵי הַלְוָאָתָם שֶׁמַּתְּנָתָם מְעוּטָה וְחֶרְפָּתָם מְרֻבָּה
אֶלָּא לְיָדְךָ הַמְּלֵאָה וְהָרְחָבָה, הָעֲשִׁירָה וְהַפְּתוּחָה.
שֶׁלֹּא נֵבוֹשׁ בָּעוֹלָם הַזֶּה, וְלֹא נִכָּלֵם לָעוֹלָם הַבָּא
וּמַלְכוּת בֵּית דָּוִד מְשִׁיחָךְ תַּחֲזִירֶנָּה לִמְקוֹמָהּ בִּמְהֵרָה בְיָמֵינוּ.

(*Los* אבלים *continúan en la página 1129*).

---

*En* שבת *se agrega:*

רְצֵה וְהַחֲלִיצֵנוּ, יְהוָֹה אֱלֹהֵינוּ, בְּמִצְוֹתֶיךָ
וּבְמִצְוַת יוֹם הַשְּׁבִיעִי, הַשַּׁבָּת הַגָּדוֹל וְהַקָּדוֹשׁ הַזֶּה
כִּי יוֹם זֶה גָּדוֹל וְקָדוֹשׁ הוּא מִלְּפָנֶיךָ.
נִשְׁבֹּת בּוֹ וְנָנוּחַ בּוֹ כְּמִצְוַת חֻקֵּי רְצוֹנָךְ
וְאַל תְּהִי צָרָה וְיָגוֹן בְּיוֹם מְנוּחָתֵנוּ
וְהַרְאֵנוּ בְּנֶחָמַת צִיּוֹן בִּמְהֵרָה בְיָמֵינוּ
כִּי אַתָּה הוּא בַּעַל הַנֶּחָמוֹת.

Y a pesar de que comimos y bebimos, no hemos olvidado la destrucción de Tu grande y sagrada Casa, no nos olvides para la eternidad ni nos abandones para siempre, pues Tú Dios eres un Rey grande y santo.

---

*En Yom Tob, Rosh Ḥodesh y Ḥol HaMo'ed se agrega:*

אֱלֹהֵינוּ Dios nuestro y de nuestros ancestros, que ascienda, acuda y llegue; sea visible, sea aceptada, sea escuchada, sea considerada y sea recordada delante de Ti nuestra memoria, y la de nuestros patriarcas, y la del Mashiaḥ hijo de David Tu siervo, y la de todo Tu pueblo la casa de Israel – para liberación y bienestar, gracia, benevolencia y compasión, en este día de

*En Rosh Ḥodesh:* Rosh Ḥodesh
*En Pesaḥ:* Fiesta de las Maṣot, día de sagrada convocatoria
*En Shabu'ot:* Fiesta de Shabu'ot, día de sagrada convocatoria
*En Rosh HaShaná:* Recordación, día de sagrada convocatoria
*En Sucot:* Fiesta de Sucot, día de sagrada convocatoria
*En Sheminí Aṣeret:* Fiesta de Sheminí Aṣeret, día de sagrada convocatoria

para que en él tengas compasión y nos redimas. Recuérdanos Señor, nuestro Dios en él para bien, tennos presentes en él para bendición y redímenos en él para una buena vida, de acuerdo con Tu promesa de salvación y misericordia. Apiádate, agrácianos, compadécete y ten misericordia de nosotros y redímenos, pues nuestros ojos están puestos en Ti ya que Tú Dios eres un Rey benevolente y compasivo.

---

וְתִבְנֶה Reconstruye a Jerusalém Tu ciudad pronto en nuestros días. Bendito eres Tú Señor, Quien reconstruirá compasivamente a Jerusalém.

*En voz baja:* Amén.

---

reflejando las palabras de Zacarías: "Por ello, esto es lo que dice el Señor: Retornaré a Jerusalém con compasión allí será reconstruida Mi morada" (1:16). Según la tradición, la Divina Presencia nunca abandonó Jerusalém, incluso cuando la ciudad yacía en ruinas. בּוֹנֵה בְרַחֲמָיו יְרוּשָׁלָיִם, אָמֵן *Quien re-*

וְגַם שֶׁאָכַלְנוּ וְשָׁתִינוּ
חָרְבַּן בֵּיתְךָ הַגָּדוֹל וְהַקָּדוֹשׁ לֹא שָׁכַחְנוּ.
אַל תִּשְׁכָּחֵנוּ לָנֶצַח וְאַל תִּזְנָחֵנוּ לָעַד
כִּי אֵל מֶלֶךְ גָּדוֹל וְקָדוֹשׁ אָתָּה.

---

*En* ראש השנה *y en* חול המועד *se dice:*

אֱלֹהֵינוּ וֵאלֹהֵי אֲבוֹתֵינוּ, יַעֲלֶה וְיָבוֹא, יַגִּיעַ, יֵרָאֶה וְיֵרָצֶה, יִשָּׁמַע יִפָּקֵד וְיִזָּכֵר זִכְרוֹנֵנוּ וְזִכְרוֹן אֲבוֹתֵינוּ, זִכְרוֹן יְרוּשָׁלַיִם עִירֶךָ, וְזִכְרוֹן מָשִׁיחַ בֶּן דָּוִד עַבְדֶּךָ, וְזִכְרוֹן כָּל־עַמְּךָ בֵּית יִשְׂרָאֵל, לְפָנֶיךָ, לִפְלֵיטָה לְטוֹבָה, לְחֵן, לְחֶסֶד וּלְרַחֲמִים, בְּיוֹם

בראש חודש: רֹאשׁ חֹדֶשׁ הַזֶּה

בפסח: חַג הַמַּצּוֹת הַזֶּה, בְּיוֹם (ביו״ט: טוֹב) מִקְרָא קֹדֶשׁ הַזֶּה

בשבועות: חַג הַשָּׁבוּעוֹת הַזֶּה, בְּיוֹם טוֹב מִקְרָא קֹדֶשׁ הַזֶּה

בראש השנה: הַזִּכָּרוֹן הַזֶּה, בְּיוֹם טוֹב מִקְרָא קֹדֶשׁ הַזֶּה

בסוכות: חַג הַסֻּכּוֹת הַזֶּה, בְּיוֹם (ביו״ט: טוֹב) מִקְרָא קֹדֶשׁ הַזֶּה

בשמיני עצרת: שְׁמִינִי חַג עֲצֶרֶת הַזֶּה, בְּיוֹם טוֹב מִקְרָא קֹדֶשׁ הַזֶּה

לְרַחֵם בּוֹ עָלֵינוּ וּלְהוֹשִׁיעֵנוּ. זָכְרֵנוּ יְהוָה אֱלֹהֵינוּ בּוֹ לְטוֹבָה וּפָקְדֵנוּ בוֹ לִבְרָכָה וְהוֹשִׁיעֵנוּ בוֹ לְחַיִּים טוֹבִים, בִּדְבַר יְשׁוּעָה וְרַחֲמִים. חוּס וְחָנֵּנוּ וַחֲמֹל וְרַחֵם עָלֵינוּ, וְהוֹשִׁיעֵנוּ כִּי אֵלֶיךָ עֵינֵינוּ, כִּי אֵל מֶלֶךְ חַנּוּן וְרַחוּם אָתָּה.

---

וְתִבְנֶה יְרוּשָׁלַיִם עִירְךָ בִּמְהֵרָה בְיָמֵינוּ.
בָּרוּךְ אַתָּה יְהוָה, בּוֹנֵה בְרַחֲמָיו בִּנְיַן יְרוּשָׁלָיִם.

בלחש: אָמֵן.

---

וְתִבְנֶה יְרוּשָׁלַיִם *Reconstruye a Jerusalém.* La tercera bendición habla de Jerusalém, sitio de la Gloria Divina, así como también asiento de la monarquía davídica y el Templo, por cuya restauración oramos. Tal como es común en el Sidur, Jerusalém es asociada con el atributo Divino de la compasión

*Si alguien se olvidó de agregar 'Tórnate con benevolencia' en Shabat y se acuerda tras haber dicho 'Reconstruye a Jerusalém' antes de comenzar la siguiente bendición, debe adicionar aquí lo siguiente:*

Bendito eres Tú Señor, nuestro Dios, Rey del universo, que le dio Shabatot a Su pueblo Israel para el reposo, con amor y como señal del pacto. Bendito eres Tú Señor, que santifica el Shabat.

BENDICIÓN POR LA BONDAD DIVINA

בָּרוּךְ Bendito eres Tú Señor, nuestro Dios,
Rey del universo por siempre, el Dios, nuestro Padre,
nuestro Rey, nuestro Soberano, nuestro Creador,
nuestro Redentor, nuestro Sagrado, el Sagrado Dios de Ya'akob.
Nuestro Pastor, Pastor de Israel,
el Rey Bueno que es bondadoso con todos,
y que cada día fue benevolente,
es benevolente y será benevolente con nosotros,
Él actuó, actúa y actuará generosamente con nosotros
por siempre, concediéndonos gracia, bondad y compasión,
alivio, rescate y todo lo bueno.

los combates y muchos otros a consecuencia de la inanición. Novecientos ochenta y cinco ciudades, poblados y asentamientos fueron destruidos. Jerusalém fue totalmente destruida y arada hasta los cimientos y reconstruida como ciudad romana bajo el nombre de Aelia Capitolina. El hecho de que los sabios pudieron extraer un fragmento de consolación del hecho de que a los muertos no se les denegó la dignidad del entierro es testimonio de la extraordinaria capacidad de sobrevivir catástrofes y preservar la esperanza. El pasaje está elaborado en torno a una triple referencia al reinado de Dios, Su bondad y Su generosidad.

*Si alguien se olvidó de agregar 'רְצֵה וְהַחֲלִיצֵנוּ' en Shabat y se acuerda tras haber dicho 'וּתְבְנֶה יְרוּשָׁלַיִם' antes de comenzar la siguiente bendición, debe adicionar aquí lo siguiente:*

בָּרוּךְ אַתָּה יְהוָה, אֱלֹהֵינוּ מֶלֶךְ הָעוֹלָם אֲשֶׁר נָתַן שַׁבָּתוֹת לִמְנוּחָה לְעַמּוֹ יִשְׂרָאֵל בְּאַהֲבָה לְאוֹת וְלִבְרִית. בָּרוּךְ אַתָּה יְהוָה מְקַדֵּשׁ הַשַּׁבָּת.

ברכת הטוב והמטיב

בָּרוּךְ אַתָּה יְהוָה, אֱלֹהֵינוּ מֶלֶךְ הָעוֹלָם לָעַד
הָאֵל אָבִינוּ, מַלְכֵּנוּ, אַדִּירֵנוּ
בּוֹרְאֵנוּ, גּוֹאֲלֵנוּ, קְדוֹשֵׁנוּ, קְדוֹשׁ יַעֲקֹב
רוֹעֵנוּ, רוֹעֵה יִשְׂרָאֵל, הַמֶּלֶךְ הַטּוֹב וְהַמֵּטִיב לַכֹּל
שֶׁבְּכָל־יוֹם וָיוֹם
הוּא הֵטִיב לָנוּ, הוּא מֵטִיב לָנוּ, הוּא יֵיטִיב לָנוּ
הוּא גְמָלָנוּ, הוּא גוֹמְלֵנוּ, הוּא יִגְמְלֵנוּ לָעַד
חֵן וָחֶסֶד וְרַחֲמִים, וְרֶוַח וְהַצָּלָה וְכָל־טוֹב.

*construirá compasivamente a Jerusalém. Amén*: la inusual aparición del vocablo Amén en este pasaje (normalmente no decimos amén por nuestras propias bendiciones) señala que originalmente este era el final del agradecimiento.

בָּרוּךְ *Bendito:* Una adición tardía, la cual según el Talmud (*Berajot* 48B) data del período posterior a la rebelión de Bar Kojba cuando tras una larga demora los romanos autorizaron a los judíos a enterrar a sus muertos. El fracaso de la rebelión de Bar Kojba fue uno de los puntos más bajos de la historia judía. Según el historiador romano Dion, unos 580.000 judíos perecieron en

הָרַחֲמָן El Dios Compasivo sea alabado sobre el Trono de Su gloria.

El Dios Compasivo sea bendito en el cielo como en la tierra.

El Dios Compasivo sea alabado por todas las generaciones.

El Dios Compasivo elevará el honor de Su pueblo.

El Dios Compasivo será glorificado por nosotros por toda la eternidad.

El Dios Compasivo nos provea de sustento con dignidad y no con vergüenza, mediante acciones lícitas y no ilícitas, con tranquilidad y sin angustia.

El Dios Compasivo establezca la paz entre nosotros.

El Dios Compasivo envíe bendición, bienestar y éxito en todas las acciones de nuestras manos.

El Dios Compasivo hará exitosos nuestros caminos.

El Dios Compasivo quiebre el yugo de la opresión del exilio que pende sobre nosotros.

El Dios Compasivo pronto nos guíe erguidos hacia nuestra tierra.

El Dios Compasivo nos envíe curación completa para el alma y el cuerpo.

El Dios Compasivo nos abra Su mano amplia.

---

traemos la redención por medio de actos de hospitalidad. De acuerdo con los sabios este era el modo por medio del cual Abraham y Sará trajeron el monoteísmo al mundo, proveyendo hospitalidad a los extranjeros. Cuando terminaba la comida y los huéspedes comenzaban a agradecerle, Abraham les respondía: “Agradeced al Eterno de quien proviene todo cuanto hemos comido”.

הָרַחֲמָן הוּא יִשְׁתַּבַּח עַל־כִּסֵּא כְבוֹדוֹ.

הָרַחֲמָן הוּא יִשְׁתַּבַּח בַּשָּׁמַיִם וּבָאָרֶץ.

הָרַחֲמָן הוּא יִשְׁתַּבַּח בָּנוּ לְדוֹר דּוֹרִים.

הָרַחֲמָן הוּא קֶרֶן לְעַמּוֹ יָרִים.

הָרַחֲמָן הוּא יִתְפָּאַר בָּנוּ לָנֶצַח נְצָחִים.

הָרַחֲמָן הוּא יְפַרְנְסֵנוּ בְּכָבוֹד וְלֹא בְּבִזּוּי, בְּהֶתֵּר וְלֹא בְאִסּוּר
בְּנַחַת וְלֹא בְצַעַר.

הָרַחֲמָן הוּא יִתֵּן שָׁלוֹם בֵּינֵינוּ.

הָרַחֲמָן הוּא יִשְׁלַח בְּרָכָה רְוָחָה וְהַצְלָחָה בְּכָל־מַעֲשֵׂה יָדֵינוּ.

הָרַחֲמָן הוּא יַצְלִיחַ אֶת דְּרָכֵינוּ.

הָרַחֲמָן הוּא יִשְׁבֹּר עֹל גָּלוּת מְהֵרָה מֵעַל צַוָּארֵינוּ.

הָרַחֲמָן הוּא יוֹלִיכֵנוּ מְהֵרָה קוֹמְמִיּוּת לְאַרְצֵנוּ.

הָרַחֲמָן הוּא יִרְפָּאֵנוּ רְפוּאָה שְׁלֵמָה
רְפוּאַת הַנֶּפֶשׁ וּרְפוּאַת הַגּוּף.

הָרַחֲמָן הוּא יִפְתַּח לָנוּ אֶת יָדוֹ הָרְחָבָה.

---

הָרַחֲמָן *El Dios Compasivo:* una serie de plegarias adicionales que datan del período gaonítico. La más antigua de estas es aquella en la cual el invitado invoca la bendición para los anfitriones y sus familias. Este pasaje está inmediatamente precedido por una plegaria en la cual Elías habrá de venir y anunciar la llegada del Mashiaḥ. La yuxtaposición es sorprendente:

El Dios Compasivo bendiga a cada uno de nosotros por medio de Su gran Nombre tal como fueron bendecidos nuestros patriarcas Abraham, Iṣḥak y Ya'akob en todo, de todo, con todo, así habrá de bendecirnos a nosotros todos juntos con una bendición completa y sea esta Su voluntad y digamos: Amén.

El Dios Compasivo extenderá sobre nosotros la sucá de Su paz.

El Dios Compasivo plante Su Torá y Su amor en nuestro corazón tal que el temor a Él este siempre sobre nuestro rostro y no pequemos.

*Bendición del invitado:*

הָרַחֲמָן El Dios Compasivo bendiga esta mesa sobre la cual comimos y disponga sobre ella todos los manjares del mundo, y sea tal como la mesa de nuestro padre Abraham de la cual todo hambriento coma y todo sediento beba, y no falte nunca en esta ninguna de las cosas buenas, Amén.

הָרַחֲמָן El Dios Compasivo bendiga al dueño de esta casa y anfitrión de esta comida, a él, a sus hijos, a su mujer y todo cuanto le pertenece, con hijos que vivan y propiedades que se multipliquen. El Señor bendiga su esfuerzo y vea con agrado la acción de sus manos. Que sus propiedades y las nuestras sean exitosas y cercanas a la ciudad. Que no ingrese en él ni en nosotros ningún pecado ni pensamiento de transgresión. Que esté alegre y feliz todos los días con riqueza y honor desde hoy y para siempre. Que no se avergüence en este mundo ni conozca el escarnio en el Mundo Venidero. Amén, sea esta Su voluntad.

*Berajot 46a*
*Deut. 33*

---

*En un Berit Milá:*

הָרַחֲמָן El Dios Compasivo bendiga al dueño de esta casa,el padre del niño y a su esposa que lo ha dado a luz desde ahora y para siempre.

הָרַחֲמָן El Dios Compasivo bendiga al recién nacido, y así como el Santo Bendito Él le concedió el mérito de ser circuncidado de igual manera que le conceda el mérito de ingresar al estudio de la Torá, a la jupá y a la realización de buenas acciones, que sea esta Su voluntad y digamos: Amén.

הָרַחְמָן הוּא יְבָרֵךְ כָּל־אֶחָד וְאֶחָד מִמֶּנּוּ בִּשְׁמוֹ הַגָּדוֹל
כְּמוֹ שֶׁנִּתְבָּרְכוּ אֲבוֹתֵינוּ
אַבְרָהָם יִצְחָק וְיַעֲקֹב, בַּכֹּל, מִכֹּל, כֹּל
כֵּן יְבָרֵךְ אוֹתָנוּ יַחַד בִּבְרָכָה שְׁלֵמָה
וְכֵן יְהִי רָצוֹן וְנֹאמַר אָמֵן.

הָרַחְמָן הוּא יִפְרֹשׂ עָלֵינוּ סֻכַּת שְׁלוֹמוֹ.

הָרַחְמָן הוּא יִטַּע תּוֹרָתוֹ וְאַהֲבָתוֹ בְּלִבֵּנוּ
וְתִהְיֶה יִרְאָתוֹ עַל פָּנֵינוּ לְבִלְתִּי נֶחֱטָא.

ברכת האורח:

הָרַחְמָן הוּא יְבָרֵךְ אֶת הַשֻּׁלְחָן הַזֶּה שֶׁאָכַלְנוּ עָלָיו וִיסַדֵּר בּוֹ כָּל־מַעֲדַנֵּי עוֹלָם, וְיִהְיֶה כְּשֻׁלְחָנוֹ שֶׁל אַבְרָהָם אָבִינוּ, כָּל־רָעֵב מִמֶּנּוּ יֹאכַל וְכָל־צָמֵא מִמֶּנּוּ יִשְׁתֶּה, וְאַל יֶחְסַר מִמֶּנּוּ כָּל־טוּב לָעַד וּלְעוֹלְמֵי עוֹלָמִים, אָמֵן.

הָרַחְמָן הוּא יְבָרֵךְ אֶת בַּעַל הַבַּיִת הַזֶּה וּבַעַל הַסְּעוּדָה הַזֹּאת, הוּא וּבָנָיו ברכות מו.
וְאִשְׁתּוֹ וְכָל־אֲשֶׁר לוֹ, בְּבָנִים שֶׁיִּחְיוּ וּבִנְכָסִים שֶׁיִּרְבּוּ. בָּרֵךְ יְהוָה דברים לג
חֵילוֹ וּפֹעַל יָדָיו תִּרְצֶה: וְיִהְיוּ נְכָסָיו וּנְכָסֵינוּ מֻצְלָחִים וּקְרוֹבִים
לָעִיר, וְאַל יִזְדַּקֵּק לְפָנָיו וְלֹא לְפָנֵינוּ שׁוּם דְּבַר חֵטְא וְהִרְהוּר עָוֹן.
שָׂשׂ וְשָׂמֵחַ כָּל־הַיָּמִים, בְּעֹשֶׁר וְכָבוֹד, מֵעַתָּה וְעַד עוֹלָם. לֹא יֵבוֹשׁ
בָּעוֹלָם הַזֶּה וְלֹא יִכָּלֵם לָעוֹלָם הַבָּא. אָמֵן כֵּן יְהִי רָצוֹן.

---

בסעודת המילה:

הָרַחְמָן הוּא יְבָרֵךְ אֶת בַּעַל הַבַּיִת הַזֶּה אֲבִי הַבֵּן
הוּא וְאִשְׁתּוֹ הַיּוֹלֶדֶת, מֵעַתָּה וְעַד עוֹלָם.

הָרַחְמָן הוּא יְבָרֵךְ אֶת הַיֶּלֶד הַנּוֹלָד, וּכְשֵׁם שֶׁזִּכָּהוּ הַקָּדוֹשׁ בָּרוּךְ הוּא לַמִּילָה, כָּךְ יְזַכֵּהוּ לִכָּנֵס לַתּוֹרָה לַחֻפָּה לַמִּצְוֹת וּלְמַעֲשִׂים טוֹבִים, וְכֵן יְהִי רָצוֹן וְנֹאמַר אָמֵן.

הָרַחֲמָן El Dios Compasivo bendiga a los honorables mohel y sandak y demás involucrados en el cumplimiento del precepto, a ellos y a todo lo suyo.

*En una comida de Sheba Berajot:*

הָרַחֲמָן El Dios Compasivo bendiga al novio y a la novia con hijos e hijas, riqueza y honor, para Su servicio.

---

El Dios Compasivo nos hará meritorios y nos acercará a los días del Mashiaḥ, la construcción del Sagrado Templo y a la vida del Mundo Venidero.

Él hace grandes / *en Shabat, Festividades y Rosh Ḥodesh:* Él es torre de / *Sal. 18 II Sam. 22*
salvaciones para Su rey
y actúa benevolentemente con Su ungido,
con David y su descendencia por siempre.
Cachorros de león crecieron débiles y hambrientos,
pero a quienes procuran al Señor no ha faltado nada de lo bueno. *Sal. 34*
Fui joven y ahora soy anciano y nunca vi un justo abandonado *Sal. 37*
y a su descendencia mendigando pan.
Todo el día prestan generosamente
y sus hijos se tornan bendición.
Lo que comimos sea para saciedad,
lo que hemos bebido sea para salud,
y lo que hemos dejado sea para bendición,

---

este sentido, el pasaje de Salmos 37:25 debería ser entendido de la siguiente forma: "Cuando los justos fueron abandonados o sus hijos forzados a procurar pan, yo nunca simplemente me paré y contemplé". Entendido de este modo, se trata de una advertencia contra la contemplación pasiva mientras alguien sufre. De esta manera trae al agradecimiento a una cercanía simétrica: comienza hablando de la bondad de Dios en alimentar a los hambrientos y finaliza con un llamado para que obremos de igual manera. Esta es también parte de "andar los caminos del Señor".

הָרַחֲמָן הוּא יְבָרֵךְ אֶת־מַעֲלַת הַסַּנְדָּק וְהַמּוֹהֵל
וּשְׁאָר הַמִּשְׁתַּדְּלִים בַּמִּצְוָה, הֵם וְכָל־אֲשֶׁר לָהֶם.

בסעודת החתן:
הָרַחֲמָן הוּא יְבָרֵךְ אֶת הֶחָתָן וְהַכַּלָּה בְּבָנִים וּבְבָנוֹת
בְּעֹשֶׁר וּבְכָבוֹד, לַעֲבוֹדָתוֹ יִתְבָּרַךְ.

---

הָרַחֲמָן הוּא יְחַיֵּינוּ וִיזַכֵּנוּ וִיקָרְבֵנוּ לִימוֹת הַמָּשִׁיחַ וּלְבִנְיַן בֵּית
הַמִּקְדָּשׁ וּלְחַיֵּי הָעוֹלָם הַבָּא.

מַגְדִּל/ בשבת (מוצאי שבת), מועדים, וראש חודש מִגְדּוֹל/ יְשׁוּעוֹת מַלְכּוֹ תהלים יח/ שמואל ב׳ כב
וְעֹשֶׂה־חֶסֶד לִמְשִׁיחוֹ לְדָוִד וּלְזַרְעוֹ עַד־עוֹלָם:
כְּפִירִים רָשׁוּ וְרָעֵבוּ, וְדֹרְשֵׁי יְהוָה לֹא־יַחְסְרוּ כָל־טוֹב: תהלים לד
נַעַר הָיִיתִי גַּם־זָקַנְתִּי תהלים לז
וְלֹא־רָאִיתִי צַדִּיק נֶעֱזָב וְזַרְעוֹ מְבַקֶּשׁ־לָחֶם:
כָּל־הַיּוֹם חוֹנֵן וּמַלְוֶה, וְזַרְעוֹ לִבְרָכָה:
מַה שֶּׁאָכַלְנוּ יִהְיֶה לְשָׂבְעָה
וּמַה שֶּׁשָּׁתִינוּ יִהְיֶה לִרְפוּאָה
וּמַה שֶּׁהוֹתַרְנוּ יִהְיֶה לִבְרָכָה

---

נַעַר הָיִיתִי *Fui joven:* La traducción estándar de este versículo (Salmos 37:25) es "Fui joven y ahora soy anciano y no he visto a los justos abandonados o a sus hijos buscando pan". Yo lo he traducido de acuerdo con una sutil perspectiva de autoría anónima que sugiere que el verbo "raiti" debe ser entendido en el sentido tal como aparece en el libro de Ester cuando ella, suplicando por su pueblo, dice: "¿Cómo podría contemplar el mal que ha de sobrevenir sobre mi pueblo? O, ¿cómo podría contemplar la destrucción de mi parentela?" (8:6). Aquí el verbo significa "ser un testigo pasivo de". Tomado el verbo en

tal como está escrito:
"Y él les sirvió y ellos comieron II Rey. 4
y dejaron resto tal como ordena el Señor".
Benditos sois para el Señor, Hacedor de los cielos y la tierra. Sal. 115
Bendito es el hombre que confía en el Señor, Jer. 17
y que sólo en el Señor deposita su confianza.
El Señor dará poder a Su pueblo, Sal. 29
el Señor bendecirá a Su pueblo con la paz.
Pues sació al alma sedienta y colmó de bien al hambriento. Sal. 106
Agradeced al Señor porque es bueno; Sal. 118
Su benevolencia es eterna.
Los cielos son para el Señor, Sal. 115
y la tierra fue entregada a los hombres.

**עוֹשֶׂה** Quien obra la paz en Sus alturas, con compasión haga la paz para nosotros y todo Su pueblo Israel y decid: Amén.

*Si el Bircat Hamazón fue recitado sobre una copa de vino quien ofició el Zimún dice:*

Prestad atención señores míos.
( *Se responde:* ¡Leḥaim!)

**בָּרוּךְ** Bendito eres Tú Señor, nuestro Dios, Rey del universo, creador del fruto de la vid.

*El oficiante bebe del vino.*

## BENDICIONES POR OTROS ALIMENTOS

*Por alimentos que no son pan y están elaborados a partir de los cinco cereales y por arroz:*

Bendito eres Tú Señor, nuestro Dios, Rey del universo
que crea diferentes tipos de alimentos.

*Por vino o jugo de uva:*

Bendito eres Tú Señor, nuestro Dios, Rey del universo
que crea el fruto de la vid.

*Por frutos del árbol:*

Bendito eres Tú Señor, nuestro Dios, Rey del universo que crea el fruto del árbol.

כִּדְכְתִיב:

וַיִּתֵּן לִפְנֵיהֶם וַיֹּאכְלוּ וַיּוֹתִרוּ כִּדְבַר יְהוָה: מלכים ב׳ ד

בְּרוּכִים אַתֶּם לַיהוָה, עֹשֵׂה שָׁמַיִם וָאָרֶץ: תהלים קטו

בָּרוּךְ הַגֶּבֶר אֲשֶׁר יִבְטַח בַּיהוָה, וְהָיָה יְהוָה מִבְטַחוֹ: ירמיה יז

יְהוָה עֹז לְעַמּוֹ יִתֵּן, יְהוָה יְבָרֵךְ אֶת־עַמּוֹ בַשָּׁלוֹם: תהלים כט

כִּי־הִשְׂבִּיעַ נֶפֶשׁ שֹׁקֵקָה וְנֶפֶשׁ רְעֵבָה מִלֵּא־טוֹב: תהלים קז

הוֹדוּ לַיהוָה כִּי־טוֹב כִּי לְעוֹלָם חַסְדּוֹ: תהלים קיח

הַשָּׁמַיִם שָׁמַיִם לַיהוָה וְהָאָרֶץ נָתַן לִבְנֵי־אָדָם: תהלים קטו

עוֹשֶׂה שָׁלוֹם בִּמְרוֹמָיו, הוּא בְּרַחֲמָיו יַעֲשֶׂה שָׁלוֹם עָלֵינוּ וְעַל־כָּל־עַמּוֹ יִשְׂרָאֵל, וְאִמְרוּ אָמֵן.

*Si el* ברכת המזון *fue recitado sobre una copa de vino el* מזמן *dice:*

סַבְרִי מָרָנָן (ועונים: לְחַיִּים)

בָּרוּךְ אַתָּה יְהוָה, אֱלֹהֵינוּ מֶלֶךְ הָעוֹלָם, בּוֹרֵא פְּרִי הַגָּפֶן.

*El* מזמן *bebe del vino.*

## ברכות הנהנין

*Por alimentos que no son pan y están elaborados a partir de los cinco cereales y por arroz:*

בָּרוּךְ אַתָּה יְהוָה, אֱלֹהֵינוּ מֶלֶךְ הָעוֹלָם, בּוֹרֵא מִינֵי מְזוֹנוֹת.

*Por vino o jugo de uva:*

בָּרוּךְ אַתָּה יְהוָה, אֱלֹהֵינוּ מֶלֶךְ הָעוֹלָם, בּוֹרֵא פְּרִי הַגָּפֶן.

*Por frutos del árbol:*

בָּרוּךְ אַתָּה יְהוָה, אֱלֹהֵינוּ מֶלֶךְ הָעוֹלָם, בּוֹרֵא פְּרִי הָעֵץ.

*Por verduras o frutas que crecen en plantas que no son árboles:*

Bendito eres Tú Señor, nuestro Dios, Rey del universo, que crea el fruto de la tierra.

*Por otras comidas u otros líquidos que no son vino:*

Bendito eres Tú Señor, nuestro Dios, Rey del universo, que todo fue por efecto de Su palabra.

*Al ingerir una fruta de la estación por primera vez en el año, se agrega la siguiente bendición tras bendecir por la fruta:*

Bendito eres Tú Señor, nuestro Dios, Rey del universo, que nos ha dado vida, nos sostuvo y nos ha permitido llegar a este momento.

## LA BENDICIÓN TRIPLE TRAS HABER INGERIDO ALIMENTOS

*Una persona que ingiere un "Kazait" de alimento elaborado a partir de cereales (sin ser pan) o un "kazait" de "las cinco frutas" (aceitunas, dátiles, uvas, higos y granadas) o un revi'ít de vino recita la siguiente bendición:*

בָּרוּךְ Bendito eres Tú Señor, nuestro Dios, Rey del universo

*Tras haber consumido productos elaborados con cereales (que no sean pan o maṣá ):*

por el alimento y el sustento,

*Tras haber consumido vino o jugo de uva:*

por la vid y por el fruto de la vid,

*Tras haber consumido uvas, higos, olivas, granadas o dátiles:*

por el árbol y el fruto del árbol,

וְעַל תְּנוּבַת y por la producción de la tierra y por la tierra deseable, buena y espaciosa que Tú quisiste y diste a nuestros ancestros en heredad para que coman de su fruto y se sacien de su bondad. Ten compasión, Señor, nuestro Dios, por nosotros y por Tu pueblo Israel, por Tu ciudad Jerusalém, por el Monte de Ṣion el recinto de Tu gloria, y por Tu altar y Tu santuario. Y reconstruye a la ciudad sagrada de Jerusalém prontamente en nuestros días, y haznos ascender a ella, y alégranos en su construcción y allí Te bendeciremos por esto con santidad y pureza.

---

centeno, avena; (2) vino o jugo de uva; o (3) uvas, higos, granadas, aceitunas o dátiles.

*Por verduras o frutas que crecen en plantas que no son árboles:*

בָּרוּךְ אַתָּה יְהֹוָה, אֱלֹהֵינוּ מֶלֶךְ הָעוֹלָם, בּוֹרֵא פְּרִי הָאֲדָמָה.

*Por otras comidas u otros líquidos que no son vino:*

בָּרוּךְ אַתָּה יְהֹוָה, אֱלֹהֵינוּ מֶלֶךְ הָעוֹלָם, שֶׁהַכֹּל נִהְיָה בִּדְבָרוֹ.

*Al ingerir una fruta de la estación por primera vez en el año, se agrega la siguiente bendición tras bendecir por la fruta:*

בָּרוּךְ אַתָּה יְהֹוָה, אֱלֹהֵינוּ מֶלֶךְ הָעוֹלָם
שֶׁהֶחֱיָנוּ וְקִיְּמָנוּ וְהִגִּיעָנוּ לַזְּמַן הַזֶּה.

## ברכה מעין שלש

*Una persona que ingiere un* כזית *de alimento elaborado a partir de cereales (sin ser pan) o un* כזית *de "las cinco frutas" (aceitunas, dátiles, uvas, higos y granadas) o un* רביעית *de vino recita la siguiente bendición:*

בָּרוּךְ אַתָּה יְהֹוָה, אֱלֹהֵינוּ מֶלֶךְ הָעוֹלָם

על מזונות: עַל הַמִּחְיָה וְעַל הַכַּלְכָּלָה

על יין: (וְ)עַל הַגֶּפֶן וְעַל פְּרִי הַגֶּפֶן

על פירות משבעת המינים: (וְ)עַל הָעֵץ וְעַל פְּרִי הָעֵץ

וְעַל תְּנוּבַת הַשָּׂדֶה וְעַל אֶרֶץ חֶמְדָּה טוֹבָה וּרְחָבָה, שֶׁרָצִיתָ וְהִנְחַלְתָּ לַאֲבוֹתֵינוּ לֶאֱכֹל מִפִּרְיָהּ וְלִשְׂבֹּעַ מִטּוּבָהּ. רַחֵם יְהֹוָה אֱלֹהֵינוּ עָלֵינוּ וְעַל יִשְׂרָאֵל עַמֶּךָ וְעַל יְרוּשָׁלַיִם עִירֶךָ וְעַל הַר צִיּוֹן מִשְׁכַּן כְּבוֹדֶךָ וְעַל מִזְבְּחֶךָ וְעַל הֵיכָלֶךָ. וּבְנֵה יְרוּשָׁלַיִם עִיר הַקֹּדֶשׁ בִּמְהֵרָה בְיָמֵינוּ, וְהַעֲלֵנוּ לְתוֹכָהּ וְשַׂמְּחֵנוּ בְּבִנְיָנָהּ וּנְבָרֶכְךָ עָלֶיהָ בִּקְדֻשָּׁה וּבְטָהֳרָה.

---

עַל הַמִּחְיָה *Una bendición por otro alimento o bebida:* Conocida como la "Bendición Triple", esta plegaria resume los tres primeros párrafos del Birkat HaMazón y es recitada tras haber consumido cualquiera de las siete especies con las cuales la tierra de Israel es alabada en la Torá (Deuteronomio 8:8) salvo pan o maṣá, a saber: (1) alimentos elaborados a partir de trigo, cebada,

*En Shabat:* Tórnate con benevolencia y fortalécenos en este día del Shabat.

*En Rosh Ḥodesh:* Recuérdanos para bien en este día de Rosh Ḥodesh.

*En Rosh HaShaná:* Recuérdanos para bien en este Día de Recordación.

*En Pesaḥ:* Alégranos en esta Fiesta de las Maṣot.

*En Shabu'ot:* Alégranos en esta Fiesta de Shabu'ot.

*En Sucot:* Alégranos en esta Fiesta de Sucot.

*En Sheminí Aṣeret:* Alégranos en esta Fiesta de Sheminí Aṣeret.

*En Yom Tob:* En este Yom Tob, sagrada convocatoria.

*En Ḥol HaMo'ed:* En este día de sagrada convocatoria.

כִּי Porque Tú eres bondadoso y haces el bien para todos y Te agradecemos Señor nuestro Dios por la tierra

| *Tras ingerir productos elaborados de cereales (salvo pan):* | *Tras haber ingerido vino o jugo de uva:* | *Tras haber ingerido uvas, higos, aceitunas, granadas o dátiles:* |
|---|---|---|
| y por el alimento y el sustento. Bendito eres Tú Señor, por la tierra y por el alimento. | y por el fruto de la vid.* Bendito eres Tú Señor, por la tierra y por el fruto de la vid. | y por las frutas**. Bendito eres Tú Señor, por la tierra y por las frutas**. |

*Tras haber consumido productos elaborados a partir de cereales (salvo pan) y vino o jugo de uva:*

y por el alimento y por el fruto de la vid*. Bendito eres Tú Señor, por la tierra y por el alimento y por el fruto de la vid**.

* *Si el vino proviene de la tierra de Israel se sustituye "fruto de la vid" por "su fruto de la vid"*

** *Si la fruta proviene de la tierra de Israel se sustituye "las frutas" por "sus frutas".*

## BENDICIÓN TRAS HABER INGERIDO ALIMENTOS – BORÉ NEFASHOT

*Tras haber consumido un "kazait" de cualquier alimento que no pertenezca a las siete especies o un "revi'ít" de cualquier líquido que no sea vino o jugo de uva, se recita:*

בָּרוּךְ Bendito eres Tú Señor, nuestro Dios, Rey del universo que ha creado diferentes seres vivientes y sus necesidades. Por todo lo que has creado para sostener la vida de todo lo que vive, bendito es Él que vivifica los mundos.

*Según nuestra costumbre, quien escucha el recitado de esta bendición responde: "Amén, sanación y vida".*

בשבת: וּרְצֵה וְהַחֲלִיצֵנוּ בְּיוֹם הַשַּׁבָּת הַזֶּה

בראש חודש: וְזָכְרֵנוּ לְטוֹבָה בְּיוֹם רֹאשׁ חֹדֶשׁ הַזֶּה

בראש השנה: וְזָכְרֵנוּ לְטוֹבָה בְּיוֹם הַזִּכָּרוֹן הַזֶּה

בפסח: וְשַׂמְּחֵנוּ בְּיוֹם חַג הַמַּצּוֹת הַזֶּה

בשבועות: וְשַׂמְּחֵנוּ בְּיוֹם חַג הַשָּׁבוּעוֹת הַזֶּה

בסוכות: וְשַׂמְּחֵנוּ בְּיוֹם חַג הַסֻּכּוֹת הַזֶּה

בשמיני עצרת: וְשַׂמְּחֵנוּ בְּיוֹם שְׁמִינִי חַג עֲצֶרֶת הַזֶּה

ביום טוב: בְּיוֹם טוֹב מִקְרָא קֹדֶשׁ הַזֶּה.

בחוה"מ: בְּיוֹם מִקְרָא קֹדֶשׁ הַזֶּה.

**כִּי אַתָּה טוֹב וּמֵטִיב לַכֹּל וְנוֹדֶה לְךָ יְהֹוָה אֱלֹהֵינוּ עַל הָאָרֶץ**

על מזונות מחו"ל: **וְעַל הַמִּחְיָה וְעַל הַכַּלְכָּלָה.** מארץ ישראל: **וְעַל מִחְיָתָהּ וְעַל כַּלְכָּלָתָהּ.**

על יין מחו"ל: **וְעַל פְּרִי הַגָּפֶן.** מארץ ישראל **וְעַל פְּרִי גַפְנָהּ.**

על פירות משבעת המינים מחו"ל: **וְעַל הַפֵּרוֹת.** מארץ ישראל: **וְעַל פֵּרוֹתֶיהָ.**

**בָּרוּךְ אַתָּה יְהֹוָה, עַל הָאָרֶץ**

על מזונות מחו"ל **וְעַל הַמִּחְיָה וְעַל הַכַּלְכָּלָה.** מארץ ישראל: **וְעַל מִחְיָתָהּ וְעַל כַּלְכָּלָתָהּ.**

על יין מחו"ל: **וְעַל פְּרִי הַגָּפֶן.** מארץ ישראל **וְעַל פְּרִי גַפְנָהּ.**

על פירות משבעת המינים מחו"ל: **וְעַל הַפֵּרוֹת.** מארץ ישראל: **וְעַל פֵּרוֹתֶיהָ.**

## בורא נפשות

*Tras haber consumido un* כזית *de cualquier alimento que no pertenezca a las siete especies o un* רביעית *de cualquier líquido que no sea vino o jugo de uva, se recita:*

**בָּרוּךְ אַתָּה יְהֹוָה, אֱלֹהֵינוּ מֶלֶךְ הָעוֹלָם**
**בּוֹרֵא נְפָשׁוֹת רַבּוֹת וְחֶסְרוֹנָן עַל־כָּל־מַה־שֶּׁבָּרָאתָ**
**לְהַחֲיוֹת בָּהֶם נֶפֶשׁ כָּל חָי. בָּרוּךְ חַי הָעוֹלָמִים.**

*Según nuestra costumbre, quien escucha el recitado de esta bendición responde:* 'אמן, רפואה וחיים'

# Shaḥrit para Shabat y Yom Tob

## ZEMIROT

*Se comienza con Shaḥrit de días de semana hasta llegar a las Zemirot* *(página 84)**, luego continuar aquí.*

לַמְנַצֵּחַ Para el director de música, salmo de David. Los cielos declaran *Sal. 19*
la gloria de Dios y el firmamento proclama la obra de Sus manos. Un día a otro expresa la palabra y noche a noche comunica el conocimiento. No hay discurso, no hay palabras, su voz no es escuchada. Aun así, su música transita por toda la tierra y sus palabras hasta el fin del mundo. Puso allí una tienda para el sol. El cual se asemeja al novio que sale de su palio nupcial, feliz cual hombre fuerte que está por correr una carrera. Se asoma por un extremo del cielo y culmina su circuito en el otro. Nada se mantiene oculto a su calor. La Torá del SEÑOR es íntegra y reconforta al alma, el testimonio del SEÑOR es fidedigno, da sabiduría al simple. Los preceptos del SEÑOR son rectos, alegran al corazón. El mandamiento del SEÑOR es radiante, ilumina los ojos. El temor al SEÑOR es puro, perdura para siempre. Las sentencias del SEÑOR son verdad y conjuntamente son justas. Más preciosas son que el oro y más abundante que el oro prístino; más dulces que la miel y que el néctar. También

---

alabanza. Además de los seis salmos recitados durante los días de la semana, en Shabat y en Yom Tov se agregan nueve más.

לַמְנַצֵּחַ *Salmos 19: Los cielos declaran la gloria de Dios*: Se trata de un himno de gloria al universo en tanto Creación Divina y la Torá como palabra de Dios. En la primera mitad del poema, el salmista se expresa metafóricamente respecto de la Creación entonando un cántico de alabanza al Creador, un cántico silencioso que sin embargo puede ser escuchado por aquellos cuya audición está orientada a lo trascendente. Empero la palabra de Dios no sólo vivifica al universo natural, sino que instruye al universo humano, al mundo

# שחרית לשבת וליום טוב

## זמירות

*Se comienza con* שחרית *de días de semana hasta llegar a las Zemirot (página 85), luego continuar aquí.*

לַמְנַצֵּחַ מִזְמוֹר לְדָוִד: הַשָּׁמַיִם מְסַפְּרִים כְּבוֹד־אֵל וּמַעֲשֵׂה יָדָיו תהלים יט
מַגִּיד הָרָקִיעַ: יוֹם לְיוֹם יַבִּיעַ אֹמֶר וְלַיְלָה לְּלַיְלָה יְחַוֶּה־דָּעַת:
אֵין־אֹמֶר וְאֵין דְּבָרִים בְּלִי נִשְׁמָע קוֹלָם: בְּכָל־הָאָרֶץ ׀ יָצָא
קַוָּם וּבִקְצֵה תֵבֵל מִלֵּיהֶם לַשֶּׁמֶשׁ שָׂם־אֹהֶל בָּהֶם: וְהוּא כְּחָתָן
יֹצֵא מֵחֻפָּתוֹ יָשִׂישׂ כְּגִבּוֹר לָרוּץ אֹרַח: מִקְצֵה הַשָּׁמַיִם ׀ מוֹצָאוֹ
וּתְקוּפָתוֹ עַל־קְצוֹתָם וְאֵין נִסְתָּר מֵחַמָּתוֹ: תּוֹרַת יְהוָה תְּמִימָה
מְשִׁיבַת נָפֶשׁ עֵדוּת יְהוָה נֶאֱמָנָה מַחְכִּימַת פֶּתִי: פִּקּוּדֵי יְהוָה
יְשָׁרִים מְשַׂמְּחֵי־לֵב מִצְוַת יְהוָה בָּרָה מְאִירַת עֵינָיִם: יִרְאַת
יְהוָה ׀ טְהוֹרָה עוֹמֶדֶת לָעַד מִשְׁפְּטֵי־יְהוָה אֱמֶת צָדְקוּ יַחְדָּו:
הַנֶּחֱמָדִים מִזָּהָב וּמִפַּז רָב וּמְתוּקִים מִדְּבַשׁ וְנֹפֶת צוּפִים: גַּם־

---

PESUKÉ DEZIMRÁ / VERSÍCULOS DE ALABANZA

Esta sección del rezo está basada en la enseñanza talmúdica (*Berajot* 32A) según la cual "los primeros piadosos acostumbraban a esperar una hora (antes de rezar), rezaban durante una hora y luego esperaban nuevamente una hora". La plegaria requiere de preparación mental previa, así como también de una despedida o retiro gradual posteriormente. Es imposible pasar directamente de las preocupaciones mundanas a la intensa concentración requerida para experimentar un rezo genuino y viceversa. El versículo citado que respalda esta práctica es "Felices aquellos que residen en Tu morada" (Salmos 84:5) y ocupa un sitial prominente en el corazón de los versículos de

Tu siervo es cuidadoso en su observancia ya que hacerlo reporta gran recompensa. ¿Quién puede discernir los errores? Límpiame de las faltas ocultas. Protege también a Tu siervo de transgresiones voluntarias, que no tengan dominio sobre mí, entonces estaré libre de culpa y seré inocente de pecados graves. Que las palabras de mi boca y la meditación de mi corazón hallen favor ante Ti Señor, mi Fortaleza y mi Redentor.

רַנְּנוּ Canten los justos al Señor, pues la alabanza de los rectos es bella. *Sal. 33*
Agradeced al Señor con el arpa, haced música para Él con la lira de diez cuerdas. Entonadle una nueva canción, tocad hábilmente con exclamaciones de regocijo. Pues la palabra del Señor es recta y todas Sus acciones fidedignas. Ama la rectitud y la justicia, la benevolencia del Señor colma la tierra. Por la palabra del Señor los cielos fueron hechos, y por medio del hálito de Su boca todas sus huestes. Él reunió el agua de los mares cual muro y colocó los abismos en depósitos. Toda la tierra tema al Señor, ante Él temblarán todos los habitantes del mundo. Pues Él habló y la realidad se concretó, Él ordenó y todo fue erigido. El Señor ha desbaratado los planes de las naciones y las tramas de los pueblos. El consejo del Señor siempre persistirá, los designios de Su corazón por todas las generaciones. Feliz de aquella nación que tiene al Señor como su Dios, el pueblo que Él escogió como el Suyo propio. El Señor contempla desde los cielos y ve a todos los seres humanos. Desde el sitio de Su trono observa a todos los habitantes de la tierra. Él forma el corazón de todos conjuntamente y comprende todas sus acciones. Ningún rey es salvo por el tamaño de su ejército ni es poderoso en virtud de su gran vigor. El caballo es una vana esperanza de salvación, y a pesar de su gran poder no tiene escapatoria. El ojo del Señor se dirige sobre aquellos que Le temen, a quienes depositan su confianza en Su benevolencia, que rescatará a sus almas de la muerte y las mantendrá con vida durante la hambruna. Nuestra alma aguarda al Señor, Él es nuestro socorro y nuestra protección. En Él se regocijará nuestro corazón, pues confiamos en Su Nombre Sagrado. Que Tu benevolencia Señor sea sobre nosotros, así como hemos depositado en Ti nuestra confianza.

---

mento musical, o puede significar también la línea que demarca un límite, una referencia al orden y a la conmovedora simetría del universo.

עַבְדְּךָ נִזְהָר בָּהֶם בְּשָׁמְרָם עֵקֶב רָב: שְׁגִיאוֹת מִי־יָבִין מִנִּסְתָּרוֹת
נַקֵּנִי: גַּם מִזֵּדִים ׀ חֲשֹׂךְ עַבְדֶּךָ אַל־יִמְשְׁלוּ־בִי אָז אֵיתָם וְנִקֵּיתִי
מִפֶּשַׁע רָב: יִהְיוּ לְרָצוֹן ׀ אִמְרֵי־פִי וְהֶגְיוֹן לִבִּי לְפָנֶיךָ יְהוָה צוּרִי
וְגֹאֲלִי:

רַנְּנוּ צַדִּיקִים בַּיהוָה לַיְשָׁרִים נָאוָה תְהִלָּה: הוֹדוּ לַיהוָה בְּכִנּוֹר תהלים לג
בְּנֵבֶל עָשׂוֹר זַמְּרוּ־לוֹ: שִׁירוּ־לוֹ שִׁיר חָדָשׁ הֵיטִיבוּ נַגֵּן בִּתְרוּעָה:
כִּי־יָשָׁר דְּבַר־יְהוָה וְכָל־מַעֲשֵׂהוּ בֶּאֱמוּנָה: אֹהֵב צְדָקָה וּמִשְׁפָּט
חֶסֶד יְהוָה מָלְאָה הָאָרֶץ: בִּדְבַר יְהוָה שָׁמַיִם נַעֲשׂוּ וּבְרוּחַ פִּיו
כָּל־צְבָאָם: כֹּנֵס כַּנֵּד מֵי הַיָּם נֹתֵן בְּאֹצָרוֹת תְּהוֹמוֹת: יִירְאוּ
מֵיְהוָה כָּל־הָאָרֶץ מִמֶּנּוּ יָגוּרוּ כָּל־יֹשְׁבֵי תֵבֵל: כִּי הוּא אָמַר
וַיֶּהִי הוּא־צִוָּה וַיַּעֲמֹד: יְהוָה הֵפִיר עֲצַת־גּוֹיִם הֵנִיא מַחְשְׁבוֹת
עַמִּים: עֲצַת יְהוָה לְעוֹלָם תַּעֲמֹד מַחְשְׁבוֹת לִבּוֹ לְדֹר וָדֹר: אַשְׁרֵי
הַגּוֹי אֲשֶׁר־יְהוָה אֱלֹהָיו הָעָם ׀ בָּחַר לְנַחֲלָה לוֹ: מִשָּׁמַיִם הִבִּיט
יְהוָה רָאָה אֶת־כָּל־בְּנֵי הָאָדָם: מִמְּכוֹן־שִׁבְתּוֹ הִשְׁגִּיחַ אֶל
כָּל־יֹשְׁבֵי הָאָרֶץ: הַיֹּצֵר יַחַד לִבָּם הַמֵּבִין אֶל־כָּל־מַעֲשֵׂיהֶם:
אֵין־הַמֶּלֶךְ נוֹשָׁע בְּרָב־חָיִל גִּבּוֹר לֹא־יִנָּצֵל בְּרָב־כֹּחַ: שֶׁקֶר
הַסּוּס לִתְשׁוּעָה וּבְרֹב חֵילוֹ לֹא יְמַלֵּט: הִנֵּה עֵין יְהוָה אֶל־
יְרֵאָיו לַמְיַחֲלִים לְחַסְדּוֹ: לְהַצִּיל מִמָּוֶת נַפְשָׁם וּלְחַיּוֹתָם
בָּרָעָב: נַפְשֵׁנוּ חִכְּתָה לַיהוָה עֶזְרֵנוּ וּמָגִנֵּנוּ הוּא: כִּי־בוֹ יִשְׂמַח
לִבֵּנוּ כִּי בְשֵׁם קָדְשׁוֹ בָטָחְנוּ: יְהִי־חַסְדְּךָ יְהוָה עָלֵינוּ כַּאֲשֶׁר
יִחַלְנוּ לָךְ:

---

que es producto de nuestras acciones y de nuestras reacciones. El salmista vierte su alabanza sobre la Creación Divina del mundo tal como es y Su revelación del mundo tal como debe ser. קַוָּם *Aun así su música*: literalmente significa "su línea o su cuerda", quizás aludiendo a la cuerda de un instru-

לְדָוִד Salmo de David, cuando fingió estar desquiciado ante Abimelej, Sal. 34
quien lo echó de su presencia y este se fue. Bendeciré al Señor en todo momento, Su alabanza estará siempre en mi boca. Mi alma se glorificará en el Señor, los humildes lo escucharán y se alegrarán. Exaltad al Señor conmigo, y ensalcemos juntos Su Nombre. Procuré al Señor y Él me ha respondido, me salvó de todos mis temores. Quienes Le contemplan se tornan radiantes, sus rostros jamás decaen. Este menesteroso clamó y el Señor escuchó, y le salvó de todos sus tormentos. El ángel del Señor acampa alrededor de quienes le temen y les rescata. Probad y ved que el Señor es bueno, feliz del hombre que en Él se refugia. Temed al Señor vosotros, Sus hombres santos, pues no hay carencia para quienes Le reverencian. Los cachorros del león han crecido débiles y hambrientos, mas quienes procuran al Señor no les faltará ningún bien. Venid, hijos, escuchadme, os enseñaré el temor al Señor. ¿Quién es el hombre que desea la vida, y ama cada uno de sus días procurando ver en ellos el bien? Preserva tu lengua del mal y tus labios de pronunciar engaño. Aléjate del mal y haz el bien, pide la paz y persíguela. Los ojos del Señor están puestos en los justos y Sus oídos son atentos a sus clamores. El rostro del Señor está dirigido contra quienes obran mal para borrar su memoria de la tierra. Los justos clamaron y el Señor los escuchó y los salvó de todas sus desgracias. El Señor está cercano a quienes poseen un corazón quebrado y salvará a los deprimidos de espíritu. Muchos problemas acontecen al justo y de todos ellos el Señor lo salva. Protege todos sus huesos, ni uno de estos será fracturado. El mal hará caer a los malvados, y quienes odian al justo serán condenados. El Señor rescata el alma de sus siervos, y quienes en Él se refugian no serán condenados.

---

del Arca Sagrada. טַעֲמוּ וּרְאוּ *Probad y ved*: la experiencia religiosa precede al entendimiento religioso. La bondad de Dios debe ser percibida antes de ser pensada. נְצֹר לְשׁוֹנְךָ מֵרָע *Preserva tu lengua del mal*: los sabios dijeron respecto del *"lashón hará"*, las malas habladurías, que dañan tanto a quien las dice, como a la persona sobre la que las palabras son dichas y a quien las cree. בַּקֵּשׁ שָׁלוֹם וְרָדְפֵהוּ *"Pide la paz y persíguela*: Busca la paz allí donde estés y persíguela a cualquier parte" (Talmud Jerosolimitano, *Peá* 1:1).

לְדָוִד בְּשַׁנּוֹתוֹ אֶת־טַעְמוֹ לִפְנֵי אֲבִימֶלֶךְ וַיְגָרְשֵׁהוּ וַיֵּלַךְ׃ אֲבָרְכָה תהלים לד
אֶת־יְהוָה בְּכָל־עֵת תָּמִיד תְּהִלָּתוֹ בְּפִי׃ בַּיהוָה תִּתְהַלֵּל נַפְשִׁי
יִשְׁמְעוּ עֲנָוִים וְיִשְׂמָחוּ׃ גַּדְּלוּ לַיהוָה אִתִּי וּנְרוֹמְמָה שְׁמוֹ יַחְדָּו׃
דָּרַשְׁתִּי אֶת־יְהוָה וְעָנָנִי וּמִכָּל־מְגוּרוֹתַי הִצִּילָנִי׃ הִבִּיטוּ אֵלָיו
וְנָהָרוּ וּפְנֵיהֶם אַל־יֶחְפָּרוּ׃ זֶה עָנִי קָרָא וַיהוָה שָׁמֵעַ וּמִכָּל־צָרוֹתָיו
הוֹשִׁיעוֹ׃ חֹנֶה מַלְאַךְ־יְהוָה סָבִיב לִירֵאָיו וַיְחַלְּצֵם׃ טַעֲמוּ וּרְאוּ
כִּי־טוֹב יְהוָה אַשְׁרֵי הַגֶּבֶר יֶחֱסֶה־בּוֹ׃ יְראוּ אֶת־יְהוָה קְדֹשָׁיו כִּי־
אֵין מַחְסוֹר לִירֵאָיו׃ כְּפִירִים רָשׁוּ וְרָעֵבוּ וְדֹרְשֵׁי יְהוָה לֹא־יַחְסְרוּ
כָל־טוֹב׃ לְכוּ־בָנִים שִׁמְעוּ־לִי יִרְאַת יְהוָה אֲלַמֶּדְכֶם׃ מִי־הָאִישׁ
הֶחָפֵץ חַיִּים אֹהֵב יָמִים לִרְאוֹת טוֹב׃ נְצֹר לְשׁוֹנְךָ מֵרָע וּשְׂפָתֶיךָ
מִדַּבֵּר מִרְמָה׃ סוּר מֵרָע וַעֲשֵׂה־טוֹב בַּקֵּשׁ שָׁלוֹם וְרָדְפֵהוּ׃
עֵינֵי יְהוָה אֶל־צַדִּיקִים וְאָזְנָיו אֶל־שַׁוְעָתָם׃ פְּנֵי יְהוָה בְּעֹשֵׂי רָע
לְהַכְרִית מֵאֶרֶץ זִכְרָם׃ צָעֲקוּ וַיהוָה שָׁמֵעַ וּמִכָּל־צָרוֹתָם הִצִּילָם׃
קָרוֹב יְהוָה לְנִשְׁבְּרֵי־לֵב וְאֶת־דַּכְּאֵי־רוּחַ יוֹשִׁיעַ׃ רַבּוֹת רָעוֹת
צַדִּיק וּמִכֻּלָּם יַצִּילֶנּוּ יְהוָה׃ שֹׁמֵר כָּל־עַצְמוֹתָיו אַחַת מֵהֵנָּה לֹא
נִשְׁבָּרָה׃ תְּמוֹתֵת רָשָׁע רָעָה וְשֹׂנְאֵי צַדִּיק יֶאְשָׁמוּ׃ פּוֹדֶה יְהוָה
נֶפֶשׁ עֲבָדָיו וְלֹא יֶאְשְׁמוּ כָּל־הַחֹסִים בּוֹ׃

---

לְדָוִד *Salmos 34:* Durante el período en el cual David escapaba del rey Shaúl se refugió en la ciudad filistea de Gat. Sin embargo, allí fue reconocido y nuevamente su vida peligró. Fingió locura para parecer inofensivo, fue echado por el rey y por lo tanto pudo escapar (1 Samuel 21:11–16). El siguiente salmo de agradecimiento está construido como acróstico alfabético. Se le adicionó un versículo extra al final, a los efectos de evitar terminarlo con espíritu negativo. גַּדְּלוּ לַיהוה אִתִּי *Exaltad al Señor conmigo*: este versículo fue tomado por nuestros sabios como fuente del establecimiento de la convocación al rezo, como en la bendición posterior a la ingestión de alimentos (*Birkat HaMazón*). Esto también es recitado cuando se extrae el rollo de la Torá

תְּפִלָּה לְמֹשֶׁה Plegaria de Moshé, varón de Dios. Señor, Tú has sido nuestro refugio en todas las generaciones. Antes de que las montañas existiesen, antes de que hubieses formado la tierra y el mundo, desde siempre y hasta siempre Tú eres Dios. Tú transformas a los hombres nuevamente en polvo, diciendo: "Retornad hijos de Adam". Pues mil años son ante Tus ojos como el día de ayer que pasó y cual vigilia en la noche. Tú los haces desaparecer en la corriente, se tornan en un sueño; por la mañana son cual hierba nueva que florece y crece, y por la noche se marchita y es segada. Pues somos consumidos por Tu ira, estremecidos por Tu furor. Tú has colocado nuestras iniquidades delante de Ti, nuestros pecados secretos a la luz de Tu Presencia. Todos nuestros días transcurren en Tu ira, pasamos nuestros años cual pensamiento fugaz. Los años de nuestra vida son setenta, y si somos fuertes ochenta; pero enorgullecerse es vano porque transcurren rápidamente como si volasen. ¿Quién puede conocer el poder de Tu enojo? Tu ira es acorde al temor que se Te tiene. Enséñanos a contar correctamente nuestros días tal que podamos obtener un corazón sabio. Retorna Señor, ¿hasta cuándo? Apiádate de Tus siervos. Cólmanos por la mañana con Tu benevolencia, y entonaremos cánticos y nos alegraremos todos nuestros días. Alégranos la misma cantidad de días que nos afligiste, la misma cantidad de años que vimos nuestra desgracia. Que Tu obra sea visible en Tu siervo, y Tu esplendor sobre sus hijos. Que el agrado del Señor nuestro Dios sea sobre nosotros, y la acción de nuestras manos sea establecida para nosotros. Oh Eterno, aprueba la obra de nuestras manos. *Sal. 90*

---

transcurren. לִמְנוֹת יָמֵינוּ כֵּן הוֹדַע *Enséñanos a contar correctamente nuestros días*: la moraleja que se encuentra en el quid del salmo: enséñanos a recordar cuán breve es la vida y a invertir nuestro tiempo en aquello que perdura. וִיהִי נֹעַם אֲדֹנָי אֱלֹהֵינוּ עָלֵינוּ *Que el agrado del Señor nuestro Dios sea sobre nosotros*: según nuestros sabios esta es la bendición que dio Moshé al pueblo de Israel cuando culminaron la construcción del Tabernáculo, agregando: "Que la Divina Presencia resida en la obra de vuestras manos" (*Bamidbar Rabá* 12:9; citado por Rashí en Éxodo 39:43).

תְּפִלָּה לְמֹשֶׁה אִישׁ־הָאֱלֹהִים אֲדֹנָי מָעוֹן אַתָּה הָיִיתָ לָּנוּ בְּדֹר תהלים צ
וָדֹר: בְּטֶרֶם ׀ הָרִים יֻלָּדוּ וַתְּחוֹלֵל אֶרֶץ וְתֵבֵל וּמֵעוֹלָם עַד־עוֹלָם
אַתָּה אֵל: תָּשֵׁב אֱנוֹשׁ עַד־דַּכָּא וַתֹּאמֶר שׁוּבוּ בְנֵי־אָדָם: כִּי
אֶלֶף שָׁנִים בְּעֵינֶיךָ כְּיוֹם אֶתְמוֹל כִּי יַעֲבֹר וְאַשְׁמוּרָה בַלָּיְלָה:
זְרַמְתָּם שֵׁנָה יִהְיוּ בַּבֹּקֶר כֶּחָצִיר יַחֲלֹף: בַּבֹּקֶר יָצִיץ וְחָלָף לָעֶרֶב
יְמוֹלֵל וְיָבֵשׁ: כִּי־כָלִינוּ בְאַפֶּךָ וּבַחֲמָתְךָ נִבְהָלְנוּ: שַׁתָּ עֲוֺנֹתֵינוּ
לְנֶגְדֶּךָ עֲלֻמֵנוּ לִמְאוֹר פָּנֶיךָ: כִּי כָל־יָמֵינוּ פָּנוּ בְעֶבְרָתֶךָ כִּלִּינוּ
שָׁנֵינוּ כְמוֹ־הֶגֶה: יְמֵי־שְׁנוֹתֵינוּ בָהֶם שִׁבְעִים שָׁנָה וְאִם בִּגְבוּרֹת ׀
שְׁמוֹנִים שָׁנָה וְרָהְבָּם עָמָל וָאָוֶן כִּי־גָז חִישׁ וַנָּעֻפָה: מִי־יוֹדֵעַ
עֹז אַפֶּךָ וּכְיִרְאָתְךָ עֶבְרָתֶךָ: לִמְנוֹת יָמֵינוּ כֵּן הוֹדַע וְנָבִא לְבַב
חָכְמָה: שׁוּבָה יְהוָה עַד־מָתָי וְהִנָּחֵם עַל־עֲבָדֶיךָ: שַׂבְּעֵנוּ בַבֹּקֶר
חַסְדֶּךָ וּנְרַנְּנָה וְנִשְׂמְחָה בְּכָל־יָמֵינוּ: שַׂמְּחֵנוּ כִּימוֹת עִנִּיתָנוּ שְׁנוֹת
רָאִינוּ רָעָה: יֵרָאֶה אֶל־עֲבָדֶיךָ פָעֳלֶךָ וַהֲדָרְךָ עַל־בְּנֵיהֶם: וִיהִי ׀
נֹעַם אֲדֹנָי אֱלֹהֵינוּ עָלֵינוּ וּמַעֲשֵׂה יָדֵינוּ כּוֹנְנָה עָלֵינוּ וּמַעֲשֵׂה
יָדֵינוּ כּוֹנְנֵהוּ:

---

תְּפִלָּה לְמֹשֶׁה *Salmos 90:* Meditación conmovedora sobre la eternidad de Dios y la brevedad de nuestras vidas. זְרַמְתָּם *Tú los haces desaparecer en la corriente:* Una sucesión de imágenes poéticas concluyen en la brevedad de la vida humana: fluye velozmente como un río turbulento, fugazmente como un sueño o una somnolencia, como el césped en una tierra tórrida que se marchita al final del día, como un suspiro, como un simple aliento, como un ave que se posa brevemente en tierra y enseguida vuelve a volar. La velocidad con la cual las metáforas se suceden refleja la rapidez con la cual los días y los años

**יֹשֵׁב בְּסֵתֶר** Él que habita en el refugio del Altísimo y reside a la sombra del Eterno. Diré al Señor que es mi refugio y mi fortaleza, es mi Dios y en Él confiaré. Él te salvará de la trampa del cazador y de la mortal pestilencia. Él te cubrirá con Sus alas y bajo éstas hallarás protección; Su verdad es escudo y armadura. No temerás por el terror de la noche ni de la saeta diurna, ni de la peste que anda en la oscuridad ni al destructor que asola a mediodía. Mil caerán a tu lado y diez mil junto a tu diestra, mas no podrán acercarse a ti. Tú habrás de contemplar únicamente con tus ojos y verás a los malvados recibir su merecido. Pues Tú Señor eres mi refugio, has dispuesto Tu morada en lo más alto. No te habrá de ocurrir cosa mala ni se acercará daño alguno a tu tienda. Pues Sus ángeles serán ordenados para cuidarte en todos tus caminos. Sobre sus palmas te transportarán para que tu pie no tropiece con piedra alguna. Pisarás al león y a la serpiente, arrollarás al leoncillo y al reptil. Por cuanto que él Me ama, Yo lo habré de rescatar y encumbrar, porque conoce Mi Nombre. Me llamará y le contestaré, lo acompañaré en su desgracia, lo salvaré y le honraré. Le colmaré de largos días y le mostraré Mi salvación.Le colmaré de largos días y le mostraré Mi salvación. *Sal. 91*

*En Pesaḥ agregar Sal. 107 en la pág. 884*
*En Shabu'ot agregar Sal. 68 en la pág. 888*
*En Sucot agregar Sal. 42 en la pág. 890*
*En Sheminí Aṣeret agregar Sal. 12 en la pág. 892*

---

bajo Sus alas y nos rodea como un escudo. En los momentos de angustia Él está con nosotros. Cuando nos encontramos en peligro no estamos solos. La confianza derrota al terror y la fe doblega al miedo. La primera voz en el salmo es humana; la segunda es la de Dios mismo (*Sanhedrín* 103A).

תהלים צא

יֹשֵׁב בְּסֵתֶר עֶלְיוֹן בְּצֵל שַׁדַּי יִתְלוֹנָן:
אֹמַר לַיהֹוָה מַחְסִי וּמְצוּדָתִי אֱלֹהַי אֶבְטַח־בּוֹ:
כִּי הוּא יַצִּילְךָ מִפַּח יָקוּשׁ מִדֶּבֶר הַוּוֹת:
בְּאֶבְרָתוֹ ׀ יָסֶךְ לָךְ וְתַחַת־כְּנָפָיו תֶּחְסֶה צִנָּה וְסֹחֵרָה אֲמִתּוֹ:
לֹא־תִירָא מִפַּחַד לָיְלָה מֵחֵץ יָעוּף יוֹמָם:
מִדֶּבֶר בָּאֹפֶל יַהֲלֹךְ מִקֶּטֶב יָשׁוּד צׇהֳרָיִם:
יִפֹּל מִצִּדְּךָ ׀ אֶלֶף וּרְבָבָה מִימִינֶךָ אֵלֶיךָ לֹא יִגָּשׁ:
רַק בְּעֵינֶיךָ תַבִּיט וְשִׁלֻּמַת רְשָׁעִים תִּרְאֶה:
כִּי־אַתָּה יְהֹוָה מַחְסִי עֶלְיוֹן שַׂמְתָּ מְעוֹנֶךָ:
לֹא־תְאֻנֶּה אֵלֶיךָ רָעָה וְנֶגַע לֹא־יִקְרַב בְּאׇהֳלֶךָ:
כִּי מַלְאָכָיו יְצַוֶּה־לָּךְ לִשְׁמׇרְךָ בְּכׇל־דְּרָכֶיךָ:
עַל־כַּפַּיִם יִשָּׂאוּנְךָ פֶּן־תִּגֹּף בָּאֶבֶן רַגְלֶךָ:
עַל־שַׁחַל וָפֶתֶן תִּדְרֹךְ תִּרְמֹס כְּפִיר וְתַנִּין:
כִּי בִי חָשַׁק וַאֲפַלְּטֵהוּ אֲשַׂגְּבֵהוּ כִּי־יָדַע שְׁמִי:
יִקְרָאֵנִי ׀ וְאֶעֱנֵהוּ עִמּוֹ־אָנֹכִי בְצָרָה אֲחַלְּצֵהוּ וַאֲכַבְּדֵהוּ:
אֹרֶךְ יָמִים אַשְׂבִּיעֵהוּ וְאַרְאֵהוּ בִּישׁוּעָתִי:

*En* פסח *agregar Sal. 107 en la pág. 885*
*En* שבועות *agregar Sal. 68 en la pág. 889*
*En* סוכות *agregar Sal. 42 en la pág. 891*
*En* שמיני עצרת *agregar Sal. 12 en la pág. 893*

---

**יֹשֵׁב בְּסֵתֶר** *Salmos 91:* Se trata de un salmo para la protección de todo peligro y daño. El salmo emplea diferentes imágenes de la protección Divina. Para quienes confían en Él, Dios actúa como refugio, fortaleza. Él nos protege

מִזְמוֹר Cántico, entonad al Señor una nueva canción pues ha obrado maravillas, ha salvado por medio de Su Diestra y Su Sagrado Brazo. El Señor ha hecho conocer Su salvación, reveló su rectitud a ojos de las naciones. Recordó Su amor y Su fidelidad a la casa de Israel, todos los confines de la tierra han contemplado la salvación de nuestro Dios. Toda la tierra aclame al Señor, prorrumpid en cántico, cantad jubilosamente y tocad música. Tocad la lira para el Señor, cantad con la lira. Proclamad ante el Señor, el Rey con trompetas y con la voz del shofar. Tiemble el mar y todo lo que este contiene, la tierra y todos quienes la habitan, los ríos aplaudirán junto a las montañas que habrán de cantar ante el Señor, porque viene a juzgar la tierra. Juzgará el mundo con justicia y a las naciones con rectitud. *Sal. 98*

שִׁיר לַמַּעֲלוֹת Cántico de las ascensiones. Elevaré mis ojos hacia las montañas, ¿de dónde vendrá mi ayuda? Mi ayuda proviene del Señor que creó los cielos y la tierra. Él no permitirá que resbale tu pie; tu guardián no dormita. El Guardián de Israel no descansa ni duerme. El Señor te cuidará, será la protección a tu diestra. El sol no te abrasará de día ni la luna te afectará por la noche. El Señor te cuidará de todo mal, cuidará tu alma. El Señor resguardará tu salida y tu retorno desde hoy y para siempre. *Sal. 121*

שִׁיר הַמַּעֲלוֹת Cántico de las ascensiones de David. Me regocijé cuando me dijeron vayamos a la casa del Señor. Nuestros pies estuvieron parados frente a tus portales, Jerusalém. Jerusalém, la que está edificada cual ciudad en la que está junto y unida. Allí ascendían las tribus del Eterno, testimonio de Israel, para agradecer al Nombre del Señor. Pues allí estaban los asientos de la justicia, los tronos de la Casa de David. Orad por la paz de Jerusalém: Que quienes te aman prosperen. Haya paz en tus fortalezas y tranquilidad en tus palacios. En aras de mis hermanos y amigos diré: "Haya paz en ti". En aras de la Casa del Señor nuestro Dios pediré por tu bien. *Sal. 122*

תהלים צח

מִזְמוֹר שִׁירוּ לַיהוָה שִׁיר חָדָשׁ כִּי־נִפְלָאוֹת עָשָׂה הוֹשִׁיעָה־לּוֹ יְמִינוֹ וּזְרוֹעַ קָדְשׁוֹ: הוֹדִיעַ יְהוָה יְשׁוּעָתוֹ לְעֵינֵי הַגּוֹיִם גִּלָּה צִדְקָתוֹ: זָכַר חַסְדּוֹ וֶאֱמוּנָתוֹ לְבֵית יִשְׂרָאֵל רָאוּ כָל־אַפְסֵי־אָרֶץ אֵת יְשׁוּעַת אֱלֹהֵינוּ: הָרִיעוּ לַיהוָה כָּל־הָאָרֶץ פִּצְחוּ וְרַנְּנוּ וְזַמֵּרוּ: זַמְּרוּ לַיהוָה בְּכִנּוֹר בְּכִנּוֹר וְקוֹל זִמְרָה: בַּחֲצֹצְרוֹת וְקוֹל שׁוֹפָר הָרִיעוּ לִפְנֵי הַמֶּלֶךְ יְהוָה: יִרְעַם הַיָּם וּמְלֹאוֹ תֵּבֵל וְיֹשְׁבֵי בָהּ: נְהָרוֹת יִמְחֲאוּ־כָף יַחַד הָרִים יְרַנֵּנוּ: לִפְנֵי־יְהוָה כִּי בָא לִשְׁפֹּט הָאָרֶץ יִשְׁפֹּט־תֵּבֵל בְּצֶדֶק וְעַמִּים בְּמֵישָׁרִים:

תהלים קכא

שִׁיר לַמַּעֲלוֹת אֶשָּׂא עֵינַי אֶל־הֶהָרִים מֵאַיִן יָבֹא עֶזְרִי: עֶזְרִי מֵעִם יְהוָה עֹשֵׂה שָׁמַיִם וָאָרֶץ: אַל־יִתֵּן לַמּוֹט רַגְלֶךָ אַל־יָנוּם שֹׁמְרֶךָ: הִנֵּה לֹא־יָנוּם וְלֹא יִישָׁן שׁוֹמֵר יִשְׂרָאֵל: יְהוָה שֹׁמְרֶךָ יְהוָה צִלְּךָ עַל־יַד יְמִינֶךָ: יוֹמָם הַשֶּׁמֶשׁ לֹא־יַכֶּכָּה וְיָרֵחַ בַּלָּיְלָה: יְהוָה יִשְׁמָרְךָ מִכָּל־רָע יִשְׁמֹר אֶת־נַפְשֶׁךָ: יְהוָה יִשְׁמָר־צֵאתְךָ וּבוֹאֶךָ מֵעַתָּה וְעַד־עוֹלָם:

תהלים קכב

שִׁיר הַמַּעֲלוֹת לְדָוִד שָׂמַחְתִּי בְּאֹמְרִים לִי בֵּית יְהוָה נֵלֵךְ: עֹמְדוֹת הָיוּ רַגְלֵינוּ בִּשְׁעָרַיִךְ יְרוּשָׁלָםִ: יְרוּשָׁלַםִ הַבְּנוּיָה כְּעִיר שֶׁחֻבְּרָה־לָּהּ יַחְדָּו: שֶׁשָּׁם עָלוּ שְׁבָטִים שִׁבְטֵי־יָהּ עֵדוּת לְיִשְׂרָאֵל לְהֹדוֹת לְשֵׁם יְהוָה: כִּי שָׁמָּה יָשְׁבוּ כִסְאוֹת לְמִשְׁפָּט כִּסְאוֹת לְבֵית דָּוִד: שַׁאֲלוּ שְׁלוֹם יְרוּשָׁלָםִ יִשְׁלָיוּ אֹהֲבָיִךְ: יְהִי־שָׁלוֹם בְּחֵילֵךְ שַׁלְוָה בְּאַרְמְנוֹתָיִךְ: לְמַעַן אַחַי וְרֵעָי אֲדַבְּרָה־נָּא שָׁלוֹם בָּךְ: לְמַעַן בֵּית־יְהוָה אֱלֹהֵינוּ אֲבַקְשָׁה טוֹב לָךְ:

Cántico de las ascensiones. Elevé mis ojos a Ti que habitas en el Cielo. *Sal. 123*
Así como los siervos dirigen su mirada a sus amos, así como la sierva dirige su mirada a su ama, así nuestros ojos están vueltos al Señor nuestro Dios, hasta que Él se apiade de nosotros. Agrácianos Señor, agrácianos, pues hemos pasado ya excesiva humillación, nuestra alma ha sufrido prolongadamente el escarnio, la burla de los complacientes, la humillación de los arrogantes.

Cántico de las ascensiones de David. De no haber estado el Señor *Sal. 124*
con nosotros – que Israel lo diga – de no haber estado el Señor de nuestro lado al alzarse los hombres contra nosotros en su furia hacia nosotros nos habrían tragado vivos. Las aguas nos habrían anegado y el torrente arrasado nuestra alma. Las aguas maliciosas nos habrían arrastrado. Bendito sea el Señor que no permitió que seamos presas de sus dientes. Nos liberamos cual ave que huye de la trampa. La trampa se rompió y escapamos. Nuestra ayuda está en el Nombre del Señor, Hacedor de los cielos y la tierra.

הַלְלוּיָהּ ¡Aleluyá! Alabad el Nombre del Señor, alabadle los siervos *Sal. 135*
del Señor. Aquellos presentes en la casa del Señor, en los patios de la Casa de nuestro Dios. Alabad a Dios, pues el Señor es bueno, entonad cánticos a Su Nombre pues es agradable. Porque Dios ha escogido a Ya'akob como Suyo, a Israel como Su tesoro. Pues yo sé que el Señor es grande, y nuestro Señor es mayor que cualquier deidad. Todo aquello que el Señor desea Él lo hace, en los cielos y en la tierra, en los mares y en los abismos. Eleva nubes desde los confines de la tierra, envía relámpagos junto con la lluvia, trae el viento desde

---

quien dirige el rezo junto con la congregación en forma responsiva. El Salmo 136 con su estribillo "pues Su benevolencia es eterna" es el único en el cual las respuestas congregacionales se exponen en su totalidad renglón por renglón. En el Salmo 135 las respuestas en la primera sección parecen haber sido "Aleluyá" (alabad a Dios) y en la última "bendecid al Señor" (*Pesaḥim* 118a).

El Salmo 135 está estructurado en tres partes: la primera y la última hablan de la verdad de Dios y la falsedad de los ídolos a tiempo que la segunda habla del poder de Dios sobre la naturaleza y la historia. La primera parte consiste

שִׁיר הַמַּעֲלוֹת אֵלֶיךָ נָשָׂאתִי אֶת־עֵינַי הַיֹּשְׁבִי בַּשָּׁמָיִם: הִנֵּה כְעֵינֵי תהלים קכג
עֲבָדִים אֶל־יַד אֲדוֹנֵיהֶם כְּעֵינֵי שִׁפְחָה אֶל־יַד גְּבִרְתָּהּ כֵּן עֵינֵינוּ
אֶל־יְהוָה אֱלֹהֵינוּ עַד שֶׁיְּחָנֵּנוּ: חָנֵּנוּ יְהוָה חָנֵּנוּ כִּי־רַב שָׂבַעְנוּ
בוּז: רַבַּת שָׂבְעָה־לָּהּ נַפְשֵׁנוּ הַלַּעַג הַשַּׁאֲנַנִּים הַבּוּז לִגְאֵי יוֹנִים:

שִׁיר הַמַּעֲלוֹת לְדָוִד לוּלֵי יְהוָה שֶׁהָיָה לָנוּ יֹאמַר־נָא יִשְׂרָאֵל: תהלים קכד
לוּלֵי יְהוָה שֶׁהָיָה לָנוּ בְּקוּם עָלֵינוּ אָדָם: אֲזַי חַיִּים בְּלָעוּנוּ
בַּחֲרוֹת אַפָּם בָּנוּ: אֲזַי הַמַּיִם שְׁטָפוּנוּ נַחְלָה עָבַר עַל־נַפְשֵׁנוּ:
אֲזַי עָבַר עַל־נַפְשֵׁנוּ הַמַּיִם הַזֵּידוֹנִים: בָּרוּךְ יְהוָה שֶׁלֹּא נְתָנָנוּ
טֶרֶף לְשִׁנֵּיהֶם: נַפְשֵׁנוּ כְּצִפּוֹר נִמְלְטָה מִפַּח יוֹקְשִׁים הַפַּח נִשְׁבָּר
וַאֲנַחְנוּ נִמְלָטְנוּ: עֶזְרֵנוּ בְּשֵׁם יְהוָה עֹשֵׂה שָׁמַיִם וָאָרֶץ:

הַלְלוּיָהּ ׀ הַלְלוּ אֶת־שֵׁם יְהוָה הַלְלוּ עַבְדֵי יְהוָה: שֶׁעֹמְדִים תהלים קלה
בְּבֵית יְהוָה בְּחַצְרוֹת בֵּית אֱלֹהֵינוּ: הַלְלוּיָהּ כִּי־טוֹב יְהוָה זַמְּרוּ
לִשְׁמוֹ כִּי נָעִים: כִּי־יַעֲקֹב בָּחַר לוֹ יָהּ יִשְׂרָאֵל לִסְגֻלָּתוֹ: כִּי אֲנִי
יָדַעְתִּי כִּי־גָדוֹל יְהוָה וַאֲדֹנֵינוּ מִכָּל־אֱלֹהִים: כֹּל אֲשֶׁר־חָפֵץ
יְהוָה עָשָׂה בַּשָּׁמַיִם וּבָאָרֶץ בַּיַּמִּים וְכָל־תְּהֹמוֹת: מַעֲלֶה נְשִׂאִים
מִקְצֵה הָאָרֶץ בְּרָקִים לַמָּטָר עָשָׂה מוֹצֵא־רוּחַ מֵאוֹצְרוֹתָיו:

---

הַלְלוּיָהּ *Salmos 135–136*: Dos salmos que conforman una única composición, similar en su tono, su vocabulario y su estructura literaria al grupo de Salmos 113–118 conocido como el Halel. Algunos sabios (*Pesaḥim* 118A) llamaron a estos dos salmos "El Gran Halel" para distinguirlo de los Salmos 113–118 llamados "El Halel egipcio" por contener referencias al Éxodo (otros consideran que entra en esta categoría únicamente el Salmo 136). Es probable que ambos hayan sido redactados a los efectos de usarlos en el servicio del Templo y ambos fueran letanías: una serie de invocaciones recitadas por

sus depósitos. Él castigó a los primogénitos egipcios, tanto hombres como animales. Envió señales y maravillas al interior de Egipto, al Faraón y a todos sus siervos. Castigó a numerosas naciones y mató a poderosos reyes. A Siḥón rey del Emorí, a Og rey del Bashán, a todos los reyes de Quena'an. Dio sus territorios en heredad a Su pueblo Israel. Señor, Tu Nombre es eterno, Señor, Tu recuerdo es por todas las generaciones. Pues el Señor traerá justicia a Su pueblo, y se compadecerá de Sus siervos. Los ídolos de las naciones están hechos de plata y oro, están elaborados por la mano del hombre. Tienen boca mas no hablan, tienen ojos mas no ven, tienen oídos mas no escuchan, no tienen aliento en sus bocas. Tal como estos se tornarán quienes los hicieron, todos quienes en ellos depositaron su confianza. Casa de Israel, bendecid al Señor, casa de Aharón bendecid al Señor, casa del Leví bendecid al Señor, temerosos del Señor bendecid al Señor. Bendito es el Señor desde Ṣion, Aquél que habita en Jerusalém. ¡Aleluyá!

*Para el recitado del siguiente pasaje se acostumbra que el Kahal no responda "pues Su benevolencia es eterna" sino que se recite como los demás salmos.*

הודו· Agradeced al Señor porque es bueno; pues Su benevolencia es eterna.
Agradeced al Dios de dioses; pues Su benevolencia es eterna.
Agradeced al Señor de los Señores; pues Su benevolencia es eterna.
A Quien obra maravillas solo; pues Su benevolencia es eterna.
A Quien creó los cielos con entendimiento; pues Su benevolencia es eterna.

---

הודו *Salmos 136:* Originalmente era recitado en el Templo, el oficiante recitaba la primera mitad de cada versículo a lo que la congregación respondía con la segunda. Al igual que en muchos otros salmos, el poema abre con una cosmología y finaliza con historia; inicia con Dios como Creador y continúa con Dios como Redentor. Los sabios relacionaron los veintiséis versículos del

שֶׁהִכָּה בְּכוֹרֵי מִצְרָיִם מֵאָדָם עַד־בְּהֵמָה: שָׁלַח ׀ אוֹתֹת וּמֹפְתִים
בְּתוֹכֵכִי מִצְרָיִם בְּפַרְעֹה וּבְכָל־עֲבָדָיו: שֶׁהִכָּה גּוֹיִם רַבִּים וְהָרַג
מְלָכִים עֲצוּמִים: לְסִיחוֹן ׀ מֶלֶךְ הָאֱמֹרִי וּלְעוֹג מֶלֶךְ הַבָּשָׁן וּלְכֹל
מַמְלְכוֹת כְּנָעַן: וְנָתַן אַרְצָם נַחֲלָה נַחֲלָה לְיִשְׂרָאֵל עַמּוֹ: יְהוָה
שִׁמְךָ לְעוֹלָם יְהוָה זִכְרְךָ לְדֹר־וָדֹר: כִּי־יָדִין יְהוָה עַמּוֹ וְעַל־עֲבָדָיו
יִתְנֶחָם: עֲצַבֵּי הַגּוֹיִם כֶּסֶף וְזָהָב מַעֲשֵׂה יְדֵי אָדָם: פֶּה־לָהֶם וְלֹא
יְדַבֵּרוּ עֵינַיִם לָהֶם וְלֹא יִרְאוּ: אָזְנַיִם לָהֶם וְלֹא יַאֲזִינוּ אַף אֵין־
יֶשׁ־רוּחַ בְּפִיהֶם: כְּמוֹהֶם יִהְיוּ עֹשֵׂיהֶם כֹּל אֲשֶׁר־בֹּטֵחַ בָּהֶם:
בֵּית יִשְׂרָאֵל בָּרְכוּ אֶת־יְהוָה בֵּית אַהֲרֹן בָּרְכוּ אֶת־יְהוָה: בֵּית
הַלֵּוִי בָּרְכוּ אֶת־יְהוָה יִרְאֵי יְהוָה בָּרְכוּ אֶת־יְהוָה: בָּרוּךְ יְהוָה ׀
מִצִּיּוֹן שֹׁכֵן יְרוּשָׁלָםִ הַלְלוּיָהּ:

*Para el recitado del siguiente pasaje se acostumbra que el* קהל *no responda* 'כִּי לְעוֹלָם חַסְדּוֹ' *sino que se recite como los demás salmos.*

הוֹדוּ לַיהוָה כִּי־טוֹב כִּי לְעוֹלָם חַסְדּוֹ: תהלים קלו
הוֹדוּ לֵאלֹהֵי הָאֱלֹהִים כִּי לְעוֹלָם חַסְדּוֹ:
הוֹדוּ לַאֲדֹנֵי הָאֲדֹנִים כִּי לְעוֹלָם חַסְדּוֹ:
לְעֹשֵׂה נִפְלָאוֹת גְּדֹלוֹת לְבַדּוֹ כִּי לְעוֹלָם חַסְדּוֹ:
לְעֹשֵׂה הַשָּׁמַיִם בִּתְבוּנָה כִּי לְעוֹלָם חַסְדּוֹ:

---

de cinco versículos, la segunda de siete y la tercera de nueve. שֶׁהִכָּה בְּכוֹרֵי מִצְרָיִם *Él castigó a los primogénitos egipcios*: estas líneas tienen su paralelo en el siguiente salmo. עֲצַבֵּי הַגּוֹיִם כֶּסֶף וְזָהָב *Los ídolos de las naciones están hechos de plata y oro… temerosos del Señor bendecid al Señor*: casi exactamente paralelo al Halel (Salmos 115:4–11).

A Quien extiende la tierra
sobre el mar; pues Su benevolencia es eterna.
A Quien hace las grandes luminarias; pues Su benevolencia es eterna.
Al sol para que gobierne durante
el día; pues Su benevolencia es eterna.
A la luna y las estrellas para que gobiernen
durante la noche; pues Su benevolencia es eterna.
A Quien castiga a Egipto y a sus
primogénitos; pues Su benevolencia es eterna.
Y sacó a Israel de entre ellos; pues Su benevolencia es eterna.
Con mano fuerte y brazo extendido; pues Su benevolencia es eterna.
A Quien partió el Mar de los Juncos
en partes; pues Su benevolencia es eterna.
E hizo pasar a Israel dentro de éste; pues Su benevolencia es eterna.
Y sacudió al Faraón y a su
ejército en el Mar de los Juncos; pues Su benevolencia es eterna.
A Quien condujo a Su pueblo
por el desierto; pues Su benevolencia es eterna.
A Quien castigó grandes reyes; pues Su benevolencia es eterna.
Y mató a poderosos reyes; pues Su benevolencia es eterna.
A Siḥón rey del Emorí; pues Su benevolencia es eterna.
Y a Og rey del Bashán; pues Su benevolencia es eterna.
Y dio sus territorios en heredad; pues Su benevolencia es eterna.
Heredad para Su siervo Israel; pues Su benevolencia es eterna.
Quien nos recordó en nuestra
humillación; pues Su benevolencia es eterna.
Y nos libró de nuestros enemigos; pues Su benevolencia es eterna.
Él da alimento a toda carne; pues Su benevolencia es eterna.
Agradeced al Dios de los cielos; pues Su benevolencia es eterna.

---

salmo con las veintiséis generaciones desde Adam hasta la entrega de la Torá, desde la Creación hasta la Revelación. En virtud de que resume los eventos del Éxodo forma parte de la Hagadá de Pesaḥ.

לְרֹקַע הָאָרֶץ עַל־הַמָּיִם כִּי לְעוֹלָם חַסְדּוֹ:

לְעֹשֵׂה אוֹרִים גְּדֹלִים כִּי לְעוֹלָם חַסְדּוֹ:

אֶת־הַשֶּׁמֶשׁ לְמֶמְשֶׁלֶת בַּיּוֹם כִּי לְעוֹלָם חַסְדּוֹ:

אֶת־הַיָּרֵחַ וְכוֹכָבִים לְמֶמְשְׁלוֹת בַּלָּיְלָה כִּי לְעוֹלָם חַסְדּוֹ:

לְמַכֵּה מִצְרַיִם בִּבְכוֹרֵיהֶם כִּי לְעוֹלָם חַסְדּוֹ:

וַיּוֹצֵא יִשְׂרָאֵל מִתּוֹכָם כִּי לְעוֹלָם חַסְדּוֹ:

בְּיָד חֲזָקָה וּבִזְרוֹעַ נְטוּיָה כִּי לְעוֹלָם חַסְדּוֹ:

לְגֹזֵר יַם־סוּף לִגְזָרִים כִּי לְעוֹלָם חַסְדּוֹ:

וְהֶעֱבִיר יִשְׂרָאֵל בְּתוֹכוֹ כִּי לְעוֹלָם חַסְדּוֹ:

וְנִעֵר פַּרְעֹה וְחֵילוֹ בְיַם־סוּף כִּי לְעוֹלָם חַסְדּוֹ:

לְמוֹלִיךְ עַמּוֹ בַּמִּדְבָּר כִּי לְעוֹלָם חַסְדּוֹ:

לְמַכֵּה מְלָכִים גְּדֹלִים כִּי לְעוֹלָם חַסְדּוֹ:

וַיַּהֲרֹג מְלָכִים אַדִּירִים כִּי לְעוֹלָם חַסְדּוֹ:

לְסִיחוֹן מֶלֶךְ הָאֱמֹרִי כִּי לְעוֹלָם חַסְדּוֹ:

וּלְעוֹג מֶלֶךְ הַבָּשָׁן כִּי לְעוֹלָם חַסְדּוֹ:

וְנָתַן אַרְצָם לְנַחֲלָה כִּי לְעוֹלָם חַסְדּוֹ:

נַחֲלָה לְיִשְׂרָאֵל עַבְדּוֹ כִּי לְעוֹלָם חַסְדּוֹ:

שֶׁבְּשִׁפְלֵנוּ זָכַר לָנוּ כִּי לְעוֹלָם חַסְדּוֹ:

וַיִּפְרְקֵנוּ מִצָּרֵינוּ כִּי לְעוֹלָם חַסְדּוֹ:

נֹתֵן לֶחֶם לְכָל־בָּשָׂר כִּי לְעוֹלָם חַסְדּוֹ:

הוֹדוּ לְאֵל הַשָּׁמָיִם כִּי לְעוֹלָם חַסְדּוֹ:

*Si no se recitó Kadish antes de Hodú, hacerlo aquí.*

רִבִּי חֲנַנְיָא Ribí Ḥananiá Ben A'kashiá dice: El Santo Bendito Él quiso dar méritos a Israel y por ello les incrementó el estudio de la Torá y el cumplimiento de preceptos, tal como está escrito: "El Señor, deseó dar mérito a Israel y para ello engrandeció la Torá y la enalteció". *Macot 23* *Isa. 42*

## KADISH DE LOS RABINOS

*El Ḥazán y los avelim recitan aquí el Kadish de los Rabinos:*

יִתְגַּדַּל Que Su Gran Nombre sea magnificado y santificado,
en el mundo que creó conforme a Su voluntad.
Que establezca Su reino, haga florecer Su salvación
y apresure la llegada de Su ungido
durante vuestra vida y en vuestros días
y en la vida de toda la casa de Israel,
pronto y rápidamente y decid: Amén.

Que Su Gran Nombre sea bendito
por siempre y por toda la eternidad.

Sea bendecido, alabado, glorificado y exaltado, encumbrado
y magnificado, enaltecido y ensalzado el Nombre del Santo Bendito Él;
más allá de cualquier bendición, cántico, alabanza y consolación
pronunciados en el mundo y decid: Amén.

Para Israel, para nuestros maestros,
sus discípulos y los discípulos de sus discípulos,
para todos quienes se involucran en el estudio de la sagrada Torá,
en este sitio o en cualquier otra parte,
que vengan a nosotros, a ellos y a vosotros
gracia, benevolencia y compasión de nuestro Dios,
Señor de los cielos y la tierra y decid: Amén.

Que haya gran paz celestial, vida, saciedad, salvación, consolación,
refugio, sanación, redención, perdón y expiación, bienestar
y salvación para nosotros y para todo Su pueblo Israel y decid: Amén.

*Antes de decir 'Quien obra paz' se dan tres pasos hacia atrás.*

Quien obra la paz en Sus alturas,
con compasión haga la paz
para nosotros y todo Su pueblo Israel y decid: Amén.

*Si no se recitó* קדיש *antes de* 'הודו'*, hacerlo aquí.*

רִבִּי חֲנַנְיָא בֶּן עֲקַשְׁיָא אוֹמֵר: רָצָה הַקָּדוֹשׁ בָּרוּךְ הוּא לְזַכּוֹת אֶת יִשְׂרָאֵל, לְפִיכָךְ הִרְבָּה לָהֶם תּוֹרָה וּמִצְוֹת. שֶׁנֶּאֱמַר: יְהוָה חָפֵץ לְמַעַן צִדְקוֹ, יַגְדִּיל תּוֹרָה וְיַאְדִּיר: מכות כג / ישעיה מב

## קדיש דרבנן

*El* חזן *y los* אבלים *recitan aquí el* קדיש דרבנן*:*

יִתְגַּדַּל וְיִתְקַדַּשׁ שְׁמֵהּ רַבָּא (קהל: אָמֵן)
בְּעָלְמָא דִּי בְרָא כִרְעוּתֵהּ
וְיַמְלִיךְ מַלְכוּתֵהּ וְיַצְמַח פֻּרְקָנֵהּ וִיקָרֵב מְשִׁיחֵהּ (קהל: אָמֵן)
בְּחַיֵּיכוֹן וּבְיוֹמֵיכוֹן וּבְחַיֵּי דְכָל בֵּית יִשְׂרָאֵל
בַּעֲגָלָא וּבִזְמַן קָרִיב, וְאִמְרוּ אָמֵן. (קהל: אָמֵן)
יְהֵא שְׁמֵהּ רַבָּא מְבָרַךְ לְעָלַם וּלְעָלְמֵי עָלְמַיָּא יִתְבָּרַךְ
וְיִשְׁתַּבַּח וְיִתְפָּאַר וְיִתְרוֹמַם וְיִתְנַשֵּׂא וְיִתְהַדָּר וְיִתְעַלֶּה וְיִתְהַלָּל
שְׁמֵהּ דְּקֻדְשָׁא בְּרִיךְ הוּא (קהל: אָמֵן)
לְעֵלָּא מִן כָּל בִּרְכָתָא שִׁירָתָא, תִּשְׁבְּחָתָא וְנֶחֱמָתָא דַּאֲמִירָן
בְּעָלְמָא, וְאִמְרוּ אָמֵן. (קהל: אָמֵן)
עַל יִשְׂרָאֵל וְעַל רַבָּנָן וְעַל תַּלְמִידֵיהוֹן וְעַל כָּל תַּלְמִידֵי תַלְמִידֵיהוֹן
דְּעָסְקִין בְּאוֹרַיְתָא קַדִּישְׁתָּא
דִּי בְאַתְרָא הָדֵין, וְדִי בְכָל אֲתַר וַאֲתַר
יְהֵא לָנָא וּלְהוֹן וּלְכוֹן חִנָּא וְחִסְדָּא
וְרַחֲמֵי מִן קֳדָם אֱלָהָנָא מָארֵי שְׁמַיָּא וְאַרְעָא, וְאִמְרוּ אָמֵן. (קהל: אָמֵן)
יְהֵא שְׁלָמָא רַבָּא מִן שְׁמַיָּא, חַיִּים וְשָׂבָע וִישׁוּעָה וְנֶחָמָה
וְשֵׁיזָבָא וּרְפוּאָה וּגְאֻלָּה וּסְלִיחָה וְכַפָּרָה, וְרֵוַח וְהַצָּלָה
לָנוּ וּלְכָל עַמּוֹ יִשְׂרָאֵל, וְאִמְרוּ אָמֵן. (קהל: אָמֵן)

*Antes de decir* 'עֹשֶׂה שָׁלוֹם' *se dan tres pasos hacia atrás.*

עֹשֶׂה שָׁלוֹם בִּמְרוֹמָיו
הוּא בְּרַחֲמָיו יַעֲשֶׂה שָׁלוֹם עָלֵינוּ
וְעַל כָּל עַמּוֹ יִשְׂרָאֵל, וְאִמְרוּ אָמֵן. (קהל: אָמֵן)

## PESUKÉ DEZIMRÁ

*Desde aquí hasta después de la A'midá está prohibido hablar.*
*Se acostumbra a tomar los dos ṣiṣiot que tiene delante con la mano derecha y al teminar Baruj Sheamar besarlos.*

*Se recita de pie:*

# BENDITO ES QUIEN HABLÓ

y el mundo cobró existencia, Bendito es.
Bendito es Él Quien habla y actúa.
Bendito es Él Quien decreta y cumple.
Bendito es Él Quien mantiene la Creación.
Bendito es Él Quien muestra compasión por la tierra.
Bendito es Él Quien se apiada de las creaturas.
Bendito es Él Quien recompensa a quienes Le temen.
Bendito es Él Quien vive por siempre y existe eternamente.
Bendito es Él Quien redime y salva.
Bendito es Su Nombre.

Bendito eres Tú Señor, nuestro Dios,
Rey del universo, Dios, Padre compasivo,
exaltado por la boca de Su pueblo, alabado
y glorificado por las expresiones de Sus devotos y Sus siervos.

---

palabra "*Vaiomer*", "Y dijo", en el relato de la Creación en el primer capítulo de Génesis. De allí el dicho rabínico de que el mundo fue creado con "diez alocuciones" (*Avot* 5:1).

*Bendito eres Tú*: La segunda mitad de la bendición es un preludio a los versículos bíblicos que siguen, principalmente provenientes de los Salmos ("Con los cánticos de David Tu Servidor Te loaremos") pero también del libro de Crónicas y del de Nehemías ("Exaltado por la boca de Su pueblo"). A los efectos de enfatizar la significación de esta declaración, la recitamos de pie y al finalizar esta besamos los dos flecos anteriores del talit.

## פסוקי דזמרה

*Desde aquí hasta después de la* עמידה *está prohibido hablar.*
*Se acostumbra a tomar los dos* ציציות *que tiene delante con la mano derecha y al teminar* 'בָּרוּךְ שֶׁאָמַר' *besarlos.*

*Se recita de pie:*

# בָּרוּךְ שֶׁאָמַר

וְהָיָה הָעוֹלָם, בָּרוּךְ הוּא.
בָּרוּךְ אוֹמֵר וְעוֹשֶׂה
בָּרוּךְ גּוֹזֵר וּמְקַיֵּם
בָּרוּךְ עוֹשֶׂה בְרֵאשִׁית
בָּרוּךְ מְרַחֵם עַל הָאָרֶץ
בָּרוּךְ מְרַחֵם עַל הַבְּרִיּוֹת
בָּרוּךְ מְשַׁלֵּם שָׂכָר טוֹב לִירֵאָיו
בָּרוּךְ חַי לָעַד וְקַיָּם לָנֶצַח
בָּרוּךְ פּוֹדֶה וּמַצִּיל, בָּרוּךְ שְׁמוֹ.

בָּרוּךְ אַתָּה יְהוָה, אֱלֹהֵינוּ מֶלֶךְ הָעוֹלָם
הָאֵל אָב הָרַחֲמָן הַמְהֻלָּל בְּפֶה עַמּוֹ
מְשֻׁבָּח וּמְפֹאָר בִּלְשׁוֹן חֲסִידָיו וַעֲבָדָיו

---

בָּרוּךְ שֶׁאָמַר *Bendito es Quien habló:* Es una bendición introductoria a la sección de Pesuké DeZimrá y consiste de dos secciones. La primera es una letanía de diez partes en la cual se alaba a Dios como Creador. Cada frase es precedida de la palabra "Bendito" (la segunda frase "Bendito es" no se trata de un versículo separado, sino que originalmente era la respuesta de la congregación). El número diez se corresponde con las diez veces que aparece la

Con los cánticos de David Tu Servidor Te loaremos Señor,
Dios nuestro.
Con alabanzas y salmos Te engrandeceremos, Te alabaremos,
Te glorificaremos, evocaremos Tu Nombre y Te coronaremos,
Rey nuestro, nuestro Dios, Único, que insuflas vida a los mundos,
Rey cuyo Nombre es alabado, loado
y glorificado por toda la eternidad.
Bendito eres Tú Señor, Rey exaltado con cánticos de alabanza.

*Si Yom Tob cae en día de semana se comienza con las palabras 'Es bueno agradecer'.*

מִזְמוֹר Cántico para el día de Shabat. Es bueno agradecer al Señor y entonar cánticos a Tu Gran Nombre. Narrar Tu bondad en la mañana y tu fidelidad en la noche con la música de la lira de diez cuerdas, con la melodía del arpa. Porque Tú me has regocijado con Tu obra, por la labor de Tus manos te he de cantar. Cuán grandes son Tus obras Señor, Tus pensamientos muy profundos; el ignorante no lo conocerá y el necio no lo habrá de comprender. Al brotar los malvados cual hierba, al florecer todos los pecadores, empero serán aniquilados para siempre. Y Tú Señor por siempre serás encumbrado. Pues Tus enemigos Señor serán destruidos, los malhechores dispersados. Tú has elevado mi orgullo tal como se yergue el órix ("reem"), me has ungido con aceite fresco. Mi ojo contemplará triunfante a mis adversarios, mis oídos habrán de oír la caída de mis enemigos. El justo crecerá como la palma, se erguirá como el cedro del Líbano. Plantados en la casa del Señor, florecerán en los patios de nuestro Dios. Darán su fruto aun en su vejez, vigorosos y lozanos, proclamando la rectitud del Señor, Él es mi Fortaleza y no hay injusticia en Él. *Sal. 92*

יְהוָה מָלָךְ El Señor ha reinado. Él se ha revestido de majestad. El Señor está investido de poder, ceñido de fortaleza. También al mundo lo ha establecido firmemente, para que no vacile. Tu trono está firme desde entonces, Tú eres Eterno. Los ríos Señor, los ríos han alzado sus voces. Ríos, elevad vuestras rompientes olas. Más que el sonido de muchas aguas, más que las poderosas rompientes del mar, el Señor es poderoso en las Alturas. Tus testimonios son de lo más fidedignos; Tu morada resplandecerá de santidad Señor, para siempre. *Sal. 93*

וּבְשִׁירֵי דָוִד עַבְדֶּךָ נְהַלֶּלְךָ יְהֹוָה אֱלֹהֵינוּ, בִּשְׁבָחוֹת וּבִזְמִירוֹת
נְגַדֶּלְךָ וּנְשַׁבֵּחֲךָ וּנְפָאֶרְךָ וְנַמְלִיכְךָ
וְנַזְכִּיר שִׁמְךָ מַלְכֵּנוּ אֱלֹהֵינוּ, יָחִיד חֵי הָעוֹלָמִים
מֶלֶךְ מְשֻׁבָּח וּמְפֹאָר עֲדֵי עַד שְׁמוֹ הַגָּדוֹל.
בָּרוּךְ אַתָּה יְהֹוָה, מֶלֶךְ מְהֻלָּל בַּתִּשְׁבָּחוֹת.

*Si* יום טוב *cae en día de semana se comienza con las palabras* 'טוֹב לְהֹדוֹת'.

תהלים צב מִזְמוֹר שִׁיר לְיוֹם הַשַּׁבָּת: טוֹב לְהֹדוֹת לַיהֹוָה וּלְזַמֵּר לְשִׁמְךָ עֶלְיוֹן: לְהַגִּיד בַּבֹּקֶר חַסְדֶּךָ וֶאֱמוּנָתְךָ בַּלֵּילוֹת: עֲלֵי־עָשׂוֹר וַעֲלֵי־נָבֶל עֲלֵי הִגָּיוֹן בְּכִנּוֹר: כִּי שִׂמַּחְתַּנִי יְהֹוָה בְּפָעֳלֶךָ בְּמַעֲשֵׂי יָדֶיךָ אֲרַנֵּן: מַה־גָּדְלוּ מַעֲשֶׂיךָ יְהֹוָה מְאֹד עָמְקוּ מַחְשְׁבֹתֶיךָ: אִישׁ־בַּעַר לֹא יֵדָע וּכְסִיל לֹא־יָבִין אֶת־זֹאת: בִּפְרֹחַ רְשָׁעִים ׀ כְּמוֹ עֵשֶׂב וַיָּצִיצוּ כָּל־פֹּעֲלֵי אָוֶן לְהִשָּׁמְדָם עֲדֵי־עַד: וְאַתָּה מָרוֹם לְעֹלָם יְהֹוָה: כִּי הִנֵּה אֹיְבֶיךָ יְהֹוָה כִּי־הִנֵּה אֹיְבֶיךָ יֹאבֵדוּ יִתְפָּרְדוּ כָּל־פֹּעֲלֵי אָוֶן: וַתָּרֶם כִּרְאֵים קַרְנִי בַּלֹּתִי בְּשֶׁמֶן רַעֲנָן: וַתַּבֵּט עֵינִי בְּשׁוּרָי בַּקָּמִים עָלַי מְרֵעִים תִּשְׁמַעְנָה אָזְנָי: צַדִּיק כַּתָּמָר יִפְרָח כְּאֶרֶז בַּלְּבָנוֹן יִשְׂגֶּה: שְׁתוּלִים בְּבֵית יְהֹוָה בְּחַצְרוֹת אֱלֹהֵינוּ יַפְרִיחוּ: עוֹד יְנוּבוּן בְּשֵׂיבָה דְּשֵׁנִים וְרַעֲנַנִּים יִהְיוּ: לְהַגִּיד כִּי־יָשָׁר יְהֹוָה צוּרִי וְלֹא־עַוְלָתָה בּוֹ:

תהלים צג יְהֹוָה מָלָךְ גֵּאוּת לָבֵשׁ לָבֵשׁ יְהֹוָה עֹז הִתְאַזָּר אַף־תִּכּוֹן תֵּבֵל בַּל־תִּמּוֹט: נָכוֹן כִּסְאֲךָ מֵאָז מֵעוֹלָם אָתָּה: נָשְׂאוּ נְהָרוֹת ׀ יְהֹוָה נָשְׂאוּ נְהָרוֹת קוֹלָם יִשְׂאוּ נְהָרוֹת דָּכְיָם: מִקֹּלוֹת ׀ מַיִם רַבִּים אַדִּירִים מִשְׁבְּרֵי־יָם אַדִּיר בַּמָּרוֹם יְהֹוָה: עֵדֹתֶיךָ ׀ נֶאֶמְנוּ מְאֹד לְבֵיתְךָ נַאֲוָה־קֹדֶשׁ יְהֹוָה לְאֹרֶךְ יָמִים:

יְהִי כְבוֹד Que la gloria del Señor perdure por siempre y se regocije el *Sal. 104*
Señor en Sus obras. Que el Nombre del Señor sea bendito desde *Sal. 113*
ahora y hasta la eternidad. Desde la salida del sol hasta su ocaso, ala-
bado es el Nombre del Señor. Elevado es el Señor por encima de *Sal. 135*
todas las naciones y Su gloria por sobre los cielos. Señor, Tu Nombre
es por la eternidad, Señor, Tu renombre es por todas las generacio-
nes. El Señor estableció Su trono en los cielos y Su reinado todo lo *Sal. 103*
gobierna. Que se regocijen los cielos y alegre la tierra, que declaren *I Crón. 16*
entre las naciones: "El Señor es el Rey". El Señor reina, el Señor ha
reinado, el Señor reinará por toda la eternidad. El Señor es el Rey del *Sal. 10*
mundo por siempre, incluso cuando las naciones hayan desaparecido
de Su tierra. El Señor desbarató el plan de las naciones, frustró las *Sal. 33*
intenciones de los pueblos. Numerosos son los pensamientos en el *Prov. 19*
corazón del hombre, pero sólo el consejo del Señor prevalecerá. El *Sal. 33*
plan del Señor siempre permanecerá, Sus pensamientos por todas las
generaciones. Pues Él habló y el mundo fue, Él ordenó y se mantuvo *Sal. 132*
firme. Pues el Señor escogió a Ṣion, la deseó como sitio de Su Morada.
Pues Dios escogió a Ya'akob como propio y al pueblo de Israel como *Sal. 135*
Su heredad. Pues el Señor no descuidará a Su pueblo ni abandonará *Sal. 94*
Su heredad. Él es compasivo, perdonará la iniquidad y no destruirá, *Sal. 78*
suprimirá Su ira y no encenderá Su furia. El Señor salva, el Rey nos *Sal. 20*
responderá en el día que Le invoquemos.

---

por lo tanto es su Soberano. En el corto plazo puede parecer que los seres humanos deciden su propio destino incluso en contra de la voluntad celestial. Sin embargo, esto no es así: "sólo el consejo del Señor prevalecerá". Dios escogió un pueblo en particular (Sion, Ya'akob) para que ejemplifique esta verdad, ya que el pueblo de Israel es el único cuya existencia depende de su pacto con Dios. Dado que Israel no reconoce a ningún otro rey más allá de Dios, se dirige a Él mediante la plegaria.

יְהִי כְבוֹד יְהֹוָה לְעוֹלָם, יִשְׂמַח יְהֹוָה בְּמַעֲשָׂיו: יְהִי שֵׁם יְהֹוָה תהלים קד תהלים קיג
מְבֹרָךְ, מֵעַתָּה וְעַד־עוֹלָם: מִמִּזְרַח־שֶׁמֶשׁ עַד־מְבוֹאוֹ, מְהֻלָּל
שֵׁם יְהֹוָה: רָם עַל־כָּל־גּוֹיִם יְהֹוָה, עַל הַשָּׁמַיִם כְּבוֹדוֹ: יְהֹוָה תהלים קלה
שִׁמְךָ לְעוֹלָם, יְהֹוָה זִכְרְךָ לְדֹר־וָדֹר: יְהֹוָה בַּשָּׁמַיִם הֵכִין כִּסְאוֹ, תהלים קג
וּמַלְכוּתוֹ בַּכֹּל מָשָׁלָה: יִשְׂמְחוּ הַשָּׁמַיִם וְתָגֵל הָאָרֶץ, וְיֹאמְרוּ דברי הימים א׳ טז
בַגּוֹיִם יְהֹוָה מָלָךְ: יְהֹוָה מֶלֶךְ, יְהֹוָה מָלָךְ, יְהֹוָה יִמְלֹךְ לְעוֹלָם וָעֶד.
יְהֹוָה מֶלֶךְ עוֹלָם וָעֶד, אָבְדוּ גוֹיִם מֵאַרְצוֹ: יְהֹוָה הֵפִיר עֲצַת־גּוֹיִם, תהלים י תהלים לג
הֵנִיא מַחְשְׁבוֹת עַמִּים: רַבּוֹת מַחֲשָׁבוֹת בְּלֶב־אִישׁ, וַעֲצַת יְהֹוָה משלי יט
הִיא תָקוּם: עֲצַת יְהֹוָה לְעוֹלָם תַּעֲמֹד, מַחְשְׁבוֹת לִבּוֹ לְדֹר וָדֹר: תהלים לג
כִּי הוּא אָמַר וַיֶּהִי, הוּא־צִוָּה וַיַּעֲמֹד: כִּי־בָחַר יְהֹוָה בְּצִיּוֹן, אִוָּהּ תהלים קלב
לְמוֹשָׁב לוֹ: כִּי־יַעֲקֹב בָּחַר לוֹ יָהּ, יִשְׂרָאֵל לִסְגֻלָּתוֹ: כִּי לֹא־יִטֹּשׁ תהלים קלה תהלים צד
יְהֹוָה עַמּוֹ, וְנַחֲלָתוֹ לֹא יַעֲזֹב: וְהוּא רַחוּם, יְכַפֵּר עָוֺן וְלֹא־יַשְׁחִית, תהלים עח
וְהִרְבָּה לְהָשִׁיב אַפּוֹ, וְלֹא־יָעִיר כָּל־חֲמָתוֹ: יְהֹוָה הוֹשִׁיעָה, הַמֶּלֶךְ תהלים כ
יַעֲנֵנוּ בְיוֹם־קָרְאֵנוּ:

---

**יְהִי כְבוֹד** *Que la gloria de* SEÑOR*:* Se trata de una antología de versículos principalmente extraídos de los Salmos pero también de Crónicas y de Proverbios. El versículo "El SEÑOR reina, el SEÑOR ha reinado, el SEÑOR reinará por toda la eternidad" no aparece bajo esta forma en la Biblia, sino que es una combinación de tres diferentes frases bíblicas, dos del libro de los Salmos y una del libro de Éxodo (al final del Cántico en el Mar). Los versículos nos llevan a través de la siguiente secuencia de pensamiento: Dios creó el universo

אַשְׁרֵי Felices aquellos que residen en Tu morada; *Sal. 84*
continuarán alabándote, ¡Sela!
Feliz del pueblo para el que esto es así, *Sal. 144*
feliz del pueblo que el Señor es su Dios.

Salmo de alabanza de David. *Sal. 145*

א Te ensalzaré oh Dios, mi Rey y bendeciré Tu Nombre por siempre. ב Todos los días Te bendeciré y alabaré Tu Nombre por siempre. ג El Señor es grande en sobremanera y Su grandeza es insondable. ד Una generación tras otra alabará Tu labor y contará sobre Tus poderosas acciones. ה Ponderaré el glorioso esplendor de Tu majestad y Tus actos maravillosos. ו Ellos relatarán el poder de Tus venerables acciones y de Tu grandeza. ז Ellos recitarán el recuerdo de Tu gran benevolencia y cantarán con regocijo Tu rectitud. ח El Señor es compasivo y misericordioso, paciente y muy benevolente. ט El Señor es bueno con todos y Su misericordia para con todas Sus creaturas. י Todas Tus Obras Te agradecerán y Tus devotos Te bendecirán. כ Ellos recitarán la gloria de Tu reinado y hablarán de Tus poderosas acciones. ל Darán a conocer a los hombres Sus poderosas acciones, y la gloria de la majestad de Su reino. מ Tu reino es un reino por todos los tiempos y Tu dominio por todas las generaciones. ס El Señor sostiene a los que se

---

Existen otros motivos que explican la preeminencia de este pasaje. Es el único de los 150 salmos que es llamado "*Tehilá LeDavid*", "Salmo de alabanza de David". Contiene la frase que dice "Todos los días Te bendeciré" la cual sugiere que debe ser recitado a diario. Sus 21 renglones están agrupados en tres grupos de siete versículos cada uno: los versículos 1–7 se refieren a la alabanza de Dios a lo largo de las generaciones; 8–14 representan el reinado de Dios y Su compasión; y los versículos 15–21 hablan de cómo Dios atiende las plegarias. El salmo está armado en una estructura numérica (3,7,10) que se asemeja mucho a la narrativa de la creación en Génesis 1:1–2:3.

אַשְׁרֵי יוֹשְׁבֵי בֵיתֶךָ, עוֹד יְהַלְלְוּךָ סֶּלָה: תהלים פד

אַשְׁרֵי הָעָם שֶׁכָּכָה לּוֹ, אַשְׁרֵי הָעָם שֶׁיהוה אֱלֹהָיו: תהלים קמד

תְּהִלָּה לְדָוִד תהלים קמה

אֲרוֹמִמְךָ אֱלוֹהַי הַמֶּלֶךְ, וַאֲבָרְכָה שִׁמְךָ לְעוֹלָם וָעֶד:

בְּכָל־יוֹם אֲבָרְכֶךָּ, וַאֲהַלְלָה שִׁמְךָ לְעוֹלָם וָעֶד:

גָּדוֹל יהוה וּמְהֻלָּל מְאֹד, וְלִגְדֻלָּתוֹ אֵין חֵקֶר:

דּוֹר לְדוֹר יְשַׁבַּח מַעֲשֶׂיךָ, וּגְבוּרֹתֶיךָ יַגִּידוּ:

הֲדַר כְּבוֹד הוֹדֶךָ, וְדִבְרֵי נִפְלְאֹתֶיךָ אָשִׂיחָה:

וֶעֱזוּז נוֹרְאֹתֶיךָ יֹאמֵרוּ, וּגְדוּלָּתְךָ אֲסַפְּרֶנָּה:

זֵכֶר רַב־טוּבְךָ יַבִּיעוּ, וְצִדְקָתְךָ יְרַנֵּנוּ:

חַנּוּן וְרַחוּם יהוה, אֶרֶךְ אַפַּיִם וּגְדָל־חָסֶד:

טוֹב־יהוה לַכֹּל, וְרַחֲמָיו עַל־כָּל־מַעֲשָׂיו:

יוֹדוּךָ יהוה כָּל־מַעֲשֶׂיךָ, וַחֲסִידֶיךָ יְבָרְכוּכָה:

כְּבוֹד מַלְכוּתְךָ יֹאמֵרוּ, וּגְבוּרָתְךָ יְדַבֵּרוּ:

לְהוֹדִיעַ לִבְנֵי הָאָדָם גְּבוּרֹתָיו, וּכְבוֹד הֲדַר מַלְכוּתוֹ:

מַלְכוּתְךָ מַלְכוּת כָּל־עֹלָמִים, וּמֶמְשַׁלְתְּךָ בְּכָל־דּוֹר וָדֹר:

סוֹמֵךְ יהוה לְכָל־הַנֹּפְלִים, וְזוֹקֵף לְכָל־הַכְּפוּפִים:

---

*importante de los pasajes de los Versículos de Alabanza. Los sabios lo vieron como un paradigma de alabanza, primeramente, porque está construido como acróstico alfabético (con excepción de la letra nun), por lo tanto alaba a Dios con todas las letras del alfabeto; en segundo lugar porque contiene el versículo "Tú abres Tu mano y satisfaces el deseo de cada ser viviente", el cual encierra la idea de que Dios no solamente creó inicialmente el universo sino que además lo sustenta a diario junto a la vida que este contiene.* Los sabios establecieron (*Berajot* 4B) que debe ser recitado tres veces al día (dos en el rezo de la mañana y una vez por la tarde).

caen y yergue a los encorvados. ע Todos alzan su mirada a Ti con esperanza y Tú les provees de su alimento en el momento adecuado. פ Tú abres Tu mano y satisfaces el deseo de cada ser viviente. צ El Señor es justo en todas Sus sendas y magnánimo en todos Sus actos. ק El Señor está cercano a todos quienes Le llaman, de todos aquellos que claman a Él con la verdad. ר Él colmará el deseo de quienes Lo reverencian, escuchará su clamor y los redimirá. ש El Señor protege a todos aquellos que Le aman y destruirá a todos los malvados. ת Mi boca declarará la alabanza del Señor y todas las creaturas bendecirán Su sagrado Nombre por siempre.

Nosotros bendeciremos a Dios desde ahora y por siempre, ¡Aleluyá! *Sal. 115*

הַלְלוּיָהּ הַלְלִי ¡Aleluyá! Alma mía, alaba al Señor. Alabaré al Señor toda mi vida; Cantaré a mi Dios mientras viva. No depositéis vuestra confianza en príncipes, o en mortales que no pueden salvar. Su hálito de vida expira y retornan a la tierra, en ese día sus planes fenecen. Feliz aquel cuya ayuda es el Dios de Ya'akob y cuya esperanza está depositada en el Señor su Dios, que hizo el cielo y la tierra, el mar y todo lo que este contiene; que mantiene Su verdad por siempre. Él asegura la justicia para los oprimidos. Da alimento a los hambrientos. El Señor libera a los prisioneros. El Señor da visión a los ciegos y yergue a los encorvados, el Señor ama a los justos. El Señor protege a los prosélitos, da aliento al huérfano y a la viuda, frustra el camino del malvado. Que el Señor reine por siempre. Él es tu Dios, Ṣion, por todas las generaciones ¡Aleluyá! *Sal. 146*

---

humanos son mortales. Provienen del polvo y a este retornan. Dios es eterno, así como lo son los valores por medio de los cuales gobierna las cuestiones humanas. Trae justicia a los oprimidos, alimento a los hambrientos, libertad a los prisioneros y esperanza a quienes se encuentran en los márgenes de la sociedad. Estos principios de justicia y compasión recorren la historia judía como ideales supremos de una sociedad bajo la soberanía de Dios.

עֵינֵי־כֹל אֵלֶיךָ יְשַׂבֵּרוּ וְאַתָּה נוֹתֵן־לָהֶם אֶת־אָכְלָם בְּעִתּוֹ:
פּוֹתֵחַ אֶת־יָדֶךָ וּמַשְׂבִּיעַ לְכָל־חַי רָצוֹן:
צַדִּיק יְהוָה בְּכָל־דְּרָכָיו וְחָסִיד בְּכָל־מַעֲשָׂיו:
קָרוֹב יְהוָה לְכָל־קֹרְאָיו לְכֹל אֲשֶׁר יִקְרָאֻהוּ בֶאֱמֶת:
רְצוֹן־יְרֵאָיו יַעֲשֶׂה וְאֶת־שַׁוְעָתָם יִשְׁמַע וְיוֹשִׁיעֵם:
שׁוֹמֵר יְהוָה אֶת־כָּל־אֹהֲבָיו וְאֵת כָּל־הָרְשָׁעִים יַשְׁמִיד:
תְּהִלַּת יְהוָה יְדַבֶּר פִּי וִיבָרֵךְ כָּל־בָּשָׂר שֵׁם קָדְשׁוֹ לְעוֹלָם וָעֶד:
וַאֲנַחְנוּ ׀ נְבָרֵךְ יָהּ מֵעַתָּה וְעַד־עוֹלָם הַלְלוּיָהּ: תהלים קטו

הַלְלוּיָהּ הַלְלִי נַפְשִׁי אֶת־יְהוָה: אֲהַלְלָה יְהוָה בְּחַיָּי אֲזַמְּרָה תהלים קמו
לֵאלֹהַי בְּעוֹדִי: אַל־תִּבְטְחוּ בִנְדִיבִים בְּבֶן־אָדָם ׀ שֶׁאֵין לוֹ
תְשׁוּעָה: תֵּצֵא רוּחוֹ יָשֻׁב לְאַדְמָתוֹ בַּיּוֹם הַהוּא אָבְדוּ עֶשְׁתֹּנֹתָיו:
אַשְׁרֵי שֶׁאֵל יַעֲקֹב בְּעֶזְרוֹ שִׂבְרוֹ עַל־יְהוָה אֱלֹהָיו: עֹשֶׂה ׀ שָׁמַיִם
וָאָרֶץ אֶת־הַיָּם וְאֶת־כָּל־אֲשֶׁר־בָּם הַשֹּׁמֵר אֱמֶת לְעוֹלָם: עֹשֶׂה
מִשְׁפָּט ׀ לַעֲשׁוּקִים נֹתֵן לֶחֶם לָרְעֵבִים יְהוָה מַתִּיר אֲסוּרִים: יְהוָה ׀
פֹּקֵחַ עִוְרִים יְהוָה זֹקֵף כְּפוּפִים יְהוָה אֹהֵב צַדִּיקִים: יְהוָה ׀ שֹׁמֵר
אֶת־גֵּרִים יָתוֹם וְאַלְמָנָה יְעוֹדֵד וְדֶרֶךְ רְשָׁעִים יְעַוֵּת: יִמְלֹךְ יְהוָה ׀
לְעוֹלָם אֱלֹהַיִךְ צִיּוֹן לְדֹר וָדֹר הַלְלוּיָהּ:

---

Además del Salmo 145 este pasaje contiene versículos de otros salmos: dos al principio que incluyen el vocablo "*Ashrei*" (Felices) tres veces y uno al final que concluye con el vocablo *Aleluyá*. De este modo este pasaje representa la totalidad del libro de los Salmos, el cual inicia con el vocablo Ashrei y culmina con la palabra *Aleluyá*.

הַלְלוּיָהּ *Salmos 146:* El contraste entre los roles humano y Divino. Los seres

הַלְלוּיָהּ כִּי־טוֹב ¡Aleluyá! Qué bueno es entonar cánticos a nuestro Dios, qué agradable y apropiado alabarle. El Señor reconstruye Jerusalém, reúne a los exiliados dispersos de Israel. Cura a quienes tienen quebrantados sus corazones y aplica vendaje a sus pesares. Cuenta el número de las estrellas y a cada una llama por su nombre. Grande y poderoso es nuestro Señor y Su entendimiento es ilimitado. El Señor da ánimo a los humildes, humilla a los malvados y los arroja a tierra. Cantad al Señor con agradecimiento, haced música con el arpa a nuestro Dios. Él cubre los cielos con nubes. Provee de lluvia a la tierra y hace que las montañas se cubran de hierbas. Provee alimento a la bestia y a los polluelos del cuervo cuando Le claman. No tiene deleite en la fortaleza de los caballos ni se satisface en las piernas de un hombre. El Señor se complace en quienes Le temen y en aquellos esperanzados en Su benevolencia. Jerusalém, alaba al Señor, Ṣion loa a tu Dios pues Él ha reforzado los cerrojos de tus portones y bendecido a tus hijos en tu seno. Ha traído la paz a tus fronteras y te saciará con el mejor de los trigos. Él ha enviado Su mandamiento hacia la tierra, Su palabra corre velozmente. Él hace caer nieve cual vellón de lana, esparce la escarcha cual ceniza, arroja el granizo cual migajas. ¿Quién puede sostenerse ante Su frío? Él envía Su palabra y los derrite, hace soplar el viento y fluir el agua. Él ha declarado Sus palabras a Ya'akob, Sus leyes y estatutos a Israel. Él no ha hecho esto con ninguna otra nación, ni les hizo conocer Sus leyes, ¡Aleluyá! *Sal. 147*

---

es el poder sino la humildad frente a Dios. Él escogió únicamente al pueblo de Israel para que personifique esta verdad en su constitución como nación. Por lo tanto, Él es la fuente de sus leyes y no una legislación humana.

הַלְלוּיָהּ | כִּי־טוֹב זַמְּרָה אֱלֹהֵינוּ כִּי־נָעִים נָאוָה תְהִלָּה: בּוֹנֵה תהלים קמז
יְרוּשָׁלַםִ יְהוָה נִדְחֵי יִשְׂרָאֵל יְכַנֵּס: הָרוֹפֵא לִשְׁבוּרֵי לֵב וּמְחַבֵּשׁ
לְעַצְּבוֹתָם: מוֹנֶה מִסְפָּר לַכּוֹכָבִים לְכֻלָּם שֵׁמוֹת יִקְרָא: גָּדוֹל
אֲדוֹנֵינוּ וְרַב־כֹּחַ לִתְבוּנָתוֹ אֵין מִסְפָּר: מְעוֹדֵד עֲנָוִים יְהוָה
מַשְׁפִּיל רְשָׁעִים עֲדֵי־אָרֶץ: עֱנוּ לַיהוָה בְּתוֹדָה זַמְּרוּ לֵאלֹהֵינוּ
בְכִנּוֹר: הַמְכַסֶּה שָׁמַיִם | בְּעָבִים הַמֵּכִין לָאָרֶץ מָטָר הַמַּצְמִיחַ
הָרִים חָצִיר: נוֹתֵן לִבְהֵמָה לַחְמָהּ לִבְנֵי עֹרֵב אֲשֶׁר יִקְרָאוּ: לֹא
בִגְבוּרַת הַסּוּס יֶחְפָּץ לֹא־בְשׁוֹקֵי הָאִישׁ יִרְצֶה: רוֹצֶה יְהוָה אֶת־
יְרֵאָיו אֶת־הַמְיַחֲלִים לְחַסְדּוֹ: שַׁבְּחִי יְרוּשָׁלַםִ אֶת־יְהוָה הַלְלִי
אֱלֹהַיִךְ צִיּוֹן: כִּי־חִזַּק בְּרִיחֵי שְׁעָרָיִךְ בֵּרַךְ בָּנַיִךְ בְּקִרְבֵּךְ: הַשָּׂם־
גְּבוּלֵךְ שָׁלוֹם חֵלֶב חִטִּים יַשְׂבִּיעֵךְ: הַשֹּׁלֵחַ אִמְרָתוֹ אָרֶץ עַד־
מְהֵרָה יָרוּץ דְּבָרוֹ: הַנֹּתֵן שֶׁלֶג כַּצָּמֶר כְּפוֹר כָּאֵפֶר יְפַזֵּר: מַשְׁלִיךְ
קַרְחוֹ כְפִתִּים לִפְנֵי קָרָתוֹ מִי יַעֲמֹד: יִשְׁלַח דְּבָרוֹ וְיַמְסֵם יַשֵּׁב
רוּחוֹ יִזְּלוּ־מָיִם: מַגִּיד דְּבָרוֹ לְיַעֲקֹב חֻקָּיו וּמִשְׁפָּטָיו לְיִשְׂרָאֵל:
לֹא עָשָׂה כֵן | לְכָל־גּוֹי וּמִשְׁפָּטִים בַּל־יְדָעוּם הַלְלוּיָהּ:

הַלְלוּיָהּ *Salmos 147:* Un magnífico entretejido de temas de la naturaleza, el rol de Dios en la historia de Israel y lo paradójico de la distancia y la cercanía Divina. Dios cuenta las estrellas: gobierna el cosmos. Al mismo tiempo Él también "Cura a quienes tienen quebrantados sus corazones y venda sus heridas": se preocupa por cada uno de nosotros. Lo que en definitiva importa no

הַלְלוּיָהּ ¡Aleluyá! Alabad al SEÑOR desde los cielos, loadle desde las alturas. Alábenlo todos sus ángeles, alábenlo todas Sus huestes. Alábenlo el sol y la luna, alábenlo todas las estrellas luminosas. Alábenlo los cielos de los cielos y las aguas que están por encima de los cielos. Que alaben el Nombre del SEÑOR, pues Él ordenó y fueron creados. Él los estableció para siempre en todo momento, emitió un decreto que no habrá de cambiar. Alabad al SEÑOR desde la tierra: los monstruos marinos y todos los mares profundos; el fuego y el granizo, la nieve y el vapor, el viento tempestuoso que cumple Su palabra. Las montañas y todas las colinas, el árbol frutal y todos los cedros; los animales salvajes y toda bestia, reptiles y aves aladas. Los reyes de la tierra y todas las naciones, príncipes y jueces terrenales, jóvenes y también doncellas, ancianos y mozos. Alabad el Nombre del SEÑOR, pues es único y encumbrado, Su gloria está sobre la tierra y el cielo. Él ha elevado el honor de Su pueblo, la gloria de Sus devotos, los hijos de Israel que son Su pueblo cercano, ¡Aleluyá! *Sal. 148*

הַלְלוּיָהּ ¡Aleluyá! Entonad al SEÑOR un nuevo cántico, Su alabanza en la congregación de los piadosos. Que se regocije Israel en su Hacedor, que se alegren los hijos de Ṣion en su Rey. Alabad Su Nombre con danzas, cantadle con tambor y arpa. Pues el SEÑOR se deleita en Su pueblo, dignifica a los humildes con salvación. Que los devotos se deleiten en la gloria, que entonen cánticos de regocijo sobre sus camas. Que las excelsas alabanzas estén en sus gargantas y una espada de doble filo en sus manos: para imponer la retribución entre las naciones, castigos sobre los pueblos, amarrando a sus reyes con cadenas y a sus nobles con grillos de hierro. Llevando a cabo contra ellos el juicio escrito. Este es el esplendor de todos Sus devotos, ¡Aleluyá! *Sal. 149*

---

"Una espada de doble filo en sus manos" puede ser una referencia a la naturaleza dual de la historia: por una parte, la Casa de Israel debe librar sus propias batallas, y por la otra debe siempre estar consciente del patrón providencial de la historia, el rol de Dios en su supervivencia y en su éxito.

תהלים קמח
הַלְלוּיָהּ ׀ הַלְלוּ אֶת־יְהֹוָה מִן־הַשָּׁמַיִם הַלְלוּהוּ בַּמְּרוֹמִים:
הַלְלוּהוּ כָל־מַלְאָכָיו הַלְלוּהוּ כָּל־צְבָאָו: הַלְלוּהוּ שֶׁמֶשׁ וְיָרֵחַ
הַלְלוּהוּ כָּל־כּוֹכְבֵי אוֹר: הַלְלוּהוּ שְׁמֵי הַשָּׁמָיִם וְהַמַּיִם אֲשֶׁר ׀
מֵעַל הַשָּׁמָיִם: יְהַלְלוּ אֶת־שֵׁם יְהֹוָה כִּי הוּא צִוָּה וְנִבְרָאוּ:
וַיַּעֲמִידֵם לָעַד לְעוֹלָם חָק־נָתַן וְלֹא יַעֲבוֹר: הַלְלוּ אֶת־יְהֹוָה מִן־
הָאָרֶץ תַּנִּינִים וְכָל־תְּהֹמוֹת: אֵשׁ וּבָרָד שֶׁלֶג וְקִיטוֹר רוּחַ סְעָרָה
עֹשָׂה דְבָרוֹ: הֶהָרִים וְכָל־גְּבָעוֹת עֵץ פְּרִי וְכָל־אֲרָזִים: הַחַיָּה וְכָל־
בְּהֵמָה רֶמֶשׂ וְצִפּוֹר כָּנָף: מַלְכֵי־אֶרֶץ וְכָל־לְאֻמִּים שָׂרִים וְכָל־
שֹׁפְטֵי אָרֶץ: בַּחוּרִים וְגַם־בְּתוּלוֹת זְקֵנִים עִם־נְעָרִים: יְהַלְלוּ ׀
אֶת־שֵׁם יְהֹוָה כִּי־נִשְׂגָּב שְׁמוֹ לְבַדּוֹ הוֹדוֹ עַל־אֶרֶץ וְשָׁמָיִם: וַיָּרֶם
קֶרֶן ׀ לְעַמּוֹ תְּהִלָּה לְכָל־חֲסִידָיו לִבְנֵי יִשְׂרָאֵל עַם קְרֹבוֹ הַלְלוּיָהּ:

תהלים קמט
הַלְלוּיָהּ ׀ שִׁירוּ לַיהֹוָה שִׁיר חָדָשׁ תְּהִלָּתוֹ בִּקְהַל חֲסִידִים: יִשְׂמַח
יִשְׂרָאֵל בְּעֹשָׂיו בְּנֵי־צִיּוֹן יָגִילוּ בְמַלְכָּם: יְהַלְלוּ שְׁמוֹ בְמָחוֹל בְּתֹף
וְכִנּוֹר יְזַמְּרוּ־לוֹ: כִּי־רוֹצֶה יְהֹוָה בְּעַמּוֹ יְפָאֵר עֲנָוִים בִּישׁוּעָה:
יַעְלְזוּ חֲסִידִים בְּכָבוֹד יְרַנְּנוּ עַל־מִשְׁכְּבוֹתָם: רוֹמְמוֹת אֵל בִּגְרוֹנָם
וְחֶרֶב פִּיפִיּוֹת בְּיָדָם: לַעֲשׂוֹת נְקָמָה בַּגּוֹיִם תּוֹכֵחוֹת בַּלְאֻמִּים:
לֶאְסֹר מַלְכֵיהֶם בְּזִקִּים וְנִכְבְּדֵיהֶם בְּכַבְלֵי בַרְזֶל: לַעֲשׂוֹת בָּהֶם ׀
מִשְׁפָּט כָּתוּב הָדָר הוּא לְכָל־חֲסִידָיו הַלְלוּיָהּ:

---

הַלְלוּיָהּ *Salmos 148:* Un salmo sobre la Creación. Todo el universo entona un cántico de alabanza a Dios. La primera mitad del salmo se refiere a los cielos, la segunda se refiere a la tierra. Cada una de las voces participa del coro sinfónico de la Creación, en la cual todo lo que existe testifica sobre su Hacedor.

הַלְלוּיָהּ *Salmos 149:* Salmo de agradecimiento a Dios por Su rol en la historia del pueblo de Israel, asegurándoles la victoria en el campo de batalla así como también la victoria última de la justicia por sobre la crueldad y la agresión.

¡הַלְלוּיָהּ Aleluyá! Sal. 150
Alabad a Dios en Su Santuario;
alabadle en el firmamento de Su poder.
Alabadle por Sus poderosas acciones,
alabadle conforme a Su Grandeza.
Alabadle al son del shofar,
alabadle con el arpa y la lira.
Alabadle con pandero y danza,
alabadle con instrumentos de cuerda y flauta.
Alabadle con platillos resonantes;
con el resonar de los címbalos.
Todas las almas alabarán a Dios ¡Aleluyá!
Todas las almas alabarán a Dios ¡Aleluyá!

בָּרוּךְ Bendito sea el Señor por siempre. Amén y Amén. Sal. 89
Bendito sea el Señor desde Ṣion, que mora en Jerusalém, ¡Aleluyá! Sal. 135
Bendito sea el Señor Dios de Israel, pues solo Él obra maravillas. Sal. 72
Bendito sea Su Nombre Glorioso por siempre,
que la tierra se vea colmada de Su presencia. Amén y Amén.

*Recitar de pie:*

וַיְבָרֶךְ דָּוִיד David bendijo al Señor frente a toda la asamblea. Y David dijo: "Bendito eres Tú Señor, Dios de nuestro patriarca Israel desde siempre y para toda la eternidad. Señor, Tuya es la grandeza, el poder y el esplendor, la eternidad y la gloria, pues todo en los cielos y en la tierra Te pertenece. Señor, Tuyo es el reino y eres Supremo a todo gobernante. La riqueza y el honor proceden de Ti I Crón. 29

---

בָּרוּךְ ה׳ *Bendito sea el Señor:* Este pasaje marca la clausura de los versículos de alabanza. Esta construido a partir de tres versículos del libro de los Salmos que fueron escogidos porque comienzan con la palabra "Bendito".

וַיְבָרֶךְ דָּוִיד *David bendijo* (página anterior): Se trata del primero de tres pasajes que marcan transiciones históricas en los anales del pueblo de Israel:

תהלים קנ

הַלְלוּיָהּ | הַלְלוּ־אֵל בְּקָדְשׁוֹ    הַלְלוּהוּ בִּרְקִיעַ עֻזּוֹ:
הַלְלוּהוּ בִגְבוּרֹתָיו    הַלְלוּהוּ כְּרֹב גֻּדְלוֹ:
הַלְלוּהוּ בְּתֵקַע שׁוֹפָר    הַלְלוּהוּ בְּנֵבֶל וְכִנּוֹר:
הַלְלוּהוּ בְתֹף וּמָחוֹל    הַלְלוּהוּ בְּמִנִּים וְעֻגָב:
הַלְלוּהוּ בְצִלְצְלֵי־שָׁמַע    הַלְלוּהוּ בְּצִלְצְלֵי תְרוּעָה:
כֹּל הַנְּשָׁמָה תְּהַלֵּל יָהּ הַלְלוּיָהּ:
כֹּל הַנְּשָׁמָה תְּהַלֵּל יָהּ הַלְלוּיָהּ:

תהלים פט בָּרוּךְ יהוה לְעוֹלָם אָמֵן | וְאָמֵן:

תהלים קלה בָּרוּךְ יהוה | מִצִּיּוֹן שֹׁכֵן יְרוּשָׁלָםִ הַלְלוּיָהּ:

תהלים עב בָּרוּךְ | יהוה אֱלֹהִים אֱלֹהֵי יִשְׂרָאֵל עֹשֵׂה נִפְלָאוֹת לְבַדּוֹ:
וּבָרוּךְ | שֵׁם כְּבוֹדוֹ לְעוֹלָם
וְיִמָּלֵא כְבוֹדוֹ אֶת־כֹּל הָאָרֶץ אָמֵן | וְאָמֵן:

*Recitar de pie:*

דברי הימים א׳ כט
וַיְבָרֶךְ דָּוִיד אֶת־יהוה לְעֵינֵי כָּל־הַקָּהָל וַיֹּאמֶר דָּוִיד בָּרוּךְ אַתָּה
יהוה אֱלֹהֵי יִשְׂרָאֵל אָבִינוּ מֵעוֹלָם וְעַד־עוֹלָם: לְךָ יהוה הַגְּדֻלָּה
וְהַגְּבוּרָה וְהַתִּפְאֶרֶת וְהַנֵּצַח וְהַהוֹד כִּי־כֹל בַּשָּׁמַיִם וּבָאָרֶץ לְךָ
יהוה הַמַּמְלָכָה וְהַמִּתְנַשֵּׂא לְכֹל | לְרֹאשׁ: וְהָעֹשֶׁר וְהַכָּבוֹד

---

הַלְלוּיָהּ *Salmos 150:* El libro de los Salmos alcanza aquí su "crescendo" en un magnífico cántico cuya palabra clave es la palabra alabanza ("*halel*") la cual aparece de una u otra forma trece veces en un mismo breve párrafo. En tiempos pretéritos era recitado al llegar al Monte del Templo por los peregrinos que traían los primeros frutos a Jerusalém (Maimónides *Bikurim* 4:17). La repetición del último versículo es una convención que indica el final de un libro o de un pasaje.

y Tú todo lo riges, en Tu mano están el poder y la fortaleza. Tienes el poder de engrandecer y fortalecer a todos. Por ello ahora, Dios nuestro, Te agradecemos y alabamos Tu glorioso Nombre". Y *Neh. 9*
bendijeron el Nombre de Tu gloria, elevado por sobre toda bendición o alabanza. Solamente Tú eres el Señor, Tú hiciste los cielos, los cielos de los cielos y todas sus huestes, la tierra y todo lo que hay sobre ella, los mares y todo lo que contienen, Tú les das vida a todos y las huestes celestiales se prosternan ante Ti. Tú eres el Señor Dios,
*Recitar sentado:* que escogiste a Abram lo sacaste de Ur de los caldeos y cambiaste su nombre a Abraham. Tú encontraste su corazón fiel a Ti, estableciste con él el pacto para dar a sus descendientes la tierra del Quena'aní, del Ḥití, del Emorí, del Perizí, del Yebusí y del Guirgashí. Tú cumpliste Tu promesa pues eres justo. Tú viste el sufrimiento de nuestros antepasados en Egipto. Tú escuchaste su clamor en el Mar Rojo. Tú enviaste señales y maravillas contra Par'ó y todos sus siervos y sobre todos los habitantes de la tierra, pues Tú sabías con cuánta saña los habían tratado los egipcios. Tú Te hiciste de renombre que perdura hasta hoy, dividiste el mar ante ellos, de modo tal que pudieron atravesar el mar sobre tierra seca, y arrojaste a sus perseguidores a las profundidades, cual piedra en aguas turbulentas.

---

tras el exilio babilónico, Ezra y Nehemia reúnen al pueblo para renovar el pacto histórico con Dios. En el tercero, una vez que los hijos de Israel cruzaron el Mar de los Juncos fue el momento en el cual abandonaron definitivamente la tierra gobernada por Par'ó. Ahora ya eran el pueblo de Dios y se encontraban bajo Su solemne dominio. Lo común a los tres pasajes es que fueron pronunciados en momentos históricos en los que el pueblo se comprometió a ser definido como una nación unida por una misión sagrada.

En vez de simplemente pasar del rezo individual al colectivo, el Sidur nos lleva a través de tres momentos transformadores en la historia judía en los que el pueblo se constituyó como nación dedicada al servicio de Dios. Ellos ya no eran más personas individuales (exiliados que retornaron, esclavos fugitivos) sino un grupo, una nación, una comunidad de fe.

מִלְּפָנֶיךָ וְאַתָּה מוֹשֵׁל בַּכֹּל וּבְיָדְךָ כֹּחַ וּגְבוּרָה וּבְיָדְךָ לְגַדֵּל
וּלְחַזֵּק לַכֹּל: וְעַתָּה אֱלֹהֵינוּ מוֹדִים אֲנַחְנוּ לָךְ וּמְהַלְלִים לְשֵׁם
תִּפְאַרְתֶּךָ: וִיבָרְכוּ שֵׁם כְּבֹדֶךָ וּמְרוֹמַם עַל־כָּל־בְּרָכָה נחמיה ט
וּתְהִלָּה: אַתָּה־הוּא יהוה לְבַדֶּךָ אַתָּה עָשִׂיתָ אֶת־הַשָּׁמַיִם שְׁמֵי
הַשָּׁמַיִם וְכָל־צְבָאָם הָאָרֶץ וְכָל־אֲשֶׁר עָלֶיהָ הַיַּמִּים וְכָל־אֲשֶׁר בָּהֶם
וְאַתָּה מְחַיֶּה אֶת־כֻּלָּם וּצְבָא הַשָּׁמַיִם לְךָ מִשְׁתַּחֲוִים: אַתָּה הוּא
יהוה הָאֱלֹהִים *Recitar sentado:* אֲשֶׁר בָּחַרְתָּ בְּאַבְרָם וְהוֹצֵאתוֹ מֵאוּר
כַּשְׂדִּים וְשַׂמְתָּ שְּׁמוֹ אַבְרָהָם: וּמָצָאתָ אֶת־לְבָבוֹ נֶאֱמָן לְפָנֶיךָ
וְכָרוֹת עִמּוֹ הַבְּרִית לָתֵת אֶת־אֶרֶץ הַכְּנַעֲנִי הַחִתִּי הָאֱמֹרִי וְהַפְּרִזִּי
וְהַיְבוּסִי וְהַגִּרְגָּשִׁי לָתֵת לְזַרְעוֹ וַתָּקֶם אֶת־דְּבָרֶיךָ כִּי צַדִּיק אָתָּה:
וַתֵּרֶא אֶת־עֳנִי אֲבֹתֵינוּ בְּמִצְרָיִם וְאֶת־זַעֲקָתָם שָׁמַעְתָּ עַל־יַם־סוּף:
וַתִּתֵּן אֹתֹת וּמֹפְתִים בְּפַרְעֹה וּבְכָל־עֲבָדָיו וּבְכָל־עַם אַרְצוֹ כִּי יָדַעְתָּ
כִּי הֵזִידוּ עֲלֵיהֶם וַתַּעַשׂ־לְךָ שֵׁם כְּהַיּוֹם הַזֶּה: וְהַיָּם בָּקַעְתָּ לִפְנֵיהֶם
וַיַּעַבְרוּ בְתוֹךְ־הַיָּם בַּיַּבָּשָׁה וְאֶת־רֹדְפֵיהֶם הִשְׁלַכְתָּ בִמְצוֹלֹת כְּמוֹ־
אֶבֶן בְּמַיִם עַזִּים:

---

(1) La plegaria del Rey David por la construcción del Templo; (2) La plegaria recitada en la reunión que organizara Ezra tras el retorno del exilio de Babilonia; (3) el cántico que Moshé y los hijos de Israel entonaron al cruzar el Mar de los Juncos una vez que las aguas se dividieron milagrosamente permitiéndoles cruzar con seguridad.

Uno de los motivos por los cuales estos pasajes se encuentran aquí es que hasta ahora hemos rezado como individuos. El rezo comunitario está por comenzar. Estos tres pasajes históricos se refieren a la constitución de la comunidad orante.

En el primero de los pasajes David hizo a Jerusalém la capital del reino y trajo a ella el Arca del Pacto. Ahora, al final de sus días David reúne al pueblo y les encarga la misión sagrada de construir el Templo. En el segundo pasaje,

וַיּוֹשַׁע En aquel día el Señor salvó a Israel de las manos de los egipcios. *Éx. 14*
Israel vio a los egipcios muertos, a la orilla del mar. Israel presenció el gran poder que el Señor ejerció sobre Egipto. Y el pueblo veneró al Señor, y tuvieron fe en el Señor y en Moshé Su Servidor.

אָז יָשִׁיר־מֹשֶׁה Entonces Moshé y los hijos de Israel entonaron este *Éx. 15*
cántico para el Señor diciendo:
He de cantar para el Señor,
ya que Él ha triunfado gloriosamente;
al caballo y a su jinete arrojó al mar.
Dios es mi fuerza y mi canción, pues Él ha sido para mí, mi salvación.
Este es mi Dios y lo he de glorificar,
el Dios de mi padre y lo habré de exaltar.
El Señor triunfa en las batallas, el Señor es Su Nombre.
Los carros de Par'ó y su ejército arrojó al mar,
y los selectos entre sus oficiales fueron ahogados en el Mar de los Juncos.
Los abismos los cubrieron, descendieron a las profundidades cual piedra.
Tu diestra, oh Señor, es majestuosa en poder.
Tu diestra; oh, Señor, quebranta al enemigo.
Y con la grandeza de Tu majestad destruiste a quienes se levantaron contra Ti.
Liberaste Tu furia que los consumió cual paja.
Y con el soplo de Tu furor se apilaron las aguas,
se irguieron cual muro.
Los abismos se congelaron en el corazón del mar.
Dijo el enemigo: "Voy a perseguir, alcanzar
y repartir el botín, saciaré mis deseos.
Desenvainaré mi espada, Mi brazo los vaciará".
Soplaste con Tu viento, el mar los cubrió,
se hundieron cual plomo en aguas embravecidas.
¿Quién es como Tú entre los fuertes Señor?
¿Quién como Tú magnificado por la Santidad?
Infinito en alabanzas, Hacedor de maravillas.
¡Extendiste Tu diestra, los tragó la tierra!

וַיּוֹשַׁע יְהֹוָה בַּיּוֹם הַהוּא אֶת־יִשְׂרָאֵל מִיַּד מִצְרָיִם וַיַּרְא יִשְׂרָאֵל שמות יד
אֶת־מִצְרַיִם מֵת עַל־שְׂפַת הַיָּם: וַיַּרְא יִשְׂרָאֵל אֶת־הַיָּד הַגְּדֹלָה
אֲשֶׁר עָשָׂה יְהֹוָה בְּמִצְרַיִם וַיִּירְאוּ הָעָם אֶת־יְהֹוָה וַיַּאֲמִינוּ בַּיהֹוָה
וּבְמֹשֶׁה עַבְדּוֹ:

אָז יָשִׁיר־מֹשֶׁה וּבְנֵי יִשְׂרָאֵל אֶת־הַשִּׁירָה הַזֹּאת לַיהֹוָה וַיֹּאמְרוּ שמות טו
לֵאמֹר   אָשִׁירָה לַיהֹוָה כִּי־גָאֹה גָּאָה   סוּס
וְרֹכְבוֹ רָמָה בַיָּם:   עָזִּי וְזִמְרָת יָהּ וַיְהִי־לִי
לִישׁוּעָה   זֶה אֵלִי וְאַנְוֵהוּ   אֱלֹהֵי
אָבִי וַאֲרֹמְמֶנְהוּ:   יְהֹוָה אִישׁ מִלְחָמָה יְהֹוָה
שְׁמוֹ:   מַרְכְּבֹת פַּרְעֹה וְחֵילוֹ יָרָה בַיָּם   וּמִבְחַר
שָׁלִשָׁיו טֻבְּעוּ בְיַם־סוּף:   תְּהֹמֹת יְכַסְיֻמוּ יָרְדוּ בִמְצוֹלֹת כְּמוֹ־
אָבֶן:   יְמִינְךָ יְהֹוָה נֶאְדָּרִי בַּכֹּחַ   יְמִינְךָ
יְהֹוָה תִּרְעַץ אוֹיֵב:   וּבְרֹב גְּאוֹנְךָ תַּהֲרֹס
קָמֶיךָ   תְּשַׁלַּח חֲרֹנְךָ יֹאכְלֵמוֹ כַּקַּשׁ:   וּבְרוּחַ
אַפֶּיךָ נֶעֶרְמוּ מַיִם   נִצְּבוּ כְמוֹ־נֵד
נֹזְלִים   קָפְאוּ תְהֹמֹת בְּלֶב־יָם:   אָמַר
אוֹיֵב אֶרְדֹּף אַשִּׂיג   אֲחַלֵּק שָׁלָל תִּמְלָאֵמוֹ
נַפְשִׁי   אָרִיק חַרְבִּי תּוֹרִישֵׁמוֹ יָדִי:   נָשַׁפְתָּ
בְרוּחֲךָ כִּסָּמוֹ יָם   צָלְלוּ כַּעוֹפֶרֶת בְּמַיִם
אַדִּירִים:   מִי־כָמֹכָה בָּאֵלִם יְהֹוָה   מִי
כָּמֹכָה נֶאְדָּר בַּקֹּדֶשׁ   נוֹרָא תְהִלֹּת עֹשֵׂה
פֶלֶא:   נָטִיתָ יְמִינְךָ תִּבְלָעֵמוֹ אָרֶץ:   נָחִיתָ

Condujiste con Tu benevolencia a este pueblo que has redimido;
lo dirigirás con Tu Poder hacia la morada de Tu Santidad.
Los pueblos lo oyeron y temblaron,
el temor se apoderó de los habitantes de tierras filisteas.
Entonces se aterraron los jefes de Edom,
los fuertes de Moab fueron presas del temblor,
se desmoronaron todos los habitantes de Quena'an.
Caerá sobre ellos temor y miedo.
Ante la grandeza de Tu Poder enmudecieron cual piedra.
Hasta que pasó Tu pueblo, SEÑOR,
hasta que pasó este pueblo que adquiriste;
Tú los traerás y los plantarás en la montaña de Tu heredad,
que estableciste para Tu morada. ¡Tú lo has hecho! SEÑOR.
El Santuario del SEÑOR que han establecido Tus manos.
El SEÑOR reinará por toda la eternidad.

El SEÑOR reinará por toda la eternidad.
El reino del SEÑOR está establecido por siempre y por toda la eternidad.
Pues habían entrado los caballos de Par'ó con sus carros y sus jinetes en el mar, mas el SEÑOR hizo volver sobre ellos a las aguas del mar.
Empero los hijos de Israel anduvieron por tierra seca en medio del mar.

Pues el reino pertenece al SEÑOR y Él gobierna a las naciones. *Sal. 22*
Y ascenderán los salvadores al Monte Ṣion *Oba. 1*
para juzgar al Monte de E'sav,
y el reino será del SEÑOR.
Entonces el SEÑOR será el Rey sobre toda la tierra; *Zac. 14*
en ese día el SEÑOR será Uno y Su Nombre Uno.

בְּחַסְדְּךָ עַם־זוּ גָּאָלְתָּ   נֵהַלְתָּ בְעָזְּךָ אֶל־נְוֵה
קׇדְשֶׁךָ׃   שָׁמְעוּ עַמִּים יִרְגָּזוּן   חִיל
אָחַז יֹשְׁבֵי פְּלָשֶׁת׃   אָז נִבְהֲלוּ אַלּוּפֵי
אֱדוֹם   אֵילֵי מוֹאָב יֹאחֲזֵמוֹ רָעַד   נָמֹגוּ
כֹּל יֹשְׁבֵי כְנָעַן׃   תִּפֹּל עֲלֵיהֶם אֵימָתָה
וָפַחַד   בִּגְדֹל זְרוֹעֲךָ יִדְּמוּ כָּאָבֶן   עַד־
יַעֲבֹר עַמְּךָ יְהֹוָה   עַד־יַעֲבֹר עַם־זוּ
קָנִיתָ׃   תְּבִאֵמוֹ וְתִטָּעֵמוֹ בְּהַר נַחֲלָתְךָ   מָכוֹן
לְשִׁבְתְּךָ פָּעַלְתָּ יְהֹוָה   מִקְּדָשׁ אֲדֹנָי כּוֹנְנוּ
יָדֶיךָ׃   יְהֹוָה ׀ יִמְלֹךְ לְעֹלָם וָעֶד׃

יְהֹוָה יִמְלֹךְ לְעֹלָם וָעֶד׃

יְהֹוָה מַלְכוּתֵהּ קָאֵם לְעָלַם וּלְעָלְמֵי עָלְמַיָּא. תרגום אונקלוס שם

כִּי
בָא סוּס פַּרְעֹה בְּרִכְבּוֹ וּבְפָרָשָׁיו בַּיָּם וַיָּשֶׁב יְהֹוָה עֲלֵהֶם אֶת־מֵי
הַיָּם   וּבְנֵי יִשְׂרָאֵל הָלְכוּ בַיַּבָּשָׁה בְּתוֹךְ   הַיָּם׃

כִּי לַיהֹוָה הַמְּלוּכָה, וּמֹשֵׁל בַּגּוֹיִם׃ תהלים כב
וְעָלוּ מוֹשִׁעִים בְּהַר צִיּוֹן לִשְׁפֹּט אֶת־הַר עֵשָׂו עובדיה א
וְהָיְתָה לַיהֹוָה הַמְּלוּכָה׃
וְהָיָה יְהֹוָה לְמֶלֶךְ עַל־כׇּל־הָאָרֶץ זכריה יד
בַּיּוֹם הַהוּא יִהְיֶה יְהֹוָה אֶחָד וּשְׁמוֹ אֶחָד׃

# EL ALMA

de todo ser viviente bendecirá Tu Nombre, Señor, nuestro Dios
y el espíritu de toda carne siempre Te glorificará
y ensalzará Tu recuerdo por siempre Rey nuestro.
De la eternidad a la eternidad Tú eres Dios
y sin Ti carecemos de Rey Redentor y Salvador,
que rescata y salva, que sustenta y actúa compasivamente,
y en todo momento de aflicción
y angustia ¡no tenemos rey que ayuda y apoya salvo Tú!

Dios de los primeros y de los últimos, Señor de todas las creaturas,
Amo de todas las generaciones, glorificado con grandes alabanzas,
que conduce Su mundo con benevolencia
y a Sus creaturas con clemencia.
El Señor no duerme ni descansa,
que despierta a quienes duermen
y anima a los somnolientos, revive a los muertos,
cura a los enfermos, hace ver a los ciegos,
yergue a los encorvados, hace hablar a los mudos
y descifra lo oculto y solamente a Ti agradecemos.

---

diferentes vocablos para denotar alma, todas derivadas de verbos vinculados a la función de respirar. *Neshamá*, la palabra que vincula el final de los Salmos con este pasaje, significa respirar profundamente, tal como lo podemos hacer en estado de reposo. Asimismo, nuestros sabios nos han dicho que en Shabat recibimos un "alma suplementaria". En el silencio inmóvil de un mundo cambiante, es como si escuchásemos a todos esos seres vivos entonando una canción de alabanza a Dios por haber traído el universo a la existencia, sustentarlo y guiar los destinos de todas las cosas.

La segunda sección está compuesta alrededor de la frase de los Salmos "Todos mis huesos dirán: Señor, ¿quién como Tú?" conectando así

# נִשְׁמַת כָּל־חַי

תְּבָרֵךְ אֶת שִׁמְךָ, יְהֹוָה אֱלֹהֵינוּ
וְרוּחַ כָּל־בָּשָׂר תְּפָאֵר וּתְרוֹמֵם זִכְרְךָ מַלְכֵּנוּ תָּמִיד
מִן־הָעוֹלָם וְעַד־הָעוֹלָם אַתָּה אֵל
וּמִבַּלְעָדֶיךָ אֵין לָנוּ מֶלֶךְ גּוֹאֵל וּמוֹשִׁיעַ
פּוֹדֶה וּמַצִּיל וְעוֹנֶה וּמְרַחֵם
בְּכָל־עֵת צָרָה וְצוּקָה, אֵין לָנוּ מֶלֶךְ עוֹזֵר וְסוֹמֵךְ אֶלָּא אָתָּה.
אֱלֹהֵי הָרִאשׁוֹנִים וְהָאַחֲרוֹנִים
אֱלוֹהַּ כָּל־בְּרִיּוֹת, אֲדוֹן כָּל־תּוֹלָדוֹת
הַמְהֻלָּל בְּכָל־הַתִּשְׁבָּחוֹת
הַמְנַהֵג עוֹלָמוֹ בְּחֶסֶד וּבְרִיּוֹתָיו בְּרַחֲמִים.
וַיהֹוָה אֱלֹהִים אֱמֶת, לֹא־יָנוּם וְלֹא־יִישָׁן
הַמְעוֹרֵר יְשֵׁנִים וְהַמֵּקִיץ נִרְדָּמִים
מְחַיֵּה מֵתִים, וְרוֹפֵא חוֹלִים, פּוֹקֵחַ עִוְרִים, וְזוֹקֵף כְּפוּפִים
הַמֵּשִׂיחַ אִלְּמִים וְהַמְפַעֲנֵחַ נֶעֱלָמִים, וּלְךָ לְבַדְּךָ אֲנַחְנוּ מוֹדִים.

---

נִשְׁמַת כָּל חַי *El alma de todo ser viviente:* Este magnífico poema está compuesto de dos partes. La primera, según Ribí Yojanán, es la "bendición de la canción" – *Birkat HaShir*" – mencionada en la Mishná como conclusión del recitado del Halel en el *Seder* de Pesaḥ (*Pesaḥim* 118A). Al igual que allí, también aquí, este pasaje se encuentra al final del recitado de los Salmos. La segunda parte que inicia con "Solamente a Ti agradecemos" es mencionada por el Talmud (*Berajot* 59B) como plegaria de acción de agradecimiento por la lluvia.

La primera sección es una larga meditación sobre las palabras finales del libro de los Salmos "Todas las almas alabarán a Dios". En hebreo hay

Si nuestras bocas estuviesen colmadas de cánticos
como agua tiene el mar,
y nuestras lenguas entonasen sin número
de melodías como olas tiene su superficie,
y nuestros labios rebosaran de alabanzas como los amplios cielos,
y nuestros ojos resplandecieran como el sol y la luna,
nuestros brazos estuviesen extendidos cual alas de águila
y nuestras piernas fuesen ágiles cual gacelas,
no alcanzaríamos a agradecerte Señor, nuestro Dios,
ni a bendecir Tu Nombre nuestro Rey
por uno de los miles de miles y decenas de miles de favores
y bondades que obraste para con nosotros
y nuestros ancestros en tiempos pretéritos.

Nos redimiste de Egipto, Señor nuestro Dios,
y de la casa de la esclavitud nos rescataste,
nos alimentaste en la hambruna
y nos sustentaste abundantemente, nos salvaste de la espada
y de numerosas pestes nos mantuviste a salvo.
Hasta aquí Tu clemencia nos ha ayudado
y Tu benevolencia no nos ha abandonado,
no nos dejes jamás, Señor nuestro Dios.
Por ello, los órganos que dispusiste en nuestro interior,
así como el espíritu y el alma que insuflaste en nuestras narinas
y la lengua que pusiste en nuestra boca son aquellos que
Te agradecerán, bendecirán, ensalzarán, exaltarán, santificarán
y cantarán a siempre Tu Nombre, Rey nuestro.
Pues toda boca Te habrá de agradecer toda lengua a Ti alabará,

---

ingeniosamente los Salmos de alabanza con el "Cántico del Mar" el cual contiene la misma frase, "¿quién como Tú?" A través de una sutil serie de imágenes, el poeta expresa la imposibilidad humana de agradecer a Dios adecuadamente, desglosando cómo los diferentes órganos ("Todos mis huesos") pueden alabarle.

וְאִלּוּ פִינוּ מָלֵא שִׁירָה כַּיָּם
וּלְשׁוֹנֵנוּ רִנָּה כַּהֲמוֹן גַּלָּיו
וְשִׂפְתוֹתֵינוּ שֶׁבַח כְּמֶרְחֲבֵי רָקִיעַ
וְעֵינֵינוּ מְאִירוֹת כַּשֶּׁמֶשׁ וְכַיָּרֵחַ
וְיָדֵינוּ פְרוּשׂוֹת כְּנִשְׁרֵי שָׁמָיִם
וְרַגְלֵינוּ קַלּוֹת כָּאַיָּלוֹת
אֵין אֲנַחְנוּ מַסְפִּיקִין לְהוֹדוֹת לְךָ, יְהוָה אֱלֹהֵינוּ
וּלְבָרֵךְ אֶת שְׁמֶךָ, מַלְכֵּנוּ
עַל־אַחַת מֵאֶלֶף אַלְפֵי אֲלָפִים וְרֹב רִבֵּי רְבָבוֹת
פְּעָמִים הַטּוֹבוֹת, נִסִּים וְנִפְלָאוֹת
שֶׁעָשִׂיתָ עִמָּנוּ וְעִם אֲבוֹתֵינוּ מִלְּפָנִים

מִמִּצְרַיִם גְּאַלְתָּנוּ, יְהוָה אֱלֹהֵינוּ
מִבֵּית עֲבָדִים פְּדִיתָנוּ
בְּרָעָב זַנְתָּנוּ, וּבְשָׂבָע כִּלְכַּלְתָּנוּ
מֵחֶרֶב הִצַּלְתָּנוּ, מִדֶּבֶר מִלַּטְתָּנוּ
וּמֵחֳלָיִם רָעִים וְרַבִּים דִּלִּיתָנוּ.
עַד הֵנָּה עֲזָרוּנוּ רַחֲמֶיךָ, וְלֹא עֲזָבוּנוּ חֲסָדֶיךָ
עַל כֵּן, אֵבָרִים שֶׁפִּלַּגְתָּ בָּנוּ
וְרוּחַ וּנְשָׁמָה שֶׁנָּפַחְתָּ בְּאַפֵּינוּ
וְלָשׁוֹן אֲשֶׁר שַׂמְתָּ בְּפִינוּ
הֵן הֵם יוֹדוּ וִיבָרְכוּ וִישַׁבְּחוּ וִיפָאֲרוּ וִישׁוֹרְרוּ
אֶת שִׁמְךָ מַלְכֵּנוּ תָּמִיד
כִּי כָל־פֶּה לְךָ יוֹדֶה, וְכָל־לָשׁוֹן לְךָ תְשַׁבֵּחַ
וְכָל־עַיִן לְךָ תְצַפֶּה

todo ojo a Ti se dirigirá, toda rodilla ante Ti se inclinará,
toda estatura ante Ti se prosternará,
y todos los corazones Te temerán
y todas las entrañas y los riñones entonarán Tu Nombre,
tal como está escrito:

"Todos mis huesos dirán: SEÑOR, ¿quién es como Tú *Sal. 35*
Que salva al débil de manos del poderoso,
al pobre y al menesteroso de quien procura saquearles".

Tú escucharás el clamor de los menesterosos, atenderás el grito del pobre y lo salvarás,

tal como está escrito:
"Canten los justos al SEÑOR, pues la alabanza de los rectos es bella". *Sal. 33*

| | | |
|---|---|---|
| בְּפִי De la boca | de rectos | serás enaltecido. |
| De los labios | de los justos | serás bendecido. |
| Con la lengua | de los piadosos | serás santificado. |
| En el seno | de los santos | serás alabado. |

בְּמִקְהֲלוֹת En las asambleas de decenas de miles de Tu pueblo la Casa de Israel, pues es deber de todas las creaturas ante Ti SEÑOR, Dios nuestro y de nuestros ancestros agradecer, alabar, ensalzar, magnificar, elevar, honrar, dirigir la música de todas los cánticos y palabras de alabanza de David hijo de Yshai, Tu siervo, Tu ungido.

וּבְכֵן Por ello que Tu Nombre sea alabado por siempre, Rey nuestro, Dios, Rey grande y sagrado en el cielo y en la tierra, pues a Ti SEÑOR, Dios nuestro y de nuestros ancestros, corresponde por siempre elevar

---

יִשְׁתַּבַּח שִׁמְךָ *Que Tu Nombre sea alabado por siempre:* La bendición final de la sección de los versículos de alabanza (*Pesuké DeZimrá*) la cual es recitada de pie al igual que la bendición introductoria. Los quince términos de glorificación se corresponden con el número de salmos de la sección de versículos de alabanza de Shabat y de Yom Tov, así como con el número de "Cánticos de las Ascensiones".

וְכָל־בֶּרֶךְ לְךָ תִכְרַע, וְכָל־קוֹמָה לְפָנֶיךָ תִשְׁתַּחֲוֶה
וְהַלְּבָבוֹת יִירָאוּךָ
וְהַקֶּרֶב וְהַכְּלָיוֹת יְזַמְּרוּ לִשְׁמֶךָ
כַּדָּבָר שֶׁנֶּאֱמַר
כָּל עַצְמֹתַי תֹּאמַרְנָה, יְהֹוָה מִי כָמוֹךָ תהלים לה
מַצִּיל עָנִי מֵחָזָק מִמֶּנּוּ, וְעָנִי וְאֶבְיוֹן מִגֹּזְלוֹ:
שַׁוְעַת עֲנִיִּים אַתָּה תִשְׁמַע, צַעֲקַת הַדַּל תַּקְשִׁיב וְתוֹשִׁיעַ

וְכָתוּב
רַנְּנוּ צַדִּיקִים בַּיהֹוָה, לַיְשָׁרִים נָאוָה תְהִלָּה: תהלים לג

בְּפִי יְשָׁרִים תִּתְרוֹמָם
וּבְשִׂפְתֵי צַדִּיקִים תִּתְבָּרַךְ
וּבִלְשׁוֹן חֲסִידִים תִּתְקַדָּשׁ
וּבְקֶרֶב קְדוֹשִׁים תִּתְהַלָּל

בְּמִקְהֲלוֹת רִבְבוֹת עַמְּךָ בֵּית יִשְׂרָאֵל, שֶׁכֵּן חוֹבַת כָּל־הַיְצוּרִים לְפָנֶיךָ, יְהֹוָה אֱלֹהֵינוּ וֵאלֹהֵי אֲבוֹתֵינוּ, לְהוֹדוֹת, לְהַלֵּל, לְשַׁבֵּחַ, לְפָאֵר, לְרוֹמֵם, לְהַדֵּר וּלְנַצֵּחַ, עַל כָּל־דִּבְרֵי שִׁירוֹת וְתִשְׁבְּחוֹת דָּוִד בֶּן יִשַׁי, עַבְדְּךָ מְשִׁיחֶךָ.

וּבְכֵן יִשְׁתַּבַּח שִׁמְךָ לָעַד מַלְכֵּנוּ, הָאֵל הַמֶּלֶךְ הַגָּדוֹל וְהַקָּדוֹשׁ בַּשָּׁמַיִם וּבָאָרֶץ, כִּי לְךָ נָאֶה, יְהֹוָה אֱלֹהֵינוּ וֵאלֹהֵי אֲבוֹתֵינוּ לְעוֹלָם

---

וּבְמִקְהֲלוֹת *Y en las asambleas:* La lista de nueve palabras de alabanza se corresponde con los nueve salmos adicionales que se recitan en Shabat y en Yom Tov. La palabra "asambleas" se refiere a las grandes congregaciones que se hacen presentes en las sinagogas en los días sagrados, recordándonos el Templo que se encontraba colmado en esas ocasiones.

cánticos y loas, alabanzas y salmos, fortaleza y dominio, eternidad, grandeza y poder, gloria y esplendor, santidad y reinado, bendiciones y agradecimientos a Tu grande y sagrado Nombre desde ahora y para siempre Tú eres Dios. *Sal. 90*

בָּרוּךְ Bendito eres Tú SEÑOR, Rey grande y glorioso en alabanzas, Dios de agradecimientos, SEÑOR de maravillas, Creador de todas las almas, soberano por sobre todas las creaturas, que se deleita en cánticos, Rey, Dios, Vida de los mundos. Amén.

---

*En Shabat Teshubá se dice:*

שִׁיר הַמַּעֲלוֹת Cántico de las ascensiones. Desde las profundidades Te invoqué, SEÑOR. SEÑOR, escucha mi voz, que Tus oídos estén atentos a la voz de mis súplicas. Si Tú SEÑOR, has de llevar la cuenta de los pecados, ¿quién podrá sobrevivir? Pero el perdón está contigo para que puedas ser venerado reverencialmente. Mi confianza estuvo puesta en el SEÑOR, mi alma anhela, y cifro mis esperanzas en Su palabra. Mi alma espera al SEÑOR más de lo que los guardianes aguardan la mañana, más que lo que los guardianes aguardan por el alba. Israel, cifra tu esperanza en el SEÑOR pues con el SEÑOR está la benevolencia y Su poder de redención es grande. Y Él redimirá a Israel de todos sus pecados. *Sal. 130*

---

## MEDIO KADISH

*Los Avelim recitan Medio Kadish y luego Barejú:*

יִתְגַּדַּל Que Su Gran Nombre sea magnificado y santificado,
en el mundo que creó conforme a Su voluntad.
Que establezca Su reino, haga florecer Su salvación
y apresure la llegada de Su ungido
durante vuestra vida y en vuestros días
y en la vida de toda la casa de Israel,
pronto y rápidamente y decid: Amén.

Que Su Gran Nombre sea bendito por siempre y por toda la eternidad.

Sea bendecido, alabado, glorificado y exaltado, encumbrado
y magnificado, enaltecido y ensalzado
el Nombre del Santo Bendito Él;
más allá de cualquier bendición, cántico, alabanza y consolación
pronunciados en el mundo y decid: Amén.

וָעֶד, שִׁיר וּשְׁבָחָה, הַלֵּל וְזִמְרָה, עֹז וּמֶמְשָׁלָה, נֶצַח, גְּדֻלָּה, גְּבוּרָה, תְּהִלָּה וְתִפְאֶרֶת, קְדֻשָּׁה וּמַלְכוּת, בְּרָכוֹת וְהוֹדָאוֹת לְשִׁמְךָ הַגָּדוֹל וְהַקָּדוֹשׁ, וּמֵעוֹלָם וְעַד־עוֹלָם אַתָּה אֵל: תהלים צ

בָּרוּךְ אַתָּה יְהֹוָה, מֶלֶךְ גָּדוֹל וּמְהֻלָּל בַּתִּשְׁבָּחוֹת, אֵל הַהוֹדָאוֹת, אֲדוֹן הַנִּפְלָאוֹת, בּוֹרֵא כָּל־הַנְּשָׁמוֹת, רִבּוֹן כָּל־הַמַּעֲשִׂים, הַבּוֹחֵר בְּשִׁירֵי זִמְרָה, מֶלֶךְ, אֵל, חַי הָעוֹלָמִים. אָמֵן.

---

בשבת תשובה אומרים:

שִׁיר הַמַּעֲלוֹת, מִמַּעֲמַקִּים קְרָאתִיךָ יְהֹוָה: אֲדֹנָי שִׁמְעָה בְקוֹלִי, תִּהְיֶינָה אָזְנֶיךָ קַשֻּׁבוֹת לְקוֹל תַּחֲנוּנָי: אִם־עֲוֹנוֹת תִּשְׁמָר־יָהּ, אֲדֹנָי מִי יַעֲמֹד: כִּי־עִמְּךָ הַסְּלִיחָה, לְמַעַן תִּוָּרֵא: קִוִּיתִי יְהֹוָה קִוְּתָה נַפְשִׁי, וְלִדְבָרוֹ הוֹחָלְתִּי: נַפְשִׁי לַאדֹנָי, מִשֹּׁמְרִים לַבֹּקֶר, שֹׁמְרִים לַבֹּקֶר: יַחֵל יִשְׂרָאֵל אֶל־יְהֹוָה, כִּי־עִם־יְהֹוָה הַחֶסֶד, וְהַרְבֵּה עִמּוֹ פְדוּת: וְהוּא יִפְדֶּה אֶת־יִשְׂרָאֵל, מִכֹּל עֲוֹנוֹתָיו: תהלים קל

---

## חצי קדיש

*Los* אבלים *recitan Medio Kadish y luego* בָּרְכוּ*:*

יִתְגַּדַּל וְיִתְקַדַּשׁ שְׁמֵהּ רַבָּא (קהל: אָמֵן)
בְּעָלְמָא דִּי בְרָא כִרְעוּתֵהּ
וְיַמְלִיךְ מַלְכוּתֵהּ וְיַצְמַח פֻּרְקָנֵהּ וִיקָרֵב מְשִׁיחֵהּ (קהל: אָמֵן)
בְּחַיֵּיכוֹן וּבְיוֹמֵיכוֹן וּבְחַיֵּי דְכָל־בֵּית יִשְׂרָאֵל
בַּעֲגָלָא וּבִזְמַן קָרִיב, וְאִמְרוּ אָמֵן. (קהל: אָמֵן)

יְהֵא שְׁמֵהּ רַבָּא מְבָרַךְ לְעָלַם וּלְעָלְמֵי עָלְמַיָּא יִתְבָּרַךְ
וְיִשְׁתַּבַּח וְיִתְפָּאַר וְיִתְרוֹמַם וְיִתְנַשֵּׂא וְיִתְהַדָּר וְיִתְעַלֶּה וְיִתְהַלָּל
שְׁמֵהּ דְּקֻדְשָׁא בְּרִיךְ הוּא (קהל: אָמֵן)
לְעֵלָּא מִן כָּל־בִּרְכָתָא, שִׁירָתָא, תִּשְׁבְּחָתָא וְנֶחֱמָתָא
דַּאֲמִירָן בְּעָלְמָא, וְאִמְרוּ אָמֵן. (קהל: אָמֵן)

## EL RECITADO DEL SHEMÁ Y SUS BENDICIONES

*El Ḥazán y las demás personas que recitan Kadish:* **BENDECID** al Señor el Bendecido.

*El kahal responde:* Bendecid al Señor el Bendecido por toda la eternidad.

*El Ḥazán y las demás personas que recitan Kadish:* Bendecid al Señor el Bendecido por toda la eternidad.

בָּרוּךְ Bendito eres Tú Señor, nuestro Dios, Rey del universo,
que forma la luz y crea la oscuridad,
hace la paz y todo lo crea.

---

BENDICIONES DEL SHEMÁ

יוֹצֵר אוֹר *Que forma la luz:* Una declaración clara de fe es creer que todas las cosas, tanto las que son aparentemente buenas como las que son aparentemente malas provienen del mismo Dios Único. Esta plegaria está basada en un versículo de Isaías (45:7). La frase original reza "hace la paz y crea el mal"; esto último fue cambiado por "todo lo crea" a los efectos de evitar hablar del mal en el marco del rezo. El versículo está dirigido contra el *dualismo*: la sempiterna tentación de ver en el sufrimiento de este mundo una fuerza (la oscuridad, el mal, el demonio) independiente de Dios u opuesta a Dios. El dualismo ve en la lucha y la guerra, la competencia y la conquista parte inherente de la estructura de la realidad misma. El judaísmo rechazó esta idea tan profundamente que colocó esta contra afirmación al principio de nuestros rezos colectivos.

# קריאת שמע וברכותיה

*El* חזן *y las demás personas que recitan Kadish:*

בָּרְכוּ

אֶת יְהֹוָה הַמְבֹרָךְ.

*El* קהל *responde:* בָּרוּךְ יְהֹוָה הַמְבֹרָךְ לְעוֹלָם וָעֶד.

*El* חזן *y las demás personas que recitan Kadish:* בָּרוּךְ יְהֹוָה הַמְבֹרָךְ לְעוֹלָם וָעֶד.

בָּרוּךְ אַתָּה יְהֹוָה, אֱלֹהֵינוּ מֶלֶךְ הָעוֹלָם
יוֹצֵר אוֹר וּבוֹרֵא חֹשֶׁךְ
עֹשֶׂה שָׁלוֹם וּבוֹרֵא אֶת הַכֹּל.

---

CONVOCACIÓN PARA REZAR

בָּרְכוּ *Bendecid al Señor:* Una antigua fórmula (ver Nehemías 9:5) para convocar a la congregación a rezar . Desde este punto y en adelante comienza la plegaria de la comunidad. Rezos de especial santidad requieren de *minián*, un quorum de diez hombres adultos. Los diez espías que trajeron un reporte negativo de la tierra de Israel fueron llamados "congregación". En respuesta al pedido de Abraham de salvar a los habitantes de la ciudad de Sodoma (Génesis capítulo 18) Dios le aseguró que si se encontrasen en la ciudad diez personas justas sus méritos alcanzarían para salvarla. Diez es el número mínimo que constituye una comunidad. En días del Templo, los sacrificios eran ofrendados a diario en nombre de todo el pueblo de Israel. Desde entonces, si bien los judíos se han dispersado, donde sea que se reúnan diez judíos para rezar es como si la totalidad del pueblo de Israel estuviera presente. La comunidad es un microcosmos de la nación.

Todos Te agradecerán y todos Te alabarán y todos declararán:
No hay santo como el Señor.
Todos Te exaltarán, ¡Sela! Tú todo lo formaste.
El Dios que abre a diario las compuertas de los pórticos de oriente
y parte las ventanas del firmamento.
Hace salir el sol de su sitio
y a la luna de su morada e ilumina al mundo todo y a sus habitantes,
a quienes creó con el atributo de la clemencia.
Ilumina a la tierra y sus habitantes con misericordia,
y con Su bondad renueva continuamente, día tras día,
la obra de la Creación.
Cuán numerosas son Tus obras Señor, *Sal. 104*
todas las hiciste con sabiduría, la tierra está plena de Tus creaciones.
Sólo Él es el Rey exaltado desde el inicio de los tiempos –
alabado, glorificado y elevado desde que el mundo comenzó.
Dios eterno, en Tu gran compasión, apiádate de nosotros,
Señor que nos inspiras fuerzas, nuestra Roca y Baluarte,
Escudo de nuestra salvación, Tú eres nuestro Refugio.

---

בְּכָל יוֹם תָּמִיד *Renueva continuamente, día tras día, la obra de la Creación:* Ribí Yehudá HaLeví explicó las diferencias entre creación a partir de algo preexistente (*ietzirá*) y la creación a partir de la nada (*beriá*). Cuando un carpintero hace una mesa de madera, esta continúa existiendo una vez concluida la labor creadora. Empero, cuando uno hace algo desde la nada el acto creativo debe ser renovado en forma continua, ya que de otra manera la Creación dejaría de ser tal. La Creación Divina es una creación desde la nada, por ende, es perpetuamente renovada. Esta plegaria nos invita a maravillarnos del mero hecho de la existencia: "El concepto de lo místico no reside en cómo es el mundo, sino en el hecho que sea (exista)" (Wittgenstein).

הַכֹּל יוֹדְוּךָ וְהַכֹּל יְשַׁבְּחְוּךָ
וְהַכֹּל יֹאמְרוּ אֵין קָדוֹשׁ כַּיהֹוָה
הַכֹּל יְרוֹמְמְוּךָ סֶּלָה, יוֹצֵר הַכֹּל.
הָאֵל הַפּוֹתֵחַ בְּכָל־יוֹם דַּלְתוֹת שַׁעֲרֵי מִזְרָח, וּבוֹקֵעַ חַלּוֹנֵי רָקִיעַ
מוֹצִיא חַמָּה מִמְּקוֹמָהּ, וּלְבָנָה מִמְּכוֹן שִׁבְתָּהּ
וּמֵאִיר לָעוֹלָם כֻּלּוֹ וּלְיוֹשְׁבָיו שֶׁבָּרָא בְּמִדַּת רַחֲמִים.
הַמֵּאִיר לָאָרֶץ וְלַדָּרִים עָלֶיהָ בְּרַחֲמִים
וּבְטוּבוֹ מְחַדֵּשׁ בְּכָל־יוֹם תָּמִיד מַעֲשֵׂה בְרֵאשִׁית.
מָה־רַבּוּ מַעֲשֶׂיךָ, יְהֹוָה, כֻּלָּם בְּחָכְמָה עָשִׂיתָ תהלים קד
מָלְאָה הָאָרֶץ קִנְיָנֶךָ:
הַמֶּלֶךְ הַמְרוֹמָם לְבַדּוֹ מֵאָז
הַמְשֻׁבָּח וְהַמְפֹאָר וְהַמִּתְנַשֵּׂא מִימוֹת עוֹלָם.
אֱלֹהֵי עוֹלָם
בְּרַחֲמֶיךָ הָרַבִּים רַחֵם עָלֵינוּ
אֲדוֹן עֻזֵּנוּ, צוּר מִשְׂגַּבֵּנוּ, מָגֵן יִשְׁעֵנוּ, מִשְׂגָּב בַּעֲדֵנוּ.

---

הַכֹּל יוֹדְוּךָ *Todos Te agradecerán:* Es un breve poema construido en torno a la última palabra del renglón anterior "todos", la cual es repetida cinco veces, cuatro al principio de la frase y una al final. En el monoteísmo, rendir culto a cualquier cosa que sea menos que el "Todo" se considera idolatría, trátese de culto al individuo, a la raza, a la nación, al gobernante o al sistema político.

Los párrafos que siguen son una expansión o desarrollo de la primera bendición que suele figurar previo al Shemá. Esta primera bendición (y no las otras) es prolongada en honor al Shabat por cuanto que su tema es la Creación y Shabat es un "recordatorio de la labor de la Creación".

אֵין עֲרוֹךְ לְךָ Nada se compara a Ti,
y nada existe excepto Tú.
Nadie hay sin Ti.
¿Quién es como Tú?

Nada se compara a Ti SEÑOR,
nuestro Dios en este mundo,
y nada existe excepto Tú Rey nuestro
para la vida del Mundo Venidero.
Nadie hay sin Ti, Redentor nuestro,
para los días del Mashiaḥ,
y quién es como Tú, nuestro Salvador,
durante la resurrección de los muertos.

אֵל אָדוֹן Dios, Soberano de toda la Creación,
ב Bendito y bendecido por la boca de toda alma.

ג Su grandeza y Su bondad colman el mundo,
ד el conocimiento y la sabiduría Lo rodean.

ה Exaltado por sobre las sagradas jaiot,
ו esplendoroso en gloria sobre la Carroza Celestial;

ז mérito y rectitud se encuentran ante Su trono,
ח benevolencia y compasión ante Su gloria.

---

y entonces la paz y la justicia prevalecerán en todo lo concerniente a la humanidad; (4) la resurrección de los muertos, el desenlace final de la historia cuando aquellos que ya fallecieron volverán a vivir.

אֵל אָדוֹן *Dios, Soberano de toda la Creación:* Himno de alabanza a Dios como Creador de todos los cielos, estrellas y fuerzas celestiales. Este poema está estructurado como acróstico alfabético y es más extenso que su contraparte en los días de la semana (ver אֵל בָּרוּךְ "El Dios bendito, grande en conocimiento" en las páginas 90 y 91) en honor al Shabat. En días de semana cada letra corresponde a una palabra mientras que en Shabat se corresponde con una frase entera. El poema contiene huellas de la mística *Merkavá* (carroza celestial), basado en la visión de Ezequiel (capítulo 1) de la carroza celestial.

אֵין עֲרוֹךְ לְךָ
וְאֵין זוּלָתְךָ
אֶפֶס בִּלְתְּךָ
וּמִי דוֹמֶה לָּךְ.

אֵין עֲרוֹךְ לְךָ, יְהוָה אֱלֹהֵינוּ, בָּעוֹלָם הַזֶּה
וְאֵין זוּלָתְךָ, מַלְכֵּנוּ, לְחַיֵּי הָעוֹלָם הַבָּא
אֶפֶס בִּלְתְּךָ, גּוֹאֲלֵנוּ, לִימוֹת הַמָּשִׁיחַ
וּמִי דוֹמֶה לָּךְ, מוֹשִׁיעֵנוּ, לִתְחִיַּת הַמֵּתִים.

אֵל אָדוֹן עַל כָּל־הַמַּעֲשִׂים
בָּרוּךְ וּמְבֹרָךְ בְּפִי כָּל־נְשָׁמָה.
גָּדְלוֹ וְטוּבוֹ מָלֵא עוֹלָם
דַּעַת וּתְבוּנָה סוֹבְבִים הוֹדוֹ.
הַמִּתְגָּאֶה עַל חַיּוֹת הַקֹּדֶשׁ
וְנֶהְדָּר בְּכָבוֹד עַל הַמֶּרְכָּבָה.
זְכוּת וּמִישׁוֹר לִפְנֵי כִסְאוֹ
חֶסֶד וְרַחֲמִים מָלֵא כְבוֹדוֹ.

---

אֵין עֲרוֹךְ לְךָ *Nada se compara a Ti:* Se trata de una cuádruple declaración del carácter Único de Dios, cada una de las frases es posteriormente desarrollada en los renglones siguientes. Esta estructura cuádruple de varias plegarias rabínicas antiguas refleja la influencia del misticismo judío, el cual veía la realidad en términos de cuatro dimensiones de creciente espiritualidad: el mundo de la acción, "Asiá"; el mundo de la formación, "Yetzirá"; el mundo de la Creación, "Beriá"; y el mundo de la emanación, "Atzilut".

*Este mundo.... del Mundo Venidero*: esta plegaria detalla cuatro áreas de tiempo: (1) este mundo que habitamos hoy; (2) el Mundo Venidero que según Maimónides es el ámbito de las almas tras el fallecimiento; (3) los días del Mashiaḥ cuando el Templo será reconstruido, el reino de David restaurado

ט Buenas son las luminarias que creó nuestro Dios,
י las formó con conocimiento, entendimiento y deliberación.

כ Les concedió poder y capacidad
ל para gobernar en la tierra.

מ Plenas de fulgor y radiantes de luz,
נ su brillo es hermoso en todo el mundo.

ס Están contentas al salir y regocijantes al ponerse,
ע cumpliendo con temor la voluntad de su Creador.

פ Gloria y honor dan a Su Nombre,
צ júbilo y cánticos en recordación de Su reinado.

ק Él llamó al sol a aparecer y la luz brilló,
ר Él miró y dispuso la forma de la luna.

ש Todas las huestes superiores Le alaban;
ת los Serafim, los Ofanim
y las Sagradas Ḥaiot Le atribuyen gloria y grandeza.

---

*Este párrafo se omite en un Yom Tob que cae en día de semana:*

לָאֵל Al Dios que reposó de toda labor en el séptimo día
ascendió y tomó asiento en Su Trono de Gloria.
Invistió de esplendor al día del descanso,
llamó deleite al Shabat.
Esta es la alabanza del séptimo día,
en el cual Él reposó de toda Su labor,
y el séptimo día alaba y proclama:
"Cántico para el día de Shabat". *Sal. 92*

---

לָאֵל *Al Dios que reposó:* Plegaria sobre el tema de "Shabat de la Creación" en los albores del tiempo. Aquí el tiempo es personificado. Shabat se transforma en una presencia vívida, "Invistió de esplendor al día del descanso". Este pasaje refleja una tradición midráshica según la cual la Creación cada día entonó un cántico a Dios. El Shabat entonó el Salmo 92, el Midrash entiende su primera frase no como "el cántico para el día de Shabat" sino como "el cántico que entonó el Shabat".

טוֹבִים מְאוֹרוֹת שֶׁבָּרָא אֱלֹהֵינוּ
יְצָרָם בְּדַעַת בְּבִינָה וּבְהַשְׂכֵּל.

כֹּחַ וּגְבוּרָה נָתַן בָּהֶם
לִהְיוֹת מוֹשְׁלִים בְּקֶרֶב תֵּבֵל.

מְלֵאִים זִיו וּמְפִיקִים נֹגַהּ
נָאֶה זִיוָם בְּכָל־הָעוֹלָם.

שְׂמֵחִים בְּצֵאתָם שָׂשִׂים בְּבוֹאָם
עוֹשִׂים בְּאֵימָה רְצוֹן קוֹנֵיהֶם.

פְּאֵר וְכָבוֹד נוֹתְנִים לִשְׁמוֹ
צָהֳלָה וְרִנָּה לְזֵכֶר מַלְכוּתוֹ.

קָרָא לַשֶּׁמֶשׁ וַיִּזְרַח אוֹר
רָאָה וְהִתְקִין צוּרַת הַלְּבָנָה.

שֶׁבַח נוֹתְנִים לוֹ כָּל־צְבָא מָרוֹם
תִּפְאֶרֶת וּגְדֻלָּה שְׂרָפִים וְחַיּוֹת וְאוֹפַנֵּי הַקֹּדֶשׁ.

---

*Este párrafo se omite en un* יום טוב *que cae en día de semana:*

לָאֵל אֲשֶׁר שָׁבַת מִכָּל־הַמַּעֲשִׂים
וּבַיּוֹם הַשְּׁבִיעִי נִתְעַלָּה וְיָשַׁב עַל כִּסֵּא כְבוֹדוֹ.
תִּפְאֶרֶת עָטָה לְיוֹם הַמְּנוּחָה
עֹנֶג קָרָא לְיוֹם הַשַּׁבָּת.
זֶה שִׁיר שֶׁבַח שֶׁל יוֹם הַשְּׁבִיעִי
שֶׁבּוֹ שָׁבַת אֵל מִכָּל־מְלַאכְתּוֹ.
וְיוֹם הַשְּׁבִיעִי מְשַׁבֵּחַ וְאוֹמֵר
תהלים צב מִזְמוֹר שִׁיר לְיוֹם הַשַּׁבָּת:

Por ello magnificarán y bendecirán a Dios todas Sus creaturas,
rendirán alabanza, honor y magnificencia al Rey
que todo lo ha formado.
Al que ha conferido el descanso a Su pueblo Israel
por medio de Su santidad en el sagrado día del Shabat.

---

שִׁמְךָ Tu Nombre Señor, Dios nuestro será santificado,
y Tu recuerdo Rey nuestro será magnificado en los cielos
por lo alto y abajo en la tierra.
Que seas bendito redentor nuestro
por las alabanzas de la obra de Tus manos
y por las resplandecientes luminarias que hiciste
Te glorificarán, ¡Sela!

תִּתְבָּרַךְ Que seas bendito, nuestra Fortaleza, nuestro Rey
y Redentor, Creador de los seres sagrados.
Que Tu nombre sea alabado por siempre, Rey nuestro,
Creador de los ángeles ministeriales,
los cuales se posan en las alturas del universo,
proclamando al unísono con temor reverencial
y en voz alta, las palabras del Dios viviente, del Rey eterno.

Todos ellos son amados, todos ellos son puros,
todos ellos son poderosos, todos ellos son sagrados,
y todos hacen con temor y reverencia la voluntad de su Hacedor.
Y todos abren sus bocas en santidad y pureza,
con cánticos y salmos,
y bendicen, alaban, glorifican,
santifican, reverencian, y declaran la soberanía de –

---

Los sabios dicen que tanto la creación del primer hombre y la primera mujer, así como su pecado y su sentencia que los exilió del Jardín del Edén tuvieron lugar en el sexto día. Como acto compasivo, Dios les permitió quedarse un día más en el Edén: el día séptimo. Así, el Shabat se encuentra tan cerca como cuando llegamos al paraíso recuperado.

לְפִיכָךְ יְפָאֲרוּ לָאֵל כָּל־יְצוּרָיו
שֶֽׁבַח וִיקָר וּגְדֻלָּה וְכָבוֹד יִתְּנוּ לַמֶּֽלֶךְ יוֹצֵר כֹּל
הַמַּנְחִיל מְנוּחָה לְעַמּוֹ יִשְׂרָאֵל בְּיוֹם שַׁבַּת קֹֽדֶשׁ.

---

שִׁמְךָ יְהֹוָה אֱלֹהֵֽינוּ יִתְקַדַּשׁ, וְזִכְרְךָ יִתְפָּאַר מַלְכֵּֽנוּ
בַּשָּׁמַֽיִם מִמַּֽעַל וְעַל הָאָֽרֶץ מִתָּֽחַת
עַל כָּל־שֶֽׁבַח מַעֲשֵׂה יָדֶֽיךָ
וְעַל מְאוֹרֵי אוֹר שֶׁיָּצַֽרְתָּ
הֵֽמָּה יְפָאֲרֽוּךָ סֶּֽלָה.

תִּתְבָּרַךְ לָנֶֽצַח צוּרֵֽנוּ מַלְכֵּֽנוּ וְגוֹאֲלֵֽנוּ
בּוֹרֵא קְדוֹשִׁים
יִשְׁתַּבַּח שִׁמְךָ לָעַד מַלְכֵּֽנוּ, יוֹצֵר מְשָׁרְתִים
וַאֲשֶׁר מְשָׁרְתָיו כֻּלָּם עוֹמְדִים בְּרוּם עוֹלָם
וּמַשְׁמִיעִים בְּיִרְאָה יַֽחַד בְּקוֹל, דִּבְרֵי אֱלֹהִים חַיִּים וּמֶֽלֶךְ עוֹלָם.
כֻּלָּם אֲהוּבִים　כֻּלָּם בְּרוּרִים
כֻּלָּם גִּבּוֹרִים　כֻּלָּם קְדוֹשִׁים
כֻּלָּם עוֹשִׂים בְּאֵימָה וּבְיִרְאָה רְצוֹן קוֹנֵיהֶם
וְכֻלָּם פּוֹתְחִים אֶת פִּיהֶם
בִּקְדֻשָּׁה וּבְטָהֳרָה בְּשִׁירָה וּבְזִמְרָה
מְבָרְכִין　מְשַׁבְּחִין　מְפָאֲרִין
וּמַקְדִּישִׁין　וּמַעֲרִיצִין　וּמַמְלִיכִין

---

El Shabat es una institución única. El año está determinado por el sol, el mes por las fases de la luna, empero el Shabat no está presente en la naturaleza: no hay nada que se corresponda con el ciclo de trabajo y descanso de siete días, creación y cesación, hacer y ser.

אֶת־שֵׁם El Nombre del Dios que es el grande,
poderoso y reverencialmente temido Rey,
Santo es Él.
Y todos aceptan sobre sí,
el uno del otro el Yugo Celestial
y se dan unos de otros permiso
para santificar y ensalzar a su Creador, con espíritu sereno,
mediante habla pura y dulce melodía.
Todos ellos al unísono proclaman con temor Su santidad,
y dicen reverencia:

Santo, Santo, Santo SEÑOR de las Huestes Celestiales; *Isa. 6*
todo el universo está pleno de Su gloria.

Entonces, los Ofanim y las Ḥaiot Sagradas,
con un gran clamor se elevan en dirección a los Serafim
y frente a estos alaban diciendo:

Bendita es la Gloria del SEÑOR desde Su sitial. *Eze. 3*

---

máximo), y el descenso: el derrotero del alma de la tierra al cielo y de regreso, transformada por la experiencia de lo Divino.

נַחַת רוּחַ *Espíritu sereno:* La alabanza de los ángeles contiene tres elementos, y por ende también la nuestra debe incluirlos: espíritu sereno (*najat ruaj*), habla pura (*safá berurá*) y dulce melodía (*ne'imá*). Estas son las tres dimensiones del rezo: tranquilidad espiritual, claridad cognitiva y belleza o estética emocional.

וְהָאוֹפַנִּים וְחַיּוֹת...שְׂרָפִים *Ofanim, Jaiot, Serafim:* Son los tres tipos de ángeles contemplados por Isaías y Ezequiel en sus respectivas visiones. Serafim son ángeles de fuego. Las Ḥaiot son "seres vivientes" rodeados de fuego. Ofanim son "ruedas dentro de ruedas". Ellos conforman el séquito celestial que rodea al Trono Divino, son un coro angelical que canta la alabanza de Dios.

אֶת־שֵׁם הָאֵל הַמֶּלֶךְ הַגָּדוֹל, הַגִּבּוֹר וְהַנּוֹרָא
קָדוֹשׁ הוּא.
וְכֻלָּם מְקַבְּלִים עֲלֵיהֶם עֹל מַלְכוּת שָׁמַיִם זֶה מִזֶּה
וְנוֹתְנִים רְשׁוּת זֶה לָזֶה
לְהַקְדִּישׁ לְהַעֲרִיץ לְיוֹצְרָם בְּנַחַת רוּחַ
בְּשָׂפָה בְרוּרָה וּבִנְעִימָה
קְדֻשָּׁה כֻּלָּם כְּאֶחָד עוֹנִים בְּאֵימָה וְאוֹמְרִים בְּיִרְאָה

קָדוֹשׁ ׀ קָדוֹשׁ קָדוֹשׁ יְהֹוָה צְבָאוֹת ישעיה ו
מְלֹא כָל־הָאָרֶץ כְּבוֹדוֹ:

וְהָאוֹפַנִּים וְחַיּוֹת הַקֹּדֶשׁ
בְּרַעַשׁ גָּדוֹל מִתְנַשְּׂאִים לְעֻמַּת הַשְּׂרָפִים
לְעֻמָּתָם מְשַׁבְּחִים וְאוֹמְרִים
בָּרוּךְ כְּבוֹד־יְהֹוָה מִמְּקוֹמוֹ: יחזקאל ג

---

LA PLEGARIA DE LA SANTIDAD

Dos profetas, Isaías y Ezequiel tuvieron visiones místicas de Dios rodeado de Su séquito celestial, del coro de los ángeles. Estas visiones, junto con las palabras que los profetas escucharon del cántico de los ángeles ("Santo, Santo, Santo" en la visión de Isaías, "Bendita es la gloria del Señor desde Su sitial" en la de Ezequiel) conforman el corazón de la *Kedushá*, la plegaria de la Santidad. Esta es recitada tres veces en los rezos de la mañana, antes del Shemá, durante la repetición de la A'midá por parte del oficiante y hacia el final del rezo, salvo en Shabat que la tercera es pasada para la tarde.

Esta sección del rezo, la de la visión del Trono Celestial y los ángeles forma parte de la tradición mística del judaísmo. El rezo es la escalera de Ya'akob que conecta tierra con cielo, con "ángeles de Dios" que ascienden y descienden. Las tres *Kedushot* representan respectivamente el ascenso, la cumbre (punto

לָאֵל Ofrendan melodías al Dios bendito.
Al Rey, Dios eterno y viviente entonan salmos
y proclaman alabanzas. Pues solamente Él es elevado y sagrado,
realiza acciones poderosas y crea cosas nuevas,
domina batallas, cultiva justicia,
hace crecer la salvación, crea curaciones,
es reverenciado con alabanzas, SEÑOR de maravillas,
que en Su bondad renueva a diario la obra de la Creación,
como está dicho:
"Alabadle por haber hecho las grandes luminarias, *Sal. 136*
porque Su amor es eterno".
Bendito eres Tú SEÑOR, que formas las luminarias.

אַהֲבַת עוֹלָם Tú nos has amado con amor eterno,
SEÑOR, nuestro Dios,
has tenido para con nosotros gran compasión.
Padre nuestro, Rey nuestro, a causa de Tu gran Nombre
y a causa de nuestros ancestros que confiaron en Ti
y a quienes enseñaste las leyes de vida,
para que cumplan Tu voluntad con corazón íntegro,
agrácianos y enséñanos.
Apiádate de nosotros Padre nuestro, Padre compasivo,
que actúas con clemencia,
ten por favor compasión para con nosotros,
infunde en nuestros corazones entendimiento para comprender
y discernir, escuchar aprender y enseñar, cuidar, realizar
y cumplir con amor todas las enseñanzas de Tu Torá.

---

ahora hablamos de Su vínculo con nosotros, pasando de la grandeza cósmica a la intimidad espiritual.

לָאֵל בָּרוּךְ, נְעִימוֹת יִתֵּנוּ
לַמֶּלֶךְ אֵל חַי וְקַיָּם, זְמִירוֹת יֹאמֵרוּ וְתִשְׁבָּחוֹת יַשְׁמִיעוּ
כִּי הוּא לְבַדּוֹ מָרוֹם וְקָדוֹשׁ
פּוֹעֵל גְּבוּרוֹת, עוֹשֶׂה חֲדָשׁוֹת
בַּעַל מִלְחָמוֹת, זוֹרֵעַ צְדָקוֹת
מַצְמִיחַ יְשׁוּעוֹת, בּוֹרֵא רְפוּאוֹת
נוֹרָא תְהִלּוֹת, אֲדוֹן הַנִּפְלָאוֹת
הַמְחַדֵּשׁ בְּטוּבוֹ בְּכָל־יוֹם תָּמִיד מַעֲשֵׂה בְרֵאשִׁית
כָּאָמוּר
לְעֹשֵׂה אוֹרִים גְּדֹלִים, כִּי לְעוֹלָם חַסְדּוֹ: תהלים קלו
בָּרוּךְ אַתָּה יְהֹוָה, יוֹצֵר הַמְּאוֹרוֹת.

אַהֲבַת עוֹלָם אֲהַבְתָּנוּ, יְהֹוָה אֱלֹהֵינוּ
חֶמְלָה גְדוֹלָה וִיתֵרָה חָמַלְתָּ עָלֵינוּ.
אָבִינוּ מַלְכֵּנוּ
בַּעֲבוּר שִׁמְךָ הַגָּדוֹל וּבַעֲבוּר אֲבוֹתֵינוּ שֶׁבָּטְחוּ בָךְ
וַתְּלַמְּדֵמוֹ חֻקֵּי חַיִּים, לַעֲשׂוֹת רְצוֹנְךָ בְּלֵבָב שָׁלֵם
כֵּן תְּחָנֵּנוּ אָבִינוּ, אָב הָרַחֲמָן
הַמְרַחֵם, רַחֵם נָא עָלֵינוּ
וְתֵן בְּלִבֵּנוּ בִּינָה
לְהָבִין לְהַשְׂכִּיל, לִשְׁמֹעַ, לִלְמֹד וּלְלַמֵּד
לִשְׁמֹר וְלַעֲשׂוֹת וּלְקַיֵּם, אֶת כָּל־דִּבְרֵי תַלְמוּד תּוֹרָתֶךָ בְּאַהֲבָה.

---

**אַהֲבַת עוֹלָם** *Tú nos has amado:* Esta es una de las supremas expresiones de amor en la liturgia. Habiendo hablado de la relación de Dios con el universo,

Ilumina nuestros ojos con Tu Torá
y haz que se aferren nuestros corazones a Tus preceptos,
unifica nuestros corazones para amar
y temer reverencialmente a Tu Nombre,
para que nunca sintamos vergüenza,
ni bochorno y no tropecemos jamás.
Tal como hemos confiado en Tu Nombre sagrado,
grande y reverenciado, así podamos alegrarnos
y regocijarnos en Tu salvación.
Que nunca nos abandonen Tu compasión Señor
ni Tu inmensa bondad, Sela.

*En * se reúnen los cuatro ṣiṣiot del talet.*

מַהֵר Trae sobre nosotros prontamente bendición
*desde los cuatro confines de la tierra
y quiebra el yugo de las naciones que pesa sobre nuestro cuello,
y prontamente condúcenos erguidos a nuestra tierra.
Pues Tú eres un Dios que realiza actos de salvación,
y nos escogiste de entre todas las naciones
y todas las lenguas, acercándonos a Tu Gran Nombre,
con amor, para agradecerte, proclamar Tu unicidad,
temer reverencialmente y amar Tu Nombre.
Bendito eres Tú Señor, que escoge a Su pueblo Israel con amor.

---

y hacia Dios, aquel Dios que nos llamó "Mi hijo primogénito Israel" (Éxodo 4:22). El conducto a través del cual fluye este amor es la Torá, el Pacto Divino con Su pueblo. La Torá contiene "las leyes de la vida" en un doble sentido: leyes que nos *guían* en la vida y leyes que nos *prodigan* vida.

וְהָאֵר עֵינֵינוּ בְּתוֹרָתֶךָ וְדַבֵּק לִבֵּנוּ בְּמִצְוֹתֶיךָ
וְיַחֵד לְבָבֵנוּ לְאַהֲבָה וּלְיִרְאָה אֶת שְׁמֶךָ.
לֹא נֵבוֹשׁ וְלֹא נִכָּלֵם וְלֹא נִכָּשֵׁל לְעוֹלָם וָעֶד
כִּי בְשֵׁם קָדְשְׁךָ הַגָּדוֹל הַגִּבּוֹר וְהַנּוֹרָא בָּטָחְנוּ
נָגִילָה וְנִשְׂמְחָה בִּישׁוּעָתֶךָ.
וְרַחֲמֶיךָ יְהֹוָה אֱלֹהֵינוּ וַחֲסָדֶיךָ הָרַבִּים
אַל יַעַזְבוּנוּ נֶצַח סֶלָה וָעֶד.

*En * se reúnen los cuatro* ציציות *del* טלית.

מַהֵר וְהָבֵא עָלֵינוּ בְּרָכָה וְשָׁלוֹם
מְהֵרָה* מֵאַרְבַּע כַּנְפוֹת כָּל־הָאָרֶץ
וּשְׁבוֹר עֹל הַגּוֹיִם מֵעַל צַוָּארֵנוּ
וְהוֹלִיכֵנוּ מְהֵרָה קוֹמְמִיּוּת לְאַרְצֵנוּ.
כִּי אֵל פּוֹעֵל יְשׁוּעוֹת אָתָּה, וּבָנוּ בָחַרְתָּ מִכָּל־עַם וְלָשׁוֹן
וְקֵרַבְתָּנוּ מַלְכֵּנוּ לְשִׁמְךָ הַגָּדוֹל בְּאַהֲבָה
לְהוֹדוֹת לָךְ, וּלְיַחֶדְךָ, לְיִרְאָה וּלְאַהֲבָה אֶת שְׁמָךְ.
בָּרוּךְ אַתָּה יְהֹוָה, הַבּוֹחֵר בְּעַמּוֹ יִשְׂרָאֵל בְּאַהֲבָה.

---

La frase "*Padre nuestro, Padre compasivo, que actúas con clemencia, apiádate de nosotros*", con su doble repetición del vocablo "Padre" y triple mención del vocablo "compasión" (que hemos traducido también como clemencia y piedad N. del Editor) en un espacio de seis palabras hebreas, es una de las expresiones más concentradas de amor y confianza que sentimos para con Dios

## Escucha Israel, el Señor es nuestro Dios, el Señor es Uno. Deut. 6

*En voz baja:* Bendito sea el Nombre de Su glorioso Reino por siempre.

וְאָהַבְתָּ Amarás al Señor tu Dios con todo tu corazón, con toda tu alma y con todas tus fuerzas. Estas palabras que te ordeno hoy deben estar sobre tu corazón, se las transmitirás a tus hijos hablando sobre ellas, cuando estés en tu hogar y cuando transites por el camino, al acostarte y al levantarte. Y las atarás como señal sobre tu brazo y serán un emblema entre tus ojos. Y las escribirás en los marcos de tus puertas y sobre tus portones. Deut. 6

וְהָיָה Y será que, si realmente escucháis Mis preceptos que os ordeno el día de hoy, amando al Señor vuestro Dios y sirviéndole Deut. 11

---

significados de esta frase mencionamos: (1) solo hay un Dios; (2) Dios es una unidad, es indivisible; (3) Dios es la única realidad última; (4) Dios es Uno a pesar de Sus muchas manifestaciones a lo largo de la historia; (5) solamente Dios es nuestro Rey. Esta gran frase es la declaración suprema de la fe judía: es de las primeras palabras que aprende un niño y a veces son las últimas palabras que pronuncian los mártires.

בָּרוּךְ שֵׁם *Bendito sea el Nombre:* Esta fue la respuesta de la congregación a la declaración del Tetragrámaton, el Nombre más sagrado de Dios, en el Templo de Jerusalém. Se dice aquí en recordatorio del servicio en el Templo, pero de manera silenciosa (salvo en Yom Kipur) porque no es parte del texto bíblico.

וְשִׁנַּנְתָּם *Se las transmitirás (enseñarás) a tus hijos:* La educación es responsabilidad no sólo de las escuelas sino también de los padres. En el judaísmo los padres son educadores, el hogar es la matriz del aprendizaje y la educación es una conversación a través de las generaciones. Alshij conecta este versículo con el anterior "Amarás al Señor": ¿Cómo educamos a nuestros hijos? Mostrándoles aquello que amamos.

וְהָיָה אִם־שָׁמֹעַ תִּשְׁמְעוּ *Y será que, si realmente escucháis Mis preceptos:* Los sabios llamaron a esto "la aceptación del Yugo de los Preceptos". Habiendo declarado a Dios como nuestro Soberano, continuamos aceptando las leyes

דברים ו שְׁמַע יִשְׂרָאֵל יְהוָה אֱלֹהֵינוּ יְהוָה ׀ אֶחָד:

בלחש: בָּרוּךְ שֵׁם כְּבוֹד מַלְכוּתוֹ לְעוֹלָם וָעֶד.

דברים ו וְאָהַבְתָּ אֵת יְהוָה אֱלֹהֶיךָ בְּכָל־לְבָבְךָ וּבְכָל־נַפְשְׁךָ וּבְכָל־מְאֹדֶךָ:
וְהָיוּ הַדְּבָרִים הָאֵלֶּה אֲשֶׁר אָנֹכִי מְצַוְּךָ הַיּוֹם עַל־לְבָבֶךָ: וְשִׁנַּנְתָּם
לְבָנֶיךָ וְדִבַּרְתָּ בָּם בְּשִׁבְתְּךָ בְּבֵיתֶךָ וּבְלֶכְתְּךָ בַדֶּרֶךְ וּבְשָׁכְבְּךָ
וּבְקוּמֶךָ: וּקְשַׁרְתָּם לְאוֹת עַל־יָדֶךָ וְהָיוּ לְטֹטָפֹת בֵּין עֵינֶיךָ:
וּכְתַבְתָּם עַל־מְזֻזוֹת בֵּיתֶךָ וּבִשְׁעָרֶיךָ:

דברים יא וְהָיָה אִם־שָׁמֹעַ תִּשְׁמְעוּ אֶל־מִצְוֺתַי אֲשֶׁר אָנֹכִי מְצַוֶּה אֶתְכֶם
הַיּוֹם לְאַהֲבָה אֶת־יְהוָה אֱלֹהֵיכֶם וּלְעָבְדוֹ בְּכָל־לְבַבְכֶם וּבְכָל־

EL SHEMÁ

שְׁמַע *Escucha Israel:* La palabra Shemá es intraducible en un solo vocablo. Significa (1) escuchar, (2) oír, (3) reflexionar sobre, (4) comprender, (5) internalizar, (6) responder en acto, y por lo tanto (7) obedecer. En hebreo rabínico esta palabra ha desarrollado significados suplementarios tales como "transmitir, saber sobre, inferir, aprender". Aquí lo he traducido como escuchar más que como oír porque la escucha es activa y la audición pasiva. El Shemá es un llamado a una acción de la mente y del alma, a meditar, internalizar y afirmar la Unicidad de Dios.

La mayoría de las civilizaciones han sido culturas de lo visual. El judaísmo, con su creencia en un Dios invisible que trasciende el universo y su prohibición de toda representación visual de Dios es por sobre todo una civilización de lo auditivo. Los patriarcas y los profetas no vieron a Dios, lo escucharon. Por lo tanto, el verbo clave en el judaísmo es "*Shemá*", "escucha". A los efectos de conferir dramatismo a la idea de que Dios es escuchado y no visto, cubrimos nuestros ojos con nuestra mano al recitar estas palabras.

יהוה אֱלֹהֵינוּ *El Señor es nuestro Dios:* Los sabios denominaron a esta declaración "la aceptación del Yugo del Reino Celestial", lo cual implica que aceptamos a Dios como nuestro Soberano y nuestro pacto con Él como esencia de nuestra existencia como nación. El Señor *es Uno*: entre los muchos

con todo vuestro corazón y toda vuestra alma, entonces daré lluvia en su tiempo sobre vuestra tierra, tanto la primera como la postrera, y recogerás tus cereales, tu mosto y tu aceite de oliva. Proveeré hierba en tu campo para tus animales, y comerás y te saciarás. Tened cuidado de no permitir que vuestro corazón se desvíe, sirviendo a dioses extraños y postrándose ante ellos. *Recitar en voz baja* Entonces se encenderá *Detenerse brevemente* la ira del Señor con vosotros y bloqueará los cielos para que no haya lluvias, la tierra no dará su cosecha y os perderéis prontamente de la buena tierra *Volver a recitar en voz alta* que el Señor os ha dado. Y pondrán estas palabras Mías sobre vuestros corazones, y las atarán sobre vuestros brazos y las tendrán por emblema entre vuestros ojos. Y las enseñarán a vuestros hijos hablando de ellas cuando estés en tu hogar y cuando transites por los caminos, al acostarte y al levantarte. Y las escribirás en los marcos de tus puertas y sobre tus portones, para que se prolonguen vuestros días y los de vuestros hijos sobre la tierra que el Señor prometió entregar a vuestros ancestros para que la habiten, mientras los cielos permanezcan sobre la tierra.

וַיֹּאמֶר El Señor habló a Moshé diciéndole: Habla a los hijos de *Núm. 15*
Israel y diles que hagan ṣiṣit en las esquinas de sus vestimentas por todas sus generaciones. Y pondrán en el ṣiṣit de cada esquina de la vestimenta un hilo celeste. Y será para vosotros por ṣiṣit y lo veréis y recordaréis así todos los preceptos del Señor y los cumpliréis, sin desviarse tras vuestros corazones y vuestros ojos, en virtud de los cuales os corrompéis. A fin de que recordéis todos Mis preceptos y seáis santos para vuestro Dios, Yo Soy el Señor vuestro Dios,

---

y (2) menciona el Éxodo que estamos preceptuados de recordarlo "todos los días de tu vida". "*Tras vuestros corazones y vuestros ojos*": uno de los principios tanto del judaísmo como de la sicología cognitiva es que nuestras percepciones son filtradas por nuestras creencias y nuestras emociones. Lo que sentimos afecta lo que vemos. El corazón controla a los ojos.

נַפְשְׁכֶם: וְנָתַתִּי מְטַר־אַרְצְכֶם בְּעִתּוֹ יוֹרֶה וּמַלְקוֹשׁ וְאָסַפְתָּ דְגָנֶךָ
וְתִירֹשְׁךָ וְיִצְהָרֶךָ: וְנָתַתִּי עֵשֶׂב בְּשָׂדְךָ לִבְהֶמְתֶּךָ וְאָכַלְתָּ וְשָׂבָעְתָּ:
הִשָּׁמְרוּ לָכֶם פֶּן־יִפְתֶּה לְבַבְכֶם וְסַרְתֶּם וַעֲבַדְתֶּם אֱלֹהִים אֲחֵרִים
וְהִשְׁתַּחֲוִיתֶם לָהֶם: יאמר בלחש: וְחָרָה יפסיק מעט אַף־יְהוָה בָּכֶם וְעָצַר
אֶת־הַשָּׁמַיִם וְלֹא־יִהְיֶה מָטָר וְהָאֲדָמָה לֹא תִתֵּן אֶת־יְבוּלָהּ
וַאֲבַדְתֶּם מְהֵרָה מֵעַל הָאָרֶץ הַטֹּבָה בקול רם אֲשֶׁר יְהוָה נֹתֵן לָכֶם:
וְשַׂמְתֶּם אֶת־דְּבָרַי אֵלֶּה עַל־לְבַבְכֶם וְעַל־נַפְשְׁכֶם וּקְשַׁרְתֶּם
אֹתָם לְאוֹת עַל־יֶדְכֶם וְהָיוּ לְטוֹטָפֹת בֵּין עֵינֵיכֶם: וְלִמַּדְתֶּם אֹתָם
אֶת־בְּנֵיכֶם לְדַבֵּר בָּם בְּשִׁבְתְּךָ בְּבֵיתֶךָ וּבְלֶכְתְּךָ בַדֶּרֶךְ וּבְשָׁכְבְּךָ
וּבְקוּמֶךָ: וּכְתַבְתָּם עַל־מְזוּזוֹת בֵּיתֶךָ וּבִשְׁעָרֶיךָ: לְמַעַן יִרְבּוּ
יְמֵיכֶם וִימֵי בְנֵיכֶם עַל הָאֲדָמָה אֲשֶׁר נִשְׁבַּע יְהוָה לַאֲבֹתֵיכֶם
לָתֵת לָהֶם כִּימֵי הַשָּׁמַיִם עַל־הָאָרֶץ:

וַיֹּאמֶר יְהוָה אֶל־מֹשֶׁה לֵּאמֹר: דַּבֵּר אֶל־בְּנֵי יִשְׂרָאֵל וְאָמַרְתָּ במדבר טו
אֲלֵהֶם וְעָשׂוּ לָהֶם צִיצִת עַל־כַּנְפֵי בִגְדֵיהֶם לְדֹרֹתָם וְנָתְנוּ עַל־
צִיצִת הַכָּנָף פְּתִיל תְּכֵלֶת: וְהָיָה לָכֶם לְצִיצִת וּרְאִיתֶם אֹתוֹ
וּזְכַרְתֶּם אֶת־כָּל־מִצְוֹת יְהוָה וַעֲשִׂיתֶם אֹתָם וְלֹא־תָתוּרוּ אַחֲרֵי
לְבַבְכֶם וְאַחֲרֵי עֵינֵיכֶם אֲשֶׁר־אַתֶּם זֹנִים אַחֲרֵיהֶם: לְמַעַן תִּזְכְּרוּ
וַעֲשִׂיתֶם אֶת־כָּל־מִצְוֹתָי וִהְיִיתֶם קְדֹשִׁים לֵאלֹהֵיכֶם: אֲנִי יְהוָה

---

que Él nos ha entregado, entendiendo que el destino de la nación depende de nuestra fidelidad a estas.

וַיֹּאמֶר יהוה *El Señor habló:* Este párrafo fue incluido en el Shemá porque: (1) se ocupa de la tercera señal exterior, el ṣiṣit, el cual pertenece al grupo de los dos mencionados en los párrafos anteriores, el tefilín y la mezuzá;

quien os sacó de la tierra de Egipto para ser vuestro Dios, Yo Soy el SEÑOR vuestro Dios.

*Kahal:*

Verdadero

*Ḥazán:*

El SEÑOR vuestro Dios es verdadero –

וְיַצִּיב Y firme, estable, duradera, recta, fiel, amada, querida, placentera, agradable, reverenciada, poderosa, perfecta y aceptada, buena y bella es esta fe para nosotros por siempre.

Verdadero es el Dios Eterno, nuestro Rey,
Fortaleza de Ya'akob, Escudo de nuestra redención.
Él existe y Su Nombre existe
a lo largo de todas las generaciones.
Su trono está establecido,
Su reinado y Su fidelidad existen por siempre.

*En * soltar los ṣiṣiot de la mano.*

Sus palabras son vivientes y duraderas,
son fidedignas
y deseadas *por siempre
y para toda la eternidad.

---

sagrada de las plegarias, tal como los seis días de la semana nos conducen al Shabat, el día más sagrado.

El significado aquí de la palabra "verdadero" es similar al de la palabra "Amén" que se dice después de una bendición. Es un acto de afirmación y ratificación, recordándonos que el Shemá más que una plegaria es una declaración

אֱלֹהֵיכֶם אֲשֶׁר הוֹצֵאתִי אֶתְכֶם מֵאֶרֶץ מִצְרַיִם לִהְיוֹת לָכֶם לֵאלֹהִים אֲנִי יְהוָה אֱלֹהֵיכֶם:

קהל:

אֱמֶת

חזן:

יְהוָה אֱלֹהֵיכֶם אֱמֶת

וְיַצִּיב, וְנָכוֹן, וְקַיָּם, וְיָשָׁר, וְנֶאֱמָן, וְאָהוּב, וְחָבִיב
וְנֶחְמָד וְנָעִים, וְנוֹרָא, וְאַדִּיר, וּמְתֻקָּן, וּמְקֻבָּל
וְטוֹב, וְיָפֶה הַדָּבָר הַזֶּה עָלֵינוּ לְעוֹלָם וָעֶד.

אֱמֶת אֱלֹהֵי עוֹלָם מַלְכֵּנוּ, צוּר יַעֲקֹב מָגֵן יִשְׁעֵנוּ
לְדוֹר וָדוֹר הוּא קַיָּם וּשְׁמוֹ קַיָּם
וְכִסְאוֹ נָכוֹן
וּמַלְכוּתוֹ וֶאֱמוּנָתוֹ לָעַד קַיֶּמֶת

*En * soltar los ציציות de la mano.*

וּדְבָרָיו חָיִים וְקַיָּמִים
וְנֶאֱמָנִים וְנֶחֱמָדִים
לָעַד *וּלְעוֹלְמֵי עוֹלָמִים

---

אֱמֶת וְיַצִּיב *Verdadero y firme:* Quince adjetivos que reflejan los quince salmos de las ascensiones y los quince escalones del patio del Templo. El rezo está estructurado en torno a una séxtuple repetición de la palabra "*Emet*": "verdad o verdadero" que refleja una secuencia de tres párrafos del recitado del Shemá y las tres bendiciones que lo rodean y que nos llevan a la A'midá que es la más

Para nuestros ancestros, para nosotros,
para nuestros descendientes,
y nuestras generaciones que de nosotros
se desarrollen y por todas las generaciones
de la simiente de Israel Tus Servidores.
Esta fe ha probado ser fidedigna
y por siempre duradera para las generaciones
primeras y para las postreras.
Verdadero, fidedigno e irrevocable es este decreto.

**אֱמֶת** Es verdad Tú eres el SEÑOR Dios nuestro
y de nuestros ancestros, Rey nuestro
y de nuestros padres, redentor nuestro
y de nuestros antepasados,
nuestro Hacedor, Fortaleza de nuestra salvación,
Aquél que nos prodiga y nos rescata:
Tu Nombre es eterno
y no existe para nosotros ningún Dios excepto Tú.

**עֶזְרַת** Tú has sido siempre la ayuda de nuestros ancestros,
has sido el Escudo y la Salvación de los hijos que les
sucedieron en todas las generaciones.
Tu morada está en las cúspides del universo,
Tu justicia y Tu rectitud alcanzan
todos los confines de la tierra.

---

como abogar una causa, enaltecer a los humildes, salvar a los necesitados y ayudar a los pobres. La Redención se refiere a la intervención de Dios en la historia, liberando esclavos, recompensando la fidelidad y asegurando la justicia.

עַל אֲבוֹתֵינוּ, עָלֵינוּ
וְעַל בָּנֵינוּ וְעַל דּוֹרוֹתֵינוּ
וְעַל־כָּל־דּוֹרוֹת זֶרַע יִשְׂרָאֵל עֲבָדֶיךָ
עַל הָרִאשׁוֹנִים וְעַל הָאַחֲרוֹנִים
דָּבָר טוֹב וְקַיָּם
בֶּאֱמֶת וּבֶאֱמוּנָה, חֹק וְלֹא יַעֲבֹר.

אֱמֶת שָׁאַתָּה הוּא יְהוָה, אֱלֹהֵינוּ וֵאלֹהֵי אֲבוֹתֵינוּ
מַלְכֵּנוּ מֶלֶךְ אֲבוֹתֵינוּ
גּוֹאֲלֵנוּ גּוֹאֵל אֲבוֹתֵינוּ
יוֹצְרֵנוּ צוּר יְשׁוּעָתֵנוּ
פּוֹדֵנוּ וּמַצִּילֵנוּ מֵעוֹלָם הוּא שְׁמֶךָ
וְאֵין לָנוּ עוֹד אֱלֹהִים זוּלָתֶךָ, סֶלָה.
עֶזְרַת אֲבוֹתֵינוּ אַתָּה הוּא מֵעוֹלָם
מָגֵן וּמוֹשִׁיעַ לָהֶם וְלִבְנֵיהֶם אַחֲרֵיהֶם בְּכָל־דּוֹר וָדוֹר.
בְּרוּם עוֹלָם מוֹשָׁבֶךָ
וּמִשְׁפָּטֶיךָ וְצִדְקָתְךָ עַד אַפְסֵי אָרֶץ.

---

de fe. Este pasaje recapitula las ideas centrales del Shemá. Sin embargo, su principal énfasis está puesto en la Redención. Contiene la palabra “redime” ocho veces y está colmada de términos vinculados a la Redención, tales como “ayuda”, “escudo”, “salvación”, así como también de acciones redentoras tales

Verdad es que feliz del hombre que obedece Tus preceptos
y lleva Tus enseñanzas y Tu palabra a su corazón.

Verdaderamente Tu eres el amo de Tu pueblo
y un Rey poderoso que aboga por su causa,
la de los padres y la de los hijos.

Verdaderamente Tú eres el Primero y el Último
y aparte de Ti no tenemos rey
ni redentor ni salvador.

Verdad es que Tú nos redimiste de Egipto Señor, nuestro Dios,
nos liberaste de la casa de la esclavitud,
heriste de muerte a todos sus primogénitos
mas a Tu primogénito redimiste.
Partiste para ellos el Mar de los Juncos,
ahogaste a los arrogantes e hiciste cruzar
el mar a Tus amados.
Las aguas cubrieron a sus perseguidores, *Sal. 106*
ningunos de ellos quedó.

עַל זֹאת Por ello los amados alabaron y ensalzaron a Dios,
los apreciados entonaron salmos, cánticos y loas,
bendiciendo y agradeciendo al Rey viviente y Eterno.
Elevado y ensalzado, grande y reverencialmente temido,
Él humilla a los soberbios hasta el suelo
y enaltece a los humildes,
hasta las alturas libera prisioneros,
salva a los necesitados,
ayuda a los pobres y responde a Su pueblo
cuando claman ante Él.

אֱמֶת אַשְׁרֵי אִישׁ שֶׁיִּשְׁמַע לְמִצְוֹתֶיךָ
וְתוֹרָתְךָ וּדְבָרְךָ יָשִׂים עַל לִבּוֹ.

אֱמֶת שָׁאַתָּה הוּא אָדוֹן לְעַמֶּךָ
וּמֶלֶךְ גִּבּוֹר לָרִיב רִיבָם
לְאָבוֹת וּבָנִים.

אֱמֶת אַתָּה הוּא רִאשׁוֹן
וְאַתָּה הוּא אַחֲרוֹן
וּמִבַּלְעָדֶיךָ אֵין לָנוּ מֶלֶךְ גּוֹאֵל וּמוֹשִׁיעַ.

אֱמֶת מִמִּצְרַיִם גְּאַלְתָּנוּ, יְהוָה אֱלֹהֵינוּ
מִבֵּית עֲבָדִים פְּדִיתָנוּ
כָּל־בְּכוֹרֵיהֶם הָרַגְתָּ, וּבְכוֹרְךָ יִשְׂרָאֵל גָּאָלְתָּ
וְיַם סוּף לָהֶם בָּקַעְתָּ
וְזֵדִים טִבַּעְתָּ, וִידִידִים עָבְרוּ יָם
וַיְכַסּוּ־מַיִם צָרֵיהֶם, אֶחָד מֵהֶם לֹא נוֹתָר: תהלים קו

עַל זֹאת שִׁבְּחוּ אֲהוּבִים וְרוֹמְמוּ לָאֵל
וְנָתְנוּ יְדִידִים זְמִירוֹת, שִׁירוֹת וְתִשְׁבָּחוֹת
בְּרָכוֹת וְהוֹדָאוֹת לַמֶּלֶךְ אֵל חַי וְקַיָּם
רָם וְנִשָּׂא, גָּדוֹל (גִּבּוֹר) וְנוֹרָא
מַשְׁפִּיל גֵּאִים עֲדֵי אָרֶץ, מַגְבִּיהַּ שְׁפָלִים עַד מָרוֹם
מוֹצִיא אֲסִירִים, פּוֹדֶה עֲנָוִים, עוֹזֵר דַּלִּים
הָעוֹנֶה לְעַמּוֹ יִשְׂרָאֵל בְּעֵת שַׁוְּעָם אֵלָיו.

*De pie:*

תְּהִלּוֹת Alabanzas al Dios Supremo, su redentor,
el Dios Bendito que es bendecido.
Moshé y los hijos de Israel
entonaron para Ti un cántico con gran algarabía
y todos exclamaron:
"¿Quién es como Tú entre los fuertes SEÑOR? *Éx. 15*
¿Quién como Tú magnificado por la Santidad?
Infinito en alabanzas, Hacedor de maravillas".

Los libertos entonaron a orillas del mar un nuevo cántico
de alabanza a Tu gran Nombre.
Todos juntos agradecieron,
proclamaron Tu reino
y declararon:
"El SEÑOR reinará por toda la eternidad". *Éx. 15*
וְנֶאֱמַר Y fue dicho:
nuestro Redentor, Su nombre es el SEÑOR de las Huestes *Isa. 47*
Celestiales, Santidad de Israel
Bendito eres Tú SEÑOR, que redimió a Israel.

*En Yom Tob pasar a la página 894 para recitar la A'midá*

---

filósofos es una dimensión de la realidad mas no una presencia personal, un moldeador de la historia. Podemos meditar sobre semejante ente, mas no podemos hablarle, exponer ante Él nuestros pensamientos más íntimos y poner nuestro destino en Sus manos. El Dios de los profetas – el Dios de la Redención – es dable de encontrar en los eventos, en la historia, en la vida (Yehudá HaLeví, Cuzarí).

בעמידה:

תְּהִלּוֹת לָאֵל עֶלְיוֹן גּוֹאֲלָם
בָּרוּךְ הוּא וּמְבֹרָךְ
מֹשֶׁה וּבְנֵי יִשְׂרָאֵל
לְךָ עָנוּ שִׁירָה בְּשִׂמְחָה רַבָּה
וְאָמְרוּ כֻלָּם
שמות טו מִי־כָמְכָה בָּאֵלִם, יְהֹוָה
מִי כָּמְכָה נֶאְדָּר בַּקֹּדֶשׁ
נוֹרָא תְהִלֹּת, עֹשֵׂה פֶלֶא:

שִׁירָה חֲדָשָׁה שִׁבְּחוּ גְאוּלִים
לְשִׁמְךָ הַגָּדוֹל עַל שְׂפַת הַיָּם
יַחַד כֻּלָּם הוֹדוּ וְהִמְלִיכוּ
וְאָמְרוּ
שמות טו יְהֹוָה יִמְלֹךְ לְעֹלָם וָעֶד:
וְנֶאֱמַר
ישעיה מז גֹּאֲלֵנוּ יְהֹוָה צְבָאוֹת שְׁמוֹ, קְדוֹשׁ יִשְׂרָאֵל:
בָּרוּךְ אַתָּה יְהֹוָה, גָּאַל יִשְׂרָאֵל.

*En* יום טוב *pasar a la página 895 para recitar la* עמידה

---

גָּאַל יִשְׂרָאֵל *Que redimió a Israel:* Los sabios adjudicaron una gran significación al principio de "la yuxtaposición de la Redención y el rezo", insistiendo en que nada debía interrumpir la transición de las palabras "Que redimió a Israel" a la A'midá propiamente dicha (Berajot 9B). El acto de rezar es, en última instancia, una búsqueda de la Redención, una petición de que Dios intervenga en nuestras vidas y en la vida de nuestro pueblo. El Dios de los

## LA A'MIDÁ

SEÑOR, abre mis labios para que mi boca pronuncie Tu alabanza. *Sal. 51*

### PATRIARCAS

בָּרוּךְ Bendito eres Tú SEÑOR,
Dios nuestro y de nuestros ancestros,
Dios de Abraham, Dios de Iṣḥak y Dios de Ya'akob,
Dios grande, poderoso y maravilloso, SEÑOR supremo,
que prodiga generosamente y es el Creador de todo lo existente,
Quien recuerda la gracia de los ancestros y traerá al Redentor
para los hijos de sus hijos en aras de Su Nombre con amor.

*En Shabat Teshubá:* Recuérdanos para la vida, Rey que anhela la vida
e inscríbenos en el libro de la vida
por Ti, oh Dios de vida.

Rey que ayuda, redime y protege.
Bendito eres Tú SEÑOR, Escudo de Abraham.

### PODER DE DIOS

אַתָּה גִּבּוֹר SEÑOR, Tú eres eternamente poderoso,
Tú revives a los muertos y tienes gran poder de salvación.

*Verano:* Hace descender el rocío.
*Invierno:* Hace soplar el viento y descender la lluvia.

Sostiene con benevolencia a todos los seres vivos,
revive a los muertos con gran misericordia,
da soporte a quienes se caen, cura a los enfermos,
libera a los prisioneros
y cumple Su promesa con quienes yacen ya en la tierra.

# עמידה

אֲדֹנָי, שְׂפָתַי תִּפְתָּח, וּפִי יַגִּיד תְּהִלָּתֶךָ: תהלים נא

אבות

בָּרוּךְ אַתָּה יְהֹוָה, אֱלֹהֵינוּ וֵאלֹהֵי אֲבוֹתֵינוּ
אֱלֹהֵי אַבְרָהָם, אֱלֹהֵי יִצְחָק, וֵאלֹהֵי יַעֲקֹב
הָאֵל הַגָּדוֹל הַגִּבּוֹר וְהַנּוֹרָא, אֵל עֶלְיוֹן
גּוֹמֵל חֲסָדִים טוֹבִים, קוֹנֵה הַכֹּל
וְזוֹכֵר חַסְדֵי אָבוֹת
וּמֵבִיא גוֹאֵל לִבְנֵי בְנֵיהֶם לְמַעַן שְׁמוֹ בְּאַהֲבָה.

בשבת תשובה: זָכְרֵנוּ לְחַיִּים, מֶלֶךְ חָפֵץ בַּחַיִּים
כָּתְבֵנוּ בְּסֵפֶר חַיִּים לְמַעַנְךָ אֱלֹהִים חַיִּים.

מֶלֶךְ עוֹזֵר וּמוֹשִׁיעַ וּמָגֵן.
בָּרוּךְ אַתָּה יְהֹוָה, מָגֵן אַבְרָהָם.

גבורות

אַתָּה גִּבּוֹר לְעוֹלָם, אֲדֹנָי
מְחַיֶּה מֵתִים אַתָּה, רַב לְהוֹשִׁיעַ

בקיץ: מוֹרִיד הַטָּל / בחורף: מַשִּׁיב הָרוּחַ וּמוֹרִיד הַגֶּשֶׁם

מְכַלְכֵּל חַיִּים בְּחֶסֶד, מְחַיֶּה מֵתִים בְּרַחֲמִים רַבִּים
סוֹמֵךְ נוֹפְלִים, וְרוֹפֵא חוֹלִים, וּמַתִּיר אֲסוּרִים
וּמְקַיֵּם אֱמוּנָתוֹ לִישֵׁנֵי עָפָר.

¿Quién es como Tú Todopoderoso?
¿Quién se Te puede asemejar?
Rey que quita la vida y la restaura y hace brotar la Redención.

*En Shabat Teshubá:* ¿Quién como Tú Padre misericordioso,
que recuerdas a Tus creaturas para la vida con piedad?

Eres fiel en revivir a los muertos.
Bendito eres Tú Señor, que revive a los muertos.

---

KEDUSHÁ

*Recitar junto al Ḥazán durante la repetición del rezo:*

נְקַדֵּישָׁךְ Te santificaremos y reverenciaremos con las palabras pronunciadas por los sagrados Serafim que santifican tres veces Tu Nombre en el Santuario, tal cual está escrito por Tu profeta: "y un ángel daba voces al otro diciendo: *Isa. 6*

*En voz alta:* Santo, Santo, Santo, Señor de las Huestes Celestiales,
toda la tierra está llena de Su gloria.

Quienes están frente a ellos dicen:

*En voz alta:* "Bendita es la gloria del Señor desde Su sitial". *Eze. 3*

Y en Tus escrituras sagradas leemos:

*En voz alta:* "El Señor reinará por siempre, tu Dios Ṣion, *Sal. 146*
de generación en generación ¡Aleluyá!".

---

SANTIDAD

אַתָּה קָדוֹשׁ Tú eres santo y Tu Nombre es santo,
y los santos Te alaban a diario, ¡Sela!
Bendito eres Tú Señor,
el Dios santo.

(*En Shabat Teshubá:* el Rey santo).

---

mos ("El Señor reinará por siempre"). Sin embargo, los pasajes que conectan entre los diferentes versículos son más extensos que en los días de semana.

La *Kedushá* es el momento místico supremo del rezo y probablemente tiene su origen en los círculos místicos de antaño. Es tan sagrada que en la

מִי כָמְוֹךָ, בַּעַל גְּבוּרוֹת
וּמִי דּוֹמֶה לָּךְ, מֶלֶךְ מֵמִית וּמְחַיֶּה וּמַצְמְיחַ יְשׁוּעָה.

בשבת תשובה: מִי כָמְוֹךָ אַב הָרַחֲמָן
זוֹכֵר יְצוּרָיו בְּרַחֲמִים לְחַיִּים.

וְנֶאֱמָן אַתָּה לְהַחֲיוֹת מֵתִים.
בָּרוּךְ אַתָּה יְהוָה, מְחַיֵּה הַמֵּתִים.

---

קדושה

*Recitar junto al* חזן *durante la repetición del rezo:*

נַקְדִּישְׁךָ וְנַעֲרִיצְךָ כְּנְעַם שִׂיחַ סוֹד שַׂרְפֵי קֹדֶשׁ, הַמְשַׁלְּשִׁים לְךָ קְדֻשָּׁה
וְכֵן כָּתוּב עַל יַד נְבִיאָךְ: וְקָרָא זֶה אֶל־זֶה וְאָמַר ישעיה ו

בקול רם: קָדוֹשׁ, קָדוֹשׁ, קָדוֹשׁ, יְהוָה צְבָאוֹת, מְלֹא כָל־הָאָרֶץ כְּבוֹדוֹ:
לְעֻמָּתָם מְשַׁבְּחִים וְאוֹמְרִים

בקול רם: בָּרוּךְ כְּבוֹד־יְהוָה מִמְּקוֹמוֹ: יחזקאל ג
וּבְדִבְרֵי קָדְשְׁךָ כָּתוּב לֵאמֹר

בקול רם: יִמְלֹךְ יְהוָה לְעוֹלָם, אֱלֹהַיִךְ צִיּוֹן לְדֹר וָדֹר, הַלְלוּיָהּ: תהלים קמו

---

קדושת השם

אַתָּה קָדוֹשׁ וְשִׁמְךָ קָדוֹשׁ
וּקְדוֹשִׁים בְּכָל־יוֹם יְהַלְלְוּךָ סֶּלָה.
בָּרוּךְ אַתָּה יְהוָה, הָאֵל הַקָּדוֹשׁ.

/בשבת תשובה: הַמֶּלֶךְ הַקָּדוֹשׁ./

---

קדושה *Kedushá (página anterior):* Al igual que en los días de semana, el corazón de la Kedushá está conformado por dos frases pronunciadas por los ángeles en las visiones místicas de Isaías (Santo, Santo, Santo) y Ezequiel ("Bendita es la gloria del Señor desde Su sitial") junto con la frase de los Sal-

SANTIDAD DEL DIA

יִשְׂמַח Moshé se regocijó por el obsequio que recibió,
cuando Tú lo denominaste "fiel servidor".
Colocaste en su cabeza una corona de gloria
cuando estuvo parado ante Ti en el Monte Sinaí.
El bajó consigo las dos tablas de piedra en sus manos,
en las que está escrita la observancia del Shabat.

Y así está escrito en Tu Torá:

וְשָׁמְרוּ Habrán de guardar los hijos de Israel el Shabat, *Éx. 31*
para observar el Shabat por sus generaciones,
por Pacto eterno.
Entre Mí y los hijos de Israel es un signo para la eternidad.
Ya que en seis días el SEÑOR hizo los cielos y la tierra,
mas en el día séptimo cesó de toda labor y reposó.

וְלֹא נְתַתּוֹ Y no se lo otorgaste SEÑOR, nuestro Dios,
a las naciones de la tierra,
ni lo heredaste Rey nuestro a los que rinden culto a ídolos.
En su descanso no habitarán los incircuncisos,
pues Tú lo entregaste con amor a Tu pueblo Israel,
a la simiente de Ya'akob la cual escogiste.

---

partes: el compromiso, el casamiento (signado por la alegría, "*simjá*") y el ijud, esto es la unión del novio con la novia. La bendición del Shabat por la mañana se acota a los tres patrones mencionados. Habla de revelación – Moshé bajando las tablas de piedra del Monte Sinaí, respecto del tiempo presente – los hijos de Israel "guardan el Shabat por todas las generaciones"; y habla de regocijo – "Moshé se regocijó".

וְלֹא נְתַתּוֹ *Y no se lo otorgaste SEÑOR, nuestro Dios, a las naciones de la tierra:* La Creación es universal e igualmente lo es la Redención, el tiempo en el cual Dios será el Soberano sobre toda la tierra. Sin embargo, la Revelación es particular – el pacto único de amor entre Dios y Su pueblo – de aquí el énfasis en la naturaleza especial del vínculo entre el Shabat y el pueblo de Israel.

קדושת היום

יִשְׂמַח מֹשֶׁה בְּמַתְּנַת חֶלְקוֹ   כִּי עֶבֶד נֶאֱמָן קָרָאתָ לּוֹ
כְּלִיל תִּפְאֶרֶת בְּרֹאשׁוֹ נָתַתָּ   בְּעָמְדוֹ לְפָנֶיךָ עַל הַר סִינַי
וּשְׁנֵי לוּחוֹת אֲבָנִים הוֹרִיד בְּיָדוֹ   וְכָתוּב בָּהֶם שְׁמִירַת שַׁבָּת

וְכֵן כָּתוּב בְּתוֹרָתֶךָ

שמות לא

וְשָׁמְרוּ בְנֵי־יִשְׂרָאֵל אֶת־הַשַּׁבָּת
לַעֲשׂוֹת אֶת־הַשַּׁבָּת לְדֹרֹתָם בְּרִית עוֹלָם:
בֵּינִי וּבֵין בְּנֵי יִשְׂרָאֵל אוֹת הִוא לְעֹלָם
כִּי־שֵׁשֶׁת יָמִים עָשָׂה יְהוָה אֶת־הַשָּׁמַיִם וְאֶת־הָאָרֶץ
וּבַיּוֹם הַשְּׁבִיעִי שָׁבַת וַיִּנָּפַשׁ:

וְלֹא נְתַתּוֹ, יְהוָה אֱלֹהֵינוּ, לְגוֹיֵי הָאֲרָצוֹת
וְלֹא הִנְחַלְתּוֹ, מַלְכֵּנוּ, לְעוֹבְדֵי אֱלִילִים
גַּם בִּמְנוּחָתוֹ לֹא יִשְׁכְּנוּ עֲרֵלִים
כִּי לְעַמְּךָ יִשְׂרָאֵל נְתַתּוֹ בְּאַהֲבָה
לְזֶרַע יַעֲקֹב אֲשֶׁר בָּם בָּחָרְתָּ

---

tierra de Israel hasta los días de los gueonitas se recitaba solamente una vez a la semana los Shabat por la mañana. Sin embargo, en Babilonia era recitada en cada repetición de la A'midá por parte del oficiante. Durante el recitado nos mantenemos parados con los pies juntos, poniéndonos en puntas de pie al pronunciar determinadas palabras tal como si fuésemos ángeles que procuran elevarse.

יִשְׂמַח מֹשֶׁה *Moshé se regocijó:* Tal como explicamos en el comentario del viernes por la noche la bendición central del rezo de Shabat tanto por la noche, la mañana como por la tarde es diferente conformando una estructura de tres movimientos. Esto puede ser entendido de tres maneras: (1) en términos de la fe judía, se corresponden con la Creación, la Revelación y la Redención; (2) desde el punto de vista de las eras se corresponde con Shabat en el pasado, en el presente y en el futuro; y (3) en términos de una boda, con sus tres

ישְׂמְחוּ Quienes observan el Shabat y lo llaman deleite se habrán de regocijar en Tu reinado.
El pueblo que santifica el séptimo día se verá satisfecho en su totalidad y se deleitarán en Tu bondad,
pues Tú viste con beneplácito el séptimo día
y lo santificaste llamándolo el más preciado de los días.

אֱלֹהֵינוּ Dios nuestro y de nuestros ancestros,
complácete en nuestro descanso.
Santifícanos con Tus preceptos
y haz que nuestra porción esté en Tu Torá.
Sácianos de Tu bondad y regocíjanos con Tu salvación
y purifica nuestros corazones para que Te sirvamos con verdad.
Léganos Señor nuestro Dios,
con amor y favor Tu sagrado Shabat,
tal que reposen en él los hijos de Israel que santifican Tu Nombre.
Bendito eres Tú Señor, que santifica el Shabat.

## EL SERVICIO DEL TEMPLO

רְצֵה Acepta con benevolencia Señor, nuestro Dios,
a Tu pueblo Israel y atiende sus plegarias.
Restaura el servicio en Tu más sagrada casa y acepta favorable
y amorosamente las ofrendas ígneas de Israel y sus rezos.
Que siempre recibas con agrado el servicio de Tu pueblo Israel.

---

*En Rosh Ḥodesh y en Ḥol HaMo'ed se dice:*

אֱלֹהֵינוּ Dios nuestro y de nuestros ancestros, que ascienda, acuda y llegue; sea visible, sea aceptada, sea escuchada, sea considerada y sea recordada delante de Ti nuestra memoria, y la de nuestros patriarcas, y la del Mashiaḥ hijo de David Tu siervo, y la de todo Tu pueblo la casa de Israel – para liberación y bienestar, gracia, benevolencia y compasión, en este día de:

*En Rosh Ḥodesh:* Rosh Ḥodesh
*En Pesaḥ:* Fiesta de las Maṣot, día de sagrada convocatoria
*En Sucot:* Fiesta de Sucot, día de sagrada convocatoria

יִשְׂמְחוּ בְמַלְכוּתְךָ שׁוֹמְרֵי שַׁבָּת וְקוֹרְאֵי עֹנֶג
עַם מְקַדְּשֵׁי שְׁבִיעִי, כֻּלָּם יִשְׂבְּעוּ וְיִתְעַנְּגוּ מִטּוּבֶךָ
וְהַשְּׁבִיעִי רָצִיתָ־בּוֹ וְקִדַּשְׁתּוֹ, חֶמְדַּת יָמִים אוֹתוֹ קָרָאתָ.

אֱלֹהֵינוּ וֵאלֹהֵי אֲבוֹתֵינוּ, רְצֵה־נָא בִמְנוּחָתֵנוּ
קַדְּשֵׁנוּ בְּמִצְוֹתֶיךָ, שִׂים חֶלְקֵנוּ בְּתוֹרָתֶךָ
שַׂבְּעֵנוּ מִטּוּבֶךָ, שַׂמֵּחַ נַפְשֵׁנוּ בִּישׁוּעָתֶךָ
וְטַהֵר לִבֵּנוּ לְעָבְדְּךָ בֶּאֱמֶת.
וְהַנְחִילֵנוּ, יְהוָה אֱלֹהֵינוּ, בְּאַהֲבָה וּבְרָצוֹן שַׁבַּת קָדְשֶׁךָ
וְיָנוּחוּ בוֹ כָּל־יִשְׂרָאֵל מְקַדְּשֵׁי שְׁמֶךָ.
בָּרוּךְ אַתָּה יְהוָה, מְקַדֵּשׁ הַשַּׁבָּת.

עבודה

רְצֵה יְהוָה אֱלֹהֵינוּ בְּעַמְּךָ יִשְׂרָאֵל
וְלִתְפִלָּתָם שְׁעֵה
וְהָשֵׁב הָעֲבוֹדָה לִדְבִיר בֵּיתֶךָ
וְאִשֵּׁי יִשְׂרָאֵל וּתְפִלָּתָם מְהֵרָה בְּאַהֲבָה תְקַבֵּל בְּרָצוֹן
וּתְהִי לְרָצוֹן תָּמִיד עֲבוֹדַת יִשְׂרָאֵל עַמֶּךָ.

---

*En* ראש חודש *y en* חול המועד *se dice:*

אֱלֹהֵינוּ וֵאלֹהֵי אֲבוֹתֵינוּ, יַעֲלֶה וְיָבוֹא, יַגִּיעַ יֵרָאֶה וְיֵרָצֶה, יִשָּׁמַע יִפָּקֵד וְיִזָּכֵר זִכְרוֹנֵנוּ וְזִכְרוֹן אֲבוֹתֵינוּ, זִכְרוֹן יְרוּשָׁלַיִם עִירֶךָ, וְזִכְרוֹן מָשִׁיחַ בֶּן דָּוִד עַבְדֶּךָ, וְזִכְרוֹן כָּל־עַמְּךָ בֵּית יִשְׂרָאֵל לְפָנֶיךָ, לִפְלֵיטָה, לְטוֹבָה, לְחֵן, לְחֶסֶד וּלְרַחֲמִים, בְּיוֹם

בראש חודש: רֹאשׁ חֹדֶשׁ הַזֶּה

בפסח: חַג הַמַּצּוֹת הַזֶּה, בְּיוֹם מִקְרָא קֹדֶשׁ הַזֶּה

בסוכות: חַג הַסֻּכּוֹת הַזֶּה, בְּיוֹם מִקְרָא קֹדֶשׁ הַזֶּה

Para que en él tengas compasión y nos redimas. Recuérdanos Señor, nuestro Dios en él para bien, tennos presentes en él para bendición y redímenos en él para una buena vida, de acuerdo con Tu promesa de salvación y misericordia. Apiádate, agrácianos, compadécete y ten misericordia de nosotros y redímenos, pues nuestros ojos están puestos en Ti ya que Tú Dios eres un Rey benevolente y compasivo.

וְאַתָּה Y Tú en Tu gran compasión nos desearás
y Te complacerás en nosotros.
Que nuestros ojos contemplen Tu retorno a Ṣion con compasión.
Bendito eres Tú Señor, que restaura Su presencia en Ṣion.

AGRADECIMIENTO

מוֹדִים Te agradecemos a Ti,
pues eres el Señor,
Dios nuestro y de nuestros
ancestros por siempre.
Eres nuestra Roca
y la de nuestra existencia,
Escudo de nuestra salvación.
De generación en generación
Te agradeceremos, y relataremos
Tu alabanza por nuestras vidas que
están depositadas en Tus manos,
por nuestras almas que están a
Tu cargo, por Tus milagros para con
nosotros a diario, y las bondades
y maravillas que nos prodigas en
todo momento, noche,
mañana y tarde.
El Benevolente, pues Tu compasión
nunca concluye, Tú eres compasivo,
pues no cesan Tus bondades.
Siempre hemos depositado nuestra
esperanza en Ti.

*Mientras el Ḥazán recita el pasaje paralelo el Kahal se inclina y dice en voz baja:*

מוֹדִים Te agradecemos a Ti, pues
eres el Señor, Dios nuestro
y de nuestros ancestros,
Dios de toda carne, Formador
nuestro y del universo.
Bendiciones y agradecimientos
a Tu Nombre grandioso
y sagrado, por habernos
preservado con vida
y mantenido.
De igual forma, danos vida,
agrácianos y reúne
a Tus exiliados en
Tu patio sagrado,
para que cumplan
con Tus leyes y hagan
Tu voluntad con integridad
de corazón,
por ello nos corresponde
agradecerte.
Bendito es el Dios
a Quien debemos agradecer.

לְרַחֵם בּוֹ עָלֵינוּ וּלְהוֹשִׁיעֵנוּ. זָכְרֵנוּ יְהֹוָה אֱלֹהֵינוּ בּוֹ לְטוֹבָה, וּפָקְדֵנוּ בוֹ לִבְרָכָה, וְהוֹשִׁיעֵנוּ בוֹ לְחַיִּים טוֹבִים בִּדְבַר יְשׁוּעָה וְרַחֲמִים. חוּס וְחָנֵּנוּ וַחֲמוֹל וְרַחֵם עָלֵינוּ וְהוֹשִׁיעֵנוּ, כִּי אֵלֶיךָ עֵינֵינוּ, כִּי אֵל מֶלֶךְ חַנּוּן וְרַחוּם אָתָּה.

---

וְאַתָּה בְּרַחֲמֶיךָ הָרַבִּים תַּחְפֹּץ בָּנוּ וְתִרְצֵנוּ
וְתֶחֱזֶינָה עֵינֵינוּ בְּשׁוּבְךָ לְצִיּוֹן בְּרַחֲמִים.
בָּרוּךְ אַתָּה יְהֹוָה, הַמַּחֲזִיר שְׁכִינָתוֹ לְצִיּוֹן.

### הודאה

מוֹדִים אֲנַחְנוּ לָךְ
שָׁאַתָּה הוּא יְהֹוָה אֱלֹהֵינוּ
וֵאלֹהֵי אֲבוֹתֵינוּ לְעוֹלָם וָעֶד.
צוּרֵנוּ, צוּר חַיֵּינוּ וּמָגֵן יִשְׁעֵנוּ
אַתָּה הוּא לְדוֹר וָדוֹר
נוֹדֶה לְּךָ וּנְסַפֵּר תְּהִלָּתֶךָ
עַל חַיֵּינוּ הַמְּסוּרִים בְּיָדֶךָ
וְעַל נִשְׁמוֹתֵינוּ הַפְּקוּדוֹת לָךְ
וְעַל נִסֶּיךָ שֶׁבְּכָל־יוֹם עִמָּנוּ
וְעַל נִפְלְאוֹתֶיךָ וְטוֹבוֹתֶיךָ
שֶׁבְּכָל־עֵת עֶרֶב וָבֹקֶר וְצָהֳרָיִם.
הַטּוֹב, כִּי לֹא כָלוּ רַחֲמֶיךָ
הַמְרַחֵם, כִּי לֹא תַמּוּ חֲסָדֶיךָ
כִּי מֵעוֹלָם קִוִּינוּ לָךְ.

*Mientras el* חזן *recita el pasaje paralelo el* קהל *se inclina y dice en voz baja:*

מוֹדִים אֲנַחְנוּ לָךְ
שָׁאַתָּה הוּא יְהֹוָה אֱלֹהֵינוּ
וֵאלֹהֵי אֲבוֹתֵינוּ
אֱלֹהֵי כָל־בָּשָׂר
יוֹצְרֵנוּ יוֹצֵר בְּרֵאשִׁית.
בְּרָכוֹת וְהוֹדָאוֹת
לְשִׁמְךָ הַגָּדוֹל וְהַקָּדוֹשׁ
עַל שֶׁהֶחֱיִיתָנוּ וְקִיַּמְתָּנוּ.
כֵּן תְּחַיֵּנוּ וּתְחָנֵּנוּ
וְתֶאֱסֹף גָּלֻיּוֹתֵינוּ לְחַצְרוֹת
קָדְשֶׁךָ, לִשְׁמֹר חֻקֶּיךָ
וְלַעֲשׂוֹת רְצוֹנֶךָ
וּלְעָבְדְּךָ בְּלֵבָב שָׁלֵם
עַל שֶׁאֲנַחְנוּ מוֹדִים לָךְ.
בָּרוּךְ אֵל הַהוֹדָאוֹת.

*En Ḥanucá y en Shushán Purim en Jerusalém se dice:*

עַל הַנִּסִּים (Te agradecemos también) por los milagros, la redención, los actos poderosos, las salvaciones, las maravillas y consolaciones que hiciste en favor de nuestros ancestros en aquellos días en este tiempo.

*En Ḥanucá:*

בִּימֵי מַתִּתְיָה En los días de Matitiahu hijo de Yojanán, el Sumo Sacerdote, el jasmoneo y sus hijos, cuando el malvado reino griego se levantó contra Tu pueblo Israel para hacerles olvidar Tu Torá y forzarlos a transgredir los estatutos de Tu voluntad. Y Tú, con gran compasión, estuviste junto a ellos en el tiempo de su desgracia, luchaste por su causa, juzgaste su reclamo y vengaste su opresión. Entregaste fuertes en manos de débiles, muchos en manos de pocos, malvados en manos de justos impuros en manos de puros, arrogantes en manos de estudiosos de Tu Torá. Hiciste para Ti un Nombre Grande y Sagrado en Tu mundo, y a Tu pueblo Israel diste gran redención y salvación en un día como este. Luego, Tus hijos ingresaron a Tu recinto sagrado, limpiaron Tu Templo, purificaron Tu santuario, encendieron velas en Tus cortes y establecieron estos ocho días de Ḥanucá de agradecimiento y alabanza, e hiciste para ellos milagros y maravillas, por lo que agradeceremos a Tu gran Nombre, Sela.

*Continúa con "Por todo esto".*

*En Purim:*

בִּימֵי מָרְדְּכַי וְאֶסְתֵּר En los días de Mordejai y Ester, en la ciudad capital de Shushán, cuando el malvado Hamán se alzó contra Tu pueblo
procurando destruir, matar y exterminar a todos los judíos, jóvenes y *Est. 3*
mayores, niños y mujeres en un solo día, el trece del duodécimo mes que es el de Adar y saquear sus posesiones. Entonces Tú, con gran compasión desbarataste su plan, arruinaste su proyecto y le retribuiste por su maldad haciéndolo colgar junto a sus hijos de un cadalso e hiciste para ellos milagros y maravillas, por lo que agradeceremos a Tu gran Nombre, Sela.

*Continúa con "Por todo esto".*

וְעַל כֻּלָּם Por todo esto, Rey nuestro, que Tu Nombre sea bendecido, exaltado y encumbrado por siempre.
Que todos los seres vivos Te agradezcan, ¡Sela!

*En Shabat Teshubá:* E inscribe a todos los hijos de Tu pacto para una buena vida.

בחנוכה ובשושן פורים בירושלים:

עַל הַנִּסִּים וְעַל הַפֻּרְקָן וְעַל הַגְּבוּרוֹת וְעַל הַתְּשׁוּעוֹת וְעַל הַנִּפְלָאוֹת וְעַל הַנֶּחָמוֹת שֶׁעָשִׂיתָ לַאֲבוֹתֵינוּ בַּיָּמִים הָהֵם בַּזְּמַן הַזֶּה.

בחנוכה:

בִּימֵי מַתִּתְיָה בֶּן יוֹחָנָן כֹּהֵן גָּדוֹל חַשְׁמוֹנָאִי וּבָנָיו, כְּשֶׁעָמְדָה עֲלֵיהֶם מַלְכוּת יָוָן הָרְשָׁעָה עַל עַמְּךָ יִשְׂרָאֵל לְשַׁכְּחָם מִתּוֹרָתֶךָ וּלְהַעֲבִירָם מֵחֻקֵּי רְצוֹנֶךָ, וְאַתָּה בְּרַחֲמֶיךָ הָרַבִּים עָמַדְתָּ לָהֶם בְּעֵת צָרָתָם, רַבְתָּ אֶת רִיבָם, דַּנְתָּ אֶת דִּינָם, נָקַמְתָּ אֶת נִקְמָתָם, מָסַרְתָּ גִּבּוֹרִים בְּיַד חַלָּשִׁים, וְרַבִּים בְּיַד מְעַטִּים, וּרְשָׁעִים בְּיַד צַדִּיקִים, וּטְמֵאִים בְּיַד טְהוֹרִים, וְזֵדִים בְּיַד עוֹסְקֵי תוֹרָתֶךָ. לְךָ עָשִׂיתָ שֵׁם גָּדוֹל וְקָדוֹשׁ בְּעוֹלָמֶךָ, וּלְעַמְּךָ יִשְׂרָאֵל עָשִׂיתָ תְּשׁוּעָה גְדוֹלָה וּפֻרְקָן כְּהַיּוֹם הַזֶּה. וְאַחַר כָּךְ בָּאוּ בָנֶיךָ לִדְבִיר בֵּיתֶךָ, וּפִנּוּ אֶת הֵיכָלֶךָ, וְטִהֲרוּ אֶת מִקְדָּשֶׁךָ, וְהִדְלִיקוּ נֵרוֹת בְּחַצְרוֹת קָדְשֶׁךָ, וְקָבְעוּ שְׁמוֹנַת יְמֵי חֲנֻכָּה אֵלּוּ, בְּהַלֵּל וּבְהוֹדָאָה, וְעָשִׂיתָ עִמָּהֶם נִסִּים וְנִפְלָאוֹת, וְנוֹדֶה לְשִׁמְךָ הַגָּדוֹל, סֶלָה.

בשושן פורים בירושלים:

בִּימֵי מָרְדְּכַי וְאֶסְתֵּר בְּשׁוּשַׁן הַבִּירָה, כְּשֶׁעָמַד עֲלֵיהֶם הָמָן הָרָשָׁע, בִּקֵּשׁ לְהַשְׁמִיד לַהֲרֹג וּלְאַבֵּד אֶת־כָּל־הַיְּהוּדִים מִנַּעַר וְעַד־זָקֵן טַף וְנָשִׁים בְּיוֹם אֶחָד, בִּשְׁלוֹשָׁה עָשָׂר לְחֹדֶשׁ שְׁנֵים־עָשָׂר, הוּא־חֹדֶשׁ אֲדָר, וּשְׁלָלָם לָבוֹז: וְאַתָּה בְּרַחֲמֶיךָ הָרַבִּים הֵפַרְתָּ אֶת עֲצָתוֹ, וְקִלְקַלְתָּ אֶת מַחֲשַׁבְתּוֹ, וַהֲשֵׁבוֹתָ לּוֹ גְּמוּלוֹ בְּרֹאשׁוֹ, וְתָלוּ אוֹתוֹ וְאֶת בָּנָיו עַל הָעֵץ, וְעָשִׂיתָ עִמָּהֶם נִסִּים וְנִפְלָאוֹת, וְנוֹדֶה לְשִׁמְךָ הַגָּדוֹל, סֶלָה.

אסתר ג

וְעַל כֻּלָּם
יִתְבָּרַךְ וְיִתְרוֹמַם וְיִתְנַשֵּׂא תָּמִיד שִׁמְךָ מַלְכֵּנוּ לְעוֹלָם וָעֶד
וְכָל־הַחַיִּים יוֹדוּךָ סֶּלָה

בשבת תשובה: וּכְתֹב לְחַיִּים טוֹבִים כָּל־בְּנֵי בְרִיתֶךָ.

Y alaben y bendigan a Tu gran Nombre de verdad, pues por siempre eres bondadoso. Dios de nuestra redención y nuestro socorro, ¡Sela! El Dios bondadoso. Bendito eres Tú Señor, Tu Nombre es "Bueno" y a Ti corresponde agradecer.

---

BIRCAT COHANIM

*Durante la repetición del rezo, el Ḥazán dirige la bendición sacerdotal.*

*Los cohanim dicen "Que así sea Tu voluntad" previo al recitado de su bendición:*

יְהִי Sea Tu voluntad Señor, Dios nuestro y de nuestros ancestros, que esta bendición que nos ordenaste impartir a Tu pueblo de Israel resulte íntegra, carente de obstáculo e iniquidad desde hoy y para siempre.

*Si más de un cohen está presente, el Ḥazán exclama:*

**¡Cohanim!**

*y los cohanim recitan la bendición:*

בָּרוּךְ Bendito eres Tú Señor, nuestro Dios, Rey del universo, que nos santificó con la santidad de Aharón y nos ordenó bendecir a Su pueblo Israel con amor.

*Si hay más de un cohen presente, estos comienzan solos a recitar "Yebarejejá" y el Ḥazán dicta a partir de "HaShem".*

El Señor te bendiga y te guarde. *Kahal:* Amén *Núm. 6*
El Señor te ilumine con Su
Presencia y te agracie. *Kahal:* Amén
El Señor dirija Su Presencia
hacia ti y te conceda la paz. *Kahal:* Amén.

*Los cohanim agregan en silencio:*

רִבּוֹן Soberano de los mundos, hemos cumplido aquello que nos ordenaste, por ello obra Tú de acuerdo a lo que nos prometiste. Divisa desde Tu santo aposento, desde el cielo, y bendice a Tu pueblo, a Israel. *Deut. 26*

*En caso de no haber cohanim presentes el Ḥazán dice:*

אֱלֹהֵינוּ Dios nuestro y de nuestros ancestros, bendícenos con la triple bendición de la Torá, escrita por la mano de Tu siervo Moshé y pronunciada por Aharón y sus hijos los cohanim, Tu pueblo consagrado, como fue dicho:

El Señor te bendiga y te guarde. *Kahal:* Que así sea Tu voluntad. *Núm. 6*
El Señor te ilumine con Su
Presencia y te agracie. *Kahal:* Que así sea Tu voluntad
El Señor dirija Su Presencia
hacia ti y te conceda la paz. *Kahal:* Que así sea Tu voluntad.

Y pondrán Mi Nombre sobre los hijos de Israel y los bendeciré.

---

# וִיהַלְלוּ וִיבָרְכוּ אֶת שִׁמְךָ הַגָּדוֹל בֶּאֱמֶת לְעוֹלָם כִּי טוֹב הָאֵל יְשׁוּעָתֵנוּ וְעֶזְרָתֵנוּ סֶלָה, הָאֵל הַטּוֹב.
# בָּרוּךְ אַתָּה יְהֹוָה, הַטּוֹב שִׁמְךָ וּלְךָ נָאֶה לְהוֹדוֹת.

---

ברכת כהנים:

*Durante la repetición del rezo, el* חזן *dirige la bendición de los* כהנים.
*Los* כהנים *dicen* 'יְהִי רָצוֹן' *previo al recitado de su bendición:*

יְהִי רָצוֹן מִלְּפָנֶיךָ, יְהֹוָה אֱלֹהֵינוּ וֵאלֹהֵי אֲבוֹתֵינוּ, שֶׁתְּהֵא הַבְּרָכָה הַזֹּאת שֶׁצִּוִּיתָנוּ לְבָרֵךְ אֶת עַמְּךָ יִשְׂרָאֵל בְּרָכָה שְׁלֵמָה וְלֹא יִהְיֶה בָּהּ מִכְשׁוֹל וְעָוֹן מֵעַתָּה וְעַד עוֹלָם.

*Si más de un* כהן *está presente, el* חזן *exclama:*

כֹּהֲנִים

*y los* כהנים *recitan la bendición:*

בָּרוּךְ אַתָּה יְהֹוָה, אֱלֹהֵינוּ מֶלֶךְ הָעוֹלָם
אֲשֶׁר קִדְּשָׁנוּ בִּקְדֻשָּׁתוֹ שֶׁל אַהֲרֹן, וְצִוָּנוּ לְבָרֵךְ אֶת עַמּוֹ יִשְׂרָאֵל בְּאַהֲבָה.

*Si hay más de un cohen presente, estos comienzan solos a recitar* 'יְבָרֶכְךָ' *y el* חזן *dicta a partir de* 'יְהֹוָה':

יְבָרֶכְךָ — קהל: כֵּן יְהִי רָצוֹן — במדבר ו
יְהֹוָה וְיִשְׁמְרֶךָ: — קהל: אָמֵן
יָאֵר יְהֹוָה פָּנָיו אֵלֶיךָ וִיחֻנֶּךָּ: — קהל: אָמֵן
יִשָּׂא יְהֹוָה פָּנָיו אֵלֶיךָ וְיָשֵׂם לְךָ שָׁלוֹם: — קהל: אָמֵן

*Los* כהנים *agregan en silencio:*

רִבּוֹן הָעוֹלָמִים, עָשִׂינוּ מַה שֶּׁגָּזַרְתָּ עָלֵינוּ, עֲשֵׂה אַתָּה מַה שֶּׁהִבְטַחְתָּנוּ, הַשְׁקִיפָה מִמְּעוֹן קָדְשְׁךָ מִן־הַשָּׁמַיִם וּבָרֵךְ אֶת־עַמְּךָ אֶת־יִשְׂרָאֵל: — דברים כו

*En caso de no haber* כהנים *presentes el* חזן *dice:*

אֱלֹהֵינוּ וֵאלֹהֵי אֲבוֹתֵינוּ, בָּרְכֵנוּ בַּבְּרָכָה הַמְשֻׁלֶּשֶׁת בַּתּוֹרָה, הַכְּתוּבָה עַל יְדֵי מֹשֶׁה עַבְדֶּךָ, הָאֲמוּרָה מִפִּי אַהֲרֹן וּבָנָיו כֹּהֲנִים עַם קְדוֹשֶׁיךָ, כָּאָמוּר

יְבָרֶכְךָ יְהֹוָה וְיִשְׁמְרֶךָ: — קהל: כֵּן יְהִי רָצוֹן — במדבר ו
יָאֵר יְהֹוָה פָּנָיו אֵלֶיךָ וִיחֻנֶּךָּ: — קהל: כֵּן יְהִי רָצוֹן
יִשָּׂא יְהֹוָה פָּנָיו אֵלֶיךָ וְיָשֵׂם לְךָ שָׁלוֹם: — קהל: כֵּן יְהִי רָצוֹן
וְשָׂמוּ אֶת־שְׁמִי עַל־בְּנֵי יִשְׂרָאֵל, וַאֲנִי אֲבָרְכֵם:

PAZ

שִׂים שָׁלוֹם Instaura paz, bien y bendición
vida, gracia y benevolencia,
justicia y compasión sobre nosotros y todo Tu pueblo Israel.
Bendícenos Padre nuestro, a todos nosotros como uno,
con la luz de Tu Semblante, pues en la luz de Tu Semblante nos has dado SEÑOR, nuestro Dios, Torá, y vida,
amor y benevolencia, justicia y compasión, bendición y paz.
Que ante Tus ojos sea bueno bendecir a todo Tu pueblo Israel,
con gran poder y paz.

*En Shabat Teshubá:* Que seamos recordados e inscritos nosotros y todo Tu pueblo la casa de Israel en el libro de la vida, la bendición, la paz, la prosperidad, salvación, consuelo y decretos favorables, para una buena vida y para la paz.

בָּרוּךְ Bendito eres Tú SEÑOR, que bendice a Su pueblo Israel con la paz, Amén.

יִהְיוּ Que las palabras de mi boca y la meditación de mi corazón hallen favor ante Ti SEÑOR, mi Fortaleza y mi Redentor. *Sal. 19*

*Aquí concluye la repetición de la A'midá.*

אֱלֹהַי Dios mío, *Berajot 17a*
preserva mi lengua del mal y mis labios de pronunciar engaño.
Que mi alma calle ante quienes me maldicen,
y sea como el polvo para con todos.
Abre mi corazón a Tu Torá y que mi alma persiga Tus preceptos.
Rápidamente deja sin efecto el consejo y frustra los planes de quienes conspiran contra mí.

---

en presencia de otros seres humanos. Pedimos ayuda para no responder inadecuadamente a quienes procuran nuestro perjuicio. "El camino del justo es sufrir humillaciones mas no infligirlas; escuchar cómo es insultado mas no responder" (*Yomá* 23A).

שלום

שִׂים שָׁלוֹם טוֹבָה וּבְרָכָה
חַיִּים חֵן וָחֶסֶד, צְדָקָה וְרַחֲמִים עָלֵינוּ וְעַל־כָּל־יִשְׂרָאֵל עַמֶּךָ.
וּבָרְכֵנוּ אָבִינוּ כֻּלָּנוּ כְּאֶחָד בְּאוֹר פָּנֶיךָ
כִּי בְאוֹר פָּנֶיךָ נָתַתָּ לָּנוּ יְהוָה אֱלֹהֵינוּ תּוֹרָה וְחַיִּים
אַהֲבָה וָחֶסֶד, צְדָקָה וְרַחֲמִים, בְּרָכָה וְשָׁלוֹם.
וְטוֹב בְּעֵינֶיךָ לְבָרְכֵנוּ, וּלְבָרֵךְ אֶת כָּל־עַמְּךָ יִשְׂרָאֵל
בְּרֹב עֹז וְשָׁלוֹם.

בשבת תשובה: וּבְסֵפֶר חַיִּים, בְּרָכָה וְשָׁלוֹם, וּפַרְנָסָה טוֹבָה
וִישׁוּעָה וְנֶחָמָה, וּגְזֵרוֹת טוֹבוֹת, נִזָּכֵר וְנִכָּתֵב לְפָנֶיךָ
אֲנַחְנוּ וְכָל־עַמְּךָ יִשְׂרָאֵל, לְחַיִּים טוֹבִים וּלְשָׁלוֹם.

בָּרוּךְ אַתָּה יְהוָה, הַמְבָרֵךְ אֶת עַמּוֹ יִשְׂרָאֵל בַּשָּׁלוֹם. אָמֵן.
יִהְיוּ לְרָצוֹן אִמְרֵי־פִי וְהֶגְיוֹן לִבִּי לְפָנֶיךָ, יְהוָה צוּרִי וְגֹאֲלִי: תהלים יט

*Aquí concluye la repetición de la* עמידה.

אֱלֹהַי ברכות יז
נְצֹר לְשׁוֹנִי מֵרָע וּשְׂפָתוֹתַי מִדַּבֵּר מִרְמָה
וְלִמְקַלְלַי נַפְשִׁי תִדֹּם, וְנַפְשִׁי כֶּעָפָר לַכֹּל תִּהְיֶה.
פְּתַח לִבִּי בְּתוֹרָתֶךָ, וְאַחֲרֵי מִצְוֹתֶיךָ תִּרְדֹּף נַפְשִׁי.
וְכָל־הַקָּמִים עָלַי לְרָעָה מְהֵרָה הָפֵר עֲצָתָם וְקַלְקֵל מַחְשְׁבוֹתָם.

---

אֱלֹהַי *Dios mío:* Se trata de una meditación individual compuesta por el erudito del siglo IV Mar hijo de Ravina que refleja hermosamente la meditación inicial "Señor, abre mis labios". Habiendo pedido a Dios que nos enseñe qué decir en Su Presencia, ahora le pedimos que nos enseñe qué evitar decir

Que sean cual tamo ante el viento Sal. 35
y acosados por el ángel del Señor

Actúa en pos de Tu Nombre, actúa en pos de Tu diestra,
actúa en pos de Tu santidad, actúa en pos de Tu Torá.

Para que Tus amados sean liberados, Sal. 60
redime con Tu diestra y respóndeme.
Que las palabras de mi boca y la meditación de mi corazón Sal. 19
hallen favor ante Ti Señor, mi Fortaleza y mi Redentor.

*Antes de decir 'Quien obra paz' se dan tres pasos hacia atrás.*
*En los Diez Días del Retorno se dice "HaShalom" en vez de "Shalom".*

Quien obra la paz en Sus alturas,
con compasión haga la paz para nosotros
y todo Su pueblo Israel y decid: Amén.

Sea Tu voluntad Señor, Dios nuestro y de nuestros ancestros que el Templo sea reconstruido pronto en nuestros días, que nos concedas nuestra porción en Tu Torá, para cumplir las leyes de Tu voluntad y servirte con corazón íntegro.

*Halel para Rosh Ḥodesh está en la página 822.*

*Las súplicas para los cuatro ayunos están en la página 1002.*

---

*En Shabat Teshubá aquí se dice "Abinu Malkenu".*

Padre nuestro, Rey nuestro, no tenemos Rey salvo Tú.

Padre nuestro, Rey nuestro, actúa generosamente con nosotros en aras de Tu Nombre.

Padre nuestro, Rey nuestro, renueva para nosotros un buen año.

Padre nuestro, Rey nuestro, suprime todo veredicto adverso para con nosotros.

Padre nuestro, Rey nuestro, anula los planes de quienes nos odian.

Padre nuestro, Rey nuestro, frustra el consejo de nuestros enemigos.

Padre nuestro, Rey nuestro, haz desaparecer todo acusador y adversario.

Padre nuestro, Rey nuestro, termina con toda pestilencia, espada, desgracia, hambruna, Cautiverio, saqueo, destrucción, epidemia, acusador, mala inclinación y enfermedades graves entre los hijos de Tu pacto.

יִהְיוּ כְּמֹץ לִפְנֵי־רוּחַ וּמַלְאַךְ יְהֹוָה דּוֹחֶה: תהלים לה

עֲשֵׂה לְמַעַן שְׁמֶךָ, עֲשֵׂה לְמַעַן יְמִינֶךָ

עֲשֵׂה לְמַעַן תּוֹרָתֶךָ, עֲשֵׂה לְמַעַן קְדֻשָּׁתֶךָ.

לְמַעַן יֵחָלְצוּן יְדִידֶיךָ, הוֹשִׁיעָה יְמִינְךָ וַעֲנֵנִי: תהלים ס

יִהְיוּ לְרָצוֹן אִמְרֵי־פִי וְהֶגְיוֹן לִבִּי לְפָנֶיךָ, יְהֹוָה צוּרִי וְגוֹאֲלִי: תהלים יט

*Antes de decir 'עֹשֶׂה שָׁלוֹם' se dan tres pasos hacia atrás.*
*En los Diez Días del Retorno se dice 'הַשָּׁלוֹם' en vez de 'שָׁלוֹם'.*

עֹשֶׂה שָׁלוֹם בִּמְרוֹמָיו

הוּא בְּרַחֲמָיו, יַעֲשֶׂה שָׁלוֹם עָלֵינוּ

וְעַל־כָּל־עַמּוֹ יִשְׂרָאֵל וְאִמְרוּ אָמֵן.

יְהִי רָצוֹן מִלְּפָנֶיךָ, יְהֹוָה אֱלֹהֵינוּ וֵאלֹהֵי אֲבוֹתֵינוּ, שֶׁתִּבָּנֶה בֵּית הַמִּקְדָּשׁ בִּמְהֵרָה בְיָמֵינוּ, וְתֵן חֶלְקֵנוּ בְּתוֹרָתֶךָ, לַעֲשׂוֹת חֻקֵּי רְצוֹנֶךָ וּלְעָבְדְךָ בְּלֵבָב שָׁלֵם.

*Halel para* ראש חודש *está en la página 823.*

*Las súplicas para los cuatro ayunos están en la página 1003.*

---

*En* שבת תשובה *aquí se dice 'אָבִינוּ מַלְכֵּנוּ'.*

אָבִינוּ מַלְכֵּנוּ, אֵין לָנוּ מֶלֶךְ אֶלָּא אָתָּה.

אָבִינוּ מַלְכֵּנוּ, עֲשֵׂה עִמָּנוּ לְמַעַן שְׁמֶךָ.

אָבִינוּ מַלְכֵּנוּ, חַדֵּשׁ עָלֵינוּ שָׁנָה טוֹבָה.

אָבִינוּ מַלְכֵּנוּ, בַּטֵּל מֵעָלֵינוּ כָּל־גְּזֵרוֹת קָשׁוֹת וְרָעוֹת.

אָבִינוּ מַלְכֵּנוּ, בַּטֵּל מַחְשְׁבוֹת שׂוֹנְאֵינוּ.

אָבִינוּ מַלְכֵּנוּ, הָפֵר עֲצַת אוֹיְבֵינוּ.

אָבִינוּ מַלְכֵּנוּ, כַּלֵּה כָּל־צַר וּמַשְׂטִין וּמְקַטְרֵג מֵעָלֵינוּ.

אָבִינוּ מַלְכֵּנוּ, כַּלֵּה דֶּבֶר וְחֶרֶב וְרָעָה וְרָעָב וּשְׁבִי וּבִזָּה וּמַשְׁחִית וּמַגֵּפָה וְשָׂטָן וְיֵצֶר הָרַע וְחוֹלָאִים רָעִים מִבְּנֵי בְרִיתֶךָ.

Padre nuestro, Rey nuestro, envía una completa curación para los enfermos de Tu pueblo.
Padre nuestro, Rey nuestro, evita la epidemia en Tu heredad.
Padre nuestro, Rey nuestro, recuerda que estamos hechos del polvo de la tierra.
Padre nuestro, Rey nuestro, inscríbenos en el libro de la buena vida.
Padre nuestro, Rey nuestro, inscríbenos en el libro de los justos y los piadosos.
Padre nuestro, Rey nuestro, inscríbenos en el libro de los rectos y los íntegros.
Padre nuestro, Rey nuestro, inscríbenos en el libro de los alimentos y el buen sustento.

Sea Tu voluntad Señor, Dios nuestro y de nuestros ancestros, que nos proporciones a nosotros, a los miembros de nuestros hogares y a todos aquellos que se alimentan de nuestras mesas nuestros alimentos y los suyos, hoy y siempre, de manera honorable, por el mérito de Tu Grande y Sagrado Nombre que es el regente del sustento.

Padre nuestro, Rey nuestro, inscríbenos en el libro del perdón, la disculpa y la expiación.
Padre nuestro, Rey nuestro, inscríbenos en el libro de la redención y la salvación.
Padre nuestro, Rey nuestro, recuérdanos favorablemente delante de Ti.
Padre nuestro, Rey nuestro, haz florecer la salvación pronto para nosotros.
Padre nuestro, Rey nuestro, alza el honor de Tu pueblo Israel.
Padre nuestro, Rey nuestro, eleva el honor de Tu ungido.
Padre nuestro, Rey nuestro, haznos retornar a Ti en completo arrepentimiento.
Padre nuestro, Rey nuestro, escucha nuestra voz, apiádate y Se compasivo con nosotros.
Padre nuestro, Rey nuestro, actúa por Ti, si no por nosotros.
Padre nuestro, Rey nuestro, recibe compasivamente y de buena gana nuestras plegarias.
Padre nuestro, Rey nuestro, no nos retornes de Ti con las manos vacías.

אָבִינוּ מַלְכֵּנוּ, שְׁלַח רְפוּאָה שְׁלֵמָה (לְכָל־)חוֹלֵי עַמֶּךָ (יִשְׂרָאֵל).

אָבִינוּ מַלְכֵּנוּ, מְנַע מַגֵּפָה מִנַּחֲלָתֶךָ.

אָבִינוּ מַלְכֵּנוּ, זָכוּר כִּי עָפָר אֲנָחְנוּ.

אָבִינוּ מַלְכֵּנוּ, כָּתְבֵנוּ בְּסֵפֶר חַיִּים טוֹבִים.

אָבִינוּ מַלְכֵּנוּ, כָּתְבֵנוּ בְּסֵפֶר צַדִּיקִים וַחֲסִידִים.

אָבִינוּ מַלְכֵּנוּ, כָּתְבֵנוּ בְּסֵפֶר יְשָׁרִים וּתְמִימִים.

אָבִינוּ מַלְכֵּנוּ, כָּתְבֵנוּ בְּסֵפֶר מְזוֹנוֹת וּפַרְנָסָה טוֹבָה.

יְהִי רָצוֹן מִלְּפָנֶיךָ יְהוָֹה אֱלֹהֵינוּ וֵאלֹהֵי אֲבוֹתֵינוּ
שֶׁתִּתֵּן לָנוּ וְלִבְנֵי בֵיתֵנוּ וּלְכָל־הַסּוֹמְכִים עַל שֻׁלְחָנֵנוּ
הַיּוֹם וּבְכָל־יוֹם וָיוֹם מְזוֹנוֹתֵינוּ וּמְזוֹנוֹתֵיהֶם בְּכָבוֹד בִּזְכוּת
שִׁמְךָ הַגָּדוֹל וְהַקָּדוֹשׁ (דיקרנוסא) הַמְמֻנֶּה עַל הַפַּרְנָסָה

אָבִינוּ מַלְכֵּנוּ, כָּתְבֵנוּ בְּסֵפֶר גְּאֻלָּה וִישׁוּעָה.

אָבִינוּ מַלְכֵּנוּ, זָכְרֵנוּ בְּזִכְרוֹן טוֹב מִלְּפָנֶיךָ.

אָבִינוּ מַלְכֵּנוּ, הַצְמַח לָנוּ יְשׁוּעָה בְּקָרוֹב.

אָבִינוּ מַלְכֵּנוּ, הָרֵם קֶרֶן יִשְׂרָאֵל עַמֶּךָ.

אָבִינוּ מַלְכֵּנוּ, וְהָרֵם קֶרֶן מְשִׁיחֶךָ.

אָבִינוּ מַלְכֵּנוּ, הַחֲזִירֵנוּ בִּתְשׁוּבָה שְׁלֵמָה לְפָנֶיךָ.

אָבִינוּ מַלְכֵּנוּ, שְׁמַע קוֹלֵנוּ חוּס וְרַחֵם עָלֵינוּ.

אָבִינוּ מַלְכֵּנוּ, עֲשֵׂה לְמַעַנְךָ אִם לֹא לְמַעֲנֵנוּ.

אָבִינוּ מַלְכֵּנוּ, קַבֵּל בְּרַחֲמִים וּבְרָצוֹן אֶת תְּפִלָּתֵנוּ.

אָבִינוּ מַלְכֵּנוּ, אַל תְּשִׁיבֵנוּ רֵיקָם מִלְּפָנֶיךָ.

יְהִי Que el Nombre del Señor sea bendito desde ahora y hasta la eternidad. Desde la salida del sol hasta su ocaso, alabado es el Nombre del Señor. El Señor es nuestro Soberano, cuán exaltado es Tu Nombre en toda la tierra. *Sal. 113* *Sal. 8*

## KADISH TITKABAL

*El Ḥazán recita solo el Kadish Titkabal:*

יִתְגַּדַּל Que Su Gran Nombre sea magnificado y santificado,
en el mundo que creó conforme a Su voluntad.
Que establezca Su reino, haga florecer Su salvación
y apresure la llegada de Su ungido
durante vuestra vida y en vuestros días
y en la vida de toda la casa de Israel,
pronto y rápidamente y decid: Amén.

Que Su Gran Nombre sea bendito por siempre y por toda la eternidad.

Sea bendecido, alabado, glorificado y exaltado, encumbrado
y magnificado, enaltecido y ensalzado
el Nombre del Santo Bendito Él;
más allá de cualquier bendición,
cántico, alabanza y consolación
pronunciados en el mundo y decid: Amén.

Que nuestras plegarias y súplicas junto
a las de todo el pueblo de Israel
sean aceptadas por nuestro Padre Celestial y Terrenal y decid: Amén.

Que haya gran paz celestial, vida, saciedad, salvación, consolación,
refugio, sanación, redención, perdón y expiación, bienestar
y salvación para nosotros y para todo Su pueblo Israel y decid: Amén.

*Antes de decir 'Quien obra paz' se dan tres pasos hacia atrás.*
*En los Diez Días del Retorno se dice "HaShalom" en vez de "Shalom".*

Quien obra la paz en Sus alturas,
con compasión haga la paz
para nosotros y todo Su pueblo Israel y decid: Amén.

תהלים קיג
יְהִי שֵׁם יְהוָה מְבֹרָךְ מֵעַתָּה וְעַד־עוֹלָם:
מִמִּזְרַח־שֶׁמֶשׁ עַד־מְבוֹאוֹ מְהֻלָּל שֵׁם יְהוָה:
תהלים ח
יְהוָה אֲדֹנֵינוּ, מָה־אַדִּיר שִׁמְךָ בְּכָל־הָאָרֶץ:

## קדיש תתקבל

*El* חזן *recita el* קדיש תתקבל *solo:*

וְיִתְקַדַּשׁ שְׁמֵהּ רַבָּא (קהל: אָמֵן)
בְּעָלְמָא דִּי בְרָא כִרְעוּתֵהּ
וְיַמְלִיךְ מַלְכוּתֵהּ וְיַצְמַח פֻּרְקָנֵהּ וִיקָרֵב מְשִׁיחֵהּ (קהל: אָמֵן)
בְּחַיֵּיכוֹן וּבְיוֹמֵיכוֹן וּבְחַיֵּי דְכָל־בֵּית יִשְׂרָאֵל
בַּעֲגָלָא וּבִזְמַן קָרִיב, וְאִמְרוּ אָמֵן. (קהל: אָמֵן)

יְהֵא שְׁמֵהּ רַבָּא מְבָרַךְ לְעָלַם וּלְעָלְמֵי עָלְמַיָּא יִתְבָּרַךְ
וְיִשְׁתַּבַּח וְיִתְפָּאַר וְיִתְרוֹמַם וְיִתְנַשֵּׂא
וְיִתְהַדַּר וְיִתְעַלֶּה וְיִתְהַלָּל שְׁמֵהּ דְּקֻדְשָׁא בְּרִיךְ הוּא (קהל: אָמֵן)
לְעֵלָּא מִן כָּל־בִּרְכָתָא, שִׁירָתָא, תִּשְׁבְּחָתָא וְנֶחֱמָתָא
דַּאֲמִירָן בְּעָלְמָא, וְאִמְרוּ אָמֵן. (קהל: אָמֵן)

תִּתְקַבַּל צְלוֹתְנָא וּבָעוּתְנָא
עִם כָּל־צְלוֹתְהוֹן וּבָעוּתְהוֹן דְּכָל־בֵּית יִשְׂרָאֵל
קֳדָם אֲבוּנָא אֱלָהָנָא מָארֵי שְׁמַיָּא וְאַרְעָא, וְאִמְרוּ אָמֵן. (קהל: אָמֵן)

יְהֵא שְׁלָמָא רַבָּא מִן שְׁמַיָּא, חַיִּים וְשָׂבָע וִישׁוּעָה וְנֶחָמָה
וְשֵׁיזָבָא וּרְפוּאָה, וּגְאֻלָּה וּסְלִיחָה וְכַפָּרָה, וְרֶוַח וְהַצָּלָה
לָנוּ וּלְכָל־עַמּוֹ יִשְׂרָאֵל, וְאִמְרוּ אָמֵן. (קהל: אָמֵן)

*Antes de decir 'עֹשֶׂה שָׁלוֹם' se dan tres pasos hacia atrás.*
*En los Diez Días del Retorno se dice 'הַשָּׁלוֹם' en vez de 'שָׁלוֹם'.*

עֹשֶׂה שָׁלוֹם בִּמְרוֹמָיו
הוּא בְּרַחֲמָיו יַעֲשֶׂה שָׁלוֹם
עָלֵינוּ וְעַל־כָּל־עַמּוֹ יִשְׂרָאֵל, וְאִמְרוּ אָמֵן. (קהל: אָמֵן)

## APERTURA DEL HEJAL

*Cuando se abre el Hejal tanto en Shabat como en Yom Tob el Kahal canta:*

אַתָּה A ti te fue manifestado para que sepas que el SEÑOR es Dios, *Deut. 4*
fuera de Él no hay otro.
No hay nadie como Tú SEÑOR, entre los poderes celestiales, *Sal. 86*
ni hay obras como las Tuyas.
Que el SEÑOR nuestro Dios sea con nosotros, *I Re. 8*
tal como lo fue con nuestros ancestros.
Salva a Tu pueblo y bendice a Tu herencia, cuídalos *Sal. 28*
y enaltécelos por siempre.
Cuando el Arca partía Moshé decía: Levántate SEÑOR, *Núm. 10*
Levántate SEÑOR, y Tus enemigos se dispersarán,
huyan de delante de Ti todos quienes Te odian.
Avanza SEÑOR hacia el sitial de Tu reposo, *Sal. 132*
Tú y el Arca de Tu Torá.
Tus sacerdotes se revestirán de justicia
y Tus piadosos entonarán cánticos.
En mérito de Tu siervo David, no rechaces a Tu ungido.

---

cap. 23) y durante los días del Ezra el Escriba (Nehemías cap. 8). Según la tradición, Moshé ordenó que se lea la Torá pública y regularmente, una lectura prolongada los de Shabat por la mañana y lecturas más breves los lunes y los jueves. Ezra, al reestablecer esta práctica, adicionó la lectura de Shabat por la tarde. Es así como desde sus primeros días, la sinagoga fue un sitio de estudio, así como también de rezo. Durante el período del Segundo Templo y en tiempos posteriores, la lectura de la Torá era acompañada de una traducción, versículo por versículo, al idioma arameo de uso popular en aquellos días. Con el correr del tiempo los actos de extraer el rollo de la Torá, así como el de devolverlo al Arca Sagrada se transformaron en instancias ceremoniales por derecho propio.

אֵין־כָּמוֹךָ *No hay nadie como Tú entre los poderes celestiales:* Extracto de versículos y frases extraídos del libro de los Salmos. entorno espiritual y material

# פתיחת ההיכל

*Cuando se abre el* היכל *tanto en* שבת *como* יום טוב *el* קהל *canta:*

דברים ד אַתָּה הָרְאֵתָ לָדַעַת, כִּי יְהוָה הוּא הָאֱלֹהִים, אֵין עוֹד מִלְּבַדּוֹ:

תהלים פו אֵין־כָּמְוֹךָ בָאֱלֹהִים, אֲדֹנָי, וְאֵין כְּמַעֲשֶׂיךָ:

מלכים א׳ ח יְהִי יְהוָה אֱלֹהֵינוּ עִמָּנוּ כַּאֲשֶׁר הָיָה עִם־אֲבֹתֵינוּ
אַל־יַעַזְבֵנוּ וְאַל־יִטְּשֵׁנוּ:

תהלים כח הוֹשִׁיעָה אֶת־עַמֶּךָ וּבָרֵךְ אֶת־נַחֲלָתֶךָ
וּרְעֵם וְנַשְּׂאֵם עַד־הָעוֹלָם:

במדבר י וַיְהִי בִּנְסֹעַ הָאָרֹן וַיֹּאמֶר מֹשֶׁה קוּמָה יְהוָה וְיָפֻצוּ אֹיְבֶיךָ
וְיָנֻסוּ מְשַׂנְאֶיךָ מִפָּנֶיךָ:

תהלים קלב קוּמָה יְהוָה לִמְנוּחָתֶךָ, אַתָּה וַאֲרוֹן עֻזֶּךָ:
כֹּהֲנֶיךָ יִלְבְּשׁוּ־צֶדֶק, וַחֲסִידֶיךָ יְרַנֵּנוּ:
בַּעֲבוּר דָּוִד עַבְדֶּךָ, אַל־תָּשֵׁב פְּנֵי מְשִׁיחֶךָ:

---

LA LECTURA DE LA TORÁ

Desde la revelación del Monte Sinaí, el pueblo judío ha sido una nación definida por un libro: la Torá. Los libros de Moshé son más que literatura sagrada, son la constitución escrita de la Casa de Israel como nación bajo la soberanía de Dios, la base de su memoria colectiva, el registro de su pacto con Dios, el molde de su existencia como "reino de sacerdotes y nación sagrada", así como también la especificación detallada de la labor que está llamado a desempeñar: construir una sociedad sobre la base de la justicia, la compasión y la dignidad inalienable de la persona humana hecha a imagen de Dios. Así como la Torá es central para la vida judía, de igual manera la lectura de ésta es central en el servicio sinagogal.

El Tanaj registra diversos momentos clave de la historia judía cuando la reconstitución nacional fue acompañada de una lectura pública de la Torá, los más famosos casos fueron durante el reinado del Rey Josías (II Reyes

בְּרִיךְ שְׁמֵיהּ Bendito es el Nombre del Amo del universo. Bendita es Tu corona y Tu lugar. Que Tu favor esté siempre del lado de Tu pueblo Israel. Revela a Tu pueblo la salvación de Tu diestra en Tu Templo. Concédenos el obsequio de Tu buena luz y acepta nuestros rezos con benevolencia. Ojalá que yo sea contado entre los justos para que Tú tengas compasión de mí y me protejas tanto a mí como a todo lo mío y todo aquello que pertenece a Tu pueblo Israel. Tú alimentas a todos, sustentas a todos, gobiernas todo, diriges reyes pues Tuya es la soberanía. Yo soy sirviente del Santo Bendito Él y me prosterno en todo momento ante Él y ante Su gloriosa Torá. No confío en el hombre ni me respaldo en un ángel sino en el Dios celestial que es el Dios verdadero, cuya Torá es verdadera, Sus profetas hablan verdad y que abunda en actos de amor y verdad. *Zohar Vayakhel*

En Él confío, y a Su glorioso y sagrado Nombre ofrezco alabanzas. Que sea Tu voluntad que abras mi corazón a Tu Torá, y me concedas hijos varones para que hagan Tu voluntad, y cumplas los deseos de mi corazón y del corazón de todo Tu pueblo Israel para el bien, para la vida y para la paz. Amén y Amén Sela.

---

בְּרִיךְ שְׁמֵהּ *Bendito es el Nombre:* Este pasaje está extraído de un texto místico del Zohar (*Vayakhel* 206A) y en su contexto original está prologado por las palabras: "Ribí Shimón dijo: cuando el rollo de la Torá es extraído para ser leído en público, los pórticos de la compasión se abren y el amor se despierta en las alturas. Por ello, uno debe decir (en este momento): ..." Entonces, continúa la plegaria "Bendito es el Nombre". La costumbre de recitar este texto tiene su origen en el círculo místico de Safed, asociado a Ribí Isaac Luria.

בריך שמיה דמארי עלמא, בריך כתרך ואתרך. יהא רעותך עם זוהר ויקהל
עמך ישראל לעלם, ופרקן ימינך אחזי לעמך בבית מקדשך,
לאמטויי לנא מטוב נהורך, ולקבלא צלותנא ברחמי. יהא רעוא
קדמך דתוריך לן חיין בטיבו, ולהוי אנא עבדך פקידא בגו
צדיקיא, למרחם עלי ולמנטר יתי וית כל־די לי ודי לעמך ישראל.
אנת הוא זן לכלא ומפרנס לכלא, אנת הוא שליט על כלא,
אנת הוא דשליט על מלכיא, ומלכותא דילך היא. אנא עבדא
דקדשא בריך הוא, כורעים קצת: דסגידנא קמיה עד כאן מן קמה
דיקר אוריתיה בכל־עדן ועדן. לא על אנש רחיצנא ולא על בר
אלהין סמיכנא, אלא באלהא שמיא, דהוא אלהא קשוט,
ואוריתה קשוט, ונביאוהי קשוט, ומסגי למעבד טבון וקשוט.
ביה אנא רחיץ, ולשמיה יקירא קדישא אנא אמר תשבחן. יהא
רעוא קדמך דתפתח לבי באוריתך, ותיהב לי בנין דכרין דעבדין
רעותך ותשלים משאלין דלבאי ולבא דכל־עמך ישראל לטב
ולחיין ולשלם, אמן ואמן סלה.

---

que nos permita servir a Dios sin distracciones ni obstáculos. La versión de la plegaria para Hoshaná Rabá (también recitada en Rosh HaShaná y en Yom Kipur) está más específicamente ligada a los detalles de nuestro destino en el año por comenzar, es inscrito en Rosh HaShaná, sellado en Yom Kipur pero no finaliza hasta Hoshaná Rabá. Ambas plegarias están precedidas por el recitado de los Trece Atributos de la Misericordia Divina empleados por Moshé cuando rezó pidiendo compasión y perdón, y según el Talmud, le fue enseñado por Dios mismo.

### PLEGARIA POR LOS SOLDADOS DEL EJÉRCITO DE DEFENSA DE ISRAEL

מִי שֶׁבֵּרַךְ Aquél que bendijo a nuestros ancestros Abraham, Iṣḥak y Ya'akob bendecirá a los soldados del Ejército de Defensa de Israel y a los miembros de las fuerzas de seguridad apostados a la defensa de nuestra tierra y las ciudades de nuestro Dios, desde el límite con el Líbano y hasta el desierto de Egipto, y desde el Mar Mediterráneo hasta la A'rabá, en tierra, aire y mar. El Señor haga que nuestros enemigos que se alzan contra nosotros sean golpeados delante suyo. El Santo Bendito Él cuidará y salvará a nuestros soldados de todo problema y toda desgracia, de toda aflicción y toda enfermedad, (y reforzará sus espíritus y sus cuerpos), y enviará bendición y éxito en todas sus acciones. Someterá bajo sus manos a quienes nos odian (a sus enemigos investirá en escarnio y de nuestros soldados se apiadará), y los coronará con la corona de la victoria, y se cumpla en ellos lo que está escrito: "Pues el Señor vuestro Dios va con ustedes a pelear por ustedes contra vuestros enemigos para salvaros". Y digamos: Amén. *Deut. 20*

מי שבירך לחיילי צה״ל

מִי שֶׁבֵּרַךְ אֲבוֹתֵינוּ אַבְרָהָם יִצְחָק וְיַעֲקֹב הוּא יְבָרֵךְ אֶת חַיָּלֵי צְבָא הַהֲגָנָה לְיִשְׂרָאֵל, הָעוֹמְדִים עַל מִשְׁמַר אַרְצֵנוּ וְעָרֵי אֱלֹהֵינוּ, מִגְּבוּל הַלְּבָנוֹן וְעַד מִדְבַּר מִצְרַיִם וּמִן הַיָּם הַגָּדוֹל עַד לְבוֹא הָעֲרָבָה, בַּיַּבָּשָׁה, בָּאֲוִיר וּבַיָּם. יִתֵּן יְהוָה אֶת אוֹיְבֵינוּ הַקָּמִים עָלֵינוּ נִגָּפִים לִפְנֵיהֶם. הַקָּדוֹשׁ בָּרוּךְ הוּא יִשְׁמֹר וְיַצִּיל חַיָּלֵינוּ מִכָּל־צָרָה וְצוּקָה וּמִכָּל־נֶגַע וּמַחֲלָה (וִיחַזֵּק בְּרוּחָם וְגוּפָם), וְיִשְׁלַח בְּרָכָה וְהַצְלָחָה בְּכָל־מַעֲשֵׂי יְדֵיהֶם. יַדְבֵּר שׂוֹנְאֵינוּ תַּחְתֵּיהֶם (אוֹיְבֵיהֶם יַלְבִּשׁוּ בֹשֶׁת וַעֲלֵיהֶם יָרֵחַם) וִיעַטְּרֵם בְּכֶתֶר יְשׁוּעָה וּבַעֲטֶרֶת נִצָּחוֹן. וִיקֻיַּם בָּהֶם הַכָּתוּב: כִּי יְהוָה אֱלֹהֵיכֶם הַהֹלֵךְ עִמָּכֶם לְהִלָּחֵם לָכֶם עִם־אֹיְבֵיכֶם לְהוֹשִׁיעַ אֶתְכֶם: וְנֹאמַר אָמֵן. דברים כ

## EXTRACCIÓN DEL SEFER TORÁ DEL HEJAL

*Cuando se abre el Hejal, mientras se extrae el Sefer Torá y se lo lleva para su lectura, se recitan los siguientes versículos:*

Salid y ved, oh hijas de Ṣion y contemplad al rey Shelomó, *Cant. 3*
mirad la corona que le dio su madre en el día de su boda
y en el día de la alegría de su corazón.

Feliz del pueblo para el que esto es así, *Sal. 144*
feliz del pueblo que el Señor es su Dios.

Bienvenido en el Nombre del Señor.
Esta es la Torá que colocó Moshé frente al pueblo de Israel. *Deut. 4*
La Torá que Moshé nos ordenó es la heredad *Deut. 33*
de la congregación de Ya'akob.
Es el árbol de la vida para quienes se aferran a ella *Prov. 3*
y quienes la sostienen son felices.
Sus caminos son caminos placenteros,
y todas sus sendas son de paz.
Grande es la paz de aquellos que aman Tu Torá *Sal. 119*
y no habrán de padecer tropiezos.
El Señor dará fuerza a Su pueblo, *Sal. 29*
El Señor bendecirá a Su pueblo con la paz.

*Cuando se apoya el Sefer Torá sobre la tebá se recitan los siguientes versículos:*

La Torá del Señor es íntegra y reconforta al alma, *Sal. 19*
el testimonio del Señor es fidedigno, da sabiduría al simple.
Los preceptos del Señor son rectos, alegran al corazón.
La Torá que Moshé nos ordenó es la heredad *Deut. 33*
de la congregación de Ya'akob.
Esta es la Torá que colocó Moshé frente al pueblo de Israel. *Deut. 4*
Pues os he dado una buena instrucción, no abandonéis Mi Torá. *Prov. 4*
El Señor, en aras del mérito de Israel *Isa. 42*
deseó engrandecer la Torá y enaltecerla.

---

personas llamadas recitan las bendiciones anterior y posterior a la lectura y leen el texto silenciosamente junto al lector.

וְזֹאת הַתּוֹרָה *Esta es la Torá.* El alzamiento (*hagbahá*) de la Torá es una antigua costumbres considerada como un gran honor y es compañada por

# הוצאת ספר תורה

*Cuando se abre el* היכל*, mientras se extrae el* ספר תורה *y se lo lleva para su lectura, se recitan los siguientes versículos:*

צְאֶינָה וּרְאֶינָה בְּנוֹת צִיּוֹן בַּמֶּלֶךְ שְׁלֹמֹה, בָּעֲטָרָה שֶׁעִטְּרָה־לּוֹ אִמּוֹ, בְּיוֹם חֲתֻנָּתוֹ וּבְיוֹם שִׂמְחַת לִבּוֹ: שיר השירים ג

אַשְׁרֵי הָעָם שֶׁכָּכָה לּוֹ, אַשְׁרֵי הָעָם שֶׁיְהֹוָה אֱלֹהָיו: תהלים קמד

בָּרוּךְ הַבָּא בְּשֵׁם יְהֹוָה.

וְזֹאת הַתּוֹרָה אֲשֶׁר־שָׂם מֹשֶׁה לִפְנֵי בְּנֵי יִשְׂרָאֵל: דברים ד

תּוֹרָה צִוָּה־לָנוּ מֹשֶׁה, מוֹרָשָׁה קְהִלַּת יַעֲקֹב: דברים לג

עֵץ־חַיִּים הִיא לַמַּחֲזִיקִים בָּהּ, וְתֹמְכֶיהָ מְאֻשָּׁר: משלי ג

דְּרָכֶיהָ דַרְכֵי־נֹעַם וְכָל־נְתִיבוֹתֶיהָ שָׁלוֹם:

שָׁלוֹם רָב לְאֹהֲבֵי תוֹרָתֶךָ, וְאֵין־לָמוֹ מִכְשׁוֹל: תהלים קיט

יְהֹוָה עֹז לְעַמּוֹ יִתֵּן, יְהֹוָה יְבָרֵךְ אֶת־עַמּוֹ בַשָּׁלוֹם: תהלים כט

*Cuando se apoya el* ספר תורה *sobre la tebá se recitan los siguientes versículos:*

תּוֹרַת יְהֹוָה תְּמִימָה מְשִׁיבַת נָפֶשׁ תהלים יט

עֵדוּת יְהֹוָה נֶאֱמָנָה מַחְכִּימַת פֶּתִי:

פִּקּוּדֵי יְהֹוָה יְשָׁרִים מְשַׂמְּחֵי־לֵב

תּוֹרָה צִוָּה־לָנוּ מֹשֶׁה, מוֹרָשָׁה קְהִלַּת יַעֲקֹב: דברים לג

וְזֹאת הַתּוֹרָה אֲשֶׁר־שָׂם מֹשֶׁה לִפְנֵי בְּנֵי יִשְׂרָאֵל: דברים ד

כִּי לֶקַח טוֹב נָתַתִּי לָכֶם, תּוֹרָתִי אַל־תַּעֲזֹבוּ: משלי ד

יְהֹוָה חָפֵץ לְמַעַן צִדְקוֹ, יַגְדִּיל תּוֹרָה וְיַאְדִּיר: ישעיה מב

---

SUBIR A LA TORÁ

La costumbre original era que cada una de las personas que era llamada a la Torá leía su porción correspondiente. No todos eran capaces de hacerlo, por lo que se desarrolló la práctica de adjudicarle la lectura a una persona calificada (comúnmente, aunque mal llamado, *"ba'al koré"*) "para no avergonzar a aquellos que no saben leer" sus propias porciones. En vez de leer, las

BENDICIÓN PREVIA A LA LECTURA DE LA TORÁ:

*Olé:* Rabinos: Bendecid al Señor el Bendecido.

*Kahal:* Bendecid al Señor el Bendecido por toda la eternidad.

*Olé:* Bendecid al Señor el Bendecido por toda la eternidad.

בָּרוּךְ Bendito eres Tú Señor, nuestro Dios, Rey del universo,
que nos ha escogido de entre todas las naciones
y nos entregó Su Torá. Bendito eres Tú Señor,
Dador de la Torá.

*Bendición posterior a la lectura de la Torá:*

בָּרוּךְ Bendito eres Tú Señor, nuestro Dios, Rey del universo,
que nos ha entregado Su Torá, la Torá verdadera
y plantó en nuestro interior la vida eterna.
Bendito eres Tú Señor, Dador de la Torá.

LA BENDICIÓN DE HAGOMEL

*Se acostumbra a recitar el siguiente versículo previo a la bendición de Hagomel:*

Alabad la benevolencia del Señor *Sal. 106*
y las maravillas que obra con los seres humanos.

*Y hay quienes dicen:*

Alabaré al Señor con todo mi corazón en compañía de personas rectas *Sal. 111*
y de la congregación.

*Y hay quienes dicen:*

Agradeced al Señor porque es bueno; Su benevolencia es eterna. *Sal. 118*

---

que la elección de Israel no es un derecho sino una responsabilidad. אֲשֶׁר נָתַן לָנוּ תּוֹרַת אֱמֶת *Que nos ha entregado la Torá verdadera*: es un acto de afirmación posterior a la lectura de la Torá. Esta bendición, breve pero hermosa, expresa la idea que, al leer, estudiar y observar el mundo de lo eterno, tocamos la eternidad.

הַגּוֹמֵל *Que retribuye bondades a quienes no lo merecen:* Esta bendición, conocida como "*HaGomel*" ("que retribuye") es mencionada por el Talmud (*Berajot*

## ברכות התורה

עולה: רַבָּנָן, בָּרְכוּ אֶת יְהוָה הַמְבֹרָךְ.

קהל: בָּרוּךְ יְהוָה הַמְבֹרָךְ לְעוֹלָם וָעֶד.

עולה: בָּרוּךְ יְהוָה הַמְבֹרָךְ לְעוֹלָם וָעֶד.

בָּרוּךְ אַתָּה יְהוָה, אֱלֹהֵינוּ מֶלֶךְ הָעוֹלָם
אֲשֶׁר בָּחַר בָּנוּ מִכָּל־הָעַמִּים, וְנָתַן לָנוּ אֶת תּוֹרָתוֹ.
בָּרוּךְ אַתָּה יְהוָה, נוֹתֵן הַתּוֹרָה.

*Bendición posterior a la lectura de la Torá:*

בָּרוּךְ אַתָּה יְהוָה, אֱלֹהֵינוּ מֶלֶךְ הָעוֹלָם
אֲשֶׁר נָתַן לָנוּ תּוֹרָתוֹ תּוֹרַת אֱמֶת
וְחַיֵּי עוֹלָם נָטַע בְּתוֹכֵנוּ.
בָּרוּךְ אַתָּה יְהוָה, נוֹתֵן הַתּוֹרָה.

## ברכת הגומל

*Se acostumbra a recitar el siguiente versículo previo a la bendición de Hagomel:*

יוֹדוּ לַיהוָה חַסְדּוֹ וְנִפְלְאוֹתָיו לִבְנֵי אָדָם: תהלים קז

*Y hay quienes dicen:*

אוֹדֶה יְהוָה בְּכָל־לֵבָב, בְּסוֹד יְשָׁרִים וְעֵדָה: תהלים קיא

*Y hay quienes dicen:*

הוֹדוּ לַיהוָה כִּי־טוֹב כִּי לְעוֹלָם חַסְדּוֹ: תהלים קיח

---

reafirmaciones de la santidad de la Torá como palabra de Dios, "por orden del Señor, por mano de Moshé" (esta declaración es una amalgama de Deuteronomio 4:44 y Números 9:23).

בָּרְכוּ *Bendecid al Señor:* Es una invitación a la congregación para que se sumen en una bendición a Dios, similar a la que precede el rezo comunal tanto en la mañana como en la noche. אֲשֶׁר בָּחַר בָּנוּ מִכָּל הָעַמִּים *Que nos ha escogido de entre todas las naciones*: esta antigua bendición que debe ser recitada antes de estudiar la Torá así como también antes de su lectura pública pone de manifiesto

*Si hay mucha gente que tiene que bendecir Hagomel, cada uno debe hacerlo por sí mismo (y no que uno la diga para todos)*

*Quien bendice:* בָּרוּךְ Bendito eres Tú SEÑOR, nuestro Dios, Rey del universo, que retribuye bondades a quienes no lo merecen y me ha prodigado todo el bien.

*El Kahal:* Amén. El Dios que te ha prodigado todo el bien continúe prodigándote todo lo bueno, Sela.

## MEDIO KADISH

*Tras el último olé se recita Kadish.*
*El Ḥazán y el mashlim recitan Medio Kadish:*

יִתְגַּדַּל Que Su Gran Nombre sea magnificado y santificado,
en el mundo que creó conforme a Su voluntad.
Que establezca Su reino, haga florecer Su salvación
y apresure la llegada de Su ungido
durante vuestra vida y en vuestros días
y en la vida de toda la casa de Israel,
pronto y rápidamente y decid: Amén.

Que Su Gran Nombre sea bendito
por siempre y por toda la eternidad.

Sea bendecido, alabado, glorificado y exaltado, encumbrado
y magnificado, enaltecido y ensalzado
el Nombre del Santo Bendito Él;
más allá de cualquier bendición,
cántico, alabanza y consolación
pronunciados en el mundo y decid: Amén.

---

הַגּוֹמֵל לְחַיָּבִים טוֹבוֹת *Que retribuye bondades a quienes no lo merecen*: reminiscencia de la plegaria de Ya'akob (Génesis 32:11): "No soy merecedor de la benevolencia ni de la fidelidad que has mostrado a Tu siervo".

*Si hay mucha gente que tiene que* ברכת הגומל*,*
*cada uno debe hacerlo por sí mismo (y no que uno la diga para todos)*

המברך: בָּרוּךְ אַתָּה יְהֹוָה, אֱלֹהֵינוּ מֶלֶךְ הָעוֹלָם
הַגּוֹמֵל לְחַיָּבִים טוֹבוֹת, שֶׁגְּמָלַנִי כָּל־טוֹב.

הקהל: אָמֵן. (הָאֵל שֶׁגְּמָלְךָ כָּל־טוֹב)
הוּא בְּרַחֲמָיו יִשְׁמָרְךָ וְיִגְמָלְךָ לָעַד כָּל־טוֹב, סֶלָה.

## חצי קדיש

*Tras la lectura correspondiente al último* עולה *se recita* קדיש*.*
*El* חזן *y el* משלים *recitan* חצי קדיש*:*

יִתְגַּדַּל וְיִתְקַדַּשׁ שְׁמֵהּ רַבָּא (קהל: אָמֵן)
בְּעָלְמָא דִּי בְרָא כִרְעוּתֵהּ
וְיַמְלִיךְ מַלְכוּתֵהּ וְיַצְמַח פֻּרְקָנֵהּ וִיקָרֵב מְשִׁיחֵהּ (קהל: אָמֵן)
בְּחַיֵּיכוֹן וּבְיוֹמֵיכוֹן וּבְחַיֵּי דְכָל־בֵּית יִשְׂרָאֵל
בַּעֲגָלָא וּבִזְמַן קָרִיב, וְאִמְרוּ אָמֵן. (קהל: אָמֵן)

יְהֵא שְׁמֵהּ רַבָּא מְבָרַךְ לְעָלַם וּלְעָלְמֵי עָלְמַיָּא יִתְבָּרַךְ
וְיִשְׁתַּבַּח וְיִתְפָּאַר וְיִתְרוֹמַם וְיִתְנַשֵּׂא וְיִתְהַדָּר וְיִתְעַלֶּה וְיִתְהַלָּל
שְׁמֵהּ דְּקֻדְשָׁא בְּרִיךְ הוּא (קהל: אָמֵן)
לְעֵלָּא מִן כָּל־בִּרְכָתָא, שִׁירָתָא, תֻּשְׁבְּחָתָא וְנֶחֱמָתָא
דַּאֲמִירָן בְּעָלְמָא, וְאִמְרוּ אָמֵן. (קהל: אָמֵן)

---

54B). Se dice en una de las cuatro circunstancias siguientes: (1) liberación del cautiverio, (2) recuperación de una enfermedad de riesgo mortal, (3) tras una travesía peligrosa, (4) tras cruzar el mar (en la actualidad muchos la recitan tras un viaje en avión). Se recita en presencia de un *minián* (diez varones adultos como mínimo), usualmente, aunque no necesariamente, durante la lectura de la Torá y dentro de los tres días de acaecido el evento.

## BENDICIONES DE LA HAFTARÁ

*Bendición previa a la lectura de la Haftará:*

בָּרוּךְ Bendito eres Tú SEÑOR, nuestro Dios, Rey del universo, que escogió buenos profetas y se vio gratificado por sus palabras dichas con verdad. Bendito eres Tú SEÑOR, que escoge la Torá y a Su siervo Moshé, y a Su pueblo Israel, y a los profetas de la verdad y la justicia. *Sofrim 13:7*

*Bendiciones posteriores a la lectura de la Haftará:*

Nuestro Redentor, Su nombre es el SEÑOR *Isa. 47*
de las Huestes Celestiales, Santidad de Israel.

בָּרוּךְ Bendito eres Tú SEÑOR, nuestro Dios, Rey del universo, Fortaleza de todos los mundos, Justo en todas las generaciones, Dios fiel que dice y hace, que habla y cumple, y cuyas palabras son todas verdaderas y justas. Tú eres fiel SEÑOR, nuestro Dios, y fidedignas son Tus palabras y ninguna de estas quedará sin cumplirse pues Tú eres un Rey fiel (y compasivo). Bendito eres Tú SEÑOR, el Dios fidedigno en todas Sus palabras.

רַחֵם Apiádate de Ṣion pues es la fuente de nuestra vida, y salva a la miserable pronto en nuestros días. Bendito eres Tú SEÑOR, que alegra a Ṣión con sus hijos.

שַׂמְּחֵנוּ Alégranos SEÑOR, nuestro Dios, por medio de Tu siervo el profeta Eliahu, y por medio del reino de la Casa de David Tu ungido, quien pronto arribará y regocijará a nuestros corazones. Que no se siente extraño alguno sobre su trono ni hereden otros su honor pues le prometiste por medio de Tu Nombre Sagrado que su vela no se extinguirá jamás. Bendito eres Tú SEÑOR, protector de David.

---

relee los últimos versículos de la porción semanal de lectura de la Torá) a los efectos de enfatizar la conexión entre el texto mosaico y los de los

# ברכות ההפטרה

*Bendición previa a la lectura de la* הפטרה:

מסכת סופרים יג, ז

בָּרוּךְ אַתָּה יְהֹוָה אֱלֹהֵינוּ מֶלֶךְ הָעוֹלָם אֲשֶׁר בָּחַר בִּנְבִיאִים טוֹבִים, וְרָצָה בְדִבְרֵיהֶם הַנֶּאֱמָרִים בֶּאֱמֶת. בָּרוּךְ אַתָּה יְהֹוָה, הַבּוֹחֵר בַּתּוֹרָה וּבְמשֶׁה עַבְדּוֹ וּבְיִשְׂרָאֵל עַמּוֹ וּבִנְבִיאֵי הָאֱמֶת וָהַצֶּדֶק.

*Bendiciones posteriores a la lectura de la* הפטרה:

ישעיה מז

גֹּאֲלֵנוּ יְהֹוָה צְבָאוֹת שְׁמוֹ קְדוֹשׁ יִשְׂרָאֵל:

בָּרוּךְ אַתָּה יְהֹוָה, אֱלֹהֵינוּ מֶלֶךְ הָעוֹלָם, צוּר כָּל־הָעוֹלָמִים, צַדִּיק בְּכָל־הַדּוֹרוֹת, הָאֵל הַנֶּאֱמָן, הָאוֹמֵר וְעוֹשֶׂה, מְדַבֵּר וּמְקַיֵּם, כִּי כָל־דְּבָרָיו אֱמֶת וָצֶדֶק. נֶאֱמָן אַתָּה הוּא יְהֹוָה אֱלֹהֵינוּ וְנֶאֱמָנִים דְּבָרֶיךָ, וְדָבָר אֶחָד מִדְּבָרֶיךָ אָחוֹר לֹא יָשׁוּב רֵיקָם, כִּי אֵל מֶלֶךְ נֶאֱמָן וְרַחֲמָן אָתָּה. בָּרוּךְ אַתָּה יְהֹוָה, הָאֵל הַנֶּאֱמָן בְּכָל־דְּבָרָיו.

רַחֵם עַל צִיּוֹן כִּי הִיא בֵּית חַיֵּינוּ, וְלַעֲלוּבַת־נֶפֶשׁ תּוֹשִׁיעַ בִּמְהֵרָה בְיָמֵינוּ. בָּרוּךְ אַתָּה יְהֹוָה, מְשַׂמֵּחַ צִיּוֹן בְּבָנֶיהָ.

שַׂמְּחֵנוּ יְהֹוָה אֱלֹהֵינוּ בְּאֵלִיָּהוּ הַנָּבִיא עַבְדֶּךָ, וּבְמַלְכוּת בֵּית דָּוִד מְשִׁיחֶךָ, בִּמְהֵרָה יָבוֹא וְיָגֵל לִבֵּנוּ. עַל כִּסְאוֹ לֹא יֵשֵׁב זָר, וְלֹא יִנְחֲלוּ עוֹד אֲחֵרִים אֶת־כְּבוֹדוֹ, כִּי בְשֵׁם קָדְשְׁךָ נִשְׁבַּעְתָּ לּוֹ, שֶׁלֹּא יִכְבֶּה נֵרוֹ לְעוֹלָם וָעֶד. בָּרוּךְ אַתָּה יְהֹוָה, מָגֵן דָּוִד.

---

LA HAFTARÁ

La lectura del pasaje extraído de la obra de los profetas (la segunda de las secciones del Tanaj) se remonta originalmente al período del Segundo Templo. La palabra "*Haftará*" significa "conclusión" de la lectura de la Torá. La persona que lee la *Haftará* es primeramente llamada a la Torá (*maftir* –

עַל הַתּוֹרָה Por la Torá, por el servicio sagrado, por los profetas y por este Shabat que nos diste Señor, nuestro Dios, para santidad y descanso, honor y esplendor. Por todo esto Señor, nuestro Dios, Te agradecemos y bendecimos, bendito sea Tu Nombre en boca de todo ser vivo por siempre. Bendito eres Tú Señor, que santifica el Shabat.

*En Yom Tob finaliza:*

Por la Torá, por el servicio sagrado, por los profetas (*En Shabat:* por este Shabat) y por

*En Pesaḥ:* esta Festividad de Pesaḥ, día de sagrada convocatoria
*En Shabu'ot:* esta Festividad de Shabu'ot, día de sagrada convocatoria
*En Sucot:* esta Festividad de Sucot, día de sagrada convocatoria
*En Sheminí Aṣeret:* esta Festividad de Sheminí Aṣeret, día de sagrada convocatoria

que nos diste Señor, nuestro Dios, (*En Shabat:* para santidad y descanso), para alegría y regocijo, honor y esplendor. Por todo esto Señor, nuestro Dios, Te agradecemos y bendecimos, bendito sea Tu Nombre en boca de todo ser vivo por siempre.
Bendito eres Tú Señor, que santifica (*En Shabat:* el Shabat) a Israel y las festividades.

---

una polémica contra pretensiones rivales de soberanía tales como la de los reyes hasmoneos durante el período del Segundo Templo los cuales no descendían de la Casa de David); (4) un himno de alabanza por el día: Shabat o Festividad.
*Plegarias especiales:* Una serie de plegarias por las comunidades judías a través del mundo, las sociedades en las que, o los gobiernos bajo los que viven los judíos. Las diferentes plegarias datan de distintas épocas y lugares y reflejan la diversidad de la vida judía desde tiempos pasados y hasta la fecha.

עַל הַתּוֹרָה וְעַל הָעֲבוֹדָה וְעַל הַנְּבִיאִים וְעַל יוֹם הַשַּׁבָּת הַזֶּה, שֶׁנָּתַתָּ לָּנוּ, יְהוָה אֱלֹהֵינוּ, לִקְדֻשָּׁה וְלִמְנוּחָה, לְכָבוֹד וּלְתִפְאָרֶת. עַל הַכֹּל יְהוָה אֱלֹהֵינוּ אֲנַחְנוּ מוֹדִים לָךְ וּמְבָרְכִים אוֹתָךְ, יִתְבָּרַךְ שִׁמְךָ בְּפִי כָּל־חַי תָּמִיד לְעוֹלָם וָעֶד. בָּרוּךְ אַתָּה יְהוָה, מְקַדֵּשׁ הַשַּׁבָּת.

*En* יום טוב *finaliza:*

עַל הַתּוֹרָה וְעַל הָעֲבוֹדָה וְעַל הַנְּבִיאִים (בשבת: וְעַל יוֹם הַשַּׁבָּת הַזֶּה), וְעַל יוֹם

בפסח: חַג הַמַּצּוֹת הַזֶּה, וְעַל יוֹם טוֹב מִקְרָא־קֹדֶשׁ הַזֶּה
בשבועות: חַג הַשָּׁבוּעוֹת הַזֶּה, וְעַל יוֹם טוֹב מִקְרָא־קֹדֶשׁ הַזֶּה
בסוכות: חַג הַסֻּכּוֹת הַזֶּה, וְעַל יוֹם טוֹב מִקְרָא־קֹדֶשׁ הַזֶּה
בשמיני עצרת ובשמחת תורה: שְׁמִינִי חַג עֲצֶרֶת הַזֶּה, וְעַל יוֹם טוֹב מִקְרָא־קֹדֶשׁ הַזֶּה

שֶׁנָּתַתָּ לָּנוּ, יְהוָה אֱלֹהֵינוּ (בשבת: לִקְדֻשָּׁה וְלִמְנוּחָה) לְשָׂשׂוֹן וּלְשִׂמְחָה, לְכָבוֹד וּלְתִפְאָרֶת. עַל הַכֹּל יְהוָה אֱלֹהֵינוּ אֲנַחְנוּ מוֹדִים לָךְ וּמְבָרְכִים אוֹתָךְ, יִתְבָּרַךְ שִׁמְךָ בְּפִי כָּל־חַי תָּמִיד לְעוֹלָם וָעֶד.
בָּרוּךְ אַתָּה יְהוָה, מְקַדֵּשׁ (בשבת: הַשַּׁבָּת וְ)יִשְׂרָאֵל וְהַזְּמַנִּים.

---

demás libros proféticos. Por lo general, la *Haftará* está conectada verbal o temáticamente a la lectura de la Torá. Sin embargo, algunas *haftarot* están vinculadas al momento particular del año, tal como en el caso de las lecturas de Rosh Ḥodesh cuando el novilunio cae en Shabat o antes y después del 9 de Av. La bendición anterior a la lectura enfatiza nuestra fe en la veracidad de las palabras de los profetas. Las cuatro bendiciones posteriores a la lectura se refieren a: (1) nuestra fe en las promesas Divinas recibidas a través de los profetas; (2) nuestra esperanza en la restauración de Ṣion; (3) una plegaria por la restauración de la monarquía davídica (encontramos aquí huellas de

## PLEGARIAS RECORDATORIAS

### ASHCABÁ PARA UN HOMBRE

*La Ashcabá para una persona muy importante viene a continuación en la página 1130*

Feliz del hombre temeroso del SEÑOR y que en el cumplimiento de Sus *Sal. 112*
preceptos se esmera. Es mejor el buen nombre que el buen aceite y el día *Ec. 7*
de la muerte que el del nacimiento. Sea concedido reposo permanente en los ámbitos superiores junto a los santos y a los puros, que allí sea el sitial de descanso del alma de aquel que partió de este mundo con buen nombre *Nombre del fallecido, hijo de, nombre de su madre*, que el espíritu de Dios repose sobre él en el Jardín del Edén.

### ASHCABÁ PARA MUJER

Mujer virtuosa, ¿quién la ha de hallar? Su valor es mucho mayor *Prov. 31*
que el de las perlas. La gracia es mentirosa y la belleza vana, una mujer temerosa del SEÑOR es aquella que debe ser ensalzada. Dadle del fruto de su esfuerzo y que sus acciones le hagan prestigiosa en los portones. Sea recordada el alma de esta mujer respetada y recatada, la señora *Nombre de la fallecida, hija de, nombre de su madre*, que el espíritu de Dios repose sobre ella en el Jardín del Edén.

## PLEGARIA POR EL BIENESTAR DEL GOBIERNO DEL PAIS DE LA DIÁSPORA EN EL QUE SE RESIDE Y POR EL ESTADO DE ISRAEL

הַנּוֹתֵן תְּשׁוּעָה Aquél que concede la salvación a los reyes y el dominio a los príncipes, y cuyo reino es eterno. Él, que rescató a Su siervo David de la espada destructiva; Aquél que abre un camino en el mar y una senda en medio de aguas tempestuosas; quiera bendecir, guardar, proteger y

---

un período posterior (siglo I A.E.C.) tras la conquista romana de Jerusalém: “Ribí Ḥanina, el vice del Supremo Sacerdote dijo: Orad por el bienestar del gobierno ya que de no mediar el temor a éste las personas se devorarían vivas unas a las otras” (*Avot* 3:2).

# השכבות

## השכבה לאיש

*La* השכבה *para una persona muy importante viene a continuación en la página 1131*

תהלים קיב קהלת ז
אַשְׁרֵי־אִישׁ יָרֵא אֶת־יְהֹוָה בְּמִצְוֹתָיו חָפֵץ מְאֹד: טוֹב שֵׁם מִשֶּׁמֶן טוֹב, וְיוֹם הַמָּוֶת מִיּוֹם הִוָּלְדוֹ: מְנוּחָה נְכוֹנָה בִּישִׁיבָה עֶלְיוֹנָה, בְּמַעֲלַת קְדוֹשִׁים וּטְהוֹרִים, שָׁם תְּהֵא מְנָת וּמְחִצַת וִישִׁיבַת נֶפֶשׁ הַשֵּׁם הַטּוֹב הַנִּפְטָר בְּשֵׁם טוֹב מִן הָעוֹלָם (פלוני בֶּן פלונית) רְוּחַ הַשֵּׁם תְּנִיחֶנּוּ בְּגַן עֵדֶן.

## השכבה לאשה

משלי לא
אֵשֶׁת־חַיִל מִי יִמְצָא, וְרָחֹק מִפְּנִינִים מִכְרָהּ: שֶׁקֶר הַחֵן וְהֶבֶל הַיֹּפִי, אִשָּׁה יִרְאַת־יְהֹוָה הִיא תִתְהַלָּל: תְּנוּ־לָהּ מִפְּרִי יָדֶיהָ, וִיהַלְלוּהָ בַשְּׁעָרִים מַעֲשֶׂיהָ: דּוּכְרָן נֶפֶשׁ הָאִשָּׁה הַכְּבוּדָה וְהַצְּנוּעָה, מָרַת (פלונית בַּת פלונית). רְוּחַ הַשֵּׁם תְּנִיחֶנָּה בְּגַן עֵדֶן.

# תפילה לשלום המלכות ומדינת ישראל

תהלים קמד ישעיה מג
הַנּוֹתֵן תְּשׁוּעָה לַמְּלָכִים, וּמֶמְשָׁלָה לַנְּסִיכִים, וּמַלְכוּתוֹ מַלְכוּת כָּל־עוֹלָמִים, הַפּוֹצֶה אֶת־דָּוִד עַבְדּוֹ מֵחֶרֶב רָעָה: הַנּוֹתֵן בַּיָּם דָּרֶךְ, וּבְמַיִם עַזִּים נְתִיבָה: הוּא יְבָרֵךְ, וְיִשְׁמֹר, וְיִנְצֹר, וְיַעֲזֹר,

---

הַנּוֹתֵן תְּשׁוּעָה *Plegaria por el bienestar del gobierno:* Esta plegaria hace eco de la instrucción impartida por el profeta Jeremías (29:7) a los judíos de la dispersión en días del exilio babilónico (siglo VI A.E.C.): "Pedid por la paz de la ciudad a la cual os he enviado en cautiverio y orad al Señor por ella, pues en su paz vosotros tendréis paz". Una instrucción similar fue dada en

encumbrar hacia lo más alto al Presidente de (*se menciona el nombre del país en el cual se encuentran*) y al presidente del Estado de Israel. El Supremo Rey de Reyes, en Su compasión infunda en su corazón y en los corazones de todos sus asesores y ministros la benevolencia para con nosotros y con nuestros hermanos, todo el pueblo de Israel. En sus días y en los nuestros que Yehudá sea redimida e Israel habite en seguridad, y que prontamente arribe el Redentor a Ṣion. Sea esta Su voluntad y digamos: Amén.

## BENDICIÓN PARA EL PÚBLICO

Aquél que bendijo a nuestros santos y puros patriarcas Abraham, Iṣḥak y Ya'akob, Moshé, Aharón, David y Shelomó y a todas las sagradas y puras comunidades que bendiga a todo este público sagrado, a los mayores junto a los más jóvenes, a ellos, a sus hijos y esposas, alumnos y todo cuanto poseen. El Soberano del mundo os bendiga, os haga meritorios y escuche vuestras plegarias. Que seáis salvados y protegidos de todo peligro y desgracia, que la palabra del SEÑOR sea de vuestra ayuda y os proteja. Que extienda sobre vosotros Su sucá de paz y establezca entre vosotros amor y hermandad, paz y amistad, elimine de entre vosotros el odio gratuito y quiebre el yugo de la servidumbre de las naciones que pende sobre vosotros y cumpla con vosotros aquello que está escrito: "El SEÑOR Dios de vuestros padres os aumente así mil veces y os bendiga tal como os lo dijo". (*En Shabat Teshubá:* Y os inscriba en el libro de la buena vida). Que sea ésta Su voluntad y digamos Amén.

---

la batalla (Deuteronomio 20:4). El pueblo de Israel siempre pequeño, en inferioridad numérica respecto de sus vecinos, deposita su fe en Dios y en la justicia de su causa y no únicamente en el poderío militar.

וְירוֹמֵם, וִיגַדֵּל, וִינַשֵּׂא לְמַעְלָה לְמַעְלָה אֶת נְשִׂיא מְדִינַת (מזכיר את נשיא המדינה שבה נמצאים) וְאֶת נְשִׂיא מְדִינַת יִשְׂרָאֵל מֶלֶךְ מַלְכֵי הַמְּלָכִים בְּרַחֲמָיו יִשְׁמְרֵם וִיחַיֵּהֶם, וּמִכָּל־צָרָה וָנֶזֶק יַצִּילֵם. מֶלֶךְ מַלְכֵי הַמְּלָכִים בְּרַחֲמָיו יִתֵּן בְּלִבָּם וּבְלֵב כָּל־יוֹעֲצֵיהֶם וְשָׂרֵיהֶם רַחֲמָנוּת, לַעֲשׂוֹת טוֹבָה עִמָּנוּ וְעִם כָּל־יִשְׂרָאֵל אַחֵינוּ. בִּימֵיהֶם וּבְיָמֵינוּ תִּוָּשַׁע יְהוּדָה וְיִשְׂרָאֵל יִשְׁכֹּן לָבֶטַח, וּבָא לְצִיּוֹן גּוֹאֵל, וְכֵן יְהִי רָצוֹן וְנֹאמַר אָמֵן:

## ברכה לקהל

מִי שֶׁבֵּרַךְ אֲבוֹתֵינוּ הַקְּדוֹשִׁים וְהַטְּהוֹרִים, אַבְרָהָם יִצְחָק וְיַעֲקֹב, מֹשֶׁה וְאַהֲרֹן וְהַמֶּלֶךְ דָּוִד וְהַמֶּלֶךְ שְׁלֹמֹה, וְכָל־הַקְּהִלּוֹת הַקְּדוֹשׁוֹת וְהַטְּהוֹרוֹת, הוּא יְבָרֵךְ אֶת כָּל־הַקָּהָל הַקָּדוֹשׁ הַזֶּה, גְּדוֹלִים וּקְטַנִּים, הֵם וּבְנֵיהֶם וּנְשֵׁיהֶם וְתַלְמִידֵיהֶם וְכָל־אֲשֶׁר לָהֶם. מַלְכָּא דְעָלְמָא הוּא יְבָרֵךְ יָתְכוֹן, וְיִזַכֵּה יָתְכוֹן, וְיִשְׁמַע בְּקָל צְלוֹתְכוֹן. תִּתְפָּרְקוּן וְתִשְׁתֵּיזְבוּן מִכָּל־צָרָה וְעָקְתָא, וִיהֵא מֵימְרָא דַיהוָה בְּסַעְדְּכֶם, וְיָגֵן בַּעַדְכֶם, וְיִפְרֹשׂ סֻכַּת שְׁלוֹמוֹ עֲלֵיכֶם, וְיִטַּע בֵּינֵיכֶם וּבֵינֵינוּ אַהֲבָה וְאַחְוָה, שָׁלוֹם וְרֵעוּת, וִיסַלֵּק שִׂנְאַת חִנָּם מִבֵּינֵיכֶם, וְיִשְׁבֹּר עֹל הַגּוֹיִם וְעֹל הַגָּלוּת מְהֵרָה מֵעַל צַוְּארֵיכֶם, וִיקַיֵּם בָּכֶם מִקְרָא שֶׁכָּתוּב, יְהוָה אֱלֹהֵי אֲבוֹתֵכֶם יֹסֵף עֲלֵיכֶם כָּכֶם אֶלֶף פְּעָמִים, דברים א
וִיבָרֵךְ אֶתְכֶם כַּאֲשֶׁר דִּבֶּר לָכֶם: (בשבת תשובה: וְיִכְתָּבְכֶם הָאֵל בְּסֵפֶר חַיִּים טוֹבִים). וְכֵן יְהִי רָצוֹן, וְנֹאמַר אָמֵן.

---

מִי שֶׁבֵּרַךְ *Plegaria por las Fuerzas de Defensa de Israel:* El versículo con el cual culmina esta plegaria está extraído del discurso que el cohen ungido para la guerra dirigiera al pueblo de Israel en tiempos bíblicos antes de salir a

## ANUNCIO DEL NUEVO MES

*El kahal se pone de pie, cada quien en su sitio, y nadie se acerca al Sefer Torá durante el anuncio del nuevo mes.*

יְהִי רָצוֹן Sea la voluntad del Dios Celestial que se erija el Templo, morada de nuestra vida, y retorne Su presencia a nuestro seno, prontamente en nuestros días y digamos: Amén.

יְהִי רָצוֹן Sea la voluntad del Dios Celestial que tenga compasión de nosotros y de nuestro remanente, que aleje de nosotros las epidemias, la destrucción y la espada, la hambruna, el cautiverio, el saqueo y la guerra de nosotros y todo Su pueblo Israel, y digamos: Amén.

יְהִי רָצוֹן Sea la voluntad del Dios Celestial que preserve entre nosotros a todos los sabios de Israel, ellos, sus hijos, sus mujeres y sus discípulos donde sea que se encuentren y digamos: Amén.

יְהִי רָצוֹן Sea la voluntad del Dios Celestial que tengamos buenas nuevas de salvación y consolación, que nuestros exiliados sean reunidos desde los cuatro confines de la tierra, y digamos: Amén.

---

las cimas de las colinas. Posteriormente se anunciaba por medio del envío de mensajeros y en el siglo IV, cuando buena parte de la población judía de la tierra de Israel había sido forzada a abandonar Israel, Hilel II ordenó que el novilunio sea determinado por cálculo astronómico. Nuestra ceremonia, si bien se originó posteriormente, recuerda la costumbre pretérita.

## הכרזת ראש חודש

*El* קהל *se pone de pie, cada quien en su sitio, y nadie se acerca al* ספר תורה *durante el anuncio del nuevo mes.*

יְהִי רָצוֹן מִלִּפְנֵי אֱלֹהֵי הַשָּׁמַיִם לְכוֹנֵן אֶת בֵּית חַיֵּינוּ
וּלְהָשִׁיב שְׁכִינָתוֹ לְתוֹכוֹ בִּמְהֵרָה בְיָמֵינוּ, וְאִמְרוּ אָמֵן.
יְהִי רָצוֹן מִלִּפְנֵי אֱלֹהֵי הַשָּׁמַיִם לְרַחֵם עַל פְּלֵיטָתֵנוּ
וְלַעֲצֹר הַמַּגֵּפָה וְהַמַּשְׁחִית וְהַחֶרֶב וְהָרָעָב
וְהַשְּׁבִי וְהַבִּזָּה וְהַמִּלְחָמָה
מֵעָלֵינוּ וּמֵעַל עַמּוֹ יִשְׂרָאֵל
וְאִמְרוּ אָמֵן.
יְהִי רָצוֹן מִלִּפְנֵי אֱלֹהֵי הַשָּׁמַיִם
לְקַיֵּם לָנוּ אֶת כָּל־חַכְמֵי יִשְׂרָאֵל
הֵם וּבְנֵיהֶם וּנְשֵׁיהֶם וְתַלְמִידֵיהֶם
בְּכָל־מְקוֹמוֹת מוֹשְׁבוֹתֵיהֶם
וְאִמְרוּ אָמֵן.
יְהִי רָצוֹן מִלִּפְנֵי אֱלֹהֵי הַשָּׁמַיִם
שֶׁנִּשְׁמַע וְנִתְבַּשֵּׂר בְּשׂוֹרוֹת טוֹבוֹת
בְּשׂוֹרוֹת יְשׁוּעוֹת וְנֶחָמוֹת, מֵאַרְבַּע כַּנְפוֹת הָאָרֶץ
וְאִמְרוּ אָמֵן.

---

LA BENDICIÓN DEL NOVILUNIO

Originalmente, el novilunio era determinado por el Sanhedrín por medio del testimonio de la observación. Por cuanto que de esta manera no se podía predecir con exactitud y con tiempo, era necesario comunicar la decisión del tribunal a las diferentes comunidades judías tanto de Israel como del extranjero. En un inicio esto era realizado por medio de señales de fuego en

*En el Shabat anterior al 9 de Ab, algunas congregaciones recitan el siguiente pasaje en vez de "Sea la voluntad", seguido de "Aquél que hizo milagros".*

Quien renueva los meses / que reúna a los dispersos,
hombres y mujeres / a la ciudad reconstruida.
Y que Dios a este mes / lo renueve para bien,
y orden con favor Divino / el Poderoso en Acciones.

מִי שֶׁעָשָׂה Aquél que hizo milagros a nuestros ancestros y los redimió, Él nos redimirá y devolverá a los hijos a su propio país.
Que este mes sea para nosotros con buena señal:
El novilunio de (*nombre hebreo del mes*) ocurrirá el (*día de la semana*).

יְחַדְּשֵׁהוּ Que el Santo Bendito Él lo renueve sobre nosotros
y sobre todo Su pueblo Israel en todo lugar donde se encuentren
para bien y para bendición, para alegría y para regocijo,
para salvación y para consuelo, para sustento y abundancia,
que escuchemos buenos rumores y buenas nuevas
(*En invierno:* y para lluvias en su debido tiempo/
*En verano:* y para rocíos de bendición)
para completa curación y pronta redención y digamos: Amén.

ANUNCIO DE AYUNOS

*El Shabat anterior al 17 de Tamuz (el cuarto mes) y al 10 de Tebet (el décimo mes) se anuncia:*

Hermanos nuestros, la Casa de Israel, escuchad:
El ayuno (*17 de Tamuz:* del cuarto mes) (*10 de Tebet:* del décimo mes)
será el (*día de la semana*).
Que el Santo Bendito Él lo transforme en día de alegría y regocijo,
tal como está escrito:
"Así dijo el SEÑOR de las Huestes Celestiales: *Zac. 8*
'El cuarto ayuno (*17 de Tamuz:*),
el quinto ayuno (*10 de Tebet:*),
el séptimo ayuno (*Ayuno de Guedalia:*)
y el décimo ayuno (*10 de Tebet:*)
serán para la Casa de Yehudá días alegría,regocijo y festividades.
Por ello, amad la verdad y la paz'".

*En el* שבת *anterior al* תשעה באב*, algunas* קהילות *recitan el siguiente pasaje en vez de* 'יְהִי רָצוֹן'*, seguido de* 'מִי שֶׁעָשָׂה נִסִּים'*.*

מְחַדֵּשׁ חֳדָשִׁים / יְקַבֵּץ נְפוּצִים
אֲנָשִׁים וְנָשִׁים / לְעִיר הַבְּנוּיָה
וִיהָא זֶה הַחֹדֶשׁ / לְטוֹבָה יְחַדֵּשׁ
וְרָצוֹן יְצַו אֵל / רַב הָעֲלִילִיָּה.

מִי שֶׁעָשָׂה נִסִּים לַאֲבוֹתֵינוּ וּמִמִּצְרַיִם גְּאָלָם
הוּא יִגְאַל אוֹתָנוּ וְיָשִׁיב בָּנִים לִגְבוּלָם.
בְּסִימָן טוֹב יְהֵא לָנוּ
רֹאשׁ חֹדֶשׁ (פלוני) בְּיוֹם (פלוני)
יְחַדְּשֵׁהוּ הַקָּדוֹשׁ בָּרוּךְ הוּא עָלֵינוּ וְעַל עַמּוֹ יִשְׂרָאֵל בְּכָל־מָקוֹם שֶׁהֵם
לְטוֹבָה וְלִבְרָכָה, לְשָׂשׂוֹן וּלְשִׂמְחָה, לִישׁוּעָה וּלְנֶחָמָה
לְפַרְנָסָה וּלְכַלְכָּלָה, לִשְׁמוּעוֹת טוֹבוֹת וְלִבְשׂוֹרוֹת טוֹבוֹת
בחורף: וְלִגְשָׁמִים בְּעִתָּם / בקיץ: וּלְטַלְלֵי בְרָכָה
וְלִרְפוּאָה שְׁלֵמָה וְלִגְאֻלָּה קְרוֹבָה, וְאִמְרוּ אָמֵן.

### הכרזת צומות

*El* שבת *anterior al* י״ז בתמוז *(el cuarto mes) y al* עשרה בטבת *(el décimo mes) se anuncia:*

אַחֵינוּ בֵּית יִשְׂרָאֵל שְׁמָעוּ.
צוֹם (י״ז בתמוז: הָרְבִיעִי) (עשרה בטבת: הָעֲשִׂירִי) יִהְיֶה בְּיוֹם (פלוני).
יַהֲפֹךְ אוֹתוֹ הַקָּדוֹשׁ בָּרוּךְ הוּא לְשָׂשׂוֹן וּלְשִׂמְחָה.
כִּדְכְתִיב, כֹּה־אָמַר יְהוָה צְבָאוֹת זכריה ח
צוֹם הָרְבִיעִי (י״ז בתמוז) וְצוֹם הַחֲמִישִׁי (תשעה באב)
וְצוֹם הַשְּׁבִיעִי (צום גדליה) וְצוֹם הָעֲשִׂירִי (עשרה בטבת)
יִהְיֶה לְבֵית־יְהוּדָה לְשָׂשׂוֹן וּלְשִׂמְחָה וּלְמֹעֲדִים טוֹבִים
וְהָאֱמֶת וְהַשָּׁלוֹם אֱהָבוּ׃

ASHRÉ

Que Tu benevolencia SEÑOR sea sobre nosotros, *Sal. 33*
así como hemos depositado en Ti nuestra confianza.

אַשְׁרֵי Felices aquellos que residen en Tu morada; *Sal. 84*
continuarán alabándote, ¡Sela!
Feliz del pueblo para el que esto es así, *Sal. 144*
feliz del pueblo que el SEÑOR es su Dios.

Salmo de alabanza de David. *Sal. 145*

Te ensalzaré oh Dios, mi Rey y bendeciré Tu Nombre por siempre. Todos los días Te bendeciré y alabaré Tu Nombre por siempre. El SEÑOR es grande en sobremanera y Su grandeza es insondable. Una generación tras otra alabará Tu labor y contará sobre Tus poderosas acciones. Ponderaré el glorioso esplendor de Tu majestad y Tus actos maravillosos. Ellos relatarán el poder de Tus venerables acciones y de Tu grandeza. Ellos recitarán el recuerdo de Tu gran benevolencia y cantarán con regocijo Tu rectitud. El SEÑOR es compasivo y misericordioso, paciente y muy benevolente. El SEÑOR es bueno con todos y Su misericordia para con todas Sus creaturas. Todas Tus Obras Te agradecerán y Tus devotos Te bendecirán. Ellos recitarán la gloria de Tu reinado y hablarán de Tus poderosas acciones. Darán a conocer a los hombres Sus poderosas acciones, y la gloria de la majestad de Su reino. Tu reino es un reino por todos los tiempos y Tu dominio por todas las generaciones. El SEÑOR sostiene a los que se caen y yergue a los encorvados. Todos alzan su mirada a Ti con esperanza y Tú les provees de su alimento en el momento adecuado. Tú abres Tu mano y satisfaces el deseo de cada ser viviente. El SEÑOR es justo en todas Sus sendas y magnánimo en todos Sus actos. El SEÑOR está cercano a todos quienes Le llaman, de todos aquellos que claman a Él con la verdad. Él colmará el deseo de quienes Lo reverencian, escuchará su

אשרי

יְהִי־חַסְדְּךָ יְהוָה עָלֵינוּ, כַּאֲשֶׁר יִחַלְנוּ לָךְ: תהלים לג

אַשְׁרֵי יוֹשְׁבֵי בֵיתֶךָ עוֹד יְהַלְלוּךָ סֶּלָה: תהלים פד

אַשְׁרֵי הָעָם שֶׁכָּכָה לּוֹ אַשְׁרֵי הָעָם שֶׁיהוָה אֱלֹהָיו: תהלים קמד

תְּהִלָּה לְדָוִד תהלים קמה

אֲרוֹמִמְךָ אֱלוֹהַי הַמֶּלֶךְ וַאֲבָרְכָה שִׁמְךָ לְעוֹלָם וָעֶד:

בְּכָל־יוֹם אֲבָרְכֶךָּ וַאֲהַלְלָה שִׁמְךָ לְעוֹלָם וָעֶד:

גָּדוֹל יְהוָה וּמְהֻלָּל מְאֹד וְלִגְדֻלָּתוֹ אֵין חֵקֶר:

דּוֹר לְדוֹר יְשַׁבַּח מַעֲשֶׂיךָ וּגְבוּרֹתֶיךָ יַגִּידוּ:

הֲדַר כְּבוֹד הוֹדֶךָ וְדִבְרֵי נִפְלְאוֹתֶיךָ אָשִׂיחָה:

וֶעֱזוּז נוֹרְאוֹתֶיךָ יֹאמֵרוּ וּגְדוּלָּתְךָ אֲסַפְּרֶנָּה:

זֵכֶר רַב־טוּבְךָ יַבִּיעוּ וְצִדְקָתְךָ יְרַנֵּנוּ:

חַנּוּן וְרַחוּם יְהוָה אֶרֶךְ אַפַּיִם וּגְדָל־חָסֶד:

טוֹב־יְהוָה לַכֹּל וְרַחֲמָיו עַל־כָּל־מַעֲשָׂיו:

יוֹדוּךָ יְהוָה כָּל־מַעֲשֶׂיךָ וַחֲסִידֶיךָ יְבָרְכוּכָה:

כְּבוֹד מַלְכוּתְךָ יֹאמֵרוּ וּגְבוּרָתְךָ יְדַבֵּרוּ:

לְהוֹדִיעַ ׀ לִבְנֵי הָאָדָם גְּבוּרֹתָיו וּכְבוֹד הֲדַר מַלְכוּתוֹ:

מַלְכוּתְךָ מַלְכוּת כָּל־עֹלָמִים וּמֶמְשַׁלְתְּךָ בְּכָל־דּוֹר וָדֹר:

סוֹמֵךְ יְהוָה לְכָל־הַנֹּפְלִים וְזוֹקֵף לְכָל־הַכְּפוּפִים:

עֵינֵי־כֹל אֵלֶיךָ יְשַׂבֵּרוּ וְאַתָּה נוֹתֵן־לָהֶם אֶת־אָכְלָם בְּעִתּוֹ:

פּוֹתֵחַ אֶת־יָדֶךָ וּמַשְׂבִּיעַ לְכָל־חַי רָצוֹן:

צַדִּיק יְהוָה בְּכָל־דְּרָכָיו וְחָסִיד בְּכָל־מַעֲשָׂיו:

קָרוֹב יְהוָה לְכָל־קֹרְאָיו לְכֹל אֲשֶׁר יִקְרָאֻהוּ בֶאֱמֶת:

clamor y los redimirá. El SEÑOR protege a todos aquellos que Le aman y destruirá a todos los malvados. Mi boca declarará la alabanza del SEÑOR y todas las creaturas bendecirán Su sagrado Nombre por siempre.

Nosotros bendeciremos a Dios desde ahora y por siempre, ¡Aleluyá! *Sal. 115*

*En Shabat comenzar aquí:*

Bendito sea el SEÑOR que concedió descanso a Su pueblo Israel *I Reyes 8*
de acuerdo con lo que prometió. No dejó de cumplir ni una sola de las cosas buenas que prometió por medio de Su siervo Moshé.

*En Yom Tob que cae en día de semana comenzar aquí:*

Que el SEÑOR nuestro Dios sea con nosotros, tal como lo fue con nuestros ancestros. Que nunca nos deje ni nos abandone. Que incline nuestros corazones a Él tal que nos conduzcamos por todos Sus caminos, cuidando Sus preceptos, Sus leyes y Sus estatutos que ordenó a nuestros ancestros. Que estas palabras mías de súplica ante el SEÑOR estén cercanas al SEÑOR nuestro Dios día y noche, para cumplir con la ley de Su siervo y con la sentencia de Su pueblo Israel, día tras día. Para que todas las naciones de la tierra sepan que
el SEÑOR es el Dios y no hay ninguno otro. Este libro de la Torá no *Josué 1*
se apartará de tu boca, sino que meditarás en él día y noche para que cuides cumplir todo lo que en él está escrito, pues entonces tendrás éxito en tu camino y prosperarás. ¿Acaso no te ordené que seas fuerte y te esfuerces, no temas ni desmayes pues le SEÑOR tu Dios está contigo en todo cuanto emprendas?

רְצוֹן־יְרֵאָיו יַעֲשֶׂה וְאֶת־שַׁוְעָתָם יִשְׁמַע וְיוֹשִׁיעֵם:
שׁוֹמֵר יְהֹוָה אֶת־כָּל־אֹהֲבָיו וְאֵת כָּל־הָרְשָׁעִים יַשְׁמִיד:
תְּהִלַּת יְהֹוָה יְדַבֶּר פִּי וִיבָרֵךְ כָּל־בָּשָׂר שֵׁם קָדְשׁוֹ לְעוֹלָם וָעֶד:
וַאֲנַחְנוּ | נְבָרֵךְ יָהּ מֵעַתָּה וְעַד־עוֹלָם הַלְלוּיָהּ: תהלים קטו

*En שבת, comenzar aquí:*

בָּרוּךְ יְהֹוָה אֲשֶׁר נָתַן מְנוּחָה לְעַמּוֹ יִשְׂרָאֵל כְּכֹל אֲשֶׁר דִּבֵּר, מלכים א׳ ח
לֹא־נָפַל דָּבָר אֶחָד מִכֹּל דְּבָרוֹ הַטּוֹב אֲשֶׁר דִּבֶּר בְּיַד מֹשֶׁה עַבְדּוֹ:

*En יום טוב que cae en día de semana comenzar aquí:*

יְהִי יְהֹוָה אֱלֹהֵינוּ עִמָּנוּ כַּאֲשֶׁר הָיָה עִם־אֲבֹתֵינוּ, אַל־יַעַזְבֵנוּ
וְאַל־יִטְּשֵׁנוּ: לְהַטּוֹת לְבָבֵנוּ אֵלָיו, לָלֶכֶת בְּכָל־דְּרָכָיו וְלִשְׁמֹר
מִצְוֹתָיו וְחֻקָּיו וּמִשְׁפָּטָיו אֲשֶׁר צִוָּה אֶת־אֲבֹתֵינוּ: וְיִהְיוּ דְבָרַי
אֵלֶּה אֲשֶׁר הִתְחַנַּנְתִּי לִפְנֵי יְהֹוָה, קְרֹבִים אֶל־יְהֹוָה אֱלֹהֵינוּ
יוֹמָם וָלָיְלָה לַעֲשׂוֹת מִשְׁפַּט עַבְדּוֹ וּמִשְׁפַּט עַמּוֹ יִשְׂרָאֵל דְּבַר־
יוֹם בְּיוֹמוֹ: לְמַעַן דַּעַת כָּל־עַמֵּי הָאָרֶץ, כִּי יְהֹוָה הוּא הָאֱלֹהִים,
אֵין עוֹד: לֹא־יָמוּשׁ סֵפֶר הַתּוֹרָה הַזֶּה מִפִּיךָ, וְהָגִיתָ בּוֹ יוֹמָם יהושע א
וָלַיְלָה, לְמַעַן תִּשְׁמֹר לַעֲשׂוֹת כְּכָל־הַכָּתוּב בּוֹ, כִּי־אָז תַּצְלִיחַ
אֶת־דְּרָכֶךָ וְאָז תַּשְׂכִּיל: הֲלוֹא צִוִּיתִיךָ חֲזַק וֶאֱמָץ, אַל־תַּעֲרֹץ
וְאַל־תֵּחָת, כִּי עִמְּךָ יְהֹוָה אֱלֹהֶיךָ בְּכֹל אֲשֶׁר תֵּלֵךְ:

# DEVOLUCIÓN DEL SEFER TORÁ AL HEJAL

*El kahal recita de pie:*

יִמְלֹךְ Que el Señor reine por siempre. *Sal. 146*
Él es Tu Dios, Ṣion, por todas las generaciones ¡Aleluyá!

Que el Señor reine por siempre.
Él es Tu Dios, Ṣion, por todas las generaciones ¡Aleluyá!

מִזְמוֹר לְדָוִד Cántico de David. Tributad al Señor vosotros los ángeles, tributad al Señor gloria y fortaleza. Tributad al Señor gloria en virtud de Su Nombre, prosternaos ante el Señor con el esplendor de la santidad. La voz del Señor se escucha sobre las aguas, el Dios de la gloria hace temblar, la voz del Señor está sobre aguas abundantes. La voz del Señor resuena con poder, la voz del Señor resuena con esplendor. La voz del Señor quiebra los cedros y el Señor quebró así los cedros del Líbano. Hizo bailar al Líbano cual ternero y al Monte Sirión cual joven órix. La voz del Señor hace estallar llamas de fuego. La voz de Señor hace temblar al desierto, el Señor aterrará al desierto de Kadesh. La voz del Señor hace parir a las gacelas y descubre a los bosques, y en Su Santuario todos dicen ¡Gloria! El Señor fue entronado en el diluvio, y permaneció en Su trono por siempre. El Señor dará poder a Su pueblo, el Señor bendecirá a Su pueblo con la paz. *Sal. 29*

---

entrega de la Torá en el Monte Sinaí, la cual fue acompañada por truenos y relámpagos cuando la montaña "tembló bruscamente" (Éxodo 19:18).

# הכנסת ספר תורה

*El* קהל *recita de pie:*

תהלים קמו

יִמְלֹךְ יְהוָה לְעוֹלָם
אֱלֹהַיִךְ צִיּוֹן לְדֹר וָדֹר, הַלְלוּיָהּ:
יִמְלֹךְ יְהוָה לְעוֹלָם
אֱלֹהַיִךְ צִיּוֹן לְדֹר וָדֹר, הַלְלוּיָהּ:

תהלים כט

מִזְמוֹר לְדָוִד הָבוּ לַיהוָה בְּנֵי אֵלִים הָבוּ לַיהוָה כָּבוֹד וָעֹז:
הָבוּ לַיהוָה כְּבוֹד שְׁמוֹ הִשְׁתַּחֲווּ לַיהוָה בְּהַדְרַת־קֹדֶשׁ:
קוֹל יְהוָה עַל־הַמָּיִם אֵל־הַכָּבוֹד הִרְעִים יְהוָה עַל־מַיִם רַבִּים:
קוֹל־יְהוָה בַּכֹּחַ קוֹל יְהוָה בֶּהָדָר:
קוֹל יְהוָה שֹׁבֵר אֲרָזִים וַיְשַׁבֵּר יְהוָה אֶת־אַרְזֵי הַלְּבָנוֹן:
וַיַּרְקִידֵם כְּמוֹ־עֵגֶל לְבָנוֹן וְשִׂרְיוֹן כְּמוֹ בֶן־רְאֵמִים:
קוֹל־יְהוָה חֹצֵב לַהֲבוֹת אֵשׁ:
קוֹל יְהוָה יָחִיל מִדְבָּר יָחִיל יְהוָה מִדְבַּר קָדֵשׁ:
קוֹל יְהוָה ׀ יְחוֹלֵל אַיָּלוֹת וַיֶּחֱשֹׂף יְעָרוֹת
וּבְהֵיכָלוֹ כֻּלּוֹ אֹמֵר כָּבוֹד:
יְהוָה לַמַּבּוּל יָשָׁב וַיֵּשֶׁב יְהוָה מֶלֶךְ לְעוֹלָם:
יְהוָה עֹז לְעַמּוֹ יִתֵּן יְהוָה ׀ יְבָרֵךְ אֶת־עַמּוֹ בַשָּׁלוֹם:

---

DEVOLUCIÓN DEL ROLLO AL ARCA SAGRADA
Ceremonia paralela a la que acompaña la extracción del rollo.

מִזְמוֹר לְדָוִד *Cántico de David:* Salmos 29, con su séptuple referencia a "la voz del Señor" que hace temblar al mundo, fue tradicionalmente asociado a la

שׁוּבָה Regresa a Tu morada y reside en la casa de Tus anhelos.
Pues toda boca y toda lengua declararán el esplendor
y la gloria de Tu reinado.
וּבְנֻחֹה Cuando el Arca reposaba, Moshé decía: *Núm. 10*
"Retorna SEÑOR a las miríadas de millares de Israel".
הֲשִׁיבֵנוּ Haznos retornar a Ti SEÑOR y retornaremos, *Lam. 5*
renueva nuestros días como antaño.

## MEDIO KADISH

*El Ḥazán y los Avelim recitan Medio Kadish:*

יִתְגַּדַּל Que Su Gran Nombre sea magnificado y santificado,
en el mundo que creó conforme a Su voluntad.
Que establezca Su reino, haga florecer Su salvación
y apresure la llegada de Su ungido
durante vuestra vida y en vuestros días
y en la vida de toda la casa de Israel,
pronto y rápidamente y decid: Amén.

Que Su Gran Nombre sea bendito
por siempre y por toda la eternidad.

Sea bendecido, alabado, glorificado
y exaltado, encumbrado
y magnificado, enaltecido y ensalzado
el Nombre del Santo Bendito Él;
más allá de cualquier bendición,
cántico, alabanza y consolación
pronunciados en el mundo y decid: Amén.

*En Shabat Rosh Ḥodesh el Kahal dice aquí en voz alta*
*'Tú creaste Tu mundo en tiempos pretéritos' (Atá Yatzarta).*

---

del texto, extraída del libro de Lamentaciones, "renueva nuestros días como antaño". En el judaísmo, la fe monoteísta más antigua del mundo, lo nuevo es antiguo y lo antiguo es nuevo. El símbolo de esta constante renovación es la Torá, la palabra del Eterno que está más allá del tiempo.

שׁוּבָה לִמְעוֹנָךְ וּשְׁכֹן בְּבֵית מַאֲוַיָךְ.
כִּי כָל־פֶּה וְכָל־לָשׁוֹן יִתְּנוּ הוֹד וְהָדָר לְמַלְכוּתָךְ.
וּבְנֻחֹה יֹאמַר, שׁוּבָה יְהֹוָה רִבְבוֹת אַלְפֵי יִשְׂרָאֵל: במדבר י
הֲשִׁיבֵנוּ יְהֹוָה אֵלֶיךָ וְנָשׁוּבָה, חַדֵּשׁ יָמֵינוּ כְּקֶדֶם: איכה ה

## חצי קדיש

*El* חזן *y los* אבלים *recitan* חצי קדיש*:*

יִתְגַּדַּל וְיִתְקַדַּשׁ שְׁמֵהּ רַבָּא (קהל: אָמֵן)
בְּעָלְמָא דִּי בְרָא כִרְעוּתֵהּ
וְיַמְלִיךְ מַלְכוּתֵהּ וְיַצְמַח פֻּרְקָנֵהּ וִיקָרֵב מְשִׁיחֵהּ (קהל: אָמֵן)
בְּחַיֵּיכוֹן וּבְיוֹמֵיכוֹן וּבְחַיֵּי דְכָל־בֵּית יִשְׂרָאֵל
בַּעֲגָלָא וּבִזְמַן קָרִיב, וְאִמְרוּ אָמֵן. (קהל: אָמֵן)
יְהֵא שְׁמֵהּ רַבָּא מְבָרַךְ לְעָלַם וּלְעָלְמֵי עָלְמַיָּא יִתְבָּרַךְ
וְיִשְׁתַּבַּח וְיִתְפָּאַר וְיִתְרוֹמַם וְיִתְנַשֵּׂא
וְיִתְהַדָּר וְיִתְעַלֶּה וְיִתְהַלָּל
שְׁמֵהּ דְּקֻדְשָׁא בְּרִיךְ הוּא (קהל: אָמֵן)
לְעֵלָּא מִן כָּל־בִּרְכָתָא, שִׁירָתָא, תֻּשְׁבְּחָתָא וְנֶחֱמָתָא
דַּאֲמִירָן בְּעָלְמָא, וְאִמְרוּ אָמֵן. (קהל: אָמֵן)

*En* שבת ראש חודש *el* קהל *dice aquí en voz alta*
'אַתָּה יָצַרְתָּ עוֹלָמְךָ מִקֶּדֶם' *(Atá Yatzarta).*

---

**וּבְנֻחֹה יֹאמַר** *Cuando el Arca reposaba:* El versículo (Números 10:36) describe los momentos en el desierto en los que el pueblo de Israel acampaba. Así como la apertura del Arca Sagrada en el presente recuerda el antiguo pasado cuando los hijos de Israel cargaban consigo el Arca que contenía las Tablas de la Ley en todas sus travesías. De ahí la conmoción que provoca la última línea

# Musaf para Shabat y Shabat Rosh Ḥodesh

*Cuando Yom Tob cae en Shabat se reza la A'midá en la página 924.*

## LA A'MIDÁ

SEÑOR, abre mis labios para que mi boca pronuncie Tu alabanza. *Sal. 51*

PATRIARCAS

בָּרוּךְ Bendito eres Tú SEÑOR,
Dios nuestro y de nuestros ancestros,
Dios de Abraham, Dios de Isḥak y Dios de Ya'akob,
Dios grande, poderoso y maravilloso, SEÑOR supremo,
que prodiga generosamente y es el Creador de todo lo existente,
Quien recuerda la gracia de los ancestros y traerá al Redentor
para los hijos de sus hijos en aras de Su Nombre con amor.

*En Shabat Teshubá:* Recuérdanos para la vida, Rey que anhela la vida
e inscríbenos en el libro de la vida por Ti,
oh Dios de vida.

Rey que ayuda, redime y protege.
Bendito eres Tú SEÑOR, Escudo de Abraham.

---

pedimos a Dios que acepte nuestras plegarias en sustitución de los sacrificios, según el espíritu de las palabras del profeta Oseas (14:3): "Que las palabras de nuestros labios sean sustituto de los bueyes (que no podemos ofrendar)". La palabra hebrea para sacrificio, "*korbán*", se deriva de la raíz *k-r-b* que significa

# מוסף לשבת ולשבת ראש חודש

*Cuando* יום טוב *cae en* שבת *se reza la* עמידה *en la página 925.*

## עמידה

אֲדֹנָי, שְׂפָתַי תִּפְתָּח, וּפִי יַגִּיד תְּהִלָּתֶךָ: תהלים נא

אבות

בָּרוּךְ אַתָּה יְהֹוָה, אֱלֹהֵינוּ וֵאלֹהֵי אֲבוֹתֵינוּ
אֱלֹהֵי אַבְרָהָם, אֱלֹהֵי יִצְחָק, וֵאלֹהֵי יַעֲקֹב
הָאֵל הַגָּדוֹל הַגִּבּוֹר וְהַנּוֹרָא, אֵל עֶלְיוֹן
גּוֹמֵל חֲסָדִים טוֹבִים, קוֹנֵה הַכֹּל
וְזוֹכֵר חַסְדֵי אָבוֹת
וּמֵבִיא גוֹאֵל לִבְנֵי בְנֵיהֶם לְמַעַן שְׁמוֹ בְּאַהֲבָה.

בשבת תשובה: זָכְרֵנוּ לְחַיִּים, מֶלֶךְ חָפֵץ בַּחַיִּים
כָּתְבֵנוּ בְּסֵפֶר הַחַיִּים לְמַעַנְךָ אֱלֹהִים חַיִּים.

מֶלֶךְ עוֹזֵר וּמוֹשִׁיעַ וּמָגֵן.
בָּרוּךְ אַתָּה יְהֹוָה, מָגֵן אַבְרָהָם.

---

EL REZO ADICIONAL

En Shabat, festividades y novilunios (Rosh Ḥodesh) era ofrecido un sacrificio adicional llamado Musaf, el cual era ofrendado además de las ofrendas permanentes de la mañana y la tarde. El rezo de Musaf se corresponde con este sacrificio. Por medio de este rezo, en ausencia del Templo y sus ritos,

PODER DE DIOS

אַתָּה גִּבּוֹר Señor, Tú eres eternamente poderoso,
Tú revives a los muertos y tienes gran poder de salvación.

*Verano:* Hace descender el rocío.

*Invierno:* Hace soplar el viento y descender la lluvia.

Sostiene con benevolencia a todos los seres vivos,
revive a los muertos con gran misericordia,
da soporte a quienes se caen, cura a los enfermos,
libera a los prisioneros
y cumple Su promesa con quienes yacen ya en la tierra.
¿Quién es como Tú Todopoderoso?
¿Quién se Te puede asemejar?
Rey que quita la vida y la restaura y hace brotar la Redención.

*En Shabat Teshubá:* ¿Quién como Tú Padre misericordioso,
que recuerdas a Tus creaturas para la vida con piedad?

Eres fiel en revivir a los muertos.
Bendito eres Tú Señor, que revive a los muertos.

---

La plegaria a modo de sacrificio significa que no pedimos a Dios que haga nuestra voluntad sino prometerle que haremos la Suya. Es el acto supremo de reconocimiento de nuestra dependencia de Dios.

גבורות

אַתָּה גִּבּוֹר לְעוֹלָם, אֲדֹנָי

מְחַיֵּה מֵתִים אַתָּה, רַב לְהוֹשִׁיעַ

בקיץ: מוֹרִיד הַטָּל / בחורף: מַשִּׁיב הָרוּחַ וּמוֹרִיד הַגֶּשֶׁם

מְכַלְכֵּל חַיִּים בְּחֶסֶד

מְחַיֵּה מֵתִים בְּרַחֲמִים רַבִּים

סוֹמֵךְ נוֹפְלִים, וְרוֹפֵא חוֹלִים, וּמַתִּיר אֲסוּרִים

וּמְקַיֵּם אֱמוּנָתוֹ לִישֵׁנֵי עָפָר.

מִי כָמוֹךָ, בַּעַל גְּבוּרוֹת

וּמִי דּוֹמֶה לָּךְ

מֶלֶךְ מֵמִית וּמְחַיֶּה וּמַצְמִיחַ יְשׁוּעָה.

בשבת תשובה: מִי כָמוֹךָ אַב הָרַחֲמָן

זוֹכֵר יְצוּרָיו בְּרַחֲמִים לְחַיִּים.

וְנֶאֱמָן אַתָּה לְהַחֲיוֹת מֵתִים.

בָּרוּךְ אַתָּה יְהוָה, מְחַיֵּה הַמֵּתִים.

"acercarse o acercar". El acto de acercarse a Dios incluye al sacrificio en el más profundo sentido de la palabra: ceder algo de nosotros mismos a Aquél que es mayor que nosotros, Autor y Soberano último de todo lo existente.

KEDUSHÁ

*Recitar junto al Ḥazán durante la repetición del rezo:*

כֶּתֶר Una corona Te otorgarán, SEÑOR, nuestro Dios, las muchedumbres de ángeles en las alturas junto a Tu pueblo Israel en reunión terrenal. Conjuntamente todos pronunciarán Tu santidad tal cual fue dicho
por Tu profeta: "Y un ángel daba voces al otro diciendo: *Isa. 6*

Santo, Santo, Santo, SEÑOR de las Huestes Celestiales,
toda la tierra está llena de Su gloria".

Su Gloria colma el universo.
Sus ángeles ministeriales se preguntan el uno al otro:

"¿Dónde está el sitial de Su Gloria para reverenciarle?"

Quienes están frente a ellos alaban y dicen:

"Bendita es la gloria del SEÑOR desde Su sitial". *Eze. 3*

Desde Su sitial contemplará compasivamente a Su pueblo, que unifica Su Nombre; al anochecer y al amanecer, cada día constantemente con amor, recitan el Shemá dos veces.

Escucha Israel, el SEÑOR es nuestro Dios, el SEÑOR es Uno.

Él es nuestro Dios, Él es nuestro Padre, Él es nuestro Rey,
Él es nuestro Salvador.
Él nos salvará y redimirá por segunda vez, y nos hará escuchar con Su Compasión en presencia de todos los seres vivos diciendo: "He aquí que os
redimiré al final como al principio para ser vuestro Dios, *Núm. 15*
Yo soy el SEÑOR vuestro Dios".
Y en Tus escrituras sagradas leemos:

"El SEÑOR reinará por siempre, tu Dios Ṣion, *Sal. 146*
de generación en generación, ¡Aleluyá!"

---

sículos adyacentes en la Kedushá de Musaf son diferentes a los de las demás Amidot, principalmente por la inclusión del primer versículo del recitado del Shemá. Según Ribí Amram Gaón (siglo IX) esto se originó en tiempos de persecución cuando los judíos tenían prohibido declarar su fe públicamente. Entonces, incorporaron el primer versículo del Shemá en la A'midá de Musaf donde permanece hasta el día de hoy.

קדושה

*Recitar junto al* חזן *durante la repetición del rezo:*

כֶּתֶר יִתְּנוּ לְךָ, יְהוָה אֱלֹהֵינוּ
מַלְאָכִים הֲמוֹנֵי מַעְלָה, עִם עַמְּךָ יִשְׂרָאֵל קְבוּצֵי מַטָּה.
יַחַד כֻּלָּם קְדֻשָּׁה לְךָ יְשַׁלֵּשׁוּ
ישעיה ו כַּדָּבָר הָאָמוּר עַל יַד נְבִיאָךְ: וְקָרָא זֶה אֶל־זֶה וְאָמַר

קָדוֹשׁ, קָדוֹשׁ, קָדוֹשׁ
יְהוָה צְבָאוֹת, מְלֹא כָל־הָאָרֶץ כְּבוֹדוֹ:

כְּבוֹדוֹ מָלֵא עוֹלָם, וּמְשָׁרְתָיו שׁוֹאֲלִים

אַיֵּה מְקוֹם כְּבוֹדוֹ, לְהַעֲרִיצוֹ

לְעֻמָּתָם מְשַׁבְּחִים וְאוֹמְרִים

יחזקאל ג בָּרוּךְ כְּבוֹד־יְהוָה מִמְּקוֹמוֹ:

מִמְּקוֹמוֹ, הוּא יִפֶן בְּרַחֲמָיו לְעַמּוֹ, הַמְיַחֲדִים שְׁמוֹ
עֶרֶב וָבֹקֶר בְּכָל־יוֹם תָּמִיד
אוֹמְרִים פַּעֲמַיִם בְּאַהֲבָה

דברים ו שְׁמַע יִשְׂרָאֵל, יְהוָה אֱלֹהֵינוּ, יְהוָה אֶחָד:

הוּא אֱלֹהֵינוּ, הוּא אָבִינוּ, הוּא מַלְכֵּנוּ, הוּא מוֹשִׁיעֵנוּ
הוּא יוֹשִׁיעֵנוּ וְיִגְאָלֵנוּ שֵׁנִית וְיַשְׁמִיעֵנוּ בְּרַחֲמָיו לְעֵינֵי כָּל־חַי, לֵאמֹר
הֵן גָּאַלְתִּי אֶתְכֶם אַחֲרִית כְּרֵאשִׁית
במדבר טו לִהְיוֹת לָכֶם לֵאלֹהִים, אֲנִי יְהוָה אֱלֹהֵיכֶם:
וּבְדִבְרֵי קָדְשְׁךָ כָּתוּב לֵאמֹר

תהלים קמו יִמְלֹךְ יְהוָה לְעוֹלָם, אֱלֹהַיִךְ צִיּוֹן לְדֹר וָדֹר, הַלְלוּיָהּ:

---

קדושה *Kedushá* (siguiente página): Tal como en las diferentes variantes de la *Kedushá,* los versículos centrales son alabanzas pronunciadas por los ángeles, tal como se describen en las visiones místicas de Isaías y Ezequiel. Los ver-

## SANTIDAD

אַתָּה קָדוֹשׁ Tú eres santo y Tu Nombre es santo,
y los santos Te alaban a diario, ¡Sela!
Bendito eres Tú SEÑOR, el Dios santo.

(*En Shabat Teshubá:* el Rey santo).

*En Shabat continuar con "Tú instituiste el Shabat" y en Shabat Rosh Ḥodesh continuar abajo con "Tú creaste".*

## SANTIDAD DEL DÍA

תִּכַּנְתָּ Tú instituiste el Shabat, viste con favor sus ofrendas.
Ordenaste sus leyes específicas junto con el orden de sus libaciones.
Quienes se deleitan en ellas por siempre heredarán gloria,
quienes las degustan serán meritorios de vida
y quienes aman sus enseñanzas habrán escogido la grandeza.
Incluso antes de Sinaí fueron ordenados los preceptos relativos
a su correcto cumplimiento.

---

*En Shabat Rosh Ḥodesh:*

אַתָּה יָצַרְתָּ Tú creaste Tu mundo en tiempos pretéritos, culminaste Tu obra en el séptimo día, nos favoreciste, nos escogiste entre todas las naciones y Te complaciste con nosotros por sobre las demás lenguas (naciones), nos santificaste con Tus preceptos y nos acercaste nuestro Rey a Tu servicio y Tu Grande y Sagrado Nombre invocaste sobre nosotros. Y nos has concedido SEÑOR nuestro Dios con amor, Shabatot para el reposo y novilunios para la expiación. Y dado que pecamos ante Ti SEÑOR, Dios nuestro y de nuestros ancestros, nuestra ciudad fue destruida, nuestro Templo fue desolado y nuestro esplendor fue exilado, fue retirada la gloria de la Casa de nuestra Vida, y no podemos ofrendar sacrificios ante Ti ni disponemos de cohén que expíe por nosotros.

---

inverso. Continúa con una plegaria por el retorno de los judíos a Israel y la restauración del servicio en el Templo. La segunda, "Quienes observan el Shabat y lo llaman deleite", se refiere al carácter placentero del día de descanso.

קדושת השם

אַתָּה קָדוֹשׁ וְשִׁמְךָ קָדוֹשׁ וּקְדוֹשִׁים בְּכָל־יוֹם יְהַלְלוּךָ סֶּלָה.
בָּרוּךְ אַתָּה יְהֹוָה, הָאֵל הַקָּדוֹשׁ. /בשבת תשובה: הַמֶּלֶךְ הַקָּדוֹשׁ./

*En* שבת*, continuar con 'תִּכַּנְתָּ שַׁבָּת' y en* שבת ראש חודש*,*
*continuar abajo con 'אַתָּה יָצַרְתָּ'.*

קדושת היום

תִּכַּנְתָּ שַׁבָּת, רָצִיתָ קָרְבְּנוֹתֶיהָ
צִוִּיתָ פֵּרוּשֶׁיהָ עִם סִדּוּרֵי נְסָכֶיהָ
מְעַנְּגֶיהָ לְעוֹלָם כָּבוֹד יִנְחָלוּ
טוֹעֲמֶיהָ חַיִּים זָכוּ, וְגַם הָאוֹהֲבִים דְּבָרֶיהָ גְּדֻלָּה בָּחָרוּ
אָז מִסִּינַי נִצְטַוּוּ צִוּוּי פְּעָלֶיהָ כָּרָאוּי.

---

בשבת ראש חודש:

אַתָּה יָצַרְתָּ עוֹלָמְךָ מִקֶּדֶם, כִּלִּיתָ מְלַאכְתְּךָ בַּיּוֹם הַשְּׁבִיעִי
בָּחַרְתָּ בָּנוּ מִכָּל־הָאֻמּוֹת, וְרָצִיתָ בָּנוּ מִכָּל־הַלְּשׁוֹנוֹת
וְקִדַּשְׁתָּנוּ בְּמִצְוֹתֶיךָ, וְקֵרַבְתָּנוּ מַלְכֵּנוּ לַעֲבוֹדָתֶךָ
וְשִׁמְךָ הַגָּדוֹל וְהַקָּדוֹשׁ עָלֵינוּ קָרָאתָ.
וַתִּתֶּן לָנוּ יְהֹוָה אֱלֹהֵינוּ בְּאַהֲבָה שַׁבָּתוֹת לִמְנוּחָה וְרָאשֵׁי חֳדָשִׁים לְכַפָּרָה.
וּלְפִי שֶׁחָטָאנוּ לְפָנֶיךָ, יְהֹוָה אֱלֹהֵינוּ וֵאלֹהֵי אֲבוֹתֵינוּ
חָרְבָה עִירֵנוּ וְשָׁמֵם מִקְדָּשֵׁנוּ וְגָלָה יְקָרֵנוּ וְנִטַּל כָּבוֹד מִבֵּית חַיֵּינוּ
וְאֵין אֲנַחְנוּ יְכוֹלִים לְהַקְרִיב לְפָנֶיךָ קָרְבָּן, וְלֹא כֹהֵן שֶׁיְּכַפֵּר בַּעֲדֵנוּ.

---

תִּכַּנְתָּ שַׁבָּת *Tú instituiste el Shabat:* La bendición central de la A'midá se enfoca en el pasaje bíblico que describe las ofrendas suplementarias de Shabat (Números 28:9-10). Alrededor de este encontramos dos plegarias. La primera, "Tú instituiste el Shabat" que comienza con un acróstico: las iniciales de las primeras veintidós palabras deletrean el alfabeto hebreo en orden

*Hay quienes agregan:* Y el Señor nuestro Dios nos ordenó que ofrendemos el sacrificio de Musaf de Shabat como corresponde.

יְהִי רָצוֹן Sea voluntad ante Ti Señor, Dios nuestro y de nuestros ancestros, que nos hagas ascender a nuestra tierra con alegría y nos afirmes dentro de nuestros límites, y allí prepararemos para Ti nuestras ofrendas obligatorias, las ofrendas diarias perpetuas según su orden y la suplementarias según la norma.

אֶת מוּסַף La ofrenda adicional de Shabat prepararemos y sacrificaremos delante de Ti con amor, tal como lo ordenó Tu voluntad, así como lo escribiste en Tu Torá por medio de Tu siervo Moshé, tal como está dicho:

> וּבְיוֹם "Y el día del Shabat ofrendarás dos corderos de un año sin defecto, y dos ofrendas de un décimo de efá de harina de flor amasada con aceite de oliva y su libación. Este es el holocausto de cada Shabat, además del holocausto perpetuo diario y su libación". *Núm. 28*

---

יְהִי Sea voluntad ante Ti Señor, Dios nuestro y de nuestros ancestros, que nos hagas ascender a nuestra tierra con alegría y nos afirmes dentro de nuestros límites, y allí prepararemos para Ti nuestras ofrendas obligatorias, las ofrendas diarias perpetuas según su orden y la suplementarias según la norma.

אֶת מוּסְפֵי Las ofrendas suplementarias de este día de Shabat y este día de Rosh Ḥodesh las sacrificaremos y realizaremos delante de Ti con amor, conforme lo has preceptuado según Tu voluntad. Tal como lo has escrito para nosotros en Tu Torá por medio de Tu siervo Moshé, tal como está dicho:

> "Y el día del Shabat ofrendarás dos corderos de un año sin defecto, y dos ofrendas de un décimo de efá de harina de flor amasada con aceite de oliva y su libación. Este es el holocausto de cada Shabat, además del holocausto perpetuo diario y su libación".
>
> "H en los días de vuestros novilunios, ofreceréis holocausto ante el Señor: dos novillos jóvenes y un camero, siete corderos de un año sin defecto".

יש מוסיפים: וְתַצִּוֵנוּ יְהֹוָה אֱלֹהֵינוּ לְהַקְרִיב בָּהּ קָרְבַּן מוּסַף שַׁבָּת כָּרָאוּי.

יְהִי רָצוֹן מִלְּפָנֶיךָ, יְהֹוָה אֱלֹהֵינוּ וֵאלֹהֵי אֲבוֹתֵינוּ
שֶׁתַּעֲלֵנוּ בְשִׂמְחָה לְאַרְצֵנוּ, וְתִטָּעֵנוּ בִּגְבוּלֵנוּ
וְשָׁם נַעֲשֶׂה לְפָנֶיךָ אֶת קָרְבְּנוֹת חוֹבוֹתֵינוּ
תְּמִידִים כְּסִדְרָם וּמוּסָפִים כְּהִלְכָתָם.
אֶת מוּסַף יוֹם הַשַּׁבָּת הַזֶּה
נַעֲשֶׂה וְנַקְרִיב לְפָנֶיךָ בְּאַהֲבָה כְּמִצְוַת רְצוֹנֶךָ
כְּמוֹ שֶׁכָּתַבְתָּ עָלֵינוּ בְּתוֹרָתֶךָ עַל יְדֵי מֹשֶׁה עַבְדֶּךָ
כָּאָמוּר
וּבְיוֹם הַשַּׁבָּת שְׁנֵי־כְבָשִׂים בְּנֵי־שָׁנָה תְּמִימִם במדבר כח
וּשְׁנֵי עֶשְׂרֹנִים סֹלֶת מִנְחָה בְּלוּלָה בַשֶּׁמֶן וְנִסְכּוֹ:
עֹלַת שַׁבַּת בְּשַׁבַּתּוֹ, עַל־עֹלַת הַתָּמִיד וְנִסְכָּהּ:

---

יְהִי רָצוֹן מִלְּפָנֶיךָ, יְהֹוָה אֱלֹהֵינוּ וֵאלֹהֵי אֲבוֹתֵינוּ
שֶׁתַּעֲלֵנוּ בְשִׂמְחָה לְאַרְצֵנוּ, וְתִטָּעֵנוּ בִּגְבוּלֵנוּ
וְשָׁם נַעֲשֶׂה לְפָנֶיךָ אֶת קָרְבְּנוֹת חוֹבוֹתֵינוּ
תְּמִידִים כְּסִדְרָם וּמוּסָפִים כְּהִלְכָתָם.
אֶת מוּסְפֵי יוֹם הַשַּׁבָּת הַזֶּה וְיוֹם רֹאשׁ הַחֹדֶשׁ הַזֶּה
נַעֲשֶׂה וְנַקְרִיב לְפָנֶיךָ בְּאַהֲבָה כְּמִצְוַת רְצוֹנֶךָ
כְּמוֹ שֶׁכָּתַבְתָּ עָלֵינוּ בְּתוֹרָתֶךָ עַל יְדֵי מֹשֶׁה עַבְדֶּךָ
כָּאָמוּר
וּבְיוֹם הַשַּׁבָּת שְׁנֵי־כְבָשִׂים בְּנֵי־שָׁנָה תְּמִימִם במדבר כח
וּשְׁנֵי עֶשְׂרֹנִים סֹלֶת מִנְחָה בְּלוּלָה בַשֶּׁמֶן וְנִסְכּוֹ:
עֹלַת שַׁבַּת בְּשַׁבַּתּוֹ, עַל־עֹלַת הַתָּמִיד וְנִסְכָּהּ:
וּבְרָאשֵׁי חָדְשֵׁיכֶם תַּקְרִיבוּ עֹלָה לַיהֹוָה, פָּרִים בְּנֵי־בָקָר שְׁנַיִם
וְאַיִל אֶחָד, כְּבָשִׂים בְּנֵי־שָׁנָה שִׁבְעָה, תְּמִימִם:

יִשְׂמְחוּ Quienes observan el Shabat y lo llaman deleite se habrán de regocijar en Tu reinado. El pueblo que santifica el séptimo día se verá satisfecho en su totalidad y se deleitarán en Tu bondad, pues Tú viste con beneplácito el séptimo día y lo santificaste, llamándolo el más preciado de los días, recordatorio de la obra de la Creación.

אֱלֹהֵינוּ Dios nuestro y de nuestros ancestros, complácete en nuestro descanso. Santifícanos con Tus preceptos y haz que nuestra porción esté en Tu Torá. Sácianos de Tu bondad y regocíjanos con Tu salvación y purifica nuestros corazones para que te sirvamos con verdad. Léganos Señor nuestro Dios, con amor y favor Tu sagrado Shabat, tal que reposen en él los hijos de Israel que santifican Tu Nombre. Bendito eres Tú Señor, que santifica el Shabat.

---

וּמִנְחָתָם Y sus ofrendas y sus libaciones tal como fue dicho, tres décimos de efá por cada novillo y dos décimas de efá por el carnero y un décimo de efá por cordero, acompañado de una libación de vino y un chivo para expiar y dos ofrendas permanentes conforme a sus reglas.

אֱלֹהֵינוּ Dios nuestro y de nuestros ancestros, renueva sobre nosotros este mes para bien y para bendición, para regocijo y alegría, para salvación y para consuelo, para sustento y abundancia, para la buena vida y para la paz, para que sean perdonadas las malas acciones y perdonada la iniquidad. Que este mes sea el límite final de todas nuestras desgracias, comienzo e inicio de la salvación de nuestras almas. Pues Tú has elegido a Tu pueblo Israel de entre todas las naciones y les estableciste las leyes del novilunio.

יִשְׂמְחוּ Quienes observan el Shabat y lo llaman deleite se habrán de regocijar en Tu reinado. El pueblo que santifica el séptimo día se verá satisfecho en su totalidad y se deleitarán en Tu bondad, pues Tú viste con beneplácito el séptimo día y lo santificaste, llamándolo el más preciado de los días, recordatorio de la obra de la Creación.

אֱלֹהֵינוּ Dios nuestro y de nuestros ancestros, complácete en nuestro descanso. Santifícanos con Tus preceptos y haz que nuestra porción esté en Tu Torá. Sácianos de Tu bondad y regocíjanos con Tu salvación y purifica nuestros corazones para que Te sirvamos con verdad. Léganos Señor nuestro Dios, con amor y favor Tu sagrado Shabat, tal que reposen en él los hijos de Israel que santifican Tu Nombre. Bendito eres Tú Señor, que santifica el Shabat, a Israel y a los novilunios.

יִשְׂמְחוּ בְמַלְכוּתְךָ שׁוֹמְרֵי שַׁבָּת וְקוֹרְאֵי עֹנֶג.
עַם מְקַדְּשֵׁי שְׁבִיעִי, כֻּלָּם יִשְׂבְּעוּ וְיִתְעַנְּגוּ מִטּוּבֶךָ
וְהַשְּׁבִיעִי רָצִיתָ־בּוֹ וְקִדַּשְׁתּוֹ
חֶמְדַּת יָמִים אוֹתוֹ קָרָאתָ, זֵכֶר לְמַעֲשֵׂה בְרֵאשִׁית.
אֱלֹהֵינוּ וֵאלֹהֵי אֲבוֹתֵינוּ, רְצֵה־נָא בִמְנוּחָתֵנוּ
קַדְּשֵׁנוּ בְּמִצְוֹתֶיךָ, שִׂים חֶלְקֵנוּ בְּתוֹרָתֶךָ
שַׂבְּעֵנוּ מִטּוּבֶךָ, שַׂמֵּחַ נַפְשֵׁנוּ בִּישׁוּעָתֶךָ
וְטַהֵר לִבֵּנוּ לְעָבְדְּךָ בֶּאֱמֶת.
וְהַנְחִילֵנוּ, יְהוָה אֱלֹהֵינוּ, בְּאַהֲבָה וּבְרָצוֹן שַׁבַּת קָדְשֶׁךָ
וְיָנוּחוּ בָהּ כָּל־יִשְׂרָאֵל מְקַדְּשֵׁי שְׁמֶךָ.
בָּרוּךְ אַתָּה יְהוָה, מְקַדֵּשׁ הַשַּׁבָּת.

---

וּמִנְחָתָם וְנִסְכֵּיהֶם כִּמְדֻבָּר, שְׁלֹשָׁה עֶשְׂרֹנִים לַפָּר, וּשְׁנֵי עֶשְׂרֹנִים לָאָיִל
וְעִשָּׂרוֹן לַכֶּבֶשׂ, וְיַיִן כְּנִסְכּוֹ, וְשָׂעִיר לְכַפֵּר, וּשְׁנֵי תְמִידִים כְּהִלְכָתָם.

אֱלֹהֵינוּ וֵאלֹהֵי אֲבוֹתֵינוּ, חַדֵּשׁ עָלֵינוּ אֶת הַחֹדֶשׁ הַזֶּה לְטוֹבָה וְלִבְרָכָה, לְשָׂשׂוֹן וּלְשִׂמְחָה, לִישׁוּעָה וּלְנֶחָמָה, לְפַרְנָסָה וּלְכַלְכָּלָה, לְחַיִּים טוֹבִים וּלְשָׁלוֹם, לִמְחִילַת חֵטְא וְלִסְלִיחַת עָוֹן. וִיהֵא הַחֹדֶשׁ הַזֶּה סוֹף וָקֵץ לְכָל־צָרוֹתֵינוּ, תְּחִלָּה וָרֹאשׁ לְפִדְיוֹן נַפְשֵׁנוּ, כִּי בְעַמְּךָ יִשְׂרָאֵל מִכָּל־הָאֻמּוֹת בָּחַרְתָּ, וְחֻקֵּי רָאשֵׁי חֳדָשִׁים לָהֶם קָבָעְתָּ.

יִשְׂמְחוּ בְמַלְכוּתְךָ שׁוֹמְרֵי שַׁבָּת וְקוֹרְאֵי עֹנֶג.
עַם מְקַדְּשֵׁי שְׁבִיעִי, כֻּלָּם יִשְׂבְּעוּ וְיִתְעַנְּגוּ מִטּוּבֶךָ
וְהַשְּׁבִיעִי רָצִיתָ בּוֹ וְקִדַּשְׁתּוֹ
חֶמְדַּת יָמִים אוֹתוֹ קָרָאתָ, זֵכֶר לְמַעֲשֵׂה בְרֵאשִׁית.

אֱלֹהֵינוּ וֵאלֹהֵי אֲבוֹתֵינוּ, רְצֵה־נָא בִמְנוּחָתֵנוּ, קַדְּשֵׁנוּ בְּמִצְוֹתֶיךָ, שִׂים חֶלְקֵנוּ בְּתוֹרָתֶךָ, שַׂבְּעֵנוּ מִטּוּבֶךָ, שַׂמֵּחַ נַפְשֵׁנוּ בִּישׁוּעָתֶךָ, וְטַהֵר לִבֵּנוּ לְעָבְדְּךָ בֶּאֱמֶת. וְהַנְחִילֵנוּ, יְהוָה אֱלֹהֵינוּ, בְּאַהֲבָה וּבְרָצוֹן שַׁבַּת קָדְשֶׁךָ וְיָנוּחוּ בוֹ כָּל־יִשְׂרָאֵל מְקַדְּשֵׁי שְׁמֶךָ. בָּרוּךְ אַתָּה יְהוָה, מְקַדֵּשׁ הַשַּׁבָּת וְיִשְׂרָאֵל וְרָאשֵׁי חֳדָשִׁים.

## EL SERVICIO DEL TEMPLO

רְצֵה Acepta con benevolencia SEÑOR, nuestro Dios,
a Tu pueblo Israel y atiende sus plegarias.
Restaura el servicio en Tu más sagrada casa y acepta favorable
y amorosamente las ofrendas ígneas de Israel y sus rezos.
Que siempre recibas con agrado el servicio de Tu pueblo Israel.
Y Tú en Tu gran compasión nos desearás
y Te complacerás en nosotros.
Que nuestros ojos contemplen Tu retorno a Ṣion con compasión.
Bendito eres Tú SEÑOR, que restaura Su presencia en Ṣion.

## AGRADECIMIENTO

מוֹדִים Te agradecemos a Ti,
pues eres el SEÑOR,
Dios nuestro y de nuestros
ancestros por siempre.
Eres nuestra Roca
y la de nuestra existencia,
Escudo de nuestra salvación.
De generación en generación Te
agradeceremos, y relataremos Tu
alabanza por nuestras vidas que
están depositadas en Tus manos,
por nuestras almas que están a
Tu cargo, por Tus milagros para
con nosotros a diario,
y las bondades y maravillas que
nos prodigas en todo momento,
noche, mañana y tarde.
El Benevolente, pues Tu
compasión nunca concluye,
Tú eres compasivo, pues no
cesan Tus bondades.
Siempre hemos depositado
nuestra esperanza en Ti.

*Mientras el Ḥazán recita el pasaje paralelo el Kahal se inclina y dice en voz baja:*

מוֹדִים Te agradecemos a Ti,
pues eres el SEÑOR,
Dios nuestro
y de nuestros ancestros,
Dios de toda carne, Formador
nuestro y del universo.
Bendiciones y agradecimientos
a Tu Nombre grandioso
y sagrado, por habernos
preservado con vida
y mantenido.
De igual forma, danos vida,
agrácianos y reúne
a Tus exiliados en
Tu patio sagrado,
para que cumplan
con Tus leyes y hagan
Tu voluntad con integridad
de corazón,
por ello nos corresponde
agradecerte.
Bendito es el Dios
a Quien debemos agradecer.

עבודה

רְצֵה יְהֹוָה אֱלֹהֵינוּ בְּעַמְּךָ יִשְׂרָאֵל וְלִתְפִלָּתָם שְׁעֵה
וְהָשֵׁב הָעֲבוֹדָה לִדְבִיר בֵּיתֶךָ
וְאִשֵּׁי יִשְׂרָאֵל וּתְפִלָּתָם מְהֵרָה בְּאַהֲבָה תְקַבֵּל בְּרָצוֹן
וּתְהִי לְרָצוֹן תָּמִיד עֲבוֹדַת יִשְׂרָאֵל עַמֶּךָ.
וְאַתָּה בְּרַחֲמֶיךָ הָרַבִּים תַּחְפֹּץ בָּנוּ וְתִרְצֵנוּ
וְתֶחֱזֶינָה עֵינֵינוּ בְּשׁוּבְךָ לְצִיּוֹן בְּרַחֲמִים.
בָּרוּךְ אַתָּה יְהֹוָה, הַמַּחֲזִיר שְׁכִינָתוֹ לְצִיּוֹן.

הודאה

מוֹדִים אֲנַחְנוּ לָךְ
שָׁאַתָּה הוּא יְהֹוָה אֱלֹהֵינוּ
וֵאלֹהֵי אֲבוֹתֵינוּ לְעוֹלָם וָעֶד.
צוּרֵנוּ, צוּר חַיֵּינוּ וּמָגֵן יִשְׁעֵנוּ
אַתָּה הוּא לְדוֹר וָדוֹר
נוֹדֶה לְּךָ וּנְסַפֵּר תְּהִלָּתֶךָ
עַל חַיֵּינוּ הַמְּסוּרִים בְּיָדֶךָ
וְעַל נִשְׁמוֹתֵינוּ הַפְּקוּדוֹת לָךְ
וְעַל נִסֶּיךָ שֶׁבְּכָל־יוֹם עִמָּנוּ
וְעַל נִפְלְאוֹתֶיךָ וְטוֹבוֹתֶיךָ
שֶׁבְּכָל־עֵת עֶרֶב וָבֹקֶר וְצָהֳרָיִם.
הַטּוֹב, כִּי לֹא כָלוּ רַחֲמֶיךָ
הַמְרַחֵם, כִּי לֹא תַמּוּ חֲסָדֶיךָ
כִּי מֵעוֹלָם קִוִּינוּ לָךְ.

*Mientras el* חזן *recita el pasaje paralelo el* קהל *se inclina y dice en voz baja:*

מוֹדִים אֲנַחְנוּ לָךְ
שָׁאַתָּה הוּא יְהֹוָה אֱלֹהֵינוּ
וֵאלֹהֵי אֲבוֹתֵינוּ
אֱלֹהֵי כָל־בָּשָׂר
יוֹצְרֵנוּ יוֹצֵר בְּרֵאשִׁית.
בְּרָכוֹת וְהוֹדָאוֹת
לְשִׁמְךָ הַגָּדוֹל וְהַקָּדוֹשׁ
עַל שֶׁהֶחֱיִיתָנוּ וְקִיַּמְתָּנוּ.
כֵּן תְּחַיֵּנוּ וּתְחָנֵּנוּ
וְתֶאֱסֹף גָּלֻיּוֹתֵינוּ לְחַצְרוֹת
קָדְשֶׁךָ, לִשְׁמֹר חֻקֶּיךָ
וְלַעֲשׂוֹת רְצוֹנֶךָ
וּלְעָבְדְּךָ בְּלֵבָב שָׁלֵם
עַל שֶׁאֲנַחְנוּ מוֹדִים לָךְ.
בָּרוּךְ אֵל הַהוֹדָאוֹת.

*En Ḥanucá y Purim:*

עַל הַנִּסִּים (Te agradecemos también) por los milagros, la redención, los actos poderosos, las salvaciones, las maravillas y consolaciones que hiciste en favor de nuestros ancestros en aquellos días en este tiempo.

*En Ḥanucá:*

בִּימֵי מַתִּתְיָה En los días de Matitiahu hijo de Yojanán, el Sumo Sacerdote, el jasmoneo y sus hijos, cuando el malvado reino griego se levantó contra Tu pueblo Israel para hacerles olvidar Tu Torá y forzarlos a transgredir los estatutos de Tu voluntad. Y Tú, con gran compasión, estuviste junto a ellos en el tiempo de su desgracia, luchaste por su causa, juzgaste su reclamo y vengaste su opresión. Entregaste fuertes en manos de débiles, muchos en manos de pocos, malvados en manos de justos impuros en manos de puros, arrogantes en manos de estudiosos de Tu Torá. Hiciste para Ti un Nombre Grande y Sagrado en Tu mundo, y a Tu pueblo Israel diste gran redención y salvación en un día como este. Luego, Tus hijos ingresaron a Tu recinto sagrado, limpiaron Tu Templo, purificaron Tu santuario, encendieron velas en Tus cortes y establecieron estos ocho días de Ḥanucá de agradecimiento y alabanza, e hiciste para ellos milagros y maravillas, por lo que agradeceremos a Tu gran Nombre, Sela.

*Continúa con "Por todo esto".*

*En Shushán Purim en Jerusalém:*

בִּימֵי מָרְדְּכַי וְאֶסְתֵּר En los días de Mordejai y Ester, en la ciudad capital de Shushán, cuando el malvado Hamán se alzó contra Tu pueblo procurando destruir, matar y exterminar a todos los judíos, jóvenes y *Est. 3*
mayores, niños y mujeres en un solo día, el trece del duodécimo mes que es el de Adar y saquear sus posesiones. Entonces Tú, con gran compasión desbarataste su plan, arruinaste su proyecto y le retribuiste por su maldad haciéndolo colgar junto a sus hijos de un cadalso e hiciste para ellos milagros y maravillas, por lo que agradeceremos a Tu gran Nombre, Sela.

וְעַל כֻּלָּם Por todo esto, Rey nuestro, que Tu Nombre sea bendecido, exaltado y encumbrado por siempre.
Que todos los seres vivos Te agradezcan, ¡Sela!

*En Shabat Teshubá:* E inscribe a todos los hijos de Tu pacto para una buena vida.

בחנוכה ובשושן פורים בירושלים:

עַל הַנִּסִּים וְעַל הַפֻּרְקָן וְעַל הַגְּבוּרוֹת וְעַל הַתְּשׁוּעוֹת וְעַל הַנִּפְלָאוֹת וְעַל הַנֶּחָמוֹת שֶׁעָשִׂיתָ לַאֲבוֹתֵינוּ בַּיָּמִים הָהֵם בִּזְּמַן הַזֶּה.

בחנוכה:

בִּימֵי מַתִּתְיָה בֶּן יוֹחָנָן כֹּהֵן גָּדוֹל חַשְׁמוֹנָאִי וּבָנָיו, כְּשֶׁעָמְדָה עֲלֵיהֶם מַלְכוּת יָוָן הָרְשָׁעָה עַל עַמְּךָ יִשְׂרָאֵל לְשַׁכְּחָם מִתּוֹרָתֶךָ וּלְהַעֲבִירָם מֵחֻקֵּי רְצוֹנֶךָ, וְאַתָּה בְּרַחֲמֶיךָ הָרַבִּים עָמַדְתָּ לָהֶם בְּעֵת צָרָתָם, רַבְתָּ אֶת רִיבָם, דַּנְתָּ אֶת דִּינָם, נָקַמְתָּ אֶת נִקְמָתָם, מָסַרְתָּ גִּבּוֹרִים בְּיַד חַלָּשִׁים, וְרַבִּים בְּיַד מְעַטִּים, וּרְשָׁעִים בְּיַד צַדִּיקִים, וּטְמֵאִים בְּיַד טְהוֹרִים, וְזֵדִים בְּיַד עוֹסְקֵי תוֹרָתֶךָ. לְךָ עָשִׂיתָ שֵׁם גָּדוֹל וְקָדוֹשׁ בְּעוֹלָמֶךָ, וּלְעַמְּךָ יִשְׂרָאֵל עָשִׂיתָ תְּשׁוּעָה גְדוֹלָה וּפֻרְקָן כְּהַיּוֹם הַזֶּה. וְאַחַר כָּךְ בָּאוּ בָנֶיךָ לִדְבִיר בֵּיתֶךָ, וּפִנּוּ אֶת הֵיכָלֶךָ, וְטִהֲרוּ אֶת מִקְדָּשֶׁךָ, וְהִדְלִיקוּ נֵרוֹת בְּחַצְרוֹת קָדְשֶׁךָ, וְקָבְעוּ שְׁמוֹנַת יְמֵי חֲנֻכָּה אֵלּוּ, בְּהַלֵּל וּבְהוֹדָאָה, וְעָשִׂיתָ עִמָּהֶם נִסִּים וְנִפְלָאוֹת, וְנוֹדֶה לְשִׁמְךָ הַגָּדוֹל, סֶלָה.

בשושן פורים בירושלים:

בִּימֵי מָרְדְּכַי וְאֶסְתֵּר בְּשׁוּשַׁן הַבִּירָה, כְּשֶׁעָמַד עֲלֵיהֶם הָמָן הָרָשָׁע,
בִּקֵּשׁ לְהַשְׁמִיד לַהֲרֹג וּלְאַבֵּד אֶת־כָּל־הַיְּהוּדִים מִנַּעַר וְעַד־זָקֵן טַף אסתר ג
וְנָשִׁים בְּיוֹם אֶחָד, בִּשְׁלוֹשָׁה עָשָׂר לְחֹדֶשׁ שְׁנֵים־עָשָׂר, הוּא־חֹדֶשׁ אֲדָר, וּשְׁלָלָם לָבוֹז: וְאַתָּה בְּרַחֲמֶיךָ הָרַבִּים הֵפַרְתָּ אֶת עֲצָתוֹ, וְקִלְקַלְתָּ אֶת מַחֲשַׁבְתּוֹ, וַהֲשֵׁבוֹתָ לּוֹ גְּמוּלוֹ בְּרֹאשׁוֹ, וְתָלוּ אוֹתוֹ וְאֶת בָּנָיו עַל הָעֵץ, וְעָשִׂיתָ עִמָּהֶם נִסִּים וְנִפְלָאוֹת, וְנוֹדֶה לְשִׁמְךָ הַגָּדוֹל, סֶלָה.

וְעַל כֻּלָּם
יִתְבָּרַךְ וְיִתְרוֹמַם וְיִתְנַשֵּׂא תָּמִיד שִׁמְךָ מַלְכֵּנוּ לְעוֹלָם וָעֶד
וְכָל־הַחַיִּים יוֹדְוּךָ סֶּלָה

בשבת תשובה: וּכְתֹב לְחַיִּים טוֹבִים כָּל־בְּנֵי בְרִיתֶךָ.

Y alaben y bendigan a Tu gran Nombre de verdad, pues por siempre eres bondadoso. Dios de nuestra redención y nuestro socorro, ¡Sela! El Dios bondadoso. Bendito eres Tú Señor, Tu Nombre es "Bueno" y a Ti corresponde agradecer.

---

BIRCAT COHANIM

*Durante la repetición del rezo, el Ḥazán dirige la bendición sacerdotal.*
*Los cohanim dicen "Que así sea Tu voluntad" previo al recitado de su bendición:*

יְהִי Sea Tu voluntad Señor, Dios nuestro y de nuestros ancestros, que esta bendición que nos ordenaste impartir a Tu pueblo de Israel resulte íntegra, carente de obstáculo e iniquidad desde hoy y para siempre.

*Si más de un cohen está presente, el Ḥazán exclama:*

**¡Cohanim!**

*y los cohanim recitan la bendición:*

בָּרוּךְ Bendito eres Tú Señor, nuestro Dios, Rey del universo, que nos santificó con la santidad de Aharón y nos ordenó bendecir a Su pueblo Israel con amor.

*Si hay más de un cohen presente, estos comienzan solos a recitar "Yebarejejá" y el Ḥazán dicta a partir de "HaShem".*

El Señor te bendiga y te guarde. *Kahal:* Amén *Núm. 6*
El Señor te ilumine con Su Presencia y te agracie. *Kahal:* Amén
El Señor dirija Su Presencia hacia ti y te conceda la paz. *Kahal:* Amén.

*Los cohanim agregan en silencio:*

רִבּוֹן Soberano de los mundos, hemos cumplido aquello que nos ordenaste, *Deut. 26*
por ello obra Tú de acuerdo a lo que nos prometiste. Divisa desde Tu santo aposento, desde el cielo, y bendice a Tu pueblo, a Israel.

*En caso de no haber cohanim presentes el Ḥazán dice:*

אֱלֹהֵינוּ Dios nuestro y de nuestros ancestros, bendícenos con la triple bendición de la Torá, escrita por la mano de Tu siervo Moshé y pronunciada por Aharón y sus hijos los cohanim, Tu pueblo consagrado, como fue dicho:

El Señor te bendiga y te guarde. *Kahal:* Que así sea Tu voluntad. *Núm. 6*
El Señor te ilumine con Su Presencia y te agracie. *Kahal:* Que así sea Tu voluntad
El Señor dirija Su Presencia hacia ti y te conceda la paz. *Kahal:* Que así sea Tu voluntad.
Y pondrán Mi Nombre sobre los hijos de Israel y los bendeciré.

---

וִיהַלְלוּ וִיבָרְכוּ אֶת שִׁמְךָ הַגָּדוֹל בֶּאֱמֶת לְעוֹלָם כִּי טוֹב
הָאֵל יְשׁוּעָתֵנוּ וְעֶזְרָתֵנוּ סֶלָה, הָאֵל הַטּוֹב.
בָּרוּךְ אַתָּה יְהֹוָה, הַטּוֹב שִׁמְךָ וּלְךָ נָאֶה לְהוֹדוֹת.

---

ברכת כהנים:

*Durante la repetición del rezo, el* חזן *dirige la bendición de los* כהנים*.*
*Los* כהנים *dicen* 'יְהִי רָצוֹן' *previo al recitado de su bendición:*

יְהִי רָצוֹן מִלְּפָנֶיךָ, יְהֹוָה אֱלֹהֵינוּ וֵאלֹהֵי אֲבוֹתֵינוּ, שֶׁתְּהֵא הַבְּרָכָה הַזֹּאת שֶׁצִּוִּיתָנוּ לְבָרֵךְ אֶת עַמְּךָ יִשְׂרָאֵל בְּרָכָה שְׁלֵמָה וְלֹא יִהְיֶה בָּהּ מִכְשׁוֹל וְעָוֹן מֵעַתָּה וְעַד עוֹלָם.

*Si más de un* כהן *está presente, el* חזן *exclama:*

כֹּהֲנִים

*y los* כהנים *recitan la bendición:*

בָּרוּךְ אַתָּה יְהֹוָה, אֱלֹהֵינוּ מֶלֶךְ הָעוֹלָם
אֲשֶׁר קִדְּשָׁנוּ בִּקְדֻשָּׁתוֹ שֶׁל אַהֲרֹן, וְצִוָּנוּ לְבָרֵךְ אֶת עַמּוֹ יִשְׂרָאֵל בְּאַהֲבָה.

*Si hay más de un cohen presente, estos comienzan solos*
*a recitar* 'יְבָרֶכְךָ' *y el* חזן *dicta a partir de* 'יְהֹוָה':

יְבָרֶכְךָ — קהל: כֵּן יְהִי רָצוֹן — במדבר ו
יְהֹוָה וְיִשְׁמְרֶךָ: — קהל: אָמֵן
יָאֵר יְהֹוָה פָּנָיו אֵלֶיךָ וִיחֻנֶּךָּ: — קהל: אָמֵן
יִשָּׂא יְהֹוָה פָּנָיו אֵלֶיךָ וְיָשֵׂם לְךָ שָׁלוֹם: — קהל: אָמֵן

*Los* כהנים *agregan en silencio:*

רִבּוֹן הָעוֹלָמִים, עָשִׂינוּ מַה שֶּׁגָּזַרְתָּ עָלֵינוּ, עֲשֵׂה אַתָּה מַה שֶּׁהִבְטַחְתָּנוּ, הַשְׁקִיפָה מִמְּעוֹן קָדְשְׁךָ מִן־הַשָּׁמַיִם וּבָרֵךְ אֶת־עַמְּךָ אֶת־יִשְׂרָאֵל: — דברים כו

*En caso de no haber* כהנים *presentes el* חזן *dice:*

אֱלֹהֵינוּ וֵאלֹהֵי אֲבוֹתֵינוּ, בָּרְכֵנוּ בַבְּרָכָה הַמְשֻׁלֶּשֶׁת בַּתּוֹרָה, הַכְּתוּבָה עַל יְדֵי מֹשֶׁה עַבְדֶּךָ, הָאֲמוּרָה מִפִּי אַהֲרֹן וּבָנָיו כֹּהֲנִים עַם קְדוֹשֶׁיךָ, כָּאָמוּר

יְבָרֶכְךָ יְהֹוָה וְיִשְׁמְרֶךָ: — קהל: כֵּן יְהִי רָצוֹן — במדבר ו
יָאֵר יְהֹוָה פָּנָיו אֵלֶיךָ וִיחֻנֶּךָּ: — קהל: כֵּן יְהִי רָצוֹן
יִשָּׂא יְהֹוָה פָּנָיו אֵלֶיךָ וְיָשֵׂם לְךָ שָׁלוֹם: — קהל: כֵּן יְהִי רָצוֹן
וְשָׂמוּ אֶת־שְׁמִי עַל־בְּנֵי יִשְׂרָאֵל, וַאֲנִי אֲבָרְכֵם:

PAZ

שִׂים שָׁלוֹם Instaura paz, bien y bendición vida, gracia y benevolencia,
justicia y compasión sobre nosotros y todo Tu pueblo Israel.
Bendícenos Padre nuestro, a todos nosotros como uno,
con la luz de Tu Semblante, pues en la luz de Tu Semblante nos
has dado SEÑOR, nuestro Dios, Torá, y vida,
amor y benevolencia, justicia y compasión, bendición y paz.
Que ante Tus ojos sea bueno bendecir a todo Tu pueblo Israel,
con gran poder y paz.

*En Shabat Teshubá:* Que seamos recordados e inscritos nosotros y todo Tu pueblo la casa de Israel en el libro de la vida, la bendición, la paz, la prosperidad, salvación, consuelo y decretos favorables, para una buena vida y para la paz.

בָּרוּךְ Bendito eres Tú SEÑOR, que bendice a Su pueblo Israel con la paz, Amén.

יִהְיוּ Que las palabras de mi boca y la meditación de mi corazón hallen favor ante Ti SEÑOR, mi Fortaleza y mi Redentor. *Sal. 19*

*Aquí concluye la repetición de la A'midá.*

אֱלֹהַי Dios mío, preserva mi lengua del mal y mis labios de pronunciar engaño. *Berajot 17a*
Que mi alma calle ante quienes me maldicen,
y sea como el polvo para con todos.
Abre mi corazón a Tu Torá y que mi alma persiga Tus preceptos.
Rápidamente deja sin efecto el consejo y frustra los planes de quienes conspiran contra mí.
Que sean cual tamo ante el viento *Sal. 35*
y acosados por el ángel del SEÑOR
Actúa en pos de Tu Nombre, actúa en pos de Tu diestra,
actúa en pos de Tu santidad, actúa en pos de Tu Torá.
Para que Tus amados sean liberados, *Sal. 60*
redime con Tu diestra y respóndeme.
Que las palabras de mi boca y la meditación de mi corazón *Sal. 19*
hallen favor ante Ti SEÑOR, mi Fortaleza y mi Redentor.

*Antes de decir 'Quien obra paz' se dan tres pasos hacia atrás.*
*En los Diez del Retorno se dice "Hashalom" en vez de "Shalom"*

Quien obra la paz en Sus alturas, con compasión haga la paz para nosotros y todo Su pueblo Israel y decid: Amén.

שלום

**שִׂים שָׁלוֹם טוֹבָה וּבְרָכָה**
**חַיִּים חֵן וָחֶסֶד, צְדָקָה וְרַחֲמִים עָלֵינוּ וְעַל־כָּל־יִשְׂרָאֵל עַמֶּךָ.**
**וּבָרְכֵנוּ אָבִינוּ כֻּלָּנוּ כְּאֶחָד בְּאוֹר פָּנֶיךָ**
**כִּי בְאוֹר פָּנֶיךָ נָתַתָּ לָּנוּ יהוה אֱלֹהֵינוּ תּוֹרָה וְחַיִּים**
**אַהֲבָה וָחֶסֶד, צְדָקָה וְרַחֲמִים, בְּרָכָה וְשָׁלוֹם.**
**וְטוֹב בְּעֵינֶיךָ לְבָרְכֵנוּ, וּלְבָרֵךְ אֶת כָּל־עַמְּךָ יִשְׂרָאֵל**
**בְּרֹב עֹז וְשָׁלוֹם.**

בשבת תשובה: וּבְסֵפֶר חַיִּים, בְּרָכָה וְשָׁלוֹם, וּפַרְנָסָה טוֹבָה
וִישׁוּעָה וְנֶחָמָה, וּגְזֵרוֹת טוֹבוֹת, נִזָּכֵר וְנִכָּתֵב לְפָנֶיךָ
אֲנַחְנוּ וְכָל־עַמְּךָ יִשְׂרָאֵל, לְחַיִּים טוֹבִים וּלְשָׁלוֹם.

**בָּרוּךְ אַתָּה יהוה, הַמְבָרֵךְ אֶת עַמּוֹ יִשְׂרָאֵל בַּשָּׁלוֹם. אָמֵן.**
יִהְיוּ לְרָצוֹן אִמְרֵי־פִי וְהֶגְיוֹן לִבִּי לְפָנֶיךָ, יהוה צוּרִי וְגֹאֲלִי: תהלים יט

*Aquí concluye la repetición de la* עמידה*.*

אֱלֹהַי, נְצֹר לְשׁוֹנִי מֵרָע וּשְׂפָתַי מִדַּבֵּר מִרְמָה ברכות יז
וְלִמְקַלְלַי נַפְשִׁי תִדֹּם, וְנַפְשִׁי כֶּעָפָר לַכֹּל תִּהְיֶה.
פְּתַח לִבִּי בְּתוֹרָתֶךָ, וּבְמִצְוֹתֶיךָ תִּרְדֹּף נַפְשִׁי.
וְכָל־הַקָּמִים עָלַי לְרָעָה מְהֵרָה הָפֵר עֲצָתָם וְקַלְקֵל מַחְשְׁבוֹתָם.
יִהְיוּ כְּמֹץ לִפְנֵי־רוּחַ וּמַלְאַךְ יהוה דֹּחֶה: תהלים לה
עֲשֵׂה לְמַעַן שְׁמֶךָ, עֲשֵׂה לְמַעַן יְמִינֶךָ
עֲשֵׂה לְמַעַן תּוֹרָתֶךָ, עֲשֵׂה לְמַעַן קְדֻשָּׁתֶךָ.
לְמַעַן יֵחָלְצוּן יְדִידֶיךָ, הוֹשִׁיעָה יְמִינְךָ וַעֲנֵנִי: תהלים ס
יִהְיוּ לְרָצוֹן אִמְרֵי־פִי וְהֶגְיוֹן לִבִּי לְפָנֶיךָ, יהוה צוּרִי וְגֹאֲלִי: תהלים יט

*Antes de decir 'עֹשֶׂה שָׁלוֹם' se dan tres pasos hacia atrás.*
*En los Diez Días del Retorno se dice 'הַשָּׁלוֹם' en vez de 'שָׁלוֹם'.*

**עֹשֶׂה שָׁלוֹם בִּמְרוֹמָיו הוּא בְּרַחֲמָיו, יַעֲשֶׂה שָׁלוֹם עָלֵינוּ**
**וְעַל־כָּל־עַמּוֹ יִשְׂרָאֵל וְאִמְרוּ אָמֵן.**

יְהִי Que el Nombre del Señor sea bendito desde ahora y hasta la eternidad. Desde la salida del sol hasta su ocaso, alabado es el Nombre del Señor. El Señor es nuestro Soberano, cuán exaltado es Tu Nombre en toda la tierra. *Sal. 113* *Sal. 8*

## KADISH TITKABAL

*Solamente el Ḥazán recita el Kadish Titkabal:*

יִתְגַּדַּל Que Su Gran Nombre sea magnificado y santificado,
en el mundo que creó conforme a Su voluntad.
Que establezca Su reino, haga florecer Su salvación
y apresure la llegada de Su ungido
durante vuestra vida y en vuestros días
y en la vida de toda la casa de Israel,
pronto y rápidamente y decid: Amén.

Que Su Gran Nombre sea bendito por siempre
y por toda la eternidad.

Sea bendecido, alabado, glorificado y exaltado, encumbrado
y magnificado, enaltecido y ensalzado
el Nombre del Santo Bendito Él;
más allá de cualquier bendición,
cántico, alabanza y consolación
pronunciados en el mundo y decid: Amén.

Que nuestras plegarias y súplicas junto
a las de todo el pueblo de Israel
sean aceptadas por nuestro Padre Celestial y Terrenal y decid:
Amén.

Que haya gran paz celestial, vida, saciedad, salvación, consolación,
refugio, sanación, redención, perdón y expiación, bienestar
y salvación para nosotros y para todo Su pueblo Israel y decid: Amén.

*Antes de decir 'Quien obra paz' se dan tres pasos hacia atrás.*
*En los Diez del Retorno se dice "Hashalom" en vez de "Shalom"*

Quien obra la paz en Sus alturas,
con compasión haga la paz
para nosotros y todo Su pueblo Israel y decid: Amén.

יְהִי שֵׁם יְהוָה מְבֹרָךְ מֵעַתָּה וְעַד־עוֹלָם: תהלים קיג
מִמִּזְרַח־שֶׁמֶשׁ עַד־מְבוֹאוֹ מְהֻלָּל שֵׁם יְהוָה:
יְהוָה אֲדֹנֵינוּ, מָה־אַדִּיר שִׁמְךָ בְּכָל־הָאָרֶץ: תהלים ח

## קדיש תתקבל

*Solamente el* חזן *recita el* קדיש תתקבל*:*

יִתְגַּדַּל וְיִתְקַדַּשׁ שְׁמֵהּ רַבָּא (קהל: אָמֵן)
בְּעָלְמָא דִּי בְרָא כִרְעוּתֵהּ
וְיַמְלִיךְ מַלְכוּתֵהּ וְיַצְמַח פֻּרְקָנֵהּ וִיקָרֵב מְשִׁיחֵהּ (קהל: אָמֵן)
בְּחַיֵּיכוֹן וּבְיוֹמֵיכוֹן וּבְחַיֵּי דְכָל־בֵּית יִשְׂרָאֵל
בַּעֲגָלָא וּבִזְמַן קָרִיב, וְאִמְרוּ אָמֵן. (קהל: אָמֵן)

יְהֵא שְׁמֵהּ רַבָּא מְבָרַךְ לְעָלַם וּלְעָלְמֵי עָלְמַיָּא יִתְבָּרַךְ
וְיִשְׁתַּבַּח וְיִתְפָּאַר וְיִתְרוֹמַם וְיִתְנַשֵּׂא
וְיִתְהַדָּר וְיִתְעַלֶּה וְיִתְהַלָּל שְׁמֵהּ דְּקֻדְשָׁא בְּרִיךְ הוּא (קהל: אָמֵן)
לְעֵלָּא מִן כָּל־בִּרְכָתָא, שִׁירָתָא, תֻּשְׁבְּחָתָא וְנֶחֱמָתָא
דַּאֲמִירָן בְּעָלְמָא, וְאִמְרוּ אָמֵן. (קהל: אָמֵן)

תִּתְקַבַּל צְלוֹתָנָא וּבָעוּתָנָא
עִם כָּל־צְלוֹתְהוֹן וּבָעוּתְהוֹן דְּכָל־בֵּית יִשְׂרָאֵל
קֳדָם אֲבוּנָא אֱלָהָנָא מָארֵי שְׁמַיָּא וְאַרְעָא, וְאִמְרוּ אָמֵן. (קהל: אָמֵן)

יְהֵא שְׁלָמָא רַבָּא מִן שְׁמַיָּא, חַיִּים וְשָׂבָע וִישׁוּעָה וְנֶחָמָה
וְשֵׁיזָבָא וּרְפוּאָה, וּגְאֻלָּה וּסְלִיחָה וְכַפָּרָה, וְרֶוַח וְהַצָּלָה
לָנוּ וּלְכָל־עַמּוֹ יִשְׂרָאֵל, וְאִמְרוּ אָמֵן. (קהל: אָמֵן)

*Antes de decir* 'עֹשֶׂה שָׁלוֹם' *se dan tres pasos hacia atrás.*
*En los Diez Días del Retorno se dice* 'הַשָּׁלוֹם' *en vez de* 'שָׁלוֹם'.

עֹשֶׂה שָׁלוֹם בִּמְרוֹמָיו
הוּא בְּרַחֲמָיו יַעֲשֶׂה שָׁלוֹם
עָלֵינוּ וְעַל־כָּל־עַמּוֹ יִשְׂרָאֵל, וְאִמְרוּ אָמֵן. (קהל: אָמֵן)

## FINALIZACIÓN DEL REZO

Todo Israel tiene una porción en el Mundo Venidero, tal como fue dicho: "Tu pueblo será todo de justos, heredarán por siempre la tierra, retoño de Mi plantío, la obra de Mis propias manos de la cual Me he de vanagloriar". *Sanhedrín 90a* *Isa. 60*

Dijo Ribí Yehudá: Feliz de quien se esfuerza en el estudio de la Torá y da satisfacción a su Creador, creció con buen nombre y se marchó de este mundo con buen nombre. Sobre él dijo Shelomó en su sabiduría: "Es mejor el buen nombre que el buen aceite (riqueza) y el día del fallecimiento que el día del nacimiento". Estudia Torá con esmero y recibirás una copiosa recompensa, y has de saber que la recompensa de los justos es recibida en el Mundo Venidero. *Berajot 17a* *Ec. 7*

אֵין כֵּאלֹהֵינוּ No hay como nuestro Dios, no hay como nuestro Señor,
no hay como nuestro Rey, no hay como nuestro Salvador.
¿Quién como nuestro Dios? ¿Quién como nuestro Señor?
¿Quién como nuestro Rey? ¿Quién como nuestro Salvador?
Agradeceremos a nuestro Dios, agradeceremos a nuestro Señor,
agradeceremos a nuestro Rey, agradeceremos a nuestro Salvador.
Bendito es nuestro Dios, bendito es nuestro Señor,
bendito es nuestro Rey, bendito es nuestro Salvador.
Tú eres nuestro Dios, Tú eres nuestro Señor, Tú eres nuestro Rey,
Tú eres nuestro Salvador.
Tú nos salvarás.

Tú Te levantarás y te compadecerás de Ṣion, pues es momento de apiadarte de ella, pues ha llegado el momento. *Sal. 102*

---

anteriores bajo la forma de un código que abarca el rezo en su totalidad. Algunos sugieren que el pasaje tiene por cometido el completar las "cien bendiciones" que deben ser recitadas diariamente, ya que las Amidot de Shabat poseen menor cantidad de bendiciones que sus contrapartes de día de semana (Kol Bo).

## סיום התפילה

סנהדרין צ. ישעיה ס כָּל־יִשְׂרָאֵל יֵשׁ לָהֶם חֵלֶק לְעוֹלָם הַבָּא, שֶׁנֶּאֱמַר: וְעַמֵּךְ כֻּלָּם צַדִּיקִים, לְעוֹלָם יִירְשׁוּ אָרֶץ, נֵצֶר מַטָּעַי, מַעֲשֵׂה יָדַי לְהִתְפָּאֵר:

ברכות יז. אָמַר רַבִּי יְהוּדָה: אַשְׁרֵי מִי שֶׁעֲמָלוֹ בַּתּוֹרָה וְעוֹשֶׂה נַחַת רוּחַ לְיוֹצְרוֹ, גָּדַל בְּשֵׁם טוֹב וְנִפְטַר בְּשֵׁם טוֹב מִן הָעוֹלָם. וְעָלָיו אָמַר
קהלת ז שְׁלֹמֹה בְּחָכְמָתוֹ: טוֹב שֵׁם מִשֶּׁמֶן טוֹב, וְיוֹם הַמָּוֶת מִיּוֹם הִוָּלְדוֹ:
לְמַד תּוֹרָה הַרְבֵּה וְיִתְּנוּ לְךָ שָׂכָר הַרְבֵּה, וְדַע מַתַּן שְׂכָרָן שֶׁל צַדִּיקִים לֶעָתִיד לָבוֹא.

אֵין כֵּאלֹהֵינוּ, אֵין כַּאדוֹנֵינוּ, אֵין כְּמַלְכֵּנוּ, אֵין כְּמוֹשִׁיעֵנוּ.
מִי כֵאלֹהֵינוּ, מִי כַאדוֹנֵינוּ, מִי כְמַלְכֵּנוּ, מִי כְמוֹשִׁיעֵנוּ.
נוֹדֶה לֵאלֹהֵינוּ, נוֹדֶה לַאדוֹנֵינוּ, נוֹדֶה לְמַלְכֵּנוּ, נוֹדֶה לְמוֹשִׁיעֵנוּ.
בָּרוּךְ אֱלֹהֵינוּ, בָּרוּךְ אֲדוֹנֵינוּ, בָּרוּךְ מַלְכֵּנוּ, בָּרוּךְ מוֹשִׁיעֵנוּ.
אַתָּה הוּא אֱלֹהֵינוּ, אַתָּה הוּא אֲדוֹנֵינוּ,
אַתָּה הוּא מַלְכֵּנוּ, אַתָּה הוּא מוֹשִׁיעֵנוּ.
אַתָּה תוֹשִׁיעֵנוּ
תהלים קב אַתָּה תָקוּם תְּרַחֵם צִיּוֹן, כִּי־עֵת לְחֶנְנָהּ כִּי־בָא מוֹעֵד:

---

אֵין כֵּאלֹהֵינוּ *No hay como nuestro Dios:* Este párrafo, usualmente cantado en la sinagoga, es una introducción poética a la lectura del pasaje referido a la ofrenda del incienso en el Templo. Las iniciales de las tres primeras líneas forman la palabra "Amén"; las primeras palabras de las dos líneas siguientes forman "Bendito eres Tú". Este poema es una manera de reafirmar los rezos

Tú eres el SEÑOR nuestro Dios, a quien nuestros ancestros ofrendaban el fragante incienso en los días en que el Sagrado Templo estaba en pie, tal como les ordenaste por medio de Tu profeta Moshé, como está escrito en Tu Torá:

EL INCIENSO

> Dijo el SEÑOR a Moshé: Toma para ti especias: bálsamo resinoso, uña aromática, gálbano e incienso puro, en cantidades iguales. Y harás con ello el incienso, elaborado según el arte del perfumista, mezclado, puro y consagrado. Y molerás muy fino parte de este y lo pondrás delante del Testimonio, delante de la Tienda de Reunión donde he de reunirme contigo y será sacrosanto para vosotros. *Éx. 30*

Y fue dicho:

> Y cada mañana Aharón quemará sobre él incienso aromático al asear lámparas. Y al encender Aharón las lámparas – al atardecer – lo hará quemar. Incienso cotidiano ante el SEÑOR por vuestras generaciones.

תָּנוּ Enseñaron nuestros sabios: ¿Cómo debe prepararse el incienso? *Karetot 6a* Pesaba 368 "mané", 365 se corresponden con los días del año solar, un mané por día, una mitad debía ser ofrendada en la mañana y la otra mitad por la tarde y tres "mané" adicionales de los cuales el Sumo Sacerdote tomaba dos puñados llenos en Yom Kipur. Estos eran devueltos al mortero el día previo a Yom Kipur y se molían intensamente hasta que quedaban sumamente finos. El incienso incluía once clases de especies: bálsamo, uña aromática, gálbano y olíbano, cada una con un peso de 70 "mané", mirra, casia, nardo y azafrán cada una con un peso de 16 "mané", doce "mané" de costus, tres de corteza aromática, nueve de canela, nueve "kab" de lejía de Carshina, tres "seá" y tres "kab" de vino de Chipre. Si no se conseguía vino de Chipre se podía emplear vino blanco añejo. Un cuarto de "kab" de sal de Sodoma, una pizca de una hierba humeante.

אַתָּה הוּא יְהוָֹה אֱלֹהֵינוּ שֶׁהִקְטִירוּ אֲבוֹתֵינוּ לְפָנֶיךָ אֶת קְטֹרֶת הַסַּמִּים בִּזְמַן שֶׁבֵּית הַמִּקְדָּשׁ קַיָּם, כַּאֲשֶׁר צִוִּיתָ אוֹתָם עַל יַד מֹשֶׁה נְבִיאָךְ, כַּכָּתוּב בְּתוֹרָתָךְ:

פרשת הקטורת

וַיֹּאמֶר יְהוָֹה אֶל־מֹשֶׁה קַח־לְךָ סַמִּים נָטָף | וּשְׁחֵלֶת וְחֶלְבְּנָה שמות ל
סַמִּים וּלְבֹנָה זַכָּה בַּד בְּבַד יִהְיֶה: וְעָשִׂיתָ אֹתָהּ קְטֹרֶת רֹקַח
מַעֲשֵׂה רוֹקֵחַ מְמֻלָּח טָהוֹר קֹדֶשׁ: וְשָׁחַקְתָּ מִמֶּנָּה הָדֵק
וְנָתַתָּה מִמֶּנָּה לִפְנֵי הָעֵדֻת בְּאֹהֶל מוֹעֵד אֲשֶׁר אִוָּעֵד לְךָ
שָׁמָּה קֹדֶשׁ קָדָשִׁים תִּהְיֶה לָכֶם:

וְנֶאֱמַר

וְהִקְטִיר עָלָיו אַהֲרֹן קְטֹרֶת סַמִּים בַּבֹּקֶר בַּבֹּקֶר בְּהֵיטִיבוֹ אֶת־הַנֵּרֹת יַקְטִירֶנָּה: וּבְהַעֲלֹת אַהֲרֹן אֶת־הַנֵּרֹת בֵּין הָעַרְבַּיִם יַקְטִירֶנָּה קְטֹרֶת תָּמִיד לִפְנֵי יְהוָֹה לְדֹרֹתֵיכֶם:

תָּנוּ רַבָּנָן: פִּטּוּם הַקְּטֹרֶת כֵּיצַד. שְׁלֹשׁ מֵאוֹת וְשִׁשִּׁים וּשְׁמוֹנָה מָנִים כריתות ו.
הָיוּ בָהּ. שְׁלֹשׁ מֵאוֹת וְשִׁשִּׁים וַחֲמִשָּׁה כְּמִנְיַן יְמוֹת הַחַמָּה, מָנֶה
בְּכָל־יוֹם, מַחֲצִיתוֹ בַּבֹּקֶר וּמַחֲצִיתוֹ בָּעֶרֶב. וּשְׁלֹשָׁה מָנִים יְתֵרִים,
שֶׁמֵּהֶם מַכְנִיס כֹּהֵן גָּדוֹל וְנוֹטֵל מֵהֶם מְלֹא חָפְנָיו בְּיוֹם הַכִּפּוּרִים,
וּמַחֲזִירָן לְמַכְתֶּשֶׁת בְּעֶרֶב יוֹם הַכִּפּוּרִים כְּדֵי לְקַיֵּם מִצְוַת דַּקָּה מִן
הַדַּקָּה. וְאַחַד עָשָׂר סַמָּנִים הָיוּ בָהּ, וְאֵלּוּ הֵן: א הַצֳּרִי ב וְהַצִּפֹּרֶן ג
וְהַחֶלְבְּנָה ד וְהַלְּבוֹנָה, מִשְׁקַל שִׁבְעִים שִׁבְעִים מָנֶה. ה מֹר ו וּקְצִיעָה
ז וְשִׁבֹּלֶת נֵרְדְּ ח וְכַרְכּוֹם, מִשְׁקַל שִׁשָּׁה עָשָׂר שִׁשָּׁה עָשָׂר מָנֶה. ט
הַקֹּשְׁטְ (הַקּוֹשְׁטְ) שְׁנֵים עָשָׂר י קִלּוּפָה שְׁלֹשָׁה יא קִנָּמוֹן תִּשְׁעָה.
בּוֹרִית כַּרְשִׁינָא תִּשְׁעָה קַבִּין, יֵין קַפְרִיסִין סְאִין תְּלָת וְקַבִּין תְּלָתָא,
וְאִם לֹא מָצָא יֵין קַפְרִיסִין מֵבִיא חֲמַר חִוַּר עַתִּיק. מֶלַח סְדוֹמִית
רֹבַע הַקַּב, מַעֲלֶה עָשָׁן כָּל־שֶׁהוּא.

Ribí Natán de Babilonia dice: también una pizca de ámbar del Jordán. Si le agregaba miel a la mezcla se la transformaba en no apta para uso sagrado. Si omitía alguno de los ingredientes era pasible de pena de muerte.

Rabán Shim'ón ben Gamliel dice: el "bálsamo" es una savia que gotea del árbol del mismo nombre. Lejía de Carshina era usado para frotar la uña aromática y así mejorarla. El vino de Chipre era usado para remojar la uña aromática para conferirle un olor acre. Si bien la orina es buena para este propósito, no se la podía ingresar en el Templo pues sería una falta de respeto.

Se enseñó, dice Ribí Natán: mientras molía (el incienso) decía "muele bien, muele fino" pues el sonido rítmico es bueno para las especies. Si se mezcló en medias cantidades el producto es apto para su uso, mas no hemos escuchado que este principio se aplique a tercios o cuartos. Ribí Yehudá dijo: la regla general es que si se llevó a cabo en las proporciones correctas el producto es apto para su uso, aunque se haya preparado la mitad de la cantidad, empero quien omite alguno de los ingredientes es pasible de pena de muerte.

Enseñó Bar Kapara: una vez cada sesenta o setenta años se acumulaban excedentes equivalentes al consumo de medio año. Bar Kapara también nos enseña: si una diminuta cantidad de miel se hubiese mezclado en el incienso nadie podría haber resistido el aroma. Entonces, ¿por qué no le agregaban miel a la mezcla? Porque la Torá dice: "ni levadura ni miel *Lev. 2*
podréis hacer consumir como sacrificio ante el Señor".

La salvación está en el Señor, *Sal. 3*
Tu bendición sea sobre Tu pueblo.
El Señor de las Huestes Celestiales es con nosotros, *Sal. 46*
el Dios de Ya'akob es nuestra fortaleza, Sela.
Señor de las Huestes Celestiales, *Sal. 84*
feliz del hombre que confía en Ti.
El Señor salva, el Rey nos responderá *Sal. 20*
el día que Le invoquemos.
Haznos retornar a Ti Señor y retornaremos, *Lam. 5*
renueva nuestros días como antaño.
Entonces las ofrendas de Yehudá y Jerusalém agradarán al *Mal. 3*
Señor como en los días de antaño y los años pretéritos.

רִבִּי נָתָן הַבַּבְלִי אוֹמֵר, אַף מִכִּפַּת הַיַּרְדֵּן כָּל־שֶׁהִיא. אִם נָתַן בָּהּ דְּבַשׁ פְּסָלָהּ, וְאִם חִסַּר אַחַת מִכָּל־סַמְמָנֶיהָ חַיָּב מִיתָה.

רַבָּן שִׁמְעוֹן בֶּן גַּמְלִיאֵל אוֹמֵר, הַצֳּרִי אֵינוֹ אֶלָּא שְׂרָף הַנּוֹטֵף מֵעֲצֵי הַקְּטָף. בֹּרִית כַּרְשִׁינָא לְמָה הִיא בָאָה, כְּדֵי לְשַׁפּוֹת בָּהּ אֶת הַצִּפֹּרֶן כְּדֵי שֶׁתְּהֵא נָאָה. יֵין קַפְרִיסִין לְמָה הוּא בָא, כְּדֵי לִשְׁרוֹת בּוֹ אֶת הַצִּפֹּרֶן כְּדֵי שֶׁתְּהֵא עַזָּה. וַהֲלֹא מֵי רַגְלַיִם יָפִין לָהּ, אֶלָּא שֶׁאֵין מַכְנִיסִין מֵי רַגְלַיִם בַּמִּקְדָּשׁ מִפְּנֵי הַכָּבוֹד.

תַּנְיָא, רִבִּי נָתָן אוֹמֵר, כְּשֶׁהוּא שׁוֹחֵק אוֹמֵר, הָדֵק הֵיטֵב, הֵיטֵב הָדֵק, מִפְּנֵי שֶׁהַקּוֹל יָפֶה לַבְּשָׂמִים. פִּטְּמָהּ לַחֲצָאִין כְּשֵׁרָה, לִשְׁלִישׁ וְלִרְבִיעַ לֹא שָׁמַעְנוּ. אָמַר רִבִּי יְהוּדָה, זֶה הַכְּלָל, אִם כְּמִדָּתָהּ כְּשֵׁרָה לַחֲצָאִין, וְאִם חִסַּר אַחַת מִכָּל־סַמְמָנֶיהָ חַיָּב מִיתָה.

תָּנֵי בַר קַפָּרָא: אַחַת לְשִׁשִּׁים אוֹ לְשִׁבְעִים שָׁנָה הָיְתָה בָאָה שֶׁל שִׁירַיִם לַחֲצָאִין. וְעוֹד תָּנֵי בַר קַפָּרָא: אִלּוּ הָיָה נוֹתֵן בָּהּ קָרְטוֹב שֶׁל דְּבַשׁ אֵין אָדָם יָכוֹל לַעֲמֹד מִפְּנֵי רֵיחָהּ, וְלָמָּה אֵין מְעָרְבִין בָּהּ דְּבַשׁ, מִפְּנֵי שֶׁהַתּוֹרָה אָמְרָה: כִּי כָל־שְׂאֹר וְכָל־דְּבַשׁ לֹא־תַקְטִירוּ מִמֶּנּוּ אִשֶּׁה לַיהוָה: ויקרא ב

לַיהוָה הַיְשׁוּעָה, עַל־עַמְּךָ בִרְכָתֶךָ סֶּלָה: תהלים ג

יְהוָה צְבָאוֹת עִמָּנוּ, מִשְׂגָּב־לָנוּ אֱלֹהֵי יַעֲקֹב סֶלָה: תהלים מו

יְהוָה צְבָאוֹת, אַשְׁרֵי אָדָם בֹּטֵחַ בָּךְ: תהלים פד

יְהוָה הוֹשִׁיעָה, הַמֶּלֶךְ יַעֲנֵנוּ בְיוֹם־קָרְאֵנוּ: תהלים כ

הֲשִׁיבֵנוּ יְהוָה אֵלֶיךָ וְנָשׁוּבָה, חַדֵּשׁ יָמֵינוּ כְּקֶדֶם: איכה ה

וְעָרְבָה לַיהוָה מִנְחַת יְהוּדָה וִירוּשָׁלָםִ מלאכי ג
כִּימֵי עוֹלָם וּכְשָׁנִים קַדְמֹנִיּוֹת:

תָּנָא דְבֵי אֵלִיָּהוּ Se enseñó en la academia de Eliahu: *Megila 28b*
Todo aquél que estudia las leyes de la Torá ("halajot") a diario se le asegura que alcanzará el Mundo Venidero, tal como fue dicho: "Suyos son los caminos ("halijot") del mundo". No leas "caminos" ("halijot") sino "leyes" ("halajot").

Dijo Ribí Elazar en nombre de Ribí Ḥanina: Los discípulos de los sabios *Berajot 64a*
incrementan la paz en el mundo, tal como fue dicho "Y todos tus hijos *Isa. 64*
serán estudiosos del Señor, y grande será la paz de tus hijos ("banaij").
No los llames "tus hijos" ("banaij") sino "tus constructores" ("bonaij").
Haya paz en tus fortalezas, quietud en tus palacios. En pos de mis her- *Sal. 122*
manos y amigos diré: "Sea contigo la paz". En pos de la casa del Señor
nuestro Dios pediré por el bien por ti. Que veas hijos de tus hijos, paz *Sal. 128*
sobre Israel. Grande es la paz de aquellos que aman Tu Torá y no habrán *Sal. 119*
de padecer tropiezos. El Señor dará fuerza a Su pueblo. El Señor ben- *Sal. 29*
decirá a Su pueblo con la paz.

## KADISH DE LOS RABINOS

*El Kahal y los dolientes recitan el Kadish de los Rabinos:*

יִתְגַּדַּל Que Su Gran Nombre sea magnificado y santificado,
en el mundo que creó conforme a Su voluntad.
Que establezca Su reino, haga florecer Su salvación
y apresure la llegada de Su ungido
durante vuestra vida y en vuestros días
y en la vida de toda la casa de Israel,
pronto y rápidamente y decid: Amén.

Que Su Gran Nombre sea bendito
por siempre y por toda la eternidad.

Sea bendecido, alabado, glorificado y exaltado, encumbrado
y magnificado, enaltecido y ensalzado
el Nombre del Santo Bendito Él;
más allá de cualquier bendición,
cántico, alabanza y consolación
pronunciados en el mundo y decid: Amén.

תָּנָא דְבֵי אֵלִיָּהוּ: מגילה כח:
כָּל־הַשּׁוֹנֶה הֲלָכוֹת בְּכָל־יוֹם, מֻבְטָח לוֹ שֶׁהוּא בֶּן הָעוֹלָם הַבָּא
שֶׁנֶּאֱמַר הֲלִיכוֹת עוֹלָם לוֹ: אַל תִּקְרֵי הֲלִיכוֹת אֶלָּא הֲלָכוֹת. חבקוק ג

אָמַר רַבִּי אֶלְעָזָר, אָמַר רַבִּי חֲנִינָא: תַּלְמִידֵי חֲכָמִים מַרְבִּים שָׁלוֹם ברכות סד.
בָּעוֹלָם, שֶׁנֶּאֱמַר וְכָל־בָּנַיִךְ לִמּוּדֵי יְהוָה, וְרַב שְׁלוֹם בָּנָיִךְ: אַל ישעיה נד
תִּקְרֵי בָּנָיִךְ, אֶלָּא בּוֹנָיִךְ. יְהִי־שָׁלוֹם בְּחֵילֵךְ, שַׁלְוָה בְּאַרְמְנוֹתָיִךְ: תהלים קכב
לְמַעַן אַחַי וְרֵעָי אֲדַבְּרָה־נָּא שָׁלוֹם בָּךְ: לְמַעַן בֵּית־יְהוָה אֱלֹהֵינוּ
אֲבַקְשָׁה טוֹב לָךְ: וּרְאֵה־בָנִים לְבָנֶיךָ שָׁלוֹם עַל־יִשְׂרָאֵל: שָׁלוֹם תהלים קכח תהלים קיט
רָב לְאֹהֲבֵי תוֹרָתֶךָ, וְאֵין־לָמוֹ מִכְשׁוֹל: יְהוָה עֹז לְעַמּוֹ יִתֵּן, יְהוָה תהלים כט
יְבָרֵךְ אֶת־עַמּוֹ בַשָּׁלוֹם:

### קדיש דרבנן

*El* חזן *y los* אבלים *recitan aquí el* קדיש דרבנן:

יִתְגַּדַּל וְיִתְקַדַּשׁ שְׁמֵהּ רַבָּא (קהל: אָמֵן)
בְּעָלְמָא דִּי בְרָא כִרְעוּתֵהּ
וְיַמְלִיךְ מַלְכוּתֵהּ וְיַצְמַח פֻּרְקָנֵהּ וִיקָרֵב מְשִׁיחֵהּ (קהל: אָמֵן)
בְּחַיֵּיכוֹן וּבְיוֹמֵיכוֹן וּבְחַיֵּי דְכָל־בֵּית יִשְׂרָאֵל
בַּעֲגָלָא וּבִזְמַן קָרִיב, וְאִמְרוּ אָמֵן. (קהל: אָמֵן)

יְהֵא שְׁמֵהּ רַבָּא מְבָרַךְ לְעָלַם וּלְעָלְמֵי עָלְמַיָּא יִתְבָּרַךְ
וְיִשְׁתַּבַּח וְיִתְפָּאַר וְיִתְרוֹמַם וְיִתְנַשֵּׂא
וְיִתְהַדָּר וְיִתְעַלֶּה וְיִתְהַלָּל
שְׁמֵהּ דְּקֻדְשָׁא בְּרִיךְ הוּא (קהל: אָמֵן)
לְעֵלָּא מִן כָּל־בִּרְכָתָא
שִׁירָתָא, תֻּשְׁבְּחָתָא וְנֶחֱמָתָא
דַּאֲמִירָן בְּעָלְמָא, וְאִמְרוּ אָמֵן. (קהל: אָמֵן)

Para Israel, para nuestros maestros,
sus discípulos y los discípulos de sus discípulos,
para todos quienes se involucran en el estudio de la sagrada Torá,
en este sitio o en cualquier otra parte,
que vengan a nosotros, a ellos y a vosotros
gracia, benevolencia y compasión de nuestro Dios,
Señor de los cielos y la tierra y decid: Amén.

Que haya gran paz celestial,
vida, saciedad, salvación, consolación,
refugio, sanación, redención, perdón y expiación, bienestar
y salvación para nosotros
y para todo Su pueblo Israel y decid: Amén.

*Antes de decir 'Quien obra paz' se dan tres pasos hacia atrás.*

Quien obra la paz en Sus alturas,
con compasión haga la paz
para nosotros y todo Su pueblo Israel y decid: Amén.

*Quienes recitan dicen Kadish:* Bendecid al Señor que es bendito.

*Kahal:* Bendecid al Señor que es bendito por siempre.

*Quienes recitan repiten Kadish:* Bendecid al Señor que es bendito por siempre.

עָלֵינוּ Es nuestro deber alabar al Amo de todo,
engrandecer al Creador del universo
por no habernos hecho como las naciones
de los países ni habernos puesto entre las familias de la tierra;
que no hizo nuestra porción similar a la de ellos ni nuestro destino
como el de sus multitudes. Pues ellos se prosternan a la vanidad
y al vacío y le oran a un dios que no puede salvarlos.
*Nos inclinamos:* Empero nosotros nos prosternamos ante el
Supremo Rey de Reyes,
el Santo Bendito Él, que extiende los cielos y establece la tierra,
y Su trono de gloria se encuentra en los cielos y el poder de Su
Presencia mora en las alturas.

עַל יִשְׂרָאֵל וְעַל רַבָּנָן וְעַל תַּלְמִידֵיהוֹן וְעַל־כָּל־תַּלְמִידֵי תַלְמִידֵיהוֹן
דְּעָסְקִין בְּאוֹרַיְתָא קַדִּישְׁתָּא
דִּי בְּאַתְרָא הָדֵין, וְדִי בְכָל־אֲתַר וַאֲתַר
יְהֵא לְנָא וּלְהוֹן וּלְכוֹן חִנָּא וְחִסְדָּא
וְרַחֲמֵי מִן קֳדָם אֱלָהָנָא מָארֵי שְׁמַיָּא וְאַרְעָא, וְאִמְרוּ אָמֵן. (קהל: אָמֵן)

יְהֵא שְׁלָמָא רַבָּא מִן שְׁמַיָּא, חַיִּים וְשָׂבָע וִישׁוּעָה וְנֶחָמָה
וְשֵׁיזָבָא וּרְפוּאָה וּגְאֻלָּה וּסְלִיחָה וְכַפָּרָה, וְרֶוַח וְהַצָּלָה
לָנוּ וּלְכָל־עַמּוֹ יִשְׂרָאֵל, וְאִמְרוּ אָמֵן. (קהל: אָמֵן)

*Antes de decir 'עֹשֶׂה שָׁלוֹם' se dan tres pasos hacia atrás.*

עֹשֶׂה שָׁלוֹם בִּמְרוֹמָיו
הוּא בְּרַחֲמָיו יַעֲשֶׂה שָׁלוֹם עָלֵינוּ
וְעַל־כָּל־עַמּוֹ יִשְׂרָאֵל, וְאִמְרוּ אָמֵן. (קהל: אָמֵן)

*Quienes recitan* קדיש *dicen:* בָּרְכוּ אֶת יְהֹוָה הַמְבֹרָךְ.

*Kahal:* בָּרוּךְ יְהֹוָה הַמְבֹרָךְ לְעוֹלָם וָעֶד.

*Quienes recitan* קדיש *repiten:* בָּרוּךְ יְהֹוָה הַמְבֹרָךְ לְעוֹלָם וָעֶד.

עָלֵינוּ לְשַׁבֵּחַ לַאֲדוֹן הַכֹּל, לָתֵת גְּדֻלָּה לְיוֹצֵר בְּרֵאשִׁית
שֶׁלֹּא עָשָׂנוּ כְּגוֹיֵי הָאֲרָצוֹת
וְלֹא שָׂמָנוּ כְּמִשְׁפְּחוֹת הָאֲדָמָה
שֶׁלֹּא שָׂם חֶלְקֵנוּ כָּהֶם וְגוֹרָלֵנוּ כְּכָל־הֲמוֹנָם.
שֶׁהֵם מִשְׁתַּחֲוִים לְהֶבֶל וָרִיק וּמִתְפַּלְּלִים אֶל־אֵל לֹא יוֹשִׁיעַ.
כורעים וַאֲנַחְנוּ מִשְׁתַּחֲוִים לִפְנֵי מֶלֶךְ מַלְכֵי הַמְּלָכִים
הַקָּדוֹשׁ בָּרוּךְ הוּא
שֶׁהוּא נוֹטֶה שָׁמַיִם וְיוֹסֵד אָרֶץ
וּמוֹשַׁב יְקָרוֹ בַּשָּׁמַיִם מִמַּעַל, וּשְׁכִינַת עֻזּוֹ בְּגָבְהֵי מְרוֹמִים.

Él es nuestro Dios, no hay otro.
Verdadero es nuestro Rey y no hay ningún otro,
tal como está escrito en Su Torá: "Has de saber hoy *Deut. 4*
y responder a tu corazón que el Señor es el Dios en las alturas
del cielo y abajo en la tierra, no hay otro salvo Él".

עַל כֵּן Por lo tanto, depositamos en Ti nuestra confianza
Señor, Dios nuestro,
que podamos ver pronto el esplendor de Tu poder,
cuando remuevas las abominaciones de la faz de la tierra,
y los ídolos sean completamente destruidos,
cuando el mundo sea perfeccionado bajo
la soberanía del Todopoderoso,
cuando toda la humanidad invoque Tu Nombre
y todos los malvados de la tierra se volverán hacia Ti.
Todos los habitantes de la tierra reconocerán y sabrán que toda
rodilla debe inclinarse ante Ti
y cada lengua debe jurarte fidelidad.
Ante Ti Señor, Dios nuestro, se habrán de arrodillar
e inclinar y darán honor a Tu glorioso Nombre.
Aceptarán el yugo de Tu reino
y pronto reinarás sobre ellos por siempre jamás.
Pues Tuyo es el reino por siempre,
y reinarás gloriosamente por toda la eternidad,
tal como está escrito en Tu Torá:
"El Señor reinará por siempre y por toda la eternidad". *Éx. 16*
Y fue dicho: "Entonces el Señor será el Rey sobre toda la tierra; *Zac. 14*
en ese día el Señor será Uno y Su Nombre Uno".
Y en Tu Torá Señor, Dios nuestro, está escrito:
"Escucha Israel, el Señor es nuestro Dios, el Señor es Uno". *Deut. 6*

הוּא אֱלֹהֵינוּ, וְאֵין עוֹד אַחֵר
אֱמֶת מַלְכֵּנוּ, וְאֶפֶס זוּלָתוֹ
כַּכָּתוּב בַּתּוֹרָה, וְיָדַעְתָּ הַיּוֹם וַהֲשֵׁבֹתָ אֶל־לְבָבֶךָ דברים ד
כִּי יְהֹוָה הוּא הָאֱלֹהִים בַּשָּׁמַיִם מִמַּעַל וְעַל־הָאָרֶץ מִתָּחַת
אֵין עוֹד:

עַל כֵּן נְקַוֶּה־לָּךְ, יְהֹוָה אֱלֹהֵינוּ, לִרְאוֹת מְהֵרָה בְּתִפְאֶרֶת עֻזֶּךָ
לְהַעֲבִיר גִּלּוּלִים מִן הָאָרֶץ וְהָאֱלִילִים כָּרוֹת יִכָּרֵתוּן
לְתַקֵּן עוֹלָם בְּמַלְכוּת שַׁדַּי
וְכָל־בְּנֵי בָשָׂר יִקְרְאוּ בִשְׁמֶךָ לְהַפְנוֹת אֵלֶיךָ כָּל־רִשְׁעֵי אָרֶץ
יַכִּירוּ וְיֵדְעוּ כָּל־יוֹשְׁבֵי תֵבֵל
כִּי לְךָ תִּכְרַע כָּל־בֶּרֶךְ, תִּשָּׁבַע כָּל־לָשׁוֹן.
לְפָנֶיךָ יְהֹוָה אֱלֹהֵינוּ יִכְרְעוּ וְיִפֹּלוּ, וְלִכְבוֹד שִׁמְךָ יְקָר יִתֵּנוּ
וִיקַבְּלוּ כֻלָּם אֶת עֹל מַלְכוּתֶךָ
וְתִמְלֹךְ עֲלֵיהֶם מְהֵרָה לְעוֹלָם וָעֶד
כִּי הַמַּלְכוּת שֶׁלְּךָ הִיא וּלְעוֹלְמֵי עַד תִּמְלֹךְ בְּכָבוֹד
כַּכָּתוּב בְּתוֹרָתֶךָ, יְהֹוָה יִמְלֹךְ לְעֹלָם וָעֶד: שמות טו
וְנֶאֱמַר, וְהָיָה יְהֹוָה לְמֶלֶךְ עַל־כָּל־הָאָרֶץ זכריה יד
בַּיּוֹם הַהוּא יִהְיֶה יְהֹוָה אֶחָד וּשְׁמוֹ אֶחָד:
וּבְתוֹרָתְךָ יְהֹוָה אֱלֹהֵינוּ כָּתוּב לֵאמֹר
שְׁמַע יִשְׂרָאֵל, יְהֹוָה אֱלֹהֵינוּ יְהֹוָה אֶחָד: דברים ו

# Comida para la Mañana de Shabat

## KIDUSH MATUTINO

*El Kidush se entona en el Makam empleado para recitar 'Nishmat Kol Ḥai' en ese Shabat.*

מִזְמוֹר לְדָוִד Salmo de David. El SEÑOR es mi pastor nada me habrá de faltar. Él me hará retozar en verdes pasturas, me conducirá por plácidas aguas. Él revive mi alma, me conducirá por sendas justas en aras de Su Nombre. Aunque me encuentre en un valle de sombra de la muerte no habré de temer, pues Tú estás conmigo. Tu vara y Tu cayado me han de consolar. Prepara ante mí una mesa en presencia de mis enemigos, ungiste mi cabeza con aceite mi copa rebosa. Sólo el bien y la generosidad me habrán de perseguir todos los días de mi vida. Y moraré en la Casa del SEÑOR por siempre. *Sal. 23*

אִם־תָּשִׁיב Si por causa del Shabat abstienes tus pies (de profanarlo), procurando tus intereses en mi día sagrado, y habrás de llamar al Shabat día de deleite y al día sagrado del SEÑOR honorable, honrándolo evitando de ir por tus caminos, procurar tus intereses y hablar de cosas profanas. Entonces te deleitarás en el SEÑOR y Yo te haré montar por las alturas de la tierra y te alimentaré de la heredad de tu padre Ya'akob, porque la boca del SEÑOR así ha proclamado. *Isa. 58*

(Guardaréis Mis Shabatot y reverenciaréis Mi Santuario, Yo soy el SEÑOR) *Lev. 19*

וְשָׁמְרוּ Habrán de guardar los hijos de Israel el Shabat, para observar el Shabat por sus generaciones, por Pacto eterno. Entre Mí y los hijos de Israel es un signo para la eternidad. Ya que en seis días el SEÑOR hizo los cielos y la tierra, mas en el día séptimo cesó de toda labor y reposó. *Éx. 31*

---

cuales son reflejo de las diferentes costumbres de las diversas comunidades.
אִם־תָּשִׁיב מִשַּׁבָּת רַגְלֶךָ *Si por causa del Shabat abstienes:* pasaje extraído de Isaías que es el origen del concepto de "*Oneg Shabat*", hacer del día un deleite.
וְשָׁמְרוּ בְנֵי־יִשְׂרָאֵל *Los hijos de Israel*: Shabat como memorial de la Creación.

# סדר סעודת יום השבת

## קידוש ליום שבת

*El* קידוש *se entona en el Makam empleado para recitar* נִשְׁמַת כָּל־חַי׳ *en ese* שבת.

תהלים כג
מִזְמ֥וֹר לְדָוִ֑ד יְהֹוָ֥ה רֹ֝עִ֗י לֹ֣א אֶחְסָֽר׃ בִּנְא֣וֹת דֶּ֭שֶׁא יַרְבִּיצֵ֑נִי עַל־מֵ֖י
מְנֻח֣וֹת יְנַהֲלֵֽנִי׃ נַפְשִׁ֥י יְשׁוֹבֵ֑ב יַֽנְחֵ֥נִי בְמַעְגְּלֵי־צֶ֝֗דֶק לְמַ֣עַן שְׁמֽוֹ׃
גַּ֤ם כִּֽי־אֵלֵ֨ךְ בְּגֵ֪יא צַלְמָ֡וֶת לֹא־אִ֘ירָ֤א רָ֗ע כִּי־אַתָּ֥ה עִמָּדִ֑י שִׁבְטְךָ֥
וּ֝מִשְׁעַנְתֶּ֗ךָ הֵ֣מָּה יְנַֽחֲמֻֽנִי׃ תַּעֲרֹ֬ךְ לְפָנַ֨י ׀ שֻׁלְחָ֗ן נֶ֥גֶד צֹרְרָ֑י דִּשַּׁ֖נְתָּ
בַשֶּׁ֥מֶן רֹ֝אשִׁ֗י כּוֹסִ֥י רְוָיָֽה׃ אַ֤ךְ ׀ ט֤וֹב וָחֶ֣סֶד יִ֭רְדְּפוּנִי כָּל־יְמֵ֣י חַיָּ֑י
וְשַׁבְתִּ֥י בְּבֵית־יְ֝הֹוָ֗ה לְאֹ֣רֶךְ יָמִֽים׃

ישעיה נח
אִם־תָּשִׁ֤יב מִשַּׁבָּת֙ רַגְלֶ֔ךָ עֲשׂ֥וֹת חֲפָצֶ֖ךָ בְּי֣וֹם קָדְשִׁ֑י וְקָרָ֨אתָ לַשַּׁבָּ֜ת
עֹ֗נֶג לִקְד֤וֹשׁ יְהֹוָה֙ מְכֻבָּ֔ד וְכִבַּדְתּוֹ֙ מֵעֲשׂ֣וֹת דְּרָכֶ֔יךָ מִמְּצ֥וֹא חֶפְצְךָ֖
וְדַבֵּ֥ר דָּבָֽר׃ אָ֗ז תִּתְעַנַּג֙ עַל־יְהֹוָ֔ה וְהִרְכַּבְתִּ֖יךָ עַל־בָּ֣מֳתֵי אָ֑רֶץ
וְהַאֲכַלְתִּ֗יךָ נַחֲלַת֙ יַעֲקֹ֣ב אָבִ֔יךָ כִּ֛י פִּ֥י יְהֹוָ֖ה דִּבֵּֽר׃

ויקרא יט
(אֶת־שַׁבְּתֹתַ֣י תִּשְׁמֹ֔רוּ וּמִקְדָּשִׁ֖י תִּירָ֑אוּ אֲנִ֖י יְהֹוָֽה׃)

שמות לא
וְשָׁמְר֥וּ בְנֵֽי־יִשְׂרָאֵ֖ל אֶת־הַשַּׁבָּ֑ת לַעֲשׂ֧וֹת אֶת־הַשַּׁבָּ֛ת לְדֹרֹתָ֖ם
בְּרִ֥ית עוֹלָֽם׃ בֵּינִ֗י וּבֵין֙ בְּנֵ֣י יִשְׂרָאֵ֔ל א֥וֹת הִ֖וא לְעֹלָ֑ם כִּי־שֵׁ֣שֶׁת יָמִ֗ים
עָשָׂ֤ה יְהֹוָה֙ אֶת־הַשָּׁמַ֣יִם וְאֶת־הָאָ֔רֶץ וּבַיּוֹם֙ הַשְּׁבִיעִ֔י שָׁבַ֖ת וַיִּנָּפַֽשׁ׃

---

KIDUSH DE SHABAT POR LA MAÑANA

El Kidush del Shabat por la mañana es conocido bajo el nombre de *Kidusha Raba*, “el gran Kidush”, a pesar o posiblemente en virtud de su brevedad: básicamente implica solamente el recitado de la bendición por el vino. Con el correr del tiempo se le agregaron textos suplementarios los

Por eso bendijo el Señor el día de Shabat y lo consagró. *Éx. 20*

Prestad atención señores míos.
(¡Por la vida!)

*Cuando el Kidush se recita sobre vino o jugo de uva:*

בָּרוּךְ Bendito eres Tú Señor, nuestro Dios Rey del universo,
creador del fruto de la vid.

*Si la bendición se recita sobre una bebida que no es vino o jugo de uva:*

בָּרוּךְ Bendito eres Tú Señor, nuestro Dios, Rey del universo,
que todo fue por efecto de Su palabra.

## LAVADO DE MANOS

בָּרוּךְ Bendito eres Tú Señor, nuestro Dios, Rey del universo,
que nos ha santificado con Sus preceptos
y nos ordenó el lavado de manos.

## BENDICIÓN POR EL PAN

*Hay quienes acostumbran a decir antes de la bendición por el pan:*

כְּאָמוּר Tal como fue dicho: "Tú abres Tu mano y satisfaces el deseo de cada ser viviente": *Sal. 145*

*Se bendice sobre dos panes:*

בָּרוּךְ Bendito eres Tú Señor, nuestro Dios,
Rey del universo, que extrae el pan de la tierra.

*Quien bendice por el pan come una rebanada y luego reparte otras entre los comensales arrojándoselas cuidadosamente.*

*Bircat HaMazón se encuentra en la página 456*

## ESTUDIO DE TORÁ EN SHABAT POR LA TARDE

*Según nuestra costumbre, todo el kahal, tanto los varones adultos como los niños asisten a la sinagoga para estudiar Torá. Se sientan en grupos, cada quien en el que le resulte más acorde.*

עַל־כֵּן בֵּרַךְ יְהֹוָה אֶת־יוֹם הַשַּׁבָּת וַיְקַדְּשֵׁהוּ: שמות כ

סַבְרִי מָרָנָן ( עונים: לְחַיִּים)

*Cuando el* קידוש *se recita sobre vino o jugo de uva:*

בָּרוּךְ אַתָּה יְהֹוָה, אֱלֹהֵינוּ מֶלֶךְ הָעוֹלָם
בּוֹרֵא פְּרִי הַגֶּפֶן.

*Si la bendición se recita sobre una bebida que no es vino o jugo de uva:*

בָּרוּךְ אַתָּה יְהֹוָה, אֱלֹהֵינוּ מֶלֶךְ הָעוֹלָם
שֶׁהַכֹּל נִהְיָה בִּדְבָרוֹ.

**נטילת ידיים**

בָּרוּךְ אַתָּה יְהֹוָה, אֱלֹהֵינוּ מֶלֶךְ הָעוֹלָם
אֲשֶׁר קִדְּשָׁנוּ בְּמִצְוֹתָיו, וְצִוָּנוּ עַל נְטִילַת יָדָיִם.

**ברכת המוציא**

*Hay quienes previo al recitado de la 'ברכת המוציא' acostumbran a decir:*

כָּאָמוּר פּוֹתֵחַ אֶת־יָדֶךָ, וּמַשְׂבִּיעַ לְכָל־חַי רָצוֹן: תהלים קמה

*Se bendice sobre dos panes:*

בָּרוּךְ אַתָּה יְהֹוָה, אֱלֹהֵינוּ מֶלֶךְ הָעוֹלָם
הַמּוֹצִיא לֶחֶם מִן הָאָרֶץ.

*Quien bendice por el pan come una rebanada y luego reparte otras entre los comensales arrojándoselas cuidadosamente.*

ברכת המזון *se encuentra en la página 457*

## לימוד תורה בשבת אחר חצות

*Según nuestra costumbre, todo el* קהל*,*
*tanto los varones adultos como los niños asisten a la sinagoga para estudiar* תורה*.*
*Se sientan en grupos, cada quien en el que le resulte más acorde.*

# Minḥá para Shabat y Yom Tob

וִיהִי Que el agrado del SEÑOR nuestro Dios sea sobre nosotros, y la acción de nuestras manos sea establecida para nosotros. Oh Eterno, aprueba la obra de nuestras manos. *Sal. 90*

לַמְנַצֵּחַ Para el jefe de los músicos. Sobre la guitit. *Sal. 84*
Salmo de los hijos de Koraḥ.
Cuán bellos son Tus lugares de residencia,
SEÑOR de las Huestes Celestiales.
Mi alma ansía y anhela los atrios del SEÑOR.
Mi corazón y mi carne cantarán gozosamente al Dios viviente.
El gorrión ha encontrado casa
y la golondrina nido para sí para criar a sus pichones,
cerca de Tus altares SEÑOR de las Huestes Celestiales,
mi Rey y mi Dios.
Felices aquellos que residen en Tu morada;
continuarán alabándote, ¡Sela!
Feliz del hombre que en Ti tiene su fortaleza,
y en su corazón las sendas.
Al pasar por el valle de las lágrimas lo transforman en manantial,
y la primera lluvia los cubre de bendición.
Irán de éxito en éxito, se presentarán ante Dios en Ṣion.
SEÑOR de las Huestes Celestiales, escucha mi plegaria, préstale atención Dios de Ya'akob. Sela.
Mira oh Dios, Escudo nuestro,
y contempla el rostro de Tu ungido.
Pues un día en Tus atrios es mejor que mil fuera de ellos,
escogería ubicarme en el umbral de la Casa de Dios que habitar en las tiendas de la maldad.
Pues el SEÑOR Dios es Sol y Escudo,
el SEÑOR concederá gracia y honor,
y no evitará el bien de aquellos que andan con integridad.
SEÑOR de las Huestes Celestiales,
feliz del hombre que en Ti confía.

# מנחה לשבת וליום טוב

וִיהִי ׀ נֹעַם אֲדֹנָי אֱלֹהֵינוּ עָלֵינוּ וּמַעֲשֵׂה יָדֵינוּ כּוֹנְנָה עָלֵינוּ וּמַעֲשֵׂה יָדֵינוּ כּוֹנְנֵהוּ: תהלים צ

לַמְנַצֵּחַ עַל־הַגִּתִּית לִבְנֵי־קֹרַח מִזְמוֹר: תהלים פד
מַה־יְּדִידוֹת מִשְׁכְּנוֹתֶיךָ יְהֹוָה צְבָאוֹת:
נִכְסְפָה וְגַם־כָּלְתָה ׀ נַפְשִׁי לְחַצְרוֹת יְהֹוָה
לִבִּי וּבְשָׂרִי יְרַנְּנוּ אֶל אֵל־חָי:
גַּם־צִפּוֹר ׀ מָצְאָה בַיִת
וּדְרוֹר ׀ קֵן ׀ לָהּ אֲשֶׁר־שָׁתָה אֶפְרֹחֶיהָ
אֶת־מִזְבְּחוֹתֶיךָ יְהֹוָה צְבָאוֹת מַלְכִּי וֵאלֹהָי:
אַשְׁרֵי יוֹשְׁבֵי בֵיתֶךָ עוֹד יְהַלְלוּךָ סֶּלָה:
אַשְׁרֵי אָדָם עוֹז־לוֹ בָךְ מְסִלּוֹת בִּלְבָבָם:
עֹבְרֵי ׀ בְּעֵמֶק הַבָּכָא מַעְיָן יְשִׁיתוּהוּ
גַּם־בְּרָכוֹת יַעְטֶה מוֹרֶה:
יֵלְכוּ מֵחַיִל אֶל־חָיִל יֵרָאֶה אֶל־אֱלֹהִים בְּצִיּוֹן:
יְהֹוָה אֱלֹהִים צְבָאוֹת שִׁמְעָה תְפִלָּתִי
הַאֲזִינָה אֱלֹהֵי יַעֲקֹב סֶלָה:
מָגִנֵּנוּ רְאֵה אֱלֹהִים וְהַבֵּט פְּנֵי מְשִׁיחֶךָ:
כִּי טוֹב־יוֹם בַּחֲצֵרֶיךָ מֵאָלֶף
בָּחַרְתִּי הִסְתּוֹפֵף בְּבֵית אֱלֹהַי מִדּוּר בְּאׇהֳלֵי־רֶשַׁע:
כִּי שֶׁמֶשׁ ׀ וּמָגֵן יְהֹוָה אֱלֹהִים
חֵן וְכָבוֹד יִתֵּן יְהֹוָה
לֹא יִמְנַע־טוֹב לַהֹלְכִים בְּתָמִים:
יְהֹוָה צְבָאוֹת אַשְׁרֵי אָדָם בֹּטֵחַ בָּךְ:

## LA OFRENDA DIARIA

El SEÑOR habló a Moshé diciendo: "Ordena a los hijos de Israel y diles: 'Sed cuidadosos en cuanto a ofrendarme en el tiempo estipulado Mi sacrificio consumido al fuego, de aroma grato ante Mí'. Y habrás de decirles: 'Este es el sacrificio que habréis de ofrecer ante el SEÑOR – dos corderos de un año sin defecto, dos al día, holocausto perpetuo. Uno de los corderos lo ofrecerás por la mañana, y el otro lo ofrecerás al atardecer junto a una ofrenda de un décimo de efá de harina de flor amasada con un cuarto de hin de aceite de oliva machacada. Este es el Holocausto perpetuo tal como fue instituido en el Monte Sinaí, de aroma grato, sacrificio ante el SEÑOR. Y su libación es un cuarto de hin (de vino) para cada cordero; que se verterá en el Santuario como libación de bebida fermentada ante el SEÑOR. Y el segundo cordero lo ofrecerás al atardecer, lo habrás de hacer de la misma forma que la ofrenda de la mañana y con la misma libación. Este es el sacrificio de aroma agradable ante el SEÑOR'". *Núm. 28*

אַתָּה הוּא Tú eres el SEÑOR nuestro Dios, ante Quien nuestros padres ofrendaban el fragante incienso en días en que el Templo estaba en pie, tal como les ordenaste mediante Tu profeta Moshé, y así está escrito en Tu Torá:

## EL INCIENSO

Dijo el SEÑOR a Moshé: Toma para ti especias: bálsamo resinoso, uña aromática, gálbano e incienso puro, en cantidades iguales. Y harás con ello el incienso, elaborado según el arte del perfumista, mezclado, puro y consagrado. Y molerás muy fino parte de este y lo pondrás delante del Testimonio, delante de la Tienda de Reunión donde he de reunirme contigo y será sacrosanto para vosotros. *Éx. 30*

Y fue dicho:

Y cada mañana Aharón quemará sobre él incienso aromático al asear lámparas. Y al encender Aharón las lámparas – al atardecer – lo hará quemar. Incienso cotidiano ante el SEÑOR por vuestras generaciones.

פרשת קרבן התמיד

וַיְדַבֵּר יְהֹוָה אֶל־מֹשֶׁה לֵּאמֹר: צַו אֶת־בְּנֵי יִשְׂרָאֵל וְאָמַרְתָּ במדבר כח
אֲלֵהֶם אֶת־קׇרְבָּנִי לַחְמִי לְאִשַּׁי רֵיחַ נִיחֹחִי תִּשְׁמְרוּ לְהַקְרִיב
לִי בְּמוֹעֲדוֹ: וְאָמַרְתָּ לָהֶם זֶה הָאִשֶּׁה אֲשֶׁר תַּקְרִיבוּ לַיהֹוָה
כְּבָשִׂים בְּנֵי־שָׁנָה תְמִימִם שְׁנַיִם לַיּוֹם עֹלָה תָמִיד: אֶת־
הַכֶּבֶשׂ אֶחָד תַּעֲשֶׂה בַבֹּקֶר וְאֵת הַכֶּבֶשׂ הַשֵּׁנִי תַּעֲשֶׂה בֵּין
הָעַרְבָּיִם: וַעֲשִׂירִית הָאֵיפָה סֹלֶת לְמִנְחָה בְּלוּלָה בְּשֶׁמֶן
כָּתִית רְבִיעִת הַהִין: עֹלַת תָּמִיד הָעֲשֻׂיָה בְּהַר סִינַי לְרֵיחַ
נִיחֹחַ אִשֶּׁה לַיהֹוָה: וְנִסְכּוֹ רְבִיעִת הַהִין לַכֶּבֶשׂ הָאֶחָד
בַּקֹּדֶשׁ הַסֵּךְ נֶסֶךְ שֵׁכָר לַיהֹוָה: וְאֵת הַכֶּבֶשׂ הַשֵּׁנִי תַּעֲשֶׂה
בֵּין הָעַרְבָּיִם כְּמִנְחַת הַבֹּקֶר וּכְנִסְכּוֹ תַּעֲשֶׂה אִשֵּׁה רֵיחַ
נִיחֹחַ לַיהֹוָה:

אַתָּה הוּא יְהֹוָה אֱלֹהֵינוּ שֶׁהִקְטִירוּ אֲבוֹתֵינוּ לְפָנֶיךָ אֶת קְטֹרֶת הַסַּמִּים
בִּזְמַן שֶׁבֵּית הַמִּקְדָּשׁ קַיָּם, כַּאֲשֶׁר צִוִּיתָ אוֹתָם עַל יַד מֹשֶׁה נְבִיאָךְ,
כַּכָּתוּב בְּתוֹרָתָךְ:

פרשת הקטורת

וַיֹּאמֶר יְהֹוָה אֶל־מֹשֶׁה קַח־לְךָ סַמִּים נָטָף ׀ וּשְׁחֵלֶת שמות ל
וְחֶלְבְּנָה סַמִּים וּלְבֹנָה זַכָּה בַּד בְּבַד יִהְיֶה: וְעָשִׂיתָ אֹתָהּ
קְטֹרֶת רֹקַח מַעֲשֵׂה רוֹקֵחַ מְמֻלָּח טָהוֹר קֹדֶשׁ: וְשָׁחַקְתָּ
מִמֶּנָּה הָדֵק וְנָתַתָּה מִמֶּנָּה לִפְנֵי הָעֵדֻת בְּאֹהֶל מוֹעֵד אֲשֶׁר
אִוָּעֵד לְךָ שָׁמָּה קֹדֶשׁ קָדָשִׁים תִּהְיֶה לָכֶם:

וְנֶאֱמַר

וְהִקְטִיר עָלָיו אַהֲרֹן קְטֹרֶת סַמִּים בַּבֹּקֶר בַּבֹּקֶר בְּהֵיטִיבוֹ
אֶת־הַנֵּרֹת יַקְטִירֶנָּה: וּבְהַעֲלֹת אַהֲרֹן אֶת־הַנֵּרֹת בֵּין
הָעַרְבַּיִם יַקְטִירֶנָּה קְטֹרֶת תָּמִיד לִפְנֵי יְהֹוָה לְדֹרֹתֵיכֶם:

תָּנוּ Enseñaron nuestros sabios: ¿Cómo debe prepararse el incienso? Pesaba 368 "mané", 365 se corresponden con los días del año solar, un mané por día, una mitad debía ser ofrendada en la mañana y la otra mitad por la tarde y tres "mané" adicionales de los cuales el Sumo Sacerdote tomaba dos puñados llenos en Yom Kipur. Estos eran devueltos al mortero el día previo a Yom Kipur y se molían intensamente hasta que quedaban sumamente finos. El incienso incluía once clases de especies: bálsamo, uña aromática, gálbano y olíbano, cada una con un peso de 70 "mané", mirra, casia, nardo y azafrán cada una con un peso de 16 "mané", 12 "mané" de costus, tres de corteza aromática, nueve de canela, nueve "kab" de lejía de Carshina, tres "seá" y tres "kab" de vino de Chipre. Si no se conseguía vino de Chipre se podía emplear vino blanco añejo. Un cuarto de "kab" de sal de Sodoma, una pizca de una hierba humeante. *Karetot 6a*

Ribí Natán de Babilonia dice: también una pizca de ámbar del Jordán. Si le agregaba miel a la mezcla se la transformaba en no apta para uso sagrado. Si omitía alguno de los ingredientes era pasible de pena de muerte.

Rabán Shim'ón ben Gamliel dice: el "bálsamo" es una savia que gotea del árbol del mismo nombre. Lejía de Carshina era usado para frotar la uña aromática y así mejorarla. El vino de Chipre era usado para remojar la uña aromática para conferirle un olor acre. Si bien la orina es buena para este propósito, no se la podía ingresar en el Templo pues sería una falta de respeto.

Se enseñó, dice Ribí Natán: mientras molía (el incienso) decía "muele bien, muele fino" pues el sonido rítmico es bueno para las especies. Si se mezcló en medias cantidades el producto es apto para su uso, mas no hemos escuchado que este principio se aplique a tercios o cuartos. Ribí Yehudá dijo: la regla general es que si se llevó a cabo en las proporciones correctas el producto es apto para su uso, aunque se haya preparado la mitad de la cantidad, empero quien omite alguno de los ingredientes es pasible de pena de muerte.

Enseñó Bar Kapara: una vez cada sesenta o setenta años se acumulaban excedentes equivalentes al consumo de medio año. Bar Kapara también nos enseña: si una diminuta cantidad de miel se hubiese mezclado en el incienso nadie podría haber resistido el aroma. Entonces, ¿por qué no le agregaban miel a la mezcla? Porque la Torá dice: "ni levadura ni miel podréis hacer consumir como sacrificio ante el Señor". *Lev. 2*

כריתות ו.

תָּנוּ רַבָּנָן: פִּטּוּם הַקְּטֹרֶת כֵּיצַד. שְׁלֹשׁ מֵאוֹת וְשִׁשִּׁים וּשְׁמוֹנָה מָנִים הָיוּ בָהּ. שְׁלֹשׁ מֵאוֹת וְשִׁשִּׁים וַחֲמִשָּׁה כְּמִנְיַן יְמוֹת הַחַמָּה, מָנֶה בְּכָל־יוֹם, מַחֲצִיתוֹ בַּבֹּקֶר וּמַחֲצִיתוֹ בָּעֶרֶב. וּשְׁלֹשָׁה מָנִים יְתֵרִים, שֶׁמֵּהֶם מַכְנִיס כֹּהֵן גָּדוֹל וְנוֹטֵל מֵהֶם מְלֹא חָפְנָיו בְּיוֹם הַכִּפּוּרִים, וּמַחֲזִירָן לְמַכְתֶּשֶׁת בְּעֶרֶב יוֹם הַכִּפּוּרִים כְּדֵי לְקַיֵּם מִצְוַת דַּקָּה מִן הַדַּקָּה. וְאַחַד עָשָׂר סַמָּנִים הָיוּ בָהּ, וְאֵלּוּ הֵן: א הַצְּרִי ב וְהַצִּפֹּרֶן ג וְהַחֶלְבְּנָה ד וְהַלְּבוֹנָה, מִשְׁקַל שִׁבְעִים שִׁבְעִים מָנֶה. ה מֹר ו וּקְצִיעָה ז וְשִׁבֹּלֶת נֵרְדְּ ח וְכַרְכֹּם, מִשְׁקַל שִׁשָּׁה עָשָׂר שִׁשָּׁה עָשָׂר מָנֶה. ט הַקֹּשְׁטְ (הַקּוֹשְׁטְ) שְׁנֵים עָשָׂר י קִלּוּפָה שְׁלֹשָׁה יא קִנָּמוֹן תִּשְׁעָה. בֹּרִית כַּרְשִׁינָה תִּשְׁעָה קַבִּין, יֵין קַפְרִיסִין סְאִין תְּלָת וְקַבִּין תְּלָתָא, וְאִם לֹא מָצָא יֵין קַפְרִיסִין מֵבִיא חֲמַר חִוַּר עַתִּיק. מֶלַח סְדוֹמִית רֹבַע הַקָּב, מַעֲלֶה עָשָׁן כָּל־שֶׁהוּא.

רַבִּי נָתָן הַבַּבְלִי אוֹמֵר, אַף מִכִּפַּת הַיַּרְדֵּן כָּל־שֶׁהִיא. אִם נָתַן בָּהּ דְּבַשׁ פְּסָלָהּ, וְאִם חִסֵּר אַחַת מִכָּל־סַמָּנֶיהָ חַיָּב מִיתָה.

רַבָּן שִׁמְעוֹן בֶּן גַּמְלִיאֵל אוֹמֵר, הַצֳּרִי אֵינוֹ אֶלָּא שְׂרָף הַנּוֹטֵף מֵעֲצֵי הַקְּטָף. בֹּרִית כַּרְשִׁינָה לְמָה הִיא בָאָה, כְּדֵי לְשַׁפּוֹת בָּהּ אֶת הַצִּפֹּרֶן כְּדֵי שֶׁתְּהֵא נָאָה. יֵין קַפְרִיסִין לְמָה הוּא בָא, כְּדֵי לִשְׁרוֹת בּוֹ אֶת הַצִּפֹּרֶן כְּדֵי שֶׁתְּהֵא עַזָּה. וַהֲלֹא מֵי רַגְלַיִם יָפִין לָהּ, אֶלָּא שֶׁאֵין מַכְנִיסִין מֵי רַגְלַיִם בַּמִּקְדָּשׁ מִפְּנֵי הַכָּבוֹד.

תַּנְיָא, רַבִּי נָתָן אוֹמֵר, כְּשֶׁהוּא שׁוֹחֵק אוֹמֵר, הָדֵק הֵיטֵב, הֵיטֵב הָדֵק, מִפְּנֵי שֶׁהַקּוֹל יָפֶה לַבְּשָׂמִים. פִּטְּמָהּ לַחֲצָאִין כְּשֵׁרָה, לִשְׁלִישׁ וְלִרְבִיעַ לֹא שָׁמַעְנוּ. אָמַר רַבִּי יְהוּדָה, זֶה הַכְּלָל, אִם כְּמִדָּתָהּ כְּשֵׁרָה לַחֲצָאִין, וְאִם חִסֵּר אַחַת מִכָּל־סַמָּנֶיהָ חַיָּב מִיתָה.

תָּנֵי בַר קַפָּרָא: אַחַת לְשִׁשִּׁים אוֹ לְשִׁבְעִים שָׁנָה הָיְתָה בָאָה שֶׁל שִׁירַיִם לַחֲצָאִין. וְעוֹד תָּנֵי בַר קַפָּרָא: אִלּוּ הָיָה נוֹתֵן בָּהּ קָרְטוֹב שֶׁל דְּבַשׁ אֵין אָדָם יָכוֹל לַעֲמֹד מִפְּנֵי רֵיחָהּ, וְלָמָּה אֵין מְעָרְבִין בָּהּ דְּבַשׁ, מִפְּנֵי שֶׁהַתּוֹרָה
ויקרא ב אָמְרָה: כִּי כָל־שְׂאֹר וְכָל־דְּבַשׁ לֹא־תַקְטִירוּ מִמֶּנּוּ אִשֶּׁה לַיהוָה:

La salvación pertenece al Eterno, Sal. 3
que Tu bendición repose sobre Tu pueblo. Sela.

El Señor de las Huestes Celestiales es con nosotros, Sal. 46
el Dios de Ya'akob es nuestra fortaleza, Sela.

Señor de las Huestes Celestiales, Sal. 84
feliz del hombre que confía en Ti.

El Señor salva, el Rey nos responderá Sal. 20
el día que Le invoquemos.

Haznos retornar a Ti Señor y retornaremos, Lam. 5
renueva nuestros días como antaño.

Entonces las ofrendas de Yehudá y Jerusalém agradarán al Mal. 3
Señor como en los días de antaño y los años pretéritos.

אַשְׁרֵי Felices aquellos que residen en Tu morada; Sal. 84
continuarán alabándote, ¡Sela!
Feliz del pueblo para el que esto es así, Sal. 144
feliz del pueblo que el Señor es su Dios.

Salmo de alabanza de David. Sal. 145

א Te ensalzaré oh Dios, mi Rey y bendeciré Tu Nombre por siempre. ב Todos los días Te bendeciré y alabaré Tu Nombre por siempre. ג El Señor es grande en sobremanera y Su grandeza es insondable. ד Una generación tras otra alabará Tu labor y contará sobre Tus poderosas acciones. ה Ponderaré el glorioso esplendor de Tu majestad y Tus actos maravillosos. ו Ellos relatarán el poder de Tus venerables acciones y de Tu grandeza. ז Ellos recitarán el recuerdo de Tu gran benevolencia y cantarán con regocijo Tu rectitud. ח El Señor es compasivo y misericordioso, paciente y muy benevolente. ט El Señor es bueno con todos y Su misericordia para con todas Sus creaturas. י Todas Tus Obras

---

conjunto de la plegaria inicie con la palabra "*Ashré*" y culmine con la palabra "*Aleluyá*". De esta forma el texto resultante es una miniatura o síntesis de la totalidad del libro de los Salmos al iniciar y finalizar de igual manera que este.

לַיהוָה הַיְשׁוּעָה, עַל־עַמְּךָ בִרְכָתֶךָ סֶּלָה: תהלים ג

יְהוָה צְבָאוֹת עִמָּנוּ, מִשְׂגָּב־לָנוּ אֱלֹהֵי יַעֲקֹב סֶלָה: תהלים מו

יְהוָה צְבָאוֹת, אַשְׁרֵי אָדָם בֹּטֵחַ בָּךְ: תהלים פד

יְהוָה הוֹשִׁיעָה, הַמֶּלֶךְ יַעֲנֵנוּ בְיוֹם־קָרְאֵנוּ: תהלים כ

הֲשִׁיבֵנוּ יְהוָה אֵלֶיךָ וְנָשׁוּבָה, חַדֵּשׁ יָמֵינוּ כְּקֶדֶם: איכה ה

וְעָרְבָה לַיהוָה מִנְחַת יְהוּדָה וִירוּשָׁלָםִ מלאכי ג
כִּימֵי עוֹלָם וּכְשָׁנִים קַדְמֹנִיּוֹת:

אַשְׁרֵי יוֹשְׁבֵי בֵיתֶךָ עוֹד יְהַלְלוּךָ סֶּלָה: תהלים פד

אַשְׁרֵי הָעָם שֶׁכָּכָה לּוֹ אַשְׁרֵי הָעָם שֶׁיהוָה אֱלֹהָיו: תהלים קמד

תְּהִלָּה לְדָוִד תהלים קמה

אֲרוֹמִמְךָ אֱלוֹהַי הַמֶּלֶךְ וַאֲבָרְכָה שִׁמְךָ לְעוֹלָם וָעֶד:
בְּכָל־יוֹם אֲבָרְכֶךָּ וַאֲהַלְלָה שִׁמְךָ לְעוֹלָם וָעֶד:
גָּדוֹל יְהוָה וּמְהֻלָּל מְאֹד וְלִגְדֻלָּתוֹ אֵין חֵקֶר:
דּוֹר לְדוֹר יְשַׁבַּח מַעֲשֶׂיךָ וּגְבוּרֹתֶיךָ יַגִּידוּ:
הֲדַר כְּבוֹד הוֹדֶךָ וְדִבְרֵי נִפְלְאֹתֶיךָ אָשִׂיחָה:
וֶעֱזוּז נוֹרְאֹתֶיךָ יֹאמֵרוּ וּגְדוּלָּתְךָ אֲסַפְּרֶנָּה:
זֵכֶר רַב־טוּבְךָ יַבִּיעוּ וְצִדְקָתְךָ יְרַנֵּנוּ:
חַנּוּן וְרַחוּם יְהוָה אֶרֶךְ אַפַּיִם וּגְדָל־חָסֶד:
טוֹב־יְהוָה לַכֹּל וְרַחֲמָיו עַל־כָּל־מַעֲשָׂיו:
יוֹדוּךָ יְהוָה כָּל־מַעֲשֶׂיךָ וַחֲסִידֶיךָ יְבָרְכוּכָה:

---

**אשרי** *Felices aquellos:* Al igual que en los días de semana, el rezo de Minḥá de Shabat comienza con Ashré a modo de preludio. La adición al inicio de dos versículos procedentes de otros salmos y otro más al final hace que el

Te agradecerán y Tus devotos Te bendecirán. כ Ellos recitarán la gloria de Tu reinado y hablarán de Tus poderosas acciones. ל Darán a conocer a los hombres Sus poderosas acciones, y la gloria de la majestad de Su reino. מ Tu reino es un reino por todos los tiempos y Tu dominio por todas las generaciones. ס El SEÑOR sostiene a los que se caen y yergue a los encorvados. ע Todos alzan su mirada a Ti con esperanza y Tú les provees de su alimento en el momento adecuado. פ Tú abres Tu mano y satisfaces el deseo de cada ser viviente. צ El SEÑOR es justo en todas Sus sendas y magnánimo en todos Sus actos. ק El SEÑOR está cercano a todos quienes Le llaman, de todos aquellos que claman a Él con la verdad. ר Él colmará el deseo de quienes Lo reverencian, escuchará su clamor y los redimirá. ש El SEÑOR protege a todos aquellos que Le aman y destruirá a todos los malvados. ת Mi boca declarará la alabanza del SEÑOR y todas las creaturas bendecirán Su sagrado Nombre por siempre.

Nosotros bendeciremos a Dios desde ahora y por siempre, ¡Aleluyá! *Sal. 115*

וּבָא לְצִיּוֹן "Un redentor llegará a Ṣion, para aquellos de Ya'akob que retornen de sus pecados", declara el SEÑOR. *Sal. 59*

"Y en cuanto a mí, este es Mi pacto con ellos" dice el SEÑOR. "Mi espíritu que está en ti y Mis palabras que puse en tu boca, no se apartarán de tu boca, ni de la boca de tus hijos ni de la boca de los hijos de tus hijos desde ahora y por siempre", dice el SEÑOR.

---

de las siguientes partes: (1) Dos versículos consecutivos extraídos de Isaías que se refieren a la Redención; (2) La *Kedushá* acompañada de su traducción al arameo; (3) Una serie de versículos que se refieren a la fidelidad a Dios; (4) Una bendición en la cual se le agradece a Dios por la Torá y el pedido de ser capaces de cumplir con los preceptos; (5) Una subsiguiente serie de versículos que se refieren a la confianza en Dios.

כְּבוֹד מַלְכוּתְךָ יֹאמֵרוּ וּגְבוּרָתְךָ יְדַבֵּרוּ:
לְהוֹדִיעַ ׀ לִבְנֵי הָאָדָם גְּבוּרֹתָיו וּכְבוֹד הֲדַר מַלְכוּתוֹ:
מַלְכוּתְךָ מַלְכוּת כָּל־עֹלָמִים וּמֶמְשַׁלְתְּךָ בְּכָל־דּוֹר וָדֹר:
סוֹמֵךְ יְהֹוָה לְכָל־הַנֹּפְלִים וְזוֹקֵף לְכָל־הַכְּפוּפִים:
עֵינֵי־כֹל אֵלֶיךָ יְשַׂבֵּרוּ וְאַתָּה נוֹתֵן־לָהֶם אֶת־אָכְלָם בְּעִתּוֹ:
פּוֹתֵחַ אֶת־יָדֶךָ וּמַשְׂבִּיעַ לְכָל־חַי רָצוֹן:
צַדִּיק יְהֹוָה בְּכָל־דְּרָכָיו וְחָסִיד בְּכָל־מַעֲשָׂיו:
קָרוֹב יְהֹוָה לְכָל־קֹרְאָיו לְכֹל אֲשֶׁר יִקְרָאֻהוּ בֶאֱמֶת:
רְצוֹן־יְרֵאָיו יַעֲשֶׂה וְאֶת־שַׁוְעָתָם יִשְׁמַע וְיוֹשִׁיעֵם:
שׁוֹמֵר יְהֹוָה אֶת־כָּל־אֹהֲבָיו וְאֵת כָּל־הָרְשָׁעִים יַשְׁמִיד:
תְּהִלַּת יְהֹוָה יְדַבֶּר פִּי וִיבָרֵךְ כָּל־בָּשָׂר שֵׁם קָדְשׁוֹ לְעוֹלָם וָעֶד:
וַאֲנַחְנוּ ׀ נְבָרֵךְ יָהּ מֵעַתָּה וְעַד־עוֹלָם הַלְלוּיָהּ: תהלים קטו

וּבָא לְצִיּוֹן גּוֹאֵל, וּלְשָׁבֵי פֶשַׁע בְּיַעֲקֹב, נְאֻם יְהֹוָה: ישעיה נט
וַאֲנִי זֹאת בְּרִיתִי אוֹתָם, אָמַר יְהֹוָה, רוּחִי אֲשֶׁר עָלֶיךָ וּדְבָרַי אֲשֶׁר־
שַׂמְתִּי בְּפִיךָ, לֹא־יָמוּשׁוּ מִפִּיךָ וּמִפִּי זַרְעֲךָ וּמִפִּי זֶרַע זַרְעֲךָ אָמַר
יְהֹוָה, מֵעַתָּה וְעַד־עוֹלָם:

---

וּבָא לְצִיּוֹן גּוֹאֵל *Un redentor llegará a Ṣion:* El sitio correcto para esta plegaria es, al igual que en los días de la semana, en el rezo de la mañana. Sin embargo, dado que los rezos matinales sabáticos son ya bastante prolongados se movió el recitado del presente pasaje para el rezo de la tarde. Otra posible explicación radica en que como antiguamente se solía recitarlo tras una sesión de estudio, su actual ubicación resulta un testimonio de que se acostumbraba estudiar Torá comunitariamente previo al rezo de Minḥá. Esta plegaria está compuesta

Y Tú eres Santo, entronado por las alabanzas de Israel. Y un ángel daba voces al otro diciendo: "Santo, Santo, Santo, SEÑOR de las Huestes Celestiales, toda la tierra está llena de Su gloria". *Sal. 22 Isa. 6*

*En voz baja:* Y reciben permiso uno del otro, diciendo: "Santo en los altos cielos, recinto de Su presencia; Santo en la tierra la obra de Su poder, el SEÑOR de las Huestes Celestiales es Santo por siempre en todo tiempo, toda la tierra está plena del resplandor de Su gloria". *Targúm Yonatán Isa. 6*

Luego un viento me elevó y escuché tras de mí el sonido de un inmenso clamor: "Bendita es la gloria del SEÑOR desde Su sitial". *Eze. 3*

*En voz baja:* Luego, un viento me elevó y escuché tras de mí el ruido de una gran tempestad de aquellos que pronunciaron alabanza, diciendo, "Bendita es la gloria del SEÑOR desde Su sitial en el recinto de Su presencia". *Targúm Yonatán a Eze. 3*

El SEÑOR reinará por toda la eternidad. *Éx. 15*

*En voz baja:* El reino del SEÑOR se ha establecido para siempre y por todos los tiempos. *Targúm Onkelos a Éx. 15*

יְהוָה SEÑOR, Dios de nuestros ancestros Abraham, Isḥak e Israel, *I Crón. 29*
guarda esto por siempre de modo tal que conforme los pensamientos del corazón de Tu pueblo, y orienta su corazón hacia Ti. Él es *Sal. 78*
compasivo, perdonará la iniquidad y no destruirá, suprimirá Su ira y no encenderá Su furia. Pues Tú SEÑOR, eres bueno y perdonas, *Sal. 86*
pleno en benevolencia con todo aquel que Te invoca. Tu justicia es *Sal. 119*
eternamente recta y Tu Torá es verdad. Concede la verdad a Ya'akob, *Miq. 7*
la benevolencia a Abraham, tal como prometiste a nuestros ancestros en tiempos pretéritos.

בָּרוּךְ אֲדֹנָי יוֹם יוֹם Bendito es el SEÑOR día tras día pues carga con *Sal. 65*
nosotros (nos colma con Sus bendiciones); Dios de nuestra salvación, ¡Sela! El SEÑOR de las Huestes Celestiales es con nosotros, el Dios de *Sal. 46*
Ya'akob es nuestra fortaleza, ¡Sela! SEÑOR de las Huestes Celestiales, *Sal. 84*
feliz del hombre que confía en Ti. El SEÑOR salva, el Rey nos responderá el día que Le invoquemos. *Sal. 20*

בָּרוּךְ אֱלֹהֵינוּ Bendito es nuestro Dios que nos creó para Su gloria, separándonos de los extraviados, nos entregó la Torá verdadera,

וְאַתָּה קָדוֹשׁ יוֹשֵׁב תְּהִלּוֹת יִשְׂרָאֵל: וְקָרָא זֶה אֶל־זֶה וְאָמַר תהלים כב ישעיה ו
קָדוֹשׁ, קָדוֹשׁ, קָדוֹשׁ, יְהוָה צְבָאוֹת, מְלֹא כָל־הָאָרֶץ כְּבוֹדוֹ:

נאמר בלחש: וּמְקַבְּלִין דֵּין מִן דֵּין וְאָמְרִין, קַדִּישׁ בִּשְׁמֵי מְרוֹמָא עִלָּאָה בֵּית תרגום יונתן שם
שְׁכִינְתֵּהּ, קַדִּישׁ עַל אַרְעָא עוֹבַד גְּבוּרְתֵּהּ, קַדִּישׁ לְעָלַם וּלְעָלְמֵי עָלְמַיָּא, יְהוָה
צְבָאוֹת, מַלְיָא כָל־אַרְעָא זִיו יְקָרֵהּ.

וַתִּשָּׂאֵנִי רוּחַ, וָאֶשְׁמַע אַחֲרַי קוֹל רַעַשׁ גָּדוֹל יחזקאל ג
בָּרוּךְ כְּבוֹד־יְהוָה מִמְּקוֹמוֹ:

נאמר בלחש: וּנְטָלַתְנִי רוּחָא, וּשְׁמָעִית בַּתְרַי קָל זִיעַ סַגִּיא, דִּמְשַׁבְּחִין וְאָמְרִין, תרגום יונתן שם
בְּרִיךְ יְקָרָא דַיהוָה מֵאֲתַר בֵּית שְׁכִינְתֵּהּ.

יְהוָה יִמְלֹךְ לְעֹלָם וָעֶד: שמות טו

נאמר בלחש: יְהוָה מַלְכוּתֵהּ קָאֵים לְעָלַם וּלְעָלְמֵי עָלְמַיָּא. תרגום אונקלוס שם

יְהוָה אֱלֹהֵי אַבְרָהָם יִצְחָק וְיִשְׂרָאֵל אֲבֹתֵינוּ, שָׁמְרָה־זֹּאת לְעוֹלָם דברי הימים א׳ כט
לְיֵצֶר מַחְשְׁבוֹת לְבַב עַמֶּךָ, וְהָכֵן לְבָבָם אֵלֶיךָ: וְהוּא רַחוּם יְכַפֵּר תהלים עח
עָוֹן וְלֹא־יַשְׁחִית, וְהִרְבָּה לְהָשִׁיב אַפּוֹ, וְלֹא־יָעִיר כָּל־חֲמָתוֹ:
כִּי־אַתָּה אֲדֹנָי טוֹב וְסַלָּח, וְרַב־חֶסֶד לְכָל־קֹרְאֶיךָ: צִדְקָתְךָ תהלים פו תהלים קיט
צֶדֶק לְעוֹלָם וְתוֹרָתְךָ אֱמֶת: תִּתֵּן אֱמֶת לְיַעֲקֹב, חֶסֶד לְאַבְרָהָם, מיכה ז
אֲשֶׁר־נִשְׁבַּעְתָּ לַאֲבֹתֵינוּ מִימֵי קֶדֶם:

בָּרוּךְ אֲדֹנָי יוֹם יוֹם, יַעֲמָס־לָנוּ הָאֵל יְשׁוּעָתֵנוּ סֶלָה: יְהוָה צְבָאוֹת תהלים סח תהלים מו
עִמָּנוּ, מִשְׂגָּב־לָנוּ אֱלֹהֵי יַעֲקֹב סֶלָה: יְהוָה צְבָאוֹת, אַשְׁרֵי אָדָם תהלים פד
בֹּטֵחַ בָּךְ: יְהוָה הוֹשִׁיעָה, הַמֶּלֶךְ יַעֲנֵנוּ בְיוֹם־קָרְאֵנוּ: תהלים כ

בָּרוּךְ אֱלֹהֵינוּ שֶׁבְּרָאָנוּ לִכְבוֹדוֹ, וְהִבְדִּילָנוּ מִן הַתּוֹעִים, וְנָתַן לָנוּ
תּוֹרַת אֱמֶת, וְחַיֵּי עוֹלָם נָטַע בְּתוֹכֵנוּ. הוּא יִפְתַּח לִבֵּנוּ

plantó en nuestro interior la vida eterna. El compasivo abrirá nuestro corazón con Su Torá imbuyendo nuestro corazón con el amor y el temor reverencial hacia Él, para que podamos cumplir Su voluntad y servirle con corazón integro, para que nuestros esfuerzos no sean en vano ni seamos generadores de confusión.

יְהִי רָצוֹן Sea Tu voluntad Señor, Dios nuestro y de nuestros ancestros, que cuidemos Tus leyes en este mundo y tengamos el mérito de vivir, ver y heredar la bondad y la bendición de la vida del Mundo
Venidero. Para que mi alma pueda cantar Tu gloria sin callar. El Señor *Sal. 30*
mi Dios, por siempre Te agradeceré. El Señor, en aras del mérito de *Isa. 42*
Israel deseó engrandecer la Torá y enaltecerla. Aquellos que conocen *Sal. 9*
Tu Nombre confían en Ti, porque Tú Señor no has abandonado a
quienes Te buscan. El Señor es nuestro Soberano, cuán exaltado *Sal. 8*
es Tu Nombre en toda la tierra. Sed fuertes y tome coraje vuestro *Sal. 31*
corazón, todos vosotros que esperáis al Señor.

## MEDIO KADISH

*El Ḥazán y los avelim recitan Medio Kadish:*

יִתְגַּדַּל Que Su Gran Nombre sea magnificado y santificado,
en el mundo que creó conforme a Su voluntad.
Que establezca Su reino, haga florecer Su salvación
y apresure la llegada de Su ungido
durante vuestra vida y en vuestros días
y en la vida de toda la casa de Israel,
pronto y rápidamente y decid: Amén.
Que Su Gran Nombre sea bendito
por siempre y por toda la eternidad.

Sea bendecido, alabado, glorificado
y exaltado, encumbrado y magnificado, enaltecido
y ensalzado el Nombre del Santo Bendito Él;
más allá de cualquier bendición, cántico, alabanza y consolación
pronunciados en el mundo y decid: Amén.

בְּתוֹרָתוֹ, וְיָשֵׂים בְּלִבֵּנוּ אַהֲבָתוֹ וְיִרְאָתוֹ לַעֲשׂוֹת רְצוֹנוֹ וּלְעָבְדוֹ
בְּלֵבָב שָׁלֵם, לֹא נִיגַע לָרִיק וְלֹא נֵלֵד לַבֶּהָלָה.

יְהִי רָצוֹן מִלְּפָנֶיךָ, יהוה אֱלֹהֵינוּ וֵאלֹהֵי אֲבוֹתֵינוּ, שֶׁנִּשְׁמֹר חֻקֶּיךָ
וּמִצְוֹתֶיךָ בָּעוֹלָם הַזֶּה, וְנִזְכֶּה וְנִחְיֶה וְנִירַשׁ טוֹבָה וּבְרָכָה, לְחַיֵּי
הָעוֹלָם הַבָּא. לְמַעַן יְזַמֶּרְךָ כָבוֹד וְלֹא יִדֹּם, יהוה אֱלֹהַי, לְעוֹלָם תהלים ל
אוֹדֶךָּ: יהוה חָפֵץ לְמַעַן צִדְקוֹ, יַגְדִּיל תּוֹרָה וְיַאְדִּיר: וְיִבְטְחוּ ישעיה מב תהלים ט
בְךָ יוֹדְעֵי שְׁמֶךָ, כִּי לֹא־עָזַבְתָּ דֹרְשֶׁיךָ, יהוה: יהוה אֲדֹנֵינוּ מָה־ תהלים ח
אַדִּיר שִׁמְךָ בְּכָל־הָאָרֶץ: חִזְקוּ וְיַאֲמֵץ לְבַבְכֶם, כָּל־הַמְיַחֲלִים תהלים לא
לַיהוה:

### חצי קדיש

*El* חזן *y los* אבלים *recitan* חצי קדיש:

יִתְגַּדַּל וְיִתְקַדַּשׁ שְׁמֵהּ רַבָּא (קהל: אָמֵן)
בְּעָלְמָא דִּי בְרָא כִרְעוּתֵהּ
וְיַמְלִיךְ מַלְכוּתֵהּ וְיַצְמַח פֻּרְקָנֵהּ וִיקָרֵב מְשִׁיחֵהּ (קהל: אָמֵן)
בְּחַיֵּיכוֹן וּבְיוֹמֵיכוֹן וּבְחַיֵּי דְכָל־בֵּית יִשְׂרָאֵל
בַּעֲגָלָא וּבִזְמַן קָרִיב, וְאִמְרוּ אָמֵן. (קהל: אָמֵן)

יְהֵא שְׁמֵהּ רַבָּא מְבָרַךְ לְעָלַם וּלְעָלְמֵי עָלְמַיָּא יִתְבָּרַךְ
וְיִשְׁתַּבַּח וְיִתְפָּאַר וְיִתְרוֹמַם וְיִתְנַשֵּׂא
וְיִתְהַדַּר וְיִתְעַלֶּה וְיִתְהַלָּל
שְׁמֵהּ דְּקֻדְשָׁא בְּרִיךְ הוּא (קהל: אָמֵן)
לְעֵלָּא מִן כָּל־בִּרְכָתָא, שִׁירָתָא, תֻּשְׁבְּחָתָא וְנֶחֱמָתָא
דַּאֲמִירָן בְּעָלְמָא, וְאִמְרוּ אָמֵן. (קהל: אָמֵן)

## APERTURA DEL HEJAL

וַאֲנִי En cuanto a mí, que mi plegaria llegue a Ti SEÑOR, en un momento de Voluntad. *Sal. 69*
Dios, en Tu grande y amorosa benevolencia respóndeme con la verdad de Tu salvación.

*Se abre el Hejal.*

בְּרִיךְ שְׁמֵיהּ Bendito es el Nombre del Amo del universo. Bendita es Tu corona y Tu lugar. Que Tu favor esté siempre del lado de Tu pueblo Israel. Revela a Tu pueblo la salvación de Tu diestra en Tu Templo. Concédenos el obsequio de Tu buena luz y acepta nuestros rezos con benevolencia. Ojalá que yo sea contado entre los justos para que Tú tengas compasión de mí y me protejas tanto a mí como a todo lo mío y todo aquello que pertenece a Tu pueblo Israel. Tú alimentas a todos, sustentas a todos, gobiernas todo, diriges reyes pues Tuya es la soberanía. Yo soy sirviente del Santo Bendito Él y me prosterno en todo momento ante Él y ante Su gloriosa Torá. No confío en el hombre ni me respaldo en un ángel sino en el Dios celestial que es el Dios verdadero, cuya Torá es verdadera, Sus profetas hablan verdad y que abunda en actos de amor y verdad. *Zohar Vayakhel*

En Él confío, y a Su glorioso y sagrado Nombre ofrezco alabanzas. Que sea Tu voluntad que abras mi corazón a Tu Torá, y me concedas hijos varones que sirvan Tu voluntad, y cumplas los deseos de mi corazón y del corazón de todo Tu pueblo Israel para el bien, para la vida y para la paz. Amén. Sela.

---

LA LECTURA DE LA TORÁ

La costumbre de leer en Shabat por la tarde el principio de la porción de la semana siguiente sin duda que se remonta a tiempos remotos. En el Talmud (*Baba Kama* 82A) esta práctica se le atribuye a Ezra el escriba, tras el retorno del exilio babilónico.

# פתיחת ההיכל

תהלים סט

וַאֲנִי תְפִלָּתִי־לְךָ יְהֹוָה, עֵת רָצוֹן
אֱלֹהִים, בְּרָב־חַסְדֶּךָ עֲנֵנִי בֶּאֱמֶת יִשְׁעֶךָ:

*Se abre el* ארון הקודש.

זוהר ויקהל

בְּרִיךְ שְׁמֵיהּ דְּמָארֵי עָלְמָא, בְּרִיךְ כִּתְרָךְ וְאַתְרָךְ. יְהֵא רְעוּתָךְ עִם עַמָּךְ יִשְׂרָאֵל לְעָלַם, וּפֻרְקַן יְמִינָךְ אַחֲזֵי לְעַמָּךְ בְּבֵית מַקְדְּשָׁךְ, לְאַמְטוּיֵי לָנָא מִטּוּב נְהוֹרָךְ, וּלְקַבֵּל צְלוֹתַנָא בְּרַחֲמֵי. יְהֵא רַעֲוָא קֳדָמָךְ דְּתוֹרִיךְ לַן חַיִּין בְּטִיבוּ, וְלֶהֱוֵי אֲנָא עַבְדָּךְ פְּקִידָא בְּגוֹ צַדִּיקַיָּא, לְמִרְחַם עָלַי וּלְמִנְטַר יָתִי וְיַת כָּל־דִּי לִי וְדִי לְעַמָּךְ יִשְׂרָאֵל. אַנְתְּ הוּא זָן לְכֹלָּא וּמְפַרְנֵס לְכֹלָּא, אַנְתְּ הוּא שַׁלִּיט עַל כֹּלָּא, אַנְתְּ הוּא דְּשַׁלִּיט עַל מַלְכַיָּא, וּמַלְכוּתָא דִּילָךְ הִיא. אֲנָא עַבְדָּא דְּקֻדְשָׁא בְּרִיךְ הוּא, כורעים קצת: דְּסָגֵידְנָא קַמֵּיהּ עד כאן: וּמִקַּמֵּי דִּיקַר אוֹרַיְתֵיהּ בְּכָל־עִדָּן וְעִדָּן. לָא עַל אֱנָשׁ רָחִיצְנָא וְלָא עַל בַּר אֱלָהִין סָמִיכְנָא, אֶלָּא בֶּאֱלָהָא שְׁמַיָּא, דְּהוּא אֱלָהָא קְשׁוֹט, וְאוֹרַיְתֵהּ קְשׁוֹט, וּנְבִיאוֹהִי קְשׁוֹט, וּמַסְגֵּא לְמֶעְבַּד טַבְוָן וּקְשׁוֹט. בֵּהּ אֲנָא רָחִיץ, וְלִשְׁמֵהּ יַקִּירָא קַדִּישָׁא אֲנָא אֵמַר תֻּשְׁבְּחָן. יְהֵא רַעֲוָא קֳדָמָךְ דְּתִפְתַּח לִבִּי בְּאוֹרַיְתָךְ, וְתִיהַב לִי בְּנִין דִּכְרִין דְּעָבְדִין רְעוּתָךְ וְתַשְׁלִים מִשְׁאֲלִין דְּלִבָּאִי וְלִבָּא דְכָל־עַמָּךְ יִשְׂרָאֵל לְטַב וּלְחַיִּין וְלִשְׁלָם, אָמֵן וְאָמֵן סֶלָה.

---

וַאֲנִי תְפִלָּתִי־לְךָ *En cuanto a mí, que mi plegaria llegue a Ti:* En el versículo anterior del Salmo 69 el Rey David dice: "… soy la melodía de los ebrios". El Midrash interpreta esto como un contraste entre aquellos que beben y se van de parranda y aquellos que en medio de sus celebraciones recuerdan a Dios. Por ello recitamos esta frase el Shabat por la tarde, al salir de nuestra comida celebratoria para ir a rezar (Abudarham).

## EXTRACCIÓN DEL SEFER TORÁ DEL HEJAL

*Cuando se abre el Hejal, mientras se extrae el Sefer Torá y se lo lleva para su lectura, se recitan los siguientes versículos:*

Salid y ved, oh hijas de Ṣion y contemplad al rey Shelomó, *Cant. 3*
mirad la corona que le dio su madre en el día de su boda
y en el día de la alegría de su corazón.

Feliz del pueblo para el que esto es así, *Sal. 144*
feliz del pueblo que el SEÑOR es su Dios.

Bienvenido en el Nombre del SEÑOR.
Esta es la Torá que colocó Moshé frente al pueblo de Israel. *Deut. 4*
La Torá que Moshé nos ordenó es la heredad *Deut. 33*
de la congregación de Ya'akob.
Es el árbol de la vida para quienes se aferran a ella *Prov. 3*
y quienes la sostienen son felices.
Sus caminos son caminos placenteros,
y todas sus sendas son de paz.
Grande es la paz de aquellos que aman Tu Torá *Sal. 119*
y no habrán de padecer tropiezos.
El SEÑOR dará fuerza a Su pueblo, *Sal. 29*
El SEÑOR bendecirá a Su pueblo con la paz.

*Cuando se apoya el Sefer Torá sobre la tebá se recitan los siguientes versículos:*

La Torá del SEÑOR es íntegra y reconforta al alma, *Sal. 19*
el testimonio del SEÑOR es fidedigno, da sabiduría al simple.
Los preceptos del SEÑOR son rectos, alegran al corazón.
La Torá que Moshé nos ordenó es la heredad *Deut. 33*
de la congregación de Ya'akob.
Esta es la Torá que colocó Moshé frente al pueblo de Israel. *Deut. 4*
Pues os he dado una buena instrucción, no abandonéis Mi Torá. *Prov. 4*
El SEÑOR, en aras del mérito de Israel *Isa. 42*
deseó engrandecer la Torá y enaltecerla.

# הוצאת ספר תורה

*Cuando se abre el* היכל*, mientras se extrae el* ספר תורה *y se lo lleva para su lectura, se recitan los siguientes versículos:*

צְאֶינָה וּרְאֶינָה בְּנוֹת צִיּוֹן בַּמֶּלֶךְ שְׁלֹמֹה, בָּעֲטָרָה שיר השירים ג
שֶׁעִטְּרָה־לּוֹ אִמּוֹ, בְּיוֹם חֲתֻנָּתוֹ וּבְיוֹם שִׂמְחַת לִבּוֹ:

אַשְׁרֵי הָעָם שֶׁכָּכָה לּוֹ, אַשְׁרֵי הָעָם שֶׁיְהֹוָה אֱלֹהָיו: תהלים קמד

בָּרוּךְ הַבָּא בְּשֵׁם יְהֹוָה.
וְזֹאת הַתּוֹרָה אֲשֶׁר־שָׂם מֹשֶׁה לִפְנֵי בְּנֵי יִשְׂרָאֵל: דברים ד
תּוֹרָה צִוָּה־לָנוּ מֹשֶׁה, מוֹרָשָׁה קְהִלַּת יַעֲקֹב: דברים לג
עֵץ־חַיִּים הִיא לַמַּחֲזִיקִים בָּהּ, וְתֹמְכֶיהָ מְאֻשָּׁר: משלי ג
דְּרָכֶיהָ דַרְכֵי־נֹעַם וְכָל־נְתִיבֹתֶיהָ שָׁלוֹם:
שָׁלוֹם רָב לְאֹהֲבֵי תוֹרָתֶךָ, וְאֵין־לָמוֹ מִכְשׁוֹל: תהלים קיט
יְהֹוָה עֹז לְעַמּוֹ יִתֵּן, יְהֹוָה יְבָרֵךְ אֶת־עַמּוֹ בַשָּׁלוֹם: תהלים כט

*Cuando se apoya el* ספר תורה *sobre la tebá se recitan los siguientes versículos:*

תּוֹרַת יְהֹוָה תְּמִימָה מְשִׁיבַת נָפֶשׁ תהלים יט
עֵדוּת יְהֹוָה נֶאֱמָנָה מַחְכִּימַת פֶּתִי:
פִּקּוּדֵי יְהֹוָה יְשָׁרִים מְשַׂמְּחֵי־לֵב:
תּוֹרָה צִוָּה־לָנוּ מֹשֶׁה, מוֹרָשָׁה קְהִלַּת יַעֲקֹב: דברים לג
וְזֹאת הַתּוֹרָה אֲשֶׁר־שָׂם מֹשֶׁה לִפְנֵי בְּנֵי יִשְׂרָאֵל: דברים ד
כִּי לֶקַח טוֹב נָתַתִּי לָכֶם, תּוֹרָתִי אַל־תַּעֲזֹבוּ: משלי ד
יְהֹוָה חָפֵץ לְמַעַן צִדְקוֹ, יַגְדִּיל תּוֹרָה וְיַאְדִּיר: ישעיה מב

BENDICIÓN PREVIA A LA LECTURA DE LA TORÁ:

*Olé:* Rabinos: Bendecid al Señor el Bendecido.

*Kahal:* Bendecid al Señor el Bendecido por toda la eternidad.

*Olé:* Bendecid al Señor el Bendecido por toda la eternidad.

בָּרוּךְ Bendito eres Tú Señor, nuestro Dios, Rey del universo, que nos ha escogido de entre todas las naciones y nos entregó Su Torá. Bendito eres Tú Señor, Dador de la Torá.

*Bendición posterior a la lectura de la Torá:*

בָּרוּךְ Bendito eres Tú Señor, nuestro Dios, Rey del universo, que nos ha entregado Su Torá, la Torá verdadera y plantó en nuestro interior la vida eterna. Bendito eres Tú Señor, Dador de la Torá.

מִזְמוֹר Cántico para el día de Shabat. Es bueno agradecer al Señor *Sal. 92*
y entonar cánticos a Tu Gran Nombre. Narrar Tu bondad en la mañana y Tu fidelidad en la noche con la música de la lira de diez cuerdas, con la melodía del arpa. Porque Tú me has regocijado con Tu obra, por la labor de Tus manos Te he de cantar. Cuán grandes son Tus obras Señor, Tus pensamientos muy profundos; el ignorante no lo conocerá y el necio no lo habrá de comprender. Al brotar los malvados cual hierba, al florecer todos los pecadores, empero serán aniquilados para siempre. Y Tú Señor por siempre serás encumbrado. Pues Tus enemigos Señor serán destruidos, los malhechores dispersados. Tú has elevado mi orgullo tal como se yergue el órix ("reem"), me has ungido con aceite fresco. Mi ojo contemplará triunfante a mis adversarios, mis oídos habrán de oír la caída de mis enemigos. El justo crecerá como la palma, se erguirá como el cedro del Líbano. Plantados en la casa del Señor, florecerán en los patios de nuestro Dios. Darán su fruto aun en su vejez, vigorosos y lozanos, proclamando la rectitud del Señor, Él es mi Fortaleza y no hay injusticia en Él.

*Hasta aquí de pie.*

## ברכות התורה

עולה: רַבָּנָן, בָּרְכוּ אֶת יְהוָה הַמְבֹרָךְ.

קהל: בָּרוּךְ יְהוָה הַמְבֹרָךְ לְעוֹלָם וָעֶד.

עולה: בָּרוּךְ יְהוָה הַמְבֹרָךְ לְעוֹלָם וָעֶד.

בָּרוּךְ אַתָּה יְהוָה, אֱלֹהֵינוּ מֶלֶךְ הָעוֹלָם
אֲשֶׁר בָּחַר בָּנוּ מִכָּל־הָעַמִּים, וְנָתַן לָנוּ אֶת תּוֹרָתוֹ.
בָּרוּךְ אַתָּה יְהוָה, נוֹתֵן הַתּוֹרָה.

*Bendición posterior a la lectura de la Torá:*

בָּרוּךְ אַתָּה יְהוָה, אֱלֹהֵינוּ מֶלֶךְ הָעוֹלָם
אֲשֶׁר נָתַן לָנוּ תּוֹרָתוֹ תּוֹרַת אֱמֶת
וְחַיֵּי עוֹלָם נָטַע בְּתוֹכֵנוּ.
בָּרוּךְ אַתָּה יְהוָה, נוֹתֵן הַתּוֹרָה.

מִזְמוֹר שִׁיר לְיוֹם הַשַּׁבָּת: טוֹב לְהֹדוֹת לַיהוָה וּלְזַמֵּר לְשִׁמְךָ תהלים צב
עֶלְיוֹן: לְהַגִּיד בַּבֹּקֶר חַסְדֶּךָ וֶאֱמוּנָתְךָ בַּלֵּילוֹת: עֲלֵי־עָשׂוֹר
וַעֲלֵי־נָבֶל עֲלֵי הִגָּיוֹן בְּכִנּוֹר: כִּי שִׂמַּחְתַּנִי יְהוָה בְּפָעֳלֶךָ בְּמַעֲשֵׂי
יָדֶיךָ אֲרַנֵּן: מַה־גָּדְלוּ מַעֲשֶׂיךָ יְהוָה מְאֹד עָמְקוּ מַחְשְׁבֹתֶיךָ:
אִישׁ־בַּעַר לֹא יֵדָע וּכְסִיל לֹא־יָבִין אֶת־זֹאת: בִּפְרֹחַ רְשָׁעִים
כְּמוֹ עֵשֶׂב וַיָּצִיצוּ כָּל־פֹּעֲלֵי אָוֶן לְהִשָּׁמְדָם עֲדֵי־עַד: וְאַתָּה מָרוֹם
לְעֹלָם יְהוָה: כִּי הִנֵּה אֹיְבֶיךָ יְהוָה כִּי־הִנֵּה אֹיְבֶיךָ יֹאבֵדוּ יִתְפָּרְדוּ
כָּל־פֹּעֲלֵי אָוֶן: וַתָּרֶם כִּרְאֵים קַרְנִי בַּלֹּתִי בְּשֶׁמֶן רַעֲנָן: וַתַּבֵּט עֵינִי
בְּשׁוּרָי בַּקָּמִים עָלַי מְרֵעִים תִּשְׁמַעְנָה אָזְנָי: צַדִּיק כַּתָּמָר יִפְרָח
כְּאֶרֶז בַּלְּבָנוֹן יִשְׂגֶּה: שְׁתוּלִים בְּבֵית יְהוָה בְּחַצְרוֹת אֱלֹהֵינוּ
יַפְרִיחוּ: עוֹד יְנוּבוּן בְּשֵׂיבָה דְּשֵׁנִים וְרַעֲנַנִּים יִהְיוּ: לְהַגִּיד כִּי־יָשָׁר
יְהוָה צוּרִי וְלֹא־עַוְלָתָה בּוֹ:

*Hasta aquí de pie.*

## DEVOLUCIÓN DEL SEFER TORÁ
## AL HEJAL

יְהַלְלוּ Que alaben el Nombre del SEÑOR, pues solamente Su *Sal. 148*
Nombre es sublime. Su majestuosidad está sobre la tierra y el cielo.
Él elevará el honor de Su pueblo, la alabanza de todos Sus devotos,
los hijos de Israel, Su pueblo cercano, ¡Aleluya! El SEÑOR es Dios. *I Reyes 18*
El SEÑOR es Dios. En las alturas del cielo y abajo en la tierra y no hay *Deut. 4*
otro salvo Él. No hay nadie como Tú entre los poderes celestiales *Sal. 86*
SEÑOR, ni hay obra como la Tuya. Haznos retornar a Ti SEÑOR y *Lam. 5*
retornaremos, renueva nuestros días como antaño. Y tuvo miedo, *Gén. 28*
y dijo: ¡Cuán terrible es este lugar! No se trata sino de la casa de
Dios y éste es el portón de los cielos.

### MEDIO KADISH

*El Ḥazán y los avelim recitan Medio Kadish:*

יִתְגַּדַּל Que Su Gran Nombre sea magnificado y santificado,
en el mundo que creó conforme a Su voluntad.
Que establezca Su reino, haga florecer Su salvación
y apresure la llegada de Su ungido
durante vuestra vida y en vuestros días
y en la vida de toda la casa de Israel,
pronto y rápidamente y decid: Amén.
Que Su Gran Nombre sea bendito
por siempre y por toda la eternidad.
Sea bendecido, alabado, glorificado y exaltado, encumbrado
y magnificado, enaltecido
y ensalzado el Nombre del Santo Bendito Él;
más allá de cualquier bendición, cántico, alabanza y consolación
pronunciados en el mundo y decid: Amén.

# החזרת ספר תורה

יְהַלְלוּ אֶת־שֵׁם יְהֹוָה, כִּי־נִשְׂגָּב שְׁמוֹ לְבַדּוֹ, הוֹדוֹ עַל־אֶרֶץ וְשָׁמָיִם: תהלים קמח
וַיָּרֶם קֶרֶן לְעַמּוֹ, תְּהִלָּה לְכָל־חֲסִידָיו, לִבְנֵי יִשְׂרָאֵל עַם קְרֹבוֹ הַלְלוּיָהּ:

יְהֹוָה הוּא הָאֱלֹהִים, יְהֹוָה הוּא הָאֱלֹהִים: בַּשָּׁמַיִם מִמַּעַל וְעַל־ מלכים א׳ יח דברים ד
הָאָרֶץ מִתָּחַת, אֵין עוֹד: אֵין־כָּמוֹךָ בָאֱלֹהִים, אֲדֹנָי, וְאֵין כְּמַעֲשֶׂיךָ: תהלים פו
הֲשִׁיבֵנוּ יְהֹוָה אֵלֶיךָ וְנָשׁוּבָה, חַדֵּשׁ יָמֵינוּ כְּקֶדֶם: וַיִּירָא וַיֹּאמַר מַה־ בראשית כח איכה ה
נּוֹרָא הַמָּקוֹם הַזֶּה, אֵין זֶה כִּי אִם־בֵּית אֱלֹהִים וְזֶה שַׁעַר הַשָּׁמָיִם:

## חצי קדיש

*El* חזן *y los* אבלים *recitan* חצי קדיש:

יִתְגַּדַּל וְיִתְקַדַּשׁ שְׁמֵהּ רַבָּא (קהל: אָמֵן)
בְּעָלְמָא דִּי בְרָא כִרְעוּתֵהּ
וְיַמְלִיךְ מַלְכוּתֵהּ וְיַצְמַח פֻּרְקָנֵהּ וִיקָרֵב מְשִׁיחֵהּ (קהל: אָמֵן)
בְּחַיֵּיכוֹן וּבְיוֹמֵיכוֹן וּבְחַיֵּי דְכָל־בֵּית יִשְׂרָאֵל
בַּעֲגָלָא וּבִזְמַן קָרִיב, וְאִמְרוּ אָמֵן. (קהל: אָמֵן)

יְהֵא שְׁמֵהּ רַבָּא מְבָרַךְ לְעָלַם וּלְעָלְמֵי עָלְמַיָּא יִתְבָּרַךְ
וְיִשְׁתַּבַּח וְיִתְפָּאַר וְיִתְרוֹמַם וְיִתְנַשֵּׂא
וְיִתְהַדָּר וְיִתְעַלֶּה וְיִתְהַלָּל
שְׁמֵהּ דְּקֻדְשָׁא בְּרִיךְ הוּא (קהל: אָמֵן)
לְעֵלָּא מִן כָּל־בִּרְכָתָא, שִׁירָתָא, תֻּשְׁבְּחָתָא וְנֶחָמָתָא
דַּאֲמִירָן בְּעָלְמָא, וְאִמְרוּ אָמֵן. (קהל: אָמֵן)

## LA A'MIDÁ

SEÑOR, abre mis labios para que mi boca pronuncie Tu alabanza. *Sal. 51*

### PATRIARCAS

בָּרוּךְ Bendito eres Tú SEÑOR,
Dios nuestro y de nuestros ancestros,
Dios de Abraham, Dios de Iṣḥak y Dios de Ya'akob,
Dios grande, poderoso y maravilloso, SEÑOR supremo,
que prodiga generosamente y es el Creador de todo lo existente,
Quien recuerda la gracia de los ancestros y traerá al Redentor
para los hijos de sus hijos en aras de Su Nombre con amor.

*En Shabat Teshubá:* Recuérdanos para la vida, Rey que anhela la vida
e inscríbenos en el libro de la vida
por Ti, oh Dios de vida.

Rey que ayuda, redime y protege.
Bendito eres Tú SEÑOR, Escudo de Abraham.

### PODER DE DIOS

אַתָּה גִּבּוֹר SEÑOR, Tú eres eternamente poderoso,
Tú revives a los muertos y tienes gran poder de salvación.

*Verano:* Hace descender el rocío.
*Invierno:* Hace soplar el viento y descender la lluvia.

Sostiene con benevolencia a todos los seres vivos,
revive a los muertos con gran misericordia,
da soporte a quienes se caen, cura a los enfermos,
libera a los prisioneros
y cumple Su promesa con quienes yacen ya en la tierra.
¿Quién es como Tú Todopoderoso?
¿Quién se Te puede asemejar?
Rey que quita la vida y la restaura y hace brotar la Redención.

*En Shabat Teshubá:* ¿Quién como Tú Padre misericordioso,
que recuerdas a Tus creaturas para la vida con piedad?

# עמידה

אֲדֹנָי, שְׂפָתַי תִּפְתָּח, וּפִי יַגִּיד תְּהִלָּתֶךָ: תהלים נא

אבות

בָּרוּךְ אַתָּה יְהוָה, אֱלֹהֵינוּ וֵאלֹהֵי אֲבוֹתֵינוּ
אֱלֹהֵי אַבְרָהָם, אֱלֹהֵי יִצְחָק, וֵאלֹהֵי יַעֲקֹב
הָאֵל הַגָּדוֹל הַגִּבּוֹר וְהַנּוֹרָא, אֵל עֶלְיוֹן
גּוֹמֵל חֲסָדִים טוֹבִים, קוֹנֵה הַכֹּל
וְזוֹכֵר חַסְדֵי אָבוֹת
וּמֵבִיא גוֹאֵל לִבְנֵי בְנֵיהֶם לְמַעַן שְׁמוֹ בְּאַהֲבָה.

בשבת תשובה: זָכְרֵנוּ לְחַיִּים, מֶלֶךְ חָפֵץ בַּחַיִּים
כָּתְבֵנוּ בְּסֵפֶר חַיִּים לְמַעַנְךָ אֱלֹהִים חַיִּים.

מֶלֶךְ עוֹזֵר וּמוֹשִׁיעַ וּמָגֵן.
בָּרוּךְ אַתָּה יְהוָה, מָגֵן אַבְרָהָם.

גבורות

אַתָּה גִּבּוֹר לְעוֹלָם, אֲדֹנָי
מְחַיֵּה מֵתִים אַתָּה, רַב לְהוֹשִׁיעַ

בקיץ: מוֹרִיד הַטָּל / בחורף: מַשִּׁיב הָרוּחַ וּמוֹרִיד הַגֶּשֶׁם

מְכַלְכֵּל חַיִּים בְּחֶסֶד, מְחַיֵּה מֵתִים בְּרַחֲמִים רַבִּים
סוֹמֵךְ נוֹפְלִים, וְרוֹפֵא חוֹלִים, וּמַתִּיר אֲסוּרִים
וּמְקַיֵּם אֱמוּנָתוֹ לִישֵׁנֵי עָפָר.
מִי כָמְוֹךָ, בַּעַל גְּבוּרוֹת
וּמִי דּוֹמֶה לָּךְ, מֶלֶךְ מֵמִית וּמְחַיֶּה וּמַצְמִיחַ יְשׁוּעָה.

בשבת תשובה: מִי כָמְוֹךָ אָב הָרַחֲמָן
זוֹכֵר יְצוּרָיו בְּרַחֲמִים לְחַיִּים.

Eres fiel en revivir a los muertos.
Bendito eres Tú Señor, que revive a los muertos.

---

KEDUSHÁ

*Recitar junto al Ḥazán durante la repetición del rezo:*

נְקַדִּישָׁךְ Te santificaremos y reverenciaremos con las palabras pronunciadas por los sagrados Serafim que santifican tres veces Tu Nombre en el Santuario, tal cual está escrito por Tu profeta: "y un ángel daba voces al otro diciendo: *Isa. 6*

*En voz alta:* Santo, Santo, Santo, Señor de las Huestes Celestiales,
toda la tierra está llena de Su gloria.

Quienes están frente a ellos dicen:

*En voz alta:* "Bendita es la gloria del Señor desde Su sitial". *Eze. 3*

Y en Tus escrituras sagradas leemos:

*En voz alta:* "El Señor reinará por siempre, tu Dios Ṣion, *Sal. 146*
de generación en generación ¡Aleluyá!".

---

SANTIDAD

אַתָּה קָדוֹשׁ Tú eres santo y Tu Nombre es santo,
y los santos Te alaban a diario, ¡Sela!
Bendito eres Tú Señor,
el Dios santo.

(*En Shabat Teshubá:* el Rey santo).

SANTIDAD DEL DÍA

אַתָּה אֶחָד Tú eres Uno y Tu Nombre es Uno, *II Sam. 7*
y ¿quién se asemeja a Tu pueblo Israel,
una nación única sobre la tierra?

---

Creación, a la Revelación y posteriormente a la Redención; (2) Nos hablan de pasado, presente y futuro; (3) Nos describen tres etapas en el casamiento: el compromiso, la alegría nupcial y la unión de la pareja (*ijud*). El rezo de la tarde se apega claramente a este patrón. Nos habla de Redención y de futuro

וְנֶאֱמָן אַתָּה לְהַחֲיוֹת מֵתִים.
בָּרוּךְ אַתָּה יְהֹוָה, מְחַיֵּה הַמֵּתִים.

קדושה

*Recitar junto al* חזן *durante la repetición del rezo:*

נְקַדֵּישָׁךְ וְנַעֲרִיצָךְ כְּנֹעַם שִׂיחַ סוֹד שַׂרְפֵי קֹדֶשׁ, הַמְשַׁלְּשִׁים לְךָ קְדֻשָּׁה
ישעיה ו וְכֵן כָּתוּב עַל יַד נְבִיאָךְ: וְקָרָא זֶה אֶל־זֶה וְאָמַר
בקול רם: קָדוֹשׁ, קָדוֹשׁ, קָדוֹשׁ, יְהֹוָה צְבָאוֹת, מְלֹא כָל־הָאָרֶץ כְּבוֹדוֹ:
לְעֻמָּתָם מְשַׁבְּחִים וְאוֹמְרִים
יחזקאל ג בקול רם: בָּרוּךְ כְּבוֹד־יְהֹוָה מִמְּקוֹמוֹ:
וּבְדִבְרֵי קָדְשְׁךָ כָּתוּב לֵאמֹר
תהלים קמו בקול רם: יִמְלֹךְ יְהֹוָה לְעוֹלָם, אֱלֹהַיִךְ צִיּוֹן לְדֹר וָדֹר, הַלְלוּיָהּ:

קדושת השם

אַתָּה קָדוֹשׁ וְשִׁמְךָ קָדוֹשׁ
וּקְדוֹשִׁים בְּכָל־יוֹם יְהַלְלוּךָ סֶּלָה.
בָּרוּךְ אַתָּה יְהֹוָה, הָאֵל הַקָּדוֹשׁ. / בשבת תשובה: הַמֶּלֶךְ הַקָּדוֹשׁ./

קדושת היום

אַתָּה אֶחָד וְשִׁמְךָ אֶחָד
שמואל ב׳ ז וּמִי כְּעַמְּךָ כְּיִשְׂרָאֵל גּוֹי אֶחָד בָּאָרֶץ:

---

אַתָּה אֶחָד וְשִׁמְךָ אֶחָד *Tú eres Uno y Tu Nombre es Uno:* Tal como ya mencioné anteriormente, el Shabat es único en cuanto a que la bendición central de la A'midá en cada uno de los rezos, noche, mañana y tarde, es diferente. A esto se le han dado tres explicaciones: (1) Los rezos trazan el movimiento de

Esplendor de grandeza y diadema de salvación es el día de reposo
y santidad que has otorgado a Tu pueblo.
Abraham se regocijará, Iṣḥak cantará con alegría,
Ya'akob y sus hijos reposarán en él –reposo de amor
y generosidad, reposo de verdad y fe,
reposo de paz, calma y confianza;
un reposo completo el cual Tú viste con favor.
Que tus hijos reconozcan y sepan que de Ti proviene su reposo
y en este reposo santifiquen Tu Nombre.

אֱלֹהֵינוּ Dios nuestro y de nuestros ancestros,
complácete en nuestro descanso.
Santifícanos con Tus preceptos
y haz que nuestra porción esté en Tu Torá.
Sácianos de Tu bondad y regocíjanos con Tu salvación
y purifica nuestros corazones para que Te sirvamos con verdad.
Léganos Señor nuestro Dios,
con amor y favor Tus sagrados Shabat,
tal que reposen en ellos los hijos de Israel
que santifican Tu Nombre.
Bendito eres Tú Señor, que santifica el Shabat.

---

תִּפְאֶרֶת גְּדֻלָּה *Esplendor de grandeza:* Al alcanzar el día su máxima intensidad, el énfasis se traslada a la calidad vivencial del Shabat. La palabra "*menujá*", (reposo, descanso) aparece siete veces en este párrafo junto a una idílica descripción de un mundo en paz consigo mismo: "reposo de amor y generosidad, reposo de verdad y fe, reposo de paz y tranquilidad, calma y confianza". אַבְרָהָם יָגֵל *Abraham se regocijará*: Hace referencia al futuro cuando los patriarcas se habrán de regocijar de que sus descendientes hayan encontrado la paz y "un día que será completamente sabático".

תִּפְאֶרֶת גְּדֻלָּה וַעֲטֶרֶת יְשׁוּעָה
יוֹם מְנוּחָה וּקְדֻשָּׁה לְעַמְּךָ נָתָתָּ.
אַבְרָהָם יָגֵל, יִצְחָק יְרַנֵּן, יַעֲקֹב וּבָנָיו יָנוּחוּ בוֹ
מְנוּחַת אַהֲבָה וּנְדָבָה
מְנוּחַת אֱמֶת וֶאֱמוּנָה
מְנוּחַת שָׁלוֹם, הַשְׁקֵט וָבֶטַח
מְנוּחָה שְׁלֵמָה שֶׁאַתָּה הוּא רוֹצֶה בָּהּ.
יַכִּירוּ בָנֶיךָ וְיֵדְעוּ, כִּי מֵאִתְּךָ הִיא מְנוּחָתָם
וְעַל מְנוּחָתָם יַקְדִּישׁוּ אֶת שְׁמֶךָ.

אֱלֹהֵינוּ וֵאלֹהֵי אֲבוֹתֵינוּ, רְצֵה־נָא בִמְנוּחָתֵנוּ
קַדְּשֵׁנוּ בְּמִצְוֹתֶיךָ, שִׂים חֶלְקֵנוּ בְּתוֹרָתֶךָ
שַׂבְּעֵנוּ מִטּוּבֶךָ, שַׂמַּח נַפְשֵׁנוּ בִּישׁוּעָתֶךָ
וְטַהֵר לִבֵּנוּ לְעָבְדְּךָ בֶּאֱמֶת.
וְהַנְחִילֵנוּ, יְהוָה אֱלֹהֵינוּ, בְּאַהֲבָה וּבְרָצוֹן שַׁבְּתוֹת קָדְשֶׁךָ
וְיָנוּחוּ בָם כָּל־יִשְׂרָאֵל מְקַדְּשֵׁי שְׁמֶךָ.
בָּרוּךְ אַתָּה יְהוָה, מְקַדֵּשׁ הַשַּׁבָּת.

---

cuando “El Señor será Uno y Su Nombre Uno” así como también de la unión (*ijud*), cuando la unicidad de Dios se una perfectamente con la particularidad única del pueblo judío. Un Midrash nos enseña: “Dios, Israel y el Shabat se testifican mutuamente; Dios e Israel dan testimonio de la santidad del Shabat; Israel y el Shabat dan testimonio del poder creativo y redentor de Dios; Dios y el Shabat dan testimonio de la particularidad única de Israel”.

EL SERVICIO DEL TEMPLO

רְצֵה Acepta con benevolencia Señor, nuestro Dios,
a Tu pueblo Israel y atiende sus plegarias.
Restaura el servicio en Tu más sagrada casa y acepta favorable
y amorosamente las ofrendas ígneas de Israel y sus rezos.
Que siempre recibas con agrado el servicio de Tu pueblo Israel.

---

*En Rosh Ḥodesh y en Ḥol HaMo'ed se dice:*

אֱלֹהֵינוּ Dios nuestro y de nuestros ancestros, que ascienda, acuda y llegue; sea visible, sea aceptada, sea escuchada, sea considerada y sea recordada delante de Ti nuestra memoria, y la de nuestros patriarcas, y la del Mashiaḥ hijo de David Tu siervo, y la de todo Tu pueblo la casa de Israel – para liberación y bienestar, gracia, benevolencia y compasión, en este día de:

*En Rosh Ḥodesh:* Rosh Ḥodesh

*En Pesaḥ:* Fiesta de las Maṣot, día de sagrada convocatoria

*En Sucot:* Fiesta de Sucot, día de sagrada convocatoria

Para que en él tengas compasión y nos redimas. Recuérdanos Señor, nuestro Dios en él para bien, tennos presentes en él para bendición y redímenos en él para una buena vida, de acuerdo con Tu promesa de salvación y misericordia. Apiádate, agrácianos, compadécete y ten misericordia de nosotros y redímenos, pues nuestros ojos están puestos en Ti ya que Tú Dios eres un Rey benevolente y compasivo.

---

וְאַתָּה Y Tú en Tu gran compasión nos desearás
y Te complacerás en nosotros.
Que nuestros ojos contemplen Tu retorno a Ṣion con compasión.
Bendito eres Tú Señor, que restaura Su presencia en Ṣion.

עבודה

**רְצֵה יְהֹוָה אֱלֹהֵינוּ בְּעַמְּךָ יִשְׂרָאֵל**
**וְלִתְפִלָּתָם שְׁעֵה**
**וְהָשֵׁב הָעֲבוֹדָה לִדְבִיר בֵּיתֶךָ**
**וְאִשֵּׁי יִשְׂרָאֵל וּתְפִלָּתָם מְהֵרָה בְּאַהֲבָה תְקַבֵּל בְּרָצוֹן**
**וּתְהִי לְרָצוֹן תָּמִיד עֲבוֹדַת יִשְׂרָאֵל עַמֶּךָ.**

---

בראש חודש ובשבת חול המועד מוסיפים:

אֱלֹהֵינוּ וֵאלֹהֵי אֲבוֹתֵינוּ, יַעֲלֶה וְיָבוֹא, יַגִּיעַ יֵרָאֶה וְיֵרָצֶה, יִשָּׁמַע יִפָּקֵד וְיִזָּכֵר זִכְרוֹנֵנוּ וְזִכְרוֹן אֲבוֹתֵינוּ, זִכְרוֹן יְרוּשָׁלַיִם עִירֶךָ, וְזִכְרוֹן מָשִׁיחַ בֶּן דָּוִד עַבְדֶּךָ, וְזִכְרוֹן כָּל־עַמְּךָ בֵּית יִשְׂרָאֵל לְפָנֶיךָ, לִפְלֵיטָה, לְטוֹבָה, לְחֵן, לְחֶסֶד וּלְרַחֲמִים, בְּיוֹם

בראש חודש: רֹאשׁ חֹדֶשׁ הַזֶּה

בפסח: חַג הַמַּצּוֹת הַזֶּה, בְּיוֹם מִקְרָא קֹדֶשׁ הַזֶּה

בסוכות: חַג הַסֻּכּוֹת הַזֶּה, בְּיוֹם מִקְרָא קֹדֶשׁ הַזֶּה

לְרַחֵם בּוֹ עָלֵינוּ וּלְהוֹשִׁיעֵנוּ. זָכְרֵנוּ יְהֹוָה אֱלֹהֵינוּ בּוֹ לְטוֹבָה, וּפָקְדֵנוּ בוֹ לִבְרָכָה, וְהוֹשִׁיעֵנוּ בוֹ לְחַיִּים טוֹבִים בִּדְבַר יְשׁוּעָה וְרַחֲמִים. חוּס וְחָנֵּנוּ וַחֲמוֹל וְרַחֵם עָלֵינוּ וְהוֹשִׁיעֵנוּ, כִּי אֵלֶיךָ עֵינֵינוּ, כִּי אֵל מֶלֶךְ חַנּוּן וְרַחוּם אָתָּה.

---

**וְאַתָּה בְּרַחֲמֶיךָ הָרַבִּים תַּחְפֹּץ בָּנוּ וְתִרְצֵנוּ**
**וְתֶחֱזֶינָה עֵינֵינוּ בְּשׁוּבְךָ לְצִיּוֹן בְּרַחֲמִים.**
**בָּרוּךְ אַתָּה יְהֹוָה, הַמַּחֲזִיר שְׁכִינָתוֹ לְצִיּוֹן.**

AGRADECIMIENTO

מוֹדִים Te agradecemos a Ti,
pues eres el SEÑOR,
Dios nuestro y de nuestros
ancestros por siempre.
Eres nuestra Roca
y la de nuestra existencia,
Escudo de nuestra salvación.
De generación en generación
Te agradeceremos, y relataremos
Tu alabanza por nuestras vidas que
están depositadas en Tus manos,
por nuestras almas que están a
Tu cargo, por Tus milagros para con
nosotros a diario, y las bondades
y maravillas que nos prodigas en
todo momento, noche,
mañana y tarde.
El Benevolente, pues Tu compasión
nunca concluye, Tú eres compasivo,
pues no cesan Tus bondades.
Siempre hemos depositado nuestra
esperanza en Ti.

*Mientras el Ḥazán recita el pasaje paralelo el Kahal se inclina y dice en voz baja:*

מוֹדִים Te agradecemos a Ti, pues
eres el SEÑOR, Dios nuestro
y de nuestros ancestros,
Dios de toda carne, Formador
nuestro y del universo.
Bendiciones y agradecimientos
a Tu Nombre grandioso
y sagrado, por habernos
preservado con vida
y mantenido.
De igual forma, danos vida,
agrácianos y reúne
a Tus exiliados en
Tu patio sagrado,
para que cumplan
con Tus leyes y hagan
Tu voluntad con integridad
de corazón,
por ello nos corresponde
agradecerte.
Bendito es el Dios
a Quien debemos agradecer.

---

*En Ḥanucá y en Shushán Purim en Jerusalém se dice:*

עַל הַנִּסִּים (Te agradecemos también) por los milagros, la redención, los actos poderosos, las salvaciones, las maravillas y consolaciones que hiciste en favor de nuestros ancestros en aquellos días en este tiempo.

*En Ḥanucá:*

בִּימֵי מַתִּתְיָה En los días de Matitiahu hijo de Yojanán, el Sumo Sacerdote, el jasmoneo y sus hijos, cuando el malvado reino griego se levantó contra Tu pueblo Israel para hacerles olvidar Tu Torá y forzarlos a transgredir los estatutos de Tu voluntad. Y Tú, con gran compasión, estuviste junto a ellos en el tiempo de su desgracia, luchaste por su

## הודאה

מוֹדִים אֲנַחְנוּ לָךְ.
שָׁאַתָּה הוּא יְהֹוָה אֱלֹהֵינוּ
וֵאלֹהֵי אֲבוֹתֵינוּ לְעוֹלָם וָעֶד.
צוּרֵנוּ, צוּר חַיֵּינוּ וּמָגֵן יִשְׁעֵנוּ
אַתָּה הוּא לְדוֹר וָדוֹר
נוֹדֶה לְּךָ וּנְסַפֵּר תְּהִלָּתֶךָ
עַל חַיֵּינוּ הַמְּסוּרִים בְּיָדֶךָ
וְעַל נִשְׁמוֹתֵינוּ הַפְּקוּדוֹת לָךְ
וְעַל נִסֶּיךָ שֶׁבְּכָל־יוֹם עִמָּנוּ
וְעַל נִפְלְאוֹתֶיךָ וְטוֹבוֹתֶיךָ שֶׁבְּכָל־עֵת
עֶרֶב וָבֹקֶר וְצָהֳרָיִם.
הַטּוֹב, כִּי לֹא כָלוּ רַחֲמֶיךָ
הַמְרַחֵם, כִּי לֹא תַמּוּ חֲסָדֶיךָ
כִּי מֵעוֹלָם קִוִּינוּ לָךְ.

*Mientras el* חזן *recita el pasaje paralelo el* קהל *se inclina y dice en voz baja:*

מוֹדִים אֲנַחְנוּ לָךְ
שָׁאַתָּה הוּא יְהֹוָה אֱלֹהֵינוּ
וֵאלֹהֵי אֲבוֹתֵינוּ
אֱלֹהֵי כָל־בָּשָׂר
יוֹצְרֵנוּ יוֹצֵר בְּרֵאשִׁית.
בְּרָכוֹת וְהוֹדָאוֹת
לְשִׁמְךָ הַגָּדוֹל וְהַקָּדוֹשׁ
עַל שֶׁהֶחֱיִיתָנוּ וְקִיַּמְתָּנוּ.
כֵּן תְּחַיֵּנוּ וּתְחָנֵּנוּ
וְתֶאֱסֹף גָּלֻיּוֹתֵינוּ לְחַצְרוֹת
קָדְשֶׁךָ לִשְׁמֹר חֻקֶּיךָ
וְלַעֲשׂוֹת רְצוֹנֶךָ
וּלְעָבְדְּךָ בְּלֵבָב שָׁלֵם
עַל שֶׁאֲנַחְנוּ מוֹדִים לָךְ.
בָּרוּךְ אֵל הַהוֹדָאוֹת.

---

בחנוכה ובשושן פורים בירושלים אומרים:

עַל הַנִּסִּים וְעַל הַפֻּרְקָן וְעַל הַגְּבוּרוֹת וְעַל הַתְּשׁוּעוֹת וְעַל הַנִּפְלָאוֹת וְעַל הַנֶּחָמוֹת שֶׁעָשִׂיתָ לַאֲבוֹתֵינוּ בַּיָּמִים הָהֵם בַּזְּמַן הַזֶּה.

בחנוכה:

בִּימֵי מַתִּתְיָה בֶּן יוֹחָנָן כֹּהֵן גָּדוֹל חַשְׁמוֹנָאִי וּבָנָיו, כְּשֶׁעָמְדָה עֲלֵיהֶם מַלְכוּת יָוָן הָרְשָׁעָה עַל עַמְּךָ יִשְׂרָאֵל לְשַׁכְּחָם מִתּוֹרָתֶךָ וּלְהַעֲבִירָם מֵחֻקֵּי רְצוֹנֶךָ, וְאַתָּה בְּרַחֲמֶיךָ הָרַבִּים עָמַדְתָּ לָהֶם בְּעֵת צָרָתָם,

causa, juzgaste su reclamo y vengaste su opresión. Entregaste fuertes en manos de débiles, muchos en manos de pocos, malvados en manos de justos impuros en manos de puros, arrogantes en manos de estudiosos de Tu Torá. Hiciste para Ti un Nombre Grande y Sagrado en Tu mundo, y a Tu pueblo Israel diste gran redención y salvación en un día como este. Luego, Tus hijos ingresaron a Tu recinto sagrado, limpiaron Tu Templo, purificaron Tu santuario, encendieron velas en Tus cortes y establecieron estos ocho días de Ḥanucá de agradecimiento y alabanza, e hiciste para ellos milagros y maravillas, por lo que agradeceremos a Tu gran Nombre, Sela.

*Continúa con "Por todo esto".*

*En Purim Meshulash en Jerusalém:*

בִּימֵי מָרְדְּכַי וְאֶסְתֵּר En los días de Mordejai y Ester, en la ciudad capital de Shushán, cuando el malvado Hamán se alzó contra Tu pueblo procurando destruir, matar y exterminar a todos los judíos, jóvenes y *Est. 3*
mayores, niños y mujeres en un solo día, el trece del duodécimo mes que es el de Adar y saquear sus posesiones. Entonces Tú, con gran compasión desbarataste su plan, arruinaste su proyecto y le retribuiste por su maldad haciéndolo colgar junto a sus hijos de un cadalso e hiciste para ellos milagros y maravillas, por lo que agradeceremos a Tu gran Nombre, Sela.

*Continúa con "Por todo esto".*

---

וְעַל כֻּלָּם Por todo esto, Rey nuestro, que Tu Nombre sea bendecido, exaltado y encumbrado por siempre.
Que todos los seres vivos Te agradezcan, ¡Sela!

*En Shabat Teshubá:* E inscribe a todos los hijos de Tu pacto para una buena vida.

Y alaben y bendigan a Tu gran Nombre de verdad, pues por siempre eres bondadoso. Dios de nuestra redención y nuestro socorro, ¡Sela! El Dios bondadoso. Bendito eres Tú Señor, Tu Nombre es "Bueno" y a Ti corresponde agradecer.

רַבְתָּ אֶת רִיבָם, דַּנְתָּ אֶת דִּינָם, נָקַמְתָּ אֶת נִקְמָתָם, מָסַרְתָּ גִבּוֹרִים בְּיַד חַלָּשִׁים, וְרַבִּים בְּיַד מְעַטִּים, וּרְשָׁעִים בְּיַד צַדִּיקִים, וּטְמֵאִים בְּיַד טְהוֹרִים, וְזֵדִים בְּיַד עוֹסְקֵי תוֹרָתֶךָ. לְךָ עָשִׂיתָ שֵׁם גָּדוֹל וְקָדוֹשׁ בְּעוֹלָמֶךָ, וּלְעַמְּךָ יִשְׂרָאֵל עָשִׂיתָ תְּשׁוּעָה גְדוֹלָה וּפֻרְקָן כְּהַיּוֹם הַזֶּה. וְאַחַר כָּךְ בָּאוּ בָנֶיךָ לִדְבִיר בֵּיתֶךָ, וּפִנּוּ אֶת הֵיכָלֶךָ, וְטִהֲרוּ אֶת מִקְדָּשֶׁךָ, וְהִדְלִיקוּ נֵרוֹת בְּחַצְרוֹת קָדְשֶׁךָ, וְקָבְעוּ שְׁמוֹנַת יְמֵי חֲנֻכָּה אֵלּוּ, בְּהַלֵּל וּבְהוֹדָאָה, וְעָשִׂיתָ עִמָּהֶם נִסִּים וְנִפְלָאוֹת, וְנוֹדֶה לְשִׁמְךָ הַגָּדוֹל, סֶלָה.

בפורים המשולש בירושלים:

בִּימֵי מָרְדְּכַי וְאֶסְתֵּר בְּשׁוּשַׁן הַבִּירָה, כְּשֶׁעָמַד עֲלֵיהֶם הָמָן הָרָשָׁע, בִּקֵּשׁ לְהַשְׁמִיד לַהֲרֹג וּלְאַבֵּד אֶת־כָּל־הַיְּהוּדִים מִנַּעַר וְעַד־זָקֵן טַף וְנָשִׁים בְּיוֹם אֶחָד, בִּשְׁלוֹשָׁה עָשָׂר לְחֹדֶשׁ שְׁנֵים־עָשָׂר, הוּא־חֹדֶשׁ אֲדָר, וּשְׁלָלָם לָבוֹז: וְאַתָּה בְּרַחֲמֶיךָ הָרַבִּים הֵפַרְתָּ אֶת עֲצָתוֹ, וְקִלְקַלְתָּ אֶת מַחֲשַׁבְתּוֹ, וַהֲשֵׁבוֹתָ לּוֹ גְּמוּלוֹ בְּרֹאשׁוֹ, וְתָלוּ אוֹתוֹ וְאֶת בָּנָיו עַל הָעֵץ, וְעָשִׂיתָ עִמָּהֶם נִסִּים וְנִפְלָאוֹת, וְנוֹדֶה לְשִׁמְךָ הַגָּדוֹל, סֶלָה. אסתר ג

---

וְעַל כֻּלָּם

יִתְבָּרַךְ וְיִתְרוֹמַם וְיִתְנַשֵּׂא תָּמִיד שִׁמְךָ מַלְכֵּנוּ לְעוֹלָם וָעֶד

וְכָל־הַחַיִּים יוֹדְוּךָ סֶּלָה

בשבת תשובה: וּכְתֹב לְחַיִּים טוֹבִים כָּל־בְּנֵי בְרִיתֶךָ.

וִיהַלְלוּ וִיבָרְכוּ אֶת שִׁמְךָ הַגָּדוֹל בֶּאֱמֶת לְעוֹלָם כִּי טוֹב

הָאֵל יְשׁוּעָתֵנוּ וְעֶזְרָתֵנוּ סֶלָה, הָאֵל הַטּוֹב.

בָּרוּךְ אַתָּה יְהֹוָה, הַטּוֹב שִׁמְךָ וּלְךָ נָאֶה לְהוֹדוֹת.

PAZ

שִׂים שָׁלוֹם Instaura paz, bien y bendición
vida, gracia y benevolencia,
justicia y compasión sobre nosotros y todo Tu pueblo Israel.
Bendícenos Padre nuestro, a todos nosotros como uno,
con la luz de Tu Semblante, pues en la luz de Tu Semblante nos has dado SEÑOR, nuestro Dios, Torá, y vida,
amor y benevolencia, justicia y compasión, bendición y paz.
Que ante Tus ojos sea bueno bendecir a todo Tu pueblo Israel,
con gran poder y paz.

*En Shabat Teshubá:* Que seamos recordados e inscritos nosotros y todo Tu pueblo la casa de Israel en el libro de la vida, la bendición, la paz, la prosperidad, salvación, consuelo y decretos favorables, para una buena vida y para la paz.

בָּרוּךְ Bendito eres Tú SEÑOR, que bendice a Su pueblo Israel con la paz, Amén.

יִהְיוּ Que las palabras de mi boca y la meditación de mi corazón hallen favor ante Ti SEÑOR, mi Fortaleza y mi Redentor. *Sal. 19*

*Aquí finaliza la repetición del Ḥazán.*

אֱלֹהַי Dios mío, *Berajot 17a*
preserva mi lengua del mal y mis labios de pronunciar engaño.
Que mi alma calle ante quienes me maldicen,
y sea como el polvo para con todos.
Abre mi corazón a Tu Torá y que mi alma persiga Tus preceptos.
Rápidamente deja sin efecto el consejo y frustra los planes de quienes conspiran contra mí.
Que sean cual tamo ante el viento *Sal. 35*
y acosados por el ángel del SEÑOR
Actúa en pos de Tu Nombre, actúa en pos de Tu diestra,
actúa en pos de Tu santidad, actúa en pos de Tu Torá.

שלום

שִׂים שָׁלוֹם טוֹבָה וּבְרָכָה
חַיִּים חֵן וָחֶסֶד, צְדָקָה וְרַחֲמִים עָלֵינוּ וְעַל־כָּל־יִשְׂרָאֵל עַמֶּךָ.
וּבָרְכֵנוּ אָבִינוּ כֻּלָּנוּ כְּאֶחָד בְּאוֹר פָּנֶיךָ
כִּי בְאוֹר פָּנֶיךָ נָתַתָּ לָּנוּ יְהֹוָה אֱלֹהֵינוּ תּוֹרָה וְחַיִּים
אַהֲבָה וָחֶסֶד, צְדָקָה וְרַחֲמִים, בְּרָכָה וְשָׁלוֹם.
וְטוֹב בְּעֵינֶיךָ לְבָרְכֵנוּ, וּלְבָרֵךְ אֶת כָּל־עַמְּךָ יִשְׂרָאֵל
בְּרֹב עֹז וְשָׁלוֹם.

בשבת תשובה: וּבְסֵפֶר חַיִּים, בְּרָכָה וְשָׁלוֹם, וּפַרְנָסָה טוֹבָה
וִישׁוּעָה וְנֶחָמָה, וּגְזֵרוֹת טוֹבוֹת, נִזָּכֵר וְנִכָּתֵב לְפָנֶיךָ
אֲנַחְנוּ וְכָל־עַמְּךָ יִשְׂרָאֵל, לְחַיִּים טוֹבִים וּלְשָׁלוֹם.

בָּרוּךְ אַתָּה יְהֹוָה, הַמְבָרֵךְ אֶת עַמּוֹ יִשְׂרָאֵל בַּשָּׁלוֹם. אָמֵן.
יִהְיוּ לְרָצוֹן אִמְרֵי־פִי וְהֶגְיוֹן לִבִּי לְפָנֶיךָ, יְהֹוָה צוּרִי וְגֹאֲלִי: תהלים יט

*Aquí finaliza la repetición del* חזן.

ברכות יז

אֱלֹהַי
נְצֹר לְשׁוֹנִי מֵרָע וְשִׂפְתוֹתַי מִדַּבֵּר מִרְמָה
וְלִמְקַלְלַי נַפְשִׁי תִדֹּם, וְנַפְשִׁי כֶּעָפָר לַכֹּל תִּהְיֶה.
פְּתַח לִבִּי בְּתוֹרָתֶךָ, וְאַחֲרֵי מִצְוֹתֶיךָ תִּרְדֹּף נַפְשִׁי.
וְכָל־הַקָּמִים עָלַי לְרָעָה
מְהֵרָה הָפֵר עֲצָתָם וְקַלְקֵל מַחְשְׁבוֹתָם.
יִהְיוּ כְּמֹץ לִפְנֵי־רוּחַ וּמַלְאַךְ יְהֹוָה דּוֹחֶה: תהלים לה
עֲשֵׂה לְמַעַן שְׁמֶךָ, עֲשֵׂה לְמַעַן יְמִינֶךָ.
עֲשֵׂה לְמַעַן תּוֹרָתֶךָ, עֲשֵׂה לְמַעַן קְדֻשָּׁתֶךָ.

Para que Tus amados sean liberados, *Sal. 60*
redime con Tu diestra y respóndeme.
Que las palabras de mi boca y la meditación de mi corazón *Sal. 19*
hallen favor ante Ti SEÑOR, mi Fortaleza y mi Redentor.

*Antes de decir 'Quien obra paz' se dan tres pasos hacia atrás.*
*En los Diez Días del Retorno se dice "HaShalom" en vez de "Shalom".*

Quien obra la paz en Sus alturas,
con compasión haga la paz para nosotros
y todo Su pueblo Israel y decid: Amén.

Sea Tu voluntad SEÑOR, Dios nuestro y de nuestros ancestros que el Templo sea reconstruido pronto en nuestros días, que nos concedas nuestra porción en Tu Torá, para cumplir las leyes de Tu voluntad y servirte con corazón íntegro.

---

*En Shabat Teshubá aquí se dice "Abinu Malkenu".*

Padre nuestro, Rey nuestro, no tenemos Rey salvo Tú.
Padre nuestro, Rey nuestro, actúa generosamente con nosotros en aras de Tu Nombre.
Padre nuestro, Rey nuestro, renueva para nosotros un buen año.
Padre nuestro, Rey nuestro, suprime todo veredicto adverso para con nosotros.
Padre nuestro, Rey nuestro, anula los planes de quienes nos odian.
Padre nuestro, Rey nuestro, frustra el consejo de nuestros enemigos.
Padre nuestro, Rey nuestro, haz desaparecer todo acusador y adversario.
Padre nuestro, Rey nuestro, termina con toda pestilencia, espada, desgracia, hambruna, Cautiverio, saqueo, destrucción, epidemia, acusador, mala inclinación y enfermedades graves entre los hijos de Tu pacto.
Padre nuestro, Rey nuestro, envía una completa curación para los enfermos de Tu pueblo.
Padre nuestro, Rey nuestro, evita la epidemia en Tu heredad.
Padre nuestro, Rey nuestro, recuerda que estamos hechos del polvo de la tierra.
Padre nuestro, Rey nuestro, inscríbenos en el libro de la buena vida.
Padre nuestro, Rey nuestro, inscríbenos en el libro de los justos y los piadosos.
Padre nuestro, Rey nuestro, inscríbenos en el libro de los rectos y los íntegros.

לְמַעַן יֵחָלְצוּן יְדִידֶיךָ, הוֹשִׁיעָה יְמִינְךָ וַעֲנֵנִי: תהלים ס

יִהְיוּ לְרָצוֹן אִמְרֵי־פִי וְהֶגְיוֹן לִבִּי לְפָנֶיךָ, יְהוָה צוּרִי וְגֹאֲלִי: תהלים יט

*Antes de decir 'עֹשֶׂה שָׁלוֹם' se dan tres pasos hacia atrás.*
*En los Diez Días del Retorno se dice 'הַשָּׁלוֹם' en vez de 'שָׁלוֹם'.*

עֹשֶׂה שָׁלוֹם בִּמְרוֹמָיו
הוּא בְּרַחֲמָיו, יַעֲשֶׂה שָׁלוֹם עָלֵינוּ וְעַל־כָּל־עַמּוֹ יִשְׂרָאֵל
וְאִמְרוּ אָמֵן.

יְהִי רָצוֹן מִלְּפָנֶיךָ, יְהוָה אֱלֹהֵינוּ וֵאלֹהֵי אֲבוֹתֵינוּ, שֶׁתִּבָּנֶה בֵּית הַמִּקְדָּשׁ בִּמְהֵרָה בְיָמֵינוּ, וְתֵן חֶלְקֵנוּ בְּתוֹרָתֶךָ, לַעֲשׂוֹת חֻקֵּי רְצוֹנֶךָ וּלְעָבְדְךָ בְּלֵבָב שָׁלֵם.

---

*En* שבת תשובה *aquí se dice 'אָבִינוּ מַלְכֵּנוּ'.*

אָבִינוּ מַלְכֵּנוּ, אֵין לָנוּ מֶלֶךְ אֶלָּא אָתָּה.
אָבִינוּ מַלְכֵּנוּ, עֲשֵׂה עִמָּנוּ לְמַעַן שְׁמֶךָ.
אָבִינוּ מַלְכֵּנוּ, חַדֵּשׁ עָלֵינוּ שָׁנָה טוֹבָה.
אָבִינוּ מַלְכֵּנוּ, בַּטֵּל מֵעָלֵינוּ כָּל־גְּזֵרוֹת קָשׁוֹת וְרָעוֹת.
אָבִינוּ מַלְכֵּנוּ, בַּטֵּל מַחְשְׁבוֹת שׂוֹנְאֵינוּ.
אָבִינוּ מַלְכֵּנוּ, הָפֵר עֲצַת אוֹיְבֵינוּ.
אָבִינוּ מַלְכֵּנוּ, כַּלֵּה כָּל־צַר וּמַשְׂטִין וּמְקַטְרֵג מֵעָלֵינוּ.
אָבִינוּ מַלְכֵּנוּ, כַּלֵּה דֶּבֶר וְחֶרֶב וְרָעָה וְרָעָב וּשְׁבִי וּבִזָּה וּמַשְׁחִית
וּמַגֵּפָה וְשָׂטָן וְיֵצֶר הָרָע וְחוֹלָאִים רָעִים מִבְּנֵי בְרִיתֶךָ.
אָבִינוּ מַלְכֵּנוּ, שְׁלַח רְפוּאָה שְׁלֵמָה (לְכָל־)חוֹלֵי עַמְּךָ (יִשְׂרָאֵל).
אָבִינוּ מַלְכֵּנוּ, מְנַע מַגֵּפָה מִנַּחֲלָתֶךָ.
אָבִינוּ מַלְכֵּנוּ, זָכוֹר כִּי עָפָר אֲנָחְנוּ.
אָבִינוּ מַלְכֵּנוּ, כָּתְבֵנוּ בְּסֵפֶר חַיִּים טוֹבִים.
אָבִינוּ מַלְכֵּנוּ, כָּתְבֵנוּ בְּסֵפֶר צַדִּיקִים וַחֲסִידִים.
אָבִינוּ מַלְכֵּנוּ, כָּתְבֵנוּ בְּסֵפֶר יְשָׁרִים וּתְמִימִים.

Padre nuestro, Rey nuestro, inscríbenos en el libro de los alimentos
y el buen sustento.

Sea Tu voluntad SEÑOR, Dios nuestro y de nuestros ancestros, que nos proporciones a nosotros, a los miembros de nuestros hogares y a todos aquellos que se alimentan de nuestras mesas nuestros alimentos y los suyos, hoy y siempre, de manera honorable, por el mérito de Tu Grande y Sagrado Nombre דיקרנוסא que es el regente del sustento.

Padre nuestro, Rey nuestro, inscríbenos en el libro del perdón,
la disculpa y la expiación.
Padre nuestro, Rey nuestro, inscríbenos en el libro de la redención
y la salvación.
Padre nuestro, Rey nuestro, recuérdanos favorablemente delante de Ti.
Padre nuestro, Rey nuestro, haz florecer la salvación pronto para nosotros.
Padre nuestro, Rey nuestro, alza el honor de Tu pueblo Israel.
Padre nuestro, Rey nuestro, eleva el honor de Tu ungido.
Padre nuestro, Rey nuestro, haznos retornar a Ti en completo
arrepentimiento.
Padre nuestro, Rey nuestro, escucha nuestra voz,
apiádate y Se compasivo con nosotros.
Padre nuestro, Rey nuestro, actúa por Ti, si no por nosotros.
Padre nuestro, Rey nuestro, recibe compasivamente
y de buena gana nuestras plegarias.
Padre nuestro, Rey nuestro, no nos retornes de Ti con las manos vacías.

---

*Si Shabat cae en un día en el que de tratarse de la mitad de la semana no se habrían de recitar las súplicas – no se recita "Tu justicia" (a excepción de Rosh HaShaná y Yom Kipur que sí se dice):*

צִדְקָתְךָ Tu Justicia se asemeja a las majestuosas montañas, *Sal. 36*
Tu sentencia es profunda como los abismos.
El SEÑOR salvará tanto al hombre como a la bestia.
Y Tu Justicia, oh Eterno, alcanza las máximas altitudes, pues Tú *Sal. 71*
has obrado grandemente SEÑOR, ¿quién puede asemejarse a Ti?
Tu justicia es de una rectitud eterna y Tu Torá es verdad. *Sal. 119*

---

del Shabat. Al igual que las palabras que pronunciamos en funerales, este pasaje alude a la aceptación de la pérdida por tratarse de un decreto Divino. En virtud de esta triste asociación, estos versículos no se recitan en tiempos de celebración a lo largo del año en los que no se recita *Taḥanún*.

אָבִינוּ מַלְכֵּנוּ, כָּתְבֵנוּ בְּסֵפֶר מְזוֹנוֹת וּפַרְנָסָה טוֹבָה.

יְהִי רָצוֹן מִלְּפָנֶיךָ יְהוָה אֱלֹהֵינוּ וֵאלֹהֵי אֲבוֹתֵינוּ
שֶׁתִּתֵּן לָנוּ וְלִבְנֵי בֵיתֵנוּ וּלְכָל־הַסּוֹמְכִים עַל שֻׁלְחָנֵנוּ
הַיּוֹם וּבְכָל־יוֹם וָיוֹם מְזוֹנוֹתֵינוּ וּמְזוֹנוֹתֵיהֶם בְּכָבוֹד בִּזְכוּת
שִׁמְךָ הַגָּדוֹל וְהַקָּדוֹשׁ (דיקרנוסא) הַמְמֻנֶּה עַל הַפַּרְנָסָה

אָבִינוּ מַלְכֵּנוּ, כָּתְבֵנוּ בְּסֵפֶר גְּאֻלָּה וִישׁוּעָה.
אָבִינוּ מַלְכֵּנוּ, זָכְרֵנוּ בְּזִכְרוֹן טוֹב מִלְּפָנֶיךָ.
אָבִינוּ מַלְכֵּנוּ, הַצְמַח לָנוּ יְשׁוּעָה בְּקָרוֹב.
אָבִינוּ מַלְכֵּנוּ, הָרֵם קֶרֶן יִשְׂרָאֵל עַמֶּךָ.
אָבִינוּ מַלְכֵּנוּ, וְהָרֵם קֶרֶן מְשִׁיחֶךָ.
אָבִינוּ מַלְכֵּנוּ, הַחֲזִירֵנוּ בִּתְשׁוּבָה שְׁלֵמָה לְפָנֶיךָ.
אָבִינוּ מַלְכֵּנוּ, שְׁמַע קוֹלֵנוּ חוּס וְרַחֵם עָלֵינוּ.
אָבִינוּ מַלְכֵּנוּ, עֲשֵׂה לְמַעַנְךָ אִם לֹא לְמַעֲנֵנוּ.
אָבִינוּ מַלְכֵּנוּ, קַבֵּל בְּרַחֲמִים וּבְרָצוֹן אֶת תְּפִלָּתֵנוּ.
אָבִינוּ מַלְכֵּנוּ, אַל תְּשִׁיבֵנוּ רֵיקָם מִלְּפָנֶיךָ.

---

*Si* שבת *cae en un día en el que de tratarse de la mitad de la semana no se habrían de recitar las súplicas – no se recita* 'צִדְקָתְךָ' *(a excepción de* ראש השנה *y* יום הכיפורים *que sí se dice):*

תהלים לו צִדְקָתְךָ כְּהַרְרֵי־אֵל, מִשְׁפָּטֶיךָ תְּהוֹם רַבָּה
אָדָם וּבְהֵמָה תוֹשִׁיעַ יְהוָה:

תהלים עא וְצִדְקָתְךָ אֱלֹהִים עַד־מָרוֹם, אֲשֶׁר־עָשִׂיתָ גְדֹלוֹת
אֱלֹהִים מִי כָמוֹךָ:

תהלים קיט צִדְקָתְךָ צֶדֶק לְעוֹלָם וְתוֹרָתְךָ אֱמֶת:

---

צִדְקָתְךָ כְּהַרְרֵי־אֵל *Tu justicia es de una rectitud eterna:* Estos versículos hacen una apología de la justicia Divina. El motivo de su recitado aquí se remonta al período de los gaonitas quienes los explicaron en referencia a las figuras de Yosef, Moshé y David, quienes según la tradición fallecieron durante la tarde

*Cuando se omite el recitado de "Tu justicia", se dice:*

יְהִי Que el Nombre del Señor sea bendito desde ahora Sal. 113
y hasta la eternidad. Desde la salida del sol hasta su ocaso,
alabado es el Nombre del Señor. El Señor es nuestro Soberano, Sal. 8
cuán exaltado es Tu Nombre en toda la tierra.

## KADISH TITKABAL

*El Ḥazán recita el Kadish Titkabal solo:*

יִתְגַּדַּל Que Su Gran Nombre sea magnificado y santificado,
en el mundo que creó conforme a Su voluntad.
Que establezca Su reino, haga florecer Su salvación
y apresure la llegada de Su ungido
durante vuestra vida y en vuestros días
y en la vida de toda la casa de Israel,
pronto y rápidamente y decid: Amén.

Que Su Gran Nombre sea bendito por siempre y por toda la eternidad.

Sea bendecido, alabado, glorificado y exaltado, encumbrado
y magnificado, enaltecido y ensalzado
el Nombre del Santo Bendito Él;
más allá de cualquier bendición,
cántico, alabanza y consolación
pronunciados en el mundo y decid: Amén.

Que nuestras plegarias y súplicas junto
a las de todo el pueblo de Israel
sean aceptadas por nuestro Padre Celestial y Terrenal y decid: Amén.

Que haya gran paz celestial, vida, saciedad, salvación, consolación,
refugio, sanación, redención, perdón y expiación, bienestar
y salvación para nosotros y para todo Su pueblo Israel y decid: Amén.

*Antes de decir 'Quien obra paz' se dan tres pasos hacia atrás.*
*En los Diez Días del Retorno se dice "HaShalom" en vez de "Shalom".*

Quien obra la paz en Sus alturas,
con compasión haga la paz
para nosotros y todo Su pueblo Israel y decid: Amén.

*Cuando se omite el recitado de 'צִדְקָתְךָ, se dice:*

יְהִי שֵׁם יְהוָה מְבֹרָךְ מֵעַתָּה וְעַד־עוֹלָם: תהלים קיג
מִמִּזְרַח־שֶׁמֶשׁ עַד־מְבוֹאוֹ מְהֻלָּל שֵׁם יְהוָה:
יְהוָה אֲדֹנֵינוּ, מָה־אַדִּיר שִׁמְךָ בְּכָל־הָאָרֶץ: תהלים ח

## קדיש תתקבל

*El* חזן *recita el* קדיש תתקבל *solo:*

יִתְגַּדַּל וְיִתְקַדַּשׁ שְׁמֵהּ רַבָּא (קהל: אָמֵן)
בְּעָלְמָא דִּי בְרָא כִרְעוּתֵהּ
וְיַמְלִיךְ מַלְכוּתֵהּ וְיַצְמַח פֻּרְקָנֵהּ וִיקָרֵב מְשִׁיחֵהּ (קהל: אָמֵן)
בְּחַיֵּיכוֹן וּבְיוֹמֵיכוֹן וּבְחַיֵּי דְכָל־בֵּית יִשְׂרָאֵל
בַּעֲגָלָא וּבִזְמַן קָרִיב, וְאִמְרוּ אָמֵן. (קהל: אָמֵן)

יְהֵא שְׁמֵהּ רַבָּא מְבָרַךְ לְעָלַם וּלְעָלְמֵי עָלְמַיָּא יִתְבָּרַךְ
וְיִשְׁתַּבַּח וְיִתְפָּאַר וְיִתְרוֹמַם וְיִתְנַשֵּׂא
וְיִתְהַדָּר וְיִתְעַלֶּה וְיִתְהַלָּל שְׁמֵהּ דְּקֻדְשָׁא בְּרִיךְ הוּא (קהל: אָמֵן)
לְעֵלָּא מִן כָּל־בִּרְכָתָא, שִׁירָתָא, תֻּשְׁבְּחָתָא וְנֶחָמָתָא
דַּאֲמִירָן בְּעָלְמָא, וְאִמְרוּ אָמֵן. (קהל: אָמֵן)

תִּתְקַבַּל צְלוֹתָנָא וּבָעוּתָנָא
עִם כָּל־צְלוֹתְהוֹן וּבָעוּתְהוֹן דְּכָל־בֵּית יִשְׂרָאֵל
קֳדָם אֲבוּנָא אֱלָהָנָא מָארֵי שְׁמַיָּא וְאַרְעָא, וְאִמְרוּ אָמֵן. (קהל: אָמֵן)

יְהֵא שְׁלָמָא רַבָּא מִן שְׁמַיָּא, חַיִּים וְשָׂבָע וִישׁוּעָה וְנֶחָמָה
וְשֵׁיזָבָא וּרְפוּאָה, וּגְאֻלָּה וּסְלִיחָה וְכַפָּרָה, וְרֶוַח וְהַצָּלָה
לָנוּ וּלְכָל־עַמּוֹ יִשְׂרָאֵל, וְאִמְרוּ אָמֵן. (קהל: אָמֵן)

*Antes de decir* 'עֹשֶׂה שָׁלוֹם' *se dan tres pasos hacia atrás.*
*En los Diez Días del Retorno se dice* 'הַשָּׁלוֹם' *en vez de* 'שָׁלוֹם'.

עֹשֶׂה שָׁלוֹם בִּמְרוֹמָיו
הוּא בְּרַחֲמָיו יַעֲשֶׂה שָׁלוֹם
עָלֵינוּ וְעַל־כָּל־עַמּוֹ יִשְׂרָאֵל, וְאִמְרוּ אָמֵן. (קהל: אָמֵן)

*Cuando en Shabat recitamos salmos especiales,*
*es nuestra costumbre omitir este:*

הַלְלוּיָהּ ¡Aleluyá! Alabaré al Señor con todo mi corazón en compañía de personas rectas y de la congregación. Grandes son las obras del Señor y son buscadas por quienes las desean. Su obra es gloria y esplendor y su justicia por siempre perdura. Hizo un recordatorio a Sus maravillas, el Señor es clemente y compasivo. Ha dispensado alimento a quienes Le temen, siempre recordará Su pacto. Manifestó a Su pueblo el poder de Sus acciones para adjudicarles la heredad de las naciones. Las obras de Sus manos son verdad y juicio, todos Sus mandamientos son fidedignos. Están afirmados para la eternidad, están hechos en verdad y rectitud. Él ha enviado la redención a Su pueblo, ordenó para siempre Su pacto, Su Nombre es sagrado y reverenciado. El principio de la sabiduría es el temor al Señor, quienes cumplen Sus preceptos disfrutan de buen entendimiento. Su alabanza perdura para siempre. *Sal. 111*

*En Ḥol HaMo'ed se dice:*

שִׁיר הַמַּעֲלוֹת Cántico de las ascensiones de David. Me regocijé cuando me dijeron vayamos a la casa del Señor. Nuestros pies estuvieron parados frente a tus portales, Jerusalém. Jerusalém, la que está edificada cual ciudad en la que está junto y unida. Allí ascendían las tribus del Eterno, testimonio de Israel, para agradecer al Nombre del Señor. Pues allí estaban los asientos de la justicia, los tronos de la Casa de David. Orad por la paz de Jerusalém: Que quienes te aman prosperen. Haya paz en tus fortalezas y tranquilidad en tus palacios. En aras de mis hermanos y amigos diré: "Haya paz en ti". En aras de la Casa del Señor nuestro Dios pediré por tu bien. *Sal. 122*

*En Ḥol HaMo'ed Pesaḥ se dice:*

בְּצֵאת Cuando Israel salió de Egipto, la casa de Ya'akob de una nación que habla una lengua extraña, Yehudá se transformó en Su Santuario e Israel Su dominio. El mar vio y huyó, el Río Jordán se dio vuelta. Las montañas danzaron cual carneros, las colinas cual corderos. Qué te ocurre oh mar, ¿por qué escapas? ¿Por qué el Jordán se da vuelta? ¿Por qué vosotras, las montañas, saltáis cual carneros y las colinas cual corderos? Es ante la presencia del Señor Creador de la tierra, ante la presencia del Dios de Ya'akob. Aquél que tornó al peñasco en una laguna, al pedernal en un manantial que fluye. *Sal. 114*

*Cuando en* שבת *recitamos salmos especiales,*
*es nuestra costumbre omitir este:*

תהלים קיא הַלְלוּיָהּ ׀ אוֹדֶה יְהוָה בְּכׇל־לֵבָב בְּסוֹד יְשָׁרִים וְעֵדָה: גְּדֹלִים מַעֲשֵׂי יְהוָה דְּרוּשִׁים לְכׇל־חֶפְצֵיהֶם: הוֹד־וְהָדָר פׇּעֳלוֹ וְצִדְקָתוֹ עֹמֶדֶת לָעַד: זֵכֶר עָשָׂה לְנִפְלְאֹתָיו חַנּוּן וְרַחוּם יְהוָה: טֶרֶף נָתַן לִירֵאָיו יִזְכֹּר לְעוֹלָם בְּרִיתוֹ: כֹּחַ מַעֲשָׂיו הִגִּיד לְעַמּוֹ לָתֵת לָהֶם נַחֲלַת גּוֹיִם: מַעֲשֵׂי יָדָיו אֱמֶת וּמִשְׁפָּט נֶאֱמָנִים כׇּל־פִּקּוּדָיו: סְמוּכִים לָעַד לְעוֹלָם עֲשׂוּיִם בֶּאֱמֶת וְיָשָׁר: פְּדוּת ׀ שָׁלַח לְעַמּוֹ צִוָּה־לְעוֹלָם בְּרִיתוֹ קָדוֹשׁ וְנוֹרָא שְׁמוֹ: רֵאשִׁית חׇכְמָה ׀ יִרְאַת יְהוָה שֵׂכֶל טוֹב לְכׇל־עֹשֵׂיהֶם תְּהִלָּתוֹ עֹמֶדֶת לָעַד:

*En* חול המועד סוכות *se dice:*

תהלים קכב שִׁיר הַמַּעֲלוֹת לְדָוִד שָׂמַחְתִּי בְּאֹמְרִים לִי בֵּית יְהוָה נֵלֵךְ: עֹמְדוֹת הָיוּ רַגְלֵינוּ בִּשְׁעָרַיִךְ יְרוּשָׁלָםִ: יְרוּשָׁלַםִ הַבְּנוּיָה כְּעִיר שֶׁחֻבְּרָה־לָּהּ יַחְדָּו: שֶׁשָּׁם עָלוּ שְׁבָטִים שִׁבְטֵי־יָהּ עֵדוּת לְיִשְׂרָאֵל לְהֹדוֹת לְשֵׁם יְהוָה: כִּי שָׁמָּה ׀ יָשְׁבוּ כִסְאוֹת לְמִשְׁפָּט כִּסְאוֹת לְבֵית דָּוִד: שַׁאֲלוּ שְׁלוֹם יְרוּשָׁלָםִ יִשְׁלָיוּ אֹהֲבָיִךְ: יְהִי־שָׁלוֹם בְּחֵילֵךְ שַׁלְוָה בְּאַרְמְנוֹתָיִךְ: לְמַעַן אַחַי וְרֵעָי אֲדַבְּרָה־נָּא שָׁלוֹם בָּךְ: לְמַעַן בֵּית־יְהוָה אֱלֹהֵינוּ אֲבַקְשָׁה טוֹב לָךְ:

*En* חול המועד פסח *se dice:*

תהלים קיד בְּצֵאת יִשְׂרָאֵל מִמִּצְרָיִם בֵּית יַעֲקֹב מֵעַם לֹעֵז: הָיְתָה יְהוּדָה לְקׇדְשׁוֹ יִשְׂרָאֵל מַמְשְׁלוֹתָיו: הַיָּם רָאָה וַיָּנֹס הַיַּרְדֵּן יִסֹּב לְאָחוֹר: הֶהָרִים רָקְדוּ כְאֵילִים גְּבָעוֹת כִּבְנֵי־צֹאן: מַה־לְּךָ הַיָּם כִּי תָנוּס הַיַּרְדֵּן תִּסֹּב לְאָחוֹר: הֶהָרִים תִּרְקְדוּ כְאֵילִים גְּבָעוֹת כִּבְנֵי־צֹאן: מִלִּפְנֵי אָדוֹן חוּלִי אָרֶץ מִלִּפְנֵי אֱלוֹהַּ יַעֲקֹב: הַהֹפְכִי הַצּוּר אֲגַם־מָיִם חַלָּמִישׁ לְמַעְיְנוֹ־מָיִם:

*En Purim Triple se dice:*

שִׁיר הַמַּעֲלוֹת Cántico de las ascensiones de David. De no haber estado el Sal. 124
Señor con nosotros – que Israel lo diga – de no haber estado el Señor de nuestro lado al alzarse los hombres contra nosotros en su furia hacia nosotros nos habrían tragado vivos. Las aguas nos habrían anegado y el torrente arrasado nuestra alma. Las aguas maliciosas nos habrían arrastrado. Bendito sea el Señor que no permitió que seamos presas de sus dientes. Nos liberamos cual ave que huye de la trampa. La trampa se rompió y escapamos. Nuestra ayuda está en el Nombre del Señor, Hacedor de los cielos y la tierra.

## KADISH YEHÉ SHELAMÁ

*El Ḥazán y los dolientes recitan Kadish Yehé Shelamá:*

יִתְגַּדַּל Que Su Gran Nombre sea magnificado y santificado,
en el mundo que creó conforme a Su voluntad.
Que establezca Su reino, haga florecer Su salvación y apresure la llegada de Su ungido
durante vuestra vida y en vuestros días
y en la vida de toda la casa de Israel,
pronto y rápidamente y decid: Amén.

Que Su Gran Nombre sea bendito
por siempre y por toda la eternidad.

Sea bendecido, alabado, glorificado y exaltado, encumbrado
y magnificado, enaltecido y ensalzado
el Nombre del Santo Bendito Él;
más allá de cualquier bendición, cántico, alabanza y consolación
pronunciados en el mundo y decid: Amén.

Que haya gran paz celestial, vida, saciedad, salvación, consolación,
refugio, sanación, redención, perdón y expiación, bienestar
y salvación para nosotros
y para todo Su pueblo Israel y decid: Amén.

*Antes de decir 'Quien obra paz' se dan tres pasos hacia atrás.*

Quien obra la paz en Sus alturas,
con compasión haga la paz
para nosotros y todo Su pueblo Israel y decid: Amén.

*En* פורים משולש *se dice:*

שִׁיר הַמַּעֲלוֹת לְדָוִד לוּלֵי יְהוָה שֶׁהָיָה לָנוּ יֹאמַר־נָא יִשְׂרָאֵל: לוּלֵי יְהוָה תהלים קכד
שֶׁהָיָה לָנוּ בְּקוּם עָלֵינוּ אָדָם: אֲזַי חַיִּים בְּלָעוּנוּ בַּחֲרוֹת אַפָּם בָּנוּ: אֲזַי הַמַּיִם
שְׁטָפוּנוּ נַחְלָה עָבַר עַל־נַפְשֵׁנוּ: אֲזַי עָבַר עַל־נַפְשֵׁנוּ הַמַּיִם הַזֵּידוֹנִים: בָּרוּךְ
יְהוָה שֶׁלֹּא נְתָנָנוּ טֶרֶף לְשִׁנֵּיהֶם: נַפְשֵׁנוּ כְּצִפּוֹר נִמְלְטָה מִפַּח יוֹקְשִׁים הַפַּח
נִשְׁבָּר וַאֲנַחְנוּ נִמְלָטְנוּ: עֶזְרֵנוּ בְּשֵׁם יְהוָה עֹשֵׂה שָׁמַיִם וָאָרֶץ:

## קדיש יהא שלמא

*El* חזן *y los* אבלים *recitan* קדיש יהא שלמא:

יִתְגַּדַּל וְיִתְקַדַּשׁ שְׁמֵהּ רַבָּא (קהל: אָמֵן)
בְּעָלְמָא דִּי בְרָא כִרְעוּתֵהּ
וְיַמְלִיךְ מַלְכוּתֵהּ וְיַצְמַח פֻּרְקָנֵהּ וִיקָרֵב מְשִׁיחֵהּ (קהל: אָמֵן)
בְּחַיֵּיכוֹן וּבְיוֹמֵיכוֹן וּבְחַיֵּי דְכָל־בֵּית יִשְׂרָאֵל
בַּעֲגָלָא וּבִזְמַן קָרִיב, וְאִמְרוּ אָמֵן. (קהל: אָמֵן)

יְהֵא שְׁמֵהּ רַבָּא מְבָרַךְ לְעָלַם וּלְעָלְמֵי עָלְמַיָּא יִתְבָּרַךְ
וְיִשְׁתַּבַּח וְיִתְפָּאַר וְיִתְרוֹמַם וְיִתְנַשֵּׂא וְיִתְהַדָּר וְיִתְעַלֶּה וְיִתְהַלָּל
שְׁמֵהּ דְּקֻדְשָׁא בְּרִיךְ הוּא (קהל: אָמֵן)
לְעֵלָּא מִן כָּל־בִּרְכָתָא, שִׁירָתָא, תִּשְׁבְּחָתָא וְנֶחָמָתָא
דַּאֲמִירָן בְּעָלְמָא, וְאִמְרוּ אָמֵן. (קהל: אָמֵן)
יְהֵא שְׁלָמָא רַבָּא מִן שְׁמַיָּא
חַיִּים וְשָׂבָע וִישׁוּעָה וְנֶחָמָה
וְשֵׁיזָבָא וּרְפוּאָה וּגְאֻלָּה וּסְלִיחָה וְכַפָּרָה, וְרֵוַח וְהַצָּלָה
לָנוּ וּלְכָל־עַמּוֹ יִשְׂרָאֵל, וְאִמְרוּ אָמֵן. (קהל: אָמֵן)

*Antes de decir* 'עֹשֶׂה שָׁלוֹם' *se dan tres pasos hacia atrás.*

עֹשֶׂה שָׁלוֹם בִּמְרוֹמָיו
הוּא בְּרַחֲמָיו יַעֲשֶׂה שָׁלוֹם עָלֵינוּ
וְעַל־כָּל־עַמּוֹ יִשְׂרָאֵל, וְאִמְרוּ אָמֵן. (קהל: אָמֵן)

עָלֵינוּ Es nuestro deber alabar al Amo de todo, engrandecer al Creador del universo por no habernos hecho como las naciones de los países ni habernos puesto entre las familias de la tierra; que no hizo nuestra porción similar a la de ellos ni nuestro destino como el de sus multitudes. Pues ellos se prosternan a la vanidad y al vacío y le oran a un dios que no puede salvarlos. *Nos inclinamos* Empero nosotros nos prosternamos ante el Supremo Rey de Reyes, el Santo Bendito Él, que extiende los cielos y establece la tierra, y Su trono de gloria se encuentra en los cielos y el poder de Su Presencia mora en las alturas. Él es nuestro Dios, no hay otro. Verdadero es nuestro Rey y no hay ningún otro, tal como está escrito en Su Torá: "Has de saber hoy y responder a tu corazón que el SEÑOR es el Dios en las alturas del cielo y abajo en la tierra, no hay otro salvo Él. *Deut. 4*

עַל כֵּן Por lo tanto, depositamos en Ti nuestra confianza SEÑOR, Dios nuestro, que podamos ver pronto el esplendor de Tu poder, cuando remuevas las abominaciones de la faz de la tierra, y los ídolos sean completamente destruidos, cuando el mundo sea perfeccionado bajo la soberanía del Todopoderoso, cuando toda la humanidad invoque Tu Nombre y todos los malvados de la tierra se volverán hacia Ti. Todos los habitantes de la tierra reconocerán y sabrán que toda rodilla debe inclinarse ante Ti y cada lengua debe jurarte fidelidad. Ante Ti SEÑOR, Dios nuestro, se habrán de arrodillar e inclinar y darán honor a Tu glorioso Nombre. Aceptarán el yugo de Tu reino y pronto reinarás sobre ellos por siempre jamás. Pues Tuyo es el reino por siempre, y reinarás gloriosamente por toda la eternidad, tal como está escrito en Tu Torá: "El SEÑOR reinará por *Éx. 16* siempre y por toda la eternidad". Y fue dicho: "Entonces el SEÑOR *Zac. 14* será el Rey sobre toda la tierra; en ese día el SEÑOR será Uno y Su Nombre Uno". Y en Tu Torá SEÑOR, Dios nuestro, está escrito: "Escucha Israel, el SEÑOR es nuestro Dios, el SEÑOR es Uno". *Deut. 6*

עָלֵינוּ לְשַׁבֵּחַ לַאֲדוֹן הַכֹּל, לָתֵת גְּדֻלָּה לְיוֹצֵר בְּרֵאשִׁית
שֶׁלֹּא עָשָׂנוּ כְּגוֹיֵי הָאֲרָצוֹת, וְלֹא שָׂמָנוּ כְּמִשְׁפְּחוֹת הָאֲדָמָה
שֶׁלֹּא שָׂם חֶלְקֵנוּ כָּהֶם וְגוֹרָלֵנוּ כְּכָל־הֲמוֹנָם.
שֶׁהֵם מִשְׁתַּחֲוִים לְהֶבֶל וָרִיק וּמִתְפַּלְלִים אֶל־אֵל לֹא יוֹשִׁיעַ.
כורעים וַאֲנַחְנוּ מִשְׁתַּחֲוִים לִפְנֵי מֶלֶךְ מַלְכֵי הַמְּלָכִים
הַקָּדוֹשׁ בָּרוּךְ הוּא
שֶׁהוּא נוֹטֶה שָׁמַיִם וְיוֹסֵד אָרֶץ
וּמוֹשַׁב יְקָרוֹ בַּשָּׁמַיִם מִמַּעַל, וּשְׁכִינַת עֻזּוֹ בְּגָבְהֵי מְרוֹמִים.
הוּא אֱלֹהֵינוּ, וְאֵין עוֹד אַחֵר
אֱמֶת מַלְכֵּנוּ, וְאֶפֶס זוּלָתוֹ
כַּכָּתוּב בַּתּוֹרָה, וְיָדַעְתָּ הַיּוֹם וַהֲשֵׁבֹתָ אֶל־לְבָבֶךָ דברים ד
כִּי יְהוָה הוּא הָאֱלֹהִים בַּשָּׁמַיִם מִמַּעַל וְעַל־הָאָרֶץ מִתָּחַת אֵין עוֹד:

עַל כֵּן נְקַוֶּה לְּךָ, יְהוָה אֱלֹהֵינוּ, לִרְאוֹת מְהֵרָה בְּתִפְאֶרֶת עֻזֶּךָ
לְהַעֲבִיר גִּלּוּלִים מִן הָאָרֶץ וְהָאֱלִילִים כָּרוֹת יִכָּרֵתוּן
לְתַקֵּן עוֹלָם בְּמַלְכוּת שַׁדַּי
וְכָל־בְּנֵי בָשָׂר יִקְרְאוּ בִשְׁמֶךָ לְהַפְנוֹת אֵלֶיךָ כָּל־רִשְׁעֵי אָרֶץ
יַכִּירוּ וְיֵדְעוּ כָּל־יוֹשְׁבֵי תֵבֵל, כִּי לְךָ תִּכְרַע כָּל־בֶּרֶךְ, תִּשָּׁבַע כָּל־לָשׁוֹן.
לְפָנֶיךָ יְהוָה אֱלֹהֵינוּ יִכְרְעוּ וְיִפֹּלוּ, וְלִכְבוֹד שִׁמְךָ יְקָר יִתֵּנוּ
וִיקַבְּלוּ כֻלָּם אֶת עֹל מַלְכוּתֶךָ
וְתִמְלֹךְ עֲלֵיהֶם מְהֵרָה לְעוֹלָם וָעֶד
כִּי הַמַּלְכוּת שֶׁלְּךָ הִיא וּלְעוֹלְמֵי עַד תִּמְלֹךְ בְּכָבוֹד
כַּכָּתוּב בְּתוֹרָתֶךָ, יְהוָה יִמְלֹךְ לְעֹלָם וָעֶד: שמות טו
וְנֶאֱמַר, וְהָיָה יְהוָה לְמֶלֶךְ עַל־כָּל־הָאָרֶץ זכריה יד
בַּיּוֹם הַהוּא יִהְיֶה יְהוָה אֶחָד וּשְׁמוֹ אֶחָד:
וּבְתוֹרָתְךָ יְהוָה אֱלֹהֵינוּ כָּתוּב לֵאמֹר
שְׁמַע יִשְׂרָאֵל, יְהוָה אֱלֹהֵינוּ יְהוָה אֶחָד: דברים ו

# Se'udá Shelishit

*Si la comida incluye pan, es menester lavarse las manos y recitar las siguientes bendiciones con anterioridad al partido del pan y al concluir ésta, se recita Bircat HaMazón en la página 456.*

LAVADO DE MANOS

בָּרוּךְ Bendito eres Tú SEÑOR, nuestro Dios,
Rey del universo, que nos ha santificado con Sus preceptos
y nos ordenó el lavado de manos.

BENDICIÓN POR EL PAN

בָּרוּךְ Bendito eres Tú SEÑOR, nuestro Dios,
Rey del universo, que extrae el pan de la tierra.

*Si la comida consiste en pastelería u otro tipo de alimento elaborado a partir de cereales, debe comenzarse con la bendición de Boré Minei Mezonot y tras su conclusión debe recitarse Al HaMijiá.*

*Por alimentos que no son pan y están elaborados a partir de los cinco cereales y por arroz:*

בָּרוּךְ Bendito eres Tú SEÑOR, nuestro Dios, Rey del universo
que crea diferentes tipos de alimentos.

*Por frutos del árbol:*

בָּרוּךְ Bendito eres Tú SEÑOR, nuestro Dios,
Rey del universo que crea el fruto del árbol.

*Por verduras o frutas que crecen en plantas que no son árboles:*

בָּרוּךְ Bendito eres Tú SEÑOR, nuestro Dios, Rey del universo,
que crea el fruto de la tierra.

*Por todos los demás alimentos y las bebidas que no son vino:*

בָּרוּךְ Bendito eres Tú SEÑOR, nuestro Dios, Rey del universo,
que todo fue por efecto de Su palabra.

---

verano es ingerida junto a toda la congregación – es un momento de gran intensidad espiritual. La atmósfera especial del Shabat alcanza aquí su punto álgido. Hemos pasado a través del Shabat por la Creación que es el tema central del viernes por la noche, y por la Revelación que es el tema central del

# סעודה שלישית

*Si la comida incluye pan, es menester lavarse las manos y recitar las siguientes bendiciones con anterioridad al partido del pan y al concluir ésta, se recita* ברכת המזון*en la página 457.*

נטילת ידים

בָּרוּךְ אַתָּה יְהוָה, אֱלֹהֵינוּ מֶלֶךְ הָעוֹלָם
אֲשֶׁר קִדְּשָׁנוּ בְּמִצְוֹתָיו, וְצִוָּנוּ עַל נְטִילַת יָדָיִם.

ברכת המוציא

בָּרוּךְ אַתָּה יְהוָה, אֱלֹהֵינוּ מֶלֶךְ הָעוֹלָם
הַמּוֹצִיא לֶחֶם מִן הָאָרֶץ.

*Si la comida consiste en pastelería u otro tipo de alimento elaborado a partir de cereales, debe comenzarse con la bendición de* 'בּוֹרֵא מִינֵי מְזוֹנוֹת' *y tras su conclusión debe recitarse* 'עַל הַמִּחְיָה'.

*Por alimentos que no son pan y están elaborados a partir de los cinco cereales y por arroz:*

בָּרוּךְ אַתָּה יְהוָה, אֱלֹהֵינוּ מֶלֶךְ הָעוֹלָם, בּוֹרֵא מִינֵי מְזוֹנוֹת.

*Por frutos del árbol:*

בָּרוּךְ אַתָּה יְהוָה, אֱלֹהֵינוּ מֶלֶךְ הָעוֹלָם, בּוֹרֵא פְּרִי הָעֵץ.

*Por verduras o frutas que crecen en plantas que no son árboles:*

בָּרוּךְ אַתָּה יְהוָה, אֱלֹהֵינוּ מֶלֶךְ הָעוֹלָם, בּוֹרֵא פְּרִי הָאֲדָמָה.

*Por todos los demás alimentos y las bebidas que no son vino:*

בָּרוּךְ אַתָּה יְהוָה, אֱלֹהֵינוּ מֶלֶךְ הָעוֹלָם, שֶׁהַכֹּל נִהְיָה בִּדְבָרוֹ.

---

SE'UDÁ *SHELISHIT* / *LA TERCERA COMIDA DE SHABAT*

Una de las formas en la que se honra el Shabat es por medio de la ingestión de una tercera comida, la *Se'udá Shelishit*: en los tiempos del Talmud durante los días de la semana se ingerían únicamente dos comidas; esta tercera comida que se come sólo en Shabat y que, muy a menudo y especialmente en el

## LA BENDICIÓN TRIPLE TRAS HABER INGERIDO ALIMENTOS

*Una persona que ingiere un "Kazait" de alimento elaborado a partir de cereales (sin ser pan) o un "kazait" de "las cinco frutas" (aceitunas, dátiles, uvas, higos y granadas) o un revi'ít de vino recita la siguiente bendición:*

בָּרוּךְ Bendito eres Tú Señor, nuestro Dios, Rey del universo

*Tras haber consumido productos elaborados con cereales (que no sean pan o maṣá):*

por el alimento y el sustento,

*Tras haber consumido vino o jugo de uva:*

por la vid y por el fruto de la vid,

*Tras haber consumido uvas, higos, olivas, granadas o dátiles:*

por el árbol y el fruto del árbol,

וְעַל תְּנוּבַת y por la producción de la tierra y por la tierra deseable, buena y espaciosa que Tú quisiste y diste a nuestros ancestros en heredad para que coman de su fruto y se sacien de su bondad. Ten compasión, Señor, nuestro Dios, por nosotros y por Tu pueblo Israel, por Tu ciudad Jerusalém, por el Monte de Ṣion el recinto de Tu gloria, y por Tu altar y Tu santuario. Y reconstruye a la ciudad sagrada de Jerusalém prontamente en nuestros días, y haznos ascender a ella, y alégranos en su construcción y allí Te bendeciremos por esto con santidad y pureza.

*En Shabat:* Tórnate con benevolencia y fortalécenos en este día del Shabat.
*En Rosh Ḥodesh:* Recuérdanos para bien en este día de Rosh Ḥodesh.
*En Rosh HaShaná:* Recuérdanos para bien en este Día de Recordación.
*En Pesaḥ:* Alégranos en esta Fiesta de las Maṣot.
*En Shabu'ot:* Alégranos en esta Fiesta de Shabu'ot.
*En Sucot:* Alégranos en esta Fiesta de Sucot.
*En Sheminí Aṣeret:* Alégranos en esta Fiesta de Sheminí Aṣeret.

*En Yom Tob:* En este Yom Tob, sagrada convocatoria.
*En Ḥol HaMo'ed:* En este día de sagrada convocatoria.

---

Algo de esta serenidad inunda a la tercera comida mientras el sol va cayendo en el horizonte, enviando sus oblicuos rayos entre las hojas, tiñendo el paisaje de oro rojizo. Las melodías de la tercera comida son más meditativas, y las palabras de Torá que se dicen en la mesa son más interiores y profundas.

# בְּרָכָה מֵעֵין שָׁלֹשׁ

*Una persona que ingiere un* כזית *de alimento elaborado a partir de cereales (sin ser pan) o un* כזית *de "las cinco frutas" (aceitunas, dátiles, uvas, higos y granadas) o un revi'ít de vino recita la siguiente bendición:*

**בָּרוּךְ אַתָּה יְהֹוָה, אֱלֹהֵינוּ מֶלֶךְ הָעוֹלָם**

על מזונות: **עַל הַמִּחְיָה וְעַל הַכַּלְכָּלָה**

על יין: **(וְ)עַל הַגֶּפֶן וְעַל פְּרִי הַגֶּפֶן**

על פירות משבעת המינים: **(וְ)עַל הָעֵץ וְעַל פְּרִי הָעֵץ**

**וְעַל תְּנוּבַת הַשָּׂדֶה וְעַל אֶרֶץ חֶמְדָּה טוֹבָה וּרְחָבָה, שֶׁרָצִיתָ וְהִנְחַלְתָּ לַאֲבוֹתֵינוּ לֶאֱכֹל מִפִּרְיָהּ וְלִשְׂבֹּעַ מִטּוּבָהּ. רַחֵם יְהֹוָה אֱלֹהֵינוּ עָלֵינוּ וְעַל יִשְׂרָאֵל עַמֶּךָ וְעַל יְרוּשָׁלַיִם עִירֶךָ וְעַל הַר צִיּוֹן מִשְׁכַּן כְּבוֹדֶךָ וְעַל מִזְבְּחֶךָ וְעַל הֵיכָלֶךָ. וּבְנֵה יְרוּשָׁלַיִם עִיר הַקֹּדֶשׁ בִּמְהֵרָה בְיָמֵינוּ, וְהַעֲלֵנוּ לְתוֹכָהּ וְשַׂמְּחֵנוּ בְּבִנְיָנָהּ וּנְבָרֶכְךָ עָלֶיהָ בִּקְדֻשָּׁה וּבְטָהֳרָה.**

בשבת: **וּרְצֵה וְהַחֲלִיצֵנוּ בְּיוֹם הַשַּׁבָּת הַזֶּה**

בראש חודש: **וְזָכְרֵנוּ לְטוֹבָה בְּיוֹם רֹאשׁ חֹדֶשׁ הַזֶּה**

בראש השנה: **וְזָכְרֵנוּ לְטוֹבָה בְּיוֹם הַזִּכָּרוֹן הַזֶּה**

בפסח: **וְשַׂמְּחֵנוּ בְּיוֹם חַג הַמַּצּוֹת הַזֶּה**

בשבועות: **וְשַׂמְּחֵנוּ בְּיוֹם חַג הַשָּׁבוּעוֹת הַזֶּה**

בסוכות: **וְשַׂמְּחֵנוּ בְּיוֹם חַג הַסֻּכּוֹת הַזֶּה**

בשמיני עצרת: **וְשַׂמְּחֵנוּ בְּיוֹם שְׁמִינִי חַג עֲצֶרֶת הַזֶּה**

ביום טוב: **בְּיוֹם טוֹב מִקְרָא קֹדֶשׁ הַזֶּה.**

בחוה״מ: **בְּיוֹם מִקְרָא קֹדֶשׁ הַזֶּה.**

---

rezo de la mañana. Ahora ingresamos en el Shabat de la Redención, momento en el que se vislumbra en lejanía un mundo en el cual la soberanía de Dios será reconocida por todos los seres humanos y la vida en la tierra recuperará la armonía que supo tener en los albores de los tiempos.

כִּי Porque Tú eres bondadoso y haces el bien para todos y Te agradecemos SEÑOR nuestro Dios por la tierra

*Tras ingerir productos elaborados de cereales (salvo pan):*

y por el alimento y el sustento. Bendito eres Tú SEÑOR, por la tierra y por el alimento.

*Tras haber ingerido vino o jugo de uva:*

y por el fruto de la vid.* Bendito eres Tú SEÑOR, por la tierra y por el fruto de la vid.

*Tras haber ingerido uvas, higos, aceitunas, granadas o dátiles:*

y por las frutas**. Bendito eres Tú SEÑOR, por la tierra y por las frutas**.

*Tras haber consumido productos elaborados a partir de cereales (salvo pan) y vino o jugo de uva:*

y por el alimento y por el fruto de la vid*. Bendito eres Tú SEÑOR, por la tierra y por el alimento y por el fruto de la vid**.

** Si el vino proviene de la tierra de Israel se sustituye "fruto de la vid" por "su fruto de la vid"*
*** Si la fruta proviene de la tierra de Israel se sustituye "las frutas" por "sus frutas".*

## BENDICIÓN TRAS HABER INGERIDO ALIMENTOS – BORÉ NEFASHOT

*Tras haber consumido un "kazait" de cualquier alimento que no pertenezca a las siete especies o un "revi'ít" de cualquier líquido que no sea vino o jugo de uva, se recita:*

בָּרוּךְ Bendito eres Tú SEÑOR, nuestro Dios, Rey del universo que ha creado diferentes seres vivientes y sus necesidades. Por todo lo que has creado para sostener la vida de todo lo que vive, bendito es Él que vivifica los mundos.

*Según nuestra costumbre, quien escucha el recitado de esta bendición responde: "Amén, sanación y vida".*

---

el tiempo. Este es un momento de anhelo espiritual mientras nos preparamos a regañadientes para abandonar el mundo que debería ser por la probatoria y desafiante realidad del mundo tal cual es.

כִּי אַתָּה טוֹב וּמֵטִיב לַכֹּל
וְנוֹדֶה לְּךָ יְהֹוָה אֱלֹהֵינוּ עַל הָאָרֶץ

| | |
|---|---|
| על מזונות מחו"ל: וְעַל הַמִּחְיָה וְעַל הַכַּלְכָּלָה. | מארץ ישראל: וְעַל מִחְיָתָהּ וְעַל כַּלְכָּלָתָהּ. |
| על יין מחו"ל: וְעַל פְּרִי הַגֶּפֶן. | מארץ ישראל: וְעַל פְּרִי גַפְנָהּ. |
| על פירות משבעת המינים מחו"ל: וְעַל הַפֵּרוֹת. | מארץ ישראל: וְעַל פֵּרוֹתֶיהָ. |

בָּרוּךְ אַתָּה יְהֹוָה, עַל הָאָרֶץ

| | |
|---|---|
| על מזונות מחו"ל: וְעַל הַמִּחְיָה וְעַל הַכַּלְכָּלָה. | מארץ ישראל: וְעַל מִחְיָתָהּ וְעַל כַּלְכָּלָתָהּ. |
| על יין מחו"ל: וְעַל פְּרִי הַגֶּפֶן. | מארץ ישראל: וְעַל פְּרִי גַפְנָהּ. |
| על פירות משבעת המינים מחו"ל: וְעַל הַפֵּרוֹת. | מארץ ישראל: וְעַל פֵּרוֹתֶיהָ. |

## בורא נפשות

*Tras haber consumido un* כזית *de cualquier alimento que no pertenezca a las siete especies o un* רביעית *de cualquier líquido que no sea vino o jugo de uva, se recita:*

בָּרוּךְ אַתָּה יְהֹוָה, אֱלֹהֵינוּ מֶלֶךְ הָעוֹלָם
בּוֹרֵא נְפָשׁוֹת רַבּוֹת וְחֶסְרוֹנָן עַל־כָּל־מַה־שֶּׁבָּרָאתָ
לְהַחֲיוֹת בָּהֶם נֶפֶשׁ כָּל חָי. בָּרוּךְ חֵי הָעוֹלָמִים.

*Según nuestra costumbre, quien escucha el recitado de esta bendición responde:* 'אמן. רפואה וחיים'.

---

Además, está la consciencia de que este momento mágico es el final de algo y que la semana de trabajo con sus tensiones y riesgos está por comenzar. Los jasídicos son quienes procuran especialmente prolongar lo más posible este momento, como si fuese posible enlentecer su transcurrir y suspenderlo en

## SALMOS PREVIOS A A'RBIT DE MOṢAÉ SHABAT

*Se acostumbra cantar estos salmos antes de A'rbit.*

לְכוּ נְרַנְּנָה Venid, cantemosal Señor, elevemos nuestras voces con júbilo a la Roca de nuestra salvación. Recibámosle con agradecimiento, aclamémoslo con cánticos. Pues el Señor es un gran Dios y Rey por sobre todos los seres supremos. En Su mano se encuentran las profundidades de la tierra y Suyos son los picos de las montañas. Suyo es el mar y Él lo hizo, y Sus manos formaron la tierra firme. Vayamos, prosternémonos, arrodillémonos ante el Señor que es nuestro hacedor. Pues Él es nuestro Dios y nosotros somos Su rebaño al que da de pastar, las ovejas bajo Su cargo, hoy si escucháis Su voz. *Sal. 95*

אַשְׁרֵי Felices aquellos que andan por caminos íntegros y se conducen según la Torá del Señor. Felices aquellos que guardan Sus testimonios y Le buscan con todo su corazón. Ya que no cometen iniquidad quienes andan por Sus caminos. Tú ordenaste Tus preceptos para que los cuidemos esmeradamente. Ojalá mis caminos sean correctos para así cumplir con Tus leyes. Entonces, no me avergonzaré al contemplar Tus preceptos. Te alabaré con rectitud de corazón cuando aprenda Tus justas sentencias. Cuidaré Tus leyes, Te pido no me abandones por completo. *Sal. 119*

בַּמֶּה ¿Cómo habrá de lograr un joven conducirse según Tu camino? Te he buscado con todo mi corazón, no me dejes apartarme de Tus preceptos. He guardado Tus palabras en mi corazón para no pecar contra Ti. Bendito eres Tú Señor, enséñame Tus leyes. He contado con mis labios todas las sentencias de Tu boca. Me he regocijado en el camino de Tus testimonios más que con cualquier bien material. Hablaré de Tus mandamientos y contemplaré Tus caminos. Me deleitaré con Tus leyes, no olvidaré Tus palabras.

גְּמֹל Sé benevolente con Tu siervo para que viva y cumpla Tu palabra. Descubre mis ojos y contemplaré maravillas de Tu Torá. Soy cual extraño en la tierra, no me ocultes Tus mandamientos. Mi alma está quebrada de tanto desear Tus sentencias en todo momento. Has reprendido a los malditos que pecan intencionalmente, aquellos que se desvían de Tus mandamientos. Retira de mí el escarnio y el oprobio, pues he cuidado Tus testimonios. Aunque los príncipes se sienten a hablar en contra mío, yo meditaré sobre Tus leyes. Pues Tus testimonios son mi deleite y mis consejeros.

דָּבְקָה Mi alma se apega al polvo, vivifícame según Tu palabra. Te declaré mis caminos y me respondiste, enséñame Tus leyes. Hazme comprender el

# מזמורים לפני ערבית של מוצאי שבת

*Se acostumbra cantar estos salmos antes de* ערבית.

לְכוּ נְרַנְּנָה לַיהוָה נָרִיעָה לְצוּר יִשְׁעֵנוּ: נְקַדְּמָה פָנָיו בְּתוֹדָה בִּזְמִרוֹת נָרִיעַ תהלים צה
לוֹ: כִּי אֵל גָּדוֹל יְהוָה וּמֶלֶךְ גָּדוֹל עַל־כָּל־אֱלֹהִים: אֲשֶׁר בְּיָדוֹ מֶחְקְרֵי־אָרֶץ
וְתוֹעֲפוֹת הָרִים לוֹ: אֲשֶׁר־לוֹ הַיָּם וְהוּא עָשָׂהוּ וְיַבֶּשֶׁת יָדָיו יָצָרוּ: בֹּאוּ
נִשְׁתַּחֲוֶה וְנִכְרָעָה נִבְרְכָה לִפְנֵי־יְהוָה עֹשֵׂנוּ: כִּי הוּא אֱלֹהֵינוּ וַאֲנַחְנוּ עַם
מַרְעִיתוֹ וְצֹאן יָדוֹ הַיּוֹם אִם־בְּקֹלוֹ תִשְׁמָעוּ:

אַשְׁרֵי תְמִימֵי־דָרֶךְ הַהֹלְכִים בְּתוֹרַת יְהוָה: אַשְׁרֵי נֹצְרֵי עֵדֹתָיו בְּכָל־לֵב תהלים קיט
יִדְרְשׁוּהוּ: אַף לֹא־פָעֲלוּ עַוְלָה בִּדְרָכָיו הָלָכוּ: אַתָּה צִוִּיתָה פִקֻּדֶיךָ לִשְׁמֹר
מְאֹד: אַחֲלַי יִכֹּנוּ דְרָכָי לִשְׁמֹר חֻקֶּיךָ: אָז לֹא־אֵבוֹשׁ בְּהַבִּיטִי אֶל־כָּל־
מִצְוֹתֶיךָ: אוֹדְךָ בְּיֹשֶׁר לֵבָב בְּלָמְדִי מִשְׁפְּטֵי צִדְקֶךָ: אֶת־חֻקֶּיךָ אֶשְׁמֹר
אַל־תַּעַזְבֵנִי עַד־מְאֹד:

בַּמֶּה יְזַכֶּה־נַּעַר אֶת־אָרְחוֹ לִשְׁמֹר כִּדְבָרֶךָ: בְּכָל־לִבִּי דְרַשְׁתִּיךָ אַל־תַּשְׁגֵּנִי
מִמִּצְוֹתֶיךָ: בְּלִבִּי צָפַנְתִּי אִמְרָתֶךָ לְמַעַן לֹא אֶחֱטָא־לָךְ: בָּרוּךְ אַתָּה יְהוָה
לַמְּדֵנִי חֻקֶּיךָ: בִּשְׂפָתַי סִפַּרְתִּי כֹּל מִשְׁפְּטֵי־פִיךָ: בְּדֶרֶךְ עֵדְוֺתֶיךָ שַׂשְׂתִּי
כְּעַל כָּל־הוֹן: בְּפִקֻּדֶיךָ אָשִׂיחָה וְאַבִּיטָה אֹרְחֹתֶיךָ: בְּחֻקֹּתֶיךָ אֶשְׁתַּעֲשָׁע
לֹא אֶשְׁכַּח דְּבָרֶךָ:

גְּמֹל עַל־עַבְדְּךָ אֶחְיֶה וְאֶשְׁמְרָה דְבָרֶךָ: גַּל־עֵינַי וְאַבִּיטָה נִפְלָאוֹת
מִתּוֹרָתֶךָ: גֵּר אָנֹכִי בָאָרֶץ אַל־תַּסְתֵּר מִמֶּנִּי מִצְוֹתֶיךָ: גָּרְסָה נַפְשִׁי לְתַאֲבָה
אֶל־מִשְׁפָּטֶיךָ בְכָל־עֵת: גָּעַרְתָּ זֵדִים אֲרוּרִים הַשֹּׁגִים מִמִּצְוֹתֶיךָ: גַּל מֵעָלַי
חֶרְפָּה וָבוּז כִּי עֵדֹתֶיךָ נָצָרְתִּי: גַּם יָשְׁבוּ שָׂרִים בִּי נִדְבָּרוּ עַבְדְּךָ יָשִׂיחַ
בְּחֻקֶּיךָ: גַּם־עֵדֹתֶיךָ שַׁעֲשֻׁעָי אַנְשֵׁי עֲצָתִי:

דָּבְקָה לֶעָפָר נַפְשִׁי חַיֵּנִי כִּדְבָרֶךָ: דְּרָכַי סִפַּרְתִּי וַתַּעֲנֵנִי לַמְּדֵנִי חֻקֶּיךָ:
דֶּרֶךְ־פִּקּוּדֶיךָ הֲבִינֵנִי וְאָשִׂיחָה בְּנִפְלְאוֹתֶיךָ: דָּלְפָה נַפְשִׁי מִתּוּגָה קַיְּמֵנִי

camino de Tus ordenanzas y meditaré en Tus maravillas. Mi alma se deshace en la tristeza, susténtame según Tu palabra. Retira de mí el camino de la mentira y apiádate de mí otorgándome Tu Torá. He escogido el camino de la verdad, he puesto Tus sentencias delante de mí SEÑOR, me he apegado a Tus testimonios, no me avergüences. Correré por el camino de Tus preceptos, pues Tú ensanchas mi corazón.

הוֹרֵנִי Enséñame SEÑOR el camino de Tus leyes y lo seguiré en cada paso. Dame comprensión para que cuide Tu Torá y la observe con todo mi corazón. Condúceme por la senda de Tus preceptos pues la he deseado. Inclina mi corazón a Tus testimonios y no a la codicia. Aparta mis ojos de contemplar vanidades, vivifícame en Tus caminos. Cumple Tu palabra en Tu siervo que te teme. Retira de mí el oprobio del que he temido pues Tus sentencias son buenas. He aquí que anhelé Tus mandamientos, vivifícame en Tu justicia.

וִיבֹאֻנִי Venga a mí Tu benevolencia SEÑOR, Tu salvación conforme a Tu palabra. A quien me avergüence responderé que he confiado en Tu palabra. No quites de mi boca palabra de verdad pues he anhelado Tus sentencias. Cuidaré siempre Tu Torá, por toda la eternidad. Andaré a mis anchas pues he buscado Tus mandamientos. Hablaré de Tus testimonios ante reyes y no me avergonzaré. Me deleitaré con Tus preceptos que he amado. Alzaré mis manos hacia Tus preceptos que he amado y meditaré sobre Tus leyes.

זְכָר־דָּבָר Acuérdate de la palabra dada a Tu siervo, en la cual me has dado esperanza. Ella es el consuelo de mi aflicción pues Tu dicho me ha vivificado. Los que pecan intencionalmente se han burlado mucho de mí, pero no me he apartado de Tu Torá. SEÑOR, he recordado Tus sentencias pretéritas y me he consolado. El horror se apoderó de mí en virtud de los malvados que abandonaron Tu Torá. Tus leyes fueron para mí cánticos en la morada de mi peregrinaje. Recordé Tu Nombre, SEÑOR, por la noche y cuidaré Tu Torá. Esto tuve, pues cuidé Tus mandamientos.

חֶלְקִי Mi porción SEÑOR, dije, será cumplir Tus palabras. Pedí Tu presencia con todo mi corazón, apiádate de mí según Tu palabra. Pensé en mis caminos y devolveré mis pies a Tus testimonios. Fui diligente y no me demoré en cumplir Tus preceptos. Bandas de malvados se hicieron de mí empero no he olvidado Tu Torá. Me levantaré a medianoche para alabarte por Tus justas sentencias. Soy compañero de todos aquellos que te teman y de quienes cuidan Tus mandamientos. SEÑOR, que Tu benevolencia colme la tierra, enséñame Tus leyes.

כִּדְבָרֶךָ: דֶּרֶךְ־שֶׁקֶר הָסֵר מִמֶּנִּי וְתוֹרָתְךָ חׇנֵּנִי: דֶּרֶךְ־אֱמוּנָה בָחָרְתִּי מִשְׁפָּטֶיךָ שִׁוִּיתִי: דָּבַקְתִּי בְעֵדְוֺתֶיךָ יְהֹוָה אַל־תְּבִישֵׁנִי: דֶּרֶךְ־מִצְוֺתֶיךָ אָרוּץ כִּי תַרְחִיב לִבִּי:

הוֹרֵנִי יְהֹוָה דֶּרֶךְ חֻקֶּיךָ וְאֶצְּרֶנָּה עֵקֶב: הֲבִינֵנִי וְאֶצְּרָה תוֹרָתֶךָ וְאֶשְׁמְרֶנָּה בְכׇל־לֵב: הַדְרִיכֵנִי בִּנְתִיב מִצְוֺתֶיךָ כִּי־בוֹ חָפָצְתִּי: הַט־לִבִּי אֶל־עֵדְוֺתֶיךָ וְאַל אֶל־בָּצַע: הַעֲבֵר עֵינַי מֵרְאוֹת שָׁוְא בִּדְרָכֶךָ חַיֵּנִי: הָקֵם לְעַבְדְּךָ אִמְרָתֶךָ אֲשֶׁר לְיִרְאָתֶךָ: הַעֲבֵר חֶרְפָּתִי אֲשֶׁר יָגֹרְתִּי כִּי מִשְׁפָּטֶיךָ טוֹבִים: הִנֵּה תָּאַבְתִּי לְפִקֻּדֶיךָ בְּצִדְקָתְךָ חַיֵּנִי:

וִיבֹאֻנִי חֲסָדֶךָ יְהֹוָה תְּשׁוּעָתְךָ כְּאִמְרָתֶךָ: וְאֶעֱנֶה חֹרְפִי דָבָר כִּי־בָטַחְתִּי בִּדְבָרֶךָ: וְאַל־תַּצֵּל מִפִּי דְבַר־אֱמֶת עַד־מְאֹד כִּי לְמִשְׁפָּטֶךָ יִחָלְתִּי: וְאֶשְׁמְרָה תוֹרָתְךָ תָמִיד לְעוֹלָם וָעֶד: וְאֶתְהַלְּכָה בָרְחָבָה כִּי פִקֻּדֶיךָ דָרָשְׁתִּי: וַאֲדַבְּרָה בְעֵדֹתֶיךָ נֶגֶד מְלָכִים וְלֹא אֵבוֹשׁ: וְאֶשְׁתַּעֲשַׁע בְּמִצְוֺתֶיךָ אֲשֶׁר אָהָבְתִּי: וְאֶשָּׂא־כַפַּי אֶל־מִצְוֺתֶיךָ אֲשֶׁר אָהָבְתִּי וְאָשִׂיחָה בְחֻקֶּיךָ:

זְכׇר־דָּבָר לְעַבְדֶּךָ עַל אֲשֶׁר יִחַלְתָּנִי: זֹאת נֶחָמָתִי בְעׇנְיִי כִּי אִמְרָתְךָ חִיָּתְנִי: זֵדִים הֱלִיצֻנִי עַד־מְאֹד מִתּוֹרָתְךָ לֹא נָטִיתִי: זָכַרְתִּי מִשְׁפָּטֶיךָ מֵעוֹלָם ׀ יְהֹוָה וָאֶתְנֶחָם: זַלְעָפָה אֲחָזַתְנִי מֵרְשָׁעִים עֹזְבֵי תּוֹרָתֶךָ: זְמִרוֹת הָיוּ־לִי חֻקֶּיךָ בְּבֵית מְגוּרָי: זָכַרְתִּי בַלַּיְלָה שִׁמְךָ יְהֹוָה וָאֶשְׁמְרָה תּוֹרָתֶךָ: זֹאת הָיְתָה־לִּי כִּי פִקֻּדֶיךָ נָצָרְתִּי:

חֶלְקִי יְהֹוָה אָמַרְתִּי לִשְׁמֹר דְּבָרֶיךָ: חִלִּיתִי פָנֶיךָ בְכׇל־לֵב חׇנֵּנִי כְּאִמְרָתֶךָ: חִשַּׁבְתִּי דְרָכָי וָאָשִׁיבָה רַגְלַי אֶל־עֵדֹתֶיךָ: חַשְׁתִּי וְלֹא הִתְמַהְמָהְתִּי לִשְׁמֹר מִצְוֺתֶיךָ: חֶבְלֵי רְשָׁעִים עִוְּדֻנִי תּוֹרָתְךָ לֹא שָׁכָחְתִּי: חֲצוֹת־לַיְלָה אָקוּם לְהוֹדוֹת לָךְ עַל מִשְׁפְּטֵי צִדְקֶךָ: חָבֵר אָנִי לְכׇל־אֲשֶׁר יְרֵאוּךָ וּלְשֹׁמְרֵי פִּקּוּדֶיךָ: חַסְדְּךָ יְהֹוָה מָלְאָה הָאָרֶץ חֻקֶּיךָ לַמְּדֵנִי:

טוֹב Has hecho bien con Tu siervo, SEÑOR, conforme a Tu palabra. Enséñame buen sentido y conocimiento, pues he confiado en Tus preceptos. Antes de haber estudiado Tus preceptos me equivocaba en ellos involuntariamente, mas ahora cuido Tu palabra. Tú eres bueno y haces el bien, enséñame Tus leyes. Los malvados me inculparon falsamente, mas yo guardaré Tus mandamientos con todo mi corazón. Su corazón se engrasó cual sebo, mas yo me deleité en Tu Torá. Bueno es para mí el haber sido afligido en aras de aprender Tus leyes. Es mejor para mí la Torá de Tu boca que millares de piezas de oro y plata.

יָדֶיךָ Tus manos me hicieron y me establecieron, dame comprensión para que aprenda Tus preceptos. Los que Te temen me verán y se alegrarán pues he depositado mi esperanza en Tu palabra. He sabido SEÑOR que Tus sentencias son justas y me has afligido conforme a Tu fidelidad. Que Tu benevolencia me sea de consuelo, conforme a lo que has dicho a Tu siervo. Venga a mi Tu compasión y viviré, pues Tu Torá es mi deleite. Avergüéncense quienes pecan intencionalmente pues me han calumniado, yo meditaré en Tus mandamientos. Que se tornen a mí quienes Te temen y conocen Tus testimonios. Que mi corazón sea íntegro en Tus leyes para que ni me avergüence.

כָּלְתָה Mi alma desfallece por Tu salvación, en Tu palabra deposité mi esperanza. Mis ojos desfallecen por Tu palabra, diciendo: ¿cuándo me habrás de consolar? Pues me he resecado cual odre al humo y aun así no he olvidado Tus leyes. ¿Cuántos son los días de Tu siervo? ¿Cuándo juzgarás a mis perseguidores? Los pecadores intencionales cavaron para mí pozos profundos (me aconsejaron perversamente) que no van de acuerdo con Tu Torá. Todos Tus preceptos son fidedignos, con falsedades me persiguen, ¡ayúdame! Casi me exterminan en la tierra mas yo no he abandonado Tus mandamientos. Vivifícame con Tu benevolencia y cuidaré el testimonio de Tu boca.

לְעוֹלָם Por siempre, SEÑOR, Tu palabra permanece en el cielo. Tu verdad es por todas las generaciones, estableciste la tierra y ella permanecerá. Hoy se presentan ante Ti a juicio, pues todos son Tus siervos. De no haberme deleitado con Tu Torá habría colapsado en mi aflicción. Nunca olvidaré tus mandamientos pues con ellos me has vivificado. Tuyo soy, sálvame, pues he procurado Tus mandamientos. Los malvados esperaban destruirme mas yo he contemplado Tus testimonios. He visto que todo tiene límite, mas Tu precepto es amplio de sobremanera.

מָה־אָהַבְתִּי Cuánto amo Tu Torá, en ella medito todo el día. Tus preceptos me hacen más sabio que mis enemigos, pues están siempre junto a mí. He aprendido de todos mis maestros porque en Tus testimonios medito.

טוֹב עָשִׂיתָ עִם־עַבְדְּךָ יְהֹוָה כִּדְבָרֶךָ: טוּב טַעַם וָדַעַת לַמְּדֵנִי כִּי בְמִצְוֺתֶיךָ
הֶאֱמָנְתִּי: טֶרֶם אֶעֱנֶה אֲנִי שֹׁגֵג וְעַתָּה אִמְרָתְךָ שָׁמָרְתִּי: טוֹב־אַתָּה וּמֵטִיב
לַמְּדֵנִי חֻקֶּיךָ: טָפְלוּ עָלַי שֶׁקֶר זֵדִים אֲנִי בְּכָל־לֵב ׀ אֶצֹּר פִּקּוּדֶיךָ: טָפַשׁ
כַּחֵלֶב לִבָּם אֲנִי תּוֹרָתְךָ שִׁעֲשָׁעְתִּי: טוֹב־לִי כִי־עֻנֵּיתִי לְמַעַן אֶלְמַד חֻקֶּיךָ:
טוֹב־לִי תוֹרַת־פִּיךָ מֵאַלְפֵי זָהָב וָכָסֶף:

יָדֶיךָ עָשׂוּנִי וַיְכוֹנְנוּנִי הֲבִינֵנִי וְאֶלְמְדָה מִצְוֺתֶיךָ: יְרֵאֶיךָ יִרְאוּנִי וְיִשְׂמָחוּ
כִּי לִדְבָרְךָ יִחָלְתִּי: יָדַעְתִּי יְהֹוָה כִּי־צֶדֶק מִשְׁפָּטֶיךָ וֶאֱמוּנָה עִנִּיתָנִי: יְהִי־
נָא חַסְדְּךָ לְנַחֲמֵנִי כְּאִמְרָתְךָ לְעַבְדֶּךָ: יְבֹאוּנִי רַחֲמֶיךָ וְאֶחְיֶה כִּי־תוֹרָתְךָ
שַׁעֲשֻׁעָי: יֵבֹשׁוּ זֵדִים כִּי־שֶׁקֶר עִוְּתוּנִי אֲנִי אָשִׂיחַ בְּפִקּוּדֶיךָ: יָשׁוּבוּ לִי יְרֵאֶיךָ
וְיֹדְעֵי עֵדֹתֶיךָ: יְהִי־לִבִּי תָמִים בְּחֻקֶּיךָ לְמַעַן לֹא אֵבוֹשׁ:

כָּלְתָה לִתְשׁוּעָתְךָ נַפְשִׁי לִדְבָרְךָ יִחָלְתִּי: כָּלוּ עֵינַי לְאִמְרָתֶךָ לֵאמֹר מָתַי
תְּנַחֲמֵנִי: כִּי־הָיִיתִי כְּנֹאד בְּקִיטוֹר חֻקֶּיךָ לֹא שָׁכָחְתִּי: כַּמָּה יְמֵי־עַבְדֶּךָ
מָתַי תַּעֲשֶׂה בְרֹדְפַי מִשְׁפָּט: כָּרוּ־לִי זֵדִים שִׁיחוֹת אֲשֶׁר לֹא כְתוֹרָתֶךָ: כָּל־
מִצְוֺתֶיךָ אֱמוּנָה שֶׁקֶר רְדָפוּנִי עָזְרֵנִי: כִּמְעַט כִּלּוּנִי בָאָרֶץ וַאֲנִי לֹא־עָזַבְתִּי
פִקֻּדֶיךָ: כְּחַסְדְּךָ חַיֵּנִי וְאֶשְׁמְרָה עֵדוּת פִּיךָ:

לְעוֹלָם יְהֹוָה דְּבָרְךָ נִצָּב בַּשָּׁמָיִם: לְדֹר וָדֹר אֱמוּנָתֶךָ כּוֹנַנְתָּ אֶרֶץ וַתַּעֲמֹד:
לְמִשְׁפָּטֶיךָ עָמְדוּ הַיּוֹם כִּי הַכֹּל עֲבָדֶיךָ: לוּלֵי תוֹרָתְךָ שַׁעֲשֻׁעָי אָז אָבַדְתִּי
בְעָנְיִי: לְעוֹלָם לֹא־אֶשְׁכַּח פִּקּוּדֶיךָ כִּי־בָם חִיִּיתָנִי: לְךָ־אֲנִי הוֹשִׁיעֵנִי כִּי
פִקּוּדֶיךָ דָרָשְׁתִּי: לִי קִוּוּ רְשָׁעִים לְאַבְּדֵנִי עֵדֹתֶיךָ אֶתְבּוֹנָן: לְכָל־תִּכְלָה
רָאִיתִי קֵץ רְחָבָה מִצְוָתְךָ מְאֹד:

מָה־אָהַבְתִּי תוֹרָתֶךָ כָּל־הַיּוֹם הִיא שִׂיחָתִי: מֵאֹיְבַי תְּחַכְּמֵנִי מִצְוֺתֶךָ כִּי
לְעוֹלָם הִיא־לִי: מִכָּל־מְלַמְּדַי הִשְׂכַּלְתִּי כִּי עֵדְוֺתֶיךָ שִׂיחָה לִּי: מִזְּקֵנִים

Comprendo más que los sabios porque cuido Tus mandamientos. He abstenido mis pies de todo mal camino para cuidar Tu palabra. No me he apartado de Tus sentencias pues Tú me has enseñado. Cuán dulces son Tus palabras para mi paladar, son cual miel para mi boca. De Tus mandamientos he adquirido entendimiento, por ello odio todo camino falso.

נֵר־לְרַגְלִי Tu palabra es cual lámpara ante mis pies y luz en mi senda. He prometido y cumpliré observar Tus justas sentencias. Me he visto afligido en gran manera, SEÑOR, vivifícame conforme a Tu palabra. Que las ofrendas de mi boca sean aceptadas, por favor, SEÑOR, enséñame Tus sentencias. Continuamente me encuentro en peligro mas no he olvidado Tu Torá. Los malvados me tendieron una trampa mas no me he apartado de Tus mandamientos. He tomado por eterna heredad Tus testimonios pues son el regocijo de mi corazón. Mi corazón se inclina a hacer Tus leyes por siempre.

סֵעֲפִים Odio a las personas falsas y amo Tu Torá. Tú eres mi escondite y mi protección, en Tus palabras he depositado mi esperanza. Apartaos de mí malvados, pues habré de guardar los preceptos de mi Dios. Sostenme tal como lo has dicho y viviré, no defraudes mi esperanza. Apóyame y me salvaré y me deleitaré siempre en Tus leyes. Aplastaste a quienes se desviaron de Tus leyes, pues su engaño es mentiroso. Apartaste a los malvados de la tierra cual suciedad, por ello amo Tus testimonios. Mi carne se ha estremecido de miedo y de Tus juicios temo.

עָשִׂיתִי He hecho juicio y justicia, por ello, no me dejes a merced de mis opresores. Apoya a Tu siervo para bien, no dejes que malvados me opriman. Mis ojos anhelan Tu salvación y Tu justo decir. Obra con Tu siervo conforme Tu benevolencia y enséñame Tus leyes. Soy Tu siervo, concédeme comprensión para que conozca Tus testimonios. Es momento de actuar en aras del SEÑOR pues han transgredido Tu Torá. Por ello amo Tus preceptos más que el oro y que el oro refinado. Por ello todos los mandamientos los hallé rectos y odio todo camino falso.

פְּלָאוֹת Todos Tus testimonios son maravillosos, por ello mi alma los cuida. El inicio de Tus palabras ilumina, pues Tú das entendimiento al necio. Abrí mi boca y suspiré pues deseaba Tus preceptos. Dirígete a mí y apiádate, como corresponde para con quienes aman Tu Nombre. Ordena mis pasos según Tus palabras y no permitas que me domine iniquidad alguna. Libérame de la opresión del hombre, para que cuide Tus mandamientos. Ilumina Tu rostro en dirección de Tu siervo y enséñame Tus leyes. Ríos de agua fluyeron por mis ojos por no haber observado Tu Torá.

אֶתְבּוֹנָן כִּי פִקּוּדֶיךָ נָצָרְתִּי׃ מִכָּל־אֹרַח רָע כָּלִאתִי רַגְלָי לְמַעַן אֶשְׁמֹר דְּבָרֶךָ׃ מִמִּשְׁפָּטֶיךָ לֹא־סָרְתִּי כִּי־אַתָּה הוֹרֵתָנִי׃ מַה־נִּמְלְצוּ לְחִכִּי אִמְרָתֶךָ מִדְּבַשׁ לְפִי׃ מִפִּקּוּדֶיךָ אֶתְבּוֹנָן עַל־כֵּן שָׂנֵאתִי ׀ כָּל־אֹרַח שָׁקֶר׃

נֵר־לְרַגְלִי דְבָרֶךָ וְאוֹר לִנְתִיבָתִי׃ נִשְׁבַּעְתִּי וָאֲקַיֵּמָה לִשְׁמֹר מִשְׁפְּטֵי צִדְקֶךָ׃ נַעֲנֵיתִי עַד־מְאֹד יְהוָה חַיֵּנִי כִדְבָרֶךָ׃ נִדְבוֹת פִּי רְצֵה־נָא יְהוָה וּמִשְׁפָּטֶיךָ לַמְּדֵנִי׃ נַפְשִׁי בְכַפִּי תָמִיד וְתוֹרָתְךָ לֹא שָׁכָחְתִּי׃ נָתְנוּ רְשָׁעִים פַּח לִי וּמִפִּקּוּדֶיךָ לֹא תָעִיתִי׃ נָחַלְתִּי עֵדְוֺתֶיךָ לְעוֹלָם כִּי־שְׂשׂוֹן לִבִּי הֵמָּה׃ נָטִיתִי לִבִּי לַעֲשׂוֹת חֻקֶּיךָ לְעוֹלָם עֵקֶב׃

סֵעֲפִים שָׂנֵאתִי וְתוֹרָתְךָ אָהָבְתִּי׃ סִתְרִי וּמָגִנִּי אָתָּה לִדְבָרְךָ יִחָלְתִּי׃ סוּרוּ מִמֶּנִּי מְרֵעִים וְאֶצְּרָה מִצְוֺת אֱלֹהָי׃ סָמְכֵנִי כְאִמְרָתְךָ וְאֶחְיֶה וְאַל־תְּבִישֵׁנִי מִשִּׂבְרִי׃ סְעָדֵנִי וְאִוָּשֵׁעָה וְאֶשְׁעָה בְחֻקֶּיךָ תָמִיד׃ סָלִיתָ כָּל־שׁוֹגִים מֵחֻקֶּיךָ כִּי־שֶׁקֶר תַּרְמִיתָם׃ סִגִים הִשְׁבַּתָּ כָל־רִשְׁעֵי־אָרֶץ לָכֵן אָהַבְתִּי עֵדֹתֶיךָ׃ סָמַר מִפַּחְדְּךָ בְשָׂרִי וּמִמִּשְׁפָּטֶיךָ יָרֵאתִי׃

עָשִׂיתִי מִשְׁפָּט וָצֶדֶק בַּל־תַּנִּיחֵנִי לְעֹשְׁקָי׃ עֲרֹב עַבְדְּךָ לְטוֹב אַל־יַעַשְׁקֻנִי זֵדִים׃ עֵינַי כָּלוּ לִישׁוּעָתֶךָ וּלְאִמְרַת צִדְקֶךָ׃ עֲשֵׂה עִם־עַבְדְּךָ כְחַסְדֶּךָ וְחֻקֶּיךָ לַמְּדֵנִי׃ עַבְדְּךָ־אָנִי הֲבִינֵנִי וְאֵדְעָה עֵדֹתֶיךָ׃ עֵת לַעֲשׂוֹת לַיהוָה הֵפֵרוּ תּוֹרָתֶךָ׃ עַל־כֵּן אָהַבְתִּי מִצְוֺתֶיךָ מִזָּהָב וּמִפָּז׃ עַל־כֵּן ׀ כָּל־פִּקּוּדֵי כֹל יִשָּׁרְתִּי כָּל־אֹרַח שֶׁקֶר שָׂנֵאתִי׃

פְּלָאוֹת עֵדְוֺתֶיךָ עַל־כֵּן נְצָרָתַם נַפְשִׁי׃ פֵּתַח־דְּבָרֶיךָ יָאִיר מֵבִין פְּתָיִים׃ פִּי־פָעַרְתִּי וָאֶשְׁאָפָה כִּי לְמִצְוֺתֶיךָ יָאָבְתִּי׃ פְּנֵה־אֵלַי וְחָנֵּנִי כְּמִשְׁפָּט לְאֹהֲבֵי שְׁמֶךָ׃ פְּעָמַי הָכֵן בְּאִמְרָתֶךָ וְאַל־תַּשְׁלֶט־בִּי כָל־אָוֶן׃ פְּדֵנִי מֵעֹשֶׁק אָדָם וְאֶשְׁמְרָה פִּקּוּדֶיךָ׃ פָּנֶיךָ הָאֵר בְּעַבְדֶּךָ וְלַמְּדֵנִי אֶת־חֻקֶּיךָ׃ פַּלְגֵי־מַיִם יָרְדוּ עֵינָי עַל לֹא־שָׁמְרוּ תוֹרָתֶךָ׃

צַדִּיק Tú eres justo SEÑOR y Tus sentencias son rectas. Tus testimonios que has encomendado son justos y fidedignos. Mi celo me ha consumido, porque mis enemigos han olvidado Tus palabras. Tu decir es sumamente puro y Tu siervo lo ama. He aquí que soy joven y humillado, mas no he olvidado Tu mandamiento. Tu justicia es eterna y Tu Torá es verdadera. Me he topado con desgracia y angustia, mas Tus preceptos son mi deleite. Tus testimonios son justos para siempre, dame comprensión y viviré.

קָרָאתִי He clamado con todo mi corazón, respóndeme SEÑOR, cuidaré Tus leyes. Te he invocado, sálvame y cuidaré Tus testimonios. Anticipé al alba y clamé, deposité mi esperanza en Tu palabra. Mis ojos anticiparon el amanecer para meditar en Tus palabras. Escucha mi voz conforme Tu gran benevolencia, vivifícame con Tu sentencia. Se acercaron a mí los malvados, de Tu Torá se han alejado. Tú SEÑOR, estás cerca, y todos Tus preceptos son verdaderos. Desde tiempos pretéritos conozco Tus testimonios pues los estableciste para siempre.

רְאֵה־עָנְיִי Contempla mi aflicción y líbrame, pues no he olvidado Tu Torá. Aboga mi causa y redímeme, vivifícame con Tu palabra. La salvación está lejos de los malvados pues no han procurado Tus leyes. Grande es Tu compasión, SEÑOR, vivifícame conforme a Tu sentencia. Muchos me persiguen y se alzan contra mí mas no me he apartado de Tus leyes. He visto a los traidores y con ellos he reñido porque no observan Tu palabra. Mira cómo amo Tus mandamientos, SEÑOR, vivifícame con Tu benevolencia. El inicio de Tu palabra es verdad, y Tu sentencia es justa por siempre.

שָׂרִים He sido perseguido por príncipes sin motivo alguno, mas mi corazón temió Tu palabra. Me alegro de sobremanera por Tu palabra, como quien encuentra un gran tesoro. Odio la mentira y la detesto, amo Tu Torá. Te alabo a diario siete veces por Tus justas sentencias. Abundante paz hay para quienes aman Tu Torá y no hay para ellos tropiezo. He esperado Tu salvación, SEÑOR, y he cumplido Tus preceptos. Mi alma cuida Tus testimonios y los ama en gran manera. He cuidado Tus mandamientos y Tus testimonios pues todos mis caminos están delante de Ti.

תִּקְרַב Que mi canto se acerque ante Ti, SEÑOR, dame entendimiento conforme Tu palabra. Que mi súplica llegue a Ti, sálvame conforme a Tu palabra. Que mis labios pronuncien alabanza, pues me enseñarás Tus leyes. Mi lengua pronunciará Tus palabras, pues todos Tus preceptos son justos. Que Tu mano acuda en mi ayuda, pues he escogido Tus mandamientos. Deseo Tu salvación, SEÑOR, Tu Torá es mi deleite. Viva mi alma para que Te pueda alabar, y Tus sentencias me ayuden. Me desvié cual oveja descarriada, busca a Tu siervo pues no he olvidado Tus preceptos.

צַדִּיק אַתָּה יְהֹוָה וְיָשָׁר מִשְׁפָּטֶיךָ: צִוִּיתָ צֶדֶק עֵדֹתֶיךָ וֶאֱמוּנָה מְאֹד: צִמְּתַתְנִי קִנְאָתִי כִּי־שָׁכְחוּ דְבָרֶיךָ צָרָי: צְרוּפָה אִמְרָתְךָ מְאֹד וְעַבְדְּךָ אֲהֵבָהּ: צָעִיר אָנֹכִי וְנִבְזֶה פִּקֻּדֶיךָ לֹא שָׁכָחְתִּי: צִדְקָתְךָ צֶדֶק לְעוֹלָם וְתוֹרָתְךָ אֱמֶת: צַר־וּמָצוֹק מְצָאוּנִי מִצְוֺתֶיךָ שַׁעֲשֻׁעָי: צֶדֶק עֵדְוֺתֶיךָ לְעוֹלָם הֲבִינֵנִי וְאֶחְיֶה:

קָרָאתִי בְכָל־לֵב עֲנֵנִי יְהֹוָה חֻקֶּיךָ אֶצֹּרָה: קְרָאתִיךָ הוֹשִׁיעֵנִי וְאֶשְׁמְרָה עֵדֹתֶיךָ: קִדַּמְתִּי בַנֶּשֶׁף וָאֲשַׁוֵּעָה לִדְבָרְךָ יִחָלְתִּי: קִדְּמוּ עֵינַי אַשְׁמֻרוֹת לָשִׂיחַ בְּאִמְרָתֶךָ: קוֹלִי שִׁמְעָה כְחַסְדֶּךָ יְהֹוָה כְּמִשְׁפָּטֶךָ חַיֵּנִי: קָרְבוּ רֹדְפֵי זִמָּה מִתּוֹרָתְךָ רָחָקוּ: קָרוֹב אַתָּה יְהֹוָה וְכָל־מִצְוֺתֶיךָ אֱמֶת: קֶדֶם יָדַעְתִּי מֵעֵדֹתֶיךָ כִּי לְעוֹלָם יְסַדְתָּם:

רְאֵה־עָנְיִי וְחַלְּצֵנִי כִּי־תוֹרָתְךָ לֹא שָׁכָחְתִּי: רִיבָה רִיבִי וּגְאָלֵנִי לְאִמְרָתְךָ חַיֵּנִי: רָחוֹק מֵרְשָׁעִים יְשׁוּעָה כִּי־חֻקֶּיךָ לֹא דָרָשׁוּ: רַחֲמֶיךָ רַבִּים ׀ יְהֹוָה כְּמִשְׁפָּטֶיךָ חַיֵּנִי: רַבִּים רֹדְפַי וְצָרָי מֵעֵדְוֺתֶיךָ לֹא נָטִיתִי: רָאִיתִי בֹגְדִים וָאֶתְקוֹטָטָה אֲשֶׁר אִמְרָתְךָ לֹא שָׁמָרוּ: רְאֵה כִּי־פִקּוּדֶיךָ אָהָבְתִּי יְהֹוָה כְּחַסְדְּךָ חַיֵּנִי: רֹאשׁ־דְּבָרְךָ אֱמֶת וּלְעוֹלָם כָּל־מִשְׁפַּט צִדְקֶךָ:

שָׂרִים רְדָפוּנִי חִנָּם וּמִדְּבָרְךָ פָּחַד לִבִּי: שָׂשׂ אָנֹכִי עַל־אִמְרָתֶךָ כְּמוֹצֵא שָׁלָל רָב: שֶׁקֶר שָׂנֵאתִי וָאֲתַעֵבָה תּוֹרָתְךָ אָהָבְתִּי: שֶׁבַע בַּיּוֹם הִלַּלְתִּיךָ עַל מִשְׁפְּטֵי צִדְקֶךָ: שָׁלוֹם רָב לְאֹהֲבֵי תוֹרָתֶךָ וְאֵין־לָמוֹ מִכְשׁוֹל: שִׂבַּרְתִּי לִישׁוּעָתְךָ יְהֹוָה וּמִצְוֺתֶיךָ עָשִׂיתִי: שָׁמְרָה נַפְשִׁי עֵדֹתֶיךָ וָאֹהֲבֵם מְאֹד: שָׁמַרְתִּי פִקּוּדֶיךָ וְעֵדֹתֶיךָ כִּי כָל־דְּרָכַי נֶגְדֶּךָ:

תִּקְרַב רִנָּתִי לְפָנֶיךָ יְהֹוָה כִּדְבָרְךָ הֲבִינֵנִי: תָּבוֹא תְחִנָּתִי לְפָנֶיךָ כְּאִמְרָתְךָ הַצִּילֵנִי: תַּבַּעְנָה שְׂפָתַי תְּהִלָּה כִּי תְלַמְּדֵנִי חֻקֶּיךָ: תַּעַן לְשׁוֹנִי אִמְרָתֶךָ כִּי כָל־מִצְוֺתֶיךָ צֶּדֶק: תְּהִי־יָדְךָ לְעָזְרֵנִי כִּי פִקּוּדֶיךָ בָחָרְתִּי: תָּאַבְתִּי לִישׁוּעָתְךָ יְהֹוָה וְתוֹרָתְךָ שַׁעֲשֻׁעָי: תְּחִי־נַפְשִׁי וּתְהַלְלֶךָּ וּמִשְׁפָּטֶךָ יַעֲזְרֻנִי: תָּעִיתִי כְּשֶׂה אֹבֵד בַּקֵּשׁ עַבְדֶּךָ כִּי מִצְוֺתֶיךָ לֹא שָׁכָחְתִּי:

Cántico de las ascensiones. Clamé al SEÑOR en mi angustia, Lo invoqué y me respondió. SEÑOR, salva mi alma del labio engañoso, de la lengua mentirosa. ¿Qué Te dará, y que aumentará para Ti una lengua engañosa? (Te asemejas a) flechas filosas de un poderoso, y carbones de (madera de) retama. ¡Ay de mí que me he alojado entre Méshej, que he morado junto a las tiendas de Kedar! Demasiado tiempo ha resistido mi alma entre aquellos que odian la paz. Estoy para la paz; mas cuando hablo, ellos están para la guerra. *Sal. 120*

Cántico de las ascensiones. Elevaré mis ojos hacia las montañas, ¿de dónde vendrá mi ayuda? Mi ayuda proviene del SEÑOR que creó los cielos y la tierra. Él no permitirá que resbale tu pie; tu guardián no dormita. El Guardián de Israel no descansa ni duerme. El SEÑOR te cuidará, será la protección a tu diestra. El sol no te abrasará de día ni la luna te afectará por la noche. El SEÑOR te cuidará de todo mal, cuidará tu alma. El SEÑOR resguardará tu salida y tu retorno desde hoy y para siempre. *Sal. 121*

Cántico de las ascensiones de David. Me regocijé cuando me dijeron vayamos a la casa del SEÑOR. Nuestros pies estuvieron parados frente a tus portales, Jerusalém. Jerusalém, la que está edificada cual ciudad en la que está junto y unida. Allí ascendían las tribus del *Sal. 122*

---

a las tribus árabes del norte de la península arábiga. Si bien ambos sitios eran sumamente distantes de Israel, figuran en el salmo como ejemplos de pueblos belicosos.

*Salmo 121:* Una de las grandes expresiones de confianza en la protección de Dios, a veces recitado en tiempos convulsionados. La raíz hebrea *sh-m-r* "guardar o proteger" aparece seis veces en este breve salmo.

*Salmo 122:* Cantico entonado por los peregrinos durante su camino a Jerusalém. El hebreo está inundado de aliteraciones del sonido "sh" como lo son "*Shaalú shelom Yerushalaim ishlaiu*", haciéndose eco del sonido de la segunda mitad del nombre "Jerusalém", "*shalaim*" en hebreo, lo cual se vincula al vocablo "*shalom*" que significa paz. Aquí, el estilo literario refleja la sustancia: los sonidos amables y dulces evocan una Jerusalém en paz.

שִׁיר הַמַּעֲלוֹת אֶל־יְהֹוָה בַּצָּרָתָה לִּי קָרָאתִי וַיַּעֲנֵנִי: יְהֹוָה הַצִּילָה נַפְשִׁי תהלים קכ
מִשְּׂפַת־שֶׁקֶר מִלָּשׁוֹן רְמִיָּה: מַה־יִּתֵּן לְךָ וּמַה־יֹּסִיף לָךְ לָשׁוֹן רְמִיָּה:
חִצֵּי גִבּוֹר שְׁנוּנִים עִם גַּחֲלֵי רְתָמִים: אוֹיָה־לִי כִּי־גַרְתִּי מֶשֶׁךְ שָׁכַנְתִּי
עִם־אָהֳלֵי קֵדָר: רַבַּת שָׁכְנָה־לָּהּ נַפְשִׁי עִם שׂוֹנֵא שָׁלוֹם: אֲנִי־שָׁלוֹם
וְכִי אֲדַבֵּר הֵמָּה לַמִּלְחָמָה:

שִׁיר לַמַּעֲלוֹת אֶשָּׂא עֵינַי אֶל־הֶהָרִים מֵאַיִן יָבֹא עֶזְרִי: עֶזְרִי מֵעִם יְהֹוָה תהלים קכא
עֹשֵׂה שָׁמַיִם וָאָרֶץ: אַל־יִתֵּן לַמּוֹט רַגְלֶךָ אַל־יָנוּם שֹׁמְרֶךָ: הִנֵּה לֹא־
יָנוּם וְלֹא יִישָׁן שׁוֹמֵר יִשְׂרָאֵל: יְהֹוָה שֹׁמְרֶךָ יְהֹוָה צִלְּךָ עַל־יַד יְמִינֶךָ:
יוֹמָם הַשֶּׁמֶשׁ לֹא־יַכֶּכָּה וְיָרֵחַ בַּלָּיְלָה: יְהֹוָה יִשְׁמָרְךָ מִכָּל־רָע יִשְׁמֹר
אֶת־נַפְשֶׁךָ: יְהֹוָה יִשְׁמָר־צֵאתְךָ וּבוֹאֶךָ מֵעַתָּה וְעַד־עוֹלָם:

שִׁיר הַמַּעֲלוֹת לְדָוִד שָׂמַחְתִּי בְּאֹמְרִים לִי בֵּית יְהֹוָה נֵלֵךְ: עֹמְדוֹת הָיוּ תהלים קכב
רַגְלֵינוּ בִּשְׁעָרַיִךְ יְרוּשָׁלָם: יְרוּשָׁלַם הַבְּנוּיָה כְּעִיר שֶׁחֻבְּרָה־לָּהּ יַחְדָּו:
שֶׁשָּׁם עָלוּ שְׁבָטִים שִׁבְטֵי־יָהּ עֵדוּת לְיִשְׂרָאֵל לְהֹדוֹת לְשֵׁם יְהֹוָה: כִּי

---

*Salmos 120–134*: Es una secuencia de 15 salmos, todos los cuales comienzan con las palabras “cántico de las ascensiones”. Existen diversas opiniones respecto del origen de esta frase. Algunos comentaristas lo asocian a los quince escalones que separaban los patios de los hombres y de las mujeres, sobre los cuales los levitas podían pararse y desde allí cantar. Otros sugieren que estos eran salmos cantados por los exiliados que retornaban de Babilonia (ascendiendo a la tierra de Israel). Radak sostiene que estos salmos eran recitados por los peregrinos que ascendían a Jerusalém en las festividades. Meiri entiende que se trata de directivas musicales, esto es, cánticos que comienzan suavemente y luego van incrementando su volumen. Otros especulan con que puede tratarse de una referencia a un estilo poético particular en el cual los salmos fueron escritos, y en los que una frase que se repite hace de peldaño sobre el cual el poema asciende en dirección a su tema final.

*Salmo 120:* Meshej: Descendientes de Iafet hijo de Noaj (Génesis 10:2) que habitaban un área cercana al Mar Caspio. Kedar: Descendientes de Ishma’el (Génesis 25:12–13, 1 Crónicas 1:29); es un término genérico para describir

Eterno, testimonio de Israel, para agradecer al Nombre del SEÑOR. Pues allí estaban los asientos de la justicia, los tronos de la Casa de David. Orad por la paz de Jerusalém: Que quienes te aman prosperen. Haya paz en tus fortalezas y tranquilidad en tus palacios. En aras de mis hermanos y amigos diré: "Haya paz en ti". En aras de la Casa del SEÑOR nuestro Dios pediré por tu bien.

Cántico de las ascensiones. Elevé mis ojos a Ti que habitas en el Cielo. Así como los siervos dirigen su mirada a sus amos, así como la sierva dirige su mirada a su ama, así nuestros ojos están vueltos al SEÑOR nuestro Dios, hasta que Él se apiade de nosotros. Agrácianos SEÑOR, agrácianos, pues hemos pasado ya excesiva humillación, nuestra alma ha sufrido prolongadamente el escarnio, la burla de los complacientes, la humillación de los arrogantes. *Sal. 123*

Cántico de las ascensiones de David. De no haber estado el SEÑOR con nosotros – que Israel lo diga – de no haber estado el SEÑOR de nuestro lado al alzarse los hombres contra nosotros en su furia hacia nosotros nos habrían tragado vivos. Las aguas nos habrían anegado y el torrente arrasado nuestra alma. Las aguas maliciosas nos habrían arrastrado. Bendito sea el SEÑOR que no permitió que seamos presas de sus dientes. Nos liberamos cual ave que huye de la trampa. La trampa se rompió y escapamos. Nuestra ayuda está en el Nombre del SEÑOR, Hacedor de los cielos y la tierra. *Sal. 124*

---

adversario. Las imágenes no se fusionan en una misma metáfora. Más bien, se combinan entre sí para expresar un estado de ánimo, en este caso, el sentimiento de haberse salvado repentinamente del peligro.

שָׁמָּה ׀ יָשְׁבוּ כִסְאוֹת לְמִשְׁפָּט כִּסְאוֹת לְבֵית דָּוִד: שַׁאֲלוּ שְׁלוֹם יְרוּשָׁלָםִ
יִשְׁלָיוּ אֹהֲבָיִךְ: יְהִי־שָׁלוֹם בְּחֵילֵךְ שַׁלְוָה בְּאַרְמְנוֹתָיִךְ: לְמַעַן אַחַי וְרֵעָי
אֲדַבְּרָה־נָּא שָׁלוֹם בָּךְ: לְמַעַן בֵּית־יְהֹוָה אֱלֹהֵינוּ אֲבַקְשָׁה טוֹב לָךְ:

שִׁיר הַמַּעֲלוֹת אֵלֶיךָ נָשָׂאתִי אֶת־עֵינַי הַיֹּשְׁבִי בַּשָּׁמָיִם: הִנֵּה כְעֵינֵי תהלים קכג
עֲבָדִים אֶל־יַד אֲדוֹנֵיהֶם כְּעֵינֵי שִׁפְחָה אֶל־יַד גְּבִרְתָּהּ כֵּן עֵינֵינוּ אֶל־
יְהֹוָה אֱלֹהֵינוּ עַד שֶׁיְּחָנֵּנוּ: חָנֵּנוּ יְהֹוָה חָנֵּנוּ כִּי־רַב שָׂבַעְנוּ בוּז: רַבַּת
שָׂבְעָה־לָּהּ נַפְשֵׁנוּ הַלַּעַג הַשַּׁאֲנַנִּים הַבּוּז לִגְאֵי יוֹנִים:

שִׁיר הַמַּעֲלוֹת לְדָוִד לוּלֵי יְהֹוָה שֶׁהָיָה לָנוּ יֹאמַר־נָא יִשְׂרָאֵל: לוּלֵי תהלים קכד
יְהֹוָה שֶׁהָיָה לָנוּ בְּקוּם עָלֵינוּ אָדָם: אֲזַי חַיִּים בְּלָעוּנוּ בַּחֲרוֹת אַפָּם
בָּנוּ: אֲזַי הַמַּיִם שְׁטָפוּנוּ נַחְלָה עָבַר עַל־נַפְשֵׁנוּ: אֲזַי עָבַר עַל־נַפְשֵׁנוּ
הַמַּיִם הַזֵּידוֹנִים: בָּרוּךְ יְהֹוָה שֶׁלֹּא נְתָנָנוּ טֶרֶף לְשִׁנֵּיהֶם: נַפְשֵׁנוּ כְּצִפּוֹר
נִמְלְטָה מִפַּח יוֹקְשִׁים הַפַּח נִשְׁבָּר וַאֲנַחְנוּ נִמְלָטְנוּ: עֶזְרֵנוּ בְּשֵׁם יְהֹוָה
עֹשֵׂה שָׁמַיִם וָאָרֶץ:

---

*Salmo 124:* Salmo de agradecimiento por la liberación que emplea, tal como es habitual en los Salmos, una rápida sucesión de diferentes imágenes: el pueblo ha estado en peligro de ser devorado y barrido como por una inundación, de ser presa de los colmillos enemigos o ser capturado por las trampas del

Cántico de las ascensiones. Quienes confían en el SEÑOR se asemejan al Monte Ṣión pues nunca serán derribados y por siempre permanecerán en su lugar. Jerusalém está rodeada por montañas, y el SEÑOR rodea a Su pueblo desde hoy y para siempre. Pues la vara de la maldad no hallará reposo sobre el destino de los justos, así, los justos no precisan tender su mano a la iniquidad. SEÑOR, prodiga el bien a los buenos y bendice el corazón de los de recto obrar. Aquellos que se desvían por caminos sinuosos e inicuos, SEÑOR, condúcelos por los caminos de los malvados. Sea la paz sobre Israel. *Sal. 125*

Cántico de las ascensiones. Cuando el SEÑOR hizo retornar a los exilados de Ṣión parecíamos estar soñando. Entonces nuestras bocas se llenaron de alegría y nuestras lenguas de cánticos. Entonces dijeron las naciones: el SEÑOR ha obrado grandemente con ellos, ¡El SEÑOR ha obrado grandemente con nosotros! Y nos regocijamos. Haz retornar, SEÑOR, a nuestros exilados como torrentes en el desierto del Neguev. Los que siembran con lágrimas cosecharán con cantos de alegría. Quien va cargando sus semillas con sollozos sostenga con cánticos sus gavillas. *Sal. 126*

Cántico de las ascensiones de Shelomó. Si el SEÑOR no edifica la casa, en vano se han esforzado sus constructores; si el SEÑOR no protege la ciudad los guardias se esforzaron vanamente. Es en vano para vosotros, quienes os levantáis temprano, permanecéis hasta tarde, y coméis el pan de la aflicción, pues de hecho Él brinda sueño a Su amado. Los hijos son herencia del SEÑOR, Su recompensa es el fruto del vientre. Cual saetas en manos del guerrero así son los hijos de la juventud. Feliz del hombre que llenó con estos su carcaj, no se avergonzarán al hablar con el enemigo en los portones. *Sal. 127*

---

ore por el futuro retorno de los judíos a Ṣión por medio de un recuento de eventos del pasado. El estado actual de las personas es descrito en los últimos dos versículos como el grano sembrado previo a la primavera: si bien ahora parece enterrado, eventualmente habrá de crecer y proveer de una rica cosecha.

שיר המעלות הבטחים ביהוה כהר־ציון לא־ימוט לעולם ישב: תהלים קכה
ירושלם הרים סביב לה ויהוה סביב לעמו מעתה ועד־עולם: כי לא
ינוח שבט הרשע על גורל הצדיקים ׀ למען לא־ישלחו הצדיקים ׀
בעולתה ידיהם: היטיבה יהוה לטובים ולישרים בלבותם: והמטים
עקלקלותם יוליכם יהוה את־פעלי האון שלום על־ישראל:

שיר המעלות בשוב יהוה את־שיבת ציון היינו כחלמים: אז ימלא תהלים קכו
שחוק פינו ולשוננו רנה אז יאמרו בגוים הגדיל יהוה לעשות עם־
אלה: הגדיל יהוה לעשות עמנו היינו שמחים: שובה יהוה את־
שביתנו כאפיקים בנגב: הזרעים בדמעה ברנה יקצרו: הלוך ילך ׀
ובכה נשא משך־הזרע בא־יבא ברנה נשא אלמתיו:

שיר המעלות לשלמה אם־יהוה ׀ לא־יבנה בית שוא עמלו בוניו בו תהלים קכו
אם־יהוה לא־ישמר־עיר שוא ׀ שקד שומר: שוא לכם ׀ משכימי קום
מאחרי־שבת אכלי לחם העצבים כן יתן לידידו שנא: הנה נחלת יהוה
בנים שכר פרי הבטן: כחצים ביד־גבור כן בני הנעורים: אשרי הגבר
אשר מלא את־אשפתו מהם לא־יבשו כי־ידברו את־אויבים בשער:

*Salmo 125:* Plegaria que expresa confianza en Dios comparando la Divina protección con los montes que rodean Jerusalém. La frase final: "Sea la paz sobre Israel" posteriormente se tornó popular y se encuentra como parte de un mosaico sinagogal de la era bizantina en la localidad de Yerijó (siglo VI de la era común).

*Salmo 126:* Este salmo es cantado como prólogo del *Bircat HaMazón* en Shabat y días festivos. Es de difícil interpretación en virtud de los cambios de tiempo de pasado (versículos 1–3) al futuro (4–6). Puede que esté completamente orientado hacia el futuro anticipando la reunión de los exiliados y la restauración de la soberanía nacional, o puede ser que el salmista

Cántico de las ascensiones. Feliz de todo aquel que teme al SEÑOR *Sal. 128*
y anda por Sus caminos. Feliz de ti y bien para ti cuando comas el fruto del esfuerzo de tus manos. Tu mujer se asemeja a una vid fructífera en los aposentos de tu hogar. Tus hijos son cual retoños de oliva alrededor de tu mesa. Efectivamente, el hombre temeroso del SEÑOR así será bendecido. El SEÑOR te bendiga desde Ṣión y veas la bondad de Jerusalém todos los días de tu vida. Que veas hijos de tus hijos, paz sobre Israel.

Cántico de las ascensiones. Desde que soy joven, que proclame *Sal. 129*
Israel, desde que soy joven he sido asiduamente atacado mas no pudieron prevalecer sobre mí. Sobre mi espalda araron largos surcos. Mas el SEÑOR es justo y cortó las amarras de los malvados. Que se avergüencen y retrocedan todos los enemigos de Ṣion. Que sean como el heno sobre el techo que se marchita antes de poder ser arrancado. El cual nunca llenará la mano de quien lo cosecha ni al brazo de quien recolecta las gavillas. Nadie que pase por allí habrá de decirles: "La bendición del SEÑOR sea sobre vosotros. Nosotros os bendecimos en Nombre del SEÑOR".

Cántico de las ascensiones. Desde las profundidades Te invoqué, *Sal. 130*
SEÑOR. SEÑOR, escucha mi voz, que Tus oídos estén atentos a la voz de mis súplicas. Si Tú, SEÑOR, has de llevar la cuenta de los pecados, ¿quién podrá sobrevivir? Pues el perdón está contigo para que puedas ser venerado reverencialmente. Mi confianza estuvo puesta en el SEÑOR, mi alma anhela, y cifro mis esperanzas en Su palabra. Mi alma espera al SEÑOR más de lo que los guardianes aguardan la mañana, más que lo que los guardianes aguardan por el alba. Israel, cifra tu esperanza en el SEÑOR pues con el SEÑOR está la benevolencia y Su poder de redención es grande. Y Él redimirá a Israel de todos sus pecados.

---

un punto sumamente poderoso y paradójico en cuanto que Dios debe ser reverenciado no porque castiga sino porque perdona.

תהלים קכח שִׁיר הַמַּעֲלוֹת אַשְׁרֵי כָּל־יְרֵא יְהוָה הַהֹלֵךְ בִּדְרָכָיו: יְגִיעַ כַּפֶּיךָ כִּי תֹאכֵל אַשְׁרֶיךָ וְטוֹב לָךְ: אֶשְׁתְּךָ ׀ כְּגֶפֶן פֹּרִיָּה בְּיַרְכְּתֵי בֵיתֶךָ בָּנֶיךָ כִּשְׁתִלֵי זֵיתִים סָבִיב לְשֻׁלְחָנֶךָ: הִנֵּה כִי־כֵן יְבֹרַךְ גָּבֶר יְרֵא יְהוָה: יְבָרֶכְךָ יְהוָה מִצִּיּוֹן וּרְאֵה בְּטוּב יְרוּשָׁלָםִ כֹּל יְמֵי חַיֶּיךָ: וּרְאֵה־בָנִים לְבָנֶיךָ שָׁלוֹם עַל־יִשְׂרָאֵל:

תהלים קכט שִׁיר הַמַּעֲלוֹת רַבַּת צְרָרוּנִי מִנְּעוּרָי יֹאמַר־נָא יִשְׂרָאֵל: רַבַּת צְרָרוּנִי מִנְּעוּרָי גַּם לֹא־יָכְלוּ לִי: עַל־גַּבִּי חָרְשׁוּ חֹרְשִׁים הֶאֱרִיכוּ לְמַעֲנִיתָם: יְהוָה צַדִּיק קִצֵּץ עֲבוֹת רְשָׁעִים: יֵבֹשׁוּ וְיִסֹּגוּ אָחוֹר כֹּל שֹׂנְאֵי צִיּוֹן: יִהְיוּ כַּחֲצִיר גַּגּוֹת שֶׁקַּדְמַת שָׁלַף יָבֵשׁ: שֶׁלֹּא מִלֵּא כַפּוֹ קוֹצֵר וְחִצְנוֹ מְעַמֵּר: וְלֹא אָמְרוּ ׀ הָעֹבְרִים בִּרְכַּת־יְהוָה אֲלֵיכֶם בֵּרַכְנוּ אֶתְכֶם בְּשֵׁם יְהוָה:

תהלים קל שִׁיר הַמַּעֲלוֹת מִמַּעֲמַקִּים קְרָאתִיךָ יְהוָה: אֲדֹנָי שִׁמְעָה בְקוֹלִי תִּהְיֶינָה אָזְנֶיךָ קַשֻּׁבוֹת לְקוֹל תַּחֲנוּנָי: אִם־עֲוֺנוֹת תִּשְׁמָר־יָהּ אֲדֹנָי מִי יַעֲמֹד: כִּי־עִמְּךָ הַסְּלִיחָה לְמַעַן תִּוָּרֵא: קִוִּיתִי יְהוָה קִוְּתָה נַפְשִׁי וְלִדְבָרוֹ הוֹחָלְתִּי: נַפְשִׁי לַאדֹנָי מִשֹּׁמְרִים לַבֹּקֶר שֹׁמְרִים לַבֹּקֶר: יַחֵל יִשְׂרָאֵל אֶל־יְהוָה כִּי־עִם־יְהוָה הַחֶסֶד וְהַרְבֵּה עִמּוֹ פְדוּת: וְהוּא יִפְדֶּה אֶת־יִשְׂרָאֵל מִכֹּל עֲוֺנֹתָיו:

---

*Salmo 130:* Salmo de penitencia recitado durante los diez días de retorno. מִמַּעֲמַקִּים *Desde las profundidades*: Frase de tenor descriptivo que señala la cercana desesperación o muerte, y que se emplea únicamente en otro salmo más (69). כִּי־עִמְּךָ הַסְּלִיחָה *Pero el perdón está contigo*: el salmista señala

Cántico de las ascensiones de David. SEÑOR, mi corazón no se vana- *Sal. 131*
glorió ni mis ojos se tornaron altivos. No me ocupo de cuestiones grandes ni de cosas que están más allá de mi alcance. En cambio, he tornado mi alma en quieta y tranquila, cual niño destetado en el regazo de su madre, cual niño destetado está mi alma en mi interior. Israel, deposita tu confianza en el SEÑOR, de hoy y para siempre.

Cántico de las ascensiones. SEÑOR, recuerda para David todo su *Sal. 132*
sufrimiento. Él pronunció un juramento al SEÑOR y una promesa al Todopoderoso de Ya'akob: "No entraré a mi casa ni iré a la cama, no daré descanso a mis ojos ni somnolencia a mis párpados hasta encontrar un sitio para el SEÑOR, una morada para el Todopoderoso de Ya'akob". Esto lo escuchamos en Efrata, lo encontramos en los campos de Ya'ar. Entremos a Su morada, prosternémonos ante Sus pies. Avanza SEÑOR hacia el sitial de Tu reposo, Tú y el Arca de Tu Torá. Tus sacerdotes vestirán justicia y Tus piadosos entonarán cánticos. En mérito de Tu siervo David, no rechaces a Tu ungido. El SEÑOR le juró a David un juramento verdadero e irrevocable: "Colocaré a uno de tus propios descendientes sobre tu trono. Si tus hijos mantienen Mi Pacto y los decretos que les enseño, entonces sus hijos se sentarán sobre este torno por siempre". Pues el SEÑOR escogió a Ṣion, la quiso por morada. Este el sitio de Mi descanso para siempre, aquí residiré porque lo he deseado. Bendeciré abundantemente sus depósitos de alimento y a sus pobres saciaré de pan. Y a sus sacerdotes investiré de salvación y sus piadosos habrán de entonar alegres cánticos. Allí haré florecer la dinastía de David, allí prepararé una candela para mi ungido. A sus enemigos investiré de escarnio y sobre él habré de colocar su diadema.

---

describen la promesa Divina a David de que la monarquía sería un obsequio eterno para sus descendientes: "Tu familia y tu reino serán establecidos por siempre ante mi vista, tu trono perdurará por siempre" (II Samuel 7:16).

תהלים קלא
שִׁיר הַמַּעֲלוֹת לְדָוִד יְהוָה ׀ לֹא־גָבַהּ לִבִּי וְלֹא־רָמוּ עֵינַי וְלֹא־הִלַּכְתִּי ׀ בִּגְדֹלוֹת וּבְנִפְלָאוֹת מִמֶּנִּי: אִם־לֹא שִׁוִּיתִי ׀ וְדוֹמַמְתִּי נַפְשִׁי כְּגָמֻל עֲלֵי אִמּוֹ כַּגָּמֻל עָלַי נַפְשִׁי: יַחֵל יִשְׂרָאֵל אֶל־יְהוָה מֵעַתָּה וְעַד־עוֹלָם:

תהלים קלב
שִׁיר הַמַּעֲלוֹת זְכוֹר־יְהוָה לְדָוִד אֵת כָּל־עֻנּוֹתוֹ: אֲשֶׁר נִשְׁבַּע לַיהוָה נָדַר לַאֲבִיר יַעֲקֹב: אִם־אָבֹא בְּאֹהֶל בֵּיתִי אִם־אֶעֱלֶה עַל־עֶרֶשׂ יְצוּעָי: אִם־אֶתֵּן שְׁנַת לְעֵינָי לְעַפְעַפַּי תְּנוּמָה: עַד־אֶמְצָא מָקוֹם לַיהוָה מִשְׁכָּנוֹת לַאֲבִיר יַעֲקֹב: הִנֵּה־שְׁמַעֲנוּהָ בְאֶפְרָתָה מְצָאנוּהָ בִּשְׂדֵי־יָעַר: נָבוֹאָה לְמִשְׁכְּנוֹתָיו נִשְׁתַּחֲוֶה לַהֲדֹם רַגְלָיו: קוּמָה יְהוָה לִמְנוּחָתֶךָ אַתָּה וַאֲרוֹן עֻזֶּךָ: כֹּהֲנֶיךָ יִלְבְּשׁוּ־צֶדֶק וַחֲסִידֶיךָ יְרַנֵּנוּ: בַּעֲבוּר דָּוִד עַבְדֶּךָ אַל־תָּשֵׁב פְּנֵי מְשִׁיחֶךָ: נִשְׁבַּע־יְהוָה ׀ לְדָוִד אֱמֶת לֹא־יָשׁוּב מִמֶּנָּה מִפְּרִי בִטְנְךָ אָשִׁית לְכִסֵּא־לָךְ: אִם־יִשְׁמְרוּ בָנֶיךָ ׀ בְּרִיתִי וְעֵדֹתִי זוֹ אֲלַמְּדֵם גַּם־בְּנֵיהֶם עֲדֵי־עַד יֵשְׁבוּ לְכִסֵּא־לָךְ: כִּי־בָחַר יְהוָה בְּצִיּוֹן אִוָּהּ לְמוֹשָׁב לוֹ: זֹאת־מְנוּחָתִי עֲדֵי־עַד פֹּה אֵשֵׁב כִּי אִוִּתִיהָ: צֵידָהּ בָּרֵךְ אֲבָרֵךְ אֶבְיוֹנֶיהָ אַשְׂבִּיעַ לָחֶם: וְכֹהֲנֶיהָ אַלְבִּישׁ יֶשַׁע וַחֲסִידֶיהָ רַנֵּן יְרַנֵּנוּ: שָׁם אַצְמִיחַ קֶרֶן לְדָוִד עָרַכְתִּי נֵר לִמְשִׁיחִי: אוֹיְבָיו אַלְבִּישׁ בֹּשֶׁת וְעָלָיו יָצִיץ נִזְרוֹ:

---

*Salmo 132:* Salmo que se refiere al Templo y sus sacerdotes. Los primeros cinco versículos describen la determinación de David de construir una Casa para Dios: "He aquí que yo vivo en una casa de cedros mientras que el Arca del Señor se encuentra en una tienda" (II Samuel 7:2). Los versículos 10–12

Cántico de las ascensiones de David. Cuán bueno y placentero es cuando los hermanos moran juntos. Es cual aceite perfumado sobre la cabeza que desciende sobre la barba, como la barba de Aharón que descansa sobre sus vestidos. Cual rocío del Monte Hermón que desciende sobre los montes de Ṣion, pues allí el SEÑOR ordenó Su bendición, la vida hasta la eternidad. *Sal. 133*

Cántico de las ascensiones. Bendigan al SEÑOR todos los siervos del SEÑOR que se encuentran en la Casa del SEÑOR por las noches. Elevad vuestras manos en dirección al Santuario y bendecid al SEÑOR. El SEÑOR te bendiga desde Ṣion, el Hacedor de los cielos y la tierra. *Sal. 134*

לִשְׁלֹמֹה Para Shelomó. Concede Tu juicio al rey y Tu justicia al hijo del rey. Para que juzgue a Tu pueblo con rectitud y a Tus pobres con justa sentencia. Los montes llevarán consigo paz y las colinas justicia. Juzgará a los pobres del pueblo, salvará a los hijos del menesteroso y reprimirá la opresión. Te temerán al salir tanto el sol como la luna por todas las generaciones. Descenderá como la lluvia sobre la hierba cortada, cual rocío que se destila sobre la tierra. En sus días florecerá la justicia y abundará la paz hasta que desaparezca la luna. Ejercerá su dominio de mar a mar y desde el río hasta los confines de la tierra. Ante él se inclinarán los habitantes del desierto y sus enemigos masticarán el polvo de la tierra. Los reyes de Tarshísh y de las islas traerán ofrendas, los reyes de Shebá y Sebá ofrecerán obsequios. Se prosternarán ante él todos los reyes y todas las naciones le servirán. Pues él liberará al indigente que clamare y al pobre que carece de ayuda. Tendrá piedad del menesteroso y del necesitado y salvará las almas de los pobres. Los redimirá del engaño y el robo y su sangre será preciosa a sus ojos. Vivirá, y le será concedido el oro de Sebá, se orará por él permanentemente y será bendecido todo el *Sal. 72*

---

pueblo. La yuxtaposición en el último versículo de "los cielos y la tierra" y Ṣiónencapsulan a las dos dimensiones del judaísmo – la universal y la particular. Dios es omnipresente, pero es en Ṣion donde Su presencia se hace aparente.

שיר המעלות לדוד הנה מה־טוב ומה־נעים שבת אחים גם־יחד: תהלים קלג
כשמן הטוב | על־הראש ירד על־הזקן זקן־אהרן שירד על־פי מדותיו:
כטל־חרמון שירד על־הררי ציון כי שם | צוה יהוה את־הברכה חיים
עד־העולם:

שיר המעלות הנה | ברכו את־יהוה כל־עבדי יהוה העמדים בבית־ תהלים קלד
יהוה בלילות: שאו־ידכם קדש וברכו את־יהוה: יברכך יהוה מציון
עשה שמים וארץ:

לשלמה | אלהים משפטיך למלך תן וצדקתך לבן־מלך: ידין עמך תהלים עב
בצדק ועניך במשפט: ישאו הרים שלום לעם וגבעות בצדקה: ישפט |
עניי־עם יושיע לבני אביון וידכא עושק: ייראוך עם־שמש ולפני ירח
דור דורים: ירד כמטר על־גז כרביבים זרזיף ארץ: יפרח־בימיו צדיק
ורב שלום עד־בלי ירח: וירד מים עד־ים ומנהר עד־אפסי־ארץ: לפניו
יכרעו ציים ואיביו עפר ילחכו: מלכי תרשיש ואיים מנחה ישיבו
מלכי שבא וסבא אשכר יקריבו: וישתחוו־לו כל־מלכים כל־גוים
יעבדוהו: כי־יציל אביון משוע ועני ואין־עזר לו: יחס על־דל ואביון
ונפשות אביונים יושיע: מתוך ומחמס יגאל נפשם וייקר דמם בעיניו:

---

*Salmo 133:* Breve poema que bendice la armonía entre hermanos – posible referencia a la división imperante entonces en el reino entre Israel en el norte y Yehudá en el sur – expresando el anhelo por la reunificación. Cuando Aharón fue ordenado Sumo Sacerdote, fue ungido con aceite sobre su cabeza (Éxodo 29:7). El norteño Monte Hermón era la más alta de las montañas en Israel. Ambas imágenes, la del aceite sobre la cabeza del Sumo Sacerdote y la del rocío que desciende sobre la montaña son metáforas que aluden a la plenitud.

*Salmo 134:* El último de los salmos de la ascensión cierra la secuencia de cánticos convocando al pueblo a bendecir a Dios y a Dios a bendecir al día. Será echado un puñado de grano en la tierra, en las cumbres de los montes provocará ruido, su fruto será como el Líbano y los de la ciudad florecerán como la hierba de la tierra. Su nombre será para siempre, se perpetuará mientras perdure el sol, en él serán bendecidas todas las naciones y le habrán de llamar "feliz". Bendito sea el SEÑOR Dios de Israel, pues sólo Él obra maravillas. Bendito sea Su Nombre Glorioso por siempre, que la tierra se vea colmada de Su presencia. Amén y Amén. Culminan aquí las plegarias del hijo de Yshai.

מִזְמוֹר לְאָסָף Cántico de Asaf. Ciertamente es bueno Dios para con Israel, para *Sal. 73*
con los de corazón limpio. En cuanto a mí, mis pies casi se inclinaron, mis pasos casi resbalaron. Pues tuve envidia de los inmorales, al ver la tranquila prosperidad de los malvados. Ya que no sufren en su muerte y su cuerpo permanece vigoroso. No padecen de las labores humanas ni son acosados como los demás hombres. Por ello la soberbia los corona y se envuelven en las vestimentas de su robo. Sus ojos saltan de gordura y obtienen los antojos de su corazón. Se burlan y hablan con perversidad de explotar al prójimo, se expresan con altanería. Colocan su boca en el cielo y su lengua pasea por sobre la tierra. Por eso su pueblo habrá de regresar y encontrarán abundantes aguas. Dicen: ¿Cómo ha de saber Dios? ¿Acaso existe conocimiento en lo alto? He aquí que ellos son los malvados, viven tranquilos en el mundo y tienen éxito material. En vano he depurado mi corazón y lavado mis manos para limpiarlas. Fui acosado permanentemente, y regularmente amonestado. Si decidiera hablar como ellos estaría traicionando a la generación de tus hijos. Pensaré pues para saber esto, es pecaminoso a mi parecer. Hasta que ingresando al Santuario de Dios entendí cuál sería su destino. Los has colocado en pendientes resbalosas, los harás caer en las penumbras. ¡Cómo han sido asolados en un instante! Fenecieron en medio de aterradoras pesadillas. Como un sueño al despertar, así SEÑOR los habrás de despreciar. Se amargó mi corazón y mis riñones sintieron punzadas. Yo era un ignorante y carecía de conocimiento, me asemejaba a las bestias respecto de Ti. Empero siempre estuve contigo, Tú estrechaste mi diestra. Guíame con Tu consejo y luego llévame con gloria. ¿A quién tengo yo en el cielo? Fuera de Ti no deseo nada sobre la tierra. Mi carne y mi corazón desfallecen, empero Dios es por siempre la fortaleza de mi corazón y mi porción. Pues he aquí que quienes de Ti se alejan se perderán, de Ti será alejado todo fornicador. En cuanto a mí, la cercanía de Dios me es buena, he depositado en el SEÑOR Dios mi esperanza y poder narrar todas Tus obras.

וִיחִי וְיִתֶּן־לוֹ מִזְּהַב שְׁבָא וְיִתְפַּלֵּל בַּעֲדוֹ תָמִיד כׇּל־הַיּוֹם יְבָרְכֶנְהוּ: יְהִי פִסַּת־בַּר ׀ בָּאָרֶץ בְּרֹאשׁ הָרִים יִרְעַשׁ כַּלְּבָנוֹן פִּרְיוֹ וְיָצִיצוּ מֵעִיר כְּעֵשֶׂב הָאָרֶץ: יְהִי שְׁמוֹ ׀ לְעוֹלָם לִפְנֵי־שֶׁמֶשׁ יִנּוֹן שְׁמוֹ וְיִתְבָּרְכוּ בוֹ כׇּל־גּוֹיִם יְאַשְּׁרוּהוּ: בָּרוּךְ ׀ יְהוָה אֱלֹהִים אֱלֹהֵי יִשְׂרָאֵל עֹשֵׂה נִפְלָאוֹת לְבַדּוֹ: וּבָרוּךְ ׀ שֵׁם כְּבוֹדוֹ לְעוֹלָם וְיִמָּלֵא כְבוֹדוֹ אֶת־כֹּל הָאָרֶץ אָמֵן ׀ וְאָמֵן: כָּלּוּ תְפִלּוֹת דָּוִד בֶּן־יִשָׁי:

תהלים עג

מִזְמוֹר לְאָסָף אַךְ טוֹב לְיִשְׂרָאֵל אֱלֹהִים לְבָרֵי לֵבָב: וַאֲנִי כִּמְעַט נָטָיו רַגְלָי כְּאַיִן שֻׁפְּכוּ אֲשֻׁרָי: כִּי־קִנֵּאתִי בַּהוֹלְלִים שְׁלוֹם רְשָׁעִים אֶרְאֶה: כִּי אֵין חַרְצֻבּוֹת לְמוֹתָם וּבָרִיא אוּלָם: בַּעֲמַל אֱנוֹשׁ אֵינֵמוֹ וְעִם־אָדָם לֹא יְנֻגָּעוּ: לָכֵן עֲנָקַתְמוֹ גַאֲוָה יַעֲטׇף־שִׁית חָמָס לָמוֹ: יָצָא מֵחֵלֶב עֵינֵמוֹ עָבְרוּ מַשְׂכִּיּוֹת לֵבָב: יָמִיקוּ ׀ וִידַבְּרוּ בְרָע עֹשֶׁק מִמָּרוֹם יְדַבֵּרוּ: שַׁתּוּ בַשָּׁמַיִם פִּיהֶם וּלְשׁוֹנָם תִּהֲלַךְ בָּאָרֶץ: לָכֵן ׀ יָשׁוּב עַמּוֹ הֲלֹם וּמֵי מָלֵא יִמָּצוּ לָמוֹ: וְאָמְרוּ אֵיכָה יָדַע־אֵל וְיֵשׁ דֵּעָה בְעֶלְיוֹן: הִנֵּה־אֵלֶּה רְשָׁעִים וְשַׁלְוֵי עוֹלָם הִשְׂגּוּ־חָיִל: אַךְ־רִיק זִכִּיתִי לְבָבִי וָאֶרְחַץ בְּנִקָּיוֹן כַּפָּי: וָאֱהִי נָגוּעַ כׇּל־הַיּוֹם וְתוֹכַחְתִּי לַבְּקָרִים: אִם־אָמַרְתִּי אֲסַפְּרָה כְמוֹ הִנֵּה דוֹר בָּנֶיךָ בָגָדְתִּי: וָאֲחַשְּׁבָה לָדַעַת זֹאת עָמָל הוּא בְעֵינָי: עַד־אָבוֹא אֶל־מִקְדְּשֵׁי־אֵל אָבִינָה לְאַחֲרִיתָם: אַךְ בַּחֲלָקוֹת תָּשִׁית לָמוֹ הִפַּלְתָּם לְמַשּׁוּאוֹת: אֵיךְ הָיוּ לְשַׁמָּה כְרָגַע סָפוּ תַמּוּ מִן־בַּלָּהוֹת: כַּחֲלוֹם מֵהָקִיץ אֲדֹנָי בָּעִיר ׀ צַלְמָם תִּבְזֶה: כִּי יִתְחַמֵּץ לְבָבִי וְכִלְיוֹתַי אֶשְׁתּוֹנָן: וַאֲנִי־בַעַר וְלֹא אֵדָע בְּהֵמוֹת הָיִיתִי עִמָּךְ: וַאֲנִי תָמִיד עִמָּךְ אָחַזְתָּ בְּיַד־יְמִינִי: בַּעֲצָתְךָ תַנְחֵנִי וְאַחַר כָּבוֹד תִּקָּחֵנִי: מִי־לִי בַשָּׁמָיִם וְעִמְּךָ לֹא־חָפַצְתִּי בָאָרֶץ: כָּלָה שְׁאֵרִי וּלְבָבִי צוּר־לְבָבִי וְחֶלְקִי אֱלֹהִים לְעוֹלָם: כִּי־הִנֵּה רְחֵקֶיךָ יֹאבֵדוּ הִצְמַתָּה כׇּל־זוֹנֶה מִמֶּךָּ: וַאֲנִי ׀ קִרֲבַת אֱלֹהִים לִי טוֹב שַׁתִּי ׀ בַּאדֹנָי יֱהֹוִה מַחְסִי לְסַפֵּר כׇּל־מַלְאֲכוֹתֶיךָ:

מִכְתָּם Composición musical de David. Protégeme, Dios pues en Ti encontré refugio. Dije al Señor: Señor, no tengo bien fuera de Ti. Mas es en aras de los santos que yacen en la tierra y de los poderosos en el temor a Dios, todos mis deseos se cumplen (en mérito a ellos). Aquellos que van tras dioses extraños aumentan sus penas, nunca les ofreceré libaciones de sangre ni sus nombres serán pronunciados por mis labios. Señor, Tú eres mi porción y mi copa, Tú sostienes mi destino. Porciones han recaído sobre mí en lugares agradables, y la herencia que me tocó en suerte es hermosa. Bendeciré al Señor que me ha aconsejado, incluso por las noches todo mi interior me reprende. He puesto al Señor siempre delante de mí, Él está siempre a mi diestra. Por ello se alegra mi corazón y se regocija mi espíritu, incluso mi cuerpo reposará tranquilo. Pues no me abandonarás en la tumba, no permitirás a Tu piadoso que contemple descomposición. Hazme conocer el camino de la vida, Tu presencia colma de regocijo, en Tu diestra está la dicha eterna. *Sal. 16*

לְדָוִד Para David. Bendito sea el Señor, mi Fortaleza, que adiestra mis manos para el combate y mis dedos para la guerra. Benevolencia mía y mi castillo, Fortaleza mía y mi libertador, Escudo mío, en quien he confiado; el que sujeta a mi pueblo debajo de mí. Señor, qué es el hombre para que en él pienses, el ser humano para que lo tomes en cuenta. El hombre se asemeja al hálito y es pasajero cual sombra. Señor, inclina Tu cielo, desciende, toca las montañas y hazlas humear. Envía Tus relámpagos y disípalos, envía Tus flechas y pertúrbalos. Envía Tu mano desde lo alto, rescátame y sálvame de aguas torrentosas y de mano de extranjeros. Cuya boca habla vanidades y cuya diestra es mentirosa. Dios, entonaré a Ti un cántico nuevo, con salterio de diez cuerdas Te cantaré. Aquél que concede la salvación a los reyes. Él, que rescató a Su siervo David de la espada destructiva. Rescátame y sálvame de manos de extranjeros. Cuya boca habla vanidades y cuya diestra es mentirosa. Que nuestros hijos resulten como plantas crecidas en su juventud, nuestras hijas como las esquinas labradas de un palacio; que nuestras despensas estén repletas de todo tipo de grano, que nuestros rebaños se multipliquen por millares y decenas de millares en nuestros campos. Que nuestros bueyes vayan bien cargados sin que medie pérdida o daño, que no se escuche alarido en nuestras calles. Feliz del pueblo para el que esto es así, feliz del pueblo que el Señor es su Dios. *Sal. 144*

תהלים טז מִכְתָּם לְדָוִד שָׁמְרֵנִי אֵל כִּי־חָסִיתִי בָךְ: אָמַרְתְּ לַיהוָה אֲדֹנָי אָתָּה טוֹבָתִי בַּל־עָלֶיךָ: לִקְדוֹשִׁים אֲשֶׁר־בָּאָרֶץ הֵמָּה וְאַדִּירֵי כָּל־חֶפְצִי־בָם: יִרְבּוּ עַצְּבוֹתָם אַחֵר מָהָרוּ בַּל־אַסִּיךְ נִסְכֵּיהֶם מִדָּם וּבַל־אֶשָּׂא אֶת־שְׁמוֹתָם עַל־שְׂפָתָי: יְהוָה מְנָת־חֶלְקִי וְכוֹסִי אַתָּה תּוֹמִיךְ גּוֹרָלִי: חֲבָלִים נָפְלוּ־לִי בַּנְּעִמִים אַף־נַחֲלָת שָׁפְרָה עָלָי: אֲבָרֵךְ אֶת־יְהוָה אֲשֶׁר יְעָצָנִי אַף־לֵילוֹת יִסְּרוּנִי כִלְיוֹתָי: שִׁוִּיתִי יְהוָה לְנֶגְדִּי תָמִיד כִּי מִימִינִי בַּל־אֶמּוֹט: לָכֵן ׀ שָׂמַח לִבִּי וַיָּגֶל כְּבוֹדִי אַף־בְּשָׂרִי יִשְׁכֹּן לָבֶטַח: כִּי ׀ לֹא־תַעֲזֹב נַפְשִׁי לִשְׁאוֹל לֹא־תִתֵּן חֲסִידְךָ לִרְאוֹת שָׁחַת: תּוֹדִיעֵנִי אֹרַח חַיִּים שֹׂבַע שְׂמָחוֹת אֶת־פָּנֶיךָ נְעִמוֹת בִּימִינְךָ נֶצַח:

תהלים קמד לְדָוִד ׀ בָּרוּךְ יְהוָה ׀ צוּרִי הַמְלַמֵּד יָדַי לַקְרָב אֶצְבְּעוֹתַי לַמִּלְחָמָה: חַסְדִּי וּמְצוּדָתִי מִשְׂגַּבִּי וּמְפַלְטִי לִי מָגִנִּי וּבוֹ חָסִיתִי הָרוֹדֵד עַמִּי תַחְתָּי: יְהוָה מָה־אָדָם וַתֵּדָעֵהוּ בֶּן־אֱנוֹשׁ וַתְּחַשְּׁבֵהוּ: אָדָם לַהֶבֶל דָּמָה יָמָיו כְּצֵל עוֹבֵר: יְהוָה הַט־שָׁמֶיךָ וְתֵרֵד גַּע בֶּהָרִים וְיֶעֱשָׁנוּ: בְּרוֹק בָּרָק וּתְפִיצֵם שְׁלַח חִצֶּיךָ וּתְהֻמֵּם: שְׁלַח יָדֶיךָ מִמָּרוֹם פְּצֵנִי וְהַצִּילֵנִי מִמַּיִם רַבִּים מִיַּד בְּנֵי נֵכָר: אֲשֶׁר פִּיהֶם דִּבֶּר־שָׁוְא וִימִינָם יְמִין שָׁקֶר: אֱלֹהִים שִׁיר חָדָשׁ אָשִׁירָה לָּךְ בְּנֵבֶל עָשׂוֹר אֲזַמְּרָה־לָּךְ: הַנּוֹתֵן תְּשׁוּעָה לַמְּלָכִים הַפּוֹצֶה אֶת־דָּוִד עַבְדּוֹ מֵחֶרֶב רָעָה: פְּצֵנִי וְהַצִּילֵנִי מִיַּד בְּנֵי־נֵכָר אֲשֶׁר פִּיהֶם דִּבֶּר־שָׁוְא וִימִינָם יְמִין שָׁקֶר: אֲשֶׁר בָּנֵינוּ ׀ כִּנְטִעִים מְגֻדָּלִים בִּנְעוּרֵיהֶם בְּנוֹתֵינוּ כְזָוִיֹּת מְחֻטָּבוֹת תַּבְנִית הֵיכָל: מְזָוֵינוּ מְלֵאִים מְפִיקִים מִזַּן אֶל זַן צֹאונֵנוּ מַאֲלִיפוֹת מְרֻבָּבוֹת בְּחוּצוֹתֵינוּ: אַלּוּפֵינוּ מְסֻבָּלִים אֵין פֶּרֶץ וְאֵין יוֹצֵאת וְאֵין צְוָחָה בִּרְחֹבֹתֵינוּ: אַשְׁרֵי הָעָם שֶׁכָּכָה לּוֹ אַשְׁרֵי הָעָם שֶׁיְהוָה אֱלֹהָיו:

לַמְנַצֵּחַ Para el jefe de los músicos de los instrumentos de cuerda. Un salmo – una canción. Que Dios nos conceda gracia y nos bendiga, que Su rostro ilumine hacia nosotros, Sela. Para que Tu senda sea conocida en la tierra y Tu salvación entre las naciones. Dios, los pueblos Te alabarán, todas las naciones Te agradecerán. Las naciones se habrán de regocijar y prorrumpirán en canto, pues habrás de juzgar a los pueblos con rectitud y los guiarás en la tierra, Sela. Dios, los pueblos Te alabarán, todas las naciones Te agradecerán.La tierra ha dado su cosecha, que el SEÑOR nuestro Dios nos bendiga.Que Dios nos bendiga y en todos los confines de la tierra Le teman con reverencia. *Sal. 67*

*Este cántico se entona con Makam Huseini.*

Te engrandeceré, Dios de todas las almas, oh Clemente. Alma viviente.

Y Te agradeceré con gran temor reverencial, Dios Viviente,
Te agradeceré con gran temor reverencial.

Al pararme en el seno de Tu congregación, oh Roca, para ensalzarte,
oh Clemente. Para ensalzarte oh Dios Viviente.

Ante Ti me prosternaré e inclinaré mi cabeza y mi cuerpo,
Dios Viviente. Ante Ti me prosternaré e inclinaré mi cabeza y mi cuerpo.

Oh Dios viviente, ¿acaso no extendió Él los altos cielos por medio del
habla?, oh Clemente. Por medio del habla, oh Dios Viviente.

Estableció la tierra sobre el vacío, oh Dios Viviente.
Y la tierra estableció sobre el vacío.

Oh Dios Viviente, ¿acaso puede un hombre indagar el secreto de su
Creador?, oh Clemente. De su Creador, oh Dios viviente.

¿Acaso existe alguien como Dios desde los confines del oriente hasta los
del occidente?, oh Dios Viviente. ¿Acaso existe alguien como Dios desde
los confines del oriente hasta los del occidente?

Oh Dios Viviente, Él es enaltecido por medio de la palabra
y el cántico, oh Dios Clemente. Y por medio del cántico, oh Dios Viviente.

Quien obró maravillas y todo lo hizo con sabiduría, oh Dios Viviente.
Quien obró maravillas y todo lo hizo con sabiduría.

Oh Dios Viviente, será engrandecido a través de una nación sagrada
y elevada, oh Dios Clemente. Y elevada, oh Dios Viviente.

Y Su gran Nombre será consagrado en el mundo, oh Dios Viviente.
Y Su gran Nombre será consagrado en el mundo.

לַמְנַצֵּחַ בִּנְגִינֹת מִזְמוֹר שִׁיר: אֱלֹהִים יְחָנֵּנוּ וִיבָרְכֵנוּ יָאֵר פָּנָיו תהלים סז
אִתָּנוּ סֶלָה: לָדַעַת בָּאָרֶץ דַּרְכֶּךָ בְּכָל־גּוֹיִם יְשׁוּעָתֶךָ: יוֹדוּךָ
עַמִּים ׀ אֱלֹהִים יוֹדוּךָ עַמִּים כֻּלָּם: יִשְׂמְחוּ וִירַנְּנוּ לְאֻמִּים כִּי־
תִשְׁפֹּט עַמִּים מִישֹׁר וּלְאֻמִּים ׀ בָּאָרֶץ תַּנְחֵם סֶלָה: יוֹדוּךָ עַמִּים ׀
אֱלֹהִים יוֹדוּךָ עַמִּים כֻּלָּם: אֶרֶץ נָתְנָה יְבוּלָהּ יְבָרְכֵנוּ אֱלֹהִים
אֱלֹהֵינוּ: יְבָרְכֵנוּ אֱלֹהִים וְיִירְאוּ אוֹתוֹ כָּל־אַפְסֵי־אָרֶץ:

*Este cántico se entona con Makam* חוסיני.

**אֲגַדֶּלְךָ אֱלֹהֵי כָּל־נְשָׁמָה,** חנון. נשמה חי. /
**וְאוֹדְךָ בְּרָב פַּחַד וְאֵימָה,** חי, ואודך ברב פחד ואימה

**בְּעָמְדִי תּוֹךְ קְהָלְךָ צוּר לְרוֹמֵם,** חנון. לרומם חי. /
**לְךָ אֶכְרַע וְאֶכֹּף רֹאשׁ וְקוֹמָה,** חי. לך אכרע ואכף ראש וקומה

חי **רְקִיעֵי רוּם הֲלֹא נָטָה בְּמִבְטָא,** חנון. במבטא חי. /
**וְהָאָרֶץ יְסָדָהּ עַל בְּלִימָה** , חי. והארץ יסדה על בלימה

חי **הֲיוּכַל אִישׁ חֲקֹר אֶת סוֹד יוֹצְרוֹ,** חנון. יוצרו חי. /
**וּמִי הוּא זֶה בְּכָל קָדְמָה וָיָמָּה,** חי. ומי הוא זה בכל קדמה וימה

חי **מְרוֹמָם הוּא עֲלֵי כָל פֶּה וְלָשׁוֹן,** חנון. ולשון חי./
**אֲשֶׁר הִפְלִיא וְעָשָׂה כֹּל בְּחָכְמָה,** חי. אשר הפליא ועשה כל בחכמה.

חי **בְּגוֹי קָדוֹשׁ וְעֶלְיוֹן,** חנון. ועליון חי. /
**וְיִתְקַדַּשׁ שְׁמֵהּ רַבָּא בְּעָלְמָא,** חי. ויתקדש שמיה רבא בעלמא.

# A'rbit para Moṣaé Shabat

*El salmo para Rosh Ḥodesh se encuentra en la página 296.*
*Los salmos para Yom Tob comienzan en la página 884.*

*Estos versículos son entonados melodiosamente por todo el kahal.*

El SEÑOR de las Huestes Celestiales es con nosotros, *Sal. 46*
el Dios de Ya'akob es nuestra fortaleza, Sela.
SEÑOR de las Huestes Celestiales, feliz del hombre *Sal. 84*
que confía en Ti.
El SEÑOR salva, el Rey nos responderá en el día *Sal. 20*
que Le invoquemos.
Oh, si de Ṣión saliese la salvación de Israel, cuando el SEÑOR *Sal. 14*
haga regresar del cautiverio a Su pueblo,
se alegrará Ya'akob y se regocijará Israel.
La salvación de los justos proviene del SEÑOR, *Sal. 37*
Él es su fortaleza en momentos de aflicción.
El SEÑOR les ayuda y libera de manos de los malvados,
y los salva porque depositaron en Él su confianza.
Ciertamente los justos alabarán Tu Nombre y los rectos *Sal. 140*
morarán ante Tu Presencia.

El SEÑOR de las Huestes Celestiales es con nosotros,
el Dios de Ya'akob es nuestra fortaleza, Sela.
SEÑOR de las Huestes Celestiales, feliz del hombre *Sal. 84*
que confía en Ti.
El SEÑOR salva, el Rey nos responderá en el día *Sal. 20*
que Le invoquemos.

---

entregó un presente: la habilidad de encender fuego. Por ello acostumbramos recitar una bendición por la luz ígnea durante la Havdalá.

Esta historia es una parábola de espiritualidad judía, Shabat es nuestro retorno semanal a la armonía y serenidad del Edén. Al concluir el día, al igual que Adám y Javá nos disponemos a retornar al mundo, el cual a veces encierra peligros. Rezamos a Dios para que esté con nosotros en los días por venir y nos proteja de todo daño y bendiga la labor de nuestras manos.

# ערבית למוצאי שבת

*El salmo para* ראש חודש *se encuentra en la página 297;*
*Los salmos para* יום טוב *comienzan en la página 885.*

*Estos versículos son entonados melodiosamente por todo el* קהל*.*

יְהוָה צְבָאוֹת עִמָּֽנוּ מִשְׂגָּב לָֽנוּ אֱלֹהֵי יַעֲקֹב סֶֽלָה: תהלים מו
יְהוָה צְבָאוֹת אַשְׁרֵי אָדָם בֹּטֵֽחַ בָּךְ: תהלים פד
יְהוָה הוֹשִֽׁיעָה הַמֶּֽלֶךְ יַעֲנֵֽנוּ בְיוֹם־קׇרְאֵֽנוּ: תהלים כ
מִי יִתֵּן מִצִּיּוֹן יְשׁוּעַת יִשְׂרָאֵל בְּשׁוּב יְהוָה שְׁבוּת עַמּוֹ תהלים יד
יָגֵל יַעֲקֹב יִשְׂמַח יִשְׂרָאֵל:
וּתְשׁוּעַת צַדִּיקִים מֵיְהוָה מָעוּזָּם בְּעֵת צָרָה: תהלים לז
וַיַּעְזְרֵם יְהוָה וַיְפַלְּטֵם יְפַלְּטֵם מֵרְשָׁעִים וְיוֹשִׁיעֵם כִּי־חָֽסוּ בוֹ:
אַךְ צַדִּיקִים יוֹדוּ לִשְׁמֶֽךָ יֵשְׁבוּ יְשָׁרִים אֶת־פָּנֶֽיךָ: תהלים קמ

יְהוָה צְבָאוֹת עִמָּֽנוּ מִשְׂגָּב לָֽנוּ אֱלֹהֵי יַעֲקֹב סֶֽלָה: תהלים מו
יְהוָה צְבָאוֹת אַשְׁרֵי אָדָם בֹּטֵֽחַ בָּךְ: תהלים פד
יְהוָה הוֹשִֽׁיעָה הַמֶּֽלֶךְ יַעֲנֵֽנוּ בְיוֹם־קׇרְאֵֽנוּ: תהלים כ

---

FINALIZACIÓN DEL SHABAT

El final del Shabat es una de las más intensas experiencias judías del tiempo. Según la tradición rabínica (*Pirkei DeRibí Eliezer* capítulo 20) Adám y Javá fueron creados, pecaron y fueron condenados a exilarse del Jardín del Edén durante el sexto día. Dios les concedió una prórroga en la ejecución de la sentencia permitiéndoles pasar un día, el mismísimo Shabat, en el Edén. Dicen los sabios que durante ese día el sol no se ocultó. Al concluir el Shabat y sobrevenir la oscuridad los primeros seres humanos se dispusieron a abandonar el paraíso e ingresar al mundo exterior con sus conflictos y sus desafíos, peligros y temores. Asegurándoles que estaría con ellos, Dios les

## MEDIO KADISH

*El Ḥazán y los Avelim recita Medio Kadish y luego Barejú:*

יִתְגַּדַּל Que Su Gran Nombre sea magnificado y santificado,
en el mundo que creó conforme a Su voluntad.
Que establezca Su reino, haga florecer Su salvación
y apresure la llegada de Su ungido durante vuestra vida
y en vuestros días
y en la vida de toda la casa de Israel,
pronto y rápidamentey decid: Amén.

Que Su Gran Nombre sea bendito por sie
mpre y por toda la eternidad.

Sea bendecido, alabado, glorificado y exaltado, encumbrado
y magnificado, enaltecido y ensalzado el Nombre del Santo Bendito Él;
más allá de cualquier bendición, cántico, alabanza y consolación
pronunciados en el mundo y decid: Amén.

Él es compasivo, perdonará la iniquidad y no destruirá, *Sal. 78*
suprimirá Su ira y no encenderá Su furia.
El Señor salva, el Rey nos responderá el día que Le invoquemos *Sal. 20*

## EL RECITADO DEL SHEMÁ Y SUS BENDICIONES

*El Ḥazán y el resto de los presentes que recitan Kadish:* **BENDECID** al Señor el Bendecido.

*El kahal responde:* Bendecid al Señor el Bendecido
por toda la eternidad.

*El Ḥazán y el resto de los presentes que recitan Kadish:* Bendecid al Señor el Bendecido
por toda la eternidad.

**חצי קדיש**

*El* חזן *y los* אבלים *recitan* חצי קדיש *y luego* בָּרְכוּ*:*

**יִתְגַּדַּל וְיִתְקַדַּשׁ שְׁמֵהּ רַבָּא** (קהל: אָמֵן)
**בְּעָלְמָא דִּי בְרָא כִרְעוּתֵהּ**
**וְיַמְלִיךְ מַלְכוּתֵהּ וְיַצְמַח פֻּרְקָנֵהּ וִיקָרֵב מְשִׁיחֵהּ** (קהל: אָמֵן)
**בְּחַיֵּיכוֹן וּבְיוֹמֵיכוֹן וּבְחַיֵּי דְכָל־בֵּית יִשְׂרָאֵל**
**בַּעֲגָלָא וּבִזְמַן קָרִיב, וְאִמְרוּ אָמֵן.** (קהל: אָמֵן)

**יְהֵא שְׁמֵהּ רַבָּא מְבָרַךְ לְעָלַם וּלְעָלְמֵי עָלְמַיָּא יִתְבָּרַךְ**
**וְיִשְׁתַּבַּח וְיִתְפָּאַר וְיִתְרוֹמַם וְיִתְנַשֵּׂא וְיִתְהַדָּר וְיִתְעַלֶּה וְיִתְהַלָּל**
**שְׁמֵהּ דְּקֻדְשָׁא בְּרִיךְ הוּא** (קהל: אָמֵן)
**לְעֵֽלָּא מִן כָּל־בִּרְכָתָא, שִׁירָתָא, תֻּשְׁבְּחָתָא וְנֶחֱמָתָא**
**דַּאֲמִירָן בְּעָלְמָא, וְאִמְרוּ אָמֵן.** (קהל: אָמֵן)

**וְהוּא רַחוּם יְכַפֵּר עָוֹן וְלֹא־יַשְׁחִית** תהלים עח
**וְהִרְבָּה לְהָשִׁיב אַפּוֹ, וְלֹא־יָעִיר כָּל־חֲמָתוֹ:**
**יְהוָה הוֹשִׁיעָה, הַמֶּלֶךְ יַעֲנֵנוּ בְיוֹם־קָרְאֵנוּ:** תהלים כ

## קריאת שמע וברכותיה

*El* חזן *y las demás personas que recitan Kadish:*

# בָּרְכוּ

**אֶת יְהוָה הַמְבֹרָךְ.**

*El* קהל *responde:*

**בָּרוּךְ יְהוָה הַמְבֹרָךְ לְעוֹלָם וָעֶד.**

*El* חזן *y las demás personas que recitan Kadish:*

**בָּרוּךְ יְהוָה הַמְבֹרָךְ לְעוֹלָם וָעֶד.**

בָּרוּךְ אַתָּה Bendito eres Tú SEÑOR, nuestro Dios, Rey del universo,
Quien con Su palabra trae los anocheceres por medio de Su sabiduría,
abre los portones del cielo por medio de Su entendimiento,
hace cambiar los tiempos y rotar las estaciones,
y por efecto de Su voluntad ordena las estrellas
en sus constelaciones en el firmamento.
Él crea el día y la noche, envolviendo la luz ante el advenimiento
de la oscuridad y la oscuridad ante el advenimiento de la luz.
Él hace pasar el día y trae la noche, y diferencia entre el día y la noche,
Su Nombre es SEÑOR de las Huestes Celestiales.
Bendito eres Tú SEÑOR, que hace caer las noches.

אַהֲבַת עוֹלָם Tú has amado a Tu pueblo, la casa de Israel,
con un amor eterno.
Nos has enseñado Torá y preceptos, leyes y ordenanzas.
Por ello SEÑOR, Dios nuestro, al acostarnos
y al levantarnos hablaremos de Tus leyes,
nos alegraremos y nos regocijaremos por siempre con las palabras
de Tu Torá, Tus preceptos y Tus estatutos.
Pues ellos son nuestra vida y la extensión de nuestros días
y meditaremos sobre ellos de día y de noche.
Que nunca apartes Tu amor y Tu piedad de nosotros.
Bendito eres Tú SEÑOR, que ama a Su pueblo Israel.

## Escucha Israel, el SEÑOR es nuestro Dios, el SEÑOR es Uno. *Deut. 6*

*En voz baja:* Bendito sea el Nombre de Su glorioso Reino por siempre.

וְאָהַבְתָּ Amarás al SEÑOR tu Dios con todo tu corazón, con toda tu alma y con todas tus fuerzas. Estas palabras que te ordeno *Deut. 6*

בָּרוּךְ אַתָּה יְהוָה, אֱלֹהֵינוּ מֶלֶךְ הָעוֹלָם
אֲשֶׁר בִּדְבָרוֹ מַעֲרִיב עֲרָבִים בְּחָכְמָה
פּוֹתֵחַ שְׁעָרִים בִּתְבוּנָה
מְשַׁנֶּה עִתִּים וּמַחֲלִיף אֶת הַזְּמַנִּים
וּמְסַדֵּר אֶת הַכּוֹכָבִים בְּמִשְׁמְרוֹתֵיהֶם בָּרָקִיעַ כִּרְצוֹנוֹ.
בּוֹרֵא יוֹמָם וָלָיְלָה, גּוֹלֵל אוֹר מִפְּנֵי חֹשֶׁךְ וְחֹשֶׁךְ מִפְּנֵי אוֹר
הַמַּעֲבִיר יוֹם וּמֵבִיא לָיְלָה, וּמַבְדִּיל בֵּין יוֹם וּבֵין לָיְלָה
יְהוָה צְבָאוֹת שְׁמוֹ: ירמיה לא
בָּרוּךְ אַתָּה יְהוָה, הַמַּעֲרִיב עֲרָבִים.

אַהֲבַת עוֹלָם בֵּית יִשְׂרָאֵל עַמְּךָ אָהָבְתָּ
תּוֹרָה וּמִצְוֹת חֻקִּים וּמִשְׁפָּטִים אוֹתָנוּ לִמַּדְתָּ
עַל כֵּן יְהוָה אֱלֹהֵינוּ
בְּשָׁכְבֵנוּ וּבְקוּמֵנוּ נָשִׂיחַ בְּחֻקֶּיךָ
וְנִשְׂמַח וְנַעֲלֹז בְּדִבְרֵי תַלְמוּד תּוֹרָתֶךָ
וּמִצְוֹתֶיךָ וְחֻקּוֹתֶיךָ לְעוֹלָם וָעֶד
כִּי הֵם חַיֵּינוּ וְאֹרֶךְ יָמֵינוּ וּבָהֶם נֶהְגֶּה יוֹמָם וָלָיְלָה.
וְאַהֲבָתְךָ וְחֶמְלָתְךָ לֹא תָסוּר מִמֶּנּוּ לְעוֹלָמִים.
בָּרוּךְ אַתָּה יְהוָה, אוֹהֵב אֶת עַמּוֹ יִשְׂרָאֵל.

## שְׁמַע יִשְׂרָאֵל יְהוָה אֱלֹהֵינוּ יְהוָה ׀ אֶחָד: דברים ו

בלחש: בָּרוּךְ שֵׁם כְּבוֹד מַלְכוּתוֹ לְעוֹלָם וָעֶד.

וְאָהַבְתָּ אֵת יְהוָה אֱלֹהֶיךָ בְּכָל־לְבָבְךָ וּבְכָל־נַפְשְׁךָ וּבְכָל־מְאֹדֶךָ: דברים ו
וְהָיוּ הַדְּבָרִים הָאֵלֶּה אֲשֶׁר אָנֹכִי מְצַוְּךָ הַיּוֹם עַל־לְבָבֶךָ: וְשִׁנַּנְתָּם

hoy deben estar sobre tu corazón, se las transmitirás a tus hijos hablando sobre ellas, cuando estés en tu hogar y cuando transites por el camino, al acostarte y al levantarte. Y las atarás como señal sobre tu brazo y serán un emblema entre tus ojos. Y las escribirás en los marcos de tus puertas y sobre tus portones.

וְהָיָה Y será que, si realmente escucháis Mis preceptos que os ordeno el día de hoy, amando al SEÑOR vuestro Dios y sirviéndole con todo vuestro corazón y toda vuestra alma, entonces daré lluvia en su tiempo sobre vuestra tierra, tanto la primera como la postrera, y recogerás tus cereales, tu mosto y tu aceite de oliva. Proveeré hierba en tu campo para tus animales, y comerás y te saciarás. Tened cuidado de no permitir que vuestro corazón se desvíe, sirviendo a dioses extraños y postrándose ante ellos. *Recitar en voz baja* Entonces se encenderá *Detenerse brevemente* la ira del SEÑOR con vosotros y bloqueará los cielos para que no haya lluvias, la tierra no dará su cosecha y os perderéis prontamente de la buena tierra *Volver a recitar en voz alta* que el SEÑOR os ha dado. Y pondrán estas palabras Mías sobre vuestros corazones, y las atarán sobre vuestros brazos y las tendrán por emblema entre vuestros ojos. Y las enseñarán a vuestros hijos hablando de ellas cuando estés en tu hogar y cuando transites por los caminos, al acostarte y al levantarte. Y las escribirás en los marcos de tus puertas y sobre tus portones, para que se prolonguen vuestros días y los de vuestros hijos sobre la tierra que el SEÑOR prometió entregar a vuestros ancestros para que la habiten, mientras los cielos permanezcan sobre la tierra. *Deut. 11*

וַיֹּאמֶר El SEÑOR habló a Moshé diciéndole: Habla a los hijos de Israel y diles que hagan ṣiṣit en las esquinas de sus vestimentas por todas sus generaciones. Y pondrán en el ṣiṣit de cada esquina de la vestimenta un hilo celeste. Y será para vosotros por ṣiṣit y lo veréis y recordaréis así todos los preceptos del SEÑOR y los cumpliréis, sin desviarse tras vuestros corazones y vuestros ojos, en virtud de los cuales os corrompéis. A fin de que recordéis todos Mis preceptos y seáis santos para vuestro Dios, Yo Soy el SEÑOR vuestro Dios, quien *Núm. 15*

לְבָנֶיךָ וְדִבַּרְתָּ בָּם בְּשִׁבְתְּךָ בְּבֵיתֶךָ וּבְלֶכְתְּךָ בַדֶּרֶךְ וּבְשָׁכְבְּךָ
וּבְקוּמֶךָ: וּקְשַׁרְתָּם לְאוֹת עַל־יָדֶךָ וְהָיוּ לְטֹטָפֹת בֵּין עֵינֶיךָ:
וּכְתַבְתָּם עַל־מְזֻזוֹת בֵּיתֶךָ וּבִשְׁעָרֶיךָ:

וְהָיָה אִם־שָׁמֹעַ תִּשְׁמְעוּ אֶל־מִצְוֺתַי אֲשֶׁר אָנֹכִי מְצַוֶּה אֶתְכֶם דברים יא
הַיּוֹם לְאַהֲבָה אֶת־יְהוָה אֱלֹהֵיכֶם וּלְעָבְדוֹ בְּכָל־לְבַבְכֶם וּבְכָל־
נַפְשְׁכֶם: וְנָתַתִּי מְטַר־אַרְצְכֶם בְּעִתּוֹ יוֹרֶה וּמַלְקוֹשׁ וְאָסַפְתָּ דְגָנֶךָ
וְתִירֹשְׁךָ וְיִצְהָרֶךָ: וְנָתַתִּי עֵשֶׂב בְּשָׂדְךָ לִבְהֶמְתֶּךָ וְאָכַלְתָּ וְשָׂבָעְתָּ:
הִשָּׁמְרוּ לָכֶם פֶּן־יִפְתֶּה לְבַבְכֶם וְסַרְתֶּם וַעֲבַדְתֶּם אֱלֹהִים אֲחֵרִים
וְהִשְׁתַּחֲוִיתֶם לָהֶם: יאמר בלחש: וְחָרָה יפסיק מעט אַף־יְהוָה בָּכֶם וְעָצַר
אֶת־הַשָּׁמַיִם וְלֹא־יִהְיֶה מָטָר וְהָאֲדָמָה לֹא תִתֵּן אֶת־יְבוּלָהּ
וַאֲבַדְתֶּם מְהֵרָה מֵעַל הָאָרֶץ הַטֹּבָה בקול רם אֲשֶׁר יְהוָה נֹתֵן לָכֶם:
וְשַׂמְתֶּם אֶת־דְּבָרַי אֵלֶּה עַל־לְבַבְכֶם וְעַל־נַפְשְׁכֶם וּקְשַׁרְתֶּם
אֹתָם לְאוֹת עַל־יֶדְכֶם וְהָיוּ לְטוֹטָפֹת בֵּין עֵינֵיכֶם: וְלִמַּדְתֶּם אֹתָם
אֶת־בְּנֵיכֶם לְדַבֵּר בָּם בְּשִׁבְתְּךָ בְּבֵיתֶךָ וּבְלֶכְתְּךָ בַדֶּרֶךְ וּבְשָׁכְבְּךָ
וּבְקוּמֶךָ: וּכְתַבְתָּם עַל־מְזוּזוֹת בֵּיתֶךָ וּבִשְׁעָרֶיךָ: לְמַעַן יִרְבּוּ
יְמֵיכֶם וִימֵי בְנֵיכֶם עַל הָאֲדָמָה אֲשֶׁר נִשְׁבַּע יְהוָה לַאֲבֹתֵיכֶם
לָתֵת לָהֶם כִּימֵי הַשָּׁמַיִם עַל־הָאָרֶץ:

וַיֹּאמֶר יְהוָה אֶל־מֹשֶׁה לֵּאמֹר: דַּבֵּר אֶל־בְּנֵי יִשְׂרָאֵל וְאָמַרְתָּ במדבר טו
אֲלֵהֶם וְעָשׂוּ לָהֶם צִיצִת עַל־כַּנְפֵי בִגְדֵיהֶם לְדֹרֹתָם וְנָתְנוּ עַל־
צִיצִת הַכָּנָף פְּתִיל תְּכֵלֶת: וְהָיָה לָכֶם לְצִיצִת וּרְאִיתֶם אֹתוֹ
וּזְכַרְתֶּם אֶת־כָּל־מִצְוֺת יְהוָה וַעֲשִׂיתֶם אֹתָם וְלֹא־תָתוּרוּ אַחֲרֵי
לְבַבְכֶם וְאַחֲרֵי עֵינֵיכֶם אֲשֶׁר־אַתֶּם זֹנִים אַחֲרֵיהֶם: לְמַעַן תִּזְכְּרוּ
וַעֲשִׂיתֶם אֶת־כָּל־מִצְוֺתָי וִהְיִיתֶם קְדֹשִׁים לֵאלֹהֵיכֶם: אֲנִי יְהוָה

os sacó de la tierra de Egipto para ser vuestro Dios, Yo Soy el SEÑOR vuestro Dios.

*Congregación:*

Verdadero

*Ḥazán:*

El SEÑOR vuestro Dios es verdadero –

וֶאֱמוּנָה y fidedigno y firmemente establecido es todo esto
para nosotros pues Él es el SEÑOR nuestro Dios
y no hay otro fuera de Él,
y nosotros somos Su pueblo Israel.
Él nos rescata de las manos de reyes,
Él es nuestro Rey y nos redime de todos los opresores.
Él da su merecido a quienes nos acosan
y a todos nuestros enemigos mortales.
Él nos mantiene con vida *Sal. 66*
y no permite que nuestros pies resbalen.
Él nos guía sobre los sitios encumbrados
de nuestros enemigos elevando nuestro prestigio
por sobre todos aquellos que nos odian.
Él es el Dios que hace para nosotros milagros,
se venga de Par'ó,
lleva a cabo señales y maravillas
en la tierra de los hijos de Ḥam.
Quien hirió en Su ira a todos los primogénitos egipcios
y sacó de entre estos a Su pueblo Israel
de la esclavitud a la libertad eterna.
Él es quien condujo a Sus hijos por el Mar de los Juncos
dividido y hundió en sus profundidades a quienes los
perseguían y odiaban.
Sus hijos al ver Su poder Lo alabaron
y loaron Su Nombre.
Y Su reinado aceptaron sobre sí de buena gana.

אֱלֹהֵיכֶם אֲשֶׁר הוֹצֵאתִי אֶתְכֶם מֵאֶרֶץ מִצְרַיִם לִהְיוֹת לָכֶם לֵאלֹהִים אֲנִי יְהֹוָה אֱלֹהֵיכֶם:

קהל:

# אֱמֶת

חזן:

יְהֹוָה אֱלֹהֵיכֶם אֱמֶת

וֶאֱמוּנָה כָּל־זֹאת וְקַיָּם עָלֵינוּ
כִּי הוּא יְהֹוָה אֱלֹהֵינוּ וְאֵין זוּלָתוֹ, וַאֲנַחְנוּ יִשְׂרָאֵל עַמּוֹ.
הַפּוֹדֵנוּ מִיַּד מְלָכִים, הַגּוֹאֲלֵנוּ מַלְכֵּנוּ מִכַּף כָּל־עָרִיצִים
הָאֵל הַנִּפְרָע לָנוּ מִצָּרֵינוּ
הַמְשַׁלֵּם גְּמוּל לְכָל־אוֹיְבֵי נַפְשֵׁנוּ.
הַשָּׂם נַפְשֵׁנוּ בַּחַיִּים, וְלֹא־נָתַן לַמּוֹט רַגְלֵנוּ: תהלים סו
הַמַּדְרִיכֵנוּ עַל בָּמוֹת אוֹיְבֵינוּ
וַיָּרֶם קַרְנֵנוּ עַל כָּל־שׂוֹנְאֵינוּ.
הָאֵל הָעוֹשֶׂה לָנוּ נִסִּים, נְקָמָה בְּפַרְעֹה
בְּאוֹתוֹת וּבְמוֹפְתִים בְּאַדְמַת בְּנֵי חָם.
הַמַּכֶּה בְעֶבְרָתוֹ כָּל־בְּכוֹרֵי מִצְרָיִם
וַיּוֹצֵא אֶת עַמּוֹ יִשְׂרָאֵל מִתּוֹכָם
מֵעַבְדוּת לְחֵרוּת עוֹלָם.
הַמַּעֲבִיר בָּנָיו בֵּין גִּזְרֵי יַם סוּף
וְאֶת רוֹדְפֵיהֶם וְאֶת שׂוֹנְאֵיהֶם בִּתְהוֹמוֹת טִבַּע.
רָאוּ בָנִים אֶת גְּבוּרָתוֹ
שִׁבְּחוּ וְהוֹדוּ לִשְׁמוֹ
וּמַלְכוּתוֹ בְּרָצוֹן קִבְּלוּ עֲלֵיהֶם.

Moshé y los hijos de Israel respondieron a Ti
entonando cánticos con gran alegría,
exclamando todos:

מִי־כָמֹכָה "¿Quién es como Tú entre los fuertes SEÑOR? *Éx. 15*
¿Quién como Tú magnificado por la Santidad?
Infinito en alabanzas, hacedor de maravillas".

Tus hijos, SEÑOR nuestro Dios, contemplaron Tu majestad en el mar.
Juntos todos Te agradecieron y Te coronaron y dijeron:
"El SEÑOR reinará por toda la eternidad". *Éx. 15*
Y fue dicho:
"Pues el SEÑOR ha redimido a Ya'akob salvándole *Jer. 31*
de un poder superior al suyo".
Bendito eres Tú SEÑOR, que redimió a Israel.

הַשְׁכִּיבֵנוּ Ayúdanos Padre nuestro, a irnos a dormir en paz
y levantarnos Rey nuestro para una buena vida
y para la paz.
Extiende sobre nosotros Tu Sucá de paz,
guíanos con Tu buen consejo
y sálvanos en pos de Tu Nombre.
Defiéndenos y retira de encima nuestro todo ataque enemigo,
peste, espada, enfermedad, desgracia, maldad, hambruna
y dolor, destrucción y epidemia.
Quiebra y aparta a nuestro adversario de ante nosotros
y detrás nuestro, acógenos bajo la sombra de Tus alas.
Y guarda nuestras salidas y nuestras entradas para la vida
y para la paz ahora y siempre.
Pues Tú eres el Dios que nos cuida
y protege de todo mal,
del terror del día y del de la noche.

מֹשֶׁה וּבְנֵי יִשְׂרָאֵל לְךָ עָנוּ שִׁירָה בְּשִׂמְחָה רַבָּה
וְאָמְרוּ כֻלָּם
מִי־כָמֹכָה בָּאֵלִם יְהֹוָה שמות טו
מִי כָּמֹכָה נֶאְדָּר בַּקֹּדֶשׁ
נוֹרָא תְהִלֹּת עֹשֵׂה פֶלֶא:

מַלְכוּתְךָ יְהֹוָה אֱלֹהֵינוּ רָאוּ בָנֶיךָ עַל הַיָּם
יַחַד כֻּלָּם הוֹדוּ וְהִמְלִיכוּ וְאָמְרוּ
יְהֹוָה יִמְלֹךְ לְעֹלָם וָעֶד: שמות טו
וְנֶאֱמַר
כִּי־פָדָה יְהֹוָה אֶת־יַעֲקֹב וּגְאָלוֹ מִיַּד חָזָק מִמֶּנּוּ: ירמיה לא
בָּרוּךְ אַתָּה יְהֹוָה, גָּאַל יִשְׂרָאֵל.

הַשְׁכִּיבֵנוּ אָבִינוּ לְשָׁלוֹם
וְהַעֲמִידֵנוּ מַלְכֵּנוּ לְחַיִּים טוֹבִים וּלְשָׁלוֹם
וּפְרֹשׂ עָלֵינוּ סֻכַּת שְׁלוֹמֶךָ, וְתַקְּנֵנוּ מַלְכֵּנוּ בְּעֵצָה טוֹבָה מִלְּפָנֶיךָ
וְהוֹשִׁיעֵנוּ מְהֵרָה לְמַעַן שְׁמֶךָ.
וְהָגֵן בַּעֲדֵנוּ, וְהָסֵר מֵעָלֵינוּ מַכַּת אוֹיֵב, דֶּבֶר, חֶרֶב, חֳלִי
צָרָה, רָעָה, רָעָב וְיָגוֹן וּמַשְׁחִית וּמַגֵּפָה.
שְׁבֹר וְהָסֵר שָׂטָן מִלְּפָנֵינוּ וּמֵאַחֲרֵינוּ
וּבְצֵל כְּנָפֶיךָ תַּסְתִּירֵנוּ.
וּשְׁמֹר צֵאתֵנוּ וּבוֹאֵנוּ לְחַיִּים טוֹבִים וּלְשָׁלוֹם
מֵעַתָּה וְעַד עוֹלָם
כִּי אֵל שׁוֹמְרֵנוּ וּמַצִּילֵנוּ אַתָּה מִכָּל־דָּבָר רָע
מִפַּחַד יוֹם וּמִפַּחַד לָיְלָה.

He aquí que el Guardián de Israel no dormita ni duerme.
Bendito eres Tú Señor, que guarda a Su pueblo Israel por siempre de todo mal. Amén.

## MEDIO KADISH

*El Ḥazán y los Avelim recitan Medio Kadish:*

יִתְגַּדַּל Que Su Gran Nombre sea magnificado y santificado,
en el mundo que creó conforme a Su voluntad.
Que establezca Su reino, haga florecer Su salvación
y apresure la llegada de Su ungido
durante vuestra vida y en vuestros días
y en la vida de toda la casa de Israel,
pronto y rápidamente y decid: Amén.

Que Su Gran Nombre sea bendito
por siempre y por toda la eternidad.

Sea bendecido, alabado, glorificado y exaltado, encumbrado
y magnificado, enaltecido y ensalzado
el Nombre del Santo Bendito Él;
más allá de cualquier bendición, cántico, alabanza y consolación
pronunciados en el mundo y decid: Amén.

# LA A'MIDÁ

Señor, abre mis labios para que mi boca pronuncie Tu alabanza. *Sal. 51*

## PATRIARCAS

בָּרוּךְ Bendito eres Tú Señor,
Dios nuestro y de nuestros ancestros,
Dios de Abraham, Dios de Iṣḥak y Dios de Ya'akob,
Dios grande, poderoso y maravilloso, Señor supremo,

הִנֵּה לֹא יָנוּם וְלֹא יִישָׁן שׁוֹמֵר יִשְׂרָאֵל. תהלים קכא
בָּרוּךְ אַתָּה יְהוָה, שׁוֹמֵר אֶת עַמּוֹ יִשְׂרָאֵל מִכָּל־דָּבָר רָע לָעַד.
אָמֵן.

### חצי קדיש

*El* חזן *y los* אבלים *recitan* חצי קדיש:

יִתְגַּדַּל וְיִתְקַדַּשׁ שְׁמֵהּ רַבָּא (קהל: אָמֵן)
בְּעָלְמָא דִּי בְרָא כִרְעוּתֵהּ
וְיַמְלִיךְ מַלְכוּתֵהּ וְיַצְמַח פֻּרְקָנֵהּ וִיקָרֵב מְשִׁיחֵהּ (קהל: אָמֵן)
בְּחַיֵּיכוֹן וּבְיוֹמֵיכוֹן וּבְחַיֵּי דְכָל־בֵּית יִשְׂרָאֵל
בַּעֲגָלָא וּבִזְמַן קָרִיב, וְאִמְרוּ אָמֵן. (קהל: אָמֵן)
יְהֵא שְׁמֵהּ רַבָּא מְבָרַךְ לְעָלַם וּלְעָלְמֵי עָלְמַיָּא יִתְבָּרַךְ
וְיִשְׁתַּבַּח וְיִתְפָּאַר וְיִתְרוֹמַם וְיִתְנַשֵּׂא
וְיִתְהַדָּר וְיִתְעַלֶּה וְיִתְהַלָּל
שְׁמֵהּ דְּקֻדְשָׁא בְּרִיךְ הוּא (קהל: אָמֵן)
לְעֵלָּא מִן כָּל־בִּרְכָתָא, שִׁירָתָא, תֻּשְׁבְּחָתָא וְנֶחָמָתָא
דַּאֲמִירָן בְּעָלְמָא, וְאִמְרוּ אָמֵן. (קהל: אָמֵן)

## עמידה

אֲדֹנָי, שְׂפָתַי תִּפְתָּח, וּפִי יַגִּיד תְּהִלָּתֶךָ: תהלים נא

### אבות

בָּרוּךְ אַתָּה יְהוָה, אֱלֹהֵינוּ וֵאלֹהֵי אֲבוֹתֵינוּ
אֱלֹהֵי אַבְרָהָם, אֱלֹהֵי יִצְחָק, וֵאלֹהֵי יַעֲקֹב
הָאֵל הַגָּדוֹל הַגִּבּוֹר וְהַנּוֹרָא, אֵל עֶלְיוֹן

que prodiga generosamente y es el Creador de todo lo existente,
Quien recuerda la gracia de los ancestros
y traerá al Redentor para los hijos de sus hijos en aras de Su Nombre con amor.

*Entre Rosh HaShaná y Yom Kipur:* Recuérdanos para la vida, Rey que anhela la vida
e inscríbenos en el libro de la vida
por Ti, oh Dios de vida.

Rey que ayuda, redime y protege.
Bendito eres Tú SEÑOR, Escudo de Abraham.

PODER DE DIOS

אַתָּה גִּבּוֹר SEÑOR, Tú eres eternamente poderoso,
Tú revives a los muertos y tienes gran poder de salvación.

*Verano:* Hace descender el rocío.
*Invierno:* Hace soplar el viento y descender la lluvia.

Sostiene con benevolencia a todos los seres vivos,
revive a los muertos con gran misericordia,
da soporte a quienes se caen,
cura a los enfermos,
libera a los prisioneros
y cumple Su promesa con quienes yacen ya en la tierra.
¿Quién es como Tú Todopoderoso?
¿Quién se Te puede asemejar?
Rey que quita la vida y la restaura
y hace brotar la Redención.

*Entre Rosh HaShaná y Yom Kipur:* ¿Quién como Tú Padre misericordioso,
que recuerdas a Tus creaturas para la vida con piedad?

Eres fiel en revivir a los muertos.
Bendito eres Tú SEÑOR, que revive a los muertos.

גּוֹמֵל חֲסָדִים טוֹבִים, קוֹנֵה הַכֹּל

וְזוֹכֵר חַסְדֵי אָבוֹת

וּמֵבִיא גוֹאֵל לִבְנֵי בְנֵיהֶם לְמַעַן שְׁמוֹ בְּאַהֲבָה.

בעשרת ימי תשובה: זָכְרֵנוּ לְחַיִּים, מֶלֶךְ חָפֵץ בַּחַיִּים

כָּתְבֵנוּ בְּסֵפֶר חַיִּים, לְמַעַנְךָ אֱלֹהִים חַיִּים.

מֶלֶךְ עוֹזֵר וּמוֹשִׁיעַ וּמָגֵן.

בָּרוּךְ אַתָּה יְהוָֹה, מָגֵן אַבְרָהָם.

גבורות

אַתָּה גִּבּוֹר לְעוֹלָם, אֲדֹנָי

מְחַיֵּה מֵתִים אַתָּה, רַב לְהוֹשִׁיעַ

בקיץ: מוֹרִיד הַטָּל / בחורף: מַשִּׁיב הָרוּחַ וּמוֹרִיד הַגֶּשֶׁם

מְכַלְכֵּל חַיִּים בְּחֶסֶד

מְחַיֵּה מֵתִים בְּרַחֲמִים רַבִּים

סוֹמֵךְ נוֹפְלִים, וְרוֹפֵא חוֹלִים, וּמַתִּיר אֲסוּרִים

וּמְקַיֵּם אֱמוּנָתוֹ לִישֵׁנֵי עָפָר.

מִי כָמוֹךָ, בַּעַל גְּבוּרוֹת

וּמִי דוֹמֶה לָּךְ, מֶלֶךְ מֵמִית וּמְחַיֶּה וּמַצְמִיחַ יְשׁוּעָה.

בעשרת ימי תשובה: מִי כָמוֹךָ אַב הָרַחֲמָן

זוֹכֵר יְצוּרָיו בְּרַחֲמִים לְחַיִּים.

וְנֶאֱמָן אַתָּה לְהַחֲיוֹת מֵתִים.

בָּרוּךְ אַתָּה יְהוָֹה, מְחַיֵּה הַמֵּתִים.

SANTIDAD

אַתָּה קָדוֹשׁ Tú eres santo y Tu Nombre es santo,
y los santos Te alaban a diario, ¡Sela!
Bendito eres Tú Señor,
el Dios santo.

(*Entre Rosh HaShaná y Yom Kipur:* el Rey santo).

CONOCIMIENTO

אַתָּה חוֹנֵן Tú agracias a la humanidad con conocimiento
y enseñas a los mortales entendimiento.

---

*En concluir tanto Shabat y al concluir Yom Tob se agrega:*

אַתָּה חוֹנַנְתָּנוּ Tú nos agraciaste Señor, nuestro Dios, con conocimiento y discernimiento. Tú nos ordenaste distinguir entre lo santo y lo profano, entre la luz y la oscuridad, entre Israel y las naciones. Tal como Tú nos distinguiste Señor, nuestro Dios de las naciones de la tierra y las familias mundo, de igual manera rescátanos y sálvanos de un acusador malvado, de un daño grave y de todo tipo de decretos adversos duros y malos que pudiesen sobrevenir al mundo.

---

Agrácianos con sabiduría, entendimiento
y conocimiento que de Ti provienen.
Bendito eres Tú Señor, que con gracia otorga el conocimiento.

RETORNO

הֲשִׁיבֵנוּ Padre nuestro, haznos retornar a Tu Torá.
Rey nuestro, acércanos a Tu servicio.
Haznos retornar en completo arrepentimiento ante Ti.
Bendito eres Tú Señor, que desea el arrepentimiento.

PERDÓN

סְלַח לָנוּ Perdónanos Padre nuestro porque hemos errado.
Discúlpanos, Rey nuestro porque hemos pecado intencionalmente;
pues Tú eres un Dios bondadoso que perdona.
Bendito eres Tú Señor, que perdona reiteradamente con clemencia.

קדושת השם

אַתָּה קָדוֹשׁ וְשִׁמְךָ קָדוֹשׁ
וּקְדוֹשִׁים בְּכׇל־יוֹם יְהַלְלוּךָ סֶּלָה.
בָּרוּךְ אַתָּה יְהֹוָה, הָאֵל הַקָּדוֹשׁ.

/ בעשרת ימי תשובה: הַמֶּלֶךְ הַקָּדוֹשׁ./

דעת

אַתָּה חוֹנֵן לְאָדָם דַּעַת
וּמְלַמֵּד לֶאֱנוֹשׁ בִּינָה.

---

*En* מוצאי שבת *y al concluir* יום טוב*, se agrega:*

אַתָּה חוֹנַנְתָּנוּ יְהֹוָה אֱלֹהֵינוּ, מַדָּע וְהַשְׂכֵּל. אַתָּה אָמַרְתָּ לְהַבְדִּיל בֵּין קֹדֶשׁ לְחֹל וּבֵין אוֹר לְחֹשֶׁךְ וּבֵין יִשְׂרָאֵל לָעַמִּים וּבֵין יוֹם הַשְּׁבִיעִי לְשֵׁשֶׁת יְמֵי הַמַּעֲשֶׂה. כְּשֵׁם שֶׁהִבְדַּלְתָּנוּ יְהֹוָה אֱלֹהֵינוּ מֵעַמֵּי הָאֲרָצוֹת וּמִמִּשְׁפְּחוֹת הָאֲדָמָה, כָּךְ פְּדֵנוּ וְהַצִּילֵנוּ מִשָּׂטָן רָע, וּמִפֶּגַע רָע, וּמִכׇּל־גְּזֵרוֹת קָשׁוֹת וְרָעוֹת הַמִּתְרַגְּשׁוֹת לָבוֹא בָּעוֹלָם.

---

וְחָנֵּנוּ מֵאִתְּךָ חׇכְמָה בִּינָה וָדָעַת.
בָּרוּךְ אַתָּה יְהֹוָה, חוֹנֵן הַדָּעַת.

תשובה

הֲשִׁיבֵנוּ אָבִינוּ לְתוֹרָתֶךָ וְקָרְבֵנוּ מַלְכֵּנוּ לַעֲבוֹדָתֶךָ
וְהַחֲזִירֵנוּ בִּתְשׁוּבָה שְׁלֵמָה לְפָנֶיךָ.
בָּרוּךְ אַתָּה יְהֹוָה, הָרוֹצֶה בִּתְשׁוּבָה.

סליחה

סְלַח לָנוּ אָבִינוּ כִּי חָטָאנוּ
מְחֹל לָנוּ מַלְכֵּנוּ כִּי פָשָׁעְנוּ, כִּי אֵל טוֹב וְסַלָּח אָתָּה.
בָּרוּךְ אַתָּה יְהֹוָה, חַנּוּן הַמַּרְבֶּה לִסְלֹחַ.

### REDENCIÓN

רְאֵה Mira nuestra aflicción, litiga nuestra causa,
envíanos pronto redención completa
en aras de Tu Nombre,
porque Tú eres un poderoso redentor.
Bendito eres Tú SEÑOR, redentor de Israel.

### CURACIÓN

רְפָאֵנוּ Cúranos SEÑOR, y seremos curados.
Sálvanos y seremos salvos,
pues Tú eres nuestra alabanza.
Trae completa recuperación para todas nuestras enfermedades,
dolores y dolencias,
pues Tú eres el Dios curador, misericordioso y confiable.
Bendito eres Tú SEÑOR,
que cura a los enfermos de Su pueblo Israel.

### PROSPERIDAD

*Verano:* בָּרְכֵנוּ Bendícenos SEÑOR, nuestro Dios,
en todas las obras de nuestras manos
y bendice nuestro año con rocíos benevolentes,
bendición y generosidad.
Que tras su finalización haya vida,
saciedad y paz como en los mejores y más benditos años,
pues Tú eres un Dios bondadoso,
que hace el bien y bendice los años.
Bendito eres Tú SEÑOR, que bendice los años.

*Invierno:* בָּרֵךְ Bendice para nosotros este año SEÑOR, nuestro Dios,
y todas sus especies de cosechas para bien.
Concédenos rocío y lluvia de bendición sobre la faz de la
tierra, riega diligentemente al planeta

גאולה

רְאֵה נָא בְעָנְיֵנוּ, וְרִיבָה רִיבֵנוּ
וּמַהֵר לְגָאֳלֵנוּ גְאֻלָּה שְׁלֵמָה לְמַעַן שְׁמֶךָ
כִּי אֵל גּוֹאֵל חָזָק אָתָּה.
בָּרוּךְ אַתָּה יְהוָה, גּוֹאֵל יִשְׂרָאֵל.

רפואה

רְפָאֵנוּ יְהוָה וְנֵרָפֵא
הוֹשִׁיעֵנוּ וְנִוָּשֵׁעָה, כִּי תְהִלָּתֵנוּ אָתָּה
וְהַעֲלֵה אֲרוּכָה וּמַרְפֵּא לְכָל־תַּחֲלוּאֵינוּ
וּלְכָל־מַכְאוֹבֵינוּ וּלְכָל מַכּוֹתֵינוּ
כִּי אֵל רוֹפֵא רַחְמָן וְנֶאֱמָן אָתָּה.
בָּרוּךְ אַתָּה יְהוָה, רוֹפֵא חוֹלֵי עַמּוֹ יִשְׂרָאֵל.

ברכת השנים

בקיץ בָּרְכֵנוּ יְהוָה אֱלֹהֵינוּ בְּכָל־מַעֲשֵׂי יָדֵינוּ
וּבָרֵךְ שְׁנָתֵנוּ בְּטַלְלֵי רָצוֹן בְּרָכָה וּנְדָבָה
וּתְהִי אַחֲרִיתָהּ, חַיִּים וְשָׂבָע וְשָׁלוֹם
כַּשָּׁנִים הַטּוֹבוֹת לִבְרָכָה
כִּי אֵל טוֹב וּמֵטִיב אַתָּה וּמְבָרֵךְ הַשָּׁנִים.
בָּרוּךְ אַתָּה יְהוָה, מְבָרֵךְ הַשָּׁנִים.

בחורף בָּרֵךְ עָלֵינוּ יְהוָה אֱלֹהֵינוּ אֶת הַשָּׁנָה הַזֹּאת
וְאֶת כָּל־מִינֵי תְבוּאָתָהּ לְטוֹבָה
וְתֵן טַל וּמָטָר לִבְרָכָה עַל כָּל־פְּנֵי הָאֲדָמָה

y sacia al mundo entero con Tu bondad,
colma nuestras manos de Tus bendiciones,
de la riqueza de Tus dones.
Cuida y salva a este año de todo evento malo,
de toda destrucción o desgracia,
haz que sea un año de esperanza y que culmine en paz,
apiádate y ten compasión de él y de toda su cosecha
y todos sus frutos.
Bendícelo con lluvias benevolentes,
bendición y generosidad.
Que tras su finalización haya vida,
saciedad y paz como en los mejores y más benditos años,
pues Tú eres un Dios bondadoso,
que hace el bien y bendice los años.
Bendito eres Tú SEÑOR, que bendice los años.

### REUNIÓN DE LOS EXILIOS

תְּקַע Haz sonar el gran shofar de nuestra liberación,
iza el estandarte de la reunión de nuestros exilios
y reúnenos pronto en nuestra tierra desde los
cuatro confines del mundo.
Bendito eres Tú SEÑOR,
que reúne a los dispersos de Su pueblo Israel.

### JUSTICIA

הָשִׁיבָה Restaura nuestros jueces como en el principio
y nuestros consejeros como al inicio
y quita de entre nosotros desgracias, penas y suspiros de angustia.
Pues solamente Tú SEÑOR, reinas sobre nosotros
con benevolencia, compasión ,rectitud y justicia.
Bendito eres Tú SEÑOR, Rey que ama la rectitud y la justicia.

*Entre Rosh HaShaná y Yom Kipur:* el Rey de la justicia

וְרַוֵּה פְּנֵי תֵבֵל, וְשַׂבַּע אֶת הָעוֹלָם כֻּלּוֹ מִטּוּבָךְ
וּמַלֵּא יָדֵינוּ מִבִּרְכוֹתֶיךָ, וּמֵעֹשֶׁר מַתְּנוֹת יָדֶיךָ
שָׁמְרָה וְהַצִּילָה שָׁנָה זוֹ מִכָּל־דָּבָר רָע
וּמִכָּל־מִינֵי מַשְׁחִית, וּמִכָּל־מִינֵי פֻּרְעָנוּת
וַעֲשֵׂה לָהּ תִּקְוָה טוֹבָה וְאַחֲרִית שָׁלוֹם
חוּס וְרַחֵם עָלֶיהָ וְעַל־כָּל־תְּבוּאָתָהּ וּפֵרוֹתֶיהָ
וּבָרְכָהּ בְּגִשְׁמֵי רָצוֹן בְּרָכָה וּנְדָבָה
וּתְהִי אַחֲרִיתָהּ, חַיִּים וְשָׂבָע וְשָׁלוֹם
כַּשָּׁנִים הַטּוֹבוֹת לִבְרָכָה
כִּי אֵל טוֹב וּמֵטִיב אַתָּה וּמְבָרֵךְ הַשָּׁנִים.
בָּרוּךְ אַתָּה יְהֹוָה, מְבָרֵךְ הַשָּׁנִים.

קיבוץ גלויות

תְּקַע בְּשׁוֹפָר גָּדוֹל לְחֵרוּתֵנוּ
וְשָׂא נֵס לְקַבֵּץ גָּלֻיּוֹתֵינוּ
וְקַבְּצֵנוּ מְהֵרָה יַחַד מֵאַרְבַּע כַּנְפוֹת הָאָרֶץ לְאַרְצֵנוּ.
בָּרוּךְ אַתָּה יְהֹוָה, מְקַבֵּץ נִדְחֵי עַמּוֹ יִשְׂרָאֵל.

השבת המשפט

הָשִׁיבָה שׁוֹפְטֵינוּ כְּבָרִאשׁוֹנָה, וְיוֹעֲצֵינוּ כְּבַתְּחִלָּה
וְהָסֵר מִמֶּנּוּ צָרָה, יָגוֹן וַאֲנָחָה, וּמְלֹךְ עָלֵינוּ מְהֵרָה
אַתָּה יְהֹוָה לְבַדְּךָ, בְּחֶסֶד וּבְרַחֲמִים בְּצֶדֶק וּבְמִשְׁפָּט.
בָּרוּךְ אַתָּה יְהֹוָה, מֶלֶךְ אוֹהֵב צְדָקָה וּמִשְׁפָּט.

/ בעשרת ימי תשובה: הַמֶּלֶךְ הַמִּשְׁפָּט./

### CONTRA LOS APÓSTATAS Y DELATORES

לַמִּינִים Que no haya esperanza para los apóstatas
y los delatores y los traidores,
y que todos los maliciosos perezcan de inmediato;
que todos Tus enemigos y todos aquellos que Te odian sean
pronto cercenados, que el reinado del mal sea arrancado,
quebrado, eliminado y doblegado pronto en nuestros días.
Bendito eres Tú SEÑOR,
que quiebra a los enemigos y doblega a los apóstatas.

### POR LOS JUSTOS

עַל הַצַּדִּיקִים Que se despierte Tu compasión SEÑOR,
nuestro Dios, por los justos, los piadosos,
por el remanente de Tu pueblo la casa de Israel,
los ancianos, por el remanente de sus eruditos,
los justos prosélitos y por nosotros.
Concede una generosa recompensa a todos aquellos
que confían de verdad en Tu Nombre,
y que nuestro destino sea con ellos,
y que nunca nos avergoncemos pues en Ti hemos confiado
y en Tu gran generosidad nos hemos apoyado.
Bendito eres Tú SEÑOR,
sostén y confianza de los justos.

### RECONSTRUCCIÓN DE JERUSALÉM

תִּשְׁכּוֹן Reside en medio de Tu ciudad Jerusalém,
tal como lo prometiste,
establece rápidamente en ella el trono de David
y reconstrúyela cual edificación eterna
prontamente en nuestros días.
Bendito eres Tú SEÑOR, que reconstruye a Jerusalém.

ברכת המינים

לַמִּינִים וְלַמַּלְשִׁינִים וְלַמּוֹסְרִים אַל תְּהִי תִקְוָה
וְכָל־הַזֵּדִים כְּרֶגַע יֹאבֵדוּ
וְכָל־אוֹיְבֶיךָ וְכָל שׂוֹנְאֶיךָ מְהֵרָה יִכָּרֵתוּ
וּמַלְכוּת הָרִשְׁעָה מְהֵרָה תְעַקֵּר וּתְשַׁבֵּר
וּתְכַלֵּם וְתַכְנִיעֵם בִּמְהֵרָה בְיָמֵינוּ.
בָּרוּךְ אַתָּה יְהוָה, שׁוֹבֵר אוֹיְבִים וּמַכְנִיעַ מִינִים.

על הצדיקים

עַל הַצַּדִּיקִים וְעַל הַחֲסִידִים
וְעַל שְׁאֵרִית עַמְּךָ בֵּית יִשְׂרָאֵל וְעַל זְקֵנֵיהֶם
וְעַל פְּלֵטַת בֵּית סוֹפְרֵיהֶם וְעַל גֵּרֵי הַצֶּדֶק וְעָלֵינוּ
יֶהֱמוּ נָא רַחֲמֶיךָ יְהוָה אֱלֹהֵינוּ
וְתֵן שָׂכָר טוֹב לְכָל־הַבּוֹטְחִים בְּשִׁמְךָ בֶּאֱמֶת
וְשִׂים חֶלְקֵנוּ עִמָּהֶם, וּלְעוֹלָם לֹא נֵבוֹשׁ
כִּי בְךָ בָטָחְנוּ
וְעַל חַסְדְּךָ הַגָּדוֹל בֶּאֱמֶת נִשְׁעָנְנוּ.
בָּרוּךְ אַתָּה יְהוָה, מִשְׁעָן וּמִבְטָח לַצַּדִּיקִים.

בניין ירושלים

תִּשְׁכּוֹן בְּתוֹךְ יְרוּשָׁלַיִם עִירְךָ כַּאֲשֶׁר דִּבַּרְתָּ
וְכִסֵּא דָוִד עַבְדְּךָ מְהֵרָה בְּתוֹכָהּ תָּכִין
וּבְנֵה אוֹתָהּ בִּנְיַן עוֹלָם בִּמְהֵרָה בְיָמֵינוּ.
בָּרוּךְ אַתָּה יְהוָה, בּוֹנֵה יְרוּשָׁלָיִם.

REINO DE DAVID

אֶת צֶמַח Haz florecer prontamente el retoño de Tu siervo David,
y su magnificencia se eleve hacia lo alto por medio de Tu salvación,
pues esperamos y aguardamos a diario Tu salvación.
Bendito eres Tú SEÑOR,
que haces florecer la gloria de la salvación.

RESPUESTA A LA ORACIÓN

שְׁמַע Escucha nuestra voz SEÑOR, nuestro Dios.
Padre compasivo, apiádate y ten compasión de nosotros
y recibe con misericordia y benevolencia nuestra plegaria,
pues Tú Dios, escuchas las plegarias y las súplicas.
No nos dejes volver de Tu presencia con las manos vacías,
se clemente, respóndenos y escucha nuestras plegarias*,
pues Tú atiendes las plegarias de cada boca.
Bendito eres Tú SEÑOR, que atiende la plegaria.

---

* *En la noche del 9 de Ab, la congregación agrega:*

עֲנֵנוּ Respóndenos Padre nuestro, respóndenos en este nuestro día de ayuno, pues nos encontramos en medio de una gran angustia. No mires nuestra maldad y no ignores nuestra súplica. Sé próximo a nuestro clamor. Respóndenos aún antes de que Te imploremos, escúchanos aún antes de que hablemos, tal como está escrito: "Y será *Isa. 65* que antes de que Me invoquen Yo responderé, mientras ellos todavía hablan Yo ya habré escuchado". Pues Tú SEÑOR, siempre redimes y rescatas en tiempos de aflicción y desgracia.

---

EL SERVICIO DEL TEMPLO

רְצֵה Acepta con benevolencia SEÑOR, nuestro Dios,
a Tu pueblo Israel y atiende sus plegarias.
Restaura el servicio en Tu más sagrada casa y acepta favorable
y amorosamente las ofrendas ígneas de Israel y sus rezos.
Que siempre recibas con agrado el servicio de Tu pueblo Israel.

מלכות בית דוד

אֶת צֶמַח דָּוִד עַבְדְּךָ מְהֵרָה תַצְמִיחַ
וְקַרְנוֹ תָּרוּם בִּישׁוּעָתֶךָ
כִּי לִישׁוּעָתְךָ קִוִּינוּ וְצִפִּינוּ כָּל־הַיּוֹם.
בָּרוּךְ אַתָּה יְהֹוָה, מַצְמִיחַ קֶרֶן יְשׁוּעָה.

שומע תפילה

שְׁמַע קוֹלֵנוּ יְהֹוָה אֱלֹהֵינוּ, אָב הָרַחְמָן חוּס וְרַחֵם עָלֵינוּ
וְקַבֵּל בְּרַחֲמִים וּבְרָצוֹן אֶת תְּפִלָּתֵנוּ
כִּי אֵל שׁוֹמֵעַ תְּפִלּוֹת וְתַחֲנוּנִים אָתָּה
וּמִלְּפָנֶיךָ מַלְכֵּנוּ רֵיקָם אַל תְּשִׁיבֵנוּ
חָנֵּנוּ וַעֲנֵנוּ וּשְׁמַע תְּפִלָּתֵנוּ*
כִּי אַתָּה שׁוֹמֵעַ תְּפִלַּת כָּל־פֶּה.
בָּרוּךְ אַתָּה יְהֹוָה, שׁוֹמֵעַ תְּפִלָּה.

---

* *En* ליל תשעה באב*, la congregación agrega:*

עֲנֵנוּ אָבִינוּ עֲנֵנוּ בְּיוֹם צוֹם הַתַּעֲנִית הַזֶּה, כִּי בְצָרָה גְדוֹלָה אֲנָחְנוּ. אַל תֵּפֶן
לְרִשְׁעֵנוּ, וְאַל תִּתְעַלַּם מַלְכֵּנוּ מִבַּקָּשָׁתֵנוּ. הֱיֵה נָא קָרוֹב לְשַׁוְעָתֵנוּ, טֶרֶם
נִקְרָא אֵלֶיךָ אַתָּה תַעֲנֶה, נְדַבֵּר וְאַתָּה תִשְׁמַע, כַּדָּבָר שֶׁנֶּאֱמַר: וְהָיָה טֶרֶם ישעיה סה
יִקְרָאוּ וַאֲנִי אֶעֱנֶה, עוֹד הֵם מְדַבְּרִים וַאֲנִי אֶשְׁמָע: כִּי אַתָּה יְהֹוָה פּוֹדֶה
וּמַצִּיל וְעוֹנֶה וּמְרַחֵם בְּכָל־עֵת צָרָה וְצוּקָה. כִּי אַתָּה שׁוֹמֵעַ תְּפִלַּת כָּל־פֶּה.
בָּרוּךְ אַתָּה יְהֹוָה, שׁוֹמֵעַ תְּפִלָּה.

---

עבודה

רְצֵה יְהֹוָה אֱלֹהֵינוּ בְּעַמְּךָ יִשְׂרָאֵל וְלִתְפִלָּתָם שְׁעֵה
וְהָשֵׁב הָעֲבוֹדָה לִדְבִיר בֵּיתֶךָ
וְאִשֵּׁי יִשְׂרָאֵל וּתְפִלָּתָם מְהֵרָה בְּאַהֲבָה תְקַבֵּל בְּרָצוֹן
וּתְהִי לְרָצוֹן תָּמִיד עֲבוֹדַת יִשְׂרָאֵל עַמֶּךָ.

*En Rosh Ḥodesh y en Ḥol HaMo'ed se dice:*

אֱלֹהֵינוּ Dios nuestro y de nuestros ancestros, que ascienda, acuda y llegue; sea visible, sea aceptada, sea escuchada, sea considerada y sea recordada delante de Ti nuestra memoria, y la de nuestros patriarcas, y la del Mashiaḥ hijo de David Tu siervo, y la de todo Tu pueblo la casa de Israel – para liberación y bienestar, gracia, benevolencia y compasión, en este día de:

*En Rosh Ḥodesh:* Rosh Ḥodesh

*En Pesaḥ:* Fiesta de las Maṣot, día de sagrada convocatoria

*En Sucot:* Fiesta de Sucot, día de sagrada convocatoria

Para que en él tengas compasión y nos redimas. Recuérdanos SEÑOR, nuestro Dios en él para bien, tennos presentes en él para bendición y redímenos en él para una buena vida, de acuerdo con Tu promesa de salvación y misericordia. Apiádate, agrácianos, compadécete y ten misericordia de nosotros y redímenos, pues nuestros ojos están puestos en Ti ya que Tú Dios eres un Rey benevolente y compasivo.

וְאַתָּה Y Tú en Tu gran compasión nos desearás
y Te complacerás en nosotros.
Que nuestros ojos contemplen Tu retorno a Ṣión con compasión.
Bendito eres Tú SEÑOR, que restaura Su presencia en Ṣion.

## AGRADECIMIENTO

מוֹדִים Te agradecemos a Ti, pues eres el SEÑOR, Dios nuestro
y de nuestros ancestros por siempre.
Eres nuestra Roca y la de nuestra existencia,
Escudo de nuestra salvación.
De generación en generación Te agradeceremos,
y relataremos Tu alabanza
por nuestras vidas que están depositadas en Tus manos,
por nuestras almas que están a Tu cargo,
por Tus milagros para con nosotros a diario, y las bondades
y maravillas que nos prodigas en todo momento,
noche, mañana y tarde.

*En* חול המועד *y en* ראש חודש*, se dice:*

אֱלֹהֵינוּ וֵאלֹהֵי אֲבוֹתֵינוּ, יַעֲלֶה וְיָבוֹא, יַגִּיעַ יֵרָאֶה וְיֵרָצֶה, יִשָּׁמַע יִפָּקֵד וְיִזָּכֵר זִכְרוֹנֵנוּ וְזִכְרוֹן אֲבוֹתֵינוּ, זִכְרוֹן יְרוּשָׁלַיִם עִירָךְ, וְזִכְרוֹן מָשִׁיחַ בֶּן דָּוִד עַבְדָּךְ, וְזִכְרוֹן כָּל־עַמְּךָ בֵּית יִשְׂרָאֵל, לְפָנֶיךָ, לִפְלֵיטָה לְטוֹבָה, לְחֵן, לְחֶסֶד וּלְרַחֲמִים, בְּיוֹם

בראש חודש: רֹאשׁ חֹדֶשׁ הַזֶּה

בפסח: חַג הַמַּצּוֹת הַזֶּה, בְּיוֹם מִקְרָא קֹדֶשׁ הַזֶּה

בסוכות: חַג הַסֻּכּוֹת הַזֶּה, בְּיוֹם מִקְרָא קֹדֶשׁ הַזֶּה

לְרַחֵם בּוֹ עָלֵינוּ וּלְהוֹשִׁיעֵנוּ. זָכְרֵנוּ יְהֹוָה אֱלֹהֵינוּ בּוֹ לְטוֹבָה, וּפָקְדֵנוּ בוֹ לִבְרָכָה, וְהוֹשִׁיעֵנוּ בוֹ לְחַיִּים טוֹבִים בִּדְבַר יְשׁוּעָה וְרַחֲמִים. חוּס וְחָנֵּנוּ וַחֲמוֹל וְרַחֵם עָלֵינוּ וְהוֹשִׁיעֵנוּ, כִּי אֵלֶיךָ עֵינֵינוּ, כִּי אֵל מֶלֶךְ חַנּוּן וְרַחוּם אָתָּה.

וְאַתָּה בְּרַחֲמֶיךָ הָרַבִּים תַּחְפֹּץ בָּנוּ וְתִרְצֵנוּ
וְתֶחֱזֶינָה עֵינֵינוּ בְּשׁוּבְךָ לְצִיּוֹן בְּרַחֲמִים.
בָּרוּךְ אַתָּה יְהֹוָה, הַמַּחֲזִיר שְׁכִינָתוֹ לְצִיּוֹן.

הודאה

מוֹדִים אֲנַחְנוּ לָךְ
שָׁאַתָּה הוּא יְהֹוָה אֱלֹהֵינוּ וֵאלֹהֵי אֲבוֹתֵינוּ לְעוֹלָם וָעֶד.
צוּרֵנוּ, צוּר חַיֵּינוּ וּמָגֵן יִשְׁעֵנוּ אַתָּה הוּא
לְדוֹר וָדוֹר נוֹדֶה לְךָ וּנְסַפֵּר תְּהִלָּתֶךָ
עַל חַיֵּינוּ הַמְּסוּרִים בְּיָדֶךָ
וְעַל נִשְׁמוֹתֵינוּ הַפְּקוּדוֹת לָךְ
וְעַל נִסֶּיךָ שֶׁבְּכָל־יוֹם עִמָּנוּ
וְעַל נִפְלְאוֹתֶיךָ וְטוֹבוֹתֶיךָ שֶׁבְּכָל־עֵת, עֶרֶב וָבֹקֶר וְצָהֳרָיִם.

El Benevolente, pues Tu compasión nunca concluye,
Tú eres compasivo, pues no cesan Tus bondades.
Siempre hemos depositado nuestra esperanza en Ti.

---

*En Ḥanucá y Purim:*

עַל הַנִּסִּים (Te agradecemos también) por los milagros, la redención, los actos poderosos, las salvaciones, las maravillas y consolaciones que hiciste en favor de nuestros ancestros en aquellos días en este tiempo.

*En Ḥanucá:*

בִּימֵי מַתִּתְיָה En los días de Matitiahu hijo de Yojanán, el Sumo Sacerdote, el jasmoneo y sus hijos, cuando el malvado reino griego se levantó contra Tu pueblo Israel para hacerles olvidar Tu Torá y forzarlos a transgredir los estatutos de Tu voluntad. Y Tú, con gran compasión, estuviste junto a ellos en el tiempo de su desgracia, luchaste por su causa, juzgaste su reclamo y vengaste su opresión. Entregaste fuertes en manos de débiles, muchos en manos de pocos, malvados en manos de justos impuros en manos de puros, arrogantes en manos de estudiosos de Tu Torá. Hiciste para Ti un Nombre Grande y Sagrado en Tu mundo, y a Tu pueblo Israel diste gran redención y salvación en un día como este. Luego, Tus hijos ingresaron a Tu recinto sagrado, limpiaron Tu Templo, purificaron Tu santuario, encendieron velas en Tus cortes y establecieron estos ocho días de Ḥanucá de agradecimiento y alabanza, e hiciste para ellos milagros y maravillas, por lo que agradeceremos a Tu gran Nombre, Sela.

*Continúa con "Por todo esto".*

*En Purim:*

בִּימֵי מָרְדְּכַי וְאֶסְתֵּר En los días de Mordejai y Ester, en la ciudad capital de Shushán, cuando el malvado Hamán se alzó contra Tu pueblo procurando destruir, matar y exterminar a todos los judíos, jóvenes y *Est. 3*
mayores, niños y mujeres en un solo día, el trece del duodécimo mes que es el de Adar y saquear sus posesiones. Entonces Tú, con gran compasión desbarataste su plan, arruinaste su proyecto y le retribuiste por su maldad haciéndolo colgar junto a sus hijos de un cadalso e hiciste para ellos milagros y maravillas, por lo que agradeceremos a Tu gran Nombre, Sela.

*Continúa con "Por todo esto".*

---

הַטּוֹב, כִּי לֹא כָלוּ רַחֲמֶיךָ
הַמְרַחֵם, כִּי לֹא תַמּוּ חֲסָדֶיךָ כִּי מֵעוֹלָם קִוִּינוּ לָךְ.

---

בחנוכה ובפורים:

עַל הַנִּסִּים וְעַל הַפֻּרְקָן וְעַל הַגְּבוּרוֹת וְעַל הַתְּשׁוּעוֹת וְעַל הַנִּפְלָאוֹת וְעַל הַנֶּחָמוֹת שֶׁעָשִׂיתָ לַאֲבוֹתֵינוּ בַּיָּמִים הָהֵם בַּזְּמַן הַזֶּה.

בחנוכה:

בִּימֵי מַתִּתְיָה בֶּן יוֹחָנָן כֹּהֵן גָּדוֹל חַשְׁמוֹנַאי וּבָנָיו, כְּשֶׁעָמְדָה עֲלֵיהֶם מַלְכוּת יָוָן הָרְשָׁעָה עַל עַמְּךָ יִשְׂרָאֵל לְשַׁכְּחָם תּוֹרָתֶךָ וּלְהַעֲבִירָם מֵחֻקֵּי רְצוֹנֶךָ, וְאַתָּה בְּרַחֲמֶיךָ הָרַבִּים עָמַדְתָּ לָהֶם בְּעֵת צָרָתָם, רַבְתָּ אֶת רִיבָם, דַּנְתָּ אֶת דִּינָם, נָקַמְתָּ אֶת נִקְמָתָם, מָסַרְתָּ גִבּוֹרִים בְּיַד חַלָּשִׁים, וְרַבִּים בְּיַד מְעַטִּים, וּרְשָׁעִים בְּיַד צַדִּיקִים, וּטְמֵאִים בְּיַד טְהוֹרִים, וְזֵדִים בְּיַד עוֹסְקֵי תוֹרָתֶךָ. לְךָ עָשִׂיתָ שֵׁם גָּדוֹל וְקָדוֹשׁ בְּעוֹלָמֶךָ, וּלְעַמְּךָ יִשְׂרָאֵל עָשִׂיתָ תְּשׁוּעָה גְדוֹלָה וּפֻרְקָן כְּהַיּוֹם הַזֶּה. וְאַחַר כָּךְ בָּאוּ בָנֶיךָ לִדְבִיר בֵּיתֶךָ, וּפִנּוּ אֶת הֵיכָלֶךָ, וְטִהֲרוּ אֶת מִקְדָּשֶׁךָ, וְהִדְלִיקוּ נֵרוֹת בְּחַצְרוֹת קָדְשֶׁךָ, וְקָבְעוּ שְׁמוֹנַת יְמֵי חֲנֻכָּה אֵלּוּ, בְּהַלֵּל וּבְהוֹדָאָה, וְעָשִׂיתָ עִמָּהֶם נִסִּים וְנִפְלָאוֹת, וְנוֹדֶה לְשִׁמְךָ הַגָּדוֹל, סֶלָה.

וממשיך ׳וְעַל כֻּלָּם׳.

בפורים:

בִּימֵי מָרְדְּכַי וְאֶסְתֵּר בְּשׁוּשַׁן הַבִּירָה, כְּשֶׁעָמַד עֲלֵיהֶם הָמָן הָרָשָׁע, בִּקֵּשׁ לְהַשְׁמִיד לַהֲרֹג וּלְאַבֵּד אֶת־כָּל־הַיְּהוּדִים מִנַּעַר וְעַד־זָקֵן טַף וְנָשִׁים בְּיוֹם אֶחָד, בִּשְׁלוֹשָׁה עָשָׂר לְחֹדֶשׁ שְׁנֵים־עָשָׂר, הוּא־חֹדֶשׁ אֲדָר, וּשְׁלָלָם לָבוֹז: וְאַתָּה בְּרַחֲמֶיךָ הָרַבִּים הֵפַרְתָּ אֶת עֲצָתוֹ, וְקִלְקַלְתָּ אֶת מַחֲשַׁבְתּוֹ, וַהֲשֵׁבוֹתָ לּוֹ גְּמוּלוֹ בְּרֹאשׁוֹ, וְתָלוּ אוֹתוֹ וְאֶת בָּנָיו עַל הָעֵץ, וְעָשִׂיתָ עִמָּהֶם נִסִּים וְנִפְלָאוֹת, וְנוֹדֶה לְשִׁמְךָ הַגָּדוֹל, סֶלָה.

אסתר ג

וממשיך ׳וְעַל כֻּלָּם׳.

וְעַל כֻּלָּם Por todo esto, Rey nuestro, que Tu Nombre sea bendecido, exaltado y encumbrado por siempre.
Que todos los seres vivos Te agradezcan, ¡Sela!

*Entre Rosh HaShaná y Yom Kipur:* E inscribe a todos los hijos de Tu pacto para una buena vida.

Y alaben y bendigan a Tu gran Nombre de verdad, pues por siempre eres bondadoso. Dios de nuestra redención y nuestro socorro, ¡Sela! El Dios bondadoso. Bendito eres Tú Señor, Tu Nombre es "Bueno" y a Ti corresponde agradecer.

PAZ

שִׂים שָׁלוֹם Instaura paz, bien y bendición vida, gracia y benevolencia, justicia y compasión sobre nosotros y todo Tu pueblo Israel.
Bendícenos Padre nuestro, a todos nosotros como uno,
con la luz de Tu Semblante, pues en la luz de Tu Semblante nos has dado Señor, nuestro Dios, Torá, y vida,
amor y benevolencia, justicia y compasión, bendición y paz.
Que ante Tus ojos sea bueno bendecir a todo Tu pueblo Israel, con gran poder y paz.

*Entre Rosh HaShaná y Yom Kipur:* Que seamos recordados e inscritos nosotros y todo Tu pueblo la casa de Israel en el libro de la vida, la bendición, la paz, la prosperidad, salvación, consuelo y decretos favorables, para una buena vida y para la paz.

בָּרוּךְ Bendito eres Tú Señor, que bendice a Su pueblo Israel con la paz, Amén.

יִהְיוּ Que las palabras de mi boca y la meditación de mi corazón hallen favor ante Ti Señor, mi Fortaleza y mi Redentor. *Sal. 19*

וְעַל כֻּלָּם
יִתְבָּרַךְ וְיִתְרוֹמַם וְיִתְנַשֵּׂא תָּמִיד שִׁמְךָ מַלְכֵּנוּ לְעוֹלָם וָעֶד
וְכָל־הַחַיִּים יוֹדוּךָ סֶּלָה

בעשרת ימי תשובה: וּכְתֹב לְחַיִּים טוֹבִים כָּל־בְּנֵי בְרִיתֶךָ.

וִיהַלְלוּ וִיבָרְכוּ אֶת שִׁמְךָ הַגָּדוֹל בֶּאֱמֶת לְעוֹלָם כִּי טוֹב
הָאֵל יְשׁוּעָתֵנוּ וְעֶזְרָתֵנוּ סֶלָה, הָאֵל הַטּוֹב.
בָּרוּךְ אַתָּה יְהוָה, הַטּוֹב שִׁמְךָ וּלְךָ נָאֶה לְהוֹדוֹת.

שלום

שִׂים שָׁלוֹם טוֹבָה וּבְרָכָה, חַיִּים חֵן וָחֶסֶד
צְדָקָה וְרַחֲמִים עָלֵינוּ וְעַל־כָּל־יִשְׂרָאֵל עַמֶּךָ.
וּבָרְכֵנוּ אָבִינוּ כֻּלָּנוּ כְּאֶחָד בְּאוֹר פָּנֶיךָ
כִּי בְאוֹר פָּנֶיךָ נָתַתָּ לָּנוּ יְהוָה אֱלֹהֵינוּ תּוֹרָה וְחַיִּים
אַהֲבָה וָחֶסֶד, צְדָקָה וְרַחֲמִים, בְּרָכָה וְשָׁלוֹם.
וְטוֹב בְּעֵינֶיךָ לְבָרְכֵנוּ, וּלְבָרֵךְ אֶת כָּל־עַמְּךָ יִשְׂרָאֵל
בְּרֹב עֹז וְשָׁלוֹם.

בעשרת ימי תשובה: וּבְסֵפֶר חַיִּים, בְּרָכָה וְשָׁלוֹם, וּפַרְנָסָה טוֹבָה
וִישׁוּעָה וְנֶחָמָה, וּגְזֵרוֹת טוֹבוֹת נִזָּכֵר וְנִכָּתֵב לְפָנֶיךָ
אֲנַחְנוּ וְכָל־עַמְּךָ יִשְׂרָאֵל, לְחַיִּים טוֹבִים וּלְשָׁלוֹם.

בָּרוּךְ אַתָּה יְהוָה, הַמְבָרֵךְ אֶת עַמּוֹ יִשְׂרָאֵל בַּשָּׁלוֹם. אָמֵן.

יִהְיוּ לְרָצוֹן אִמְרֵי־פִי וְהֶגְיוֹן לִבִּי לְפָנֶיךָ, יְהוָה צוּרִי וְגֹאֲלִי: תהלים יט

אֱלֹהַי Dios mío, *Berajot 17a*
preserva mi lengua del mal y mis labios de pronunciar engaño.
Que mi alma calle ante quienes me maldicen,
y sea como el polvo para con todos.
Abre mi corazón a Tu Torá y que mi alma persiga Tus preceptos.
Rápidamente deja sin efecto el consejo
y frustra los planes de quienes conspiran contra mí.
Que sean cual tamo ante el viento *Sal. 35*
y acosados por el ángel del SEÑOR
Actúa en pos de Tu Nombre, actúa en pos de Tu diestra,
actúa en pos de Tu santidad, actúa en pos de Tu Torá.
Para que Tus amados sean liberados, *Sal. 60*
redime con Tu diestra y respóndeme.
Que las palabras de mi boca y la meditación de mi corazón *Sal. 19*
hallen favor ante Ti SEÑOR, mi Fortaleza y mi Redentor.

*Antes de decir 'Quien obra paz' se dan tres pasos hacia atrás.*
*En los Diez Días del Retorno se dice "HaShalom" en vez de "Shalom".*

Quien obra la paz en Sus alturas,
con compasión haga la paz para nosotros
y todo Su pueblo Israel y decid: Amén.

Sea Tu voluntad SEÑOR, Dios nuestro y de nuestros ancestros que el Templo sea reconstruido pronto en nuestros días, que nos concedas nuestra porción en Tu Torá, para cumplir las leyes de Tu voluntad y servirte con corazón íntegro.

יְהִי Que el Nombre del SEÑOR sea bendito desde ahora y hasta la *Sal. 113*
eternidad. Desde la salida del sol hasta su ocaso, alabado es el Nombre
del SEÑOR. El SEÑOR es nuestro Soberano, cuán exaltado es Tu *Sal. 8*
Nombre en toda la tierra.

ברכות יז

אֱלֹהַי

נְצֹר לְשׁוֹנִי מֵרָע וּשְׂפָתוֹתַי מִדַּבֵּר מִרְמָה

וְלִמְקַלְלַי נַפְשִׁי תִדֹּם, וְנַפְשִׁי כֶּעָפָר לַכֹּל תִּהְיֶה.

פְּתַח לִבִּי בְּתוֹרָתֶךָ, וְאַחֲרֵי מִצְוֹתֶיךָ תִּרְדֹּף נַפְשִׁי.

וְכָל־הַקָּמִים עָלַי לְרָעָה

מְהֵרָה הָפֵר עֲצָתָם וְקַלְקֵל מַחְשְׁבוֹתָם.

תהלים לה

יִהְיוּ כְּמֹץ לִפְנֵי־רוּחַ וּמַלְאַךְ יְהוָה דּוֹחֶה:

עֲשֵׂה לְמַעַן שְׁמֶךָ, עֲשֵׂה לְמַעַן יְמִינֶךָ

עֲשֵׂה לְמַעַן תּוֹרָתֶךָ, עֲשֵׂה לְמַעַן קְדֻשָּׁתֶךָ.

תהלים ס

לְמַעַן יֵחָלְצוּן יְדִידֶיךָ, הוֹשִׁיעָה יְמִינְךָ וַעֲנֵנִי:

תהלים יט

יִהְיוּ לְרָצוֹן אִמְרֵי־פִי וְהֶגְיוֹן לִבִּי לְפָנֶיךָ, יְהוָה צוּרִי וְגֹאֲלִי:

*Antes de decir 'עֹשֶׂה שָׁלוֹם' se dan tres pasos hacia atrás.*
*En los Diez Días del Retorno se dice 'הַשָּׁלוֹם' en vez de 'שָׁלוֹם'.*

עֹשֶׂה שָׁלוֹם בִּמְרוֹמָיו

הוּא בְּרַחֲמָיו, יַעֲשֶׂה שָׁלוֹם עָלֵינוּ וְעַל־כָּל־עַמּוֹ יִשְׂרָאֵל

וְאִמְרוּ אָמֵן.

יְהִי רָצוֹן מִלְּפָנֶיךָ, יְהוָה אֱלֹהֵינוּ וֵאלֹהֵי אֲבוֹתֵינוּ, שֶׁתִּבְנֶה בֵּית הַמִּקְדָּשׁ בִּמְהֵרָה בְיָמֵינוּ, וְתֵן חֶלְקֵנוּ בְּתוֹרָתֶךָ, לַעֲשׂוֹת חֻקֵּי רְצוֹנֶךָ וּלְעָבְדְךָ בְּלֵבָב שָׁלֵם.

תהלים קיג

יְהִי שֵׁם יְהוָה מְבֹרָךְ מֵעַתָּה וְעַד־עוֹלָם:

מִמִּזְרַח־שֶׁמֶשׁ עַד־מְבוֹאוֹ מְהֻלָּל שֵׁם יְהוָה:

תהלים ח

יְהוָה אֲדֹנֵינוּ, מָה־אַדִּיר שִׁמְךָ בְּכָל־הָאָרֶץ:

## MEDIO KADISH

*El Ḥazán y los Avelim recitan Medio Kadish:*

יִתְגַּדַּל Que Su Gran Nombre sea magnificado y santificado,
en el mundo que creó conforme a Su voluntad.
Que establezca Su reino, haga florecer Su salvación
y apresure la llegada de Su ungido durante vuestra vida
y en vuestros días
y en la vida de toda la casa de Israel,
pronto y rápidamentey decid: Amén.

Que Su Gran Nombre sea bendito por sie
mpre y por toda la eternidad.

Sea bendecido, alabado, glorificado y exaltado, encumbrado
y magnificado, enaltecido y ensalzado el Nombre del Santo Bendito Él;
más allá de cualquier bendición, cántico, alabanza y consolación
pronunciados en el mundo y decid: Amén.

*Cuando un Yom Tob cae durante la semana a iniciarse,*
*el recitado comienza a partir de "Le colmaré de largos días."*

Que el agrado del SEÑOR nuestro Dios sea sobre nosotros, y la acción de nuestras manos sea establecida para nosotros. Oh Eterno, aprueba la obra de nuestras manos.

יֹשֵׁב בְּסֵתֶר Él que habita en el refugio del Altísimo y reside a la sombra *Sal. 91*
del Eterno. Diré al SEÑOR que es mi refugio y mi fortaleza, es mi Dios y en Él confiaré. Él te salvará de la trampa del cazador y de la mortal pestilencia. Él te cubrirá con Sus alas y bajo éstas hallarás protección; Su verdad es escudo y armadura. No temerás por el terror de la noche

---

que Moshé dio a quienes ayudaron a erigir el Santuario, agregando: "Que la Divina Presencia repose en la labor de vuestras manos". Al ser recitada aquí, en el inicio de la semana laboral, se trata de una plegaria que pide que Dios envíe Su bendición a nuestras labores.

Esta y la próxima sección no son recitadas en una semana en la que cae una festividad porque no nos espera una semana laboral completa y porque el mérito de la festividad entrante es en sí un augurio de protección Divina.

חצי קדיש

*El* חזן *y los* אבלים *recitan* חצי קדיש:

יִתְגַּדַּל וְיִתְקַדַּשׁ שְׁמֵהּ רַבָּא (קהל: אָמֵן)
בְּעָלְמָא דִּי בְרָא כִרְעוּתֵהּ
וְיַמְלִיךְ מַלְכוּתֵהּ וְיַצְמַח פֻּרְקָנֵהּ וִיקָרֵב מְשִׁיחֵהּ (קהל: אָמֵן)
בְּחַיֵּיכוֹן וּבְיוֹמֵיכוֹן וּבְחַיֵּי דְכָל־בֵּית יִשְׂרָאֵל
בַּעֲגָלָא וּבִזְמַן קָרִיב, וְאִמְרוּ אָמֵן. (קהל: אָמֵן)
יְהֵא שְׁמֵהּ רַבָּא מְבָרַךְ לְעָלַם וּלְעָלְמֵי עָלְמַיָּא יִתְבָּרַךְ
וְיִשְׁתַּבַּח וְיִתְפָּאַר וְיִתְרוֹמַם וְיִתְנַשֵּׂא וְיִתְהַדָּר וְיִתְעַלֶּה וְיִתְהַלָּל
שְׁמֵהּ דְּקֻדְשָׁא בְּרִיךְ הוּא (קהל: אָמֵן)
לְעֵלָּא מִן כָּל־בִּרְכָתָא, שִׁירָתָא, תֻּשְׁבְּחָתָא וְנֶחֱמָתָא
דַּאֲמִירָן בְּעָלְמָא, וְאִמְרוּ אָמֵן. (קהל: אָמֵן)

*Cuando un* יום טוב *cae durante la semana a iniciarse,*
*el* חזן *comienza a partir de* 'אֹרֶךְ יָמִים'.

וִיהִי ׀ נֹעַם אֲדֹנָי אֱלֹהֵינוּ עָלֵינוּ וּמַעֲשֵׂה יָדֵינוּ כּוֹנְנָה עָלֵינוּ וּמַעֲשֵׂה יָדֵינוּ כּוֹנְנֵהוּ:

יֹשֵׁב בְּסֵתֶר עֶלְיוֹן בְּצֵל שַׁדַּי יִתְלוֹנָן: אֹמַר לַיהוה מַחְסִי וּמְצוּדָתִי תהלים צא
אֱלֹהַי אֶבְטַח־בּוֹ: כִּי הוּא יַצִּילְךָ מִפַּח יָקוּשׁ מִדֶּבֶר הַוּוֹת:
בְּאֶבְרָתוֹ ׀ יָסֶךְ לָךְ וְתַחַת־כְּנָפָיו תֶּחְסֶה צִנָּה וְסֹחֵרָה אֲמִתּוֹ:
לֹא־תִירָא מִפַּחַד לָיְלָה מֵחֵץ יָעוּף יוֹמָם: מִדֶּבֶר בָּאֹפֶל יַהֲלֹךְ

---

וִיהִי נֹעַם *Que el agrado del* Señor *nuestro Dios sea sobre nosotros:* El Salmo 91 que le sigue inmediatamente es conocido como el Salmo de las Bendiciones y es la más famosa de las plegarias que piden por mantenerse a salvo de todo daño o percance. Se recita al concluir el Shabat como oración que implora por la protección Divina contra todos los peligros que puedan acecharnos en la semana entrante. Este pasaje tiene por prefacio al último versículo del salmo anterior. Según la tradición (Rashí Éxodo 39:43) esta fue la bendición

ni de la saeta diurna, ni de la peste que anda en la oscuridad ni al destructor que asola a mediodía. Mil caerán a tu lado y diez mil junto a tu diestra, mas no podrán acercarse a ti. Tú habrás de contemplar únicamente con tus ojos y verás a los malvados recibir su merecido. Pues Tú Señor eres mi refugio, has dispuesto Tu morada en lo más alto. No te habrá de ocurrir cosa mala ni se acercará daño alguno a tu tienda. Pues Sus ángeles serán ordenados para cuidarte en todos tus caminos. Sobre sus palmas te transportarán para que tu pie no tropiece con piedra alguna. Pisarás al león y a la serpiente, arrollarás al leoncillo y al reptil. Por cuanto que él Me ama, Yo lo habré de rescatar y encumbrar, porque conoce Mi Nombre. Me llamará y le contestaré, lo acompañaré en su desgracia, lo salvaré y le honraré. Le colmaré de largos días y le mostraré Mi salvación. Le colmaré de largos días y le mostraré Mi salvación.

Y Tú eres Santo, entronado por las alabanzas de Israel. Y un ángel daba voces al otro diciendo: "Santo, Santo, Santo, Señor de las Huestes Celestiales, toda la tierra está llena de Su gloria". *Sal. 22 Isa. 6*

*En voz baja:* Y reciben permiso uno del otro, diciendo: "Santo en los altos cielos, recinto de Su presencia; Santo en la tierra la obra de Su poder, el Señor de las Huestes Celestiales es Santo por siempre en todo tiempo, toda la tierra está plena del resplandor de Su gloria". *Targúm Yonatán Isa. 6*

Luego un viento me elevó y escuché tras de mí el sonido de un inmenso clamor: "Bendita es la gloria del Señor desde Su sitial". *Eze. 3*

*En voz baja:* Luego, un viento me elevó y escuché tras de mí el ruido de una gran tempestad de aquellos que pronunciaron alabanza, diciendo, "Bendita es la gloria del Señor desde Su sitial en el recinto de Su presencia". *Targúm Yonatán a Eze. 3*

El Señor reinará por toda la eternidad. *Éx. 15*

*En voz baja:* El reino del Señor se ha establecido para siempre y por todos los tiempos. *Targúm Onkelos a Éx. 15*

---

un período en el cual se acostumbraba dedicar tiempo al estudio de la Torá al concluir el Shabat.

מִקֶּטֶב יָשׁוּד צׇהֳרָיִם: יִפֹּל מִצִּדְּךָ ׀ אֶלֶף וּרְבָבָה מִימִינֶךָ אֵלֶיךָ לֹא יִגָּשׁ: רַק בְּעֵינֶיךָ תַבִּיט וְשִׁלֻּמַת רְשָׁעִים תִּרְאֶה: כִּי־אַתָּה יְהֹוָה מַחְסִי עֶלְיוֹן שַׂמְתָּ מְעוֹנֶךָ: לֹא־תְאֻנֶּה אֵלֶיךָ רָעָה וְנֶגַע לֹא־יִקְרַב בְּאׇהֳלֶךָ: כִּי מַלְאָכָיו יְצַוֶּה־לָּךְ לִשְׁמׇרְךָ בְּכׇל־דְּרָכֶיךָ: עַל־כַּפַּיִם יִשָּׂאוּנְךָ פֶּן־תִּגֹּף בָּאֶבֶן רַגְלֶךָ: עַל־שַׁחַל וָפֶתֶן תִּדְרֹךְ תִּרְמֹס כְּפִיר וְתַנִּין: כִּי בִי חָשַׁק וַאֲפַלְּטֵהוּ אֲשַׂגְּבֵהוּ כִּי־יָדַע שְׁמִי: יִקְרָאֵנִי ׀ וְאֶעֱנֵהוּ עִמּוֹ־אָנֹכִי בְצָרָה אֲחַלְּצֵהוּ וַאֲכַבְּדֵהוּ: אֹרֶךְ יָמִים אַשְׂבִּיעֵהוּ וְאַרְאֵהוּ בִּישׁוּעָתִי: אֹרֶךְ יָמִים אַשְׂבִּיעֵהוּ וְאַרְאֵהוּ בִּישׁוּעָתִי:

תהלים כב / ישעיה ו
וְאַתָּה קָדוֹשׁ יוֹשֵׁב תְּהִלּוֹת יִשְׂרָאֵל: וְקָרָא זֶה אֶל־זֶה וְאָמַר קָדוֹשׁ, קָדוֹשׁ, קָדוֹשׁ, יְהֹוָה צְבָאוֹת, מְלֹא כׇל־הָאָרֶץ כְּבוֹדוֹ:

תרגום יונתן שם
נאמר בלחש: וּמְקַבְּלִין דֵּין מִן דֵּין וְאָמְרִין, קַדִּישׁ בִּשְׁמֵי מְרוֹמָא עִלָּאָה בֵּית שְׁכִינְתֵּהּ, קַדִּישׁ עַל אַרְעָא עוֹבַד גְּבוּרְתֵּהּ, קַדִּישׁ לְעָלַם וּלְעָלְמֵי עָלְמַיָּא, יְהֹוָה צְבָאוֹת, מַלְיָא כׇל־אַרְעָא זִיו יְקָרֵהּ.

יחזקאל ג
וַתִּשָּׂאֵנִי רוּחַ, וָאֶשְׁמַע אַחֲרַי קוֹל רַעַשׁ גָּדוֹל
בָּרוּךְ כְּבוֹד־יְהֹוָה מִמְּקוֹמוֹ:

תרגום יונתן שם
נאמר בלחש: וּנְטָלַתְנִי רוּחָא, וּשְׁמָעִית בַּתְרַי קָל זִיעַ סַגִּיא, דִּמְשַׁבְּחִין וְאָמְרִין, בְּרִיךְ יְקָרָא דַיהֹוָה מֵאֲתַר בֵּית שְׁכִינְתֵּהּ.

שמות טו
יְהֹוָה יִמְלֹךְ לְעֹלָם וָעֶד:

תרגום אונקלוס שם
נאמר בלחש: יְהֹוָה מַלְכוּתֵהּ קָאֵם לְעָלַם וּלְעָלְמֵי עָלְמַיָּא.

---

וְאַתָּה קָדוֹשׁ *Y Tú eres Santo:* Esta plegaria con su paralelo en los rezos matutinos de la semana laboral y vespertinos de Shabat fue generalmente asociada a períodos de estudio comunitario. Su presencia aquí puede retrotraernos a

יְהוָה Señor, Dios de nuestros ancestros Abraham, Iṣḥak e Israel, *I Crón. 29*
guarda esto por siempre de modo tal que conforme los pensamientos del corazón de Tu pueblo, y orienta su corazón hacia Ti. Él *Sal. 78*
es compasivo, perdonará la iniquidad y no destruirá, suprimirá Su
ira y no encenderá Su furia. Pues Tú Señor, eres bueno y perdonas, *Sal. 86*
pleno en benevolencia con todo aquel que Te invoca. Tu justicia es *Sal. 119*
eternamente recta y Tu Torá es verdad. Concede la verdad a Ya'akob, *Miq. 7*
la benevolencia a Abraham, tal como prometiste a nuestros ancestros en tiempos pretéritos.

בָּרוּךְ אֲדֹנָי יוֹם יוֹם Bendito es el Señor día tras día pues carga con *Sal. 65*
nosotros (nos colma con Sus bendiciones); Dios de nuestra salvación, ¡Sela! El Señor de las Huestes Celestiales es con nosotros, *Sal. 46*
el Dios de Ya'akob es nuestra fortaleza, ¡Sela! Señor de las Huestes *Sal. 84*
Celestiales, feliz del hombre que confía en Ti. El Señor salva, el Rey *Sal. 20*
nos responderá el día que Le invoquemos.

בָּרוּךְ אֱלֹהֵינוּ Bendito es nuestro Dios que nos creó para Su gloria, separándonos de los extraviados, nos entregó la Torá verdadera, plantó en nuestro interior la vida eterna. El compasivo abrirá nuestro corazón con Su Torá imbuyendo nuestro corazón con el amor y el temor reverencial hacia Él, para que podamos cumplir Su voluntad y servirle con corazón integro, para que nuestros esfuerzos no sean en vano ni seamos generadores de confusión.

יְהִי רָצוֹן Sea Tu voluntad Señor, Dios nuestro y de nuestros ancestros, que cuidemos Tus leyes en este mundo y tengamos el mérito de vivir, ver y heredar la bondad y la bendición de la vida del Mundo
Venidero. Para que mi alma pueda cantar Tu gloria sin callar. El *Sal. 30*
Señor mi Dios, por siempre Te agradeceré. El Señor, en aras del *Isa. 42*
mérito de Israel deseó engrandecer la Torá y enaltecerla. Aquellos *Sal. 9*
que conocen Tu Nombre confían en Ti, porque Tú Señor no has
abandonado a quienes Te buscan. El Señor es nuestro Soberano, *Sal. 8*
cuán exaltado es Tu Nombre en toda la tierra. Sed fuertes y tome *Sal. 31*
coraje vuestro corazón, todos vosotros que esperáis al Señor.

יְהוָה אֱלֹהֵי אַבְרָהָם יִצְחָק וְיִשְׂרָאֵל אֲבֹתֵינוּ, שָׁמְרָה־זֹּאת לְעוֹלָם דברי הימים א׳ כט
לְיֵצֶר מַחְשְׁבוֹת לְבַב עַמֶּךָ, וְהָכֵן לְבָבָם אֵלֶיךָ: וְהוּא רַחוּם יְכַפֵּר תהלים עח
עָוֹן וְלֹא־יַשְׁחִית, וְהִרְבָּה לְהָשִׁיב אַפּוֹ, וְלֹא־יָעִיר כָּל־חֲמָתוֹ:
כִּי־אַתָּה אֲדֹנָי טוֹב וְסַלָּח, וְרַב־חֶסֶד לְכָל־קֹרְאֶיךָ: צִדְקָתְךָ תהלים פו תהלים קיט
צֶדֶק לְעוֹלָם וְתוֹרָתְךָ אֱמֶת: תִּתֵּן אֱמֶת לְיַעֲקֹב, חֶסֶד לְאַבְרָהָם, מיכה ז
אֲשֶׁר־נִשְׁבַּעְתָּ לַאֲבֹתֵינוּ מִימֵי קֶדֶם:

בָּרוּךְ אֲדֹנָי יוֹם יוֹם, יַעֲמָס־לָנוּ הָאֵל יְשׁוּעָתֵנוּ סֶלָה: יְהוָה צְבָאוֹת תהלים סח תהלים מו
עִמָּנוּ, מִשְׂגָּב־לָנוּ אֱלֹהֵי יַעֲקֹב סֶלָה: יְהוָה צְבָאוֹת, אַשְׁרֵי אָדָם תהלים פד
בֹּטֵחַ בָּךְ: יְהוָה הוֹשִׁיעָה, הַמֶּלֶךְ יַעֲנֵנוּ בְיוֹם־קָרְאֵנוּ: תהלים כ

בָּרוּךְ אֱלֹהֵינוּ שֶׁבְּרָאָנוּ לִכְבוֹדוֹ, וְהִבְדִּילָנוּ מִן הַתּוֹעִים, וְנָתַן לָנוּ תּוֹרַת אֱמֶת, וְחַיֵּי עוֹלָם נָטַע בְּתוֹכֵנוּ. הָרַחֲמָן הוּא יִפְתַּח לִבֵּנוּ בְּתוֹרָתוֹ, וְיָשִׂים בְּלִבֵּנוּ אַהֲבָתוֹ וְיִרְאָתוֹ לַעֲשׂוֹת רְצוֹנוֹ וּלְעָבְדוֹ בְּלֵבָב שָׁלֵם, לֹא נִיגַע לָרִיק וְלֹא נֵלֵד לַבֶּהָלָה.

יְהִי רָצוֹן מִלְּפָנֶיךָ, יְהוָה אֱלֹהֵינוּ וֵאלֹהֵי אֲבוֹתֵינוּ, שֶׁנִּשְׁמֹר חֻקֶּיךָ
וּמִצְוֹתֶיךָ בָּעוֹלָם הַזֶּה, וְנִזְכֶּה וְנִחְיֶה וְנִירַשׁ טוֹבָה וּבְרָכָה, לְחַיֵּי
הָעוֹלָם הַבָּא. לְמַעַן יְזַמֶּרְךָ כָבוֹד וְלֹא יִדֹּם, יְהוָה אֱלֹהַי, לְעוֹלָם תהלים ל
אוֹדֶךָּ: יְהוָה חָפֵץ לְמַעַן צִדְקוֹ, יַגְדִּיל תּוֹרָה וְיַאְדִּיר: וְיִבְטְחוּ ישעיה מב תהלים ט
בְךָ יוֹדְעֵי שְׁמֶךָ, כִּי לֹא־עָזַבְתָּ דֹרְשֶׁיךָ, יְהוָה: יְהוָה אֲדֹנֵינוּ מָה־ תהלים ח
אַדִּיר שִׁמְךָ בְּכָל־הָאָרֶץ: חִזְקוּ וְיַאֲמֵץ לְבַבְכֶם, כָּל־הַמְיַחֲלִים תהלים לא
לַיהוָה:

## KADISH TITKABAL

*Solamente el Ḥazán recita el Kadish Titkabal:*

יִתְגַּדַּל Que Su Gran Nombre sea magnificado y santificado,
en el mundo que creó conforme a Su voluntad.
Que establezca Su reino, haga florecer Su salvación
y apresure la llegada de Su ungido
durante vuestra vida y en vuestros días
y en la vida de toda la casa de Israel,
pronto y rápidamente y decid: Amén.

Que Su Gran Nombre sea bendito
por siempre y por toda la eternidad.

Sea bendecido, alabado, glorificado y exaltado, encumbrado
y magnificado, enaltecido y ensalzado
el Nombre del Santo Bendito Él;
más allá de cualquier bendición,
cántico, alabanza y consolación
pronunciados en el mundo y decid: Amén.

Que nuestras plegarias y súplicas junto
a las de todo el pueblo de Israel
sean aceptadas por nuestro Padre Celestial
y Terrenal y decid: Amén.

Que haya gran paz celestial, vida, saciedad,
salvación, consolación, refugio, sanación,
redención, perdón y expiación, bienestar
y salvación para nosotros
y para todo Su pueblo Israel y decid: Amén.

*Antes de decir 'Quien obra paz' se dan tres pasos hacia atrás.*

Quien obra la paz en Sus alturas,
con compasión haga la paz
para nosotros y todo Su pueblo Israel y decid: Amén.

*En los días del O'mer, se acostumbra a realizar el conteo tras el recitado del Kadish Titkabal* *(pág. 346)**.*

## קדיש תתקבל

*Solamente el* חזן *recita el* קדיש תתקבל*:*

יִתְגַּדַּל וְיִתְקַדַּשׁ שְׁמֵהּ רַבָּא (קהל: אָמֵן)
בְּעָלְמָא דִּי בְרָא כִרְעוּתֵהּ
וְיַמְלִיךְ מַלְכוּתֵהּ וְיַצְמַח פֻּרְקָנֵהּ וִיקָרֵב מְשִׁיחֵהּ (קהל: אָמֵן)
בְּחַיֵּיכוֹן וּבְיוֹמֵיכוֹן וּבְחַיֵּי דְכָל־בֵּית יִשְׂרָאֵל
בַּעֲגָלָא וּבִזְמַן קָרִיב, וְאִמְרוּ אָמֵן. (קהל: אָמֵן)

יְהֵא שְׁמֵהּ רַבָּא מְבָרַךְ לְעָלַם וּלְעָלְמֵי עָלְמַיָּא יִתְבָּרַךְ
וְיִשְׁתַּבַּח וְיִתְפָּאַר וְיִתְרוֹמַם וְיִתְנַשֵּׂא
וְיִתְהַדָּר וְיִתְעַלֶּה וְיִתְהַלָּל שְׁמֵהּ דְּקֻדְשָׁא בְּרִיךְ הוּא (קהל: אָמֵן)
לְעֵלָּא מִן כָּל־בִּרְכָתָא, שִׁירָתָא, תִּשְׁבְּחָתָא וְנֶחָמָתָא
דַּאֲמִירָן בְּעָלְמָא, וְאִמְרוּ אָמֵן. (קהל: אָמֵן)

תִּתְקַבַּל צְלוֹתָנָא וּבָעוּתָנָא
עִם כָּל־צְלוֹתְהוֹן וּבָעוּתְהוֹן דְּכָל־בֵּית יִשְׂרָאֵל
קֳדָם אֲבוּנָא אֱלָהָנָא מָארֵי שְׁמַיָּא וְאַרְעָא
וְאִמְרוּ אָמֵן. (קהל: אָמֵן)

יְהֵא שְׁלָמָא רַבָּא מִן שְׁמַיָּא, חַיִּים וְשָׂבָע וִישׁוּעָה וְנֶחָמָה
וְשֵׁיזָבָא וּרְפוּאָה, וּגְאֻלָּה וּסְלִיחָה וְכַפָּרָה, וְרֶוַח וְהַצָּלָה
לָנוּ וּלְכָל־עַמּוֹ יִשְׂרָאֵל, וְאִמְרוּ אָמֵן. (קהל: אָמֵן)

*Antes de decir* 'עֹשֶׂה שָׁלוֹם' *se dan tres pasos hacia atrás.*

עֹשֶׂה שָׁלוֹם בִּמְרוֹמָיו
הוּא בְּרַחֲמָיו יַעֲשֶׂה שָׁלוֹם
עָלֵינוּ וְעַל־כָּל־עַמּוֹ יִשְׂרָאֵל, וְאִמְרוּ אָמֵן. (קהל: אָמֵן)

*En los días del* העומר*, se acostumbra a realizar el conteo tras el recitado del* קדיש תתקבל *(**pág. 347**).*

*En días de semana:*

שִׁיר לַמַּעֲלוֹת Cántico de las ascensiones. Elevaré mis ojos hacia las montañas, ¿de dónde vendrá mi ayuda? Mi ayuda proviene del Señor que creó los cielos y la tierra. Él no permitirá que resbale tu pie; tu guardián no dormita. El Guardián de Israel no descansa ni duerme. El Señor te cuidará, será la protección a tu diestra. El sol no te abrasará de día ni la luna te afectará por la noche. El Señor te cuidará de todo mal, cuidará tu alma. El Señor resguardará tu salida y tu retorno desde hoy y para siempre. *Sal. 121*

*En Ḥol HaMo'ed Succot se dice:*

שִׁיר הַמַּעֲלוֹת Cántico de las ascensiones de David. Me regocijé cuando me dijeron vayamos a la casa del Señor. Nuestros pies estuvieron parados frente a tus portales, Jerusalém. Jerusalém, la que está edificada cual ciudad en la que está junto y unida. Allí ascendían las tribus del Eterno, testimonio de Israel, para agradecer al Nombre del Señor. Pues allí estaban los asientos de la justicia, los tronos de la Casa de David. Orad por la paz de Jerusalém: Que quienes te aman prosperen. Haya paz en tus fortalezas y tranquilidad en tus palacios. En aras de mis hermanos y amigos diré: "Haya paz en ti". En aras de la Casa del Señor nuestro Dios pediré por tu bien. *Sal. 122*

*En Ḥol HaMo'ed Pesaḥ se dice:*

בְּצֵאת Cuando Israel salió de Egipto, la casa de Ya'akob de una nación que habla una lengua extraña, Yehudá se transformó en Su Santuario e Israel Su dominio. El mar vio y huyó, el Río Jordán se dio vuelta. Las montañas danzaron cual carneros, las colinas cual corderos. Qué te ocurre oh mar, ¿por qué escapas? ¿Por qué el Jordán se da vuelta? ¿Por qué vosotras, las montañas, saltáis cual carneros y las colinas cual corderos? Es ante la presencia del Señor Creador de la tierra, ante la presencia del Dios de Ya'akob. Aquél que tornó al peñasco en una laguna, al pedernal en un manantial que fluye. *Sal. 114*

*En Purim se dice:*

שִׁיר הַמַּעֲלוֹת Cántico de las ascensiones de David. De no haber estado el Señor con nosotros – que Israel lo diga – de no haber estado el Señor de nuestro lado al alzarse los hombres contra nosotros en su furia hacia nosotros nos habrían tragado vivos. Las aguas nos habrían anegado y el torrente arrasado nuestra alma. Las aguas maliciosas nos habrían arrastrado. Bendito sea el Señor que no permitió que seamos presas de sus dientes. Nos liberamos cual ave que huye de la trampa. La trampa se rompió y escapamos. Nuestra ayuda está en el Nombre del Señor, Hacedor de los cielos y la tierra. *Sal. 124*

בחול:

תהלים קכא

שִׁיר לַמַּעֲלוֹת אֶשָּׂא עֵינַי אֶל־הֶהָרִים מֵאַיִן יָבֹא עֶזְרִי: עֶזְרִי מֵעִם יְהוָה עֹשֵׂה שָׁמַיִם וָאָרֶץ: אַל־יִתֵּן לַמּוֹט רַגְלֶךָ אַל־יָנוּם שֹׁמְרֶךָ: הִנֵּה לֹא־יָנוּם וְלֹא יִישָׁן שׁוֹמֵר יִשְׂרָאֵל: יְהוָה שֹׁמְרֶךָ יְהוָה צִלְּךָ עַל־יַד יְמִינֶךָ: יוֹמָם הַשֶּׁמֶשׁ לֹא־יַכֶּכָּה וְיָרֵחַ בַּלָּיְלָה: יְהוָה יִשְׁמָרְךָ מִכָּל־רָע יִשְׁמֹר אֶת־נַפְשֶׁךָ: יְהוָה יִשְׁמָר־צֵאתְךָ וּבוֹאֶךָ מֵעַתָּה וְעַד־עוֹלָם:

לחול המועד סוכות:

תהלים קכב

שִׁיר הַמַּעֲלוֹת לְדָוִד שָׂמַחְתִּי בְּאֹמְרִים לִי בֵּית יְהוָה נֵלֵךְ: עֹמְדוֹת הָיוּ רַגְלֵינוּ בִּשְׁעָרַיִךְ יְרוּשָׁלָםִ: יְרוּשָׁלַםִ הַבְּנוּיָה כְּעִיר שֶׁחֻבְּרָה־לָּהּ יַחְדָּו: שֶׁשָּׁם עָלוּ שְׁבָטִים שִׁבְטֵי־יָהּ עֵדוּת לְיִשְׂרָאֵל לְהֹדוֹת לְשֵׁם יְהוָה: כִּי שָׁמָּה | יָשְׁבוּ כִסְאוֹת לְמִשְׁפָּט כִּסְאוֹת לְבֵית דָּוִד: שַׁאֲלוּ שְׁלוֹם יְרוּשָׁלָםִ יִשְׁלָיוּ אֹהֲבָיִךְ: יְהִי־שָׁלוֹם בְּחֵילֵךְ שַׁלְוָה בְּאַרְמְנוֹתָיִךְ: לְמַעַן אַחַי וְרֵעָי אֲדַבְּרָה־נָּא שָׁלוֹם בָּךְ: לְמַעַן בֵּית־יְהוָה אֱלֹהֵינוּ אֲבַקְשָׁה טוֹב לָךְ:

לחול המועד פסח:

תהלים קיד

בְּצֵאת יִשְׂרָאֵל מִמִּצְרָיִם בֵּית יַעֲקֹב מֵעַם לֹעֵז: הָיְתָה יְהוּדָה לְקָדְשׁוֹ יִשְׂרָאֵל מַמְשְׁלוֹתָיו: הַיָּם רָאָה וַיָּנֹס הַיַּרְדֵּן יִסֹּב לְאָחוֹר: הֶהָרִים רָקְדוּ כְאֵילִים גְּבָעוֹת כִּבְנֵי־צֹאן: מַה־לְּךָ הַיָּם כִּי תָנוּס הַיַּרְדֵּן תִּסֹּב לְאָחוֹר: הֶהָרִים תִּרְקְדוּ כְאֵילִים גְּבָעוֹת כִּבְנֵי־צֹאן: מִלִּפְנֵי אָדוֹן חוּלִי אָרֶץ מִלִּפְנֵי אֱלוֹהַּ יַעֲקֹב: הַהֹפְכִי הַצּוּר אֲגַם־מָיִם חַלָּמִישׁ לְמַעְיְנוֹ־מָיִם:

לפורים:

תהלים קכד

שִׁיר הַמַּעֲלוֹת לְדָוִד לוּלֵי יְהוָה שֶׁהָיָה לָנוּ יֹאמַר־נָא יִשְׂרָאֵל: לוּלֵי יְהוָה שֶׁהָיָה לָנוּ בְּקוּם עָלֵינוּ אָדָם: אֲזַי חַיִּים בְּלָעוּנוּ בַּחֲרוֹת אַפָּם בָּנוּ: אֲזַי הַמַּיִם שְׁטָפוּנוּ נַחְלָה עָבַר עַל־נַפְשֵׁנוּ: אֲזַי עָבַר עַל־נַפְשֵׁנוּ הַמַּיִם הַזֵּידוֹנִים: בָּרוּךְ יְהוָה שֶׁלֹּא נְתָנָנוּ טֶרֶף לְשִׁנֵּיהֶם: נַפְשֵׁנוּ כְּצִפּוֹר נִמְלְטָה מִפַּח יוֹקְשִׁים הַפַּח נִשְׁבָּר וַאֲנַחְנוּ נִמְלָטְנוּ: עֶזְרֵנוּ בְּשֵׁם יְהוָה עֹשֵׂה שָׁמַיִם וָאָרֶץ:

## KADISH YEHÉ SHELAMÁ

*El Ḥazán y los dolientes recitan Kadish Yehé Shelamá:*

יִתְגַּדַּל Que Su Gran Nombre sea magnificado y santificado,
en el mundo que creó conforme a Su voluntad.
Que establezca Su reino, haga florecer Su salvación
y apresure la llegada de Su ungido
durante vuestra vida y en vuestros días
y en la vida de toda la casa de Israel,
pronto y rápidamente y decid: Amén.

Que Su Gran Nombre sea bendito
por siempre y por toda la eternidad.

Sea bendecido, alabado, glorificado y exaltado, encumbrado
y magnificado, enaltecido y ensalzado
el Nombre del Santo Bendito Él;
más allá de cualquier bendición, cántico, alabanza y consolación
pronunciados en el mundo y decid: Amén.

Que haya gran paz celestial, vida, saciedad,
salvación, consolación, refugio, sanación,
redención, perdón y expiación, bienestar y salvación
para nosotros y para todo Su pueblo Israel y decid: Amén.

*Antes de decir 'Quien obra paz' se dan tres pasos hacia atrás.*

Quien obra la paz en Sus alturas,
con compasión haga la paz
para nosotros y todo Su pueblo Israel y decid: Amén.

*El Ḥazán y el resto de los presentes que recitan Kadish:*

Bendecid Al Señor El Bendecido.

*El kahal responde:*

Bendecid al Señor el Bendecido por toda la eternidad.

*El Ḥazán y el resto de los presentes que recitan Kadish:*

Bendecid al Señor el Bendecido por toda la eternidad.

## קדיש יהא שלמא

*El* חזן *y los* אבלים *recitan* קדיש יהא שלמא

יִתְגַּדַּל וְיִתְקַדַּשׁ שְׁמֵהּ רַבָּא (קהל: אָמֵן)
בְּעָלְמָא דִּי בְרָא כִרְעוּתֵהּ
וְיַמְלִיךְ מַלְכוּתֵהּ וְיַצְמַח פֻּרְקָנֵהּ וִיקָרֵב מְשִׁיחֵהּ (קהל: אָמֵן)
בְּחַיֵּיכוֹן וּבְיוֹמֵיכוֹן וּבְחַיֵּי דְכָל־בֵּית יִשְׂרָאֵל
בַּעֲגָלָא וּבִזְמַן קָרִיב, וְאִמְרוּ אָמֵן. (קהל: אָמֵן)

יְהֵא שְׁמֵהּ רַבָּא מְבָרַךְ לְעָלַם וּלְעָלְמֵי עָלְמַיָּא יִתְבָּרַךְ
וְיִשְׁתַּבַּח וְיִתְפָּאַר וְיִתְרוֹמַם וְיִתְנַשֵּׂא
וְיִתְהַדָּר וְיִתְעַלֶּה וְיִתְהַלָּל
שְׁמֵהּ דְּקֻדְשָׁא בְּרִיךְ הוּא (קהל: אָמֵן)
לְעֵלָּא מִן כָּל־בִּרְכָתָא, שִׁירָתָא, תֻּשְׁבְּחָתָא וְנֶחָמָתָא
דַּאֲמִירָן בְּעָלְמָא, וְאִמְרוּ אָמֵן. (קהל: אָמֵן)

יְהֵא שְׁלָמָא רַבָּא מִן שְׁמַיָּא
חַיִּים וְשָׂבָע וִישׁוּעָה וְנֶחָמָה
וְשֵׁיזָבָא וּרְפוּאָה וּגְאֻלָּה וּסְלִיחָה וְכַפָּרָה, וְרֶוַח וְהַצָּלָה
לָנוּ וּלְכָל־עַמּוֹ יִשְׂרָאֵל, וְאִמְרוּ אָמֵן. (קהל: אָמֵן)

*Antes de decir* 'עֹשֶׂה שָׁלוֹם' *se dan tres pasos hacia atrás.*

עֹשֶׂה שָׁלוֹם בִּמְרוֹמָיו
הוּא בְּרַחֲמָיו יַעֲשֶׂה שָׁלוֹם עָלֵינוּ
וְעַל־כָּל־עַמּוֹ יִשְׂרָאֵל, וְאִמְרוּ אָמֵן. (קהל: אָמֵן)

*El* חזן *y las demás personas que recitan* קדיש: בָּרְכוּ אֶת יְהֹוָה הַמְבֹרָךְ.

*El* קהל *responde:* בָּרוּךְ יְהֹוָה הַמְבֹרָךְ לְעוֹלָם וָעֶד.

*El* חזן *y las demás personas que recitan* קדיש: בָּרוּךְ יְהֹוָה הַמְבֹרָךְ לְעוֹלָם וָעֶד.

עָלֵינוּ Es nuestro deber alabar al Amo de todo, engrandecer al Creador del universo por no habernos hecho como las naciones de los países ni habernos puesto entre las familias de la tierra; que no hizo nuestra porción similar a la de ellos ni nuestro destino como el de sus multitudes. Pues ellos se prosternan a la vanidad y al vacío y le oran a un dios que no puede salvarlos. *Nos inclinamos* Empero nosotros nos prosternamos ante el Supremo Rey de Reyes, el Santo Bendito Él, que extiende los cielos y establece la tierra, y Su trono de gloria se encuentra en los cielos y el poder de Su Presencia mora en las alturas. Él es nuestro Dios, no hay otro. Verdadero es nuestro Rey y no hay ningún otro, tal como está escrito en Su Torá: "Has *Deut. 4* de saber hoy y responder a tu corazón que el SEÑOR es el Dios en las alturas del cielo y abajo en la tierra, no hay otro salvo Él".

עַל כֵּן Por lo tanto, depositamos en Ti nuestra confianza SEÑOR, Dios nuestro, que podamos ver pronto el esplendor de Tu poder, cuando remuevas las abominaciones de la faz de la tierra, y los ídolos sean completamente destruidos, cuando el mundo sea perfeccionado bajo la soberanía del Todopoderoso, cuando toda la humanidad invoque Tu Nombre y todos los malvados de la tierra se volverán hacia Ti. Todos los habitantes de la tierra reconocerán y sabrán que toda rodilla debe inclinarse ante Ti y cada lengua debe jurarte fidelidad. Ante Ti SEÑOR, Dios nuestro, se habrán de arrodillar e inclinar y darán honor a Tu glorioso Nombre. Aceptarán el yugo de Tu reino y pronto reinarás sobre ellos por siempre jamás. Pues Tuyo es el reino por siempre, y reinarás gloriosamente por toda la eternidad, tal como está escrito en Tu Torá: "El SEÑOR *Éx. 16* reinará por siempre y por toda la eternidad". Y fue dicho: "Entonces *Zac. 14* el SEÑOR será el Rey sobre toda la tierra; en ese día el SEÑOR será Uno y Su Nombre Uno". Y en Tu Torá SEÑOR, Dios nuestro, está escrito: "Escucha Israel, el SEÑOR es nuestro Dios, el SEÑOR es *Deut. 6* Uno".

עָלֵינוּ לְשַׁבֵּחַ לַאֲדוֹן הַכֹּל, לָתֵת גְּדֻלָּה לְיוֹצֵר בְּרֵאשִׁית
שֶׁלֹּא עָשָׂנוּ כְּגוֹיֵי הָאֲרָצוֹת, וְלֹא שָׂמָנוּ כְּמִשְׁפְּחוֹת הָאֲדָמָה
שֶׁלֹּא שָׂם חֶלְקֵנוּ כָּהֶם וְגוֹרָלֵנוּ כְּכָל־הֲמוֹנָם.
שֶׁהֵם מִשְׁתַּחֲוִים לְהֶבֶל וָרִיק וּמִתְפַּלְלִים אֶל־אֵל לֹא יוֹשִׁיעַ.
כורעים וַאֲנַחְנוּ מִשְׁתַּחֲוִים לִפְנֵי מֶלֶךְ מַלְכֵי הַמְּלָכִים
הַקָּדוֹשׁ בָּרוּךְ הוּא, שֶׁהוּא נוֹטֶה שָׁמַיִם וְיוֹסֵד אָרֶץ
וּמוֹשַׁב יְקָרוֹ בַּשָּׁמַיִם מִמַּעַל, וּשְׁכִינַת עֻזּוֹ בְּגָבְהֵי מְרוֹמִים.
הוּא אֱלֹהֵינוּ, וְאֵין עוֹד אַחֵר
אֱמֶת מַלְכֵּנוּ, וְאֶפֶס זוּלָתוֹ
כַּכָּתוּב בְּתוֹרָתוֹ, וְיָדַעְתָּ הַיּוֹם וַהֲשֵׁבֹתָ אֶל־לְבָבֶךָ דברים ד
כִּי יְהוָה הוּא הָאֱלֹהִים בַּשָּׁמַיִם מִמַּעַל וְעַל־הָאָרֶץ מִתָּחַת
אֵין עוֹד:

עַל כֵּן נְקַוֶּה־לְּךָ, יְהוָה אֱלֹהֵינוּ, לִרְאוֹת מְהֵרָה בְּתִפְאֶרֶת עֻזֶּךָ
לְהַעֲבִיר גִּלּוּלִים מִן הָאָרֶץ וְהָאֱלִילִים כָּרוֹת יִכָּרֵתוּן
לְתַקֵּן עוֹלָם בְּמַלְכוּת שַׁדַּי
וְכָל־בְּנֵי בָשָׂר יִקְרְאוּ בִשְׁמֶךָ לְהַפְנוֹת אֵלֶיךָ כָּל־רִשְׁעֵי אָרֶץ
יַכִּירוּ וְיֵדְעוּ כָּל־יוֹשְׁבֵי תֵבֵל, כִּי לְךָ תִּכְרַע כָּל־בֶּרֶךְ, תִּשָּׁבַע כָּל־לָשׁוֹן.
לְפָנֶיךָ יְהוָה אֱלֹהֵינוּ יִכְרְעוּ וְיִפֹּלוּ, וְלִכְבוֹד שִׁמְךָ יְקָר יִתֵּנוּ
וִיקַבְּלוּ כֻלָּם אֶת עֹל מַלְכוּתֶךָ
וְתִמְלֹךְ עֲלֵיהֶם מְהֵרָה לְעוֹלָם וָעֶד
כִּי הַמַּלְכוּת שֶׁלְּךָ הִיא וּלְעוֹלְמֵי עַד תִּמְלוֹךְ בְּכָבוֹד
כַּכָּתוּב בְּתוֹרָתֶךָ, יְהוָה יִמְלֹךְ לְעֹלָם וָעֶד: שמות טו
וְנֶאֱמַר, וְהָיָה יְהוָה לְמֶלֶךְ עַל־כָּל־הָאָרֶץ זכריה יד
בַּיּוֹם הַהוּא יִהְיֶה יְהוָה אֶחָד וּשְׁמוֹ אֶחָד:
וּבְתוֹרָתְךָ יְהוָה אֱלֹהֵינוּ כָּתוּב לֵאמֹר
שְׁמַע יִשְׂרָאֵל, יְהוָה אֱלֹהֵינוּ יְהוָה אֶחָד: דברים ו

אֱלֹהֵינוּ Dios nuestro y de nuestros ancestros, con buena señal y en buena hora haz que los seis días de la acción que comienzan para nosotros lleguen con paz, carentes de todo pecado y transgresión y libres de toda iniquidad, culpa o maldad, apegados al estudio de la Torá y a la realización de buenas acciones, agraciados con buenos pensamientos, sabiduría y entendimiento que de Ti proceden, haznos escuchar en ellos alegría y regocijo, que no seamos envidiados ni envidiemos a otras personas. Nuestro Rey, nuestro Dios, concede bendición, bienestar y éxito en todo cuanto emprendamos. Que todo aquel que nos aconseje positivamente, con buenos pensamientos tanto a nosotros como a Tu pueblo la Casa de Israel sea por Ti fortifícalo, bendícelo, engrandécelo, dale existencia, guarda su consejo, tal como fue dicho: "Que cumpla el deseo de tu corazón y haga cumplir tus planes". *Sal. 20*
Tal como fue dicho: "Decretarás una cosa y esta se cumplirá para ti, y sobre tus caminos resplandecerá la luz" *Job 22*
Que todo aquel que tenga para con el pueblo de Israel un consejo adverso o un pensamiento inadecuado hazlo perecer, anúlalo, cercénalo, desbarátalo, desbarato su consejo, tal como fue dicho: "El SEÑOR desbarató el plan *Sal. 33*
de las naciones, frustró las intenciones de los pueblos". Y fue dicho: "Daréis consejo *Isa. 8*
mas éste será desbaratado, hablaréis, mas vuestra palabra no prevalecerá, pues Dios está con nosotros".

וּפְתַח Abre para nosotros, SEÑOR, nuestro Dios, en esta semana y todas las semanas los pórticos de la luz, los pórticos de la bendición, los pórticos del goce, los pórticos del alborozo, los pórticos del pensamiento, los pórticos del esplendor y la magnificencia, los pórticos de la buena reunión, los pórticos de la melodía, los pórticos de la satisfacción, los pórticos de la piedad, los pórticos de la gracia y la benevolencia, los pórticos de la vida buena, los pórticos del bien, los pórticos de la salvación, los pórticos de la expiación, los pórticos del sustento, los pórticos del estudio de la Torá por amor a la Torá, los pórticos de la provisión de alimentos, los pórticos de la absolución, los pórticos del consuelo, los pórticos del perdón, los pórticos de la ayuda, los pórticos de la liberación, los pórticos de la abundancia material, los pórticos de la tzedaká, los pórticos del regocijo, los pórticos de la independencia, los pórticos de la completa curación, los pórticos de la paz, los pórticos de la tranquilidad, los pórticos de la Torá, los pórticos de la plegaria, los pórticos del retorno, los pórticos del rescate, tal como está escrito:

"Pero la salvación de los justos proviene del SEÑOR, Él es su refugio en tiempo *Sal. 37*
de desgracia. Y el SEÑOR les ayuda y los libra, los libra de los malvados y los salva porque en Él se refugian". Y fue dicho: "El SEÑOR descubrió el poder de Su sagrado *Isa. 52*
brazo a los ojos de las naciones y en todos los confines de la tierra se contemplará la salvación de nuestro Dios". Y fue dicho: "La voz de tus centinelas se alza y cantan *Ídem*
juntos pues verán con sus propios ojos el regreso del SEÑOR a Ṣion". Y haz que se cumpla para nosotros, SEÑOR, nuestro Dios, aquello que está escrito: "Cuán her- *Ídem*
mosos son los pies del mensajero de las buenas nuevas sobre las montañas, que proclama la paz, anuncia el bien y proclama la salvación, y le dice a Ṣion: 'Tu Dios reina'".

אֱלֹהֵינוּ וֵאלֹהֵי אֲבוֹתֵינוּ, בְּסִימָן טוֹב וּבְמַזָּל טוֹב הָחֵל עָלֵינוּ אֶת שֵׁשֶׁת יְמֵי הַמַּעֲשֶׂה הַבָּאִים לִקְרָאתֵנוּ לְשָׁלוֹם, חֲשׂוּכִים מִכָּל־חֵטְא וָפֶשַׁע וּמְנֻקִּים מִכָּל־עָוֹן וְאַשְׁמָה וָרֶשַׁע, וּמְדֻבָּקִים בְּתַלְמוּד תּוֹרָה וּמַעֲשִׂים טוֹבִים, וַחֲנוּנִים דֵּעָה וּבִינָה וְהַשְׂכֵּל מֵאִתָּךְ, וְתַשְׁמִיעֵנוּ בָהֶם שָׂשׂוֹן וְשִׂמְחָה, וְלֹא תַעֲלֶה קִנְאָתֵנוּ עַל לֵב אָדָם, וְלֹא קִנְאַת אָדָם תַּעֲלֶה עַל לִבֵּנוּ. מַלְכֵּנוּ וֵאלֹהֵינוּ, שִׂים בְּרָכָה רְוָחָה וְהַצְלָחָה בְּכָל־מַעֲשֵׂה יָדֵינוּ.

וְכָל־הַיּוֹעֵץ עָלֵינוּ וְעַל עַמְּךָ בֵּית יִשְׂרָאֵל עֵצָה טוֹבָה וּמַחֲשָׁבָה טוֹבָה
אַמְּצוֹ, בָּרְכוֹ, גַּדְּלוֹ, קַיְּמוֹ, קַיֵּם עֲצָתוֹ, כַּדָּבָר שֶׁנֶּאֱמַר: יִתֶּן־לְךָ כִלְבָבֶךָ, תהלים כ
וְכָל־עֲצָתְךָ יְמַלֵּא: וְנֶאֱמַר: וְתִגְזַר־אֹמֶר וְיָקָם לָךְ, וְעַל־דְּרָכֶיךָ נָגַהּ אוֹר: איוב כב
וְכָל־הַיּוֹעֵץ עָלֵינוּ וְעַל עַמְּךָ בֵּית יִשְׂרָאֵל עֵצָה שֶׁאֵינָהּ טוֹבָה וּמַחֲשָׁבָה
שֶׁאֵינָהּ טוֹבָה, אַבְּדוֹ, בַּטְּלוֹ, גַּדְּעוֹ, הָפֵרוֹ, הָפֵר עֲצָתוֹ, כַּדָּבָר שֶׁנֶּאֱמַר:
יְהוָה הֵפִיר עֲצַת־גּוֹיִם, הֵנִיא מַחְשְׁבוֹת עַמִּים: וְנֶאֱמַר: עֻצוּ עֵצָה וְתֻפָר, תהלים לג / ישעיה ח
דַּבְּרוּ דָבָר וְלֹא יָקוּם, כִּי עִמָּנוּ אֵל:

וּפְתַח לָנוּ יְהוָה אֱלֹהֵינוּ בְּזֶה הַשָּׁבוּעַ וּבְכָל שָׁבוּעַ וְשָׁבוּעַ, שַׁעֲרֵי אוֹרָה, שַׁעֲרֵי בְרָכָה, שַׁעֲרֵי גִילָה, שַׁעֲרֵי דִיצָה, שַׁעֲרֵי דֵעָה, שַׁעֲרֵי הוֹד וְהָדָר, שַׁעֲרֵי וַעַד טוֹב, שַׁעֲרֵי זִמְרָה, שַׁעֲרֵי חֶדְוָה, שַׁעֲרֵי חֶמְלָה, שַׁעֲרֵי חֵן וָחֶסֶד, שַׁעֲרֵי חַיִּים טוֹבִים, שַׁעֲרֵי טוֹבָה, שַׁעֲרֵי יְשׁוּעָה, שַׁעֲרֵי כַפָּרָה, שַׁעֲרֵי כַלְכָּלָה, שַׁעֲרֵי לִמּוּד תּוֹרָה לִשְׁמָהּ, שַׁעֲרֵי מָזוֹן, שַׁעֲרֵי מְחִילָה, שַׁעֲרֵי נֶחָמָה, שַׁעֲרֵי סְלִיחָה, שַׁעֲרֵי עֶזְרָה, שַׁעֲרֵי פְדוּת, שַׁעֲרֵי פַרְנָסָה טוֹבָה, שַׁעֲרֵי צְדָקָה, שַׁעֲרֵי צָהֳלָה, שַׁעֲרֵי קוֹמְמִיּוּת, שַׁעֲרֵי רְפוּאָה שְׁלֵמָה, שַׁעֲרֵי שָׁלוֹם, שַׁעֲרֵי שַׁלְוָה, שַׁעֲרֵי תוֹרָה, שַׁעֲרֵי תְפִלָּה, שַׁעֲרֵי תְשׁוּבָה, שַׁעֲרֵי תְשׁוּעָה, כְּדִכְתִיב:

וּתְשׁוּעַת צַדִּיקִים מֵיְהוָה מָעוּזָּם בְּעֵת צָרָה: וַיַּעְזְרֵם יְהוָה וַיְפַלְּטֵם יְפַלְּטֵם תהלים לז
מֵרְשָׁעִים וְיוֹשִׁיעֵם כִּי־חָסוּ בוֹ: וְנֶאֱמַר: חָשַׂף יְהוָה אֶת־זְרוֹעַ קָדְשׁוֹ לְעֵינֵי ישעיה נב
כָּל־הַגּוֹיִם וְרָאוּ כָּל־אַפְסֵי־אָרֶץ אֵת יְשׁוּעַת אֱלֹהֵינוּ: וְנֶאֱמַר: קוֹל צֹפַיִךְ שם
נָשְׂאוּ קוֹל יַחְדָּו יְרַנֵּנוּ כִּי עַיִן בְּעַיִן יִרְאוּ בְּשׁוּב יְהוָה צִיּוֹן: וְקַיֵּם לָנוּ יְהוָה
אֱלֹהֵינוּ מִקְרָא שֶׁכָּתוּב: מַה־נָּאווּ עַל־הֶהָרִים רַגְלֵי מְבַשֵּׂר מַשְׁמִיעַ שָׁלוֹם שם
מְבַשֵּׂר טוֹב מַשְׁמִיעַ יְשׁוּעָה אֹמֵר לְצִיּוֹן מָלַךְ אֱלֹהָיִךְ:

# HABDALÁ

Alzaré una copa de salvación e invocaré el Nombre del SEÑOR. *Sal. 116*

SEÑOR, por favor, sálvanos. SEÑOR, por favor, sálvanos. *Sal. 118*
SEÑOR, por favor, haznos prosperar. SEÑOR, por favor, haznos prosperar.

הַצְלִיחֵנוּ Haz que prosperemos, haz prosperar nuestros caminos, haz prosperar nuestro estudio, y envía bendición, bienestar y éxito en todo cuanto emprendamos, tal como está escrito: "Recibirá bendición de parte del SEÑOR *Sal. 24*
y será recompensado por el Dios de su salvación". "Para los judíos hubo luz, *Ester 8*
alegría, regocijo y honor". Y está escrito: "Y David fue aventurado en todos *I Sam. 18*
sus caminos y el SEÑOR estaba con él". Que de igual manera esté siempre con nosotros. "Y Noaḥ halló gracia a los ojos del SEÑOR". Que de igual manera *Gén. 6*
hallemos gracia y buen entendimiento a ojos de Dios y los hombres. Dios de Ribí Meir, respóndenos y haznos prosperar.

Prestad atención señores míos. (*se responde:* ¡Leḥaim!)

בָּרוּךְ Bendito eres Tú SEÑOR, nuestro Dios, Rey del universo, creador del fruto de la vid.

בָּרוּךְ Bendito eres Tú SEÑOR, nuestro Dios, Rey del universo, creador de / los árboles aromáticos / las hierbas aromáticas / las especies aromáticas.

בָּרוּךְ Bendito eres Tú SEÑOR, nuestro Dios, Rey del universo, creador de los fulgores del fuego.

בָּרוּךְ Bendito eres Tú SEÑOR, nuestro Dios, Rey del universo, que diferencia entre lo santo y lo profano, entre la luz y la oscuridad, entre Israel y las naciones, entre el séptimo día y los seis días del quehacer. Bendito eres Tú SEÑOR, que diferencia lo sagrado de lo profano.

---

Su significado más profundo recuerda el momento en el cual Adám y Javá, exiliados del Jardín del Edén por causa de su pecado, se aprestaban a salir por primera vez al mundo exterior con su oscuridad y peligros. A modo de obsequio, Dios les mostró cómo se enciende la lumbre. De aquí la luz de la Habdalá.

# סדר הבדלה

כּוֹס־יְשׁוּעוֹת אֶשָּׂא וּבְשֵׁם יְהֹוָה אֶקְרָא: תהלים קטז

אָנָּא יְהֹוָה הוֹשִׁיעָה נָּא פעמיים אָנָּא יְהֹוָה הַצְלִיחָה נָא: פעמיים תהלים קיח

הַצְלִיחֵנוּ, הַצְלִיחַ דְּרָכֵינוּ, הַצְלִיחַ לְמוֹדֵנוּ הַצְלִיחַ כָּל־יִשְׂרָאֵל אַחֵינוּ.

וּשְׁלַח בְּרָכָה, רְוָחָה וְהַצְלָחָה בְּכָל־מַעֲשֵׂה יָדֵינוּ, כִּדְכְתִיב, יִשָּׂא בְרָכָה תהלים כד

מֵאֵת יְהֹוָה, וּצְדָקָה מֵאֱלֹהֵי יִשְׁעוֹ: לַיְּהוּדִים הָיְתָה אוֹרָה וְשִׂמְחָה וְשָׂשֹׂן אסתר ח

וִיקָר: וּכְתִיב, וַיְהִי דָוִד לְכָל־דְּרָכָו מַשְׂכִּיל, וַיהֹוָה עִמּוֹ: כֵּן יִהְיֶה עִמָּנוּ וְעִם שמואל א׳ יח

כָּל־יִשְׂרָאֵל אַחֵינוּ. וְנֹחַ מָצָא חֵן בְּעֵינֵי יְהֹוָה: כֵּן נִמְצָא חֵן וְשֵׂכֶל טוֹב בְּעֵינֵי בראשית ו

אֱלֹהִים וְאָדָם בֵּאלֹהִים נַעֲשֶׂה־חָיִל וְהוּא יָבוּס צָרֵינוּ וְקָמֵינוּ. אֱלָהָא

דְּמֵאִיר עֲנֵנוּ אֱלָהָא דְּמֵאִיר עֲנֵנוּ וְהַצְלִיחֵנוּ.

סַבְרִי מָרָנָן ( עונים: לְחַיִּים)

בָּרוּךְ אַתָּה יְהֹוָה, אֱלֹהֵינוּ מֶלֶךְ הָעוֹלָם, בּוֹרֵא פְּרִי הַגָּפֶן.

בָּרוּךְ אַתָּה יְהֹוָה, אֱלֹהֵינוּ מֶלֶךְ הָעוֹלָם

בּוֹרֵא / עֲצֵי / עִשְׂבֵי / מִינֵי / בְשָׂמִים.

בָּרוּךְ אַתָּה יְהֹוָה, אֱלֹהֵינוּ מֶלֶךְ הָעוֹלָם, בּוֹרֵא מְאוֹרֵי הָאֵשׁ.

בָּרוּךְ אַתָּה יְהֹוָה, אֱלֹהֵינוּ מֶלֶךְ הָעוֹלָם, הַמַּבְדִּיל בֵּין קֹדֶשׁ לְחֹל
וּבֵין אוֹר לְחֹשֶׁךְ וּבֵין יִשְׂרָאֵל לָעַמִּים וּבֵין יוֹם הַשְּׁבִיעִי לְשֵׁשֶׁת
יְמֵי הַמַּעֲשֶׂה. בָּרוּךְ אַתָּה יְהֹוָה, הַמַּבְדִּיל בֵּין קֹדֶשׁ לְחֹל.

---

HABDALÁ (página anterior)

La Habdalá es al final del Shabat lo que el Kidush es a su inicio: el punto de transición del tiempo secular al sagrado y viceversa. Esta es nuestra forma de cumplir con el precepto "Recuerda el día del Shabat", entendido por nuestros sabios como "recuérdalo en su inicio y en su conclusión" (*Pesaḥim* 106A) – en ambos casos sobre una copa de vino.

*Forma el acróstico: Ya'akob Manui Ḥabak*

בְּמוֹצָאֵי Al culminar el día de descanso, concede bienestar a Tu pueblo;
envía al tishbita a la que suspira,
para que se desvanezcan la angustia y la aflicción.

Es bueno para Ti mi Fortaleza, reunir a mi pueblo disperso;
rescatarlo de manos de una nación cruel que excavó para mí una fosa.

Un tiempo de amor Dios habrá de iniciar,
para que se salva el pueblo que procura contemplar
Tu bondad con el arribo del salvador, para la oveja dispersa y alejada.

Proclama la salvación de un pueblo generoso, Dios alabado y reverenciado,
que esta semana que viene sea de salvación y bienestar.

Hija de Ṣion doliente, que es hoy detestada,
pronto sea desposada y se regocije cual madre con sus hijos.

Entonces fluirán los manantiales, los liberados retornarán,
aguas de salvación abrevarán, y la desgracia será olvidada.

Guía a Tu pueblo cual Padre misericordioso,
el pueblo que no ha enviudado dirá que la palabra del Señor es verdadera,
al haber cumplido Su promesa.

Los amados supervivientes del decreto,
prorrumpirán en un potente cántico,
sin llanto ni quebrantamiento, sin cautiverio y sin clamor.

---

a las personas a participar de la ceremonia de Habdalá al concluir el Shabat Dios nos está invitando a crear mundos. Creación implica la capacidad de hacer distinciones, rescatar el orden a partir del caos, respetar la integridad del universo. Por lo tanto, la Habdalá no es solamente una bendición pronunciada por los seres humanos al concluir el día de descanso sino también una bendición pronunciada por Dios a los días de labor. El Creador nos invita a ser creativos – mas siempre y exclusivamente en un modo que respete las diferencias y las distinciones, las leyes naturales y morales. El mensaje de la Habdalá es el siguiente: si respetamos la integridad de los límites podremos transformar el caos en orden, la oscuridad en luz.

סימן יעקב מנוי חב"ק

בְּמוֹצָאֵי יוֹם מְנוּחָה, הַמְצִיא לְעַמְּךָ רְוָחָה
שְׁלַח תִּשְׁבִּי לְנֶאֱנָחָה, וְנָסוּ יָגוֹן וַאֲנָחָה.

יָאֲתָה לְךָ צוּרִי, לְקַבֵּץ עַם מְפוּזָרַי
מִיַּד גּוֹי אַכְזָרִי, אֲשֶׁר כָּרָה לִי שׁוּחָה.

עֵת דּוֹדִים תְּעוֹרֵר אֵל, לְמַלֵּט עַם אֲשֶׁר שׁוֹאֵל
רְאוֹת טוּבְךָ בְּבוֹא גוֹאֵל, לְשֶׂה פְזוּרָה נִדָּחָה.

קְרָא יֶשַׁע לְעַם נְדָבָה, אֵל דָּגוּל מֵרְבָבָה
יְהִי הַשָּׁבוּעַ הַבָּא, לִישׁוּעָה וְלִרְוָחָה.

בַּת צִיּוֹן הַשְּׁכוּלָה, אֲשֶׁר הִיא הַיּוֹם גְּעוּלָה
מְהֵרָה תִּהְיֶה בְּעוּלָה, אֵם הַבָּנִים שְׂמֵחָה.

מַעְיָנוֹת אֲזַי יָזוּבוּן, וּפְדוּיִים עוֹד יְשׁוּבוּן
וּמֵי יֶשַׁע יִשְׁאָבוּן, וְהַצָּרָה נִשְׁכָּחָה.

נְחֵה עַמְּךָ כְּאָב רַחְמָן, יְצַפְצְפוּ עַם לֹא אַלְמָן
דְּבַר יְהֹוָה אֲשֶׁר נֶאֱמָן, בַּהֲקִימְךָ הַבְטָחָה.

וִידִידִים פְּלִיטֵי חֶרֶץ, נְגִינָתָם יִפְצְחוּ בְּמֶרֶץ
בְּלִי צְוָחָה וּבְלִי פֶרֶץ, אֵין יוֹצֵאת וְאֵין צְוָחָה.

---

Esta profunda parábola es el reverso del mito griego de Prometeo, aquél que robó el fuego de los dioses y fue sentenciado a un tormento eterno. El judaísmo enseñó que Dios desea y bendice la creatividad humana. Para los seres humanos, el octavo día fue la contraparte del día primero para Dios. Así como Dios comenzó la Creación haciendo la luz, de igual forma enseñó a los humanos cómo generarla invitándolos a transformarse en socios de la labor de la Creación.

Uno de los verbos clave en el capítulo primero del libro de Génesis se deriva de la raíz *b-d-l* que significa "separar, distinguir, dividir" de la cual se deriva la palabra *Habdalá*. Este verbo aparece cinco veces en el capítulo. Al invitar

Que este mes sea tal como lo profetizara el padre de los profetas,
que esta casa se colme de voces de alegría y regocijo.

El Todopoderoso conceda nuestros deseos,
el Valeroso realice nuestros pedidos,
y envíe bendición, prosperidad y éxito en todo cuanto emprendamos.

Al concluir este día de alegría, Tú, cuyo Nombre es "Poderoso en Acciones",
envía al tishbita al pueblo elegido, con bienestar, alegría y alivio.

Voz de deleite y cántico, pronunciarán nuestros labios,
SEÑOR, por favor, sálvanos. SEÑOR, por favor, haznos prosperar. *Sal. 118*

*En orden alfabético*

חַדֵּשׁ Dios por favor renueva mi regocijo, y trae al profeta Eliahu.

Fortalece y refuerza mi débil mano, bendice mi labor
y todo mi trabajo, mi Redentor, recuerda mi aflicción
y mi miseria, establece Tu buena palabra para animarme.
Haz que llegue pronto y alegre mi corazón - el profeta Eliahu.

Reúne y prepara cuanto necesito, facilita mi alimento
y concédeme mi porción de pan.
Apresúrate en nutrirme con holgura de todo lo bueno,
sacia a mis niños y bebés de Tu bien.
Que pronto arribe el Mashiaḥ a mi ciudad - el profeta Eliahu.

Prepara para este pueblo un bálsamo para vendar sus heridas,
pan para que coma y ropa para que vista;
quien me envidia contemplará y se avergonzará,
conquista prontamente la morada del Monte Seir.
Mi regocijo se incrementará al ver alrededor mío – al profeta Eliahu.

Amón y Moab rápidamente serán acabados,
Tu liberación a Tu pueblo pronto habrás de revelar.
Colmarás a Ṣion de estas gentes, ascenderemos a la ciudad del Gran Rey,
has residir en el seno del pueblo del ciervo – al profeta Eliahu.

יְהִי הַחֹדֶשׁ הַזֶּה, כִּנְבוּאַת אֲבִי חוֹזֶה
וְיִשָּׁמַע בְּבַיִת זֶה, קוֹל שָׂשׂוֹן וְקוֹל שִׂמְחָה.

חֲזָק יְמַלֵּא מִשְׁאֲלוֹתֵינוּ, אַמִּיץ יַעֲשֶׂה בַּקָּשָׁתֵנוּ
וְהוּא יִשְׁלַח בְּכָל מַעֲשֵׂה יָדֵינוּ, בְּרָכָה רְוָחָה וְהַצְלָחָה.

בְּמוֹצָאֵי יוֹם גִּילָה, שִׁמְךָ נוֹרָא עֲלִילָה
שְׁלַח תִּשְׁבִּי לְעַם סְגֻלָּה, רֶוַח שָׂשׂוֹן וַהֲנָחָה.

קוֹל צָהֲלָה וְרִנָּה, שְׂפָתֵינוּ אָז תְּרַנֵּנָּה
אָנָּא יְהֹוָה הוֹשִׁיעָה נָּא, אָנָּא יְהֹוָה הַצְלִיחָה נָא: תהלים קיח

ע"ס אלף בית

חַדֵּשׁ שְׂשׂוֹנִי אֵל נָא, וְהָבִיא אֶת אֵלִיָּהוּ הַנָּבִיא

אַמֵּץ וְחַזֵּק רִפְיוֹן יָדַי, בָּרֵךְ מְלַאכְתִּי וְכָל־מַעְבָּדַי
גּוֹאֲלִי זְכֹר עָנְיִי וּמְרוּדַי, דְּבָרְךָ הַטּוֹב הָקֵם לְעוֹדְדֵי
הָרֵץ וּשְׁלַח וְשַׂמַּח לְבָבִי, אֶת אֵלִיָּהוּ הַנָּבִיא

וַעַד וְהָכֵן דֵּי סִפּוּקִי, זַמֵּן מְזוֹנִי וְלֶחֶם חֻקִּי
חָלָב וְכָל־טוּב חִישׁ לְהָנִיקִי, טוּבְךָ תַּשְׂבִּיעַ עוֹלָלַי וְיוֹנְקִי
יָבֹא מְשִׁיחִי לְעִיר מוֹשָׁבִי, אֶת אֵלִיָּהוּ הַנָּבִיא

כּוֹנֵן לְעַם זוּ צוּרִי צִיר לַחֲבשׁ, לֶחֶם לֶאֱכֹל וּבֶגֶד לִלְבּשׁ
מְקַנְאַי יֶחֱזֶה יִרְאֶה וְיֵבוֹשׁ, נְוֵה הַר שֵׂעִיר בְּקָרוֹב תִּכְבּשׁ
שְׂשׂוֹנִי יִגְדַּל בִּרְאוֹת סְבִיבִי, אֶת אֵלִיָּהוּ הַנָּבִיא

עַמּוֹן וּמוֹאָב מְהֵרָה תְּכַלֶּה, פְּדוּתְךָ לְעַמְּךָ בְּקָרוֹב תְּגַלֶּה
צִיּוֹן תְּמַלֵּא מֵעַם אֵלֶּה, קִרְיַת מֶלֶךְ רָב אָז נַעֲלֶה
שַׁכֵּן תְּשַׁכֵּן בְּתוֹךְ עַם צְבִי, אֶת אֵלִיָּהוּ הַנָּבִיא

*Forma el acróstico: Iṣḥak HaKatán*

הַמַּבְדִּיל Aquél que diferencia lo santo de lo profano,
habrá de condonar nuestros pecados,
multiplicará nuestra descendencia y nuestro patrimonio cual granos de arena
y cual estrellas que brillan en la noche.

El día pasó como la sombra de una palmera,
llamaré al Dios que sobre mí todo lo decreta,
Vigía: "Llega la mañana y la noche". *Isa. 21*

Tu justicia es encumbrada como el Monte Tabor,
espero pases por alto mis pecados,
que sean como el día de ayer que ya pasó, como una vigilia en la noche. *Sal. 90*

Pasó el tiempo de mi ofrenda, quién me concediese descanso.
Estoy cansado de tanto gemir empapado en lágrimas. *Sal. 6*

Escucha mi voz, que no sea desechada, ábreme el elevado pórtico,
que mi cabeza y mi cabello se colmen del rocío nocturno. *Cant. 5*

Escucha mi plegaria Dios Terrible y Reverenciado,
al invocarte concédeme liberación en el crepúsculo,
al desvanecerse el día o en la oscuridad de la noche. *Prov. 7*

Dios, Te he llamado, sálvame; hazme saber el camino de la vida,
rescátame de la miseria antes que la noche se haga día. *Isa. 38*

Purifica la inmundicia de mis acciones,
para que quienes me atormentan no digan:
¿Dónde está el Dios que me creó, que me motiva a cantar por la noche? *Job 35*

Nosotros estamos en Tus manos cual arcilla,
perdona nuestros pecados tanto los leves como los graves.
Día tras día derraman su decir y noche tras noche comunican su sabiduría. *Sal. 19*

Dios que libera de toda desgracia, desde la estrechez Te invocamos,
Tu mano no habrá de resultar insuficiente, ni de día ni de noche. *Zac. 14*

---

bellísimo himno, originalmente parte del rezo de Ne'ilá de Yom Kipur, fue compuesto por Iṣḥak Ibn Jaiat (1030–1089).

סימן יצחק הקטן

הַמַּבְדִּיל בֵּין קֹדֶשׁ לְחֹל, חַטֹּאתֵינוּ יִמְחֹל
זַרְעֵנוּ וְכַסְפֵּנוּ יַרְבֶּה כַּחוֹל, וְכַכּוֹכָבִים בַּלָּיְלָה.

יוֹם פָּנָה כְּצֵל תֹּמֶר, אֶקְרָא לָאֵל עָלַי גּוֹמֵר
יוֹם אֲשֶׁר אָמַר שֹׁמֵר, אָתָא בֹקֶר וְגַם־לָיְלָה: ישעיה כא

צִדְקָתְךָ כְּהַר תָּבוֹר, עַל חֲטָאַי עָבוֹר תַּעֲבֹר
כְּיוֹם אֶתְמוֹל כִּי יַעֲבֹר, וְאַשְׁמוּרָה בַלָּיְלָה: תהלים צ

חָלְפָה עוֹנַת מִנְחָתִי, מִי יִתֵּן מְנוּחָתִי
יָגַעְתִּי בְאַנְחָתִי, אַשְׂחֶה בְכָל־לָיְלָה: תהלים ו

קוֹלִי בַּל יֻנְטָל, פְּתַח לִי שַׁעַר הַמְנֻטָּל
שֶׁרֹּאשִׁי נִמְלָא טָל, קְוֻצּוֹתַי רְסִיסֵי לָיְלָה: שיר השירים ה

הֵעָתֵר נוֹרָא וְאָיֹם, אֲשַׁוֵּעַ תְּנָה פִדְיוֹם
בְּנֶשֶׁף־בְּעֶרֶב יוֹם, בְּאִישׁוֹן לָיְלָה: משלי ז

קְרָאתִיךָ יָהּ הוֹשִׁיעֵנִי, אֹרַח חַיִּים תּוֹדִיעֵנִי
מִדַּלָּה תְבַצְּעֵנִי, מִיּוֹם וְעַד לָיְלָה: ישעיה לח

טַהֵר טִנּוּף מַעֲשַׂי, פֶּן יֹאמְרוּ מַכְעִיסַי
אַיֵּה אֱלוֹהַּ עֹשָׂי, נֹתֵן זְמִרוֹת בַּלָּיְלָה: איוב לה

נַחְנוּ בְיָדְךָ כַּחֹמֶר, סְלַח נָא עַל קַל וָחֹמֶר
יוֹם לְיוֹם יַבִּיעַ אֹמֶר, וְלַיְלָה לְלָיְלָה: תהלים יט

אֵל פּוֹדֶה מִכָּל־צָר, קְרָאנוּךָ מִן הַמֵּצַר
יָדְךָ לֹא תִקְצַר, לֹא־יוֹם וְלֹא־לָיְלָה: זכריה יד

---

הַמַּבְדִּיל *Aquél que diferencia:* Así como damos la bienvenida al arribo del Shabat por medio de canciones, de igual forma lo despedimos cantando. Este

Mijael, ángel ministerial de Israel, Eliahu y Gabriel;
por favor acudid junto al redentor, levantaos en medio de la noche.

A nuestra derecha Mijael, a nuestra izquierda Gabriel;
sobre nuestra cabeza la Presencia de Dios, todos los días y todas las noches.

Concédenos una buena semana, fresca cual jardín regado,
del SEÑOR llegará el bien, todo el día y toda la noche. *Isa. 62*

Que esta casa sea bendecida, de boca de profeta y visionario,
pues así lo habrá de decretar éste nuestro Dios, protegiéndonos día y noche.

Aquél que diferencia entre aguas, que nos reviva nuevamente,
nos haga ver con bien Jerusalém y gobernar tanto de día como de noche. *Gén. 1*

*Forma el acróstico: El'azar*
אָגִיל Se alegrará y regocijará mi corazón
al contemplar al pueblo que se asemeja al león,
aboga mi causa y trae a Ṣion el redentor.
Haz brotar al hombre que florece (el Mashiaḥ),
Eliahu, Eliahu, Eliahu, Eliahu;
por el mérito del profeta Eliahu y del rey Mashiaḥ.

Entonces temerán y se aterrorizarán quienes suelen no asustarse,
todo corazón temerá; cuando el pueblo único ascienda,
y su camino sea exitoso
en virtud de Eliahu, Eliahu, Eliahu, Eliahu,
por el mérito del profeta Eliahu y del rey Mashiaḥ.

De este a oeste y allende, para ejercer gran justicia,
mi pueblo se involucrará en guerra y combate,
contra sus enemigos saldrá victorioso, Eliahu, Eliahu, Eliahu, Eliahu,
por el mérito del profeta Eliahu y del rey Mashiaḥ.

מִיכָאֵל שַׂר יִשְׂרָאֵל, אֵלִיָּהוּ וְגַבְרִיאֵל
בֹּאוּ נָא עִם הַגּוֹאֵל, קוּמוּ בַּחֲצִי הַלַּיְלָה.

מִימִינֵנוּ מִיכָאֵל, וּמִשְּׂמֹאלֵנוּ גַּבְרִיאֵל
וְעַל רֹאשֵׁנוּ שְׁכִינַת אֵל, בְּכָל־יוֹם וּבְכָל־לַיְלָה.

תְּנָה לָנוּ שָׁבוּעַ טוֹב, רַעֲנָן כְּגַן רָטוֹב
וּמִיהוָה יָבֹא הַטּוֹב, כָּל־הַיּוֹם וְכָל־הַלַּיְלָה: ישעיה סב

יְבֹרַךְ הַבַּיִת הַזֶּה, מִפִּי נָבִיא וְגַם חוֹזֶה
כִּי כֵן יְצַוֶּה אֱלֹהֵינוּ זֶה, לְשָׁמְרוֹ יוֹמָם וָלַיְלָה.

הַמַּבְדִּיל בֵּין מַיִם לְמָיִם, יְחַיֵּינוּ מִיּוֹמָיִם
יַרְאֵנוּ בְּטוּב יְרוּשָׁלַיִם, וְלִמְשֹׁל בַּיּוֹם וּבַלַּיְלָה: בראשית א

סימן אלעזר

אָגִיל וְאֶשְׂמַח בִּלְבָבִי, בִּרְאוֹתִי כִּי כְלָבִיא
תָּרִיב רִיבִי, וּלְצִיּוֹן גּוֹאֵל תָּבִיא
אִישׁ צֶמַח תַּצְמִיחַ, אֵלִיָּהוּ אֵלִיָּהוּ, אֵלִיָּהוּ אֵלִיָּהוּ
בִּזְכוּת אֵלִיָּהוּ הַנָּבִיא וּמֶלֶךְ הַמָּשִׁיחַ

לָכֵן בְּלִי פַחַד, תִּפֹּל אֵימָה וָפַחַד
כָּל־לֵב יִפְחַד, בְּעֵת יַעֲלֶה גּוֹי אֶחָד
וְאָרְחוֹתָיו יַצְלִיחַ אֵלִיָּהוּ אֵלִיָּהוּ, אֵלִיָּהוּ אֵלִיָּהוּ
בִּזְכוּת אֵלִיָּהוּ הַנָּבִיא וּמֶלֶךְ הַמָּשִׁיחַ

עוֹד מִמִּזְרָח לְמַעֲרָב, עוֹד לַעֲשׂוֹת צֶדֶק רָב
עַמִּי יֶעֱרַב, לַעֲרֹךְ מִלְחָמָה וּקְרָב
עַל אוֹיְבָיו יַצְלִיחַ אֵלִיָּהוּ אֵלִיָּהוּ, אֵלִיָּהוּ אֵלִיָּהוּ
בִּזְכוּת אֵלִיָּהוּ הַנָּבִיא וּמֶלֶךְ הַמָּשִׁיחַ

*Forma el acróstico: Yoav HaKatán Jaṣa*

מַשְׁבִּיחַ Aquél que silencia el estruendo de los mares, *Sal. 65*
extiende sobre nosotros la paz,
y bendiciones desde las alturas,
todos los siete días.

Haya paz en nuestras murallas,
y tranquilidad en nuestros confines,
y aquellos que acosan a nuestra congregación,
su vigor sea disipado.

Que nuestra plegaria resulte agradable,
a Ti Señor nuestro Rey,
y bendícenos abundantemente,
cual anciano entrado en días.

Te saludaré con cántico murmurante,
al concluir mi día sagrado,
en el segundo y el tercer día,
Te alabaré entre las naciones.

En Ti está depositada nuestra esperanza,
este año acude en nuestro socorro,
tal como redimiste a nuestros ancestros,
redímenos de las naciones.

Haznos retornar como la primera vez,
protégenos como se cuida a la pupila,
apresura el arribo del descendiente de Najshón,
y acelera la llegada del fin de los tiempos.

סימן יואב הקטן חצא

מַשְׁבִּיחַ שְׁאוֹן יַמִּים תהלים סה
נְטֵה עָלֵינוּ שְׁלוֹמִים
וּבְרָכוֹת מִמְּרוֹמִים
כָּל־שִׁבְעַת הַיָּמִים.

יְהִי שָׁלוֹם בְּחֵילֵנוּ
וְשַׁלְוָה עַל גְּבוּלֵינוּ
וְהַצָּרִים קְהָלֵנוּ
יִשְׁאַף חֵילָם צַמִּים.

וְיֶעֱרַב חִין עֶרְכֵּנוּ
לְךָ יְהוָה מַלְכֵּנוּ
וְגַם בָּרֵךְ תְּבָרְכֵנוּ
כְּזָקֵן בָּא בַיָּמִים.

אֲקַדֶּמְךָ בְּשִׁיר רַחְשִׁי
בְּמוֹצָאֵי יוֹם קָדְשִׁי
בַּשֵּׁנִי וּבַשְּׁלִישִׁי
אֲזַמֶּרְךָ בַּלְאֻמִּים.

בְּךָ הִיא תוֹחַלְתֵּנוּ
הַשָּׁנָה תְּהִי עֶזְרָתֵנוּ
כְּגָאַלְתָּ אֶת אֲבוֹתֵינוּ
גְּאָלֵנוּ מֵעַמִּים.

הֲשִׁיבֵנוּ כְּמֵרִאשׁוֹן
נְצָרֵתָנוּ כְּבַת אִישׁוֹן
חִישׁ בִּיאַת נִין נַחְשׁוֹן
וּמַהֵר קֵץ הַיָּמִים.

Proclama, Te pedimos, un año de favor,
guía a Yosef como a un rebaño.
Que quienes se burlan estruendosamente,
yazcan inertes cual red de pesca que se seca al sol.

Mi castillo desolado,
reconstrúyelo como en el día en que el SEÑOR lo habitaba.
El SEÑOR es un guerrero, *Éx. 15*
el SEÑOR es la eterna Fortaleza.

Guía a Tu pueblo elegido,
en el Monte de Ṣion que es Tu heredad.
Dios no hay nada fuera de Ti,
Tu reino es un reino por todos los tiempos. *Sal. 145*

Fortalécenos con Tu Torá,
para cumplir todos Tus preceptos.
Para estar ante Ti siempre con temor reverencial,
y que nuestro corazón sea íntegro.

Oh Roca,
Oh Roca, grande en acciones,
que reside en los cielos superiores,
envíanos a Eliá (Eliahu),
pues se han prolongado los días.

No hagas oídos sordos,
a la plegaria de Tus fieles,
cuando supliquen ante Ti,
silencia el estruendo de los mares. *Sal. 65*

קְרָא נָא שְׁנַת רָצוֹן
נוֹהֵג יוֹסֵף כַּצֹּאן
וְלֵצִים חָמְדוּ לָצוֹן
יִהְיוּ מִשְׁטַח חֲרָמִים.

טִירָתִי הַנְּשַׁמָּה
תְּכוֹנֵן כְּמִיּוֹם יְהוָה שָׁמָּה
יְהוָה אִישׁ מִלְחָמָה שמות טו
יְהוָה צוּר עוֹלָמִים.

נְחֵה עַם זוּ סְגֻלָּתֶךָ
בְּהַר צִיּוֹן נַחֲלָתֶךָ
אֱלֹהִים אֵין זוּלָתֶךָ
מַלְכוּתְךָ מַלְכוּת כָּל־עוֹלָמִים: תהלים קמה

חַזְּקֵנוּ בְּתוֹרָתֶךָ
וְלִשְׁמֹר כָּל־מִצְוֹתֶיךָ
וְכָל־הַיּוֹם בְּיִרְאָתֶךָ
יְהִי לִבֵּנוּ תָמִים.

צוּר רַב הָעֲלִילִיָּה
הַשּׁוֹכֵן שְׁמֵי עֲלִיָּה
שְׁלַח לָנוּ אֵלִיָּה
כִּי אָרְכוּ הַיָּמִים.

אַל נָא תַּעְלֵם אָזְנֶךָ
לְשַׁוְעַת מַאֲמִינֶיךָ
בְּהִתְחַנְּנָם לְפָנֶיךָ
מַשְׁבִּיחַ שְׁאוֹן יַמִּים. תהלים סה

*Forma el acróstico: Abraham*

שִׁיר אֶעֱנֶה Prorrumpiré en cántico / pues he aquí que /
aquél que trae las buenas nuevas pronto marchará /
El profeta Eliahu el tishbita habitante del Guil'ad.

Dios de mi fortaleza / en Ti me regocijo / durante los seis días de la acción.
El domingo / escondido cual pupila /
me acogeré bajo la protección de Tus alas.
En toda propiedad / en toda cuestión / lo haré el lunes,
y el martes / mi cabeza / Tú alzas en todo cuanto emprendo,
el miércoles / Tú eres mi salvación / no temeré a mi enemigo,
y el jueves / y el viernes / con aguas de regocijo esparcirás mi angustia,
nos preparamos / con cánticos alegres / establece el Día del Recordatorio,
y la carne / que no falte / y el pan saciará el corazón del hombre.

El profeta Eliahu el tishbita habitante del Guil'ad.

Cada mes / una nueva alegría / Tishrí llegará con regocijo,
de Marḥeshván / hasta Siván / habito seguro,
pues en Kislev / estaré sereno / Tebet y Shebat en reposo.
Y en el mes de Adar / el maravilloso / narraré el poder de Dios,
y Nisán llega / cual bandera de amor / y se disiparán la angustia y el suspiro.
Yiar es / como éste / y todo Tamuz es de bienestar,
no me lamentaré / en el mes de Ab / y en Elul tampoco habrán gemidos
y todos mis años / en el Señor / confié y no tropezaré.

El profeta Eliahu el tishbita habitante del Guil'ad.

Contempla Rey mío / que siempre / en Ti deposita Tu pueblo su confianza.
Año de gloria / y redención / decreta ya tal como lo dijiste,
y se levantará Reubén / que es el hijo / primero en el sorteo, al reunirse /
la casa de Yosef / y allí Shim'ón tiene su heredad,
Y Yehudá / con voz de agradecimiento / también Leví alzará su voz,
Gad y Asher / y Dan con rectitud / y también Nafatalí estarán en su Santuario;
y hay recompensa / para Isajar / y Zebulún en su Templo,
y Biniamín / para el final de los días / en la mañana comerá siempre.

El profeta Eliahu el tishbita habitante del Guil'ad.

סימן אברהם

שִׁיר אֶעֱנֶה, / כִּי הִנֵּה / מְבַשֵּׂר טוֹב חִישׁ יִצְעַד
אֵלִיָּהוּ הַתִּשְׁבִּי מִתּוֹשָׁבֵי גִלְעָד.

אֵל חֵילִי, / בְּךָ גִילִי / בְּשֵׁשֶׁת יְמֵי הַמַּעֲשֶׂה:
יוֹם רִאשׁוֹן / כְּבַת אִישׁוֹן / בְּצֵל כְּנָפֶיךָ אֶחֱסֶה
בְּכָל־קִנְיָן, / בְּכָל־עִנְיָן / וְכֵן בַּשֵּׁנִי אֶעֱשֶׂה;
וּבַשְּׁלִישִׁי / אֶת רֹאשִׁי / בְּכָל־אֲשֶׁר אֶפְנֶה אֲנַסֶּה,
וּבָרְבִיעִי / אַתְּ יִשְׁעִי / לֹא אָגוּר מְשׁוּסֶּה;
וּבַחֲמִישִׁי / וּבַשִּׁשִּׁי / בְּמֵי גִיל יָגוֹן תַּמְסֶה,
וְהִכּוֹנֵן / בַּטּוֹב רַנֵּן / דָּת זָכוֹר תַּעֲשֶׂה
וְהַבָּשָׂר / בַּל יֶחְסַר / וְלֶחֶם לְבַב אֱנוֹשׁ יִסְעָד.
אֵלִיָּהוּ הַתִּשְׁבִּי מִתּוֹשָׁבֵי גִלְעָד

בְּכָל־חֹדֶשׁ / גִּיל חַדֵּשׁ / וְתִשְׁרֵי יָבוֹא בְשִׂמְחָה,
מִמַּרְחֶשְׁוָן / עַד סִיוָן / אֱהִי בְהַשְׁקֵט וּבְבִטְחָה,
כִּי בְכִסְלֵו / אֱהִי שָׁלֵו, / טֵבֵת, וּשְׁבָט בִּמְנוּחָה;
וְחֹדֶשׁ אֲדָר / הַנֶּהְדָּר / גְּבוּרַת אֵל אָשִׂיחָה,
וְנִיסָן בָּא / כְּנֵס אַהֲבָה / וְנָסוּ יָגוֹן וַאֲנָחָה,
וְאִיָּר הוּא / כָּמֹהוּ / וְכָל־תַּמּוּז בִּרְוָחָה;
וְלֹא אֶדְאַב / בְּחֹדֶשׁ אָב / וְגַם בֶּאֱלוּל אֵין צְוָחָה
וְכָל־שָׁנַי / בַּיהוָֹה / בָּטַחְתִּי, וְלֹא אֶמְעַד.
אֵלִיָּהוּ הַתִּשְׁבִּי מִתּוֹשָׁבֵי גִלְעָד

רְאֵה, מַלְכִּי, / לְעוֹלָם כִּי / בְךָ שָׂם עַמְּךָ כִּסְלוֹ.
שְׁנַת תְּהִלָּה / וּגְאֻלָּה / כִּדְבָרְךָ קָרָא לוֹ,
וְקָם רְאוּבֵן, / הוּא הַבֵּן / הָרִאשׁוֹן לְגוֹרָלוֹ,
בְּהִתְאַסֵּף / בֵּית יוֹסֵף / וְשָׁם שִׁמְעוֹן לִגְבוּלוֹ;
וִיהוּדָה / בְּקוֹל תּוֹדָה / וְלֵוִי יִשָּׂא קוֹלוֹ,
וְגָד וְאָשֵׁר / וְדָן בְּיֹשֶׁר, / וְנַפְתָּלִי בְּהֵיכָלוֹ;
וְיֵשׁ שָׂכָר / לְיִשָּׂשכָר / וּזְבוּלוּן לִזְבוּלוֹ,
וּבִנְיָמִין, / לְקֵץ יָמִין, / בַּבֹּקֶר יֹאכַל עַד.
אֵלִיָּהוּ הַתִּשְׁבִּי מִתּוֹשָׁבֵי גִלְעָד

Reina sobre el pueblo / que se enfurece / de la nación que contra Ti se rebela.
Permanece con él / y ordena su bienestar / a las estrellas de Tus alturas.
Que el esplendor de Aries / nunca cese /
ni tampoco la gloria de la integridad de Tu Toro,
y sobre los gemelos de Géminis / libres de culpa / establece Tu compasión;

no hay ángel acusador / contra el cangrejo de Cáncer /
sino que sea sobre él Tu paz,
y del león de Leo / vivifica a Tu hijo / y pon en su corazón temor a Ti,
y la virgen de Virgo / que sea fecundada /
por Tus visiones y Tus pronunciamientos,
a Libra / doblemente / concédele de la bondad de Tus melodías.

La gloria de Escorpio / amase gran fortuna / que colme Tus graneros,
a Sagitario / imponlo con furor / sobre el corazón de los enemigos que contra Ti se rebelan.
Sobre Capricornio y Acuario / mi alhaja y mi ornamento /
sea vertida Tu compasión.
Como Piscis / que en cualquier curso de agua / por siempre se multiplica.

El profeta Eliahu el tishbita habitante del Guil'ad.

*Poema litúrgico de Ribí Abraham Ibn Ezra*

אֵל אֵלִיָּהוּ Dios de Eliahu, Dios de Eliahu,
Por el mérito del profeta Eliahu trae por favor (al Mashiaḥ).

Él amarrará Su carroza, marchará en cautiverio pues Su corazón no tuvo descanso ni conoció el sueño.

Dios de Eliahu, Dios de Eliahu, Por el mérito del profeta Eliahu trae por favor (al Mashiaḥ).

Mi dolencia es demasiado grave como para mirarla, mientras que quienes me desestiman y me odian, se ven bellos y sanos de carne al pastar.

Dios de Eliahu, Dios de Eliahu, Por el mérito del profeta Eliahu trae por favor (al Mashiaḥ).

Oh Roca, riega con veneno al enemigo de mirada penetrante,
mientras que mis ojos se elevan al Sagrado Dios de Israel.

Dios de Eliahu, Dios de Eliahu, Por el mérito del profeta Eliahu trae por favor (al Mashiaḥ).

מְלֹךְ עַל עַם, / אֲשֶׁר נִזְעַם / מִגּוֹי מִתְקוֹמְמֶיךָ,
תְּהִי עִמּוֹ / וְצַו שְׁלוֹמוֹ / מִכּוֹכְבֵי מְרוֹמֶיךָ
וְהוֹד טָלֶה / אַל יִכְלֶה / וַהֲדַר שׁוֹר תְּמִימֶיךָ,
וְהַתְּאוֹמִים / הַתְּמִימִים / יֶהֱמוּ נָא רַחֲמֶיךָ;

וְאֵין שָׂטָן / בְּעַד סַרְטָן / אֲבָל יְהִי שְׁלוֹמֶיךָ,
וּמֵאַרְיֵה / בְּנְךָ חַיֵּה / וְשִׂים בְּלִבּוֹ אֵימֶיךָ;
וְהַבְּתוּלָה / תִּהְיֶה בְּעוּלָה, / בְּחֶזְיוֹנֶיךָ וּנְאוּמֶיךָ
לְמֹאזְנַיִם / פִּי שְׁנַיִם / תֵּן מִטּוּב נְעִימֶיךָ;

וְהוֹד עַקְרָב / נְגִיד הוֹן רַב, / לְמַלְאוֹת אֶת אֲסָמֶיךָ,
וְחֵץ קֶשֶׁת / בְּאַף תֶּשֶׁת / בְּלֵב אוֹיְבִים קָמֶיךָ;
גְּדִי וּדְלִי, / עֲדִי וַחֲלִי, / יֶהֱמוּ עַל רַחֲמֶיךָ
כְּמוֹ דָגִים / בְּכָל־פְּלָגִים / יִדְגּוּ לָרֹב וָלָעַד

אֵלִיָּהוּ הַתִּשְׁבִּי מִתּוֹשָׁבֵי גִלְעָד

פיוט לרבי אברהם אבן עזרא

אֵל אֵלִיָּהוּ, אֵל אֵלִיָּהוּ
בִּזְכוּת אֵלִיָּהוּ, הַנָּבִיא הָבֵא נָא.

בּוֹ יִרְתֹּם רִכְבּוֹ, נָע בְּשִׁבְיִי כִּי בוֹ
לֹא שָׁכַב לִבּוֹ, גַּם לֹא רָאָה שֵׁנָה.

אֵל אֵלִיָּהוּ, אֵל אֵלִיָּהוּ, בִּזְכוּת אֵלִיָּהוּ, הַנָּבִיא הָבֵא נָא.

רַב מַחְלִי בְּרָאוֹת, כַּחְשִׁי וּמִשְׂנְאוֹת
יָפוֹת וּבְרִיאוֹת, בָּשָׂר וַתִּרְעֶנָה.

אֵל אֵלִיָּהוּ, אֵל אֵלִיָּהוּ, בִּזְכוּת אֵלִיָּהוּ, הַנָּבִיא הָבֵא נָא.

הַשְׁקֵה צוּר מֵי רֹאשׁ, צָר עֵינָיו יִלְטֹשׁ
יוֹם עֵינַי לִקְדוֹשׁ, יִשְׂרָאֵל תִּשְׁעֶינָה.

אֵל אֵלִיָּהוּ, אֵל אֵלִיָּהוּ, בִּזְכוּת אֵלִיָּהוּ, הַנָּבִיא הָבֵא נָא.

¿Cuándo habrás de mostrar una señal de redención a quienes Te claman?
A Ti, oh si a Ti ellos elevan sus voces y entonan cánticos.

Dios de Eliahu, Dios de Eliahu, Por el mérito del profeta Eliahu
trae por favor (al Mashiaḥ).

El ángel que redime, allégate a este pobre suplicante, por favor, oh Dios,
Dios de Abraham, haz que esto ocurra.

Dios de Eliahu, Dios de Eliahu, Por el mérito del profeta Eliahu
trae por favor (al Mashiaḥ).

אֵלִיָּהוּ הַנָּבִיא Eliahu el profeta, Eliahu el tishbita, Eliahu el guil'adita,
pronto vendrá a nosotros junto al Mashiaḥ hijo de David.

El hombre que fue celoso del Nombre del Eterno,
el hombre a quien le fue anunciada la paz de boca de Yekutiel (Moshé),
el hombre que se acercó y para expiar por los hijos de Israel.

Eliahu el profeta, Eliahu el tishbita, Eliahu el guil'adita,
pronto vendrá a nosotros junto al Mashiaḥ hijo de David.

El hombre cuyos ojos contemplaron doce generaciones,
el hombre caracterizado por su profusa pelambre,
el hombre que llevaba un cinturón de cuero en su cintura.

Eliahu el profeta, Eliahu el tishbita, Eliahu el guil'adita,
pronto vendrá a nosotros junto al Mashiaḥ hijo de David.

El hombre que se encolerizó con los idólatras,
el hombre que diligentemente detuvo la lluvia d ellos cielos por medio de un juramento,
el hombre que detuvo la lluvia y el rocío por tres años.

Eliahu el profeta, Eliahu el tishbita, Eliahu el guil'adita,
pronto vendrá a nosotros junto al Mashiaḥ hijo de David.

מָתַי תַּרְאֶה אוֹת, יֶשַׁע אֵל קוֹרְאוֹת
לָךְ וּלְךָ נוֹשְׂאוֹת, קוֹלָן וְתִרְנָּה.
אֵל אֵלִיָּהוּ, אֵל אֵלִיָּהוּ, בִּזְכוּת אֵלִיָּהוּ, הַנָּבִיא הָבֵא נָא.

הַמַּלְאָךְ הַגּוֹאֵל, לִפְנֵי דַל שׁוֹאֵל
אָנָּא הָאֵל אֵל, אַבְרָהָם הַקְרֵה נָא.
אֵל אֵלִיָּהוּ, אֵל אֵלִיָּהוּ, בִּזְכוּת אֵלִיָּהוּ, הַנָּבִיא הָבֵא נָא.

אֵלִיָּהוּ הַנָּבִיא, אֵלִיָּהוּ הַתִּשְׁבִּי, אֵלִיָּהוּ הַגִּלְעָדִי
בִּמְהֵרָה יָבוֹא אֵלֵינוּ עִם מָשִׁיחַ בֶּן דָּוִד.

אִישׁ אֲשֶׁר קִנֵּא לְשֵׁם הָאֵל
אִישׁ בֻּשַּׂר שָׁלוֹם עַל יַד יְקוּתִיאֵל
אִישׁ גַּשׁ וַיְכַפֵּר עַל בְּנֵי יִשְׂרָאֵל.
אֵלִיָּהוּ הַנָּבִיא, אֵלִיָּהוּ הַתִּשְׁבִּי, אֵלִיָּהוּ הַגִּלְעָדִי
בִּמְהֵרָה יָבוֹא אֵלֵינוּ עִם מָשִׁיחַ בֶּן דָּוִד.

אִישׁ דּוֹרוֹת שְׁנֵים עָשָׂר רָאוּ עֵינָיו
אִישׁ הַנִּקְרָא בַּעַל שֵׂעָר בְּסִימָנָיו
אִישׁ וְאֵזוֹר עוֹר אָזוּר בְּמָתְנָיו.
אֵלִיָּהוּ הַנָּבִיא, אֵלִיָּהוּ הַתִּשְׁבִּי, אֵלִיָּהוּ הַגִּלְעָדִי
בִּמְהֵרָה יָבוֹא אֵלֵינוּ עִם מָשִׁיחַ בֶּן דָּוִד.

אִישׁ זָעַף עַל עוֹבְדֵי חַמָּנִים
אִישׁ חָשׁ וְנִשְׁבַּע מֵהְיוֹת גִּשְׁמֵי מְעוֹנִים
אִישׁ טַל וּמָטָר עָצַר שָׁלֹשׁ שָׁנִים.
אֵלִיָּהוּ הַנָּבִיא, אֵלִיָּהוּ הַתִּשְׁבִּי, אֵלִיָּהוּ הַגִּלְעָדִי
בִּמְהֵרָה יָבוֹא אֵלֵינוּ עִם מָשִׁיחַ בֶּן דָּוִד.

El hombre que salió para procurar paz para su alma,
el hombre al cual alimentaron los cuervos para que no sucumbiera,
el hombre para quien fueron bendecidas la jarra y el frasco.

Eliahu el profeta, Eliahu el tishbita, Eliahu el guil'adita,
pronto vendrá a nosotros junto al Mashiaḥ hijo de David.

El hombre cuya enseñanza escucharon con fruición,
el hombre al que se le respondió con fuego desde el cielo superior,
el hombre tras el cual las personas exclamaban el Señor es Dios.

Eliahu el profeta, Eliahu el tishbita, Eliahu el guil'adita,
pronto vendrá a nosotros junto al Mashiaḥ hijo de David.

El hombre que en el futuro será enviado desde el cielo,
el hombre encargado de anunciar las buenas nuevas,
el enviado fiel que acercará los corazones de los hijos al de los padres.

Eliahu el profeta, Eliahu el tishbita, Eliahu el guil'adita,
pronto vendrá a nosotros junto al Mashiaḥ hijo de David.

El hombre que celó al Señor con esplendor,
el hombre que cabalgó cual tormenta sobre caballos de fuego,
el hombre que no supo el sabor de la muerte ni de la sepultura.

Eliahu el profeta, Eliahu el tishbita, Eliahu el guil'adita,
pronto vendrá a nosotros junto al Mashiaḥ hijo de David.

Tishbita, sálvanos de las fauces de los leones,
anúncianos buenas nuevas,
alégranos a hijos junto a los padres al concluir los Shabatot.

Eliahu el profeta, Eliahu el tishbita, Eliahu el guil'adita,
pronto vendrá a nosotros junto al Mashiaḥ hijo de David.

אִישׁ יָצָא לִמְצֹא לְנַפְשׁוֹ נַחַת
אִישׁ כִּלְכְּלוּהוּ הָעוֹרְבִים וְלֹא מֵת לַשַּׁחַת
אִישׁ לְמַעֲנוֹ נִתְבָּרְכוּ כַּד וְצַפַּחַת.
אֵלִיָּהוּ הַנָּבִיא, אֵלִיָּהוּ הַנָּבִיא, אֵלִיָּהוּ הַנָּבִיא
בִּמְהֵרָה יָבוֹא אֵלֵינוּ עִם מָשִׁיחַ בֶּן דָּוִד.

אִישׁ מוּסָרָיו הִקְשִׁיבוּ כְּמֵהִים
אִישׁ נַעֲנָה בָּאֵשׁ מִשְּׁמֵי גְבוֹהִים
אִישׁ סַחוּ אַחֲרָיו יהוה הוּא הָאֱלֹהִים.
אֵלִיָּהוּ הַנָּבִיא, אֵלִיָּהוּ הַנָּבִיא, אֵלִיָּהוּ הַנָּבִיא
בִּמְהֵרָה יָבוֹא אֵלֵינוּ עִם מָשִׁיחַ בֶּן דָּוִד.

אִישׁ עָתִיד לְהִשְׁתַּלֵּחַ מִשְּׁמֵי עֲרָבוֹת
אִישׁ פָּקִיד עַל כָּל־בְּשׂוֹרוֹת טוֹבוֹת
אִישׁ צִיר נֶאֱמָן לְהָשִׁיב לֵב בָּנִים עַל אָבוֹת.
אֵלִיָּהוּ הַנָּבִיא, אֵלִיָּהוּ הַנָּבִיא, אֵלִיָּהוּ הַנָּבִיא
בִּמְהֵרָה יָבוֹא אֵלֵינוּ עִם מָשִׁיחַ בֶּן דָּוִד.

אִישׁ קָרָא קַנֹּא קִנֵּאתִי לַיהוָה בְּתִפְאָרָה
אִישׁ רָכַב עַל סוּסֵי אֵשׁ בִּסְעָרָה
אִישׁ שֶׁלֹּא טָעַם טַעַם מִיתָה וּקְבוּרָה.
אֵלִיָּהוּ הַנָּבִיא, אֵלִיָּהוּ הַנָּבִיא, אֵלִיָּהוּ הַנָּבִיא
בִּמְהֵרָה יָבוֹא אֵלֵינוּ עִם מָשִׁיחַ בֶּן דָּוִד.

אִישׁ תִּשְׁבִּי תַּצִּילֵנוּ מִפִּי אֲרָיוֹת
תְּבַשְּׂרֵנוּ בְּשׂוֹרוֹת טוֹבוֹת
תְּשַׂמְּחֵנוּ בָּנִים עַל אָבוֹת בְּמוֹצָאֵי שַׁבָּתוֹת.
אֵלִיָּהוּ הַנָּבִיא, אֵלִיָּהוּ הַנָּבִיא, אֵלִיָּהוּ הַנָּבִיא
בִּמְהֵרָה יָבוֹא אֵלֵינוּ עִם מָשִׁיחַ בֶּן דָּוִד.

El hombre cuyo nombre es "Tishbita",
por su intermedio tendremos éxito en el estudio de la Torá,
nos hará oír prontamente una buena nueva de su boca,
y nos sacará de las tinieblas a la luz.

Eliahu el profeta, Eliahu el tishbita, Eliahu el guil'adita,
pronto vendrá a nosotros junto al Mashiaḥ hijo de David.

Feliz de quien contempló su semblante en el sueño,
feliz de quien le saludó y fue por él saludado,
el Señor bendecirá a Su pueblo con la paz.

Eliahu el profeta, Eliahu el tishbita, Eliahu el guil'adita,
pronto vendrá a nosotros junto al Mashiaḥ hijo de David.

Tal como está escrito: "He aquí que Yo les envío al profeta Eliahu antes *Mal. 3*
que llegue el grande y temido día del Señor. Él acercará el corazón de los padres a los hijos y el de los hijos a sus padres".

## VERSÍCULOS DE BENDICIÓN

וְיִתֶּן־לְךָ Y el Señor te conceda del rocío del cielo y de la grosura de *Gén. 27*
la tierra con abundancia de cereal y mosto. Sírvante pueblos y prostérnense ante ti naciones; sé Señor para tus hermanos e inclínense ante ti los hijos de tu madre. Los que te maldigan serán maldecidos, y los que te bendigan serán bendecidos.

וְאֵל שַׁדַּי Y el Todopoderoso te bendiga: Te haga fructificar y te acre- *Gén. 28*
ciente y serás congregación de pueblos. Y te conceda la bendición de Abraham a ti y a tu descendencia contigo, para que poseas la
tierra de tu morada que ha concedido el Señor a Abraham. ¡Del *Gén. 49*
Dios de tu padre, Él te habrá de ayudar! Y el Todopoderoso habrá

---

los desafíos que nos esperan. Por lo tanto, se adjunta aquí una larga serie de versículos del Tanaj que incluyen muchas de las bendiciones mencionadas

אִישׁ תִּשְׁבִּי עַל שְׁמוֹ נִקְרָא
תַּצְלִיחֵנוּ עַל יָדוֹ בַּתּוֹרָה
תַּשְׁמִיעֵנוּ מִפִּיו בְּשׂוֹרָה טוֹבָה בִּמְהֵרָה
תּוֹצִיאֵנוּ מֵאֲפֵלָה לְאוֹרָה.
אֵלִיָּהוּ הַנָּבִיא, אֵלִיָּהוּ הַנָּבִיא, אֵלִיָּהוּ הַנָּבִיא
בִּמְהֵרָה יָבוֹא אֵלֵינוּ עִם מָשִׁיחַ בֶּן דָּוִד.

אַשְׁרֵי מִי שֶׁרָאָה פָנָיו בַּחֲלוֹם
אַשְׁרֵי מִי שֶׁנָּתַן לוֹ שָׁלוֹם וְהֶחֱזִיר לוֹ שָׁלוֹם
יְהוָה יְבָרֵךְ אֶת עַמּוֹ בַשָּׁלוֹם.
אֵלִיָּהוּ הַנָּבִיא, אֵלִיָּהוּ הַנָּבִיא, אֵלִיָּהוּ הַנָּבִיא
בִּמְהֵרָה יָבוֹא אֵלֵינוּ עִם מָשִׁיחַ בֶּן דָּוִד.

כַּכָּתוּב: הִנֵּה אָנֹכִי שֹׁלֵחַ לָכֶם אֵת אֵלִיָּה הַנָּבִיא, לִפְנֵי בּוֹא יוֹם יְהוָה הַגָּדוֹל מלאכי ג
וְהַנּוֹרָא: וְהֵשִׁיב לֵב־אָבוֹת עַל־בָּנִים, וְלֵב בָּנִים עַל־אֲבוֹתָם:

## פסוקי ברכה

וְיִתֶּן־לְךָ הָאֱלֹהִים מִטַּל הַשָּׁמַיִם וּמִשְׁמַנֵּי הָאָרֶץ וְרֹב דָּגָן וְתִירֹשׁ: בראשית כז
יַעַבְדוּךָ עַמִּים וְיִשְׁתַּחֲוֻ לְךָ לְאֻמִּים הֱוֵה גְבִיר לְאַחֶיךָ וְיִשְׁתַּחֲווּ
לְךָ בְּנֵי אִמֶּךָ אֹרְרֶיךָ אָרוּר וּמְבָרְכֶיךָ בָּרוּךְ:

וְאֵל שַׁדַּי יְבָרֵךְ אֹתְךָ וְיַפְרְךָ וְיַרְבֶּךָ וְהָיִיתָ לִקְהַל עַמִּים: וְיִתֶּן־ בראשית כח
לְךָ אֶת־בִּרְכַּת אַבְרָהָם לְךָ וּלְזַרְעֲךָ אִתָּךְ לְרִשְׁתְּךָ אֶת־אֶרֶץ
מְגֻרֶיךָ אֲשֶׁר־נָתַן אֱלֹהִים לְאַבְרָהָם: מֵאֵל אָבִיךָ וְיַעְזְרֶךָּ וְאֵת בראשית מט

---

פסוקי ברכה *Versículos bíblicos de bendición:* Al emprender un viaje es momento adecuado para invocar la bendición y la ayuda Divina en vistas de

de bendecirte, bendiciones de los cielos desde lo alto y bendiciones desde el abismo que yace en lo bajo. Bendiciones de pechos y matriz. Las bendiciones de tu padre han superado a las bendiciones de mis progenitores, hasta la altura de las colinas eternas. ¡Recaigan sobre la cabeza de Yosef y sobre la frente del elegido entre sus hermanos! Te amará, te bendecirá y te multiplicará; bendecirá el fruto *Deut. 7*
de tu vientre y el fruto de tu tierra, tu cereal, tu mosto y tu aceite; la cría de tus vacas y los rebaños de tus ovejas, sobre la tierra que ha prometido a tus patriarcas, para darte a ti. Bendito serás más que todos los pueblos: no habrá en ti hombre o mujer estéril ni en tus animales. El Señor apartará de ti toda enfermedad y ninguna de las graves dolencias de Egipto que has conocido traerá sobre ti, sino las infligirá sobre todos tus adversarios.

בָּרוּךְ Bendito seas en la ciudad y bendito seas en el campo. Bendito *Deut. 28*
sea el fruto de tu vientre, y el fruto de tu tierra, y el fruto de tu ganado; la cría de tus vacas y los rebaños de tus ovejas. Benditas sean tu canasta y tu artesa. Bendito seas en tu venir y bendito seas en tu salir. Ordenará el Señor que esté contigo la bendición, en tus graneros y en todo lo que emprendiere tu mano; y te bendecirá en la tierra que el Señor tu Dios te concede a ti. El Señor abrirá para ti Su tesoro bueno – los cielos – para dar la lluvia de tu tierra en su debido tiempo y para bendecir toda la obra de tu mano. Prestarás a gente numerosa, empero tú no tendrás que pedir prestado. Bienaventurado tú Israel. ¿Quién como tú? Pueblo sal- *Deut. 33*
vado por el Señor, Él es Escudo, tu ayuda. Él es la Espada de tu gloria. Se confabularán tus enemigos contra ti, empero tú pisarás en sus sitios encumbrados.

---

viaje y que estamos por iniciar una nueva etapa, confiados en saber que Dios está con nosotros. Estos comienzan con las bendiciones de Iṣḥak a Ya'akob, de Ya'akob a Yosef y a sus hermanos, y los discursos finales de Moshé a los hijos de Israel en el libro de Deuteronomio.

שַׁדַּי וִיבָרְכֶךָּ בִּרְכֹת שָׁמַיִם מֵעָל בִּרְכֹת תְּהוֹם רֹבֶצֶת תָּחַת בִּרְכֹת
שָׁדַיִם וָרָחַם: בִּרְכֹת אָבִיךָ גָּבְרוּ עַל־בִּרְכֹת הוֹרַי עַד־תַּאֲוַת
גִּבְעֹת עוֹלָם תִּהְיֶיןָ לְרֹאשׁ יוֹסֵף וּלְקָדְקֹד נְזִיר אֶחָיו: וַאֲהֵבְךָ דברים ז
וּבֵרַכְךָ וְהִרְבֶּךָ וּבֵרַךְ פְּרִי־בִטְנְךָ וּפְרִי־אַדְמָתֶךָ דְּגָנְךָ וְתִירֹשְׁךָ
וְיִצְהָרֶךָ שְׁגַר־אֲלָפֶיךָ וְעַשְׁתְּרֹת צֹאנֶךָ עַל הָאֲדָמָה אֲשֶׁר־נִשְׁבַּע
לַאֲבֹתֶיךָ לָתֶת לָךְ: בָּרוּךְ תִּהְיֶה מִכָּל־הָעַמִּים לֹא־יִהְיֶה בְךָ
עָקָר וַעֲקָרָה וּבִבְהֶמְתֶּךָ: וְהֵסִיר יְהוָה מִמְּךָ כָּל־חֹלִי וְכָל־מַדְוֵי
מִצְרַיִם הָרָעִים אֲשֶׁר יָדַעְתָּ לֹא יְשִׂימָם בָּךְ וּנְתָנָם בְּכָל־שֹׂנְאֶיךָ:

בָּרוּךְ אַתָּה בָּעִיר וּבָרוּךְ אַתָּה בַּשָּׂדֶה: בָּרוּךְ פְּרִי־בִטְנְךָ וּפְרִי דברים כח
אַדְמָתְךָ וּפְרִי בְהֶמְתֶּךָ שְׁגַר אֲלָפֶיךָ וְעַשְׁתְּרוֹת צֹאנֶךָ: בָּרוּךְ
טַנְאֲךָ וּמִשְׁאַרְתֶּךָ: בָּרוּךְ אַתָּה בְּבֹאֶךָ וּבָרוּךְ אַתָּה בְּצֵאתֶךָ:
יְצַו יְהוָה אִתְּךָ אֶת־הַבְּרָכָה בַּאֲסָמֶיךָ וּבְכֹל מִשְׁלַח יָדֶךָ וּבֵרַכְךָ
בָּאָרֶץ אֲשֶׁר־יְהוָה אֱלֹהֶיךָ נֹתֵן לָךְ: יִפְתַּח יְהוָה ׀ לְךָ אֶת־אוֹצָרוֹ
הַטּוֹב אֶת־הַשָּׁמַיִם לָתֵת מְטַר־אַרְצְךָ בְּעִתּוֹ וּלְבָרֵךְ אֵת כָּל־
מַעֲשֵׂה יָדֶךָ וְהִלְוִיתָ גּוֹיִם רַבִּים וְאַתָּה לֹא תִלְוֶה: אַשְׁרֶיךָ יִשְׂרָאֵל דברים לג
מִי כָמוֹךָ עַם נוֹשַׁע בַּיהוָה מָגֵן עֶזְרֶךָ וַאֲשֶׁר־חֶרֶב גַּאֲוָתֶךָ וְיִכָּחֲשׁוּ
אֹיְבֶיךָ לָךְ וְאַתָּה עַל־בָּמוֹתֵימוֹ תִדְרֹךְ:

---

en los libros de la Torá. Estos están agrupados alrededor del tema de la bendición, la redención y la salvación, el rescate y la transformación, la paz y la consolación. Todos juntos ponen énfasis en que el tiempo es una suerte de

יִשְׂרָאֵל Israel es librado por el SEÑOR en eterna salvación, no os Isa. 51
avergonzaréis ni seréis humillados jamás. Y comeréis hasta saciaros y alabaréis el Nombre del SEÑOR vuestro Dios que ha obrado con vosotros maravillas, y Mi pueblo no será objeto de afrenta jamás. Los liberados por el SEÑOR retornarán y vendrán a Ṣion entonando cánticos, con alegría eterna sobre sus cabezas, tendrán alegría y
regocijo y se apartarán de ellos la angustia y la tristeza. Pues sal- Isa. 55
dréis con alegría y seréis guiados con regocijo, las montañas y las colinas prorrumpirán en canto ante vosotros y todos los árboles del
campo batirán palmas He aquí este es el Dios de mi salvación, en Isa. 12
Él confiaré y no habré de temer, pues el SEÑOR es mi Fuerza y mi cántico. Él se ha tornado mi Salvación. Y extraeréis agua con júbilo de los manantiales de la salvación. En ese día dirás, alabad al SEÑOR, invocad Su Nombre, declaren Su gloria entre las naciones, recordad que Su Nombre es exaltado. Cantad al SEÑOR, pues ha realizado acciones gloriosas, haced que se sepa en toda la tierra. Alza tu voz con alegría y canta residente de Ṣion, pues la Santidad de Israel es
grande en tu seno. En ese día dirá: ese es nuestro Dios en el cual Isa. 25
depositamos nuestras esperanzas, alegrémonos y regocijémonos
con Su salvación. Yo creo el habla de los labios, paz, paz a los distan- Isa. 57
tes y a los cercanos dijo el SEÑOR y Yo lo habré de curar. Entonces, I Crón. 12
el espíritu sobrevino sobre Amasai jefe de los capitanes y dijo: "¡Somos tuyos, David! ¡Estamos contigo hijo de Yshai! Paz, paz, para ti y para quienes te ayudan, pues tu Dios te habrá de socorrer.
Y David los recibió y los hizo comandantes de sus tropas. Y diréis: I Sam. 25
"¡Por la vida! ¡La paz sea contigo, la paz sea para con tu hogar y la paz
sea para cuanto tu posees!" Siete veces: Bendito es el hombre que Jer. 17
confía en el SEÑOR, y que sólo en el SEÑOR deposita su confianza.
El SEÑOR dará poder a Su pueblo, el SEÑOR bendecirá a Su pueblo Sal. 29
con la paz.

יִשְׂרָאֵל נוֹשַׁע בַּיהֹוָה תְּשׁוּעַת עוֹלָמִים לֹא־תֵבֹשׁוּ וְלֹא־תִכָּלְמוּ ישעיה מה
עַד־עוֹלְמֵי עַד: וַאֲכַלְתֶּם אָכוֹל וְשָׂבוֹעַ וְהִלַּלְתֶּם אֶת־שֵׁם יְהֹוָה יואל ב
אֱלֹהֵיכֶם אֲשֶׁר־עָשָׂה עִמָּכֶם לְהַפְלִיא וְלֹא־יֵבֹשׁוּ עַמִּי לְעוֹלָם:
וִידַעְתֶּם כִּי בְקֶרֶב יִשְׂרָאֵל אָנִי וַאֲנִי יְהֹוָה אֱלֹהֵיכֶם וְאֵין עוֹד
וְלֹא־יֵבֹשׁוּ עַמִּי לְעוֹלָם: וּפְדוּיֵי יְהֹוָה יְשֻׁבוּן וּבָאוּ צִיּוֹן בְּרִנָּה ישעיה נא
וְשִׂמְחַת עוֹלָם עַל־רֹאשָׁם שָׂשׂוֹן וְשִׂמְחָה יַשִּׂיגוּ וְנָסוּ יָגוֹן וַאֲנָחָה:
כִּי־בְשִׂמְחָה תֵצֵאוּ וּבְשָׁלוֹם תּוּבָלוּן הֶהָרִים וְהַגְּבָעוֹת יִפְצְחוּ ישעיה נה
לִפְנֵיכֶם רִנָּה וְכָל־עֲצֵי הַשָּׂדֶה יִמְחֲאוּ־כָף: הִנֵּה אֵל יְשׁוּעָתִי ישעיה יב
אֶבְטַח וְלֹא אֶפְחָד כִּי־עָזִּי וְזִמְרָת יָהּ יְהֹוָה וַיְהִי־לִי לִישׁוּעָה:
וּשְׁאַבְתֶּם־מַיִם בְּשָׂשׂוֹן מִמַּעַיְנֵי הַיְשׁוּעָה: וַאֲמַרְתֶּם בַּיּוֹם הַהוּא
הוֹדוּ לַיהֹוָה קִרְאוּ בִשְׁמוֹ הוֹדִיעוּ בָעַמִּים עֲלִילֹתָיו הַזְכִּירוּ כִּי
נִשְׂגָּב שְׁמוֹ: זַמְּרוּ יְהֹוָה כִּי גֵאוּת עָשָׂה מוּדַעַת זֹאת בְּכָל־הָאָרֶץ:
צַהֲלִי וָרֹנִּי יוֹשֶׁבֶת צִיּוֹן כִּי־גָדוֹל בְּקִרְבֵּךְ קְדוֹשׁ יִשְׂרָאֵל: וְאָמַר ישעיה כה
בַּיּוֹם הַהוּא הִנֵּה אֱלֹהֵינוּ זֶה קִוִּינוּ לוֹ וְיוֹשִׁיעֵנוּ זֶה יְהֹוָה קִוִּינוּ
לוֹ נָגִילָה וְנִשְׂמְחָה בִּישׁוּעָתוֹ: בּוֹרֵא נִיב שְׂפָתָיִם שָׁלוֹם ׀ שָׁלוֹם ישעיה נז
לָרָחוֹק וְלַקָּרוֹב אָמַר יְהֹוָה וּרְפָאתִיו: וְרוּחַ לָבְשָׁה אֶת־עֲמָשַׂי דברי הימים א׳ יב
רֹאשׁ הַשָּׁלִישִׁים לְךָ דָוִיד וְעִמְּךָ בֶן־יִשַׁי שָׁלוֹם ׀ שָׁלוֹם לְךָ וְשָׁלוֹם
לְעֹזְרֶךָ כִּי עֲזָרְךָ אֱלֹהֶיךָ וַיְקַבְּלֵם דָּוִיד וַיִּתְּנֵם בְּרָאשֵׁי הַגְּדוּד:
וַאֲמַרְתֶּם כֹּה לֶחָי וְאַתָּה שָׁלוֹם וּבֵיתְךָ שָׁלוֹם וְכֹל אֲשֶׁר־לְךָ שמואל א׳ כה
שָׁלוֹם: בָּרוּךְ הַגֶּבֶר אֲשֶׁר יִבְטַח בַּיהֹוָה, וְהָיָה יְהֹוָה מִבְטַחוֹ: ירמיה יז
יְהֹוָה עֹז לְעַמּוֹ יִתֵּן יְהֹוָה ׀ יְבָרֵךְ אֶת־עַמּוֹ בַשָּׁלוֹם: תהלים כט

## BENDICIÓN POR LA LUNA NUEVA

לַמְנַצֵּחַ Para el director de música, salmo de David. Los cielos declaran la *Sal. 19*
gloria de Dios y el firmamento proclama la obra de Sus manos. Un día a otro expresa la palabra y noche a noche comunica el conocimiento. No hay discurso, no hay palabras, su voz no es escuchada. Aun así, su música transita por toda la tierra y sus palabras hasta el fin del mundo. Puso allí una tienda para el sol. El cual se asemeja al novio que sale de su palio nupcial, feliz cual hombre fuerte que está por correr una carrera. Se asoma por un extremo del cielo y culmina su circuito en el otro. Nada se mantiene oculto a su calor. La Torá del Señor es íntegra y reconforta al alma, el testimonio del Señor es fidedigno, da sabiduría al simple. Los preceptos del Señor son rectos, alegran al corazón. El mandamiento del Señor es radiante, ilumina los ojos. El temor al Señor es puro, perdura para siempre. Las sentencias del Señor son verdad y conjuntamente son justas. Más preciosas son que el oro y más abundante que el oro prístino; más dulces que la miel y que el néctar. También Tu siervo es cuidadoso en su observancia ya que hacerlo reporta gran recompensa. ¿Quién puede discernir los errores? Límpiame de las faltas ocultas. Protege también a Tu siervo de transgresiones voluntarias, que no tengan dominio sobre mí, entonces estaré libre de culpa y seré inocente de pecados graves. Que las palabras de mi boca y la meditación de mi corazón hallen favor ante Ti Señor, mi Fortaleza y mi Redentor.

¡הַלְלוּיָהּ Aleluyá! Alabad al Señor desde los cielos, loadle desde *Sal. 148*
las alturas. Alábenlo todos sus ángeles, alábenlo todas Sus huestes. Alábenlo el sol y la luna, alábenlo todas las estrellas luminosas. Alábenlo los cielos de los cielos y las aguas que están por encima de los cielos. Que alaben el Nombre del Señor, pues Él ordenó y fueron creados. Él los estableció para siempre en todo momento, emitió un decreto que no habrá de cambiar.

---

empero siempre se ha recuperado e irradiado luz en tiempos oscuros. Ambas temáticas están presentes tanto en los salmos como en la bendición que los acompaña. El acto físico de elevarse en puntas de pie en dirección a la luna es un gesto de fe en que, así como la luna está allende del alcance humano resultando indestructible, lo mismo ocurre con la nación que esta simboliza.

# סדר ברכת הלבנה

תהלים יט למנצח מזמור לדוד: השמים מספרים כבוד־אל ומעשה ידיו
מגיד הרקיע: יום ליום יביע אמר ולילה ללילה יחוה־דעת: אין־
אמר ואין דברים בלי נשמע קולם: בכל־הארץ ׀ יצא קום ובקצה
תבל מליהם לשמש שם־אהל בהם: והוא כחתן יצא מחפתו
ישיש כגבור לרוץ ארח: מקצה השמים ׀ מוצאו ותקופתו על־
קצותם ואין נסתר מחמתו: תורת יהוה תמימה משיבת נפש
עדות יהוה נאמנה מחכימת פתי: פקודי יהוה ישרים משמחי־
לב מצות יהוה ברה מאירת עינים: יראת יהוה ׀ טהורה עומדת
לעד משפטי־יהוה אמת צדקו יחדו: הנחמדים מזהב ומפז רב
ומתוקים מדבש ונפת צופים: גם־עבדך נזהר בהם בשמרם עקב
רב: שגיאות מי־יבין מנסתרות נקני: גם מזדים ׀ חשך עבדך
אל־ימשלו־בי אז איתם ונקיתי מפשע רב: יהיו לרצון ׀ אמרי־פי
והגיון לבי לפניך יהוה צורי וגאלי:

תהלים קמח הללויה ׀ הללו את־יהוה מן־השמים הללוהו במרומים:
הללוהו כל־מלאכיו הללוהו כל־צבאו: הללוהו שמש וירח
הללוהו כל־כוכבי אור: הללוהו שמי השמים והמים אשר ׀
מעל השמים: יהללו את־שם יהוה כי הוא צוה ונבראו: ויעמידם
לעד לעולם חק־נתן ולא יעבור:

---

BENDICIÓN POR LA LUNA NUEVA

Estas plegarias que se recitan al divisar la luna nueva poseen una dimensión dual. Primeramente, dan testimonio de la presencia de Dios en la Creación, la regularidad de los ciclos menguante y creciente de la luna son un recordatorio visible del hecho de que el universo está regido por leyes naturales y de la presencia subyacente de un orden que todo lo incluye (Rabenu Yoná). En segundo lugar, la luna que renace sin fin tras parecer que declina es un símbolo del pueblo de Israel que en determinadas épocas pareció pasar por un eclipse,

כִּי־אֶרְאֶה Cuando contemplo Tus cielos, la obra de Tus dedos, la luna y las estrellas que has establecido. El Señor es nuestro Soberano, cuán exaltado es Tu Nombre en toda la tierra. *Sal. 8*

Mi Fortaleza en Este Mundo
y mi Redentor para el Mundo Venidero.

Que el agrado del Señor nuestro Dios sea sobre nosotros, y la acción de nuestras manos sea establecida para nosotros. Oh Eterno, aprueba la obra de nuestras manos. *Sal. 90*

בָּרוּךְ Bendito eres Tú Señor, nuestro Dios, Rey del universo, que por medio de Su palabra creó el firmamento y con el hálito de Su boca a todas sus huestes. Les estableció una ley y un tiempo para que no alteren su funcionamiento. Dichosos y felices de poder cumplir con la voluntad de su Creador, Obrador de la verdad cuya labor es Verdadera. Y a la luna le dijo que se renueve a sí misma como una corona de esplendor para aquellos que El Eterno cargó desde la matriz (Israel), pues ellos también están destinados a renovarse tal como ella y alabar a su Creador en aras de Su gloriosa majestad. Bendito eres Tú Señor, que renuevas los meses.

*Recitar tres veces:*

Con buena señal será para nosotros y todo Israel.

Bendito es Quien te formó, bendito es Quien te hizo,
bendito es Quien te posee, bendito es Quien te creó.

*Se elevan los talones y se recita:*

כְּשֵׁם Así como nosotros bailamos ante ti y no podemos tocarte,
de igual manera si otros bailan ante nosotros para dañarnos,
no podrán alcanzarnos ni regir sobre nosotros
y no podrán hacernos mella alguna, ni en nuestro cuerpo,
ni en nuestro patrimonio, ni en nuestro espíritu ni en nuestra alma.

Que sobrevengan sobre ellos el miedo y el terror, *Éx. 15*
por el poder de Tu brazo se silencien como piedras.

Cual piedras se silencien, por el poder de Tu brazo,
terror y miedo sobre ellos sobrevengan.

*Hasta aquí se recita tres veces.*

כִּי־אֶרְאֶה שָׁמֶיךָ מַעֲשֵׂה אֶצְבְּעֹתֶיךָ יָרֵחַ וְכוֹכָבִים אֲשֶׁר כּוֹנָנְתָּה: תהלים ח
יְהוָה אֲדֹנֵינוּ מָה־אַדִּיר שִׁמְךָ בְּכָל־הָאָרֶץ:

צוּרִי בָּעוֹלָם הַזֶּה, וְגוֹאֲלִי לָעוֹלָם הַבָּא.

וִיהִי ׀ נֹעַם אֲדֹנָי אֱלֹהֵינוּ עָלֵינוּ וּמַעֲשֵׂה יָדֵינוּ כּוֹנְנָה עָלֵינוּ וּמַעֲשֵׂה תהלים צ
יָדֵינוּ כּוֹנְנֵהוּ:

בָּרוּךְ אַתָּה יְהוָה, אֱלֹהֵינוּ מֶלֶךְ הָעוֹלָם, אֲשֶׁר בְּמַאֲמָרוֹ בָּרָא שְׁחָקִים, וּבְרוּחַ פִּיו כָּל־צְבָאָם, חֹק וּזְמַן נָתַן לָהֶם שֶׁלֹּא יְשַׁנּוּ אֶת תַּפְקִידָם. שָׂשִׂים וּשְׂמֵחִים לַעֲשׂוֹת רְצוֹן קוֹנֵיהֶם, פּוֹעֵל אֱמֶת שֶׁפְּעֻלָּתוֹ אֱמֶת. וְלַלְּבָנָה אָמַר שֶׁתִּתְחַדֵּשׁ, עֲטֶרֶת תִּפְאֶרֶת לַעֲמוּסֵי בָטֶן, שֶׁגַּם הֵם עֲתִידִים לְהִתְחַדֵּשׁ כְּמוֹתָהּ וּלְפָאֵר לְיוֹצְרָם עַל שֵׁם כְּבוֹד מַלְכוּתוֹ. בָּרוּךְ אַתָּה יְהוָה, מְחַדֵּשׁ חֳדָשִׁים.

*Recitar tres veces:*

בְּסִימָן טוֹב תְּהִי לָנוּ וּלְכָל־יִשְׂרָאֵל.

בָּרוּךְ יוֹצְרֵךְ, בָּרוּךְ עוֹשֵׂךְ, בָּרוּךְ קוֹנֵךְ, בָּרוּךְ בּוֹרְאֵךְ.

*Se elevan los talones y se recita:*

כְּשֵׁם שֶׁאֲנַחְנוּ מְרַקְּדִים כְּנֶגְדֵּךְ, וְאֵין אֲנַחְנוּ יְכוֹלִים לִגַּע בִּיךְ
כָּךְ אִם יְרַקְּדוּ אֲחֵרִים כְּנֶגְדֵּנוּ לְהַזִּיקֵנוּ, לֹא יוּכְלוּ לִגַּע בָּנוּ
וְלֹא יִשְׁלְטוּ בָּנוּ, וְלֹא יַעֲשׂוּ בָנוּ שׁוּם רֹשֶׁם.
לֹא בְּגוּפֵינוּ וְלֹא בְּמָמוֹנֵנוּ (וְלֹא בְּרוּחֵנוּ) וְלֹא בְּנִשְׁמָתֵנוּ
תִּפֹּל עֲלֵיהֶם אֵימָתָה וָפַחַד, בִּגְדֹל זְרוֹעֲךָ יִדְּמוּ כָּאָבֶן: שמות טו
כָּאָבֶן יִדְּמוּ זְרוֹעֲךָ בִּגְדֹל, וָפַחַד אֵימָתָה עֲלֵיהֶם תִּפֹּל.

*Hasta aquí se recita tres veces.*

*Recitar tres veces:*

David Rey de Israel vive y perdura.

Amén, Amén, Amén / Eternidad, eternidad, eternidad / Sela, Sela, Sela/ Por siempre, por siempre, por siempre.

*Recitar siete veces:*

El Eterno creó en mí un corazón puro y estableció en mi seno un nuevo espíritu. *Sal. 51*

תָּנָא Se enseñó en la academia de Ribí Ishma'el: Si el pueblo de Israel pudiese contemplar el rostro de su Padre Celestial una vez al mes esto les habría bastado. Dijo Abaié: Por lo tanto, (la bendición por la luna nueva) debe ser recitada de pie. *Sanhedrín 42a*

¡הַלְלוּיָהּ Aleluyá! Alabad a Dios en Su Santuario; alabadle en el firmamento de Su poder. Alabadle por Sus poderosas acciones, alabadle conforme a Su Grandeza. Alabadle al son del shofar, alabadle con el arpa y la lira. Alabadle con pandero y danza, alabadle con instrumentos de cuerda y flauta. Alabadle con platillos resonantes; con el resonar de los címbalos. Todas las almas alabarán a Dios ¡Aleluyá! Todas las almas alabarán a Dios ¡Aleluyá! *Sal. 150*

שִׁיר לַמַּעֲלוֹת Cántico de las ascensiones, elevaré mis ojos hacia las montañas, ¿de dónde vendrá mi socorro? Mi socorro proviene del Señor que creó los cielos y la tierra. No dejes sucumbir tu pierna, no dejes que se duerman tus guardianes. El Guardián de Israel no descansa ni duerme. El Señor te cuidará, será tu protección a tu derecha. El sol no te abrasará de día ni la luna te afectará por la noche. El Señor te cuidará de todo mal, cuidará tu alma. El Señor resguardará tu salida y tu entrada desde hoy y para siempre. *Sal. 121*

*Recitar tres veces:*

דָּוִד מֶלֶךְ יִשְׂרָאֵל חַי וְקַיָּם.

אָמֵן, אָמֵן, אָמֵן / נֶצַח, נֶצַח, נֶצַח / סֶלָה, סֶלָה, סֶלָה / וָעֶד, וָעֶד, וָעֶד.

*Recitar siete veces:*

לֵב טָהוֹר בְּרָא־לִי אֱלֹהִים, וְרוּחַ נָכוֹן חַדֵּשׁ בְּקִרְבִּי: תהלים נא

תָּנָא דְבֵי רַבִּי יִשְׁמָעֵאל: אִלְמָלֵא לֹא זָכוּ בְּנֵי יִשְׂרָאֵל אֶלָּא לְהַקְבִּיל פְּנֵי אֲבִיהֶם שֶׁבַּשָּׁמַיִם פַּעַם אַחַת בַּחֹדֶשׁ, דַּיָּם. אָמַר אַבַּיֵּי: הִלְכָּךְ נִמְרִינְהוּ מֵעֻמָּד. סנהדרין מב.

הַלְלוּיָהּ ׀ הַלְלוּ־אֵל בְּקׇדְשׁוֹ הַלְלוּהוּ בִּרְקִיעַ עֻזּוֹ: הַלְלוּהוּ בִגְבוּרֹתָיו הַלְלוּהוּ כְּרֹב גֻּדְלוֹ: הַלְלוּהוּ בְּתֵקַע שׁוֹפָר הַלְלוּהוּ בְּנֵבֶל וְכִנּוֹר: הַלְלוּהוּ בְתֹף וּמָחוֹל הַלְלוּהוּ בְּמִנִּים וְעוּגָב: הַלְלוּהוּ בְצִלְצְלֵי־שָׁמַע הַלְלוּהוּ בְּצִלְצְלֵי תְרוּעָה: כֹּל הַנְּשָׁמָה תְּהַלֵּל יָהּ הַלְלוּיָהּ: כֹּל הַנְּשָׁמָה תְּהַלֵּל יָהּ הַלְלוּיָהּ: תהלים קנ

שִׁיר לַמַּעֲלוֹת אֶשָּׂא עֵינַי אֶל־הֶהָרִים מֵאַיִן יָבֹא עֶזְרִי: עֶזְרִי מֵעִם יְהֹוָה עֹשֵׂה שָׁמַיִם וָאָרֶץ: אַל־יִתֵּן לַמּוֹט רַגְלֶךָ אַל־יָנוּם שֹׁמְרֶךָ: הִנֵּה לֹא־יָנוּם וְלֹא יִישָׁן שׁוֹמֵר יִשְׂרָאֵל: יְהֹוָה שֹׁמְרֶךָ יְהֹוָה צִלְּךָ עַל־יַד יְמִינֶךָ: יוֹמָם הַשֶּׁמֶשׁ לֹא־יַכֶּכָּה וְיָרֵחַ בַּלָּיְלָה: יְהֹוָה יִשְׁמָרְךָ מִכׇּל־רָע יִשְׁמֹר אֶת־נַפְשֶׁךָ: יְהֹוָה יִשְׁמׇר־צֵאתְךָ וּבוֹאֶךָ מֵעַתָּה וְעַד־עוֹלָם: תהלים קכא

רַבִּי חֲנַנְיָא Ribí Ḥananiá Ben A'kashiá dice: El Santo Bendito Él quiso dar méritos a Israel y por ello les incrementó el estudio de la Torá y el cumplimiento de preceptos, tal como está escrito: "El Señor, deseó dar mérito a Israel y para ello engrandeció la Torá y la enalteció". *Macot 23* *Isa. 42*

## KADISH DE LOS RABINOS

*El Ḥazán y los dolientes recitan aquí el Kadish de los Rabinos:*

יִתְגַּדַּל Que Su Gran Nombre sea magnificado y santificado,
en el mundo que creó conforme a Su voluntad.
Que establezca Su reino, haga florecer Su salvación
y apresure la llegada de Su ungido
durante vuestra vida y en vuestros días
y en la vida de toda la casa de Israel,
pronto y rápidamente y decid: Amén.

Que Su Gran Nombre sea bendito por siempre y por toda la eternidad.

Sea bendecido, alabado, glorificado y exaltado, encumbrado
y magnificado, enaltecido y ensalzado
el Nombre del Santo Bendito Él;
más allá de cualquier bendición, cántico, alabanza y consolación
pronunciados en el mundo y decid: Amén.

Para Israel, para nuestros maestros,
sus discípulos y los discípulos de sus discípulos,
para todos quienes se involucran en el estudio de la sagrada Torá,
en este sitio o en cualquier otra parte,
que vengan a nosotros, a ellos y a vosotros
gracia, benevolencia y compasión de nuestro Dios,
Señor de los cielos y la tierra y decid: Amén.

Que haya gran paz celestial, vida, saciedad, salvación, consolación,
refugio, sanación, redención, perdón y expiación, bienestar
y salvación para nosotros y para todo Su pueblo Israel
y decid: Amén.

*Antes de decir "Quien obra paz en las alturas" se dan tres pasos hacia atrás.*

Quien obra la paz en Sus alturas, con compasión haga la paz
para nosotros y todo Su pueblo Israel y decid: Amén.

רַבִּי חֲנַנְיָא בֶּן עֲקַשְׁיָא אוֹמֵר: רָצָה הַקָּדוֹשׁ בָּרוּךְ הוּא לְזַכּוֹת אֶת יִשְׂרָאֵל, מכות כג
לְפִיכָךְ הִרְבָּה לָהֶם תּוֹרָה וּמִצְוֹת. שֶׁנֶּאֱמַר: יְהוָה חָפֵץ לְמַעַן צִדְקוֹ, יַגְדִּיל ישעיה מב
תּוֹרָה וְיַאְדִּיר:

## קדיש דרבנן

*El* חזן *y los* אבלים *recitan el* קדיש דרבנן*:*

יִתְגַּדַּל וְיִתְקַדַּשׁ שְׁמֵהּ רַבָּא (קהל: אָמֵן)
בְּעָלְמָא דִּי בְרָא כִרְעוּתֵהּ
וְיַמְלִיךְ מַלְכוּתֵהּ וְיַצְמַח פֻּרְקָנֵהּ וִיקָרֵב מְשִׁיחֵהּ (קהל: אָמֵן)
בְּחַיֵּיכוֹן וּבְיוֹמֵיכוֹן וּבְחַיֵּי דְכָל־בֵּית יִשְׂרָאֵל
בַּעֲגָלָא וּבִזְמַן קָרִיב, וְאִמְרוּ אָמֵן. (קהל: אָמֵן)

יְהֵא שְׁמֵהּ רַבָּא מְבָרַךְ לְעָלַם וּלְעָלְמֵי עָלְמַיָּא יִתְבָּרַךְ
וְיִשְׁתַּבַּח וְיִתְפָּאַר וְיִתְרוֹמַם וְיִתְנַשֵּׂא וְיִתְהַדָּר וְיִתְעַלֶּה וְיִתְהַלָּל
שְׁמֵהּ דְּקֻדְשָׁא בְּרִיךְ הוּא (קהל: אָמֵן)

לְעֵלָּא מִן כָּל־בִּרְכָתָא שִׁירָתָא, תֻּשְׁבְּחָתָא וְנֶחֱמָתָא דַּאֲמִירָן
בְּעָלְמָא, וְאִמְרוּ אָמֵן. (קהל: אָמֵן)

עַל יִשְׂרָאֵל וְעַל רַבָּנָן וְעַל תַּלְמִידֵיהוֹן וְעַל־כָּל־תַּלְמִידֵי תַלְמִידֵיהוֹן
דְּעָסְקִין בְּאוֹרַיְתָא קַדִּישְׁתָּא
דִּי בְאַתְרָא הָדֵין, וְדִי בְכָל־אֲתַר וַאֲתַר
יְהֵא לָנָא וּלְהוֹן וּלְכוֹן חִנָּא וְחִסְדָּא
וְרַחֲמֵי מִן קֳדָם אֱלָהָנָא מָארֵי שְׁמַיָּא וְאַרְעָא, וְאִמְרוּ אָמֵן. (קהל: אָמֵן)

יְהֵא שְׁלָמָא רַבָּא מִן שְׁמַיָּא, חַיִּים וְשָׂבָע וִישׁוּעָה וְנֶחָמָה
וְשֵׁיזָבָא וּרְפוּאָה וּגְאֻלָּה וּסְלִיחָה וְכַפָּרָה, וְרֶוַח וְהַצָּלָה
לָנוּ וּלְכָל־עַמּוֹ יִשְׂרָאֵל, וְאִמְרוּ אָמֵן. (קהל: אָמֵן)

*Antes de decir* 'עֹשֶׂה שָׁלוֹם' *se dan tres pasos hacia atrás.*

עֹשֶׂה שָׁלוֹם בִּמְרוֹמָיו הוּא בְּרַחֲמָיו יַעֲשֶׂה שָׁלוֹם עָלֵינוּ
וְעַל־כָּל־עַמּוֹ יִשְׂרָאֵל, וְאִמְרוּ אָמֵן. (קהל: אָמֵן)

# חגים ומועדים
## FESTIVIDADES

# La Bendición sobre el Lulab

*Cada día de Sucot debe recitarse la bendición sobre el lulab con la excepción de Shabat.*

בָּרוּךְ Bendito eres Tú Señor, nuestro Dios,
Rey del universo, que nos ha santificado con Sus preceptos
y nos ordenó en lo concerniente a tomar el lulab.

*El primer día de Sucot se agrega (Si el primer día de Sucot cae en Shabat la bendición de Sheheḥeianu es recitada el segundo día):*

בָּרוּךְ Bendito eres Tú Señor, nuestro Dios,
Rey del universo que nos ha dado vida, nos sostuvo
y nos ha permitido llegar a este momento.

# Halel

*El Halel Completo con recitado de bendición se dice los primeros dos días de Pesaḥ, tanto de día como por la noche, los dos días de Shabu'ot, los nueve días de Sucot y los ocho días de Ḥanucá.*

*La versión reducida del Halel sin recitado de bendición se dice en Rosh Ḥodesh y el resto de Pesaḥ.*

*De acuerdo con nuestra costumbre, el Ḥazán, por medio de su bendición, hace cumplir con su deber a la totalidad del publico presente.*

*Ḥazán* Con vuestro permiso señores y maestros míos.

*El público responde:* ¡Con el permiso del Cielo!

*Ḥazán:* בָּרוּךְ Bendito eres Tú Señor, nuestro Dios,
Rey del universo, que nos ha santificado con Sus preceptos
y nos ordenó completar el Halel.

---

con la esperanza de que Él continuará enviando lluvias en el año entrante. La meditación habla de los preceptos en términos espirituales: tal como nosotros en la tierra dedicamos esta acción a los Cielos, de igual forma que de allí nos provean del flujo descendente de la bendición Divina sobre la tierra.

HALEL

Los Salmos 113-118, conocidos como el Halel de Egipto en virtud de que el segundo párrafo hace referencia al Éxodo – se consideran una de las prim-

# סדר נטילת לולב

*Cada día de* סוכות *debe recitarse la bendición sobre el* לולב *con la excepción de* שבת

בָּרוּךְ אַתָּה יְהֹוָה, אֱלֹהֵינוּ מֶלֶךְ הָעוֹלָם
אֲשֶׁר קִדְּשָׁנוּ בְּמִצְוֹתָיו, וְצִוָּנוּ עַל נְטִילַת לוּלָב.

*El primer día de* סוכות*, se agrega (Si el primer día de Sucot cae en Shabat la bendición de 'שֶׁהֶחֱיָנוּ' es recitada el segundo día):*

בָּרוּךְ אַתָּה יְהֹוָה, אֱלֹהֵינוּ מֶלֶךְ הָעוֹלָם
שֶׁהֶחֱיָנוּ וְקִיְּמָנוּ וְהִגִּיעָנוּ לַזְּמַן הַזֶּה.

# סדר הלל

*El* הלל שלם *con recitado de bendición se dice los primeros dos días de* פסח*, tanto de día como por la noche, los dos días de* שבועות*, los nueve días de* סוכות *y los ocho días de* חנוכה.

*La versión reducida del* הלל *sin recitado de bendición se dice en* ראש חודש *y el resto de* פסח.

*De acuerdo con nuestra costumbre, el* חזן*, por medio de su bendición, hace cumplir con su deber a la totalidad del publico presente.*

חזן: בִּרְשׁוּת מוֹרַי וְרַבּוֹתַי.
הקהל עונים: שָׁמַיִם.

חזן: בָּרוּךְ אַתָּה יְהֹוָה, אֱלֹהֵינוּ מֶלֶךְ הָעוֹלָם
אֲשֶׁר קִדְּשָׁנוּ בְּמִצְוֹתָיו, וְצִוָּנוּ לִגְמֹר אֶת הַהַלֵּל.

---

MEDITACIÓN Y BENDICIÓN AL TOMAR EL LULAB

Las meditaciones previas al cumplimiento de un precepto son la forma de focalizar nuestra atención en el carácter religioso específico del acto que estamos por realizar. Se trata de una declaración consciente de la *kavaná,* la intención sagrada. Esta meditación apareció por primera vez en el libro *Sha'arei Tzión* del Rabino Natán Hanover, publicado en Praga en 1662. El lulab, el etrog, la rama de mirto y las hojas de sauce dan testimonio del poder de la lluvia de dar vida a la tierra y lo que de esta crece. Los ofrecemos a Dios

הַלְלוּיָהּ ¡Aleluya! Alabad siervos del SEÑOR, alabad el Nombre del SEÑOR. Sea el Nombre del SEÑOR bendecido desde ahora y hasta la eternidad. Desde que sale el sol y hasta que se pone, sea alabado el Nombre del SEÑOR. El SEÑOR es encumbrado por sobre todas las naciones, Su gloria trasciende los cielos. ¿Quién es como el SEÑOR nuestro Dios, que mora en lo alto (y sin embargo) mira hacia abajo al cielo y la tierra? Eleva al pobre del polvo y al menesteroso del muladar, sentándolos junto a los nobles, los dignos de Su pueblo. Transforma a la mujer estéril en una familia, en una jubilosa madre de hijos, ¡Aleluya! *Sal. 113*

בְּצֵאת Cuando Israel salió de Egipto, la casa de Ya'akob de una nación que habla una lengua extraña, Yehudá se transformó en Su Santuario e Israel Su dominio. El mar vio y huyó, el Río Jordán se dio vuelta. Las montañas danzaron cual carneros, las colinas cual corderos. Qué te ocurre oh mar, ¿por qué escapas? ¿Por qué el Jordán se da vuelta? ¿Por qué vosotras, las montañas, saltáis cual carneros y las colinas cual corderos? Es ante la presencia del SEÑOR Creador de la tierra, ante la presencia del Dios de Ya'akob. Aquél que tornó al peñasco en una laguna, al pedernal en un manantial que fluye. *Sal. 114*

---

importantes de la historia judía en los tiempos modernos, impulsados por la fe de que no solamente las acciones humanas impulsan el devenir histórico, sino que también influye la acción Divina en y a través de Sus hijos.

A raíz de su asociación a los eventos históricos, el Halel no se recita en Rosh HaShaná o en Yom Kipur, días que son dedicados en menor medida a la memoria nacional y en los que se pone énfasis en el juicio, el arrepentimiento y el perdón.

מְקִימִי מֵעָפָר דָּל *Eleva al pobre del polvo:* Versículo con reminiscencias a la plegaria de Ḥaná tras el nacimiento de su hijo (I Samuel 2:8). Las religiones del mundo antiguo eran profundamente conservadoras, estaban diseñadas y tenían por cometido vindicar y perpetuar jerarquías de poder. El judaísmo, en la creencia de que la dignidad humana es prerrogativa de todas las personas, protestó constantemente en contra de esas desigualdades. La grandeza Divina se hace evidente en el hecho de que puede elevar al pobre y al necesitado a un sitial de honor junto a príncipes.

בְּצֵאת יִשְׂרָאֵל מִמִּצְרָיִם *Cuando Israel salió de Egipto:* Recuento lírico de cómo la misma naturaleza tembló y se regocijó durante el Éxodo, cuando el Poder Supremo intervino para rescatar a los desvalidos.

תהלים קיג

הַלְלוּיָהּ ׀ הַלְלוּ עַבְדֵי יְהוָה הַלְלוּ אֶת־שֵׁם יְהוָה: יְהִי שֵׁם יְהוָה
מְבֹרָךְ מֵעַתָּה וְעַד־עוֹלָם: מִמִּזְרַח־שֶׁמֶשׁ עַד־מְבוֹאוֹ מְהֻלָּל שֵׁם
יְהוָה: רָם עַל־כָּל־גּוֹיִם ׀ יְהוָה עַל הַשָּׁמַיִם כְּבוֹדוֹ: מִי כַּיהוָה
אֱלֹהֵינוּ הַמַּגְבִּיהִי לָשָׁבֶת: הַמַּשְׁפִּילִי לִרְאוֹת בַּשָּׁמַיִם וּבָאָרֶץ:
מְקִימִי מֵעָפָר דָּל מֵאַשְׁפֹּת יָרִים אֶבְיוֹן: לְהוֹשִׁיבִי עִם־נְדִיבִים עִם
נְדִיבֵי עַמּוֹ: מוֹשִׁיבִי ׀ עֲקֶרֶת הַבַּיִת אֵם־הַבָּנִים שְׂמֵחָה הַלְלוּיָהּ:

תהלים קיד

בְּצֵאת יִשְׂרָאֵל מִמִּצְרָיִם בֵּית יַעֲקֹב מֵעַם לֹעֵז: הָיְתָה יְהוּדָה
לְקָדְשׁוֹ יִשְׂרָאֵל מַמְשְׁלוֹתָיו: הַיָּם רָאָה וַיָּנֹס הַיַּרְדֵּן יִסֹּב לְאָחוֹר:
הֶהָרִים רָקְדוּ כְאֵילִים גְּבָעוֹת כִּבְנֵי־צֹאן: מַה־לְּךָ הַיָּם כִּי תָנוּס
הַיַּרְדֵּן תִּסֹּב לְאָחוֹר: הֶהָרִים תִּרְקְדוּ כְאֵילִים גְּבָעוֹת כִּבְנֵי־צֹאן:
מִלִּפְנֵי אָדוֹן חוּלִי אָרֶץ מִלִּפְנֵי אֱלוֹהַּ יַעֲקֹב: הַהֹפְכִי הַצּוּר אֲגַם־
מָיִם חַלָּמִישׁ לְמַעְיְנוֹ־מָיִם:

---

eras plegarias escritas a los efectos de ser recitadas en el Templo en días de celebración nacional. Estos salmos eran cantados como acompañamiento al sacrificio de Pesaḥ y fuentes rabínicas antiguas sugieren que se recitaban en las Festividades de peregrinación: Pesaḥ, Shavu'ot y Sucot.

Durante el período talmúdico, una versión abreviada de esta plegaria (Medio Halel) se comenzó a usar en Rosh Ḥodesh y durante los seis últimos días de Pesaḥ. El Halel completo no se recitaba en Rosh Ḥodesh, ya que no se trata de una festividad en el cabal sentido de la palabra, ni en los últimos seis días de Pesaḥ en virtud de que: (1) El Éxodo tuvo lugar el primer día de la festividad, (2) El milagro del día séptimo, la división de las aguas del Mar de los Juncos implicó el sufrimiento de los egipcios. Según el Talmud (*Meguilá* 10B, *Sanhedrín* 39B), cuando los ángeles se dispusieron a cantar el Cántico del Mar, Dios se los denegó, diciéndoles: "¿Pueden acaso cantar mientras Mis creaturas se ahogan en el mar?"

El Halel es una sinfonía coral de fe en la presencia de Dios en la historia. Los sabios dijeron que los profetas "establecieron que los hijos de Israel debían recitarlo en toda época y ante cualquier dificultad que sobrevenga – ¡Dios no lo permita! – y al ser redimidos lo entonan como acción de gracias por la salvación" (*Pesaḥim* 117A). Es por ello por lo que lo entonamos en Yom Ha'Aṣmaut y en Yom Yerushalaim, dos de los eventos transformativos más

*Omitir cuando no se recita Halel Completo:*

לֹא לָנוּ No por nosotros, Señor, no por nosotros sino en aras de Tu Nombre has de glorificar, por Tu generosidad y Tu fidelidad. ¿Por qué habrán de decir las naciones: "dónde está ahora su Dios"? Nuestro Dios se encuentra en los cielos, cuanto Él desea, Él hace. Los ídolos de las naciones son de plata y oro, hechos por manos humanas. Poseen boca mas no pueden hablar, poseen ojos mas no pueden ver. Poseen orejas mas no pueden oír, poseen nariz mas no pueden oler. Sus manos carecen de tacto, sus piernas no caminan, sus gargantas no emiten sonido. Tal como ellos habrán de ser quienes los elaboraron y todos quienes en ellos confían. Israel confía en el Señor – Él es su Ayuda y su Escudo defensor. La casa de Aharón confía en el Señor, Él es su Ayuda y su Escudo defensor. Temerosos del Señor confíen en el Señor, Él es su Ayuda y su Escudo defensor. *Sal. 115*

יְהֹוָה זְכָרָנוּ El Señor nos recuerda y nos bendecirá. Él bendecirá a la casa de Israel, bendecirá a la casa de Aharón, bendecirá a los temerosos del Señor, a los pequeños y a los grandes conjuntamente. El Señor incremente bendición sobre vosotros y sobre vuestros hijos. Benditos sois para el Señor, Hacedor de los cielos y la tierra. Los cielos son para el Señor, y la tierra fue entregada a los hombres. Los muertos no pueden alabar a Dios ni tampoco aquellos que descienden al silencio del sepulcro. Empero nosotros habremos de bendecir a Dios, desde ahora y por toda la eternidad, ¡Aleluyá!

*Omitir cuando no se recita Halel Completo:*

אָהַבְתִּי Amo al Señor pues Él escucha la voz de mis súplicas. Pues dirige Su oído en mi dirección cada vez que Lo invoco. Los lazos de la muerte me han envuelto, y las penurias de la tumba me han encontrado, hallé *Sal. 116*

---

Nosotros no la poseemos, sino que la recibimos en depósito por parte de Dios quien tiene una serie de condiciones para efectivizarlo, que seamos respetuosos de la integridad de la tierra y de la dignidad de la persona humana; en resumen, que honremos la Ley Divina.

אָהַבְתִּי *Amo al Señor:* Este y el siguiente párrafo forman un único salmo. El salmista pasa de lo colectivo a lo individual. Dios lo ha salvado de una crisis y por ello hace público su agradecimiento. Esta plegaria fue incluida en el

*Omitir cuando no se recita* הלל שלם:

לֹא לָנוּ יְהוָה לֹא לָנוּ כִּי־לְשִׁמְךָ תֵּן כָּבוֹד עַל־חַסְדְּךָ עַל־אֲמִתֶּךָ׃ תהלים קטו
לָמָּה יֹאמְרוּ הַגּוֹיִם אַיֵּה־נָא אֱלֹהֵיהֶם׃ וֵאלֹהֵינוּ בַשָּׁמָיִם כֹּל אֲשֶׁר־
חָפֵץ עָשָׂה׃ עֲצַבֵּיהֶם כֶּסֶף וְזָהָב מַעֲשֵׂה יְדֵי אָדָם׃ פֶּה־לָהֶם וְלֹא
יְדַבֵּרוּ עֵינַיִם לָהֶם וְלֹא יִרְאוּ׃ אָזְנַיִם לָהֶם וְלֹא יִשְׁמָעוּ אַף לָהֶם וְלֹא
יְרִיחוּן׃ יְדֵיהֶם ׀ וְלֹא יְמִישׁוּן רַגְלֵיהֶם וְלֹא יְהַלֵּכוּ לֹא־יֶהְגּוּ בִּגְרוֹנָם׃
כְּמוֹהֶם יִהְיוּ עֹשֵׂיהֶם כֹּל אֲשֶׁר־בֹּטֵחַ בָּהֶם׃ יִשְׂרָאֵל בְּטַח בַּיהוָה עֶזְרָם
וּמָגִנָּם הוּא׃ בֵּית אַהֲרֹן בִּטְחוּ בַיהוָה עֶזְרָם וּמָגִנָּם הוּא׃ יִרְאֵי יְהוָה
בִּטְחוּ בַיהוָה עֶזְרָם וּמָגִנָּם הוּא׃

יְהוָה זְכָרָנוּ יְבָרֵךְ יְבָרֵךְ אֶת־בֵּית יִשְׂרָאֵל יְבָרֵךְ אֶת־בֵּית אַהֲרֹן׃
יְבָרֵךְ יִרְאֵי יְהוָה הַקְּטַנִּים עִם־הַגְּדֹלִים׃ יֹסֵף יְהוָה עֲלֵיכֶם עֲלֵיכֶם
וְעַל־בְּנֵיכֶם׃ בְּרוּכִים אַתֶּם לַיהוָה עֹשֵׂה שָׁמַיִם וָאָרֶץ׃ הַשָּׁמַיִם
שָׁמַיִם לַיהוָה וְהָאָרֶץ נָתַן לִבְנֵי־אָדָם׃ לֹא הַמֵּתִים יְהַלְלוּ־יָהּ וְלֹא
כָּל־יֹרְדֵי דוּמָה׃ וַאֲנַחְנוּ ׀ נְבָרֵךְ יָהּ מֵעַתָּה וְעַד־עוֹלָם הַלְלוּיָהּ׃

*Omitir cuando no se recita* הלל שלם:

אָהַבְתִּי כִּי־יִשְׁמַע ׀ יְהוָה אֶת־קוֹלִי תַּחֲנוּנָי׃ כִּי־הִטָּה אָזְנוֹ לִי וּבְיָמַי תהלים קטז
אֶקְרָא׃ אֲפָפוּנִי ׀ חֶבְלֵי־מָוֶת וּמְצָרֵי שְׁאוֹל מְצָאוּנִי צָרָה וְיָגוֹן אֶמְצָא׃

---

כְּמוֹהֶם יִהְיוּ עֹשֵׂיהֶם *Tal como ellos habrán de ser quienes los elaboraron:* Adorar objetos impersonales o fuerzas, eventualmente deshumaniza una cultura y a aquellos que son parte de ella. Se trate el objeto adorado de un ícono, un gobernante, una raza o una ideología política, el resultado final habrá de ser el sacrificio de vidas humanas en el altar de elevados, aunque imperfectos ideales. La idolatría es la adoración de una parte en vez del todo, de un aspecto del universo en lugar del Creador que los trasciende a todos.

יִרְאֵי יהוה *Temerosos del Señor:* Esto puede referirse a los conversos al judaísmo (Rashí), o a los temerosos de Dios de entre las naciones (Ibn Ezra).

וְהָאָרֶץ נָתַן לִבְנֵי־אָדָם *Y la tierra fue entregada a los hombres:* "Entregada" y no solamente dada: la tierra fue colocada bajo la custodia de los seres humanos.

aflicción y dolor. Entonces clamé el Nombre del Señor: 'Señor, por favor, salva mi alma'. El Señor es benevolente y justo, nuestro Dios es compasivo. El Señor protege a las personas de corazón simple, cuando caí muy bajo me salvó. Regresa, alma mía, a tu tranquilidad, pues el Señor te ha concedido bien. Pues Tú has librado mi alma de la muerte, a mis ojos de las lágrimas, a mis pies de tropezar. Andaré delante del Señor en la tierra de los vivientes. Tuve fe, aun cuando dije 'estoy muy afligido', incluso cuando en mi arrebato manifesté: 'Todos los seres humanos son engañosos'.

מָה־אָשִׁיב ¿Cómo puedo retribuir al Señor por toda la bondad que me ha dispensado? Alzaré una copa de salvación e invocaré el Nombre del Señor. Cumpliré mis votos al Señor frente a todo Su pueblo. Es dolorosa a ojos del Señor la muerte de Sus devotos. Por favor, Señor, yo soy Tu siervo, soy Tu siervo hijo de Tu sierva, Tú me liberaste de las cadenas de la opresión. A Ti habré de sacrificar una ofrenda de agradecimiento e invocaré el Nombre del Señor. Cumpliré mis votos al Señor en presencia de todo Su pueblo. En los patios de la Casa del Señor, en el interior de Jerusalém, ¡Aleluyá!

---

llevaré a cabo una fiesta de agradecimiento a Dios en la cual alzaré una copa de vino.

יָקָר בְּעֵינֵי יהוה, הַמָּוְתָה לַחֲסִידָיו *Es dolorosa a ojos del Señor la muerte de Sus devotos:* Esta traducción es la explicación de Rashí del contenido del texto, otros comentaristas lo traducen como "Preciada es a ojos del Señor la muerte de Sus devotos". Dios no desea que Sus devotos mueran. Al igual que en los dos párrafos anteriores, queda claro que HaShem es el Dios de la vida, y sólo las culturas idólatras adoran la muerte.

בֶּן־אֲמָתֶךָ *Soy Tu siervo hijo de Tu sierva* (página anterior): Servirte a Ti me resulta natural porque mi madre hizo otro tanto (Radak). Un padre nos enseña "tanto la disciplina del pensamiento como la disciplina de la acción"; una madre nos enseña "la experiencia vital" de los preceptos, su "sabor, aroma y calidez". De ella aprendemos a "sentir la Presencia del Todopoderoso". "Los padres sabían mucho sobre el Shabat, las madres lo vivían, experimentaban su presencia y percibían su belleza y esplendor" (Rabino Yosef Soloveitchik).

וּבְשֵׁם־יְהוָה אֶקְרָא אָנָּה יְהוָה מַלְּטָה נַפְשִׁי׃ חַנּוּן יְהוָה וְצַדִּיק וֵאלֹהֵינוּ
מְרַחֵם׃ שֹׁמֵר פְּתָאיִם יְהוָה דַּלּוֹתִי וְלִי יְהוֹשִׁיעַ׃ שׁוּבִי נַפְשִׁי לִמְנוּחָיְכִי
כִּי־יְהוָה גָּמַל עָלָיְכִי׃ כִּי חִלַּצְתָּ נַפְשִׁי מִמָּוֶת אֶת־עֵינִי מִן־דִּמְעָה
אֶת־רַגְלִי מִדֶּחִי׃ אֶתְהַלֵּךְ לִפְנֵי יְהוָה בְּאַרְצוֹת הַחַיִּים׃ הֶאֱמַנְתִּי כִּי
אֲדַבֵּר אֲנִי עָנִיתִי מְאֹד׃ אֲנִי אָמַרְתִּי בְחָפְזִי כָּל־הָאָדָם כֹּזֵב׃

מָה־אָשִׁיב לַיהוָה כָּל־תַּגְמוּלוֹהִי עָלָי׃ כּוֹס־יְשׁוּעוֹת אֶשָּׂא וּבְשֵׁם
יְהוָה אֶקְרָא׃ נְדָרַי לַיהוָה אֲשַׁלֵּם נֶגְדָה־נָּא לְכָל־עַמּוֹ׃ יָקָר בְּעֵינֵי
יְהוָה הַמָּוְתָה לַחֲסִידָיו׃ אָנָּה יְהוָה כִּי־אֲנִי עַבְדֶּךָ אֲנִי־עַבְדְּךָ
בֶּן־אֲמָתֶךָ פִּתַּחְתָּ לְמוֹסֵרָי׃ לְךָ־אֶזְבַּח זֶבַח תּוֹדָה וּבְשֵׁם יְהוָה
אֶקְרָא׃ נְדָרַי לַיהוָה אֲשַׁלֵּם נֶגְדָה־נָּא לְכָל־עַמּוֹ׃ בְּחַצְרוֹת ׀
בֵּית יְהוָה בְּתוֹכֵכִי יְרוּשָׁלָםִ הַלְלוּיָהּ׃

---

Halel pues habla a los muchos peregrinos a la ciudad de Jerusalém, los cuales habían prometido traer ofrendas de acción de gracias, tal como resulta claro del texto del siguiente párrafo. La yuxtaposición de lo individual y lo colectivo suele ser una característica significativa del texto bíblico. Los profetas y poetas hebreos nunca vieron a la nación como una cuestión abstracta y a la gente cual masa amorfa. El individuo nunca pierde su significado, incluso en presencia de grandes aglutinamientos.

**אֲנִי אָמַרְתִּי בְחָפְזִי, כָּל־הָאָדָם כֹּזֵב** *En mi arrebato manifesté: 'Todos los seres humanos son engañosos'*: Los comentaristas asocian este pasaje con el Rey David, quien al verse forzado a huir del Rey Shaúl se sintió por todos traicionado. Otra explicación: "Incluso cuando huía para salvar mi vida, sabía que aquellos que predicaban la desesperanza hablaban con falsedad" (Radak).

**מָה־אָשִׁיב** *¿Cómo puedo retribuir al Señor?:* Pregunta retórica: nunca podemos devolverle al Señor Su generosidad para con nosotros. Todo lo que poseemos es Suyo. El mero hecho que existimos se debe a Su amor creativo. Lo único que podemos hacer es expresar nuestra gratitud.

**כּוֹס־יְשׁוּעוֹת אֶשָּׂא** *Alzaré una copa de salvación:* Referencia a la libación de vino que acompañaba las ofrendas de acción de gracias (Rashí). Otra explicación:

הַלְלוּ Alaben al Señor todos los pueblos, *Sal. 117*
aclamadle todas las naciones.
Pues Su bondad es muy poderosa y Su fidelidad eterna, ¡Aleluyá!

הודו Agradeced al Señor porque es bueno; *Sal. 118*
Su benevolencia es eterna.

Que diga Israel; Su benevolencia es eterna.

Que diga la casa de Aharón; Su benevolencia es eterna.

Que digan aquellos que temen al Señor; Su benevolencia es eterna.

מִן הַמֵּצַר Desde la estrechez clamé al Eterno, Él me respondió con amplitud. El Señor está conmigo, no he de temer. ¿Qué puede hacerme un ser humano? El Señor está conmigo. Él es mi Ayuda y yo veré la caída de mis enemigos. Es mejor cobijarse en el Señor que confiar en los nobles. Todos los pueblos me rodearon, pero en el Nombre del Señor los reduciré. Me rodearon, me cercaron, pero en el Nombre del Señor los reduciré. Me rodearon como abejas, sin embargo, serán extinguidos cual espinas en el fuego; en el Nombre del Señor los reduciré. Ellos me empujaron tan fuerte que casi caigo, mas el Señor me ayudó. Dios es mi fortaleza y mi canto; Él se ha tornado mi salvación. Voces de canto y salvación resuenan en las tiendas de los justos. "La diestra del Señor ha realizado proezas. La diestra del Señor es exaltada, la diestra del

---

do primeramente por el Rey David cuando trajo el Arca Sagrada a Jerusalém (1 Crónicas 16:34).

מִן־הַמֵּצַר *Desde la estrechez clamé ... me respondió con amplitud:* Estos términos significan respectivamente "espacios confinados" y "espacios amplios, extensos". El salmista escribe que se sintió acorralado por sus enemigos; su eventual victoria genera una sensación de espaciosidad y libertad.

עָזִּי וְזִמְרָת יָהּ *Dios es mi fortaleza y mi canto:* cita del Cántico del Mar (Éxodo 15:2); aparece también en Isaías 12:2.

הַלְלוּ אֶת־יְהוָה כָּל־גּוֹיִם שַׁבְּחוּהוּ כָּל־הָאֻמִּים: כִּי גָבַר עָלֵינוּ חַסְדּוֹ וֶאֱמֶת־יְהוָה לְעוֹלָם הַלְלוּיָהּ: תהלים קיז

הוֹדוּ לַיהוָה כִּי־טוֹב כִּי לְעוֹלָם חַסְדּוֹ: תהלים קיח
יֹאמַר־נָא יִשְׂרָאֵל כִּי לְעוֹלָם חַסְדּוֹ:
יֹאמְרוּ־נָא בֵית־אַהֲרֹן כִּי לְעוֹלָם חַסְדּוֹ:
יֹאמְרוּ־נָא יִרְאֵי יְהוָה כִּי לְעוֹלָם חַסְדּוֹ:

מִן־הַמֵּצַר קָרָאתִי יָּהּ עָנָנִי בַמֶּרְחָב יָהּ: יְהוָה לִי לֹא אִירָא מַה־יַּעֲשֶׂה לִי אָדָם: יְהוָה לִי בְּעֹזְרָי וַאֲנִי אֶרְאֶה בְשֹׂנְאָי: טוֹב לַחֲסוֹת בַּיהוָה מִבְּטֹחַ בָּאָדָם: טוֹב לַחֲסוֹת בַּיהוָה מִבְּטֹחַ בִּנְדִיבִים: כָּל־גּוֹיִם סְבָבוּנִי בְּשֵׁם יְהוָה כִּי אֲמִילַם: סַבּוּנִי גַם־סְבָבוּנִי בְּשֵׁם יְהוָה כִּי אֲמִילַם: סַבּוּנִי כִדְבֹרִים דֹּעֲכוּ כְּאֵשׁ קוֹצִים בְּשֵׁם יְהוָה כִּי אֲמִילַם: דָּחֹה דְחִיתַנִי לִנְפֹּל וַיהוָה עֲזָרָנִי: עָזִּי וְזִמְרָת יָהּ וַיְהִי־לִי לִישׁוּעָה: קוֹל | רִנָּה וִישׁוּעָה בְּאָהֳלֵי צַדִּיקִים יְמִין יְהוָה עֹשָׂה חָיִל: יְמִין יְהוָה רוֹמֵמָה יְמִין יְהוָה עֹשָׂה חָיִל: לֹא־אָמוּת

---

הַלְלוּ אֶת־יהוה כָּל־גּוֹיִם *Alaben al Señor todos los pueblos:* El más breve de todos los Salmos, consta únicamente de dos versículos. El salmista habla aquí de la significado universal de la historia judía. No es solamente el pueblo de Israel, sino que todas las naciones verán en el devenir de nuestro pueblo algo que trasciende la mera historia. "El judío es el emblema de la eternidad. Aquél que ni la masacre ni la tortura por miles de años pudo destruirlo, aquél que ni el fuego ni la espada ni la inquisición pudieron borrarlo de la faz de la tierra, aquél que fue el primero en producir los oráculos de Dios, que fue por tanto tiempo el guardián de la profecía y la transmitió al resto del mundo – semejante nación no puede ser destruida. El judío es eterno como la misma eternidad" (Tolstoi).

הוֹדוּ לַיהוה כִּי־טוֹב *Agradeced al Señor porque es bueno:* Este versículo fue recita-

Señor ha realizado proezas". No moriré, sino que habré de vivir y relataré lo que Dios Ha hecho. Dios me ha castigado mas no me ha entregado a la muerte. Abrid para mí los pórticos de la justicia, para que entre en ellos y agradezca a Dios. Este es el portal que conduce al Señor, que los justos ingresen por él.

אוֹדְךָ Te agradeceré pues me has respondido
y Te tornaste mi salvación.
Te agradeceré pues me has respondido y Te tornaste mi salvación.

La piedra que desecharon los constructores se tornó
en la piedra angular.
La piedra que desecharon los constructores se tornó en la piedra angular.

Esto ha sido obra del Señor, es maravilloso a nuestros ojos.
Esto ha sido obra del Señor, es maravilloso a nuestros ojos.

Este es el día que hizo el Señor, alegrémonos
y regocijémonos en él.
Este es el día que hizo el Señor, alegrémonos y regocijémonos en él.

אָנָּא Señor, por favor, sálvanos.

Señor, por favor, sálvanos.

Señor, por favor, haznos prosperar.

Señor, por favor, haznos prosperar.

---

Templo y fue desarrollado más plenamente en las *Hakafot*, las procesiones que van alrededor de la sinagoga durante la fiesta de Sucot.

אֶבֶן מָאֲסוּ הַבּוֹנִים *La piedra que desecharon los constructores:* Esta es una referencia al pueblo de Israel. Dos de las primeras referencias a Israel en fuentes no judías – la Estela de Merneptah (Egipto, siglo XIII A.E.C.) y la Estela de Mishá (Moab, siglo IX A.E.C.) – declaran ambas que Israel ha sido destruido. Israel es el pueblo que sobrevive a los obituarios.

כִּי־אֶחְיֶה וַאֲסַפֵּר מַעֲשֵׂי יָהּ׃ יַסֹּר יִסְּרַנִּי יָּהּ וְלַמָּוֶת לֹא נְתָנָנִי׃
פִּתְחוּ־לִי שַׁעֲרֵי־צֶדֶק אָבֹא־בָם אוֹדֶה יָהּ׃ זֶה־הַשַּׁעַר לַיהוָה
צַדִּיקִים יָבֹאוּ בוֹ׃

אוֹדְךָ כִּי עֲנִיתָנִי וַתְּהִי־לִי לִישׁוּעָה׃

אוֹדְךָ כִּי עֲנִיתָנִי וַתְּהִי־לִי לִישׁוּעָה׃

אֶבֶן מָאֲסוּ הַבּוֹנִים הָיְתָה לְרֹאשׁ פִּנָּה׃

אֶבֶן מָאֲסוּ הַבּוֹנִים הָיְתָה לְרֹאשׁ פִּנָּה׃

מֵאֵת יְהוָה הָיְתָה זֹּאת הִיא נִפְלָאת בְּעֵינֵינוּ׃

מֵאֵת יְהוָה הָיְתָה זֹּאת הִיא נִפְלָאת בְּעֵינֵינוּ׃

זֶה־הַיּוֹם עָשָׂה יְהוָה נָגִילָה וְנִשְׂמְחָה בוֹ׃

זֶה־הַיּוֹם עָשָׂה יְהוָה נָגִילָה וְנִשְׂמְחָה בוֹ׃

אָנָּא יְהוָה הוֹשִׁיעָה נָּא׃

אָנָּא יְהוָה הוֹשִׁיעָה נָּא׃

אָנָּא יְהוָה הַצְלִיחָה נָּא׃

אָנָּא יְהוָה הַצְלִיחָה נָּא׃

---

פִּתְחוּ־לִי שַׁעֲרֵי־צֶדֶק *Abrid para mí los pórticos de la justicia:* Una referencia a los portones del Templo.

אוֹדְךָ *Te agradeceré:* Este y los próximos ocho versículos, los últimos de Salmos 118, están repetidos. Letanía – plegaria en la cual el oficiante recita un versículo frase y la congregación responde – era un aspecto del servicio del

בָּרוּךְ Bendito es quien llega en nombre del SEÑOR;
os bendecimos desde la Casa del SEÑOR.
Bendito es quien llega en nombre del SEÑOR; os bendecimos desde la Casa del SEÑOR.

El SEÑOR Dios nos ha iluminado.
Amarrad la ofrenda festiva con cuerdas gruesas
a las esquinas del altar.
El SEÑOR Dios nos ha iluminado. Amarrad la ofrenda festiva con cuerdas gruesas a las esquinas del altar.

Tú eres mi Dios y Te agradeceré, eres mi SEÑOR y Te exaltaré.
Tú eres mi Dios y Te agradeceré, eres mi SEÑOR y Te exaltaré.

Agradeced al SEÑOR porque es bueno; Su benevolencia es eterna.
Agradeced al SEÑOR porque es bueno; Su benevolencia es eterna.

*Detenerse aquí cuando no se recita Halel Completo.*

יְהַלְלוּךָ Todas Tus obras Te alabarán, SEÑOR, nuestro Dios, y Tus piadosos, los justos que cumplen Tu Voluntad, y todo Tu pueblo la casa de Israel Te agradecerán con cánticos y Te bendecirán, y Te alabarán, Te engrandecerán y exaltarán, reverenciarán, santificarán y proclamarán el reinado de Tu Nombre, nuestro Rey. Pues a Ti es bueno agradecer y a Tu Nombre es agradable entonar cánticos, pues desde la eternidad y hasta la eternidad Tú eres Dios. Bendito eres Tú SEÑOR, Rey exaltado con cánticos de alabanza. Amén.

יְהִי Que el Nombre del SEÑOR sea bendito desde ahora y hasta la eternidad. *Sal. 113*
Desde la salida del sol hasta su ocaso, alabado es el Nombre del SEÑOR. El *Sal. 8*
SEÑOR es nuestro Soberano, cuán exaltado es Tu Nombre en toda la tierra.

*En días en los que se reza Musaf, el Ḥazán recita Kadish Titkabal.*
*Si no se reza Musaf el Ḥazán recita Medio Kadish.*

---

וְאוֹדֶךָּ *Y Te agradeceré:* Otra posible traducción sería: "Y Te reconoceré". Se trata de palabras de dedicación que significan: Esta ofrenda que traigo es una expresión de agradecimiento y reconocimiento a Dios por Su generosidad conmigo.

יְהַלְלוּךָ *Todas Tus obras Te alabarán:* Bendición concluyente, tal como al finalizar los versículos de alabanza ("*Pesuké DeZimrá*").

בָּרוּךְ הַבָּא בְּשֵׁם יְהֹוָה בֵּרַכְנוּכֶם מִבֵּית יְהֹוָה:
בָּרוּךְ הַבָּא בְּשֵׁם יְהֹוָה בֵּרַכְנוּכֶם מִבֵּית יְהֹוָה:

אֵל ׀ יְהֹוָה וַיָּאֶר לָנוּ אִסְרוּ־חַג בַּעֲבֹתִים עַד־קַרְנוֹת הַמִּזְבֵּחַ:
אֵל ׀ יְהֹוָה וַיָּאֶר לָנוּ אִסְרוּ־חַג בַּעֲבֹתִים עַד־קַרְנוֹת הַמִּזְבֵּחַ:

אֵלִי אַתָּה וְאוֹדֶךָּ אֱלֹהַי אֲרוֹמְמֶךָּ:
אֵלִי אַתָּה וְאוֹדֶךָּ אֱלֹהַי אֲרוֹמְמֶךָּ:

הוֹדוּ לַיהֹוָה כִּי־טוֹב כִּי לְעוֹלָם חַסְדּוֹ:
הוֹדוּ לַיהֹוָה כִּי־טוֹב כִּי לְעוֹלָם חַסְדּוֹ:

*Detenerse aquí cuando no se recita* הלל שלם.

יְהַלְלוּךָ יְהֹוָה אֱלֹהֵינוּ כָּל־מַעֲשֶׂיךָ, וַחֲסִידֶיךָ וְצַדִּיקִים עוֹשֵׂי רְצוֹנֶךָ, וְעַמְּךָ בֵּית יִשְׂרָאֵל כֻּלָּם בְּרִנָּה יוֹדוּ וִיבָרְכוּ וִישַׁבְּחוּ וִיפָאֲרוּ אֶת שֵׁם כְּבוֹדֶךָ, כִּי לְךָ טוֹב לְהוֹדוֹת וּלְשִׁמְךָ נָעִים לְזַמֵּר וּמֵעוֹלָם וְעַד עוֹלָם אַתָּה אֵל: בָּרוּךְ אַתָּה יְהֹוָה, מֶלֶךְ מְהֻלָּל בַּתִּשְׁבָּחוֹת. אָמֵן.

יְהִי שֵׁם יְהֹוָה מְבֹרָךְ מֵעַתָּה וְעַד־עוֹלָם: מִמִּזְרַח־שֶׁמֶשׁ עַד־מְבוֹאוֹ מְהֻלָּל תהלים קיג
שֵׁם יְהֹוָה: יְהֹוָה אֲדֹנֵינוּ, מָה־אַדִּיר שִׁמְךָ בְּכָל־הָאָרֶץ: תהלים ח

*En días en los que se reza Musaf, el* חזן *recita* קדיש תתקבל.

*Si no se reza Musaf el* חזן *recita* חצי קדיש.

---

בָּרוּךְ הַבָּא *Bendito es quien llega:* Una bendición pronunciada por los cohanim a quienes llegaban al Templo (Rashí, Radak). Una de las labores sacerdotales era bendecir al pueblo que peregrinaba al Templo para traer sus ofrendas.

אִסְרוּ־חַג בַּעֲבֹתִים *Amarrad la ofrenda festiva con cuerdas gruesas:* Otra posible traducción sería: "Ordena la procesión festiva con ramas, hasta las esquinas del altar", en referencia a la procesión que rodea el altar con el lulav durante la festividad de Sucot (*Sucá* 45A).

אֵלִי אַתָּה *Tú eres mi Dios:* Las palabras de quien está trayendo la ofrenda.

## KADISH TITKABAL

*El Ḥazán recita el Kadish Titkabal solo:*

יִתְגַּדַּל Que Su Gran Nombre sea magnificado y santificado,
en el mundo que creó conforme a Su voluntad.
Que establezca Su reino, haga florecer Su salvación
y apresure la llegada de Su ungido
durante vuestra vida y en vuestros días
y en la vida de toda la casa de Israel,
pronto y rápidamente y decid: Amén.

Que Su Gran Nombre sea bendito por siempre
y por toda la eternidad.

Sea bendecido, alabado, glorificado y exaltado, encumbrado
y magnificado, enaltecido y ensalzado
el Nombre del Santo Bendito Él;
más allá de cualquier bendición, cántico, alabanza y consolación
pronunciados en el mundo y decid: Amén.

Que nuestras plegarias y súplicas junto
a las de todo el pueblo de Israel
sean aceptadas por nuestro Padre Celestial
y Terrenal y decid: Amén.

Que haya gran paz celestial, vida, saciedad, salvación, consolación,
refugio, sanación, redención, perdón y expiación, bienestar
y salvación para nosotros y para todo Su pueblo Israel
y decid: Amén.

*Antes de decir 'Quien obra paz' se dan tres pasos hacia atrás.*

Quien obra la paz en Sus alturas,
con compasión haga la paz
para nosotros y todo Su pueblo Israel y decid: Amén.

## קדיש תתקבל

*El* חזן *recita el* קדיש תתקבל *solo:*

**וְיִתְקַדַּשׁ שְׁמֵהּ רַבָּא** (קהל: אָמֵן)

**בְּעָלְמָא דִּי בְרָא כִרְעוּתֵהּ**

**וְיַמְלִיךְ מַלְכוּתֵהּ וְיַצְמַח פֻּרְקָנֵהּ וִיקָרֵב מְשִׁיחֵהּ** (קהל: אָמֵן)

**בְּחַיֵּיכוֹן וּבְיוֹמֵיכוֹן וּבְחַיֵּי דְכָל־בֵּית יִשְׂרָאֵל**

**בַּעֲגָלָא וּבִזְמַן קָרִיב, וְאִמְרוּ אָמֵן.** (קהל: אָמֵן)

**יְהֵא שְׁמֵהּ רַבָּא מְבָרַךְ לְעָלַם וּלְעָלְמֵי עָלְמַיָּא יִתְבָּרַךְ**

**וְיִשְׁתַּבַּח וְיִתְפָּאַר וְיִתְרוֹמַם וְיִתְנַשֵּׂא**

**וְיִתְהַדָּר וְיִתְעַלֶּה וְיִתְהַלָּל שְׁמֵהּ דְּקֻדְשָׁא בְּרִיךְ הוּא** (קהל: אָמֵן)

**לְעֵלָּא מִן כָּל־בִּרְכָתָא, שִׁירָתָא, תֻּשְׁבְּחָתָא וְנֶחֱמָתָא**

**דַּאֲמִירָן בְּעָלְמָא, וְאִמְרוּ אָמֵן.** (קהל: אָמֵן)

**תִּתְקַבַּל צְלוֹתְהוֹן וּבָעוּתְהוֹן**

**עִם כָּל־צְלוֹתְהוֹן וּבָעוּתְהוֹן דְּכָל־בֵּית יִשְׂרָאֵל**

**קֳדָם אֲבוּנָא אֱלָהָנָא מָארֵי שְׁמַיָּא וְאַרְעָא, וְאִמְרוּ אָמֵן.** (קהל: אָמֵן)

**יְהֵא שְׁלָמָא רַבָּא מִן שְׁמַיָּא, חַיִּים וְשָׂבָע וִישׁוּעָה וְנֶחָמָה**

**וְשֵׁיזָבָא וּרְפוּאָה, וּגְאֻלָּה וּסְלִיחָה וְכַפָּרָה, וְרֶוַח וְהַצָּלָה**

**לָנוּ וּלְכָל־עַמּוֹ יִשְׂרָאֵל, וְאִמְרוּ אָמֵן.** (קהל: אָמֵן)

*Antes de decir* 'עֹשֶׂה שָׁלוֹם' *se dan tres pasos hacia atrás.*

**עֹשֶׂה שָׁלוֹם בִּמְרוֹמָיו**

**הוּא בְּרַחֲמָיו יַעֲשֶׂה שָׁלוֹם**

**עָלֵינוּ וְעַל־כָּל־עַמּוֹ יִשְׂרָאֵל, וְאִמְרוּ אָמֵן.** (קהל: אָמֵן)

# Rosh Ḥodesh

*En Rosh Ḥodesh, el rezo nocturno comienza con A'rbit para día de semana, y solamente en la primera noche se inicia con el Salmo 104 (página 296); agregar "Ya'alé Veiabó" en la A'midá.*

*En Shaḥrit, comenzar con Shaḥrit para días de semana, agregar Ya'alé Veiabó en la A'midá; continuar con la versión reducida del Halel sin recitar la bendición. En la casa del doliente se dice Halel únicamente en Rosh Ḥodesh durante Ḥanucá.*
*Luego del Halel se abre el Hejal:*

## EXTRACCIÓN DEL SEFER TORÁ DEL HEJAL

*En el primer día de Rosh Ḥodesh se acostumbra a recitar esta petición al abrirse el Hejal:*

Sea Tu voluntad SEÑOR, Dios de Abraham, Temor de Isḥak y Poder de Ya'akob, SEÑOR *Gén. 24*
de los Cielos y la tierra, que sea este un momento de compasión para que recibas con benevolencia nuestras plegarias ante Ti, que sean Main Nukvin (Aguas Inferiores) que
despierten el amor Superior "y así el hombre contemple el semblante de su prójimo". *Prov. 27*
Que la abundancia Divina fluya y se incremente en todos los mundos, y por medio del efecto de este rezo agrácianos en el juicio, que la flama se transforme en una gran
luminaria que ilumine sobre el trono de David y su reino, para establecerlos y *Isa. 9*
apoyarlos con bondad y rectitud, que la alegría y el regocijo estén presentes en *Isa. 51*
él, hasta que salga a relucir su rectitud. Hazlo crecer como a la vegetación de la *Isa. 62* *Isa. 61*
tierra y florecer cual jardín. Que se eleve y encumbre hasta que sea un ornamento para la cabeza de dos ángeles que comparten una misma corona. Que el brillo de la abundancia Divina descienda sobre nosotros, hijos de reyes, hijos de nuestra matriarca Raḥel, bajo la forma de abundante salvación y compasión sobre nuestros Nefesh, Ruaḥ y Neshamá, que preparen a nuestros corazones para amar y temer Tu Nombre con un temor reverencial, y servirte con verdad tanto nosotros como nuestra simiente y la simiente de nuestra simiente. Sé por favor Roca y Fortaleza para tus dos ángeles sagrados, los emisarios de la benevolencia y el rigor, para que hablen favorablemente de Tu pueblo escogido en este día y se enfrenten ante el
acusador malvado que está sediento de agua prohibida y sangre inocente. Y con la *Éx. 15*
grandeza de Tu majestad destruiste a quienes se levantaron contra Ti. Espárcelos y *Isa. 41*
que sean llevados por el viento. Que resulte agradable ante Ti el habla de nuestros labios en esta nuestra plegaria en el día de hoy, como si se tratase del sacrificio del chivo expiatorio para que aleje de nosotros la influencia del acusador. Que este mes sea el final de todas nuestras desgracias, el inicio de la redención de nuestras almas, trae amor eterno sobre Tu pueblo, sobre el rebaño que proteges, y recuerda en los
hijos el pacto que estableciste con los padres. Y será que cada mes y cada Shabat *Isa. 66*
vendrá todo mortal a prosternarse ante el esplendor de Tu gloria en Jerusalém. Haz florecer prontamente el retoño de Tu siervo David y que su magnificencia se eleve por lo alto por medio de Tu salvación. Que nuestros ojos divisen y nuestro honor
se regocije. Y ascenderán los salvadores al Monte Ṣion para juzgar al Monte de E'sav, *Ova. 1*

# ראש חודש

*En ראש חודש, el rezo nocturno comienza con ערבית para día de semana, y solamente en la primera noche se inicia con el Salmo 104 (página 297);*
*agregar 'יַעֲלֶה וְיָבוֹא' en la A'midá.*

*En שחרית, comenzar con שחרית לחול, agregar 'יַעֲלֶה וְיָבוֹא' en la A'midá; continuar con la versión reducida del הלל sin recitar la bendición. En la casa del doliente se dice הלל únicamente en ראש חודש durante Ḥanucá.*
*Luego del הלל se abre el היכל:*

## פתיחת ההיכל

*En el primer día de ראש חודש se acostumbra a recitar esta petición al abrirse el היכל:*

יְהִי רָצוֹן מִלְּפָנֶיךָ, יְהֹוָה אֱלֹהֵי אַבְרָהָם וּפַחַד יִצְחָק אֲבִיר יַעֲקֹב, אֱלֹהֵי בראשית כד
הַשָּׁמַיִם וֵאלֹהֵי הָאָרֶץ: שֶׁתְּהֵא שָׁעָה זוֹ שְׁעַת רַחֲמִים לְקַבֵּל תְּפִלּוֹתֵינוּ
לְפָנֶיךָ בְּרָצוֹן, לִהְיוֹת מַיִין נוּקְבִין, לְעוֹרֵר אַהֲבַת דּוֹדִים לְמַעְלָה, אִישׁ משלי כז
יַחַד פְּנֵי־רֵעֵהוּ: וְיִתְרַבֶּה הַשֶּׁפַע בְּכָל הָעוֹלָמוֹת. וּבְכֹחַ סְגֻלַּת תְּפִלָּתֵנוּ
הָאִירָה פָנֶיךָ בְּמִשְׁפַּט הָאוּרִים וְהָיוּ לִמְאוֹרוֹת, עַל־כִּסֵּא דָוִד וְעַל־ ישעיה ט
מַמְלַכְתּוֹ, לְהָכִין אֹתָהּ וּלְסַעֲדָהּ בְּמִשְׁפָּט וּבִצְדָקָה: שָׂשׂוֹן וְשִׂמְחָה ישעיה סב
יִמָּצֵא בָהּ: עַד־יֵצֵא כַנֹּגַהּ צִדְקָהּ: וְכָאָרֶץ תּוֹצִיא צִמְחָהּ וּכְגַנָּה זֵרוּעֶיהָ ישעיה נא ישעיה סא
תַצְמִיחַ: וְתָרוּם וְתִנָּשֵׂא עַד הֱיוֹת לִוְיַת חֵן לְרֹאשׁ שְׁנֵי מַלְאָכִים בְּכֶתֶר
אֶחָד. וּמִזִּיו הַשֶּׁפַע הַהוּא יְשֻׁפַּע עָלֵינוּ, לָנוּ בְּנֵי מְלָכִים, בְּנֵי רָחֵל אִמֵּנוּ,
שֶׁפַע יְשׁוּעָה וְרַחֲמִים עַל נר״ן, לְכוֹנֵן אֶת לְבָבֵנוּ לְאַהֲבָה וּלְיִרְאָה אֶת
שְׁמֶךָ, יִרְאַת הָרוֹמְמוּת, וּלְעָבְדְךָ בֶּאֱמֶת אֲנַחְנוּ וְזַרְעֵנוּ וְזֶרַע זַרְעֵנוּ. וֶהֱיֵה
נָא לְצוּר מָעוֹז לִשְׁנֵי מַלְאָכֶיךָ הַקְּדוֹשִׁים שָׂרֵי הַחֶסֶד וְהַגְּבוּרָה, מְלִיצֵי
יֹשֶׁר עַל עַם בְּחִירֶךָ כְּהַיּוֹם הַזֶּה, לַעֲמֹד נֶגֶד ס״מ הָרָשָׁע הַמַּשְׂטִין עָלֵינוּ
וְצָמֵא לְמַיִם גְּנוּבִים וּלְדַם נְקִיִּים. וּבְרֹב גְּאוֹנְךָ תַּהֲרֹס קָמֶיךָ: תִּזְרֵם וְרוּחַ שמות טו ישעיה מא
תִּשָּׂאֵם: וְיֵרָצֶה נָא לְפָנֶיךָ שִׂיחַ שִׂפְתוֹתֵינוּ בִּתְפִלָּתֵנוּ הַיּוֹם, דֻּגְמַת קָרְבַּן
הַשָּׂעִיר לְהָפִיץ עִזּוּז הַמְקַטְרֵג מֵעָלֵינוּ. וִיהֵא הַחֹדֶשׁ הַזֶּה סוֹף וָקֵץ לְכָל
צָרוֹתֵינוּ, תְּחִלָּה וָרֹאשׁ לִפְדְיוֹן נַפְשֵׁנוּ אַהֲבַת עוֹלָם תָּבִיא לְעַמְּךָ עֲדַת
סְגֻלָּתֶךָ וּבְרִית אָבוֹת לַבָּנִים תִּזְכֹּר. וְהָיָה מִדֵּי־חֹדֶשׁ בְּחָדְשׁוֹ וּמִדֵּי שַׁבָּת ישעיה סו
בְּשַׁבַּתּוֹ יָבוֹא כָל־בָּשָׂר לְהִשְׁתַּחֲוֹת מוּל הֲדְרַת כְּבוֹדְךָ בִּירוּשָׁלָיִם. וְאֶת
צֶמַח דָּוִד עַבְדְּךָ מְהֵרָה תַצְמִיחַ וְקַרְנוֹ תָּרוּם בִּישׁוּעָתֶךָ. יִרְאוּ עֵינֵינוּ וְיָגֵל
כְּבוֹדֵנוּ. וְעָלוּ מוֹשִׁעִים בְּהַר צִיּוֹן לִשְׁפֹּט אֶת־הַר עֵשָׂו, וְהָיְתָה לַיהֹוָה עובדיה א

y el reino será del Señor. Entonces el Señor será el Rey sobre toda la tierra; en ese día el Señor será Uno y Su Nombre Uno. Actúa en pos de Tu Nombre, actúa en pos de Tu diestra, actúa en pos de Tu Torá, actúa en pos de Tu santidad y en pos de la santidad de las doce combinaciones del Nombre Divino (הוי״ה) y de las doce combinaciones del Nombre Divino (אהי״ה) que iluminan a los doce novilunios. Que las palabras de mi boca y la meditación de mi corazón hallen favor ante Ti Señor, mi Roca y mi Redentor. Que el agrado del Señor nuestro Dios sea sobre nosotros, y la acción de nuestras manos sea establecida para nosotros. Oh Eterno, aprueba la obra de nuestras manos. *Zac. 14* *Sal. 19* *Sal. 90*

*Luego se dice tres veces:*

En cuanto a mí, que mi plegaria llegue a Ti Señor, en un momento de Voluntad. Dios, en Tu grande y amorosa benevolencia respóndeme con la verdad de Tu salvación. *Sal. 69*

*Cuando se abre el Hejal el Kahal canta:*

Que el Señor nuestro Dios sea con nosotros,
tal como lo fue con nuestros ancestros.
Salva a Tu pueblo y bendice a Tu herencia, cuídalos *Sal. 28*
y enaltécelos por siempre.
Tus sacerdotes se revestirán de justicia *Núm. 10*
y Tus piadosos entonarán cánticos.
En mérito de Tu siervo David, no rechaces a Tu ungido.

*Desde la extracción del Sefer Torá hasta que es colocado sobre la Tebá se dice:*

Bienvenido en el Nombre del Señor. *Deut. 4*
Esta es la Torá que colocó Moshé frente al pueblo de Israel.
La Torá que Moshé nos ordenó es la heredad de la congregación *Deut. 33*
de Ya'akob.
Es el árbol de la vida para quienes se aferran a ella *Prov. 4*
y quienes la sostienen son felices.
Sus caminos son caminos placenteros, y todas sus sendas son de paz.
Grande es la paz de aquellos que aman Tu Torá *Sal. 119*
y no habrán de padecer tropiezos.
El Señor dará fuerza a Su pueblo. *Sal. 29*
El Señor bendecirá a Su pueblo con la paz.
Pues os he dado una buena instrucción, no abandonéis Mi Torá. *Prov. 4*
El Señor, en aras del mérito de Israel deseó engrandecer la Torá *Isa. 42*
y enaltecerla.

הַמְּלוּכָה: וְהָיָה יְהֹוָה לְמֶלֶךְ עַל־כָּל־הָאָרֶץ, בַּיּוֹם הַהוּא יִהְיֶה יְהֹוָה אֶחָד — זכריה יד
וּשְׁמוֹ אֶחָד: עֲשֵׂה לְמַעַן שְׁמֶךָ עֲשֵׂה לְמַעַן יְמִינֶךָ עֲשֵׂה לְמַעַן תּוֹרָתֶךָ,
עֲשֵׂה לְמַעַן קְדֻשָּׁתֶךָ וּלְמַעַן קְדֻשַּׁת שְׁנֵים עָשָׂר צֵרוּפֵי שְׁמוֹת הוי״ה
וּשְׁנֵים עָשָׂר צֵרוּפֵי שְׁמוֹת אהי״ה הַמְּאִירִים בִּשְׁנֵים עָשָׂר רָאשֵׁי חֳדָשִׁים. — תהלים יט
יִהְיוּ לְרָצוֹן אִמְרֵי־פִי וְהֶגְיוֹן לִבִּי לְפָנֶיךָ, יְהֹוָה צוּרִי וְגֹאֲלִי: וִיהִי נֹעַם — תהלים צ
אֲדֹנָי אֱלֹהֵינוּ עָלֵינוּ, וּמַעֲשֵׂה יָדֵינוּ כּוֹנְנָה עָלֵינוּ, וּמַעֲשֵׂה יָדֵינוּ כּוֹנְנֵהוּ:

*Luego se dice tres veces:*

וַאֲנִי תְפִלָּתִי־לְךָ יְהֹוָה עֵת רָצוֹן, אֱלֹהִים בְּרָב־חַסְדֶּךָ עֲנֵנִי בֶּאֱמֶת יִשְׁעֶךָ: — תהלים סט

*Cuando se abre el* היכל *el* קהל *canta:*

יְהִי יְהֹוָה אֱלֹהֵינוּ עִמָּנוּ כַּאֲשֶׁר הָיָה עִם־אֲבֹתֵינוּ — מלכים א׳ ח
אַל־יַעַזְבֵנוּ וְאַל־יִטְּשֵׁנוּ:
הוֹשִׁיעָה אֶת־עַמֶּךָ וּבָרֵךְ אֶת־נַחֲלָתֶךָ — תהלים כח
וּרְעֵם וְנַשְּׂאֵם עַד־הָעוֹלָם:
כֹּהֲנֶיךָ יִלְבְּשׁוּ־צֶדֶק, וַחֲסִידֶיךָ יְרַנֵּנוּ:
בַּעֲבוּר דָּוִד עַבְדֶּךָ, אַל־תָּשֵׁב פְּנֵי מְשִׁיחֶךָ:

*Desde la extracción del* ספר תורה *hasta que es colocado sobre la* תיבה *se dice:*

בָּרוּךְ הַבָּא בְּשֵׁם יְהֹוָה.
וְזֹאת הַתּוֹרָה אֲשֶׁר־שָׂם מֹשֶׁה לִפְנֵי בְּנֵי יִשְׂרָאֵל: — דברים ד
תּוֹרָה צִוָּה־לָנוּ מֹשֶׁה, מוֹרָשָׁה קְהִלַּת יַעֲקֹב: — דברים לג
עֵץ־חַיִּים הִיא לַמַּחֲזִיקִים בָּהּ, וְתֹמְכֶיהָ מְאֻשָּׁר: — משלי ג
דְּרָכֶיהָ דַרְכֵי־נֹעַם וְכָל־נְתִיבוֹתֶיהָ שָׁלוֹם:
שָׁלוֹם רָב לְאֹהֲבֵי תוֹרָתֶךָ, וְאֵין־לָמוֹ מִכְשׁוֹל: — תהלים קיט
יְהֹוָה עֹז לְעַמּוֹ יִתֵּן, יְהֹוָה יְבָרֵךְ אֶת־עַמּוֹ בַשָּׁלוֹם: — תהלים כט
כִּי לֶקַח טוֹב נָתַתִּי לָכֶם, תּוֹרָתִי אַל־תַּעֲזֹבוּ: — משלי ד
יְהֹוָה חָפֵץ לְמַעַן צִדְקוֹ, יַגְדִּיל תּוֹרָה וְיַאְדִּיר: — ישעיה מב

## BENDICIÓN PREVIA A LA LECTURA DE LA TORÁ:

*Olé:* Rabinos: Bendecid al Señor el Bendecido.

*Kahal:* Bendecid al Señor el Bendecido por toda la eternidad.

*Olé:* Bendecid al Señor el Bendecido por toda la eternidad.

בָּרוּךְ Bendito eres Tú SEÑOR, nuestro Dios, Rey del universo, que nos ha escogido de entre todas las naciones y nos entregó Su Torá. Bendito eres Tú SEÑOR, Dador de la Torá.

## LECTURA DE ROSH ḤODESH

*La lectura de Rosh Ḥodesh se encuentra en la página 1190, la costumbre aceptada es que el cohén lea tres versículos hasta "Olá Tamid", el Leví repite el versículo "Veamartá Lahem" y luego lee hasta "Revi'ít Hahín".*

*En Rosh Ḥodesh Tebet el cohén lee hasta "Revi'ít Hahín", el leví lee la porción del shelishí, el shelishí lee la del revi'í y el revií lee la porción correspondiente al día de Ḥanucá de la página 1185.*

*Tras la lectura el olé dice:*

בָּרוּךְ Bendito eres Tú SEÑOR, nuestro Dios, Rey del universo, que nos ha entregado Su Torá, la Torá verdadera y plantó en nuestro interior la vida eterna. Bendito eres Tú SEÑOR, Dador de la Torá.

## MEDIO KADISH

*El Ḥazán y el tercer olé recitan Medio Kadish:*

יִתְגַּדַּל Que Su Gran Nombre sea magnificado y santificado,
en el mundo que creó conforme a Su voluntad.
Que establezca Su reino, haga florecer Su salvación
y apresure la llegada de Su ungido
durante vuestra vida y en vuestros días
y en la vida de toda la casa de Israel,
pronto y rápidamente y decid: Amén.

Que Su Gran Nombre sea bendito por siempre y por toda la eternidad.

Sea bendecido, alabado, glorificado y exaltado, encumbrado y magnificado, enaltecido y ensalzado el Nombre del Santo Bendito Él; más allá de cualquier bendición, cántico, alabanza y consolación pronunciados en el mundo y decid: Amén.

### ברכות התורה

עולה: **רַבָּנָן, בָּרְכוּ אֶת יְהֹוָה הַמְבֹרָךְ.**

קהל: **בָּרוּךְ יְהֹוָה הַמְבֹרָךְ לְעוֹלָם וָעֶד.**

עולה: **בָּרוּךְ יְהֹוָה הַמְבֹרָךְ לְעוֹלָם וָעֶד.**

עולה: **בָּרוּךְ אַתָּה יְהֹוָה, אֱלֹהֵינוּ מֶלֶךְ הָעוֹלָם אֲשֶׁר בָּחַר בָּנוּ מִכָּל־הָעַמִּים, וְנָתַן לָנוּ אֶת תּוֹרָתוֹ. בָּרוּךְ אַתָּה יְהֹוָה, נוֹתֵן הַתּוֹרָה.**

### קריאה לראש חודש

*La lectura de ראש חודש se encuentra en la página 1190, la costumbre aceptada es que el cohén lea tres versículos hasta "עֹלַת תָּמִיד", el Leví repite el versículo "וְאָמַרְתָּ לָהֶם" y luego lee hasta "רְבִיעִת הַהִין".*

*En ראש חודש טבת el כהן lee hasta "רְבִיעִת הַהִין", el leví lee la porción del שלישי, el שלישי lee la del רביעי y el רביעי lee la porción correspondiente al día de חנוכה de la página 1185.*

*Tras la lectura el olé dice:*

**בָּרוּךְ אַתָּה יְהֹוָה, אֱלֹהֵינוּ מֶלֶךְ הָעוֹלָם אֲשֶׁר נָתַן לָנוּ תּוֹרָתוֹ תּוֹרַת אֱמֶת וְחַיֵּי עוֹלָם נָטַע בְּתוֹכֵנוּ. בָּרוּךְ אַתָּה יְהֹוָה, נוֹתֵן הַתּוֹרָה.**

### חצי קדיש

*El חזן y el tercer עולה recitan חצי קדיש:*

**יִתְגַּדַּל וְיִתְקַדַּשׁ שְׁמֵהּ רַבָּא** (קהל: אָמֵן)
**בְּעָלְמָא דִּי בְרָא כִרְעוּתֵהּ**
**וְיַמְלִיךְ מַלְכוּתֵהּ וְיַצְמַח פֻּרְקָנֵהּ וִיקָרֵב מְשִׁיחֵהּ** (קהל: אָמֵן)
**בְּחַיֵּיכוֹן וּבְיוֹמֵיכוֹן וּבְחַיֵּי דְכָל־בֵּית יִשְׂרָאֵל**
**בַּעֲגָלָא וּבִזְמַן קָרִיב, וְאִמְרוּ אָמֵן.** (קהל: אָמֵן)

**יְהֵא שְׁמֵהּ רַבָּא מְבָרַךְ לְעָלַם וּלְעָלְמֵי עָלְמַיָּא יִתְבָּרַךְ**
**וְיִשְׁתַּבַּח וְיִתְפָּאַר וְיִתְרוֹמַם וְיִתְנַשֵּׂא וְיִתְהַדָּר וְיִתְעַלֶּה וְיִתְהַלָּל**
**שְׁמֵהּ דְּקֻדְשָׁא בְּרִיךְ הוּא** (קהל: אָמֵן)
**לְעֵלָּא מִן כָּל־בִּרְכָתָא, שִׁירָתָא, תֻּשְׁבְּחָתָא וְנֶחָמָתָא**
**דַּאֲמִירָן בְּעָלְמָא, וְאִמְרוּ אָמֵן.** (קהל: אָמֵן)

# Musaf para Rosh Ḥodesh

Que Tu benevolencia Señor sea sobre nosotros, *Sal. 33*
así como hemos depositado en Ti nuestra confianza.
אַשְׁרֵי Felices aquellos que residen en Tu morada; *Sal. 84*
continuarán alabándote, ¡Sela!
Feliz del pueblo para el que esto es así, *Sal. 144*
feliz del pueblo que el Señor es su Dios.

Salmo de alabanza de David. *Sal. 145*

Te ensalzaré oh Dios, mi Rey y bendeciré Tu Nombre por siempre. Todos los días Te bendeciré y alabaré Tu Nombre por siempre. El Señor es grande en sobremanera y Su grandeza es insondable. Una generación tras otra alabará Tu labor y contará sobre Tus poderosas acciones. Ponderaré el glorioso esplendor de Tu majestad y Tus actos maravillosos. Ellos relatarán el poder de Tus venerables acciones y de Tu grandeza. Ellos recitarán el recuerdo de Tu gran benevolencia y cantarán con regocijo Tu rectitud. El Señor es compasivo y misericordioso, paciente y muy benevolente. El Señor es bueno con todos y Su misericordia para con todas Sus creaturas. Todas Tus Obras Te agradecerán y Tus devotos Te bendecirán. Ellos recitarán la gloria de Tu reinado y hablarán de Tus poderosas acciones. Darán a conocer a los hombres Sus poderosas acciones, y la gloria de la majestad de Su reino. Tu reino es un reino por todos los tiempos y Tu dominio por todas las generaciones.

---

Templo y sus sacrificios, un pasaje bíblico que describe la ofrenda de Rosh Ḥodesh y un pedido para que el nuevo mes sea bendecido con bien.

Una tradición midráshica asocia a Rosh Ḥodesh con la mujer judía, como recompensa por su fidelidad y generosidad al obsequiar presentes para la construcción del Tabernáculo. Desde el primer mes del segundo año tras la salida de Egipto, o sea, el día en que el Tabernáculo había sido dedicado el novilunio se transformó en una festividad femenina (Rashí, *Meguilá* 22B, *Shulján Aruj Oraj Jaím* 417:1).

# מוסף לראש חודש

יְהִי־חַסְדְּךָ יְהוָה עָלֵינוּ, כַּאֲשֶׁר יִחַלְנוּ לָךְ: תהלים לג
אַשְׁרֵי יוֹשְׁבֵי בֵיתֶךָ עוֹד יְהַלְלוּךָ סֶּלָה: תהלים פד
אַשְׁרֵי הָעָם שֶׁכָּכָה לּוֹ אַשְׁרֵי הָעָם שֶׁיהוָה אֱלֹהָיו: תהלים קמד

תְּהִלָּה לְדָוִד תהלים קמה
אֲרוֹמִמְךָ אֱלוֹהַי הַמֶּלֶךְ וַאֲבָרְכָה שִׁמְךָ לְעוֹלָם וָעֶד:
בְּכָל־יוֹם אֲבָרְכֶךָּ וַאֲהַלְלָה שִׁמְךָ לְעוֹלָם וָעֶד:
גָּדוֹל יְהוָה וּמְהֻלָּל מְאֹד וְלִגְדֻלָּתוֹ אֵין חֵקֶר:
דּוֹר לְדוֹר יְשַׁבַּח מַעֲשֶׂיךָ וּגְבוּרֹתֶיךָ יַגִּידוּ:
הֲדַר כְּבוֹד הוֹדֶךָ וְדִבְרֵי נִפְלְאֹתֶיךָ אָשִׂיחָה:
וֶעֱזוּז נוֹרְאֹתֶיךָ יֹאמֵרוּ וּגְדוּלָּתְךָ אֲסַפְּרֶנָּה:
זֵכֶר רַב־טוּבְךָ יַבִּיעוּ וְצִדְקָתְךָ יְרַנֵּנוּ:
חַנּוּן וְרַחוּם יְהוָה אֶרֶךְ אַפַּיִם וּגְדָל־חָסֶד:
טוֹב־יְהוָה לַכֹּל וְרַחֲמָיו עַל־כָּל־מַעֲשָׂיו:
יוֹדוּךָ יְהוָה כָּל־מַעֲשֶׂיךָ וַחֲסִידֶיךָ יְבָרְכוּכָה:
כְּבוֹד מַלְכוּתְךָ יֹאמֵרוּ וּגְבוּרָתְךָ יְדַבֵּרוּ:
לְהוֹדִיעַ ׀ לִבְנֵי הָאָדָם גְּבוּרֹתָיו וּכְבוֹד הֲדַר מַלְכוּתוֹ:
מַלְכוּתְךָ מַלְכוּת כָּל־עֹלָמִים וּמֶמְשַׁלְתְּךָ בְּכָל־דּוֹר וָדֹר:

---

EL REZO ADICIONAL POR EL NOVILUNIO

El novilunio, al igual que el año nuevo, es visto en el judaísmo como un momento de renovación y re-dedicación, en el cual rezamos pidiendo perdón y expiación procurando volver a comenzar. En días del Templo de Jerusalém se ofrendaba un sacrificio especial del cual el rezo de Musaf es un recordatorio. La bendición central de la A'midá comienza con la breve afirmación respecto de la naturaleza del día, seguido por una plegaria por la restauración del

El Señor sostiene a los que se caen y yergue a los encorvados. Todos alzan su mirada a Ti con esperanza y Tú les provees de su alimento en el momento adecuado. Tú abres Tu mano y satisfaces el deseo de cada ser viviente. El Señor es justo en todas Sus sendas y magnánimo en todos Sus actos. El Señor está cercano a todos quienes Le llaman, de todos aquellos que claman a Él con la verdad. Él colmará el deseo de quienes Lo reverencian, escuchará su clamor y los redimirá. El Señor protege a todos aquellos que Le aman y destruirá a todos los malvados. Mi boca declarará la alabanza del Señor y todas las creaturas bendecirán Su sagrado Nombre por siempre.

Nosotros bendeciremos a Dios desde ahora y por siempre, ¡Aleluyá! *Sal. 115*

## KEDUSHÁ DESIDRÁ

*En la casa del doliente se comienza desde "Y Tú eres Santo".*

וּבָא לְצִיּוֹן "Un redentor llegará a Ṣion, para aquellos de Ya'akob que retornen de sus pecados", declara el Señor. *Sal. 59*

"Y en cuanto a mí, este es Mi pacto con ellos" dice el Señor. "Mi espíritu que está en ti y Mis palabras que puse en tu boca, no se apartarán de tu boca, ni de la boca de tus hijos ni de la boca de los hijos de tus hijos desde ahora y por siempre", dice el Señor.

Y Tú eres Santo, entronado por las alabanzas de Israel. Y un ángel daba voces al otro diciendo: "Santo, Santo, Santo, Señor de las Huestes Celestiales, toda la tierra está llena de Su gloria". *Sal. 22* *Isa. 6*

*En voz baja:* Y reciben permiso uno del otro, diciendo: "Santo en los altos cielos, recinto de Su presencia; Santo en la tierra la obra de Su poder, el Señor de las Huestes Celestiales es Santo por siempre en todo tiempo, toda la tierra está plena del resplandor de Su gloria". *Targúm Yonatán allí*

Luego un viento me elevó y escuché tras de mí el sonido de un inmenso clamor: "Bendita es la gloria del Señor desde Su sitial". *Eze. 3*

*En voz baja:* Luego, un viento me elevó y escuché tras de mí el ruido de una gran tempestad de aquellos que pronunciaron alabanza, diciendo, "Bendita es la gloria del Señor desde Su sitial en el recinto de Su presencia". *Targúm Yonatán a allí*

סוֹמֵךְ יְהֹוָה לְכָל־הַנֹּפְלִים וְזוֹקֵף לְכָל־הַכְּפוּפִים:
עֵינֵי־כֹל אֵלֶיךָ יְשַׂבֵּרוּ וְאַתָּה נוֹתֵן־לָהֶם אֶת־אָכְלָם בְּעִתּוֹ:
פּוֹתֵחַ אֶת־יָדֶךָ וּמַשְׂבִּיעַ לְכָל־חַי רָצוֹן:
צַדִּיק יְהֹוָה בְּכָל־דְּרָכָיו וְחָסִיד בְּכָל־מַעֲשָׂיו:
קָרוֹב יְהֹוָה לְכָל־קֹרְאָיו לְכֹל אֲשֶׁר יִקְרָאֻהוּ בֶאֱמֶת:
רְצוֹן־יְרֵאָיו יַעֲשֶׂה וְאֶת־שַׁוְעָתָם יִשְׁמַע וְיוֹשִׁיעֵם:
שׁוֹמֵר יְהֹוָה אֶת־כָּל־אֹהֲבָיו וְאֵת כָּל־הָרְשָׁעִים יַשְׁמִיד:
תְּהִלַּת יְהֹוָה יְדַבֶּר פִּי וִיבָרֵךְ כָּל־בָּשָׂר שֵׁם קָדְשׁוֹ לְעוֹלָם וָעֶד:
וַאֲנַחְנוּ ׀ נְבָרֵךְ יָהּ מֵעַתָּה וְעַד־עוֹלָם הַלְלוּיָהּ: תהלים קטו

### קדושה דסידרא

*En la casa del doliente se comienza desde 'וְאַתָּה קָדוֹשׁ'.*

וּבָא לְצִיּוֹן גּוֹאֵל, וּלְשָׁבֵי פֶשַׁע בְּיַעֲקֹב, נְאֻם יְהֹוָה: ישעיה נט
וַאֲנִי זֹאת בְּרִיתִי אוֹתָם, אָמַר יְהֹוָה, רוּחִי אֲשֶׁר עָלֶיךָ וּדְבָרַי
אֲשֶׁר־שַׂמְתִּי בְּפִיךָ, לֹא־יָמוּשׁוּ מִפִּיךָ וּמִפִּי זַרְעֲךָ וּמִפִּי זֶרַע זַרְעֲךָ
אָמַר יְהֹוָה, מֵעַתָּה וְעַד־עוֹלָם:

וְאַתָּה קָדוֹשׁ יוֹשֵׁב תְּהִלּוֹת יִשְׂרָאֵל: וְקָרָא זֶה אֶל־זֶה וְאָמַר תהלים כב ישעיה ו
קָדוֹשׁ, קָדוֹשׁ, קָדוֹשׁ, יְהֹוָה צְבָאוֹת, מְלֹא כָל־הָאָרֶץ כְּבוֹדוֹ:
נאמר בלחש: וּמְקַבְּלִין דֵּין מִן דֵּין וְאָמְרִין, קַדִּישׁ בִּשְׁמֵי מְרוֹמָא עִלָּאָה בֵּית שְׁכִינְתֵּהּ, קַדִּישׁ עַל אַרְעָא עוֹבַד גְּבוּרְתֵּהּ, קַדִּישׁ לְעָלַם וּלְעָלְמֵי עָלְמַיָּא, יְהֹוָה צְבָאוֹת, מַלְיָא כָל־אַרְעָא זִיו יְקָרֵהּ. תרגום יונתן שם

וַתִּשָּׂאֵנִי רוּחַ, וָאֶשְׁמַע אַחֲרַי קוֹל רַעַשׁ גָּדוֹל יחזקאל ג
בָּרוּךְ כְּבוֹד־יְהֹוָה מִמְּקוֹמוֹ:
נאמר בלחש: וּנְטָלַתְנִי רוּחָא, וּשְׁמָעִית בַּתְרַי קָל זִיעַ סַגִּיא, דִּמְשַׁבְּחִין וְאָמְרִין, בְּרִיךְ יְקָרָא דַיהֹוָה מֵאֲתַר בֵּית שְׁכִינְתֵּהּ. תרגום יונתן שם

El Señor reinará por toda la eternidad. *Éx. 15*

*En voz baja:* El reino del Señor se ha establecido para siempre y por todos los tiempos. *Targúm Onkelos a Éx. 15*

יְהוָה Señor, Dios de nuestros ancestros Abraham, Isḥak e Israel, guarda esto por siempre de modo tal que conforme los pensamientos del corazón de Tu pueblo, y orienta su corazón hacia Ti. Él es compasivo, perdonará la iniquidad y no destruirá, suprimirá Su ira y no encenderá Su furia. Pues Tú Señor, eres bueno y perdonas, pleno en benevolencia con todo aquel que Te invoca. Tu justicia es eternamente recta y Tu Torá es verdad. Concede la verdad a Ya'akob, la benevolencia a Abraham, tal como prometiste a nuestros ancestros en tiempos pretéritos. *I Crón. 29* *Sal. 78* *Sal. 86* *Sal. 119* *Miq. 7*

בָּרוּךְ אֲדֹנָי יוֹם יוֹם Bendito es el Señor día tras día pues carga con nosotros (nos colma con Sus bendiciones); Dios de nuestra salvación, ¡Sela! El Señor de las Huestes Celestiales es con nosotros, el Dios de Ya'akob es nuestra fortaleza, ¡Sela! Señor de las Huestes Celestiales, feliz del hombre que confía en Ti. El Señor salva, el Rey nos responderá el día que Le invoquemos. *Sal. 65* *Sal. 46* *Sal. 84* *Sal. 20*

בָּרוּךְ אֱלֹהֵינוּ Bendito es nuestro Dios que nos creó para Su gloria, separándonos de los extraviados, nos entregó la Torá verdadera, plantó en nuestro interior la vida eterna. El compasivo abrirá nuestro corazón con Su Torá imbuyendo nuestro corazón con el amor y el temor reverencial hacia Él, para que podamos cumplir Su voluntad y servirle con corazón integro, para que nuestros esfuerzos no sean en vano ni seamos generadores de confusión.

יְהִי רָצוֹן Sea Tu voluntad Señor, Dios nuestro y de nuestros ancestros, que cuidemos Tus leyes en este mundo y tengamos el mérito de vivir, ver y heredar la bondad y la bendición de la vida del Mundo Venidero. Para que mi alma pueda cantar Tu gloria sin callar. El Señor mi Dios, por siempre Te agradeceré. El Señor, en aras del mérito de Israel deseó engrandecer la Torá y enaltecerla. Aquellos que conocen Tu Nombre confían en Ti, porque Tú Señor no has abandonado a quienes Te buscan. El Señor es nuestro Soberano, cuán exaltado es Tu Nombre en toda la tierra. Sed fuertes y tome coraje vuestro corazón, todos vosotros que esperáis al Señor. *Sal. 30* *Isa. 42* *Sal. 9* *Sal. 8* *Sal. 31*

יְהֹוָה יִמְלֹךְ לְעֹלָם וָעֶד: שמות טו
נאמר בלחש: יְהֹוָה מַלְכוּתֵהּ קָאֵם לְעָלַם וּלְעָלְמֵי עָלְמַיָּא. תרגום אונקלוס שם

יְהֹוָה אֱלֹהֵי אַבְרָהָם יִצְחָק וְיִשְׂרָאֵל אֲבֹתֵינוּ, שָׁמְרָה־זֹּאת לְעוֹלָם דברי הימים א׳ כט
לְיֵצֶר מַחְשְׁבוֹת לְבַב עַמֶּךָ, וְהָכֵן לְבָבָם אֵלֶיךָ: וְהוּא רַחוּם יְכַפֵּר תהלים עח
עָוֹן וְלֹא־יַשְׁחִית, וְהִרְבָּה לְהָשִׁיב אַפּוֹ, וְלֹא־יָעִיר כָּל־חֲמָתוֹ:
כִּי־אַתָּה אֲדֹנָי טוֹב וְסַלָּח, וְרַב־חֶסֶד לְכָל־קֹרְאֶיךָ: צִדְקָתְךָ תהלים פו תהלים קיט
צֶדֶק לְעוֹלָם וְתוֹרָתְךָ אֱמֶת: תִּתֵּן אֱמֶת לְיַעֲקֹב, חֶסֶד לְאַבְרָהָם, מיכה ז
אֲשֶׁר־נִשְׁבַּעְתָּ לַאֲבֹתֵינוּ מִימֵי קֶדֶם:

בָּרוּךְ אֲדֹנָי יוֹם יוֹם, יַעֲמָס־לָנוּ הָאֵל יְשׁוּעָתֵנוּ סֶלָה: יְהֹוָה צְבָאוֹת תהלים סח תהלים מו
עִמָּנוּ, מִשְׂגָּב־לָנוּ אֱלֹהֵי יַעֲקֹב סֶלָה: יְהֹוָה צְבָאוֹת, אַשְׁרֵי אָדָם תהלים פד
בֹּטֵחַ בָּךְ: יְהֹוָה הוֹשִׁיעָה, הַמֶּלֶךְ יַעֲנֵנוּ בְיוֹם־קָרְאֵנוּ: תהלים כ

בָּרוּךְ אֱלֹהֵינוּ שֶׁבְּרָאָנוּ לִכְבוֹדוֹ, וְהִבְדִּילָנוּ מִן הַתּוֹעִים, וְנָתַן לָנוּ תּוֹרַת אֱמֶת, וְחַיֵּי עוֹלָם נָטַע בְּתוֹכֵנוּ. הָרַחֲמָן הוּא יִפְתַּח לִבֵּנוּ בְּתוֹרָתוֹ, וְיָשִׂים בְּלִבֵּנוּ אַהֲבָתוֹ וְיִרְאָתוֹ לַעֲשׂוֹת רְצוֹנוֹ וּלְעָבְדוֹ בְּלֵבָב שָׁלֵם, לֹא נִיגַע לָרִיק וְלֹא נֵלֵד לַבֶּהָלָה.

יְהִי רָצוֹן מִלְּפָנֶיךָ, יְהֹוָה אֱלֹהֵינוּ וֵאלֹהֵי אֲבוֹתֵינוּ, שֶׁנִּשְׁמֹר חֻקֶּיךָ
וּמִצְוֹתֶיךָ בָּעוֹלָם הַזֶּה, וְנִזְכֶּה וְנִחְיֶה וְנִירַשׁ טוֹבָה וּבְרָכָה, לְחַיֵּי
הָעוֹלָם הַבָּא. לְמַעַן יְזַמֶּרְךָ כָבוֹד וְלֹא יִדֹּם, יְהֹוָה אֱלֹהַי, לְעוֹלָם תהלים ל
אוֹדֶךָּ: יְהֹוָה חָפֵץ לְמַעַן צִדְקוֹ, יַגְדִּיל תּוֹרָה וְיַאְדִּיר: וְיִבְטְחוּ ישעיה מב תהלים ט
בְךָ יוֹדְעֵי שְׁמֶךָ, כִּי לֹא־עָזַבְתָּ דֹרְשֶׁיךָ, יְהֹוָה: יְהֹוָה אֲדֹנֵינוּ מָה־ תהלים ח
אַדִּיר שִׁמְךָ בְּכָל־הָאָרֶץ: חִזְקוּ וְיַאֲמֵץ לְבַבְכֶם, כָּל־הַמְיַחֲלִים תהלים לא
לַיהֹוָה:

*Al regresar el Sefer Torá al Hejal se dice lo siguiente:*

יְהַלְלוּ Que alaben el Nombre del Señor, pues solamente Su Nombre es sublime. Su majestuosidad está sobre la tierra y el cielo. Él elevará el honor de Su pueblo, la alabanza de todos Sus devotos, los hijos de Israel, Su pueblo cercano, ¡Aleluya! El Señor es Dios. El Señor es Dios. En las alturas del cielo y abajo en la tierra y no hay otro salvo Él. No hay nadie como Tú entre los poderes celestiales Señor, ni hay obra como la Tuya. Haznos retornar a Ti Señor y retornaremos, renueva nuestros días como antaño.

*Sal. 148*
*I Reyes 18*
*Deut. 4*
*Sal. 86*
*Lam. 5*

## MEDIO KADISH

*El Ḥazán y los Avelim recitan Medio Kadish:*

יִתְגַּדַּל Que Su Gran Nombre sea magnificado y santificado,
en el mundo que creó conforme a Su voluntad.
Que establezca Su reino, haga florecer Su salvación
y apresure la llegada de Su ungido
durante vuestra vida y en vuestros días
y en la vida de toda la casa de Israel,
pronto y rápidamente y decid: Amén.

Que Su Gran Nombre sea bendito
por siempre y por toda la eternidad.

Sea bendecido, alabado, glorificado y exaltado, encumbrado
y magnificado, enaltecido y ensalzado
el Nombre del Santo Bendito Él;
más allá de cualquier bendición, cántico, alabanza y consolación
pronunciados en el mundo y decid: Amén.

*Se quitan los tefilín y se reza Musaf únicamente con el talet. Cuando están ya listos para iniciar el rezo silencioso, el Ḥazán exclama:*

Haznos retornar a Ti Señor y retornaremos, *Lam. 5*
renueva nuestros días como antaño.

*Musaf para Rosh Ḥodesh página siguiente.*
*Musaf para Ḥol HaMo'ed página 924*

*Se recita lo siguiente al devolverse la Torá al* היכל:

תהלים קמח יְהַלְלוּ אֶת־שֵׁם יְהוָה, כִּי־נִשְׂגָּב שְׁמוֹ לְבַדּוֹ, הוֹדוֹ עַל־אֶרֶץ וְשָׁמָיִם:
וַיָּרֶם קֶרֶן לְעַמּוֹ, תְּהִלָּה לְכָל־חֲסִידָיו, לִבְנֵי יִשְׂרָאֵל עַם קְרֹבוֹ הַלְלוּיָהּ:
מלכים א׳ יח יְהוָה הוּא הָאֱלֹהִים, יְהוָה הוּא הָאֱלֹהִים: דברים ד בַּשָּׁמַיִם מִמַּעַל וְעַל־הָאָרֶץ
תהלים פו מִתָּחַת, אֵין עוֹד: אֵין־כָּמוֹךָ בָאֱלֹהִים, אֲדֹנָי, וְאֵין כְּמַעֲשֶׂיךָ: איכה ה הֲשִׁיבֵנוּ יְהוָה
אֵלֶיךָ וְנָשׁוּבָה, חַדֵּשׁ יָמֵינוּ כְּקֶדֶם:

## חצי קדיש

*El* חזן *y los* אבלים *recitan* חצי קדיש:

יִתְגַּדַּל וְיִתְקַדַּשׁ שְׁמֵהּ רַבָּא (קהל: אָמֵן)
בְּעָלְמָא דִּי בְרָא כִרְעוּתֵהּ
וְיַמְלִיךְ מַלְכוּתֵהּ
וְיַצְמַח פֻּרְקָנֵהּ וִיקָרֵב מְשִׁיחֵהּ (קהל: אָמֵן)
בְּחַיֵּיכוֹן וּבְיוֹמֵיכוֹן וּבְחַיֵּי דְכָל־בֵּית יִשְׂרָאֵל
בַּעֲגָלָא וּבִזְמַן קָרִיב, וְאִמְרוּ אָמֵן. (קהל: אָמֵן)
יְהֵא שְׁמֵהּ רַבָּא מְבָרַךְ לְעָלַם וּלְעָלְמֵי עָלְמַיָּא יִתְבָּרַךְ
וְיִשְׁתַּבַּח וְיִתְפָּאַר וְיִתְרוֹמַם וְיִתְנַשֵּׂא
וְיִתְהַדַּר וְיִתְעַלֶּה וְיִתְהַלָּל
שְׁמֵהּ דְּקֻדְשָׁא בְּרִיךְ הוּא (קהל: אָמֵן)
לְעֵלָּא מִן כָּל־בִּרְכָתָא, שִׁירָתָא, תֻּשְׁבְּחָתָא וְנֶחֱמָתָא
דַּאֲמִירָן בְּעָלְמָא, וְאִמְרוּ אָמֵן. (קהל: אָמֵן)

*Se quitan los* תפילין *y se reza* מוסף *únicamente con el* טלית. *Cuando están ya listos para iniciar el rezo silencioso, el* חזן *exclama:*

איכה ה הֲשִׁיבֵנוּ יְהוָה אֵלֶיךָ וְנָשׁוּבָה, חַדֵּשׁ יָמֵינוּ כְּקֶדֶם:

*Musaf para Rosh Ḥodesh página siguiente.*
*Musaf para Ḥol HaMo'ed página 925*

## A'MIDÁ PARA MUSAF DE ROSH ḤODESH

SEÑOR, abre mis labios para que mi boca pronuncie Tu alabanza. *Sal. 51*

PATRIARCAS

בָּרוּךְ Bendito eres Tú SEÑOR,
Dios nuestro y de nuestros ancestros,
Dios de Abraham, Dios de Ytzjak y Dios de Ya'akob,
Dios grande, poderoso y maravilloso, SEÑOR supremo,
que prodiga generosamente y es el Creador de todo lo existente,
Quien recuerda la gracia de los ancestros
y traerá al Redentor para los hijos de sus hijos en aras de Su Nombre con amor.
Rey que ayuda, redime y protege.
Bendito eres Tú SEÑOR, Escudo de Abraham.

PODER DE DIOS

אַתָּה גִּבּוֹר SEÑOR, Tú eres eternamente poderoso,
Tú revives a los muertos y tienes gran poder de salvación.

*Verano:* Hace descender el rocío.
*Invierno:* Hace soplar el viento y descender la lluvia.

Sostiene con benevolencia a todos los seres vivos,
revive a los muertos con gran misericordia,
da soporte a quienes se caen, cura a los enfermos,
libera a los prisioneros
y cumple Su promesa con quienes yacen ya en la tierra.
¿Quién es como Tú Todopoderoso?
¿Quién se Te puede asemejar?
Rey que quita la vida y la restaura
y hace brotar la Redención.
Eres fiel en revivir a los muertos.
Bendito eres Tú SEÑOR, que revive a los muertos.

# עמידה למוסף ראש חודש

אֲדֹנָי, שְׂפָתַי תִּפְתָּח, וּפִי יַגִּיד תְּהִלָּתֶךָ: תהלים נא

אבות

בָּרוּךְ אַתָּה יְהֹוָה, אֱלֹהֵינוּ וֵאלֹהֵי אֲבוֹתֵינוּ
אֱלֹהֵי אַבְרָהָם, אֱלֹהֵי יִצְחָק, וֵאלֹהֵי יַעֲקֹב
הָאֵל הַגָּדוֹל הַגִּבּוֹר וְהַנּוֹרָא, אֵל עֶלְיוֹן
גּוֹמֵל חֲסָדִים טוֹבִים, קוֹנֵה הַכֹּל
וְזוֹכֵר חַסְדֵי אָבוֹת
וּמֵבִיא גוֹאֵל לִבְנֵי בְנֵיהֶם לְמַעַן שְׁמוֹ בְּאַהֲבָה.
מֶלֶךְ עוֹזֵר וּמוֹשִׁיעַ וּמָגֵן.
בָּרוּךְ אַתָּה יְהֹוָה, מָגֵן אַבְרָהָם.

גבורות

אַתָּה גִּבּוֹר לְעוֹלָם, אֲדֹנָי
מְחַיֵּה מֵתִים אַתָּה, רַב לְהוֹשִׁיעַ
בקיץ: מוֹרִיד הַטָּל / בחורף: מַשִּׁיב הָרוּחַ וּמוֹרִיד הַגֶּשֶׁם
מְכַלְכֵּל חַיִּים בְּחֶסֶד
מְחַיֵּה מֵתִים בְּרַחֲמִים רַבִּים
סוֹמֵךְ נוֹפְלִים, וְרוֹפֵא חוֹלִים, וּמַתִּיר אֲסוּרִים
וּמְקַיֵּם אֱמוּנָתוֹ לִישֵׁנֵי עָפָר.
מִי כָמוֹךָ, בַּעַל גְּבוּרוֹת
וּמִי דוֹמֶה לָּךְ, מֶלֶךְ מֵמִית וּמְחַיֶּה וּמַצְמִיחַ יְשׁוּעָה.
וְנֶאֱמָן אַתָּה לְהַחֲיוֹת מֵתִים.
בָּרוּךְ אַתָּה יְהֹוָה, מְחַיֵּה הַמֵּתִים.

## KEDUSHÁ

*Recitar junto al Ḥazán durante la repetición del rezo:*

כֶּתֶר Una corona Te otorgarán, SEÑOR, nuestro Dios, las muchedumbres de ángeles en las alturas junto a Tu pueblo Israel en reunión terrenal. Conjuntamente todos pronunciarán Tu santidad tal cual fue dicho por Tu profeta: "Y un ángel daba voces al otro diciendo: *Isa. 6*

*En voz alta:* Santo, Santo, Santo, SEÑOR de las Huestes Celestiales, toda la tierra está llena de Su gloria".

Quienes están frente a ellos dicen:

*En voz alta:* "Bendita es la gloria del SEÑOR desde Su sitial". *Eze. 3*

Y en Tus escrituras sagradas leemos:

*En voz alta:* "El SEÑOR reinará por siempre, tu Dios Ṣion, de generación en generación ¡Aleluyá!". *Sal. 146*

## SANTIDAD

אַתָּה קָדוֹשׁ Tú eres santo y Tu Nombre es santo,
y los santos Te alaban a diario, ¡Sela!
Bendito eres Tú SEÑOR, el Dios santo.

## SANTIDAD DEL DÍA

רָאשֵׁי חֳדָשִׁים Tú otorgaste los novilunios a Tu pueblo
como tiempo de expiación para todos sus descendientes.
Ellos elevaban ante Ti ofrendas de buena voluntad, y machos cabríos que eran sacrificados como expiación por las transgresiones.
Que sirvan para todos como recordatorio y salvación de las manos del enemigo.
Establece un nuevo altar en Ṣion sobre el cual ofrendaremos el holocausto del novilunio, y allí sacrificaremos con favor y un macho cabrío con buena voluntad, nos regocijaremos todos en el servicio del Templo y con los cánticos de Tu siervo David que se escuchan en Tu ciudad y se entonan delante de Tu altar.
Concédeles amor eterno, y recuerda el pacto de los padres para con los hijos.

---

la luz con la que brillamos no proviene de nosotros mismos sino de Dios, de cuya gloria no somos más que un reflejo (Seforno a Números 28:11).

קדושה

*Recitar junto al* חזן *durante la repetición del rezo:*

כֶּתֶר יִתְּנוּ לְךָ, יְהוָה אֱלֹהֵינוּ
מַלְאָכִים הֲמוֹנֵי מַעְלָה, עִם עַמְּךָ יִשְׂרָאֵל קְבוּצֵי מַטָּה.
יַחַד כֻּלָּם קְדֻשָּׁה לְךָ יְשַׁלֵּשׁוּ
כַּדָּבָר הָאָמוּר עַל יַד נְבִיאֶךָ: וְקָרָא זֶה אֶל־זֶה וְאָמַר ישעיה ו

בקול רם: קָדוֹשׁ, קָדוֹשׁ, קָדוֹשׁ, יְהוָה צְבָאוֹת, מְלֹא כָל־הָאָרֶץ כְּבוֹדוֹ:

לְעֻמָּתָם מְשַׁבְּחִים וְאוֹמְרִים

בקול רם: בָּרוּךְ כְּבוֹד־יְהוָה מִמְּקוֹמוֹ: יחזקאל ג

וּבְדִבְרֵי קָדְשְׁךָ כָּתוּב לֵאמֹר

בקול רם: יִמְלֹךְ יְהוָה לְעוֹלָם, אֱלֹהַיִךְ צִיּוֹן לְדֹר וָדֹר, הַלְלוּיָהּ: תהלים קמו

קדושת השם

אַתָּה קָדוֹשׁ וְשִׁמְךָ קָדוֹשׁ, וּקְדוֹשִׁים בְּכָל־יוֹם יְהַלְלוּךָ סֶּלָה.
בָּרוּךְ אַתָּה יְהוָה, הָאֵל הַקָּדוֹשׁ.

קדושת היום

רָאשֵׁי חֳדָשִׁים לְעַמְּךָ נָתַתָּ, זְמַן כַּפָּרָה לְכָל־תּוֹלְדוֹתָם
בִּהְיוֹתָם מַקְרִיבִים לְפָנֶיךָ זִבְחֵי רָצוֹן
וּשְׂעִירֵי חַטָּאת לְכַפֵּר בַּעֲדָם.
זִכָּרוֹן לְכֻלָּם יִהְיֶה, תְּשׁוּעַת נַפְשָׁם מִיַּד שׂוֹנֵא.
מִזְבֵּחַ חָדָשׁ בְּצִיּוֹן תָּכִין, וְעוֹלַת רֹאשׁ חֹדֶשׁ נַעֲלֶה עָלָיו
וּשְׂעִירֵי עִזִּים נַעֲשֶׂה בְרָצוֹן
וּבַעֲבוֹדַת בֵּית הַמִּקְדָּשׁ נִשְׂמַח כֻּלָּנוּ
וְשִׁירֵי דָוִד עַבְדְּךָ נִשְׁמָע בְּעִירֶךָ הָאֲמוּרִים לִפְנֵי מִזְבְּחֶךָ.
אַהֲבַת עוֹלָם תָּבִיא לָהֶם וּבְרִית אָבוֹת לַבָּנִים תִּזְכֹּר.

---

רָאשֵׁי חֳדָשִׁים *Tú otorgaste los novilunios a Tu pueblo:* El pueblo judío es comparado a la luna porque, mientras el sol brilla con luz propia la luna lo hace con el reflejo de la luz solar. Lo mismo ocurre con el pueblo de Israel:

יְהִי Sea voluntad ante Ti Señor, Dios nuestro y de nuestros ancestros, que nos hagas ascender a nuestra tierra con alegría y nos afirmes dentro de nuestros límites, y allí prepararemos para Ti nuestras ofrendas obligatorias, las ofrendas diarias perpetuas según su orden y la suplementarias según la norma.

אֶת מוּסַף Y la ofrenda adicional de este día
de novilunio prepararemos y sacrificaremos delante
de Ti con amor ,tal como lo ordenó Tu voluntad,
así como lo escribiste en Tu Torá por medio de Tu siervo Moshé,
por Tu propia palabra, tal como está dicho:

> Y en los días de vuestros novilunios, ofreceréis *Núm. 28*
> holocausto ante el Señor: dos novillos jóvenes
> y un camero, siete corderos de un año sin defecto.

וּמִנְחָתָם Y sus oblaciones de harina flor
y sus libaciones de vino tal como fueron ordenadas:
Tres décimos de efá de harina fina por cada novillo,
dos décimas de efá de harina fina por el camero,
un décimo de efá de harina fina por el cordero
y el vino de su libación, un macho cabrío para expiar
y dos ofrendas diarias conforme a su ley.

אֱלֹהֵינוּ Dios nuestro y de nuestros ancestros,
renueva sobre nosotros este mes para bien y para bendición,
para regocijo y alegría, para salvación y para consuelo,
para sustento y abundancia, para la vida buena y para la paz,
para que sean perdonadas las malas acciones
y perdonada la iniquidad.
Que este mes sea el final y la conclusión de todas nuestras
desgracias, comienzo e inicio de la liberación de nuestras almas.
Pues Tú has elegido a Tu pueblo Israel de entre todas las
naciones y les estableciste las leyes del novilunio.
Bendito eres Tú Señor,
que santifica a Israel y a los novilunios.

יְהִי רָצוֹן מִלְּפָנֶיךָ, יְהֹוָה אֱלֹהֵינוּ וֵאלֹהֵי אֲבוֹתֵינוּ
שֶׁתַּעֲלֵנוּ בְשִׂמְחָה לְאַרְצֵנוּ, וְתִטָּעֵנוּ בִּגְבוּלֵנוּ
וְשָׁם נַעֲשֶׂה לְפָנֶיךָ אֶת קָרְבְּנוֹת חוֹבוֹתֵינוּ
תְּמִידִים כְּסִדְרָם וּמוּסָפִים כְּהִלְכָתָם.

אֶת מוּסַף יוֹם רֹאשׁ הַחֹדֶשׁ הַזֶּה
נַעֲשֶׂה וְנַקְרִיב לְפָנֶיךָ בְּאַהֲבָה כְּמִצְוַת רְצוֹנֶךָ
כְּמוֹ שֶׁכָּתַבְתָּ עָלֵינוּ בְּתוֹרָתֶךָ עַל יְדֵי מֹשֶׁה עַבְדֶּךָ
מִפִּי כְבוֹדֶךָ כָּאָמוּר

וּבְרָאשֵׁי חָדְשֵׁיכֶם תַּקְרִיבוּ עֹלָה לַיהֹוָה — במדבר כח
פָּרִים בְּנֵי־בָקָר שְׁנַיִם וְאַיִל אֶחָד
כְּבָשִׂים בְּנֵי־שָׁנָה שִׁבְעָה, תְּמִימִם:

וּמִנְחָתָם וְנִסְכֵּיהֶם כִּמְדֻבָּר
שְׁלֹשָׁה עֶשְׂרֹנִים לַפָּר, וּשְׁנֵי עֶשְׂרֹנִים לָאָיִל, וְעִשָּׂרוֹן לַכֶּבֶשׂ
וְיַיִן כְּנִסְכּוֹ, וְשָׂעִיר לְכַפֵּר, וּשְׁנֵי תְמִידִים כְּהִלְכָתָם.

אֱלֹהֵינוּ וֵאלֹהֵי אֲבוֹתֵינוּ
חַדֵּשׁ עָלֵינוּ אֶת הַחֹדֶשׁ הַזֶּה לְטוֹבָה וְלִבְרָכָה
לְשָׂשׂוֹן וּלְשִׂמְחָה, לִישׁוּעָה וּלְנֶחָמָה
לְפַרְנָסָה וּלְכַלְכָּלָה, לְחַיִּים טוֹבִים וּלְשָׁלוֹם
לִמְחִילַת חֵטְא וְלִסְלִיחַת עָוֹן
וִיהֵא הַחֹדֶשׁ הַזֶּה סוֹף וָקֵץ לְכָל־צָרוֹתֵינוּ
תְּחִלָּה וְרֹאשׁ לְפִדְיוֹן נַפְשֵׁנוּ
כִּי בְעַמְּךָ יִשְׂרָאֵל מִכָּל־הָאֻמּוֹת בָּחַרְתָּ
וְחֻקֵּי רָאשֵׁי חֳדָשִׁים לָהֶם קָבָעְתָּ.
בָּרוּךְ אַתָּה יְהֹוָה, מְקַדֵּשׁ יִשְׂרָאֵל וְרָאשֵׁי חֳדָשִׁים.

## EL SERVICIO DEL TEMPLO

רְצֵה Acepta con benevolencia Señor, nuestro Dios,
a Tu pueblo Israel y atiende sus plegarias.
Restaura el servicio en Tu más sagrada casa y acepta favorable
y amorosamente las ofrendas ígneas de Israel y sus rezos.
Que siempre recibas con agrado el servicio de Tu pueblo Israel.
Y Tú en Tu gran compasión nos desearás
y Te complacerás en nosotros.
Que nuestros ojos contemplen Tu retorno a Ṣion con compasión.
Bendito eres Tú Señor, que restaura Su presencia en Ṣion.

## AGRADECIMIENTO

מוֹדִים Te agradecemos a Ti,
pues eres el Señor,
Dios nuestro y de nuestros
ancestros por siempre.
Eres nuestra Roca
y la de nuestra existencia,
Escudo de nuestra salvación.
De generación en generación Te
agradeceremos, y relataremos Tu
alabanza por nuestras vidas que
están depositadas en Tus manos,
por nuestras almas que están
a Tu cargo, por Tus milagros
para con nosotros a diario, y
las bondades y maravillas que
nos prodigas en todo momento,
noche, mañana y tarde.
El Benevolente, pues Tu
compasión nunca concluye,
Tú eres compasivo, pues no
cesan Tus bondades.
Siempre hemos depositado
nuestra esperanza en Ti.

*Mientras el Ḥazán recita el pasaje paralelo el congregación se inclina y dice en voz baja:*

מוֹדִים Te agradecemos a Ti,
pues eres el Señor,
Dios nuestro
y de nuestros ancestros,
Dios de toda carne, Formador
nuestro y del universo.
Bendiciones y agradecimientos
a Tu Nombre grandioso
y sagrado, por habernos
preservado con vida
y mantenido.
De igual forma, danos vida,
agrácianos y reúne
a Tus exiliados en
Tu patio sagrado,
para que cumplan
con Tus leyes y hagan
Tu voluntad con integridad
de corazón,
por ello nos corresponde
agradecerte.
Bendito es el Dios
a Quien debemos agradecer.

עבודה

רְצֵה יְהֹוָה אֱלֹהֵינוּ בְּעַמְּךָ יִשְׂרָאֵל וְלִתְפִלָּתָם שְׁעֵה
וְהָשֵׁב הָעֲבוֹדָה לִדְבִיר בֵּיתֶךָ
וְאִשֵּׁי יִשְׂרָאֵל וּתְפִלָּתָם מְהֵרָה בְּאַהֲבָה תְקַבֵּל בְּרָצוֹן
וּתְהִי לְרָצוֹן תָּמִיד עֲבוֹדַת יִשְׂרָאֵל עַמֶּךָ.
וְאַתָּה בְּרַחֲמֶיךָ הָרַבִּים תַּחְפֹּץ בָּנוּ וְתִרְצֵנוּ
וְתֶחֱזֶינָה עֵינֵינוּ בְּשׁוּבְךָ לְצִיּוֹן בְּרַחֲמִים.
בָּרוּךְ אַתָּה יְהֹוָה, הַמַּחֲזִיר שְׁכִינָתוֹ לְצִיּוֹן.

הודאה

מוֹדִים אֲנַחְנוּ לָךְ
שֶׁאַתָּה הוּא יְהֹוָה אֱלֹהֵינוּ
וֵאלֹהֵי אֲבוֹתֵינוּ לְעוֹלָם וָעֶד.
צוּרֵנוּ, צוּר חַיֵּינוּ וּמָגֵן יִשְׁעֵנוּ
אַתָּה הוּא לְדוֹר וָדוֹר
נוֹדֶה לְּךָ וּנְסַפֵּר תְּהִלָּתֶךָ
עַל חַיֵּינוּ הַמְּסוּרִים בְּיָדֶךָ
וְעַל נִשְׁמוֹתֵינוּ הַפְּקוּדוֹת לָךְ
וְעַל נִסֶּיךָ שֶׁבְּכָל־יוֹם עִמָּנוּ
וְעַל נִפְלְאוֹתֶיךָ וְטוֹבוֹתֶיךָ שֶׁבְּכָל־עֵת
עֶרֶב וָבֹקֶר וְצָהֳרָיִם.
הַטּוֹב, כִּי לֹא כָלוּ רַחֲמֶיךָ
הַמְרַחֵם, כִּי לֹא תַמּוּ חֲסָדֶיךָ
כִּי מֵעוֹלָם קִוִּינוּ לָךְ.

*Mientras el* חזן *recita el pasaje paralelo el* קהל *se inclina y dice en voz baja:*

מוֹדִים אֲנַחְנוּ לָךְ
שֶׁאַתָּה הוּא יְהֹוָה אֱלֹהֵינוּ
וֵאלֹהֵי אֲבוֹתֵינוּ
אֱלֹהֵי כָל־בָּשָׂר
יוֹצְרֵנוּ יוֹצֵר בְּרֵאשִׁית.
בְּרָכוֹת וְהוֹדָאוֹת
לְשִׁמְךָ הַגָּדוֹל וְהַקָּדוֹשׁ
עַל שֶׁהֶחֱיִיתָנוּ וְקִיַּמְתָּנוּ.
כֵּן תְּחַיֵּנוּ וּתְחָנֵּנוּ
וְתֶאֱסֹף גָּלֻיּוֹתֵינוּ לְחַצְרוֹת
קָדְשֶׁךָ לִשְׁמֹר חֻקֶּיךָ
וְלַעֲשׂוֹת רְצוֹנֶךָ
וּלְעָבְדְּךָ בְּלֵבָב שָׁלֵם
עַל שֶׁאֲנַחְנוּ מוֹדִים לָךְ
בָּרוּךְ אֵל הַהוֹדָאוֹת.

*En Ḥanucá :*

עַל הַנִּסִּים (Te agradecemos también) por los milagros, la redención, los actos poderosos, las salvaciones, las maravillas y consolaciones que hiciste en favor de nuestros ancestros en aquellos días en este tiempo.

בִּימֵי מַתִּתְיָה En los días de Matitiahu hijo de Yojanán, el Sumo Sacerdote, el jasmoneo y sus hijos, cuando el malvado reino griego se levantó contra Tu pueblo Israel para hacerles olvidar Tu Torá y forzarlos a transgredir los estatutos de Tu voluntad. Y Tú, con gran compasión, estuviste junto a ellos en el tiempo de su desgracia, luchaste por su causa, juzgaste su reclamo y vengaste su opresión. Entregaste fuertes en manos de débiles, muchos en manos de pocos, malvados en manos de justos impuros en manos de puros, arrogantes en manos de estudiosos de Tu Torá. Hiciste para Ti un Nombre Grande y Sagrado en Tu mundo, y a Tu pueblo Israel diste gran redención y salvación en un día como este. Luego, Tus hijos ingresaron a Tu recinto sagrado, limpiaron Tu Templo, purificaron Tu santuario, encendieron velas en Tus cortes y establecieron estos ocho días de Ḥanucá de agradecimiento y alabanza, e hiciste para ellos milagros y maravillas, por lo que agradeceremos a Tu gran Nombre, Sela.

*Continúa con "Por todo esto".*

וְעַל כֻּלָּם Por todo esto, Rey nuestro, que Tu Nombre sea
bendecido, exaltado y encumbrado por siempre.
Que todos los seres vivos Te agradezcan, ¡Sela!
Y alaben y bendigan a Tu gran Nombre de verdad,
pues por siempre eres bondadoso.
Dios de nuestra redención y nuestro socorro,
¡Sela! El Dios bondadoso. Bendito eres Tú Señor,
Tu Nombre es "Bueno" y a Ti corresponde agradecer.

בחנוכה:

עַל הַנִּסִּים וְעַל הַפֻּרְקָן וְעַל הַגְּבוּרוֹת וְעַל הַתְּשׁוּעוֹת וְעַל הַנִּפְלָאוֹת וְעַל הַנֶּחָמוֹת שֶׁעָשִׂיתָ לַאֲבוֹתֵינוּ בַּיָּמִים הָהֵם בַּזְּמַן הַזֶּה.

בִּימֵי מַתִּתְיָה בֶּן יוֹחָנָן כֹּהֵן גָּדוֹל חַשְׁמוֹנַאי וּבָנָיו, כְּשֶׁעָמְדָה עֲלֵיהֶם מַלְכוּת יָוָן הָרְשָׁעָה עַל עַמְּךָ יִשְׂרָאֵל לְשַׁכְּחָם מִתּוֹרָתֶךָ וּלְהַעֲבִירָם מֵחֻקֵּי רְצוֹנֶךָ, וְאַתָּה בְּרַחֲמֶיךָ הָרַבִּים עָמַדְתָּ לָהֶם בְּעֵת צָרָתָם, רַבְתָּ אֶת רִיבָם, דַּנְתָּ אֶת דִּינָם, נָקַמְתָּ אֶת נִקְמָתָם, מָסַרְתָּ גִבּוֹרִים בְּיַד חַלָּשִׁים, וְרַבִּים בְּיַד מְעַטִּים, וּרְשָׁעִים בְּיַד צַדִּיקִים, וּטְמֵאִים בְּיַד טְהוֹרִים, וְזֵדִים בְּיַד עוֹסְקֵי תוֹרָתֶךָ. לְךָ עָשִׂיתָ שֵׁם גָּדוֹל וְקָדוֹשׁ בְּעוֹלָמֶךָ, וּלְעַמְּךָ יִשְׂרָאֵל עָשִׂיתָ תְּשׁוּעָה גְדוֹלָה וּפֻרְקָן כְּהַיּוֹם הַזֶּה. וְאַחַר כָּךְ בָּאוּ בָנֶיךָ לִדְבִיר בֵּיתֶךָ, וּפִנּוּ אֶת הֵיכָלֶךָ, וְטִהֲרוּ אֶת מִקְדָּשֶׁךָ, וְהִדְלִיקוּ נֵרוֹת בְּחַצְרוֹת קָדְשֶׁךָ, וְקָבְעוּ שְׁמוֹנַת יְמֵי חֲנֻכָּה אֵלּוּ, בְּהַלֵּל וּבְהוֹדָאָה, וְעָשִׂיתָ עִמָּהֶם נִסִּים וְנִפְלָאוֹת, וְנוֹדֶה לְשִׁמְךָ הַגָּדוֹל, סֶלָה.

וממשיך ׳וְעַל כֻּלָּם׳.

וְעַל כֻּלָּם

יִתְבָּרַךְ וְיִתְרוֹמַם וְיִתְנַשֵּׂא תָּמִיד שִׁמְךָ מַלְכֵּנוּ לְעוֹלָם וָעֶד
וְכָל־הַחַיִּים יוֹדוּךָ סֶּלָה
וִיהַלְלוּ וִיבָרְכוּ אֶת שִׁמְךָ הַגָּדוֹל בֶּאֱמֶת לְעוֹלָם כִּי טוֹב
הָאֵל יְשׁוּעָתֵנוּ וְעֶזְרָתֵנוּ סֶלָה, הָאֵל הַטּוֹב.
בָּרוּךְ אַתָּה יְהֹוָה, הַטּוֹב שִׁמְךָ וּלְךָ נָאֶה לְהוֹדוֹת.

## BIRCAT COHANIM

*Durante la repetición del rezo, el Ḥazán dirige la bendición sacerdotal.*

*Los cohanim dicen "Que así sea Tu voluntad" previo al recitado de su bendición:*

יְהִי Sea Tu voluntad SEÑOR, Dios nuestro y de nuestros ancestros, que esta bendición que nos ordenaste impartir a Tu pueblo de Israel resulte íntegra, carente de obstáculo e iniquidad desde hoy y para siempre.

*Si más de un cohen está presente, el Ḥazán exclama:*

**¡Cohanim!**

*y los cohanim recitan la bendición:*

בָּרוּךְ Bendito eres Tú SEÑOR, nuestro Dios, Rey del universo, que nos santificó con la santidad de Aharón y nos ordenó bendecir a Su pueblo Israel con amor.

*Si hay más de un cohen presente, estos comienzan solos a recitar "Yebarejejá" y el Ḥazán dicta a partir de "HaShem".*

El SEÑOR te bendiga y te guarde. *Kahal:* Amén *Núm. 6*
El SEÑOR te ilumine con Su
Presencia y te agracie. *Kahal:* Amén
El SEÑOR dirija Su Presencia
hacia ti y te conceda la paz. *Kahal:* Amén.

*Los cohanim agregan en silencio:*

רִבּוֹן Soberano de los mundos, hemos cumplido aquello que nos ordenaste, *Deut. 26*
por ello obra Tú de acuerdo a lo que nos prometiste. Divisa desde Tu santo aposento, desde el cielo, y bendice a Tu pueblo, a Israel.

*En caso de no haber cohanim presentes el Ḥazán dice:*

אֱלֹהֵינוּ Dios nuestro y de nuestros ancestros, bendícenos con la triple bendición de la Torá, escrita por la mano de Tu siervo Moshé y pronunciada por Aharón y sus hijos los cohanim, Tu pueblo consagrado, como fue dicho:

El SEÑOR te bendiga y te guarde. *Kahal:* Que así sea Tu voluntad. *Núm. 6*
El SEÑOR te ilumine con Su
Presencia y te agracie. *Kahal:* Que así sea Tu voluntad
El SEÑOR dirija Su Presencia
hacia ti y te conceda la paz. *Kahal:* Que así sea Tu voluntad.
Y pondrán Mi Nombre sobre los hijos de Israel y los bendeciré.

### ברכת כהנים:

*Durante la repetición del rezo, el* חזן *dirige la bendición de los* כהנים.
*Los* כהנים *dicen* 'יְהִי רָצוֹן' *previo al recitado de su bendición:*

**יְהִי רָצוֹן מִלְּפָנֶיךָ, יְהֹוָה אֱלֹהֵינוּ וֵאלֹהֵי אֲבוֹתֵינוּ, שֶׁתְּהֵא הַבְּרָכָה הַזֹּאת שֶׁצִּוִּיתָנוּ לְבָרֵךְ אֶת עַמְּךָ יִשְׂרָאֵל בְּרָכָה שְׁלֵמָה וְלֹא יִהְיֶה בָּהּ מִכְשׁוֹל וְעָוֹן מֵעַתָּה וְעַד עוֹלָם.**

*Si más de un* כהן *está presente, el* חזן *exclama:*

**כֹּהֲנִים**

*y los* כהנים *recitan la bendición:*

**בָּרוּךְ אַתָּה יְהֹוָה, אֱלֹהֵינוּ מֶלֶךְ הָעוֹלָם**
**אֲשֶׁר קִדְּשָׁנוּ בִּקְדֻשָּׁתוֹ שֶׁל אַהֲרֹן, וְצִוָּנוּ לְבָרֵךְ אֶת עַמּוֹ יִשְׂרָאֵל בְּאַהֲבָה.**

*Si hay más de un cohen presente, estos comienzan solos*
*a recitar* 'יְבָרֶכְךָ' *y el* חזן *dicta a partir de* 'יְהֹוָה':

**יְבָרֶכְךָ** — קהל: כֵּן יְהִי רָצוֹן — במדבר ו
**יְהֹוָה וְיִשְׁמְרֶךָ:** — קהל: אָמֵן
**יָאֵר יְהֹוָה פָּנָיו אֵלֶיךָ וִיחֻנֶּךָּ:** — קהל: אָמֵן
**יִשָּׂא יְהֹוָה פָּנָיו אֵלֶיךָ וְיָשֵׂם לְךָ שָׁלוֹם:** — קהל: אָמֵן

*Los* כהנים *agregan en silencio:*

**רִבּוֹן הָעוֹלָמִים, עָשִׂינוּ מַה שֶּׁגָּזַרְתָּ עָלֵינוּ, עֲשֵׂה אַתָּה מַה שֶּׁהִבְטַחְתָּנוּ, הַשְׁקִיפָה מִמְּעוֹן קָדְשְׁךָ מִן־הַשָּׁמַיִם וּבָרֵךְ אֶת־עַמְּךָ אֶת־יִשְׂרָאֵל:** — דברים כו

*En caso de no haber* כהנים *presentes el* חזן *dice:*

**אֱלֹהֵינוּ וֵאלֹהֵי אֲבוֹתֵינוּ, בָּרְכֵנוּ בַבְּרָכָה הַמְשֻׁלֶּשֶׁת בַּתּוֹרָה, הַכְּתוּבָה עַל יְדֵי מֹשֶׁה עַבְדֶּךָ, הָאֲמוּרָה מִפִּי אַהֲרֹן וּבָנָיו כֹּהֲנִים עַם קְדוֹשֶׁיךָ, כָּאָמוּר**

**יְבָרֶכְךָ יְהֹוָה וְיִשְׁמְרֶךָ:** — קהל: כֵּן יְהִי רָצוֹן — במדבר ו
**יָאֵר יְהֹוָה פָּנָיו אֵלֶיךָ וִיחֻנֶּךָּ:** — קהל: כֵּן יְהִי רָצוֹן
**יִשָּׂא יְהֹוָה פָּנָיו אֵלֶיךָ וְיָשֵׂם לְךָ שָׁלוֹם:** — קהל: כֵּן יְהִי רָצוֹן
**וְשָׂמוּ אֶת־שְׁמִי עַל־בְּנֵי יִשְׂרָאֵל, וַאֲנִי אֲבָרְכֵם:**

PAZ

שִׂים שָׁלוֹם Instaura paz, bien y bendición vida, gracia y benevolencia,
justicia y compasión sobre nosotros y todo Tu pueblo Israel.
Bendícenos Padre nuestro, a todos nosotros como uno,
con la luz de Tu Semblante, pues en la luz de Tu Semblante nos
has dado Señor, nuestro Dios, Torá, y vida,
amor y benevolencia, justicia y compasión, bendición y paz.
Que ante Tus ojos sea bueno bendecir a todo Tu pueblo Israel,
con gran poder y paz.

בָּרוּךְ Bendito eres Tú Señor, que bendice a Su pueblo Israel
con la paz, Amén.

יִהְיוּ Que las palabras de mi boca y la meditación de mi corazón hallen favor *Sal. 19*
ante Ti Señor, mi Fortaleza y mi Redentor.

*Aquí concluye la repetición de la A'midá.*

אֱלֹהַי Dios mío, *Berajot 17a*
preserva mi lengua del mal y mis labios de pronunciar engaño.
Que mi alma calle ante quienes me maldicen,
y sea como el polvo para con todos.
Abre mi corazón a Tu Torá y que mi alma persiga Tus preceptos.
Rápidamente deja sin efecto el consejo y frustra los planes de
quienes conspiran contra mí.
Que sean cual tamo ante el viento y acosados por el ángel del Señor *Sal. 35*
Actúa en pos de Tu Nombre, actúa en pos de Tu diestra,
actúa en pos de Tu santidad, actúa en pos de Tu Torá.
Para que Tus amados sean liberados, *Sal. 60*
redime con Tu diestra y respóndeme.
Que las palabras de mi boca y la meditación de mi corazón *Sal. 19*
hallen favor ante Ti Señor, mi Fortaleza y mi Redentor.

*Antes de decir 'Quien obra paz' se dan tres pasos hacia atrás.*

Quien obra la paz en Sus alturas,
con compasión haga la paz para nosotros y
todo Su pueblo Israel y decid: Amén.

Sea Tu voluntad Señor, Dios nuestro y de nuestros ancestros, que el Templo sea reconstruido prontamente en nuestros días, y nos concedas una porción en Tu Torá, para cumplir con las leyes de Tu voluntad y servirte con corazón íntegro.

שלום

שִׂים שָׁלוֹם טוֹבָה וּבְרָכָה

חַיִּים חֵן וָחֶסֶד, צְדָקָה וְרַחֲמִים עָלֵינוּ וְעַל־כָּל־יִשְׂרָאֵל עַמֶּךָ.

וּבָרְכֵנוּ אָבִינוּ כֻּלָּנוּ כְּאֶחָד בְּאוֹר פָּנֶיךָ

כִּי בְאוֹר פָּנֶיךָ נָתַתָּ לָּנוּ יְהוָה אֱלֹהֵינוּ תּוֹרָה וְחַיִּים

אַהֲבָה וָחֶסֶד, צְדָקָה וְרַחֲמִים, בְּרָכָה וְשָׁלוֹם.

וְטוֹב בְּעֵינֶיךָ לְבָרְכֵנוּ, וּלְבָרֵךְ אֶת כָּל־עַמְּךָ יִשְׂרָאֵל

בְּרֹב עֹז וְשָׁלוֹם.

בָּרוּךְ אַתָּה יְהוָה, הַמְבָרֵךְ אֶת עַמּוֹ יִשְׂרָאֵל בַּשָּׁלוֹם. אָמֵן.

יִהְיוּ לְרָצוֹן אִמְרֵי־פִי וְהֶגְיוֹן לִבִּי לְפָנֶיךָ, יְהוָה צוּרִי וְגֹאֲלִי: תהלים יט

*Aquí concluye la repetición de la A'midá.*

אֱלֹהַי, נְצֹר לְשׁוֹנִי מֵרָע וּשְׂפָתוֹתַי מִדַּבֵּר מִרְמָה ברכות יז

וְלִמְקַלְלַי נַפְשִׁי תִדֹּם, וְנַפְשִׁי כֶּעָפָר לַכֹּל תִּהְיֶה.

פְּתַח לִבִּי בְּתוֹרָתֶךָ, וְאַחֲרֵי מִצְוֹתֶיךָ תִּרְדֹּף נַפְשִׁי.

וְכָל־הַקָּמִים עָלַי לְרָעָה, מְהֵרָה הָפֵר עֲצָתָם וְקַלְקֵל מַחְשְׁבוֹתָם.

יִהְיוּ כְּמֹץ לִפְנֵי־רוּחַ וּמַלְאַךְ יְהוָה דּוֹחֶה: תהלים לה

עֲשֵׂה לְמַעַן שְׁמֶךָ, עֲשֵׂה לְמַעַן יְמִינֶךָ

עֲשֵׂה לְמַעַן תּוֹרָתֶךָ, עֲשֵׂה לְמַעַן קְדֻשָּׁתֶךָ.

לְמַעַן יֵחָלְצוּן יְדִידֶיךָ, הוֹשִׁיעָה יְמִינְךָ וַעֲנֵנִי: תהלים ס

יִהְיוּ לְרָצוֹן אִמְרֵי־פִי וְהֶגְיוֹן לִבִּי לְפָנֶיךָ, יְהוָה צוּרִי וְגֹאֲלִי: תהלים יט

*Antes de decir 'עֹשֶׂה שָׁלוֹם' se dan tres pasos hacia atrás.*

עֹשֶׂה שָׁלוֹם בִּמְרוֹמָיו הוּא בְּרַחֲמָיו, יַעֲשֶׂה שָׁלוֹם עָלֵינוּ

וְעַל־כָּל־עַמּוֹ יִשְׂרָאֵל, וְאִמְרוּ אָמֵן.

יְהִי רָצוֹן מִלְּפָנֶיךָ, יְהוָה אֱלֹהֵינוּ וֵאלֹהֵי אֲבוֹתֵינוּ, שֶׁתִּבָּנֶה בֵּית הַמִּקְדָּשׁ בִּמְהֵרָה
בְיָמֵינוּ, וְתֵן חֶלְקֵנוּ בְּתוֹרָתֶךָ, לַעֲשׂוֹת חֻקֵּי רְצוֹנֶךָ וּלְעָבְדְךָ בְּלֵבָב שָׁלֵם.

יְהִי Que el Nombre del SEÑOR sea bendito desde ahora y hasta la eternidad. Desde la salida del sol hasta su ocaso, alabado es el Nombre del SEÑOR. El SEÑOR es nuestro Soberano, cuán exaltado es Tu Nombre en toda la tierra. *Sal. 113* *Sal. 8*

## KADISH TITKABAL

*El Ḥazán recita el Kadish Titkabal solo:*

יִתְגַּדַּל Que Su Gran Nombre sea magnificado y santificado,
en el mundo que creó conforme a Su voluntad.
Que establezca Su reino, haga florecer Su salvación
y apresure la llegada de Su ungido
durante vuestra vida y en vuestros días
y en la vida de toda la casa de Israel,
pronto y rápidamente y decid: Amén.

Que Su Gran Nombre sea bendito por siempre
y por toda la eternidad.

Sea bendecido, alabado, glorificado y exaltado, encumbrado
y magnificado, enaltecido y ensalzado
el Nombre del Santo Bendito Él;
más allá de cualquier bendición,
cántico, alabanza y consolación
pronunciados en el mundo y decid: Amén.

Que nuestras plegarias y súplicas junto
a las de todo el pueblo de Israel
sean aceptadas por nuestro Padre Celestial y Terrenal y decid: Amén.

Que haya gran paz celestial, vida, saciedad, salvación, consolación,
refugio, sanación, redención, perdón y expiación, bienestar
y salvación para nosotros y para todo Su pueblo Israel y decid: Amén.

*Antes de decir 'Quien obra paz' se dan tres pasos hacia atrás.*

Quien obra la paz en Sus alturas,
con compasión haga la paz
para nosotros y todo Su pueblo Israel y decid: Amén.

יְהִי שֵׁם יְהֹוָה מְבֹרָךְ מֵעַתָּה וְעַד־עוֹלָם: תהלים קיג
מִמִּזְרַח־שֶׁמֶשׁ עַד־מְבוֹאוֹ מְהֻלָּל שֵׁם יְהֹוָה:
יְהֹוָה אֲדֹנֵינוּ, מָה־אַדִּיר שִׁמְךָ בְּכָל־הָאָרֶץ: תהלים ח

## קדיש תתקבל

*El* חזן *recita el* קדיש תתקבל *solo:*

וְיִתְקַדַּשׁ שְׁמֵהּ רַבָּא (קהל: אָמֵן)
בְּעָלְמָא דִּי בְרָא כִרְעוּתֵהּ
וְיַמְלִיךְ מַלְכוּתֵהּ וְיַצְמַח פֻּרְקָנֵהּ וִיקָרֵב מְשִׁיחֵהּ (קהל: אָמֵן)
בְּחַיֵּיכוֹן וּבְיוֹמֵיכוֹן וּבְחַיֵּי דְכָל־בֵּית יִשְׂרָאֵל
בַּעֲגָלָא וּבִזְמַן קָרִיב, וְאִמְרוּ אָמֵן. (קהל: אָמֵן)

יְהֵא שְׁמֵהּ רַבָּא מְבָרַךְ לְעָלַם וּלְעָלְמֵי עָלְמַיָּא יִתְבָּרַךְ
וְיִשְׁתַּבַּח וְיִתְפָּאַר וְיִתְרוֹמַם וְיִתְנַשֵּׂא
וְיִתְהַדָּר וְיִתְעַלֶּה וְיִתְהַלָּל שְׁמֵהּ דְּקֻדְשָׁא בְּרִיךְ הוּא (קהל: אָמֵן)
לְעֵלָּא מִן כָּל־בִּרְכָתָא, שִׁירָתָא, תִּשְׁבְּחָתָא וְנֶחֱמָתָא
דַּאֲמִירָן בְּעָלְמָא, וְאִמְרוּ אָמֵן. (קהל: אָמֵן)

תִּתְקַבַּל צְלוֹתָנָא וּבָעוּתָנָא
עִם כָּל־צְלוֹתְהוֹן וּבָעוּתְהוֹן דְּכָל־בֵּית יִשְׂרָאֵל
קֳדָם אֲבוּנָא אֱלָהָנָא מָארֵי שְׁמַיָּא וְאַרְעָא, וְאִמְרוּ אָמֵן. (קהל: אָמֵן)

יְהֵא שְׁלָמָא רַבָּא מִן שְׁמַיָּא, חַיִּים וְשָׂבָע וִישׁוּעָה וְנֶחָמָה
וְשֵׁיזָבָא וּרְפוּאָה, וּגְאֻלָּה וּסְלִיחָה וְכַפָּרָה, וְרֶוַח וְהַצָּלָה
לָנוּ וּלְכָל־עַמּוֹ יִשְׂרָאֵל, וְאִמְרוּ אָמֵן. (קהל: אָמֵן)

*Antes de decir* 'עֹשֶׂה שָׁלוֹם' *se dan tres pasos hacia atrás.*

עֹשֶׂה שָׁלוֹם בִּמְרוֹמָיו
הוּא בְּרַחֲמָיו יַעֲשֶׂה שָׁלוֹם
עָלֵינוּ וְעַל־כָּל־עַמּוֹ יִשְׂרָאֵל, וְאִמְרוּ אָמֵן. (קהל: אָמֵן)

בָּרְכִי Bendice alma mía, al Señor, Dios mío, Tú eres grandemente ensalzado; Te has vestido de majestad y esplendor. Te envuelves en un vestido de luz, Tú has extendido los cielos cual tienda. Él ha establecido las vigas de sus cámaras superiores con agua; Él hace de las nubes Su carroza, andando sobre las alas del viento. Hace de los vientos Sus mensajeros y a las llamas del fuego Sus ministros. Él fijó la tierra en sus cimientos de modo tal que nunca pueda ser sacudida. La cubriste con el profundo mar cual ropaje, las aguas se posaron sobre las montañas. Ante Tu reprimenda huyeron, de Tu estruendosa voz apresuraron a huir. Ascenderán a las montañas y descenderán a los valles hacia el sitio que Tú les adjudicaste. *Sal. 104*

Les estableciste un límite que nunca habrán de pasar para no volver a cubrir la tierra. Él hace fluir los manantiales en los valles, los hace transitar entre las colinas, dando así de beber a las bestias del campo, saciando la sed a los asnos salvajes. Los pájaros del cielo viven junto a ellos, trinando entre el follaje. Riega las montañas desde sus alturas, la tierra se saciará del fruto de Tu labor. Hace crecer heno para el ganado y las hierbas por la labor del hombre, para sacar el pan de la tierra y vino para alegrar el corazón humano, aceite para hacer brillar su semblante y pan para sustentar el corazón del hombre. Los árboles del Señor beben hasta colmarse, los cedros del Líbano que Él plantó. Allí los pájaros construyen sus nidos, la cigüeña hace su hogar entre los cipreses. Las altas cimas son para las cabras salvajes, las rocas son refugio para los conejos. Hizo la luna para marcar las Festividades e hizo que el sol sepa su ocaso. Tú traes la oscuridad y se hace de noche, y se movilizan todos los animales del bosque. Los cachorros aúllan tras su presa y piden de Dios su alimento. Al salir el sol se reúnen y retornan a sus guaridas para yacer allí. El hombre sale rumbo a su labor, para trabajar hasta el anochecer. Cuán numerosas son Tus obras Señor, todas las hiciste con sabiduría, la tierra está plena de Tus creaciones. Este es el gran y ancho mar con sus incontables creaturas pululantes, seres vivos grandes y pequeños. Allí navegan las embarcaciones. Allí está el Leviatán que Tú creaste para Tu deleite. Todos ellos elevan su mirada a Ti esperando que los alimentes cuando lo necesiten. Lo que Tú les des será lo que habrán de recoger, cuando Tú abres Tu mano se habrán de satisfacer con bien. Si ocultas Tu rostro habrán de aterrorizarse, cuando les quites el aliento habrán de perecer y retornar al polvo. Cuando les

בָּרְכִי נַפְשִׁי אֶת־יְהֹוָה, יְהֹוָה אֱלֹהַי גָּדַלְתָּ מְּאֹד הוֹד וְהָדָר לָבָשְׁתָּ: תהלים קד
עֹטֶה־אוֹר כַּשַּׂלְמָה נוֹטֶה שָׁמַיִם כַּיְרִיעָה: הַמְקָרֶה בַמַּיִם עֲלִיּוֹתָיו
הַשָּׂם־עָבִים רְכוּבוֹ הַמְהַלֵּךְ עַל־כַּנְפֵי־רוּחַ: עֹשֶׂה מַלְאָכָיו רוּחוֹת
מְשָׁרְתָיו אֵשׁ לֹהֵט: יָסַד־אֶרֶץ עַל־מְכוֹנֶיהָ בַּל־תִּמּוֹט עוֹלָם וָעֶד:
תְּהוֹם כַּלְּבוּשׁ כִּסִּיתוֹ עַל־הָרִים יַעַמְדוּ־מָיִם: מִן־גַּעֲרָתְךָ יְנוּסוּן
מִן־קוֹל רַעַמְךָ יֵחָפֵזוּן: יַעֲלוּ הָרִים יֵרְדוּ בְקָעוֹת אֶל־מְקוֹם זֶה ׀
יָסַדְתָּ לָהֶם: גְּבוּל־שַׂמְתָּ בַּל־יַעֲבֹרוּן בַּל־יְשׁוּבוּן לְכַסּוֹת הָאָרֶץ:
הַמְשַׁלֵּחַ מַעְיָנִים בַּנְּחָלִים בֵּין הָרִים יְהַלֵּכוּן: יַשְׁקוּ כָּל־חַיְתוֹ שָׂדָי
יִשְׁבְּרוּ פְרָאִים צְמָאָם: עֲלֵיהֶם עוֹף־הַשָּׁמַיִם יִשְׁכּוֹן מִבֵּין עֳפָאיִם
יִתְּנוּ־קוֹל: מַשְׁקֶה הָרִים מֵעֲלִיּוֹתָיו מִפְּרִי מַעֲשֶׂיךָ תִּשְׂבַּע הָאָרֶץ:
מַצְמִיחַ חָצִיר ׀ לַבְּהֵמָה וְעֵשֶׂב לַעֲבֹדַת הָאָדָם לְהוֹצִיא לֶחֶם
מִן־הָאָרֶץ: וְיַיִן ׀ יְשַׂמַּח לְבַב־אֱנוֹשׁ לְהַצְהִיל פָּנִים מִשָּׁמֶן וְלֶחֶם
לְבַב־אֱנוֹשׁ יִסְעָד: יִשְׂבְּעוּ עֲצֵי יְהֹוָה אַרְזֵי לְבָנוֹן אֲשֶׁר נָטָע:
אֲשֶׁר־שָׁם צִפֳּרִים יְקַנֵּנוּ חֲסִידָה בְּרוֹשִׁים בֵּיתָהּ: הָרִים הַגְּבֹהִים
לַיְּעֵלִים סְלָעִים מַחְסֶה לַשְׁפַנִּים: עָשָׂה יָרֵחַ לְמוֹעֲדִים שֶׁמֶשׁ יָדַע
מְבוֹאוֹ: תָּשֶׁת־חֹשֶׁךְ וִיהִי לָיְלָה בּוֹ־תִרְמֹשׂ כָּל־חַיְתוֹ־יָעַר: הַכְּפִירִים
שֹׁאֲגִים לַטָּרֶף וּלְבַקֵּשׁ מֵאֵל אָכְלָם: תִּזְרַח הַשֶּׁמֶשׁ יֵאָסֵפוּן וְאֶל־
מְעוֹנֹתָם יִרְבָּצוּן: יֵצֵא אָדָם לְפָעֳלוֹ וְלַעֲבֹדָתוֹ עֲדֵי־עָרֶב: מָה־
רַבּוּ מַעֲשֶׂיךָ ׀ יְהֹוָה כֻּלָּם בְּחָכְמָה עָשִׂיתָ מָלְאָה הָאָרֶץ קִנְיָנֶךָ:
זֶה ׀ הַיָּם גָּדוֹל וּרְחַב יָדָיִם שָׁם־רֶמֶשׂ וְאֵין מִסְפָּר חַיּוֹת קְטַנּוֹת
עִם־גְּדֹלוֹת: שָׁם אֳנִיּוֹת יְהַלֵּכוּן לִוְיָתָן זֶה־יָצַרְתָּ לְשַׂחֶק־בּוֹ: כֻּלָּם
אֵלֶיךָ יְשַׂבֵּרוּן לָתֵת אָכְלָם בְּעִתּוֹ: תִּתֵּן לָהֶם יִלְקֹטוּן תִּפְתַּח יָדְךָ
יִשְׂבְּעוּן טוֹב: תַּסְתִּיר פָּנֶיךָ יִבָּהֵלוּן תֹּסֵף רוּחָם יִגְוָעוּן וְאֶל־עֲפָרָם
יְשׁוּבוּן: תְּשַׁלַּח רוּחֲךָ יִבָּרֵאוּן וּתְחַדֵּשׁ פְּנֵי אֲדָמָה: יְהִי כְבוֹד יְהֹוָה

devuelvas su espíritu, serán creados renovando la vida en la tierra. Que la gloria del Señor sea por siempre, que el Señor se regocije en Sus creaturas. Cuando Él dirige Su mirada a la tierra, ésta se estremece. Cuando toca las montañas expiden humo. Cantaré al Señor mientras viva, entonaré cánticos a mi Dios toda mi vida. Que mis meditaciones sean de Su agrado, yo me regocijaré en el Señor. Que los pecados desparezcan de la tierra y no haya más malvados. Bendice al Señor alma mía. ¡Aleluya!

## KADISH YEHÉ SHELAMÁ

*El Ḥazán y los dolientes recitan Kadish Yehé Shelamá:*

יִתְגַּדַּל Que Su Gran Nombre sea magnificado y santificado,
en el mundo que creó conforme a Su voluntad.
Que establezca Su reino, haga florecer Su salvación
y apresure la llegada de Su ungido
durante vuestra vida y en vuestros días
y en la vida de toda la casa de Israel,
pronto y rápidamente y decid: Amén.

Que Su Gran Nombre sea bendito
por siempre y por toda la eternidad.

Sea bendecido, alabado, glorificado
y exaltado, encumbrado
y magnificado, enaltecido y ensalzado
el Nombre del Santo Bendito Él;
más allá de cualquier bendición,
cántico, alabanza y consolación
pronunciados en el mundo y decid: Amén.

Que haya gran paz celestial,
vida, saciedad, salvación, consolación,
refugio, sanación, redención, perdón y expiación, bienestar
y salvación para nosotros y para todo Su pueblo Israel y decid: Amén.

*Antes de decir 'Quien obra paz' se dan tres pasos hacia atrás.*

Quien obra la paz en Sus alturas,
con compasión haga la paz
para nosotros y todo Su pueblo Israel y decid: Amén.

לְעוֹלָם יִשְׂמַח יְהֹוָה בְּמַעֲשָׂיו: הַמַּבִּיט לָאָרֶץ וַתִּרְעָד יִגַּע בֶּהָרִים וְיֶעֱשָׁנוּ: אָשִׁירָה לַיהֹוָה בְּחַיָּי אֲזַמְּרָה לֵאלֹהַי בְּעוֹדִי: יֶעֱרַב עָלָיו שִׂיחִי אָנֹכִי אֶשְׂמַח בַּיהֹוָה: יִתַּמּוּ חַטָּאִים ׀ מִן־הָאָרֶץ וּרְשָׁעִים ׀ עוֹד אֵינָם בָּרְכִי נַפְשִׁי אֶת־יְהֹוָה הַלְלוּיָהּ:

## קדיש יהא שלמא

*El* חזן *y los* אבלים *recitan* קדיש יהא שלמא:

יִתְגַּדַּל וְיִתְקַדַּשׁ שְׁמֵהּ רַבָּא (קהל: אָמֵן)
בְּעָלְמָא דִּי בְרָא כִרְעוּתֵהּ
וְיַמְלִיךְ מַלְכוּתֵהּ וְיַצְמַח פֻּרְקָנֵהּ וִיקָרֵב מְשִׁיחֵהּ (קהל: אָמֵן)
בְּחַיֵּיכוֹן וּבְיוֹמֵיכוֹן וּבְחַיֵּי דְכָל־בֵּית יִשְׂרָאֵל
בַּעֲגָלָא וּבִזְמַן קָרִיב, וְאִמְרוּ אָמֵן. (קהל: אָמֵן)

יְהֵא שְׁמֵהּ רַבָּא מְבָרַךְ לְעָלַם וּלְעָלְמֵי עָלְמַיָּא יִתְבָּרַךְ
וְיִשְׁתַּבַּח וְיִתְפָּאַר וְיִתְרוֹמַם וְיִתְנַשֵּׂא
וְיִתְהַדָּר וְיִתְעַלֶּה וְיִתְהַלָּל
שְׁמֵהּ דְּקֻדְשָׁא בְּרִיךְ הוּא (קהל: אָמֵן)
לְעֵלָּא מִן כָּל־בִּרְכָתָא, שִׁירָתָא, תִּשְׁבְּחָתָא וְנֶחָמָתָא
דַּאֲמִירָן בְּעָלְמָא, וְאִמְרוּ אָמֵן. (קהל: אָמֵן)

יְהֵא שְׁלָמָא רַבָּא מִן שְׁמַיָּא
חַיִּים וְשָׂבָע וִישׁוּעָה וְנֶחָמָה
וְשֵׁיזָבָא וּרְפוּאָה וּגְאֻלָּה וּסְלִיחָה וְכַפָּרָה, וְרֶוַח וְהַצָּלָה
לָנוּ וּלְכָל־עַמּוֹ יִשְׂרָאֵל, וְאִמְרוּ אָמֵן. (קהל: אָמֵן)

*Antes de decir* 'עֹשֶׂה שָׁלוֹם' *se dan tres pasos hacia atrás.*

עֹשֶׂה שָׁלוֹם בִּמְרוֹמָיו
הוּא בְּרַחֲמָיו יַעֲשֶׂה שָׁלוֹם עָלֵינוּ
וְעַל־כָּל־עַמּוֹ יִשְׂרָאֵל, וְאִמְרוּ אָמֵן. (קהל: אָמֵן)

Ten esperanza en el SEÑOR fortalece y anima tu corazón y ten esperanza en el SEÑOR. No hay santo como el SEÑOR; pues nada hay excepto Tú; y no hay poderoso como nuestro Dios. ¿Quién es Dios salvo el SEÑOR? ¿Y quién es Fortaleza salvo nuestro Dios?

*Sal. 27*
*I Sam. 2*
*Sal. 18*

אֵין כֵּאלֹהֵינוּ No hay como nuestro Dios, no hay como nuestro Señor,
no hay como nuestro Rey, no hay como nuestro Salvador.
¿Quién como nuestro Dios? ¿Quién como nuestro Señor?
¿Quién como nuestro Rey? ¿Quién como nuestro Salvador?
Agradeceremos a nuestro Dios, agradeceremos a nuestro Señor,
agradeceremos a nuestro Rey, agradeceremos a nuestro Salvador.
Bendito es nuestro Dios, bendito es nuestro Señor,
bendito es nuestro Rey, bendito es nuestro Salvador.
Tú eres nuestro Dios, Tú eres nuestro Señor, Tú eres nuestro Rey,
Tú eres nuestro Salvador.
Tú nos salvarás.
Tú Te levantarás y te compadecerás de Ṣion, pues es momento de apiadarte de ella, pues ha llegado el momento. *Sal. 102*

Tú eres el SEÑOR nuestro Dios, a quien nuestros ancestros ofrendaban el fragante incienso en los días en que el Sagrado Templo estaba en pie, tal como les ordenaste por medio de Tu profeta Moshé, como está escrito en Tu Torá:

## EL INCIENSO

Dijo el SEÑOR a Moshé: Toma para ti especias: bálsamo resinoso, uña aromática, gálbano e incienso puro, en cantidades iguales. Y harás con ello el incienso, elaborado según el arte del perfumista, mezclado, puro y consagrado. Y molerás muy fino parte de este y lo pondrás delante del Testimonio, delante de la Tienda de Reunión donde he de reunirme contigo y será sacrosanto para vosotros. *Éx. 30*

Y fue dicho:

Y cada mañana Aharón quemará sobre él incienso aromático al asear lámparas. Y al encender Aharón las lámparas – al atardecer – lo hará quemar. Incienso cotidiano ante el SEÑOR por vuestras generaciones.

קַוֵּה אֶל־יְהֹוָה, חֲזַק וְיַאֲמֵץ לִבֶּךָ, וְקַוֵּה אֶל־יְהֹוָה: תהלים כז
אֵין־קָדוֹשׁ כַּיהֹוָה, כִּי־אֵין בִּלְתֶּךָ, וְאֵין צוּר כֵּאלֹהֵינוּ: שמואל א׳ ב
כִּי מִי אֱלוֹהַ מִבַּלְעֲדֵי יְהֹוָה, וּמִי צוּר זוּלָתִי אֱלֹהֵינוּ: תהלים יח

אֵין כֵּאלֹהֵינוּ, אֵין כַּאדוֹנֵינוּ, אֵין כְּמַלְכֵּנוּ, אֵין כְּמוֹשִׁיעֵנוּ.
מִי כֵאלֹהֵינוּ, מִי כַאדוֹנֵינוּ, מִי כְמַלְכֵּנוּ, מִי כְמוֹשִׁיעֵנוּ.
נוֹדֶה לֵאלֹהֵינוּ, נוֹדֶה לַאדוֹנֵינוּ, נוֹדֶה לְמַלְכֵּנוּ, נוֹדֶה לְמוֹשִׁיעֵנוּ.
בָּרוּךְ אֱלֹהֵינוּ, בָּרוּךְ אֲדוֹנֵינוּ, בָּרוּךְ מַלְכֵּנוּ, בָּרוּךְ מוֹשִׁיעֵנוּ.
אַתָּה הוּא אֱלֹהֵינוּ, אַתָּה הוּא אֲדוֹנֵינוּ,
אַתָּה הוּא מַלְכֵּנוּ, אַתָּה הוּא מוֹשִׁיעֵנוּ.
אַתָּה תוֹשִׁיעֵנוּ
אַתָּה תָקוּם תְּרַחֵם צִיּוֹן, כִּי־עֵת לְחֶנְנָהּ, כִּי־בָא מוֹעֵד: תהלים קב

אַתָּה הוּא יְהֹוָה אֱלֹהֵינוּ שֶׁהִקְטִירוּ אֲבוֹתֵינוּ לְפָנֶיךָ אֶת קְטֹרֶת הַסַּמִּים בִּזְמַן שֶׁבֵּית הַמִּקְדָּשׁ קַיָּם, כַּאֲשֶׁר צִוִּיתָ אוֹתָם עַל יַד מֹשֶׁה נְבִיאָךְ, כַּכָּתוּב בְּתוֹרָתָךְ:

פרשת הקטורת

וַיֹּאמֶר יְהֹוָה אֶל־מֹשֶׁה קַח־לְךָ סַמִּים נָטָף ׀ וּשְׁחֵלֶת וְחֶלְבְּנָה סַמִּים וּלְבֹנָה זַכָּה בַּד בְּבַד יִהְיֶה: וְעָשִׂיתָ אֹתָהּ קְטֹרֶת רֹקַח מַעֲשֵׂה רוֹקֵחַ מְמֻלָּח טָהוֹר קֹדֶשׁ: וְשָׁחַקְתָּ מִמֶּנָּה הָדֵק וְנָתַתָּה מִמֶּנָּה לִפְנֵי הָעֵדֻת בְּאֹהֶל מוֹעֵד אֲשֶׁר אִוָּעֵד לְךָ שָׁמָּה קֹדֶשׁ קָדָשִׁים תִּהְיֶה לָכֶם: שמות ל

וְנֶאֱמַר

וְהִקְטִיר עָלָיו אַהֲרֹן קְטֹרֶת סַמִּים בַּבֹּקֶר בַּבֹּקֶר בְּהֵיטִיבוֹ אֶת־הַנֵּרֹת יַקְטִירֶנָּה: וּבְהַעֲלֹת אַהֲרֹן אֶת־הַנֵּרֹת בֵּין הָעַרְבַּיִם יַקְטִירֶנָּה קְטֹרֶת תָּמִיד לִפְנֵי יְהֹוָה לְדֹרֹתֵיכֶם:

תָּנוּ Enseñaron nuestros sabios: ¿Cómo debe prepararse el incienso? Pesaba 368 "mané", 365 se corresponden con los días del año solar, un mané por día, una mitad debía ser ofrendada en la mañana y la otra mitad por la tarde y tres "mané" adicionales de los cuales el Sumo Sacerdote tomaba dos puñados llenos en Yom Kipur. Estos eran devueltos al mortero el día previo a Yom Kipur y se molían intensamente hasta que quedaban sumamente finos. El incienso incluía once clases de especies: bálsamo, uña aromática, gálbano y olíbano, cada una con un peso de 70 "mané", mirra, casia, nardo y azafrán cada una con un peso de 16 "mané", doce "mané" de costus, tres de corteza aromática, nueve de canela, nueve "kab" de lejía de Carshina, tres "seá" y tres "kab" de vino de Chipre. Si no se conseguía vino de Chipre se podía emplear vino blanco añejo. Un cuarto de "kab" de sal de Sodoma, una pizca de una hierba humeante. *Karetot 6a*

Ribí Natán de Babilonia dice: también una pizca de ámbar del Jordán. Si le agregaba miel a la mezcla se la transformaba en no apta para uso sagrado. Si omitía alguno de los ingredientes era pasible de pena de muerte.

Rabán Shim'ón ben Gamliel dice: el "bálsamo" es una savia que gotea del árbol del mismo nombre. Lejía de Carshina era usado para frotar la uña aromática y así mejorarla. El vino de Chipre era usado para remojar la uña aromática para conferirle un olor acre. Si bien la orina es buena para este propósito, no se la podía ingresar en el Templo pues sería una falta de respeto.

Se enseñó, dice Ribí Natán: mientras molía (el incienso) decía "muele bien, muele fino" pues el sonido rítmico es bueno para las especies. Si se mezcló en medias cantidades el producto es apto para su uso, mas no hemos escuchado que este principio se aplique a tercios o cuartos. Ribí Yehudá dijo: la regla general es que si se llevó a cabo en las proporciones correctas el producto es apto para su uso, aunque se haya preparado la mitad de la cantidad, empero quien omite alguno de los ingredientes es pasible de pena de muerte.

תָּנוּ רַבָּנָן: פִּטּוּם הַקְּטֹרֶת כֵּיצַד. שְׁלֹשׁ מֵאוֹת וְשִׁשִּׁים וּשְׁמוֹנָה מָנִים הָיוּ בָהּ. שְׁלֹשׁ מֵאוֹת וְשִׁשִּׁים וַחֲמִשָּׁה כְּמִנְיַן יְמוֹת הַחַמָּה, מָנֶה בְּכָל־יוֹם, מַחֲצִיתוֹ בְּבֹקֶר וּמַחֲצִיתוֹ בָּעֶרֶב. וּשְׁלֹשָׁה מָנִים יְתֵרִים, שֶׁמֵּהֶם מַכְנִיס כֹּהֵן גָּדוֹל וְנוֹטֵל מֵהֶם מְלֹא חָפְנָיו בְּיוֹם הַכִּפּוּרִים, וּמַחֲזִירָן לְמַכְתֶּשֶׁת בְּעֶרֶב יוֹם הַכִּפּוּרִים כְּדֵי לְקַיֵּם מִצְוַת דַּקָּה מִן הַדַּקָּה. וְאַחַד עָשָׂר סַמָּנִים הָיוּ בָהּ, וְאֵלּוּ הֵן: א הַצֳּרִי ב וְהַצִּפֹּרֶן ג וְהַחֶלְבְּנָה ד וְהַלְּבוֹנָה, מִשְׁקַל שִׁבְעִים שִׁבְעִים מָנֶה. ה מֹר ו וּקְצִיעָה ז וְשִׁבֹּלֶת נֵרְדְּ ח וְכַרְכֹּם, מִשְׁקַל שִׁשָּׁה עָשָׂר שִׁשָּׁה עָשָׂר מָנֶה. ט הַקֹּשְׁטְ (הַקּוֹשְׁטְ) שְׁנֵים עָשָׂר י קִלּוּפָה שְׁלֹשָׁה יא קִנָּמוֹן תִּשְׁעָה. בֹּרִית כַּרְשִׁינָא תִּשְׁעָה קַבִּין, יֵין קַפְרִיסִין סְאִין תְּלָת וְקַבִּין תְּלָתָא, וְאִם לֹא מָצָא יֵין קַפְרִיסִין מֵבִיא חֲמַר חִוַּר עַתִּיק. מֶלַח סְדוֹמִית רֹבַע הַקָּב, מַעֲלֶה עָשָׁן כָּל־שֶׁהוּא. כריתות ו.

רַבִּי נָתָן הַבַּבְלִי אוֹמֵר, אַף כִּפַּת הַיַּרְדֵּן כָּל־שֶׁהִיא. אִם נָתַן בָּהּ דְּבַשׁ פְּסָלָהּ, וְאִם חִסַּר אַחַת מִכָּל־סַמָּנֶיהָ חַיָּב מִיתָה.

רַבָּן שִׁמְעוֹן בֶּן גַּמְלִיאֵל אוֹמֵר, הַצֳּרִי אֵינוֹ אֶלָּא שְׂרָף הַנּוֹטֵף מֵעֲצֵי הַקְּטָף. בֹּרִית כַּרְשִׁינָא לְמָה הִיא בָאָה, כְּדֵי לְשַׁפּוֹת בָּהּ אֶת הַצִּפֹּרֶן כְּדֵי שֶׁתְּהֵא נָאָה. יֵין קַפְרִיסִין לְמָה הוּא בָא, כְּדֵי לִשְׁרוֹת בּוֹ אֶת הַצִּפֹּרֶן כְּדֵי שֶׁתְּהֵא עַזָּה. וַהֲלֹא מֵי רַגְלַיִם יָפִין לָהּ, אֶלָּא שֶׁאֵין מַכְנִיסִין מֵי רַגְלַיִם בַּמִּקְדָּשׁ מִפְּנֵי הַכָּבוֹד.

תַּנְיָא, רַבִּי נָתָן אוֹמֵר, כְּשֶׁהוּא שׁוֹחֵק אוֹמֵר, הָדֵק הֵיטֵב, הֵיטֵב הָדֵק, מִפְּנֵי שֶׁהַקּוֹל יָפֶה לַבְּשָׂמִים. פִּטְּמָהּ לַחֲצָאִין כְּשֵׁרָה, לְשָׁלִישׁ וּלְרָבִיעַ לֹא שָׁמַעְנוּ. אָמַר רַבִּי יְהוּדָה, זֶה הַכְּלָל, אִם כְּמִדָּתָהּ כְּשֵׁרָה לַחֲצָאִין, וְאִם חִסַּר אַחַת מִכָּל־סַמָּנֶיהָ חַיָּב מִיתָה.

Enseñó Bar Kapara: una vez cada sesenta o setenta años se acumulaban excedentes equivalentes al consumo de medio año. Bar Kapara también nos enseña: si una diminuta cantidad de miel se hubiese mezclado en el incienso nadie podría haber resistido el aroma. Entonces, ¿por qué no le agregaban miel a la mezcla? Porque la Torá dice: "ni leva- *Lev. 2*
dura ni miel podréis hacer consumir como sacrificio ante el Señor".

La salvación pertenece al Eterno, *Sal. 3*
que Tu bendición repose sobre Tu pueblo.
El Señor de las Huestes Celestiales es con nosotros, *Sal. 46*
el Dios de Ya'akob es nuestra fortaleza, Sela.
Señor de las Huestes Celestiales, *Sal. 84*
feliz del hombre que confía en Ti.
El Señor salva, el Rey nos responderá *Sal. 20*
el día que Le invoquemos.

Haznos retornar a Ti Señor y retornaremos, *Lam. 5*
renueva nuestros días como antaño.

Entonces las ofrendas de Yehudá y Jerusalém agradarán al *Mal. 3*
Señor como en los días de antaño y los años pretéritos.

תָּנָא דְבֵי אֵלִיָּהוּ Se enseñó en la academia de Eliahu: *Megila 28b*
Todo aquél que estudia las leyes de la Torá ("halajot") a diario se le asegura que alcanzará el Mundo Venidero, tal como fue dicho: "Suyos *Hab. 3*
son los caminos ("halijot") del mundo". No leas "caminos" ("halijot") sino "leyes" ("halajot").

Dijo Ribí Elazar en nombre de Ribí Ḥanina: Los discípulos de los *Berajot 64a*
sabios incrementan la paz en el mundo, tal como fue dicho "Y todos *Isa. 54*
tus hijos serán estudiosos del Señor, y grande será la paz de tus hijos ("banaij"). No los llames "tus hijos" ("banaij") sino "tus constructores" ("bonaij"). Haya paz en tus fortalezas, quietud en tus palacios. En *Sal. 122*
pos de mis hermanos y amigos diré: "Sea contigo la paz". En pos de la casa del Señor nuestro Dios pediré por el bien por ti. Que veas hijos *Sal. 128*
de tus hijos, paz sobre Israel. Grande es la paz de aquellos que aman *Sal. 119*
Tu Torá y no habrán de padecer tropiezos. El Señor dará fuerza a Su *Sal. 29*
pueblo. El Señor bendecirá a Su pueblo con la paz.

תָּנֵי בַר קַפָּרָא: אַחַת לְשִׁשִּׁים אוֹ לְשִׁבְעִים שָׁנָה הָיְתָה בָּאָה שֶׁל
שִׁירַיִם לַחֲצָאִין. וְעוֹד תָּנֵי בַר קַפָּרָא: אִלּוּ הָיָה נוֹתֵן בָּהּ קָרְטוֹב
שֶׁל דְּבַשׁ אֵין אָדָם יָכוֹל לַעֲמֹד מִפְּנֵי רֵיחָהּ, וְלָמָּה אֵין מְעָרְבִין בָּהּ
דְּבַשׁ, מִפְּנֵי שֶׁהַתּוֹרָה אָמְרָה: כִּי כָל־שְׂאֹר וְכָל־דְּבַשׁ לֹא־תַקְטִירוּ ויקרא ב
מִמֶּנּוּ אִשֶּׁה לַיהוָה:

לַיהוָה הַיְשׁוּעָה, עַל־עַמְּךָ בִרְכָתֶךָ סֶּלָה: תהלים ג

יְהוָה צְבָאוֹת עִמָּנוּ, מִשְׂגָּב־לָנוּ אֱלֹהֵי יַעֲקֹב סֶלָה: תהלים מו

יְהוָה צְבָאוֹת, אַשְׁרֵי אָדָם בֹּטֵחַ בָּךְ: תהלים פד

יְהוָה הוֹשִׁיעָה, הַמֶּלֶךְ יַעֲנֵנוּ בְיוֹם־קָרְאֵנוּ: תהלים כ

הֲשִׁיבֵנוּ יְהוָה אֵלֶיךָ וְנָשׁוּבָה, חַדֵּשׁ יָמֵינוּ כְּקֶדֶם: איכה ה

וְעָרְבָה לַיהוָה מִנְחַת יְהוּדָה וִירוּשָׁלָםִ מלאכי ג
כִּימֵי עוֹלָם וּכְשָׁנִים קַדְמֹנִיּוֹת:

תָּנָא דְבֵי אֵלִיָּהוּ: מגילה כח:
כָּל־הַשּׁוֹנֶה הֲלָכוֹת בְּכָל־יוֹם, מֻבְטָח לוֹ שֶׁהוּא בֶּן הָעוֹלָם הַבָּא
שֶׁנֶּאֱמַר הֲלִיכוֹת עוֹלָם לוֹ: אַל תִּקְרֵי הֲלִיכוֹת אֶלָּא הֲלָכוֹת. חבקוק ג

אָמַר רַבִּי אֶלְעָזָר, אָמַר רַבִּי חֲנִינָא: תַּלְמִידֵי חֲכָמִים מַרְבִּים שָׁלוֹם ברכות סד.
בָּעוֹלָם, שֶׁנֶּאֱמַר וְכָל־בָּנַיִךְ לִמּוּדֵי יְהוָה, וְרַב שְׁלוֹם בָּנָיִךְ: אַל ישעיה נד
תִּקְרֵי בָּנָיִךְ, אֶלָּא בּוֹנָיִךְ. יְהִי־שָׁלוֹם בְּחֵילֵךְ, שַׁלְוָה בְּאַרְמְנוֹתָיִךְ: תהלים קכב
לְמַעַן אַחַי וְרֵעָי אֲדַבְּרָה־נָּא שָׁלוֹם בָּךְ: לְמַעַן בֵּית־יְהוָה אֱלֹהֵינוּ
אֲבַקְשָׁה טוֹב לָךְ: וּרְאֵה־בָנִים לְבָנֶיךָ שָׁלוֹם עַל־יִשְׂרָאֵל: שָׁלוֹם תהלים קכח תהלים קיט
רָב לְאֹהֲבֵי תוֹרָתֶךָ, וְאֵין־לָמוֹ מִכְשׁוֹל: יְהוָה עֹז לְעַמּוֹ יִתֵּן, יְהוָה תהלים כט
יְבָרֵךְ אֶת־עַמּוֹ בַשָּׁלוֹם:

## KADISH DE LOS RABINOS

*El Ḥazán y los avelim recitan Kadish de los Rabinos:*

יִתְגַּדַּל Que Su Gran Nombre sea magnificado y santificado,
en el mundo que creó conforme a Su voluntad.
Que establezca Su reino,
haga florecer Su salvación
y apresure la llegada de Su ungido
durante vuestra vida y en vuestros días
y en la vida de toda la casa de Israel,
pronto y rápidamente y decid: Amén.

Que Su Gran Nombre sea bendito
por siempre y por toda la eternidad.

Sea bendecido, alabado, glorificado
y exaltado, encumbrado
y magnificado, enaltecido y ensalzado
el Nombre del Santo Bendito Él;
más allá de cualquier bendición,
cántico, alabanza y consolación
pronunciados en el mundo y decid: Amén.

Para Israel, para los maestros,
sus discípulos y los discípulos de sus discípulos,
para todos quienes se involucran en el estudio de la sagrada Torá,
en este sitio o en cualquier otra parte,
que vengan a nosotros, a ellos y a vosotros
gracia, benevolencia y compasión del
Señor del universo y de la tierra y decid: Amén.

Que haya gran paz celestial,
vida, saciedad, salvación, consolación,
refugio, sanación, redención, perdón y expiación, bienestar
y salvación para nosotros
y para todo Su pueblo Israel y decid: Amén.

## קדיש דרבנן

*El* חזן *y los* אבלים *recitan el* קדיש דרבנן*:*

**יִתְגַּדַּל וְיִתְקַדַּשׁ שְׁמֵהּ רַבָּא** (קהל: אָמֵן)
**בְּעָלְמָא דִּי בְרָא כִרְעוּתֵהּ וְיַמְלִיךְ מַלְכוּתֵהּ**
**וְיַצְמַח פֻּרְקָנֵהּ וִיקָרֵב מְשִׁיחֵהּ** (קהל: אָמֵן)
**בְּחַיֵּיכוֹן וּבְיוֹמֵיכוֹן וּבְחַיֵּי דְכָל־בֵּית יִשְׂרָאֵל**
**בַּעֲגָלָא וּבִזְמַן קָרִיב, וְאִמְרוּ אָמֵן.** (קהל: אָמֵן)

**יְהֵא שְׁמֵהּ רַבָּא מְבָרַךְ לְעָלַם וּלְעָלְמֵי עָלְמַיָּא יִתְבָּרַךְ**
**וְיִשְׁתַּבַּח וְיִתְפָּאַר וְיִתְרוֹמַם וְיִתְנַשֵּׂא**
**וְיִתְהַדָּר וְיִתְעַלֶּה וְיִתְהַלָּל**
**שְׁמֵהּ דְּקֻדְשָׁא בְּרִיךְ הוּא** (קהל: אָמֵן)
**לְעֵלָּא מִן כָּל־בִּרְכָתָא**
**שִׁירָתָא, תֻּשְׁבְּחָתָא וְנֶחָמָתָא, דַּאֲמִירָן בְּעָלְמָא**
**וְאִמְרוּ אָמֵן.** (קהל: אָמֵן)

**עַל יִשְׂרָאֵל וְעַל רַבָּנָן**
**וְעַל תַּלְמִידֵיהוֹן וְעַל־כָּל־תַּלְמִידֵי תַלְמִידֵיהוֹן**
**דְּעָסְקִין בְּאוֹרַיְתָא קַדִּשְׁתָּא**
**דִּי בְאַתְרָא הָדֵין וְדִי בְכָל־אֲתַר וַאֲתַר**
**יְהֵא לָנָא וּלְהוֹן וּלְכוֹן חִנָּא וְחִסְדָּא וְרַחֲמֵי**
**מִן קֳדָם אֱלָהָנָא מָארֵי שְׁמַיָּא וְאַרְעָא, וְאִמְרוּ אָמֵן.** (קהל: אָמֵן)

**יְהֵא שְׁלָמָא רַבָּא מִן שְׁמַיָּא, חַיִּים וְשָׂבָע וִישׁוּעָה וְנֶחָמָה**
**וְשֵׁיזָבָא וּרְפוּאָה וּגְאֻלָּה, וּסְלִיחָה וְכַפָּרָה, וְרֶוַח וְהַצָּלָה**
**לָנוּ וּלְכָל־עַמּוֹ יִשְׂרָאֵל, וְאִמְרוּ אָמֵן.** (קהל: אָמֵן)

*Antes de decir 'Quien obra paz' se dan tres pasos hacia atrás.*

Quien obra la paz en Sus alturas,
con compasión haga la paz
para nosotros y todo Su pueblo Israel y decid: Amén.

*Quienes recitan Kadish dicen:* Bendecid al Señor que es bendito.

*Kahal:* Bendecid al Señor que es bendito por siempre.

*Quienes recitan Kadish repiten:* Bendecid al Señor que es bendito por siempre.

עָלֵינוּ Es nuestro deber alabar al Amo de todo,
engrandecer al Creador del universo
por no habernos hecho como las naciones
de los países ni habernos puesto entre las familias de la tierra;
que no hizo nuestra porción similar a la de ellos ni nuestro destino como el de sus multitudes.
Pues ellos se prosternan a la vanidad y al vacío
y le oran a un dios que no puede salvarlos.
*Nos inclinamos* Empero nosotros nos prosternamos
ante el Supremo Rey de Reyes,
el Santo Bendito Él,
que extiende los cielos y establece la tierra,
y Su trono de gloria se encuentra en los cielos
y el poder de Su Presencia mora en las alturas.
Él es nuestro Dios, no hay otro.
Verdadero es nuestro Rey y no hay ningún otro,
tal como está escrito en Su Torá: "Has de saber hoy *Deut. 4*
y responder a tu corazón que el Señor es el Dios en las alturas
del cielo y abajo en la tierra, no hay otro salvo Él.

*Antes de decir 'עֹשֶׂה שָׁלוֹם' se dan tres pasos hacia atrás.*

עֹשֶׂה שָׁלוֹם בִּמְרוֹמָיו
הוּא בְּרַחֲמָיו יַעֲשֶׂה שָׁלוֹם עָלֵינוּ
וְעַל־כָּל־עַמּוֹ יִשְׂרָאֵל, וְאִמְרוּ אָמֵן. (קהל: אָמֵן)

*El* חזן *y las demás personas que recitan* קדיש: בָּרְכוּ אֶת יְהוָה הַמְבֹרָךְ.

*El* קהל *responde:* בָּרוּךְ יְהוָה הַמְבֹרָךְ לְעוֹלָם וָעֶד.

*El* חזן *y las demás personas que recitan* קדיש: בָּרוּךְ יְהוָה הַמְבֹרָךְ לְעוֹלָם וָעֶד.

עָלֵינוּ לְשַׁבֵּחַ לַאֲדוֹן הַכֹּל
לָתֵת גְּדֻלָּה לְיוֹצֵר בְּרֵאשִׁית
שֶׁלֹּא עָשָׂנוּ כְּגוֹיֵי הָאֲרָצוֹת
וְלֹא שָׂמָנוּ כְּמִשְׁפְּחוֹת הָאֲדָמָה
שֶׁלֹּא שָׂם חֶלְקֵנוּ כָּהֶם וְגוֹרָלֵנוּ כְּכָל־הֲמוֹנָם.
שֶׁהֵם מִשְׁתַּחֲוִים לְהֶבֶל וָרִיק וּמִתְפַּלְּלִים אֶל־אֵל לֹא יוֹשִׁיעַ.
כורעים וַאֲנַחְנוּ מִשְׁתַּחֲוִים לִפְנֵי מֶלֶךְ מַלְכֵי הַמְּלָכִים
הַקָּדוֹשׁ בָּרוּךְ הוּא
שֶׁהוּא נוֹטֶה שָׁמַיִם וְיוֹסֵד אָרֶץ
וּמוֹשַׁב יְקָרוֹ בַּשָּׁמַיִם מִמַּעַל, וּשְׁכִינַת עֻזּוֹ בְּגָבְהֵי מְרוֹמִים.
הוּא אֱלֹהֵינוּ, וְאֵין עוֹד אַחֵר
אֱמֶת מַלְכֵּנוּ, וְאֶפֶס זוּלָתוֹ
כַּכָּתוּב בַּתּוֹרָה, וְיָדַעְתָּ הַיּוֹם וַהֲשֵׁבֹתָ אֶל־לְבָבֶךָ דברים ד
כִּי יְהוָה הוּא הָאֱלֹהִים בַּשָּׁמַיִם מִמַּעַל וְעַל־הָאָרֶץ מִתָּחַת
אֵין עוֹד:

עַל כֵּן Por lo tanto, depositamos en Ti nuestra confianza Señor,
Dios nuestro, que podamos ver pronto el esplendor de Tu poder,
cuando remuevas las abominaciones de la faz de la tierra,
y los ídolos sean completamente destruidos,
cuando el mundo sea perfeccionado bajo
la soberanía del Todopoderoso,
cuando toda la humanidad invoque Tu Nombre
y todos los malvados de la tierra se volverán hacia Ti.
Todos los habitantes de la tierra reconocerán y sabrán que toda
rodilla debe inclinarse ante Ti
y cada lengua debe jurarte fidelidad.
Ante Ti Señor, Dios nuestro, se habrán de arrodillar
e inclinar y darán honor a Tu glorioso Nombre.
Aceptarán el yugo de Tu reino
y pronto reinarás sobre ellos por siempre jamás.
Pues Tuyo es el reino por siempre,
y reinarás gloriosamente por toda la eternidad,
tal como está escrito en Tu Torá:
"El Señor reinará por siempre y por toda la eternidad". *Éx. 16*
Y fue dicho: "Entonces el Señor será el Rey sobre toda la tierra; *Zac. 14*
en ese día el Señor será Uno y Su Nombre Uno".
Y en Tu Torá Señor, Dios nuestro, está escrito:
"Escucha Israel, el Señor es nuestro Dios, el Señor es Uno". *Deut. 6*

עַל כֵּן נְקַוֶּה־לְּךָ, יְהוָה אֱלֹהֵינוּ
לִרְאוֹת מְהֵרָה בְּתִפְאֶרֶת עֻזֶּךָ
לְהַעֲבִיר גִּלּוּלִים מִן הָאָרֶץ וְהָאֱלִילִים כָּרוֹת יִכָּרֵתוּן
לְתַקֵּן עוֹלָם בְּמַלְכוּת שַׁדַּי
וְכָל־בְּנֵי בָשָׂר יִקְרְאוּ בִשְׁמֶךָ לְהַפְנוֹת אֵלֶיךָ כָּל־רִשְׁעֵי אָרֶץ
יַכִּירוּ וְיֵדְעוּ כָּל־יוֹשְׁבֵי תֵבֵל
כִּי לְךָ תִּכְרַע כָּל־בֶּרֶךְ, תִּשָּׁבַע כָּל־לָשׁוֹן.
לְפָנֶיךָ יְהוָה אֱלֹהֵינוּ יִכְרְעוּ וְיִפֹּלוּ, וְלִכְבוֹד שִׁמְךָ יְקָר יִתֵּנוּ
וִיקַבְּלוּ כֻלָּם אֶת עֹל מַלְכוּתֶךָ
וְתִמְלֹךְ עֲלֵיהֶם מְהֵרָה לְעוֹלָם וָעֶד
כִּי הַמַּלְכוּת שֶׁלְּךָ הִיא וּלְעוֹלְמֵי עַד תִּמְלֹךְ בְּכָבוֹד
כַּכָּתוּב בְּתוֹרָתֶךָ, יְהוָה יִמְלֹךְ לְעֹלָם וָעֶד: שמות טו
וְנֶאֱמַר, וְהָיָה יְהוָה לְמֶלֶךְ עַל־כָּל־הָאָרֶץ זכריה יד
בַּיּוֹם הַהוּא יִהְיֶה יְהוָה אֶחָד וּשְׁמוֹ אֶחָד:
וּבְתוֹרָתְךָ יְהוָה אֱלֹהֵינוּ כָּתוּב לֵאמֹר
שְׁמַע יִשְׂרָאֵל, יְהוָה אֱלֹהֵינוּ יְהוָה אֶחָד: דברים ו

# Las Tres Festividades

## A'RBIT PARA YOM TOB

*Se recita A'rbit de Shabat hasta la A'midá. Continúa con la A'midá en la página 894 Luego, si Yom Tob cae en Shabat se agrega "Vaijulú" y la "Berajá Me'en Sheva" en la página 428 (salvo en la primera noche de Pesaḥ). En la primera noche de Pesaḥ (y en la segunda si se está fuera de Israel) se recita el Halel Completo en la página 822*

*En todas las noches, continuar con "Yehí Shem" en la página 910.*

## SHAḤRIT PARA YOM TOB

*Se recita Shaḥrit de Shabat hasta la A'midá, luego se pasa a la A'midá para las Tres Festividades en la página 894. Tras la repetición del Ḥazán se dice Halel Completo (salvo en los dos últimos días de Pesaḥ) en la página 822, seguido de un Kadish Titkabal y de la lectura de la Torá al igual que en Shabat, con la correspondiente lectura de la Haftará.*

## MINḤÁ PARA YOM TOB

*Se recita Minḥá de Shabat hasta el final del Medio Kadish. Si Yom Tob cae en día de semana se pasa a la A'midá de las Tres Festividades y luego continúa con el resto del rezo de Minḥá de Shabat con el Salmo 114 en Pesaḥ o el Salmo 122 en Shabu'ot, Sucot y Sheminí Aṣeret. Si Yom Tob cae en Shabat, continúa con la lectura de la Torá y el servicio hasta la A'midá, luego se reza la A'midá de las Tres Festividades y el resto de la Minḥá de Shabat tal como está descrito arriba.*

## MIZMORIM PARA YOM TOB

*Según la costumbre de Aram Ṣoba se comienza el rezo de A'rbit con versículos para cada Yom Tob.*

*Luego se entonan salmos salvo en el primer día de Yom Tob.*

### PESAḤ

El Señor es grande en Ṣión y es encumbrado por sobre todas las naciones. *Sal. 99*
Pues la palabra del Señor es recta y todas Sus acciones fidedignas. Por la *Sal. 33*
palabra del Señor los cielos fueron hechos, y por medio del hálito de Su
boca todas sus huestes. Y mi lengua pronunciará Tu justicia, y todo el día *Sal. 35*
Tu alabanza.

הודו Agradeced al Señor porque es bueno; pues Su benevolencia es eterna. *Sal. 107*
Los redimidos del Señor dirán esto – aquellos que Él redimió de la mano del enemigo. Él los reunió desde los países, del oriente y el occidente, del norte y del sur. Se perdieron en el desierto, perdieron dirección en el páramo sin encontrar localidad habitada. Estaban hambrientos y sedientos y su alma desfallecía dentro de ellos. Entonces, en su angustia, clamaron al Señor y Él los salvó de sus aflicciones. Los guio por el camino recto, en dirección

# שלש רגלים

## ערבית ליום טוב

*Se recita* ערבית לשבת *hasta la* עמידה*. Continúa con la* עמידה *en la página 895*
*Luego, si* יום טוב *cae en* שבת *se agrega* "וַיְכֻלּוּ" *y la* ברכת מעין שבע *en la página 429*
*(salvo en la primera noche de* פסח*). En la primera noche de* פסח *(y en la segunda si se está fuera de Israel) se recita el* הלל שלם *en la página 823*
*En todas las noches, continuar con* "יְהִי שֵׁם" *en la página 911.*

## שחרית ליום טוב

*Se recita* שחרית לשבת *hasta la* עמידה*, luego se pasa a la* עמידה לשלש רגלים *en la página 895. Tras la* חזרת החזן *se dice* הלל שלם *(salvo en los dos últimos días de* פסח*) en la página 823, seguido de un* קדיש תתקבל *y de la* קריאת התורה *al igual que en* שבת*, con la correspondiente* קריאה *de la* הפטרה*.*

## מנחה ליום טוב

*Se recita* מנחה לשבת *hasta el final del* חצי קדיש*. Si* יום טוב *cae en día de semana se pasa a la* עמידה *de las Tres Festividades y luego continúa con el resto del rezo de* מנחה לשבת *con el* מזמור קיד *en* פסח *o el* מזמור קכב *en* סוכות*,* שבועות *y* שמיני עצרת*. Si* יום טוב *cae en* שבת*, continúa con la* קריאת התורה *y el servicio hasta la* עמידה*, luego se reza la* עמידה לשלש רגלים *y el resto de la* מנחה לשבת *tal como está descrito arriba.*

## מזמורי הרגל

*Según la costumbre de* ארם צובא *se comienza el rezo de* ערבית *con versículos para cada* יום טוב*.*
*Luego se entonan salmos salvo en el primer día de* יום טוב*.*

### מזמור לפסח

תהלים צט תהלים לג יְהוָה בְּצִיּוֹן גָּדוֹל, וְרָם הוּא עַל־כׇּל־הָעַמִּים: כִּי־יָשָׁר דְּבַר־יְהוָה,
וְכׇל־מַעֲשֵׂהוּ בֶּאֱמוּנָה: בִּדְבַר יְהוָה שָׁמַיִם נַעֲשׂוּ, וּבְרוּחַ פִּיו כׇּל־
תהלים לה צְבָאָם: וּלְשׁוֹנִי תֶּהְגֶּה צִדְקֶךָ, כׇּל־הַיּוֹם תְּהִלָּתֶךָ:

תהלים קז הֹדוּ לַיהוָה כִּי־טוֹב כִּי לְעוֹלָם חַסְדּוֹ: יֹאמְרוּ גְּאוּלֵי יְהוָה אֲשֶׁר גְּאָלָם
מִיַּד־צָר: וּמֵאֲרָצוֹת קִבְּצָם מִמִּזְרָח וּמִמַּעֲרָב מִצָּפוֹן וּמִיָּם: תָּעוּ
בַמִּדְבָּר בִּישִׁימוֹן דָּרֶךְ עִיר מוֹשָׁב לֹא מָצָאוּ: רְעֵבִים גַּם־צְמֵאִים
נַפְשָׁם בָּהֶם תִּתְעַטָּף: וַיִּצְעֲקוּ אֶל־יְהוָה בַּצַּר לָהֶם מִמְּצוּקוֹתֵיהֶם
יַצִּילֵם: וַיַּדְרִיכֵם בְּדֶרֶךְ יְשָׁרָה לָלֶכֶת אֶל־עִיר מוֹשָׁב: יוֹדוּ לַיהוָה

de una ciudad habitada. Alabad la benevolencia del Señor, y las maravillas que obra con los seres humanos. Pues sació al alma sedienta y colmó de bien al hambriento. Algunos residen en la oscuridad y las sombras de la muerte, amarrados cruelmente a cadenas de hierro por haberse rebelado contra la palabra de Dios y haber despreciado el consejo Supremo. Él doblegó sus corazones por medio del trabajo pesado, tropezaron y nadie acudió en su ayuda. En su angustia clamaron al Señor y Él los salvó de sus aflicciones. Los sacó de las tinieblas y la penumbra mortal y los liberó de sus cadenas. Alabad la benevolencia del Señor, y las maravillas que obra con los seres humanos. Pues quebró las puertas de bronce y rompió sus barras de hierro. Algunos fueron necios yendo por el camino de la trasgresión, sufriendo aflicción por sus iniquidades. Hallaron todo alimento repulsivo arribando hasta los portales de la muerte. Entonces, en su tribulación, clamaron al Señor y Él los salvó de su desgracia. Él envió Su palabra, los curó y los rescató de su destrucción. Alabad la benevolencia del Señor, y las maravillas que obra con los seres humanos. Entonces elevaron ofrendas de agradecimiento y relataron cuanto les aconteció con cánticos. Los marinos en los barcos, aquellos que navegan en aguas poderosas, vieron las acciones del Señor y sus maravillas en las profundidades. Él habló y desató un viento tempestuoso provocando altas olas. Estas se elevaron hasta los cielos y descendieron hasta los abismos y sus almas se deshicieron de dolor. Giraron y anduvieron a la deriva cual ebrios y toda su habilidad resultó en vano. Entonces, en su tribulación, clamaron al Señor y Él los salvó de su desgracia. Calmó la tormenta y se detuvieron sus olas. Se regocijaron al ver que todo estaba calmo y entonces los condujo hacia su deseado destino. Alabad la benevolencia del Señor, y las maravillas que obra con los seres humanos. Exultadlo ante la multitud del público y alabadle en la reunión de sabios. Él transforma los ríos en desierto, los manantiales en tierra reseca, la tierra fructífera en un salar por la maldad de sus habitantes. Transforma el desierto en un lago, y la tierra yerma en sitio de manantiales. Asienta allí hambrientos y los establece en poblados. Entonces ellos cultivan campos, plantan viñas y tienen una cosecha fructífera. Son bendecidos, se multiplican y su ganado no decrece en número a pesar de que habían sido pocos y sufrieron opresión. Él vierte desprecio sobre los príncipes y les hace perderse por un camino inconducente. Él alza al menesteroso de la miseria y agranda su familia cual rebaños. Los hombres rectos ven esto y se alegran, mas la boca de los malvados es detenida. Que aquel que es sabio tenga esto presente y entonces habrán de comprenderse los actos de bondad del Señor.

חַסְדּוֹ וְנִפְלְאוֹתָיו לִבְנֵי אָדָם׃ כִּי־הִשְׂבִּיעַ נֶפֶשׁ שֹׁקֵקָה וְנֶפֶשׁ רְעֵבָה
מִלֵּא־טוֹב׃ יֹשְׁבֵי חֹשֶׁךְ וְצַלְמָוֶת אֲסִירֵי עֳנִי וּבַרְזֶל׃ כִּי־הִמְרוּ אִמְרֵי־
אֵל וַעֲצַת עֶלְיוֹן נָאָצוּ׃ וַיַּכְנַע בֶּעָמָל לִבָּם כָּשְׁלוּ וְאֵין עֹזֵר׃ וַיִּזְעֲקוּ
אֶל־יְהֹוָה בַּצַּר לָהֶם מִמְּצֻקוֹתֵיהֶם יוֹשִׁיעֵם׃ יוֹצִיאֵם מֵחֹשֶׁךְ וְצַלְמָוֶת
וּמוֹסְרוֹתֵיהֶם יְנַתֵּק׃ יוֹדוּ לַיהֹוָה חַסְדּוֹ וְנִפְלְאוֹתָיו לִבְנֵי אָדָם׃
כִּי־שִׁבַּר דַּלְתוֹת נְחֹשֶׁת וּבְרִיחֵי בַרְזֶל גִּדֵּעַ׃ אֱוִלִים מִדֶּרֶךְ פִּשְׁעָם
וּמֵעֲוֺנֹתֵיהֶם יִתְעַנּוּ׃ כָּל־אֹכֶל תְּתַעֵב נַפְשָׁם וַיַּגִּיעוּ עַד־שַׁעֲרֵי מָוֶת׃
וַיִּזְעֲקוּ אֶל־יְהֹוָה בַּצַּר לָהֶם מִמְּצֻקוֹתֵיהֶם יוֹשִׁיעֵם׃ יִשְׁלַח דְּבָרוֹ
וְיִרְפָּאֵם וִימַלֵּט מִשְּׁחִיתוֹתָם׃ יוֹדוּ לַיהֹוָה חַסְדּוֹ וְנִפְלְאוֹתָיו לִבְנֵי
אָדָם׃ וְיִזְבְּחוּ זִבְחֵי תוֹדָה וִיסַפְּרוּ מַעֲשָׂיו בְּרִנָּה׃ יוֹרְדֵי הַיָּם בָּאֳנִיּוֹת
עֹשֵׂי מְלָאכָה בְּמַיִם רַבִּים׃ הֵמָּה רָאוּ מַעֲשֵׂי יְהֹוָה וְנִפְלְאוֹתָיו
בִּמְצוּלָה׃ וַיֹּאמֶר וַיַּעֲמֵד רוּחַ סְעָרָה וַתְּרוֹמֵם גַּלָּיו׃ יַעֲלוּ שָׁמַיִם יֵרְדוּ
תְהוֹמוֹת נַפְשָׁם בְּרָעָה תִתְמוֹגָג׃ יָחוֹגּוּ וְיָנוּעוּ כַּשִּׁכּוֹר וְכָל־חָכְמָתָם
תִּתְבַּלָּע׃ וַיִּצְעֲקוּ אֶל־יְהֹוָה בַּצַּר לָהֶם וּמִמְּצוּקֹתֵיהֶם יוֹצִיאֵם׃ יָקֵם
סְעָרָה לִדְמָמָה וַיֶּחֱשׁוּ גַּלֵּיהֶם׃ וַיִּשְׂמְחוּ כִי־יִשְׁתֹּקוּ וַיַּנְחֵם אֶל־
מְחוֹז חֶפְצָם׃ יוֹדוּ לַיהֹוָה חַסְדּוֹ וְנִפְלְאוֹתָיו לִבְנֵי אָדָם׃ וִירוֹמְמוּהוּ
בִּקְהַל־עָם וּבְמוֹשַׁב זְקֵנִים יְהַלְלוּהוּ׃ יָשֵׂם נְהָרוֹת לְמִדְבָּר וּמֹצָאֵי
מַיִם לְצִמָּאוֹן׃ אֶרֶץ פְּרִי לִמְלֵחָה מֵרָעַת יֹשְׁבֵי בָהּ׃ יָשֵׂם מִדְבָּר
לַאֲגַם־מַיִם וְאֶרֶץ צִיָּה לְמֹצָאֵי מָיִם׃ וַיּוֹשֶׁב שָׁם רְעֵבִים וַיְכוֹנְנוּ עִיר
מוֹשָׁב׃ וַיִּזְרְעוּ שָׂדוֹת וַיִּטְּעוּ כְרָמִים וַיַּעֲשׂוּ פְּרִי תְבוּאָה׃ וַיְבָרְכֵם
וַיִּרְבּוּ מְאֹד וּבְהֶמְתָּם לֹא יַמְעִיט׃ וַיִּמְעֲטוּ וַיָּשֹׁחוּ מֵעֹצֶר רָעָה וְיָגוֹן׃
שֹׁפֵךְ בּוּז עַל־נְדִיבִים וַיַּתְעֵם בְּתֹהוּ לֹא־דָרֶךְ׃ וַיְשַׂגֵּב אֶבְיוֹן מֵעוֹנִי
וַיָּשֶׂם כַּצֹּאן מִשְׁפָּחוֹת׃ יִרְאוּ יְשָׁרִים וְיִשְׂמָחוּ וְכָל־עַוְלָה קָפְצָה
פִּיהָ׃ מִי־חָכָם וְיִשְׁמָר־אֵלֶּה וְיִתְבּוֹנְנוּ חַסְדֵי יְהֹוָה׃

## SHABU'OT

El Señor es grande en Ṣion y es encumbrado por sobre todas las naciones. *Sal. 99*
Pues la palabra del Señor es recta y todas Sus acciones fidedignas. Por la *Sal. 33*
palabra del Señor los cielos fueron hechos, y por medio del hálito de Su
boca todas sus huestes. Y mi lengua pronunciará Tu justicia, y todo el día *Sal. 35*
Tu alabanza.

לַמְנַצֵּחַ Para el director de música, salmo de David, una canción. Levántese *Sal. 68*
Dios, sean esparcidos Sus enemigos y huyan quienes Le odian. Así como se esfuma el humo los habrás de lanzar, tal como se derrite la cera, así perecerán los malvados delante de Dios. Empero los justos se alegrarán y ensalzarán delante del Eterno y se deleitarán en regocijo. Cantad a Dios, entonad cánticos a Su Nombre, exaltad al que cabalga por las llanuras, el Eterno es Su Nombre, y alegraos ante Él. Padre de los huérfanos, Juez Protector de las viudas, es Dios en Su sagrada morada. Dios hace habitar al solitario en familia, saca a los cautivos brindándoles prosperidad. Mas los rebeldes habitan en tierra seca. Oh Dios, cuando saliste delante de Tu pueblo caminando por el desierto, Sela. La tierra tembló, incluso el cielo destiló agua ante Dios, el Sinai tembló delante del Eterno, el Dios de Israel. Generosa lluvia esparciste oh Dios, a tu exhausta heredad reanimaste. Tu rebaño allí se asentó, y estableciste, oh Dios, Tu bondad para los humildes. El Eterno da la palabra, las mujeres que dan la buena nueva son una multitud. Reyes al frente de ejércitos huyeron, huyeron, y quienes permanecieron en sus casas repartieron el despojo. Fuisteis echados entre los tiestos, seréis ahora cual alas de paloma cubiertas de plata cuyas plumas brillarán como el oro. Cuando el Todopoderoso esparció allí a los reyes, cayó nieve en el Monte Tzalmón. El Monte de Dios, el Monte de Bashán, monte de prominencias es el Monte de Bashán. ¿Por qué observáis, montes prominentes, al monte sobre el cual Dios quiso posarse, allí donde el Señor residirá por siempre? Los carros de Dios son miríadas de muchos millares, el Eterno va en ellos, en santidad, tal como en Sinai. Te elevaste a las alturas, tomaste prisioneros, tomaste presentes para los hombres e incluso para los rebeldes, para que entre ellos resida el Eterno, Dios. Bendito sea el Señor quien día tras día sobrelleva nuestra existencia, EL Dios de nuestra salvación, Sela. Dios, Dios nuestro, habrás de salvarnos, del Señor Dios es el sacar de la muerte. Empero el Eterno aplastará la cabeza de Sus enemigos, arrancará la cabellera de las coronillas de quien anda en sus culpas. Dijo el Eterno, te haré regresar desde el Bashán, te haré retornar desde las profundidades del mar. Para que tus pies se enrojezcan de la sangre de tus enemigos

## מִזְמוֹר לְשָׁבוּעוֹת

יְהוָה בְּצִיּוֹן גָּדוֹל, וְרָם הוּא עַל־כָּל־הָעַמִּים: כִּי־יָשָׁר דְּבַר־יְהוָה, תהלים צט תהלים לג
וְכָל־מַעֲשֵׂהוּ בֶּאֱמוּנָה: בִּדְבַר יְהוָה שָׁמַיִם נַעֲשׂוּ, וּבְרוּחַ פִּיו כָּל־
צְבָאָם: וּלְשׁוֹנִי תֶּהְגֶּה צִדְקֶךָ, כָּל־הַיּוֹם תְּהִלָּתֶךָ: תהלים לה

לַמְנַצֵּחַ לְדָוִד מִזְמוֹר שִׁיר: יָקוּם אֱלֹהִים יָפוּצוּ אוֹיְבָיו וְיָנוּסוּ תהלים סח
מְשַׂנְאָיו מִפָּנָיו: כְּהִנְדֹּף עָשָׁן תִּנְדֹּף כְּהִמֵּס דּוֹנַג מִפְּנֵי־אֵשׁ יֹאבְדוּ
רְשָׁעִים מִפְּנֵי אֱלֹהִים: וְצַדִּיקִים יִשְׂמְחוּ יַעַלְצוּ לִפְנֵי אֱלֹהִים וְיָשִׂישׂוּ
בְשִׂמְחָה: שִׁירוּ ׀ לֵאלֹהִים זַמְּרוּ שְׁמוֹ סֹלּוּ לָרֹכֵב בָּעֲרָבוֹת בְּיָהּ
שְׁמוֹ וְעִלְזוּ לְפָנָיו: אֲבִי יְתוֹמִים וְדַיַּן אַלְמָנוֹת אֱלֹהִים בִּמְעוֹן
קָדְשׁוֹ: אֱלֹהִים ׀ מוֹשִׁיב יְחִידִים ׀ בַּיְתָה מוֹצִיא אֲסִירִים בַּכּוֹשָׁרוֹת
אַךְ סוֹרְרִים שָׁכְנוּ צְחִיחָה: אֱלֹהִים בְּצֵאתְךָ לִפְנֵי עַמֶּךָ בְּצַעְדְּךָ
בִישִׁימוֹן סֶלָה: אֶרֶץ רָעָשָׁה ׀ אַף־שָׁמַיִם נָטְפוּ מִפְּנֵי אֱלֹהִים
זֶה סִינַי מִפְּנֵי אֱלֹהִים אֱלֹהֵי יִשְׂרָאֵל: גֶּשֶׁם נְדָבוֹת תָּנִיף אֱלֹהִים
נַחֲלָתְךָ וְנִלְאָה אַתָּה כוֹנַנְתָּהּ: חַיָּתְךָ יָשְׁבוּ־בָהּ תָּכִין בְּטוֹבָתְךָ
לֶעָנִי אֱלֹהִים: אֲדֹנָי יִתֶּן־אֹמֶר הַמְבַשְּׂרוֹת צָבָא רָב: מַלְכֵי צְבָאוֹת
יִדֹּדוּן יִדֹּדוּן וּנְוַת־בַּיִת תְּחַלֵּק שָׁלָל: אִם־תִּשְׁכְּבוּן בֵּין שְׁפַתָּיִם כַּנְפֵי
יוֹנָה נֶחְפָּה בַכֶּסֶף וְאֶבְרוֹתֶיהָ בִּירַקְרַק חָרוּץ: בְּפָרֵשׂ שַׁדַּי מְלָכִים
בָּהּ תַּשְׁלֵג בְּצַלְמוֹן: הַר־אֱלֹהִים הַר־בָּשָׁן הַר גַּבְנֻנִּים הַר־בָּשָׁן:
לָמָּה ׀ תְּרַצְּדוּן הָרִים גַּבְנֻנִּים הָהָר חָמַד אֱלֹהִים לְשִׁבְתּוֹ אַף־
יְהוָה יִשְׁכֹּן לָנֶצַח: רֶכֶב אֱלֹהִים רִבֹּתַיִם אַלְפֵי שִׁנְאָן אֲדֹנָי בָם סִינַי
בַּקֹּדֶשׁ: עָלִיתָ לַמָּרוֹם ׀ שָׁבִיתָ שֶּׁבִי לָקַחְתָּ מַתָּנוֹת בָּאָדָם וְאַף
סוֹרְרִים לִשְׁכֹּן ׀ יָהּ אֱלֹהִים: בָּרוּךְ אֲדֹנָי יוֹם ׀ יוֹם יַעֲמָס־לָנוּ הָאֵל
יְשׁוּעָתֵנוּ סֶלָה: הָאֵל ׀ לָנוּ אֵל לְמוֹשָׁעוֹת וְלֵיהוִה אֲדֹנָי לַמָּוֶת
תּוֹצָאוֹת: אַךְ־אֱלֹהִים יִמְחַץ רֹאשׁ אֹיְבָיו קָדְקֹד שֵׂעָר מִתְהַלֵּךְ
בַּאֲשָׁמָיו: אָמַר אֲדֹנָי מִבָּשָׁן אָשִׁיב אָשִׁיב מִמְּצֻלוֹת יָם: לְמַעַן ׀

y de la lengua de tus perros. Vieron Tus caminos oh Dios, los caminos de mi Dios, de mi Rey en el Santuario. Adelante van los cantantes y los músicos atrás entre doncellas que tocan el pandero. Bendecid a Dios en el seno de las congregaciones, al Eterno, vosotros que provenís de la fuente de Israel. Allí Biniamín, el más joven que los SEÑOREa, los príncipes de Yehudá formando su consejo, los príncipes de Zevulún y los príncipes de Naftalí. Tu Dios ha ordenado tu fuerza, sé fuerte oh Dios, Tú que has obrado para nosotros. Los reyes conducirán presentes a Tu Santuario en Jerusalém. Ahuyenta a las fieras de los cañales, a la multitud de toros con los becerros de las naciones. Hasta que sean sometidos junto a sus piezas de plata, esparce a las naciones que se deleitan con las guerras. Vendrán príncipes desde Egipto, Etiopía extenderá sus brazos a Dios. Reinos de la tierra, cantad a Dios, entonad salmos al Eterno, Sela. A quien cabalga sobre los pretéritos cielos de los cielos, he aquí que concede a Su voz un potente sonido. Atribuid poder a Dios, Su magnificencia es sobre Israel y Su poder en los cielos. Reverenciado eres oh Dios desde Tus Santuarios, Dios de Israel, Él concede poder y fuerza al pueblo (de Israel), bendito sea Dios.

## SUCOT

El SEÑOR es grande en Ṣion y es encumbrado por sobre todas las naciones. *Sal. 99*
Pues la palabra del SEÑOR es recta y todas Sus acciones fidedignas. Por la *Sal. 33*
palabra del SEÑOR los cielos fueron hechos, y por medio del hálito de Su
boca todas sus huestes. Y mi lengua pronunciará Tu justicia, y todo el día *Sal. 35*
Tu alabanza.

לַמְנַצֵּחַ Para el director de música. Masquil de los hijos de Koraḥ. Así como *Sal. 42*
el ciervo anhela llegar a las corrientes de agua, de igual manera mi alma Te anhela, oh Dios. Mi alma está sedienta del Dios viviente, ¿cuándo habré de venir y hacerme ver ante Dios? Mi lágrima fue mi pan día y noche, cuando me decían todo el día: ¿Dónde está tu Dios? Recuerdo estas cosas y mi alma se derrama en mi interior, recuerdo cómo fui con la muchedumbre y la guie hasta la Casa de Dios con voces de cánticos y alabanza con un pueblo que festejaba. ¿Por qué estás abatida alma mía? ¿Por qué penas por mí? Deposita Tu confianza en Dios pues habré aún de alabarle por las salvaciones que me prodiga. Dios mío, mi alma se abatirá por mí, por ello Te recordaré desde la tierra del Jordán, desde el Hermón y el Monte Mitz'ar. Un abismo llama

תִּמְחַץ רַגְלְךָ בְּדָם לְשׁוֹן כְּלָבֶיךָ מֵאֹיְבִים מִנֵּהוּ: רָאוּ הֲלִיכוֹתֶיךָ אֱלֹהִים הֲלִיכוֹת אֵלִי מַלְכִּי בַקֹּדֶשׁ: קִדְּמוּ שָׁרִים אַחַר נֹגְנִים בְּתוֹךְ עֲלָמוֹת תּוֹפֵפוֹת: בְּמַקְהֵלוֹת בָּרְכוּ אֱלֹהִים אֲדֹנָי מִמְּקוֹר יִשְׂרָאֵל: שָׁם בִּנְיָמִן | צָעִיר רֹדֵם שָׂרֵי יְהוּדָה רִגְמָתָם שָׂרֵי זְבֻלוּן שָׂרֵי נַפְתָּלִי: צִוָּה אֱלֹהֶיךָ עֻזֶּךָ עוּזָּה אֱלֹהִים זוּ פָּעַלְתָּ לָּנוּ: מֵהֵיכָלֶךָ עַל־יְרוּשָׁלָםִ לְךָ יוֹבִילוּ מְלָכִים שָׁי: גְּעַר חַיַּת קָנֶה עֲדַת אַבִּירִים | בְּעֶגְלֵי עַמִּים מִתְרַפֵּס בְּרַצֵּי־כָסֶף בִּזַּר עַמִּים קְרָבוֹת יֶחְפָּצוּ: יֶאֱתָיוּ חַשְׁמַנִּים מִנִּי מִצְרָיִם כּוּשׁ תָּרִיץ יָדָיו לֵאלֹהִים: מַמְלְכוֹת הָאָרֶץ שִׁירוּ לֵאלֹהִים זַמְּרוּ אֲדֹנָי סֶלָה: לָרֹכֵב בִּשְׁמֵי שְׁמֵי־קֶדֶם הֵן יִתֵּן בְּקוֹלוֹ קוֹל עֹז: תְּנוּ עֹז לֵאלֹהִים עַל־יִשְׂרָאֵל גַּאֲוָתוֹ וְעֻזּוֹ בַּשְּׁחָקִים: נוֹרָא אֱלֹהִים | מִמִּקְדָּשֶׁיךָ אֵל יִשְׂרָאֵל הוּא נֹתֵן | עֹז וְתַעֲצֻמוֹת לָעָם בָּרוּךְ אֱלֹהִים:

## מזמור לסוכות

תהלים צט יְהוָה בְּצִיּוֹן גָּדוֹל, וְרָם הוּא עַל־כָּל־הָעַמִּים: כִּי־יָשָׁר דְּבַר־יְהוָה,
תהלים לג וְכָל־מַעֲשֵׂהוּ בֶּאֱמוּנָה: בִּדְבַר יְהוָה שָׁמַיִם נַעֲשׂוּ, וּבְרוּחַ פִּיו כָּל־
תהלים לה צְבָאָם: וּלְשׁוֹנִי תֶּהְגֶּה צִדְקֶךָ, כָּל־הַיּוֹם תְּהִלָּתֶךָ:

תהלים מב לַמְנַצֵּחַ מַשְׂכִּיל לִבְנֵי־קֹרַח: כְּאַיָּל תַּעֲרֹג עַל־אֲפִיקֵי־מָיִם כֵּן נַפְשִׁי תַעֲרֹג אֵלֶיךָ אֱלֹהִים: צָמְאָה נַפְשִׁי | לֵאלֹהִים לְאֵל חָי מָתַי אָבוֹא וְאֵרָאֶה פְּנֵי אֱלֹהִים: הָיְתָה־לִּי דִמְעָתִי לֶחֶם יוֹמָם וָלָיְלָה בֶּאֱמֹר אֵלַי כָּל־הַיּוֹם אַיֵּה אֱלֹהֶיךָ: אֵלֶּה אֶזְכְּרָה | וְאֶשְׁפְּכָה עָלַי | נַפְשִׁי כִּי אֶעֱבֹר | בַּסָּךְ אֶדַּדֵּם עַד־בֵּית אֱלֹהִים בְּקוֹל־רִנָּה וְתוֹדָה הָמוֹן חוֹגֵג: מַה־תִּשְׁתּוֹחֲחִי | נַפְשִׁי וַתֶּהֱמִי עָלָי הוֹחִילִי לֵאלֹהִים כִּי־עוֹד אוֹדֶנּוּ יְשׁוּעוֹת פָּנָיו: אֱלֹהַי עָלַי נַפְשִׁי תִשְׁתּוֹחָח עַל־כֵּן אֶזְכָּרְךָ מֵאֶרֶץ יַרְדֵּן וְחֶרְמוֹנִים מֵהַר מִצְעָר: תְּהוֹם־אֶל־תְּהוֹם קוֹרֵא לְקוֹל

a otro ante la voz de Tus cascadas, todas Tus rompientes y olas han pasado sobre mí. Durante el día el Señor ordenará Su benevolencia y por la noche Su cántico estará junto a mí, al rezar al Dios viviente. Diré a Dios: eres mi Roca, ¿por qué me olvidaste? ¿Por qué debo andar espantado ante la opresión del enemigo? Mis enemigos me afrentan como si estuviesen quebrando mis huesos, al decirme todo el día: ¿Dónde está tu Dios? ¿Por qué estás abatida alma mía? ¿Por qué penas por mí? Deposita Tu confianza en Dios pues habré aún de alabarle por las salvaciones que me prodiga, oh Dios mío.

שָׁפְטֵנִי Dios, sé mi juez y aboga mi causa ante una nación no devota, líbrame *Sal. 43*
de un hombre mentiroso e inicuo. Pues Tú eres el Dios de mi fuerza, ¿por qué entonces me has abandonado? ¿Por qué debo andar espantado ante la opresión del enemigo? Envía Tu luz y Tu verdad, ellas me guiarán y me traerán a Tu Monte Sagrado y a Tu morada. Vendré al altar del Eterno con regocijo en el corazón y Te alabaré con la lira Señor, mi Dios. ¿Por qué estás abatida alma mía? ¿Por qué penas por mí? Deposita Tu confianza en Dios pues habré aún de alabarle por las salvaciones que me prodiga, oh Dios mío.

## SHEMINÍ AṢERET

El Señor es grande en Ṣion y es encumbrado por sobre todas las naciones. *Sal. 99*
Pues la palabra del Señor es recta y todas Sus acciones fidedignas. Por la *Sal. 33*
palabra del Señor los cielos fueron hechos, y por medio del hálito de Su
boca todas sus huestes. Y mi lengua pronunciará Tu justicia, y todo el día *Sal. 35*
Tu alabanza.

לַמְנַצֵּחַ Al director de los músicos, sobre la octava. Salmo de David. Salva, oh *Sal. 12*
Señor, porque los píos se acaban, los fidedignos de entre los hombres desaparecen. En vano habrán de hablar una persona a otra con lenguaje engañoso, con doble corazón. El Señor destruirá a quienes hablan engañosamente, a las lenguas que dicen palabras jactanciosas. A los que dicen: Habremos de imponernos por medio de nuestra lengua, nuestros labios están de nuestra parte, ¿quién puede enSeñorearse sobre nosotros? El Señor dirá: He de levantarme ahora en virtud del despojo de los menesterosos y el clamor de los míseros, salvaré a quien suspira por ello. Las palabras del Señor son puras, se asemejan a la plata fundida en un horno de tierra y refinada siete veces. Tú Señor les cuidarás, los protegerás por siempre de esta generación. Los malvados merodean a nuestro alrededor, cuando es magnificada la saña entre los hijos del hombre.

צְנּוֹרֶיךָ כָּל־מִשְׁבָּרֶיךָ וְגַלֶּיךָ עָלַי עָבָרוּ: יוֹמָם ׀ יְצַוֶּה יְהוָה ׀ חַסְדּוֹ וּבַלַּיְלָה שִׁירֹה עִמִּי תְּפִלָּה לְאֵל חַיָּי: אוֹמְרָה ׀ לְאֵל סַלְעִי לָמָה שְׁכַחְתָּנִי לָמָּה־קֹדֵר אֵלֵךְ בְּלַחַץ אוֹיֵב: בְּרֶצַח ׀ בְּעַצְמוֹתַי חֵרְפוּנִי צוֹרְרָי בְּאָמְרָם אֵלַי כָּל־הַיּוֹם אַיֵּה אֱלֹהֶיךָ: מַה־תִּשְׁתּוֹחֲחִי ׀ נַפְשִׁי וּמַה־תֶּהֱמִי עָלָי הוֹחִילִי לֵאלֹהִים כִּי־עוֹד אוֹדֶנּוּ יְשׁוּעֹת פָּנַי וֵאלֹהָי:

תהלים מג שָׁפְטֵנִי אֱלֹהִים ׀ וְרִיבָה רִיבִי מִגּוֹי לֹא־חָסִיד מֵאִישׁ־מִרְמָה וְעַוְלָה תְפַלְּטֵנִי: כִּי־אַתָּה ׀ אֱלֹהֵי מָעוּזִּי לָמָה זְנַחְתָּנִי לָמָּה־קֹדֵר אֶתְהַלֵּךְ בְּלַחַץ אוֹיֵב: שְׁלַח־אוֹרְךָ וַאֲמִתְּךָ הֵמָּה יַנְחוּנִי יְבִיאוּנִי אֶל־הַר־קָדְשְׁךָ וְאֶל־מִשְׁכְּנוֹתֶיךָ: וְאָבוֹאָה ׀ אֶל־מִזְבַּח אֱלֹהִים אֶל־אֵל שִׂמְחַת גִּילִי וְאוֹדְךָ בְכִנּוֹר אֱלֹהִים אֱלֹהָי: מַה־תִּשְׁתּוֹחֲחִי ׀ נַפְשִׁי וּמַה־תֶּהֱמִי עָלָי הוֹחִילִי לֵאלֹהִים כִּי־עוֹד אוֹדֶנּוּ יְשׁוּעֹת פָּנַי וֵאלֹהָי:

## מזמור לשמיני עצרת ושמחת תורה

תהלים צט יְהוָה בְּצִיּוֹן גָּדוֹל, וְרָם הוּא עַל־כָּל־הָעַמִּים: תהלים לג כִּי־יָשָׁר דְּבַר־יְהוָה, וְכָל־מַעֲשֵׂהוּ בֶּאֱמוּנָה: בִּדְבַר יְהוָה שָׁמַיִם נַעֲשׂוּ, וּבְרוּחַ פִּיו כָּל־צְבָאָם: תהלים לה וּלְשׁוֹנִי תֶּהְגֶּה צִדְקֶךָ, כָּל־הַיּוֹם תְּהִלָּתֶךָ:

תהלים יב לַמְנַצֵּחַ עַל־הַשְּׁמִינִית מִזְמוֹר לְדָוִד: הוֹשִׁיעָה יְהוָה כִּי־גָמַר חָסִיד כִּי־פַסּוּ אֱמוּנִים מִבְּנֵי אָדָם: שָׁוְא ׀ יְדַבְּרוּ אִישׁ אֶת־רֵעֵהוּ שְׂפַת חֲלָקוֹת בְּלֵב וָלֵב יְדַבֵּרוּ: יַכְרֵת יְהוָה כָּל־שִׂפְתֵי חֲלָקוֹת לָשׁוֹן מְדַבֶּרֶת גְּדֹלוֹת: אֲשֶׁר אָמְרוּ ׀ לִלְשֹׁנֵנוּ נַגְבִּיר שְׂפָתֵינוּ אִתָּנוּ מִי אָדוֹן לָנוּ: מִשֹּׁד עֲנִיִּים מֵאַנְקַת אֶבְיוֹנִים עַתָּה אָקוּם יֹאמַר יְהוָה אָשִׁית בְּיֵשַׁע יָפִיחַ לוֹ: אִמֲרוֹת יְהוָה אֲמָרוֹת טְהֹרוֹת כֶּסֶף צָרוּף בַּעֲלִיל לָאָרֶץ מְזֻקָּק שִׁבְעָתָיִם: אַתָּה־יְהוָה תִּשְׁמְרֵם תִּצְּרֶנּוּ ׀ מִן־הַדּוֹר זוּ לְעוֹלָם: סָבִיב רְשָׁעִים יִתְהַלָּכוּן כְּרֻם זֻלּוּת לִבְנֵי אָדָם:

# A'midá para las Tres Festividades

## A'MIDÁ PARA SHAḤRIT, MINḤÁ Y A'RBIT DE YOM TOB

SEÑOR, abre mis labios para que mi boca pronuncie Tu alabanza. *Sal. 51*

### PATRIARCAS

בָּרוּךְ Bendito eres Tú SEÑOR, Dios nuestro y de nuestros ancestros,
Dios de Abraham, Dios de Iṣḥak y Dios de Ya'akob,
Dios grande, poderoso y maravilloso, SEÑOR supremo,
que prodiga generosamente y es el Creador de todo lo existente,
Quien recuerda la gracia de los ancestros
y traerá al Redentor para los hijos de sus hijos en aras de Su Nombre con amor.
Rey que ayuda, redime y protege.
Bendito eres Tú SEÑOR, Escudo de Abraham.

### PODER DE DIOS

אַתָּה גִּבּוֹר SEÑOR, Tú eres eternamente poderoso,
Tú revives a los muertos y tienes gran poder de salvación.

*En Minḥá de Simjat Torá así como en A'rbit y Shaḥrit del primer día de Pesaḥ:*

Hace soplar el viento y descender la lluvia.

*En otras festividades:*

Hace descender el rocío.

Sostiene con benevolencia a todos los seres vivos,
revive a los muertos con gran misericordia,
da soporte a quienes se caen, cura a los enfermos,
libera a los prisioneros
y cumple Su promesa con quienes yacen ya en la tierra.
¿Quién es como Tú Todopoderoso?
¿Quién se Te puede asemejar?
Rey que quita la vida y la restaura y hace brotar la Redención.

# עמידה לשלש רגלים

## עמידה לשחרית, מנחה וערבית של יום טוב

אֲדֹנָי, שְׂפָתַי תִּפְתָּח, וּפִי יַגִּיד תְּהִלָּתֶךָ: תהלים נא

אבות

בָּרוּךְ אַתָּה יְהֹוָה, אֱלֹהֵינוּ וֵאלֹהֵי אֲבוֹתֵינוּ
אֱלֹהֵי אַבְרָהָם, אֱלֹהֵי יִצְחָק, וֵאלֹהֵי יַעֲקֹב
הָאֵל הַגָּדוֹל הַגִּבּוֹר וְהַנּוֹרָא, אֵל עֶלְיוֹן
גּוֹמֵל חֲסָדִים טוֹבִים, קוֹנֵה הַכֹּל, וְזוֹכֵר חַסְדֵי אָבוֹת
וּמֵבִיא גוֹאֵל לִבְנֵי בְנֵיהֶם לְמַעַן שְׁמוֹ בְּאַהֲבָה.
מֶלֶךְ עוֹזֵר וּמוֹשִׁיעַ וּמָגֵן.
בָּרוּךְ אַתָּה יְהֹוָה, מָגֵן אַבְרָהָם.

גבורות

אַתָּה גִּבּוֹר לְעוֹלָם, אֲדֹנָי
מְחַיֶּה מֵתִים אַתָּה, רַב לְהוֹשִׁיעַ

*En* מנחה *de* שמחת תורה*, así como en* שחרית, ערבית *del primer día de* פסח*:*

מַשִּׁיב הָרוּחַ וּמוֹרִיד הַגֶּשֶׁם

*En otras festividades:*

מוֹרִיד הַטָּל

מְכַלְכֵּל חַיִּים בְּחֶסֶד, מְחַיֵּה מֵתִים בְּרַחֲמִים רַבִּים
סוֹמֵךְ נוֹפְלִים, וְרוֹפֵא חוֹלִים, וּמַתִּיר אֲסוּרִים
וּמְקַיֵּם אֱמוּנָתוֹ לִישֵׁנֵי עָפָר.
מִי כָמוֹךָ, בַּעַל גְּבוּרוֹת
וּמִי דּוֹמֶה לָּךְ, מֶלֶךְ מֵמִית וּמְחַיֶּה וּמַצְמִיחַ יְשׁוּעָה.

Eres fiel en revivir a los muertos.
Bendito eres Tú SEÑOR, que revive a los muertos.

---

KEDUSHÁ PARA SHAḤRIT Y MINḤÁ

*Recitar durante la repetición del Ḥazán:*

נְקַדִּישָׁךְ Te santificaremos y reverenciaremos con las palabras pronunciadas por los sagrados Serafim que santifican tres veces Tu Nombre en el Santuario, tal cual está escrito por Tu profeta: "y un ángel daba voces al otro diciendo: *Isa. 6*

*En voz alta:* Santo, Santo, Santo, SEÑOR de las Huestes Celestiales,
toda la tierra está llena de Su gloria.

Quienes están frente a ellos dicen:

*En voz alta:* "Bendita es la gloria del SEÑOR desde Su sitial". *Eze. 3*

Y en Tus escrituras sagradas leemos:

*En voz alta:* "El SEÑOR reinará por siempre, tu Dios Ṣion, *Sal. 146*
de generación en generación ¡Aleluyá!".

---

SANTIDAD

אַתָּה קָדוֹשׁ Tú eres santo y Tu Nombre es santo,
y los santos Te alaban a diario, ¡Sela!
Bendito eres Tú SEÑOR,
el Dios santo.

SANTIDAD DEL DÍA

אַתָּה בְחַרְתָּנוּ Tú nos has escogido de entre todas las naciones.
No has amado y nos has visto con benevolencia.
Nos has elevado por sobre todas las lenguas.
Nos santificaste con Tus preceptos.
Nos acercaste, Rey nuestro, a Tu servicio,
y proclamaste Tu grande y Santo Nombre sobre nosotros.

---

אַתָּה בְחַרְתָּנוּ *Tú nos has escogido:* A diferencia del Shabat que recuerda la prehistoria (la Creación) y el final de la historia (la Redención final), las festividades nos recuerdan momentos específicos en la historia: Pesaḥ nos

וְנֶאֱמָן אַתָּה לְהַחֲיוֹת מֵתִים.
בָּרוּךְ אַתָּה יְהֹוָה, מְחַיֵּה הַמֵּתִים.

קדושה לשחרית ולמנחה

*Recitar durante la repetición del* חזן:

נַקְדִּישְׁךָ וְנַעֲרִיצְךָ כְּנֹעַם שִׂיחַ סוֹד שַׂרְפֵי קֹדֶשׁ, הַמְשַׁלְּשִׁים לְךָ קְדֻשָּׁה
וְכֵן כָּתוּב עַל יַד נְבִיאָךְ: וְקָרָא זֶה אֶל־זֶה וְאָמַר ישעיה ו

בקול רם: קָדוֹשׁ, קָדוֹשׁ, קָדוֹשׁ, יְהֹוָה צְבָאוֹת, מְלֹא כָל־הָאָרֶץ כְּבוֹדוֹ:

לְעֻמָּתָם מְשַׁבְּחִים וְאוֹמְרִים

בקול רם: בָּרוּךְ כְּבוֹד־יְהֹוָה מִמְּקוֹמוֹ: יחזקאל ג

וּבְדִבְרֵי קָדְשְׁךָ כָּתוּב לֵאמֹר

בקול רם: יִמְלֹךְ יְהֹוָה לְעוֹלָם, אֱלֹהַיִךְ צִיּוֹן לְדֹר וָדֹר, הַלְלוּיָהּ: תהלים קמו

קדושת השם

אַתָּה קָדוֹשׁ וְשִׁמְךָ קָדוֹשׁ
וּקְדוֹשִׁים בְּכָל־יוֹם יְהַלְלוּךָ סֶּלָה.
בָּרוּךְ אַתָּה יְהֹוָה, הָאֵל הַקָּדוֹשׁ.

קדושת היום

אַתָּה בְחַרְתָּנוּ מִכָּל־הָעַמִּים
אָהַבְתָּ אוֹתָנוּ וְרָצִיתָ בָּנוּ וְרוֹמַמְתָּנוּ מִכָּל־הַלְּשׁוֹנוֹת
וְקִדַּשְׁתָּנוּ בְּמִצְוֹתֶיךָ
וְקֵרַבְתָּנוּ מַלְכֵּנוּ לַעֲבוֹדָתֶךָ
וְשִׁמְךָ הַגָּדוֹל וְהַקָּדוֹשׁ עָלֵינוּ קָרָאתָ.

EL REZO FESTIVO

Al igual que en Shabat, la A'midá de Yom Tov consiste de siete bendiciones y la central de estas habla de la santidad del día.

*En Moṣaé Shabat se dice:*

וַתּוֹדִיעֵנוּ Tú nos diste a conocer Tus justas sentencias y nos has enseñado a cumplir los decretos de Tu voluntad. SEÑOR, nuestro Dios, nos has dado con amor sentencias justas y enseñanzas verdaderas, leyes y preceptos buenos. Nos legaste tiempos de júbilo, fiestas sagradas y ofrenda festivas v voluntarias. Nos diste por herencia la santidad del Shabat, la gloria de las festividades y la celebración de las fiestas de peregrinación. Diferenciaste entre la santidad del Shabat y la santidad de Yom Tob, y santificaste al séptimo día por sobre los seis días de la acción. Distinguiste y santificaste a Tu pueblo Israel en Tu santidad. *Neh. 9*

וַתִּתֶּן לָנוּ Tú nos has dado SEÑOR, nuestro Dios, con amor
( *En Shabat:* Shabatot para el descanso), festividades
y tiempos de regocijo,
( *En Shabat:* este día de Shabat y) este día de:

*En Pesaḥ:* Fiesta de las Maṣot.
Este día de Yom Tob día de sagrada convocatoria,
tiempo de nuestra libertad,

*En Shabu'ot:* Fiesta de Shabu'ot.
Este día de Yom Tob día de sagrada convocatoria,
tiempo de la entrega de nuestra Torá,

*En Sucot:* Fiesta de Sucot.
Este día de Yom Tob día de sagrada convocatoria,
tiempo de nuestra alegría,

*En Sheminí Aṣeret:* Fiesta de Sheminí Aṣeret.
Este día de Yom Tob día de sagrada convocatoria,
tiempo de nuestra alegría,

(con amor), sagrada convocatoria, recordatorio de la salida de Egipto.

---

"tiempo de nuestra libertad" resulta obvia. Nos recuerda la liberación de Egipto y de la esclavitud. La conexión entre Shabu'ot y la entrega de la Torá no está explícitamente mencionada en la Torá, pero es parte de la tradición oral al igual que el cálculo de las fechas por parte de los sabios (*Shabat* 86B–88A). A raíz de esto, la fecha de Shabu'ot fue objeto de debate durante los días del Segundo Templo e inmediatamente después por parte de sectas tales como la de los saduceos, quienes no aceptaban la autoridad de la tradición

במוצאי שבת אומרים:

וַתּוֹדִיעֵנוּ מִשְׁפְּטֵי צִדְקֶךָ, וַתְּלַמְּדֵנוּ לַעֲשׂוֹת בָּהֶם חֻקֵּי רְצוֹנֶךָ, וַתִּתֶּן
לָנוּ יְהֹוָה אֱלֹהֵינוּ בְּאַהֲבָה מִשְׁפָּטִים יְשָׁרִים וְתוֹרוֹת אֱמֶת, חֻקִּים נחמיה ט
וּמִצְוֹת טוֹבִים, וַתַּנְחִילֵנוּ זְמַנֵּי שָׂשׂוֹן וּמוֹעֲדֵי קֹדֶשׁ וְחַגֵּי נְדָבָה,
וַתּוֹרִישֵׁנוּ קְדֻשַּׁת שַׁבָּת וּכְבוֹד מוֹעֵד וַחֲגִיגַת הָרֶגֶל. בֵּין קְדֻשַּׁת
שַׁבָּת לִקְדֻשַּׁת יוֹם טוֹב הִבְדַּלְתָּ, וְאֶת יוֹם הַשְּׁבִיעִי מִשֵּׁשֶׁת יְמֵי
הַמַּעֲשֶׂה קִדַּשְׁתָּ וְהִבְדַּלְתָּ, וְהִקְדַּשְׁתָּ אֶת עַמְּךָ יִשְׂרָאֵל בִּקְדֻשָּׁתֶךָ.

וַתִּתֶּן לָנוּ יְהֹוָה אֱלֹהֵינוּ בְּאַהֲבָה
(בשבת: שַׁבָּתוֹת לִמְנוּחָה וּ) מוֹעֲדִים לְשִׂמְחָה
חַגִּים וּזְמַנִּים לְשָׂשׂוֹן
אֶת יוֹם (בשבת: הַשַּׁבָּת הַזֶּה וְאֶת יוֹם)

בפסח: חַג הַמַּצּוֹת הַזֶּה
אֶת יוֹם טוֹב מִקְרָא קֹדֶשׁ הַזֶּה, זְמַן חֵרוּתֵנוּ

בשבועות: חַג הַשָּׁבוּעוֹת הַזֶּה
אֶת יוֹם טוֹב מִקְרָא קֹדֶשׁ הַזֶּה, זְמַן מַתַּן תּוֹרָתֵנוּ

בסוכות: חַג הַסֻּכּוֹת הַזֶּה
אֶת יוֹם טוֹב מִקְרָא קֹדֶשׁ הַזֶּה, זְמַן שִׂמְחָתֵנוּ

בשמיני עצרת: שְׁמִינִי חַג עֲצֶרֶת הַזֶּה
אֶת יוֹם טוֹב מִקְרָא קֹדֶשׁ הַזֶּה, זְמַן שִׂמְחָתֵנוּ

בְּאַהֲבָה מִקְרָא קֹדֶשׁ, זֵכֶר לִיצִיאַת מִצְרָיִם.

---

recuerda la salida de Egipto, Shavu'ot rememora la entrega de la Torá en el Monte Sinaí y Sucot hace mención de los cuarenta años de travesía en el desierto. Por lo tanto, la referencia a la elección Divina de Israel por medio de su singular devenir da testimonio del rol de Dios en la historia.

LOS NOMBRES DE LAS FESTIVIDADES

La conexión entre Pesaḥ – la "Fiesta de las Maṣot (panes ácimos)" – y el

אֱלֹהֵינוּ Dios nuestro y de nuestros ancestros,
que ascienda, acuda y llegue;
sea visible, sea aceptada, sea escuchada, sea considerada
y sea recordada delante de Ti nuestra memoria,
y la de nuestros patriarcas, y la memoria de Jerusalém Tu ciudad,
y la memoria del Mashiaḥ hijo de David Tu siervo,
y la memoria de todo Tu pueblo de Israel –
para liberación y bienestar, gracia, benevolencia
( *En Shabat:* este día de Shabat y) este día de:

| | |
|---|---|
| *En Pesaḥ:* | Fiesta de las Maṣot. |
| *En Shabu'ot:* | Fiesta de Shabu'ot. |
| *En Sucot:* | Fiesta de Sucot |
| *En Sheminí Aṣeret:* | Fiesta de Sheminí Aṣeret. |

En este día de Yom Tob, día de sagrada convocatoria, para que en él tengas compasión de nosotros y nos salves.

Recuérdanos Señor, nuestro Dios, para bien, tennos presentes para bendición y redímenos para la vida buena de acuerdo con Tu promesa de salvación y compasión. Apiádate de nosotros y agrácianos, ten compasión de nosotros y redímenos pues nuestros ojos están puestos en Ti ya que Tú Dios, eres un Rey benevolente y compasivo.

וְהַשִּׂיאֵנוּ Otórganos Señor, nuestro Dios, la bendiciones de Tus festividades para una vida de alegría y en paz.
Bendícenos tal como deseaste y prometiste bendecirnos, Sela.

---

dad. En el caso de Sheminí Aṣeret, si bien comparte la alegría de Sucot, en algunos aspectos se trata de una festividad por mérito propio y por lo tanto se la recuerda como tal.

אֱלֹהֵינוּ וֵאלֹהֵי אֲבוֹתֵינוּ
יַעֲלֶה וְיָבוֹא, יַגִּיעַ, יֵרָאֶה וְיֵרָצֶה
יִשָּׁמַע יִפָּקֵד וְיִזָּכֵר זִכְרוֹנֵנוּ וְזִכְרוֹן אֲבוֹתֵינוּ
זִכְרוֹן יְרוּשָׁלַיִם עִירֶךָ, וְזִכְרוֹן מָשִׁיחַ בֶּן דָּוִד עַבְדֶּךָ
וְזִכְרוֹן כָּל־עַמְּךָ בֵּית יִשְׂרָאֵל, לְפָנֶיךָ
לִפְלֵטָה לְטוֹבָה, לְחֵן, לְחֶסֶד וּלְרַחֲמִים
בְּיוֹם (בשבת: הַשַּׁבָּת הַזֶּה וּבְיוֹם)

בפסח: חַג הַמַּצּוֹת הַזֶּה

בשבועות: חַג הַשָּׁבוּעוֹת הַזֶּה

בסוכות: חַג הַסֻּכּוֹת הַזֶּה

בשמיני עצרת: שְׁמִינִי חַג עֲצֶרֶת הַזֶּה

בְּיוֹם טוֹב מִקְרָא קֹדֶשׁ הַזֶּה, לְרַחֵם בּוֹ עָלֵינוּ וּלְהוֹשִׁיעֵנוּ.
זָכְרֵנוּ יְהֹוָה אֱלֹהֵינוּ בּוֹ לְטוֹבָה, וּפָקְדֵנוּ בוֹ לִבְרָכָה
וְהוֹשִׁיעֵנוּ בוֹ לְחַיִּים טוֹבִים בִּדְבַר יְשׁוּעָה וְרַחֲמִים.
חוּס וְחָנֵּנוּ וַחֲמֹל וְרַחֵם עָלֵינוּ וְהוֹשִׁיעֵנוּ
כִּי אֵלֶיךָ עֵינֵינוּ, כִּי אֵל מֶלֶךְ חַנּוּן וְרַחוּם אָתָּה.

וְהַשִּׂיאֵנוּ יְהֹוָה אֱלֹהֵינוּ אֶת בִּרְכַּת מוֹעֲדֶיךָ
לְחַיִּים בְּשִׂמְחָה וּבְשָׁלוֹם.
כַּאֲשֶׁר רָצִיתָ וְאָמַרְתָּ לְבָרְכֵנוּ, כֵּן תְּבָרְכֵנוּ סֶלָה.

---

oral. La festividad de Sucot es llamada “tiempo de nuestra alegría” porque el vocablo “alegría” es mencionado tres veces por la Torá en relación con Sucot (Levítico 23:40, Deuteronomio 16:14,15), más que en cualquier otra festivi-

Santifícanos con Tus preceptos,
haz que nuestra porción esté en Tu Torá,
sácianos de Tu bondad y regocíjanos con Tu salvación
y purifica nuestros corazones para que Te sirvamos con verdad.
Léganos SEÑOR nuestro Dios
( *En Shabat:* con amor y benevolencia)
con alegría y regocijo ( *En Shabat:* el Shabat y)
Tus sagradas festividades,
tal que se alegren en Ti los hijos de Israel que santifican Tu Nombre.
Bendito eres Tú SEÑOR, que santifica ( *En Shabat:* el Shabat y)
a Israel y a las festividades.

### EL SERVICIO DEL TEMPLO

רְצֵה Acepta con benevolencia SEÑOR, nuestro Dios,
a Tu pueblo Israel y atiende sus plegarias.
Restaura el servicio en Tu más sagrada casa y acepta favorable
y amorosamente las ofrendas ígneas de Israel y sus rezos.
Que siempre recibas con agrado el servicio de Tu pueblo Israel.

וְאַתָּה Y Tú en Tu gran compasión nos desearás
y Te complacerás en nosotros.
Que nuestros ojos contemplen Tu retorno a Ṣion con compasión.
Bendito eres Tú SEÑOR, que restaura Su presencia en Ṣion.

---

de Israel es anterior a la de las festividades. Sin embargo, el Shabat fue determinado por Dios en el séptimo día de la creación y por lo tanto su santidad antecede a las dos anteriores.

קַדְּשֵׁנוּ בְּמִצְוֹתֶיךָ, שִׂים חֶלְקֵנוּ בְּתוֹרָתֶךָ
שַׂבְּעֵנוּ מִטּוּבֶךָ, שַׂמַּח נַפְשֵׁנוּ בִּישׁוּעָתֶךָ
וְטַהֵר לִבֵּנוּ לְעָבְדְּךָ בֶּאֱמֶת.
וְהַנְחִילֵנוּ יְהֹוָה אֱלֹהֵינוּ
(בשבת: בְּאַהֲבָה וּבְרָצוֹן)
בְּשִׂמְחָה וּבְשָׂשׂוֹן (בשבת: שַׁבְּתוֹת וּ) מוֹעֲדֵי קָדְשֶׁךָ
וְיִשְׂמְחוּ בְךָ כָּל־יִשְׂרָאֵל מְקַדְּשֵׁי שְׁמֶךָ.
בָּרוּךְ אַתָּה יְהֹוָה, מְקַדֵּשׁ (בשבת: הַשַּׁבָּת וְ) יִשְׂרָאֵל וְהַזְּמַנִּים.

עבודה

רְצֵה יְהֹוָה אֱלֹהֵינוּ בְּעַמְּךָ יִשְׂרָאֵל
וְלִתְפִלָּתָם שְׁעֵה
וְהָשֵׁב הָעֲבוֹדָה לִדְבִיר בֵּיתֶךָ
וְאִשֵּׁי יִשְׂרָאֵל וּתְפִלָּתָם מְהֵרָה בְּאַהֲבָה תְקַבֵּל בְּרָצוֹן
וּתְהִי לְרָצוֹן תָּמִיד עֲבוֹדַת יִשְׂרָאֵל עַמֶּךָ.
וְאַתָּה בְּרַחֲמֶיךָ הָרַבִּים תַּחְפֹּץ בָּנוּ וְתִרְצֵנוּ
וְתֶחֱזֶינָה עֵינֵינוּ בְּשׁוּבְךָ לְצִיּוֹן בְּרַחֲמִים.
בָּרוּךְ אַתָּה יְהֹוָה, הַמַּחֲזִיר שְׁכִינָתוֹ לְצִיּוֹן.

---

**מְקַדֵּשׁ (הַשַּׁבָּת וְ)יִשְׂרָאֵל וְהַזְּמַנִּים** *Que santifica (el Shabat y) a Israel y a las festividades:* El orden exacto de las palabras resulta significativo. Los hijos de Israel tenían el deber de determinar los calendarios mensuales y anuales de los cuales dependen las festividades, y por lo tanto, la santidad del pueblo

## AGRADECIMIENTO

מוֹדִים Te agradecemos a Ti,
pues eres el Señor,
Dios nuestro y de nuestros
ancestros por siempre.
Eres nuestra Roca
y la de nuestra existencia,
Escudo de nuestra salvación.
De generación en generación Te
agradeceremos, y relataremos Tu
alabanza por nuestras vidas que
están depositadas en Tus manos,
por nuestras almas que están
a Tu cargo, por Tus milagros
para con nosotros a diario, y
las bondades y maravillas que
nos prodigas en todo momento,
noche, mañana y tarde.
El Benevolente, pues Tu
compasión nunca concluye,
Tú eres compasivo, pues no
cesan Tus bondades.
Siempre hemos depositado
nuestra esperanza en Ti.

*Mientras el Ḥazán recita el pasaje paralelo el congregación se inclina y dice en voz baja:*

מוֹדִים Te agradecemos a Ti,
pues eres el Señor,
Dios nuestro
y de nuestros ancestros,
Dios de toda carne, Formador
nuestro y del universo.
Bendiciones y agradecimientos
a Tu Nombre grandioso
y sagrado, por habernos
preservado con vida
y mantenido.
De igual forma, danos vida,
agrácianos y reúne
a Tus exiliados en
Tu patio sagrado,
para que cumplan
con Tus leyes y hagan
Tu voluntad con integridad
de corazón,
por ello nos corresponde
agradecerte.
Bendito es el Dios
a Quien debemos agradecer.

וְעַל כֻּלָּם Por todo esto, Rey nuestro, que Tu Nombre sea bendecido, exaltado y encumbrado por siempre.
Que todos los seres vivos Te agradezcan, ¡Sela!
Y alaben y bendigan a Tu gran Nombre de verdad, pues por siempre eres bondadoso. Dios de nuestra redención y nuestro socorro, ¡Sela! El Dios bondadoso. Bendito eres Tú Señor, Tu Nombre es "Bueno" y a Ti corresponde agradecer.

הודאה

מוֹדִים אֲנַחְנוּ לָךְ
שָׁאַתָּה הוּא יְהֹוָה אֱלֹהֵינוּ
וֵאלֹהֵי אֲבוֹתֵינוּ לְעוֹלָם וָעֶד.
צוּרֵנוּ, צוּר חַיֵּינוּ וּמָגֵן יִשְׁעֵנוּ
אַתָּה הוּא לְדוֹר וָדוֹר
נוֹדֶה לְּךָ וּנְסַפֵּר תְּהִלָּתֶךָ
עַל חַיֵּינוּ הַמְּסוּרִים בְּיָדֶךָ
וְעַל נִשְׁמוֹתֵינוּ הַפְּקוּדוֹת לָךְ
וְעַל נִסֶּיךָ שֶׁבְּכָל־יוֹם עִמָּנוּ
וְעַל נִפְלְאוֹתֶיךָ וְטוֹבוֹתֶיךָ שֶׁבְּכָל־עֵת
עֶרֶב וָבֹקֶר וְצָהֳרָיִם.
הַטּוֹב, כִּי לֹא כָלוּ רַחֲמֶיךָ
הַמְּרַחֵם, כִּי לֹא תַמּוּ חֲסָדֶיךָ
כִּי מֵעוֹלָם קִוִּינוּ לָךְ.

*Mientras el* חזן *recita el pasaje paralelo el* קהל *se inclina y dice en voz baja:*

מוֹדִים אֲנַחְנוּ לָךְ
שָׁאַתָּה הוּא יְהֹוָה אֱלֹהֵינוּ
וֵאלֹהֵי אֲבוֹתֵינוּ
אֱלֹהֵי כָל־בָּשָׂר
יוֹצְרֵנוּ יוֹצֵר בְּרֵאשִׁית.
בְּרָכוֹת וְהוֹדָאוֹת
לְשִׁמְךָ הַגָּדוֹל וְהַקָּדוֹשׁ
עַל שֶׁהֶחֱיִיתָנוּ וְקִיַּמְתָּנוּ.
כֵּן תְּחַיֵּנוּ וּתְחָנֵּנוּ
וְתֶאֱסֹף גָּלֻיּוֹתֵינוּ לְחַצְרוֹת
קָדְשֶׁךָ לִשְׁמֹר חֻקֶּיךָ
וְלַעֲשׂוֹת רְצוֹנֶךָ
וּלְעָבְדְּךָ בְּלֵבָב שָׁלֵם
עַל שֶׁאֲנַחְנוּ מוֹדִים לָךְ.
בָּרוּךְ אֵל הַהוֹדָאוֹת.

וְעַל כֻּלָּם
יִתְבָּרַךְ וְיִתְרוֹמַם וְיִתְנַשֵּׂא תָּמִיד
שִׁמְךָ מַלְכֵּנוּ לְעוֹלָם וָעֶד
וְכָל־הַחַיִּים יוֹדוּךָ סֶּלָה
וִיהַלְלוּ וִיבָרְכוּ אֶת שִׁמְךָ הַגָּדוֹל בֶּאֱמֶת לְעוֹלָם כִּי טוֹב
הָאֵל יְשׁוּעָתֵנוּ וְעֶזְרָתֵנוּ סֶלָה, הָאֵל הַטּוֹב.
בָּרוּךְ אַתָּה יְהֹוָה, הַטּוֹב שִׁמְךָ וּלְךָ נָאֶה לְהוֹדוֹת.

## BIRCAT COHANIM

*Durante la repetición del rezo, el Ḥazán dirige la bendición sacerdotal.*
*Los cohanim dicen "Que así sea Tu voluntad" previo al recitado de su bendición:*

יְהִי Sea Tu voluntad Señor, Dios nuestro y de nuestros ancestros, que esta bendición que nos ordenaste impartir a Tu pueblo de Israel resulte íntegra, carente de obstáculo e iniquidad desde hoy y para siempre.

*Si más de un cohen está presente, el Ḥazán exclama:*

**¡Cohanim!**

*y los cohanim recitan la bendición:*

בָּרוּךְ Bendito eres Tú Señor, nuestro Dios, Rey del universo, que nos santificó con la santidad de Aharón y nos ordenó bendecir a Su pueblo Israel con amor.

*Si hay más de un cohen presente, estos comienzan solos a recitar "Yebarejejá" y el Ḥazán dicta a partir de "HaShem".*

El Señor te bendiga y te guarde. *Kahal:* Amén *Núm. 6*
El Señor te ilumine con Su
Presencia y te agracie. *Kahal:* Amén
El Señor dirija Su Presencia
hacia ti y te conceda la paz. *Kahal:* Amén.

*Los cohanim agregan en silencio:*

רִבּוֹן Soberano de los mundos, hemos cumplido aquello que nos ordenaste, *Deut. 26*
por ello obra Tú de acuerdo a lo que nos prometiste. Divisa desde Tu santo aposento, desde el cielo, y bendice a Tu pueblo, a Israel.

*En caso de no haber cohanim presentes el Ḥazán dice:*

אֱלֹהֵינוּ Dios nuestro y de nuestros ancestros, bendícenos con la triple bendición de la Torá, escrita por la mano de Tu siervo Moshé y pronunciada por Aharón y sus hijos los cohanim, Tu pueblo consagrado, como fue dicho:

El Señor te bendiga y te guarde. *Kahal:* Que así sea Tu voluntad. *Núm. 6*
El Señor te ilumine con Su
Presencia y te agracie. *Kahal:* Que así sea Tu voluntad
El Señor dirija Su Presencia
hacia ti y te conceda la paz. *Kahal:* Que así sea Tu voluntad.
Y pondrán Mi Nombre sobre los hijos de Israel y los bendeciré.

## PAZ

שִׂים שָׁלוֹם Instaura paz, bien y bendición vida, gracia y benevolencia, justicia y compasión sobre nosotros y todo Tu pueblo Israel.

ברכת כהנים:

*Durante la repetición del rezo, el* חזן *dirige la bendición de los* כהנים*.*
*Los* כהנים *dicen* 'יְהִי רָצוֹן' *previo al recitado de su bendición:*

**יְהִי רָצוֹן מִלְּפָנֶיךָ, יְהֹוָה אֱלֹהֵינוּ וֵאלֹהֵי אֲבוֹתֵינוּ, שֶׁתְּהֵא הַבְּרָכָה הַזֹּאת שֶׁצִּוִּיתָנוּ לְבָרֵךְ אֶת עַמְּךָ יִשְׂרָאֵל בְּרָכָה שְׁלֵמָה וְלֹא יִהְיֶה בָּהּ מִכְשׁוֹל וְעָוֹן מֵעַתָּה וְעַד עוֹלָם.**

*Si más de un* כהן *está presente, el* חזן *exclama:*

**כֹּהֲנִים**

*y los* כהנים *recitan la bendición:*

**בָּרוּךְ אַתָּה יְהֹוָה, אֱלֹהֵינוּ מֶלֶךְ הָעוֹלָם**
**אֲשֶׁר קִדְּשָׁנוּ בִּקְדֻשָּׁתוֹ שֶׁל אַהֲרֹן, וְצִוָּנוּ לְבָרֵךְ אֶת עַמּוֹ יִשְׂרָאֵל בְּאַהֲבָה.**

*Si hay más de un cohen presente, estos comienzan solos*
*a recitar* 'יְבָרֶכְךָ' *y el* חזן *dicta a partir de* 'יְהֹוָה'*:*

**יְבָרֶכְךָ** קהל: **כֵּן יְהִי רָצוֹן** במדבר ו
**יְהֹוָה וְיִשְׁמְרֶךָ:** קהל: **אָמֵן**
**יָאֵר יְהֹוָה פָּנָיו אֵלֶיךָ וִיחֻנֶּךָּ:** קהל: **אָמֵן**
**יִשָּׂא יְהֹוָה פָּנָיו אֵלֶיךָ וְיָשֵׂם לְךָ שָׁלוֹם:** קהל: **אָמֵן**

*Los* כהנים *agregan en silencio:*

**רִבּוֹן הָעוֹלָמִים, עָשִׂינוּ מַה שֶּׁגָּזַרְתָּ עָלֵינוּ, עֲשֵׂה אַתָּה מַה שֶּׁהִבְטַחְתָּנוּ, הַשְׁקִיפָה** דברים כו
**מִמְּעוֹן קָדְשְׁךָ מִן־הַשָּׁמַיִם וּבָרֵךְ אֶת־עַמְּךָ אֶת־יִשְׂרָאֵל:**

*En caso de no haber* כהנים *presentes el* חזן *dice:*

**אֱלֹהֵינוּ וֵאלֹהֵי אֲבוֹתֵינוּ, בָּרְכֵנוּ בַּבְּרָכָה הַמְשֻׁלֶּשֶׁת בַּתּוֹרָה, הַכְּתוּבָה עַל יְדֵי מֹשֶׁה עַבְדֶּךָ, הָאֲמוּרָה מִפִּי אַהֲרֹן וּבָנָיו כֹּהֲנִים עַם קְדוֹשֶׁיךָ, כָּאָמוּר**

**יְבָרֶכְךָ יְהֹוָה וְיִשְׁמְרֶךָ:** קהל: **כֵּן יְהִי רָצוֹן** במדבר ו
**יָאֵר יְהֹוָה פָּנָיו אֵלֶיךָ וִיחֻנֶּךָּ:** קהל: **כֵּן יְהִי רָצוֹן**
**יִשָּׂא יְהֹוָה פָּנָיו אֵלֶיךָ וְיָשֵׂם לְךָ שָׁלוֹם:** קהל: **כֵּן יְהִי רָצוֹן**
**וְשָׂמוּ אֶת־שְׁמִי עַל־בְּנֵי יִשְׂרָאֵל, וַאֲנִי אֲבָרְכֵם:**

שלום

**שִׂים שָׁלוֹם טוֹבָה וּבְרָכָה**
**חַיִּים חֵן וָחֶסֶד, צְדָקָה וְרַחֲמִים עָלֵינוּ וְעַל־כָּל־יִשְׂרָאֵל עַמֶּךָ.**

Bendícenos Padre nuestro, a todos nosotros como uno,
con la luz de Tu Semblante, pues en la luz de Tu Semblante nos has dado Señor, nuestro Dios, Torá, y vida,
amor y benevolencia, justicia y compasión, bendición y paz.
Que ante Tus ojos sea bueno bendecir a todo Tu pueblo Israel,
con gran poder y paz.
בָּרוּךְ Bendito eres Tú Señor, que bendice a Su pueblo Israel con la paz, Amén.

יִהְיוּ Que las palabras de mi boca y la meditación de mi corazón hallen favor ante Ti Señor, mi Fortaleza y mi Redentor. *Sal. 19*

אֱלֹהַי Dios mío, *Berajot 17a*
preserva mi lengua del mal y mis labios de pronunciar engaño.
Que mi alma calle ante quienes me maldicen,
y sea como el polvo para con todos.
Abre mi corazón a Tu Torá y que mi alma persiga Tus preceptos.
Rápidamente deja sin efecto el consejo y frustra los planes de quienes conspiran contra mí.
Que sean cual tamo ante el viento *Sal. 35*
y acosados por el ángel del Señor
Actúa en pos de Tu Nombre, actúa en pos de Tu diestra,
actúa en pos de Tu santidad, actúa en pos de Tu Torá.
Para que Tus amados sean liberados, *Sal. 60*
redime con Tu diestra y respóndeme.
Que las palabras de mi boca y la meditación de mi corazón *Sal. 19*
hallen favor ante Ti Señor, mi Fortaleza y mi Redentor.

*Antes de decir 'Quien obra paz' se dan tres pasos hacia atrás.*

Quien obra la paz en Sus alturas,
con compasión haga la paz para nosotros y
todo Su pueblo Israel y decid: Amén.

Sea Tu voluntad Señor, Dios nuestro y de nuestros ancestros, que el Templo sea reconstruido prontamente en nuestros días, y nos concedas una porción en Tu Torá, para cumplir con las leyes de Tu voluntad y servirte con corazón íntegro.

וּבָרְכֵנוּ אָבִינוּ כֻּלָּנוּ כְּאֶחָד בְּאוֹר פָּנֶיךָ
כִּי בְאוֹר פָּנֶיךָ נָתַתָּ לָּנוּ יְהוָה אֱלֹהֵינוּ תּוֹרָה וְחַיִּים
אַהֲבָה וָחֶסֶד, צְדָקָה וְרַחֲמִים, בְּרָכָה וְשָׁלוֹם.
וְטוֹב בְּעֵינֶיךָ לְבָרְכֵנוּ
וּלְבָרֵךְ אֶת כָּל־עַמְּךָ יִשְׂרָאֵל בְּרֹב עֹז וְשָׁלוֹם.
בָּרוּךְ אַתָּה יְהוָה, הַמְבָרֵךְ אֶת עַמּוֹ יִשְׂרָאֵל בַּשָּׁלוֹם. אָמֵן.
יִהְיוּ לְרָצוֹן אִמְרֵי־פִי וְהֶגְיוֹן לִבִּי לְפָנֶיךָ, יְהוָה צוּרִי וְגֹאֲלִי: תהלים יט

אֱלֹהַי ברכות יז
נְצֹר לְשׁוֹנִי מֵרָע וּשְׂפָתוֹתַי מִדַּבֵּר מִרְמָה
וְלִמְקַלְלַי נַפְשִׁי תִדֹּם, וְנַפְשִׁי כֶּעָפָר לַכֹּל תִּהְיֶה.
פְּתַח לִבִּי בְּתוֹרָתֶךָ, וְאַחֲרֵי מִצְוֹתֶיךָ תִּרְדֹּף נַפְשִׁי.
וְכָל־הַקָּמִים עָלַי לְרָעָה
מְהֵרָה הָפֵר עֲצָתָם וְקַלְקֵל מַחְשְׁבוֹתָם.
יִהְיוּ כְּמֹץ לִפְנֵי־רוּחַ וּמַלְאַךְ יְהוָה דּוֹחֶה: תהלים לה
עֲשֵׂה לְמַעַן שְׁמֶךָ, עֲשֵׂה לְמַעַן יְמִינֶךָ
עֲשֵׂה לְמַעַן קְדֻשָּׁתֶךָ, עֲשֵׂה לְמַעַן תּוֹרָתֶךָ.
לְמַעַן יֵחָלְצוּן יְדִידֶיךָ, הוֹשִׁיעָה יְמִינְךָ וַעֲנֵנִי: תהלים ס
יִהְיוּ לְרָצוֹן אִמְרֵי־פִי וְהֶגְיוֹן לִבִּי לְפָנֶיךָ, יְהוָה צוּרִי וְגֹאֲלִי: תהלים יט

*Antes de decir 'עֹשֶׂה שָׁלוֹם' se dan tres pasos hacia atrás.*

עֹשֶׂה שָׁלוֹם בִּמְרוֹמָיו
הוּא בְּרַחֲמָיו, יַעֲשֶׂה שָׁלוֹם עָלֵינוּ
וְעַל־כָּל־עַמּוֹ יִשְׂרָאֵל, וְאִמְרוּ אָמֵן.

יְהִי רָצוֹן מִלְּפָנֶיךָ, יְהוָה אֱלֹהֵינוּ וֵאלֹהֵי אֲבוֹתֵינוּ, שֶׁתִּבָּנֶה בֵּית הַמִּקְדָּשׁ בִּמְהֵרָה בְיָמֵינוּ, וְתֵן חֶלְקֵנוּ בְּתוֹרָתֶךָ, לַעֲשׂוֹת חֻקֵּי רְצוֹנֶךָ וּלְעָבְדְךָ בְּלֵבָב שָׁלֵם.

*Para A'rbit, si Yom Tob cae en Shabat, se recita "Y quedaron concluidos" y la Berajá Me'en Sheva en la página 428, mas no en la primera noche de Pesaḥ. En la primera noche de Pesaḥ (y fuera de Israel también en la segunda) se recita Halel Completo en la página 822.*

יְהִי Que el Nombre del Señor sea bendito desde ahora y hasta la eternidad. Desde la salida del sol hasta su ocaso, alabado es el Nombre del Señor. El Señor es nuestro Soberano, cuán exaltado es Tu Nombre en toda la tierra. *Sal. 113* *Sal. 8*

## KADISH TITKABAL

*El Ḥazán recita el Kadish Titkabal solo:*

יִתְגַּדַּל Que Su Gran Nombre sea magnificado y santificado,
en el mundo que creó conforme a Su voluntad.
Que establezca Su reino, haga florecer Su salvación
y apresure la llegada de Su ungido
durante vuestra vida y en vuestros días
y en la vida de toda la casa de Israel,
pronto y rápidamente y decid: Amén.

Que Su Gran Nombre sea bendito
por siempre y por toda la eternidad.

Sea bendecido, alabado, glorificado y exaltado, encumbrado
y magnificado, enaltecido y ensalzado
el Nombre del Santo Bendito Él;
más allá de cualquier bendición,
cántico, alabanza y consolación
pronunciados en el mundo y decid: Amén.

Que nuestras plegarias y súplicas junto
a las de todo el pueblo de Israel
sean aceptadas por nuestro Padre Celestial y Terrenal
y decid: Amén.

*Para* ערבית*, si* יום טוב *cae en* שבת*, se recita "Y quedaron concluidos"* ברכת מעין שבע *en la página 429, mas no en la primera noche de* פסח*. En la primera noche de* פסח *(y fuera de Israel también en la segunda) se recita* הלל *Completo en la página 823.*

יְהִי שֵׁם יְהוָה מְבֹרָךְ מֵעַתָּה וְעַד־עוֹלָם: תהלים קיג
מִמִּזְרַח־שֶׁמֶשׁ עַד־מְבוֹאוֹ מְהֻלָּל שֵׁם יְהוָה:
יְהוָה אֲדֹנֵינוּ, מָה־אַדִּיר שִׁמְךָ בְּכָל־הָאָרֶץ: תהלים ח

## קדיש תתקבל

*El* חזן *recita el* קדיש תתקבל *solo:*

וְיִתְקַדַּשׁ שְׁמֵהּ רַבָּא (קהל: אָמֵן)
בְּעָלְמָא דִּי בְרָא כִרְעוּתֵהּ
וְיַמְלִיךְ מַלְכוּתֵהּ וְיַצְמַח פֻּרְקָנֵהּ וִיקָרֵב מְשִׁיחֵהּ (קהל: אָמֵן)
בְּחַיֵּיכוֹן וּבְיוֹמֵיכוֹן וּבְחַיֵּי דְכָל־בֵּית יִשְׂרָאֵל
בַּעֲגָלָא וּבִזְמַן קָרִיב, וְאִמְרוּ אָמֵן. (קהל: אָמֵן)

יְהֵא שְׁמֵהּ רַבָּא מְבָרַךְ לְעָלַם וּלְעָלְמֵי עָלְמַיָּא יִתְבָּרַךְ
וְיִשְׁתַּבַּח וְיִתְפָּאַר וְיִתְרוֹמַם וְיִתְנַשֵּׂא
וְיִתְהַדָּר וְיִתְעַלֶּה וְיִתְהַלָּל
שְׁמֵהּ דְּקֻדְשָׁא בְּרִיךְ הוּא (קהל: אָמֵן)
לְעֵלָּא מִן כָּל־בִּרְכָתָא, שִׁירָתָא, תֻּשְׁבְּחָתָא וְנֶחֱמָתָא
דַּאֲמִירָן בְּעָלְמָא, וְאִמְרוּ אָמֵן. (קהל: אָמֵן)

תִּתְקַבַּל צְלוֹתְהוֹן וּבָעוּתְהוֹן
עִם כָּל־צְלוֹתְהוֹן וּבָעוּתְהוֹן דְּכָל־בֵּית יִשְׂרָאֵל
קֳדָם אֲבוּנָא אֱלָהָנָא מָארֵי שְׁמַיָּא וְאַרְעָא
וְאִמְרוּ אָמֵן. (קהל: אָמֵן)

Que haya gran paz celestial, vida, saciedad,
salvación, consolación, refugio, sanación,
redención, perdón y expiación, bienestar y salvación para nosotros
y para todo Su pueblo Israel y decid: Amén.

*Antes de decir 'Quien obra paz' se dan tres pasos hacia atrás.*

Quien obra la paz en Sus alturas,
con compasión haga la paz
para nosotros y todo Su pueblo Israel y decid: Amén.

*En Pesaḥ se dice:*

בְּצֵאת Cuando Israel salió de Egipto, la casa de Ya'akob de una nación que habla una lengua extraña, Yehudá se transformó en Su Santuario e Israel Su dominio. El mar vio y huyó, el Río Jordán se dio vuelta. Las montañas danzaron cual carneros, las colinas cual corderos. Qué te ocurre oh mar, ¿por qué escapas? ¿Por qué el Jordán se da vuelta? ¿Por qué vosotras, las montañas, saltáis cual carneros y las colinas cual corderos? Es ante la presencia del Señor Creador de la tierra, ante la presencia del Dios de Ya'akob. Aquél que tornó al peñasco en una laguna, al pedernal en un manantial que fluye. *Sal. 114*

*En Sucot, Shabu'ot y Shemini Aṣeret se dice:*

שִׁיר הַמַּעֲלוֹת Cántico de las ascensiones de David. Me regocijé cuando me dijeron vayamos a la casa del Señor. Nuestros pies estuvieron parados frente a tus portales, Jerusalém. Jerusalém, la que está edificada cual ciudad en la que está junto y unida. Allí ascendían las tribus del Eterno, testimonio de Israel, para agradecer al Nombre del Señor. Pues allí estaban los asientos de la justicia, los tronos de la Casa de David. Orad por la paz de Jerusalém: Que quienes te aman prosperen. Haya paz en tus fortalezas y tranquilidad en tus palacios. En aras de mis hermanos y amigos diré: "Haya paz en ti". En aras de la Casa del Señor nuestro Dios pediré por tu bien. *Sal. 122*

יְהֵא שְׁלָמָא רַבָּא מִן שְׁמַיָּא, חַיִּים וְשָׂבָע וִישׁוּעָה וְנֶחָמָה
וְשֵׁיזָבָא וּרְפוּאָה, וּגְאֻלָּה וּסְלִיחָה וְכַפָּרָה, וְרֶוַח וְהַצָּלָה
לָנוּ וּלְכָל־עַמּוֹ יִשְׂרָאֵל, וְאִמְרוּ אָמֵן. (קהל: אָמֵן)

*Antes de decir 'עֹשֶׂה שָׁלוֹם' se dan tres pasos hacia atrás.*

עֹשֶׂה שָׁלוֹם בִּמְרוֹמָיו
הוּא בְּרַחֲמָיו יַעֲשֶׂה שָׁלוֹם עָלֵינוּ
וְעַל־כָּל־עַמּוֹ יִשְׂרָאֵל, וְאִמְרוּ אָמֵן. (קהל: אָמֵן)

*En פסח, se dice:*

בְּצֵאת יִשְׂרָאֵל מִמִּצְרָיִם בֵּית יַעֲקֹב מֵעַם לֹעֵז: הָיְתָה יְהוּדָה תהלים קיד
לְקָדְשׁוֹ יִשְׂרָאֵל מַמְשְׁלוֹתָיו: הַיָּם רָאָה וַיָּנֹס הַיַּרְדֵּן יִסֹּב לְאָחוֹר:
הֶהָרִים רָקְדוּ כְאֵילִים גְּבָעוֹת כִּבְנֵי־צֹאן: מַה־לְּךָ הַיָּם כִּי תָנוּס
הַיַּרְדֵּן תִּסֹּב לְאָחוֹר: הֶהָרִים תִּרְקְדוּ כְאֵילִים גְּבָעוֹת כִּבְנֵי־צֹאן:
מִלִּפְנֵי אָדוֹן חוּלִי אָרֶץ מִלִּפְנֵי אֱלוֹהַּ יַעֲקֹב: הַהֹפְכִי הַצּוּר אֲגַם־
מָיִם חַלָּמִישׁ לְמַעְיְנוֹ־מָיִם:

*En סוכות, שבועות y שמיני עצרת se dice:*

שִׁיר הַמַּעֲלוֹת לְדָוִד שָׂמַחְתִּי בְּאֹמְרִים לִי בֵּית יְהוָה נֵלֵךְ: עֹמְדוֹת תהלים קכב
הָיוּ רַגְלֵינוּ בִּשְׁעָרַיִךְ יְרוּשָׁלָםִ: יְרוּשָׁלַםִ הַבְּנוּיָה כְּעִיר שֶׁחֻבְּרָה־
לָּהּ יַחְדָּו: שֶׁשָּׁם עָלוּ שְׁבָטִים שִׁבְטֵי־יָהּ עֵדוּת לְיִשְׂרָאֵל לְהֹדוֹת
לְשֵׁם יְהוָה: כִּי שָׁמָּה | יָשְׁבוּ כִסְאוֹת לְמִשְׁפָּט כִּסְאוֹת לְבֵית דָּוִד:
שַׁאֲלוּ שְׁלוֹם יְרוּשָׁלָםִ יִשְׁלָיוּ אֹהֲבָיִךְ: יְהִי־שָׁלוֹם בְּחֵילֵךְ שַׁלְוָה
בְּאַרְמְנוֹתָיִךְ: לְמַעַן אַחַי וְרֵעָי אֲדַבְּרָה־נָּא שָׁלוֹם בָּךְ: לְמַעַן
בֵּית־יְהוָה אֱלֹהֵינוּ אֲבַקְשָׁה טוֹב לָךְ:

## KADISH YEHÉ SHELAMÁ

*El Ḥazán y los Avelim recitan Kadish Yehé Shelamá:*

יִתְגַּדַּל Que Su Gran Nombre sea magnificado y santificado,
en el mundo que creó conforme a Su voluntad.
Que establezca Su reino, haga florecer Su salvación
y apresure la llegada de Su ungido
durante vuestra vida y en vuestros días
y en la vida de toda la casa de Israel,
pronto y rápidamente y decid: Amén.

Que Su Gran Nombre sea bendito
por siempre y por toda la eternidad.

Sea bendecido, alabado, glorificado y exaltado, encumbrado
y magnificado, enaltecido y ensalzado
el Nombre del Santo Bendito Él;
más allá de cualquier bendición,
cántico, alabanza y consolación
pronunciados en el mundo y decid: Amén.

Que haya gran paz celestial,
vida, saciedad, salvación, consolación,
refugio, sanación, redención, perdón y expiación, bienestar
y salvación para nosotros y para todo Su pueblo Israel y decid: Amén.

*Antes de decir 'Quien obra paz' se dan tres pasos hacia atrás.*

Quien obra la paz en Sus alturas,
con compasión haga la paz
para nosotros y todo Su pueblo Israel y decid: Amén.

*El Ḥazán y las demás personas que recitan Kadish:*

Bendecid al Señor que es bendito.

*El Kahal responde:*

Bendecid al Señor que es bendito por siempre.

*El Ḥazán y las demás personas que recitan Kadish:*

Bendecid al Señor que es bendito por siempre.

## קדיש יהא שלמא

*El* חזן *y los* אבלים *recitan* קדיש יהא שלמא*:*

יִתְגַּדַּל וְיִתְקַדַּשׁ שְׁמֵהּ רַבָּא (קהל: אָמֵן)
בְּעָלְמָא דִּי בְרָא כִרְעוּתֵהּ
וְיַמְלִיךְ מַלְכוּתֵהּ וְיַצְמַח פֻּרְקָנֵהּ וִיקָרֵב מְשִׁיחֵהּ (קהל: אָמֵן)
בְּחַיֵּיכוֹן וּבְיוֹמֵיכוֹן וּבְחַיֵּי דְכָל־בֵּית יִשְׂרָאֵל
בַּעֲגָלָא וּבִזְמַן קָרִיב, וְאִמְרוּ אָמֵן. (קהל: אָמֵן)

יְהֵא שְׁמֵהּ רַבָּא מְבָרַךְ לְעָלַם וּלְעָלְמֵי עָלְמַיָּא יִתְבָּרַךְ
וְיִשְׁתַּבַּח וְיִתְפָּאַר וְיִתְרוֹמַם וְיִתְנַשֵּׂא
וְיִתְהַדָּר וְיִתְעַלֶּה וְיִתְהַלָּל
שְׁמֵהּ דְּקֻדְשָׁא בְּרִיךְ הוּא (קהל: אָמֵן)
לְעֵלָּא מִן כָּל־בִּרְכָתָא, שִׁירָתָא, תֻּשְׁבְּחָתָא וְנֶחָמָתָא
דַּאֲמִירָן בְּעָלְמָא, וְאִמְרוּ אָמֵן. (קהל: אָמֵן)

יְהֵא שְׁלָמָא רַבָּא מִן שְׁמַיָּא
חַיִּים וְשָׂבָע וִישׁוּעָה וְנֶחָמָה
וְשֵׁיזָבָא וּרְפוּאָה וּגְאֻלָּה וּסְלִיחָה וְכַפָּרָה, וְרֶוַח וְהַצָּלָה
לָנוּ וּלְכָל־עַמּוֹ יִשְׂרָאֵל, וְאִמְרוּ אָמֵן. (קהל: אָמֵן)

*Antes de decir 'עֹשֶׂה שָׁלוֹם' se dan tres pasos hacia atrás.*

עֹשֶׂה שָׁלוֹם בִּמְרוֹמָיו
הוּא בְּרַחֲמָיו יַעֲשֶׂה שָׁלוֹם עָלֵינוּ
וְעַל־כָּל־עַמּוֹ יִשְׂרָאֵל, וְאִמְרוּ אָמֵן. (קהל: אָמֵן)

*El* חזן *y las demás personas que recitan* קדיש*:*
בָּרְכוּ אֶת יְהוָה הַמְבֹרָךְ.

*El* קהל *responde:*
בָּרוּךְ יְהוָה הַמְבֹרָךְ לְעוֹלָם וָעֶד.

*El* חזן *y las demás personas que recitan* קדיש*:*
בָּרוּךְ יְהוָה הַמְבֹרָךְ לְעוֹלָם וָעֶד.

עָלֵינוּ Es nuestro deber alabar al Amo de todo, engrandecer al Creador del universo por no habernos hecho como las naciones de los países ni habernos puesto entre las familias de la tierra; que no hizo nuestra porción similar a la de ellos ni nuestro destino como el de sus multitudes. Pues ellos se prosternan a la vanidad y al vacío y le oran a un dios que no puede salvarlos. *Nos inclinamos* Empero nosotros nos prosternamos ante el Supremo Rey de Reyes, el Santo Bendito Él, que extiende los cielos y establece la tierra, y Su trono de gloria se encuentra en los cielos y el poder de Su Presencia mora en las alturas. Él es nuestro Dios, no hay otro.Verdadero es nuestro
Rey y no hay ningún otro, tal como está escrito en Su Torá: "Has *Deut. 4*
de saber hoy y responder a tu corazón que el Señor es el Dios en las alturas del cielo y abajo en la tierra, no hay otro salvo Él.

עַל כֵּן Por lo tanto, depositamos en Ti nuestra confianza Señor, Dios nuestro, que podamos ver pronto el esplendor de Tu poder, cuando remuevas las abominaciones de la faz de la tierra, y los ídolos sean completamente destruidos, cuando el mundo sea perfeccionado bajo la soberanía del Todopoderoso, cuando toda la humanidad invoque Tu Nombre y todos los malvados de la tierra se volverán hacia Ti. Todos los habitantes de la tierra reconocerán y sabrán que toda rodilla debe inclinarse ante Ti y cada lengua debe jurarte fidelidad. Ante Ti Señor, Dios nuestro, se habrán de arrodillar e inclinar y darán honor a Tu glorioso Nombre. Aceptarán el yugo de Tu reino y pronto reinarás sobre ellos por siempre jamás. Pues Tuyo es el reino por siempre, y reinarás gloriosamente por toda la eternidad, tal como está
escrito en Tu Torá: "El Señor reinará por siempre y por toda *Éx. 16*
la eternidad". Y fue dicho: "Entonces el Señor será el Rey sobre *Zac. 14*
toda la tierra; en ese día el Señor será Uno y Su Nombre Uno".
Y en Tu Torá Señor, Dios nuestro, está escrito: "Escucha Israel, el *Deut. 6*
Señor es nuestro Dios, el Señor es Uno".

עָלֵינוּ לְשַׁבֵּחַ לַאֲדוֹן הַכֹּל, לָתֵת גְּדֻלָּה לְיוֹצֵר בְּרֵאשִׁית
שֶׁלֹּא עָשָׂנוּ כְּגוֹיֵי הָאֲרָצוֹת, וְלֹא שָׂמָנוּ כְּמִשְׁפְּחוֹת הָאֲדָמָה
שֶׁלֹּא שָׂם חֶלְקֵנוּ כָּהֶם וְגוֹרָלֵנוּ כְּכָל־הֲמוֹנָם.
שֶׁהֵם מִשְׁתַּחֲוִים לְהֶבֶל וָרִיק וּמִתְפַּלְלִים אֶל־אֵל לֹא יוֹשִׁיעַ.
וַאֲנַחְנוּ מִשְׁתַּחֲוִים לִפְנֵי מֶלֶךְ מַלְכֵי הַמְּלָכִים כורעים
הַקָּדוֹשׁ בָּרוּךְ הוּא, שֶׁהוּא נוֹטֶה שָׁמַיִם וְיוֹסֵד אָרֶץ
וּמוֹשַׁב יְקָרוֹ בַּשָּׁמַיִם מִמַּעַל, וּשְׁכִינַת עֻזּוֹ בְּגָבְהֵי מְרוֹמִים.
הוּא אֱלֹהֵינוּ, וְאֵין עוֹד אַחֵר
אֱמֶת מַלְכֵּנוּ, וְאֶפֶס זוּלָתוֹ
כַּכָּתוּב בְּתוֹרָה, וְיָדַעְתָּ הַיּוֹם וַהֲשֵׁבֹתָ אֶל־לְבָבֶךָ דברים ד
כִּי יְהוָה הוּא הָאֱלֹהִים בַּשָּׁמַיִם מִמַּעַל וְעַל־הָאָרֶץ מִתָּחַת אֵין עוֹד:

עַל כֵּן נְקַוֶּה לְּךָ, יְהוָה אֱלֹהֵינוּ, לִרְאוֹת מְהֵרָה בְּתִפְאֶרֶת עֻזֶּךָ
לְהַעֲבִיר גִּלּוּלִים מִן הָאָרֶץ וְהָאֱלִילִים כָּרוֹת יִכָּרֵתוּן
לְתַקֵּן עוֹלָם בְּמַלְכוּת שַׁדַּי
וְכָל־בְּנֵי בָשָׂר יִקְרְאוּ בִשְׁמֶךָ לְהַפְנוֹת אֵלֶיךָ כָּל־רִשְׁעֵי אָרֶץ
יַכִּירוּ וְיֵדְעוּ כָּל־יוֹשְׁבֵי תֵבֵל
כִּי לְךָ תִּכְרַע כָּל־בֶּרֶךְ, תִּשָּׁבַע כָּל־לָשׁוֹן.
לְפָנֶיךָ יְהוָה אֱלֹהֵינוּ יִכְרְעוּ וְיִפֹּלוּ, וְלִכְבוֹד שִׁמְךָ יְקָר יִתֵּנוּ
וִיקַבְּלוּ כֻלָּם אֶת עֹל מַלְכוּתֶךָ
וְתִמְלֹךְ עֲלֵיהֶם מְהֵרָה לְעוֹלָם וָעֶד
כִּי הַמַּלְכוּת שֶׁלְּךָ הִיא וּלְעוֹלְמֵי עַד תִּמְלֹךְ בְּכָבוֹד
כַּכָּתוּב בְּתוֹרָתֶךָ, יְהוָה יִמְלֹךְ לְעֹלָם וָעֶד: שמות טו
וְנֶאֱמַר, וְהָיָה יְהוָה לְמֶלֶךְ עַל־כָּל־הָאָרֶץ זכריה יד
בַּיּוֹם הַהוּא יִהְיֶה יְהוָה אֶחָד וּשְׁמוֹ אֶחָד:
וּבְתוֹרָתְךָ יְהוָה אֱלֹהֵינוּ כָּתוּב לֵאמֹר
שְׁמַע יִשְׂרָאֵל, יְהוָה אֱלֹהֵינוּ יְהוָה אֶחָד: דברים ו

## KIDUSH PARA LA NOCHE DE YOM TOB

*El viernes por la noche se comienza aquí:*

יוֹם הַשִּׁשִּׁי El sexto día
Y quedaron concluidos los cielos y la tierra y todo lo que contienen.
Habiendo concluido Dios en el día séptimo Su obra, que Él había hecho, cesó en el día séptimo de toda Su creación, que Él había hecho.
Y bendijo Dios al día séptimo y lo consagró,
ya que en él cesó de toda Su obra, que Dios había creado para hacer.

*En días de semana se comienza aquí:*

Estas son las festividades señaladas por el Señor, *Lev. 23*
días de convocatorias sagradas,
las que habréis de proclamar en su tiempo indicado.
Prestad atención señores míos. (¡Por la vida!)

בָּרוּךְ Bendito eres Tú Señor, nuestro Dios, Rey del universo,
creador del fruto de la vid.

בָּרוּךְ Bendito eres Tú Señor, nuestro Dios, Rey del universo, que
nos ha escogido entre las naciones,
nos ha encumbrado por sobre toda lengua
y nos ha santificado con Sus preceptos.
Tú nos has dado Señor, nuestro Dios,
con amor (*En Shabat:* Shabatot para el descanso),
festividades para la alegría y tiempos de regocijo,
(*En Shabat:* este día de Shabat y) este día de:

*En Pesaḥ:* Fiesta de las Maṣot.
Este día de Yom Tob día de sagrada convocatoria,
tiempo de nuestra libertad,
*En Shabu'ot:* Fiesta de Shabu'ot.
Este día de Yom Tob día de sagrada convocatoria,
tiempo de la entrega de nuestra Torá,
*En Sucot:* Fiesta de Sucot.
Este día de Yom Tob día de sagrada convocatoria,
tiempo de nuestra alegría,

# קידוש לליל יום טוב

*El viernes por la noche se comienza aquí:*

יוֹם הַשִּׁשִּׁי: בראשית א

וַיְכֻלּוּ הַשָּׁמַיִם וְהָאָרֶץ וְכָל־צְבָאָם: בראשית ב
וַיְכַל אֱלֹהִים בַּיּוֹם הַשְּׁבִיעִי מְלַאכְתּוֹ אֲשֶׁר עָשָׂה
וַיִּשְׁבֹּת בַּיּוֹם הַשְּׁבִיעִי מִכָּל־מְלַאכְתּוֹ אֲשֶׁר עָשָׂה:
וַיְבָרֶךְ אֱלֹהִים אֶת־יוֹם הַשְּׁבִיעִי, וַיְקַדֵּשׁ אֹתוֹ
כִּי בוֹ שָׁבַת מִכָּל־מְלַאכְתּוֹ, אֲשֶׁר־בָּרָא אֱלֹהִים, לַעֲשׂוֹת:

*En días de semana se comienza aquí:*

אֵלֶּה מוֹעֲדֵי יְהֹוָה מִקְרָאֵי קֹדֶשׁ אֲשֶׁר־תִּקְרְאוּ אֹתָם בְּמוֹעֲדָם: ויקרא כג

סַבְרִי מָרָנָן (עונים: לְחַיִּים)

בָּרוּךְ אַתָּה יְהֹוָה, אֱלֹהֵינוּ מֶלֶךְ הָעוֹלָם, בּוֹרֵא פְּרִי הַגָּפֶן.

בָּרוּךְ אַתָּה יְהֹוָה, אֱלֹהֵינוּ מֶלֶךְ הָעוֹלָם
אֲשֶׁר בָּחַר בָּנוּ מִכָּל־עָם
וְרוֹמְמָנוּ מִכָּל־לָשׁוֹן, וְקִדְּשָׁנוּ בְּמִצְוֹתָיו
וַתִּתֶּן לָנוּ יְהֹוָה אֱלֹהֵינוּ בְּאַהֲבָה
(בשבת: שַׁבָּתוֹת לִמְנוּחָה וּ) מוֹעֲדִים לְשִׂמְחָה
חַגִּים וּזְמַנִּים לְשָׂשׂוֹן, אֶת יוֹם (בשבת: הַשַּׁבָּת הַזֶּה וְאֶת יוֹם)

בפסח: חַג הַמַּצּוֹת הַזֶּה
אֶת יוֹם טוֹב מִקְרָא קֹדֶשׁ הַזֶּה, זְמַן חֵרוּתֵנוּ

בשבועות: חַג הַשָּׁבוּעוֹת הַזֶּה
אֶת יוֹם טוֹב מִקְרָא קֹדֶשׁ הַזֶּה, זְמַן מַתַּן תּוֹרָתֵנוּ

בסוכות: חַג הַסֻּכּוֹת הַזֶּה
אֶת יוֹם טוֹב מִקְרָא קֹדֶשׁ הַזֶּה, זְמַן שִׂמְחָתֵנוּ

*En Sheminí Aṣeret:* Fiesta de Sheminí Aṣeret.
Este día de Yom Tob día de sagrada convocatoria,
tiempo de nuestra alegría,

con amor, sagrada convocatoria,
recordatorio de la salida de Egipto.

כִּי בָנוּ Pues nos has escogido y santificado de entre todas las naciones, (*En Shabat:* y los Shabatot) y Tus sagradas festividades (*En Shabat:* con amor y benevolencia) nos concediste en heredad para la alegría y el regocijo. Bendito eres Tú SEÑOR, que santifica (*En Shabat:* el Shabat,) a Israel y las festividades.

*En Moṣaé Shabat se agrega:*

בָּרוּךְ Bendito eres Tú SEÑOR, nuestro Dios, Rey del universo,
creador de los fulgores del fuego.

בָּרוּךְ Bendito eres Tú SEÑOR, nuestro Dios, Rey del universo que diferencia entre lo santo y lo profano, entre la luz y la oscuridad, entre Israel y las naciones, entre el séptimo día y los seis días del quehacer. Entre la santidad del Shabat y la de las festividades diferenciaste, y santificaste el séptimo día por sobre los seis días de trabajo, santificaste y distinguiste, y santificaste a Tu pueblo Israel con Tu Santidad. Bendito eres Tú SEÑOR, que diferencia lo sagrado de lo sagrado.

*En Sucot, en la sucá, se recita la siguiente bendición:*

בָּרוּךְ Bendito eres Tú SEÑOR, nuestro Dios, Rey del universo,
que nos ha santificado con Sus preceptos
y nos ordenó habitar en la sucá.

*La siguiente bendición es omitida el séptimo día de Pesaḥ:*

בָּרוּךְ Bendito eres Tú SEÑOR, nuestro Dios, Rey del universo
que nos ha dado vida, nos sostuvo y nos ha permitido llegar a
este momento.

בשמיני עצרת: שְׁמִינִי חַג עֲצֶרֶת הַזֶּה

אֶת יוֹם טוֹב מִקְרָא קֹדֶשׁ הַזֶּה, זְמַן שִׂמְחָתֵנוּ

בְּאַהֲבָה מִקְרָא קֹדֶשׁ, זֵכֶר לִיצִיאַת מִצְרָיִם.

כִּי בָנוּ בָחַרְתָּ וְאוֹתָנוּ קִדַּשְׁתָּ מִכָּל־הָעַמִּים. (בשבת: וְשַׁבָּתוֹת)

וּמוֹעֲדֵי קָדְשֶׁךָ (בשבת: בְּאַהֲבָה וּבְרָצוֹן) בְּשִׂמְחָה וּבְשָׂשׂוֹן הִנְחַלְתָּנוּ:

בָּרוּךְ אַתָּה יְהֹוָה מְקַדֵּשׁ (בשבת: הַשַּׁבָּת וְ) יִשְׂרָאֵל וְהַזְּמַנִּים.

*En* מוצאי שבת*, se agrega:*

בָּרוּךְ אַתָּה יְהֹוָה, אֱלֹהֵינוּ מֶלֶךְ הָעוֹלָם

בּוֹרֵא מְאוֹרֵי הָאֵשׁ.

בָּרוּךְ אַתָּה יְהֹוָה, אֱלֹהֵינוּ מֶלֶךְ הָעוֹלָם, הַמַּבְדִּיל בֵּין קֹדֶשׁ לְחֹל וּבֵין אוֹר לְחֹשֶׁךְ, וּבֵין יִשְׂרָאֵל לָעַמִּים וּבֵין יוֹם הַשְּׁבִיעִי לְשֵׁשֶׁת יְמֵי הַמַּעֲשֶׂה. בֵּין קְדֻשַּׁת שַׁבָּת לִקְדֻשַּׁת יוֹם טוֹב הִבְדַּלְתָּ, וְאֶת יוֹם הַשְּׁבִיעִי מִשֵּׁשֶׁת יְמֵי הַמַּעֲשֶׂה קִדַּשְׁתָּ וְהִבְדַּלְתָּ, וְהִקְדַּשְׁתָּ אֶת עַמְּךָ יִשְׂרָאֵל בִּקְדֻשָּׁתֶךָ. בָּרוּךְ אַתָּה יְהֹוָה, הַמַּבְדִּיל בֵּין קֹדֶשׁ לְקֹדֶשׁ.

*En* סוכות*, en la* סוכה*, se recita la siguiente bendición:*

בָּרוּךְ אַתָּה יְהֹוָה, אֱלֹהֵינוּ מֶלֶךְ הָעוֹלָם

אֲשֶׁר קִדְּשָׁנוּ בְּמִצְוֹתָיו, וְצִוָּנוּ לֵישֵׁב בַּסֻּכָּה.

*La siguiente bendición es omitida el séptimo día de* פסח*:*

בָּרוּךְ אַתָּה יְהֹוָה, אֱלֹהֵינוּ מֶלֶךְ הָעוֹלָם

שֶׁהֶחֱיָנוּ וְקִיְּמָנוּ וְהִגִּיעָנוּ לַזְּמַן הַזֶּה.

## KIDUSH PARA LA MAÑANA DE YOM TOB

*Se recita sentado.*

*Si Yom Tob cae en Shabat se recita la totalidad del Kidush sabático.*

מִזְמוֹר לְדָוִד Salmo de David. El SEÑOR es mi pastor nada me habrá de faltar. Él me hará retozar en verdes pasturas, me conducirá por plácidas aguas. Él revive mi alma, me conducirá por sendas justas en aras de Su Nombre. Aunque me encuentre en un valle de sombra de la muerte no habré de temer, pues Tú estás conmigo. Tu vara y Tu cayado me han de consolar. Prepara ante mí una mesa en presencia de mis enemigos, ungiste mi cabeza con aceite mi copa rebosa. Sólo el bien y la generosidad me habrán de perseguir todos los días de mi vida. Y moraré en la Casa del SEÑOR por siempre. *Sal. 23*

אִם־תָּשִׁיב Si por causa del Shabat abstienes tus pies (de profanarlo), procurando tus intereses en mi día sagrado, y habrás de llamar al Shabat día de deleite y al día sagrado del SEÑOR honorable, honrándolo evitando de ir por tus caminos, procurar tus intereses y hablar de cosas profanas. Entonces te deleitarás en el SEÑOR y Yo te haré montar por las alturas de la tierra y te alimentaré de la heredad de tu padre Ya'akob, porque la boca del SEÑOR así ha proclamado. *Isa. 58*

(Mis sábados habréis de guardar y mi Santuario habréis de venerar, Yo soy el SEÑOR.)

וְשָׁמְרוּ Habrán de guardar los hijos de Israel el Shabat, para observar el Shabat por sus generaciones, por Pacto eterno. Entre Mí y los hijos de Israel es un signo para la eternidad. Ya que en seis días el SEÑOR hizo los cielos y la tierra, mas en el día séptimo cesó de toda labor y reposó. *Éx. 31*

Estos son las festividades señaladas por el SEÑOR, días de convocatorias sagradas, las que habre proclamar en su tiempo indicado. Tres veces en el año habrán de presentarse todos tus varones ante el SEÑOR tu Dios, en el lugar que habrá de elegir: en la festividad de las Maṣot, en la festividad de Shabu'ot y en la festividad de Sucot. Empero no se habrá de comparecer ante la Presencia del SEÑOR con las manos vacías. Cada hombre, según el donativo de su mano; de acuerdo con la bendición que el SEÑOR tu Dios te ha dado a ti. *Lev. 23* *Deut. 16*

Prestad atención, señores míos. (¡Por la vida!)

בָּרוּךְ Bendito eres Tú señor, nuestro Dios,
Rey del universo, creador del fruto de la vid.

*En Sucot:* Bendito eres Tú SEÑOR, nuestro Dios, Rey del universo,
que nos ha santificado con Sus preceptos
y nos ordenó habitar en la sucá.

# קידושא רבה ליום טוב

*Se recita sentado.*
*Si* יום טוב *cae en* שבת *se recita la totalidad del* קדוש יום שבת.

מִזְמוֹר לְדָוִד יְהֹוָה רֹעִי לֹא אֶחְסָר: בִּנְאוֹת דֶּשֶׁא יַרְבִּיצֵנִי עַל־מֵי מְנֻחוֹת תהלים כג
יְנַהֲלֵנִי: נַפְשִׁי יְשׁוֹבֵב יַנְחֵנִי בְמַעְגְּלֵי־צֶדֶק לְמַעַן שְׁמוֹ: גַּם כִּי־אֵלֵךְ בְּגֵיא צַלְמָוֶת
לֹא־אִירָא רָע כִּי־אַתָּה עִמָּדִי שִׁבְטְךָ וּמִשְׁעַנְתֶּךָ הֵמָּה יְנַחֲמֻנִי: תַּעֲרֹךְ לְפָנַי ׀
שֻׁלְחָן נֶגֶד צֹרְרָי דִּשַּׁנְתָּ בַשֶּׁמֶן רֹאשִׁי כּוֹסִי רְוָיָה: אַךְ ׀ טוֹב וָחֶסֶד יִרְדְּפוּנִי
כָּל־יְמֵי חַיָּי וְשַׁבְתִּי בְּבֵית־יְהֹוָה לְאֹרֶךְ יָמִים:

אִם־תָּשִׁיב מִשַּׁבָּת רַגְלֶךָ עֲשׂוֹת חֲפָצֶךָ בְּיוֹם קָדְשִׁי וְקָרָאתָ לַשַּׁבָּת עֹנֶג לִקְדוֹשׁ ישעיה נח
יְהֹוָה מְכֻבָּד וְכִבַּדְתּוֹ מֵעֲשׂוֹת דְּרָכֶיךָ מִמְּצוֹא חֶפְצְךָ וְדַבֵּר דָּבָר: אָז תִּתְעַנַּג
עַל־יְהֹוָה וְהִרְכַּבְתִּיךָ עַל־בָּמֳתֵי אָרֶץ וְהַאֲכַלְתִּיךָ נַחֲלַת יַעֲקֹב אָבִיךָ כִּי פִּי
יְהֹוָה דִּבֵּר: אֶת־שַׁבְּתֹתַי תִּשְׁמֹרוּ וּמִקְדָּשִׁי תִּירָאוּ אֲנִי יְהֹוָה: ויקרא יט

(אֶת־שַׁבְּתֹתַי תִּשְׁמֹרוּ וּמִקְדָּשִׁי תִּירָאוּ אֲנִי יְהֹוָה:) ויקרא יט

וְשָׁמְרוּ בְנֵי־יִשְׂרָאֵל אֶת־הַשַּׁבָּת לַעֲשׂוֹת אֶת־הַשַּׁבָּת לְדֹרֹתָם בְּרִית עוֹלָם: שמות לא
בֵּינִי וּבֵין בְּנֵי יִשְׂרָאֵל אוֹת הִוא לְעֹלָם כִּי־שֵׁשֶׁת יָמִים עָשָׂה יְהֹוָה אֶת־הַשָּׁמַיִם
וְאֶת־הָאָרֶץ וּבַיּוֹם הַשְּׁבִיעִי שָׁבַת וַיִּנָּפַשׁ:

**אֵלֶּה מוֹעֲדֵי יְהֹוָה מִקְרָאֵי קֹדֶשׁ אֲשֶׁר־תִּקְרְאוּ אֹתָם בְּמוֹעֲדָם:** ויקרא כג
**שָׁלוֹשׁ פְּעָמִים בַּשָּׁנָה יֵרָאֶה כָל־זְכוּרְךָ אֶת־פְּנֵי יְהֹוָה אֱלֹהֶיךָ** דברים טז
**בַּמָּקוֹם אֲשֶׁר יִבְחָר, בְּחַג הַמַּצּוֹת, וּבְחַג הַשָּׁבֻעוֹת, וּבְחַג הַסֻּכּוֹת**
**וְלֹא יֵרָאֶה אֶת־פְּנֵי יְהֹוָה רֵיקָם: אִישׁ כְּמַתְּנַת יָדוֹ, כְּבִרְכַּת יְהֹוָה**
**אֱלֹהֶיךָ אֲשֶׁר נָתַן־לָךְ:**

סַבְרִי מָרָנָן (עונים: לְחַיִּים)

**בָּרוּךְ אַתָּה יְהֹוָה, אֱלֹהֵינוּ מֶלֶךְ הָעוֹלָם**
**בּוֹרֵא פְּרִי הַגָּפֶן.**

בסוכות: **בָּרוּךְ אַתָּה יְהֹוָה, אֱלֹהֵינוּ מֶלֶךְ הָעוֹלָם**
**אֲשֶׁר קִדְּשָׁנוּ בְּמִצְוֹתָיו, וְצִוָּנוּ לֵישֵׁב בַּסֻּכָּה.**

# Musaf para las Tres Festividades

## PARA YOM TOB, ḤOL HAMO'ED Y SHABAT ḤOL HAMO'ED.

SEÑOR, abre mis labios para que mi boca pronuncie Tu alabanza. *Sal. 51*

### PATRIARCAS

בָּרוּךְ Bendito eres Tú SEÑOR, Dios nuestro y de nuestros ancestros,
Dios de Abraham, Dios de Iṣḥak y Dios de Ya'akob,
Dios grande, poderoso y maravilloso, SEÑOR supremo,
que prodiga generosamente y es el Creador de todo lo existente,
Quien recuerda la gracia de los ancestros
y traerá al Redentor para los hijos de sus hijos
en aras de Su Nombre con amor.
Rey que ayuda, redime y protege.
Bendito eres Tú SEÑOR, Escudo de Abraham.

### PODER DE DIOS

אַתָּה גִּבּוֹר SEÑOR, Tú eres eternamente poderoso,
Tú revives a los muertos y tienes gran poder de salvación.
Hace descender el rocío.

/ *En Shemini Aṣeret:* Hace soplar el viento y descender la lluvia /

Sostiene con benevolencia a todos los seres vivos,
revive a los muertos con gran misericordia,
da soporte a quienes se caen, cura a los enfermos,
libera a los prisioneros
y cumple Su promesa con quienes yacen ya en la tierra.

---

los demás días del año y la del medio se refiere a la "santidad del día". En las festividades se pone especial énfasis en la alegría, la cual es mencionada en la Torá (Deuteronomio 16:11–15) en relación a estas.

# מוסף לשלש רגלים

## ליום טוב, לחול המועד ולשבת חול המועד

תהלים נא

אֲדֹנָי, שְׂפָתַי תִּפְתָּח, וּפִי יַגִּיד תְּהִלָּתֶךָ:

אבות

בָּרוּךְ אַתָּה יְהֹוָה, אֱלֹהֵינוּ וֵאלֹהֵי אֲבוֹתֵינוּ
אֱלֹהֵי אַבְרָהָם, אֱלֹהֵי יִצְחָק, וֵאלֹהֵי יַעֲקֹב
הָאֵל הַגָּדוֹל הַגִּבּוֹר וְהַנּוֹרָא, אֵל עֶלְיוֹן
גּוֹמֵל חֲסָדִים טוֹבִים, קוֹנֵה הַכֹּל, וְזוֹכֵר חַסְדֵי אָבוֹת
וּמֵבִיא גוֹאֵל לִבְנֵי בְנֵיהֶם לְמַעַן שְׁמוֹ בְּאַהֲבָה.
מֶלֶךְ עוֹזֵר וּמוֹשִׁיעַ וּמָגֵן.
בָּרוּךְ אַתָּה יְהֹוָה, מָגֵן אַבְרָהָם.

גבורות

אַתָּה גִּבּוֹר לְעוֹלָם, אֲדֹנָי, מְחַיֵּה מֵתִים אַתָּה, רַב לְהוֹשִׁיעַ
מוֹרִיד הַטָּל / בשמיני עצרת: מַשִּׁיב הָרוּחַ וּמוֹרִיד הַגֶּשֶׁם /
מְכַלְכֵּל חַיִּים בְּחֶסֶד, מְחַיֵּה מֵתִים בְּרַחֲמִים רַבִּים
סוֹמֵךְ נוֹפְלִים, וְרוֹפֵא חוֹלִים, וּמַתִּיר אֲסוּרִים
וּמְקַיֵּם אֱמוּנָתוֹ לִישֵׁנֵי עָפָר.

---

REZO SUPLEMENTARIO PARA LAS FESTIVIDADES

El rezo de Musaf para las festividades, al igual que el de Shabat, se corresponde con el sacrificio suplementario que se ofrendaba en el Templo en aquellos días. La A'midá mantiene la forma normal del rezo de los días sagrados: las primeras y las últimas tres bendiciones son las mismas que en

¿Quién es como Tú Todopoderoso?
¿Quién se Te puede asemejar?
Rey que quita la vida y la restaura
y hace brotar la Redención.
Eres fiel en revivir a los muertos.
Bendito eres Tú SEÑOR, que revive a los muertos.

---

## KEDUSHÁ PARA YOM TOB Y SHABAT DE ḤOL HAMO'ED

*La Kedushá se recita durante la repetición del Ḥazán:*

כֶּתֶר Una corona Te otorgarán, SEÑOR, nuestro Dios, las muchedumbres de ángeles en las alturas junto a Tu pueblo Israel en reunión terrenal. Conjuntamente todos pronunciarán Tu santidad tal cual fue dicho por Tu profeta: "Y un ángel daba voces al otro diciendo: *Isa. 6*

Santo, Santo, Santo, SEÑOR de las Huestes Celestiales,
toda la tierra está llena de Su gloria".

Su Gloria colma el universo.
Sus ángeles ministeriales se preguntan el uno al otro:

"¿Dónde está el sitial de Su Gloria para reverenciarle?"

Quienes están frente a ellos alaban y dicen:

"Bendita es la gloria del SEÑOR desde Su sitial". *Eze. 3*

Desde Su sitial contemplará compasivamente a Su pueblo, que unifica Su Nombre; al anochecer y al amanecer, cada día constantemente con amor, recitan el Shemá dos veces.

Escucha Israel, el SEÑOR es nuestro Dios, el SEÑOR es Uno.

Él es nuestro Dios, Él es nuestro Padre, Él es nuestro Rey,
Él es nuestro Salvador.
Él nos salvará y redimirá por segunda vez, y nos hará escuchar con Su Compasión en presencia de todos los seres vivos diciendo: "He aquí que os redimiré al final como al principio para ser vuestro Dios, *Núm. 15*
Yo soy el SEÑOR vuestro Dios".
Y en Tus escrituras sagradas leemos:

"El SEÑOR reinará por siempre, tu Dios Ṣion, *Sal. 146*
de generación en generación, ¡Aleluyá!"

---

מִי כָמְוֹךָ, בַּעַל גְּבוּרוֹת
וּמִי דּוֹמֶה לָּךְ, מֶלֶךְ מֵמִית וּמְחַיֶּה וּמַצְמִיחַ יְשׁוּעָה.
וְנֶאֱמָן אַתָּה לְהַחֲיוֹת מֵתִים.
בָּרוּךְ אַתָּה יְהוָה, מְחַיֵּה הַמֵּתִים.

---

קדושה לימים טובים ולשבת חול המועד

*La Kedushá se recita durante la repetición del* חזן*:*

כֶּתֶר יִתְּנוּ לְךָ, יְהוָה אֱלֹהֵינוּ
מַלְאָכִים הֲמוֹנֵי מַעְלָה, עִם עַמְּךָ יִשְׂרָאֵל קְבוּצֵי מַטָּה.
יַחַד כֻּלָּם קְדֻשָּׁה לְךָ יְשַׁלֵּשׁוּ
כַּדָּבָר הָאָמוּר עַל יַד נְבִיאֶךָ: וְקָרָא זֶה אֶל־זֶה וְאָמַר ישעיה ו
קָדוֹשׁ, קָדוֹשׁ, קָדוֹשׁ, יְהוָה צְבָאוֹת, מְלֹא כָל־הָאָרֶץ כְּבוֹדוֹ:
כְּבוֹדוֹ מָלֵא עוֹלָם, וּמְשָׁרְתָיו שׁוֹאֲלִים
אַיֵּה מְקוֹם כְּבוֹדוֹ, לְהַעֲרִיצוֹ
לְעֻמָּתָם מְשַׁבְּחִים וְאוֹמְרִים
בָּרוּךְ כְּבוֹד־יְהוָה מִמְּקוֹמוֹ: יחזקאל ג
מִמְּקוֹמוֹ, הוּא יִפֶן בְּרַחֲמָיו לְעַמּוֹ, הַמְיַחֲדִים שְׁמוֹ
עֶרֶב וָבֹקֶר בְּכָל־יוֹם תָּמִיד
אוֹמְרִים פַּעֲמַיִם בְּאַהֲבָה
שְׁמַע יִשְׂרָאֵל, יְהוָה אֱלֹהֵינוּ, יְהוָה אֶחָד: דברים ו
הוּא אֱלֹהֵינוּ, הוּא אָבִינוּ, הוּא מַלְכֵּנוּ, הוּא מוֹשִׁיעֵנוּ
הוּא יוֹשִׁיעֵנוּ וְיִגְאָלֵנוּ שֵׁנִית וְיַשְׁמִיעֵנוּ בְּרַחֲמָיו לְעֵינֵי כָּל־חַי, לֵאמֹר
הֵן גָּאַלְתִּי אֶתְכֶם אַחֲרִית כְּרֵאשִׁית
לִהְיוֹת לָכֶם לֵאלֹהִים, אֲנִי יְהוָה אֱלֹהֵיכֶם: במדבר טו
וּבְדִבְרֵי קָדְשְׁךָ כָּתוּב לֵאמֹר
יִמְלֹךְ יְהוָה לְעוֹלָם, אֱלֹהַיִךְ צִיּוֹן לְדֹר וָדֹר, הַלְלוּיָהּ: תהלים קמו

---

## KEDUSHÁ PARA ḤOL HAMO'ED

*La Kedushá se recita durante la repetición del Ḥazán:*

כֶּתֶר Una corona Te otorgarán, Señor, nuestro Dios, las muchedumbres de ángeles en las alturas junto a Tu pueblo Israel en reunión terrenal. Conjuntamente todos pronunciarán Tu santidad tal cual fue dicho

por Tu profeta: "Y un ángel daba voces al otro diciendo: *Isa. 6*

anto, Santo, Santo, Señor de las Huestes Celestiales,
toda la tierra está llena de Su gloria".

Quienes están frente a ellos dicen:
"Bendita es la gloria del Señor desde Su sitial". *Eze. 3*

Y en Tus escrituras sagradas leemos:
"El Señor reinará por siempre, tu Dios Ṣion, de generación en generación ¡Aleluyá!". *Sal. 146*

## SANTIDAD

אַתָּה קָדוֹשׁ Tú eres santo y Tu Nombre es santo,
y los santos Te alaban a diario, ¡Sela!
Bendito eres Tú Señor, el Dios santo.

## SANTIDAD DEL DÍA

אַתָּה בְחַרְתָּנוּ Tú nos has escogido de entre todas las naciones.
No has amado y nos has visto con benevolencia.
Nos has elevado por sobre todas las lenguas.
Nos santificaste con Tus preceptos.
Nos acercaste, Rey nuestro, a Tu servicio,
y proclamaste Tu grande y Santo Nombre sobre nosotros.

וַתִּתֶּן לָנוּ Tú nos has dado Señor, nuestro Dios, con amor
(*En Shabat:* Shabatot para el descanso), festividades
y tiempos de regocijo,
(*En Shabat:* este día de Shabat y) este día de:

קדושה לחול המועד

*La Kedushá se recita durante la repetición del* חזן:

**כֶּתֶר יִתְּנוּ לְךָ, יְהֹוָה אֱלֹהֵינוּ**
**מַלְאָכִים הֲמוֹנֵי מַעְלָה, עִם עַמְּךָ יִשְׂרָאֵל קְבוּצֵי מַטָּה.**
**יַחַד כֻּלָּם קְדֻשָּׁה לְךָ יְשַׁלֵּשׁוּ**
**כַּדָּבָר הֶאָמוּר עַל יַד נְבִיאָךְ: וְקָרָא זֶה אֶל־זֶה וְאָמַר** ישעיה ו

בקול רם: **קָדוֹשׁ, קָדוֹשׁ, קָדוֹשׁ, יְהֹוָה צְבָאוֹת, מְלֹא כָל־הָאָרֶץ כְּבוֹדוֹ:**

**לְעֻמָּתָם מְשַׁבְּחִים וְאוֹמְרִים**

בקול רם: **בָּרוּךְ כְּבוֹד־יְהֹוָה מִמְּקוֹמוֹ:** יחזקאל ג

**וּבְדִבְרֵי קָדְשְׁךָ כָּתוּב לֵאמֹר**

בקול רם: **יִמְלֹךְ יְהֹוָה לְעוֹלָם, אֱלֹהַיִךְ צִיּוֹן לְדֹר וָדֹר, הַלְלוּיָהּ:** תהלים קמו

---

קדושת השם

**אַתָּה קָדוֹשׁ וְשִׁמְךָ קָדוֹשׁ וּקְדוֹשִׁים בְּכָל־יוֹם יְהַלְלוּךָ סֶּלָה.**
**בָּרוּךְ אַתָּה יְהֹוָה, הָאֵל הַקָּדוֹשׁ.**

קדושת היום

**אַתָּה בְחַרְתָּנוּ מִכָּל־הָעַמִּים**
**אָהַבְתָּ אוֹתָנוּ וְרָצִיתָ בָּנוּ, וְרוֹמַמְתָּנוּ מִכָּל־הַלְּשׁוֹנוֹת**
**וְקִדַּשְׁתָּנוּ בְּמִצְוֹתֶיךָ, וְקֵרַבְתָּנוּ מַלְכֵּנוּ לַעֲבוֹדָתֶךָ**
**וְשִׁמְךָ הַגָּדוֹל וְהַקָּדוֹשׁ עָלֵינוּ קָרָאתָ.**

**וַתִּתֶּן לָנוּ יְהֹוָה אֱלֹהֵינוּ בְּאַהֲבָה**
(בשבת: **שַׁבָּתוֹת לִמְנוּחָה וּ**) **מוֹעֲדִים לְשִׂמְחָה**
**חַגִּים וּזְמַנִּים לְשָׂשׂוֹן**
**אֶת יוֹם** (בשבת: **הַשַּׁבָּת הַזֶּה וְאֶת יוֹם**)

*En Pesaḥ:* Fiesta de las Maṣot.
Este día de Yom Tob día de sagrada convocatoria,
tiempo de nuestra libertad,

*En Shabu'ot:* Fiesta de Shabu'ot.
Este día de Yom Tob día de sagrada convocatoria,
tiempo de la entrega de nuestra Torá,

*En Sucot:* Fiesta de Sucot.
Este día de Yom Tob día de sagrada convocatoria,
tiempo de nuestra alegría,

*En Sheminí Aṣeret:* Fiesta de Sheminí Aṣeret.
Este día de Yom Tob día de sagrada convocatoria,
tiempo de nuestra alegría,

(con amor), sagrada convocatoria, recordatorio de la salida de Egipto.

אֱלֹהֵינוּ Dios nuestro y de nuestros ancestros,
por causa de nuestras transgresiones fuimos exiliados
de nuestro país y alejados de nuestra tierra
y ya no podemos ascender para presentarnos
y prosternarnos ante Ti, en el Sitio de Tu elección,
en la Grande y Sagrada Casa sobre la cual se invoca Tu Nombre,
debido a la mano enemiga que se arrojó sobre Tu Santuario.
Sea Tu voluntad Señor, Dios nuestro y de nuestros padres,
Rey compasivo, que vuelvas a apiadarte de nosotros
y de Tu Santuario con Tu gran piedad,
que lo reconstruyas prontamente y le restituyas su gloria.

---

lugar, las festividades dan testimonio de la presencia de Dios en la historia. El exilio es la situación opuesta, este no solamente implica la dispersión física y geográfica sino además la metafísica: el "ocultamiento del rostro" de Dios (Deuteronomio 31:18). Por lo tanto, las plegarias por el perdón, por el retorno a la tierra de Israel, por la reconstrucción del Templo y la reaparición de Dios en la historia están íntimamente ligadas y se sienten de un modo especial en estos días en los cuales recordamos los actos de liberación y salvación del pasado del pueblo de Israel.

בפסח: חַג הַמַּצּוֹת הַזֶּה
אֶת יוֹם (ביו״ט: טוֹב) מִקְרָא קֹדֶשׁ הַזֶּה, זְמַן חֵרוּתֵנוּ
בשבועות: חַג הַשָּׁבוּעוֹת הַזֶּה
אֶת יוֹם טוֹב מִקְרָא קֹדֶשׁ הַזֶּה, זְמַן מַתַּן תּוֹרָתֵנוּ
בסוכות: חַג הַסֻּכּוֹת הַזֶּה
אֶת יוֹם (ביו״ט: טוֹב) מִקְרָא קֹדֶשׁ הַזֶּה, זְמַן שִׂמְחָתֵנוּ
בשמיני עצרת: שְׁמִינִי חַג עֲצֶרֶת הַזֶּה
אֶת יוֹם טוֹב מִקְרָא קֹדֶשׁ הַזֶּה, זְמַן שִׂמְחָתֵנוּ
בְּאַהֲבָה מִקְרָא קֹדֶשׁ, זֵכֶר לִיצִיאַת מִצְרָיִם.

אֱלֹהֵינוּ וֵאלֹהֵי אֲבוֹתֵינוּ
מִפְּנֵי חֲטָאֵינוּ גָּלִינוּ מֵאַרְצֵנוּ, וְנִתְרַחַקְנוּ מֵעַל אַדְמָתֵנוּ
וְאֵין אֲנַחְנוּ יְכוֹלִים לַעֲלוֹת וְלֵרָאוֹת וּלְהִשְׁתַּחֲווֹת לְפָנֶיךָ
בְּבֵית בְּחִירָתֶךָ בְּנְוֵה הֲדָרֶךָ
בַּבַּיִת הַגָּדוֹל וְהַקָּדוֹשׁ שֶׁנִּקְרָא שִׁמְךָ עָלָיו
מִפְּנֵי הַיָּד שֶׁנִּשְׁתַּלְּחָה בְּמִקְדָּשֶׁךָ.
יְהִי רָצוֹן מִלְּפָנֶיךָ, יְהוָה אֱלֹהֵינוּ וֵאלֹהֵי אֲבוֹתֵינוּ, מֶלֶךְ רַחְמָן
שֶׁתָּשׁוּב וּתְרַחֵם עָלֵינוּ וְעַל מִקְדָּשְׁךָ בְּרַחֲמֶיךָ הָרַבִּים
וְתִבְנֵהוּ מְהֵרָה וּתְגַדֵּל כְּבוֹדוֹ.

---

מִפְּנֵי חֲטָאֵינוּ גָּלִינוּ מֵאַרְצֵנוּ *Por causa de nuestras transgresiones fuimos exiliados de nuestro país:* La idea del exilio es enfatizada en las festividades por dos motivos. En primer lugar, porque las tres fiestas de peregrinación eran ocasiones en las cuales la gente de todo el país se congregaba en Jerusalém para tomar parte de las celebraciones en el Templo, y por ello, estos son los momentos en los cuales sentimos más agudamente su ausencia. En segundo

אָבִינוּ מַלְכֵּנוּ Padre nuestro, Rey nuestro,
revela la gloria de Tu reinado sobre nosotros prontamente,
manifiéstate y encúmbrate sobre nosotros ante los ojos
de todos los seres vivientes,
y reúne a nuestros dispersos de entre las naciones
y congrega a nuestras diásporas desde los confines de la tierra.
Devuélvenos a Ṣion Tu ciudad con cánticos
y a Jerusalém Tu Santuario con eterna alegría.
Por favor, Dios nuestro
y allí prepararemos ante Ti nuestras ofrendas obligatorias:
Las ofrendas continuas conforme su orden,
y las ofrendas adicionales de acuerdo con sus leyes.
Y la ofrenda adicional de este día de
/ *En Shabat:* y las ofrendas adicionales de este día de Shabat y este día de /

*En Pesaḥ:* Fiesta de las Maṣot.
Este día de Yom Tob día de sagrada convocatoria
*En Shabu'ot:* Fiesta de Shabu'ot.
Este día de Yom Tob día de sagrada convocatoria
*En Sucot:* Fiesta de Sucot.
Este día de Yom Tob día de sagrada convocatoria
*En Sheminí Aṣeret:* Fiesta de Sheminí Aṣeret.
Este día de Yom Tob día de sagrada convocatoria

prepararemos y ofrendaremos ante Ti con amor,
tal como lo indica el precepto de Tu voluntad,
tal como lo has escrito en Tu Torá por medio de Tu siervo Moshé.

אֱלֹהֵינוּ Dios nuestro y de nuestros ancestros,
Rey compasivo, apiádate de nosotros, Bondadoso y que obra el bien,
retorna a nosotros con Tu gran piedad por el mérito de los
patriarcas que realizaron Tu voluntad.
Reconstruye Tu Casa como al principio
y establece Tu Santuario en su sitio.
Permítenos contemplar su reconstrucción,
regocíjanos con su restauración, haz retornar Tu Presencia a su interior,
haz retornar a los cohanim a sus labores, a los levitas a sus tarimas
de cánticos y de música y a Israel a sus moradas.

אָבִינוּ מַלְכֵּנוּ אֱלֹהֵינוּ
גַּלֵּה כְּבוֹד מַלְכוּתְךָ עָלֵינוּ מְהֵרָה
וְהוֹפַע וְהִנָּשֵׂא עָלֵינוּ לְעֵינֵי כָּל-חָי
וְקָרֵב פְּזוּרֵינוּ מִבֵּין הַגּוֹיִם, וּנְפוּצוֹתֵינוּ כַּנֵּס מִיַּרְכְּתֵי אָרֶץ.
וַהֲבִיאֵנוּ יהוה אֱלֹהֵינוּ לְצִיּוֹן עִירְךָ בְּרִנָּה
וְלִירוּשָׁלַיִם עִיר מִקְדָּשְׁךָ בְּשִׂמְחַת עוֹלָם
אָנָּא אֱלֹהֵינוּ
וְשָׁם נַעֲשֶׂה לְפָנֶיךָ אֶת קָרְבְּנוֹת חוֹבוֹתֵינוּ
תְּמִידִים כְּסִדְרָם וּמוּסָפִים כְּהִלְכָתָם
אֶת מוּסַף יוֹם / בשבת: אֶת מוּסְפֵי יוֹם הַשַּׁבָּת הַזֶּה וְאֶת יוֹם/

בפסח: חַג הַמַּצּוֹת הַזֶּה, אֶת יוֹם (ביו"ט: טוֹב) מִקְרָא קֹדֶשׁ הַזֶּה

בשבועות: חַג הַשָּׁבוּעוֹת הַזֶּה, אֶת יוֹם טוֹב מִקְרָא קֹדֶשׁ הַזֶּה

בסוכות: חַג הַסֻּכּוֹת הַזֶּה, אֶת יוֹם (ביו"ט: טוֹב) מִקְרָא קֹדֶשׁ הַזֶּה

בשמיני עצרת: שְׁמִינִי חַג עֲצֶרֶת הַזֶּה, אֶת יוֹם טוֹב מִקְרָא קֹדֶשׁ הַזֶּה

נַעֲשֶׂה וְנַקְרִיב לְפָנֶיךָ בְּאַהֲבָה כְּמִצְוַת רְצוֹנֶךָ
כְּמוֹ שֶׁכָּתַבְתָּ עָלֵינוּ בְּתוֹרָתֶךָ עַל יְדֵי מֹשֶׁה עַבְדֶּךָ.

אֱלֹהֵינוּ וֵאלֹהֵי אֲבוֹתֵינוּ
מֶלֶךְ רַחֲמָן רַחֵם עָלֵינוּ, טוֹב וּמֵטִיב הִדָּרֶשׁ לָנוּ
שׁוּבָה עָלֵינוּ בַּהֲמוֹן רַחֲמֶיךָ, בִּגְלַל אָבוֹת שֶׁעָשׂוּ רְצוֹנֶךָ.
בְּנֵה בֵיתְךָ כְּבַתְּחִלָּה, כּוֹנֵן בֵּית מִקְדָּשְׁךָ עַל מְכוֹנוֹ
הַרְאֵנוּ בְּבִנְיָנוֹ, שַׂמְּחֵנוּ בְּתִקּוּנוֹ, וְהָשֵׁב שְׁכִינָתְךָ לְתוֹכוֹ
וְהָשֵׁב כֹּהֲנִים לַעֲבוֹדָתָם, וּלְוִיִּם לְדוּכָנָם לְשִׁירָם וּלְזִמְרָם
וְהָשֵׁב יִשְׂרָאֵל לִנְוֵיהֶם.

וְשָׁם Y hacia allí ascenderemos, nos presentaremos
y nos prosternaremos ante Ti en las tres festividades de peregrinaje,
tal como está escrito en la Torá:
Tres veces en el año habrán de presentarse todos tus varones *Deut. 16*
ante el Señor tu Dios,
en el lugar que habrá de elegir: en la festividad de las Maṣot,
en la festividad de Shabu'ot y en la festividad de Sucot.
Empero no se habrá de comparecer ante la Presencia del Señor
con las manos vacías.
Cada hombre, según el donativo de su mano;
de acuerdo a la bendición que el Señor tu Dios te ha dado a ti.

וְהַשִּׂיאֵנוּ Otórganos Señor, nuestro Dios, la bendiciones de Tus festividades para una vida de alegría y en paz.
Bendícenos tal como deseaste y prometiste bendecirnos, Sela.
Santifícanos con Tus preceptos, haz que nuestra porción esté en Tu Torá, sácianos de Tu bondad y regocíjanos con Tu salvación y purifica nuestros corazones para que Te sirvamos con verdad.
Léganos Señor nuestro Dios (*En Shabat:* con amor y benevolencia)
con alegría y regocijo (*En Shabat:* el Shabat y) Tus sagradas festividades,
tal que se alegren en Ti los hijos de Israel que santifican Tu Nombre.
Bendito eres Tú Señor, que santifica (*En Shabat:* el Shabat y)
a Israel y a las festividades.

EL SERVICIO DEL TEMPLO

רְצֵה Acepta con benevolencia Señor, nuestro Dios,
a Tu pueblo Israel y atiende sus plegarias.
Restaura el servicio en Tu más sagrada casa y acepta favorable
y amorosamente las ofrendas ígneas de Israel y sus rezos.
Que siempre recibas con agrado el servicio de Tu pueblo Israel.
Y Tú en Tu gran compasión nos desearás
y Te complacerás en nosotros.
Que nuestros ojos contemplen Tu retorno a Ṣion con compasión.
Bendito eres Tú Señor, que restaura Su presencia en Ṣion.

וְשָׁם נַעֲלֶה וְנֵרָאֶה וְנִשְׁתַּחֲוֶה לְפָנֶיךָ
בְּשָׁלֹשׁ פַּעֲמֵי רְגָלֵינוּ בְּכָל־שָׁנָה וְשָׁנָה, כַּכָּתוּב בַּתּוֹרָה:
שָׁלוֹשׁ פְּעָמִים בַּשָּׁנָה יֵרָאֶה כָל־זְכוּרְךָ אֶת־פְּנֵי יְהֹוָה אֱלֹהֶיךָ דברים טז
בַּמָּקוֹם אֲשֶׁר יִבְחָר, בְּחַג הַמַּצּוֹת, וּבְחַג הַשָּׁבֻעוֹת, וּבְחַג הַסֻּכּוֹת
וְלֹא יֵרָאֶה אֶת־פְּנֵי יְהֹוָה רֵיקָם:
אִישׁ כְּמַתְּנַת יָדוֹ, כְּבִרְכַּת יְהֹוָה אֱלֹהֶיךָ אֲשֶׁר נָתַן־לָךְ:

וְהַשִּׂיאֵנוּ יְהֹוָה אֱלֹהֵינוּ אֶת בִּרְכַּת מוֹעֲדֶיךָ
לְחַיִּים בְּשִׂמְחָה וּבְשָׁלוֹם
כַּאֲשֶׁר רָצִיתָ וְאָמַרְתָּ לְבָרְכֵנוּ, כֵּן תְּבָרְכֵנוּ סֶלָה.
קַדְּשֵׁנוּ בְּמִצְוֹתֶיךָ, שִׂים חֶלְקֵנוּ בְּתוֹרָתֶךָ
שַׂבְּעֵנוּ מִטּוּבֶךָ, שַׂמַּח נַפְשֵׁנוּ בִּישׁוּעָתֶךָ
וְטַהֵר לִבֵּנוּ לְעָבְדְּךָ בֶּאֱמֶת
וְהַנְחִילֵנוּ יְהֹוָה אֱלֹהֵינוּ (בשבת: בְּאַהֲבָה וּבְרָצוֹן)
בְּשִׂמְחָה וּבְשָׂשׂוֹן (בשבת: שַׁבָּתוֹת וּ) מוֹעֲדֵי קָדְשֶׁךָ
וְיִשְׂמְחוּ בְךָ כָּל־יִשְׂרָאֵל מְקַדְּשֵׁי שְׁמֶךָ.
בָּרוּךְ אַתָּה יְהֹוָה, מְקַדֵּשׁ (בשבת: הַשַּׁבָּת וְ) יִשְׂרָאֵל וְהַזְּמַנִּים.

עבודה

רְצֵה יְהֹוָה אֱלֹהֵינוּ בְּעַמְּךָ יִשְׂרָאֵל וְלִתְפִלָּתָם שְׁעֵה
וְהָשֵׁב הָעֲבוֹדָה לִדְבִיר בֵּיתֶךָ
וְאִשֵּׁי יִשְׂרָאֵל וּתְפִלָּתָם מְהֵרָה בְּאַהֲבָה תְקַבֵּל בְּרָצוֹן
וּתְהִי לְרָצוֹן תָּמִיד עֲבוֹדַת יִשְׂרָאֵל עַמֶּךָ.
וְאַתָּה בְּרַחֲמֶיךָ הָרַבִּים תַּחְפֹּץ בָּנוּ וְתִרְצֵנוּ
וְתֶחֱזֶינָה עֵינֵינוּ בְּשׁוּבְךָ לְצִיּוֹן בְּרַחֲמִים.
בָּרוּךְ אַתָּה יְהֹוָה, הַמַּחֲזִיר שְׁכִינָתוֹ לְצִיּוֹן.

## AGRADECIMIENTO

מוֹדִים Te agradecemos a Ti,
pues eres el Señor,
Dios nuestro y de nuestros
ancestros por siempre.
Eres nuestra Roca
y la de nuestra existencia,
Escudo de nuestra salvación.
De generación en generación Te
agradeceremos, y relataremos Tu
alabanza por nuestras vidas que
están depositadas en Tus manos,
por nuestras almas que están
a Tu cargo, por Tus milagros
para con nosotros a diario, y
las bondades y maravillas que
nos prodigas en todo momento,
noche, mañana y tarde.
El Benevolente, pues Tu
compasión nunca concluye,
Tú eres compasivo, pues no
cesan Tus bondades.
Siempre hemos depositado
nuestra esperanza en Ti.

*Mientras el Ḥazán recita el pasaje paralelo el congregación se inclina y dice en voz baja:*

מוֹדִים Te agradecemos a Ti,
pues eres el Señor,
Dios nuestro
y de nuestros ancestros,
Dios de toda carne, Formador
nuestro y del universo.
Bendiciones y agradecimientos
a Tu Nombre grandioso
y sagrado, por habernos
preservado con vida
y mantenido.
De igual forma, danos vida,
agrácianos y reúne
a Tus exiliados en
Tu patio sagrado,
para que cumplan
con Tus leyes y hagan
Tu voluntad con integridad
de corazón,
por ello nos corresponde
agradecerte.
Bendito es el Dios
a Quien debemos agradecer.

וְעַל כֻּלָּם Por todo esto, Rey nuestro, que Tu Nombre sea bendecido,
exaltado y encumbrado por siempre.
Que todos los seres vivos Te agradezcan, ¡Sela!
Y alaben y bendigan a Tu gran Nombre de verdad,
pues por siempre eres bondadoso.
Dios de nuestra redención y nuestro socorro,
¡Sela! El Dios bondadoso. Bendito eres Tú Señor,
Tu Nombre es "Bueno" y a Ti corresponde agradecer.

הודאה

מוֹדִים אֲנַחְנוּ לָךְ.
שָׁאַתָּה הוּא יְהֹוָה אֱלֹהֵינוּ
וֵאלֹהֵי אֲבוֹתֵינוּ לְעוֹלָם וָעֶד.
צוּרֵנוּ, צוּר חַיֵּינוּ וּמָגֵן יִשְׁעֵנוּ
אַתָּה הוּא לְדוֹר וָדוֹר
נוֹדֶה לְּךָ וּנְסַפֵּר תְּהִלָּתֶךָ
עַל חַיֵּינוּ הַמְּסוּרִים בְּיָדֶךָ
וְעַל נִשְׁמוֹתֵינוּ הַפְּקוּדוֹת לָךְ.
וְעַל נִסֶּיךָ שֶׁבְּכָל־יוֹם עִמָּנוּ
וְעַל נִפְלְאוֹתֶיךָ וְטוֹבוֹתֶיךָ
שֶׁבְּכָל־עֵת עֶרֶב וָבֹקֶר וְצָהֳרָיִם.
הַטּוֹב, כִּי לֹא כָלוּ רַחֲמֶיךָ
הַמְרַחֵם, כִּי לֹא תַמּוּ חֲסָדֶיךָ
כִּי מֵעוֹלָם קִוִּינוּ לָךְ.

*Mientras el* חזן *recita el pasaje paralelo el* קהל *se inclina y dice en voz baja:*

מוֹדִים אֲנַחְנוּ לָךְ
שָׁאַתָּה הוּא יְהֹוָה אֱלֹהֵינוּ
וֵאלֹהֵי אֲבוֹתֵינוּ
אֱלֹהֵי כָל־בָּשָׂר
יוֹצְרֵנוּ יוֹצֵר בְּרֵאשִׁית.
בְּרָכוֹת וְהוֹדָאוֹת
לְשִׁמְךָ הַגָּדוֹל וְהַקָּדוֹשׁ
עַל שֶׁהֶחֱיִיתָנוּ וְקִיַּמְתָּנוּ.
כֵּן תְּחַיֵּנוּ וּתְחָנֵּנוּ
וְתֶאֱסֹף גָּלֻיּוֹתֵינוּ לְחַצְרוֹת
קָדְשֶׁךָ לִשְׁמֹר חֻקֶּיךָ
וְלַעֲשׂוֹת רְצוֹנֶךָ
וּלְעָבְדְּךָ בְּלֵבָב שָׁלֵם
עַל שֶׁאֲנַחְנוּ מוֹדִים לָךְ.
בָּרוּךְ אֵל הַהוֹדָאוֹת.

וְעַל כֻּלָּם
יִתְבָּרַךְ וְיִתְרוֹמַם וְיִתְנַשֵּׂא תָּמִיד שִׁמְךָ מַלְכֵּנוּ לְעוֹלָם וָעֶד
וְכָל־הַחַיִּים יוֹדוּךָ סֶּלָה
וִיהַלְלוּ וִיבָרְכוּ אֶת שִׁמְךָ הַגָּדוֹל בֶּאֱמֶת לְעוֹלָם כִּי טוֹב
הָאֵל יְשׁוּעָתֵנוּ וְעֶזְרָתֵנוּ סֶלָה, הָאֵל הַטּוֹב.
בָּרוּךְ אַתָּה יְהֹוָה, הַטּוֹב שִׁמְךָ וּלְךָ נָאֶה לְהוֹדוֹת.

## BIRCAT COHANIM

*Durante la repetición del rezo, el Ḥazán dirige la bendición sacerdotal.*
*Los cohanim dicen "Que así sea Tu voluntad" previo al recitado de su bendición:*

יְהִי Sea Tu voluntad Señor, Dios nuestro y de nuestros ancestros, que esta bendición que nos ordenaste impartir a Tu pueblo de Israel resulte íntegra, carente de obstáculo e iniquidad desde hoy y para siempre.

*Si más de un cohen está presente, el Ḥazán exclama:*

**¡Cohanim!**

*y los cohanim recitan la bendición:*

בָּרוּךְ Bendito eres Tú Señor, nuestro Dios, Rey del universo, que nos santificó con la santidad de Aharón y nos ordenó bendecir a Su pueblo Israel con amor.

*Si hay más de un cohen presente, estos comienzan solos a recitar "Yebarejejá" y el Ḥazán dicta a partir de "HaShem".*

El Señor te bendiga y te guarde. *Kahal:* Amén *Núm. 6*
El Señor te ilumine con Su
Presencia y te agracie. *Kahal:* Amén
El Señor dirija Su Presencia
hacia ti y te conceda la paz. *Kahal:* Amén.

*Los cohanim agregan en silencio:*

רִבּוֹן Soberano de los mundos, hemos cumplido aquello que nos ordenaste, *Deut. 26*
por ello obra Tú de acuerdo a lo que nos prometiste. Divisa desde Tu santo aposento, desde el cielo, y bendice a Tu pueblo, a Israel.

*En caso de no haber cohanim presentes el Ḥazán dice:*

אֱלֹהֵינוּ Dios nuestro y de nuestros ancestros, bendícenos con la triple bendición de la Torá, escrita por la mano de Tu siervo Moshé y pronunciada por Aharón y sus hijos los cohanim, Tu pueblo consagrado, como fue dicho:

El Señor te bendiga y te guarde. *Kahal:* Que así sea Tu voluntad. *Núm. 6*
El Señor te ilumine con Su
Presencia y te agracie. *Kahal:* Que así sea Tu voluntad
El Señor dirija Su Presencia
hacia ti y te conceda la paz. *Kahal:* Que así sea Tu voluntad.
Y pondrán Mi Nombre sobre los hijos de Israel y los bendeciré.

## PAZ

שִׂים שָׁלוֹם Instaura paz, bien y bendición
vida, gracia y benevolencia, justicia y compasión sobre nosotros
y todo Tu pueblo Israel.

ברכת כהנים:

*Durante la repetición del rezo, el* חזן *dirige la bendición de los* כהנים.
*Los* כהנים *dicen* 'יְהִי רָצוֹן' *previo al recitado de su bendición:*

יְהִי רָצוֹן מִלְּפָנֶיךָ, יְהוָה אֱלֹהֵינוּ וֵאלֹהֵי אֲבוֹתֵינוּ, שֶׁתְּהֵא הַבְּרָכָה הַזֹּאת שֶׁצִּוִּיתָנוּ לְבָרֵךְ אֶת עַמְּךָ יִשְׂרָאֵל בְּרָכָה שְׁלֵמָה וְלֹא יִהְיֶה בָּהּ מִכְשׁוֹל וְעָוֹן מֵעַתָּה וְעַד עוֹלָם.

*Si más de un* כהן *está presente, el* חזן *exclama:*

כֹּהֲנִים

*y los* כהנים *recitan la bendición:*

בָּרוּךְ אַתָּה יְהוָה, אֱלֹהֵינוּ מֶלֶךְ הָעוֹלָם
אֲשֶׁר קִדְּשָׁנוּ בִּקְדֻשָּׁתוֹ שֶׁל אַהֲרֹן, וְצִוָּנוּ לְבָרֵךְ אֶת עַמּוֹ יִשְׂרָאֵל בְּאַהֲבָה.

*Si hay más de un cohen presente, estos comienzan solos a recitar* 'יְבָרֶכְךָ' *y el* חזן *dicta a partir de* 'יְהוָה':

יְבָרֶכְךָ קהל: כֵּן יְהִי רָצוֹן במדבר ו
יְהוָה וְיִשְׁמְרֶךָ: קהל: אָמֵן
יָאֵר יְהוָה פָּנָיו אֵלֶיךָ וִיחֻנֶּךָּ: קהל: אָמֵן
יִשָּׂא יְהוָה פָּנָיו אֵלֶיךָ וְיָשֵׂם לְךָ שָׁלוֹם: קהל: אָמֵן

*Los* כהנים *agregan en silencio:*

רִבּוֹן הָעוֹלָמִים, עָשִׂינוּ מַה שֶּׁגָּזַרְתָּ עָלֵינוּ, עֲשֵׂה אַתָּה מַה שֶּׁהִבְטַחְתָּנוּ, הַשְׁקִיפָה דברים כו
מִמְּעוֹן קָדְשְׁךָ מִן־הַשָּׁמַיִם וּבָרֵךְ אֶת־עַמְּךָ אֶת־יִשְׂרָאֵל:

*En caso de no haber* כהנים *presentes el* חזן *dice:*

אֱלֹהֵינוּ וֵאלֹהֵי אֲבוֹתֵינוּ, בָּרְכֵנוּ בַבְּרָכָה הַמְשֻׁלֶּשֶׁת בַּתּוֹרָה, הַכְּתוּבָה עַל יְדֵי מֹשֶׁה עַבְדֶּךָ, הָאֲמוּרָה מִפִּי אַהֲרֹן וּבָנָיו כֹּהֲנִים עַם קְדוֹשֶׁיךָ, כָּאָמוּר

יְבָרֶכְךָ יְהוָה וְיִשְׁמְרֶךָ: קהל: כֵּן יְהִי רָצוֹן במדבר ו
יָאֵר יְהוָה פָּנָיו אֵלֶיךָ וִיחֻנֶּךָּ: קהל: כֵּן יְהִי רָצוֹן
יִשָּׂא יְהוָה פָּנָיו אֵלֶיךָ וְיָשֵׂם לְךָ שָׁלוֹם: קהל: כֵּן יְהִי רָצוֹן
וְשָׂמוּ אֶת־שְׁמִי עַל־בְּנֵי יִשְׂרָאֵל, וַאֲנִי אֲבָרְכֵם:

שלום

שִׂים שָׁלוֹם טוֹבָה וּבְרָכָה
חַיִּים חֵן וָחֶסֶד, צְדָקָה וְרַחֲמִים עָלֵינוּ וְעַל־כָּל־יִשְׂרָאֵל עַמֶּךָ.

Bendícenos Padre nuestro, a todos nosotros como uno,
con la luz de Tu Semblante, pues en la luz de Tu Semblante nos
has dado SEÑOR, nuestro Dios, Torá, y vida,
amor y benevolencia, justicia y compasión, bendición y paz.
Que ante Tus ojos sea bueno bendecir a todo Tu pueblo Israel,
con gran poder y paz.

בָּרוּךְ Bendito eres Tú SEÑOR, que bendice a Su pueblo Israel con la paz, Amén.

יִהְיוּ Que las palabras de mi boca y la meditación de mi corazón hallen favor ante Ti SEÑOR, mi Fortaleza y mi Redentor. *Sal. 19*

*La repetición culmina aquí.*

אֱלֹהַי Dios mío, *Berajot 17a*
preserva mi lengua del mal y mis labios de pronunciar engaño.
Que mi alma calle ante quienes me maldicen,
y sea como el polvo para con todos.
Abre mi corazón a Tu Torá y que mi alma persiga Tus preceptos.
Rápidamente deja sin efecto el consejo y frustra los planes de
quienes conspiran contra mí.
Que sean cual tamo ante el viento *Sal. 35*
y acosados por el ángel del SEÑOR
Actúa en pos de Tu Nombre, actúa en pos de Tu diestra,
actúa en pos de Tu santidad, actúa en pos de Tu Torá.
Para que Tus amados sean liberados, *Sal. 60*
redime con Tu diestra y respóndeme.
Que las palabras de mi boca y la meditación de mi corazón *Sal. 19*
hallen favor ante Ti SEÑOR, mi Fortaleza y mi Redentor.

*Antes de decir 'Quien obra paz' se dan tres pasos hacia atrás.*

Quien obra la paz en Sus alturas,
con compasión haga la paz para nosotros y
todo Su pueblo Israel y decid: Amén.

Sea Tu voluntad SEÑOR, Dios nuestro y de nuestros ancestros, que el Templo sea reconstruido prontamente en nuestros días, y nos concedas una porción en Tu Torá, para cumplir con las leyes de Tu voluntad y servirte con corazón íntegro.

וּבָרְכֵנוּ אָבִינוּ כֻּלָּנוּ כְּאֶחָד בְּאוֹר פָּנֶיךָ
כִּי בְאוֹר פָּנֶיךָ נָתַתָּ לָּנוּ יְהוָה אֱלֹהֵינוּ תּוֹרָה וְחַיִּים
אַהֲבָה וָחֶסֶד, צְדָקָה וְרַחֲמִים, בְּרָכָה וְשָׁלוֹם.
וְטוֹב בְּעֵינֶיךָ לְבָרְכֵנוּ
וּלְבָרֵךְ אֶת כָּל־עַמְּךָ יִשְׂרָאֵל בְּרֹב עֹז וְשָׁלוֹם.
בָּרוּךְ אַתָּה יְהוָה, הַמְבָרֵךְ אֶת עַמּוֹ יִשְׂרָאֵל בַּשָּׁלוֹם. אָמֵן.
יִהְיוּ לְרָצוֹן אִמְרֵי־פִי וְהֶגְיוֹן לִבִּי לְפָנֶיךָ, יְהוָה צוּרִי וְגֹאֲלִי: תהלים יט

*La repetición culmina aquí.*

אֱלֹהַי ברכות יז
נְצֹר לְשׁוֹנִי מֵרָע וּשְׂפָתוֹתַי מִדַּבֵּר מִרְמָה
וְלִמְקַלְלַי נַפְשִׁי תִדֹּם, וְנַפְשִׁי כֶּעָפָר לַכֹּל תִּהְיֶה.
פְּתַח לִבִּי בְּתוֹרָתֶךָ, וְאַחֲרֵי מִצְוֹתֶיךָ תִּרְדֹּף נַפְשִׁי.
וְכָל־הַקָּמִים עָלַי לְרָעָה
מְהֵרָה הָפֵר עֲצָתָם וְקַלְקֵל מַחֲשְׁבוֹתָם.
יִהְיוּ כְּמֹץ לִפְנֵי־רוּחַ וּמַלְאַךְ יְהוָה דּוֹחֶה: תהלים לה
עֲשֵׂה לְמַעַן שְׁמֶךָ, עֲשֵׂה לְמַעַן יְמִינֶךָ
עֲשֵׂה לְמַעַן קְדֻשָּׁתֶךָ, עֲשֵׂה לְמַעַן תּוֹרָתֶךָ.
לְמַעַן יֵחָלְצוּן יְדִידֶיךָ, הוֹשִׁיעָה יְמִינְךָ וַעֲנֵנִי: תהלים ס
יִהְיוּ לְרָצוֹן אִמְרֵי־פִי וְהֶגְיוֹן לִבִּי לְפָנֶיךָ, יְהוָה צוּרִי וְגֹאֲלִי: תהלים יט

*Antes de decir 'עֹשֶׂה שָׁלוֹם' se dan tres pasos hacia atrás.*

עֹשֶׂה שָׁלוֹם בִּמְרוֹמָיו
הוּא בְּרַחֲמָיו, יַעֲשֶׂה שָׁלוֹם עָלֵינוּ
וְעַל־כָּל־עַמּוֹ יִשְׂרָאֵל, וְאִמְרוּ אָמֵן.

יְהִי רָצוֹן מִלְּפָנֶיךָ, יְהוָה אֱלֹהֵינוּ וֵאלֹהֵי אֲבוֹתֵינוּ, שֶׁתִּבָּנֶה בֵּית הַמִּקְדָּשׁ בִּמְהֵרָה בְיָמֵינוּ, וְתֵן חֶלְקֵנוּ בְּתוֹרָתֶךָ, לַעֲשׂוֹת חֻקֵּי רְצוֹנֶךָ וּלְעָבְדְךָ בְּלֵבָב שָׁלֵם.

יְהִי Que el Nombre del Señor sea bendito desde ahora y hasta la eternidad. Desde la salida del sol hasta su ocaso, alabado es el Nombre del Señor. El Señor es nuestro Soberano, cuán exaltado es Tu Nombre en toda la tierra. *Sal. 113* *Sal. 8*

## KADISH TITKABAL

*El Ḥazán recita el Kadish Titkabal solo:*

יִתְגַּדַּל Que Su Gran Nombre sea magnificado y santificado,
en el mundo que creó conforme a Su voluntad.
Que establezca Su reino, haga florecer Su salvación
y apresure la llegada de Su ungido
durante vuestra vida y en vuestros días
y en la vida de toda la casa de Israel,
pronto y rápidamente y decid: Amén.

Que Su Gran Nombre sea bendito por siempre
y por toda la eternidad.

Sea bendecido, alabado, glorificado y exaltado, encumbrado
y magnificado, enaltecido y ensalzado
el Nombre del Santo Bendito Él;
más allá de cualquier bendición,
cántico, alabanza y consolación
pronunciados en el mundo y decid: Amén.

Que nuestras plegarias y súplicas junto
a las de todo el pueblo de Israel
sean aceptadas por nuestro Padre Celestial y Terrenal y decid: Amén.

Que haya gran paz celestial, vida, saciedad, salvación, consolación,
refugio, sanación, redención, perdón y expiación, bienestar
y salvación para nosotros y para todo Su pueblo Israel y decid: Amén.

*Antes de decir 'Quien obra paz' se dan tres pasos hacia atrás.*

Quien obra la paz en Sus alturas,
con compasión haga la paz
para nosotros y todo Su pueblo Israel y decid: Amén.

*En Yom Tob y en Shabat se continúa con "Todo Israel" en la página 636.*
*En Ḥol HaMo'ed se continúa con el salmo correspondiente a la festividad en la página 290.*

יְהִי שֵׁם יְהוָה מְבֹרָךְ מֵעַתָּה וְעַד־עוֹלָם: תהלים קיג
מִמִּזְרַח־שֶׁמֶשׁ עַד־מְבוֹאוֹ מְהֻלָּל שֵׁם יְהוָה:
יְהוָה אֲדֹנֵינוּ, מָה־אַדִּיר שִׁמְךָ בְּכָל־הָאָרֶץ: תהלים ח

## קדיש תתקבל

*El* חזן *recita el* קדיש תתקבל *solo:*

וְיִתְקַדַּשׁ שְׁמֵהּ רַבָּא (קהל: אָמֵן)
בְּעָלְמָא דִּי בְרָא כִרְעוּתֵהּ
וְיַמְלִיךְ מַלְכוּתֵהּ וְיַצְמַח פֻּרְקָנֵהּ וִיקָרֵב מְשִׁיחֵהּ (קהל: אָמֵן)
בְּחַיֵּיכוֹן וּבְיוֹמֵיכוֹן וּבְחַיֵּי דְכָל־בֵּית יִשְׂרָאֵל
בַּעֲגָלָא וּבִזְמַן קָרִיב, וְאִמְרוּ אָמֵן. (קהל: אָמֵן)

יְהֵא שְׁמֵהּ רַבָּא מְבָרַךְ לְעָלַם וּלְעָלְמֵי עָלְמַיָּא יִתְבָּרַךְ
וְיִשְׁתַּבַּח וְיִתְפָּאַר וְיִתְרוֹמַם וְיִתְנַשֵּׂא
וְיִתְהַדָּר וְיִתְעַלֶּה וְיִתְהַלָּל שְׁמֵהּ דְּקֻדְשָׁא בְּרִיךְ הוּא (קהל: אָמֵן)
לְעֵלָּא מִן כָּל־בִּרְכָתָא, שִׁירָתָא, תִּשְׁבְּחָתָא וְנֶחֱמָתָא
דַּאֲמִירָן בְּעָלְמָא, וְאִמְרוּ אָמֵן. (קהל: אָמֵן)

תִּתְקַבַּל צְלוֹתְנָא וּבָעוּתָנָא
עִם כָּל־צְלוֹתְהוֹן וּבָעוּתְהוֹן דְּכָל־בֵּית יִשְׂרָאֵל
קֳדָם אֲבוּנָא אֱלָהָנָא מָארֵי שְׁמַיָּא וְאַרְעָא, וְאִמְרוּ אָמֵן. (קהל: אָמֵן)

יְהֵא שְׁלָמָא רַבָּא מִן שְׁמַיָּא, חַיִּים וְשָׂבָע וִישׁוּעָה וְנֶחָמָה
וְשֵׁיזָבָא וּרְפוּאָה, וּגְאֻלָּה וּסְלִיחָה וְכַפָּרָה, וְרֵוַח וְהַצָּלָה
לָנוּ וּלְכָל־עַמּוֹ יִשְׂרָאֵל, וְאִמְרוּ אָמֵן. (קהל: אָמֵן)

*Antes de decir* 'עֹשֶׂה שָׁלוֹם' *se dan tres pasos hacia atrás.*

עֹשֶׂה שָׁלוֹם בִּמְרוֹמָיו
הוּא בְּרַחֲמָיו יַעֲשֶׂה שָׁלוֹם
עָלֵינוּ וְעַל־כָּל־עַמּוֹ יִשְׂרָאֵל, וְאִמְרוּ אָמֵן. (קהל: אָמֵן)

*En* יום טוב *y en* שבת *se continúa con* כל ישראל *en la página 637.*
*En* חול המועד *se continúa con el salmo correspondiente a la festividad en la página 291.*

# Ḥanucá

*Al atardecer del viernes se encienden las velas de Ḥanucá antes que las de Shabat. Los sábados por la noche, en la casa, la Habdalá antecede al encendido de las velas. Tanto el encendido como el recitado de las bendiciones correspondientes se realiza de pie.*

*Los judíos de Alepo de origen español acostumbran hasta el día de hoy a encender en Ḥanucá una vela suplementaria junto a las demás, por lo que el primer día de la festividad encienden dos, amén de aquella destinada al usufructo de su luz.*

בָּרוּךְ Bendito eres Tú Señor, nuestro Dios, Rey del universo, que nos ha santificado con Sus preceptos y nos ordenó encender la vela de Ḥanucá.

בָּרוּךְ Bendito eres Tú Señor, nuestro Dios, Rey del universo, que hizo milagros a nuestros ancestros en aquellos días en este tiempo.

*En la primera noche se agrega:*

בָּרוּךְ Bendito eres Tú Señor, nuestro Dios, Rey del universo que nos ha dado vida, nos sostuvo y nos ha permitido llegar a este momento.

---

celebración anual de ocho días en recordación de aquellos eventos, incluida la recitación del Halel.

Un incidente cobró una inmensa significación simbólica: el hecho de que entre los escombros del Templo se encontró una vasija de aceite con su sellado intacto con el cual el candelabro del Templo, la Menorá, pudo ser encendida. El aceite que normalmente debió haber alcanzado para un día ardió durante ocho, esto es, todo el tiempo que duró la ceremonia de reinauguración. Incluso después de que el Templo fuera destruido a manos de los romanos más de dos siglos después, las velas de Ḥanucá dieron testimonio de que aún después de la peor profanación subsiste algo puro y logra iluminar el camino hacia el futuro. Las velas de Ḥanucá se transformaron en uno de los mayores símbolos de esperanza judía.

Las velas son encendidas en el hogar, al anochecer o después, preferentemente en un sitio donde pueden ser vistas por los transeúntes. Nuestra costumbre es encender una vela (o una lámpara de aceite de oliva) en la primera noche, dos en la segunda y así sucesivamente. La primera vela se coloca del lado derecho del candelabro, y cada noche la primera vela que va a ser encendida se coloca en la izquierda.

# סדר הדלקת נרות חנוכה

*Al atardecer del viernes se encienden las velas de* חנוכה *antes que las de* שבת*.*
*Los sábados por la noche, en la casa, la* הבדלה *antecede al encendido de las velas.*
*Tanto el encendido como el recitado de las bendiciones correspondientes se realiza de pie.*

*Los judíos de Alepo de origen español acostumbran hasta el día de hoy a encender en* חנוכה *una vela suplementaria junto a las demás, por lo que el primer día de la festividad encienden dos, amén de aquella destinada al usufructo de su luz.*

בָּרוּךְ אַתָּה יְהֹוָה, אֱלֹהֵינוּ מֶלֶךְ הָעוֹלָם
אֲשֶׁר קִדְּשָׁנוּ בְּמִצְוֹתָיו וְצִוָּנוּ לְהַדְלִיק נֵר חֲנֻכָּה.

בָּרוּךְ אַתָּה יְהֹוָה, אֱלֹהֵינוּ מֶלֶךְ הָעוֹלָם
שֶׁעָשָׂה נִסִּים לַאֲבוֹתֵינוּ בַּיָּמִים הָהֵם בַּזְּמַן הַזֶּה.

*En la primera noche se agrega:*

בָּרוּךְ אַתָּה יְהֹוָה, אֱלֹהֵינוּ מֶלֶךְ הָעוֹלָם
שֶׁהֶחֱיָנוּ וְקִיְּמָנוּ וְהִגִּיעָנוּ לַזְּמַן הַזֶּה.

---

ḤANUCÁ

Tras la conquista de Alejandro Magno, Israel pasó a estar bajo el dominio de los griegos; durante el siglo III A.E.C. bajo gobierno ptolemaico con asiento en Egipto y luego en el siglo II A.E.C. bajo gobierno seléucida con asiento en Siria. A partir del 175 A.E.C. uno de los gobernantes seléucidas, Antíoco Epifanes decidió embarcarse en una campaña de helenización compulsiva de los judíos en Israel. Se construyó un gimnasio a los pies del Monte del Templo. Los fondos del Santuario fueron desviados hacia actividades atléticas y culturales. Eventualmente, en el año 167 A.E.C. la práctica pública del judaísmo fue prohibida y se erigió una estatua de Zeus en el Templo. Muchos judíos fueron martirizados por no querer abandonar su fe.

Un grupo de judíos piadosos liderados por un anciano cohen llamado Matitiahu y sus hijos – incluido el famoso Yehudá, conocido como "el macabeo" – se rebelaron. Durante los siguientes tres años condujeron una exitosa campaña que obligó a las fuerzas griegas a retirarse de Jerusalém con lo que fue posible reinaugurar el profanado Templo. Ḥanucá es el aniversario de aquella ceremonia de reinauguración que celebra no sólo la victoria militar y la restauración del gobierno judío, sino también la victoria espiritual de la fe judía sobre la asimilación forzada. Poco después se decidió instaurar una

הַנֵּרוֹת הַלָּלוּ Estas velas las encendemos por los milagros, la salvación, las proezas, las salvaciones, las maravillas y los consuelos que hiciste a nuestros ancestros en aquellos días en este tiempo por medio de Tus sagrados cohanim. Y todos los ocho días de Ḥanucá estas velas son sagradas y no tenemos permiso de usarlas sino únicamente verlas para agradecer y alabar a Tu Gran Nombre por Tus milagros, por Tus maravillas y Tus salvaciones.

מִזְמוֹר Salmo de David. Cántico para la dedicación de la Casa. Te exaltaré SEÑOR porque me has levantado y no permitiste que mis enemigos se regocijen sobre mí. SEÑOR, mi Dios, clamé a Ti y me curaste. SEÑOR, elevaste mi alma del sepulcro, evitaste que descienda al pozo. Cantad al SEÑOR, vosotros Sus devotos, agradeced a Su Nombre Sagrado. Ya que Su enojo es momentáneo pero Su favor por toda la vida. En la noche pernoctará con llanto, pero por la mañana todo es regocijo. Yo me había dicho en mi tranquilidad: "Jamás vacilaré". SEÑOR, es gracias a Tu Voluntad que me has mantenido en las cumbres de mi vigor; pero si Tu rostro has de ocultar me habría aterrado. A Ti SEÑOR he clamado, a mi SEÑOR supliqué: "¿Qué beneficio puede haber si muero y desciendo al sepulcro? ¿Acaso el polvo podrá agradecerte? ¿Podrá declarar Tu verdad? SEÑOR, escúchame con favor, ayúdame". Transformaste mi pesar en danza, quitaste mis harapos y me ceñiste de regocijo, para que mi alma pueda cantar Tu gloria sin callar. SEÑOR, mi Dios, por siempre Te agradeceré. *Sal. 30*

*Shaḥrit de Ḥanucá es el rezo matinal común de días de semana incluyendo "Por los milagros" en la A'midá y luego se recita el Halel Completo en la página 822 seguido de "Que el Nombre del SEÑOR" y Medio Kadish, luego se extrae el rollo de la Torá y se entona "Exaltad" (página 196). La lectura de la Torá está en la página 1185 y luego se continúa con el rezo habitual de día de semana con un Medio Kadish en la página 202.*

### DOCE VELAS EN HONOR A LOS DOCE NESIÍM DE ISRAEL

*Según nuestra costumbre, durante cada uno de los días de Ḥanucá, antes del rezo de Shaḥrit, tanto en las sinagogas como en las casas de estudio, se encienden doce velas a la derecha del Hejal en honor a los doce Nesiím (los líderes de las tribus) de Israel. En Shabat estas velas deben arder las veinticuatro horas. Se honra con el encendido de estas velas a quienes van llegando a la sinagoga.*

---

efectos de que iluminen, sino para "publicitar o difundir el milagro". Una vela separada, el *shamash*, es empleada para encender las demás velas y es colocada levemente más arriba tal que si nos beneficiamos de la luz, será de la del *shamash* y no de aquellas que forman parte del cumplimiento del precepto.

הַנֵּרוֹת הַלָּלוּ אָנוּ מַדְלִיקִין עַל הַנִּסִּים וְעַל הַפֻּרְקָן וְעַל הַגְּבוּרוֹת וְעַל הַתְּשׁוּעוֹת וְעַל הַנִּפְלָאוֹת וְעַל הַנֶּחָמוֹת שֶׁעָשִׂיתָ לַאֲבוֹתֵינוּ בַּיָּמִים הָהֵם בַּזְּמַן הַזֶּה עַל יְדֵי כֹּהֲנֶיךָ הַקְּדוֹשִׁים וְכָל־שְׁמוֹנַת יְמֵי חֲנֻכָּה הַנֵּרוֹת הַלָּלוּ קֹדֶשׁ הֵם וְאֵין לָנוּ רְשׁוּת לְהִשְׁתַּמֵּשׁ בָּהֶם אֶלָּא לִרְאוֹתָם בִּלְבַד כְּדֵי לְהוֹדוֹת לִשְׁמְךָ עַל נִסֶּיךָ וְעַל נִפְלְאוֹתֶיךָ וְעַל יְשׁוּעוֹתֶיךָ. מסכת סופרים כ,ו

מִזְמוֹר שִׁיר־חֲנֻכַּת הַבַּיִת לְדָוִד: אֲרוֹמִמְךָ יְהֹוָה כִּי דִלִּיתָנִי וְלֹא־שִׂמַּחְתָּ תהלים ל
אֹיְבַי לִי: יְהֹוָה אֱלֹהָי שִׁוַּעְתִּי אֵלֶיךָ וַתִּרְפָּאֵנִי: יְהֹוָה הֶעֱלִיתָ מִן־שְׁאוֹל
נַפְשִׁי חִיִּיתַנִי מִיָּרְדִי־בוֹר: זַמְּרוּ לַיהֹוָה חֲסִידָיו וְהוֹדוּ לְזֵכֶר קָדְשׁוֹ: כִּי רֶגַע ו
בְּאַפּוֹ חַיִּים בִּרְצוֹנוֹ בָּעֶרֶב יָלִין בֶּכִי וְלַבֹּקֶר רִנָּה: וַאֲנִי אָמַרְתִּי בְשַׁלְוִי בַּל־
אֶמּוֹט לְעוֹלָם: יְהֹוָה בִּרְצוֹנְךָ הֶעֱמַדְתָּה לְהַרְרִי עֹז הִסְתַּרְתָּ פָנֶיךָ הָיִיתִי
נִבְהָל: אֵלֶיךָ יְהֹוָה אֶקְרָא וְאֶל־אֲדֹנָי אֶתְחַנָּן: מַה־בֶּצַע בְּדָמִי בְּרִדְתִּי
אֶל שָׁחַת הֲיוֹדְךָ עָפָר הֲיַגִּיד אֲמִתֶּךָ: שְׁמַע־יְהֹוָה וְחָנֵּנִי יְהֹוָה הֱיֵה־עֹזֵר
לִי: הָפַכְתָּ מִסְפְּדִי לְמָחוֹל לִי פִּתַּחְתָּ שַׂקִּי וַתְּאַזְּרֵנִי שִׂמְחָה: לְמַעַן ו
יְזַמֶּרְךָ כָבוֹד וְלֹא יִדֹּם יְהֹוָה אֱלֹהַי לְעוֹלָם אוֹדֶךָּ:

*שחרית de חנוכה es el rezo matinal común de días de semana incluyendo* 'עַל הַנִּסִּים' *en la* עמידה *y luego se recita el* הלל *Completo en la página 823 seguido de* חצי קדיש, *luego se extrae el rollo de la* תורה *y se entona* 'גַּדְּלוּ' *y* 'יְהִי שֵׁם' *(página 197). La lectura de la* תורה *está en la página 1185 y luego se continúa con el rezo habitual de día de semana con un* חצי קדיש *en la página 203*

## י״ב נרות לכבוד נשיאי ישראל

*Según nuestra costumbre, durante cada uno de los días de Ḥanucá, antes del rezo de Shaḥrit, tanto en las sinagogas como en las casas de estudio, se encienden doce velas a la derecha del Hejal en honor a los doce Nesiím (los líderes de las tribus) de Israel. En Shabat estas velas deben arder las veinticuatro horas. Se honra con el encendido de estas velas a quienes van llegando a la sinagoga.*

---

**הַנֵּרוֹת הַלָּלוּ** *Estas velas las encendemos:* Se trata de un himno sobre la santidad de las velas y el por qué de su encendido. Este texto es conocido de un tratado rabínico, Masejet Sofrim, si bien a lo largo de los siglos pasó por ciertos cambios. **וְאֵין לָנוּ רְשׁוּת לְהִשְׁתַּמֵּשׁ בָּהֶם** *Y no tenemos permiso de usarlas:* A diferencia de las velas de Shabat, las de Ḥanucá no son encendidas a los

# Shabat Shekalim

*El Shabat anterior a Rosh Ḥodesh Adar (Adar Bet durante un año embolismal) se extraen dos rollos de la Torá. Las primeras siete aliot de la porción de la semana se leen del primer rollo, acto seguido se recita Medio Kadish y luego se lee la porción de Shekalim del segundo rollo a modo de Maftir también seguida del recitado de Medio Kadish. Luego se lee la Haftará "Vaijrot Yehoiadá". Si Rosh Ḥodesh Adar cae en Shabat, se extraen tres rollos de la Torá: las primeras seis aliot correspondientes a la porción semanal se leen del primero (no se recita Medio Kadish tras esta lectura a menos que más de seis personas hayan recibido aliot), la séptima aliá corresponde a la lectura de Rosh Ḥodesh, "Ubióm HaShabat", es leído en el segundo rollo recitándose posteriormente Medio Kadish; a modo de Maftir se lee la porción de "Ki Tisá" en el tercer rollo, seguido de Medio Kadish. A continuación, se lee la Haftará "Vaijrot Yehoiadá".*

Éx. 30:11-16

# Shabat Zajor

*El Shabat anterior a Purim se extraen dos rollos de la Torá. En el primero se leen siete aliot de la porción semanal. A continuación, se recita Medio Kadish y se lee la porción de Zajor del segundo rollo, nuevamente seguido del recitado de Medio Kadish y luego se lee la Haftará de "Pakadti".*

*En la comunidad de Alepo jamás se acostumbró que las mujeres tengan el cuidado de asistir a la sinagoga a escuchar la lectura de la Torá correspondiente a Shabat Zajor.*

Deut. 25:17-19

*Tras la Haftará se cantan los primeros y últimos tres párrafos del poema "¿Quién es como Tú"*

¿Quién es como Tú? No hay como Tú.
¿Quién se asemeja a Ti? Nadie se asemeja a Ti.

אָדוֹן SEÑOR, que Tu benevolencia no cese,
Tu verdad sea cual fortaleza y torre,
pues Tú fuiste siempre el bastión del menesteroso *Isa. 25*
y el reducto del necesitado en su desgracia.

En los días de mi temprana juventud,
el espíritu del SEÑOR habló en mi interior,
y hoy, aunque mis transgresiones hayan provocado mi expulsión, *Cant. 2*
aún mi amado es para mí y yo para Él.

Desde siempre me ha prodigado todo lo bueno,
cosas manifiestas y conocidas para todos los corazones,
y aunque haya penas cercanas, *Isa. 30*
felices aquellos que Le aguardan.

# שבת שקלים

*El* שבת *anterior a* ראש חודש אדר *(*אדר ב *durante un año embolismal) se extraen dos rollos de la* תורה*. Las primeras siete* עליות *de la porción de la semana se leen del primer rollo, acto seguido se recita* חצי קדיש *y luego se lee la* פרשת שקלים *del segundo rollo a modo de* מפטיר *también seguida del recitado de* חצי קדיש*.*

*Luego se lee la Haftará* 'ויכרת יהוידע'*. Si* ראש חודש אדר *cae en* שבת*, se extraen tres rollos de la* תורה*: las primeras seis aliot correspondientes a la porción semanal se leen del primero (no se recita* חצי קדיש *tras esta lectura a menos que más de seis personas hayan recibido* עליות*), la séptima* עליה *corresponde a la lectura de* 'וביום השבת' ראש חודש*, es leído en el segundo rollo recitándose posteriormente* חצי קדיש*; a modo de* מפטיר *se lee la* פרשת כי תשא *en el tercer rollo, seguido de* חצי קדיש*. A continuación, se lee la* הפטרה 'ויכרת יהוידע'*.*

שמות ל, יא–טז

# שבת זכור

*El* שבת *anterior a* פורים *se extraen dos rollos de la* תורה*. En el primero se leen siete* עליות *de la porción semanal. A continuación, se recita* חצי קדיש *y se lee la* פרשת זכור *del segundo rollo, nuevamente seguido del recitado de* חצי קדיש *y luego se lee la* הפטרה 'פקדתי'

*En la comunidad de Alepo jamás se acostumbró que las mujeres tengan el cuidado de asistir a la sinagoga a escuchar la lectura de la* תורה *correspondiente a* שבת זכור*.*

דברים כה, יז–יט

*Tras la* הפטרה *se cantan los primeros y últimos tres párrafos del poema* 'מִי כָמֹכָה'

מִי־כָמֹכָה וְאֵין כָּמוֹךָ
מִי דוֹמֶה לָּךְ וְאֵין דּוֹמֶה לָּךְ.

סימן א״ב

אָדוֹן, חַסְדְּךָ בַּל יֶחְדַּל / אֲמִתְּךָ מִבְצַר עֹז וּמִגְדָּל
ישעיה כה כִּי־הָיִיתָ מָעוֹז לַדָּל / וּמָעֹז לָאֶבְיוֹן בַּצַּר־לוֹ:

בִּימֵי חָרְפִּי מִקַּדְמוֹנִי / כִּי דִבֵּר רוּחַ יְהֹוָה
שיר השירים ב וְהַיּוֹם אִם גֵּרְשׁוּנִי עֲוֹנַי / דּוֹדִי לִי וַאֲנִי לוֹ:

גְּמָלַנִי מֵאָז טוֹבוֹת / גְּלוּיוֹת יְדוּעוֹת לַלְּבָבוֹת
ישעיה ל גַּם אִם יִהְיוּ הַצָּרוֹת קְרוֹבוֹת / אַשְׁרֵי כָּל־חוֹכֵי לוֹ:

Asperja la sangre de quienes se alzan contra mí,
y alzaré mi bandera, tal como lo dijeron todos los profetas, proclamando: *Isa. 25*
He aquí que este es nuestro Dios, aquel al cual esperamos.

Hoy habré de evocar, lo referente a los días pretéritos y futuros.
Se maravillarán en ello quienes comprenden los secretos encriptados,
mi Creador me hizo Su siervo desde el vientre de mi madre. *Isa. 49*

Fue en los días del rey Asuero,quien se erigiera por lo alto cual ciprés.
Encumbrándose por sobre todo gobernante o líder,y el Señor se lo permitió. *II Sam. 7*

En el tercer año de su reinado a todos convocó,
para que sus siervos y súbditos contemplasen su grandeza.
En su tierra se exhibían piedras preciosas (de tiara)
que habían pertenecido al pectoral del Cohen Gadol, *Job 28*
así como también arenas aureas.

Una parte de estas las otorgó a los habitantes de la ciudad de Shushán,
y bendijo a sus invitados cual novio.
El patio del jardín del palacio, es el asiento que para sí deseó. *Sal. 132*

Probó complacer el deseo de cada uno de sus invitados,
y permitió beber a cada quien según su voluntad sin imposición alguna;
ordenó otorgar a cada quien, según sus necesidades. *Deut. 15*

Todos los convidados fueron reunidos,
y también la reina Vashtí realizó un banquete para las mujeres.
Y tanto el banquete de los hombres como el de las mujeres, *Eze. 44*
fue contado por siete días.

Con el corazón alegre por el vino, el rey ordenó traer a la de bellos ojos.
Esta se negó a cumplir su orden, y tuvo el atrevimiento de decírselo. *Prov. 7*

El rey se asesoró con sus allegados,
y Memucán dio su consejo,
es Hamán quien siempre está listo para la desgracia, *Sal. 41*
su corazón acumula iniquidades.

Sus decisiones fueron hechas ley, pero mi pueblo tenía recursos ocultos, y de
no ser por las primeras misivas, no hubiese quedado remanente alguno. *Joel 2*

Se le aconsejó hacer un llamado público,
para que se trajese ante él a toda doncella hermosa.
Y aquella que más le gustase, con él sería desposada. *Éxo. 22*

El tallo de Yair se iluminó y brilló,
salió rápidamente corriendo al camino,
y antes de que llegue el golpe, su bastón de curación floreció,
porque el Señor lo había separado como Suyo. *Sal. 4*

דְּמֵי מִתְקוֹמְמֵי אֲזָה / וְדִגְלֵי אָרִים כִּדְבַר כָּל־חוֹזֶה
הִנֵּה אֱלֹהֵינוּ זֶה / קִוִּינוּ לוֹ: ישעיה כה

הַיּוֹם אַבִּיעָה חִידוֹת / הָיוּ מִנִּי קֶדֶם עֲתִידוֹת
נִפְלָא בָם הַמֵּבִין צְפוּנֵי סוֹדוֹת / יֹצְרִי מִבֶּטֶן לְעֶבֶד לוֹ: ישעיה מט

וַיְהִי בִּימֵי אֲחַשְׁוֵרוֹשׁ / מֶלֶךְ הַקָּם עַל כִּבְרוֹשׁ
נִשָּׂא וָרָם עַל כָּל־קָצִין וָרֹאשׁ / וַיהוָה הֵנִיחַ־לוֹ: שמואל ב׳ ז

זְמַן בִּשְׁנַת שָׁלֹשׁ לְמַלְכוּתוֹ / לְהַרְאוֹת לְכָל־עֲבָדָיו תְּכוּנָתוֹ
וְאַבְנֵי נֵזֶר מִתְנוֹסְסוֹת עַל אַדְמָתוֹ / וְעַפְרֹת זָהָב לוֹ: איוב כח

חֵלֶק לְכָל־בְּנֵי שׁוּשַׁן נָתַן / וְהִקְדִּישׁ קְרוּאָיו כְּחָתָן
בַּחֲצַר גִּנַּת בִּיתָן / אִוָּהּ לְמוֹשָׁב לוֹ: תהלים קלב

טָעַם עֲשׂוֹת רְצוֹן כָּל־אִישׁ וְיִצְרוֹ / וְאֵין אֹנֵס לְאִישׁ יַיִן עֲבָרוֹ
וְלָתֵת לְכָל־שׁוֹאֵל דֵּי מַחְסֹרוֹ / אֲשֶׁר יֶחְסַר לוֹ: דברים טו

יַחַד אָסְפוּ כָּל־הַנִּדְרָשִׁים / גַּם וַשְׁתִּי הַמַּלְכָּה עָשְׂתָה מִשְׁתֵּה נָשִׁים
וּמִשְׁתֵּה הַנָּשִׁים כָּאֲנָשִׁים / שִׁבְעַת יָמִים יִסְפְּרוּ־לוֹ: יחזקאל מד

כְּטוֹב לֵב הַמֶּלֶךְ בַּיַּיִן / אָמַר לְהָבִיא לְפָנָיו אֶת יְפַת הָעַיִן
וַתְּמָאֵן בִּדְבָרוֹ לֵאמֹר אָיִן / הֵעֵזָה פָנֶיהָ וַתֹּאמַר לוֹ: משלי ז

לַקְּרוֹבִים אֵלָיו הַיּוֹשְׁבִים עֲלֵי כֵן / שָׁאַל וַיְעָצֵהוּ מְמוּכָן
הוּא הָמָן לְפֻרְעָנוּת מוּכָן / לִבּוֹ יִקְבָּץ־אָוֶן לוֹ: תהלים מא

מְעֻצוֹתָיו כְּדָת נְתֻנוֹת / הָיוּ לְעַמִּי רְפוּאוֹת צְפוּנוֹת
כִּי לוּלֵא אִגְּרוֹת רִאשׁוֹנוֹת / גַּם־פְּלֵיטָה לֹא־הָיְתָה לוֹ: יואל ב

נוֹעַץ לִקְרֹא לְכָל־הֲמוֹנָיו / לְהָבִיא כָּל־יְפַת תֹּאַר לְפָנָיו
וְהַנַּעֲרָה אֲשֶׁר תִּיטַב בְּעֵינָיו / מָהֹר יְמַהֲרֶנָּה לוֹ: שמות כב

סַנְסַן לְיָאִיר הֵאִיר וְזָרַח / יָשִׂישׂ כְּגִבּוֹר לָרוּץ אֹרַח
טֶרֶם מַכָּה צִיץ רְפוּאָה פָּרַח / כִּי־הִפְלָה יְהוָה חָסִיד לוֹ: תהלים ד

Junto a él he de mencionar a la íntegra Hadasa,
que es su sobrina Ester, pura como el sol.
Y al fallecer su padre y su madre, Mordejai la tomó consigo. *Es. 2*

Halló gracia e impactó, por ello Ester fue llevada al palacio real.
Mordejai le ordenó: "Vé en paz,
ahora él es tu señor y puedes prosternarte delante suyo". *Sal. 45*

Una vez investida como reina, Ester no reveló cuál era su pueblo o su patria.
El rey la amó y engrandeció su esplendor,
pues la había recibido directamente del SEÑOR. *I Reyes 2*

Con suma atención oyó Mordejai, de los eunucos reales que protegían al monarca,
cuando dijeron respecto del rey: "conspiremos contra él". *Éx. 1*

Ester le transmitió el secreto al rey,
de parte de Mordejai, y ello fue registrado en el libro de memorias del reino.
Se buscó el registro y fue rápidamente hallado,
porque mil montañas habrán de dar de pastar a su rebaño. *Job 40*

Los dos conspiradores fueron colgados del cadalso,
pues Mordejai los había escuchado conspirando:
"Echemos veneno en la bebida del rey,
quizás se tiente a beberla y así podremos doblegarlo". *Jer. 20*

Esta salvación que serviría posteriormente,
fue inscrita en el libro real de memorias.
Para que el rey pudiese recompensar,
y retribuir así las buenas acciones de los hombres. *Job 34*

*Forma el acróstico: Yo, el humilde Ribí Yehudá hijo de Ribí Shemuel Haleví.*

Tras estos acontecimientos, Asuero engrandeció a Hamán.
Lo puso por sobre todos los ministros,
y las alturas de las montañas también las hizo suyas. *Sal. 95*

Mordejai se abstuvo de rendir honores al malvado,
al bisnieto de Amalek que era pecador ya desde el vientre materno.
Este sumó iniquidad a su pecado, y el SEÑOR no aceptará perdonarlo. *Deut. 29*

El mismo día que todos los siervos reales se inclinaron ante Hamán,
Mordejai iba caminando despreocupadamente.
Hamán procuró iniciar conflicto con un pueblo menesteroso y desgraciado,
metiéndose en un pleito que no le correspondía. *Prov. 26*

Tramó ardides incisivas cual espina, y desde sus arrogantes
y altaneros ojos pensó que era poca cosa,
castigar solamente a Mordejai.
Pero aquel que desprecia algo se ve afectado por ello. *Prov. 13*

עִמּוֹ נֶאֱמְנָה הֲדַסָּה תַּמָּה / הִיא אֶסְתֵּר בַּת דּוֹדוֹ, בָּרָה כַּחַמָּה
וּבְמוֹת אָבִיהָ וְאִמָּהּ / לְקָחָהּ מָרְדֳּכַי לוֹ: אסתר ב

פְּגָעָהּ חֵן וַתֵּלֶךְ וַהֲלוֹם / וַתִּלָּקַח אֶסְתֵּר אֶל בֵּית הַמֶּלֶךְ, גְּזֵרַת יַהֲלוֹם
וּמָרְדֳּכַי צִוָּה לָהּ, לְכִי לְשָׁלוֹם / כִּי־הוּא אֲדֹנַיִךְ וְהִשְׁתַּחֲוִי־לוֹ: תהלים מה

צֶדֶק לְבֻשָׁהּ בְּמַלְכוּתָהּ / לֹא הִגִּידָה אֶסְתֵּר עַמָּהּ וּמוֹלַדְתָּהּ
וְהַמֶּלֶךְ אֲהֵבָהּ וַיֶּרֶב תִּפְאַרְתָּהּ / כִּי מֵיְהוָה הָיְתָה לוֹ: מלכים א׳ ב

קֶשֶׁב רַב קָשַׁב צְרוֹר הַמֹּר / מִסָּרִיסֵי הַמֶּלֶךְ הַקְּבוּעִים לִשְׁמֹר
וְהִנָּם חוֹשְׁבִים עַל הַמֶּלֶךְ לֵאמֹר / הָבָה נִתְחַכְּמָה לוֹ: שמות א

רָחֲשָׁה אֶסְתֵּר לַמֶּלֶךְ בְּאִמְרֵי שֶׁפֶר / בְּשֵׁם מָרְדֳּכַי וְנִכְתַּב בַּסֵּפֶר
בֻּקַּשׁ וְנִמְצָא לִפְנֵי צְבִי עֹפֶר / כִּי־בוּל הָרִים יִשְׂאוּ־לוֹ: איוב מ

שְׁנֵיהֶם נִתְלוּ עַל הָעֵץ / כִּי שָׁמַע מָרְדֳּכַי לְשׁוֹנָם בְּהִוָּעֵץ
נַשְּׁקָה לַמֶּלֶךְ סַם הַמָּוֶת רוֹעֵץ / אוּלַי יְפֻתֶּה וְנוּכְלָה לוֹ: ירמיה כ

תְּשׁוּעָה זֹאת צְפוּנָה לְדוֹר אַחֲרוֹן / נִכְתְּבָה עַל סֵפֶר הַזִּכָּרוֹן
לִהְיוֹת לוֹ מִן הַמֶּלֶךְ תַּגְמוּל וְיִתְרוֹן / כִּי פֹעַל אָדָם יְשַׁלֶּם־לוֹ: איוב לד

סימן אני יהודה הלוי הקטן ברבי שמואל הלוי

אַחַר כָּל־הָאֵלֶּה הַדְּבָרִים / אֲחַשְׁוֵרוֹשׁ אֶת הָמָן הֵרִים
וַיְנַשְּׂאֵהוּ מֵעַל כָּל־הַשָּׂרִים / וְתוֹעֲפוֹת הָרִים לוֹ: תהלים צה

נִמְנַע מָרְדֳּכַי מִסְּגוֹד לָרָשָׁע / נִין עֲמָלֵק אֲשֶׁר מִבֶּטֶן פָּשַׁע
וְזֶה הוֹסִיף עַל חַטָּאתוֹ פֶּשַׁע / לֹא־יֹאבֶה יְהוָה סְלֹחַ לוֹ: דברים כט

יוֹם כֹּרְעוּ לוֹ כָּל־עַבְדֵי הַמֶּלֶךְ / וּמָרְדֳּכַי בְּתֻמּוֹ הוֹלֵךְ
בִּקֵּשׁ לְחַרְחֵר רִיב עַל עַם דַּל וְחֵלֶךְ / עֹבֵר מִתְעַבֵּר עַל־רִיב לֹא־לוֹ: משלי כו

יָעַץ תַּחְבּוּלוֹת כְּשִׂכִּים בְּצִדּוֹ / וַיֶּבֶז בְּעֵינָיו בִּגְאוֹן חֶמְדּוֹ
לִשְׁלֹחַ יָד בְּמָרְדֳּכַי לְבַדּוֹ / בָּז לְדָבָר יֵחָבֶל לוֹ: משלי יג

Acumuló incontables cantidades de plata y oro,
y pensó para sí que era el momento de reír.
Trajo ideas desde lejos, para heredar tiendas que no le pertenecían. *Hab. 1*
Hizo un sorteo y extendió su mano sobre el resultado,
y vio que en el mes de Adar había fallecido el escritor de la Torá.
Y no recordó que ese mes era también el de su nacimiento,
por ello, sobrevendrán sobre él dolores de parto. *Ose. 13*
Un oso al acecho le aconsejó,
y realizó un pedido ante su señor,
el cual tenía dientes de león, y mandíbulas de leoncillo. *Joel 1*
Son un pueblo que te ha dado la espalda,
sus normas son distintas y tu ley no observan.
Quien siembra vientos cosecha tempestades, y no dará fruto su espiga. *Ose. 8*
He preparado plata para tus arcas,
a cambio de eliminar esta nación desagradable.
Para acabar con todas las rodillas que no se flexionaron ante Ba'al,
y todas las bocas que no lo besaron. *I Rey. 19*
He de traer al erario real, la suma de diez mil talentos de plata.
Entonces heriré a toda la casa de Yosef,
una sola vez y no precisaré volver a hacerlo. *I Sam. 26*
Entonces el rey le dijo: "He aquí son tuyos,
y este mi anillo real colocaré sobre tu diestra.
Puedes hacer con esta nación lo que te plazca,
hasta acabarla sin que nadie la socorra". *Dan. 11*
Los escribas reales fueron llamados, para escribir estas instrucciones.
Y a cada una de las naciones del imperio salieron,
emisarios montados en carros. *I Rey. 22*
Era preciso que los emisarios dijesen,
que había que cortar la viña en un solo día.
El día trece de Adar deberían comenzar y terminar, no les permitiré más. *Amos 7*
Mordejai rasgó sus vestiduras ante Dios,
y clamó amargamente por los exiliados de Ariel.
Israel se quedará sin hijos, quedará sin herederos. *Jer. 49*
El remanente de mis multitudes será devorado,
¿quién entregó a Ya'akob a mis enemigos como botín?
¿Quién entregó a Israel a los saqueadores, sino el SEÑOR,
aquel contra quien pecamos? *Isa. 42*
Las doncellas a Ester le dijeron:
"Escuchamos un alarido que se asemejaba al de las avestruces en el desierto.
Vimos pasar a Mordejai vestido de luto, y no sabemos qué le pasó". *Éx. 32*

הַרְבֵּה כֶּסֶף וְזָהָב לִבְלִי חֹק / וַיֹּאמֶר בְּלִבּוֹ, זֶה עֵת לִשְׂחֹק
וַיָּבֹא עֲצוֹת מֵרָחוֹק / לָרֶשֶׁת מִשְׁכָּנוֹת לֹא־לוֹ: חבקוק א

וַיַּפֵּל פּוּר, וַיִּדּוּ בְּגוֹרָל הָדָה / וַיַּרְא כִּי בַּאֲדָר מֵת אֲבִי הַתְּעוּדָה
וְלֹא זָכַר כִּי הִיא עֵת הַלֵּדָה / חֶבְלֵי יוֹלֵדָה יָבֹאוּ לוֹ: הושע יג

דֹּב אוֹרֵב יְעָצוּהוּ רַעְיוֹנָיו / וַיִּשְׁאַל שְׁאֵלָה מֵאֲדוֹנָיו
וְגַם הוּא שִׁנֵּי אֲרָיוֹת שִׁנָּיו / וּמְתַלְּעוֹת לָבִיא לוֹ: יואל א

הֵן עַם אָחוֹר נָזֹרוּ / וְדָתֵיהֶם שׁוֹנוֹת, וְדָתְךָ בַּל יִנְצֹרוּ
רוּחַ יִזְרָעוּ וְסוּפָתָה יִקְצֹרוּ / קָמָה אֵין־לוֹ: הושע ח

הֲכִינוֹתִי כֶּסֶף לְגִנְזַיִךְ יַעַל / לְאַבֵּד זֶה הַגּוֹי הַנִּגְעָל
כָּל־הַבִּרְכַּיִם אֲשֶׁר לֹא־כָרְעוּ לַבַּעַל / וְכָל־הַפֶּה אֲשֶׁר לֹא־נָשַׁק לוֹ: מלכים א׳ יט

לְהָבִיא אֶל גִּנְזֵי הַמֶּלֶךְ אֹסֶף / עֲשֶׂרֶת אֲלָפִים כִּכְּרֵי כֶסֶף
וְנֶפֶשׁ אַכֶּה לְכָל בֵּית יוֹסֵף / פַּעַם אַחַת וְלֹא אֶשְׁנֶה לוֹ: שמואל א׳ כו

וַיֹּאמֶר לוֹ הַמֶּלֶךְ יְהִי לְךָ קִנְיָנְךָ / וְזֹאת טַבַּעְתִּי עַל יַד יְמִינֶךָ
וְהָעָם לַעֲשׂוֹת בּוֹ כַּטּוֹב בְּעֵינֶיךָ / וּבָא עַד־קִצּוֹ וְאֵין עוֹזֵר לוֹ: דניאל יא

יָצָא וְסוֹפְרֵי הַמֶּלֶךְ נִקְרָאוּ / וַיִּכָּתְבוּ כְּכָל־אֲשֶׁר הוֹרָאוּ
וְאֶל כָּל עַם וָעָם רָצִים יָצָאוּ / שָׂרֵי הָרֶכֶב אֲשֶׁר־לוֹ: מלכים א׳ כב

הָיָה דְבָרוֹ נָחוּץ לֵאמֹר / כֶּרֶם חֶמֶר בְּיוֹם אֶחָד לִזְמֹר
בִּשְׁלֹשָׁה עָשָׂר בַּאֲדָר הָחֵל וְגָמֹר / לֹא־אוֹסִיף עוֹד עֲבוֹר לוֹ: עמוס ז

קָרַע מָרְדְּכַי בְּגָדָיו לִפְנֵי אֵל / וַיִּצְעַק מַר עַל גּוֹלַת אֲרִיאֵל
הֲבָנִים אֵין לְיִשְׂרָאֵל / אִם־יוֹרֵשׁ אֵין לוֹ: ירמיה מט

טָרֹף טֹרַף שְׁאָר הֲמוֹנִי / מִי נָתַן לִמְשִׁסָּה יַעֲקֹב לְמוֹנִי
וְיִשְׂרָאֵל לְבֹזְזִים הֲלוֹא יְהוָה / זוּ חָטָאנוּ לוֹ: ישעיה מב

נַעֲרוֹת אֶסְתֵּר הִגִּידוּהָ דָבָר / שָׁמַעְנוּ צְעָקָה כַּיְעֵנִים בַּמִּדְבָּר
וּמָרְדְּכַי בִּלְבוּשׁ שַׂק עָבָר / לֹא יָדַעְנוּ מֶה־הָיָה לוֹ: שמות לב

Ella le envió ropa para vestirle, y no resultó influida por la amargura de su sentir.
Envió a Hataj para que le pregunte qué había sucedido realmente,
y saber qué habrá de ocurrirle. *Éx. 2*

Mordejai le refirió a Hataj todo lo que había sucedido,
le contó el episodio del dinero pesado a cambio del exterminio.
Le envió la copia a Ester y le ordenó, ir donde el rey y suplicarle. *Ester 4*

En su respuesta Ester le dijo:
"Debes saber que quien acuda ante el rey sin ser llamado paga con su vida.
A menos que el rey extienda su cetro dorado,
a quien se le acerque y se incline ante él". *II Sam. 15*

Al escuchar las palabras de Hadasa, exclamó: "¡Ahá!".
Si no hay escapatoria cargaré con la ira del Señor, porque pequé ante Él. *Miq. 7*

Mandó decirle: "No pienses que podrás escaparte de mi nación,
refugiándote en el palacio real.
Pues tú estarás perdida, pero mi pueblo será redimido tras haber sido vendido". *Lev. 25*
La salvación llegará de otra parte, de Quien obra la paz en la alturas.
Pues no se agotó Su compasión, por ello en Él depositaré mi esperanza. *Lam. 3*
Ella le respondió: "Ve y reúne a todos los que anhelan la salvación,
ayunen por mí tres días y tres noches.
Y pidan clemencia ante el Dios terrible y reverenciado, *Isa. 62*
y no le permitan callarse".

Dios al que todos los corazones se dirigen,
ya que tendrá compasión por Su pueblo cuando este le clame.
Y dijo: "Lo habré de recordar, por ello mis entrañas lo ansían". *Jer. 31*

Al tercer día se invistió de gracia y se fue,
y halló gran beneplácito a ojos del rey.
Despreció todo aquello sobre lo cual el monarca gobierna, *Gén. 39*
y todo cuanto posee.

La más bella entre las mujeres, retoño agradable,
¿cuál es tu pedido?, todo está a tu disposición.
Entonces le dijo: "Vengan el rey y Hamán, al banquete que les he preparado". *Est. 5*

Hamán fue convocado para el día siguiente a una reunión secreta,
y esto lo hizo sentir alegre y halagado.
Se habría de codear con reyes,
y los príncipes no son para él sino motivo de mofa. *Hab. 1*

Y vino donde sus seres queridos y su esposa Zeresh,
y les contó los honores que recibe y el poder que detenta.
Pero un decreto duro pende sobre él,
¡Ay de quien posee mucho de cuanto no le pertenece! *Hab. 2*

בְּגָדִים שָׁלְחָה לְהַלְבִּישׁוֹ / וְלֹא קִבֵּל מִמְּרִירוּת נַפְשׁוֹ
וַתִּשְׁלַח לַהֲתָךְ לַחְקְרוֹ וּלְדָרְשׁוֹ / לָדַעַת מַה־יֵּעָשֶׂה לוֹ: שמות ב

רוּחוֹ הוֹצִיא לַהֲתָךְ וְחִוָּה / וּפָרָשַׁת הַכֶּסֶף לְפָנָיו שִׁוָּה
וְהַפַּתְשֶׁגֶן שָׁלַח וְעַל אֶסְתֵּר צִוָּה / לָבוֹא אֶל־הַמֶּלֶךְ לְהִתְחַנֶּן־לוֹ: אסתר ד

בִּתְשׁוּבָתָהּ אָמְרָה לַהֲשִׁיבוֹ / דַּע כִּי בֶן מָוֶת אֲשֶׁר לֹא יִקָּרֵא וְיָבוֹא
לְבַד מֵאֲשֶׁר יוֹשִׁיט לוֹ הַמֶּלֶךְ אֶת שַׁרְבִיט זְהָבוֹ /בְּקָרֹב־אִישׁ לְהִשְׁתַּחֲוֹת לוֹ: שמואל ב׳ טו

יָקִיר כְּשָׁמְעוֹ דִּבְרֵי הֲדַסָּה / זָעַק אֲהָהּ כִּי אֵין מְנוּסָה
זַעַף יְהוָה אֶשָּׂא / כִּי חָטָאתִי לוֹ: מיכה ז

שָׁלַח לָהּ לֵאמֹר אַל תְּדַמִּי / לְהִמָּלֵט בֵּית הַמֶּלֶךְ מִכָּל לְאֻמִּי
כִּי אַתְּ תֹּאבְדִי, וְאוּלָם עַמִּי / אַחֲרֵי נִמְכַּר גְּאֻלָּה תִּהְיֶה־לּוֹ: ויקרא כה

מִמָּקוֹם אַחֵר יִשְׁלַח שְׁלוֹמָיו / עוֹשֶׂה שָׁלוֹם בִּמְרוֹמָיו
כִּי לֹא־כָלוּ רַחֲמָיו / עַל־כֵּן אוֹחִיל לוֹ: איכה ג

וַתַּעֲנֵהוּ, לֵךְ כְּנוֹס כָּל חוֹכֵי פִדְיוֹם / וְצוּמוּ עָלַי שְׁלֹשֶׁת יָמִים, לַיְלָה וָיוֹם
וְרַחֲמִים בַּקְּשׁוּ מֵאֵל נוֹרָא וְאָיוֹם / וְאַל־תִּתְּנוּ דֳמִי לוֹ: ישעיה סב

אֵל נִדְרָשׁ לְכָל־לֵב יִדְרְשֶׁנּוּ / כִּי נִכְמְרוּ רַחֲמָיו לְעַם יִקְרָאֶנּוּ
וַיֹּאמֶר עוֹד זָכֹר אֶזְכְּרֶנּוּ / עַל־כֵּן הָמוּ מֵעַי לוֹ: ירמיה לא

לָבְשָׁה חֵן בַּיּוֹם הַשְּׁלִישִׁי וַתֵּלֶךְ / וַתִּיקַר עַד מְאֹד בְּעֵינֵי הַמֶּלֶךְ
וַיִּבֶז בְּכָל־אֲשֶׁר הוּא מוֹלֵךְ / וְעַל כָּל־אֲשֶׁר יֶשׁ־לוֹ: בראשית לט

הַיָּפָה בַּנָּשִׁים, נֶטַע נַעֲמָן / מַה שְּׁאֵלָתֵךְ כִּי הַכֹּל מְזֻמָּן
וַתֹּאמֶר יָבוֹא הַמֶּלֶךְ וְהָמָן / אֶל־הַמִּשְׁתֶּה אֲשֶׁר־עָשִׂיתִי לוֹ: אסתר ה

לְמָחָר קְרָאתֶם לְסוֹד נִכְמָס / וַיֵּצֵא הָמָן בַּיּוֹם הַהוּא שָׂמֵחַ וְנֶעֱלָס
וְהוּא בַּמְּלָכִים יִתְקַלָּס / וְרֹזְנִים מִשְׂחָק לוֹ: חבקוק א

וַיָּבֵא אֹהֲבָיו וְזֶרֶשׁ אִשְׁתּוֹ / וַיְסַפֵּר לָהֶם כְּבוֹדוֹ וּמֶמְשַׁלְתּוֹ
וּגְזֵרָה עוֹמֶדֶת לְעֻמָּתוֹ / הוֹי הַמַּרְבֶּה לֹּא־לוֹ: חבקוק ב

Le aconsejaron erigir un cadalso de cincuenta codos de altura,
para ahorcar en él al santo entre santos.
Y para prepararlo escogió de entre todos los artesanos,
y procuró uno conocedor. *Isa. 40*

*En orden alfabético.*

Dios prestó atención a Su rebaño, y entonces fue perturbado el sueño del rey.
El monarca revisó el libro de las memorias del reino,
el SEÑOR hará saber quien es Suyo. *Núm. 16*

Encontró allí claramente descrita la acción de Mordejai,
y preguntó si se le había retribuido.
Le respondieron que no se había decidido, qué habría de hacerse con él. *Núm. 16*

Hamán fue consultado, qué hacer con alguien a quien el rey desea honrar.
Respondió y cayó en la trampa de sus propias palabras,
la boca del necio provoca su ruina. *Prov. 18*

Dijo que lo vistan con alhajas reales, y que marchen delante suyo cual príncipe.
Con sus pensamientos y planes su corazón se sume en las tinieblas,
no hay luminosidad para él. *Isa. 50*

El rey le respondió: ¡Bien dicho! Haz con Mordejai el judío lo que has propuesto.
He aquí que tu propia sentencia has fallado,
esto es lo que habrá de hacerse con él. *Éx. 21*

Mordejai volvió a su función, y Hamán corrió a su casa.
Se reunieron con él sus seres queridos y su esposa Zeresh,
quienes vinieron a consolarlo. *Job 2*

Los inteligentes de su familia recordaron que si se trata de la simiente de Yeshurún,
y si Mordejai es uno de sus descendientes;
quien comience a caer ante él, ya no podrá derrotarlo. *Est. 6*

Los sabios de su familia están aun hablando con él,
y los eunucos del rey lo llaman para que los acompañe.
No vio que estaba llegando su día, / pero el SEÑOR se ríe. *Sal. 37*

Y antes de que hubiere concluido el banquete y el vino,
le dijo el rey a su bella amada:
"Pide lo que quieras que para ti no escatimo en nada", *Est. 8*
y ella comenzó a llorar y a suplicarle.

Sea concedida mi vida ante mi pedido,
y la de mi pueblo ante mi solicitud, mi SEÑOR rey.
Pues fuimos vendidos a un enemigo para ser exterminados,
y el deseo de su corazón le has otorgado. *Sal. 21*

יְעָצֻוּהוּ עֲשׂוֹת עֵץ גָּבֹוהַּ חֲמִשִּׁים / לִתְלוֹת עָלָיו קֹדֶשׁ קָדָשִׁים
וְלַהֲכִינוֹ כְּחֶפְצוֹ מִכָּל־חֲרָשִׁים / חָרָשׁ חָכָם יְבַקֶּשׁ־לוֹ: ישעיה מ

סימן א״ב

אֱלֹהִים, עֵדֶר צֹאנוֹ בִּקֵּר / וַתִּדַּד שְׁנַת הַמֶּלֶךְ, עַד יְהִי חוֹקֵר
בְּסֵפֶר הַזִּכְרוֹנוֹת וְהָיָה בֹקֶר / וְיֹדַע יְהוָה אֶת־אֲשֶׁר־לוֹ: במדבר טז

בְּמָצְאוֹ דְּבַר מָרְדֳּכַי מְפוֹרָשׁ / מַה נַּעֲשָׂה יְקָר וּגְדֻלָּה, דָּרַשׁ
וַיֹּאמְרוּ כִּי לֹא פֹרַשׁ / מַה־יֵּעָשֶׂה לוֹ: במדבר טו

גִּלָּה אֹזֶן הָמָן בְּדַבְּרוֹ / מַה לַּעֲשׂוֹת בָּאִישׁ אֲשֶׁר הַמֶּלֶךְ חָפֵץ בִּיקָרוֹ
וַיַּעַן וַיִּנָּקֵשׁ בְּמַאֲמָרוֹ / פִּי־כְסִיל מְחִתָּה־לוֹ: משלי יח

דִּבֶּר לַעֲדוּתוֹ בַּעֲדְיֵי מְלָכִים / וְלָלֶכֶת לְפָנָיו אֶחָד מֵהַנְּסִיכִים
וְלִבּוֹ בְּמַחֲשָׁבָיו הוֹלֵךְ חֲשֵׁכִים / וְאֵין נֹגַהּ לוֹ: ישעיה נ

הֱשִׁיבוֹ הַמֶּלֶךְ, כֵּן דִּבַּרְתָּ / עֲשֵׂה לְמָרְדֳּכַי הַיְּהוּדִי כְּכָל־אֲשֶׁר אָמַרְתָּ
כֵּן מִשְׁפָּטֶךָ אַתָּה חָרָצְתָּ / כַּמִּשְׁפָּט הַזֶּה יֵעָשֶׂה לוֹ: שמות כא

וַיָּשָׁב מָרְדֳּכַי אֶל מִשְׁמַרְתּוֹ / וְהָמָן נִדְחַף אֶל בֵּיתוֹ
וַיִּוָּעֲדוּ אֹהֲבָיו וְזֶרֶשׁ אִשְׁתּוֹ / לָבוֹא לָנוּד־לוֹ: איוב ב

זֶרַע יְשֻׁרוּן זָכְרוּ נְבוֹנָיו / אִם יֵשׁ מָרְדֳּכַי אֶחָד מִבָּנָיו
אֲשֶׁר הַחִלּוֹתָ לִנְפֹּל לְפָנָיו / לֹא־תוּכַל לוֹ: אסתר ו

חֲכָמָיו עוֹדָם מְדַבְּרִים עִמּוֹ / וְסָרִיסֵי הַמֶּלֶךְ הִבְהִילוּהוּ לַהֲקִימוֹ
וְלֹא רָאָה כִּי יָבֹא יוֹמוֹ / אֲדֹנָי יִשְׂחַק־לוֹ: תהלים לז

טֶרֶם כְּלוֹת מִשְׁתֵּה הַיַּיִן / אָמַר הַמֶּלֶךְ אֶל יְפַת הָעַיִן
שַׁאֲלִי כִּי הַכֹּל לְנֶגְדֵּךְ כְּאַיִן / וַתֵּבְךְּ וַתִּתְחַנֶּן־לוֹ: אסתר ח

יִנָּתֶן לִי נַפְשִׁי בִּשְׁאֵלָתִי / וְעַמִּי, אֲדֹנִי הַמֶּלֶךְ, בְּבַקָּשָׁתִי
כִּי נִמְכַּרְנוּ לְצוֹרֵר לְהַכְרִיתִי / תַּאֲוַת לִבּוֹ נָתַתָּה לוֹ: תהלים כא

¿Pues, qué otro deseo podría pedir tras este sufrimiento,
cuando los carros de combate irrumpan en los portones?
¿Acaso habría de rugir un león en el bosque, / si no tuviese una presa? *Amos 3*

El rey le dijo: ¿Quién de entre todos mis hombres?
¿En cuál de entre todos mis confines?
¿O a quién de entre mis acreedores, / os he vendido? *Isa. 50*

Ella le respondió rápidamente: "¡Hamán es el malvado!
Él es el que persigue a una nación justa".
Ay del mal que le aguarda al malvado,
pues será retribuido con la propia acción de sus manos. *Isa. 3*

El rey enfurecido se incorporó y salió a su jardín,
y al regresar lo vio caer tendido.
Los cielos revelarán su pecado, / y la tierra se levantará contra él. *Job 20*

Un eunuco reveló su iniquidad,
mencionó el cadalso destinado a Mordejai
que Hamán había erigido en su casa.
Entonces el rey ordenó ahorcarlo, en el patíbulo que él mismo había preparado. *Est. 6*

Ester se paró para suplicar por su pueblo,
para dejar sin efecto las misivas de la furia y el enojo.
Pues el Señor cambió de parecer respecto del gran castigo,
y el pueblo fue sanado. *Isa. 6*

La misiva dirá que los judíos, podrán matar a sus enemigos futuros.
Pues cayó sobre los rebeldes el terror respecto de Mordejai, y la paz fue con él. *I Rey. 5*

Mordejai fue nombrado regente de una nación que jamás está solitaria,
fue su salvador y su fiel representante.
Quedó a cargo de la casa de Hamán, y de todas sus posesiones. *Gén. 39*

Consagraré para mis enemigos un altar, y prepararé para sus hijos un degüello.
Por la culpa de su padre asesino, y estos son los nombres de sus hijos. *II Sam. 5*

Masacré a Parsahndata, Dalfón, Aspata, Porata,Adalia, Aridata,
Parmashta, Arisai, Aridai, Vaizata, y ni siquiera tuvo sepultura. *Ecl. 6*

Saqueé a mis saqueadores y exclamé festivamente,
porque ascendió de las profundidades un menesteroso moribundo.
Pues (Dios) libró al pobre que imploraba y al huérfano a quien nadie ayudaba. *Job 29*

Sea esto escrito para todas las generaciones,
para que los hijos de los hijos lo recuerden.
Todo aquel que lo evoque cantará:
"Feliz del pueblo el que esto es así". *Sal. 144*

כִּי מַה חֶפְצִי אַחַר זֶה הַצָּעִר / וּכְלֵי הַקְּרָב שׁוּת שָׁתוּ הַשָּׁעַר
הֲיִשְׁאַג אַרְיֵה בַּיַּעַר / וְטֶרֶף אֵין לוֹ: עמוס ג

לָהּ אָמַר, מִי הוּא זֶה מִכָּל אֱנָשַׁי / וְאֵי זֶה הוּא מִכָּל־מְגָרְשַׁי
אוֹ מִי מִנּוֹשַׁי / אֲשֶׁר־מָכַרְתִּי אֶתְכֶם לוֹ: ישעיה נ

מַהֵרָה לַעֲנוֹת, הָמָן זֶה הָרָע / אֲשֶׁר פָּרְעוֹת בְּגוֹי צַדִּיק פָּרַע
אוֹי לְרָשָׁע רָע / כִּי־גְמוּל יָדָיו יֵעָשֶׂה לוֹ: ישעיה ג

נִמְלָא חֵמָה וְקָם אֶל גַּנּוֹ / וּבְשׁוּבוֹ רָאָהוּ נוֹפֵל עַל כַּנּוֹ
יְגַלּוּ שָׁמַיִם עֲוֹנוֹ / וְאֶרֶץ מִתְקוֹמָמָה לוֹ: איוב כ

סָרִיס אֶחָד גִּלָּה חַטָּאתוֹ / הֵן עֵץ עָשָׂה לְמָרְדֳּכַי בְּבֵיתוֹ
וַיְצַו הַמֶּלֶךְ לִתְלוֹתוֹ / עַל־הָעֵץ אֲשֶׁר־הֵכִין לוֹ: אסתר ו

עָמְדָה אֶסְתֵּר לְבַקֵּשׁ עַל עַמָּהּ / לְהָשִׁיב סִפְרֵי הָאַף וְהַחֵמָה
כִּי נִחַם יְהוָה עַל מַכָּה עֲצוּמָה / וָשָׁב וְרָפָא לוֹ: ישעיה ו

פַּתְשֶׁגֶן הַכְּתָב לִהְיוֹת הַיְּהוּדִים / לַהֲרֹג בְּשׂוֹנְאֵיהֶם עֲתִידִים
כִּי נָפַל פַּחַד מָרְדֳּכַי עַל הַמּוֹרְדִים / וְשָׁלוֹם הָיָה לוֹ: מלכים א׳ ה

צִוָּה מָרְדֳּכַי עַל עַם לֹא אַלְמָן / מוֹשִׁיעַ וָרָב וְנָגִיד וְנֶאֱמָן
וְהִפְקִד עַל בֵּית הָמָן / וְעַל כָּל־אֲשֶׁר יֶשׁ־לוֹ: בראשית לט

קִדַּשְׁתִּי לְצוֹרְרֵי מִזְבֵּחַ / וְאָכִין לְבָנָיו מַטְבֵּחַ
בַּעֲוֹן אֲבִיהֶם הַמְרַצֵּחַ / וְאֵלֶּה שְׁמוֹת הַיִּלֹּדִים לוֹ: שמואל ב׳ ה

רְצַצְתִּי פַּרְשַׁנְדָּתָא דַּלְפוֹן אַסְפָּתָא / פּוֹרָתָא אֲדַלְיָא אֲרִידָתָא
פַּרְמַשְׁתָּא אֲרִיסַי אֲרִידַי וַיְזָתָא / וְגַם־קְבוּרָה לֹא־הָיְתָה לוֹ: קהלת ו

שָׁלַלְתִּי שֹׁלְלַי וְאָרִיעַ רֵעַ / כִּי עָלָה מִשְּׁאוֹל אֶבְיוֹן גּוֹוֵעַ
וַיְמַלֵּט עָנִי מְשַׁוֵּעַ / וְיָתוֹם וְלֹא־עֹזֵר לוֹ: איוב כט

תִּכָּתֵב זֹאת לְדוֹר אַחֲרוֹן / וְלִבְנֵי בָנִים תִּהְיֶה לְזִכָּרוֹן
וְכָל הַמַּזְכִּיר אוֹתָהּ יָרֹן / אַשְׁרֵי הָעָם שֶׁכָּכָה לוֹ: תהלים קמד

*Forma el acróstico: Yo Yehudá.*

Comed amados, bebed y embriagaos,
y recordad los días de Purim con regocijo.
Y al alegraros recordad a los menesterosos,
y enviad porciones a quien nada se haya preparado. *Neh. 8*

Desde siempre los milagros de Dios me han sostenido,
y me han hecho atravesar las profundidades del mar.
Por eso mis riñones me han aleccionado, espera pacientemente al SEÑOR. *Sal. 37*

El día que el Faraón salió a perseguirme, para devorar a mis rebaños cual león.
Se elevaron cual muralla las grandes olas,
y se sacudieron porque Él estaba furioso. *Sal. 18*

Salió el enemigo a perseguir al pueblo sagrado,
y la Roca (Dios) envió la nube para separarlo.
Para que esta le haga de sombra sobre su cabeza, y así salvarlo. *Jonás 4*

Les hizo cruzar el mar por tierra firme, aterrorizó a sus enemigos,
y los separó de sus perseguidores.
A quienes envió al fondo del mar, y les cavó en la roca una habitación. *Isa. 22*

Al regresar el mar a la normalidad, el Faraón y su muchedumbre se ahogaron.
Porque el mar hizo pesados a los carros de combate de los cuales se vanagloriaba,
y vio que no podía con él. *Gén. 32*

Poderosos jinetes estrepitosamente cayeron,
hundiéndose en cual plomo en las profundidades,
quienes buscan al SEÑOR alabarán Su Nombre, *Sal. 33*
le entonarán cánticos con lira de diez cuerdas.

Nos mostró Su mano maravillosa,
a orillas del terrible mar,
cantaré al SEÑOR porque ha triunfado gloriosamente, *Sal. 95*
aclamémoslo con cánticos.

Las insignias pasaron por tierra seca,
y delante de ellas el Dios reverenciado en santidad,
entonces entonarán una nueva canción, *Éx. 15*
¿Quién es como Tú entre los fuertes SEÑOR?

סימן אני יהודה

אָכְלוּ רֵעִים שָׁתוּ וְשָׁכְרוּ / וִימֵי הַפּוּרִים בְּשִׂמְחָה שָׁמְרוּ
וְעִם שִׂמְחָתְכֶם הָאֶבְיוֹנִים זִכְרוּ / וְשִׁלְחוּ מָנוֹת לְאֵין נָכוֹן לוֹ: נחמיה ח

נִסֵּי אֵל מֵאָז נְשָׂאוּנִי / וּבְנִבְכֵי הַיָּם הֶעֱבִירוּנִי
וְלָכֵן כִּלְיוֹתַי יִסְּרוּנִי / דּוֹם לַיהוָה וְהִתְחוֹלֵל לוֹ: תהלים לז

יוֹם צֵאת פַּרְעֹה אַחֲרַי / לִטְרֹף כְּאַרְיֵה עֲדָרַי
נִצְּבוּ כְחוֹמָה מֵימֵי מִשְׁבָּרַי / וַיִּתְגָּעֲשׁוּ כִּי־חָרָה לוֹ: תהלים יח

יָצָא צַר אַחֲרֵי עַם קְדוֹשׁוֹ / וַיִּשְׁלַח צוּר עֲנָנוֹ לְהַפְרִישׁוֹ
לִהְיוֹת צֵל עַל־רֹאשׁוֹ / לְהַצִּיל לוֹ: יונה ד

הֶעֱבִירוֹ בְּיַבָּשָׁה וְצָרָיו הֶחֱרִיד / בֵּינוֹ וּבֵין רוֹדְפָיו הִפְרִיד
וּלְתַחְתִּיּוֹת מְצוּלָה אוֹתָם הוֹרִיד / חֹקְקִי בַסֶּלַע מִשְׁכָּן לוֹ: ישעיה כב

וּבְשׁוּב הַיָּם לְאֵיתָנוֹ / נִטְבַּע פַּרְעֹה וְכָל הֲמוֹנוֹ
כִּי הַיָּם הִכְבִּיד מַרְכְּבוֹת גְּאוֹנוֹ / וַיַּרְא כִּי לֹא יָכֹל לוֹ: בראשית לב

דַּהֲרוֹת אַבִּירִים בְּאַדִּירִים נָפְלוּ / וְכַעוֹפֶרֶת בְּמַיִם רַבִּים צָלְלוּ
וְדוֹרְשֵׁי יְהוָה שְׁמוֹ יְהַלְלוּ / בְּנֵבֶל עָשׂוֹר זַמְּרוּ־לוֹ: תהלים לג

הֶרְאָנוּ יָדוֹ הַנִּפְלָאָה / עַל שְׂפַת הַיָּם נוֹרָאָה
אָשִׁירָה לַיהוָה כִּי גָאֹה גָּאָה / בִּזְמִרוֹת נָרִיעַ לוֹ: תהלים צה

דְּגָלִים עָבְרוּ בְּיַבָּשָׁה / וְלִפְנֵיהֶם אֵל נַעֲרָץ בִּקְדֻשָּׁה
אָז שׁוֹרְרוּ שִׁירָה חֲדָשָׁה / מִי־כָמֹכָה בָּאֵלִם יְהוָה: שמות טו

# Purim

*Se acostumbra a entonar este cántico en la noche de Purim previo a la lectura de la Meguilá.*

*Ribí Abraham Ibn Ezra:*

Quienes leen la Meguilá, / entonarán cánticos a Dios,
porque el pueblo de Israel, / tuvo un sitial de gloria.

Tras haber quedado andrajosa, / en tierras babilonias,
mi congregación se asemejaba, / a una embarcación carente de capitán.
Cuando llegó el momento de mi rescate, / de la mano de Zerubavel,
la comunidad se separó / de todo malvado y todo idólatra,
y fueron singularmente especiales, / junto al vástago de Shealtiel.

En aquellos días llegó el decreto del agaguita, /
quien realizó un sorteo con su propia mano.
Fijó el mes de Adar como aquel en el cual matarme, /
pero este se volvió el mes de su desgracia.
Ahora que pasó el tiempo, /
he de recordar al agaguita, su caída y su final trágico.
Efectivamente, resulta sencillo para Dios, /
salvar a Su pueblo y castigar a sus enemigos,
tal como lo hará en un futuro con quienes nos odien, /
en el seno del mundo cristiano e islámico.

Los enemigos de Israel, que dirigen a nosotros su furia, /
se asemejarán a un horno ardiente.
El hijo de Agag se alzó contra Israel al igual que Cushán rey de Aram, /
pero terminó derrotado como Og el rey del Bashán.
Mordejai se elevó en Shushán, / cual perfume de mirra sobre una azucena.
Y así como el Eterno salvó a Su pueblo en aquellos días, /
conceda hoy que este sea un año de redención
para quienes tanto lo anhelan.
Hasta que finalmente el pueblo judío tenga el mérito, /
de erigir una casa de oración en el Monte de Dios.

Prestad atención a los milagros y a las maravillas que obra el Creador, /
que son claro testimonio de Su fidelidad.
La caída de Hamán debe saber en tu paladar, /
como el néctar y el Maná del desierto.
Ve a beber vinos, / y come carnes gordas.
Dios, redímenos nuevamente como antaño, /
por medio de Mijael el ángel rector de Israel.
Que retorne nuevamente el momento /
de la salvación, y que llegue el redentor.

# פורים

*Se acostumbra a entonar este cántico en la noche de Purim previo a la* קריאת המגילה

רבי אברהם אבן עזרא:

קוֹרְאֵי מְגִלָּה / הֵם יְרַנְּנוּ אֶל אֵל
כִּי מְקוֹם תְּהִלָּה / הָיְתָה לְיִשְׂרָאֵל

אַחֲרֵי בְלוֹתִי / וַאֲנִי בְּעִיר בָּבֶל
נִמְשְׁלָה עֲדָתִי / כְּאָנִי בְּלִי חוֹבֵל
בָּא זְמַן פְּדוּתִי / עַל יְדֵי זְרֻבָּבֶל
נִבְדְּלָה קְהִלָּה / מֵעֲוִיל וּמִתְגָּאֵל
וַתְּהִי סְגֻלָּה / עִם שְׁתִיל שְׁאַלְתִּיאֵל

בָּא דְבַר אֲגָגִי / הֶחֱזִיק בְּפוּר יָדוֹ
בַּאֲדָר לְהָרְגִי / נֶהֱפַּךְ לְהַשְׁמִידוֹ
אֶתְנֶה הֶגְיִי / בּוֹ וְאֶזְכְּרָה אֵידוֹ
וְאָמַת נִקְלָה / זֹאת לְאֵל וְכֵן יוֹאֵל
לַעֲשׂוֹת וְכִלָּה / עֹזְבֵי וְשֹׁכְחֵי אֵל

רוֹעֲצִים כְּעָשָׁן / נִמְשְׁלוּ בְּתוֹךְ כִּבְשָׁן
בֶּן אֲגָג בְּכוּשָׁן / קָם וְשָׁב כְּבֶן בָּשָׁן
מָרְדְּכַי בְּשׁוּשָׁן / מָר דְּרוֹר עֲלֵי שׁוֹשָׁן
כֵּן שְׁנַת גְּאֻלָּה / אֵל יְצַו לְדַל שׁוֹאֵל
עַד לְבֵית תְּפִלָּה / יַעֲלוּ לְהַהַרְאֵל

מַעֲשִׂים וְנִסִּים / שִׁית בְּךָ לְעֵד נֶאְמָן
גַּם בְּחִכְּךָ שִׂים / צוּף דְּבַשׁ דְּבַר הָמָן
לָךְ שְׁתֵה עֲסִיסִים / אַחֲרֵי אֱכֹל מַשְׁמָן
אַל זְכֹר תְּחִלָּה / גַּם שְׁנֵה בְמִיכָאֵל
תַּחֲזֹר חֲלִילָה / קֵץ פְּדוּת וּבָא גוֹאֵל

קוראי

## LA LECTURA DE LA MEGUILÁ

*El salmo correspondiente a Purim se recita antes de A'rbit en la página 298 Se agrega "Por los milagros" en la A'midá. Tras la A'midá se recita "Que el Nombre del Señor", Medio Kadish y las bendiciones de la Meguilá que se encuentran a continuación. Se lee la Meguilá.*

*Si Purim comienza salida del Shabat, tras el Medio Kadish se recita "Que el agrado" hasta "y le mostraré Mi salvación" en la página 768 y se recita la bendición por las luminarias del fuego antes de proceder a la lectura de la Meguilá.*

בָּרוּךְ Bendito eres Tú Señor, nuestro Dios, Rey del universo,
que nos ha santificado con Sus preceptos
y nos ordenó leer la Meguilá.

בָּרוּךְ Bendito eres Tú Señor, nuestro Dios, Rey del universo,
que hizo milagros a nuestros ancestros en aquellos días
en este tiempo.

*En el recitado de esta bendición incluimos también al cumplimiento de los preceptos de la entrega de presentes a las personas necesitadas, el envío de porciones y el banquete festivo.*

בָּרוּךְ Bendito eres Tú Señor, nuestro Dios, Rey del universo
que nos ha dado vida, nos sostuvo
y nos ha permitido llegar a este momento.

---

fueron salvados por medio de una combinación de la resistencia y desafío de Mordejai y la súplica de su sobrina Ester, quien había sido llevada al harén real y era la favorita del rey. El plan de Amán fue desbaratado y tanto él como sus hijos fueron colgados en los cadalsos que habían preparado para Mordejai.

# סדר קריאת המגילה בפורים

*El salmo correspondiente a* פורים *se recita antes de* ערבית *en la página 299 Se agrega* 'עַל הַנִּסִּים' *en la* עמידה*. Tras la* עמידה *se recita* 'יְהִי שֵׁם', חצי קדיש *y las bendiciones de la* מגילה *que se encuentran a continuación. Se lee la* מגילה.

*Si* פורים *comienza* מוצאי שבת*, tras el* חצי קדיש *se recita* 'וִיהִי נֹעַם' *hasta* 'וְאַרְאֵהוּ בִּישׁוּעָתִי' *en la página 769 y se recita la bendición por las luminarias del fuego antes de proceder a la* קריאת המגילה.

בָּרוּךְ אַתָּה יְהֹוָה, אֱלֹהֵינוּ מֶלֶךְ הָעוֹלָם
אֲשֶׁר קִדְּשָׁנוּ בְּמִצְוֹתָיו וְצִוָּנוּ עַל מִקְרָא מְגִלָּה.

בָּרוּךְ אַתָּה יְהֹוָה, אֱלֹהֵינוּ מֶלֶךְ הָעוֹלָם
שֶׁעָשָׂה נִסִּים לַאֲבוֹתֵינוּ בַּיָּמִים הָהֵם בַּזְּמַן הַזֶּה.

*En el recitado de esta bendición incluimos también al cumplimiento de los preceptos de la entrega de presentes a las personas necesitadas, el envío de porciones y el banquete festivo.*

בָּרוּךְ אַתָּה יְהֹוָה, אֱלֹהֵינוּ מֶלֶךְ הָעוֹלָם
שֶׁהֶחֱיָנוּ וְקִיְּמָנוּ וְהִגִּיעָנוּ לַזְּמַן הַזֶּה.

---

PURIM

Purim es la recordación y celebración anual de los eventos descritos en el libro de Ester. Durante el reino de Ajashverosh de Persia, uno de sus ministros conspiró para "destruir, matar y hacer desparecer a todos los judíos, jóvenes y ancianos, mujeres y niños, en un mismo día" (Ester 3:13), el día sorteado (*pur* es sorteo) que confiere su nombre a la festividad. Los judíos

# אסתר

*Es necesario comportarse correctamente durante la lectura de Meguilat Ester especialmente si esta tiene lugar en la sinagoga. Deben evitarse conductas irrespetuosas y chanzas.*

ויהי בימי אחשורוש הוא אחשורוש המלך מהדו ועד־כוש שבע ועשרים
ומאה מדינה: בימים ההם כשבת | המלך אחשורוש על כסא מלכותו
אשר בשושן הבירה: בשנת שלוש למלכו עשה משתה לכל־שריו ועבדיו
חיל | פרס ומדי הפרתמים ושרי המדינות לפניו: בהראתו את־עשר כבוד
מלכותו ואת־יקר תפארת גדולתו ימים רבים שמונים ומאת יום: ובמלואת
| הימים האלה עשה המלך לכל־העם הנמצאים בשושן הבירה למגדול
ועד־קטן משתה שבעת ימים בחצר גנת ביתן המלך: חור | כרפס ותכלת
אחוז בחבלי־בוץ וארגמן על־גלילי כסף ועמודי שש מטות | זהב וכסף
על רצפת בהט־ושש ודר וסחרת: והשקות בכלי זהב וכלים מכלים שונים
ויין מלכות רב כיד המלך: והשתיה כדת אין אנס כי־כן | יסד המלך על
כל־רב ביתו לעשות כרצון איש־ואיש: גם ושתי המלכה עשתה
משתה נשים בית המלכות אשר למלך אחשורוש: ביום השביעי כטוב
לב־המלך ביין אמר למהומן בזתא חרבונא בגתא ואבגתא זתר וכרכס
שבעת הסריסים המשרתים את־פני המלך אחשורוש: להביא את־ושתי
המלכה לפני המלך בכתר מלכות להראות העמים והשרים את־יפיה
כי־טובת מראה היא: ותמאן המלכה ושתי לבוא בדבר המלך אשר ביד
הסריסים ויקצף המלך מאד וחמתו בערה בו: ויאמר המלך
לחכמים ידעי העתים כי־כן דבר המלך לפני כל־ידעי דת ודין: והקרב
אליו כרשנא שתר אדמתא תרשיש מרס מרסנא ממוכן שבעת שרי |
פרס ומדי ראי פני המלך הישבים ראשנה במלכות: כדת מה־לעשות
במלכה ושתי על | אשר לא־עשתה את־מאמר המלך אחשורוש ביד
הסריסים: ויאמר ממוכן לפני המלך והשרים לא על־המלך מומכן
לבדו עותה ושתי המלכה כי על־כל־השרים ועל־כל־העמים אשר בכל־
מדינות המלך אחשורוש: כי־יצא דבר־המלכה על־כל־הנשים להבזות
בעליהן בעיניהן באמרם המלך אחשורוש אמר להביא את־ושתי המלכה
לפניו ולא־באה: והיום הזה תאמרנה | שרות פרס־ומדי אשר שמעו את־

דבר המלכה לכל שרי המלך וכדי בזיון וקצף: אם-על-המלך טוב יצא
דבר-מלכות מלפניו ויכתב בדתי פרס-ומדי ולא יעבור אשר לא-תבוא
ושתי לפני המלך אחשורוש ומלכותה יתן המלך לרעותה הטובה ממנה:
ונשמע פתגם המלך אשר-יעשה בכל-מלכותו כי רבה היא וכל-הנשים
יתנו יקר לבעליהן למגדול ועד-קטן: וייטב הדבר בעיני המלך והשרים
ויעש המלך כדבר ממוכן: וישלח ספרים אל-כל-מדינות המלך
אל-מדינה ומדינה ככתבה ואל-עם ועם כלשונו להיות כל-איש שרר
בביתו ומדבר כלשון עמו: אחר הדברים האלה כשך
חמת המלך אחשורוש זכר את-ושתי ואת אשר-עשתה ואת אשר-
נגזר עליה: ויאמרו נערי-המלך משרתיו יבקשו למלך נערות בתולות
טובות מראה: ויפקד המלך פקידים בכל-מדינות מלכותו ויקבצו
את-כל-נערה-בתולה טובת מראה אל-שושן הבירה אל-בית הנשים
אל-יד הגא סריס המלך שמר הנשים ונתון תמרוקיהן: והנערה
אשר תיטב בעיני המלך תמלך תחת ושתי וייטב הדבר בעיני המלך
ויעש כן: *El público recita en voz alta antes que el oficiante.* איש יהודי
היה בשושן הבירה ושמו מרדכי בן יאיר בן-שמעי בן-קיש איש
ימיני: *Hasta aquí.* אשר הגלה מירושלים עם-הגלה אשר הגלתה עם יכניה
מלך-יהודה אשר הגלה נבוכדנצר מלך בבל: ויהי אמן את-הדסה היא
אסתר בת-דדו כי אין לה אב ואם והנערה יפת-תאר וטובת מראה ובמות
אביה ואמה לקחה מרדכי לו לבת: ויהי בהשמע דבר-המלך ודתו
ובהקבץ נערות רבות אל-שושן הבירה אל-יד הגי ותלקח אסתר אל-בית
המלך אל-יד הגי שמר הנשים: ותיטב הנערה בעיניו ותשא חסד לפניו
ויבהל את-תמרוקיה ואת-מנותה לתת לה ואת שבע הנערות הראיות
לתת-לה מבית המלך וישנה ואת-נערותיה לטוב בית הנשים: לא-הגידה
אסתר את-עמה ואת-מולדתה כי מרדכי צוה עליה אשר לא-תגיד:
ובכל-יום ויום מרדכי מתהלך לפני חצר בית-הנשים לדעת את-שלום
אסתר ומה-יעשה בה: ובהגיע תר נערה ונערה לבוא | אל-המלך
אחשורוש מקץ היות לה כדת הנשים שנים עשר חדש כי כן ימלאו ימי
מרוקיהן ששה חדשים בשמן המר וששה חדשים בבשמים ובתמרוקי

הַנָּשִׁים: וּבָזֶה הַנַּעֲרָה בָּאָה אֶל־הַמֶּלֶךְ אֵת כׇּל־אֲשֶׁר תֹּאמַר יִנָּתֵן לָהּ לָבוֹא
עִמָּהּ מִבֵּית הַנָּשִׁים עַד־בֵּית הַמֶּלֶךְ: בָּעֶרֶב ׀ הִיא בָאָה וּבַבֹּקֶר הִיא שָׁבָה
אֶל־בֵּית הַנָּשִׁים שֵׁנִי אֶל־יַד שַׁעַשְׁגַז סְרִיס הַמֶּלֶךְ שֹׁמֵר הַפִּילַגְשִׁים לֹא־תָבוֹא
עוֹד אֶל־הַמֶּלֶךְ כִּי אִם־חָפֵץ בָּהּ הַמֶּלֶךְ וְנִקְרְאָה (ונקראה) בְשֵׁם: וּבְהַגִּיעַ
תֹּר־אֶסְתֵּר בַּת־אֲבִיחַיִל ׀ דֹּד מׇרְדֳּכַי אֲשֶׁר לָקַח־לוֹ לְבַת לָבוֹא אֶל־הַמֶּלֶךְ
לֹא בִקְשָׁה דָּבָר כִּי אִם אֶת־אֲשֶׁר יֹאמַר הֵגַי סְרִיס־הַמֶּלֶךְ שֹׁמֵר הַנָּשִׁים
וַתְּהִי אֶסְתֵּר נֹשֵׂאת חֵן בְּעֵינֵי כׇּל־רֹאֶיהָ: וַתִּלָּקַח אֶסְתֵּר אֶל־הַמֶּלֶךְ
אֲחַשְׁוֵרוֹשׁ אֶל־בֵּית מַלְכוּתוֹ בַּחֹדֶשׁ הָעֲשִׂירִי הוּא־חֹדֶשׁ טֵבֵת בִּשְׁנַת־שֶׁבַע
לְמַלְכוּתוֹ: וַיֶּאֱהַב הַמֶּלֶךְ אֶת־אֶסְתֵּר מִכׇּל־הַנָּשִׁים וַתִּשָּׂא־חֵן וָחֶסֶד לְפָנָיו
מִכׇּל־הַבְּתוּלֹת וַיָּשֶׂם כֶּתֶר־מַלְכוּת בְּרֹאשָׁהּ וַיַּמְלִיכֶהָ תַּחַת וַשְׁתִּי: וַיַּעַשׂ
הַמֶּלֶךְ מִשְׁתֶּה גָדוֹל לְכׇל־שָׂרָיו וַעֲבָדָיו אֵת מִשְׁתֵּה אֶסְתֵּר וַהֲנָחָה לַמְּדִינוֹת
עָשָׂה וַיִּתֵּן מַשְׂאֵת כְּיַד הַמֶּלֶךְ: וּבְהִקָּבֵץ בְּתוּלוֹת שֵׁנִית וּמׇרְדֳּכַי יֹשֵׁב בְּשַׁעַר־
הַמֶּלֶךְ: אֵין אֶסְתֵּר מַגֶּדֶת מוֹלַדְתָּהּ וְאֶת־עַמָּהּ כַּאֲשֶׁר צִוָּה עָלֶיהָ מׇרְדֳּכָי
וְאֶת־מַאֲמַר מׇרְדֳּכַי אֶסְתֵּר עֹשָׂה כַּאֲשֶׁר הָיְתָה בְאׇמְנָה אִתּוֹ: בַּיָּמִים
הָהֵם וּמׇרְדֳּכַי יֹשֵׁב בְּשַׁעַר־הַמֶּלֶךְ קָצַף בִּגְתָן וָתֶרֶשׁ שְׁנֵי־סָרִיסֵי הַמֶּלֶךְ
מִשֹּׁמְרֵי הַסַּף וַיְבַקְשׁוּ לִשְׁלֹחַ יָד בַּמֶּלֶךְ אֲחַשְׁוֵרֹשׁ: וַיִּוָּדַע הַדָּבָר לְמׇרְדֳּכַי
וַיַּגֵּד לְאֶסְתֵּר הַמַּלְכָּה וַתֹּאמֶר אֶסְתֵּר לַמֶּלֶךְ בְּשֵׁם מׇרְדֳּכָי: וַיְבֻקַּשׁ הַדָּבָר
וַיִּמָּצֵא וַיִּתָּלוּ שְׁנֵיהֶם עַל־עֵץ וַיִּכָּתֵב בְּסֵפֶר דִּבְרֵי הַיָּמִים לִפְנֵי
הַמֶּלֶךְ: אַחַר ׀ הַדְּבָרִים הָאֵלֶּה גִּדַּל הַמֶּלֶךְ אֲחַשְׁוֵרוֹשׁ אֶת־הָמָן
בֶּן־הַמְּדָתָא הָאֲגָגִי וַיְנַשְּׂאֵהוּ וַיָּשֶׂם אֶת־כִּסְאוֹ מֵעַל כׇּל־הַשָּׂרִים אֲשֶׁר אִתּוֹ:
וְכׇל־עַבְדֵי הַמֶּלֶךְ אֲשֶׁר־בְּשַׁעַר הַמֶּלֶךְ כֹּרְעִים וּמִשְׁתַּחֲוִים לְהָמָן כִּי־כֵן
צִוָּה־לוֹ הַמֶּלֶךְ וּמׇרְדֳּכַי לֹא יִכְרַע וְלֹא יִשְׁתַּחֲוֶה: וַיֹּאמְרוּ עַבְדֵי הַמֶּלֶךְ אֲשֶׁר־
בְּשַׁעַר הַמֶּלֶךְ לְמׇרְדֳּכָי מַדּוּעַ אַתָּה עוֹבֵר אֵת מִצְוַת הַמֶּלֶךְ: וַיְהִי כְּאׇמְרָם באמרם
אֵלָיו יוֹם וָיוֹם וְלֹא שָׁמַע אֲלֵיהֶם וַיַּגִּידוּ לְהָמָן לִרְאוֹת הֲיַעַמְדוּ דִּבְרֵי מׇרְדֳּכַי
כִּי־הִגִּיד לָהֶם אֲשֶׁר־הוּא יְהוּדִי: וַיַּרְא הָמָן כִּי־אֵין מׇרְדֳּכַי כֹּרֵעַ וּמִשְׁתַּחֲוֶה
לוֹ וַיִּמָּלֵא הָמָן חֵמָה: וַיִּבֶז בְּעֵינָיו לִשְׁלֹחַ יָד בְּמׇרְדֳּכַי לְבַדּוֹ כִּי־הִגִּידוּ לוֹ
אֶת־עַם מׇרְדֳּכָי וַיְבַקֵּשׁ הָמָן לְהַשְׁמִיד אֶת־כׇּל־הַיְּהוּדִים אֲשֶׁר בְּכׇל־מַלְכוּת
אֲחַשְׁוֵרוֹשׁ עַם מׇרְדֳּכָי: בַּחֹדֶשׁ הָרִאשׁוֹן הוּא־חֹדֶשׁ נִיסָן בִּשְׁנַת שְׁתֵּים עֶשְׂרֵה

לַמֶּ֣לֶךְ אֲחַשְׁוֵר֗וֹשׁ הִפִּ֨יל פּוּר֙ ה֣וּא הַגּוֹרָ֔ל לִפְנֵ֣י הָמָ֗ן מִיּ֧וֹם ׀ לְי֛וֹם וּמֵחֹ֥דֶשׁ
לְחֹ֖דֶשׁ שְׁנֵים־עָשָׂ֑ר הוּא־חֹ֖דֶשׁ אֲדָֽר׃ וַיֹּ֤אמֶר הָמָן֙ לַמֶּ֣לֶךְ אֲחַשְׁוֵר֔וֹשׁ
יֶשְׁנ֣וֹ עַם־אֶחָ֗ד מְפֻזָּ֤ר וּמְפֹרָד֙ בֵּ֣ין הָֽעַמִּ֔ים בְּכֹ֖ל מְדִינ֣וֹת מַלְכוּתֶ֑ךָ וְדָתֵיהֶ֞ם
שֹׁנ֣וֹת מִכָּל־עָ֗ם וְאֶת־דָּתֵ֤י הַמֶּ֙לֶךְ֙ אֵינָ֣ם עֹשִׂ֔ים וְלַמֶּ֥לֶךְ אֵין־שֹׁוֶ֖ה לְהַנִּיחָֽם׃
אִם־עַל־הַמֶּ֣לֶךְ ט֔וֹב יִכָּתֵ֖ב לְאַבְּדָ֑ם וַעֲשֶׂרֶת֩ אֲלָפִ֨ים כִּכַּר־כֶּ֜סֶף אֶשְׁקוֹל֙ עַל־
יְדֵי֙ עֹשֵׂ֣י הַמְּלָאכָ֔ה לְהָבִ֖יא אֶל־גִּנְזֵ֥י הַמֶּֽלֶךְ׃ וַיָּ֧סַר הַמֶּ֛לֶךְ אֶת־טַבַּעְתּ֖וֹ מֵעַ֣ל
יָד֑וֹ וַֽיִּתְּנָ֗הּ לְהָמָ֧ן בֶּֽן־הַמְּדָ֛תָא הָאֲגָגִ֖י צֹרֵ֥ר הַיְּהוּדִֽים׃ וַיֹּ֤אמֶר הַמֶּ֙לֶךְ֙ לְהָמָ֔ן
הַכֶּ֖סֶף נָת֣וּן לָ֑ךְ וְהָעָ֕ם לַעֲשׂ֥וֹת בּ֖וֹ כַּטּ֥וֹב בְּעֵינֶֽיךָ׃ וַיִּקָּרְאוּ֩ סֹפְרֵ֨י הַמֶּ֜לֶךְ בַּחֹ֣דֶשׁ
הָרִאשׁ֗וֹן בִּשְׁלוֹשָׁ֨ה עָשָׂ֣ר יוֹם֮ בּוֹ֒ וַיִּכָּתֵ֣ב כְּֽכָל־אֲשֶׁר־צִוָּ֣ה הָמָ֡ן אֶ֣ל אֲחַשְׁדַּרְפְּנֵֽי־
הַ֠מֶּלֶךְ וְאֶל־הַפַּח֞וֹת אֲשֶׁ֣ר ׀ עַל־מְדִינָ֣ה וּמְדִינָ֗ה וְאֶל־שָׂרֵ֣י עַם֙ וָעָ֔ם מְדִינָ֤ה
וּמְדִינָה֙ כִּכְתָבָ֔הּ וְעַ֥ם וָעָ֖ם כִּלְשׁוֹנ֑וֹ בְּשֵׁ֨ם הַמֶּ֤לֶךְ אֲחַשְׁוֵרֹשׁ֙ נִכְתָּ֔ב וְנֶחְתָּ֖ם
בְּטַבַּ֥עַת הַמֶּֽלֶךְ׃ וְנִשְׁל֨וֹחַ סְפָרִ֜ים בְּיַ֣ד הָרָצִים֮ אֶל־כָּל־מְדִינ֣וֹת הַמֶּ֒לֶךְ֒
לְהַשְׁמִ֡יד לַהֲרֹ֣ג וּלְאַבֵּ֣ד אֶת־כָּל־הַיְּהוּדִ֡ים מִנַּ֣עַר וְעַד־זָ֠קֵן טַ֤ף וְנָשִׁים֙ בְּי֣וֹם
אֶחָ֔ד בִּשְׁלוֹשָׁ֥ה עָשָׂ֛ר לְחֹ֥דֶשׁ שְׁנֵים־עָשָׂ֖ר הוּא־חֹ֣דֶשׁ אֲדָ֑ר וּשְׁלָלָ֖ם לָבֽוֹז׃
פַּתְשֶׁ֣גֶן הַכְּתָ֗ב לְהִנָּ֤תֵן דָּת֙ בְּכָל־מְדִינָ֣ה וּמְדִינָ֔ה גָּל֖וּי לְכָל־הָעַמִּ֑ים לִהְי֥וֹת
עֲתִדִ֖ים לַיּ֥וֹם הַזֶּֽה׃ הָֽרָצִ֞ים יָצְא֤וּ דְחוּפִים֙ בִּדְבַ֣ר הַמֶּ֔לֶךְ וְהַדָּ֥ת נִתְּנָ֖ה בְּשׁוּשַׁ֣ן
הַבִּירָ֑ה וְהַמֶּ֤לֶךְ וְהָמָן֙ יָשְׁב֣וּ לִשְׁתּ֔וֹת וְהָעִ֥יר שׁוּשָׁ֖ן נָבֽוֹכָה׃ וּמָרְדֳּכַ֗י
יָדַע֙ אֶת־כָּל־אֲשֶׁ֣ר נַעֲשָׂ֔ה וַיִּקְרַ֤ע מָרְדֳּכַי֙ אֶת־בְּגָדָ֔יו וַיִּלְבַּ֥שׁ שַׂ֖ק וָאֵ֑פֶר וַיֵּצֵא֙
בְּת֣וֹךְ הָעִ֔יר וַיִּזְעַ֛ק זְעָקָ֥ה גְדֹלָ֖ה וּמָרָֽה׃ וַיָּב֕וֹא עַ֖ד לִפְנֵ֣י שַֽׁעַר־הַמֶּ֑לֶךְ כִּ֣י אֵ֥ין
לָב֛וֹא אֶל־שַׁ֥עַר הַמֶּ֖לֶךְ בִּלְב֥וּשׁ שָֽׂק׃ וּבְכָל־מְדִינָ֣ה וּמְדִינָ֗ה מְקוֹם֙ אֲשֶׁ֨ר
דְּבַר־הַמֶּ֤לֶךְ וְדָתוֹ֙ מַגִּ֔יעַ אֵ֤בֶל גָּדוֹל֙ לַיְּהוּדִ֔ים וְצ֥וֹם וּבְכִ֖י וּמִסְפֵּ֑ד שַׂ֣ק וָאֵ֔פֶר
יֻצַּ֖ע לָֽרַבִּֽים׃ וַתָּ֨בוֹאנָה נַעֲר֤וֹת אֶסְתֵּר֙ וְסָרִיסֶ֨יהָ֙ וַיַּגִּ֣ידוּ לָ֔הּ וַתִּתְחַלְחַ֥ל הַמַּלְכָּ֖ה ותבואינה
מְאֹ֑ד וַתִּשְׁלַ֨ח בְּגָדִ֜ים לְהַלְבִּ֣ישׁ אֶת־מָרְדֳּכַ֗י וּלְהָסִ֥יר שַׂקּ֛וֹ מֵעָלָ֖יו וְלֹ֥א קִבֵּֽל׃
וַתִּקְרָא֩ אֶסְתֵּ֨ר לַהֲתָ֜ךְ מִסָּרִיסֵ֤י הַמֶּ֙לֶךְ֙ אֲשֶׁ֣ר הֶעֱמִ֣יד לְפָנֶ֔יהָ וַתְּצַוֵּ֖הוּ עַל־
מָרְדֳּכָ֑י לָדַ֥עַת מַה־זֶּ֖ה וְעַל־מַה־זֶּֽה׃ וַיֵּצֵ֥א הֲתָ֖ךְ אֶל־מָרְדֳּכָ֑י אֶל־רְח֣וֹב הָעִ֔יר
אֲשֶׁ֖ר לִפְנֵ֥י שַֽׁעַר־הַמֶּֽלֶךְ׃ וַיַּגֶּד־ל֣וֹ מָרְדֳּכַ֔י אֵ֖ת כָּל־אֲשֶׁ֣ר קָרָ֑הוּ וְאֵ֣ת ׀ פָּרָשַׁ֣ת
הַכֶּ֗סֶף אֲשֶׁ֨ר אָמַ֤ר הָמָן֙ לִשְׁק֞וֹל עַל־גִּנְזֵ֥י הַמֶּ֛לֶךְ בַּיְּהוּדִ֖ים לְאַבְּדָֽם׃ וְאֶת־ ביהודיים
פַּתְשֶׁ֣גֶן כְּתָֽב־הַדָּ֡ת אֲשֶׁר־נִתַּ֨ן בְּשׁוּשָׁ֤ן לְהַשְׁמִידָם֙ נָ֣תַן ל֔וֹ לְהַרְא֥וֹת אֶת־אֶסְתֵּ֖ר

וּלְהַגִּיד לָהּ וּלְצַוּוֹת עָלֶיהָ לָבוֹא אֶל־הַמֶּלֶךְ לְהִתְחַנֶּן־לוֹ וּלְבַקֵּשׁ מִלְּפָנָיו
עַל־עַמָּהּ: וַיָּבוֹא הֲתָךְ וַיַּגֵּד לְאֶסְתֵּר אֵת דִּבְרֵי מָרְדֳּכָי: וַתֹּאמֶר אֶסְתֵּר לַהֲתָךְ
וַתְּצַוֵּהוּ אֶל־מָרְדֳּכָי: כׇּל־עַבְדֵי הַמֶּלֶךְ וְעַם מְדִינוֹת הַמֶּלֶךְ יֹדְעִים אֲשֶׁר כׇּל־
אִישׁ וְאִשָּׁה אֲשֶׁר־יָבוֹא אֶל־הַמֶּלֶךְ אֶל־הֶחָצֵר הַפְּנִימִית אֲשֶׁר לֹא־יִקָּרֵא
אַחַת דָּתוֹ לְהָמִית לְבַד מֵאֲשֶׁר יוֹשִׁיט־לוֹ הַמֶּלֶךְ אֶת־שַׁרְבִיט הַזָּהָב וְחָיָה
וַאֲנִי לֹא נִקְרֵאתִי לָבוֹא אֶל־הַמֶּלֶךְ זֶה שְׁלוֹשִׁים יוֹם: וַיַּגִּידוּ לְמׇרְדֳּכָי אֵת
דִּבְרֵי אֶסְתֵּר: וַיֹּאמֶר מׇרְדֳּכַי לְהָשִׁיב אֶל־אֶסְתֵּר אַל־תְּדַמִּי בְנַפְשֵׁךְ לְהִמָּלֵט
בֵּית־הַמֶּלֶךְ מִכׇּל־הַיְּהוּדִים: כִּי אִם־הַחֲרֵשׁ תַּחֲרִישִׁי בָּעֵת הַזֹּאת רֶוַח וְהַצָּלָה
יַעֲמוֹד לַיְּהוּדִים מִמָּקוֹם אַחֵר וְאַתְּ וּבֵית־אָבִיךְ תֹּאבֵדוּ וּמִי יוֹדֵעַ אִם־לְעֵת
כָּזֹאת הִגַּעַתְּ לַמַּלְכוּת: וַתֹּאמֶר אֶסְתֵּר לְהָשִׁיב אֶל־מׇרְדֳּכָי: לֵךְ כְּנוֹס אֶת־
כׇּל־הַיְּהוּדִים הַנִּמְצְאִים בְּשׁוּשָׁן וְצוּמוּ עָלַי וְאַל־תֹּאכְלוּ וְאַל־תִּשְׁתּוּ שְׁלֹשֶׁת
יָמִים לַיְלָה וָיוֹם גַּם־אֲנִי וְנַעֲרֹתַי אָצוּם כֵּן וּבְכֵן אָבוֹא אֶל־הַמֶּלֶךְ אֲשֶׁר לֹא־
כַדָּת וְכַאֲשֶׁר אָבַדְתִּי אָבָדְתִּי: וַיַּעֲבֹר מׇרְדֳּכָי וַיַּעַשׂ כְּכֹל אֲשֶׁר־צִוְּתָה עָלָיו
אֶסְתֵּר: וַיְהִי ׀ בַּיּוֹם הַשְּׁלִישִׁי וַתִּלְבַּשׁ אֶסְתֵּר מַלְכוּת וַתַּעֲמֹד בַּחֲצַר בֵּית־
הַמֶּלֶךְ הַפְּנִימִית נֹכַח בֵּית הַמֶּלֶךְ וְהַמֶּלֶךְ יוֹשֵׁב עַל־כִּסֵּא מַלְכוּתוֹ בְּבֵית
הַמַּלְכוּת נֹכַח פֶּתַח הַבָּיִת: וַיְהִי כִרְאוֹת הַמֶּלֶךְ אֶת־אֶסְתֵּר הַמַּלְכָּה עֹמֶדֶת
בֶּחָצֵר נָשְׂאָה חֵן בְּעֵינָיו וַיּוֹשֶׁט הַמֶּלֶךְ לְאֶסְתֵּר אֶת־שַׁרְבִיט הַזָּהָב אֲשֶׁר
בְּיָדוֹ וַתִּקְרַב אֶסְתֵּר וַתִּגַּע בְּרֹאשׁ הַשַּׁרְבִיט: וַיֹּאמֶר לָהּ הַמֶּלֶךְ מַה־לָּךְ
אֶסְתֵּר הַמַּלְכָּה וּמַה־בַּקָּשָׁתֵךְ עַד־חֲצִי הַמַּלְכוּת וְיִנָּתֵן לָךְ: וַתֹּאמֶר אֶסְתֵּר
אִם־עַל־הַמֶּלֶךְ טוֹב יָבוֹא הַמֶּלֶךְ וְהָמָן הַיּוֹם אֶל־הַמִּשְׁתֶּה אֲשֶׁר־עָשִׂיתִי לוֹ:
וַיֹּאמֶר הַמֶּלֶךְ מַהֲרוּ אֶת־הָמָן לַעֲשׂוֹת אֶת־דְּבַר אֶסְתֵּר וַיָּבֹא הַמֶּלֶךְ וְהָמָן
אֶל־הַמִּשְׁתֶּה אֲשֶׁר־עָשְׂתָה אֶסְתֵּר: וַיֹּאמֶר הַמֶּלֶךְ לְאֶסְתֵּר בְּמִשְׁתֵּה הַיַּיִן
מַה־שְּׁאֵלָתֵךְ וְיִנָּתֵן לָךְ וּמַה־בַּקָּשָׁתֵךְ עַד־חֲצִי הַמַּלְכוּת וְתֵעָשׂ: וַתַּעַן אֶסְתֵּר
וַתֹּאמַר שְׁאֵלָתִי וּבַקָּשָׁתִי: אִם־מָצָאתִי חֵן בְּעֵינֵי הַמֶּלֶךְ וְאִם־עַל־הַמֶּלֶךְ
טוֹב לָתֵת אֶת־שְׁאֵלָתִי וְלַעֲשׂוֹת אֶת־בַּקָּשָׁתִי יָבוֹא הַמֶּלֶךְ וְהָמָן אֶל־הַמִּשְׁתֶּה
אֲשֶׁר אֶעֱשֶׂה לָהֶם וּמָחָר אֶעֱשֶׂה כִּדְבַר הַמֶּלֶךְ: וַיֵּצֵא הָמָן בַּיּוֹם הַהוּא שָׂמֵחַ
וְטוֹב לֵב וְכִרְאוֹת הָמָן אֶת־מׇרְדֳּכַי בְּשַׁעַר הַמֶּלֶךְ וְלֹא־קָם וְלֹא־זָע מִמֶּנּוּ
וַיִּמָּלֵא הָמָן עַל־מׇרְדֳּכַי חֵמָה: וַיִּתְאַפַּק הָמָן וַיָּבוֹא אֶל־בֵּיתוֹ וַיִּשְׁלַח וַיָּבֵא
אֶת־אֹהֲבָיו וְאֶת־זֶרֶשׁ אִשְׁתּוֹ: וַיְסַפֵּר לָהֶם הָמָן אֶת־כְּבוֹד עׇשְׁרוֹ וְרֹב בָּנָיו

ואת כל־אשר גדלו המלך ואת אשר נשאו על־השרים ועבדי המלך:
ויאמר המן אף לא־הביאה אסתר המלכה עם־המלך אל־המשתה
אשר־עשתה כי אם־אותי וגם־למחר אני קרוא־לה עם־המלך: וכל־זה
איננו שוה לי בכל־עת אשר אני ראה את־מרדכי היהודי יושב
בשער המלך: ותאמר לו זרש אשתו וכל־אהביו יעשו־עץ גבה
חמשים אמה ובבקר ׀ אמר למלך ויתלו את־מרדכי עליו ובא
עם־המלך אל־המשתה שמח וייטב הדבר לפני המן ויעש
העץ: *El público recita en voz alta antes que el oficiante.* בלילה ההוא
נדדה שנת המלך ויאמר להביא את־ספר הזכרנות דברי הימים ויהיו
נקראים לפני המלך: *Hasta aquí.* וימצא כתוב אשר הגיד מרדכי על־בגתנא
ותרש שני סריסי המלך משמרי הסף אשר בקשו לשלח יד במלך
אחשורוש: ויאמר המלך מה־נעשה יקר וגדולה למרדכי על־זה ויאמרו
נערי המלך משרתיו לא־נעשה עמו דבר: ויאמר המלך מי בחצר והמן
בא לחצר בית־המלך החיצונה לאמר למלך לתלות את־מרדכי על־העץ
אשר־הכין לו: ויאמרו נערי המלך אליו הנה המן עמד בחצר ויאמר
המלך יבוא: ויבוא המן ויאמר לו המלך מה־לעשות באיש אשר המלך
חפץ ביקרו ויאמר המן בלבו למי יחפץ המלך לעשות יקר יותר ממני:
ויאמר המן אל־המלך איש אשר המלך חפץ ביקרו: יביאו לבוש מלכות
אשר לבש־בו המלך וסוס אשר רכב עליו המלך ואשר נתן כתר מלכות
בראשו: ונתון הלבוש והסוס על־יד־איש משרי המלך הפרתמים והלבישו
את־האיש אשר המלך חפץ ביקרו והרכיבהו על־הסוס ברחוב העיר
וקראו לפניו ככה יעשה לאיש אשר המלך חפץ ביקרו: ויאמר המלך
להמן מהר קח את־הלבוש ואת־הסוס כאשר דברת ועשה־כן למרדכי
היהודי היושב בשער המלך אל־תפל דבר מכל אשר דברת: ויקח המן
את־הלבוש ואת־הסוס וילבש את־מרדכי וירכיבהו ברחוב העיר ויקרא
לפניו ככה יעשה לאיש אשר המלך חפץ ביקרו: וישב מרדכי אל־שער
המלך והמן נדחף אל־ביתו אבל וחפוי ראש: ויספר המן לזרש אשתו
ולכל־אהביו את כל־אשר קרהו ויאמרו לו חכמיו וזרש אשתו אם מזרע
היהודים מרדכי אשר החלות לנפל לפניו לא־תוכל לו כי־נפול תפול

לְפָנָיו׃ עוֹדָם מְדַבְּרִים עִמּוֹ וְסָרִיסֵי הַמֶּלֶךְ הִגִּיעוּ וַיַּבְהִלוּ לְהָבִיא אֶת־הָמָן
אֶל־הַמִּשְׁתֶּה אֲשֶׁר־עָשְׂתָה אֶסְתֵּר׃ וַיָּבֹא הַמֶּלֶךְ וְהָמָן לִשְׁתּוֹת עִם־אֶסְתֵּר
הַמַּלְכָּה׃ וַיֹּאמֶר הַמֶּלֶךְ לְאֶסְתֵּר גַּם בַּיּוֹם הַשֵּׁנִי בְּמִשְׁתֵּה הַיַּיִן מַה־שְּׁאֵלָתֵךְ
אֶסְתֵּר הַמַּלְכָּה וְתִנָּתֵן לָךְ וּמַה־בַּקָּשָׁתֵךְ עַד־חֲצִי הַמַּלְכוּת וְתֵעָשׂ׃ וַתַּעַן
אֶסְתֵּר הַמַּלְכָּה וַתֹּאמַר אִם־מָצָאתִי חֵן בְּעֵינֶיךָ הַמֶּלֶךְ וְאִם־עַל־הַמֶּלֶךְ טוֹב
תִּנָּתֶן־לִי נַפְשִׁי בִּשְׁאֵלָתִי וְעַמִּי בְּבַקָּשָׁתִי׃ כִּי נִמְכַּרְנוּ אֲנִי וְעַמִּי לְהַשְׁמִיד
לַהֲרוֹג וּלְאַבֵּד וְאִלּוּ לַעֲבָדִים וְלִשְׁפָחוֹת נִמְכַּרְנוּ הֶחֱרַשְׁתִּי כִּי אֵין הַצָּר שֹׁוֶה
בְּנֵזֶק הַמֶּלֶךְ׃ וַיֹּאמֶר הַמֶּלֶךְ אֲחַשְׁוֵרוֹשׁ וַיֹּאמֶר לְאֶסְתֵּר הַמַּלְכָּה
מִי הוּא זֶה וְאֵי־זֶה הוּא אֲשֶׁר־מְלָאוֹ לִבּוֹ לַעֲשׂוֹת כֵּן׃ וַתֹּאמֶר אֶסְתֵּר אִישׁ
צַר וְאוֹיֵב הָמָן הָרָע הַזֶּה וְהָמָן נִבְעַת מִלִּפְנֵי הַמֶּלֶךְ וְהַמַּלְכָּה׃ וְהַמֶּלֶךְ קָם
בַּחֲמָתוֹ מִמִּשְׁתֵּה הַיַּיִן אֶל־גִּנַּת הַבִּיתָן וְהָמָן עָמַד לְבַקֵּשׁ עַל־נַפְשׁוֹ מֵאֶסְתֵּר
הַמַּלְכָּה כִּי רָאָה כִּי־כָלְתָה אֵלָיו הָרָעָה מֵאֵת הַמֶּלֶךְ׃ וְהַמֶּלֶךְ שָׁב מִגִּנַּת
הַבִּיתָן אֶל־בֵּית ׀ מִשְׁתֵּה הַיַּיִן וְהָמָן נֹפֵל עַל־הַמִּטָּה אֲשֶׁר אֶסְתֵּר עָלֶיהָ
וַיֹּאמֶר הַמֶּלֶךְ הֲגַם לִכְבּוֹשׁ אֶת־הַמַּלְכָּה עִמִּי בַּבָּיִת הַדָּבָר יָצָא מִפִּי הַמֶּלֶךְ
וּפְנֵי הָמָן חָפוּ׃ וַיֹּאמֶר חַרְבוֹנָה אֶחָד מִן־הַסָּרִיסִים לִפְנֵי הַמֶּלֶךְ גַּם הִנֵּה־הָעֵץ
אֲשֶׁר־עָשָׂה הָמָן לְמָרְדֳּכַי אֲשֶׁר דִּבֶּר־טוֹב עַל־הַמֶּלֶךְ עֹמֵד בְּבֵית הָמָן גָּבֹהַּ
חֲמִשִּׁים אַמָּה וַיֹּאמֶר הַמֶּלֶךְ תְּלֻהוּ עָלָיו׃ וַיִּתְלוּ אֶת־הָמָן עַל־הָעֵץ אֲשֶׁר־
הֵכִין לְמָרְדֳּכָי וַחֲמַת הַמֶּלֶךְ שָׁכָכָה׃ בַּיּוֹם הַהוּא נָתַן הַמֶּלֶךְ
אֲחַשְׁוֵרוֹשׁ לְאֶסְתֵּר הַמַּלְכָּה אֶת־בֵּית הָמָן צֹרֵר הַיְּהוּדִים וּמָרְדֳּכַי בָּא לִפְנֵי היהודיים
הַמֶּלֶךְ כִּי־הִגִּידָה אֶסְתֵּר מַה הוּא־לָהּ׃ וַיָּסַר הַמֶּלֶךְ אֶת־טַבַּעְתּוֹ אֲשֶׁר הֶעֱבִיר
מֵהָמָן וַיִּתְּנָהּ לְמָרְדֳּכָי וַתָּשֶׂם אֶסְתֵּר אֶת־מָרְדֳּכַי עַל־בֵּית
הָמָן׃ וַתּוֹסֶף אֶסְתֵּר וַתְּדַבֵּר לִפְנֵי הַמֶּלֶךְ וַתִּפֹּל לִפְנֵי רַגְלָיו וַתֵּבְךְּ
וַתִּתְחַנֶּן־לוֹ לְהַעֲבִיר אֶת־רָעַת הָמָן הָאֲגָגִי וְאֵת מַחֲשַׁבְתּוֹ אֲשֶׁר חָשַׁב עַל־
הַיְּהוּדִים׃ וַיּוֹשֶׁט הַמֶּלֶךְ לְאֶסְתֵּר אֵת שַׁרְבִט הַזָּהָב וַתָּקָם אֶסְתֵּר וַתַּעֲמֹד
לִפְנֵי הַמֶּלֶךְ׃ וַתֹּאמֶר אִם־עַל־הַמֶּלֶךְ טוֹב וְאִם־מָצָאתִי חֵן לְפָנָיו וְכָשֵׁר
הַדָּבָר לִפְנֵי הַמֶּלֶךְ וְטוֹבָה אֲנִי בְּעֵינָיו יִכָּתֵב לְהָשִׁיב אֶת־הַסְּפָרִים מַחֲשֶׁבֶת
הָמָן בֶּן־הַמְּדָתָא הָאֲגָגִי אֲשֶׁר כָּתַב לְאַבֵּד אֶת־הַיְּהוּדִים אֲשֶׁר בְּכָל־מְדִינוֹת
הַמֶּלֶךְ׃ כִּי אֵיכָכָה אוּכַל וְרָאִיתִי בָּרָעָה אֲשֶׁר־יִמְצָא אֶת־עַמִּי וְאֵיכָכָה אוּכַל
וְרָאִיתִי בְּאָבְדַן מוֹלַדְתִּי׃ וַיֹּאמֶר הַמֶּלֶךְ אֲחַשְׁוֵרֹשׁ לְאֶסְתֵּר

המלכה ולמרדכי היהודי הנה בית־המן נתתי לאסתר ואתו תלו על־העץ
על אשר־שלח ידו ביהודים: ואתם כתבו על־היהודים כטוב בעיניכם ביהודיים
בשם המלך וחתמו בטבעת המלך כי־כתב אשר־נכתב בשם־המלך
ונחתום בטבעת המלך אין להשיב: ויקראו ספרי־המלך בעת־ההיא
בחדש השלישי הוא־חדש סיון בשלושה ועשרים בו ויכתב ככל־אשר־
צוה מרדכי אל־היהודים ואל האחשדרפנים והפחות ושרי המדינות אשר
מהדו ועד־כוש שבע ועשרים ומאה מדינה מדינה ומדינה ככתבה ועם
ועם כלשנו ואל־היהודים ככתבם וכלשונם: ויכתב בשם המלך אחשורש
ויחתם בטבעת המלך וישלח ספרים ביד הרצים בסוסים רכבי הרכש
האחשתרנים בני הרמכים: אשר נתן המלך ליהודים | אשר | בכל־עיר
ועיר להקהל ולעמד על־נפשם להשמיד ולהרג ולאבד את־כל־חיל עם
ומדינה הצרים אתם טף ונשים ושללם לבוז: ביום אחד בכל־מדינות
המלך אחשורוש בשלושה עשר לחדש שנים־עשר הוא־חדש אדר:
פתשגן הכתב להנתן דת בכל־מדינה ומדינה גלוי לכל־העמים ולהיות
היהודים עתידים ליום הזה להנקם מאיביהם: הרצים רכבי הרכש היהודיים עתודים
האחשתרנים יצאו מבהלים ודחופים בדבר המלך והדת נתנה בשושן
הבירה: *El público recita en voz alta antes que el oficiante.* ומרדכי יצא |
מלפני המלך בלבוש מלכות תכלת וחור ועטרת זהב גדולה ותכריך בוץ
וארגמן והעיר שושן צהלה ושמחה: ליהודים היתה אורה ושמחה וששן
ויקר: *Hasta aquí.* ובכל־מדינה ומדינה ובכל־עיר ועיר מקום אשר דבר־
המלך ודתו מגיע שמחה וששון ליהודים משתה ויום טוב ורבים
מעמי הארץ מתיהדים כי־נפל פחד־היהודים עליהם: ובשנים עשר
חדש הוא־חדש אדר בשלושה עשר יום בו אשר הגיע דבר־המלך
ודתו להעשות ביום אשר שברו איבי היהודים לשלוט בהם ונהפוך
הוא אשר ישלטו היהודים המה בשנאיהם: נקהלו היהודים
בעריהם בכל־מדינות המלך אחשורוש לשלח יד במבקשי רעתם
ואיש לא־עמד בפניהם כי־נפל פחדם על־כל־העמים: וכל־שרי
המדינות והאחשדרפנים והפחות ועשי המלאכה אשר למלך מנשאים
את־היהודים כי־נפל פחד־מרדכי עליהם: כי־גדול מרדכי בבית

הַמֶּלֶךְ וְשָׁמְעוֹ הוֹלֵךְ בְּכָל־הַמְּדִינוֹת כִּי־הָאִישׁ מָרְדֳּכַי הוֹלֵךְ וְגָדוֹל׃
וַיַּכּוּ הַיְּהוּדִים בְּכָל־אֹיְבֵיהֶם מַכַּת־חֶרֶב וְהֶרֶג וְאַבְדָן וַיַּעֲשׂוּ
בְשֹׂנְאֵיהֶם כִּרְצוֹנָם׃ וּבְשׁוּשַׁן הַבִּירָה הָרְגוּ הַיְּהוּדִים וְאַבֵּד חֲמֵשׁ מֵאוֹת
אִישׁ׃ וְאֵת ׀
פַּרְשַׁנְדָּתָא וְאֵת ׀
דַּלְפוֹן וְאֵת ׀
אַסְפָּתָא׃ וְאֵת ׀
פּוֹרָתָא וְאֵת ׀
אֲדַלְיָא וְאֵת ׀
אֲרִידָתָא׃ וְאֵת ׀
פַּרְמַשְׁתָּא וְאֵת ׀
אֲרִיסַי וְאֵת ׀
אֲרִידַי וְאֵת ׀
וַיְזָתָא׃ עֲשֶׂרֶת
בְּנֵי הָמָן בֶּן־הַמְּדָתָא צֹרֵר הַיְּהוּדִים הָרָגוּ וּבַבִּזָּה לֹא שָׁלְחוּ אֶת־יָדָם׃ בַּיּוֹם
הַהוּא בָּא מִסְפַּר הַהֲרוּגִים בְּשׁוּשַׁן הַבִּירָה לִפְנֵי הַמֶּלֶךְ׃ וַיֹּאמֶר הַמֶּלֶךְ
לְאֶסְתֵּר הַמַּלְכָּה בְּשׁוּשַׁן הַבִּירָה הָרְגוּ הַיְּהוּדִים וְאַבֵּד חֲמֵשׁ מֵאוֹת אִישׁ
וְאֵת עֲשֶׂרֶת בְּנֵי־הָמָן בִּשְׁאָר מְדִינוֹת הַמֶּלֶךְ מֶה עָשׂוּ וּמַה־שְּׁאֵלָתֵךְ וְיִנָּתֵן
לָךְ וּמַה־בַּקָּשָׁתֵךְ עוֹד וְתֵעָשׂ׃ וַתֹּאמֶר אֶסְתֵּר אִם־עַל־הַמֶּלֶךְ טוֹב יִנָּתֵן
גַּם־מָחָר לַיְּהוּדִים אֲשֶׁר בְּשׁוּשָׁן לַעֲשׂוֹת כְּדָת הַיּוֹם וְאֵת עֲשֶׂרֶת בְּנֵי־הָמָן
יִתְלוּ עַל־הָעֵץ׃ וַיֹּאמֶר הַמֶּלֶךְ לְהֵעָשׂוֹת כֵּן וַתִּנָּתֵן דָּת בְּשׁוּשָׁן וְאֵת עֲשֶׂרֶת
בְּנֵי־הָמָן תָּלוּ׃ וַיִּקָּהֲלוּ הַיְּהוּדִים אֲשֶׁר־בְּשׁוּשָׁן גַּם בְּיוֹם אַרְבָּעָה עָשָׂר לְחֹדֶשׁ היהודיים
אֲדָר וַיַּהַרְגוּ בְשׁוּשָׁן שְׁלֹשׁ מֵאוֹת אִישׁ וּבַבִּזָּה לֹא שָׁלְחוּ אֶת־יָדָם׃ וּשְׁאָר
הַיְּהוּדִים אֲשֶׁר בִּמְדִינוֹת הַמֶּלֶךְ נִקְהֲלוּ ׀ וְעָמֹד עַל־נַפְשָׁם וְנוֹחַ מֵאֹיְבֵיהֶם
וְהָרוֹג בְּשֹׂנְאֵיהֶם חֲמִשָּׁה וְשִׁבְעִים אָלֶף וּבַבִּזָּה לֹא שָׁלְחוּ אֶת־יָדָם׃ בְּיוֹם־
שְׁלוֹשָׁה עָשָׂר לְחֹדֶשׁ אֲדָר וְנוֹחַ בְּאַרְבָּעָה עָשָׂר בּוֹ וְעָשֹׂה אֹתוֹ יוֹם מִשְׁתֶּה
וְשִׂמְחָה׃ וְהַיְּהוּדִים אֲשֶׁר־בְּשׁוּשָׁן נִקְהֲלוּ בִּשְׁלוֹשָׁה עָשָׂר בּוֹ וּבְאַרְבָּעָה והיהודיים
עָשָׂר בּוֹ וְנוֹחַ בַּחֲמִשָּׁה עָשָׂר בּוֹ וְעָשֹׂה אֹתוֹ יוֹם מִשְׁתֶּה וְשִׂמְחָה׃ עַל־כֵּן
הַיְּהוּדִים הַפְּרָזִים הַיֹּשְׁבִים בְּעָרֵי הַפְּרָזוֹת עֹשִׂים אֵת יוֹם אַרְבָּעָה עָשָׂר הפרוזים

לחדש אדר שמחה ומשתה ויום טוב ומשלח מנות איש לרעהו: ויכתב
מרדכי את־הדברים האלה וישלח ספרים אל־כל־היהודים אשר בכל־
מדינות המלך אחשורוש הקרובים והרחוקים: לקים עליהם להיות עשים
את יום ארבעה עשר לחדש אדר ואת יום־חמשה עשר בו בכל־שנה
ושנה: כימים אשר־נחו בהם היהודים מאיביהם והחדש אשר נהפך להם
מיגון לשמחה ומאבל ליום טוב לעשות אותם ימי משתה ושמחה ומשלח
מנות איש לרעהו ומתנות לאבינים: וקבל היהודים את אשר־החלו
לעשות ואת אשר־כתב מרדכי אליהם: כי המן בן־המדתא האגגי צרר
כל־היהודים חשב על־היהודים לאבדם והפל פור הוא הגורל להמם
ולאבדם: ובבאה לפני המלך אמר עם־הספר ישוב מחשבתו הרעה
אשר־חשב על־היהודים על־ראשו ותלו אתו ואת־בניו על־העץ: על־כן
קראו לימים האלה פורים על־שם הפור על־כן על־כל־דברי האגרת
הזאת ומה־ראו על־ככה ומה הגיע אליהם: קימו וקבל היהודים ׀ עליהם
׀ ועל־זרעם ועל כל־הנלוים עליהם ולא יעבור להיות עשים את־שני
הימים האלה ככתבם וכזמנם בכל־שנה ושנה: והימים האלה נזכרים
ונעשים בכל־דור ודור משפחה ומשפחה מדינה ומדינה ועיר ועיר וימי
הפורים האלה לא יעברו מתוך היהודים וזכרם לא־יסוף
מזרעם: ותכתב אסתר המלכה בת־אביחיל ומרדכי היהודי
את־כל־תקף לקים את אגרת הפרים הזאת השנית: וישלח ספרים אל־
כל־היהודים אל־שבע ועשרים ומאה מדינה מלכות אחשורוש דברי
שלום ואמת: לקים את־ימי הפרים האלה בזמניהם כאשר קים עליהם
מרדכי היהודי ואסתר המלכה וכאשר קימו על־נפשם ועל־זרעם דברי
הצומות וזעקתם: ומאמר אסתר קים דברי הפרים האלה ונכתב
אחשרש בספר: וישם המלך אחשורוש ׀ מס על־הארץ ואיי הים: וכל־
מעשה תקפו וגבורתו ופרשת גדלת מרדכי אשר גדלו המלך הלוא־הם
כתובים על־ספר דברי הימים למלכי מדי ופרס:
*El público recita en voz alta antes que el oficiante.* כי ׀ מרדכי היהודי משנה למלך
אחשורוש וגדול ליהודים ורצוי לרב אחיו דרש טוב לעמו ודבר שלום
לכל־זרעו:

*Se lee la Meguilá.*
*Tras la lectura se enrolla el pergamino y se recita la siguiente bendición:*

בָּרוּךְ Bendito eres Tú Señor, nuestro Dios, Rey del universo
que libra nuestra lucha, juzga nuestro reclamo
y venga nuestra venganza;
que da su merecido a nuestros enemigos
y se desquita de nuestros opresores.
Bendito eres Tú Señor, que se desquita de todos los opresores del pueblo de Israel: el Dios que trae salvación.

אָרוּר Maldito sea Hamán, bendito sea Mordejai.
Maldita sea Zeresh, bendita sea Ester.
Malditos sean los malvados,
benditos sean todos los hijos de Israel
y también Ḥarbona sea recordado para el bien.

*Tras la lectura nocturna de la Meguilá, el rezo continúa con "Y Tú eres Santo" en la página 770.*

*La lectura de la Torá de Purim está en la página 1190 Hacia el final del rezo de Shaḥrit para días de semana (página 206) se lee la Meguilá con sus bendiciones correspondientes (sin Sheheḥeianu). Tras la Meguilá, continúa el rezo normal de Shaḥrit para días de semana con "Y Tú eres Santo" en la página 206.*

# Parashat Pará

*La porción de Pará se lee el penúltimo Shabat del mes de Adar (o Adar Bet durante un año embolismal), o, si Rosh Ḥodesh Nisán cae en Shabat, en el último Shabat de Adar. Se extraen dos rollos de la Torá. En el primero se leen las primeras siete aliot correspondientes a la porción semanal seguido de Medio Kadish, luego, en el segundo rollo se lee la porción de Pará a modo de Maftir:*

Núm. 19:1-22

# Parashat Haḥodesh

*El Shabat previo a Rosh Ḥodesh Nisán se extraen dos rollos de la Torá. En el primero se leen las siete primeras aliot correspondientes a la porción semanal, luego se recita Medio Kadish, a continuación, en el segundo rollo se lee la porción de HaḤodesh a modo de Maftir seguida también de Medio Kadish para luego leerse la Haftará en Ezequiel 45. Si Rosh Ḥodesh Nisán cae en Shabat, se extraen tres rollos de la Torá: en el primero se leen las primeras seis aliot correspondientes a la porción semanal (no se recita Medio Kadish a continuación a menos que hayan subido para la lectura más de seis personas); en el segundo rollo se lee la séptima aliá correspondiente a la porción de Rosh Ḥodesh "Ubióm HaShabat" seguido de Medio Kadish; en el tercer rollo se lee "HaḤodesh hazé lajem" a modo de Maftir.*

Éx. 12:1-20

*Se lee la מגילה.*
*Tras la lectura se enrolla el pergamino y se recita la siguiente bendición:*

בָּרוּךְ אַתָּה יְהֹוָה, אֱלֹהֵינוּ מֶלֶךְ הָעוֹלָם
הָרָב אֶת רִיבֵנוּ, וְהַדָּן אֶת דִּינֵנוּ, וְהַנּוֹקֵם אֶת נִקְמָתֵנוּ
וְהַמְשַׁלֵּם גְּמוּל לְכָל־אוֹיְבֵי נַפְשֵׁנוּ, וְהַנִּפְרָע לָנוּ מִצָּרֵינוּ.
בָּרוּךְ אַתָּה יְהֹוָה, הַנִּפְרָע לְעַמּוֹ יִשְׂרָאֵל מִכָּל־צָרֵיהֶם הָאֵל הַמּוֹשִׁיעַ.

אָרוּר הָמָן, בָּרוּךְ מָרְדְּכַי.
אֲרוּרָה זֶרֶשׁ, בְּרוּכָה אֶסְתֵּר.
אֲרוּרִים כָּל־הָרְשָׁעִים, בְּרוּכִים כָּל־יִשְׂרָאֵל
וְגַם חַרְבוֹנָה זָכוּר לְטוֹב.

*Tras la lectura nocturna de la מגילה, el rezo continúa con 'וְאַתָּה קָדוֹשׁ' en la página 771.*

*La lectura de la תורה de פורים está en la página 1190 Hacia el final del rezo de שחרית para días de semana (página 207) se lee la מגילה con sus bendiciones correspondientes (sin 'שֶׁהֶחֱיָנוּ'). Tras la מגילה, continúa el rezo normal de שחרית para días de semana con 'וְאַתָּה קָדוֹשׁ' en la página 207.*

# פרשת פרה

*La פרשת פרה se lee el penúltimo שבת del mes de Adar (o Adar Bet durante un año embolismal), o, si ראש חודש ניסן cae en שבת, en el último שבת de אדר. Se extraen dos rollos de la תורה. En el primero se leen las primeras siete עליות correspondientes a la porción semanal seguido de חצי קדיש, luego, en el segundo rollo se lee la פרשת פרה a modo de מפטיר:*

במדבר יט, א–כב

# פרשת החודש

*El שבת previo a ראש חודש ניסן se extraen dos rollos de la תורה. En el primero se leen las siete primeras עליות correspondientes a la porción semanal, luego se recita חצי קדיש, a continuación, en el segundo rollo se lee la porción de HaḤodesh a modo de Maftir seguida también de חצי קדיש para luego leerse la הפטרה en מה יחזקאל. Si ראש חודש ניסן cae en שבת, se extraen tres rollos de la תורה: en el primero se leen las primeras seis עליות correspondientes a la porción semanal (no se recita חצי קדיש a continuación a menos que hayan subido para la lectura más de seis personas); en el segundo rollo se lee la séptima aliá correspondiente a la porción de 'וביום ראש חודש' seguido de חצי קדיש; en el tercer rollo se lee 'החודש הזה לכם' a modo de מפטיר.*

שמות יב, א–כ

# Shaḥrit para Yom Haʼaṣmaut

*No se recita Taḥanún, se dice el versículo "Que el Nombre del Señor sea bendito" seguido de Medio Kadish. Luego se recita el Gran Halel (Salmo 136).*

הודו· Agradeced al Señor
porque es bueno; pues Su benevolencia es eterna. *Sal. 136*
Agradeced al Dios de dioses; pues Su benevolencia es eterna.
Agradeced al Señor de los Señores; pues Su benevolencia es eterna.
A Quien obra maravillas solo; pues Su benevolencia es eterna.
A Quien creó los cielos
con entendimiento; pues Su benevolencia es eterna.
A Quien extiende la tierra
sobre el mar; pues Su benevolencia es eterna.
A Quien hace las grandes luminarias; pues Su benevolencia es eterna.
Al sol para que gobierne durante
el día; pues Su benevolencia es eterna.
A la luna y las estrellas para que gobiernen
durante la noche; pues Su benevolencia es eterna.
A Quien castiga a Egipto y a sus
primogénitos; pues Su benevolencia es eterna.
Y sacó a Israel de entre ellos; pues Su benevolencia es eterna.
Con mano fuerte y brazo extendido; pues Su benevolencia es eterna.

---

La significancia de Israel para el judaísmo es más que geográfica, histórica y política – es espiritual. Israel fue y es la Tierra Santa a la cual Abraham y sus descendientes fueron convocados para crear un nuevo tipo de sociedad, basada en la santidad de la vida humana y la igualdad de la dignidad para todos, donde estarían sujetos únicamente a la soberanía de Dios, permanentemente conscientes de la Presencia Divina, y esforzándose por ser fieles al pacto que les encomendó ser "un reino de sacerdotes y un pueblo consagrado".

Najmánides (en su comentario a Levítico 18:25) dice que el cumplimiento primario de todos los mandamientos, no solamente aquellos relacionados con la tierra, ocurre únicamente cuando "se habita en la tierra de Dios". Interpretado desde una perspectiva no mística, esto significa que la Torá

# שחרית ליום העצמאות

*No se recita Taḥanún, se dice el versículo* יְהִי שֵׁם׳ *seguido de* חצי קדיש.
*Luego se recita el* הלל גדול *(Salmo 136).*

הוֹדוּ לַיהוָה כִּי־טוֹב כִּי לְעוֹלָם חַסְדּוֹ: תהלים קלו
הוֹדוּ לֵאלֹהֵי הָאֱלֹהִים כִּי לְעוֹלָם חַסְדּוֹ:
הוֹדוּ לַאֲדֹנֵי הָאֲדֹנִים כִּי לְעוֹלָם חַסְדּוֹ:
לְעֹשֵׂה נִפְלָאוֹת גְּדֹלוֹת לְבַדּוֹ כִּי לְעוֹלָם חַסְדּוֹ:
לְעֹשֵׂה הַשָּׁמַיִם בִּתְבוּנָה כִּי לְעוֹלָם חַסְדּוֹ:
לְרֹקַע הָאָרֶץ עַל־הַמָּיִם כִּי לְעוֹלָם חַסְדּוֹ:
לְעֹשֵׂה אוֹרִים גְּדֹלִים כִּי לְעוֹלָם חַסְדּוֹ:
אֶת־הַשֶּׁמֶשׁ לְמֶמְשֶׁלֶת בַּיּוֹם כִּי לְעוֹלָם חַסְדּוֹ:
אֶת־הַיָּרֵחַ וְכוֹכָבִים לְמֶמְשְׁלוֹת בַּלָּיְלָה כִּי לְעוֹלָם חַסְדּוֹ:
לְמַכֵּה מִצְרַיִם בִּבְכוֹרֵיהֶם כִּי לְעוֹלָם חַסְדּוֹ:
וַיּוֹצֵא יִשְׂרָאֵל מִתּוֹכָם כִּי לְעוֹלָם חַסְדּוֹ:
בְּיָד חֲזָקָה וּבִזְרוֹעַ נְטוּיָה כִּי לְעוֹלָם חַסְדּוֹ:

---

YOM HA'ATZMAUT

Yom Ha'Aṣmaut, el día de la independencia de Israel, el 5 de Iyar del 5708, marca el momento cuando el pueblo judío recuperó la soberanía tras un lapso de unos dos mil años. El más largo exilio que haya sufrido nación alguna llegaba a su fin. Por primera vez en dos milenios, los judíos poseían un hogar, en el sentido que le adjudicara el poeta Robert Frost, un lugar en el cual "cuando tienes que ir allí tienen que llevarte". Los judíos habían regresado nuevamente a la arena de la historia como una nación que se autodetermina en la tierra hacia la cual Abraham había marchado en su momento, y Moshé y los hijos de Israel en el suyo.

| | |
|---|---|
| A Quien partió el Mar de los Juncos en partes; | pues Su benevolencia es eterna. |
| E hizo pasar a Israel dentro de éste; | pues Su benevolencia es eterna. |
| Y sacudió al Faraón y a su ejército en el Mar de los Juncos; | pues Su benevolencia es eterna. |
| A Quien condujo a Su pueblo por el desierto; | pues Su benevolencia es eterna. |
| A Quien castigó grandes reyes; | pues Su benevolencia es eterna. |
| Y mató a poderosos reyes; | pues Su benevolencia es eterna. |
| A Siḥón rey del Emorí; | pues Su benevolencia es eterna. |
| Y a Og rey del Bashán; | pues Su benevolencia es eterna. |
| Y dio sus territorios en heredad; | pues Su benevolencia es eterna. |
| Heredad para Su siervo Israel; | pues Su benevolencia es eterna. |
| Quien nos recordó en nuestra humillación; | pues Su benevolencia es eterna. |
| Y nos libró de nuestros enemigos; | pues Su benevolencia es eterna. |
| Él da alimento a toda carne; | pues Su benevolencia es eterna. |
| Agradeced al Dios de los cielos; | pues Su benevolencia es eterna. |

*Se abre el Hejal y el Ḥajam de la comunidad recita la plegaria por el Estado de Israel.*

---

Si bien los judíos durante los largos siglos de su exilio fueron dispersados sobre la faz de la tierra, solamente en Israel han conformado una mayoría y han sido capaces de autogobernarse y autodefenderse. Solamente en Israel un judío puede hablar en el lenguaje judío, contemplar un paisaje judío, caminar por donde marcharon nuestros ancestros y continuar la historia que estos iniciaron. Solamente en Israel, los judíos han podido vivir como nación moldeando su propio destino, construyendo una sociedad acorde a sus propios principios y leyes.

Los judíos fueron los primeros en ver a Dios en la historia, en percibir el desenlace de los eventos como una narración significativa, el desarrollo

לְגֹזֵר יַם־סוּף לִגְזָרִים כִּי לְעוֹלָם חַסְדּוֹ:

וְהֶעֱבִיר יִשְׂרָאֵל בְּתוֹכוֹ כִּי לְעוֹלָם חַסְדּוֹ:

וְנִעֵר פַּרְעֹה וְחֵילוֹ בְיַם־סוּף כִּי לְעוֹלָם חַסְדּוֹ:

לְמוֹלִיךְ עַמּוֹ בַּמִּדְבָּר כִּי לְעוֹלָם חַסְדּוֹ:

לְמַכֵּה מְלָכִים גְּדֹלִים כִּי לְעוֹלָם חַסְדּוֹ:

וַיַּהֲרֹג מְלָכִים אַדִּירִים כִּי לְעוֹלָם חַסְדּוֹ:

לְסִיחוֹן מֶלֶךְ הָאֱמֹרִי כִּי לְעוֹלָם חַסְדּוֹ:

וּלְעוֹג מֶלֶךְ הַבָּשָׁן כִּי לְעוֹלָם חַסְדּוֹ:

וְנָתַן אַרְצָם לְנַחֲלָה כִּי לְעוֹלָם חַסְדּוֹ:

נַחֲלָה לְיִשְׂרָאֵל עַבְדּוֹ כִּי לְעוֹלָם חַסְדּוֹ:

שֶׁבְּשִׁפְלֵנוּ זָכַר לָנוּ כִּי לְעוֹלָם חַסְדּוֹ:

וַיִּפְרְקֵנוּ מִצָּרֵינוּ כִּי לְעוֹלָם חַסְדּוֹ:

נֹתֵן לֶחֶם לְכָל־בָּשָׂר כִּי לְעוֹלָם חַסְדּוֹ:

הוֹדוּ לְאֵל הַשָּׁמָיִם כִּי לְעוֹלָם חַסְדּוֹ:

*Se abre el Hejal y el* חכם *de la comunidad recita la plegaria por el Estado de Israel.*

---

representa la arquitectura de una sociedad, no es simplemente un código para la salvación del alma. La Torá incluye leyes referentes al bienestar, el medioambiente, a la administración de justicia, a las relaciones entre empleador y empleado y otros tópicos que generalmente no son considerados parte de la esfera religiosa. Se trata en menor medida de cómo elevar el alma a los cielos y en mayor medida de hacer descender los cielos a la tierra bajo la forma de un orden social justo, benevolente y compasivo. Tal como lo definiera el Rabino Aharón Lichtenstein, se trata de un código para la "bienaventuranza social" predicado en una nación libre y que se autogobierna en su propia tierra.

## PLEGARIA POR EL ESTADO DE ISRAEL

אָבִינוּ שֶׁבַּשָּׁמַיִם Padre Celestial, Fortaleza y Redentor de Israel, bendice al Estado de Israel que es el inicio del florecimiento de nuestra redención. Defiéndelo bajo las alas de Tu benevolencia y extiende sobre éste la sucá de Tu paz, envía Tu luz y Tu verdad a sus gobernantes, ministros y asesores y concédeles juicio atinado delante de Ti.

Fortifica los brazos de los defensores de nuestra tierra sagrada y concédeles, Dios nuestro, redención y corónalos con la corona de la victoria, instaura la paz sobre la tierra y alegría permanente a sus habitantes.

Y a nuestros hermanos, toda la Casa de Israel, recuérdalos en las tierras de su dispersión y condúcenos (En Israel: se dice condúcelos pronto) a Ṣion Tu ciudad y a Jerusalém el sitio de Tu Nombre, tal como está escrito en la Torá de Tu siervo Moshé: "Aunque tus *Deut. 30* dispersos estén en las tierras más distantes bajo el cielo, desde allí te habrá de reunir el Señor tu Dios y desde allí te traerá. Y te traerá a la tierra que heredaron tus ancestros y la heredarás, y allí te hará prosperar y multiplicarte más que tus antepasados. Y el Señor tu Dios circuncidará el prepucio de tu corazón y el corazón de tu simiente, para que amen al Señor tu Dios con todo tu corazón y toda tu alma en aras de tu vida".

---

Unos treinta tres siglos atrás Moshé profetizó: "Si estuviere tu exilio en el confín de los cielos, desde allí te reunirá el Señor tu Dios y desde allí te tomará" (Deuteronomio 30:4), y así ocurrió. Si tal como nosotros creemos existen eventos que llevan la firma de los cielos, sin duda que este es uno de ellos. Por lo tanto, agradecemos a Dios por haber regresado la tierra a la nación y la nación a la tierra – aquella donde nació nuestro pueblo en tiempos pretéritos y donde renació en los nuestros.

תפילה לשלום המדינה

אָבִינוּ שֶׁבַּשָּׁמַיִם, צוּר יִשְׂרָאֵל וְגוֹאֲלוֹ, בָּרֵךְ אֶת מְדִינַת יִשְׂרָאֵל, רֵאשִׁית צְמִיחַת גְּאֻלָּתֵנוּ. הָגֵן עָלֶיהָ בְּאֶבְרַת חַסְדֶּךָ וּפְרֹשׂ עָלֶיהָ סֻכַּת שְׁלוֹמֶךָ וּשְׁלַח אוֹרְךָ וַאֲמִתְּךָ לְרָאשֶׁיהָ, שָׂרֶיהָ וְיוֹעֲצֶיהָ, וְתַקְּנֵם בְּעֵצָה טוֹבָה מִלְּפָנֶיךָ.

חַזֵּק אֶת יְדֵי מְגִנֵּי אֶרֶץ קָדְשֵׁנוּ, וְהַנְחִילֵם אֱלֹהֵינוּ יְשׁוּעָה וַעֲטֶרֶת נִצָּחוֹן תְּעַטְּרֵם, וְנָתַתָּ שָׁלוֹם בָּאָרֶץ וְשִׂמְחַת עוֹלָם לְיוֹשְׁבֶיהָ.

וְאֶת אַחֵינוּ כָּל־בֵּית יִשְׂרָאֵל פְּקָד־נָא בְּכָל־אַרְצוֹת פְּזוּרֵיהֶם,
וְתוֹלִיכֵם מְהֵרָה קוֹמְמִיּוּת לְצִיּוֹן עִירֶךָ וְלִירוּשָׁלַיִם מִשְׁכַּן
דברים ל שְׁמֶךָ, כַּכָּתוּב בְּתוֹרַת מֹשֶׁה עַבְדֶּךָ: אִם־יִהְיֶה נִדַּחֲךָ בִּקְצֵה
הַשָּׁמָיִם, מִשָּׁם יְקַבֶּצְךָ יְהוָה אֱלֹהֶיךָ וּמִשָּׁם יִקָּחֶךָ: וֶהֱבִיאֲךָ
יְהוָה אֱלֹהֶיךָ אֶל־הָאָרֶץ אֲשֶׁר־יָרְשׁוּ אֲבֹתֶיךָ וִירִשְׁתָּהּ, וְהֵיטִבְךָ
וְהִרְבְּךָ מֵאֲבֹתֶיךָ: וּמָל יְהוָה אֱלֹהֶיךָ אֶת־לְבָבְךָ וְאֶת־לְבַב זַרְעֶךָ,
לְאַהֲבָה אֶת־יְהוָה אֱלֹהֶיךָ בְּכָל־לְבָבְךָ וּבְכָל־נַפְשְׁךָ, לְמַעַן
חַיֶּיךָ:

---

del pacto entre Dios y Su pueblo. La celebración de Yom Ha'Aṣmaut como festividad religiosa es parte de esta fe. Nunca un pueblo había sobrevivido un exilio tan prolongado con su identidad intacta. Nunca una nación que no conoció la soberanía durante dos milenios la recuperó, devastada por el Holocausto tan sólo tres años antes. La declaración de independencia de Israel fue un notable acto de fe, un símbolo eterno de la victoria de la vida sobre la muerte, de la esperanza por sobre la desesperación.

Une nuestros corazones para que amen y reverencien Tu Nombre, para cuidar todos los mandamientos de Tu Torá, envíanos pronto al hijo de David Tu justo ungido, para que redima a quienes esperan Tu salvación.

Manifiéstate en Tu gloriosa majestad por sobre todos los habitantes de la tierra y dirá todo ser vivo: El SEÑOR Dios de Israel es el Rey, todo lo gobierna. Amén. Sela.

*Se continúa con "Que Tu benevolencia SEÑOR sea sobre nosotros..." y "Ashré." En Minḥá tampoco se recita Taḥanún.*

## NOCHE DE SHABAT CONTIGUA A YOM HA'ATZMAUT

*En la noche de Shabat contigua a Yom Ha'atzmaut (por lo general con posterioridad a Yom Ha'atzmaut) una vez finalizado el recitado de Shir HaShirim y la plegaria posterior se dice Kadish Yehé Shelamá. Acto seguido, se invita a un miembro prominente del kahal para que abra el Hejal, todos los presentes se ponen de pie y recitan el Gran Halel (Salmo 136) de la siguiente manera: El Ḥazán dice "Agradeced al SEÑOR porque es bueno" y el coro (junto al kahal) responde "Su benevolencia es eterna", y así sucesivamente hasta el final del salmo. Luego, el Ḥajam recita la plegaria Estado de Israel.*

וְיַחֵד לְבָבֵנוּ לְאַהֲבָה וּלְיִרְאָה אֶת שְׁמֶךָ, וְלִשְׁמֹר אֶת כָּל־דִּבְרֵי תוֹרָתֶךָ, וּשְׁלַח לָנוּ מְהֵרָה בֶּן דָּוִד מְשִׁיחַ צִדְקֶךָ, לִפְדּוֹת מְחַכֵּי קֵץ יְשׁוּעָתֶךָ.

וְהוֹפַע בַּהֲדַר גְּאוֹן עֻזֶּךָ עַל כָּל־יוֹשְׁבֵי תֵבֵל אַרְצֶךָ וְיֹאמַר כֹּל אֲשֶׁר נְשָׁמָה בְאַפּוֹ, יְהוָה אֱלֹהֵי יִשְׂרָאֵל מֶלֶךְ וּמַלְכוּתוֹ בַּכֹּל מָשָׁלָה, אָמֵן סֶלָה.

*Se continúa con* 'אַשְׁרֵי' *y* 'יְהִי־חַסְדְּךָ'.
*En* מנחה *tampoco se recita* תחנון.

# ליל שבת הסמוכה ליום העצמאות

*En la noche de Shabat contigua a* יום העצמאות *(por lo general con posterioridad a* יום העצמאות*) una vez finalizado el recitado de* שיר השירים *y la plegaria posterior se dice* קדיש יהא שלמא*. Acto seguido, se invita a un miembro prominente del* קהל *para que abra el Hejal, todos los presentes se ponen de pie y recitan el* הלל גדול *(Salmo 136) de la siguiente manera: El* חזן *dice* 'הודו לה' כִּי־טוֹב' *y el coro (junto al* קהל*) responde* 'כִּי לְעוֹלָם חַסְדּוֹ'*, y así sucesivamente hasta el final del salmo. Luego, el* חכם *recita la plegaria* 'אָבִינוּ שֶׁבַּשָּׁמַיִם'*.*

# התרת נדרים ותעניות

## LA ANULACIÓN DE PROMESAS Y LOS AYUNOS

# La Anulación de Promesas

*La anulación de promesas se recita en la noche del 20 de Ab (40 días antes de Rosh HaShaná), en la noche previa a Rosh HaShaná y en la noche previa a Yom Kipur.*

*El Jajam recita:*

שִׁמְעוּ נָא Escuchad por favor SEÑORes nuestros, toda promesa o juramento o prohibición o restricción o limitación que hemos jurado o hemos prometido tanto en estado de vigilia como en sueños, o que hemos jurado por algunos de los Nombres Sagrados que no pueden ser borrados, o por el Nombre Sagrado de Dios – Bendito Es – de cuatro letras, o cualquier tipo de nazireato que hayamos asumido, incluido el nazireato de Sansón, o cualquier prohibición, incluso la de disfrutar que hayamos impuesto sobre nuestras personas o sobre terceros por medio de cualquier expresión, tanto sea empleando un lenguaje de prohibición, restricción o limitación, o cualquier tipo de compromiso – incluso de un precepto positivo – que hayamos aceptado sobre nosotros, incluso respecto de preceptos no obligatorios que asumimos bajo la forma de una promesa o compromiso voluntario o como juramento o voto de nazireato o cualquiera de estas expresiones, y también la que haya sido hecha por medio de estrechar las manos. Ya sea se trate de una promesa o cualquier acción voluntaria asumida o cualquier costumbre preceptiva que hayamos adoptado para nuestras personas, así como cualquier pronunciamiento que haya salido de nuestra boca o que hayamos prometido o decidido para nuestros adentros el realizar alguno de los preceptos o una buena costumbre, o cualquier buena práctica que hayamos realizado tres veces, sin condicionar que lo hacíamos sin prometer continuarla. Tanto se trate de cosas que hicimos para con nuestras personas o para con los demás, tanto aquellas que nos son conocidas como aquellas que ya olvidamos, de todas nos arrepentimos retroactivamente, y solicitamos y pedimos de vuestras excelencias la anulación de estas pues tememos tropezar y quedar atrapados – Dios no lo permita – en la trasgresión de votos, promesas, juramentos, nazireato, prohibiciones, restricciones y acuerdos. No nos arrepentimos, Dios no lo quiera, de la realización de los buenos actos que hemos llevado a cabo; mas bien nos arrepentimos tan sólo de haberlos aceptado sobre nuestras personas mediante una expresión que denota promesa, juramento, nazireato, prohibición, limitaciones y restricciones, acuerdo y aceptación en nuestro corazón. Y nos arrepentimos de no haber dicho 'He aquí que realizamos esto sin asumirlo en términos de una promesa, juramento, nazireato, prohibición, limitaciones y restricciones, acuerdo o aceptación en nuestro corazón'. Por lo tanto, solicitamos la anulación de todos ellos.

# התרת נדרים

*La anulación de promesas se recita en la noche del 20 de Ab (40 días antes de* ראש השנה*), en la noche previa a* ראש השנה *y en la noche previa a* יום הכיפורים

*El* חכם *recita:*

שִׁמְעוּ נָא רַבּוֹתֵינוּ, כָּל־נֶדֶר אוֹ שְׁבוּעָה אוֹ אִסּוּר אוֹ קוֹנָם אוֹ חֵרֶם, שֶׁנָּדַרְנוּ אוֹ שֶׁנִּשְׁבַּעְנוּ בְּהָקִיץ אוֹ בַּחֲלוֹם, אוֹ נִשְׁבַּעְנוּ בְּשֵׁמוֹת הַקְּדוֹשִׁים שֶׁאֵינָם נִמְחָקִים וּבְשֵׁם הוי״ה בָּרוּךְ הוּא, וְכָל־מִינֵי נְזִירוּת שֶׁקִּבַּלְנוּ עָלֵינוּ וַאֲפִלּוּ נְזִירוּת שִׁמְשׁוֹן, וְכָל־שׁוּם אִסּוּר וַאֲפִלּוּ אִסּוּר הֲנָאָה, שֶׁאָסַרְנוּ עָלֵינוּ אוֹ עַל אֲחֵרִים בְּכָל־לָשׁוֹן שֶׁל אִסּוּר, בֵּין בִּלְשׁוֹן אִסּוּר אוֹ חֵרֶם אוֹ קוֹנָם. וְכָל־שׁוּם קַבָּלָה אֲפִלּוּ שֶׁל מִצְוָה שֶׁקִּבַּלְנוּ עָלֵינוּ, בֵּין בִּלְשׁוֹן נֶדֶר בֵּין בִּלְשׁוֹן נְדָבָה בֵּין בִּלְשׁוֹן שְׁבוּעָה בֵּין בִּלְשׁוֹן נְזִירוּת בֵּין בְּכָל־לָשׁוֹן, וְגַם הַנַּעֲשָׂה בִּתְקִיעַת כַּף, בֵּין כָּל־נֶדֶר וּבֵין כָּל־נְדָבָה וּבֵין שׁוּם מִנְהָג שֶׁל מִצְוָה שֶׁהִנְהַגְנוּ אֶת עַצְמֵנוּ. וְכָל־מוֹצָא שְׂפָתֵינוּ שֶׁיָּצָא מִפִּינוּ, אוֹ שֶׁנָּדַרְנוּ וְגָמַרְנוּ בְלִבֵּנוּ לַעֲשׂוֹת שׁוּם מִצְוָה מֵהַמִּצְוֹת אוֹ אֵיזוֹ הַנְהָגָה טוֹבָה, אוֹ אֵיזֶה דָּבָר טוֹב שֶׁנָּהַגְנוּ שָׁלֹשׁ פְּעָמִים וְלֹא הִתְנֵינוּ שֶׁיְּהֵא זֶה בְּלִי נֶדֶר. הֵן דָּבָר שֶׁעָשִׂינוּ, הֵן עַל עַצְמֵנוּ הֵן עַל אֲחֵרִים, הֵן אוֹתָם הַיְדוּעִים לָנוּ הֵן אוֹתָם שֶׁכְּבָר נִשְׁכְּחוּ מִמֶּנּוּ. בְּכֻלְּהוֹן אִתְחָרַטְנָא בְהוֹן מֵעִקָּרָא, וְשׁוֹאֲלִים וּמְבַקְשִׁים אֲנַחְנוּ מִמַּעֲלַתְכֶם הַתָּרָה עֲלֵיהֶם, כִּי יָרֵאנוּ פֶּן נִכָּשֵׁל וְנִלְכַּד חַס וְשָׁלוֹם בַּעֲוֹן נְדָרִים וּשְׁבוּעוֹת וּנְזִירוּת וַחֲרָמוֹת וְאִסּוּרִין וְקוֹנָמוֹת וְהַסְכָּמוֹת. וְאֵין אֲנַחְנוּ תוֹהִים חַס וְשָׁלוֹם עַל קִיּוּם הַמַּעֲשִׂים הַטּוֹבִים הָהֵם שֶׁעָשִׂינוּ, רַק אֲנַחְנוּ מִתְחָרְטִים עַל קַבָּלַת הָעִנְיָנִים בִּלְשׁוֹן נֶדֶר אוֹ שְׁבוּעָה אוֹ נְזִירוּת אוֹ אִסּוּר אוֹ חֵרֶם אוֹ קוֹנָם אוֹ הַסְכָּמָה אוֹ קַבָּלָה בַלֵּב, וּמִתְחָרְטִים אֲנַחְנוּ עַל זֶה שֶׁלֹּא אָמַרְנוּ הִנְנוּ עוֹשִׂים דָּבָר זֶה בְּלִי נֶדֶר וּשְׁבוּעָה וּנְזִירוּת וְחֵרֶם וְאִסּוּר וְקוֹנָם וְקַבָּלָה בַלֵּב, וְלָכֵן אֲנַחְנוּ שׁוֹאֲלִים הַתָּרָה בְּכֻלְּהוֹן.

וַאֲנַחְנוּ Nos arrepentimos por todo lo arriba mencionado, tanto sea si se refiere a cuestiones económicas, corporales o espirituales. Respecto a todas estas, nos arrepentimos por toda expresión de promesa o juramento o nazireato o prohibición, limitación, penalidad o aceptación para nuestros adentros que pueda haber realizado. He aquí que, conforme a la ley, quien se arrepiente y pide la anulación debe especificar la promesa realizada. Empero, debéis saber Señores míos que es imposible detallarlas en virtud de su gran número; y no pedimos la anulación de aquellas promesas que no pueden ser dejadas sin efecto, y por ello, os rogamos que ante vuestros ojos resulten como si las hubiese detallado.

*El Ḥajam y el kahal:*

אִם Si transgredimos en alguna cuestión que nos hace merecedores de una amonestación, o imprecación, ostracismo, limitaciones, excomunión o maldición, tanto de boca de la Divina Presencia como de boca del Tribunal Celestial o el Tribunal Terrenal, tanto de nuestra boca como por boca de otros, tanto en Este Mundo como en el Mundo Venidero. Por la presente retornamos en completa teshubá, nos arrepentimos, y confesamos todos nuestros pecados, iniquidades y transgresiones, nuestras rebeldías e insubordinaciones desde el día en que estamos sobre la tierra y hasta el día de hoy. He aquí que vertimos nuestras almas en pedido de perdón, indulto y expiación tanto por parte del Cielo como de las personas, y solicitamos a vuestras excelencias que nos liberen de todo tipo de promesa, nazireato, restricción, prohibición, compromisos, amonestaciones, ostracismos, limitaciones, excomuniones y maldiciones de las que nos hicimos pasibles y en las que erramos hasta el día de hoy.

*El tribunal dice:*

¡Hermanos nuestros!
Quedan anuladas para ustedes. Quedan anuladas para ustedes.
Quedan anuladas para ustedes.
Quedan permitidas para ustedes. Quedan permitidas para ustedes.
Quedan permitidas para ustedes.
Quedan perdonadas para ustedes. Quedan perdonadas para ustedes.
Quedan perdonadas para ustedes.

No hay aquí promesas, no hay aquí juramentos, no hay aquí compromisos, no hay aquí prohibiciones, no hay aquí restricciones, no hay aquí limitaciones, no hay aquí excomuniones, no hay aquí amonestaciones, no hay aquí ostracismos, no hay aquí obligaciones, no hay aquí maldiciones, no hay aquí palabras ruines, no hay aquí sueños con interpretaciones malas, no hay aquí mal de ojo, todo esto quedará anulado y carente de validez y se asemejará a un cacharro quebrado como algo carente de valor, cesado e inerte, sin efecto ni vigencia. Así como como el Tribunal Terrenal aceptó anular todo esto de igual manera lo hará el Tribunal Celestial, vuestra iniquidad se desvanecerá y vuestro pecado será expiado.

וַאֲנַחְנוּ מִתְחָרְטִים עַל כָּל־הַנִּזְכָּר, בֵּין אִם הָיוּ הַמַּעֲשִׂים מִדְּבָרִים הַנּוֹגְעִים בְּמָמוֹן, בֵּין מִדְּבָרִים הַנּוֹגְעִים בְּגוּף, בֵּין מִדְּבָרִים הַנּוֹגְעִים אֶל הַנְּשָׁמָה, בְּכֻלְּהוֹן אֲנַחְנוּ מִתְחָרְטִים עַל לְשׁוֹן נֶדֶר וּשְׁבוּעָה וּנְזִירוּת וְאִסּוּר וְחֵרֶם וְקוֹנָם וְקַבָּלָה בְּלֵב. וְהִנֵּה מִצַּד הַדִּין, הַמִּתְחָרֵט וְהַמְבַקֵּשׁ הַתָּרָה צָרִיךְ לִפְרֹט הַנֶּדֶר, אַךְ דְּעוּ נָא רַבּוֹתֵינוּ כִּי אִי אֶפְשָׁר לָנוּ לְפָרְטָם, כִּי רַבִּים הֵם. וְאֵין אֲנַחְנוּ מְבַקְּשִׁים הַתָּרָה עַל אוֹתָם הַנְּדָרִים שֶׁאֵין לְהַתִּיר אוֹתָם, עַל כֵּן יִהְיוּ נָא בְעֵינֵיכֶם כְּאִלּוּ הָיִינוּ פּוֹרְטִים אוֹתָם.

*El* חכם *y el* קהל:

אִם עָבַרְנוּ עַל שׁוּם דָּבָר שֶׁנִּתְחַיַּבְנוּ עָלָיו נְזִיפָה אוֹ אֵרוּר אוֹ נִדּוּי אוֹ חֵרֶם אוֹ שַׁמְתָּא אוֹ קְלָלָה, בֵּין מִפִּי הַשְּׁכִינָה בֵּין מִפִּי בֵּית דִּין שֶׁל מַעְלָה, בֵּין מִפִּי בֵּית דִּין שֶׁל מַטָּה. בֵּין מִפִּי עַצְמֵנוּ בֵּין מִפִּי אֲחֵרִים, בֵּין בָּעוֹלָם הַזֶּה, בֵּין בָּעוֹלָם הַבָּא. הֲרֵי אֲנַחְנוּ שָׁבִים בִּתְשׁוּבָה שְׁלֵמָה וְנִשְׁפֹּךְ אֶת נַפְשֵׁנוּ לִשְׁאוֹל מְחִילָה וּסְלִיחָה וְכַפָּרָה מִן הַשָּׁמַיִם וּמִן הַבְּרִיּוֹת וְנִשְׁאַל מִמַּעֲלַתְכֶם שֶׁתַּתִּירוּנוּ מִכָּל־הַנְּזִיפוֹת וְהָאֵרוּרִים וְהַנִּדּוּיִם וְהַחֲרָמִים וְהַשַּׁמְתּוֹת וְהַקְּלָלוֹת שֶׁנִּתְחַיַּבְנוּ וְשֶׁנִּכְשַׁלְנוּ בָהֶם עַד הַיּוֹם הַזֶּה.

*El tribunal dice:*

אַחֵינוּ אַתֶּם

| | | |
|---|---|---|
| מֻתָּרִים לָכֶם. | מֻתָּרִים לָכֶם. | מֻתָּרִים לָכֶם. |
| מְחוּלִים לָכֶם. | מְחוּלִים לָכֶם. | מְחוּלִים לָכֶם. |
| שְׁרוּיִים לָכֶם. | שְׁרוּיִים לָכֶם. | שְׁרוּיִים לָכֶם. |

אֵין כָּאן נְדָרִים, אֵין כָּאן שְׁבוּעוֹת, אֵין כָּאן חֲרָמוֹת, אֵין כָּאן נִדּוּיִים, אֵין כָּאן קְלָלוֹת, אֵין כָּאן קַבָּלוֹת, אֵין כָּאן הַסְכָּמוֹת, אֲבָל יֵשׁ כָּאן מְחִילָה וּסְלִיחָה וְכַפָּרָה. כְּשֵׁם שֶׁהִסְכִּימוּ וְהִתִּירוּ לָכֶם בֵּית דִּין שֶׁל מַטָּה, כָּךְ יַסְכִּימוּ וְיַתִּירוּ לָכֶם בֵּית דִּין שֶׁל מַעְלָה. וְסָר עֲוֹנְכֶם וְחַטַּאתְכֶם תְּכֻפָּר.

*Tras la declaración el jajám y el kahal dicen:*

יְהִי Sea Tu voluntad Señor, Dios nuestro y de nuestros ancestros, que todas las maldiciones, imprecaciones, limitaciones y excomuniones que hayamos proferido, declarado, prometido, decretado sobre nosotros o sobre otros que son de la descendencia de Israel, o en el caso de otros que nos hayan maldecido, limitado y excomulgado a nosotros, a nuestras mujeres, a nuestros hijos o a nuestros familiares.

Sea Tu voluntad Señor, Dios nuestro y de nuestros ancestros, Dios del Cielo y la tierra, que todas estas promesas no rijan sobre nosotros ni generen impresión alguna. Que todas las maldiciones sean revertidas para vuestro y nuestro bien y para vuestra y nuestra bendición, tal como está escrito: "Y el Señor Tu Dios revertirá la maldición en bendición, pues el Señor Tu Dios te ama". *Deut. 23*

Y vosotros que os adherís al Señor vuestro Dios estáis todos vivos hoy. *Deut. 4*

## MESIRAT MODA'Á – DECLARACIÓN DE INTENCIONES

*Se recita tras concluir el rezo de Shaḥrit de las vísperas de Rosh HaShaná y Yom Kipur.*

יְהִי Sea Tu voluntad Señor, Señor mío y de mis ancestros, Dios grande, poderoso y maravilloso en cuyas manos se encuentra el destino del alma de todo ser vivo y el cuerpo de todo individuo, que tras una larga de vida de servicio al Eterno, bendito sea Su Nombre, cuando llegue el momento en el cual por efecto de Su buena voluntad, compasión, generosidad y piedad se acuerde de mí y venga a tomar mi alma, que en ese momento esté lúcido, consciente y en uso de mis facultades como siempre y pueda apegarme a Él y Su unicidad bendita sea sin apartarme del temor y el amor a Él hasta el momento de la partida de mi alma y durante él, pudiendo aceptar el Yugo de Su reinado declarando que el Señor es Uno y Su Nombre Uno. Asimismo, que mi conciencia me permita justificar Su juicio, bendito sea, por cuanto que Su juicio es verdad y Sus decretos verdaderos y todo obedece a Su generosidad y compasión para conmigo. Y cumpliré Su voluntad, bendito sea, con temor y amor pues Él es grande y todopoderoso. Y en caso de que sea voluntad simple

*Tras la declaración el* חכם *y el* קהל *dicen:*

יְהִי רָצוֹן מִלְּפָנֶיךָ, יְהֹוָה אֱלֹהֵינוּ וֵאלֹהֵי אֲבוֹתֵינוּ, שֶׁכָּל־הַקְּלָלוֹת וְהָאֲרוּרִים וְהַחֲרָמוֹת וְהַשְּׁמָתוֹת שֶׁקִּלַּלְנוּ אוֹ שֶׁאֵרַרְנוּ אוֹ שֶׁנִּשְׁבַּעְנוּ אוֹ שֶׁנִּדִּינוּ אוֹ שֶׁהֶחֱרַמְנוּ אוֹ שֶׁשַּׁמַּתְנוּ אֶת עַצְמֵנוּ אוֹ אֶת אֲחֵרִים אֲשֶׁר מִזֶּרַע יִשְׂרָאֵל הֵמָּה, אוֹ אֲחֵרִים שֶׁקִּלְּלוּ אוֹ שֶׁאֵרְרוּ אוֹ שֶׁהֶחֱרִימוּ אוֹ שֶׁשַּׁמְּתוּ אוֹתָנוּ אוֹ אֶת נָשֵׁינוּ אוֹ אֶת זַרְעֵנוּ אוֹ אֶת בְּנֵי בֵיתֵינוּ.

יְהִי רָצוֹן מִלְּפָנֶיךָ, יְהֹוָה אֱלֹהֵינוּ וֵאלֹהֵי אֲבוֹתֵינוּ, אֱלֹהֵינוּ שֶׁבַּשָּׁמַיִם וּבָאָרֶץ, שֶׁאַל יִשְׁלְטוּ בָנוּ וְאַל יַעֲשׂוּ בָנוּ שׁוּם רֹשֶׁם. וְכָל הַקְּלָלוֹת יִתְהַפְּכוּ עֲלֵיכֶם
דברים כג וְעָלֵינוּ לְטוֹבָה וְלִבְרָכָה, כִּדְכְתִיב, וַיַּהֲפֹךְ יְהֹוָה אֱלֹהֶיךָ לְּךָ אֶת־הַקְּלָלָה לִבְרָכָה, כִּי אֲהֵבְךָ יְהֹוָה אֱלֹהֶיךָ:

דברים ד וְאַתֶּם֙ הַדְּבֵקִ֔ים בַּיהֹוָ֖ה אֱלֹֽהֵיכֶ֑ם חַיִּ֥ים כֻּלְּכֶ֖ם הַיּֽוֹם:

## מסירת מודעה

*Se recita tras concluir el rezo de* שחרית *de las vísperas de* ראש השנה *y* יום הכיפורים.

יְהִי רָצוֹן מִלְּפָנֶיךָ יְהֹוָה אֱלֹהֵינוּ וֵאלֹהֵי אֲבוֹתֵינוּ, הָאֵל הַגָּדוֹל הַגִּבּוֹר וְהַנּוֹרָא אֲשֶׁר בְּיָדוֹ נֶפֶשׁ כָּל־חָי וְרוּחַ כָּל־בְּשַׂר אִישׁ, שֶׁכְּשֶׁיַּגִּיעַ לְאַחַר אֲרִיכוּת יָמִים וְשָׁנִים בַּעֲבוֹדָתוֹ יִתְבָּרַךְ שְׁמוֹ, עֵת פְּקֻדָּתֵנוּ בִּרְצוֹנוֹ הַטּוֹב בְּרַחֲמָיו וַחֲסָדָיו וְחֶמְלָתוֹ לִטֹּל מִמֶּנּוּ נִשְׁמָתֵנוּ שֶׁנִּהְיֶה כָּעֵת הַזֹּאת בְּדַעַת צְלוּלָה וּמַחֲשֶׁבֶת עָלֵינוּ וּבְשִׂכְלֵנוּ כְּמֵאָז וָקֶדֶם לִהְיוֹתֵנוּ דְּבוּקִים בּוֹ וּבְאַחְדוּתוֹ בָּרוּךְ הוּא, שֶׁלֹּא נָזוּז מִיִּרְאָתוֹ וּמֵאַהֲבָתוֹ עַד יְצִיאַת נִשְׁמָתֵנוּ עַד וְעַד בִּכְלָל, וּמְקַבְּלִים אֲנַחְנוּ עוֹל מַלְכוּתוֹ עָלֵינוּ יְהֹוָה אֶחָד וּשְׁמוֹ אֶחָד. וִיהִי גַּם כֵּן דַּעְתֵּנוּ מַחֲשֶׁבֶת עָלֵינוּ לְהַצְדִּיק דִּינוֹ בָּרוּךְ הוּא. הוּא אֱמֶת וּגְזֵרוֹתָיו אֱמֶת. וְהַכֹּל בְּחֶסֶד וּבְרַחֲמִים עָלֵינוּ. וְנַעֲשֶׂה רְצוֹנוֹ בָּרוּךְ הוּא בְּיִרְאָה וּבְאַהֲבָה כִּי הוּא רַב וְשַׁלִּיט. וּבְאִם שֶׁיִּהְיֶה רְצוֹן הַבּוֹרֵא בָּרוּךְ הוּא הַפָּשׁוּט

del Creador bendito Él, que tras largos días y años de servicio a Él, bendito sea su Nombre, que al llegar a ese momento experimente un agudo sufrimiento y sobrevengan sobre mí el desconcierto o la demencia, Dios no lo permita, por la presente justifico la sagrada y pura sentencia plena de benevolencia y compasión para conmigo, pues Tú eres justo en todo lo que me ha sobrevenido, pues Tú actu- *Neh. 9*
aste con Verdad mientras que yo hice el mal. Y en caso de que en ese momento se presente, Dios no lo quiera, el instigador e incitador, el gran acusador para instigarme, incitarme y tentarme, Dios no lo permita de manera alguna, a renegar de mi Hacedor y Creador, el Rey de reyes el Santo Bendito Él o renegar de Su sagrada Torá o de alguno de los preceptos tanto sean estos de origen bíblico ("Deoraita") u originados en la tradición, en nuestros sabios ("Derrabanán") o en algún decreto que establece límite o protección a algún precepto, Dios no lo permita, por la presente, con el permiso del Santo Bendito Él y Su Divina Presencia declaro ante vosotros sagrada congregación una declaración absoluta de intención tal como la establecieron nuestros sabios de bendita memoria, que la tentación o incitación sea nula, vana y considerada cual cacharro quebrado. Y en caso de que, Dios no lo permita de manera alguna, yo admita como verdaderas las palabras del malicioso por efecto del sufrimiento, el desconcierto o la demencia, que desde ahora resulte nula y carente de valor, sin vigencia ni validez, y resulte como si nunca hubiese ocurrido pues no se toma en cuenta lo que una persona expresa en el momento en que sufre. Empero, verdaderamente reconozco ante ustedes de forma íntegra y de todo corazón que creo en mi Dios Creador, bendito sea Su Nombre, que es Uno, Único y Unificado, el Señor es Uno y Su Nombre es Uno y acepto sobre mí el yugo
de Su reinado. Escucha Israel, el Señor es nuestro Dios, el Señor *Deut. 6*
es Uno. Bendito sea el Nombre de Su glorioso Reino por siempre. El Señor Dios es verdadero y Su Torá verdadera, Moshé es Su fiel servidor de Su Casa, Su Torá escrita y Su Torá oral son verdaderas, todos los preceptos de origen bíblico ("Deoraita"), los originados en la tradición y los originados en nuestros sabios son verdaderos,

לְאַחַר אֲרִיכוּת יָמִים וְשָׁנִים בַּעֲבוֹדָתוֹ יִתְבָּרַךְ שְׁמוֹ, כְּשֶׁיַּגִּיעַ עֵת הַזֹּאת לְיַסְּרֵנוּ בְּיִסּוּרִים קָשִׁים וְשֶׁיִּהְיֶה לָנוּ בִּלְבּוּל וְטֵרוּף הַדַּעַת חַס וְשָׁלוֹם, הֲרֵינוּ מַצְדִּיקִים אֶת דִּינוֹ הַקָּדוֹשׁ וְהַטָּהוֹר שֶׁל חֶסֶד
וְרַחֲמִים עָלֵינוּ, וְאַתָּה צַדִּיק עַל כָּל־הַבָּא עָלֵינוּ כִּי אֱמֶת עָשִׂיתָ נחמיה ט
וַאֲנַחְנוּ הִרְשָׁעְנוּ. וּבְאִם שֶׁיָּבֹא חַס וְשָׁלוֹם בְּעֵת הַהִיא הַמֵּסִית וְהַמֵּדִיחַ הַמְקַטְרֵג הַגָּדוֹל לְהָסִית וּלְהַדִּיחַ וּלְפַתּוֹת אוֹתָנוּ חַס וְשָׁלוֹם, חָלִילָה וְחָלִילָה לְכַפֵּר בְּעוֹשֵׂנוּ יוֹצְרֵנוּ וּבוֹרְאֵנוּ מֶלֶךְ מַלְכֵי הַמְּלָכִים הַקָּדוֹשׁ בָּרוּךְ הוּא, אוֹ בְּתוֹרָתוֹ הַקְּדוֹשָׁה אוֹ בְּאַחַת מִמִּצְוֹתָיו, הֵן מִצְוֹת דְּאוֹרַיְיתָא, אוֹ מִדִּבְרֵי קַבָּלָה, אוֹ מִדְּרַבָּנָן אוֹ מֵאֵיזֶה סְיָג וְגָדֵר וּמִשְׁמֶרֶת לְמִשְׁמֶרֶת חַס וְשָׁלוֹם.

הֲרֵינוּ מוֹסְרִים מוֹדָעָא בְּצֵירוּף קוּדְשָׁא בְּרִיךְ הוּא וּשְׁכִינְתֵּיהּ לִפְנֵיכֶם עֵדָה הַקְּדוֹשָׁה בְּמוֹדָעָא גְּמוּרָא בְּכָל־מִינֵי מְסִירוֹת מוֹדָעָא שֶׁתִּקְּנוּ חֲכָמֵינוּ ז״ל, יִהְיֶה הַפִּתּוּי וְהַהֲסָתָה הַהִיא כְּאֶפֶס וּכְאַיִן וּכְחֶרֶס הַנִּשְׁבָּר. וּבְאִם חַס וְשָׁלוֹם נוֹדֶה לוֹ חָלִילָה וְחָלִילָה מִתּוֹךְ צַעַר וּבִלְבּוּל וְטֵרוּף דַּעַת וָשֵׂכֶל, הַהוֹדָאָה הַהִיא תִּהְיֶה מֵעַתָּה וּמֵעַכְשָׁיו בְּטֵלָה וּמְבוּטֶּלֶת לָא שְׁרִירָא וְלָא קַיֶּימֶת וְהָיְתָה כְּאִלּוּ לֹא הָיְתָה מֵעוֹלָם, כִּי אֵין אָדָם נִתְפָּס עַל צַעֲרוֹ. אֲבָל בֶּאֱמֶת מוֹדִים אֲנַחְנוּ לִפְנֵיכֶם בְּהוֹדָאָה גְּמוּרָה בְּכָל־לְבָבֵינוּ, שֶׁאֲנַחְנוּ מַאֲמִינִים בֵּאלֹהֵינוּ הַבּוֹרֵא יִתְבָּרַךְ שְׁמוֹ שֶׁהוּא אֶחָד יָחִיד וּמְיוּחָד
יְהֹוָה אֶחָד וּשְׁמוֹ אֶחָד, וַאֲנַחְנוּ מְקַבְּלִים עָלֵינוּ עוֹל מַלְכוּתוֹ: שְׁמַע דברים ו
יִשְׂרָאֵל יְהֹוָה אֱלֹהֵינוּ יְהֹוָה אֶחָד: בָּרוּךְ שֵׁם כְּבוֹד מַלְכוּתוֹ לְעוֹלָם וָעֶד. וַיהֹוָה אֱלֹהִים אֱמֶת וְתוֹרָתוֹ אֱמֶת, מֹשֶׁה עַבְדּוֹ נֶאֱמַן בֵּיתוֹ אֱמֶת, וְתוֹרָתוֹ שֶׁבִּכְתָב וְשֶׁבְּעַל פֶּה אֱמֶת, וְכָל־מִצְוֹת דְּאוֹרַיְיתָא וְדִבְרֵי קַבָּלָה וּדְרַבָּנָן אֱמֶת, וְכָל־דִּקְדּוּקֵי הַמִּצְווֹת אֱמֶת, וַאֲנַחְנוּ

y todos los detalles y pormenores de los preceptos son verdaderos. Creo en todos ellos con fe absoluta, corazón íntegro y con la mejor disposición que existe un Dios que creó todas las cosas bendito sea Él que las pronunció, y Dios no lo permita de manera alguna, no reniego de ninguno de los preceptos tanto sea este mayor o menor, sea de origen bíblico ("Deoraita"), originado en la tradición o en nuestros sabios ("Derrabanán") y solamente temo a Dios. Amo al Creador bendito sea Su Nombre, sus Torot y Sus preceptos. Creo en los trece principios de la fe tanto en general como en particular y que el Creador bendito sea Su Nombre es el primero y el último y salvo Él no existen deidades. Creo que existe recompensa para los justos en el Mundo Venidero y un castigo duro y amargo para los malvados. Creo que los muertos resucitarán cuando así lo desee el Creador bendito sea Su Nombre y que en Su mano está la posibilidad de dar muerte o vivificar. Creo en el arribo del Mashiaḥ, que el Creador bendito sea Su Nombre no posee forma corporal ni sustancia; es una luz grande y reverenciada, sagrada y pura, luz pretérita, prístina, brillosa, sutil y límpida, velada y oculta, luz que se irradia del Infinito Bendito es Él, Él está vivo y existe, el Señor es una fuente de agua vital, y de Él se *Deut. 4*
derivan las consecuencias de la vida. Y se cumpla en mí aquello que fuera dicho: "Pues en Mí se incrementarán tus días y se te agreguen *Prov. 9*
años de vida". Inscríbeme y séllame para una vida buena y para la paz, el Dios viviente me inscriba y selle, Amén sea esta Su voluntad. Que las palabras de mi boca y la meditación de mi corazón hallen favor ante Ti Señor, mi Fortaleza y mi Redentor.

**רִבִּי חֲנַנְיָא** Ribí Ḥananiá Ben A'kashiá dice: El Santo Bendito Él quiso dar méritos a Israel y por ello les incrementó el estudio de la Torá y el cumplimiento de preceptos, tal como está escrito: "El Señor, deseó dar *Isa. 42*
mérito a Israel y para ello engrandeció la Torá y la enalteció".

מַאֲמִינִים בָּהֶם בֶּאֱמוּנָה שְׁלֵמָה בְּלֵב שָׁלֵם וּבְנֶפֶשׁ חֲפֵצָה, אֵל אֶחָד אֲדוֹן כׇּל־הַמַּעֲשִׂים בָּרוּךְ הוּא אֲמָרָם, וְאֵינֶנּוּ כּוֹפְרִים חָלִילָה וְחָלִילָה בְּשׁוּם מִצְוָה מֵהַמִּצְוֹת קְטַנָּה אוֹ גְדוֹלָה דְּאוֹרַיְיתָא וְדִבְרֵי קַבָּלָה וּדְרַבָּנָן, רַק אֶת הָאֱלֹהִים אֲנַחְנוּ יְרֵאִים. וַאֲנַחְנוּ אוֹהֲבִים אֶת הַבּוֹרֵא יִתְבָּרַךְ שְׁמוֹ וְתוֹרוֹתָיו וּמִצְווֹתָיו. וַאֲנַחְנוּ מַאֲמִינִים בִּשְׁלֹשׁ עֶשְׂרֵה עִיקָּרִים בִּכְלָל וּבִפְרָט וְשֶׁהַבּוֹרֵא יִתְבָּרַךְ שְׁמוֹ הוּא רִאשׁוֹן וְהוּא אַחֲרוֹן וּמִבַּלְעָדָיו אֵין אֱלֹהִים, וְשֶׁיֵּשׁ שָׂכָר טוֹב לַצַּדִּיקִים לָעוֹלָם הַבָּא וְעֹנֶשׁ רַע וָמַר לָרְשָׁעִים, וְשֶׁתִּהְיֶה תְּחִיַּת הַמֵּתִים בְּעֵת שֶׁיַּעֲלֶה רְצוֹן הַבּוֹרֵא יִתְבָּרַךְ שְׁמוֹ וּבְיָדוֹ לְהָמִית וּלְהַחֲיוֹת, וּבְבִיאַת הַמָּשִׁיחַ, וְשֶׁהַבּוֹרֵא יִתְבָּרַךְ שְׁמוֹ אֵינוֹ גוּף וְלֹא דְמוּת הַגּוּף, וְהוּא אוֹר גָּדוֹל וְנוֹרָא מְאֹד, אוֹר קָדוֹשׁ וְטָהוֹר, אוֹר קַדְמוֹן, אוֹר צַח, אוֹר מְצוּחְצָח, אוֹר זַךְ וְנָקִי, אוֹר טָמִיר וְנֶעְלָם, אוֹר פָּשׁוּט אֵין סוֹף בָּרוּךְ הוּא, וְהוּא חַי וְקַיָּם, מְקוֹר מַיִם חַיִּים
יְהֹוָה, וּמִמֶּנּוּ תּוֹצְאוֹת הַחַיִּים. וִיקֻיַּם בָּנוּ מִקְרָא שֶׁכָּתוּב: וְאַתֶּם דברים ד
הַדְּבֵקִים בַּיהֹוָה אֱלֹהֵיכֶם חַיִּים כֻּלְּכֶם הַיּוֹם: וְנֶאֱמַר: כִּי בִי יִרְבּוּ משלי ט
יָמֶיךָ וְיוֹסִיפוּ לְּךָ שְׁנוֹת חַיִּים: לְחַיִּים טוֹבִים וּלְשָׁלוֹם יִכָּתְבֵנוּ וְיֵחָתְמֵנוּ אֱלֹהִים חַיִּים, אָמֵן כֵּן יְהִי רָצוֹן. יִהְיוּ לְרָצוֹן אִמְרֵי פִי וְהֶגְיוֹן לִבִּי לְפָנֶיךָ יְהֹוָה צוּרִי וְגֹאֲלִי.

רַבִּי חֲנַנְיָא בֶּן עֲקַשְׁיָא אוֹמֵר: רָצָה הַקָּדוֹשׁ בָּרוּךְ הוּא לְזַכּוֹת אֶת יִשְׂרָאֵל,
לְפִיכָךְ הִרְבָּה לָהֶם תּוֹרָה וּמִצְוֹת. שֶׁנֶּאֱמַר: יְהֹוָה חָפֵץ לְמַעַן צִדְקוֹ, יַגְדִּיל ישעיה מב
תּוֹרָה וְיַאְדִּיר:

## KADISH DE LOS RABINOS

*El Ḥazán y los dolientes recitan el Kadish de los Rabinos:*

יִתְגַּדַּל Que Su Gran Nombre sea magnificado y santificado,
en el mundo que creó conforme a Su voluntad.
Que establezca Su reino, haga florecer Su salvación
y apresure la llegada de Su ungido
durante vuestra vida y en vuestros días
y en la vida de toda la casa de Israel,
pronto y rápidamente y decid: Amén.

Que Su Gran Nombre sea bendito por siempre y por toda la eternidad.

Sea bendecido, alabado, glorificado y exaltado, encumbrado
y magnificado, enaltecido y ensalzado
el Nombre del Santo Bendito Él;
más allá de cualquier bendición, cántico, alabanza y consolación
pronunciados en el mundo y decid: Amén.

Para Israel, para nuestros maestros,
sus discípulos y los discípulos de sus discípulos,
para todos quienes se involucran en el estudio de la sagrada Torá,
en este sitio o en cualquier otra parte,
que vengan a nosotros, a ellos y a vosotros
gracia, benevolencia y compasión de nuestro Dios,
Señor de los cielos y la tierra y decid: Amén.

Que haya gran paz celestial, vida, saciedad, salvación, consolación,
refugio, sanación, redención, perdón y expiación, bienestar
y salvación para nosotros y para todo Su pueblo Israel
y decid: Amén.

*Antes de decir 'Quien obra paz' se dan tres pasos hacia atrás.*

Quien obra la paz en Sus alturas, con compasión haga la paz
para nosotros y todo Su pueblo Israel y decid: Amén.

## קדיש דרבנן

*El* חזן *y los* אבלים *recitan aquí el* קדיש דרבנן*:*

יִתְגַּדַּל וְיִתְקַדַּשׁ שְׁמֵהּ רַבָּא (קהל: אָמֵן)
בְּעָלְמָא דִּי בְרָא כִרְעוּתֵהּ
וְיַמְלִיךְ מַלְכוּתֵהּ וְיַצְמַח פֻּרְקָנֵהּ וִיקָרֵב מְשִׁיחֵהּ (קהל: אָמֵן)
בְּחַיֵּיכוֹן וּבְיוֹמֵיכוֹן וּבְחַיֵּי דְכָל־בֵּית יִשְׂרָאֵל
בַּעֲגָלָא וּבִזְמַן קָרִיב, וְאִמְרוּ אָמֵן. (קהל: אָמֵן)

יְהֵא שְׁמֵהּ רַבָּא מְבָרַךְ לְעָלַם וּלְעָלְמֵי עָלְמַיָּא יִתְבָּרַךְ
וְיִשְׁתַּבַּח וְיִתְפָּאַר וְיִתְרוֹמַם וְיִתְנַשֵּׂא
וְיִתְהַדָּר וְיִתְעַלֶּה וְיִתְהַלָּל
שְׁמֵהּ דְּקֻדְשָׁא בְּרִיךְ הוּא (קהל: אָמֵן)

לְעֵלָּא מִן כָּל־בִּרְכָתָא, שִׁירָתָא, תֻּשְׁבְּחָתָא וְנֶחָמָתָא
דַּאֲמִירָן בְּעָלְמָא, וְאִמְרוּ אָמֵן. (קהל: אָמֵן)

עַל יִשְׂרָאֵל וְעַל רַבָּנָן וְעַל תַּלְמִידֵיהוֹן וְעַל־כָּל־תַּלְמִידֵי תַלְמִידֵיהוֹן
דְּעָסְקִין בְּאוֹרַיְתָא קַדִּישְׁתָּא
דִּי בְאַתְרָא הָדֵין, וְדִי בְכָל־אֲתַר וַאֲתַר
יְהֵא לַנָא וּלְהוֹן וּלְכוֹן חִנָּא וְחִסְדָּא
וְרַחֲמֵי מִן קֳדָם אֱלָהָנָא מָארֵי שְׁמַיָּא וְאַרְעָא, וְאִמְרוּ אָמֵן. (קהל: אָמֵן)

יְהֵא שְׁלָמָא רַבָּא
מִן שְׁמַיָּא חַיִּים וְשָׂבָע וִישׁוּעָה וְנֶחָמָה
וְשֵׁיזָבָא וּרְפוּאָה וּגְאֻלָּה וּסְלִיחָה וְכַפָּרָה, וְרֵוַח וְהַצָּלָה
לָנוּ וּלְכָל־עַמּוֹ יִשְׂרָאֵל, וְאִמְרוּ אָמֵן. (קהל: אָמֵן)

*Antes de decir* 'עֹשֶׂה שָׁלוֹם' *se dan tres pasos hacia atrás.*

עֹשֶׂה שָׁלוֹם בִּמְרוֹמָיו הוּא בְּרַחֲמָיו יַעֲשֶׂה שָׁלוֹם עָלֵינוּ
וְעַל־כָּל־עַמּוֹ יִשְׂרָאֵל, וְאִמְרוּ אָמֵן. (קהל: אָמֵן)

## SÚPLICAS PARA LOS AYUNOS PÚBLICOS

*En el Ayuno de Guedaliá se comienza con "Abinu Malkenu" en la página 162.*

אָנָּא Por favor SEÑOR, Dios nuestro y de nuestros ancestros, que nuestra plegaria llegue ante Ti, y no ignores Rey nuestro nuestra súplica, pues no somos tan arrogantes ni obstinados como para decir delante de Ti SEÑOR, Dios nuestro y de nuestros antepasados, somos justos y no hemos pecado, mas en verdad, nosotros, nuestros ancestros y los miembros de nuestra familia hemos pecado, cometido iniquidades y transgresiones.

אָשַׁמְנוּ Hemos sido culpables, hemos actuado traicioneramente, hemos robado, hemos calumniado.

Hemos actuado perversamente, hemos causado maldad, hemos pecado premeditadamente, hemos actuado con violencia, hemos acusado en falso.

Dimos malos consejos, mentimos, nos mofamos, nos enfurecimos, nos hemos rebelado, hemos provocado, hemos cometido adulterio, hemos desobedecido, hemos cometido iniquidad, hemos transgredido, hemos perseguido, hemos sido obstinados.

Hemos actuado alevosamente, hemos corrompido, hemos actuado en forma abominable, nos hemos desviado y hemos llevado a otros por mal camino.

וְסַרְנוּ Nos hemos apartado de Tus preceptos y de Tus buenas sentencias, pero de nada nos ha servido. Pero Tú eres justo en todo lo que nos ha sobrevenido, pues *Neh. 9*
Tú actuaste con Verdad mientras que nosotros hicimos el mal.

אֵל אֶרֶךְ Tú eres Dios que demora en enojarse,
Tú eres llamado el SEÑOR de la Compasión,
la grandeza de Tu misericordia y Tu benevolencia le diste a saber al humilde
(Moshé) en tiempos pretéritos tal como está escrito en Tu Torá:
"el SEÑOR descendió en medio de una nube, *Éx. 34*
y se irguió junto a Él allí e invocó el Nombre del SEÑOR",
y allí está escrito:
וַיַּעֲבֹר Y el SEÑOR pasó ante él (Moshé) y proclamó:
SEÑOR, SEÑOR, compasivo y benevolente, tardo en la ira, abundante
en generosidad y verdad, prodiga Su benevolencia por miles de
generaciones, perdona la iniquidad, la rebelión
y el pecado y perdona (a quienes retornan).
(Perdona nuestra iniquidad y nuestra culpa
y tómanos por heredad Tuya.)

*Se recita sentado inclinando la espalda hacia adelante*
*y apoyando la cabeza sobre el brazo izquierdo.*

רַחוּם Dios compasivo y clemente, hemos pecado ante Ti,
apiádate de nosotros y sálvanos.

# סדר ארבע תעניות

*En* צום גדליה *se comienza con* 'אָבִינוּ מַלְכֵּנוּ'*, en la página 163.*

אָנָּא אָנָּא יְהֹוָה אֱלֹהֵינוּ וֵאלֹהֵי אֲבוֹתֵינוּ
תָּבֹא לְפָנֶיךָ תְּפִלָּתֵנוּ, וְאַל תִּתְעַלַּם מַלְכֵּנוּ מִתְּחִנָּתֵנוּ
שֶׁאֵין אֲנַחְנוּ עַזֵּי פָנִים וּקְשֵׁי עֹרֶף לוֹמַר לְפָנֶיךָ
יְהֹוָה אֱלֹהֵינוּ וֵאלֹהֵי אֲבוֹתֵינוּ
צַדִּיקִים אֲנַחְנוּ וְלֹא חָטָאנוּ
אֲבָל חָטָאנוּ, עָוִינוּ, פָּשַׁעְנוּ, אֲנַחְנוּ וַאֲבוֹתֵינוּ וְאַנְשֵׁי בֵיתֵנוּ.

אָשַׁמְנוּ, בָּגַדְנוּ, גָּזַלְנוּ, דִּבַּרְנוּ דֹפִי וְלָשׁוֹן הָרָע, הֶעֱוִינוּ, וְהִרְשַׁעְנוּ
זַדְנוּ, חָמַסְנוּ, טָפַלְנוּ שֶׁקֶר, יָעַצְנוּ עֵצוֹת רָעוֹת
כִּזַּבְנוּ, לַצְנוּ, לוֹצַצְנוּ, מָרַדְנוּ, נִאַצְנוּ, נִאַפְנוּ
נִשְׁבַּעְנוּ לַשָּׁוְא וְלַשֶּׁקֶר, סָרַרְנוּ, עָוִינוּ, פָּשַׁעְנוּ, צָרַרְנוּ
קִשִּׁינוּ עֹרֶף, רָשַׁעְנוּ, שִׁחַתְנוּ, תִּעַבְנוּ, תָּעִינוּ וְתִעְתָּעְנוּ
וְסַרְנוּ מִמִּצְוֹתֶיךָ וּמִמִּשְׁפָּטֶיךָ הַטּוֹבִים וְלֹא שָׁוָה לָנוּ.
וְאַתָּה צַדִּיק עַל כָּל־הַבָּא עָלֵינוּ נחמיה ט
כִּי־אֱמֶת עָשִׂיתָ וַאֲנַחְנוּ הִרְשָׁעְנוּ:

אֵל אֶרֶךְ אַפַּיִם אַתָּה וּבַעַל הָרַחֲמִים
גְּדֻלַּת רַחֲמֶיךָ וַחֲסָדֶיךָ הוֹדַעְתָּ לֶעָנָו מִקֶּדֶם
וְכֵן כָּתוּב בְּתוֹרָתָךְ:

וַיֵּרֶד יְהֹוָה בֶּעָנָן וַיִּתְיַצֵּב עִמּוֹ שָׁם וַיִּקְרָא בְשֵׁם יְהֹוָה: שמות לד
וְשָׁם נֶאֱמַר:
וַיַּעֲבֹר יְהֹוָה ׀ עַל־פָּנָיו וַיִּקְרָא
יְהֹוָה ׀ יְהֹוָה אֵל רַחוּם וְחַנּוּן אֶרֶךְ אַפַּיִם וְרַב־חֶסֶד וֶאֱמֶת:
נֹצֵר חֶסֶד לָאֲלָפִים נֹשֵׂא עָוֹן וָפֶשַׁע וְחַטָּאָה וְנַקֵּה:
(וְסָלַחְתָּ לַעֲוֹנֵנוּ וּלְחַטָּאתֵנוּ וּנְחַלְתָּנוּ:)

*Se recita sentado inclinando la espalda hacia adelante y apoyando la cabeza sobre el brazo izquierdo.*

רַחוּם וְחַנּוּן, חָטָאנוּ לְפָנֶיךָ, רַחֵם עָלֵינוּ וְהוֹשִׁיעֵנוּ.

לְדָוִד Salmo de David, A Ti oh Señor elevo mi alma. Dios mío, en Ti he confiado, que no me avergüence, que mis enemigos no triunfen sobre mí. Todos aquellos que en Ti depositan su confianza no se avergonzarán, lo harán quienes traicionan sin causa alguna. Enséñame Señor Tu caminos, instrúyeme en Tus sendas. Guíame en Tu verdad y hazme saber que Tu eres el Dos de mi redención, en Ti deposito mis esperanzas todo el día. Recuerda Señor Tu compasión y Tu benevolencia pues desde siempre han existido. No recuerdes los pecados ni las transgresiones de mi mocedad, recuérdame conforme a Tu benevolencia Señor. El Señor es benevolente y recto, por ello instruye el camino a quienes pecan. Guiará a los humildes justamente y les enseñará Su camino. Todas las sendas del Señor son benevolencia y verdad para aquellos que guardan Su pacto y Sus testimonios. En aras de Tu Nombre Señor, perdona mi iniquidad pues esta es abundante. ¿Quién es el varón temeroso del Señor? A él le habrá de enseñar el camino a escoger. Su alma descansará en la abundancia y su simiente heredará la tierra. El secreto del Señor está reservado a quienes Le temen, y Su pacto es para que Le conozcan. Mis ojos se dirigen siempre al Señor pues Él quitará mis pies de la red. Dirígete a mí y agráciame pues me encuentro solo y afligido. Las angustias de mi corazón han aumentado, sácame de mis dificultades. Contempla mi aflicción y mi inconducta y perdona todos mis pecados. Mira como mis enemigos se han multiplicado y el odio cruel que me profesan. Cuida mi alma y sálvame, no dejes que me avergüence, pues me he refugiado en Ti. La integridad y la rectitud me habrán de preservar pues en Ti he depositado mis esperanzas. Redime oh Dios a Israel de todas sus angustias. Y Él redimirá a Israel de todos sus pecados. *Sal. 25* *Sal. 130*

Señor, Dios de Israel, aplaca Tu furia y retira el mal destinado a Tu pueblo. *Éx. 32*

*Para el Ayuno de Guedalia*

Señor, hasta cuándo arderá Tu furia
para con Tu rebaño, hasta cuándo te enojarás y te vengarás.
Fuimos saqueados con enojo y furia,
y quienes traicionan sin causa bramaron: "Nuestra mano es más poderosa".
Quienes me oprimen rugieron cual leones
en este día, y asesinaron a Guedalia hijo de Ajikam.
Y los sobrevivientes, en medio de semejante batahola
fueron dispersos de delante del Señor hacia el norte y hacia el este.
Dios mío, ¿cuándo habrás de retribuirles
de acuerdo a sus acciones para que reciban su porción?
Libios y etíopes pensaron cómo destruirlos
y también Asiria se les sumó, y formaron parte de ellos.
Muestra Tu salvación ante nuestros ojos
y retribuye a nuestros vecinos su merecido, siete veces por lo que han hecho.

תהלים כה לְדָוִד, אֵלֶיךָ יְהוָה נַפְשִׁי אֶשָּׂא: אֱלֹהַי בְּךָ בָטַחְתִּי אַל־אֵבוֹשָׁה
אַל־יַעַלְצוּ אֹיְבַי לִי: גַּם כָּל־קֹוֶיךָ לֹא יֵבֹשׁוּ יֵבֹשׁוּ הַבּוֹגְדִים רֵיקָם:
דְּרָכֶיךָ יְהוָה הוֹדִיעֵנִי אֹרְחוֹתֶיךָ לַמְּדֵנִי: הַדְרִיכֵנִי בַאֲמִתֶּךָ ׀
וְלַמְּדֵנִי כִּי־אַתָּה אֱלֹהֵי יִשְׁעִי אוֹתְךָ קִוִּיתִי כָּל־הַיּוֹם: זְכֹר־רַחֲמֶיךָ
יְהוָה וַחֲסָדֶיךָ כִּי מֵעוֹלָם הֵמָּה: חַטֹּאות נְעוּרַי ׀ וּפְשָׁעַי אַל־
תִּזְכֹּר כְּחַסְדְּךָ זְכָר־לִי־אַתָּה לְמַעַן טוּבְךָ יְהוָה: טוֹב־וְיָשָׁר יְהוָה
עַל־כֵּן יוֹרֶה חַטָּאִים בַּדָּרֶךְ: יַדְרֵךְ עֲנָוִים בַּמִּשְׁפָּט וִילַמֵּד עֲנָוִים
דַּרְכּוֹ: כָּל־אָרְחוֹת יְהוָה חֶסֶד וֶאֱמֶת לְנֹצְרֵי בְרִיתוֹ וְעֵדֹתָיו:
לְמַעַן־שִׁמְךָ יְהוָה וְסָלַחְתָּ לַעֲוֺנִי כִּי רַב־הוּא: מִי־זֶה הָאִישׁ
יְרֵא יְהוָה יוֹרֶנּוּ בְּדֶרֶךְ יִבְחָר: נַפְשׁוֹ בְּטוֹב תָּלִין וְזַרְעוֹ יִירַשׁ
אָרֶץ: סוֹד יְהוָה לִירֵאָיו וּבְרִיתוֹ לְהוֹדִיעָם: עֵינַי תָּמִיד אֶל־
יְהוָה כִּי הוּא־יוֹצִיא מֵרֶשֶׁת רַגְלָי: פְּנֵה־אֵלַי וְחָנֵּנִי כִּי־יָחִיד
וְעָנִי אָנִי: צָרוֹת לְבָבִי הִרְחִיבוּ מִמְּצוּקוֹתַי הוֹצִיאֵנִי: רְאֵה עָנְיִי
וַעֲמָלִי וְשָׂא לְכָל־חַטֹּאותָי: רְאֵה־אוֹיְבַי כִּי־רָבּוּ וְשִׂנְאַת חָמָס
שְׂנֵאוּנִי: שָׁמְרָה נַפְשִׁי וְהַצִּילֵנִי אַל־אֵבוֹשׁ כִּי־חָסִיתִי בָךְ: תֹּם־
וָיֹשֶׁר יִצְּרוּנִי כִּי קִוִּיתִיךָ: פְּדֵה אֱלֹהִים אֶת־יִשְׂרָאֵל מִכֹּל צָרוֹתָיו:
תהלים קל וְהוּא יִפְדֶּה אֶת־יִשְׂרָאֵל מִכֹּל עֲוֺנֹתָיו:

שמות לב יְהוָה אֱלֹהֵי יִשְׂרָאֵל, שׁוּב מֵחֲרוֹן אַפֶּךָ וְהִנָּחֵם עַל־הָרָעָה לְעַמֶּךָ:

לצום גדליה

יְהוָה עַד מָתַי תֶּעְשַׁן חֲמָתֶךָ / בְּצֹאן מַרְעִיתֶךָ  לְהַעֲלוֹת חֵמָה וְלִנְקֹם נָקָם:
שְׁדָדוּנוּ בְּאַף וְחֵמָה / וַיֹּאמְרוּ יָדֵנוּ רָמָה  הַבּוֹגְדִים רֵיקָם:
מוֹנֵי כַּאֲרָיוֹת שָׁאֲגוּ / בְּיוֹם זֶה וַיַּהַרְגוּ  אֶת גְּדַלְיָה בֶּן אֲחִיקָם:
וְהַפְּלֵטִים בְּרֹב מְהוּמָה / צָפוֹנָה וָקֵדְמָה  פְּנֵי יְהוָה חִלְּקָם:
אֵלִי מָתַי תָּשִׁיב לָהֶם / גְּמוּל כְּמַעֲשֵׂה יְדֵיהֶם  וְאָכְלוּ אֶת חֻקָּם:
לוּבִים וְכוּשִׁים נוֹעֲצוּ לְהַחֲרִימָם / גַּם אַשּׁוּר נִלְוָה עִמָּם  הֵם יִקְחוּ חֶלְקָם:
הַרְאֵה יִשְׁעֲךָ לְעֵינֵינוּ / וְהָשֵׁב לִשְׁכֵנֵינוּ  שִׁבְעָתַיִם אֶל חֵיקָם:

*Para el 10 de Tevet*

SEÑOR, mi dolor me lleva a enlutarme,
en el día en que el rey de Babilonia puso sitio a Jerusalém.
El rey de Babilonia trajo a sus numerosas huestes
y con su mano diestra echó la suerte que le indicó la dirección de Jerusalém.
Quienes se dedican al sacro oficio
derramaron su sangre cual agua, alrededor de Jerusalém.
Me dejó solitaria y doliente,
al destruir el el orgullo de Yehudá, y el orgullo de Jerusalém.
Derribó torres y denigró la litera real,
se encendió un fuego en Ṣion que devoró los palacios de Jerusalém.
Los hijos de Babilonia fueron instigados contra los míos,
pues descendió el mal del SEÑOR, sobre los portones de Jerusalém.
Dale su merecido a Kedar y no calles,
recuerda SEÑOR a los hijos de Edom el día de Jerusalém.
Ve que estoy abandonado y encerrado,
y mi enemigo me rodea, porque fue derrotada Jerusalém.
Esperamos una venda y he aquí que recibimos destrucción,
¿hasta cuándo seguirás sin compadecerte de Ṣion?

*Para el Ayuno de Ester*

SEÑOR, el enemigo doblegó
a un pueblo sagrado y puro, en los días de Ajashverosh.
Se reunieron para eliminar
desde jóvenes hasta ancianos, y quienes Te odian se encumbraron.
Día en el cual el enemigo aberrante
me dio a beber veneno, me sirvió la cicuta.
Aquel que responde en tiempos de desgracia
alzó Su mano contra el enemigo, el cual salió enlutado y cabizbajo.
Aquel que conoce las generaciones futuras, se preocupó por Su pueblo,
y lo consoló compasivamente.
Aquel que es exaltado como Soberano por sobre todo cumplió Su palabra,
aun estando en tierras enemigas.

*Para el Diecisiete de Tamuz*

SEÑOR, agobiada, prisionera y yendo hacia la muerte va Ṣion,
la perfección de la belleza.
Aumentó Su furia, y en su ira envió fuego sobre los portones de Ṣion.
Mi Santuario fue saqueado, por manos extrañas, y fue encendido el fuego en Ṣion.
Hela aquí doliente y desgraciada, prorrumpiendo en alaridos.
Cómo en Su ira cubrió el SEÑOR a la hija de Ṣion bajo una nube.
Llorar lloraremos,
y batiremos nuestras palmas en señal de duelo al recordar a Ṣion.

לעשרה בטבת

יְהוָה יְגוֹנִי קְרָאוּנִי אֶל אֵבֶל / יוֹם סָמַךְ מֶלֶךְ בָּבֶל אֶל יְרוּשָׁלָֽםִ:
הֶעֱבִיר הֲמוֹנוֹ / וְעֵרָה גְּאוֹנוֹ וּבִימִינוֹ הָיָה הַקֶּסֶם בִּירוּשָׁלָֽםִ:
וְעוֹשֵׂי מְלֶאכֶת שָׁמַיִם / שָׁפְכוּ דָמָם כַּמַּיִם סְבִיבוֹת יְרוּשָׁלָֽםִ:
דָּוֶה נְתָנַנִי וְגַלְמוּדָה / בְּהַשְׁחִיתוֹ אֶת גְּאוֹן יְהוּדָה וְאֶת גְּאוֹן יְרוּשָׁלָֽםִ:
הִפִּיל מִגְדָּל וְהִשְׁפִּיל אַפִּרְיוֹן / וַיַּצֶּת אֵשׁ בְּצִיּוֹן וְאָכְלָה אַרְמְנוֹת יְרוּשָׁלָֽםִ:
הָעִיר בְּנֵי בָבֶל עַל בָּנַי / כִּי יָרַד רָע מֵאֵת יְהוָה לְשַׁעֲרֵי יְרוּשָׁלָֽםִ:
לְקֵדָר שַׁלֵּם גְּמוּל וְאַל תִּדּוֹם / זְכֹר יְהוָה לִבְנֵי אֱדוֹם אֵת יוֹם יְרוּשָׁלָֽםִ:
וּרְאֵה כִּי אֶפֶס עָזוּב וְעָצוּר / וְאוֹיְבַי עָלַי יָצוּר כִּי כָשְׁלָה יְרוּשָׁלָֽםִ:
יְחַלְנוּ תַּחְבֹּשֶׁת וְהִנֵּה מְחִתָּה / וְעַד מָתַי אַתָּה לֹא תְרַחֵם אֶת יְרוּשָׁלָֽםִ:

תענית אסתר

יְהוָה אוֹיֵב גָּבַר / עַל עַם קָדוֹשׁ וְנִבְּר בִּימֵי אֲחַשְׁוֵרוֹשׁ:
נוֹעֲדוּ יַחְדָּו לְרוֹקֵן / נַעַר וְזָקֵן וּמְשַׂנְאֶיךָ נָשְׂאוּ רֹאשׁ:
יוֹם צוֹרֵר הַנִּגְעָל / הֵרוֹנִי סַף רַעַל וַיַּשְׁקֵנִי מֵי רוֹשׁ:
הָעוֹנֶה בַּצָּר / הֵשִׁיב יָדוֹ עַל צָר וַיֵּלֶךְ אָבֵל וַחֲפוּי רֹאשׁ:
דָּרוֹשׁ דָּרַשׁ לְעַמּוֹ / בְּרַחֲמִים לְנַחֲמוֹ קוֹרֵא הַדּוֹרוֹת מֵרֹאשׁ:
הֵקִים דְּבָרוֹ לָהֶם /
בִּהְיוֹתָם בְּאֶרֶץ אוֹיְבֵיהֶם הָאֵל הַמִּתְנַשֵּׂא לְכֹל לְרֹאשׁ:

שבעה עשר בתמוז

יְהוָה שְׁטוּפָה חֲטוּפָה / וּמְמוֹת קְטוּפָה מִכְלַל יֹפִי מִצִּיּוֹן:
לְמְאֹד זָר הֶעֱצִים קִצְפּוֹ / וְשָׁלַח אֵשׁ בְּאַפּוֹ בְּשַׁעֲרֵי בַּת צִיּוֹן:
מִקְדָּשִׁי הָיָה לְבִזָּה / בְּיַד שַׁמָּה וּמִזָּה וַיַּצֶּת אֵשׁ בְּצִיּוֹן:
הִנֵּה אֲבֵלָה וְאֻמְלָלָה / בְּשָׁמְעָהּ קוֹל יְלָלָה
אֵיכָה יָעִיב בְּאַפּוֹ אֲדֹנָי אֶת בַּת צִיּוֹן:
בָּכֹה נִבְכֶּה / וְכַף אֶל כַּף נַכֶּה בְּזָכְרֵנוּ אֶת צִיּוֹן:

Nuestros pecados nos pesaron y aplastaron, cuando allí nos pidieron nuestros captores,
entonad para nosotros los cánticos de Ṣion.
Mis angustias se incrementaron e intensificaron,
cuando Ṣionles dijo: ¿Cómo habremos de entonar los cánticos del Señor?
En virtud de nuestras numerosas iniquidades, sufrimos el yugo del exilio,
y de todas maneras esperamos que Dios salve a Ṣion.
Consuela a Yehudá y a Efraím,
y reconstruye las murallas de Jerusalém. Ve con favor a Ṣion
Haznos escuchar prontamente una voz que anuncie una buena nueva
para esta nación que fue vendida.
Regocíjate y entona cánticos de alegría Tú que habitas Ṣion.
¡Supremo! Apresúrate en enviarnos visiones de consuelo,
y entonces estaremos como soñando,
cuando el Señor haga retornar a los exiliados de Ṣion.

*Todos los días se continúa aquí:*

Aplaca Tu furia y retira el mal destinado a Tu pueblo. Señor, no te enfurezcas en demasía. Ni recuerdes nuestra iniquidad por siempre. Mira por favor, todos nosotros somos Tu pueblo. Aunque nuestras iniquidades atestigüen en nuestra contra, Señor, obra en pos de Tu Nombre. Porque nuestros excesos fueron numerosos y ante Ti pecamos. Señor perdónanos. (Pues Tú eres nuestro Padre, ya que Abraham no nos conoce e Israel no nos reconoce. *Hasta aquí*

*Éx. 32*
*Isa. 63*

אָבִינוּ מַלְכֵּנוּ Padre nuestro, Rey nuestro, Tú eres nuestro Padre. Padre nuestro, Rey nuestro, no tenemos Rey salvo Tú. Padre nuestro, Rey nuestro, ten compasión por nosotros. Padre nuestro, Rey nuestro se clemente y respóndenos, pues carecemos de buenas acciones en nuestro haber; obra con nosotros con caridad y benevolencia y sálvanos.

*Ta'anit 25b*

וַאֲנַחְנוּ Y nosotros no sabemos qué hacer, mas nuestros ojos están puestos en Ti. Recuerda Señor Tu compasión y Tu benevolencia pues desde siempre han existido. Que Tu benevolencia Señor, sea sobre nosotros pues en Ti hemos depositado nuestras esperanzas. No nos recuerdes los pecados de quienes nos antecedieron. Que Tu misericordia nos encuentre prontamente, pues hemos caído muy bajo. Nuestra ayuda está en el Nombre del Señor, Hacedor de los cielos y la tierra. Sé clemente con nosotros Señor, pues ya nos hemos saciado de burlas. En Tu ira recuerda Tu misericordia. En Tu ira recuerda Tu amor. En Tu ira recuerda el amarramiento (de Iṣḥak). En Tu ira recuerda la integridad. El Señor salva, el Rey nos responderá el día que Le invoquemos. Pues Él conoce nuestra inclinación, Él recuerda que estamos hechos de polvo. Ayúdanos, Dios de nuestra salvación, por la gloria de Tu Nombre. Sálvanos y expía nuestros pecados en pos de Tu Nombre.

*II Crón. 20*
*Sal. 25*
*Sal. 33*
*Sal. 79*
*Sal. 124*
*Sal. 123*
*Hab. 3*
*Sal. 20*
*Sal. 103*
*Sal. 79*

*En Ṣom Guedalia continuar en la página siguiente. El 10 de Tebet pasar a la página 1014. En Ta'anit Ester pasar a la página 1026 El 17 de Tamuz pasar a la página 1038.*

רְעָצוּנוּ מְחָצוּנוּ עֲוֹנֵינוּ / כִּי שָׁם שְׁאֵלוּנוּ שׁוֹבֵינוּ   שִׁירוּ לָנוּ מִשִּׁיר צִיּוֹן:
רַבּוּ וְגָדְלוּ יְגוֹנַי / אֵיךְ נָשִׁיר אֶת שִׁיר יְהוָה   וַתֹּאמֶר צִיּוֹן:
בְּרֹב עֲוֹנֵינוּ עַל גָּלוּת סָבַלְנוּ / וּבְכָל זֹאת יִחַלְנוּ   כִּי אֱלֹהִים יוֹשִׁיעַ צִיּוֹן:
נַחֵם תְּנַחֵם יְהוּדָה וְאֶפְרַיִם / וְתִבְנֶה חוֹמוֹת יְרוּשָׁלַיִם
הֵיטִיבָה בִרְצוֹנְךָ אֶת צִיּוֹן:
קוֹל מְבַשֵּׂר תַּשְׁמִיעַ מְהֵרָה / לְאֹם הִנָּם מְכוּרָה   צַהֲלִי וָרֹנִּי יוֹשֶׁבֶת צִיּוֹן:
עֶלְיוֹן מַהֵר חָזוֹן נְחוּמִים / וְאָז הָיִינוּ כְּחוֹלְמִים
בְּשׁוּב יְהוָה אֶת שִׁיבַת צִיּוֹן:

*Todos los días se continúa aquí:*

שׁוּב מֵחֲרוֹן אַפֶּךָ וְהִנָּחֵם עַל הָרָעָה לְעַמֶּךָ: אַל תִּקְצֹף יְהוָה עַד מְאֹד. וְאַל שמות לב
לָעַד תִּזְכֹּר עָוֹן. הֵן הַבֶּט נָא עַמְּךָ כֻלָּנוּ: אִם עֲוֹנֵינוּ עָנוּ בָנוּ יְהוָה עֲשֵׂה לְמַעַן
שְׁמֶךָ. כִּי רַבּוּ מְשׁוּבֹתֵינוּ לְךָ חָטָאנוּ. אֲדוֹן סְלַח לָנוּ: (כִּי אַתָּה אָבִינוּ כִּי ישעיה סג
אַבְרָהָם לֹא יְדָעָנוּ וְיִשְׂרָאֵל לֹא יַכִּירָנוּ. אַתָּה יְהוָה אָבִינוּ גֹּאֲלֵנוּ מֵעוֹלָם
שְׁמֶךָ:) עד כאן.

אָבִינוּ מַלְכֵּנוּ, אָבִינוּ אָתָּה. אָבִינוּ מַלְכֵּנוּ, אֵין לָנוּ מֶלֶךְ אֶלָּא אָתָּה. אָבִינוּ תענית כה:
מַלְכֵּנוּ, רַחֵם עָלֵינוּ. אָבִינוּ מַלְכֵּנוּ, חָנֵּנוּ וַעֲנֵנוּ, כִּי אֵין בָּנוּ מַעֲשִׂים טוֹבִים
עֲשֵׂה עִמָּנוּ צְדָקָה וָחֶסֶד לְמַעַן שִׁמְךָ הַגָּדוֹל וְהוֹשִׁיעֵנוּ.

וַאֲנַחְנוּ לֹא נֵדַע מַה־נַּעֲשֶׂה, כִּי עָלֶיךָ עֵינֵינוּ: זְכֹר־רַחֲמֶיךָ יְהוָה וַחֲסָדֶיךָ, דה״י ב כ / תהלים כה
כִּי מֵעוֹלָם הֵמָּה: יְהִי־חַסְדְּךָ יְהוָה עָלֵינוּ, כַּאֲשֶׁר יִחַלְנוּ לָךְ: אַל־תִּזְכָּר־ תהלים קג / תהלים עט
לָנוּ עֲוֹנֹת רִאשֹׁנִים, מַהֵר יְקַדְּמוּנוּ רַחֲמֶיךָ כִּי דַלּוֹנוּ מְאֹד: עֶזְרֵנוּ בְּשֵׁם תהלים קכד
יְהוָה, עֹשֵׂה שָׁמַיִם וָאָרֶץ: חָנֵּנוּ יְהוָה חָנֵּנוּ, כִּי־רַב שָׂבַעְנוּ בוּז: בְּרֹגֶז, רַחֵם תהלים קכג / חבקוק ג
תִּזְכּוֹר: בְּרֹגֶז, אַהֲבָה תִּזְכֹּר. בְּרֹגֶז, עֲקֵדָה תִּזְכֹּר. בְּרֹגֶז, תְּמִימוּת תִּזְכֹּר.
יְהוָה הוֹשִׁיעָה, הַמֶּלֶךְ יַעֲנֵנוּ בְיוֹם־קָרְאֵנוּ: כִּי־הוּא יָדַע יִצְרֵנוּ, זָכוּר כִּי־ תהלים כ / תהלים קג
עָפָר אֲנָחְנוּ: עָזְרֵנוּ אֱלֹהֵי יִשְׁעֵנוּ עַל־דְּבַר כְּבוֹד־שְׁמֶךָ, וְהַצִּילֵנוּ וְכַפֵּר תהלים עט
עַל־חַטֹּאתֵינוּ לְמַעַן שְׁמֶךָ:

*En* צום גדליה *continuar en la página siguiente.* י׳ בטבת *pasar a la página 1015.*
*En* תענית אסתר *pasar a la página 1027 El* י״ז בתמוז *pasar a la página 1039.*

## SELIḤOT PARA EL AYUNO DE GUEDALIÁ

עַל יְדֵי רַחֲמֶיךָ Con Tu gran compasión, perdónanos Padre nuestro,
pues en nuestra gran necedad hemos transgredido involuntariamente,
perdónanos Rey nuestro, pues muchas son nuestras iniquidades.

אֵל אֶרֶךְ Tú eres Dios que demora en enojarse,
y nos has enseñado la senda del arrepentimiento.
Hoy y cada día recuerda la grandeza de Tu misericordia,
para con la simiente de Tus amados.
Dirígete hacia nosotros con compasión,
pues Tú eres el Señor de la Compasión.
Venimos ante Ti con súplicas y plegaria, tal como le diste a saber al humilde (Moshé) en tiempos pretéritos.
Apártate de Tu ira, tal como está escrito en Tu Torá.
Nos resguardaremos y moraremos bajo la sombra de Tus Alas, tal como en el día en el cual el Señor descendió en medio de una nube.
Sé indiferente a la transgresión y borra la culpa, tal como en el día en el cual estuviste parado con él (con Moshé) allí.
Escucha nuestro clamor y presta atención a nuestro decir, como aquel día en que Tú proclamaste en el Nombre del Señor,
y allí está escrito:

וַיַּעֲבֹר Y el Señor pasó ante él (Moshé) y proclamó: *Éx. 34*
Señor, Señor, compasivo y benevolente, tardo en la ira,
abundante en generosidad y verdad, prodiga Su benevolencia por
miles de generaciones, perdona la iniquidad, la rebelión
y el pecado y perdona (a quienes retornan).
(Perdona nuestra iniquidad y nuestra culpa
y tómanos por heredad Tuya.)

Mi alma se enlutó y mi semblante se opacó,
cuando la Casa de mi esplendor fue quemada a manos del león,
incluso los sobrevivientes que quedaron, mi remanente,
fueron extinguidos un día tres de Tishrí.

Las aguas maliciosas nos arrastraron en su torrente,
los enemigos destruyeron el Templo y repartieron lo saqueado,
el remanente de los ancianos, que lograron huir del día de la venganza,
fueron heridos hoy junto a Guedalia hijo de Ajicam.

# סליחות לצום גדליה

עַל יְדֵי רַחֲמֶיךָ הָרַבִּים סְלַח לָנוּ אָבִינוּ / כִּי בְרֹב אִוַּלְתֵּנוּ שָׁגִינוּ
מְחֹל לָנוּ מַלְכֵּנוּ / כִּי רַבּוּ עֲוֹנֵינוּ

אֵל אֶרֶךְ אַפַּיִם אַתָּה / וְדֶרֶךְ תְּשׁוּבָה לָנוּ הוֹרֵיתָ
גְּדֻלַּת רַחֲמֶיךָ וַחֲסָדֶיךָ / תִּזְכֹּר הַיּוֹם לְזֶרַע יְדִידֶיךָ
תֵּפֶן אֵלֵינוּ בְּרַחֲמִים / כִּי אַתָּה הוּא בַּעַל הָרַחֲמִים
בְּתַחֲנוּן וּבִתְפִלָּה נְקַדֵּם / כְּמוֹ שֶׁהוֹדַעְתָּ לֶעָנָו מִקֶּדֶם
וּמֵחֲרוֹן אַפְּךָ תָּשׁוּב / כְּמוֹ בְּתוֹרָתְךָ כָּתוּב
וּבְצֵל כְּנָפֶיךָ נֶחֱסֶה וְנִתְלוֹנָן / כְּיוֹם וַיֵּרֶד יְהֹוָה בֶּעָנָן
תַּעֲבֹר עַל פֶּשַׁע וְתִמְחֹל אָשָׁם / כְּיוֹם וַיִּתְיַצֵּב עִמּוֹ שָׁם
תַּאֲזִין שַׁוְעָתֵנוּ וְתַקְשִׁיב מֶנּוּ מַאֲמָר / כְּיוֹם וַיִּקְרָא בְשֵׁם יְהֹוָה
וְשָׁם נֶאֱמַר:

וַיַּעֲבֹר יְהֹוָה ׀ עַל־פָּנָיו וַיִּקְרָא שמות לד
יְהֹוָה ׀ יְהֹוָה אֵל רַחוּם וְחַנּוּן אֶרֶךְ אַפַּיִם וְרַב־חֶסֶד וֶאֱמֶת:
נֹצֵר חֶסֶד לָאֲלָפִים נֹשֵׂא עָוֹן וָפֶשַׁע וְחַטָּאָה וְנַקֵּה:
(וְסָלַחְתָּ לַעֲוֹנֵנוּ וּלְחַטָּאתֵנוּ וּנְחַלְתָּנוּ:)

אֲבֵלָה נַפְשִׁי וְחָשַׁךְ תָּאֳרִי
בֵּית תִּפְאַרְתִּי נִשְׂרַף בְּיַד הָאֲרִי
גַּם פְּלֵטִים אֲשֶׁר עָזְבוּ שְׁאֵרִי
דּוֹעֲכוּ כְּהַיּוֹם בִּשְׁלֹשָׁה בְּתִשְׁרִי.

הַמַּיִם הַזֵּדוֹנִים שְׁטָפוּנוּ בְּדָלְקָם
וּבוֹסְסוּ צָרִים מִקְדָּשִׁי וּבָזְזוּ חֶלְקָם
זִקְנֵי שְׁאֵרִית, אֲשֶׁר נִמְלְטוּ בְּיוֹם נָקָם
חֻבְּלוּ הַיּוֹם עִם גְּדַלְיָה בֶּן אֲחִיקָם.

Los pobres habitantes del país fueron despedazados,
los restos vegetales por la langosta fueron devorados,
los vendimiadores y los agricultores que fueron apostados por el gobernador del país
fueron recogidos hoy, sin tener quien establezca para ellos un cerco o quien por ellos interceda.

Qué puedo decir, mis suspiros son enormes,
detesto mi vida, mis reunidos están afligidos.
Incluso mis sobrevivientes, aquellos que escaparon a la espada y su filo,
no pudieron perdurar y fueron aplastados contra las murallas.

Hasta cuándo habrás de ocultar Tu rostro de nosotros,
escucha nuestro clamor y líbranos de nuestras ataduras,
oh Santo, contempla nuestra miseria pues no tenemos líder,
mira nuestra pobreza, y entonaremos para Ti cánticos de alabanza.

Fuimos devastados a lo largo de los tiempos, de generación en generación,
fuimos mordidos con la mordedura de la serpiente,
oh Poderoso, despierta y álzate por nuestra causa,
expía nuestros pecados y declara el final de nuestro sufrir.

**יֶהֱמוּ** Tu compasión se cierna sobre la pequeña entre las naciones,
fortifícalos con Tu benevolencia ante los ojos de los demás pueblos,
demuéstrales Tus maravillas oh Roca, Tú que habitas en las alturas,
Dios, Rey que se sienta sobre el trono de la compasión.

*Continuar con "Dios, Rey" en la página 1052.*

טָרְפוּ עֲנִיֵּי עַם הָאָרֶץ
יֶתֶר הַגָּזָם אָכַל הָאַרְבֶּה בְּמֶרֶץ
כּוֹרְמִים וְיוֹגְבִים, אֲשֶׁר הִפְקִיד נְגִיד הָאָרֶץ
לְקֻטּוּ הַיּוֹם, וְלֹא הָיָה בָהֶם גּוֹדֵר גָּדֵר וְעוֹמֵד בַּפֶּרֶץ.

מָה אֲסַפֵּר, וְאַנְחוֹתַי עֲצוּמוֹת
נָקְטָה נַפְשִׁי וּמַקְהֲלוֹתַי עֲגוּמוֹת
שְׂרִידַי אֲשֶׁר נִשְׁאֲרוּ מֵחֶרֶב וְחֵמוֹת
עוֹד הֵם לֹא נִתְקַיְּמוּ, וְנִתְּצוּ בַחוֹמוֹת.

פָּנֶיךָ עַד אָנָה מִמֶּנּוּ תַּסְתִּיר
צְוָחָתֵנוּ תִּשְׁמַע וְכַבְלֵנוּ תַּתִּיר
קָדוֹשׁ, הַבִּיטָה בְעָנְיֵנוּ כִּי אֵין לָנוּ מַכְתִּיר
רְאֵה דַלּוּתֵנוּ, וְשֶׁבַח לְפָנֶיךָ נַעְתִּיר.

שֻׁדַּדְנוּ מִדּוֹר לְדוֹר וּמִקֵּץ לְקֵץ
שֹׁרֶשׁ צֶפַע אוֹתָנוּ עָקַץ
תַּקִּיף, לְמִשְׁפָּטֶיךָ הָעִירָה וְהָקִיצָה
וּתְכַפֵּר חַטֹּאתֵנוּ וְתֹאמַר לְקָרֵב קֵץ.

יֶהֱמוּ רַחֲמֶיךָ עַל מְעוּטֵי עַמִּים
וְשַׂגְּבֵם בְּחַסְדְּךָ לְעֵינֵי כָל־לְאֻמִּים
פְּלָאֶיךָ הַרְאֵם, צוּר שׁוֹכֵן מְרוֹמִים
אֵל מֶלֶךְ יוֹשֵׁב עַל כִּסֵּא רַחֲמִים.

*Continuar con* 'אֵל מֶלֶךְ' *en la página 1053.*

## SELIḤOT PARA EL DIEZ DE TEBET

וָאָרֶץ שָׁפַל רוּמִי Mi estatura fue arrojada al suelo,
grande es mi quebrazón,
me siento desolado en el día en que llegó el león,
abalanzándose sobre el esplendor de mi ciudad,
el sagrado Monte de Ṣion.
Por ello habré de lamentarme y enlutarme en el décimo mes.

*Para "Escudo de Abraham"*

En el décimo mes el león montó en cólera,
en día décimo del mes construyó sobre mí la muralla,
él y su nación se dirigen hacia mí a los efectos de vengarse,
y le harán la guerra. *Gén. 14*
Haz la guerra, mi Fortaleza, mi Salvador,
contra mi enemigo y mi opresor.
Dales de beber una copa llena de penurias,
oh SEÑOR, mi Pastor, mi Escudo *II Sam. 22*
y mi Fuente de Salvación.

*Para "Que revive a los muertos".*

En el décimo mes, mi enemigo,
mi enemigo me persiguió con su espada.
En el décimo día del mes me tendió una emboscada.
Por ello me he de enlutar y ocultar mi deleite.
Ay de nosotros que el día está terminando *Jer. 6*
y nos acechan las sombras de la noche.
La noche se tornará en día,
y los traidores no habrán de ascender,
apiádate de Tu pueblo y da curación a sus penurias.
Recuerda para mí el pacto con los padres,
al extender ante Ti mis palmas y mis pies,
Tú que quitas la vida y la restauras,
haces descender al sepulcro y subir de él. *I Sam. 2*

# סליחות לעשרה בטבת

פתיחה

וָאֶרֶץ שָׁפַל רוּמִי, וְגָדַל שִׁבְרִי
מְשׁוֹמֵם אֵשֵׁב יוֹם סָמַךְ הָאֲרִי
עַל צְבִי הַר קֹדֶשׁ צִיּוֹן עִירִי
לָכֵן אֲקוֹנֵן וְאֶתְאַבֵּל בַּחֹדֶשׁ הָעֲשִׂירִי.

לימָגֵן אַבְרָהָם׳

בַּחֹדֶשׁ הָעֲשִׂירִי אַרְיֵה עָלָה בְחֵמָה
בֶּעָשׂוֹר לַחֹדֶשׁ בָּנָה עָלַי חוֹמָה
גָּשׁ הוּא וְכָל־עַמּוֹ לַעֲשׂוֹת בְּעַמִּי נְקָמָה
וַיַּעַרְכוּ אִתָּם מִלְחָמָה: בראשית יד
מִלְחָמָה שִׁית, מִשְׂגַּבִּי וּמוֹשִׁיעִי
וְלְאוֹיְבַי וּמַכְנִיעַי
כּוֹס מָלֵא מֶסֶךְ הַשְׁקֵם, יְהֹוָה רוֹעִי
מָגִנִּי וְקֶרֶן יִשְׁעִי: שמואל ב׳ כב

לימְחַיֵּה הַמֵּתִים׳

בַּחֹדֶשׁ הָעֲשִׂירִי דְּלָקַנִי אוֹיֵב בַּחֶרֶב
בֶּעָשׂוֹר לַחֹדֶשׁ הֵכִין עָלַי אוֹרֵב
וְעַל זֹאת אֲקוֹנֵן וְגִילִי עָרֵב
אוֹי לָנוּ כִּי־פָנָה הַיּוֹם, כִּי־יִנָּטוּ צִלְלֵי־עָרֶב: ירמיה ו
עֶרֶב יֵהָפֵךְ לַבֹּקֶר, וּבוֹגְדִים אַל יַעֲלוּ עַל
חֵן עַל עַמְּךָ וְלַכְאֵבָם הַעֲלֵה תַעַל
זְכֹר לִי בְּרִית אָבוֹת בְּפָרְשִׂי לְךָ כַּף וָשַׁעַל
מֵמִית וּמְחַיֶּה, מוֹרִיד שְׁאוֹל וַיָּעַל: שמואל א׳ ב

*Para "El Dios santo".*

En el décimo mes las manos del enemigo detentaron escudo
y armadura.
En el día décimo del mes acampó con su ejército frente a ellos,
será descuartizado todo aquel que salga,
pues un leopardo acecha su ciudad. *Jer. 5*
Su ciudad quemaron con fuego,
en medio de muchas vicisitudes,
levántate oh SEÑOR con Tu poder y vapulea
a los malvados, que se avergüencen
al ver que nos muestras una buena señal,
SEÑOR de las Huestes Celestiales es la santidad de Israel. *Isa. 47*

*Para "Otorga el conocimiento".*

En décimo mes las manos del enemigo detentaron escudo y armadura.
En el día décimo del mes se presentó frente a la ciudad fidedigna cual
guerrero listo para el combate.
Por ello habrás de vestir luto oh graciosa congregación,
corta tu cabello y arrójalo,
y entona tus lamentaciones en las colinas. *Jer. 7*
Tu pueblo pronuncia lamentos ante Ti en este día,
nuestros párpados enjugan lágrimas por la destrucción
de Tu Casa, despierta el día de la venganza sobre los
enemigos que se amontonan en Tu Casa,
hazme saber SEÑOR Tus caminos e instrúyeme *Sal. 25*
en Tus sendas.

*Para "Desea el arrepentimiento".*

En el décimo mes, mis sitiadores hicieron una rampa sobre mi ciudad,
en el día décimo del mes mi corona fue arrojada y mi esplendor cayó.
Me rodearon quienes lastimaron mi herida, mis entrañas, mis
entrañas, ¡estoy esperando! *Jer. 4*
Espero este día que los mismos ángeles temieron, e
intentaré apaciguar a Dios para que condone la
transgresión y la culpa, no contemples nuestra maldad y
borra el pecado grabado en nuestro nombre,
haznos retornar a Ti SEÑOR y retornaremos. *Lam. 5*

לָאֵל הַקָּדוֹשׁ

בְּחֹדֶשׁ הָעֲשִׂירִי זְאֵב עֲרָבוֹת עַל עַמִּי נוֹהֵם
בֶּעָשׂוֹר לַחֹדֶשׁ טָרֹף טֹרַף כָּל־הַיּוֹצֵא מֵהֵם
נָמֵר שֹׁקֵד עַל־עָרֵיהֶם: ירמיה ה
עָרֵיהֶם שָׂרְפוּ בָאֵשׁ בִּרְבוֹת תְּלָאוֹת
רוֹמָה יְהוָה בְּעֻזֶּךָ זֵדִים לְהַשְׁאוֹת
בּוֹשׁ יֵבוֹשׁוּ בַּעֲשׂוֹתְךָ עִמָּנוּ לְטוֹבָה אוֹת
קָדוֹשׁ יִשְׂרָאֵל יְהוָה צְבָאוֹת: ישעיה מז

לְחוֹנֵן הַדָּעַת

בְּחֹדֶשׁ הָעֲשִׂירִי הֶחֱזִיקוּ מָגֵן וְצִנָּה
בֶּעָשׂוֹר לַחֹדֶשׁ כְּאִישׁ עָרוּךְ לַמִּלְחָמָה עַל קִרְיָה נֶאֱמָנָה
לְזֹאת חִגְרִי שַׂק עֲדָה עֲדִינָה
גָּזִּי נִזְרֵךְ וְהַשְׁלִיכִי, וּשְׂאִי עַל־שְׁפָיִם קִינָה: ירמיה ז
קִינָה דוֹבֵר עַמְּךָ בְּיוֹם זֶה לְעֻמָּתֶךָ
וְעַפְעַפֵּינוּ יִזְּלוּ מַיִם עַל חָרְבַּן נַוָּתֶךָ
יוֹם נָקָם תָּעִיר לְצָרִים הוֹמִים בְּבֵיתֶךָ
דְּרָכֶיךָ יְהוָה הוֹדִיעֵנִי וְלַמְּדֵנִי אֹרְחוֹתֶיךָ: תהלים כה

לְהָרוֹצֶה בִּתְשׁוּבָה

בְּחֹדֶשׁ הָעֲשִׂירִי מְנֵי שָׁפְכוּ עַל עִירִי סוֹלְלָה
בֶּעָשׂוֹר לַחֹדֶשׁ נִזְרֵי הֻשְׁלַךְ וְתִפְאַרְתִּי נָפְלָה
סְבָבוּנִי הָעוֹשִׂים מַכָּתִי נַחְלָה
מֵעַי מֵעַי אוֹחִילָה: ירמיה ד
אוֹחִילָה יוֹם זֶה לְנַעֲרָץ בְּסוֹד קְדוֹשִׁים רַבָּה
וַאֲחַלֶּה פָנָיו לַעֲבֹר עַל פֶּשַׁע וְחוֹבָה
אַל תֵּפֶן לְרִשְׁעֵנוּ וּמְחֵה חַטָּאת כְּתוּבָה
הֲשִׁיבֵנוּ יְהוָה אֵלֶיךָ וְנָשׁוּבָה: איכה ה

עַל יְדֵי רַחֲמֶיךָ Con Tu gran compasión, perdónanos Padre nuestro,
pues en nuestra gran necedad hemos transgredido involuntariamente,
perdónanos Rey nuestro, pues muchas son nuestras iniquidades.

אֵל אֶרֶךְ Tú eres Dios que demora en enojarse,
y nos has enseñado la senda del arrepentimiento.
Hoy y cada día recuerda la grandeza de Tu misericordia,
para con la simiente de Tus amados.
Dirígete hacia nosotros con compasión,
pues Tú eres el Señor de la Compasión.
Venimos ante Ti con súplicas y plegaria, tal como le diste a saber al humilde (Moshé) en tiempos pretéritos.
Apártate de Tu ira, tal como está escrito en Tu Torá.
Nos resguardaremos y moraremos bajo la sombra de Tus Alas, tal como en el día en el cual el Señor descendió en medio de una nube.
Sé indiferente a la transgresión y borra la culpa, tal como en el día en el cual estuviste parado con él (con Moshé) allí.
Escucha nuestro clamor y presta atención a nuestro decir, como aquel día en que Tú proclamaste en el Nombre del Señor,
y allí está escrito:

וַיַּעֲבֹר Y el Señor pasó ante él (Moshé) y proclamó: *Éx. 34*
Señor, Señor, compasivo y benevolente, tardo en la ira, abundante en generosidad y verdad, prodiga Su benevolencia por miles de generaciones, perdona la iniquidad, la rebelión y el pecado y perdona (a quienes retornan).
(Perdona nuestra iniquidad y nuestra culpa y tómanos por heredad Tuya.)

אָז בְּבוֹא Cuando la terrible visión del valle se hizo realidad,
cuando la ira del Señor chispeó profusamente,
reveló por medio del profeta, el hijo de Buzí (Ezequiel):
"Escribe para ti la fecha del día, este mismísimo día" *Eze. 24*

Desde el fuego de Mi celo hablé de destruir,
la rebelde casa (de Israel),
vengo hacia ella con ira y viento tempestuoso,
y la pondré por ejemplo de humillación y desgracia,
"Pon la olla, pon la olla". *Eze. 24*

עַל יְדֵי רַחֲמֶיךָ הָרַבִּים סְלַח לָנוּ אָבִינוּ / כִּי בְרֹב אִוַּלְתֵּנוּ שָׁגִינוּ
מְחֹל לָנוּ מַלְכֵּנוּ / כִּי רַבּוּ עֲוֹנֵינוּ

אֵל אֶרֶךְ אַפַּיִם אַתָּה / וְדֶרֶךְ תְּשׁוּבָה לָנוּ הוֹרֵיתָ
גְּדֻלַּת רַחֲמֶיךָ וַחֲסָדֶיךָ / תִּזְכֹּר הַיּוֹם לְזֶרַע יְדִידֶיךָ
תֵּפֶן אֵלֵינוּ בְּרַחֲמִים / כִּי אַתָּה הוּא בַּעַל הָרַחֲמִים
בְּתַחֲנוּן וּבִתְפִלָּה נְקַדֵּם / כְּמוֹ שֶׁהוֹדַעְתָּ לֶעָנָו מִקֶּדֶם
וּמֵחֲרוֹן אַפְּךָ תָּשׁוּב / כְּמוֹ בְּתוֹרָתְךָ כָּתוּב
וּבְצֵל כְּנָפֶיךָ נֶחֱסֶה וְנִתְלוֹנָן / כְּיוֹם וַיֵּרֶד יְהֹוָה בֶּעָנָן
תַּעֲבֹר עַל פֶּשַׁע וְתִמְחֹל אָשָׁם / כְּיוֹם וַיִּתְיַצֵּב עִמּוֹ שָׁם
תַּאֲזִין שַׁוְעָתֵנוּ וְתַקְשִׁיב מֶנּוּ מַאֲמָר / כְּיוֹם וַיִּקְרָא בְשֵׁם יְהֹוָה
וְשָׁם נֶאֱמַר:

שמות לד וַיַּעֲבֹר יְהֹוָה ׀ עַל־פָּנָיו וַיִּקְרָא
יְהֹוָה ׀ יְהֹוָה אֵל רַחוּם וְחַנּוּן אֶרֶךְ אַפַּיִם וְרַב־חֶסֶד וֶאֱמֶת:
נֹצֵר חֶסֶד לָאֲלָפִים נֹשֵׂא עָוֺן וָפֶשַׁע וְחַטָּאָה וְנַקֵּה:
(וְסָלַחְתָּ לַעֲוֹנֵנוּ וּלְחַטָּאתֵנוּ וּנְחַלְתָּנוּ:)

אָז בְּבוֹא יוֹם פְּקֻדַּת גֵּיא הַמַּחֲזֶה
בַּחֲרוֹת אַף יְהֹוָה בְּרִשְׁפֵּי אֵזֶה
גֻּלָּה בְּיַד בֶּן בּוּזִי הַחוֹזֶה
יחזקאל כד כְּתָב־לְךָ אֶת־שֵׁם הַיּוֹם, אֶת־עֶצֶם הַיּוֹם הַזֶּה:

דִּבַּרְתִּי בְּאֵשׁ קִנְאָתִי בֵּית מְרִי לִסְפּוֹת
הִנְנִי אֵלֶיהָ בְּאַף וְרוּחַ זִלְעָפוֹת
וְשַׂמְתִּיהָ לְמָשָׁל וְלִשְׁנִינָה וּלְחֵרָפוֹת
יחזקאל כד שְׁפֹת הַסִּיר שְׁפֹת:

El terror se apoderó de Ṣion y sus atrios,
sus soldados fueron presa del pánico y se derritieron.
Fue devastado su corazón al escuchar el pronunciamiento:
"Reunid los trozos de carne en la olla". *Eze. 24*

A sus enemigos concederé cautivos y despojo,
a sus sacerdotes y perfumeros que elaboraban fragancias,
les daré cautiverio eterno sin posibilidad de liberarse:
"Tomad lo más selecto del rebaño". *Eze. 24*

Te gobernaron y de ti se mofaron, los gobernantes de las naciones,
fuiste conocida como la rechazada por siempre.
Los adversarios hablan en tu contra,
"Oh ciudad ensangrentada". *Eze. 24*

Transgredió y se descarrió,
quebrando el Pacto con el Eterno,
pecó, obró con maldad,
se hundió en el más profundo de los pozos.
Clamó, mas el Eterno no oyó su clamor,
"Porque la sangre derramada estaba dentro suyo".

Dios oyó la voz de los oprimidos de manos de los opresores,
su dolor y su clamor no dejará sin atender.
Les retribuirá siete veces por sus acciones,
"Siete veces caerá el justo y volverá a levantarse". *Prov. 24*

Nos hemos descarriado en nuestra maldad,
oh Dios, grande y maravilloso,
y si aumentaron nuestros pecados,
creció también Tu compasión.
Tuviste misericordia
y casi de inmediato los destruiste con Tu ira.
"Hallé aflicción y dolor, *Sal. 116*
entonces clamé el Nombre del Señor".

יֶהֱמוּ Tu compasión se cierna sobre la pequeña entre las naciones,
fortifícalos con Tu benevolencia ante los ojos de los demás pueblos,
demuéstrales Tus maravillas oh Tú que habitas en las alturas,
Dios, Rey que se sienta sobre el trono de la compasión.

זַלְעָפָה אֲחָזָה צִיּוֹן וְהֵיכָלֶיהָ
חֲרָדָה רוּחָהּ נְמוֹגוּ חֲיָלֶיהָ
טֹרֶף לִבָּהּ עֵת קָרָא אֵלֶיהָ
אֱסֹף נְתָחֶיהָ אֵלֶיהָ: יחזקאל כד

יְרִיבֶיהָ אֲעָנִיק שְׁבִי וּמַלְקוֹחַ
כֹּהֲנֶיהָ וּמְרַקְחֶיהָ אֲשֶׁר רָקְחָה רָקוֹחַ
לְשָׁבֵי עוֹלָם מֵאֵין פְּקַח קוֹחַ
מִבְחַר הַצֹּאן לָקוֹחַ: יחזקאל כד

מְשָׁלוּ בָךְ לְעֵגוּ מוֹשֶׁלֶת עַמִּים
נִקְרֵאת אָז נוֹדַעַת מְאוּסַת עוֹלָמִים
שׁוֹטְנִים יַעֲנוּ בָךְ וְעָלַיִךְ נוֹאֲמִים
הוֹי עִיר הַדָּמִים: יחזקאל כד

עָבְרָה עֶבְרָה, סָרָה, הֵפֵרָה בְּרִית יָהּ
פָּשְׁעָה, רָשְׁעָה, טָבְעָה בְּבוֹר תַּחְתִּיָּה
צָעֲקָה וְלֹא שָׁמַע אֶל בְּכִיָּה
כִּי דָמָהּ בְּתוֹכָהּ הָיָה: יחזקאל כד

קוֹל עֲשׁוּקֶיהָ שְׁמַע מִיַּד עוֹשְׁקָם
רִגְשָׁתָם וְצוֹחָתָם לֹא תָשִׁיב רֵיקָם
שִׁבְעָתַיִם תְּשַׁלֵּם כְּפָעֳלָם אֶל חֵיקָם
שֶׁבַע יִפּוֹל צַדִּיק וָקָם: משלי כד

תָּעִינוּ בְּרִשְׁעֵנוּ, אֵל גָּדוֹל וְנוֹרָא
וְאִם גָּבְרוּ פְשָׁעֵינוּ, חֶמְלָתְךָ גְּבָרָה
רַחֲמֵנוּ וְכִמְעַט קָט כַּלֵּיתָם בְּעֶבְרָה
צָרָה וְיָגוֹן אֶמְצָא וּבְשֵׁם־יְהֹוָה אֶקְרָא: תהלים קטז

יֶהֱמוּ רַחֲמֶיךָ עַל מְעוּטֵי עַמִּים / וְשַׂגְּבֵם בְּחַסְדְּךָ לְעֵינֵי כָל־לְאֻמִּים
פְּלָאֶיךָ הַרְאֵם, צוּר שׁוֹכֵן מְרוֹמִים / אֵל מֶלֶךְ יוֹשֵׁב עַל כִּסֵּא רַחֲמִים.

אֵל אֶרֶךְ Tú eres Dios que demora en enojarse,
y nos has enseñado la senda del arrepentimiento.
Hoy y cada día recuerda la grandeza de Tu misericordia,
para con la simiente de Tus amados.
Dirígete hacia nosotros con compasión,
pues Tú eres el Señor de la Compasión.
Venimos ante Ti con súplicas y plegaria, tal como le diste a saber al humilde (Moshé) en tiempos pretéritos.
Apártate de Tu ira, tal como está escrito en Tu Torá.
Nos resguardaremos y moraremos bajo la sombra de Tus Alas, tal como en el día en el cual el Señor descendió en medio de una nube.
Sé indiferente a la transgresión y borra la culpa, tal como en el día en el cual estuviste parado con él (con Moshé) allí.
Escucha nuestro clamor y presta atención a nuestro decir, como aquel día en que Tú proclamaste en el Nombre del Señor,
y allí está escrito:

וַיַּעֲבֹר Y el Señor pasó ante él (Moshé) y proclamó: *Éx. 34*
Señor, Señor, compasivo y benevolente, tardo en la ira, abundante en generosidad y verdad, prodiga Su benevolencia por miles de generaciones, perdona la iniquidad, la rebelión y el pecado y perdona (a quienes retornan).
(Perdona nuestra iniquidad y nuestra culpa
y tómanos por heredad Tuya.)

שְׁעֵה עֶלְיוֹן Atiende oh Eterno, la voz del menesteroso, y no desprecies su clamor.
Su corazón está amargo,
en el día en que le fue dicho al profeta hijo de Buzí (Ezequiel),
"Escribe para ti la fecha del día, este mismísimo día". *Eze. 24*

Señor de las Huestes, recuerda las vicisitudes,
las cuales me resultan muy dolorosas.
En el mes de Capricornio, los tres se reunieron contra mí.
Entonces sobre los corderos que fueron rechazados cayó la carnicería.
Luego vino, aquél que maldijo Tu Nombre, contra la ciudad de su deleite,
y entonces el guardia del portón, Ezra el sacerdote,
se reunió con su pueblo (falleció).
Todo esto me ocurrió, y muchas cosas de este tipo.
"Escribe para ti la fecha del día, este mismísimo día". *Eze. 24*

אֵל אֶרֶךְ אַפַּיִם אַתָּה / וְדֶרֶךְ תְּשׁוּבָה לָנוּ הוֹרֵיתָ
גְּדֻלַּת רַחֲמֶיךָ וַחֲסָדֶיךָ / תִּזְכֹּר הַיּוֹם לְזֶרַע יְדִידֶיךָ
תֵּפֶן אֵלֵינוּ בְּרַחֲמִים / כִּי אַתָּה הוּא בַּעַל הָרַחֲמִים
בְּתַחֲנוּן וּבִתְפִלָּה נְקַדֵּם / כְּמוֹ שֶׁהוֹדַעְתָּ לֶעָנָו מִקֶּדֶם
וּמֵחֲרוֹן אַפְּךָ תָּשׁוּב / כְּמוֹ בְּתוֹרָתְךָ כָּתוּב
וּבְצֵל כְּנָפֶיךָ נֶחֱסֶה וְנִתְלוֹנָן / כְּיוֹם וַיֵּרֶד יְהֹוָה בֶּעָנָן
תַּעֲבֹר עַל פֶּשַׁע וְתִמְחֹל אָשָׁם / כְּיוֹם וַיִּתְיַצֵּב עִמּוֹ שָׁם
תַּאֲזִין שַׁוְעֵנוּ וְתַקְשִׁיב בְּרָצוֹן מַאֲמָר / כְּיוֹם וַיִּקְרָא בְשֵׁם יְהֹוָה
וְשָׁם נֶאֱמַר:

וַיַּעֲבֹר יְהֹוָה ׀ עַל־פָּנָיו וַיִּקְרָא שמות לד
יְהֹוָה ׀ יְהֹוָה אֵל רַחוּם וְחַנּוּן אֶרֶךְ אַפַּיִם וְרַב־חֶסֶד וֶאֱמֶת:
נֹצֵר חֶסֶד לָאֲלָפִים נֹשֵׂא עָוֹן וָפֶשַׁע וְחַטָּאָה וְנַקֵּה:
(וְסָלַחְתָּ לַעֲוֹנֵנוּ וּלְחַטָּאתֵנוּ וּנְחַלְתָּנוּ:)

שְׁעֵה עֶלְיוֹן / לְקוֹל אֶבְיוֹן / וְשַׁוְעָתוֹ אַל תִּבְזֶה
לְבָבוֹ מַר / בְּיוֹם נֶאֱמַר / לְבֶן בּוּזִי הַחוֹזֶה
יחזקאל כד כְּתָב־לְךָ אֶת־שֵׁם הַיּוֹם / אֶת־עֶצֶם הַיּוֹם הַזֶּה:

יָהּ צְבָאוֹת / זְכֹר תְּלָאוֹת / אֲשֶׁר צַר לִי מְאֹד עֲלֵיהֶן
בְּמַזַּל גְּדִי / הֲלֹא בְעֶדְרִי / נֶאֶסְפוּ שָׁלְשְׁתֵּיהֶן
וּבוֹ שֵׁיּוֹת / הַדְּחוּיוֹת / חָל הַנֶּגֶף בָּהֶן
וּבוֹ סָמַךְ / מְנָאֵץ שִׁמְךָ / עַל קִרְיַת מְשׁוֹשֵׂיהֶן
וּבוֹ נֶאֱסַף / רֹאשׁ הַסָּף / הוּא עֶזְרָא הַכֹּהֵן
כָּל־אֵלֶּה / קְרָאוּנִי / וְרַבּוֹת כָּזֶה וְכָזֶה.
יחזקאל כד כְּתָב־לְךָ אֶת־שֵׁם הַיּוֹם / אֶת־עֶצֶם הַיּוֹם הַזֶּה:

El león (Nabucodonosor) se regocijó en ese día,
y arrojó una flecha hacia mi ciudad.
Se levantó el día décimo, en el mes décimo,
para matar el remanente de la décima tribu,
para destruir cada fruto del racimo y recoger mis más selectas uvas.
Y yo aún amarrado a Asiria que se erige como mi opresor.
Yo soy cercenado, y no sé, por quién llorar, por éste o por aquél.
"Escribe para ti la fecha del día, este mismísimo día". *Eze. 24*

Apoya a Tu pueblo, en el día en que el león acechó a la ciudad sagrada.
Escucha su clamor, borra su transgresión en día décimo del mes.
Renueva el reino por medio de la unción como en los días pretéritos,
y como en un principio, consagra Tu Nombre en nuestro seno,
oh Dios, para Tu gloria.
Azota con el poder de Tu ira a todo enemigo
y atormentador.
Que sean capturados
y destruidos como en el día en que Barak llegó a Kedesh.
Retorna oh Supremo, a la ciudad de Ṣion,
y que podamos verlo con nuestros propios ojos.
Entonces diremos, expresando nuestra alegría: "Ese es nuestro Dios". *Isa. 25*

**יוֹשֵׁב בַּשָּׁמַיִם** Tú que moras en los cielos,
atiende el clamor de quienes son quemados y ahogados.
Apiádate del pueblo que recibió doble castigo por su pecado.
El día en que el enemigo comenzó a sitiar a la que danza con pasión (Israel),
el rey de Babilonia puso sitio sobre Jerusalém. *Eze. 24*

Tú que respondes en la angustia, no desdeñes el sufrimiento del oprimido.
En el día del ayuno del décimo mes contempla nuestra miseria,
en el día en que advertiste por medio de la profecía al profeta hijo de Buzí:
"Escribe para ti la fecha del día, este mismísimo día". *Eze. 24*
Día en el cual el león y el leopardo acecharon en los portones,
el rey de Babilonia puso sitio sobre Jerusalém.

El día en que él sitió el palacio, heredad de esplendor y belleza,
y en él comenzó la matanza entre aquellos que estaban sumidos en el polvo.
En ese día también, Ezra el sacerdote y escriba falleció,
el corazón de los habitantes de Kiriat Sefer se hizo agua,
cuando el rey de Babilonia puso sitio sobre Jerusalém.

*Continúa con las súplicas adicionales en la página 1052.*

אֲרִי עָלַז / בְּיוֹם הַלָּז / וְחֵץ קִלְקֵל לְמוּל עִירִי
וְקָם עֲשִׂירִי / בָּעֲשִׂירִי / לְשַׁחַת כָּל־שְׁאָר הָעֲשִׂירִי
לְאַבֵּד כֹּל / פְּרִי אֶשְׁכֹּל / וְלִלְקֹט עִנְּבֵי נְזִירִי
וְעוֹד קָשׁוּר / אֲנִי לְאַשּׁוּר / אֲשֶׁר נִצַּב עַל צִירִי
אֲנִי נִגְדַּע / וְלֹא אֵדַע / לְמִי אֶבְכֶּה / הֲזֶה אוֹ זֶה.
כְּתָב־לְךָ אֶת־שֵׁם הַיּוֹם / אֶת־עֶצֶם הַיּוֹם הַזֶּה: יחזקאל כד
סָמַךְ עַמְּךָ / בְּיוֹם סָמַךְ / אֲרִי עַל עִיר קֹדֶשׁ
שְׁעֵה שַׁוְעָם / מְחֵה פִשְׁעָם / בְּעָשׂוֹר לַחֹדֶשׁ
וְהַמְּלוּכָה / הַנְּסוּכָה / כִּימֵי קֶדֶם חַדֵּשׁ
וְלִתְהִלָּה / כְּבַתְּחִלָּה / שִׁמְךָ יָהּ בָּנוּ קַדֵּשׁ
וְכָל־שׂוֹנֵא / וּמִתְאַנֶּה / בְּעֹז אַפְּךָ הַדֵּשׁ
וְיִלָּכְדוּ וְיֹאבְדוּ / כְּיוֹם בָּרָק בְּעִיר קֹדֶשׁ
וְשׁוּב עֶלְיוֹן / לְעִיר צִיּוֹן / עַיִן בְּעַיִן נֶחֱזֶה.
וְאָז נֹאמַר / בְּטוּב מַאֲמָר / הִנֵּה אֱלֹהֵינוּ זֶה: ישעיה כה

יוֹשֵׁב בַּשָּׁמַיִם, שְׁעֵה בָּאֵי בָאֵשׁ וּבַמַּיִם
וְחֹן עַל עַם אֲשֶׁר לָקוּ בְחַטֹּאתָם כִּפְלַיִם
בְּיוֹם הֵחֵל צַר לָצוּר מְחוֹלַת מַחֲנַיִם
סָמַךְ מֶלֶךְ־בָּבֶל אֶל־יְרוּשָׁלָםִ: יחזקאל כד
הָעוֹנֶה בְּמֵצַר, עֱנוּת עָנִי אַל תִּבְזֶה
בְּיוֹם צוֹם הָעֲשִׂירִי עֲנוּתֵנוּ תֶּחֱזֶה
יוֹם הַזְהָרַת בְּמַחֲזֶה לְבֶן בּוּזִי הַחוֹזֶה
כְּתָב־לְךָ אֶת־שֵׁם הַיּוֹם, אֶת־עֶצֶם הַיּוֹם הַזֶּה יחזקאל כד
יוֹם בּוֹ שָׁקַד שַׁחַל, וְנָמֵר עַל דְּלָתַיִם
סָמַךְ מֶלֶךְ־בָּבֶל אֶל־יְרוּשָׁלָםִ:
יוֹם סָמְכוּ עַל אַרְמוֹן נַחֲלַת צְבִי וָשֶׁפֶר
וּבוֹ הוּחַל הַנֶּגֶף בְּמַכְפִּישֵׁי בָאֵפֶר
וְגַם בּוֹ נֶאֱסַף עֶזְרָא הַכֹּהֵן הַסּוֹפֵר
וְלֵב מִתָּה קִרְיַת סֵפֶר בּוֹ הָיָה לַמַּיִם
סָמַךְ מֶלֶךְ־בָּבֶל אֶל־יְרוּשָׁלָםִ:

*Continúa con las 'אֵל מֶלֶךְ' en la página 1053.*

# SELIḤOT PARA EL AYUNO DE ESTER

עַל יְדֵי רַחֲמֶיךָ Con Tu gran compasión, perdónanos Padre nuestro,
pues en nuestra gran necedad hemos transgredido involuntariamente,
perdónanos Rey nuestro, pues muchas son nuestras iniquidades.

אֵל אֶרֶךְ Tú eres Dios que demora en enojarse,
y nos has enseñado la senda del arrepentimiento.
Hoy y cada día recuerda la grandeza de Tu misericordia,
para con la simiente de Tus amados.
Dirígete hacia nosotros con compasión,
pues Tú eres el Señor de la Compasión.
Venimos ante Ti con súplicas y plegaria, tal como le diste a saber al humilde (Moshé) en tiempos pretéritos.
Apártate de Tu ira, tal como está escrito en Tu Torá.
Nos resguardaremos y moraremos bajo la sombra de Tus Alas, tal como en el día en el cual el Señor descendió en medio de una nube.
Sé indiferente a la transgresión y borra la culpa, tal como en el día en el cual estuviste parado con él (con Moshé) allí.
Escucha nuestro clamor y presta atención a nuestro decir, como aquel día en que Tú proclamaste en el Nombre del Señor,
y allí está escrito:

וַיַּעֲבֹר Y el Señor pasó ante él (Moshé) y proclamó: *Éx. 34*
Señor, Señor, compasivo y benevolente, tardo en la ira,
abundante en generosidad y verdad, prodiga Su benevolencia
por miles de generaciones, perdona la iniquidad, la rebelión y el
pecado y perdona (a quienes retornan).
(Perdona nuestra iniquidad y nuestra culpa
y tómanos por heredad Tuya.)

אֲגָגִי El agaguita (Hamán), profundizó en su trama,
con la esperanza de destruir y eliminar al pueblo sagrado.
El benjamita (Mordejai), prorrumpió en llanto ante la Roca,
que mora en Sus alturas,
pues el Señor no habrá de abandonar a Su pueblo. *I Sam. 12*

El agaguita creyó que exterminaría y destruiría el remanente de Israel,
hizo el sorteo en este día para cercenarnos,
El benjamita no se levantó ni se movió ante él.
Todo aquél que confía en el Señor es rodeado de benevolencia. *Sal. 32*

# סליחות לתענית אסתר

עַל יְדֵי רַחֲמֶיךָ הָרַבִּים סְלַח לָנוּ אָבִינוּ / כִּי בְרֹב אִוַּלְתֵּנוּ שָׁגִינוּ
מְחַל לָנוּ מַלְכֵּנוּ / כִּי רַבּוּ עֲוֹנֵינוּ

אֵל אֶרֶךְ אַפַּיִם אַתָּה / וְדֶרֶךְ תְּשׁוּבָה לָנוּ הוֹרֵיתָ
גְּדֻלַּת רַחֲמֶיךָ וַחֲסָדֶיךָ / תִּזְכֹּר הַיּוֹם לְזֶרַע יְדִידֶיךָ
תֵּפֶן אֵלֵינוּ בְּרַחֲמִים / כִּי אַתָּה הוּא בַּעַל הָרַחֲמִים
בְּתַחֲנוּן וּבִתְפִלָּה נְקַדֵּם / כְּמוֹ שֶׁהוֹדַעְתָּ לֶעָנָו מִקֶּדֶם
וּמֵחֲרוֹן אַפְּךָ תָּשׁוּב / כְּמוֹ בְּתוֹרָתְךָ כָּתוּב
וּבְצֵל כְּנָפֶיךָ נֶחֱסֶה וְנִתְלוֹנָן / כְּיוֹם וַיֵּרֶד יְהוָה בֶּעָנָן
תַּעֲבֹר עַל פֶּשַׁע וְתִמְחֹל אָשָׁם / כְּיוֹם וַיִּתְיַצֵּב עִמּוֹ שָׁם
תַּאֲזִין שַׁוְעָתֵנוּ וְתַקְשִׁיב מֶנּוּ מַאֲמָר / כְּיוֹם וַיִּקְרָא בְשֵׁם יְהוָה
וְשָׁם נֶאֱמַר:

שמות לד וַיַּעֲבֹר יְהוָה ׀ עַל־פָּנָיו וַיִּקְרָא
יְהוָה ׀ יְהוָה אֵל רַחוּם וְחַנּוּן אֶרֶךְ אַפַּיִם וְרַב־חֶסֶד וֶאֱמֶת:
נֹצֵר חֶסֶד לָאֲלָפִים נֹשֵׂא עָוֺן וָפֶשַׁע וְחַטָּאָה וְנַקֵּה:
(וְסָלַחְתָּ לַעֲוֹנֵנוּ וּלְחַטָּאתֵנוּ וּנְחַלְתָּנוּ:)

אֲגָגִי בְּהֶעֱמִיקוֹ מַחֲשֶׁבֶת זְמָמוֹ
בְּהִוָּסְדוֹ עַל עַם קָדוֹשׁ לְאַבְּדוֹ וּלְהַחֲרִימוֹ
יְמִינִי גָּעָה בִּבְכִיָּה לְצוּר שׁוֹכֵן מְרוֹמוֹ
שמואל א׳ יב כִּי לֹא־יִטֹּשׁ יְהוָה אֶת־עַמּוֹ:
אֲגָגִי דִּמָּה לְכַלּוֹת שְׁאֵרִית יִשְׂרָאֵל וּלְאַבְּדֵנוּ
הִפִּיל פּוּר הוּא הַגּוֹרָל בְּיוֹם זֶה לְגַדְּעֵנוּ.
יְמִינִי וְלֹא קָם וְלֹא זָע מִמֶּנּוּ
תהלים לב וְהַבּוֹטֵחַ בַּיהוָה חֶסֶד יְסוֹבְבֶנּוּ:

Al agaguita, su arrogancia le dio un mal consejo,
se apresuró en pesar diez mil piezas de plata para degollar al cordero disperso.
El benjamita purificó su corazón por medio del ayuno
y la reunión del pueblo.
El SEÑOR es buena fortaleza en momento de desgracia. *Nah. 1*

El agaguita salió contento de la sala de banquetes,
preparó un cadalso para colgar al hombre de fe.

El benjamita vistió gracia
y se apoyó en Aquél cuya vestidura es grandeza,
el Padre de los huérfanos y Juez Protector de las viudas. *Sal. 68*

El agaguita se apresuró en convocar a sus asesores y a su mujer cascarrabias,
"caerás delante suyo" le aconsejaron avergonzándole,

El benjamita transmitió un secreto a Hadasa,
ésta vistió ropajes reales,
y realizó su voto y su prohibición *Núm. 30*
con los cuales se amarró a sí misma.

El agaguita al momento de llegar el agaguita al banquete,
abrió su boca con sabiduría la querida y benevolente (Ester),

El benjamita, con amor, se alegró al ver la caída de Hamán.
Dios (fue) exaltado en medio de numerosos santos. *Sal. 89*

Santo y exaltado en medio de los serafines,
Tu grandeza será cantada por mi fiel congregación,
en Tu salvación deposité mi esperanza, oh SEÑOR,
sean así destruidos todos Tus enemigos oh SEÑOR. *Jue. 5*

יֶהֱמוּ Tu compasión se cierna sobre la pequeña entre las naciones,
fortifícalos con Tu benevolencia ante los ojos de los demás pueblos,
demuéstrales Tus maravillas oh Tú que habitas en las alturas,
Dios, Rey que se sienta sobre el trono de la compasión.

אֲגָגִי זְדוֹנוֹ הִשִּׁיאוֹ בְּעֵצָה נִבְעָרָה
חָשׁ לִשְׁקֹל עֲשֶׂרֶת אֲלָפִים לְאַבֵּד שֶׂה פְזוּרָה
יְמִינִי טִהֵר לִבּוֹ בְּצוֹם וַעֲצָרָה
טוֹב יְהֹוָה לְמָעוֹז בְּיוֹם צָרָה: נחום א

אֲגָגִי יָצָא שָׂמֵחַ מִבֵּית מַעֲדַנּוֹת
כּוֹנֵן עֵץ לִתְלוֹת עָלָיו אִישׁ אֱמוּנוֹת
יְמִינִי לָבַשׁ חֵן וְנִסְמַךְ עַל עוֹטֵה גְאוֹנוֹת
אֲבִי יְתוֹמִים וְדַיַּן אַלְמָנוֹת: תהלים סח

אֲגָגִי מִהַר קָרָא חֲכָמָיו וּמְדִינֵי אִשָּׁה
נָפֹל תִּפֹּל לְפָנָיו יְעָצוּהוּ לְבוּשָׁה
יְמִינִי סוֹד הוֹדִיעַ לַהֲדַסָּה וּמַלְכוּת לָבְשָׁה
וְאֶסָרָהּ אֲשֶׁר אָסְרָה עַל־נַפְשָׁהּ: במדבר ל

אֲגָגִי עֵת בּוֹאוֹ לְמִשְׁתֵּה מְסִבָּה
פִּיהָ פָּתְחָה בְחָכְמָה אֲהוּבָה נְדִיבָה
יְמִינִי צָהַל בִּרְאוֹתוֹ מַפָּלַת הָמָן בְּחִבָּה
אֵל נַעֲרָץ בְּסוֹד־קְדֹשִׁים רַבָּה: תהלים פט

קָדוֹשׁ הַנֶּעֱרָץ בְּסוֹד שַׂרְפֵי מְעוֹנַי
רוֹמְמוּתֶיךָ יִפְצְחוּ עֲדַת אֱמוּנַי
לִישׁוּעָתְךָ קִוִּיתִי יְהֹוָה
כֵּן יֹאבְדוּ כָּל־אוֹיְבֶיךָ יְהֹוָה: שופטים ה

יֶהֱמוּ רַחֲמֶיךָ עַל מְעוּטֵי עַמִּים / וְשַׂגְּבֵם בְּחַסְדְּךָ לְעֵינֵי כָל־לְאֻמִּים
פְּלָאֶיךָ הַרְאֵם, צוּר שׁוֹכֵן מְרוֹמִים / אֵל מֶלֶךְ יוֹשֵׁב עַל כִּסֵּא רַחֲמִים.

אֵל אֶרֶךְ Tú eres Dios que demora en enojarse,
y nos has enseñado la senda del arrepentimiento.
Hoy y cada día recuerda la grandeza de Tu misericordia,
para con la simiente de Tus amados.
Dirígete hacia nosotros con compasión,
pues Tú eres el Señor de la Compasión.
Venimos ante Ti con súplicas y plegaria, tal como le diste a saber al humilde (Moshé) en tiempos pretéritos.
Apártate de Tu ira, tal como está escrito en Tu Torá.
Nos resguardaremos y moraremos bajo la sombra de Tus Alas, tal como en el día en el cual el Señor descendió en medio de una nube.
Sé indiferente a la transgresión y borra la culpa, tal como en el día en el cual estuviste parado con él (con Moshé) allí.
Escucha nuestro clamor y presta atención a nuestro decir, como aquel día en que Tú proclamaste en el Nombre del Señor,
y allí está escrito:

וַיַּעֲבֹר Y el Señor pasó ante él (Moshé) y proclamó: *Éx. 34*
Señor, Señor, compasivo y benevolente, tardo en la ira,
abundante en generosidad y verdad, prodiga Su benevolencia
por miles de generaciones, perdona la iniquidad, la rebelión y el
pecado y perdona (a quienes retornan).
(Perdona nuestra iniquidad y nuestra culpa
y tómanos por heredad Tuya.)

יִחַלְתָּ Diste esperanza a Tus siervos por medio
de las visiones que aparecen en sus escritos,
para que les hagas despertar compasión a ojos de sus captores.
Hablaste a sus corazones para aliviar así sus dolores,
aun al estar ellos en la tierra de sus enemigos. *Lev. 26*

Un león me arrancó de la fecunda viña,
me exilió y me trajo a la tierra de las tinieblas.
Te anticipaste a los cuatro que estudiaron la Torá de la sabiduría,
Daniel, Ḥananiá, Mishael y Azariá.
El primero se salvó de leones y los demás de las llamas,
aun al estar ellos en la tierra de sus enemigos. *Lev. 24*

אֵל אֶרֶךְ אַפַּיִם אַתָּה / וְדֶרֶךְ תְּשׁוּבָה לָנוּ הוֹרֵיתָ
גְּדֻלַּת רַחֲמֶיךָ וַחֲסָדֶיךָ / תִּזְכֹּר הַיּוֹם לְזֶרַע יְדִידֶיךָ
תֵּפֶן אֵלֵינוּ בְּרַחֲמִים / כִּי אַתָּה הוּא בַּעַל הָרַחֲמִים
בְּתַחֲנוּן וּבִתְפִלָּה נְקַדֵּם / כְּמוֹ שֶׁהוֹדַעְתָּ לֶעָנָו מִקֶּדֶם
וּמֵחֲרוֹן אַפְּךָ תָּשׁוּב / כְּמוֹ בְּתוֹרָתְךָ כָּתוּב
וּבְצֵל כְּנָפֶיךָ נֶחֱסֶה וְנִתְלוֹנָן / כְּיוֹם וַיֵּרֶד יְהֹוָה בֶּעָנָן
תַּעֲבֹר עַל פֶּשַׁע וְתִמְחֹל אָשָׁם / כְּיוֹם וַיִּתְיַצֵּב עִמּוֹ שָׁם
תַּאֲזִין שַׁוְעָתֵנוּ וְתַקְשִׁיב מֶנּוּ מַאֲמָר / כְּיוֹם וַיִּקְרָא בְשֵׁם יְהֹוָה
וְשָׁם נֶאֱמַר:

שמות לד וַיַּעֲבֹר יְהֹוָה ׀ עַל־פָּנָיו וַיִּקְרָא
יְהֹוָה ׀ יְהֹוָה אֵל רַחוּם וְחַנּוּן אֶרֶךְ אַפַּיִם וְרַב־חֶסֶד וֶאֱמֶת:
נֹצֵר חֶסֶד לָאֲלָפִים נֹשֵׂא עָוֺן וָפֶשַׁע וְחַטָּאָה וְנַקֵּה:
(וְסָלַחְתָּ לַעֲוֺנֵנוּ וּלְחַטָּאתֵנוּ וּנְחַלְתָּנוּ:)

יִחַלְתָּ עֲבָדֶיךָ בְּחֶזְיוֹנֵי כְּתָבֵיהֶם
לְתִתָּם לְרַחֲמִים לִפְנֵי כָל־שׁוֹבֵיהֶם
וְדִבַּרְתָּ עַל לִבָּם לְרַפֵּאת מַכְאוֹבֵיהֶם
ויקרא כו וְאַף גַּם־זֹאת בִּהְיוֹתָם בְּאֶרֶץ אֹיְבֵיהֶם:

צְמַתַּתְנִי אָז אַרְיֵה מִגֶּפֶן פּוֹרִיָּה
הִגְלַנִי וְהֶעֱלַנִי אֶל אֶרֶץ מַאְפֵּלְיָה
הִקְדַּמְתָּ אַרְבָּעָה הוֹגֵי דַת תּוּשִׁיָּה
דָּנִיֵּאל חֲנַנְיָה מִישָׁאֵל וַעֲזַרְיָה
זֶה נִצַּל מֵאֲרָיוֹת וְאֵלֶּה מִלַּהֲבֵיהֶם
ויקרא כו וְאַף גַּם־זֹאת בִּהְיוֹתָם בְּאֶרֶץ אֹיְבֵיהֶם:

Se apresura el ciervo, y el puerco en medio de la holladura
y las tribulaciones,
mi luz casi que fue extinguida y mi sol cubierto.
Sostuviste la diestra del benjamita y de Hadasa,
y flechas que volaban hacia mí retornaron a sus arqueros,
aun al estar ellos en la tierra de sus enemigos.

El ignorante y malhechor se levantó contra mí en virtud de mis pecados,
su garganta abrió cual jabalí en medio del bosque.
Tú enviaste antes a aquellos que podían restaurar
los portones de la Ley con su batallar,
y ahora me deleito con sus mentes y sus palabras,
aun al estar ellos en la tierra de sus enemigos.

וְאַף Y también, aun esto, al estar ellos en la tierra de sus enemigos no los he de despreciar ni los he de repudiar para exterminarlos, para abolir Mi pacto con ellos, ya que Yo soy el Señor su Dios. Recordaré Mi pacto con Ya'akob, también Mi pacto con Isḥak, y también Mi pacto con Abraham recordaré, y a la tierra recordaré. *Lev. 26*

מִן־הַמֵּצַר Desde la estrechez clamé al Eterno, Él me respondió con amplitud. El Señor está conmigo, no he de temer. ¿Qué puede hacerme un ser humano? El Señor está conmigo. Él es mi Ayuda y yo veré la caída de mis enemigos. Es mejor cobijarse en el Señor que confiar en los nobles. Todos los pueblos me rodearon, pero en el Nombre del Señor los reduciré. Me rodearon, me cercaron, pero en el Nombre del Señor los reduciré. Me rodearon como abejas, sin embargo, serán extinguidos cual espinas en el fuego; en el Nombre del Señor los reduciré. Ellos me empujaron tan fuerte que casi caigo, mas el Señor me ayudó. *Sal. 118*

יְהִירִים En cada generación se alzaron altaneros
y Dios me protegió de ellos,
primero se alzó un león y me dispersó por todos los confines.
Luego llegó un oso afligido por la pérdida de su cachorro
y me vendió a un hombre cruento.
Ellos me empujaron tan fuerte que casi caigo, *Sal. 118*
mas el Señor me ayudó.

חָשׁ הָאַיִל וְהַחֲזִיר בִּמְהוּמָה וּמְבוּסָה
כִּמְעַט אוּרִי קָדַר וּמְאוֹר שִׁמְשִׁי כָּסָה
תָּמְכַת יַד יְמִינִי בִּימֵי יְמִינִי וַהֲדַסָּה
וְחִצִּים אֲשֶׁר דָּרְכוּ לִי, שָׁבוּ בְּלֵב רוֹבֵיהֶם
וְאַף גַּם־זֹאת בִּהְיוֹתָם בְּאֶרֶץ אֹיְבֵיהֶם:

קָם עָלַי בְּפִשְׁעִי, הַנָּבָל הַבַּעַר
גְּרוֹנוֹ עָלַי פָּעַר כַּחֲזִיר בְּתוֹךְ הַיַּעַר
הִקְדַּמְתָּ לִי מְשִׁיבֵי מִלְחֶמֶת דָּת שַׁעַר
וְהִנְנִי מִשְׁתַּעֲשֵׁעַ בְּשִׂכְלָם וּבִנְבִיאֵיהֶם
וְאַף גַּם־זֹאת בִּהְיוֹתָם בְּאֶרֶץ אֹיְבֵיהֶם:

וְאַף גַּם־זֹאת בִּהְיוֹתָם בְּאֶרֶץ אֹיְבֵיהֶם, לֹא־מְאַסְתִּים וְלֹא־גְעַלְתִּים לְכַלֹּתָם, ויקרא כו
לְהָפֵר בְּרִיתִי אִתָּם, כִּי אֲנִי יְהוָה אֱלֹהֵיהֶם: וְזָכַרְתִּי אֶת־בְּרִיתִי יַעֲקוֹב, וְאַף
אֶת־בְּרִיתִי יִצְחָק וְאַף אֶת־בְּרִיתִי אַבְרָהָם אֶזְכֹּר, וְהָאָרֶץ אֶזְכֹּר:

מִן־הַמֵּצַר קָרָאתִי יָּהּ, עָנָנִי בַמֶּרְחָב יָהּ: יְהוָה לִי לֹא אִירָא, מַה־יַּעֲשֶׂה לִי תהלים קיח
אָדָם: יְהוָה לִי בְּעֹזְרָי, וַאֲנִי אֶרְאֶה בְשֹׂנְאָי: טוֹב לַחֲסוֹת בַּיהוָה, מִבְּטֹחַ
בָּאָדָם: טוֹב לַחֲסוֹת בַּיהוָה, מִבְּטֹחַ בִּנְדִיבִים: כָּל־גּוֹיִם סְבָבוּנִי, בְּשֵׁם
יְהוָה כִּי אֲמִילַם: סַבּוּנִי גַם־סְבָבוּנִי, בְּשֵׁם יְהוָה כִּי אֲמִילַם: סַבּוּנִי
כִדְבֹרִים, דֹּעֲכוּ כְּאֵשׁ קוֹצִים, בְּשֵׁם יְהוָה כִּי אֲמִילַם: דַּחֹה דְחִיתַנִי לִנְפֹּל,
וַיהוָה עֲזָרָנִי:

יְהִירִים קָמוּ בְּכָל־דּוֹר וְהָאֱלֹהִים שְׁמָרָנִי
עָלָה אַרְיֵה תְּחִלָּה בְּכָל פְּאוֹת זֵרָנִי
קָם אַחֲרָיו דֹּב שַׁכּוּל וּלְמִזְנָב מִכְרָנִי
דַּחֹה דְחִיתַנִי לִנְפֹּל, וַיהוָה עֲזָרָנִי: תהלים קיח

Entonces, al salir de la esclavitud vino la serpiente a mi camino,
atacó a un pueblo cansado
y extenuado para infundir el temor en su corazón.
Lo cercenaste y heriste, pierna sobre muslo,
en el día en que el humilde (Moshé)
alzó su mano y Él me permitió prevalecer.
Ellos me empujaron tan fuerte que casi caigo, mas el Señor me ayudó.

Al alzarse contra mí Hamán el agaguita para tragarme cual cocodrilo,
redactó en un día un documento acusatorio para exterminarme.
Dios envió desde el cielo un enviado para salvarme,
lo puso a mi lado para que sobreviva, ciñéndome de poder y salvación.
Ellos me empujaron tan fuerte que casi caigo, mas el Señor me ayudó.

Tu Nombre es para mí la torre de mi confianza,
desde que salí al mundo del vientre materno.
Salvaste mi espíritu de la muerte y de la bajeza,
a mis ojos de las lágrimas y a mis pies de tropezar.
En la tierra a la que fui arrojado el Eterno me hizo fecundo.
Ellos me empujaron tan fuerte que casi caigo, mas el Señor me ayudó.

דָּחֹה Ellos me empujaron tan fuerte que casi caigo, mas el Señor me ayudó. *Sal. 118*
Dios es mi fortaleza y mi canto; Él se ha tornado mi salvación. Voces de canto
y salvación resuenan en las tiendas de los justos. "La diestra del Señor ha
realizado proezas. La diestra del Señor es exaltada, la diestra del Señor ha
realizado proezas". No moriré, sino que habré de vivir y relataré lo que Dios
Ha hecho. Dios me ha castigado mas no me ha entregado a la muerte. Abrid
para mí los pórticos de la justicia, para que entre en ellos y agradezca a Dios.
Este es el portal que conduce al Señor, que los justos ingresen por él. Te
agradeceré pues me has respondido y Te tornaste mi salvación. De no haber *Sal. 124*
estado el Señor con nosotros – que Israel lo diga.

אֵיךְ זָרִים ¡Cómo extranjeros, crueles extranjeros, nos rodearon cual abejas!
Cuando Hamán se alzó en ese tiempo para despojarnos como el saqueo de
Shalmán, en su gran maldad,
nos forzó a beber un veneno carente de antídoto.
De no haber estado el Señor de nuestro lado nos habrían tragado vivos. *Sal. 124*

אָז בְּצֵאתִי מִפֶּרֶךְ, בָּא נָחָשׁ עֲלֵי דֶרֶךְ
עַל עֵיף וְיָגֵעַ, לְהָבִיא בְּלִבּוֹ מֹרֶךְ
גָּדַעְתָּ וְהִכִּיתָ אוֹתוֹ שׁוֹק עַל יָרֵךְ
יוֹם הֵרִים יַד עָנוּ, עֲלֵיהֶם הִגְבִּירָנִי
דָּחֹה דְחִיתַנִי לִנְפֹּל, וַיהוָה עֲזָרָנִי:

בְּקוּם הָמָן הָאֲגָגִי כְּתַנִּין לְבַלְּעֵנִי
וְכָתַב שִׂטְנָה עָלַי בְּיוֹם אֶחָד לְגַדְּעֵנִי
שָׁלַח מִשָּׁמַיִם אֵל וַיּוֹשִׁיעֵנִי
לְמִחְיָה הִשְׁאִירָנִי, וְעֹז וָיֶשַׁע אִזְּרָנִי
דָּחֹה דְחִיתַנִי לִנְפֹּל, וַיהוָה עֲזָרָנִי:

שִׁמְךָ מִגְדַּל מִבְטַחִי, אֵל מִבֶּטֶן גֹּחִי
וְחִלַּצְתָּ אֶת רוּחִי מִמָּוֶת וּמִשַּׁחִי
אֶת עֵינִי מִן דִּמְעָה וְאֶת רַגְלִי מִדֶּחִי
וּבְאֶרֶץ מְדוּחַי אֵל אֱלֹהִים הִפְרָנִי
דָּחֹה דְחִיתַנִי לִנְפֹּל, וַיהוָה עֲזָרָנִי:

דָּחֹה דְחִיתַנִי לִנְפֹּל, וַיהוָה עֲזָרָנִי: עָזִּי וְזִמְרָת יָהּ, וַיְהִי־לִי לִישׁוּעָה: קוֹל תהלים קיח
רִנָּה וִישׁוּעָה בְּאָהֳלֵי צַדִּיקִים, יְמִין יְהוָה עֹשָׂה חָיִל: יְמִין יְהוָה רוֹמֵמָה, יְמִין
יְהוָה עֹשָׂה חָיִל: לֹא־אָמוּת כִּי־אֶחְיֶה, וַאֲסַפֵּר מַעֲשֵׂי יָהּ: יַסֹּר יִסְּרַנִּי יָּהּ,
וְלַמָּוֶת לֹא נְתָנָנִי: פִּתְחוּ־לִי שַׁעֲרֵי־צֶדֶק, אָבֹא־בָם אוֹדֶה יָהּ: זֶה־הַשַּׁעַר
לַיהוָה, צַדִּיקִים יָבֹאוּ בוֹ: אוֹדְךָ כִּי עֲנִיתָנִי, וַתְּהִי־לִי לִישׁוּעָה: לוּלֵי יְהוָה תהלים קכד
שֶׁהָיָה לָנוּ, יֹאמַר־נָא יִשְׂרָאֵל:

אֵיךְ זָרִים / אַכְזָרִים / כַּדְּבוֹרִים סְבָבוּנוּ
בְּקוּם הָמָן / בְּזֶה הַזְּמַן / כְּשֹׁד שַׁלְמַן שְׁדָדוּנוּ
בְּרֹב מַעַל / סַף רַעַל / בְּלִי תַעַל הִשְׁקוּנוּ
לוּלֵי יְהוָה שֶׁהָיָה לָנוּ, אֲזַי חַיִּים בְּלָעוּנוּ: תהלים קכד

¡Cómo imaginaron y complotaron en sus corazones y en el de sus hijos,
al planificar destruir a la hija de Israel, una nación!
En su secreto consejo planearon destruirla,
exterminarla y eliminarla por completo,
y entonces entre el horno y el fuego los torrentes de agua me arrastraron.
De no haber estado el Señor de nuestro lado nos habrían tragado vivos.

Se alzó un perseguidor y despertó hacia mí su hostilidad y su odio.
Sancionó un decreto por el cual se exterminaría a la congregación del
Eterno y Su heredad.
La Roca se apiadó, y nos retribuyó benevolentemente mostrando así Su poder,
haciéndole perecer y eliminándole junto a sus hijos,
todos los cuales nos habían oprimido.
De no haber estado el Señor de nuestro lado nos habrían tragado vivos.

El enemigo pensó y en tiempos de angustia realizó un sorteo.
La Roca oyó y entonces retribuyó contra este por su maldad.
El Dios majestuoso, en el mes de Adar demostró Su poder a Su congregación,
matando para siempre y castigando duramente a quien nos había atacado.
De no haber estado el Señor de nuestro lado nos habrían tragado vivos.

לוּלֵי De no haber estado el Señor con nosotros – que Israel lo diga – de no *Sal. 124*
haber estado el Señor de nuestro lado al alzarse los hombres contra nosotros en su furia hacia nosotros nos habrían tragado vivos. Las aguas nos habrían anegado y el torrente arrasado nuestra alma. Las aguas maliciosas nos habrían arrastrado. Bendito sea el Señor que no permitió que seamos presas de sus dientes. Nos liberamos cual ave que huye de la trampa. La trampa se rompió y escapamos. Nuestra ayuda está en el Nombre del Señor, Hacedor de los cielos y la tierra.

Señor escucha, Señor perdona, oye nuestras súplicas y no te demores, en *Sal. 9*
pos de Ti mi Dios, pues Tu Nombre está sobre Tu ciudad y sobre Tu pueblo.
Haznos retornar a Ti Señor y retornaremos, renueva nuestros días como *Lam. 5*
antaño.

*Continuar con súplicas adicionales en la página 1052.*

אֵיךְ דָּמוּ / וְזָמְמוּ / בְּלִבָּם נִינָם יַחַד
בְּמַחֲשָׁבָה / לְהַחֲרִיב בַּת / יִשְׂרָאֵל גּוֹי אֶחָד
בְּסוֹד סוֹדָם / לְהַשְׁמִידָם / לְהַכְחִידָם כְּמוֹ כַחַד
וּבֵין תַּנּוּר / וְכִירַיִם / הַמַּיִם שְׁטָפוּנוּ
לוּלֵי יְהֹוָה שֶׁהָיָה לָנוּ, אֲזַי חַיִּים בְּלָעוּנוּ:

קָם צוֹרֵר / וְלִי עוֹרֵר / אֵיבָתוֹ וְשִׂנְאָתוֹ
וְדַת הֶעֱמִיד / וְקֵץ לַשְׁמִיד / עֲדַת שַׁדַּי וְנַחֲלָתוֹ
וְצוּר חָמַל / וְטוֹב גָּמַל / וְהֶרְאָה אֶת גְּבוּרָתוֹ
לְהַאֲבִידוֹ / לְהַכְחִידוֹ / וּבָנָיו אֲשֶׁר עִנּוּנוּ
לוּלֵי יְהֹוָה שֶׁהָיָה לָנוּ, אֲזַי חַיִּים בְּלָעוּנוּ:

חָשַׁב צַר / בְּעֵת מֵצָר / וְהִפִּיל פּוּר גּוֹרָלוֹ
וְצוּר הִקְשִׁיב / וְאָז הֵשִׁיב / בְּרֹאשׁוֹ אֶת תַּגְמוּלוֹ
וְאֵל נֶאְדָּר / בְּחֹדֶשׁ אֲדָר / עֹז הֶרְאָה לִקְהָלוֹ
בְּמוֹ רֶצַח / עֲדֵי נֶצַח / הִכָּה אֲשֶׁר הִכּוּנוּ
לוּלֵי יְהֹוָה שֶׁהָיָה לָנוּ, אֲזַי חַיִּים בְּלָעוּנוּ:

לוּלֵי יְהֹוָה שֶׁהָיָה לָנוּ, יֹאמַר־נָא יִשְׂרָאֵל: לוּלֵי יְהֹוָה שֶׁהָיָה לָנוּ, בְּקוּם תהלים קכד
עָלֵינוּ אָדָם: אֲזַי חַיִּים בְּלָעוּנוּ, בַּחֲרוֹת אַפָּם בָּנוּ: אֲזַי הַמַּיִם שְׁטָפוּנוּ, נַחְלָה
עָבַר עַל־נַפְשֵׁנוּ: אֲזַי עָבַר עַל־נַפְשֵׁנוּ, הַמַּיִם הַזֵּידוֹנִים: בָּרוּךְ יְהֹוָה, שֶׁלֹּא
נְתָנָנוּ טֶרֶף לְשִׁנֵּיהֶם: נַפְשֵׁנוּ כְּצִפּוֹר נִמְלְטָה מִפַּח יוֹקְשִׁים, הַפַּח נִשְׁבָּר
וַאֲנַחְנוּ נִמְלָטְנוּ: עֶזְרֵנוּ בְּשֵׁם יְהֹוָה, עֹשֵׂה שָׁמַיִם וָאָרֶץ:

אֲדֹנָי שְׁמָעָה, אֲדֹנָי סְלָחָה, אֲדֹנָי הַקְשִׁיבָה וַעֲשֵׂה אַל־תְּאַחַר, לְמַעַנְךָ תהלים ט
אֱלֹהַי, כִּי־שִׁמְךָ נִקְרָא עַל־עִירְךָ וְעַל־עַמֶּךָ: הֲשִׁיבֵנוּ יְהֹוָה אֵלֶיךָ וְנָשׁוּבָה, איכה ה
חַדֵּשׁ יָמֵינוּ כְּקֶדֶם:

*Continuar con súplicas adicionales en la página 1053.*

## SELIḤOT PARA EL 17 DE TAMUZ

וָאָרֶץ שָׁפַל Mi estatura fue arrojada al suelo,
el día en que el malvado imaginó doblegarme.
La alegría de mi corazón se vio
y fui arrojado de la morada en la cual me encontraba en paz.
El duelo y el luto colmaron mis portones,
en el día en el cual murieron mi príncipe y mi noble.
Por ello habré de lamentarme y enlutarme en el cuarto mes.

*Para "Escudo de Abraham".*

En el cuarto mes me rodearon desastres y gemidos,
en su décimo séptimo día me extenué en mi gemir
y no encontré descanso.
Prorrumpí en llanto sobre cada colina desierta, pues en este día
fueron quebradas las Tablas.
Las Tablas me abandonaron
y me vi rodeado de vicisitudes,
se alzó sobre mí la mano del enemigo
y me dispersó por los cuatro confines.
Dirígete a nosotros
y defiende a quienes esperan un final maravilloso,
pues el Señor de las Huestes es nuestro Sol *Sal. 84*
y nuestro Escudo.

*Para "Que revive a los muertos".*

En el cuarto mes me asemejé a quien trata de salir del pantano sin quien pueda ayudarme.
En su décimo séptimo día fui saqueado, devorado y exterminado.
No encontré descanso y mi dolor me acompaña siempre,
porque en este día fue suspendida la ofrenda permanente.
El día en que fue suspendida la ofrenda permanente se alzó mi llanto y se oyó hasta Eglaim, mi lamento fue dos veces más potente que el de Hadadrimón.
Dirígete a nosotros y revive a nuestros durmientes,
Dios que mora en los cielos,
habrás de vivificarnos tras dos días. *Oseas 6*

# סליחות לשבעה עשר בתמוז

פתיחה

וָאֶרֶץ שְׁפַל רוּמִי, יוֹם דִּמָּה רָשָׁע לְהַכְנִיעִי
מְשׂוֹשׂ לִבִּי שָׁבַת וְהִשְׁלַכְתִּי מִבֵּית מַרְגּוֹעִי
אָנוּ וְאֶבְלוּ פְּתָחַי, יוֹם נֶאֱסַף נְדִיבַי וְשׁוֹעִי
לָכֵן אֲקוֹנֵן מִיָּמִים יָמִימָה בַּחֹדֶשׁ הָרְבִיעִי.

לימָגֵן אַבְרָהָם׳

בַּחֹדֶשׁ הָרְבִיעִי אָפְפוּ עָלַי רָעוֹת וַאֲנָחוֹת
בְּשִׁבְעָה עָשָׂר בְּאַנְחָתִי יָגַעְתִּי וְלֹא מָצָאתִי מְנוּחוֹת
גָּעֹה גָּעִיתִי בִּבְכִי וְעַל־כָּל רֹאשׁ קָרְחוֹת
כִּי בְּיוֹם זֶה נִשְׁתַּבְּרוּ הַלֻּחֹת.
הַלֻּחֹת, יְצָאוּנִי, וְסָבְבוּ עָלַי תְּלָאוֹת
וְגָבְרָה יַד צָרַי וְזֵרוּנִי בְּכָל־פֵּאוֹת
סֹב נָא וְהָגֵן מֵיחָלֶיךָ קֵץ פְּלָאוֹת
כִּי שֶׁמֶשׁ וּמָגֵן יְהוָה צְבָאוֹת. תהלים פד

לימְחַיֵּה הַמֵּתִים׳

בַּחֹדֶשׁ הָרְבִיעִי דִּמִּיתִי עֲלוֹת מִטִּיט הַיָּוֵן וְאֵין מַעֲמִיד
בְּשִׁבְעָה עָשָׂר בּוֹ הָיִיתִי לְבִזָּה לְמַאֲכָל וּלְהַשְׁמִיד
וְלֹא מָצָאתִי מָנוֹחַ וּמַכְאוֹבִי נֶגְדִּי תָמִיד
כִּי בוֹ בֻּטַּל הַתָּמִיד.
הַתָּמִיד יוֹם הוּסַר גָּבְרָה יִלְלָתִי כְּיִלְלַת אֶגְלַיִם
וּמִסְפְּדִי גָּדַל כְּמִסְפַּד הֲדַדְרִמּוֹן כִּפְלַיִם
סֹב נָא וְהַחֲיֵה רְדוּמֵינוּ, אֵל שׁוֹכֵן שָׁמַיִם
יְחַיֵּנוּ מִיֹּמָיִם: הושע ו

*Para "El Dios santo"*

En el cuarto mes montó en cólera la Roca y Su ira ardió,
en su décimo séptimo día el pavor se apoderó de mí y me atormentó.
Olvidé las bondades
y mi alma abandonó la paz en la lucha con Seir,
pues en este día fue abierto un boquete en el muro de la ciudad.
En ese día se abrió un boquete en el muro de la ciudad
al alzarse (Roma) Temán y Magdiel,
mi débil mano no halló vigor.
Dirígete a nosotros y santifica al remanente de Ariel,
y ellos consagrarán a la santidad de Ya'akob y al Dios de Israel. *Isa. 29*

*Para "Otorga conocimiento".*

En el cuarto mes acaeció un día de amonestación e ira,
en su décimo séptimo día mi gloria salió al exilio
y mi esplendor fue quitado.
Mi fractura carece de remedio, mi herida está enferma
y mi espíritu está quebrado,
pues en este día Apostomus quemó la Torá.
El día en que fue quemada la Torá sobrevino mi angustia,
y fueron expulsados de la ciudad sagrada mis mayores
y mis ancianos.
Dirígete a nosotros y apiádate por medio de Tu poder
a la congregación de creyentes,
con espíritu de conocimiento y temor al SEÑOR. *Isa. 11*

*Para "Desea el arrepentimiento".*

En el cuarto mes un extraño midió mis desvíos con una vara vengativa,
en su décimo séptimo día mi Santuario fue arrasado
y ese extraño devoró a Ya'akob.
En este día año tras año me nutro de amargura,
pues en él fue colocado un ídolo en el Templo.
En ese día fue colocada en el Templo una abominable
estatua que despertó el celo Divino, y en él fue herido mi
espíritu y mi esperanza desgarrada. Dirígete a nosotros,
cura a los cautivos de Tu pueblo y ámalos benevolentemente.
Haznos retornar a Ti SEÑOR y retornaremos. *Lam. 5*

לְהָאֵל הַקָּדוֹשׁ

בַּחֹדֶשׁ הָרְבִיעִי זַעַם צוּר נָשָׂאתִי, וַחֲמָתוֹ בִּי הִבְעִיר
בְּשִׁבְעָה עָשָׂר בּוֹ חַלְחָלָה אֲחָזַתְנִי וְסַעַר מַסְעִיר
טוּבוֹ נָשִׁיתִי, וַתִּזְנַח מִשָּׁלוֹם נַפְשִׁי בְּתִגְרַת שֵׂעִיר
כִּי בוֹ הָבְקְעָה הָעִיר.
הָעִיר, יוֹם הָבְקְעָה בְּקוּם תֵּימָן וּמַגְדִּיאֵל
וְאָזְלַת יָדִי, וְלֹא מָצְאָה לָאֵל
סֹב נָא וְהַקְדֵּשׁ פְּלֵטַת אֲרִיאֵל
וְהִקְדִּישׁוּ אֶת־קְדוֹשׁ יַעֲקֹב וְאֶת־אֱלֹהֵי יִשְׂרָאֵל: ישעיה כט

לְחוֹנֵן הַדָּעַת

בַּחֹדֶשׁ הָרְבִיעִי יוֹם הוֹ הוֹ, יוֹם תּוֹכֵחָה וְעֶבְרָה
בְּשִׁבְעָה עָשָׂר בּוֹ כְּבוֹדִי גָּלָה וְתִפְאַרְתִּי הוּסָרָה
לְשִׁבְרִי אֵין כֵּהָה, וּמַכָּתִי נַחְלָה וְרוּחִי נִשְׁבָּרָה
כִּי בוֹ שָׂרַף אַפּוֹסְטְמוֹס אֶת הַתּוֹרָה.
הַתּוֹרָה, יוֹם נִשְׂרְפָה חִדְּשׁוּ עָלַי יְגוֹנַי
וְשָׁבְתוּ מֵעִיר קֹדֶשׁ יְשִׁישַׁי וּזְקֵנַי
סֹב נָא וְחֹן בְּעֻזְּךָ עֲדַת אֱמוּנַי
רוּחַ דַּעַת וְיִרְאַת יְהוָה: ישעיה יא

לְהָרוֹצֶה בִּתְשׁוּבָה

בַּחֹדֶשׁ הָרְבִיעִי מְעוּתִי מָרַד זָר בְּסַאסְּאָה וּבָהּ כָּל
בְּשִׁבְעָה עָשָׂר בּוֹ נְוֵי הֵשַׁם זָר וְאֶת יַעֲקֹב אָכָל
סְפוּת שָׁנָה בְּשָׁנָה בְּיוֹם זֶה מַמְרוֹר אוֹכֵל
כִּי בוֹ הֶעֱמַד צֶלֶם בַּהֵיכָל.
בַּהֵיכָל, יוֹם הֶעֱמַד פֶּסֶל קִנְאָה וְתוֹעֵבָה
וּבוֹ חֻבְּלָה רוּחִי וְתוֹחַלְתִּי נִכְזָבָה
סֹב נָא, וְרַפֵּא מְשׁוּבַת עַמְּךָ, וְתֹאהֲבֵם נְדָבָה
הֲשִׁיבֵנוּ יְהוָה אֵלֶיךָ וְנָשׁוּבָה: איכה ה

עַל יְדֵי רַחֲמֶיךָ Con Tu gran compasión, perdónanos Padre nuestro,
pues en nuestra gran necedad hemos transgredido involuntariamente,
perdónanos Rey nuestro, pues muchas son nuestras iniquidades.

אֵל אֶרֶךְ Tú eres Dios que demora en enojarse,
y nos has enseñado la senda del arrepentimiento.
Hoy y cada día recuerda la grandeza de Tu misericordia,
para con la simiente de Tus amados.
Dirígete hacia nosotros con compasión,
pues Tú eres el Señor de la Compasión.
Venimos ante Ti con súplicas y plegaria, tal como le diste a saber al humilde (Moshé) en tiempos pretéritos.
Apártate de Tu ira, tal como está escrito en Tu Torá.
Nos resguardaremos y moraremos bajo la sombra de Tus Alas, tal como en el día en el cual el Señor descendió en medio de una nube.
Sé indiferente a la transgresión y borra la culpa, tal como en el día en el cual estuviste parado con él (con Moshé) allí.
Escucha nuestro clamor y presta atención a nuestro decir, como aquel día en que Tú proclamaste en el Nombre del Señor,
y allí está escrito:

וַיַּעֲבֹר Y el Señor pasó ante él (Moshé) y proclamó: *Éx. 34*
Señor, Señor, compasivo y benevolente, tardo en la ira,
abundante en generosidad y verdad, prodiga Su benevolencia
por miles de generaciones, perdona la iniquidad, la rebelión y el
pecado y perdona (a quienes retornan).
(Perdona nuestra iniquidad y nuestra culpa
y tómanos por heredad Tuya.)

אֲזַי בִּבְגְדִי Entonces, cuando traicioné las palabras de mi Dios
que mora en las alturas,
cuando mi iniquidad se esparció el yugo de mi opresor
se me hizo más pesado.
Mi enemigo prevaleció al agobiarme con su golpe,
Su ira me devastó al detestarme.

Abandoné Sus caminos los cuales me ordenó,
por ello se despertaron contra mí Su enojo, ira y furia.
Su ira vertió sobre mí y me disparó Sus flechas
poniéndome a mí como el blanco de estas.

עַל יְדֵי רַחֲמֶיךָ הָרַבִּים סְלַח לָנוּ אָבִינוּ / כִּי בְרֹב אִוַּלְתֵּנוּ שָׁגִינוּ
מְחֹל לָנוּ מַלְכֵּנוּ / כִּי רַבּוּ עֲוֹנֵינוּ

אֵל אֶרֶךְ אַפַּיִם אַתָּה / וְדֶרֶךְ תְּשׁוּבָה לָנוּ הוֹרֵיתָ
גְּדֻלַּת רַחֲמֶיךָ וַחֲסָדֶיךָ / תִּזְכֹּר הַיּוֹם לְזֶרַע יְדִידֶיךָ
תֵּפֶן אֵלֵינוּ בְּרַחֲמִים / כִּי אַתָּה הוּא בַּעַל הָרַחֲמִים
בְּתַחֲנוּן וּבִתְפִלָּה נְקַדֵּם / כְּמוֹ שֶׁהוֹדַעְתָּ לֶעָנָו מִקֶּדֶם
וּמֵחֲרוֹן אַפְּךָ תָּשׁוּב / כְּמוֹ בְּתוֹרָתְךָ כָּתוּב
וּבְצֵל כְּנָפֶיךָ נֶחְסֶה וְנִתְלוֹנָן / כְּיוֹם וַיֵּרֶד יְהֹוָה בֶּעָנָן
תַּעֲבֹר עַל פֶּשַׁע וְתִמְחֹל אָשָׁם / כְּיוֹם וַיִּתְיַצֵּב עִמּוֹ שָׁם
תַּאֲזִין שַׁוְעָתֵנוּ וְתַקְשִׁיב מֶנּוּ מַאֲמָר / כְּיוֹם וַיִּקְרָא בְשֵׁם יְהֹוָה
וְשָׁם נֶאֱמַר:

וַיַּעֲבֹ֨ר יְהֹוָ֥ה ׀ עַל־פָּנָיו֮ וַיִּקְרָא֒ שמות לד
יְהֹוָ֣ה ׀ יְהֹוָ֔ה אֵ֥ל רַח֖וּם וְחַנּ֑וּן אֶ֥רֶךְ אַפַּ֖יִם וְרַב־חֶ֥סֶד וֶאֱמֶֽת:
נֹצֵ֥ר חֶ֨סֶד֙ לָאֲלָפִ֔ים נֹשֵׂ֥א עָוֺ֛ן וָפֶ֖שַׁע וְחַטָּאָ֑ה וְנַקֵּ֕ה:
(וְסָלַחְתָּ לַעֲוֹנֵנוּ וּלְחַטָּאתֵנוּ וּנְחַלְתָּנוּ:)

אֲזַי בְּבָגְדִי אִמְרֵי דָר מְעוֹנִי
בְּהִשְׂתָּרֵג עֲוֹנִי הִכְבִּיד עָלַי מוֹנִי
גָּבַר עָלַי זָר, בְּמַהֲלוּם לְהַלְמֵנִי
אַפּוֹ טָרַף וַיִּשְׂטְמֵנִי.

דְּרָכָיו זָנַחְתִּי אֲשֶׁר לִי הוֹרָה
הֵן עַל כֵּן הֵעִיר בִּי אַף וָזַעַם וְעֶבְרָה
זַעְמוֹ בִּי הֵרִיק וְחִצָּיו בִּי יָרָה
וַיְקִימֵנִי לוֹ לְמַטָּרָה.

En este día me acontecieron cinco desgracias,
mi tribu fue asolada y abandonada a la destrucción.
Mi alma está exhausta y agotada,
estaba aterrorizado al escuchar, horrorizado al ver.

Todo esto al recordarlo me hace gemir,
me envió llamas que hacen arder mi corazón y mi alma.
Un amargo lamento habré de prolongar y alejaré las alegrías,
pues en este día fueron quebradas las Tablas.

El enemigo se reunió contra mí y sus multitudes contra mí envió,
me rodearon cual agua y me ahogué sin tener quien me rescate.
Por ello habré de aullar con mi propia boca y en mi lamento insistiré,
porque en este día fue suspendida la ofrenda permanente.

Quienes me rasgaron rugieron, con el rugir de aguas torrentosas.
Me sepultaron vivo en un pozo y me destinaron para ser carroña.
Llamó a una reunión de fuerzas que diezmaron mis multitudes,
pues en este día fue colocado un ídolo en el Templo.

El enemigo puso sitio a la populosa ciudad, y forzó sus portones.
Dejó mi viña asolada en un día de ira y furia.
El enemigo vio su deseo satisfecho y su brazo poderoso prevaleció,
porque en este día Apostomus quemó la Torá.

Los malvados clavaron sus dientes en el día en que se despertó
sobre mí la furia del Señor.
El obstinado enemigo no tuvo piedad ni del anciano ni del joven.
Se encendió Su furia sobre mí y Sus flamas me hicieron arder,
pues en este día fue abierto un boquete en el muro de la ciudad.

Ten compasión Señor y háblale a los corazones angustiados,
en el décimo séptimo día del mes se encuentran contrariados.
Oh Dios, haz llegar a ellos Tu gran compasión desde las alturas.
Dios, Rey que se sienta sobre el trono de la compasión.

חָֽלְפוּ עָלַי בְּיוֹם זֶה חָמֵשׁ תְּלָאוֹת
טָֽרְפוּ חַיָּתִי וַיְשִׂימוּנִי לְמַשּׁוּאוֹת
יָֽגְעָה נַפְשִׁי יָגוֹעַ וְהַלָּאוֹת
נַעֲוֵיתִי מִשְּׁמֹעַ נִבְהַלְתִּי מֵרְאוֹת.

כָּל־אֵלֶּה בְּזָכְרִי יְעוֹרְרוּנִי אֲנָחוֹת
לֶהָבָה הֶשִׁיקַתְנִי, מְלַהֶטֶת כֶּסֶל וְטוּחוֹת
מִסְפֵּד מַר אַגְדִּיל וְאַרְחִיק שְׂמָחוֹת
כִּי בְּיוֹם זֶה נִשְׁתַּבְּרוּ הַלּוּחוֹת.

נוֹעַד עָלַי זָר וַהֲמוֹנָיו הִצְמִיד
סַבּוּנִי כַמַּיִם וְטָבַעְתִּי וְאֵין מַעֲמִיד
עַל כֵּן אֲיֵלִיל בְּמוֹ פִי וְנֶהִי אַתְמִיד
כִּי בְּיוֹם זֶה בֻּטַּל הַתָּמִיד.

פּוֹשְׁחֵי הָמוּ כַּהֲמוֹת זֶרֶם מִיכַל
צָֽמְתוּ בַּבּוֹר חַיַּי וַיִּתְּנוּנִי לְמַאֲכָל
קָֽרָא עָלַי מוֹעֵד, וַהֲמוֹנַי שָׁכוֹל שִׁכַּל
כִּי בְּיוֹם זֶה הָֽעֳמַד צֶלֶם בַּהֵיכָל.

רַבָּֽתִי עָם זָר הֵצַר, וּפְתָחֶיהָ פֵּֽתַח הֶעֱרָה
שָׁת גַּפְנִי לְשַׁמָּה בְּיוֹם זַֽעַם וְעֶבְרָה
תַּאֲוָתוֹ רָאָה זָר וְיָדוֹ בְּעֹז גָּֽבְרָה
כִּי בְּיוֹם זֶה שָׂרַף אַפּוֹסְטְמוֹס אֶת הַתּוֹרָה.

חָֽרְקוּ שֵׁן רְשָׁעִים בְּיוֹם אַף יְהוָה בִּי הֵעִיר
לֹא חָמַל זָר וְעִקֵּשׁ עַל יָשִׁישׁ וְצָעִיר
אַפּוֹ בִּי חָרָה וּרְשָׁפָיו בִּי הִבְעִיר
כִּי בְּיוֹם זֶה הָבְקְעָה הָעִיר.

רַחֵם יְהוָה וְדַבֵּר עַל לֵב עֲגוּמִים
בְּשִׁבְעָה עָשָׂר לַחֹדֶשׁ יוֹשְׁבִים מִשְׁתּוֹמְמִים
יָהּ, גַּלְגֵּל עֲלֵיהֶם הֲמוֹן רַחֲמֶיךָ מִמְּרוֹמִים
אֵל מֶלֶךְ יוֹשֵׁב עַל כִּסֵּא רַחֲמִים.

אֵל אֶרֶךְ Tú eres Dios que demora en enojarse,
y nos has enseñado la senda del arrepentimiento.
Hoy y cada día recuerda la grandeza de Tu misericordia,
para con la simiente de Tus amados.
Dirígete hacia nosotros con compasión,
pues Tú eres el Señor de la Compasión.
Venimos ante Ti con súplicas y plegaria, tal como le diste a saber al humilde (Moshé) en tiempos pretéritos.
Apártate de Tu ira, tal como está escrito en Tu Torá.
Nos resguardaremos y moraremos bajo la sombra de Tus Alas, tal como en el día en el cual el Señor descendió en medio de una nube.
Sé indiferente a la transgresión y borra la culpa, tal como en el día en el cual estuviste parado con él (con Moshé) allí.
Escucha nuestro clamor y presta atención a nuestro decir, como aquel día en que Tú proclamaste en el Nombre del Señor,
y allí está escrito:

וַיַּעֲבֹר Y el Señor pasó ante él (Moshé) y proclamó: *Éx. 34*
Señor, Señor, compasivo y benevolente, tardo en la ira, abundante en generosidad y verdad, prodiga Su benevolencia por miles de generaciones, perdona la iniquidad, la rebelión y el pecado y perdona (a quienes retornan).
(Perdona nuestra iniquidad y nuestra culpa
y tómanos por heredad Tuya.)

שְׁעֵה נֶאְסָר Atiende a este prisionero fue entregado a manos de Babilonia
y al príncipe de la ciudad.
A Ti ha estado clamando todos estos años suplicando como un hijo pequeño.
Ante Ti, oh Roca, con el corazón detenido el murmullo de sus entrañas se oirá cual tormenta.
En el día en el que prevaleció el enemigo
y se abrió un boquete en la muralla de la ciudad.

Es así como me prosterno y bato mis palmas
en el día en el que cinco desgracias me ocurrieron.
Cuando por causa del becerro de oro las Tablas me abandonaron.
Y el enemigo conquistó la fortaleza y me llevó al cautiverio,
anuló la ofrenda permanente y por su obra fui encarcelado.
Un ídolo fue colocado en el Templo y el enemigo prendió fuego a Tu ley.
En el día en el que prevaleció el enemigo
y se abrió un boquete en la muralla de la ciudad.

אֵל אֶרֶךְ אַפַּיִם אַתָּה / וְדֶרֶךְ תְּשׁוּבָה לָנוּ הוֹרֵיתָ
גְּדֻלַּת רַחֲמֶיךָ וַחֲסָדֶיךָ / תִּזְכֹּר הַיּוֹם לְזֶרַע יְדִידֶיךָ
תֵּפֶן אֵלֵינוּ בְּרַחֲמִים / כִּי אַתָּה הוּא בַּעַל הָרַחֲמִים
בְּתַחֲנוּן וּבִתְפִלָּה נְקַדֵּם / כְּמוֹ שֶׁהוֹדַעְתָּ לֶעָנָו מִקֶּדֶם
וּמֵחֲרוֹן אַפְּךָ תָּשׁוּב / כְּמוֹ בְּתוֹרָתְךָ כָּתוּב
וּבְצֵל כְּנָפֶיךָ נֶחֱסֶה וְנִתְלוֹנָן / כְּיוֹם וַיֵּרֶד יְהוָה בֶּעָנָן
תַּעֲבֹר עַל פֶּשַׁע וְתִמְחֹל אָשָׁם / כְּיוֹם וַיִּתְיַצֵּב עִמּוֹ שָׁם
תַּאֲזִין שַׁוְעָתֵנוּ וְתַקְשִׁיב מֶנּוּ מַאֲמָר / כְּיוֹם וַיִּקְרָא בְשֵׁם יְהוָה
וְשָׁם נֶאֱמַר:

שמות לד וַיַּעֲבֹר יְהוָה עַל־פָּנָיו וַיִּקְרָא
יְהוָה יְהוָה אֵל רַחוּם וְחַנּוּן אֶרֶךְ אַפַּיִם וְרַב־חֶסֶד וֶאֱמֶת:
נֹצֵר חֶסֶד לָאֲלָפִים נֹשֵׂא עָוֹן וָפֶשַׁע וְחַטָּאָה וְנַקֵּה:
(וְסָלַחְתָּ לַעֲוֹנֵנוּ וּלְחַטָּאתֵנוּ וּנְחַלְתָּנוּ:)

שְׁעֵה נֶאֱסָר / אֲשֶׁר נִמְסָר / בְּיַד בָּבֶל וְשַׂר הָעִיר
לְךָ יֶהֱמֶה / זֶה כַּמֶּה / וְיִתְחַנֵּן כְּבֵן צָעִיר
מוּלְךָ צוּר / בְּלֵב עָצוּר / הֵמִית מֵעָיו יַסְעִיר
יוֹם גָּבַר הָאוֹיֵב וַתִּבָּקַע הָעִיר.

לְזֹאת אֶכַּף / וְאֶסְפֹּק כַּף / בְּיוֹם חָמֵשׁ קְרָאוּנִי
וְעַל רֶגֶל / הָעֵגֶל / הַלּוּחוֹת יְצָאוּנִי
וְלָכַד זָר / הַמִּבְצָר / וּבְמַסְגֵּר הֱבִיאָנִי
וְגַם הִשְׁמִיד / הַתָּמִיד / וּמַעֲשׂוֹתוֹ כְּלָאָנִי
וְהוּשַׂם אֱלִיל / בְּהֵיכָל כָּלִיל / וְדָתְךָ זָר בָּאֵשׁ הִבְעִיר
יוֹם גָּבַר הָאוֹיֵב וַתִּבָּקַע הָעִיר.

Tiemblo intensamente y me horrorizo en el día en que Dios me ha expuesto,
y la serpiente del norte me enjuagó cual espiga,
llevándome de la tierra esplendorosa al exilio.
En el día en que se apagó la luminaria de Sheshaj (Babilonia)
y me entregó a manos persas. Me devoró,
me aturdió, y por ello habré de entonar un poema luctuoso.
En el día en el que prevaleció el enemigo
y se abrió un boquete en la muralla de la ciudad.

Acaso por siempre, mi Fortaleza, ¿Tu furia arderá?
Repara mi boquete, por medio del hijo de Pereṣ,
corta la rosa de entre las espinas.
Abre un ojo, acepta mi plegaria como si fuera un magnífico sebo.
Construye Tu Santuario, devuélvenos a nuestros dominios,
al Carmel y al Bashán.
Juzga a un pueblo sin palabras,
y entonces habrá de pagar el que cometió el daño y el que hizo arder el fuego.
En el día en el que prevaleció el enemigo
y se abrió un boquete en la muralla de la ciudad.

אֱלֹהֵי Dios de nuestra salvación, escucha nuestra plegaria,
y contempla nuestra desolación
y lo prolongado de nuestro exilio.
Año tras año al recordar nuestra angustia,
en el día en que cinco cosas acaecieron a nuestros ancestros.

Por favor, Dios de los Espíritus que conoce los secretos mejor guardados,
escucha a las ovejas abandonadas dispersas por los cuatro confines.
Año tras año en este tiempo gimen,
en el día en que por nuestros pecados las Tablas fueron quebradas.
En este día, todos nuestros años lloraremos amargamente,
en el día en que cinco cosas acaecieron a nuestros ancestros.

Rescátanos del pantano en el que estamos hundidos
sin tener quien nos levante,
abandonaste a Tu rebaño para que sea devorado,
saqueado y exterminado.
Año tras año en este día la tristeza nos embarga,
en el día en que el enemigo prevaleció
y fue suspendida la ofrenda permanente,
por causa de nuestras numerosas iniquidades y pecados,
en el día en que cinco cosas acaecieron a nuestros ancestros.

מְאֹד אֶתְחַל / וְאֶתְחַלְחַל / בְּיוֹם שַׁדַּי חֲשָׂפָנִי
וְהִשְׁפִּיפוֹן / מִצָּפוֹן / כְּשִׁבֹּלֶת שְׁטָפָנִי
וְנָהַג שְׁבִי / אֶרֶץ צְבִי / וְגַם כַּדּוּר צְנָפָנִי
יוֹם חָשַׁךְ / מְאוֹר שֵׁשַׁךְ / לְיַד פָּרַס דְּחָפָנִי
אֲכָלָנִי / הֲמָמָנִי / וְקִינָה עָלַי זֹאת אָעִיר
יוֹם גָּבַר הָאוֹיֵב וַתִּבָּקַע הָעִיר.

הֲלָעַד בִּי / מִשְׂגַּבִּי / הֲלָעַד אַפְּךָ יֶעְשַׁן
גְּדֹר פִּרְצִי / בְּבֶן פַּרְצִי / וּמֵחֵדֶק לְקֹט שׁוֹשָׁן
עֵין פְּקַח / תְּפִלָּתִי קַח / כְּמוֹ חֵלֶב הַמְּדֻשָּׁן
בְּנֵה בֵּית זְבוּל / וְהָשֵׁב גְּבוּל / הַכַּרְמֶל וְהַבָּשָׁן
שְׁפֹט אֵלֶם / וְאָז יְשַׁלֵּם / הַמַּבְעֶה וְהַמַּבְעִיר

אֱלֹהֵי יְשׁוּעָתֵנוּ, שְׁעֵה שַׁוְעָתֵנוּ
וּרְאֵה שׁוֹמְמוּתֵנוּ וְאֹרֶךְ גָּלוּתֵנוּ
מִדֵּי שָׁנָה בְּשָׁנָה בְּזָכְרֵנוּ עֲוֹנוֹתֵינוּ
בְּיוֹם חֲמִשָּׁה דְבָרִים אֵרְעוּ אֶת אֲבוֹתֵינוּ.

נָא אֱלֹהֵי הָרוּחוֹת וּבוֹחֵן סִתְרֵי טוּחוֹת
שְׁעֵה שֵׂיוֹת נִדָּחוֹת נְפוּצוֹת בְּאַרְבַּע רוּחוֹת
מִדֵּי שָׁנָה בְּשָׁנָה בִּזְמַן זֶה נֶאֱנָחוֹת
בְּיוֹם עֵקֶב מַדּוּחוֹת נִשְׁתַּבְּרוּ הַלּוּחוֹת
וּבוֹ כָּל־יְמֵי שְׁנוֹתֵינוּ נְמָרֵר עַל יְגוֹנֵנוּ.
בְּיוֹם חֲמִשָּׁה דְבָרִים אֵרְעוּ אֶת אֲבוֹתֵינוּ.

דְּלֵה מֵטִיט הַיָּוֵן טְבוּעִים בּוֹ וְאֵין מַעֲמִיד
עֵדֶר תַּתָּה לְמַאֲכָל לְבִזָּה וּלְהַשְׁמִיד
מִדֵּי שָׁנָה בְּשָׁנָה בְּיוֹם זֶה עֶצֶב מַצְמִיד
יוֹם בּוֹ יַד זָר הֶאֱמִיר וּבוֹ בֻּטַּל הַתָּמִיד
עַל רֹב עֲוֹנוֹתֵינוּ וְעֹצֶם חַטֹּאתֵינוּ.
בְּיוֹם חֲמִשָּׁה דְבָרִים אֵרְעוּ אֶת אֲבוֹתֵינוּ.

Dios, Tú que eres Todopoderoso,
líbranos de la tristeza de la muerte,
de manos del obstinado necio que devoró el remanente de Ya'akob.
Año tras año en este día comeré Maror,
nuestras lágrimas correrán por todo cuanto nos acaeció,
en el día en que cinco cosas acaecieron a nuestros ancestros.

¡Cuán terrible es nuestra desolación,
por haber perdido nuestro temor!
Tú que eres luz recubierta de luz,
harás de mi retribución una lección para todos.
Año tras año en este día reflexionaré con llanto doliente,
porque Apostomus quemó la Torá.
Por ello estamos tumbados
y avergonzados por el saqueo de nuestra Casa esplendorosa,
en el día en que cinco cosas acaecieron a nuestros ancestros.

Compasivo, expiarás la iniquidad y no encenderás toda Tu ira,
rescata rápidamente a Tu rebaño tierno
y disperso de manos de Se'ir.
Año tras año el pálpito de sus entrañas se intensificará,
en el día en que los enemigos prevalecieron
y se abrió un boquete en el muro de la ciudad.
Fuimos el escarnio y la vergüenza de todos quienes nos rodean,
en el día en que cinco cosas acaecieron a nuestros ancestros.

Misericordioso, en Tu compasión retorna a Ṣion la miserable.
Trae prontamente la mujer triste el consuelo que fue escrito,
Entonces vendremos a Ti con cánticos,
cuando reconstruyas a la ruinosa,
cuando devuelvas a nuestros dispersos y liberes a nuestros cautivos,
cuando devuelvas a nuestros dispersos y liberes a nuestros cautivos.

*Continuar con "Dios, Rey" en la página siguiente.*

יָהּ אֲשֶׁר הַכֹּל יוּכַל, פְּדֵה מִשְּׁכוֹל שָׁכָל
מִיַּד עִקֵּשׁ וְסָכָל וּשְׁאָר יַעֲקֹב אָכָל
מִדֵּי שָׁנָה בְּשָׁנָה בְּיוֹם זֶה מַמְרוֹר אֹכַל
בְּהַעֲמִיד זָר לְמוּלִי בּוֹ צֶלֶם בַּהֵיכָל
עַל כָּל־קוֹרוֹתֵינוּ יִזְּלוּ דִּמְעוֹתֵינוּ.
בְּיוֹם חֲמִשָּׁה דְבָרִים אֵרְעוּ אֶת אֲבוֹתֵינוּ.

שִׁבְרֵנוּ מַה נּוֹרָא, כִּי סַרְנוּ מִמּוֹרָא
נָאוֹר עוֹטֶה אוֹרָה גְּמוּלֵי לַכֹּל־הוֹרָה
מִדֵּי שָׁנָה בְּשָׁנָה נְהִי בְּיוֹם זֶה אֶחְקֳרָה
יַעַן כִּי בוֹ שָׂרַף אַפּוֹסְטְמוֹס אֶת הַתּוֹרָה.
לְזֹאת נִשְׁכְּבָה בְּבָשְׁתֵּנוּ לְשׁוֹד בֵּית תִּפְאַרְתֵּנוּ.
בְּיוֹם חֲמִשָּׁה דְבָרִים אֵרְעוּ אֶת אֲבוֹתֵינוּ.

רַחוּם יְכַפֵּר עָוֹן וְכָל־חֲמָתוֹ לֹא יָעִיר
פְּדֵה חִישׁ מִידֵי שֵׂעִיר פְּזוּרֵי הַצֹּאן וְצָעִיר
מִדֵּי שָׁנָה בְּשָׁנָה הֵמִית מֵעַי יַסְעִיר
יוֹם גָּבְרוּ הַזֵּדִים וַתִּבָּקַע הָעִיר
כִּי הָיִינוּ לְלַעַג וָקֶלֶס לִסְבִיבוֹתֵינוּ.
בְּיוֹם חֲמִשָּׁה דְבָרִים אֵרְעוּ אֶת אֲבוֹתֵינוּ.

רַחְמָן, בְּרַחֲמִים שׁוּבָה אֶל צִיּוֹן הָעֲלוּבָה
וְחִישׁ נָא לְאִשָּׁה עֲצוּבָה נֶחָמָה הַכְּתוּבָה
וְאָז שִׁירָה נְנוּבָה בִּבְנוֹתְךָ הַחֲרֵבָה
בְּקִבּוּץ נְפוּצוֹתֵינוּ וּבְשׁוּבְךָ אֶת שְׁבוּתֵנוּ.
בְּקִבּוּץ נְפוּצוֹתֵינוּ וּבְשׁוּבְךָ אֶת שְׁבוּתֵנוּ.

*Continuar con 'אֵל מֶלֶךְ' en la página siguiente.*

# SÚPLICAS ADICIONALES PARA LOS CUATRO AYUNOS PÚBLICOS

*Continuar aquí en el ayuno de Guedalia, el 10 de Tebet, el ayuno de Ester y el 17 de Tamuz.*

אֵל מֶלֶךְ Dios, Rey que se sienta sobre el trono de la compasión y actúa con benevolencia. Perdona las iniquidades de Su pueblo haciéndolos pasar ante Él en orden. Es abundante en perdón para con los pecadores y los trasgresores. Hace justicia con toda carne y espíritu, no retribuyéndoles de acuerdo con sus malas acciones. Dios, Tú nos enseñaste a recitar los trece atributos, recuerda hoy para nosotros el pacto de los trece atributos, tal como en tiempos pretéritos revelaste al humilde (Moshé), como está escrito:

Y el Señor descendió en una nube y se paró allí junto a él, *Éx. 34*
y proclamó el Nombre del Señor:
Y el Señor pasó ante él (Moshé) y proclamó:
יְהֹוָה Señor, Señor, compasivo y benevolente, tardo en la ira,
abundante en generosidad y verdad,
prodiga Su benevolencia por miles de generaciones,
perdona la iniquidad,
la rebelión y el pecado y perdona (a quienes retornan).
(Perdona nuestra iniquidad y nuestra culpa
y tómanos por heredad Tuya.)

Dios, sea vengada la sangre de Tus siervos.
No dejes volver con sus manos vacías a quienes ante Ti claman.
Y no olvides el día de la muerte de Guedaliá ben Ajikám.
Retribuye a nuestros enemigos siete veces por sus malas acciones.

Tú has dicho: "Yo soy aquel que hace que haya sordos y mudos.
Reclamaré la sangre de la paloma silenciosa
y no he de pasarla por alto.
Me vengaré de mis enemigos
y daré su merecido a quienes me odian".
Que quienes odian a mi pueblo y a mi casa reciban su parte en el castigo.
Retribuye a nuestros enemigos siete veces por sus malas acciones.

# לארבע תעניות

*Continuar aquí en el* צום גדליה*, el* עשרה בטבת*, el* תענית אסתר *y el* י״ז בתמוז*.*

אֵל מֶלֶךְ יוֹשֵׁב עַל כִּסֵּא רַחֲמִים, וּמִתְנַהֵג בַּחֲסִידוּת

מוֹחֵל עֲוֹנוֹת עַמּוֹ, מַעֲבִיר רִאשׁוֹן רִאשׁוֹן

מַרְבֶּה מְחִילָה לְחַטָּאִים וּסְלִיחָה לַפּוֹשְׁעִים

עוֹשֶׂה צְדָקוֹת עִם כָּל־בָּשָׂר וָרוּחַ, לֹא כְרָעָתָם לָהֶם גּוֹמֵל.

אֵל, הוֹרֵיתָנוּ לוֹמַר מִדּוֹת שְׁלֹשׁ עֶשְׂרֵה

זְכֹר לָנוּ הַיּוֹם בְּרִית שְׁלֹשׁ עֶשְׂרֵה

כְּמוֹ שֶׁהוֹדַעְתָּ לֶעָנָו מִקֶּדֶם

וְכֵן כָּתוּב בְּתוֹרָתְךָ:

וַיֵּ֤רֶד יְהֹוָה֙ בֶּֽעָנָ֔ן וַיִּתְיַצֵּ֥ב עִמּ֖וֹ שָׁ֑ם וַיִּקְרָ֥א בְשֵׁ֖ם יְהֹוָֽה׃ שמות לד

וְשָׁם נֶאֱמַר:

וַיַּעֲבֹ֨ר יְהֹוָ֥ה ׀ עַל־פָּנָיו֮ וַיִּקְרָא֒

יְהֹוָ֣ה ׀ יְהֹוָ֔ה אֵ֥ל רַח֖וּם וְחַנּ֑וּן אֶ֥רֶךְ אַפַּ֖יִם וְרַב־חֶ֥סֶד וֶאֱמֶֽת׃

נֹצֵ֥ר חֶ֙סֶד֙ לָאֲלָפִ֔ים נֹשֵׂ֥א עָוֺ֛ן וָפֶ֖שַׁע וְחַטָּאָ֑ה וְנַקֵּ֕ה׃

(וְסָלַחְתָּ לַעֲוֺנֵנוּ וּלְחַטָּאתֵנוּ וּנְחַלְתָּנוּ:)

יְקַם דַּם עֲבָדֶיךָ אֱלֹהִים יְקַם.

וְהַצּוֹעֲקִים נֶגְדְּךָ אַל יָשׁוּבוּ רֵיקָם.

וְאַל תִּשְׁכַּח יוֹם הֲרִיגַת גְּדַלְיָה בֶּן אֲחִיקָם.

וְהָשֵׁב לִשְׁכֵנֵינוּ שִׁבְעָתַיִם אֶל חֵיקָם.

אַתָּה אָמַרְתָּ אֲנִי מֵשִׂים חֵרֵשׁ וְאִלֵּם.

וְאֶת דַּם יוֹנַת אֵלֶם אֶדְרֹשׁ וְלֹא אֶתְעַלֵּם.

אָשִׁיב נָקָם לְצָרַי וְלִמְשַׂנְאַי אֲשַׁלֵּם.

שׂוֹנְאֵי עַמִּי וּבֵיתִי הֵמָּה יִקְחוּ חֶלְקָם.

וְהָשֵׁב לִשְׁכֵנֵינוּ שִׁבְעָתַיִם אֶל חֵיקָם

Tú has dicho: "Yo reclamaré el despojo de la menesterosa.
Embriagaré de sangre a mis saetas con la congregación de extraños.
Y mi espada devorará la carne y la sangre de sus cadáveres
y cautivos".
No dejes volver con sus manos vacías a quienes ante Ti claman.
Retribuye a nuestros enemigos siete veces por sus malas acciones.

Tú has dicho: "Yo he de cumplir cada una de Mis palabras.
Y acabaré con Mis retorcidos enemigos".
Oh naciones, aclamad a Su pueblo, *Deut. 32*
porque Él vengará la sangre de Sus siervos.
Pronto, la Roca reverenciada, dará su merecido a Sus enemigos.
Retribuye a nuestros enemigos siete veces por sus malas acciones.

Tú has dicho Dios Supremo: "Juro
que quienes derramen sangre inocente serán exterminados.
Y expiaré su sangre que aun no he expiado, *Joel 4*
dice el SEÑOR que mora en Ṣion"
Y no olvides el día de la muerte de Guedaliá ben Ajikám.
Retribuye a nuestros enemigos siete veces por sus malas acciones.

Retribuye a nuestros enemigos siete veces por sus malas acciones.
Por la afrenta con la que te han deshonrado, Señor.
Y nosotros, que somos Tu pueblo y Tu rebaño,
te agradeceremos por siempre
y por todas las generaciones relataremos Tu alabanza.

אַתָּה אָמַרְתָּ אֲנִי אֶדְרֹשׁ חֲמַס עֲנִיָּה.
אַשְׁכִּיר חִצַּי מִדַּם עַל עֲצֶרֶת נָכְרִיָּה.
וְחַרְבִּי תֹּאכַל בָּשָׂר מִדַּם חָלָל וְשִׁבְיָה.
וְהַצּוֹעֲקִים נֶגְדְּךָ אַל יָשׁוּבוּ רֵיקָם.
וְהָשֵׁב לִשְׁכֵנֵינוּ שִׁבְעָתַיִם אֶל חֵיקָם

אַתָּה אָמַרְתָּ אֲנִי אֲמָרוֹתַי יְקוּמוּן קוֹם.
וְאֶת אוֹיְבַתִּי אֲכַלֶּה הָעוֹקֶמֶת עָקֹם.
הַרְנִינוּ גוֹיִם עַמּוֹ כִּי דַם עֲבָדָיו יִקּוֹם.
וּמְהֵרָה צוּר נוֹרָא לְצָרָיו יָשִׁיב נָקָם.
וְהָשֵׁב לִשְׁכֵנֵינוּ שִׁבְעָתַיִם אֶל חֵיקָם

אַתָּה אָמַרְתָּ אֲנִי בִי נִשְׁבַּעְתִּי אֵל עֶלְיוֹן.
הַשּׁוֹפְכִים דַּם נְקִיִּים בָּם אֶעֱשֶׂה כִלָּיוֹן.
וְנִקֵּיתִי דָמָם לֹא נִקֵּיתִי וַיהוָה שֹׁכֵן בְּצִיּוֹן.
וְאַל תִּשְׁכַּח יוֹם הֲרִיגַת גְּדַלְיָה בֶן אֲחִיקָם.

וְהָשֵׁב לִשְׁכֵנֵינוּ שִׁבְעָתַיִם אֶל חֵיקָם
חֶרְפָּתָם אֲשֶׁר חֵרְפוּךָ אֲדֹנָי.
וַאֲנַחְנוּ עַמְּךָ וְצֹאן מַרְעִיתֶךָ
נוֹדֶה לְּךָ לְעוֹלָם לְדוֹר וָדֹר נְסַפֵּר תְּהִלָּתֶךָ.

*En el ayuno de Ester, el 10 de Tebet, en el ayuno de Guedalia y el 17 de Tamuz continuar aquí.*

אֵל מֶלֶךְ Dios, Rey que se sienta sobre el trono de la compasión y actúa con benevolencia. Perdona las iniquidades de Su pueblo haciéndolos pasar ante Él en orden. Es abundante en perdón para con los pecadores y los trasgresores. Hace justicia con toda carne y espíritu, no retribuyéndoles de acuerdo con sus malas acciones. Dios, Tú nos enseñaste a recitar los trece atributos, recuerda hoy para nosotros el pacto de los trece atributos, tal como en tiempos pretéritos revelaste al humilde (Moshé), como está escrito:

Y el SEÑOR descendió en una nube y se paró allí junto a él, *Éx. 34*
y proclamó el Nombre del SEÑOR:
Y el SEÑOR pasó ante él (Moshé) y proclamó:
יְהוָה SEÑOR, SEÑOR, compasivo y benevolente, tardo en la ira,
abundante en generosidad y verdad, prodiga Su benevolencia por
miles de generaciones, perdona la iniquidad,
la rebelión y el pecado y perdona (a quienes retornan).
(Perdona nuestra iniquidad y nuestra culpa
y tómanos por heredad Tuya.)

אַנְשֵׁי אֱמוּנָה Los varones de fe han desaparecido,
aquellos que venían por el mérito de sus acciones.
Heroicamente se paraban ante la brecha
para repeler los decretos adversos.
Ellos eran para nosotros cual muralla,
refugio en el día de la ira.
Mediante susurros lograban aplacaban la furia,
detenían la ira por medio de sus súplicas.
Antes de que Te implorasen les respondías,
ellos sabían dirigirse a Ti y hacer aceptadas sus súplicas.
Tenías compasión de ellos cual padre, y no destendías sus pedidos.
En virtud de nuestras iniquidades les hemos perdido,
fueron llevados de entre nosotros a causa de nuestros pecados.
Han partido hacia su descanso eterno,
y nos han dejado en medio de nuestros lamentos.
Se han marchado quienes erigían cercas,
fueron eliminados los que aplacaban la ira.
No hay quien se pare ante la brecha,
se acabaron los que merecían apaciguarte.
Hemos deambulado por los cuatro confines,
sin haber hallado remedio a nuestro mal.
Retornamos a Ti con rostros avergonzados,
Para procurarte oh Dios, en el tiempo de nuestras desgracias.

*En el* עשרה בטבת, תענית אסתר*, en el* צום גדליה *y el* י״ז בתמוז *continuar aquí.*

אֵל מֶלֶךְ יוֹשֵׁב עַל כִּסֵּא רַחֲמִים, וּמִתְנַהֵג בַּחֲסִידוּת
מוֹחֵל עֲוֹנוֹת עַמּוֹ, מַעֲבִיר רִאשׁוֹן רִאשׁוֹן
מַרְבֶּה מְחִילָה לְחַטָּאִים וּסְלִיחָה לְפוֹשְׁעִים
עוֹשֶׂה צְדָקוֹת עִם כָּל־בָּשָׂר וָרוּחַ, לֹא כְרָעָתָם לָהֶם גּוֹמֵל.
אֵל, הוֹרֵיתָ לָנוּ לוֹמַר מִדּוֹת שְׁלֹשׁ עֶשְׂרֵה
זְכֹר לָנוּ הַיּוֹם בְּרִית שְׁלֹשׁ עֶשְׂרֵה
כְּמוֹ שֶׁהוֹדַעְתָּ לֶעָנָו מִקֶּדֶם וְכֵן כָּתוּב בְּתוֹרָתֶךָ:
וַיֵּרֶד יְהוָה בֶּעָנָן וַיִּתְיַצֵּב עִמּוֹ שָׁם וַיִּקְרָא בְשֵׁם יְהוָה: שמות לד
וְשָׁם נֶאֱמַר:
וַיַּעֲבֹר יְהוָה עַל־פָּנָיו וַיִּקְרָא
יְהוָה יְהוָה אֵל רַחוּם וְחַנּוּן אֶרֶךְ אַפַּיִם וְרַב־חֶסֶד וֶאֱמֶת:
נֹצֵר חֶסֶד לָאֲלָפִים נֹשֵׂא עָוֹן וָפֶשַׁע וְחַטָּאָה וְנַקֵּה:
(וְסָלַחְתָּ לַעֲוֹנֵנוּ וּלְחַטָּאתֵנוּ וּנְחַלְתָּנוּ:)

אַנְשֵׁי אֱמוּנָה אָבָדוּ / בָּאִים בְּכֹחַ מַעֲשֵׂיהֶם
גִּבּוֹרִים לַעֲמֹד בַּפֶּרֶץ / דּוֹחִים אֶת הַגְּזֵרוֹת
הָיוּ לָנוּ לְחוֹמָה / וּלְמַחְסֶה בְּיוֹם זַעַם
זוֹעֲכִים אַף בְּלַחֲשָׁם / חֵמָה עָצְרוּ בְשַׁוְעָם
טֶרֶם קְרָאוּךָ עֲנִיתָם / יוֹדְעִים לַעְתֹּר וּלְרַצּוֹת
כְּאָב רִחַמְתָּ לְמַעֲנָם / לֹא הֱשִׁיבוֹתָ פְּנֵיהֶם רֵיקָם
מֵרֹב עֲוֹנֵינוּ אֲבַדְנוּם / נֶאֶסְפוּ מֶנּוּ בְּחַטָּאֵינוּ
נָסְעוּ הֵמָּה לִמְנוּחוֹת / עָזְבוּ אוֹתָנוּ לַאֲנָחוֹת
פַּסּוּ גּוֹדְרֵי גָדֵר / צָמְתוּ מְשִׁיבֵי חֵמָה
קָמִים בַּפֶּרֶץ אַיִן / רְאוּיִם לְרַצּוֹתְךָ אָפֵסוּ
שׁוֹטַטְנוּ בְּאַרְבַּע פִּנּוֹת / תְּרוּפָה לֹא מָצָאנוּ
שַׁבְנוּ אֵלֶיךָ בְּבֹשֶׁת פָּנֵינוּ / לְשַׁחֶרְךָ אֵל בְּעֵת צָרוֹתֵינוּ.

אֵל מֶלֶךְ Dios, Rey que se sienta sobre el trono de la compasión y actúa con benevolencia. Perdona las iniquidades de Su pueblo haciéndolos pasar ante Él en orden. Es abundante en perdón para con los pecadores y los trasgresores. Hace justicia con toda carne y espíritu, no retribuyéndoles de acuerdo con sus malas acciones. Dios, Tú nos enseñaste a recitar los trece atributos, recuerda hoy para nosotros el pacto de los trece atributos, tal como en tiempos pretéritos revelaste al humilde (Moshé), como está escrito:

Y el Señor descendió en una nube y se paró allí junto a él, *Éx. 34*
y proclamó el Nombre del Señor:
Y el Señor pasó ante él (Moshé) y proclamó:
יְהֹוָה Señor, Señor, compasivo y benevolente, tardo en la ira,
abundante en generosidad y verdad,
prodiga Su benevolencia por miles de generaciones,
perdona la iniquidad,
la rebelión y el pecado y perdona (a quienes retornan).
(Perdona nuestra iniquidad y nuestra culpa
y tómanos por heredad Tuya.)

תָּמַהְנוּ Nos hemos espantado de tantas calamidades,
Nuestro vigor se ha debilitado ante tantas desgracias.
Fuimos grandemente humillados,
hemos descendido hasta el polvo mismo de la tierra.
Oh Compasivo, esta es nuestra naturaleza,
somos obstinados y rebeldes.
Hemos gritado con nuestra propia boca:
"pecamos", mas nuestro corazón es veleidoso y tozudo.
Altísimo, Tu compasión es desde siempre,
Tuyo es el perdón.
Cambia decreto adverso, inclínate hacia la benevolencia.
No Te ocultes en momentos como este,
ya que nos encontramos en una gran desgracia.
Permite que todos perciban,
que Tu benevolencia y Tu generosidad son para con nosotros.
Sella la boca de Satán, para que no nos acuse,
dirige a él Tu ira y siléncialo.
Nombra un ángel defensor que hable en nuestro favor,
para que relate nuestra rectitud.
Tus caminos, oh compasivo y benevolente,
has revelado al fiel servidor de Tu morada (Moshé).

אֵל מֶלֶךְ יוֹשֵׁב עַל כִּסֵּא רַחֲמִים, וּמִתְנַהֵג בַּחֲסִידוּת
מוֹחֵל עֲוֹנוֹת עַמּוֹ, מַעֲבִיר רִאשׁוֹן רִאשׁוֹן
מַרְבֶּה מְחִילָה לְחַטָּאִים וּסְלִיחָה לַפּוֹשְׁעִים
עוֹשֶׂה צְדָקוֹת עִם כָּל־בָּשָׂר וָרוּחַ, לֹא כְרָעָתָם לָהֶם גּוֹמֵל.
אֵל, הוֹרֵיתָנוּ לוֹמַר מִדּוֹת שְׁלֹשׁ עֶשְׂרֵה
זְכֹר לָנוּ הַיּוֹם בְּרִית שְׁלֹשׁ עֶשְׂרֵה
כְּמוֹ שֶׁהוֹדַעְתָּ לֶעָנָו מִקֶּדֶם
וְכֵן כָּתוּב בְּתוֹרָתָךְ:

וַיֵּרֶד יְהוָה בֶּעָנָן וַיִּתְיַצֵּב עִמּוֹ שָׁם וַיִּקְרָא בְשֵׁם יְהוָה: שמות לד

וְשָׁם נֶאֱמַר:
וַיַּעֲבֹר יְהוָה ׀ עַל־פָּנָיו וַיִּקְרָא
יְהוָה ׀ יְהוָה אֵל רַחוּם וְחַנּוּן אֶרֶךְ אַפַּיִם וְרַב־חֶסֶד וֶאֱמֶת:
נֹצֵר חֶסֶד לָאֲלָפִים נֹשֵׂא עָוֺן וָפֶשַׁע וְחַטָּאָה וְנַקֵּה:
(וְסָלַחְתָּ לַעֲוֹנֵנוּ וּלְחַטָּאתֵנוּ וּנְחַלְתָּנוּ:)

תָּמַהְנוּ מֵרָעוֹת / תָּשַׁשׁ כֹּחֵנוּ מִצָּרוֹת
שַׁחְנוּ עַד לִמְאֹד / שָׁפַלְנוּ עַד עָפָר
רַחוּם, כָּךְ הִיא מִדָּתֵנוּ / קְשֵׁי עֹרֶף וּמַמְרִים אֲנָחְנוּ
צָעַקְנוּ בְּפִינוּ חָטָאנוּ / פְּתַלְתּוֹל וְעִקֵּשׁ לִבֵּנוּ
עֶלְיוֹן, רַחֲמֶיךָ מֵעוֹלָם / סְלִיחָה עִמְּךָ הִיא
נִחָם עַל הָרָעָה / מַטֶּה כְלַפֵּי חֶסֶד
לֹא תִתְעַלַּם בְּעִתּוֹת כָּאֵל / כִּי בְצָרָה גְדוֹלָה אֲנָחְנוּ
יִוָּדַע לְעֵינֵי הַכֹּל / טוּבְךָ וַחֲסָדֶיךָ עִמָּנוּ
חֲתֹם פֶּה שָׂטָן וְאַל יַשְׂטִין עָלֵינוּ / זְעֹם בּוֹ וְיִדּוֹם
וְיַעֲמֹד מַלְאָךְ מֵלִיץ טוֹב לְצַדְּקֵנוּ / הוּא יַגִּיד יָשְׁרֵנוּ
דְּרָכֶיךָ רַחוּם וְחַנּוּן / גִּלִּיתָ לְנֶאֱמַן בַּיִת
בְּבַקְשׁוֹ אָז מִלְּפָנֶיךָ / אֱמוּנָתְךָ הוֹדַעְתָּ לוֹ.

אֵל מֶלֶךְ Dios, Rey que se sienta sobre el trono de la compasión y actúa con benevolencia. Perdona las iniquidades de Su pueblo haciéndolos pasar ante Él en orden. Es abundante en perdón para con los pecadores y los trasgresores. Hace justicia con toda carne y espíritu, no retribuyéndoles de acuerdo con sus malas acciones. Dios, Tú nos enseñaste a recitar los trece atributos, recuerda hoy para nosotros el pacto de los trece atributos, tal como en tiempos pretéritos revelaste al humilde (Moshé), como está escrito:

Y el Señor descendió en una nube y se paró allí junto a él, *Éx. 34*
y proclamó el Nombre del Señor:
Y el Señor pasó ante él (Moshé) y proclamó:
יְהוָה Señor, Señor, compasivo y benevolente, tardo en la ira,
abundante en generosidad y verdad,
prodiga Su benevolencia por miles de generaciones,
perdona la iniquidad,
la rebelión y el pecado y perdona (a quienes retornan).
(Perdona nuestra iniquidad y nuestra culpa
y tómanos por heredad Tuya.)

וּכְשֶׁחָטְאוּ Cuando Israel pecó en el desierto
Moshé se presentó ante Ti en oración y pidió compasión para Tu pueblo Israel
y así dijo en su plegaria:
"Absuelve ahora la iniquidad de este pueblo de acuerdo con la grandeza
de Tu benevolencia,
y así como has perdonado al pueblo éste, *Núm. 14*
desde Egipto y hasta ahora".
Y Tú le respondiste con Tu habitual benevolencia,
le anunciaste la buena nueva, le agraciaste y le dijiste:
"He absuelto según tu palabra".

Daniel, el varón amado, dijo ante Ti:
"Dios mío, inclina Tu oído y escucha, *Dan. 9*
abre Tus ojos y contempla nuestra desolación,
y la ciudad que lleva sobre sí Tu Nombre,
pues no es en virtud de nuestra rectitud que Te suplicamos,
sino en virtud de Tu gran compasión".

אֵל מֶֽלֶךְ יוֹשֵׁב עַל כִּסֵּא רַחֲמִים, וּמִתְנַהֵג בַּחֲסִידוּת

מוֹחֵל עֲוֹנוֹת עַמּוֹ, מַעֲבִיר רִאשׁוֹן רִאשׁוֹן

מַרְבֶּה מְחִילָה לְחַטָּאִים וּסְלִיחָה לַפּוֹשְׁעִים

עוֹשֶׂה צְדָקוֹת עִם כָּל־בָּשָׂר וָרֽוּחַ, לֹא כְרָעָתָם לָהֶם גּוֹמֵל.

אֵל, הוֹרֵֽיתָ לָּֽנוּ לוֹמַר מִדּוֹת שְׁלֹשׁ עֶשְׂרֵה

זְכֹר לָֽנוּ הַיּוֹם בְּרִית שְׁלֹשׁ עֶשְׂרֵה

כְּמוֹ שֶׁהוֹדַֽעְתָּ לֶעָנָו מִקֶּֽדֶם

וְכֵן כָּתוּב בְּתוֹרָתָךְ:

שמות לד וַיֵּ֤רֶד יְהֹוָה֙ בֶּֽעָנָ֔ן וַיִּתְיַצֵּ֥ב עִמּ֖וֹ שָׁ֑ם וַיִּקְרָ֥א בְשֵׁ֖ם יְהֹוָֽה:

וְשָׁם נֶאֱמַר:

וַיַּעֲבֹ֨ר יְהֹוָ֥ה ׀ עַל־פָּנָיו֮ וַיִּקְרָא֒

יְהֹוָ֣ה ׀ יְהֹוָ֔ה אֵ֥ל רַח֖וּם וְחַנּ֑וּן אֶ֥רֶךְ אַפַּ֖יִם וְרַב־חֶ֥סֶד וֶאֱמֶֽת:

נֹצֵ֥ר חֶ֙סֶד֙ לָאֲלָפִ֔ים נֹשֵׂ֥א עָוֺ֛ן וָפֶ֖שַׁע וְחַטָּאָ֑ה וְנַקֵּ֖ה:

(וְסָלַחְתָּ לַעֲוֹנֵֽנוּ וּלְחַטָּאתֵֽנוּ וּנְחַלְתָּֽנוּ:)

וּכְשֶׁחָֽטְאוּ יִשְׂרָאֵל בַּמִּדְבָּר

עָמַד מֹשֶׁה בִּתְפִלָּה לְפָנֶֽיךָ וּבִקֵּשׁ רַחֲמִים עַל עַמְּךָ יִשְׂרָאֵל

וְכָךְ אָמַר בִּתְפִלָּתוֹ:

במדבר יד סְלַח־נָא לַעֲוֹן הָעָם הַזֶּה כְּגֹֽדֶל חַסְדֶּֽךָ

וְכַאֲשֶׁר נָשָֽׂאתָה לָעָם הַזֶּה מִמִּצְרַֽיִם וְעַד־הֵֽנָּה:

אַף אַתָּה הֱשִׁיבוֹתָ לּוֹ כְּדַרְכֵי טוּבֶֽךָ, בִּשַּׂרְתּוֹ וְחַנַּנְתּוֹ וְאָמַֽרְתָּ לוֹ:

שם סָלַֽחְתִּי כִּדְבָרֶֽךָ:

דָּנִיֵּאל אִישׁ חֲמוּדוֹת אָמַר לְפָנֶֽיךָ:

דניאל ט הַטֵּה אֱלֹהַי אָזְנְךָ וּשְׁמָע

פְּקַח עֵינֶֽיךָ וּרְאֵה שֹׁמְמֹתֵֽינוּ וְהָעִיר אֲשֶׁר־נִקְרָא שִׁמְךָ עָלֶֽיהָ

כִּי לֹא עַל־צִדְקֹתֵֽינוּ אֲנַֽחְנוּ מַפִּילִים תַּחֲנוּנֵֽינוּ לְפָנֶֽיךָ

כִּי עַל־רַחֲמֶֽיךָ הָרַבִּים:

¡Señor, escucha!, ¡Señor, perdona!,
¡Señor atiende nuestro pedido, actúa
y no Te demores! Hazlo por Ti, Dios mío,
pues Tu pueblo y Tu ciudad son llamados por Tu Nombre.

Y a Tu ciudad Jerusalém dijiste:
"He aquí que te juzgaré por haber dicho: No he pecado". *Jer. 2*
Nos avergonzamos de nuestras acciones
y nos humillamos en razón de nuestras iniquidades.
No tenemos boca para responder
ni atrevimiento como para erguir nuestra cabeza.

אֱלֹהֵינוּ Dios nuestro y de nuestros ancestros,
no traigas sobre nosotros la destrucción, afirma Tu mano en el juicio.
Al llegar delante de Ti nuestro rezongo, no nos borres de Tu libro.
Al acercarte a estudiar nuestro castigo,
haz que Tu compasión anteceda a Tu ira.
Pobres son nuestras acciones ante Tu mirada,
acerca a nosotros la justicia que de Ti procede.
Tú nos has enseñado que al clamar ante Ti,
ordenas firmemente Tu salvación.
Haz regresar al exiliado a la tienda del íntegro (Ya'akob),
mira cómo sus puertas de entrada han sido desoladas.
Recuerda aquello que dijiste:
"el testimonio no será olvidad de la boca de su descendencia".
Abre el sello de Tu testimonio y revela Tu secreto al enseñar, al semicírculo
que se ubica en el ombligo del mundo (referencia al Sanhedrín
Guedolá de 71)y que no falte del impar (referencia al Sanhedrín
Ketaná de 23 miembros, número impar que permite definiciones).
Señor, conoce a Israel que te ha conocido,
elimina a las naciones que no lo han hecho.
Pues harás retornar a la fortaleza (Jerusalém)
a los prisioneros de la esperanza.

Ezra el escriba dijo ante Ti:
"Dios mío, me avergüenzo en alzar hacia Ti mi rostro pues nuestras *Ez. 9*
iniquidades se hicieron numerosas más allá de nuestra cabeza
y nuestra culpa creció hasta el cielo".
Y Tú, Dios del perdón, piadoso y compasivo, *Neh. 9*
tardo en enojase abundante en benevolencia no los has abandonado.

אֲדֹנָי שְׁמָעָה, אֲדֹנָי סְלָחָה, אֲדֹנָי הַקְשִׁיבָה
וַעֲשֵׂה אַל־תְּאַחַר, לְמַעַנְךָ אֱלֹהַי
כִּי־שִׁמְךָ נִקְרָא עַל־עִירְךָ וְעַל־עַמֶּךָ:

וְלִירוּשָׁלַיִם עִירְךָ אָמַרְתָּ לָהּ:
הִנְנִי נִשְׁפָּט אוֹתָךְ, עַל־אָמְרֵךְ לֹא חָטָאתִי: ירמיה ב
אֲנַחְנוּ בּוֹשְׁנוּ בְּמַעֲשֵׂינוּ וְנִכְלַמְנוּ בַּעֲוֹנוֹתֵינוּ.
אֵין לָנוּ פֶּה לְהָשִׁיב, וְלֹא מֵצַח לְהָרִים רֹאשׁ.

אֱלֹהֵינוּ וֵאלֹהֵי אֲבוֹתֵינוּ
אַל תַּעַשׂ עִמָּנוּ כָּלָה / תֹּאחֵז יָדְךָ בַּמִּשְׁפָּט
בְּבוֹא תוֹכֵחָה נֶגְדְּךָ / שְׁמֵנוּ מִסִּפְרְךָ אַל תֶּמַח
גִּשְׁתְּךָ לַחֲקוֹר מוּסָר / רַחֲמֶיךָ יְקַדְּמוּ רָגְזָךְ
דַּלּוּת מַעֲשִׂים בְּשׁוּרְךָ / קָרֵב צֶדֶק מֵאֵלֶיךָ
הוֹרֵנוּ בְּזַעֲקֵנוּ לָךְ / צַו יְשׁוּעָתֵנוּ בְּמַפְגִּיעַ
וְתָשִׁיב שְׁבוּת אָהֳלֵי תָם / פִּתְחָיו רְאֵה כִּי שָׁמֵמוּ
זְכוֹר נָאַמְתָּ / עֵדוּת לֹא תִשָּׁכַח מִפִּי זַרְעוֹ
חוֹתַם תְּעוּדָה תַּתִּיר / סוֹדְךָ שִׂים בְּלִמּוּדֶיךָ
טַבּוּר אַגַּן הַסַּהַר / נָא אַל יֶחְסַר הַמָּזֶג
יָהּ, דַּע אֶת יִשְׂרָאֵל אֲשֶׁר יְדָעוּךָ / מְגַר אֶת הַגּוֹיִם אֲשֶׁר לֹא יְדָעוּךָ
כִּי תָשִׁיב לְבִצָּרוֹן / לְכוּדִים אֲסִירֵי הַתִּקְוָה.

עֶזְרָא הַסּוֹפֵר אָמַר לְפָנֶיךָ:
אֱלֹהַי בֹּשְׁתִּי וְנִכְלַמְתִּי, לְהָרִים אֱלֹהַי פָּנַי אֵלֶיךָ עזרא ט
כִּי עֲוֹנֹתֵינוּ רָבוּ לְמַעְלָה רֹּאשׁ, וְאַשְׁמָתֵנוּ גָדְלָה עַד לַשָּׁמָיִם:
וְאַתָּה אֱלוֹהַּ סְלִיחוֹת, חַנּוּן וְרַחוּם, אֶרֶךְ־אַפַּיִם וְרַב־חֶסֶד וְלֹא עֲזַבְתָּם: נחמיה ט

No nos abandones Padre nuestro, no nos dejes Rey nuestro,
no nos olvides Hacedor nuestro y no nos destruyas durante nuestro exilio.
Cumple con nosotros aquello que nos prometiste a través de Tu profeta Yrmiahu, tal como fue dicho:
"En aquellos días y en ese tiempo, dice el SEÑOR, será reclamada la iniquidad de Israel mas no existirá, el pecado de Yehudá y no será encontrado porque habré de perdonar a quienes habré de dejar como resto reservado". *Jer. 50*
Que ningún pecado o iniquidad demoren nuestra plegaria.
Perdona y absuelve todas nuestras iniquidades,
pues Tú eres un Dios bueno y que perdona.

**וְהוּא רַחוּם** Él es compasivo, perdonará la iniquidad y no destruirá, suprimirá *Sal. 78*
Su ira y no encenderá Su furia. Tú SEÑOR, no retengas Tu compasión de *Sal. 40*
nosotros, que Tu generosidad y Tu verdad siempre nos protejan. Sálvanos *Sal. 106*
SEÑOR, nuestro Dios y reúnenos de entre las naciones, para que agradezcamos
a Tu Nombre Sagrado y nos glorifiquemos en Tu alabanza. Si has de guardar *Sal. 130*
el conteo de nuestros pecados SEÑOR, ¿quién podría mantenerse de pie?
Pues Tuyo es el perdón para que puedas ser reverenciado. No te conduzcas *Sal. 103*
con nosotros de acuerdo con nuestros pecados ni nos retribuyas de acuerdo
con nuestras malas acciones. Sal. 103 Aunque nuestras iniquidades atestigüen *Jer. 14*
en nuestra contra SEÑOR, actúa en pos de Tu Nombre. Recuerda SEÑOR Tu *Sal. 25*
compasión y Tu benevolencia pues desde siempre han existido. El SEÑOR nos *Sal. 20*
responderá en día de angustia, que el Nombre del Dios de Ya'akob nos proteja.
SEÑOR, salva, el Rey nos habrá de responder el día que Le invoquemos.

**אָבִינוּ מַלְכֵּנוּ** Padre nuestro, Rey nuestro se clemente y respóndenos, pues carecemos de buenas acciones en nuestro haber; obra con nosotros con caridad y benevolencia y sálvanos.

**וְעַתָּה** Y ahora SEÑOR, nuestro Dios, que sacaste a Tu pueblo de la tierra de Egipto con mano fuerte haciéndote de un Nombre como en este mismo día: hemos pecado y actuado erradamente. SEÑOR, con toda Tu rectitud, aleja Tu furia y Tu enojo de la ciudad de Jerusalém, Tu monte sagrado. Pues a raíz de nuestras trasgresiones y las de nuestros ancestros, Jerusalém y Tu pueblo se han tornado el oprobio de todos quienes nos rodean. Ahora, escucha Dios nuestro la plegaria y las súplicas de Tu siervo, deja que Tu semblante brille sobre Tu desolado Santuario por Tu bien. Dios, inclina Tu oído y escucha, abre Tus ojos y contempla nuestra desolación, y la ciudad que lleva sobre

אַל תַּעַזְבֵנוּ אָבִינוּ, אַל תִּטְּשֵׁנוּ מַלְכֵּנוּ
וְאַל תִּשְׁכָּחֵנוּ יוֹצְרֵנוּ, וְאַל תַּעַשׂ עִמָּנוּ כָלָה בְּגָלוּתֵנוּ.
וְקַיֶּם לָנוּ יְהוָה אֱלֹהֵינוּ אֶת הַדָּבָר שֶׁהִבְטַחְתָּנוּ
עַל יְדֵי יִרְמְיָה חוֹזָךְ כָּאָמוּר:
בַּיָּמִים הָהֵם וּבָעֵת הַהִיא נְאֻם־יְהוָה ירמיה נ
יְבֻקַּשׁ אֶת־עֲוֹן יִשְׂרָאֵל וְאֵינֶנּוּ
וְאֶת־חַטֹּאת יְהוּדָה וְלֹא תִמָּצֶאינָה, כִּי אֶסְלַח לַאֲשֶׁר אַשְׁאִיר:
וְאַל יְעַכֵּב לְפָנֶיךָ כָּל־חֵטְא וְעָוֹן אֶת תְּפִלָּתֵנוּ.
וּמְחֹל וּסְלַח לְכָל־עֲוֹנוֹתֵינוּ, כִּי אֵל טוֹב וְסַלָּח אָתָּה.

וְהוּא רַחוּם יְכַפֵּר עָוֹן וְלֹא־יַשְׁחִית, וְהִרְבָּה לְהָשִׁיב אַפּוֹ וְלֹא־יָעִיר תהלים עח
כָּל־חֲמָתוֹ: אַתָּה יְהוָה לֹא־תִכְלָא רַחֲמֶיךָ מִמֶּנִּי, חַסְדְּךָ וַאֲמִתְּךָ תָּמִיד תהלים מ
יִצְּרוּנִי: הוֹשִׁיעֵנוּ יְהוָה אֱלֹהֵינוּ וְקַבְּצֵנוּ מִן־הַגּוֹיִם, לְהוֹדוֹת לְשֵׁם קָדְשֶׁךָ תהלים קו
לְהִשְׁתַּבֵּחַ בִּתְהִלָּתֶךָ: אִם־עֲוֹנוֹת תִּשְׁמָר־יָהּ, אֲדֹנָי מִי יַעֲמֹד: כִּי־עִמְּךָ תהלים קל
הַסְּלִיחָה לְמַעַן תִּוָּרֵא: לֹא כַחֲטָאֵינוּ עָשָׂה לָנוּ, וְלֹא כַעֲוֹנֹתֵינוּ גָּמַל תהלים קג
עָלֵינוּ: אִם־עֲוֹנֵינוּ עָנוּ בָנוּ, יְהוָה עֲשֵׂה לְמַעַן שְׁמֶךָ: זְכֹר־רַחֲמֶיךָ יְהוָה תהלים כה ירמיה יד
וַחֲסָדֶיךָ, כִּי מֵעוֹלָם הֵמָּה: יַעַנְךָ יְהוָה בְּיוֹם צָרָה, יְשַׂגֶּבְךָ שֵׁם אֱלֹהֵי תהלים כ
יַעֲקֹב: יְהוָה הוֹשִׁיעָה, הַמֶּלֶךְ יַעֲנֵנוּ בְיוֹם־קָרְאֵנוּ:

אָבִינוּ מַלְכֵּנוּ, חָנֵּנוּ וַעֲנֵנוּ כִּי אֵין בָּנוּ מַעֲשִׂים
עֲשֵׂה עִמָּנוּ צְדָקָה כְּרֹב רַחֲמֶיךָ, וְהוֹשִׁיעֵנוּ לְמַעַן שְׁמֶךָ.

וְעַתָּה אֲדֹנָי אֱלֹהֵינוּ, אֲשֶׁר הוֹצֵאתָ אֶת־עַמְּךָ מֵאֶרֶץ מִצְרַיִם בְּיָד חֲזָקָה דניאל ט
וַתַּעַשׂ־לְךָ שֵׁם כַּיּוֹם הַזֶּה, חָטָאנוּ רָשָׁעְנוּ: אֲדֹנָי, כְּכָל־צִדְקֹתֶךָ יָשָׁב־נָא
אַפְּךָ וַחֲמָתְךָ, מֵעִירְךָ יְרוּשָׁלַםִ הַר־קָדְשֶׁךָ, כִּי בַחֲטָאֵינוּ וּבַעֲוֹנוֹת אֲבֹתֵינוּ,
יְרוּשָׁלַםִ וְעַמְּךָ לְחֶרְפָּה לְכָל־סְבִיבֹתֵינוּ: וְעַתָּה שְׁמַע אֱלֹהֵינוּ אֶל־תְּפִלַּת
עַבְדְּךָ וְאֶל־תַּחֲנוּנָיו, וְהָאֵר פָּנֶיךָ עַל־מִקְדָּשְׁךָ הַשָּׁמֵם, לְמַעַן אֲדֹנָי: הַטֵּה
אֱלֹהַי אָזְנְךָ וּשְׁמָע, פְּקַח עֵינֶיךָ וּרְאֵה שֹׁמְמֹתֵינוּ וְהָעִיר אֲשֶׁר־נִקְרָא

sí Tu Nombre, pues no es en virtud de nuestra rectitud que te suplicamos sino en virtud de Tu gran compasión. ¡Señor, escucha!, ¡Señor, perdona!, ¡Señor, atiende nuestro pedido, actúa y no Te demores! Hazlo por Ti Dios mío, pues Tu pueblo y Tu ciudad son llamados por Tu Nombre.

אָבִינוּ Padre nuestro, Padre compasivo, muéstranos una señal para el bien y reúne a nuestros dispersos desde los cuatro confines de la tierra. Todas las naciones reconocerán y sabrán que Tú eres el Señor, nuestro Padre. *Isa. 64*

אֲנַחְנוּ הַחֹמֶר Nosotros somos la arcilla y Tú nuestro alfarero todos somos Tu obra. Padre nuestro, Rey nuestro, nuestra Fortaleza y nuestro Redentor, apiádate Señor de Tu pueblo, no permitas el escarnio de Tu heredad mediante el dominio de naciones extranjeras. ¿Por qué habrán de decir las naciones: dónde está su Dios? Sabemos Señor que hemos pecado y que no hay quien pueda interceder por nosotros en tiempos de dificultades salvo Tu gran Nombre. Tal como un padre se compadece de sus hijos, apiádate de nosotros. Ten compasión de Tu pueblo, apiádate de Tu heredad, obra con gracia hacia nosotros y respóndenos. Pues tuya es la rectitud, y obras maravillas en todo momento. Mira por favor y salva a Tu rebaño. No permitas que seamos gobernados por la ira, pues Tuya es la salvación, en Ti depositamos nuestras esperanzas. Dios del perdón, por favor discúlpanos, pues Tú eres un Dios bondadoso que perdona.

אָנָּא מֶלֶךְ Por favor, Rey pleno de clemencia y compasión, recuerda y ve el Pacto entre las Partes (con Abraham), y que aparezca ante Ti el amarramiento de su único hijo (Iṣḥak), y en aras de nuestro padre Israel, no nos abandones Padre nuestro, no nos dejes desamparados Rey nuestro, no nos olvides hacedor nuestro ni nos aniquiles en nuestro exilio, pues Tú eres un Rey clemente y compasivo.

אֵין כָּמוֹךָ No hay clemente y compasivo como Tú nuestro Dios, no hay quien como Tú lento en iras y que abunde en benevolencia y verdad. Con Tu gran compasión, sálvanos del tumulto y la furia. Recuerda a Tus siervos Abraham, Iṣḥak y Ya'akob, no contemples la obstinación de este pueblo, ni su maldad ni sus malas acciones. Aplaca Tu furia y retira el mal destinado a Tu pueblo. Quita de nosotros el flagelo de la muerte, pues Tú eres compasivo. Pues *Éx. 32*
así es Tu proceder, prodigando el bien gratuitamente en cada generación. Por favor Señor, sálvanos, por favor, Señor, haznos prosperar. Por favor *Sal. 118*
Señor, respóndenos el día en que Te invoquemos. En Ti depositamos nuestras esperanzas, a Ti Te esperamos Señor, a Ti Te anhelamos Señor. No Te mantengas en silencio mientras sufrimos, pues las naciones dicen: "Su esperanza está perdida". Ante Ti solamente se habrá de flexionar toda rodilla e inclinar todos aquellos que se yerguen alto.

שִׁמְךָ עָלֶיהָ, כִּי לֹא עַל־צִדְקֹתֵינוּ אֲנַחְנוּ מַפִּילִים תַּחֲנוּנֵינוּ לְפָנֶיךָ, כִּי
עַל־רַחֲמֶיךָ הָרַבִּים: אֲדֹנָי שְׁמָעָה, אֲדֹנָי סְלָחָה, אֲדֹנָי הַקְשִׁיבָה וַעֲשֵׂה
אַל־תְּאַחַר, לְמַעַנְךָ אֱלֹהַי, כִּי־שִׁמְךָ נִקְרָא עַל־עִירְךָ וְעַל־עַמֶּךָ:

אָבִינוּ אָב הָרַחֲמָן, הַרְאֵנוּ אוֹת לְטוֹבָה וְקַבֵּץ נְפוּצוֹתֵינוּ מֵאַרְבַּע כַּנְפוֹת
הָאָרֶץ. יַכִּירוּ וְיֵדְעוּ כָּל־הַגּוֹיִם, כִּי אַתָּה יְהוָה אָבִינוּ אָתָּה. ישעיה סד

אֲנַחְנוּ הַחֹמֶר וְאַתָּה יֹצְרֵנוּ וּמַעֲשֵׂה יָדְךָ כֻּלָּנוּ: אָבִינוּ מַלְכֵּנוּ צוּרֵנוּ
וְגוֹאֲלֵנוּ, חוּסָה יְהוָה עַל־עַמֶּךָ וְאַל־תִּתֵּן נַחֲלָתְךָ לְחֶרְפָּה לִמְשָׁל־ יואל ב
בָּם גּוֹיִם, לָמָּה יֹאמְרוּ בָעַמִּים אַיֵּה אֱלֹהֵיהֶם: יָדַעְנוּ יְהוָה כִּי
חָטָאנוּ וְאֵין מִי יַעֲמֹד בַּעֲדֵנוּ, אֶלָּא שִׁמְךָ הַגָּדוֹל יַעֲמָד־לָנוּ בְּעֵת צָרָה,
וּכְרַחֵם אָב עַל בָּנִים רַחֵם עָלֵינוּ. חֲמֹל עַל עַמְּךָ, וְרַחֵם עַל נַחֲלָתְךָ, חוּסָה
נָּא כְּרֹב רַחֲמֶיךָ, חָנֵּנוּ מַלְכֵּנוּ וַעֲנֵנוּ. לְךָ אֲדֹנָי הַצְּדָקָה, עֹשֵׂה נִפְלָאוֹת
בְּכָל־עֵת וָעֵת. הַבֶּט נָא וְהוֹשִׁיעָה נָּא צֹאן מַרְעִיתֶךָ. אַל יִמְשָׁל־בָּנוּ
קֶצֶף, כִּי לְךָ יְהוָה הַיְשׁוּעָה, בְּךָ תוֹחַלְתֵּנוּ. אֱלוֹהַ סְלִיחוֹת, אָנָּא סְלַח
נָא, כִּי אֵל טוֹב וְסַלָּח אָתָּה.

אָנָּא מֶלֶךְ רַחוּם וְחַנּוּן, זְכֹר וְהַבֵּט לִבְרִית בֵּין הַבְּתָרִים, וְתֵרָאֶה לְפָנֶיךָ
עֲקֵדַת יָחִיד, וּלְמַעַן יִשְׂרָאֵל אָבִינוּ. אַל תַּעַזְבֵנוּ אָבִינוּ, וְאַל תִּטְּשֵׁנוּ
מַלְכֵּנוּ, וְאַל תִּשְׁכָּחֵנוּ יוֹצְרֵנוּ, וְאַל תַּעַשׂ עִמָּנוּ כָלָה בְּגָלוּתֵנוּ, כִּי אֵל
מֶלֶךְ חַנּוּן וְרַחוּם אָתָּה.

אֵין כָּמְוֹךָ חַנּוּן וְרַחוּם יְהוָה אֱלֹהֵינוּ. אֵין כָּמְוֹךָ אֵל אֶרֶךְ אַפַּיִם וְרַב חֶסֶד
וֶאֱמֶת. הוֹשִׁיעֵנוּ וְרַחֲמֵנוּ, מֵרַעַשׁ וּמֵרֹגֶז הַצִּילֵנוּ. זְכֹר לַעֲבָדֶיךָ לְאַבְרָהָם דברים ט
לְיִצְחָק וּלְיַעֲקֹב, אַל־תֵּפֶן אֶל־קְשִׁי הָעָם הַזֶּה וְאֶל־רִשְׁעוֹ וְאֶל־חַטָּאתוֹ:
שׁוּב מֵחֲרוֹן אַפֶּךָ, וְהִנָּחֵם עַל־הָרָעָה לְעַמֶּךָ: וְהָסֵר מִמֶּנּוּ מַכַּת הַמָּוֶת כִּי שמות לב
רַחוּם אָתָּה, כִּי כֵן דַּרְכְּךָ לַעֲשׂוֹת חֶסֶד חִנָּם בְּכָל־דּוֹר וָדוֹר. אָנָּא יְהוָה תהלים קיח
הוֹשִׁיעָה נָּא, אָנָּא יְהוָה הַצְלִיחָה נָא: אָנָּא יְהוָה עֲנֵנוּ בְּיוֹם קָרְאֵנוּ. לְךָ
יְהוָה קִוִּינוּ, לְךָ יְהוָה חִכִּינוּ, לְךָ יְהוָה נְיַחֵל. אַל תֶּחֱשֶׁה וּתְעַנֵּנוּ, כִּי נָאֲמוּ
גוֹיִם אָבְדָה תִקְוָתָם. כָּל־בֶּרֶךְ לְךָ תִכְרַע, וְכָל־קוֹמָה לְפָנֶיךָ תִשְׁתַּחֲוֶה.

הַפּוֹתֵחַ יָד Tú que abres Tu mano para recibir a los transgresores y pecadores que retornan, nuestra alma se siente confundida por nuestra gran pena. No nos olvides para siempre, álzate y sálvanos. no derrames sobre nosotros Tu ira pues somos Tu pueblo, el pueblo de Tu pacto. Dios, contempla cuán escaso es nuestro honor entre las naciones, nos aborrecen como si fuéramos impuros. ¿Hasta cuándo Tu poder seguirá cautivo y Tu esplendor permanecerá en la mano de enemigos? Humíllalos y priválos de poder. Que nuestros sufrimientos no te parezcan insignificantes. Que Tu compasión nos alcance rápidamente en el día de nuestra desgracia. Si no lo haces por nosotros, hazlo por Ti, no destruyas a nuestro remanente, pues hacia Ti se dirigen nuestros ojos, pues Tú eres un Rey piadoso y compasivo. Recuerda nuestro testimonio, que constantemente decimos con amor dos veces cada día: Escucha Israel, el Señor es nuestro Dios, el Señor es Uno. *Deut. 6*

Lo que es recuerdo ante Ti en el firmamento,
quedará por siempre grabado en el libro.
El pacto eterno que estableciste,
con Abraham e Iṣḥak y no habrá de borrarse.
Quienes claman ante Ti vienen a inclinarse,
y en días de desgracia recuerda el amarramiento de Iṣḥak.
Que Tu poder logre despertar a quienes duermen, / y en pos de
Ti rescata a los temerosos en su asombro,
para que pidan perdón ante Tu trono de la compasión.

אֵל מֶלֶךְ Dios, Rey que se sienta sobre el trono de la compasión y actúa con benevolencia. Perdona las iniquidades de Su pueblo haciéndolos pasar ante Él en orden. Es abundante en perdón para con los pecadores y los trasgresores. Hace justicia con toda carne y espíritu, no retribuyéndoles de acuerdo con sus malas acciones. Dios, Tú nos enseñaste a recitar los trece atributos, recuerda hoy para nosotros el pacto de los trece atributos, tal como en tiempos pretéritos revelaste al humilde (Moshé), como está escrito:

Y el Señor descendió en una nube y se paró allí junto a él, *Éx. 34*
y proclamó el Nombre del Señor:
Y el Señor pasó ante él (Moshé) y proclamó:
יְהוָה Señor, Señor, compasivo y benevolente, tardo en la ira,
abundante en generosidad y verdad,

הַפּוֹתֵחַ יָד בִּתְשׁוּבָה לְקַבֵּל פּוֹשְׁעִים וְחַטָּאִים, נִבְהֲלָה נַפְשֵׁנוּ מֵרֹב
עִצְּבוֹנֵנוּ, אַל תִּשְׁכָּחֵנוּ נֶצַח, קוּמָה וְהוֹשִׁיעֵנוּ. אַל תִּשְׁפֹּךְ חֲרוֹנְךָ עָלֵינוּ
כִּי עַמְּךָ אֲנַחְנוּ בְּנֵי בְרִיתֶךָ. אֵל, הַבִּיטָה, דַּל כְּבוֹדֵנוּ בַּגּוֹיִם וְשִׁקְּצוּנוּ
כְּטֻמְאַת הַנִּדָּה. עַד מָתַי עֻזְּךָ בַּשְּׁבִי וְתִפְאַרְתְּךָ בְּיַד צָר. הֵמָּה יִרְאוּ וְיֵבֹשׁוּ
וְיֵחַתּוּ מִגְּבוּרָתָם. עוֹרְרָה גְבוּרָתְךָ וְהוֹשִׁיעֵנוּ לְמַעַן שְׁמֶךָ. אַל יִמְעֲטוּ לְפָנֶיךָ
תְּלָאוֹתֵינוּ, מַהֵר יְקַדְּמוּנוּ רַחֲמֶיךָ בְּעֵת צָרוֹתֵינוּ. לֹא לְמַעֲנֵנוּ אֶלָּא לְמַעַנְךָ
פְּעַל, וְאַל תַּשְׁחֵת אֶת זֵכֶר שְׁאֵרִיתֵנוּ, כִּי לְךָ מְיַחֲלוֹת עֵינֵינוּ, כִּי אֵל מֶלֶךְ
חַנּוּן וְרַחוּם אָתָּה. וּזְכֹר עֵדוּתֵנוּ בְּכָל־יוֹם תָּמִיד אוֹמְרִים פַּעֲמַיִם בְּאַהֲבָה,
שְׁמַע יִשְׂרָאֵל, יְהוָה אֱלֹהֵינוּ, יְהוָה אֶחָד: דברים ו

זִכָּרוֹן לְפָנֶיךָ בַּשַּׁחַק / לָעַד בְּסֵפֶר יוּחַק.
בְּרִית עוֹלָם בַּל יְמֻחַק / אֶת אַבְרָהָם וְאֶת יִצְחָק.
קוֹרְאֶיךָ בָּאִים לָקוֹד, בְּצָרָה עֲקֵדָה תִּשְׁקֹד.
וְצֹאנְךָ בְּרַחֲמִים תִּפְקֹד / פְּנֵי הַצֹּאן אֶל עָקוֹד.
עוֹרְרָה גְבוּרָתְךָ לְהָקִיץ נִרְדָּמִים / לְמַעַנְךָ תִּפְדֶּה חֲרֵדִים נִדְהָמִים.
לְבַקֵּשׁ סְלִיחָתְךָ עַל כִּסֵּא רַחֲמִים.

אֵל מֶלֶךְ יוֹשֵׁב עַל כִּסֵּא רַחֲמִים, וּמִתְנַהֵג בַּחֲסִידוּת
מוֹחֵל עֲוֹנוֹת עַמּוֹ, מַעֲבִיר רִאשׁוֹן רִאשׁוֹן
מַרְבֶּה מְחִילָה לְחַטָּאִים וּסְלִיחָה לְפוֹשְׁעִים
עוֹשֶׂה צְדָקוֹת עִם כָּל־בָּשָׂר וְרוּחַ, לֹא כְרָעָתָם לָהֶם גּוֹמֵל.
אֵל, הוֹרֵתָנוּ לוֹמַר מִדּוֹת שָׁלֹשׁ עֶשְׂרֵה
זְכֹר לָנוּ הַיּוֹם בְּרִית שְׁלֹשׁ עֶשְׂרֵה
כְּמוֹ שֶׁהוֹדַעְתָּ לֶעָנָו מִקֶּדֶם
וְכֵן כָּתוּב בְּתוֹרָתְךָ:
וַיֵּרֶד יְהוָה בֶּעָנָן וַיִּתְיַצֵּב עִמּוֹ שָׁם וַיִּקְרָא בְשֵׁם יְהוָה: שמות לד
וְשָׁם נֶאֱמַר:
וַיַּעֲבֹר יְהוָה ׀ עַל־פָּנָיו וַיִּקְרָא
יְהוָה ׀ יְהוָה אֵל רַחוּם וְחַנּוּן אֶרֶךְ אַפַּיִם וְרַב־חֶסֶד וֶאֱמֶת:

prodiga Su benevolencia por miles de generaciones,
perdona la iniquidad,
la rebelión y el pecado y perdona (a quienes retornan).
(Perdona nuestra iniquidad y nuestra culpa
y tómanos por heredad Tuya.)

יְהִי Que el Nombre del Señor sea bendito desde ahora *Sal. 113*
y hasta la eternidad. Desde la salida del sol hasta su ocaso,
alabado es el Nombre del Señor. El Señor es nuestro Soberano, *Sal. 8*
cuán exaltado es Tu Nombre en toda la tierra.

## MEDIO KADISH

*El Ḥazán y los Avelim recitan Medio Kadish:*

יִתְגַּדַּל Que Su Gran Nombre sea magnificado y santificado,
en el mundo que creó conforme a Su voluntad.
Que establezca Su reino, haga florecer Su salvación
y apresure la llegada de Su ungido
durante vuestra vida y en vuestros días
y en la vida de toda la casa de Israel,
pronto y rápidamente y decid: Amén.

Que Su Gran Nombre sea bendito
por siempre y por toda la eternidad.

Sea bendecido, alabado, glorificado y exaltado, encumbrado
y magnificado, enaltecido y ensalzado
el Nombre del Santo Bendito Él;
más allá de cualquier bendición, cántico, alabanza y consolación
pronunciados en el mundo y decid: Amén.

*Se extrae el Sefer Torá y se lee en Éxodo 32 la porción de ayunos públicos (página 1191). Continúa con el rezo habitual de día de semana.*

# MINḤÁ PARA AYUNO PÚBLICO

*Tras "Ashré" y Medio Kadish de Minḥá de día de semana se extrae el Sefer Torá y se lee en Éxodo 32 (página 1191), la misma lectura que en Shaḥrit. Posteriormente se recita Medio Kadish y se reza la A'midá.*

*Se recita "Anenu" durante la A'midá silenciosa y durante la repetición por parte del Ḥazán. Se recita Bircat Cohanim cuando se reza Minḥá antes de la puesta del sol (pero no en Minḥá Guedolá).*

נֹצֵ֥ר חֶ֙סֶד֙ לָאֲלָפִ֔ים נֹשֵׂ֥א עָוֺ֛ן וָפֶ֖שַׁע וְחַטָּאָ֑ה וְנַקֵּה֙:
(וְסָלַחְתָּ לַעֲוֺנֵנוּ וּלְחַטָּאתֵנוּ וּנְחַלְתָּנוּ:)

יְהִי שֵׁם יְהוָה מְבֹרָךְ מֵעַתָּה וְעַד־עוֹלָם: תהלים קיג
מִמִּזְרַח־שֶׁמֶשׁ עַד־מְבוֹאוֹ מְהֻלָּל שֵׁם יְהוָה:
יְהוָה אֲדֹנֵינוּ, מָה־אַדִּיר שִׁמְךָ בְּכָל־הָאָרֶץ: תהלים ח

### חצי קדיש

*El* חזן *y los* אבלים *recitan* חצי קדיש:

יִתְגַּדַּל וְיִתְקַדַּשׁ שְׁמֵהּ רַבָּא (קהל: אָמֵן)
בְּעָלְמָא דִּי בְרָא כִרְעוּתֵהּ
וְיַמְלִיךְ מַלְכוּתֵהּ וְיַצְמַח פֻּרְקָנֵהּ וִיקָרֵב מְשִׁיחֵהּ (קהל: אָמֵן)
בְּחַיֵּיכוֹן וּבְיוֹמֵיכוֹן וּבְחַיֵּי דְכָל־בֵּית יִשְׂרָאֵל
בַּעֲגָלָא וּבִזְמַן קָרִיב, וְאִמְרוּ אָמֵן. (קהל: אָמֵן)

יְהֵא שְׁמֵהּ רַבָּא מְבָרַךְ לְעָלַם וּלְעָלְמֵי עָלְמַיָּא יִתְבָּרַךְ
וְיִשְׁתַּבַּח וְיִתְפָּאַר וְיִתְרוֹמַם
וְיִתְנַשֵּׂא וְיִתְהַדָּר וְיִתְעַלֶּה וְיִתְהַלָּל
שְׁמֵהּ דְּקֻדְשָׁא בְּרִיךְ הוּא (קהל: אָמֵן)
לְעֵלָּא מִן כָּל־בִּרְכָתָא, שִׁירָתָא, תֻּשְׁבְּחָתָא וְנֶחֱמָתָא
דַּאֲמִירָן בְּעָלְמָא, וְאִמְרוּ אָמֵן. (קהל: אָמֵן)

*Se extrae el Sefer Torá y se lee en Éxodo 32 la porción de ayunos públicos (página 1191). Continúa con el rezo habitual de día de semana.*

## מנחה לתענית ציבור

*Tras* 'אשרי' *y* חצי קדיש *de* מנחה *de día de semana se extrae el Sefer* תורה *y se lee en* שמות לב *(página 1191), la misma lectura que en* שחרית.
*Posteriormente se recita* חצי קדיש *y se reza la* עמידה.

*Se recita* "עלינו" *durante la* עמידה *silenciosa y durante la repetición por* חזרת החזן. *Se recita* ברכת הכהנים *cuando se reza* מנחה *antes de la puesta del sol (pero no en* מנחה גדולה*).*

# ברכות

## BENDICIONES

# ERUB TABSHILÍN

*La halajá nos permite cocinar en un Yom Tob que cae en día de semana si la comida va a ser ingerida en ese día, pero está prohibido hacerlo si la ingestión tendrá lugar después del día festivo.*

*Cuando Yom Tob cae jueves y viernes, la Halajá establece que una persona cocine antes del inicio de la festividad, de modo tal que aquello que cocine en Yom Tob para el Shabat sea considerado una culminación de lo que ya comenzó a preparar en la víspera del día festivo.*

*Por ello, se acostumbra a separar como mínimo una medida de kazait de huevo cocido y una medida de kabeitzá de pan o maṣá. Mientras se sostiene el huevo y el pan se recita la siguiente bendición:*

בָּרוּךְ Bendito eres Tú Señor, nuestro Dios, Rey del universo, que nos ha santificado con Sus preceptos y nos ordenó el precepto del Erub.

Por medio de este Erub nos sea permitido hornear, cocinar, aislar alimentos para su cocción, encender la lumbre y hacer todo lo necesario durante Yom Tob en aras del Shabat, (para nosotros y todos los judíos residentes en esta ciudad).

*Se acostumbra a ingerir el alimento del Erub en una de las comidas de Shabat.*

---

básicos, "que nos ordenó..." "y que nos ordenó lo referente a...". La explicación más común es que si bien existen excepciones, el primer formato es empleado cuando cumplo un precepto que es un deber personal mientras que el segundo se aplica cuando se cumple un precepto en nombre de otros (por ejemplo, cuando el *mohel* circuncida al bebé en representación de sus padres).

# עירוב תבשילין

*La halajá nos permite cocinar en un* יום טוב *que cae en día de semana si la comida va a ser ingerida en ese día, pero está prohibido hacerlo si la ingestión tendrá lugar después del día festivo.*

*Cuando* יום טוב *cae jueves y viernes, la* הלכה *establece que una persona cocine antes del inicio de la festividad, de modo tal que aquello que cocine en* יום טוב *para el* שבת *sea considerado una culminación de lo que ya comenzó a preparar en la víspera del día festivo.*

*Por ello, se acostumbra a separar como mínimo una medida de* כזית *de huevo cocido y una medida de* כביצה *de pan o* מצה*.*
*Mientras se sostiene el huevo y el pan se recita la siguiente bendición:*

בָּרוּךְ אַתָּה יְהֹוָה, אֱלֹהֵינוּ מֶלֶךְ הָעוֹלָם
אֲשֶׁר קִדְּשָׁנוּ בְּמִצְוֹתָיו וְצִוָּנוּ עַל מִצְוַת עֵרוּב.

בְּדֵין עֵרוּבָא יְהֵא שָׁרֵי לָנָא לַאֲפוּיֵי וּלְבַשּׁוּלֵי וּלְאַטְמוּנֵי
וּלְאַדְלוּקֵי שְׁרָגָא וּלְמֶעְבַּד כָּל צָרְכָנָא,
מִיּוֹם טוֹב לְשַׁבָּת (לָנָא וּלְכָל־בְּנֵי הָעִיר הַזֹּאת).

*Se acostumbra a ingerir el alimento del* עירוב *en una de las comidas de* שבת*.*

---

BENDICIONES POR MITZVOT

La mayoría de los preceptos, salvo aquellos que se cumplen "entre el hombre y su prójimo", requieren del recitado de una bendición previo a su ejecución. La bendición es, en efecto, la declaración de la intención de cumplir con el precepto, una expresión de *kavaná*, de intención sagrada. Existen dos formatos

# Bendiciones

## BENDICIONES POR LOS PRECEPTOS

*Previo a apartar la Ḥalá se dice:*

בָּרוּךְ Bendito eres Tú SEÑOR, nuestro Dios, Rey del universo, que nos ha santificado con Sus preceptos y nos ordenó apartar la Ḥalá-terumá de la masa.

*Se toma un trozo pequeño de masa y se dice* "Esta es la Ḥalá" *y luego se quema.*

*Se acostumbra a colocar la Mezuzá en diagonal con su parte superior inclinada hacia el interior del hogar. Antes de fijar la Mezuzá se recita:*

בָּרוּךְ Bendito eres Tú SEÑOR, nuestro Dios, Rey del universo, que nos ha santificado con Sus preceptos y nos ordenó fijar la Mezuzá.

*Se acostumbra que primeramente las mujeres se sumerjan una vez, luego reciten la bendición y posteriormente vuelvan a sumergirse para cumplir con el precepto:*

בָּרוּךְ Bendito eres Tú SEÑOR, nuestro Dios, Rey del universo, que nos ha santificado con Sus preceptos y nos ordenó lo referente a la inmersión ritual.

*Previo a la inmersión de los utensilios se recita la siguiente bendición:*

בָּרוּךְ Bendito eres Tú SEÑOR, nuestro Dios, Rey del universo, que nos ha santificado con Sus preceptos y nos ordenó lo referente a la inmersión del (los) utensilio(s).

*Previo a la faena se recita la siguiente bendición:*

בָּרוּךְ Bendito eres Tú SEÑOR, nuestro Dios, Rey del universo, que nos ha santificado con Sus preceptos y nos ordenó lo referente a la faena.

*Previo a la cobertura de la sangre se recita la siguiente bendición:*

בָּרוּךְ Bendito eres Tú SEÑOR, nuestro Dios, Rey del universo, que nos ha santificado con Sus preceptos y nos ordenó lo referente a la cobertura de la sangre con tierra.

# סדר ברכות

## ברכות המצוות

*Previo a apartar la* חלה *se dice:*

**בָּרוּךְ אַתָּה יְהֹוָה, אֱלֹהֵינוּ מֶלֶךְ הָעוֹלָם, אֲשֶׁר קִדְּשָׁנוּ בְּמִצְוֹתָיו וְצִוָּנוּ לְהַפְרִישׁ חַלָּה תְּרוּמָה.**

ולוקח קצת מן העיסה ואומר: **הֲרֵי זוֹ חַלָּה.** ושורפה.

*Se acostumbra a colocar la* מזוזה *en diagonal con su parte superior inclinada hacia el interior del hogar. Antes de fijar la* מזוזה *se recita:*

**בָּרוּךְ אַתָּה יְהֹוָה, אֱלֹהֵינוּ מֶלֶךְ הָעוֹלָם, אֲשֶׁר קִדְּשָׁנוּ בְּמִצְוֹתָיו וְצִוָּנוּ לִקְבֹּעַ מְזוּזָה.**

*Se acostumbra que primeramente las mujeres se sumerjan una vez, luego reciten la bendición y posteriormente vuelvan a sumergirse para cumplir con el precepto:*

**בָּרוּךְ אַתָּה יְהֹוָה, אֱלֹהֵינוּ מֶלֶךְ הָעוֹלָם, אֲשֶׁר קִדְּשָׁנוּ בְּמִצְוֹתָיו וְצִוָּנוּ עַל הַטְּבִילָה.**

*Previo a la inmersión de los utensilios se recita la siguiente bendición:*

**בָּרוּךְ אַתָּה יְהֹוָה, אֱלֹהֵינוּ מֶלֶךְ הָעוֹלָם, אֲשֶׁר קִדְּשָׁנוּ בְּמִצְוֹתָיו וְצִוָּנוּ עַל טְבִילַת כֶּלִי/כֵּלִים.**

*Previo a la faena se recita la siguiente bendición:*

**בָּרוּךְ אַתָּה יְהֹוָה, אֱלֹהֵינוּ מֶלֶךְ הָעוֹלָם, אֲשֶׁר קִדְּשָׁנוּ בְּמִצְוֹתָיו וְצִוָּנוּ עַל הַשְּׁחִיטָה.**

*Previo a la cobertura de la sangre se recita la siguiente bendición:*

**בָּרוּךְ אַתָּה יְהֹוָה, אֱלֹהֵינוּ מֶלֶךְ הָעוֹלָם, אֲשֶׁר קִדְּשָׁנוּ בְּמִצְוֹתָיו וְצִוָּנוּ עַל כִּסּוּי הַדָּם בֶּעָפָר.**

## BENDICIONES POR EL DISFRUTE, POR VISTAS ESPECIALES Y POR SONIDOS

*Al vestir una prenda nueva:*

בָּרוּךְ Bendito eres Tú SEÑOR, nuestro Dios, Rey del universo que nos ha dado vida, nos sostuvo y nos ha permitido llegar a este momento.

*Al oler un arbusto o árbol aromático:*

בָּרוּךְ Bendito eres Tú SEÑOR, nuestro Dios, Rey del universo, creador de los árboles aromáticos.

*Al oler hierba, césped o flores aromáticas:*

בָּרוּךְ Bendito eres Tú SEÑOR, nuestro Dios, Rey del universo, creador de las hierbas aromáticas.

*Al oler fruta aromática:*

בָּרוּךְ Bendito eres Tú SEÑOR, nuestro Dios, Rey del universo, que otorga buen aroma a las frutas.

*Al oler otras esencias aromáticas:*

בָּרוּךְ Bendito eres Tú SEÑOR, nuestro Dios, Rey del universo, creador de las especies aromáticas.

*Al contemplar maravillas naturales tales como el relámpago y el ciclo del sol de veintiocho años:*

בָּרוּךְ Bendito eres Tú SEÑOR, nuestro Dios, Rey del universo, autor de la Obra de la Creación.

*Al escuchar un trueno o experimentar un huracán:*

בָּרוּךְ Bendito es aquel cuya fuerza y poder colman el mundo.

*Al contemplar un arcoíris:*

בָּרוּךְ Bendito es aquel que recuerda Su pacto y cumple Su palabra.

*Al contemplar el océano o el Mar Mediterráneo*

בָּרוּךְ Bendito es aquel que ha hecho el gran mar.

*Al contemplar escenarios naturales admirables:*

בָּרוּךְ Bendito es aquel
que ha creado semejantes cosas en Su mundo.

## ברכות הנהנין, הראייה והשמיעה

*Al vestir una prenda nueva:*

בָּרוּךְ אַתָּה יְהוָה, אֱלֹהֵינוּ מֶלֶךְ הָעוֹלָם
שֶׁהֶחֱיָנוּ וְקִיְּמָנוּ וְהִגִּיעָנוּ לַזְּמַן הַזֶּה.

*:Al oler un arbusto o árbol aromático*

בָּרוּךְ אַתָּה יְהוָה, אֱלֹהֵינוּ מֶלֶךְ הָעוֹלָם
בּוֹרֵא עֲצֵי בְשָׂמִים.

*:Al oler hierba, césped o flores aromáticas*

בָּרוּךְ אַתָּה יְהוָה, אֱלֹהֵינוּ מֶלֶךְ הָעוֹלָם
בּוֹרֵא עִשְׂבֵי בְשָׂמִים.

*:Al oler fruta aromática*

בָּרוּךְ אַתָּה יְהוָה, אֱלֹהֵינוּ מֶלֶךְ הָעוֹלָם
הַנּוֹתֵן רֵיחַ טוֹב בַּפֵּרוֹת.

*:Al oler otras esencias aromáticas*

בָּרוּךְ אַתָּה יְהוָה, אֱלֹהֵינוּ מֶלֶךְ הָעוֹלָם
בּוֹרֵא מִינֵי בְשָׂמִים.

*Al contemplar maravillas naturales tales como el*
*:relámpago y el ciclo del sol de veintiocho años*

בָּרוּךְ אַתָּה יְהוָה, אֱלֹהֵינוּ מֶלֶךְ הָעוֹלָם
עוֹשֶׂה מַעֲשֵׂה בְרֵאשִׁית.

*:Al escuchar un trueno o experimentar un huracán*

בָּרוּךְ שֶׁכֹּחוֹ וּגְבוּרָתוֹ מָלֵא עוֹלָם.

*:Al contemplar un arcoíris*

בָּרוּךְ זוֹכֵר הַבְּרִית, נֶאֱמָן בִּבְרִיתוֹ, וְקַיָּם בְּמַאֲמָרוֹ.

*:Al contemplar el océano o el Mar Mediterráneo*

בָּרוּךְ שֶׁעָשָׂה אֶת הַיָּם הַגָּדוֹל.

*:Al contemplar escenarios naturales admirables*

בָּרוּךְ שֶׁכָּכָה לּוֹ בְּעוֹלָמוֹ.

*Al contemplar personas o animales inusuales:*

בָּרוּךְ Bendito es aquel que hace creaturas diferentes.

*Al escuchar buenas nuevas de las cuales tanto otros como nosotros nos habremos de beneficiar:*

בָּרוּךְ Bendito es aquel que es bueno y hace el bien.

(*Si uno es el único beneficiario la bendición apropiada es* "Sheheḥeianu")

*Al contemplar a un notable estudioso de la Torá:*

בָּרוּךְ Bendito es aquel
que ha dotado de Su sabiduría a quienes con temor Le reverencian.

*Al contemplar a un notable erudito secular:*

בָּרוּךְ Bendito es aquel
que ha compartido de Su sabiduría a los seres humanos.

*Al contemplar 600.000 judíos juntos en Israel:*

בָּרוּךְ Bendito es el conocedor de todos los ocultos secretos.

*Al contemplar el sitio en el cual le ocurrió un milagro al pueblo judío:*

בָּרוּךְ Bendito es aquel
que obró milagros a nuestros ancestros en este sitio.

*Al contemplar el sitio en el cual le ocurrió un milagro a uno mismo o bien algún familiar (debe agregar la palabra correspondiente):*

בָּרוּךְ Bendito es aquel que obró para mí (o mi padre/ mi madre/ mis padres) un milagro en este sitio.

*Al escuchar malas noticias, Dios no lo permita.*
*El doliente recita esta bendición previo al rasgado de sus vestiduras.*

בָּרוּךְ Bendito eres Tú Señor, nuestro Dios, Rey del universo, el Juez Verdadero.

## BENDICIONES ADICIONALES

*Se dice la siguiente bendición durante un entierro, y es recitada por el responsable del mismo.*

Bendito eres Tú Señor, nuestro Dios, Rey del universo que os ha formado con justicia, os ha creado con justicia, os ha sustentado con justicia, y os ha hecho fallecer con justicia, y conoce el número de todos vosotros con justicia, y en el futuro os habrá de devolver a la vida y haceros levantar con justicia. Bendito eres Tú que revive a los muertos.

Revivirán Tus muertos. Mis cadáveres se levantarán. Despertad y entonad *Isa. 26*
cánticos vosotros que yacéis en la tierra. Porque Tu rocío se asemeja al de la luz, y la tierra dará vida a las sombras.

*:Al contemplar personas o animales inusuales*

בָּרוּךְ מְשַׁנֶּה הַבְּרִיּוֹת.

*Al escuchar buenas nuevas de las cuales tanto otros como nosotros nos habremos de beneficiar:*

בָּרוּךְ הַטּוֹב וְהַמֵּטִיב.

(*Si uno es el único beneficiario la bendición apropiada es* 'שֶׁהֶחֱיָנוּ')

*:Al contemplar a un notable estudioso de la Torá*

בָּרוּךְ שֶׁחָלַק מֵחָכְמָתוֹ לִירֵאָיו.

*:Al contemplar a un notable erudito secular*

בָּרוּךְ שֶׁנָּתַן מֵחָכְמָתוֹ לְבָשָׂר וָדָם.

*:Al contemplar 600.000 judíos juntos en Israel*

בָּרוּךְ חֲכַם הָרָזִים.

*:Al contemplar el sitio en el cual le ocurrió un milagro al pueblo judío*

בָּרוּךְ שֶׁעָשָׂה נִסִּים לַאֲבוֹתֵינוּ בַּמָּקוֹם הַזֶּה.

*Al contemplar el sitio en el cual le ocurrió un milagro a uno mismo o :(bien algún familiar (debe agregar la palabra correspondiente*

בָּרוּךְ שֶׁעָשָׂה לִי (לְאָבִי/לְאִמִּי/לַאֲבוֹתַי) נֵס בַּמָּקוֹם הַזֶּה.

*Al escuchar malas noticias, Dios no lo permita*
*.El doliente recita esta bendición previo al rasgado de sus vestiduras*

בָּרוּךְ אַתָּה יְהֹוָה, אֱלֹהֵינוּ מֶלֶךְ הָעוֹלָם, דַּיַּן הָאֱמֶת.

## ברכות נוספות

*Se dice la siguiente bendición durante un entierro, y es recitada por el responsable del mismo.*

בָּרוּךְ אַתָּה יְהֹוָה, אֱלֹהֵינוּ מֶלֶךְ הָעוֹלָם, אֲשֶׁר יָצַר אֶתְכֶם בְּדִין, וּבָרָא אֶתְכֶם בְּדִין וְכִלְכֵּל אֶתְכֶם בְּדִין, וְהֵמִית אֶתְכֶם בְּדִין, וְיוֹדֵעַ מִסְפַּר כֻּלְּכֶם בְּדִין, וְהוּא עָתִיד לְהַחֲיוֹתְכֶם וּלְהָקִימְכֶם בְּדִין. בָּרוּךְ אַתָּה מְחַיֵּה הַמֵּתִים.

יִחְיוּ מֵתֶיךָ נְבֵלָתִי יְקוּמוּן הָקִיצוּ וְרַנְּנוּ שֹׁכְנֵי עָפָר כִּי טַל אוֹרֹת טַלֶּךָ וָאָרֶץ ישעיה כו
רְפָאִים תַּפִּיל:

# HABINENU

*En casos de especial urgencia se recita la siguiente plegaria abreviada en vez de las dieciocho bendiciones de la A'midá.*

*No se recita Habinenu en días lluviosos cuando se pide por lluvias ni al concluir Shabat o Yom Tob.*

*Se comienza la A'midá hasta "la Santidad de Dios" y luego se dice:*

*Conocimiento:* Concédenos entendimiento Señor, nuestro Dios, para que conozcamos Tus caminos. *Berajot 29b*

*Retorno:* Sensibiliza nuestros corazones para que Te reverenciemos,

*Perdón y Redención:* y perdónanos para que podamos ser redimidos,

*Curación:* y aléjanos de todo dolor,

*Prosperidad:* y sácianos con las pasturas de Tu tierra,

*Reunión de los exilios:* reúne a nuestros dispersos de los cuatro confines de la tierra.

*Justicia:* Que aquellos que se extravíen sean juzgados conforme a Tu voluntad

*Contra los apóstatas:* y alces Tu mano contra los malvados,

*Por los justos:* y los justos se regocijarán en la reconstrucción

*Reconstrucción de Jerusalém:* de Tu ciudad y la reparación de Tu Santuario

*Reino de David:* y en el florecimiento de la gloria de Tu siervo David y en la radiante luz del hijo de Yshai Tu ungido.

*Respuesta a la oración:* Que antes que Te invoquemos ya nos respondas. Bendito eres Tú Señor, que atiende la plegaria.

*Continúa con "Acepta" hasta el final de la A'midá.*

## PLEGARIA BREVE

*En momentos de peligro, por ejemplo, cuando un soldado está de guardia, se recita la siguiente plegaria en lugar del rezo habitual. Una vez que el peligro pasó se recitan las oraciones habituales completas.*

צָרְכֵי Las necesidades de Tu pueblo Israel son numerosas *Berajot 29b*
y su paciencia es escasa.
Sea Tu voluntad Señor, Dios nuestro y de nuestros ancestros,
que otorgues a cada uno su sustento y a cada cuerpo su faltante
y hagas lo que consideras correcto ante Tus ojos.
Bendito eres Tú Señor, que escucha la plegaria.

## תְּפִלַּת הֲבִינֵנוּ

*En casos de especial urgencia se recita la siguiente plegaria abreviada en vez de las dieciocho bendiciones de la* עמידה*.*
*No se recita* 'הֲבִינֵנוּ' *en días lluviosos cuando se pide por lluvias ni al concluir* שבת *o* יום טוב*.*
*Se comienza la* עמידה *hasta* 'האל הקדוש' *y luego se dice:*

ברכות כט.

| | |
|---|---|
| חונן הדעת | הֲבִינֵנוּ יְהֹוָה אֱלֹהֵינוּ לָדַעַת דְּרָכֶיךָ |
| הרוצה בתשובה | וּמוֹל אֶת לְבָבֵנוּ לְיִרְאָתֶךָ |
| סליחה וגאולה | וְתִסְלַח לָנוּ לִהְיוֹת גְּאוּלִים |
| רופא חולים | וְרַחֲקֵנוּ מִמַּכְאוֹב |
| ברכת השנים | וְדַשְּׁנֵנוּ בִּנְאוֹת אַרְצֶךָ |
| קיבוץ גלויות | וּנְפוּצוֹתֵינוּ מֵאַרְבַּע תְּקַבֵּץ |
| השבת המשפט | וְהַתּוֹעִים עַל דַּעְתְּךָ יִשָּׁפֵטוּ |
| ברכת המינים | וְעַל הָרְשָׁעִים תָּנִיף יָדֶךָ |
| צדיקים וירושלים | וְיִשְׂמְחוּ צַדִּיקִים בְּבִנְיַן עִירֶךָ וּבְתִקּוּן הֵיכָלֶךָ |
| מלכות בית דוד | וּבִצְמִיחַת קֶרֶן לְדָוִד עַבְדֶּךָ |
| | וּבַעֲרִיכַת נֵר לְבֶן יִשַׁי מְשִׁיחֶךָ |
| שומע תפילה | טֶרֶם נִקְרָא אַתָּה תַעֲנֶה. |
| | בָּרוּךְ אַתָּה יְהֹוָה, שׁוֹמֵעַ תְּפִלָּה. |

*Continúa con* 'רְצֵה' *hasta el final de la* עמידה*.*

## תְּפִלָּה קְצָרָה

*En momentos de peligro, por ejemplo, cuando un soldado está de guardia, se recita la siguiente plegaria en lugar del rezo habitual. Una vez que el peligro pasó se recitan las oraciones habituales completas.*

ברכות כט:

צָרְכֵי עַמְּךָ יִשְׂרָאֵל מְרֻבִּים וְדַעְתָּם קְצָרָה.
יְהִי רָצוֹן מִלְּפָנֶיךָ, יְהֹוָה אֱלֹהֵינוּ וֵאלֹהֵי אֲבוֹתֵינוּ
שֶׁתִּתֵּן לְכָל־אֶחָד וְאֶחָד כְּדֵי פַרְנָסָתוֹ, וּלְכָל־גְּוִיָּה וּגְוִיָּה דֵּי מַחְסוֹרָהּ
וְהַטּוֹב בְּעֵינֶיךָ עֲשֵׂה.
בָּרוּךְ אַתָּה יְהֹוָה, שׁוֹמֵעַ תְּפִלָּה.

## BENDICIÓN DE LOS ÁRBOLES

*Quien ve árboles frutales en flor en el mes de Nisán debe recitar:*

Que el agrado del Señor nuestro Dios sea sobre nosotros, y la acción de nuestras manos sea establecida para nosotros. Oh Eterno, aprueba la obra de nuestras manos. *Sal. 90*

Bendito eres Tú Señor, nuestro Dios, Rey del universo, *Berajot 43b*
que no permitió que falte nada en Su mundo
y creó en este creaturas bellas
y árboles hermosos para el disfrute del ser humano.

## PLEGARIA DEL VIAJERO

יְהִי רָצוֹן Sea Tu voluntad Señor, Dios nuestro y de nuestros ancestros, que nos conduzcas hacia la paz, dirijas nuestros pasos hacia la paz y nos lleves a nuestro destino deseado con vida, felicidad y en paz; y nos salves de mano de todo enemigo que pudiese emboscarnos en el camino y de todo tipo de desgracias que pudiesen sobrevenir al mundo. Envía bendición a la obra de nuestras manos, y permítenos hallar gracia, benevolencia y compasión ante Tus ojos y los ojos de aquellos que nos ven y escucha la voz de nuestras súplicas, pues Tú escuchas la plegaria y la súplica. Bendito es aquel que atiende las plegarias.

*Hay quienes acostumbran a decir los siguientes versículos tras el recitado de la Plegaria del Viajero.*

וְיַעֲקֹב Y salió Ya'akob a su camino y se encontró en él con ángeles de Dios. Y *Gén. 32*
dijo Ya'akob al verlos: "Este es un campamento de Dios", y llamó a ese lugar
Majanaim. Partieron y hubo terror de Dios sobre las ciudades que estaban *Gén. 35*
en su derredor y no persiguieron a los hijos de Ya'akob. El ángel de Dios que *Gén. 48*
me ha redimido de todo mal, bendiga a los mozos y sea nombrado en ellos
mi nombre y el nombre de mis padres, Abraham e Iṣḥak, y que proliferen
abundantemente en medio de la tierra. ¡En tu salvación estoy esperanzado, *Gén. 49*
oh Señor! He aquí que Yo envío un ángel delante tuyo para custodiarte en *Éx. 23*
el camino y traerte al lugar que Yo he establecido.

# סדר ברכת האילנות

*Quien ve árboles frutales en flor en el* חודש ניסן *debe recitar:*

וִיהִי נֹעַם אֲדֹנָי אֱלֹהֵינוּ עָלֵינוּ, וּמַעֲשֵׂה יָדֵינוּ כּוֹנְנָה עָלֵינוּ, וּמַעֲשֵׂה יָדֵינוּ כּוֹנְנֵהוּ: תהלים צ

ברכות מג:

בָּרוּךְ אַתָּה יְהֹוָה, אֱלֹהֵינוּ מֶלֶךְ הָעוֹלָם
שֶׁלֹּא חִסֵּר בְּעוֹלָמוֹ כְּלוּם
וּבָרָא בוֹ בְּרִיּוֹת טוֹבוֹת וְאִילָנוֹת טוֹבוֹת
לֵהָנוֹת בָּהֶם בְּנֵי אָדָם.

# תפילת הדרך

יְהִי רָצוֹן מִלְּפָנֶיךָ, יְהֹוָה אֱלֹהֵינוּ וֵאלֹהֵי אֲבוֹתֵינוּ, שֶׁתּוֹלִיכֵנוּ לְשָׁלוֹם, וְתַצְעִידֵנוּ לְשָׁלוֹם וְתַדְרִיכֵנוּ לְשָׁלוֹם, וְתַגִּיעֵנוּ לִמְחוֹז חֶפְצֵנוּ לְחַיִּים וּלְשִׂמְחָה וּלְשָׁלוֹם, וְתַצִּילֵנוּ מִכַּף כָּל־אוֹיֵב וְאוֹרֵב בַּדֶּרֶךְ, וּמִכָּל־מִינֵי פֻּרְעָנִיּוֹת הַמִּתְרַגְּשׁוֹת לָבוֹא לָעוֹלָם וְתִשְׁלַח בְּרָכָה בְּמַעֲשֵׂה יָדֵינוּ וְתִתְּנֵנוּ לְחֵן וּלְחֶסֶד וּלְרַחֲמִים בְּעֵינֶיךָ וּבְעֵינֵי כָל־רוֹאֵינוּ וְתִשְׁמַע קוֹל תַּחֲנוּנֵינוּ, כִּי אֵל שׁוֹמֵעַ תְּפִלָּה וְתַחֲנוּן אָתָּה. בָּרוּךְ, שׁוֹמֵעַ תְּפִלָּה.

*Hay quienes acostumbran a decir los siguientes versículos*
*tras el recitado de la* תפילת הדרך.

וְיַעֲקֹב הָלַךְ לְדַרְכּוֹ וַיִּפְגְּעוּ־בוֹ מַלְאֲכֵי אֱלֹהִים: וַיֹּאמֶר יַעֲקֹב כַּאֲשֶׁר בראשית לב
רָאָם מַחֲנֵה אֱלֹהִים זֶה, וַיִּקְרָא שֵׁם־הַמָּקוֹם הַהוּא מַחֲנָיִם: וַיִּסָּעוּ וַיְהִי ׀ בראשית לה
חִתַּת אֱלֹהִים עַל־הֶעָרִים אֲשֶׁר סְבִיבוֹתֵיהֶם וְלֹא רָדְפוּ אַחֲרֵי בְּנֵי
יַעֲקֹב: הַמַּלְאָךְ הַגֹּאֵל אֹתִי מִכָּל־רָע יְבָרֵךְ אֶת־הַנְּעָרִים וְיִקָּרֵא בָהֶם בראשית מח
שְׁמִי וְשֵׁם אֲבֹתַי אַבְרָהָם וְיִצְחָק וְיִדְגּוּ לָרֹב בְּקֶרֶב הָאָרֶץ: לִישׁוּעָתְךָ בראשית מט
קִוִּיתִי יְהֹוָה: הִנֵּה אָנֹכִי שֹׁלֵחַ מַלְאָךְ לְפָנֶיךָ לִשְׁמָרְךָ בַּדָּרֶךְ, וְלַהֲבִיאֲךָ שמות כג
אֶל־הַמָּקוֹם אֲשֶׁר הֲכִנֹתִי:

# ספר תולדות אדם

## EL CICLO DE LA VIDA

# CEREMONIA NUPCIAL

## LA BENDICIÓN DEL COMPROMISO

*La novia y el novio ingresan a la jupá, la novia es ubicada a la derecha del novio y el Ḥajam recita la bendición del compromiso sobre una copa de vino:*

Los fieles del pueblo, la tribu de Yeshurún. Y el Señor te conceda del rocío del cielo y de la grosura de la tierra con abundancia de cereal y mosto. *Gén. 27*

Prestad atención señores míos. (*Se responde:* ¡Leḥaim!)

בָּרוּךְ Bendito eres Tú Señor, nuestro Dios, Rey del universo, creador del fruto de la vid.

*Luego bendice sobre el perfume:*

בָּרוּךְ Bendito eres Tú Señor, nuestro Dios, Rey del universo, creador de las especies aromáticas.

בָּרוּךְ Bendito eres Tú Señor, nuestro Dios, Rey del universo, que nos ha santificado con Sus preceptos y nos ordenó lo referente a las uniones prohibidas, prohibiéndonos aquellas mujeres que están comprometidas y permitiéndonos aquellas casadas con nosotros por medio de la ceremonia del palio nupcial y el sagrado pacto del matrimonio. Bendito eres Tú Señor, que santifica a Su pueblo Israel por medio de la ceremonia del palio nupcial y el sagrado pacto del matrimonio.

---

בָּרוּךְ *Bendito eres Tú:* Originalmente, el matrimonio adoptaba la forma de dos momentos distintos. El primero era el *Erusín* o *Kidushín*, "el compromiso", compartido por la pareja como promesa mutua. Luego, la novia y el novio regresaban a sus respectivos hogares. Pasado un año de este momento la novia podía ser traída al novio bajo el palio nupcial y podían comenzar su vida juntos. Esto era llamado *Nisuín* y era acompañado de sus propias bendiciones. En la Edad Media, a raíz de las convulsiones que aquejaron a la existencia judía las dos ceremonias fueron unidas. Cada una de estas incluye bendiciones que se recitan sobre una copa de vino y en la actualidad son separadas por la lectura del contrato matrimonial (*"la Ketuvá"*). La bendición del compromiso explica el hecho que ambas ceremonias deben ser cumplidas para que el matrimonio se complete.

# סדר קידושין ונישואין

## ברכות האירוסין

*La* כלה *y el* חתן *ingresan a la* חופה, *la* כלה *es ubicada a la derecha del* חתן)., *y el* חכם *ecita la bendición del compromiso sobre una copa de vino:*

אֱמוּנֵי עַם שְׁבְטֵי יְשֻׁרוּן: וְיִתֶּן־לְךָ֙ הָאֱלֹהִ֔ים מִטַּל֙ הַשָּׁמַ֔יִם וּמִשְׁמַנֵּ֖י הָאָ֑רֶץ בראשית כז
וְרֹ֥ב דָּגָ֖ן וְתִירֹֽשׁ:

סַבְרִי מָרָנָן (ועונים: לְחַיִּים)

בָּרוּךְ אַתָּה יְהוָה, אֱלֹהֵינוּ מֶלֶךְ הָעוֹלָם, בּוֹרֵא פְּרִי הַגָּפֶן.

*Luego bendice sobre el perfume:*

בָּרוּךְ אַתָּה יְהוָה, אֱלֹהֵינוּ מֶלֶךְ הָעוֹלָם
בּוֹרֵא מִינֵי בְשָׂמִים.

בָּרוּךְ אַתָּה יְהוָה, אֱלֹהֵינוּ מֶלֶךְ הָעוֹלָם, אֲשֶׁר קִדְּשָׁנוּ בְּמִצְוֹתָיו, וְצִוָּנוּ עַל הָעֲרָיוֹת, וְאָסַר לָנוּ אֶת הָאֲרוּסוֹת, וְהִתִּיר לָנוּ אֶת הַנְּשׂוּאוֹת לָנוּ עַל יְדֵי חֻפָּה וְקִדּוּשִׁין. בָּרוּךְ אַתָּה יְהוָה, מְקַדֵּשׁ עַמּוֹ יִשְׂרָאֵל עַל יְדֵי חֻפָּה וְקִדּוּשִׁין.

---

CEREMONIA NUPCIAL

"Dijo el Señor Dios: No es bueno que el hombre esté solo, haré para él una ayuda, frente a él… Por ello, el hombre deja a su padre y a su madre y se adhiere a su mujer y se tornan en una sola carne" (Gén. 2:18-2:24). El matrimonio es una de las instituciones supremas del judaísmo, la primera en ser mencionada bíblicamente y aquella de la que hablan los profetas en sus momentos más profundos como la metáfora más convincente de la relación entre Dios y Su pueblo. En la boda, el novio y la novia se comprometen mutuamente en un vínculo de lealtad y amor, cada uno respetando la integridad del otro al tiempo que uniendo sus destinos para alcanzar juntos lo que nunca podrían lograr estando solos. La misma palabra hebrea *"jaím"*, vida, es plural, lo cual sugiere que la vida en su más pleno sentido debe ser compartida. El matrimonio es la moralización de la pasión, amor traducido en un pacto de mutua responsabilidad a través del cual, al compartir nuestras vulnerabilidades, redimimos nuestra soledad y descubrimos nuestras fuerzas.

*El Ḥajam toma un poco de vino y le da a los novios para que beban también. Luego, llama a los dos testigos para que presencien la entrega del anillo del Kidushín y aclara que unicamente ellos atestiguan. Previo a su entrega, los testigos deben cerciorarse que el anillo valga una perutá.*

הֲרֵי Quedas consagrada para mí como mi esposa por medio de este anillo de acuerdo a la ley de Moshé e Israel.

*Si el novio consagra a la novia con dinero, declara:*

הֲרֵי Quedas consagrada para mí como mi esposa por medio de este dinero de acuerdo a la ley de Moshé e Israel.

*Una vez que el novio coloca el anillo sobre el dedo contiguo al pulgar derecho de la novia, el Ḥajam que oficia la ceremonia recibe de este la declaración de asunción del compromiso nupcial y anuncia lo siguiente:*

Con buena señal, con buenaventura, en buena y bendita hora; este compromiso que es asumido por medio de un juramento estricto ante el Eterno, Bendito Sea, y es realizado por aquellos que honran sus promesas, crezca y ascienda venturosamente para que se cumplan todas las condiciones estipuladas en esta Ketubá.

*El novio declara nuevamente:*

Juro cumplir todas las obligaciónes
y deberes que están asentados en este Acta de Ketubá

*Quien oficia la ceremonia (u otra persona) vuelve a leer la Ketubá y se procede a su firma. Antes de quebrar una pequeña copa, el novio recita los siguientes versículos:*

אִם־אֶשְׁכָּחֵךְ Si te olvidare oh Jerusalém *Sal. 137*
que mi diestra sea olvidada, se adhiera mi lengua
a mi paladar si no te recordare,
si no habré de elevar a Jerusalém por sobre todas mis alegrías.

---

LA RUPTURA DE LA COPA

Se trata de una antigua costumbre que nos recuerda que mientras el Templo permanezca sin ser construido nuestra alegría no puede ser completa. Se ha tornado costumbre recitar previo al quiebre de la copa el versículo de Salmos 137 que reza "Si te olvidare oh Jerusalém", el cual fuera dicho por los exiliados en Babilonia tras la destrucción del Primer Templo.

*El* חכם *toma un poco de vino y le da a los* חתן וכלה *para que beban también. Luego, llama a los dos testigos para que presencien la entrega del anillo del* קידושין *y aclara que unicamente ellos atestiguan. Previo a su entrega, los testigos deben cerciorarse que el anillo valga una perutá.*

הֲרֵי אַתְּ מְקֻדֶּשֶׁת לִי בְּטַבַּעַת זוֹ כְּדַת מֹשֶׁה וְיִשְׂרָאֵל.

*Si el* חתן *consagra a la novia con dinero, declara:*

הֲרֵי אַתְּ מְקֻדֶּשֶׁת לִי בְּכַסְפָּא הָדֵין כְּדַת מֹשֶׁה וְיִשְׂרָאֵל.

*Una vez que el novio coloca el anillo sobre el dedo contiguo al pulgar derecho de la novia, el* חכם *que oficia la ceremonia recibe de este la declaración de asunción del compromiso nupcial y anuncia lo siguiente:*

בְּסִימָן טוֹב וּבְמַזָּל טוֹב בְּשָׁעָה טוֹבָה וּמְבֹרֶכֶת
בְּמַזַּל הַצּוֹמֵחַ וְעוֹלֶה קִנְיָן בִּשְׁבוּעָה חֲמוּרָה עַל דַּעַת הַמָּקוֹם
בָּרוּךְ הוּא וְעַל דַּעַת הַנִּשְׁבָּעִים בֶּאֱמֶת
לְקַיֵּם אֶת כָּל־הַתְּנָאִים הַכְּתוּבִים בַּכְּתוּבָּה

*El* חתן *declara nuevamente:*

Juro cumplir todas las obligaciónes
y deberes que están asentados en este Acta de Ketubá

*Quien oficia la ceremonia (u otra persona) vuelve a leer la* כתובה *y se procede a su firma. Antes de quebrar una pequeña copa, el* החתן *recita los siguientes versículos:*

אִם־אֶשְׁכָּחֵךְ יְרוּשָׁלָםִ, תִּשְׁכַּח יְמִינִי: תהלים קלז
תִּדְבַּק לְשׁוֹנִי לְחִכִּי אִם־לֹא אֶזְכְּרֵכִי
אִם־לֹא אַעֲלֶה אֶת־יְרוּשָׁלַםִ עַל רֹאשׁ שִׂמְחָתִי:

---

הֲרֵי אַתְּ מְקֻדֶּשֶׁת לִי *Quedas consagrada para mí:* La declaración que acompaña la entrega del anillo por parte del novio a la novia. El uso del vocablo "consagrada" en el contexto del matrimonio señala el carácter sagrado del vínculo entre las partes. כְּדַת מֹשֶׁה וְיִשְׂרָאֵל *La ley de Moshé e Israel:* el novio acepta honrar sus obligaciones tanto según la ley bíblica (Moshé) como rabínica (Israel).

## LAS SIETE BENDICIONES NUPCIALES

*Los padres colocan un talit sobre las cabezas de los novios, se agrega vino a la copa y el Ḥazán oficial de la comunidad procede a recitar las siete bendiciones nupciales (estas no se reparten a varias personas):*

Prestad atención señores míos. (*Se responde:* ¡Leḥaim!)

בָּרוּךְ Bendito eres Tú Señor, nuestro Dios, Rey del universo, creador del fruto de la vid.

בָּרוּךְ Bendito eres Tú Señor, nuestro Dios, Rey del universo, que todo lo ha creado para Su gloria.

בָּרוּךְ Bendito eres Tú Señor, nuestro Dios, Rey del universo, Creador del ser humano.

בָּרוּךְ Bendito eres Tú Señor, nuestro Dios, Rey del universo, que creó al Hombre a Su imagen, la imagen de Su semejanza y de Su propio Ser le confirió una construcción eterna Bendito eres Tú Señor, Creador de la humanidad.

---

SHEVA BERAJOT / LAS SIETE BENDICIONES
Estas bendiciones acompañan a la segunda etapa del matrimonio y se remontan a los primeros tiempos rabínicos. Tras la bendición por el vino, las seis bendiciones restantes van secuencialmente de lo universal a lo particular. La segunda alaba a Dios como Creador de todo cuanto existe. La tercera habla de Su creación del ser humano. La cuarta alude al segundo capítulo del libro de Génesis en el cual Dios, al ver que el hombre estaba solo, formó a partir "de Su propio Ser" una compañera para que pueda transformarse en "una construcción eterna" por medio de sus descendientes. La quinta

## שבע ברכות הנישואין

*Los padres colocan un talit sobre las cabezas de los novios, se agrega vino a la copa y el* חזן *oficial de la comunidad procede a recitar las siete bendiciones nupciales (estas no se reparten a varias personas):*

סַבְרִי מָרָנָן (ועונים: לְחַיִּים)

בָּרוּךְ אַתָּה יְהֹוָה, אֱלֹהֵינוּ מֶלֶךְ הָעוֹלָם
בּוֹרֵא פְּרִי הַגֶּפֶן.

בָּרוּךְ אַתָּה יְהֹוָה, אֱלֹהֵינוּ מֶלֶךְ הָעוֹלָם
שֶׁהַכֹּל בָּרָא לִכְבוֹדוֹ.

בָּרוּךְ אַתָּה יְהֹוָה, אֱלֹהֵינוּ מֶלֶךְ הָעוֹלָם
יוֹצֵר הָאָדָם.

בָּרוּךְ אַתָּה יְהֹוָה, אֱלֹהֵינוּ מֶלֶךְ הָעוֹלָם
אֲשֶׁר יָצַר אֶת הָאָדָם בְּצַלְמוֹ, בְּצֶלֶם דְּמוּת תַּבְנִיתוֹ
וְהִתְקִין לוֹ מִמֶּנּוּ בִּנְיַן עֲדֵי־עַד.
בָּרוּךְ אַתָּה יְהֹוָה, יוֹצֵר הָאָדָם.

---

EL CONTRATO MATRIMONIAL

Es leído en su versión original en el idioma arameo y detalla el deber de un marido judío para con su esposa en cuanto a “trabajar, respetarla, apoyarla y mantenerla” y cumplir con todas las obligaciones financieras que se desprenden del matrimonio. El origen de la Ketuvá se remonta a unos dos mil años atrás y tuvo como intención asegurar los derechos legales de la novia en el marco del matrimonio. Este documento entra en efecto al alzar el novio un objeto, comúnmente un pañuelo en presencia de dos testigos. Estos testigos firman el documento, el cual suele ser también firmado por el novio.

שׂוֹשׂ Alégrese y regocíjese la mujer estéril al reunirse sus hijos en su seno con regocijo. Bendito eres Tú Señor, que alegra a Ṣion con sus hijos.

שַׂמֵּחַ Alegra a los amigos amantes tal como regocijaste a Tus creaturas en el Jardín del Edén.
Bendito eres Tú Señor, que alegra al novio y a la novia.

בָּרוּךְ Bendito eres Tú Señor, nuestro Dios, Rey del universo, que creó regocijo y alegría, novio y novia, el gozo, el cántico, el alborozo y la satisfacción, el amor, la hermandad, la paz y la amistad. Prontamente, Señor nuestro Dios, se escuchen en las ciudades de Judea y en las afueras de Jerusalém voces de regocijo y alegría, voces de novio y de novia, la voz de júbilo de los novios bajo su palio nupcial y de los jóvenes en las canciones del banquete. Bendito eres Tú Señor, que alegra al novio con la novia y les conceda prosperidad.

*El Ḥazán toma un poco del vino y luego lo hacen el novio y la novia.*

---

séptima bendición es la más extensa y trae todos estos temas conjuntamente invocando las palabras del profeta Jeremías (33:10-11) que en el futuro serán escuchadas "de regocijo y alegría, voces de novio y de novia".

שׂוֹשׂ תָּשִׂישׂ וְתָגֵל עֲקָרָה בְּקִבּוּץ בָּנֶיהָ לְתוֹכָהּ בִּמְהֵרָה בְּשִׂמְחָה.
בָּרוּךְ אַתָּה יְהֹוָה, מְשַׂמֵּחַ צִיּוֹן בְּבָנֶיהָ.

שַׂמֵּחַ תְּשַׂמַּח רֵעִים אֲהוּבִים כְּשַׂמֵּחֲךָ יְצִירְךָ בְּגַן עֵדֶן מִקֶּדֶם.
בָּרוּךְ אַתָּה יְהֹוָה, מְשַׂמֵּחַ חָתָן וְכַלָּה.

בָּרוּךְ אַתָּה יְהֹוָה, אֱלֹהֵינוּ מֶלֶךְ הָעוֹלָם
אֲשֶׁר בָּרָא שָׂשׂוֹן וְשִׂמְחָה, חָתָן וְכַלָּה
גִּילָה, רִנָּה, דִּיצָה וְחֶדְוָה, אַהֲבָה וְאַחְוָה, שָׁלוֹם וְרֵעוּת.
מְהֵרָה יְהֹוָה אֱלֹהֵינוּ
יִשָּׁמַע בְּעָרֵי יְהוּדָה וּבְחוּצוֹת יְרוּשָׁלָיִם
קוֹל שָׂשׂוֹן וְקוֹל שִׂמְחָה, קוֹל חָתָן וְקוֹל כַּלָּה
קוֹל מִצְהֲלוֹת חֲתָנִים מֵחֻפָּתָם וּנְעָרִים מִמִּשְׁתֵּה נְגִינָתָם.
בָּרוּךְ אַתָּה יְהֹוָה, מְשַׂמֵּחַ הֶחָתָן עִם הַכַּלָּה וּמַצְלִיחַ.

*El* חזן *toma un poco del vino y luego lo hacen el* חתן *y la* כלה

---

habla emotivamente del pueblo judío (Sion) como un todo que se renueva por medio del matrimonio de sus hijos. La sexta bendición pide que la novia y el novio puedan hallar juntos la felicidad y hacer feliz a Dios. La

## EL LLAMADO DE UN ḤATÁN A LA TORÁ

*Cuando un novio asciende a la Torá por primera vez, tras la lectura se recitan los siguientes versículos. Cada uno de estos es repetido tanto en hebreo como en arameo.*

Abraham era anciano, entrado en años y el SEÑOR lo había bendecido en todo. *Gen. 24*

Y le dijo Abraham a su servidor, el mayordomo de su casa, quien regía todo lo que él poseía: "Pon tu mano bajo mi muslo".

Quiero que me jures en nombre del SEÑOR, Dios de los cielos y Dios de la tierra: Que no habrás de tomar una esposa para mi hijo, de entre las hijas de los Quena'anitas en medio de los cuales yo habito.

Sino que habrás de ir a mi tierra, al lugar donde donde nací, y habrás de tomar de allí una esposa para mi hijo Iṣḥak.

Preguntóle el servidor: Tal vez no desee la mujer ir tras de mí a esta tierra, ¿Habré entonces de regresar a tu hijo a la tierra de donde tú has salido?

Díjole Abraham: ¡Asegúrate de no retornar a mi hijo allí!

El SEÑOR, Dios de los cielos que me tomó de la casa de mi padre y de la tierra de mi nacimiento, me habló y me juró diciendo: A tu descendencia daré esta tierra, Él enviará Su emisario delante de ti y tomarás para mi hijo una esposa de allí. .

*El último versículo es repetido sin el Targúm:*

El SEÑOR, Dios de los cielos que me tomó de la casa de mi padre y de la tierra de mi nacimiento, me habló y me juró diciendo: A tu descendencia daré esta tierra, Él enviará Su emisario delante de ti y tomarás para mi hijo una esposa de allí.

# סדר עליית חתן לתורה

*Cuando un* חתן *asciende a la* תורה *por primera vez, tras la lectura se recitan los siguientes versículos. Cada uno de estos es repetido tanto en hebreo como en arameo.*

וְאַבְרָהָם זָקֵן בָּא בַּיָּמִים וַיהוָה בֵּרַךְ אֶת־אַבְרָהָם בַּכֹּל׃ בראשית כד

וְאַבְרָהָם סִיב עָל בְּיוֹמִין וַיהוָה בָּרֵיךְ יָת אַבְרָהָם בְּכֹלָּא׃

וַיֹּאמֶר אַבְרָהָם אֶל־עַבְדּוֹ זְקַן בֵּיתוֹ הַמֹּשֵׁל בְּכָל־אֲשֶׁר־לוֹ שִׂים־נָא יָדְךָ תַּחַת יְרֵכִי׃

וַאֲמַר אַבְרָהָם לְעַבְדֵּיהּ סָבָא דְּבֵיתֵיהּ דְּשַׁלִּיט בְּכָל־דִּי לֵיהּ שַׁוִּי כְעַן יְדָךְ תְּחוֹת יַרְכִּי׃

וְאַשְׁבִּיעֲךָ בַּיהוָה אֱלֹהֵי הַשָּׁמַיִם וֵאלֹהֵי הָאָרֶץ אֲשֶׁר לֹא־תִקַּח אִשָּׁה לִבְנִי מִבְּנוֹת הַכְּנַעֲנִי אֲשֶׁר אָנֹכִי יוֹשֵׁב בְּקִרְבּוֹ׃

וַאֲקַיֵּים עֲלָךְ בְּמֵימְרָא דַּיהוָה אֱלָהָא דִּשְׁמַיָּא וֶאֱלָהָא דְּאַרְעָא, דְּלָא תִסַּב אִתְּתָא לִבְרִי מִבְּנָת כְּנַעֲנָאֵי דִּי אֲנָא יָתֵב בֵּינֵיהוֹן׃

כִּי אֶל־אַרְצִי וְאֶל־מוֹלַדְתִּי תֵּלֵךְ וְלָקַחְתָּ אִשָּׁה לִבְנִי לְיִצְחָק׃

אֱלָהֵין לְאַרְעִי וּלְיַלָּדוּתִי תֵּיזֵיל וְתִסַּב אִתְּתָא לִבְרִי לְיִצְחָק׃

וַיֹּאמֶר אֵלָיו הָעֶבֶד אוּלַי לֹא־תֹאבֶה הָאִשָּׁה לָלֶכֶת אַחֲרַי אֶל־הָאָרֶץ הַזֹּאת הֶהָשֵׁב אָשִׁיב אֶת־בִּנְךָ אֶל־הָאָרֶץ אֲשֶׁר־יָצָאתָ מִשָּׁם׃

וַאֲמַר לֵיהּ עַבְדָּא מָאִם לָא תֵיבֵי אִתְּתָא לְמֵיתֵי בַּתְרַי לְאַרְעָא הָדָא הַאֲתָבָא אָתֵיב יָת בְּרָךְ לְאַרְעָא דִּי נְפַקְתָּא מִתַּמָּן׃

וַיֹּאמֶר אֵלָיו אַבְרָהָם הִשָּׁמֶר לְךָ פֶּן־תָּשִׁיב אֶת־בְּנִי שָׁמָּה׃

וַאֲמַר לֵיהּ אַבְרָהָם אִסְתַּמַּר לָךְ דִּילְמָא תָּתֵיב יָת בְּרִי לְתַמָּן׃

יְהוָה ׀ אֱלֹהֵי הַשָּׁמַיִם אֲשֶׁר לְקָחַנִי מִבֵּית אָבִי וּמֵאֶרֶץ מוֹלַדְתִּי וַאֲשֶׁר דִּבֶּר־לִי וַאֲשֶׁר נִשְׁבַּע־לִי לֵאמֹר לְזַרְעֲךָ אֶתֵּן אֶת־הָאָרֶץ הַזֹּאת הוּא יִשְׁלַח מַלְאָכוֹ לְפָנֶיךָ וְלָקַחְתָּ אִשָּׁה לִבְנִי מִשָּׁם׃

יְהוָה אֱלָהָא דִּשְׁמַיָּא דִּי דַבְּרַנִי מִבֵּית אַבָּא וּמֵאֲרַע יַלָּדוּתִי וְדִי מַלֵּיל לִי וְדִי קַיֵּים לִי לְמֵימַר לִבְנָךְ אֶתֵּן יָת אַרְעָא הָדָא הוּא יִשְׁלַח מַלְאֲכֵיהּ קֳדָמָךְ וְתִסַּב אִתְּתָא לִבְרִי מִתַּמָּן׃

*El último versículo es repetido sin el Targúm:*

יְהוָה ׀ אֱלֹהֵי הַשָּׁמַיִם אֲשֶׁר לְקָחַנִי מִבֵּית אָבִי וּמֵאֶרֶץ מוֹלַדְתִּי וַאֲשֶׁר דִּבֶּר־לִי וַאֲשֶׁר נִשְׁבַּע־לִי לֵאמֹר לְזַרְעֲךָ אֶתֵּן אֶת־הָאָרֶץ הַזֹּאת הוּא יִשְׁלַח מַלְאָכוֹ לְפָנֶיךָ וְלָקַחְתָּ אִשָּׁה לִבְנִי מִשָּׁם׃

# Berit Milá

*Makam Ṣaba:*

יִגְדַּל Engrandecido es el Dios viviente y habrá de ser loado.
Él existe y Su existencia trasciende el tiempo.

Es Uno y Único en Su Unicidad, ésta es insondable e infinita.

No posee forma corporal ni sustancia;
Su santidad está más allá de cualquier comparación.

Es anterior a todo ser creado.
Él fue el primero y no hubo inicio a Su comienzo.

Él es el Amo del mundo;
y todas las creaturas manifiestan Su grandeza y majestad.
Brindó el rico flujo de Su profecía a personas
por Él atesoradas en las cuales se glorificó.
Nunca surgió en el pueblo de Israel un profeta como Moshé,
quien contempló claramente la Imagen Divina.

Dios concedió a Su pueblo una Torá verdadera
de mano de Su profeta, el más fiel de Su Casa.

Dios no alterará ni cambiará Su ley por ninguna otra, jamás.

Él contempla y percibe nuestros pensamientos más íntimos;
ni bien algo comienza Él prevé su final.

Él recompensa generosamente por los actos de bien,
castiga a los malvados según su iniquidad.
Al final de los días enviará a nuestro ungido (Mashiaḥ)
para redimir a aquellos que aguardan la salvación final.
Dios revivirá a los muertos con gran generosidad.
¡Bendito Sea por siempre Su glorioso Nombre!
Estos son los trece principios,
el fundamento de la Ley de Dios y Su Torá.

La Torá de Moshé y su profecía son verdaderas.
¡Bendito Sea por siempre Su glorioso Nombre!

*Se repite "Estos son los Trece Principios" hasta el final.*

*Se acostumbra a repartir entre el público presente especies aromáticas para recitar la bendición correspondiente.*

# סדר ברית מילה

מקאם צבא

יִגְדַּל אֱלֹהִים חַי וְיִשְׁתַּבַּח נִמְצָא וְאֵין עֵת אֶל־מְצִיאוּתוֹ
אֶחָד וְאֵין יָחִיד כְּיִחוּדוֹ נֶעְלָם וְגַם אֵין סוֹף לְאַחְדוּתוֹ
אֵין לוֹ דְּמוּת הַגּוּף וְאֵינוֹ גוּף לֹא נַעֲרֹךְ אֵלָיו קְדֻשָּׁתוֹ
קַדְמוֹן לְכָל־דָּבָר אֲשֶׁר נִבְרָא רִאשׁוֹן וְאֵין רֵאשִׁית לְרֵאשִׁיתוֹ
הִנּוֹ אֲדוֹן עוֹלָם לְכָל־נוֹצָר יוֹרֶה גְדֻלָּתוֹ וּמַלְכוּתוֹ
שֶׁפַע נְבוּאָתוֹ נְתָנוֹ אֶל־ אַנְשֵׁי סְגֻלָּתוֹ וְתִפְאַרְתּוֹ
לֹא קָם בְּיִשְׂרָאֵל כְּמֹשֶׁה עוֹד נָבִיא וּמַבִּיט אֶת־תְּמוּנָתוֹ
תּוֹרַת אֱמֶת נָתַן לְעַמּוֹ אֵל עַל־יַד נְבִיאוֹ נֶאֱמַן בֵּיתוֹ
לֹא יַחֲלִיף הָאֵל וְלֹא יָמִיר דָּתוֹ, לְעוֹלָמִים לְזוּלָתוֹ
צוֹפֶה וְיוֹדֵעַ סְתָרֵינוּ מַבִּיט לְסוֹף דָּבָר בְּקַדְמוּתוֹ
גּוֹמֵל לְאִישׁ חָסִיד כְּמִפְעָלוֹ נוֹתֵן לְרָשָׁע רָע כְּרִשְׁעָתוֹ
יִשְׁלַח לְקֵץ יָמִין מְשִׁיחֵנוּ לִפְדּוֹת מְחַכֵּי קֵץ יְשׁוּעָתוֹ
מֵתִים יְחַיֶּה אֵל בְּרֹב חַסְדּוֹ בָּרוּךְ עֲדֵי־עַד שֵׁם תְּהִלָּתוֹ
אֵלֶּה שְׁלֹשׁ עֶשְׂרֵה לְעִקָּרִים הֵן הֵם יְסוֹד דַּת אֵל וְתוֹרָתוֹ
תּוֹרַת מֹשֶׁה אֱמֶת וּנְבוּאָתוֹ בָּרוּךְ עֲדֵי־עַד שֵׁם תְּהִלָּתוֹ.

***Se repite nuevamente 'אֵלֶּה שְׁלֹשׁ עֶשְׂרֵה לְעִקָּרִים' hasta el final.***

***Se acostumbra a repartir entre el público presente especies aromáticas para recitar la bendición correspondiente.***

---

LA CEREMONA DE LA CIRCUNCISIÓN

Desde los días de Abraham (Génesis 17:4-14) la circuncisión ha sido para los varones judíos la señal del pacto entre Dios y Su pueblo. A pesar del hecho de que la norma fue reestablecida por Moshé (Levítico 12:3), sigue siendo conocida como "el pacto de Abraham". La ceremonia es realizada siempre el octavo día – incluso en Shabat, a menos de que medien impedimentos de tipo médico que justifiquen la demora – marca el ingreso del niño al pacto del destino judío. El deber de circuncidar recae en principio sobre el padre del niño, en la práctica, la circuncisión es realizada únicamente por un *mohel* calificado.

*Luego se entonan los siguientes cánticos (se suele abreviar su recitado en virtud de la falta de tiempo. Fueron marcados los pasajes que por lo general son recitados).*

*Letra: Atribuido a nuestro maestro el Rabino Abraham Antebi, de bendita memoria.*
*Forma el acróstico: Abraham Ḥazak*
*Makam Ṣaba*
*Melodía: Ah Ya Maḥbubi*

Tú eres mi amado, mi Roca encumbrada,
pues has otorgado visiblemente alegría a mi corazón.

En el día de la circuncisión, he de ofrecer una fiesta,
con alegría y regocijo ante la doble bondad,
en Ti me he de apoyar.

Corre ágil cual gacela, el profeta Eliahu,
pronto vendrá y se parará sobre un manantial
para expiar mi falta.

Este niño, mi hijo, cual hilo escarlata,
como buena señal, cual jardín regado,
mi hijo hallará gracia ante todos los ojos.

Oh purificador de las impurezas, reúne al pueblo de Israel,
alegra a la simiente de Abraham
y del fecundo Yosef ante la mirada de todos.

Concede vigor a la congregación de Aram Ṣoba, la ciudad buena,
sitio de nuestro maestro Ezra, que nuestros ojos vean a la piedra preciosa,
el Templo de Jerusalém.

*Letra: Ribí David Ḥasín, de bendita memoria.*
*Forma el acróstico: Anojí David Ben Aharón Ḥazak*

He de entonar palabras de alabanza, ante el Dios de mi padre.
En honor al amado de mi corazón, el profeta Eliahu.

El Eterno plantó en Yeshurún (el pueblo de Israel)
el lirio del Sharón, de la estirpe de Aharón,
servidor de mi Roca encumbrada.
En honor al amado de mi corazón, el profeta Eliahu.

Servidor del Dios Supremo, Pineḥás es Eliahu.
Lo llaman 'el profeta', 'el guiladita', el 'tishbita'.
En honor al amado de mi corazón, el profeta Eliahu.

*Luego se entonan los siguientes cánticos (se suele abreviar su recitado en virtud de la falta de tiempo. Fueron marcados los pasajes que por lo general son recitados).*

מלים: מיוחס למוה"ר אברהם ענתבי זיע"א
סימן: אברהם חזק
מקאם צבא
לחן: אה יא מחבובי

**אַתָּה אֲהוּבִי, צוּרִי מִשְׂגַּבִּי,**
**כִּי אַתָּה נָתַתָּ, שִׂמְחָה בְּלִבִּי, רָאֲתָה עַיִן:**

**בְּיוֹם הַמִּילָה, עֲבֵד הִלּוּלָא,**
**בְּשָׂשׂוֹן וּבְשִׂמְחָה, טוֹבָה כְּפוּלָה, בָּךְ אֶשָּׁעֵן:**

**רָץ קַל כַּצְּבִי, אֵלִיָּהוּ הַנָּבִיא,**
**בֹּא יָבֹא בִּמְהֵרָה, לְכַפֵּר חוֹבִי, נִצָּב עַל עַיִן:**

**הַיֶּלֶד בְּנִי, כְּחוּט הַשָּׁנִי,**
**בְּסִימָן טוֹב כְּגַן רָטוֹב, עוֹד יוֹסֵף בְּנִי, פּוֹרָת עֲלֵי עָיִן:**

**מַצְרֵף לַכֶּסֶף, יְהִי מְאַסֵּף,**
**לְזֶרַע אַבְרָהָם, בֵּן פּוֹרָת יוֹסֵף, שָׂמַח עַל עַיִן:**

**חַזֵּק (אֲרַם) [קְהַל] צוֹבָה, הָעִיר הַטּוֹבָה,**
**וְגַם מְקוֹם אָדוֹן עֶזְרָא, מַרְגָּלִית טוֹבָה, תִּרְאֶינָה עַיִן:** תם

מילים: רבי דוד חסין זצ"ל
סימן: אנכי דוד בן אהרן חזק

**אֶעֱרֹךְ מַהֲלַל נִיבִי / לִפְנֵי אֱלֹהֵי אָבִי**
**לִכְבוֹד חֶמְדַּת לְבָבִי / אֵלִיָּהוּ הַנָּבִיא.**

**נָטַע הָאֵל בִּישֻׁרוּן / חֲבַצֶּלֶת הַשָּׁרוֹן**
**אִישׁ מִגֶּזַע אַהֲרֹן / מְשָׁרֵת צוּר מִשְׂגַּבִּי.**
**לִכְבוֹד חֶמְדַּת לְבָבִי, אֵלִיָּהוּ הַנָּבִיא.**

**כֹּהֵן לְאֵל עֶלְיוֹן הוּא / פִּינְחָס הוּא אֵלִיָּהוּ**
**הַנָּבִיא יִקְרָאוּהוּ / הַגִּלְעָדִי, הַתִּשְׁבִּי.**
**לִכְבוֹד חֶמְדַּת לְבָבִי, אֵלִיָּהוּ הַנָּבִיא.**

En el día en que tuvo celo por el Señor, /
mató con fuerza y decisión,
al presidente de una tribu de Israel, /
y a una mujer llamada Cozbí Bat Ṣur.
En honor al amado de mi corazón, el profeta Eliahu.

Escuchó la sentencia de boca de su maestro, /
aquel hombre que copulare con una extraña,
celosos del Señor lo hieren, /
"Desenvainaré mi espada y mi mano los destruirá".
En honor al amado de mi corazón, el profeta Eliahu.

Se alzó de en medio de la congregación, /
blandiendo una lanza en su mano.
Fue presa del temor, / pero se sobrepuso cual león.
En honor al amado de mi corazón, el profeta Eliahu.

Con su espada los hirió, / tal como yacían.
Los golpeó sobre la tierra, / y los trajo ante Moshé.
En honor al amado de mi corazón, el profeta Eliahu.

En mérito de ello, el Dios viviente y eterno, /
le retribuyó de manera completa.
Estableció con él un pacto de kehuná eterna, /
y mi adeudo expiará.
En honor al amado de mi corazón, el profeta Eliahu.

Doce milagros, / en diferentes áreas,
le hizo Aquel que mora en los Cielos, /
mi Roca, mi Redentor, mi Padre.
En honor al amado de mi corazón, el profeta Eliahu.

Portaba la verdad en su boca, / a una viuda menesterosa,
le revivió a su hijo / cuando le dijo a su alma: ¡Regresa!
En honor al amado de mi corazón, el profeta Eliahu.

También en el aceite, / recayó la bendición.
La tinaja de harina no se consumió, /
sino que creció y aumentó.
En honor al amado de mi corazón, el profeta Eliahu.

A quienes iban tras la idolatría, / los castigó con la vara de su boca.
Y entonces dijeron: / el Señor es verdad y tú eres el profeta.
En honor al amado de mi corazón, el profeta Eliahu.

יוֹם קִנֵּא קִנְאַת הָאֵל / הָרַג בְּכֹחַ וָאֵל
נְשִׂיא שֵׁבֶט יִשְׂרָאֵל / וּבַת צוּר שְׁמָהּ כָּזְבִּי.
לִכְבוֹד חֶמְדַּת לְבָבִי, אֵלִיָּהוּ הַנָּבִיא.

דִּין שָׁמַע מִפִּי רַבּוֹ / אִישׁ אֲרַמִּית מִשְׁכָּבוֹ
קַנָּאִים הֵם פּוֹגְעִים בּוֹ / וַיֹּאמֶר אָרִיק חַרְבִּי.
לִכְבוֹד חֶמְדַּת לְבָבִי, אֵלִיָּהוּ הַנָּבִיא.

וַיָּקָם מִתּוֹךְ עֵדָה / רֹמַח בְּיָדוֹ הָדָה
וַיֶּחֱרַד חֲרָדָה / נִתְגַּבֵּר כְּמוֹ לָבִיא.
לִכְבוֹד חֶמְדַּת לְבָבִי, אֵלִיָּהוּ הַנָּבִיא.

דָּקַר בְּחַרְבּוֹ אוֹתָם / כְּדֶרֶךְ שְׁכִיבָתָם
עַל הָאָרֶץ חֲבָטָם / וּלְמֹשֶׁה אוֹתָם הֵבִיא.
לִכְבוֹד חֶמְדַּת לְבָבִי, אֵלִיָּהוּ הַנָּבִיא.

בִּשְׂכַר זֹאת אֵל חַי עוֹלָם / נָתַן לוֹ שָׂכָר מְשֻׁלָּם
בְּרִית כְּהֻנַּת עוֹלָם / וִיכַפֵּר עֲלֵי חוֹבִי.
לִכְבוֹד חֶמְדַּת לְבָבִי, אֵלִיָּהוּ הַנָּבִיא.

נִסִּים עֶשֶׂר וּשְׁנַיִם / בְּדִבְרֵיהֶם שְׁנוּיִים
עָשָׂה לוֹ דַּר שָׁמַיִם / צוּרִי, גּוֹאֲלִי, אָבִי.
לִכְבוֹד חֶמְדַּת לְבָבִי, אֵלִיָּהוּ הַנָּבִיא.

אֱמֶת בְּפִיהוּ הָיָה / לְאַלְמָנָה עֲנִיָּה
עֵת אֶת בְּנָהּ הֶחֱיָה / וּלְנַפְשׁוֹ אָמַר שׁוּבִי.
לִכְבוֹד חֶמְדַּת לְבָבִי, אֵלִיָּהוּ הַנָּבִיא.

הַשֶּׁמֶן גַּם הוּא שָׁרְתָה / בְּרָכָה בוֹ וְהָיְתָה
כַּד הַקֶּמַח לֹא כָלָתָה / וַתִּגְדְּלִי וַתִּרְבִּי.
לִכְבוֹד חֶמְדַּת לְבָבִי, אֵלִיָּהוּ הַנָּבִיא.

רוֹדְפִים אַחֲרֵי תֹהוּ / הִכָּה בְּשֵׁבֶט פִּיהוּ
וַיֹּאמְרוּ יְהֹוָה הוּא / אֱמֶת וְאַתָּה נָבִיא.
לִכְבוֹד חֶמְדַּת לְבָבִי, אֵלִיָּהוּ הַנָּבִיא.

Decretó que / durante tres años
no caiga lluvia sobre la tierra, /
    él es el líder que se preocupa por todos los menesteres.
        En honor al amado de mi corazón, el profeta Eliahu.

Dios le concedió permiso de moverse a sus anchas, /
    en el mundo de los ángeles.
Y cuando ello fue necesario, /
    se presentó bajo la forma de un árabe nómada.
        En honor al amado de mi corazón, el profeta Eliahu.

Con santidad y con pureza, / ascendió al cielo cual torbellino.
    Elishá exclamó y gritó: Padre mío, padre mío.
        En honor al amado de mi corazón, el profeta Eliahu.

Mi alma le anhela por las noches, / ojalá pudiese encontrarlo.
Verlo en la puerta de mi casa, / mirando a través de mi ventanilla.
        En honor al amado de mi corazón, el profeta Eliahu.

Poderoso y santo llamaré,/ a quien contemple su semblante.
La mano de aquel que lo encontró se topó con algo importante, /
    por lo que le he de traer un presente.
        En honor al amado de mi corazón, el profeta Eliahu.

Bien por aquel a quien se le revela, /
    en el sueño o en una visión nocturna.
Y al pacto de la sangre de la circuncisión, /
    vendrá presuroso corriendo cual gacela.
        En honor al amado de mi corazón, el profeta Eliahu.

Recordado para bien, iluminará mi luminaria, /
    y anunciará a Ṣion mi ciudad,
le dirá sacúdete / de tu polvareda y levántate.
        En honor al amado de mi corazón, el profeta Eliahu.

Mi Roca y mi Redentor, /
    desea escuchar mis cánticos de alabanza,
y no quiere que me calle, / mientras mi alma anide en mi interior.
        En honor al amado de mi corazón, el profeta Eliahu.

וְגַזַר אֹמֶר עָשָׂה / מִסְפַּר שָׁנִים שְׁלֹשָׁה
מָטָר לֹא נָתַן אַרְצָה / הוּא הַמּוֹצִיא, הַמֵּבִיא.
לִכְבוֹד חֶמְדַּת לְבָבִי, אֵלִיָּהוּ הַנָּבִיא.

נָתַן לוֹ אֵל מַהְלְכִים / בְּעוֹלַם הַמַּלְאָכִים
וּלְעִתּוֹת הַצְּרִיכִים / הוּא נִגְלָה כַּעֲרָבִי.
לִכְבוֹד חֶמְדַּת לְבָבִי, אֵלִיָּהוּ הַנָּבִיא.

בִּקְדֻשָּׁה וּבְטָהֳרָה / עָלָה עָלָה בַּסְּעָרָה
אֱלִישָׁע אֵלָיו קָרָא / וַיֹּאמֶר אָבִי אָבִי.
לִכְבוֹד חֶמְדַּת לְבָבִי, אֵלִיָּהוּ הַנָּבִיא.

נַפְשִׁי לַיְלָה אִוִּיתִהוּ / מִי יִתֵּן אֶמְצָאֵהוּ
פֶּתַח בֵּיתִי אֶרְאֵהוּ / יַשְׁקִיף בְּעַד אֶשְׁנַבִּי.
לִכְבוֹד חֶמְדַּת לְבָבִי, אֵלִיָּהוּ הַנָּבִיא.

חֲסִין קָדוֹשׁ אֶקְרָאֶה / אִישׁ אֲשֶׁר פָּנָיו רָאָה
הֵן כַּבִּיר יָדוֹ מָצְאָה / תְּשׁוּרָה אֵלָיו אָבִיא.
לִכְבוֹד חֶמְדַּת לְבָבִי, אֵלִיָּהוּ הַנָּבִיא.

חֵן חֵן לוֹ, אִישׁ לוֹ נִגְלָה / בַּחֲלוֹם חֶזְיוֹן לָיְלָה
וּבִבְרִית דַּם הַמִּילָה / בֹּא יָבֹא, רָץ כַּצְּבִי.
לִכְבוֹד חֶמְדַּת לְבָבִי, אֵלִיָּהוּ הַנָּבִיא.

זָכוּר לְטוֹב יָאִיר נֵרִי / יְבַשֵּׂר צִיּוֹן עִירִי
יֹאמַר לָהּ הִתְנַעֲרִי / מֵעָפָר, קוּמִי שְׁבִי.
לִכְבוֹד חֶמְדַּת לְבָבִי, אֵלִיָּהוּ הַנָּבִיא.

קוֹל זִמְרַת שִׁיר מַהֲלָלִי / יֶרְצֶה צוּרִי גּוֹאֲלִי
וְלֹא דוּמִיָּה לִי / כָּל עוֹד נִשְׁמָתִי בִּי.
לִכְבוֹד חֶמְדַּת לְבָבִי, אֵלִיָּהוּ הַנָּבִיא.

*Letra: Nuestro maestro el Rabino Mordejai Abadi, de bendita memoria.*
*Forma el acróstico: Mordejai Abadi Ḥazak.*

*Este cántico se entona cuando el Berit Milá tiene lugar en Shabat o en Yom Tob.*

Ha consagrado al amado desde el vientre materno, y con él estableció el pacto sagrado. Todo varón debe ser circuncidado para el SEÑOR, ya sea Shabat, Yom Tob o Rosh Ḥodesh.

Corre rápidamente y no te demores, para cumplir un precepto selecto. Por la mañana, desde el despuntar del alba, he aquí que ha llegado el día del SEÑOR.

Procura un mohel y un bisturí, esmérate por llegar a ser padrino. Además, el banquete del día del Berit Milá es más encumbrado que un sacrificio ofrendado ante el SEÑOR.

Pues es mejor la persona recta que aquella que realiza libaciones, por ello sirve vino copiosamente. Vendrá quien tanto añoramos, para servirlo, pues es una libación consagrada al SEÑOR.

Él ha dicho que cuando venga el profeta Eliahu, será entonces establecido el trono. Se le otorgará a todo hombre, también al menesteroso que reclama la rectitud del SEÑOR.

Felicitaciones a los mohalim, ya que revelan la corona del Yesod. Llegarán a Ṣion los redimidos, felices todos aquellos que son temerosos del SEÑOR.

*Forma el acróstico:Yosef*
*Makam Baiat*

*Este cántico se entona cuando el Berit Milá se realiza en el octavo día.*

El Eterno, nuestra Roca,
tendrá piedad del niño que ingresa hoy al pacto,
y en el octavo día su prepucio será circuncidado.

Y en el momento de la circuncisión,
por medio del filo del bisturí,
da fuerza al niño, y apresúrate para salvarlo de los peligros.

Ayúdale por medio de la palabra de Dios, que tenga vida por medio de la sangre del Berit, haz que su camino en la vida sea venturoso como el de Yehudá, y posea la sabiduría de Shelomó.

Por medio de Tu generosidad sálvale de la muerte,
y ordena a los ángeles que Te temen que lo protejan.

מילים: מוה״ר מרדכי עבאדי זיע״א
סימן: מרדכי עבאדי חזק

*Este cántico se entona cuando el* ברית מילה *tiene lugar en* שבת *o en* יום טוב.

**מִבֶּטֶן יְדִיד יָהּ קִדֵּשׁ / אִתּוֹ כָּרַת בְּרִית קוֹדֶשׁ**
**שַׁבָּת יוֹם טוֹב מוֹעֵד חוֹדֶשׁ הִמּוֹל כָּל־זָכָר לַיְיָ:**

**רוּץ מַהֵר וְאַל תְּאַחַר / לַעֲשׂוֹת מִצְוָה מִן הַמֻּבְחָר**
**מִבֹּקֶר עֵת עֲלוֹת שַׁחַר / הִנֵּה יוֹם בָּא הוּא לַיְיָ:**

**דְּרוֹשׁ מוֹהֵל וְגַם אִזְמֶל / לִהְיוֹת סַנְדָּק תְּהִי עָמֵל**
**וְגַם מִשְׁתֵּה יוֹם הִגָּמֵל / נִבְחַר מִזֶּבַח לַיְיָ:**

**כִּי טוֹב יָשָׁר מִנִּי נֶסֶךְ / יַיִן חָמָר מָלֵא מֶסֶךְ**
**וַיָּבֹא שָׁאוּל לְהָסֵךְ / נֶסֶךְ שֵׁכָר הוּא לַיְיָ:**

**עֵת בֹּא אֵלִיָּהוּ דִּבֵּר / יוּכַן כִּסֵּא וּמוֹר עוֹבֵר**
**נָתוֹן תִּתֵּן לְכָל־גָּבֶר / דַּל שׁוֹאֵל צִדְקַת יְיָ:**

**חֲזַק אַמֵּץ לַמּוֹהֲלִים / עֲטֶרֶת יְסוֹד מְגַלִּים**
**צִיּוֹן יַעַבְרוּ גְאוּלִים / אַשְׁרֵי כָּל יְרֵא יְיָ:**

סימן: יוסף
מקאם ביאת

*Este cántico se entona cuando el* ברית מילה *se realiza en el octavo día.*

**יָחֹן אֵל צוּר בְּחֶמְלָתוֹ / לְבֶן נִכְנַס בִּבְרִיתוֹ,**
**וּבַיּוֹם הַשְּׁמִינִי / יִמּוֹל בְּשַׂר עָרְלָתוֹ:**

**וְעֵת יִמּוֹל בְּפִי תַעַר / הַמְּצִיא צוּר לַנַּעַר,**
**וּמִשּׁוֹאָה וּמִסַּעַר / הָחִישָׁה לִפְדוּתוֹ:**

**סְעָדֵהוּ בְּנִיב אֶהְיֶה / בְּדַם הַבְּרִית יִחְיֶה,**
**וְתַצְלִיחַ כְּגוּר אַרְיֵה / וְכִשְׁלֹמֹה בְּחָכְמָתוֹ:**

**פְּדָעֵהוּ בְּחַסְדֶּךָ / מִמִּקְרֵי חֶלְדֶּךָ,**
**וְאֶת מַלְאֲכֵי פַחְדֶּךָ, צַוֵּה לִשְׁמֹר אוֹתוֹ:**

*Letra: Nuestro maestro el Rabino Mordejai Abadi, de bendita memoria.*
*Forma el acróstico: Mordejai Ḥazak Abadi. Makam Ṣaba.*

*Este cántico se entona cuando el Berit Milá se realiza en el octavo día.*

Cuán bello y agradable es cuando algo se realiza en su debido momento. Toda persona recta se alegrará de cumplir con el mandato de Dios. Por medio del corte que revela el pacto Su reinado se hará evidente. Será un reino eterno para todos los hijos de Israel.

Eliahu es quien anuncia la redención,
así lo llamaremos en ese momento.
Por ser quien celó del pacto.
El día del Berit Milá hemos de alabar por siempre,
pues equivale en grandeza al de la recepción
de las Tablas de la Ley.

Cantad y engrandeced junto a mí el Nombre de Dios en este día, el día del Berit Milá que declara mi boca.
Momento en el cual preparé la silla generosamente,
para que venga Eliahu el ángel del pacto.

Eliahu es quien anuncia la redención,
así lo llamaremos en ese momento.
Por ser quien celó del pacto.
El día del Berit Milá hemos de alabar por siempre,
pues equivale en grandeza al de la recepción
de las Tablas de la Ley.

Quienes buscan al Dios Viviente se afianzarán por siempre con firmeza, y se alegrarán los pequeños junto a los mayores.
Juntos alzarán sus jubilosas voces cual rio,
al revelarse la señal del pacto.

Eliahu es quien anuncia la redención, así lo llamaremos en ese momento.
Por ser quien celó del pacto.
El día del Berit Milá hemos de alabar por siempre,
pues equivale en grandeza al de la recepción de las Tablas de la Ley.

Porque el momento de la redención llega al cortarse el prepucio,
y el vino ha de colmar con su color rojo la copa de la salvación.
Beberán y serán bendecidos por el Dios de las salvaciones,
por la circuncisión y por cumplir con el pacto.

Eliahu es quien anuncia la redención, así lo llamaremos en ese momento.
Por ser quien celó del pacto.
El día del Berit Milá hemos de alabar por siempre,
pues equivale en grandeza al de la recepción de las Tablas de la Ley.

מלים: מוה״ר מרדכי עבאדי זיע״א
סימן: מרדכי חזק עבדי, מקאם צבא

*Este cántico se entona cuando el* ברית מילה *se realiza en el octavo día.*

מַה־טּוֹב מַה־נָּעִים דָּבָר בְּעִתּוֹ
כָּל־אִישׁ יָשָׁר יָשִׂישׂ עַל אִמְרָתוֹ
כִּי תִגָּלֶה, תֵּרָאֶה מַלְכוּתוֹ
מַלְכוּת עוֹלָם לְכָל־בָּאֵי בְרִית:

אֵלִיָּהוּ מְבַשֵּׂר הוּא / נִקְרָאֵהוּ בָּעֵת הַהוּא
לִהְיוֹת עוֹמֵד עַל הַבְּרִית / יוֹם הַמִּילָה נֶצַח סֶלָה
נַהֲלָלָה הִיא שְׁקוּלָה / כְּקַבָּלַת לוּחוֹת בְּרִית:

רָנּוּ גַּדְּלוּ לַיְיָ אִתִּי
יוֹם הַמִּילָה אֵלָיו פִּי קָרָאתִי
עֵת בְּחֶסֶד כִּסֵּא הֲכִינוֹתִי
לְאֵלִיָּהוּ מַלְאַךְ הַבְּרִית:

אֵלִיָּהוּ מְבַשֵּׂר הוּא / נִקְרָאֵהוּ בָּעֵת הַהוּא
לִהְיוֹת עוֹמֵד עַל הַבְּרִית / יוֹם הַמִּילָה נֶצַח סֶלָה
נַהֲלָלָה הִיא שְׁקוּלָה / כְּקַבָּלַת לוּחוֹת בְּרִית:

דּוֹרְשֵׁי אֵל חַי צַדִּיק יְסוֹד עוֹלָם
יִשְׂמְחוּ קְטַנָּם עִם גְּדוֹלָם.
יַחַד יִשְׂאוּ כַּנְּהָרוֹת קוֹלָם
בְּהִגָּלוֹת נִגְלוֹת אוֹת הַבְּרִית:

אֵלִיָּהוּ מְבַשֵּׂר הוּא / נִקְרָאֵהוּ בָּעֵת הַהוּא
לִהְיוֹת עוֹמֵד עַל הַבְּרִית / יוֹם הַמִּילָה נֶצַח סֶלָה
נַהֲלָלָה הִיא שְׁקוּלָה / כְּקַבָּלַת לוּחוֹת בְּרִית:

כִּי בָא מוֹעֵד בִּפְרוֹעַ פְּרָעוֹת
יַיִן יִתְאַדֵּם בְּכוֹס הַיְשׁוּעוֹת
יִשְׁתּוּ וִיבָרְכוּ אֵל לְמוֹשָׁעוֹת
עַל הַמִּילָה וְכוֹרֵת הַבְּרִית:

אֵלִיָּהוּ מְבַשֵּׂר הוּא / נִקְרָאֵהוּ בָּעֵת הַהוּא
לִהְיוֹת עוֹמֵד עַל הַבְּרִית / יוֹם הַמִּילָה נֶצַח סֶלָה
נַהֲלָלָה הִיא שְׁקוּלָה / כְּקַבָּלַת לוּחוֹת בְּרִית:

Fortaleceos por medio del banquete,
y pedid a Dios que llegue vuestro salvador.
Él os liberará de vuestros enemigos como Mordejai.
Por haber establecido Su pacto con Abraham.

> Eliahu es quien anuncia la redención,
> así lo llamaremos en ese momento.
> Por ser quien celó del pacto.
> El día del Berit Milá hemos de alabar por siempre,
> pues equivale en grandeza al de la recepción
> de las Tablas de la Ley.

Siervos del Señor que participáis de este banquete,
seréis meritorios del Jardín del Edén.
Pues ascenderéis a Jerusalém a contemplar Su rostro,
por haber preservado siempre Su pacto.

> Eliahu es quien anuncia la redención,
> así lo llamaremos en ese momento.
> Por ser quien celó del pacto.
> El día del Berit Milá hemos de alabar por siempre,
> pues equivale en grandeza al de la recepción
> de las Tablas de la Ley.

*Forma el acróstico: Yehoshúa*

Que reine la paz entre nuestros muros, y la tranquilidad sobre Israel.
En buena señal vino a nosotros un hijo, en sus días llegará el redentor.

Que el niño crezca vigoroso y resida a la sombra del Eterno.
Que estudie la Torá y enseñe las leyes a todo aquel que le consulte.

Que desde su inicio sea bendito, que sus días sean prolongados.
Que su mesa esté siempre bien puesta
y que su alimento jamás se impurifique.

Que su nombre sea escuchado por doquier,
cuando crezca habrá de ser un hombre importante.
Será amigo de los temerosos de Dios,
y en su generación se asemejará a Shemuel.

Hasta la vejez y la ancianidad, gozará de todo lo bueno,
disfrutará de paz y mucho amor. Amén, dirá Dios.

Este niño que es circuncidado en el seno de su pueblo,
que viva para su padre y para su madre,
Dios le acompañe junto a toda la Casa de Israel.

חִזְקוּ אִמְצוּ סַעֲדוּ לִבְּכֶם
וּלְאֵל דִּרְשׁוּ יָבֹא וְיוֹשִׁיעֲכֶם
כִּימֵי מָרְדְּכַי מִיַּד צָרֵיכֶם
כַּאֲשֶׁר כָּרַת אֶת אַבְרָהָם בְּרִית:

אֵלִיָּהוּ מְבַשֵּׂר הוּא / נִקְרָאֵהוּ בָּעֵת הַהוּא
לִהְיוֹת עוֹמֵד עַל הַבְּרִית / יוֹם הַמִּילָה נֶצַח סֶלָה
נְהַלְּלָה הִיא שְׁקוּלָה / כְּקַבָּלַת לוּחוֹת בְּרִית:

עַבְדֵי הָאֵל תִּזְכּוּ לְגַן עֶדְנָיו
וְשָׁם תֹּאכְלוּ מִטּוּב מַעֲדַנָּיו.
כִּי תָבֹאוּ לִרְאוֹת אֶת פָּנָיו
בִּהְיוֹתְכֶם תָּמִיד שׁוֹמְרֵי בְּרִית:

אֵלִיָּהוּ מְבַשֵּׂר הוּא / נִקְרָאֵהוּ בָּעֵת הַהוּא
לִהְיוֹת עוֹמֵד עַל הַבְּרִית / יוֹם הַמִּילָה נֶצַח סֶלָה
נְהַלְּלָה הִיא שְׁקוּלָה / כְּקַבָּלַת לוּחוֹת בְּרִית:

סימן יהושע

יְהִי שָׁלוֹם בְּחֵילֵנוּ / וְשַׁלְוָה בְּיִשְׂרָאֵל
בְּסִימָן טוֹב בֵּן בָּא לָנוּ / בְּיָמָיו יָבֹא גּוֹאֵל.

הַיֶּלֶד יְהִי רַעֲנָן / בְּצֵל שַׁדַּי יִתְלוֹנָן
וּבַתּוֹרָה יִתְבּוֹנָן / יְאַלֵּף דָּת לְכָל־שׁוֹאֵל.

וּמְקוֹרוֹ יְהִי בָרוּךְ / זְמַן חַיָּיו יְהִי אָרוּךְ
וְשֻׁלְחָנוֹ יְהִי עָרוּךְ / וְזִבְחוֹ לֹא יִתְגָּאֵל.

שְׁמוֹ יֵצֵא בְּכָל עֵבֶר / אֲשֶׁר יִגְדַּל יְהִי גֶבֶר
וּלְיִרְאֵי אֵל יְהִי חָבֵר / יְהִי בְדוֹרוֹ כִּשְׁמוּאֵל.

עֲדֵי זִקְנָה וְגַם שֵׂיבָה / יְהִי דָשֵׁן בְּכָל־טוֹבָה
וְשָׁלוֹם לוֹ וְרֹב אַהֲבָה / אָמֵן כֵּן יֹאמַר הָאֵל.

הַנִּמּוֹל בְּתוֹךְ עַמּוֹ / יִחְיֶה לְאָבִיו וּלְאִמּוֹ
וִיהְיֶה אֱלֹהָיו עִמּוֹ / וְעִם כָּל־בֵּית־יִשְׂרָאֵל.

*Al traer al bebé para ser circuncidado,*
*todo el público se pone de pie y exclam melodiosamente:*

Benditos sois congregación de fieles,
y bienvenido en nombre del SEÑOR. *Sal. 118*

*Se recita siguiente el "Cántico de las ascensiones":*

Cántico de las ascensiones. Feliz de todo aquel que teme al SEÑOR y anda por Sus caminos. Feliz de ti y bien para ti cuando comas el fruto del esfuerzo de tus manos. Tu mujer se asemeja a una vid fructífera en los aposentos de tu hogar. Tus hijos son como retoños de oliva alrededor de tu mesa. Efectivamente, así será bendecido el hombre temeroso del SEÑOR. El SEÑOR te bendiga desde Ṣion y veas la bondad de Jerusalém todos los días de tu vida. Que veas hijos de tus hijos, paz sobre Israel. *Sal. 128*

*El padre toma al bebé en sus brazos y dice:*

Recordó por siempre Su pacto, la palabra que ordenó por mil generaciones, *Sal. 105*
la cual pactó con Abraham, y Su juramento a Ysjak
y lo estableció como estatuto para Ya'akob, como pacto eterno para Israel.
(Me regocijo al escuchar Tus palabras como quien encuentra un gran tesoro). *Sal. 119*
El espíritu quebrantado es una ofrenda a Dios, *Sal. 51*
el Eterno no habrá de despreciar un corazón dolido y afligido.
Ve con favor a Ṣion, reconstruye las murallas de Jerusalém.
Entonces aceptarás deseoso los holocaustos de rectitud,
y serán dispuestos bueyes sobre Tu altar.

אִם־אֶשְׁכָּחֵךְ Si te olvidare oh Jerusalém *Sal. 137*
que mi diestra sea olvidada,
se adhiera mi lengua a mi paladar si no te recordare,
si no habré de elevar a Jerusalém por sobre todas mis alegrías.

---

representa, esto es, el ingreso a la vida del pacto bajo las alas protectoras de la Divina Presencia (*Aruj HaShulján, Ioré Deá* 365:2). (3) *Que ha consagrado al amado (Iṣḥak) desde el vientre materno* – se trata de una bendición de reconocimiento – Iṣḥak fue el primer niño en pasar circuncisión a la edad de ocho días. Él fue consagrado previo a su nacimiento pues a Abraham le fue dicho que Iṣḥak es quien continuaría el pacto (Génesis 17:19-21).

*Al traer al bebé para ser circuncidado,*
*todo el público se pone de pie y exclam melodiosamente:*

בְּרוּכִים אַתֶּם קְהַל אֱמוּנַי

וּבָרוּךְ הַבָּא בְּשֵׁם יְהֹוָה: תהלים קיח

*Se recita siguiente el* 'שִׁיר הַמַּעֲלוֹת':

שִׁיר הַמַּעֲלוֹת אַשְׁרֵי כָּל־יְרֵא יְהֹוָה הַהֹלֵךְ בִּדְרָכָיו: יְגִיעַ כַּפֶּיךָ תהלים קכח
כִּי תֹאכֵל אַשְׁרֶיךָ וְטוֹב לָךְ: אֶשְׁתְּךָ ׀ כְּגֶפֶן פֹּרִיָּה בְּיַרְכְּתֵי בֵיתֶךָ
בָּנֶיךָ כִּשְׁתִלֵי זֵיתִים סָבִיב לְשֻׁלְחָנֶךָ: הִנֵּה כִי־כֵן יְבֹרַךְ גָּבֶר יְרֵא
יְהֹוָה: יְבָרֶכְךָ יְהֹוָה מִצִּיּוֹן וּרְאֵה בְּטוּב יְרוּשָׁלָםִ כֹּל יְמֵי חַיֶּיךָ:
וּרְאֵה־בָנִים לְבָנֶיךָ שָׁלוֹם עַל־יִשְׂרָאֵל:

*El padre toma al bebé en sus brazos y dice:*

[זָכַר לְעוֹלָם בְּרִיתוֹ, דָּבָר צִוָּה לְאֶלֶף דּוֹר: תהלים קה
אֲשֶׁר כָּרַת אֶת־אַבְרָהָם, וּשְׁבוּעָתוֹ לְיִשְׂחָק:
וַיַּעֲמִידֶהָ לְיַעֲקֹב לְחֹק, לְיִשְׂרָאֵל בְּרִית עוֹלָם:]
(שָׂשׂ אָנֹכִי עַל־אִמְרָתֶךָ כְּמוֹצֵא שָׁלָל רָב:) תהלים קיט
זִבְחֵי אֱלֹהִים רוּחַ נִשְׁבָּרָה, לֵב־נִשְׁבָּר וְנִדְכֶּה אֱלֹהִים לֹא תִבְזֶה: תהלים נא
הֵיטִיבָה בִרְצוֹנְךָ אֶת־צִיּוֹן תִּבְנֶה חוֹמוֹת יְרוּשָׁלָםִ:
אָז תַּחְפֹּץ זִבְחֵי־צֶדֶק עוֹלָה וְכָלִיל, אָז יַעֲלוּ עַל־מִזְבַּחֲךָ פָרִים:

אִם־אֶשְׁכָּחֵךְ יְרוּשָׁלָםִ תִּשְׁכַּח יְמִינִי: תהלים קלז
תִּדְבַּק לְשׁוֹנִי לְחִכִּי אִם־לֹא אֶזְכְּרֵכִי
אִם־לֹא אַעֲלֶה אֶת־יְרוּשָׁלַםִ עַל רֹאשׁ שִׂמְחָתִי:

---

וּבָרוּךְ *Bendito eres Tú:* Tres bendiciones deben ser recitadas en una circuncisión: (1) *Y nos ordenó lo concerniente a la circuncisión* – se trata de una bendición por el precepto mismo, la expresión "lo concerniente a" del recitado alude al hecho de que el mohel está realizando el precepto en lugar del padre. (2) *Ingresarlo (a nuestro hijo) al pacto de nuestro patriarca Abraham* – se trata de una bendición separada que no alude a la circuncisión en sí sino a aquello que

*Luego, el padre del bebé entona melodiosamente (y el público repite tras él):*

Escucha Israel, el SEÑOR es nuestro Dios, el SEÑOR es Uno. *Deut. 6*

El SEÑOR reina, el SEÑOR ha reinado,
el SEÑOR reinará por toda la eternidad. *(dos veces)*
Por favor, SEÑOR, sálvanos. *(dos veces)* *Sal. 118*
Por favor, SEÑOR, haznos prosperar. *(dos veces)*

*Luego, el padre del niño continúa:*

Dichoso aquel a quien Tú eliges y acercas *Sal. 65*
para morar en Tus atrios.

*El público de pie responde:*

Que seamos saciados del bien de Tu Casa, de Tu sagrado Templo.

*Luego dice:*

Agradeced al SEÑOR porque es bueno, Su benevolencia es eterna.
Con vuestro permiso SEÑORes y maestros míos.

*Dice el padre del bebe:*

Con vuestro permiso señores y maestros míos.

*El público responde:* ¡Con el permiso del Cielo!

*El padre del bebé continúa:*

בָּרוּךְ Bendito eres Tú SEÑOR, nuestro Dios, Rey del universo,
que nos ha santificado con Sus preceptos
y nos ordenó ingresarlo al pacto de nuestro patriarca Abraham.

*Tras responder Amén, el publico y el Mohel dicen:*

Así como lo ingresaste al pacto, *Shabat 137b*
de igual forma que lo ingreses al estudio de la Torá,
a la jupá y a la realización de buenas acciones.

---

tal como lo menciona la Torá en el caso de Abraham: "Pues Yo le he escogido para que prescriba a sus hijos y a su descendencia en pos de él para que observen la senda del SEÑOR haciendo lo justo y lo recto" (Génesis 18:19).

*Luego, el padre del bebé entona melodiosamente (y el público repite tras él):*

שְׁמַע יִשְׂרָאֵל, יְהוָה אֱלֹהֵינוּ, יְהוָה אֶחָד: דברים ו

יְהוָה מֶלֶךְ, יְהוָה מָלָךְ, יְהוָה יִמְלֹךְ לְעוֹלָם וָעֶד: *(dos veces)*

אָנָּא יְהוָה הוֹשִׁיעָה נָּא *(dos veces)* תהלים קיח

אָנָּא יְהוָה הַצְלִיחָה נָּא: *(dos veces)*

*Luego, el padre del bebe continúa:*

אַשְׁרֵי תִּבְחַר וּתְקָרֵב יִשְׁכֹּן חֲצֵרֶיךָ תהלים סה

*El público de pie responde:*

נִשְׂבְּעָה בְּטוּב בֵּיתֶךָ קְדֹשׁ הֵיכָלֶךָ:

*Luego dice:*

לְהַקְדִּים הוֹדוּ לַיהוָה כִּי־טוֹב, כִּי לְעוֹלָם חַסְדּוֹ:

*Dice el padre del bebe:*

בִּרְשׁוּת מוֹרַי וְרַבּוֹתַי.

*El público responde:*

שָׁמַיִם:

*El padre del bebe continúa:*

בָּרוּךְ אַתָּה יְהוָה, אֱלֹהֵינוּ מֶלֶךְ הָעוֹלָם, אֲשֶׁר קִדְּשָׁנוּ בְּמִצְוֹתָיו וְצִוָּנוּ לְהַכְנִיסוֹ בִּבְרִיתוֹ שֶׁל אַבְרָהָם אָבִינוּ.

*Tras responder Amén, el publico y el Mohel dicen:*

כְּשֵׁם שֶׁהִכְנַסְתּוֹ לַבְּרִית שבת קלז:

כָּךְ תַּכְנִיסֵהוּ לַתּוֹרָה וּלְמִצְוֹת לַחֻפָּה וּלְמַעֲשִׂים טוֹבִים

---

כְּשֵׁם שֶׁהִכְנַסְתּוֹ לַבְּרִית *Así como ingresó al pacto:* Esta respuesta por parte de los presentes ha sido ya mencionada en la temprana literatura rabínica. Estas tres frases aluden a los deberes del padre para con un hijo: (1) Enseñarle Torá. (2) Asegurar que se case. (3) Educarlo en la realización de buenas acciones,

*El mohel coloca al bebé sobre la silla del profeta Eliahu y dice:*

Esta es la silla del profeta Eliahu, el ángel del pacto, que sea recordado con bien.

*Previo a circuncidar, el Mohel recita la siguiente bendición:*

Con vuestro permiso señores y maestros míos.

*El público responde:* ¡Con el permiso del Cielo!

בָּרוּךְ Bendito eres Tú Señor, nuestro Dios, Rey del universo, que nos ha santificado con Sus preceptos y nos ordenó lo concerniente a la circuncisión.

*Inmediatamente después de la circuncisión el padre del bebe recita la siguiente bendición:*

בָּרוּךְ Bendito eres Tú Señor, nuestro Dios, Rey del universo, que nos ha dado vida, nos sostuvo y nos ha permitido llegar a este momento.

*Inmediatamente después del recitado de "Sheheḥeianu" el público comienza a entonar el siguiente cántico (según la costumbre de Aram Soba no se recitan los Trece Atributos):*

Este niño tuvo el mérito de ser circuncidado,
su padre y su madre verán su casamiento.
El ángel redentor lo bendecirá,
y tendrá el mérito de contemplar el agrado del Señor.
Selló en nuestra carne una señal ejemplar,
para nosotros y nuestros hijos por siempre.
Quienes nos divisen habrán de reconocer y quienes nos cuenten habrán de saber que somos la simiente bendita por el Señor.
En Jerusalém estará el Trono del Señor, y el niño logrará contemplar el agrado del Señor.

*Y se repite:*

Selló en nuestra carne una señal ejemplar,
para nosotros y nuestros hijos por siempre.
Quienes nos divisen reconocerán y quienes nos cuenten sabrán que somos la simiente bendita por el Señor.

*El Mohel coloca al bebé sobre la silla del Eliahu Hanabí y dice:*

זֶה הַכִּסֵּא שֶׁל אֵלִיָּהוּ הַנָּבִיא מַלְאַךְ הַבְּרִית זָכוּר לַטּוֹב.

*Previo a circuncidar, el Mohel recita la siguiente bendición:*

בִּרְשׁוּת מוֹרַי וְרַבּוֹתַי.

*El público responde:* שָׁמַיִם:

בָּרוּךְ אַתָּה יְהֹוָה, אֱלֹהֵינוּ מֶלֶךְ הָעוֹלָם
אֲשֶׁר קִדְּשָׁנוּ בְּמִצְוֹתָיו, וְצִוָּנוּ עַל הַמִּילָה.

*Inmediatamente después de la circuncisión*
*el padre del bebe recita la siguiente bendición:*

בָּרוּךְ אַתָּה יְהֹוָה, אֱלֹהֵינוּ מֶלֶךְ הָעוֹלָם
שֶׁהֶחֱיָנוּ וְקִיְּמָנוּ וְהִגִּיעָנוּ לַזְּמַן הַזֶּה.

*Inmediatamente después de 'שֶׁהֶחֱיָנוּ'*
*el público comienza a entonar el siguiente cántico*
*(según la costumbre de Aram Soba no se recitan י״ג מידות):*

הַיֶּלֶד הַזֶּה זָכָה לִבְרִיתוֹ, אָבִיו וְאִמּוֹ יִרְאוּ חֻפָּתוֹ.
הַמַּלְאָךְ הַגּוֹאֵל יְבָרֵךְ אוֹתוֹ, וְיִזְכֶּה לַחֲזוֹת בְּנֹעַם יְיָ:
חָתַם בִּבְשָׂרֵנוּ לְאוֹת וּלְמוֹפֵת, לָנוּ וּלְבָנֵינוּ לְעוֹלָם וָעֶד.
יַכִּירוּ רוֹאֵינוּ וְיֵדְעוּ מוֹנַי, כִּי אֲנַחְנוּ זֶרַע בֵּרַךְ יְיָ:
וּבִירוּשָׁלַיִם כִּסֵּא יְיָ, וְיִזְכֶּה לַחֲזוֹת בְּנֹעַם יְיָ:

*Y se repite:*

חָתַם בִּבְשָׂרֵנוּ לְאוֹת וּלְמוֹפֵת
לָנוּ וּלְבָנֵינוּ לְעוֹלָם וָעֶד.
יַכִּירוּ רוֹאֵינוּ וְיֵדְעוּ מוֹנַי
כִּי אֲנַחְנוּ זֶרַע בֵּרַךְ יְיָ:

*El rabino recita las bendiciones (según nuestra costumbre no bebe del vino luego de "estableces el pacto" sino con posterioridad a la petición. El Gran Rabino Isaac Chehebar z"l solía beber del vino solamente después de haber recitado el Medio Kadish):*

*Quien bendice:* Prestad atención señores míos.

*El público responde:* ¡Leḥaim!

Bendito eres Tú SEÑOR, nuestro Dios, Rey del universo, creador del fruto de la vid.

Bendito eres Tú SEÑOR, nuestro Dios, Rey del universo, creador de las especies aromáticas.

בָּרוּךְ Bendito eres Tú SEÑOR, nuestro Dios, Rey del universo, que ha consagrado al amado (Iṣḥak) desde el vientre materno, marcó el precepto de la circuncisión en su carne y selló en sus descendientes la señal del pacto sagrado. En recompensa por ello, oh, Dios viviente, nuestra Porción y Fortaleza, ordena liberar de la destrucción a nuestra amada descendencia en aras de Su pacto que estableció en nuestra carne. Bendito eres Tú SEÑOR, que estableces el pacto.

אֱלֹהֵינוּ Dios nuestro y de nuestros ancestros, preserva a este niño para su padre y su madre, y su nombre en Israel será (*nombre del bebé*), que alegre el padre de su descendencia y se regocije la madre del fruto de su vientre, tal como está escrito:

"Alégrense tu padre y tu madre y sea dichosa la que te dio a luz". *Prov. 23*

Y está escrito: Y pasaré sobre ti y te veré sumida en tu sangre *Eze. 16*

*al decir "y te diré: Por tu sangre habrás de vivir" que introduzca su dedo en la copa de vino y vierta unas gotas en la boca del bebé, y lo mismo al recitar este versículo por segunda vez.*

Y te diré: "Por tu sangre habrás de vivir, por tu sangre habrás de vivir".

וְנֶאֱמַר Y está escrito: Recordó por siempre Su pacto, la palabra que ordenó por mil generaciones, la cual pactó con Abraham, y Su juramento a Ysjak y lo estableció como estatuto para Ya'akob, como pacto eterno para Israel. *Sal. 105*

*El rabino recita las bendiciones (según nuestra costumbre no bebe del vino luego de 'כורת הברית' sino con posterioridad a la petición. El Gran Rabino Isaac Chehebar z"l solía beber del vino solamente después de haber recitado el חצי קדיש):*

סַבְרִי מָרָנָן (ועונים: לְחַיִּים)

בָּרוּךְ אַתָּה יְהֹוָה, אֱלֹהֵינוּ מֶלֶךְ הָעוֹלָם, בּוֹרֵא פְּרִי הַגָּפֶן.

בָּרוּךְ אַתָּה יְהֹוָה, אֱלֹהֵינוּ מֶלֶךְ הָעוֹלָם
בּוֹרֵא מִינֵי בְשָׂמִים.

בָּרוּךְ אַתָּה יְהֹוָה, אֱלֹהֵינוּ מֶלֶךְ הָעוֹלָם, אֲשֶׁר קִדֵּשׁ יְדִיד מִבֶּטֶן, וְחֹק בִּשְׁאֵרוֹ שָׂם, וְצֶאֱצָאָיו חָתַם בְּאוֹת בְּרִית קֹדֶשׁ. עַל כֵּן בִּשְׂכַר זוֹ, אֵל חַי חֶלְקֵנוּ צוּרֵנוּ צִוָּה לְהַצִּיל יְדִידוּת זֶרַע קֹדֶשׁ שְׁאֵרֵנוּ מִשַּׁחַת, לְמַעַן בְּרִיתוֹ אֲשֶׁר שָׂם בִּבְשָׂרֵנוּ. בָּרוּךְ אַתָּה יְהֹוָה, כּוֹרֵת הַבְּרִית.

אֱלֹהֵינוּ וֵאלֹהֵי אֲבוֹתֵינוּ, קַיֵּם אֶת הַיֶּלֶד הַזֶּה לְאָבִיו וּלְאִמּוֹ, וְיִקָּרֵא שְׁמוֹ בְּיִשְׂרָאֵל (פלוני).
יִשְׂמַח הָאִישׁ בְּיוֹצֵא חֲלָצָיו וְתָגֵל הָאִשָּׁה בִּפְרִי בִטְנָהּ, כָּאָמוּר

יִשְׂמַח־אָבִיךָ וְאִמֶּךָ, וְתָגֵל יוֹלַדְתֶּךָ: משלי כג
וְנֶאֱמַר, וָאֶעֱבֹר עָלַיִךְ וָאֶרְאֵךְ מִתְבּוֹסֶסֶת בְּדָמָיִךְ, יחזקאל טז

*al decir 'וָאֹמַר לָךְ בְּדָמַיִךְ חֲיִי' que introduzca su dedo en la copa de vino y vierta unas gotas en la boca del bebé, y lo mismo al recitar este versículo por segunda vez.*

וָאֹמַר לָךְ בְּדָמַיִךְ חֲיִי, וָאֹמַר לָךְ בְּדָמַיִךְ חֲיִי:

וְנֶאֱמַר, זָכַר לְעוֹלָם בְּרִיתוֹ, דָּבָר צִוָּה לְאֶלֶף דּוֹר: אֲשֶׁר כָּרַת אֶת־ תהלים קה
אַבְרָהָם, וּשְׁבוּעָתוֹ לְיִשְׂחָק: וַיַּעֲמִידֶהָ לְיַעֲקֹב לְחֹק, לְיִשְׂרָאֵל בְּרִית עוֹלָם:

Agradeced al Señor porque es bueno; pues Su benevolencia es eterna. (*Nombre del bebé*) este pequeño, que Dios lo engrandezca, así como ingresó al pacto de igual manera que ingrese al estudio de la Torá, a la jupá y a la realización de buenas acciones, y sea esta Su voluntad y digamos: Amén. *Sal. 107*

MEDIO KADISH

יִתְגַּדַּל Que Su Gran Nombre sea magnificado y santificado,
en el mundo que creó conforme a Su voluntad.
Que establezca Su reino, haga florecer Su salvación
y apresure la llegada de Su ungido
durante vuestra vida y en vuestros días
y en la vida de toda la casa de Israel,
pronto y rápidamente y decid: Amén.

Que Su Gran Nombre sea bendito
por siempre y por toda la eternidad.

Sea bendecido, alabado, glorificado
y exaltado, encumbrado
y magnificado, enaltecido y ensalzado
el Nombre del Santo Bendito Él;
más allá de cualquier bendición,
cántico, alabanza y consolación
pronunciados en el mundo y decid: Amén.

הוֹדוּ לַיהוָה כִּי־טוֹב, כִּי לְעוֹלָם חַסְדּוֹ: תהלים קו

(פלוני) זֶה הַקָּטָן אֱלֹהִים יְגַדְּלֵהוּ, כְּשֵׁם שֶׁנִּכְנַס לַבְּרִית
כֵּן יִכָּנֵס לַתּוֹרָה וּמִצְוֹת לְחֻפָּה וּלְמַעֲשִׂים טוֹבִים
וְכֵן יְהִי רָצוֹן, וְנֹאמַר אָמֵן.

חצי קדיש

יִתְגַּדַּל וְיִתְקַדַּשׁ שְׁמֵהּ רַבָּא (קהל: אָמֵן)
בְּעָלְמָא דִּי בְרָא כִרְעוּתֵהּ
וְיַמְלִיךְ מַלְכוּתֵהּ
וְיַצְמַח פֻּרְקָנֵהּ וִיקָרֵב מְשִׁיחֵהּ (קהל: אָמֵן)
בְּחַיֵּיכוֹן וּבְיוֹמֵיכוֹן וּבְחַיֵּי דְכָל־בֵּית יִשְׂרָאֵל
בַּעֲגָלָא וּבִזְמַן קָרִיב, וְאִמְרוּ אָמֵן. (קהל: אָמֵן)
יְהֵא שְׁמֵהּ רַבָּא מְבָרַךְ לְעָלַם וּלְעָלְמֵי עָלְמַיָּא יִתְבָּרַךְ
וְיִשְׁתַּבַּח וְיִתְפָּאַר וְיִתְרוֹמַם וְיִתְנַשֵּׂא
וְיִתְהַדָּר וְיִתְעַלֶּה וְיִתְהַלָּל
שְׁמֵהּ דְּקֻדְשָׁא בְּרִיךְ הוּא (קהל: אָמֵן)
לְעֵלָּא מִן כָּל־בִּרְכָתָא
שִׁירָתָא, תֻּשְׁבְּחָתָא וְנֶחָמָתָא
דַּאֲמִירָן בְּעָלְמָא, וְאִמְרוּ אָמֵן. (קהל: אָמֵן)

## ZEBED HABAT

יוֹנָתִי Paloma mía, en las grietas de la roca, Cant. 2
en el escondrijo escarpado,
muéstrame tu semblante,
hazme oír tu voz,
ya que dulce es tu voz y tu semblante hermoso.

מִי שֶׁבֵּרַךְ Aquél que bendijo a nuestras matriarcas Sará, Ribká, Raḥel y Leá, la profetisa Miriam, Abigail y la reina Ester hija de Abiḥail habrá de bendecir a la dulce niña y su nombre será (*el nombre escogido)* en buena hora y en tiempo de bendición para que crezca con salud, paz y tranquilidad. Que el Eterno conceda a su padre y a su madre el mérito de poder verla en su alegría y en su jupá, con hijos e hijas, riqueza y honor, vigorosos y lozanos darán su fruto aun en su vejez, y sea esta Su voluntad y digamos: Amén.

---

milagro de una nueva vida y oramos para que Su bendición la acompañe a lo largo de todo el curso de su vida. En caso de servirse comida durante la ceremonia esta adquiere significación religiosa (seudat mitzvá) y debe ser acompañada con palabras de Torá.

יוֹנָתִי *Paloma mía, en las grietas de la roca:* Cantar de los Cantares 2:14.

## סדר זבד הבת

שיר השירים ב

יוֹנָתִי בְּחַגְוֵי הַסֶּלַע, בְּסֵתֶר הַמַּדְרֵגָה
הַרְאִינִי אֶת־מַרְאַיִךְ
הַשְׁמִיעִנִי אֶת־קוֹלֵךְ
כִּי־קוֹלֵךְ עָרֵב וּמַרְאֵיךְ נָאוֶה:

מִי שֶׁבֵּרַךְ אִמּוֹתֵינוּ שָׂרָה וְרִבְקָה רָחֵל וְלֵאָה, וּמִרְיָם הַנְּבִיאָה
וַאֲבִיגַיִל וְאֶסְתֵּר הַמַּלְכָּה בַּת אֲבִיחַיִל, הוּא יְבָרֵךְ אֶת הַיַּלְדָּה
הַנְּעִימָה הַזֹּאת וְיִקָּרֵא שְׁמָהּ (פלונית) בְּמַזָּל טוֹב וּבְשַׁעַת בְּרָכָה,
וִיגַדְּלֶהָ בִּבְרִיאוּת, שָׁלוֹם וּמְנוּחָה. וִיזַכֶּה לְאָבִיהָ וּלְאִמָּהּ לִרְאוֹת
בְּשִׂמְחָתָהּ, חֻפָּתָהּ, בָּנִים זְכָרִים, עֹשֶׁר וְכָבוֹד, דְּשֵׁנִים וְרַעֲנַנִּים
יְנוּבוּן בְּשֵׂיבָה, וְכֵן יְהִי רָצוֹן, וְנֹאמַר אָמֵן.

---

ZEBED HABAT
Hace ya mucho tiempo que existe entre los sefaradíes la costumbre – crecientemente adoptada también por los ashkenazíes – de señalar el nacimiento de una hija por medio de una ceremonia especial conocida como Zebed HaBat ("el obsequio de una hija"), durante la cual la bebé recibe nombre y es bendecida. Expresamos nuestro agradecimiento a Dios por el

## LA REDENCIÓN DEL PRIMOGÉNITO

*El padre trae cinco selaím o su equivalente (algunos acostumbran que el cohen reciba el pidión mientras está sentado).*

*El cohen pregunta al padre:*

¿Es este tu hijo primogénito?

*El padre responde:*

Si.

*El cohen dice:*

¿Qué prefieres? ¿Entregarme a tu hijo primogénito o rescatarlo a cambio de cinco selaím tal como estás preceptuado de hacer?

*El padre responde:*

Deseo a mi hijo.

*Luego el cohen pregunta a la madre del niño:*

¿Es este tu primogénito?
¿Quizás antes hayas tenido otro o hayas perdido un embarazo?

*Ella responde:*

Este es mi hijo primogénito
y no tuve ni perdí otro antes de él.

---

o redención en la cual el padre del niño hace una ofrenda monetaria al cohen cambiando así simbólicamente las monedas por su hijo. La esencia de la ceremonia no ha cambiado desde los tiempos bíblicos, si bien el texto recitado es mencionado por primera vez en el Talmud.

**בְּמַאי בָּעֵית טְפֵי** *¿Qué prefieres?:* Una pregunta nocional. De hecho, el padre no tiene otra alternativa que rescatar al niño. La pregunta es realizada a los efectos de asegurar que el padre entiende el tenor de la ceremonia. El presente texto está en arameo, pero puede ser recitado en cualquier idioma.

# סדר פדיון הבן

*El padre trae cinco selaím o su equivalente (algunos acostumbran que el cohen reciba el* פדיון *mientras está sentado).*

שואל הכהן את אבי הבן:

**בִּנְךָ זֶה בְּכוֹר הוּא.**

עונה האב:

**כֵּן.**

הכהן אומר:

**בְּמַאי בָּעִית טְפֵי, בִּבְנְךָ בְּכוֹרְךָ**
**אוֹ בְחָמֵשׁ סְלָעִים דִּמְחֻיַּבְתְּ לִפְדּוֹת בְּהֶן.**

האב עונה:

**בִּבְנִי בְּכוֹרִי.**

ואחר כך ישאל הכהן את אם הילד:

**בִּנֵךְ זֶה בְּכוֹר. שֶׁמָּא יָלַדְתְּ בֵּן אַחֵר לְפָנָיו**
**אוֹ שֶׁמָּא הִפַּלְתְּ**

והיא עונה:

**זֶה בְּנִי בְּכוֹרִי לֹא יָלַדְתִּי וְלֹא הִפַּלְתִּי לְפָנָיו.**

---

EL RESCATE O REDENCIÓN DEL PRIMOGÉNITO

Según la Torá, los primogénitos varones poseían una determinada santidad. Sus vidas fueron salvadas durante la última de las diez plagas, los primogénitos debían tornarse ministros especiales de Dios y debían dedicarse a Su servicio. (El ejemplo patente de esta idea la encontramos en Samuel, quien fuera dedicado a Dios por su madre Ḥaná, 1 Samuel, 1:11). Tras el pecado del becerro de oro esta responsabilidad fue transferida a los levitas, la única tribu que no había participado en ese grave pecado (Números 3:11-13). Sin embargo, en recuerdo de su pretérita santidad la Torá ordena una ceremonia de rescate

*El cohen continúa:*

Este es el hijo primogénito, y el Santo Bendito Él ordenó redimirlo, tal como está fue dicho: "En cuanto a sus redimidos, de edad de un mes los habrás de redimir, según la evaluación: cinco shekalim de plata del shekel del Santuario de veinte guerá es". Cuando estabas en las entrañas maternas estabas a merced de Tu Padre Celestial, de tu padre y tu madre, ahora estás bajo mi autoridad porque soy cohen, tu padre y tu madre desean redimirte por ser un primogénito consagrado, tal como está escrito: "Y habló el SEÑOR a Moshé diciendo: consagra para Mí todo primogénito: todo el que abre matriz, entre los hijos de Israel, en el hombre y en la bestia; Mío es".

*Núm. 18*

*Éx. 13*

*El padre recita dos bendiciones:*

בָּרוּךְ Bendito eres Tú SEÑOR, nuestro Dios, Rey del universo,
que nos ha santificado con Sus preceptos
y nos ordenó lo referente al rescate del hijo.

בָּרוּךְ Bendito eres Tú SEÑOR, nuestro Dios, Rey del universo,
que nos ha dado vida, nos sostuvo
y nos ordenó llegar a este momento.

*El padre entrega el dinero al cohen, diciendo:*

Este es el pago por la redención de mi hijo primogénito.

*El cohen responde al padre:*

He recibido de ti cinco selaím a cambio de la redención
de tu hijo y por la presente queda redimido según
a la ley de Moshé Israel.

Así como tuviste el mérito de redimir a tu hijo que tengas el mérito de cumplir todos los preceptos de la Torá.

*El* כהן *continúa:*

זֶה הַבֵּן בְּכוֹר הוּא, וְהַקָּדוֹשׁ בָּרוּךְ הוּא צִוָּה לִפְדּוֹתוֹ, שֶׁנֶּאֱמַר:
וּפְדוּיָו מִבֶּן־חֹדֶשׁ תִּפְדֶּה בְּעֶרְכְּךָ כֶּסֶף חֲמֵשֶׁת שְׁקָלִים בְּשֶׁקֶל במדבר יח
הַקֹּדֶשׁ עֶשְׂרִים גֵּרָה הוּא: כְּשֶׁהָיִיתָ בִּמְעֵי אִמְּךָ הָיִיתָ בִּרְשׁוּת
אָבִיךָ שֶׁבַּשָּׁמַיִם וּבִרְשׁוּת אָבִיךָ וְאִמְּךָ, עַכְשָׁיו אַתָּה בִּרְשׁוּתִי
שֶׁאֲנִי כֹּהֵן, וְאָבִיךָ וְאִמְּךָ מְבַקְשִׁים לִפְדּוֹתְךָ שֶׁאַתָּה בְּכוֹר מְקֻדָּשׁ,
שֶׁכֵּן כָּתוּב: וַיְדַבֵּר יְהוָה אֶל־מֹשֶׁה לֵּאמֹר: קַדֶּשׁ־לִי כָל־בְּכוֹר פֶּטֶר שמות יג
כָּל־רֶחֶם בִּבְנֵי יִשְׂרָאֵל בָּאָדָם וּבַבְּהֵמָה, לִי הוּא:

*El padre recita dos bendiciones:*

בָּרוּךְ אַתָּה יְהוָה, אֱלֹהֵינוּ מֶלֶךְ הָעוֹלָם
אֲשֶׁר קִדְּשָׁנוּ בְּמִצְוֹתָיו וְצִוָּנוּ עַל פִּדְיוֹן הַבֵּן.

בָּרוּךְ אַתָּה יְהוָה, אֱלֹהֵינוּ מֶלֶךְ הָעוֹלָם
שֶׁהֶחֱיָנוּ וְקִיְּמָנוּ וְהִגִּיעָנוּ לַזְּמַן הַזֶּה.

*El padre entrega el dinero al* כהן*, diciendo:*

זֶה פִּדְיוֹן בְּנִי בְּכוֹרִי.

*El* כהן *responde al padre:*

קִבַּלְתִּי מִמְּךָ חָמֵשׁ סְלָעִים אֵלּוּ בְּפִדְיוֹן בִּנְךָ זֶה
וַהֲרֵי הוּא פָּדוּי בָּהֶן כְּדַת מֹשֶׁה וְיִשְׂרָאֵל.

יְהִי רָצוֹן מִלְּפְנֵי אֱלֹהֵינוּ שֶׁבַּשָּׁמַיִם
כְּמוֹ שֶׁזָּכִיתָ לְפִדְיוֹן הַבֵּן
כָּךְ תִּזְכֶּה לְקַיֵּם כָּל־מִצְוֹת שֶׁבַּתּוֹרָה.

# Rezo en la Casa del Doliente

*Tras regresar del entierro a su casa, el doliente rasga sus vestiduras sobre el corazón y dice:*

בָּרוּךְ Bendito eres Tú SEÑOR, nuestro Dios, Rey del universo, el Juez Verdadero.

*El doliente comienza la shib'á. Los vecinos traen la primera comida de huevos, símbolo del duelo. Tras la comida, se dice lo siguiente:*

## BIRCAT HAMAZÓN EN LA CASA DEL DOLIENTE

*Si hay al menos tres dolientes, uno de ellos conduce el zimún:*

*Oficiante:* Bendigamos (*en presencia de minián:* a nuestro Dios)
a Quien consuela a los dolientes que de lo Suyo hemos comido.

*Los demás:* Bendito(*en presencia de minián:* es nuestro Dios)
es Quien consuela a los dolientes,
que de lo Suyo comimos y de Su bondad vivimos.

*Tras recitar Bircat HaMazón (página 456) hasta "pronto en nuestros días", concluye con lo siguiente:*

נַחֵם Consuela SEÑOR nuestro Dios a los dolientes de Jerusalém y a aquellos que se enlutan en este duelo. Consuélalos de su duelo y anímalos en su dolor, como está escrito: "Tal como una madre consuela a *Isa. 66*
su hijo, así Yo os habré de consolar y en Jerusalém hallaréis consuelo". Bendito eres Tú SEÑOR, que consuela a Ṣion y reconstruye Jerusalém pronto en nuestros días. Amén.
En los días de nuestra vida se reconstruya la ciudad de Ṣion con cánticos y se establezca la labor del Templo en Jerusalém.

בָּרוּךְ Bendito eres Tú SEÑOR, nuestro Dios, Rey del universo, el Dios, nuestro Padre, nuestro Rey, nuestro Soberano, nuestro Creador, nuestro Redentor, nuestro Sagrado, el Sagrado Dios de Ya'akob. El Rey viviente, que es bueno y actúa generosamente. Dios verdadero, Juez que sentencia con justicia, que se lleva almas y es Soberano en Su mundo de actuar según Su voluntad, y nosotros somos Su pueblo y Sus siervos y por todo debemos agradecerle y bendecirlo. Aquél que repara huecos en las cercas, Él reparará compasivamente este faltante para nosotros y para todo Su pueblo Israel.

עוֹשֶׂה שָׁלוֹם Quien obra la paz en Sus alturas, con compasión haga la paz para nosotros y todo Su pueblo Israel y decid: Amén.

# בית האבל

*Tras regresar del entierro a su casa, el* אבל *rasga sus vestiduras sobre el corazón y dice:*

בָּרוּךְ אַתָּה יְהוָה, אֱלֹהֵינוּ מֶלֶךְ הָעוֹלָם, דַּיַּן הָאֱמֶת.

*El doliente comienza la* שבעה*. Los vecinos traen la primera comida de huevos, símbolo del duelo. Tras la comida, se dice lo siguiente:*

## ברכת המזון בבית האבל

*Si hay al menos tres* אבלים*, uno de ellos conduce el* זימון*:*

המזמן: נְבָרֵךְ (בעשרה מוסיף: אֱלֹהֵינוּ) מְנַחֵם אֲבֵלִים שֶׁאָכַלְנוּ מִשֶּׁלּוֹ.

המסובים בָּרוּךְ (בעשרה מוסיף: אֱלֹהֵינוּ) מְנַחֵם אֲבֵלִים,

ואחריהם המזמן: שֶׁאָכַלְנוּ מִשֶּׁלּוֹ וּבְטוּבוֹ הַגָּדוֹל חָיִינוּ.

*Tras recitar* ברכת המזון *(página 457) hasta* 'בִּמְהֵרָה בְיָמֵינוּ'*, concluye con lo siguiente:*

נַחֵם יְהוָה אֱלֹהֵינוּ אֶת אֲבֵלֵי צִיּוֹן וְאֶת אֲבֵלֵי יְרוּשָׁלַיִם, וְאֶת הָאֲבֵלִים הַמִּתְאַבְּלִים בָּאֵבֶל הַזֶּה. נַחֲמֵם מֵאֶבְלָם וְשַׂמְּחֵם מִיגוֹנָם, כָּאָמוּר: כְּאִישׁ אֲשֶׁר אִמּוֹ תְּנַחֲמֶנּוּ, כֵּן אָנֹכִי אֲנַחֶמְכֶם וּבִירוּשָׁלַיִם ישעיה סו
תְּנֻחָמוּ: בָּרוּךְ אַתָּה יְהוָה, מְנַחֵם אֲבֵלִים וּבוֹנֵה יְרוּשָׁלַיִם בִּמְהֵרָה בְיָמֵינוּ. אָמֵן.

בְּחַיֵּינוּ תִּבָּנֶה עִיר צִיּוֹן, וְתִכּוֹן הָעֲבוֹדָה בִּירוּשָׁלַיִם

בָּרוּךְ אַתָּה יְהוָה, אֱלֹהֵינוּ מֶלֶךְ הָעוֹלָם, הָאֵל אָבִינוּ מַלְכֵּנוּ אַדִּירֵנוּ בּוֹרְאֵנוּ גּוֹאֲלֵנוּ קְדוֹשֵׁנוּ קְדוֹשׁ יַעֲקֹב, הַמֶּלֶךְ הַחַי, הַטּוֹב וְהַמֵּטִיב. אֵל אֱמֶת, שׁוֹפֵט בְּצֶדֶק, לוֹקֵחַ נְפָשׁוֹת, שַׁלִּיט בְּעוֹלָמוֹ לַעֲשׂוֹת ברכות מו ע״ב
כִּרְצוֹנוֹ, וַאֲנַחְנוּ עַמּוֹ וַעֲבָדָיו, וְעַל הַכֹּל אֲנוּ חַיָּבִים לְהוֹדוֹת לוֹ וּלְבָרְכוֹ. גּוֹדֵר פְּרָצוֹת הוּא יִגְדֹּר אֶת הַפִּרְצָה הַזֹּאת מֵעָלֵינוּ וּמֵעַל עַמּוֹ יִשְׂרָאֵל בְּרַחֲמִים.

עוֹשֶׂה שָׁלוֹם בִּמְרוֹמָיו הוּא בְּרַחֲמָיו יַעֲשֶׂה שָׁלוֹם עָלֵינוּ וְעַל־כָּל־עַמּוֹ יִשְׂרָאֵל, וְאִמְרוּ אָמֵן.

# A'rbit en Casa del Doliente

*Tras la finalización del "Alenu" correspondiente al rezo de Minḥá se recitan la "Justificación del Decreto Divino" y la Ashcabá. El servicio de A'rbit comienza con el Salmo 49, el cual es seguido por Medio Kadish y posteriormente se inicia al rezo.*

## JUSTIFICACIÓN DEL DECRETO DIVINO

Tú eres justo SEÑOR y Tus sentencias son rectas. El SEÑOR es justo en *Sal. 119* *Sal. 145*
todas Sus sendas y magnánimo en todos Sus actos. Tu justicia es de una *Sal. 119*
rectitud eterna y Tu Torá es verdad. Las sentencias del SEÑOR son ver- *Sal. 19*
dad y conjuntamente son justas. Pues la palabra del rey es con potestad, *Ecle. 8*
¿quién le dirá qué hacer? Pero si Él determina una cosa, ¿quién Lo hará *Job 23*
cambiar? Su alma deseó, e hizo. El chico y el grande allí están, y el siervo *Job 3*
está libre de su SEÑOR. He aquí que no confía en Sus siervos y en Sus *Job 4*
ángeles notó necedad. Menos aún el ser humano que es podredumbre *Job 25*
y el hijo del hombre que es gusano. La Roca, Su obra es perfecta pues *Deut. 32*
todas Sus sendas son justas; Dios fidedigno que no comete iniquidad, justo y recto es. Juez Verdadero, Juez Justo y Verdadero, bendito es el Juez Verdadero, que todas Sus sentencias son verdaderas y justas.

## ASHCABOT

### ASHCABÁ PARA UN ESTUDIOSO DE LA TORÁ O UNA PERSONA PROMINENTE.

Cuán abundante es la benevolencia que reservaste para quienes Te *Sal. 31*
temen, actuaste en pos de quienes en Ti se refugian frente a la vista
de los hombres. Cuán preciada es Tu benevolencia oh Dios, los seres *Sal. 36*
humanos se refugian a la sombra de Tus alas. Serán colmados de satisfacción, y les harás beber del río de Tus delicias. ¿Dónde puede ser
hallada la sabiduría? ¿Y cuál es el sitio del entendimiento? Feliz del *Prov. 3*
hombre que halló la sabiduría y obtuvo el entendimiento.

**טוֹב שֵׁם** Es mejor el buen nombre que el buen aceite y el día del falleci- *Ecle. 7*
miento que el día del nacimiento. Finalmente, habiéndose escuchado *Ecle. 12*
todo, he aquí la conclusión: teme al Eterno y cumple Sus preceptos pues
esto es la completitud del hombre. Que los devotos se deleiten en la *Sal. 149*
gloria, que entonen cánticos de regocijo sobre sus camas.

# ערבית בבית האבל

*Tras la finalización del 'עלינו' correspondiente al rezo de מנחה se recitan la 'צידוק הדין' y la Ashcabá.*

*El servicio de A'rbit comienza con el מזמור מט, el cual es seguido por חצי קדיש y posteriormente se inicia al rezo.*

## צדוק הדין

צַדִּיק אַתָּה יְהֹוָה, וְיָשָׁר מִשְׁפָּטֶיךָ: צַדִּיק יְהֹוָה בְּכָל־דְּרָכָיו וְחָסִיד — תהלים קיט / תהלים קמה
בְּכָל־מַעֲשָׂיו: צִדְקָתְךָ צֶדֶק לְעוֹלָם, וְתוֹרָתְךָ אֱמֶת: מִשְׁפְּטֵי־יְהֹוָה — תהלים קיט / תהלים יט
אֱמֶת, צָדְקוּ יַחְדָּו: בַּאֲשֶׁר דְּבַר־מֶלֶךְ שִׁלְטוֹן, וּמִי יֹאמַר־לוֹ מַה־ — קהלת ח
תַּעֲשֶׂה: וְהוּא בְאֶחָד וּמִי יְשִׁיבֶנּוּ, וְנַפְשׁוֹ אִוְּתָה וַיָּעַשׂ: קָטֹן וְגָדוֹל — איוב כג / איוב ג
שָׁם הוּא, וְעֶבֶד חָפְשִׁי מֵאֲדֹנָיו: הֵן בַּעֲבָדָיו לֹא יַאֲמִין, וּבְמַלְאָכָיו — איוב ד
יָשִׂים תָּהֳלָה: אַף כִּי־אֱנוֹשׁ רִמָּה וּבֶן־אָדָם תּוֹלֵעָה: הַצּוּר תָּמִים — איוב כה / דברים לב
פָּעֳלוֹ, כִּי כָל־דְּרָכָיו מִשְׁפָּט, אֵל אֱמוּנָה וְאֵין עָוֶל, צַדִּיק וְיָשָׁר הוּא:
דַּיַּן אֱמֶת, שׁוֹפֵט צֶדֶק וֶאֱמֶת בָּרוּךְ דַּיַּן הָאֱמֶת, כִּי כָל־מִשְׁפָּטָיו
צֶדֶק וֶאֱמֶת.

## השכבות

השכבה לתלמיד חכם או לאדם גדול

מָה רַב־טוּבְךָ אֲשֶׁר־צָפַנְתָּ לִּירֵאֶיךָ, פָּעַלְתָּ לַחוֹסִים בָּךְ נֶגֶד בְּנֵי — תהלים לא
אָדָם: מַה־יָּקָר חַסְדְּךָ אֱלֹהִים, וּבְנֵי אָדָם בְּצֵל כְּנָפֶיךָ יֶחֱסָיוּן: יִרְוְיֻן — תהלים לו
מִדֶּשֶׁן בֵּיתֶךָ, וְנַחַל עֲדָנֶיךָ תַשְׁקֵם: וְהַחָכְמָה מֵאַיִן תִּמָּצֵא, וְאֵי זֶה — איוב כח
מְקוֹם בִּינָה: אַשְׁרֵי אָדָם מָצָא חָכְמָה, וְאָדָם יָפִיק תְּבוּנָה: — משלי ג

טוֹב שֵׁם מִשֶּׁמֶן טוֹב, וְיוֹם הַמָּוֶת מִיּוֹם הִוָּלְדוֹ: סוֹף דָּבָר הַכֹּל — תהלים קיב / קהלת יב
נִשְׁמָע, אֶת־הָאֱלֹהִים יְרָא, וְאֶת־מִצְוֹתָיו שְׁמוֹר, כִּי־זֶה כָּל־הָאָדָם:
יַעְלְזוּ חֲסִידִים בְּכָבוֹד, יְרַנְּנוּ עַל־מִשְׁכְּבוֹתָם: — תהלים קמט

מְנוּחָה Merecido reposo bajo las alas de La Presencia Divina, en los sitiales encumbrados de las personas santas y puras que iluminan y brillan cual resplandor celestial, fuerte presencia y expiación de culpabilidades, alejamiento de la transgresión y acercamiento de la salvación, piedad y absolución ante Aquél que mora en las alturas, una buena porción en el Mundo Venidero, que allí sea la porción, la parcela y el sitio donde ha de residir el alma del bien llamado, (el sabio íntegro y el juez destacado, nuestro maestro y rabino Ribí) (*Nombre ben Nombre de su madre*). Que el espíritu del Señor lo ubique en el Gan Eden junto a todos los hijos de Israel que yacen junto a él, pleno de compasión y perdón, sea esta Su voluntad y digamos Amén.

### ASHCABÁ PARA UN HOMBRE

Feliz del hombre temeroso del Señor y se complace en gran manera *Sal. 112*
de sus preceptos. Es mejor el buen nombre que el buen aceite y el día *Ecle. 7*
del fallecimiento que el día del nacimiento. Merecido reposo en los sitiales encumbrados de las personas santas y puras, que allí sea la porción, la parcela y el sitio donde ha de residir el alma del bien llamado que se retiró con buen nombre de este mundo (*Nombre ben Nombre de su madre*). Que el espíritu del Señor lo ubique en el Gan Eden junto a todos los hijos de Israel que yacen junto a él, pleno de compasión y perdón, sea esta Su voluntad y digamos Amén.

### ASHCABÁ PARA UNA MUJER

אֵשֶׁת-חַיִל Mujer virtuosa, ¿quién la ha de hallar? Su valor es mucho *Prov. 31*
mayor que el de las perlas. Dadle del fruto de su esfuerzo y que sus acciones le hagan prestigiosa en los portones. Sea recordada el alma de la mujer honorable y modesta, la Señora (*Nombre bat Nombre de su madre*). Que el espíritu del Señor la ubique en el Gan Eden junto a todas las hijas de Israel que yacen junto a ella, plena de compasión y perdón, sea esta Su voluntad y digamos Amén.

מְנוּחָה נְכוֹנָה בִּישִׁיבָה עֶלְיוֹנָה, תַּחַת כַּנְפֵי הַשְּׁכִינָה, בְּמַעֲלַת קְדוֹשִׁים וּטְהוֹרִים, כְּזֹהַר הָרָקִיעַ מְאִירִים וּמַזְהִירִים, וְחִלּוּץ עֲצָמִים וְכַפָּרַת אֲשָׁמִים, וְהַרְחָקַת פֶּשַׁע וְהַקְרָבַת יֶשַׁע, וְחֶמְלָה וַחֲנִינָה מִלִּפְנֵי שׁוֹכֵן מְעוֹנָה, וְחוּלָקָא טָבָא לְחַיֵּי הָעוֹלָם הַבָּא, שָׁם תְּהֵא מְנָת וּמְחִצַּת וִישִׁיבַת נֶפֶשׁ הַשֵּׁם הַטּוֹב (הֶחָכָם הַשָּׁלֵם הַדַּיָּן הַמְצֻיָּן מוֹרֵנוּ וְרַבֵּנוּ רַבִּי) (פלוני בן פלונית). רוּחַ הַשֵּׁם תְּנִיחֶנּוּ בְּגַן עֵדֶן, הוּא וְכָל־בְּנֵי יִשְׂרָאֵל הַשּׁוֹכְבִים עִמּוֹ בִּכְלַל הָרַחֲמִים וְהַסְּלִיחוֹת, וְכֵן יְהִי רָצוֹן וְנֹאמַר אָמֵן.

השכבה לאיש

אַשְׁרֵי־אִישׁ יָרֵא אֶת־יְהֹוָה בְּמִצְוֹתָיו חָפֵץ מְאֹד: טוֹב שֵׁם מִשֶּׁמֶן טוֹב, וְיוֹם הַמָּוֶת מִיּוֹם הִוָּלְדוֹ: מְנוּחָה נְכוֹנָה בִּישִׁיבָה עֶלְיוֹנָה, בְּמַעֲלַת קְדוֹשִׁים וּטְהוֹרִים, שָׁם תְּהֵא מְנָת וּמְחִצַּת וִישִׁיבַת נֶפֶשׁ הַשֵּׁם הַטּוֹב הַנִּפְטָר בְּשֵׁם טוֹב מִן הָעוֹלָם (פלוני בן פלונית) רוּחַ הַשֵּׁם תְּנִיחֶנּוּ בְּגַן עֵדֶן, הוּא וְכָל־בְּנֵי יִשְׂרָאֵל הַשּׁוֹכְבִים עִמּוֹ בִּכְלַל הָרַחֲמִים וְהַסְּלִיחוֹת, וְכֵן יְהִי רָצוֹן וְנֹאמַר אָמֵן. תהלים קיב / קהלת ז

השכבה לאשה

אֵשֶׁת־חַיִל מִי יִמְצָא, וְרָחֹק מִפְּנִינִים מִכְרָהּ: שֶׁקֶר הַחֵן וְהֶבֶל הַיֹּפִי, אִשָּׁה יִרְאַת־יְהֹוָה הִיא תִתְהַלָּל: תְּנוּ־לָהּ מִפְּרִי יָדֶיהָ, וִיהַלְלוּהָ בַשְּׁעָרִים מַעֲשֶׂיהָ: דּוֹכְרַן נֶפֶשׁ הָאִשָּׁה הַכְּבוּדָה וְהַצְּנוּעָה, מָרַת (פלונית בַּת פלונית). רוּחַ הַשֵּׁם תְּנִיחֶנָּה בְּגַן עֵדֶן. הִיא וְכָל־בְּנוֹת יִשְׂרָאֵל הַשּׁוֹכְבוֹת עִמָּהּ, בִּכְלַל הָרַחֲמִים וְהַסְּלִיחוֹת, וְכֵן יְהִי רָצוֹן וְנֹאמַר אָמֵן. משלי לא

*Tras la Ashcabá, se dice:*

בִּלַּע Destruirá a la muerte por toda la eternidad; y el SEÑOR Dios enju- Isa. 25
gará la lágrima de todos los rostros; y eliminará la afrenta de Su pueblo
sobre de toda la tierra; porque el SEÑOR lo ha dicho. Tus muertos Isa. 26
habrán de vivir y mis cadáveres resucitarán. Despertad y cantad,
aquellos que moran en el polvo, porque tu rocío es como el rocío
luminoso, y la tierra hará vivir sus muertos. Él es compasivo, perdonará Sal. 78
la iniquidad y no destruirá, suprimirá Su ira y no encenderá Su furia.

*Luego, se recita el "Salmo de los hijos de Koraḥ" que se encuentra en Shaḥrit en la página 224 posteriormente se dice nuevamente Kadish Yehé Shelamá (si tras este el Ḥajam dice palabras de Torá, al finalizarlas se recita Kadish Al Israel) e inmediatamente después se procede a iniciar A'rbit diciendo los versículos "Él es compasivo" y luego "Bendecid".*

*Para Shaḥrit, seguir el rezo de día de semana con los siguientes cambios: Omitir Taḥanún. Omitir Halel en Rosh Ḥodesh (a menos que sea también Ḥanucá). La plegaria "Un redentor llegará a Ṣion" comienza con el versículo "Y Tú eres Santo" y "Sálvanos" es seguido por el Salmo 49 en la página 224.*

*En el último día del duelo, al levantarse de la Shib'á se dice:*

No se pondrá jamás tu sol, ni menguará jamás tu luna; porque el Isa. 60
SEÑOR te será por luz eterna, y los días de tu luto serán completa-
dos. Como aquel a quien su madre lo consuela su madre, así Yo os Isa. 66
consolaré a vosotros, y en Jerusalém tendréis consuelo.

*After השכבה, say:*

בִּלַּע הַמָּוֶת לָנֶצַח, וּמָחָה אֲדֹנָי יֱהֹוִה דִּמְעָה מֵעַל כָּל־פָּנִים, וְחֶרְפַּת ישעיה כה
עַמּוֹ יָסִיר מֵעַל כָּל־הָאָרֶץ, כִּי יְהֹוָה דִּבֵּר: יִחְיוּ מֵתֶיךָ, נְבֵלָתִי יְקוּמוּן, ישעיה כו
הָקִיצוּ וְרַנְּנוּ שֹׁכְנֵי עָפָר, כִּי טַל אוֹרֹת טַלֶּךָ, וָאָרֶץ, רְפָאִים תַּפִּיל:
וְהוּא רַחוּם יְכַפֵּר עָוֹן וְלֹא־יַשְׁחִית וְהִרְבָּה לְהָשִׁיב אַפּוֹ, וְלֹא־יָעִיר תהלים עח
כָּל־חֲמָתוֹ:

*Luego, se recita el "Salmo de los hijos de Koraḥ" que se encuentra en שחרית en la página 225, posteriormente se dice nuevamente קדיש יהא שלמא (si tras este el Ḥajam dice palabras de תורה, al finalizarlas se recita קדיש ישראל) e inmediatamente después se procede a iniciar A'rbit diciendo los versículos "Él es compasivo" y luego "Bendecid". Para שחרית, seguir el rezo de día de semana con los siguientes cambios:*

*Para שחרית, seguir el rezo de día de semana con los siguientes cambios:*

*Omitir תחנון. Omitir הלל en ראש חודש (a menos que sea también חנוכה). La plegaria 'ובא לציון' comienza con el versículo 'וְאַתָּה קָדוֹשׁ' y 'הוֹשִׁיעֵנוּ' es seguido por el מזמור מט en la página 225.*

*En el último día del duelo, al levantarse de la שבעה se dice:*

לֹא־יָבוֹא עוֹד שִׁמְשֵׁךְ, וִירֵחֵךְ לֹא יֵאָסֵף, כִּי יְהֹוָה יִהְיֶה־לָּךְ לְאוֹר ישעיה ס
עוֹלָם, וְשָׁלְמוּ יְמֵי אֶבְלֵךְ: כְּאִישׁ אֲשֶׁר אִמּוֹ תְּנַחֲמֶנּוּ, כֵּן אָנֹכִי ישעיה סו
אֲנַחֶמְכֶם, וּבִירוּשָׁלַםִ תְּנֻחָמוּ:

# Orden de los Nesiím para el Mes de Nisán

# סדר הנשיאים לחודש ניסן

*Desde Rosh Ḥodesh Nisán hasta el día 13 del mes, una vez finalizado el rezo de Shaḥrit se encienden velas en honor a los Nesiím, los presidentes de las tribus de Israel, y se lee en la Torá la porción correspondiente al Nasí del día según el siguiente orden: en Rosh Ḥodesh se enciende una vela y se lee la porción correspondiente al Nasí de esa fecha, al día siguiente se encienden dos velas y se lee la porción del Nasí del día y así sucesivamente. Tras la lectura de la Torá se recita alguna bakashá. Posteriormente se recita un Kadish Yehé Shelamá en la página 1143.*

## 1 DE NISÁN — באחד בניסן

במדבר ז וַיְהִי בְּיוֹם כַּלּוֹת מֹשֶׁה לְהָקִים אֶת־הַמִּשְׁכָּן וַיִּמְשַׁח אֹתוֹ וַיְקַדֵּשׁ אֹתוֹ
וְאֶת־כָּל־כֵּלָיו וְאֶת־הַמִּזְבֵּחַ וְאֶת־כָּל־כֵּלָיו וַיִּמְשָׁחֵם וַיְקַדֵּשׁ אֹתָם׃
וַיַּקְרִיבוּ נְשִׂיאֵי יִשְׂרָאֵל רָאשֵׁי בֵּית אֲבֹתָם הֵם נְשִׂיאֵי הַמַּטֹּת הֵם
הָעֹמְדִים עַל־הַפְּקֻדִים׃ וַיָּבִיאוּ אֶת־קָרְבָּנָם לִפְנֵי יְהֹוָה שֵׁשׁ־עֶגְלֹת צָב
וּשְׁנֵי־עָשָׂר בָּקָר עֲגָלָה עַל־שְׁנֵי הַנְּשִׂאִים וְשׁוֹר לְאֶחָד וַיַּקְרִיבוּ אוֹתָם
לִפְנֵי הַמִּשְׁכָּן׃ וַיֹּאמֶר יְהֹוָה אֶל־מֹשֶׁה לֵּאמֹר׃ קַח מֵאִתָּם וְהָיוּ לַעֲבֹד
אֶת־עֲבֹדַת אֹהֶל מוֹעֵד וְנָתַתָּה אוֹתָם אֶל־הַלְוִיִּם אִישׁ כְּפִי עֲבֹדָתוֹ׃
וַיִּקַּח מֹשֶׁה אֶת־הָעֲגָלֹת וְאֶת־הַבָּקָר וַיִּתֵּן אוֹתָם אֶל־הַלְוִיִּם׃ אֵת ׀ שְׁתֵּי
הָעֲגָלוֹת וְאֵת אַרְבַּעַת הַבָּקָר נָתַן לִבְנֵי גֵרְשׁוֹן כְּפִי עֲבֹדָתָם׃ וְאֵת ׀ אַרְבַּע
הָעֲגָלֹת וְאֵת שְׁמֹנַת הַבָּקָר נָתַן לִבְנֵי מְרָרִי כְּפִי עֲבֹדָתָם בְּיַד אִיתָמָר
בֶּן־אַהֲרֹן הַכֹּהֵן׃ וְלִבְנֵי קְהָת לֹא נָתָן כִּי־עֲבֹדַת הַקֹּדֶשׁ עֲלֵהֶם בַּכָּתֵף
יִשָּׂאוּ׃ וַיַּקְרִיבוּ הַנְּשִׂאִים אֵת חֲנֻכַּת הַמִּזְבֵּחַ בְּיוֹם הִמָּשַׁח אֹתוֹ וַיַּקְרִיבוּ
הַנְּשִׂיאִם אֶת־קָרְבָּנָם לִפְנֵי הַמִּזְבֵּחַ׃ וַיֹּאמֶר יְהֹוָה אֶל־מֹשֶׁה נָשִׂיא אֶחָד
לַיּוֹם נָשִׂיא אֶחָד לַיּוֹם יַקְרִיבוּ אֶת־קָרְבָּנָם לַחֲנֻכַּת הַמִּזְבֵּחַ׃

במדבר ז, יב–יז וַיְהִי הַמַּקְרִיב בַּיּוֹם הָרִאשׁוֹן אֶת־קָרְבָּנוֹ נַחְשׁוֹן בֶּן־עַמִּינָדָב לְמַטֵּה
יְהוּדָה: וְקָרְבָּנוֹ קַעֲרַת־כֶּסֶף אַחַת שְׁלֹשִׁים וּמֵאָה מִשְׁקָלָהּ מִזְרָק אֶחָד
כֶּסֶף שִׁבְעִים שֶׁקֶל בְּשֶׁקֶל הַקֹּדֶשׁ שְׁנֵיהֶם | מְלֵאִים סֹלֶת בְּלוּלָה בַשֶּׁמֶן
לְמִנְחָה: כַּף אַחַת עֲשָׂרָה זָהָב מְלֵאָה קְטֹרֶת: פַּר אֶחָד בֶּן־בָּקָר אַיִל
אֶחָד כֶּבֶשׂ־אֶחָד בֶּן־שְׁנָתוֹ לְעֹלָה: שְׂעִיר־עִזִּים אֶחָד לְחַטָּאת: וּלְזֶבַח
הַשְּׁלָמִים בָּקָר שְׁנַיִם אֵילִם חֲמִשָּׁה עַתּוּדִים חֲמִשָּׁה כְּבָשִׂים בְּנֵי־שָׁנָה
חֲמִשָּׁה זֶה קָרְבַּן נַחְשׁוֹן בֶּן־עַמִּינָדָב:

## 2 DE NISÁN — בשניים בניסן

במדבר ז, יח–כג בַּיּוֹם הַשֵּׁנִי הִקְרִיב נְתַנְאֵל בֶּן־צוּעָר נְשִׂיא יִשָּׂשכָר: הִקְרִב אֶת־קָרְבָּנוֹ
קַעֲרַת־כֶּסֶף אַחַת שְׁלֹשִׁים וּמֵאָה מִשְׁקָלָהּ מִזְרָק אֶחָד כֶּסֶף שִׁבְעִים
שֶׁקֶל בְּשֶׁקֶל הַקֹּדֶשׁ שְׁנֵיהֶם | מְלֵאִים סֹלֶת בְּלוּלָה בַשֶּׁמֶן לְמִנְחָה: כַּף
אַחַת עֲשָׂרָה זָהָב מְלֵאָה קְטֹרֶת: פַּר אֶחָד בֶּן־בָּקָר אַיִל אֶחָד כֶּבֶשׂ־
אֶחָד בֶּן־שְׁנָתוֹ לְעֹלָה: שְׂעִיר־עִזִּים אֶחָד לְחַטָּאת: וּלְזֶבַח הַשְּׁלָמִים
בָּקָר שְׁנַיִם אֵילִם חֲמִשָּׁה עַתֻּדִים חֲמִשָּׁה כְּבָשִׂים בְּנֵי־שָׁנָה חֲמִשָּׁה זֶה
קָרְבַּן נְתַנְאֵל בֶּן־צוּעָר:

## 3 DE NISÁN — בשלושה בניסן

במדבר ז, כד–כט בַּיּוֹם הַשְּׁלִישִׁי נָשִׂיא לִבְנֵי זְבוּלֻן אֱלִיאָב בֶּן־חֵלֹן: קָרְבָּנוֹ קַעֲרַת־כֶּסֶף
אַחַת שְׁלֹשִׁים וּמֵאָה מִשְׁקָלָהּ מִזְרָק אֶחָד כֶּסֶף שִׁבְעִים שֶׁקֶל בְּשֶׁקֶל
הַקֹּדֶשׁ שְׁנֵיהֶם | מְלֵאִים סֹלֶת בְּלוּלָה בַשֶּׁמֶן לְמִנְחָה: כַּף אַחַת עֲשָׂרָה
זָהָב מְלֵאָה קְטֹרֶת: פַּר אֶחָד בֶּן־בָּקָר אַיִל אֶחָד כֶּבֶשׂ־אֶחָד בֶּן־שְׁנָתוֹ
לְעֹלָה: שְׂעִיר־עִזִּים אֶחָד לְחַטָּאת: וּלְזֶבַח הַשְּׁלָמִים בָּקָר שְׁנַיִם אֵילִם
חֲמִשָּׁה עַתֻּדִים חֲמִשָּׁה כְּבָשִׂים בְּנֵי־שָׁנָה חֲמִשָּׁה זֶה קָרְבַּן אֱלִיאָב
בֶּן־חֵלֹן:

## בארבעה בניסן
4 DE NISÁN

במדבר ז, ל–לה
בַּיּוֹם הָרְבִיעִי נָשִׂיא לִבְנֵי רְאוּבֵן אֱלִיצוּר בֶּן־שְׁדֵיאוּר: קָרְבָּנוֹ קַעֲרַת־
כֶּסֶף אַחַת שְׁלֹשִׁים וּמֵאָה מִשְׁקָלָהּ מִזְרָק אֶחָד כֶּסֶף שִׁבְעִים שֶׁקֶל
בְּשֶׁקֶל הַקֹּדֶשׁ שְׁנֵיהֶם ׀ מְלֵאִים סֹלֶת בְּלוּלָה בַשֶּׁמֶן לְמִנְחָה: כַּף אַחַת
עֲשָׂרָה זָהָב מְלֵאָה קְטֹרֶת: פַּר אֶחָד בֶּן־בָּקָר אַיִל אֶחָד כֶּבֶשׂ־אֶחָד
בֶּן־שְׁנָתוֹ לְעֹלָה: שְׂעִיר־עִזִּים אֶחָד לְחַטָּאת: וּלְזֶבַח הַשְּׁלָמִים בָּקָר
שְׁנַיִם אֵילִם חֲמִשָּׁה עַתֻּדִים חֲמִשָּׁה כְּבָשִׂים בְּנֵי־שָׁנָה חֲמִשָּׁה זֶה קָרְבַּן
אֱלִיצוּר בֶּן־שְׁדֵיאוּר:

## בחמישה בניסן
5 DE NISÁN

במדבר ז, לו–מא
בַּיּוֹם הַחֲמִישִׁי נָשִׂיא לִבְנֵי שִׁמְעוֹן שְׁלֻמִיאֵל בֶּן־צוּרִישַׁדָּי: קָרְבָּנוֹ קַעֲרַת־
כֶּסֶף אַחַת שְׁלֹשִׁים וּמֵאָה מִשְׁקָלָהּ מִזְרָק אֶחָד כֶּסֶף שִׁבְעִים שֶׁקֶל בְּשֶׁקֶל
הַקֹּדֶשׁ שְׁנֵיהֶם ׀ מְלֵאִים סֹלֶת בְּלוּלָה בַשֶּׁמֶן לְמִנְחָה: כַּף אַחַת עֲשָׂרָה
זָהָב מְלֵאָה קְטֹרֶת: פַּר אֶחָד בֶּן־בָּקָר אַיִל אֶחָד כֶּבֶשׂ־אֶחָד בֶּן־שְׁנָתוֹ
לְעֹלָה: שְׂעִיר־עִזִּים אֶחָד לְחַטָּאת: וּלְזֶבַח הַשְּׁלָמִים בָּקָר שְׁנַיִם אֵילִם
חֲמִשָּׁה עַתֻּדִים חֲמִשָּׁה כְּבָשִׂים בְּנֵי־שָׁנָה חֲמִשָּׁה זֶה קָרְבַּן שְׁלֻמִיאֵל
בֶּן־צוּרִישַׁדָּי:

## בשישה בניסן
6 DE NISÁN

במדבר ז, מב–מז
בַּיּוֹם הַשִּׁשִּׁי נָשִׂיא לִבְנֵי גָד אֶלְיָסָף בֶּן־דְּעוּאֵל: קָרְבָּנוֹ קַעֲרַת־כֶּסֶף אַחַת
שְׁלֹשִׁים וּמֵאָה מִשְׁקָלָהּ מִזְרָק אֶחָד כֶּסֶף שִׁבְעִים שֶׁקֶל בְּשֶׁקֶל הַקֹּדֶשׁ
שְׁנֵיהֶם ׀ מְלֵאִים סֹלֶת בְּלוּלָה בַשֶּׁמֶן לְמִנְחָה: כַּף אַחַת עֲשָׂרָה זָהָב
מְלֵאָה קְטֹרֶת: פַּר אֶחָד בֶּן־בָּקָר אַיִל אֶחָד כֶּבֶשׂ־אֶחָד בֶּן־שְׁנָתוֹ לְעֹלָה:
שְׂעִיר־עִזִּים אֶחָד לְחַטָּאת: וּלְזֶבַח הַשְּׁלָמִים בָּקָר שְׁנַיִם אֵילִם חֲמִשָּׁה
עַתֻּדִים חֲמִשָּׁה כְּבָשִׂים בְּנֵי־שָׁנָה חֲמִשָּׁה זֶה קָרְבַּן אֶלְיָסָף בֶּן־דְּעוּאֵל:

## בשבעה בניסן

7 DE NISÁN

במדבר ז, מח-נג
בַּיּוֹם֙ הַשְּׁבִיעִ֔י נָשִׂ֖יא לִבְנֵ֣י אֶפְרָ֑יִם אֱלִישָׁמָ֖ע בֶּן־עַמִּיהֽוּד׃ קָרְבָּנ֞וֹ קְעָֽרַת־כֶּ֣סֶף אַחַ֗ת שְׁלֹשִׁ֣ים וּמֵאָה֮ מִשְׁקָלָהּ֒ מִזְרָ֤ק אֶחָד֙ כֶּ֔סֶף שִׁבְעִ֥ים שֶׁ֖קֶל בְּשֶׁ֣קֶל הַקֹּ֑דֶשׁ שְׁנֵיהֶ֣ם ׀ מְלֵאִ֗ים סֹ֛לֶת בְּלוּלָ֥ה בַשֶּׁ֖מֶן לְמִנְחָֽה׃ כַּ֥ף אַחַ֛ת עֲשָׂרָ֥ה זָהָ֖ב מְלֵאָ֥ה קְטֹֽרֶת׃ פַּ֣ר אֶחָ֞ד בֶּן־בָּקָ֗ר אַ֧יִל אֶחָ֛ד כֶּֽבֶשׂ־אֶחָ֥ד בֶּן־שְׁנָת֖וֹ לְעֹלָֽה׃ שְׂעִיר־עִזִּ֥ים אֶחָ֖ד לְחַטָּֽאת׃ וּלְזֶ֣בַח הַשְּׁלָמִים֮ בָּקָ֣ר שְׁנַ֒יִם֒ אֵילִ֤ם חֲמִשָּׁה֙ עַתֻּדִ֣ים חֲמִשָּׁ֔ה כְּבָשִׂ֥ים בְּנֵֽי־שָׁנָ֖ה חֲמִשָּׁ֑ה זֶ֛ה קָרְבַּ֥ן אֱלִישָׁמָ֖ע בֶּן־עַמִּיהֽוּד׃

## בשמונה בניסן

8 DE NISÁN

במדבר ז, נד-נט
בַּיּוֹם֙ הַשְּׁמִינִ֔י נָשִׂ֖יא לִבְנֵ֣י מְנַשֶּׁ֑ה גַּמְלִיאֵ֖ל בֶּן־פְּדָהצֽוּר׃ קָרְבָּנ֞וֹ קְעָֽרַת־כֶּ֣סֶף אַחַ֗ת שְׁלֹשִׁ֣ים וּמֵאָה֮ מִשְׁקָלָהּ֒ מִזְרָ֤ק אֶחָד֙ כֶּ֔סֶף שִׁבְעִ֥ים שֶׁ֖קֶל בְּשֶׁ֣קֶל הַקֹּ֑דֶשׁ שְׁנֵיהֶ֣ם ׀ מְלֵאִ֗ים סֹ֛לֶת בְּלוּלָ֥ה בַשֶּׁ֖מֶן לְמִנְחָֽה׃ כַּ֥ף אַחַ֛ת עֲשָׂרָ֥ה זָהָ֖ב מְלֵאָ֥ה קְטֹֽרֶת׃ פַּ֣ר אֶחָ֞ד בֶּן־בָּקָ֗ר אַ֧יִל אֶחָ֛ד כֶּֽבֶשׂ־אֶחָ֥ד בֶּן־שְׁנָת֖וֹ לְעֹלָֽה׃ שְׂעִיר־עִזִּ֥ים אֶחָ֖ד לְחַטָּֽאת׃ וּלְזֶ֣בַח הַשְּׁלָמִים֮ בָּקָ֣ר שְׁנַ֒יִם֒ אֵילִ֤ם חֲמִשָּׁה֙ עַתֻּדִ֣ים חֲמִשָּׁ֔ה כְּבָשִׂ֥ים בְּנֵֽי־שָׁנָ֖ה חֲמִשָּׁ֑ה זֶ֛ה קָרְבַּ֥ן גַּמְלִיאֵ֖ל בֶּן־פְּדָהצֽוּר׃

## בתשעה בניסן

9 DE NISÁN

במדבר ז, ס-סה
בַּיּוֹם֙ הַתְּשִׁיעִ֔י נָשִׂ֖יא לִבְנֵ֣י בִנְיָמִ֑ן אֲבִידָ֖ן בֶּן־גִּדְעֹנִֽי׃ קָרְבָּנ֞וֹ קְעָֽרַת־כֶּ֣סֶף אַחַ֗ת שְׁלֹשִׁ֣ים וּמֵאָה֮ מִשְׁקָלָהּ֒ מִזְרָ֤ק אֶחָד֙ כֶּ֔סֶף שִׁבְעִ֥ים שֶׁ֖קֶל בְּשֶׁ֣קֶל הַקֹּ֑דֶשׁ שְׁנֵיהֶ֣ם ׀ מְלֵאִ֗ים סֹ֛לֶת בְּלוּלָ֥ה בַשֶּׁ֖מֶן לְמִנְחָֽה׃ כַּ֥ף אַחַ֛ת עֲשָׂרָ֥ה זָהָ֖ב מְלֵאָ֥ה קְטֹֽרֶת׃ פַּ֣ר אֶחָ֞ד בֶּן־בָּקָ֗ר אַ֧יִל אֶחָ֛ד כֶּֽבֶשׂ־אֶחָ֥ד בֶּן־שְׁנָת֖וֹ לְעֹלָֽה׃ שְׂעִיר־עִזִּ֥ים אֶחָ֖ד לְחַטָּֽאת׃ וּלְזֶ֣בַח הַשְּׁלָמִים֮ בָּקָ֣ר שְׁנַ֒יִם֒ אֵילִ֤ם חֲמִשָּׁה֙ עַתֻּדִ֣ים חֲמִשָּׁ֔ה כְּבָשִׂ֥ים בְּנֵֽי־שָׁנָ֖ה חֲמִשָּׁ֑ה זֶ֛ה קָרְבַּ֥ן אֲבִידָ֖ן בֶּן־גִּדְעֹנִֽי׃

## בעשרה בניסן
10 DE NISÁN

במדבר ז, סו-עא בַּיּוֹם הָעֲשִׂירִי נָשִׂיא לִבְנֵי דָן אֲחִיעֶזֶר בֶּן־עַמִּישַׁדָּי׃ קָרְבָּנוֹ קַעֲרַת־כֶּסֶף אַחַת שְׁלֹשִׁים וּמֵאָה מִשְׁקָלָהּ מִזְרָק אֶחָד כֶּסֶף שִׁבְעִים שֶׁקֶל בְּשֶׁקֶל הַקֹּדֶשׁ שְׁנֵיהֶם ׀ מְלֵאִים סֹלֶת בְּלוּלָה בַשֶּׁמֶן לְמִנְחָה׃ כַּף אַחַת עֲשָׂרָה זָהָב מְלֵאָה קְטֹרֶת׃ פַּר אֶחָד בֶּן־בָּקָר אַיִל אֶחָד כֶּבֶשׂ־אֶחָד בֶּן־שְׁנָתוֹ לְעֹלָה׃ שְׂעִיר־עִזִּים אֶחָד לְחַטָּאת׃ וּלְזֶבַח הַשְּׁלָמִים בָּקָר שְׁנַיִם אֵילִם חֲמִשָּׁה עַתֻּדִים חֲמִשָּׁה כְּבָשִׂים בְּנֵי־שָׁנָה חֲמִשָּׁה זֶה קָרְבַּן אֲחִיעֶזֶר בֶּן־עַמִּישַׁדָּי׃

## באחד עשר בניסן
11 DE NISÁN

במדבר ז, עב-עז בְּיוֹם עַשְׁתֵּי עָשָׂר יוֹם נָשִׂיא לִבְנֵי אָשֵׁר פַּגְעִיאֵל בֶּן־עָכְרָן׃ קָרְבָּנוֹ קַעֲרַת־כֶּסֶף אַחַת שְׁלֹשִׁים וּמֵאָה מִשְׁקָלָהּ מִזְרָק אֶחָד כֶּסֶף שִׁבְעִים שֶׁקֶל בְּשֶׁקֶל הַקֹּדֶשׁ שְׁנֵיהֶם ׀ מְלֵאִים סֹלֶת בְּלוּלָה בַשֶּׁמֶן לְמִנְחָה׃ כַּף אַחַת עֲשָׂרָה זָהָב מְלֵאָה קְטֹרֶת׃ פַּר אֶחָד בֶּן־בָּקָר אַיִל אֶחָד כֶּבֶשׂ־אֶחָד בֶּן־שְׁנָתוֹ לְעֹלָה׃ שְׂעִיר־עִזִּים אֶחָד לְחַטָּאת׃ וּלְזֶבַח הַשְּׁלָמִים בָּקָר שְׁנַיִם אֵילִם חֲמִשָּׁה עַתֻּדִים חֲמִשָּׁה כְּבָשִׂים בְּנֵי־שָׁנָה חֲמִשָּׁה זֶה קָרְבַּן פַּגְעִיאֵל בֶּן־עָכְרָן׃

## בשנים עשר בניסן
12 DE NISÁN

במדבר ז, עח-פג בְּיוֹם שְׁנֵים עָשָׂר יוֹם נָשִׂיא לִבְנֵי נַפְתָּלִי אֲחִירַע בֶּן־עֵינָן׃ קָרְבָּנוֹ קַעֲרַת־כֶּסֶף אַחַת שְׁלֹשִׁים וּמֵאָה מִשְׁקָלָהּ מִזְרָק אֶחָד כֶּסֶף שִׁבְעִים שֶׁקֶל בְּשֶׁקֶל הַקֹּדֶשׁ שְׁנֵיהֶם ׀ מְלֵאִים סֹלֶת בְּלוּלָה בַשֶּׁמֶן לְמִנְחָה׃ כַּף אַחַת עֲשָׂרָה זָהָב מְלֵאָה קְטֹרֶת׃ פַּר אֶחָד בֶּן־בָּקָר אַיִל אֶחָד כֶּבֶשׂ־אֶחָד בֶּן־שְׁנָתוֹ לְעֹלָה׃ שְׂעִיר־עִזִּים אֶחָד לְחַטָּאת׃ וּלְזֶבַח הַשְּׁלָמִים בָּקָר שְׁנַיִם אֵילִם חֲמִשָּׁה עַתֻּדִים חֲמִשָּׁה כְּבָשִׂים בְּנֵי־שָׁנָה חֲמִשָּׁה זֶה קָרְבַּן אֲחִירַע בֶּן־עֵינָן׃

## 13 DE NISÁN

## בשלושה עשר בניסן

וַיְדַבֵּר יְהוָה אֶל־מֹשֶׁה לֵּאמֹר: דַּבֵּר אֶל־אַהֲרֹן וְאָמַרְתָּ אֵלָיו בְּהַעֲלֹתְךָ במדבר ח, א-ד
אֶת־הַנֵּרֹת אֶל־מוּל פְּנֵי הַמְּנוֹרָה יָאִירוּ שִׁבְעַת הַנֵּרוֹת: וַיַּעַשׂ כֵּן אַהֲרֹן
אֶל־מוּל פְּנֵי הַמְּנוֹרָה הֶעֱלָה נֵרֹתֶיהָ כַּאֲשֶׁר צִוָּה יְהוָה אֶת־מֹשֶׁה: וְזֶה
מַעֲשֵׂה הַמְּנֹרָה מִקְשָׁה זָהָב עַד־יְרֵכָהּ עַד־פִּרְחָהּ מִקְשָׁה הִוא כַּמַּרְאֶה
אֲשֶׁר הֶרְאָה יְהוָה אֶת־מֹשֶׁה כֵּן עָשָׂה אֶת־הַמְּנֹרָה:

רָנִּי וְשִׂמְחִי בַּת־צִיּוֹן כִּי הִנְנִי־בָא וְשָׁכַנְתִּי בְתוֹכֵךְ נְאֻם־יְהוָה: וְנִלְווּ גוֹיִם רַבִּים זכריה ב-ד
אֶל־יְהוָה בַּיּוֹם הַהוּא וְהָיוּ לִי לְעָם וְשָׁכַנְתִּי בְתוֹכֵךְ וְיָדַעַתְּ כִּי־יְהוָה צְבָאוֹת
שְׁלָחַנִי אֵלָיִךְ: וְנָחַל יְהוָה אֶת־יְהוּדָה חֶלְקוֹ עַל אַדְמַת הַקֹּדֶשׁ וּבָחַר עוֹד
בִּירוּשָׁלִָם: הַס כָּל־בָּשָׂר מִפְּנֵי יְהוָה כִּי נֵעוֹר מִמְּעוֹן קָדְשׁוֹ: וַיַּרְאֵנִי
אֶת־יְהוֹשֻׁעַ הַכֹּהֵן הַגָּדוֹל עֹמֵד לִפְנֵי מַלְאַךְ יְהוָה וְהַשָּׂטָן עֹמֵד עַל־יְמִינוֹ
לְשִׂטְנוֹ: וַיֹּאמֶר יְהוָה אֶל־הַשָּׂטָן יִגְעַר יְהוָה בְּךָ הַשָּׂטָן וְיִגְעַר יְהוָה בְּךָ הַבֹּחֵר
בִּירוּשָׁלִָם הֲלוֹא זֶה אוּד מֻצָּל מֵאֵשׁ: וִיהוֹשֻׁעַ הָיָה לָבֻשׁ בְּגָדִים צוֹאִים וְעֹמֵד
לִפְנֵי הַמַּלְאָךְ: וַיַּעַן וַיֹּאמֶר אֶל־הָעֹמְדִים לְפָנָיו לֵאמֹר הָסִירוּ הַבְּגָדִים הַצֹּאִים
מֵעָלָיו וַיֹּאמֶר אֵלָיו רְאֵה הֶעֱבַרְתִּי מֵעָלֶיךָ עֲוֺנֶךָ וְהַלְבֵּשׁ אֹתְךָ מַחֲלָצוֹת: וָאֹמַר
יָשִׂימוּ צָנִיף טָהוֹר עַל־רֹאשׁוֹ וַיָּשִׂימוּ הַצָּנִיף הַטָּהוֹר עַל־רֹאשׁוֹ וַיַּלְבִּשֻׁהוּ
בְּגָדִים וּמַלְאַךְ יְהוָה עֹמֵד: וַיָּעַד מַלְאַךְ יְהוָה בִּיהוֹשֻׁעַ לֵאמֹר: כֹּה־אָמַר
יְהוָה צְבָאוֹת אִם־בִּדְרָכַי תֵּלֵךְ וְאִם אֶת־מִשְׁמַרְתִּי תִשְׁמֹר וְגַם־אַתָּה תָּדִין
אֶת־בֵּיתִי וְגַם תִּשְׁמֹר אֶת־חֲצֵרָי וְנָתַתִּי לְךָ מַהְלְכִים בֵּין הָעֹמְדִים הָאֵלֶּה:
שְׁמַע־נָא יְהוֹשֻׁעַ ׀ הַכֹּהֵן הַגָּדוֹל אַתָּה וְרֵעֶיךָ הַיֹּשְׁבִים לְפָנֶיךָ כִּי־אַנְשֵׁי מוֹפֵת
הֵמָּה כִּי־הִנְנִי מֵבִיא אֶת־עַבְדִּי צֶמַח: כִּי ׀ הִנֵּה הָאֶבֶן אֲשֶׁר נָתַתִּי לִפְנֵי יְהוֹשֻׁעַ
עַל־אֶבֶן אַחַת שִׁבְעָה עֵינָיִם הִנְנִי מְפַתֵּחַ פִּתֻּחָהּ נְאֻם יְהוָה צְבָאוֹת וּמַשְׁתִּי
אֶת־עֲוֺן הָאָרֶץ־הַהִיא בְּיוֹם אֶחָד: בַּיּוֹם הַהוּא נְאֻם יְהוָה צְבָאוֹת תִּקְרְאוּ
אִישׁ לְרֵעֵהוּ אֶל־תַּחַת גֶּפֶן וְאֶל־תַּחַת תְּאֵנָה: וַיָּשָׁב הַמַּלְאָךְ
הַדֹּבֵר בִּי וַיְעִירֵנִי כְּאִישׁ אֲשֶׁר־יֵעוֹר מִשְּׁנָתוֹ: וַיֹּאמֶר אֵלַי מָה אַתָּה רֹאֶה
וָאֹמַר רָאִיתִי וְהִנֵּה מְנוֹרַת זָהָב כֻּלָּהּ וְגֻלָּהּ עַל־רֹאשָׁהּ וְשִׁבְעָה נֵרֹתֶיהָ עָלֶיהָ
שִׁבְעָה וְשִׁבְעָה מוּצָקוֹת לַנֵּרוֹת אֲשֶׁר עַל־רֹאשָׁהּ: וּשְׁנַיִם זֵיתִים עָלֶיהָ אֶחָד
מִימִין הַגֻּלָּה וְאֶחָד עַל־שְׂמֹאלָהּ: וָאַעַן וָאֹמַר אֶל־הַמַּלְאָךְ הַדֹּבֵר בִּי לֵאמֹר

מָה־אֵלֶּה אֲדֹנִי׃ וַיַּעַן הַמַּלְאָךְ הַדֹּבֵר בִּי וַיֹּאמֶר אֵלַי הֲלוֹא יָדַעְתָּ מָה־הֵמָּה
אֵלֶּה וָאֹמַר לֹא אֲדֹנִי׃ וַיַּעַן וַיֹּאמֶר אֵלַי לֵאמֹר זֶה דְּבַר־יְהוָה אֶל־זְרֻבָּבֶל
לֵאמֹר לֹא בְחַיִל וְלֹא בְכֹחַ כִּי אִם־בְּרוּחִי אָמַר יְהוָה צְבָאוֹת׃ מִי־אַתָּה הַר־
הַגָּדוֹל לִפְנֵי זְרֻבָּבֶל לְמִישֹׁר וְהוֹצִיא אֶת־הָאֶבֶן הָרֹאשָׁה תְּשֻׁאוֹת חֵן ׀ חֵן לָהּ׃

## קדיש יהא שלמא

*El* חזן *y los* אבלים *recitan* קדיש יהא שלמא:

יִתְגַּדַּל וְיִתְקַדַּשׁ שְׁמֵהּ רַבָּא (קהל: אָמֵן)
בְּעָלְמָא דִּי בְרָא כִרְעוּתֵהּ
וְיַמְלִיךְ מַלְכוּתֵהּ וְיַצְמַח פֻּרְקָנֵהּ וִיקָרֵב מְשִׁיחֵהּ (קהל: אָמֵן)
בְּחַיֵּיכוֹן וּבְיוֹמֵיכוֹן וּבְחַיֵּי דְכָל־בֵּית יִשְׂרָאֵל
בַּעֲגָלָא וּבִזְמַן קָרִיב, וְאִמְרוּ אָמֵן. (קהל: אָמֵן)

יְהֵא שְׁמֵהּ רַבָּא מְבָרַךְ לְעָלַם וּלְעָלְמֵי עָלְמַיָּא יִתְבָּרַךְ
וְיִשְׁתַּבַּח וְיִתְפָּאַר וְיִתְרוֹמַם וְיִתְנַשֵּׂא
וְיִתְהַדָּר וְיִתְעַלֶּה וְיִתְהַלָּל
שְׁמֵהּ דְּקֻדְשָׁא בְּרִיךְ הוּא (קהל: אָמֵן)
לְעֵלָּא מִן כָּל־בִּרְכָתָא
שִׁירָתָא, תֻּשְׁבְּחָתָא וְנֶחָמָתָא
דַּאֲמִירָן בְּעָלְמָא, וְאִמְרוּ אָמֵן. (קהל: אָמֵן)

יְהֵא שְׁלָמָא רַבָּא מִן שְׁמַיָּא, חַיִּים וְשָׂבָע וִישׁוּעָה וְנֶחָמָה
וְשֵׁיזָבָא וּרְפוּאָה וּגְאֻלָּה וּסְלִיחָה וְכַפָּרָה, וְרֶוַח וְהַצָּלָה
לָנוּ וּלְכָל־עַמּוֹ יִשְׂרָאֵל, וְאִמְרוּ אָמֵן. (קהל: אָמֵן)

*Antes de decir* 'עֹשֶׂה שָׁלוֹם' *se dan tres pasos hacia atrás.*

עֹשֶׂה שָׁלוֹם בִּמְרוֹמָיו
הוּא בְּרַחֲמָיו יַעֲשֶׂה שָׁלוֹם עָלֵינוּ
וְעַל־כָּל־עַמּוֹ יִשְׂרָאֵל, וְאִמְרוּ אָמֵן. (קהל: אָמֵן)

*Algunas comunidades, recitan cada día lo siguiente después de cada "Nasí":*

אֱלֹהֵינוּ Dios nuestro y de nuestros ancestros, Rey compasivo, apiádate de nosotros, Bondadoso y que obra el bien, retorna a nosotros con Tu gran piedad por el mérito de los patriarcas que realizaron Tu voluntad. Reconstruye Tu Casa como al principio y establece Tu Santuario en su sitio. Permítenos contemplar su reconstrucción, regocíjanos con su restauración, haz retornar a los Cohanim a sus labores, a los Levitas a sus cánticos y a su música y devuelve a los hijos de Israel a sus moradas. Y hacia allí ascenderemos, nos presentaremos y nos prosternaremos ante Ti en las tres festividades de peregrinaje, tal como está escrito en Tu Torá:

שָׁלוֹשׁ Tres veces en el año habrán de presentarse todos tus varones *Deut. 16*
ante el SEÑOR tu Dios, en el lugar que habrá de elegir: en la festividad de las Maṣot, en la festividad de Shabu´ot y en la festividad de Sucot. Empero no se habrá de comparecer ante la Presencia del SEÑOR con las manos vacías. Cada hombre, según el donativo de su mano; de acuerdo a la bendición que el SEÑOR tu Dios te ha dado a ti. ”

וְתִמְלֹךְ Y Tú SEÑOR, nuestro Dios, reinarás pronto sobre todas Tus creaturas, en el Monte de Ṣion recinto de Tu gloria y en Jerusalém la ciudad de Tu Santuario, tal como está escrito en Tus libros sagrados: Que el SEÑOR reine por siempre. Él es Tu Dios, Ṣion, por todas *Sal. 146*
las generaciones ¡Aleluyá!

שִׁיר הַמַּעֲלוֹת Cántico de las ascensiones. Cuando el SEÑOR hizo *Sal. 126*
retornar a los exiliados de Ṣion parecíamos estar soñando. Entonces nuestras bocas se llenaron de alegría y nuestras lenguas de cánticos. Entonces dijeron las naciones: el SEÑOR ha obrado grandemente con ellos, ¡El SEÑOR ha obrado grandemente con nosotros! Y nos regocijamos. Haz retornar, SEÑOR, a nuestros exiliados como torrentes en el desierto del Neguev. Los que siembran con lágrimas cosecharán con cantos de alegría. Quien va cargando sus semillas con sollozos sostenga con cánticos sus gavillas.

*Algunas comunidades, recitan cada día lo siguiente después de cada* נשיא*:*

אֱלֹהֵֽינוּ וֵאלֹהֵי אֲבוֹתֵֽינוּ, מֶֽלֶךְ רַחֲמָן רַחֵם עָלֵֽינוּ, טוֹב וּמֵטִיב הִדָּֽרֶשׁ לָֽנוּ, שׁוּבָה עָלֵֽינוּ בַּהֲמוֹן רַחֲמֶֽיךָ, בִּגְלַל אָבוֹת שֶׁעָשׂוּ רְצוֹנֶֽךָ. בְּנֵה בֵיתְךָ כְּבַתְּחִלָּה, כּוֹנֵן בֵּית מִקְדָּשְׁךָ עַל מְכוֹנוֹ, הַרְאֵֽנוּ בְּבִנְיָנוֹ, שַׂמְּחֵֽנוּ בְּתִקּוּנוֹ, וְהָשֵׁב שְׁכִינָתְךָ לְתוֹכוֹ, וְהָשֵׁב כֹּהֲנִים לַעֲבוֹדָתָם, וּלְוִיִּם לְדוּכָנָם לְשִׁירָם וּלְזִמְרָם, וְהָשֵׁב יִשְׂרָאֵל לִנְוֵיהֶם. וְשָׁם נַעֲלֶה וְנֵרָאֶה וְנִשְׁתַּחֲוֶה לְפָנֶֽיךָ, בְּשָׁלֹשׁ פְּעָמֵי רְגָלֵֽינוּ בְּכָל־שָׁנָה וְשָׁנָה, כַּכָּתוּב בַּתּוֹרָה:

שָׁלוֹשׁ פְּעָמִים בַּשָּׁנָה יֵרָאֶה כָל־זְכוּרְךָ אֶת־פְּנֵי יְהֹוָה אֱלֹהֶיךָ דברים טז
בַּמָּקוֹם אֲשֶׁר יִבְחָר, בְּחַג הַמַּצּוֹת, וּבְחַג הַשָּׁבֻעוֹת, וּבְחַג הַסֻּכּוֹת, וְלֹא יֵרָאֶה אֶת־פְּנֵי יְהֹוָה רֵיקָם: אִישׁ כְּמַתְּנַת יָדוֹ, כְּבִרְכַּת יְהֹוָה אֱלֹהֶיךָ אֲשֶׁר נָתַן־לָךְ:

וְתִמְלֹךְ אַתָּה הוּא יְהֹוָה אֱלֹהֵינוּ, מְהֵרָה עַל כָּל־מַעֲשֶׂיךָ, בְּהַר צִיּוֹן מִשְׁכַּן כְּבוֹדֶךָ וּבִירוּשָׁלַיִם עִיר מִקְדָּשֶׁךָ, כַּכָּתוּב בְּדִבְרֵי
קָדְשֶׁךָ, יִמְלֹךְ יְהֹוָה לְעוֹלָם, אֱלֹהַיִךְ צִיּוֹן לְדֹר וָדֹר, הַלְלוּיָהּ: תהלים קמו

שִׁיר הַמַּעֲלוֹת בְּשׁוּב יְהֹוָה אֶת־שִׁיבַת צִיּוֹן הָיִינוּ כְּחֹלְמִים: אָז תהלים קכו
יִמָּלֵא שְׂחוֹק פִּינוּ וּלְשׁוֹנֵנוּ רִנָּה אָז יֹאמְרוּ בַגּוֹיִם הִגְדִּיל יְהֹוָה לַעֲשׂוֹת עִם־אֵלֶּה: הִגְדִּיל יְהֹוָה לַעֲשׂוֹת עִמָּנוּ הָיִינוּ שְׂמֵחִים: שׁוּבָה יְהֹוָה אֶת־שְׁבִיתֵנוּ כַּאֲפִיקִים בַּנֶּגֶב: הַזֹּרְעִים בְּדִמְעָה בְּרִנָּה יִקְצֹרוּ: הָלוֹךְ יֵלֵךְ ׀ וּבָכֹה נֹשֵׂא מֶשֶׁךְ־הַזָּרַע בֹּא־יָבֹא בְרִנָּה נֹשֵׂא אֲלֻמֹּתָיו:

# קריאת התורה
## LECTURA DE LA TORÁ

## LECTURA DE LA TORÁ
## PARA LUNES, JUEVES Y MINḤÁ DE SHABAT

## קריאת התורה לימי שני וחמישי ולמנחה של שבת

### BERESHIT — בראשית

בְּרֵאשִׁית בָּרָא אֱלֹהִים אֵת הַשָּׁמַיִם וְאֵת הָאָרֶץ׃ וְהָאָרֶץ הָיְתָה תֹהוּ וָבֹהוּ בראשית
וְחֹשֶׁךְ עַל־פְּנֵי תְהוֹם וְרוּחַ אֱלֹהִים מְרַחֶפֶת עַל־פְּנֵי הַמָּיִם׃ וַיֹּאמֶר אֱלֹהִים א,א–יג
יְהִי אוֹר וַיְהִי־אוֹר׃ וַיַּרְא אֱלֹהִים אֶת־הָאוֹר כִּי־טוֹב וַיַּבְדֵּל אֱלֹהִים בֵּין הָאוֹר
וּבֵין הַחֹשֶׁךְ׃ וַיִּקְרָא אֱלֹהִים ׀ לָאוֹר יוֹם וְלַחֹשֶׁךְ קָרָא לָיְלָה וַיְהִי־עֶרֶב וַיְהִי־
בֹקֶר יוֹם אֶחָד׃

וַיֹּאמֶר אֱלֹהִים יְהִי רָקִיעַ בְּתוֹךְ הַמָּיִם וִיהִי מַבְדִּיל בֵּין מַיִם לָמָיִם׃ וַיַּעַשׂ לוי
אֱלֹהִים אֶת־הָרָקִיעַ וַיַּבְדֵּל בֵּין הַמַּיִם אֲשֶׁר מִתַּחַת לָרָקִיעַ וּבֵין הַמַּיִם אֲשֶׁר
מֵעַל לָרָקִיעַ וַיְהִי־כֵן׃ וַיִּקְרָא אֱלֹהִים לָרָקִיעַ שָׁמָיִם וַיְהִי־עֶרֶב וַיְהִי־בֹקֶר
יוֹם שֵׁנִי׃

וַיֹּאמֶר אֱלֹהִים יִקָּווּ הַמַּיִם מִתַּחַת הַשָּׁמַיִם אֶל־מָקוֹם אֶחָד וְתֵרָאֶה הַיַּבָּשָׁה ישראל
וַיְהִי־כֵן׃ וַיִּקְרָא אֱלֹהִים ׀ לַיַּבָּשָׁה אֶרֶץ וּלְמִקְוֵה הַמַּיִם קָרָא יַמִּים וַיַּרְא
אֱלֹהִים כִּי־טוֹב׃ וַיֹּאמֶר אֱלֹהִים תַּדְשֵׁא הָאָרֶץ דֶּשֶׁא עֵשֶׂב מַזְרִיעַ זֶרַע עֵץ
פְּרִי עֹשֶׂה פְּרִי לְמִינוֹ אֲשֶׁר זַרְעוֹ־בוֹ עַל־הָאָרֶץ וַיְהִי־כֵן׃ וַתּוֹצֵא הָאָרֶץ דֶּשֶׁא
עֵשֶׂב מַזְרִיעַ זֶרַע לְמִינֵהוּ וְעֵץ עֹשֶׂה־פְּרִי אֲשֶׁר זַרְעוֹ־בוֹ לְמִינֵהוּ וַיַּרְא אֱלֹהִים
כִּי־טוֹב׃ וַיְהִי־עֶרֶב וַיְהִי־בֹקֶר יוֹם שְׁלִישִׁי׃

### NOAḤ — נח

אֵלֶּה תּוֹלְדֹת נֹחַ נֹחַ אִישׁ צַדִּיק תָּמִים הָיָה בְּדֹרֹתָיו אֶת־הָאֱלֹהִים הִתְהַלֶּךְ־ בראשית
נֹחַ׃ וַיּוֹלֶד נֹחַ שְׁלֹשָׁה בָנִים אֶת־שֵׁם אֶת־חָם וְאֶת־יָפֶת׃ וַתִּשָּׁחֵת הָאָרֶץ ו,ט–כב
לִפְנֵי הָאֱלֹהִים וַתִּמָּלֵא הָאָרֶץ חָמָס׃ וַיַּרְא אֱלֹהִים אֶת־הָאָרֶץ וְהִנֵּה נִשְׁחָתָה
כִּי־הִשְׁחִית כָּל־בָּשָׂר אֶת־דַּרְכּוֹ עַל־הָאָרֶץ׃ וַיֹּאמֶר אֱלֹהִים
לְנֹחַ קֵץ כָּל־בָּשָׂר בָּא לְפָנַי כִּי־מָלְאָה הָאָרֶץ חָמָס מִפְּנֵיהֶם וְהִנְנִי מַשְׁחִיתָם
אֶת־הָאָרֶץ׃ עֲשֵׂה לְךָ תֵּבַת עֲצֵי־גֹפֶר קִנִּים תַּעֲשֶׂה אֶת־הַתֵּבָה וְכָפַרְתָּ אֹתָהּ

מִבַּיִת וּמִחוּץ בַּכֹּפֶר׃ וְזֶה אֲשֶׁר תַּעֲשֶׂה אֹתָהּ שְׁלֹשׁ מֵאוֹת אַמָּה אֹרֶךְ הַתֵּבָה
חֲמִשִּׁים אַמָּה רָחְבָּהּ וּשְׁלֹשִׁים אַמָּה קוֹמָתָהּ׃ *צֹהַר | תַּעֲשֶׂה לַתֵּבָה וְאֶל־ לוי
אַמָּה תְּכַלֶּנָּה מִלְמַעְלָה וּפֶתַח הַתֵּבָה בְּצִדָּהּ תָּשִׂים תַּחְתִּיִּם שְׁנִיִּם וּשְׁלִשִׁים
תַּעֲשֶׂהָ׃ וַאֲנִי הִנְנִי מֵבִיא אֶת־הַמַּבּוּל מַיִם עַל־הָאָרֶץ לְשַׁחֵת כָּל־בָּשָׂר אֲשֶׁר־
בּוֹ רוּחַ חַיִּים מִתַּחַת הַשָּׁמָיִם כֹּל אֲשֶׁר־בָּאָרֶץ יִגְוָע׃ וַהֲקִמֹתִי אֶת־בְּרִיתִי
אִתָּךְ וּבָאתָ אֶל־הַתֵּבָה אַתָּה וּבָנֶיךָ וְאִשְׁתְּךָ וּנְשֵׁי־בָנֶיךָ אִתָּךְ׃ *וּמִכָּל־הָחַי ישראל
מִכָּל־בָּשָׂר שְׁנַיִם מִכֹּל תָּבִיא אֶל־הַתֵּבָה לְהַחֲיֹת אִתָּךְ זָכָר וּנְקֵבָה יִהְיוּ׃
מֵהָעוֹף לְמִינֵהוּ וּמִן־הַבְּהֵמָה לְמִינָהּ מִכֹּל רֶמֶשׂ הָאֲדָמָה לְמִינֵהוּ שְׁנַיִם מִכֹּל
יָבֹאוּ אֵלֶיךָ לְהַחֲיוֹת׃ וְאַתָּה קַח־לְךָ מִכָּל־מַאֲכָל אֲשֶׁר יֵאָכֵל וְאָסַפְתָּ אֵלֶיךָ
וְהָיָה לְךָ וְלָהֶם לְאָכְלָה׃ וַיַּעַשׂ נֹחַ כְּכֹל אֲשֶׁר צִוָּה אֹתוֹ אֱלֹהִים כֵּן עָשָׂה׃

## לֶךְ לְךָ — LEJ LEJÁ

וַיֹּאמֶר יְהוָה אֶל־אַבְרָם לֶךְ־לְךָ מֵאַרְצְךָ וּמִמּוֹלַדְתְּךָ וּמִבֵּית אָבִיךָ אֶל־הָאָרֶץ בראשית יב, א–יג
אֲשֶׁר אַרְאֶךָּ׃ וְאֶעֶשְׂךָ לְגוֹי גָּדוֹל וַאֲבָרֶכְךָ וַאֲגַדְּלָה שְׁמֶךָ וֶהְיֵה בְּרָכָה׃ וַאֲבָרְכָה
מְבָרְכֶיךָ וּמְקַלֶּלְךָ אָאֹר וְנִבְרְכוּ בְךָ כֹּל מִשְׁפְּחֹת הָאֲדָמָה׃ *וַיֵּלֶךְ אַבְרָם כַּאֲשֶׁר לוי
דִּבֶּר אֵלָיו יְהוָה וַיֵּלֶךְ אִתּוֹ לוֹט וְאַבְרָם בֶּן־חָמֵשׁ שָׁנִים וְשִׁבְעִים שָׁנָה בְּצֵאתוֹ
מֵחָרָן׃ וַיִּקַּח אַבְרָם אֶת־שָׂרַי אִשְׁתּוֹ וְאֶת־לוֹט בֶּן־אָחִיו וְאֶת־כָּל־רְכוּשָׁם
אֲשֶׁר רָכָשׁוּ וְאֶת־הַנֶּפֶשׁ אֲשֶׁר־עָשׂוּ בְחָרָן וַיֵּצְאוּ לָלֶכֶת אַרְצָה כְּנַעַן וַיָּבֹאוּ
אַרְצָה כְּנָעַן׃ וַיַּעֲבֹר אַבְרָם בָּאָרֶץ עַד מְקוֹם שְׁכֶם עַד אֵלוֹן מוֹרֶה וְהַכְּנַעֲנִי
אָז בָּאָרֶץ׃ *וַיֵּרָא יְהוָה אֶל־אַבְרָם וַיֹּאמֶר לְזַרְעֲךָ אֶתֵּן אֶת־הָאָרֶץ הַזֹּאת ישראל
וַיִּבֶן שָׁם מִזְבֵּחַ לַיהוָה הַנִּרְאֶה אֵלָיו׃ וַיַּעְתֵּק מִשָּׁם הָהָרָה מִקֶּדֶם לְבֵית־אֵל
וַיֵּט אָהֳלֹה בֵּית־אֵל מִיָּם וְהָעַי מִקֶּדֶם וַיִּבֶן־שָׁם מִזְבֵּחַ לַיהוָה וַיִּקְרָא בְּשֵׁם
יְהוָה׃ וַיִּסַּע אַבְרָם הָלוֹךְ וְנָסוֹעַ הַנֶּגְבָּה׃

וַיְהִי רָעָב בָּאָרֶץ וַיֵּרֶד אַבְרָם מִצְרַיְמָה לָגוּר שָׁם כִּי־כָבֵד הָרָעָב בָּאָרֶץ׃
וַיְהִי כַּאֲשֶׁר הִקְרִיב לָבוֹא מִצְרָיְמָה וַיֹּאמֶר אֶל־שָׂרַי אִשְׁתּוֹ הִנֵּה־נָא יָדַעְתִּי
כִּי אִשָּׁה יְפַת־מַרְאֶה אָתְּ׃ וְהָיָה כִּי־יִרְאוּ אֹתָךְ הַמִּצְרִים וְאָמְרוּ אִשְׁתּוֹ זֹאת
וְהָרְגוּ אֹתִי וְאֹתָךְ יְחַיּוּ׃ אִמְרִי־נָא אֲחֹתִי אָתְּ לְמַעַן יִיטַב־לִי בַעֲבוּרֵךְ וְחָיְתָה
נַפְשִׁי בִּגְלָלֵךְ׃

## וירא VAIERÁ

וַיֵּרָא אֵלָיו יְהוָה בְּאֵלֹנֵי מַמְרֵא וְהוּא יֹשֵׁב פֶּתַח־הָאֹהֶל כְּחֹם הַיּוֹם: וַיִּשָּׂא בראשית יח, א–יד
עֵינָיו וַיַּרְא וְהִנֵּה שְׁלֹשָׁה אֲנָשִׁים נִצָּבִים עָלָיו וַיַּרְא וַיָּרָץ לִקְרָאתָם מִפֶּתַח
הָאֹהֶל וַיִּשְׁתַּחוּ אָרְצָה: וַיֹּאמַר אֲדֹנָי אִם־נָא מָצָאתִי חֵן בְּעֵינֶיךָ אַל־נָא
תַעֲבֹר מֵעַל עַבְדֶּךָ: יֻקַּח־נָא מְעַט־מַיִם וְרַחֲצוּ רַגְלֵיכֶם וְהִשָּׁעֲנוּ תַּחַת הָעֵץ:
וְאֶקְחָה פַת־לֶחֶם וְסַעֲדוּ לִבְּכֶם אַחַר תַּעֲבֹרוּ כִּי־עַל־כֵּן עֲבַרְתֶּם עַל־עַבְדְּכֶם
וַיֹּאמְרוּ כֵּן תַּעֲשֶׂה כַּאֲשֶׁר דִּבַּרְתָּ: *וַיְמַהֵר אַבְרָהָם הָאֹהֱלָה אֶל־שָׂרָה וַיֹּאמֶר לוי
מַהֲרִי שְׁלֹשׁ סְאִים קֶמַח סֹלֶת לוּשִׁי וַעֲשִׂי עֻגוֹת: וְאֶל־הַבָּקָר רָץ אַבְרָהָם
וַיִּקַּח בֶּן־בָּקָר רַךְ וָטוֹב וַיִּתֵּן אֶל־הַנַּעַר וַיְמַהֵר לַעֲשׂוֹת אֹתוֹ: וַיִּקַּח חֶמְאָה
וְחָלָב וּבֶן־הַבָּקָר אֲשֶׁר עָשָׂה וַיִּתֵּן לִפְנֵיהֶם וְהוּא עֹמֵד עֲלֵיהֶם תַּחַת הָעֵץ
וַיֹּאכֵלוּ: *וַיֹּאמְרוּ אֵלָיו אַיֵּה שָׂרָה אִשְׁתֶּךָ וַיֹּאמֶר הִנֵּה בָאֹהֶל: וַיֹּאמֶר שׁוֹב ישראל
אָשׁוּב אֵלֶיךָ כָּעֵת חַיָּה וְהִנֵּה־בֵן לְשָׂרָה אִשְׁתֶּךָ וְשָׂרָה שֹׁמַעַת פֶּתַח הָאֹהֶל
וְהוּא אַחֲרָיו: וְאַבְרָהָם וְשָׂרָה זְקֵנִים בָּאִים בַּיָּמִים חָדַל לִהְיוֹת לְשָׂרָה
אֹרַח כַּנָּשִׁים: וַתִּצְחַק שָׂרָה בְּקִרְבָּהּ לֵאמֹר אַחֲרֵי בְלֹתִי הָיְתָה־לִּי עֶדְנָה
וַאדֹנִי זָקֵן: וַיֹּאמֶר יְהוָה אֶל־אַבְרָהָם לָמָּה זֶּה צָחֲקָה שָׂרָה לֵאמֹר הַאַף
אֻמְנָם אֵלֵד וַאֲנִי זָקַנְתִּי: הֲיִפָּלֵא מֵיְהוָה דָּבָר לַמּוֹעֵד אָשׁוּב אֵלֶיךָ כָּעֵת חַיָּה
וּלְשָׂרָה בֵן:

## חיי שרה ḤAIÉ SARÁ

וַיִּהְיוּ חַיֵּי שָׂרָה מֵאָה שָׁנָה וְעֶשְׂרִים שָׁנָה וְשֶׁבַע שָׁנִים שְׁנֵי חַיֵּי שָׂרָה: וַתָּמָת בראשית כג, א–טז
שָׂרָה בְּקִרְיַת אַרְבַּע הִוא חֶבְרוֹן בְּאֶרֶץ כְּנָעַן וַיָּבֹא אַבְרָהָם לִסְפֹּד לְשָׂרָה
וְלִבְכֹּתָהּ: וַיָּקָם אַבְרָהָם מֵעַל פְּנֵי מֵתוֹ וַיְדַבֵּר אֶל־בְּנֵי־חֵת לֵאמֹר: גֵּר־וְתוֹשָׁב
אָנֹכִי עִמָּכֶם תְּנוּ לִי אֲחֻזַּת־קֶבֶר עִמָּכֶם וְאֶקְבְּרָה מֵתִי מִלְּפָנָי: וַיַּעֲנוּ בְנֵי־חֵת
אֶת־אַבְרָהָם לֵאמֹר לוֹ: *שְׁמָעֵנוּ ׀ אֲדֹנִי נְשִׂיא אֱלֹהִים ׀ אַתָּה בְּתוֹכֵנוּ בְּמִבְחַר לוי
קְבָרֵינוּ קְבֹר אֶת־מֵתֶךָ אִישׁ מִמֶּנּוּ אֶת־קִבְרוֹ לֹא־יִכְלֶה מִמְּךָ מִקְּבֹר מֵתֶךָ:
וַיָּקָם אַבְרָהָם וַיִּשְׁתַּחוּ לְעַם־הָאָרֶץ לִבְנֵי־חֵת: וַיְדַבֵּר אִתָּם לֵאמֹר אִם־יֵשׁ
אֶת־נַפְשְׁכֶם לִקְבֹּר אֶת־מֵתִי מִלְּפָנַי שְׁמָעוּנִי וּפִגְעוּ־לִי בְּעֶפְרוֹן בֶּן־צֹחַר:
וְיִתֶּן־לִי אֶת־מְעָרַת הַמַּכְפֵּלָה אֲשֶׁר־לוֹ אֲשֶׁר בִּקְצֵה שָׂדֵהוּ בְּכֶסֶף מָלֵא יִתְּנֶנָּה
לִּי בְּתוֹכְכֶם לַאֲחֻזַּת־קָבֶר: וְעֶפְרוֹן יֹשֵׁב בְּתוֹךְ בְּנֵי־חֵת וַיַּעַן עֶפְרוֹן הַחִתִּי

אֶת־אַבְרָהָם בְּאׇזְנֵי בְנֵי־חֵת לְכֹל בָּאֵי שַׁעַר־עִירוֹ לֵאמֹר: *לֹא־אֲדֹנִי שְׁמָעֵנִי ישראל
הַשָּׂדֶה נָתַתִּי לָךְ וְהַמְּעָרָה אֲשֶׁר־בּוֹ לְךָ נְתַתִּיהָ לְעֵינֵי בְנֵי־עַמִּי נְתַתִּיהָ לָּךְ
קְבֹר מֵתֶךָ: וַיִּשְׁתַּחוּ אַבְרָהָם לִפְנֵי עַם־הָאָרֶץ: וַיְדַבֵּר אֶל־עֶפְרוֹן בְּאׇזְנֵי עַם־
הָאָרֶץ לֵאמֹר אַךְ אִם־אַתָּה לוּ שְׁמָעֵנִי נָתַתִּי כֶּסֶף הַשָּׂדֶה קַח מִמֶּנִּי וְאֶקְבְּרָה
אֶת־מֵתִי שָׁמָּה: וַיַּעַן עֶפְרוֹן אֶת־אַבְרָהָם לֵאמֹר לוֹ: אֲדֹנִי שְׁמָעֵנִי אֶרֶץ אַרְבַּע
מֵאֹת שֶׁקֶל־כֶּסֶף בֵּינִי וּבֵינְךָ מַה־הִוא וְאֶת־מֵתְךָ קְבֹר: וַיִּשְׁמַע אַבְרָהָם אֶל־
עֶפְרוֹן וַיִּשְׁקֹל אַבְרָהָם לְעֶפְרֹן אֶת־הַכֶּסֶף אֲשֶׁר דִּבֶּר בְּאׇזְנֵי בְנֵי־חֵת אַרְבַּע
מֵאוֹת שֶׁקֶל כֶּסֶף עֹבֵר לַסֹּחֵר:

## תולדות TOLEDOT

וְאֵלֶּה תּוֹלְדֹת יִצְחָק בֶּן־אַבְרָהָם אַבְרָהָם הוֹלִיד אֶת־יִצְחָק: וַיְהִי יִצְחָק בֶּן־ בראשית כה,יט-כו,ה
אַרְבָּעִים שָׁנָה בְּקַחְתּוֹ אֶת־רִבְקָה בַּת־בְּתוּאֵל הָאֲרַמִּי מִפַּדַּן אֲרָם אֲחוֹת לָבָן
הָאֲרַמִּי לוֹ לְאִשָּׁה: וַיֶּעְתַּר יִצְחָק לַיהוָה לְנֹכַח אִשְׁתּוֹ כִּי עֲקָרָה הִוא וַיֵּעָתֶר
לוֹ יְהוָה וַתַּהַר רִבְקָה אִשְׁתּוֹ: וַיִּתְרֹצְצוּ הַבָּנִים בְּקִרְבָּהּ וַתֹּאמֶר אִם־כֵּן לָמָּה
זֶּה אָנֹכִי וַתֵּלֶךְ לִדְרֹשׁ אֶת־יְהוָה: *וַיֹּאמֶר יְהוָה לָהּ שְׁנֵי גוֹיִם בְּבִטְנֵךְ וּשְׁנֵי לוי גיים
לְאֻמִּים מִמֵּעַיִךְ יִפָּרֵדוּ וּלְאֹם מִלְאֹם יֶאֱמָץ וְרַב יַעֲבֹד צָעִיר: וַיִּמְלְאוּ יָמֶיהָ
לָלֶדֶת וְהִנֵּה תוֹמִם בְּבִטְנָהּ: וַיֵּצֵא הָרִאשׁוֹן אַדְמוֹנִי כֻּלּוֹ כְּאַדֶּרֶת שֵׂעָר וַיִּקְרְאוּ
שְׁמוֹ עֵשָׂו: וְאַחֲרֵי־כֵן יָצָא אָחִיו וְיָדוֹ אֹחֶזֶת בַּעֲקֵב עֵשָׂו וַיִּקְרָא שְׁמוֹ יַעֲקֹב
וְיִצְחָק בֶּן־שִׁשִּׁים שָׁנָה בְּלֶדֶת אֹתָם: וַיִּגְדְּלוּ הַנְּעָרִים וַיְהִי עֵשָׂו אִישׁ יֹדֵעַ צַיִד
אִישׁ שָׂדֶה וְיַעֲקֹב אִישׁ תָּם יֹשֵׁב אֹהָלִים: *וַיֶּאֱהַב יִצְחָק אֶת־עֵשָׂו כִּי־צַיִד בְּפִיו ישראל
וְרִבְקָה אֹהֶבֶת אֶת־יַעֲקֹב: וַיָּזֶד יַעֲקֹב נָזִיד וַיָּבֹא עֵשָׂו מִן־הַשָּׂדֶה וְהוּא עָיֵף:
וַיֹּאמֶר עֵשָׂו אֶל־יַעֲקֹב הַלְעִיטֵנִי נָא מִן־הָאָדֹם הָאָדֹם הַזֶּה כִּי עָיֵף אָנֹכִי עַל־
כֵּן קָרָא־שְׁמוֹ אֱדוֹם: וַיֹּאמֶר יַעֲקֹב מִכְרָה כַיּוֹם אֶת־בְּכֹרָתְךָ לִי: וַיֹּאמֶר עֵשָׂו
הִנֵּה אָנֹכִי הוֹלֵךְ לָמוּת וְלָמָּה־זֶּה לִי בְּכֹרָה: וַיֹּאמֶר יַעֲקֹב הִשָּׁבְעָה לִּי כַּיּוֹם
וַיִּשָּׁבַע לוֹ וַיִּמְכֹּר אֶת־בְּכֹרָתוֹ לְיַעֲקֹב: וְיַעֲקֹב נָתַן לְעֵשָׂו לֶחֶם וּנְזִיד עֲדָשִׁים
וַיֹּאכַל וַיֵּשְׁתְּ וַיָּקָם וַיֵּלַךְ וַיִּבֶז עֵשָׂו אֶת־הַבְּכֹרָה:

וַיְהִי רָעָב בָּאָרֶץ מִלְּבַד הָרָעָב הָרִאשׁוֹן אֲשֶׁר הָיָה בִּימֵי אַבְרָהָם וַיֵּלֶךְ יִצְחָק
אֶל־אֲבִימֶלֶךְ מֶלֶךְ־פְּלִשְׁתִּים גְּרָרָה: וַיֵּרָא אֵלָיו יְהוָה וַיֹּאמֶר אַל־תֵּרֵד מִצְרָיְמָה
שְׁכֹן בָּאָרֶץ אֲשֶׁר אֹמַר אֵלֶיךָ: גּוּר בָּאָרֶץ הַזֹּאת וְאֶהְיֶה עִמְּךָ וַאֲבָרְכֶךָּ כִּי־לְךָ

ולזרעך אתן את-כל-הארצת האל והקמתי את-השבעה אשר נשבעתי
לאברהם אביך: והרביתי את-זרעך ככוכבי השמים ונתתי לזרעך את כל-
הארצת האל והתברכו בזרעך כל גויי הארץ: עקב אשר-שמע אברהם
בקלי וישמר משמרתי מצותי חקותי ותורתי:

## ויצא VAIESẸ

ויצא יעקב מבאר שבע וילך חרנה: ויפגע במקום וילן שם כי-בא השמש בראשית כח, י-כב
ויקח מאבני המקום וישם מראשתיו וישכב במקום ההוא: ויחלם והנה
סלם מצב ארצה וראשו מגיע השמימה והנה מלאכי אלהים עלים וירדים
בו: *והנה יהוה נצב עליו ויאמר אני יהוה אלהי אברהם אביך ואלהי יצחק לוי
הארץ אשר אתה שכב עליה לך אתננה ולזרעך: והיה זרעך כעפר הארץ
ופרצת ימה וקדמה וצפנה ונגבה ונברכו בך כל-משפחת האדמה ובזרעך:
והנה אנכי עמך ושמרתיך בכל אשר-תלך והשבתיך אל-האדמה הזאת כי
לא אעזבך עד אשר אם-עשיתי את אשר-דברתי לך: וייקץ יעקב משנתו
ויאמר אכן יש יהוה במקום הזה ואנכי לא ידעתי: ויירא ויאמר מה-נורא
המקום הזה אין זה כי אם-בית אלהים וזה שער השמים: *וישכם יעקב ישראל
בבקר ויקח את-האבן אשר-שם מראשתיו וישם אתה מצבה ויצק שמן
על-ראשה: ויקרא את-שם-המקום ההוא בית-אל ואולם לוז שם-העיר
לראשנה: וידר יעקב נדר לאמר אם-יהיה אלהים עמדי ושמרני בדרך הזה
אשר אנכי הולך ונתן-לי לחם לאכל ובגד ללבש: ושבתי בשלום אל-בית
אבי והיה יהוה לי לאלהים: והאבן הזאת אשר-שמתי מצבה יהיה בית
אלהים וכל אשר תתן-לי עשר אעשרנו לך:

## וישלח VAISHLAḤ

וישלח יעקב מלאכים לפניו אל-עשו אחיו ארצה שעיר שדה אדום: ויצו בראשית לב, ד-יג
אתם לאמר כה תאמרון לאדני לעשו כה אמר עבדך יעקב עם-לבן גרתי
ואחר עד-עתה: ויהי-לי שור וחמור צאן ועבד ושפחה ואשלחה להגיד
לאדני למצא-חן בעיניך: *וישבו המלאכים אל-יעקב לאמר באנו אל- לוי
אחיך אל-עשו וגם הלך לקראתך וארבע-מאות איש עמו: ויירא יעקב

מְאֹד וַיֵּצֶר לוֹ וַיַּחַץ אֶת־הָעָם אֲשֶׁר־אִתּוֹ וְאֶת־הַצֹּאן וְאֶת־הַבָּקָר וְהַגְּמַלִּים
לִשְׁנֵי מַחֲנוֹת: וַיֹּאמֶר אִם־יָבוֹא עֵשָׂו אֶל־הַמַּחֲנֶה הָאַחַת וְהִכָּהוּ וְהָיָה הַמַּחֲנֶה
הַנִּשְׁאָר לִפְלֵיטָה: *וַיֹּאמֶר יַעֲקֹב אֱלֹהֵי אָבִי אַבְרָהָם וֵאלֹהֵי אָבִי יִצְחָק יְהוָה ישראל
הָאֹמֵר אֵלַי שׁוּב לְאַרְצְךָ וּלְמוֹלַדְתְּךָ וְאֵיטִיבָה עִמָּךְ: קָטֹנְתִּי מִכֹּל הַחֲסָדִים
וּמִכָּל־הָאֱמֶת אֲשֶׁר עָשִׂיתָ אֶת־עַבְדֶּךָ כִּי בְמַקְלִי עָבַרְתִּי אֶת־הַיַּרְדֵּן הַזֶּה
וְעַתָּה הָיִיתִי לִשְׁנֵי מַחֲנוֹת: הַצִּילֵנִי נָא מִיַּד אָחִי מִיַּד עֵשָׂו כִּי־יָרֵא אָנֹכִי
אֹתוֹ פֶּן־יָבוֹא וְהִכַּנִי אֵם עַל־בָּנִים: וְאַתָּה אָמַרְתָּ הֵיטֵב אֵיטִיב עִמָּךְ וְשַׂמְתִּי
אֶת־זַרְעֲךָ כְּחוֹל הַיָּם אֲשֶׁר לֹא־יִסָּפֵר מֵרֹב:

## וישב VAIESHEV

וַיֵּשֶׁב יַעֲקֹב בְּאֶרֶץ מְגוּרֵי אָבִיו בְּאֶרֶץ כְּנָעַן: אֵלֶּה ׀ תֹּלְדוֹת יַעֲקֹב יוֹסֵף בראשית לז, א-יא
בֶּן־שְׁבַע־עֶשְׂרֵה שָׁנָה הָיָה רֹעֶה אֶת־אֶחָיו בַּצֹּאן וְהוּא נַעַר אֶת־בְּנֵי בִלְהָה
וְאֶת־בְּנֵי זִלְפָּה נְשֵׁי אָבִיו וַיָּבֵא יוֹסֵף אֶת־דִּבָּתָם רָעָה אֶל־אֲבִיהֶם: וְיִשְׂרָאֵל
אָהַב אֶת־יוֹסֵף מִכָּל־בָּנָיו כִּי־בֶן־זְקֻנִים הוּא לוֹ וְעָשָׂה לוֹ כְּתֹנֶת פַּסִּים: *וַיִּרְאוּ לוי
אֶחָיו כִּי־אֹתוֹ אָהַב אֲבִיהֶם מִכָּל־אֶחָיו וַיִּשְׂנְאוּ אֹתוֹ וְלֹא יָכְלוּ דַּבְּרוֹ לְשָׁלֹם:
וַיַּחֲלֹם יוֹסֵף חֲלוֹם וַיַּגֵּד לְאֶחָיו וַיּוֹסִפוּ עוֹד שְׂנֹא אֹתוֹ: וַיֹּאמֶר אֲלֵיהֶם שִׁמְעוּ־
נָא הַחֲלוֹם הַזֶּה אֲשֶׁר חָלָמְתִּי: וְהִנֵּה אֲנַחְנוּ מְאַלְּמִים אֲלֻמִּים בְּתוֹךְ הַשָּׂדֶה
וְהִנֵּה קָמָה אֲלֻמָּתִי וְגַם־נִצָּבָה וְהִנֵּה תְסֻבֶּינָה אֲלֻמֹּתֵיכֶם וַתִּשְׁתַּחֲוֶיןָ לַאֲלֻמָּתִי:
*וַיֹּאמְרוּ לוֹ אֶחָיו הֲמָלֹךְ תִּמְלֹךְ עָלֵינוּ אִם־מָשׁוֹל תִּמְשֹׁל בָּנוּ וַיּוֹסִפוּ עוֹד ישראל
שְׂנֹא אֹתוֹ עַל־חֲלֹמֹתָיו וְעַל־דְּבָרָיו: וַיַּחֲלֹם עוֹד חֲלוֹם אַחֵר וַיְסַפֵּר אֹתוֹ
לְאֶחָיו וַיֹּאמֶר הִנֵּה חָלַמְתִּי חֲלוֹם עוֹד וְהִנֵּה הַשֶּׁמֶשׁ וְהַיָּרֵחַ וְאַחַד עָשָׂר
כּוֹכָבִים מִשְׁתַּחֲוִים לִי: וַיְסַפֵּר אֶל־אָבִיו וְאֶל־אֶחָיו וַיִּגְעַר־בּוֹ אָבִיו וַיֹּאמֶר לוֹ
מָה הַחֲלוֹם הַזֶּה אֲשֶׁר חָלָמְתָּ הֲבוֹא נָבוֹא אֲנִי וְאִמְּךָ וְאַחֶיךָ לְהִשְׁתַּחֲוֹת לְךָ
אָרְצָה: וַיְקַנְאוּ־בוֹ אֶחָיו וְאָבִיו שָׁמַר אֶת־הַדָּבָר:

## מקץ MIKEṢ

וַיְהִי מִקֵּץ שְׁנָתַיִם יָמִים וּפַרְעֹה חֹלֵם וְהִנֵּה עֹמֵד עַל־הַיְאֹר: וְהִנֵּה מִן־הַיְאֹר בראשית מא, א-טו
עֹלֹת שֶׁבַע פָּרוֹת יְפוֹת מַרְאֶה וּבְרִיאֹת בָּשָׂר וַתִּרְעֶינָה בָּאָחוּ: וְהִנֵּה שֶׁבַע

פָּרוֹת אֲחֵרוֹת עֹלוֹת אַחֲרֵיהֶן מִן־הַיְאֹר רָעוֹת מַרְאֶה וְדַקּוֹת בָּשָׂר וַתַּעֲמֹדְנָה
אֵצֶל הַפָּרוֹת עַל־שְׂפַת הַיְאֹר׃ וַתֹּאכַלְנָה הַפָּרוֹת רָעוֹת הַמַּרְאֶה וְדַקֹּת הַבָּשָׂר
אֵת שֶׁבַע הַפָּרוֹת יְפֹת הַמַּרְאֶה וְהַבְּרִיאֹת וַיִּיקַץ פַּרְעֹה׃ וַיִּישָׁן וַיַּחֲלֹם שֵׁנִית
וְהִנֵּה | שֶׁבַע שִׁבֳּלִים עֹלוֹת בְּקָנֶה אֶחָד בְּרִיאוֹת וְטֹבוֹת׃ *וְהִנֵּה שֶׁבַע שִׁבֳּלִים לוי
דַּקּוֹת וּשְׁדוּפֹת קָדִים צֹמְחוֹת אַחֲרֵיהֶן׃ וַתִּבְלַעְנָה הַשִּׁבֳּלִים הַדַּקּוֹת אֵת
שֶׁבַע הַשִּׁבֳּלִים הַבְּרִיאוֹת וְהַמְּלֵאוֹת וַיִּיקַץ פַּרְעֹה וְהִנֵּה חֲלוֹם׃ וַיְהִי בַבֹּקֶר
וַתִּפָּעֶם רוּחוֹ וַיִּשְׁלַח וַיִּקְרָא אֶת־כָּל־חַרְטֻמֵּי מִצְרַיִם וְאֶת־כָּל־חֲכָמֶיהָ וַיְסַפֵּר
פַּרְעֹה לָהֶם אֶת־חֲלֹמוֹ וְאֵין־פּוֹתֵר אוֹתָם לְפַרְעֹה׃ וַיְדַבֵּר שַׂר הַמַּשְׁקִים אֶת־
פַּרְעֹה לֵאמֹר אֶת־חֲטָאַי אֲנִי מַזְכִּיר הַיּוֹם׃ פַּרְעֹה קָצַף עַל־עֲבָדָיו וַיִּתֵּן אֹתִי
בְּמִשְׁמַר בֵּית שַׂר הַטַּבָּחִים אֹתִי וְאֵת שַׂר הָאֹפִים׃ וַנַּחַלְמָה חֲלוֹם בְּלַיְלָה
אֶחָד אֲנִי וָהוּא אִישׁ כְּפִתְרוֹן חֲלֹמוֹ חָלָמְנוּ׃ *וְשָׁם אִתָּנוּ נַעַר עִבְרִי עֶבֶד ישראל
לְשַׂר הַטַּבָּחִים וַנְּסַפֶּר־לוֹ וַיִּפְתָּר־לָנוּ אֶת־חֲלֹמֹתֵינוּ אִישׁ כַּחֲלֹמוֹ פָּתָר׃ וַיְהִי
כַּאֲשֶׁר פָּתַר־לָנוּ כֵּן הָיָה אֹתִי הֵשִׁיב עַל־כַּנִּי וְאֹתוֹ תָלָה׃ וַיִּשְׁלַח פַּרְעֹה וַיִּקְרָא
אֶת־יוֹסֵף וַיְרִיצֻהוּ מִן־הַבּוֹר וַיְגַלַּח וַיְחַלֵּף שִׂמְלֹתָיו וַיָּבֹא אֶל־פַּרְעֹה׃ וַיֹּאמֶר
פַּרְעֹה אֶל־יוֹסֵף חֲלוֹם חָלַמְתִּי וּפֹתֵר אֵין אֹתוֹ וַאֲנִי שָׁמַעְתִּי עָלֶיךָ לֵאמֹר
תִּשְׁמַע חֲלוֹם לִפְתֹּר אֹתוֹ׃

## ויגש VAIGASH

וַיִּגַּשׁ אֵלָיו יְהוּדָה וַיֹּאמֶר בִּי אֲדֹנִי יְדַבֶּר־נָא עַבְדְּךָ דָבָר בְּאָזְנֵי אֲדֹנִי וְאַל־יִחַר בראשית מד, יח-ל
אַפְּךָ בְּעַבְדֶּךָ כִּי כָמוֹךָ כְּפַרְעֹה׃ אֲדֹנִי שָׁאַל אֶת־עֲבָדָיו לֵאמֹר הֲיֵשׁ־לָכֶם אָב
אוֹ־אָח׃ וַנֹּאמֶר אֶל־אֲדֹנִי יֶשׁ־לָנוּ אָב זָקֵן וְיֶלֶד זְקֻנִים קָטָן וְאָחִיו מֵת וַיִּוָּתֵר
הוּא לְבַדּוֹ לְאִמּוֹ וְאָבִיו אֲהֵבוֹ׃ *וַתֹּאמֶר אֶל־עֲבָדֶיךָ הוֹרִדֻהוּ אֵלָי וְאָשִׂימָה לוי
עֵינִי עָלָיו׃ וַנֹּאמֶר אֶל־אֲדֹנִי לֹא־יוּכַל הַנַּעַר לַעֲזֹב אֶת־אָבִיו וְעָזַב אֶת־אָבִיו
וָמֵת׃ וַתֹּאמֶר אֶל־עֲבָדֶיךָ אִם־לֹא יֵרֵד אֲחִיכֶם הַקָּטֹן אִתְּכֶם לֹא תֹסִפוּן
לִרְאוֹת פָּנָי׃ וַיְהִי כִּי עָלִינוּ אֶל־עַבְדְּךָ אָבִי וַנַּגֶּד־לוֹ אֵת דִּבְרֵי אֲדֹנִי׃ *וַיֹּאמֶר ישראל
אָבִינוּ שֻׁבוּ שִׁבְרוּ־לָנוּ מְעַט־אֹכֶל׃ וַנֹּאמֶר לֹא נוּכַל לָרֶדֶת אִם־יֵשׁ אָחִינוּ
הַקָּטֹן אִתָּנוּ וְיָרַדְנוּ כִּי־לֹא נוּכַל לִרְאוֹת פְּנֵי הָאִישׁ וְאָחִינוּ הַקָּטֹן אֵינֶנּוּ אִתָּנוּ׃
וַיֹּאמֶר עַבְדְּךָ אָבִי אֵלֵינוּ אַתֶּם יְדַעְתֶּם כִּי שְׁנַיִם יָלְדָה־לִּי אִשְׁתִּי׃ וַיֵּצֵא הָאֶחָד

מֵאִתִּ֑י וָאֹמַ֕ר אַ֖ךְ טָרֹ֣ף טֹרָ֑ף וְלֹ֥א רְאִיתִ֖יו עַד־הֵֽנָּה׃ וּלְקַחְתֶּ֧ם גַּם־אֶת־זֶ֛ה מֵעִ֥ם
פָּנַ֖י וְקָרָ֣הוּ אָס֑וֹן וְהֽוֹרַדְתֶּ֧ם אֶת־שֵׂיבָתִ֛י בְּרָעָ֖ה שְׁאֹֽלָה׃ וְעַתָּ֗ה כְּבֹאִי֙ אֶל־עַבְדְּךָ֣
אָבִ֔י וְהַנַּ֖עַר אֵינֶ֣נּוּ אִתָּ֑נוּ וְנַפְשׁ֖וֹ קְשׁוּרָ֥ה בְנַפְשֽׁוֹ׃

## ויחי
## VAIHÍ

בראשית מז, כח–מח, ט וַיְחִ֤י יַעֲקֹב֙ בְּאֶ֣רֶץ מִצְרַ֔יִם שְׁבַ֥ע עֶשְׂרֵ֖ה שָׁנָ֑ה וַיְהִ֤י יְמֵֽי־יַעֲקֹב֙ שְׁנֵ֣י חַיָּ֔יו שֶׁ֣בַע
שָׁנִ֔ים וְאַרְבָּעִ֖ים וּמְאַ֥ת שָׁנָֽה׃ וַיִּקְרְב֣וּ יְמֵֽי־יִשְׂרָאֵל֮ לָמוּת֒ וַיִּקְרָ֣א ׀ לִבְנ֣וֹ לְיוֹסֵ֗ף
וַיֹּ֣אמֶר ל֗וֹ אִם־נָ֨א מָצָ֤אתִי חֵן֙ בְּעֵינֶ֔יךָ שִֽׂים־נָ֥א יָדְךָ֖ תַּ֣חַת יְרֵכִ֑י וְעָשִׂ֤יתָ עִמָּדִי֙
חֶ֣סֶד וֶאֱמֶ֔ת אַל־נָ֥א תִקְבְּרֵ֖נִי בְּמִצְרָֽיִם׃ וְשָֽׁכַבְתִּי֙ עִם־אֲבֹתַ֔י וּנְשָׂאתַ֙נִי֙ מִמִּצְרַ֔יִם
וּקְבַרְתַּ֖נִי בִּקְבֻרָתָ֑ם וַיֹּאמַ֕ר אָנֹכִ֖י אֶעֱשֶׂ֥ה כִדְבָרֶֽךָ׃ וַיֹּ֗אמֶר הִשָּֽׁבְעָה֙ לִ֔י וַיִּשָּׁבַ֖ע
ל֑וֹ וַיִּשְׁתַּ֥חוּ יִשְׂרָאֵ֖ל עַל־רֹ֥אשׁ הַמִּטָּֽה׃

לוי וַיְהִ֗י אַחֲרֵי֙ הַדְּבָרִ֣ים הָאֵ֔לֶּה וַיֹּ֣אמֶר לְיוֹסֵ֔ף הִנֵּ֥ה אָבִ֖יךָ חֹלֶ֑ה וַיִּקַּ֞ח אֶת־שְׁנֵ֤י
בָנָיו֙ עִמּ֔וֹ אֶת־מְנַשֶּׁ֖ה וְאֶת־אֶפְרָֽיִם׃ וַיַּגֵּ֣ד לְיַעֲקֹ֔ב וַיֹּ֕אמֶר הִנֵּ֛ה בִּנְךָ֥ יוֹסֵ֖ף בָּ֣א
אֵלֶ֑יךָ וַיִּתְחַזֵּק֙ יִשְׂרָאֵ֔ל וַיֵּ֖שֶׁב עַל־הַמִּטָּֽה׃ וַיֹּ֤אמֶר יַעֲקֹב֙ אֶל־יוֹסֵ֔ף אֵ֥ל שַׁדַּ֛י
ישראל נִרְאָֽה־אֵלַ֥י בְּל֖וּז בְּאֶ֣רֶץ כְּנָ֑עַן וַיְבָ֖רֶךְ אֹתִֽי׃ *וַיֹּ֣אמֶר אֵלַ֗י הִנְנִ֤י מַפְרְךָ֙ וְהִרְבִּיתִ֔ךָ
וּנְתַתִּ֖יךָ לִקְהַ֣ל עַמִּ֑ים וְנָ֨תַתִּ֜י אֶת־הָאָ֧רֶץ הַזֹּ֛את לְזַרְעֲךָ֥ אַחֲרֶ֖יךָ אֲחֻזַּ֥ת עוֹלָֽם׃
וְעַתָּ֡ה שְׁנֵֽי־בָנֶ֩יךָ֩ הַנּוֹלָדִ֨ים לְךָ֜ בְּאֶ֣רֶץ מִצְרַ֗יִם עַד־בֹּאִ֥י אֵלֶ֛יךָ מִצְרַ֖יְמָה לִי־הֵ֑ם
אֶפְרַ֙יִם֙ וּמְנַשֶּׁ֔ה כִּרְאוּבֵ֥ן וְשִׁמְע֖וֹן יִֽהְיוּ־לִֽי׃ וּמוֹלַדְתְּךָ֛ אֲשֶׁר־הוֹלַ֥דְתָּ אַחֲרֵיהֶ֖ם
לְךָ֣ יִהְי֑וּ עַ֛ל שֵׁ֥ם אֲחֵיהֶ֖ם יִקָּרְא֥וּ בְּנַחֲלָתָֽם׃ וַאֲנִ֣י ׀ בְּבֹאִ֣י מִפַּדָּ֗ן מֵ֩תָה֩ עָלַ֨י רָחֵ֜ל
בְּאֶ֤רֶץ כְּנַ֙עַן֙ בַּדֶּ֔רֶךְ בְּע֥וֹד כִּבְרַת־אֶ֖רֶץ לָבֹ֣א אֶפְרָ֑תָה וָאֶקְבְּרֶ֤הָ שָּׁם֙ בְּדֶ֣רֶךְ
אֶפְרָ֔ת הִ֖וא בֵּ֥ית לָֽחֶם׃ וַיַּ֥רְא יִשְׂרָאֵ֖ל אֶת־בְּנֵ֣י יוֹסֵ֑ף וַיֹּ֖אמֶר מִי־אֵֽלֶּה׃ וַיֹּ֤אמֶר
יוֹסֵף֙ אֶל־אָבִ֔יו בָּנַ֣י הֵ֔ם אֲשֶׁר־נָֽתַן־לִ֥י אֱלֹהִ֖ים בָּזֶ֑ה וַיֹּאמַ֕ר קָֽחֶם־נָ֥א אֵלַ֖י
וַאֲבָרְכֵֽם׃

## שמות
## SHEMOT

שמות א, א–ז וְאֵ֗לֶּה שְׁמוֹת֙ בְּנֵ֣י יִשְׂרָאֵ֔ל הַבָּאִ֖ים מִצְרָ֑יְמָה אֵ֣ת יַעֲקֹ֔ב אִ֥ישׁ וּבֵית֖וֹ בָּֽאוּ׃
רְאוּבֵ֣ן שִׁמְע֔וֹן לֵוִ֖י וִיהוּדָֽה׃ יִשָּׂשכָ֥ר זְבוּלֻ֖ן וּבִנְיָמִֽן׃ דָּ֥ן וְנַפְתָּלִ֖י גָּ֥ד וְאָשֵֽׁר׃
לוי *וַֽיְהִ֗י כָּל־נֶ֛פֶשׁ יֹצְאֵ֥י יֶֽרֶךְ־יַעֲקֹ֖ב שִׁבְעִ֣ים נָ֑פֶשׁ וְיוֹסֵ֖ף הָיָ֥ה בְמִצְרָֽיִם׃ וַיָּ֤מָת יוֹסֵף֙
וְכָל־אֶחָ֔יו וְכֹ֖ל הַדּ֥וֹר הַהֽוּא׃ וּבְנֵ֣י יִשְׂרָאֵ֗ל פָּר֧וּ וַֽיִּשְׁרְצ֛וּ וַיִּרְבּ֥וּ וַיַּֽעַצְמ֖וּ בִּמְאֹ֣ד
מְאֹ֑ד וַתִּמָּלֵ֥א הָאָ֖רֶץ אֹתָֽם׃

וַיָּקָם מֶלֶךְ־חָדָשׁ עַל־מִצְרָיִם אֲשֶׁר לֹא־יָדַע אֶת־יוֹסֵף׃ וַיֹּאמֶר אֶל־עַמּוֹ הִנֵּה עַם ישראל
בְּנֵי יִשְׂרָאֵל רַב וְעָצוּם מִמֶּנּוּ׃ הָבָה נִתְחַכְּמָה לוֹ פֶּן־יִרְבֶּה וְהָיָה כִּי־תִקְרֶאנָה
מִלְחָמָה וְנוֹסַף גַּם־הוּא עַל־שֹׂנְאֵינוּ וְנִלְחַם־בָּנוּ וְעָלָה מִן־הָאָרֶץ׃ וַיָּשִׂימוּ
עָלָיו שָׂרֵי מִסִּים לְמַעַן עַנֹּתוֹ בְּסִבְלֹתָם וַיִּבֶן עָרֵי מִסְכְּנוֹת לְפַרְעֹה אֶת־פִּתֹם
וְאֶת־רַעַמְסֵס׃ וְכַאֲשֶׁר יְעַנּוּ אֹתוֹ כֵּן יִרְבֶּה וְכֵן יִפְרֹץ וַיָּקֻצוּ מִפְּנֵי בְּנֵי יִשְׂרָאֵל׃
וַיַּעֲבִדוּ מִצְרַיִם אֶת־בְּנֵי יִשְׂרָאֵל בְּפָרֶךְ׃ וַיְמָרְרוּ אֶת־חַיֵּיהֶם בַּעֲבֹדָה קָשָׁה
בְּחֹמֶר וּבִלְבֵנִים וּבְכָל־עֲבֹדָה בַּשָּׂדֶה אֵת כָּל־עֲבֹדָתָם אֲשֶׁר־עָבְדוּ בָהֶם
בְּפָרֶךְ׃ וַיֹּאמֶר מֶלֶךְ מִצְרַיִם לַמְיַלְּדֹת הָעִבְרִיֹּת אֲשֶׁר שֵׁם הָאַחַת שִׁפְרָה וְשֵׁם
הַשֵּׁנִית פּוּעָה׃ וַיֹּאמֶר בְּיַלֶּדְכֶן אֶת־הָעִבְרִיּוֹת וּרְאִיתֶן עַל־הָאָבְנָיִם אִם־בֵּן
הוּא וַהֲמִתֶּן אֹתוֹ וְאִם־בַּת הִוא וָחָיָה׃ וַתִּירֶאןָ הַמְיַלְּדֹת אֶת־הָאֱלֹהִים וְלֹא
עָשׂוּ כַּאֲשֶׁר דִּבֶּר אֲלֵיהֶן מֶלֶךְ מִצְרָיִם וַתְּחַיֶּיןָ אֶת־הַיְלָדִים׃

## וארא VAERÁ

וַיְדַבֵּר אֱלֹהִים אֶל־מֹשֶׁה וַיֹּאמֶר אֵלָיו אֲנִי יְהוָה׃ וָאֵרָא אֶל־אַבְרָהָם אֶל־יִצְחָק שמות
וְאֶל־יַעֲקֹב בְּאֵל שַׁדָּי וּשְׁמִי יְהוָה לֹא נוֹדַעְתִּי לָהֶם׃ וְגַם הֲקִמֹתִי אֶת־בְּרִיתִי ו,ב–יט
אִתָּם לָתֵת לָהֶם אֶת־אֶרֶץ כְּנָעַן אֵת אֶרֶץ מְגֻרֵיהֶם אֲשֶׁר־גָּרוּ בָהּ׃ וְגַם ׀ אֲנִי
שָׁמַעְתִּי אֶת־נַאֲקַת בְּנֵי יִשְׂרָאֵל אֲשֶׁר מִצְרַיִם מַעֲבִדִים אֹתָם וָאֶזְכֹּר אֶת־
בְּרִיתִי׃ *לָכֵן אֱמֹר לִבְנֵי־יִשְׂרָאֵל אֲנִי יְהוָה וְהוֹצֵאתִי אֶתְכֶם מִתַּחַת סִבְלֹת לוי
מִצְרַיִם וְהִצַּלְתִּי אֶתְכֶם מֵעֲבֹדָתָם וְגָאַלְתִּי אֶתְכֶם בִּזְרוֹעַ נְטוּיָה וּבִשְׁפָטִים
גְּדֹלִים׃ וְלָקַחְתִּי אֶתְכֶם לִי לְעָם וְהָיִיתִי לָכֶם לֵאלֹהִים וִידַעְתֶּם כִּי אֲנִי יְהוָה
אֱלֹהֵיכֶם הַמּוֹצִיא אֶתְכֶם מִתַּחַת סִבְלוֹת מִצְרָיִם׃ וְהֵבֵאתִי אֶתְכֶם אֶל־הָאָרֶץ
אֲשֶׁר נָשָׂאתִי אֶת־יָדִי לָתֵת אֹתָהּ לְאַבְרָהָם לְיִצְחָק וּלְיַעֲקֹב וְנָתַתִּי אֹתָהּ לָכֶם
מוֹרָשָׁה אֲנִי יְהוָה׃ וַיְדַבֵּר מֹשֶׁה כֵּן אֶל־בְּנֵי יִשְׂרָאֵל וְלֹא שָׁמְעוּ אֶל־מֹשֶׁה
מִקֹּצֶר רוּחַ וּמֵעֲבֹדָה קָשָׁה׃
וַיְדַבֵּר יְהוָה אֶל־מֹשֶׁה לֵּאמֹר׃ בֹּא דַבֵּר אֶל־פַּרְעֹה מֶלֶךְ מִצְרָיִם וִישַׁלַּח אֶת־
בְּנֵי־יִשְׂרָאֵל מֵאַרְצוֹ׃ וַיְדַבֵּר מֹשֶׁה לִפְנֵי יְהוָה לֵאמֹר הֵן בְּנֵי־יִשְׂרָאֵל לֹא־שָׁמְעוּ
אֵלַי וְאֵיךְ יִשְׁמָעֵנִי פַרְעֹה וַאֲנִי עֲרַל שְׂפָתָיִם׃
וַיְדַבֵּר יְהוָה אֶל־מֹשֶׁה וְאֶל־אַהֲרֹן וַיְצַוֵּם אֶל־בְּנֵי יִשְׂרָאֵל וְאֶל־פַּרְעֹה מֶלֶךְ
מִצְרָיִם לְהוֹצִיא אֶת־בְּנֵי־יִשְׂרָאֵל מֵאֶרֶץ מִצְרָיִם׃ *אֵלֶּה רָאשֵׁי ישראל

בֵּית־אֲבֹתָם בְּנֵי רְאוּבֵן בְּכֹר יִשְׂרָאֵל חֲנוֹךְ וּפַלּוּא חֶצְרֹן וְכַרְמִי אֵלֶּה מִשְׁפְּחֹת
רְאוּבֵן: וּבְנֵי שִׁמְעוֹן יְמוּאֵל וְיָמִין וְאֹהַד וְיָכִין וְצֹחַר וְשָׁאוּל בֶּן־הַכְּנַעֲנִית אֵלֶּה
מִשְׁפְּחֹת שִׁמְעוֹן: וְאֵלֶּה שְׁמוֹת בְּנֵי־לֵוִי לְתֹלְדֹתָם גֵּרְשׁוֹן וּקְהָת וּמְרָרִי וּשְׁנֵי
חַיֵּי לֵוִי שֶׁבַע וּשְׁלֹשִׁים וּמְאַת שָׁנָה: בְּנֵי גֵרְשׁוֹן לִבְנִי וְשִׁמְעִי לְמִשְׁפְּחֹתָם: וּבְנֵי
קְהָת עַמְרָם וְיִצְהָר וְחֶבְרוֹן וְעֻזִּיאֵל וּשְׁנֵי חַיֵּי קְהָת שָׁלֹשׁ וּשְׁלֹשִׁים וּמְאַת שָׁנָה:
וּבְנֵי מְרָרִי מַחְלִי וּמוּשִׁי אֵלֶּה מִשְׁפְּחֹת הַלֵּוִי לְתֹלְדֹתָם:

## בא BÓ

וַיֹּאמֶר יְהוָה אֶל־מֹשֶׁה בֹּא אֶל־פַּרְעֹה כִּי־אֲנִי הִכְבַּדְתִּי אֶת־לִבּוֹ וְאֶת־לֵב שמות י,א-כג
עֲבָדָיו לְמַעַן שִׁתִי אֹתֹתַי אֵלֶּה בְּקִרְבּוֹ: וּלְמַעַן תְּסַפֵּר בְּאָזְנֵי בִנְךָ וּבֶן־בִּנְךָ אֵת
אֲשֶׁר הִתְעַלַּלְתִּי בְּמִצְרַיִם וְאֶת־אֹתֹתַי אֲשֶׁר־שַׂמְתִּי בָם וִידַעְתֶּם כִּי־אֲנִי יְהוָה:
וַיָּבֹא מֹשֶׁה וְאַהֲרֹן אֶל־פַּרְעֹה וַיֹּאמְרוּ אֵלָיו כֹּה־אָמַר יְהוָה אֱלֹהֵי הָעִבְרִים
עַד־מָתַי מֵאַנְתָּ לֵעָנֹת מִפָּנָי שַׁלַּח עַמִּי וְיַעַבְדֻנִי: *כִּי אִם־מָאֵן אַתָּה לְשַׁלֵּחַ לוי
אֶת־עַמִּי הִנְנִי מֵבִיא מָחָר אַרְבֶּה בִּגְבֻלֶךָ: וְכִסָּה אֶת־עֵין הָאָרֶץ וְלֹא יוּכַל
לִרְאֹת אֶת־הָאָרֶץ וְאָכַל ׀ אֶת־יֶתֶר הַפְּלֵטָה הַנִּשְׁאֶרֶת לָכֶם מִן־הַבָּרָד וְאָכַל
אֶת־כָּל־הָעֵץ הַצֹּמֵחַ לָכֶם מִן־הַשָּׂדֶה: וּמָלְאוּ בָתֶּיךָ וּבָתֵּי כָל־עֲבָדֶיךָ וּבָתֵּי
כָל־מִצְרַיִם אֲשֶׁר לֹא־רָאוּ אֲבֹתֶיךָ וַאֲבוֹת אֲבֹתֶיךָ מִיּוֹם הֱיוֹתָם עַל־הָאֲדָמָה
עַד הַיּוֹם הַזֶּה וַיִּפֶן וַיֵּצֵא מֵעִם פַּרְעֹה: וַיֹּאמְרוּ עַבְדֵי פַרְעֹה אֵלָיו עַד־מָתַי יִהְיֶה
זֶה לָנוּ לְמוֹקֵשׁ שַׁלַּח אֶת־הָאֲנָשִׁים וְיַעַבְדוּ אֶת־יְהוָה אֱלֹהֵיהֶם הֲטֶרֶם תֵּדַע
כִּי אָבְדָה מִצְרָיִם: וַיּוּשַׁב אֶת־מֹשֶׁה וְאֶת־אַהֲרֹן אֶל־פַּרְעֹה וַיֹּאמֶר אֲלֵהֶם לְכוּ
עִבְדוּ אֶת־יְהוָה אֱלֹהֵיכֶם מִי וָמִי הַהֹלְכִים: *וַיֹּאמֶר מֹשֶׁה בִּנְעָרֵינוּ וּבִזְקֵנֵינוּ ישראל
נֵלֵךְ בְּבָנֵינוּ וּבִבְנוֹתֵנוּ בְּצֹאנֵנוּ וּבִבְקָרֵנוּ נֵלֵךְ כִּי חַג־יְהוָה לָנוּ: וַיֹּאמֶר אֲלֵהֶם
יְהִי כֵן יְהוָה עִמָּכֶם כַּאֲשֶׁר אֲשַׁלַּח אֶתְכֶם וְאֶת־טַפְּכֶם רְאוּ כִּי רָעָה נֶגֶד
פְּנֵיכֶם: לֹא כֵן לְכוּ־נָא הַגְּבָרִים וְעִבְדוּ אֶת־יְהוָה כִּי אֹתָהּ אַתֶּם מְבַקְשִׁים
וַיְגָרֶשׁ אֹתָם מֵאֵת פְּנֵי פַרְעֹה: וַיֹּאמֶר יְהוָה אֶל־מֹשֶׁה נְטֵה יָדְךָ
עַל־אֶרֶץ מִצְרַיִם בָּאַרְבֶּה וְיַעַל עַל־אֶרֶץ מִצְרָיִם וְיֹאכַל אֶת־כָּל־עֵשֶׂב הָאָרֶץ
אֵת כָּל־אֲשֶׁר הִשְׁאִיר הַבָּרָד: וַיֵּט מֹשֶׁה אֶת־מַטֵּהוּ עַל־אֶרֶץ מִצְרַיִם וַיהוָה
נִהַג רוּחַ־קָדִים בָּאָרֶץ כָּל־הַיּוֹם הַהוּא וְכָל־הַלָּיְלָה הַבֹּקֶר הָיָה וְרוּחַ הַקָּדִים
נָשָׂא אֶת־הָאַרְבֶּה: וַיַּעַל הָאַרְבֶּה עַל כָּל־אֶרֶץ מִצְרַיִם וַיָּנַח בְּכֹל גְּבוּל מִצְרָיִם

כָּבֵ֣ד מְאֹ֔ד לְפָנָ֞יו לֹא־הָ֨יָה כֵ֥ן אַרְבֶּה֙ כָּמֹ֔הוּ וְאַחֲרָ֖יו לֹ֥א יִֽהְיֶה־כֵּֽן׃ וַיְכַ֞ס אֶת־עֵ֣ין
כָּל־הָאָרֶץ֮ וַתֶּחְשַׁ֣ךְ הָאָ֒רֶץ֒ וַיֹּ֜אכַל אֶת־כָּל־עֵ֣שֶׂב הָאָ֗רֶץ וְאֵת֙ כָּל־פְּרִ֣י הָעֵ֔ץ
אֲשֶׁ֥ר הוֹתִ֖יר הַבָּרָ֑ד וְלֹא־נוֹתַ֨ר כָּל־יֶ֧רֶק בָּעֵ֛ץ וּבְעֵ֥שֶׂב הַשָּׂדֶ֖ה בְּכָל־אֶ֥רֶץ מִצְרָֽיִם׃
וַיְמַהֵ֣ר פַּרְעֹ֔ה לִקְרֹ֖א לְמֹשֶׁ֣ה וּֽלְאַהֲרֹ֑ן וַיֹּ֗אמֶר חָטָ֛אתִי לַיהוָ֥ה אֱלֹהֵיכֶ֖ם וְלָכֶֽם׃
וְעַתָּ֗ה שָׂ֣א נָ֤א חַטָּאתִי֙ אַ֣ךְ הַפַּ֔עַם וְהַעְתִּ֖ירוּ לַיהוָ֣ה אֱלֹהֵיכֶ֑ם וְיָסֵר֙ מֵֽעָלַ֔י רַ֖ק
אֶת־הַמָּ֥וֶת הַזֶּֽה׃ וַיֵּצֵ֖א מֵעִ֣ם פַּרְעֹ֑ה וַיֶּעְתַּ֖ר אֶל־יְהוָֽה׃ וַיַּהֲפֹ֨ךְ יְהוָ֤ה רֽוּחַ־יָם֙
חָזָ֣ק מְאֹ֔ד וַיִּשָּׂא֙ אֶת־הָ֣אַרְבֶּ֔ה וַיִּתְקָעֵ֖הוּ יָ֣מָּה סּ֑וּף לֹ֤א נִשְׁאַר֙ אַרְבֶּ֣ה אֶחָ֔ד בְּכֹ֖ל
גְּב֥וּל מִצְרָֽיִם׃ וַיְחַזֵּ֥ק יְהוָ֖ה אֶת־לֵ֣ב פַּרְעֹ֑ה וְלֹ֥א שִׁלַּ֖ח אֶת־בְּנֵ֥י יִשְׂרָאֵֽל׃
וַיֹּ֨אמֶר יְהוָ֜ה אֶל־מֹשֶׁ֗ה נְטֵ֤ה יָֽדְךָ֙ עַל־הַשָּׁמַ֔יִם וִ֥יהִי חֹ֖שֶׁךְ עַל־אֶ֣רֶץ מִצְרָ֑יִם
וְיָמֵ֖שׁ חֹֽשֶׁךְ׃ וַיֵּ֥ט מֹשֶׁ֛ה אֶת־יָד֖וֹ עַל־הַשָּׁמָ֑יִם וַיְהִ֧י חֹֽשֶׁךְ־אֲפֵלָ֛ה בְּכָל־אֶ֥רֶץ
מִצְרַ֖יִם שְׁלֹ֥שֶׁת יָמִֽים׃ לֹֽא־רָא֞וּ אִ֣ישׁ אֶת־אָחִ֗יו וְלֹא־קָ֛מוּ אִ֥ישׁ מִתַּחְתָּ֖יו שְׁלֹ֣שֶׁת
יָמִ֑ים וּֽלְכָל־בְּנֵ֧י יִשְׂרָאֵ֛ל הָ֥יָה א֖וֹר בְּמוֹשְׁבֹתָֽם׃

## בשלח BESHALAH

וַיְהִ֗י בְּשַׁלַּ֣ח פַּרְעֹה֮ אֶת־הָעָם֒ וְלֹא־נָחָ֣ם אֱלֹהִ֗ים דֶּ֚רֶךְ אֶ֣רֶץ פְּלִשְׁתִּ֔ים כִּ֥י קָר֖וֹב שמות יג,יז–יד,ח
הֽוּא כִּ֣י ׀ אָמַ֣ר אֱלֹהִ֗ים פֶּֽן־יִנָּחֵ֥ם הָעָ֛ם בִּרְאֹתָ֥ם מִלְחָמָ֖ה וְשָׁ֥בוּ מִצְרָֽיְמָה׃ וַיַּסֵּ֨ב
אֱלֹהִ֧ים ׀ אֶת־הָעָ֛ם דֶּ֥רֶךְ הַמִּדְבָּ֖ר יַם־ס֑וּף וַחֲמֻשִׁ֛ים עָל֥וּ בְנֵֽי־יִשְׂרָאֵ֖ל מֵאֶ֥רֶץ
מִצְרָֽיִם׃ וַיִּקַּ֥ח מֹשֶׁ֛ה אֶת־עַצְמ֥וֹת יוֹסֵ֖ף עִמּ֑וֹ כִּי֩ הַשְׁבֵּ֨עַ הִשְׁבִּ֜יעַ אֶת־בְּנֵ֤י יִשְׂרָאֵל֙
לֵאמֹ֔ר פָּקֹ֨ד יִפְקֹ֤ד אֱלֹהִים֙ אֶתְכֶ֔ם וְהַעֲלִיתֶ֧ם אֶת־עַצְמֹתַ֛י מִזֶּ֖ה אִתְּכֶֽם׃ וַיִּסְע֖וּ
מִסֻּכֹּ֑ת וַיַּחֲנ֣וּ בְאֵתָ֔ם בִּקְצֵ֖ה הַמִּדְבָּֽר׃ וַֽיהוָ֡ה הֹלֵךְ֩ לִפְנֵיהֶ֨ם יוֹמָ֜ם בְּעַמּ֤וּד עָנָן֙
לַנְחֹתָ֣ם הַדֶּ֔רֶךְ וְלַ֛יְלָה בְּעַמּ֥וּד אֵ֖שׁ לְהָאִ֣יר לָהֶ֑ם לָלֶ֖כֶת יוֹמָ֥ם וָלָֽיְלָה׃ לֹֽא־יָמִ֞ישׁ
עַמּ֤וּד הֶֽעָנָן֙ יוֹמָ֔ם וְעַמּ֥וּד הָאֵ֖שׁ לָ֑יְלָה לִפְנֵ֖י הָעָֽם׃

וַיְדַבֵּ֥ר יְהוָ֖ה אֶל־מֹשֶׁ֥ה לֵּאמֹֽר׃ דַּבֵּר֮ אֶל־בְּנֵ֣י יִשְׂרָאֵל֒ וְיָשֻׁ֗בוּ וְיַחֲנוּ֙ לִפְנֵי֙ פִּ֣י לוי
הַֽחִירֹ֔ת בֵּ֥ין מִגְדֹּ֖ל וּבֵ֣ין הַיָּ֑ם לִפְנֵי֙ בַּ֣עַל צְפֹ֔ן נִכְח֥וֹ תַחֲנ֖וּ עַל־הַיָּֽם׃ וְאָמַ֤ר פַּרְעֹה֙
לִבְנֵ֣י יִשְׂרָאֵ֔ל נְבֻכִ֥ים הֵ֖ם בָּאָ֑רֶץ סָגַ֥ר עֲלֵיהֶ֖ם הַמִּדְבָּֽר׃ וְחִזַּקְתִּ֣י אֶת־לֵב־פַּרְעֹה֮
וְרָדַ֣ף אַחֲרֵיהֶם֒ וְאִכָּבְדָ֤ה בְּפַרְעֹה֙ וּבְכָל־חֵיל֔וֹ וְיָדְע֥וּ מִצְרַ֖יִם כִּֽי־אֲנִ֣י יְהוָ֑ה וַיַּעֲשׂוּ־
כֵֽן׃ *וַיֻּגַּד֙ לְמֶ֣לֶךְ מִצְרַ֔יִם כִּ֥י בָרַ֖ח הָעָ֑ם וַ֠יֵּהָפֵךְ לְבַ֨ב פַּרְעֹ֤ה וַעֲבָדָיו֙ אֶל־הָעָ֔ם ישראל
וַיֹּֽאמְרוּ֙ מַה־זֹּ֣את עָשִׂ֔ינוּ כִּֽי־שִׁלַּ֥חְנוּ אֶת־יִשְׂרָאֵ֖ל מֵעָבְדֵֽנוּ׃ וַיֶּאְסֹ֖ר אֶת־רִכְבּ֑וֹ
וְאֶת־עַמּ֖וֹ לָקַ֥ח עִמּֽוֹ׃ וַיִּקַּ֗ח שֵׁשׁ־מֵא֥וֹת רֶ֙כֶב֙ בָּח֔וּר וְכֹ֖ל רֶ֣כֶב מִצְרָ֑יִם וְשָׁלִשִׁ֖ם

על־כלו: ויחזק יהוה את־לב פרעה מלך מצרים וירדף אחרי בני ישראל
ובני ישראל יצאים ביד רמה:

## YTRÓ — יתרו

שמות יח, א-יב וישמע יתרו כהן מדין חתן משה את כל־אשר עשה אלהים למשה
ולישראל עמו כי־הוציא יהוה את־ישראל ממצרים: ויקח יתרו חתן
משה את־צפרה אשת משה אחר שלוחיה: ואת שני בניה אשר שם האחד
גרשם כי אמר גר הייתי בארץ נכריה: ושם האחד אליעזר כי־אלהי אבי
בעזרי ויצלני מחרב פרעה: ויבא יתרו חתן משה ובניו ואשתו אל־משה
לוי אל־המדבר אשר־הוא חנה שם הר האלהים: *ויאמר אל־משה אני
חתנך יתרו בא אליך ואשתך ושני בניה עמה: ויצא משה לקראת חתנו
וישתחו וישק־לו וישאלו איש־לרעהו לשלום ויבאו האהלה: ויספר משה
לחתנו את כל־אשר עשה יהוה לפרעה ולמצרים על אודת ישראל את
ישראל כל־התלאה אשר מצאתם בדרך ויצלם יהוה: *ויחד יתרו על כל־הטובה
אשר־עשה יהוה לישראל אשר הצילו מיד מצרים: ויאמר יתרו ברוך יהוה
אשר הציל אתכם מיד מצרים ומיד פרעה אשר הציל את־העם מתחת
יד־מצרים: עתה ידעתי כי־גדול יהוה מכל־האלהים כי בדבר אשר זדו
עליהם: ויקח יתרו חתן משה עלה וזבחים לאלהים ויבא אהרן וכל ׀ זקני
ישראל לאכל־לחם עם־חתן משה לפני האלהים:

## MISHPATIM — משפטים

שמות כא, א-יט ואלה המשפטים אשר תשים לפניהם: כי תקנה עבד עברי שש שנים
יעבד ובשבעת יצא לחפשי חנם: אם־בגפו יבא בגפו יצא אם־בעל אשה
לוי הוא ויצאה אשתו עמו: *אם־אדניו יתן־לו אשה וילדה־לו בנים או בנות
האשה וילדיה תהיה לאדניה והוא יצא בגפו: ואם־אמר יאמר העבד
אהבתי את־אדני את־אשתי ואת־בני לא אצא חפשי: והגישו אדניו
אל־האלהים והגישו אל־הדלת או אל־המזוזה ורצע אדניו את־אזנו

בְּמַרְצֵעַ וַעֲבָדוֹ לְעֹלָם: *וְכִי־יִמְכֹּר אִישׁ אֶת־בִּתּוֹ לְאָמָה לֹא תֵצֵא ישראל
כְּצֵאת הָעֲבָדִים: אִם־רָעָה בְּעֵינֵי אֲדֹנֶיהָ אֲשֶׁר־לֹא יְעָדָהּ וְהֶפְדָּהּ לְעַם נָכְרִי לוֹ
לֹא־יִמְשֹׁל לְמָכְרָהּ בְּבִגְדוֹ־בָהּ: וְאִם־לִבְנוֹ יִיעָדֶנָּה כְּמִשְׁפַּט הַבָּנוֹת יַעֲשֶׂה־
לָּהּ: אִם־אַחֶרֶת יִקַּח־לוֹ שְׁאֵרָהּ כְּסוּתָהּ וְעֹנָתָהּ לֹא יִגְרָע: וְאִם־שְׁלָשׁ־
אֵלֶּה לֹא יַעֲשֶׂה לָהּ וְיָצְאָה חִנָּם אֵין כָּסֶף: מַכֵּה אִישׁ וָמֵת מוֹת
יוּמָת: וַאֲשֶׁר לֹא צָדָה וְהָאֱלֹהִים אִנָּה לְיָדוֹ וְשַׂמְתִּי לְךָ מָקוֹם אֲשֶׁר יָנוּס
שָׁמָּה: וְכִי־יָזִד אִישׁ עַל־רֵעֵהוּ לְהָרְגוֹ בְעָרְמָה מֵעִם מִזְבְּחִי
תִּקָּחֶנּוּ לָמוּת: וּמַכֵּה אָבִיו וְאִמּוֹ מוֹת יוּמָת: וְגֹנֵב
אִישׁ וּמְכָרוֹ וְנִמְצָא בְיָדוֹ מוֹת יוּמָת: וּמְקַלֵּל אָבִיו וְאִמּוֹ מוֹת
יוּמָת: וְכִי־יְרִיבֻן אֲנָשִׁים וְהִכָּה־אִישׁ אֶת־רֵעֵהוּ בְּאֶבֶן אוֹ בְאֶגְרֹף
וְלֹא יָמוּת וְנָפַל לְמִשְׁכָּב: אִם־יָקוּם וְהִתְהַלֵּךְ בַּחוּץ עַל־מִשְׁעַנְתּוֹ וְנִקָּה הַמַּכֶּה
רַק שִׁבְתּוֹ יִתֵּן וְרַפֹּא יְרַפֵּא:

## TERUMÁ תרומה

וַיְדַבֵּר יְהוָה אֶל־מֹשֶׁה לֵּאמֹר: דַּבֵּר אֶל־בְּנֵי יִשְׂרָאֵל וְיִקְחוּ־לִי תְּרוּמָה מֵאֵת שמות כה, א–טז
כָּל־אִישׁ אֲשֶׁר יִדְּבֶנּוּ לִבּוֹ תִּקְחוּ אֶת־תְּרוּמָתִי: וְזֹאת הַתְּרוּמָה אֲשֶׁר תִּקְחוּ
מֵאִתָּם זָהָב וָכֶסֶף וּנְחֹשֶׁת: וּתְכֵלֶת וְאַרְגָּמָן וְתוֹלַעַת שָׁנִי וְשֵׁשׁ וְעִזִּים: וְעֹרֹת
אֵילִם מְאָדָּמִים וְעֹרֹת תְּחָשִׁים וַעֲצֵי שִׁטִּים: *שֶׁמֶן לַמָּאֹר בְּשָׂמִים לְשֶׁמֶן לוי
הַמִּשְׁחָה וְלִקְטֹרֶת הַסַּמִּים: אַבְנֵי־שֹׁהַם וְאַבְנֵי מִלֻּאִים לָאֵפֹד וְלַחֹשֶׁן: וְעָשׂוּ
לִי מִקְדָּשׁ וְשָׁכַנְתִּי בְּתוֹכָם: כְּכֹל אֲשֶׁר אֲנִי מַרְאֶה אוֹתְךָ אֵת תַּבְנִית הַמִּשְׁכָּן
וְאֵת תַּבְנִית כָּל־כֵּלָיו וְכֵן תַּעֲשׂוּ: *וְעָשׂוּ אֲרוֹן עֲצֵי שִׁטִּים אַמָּתַיִם ישראל
וָחֵצִי אָרְכּוֹ וְאַמָּה וָחֵצִי רָחְבּוֹ וְאַמָּה וָחֵצִי קֹמָתוֹ: וְצִפִּיתָ אֹתוֹ זָהָב טָהוֹר
מִבַּיִת וּמִחוּץ תְּצַפֶּנּוּ וְעָשִׂיתָ עָלָיו זֵר זָהָב סָבִיב: וְיָצַקְתָּ לּוֹ אַרְבַּע טַבְּעֹת
זָהָב וְנָתַתָּה עַל אַרְבַּע פַּעֲמֹתָיו וּשְׁתֵּי טַבָּעֹת עַל־צַלְעוֹ הָאֶחָת וּשְׁתֵּי טַבָּעֹת
עַל־צַלְעוֹ הַשֵּׁנִית: וְעָשִׂיתָ בַדֵּי עֲצֵי שִׁטִּים וְצִפִּיתָ אֹתָם זָהָב: וְהֵבֵאתָ אֶת־
הַבַּדִּים בַּטַּבָּעֹת עַל צַלְעֹת הָאָרֹן לָשֵׂאת אֶת־הָאָרֹן בָּהֶם: בְּטַבְּעֹת הָאָרֹן
יִהְיוּ הַבַּדִּים לֹא יָסֻרוּ מִמֶּנּוּ: וְנָתַתָּ אֶל־הָאָרֹן אֵת הָעֵדֻת אֲשֶׁר אֶתֵּן אֵלֶיךָ:

## תצוה TESAVÉ

שמות כז,כ–כח,יב וְאַתָּה תְּצַוֶּה ׀ אֶת־בְּנֵי יִשְׂרָאֵל וְיִקְחוּ אֵלֶיךָ שֶׁמֶן זַיִת זָךְ כָּתִית לַמָּאוֹר
לְהַעֲלֹת נֵר תָּמִיד: בְּאֹהֶל מוֹעֵד מִחוּץ לַפָּרֹכֶת אֲשֶׁר עַל־הָעֵדֻת יַעֲרֹךְ
אֹתוֹ אַהֲרֹן וּבָנָיו מֵעֶרֶב עַד־בֹּקֶר לִפְנֵי יְהֹוָה חֻקַּת עוֹלָם לְדֹרֹתָם מֵאֵת בְּנֵי
יִשְׂרָאֵל: וְאַתָּה הַקְרֵב אֵלֶיךָ אֶת־אַהֲרֹן אָחִיךָ וְאֶת־בָּנָיו אִתּוֹ מִתּוֹךְ
בְּנֵי יִשְׂרָאֵל לְכַהֲנוֹ־לִי אַהֲרֹן נָדָב וַאֲבִיהוּא אֶלְעָזָר וְאִיתָמָר בְּנֵי אַהֲרֹן: וְעָשִׂיתָ
לוי בִגְדֵי־קֹדֶשׁ לְאַהֲרֹן אָחִיךָ לְכָבוֹד וּלְתִפְאָרֶת: *וְאַתָּה תְּדַבֵּר אֶל־כָּל־חַכְמֵי־לֵב
אֲשֶׁר מִלֵּאתִיו רוּחַ חָכְמָה וְעָשׂוּ אֶת־בִּגְדֵי אַהֲרֹן לְקַדְּשׁוֹ לְכַהֲנוֹ־לִי: וְאֵלֶּה
הַבְּגָדִים אֲשֶׁר יַעֲשׂוּ חֹשֶׁן וְאֵפוֹד וּמְעִיל וּכְתֹנֶת תַּשְׁבֵּץ מִצְנֶפֶת וְאַבְנֵט וְעָשׂוּ
בִגְדֵי־קֹדֶשׁ לְאַהֲרֹן אָחִיךָ וּלְבָנָיו לְכַהֲנוֹ־לִי: וְהֵם יִקְחוּ אֶת־הַזָּהָב וְאֶת־הַתְּכֵלֶת
וְאֶת־הָאַרְגָּמָן וְאֶת־תּוֹלַעַת הַשָּׁנִי וְאֶת־הַשֵּׁשׁ:

ישראל וְעָשׂוּ אֶת־הָאֵפֹד זָהָב תְּכֵלֶת וְאַרְגָּמָן תּוֹלַעַת שָׁנִי וְשֵׁשׁ מָשְׁזָר מַעֲשֵׂה חֹשֵׁב:
שְׁתֵּי כְתֵפֹת חֹבְרֹת יִהְיֶה־לּוֹ אֶל־שְׁנֵי קְצוֹתָיו וְחֻבָּר: וְחֵשֶׁב אֲפֻדָּתוֹ אֲשֶׁר עָלָיו
כְּמַעֲשֵׂהוּ מִמֶּנּוּ יִהְיֶה זָהָב תְּכֵלֶת וְאַרְגָּמָן וְתוֹלַעַת שָׁנִי וְשֵׁשׁ מָשְׁזָר: וְלָקַחְתָּ
אֶת־שְׁתֵּי אַבְנֵי־שֹׁהַם וּפִתַּחְתָּ עֲלֵיהֶם שְׁמוֹת בְּנֵי יִשְׂרָאֵל:

## כי תשא KI TISÁ

שמות ל,יא–כא וַיְדַבֵּר יְהֹוָה אֶל־מֹשֶׁה לֵּאמֹר: כִּי תִשָּׂא אֶת־רֹאשׁ בְּנֵי־יִשְׂרָאֵל לִפְקֻדֵיהֶם
וְנָתְנוּ אִישׁ כֹּפֶר נַפְשׁוֹ לַיהֹוָה בִּפְקֹד אֹתָם וְלֹא־יִהְיֶה בָהֶם נֶגֶף בִּפְקֹד אֹתָם:
זֶה ׀ יִתְּנוּ כָּל־הָעֹבֵר עַל־הַפְּקֻדִים מַחֲצִית הַשֶּׁקֶל בְּשֶׁקֶל הַקֹּדֶשׁ עֶשְׂרִים
לוי גֵּרָה הַשֶּׁקֶל מַחֲצִית הַשֶּׁקֶל תְּרוּמָה לַיהֹוָה: *כֹּל הָעֹבֵר עַל־הַפְּקֻדִים מִבֶּן
עֶשְׂרִים שָׁנָה וָמָעְלָה יִתֵּן תְּרוּמַת יְהֹוָה: הֶעָשִׁיר לֹא־יַרְבֶּה וְהַדַּל לֹא יַמְעִיט
מִמַּחֲצִית הַשָּׁקֶל לָתֵת אֶת־תְּרוּמַת יְהֹוָה לְכַפֵּר עַל־נַפְשֹׁתֵיכֶם: וְלָקַחְתָּ אֶת־
כֶּסֶף הַכִּפֻּרִים מֵאֵת בְּנֵי יִשְׂרָאֵל וְנָתַתָּ אֹתוֹ עַל־עֲבֹדַת אֹהֶל מוֹעֵד וְהָיָה לִבְנֵי
יִשְׂרָאֵל לְזִכָּרוֹן לִפְנֵי יְהֹוָה לְכַפֵּר עַל־נַפְשֹׁתֵיכֶם:

ישראל וַיְדַבֵּר יְהֹוָה אֶל־מֹשֶׁה לֵּאמֹר: וְעָשִׂיתָ כִּיּוֹר נְחֹשֶׁת וְכַנּוֹ נְחֹשֶׁת לְרָחְצָה וְנָתַתָּ
אֹתוֹ בֵּין־אֹהֶל מוֹעֵד וּבֵין הַמִּזְבֵּחַ וְנָתַתָּ שָׁמָּה מָיִם: וְרָחֲצוּ אַהֲרֹן וּבָנָיו מִמֶּנּוּ
אֶת־יְדֵיהֶם וְאֶת־רַגְלֵיהֶם: בְּבֹאָם אֶל־אֹהֶל מוֹעֵד יִרְחֲצוּ־מַיִם וְלֹא יָמֻתוּ אוֹ

בְּגִשְׁתָּם אֶל־הַמִּזְבֵּחַ לְשָׁרֵת לְהַקְטִיר אִשֶּׁה לַיהוָה: וְרָחֲצוּ יְדֵיהֶם וְרַגְלֵיהֶם
וְלֹא יָמֻתוּ וְהָיְתָה לָהֶם חָק־עוֹלָם לוֹ וּלְזַרְעוֹ לְדֹרֹתָם:

## ויקהל — VAIAKHEL

וַיַּקְהֵל מֹשֶׁה אֶת־כָּל־עֲדַת בְּנֵי יִשְׂרָאֵל וַיֹּאמֶר אֲלֵהֶם אֵלֶּה הַדְּבָרִים אֲשֶׁר־ שמות לה, א-י
צִוָּה יְהוָה לַעֲשֹׂת אֹתָם: שֵׁשֶׁת יָמִים תֵּעָשֶׂה מְלָאכָה וּבַיּוֹם הַשְּׁבִיעִי יִהְיֶה
לָכֶם קֹדֶשׁ שַׁבַּת שַׁבָּתוֹן לַיהוָה כָּל־הָעֹשֶׂה בוֹ מְלָאכָה יוּמָת: לֹא־תְבַעֲרוּ
אֵשׁ בְּכֹל מֹשְׁבֹתֵיכֶם בְּיוֹם הַשַּׁבָּת:
*וַיֹּאמֶר מֹשֶׁה אֶל־כָּל־עֲדַת בְּנֵי־יִשְׂרָאֵל לֵאמֹר זֶה הַדָּבָר אֲשֶׁר־צִוָּה יְהוָה לוי
לֵאמֹר: קְחוּ מֵאִתְּכֶם תְּרוּמָה לַיהוָה כֹּל נְדִיב לִבּוֹ יְבִיאֶהָ אֵת תְּרוּמַת יְהוָה
זָהָב וָכֶסֶף וּנְחֹשֶׁת: וּתְכֵלֶת וְאַרְגָּמָן וְתוֹלַעַת שָׁנִי וְשֵׁשׁ וְעִזִּים: וְעֹרֹת אֵילִם
מְאָדָּמִים וְעֹרֹת תְּחָשִׁים וַעֲצֵי שִׁטִּים: *וְשֶׁמֶן לַמָּאוֹר וּבְשָׂמִים לְשֶׁמֶן הַמִּשְׁחָה ישראל
וְלִקְטֹרֶת הַסַּמִּים: וְאַבְנֵי־שֹׁהַם וְאַבְנֵי מִלֻּאִים לָאֵפוֹד וְלַחֹשֶׁן: וְכָל־חֲכַם־לֵב
בָּכֶם יָבֹאוּ וְיַעֲשׂוּ אֵת כָּל־אֲשֶׁר צִוָּה יְהוָה:

## פקודי — PEKUDE

אֵלֶּה פְקוּדֵי הַמִּשְׁכָּן מִשְׁכַּן הָעֵדֻת אֲשֶׁר פֻּקַּד עַל־פִּי מֹשֶׁה עֲבֹדַת הַלְוִיִּם בְּיַד שמות לח, כא-לט, א
אִיתָמָר בֶּן־אַהֲרֹן הַכֹּהֵן: וּבְצַלְאֵל בֶּן־אוּרִי בֶן־חוּר לְמַטֵּה יְהוּדָה עָשָׂה אֵת
כָּל־אֲשֶׁר־צִוָּה יְהוָה אֶת־מֹשֶׁה: וְאִתּוֹ אָהֳלִיאָב בֶּן־אֲחִיסָמָךְ לְמַטֵּה־דָן חָרָשׁ
וְחֹשֵׁב וְרֹקֵם בַּתְּכֵלֶת וּבָאַרְגָּמָן וּבְתוֹלַעַת הַשָּׁנִי וּבַשֵּׁשׁ: *כָּל־הַזָּהָב לוי
הֶעָשׂוּי לַמְּלָאכָה בְּכֹל מְלֶאכֶת הַקֹּדֶשׁ וַיְהִי ׀ זְהַב הַתְּנוּפָה תֵּשַׁע וְעֶשְׂרִים
כִּכָּר וּשְׁבַע מֵאוֹת וּשְׁלֹשִׁים שֶׁקֶל בְּשֶׁקֶל הַקֹּדֶשׁ: וְכֶסֶף פְּקוּדֵי הָעֵדָה מְאַת
כִּכָּר וְאֶלֶף וּשְׁבַע מֵאוֹת וַחֲמִשָּׁה וְשִׁבְעִים שֶׁקֶל בְּשֶׁקֶל הַקֹּדֶשׁ: בֶּקַע לַגֻּלְגֹּלֶת
מַחֲצִית הַשֶּׁקֶל בְּשֶׁקֶל הַקֹּדֶשׁ לְכֹל הָעֹבֵר עַל־הַפְּקֻדִים מִבֶּן עֶשְׂרִים שָׁנָה
וָמַעְלָה לְשֵׁשׁ־מֵאוֹת אֶלֶף וּשְׁלֹשֶׁת אֲלָפִים וַחֲמֵשׁ מֵאוֹת וַחֲמִשִּׁים: וַיְהִי
מְאַת כִּכַּר הַכֶּסֶף לָצֶקֶת אֵת אַדְנֵי הַקֹּדֶשׁ וְאֵת אַדְנֵי הַפָּרֹכֶת מְאַת אֲדָנִים
לִמְאַת הַכִּכָּר כִּכָּר לָאָדֶן: *וְאֶת־הָאֶלֶף וּשְׁבַע הַמֵּאוֹת וַחֲמִשָּׁה וְשִׁבְעִים ישראל
עָשָׂה וָוִים לָעַמּוּדִים וְצִפָּה רָאשֵׁיהֶם וְחִשַּׁק אֹתָם: וּנְחֹשֶׁת הַתְּנוּפָה שִׁבְעִים

ככר ואלפים וארבע־מאות שקל: ויעש בה את־אדני פתח אהל מועד
ואת מזבח הנחשת ואת־מכבר הנחשת אשר־לו ואת כל־כלי המזבח:
ואת־אדני החצר סביב ואת־אדני שער החצר ואת כל־יתדת המשכן
ואת־כל־יתדת החצר סביב: ומן־התכלת והארגמן ותולעת השני עשו
בגדי־שרד לשרת בקדש ויעשו את־בגדי הקדש אשר לאהרן כאשר צוה
יהוה את־משה:

## VAIKRÁ ויקרא

ויקרא א, א-יג ויקרא אל־משה וידבר יהוה אליו מאהל מועד לאמר: דבר אל־בני ישראל
ואמרת אלהם אדם כי־יקריב מכם קרבן ליהוה מן־הבהמה מן־הבקר
ומן־הצאן תקריבו את־קרבנכם: אם־עלה קרבנו מן־הבקר זכר תמים
לוי יקריבנו אל־פתח אהל מועד יקריב אתו לרצנו לפני יהוה: *וסמך ידו על
ראש העלה ונרצה לו לכפר עליו: ושחט את־בן הבקר לפני יהוה והקריבו
בני אהרן הכהנים את־הדם וזרקו את־הדם על־המזבח סביב אשר־פתח
אהל מועד: והפשיט את־העלה ונתח אתה לנתחיה: ונתנו בני אהרן
הכהן אש על־המזבח וערכו עצים על־האש: וערכו בני אהרן הכהנים
את הנתחים את־הראש ואת־הפדר על־העצים אשר על־האש אשר על־
המזבח: וקרבו וכרעיו ירחץ במים והקטיר הכהן את־הכל המזבחה עלה
ישראל אשה ריח־ניחוח ליהוה: *ואם־מן־הצאן קרבנו מן־הכשבים
או מן־העזים לעלה זכר תמים יקריבנו: ושחט אתו על ירך המזבח צפנה
לפני יהוה וזרקו בני אהרן הכהנים את־דמו על־המזבח סביב: ונתח אתו
לנתחיו ואת־ראשו ואת־פדרו וערך הכהן אתם על־העצים אשר על־האש
אשר על־המזבח: והקרב והכרעים ירחץ במים והקריב הכהן את־הכל
והקטיר המזבחה עלה הוא אשה ריח ניחח ליהוה:

## SAV צו

ויקרא ו, א-יא וידבר יהוה אל־משה לאמר: צו את־אהרן ואת־בניו לאמר זאת תורת
העלה הוא העלה על מוקדה על־המזבח כל־הלילה עד־הבקר ואש המזבח
תוקד בו: ולבש הכהן מדו בד ומכנסי־בד ילבש על־בשרו והרים את־הדשן
לוי אשר תאכל האש את־העלה על־המזבח ושמו אצל המזבח: *ופשט את־

בְּגָדָיו וְלָבַשׁ בְּגָדִים אֲחֵרִים וְהוֹצִיא אֶת־הַדֶּשֶׁן אֶל־מִחוּץ לַמַּחֲנֶה אֶל־מָקוֹם
טָהוֹר: וְהָאֵשׁ עַל־הַמִּזְבֵּחַ תּוּקַד־בּוֹ לֹא תִכְבֶּה וּבִעֵר עָלֶיהָ הַכֹּהֵן עֵצִים בַּבֹּקֶר
בַּבֹּקֶר וְעָרַךְ עָלֶיהָ הָעֹלָה וְהִקְטִיר עָלֶיהָ חֶלְבֵי הַשְּׁלָמִים: אֵשׁ תָּמִיד תּוּקַד
עַל־הַמִּזְבֵּחַ לֹא תִכְבֶּה: *וְזֹאת תּוֹרַת הַמִּנְחָה הַקְרֵב אֹתָהּ ישראל
בְּנֵי־אַהֲרֹן לִפְנֵי יְהוָה אֶל־פְּנֵי הַמִּזְבֵּחַ: וְהֵרִים מִמֶּנּוּ בְּקֻמְצוֹ מִסֹּלֶת הַמִּנְחָה
וּמִשַּׁמְנָהּ וְאֵת כָּל־הַלְּבֹנָה אֲשֶׁר עַל־הַמִּנְחָה וְהִקְטִיר הַמִּזְבֵּחַ רֵיחַ נִיחֹחַ
אַזְכָּרָתָהּ לַיהוָה: וְהַנּוֹתֶרֶת מִמֶּנָּה יֹאכְלוּ אַהֲרֹן וּבָנָיו מַצּוֹת תֵּאָכֵל בְּמָקוֹם
קָדֹשׁ בַּחֲצַר אֹהֶל־מוֹעֵד יֹאכְלוּהָ: לֹא תֵאָפֶה חָמֵץ חֶלְקָם נָתַתִּי אֹתָהּ מֵאִשָּׁי
קֹדֶשׁ קָדָשִׁים הִוא כַּחַטָּאת וְכָאָשָׁם: כָּל־זָכָר בִּבְנֵי אַהֲרֹן יֹאכְלֶנָּה חָק־עוֹלָם
לְדֹרֹתֵיכֶם מֵאִשֵּׁי יְהוָה כֹּל אֲשֶׁר־יִגַּע בָּהֶם יִקְדָּשׁ:

## שמיני SHEMINÍ

וַיְהִי בַּיּוֹם הַשְּׁמִינִי קָרָא מֹשֶׁה לְאַהֲרֹן וּלְבָנָיו וּלְזִקְנֵי יִשְׂרָאֵל: וַיֹּאמֶר אֶל־אַהֲרֹן ויקרא ט,א–י
קַח־לְךָ עֵגֶל בֶּן־בָּקָר לְחַטָּאת וְאַיִל לְעֹלָה תְּמִימִם וְהַקְרֵב לִפְנֵי יְהוָה: וְאֶל־
בְּנֵי יִשְׂרָאֵל תְּדַבֵּר לֵאמֹר קְחוּ שְׂעִיר־עִזִּים לְחַטָּאת וְעֵגֶל וָכֶבֶשׂ בְּנֵי־שָׁנָה
תְּמִימִם לְעֹלָה: וְשׁוֹר וָאַיִל לִשְׁלָמִים לִזְבֹּחַ לִפְנֵי יְהוָה וּמִנְחָה בְּלוּלָה בַשָּׁמֶן
כִּי הַיּוֹם יְהוָה נִרְאָה אֲלֵיכֶם: *וַיִּקְחוּ אֵת אֲשֶׁר צִוָּה מֹשֶׁה אֶל־פְּנֵי אֹהֶל מוֹעֵד לוי
וַיִּקְרְבוּ כָּל־הָעֵדָה וַיַּעַמְדוּ לִפְנֵי יְהוָה: וַיֹּאמֶר מֹשֶׁה זֶה הַדָּבָר אֲשֶׁר־צִוָּה יְהוָה
תַּעֲשׂוּ וְיֵרָא אֲלֵיכֶם כְּבוֹד יְהוָה: וַיֹּאמֶר מֹשֶׁה אֶל־אַהֲרֹן קְרַב אֶל־הַמִּזְבֵּחַ
וַעֲשֵׂה אֶת־חַטָּאתְךָ וְאֶת־עֹלָתֶךָ וְכַפֵּר בַּעַדְךָ וּבְעַד הָעָם וַעֲשֵׂה אֶת־קָרְבַּן
הָעָם וְכַפֵּר בַּעֲדָם כַּאֲשֶׁר צִוָּה יְהוָה: *וַיִּקְרַב אַהֲרֹן אֶל־הַמִּזְבֵּחַ וַיִּשְׁחַט אֶת־ ישראל
עֵגֶל הַחַטָּאת אֲשֶׁר־לוֹ: וַיַּקְרִבוּ בְּנֵי אַהֲרֹן אֶת־הַדָּם אֵלָיו וַיִּטְבֹּל אֶצְבָּעוֹ
בַּדָּם וַיִּתֵּן עַל־קַרְנוֹת הַמִּזְבֵּחַ וְאֶת־הַדָּם יָצַק אֶל־יְסוֹד הַמִּזְבֵּחַ: וְאֶת־הַחֵלֶב
וְאֶת־הַכְּלָיֹת וְאֶת־הַיֹּתֶרֶת מִן־הַכָּבֵד מִן־הַחַטָּאת הִקְטִיר הַמִּזְבֵּחָה כַּאֲשֶׁר
צִוָּה יְהוָה אֶת־מֹשֶׁה:

## תזריע TAZRÍA

וַיְדַבֵּר יְהוָה אֶל־מֹשֶׁה לֵּאמֹר: דַּבֵּר אֶל־בְּנֵי יִשְׂרָאֵל לֵאמֹר אִשָּׁה כִּי תַזְרִיעַ ויקרא יב,א–יג,ה
וְיָלְדָה זָכָר וְטָמְאָה שִׁבְעַת יָמִים כִּימֵי נִדַּת דְּוֹתָהּ תִּטְמָא: וּבַיּוֹם הַשְּׁמִינִי
יִמּוֹל בְּשַׂר עָרְלָתוֹ: *וּשְׁלֹשִׁים יוֹם וּשְׁלֹשֶׁת יָמִים תֵּשֵׁב בִּדְמֵי טָהֳרָה בְּכָל־ לוי

קֹדֶשׁ לֹא־תִגָּע וְאֶל־הַמִּקְדָּשׁ לֹא תָבֹא עַד־מְלֹאת יְמֵי טׇהֳרָהּ׃ וְאִם־נְקֵבָה
תֵלֵד וְטָמְאָה שְׁבֻעַיִם כְּנִדָּתָהּ וְשִׁשִּׁים יוֹם וְשֵׁשֶׁת יָמִים תֵּשֵׁב עַל־דְּמֵי טׇהֳרָה׃
וּבִמְלֹאת ׀ יְמֵי טׇהֳרָהּ לְבֵן אוֹ לְבַת תָּבִיא כֶּבֶשׂ בֶּן־שְׁנָתוֹ לְעֹלָה וּבֶן־יוֹנָה
אוֹ־תֹר לְחַטָּאת אֶל־פֶּתַח אֹהֶל־מוֹעֵד אֶל־הַכֹּהֵן׃ וְהִקְרִיבוֹ לִפְנֵי יְהוָה וְכִפֶּר
עָלֶיהָ וְטָהֲרָה מִמְּקֹר דָּמֶיהָ זֹאת תּוֹרַת הַיֹּלֶדֶת לַזָּכָר אוֹ לַנְּקֵבָה׃ וְאִם־לֹא
תִמְצָא יָדָהּ דֵּי שֶׂה וְלָקְחָה שְׁתֵּי־תֹרִים אוֹ שְׁנֵי בְּנֵי יוֹנָה אֶחָד לְעֹלָה וְאֶחָד
לְחַטָּאת וְכִפֶּר עָלֶיהָ הַכֹּהֵן וְטָהֵרָה׃

ישראל *וַיְדַבֵּר יְהוָה אֶל־מֹשֶׁה וְאֶל־אַהֲרֹן לֵּאמֹר׃ אָדָם כִּי־יִהְיֶה בְעוֹר־בְּשָׂרוֹ שְׂאֵת
אוֹ־סַפַּחַת אוֹ בַהֶרֶת וְהָיָה בְעוֹר־בְּשָׂרוֹ לְנֶגַע צָרָעַת וְהוּבָא אֶל־אַהֲרֹן הַכֹּהֵן
אוֹ אֶל־אַחַד מִבָּנָיו הַכֹּהֲנִים׃ וְרָאָה הַכֹּהֵן אֶת־הַנֶּגַע בְּעוֹר־הַבָּשָׂר וְשֵׂעָר
בַּנֶּגַע הָפַךְ לָבָן וּמַרְאֵה הַנֶּגַע עָמֹק מֵעוֹר בְּשָׂרוֹ נֶגַע צָרַעַת הוּא וְרָאָהוּ הַכֹּהֵן
וְטִמֵּא אֹתוֹ׃ וְאִם־בַּהֶרֶת לְבָנָה הִוא בְּעוֹר בְּשָׂרוֹ וְעָמֹק אֵין־מַרְאֶהָ מִן־הָעוֹר
וּשְׂעָרָה לֹא־הָפַךְ לָבָן וְהִסְגִּיר הַכֹּהֵן אֶת־הַנֶּגַע שִׁבְעַת יָמִים׃ וְרָאָהוּ הַכֹּהֵן
בַּיּוֹם הַשְּׁבִיעִי וְהִנֵּה הַנֶּגַע עָמַד בְּעֵינָיו לֹא־פָשָׂה הַנֶּגַע בָּעוֹר וְהִסְגִּירוֹ הַכֹּהֵן
שִׁבְעַת יָמִים שֵׁנִית׃

## טהור TAHOR

ויקרא יד,א–יב וַיְדַבֵּר יְהוָה אֶל־מֹשֶׁה לֵּאמֹר׃ זֹאת תִּהְיֶה תּוֹרַת הַמְּצֹרָע בְּיוֹם טׇהֳרָתוֹ
וְהוּבָא אֶל־הַכֹּהֵן׃ וְיָצָא הַכֹּהֵן אֶל־מִחוּץ לַמַּחֲנֶה וְרָאָה הַכֹּהֵן וְהִנֵּה נִרְפָּא
נֶגַע־הַצָּרַעַת מִן־הַצָּרוּעַ׃ וְצִוָּה הַכֹּהֵן וְלָקַח לַמִּטַּהֵר שְׁתֵּי־צִפֳּרִים חַיּוֹת
טְהֹרוֹת וְעֵץ אֶרֶז וּשְׁנִי תוֹלַעַת וְאֵזֹב׃ וְצִוָּה הַכֹּהֵן וְשָׁחַט אֶת־הַצִּפּוֹר הָאֶחָת
לוי אֶל־כְּלִי־חֶרֶשׂ עַל־מַיִם חַיִּים׃ *אֶת־הַצִּפֹּר הַחַיָּה יִקַּח אֹתָהּ וְאֶת־עֵץ הָאֶרֶז
וְאֶת־שְׁנִי הַתּוֹלַעַת וְאֶת־הָאֵזֹב וְטָבַל אוֹתָם וְאֵת ׀ הַצִּפֹּר הַחַיָּה בְּדַם הַצִּפֹּר
הַשְּׁחֻטָה עַל הַמַּיִם הַחַיִּים׃ וְהִזָּה עַל הַמִּטַּהֵר מִן־הַצָּרַעַת שֶׁבַע פְּעָמִים
וְטִהֲרוֹ וְשִׁלַּח אֶת־הַצִּפֹּר הַחַיָּה עַל־פְּנֵי הַשָּׂדֶה׃ וְכִבֶּס הַמִּטַּהֵר אֶת־בְּגָדָיו
וְגִלַּח אֶת־כׇּל־שְׂעָרוֹ וְרָחַץ בַּמַּיִם וְטָהֵר וְאַחַר יָבוֹא אֶל־הַמַּחֲנֶה וְיָשַׁב מִחוּץ
לְאׇהֳלוֹ שִׁבְעַת יָמִים׃ וְהָיָה בַיּוֹם הַשְּׁבִיעִי יְגַלַּח אֶת־כׇּל־שְׂעָרוֹ אֶת־רֹאשׁוֹ
וְאֶת־זְקָנוֹ וְאֵת גַּבֹּת עֵינָיו וְאֶת־כׇּל־שְׂעָרוֹ יְגַלֵּחַ וְכִבֶּס אֶת־בְּגָדָיו וְרָחַץ אֶת־
ישראל בְּשָׂרוֹ בַּמַּיִם וְטָהֵר׃ *וּבַיּוֹם הַשְּׁמִינִי יִקַּח שְׁנֵי־כְבָשִׂים תְּמִימִם וְכַבְשָׂה אַחַת

בַּת־שְׁנָתָהּ תְּמִימָה וּשְׁלֹשָׁה עֶשְׂרֹנִים סֹלֶת מִנְחָה בְּלוּלָה בַשֶּׁמֶן וְלֹג אֶחָד
שָׁמֶן׃ וְהֶעֱמִיד הַכֹּהֵן הַמְטַהֵר אֵת הָאִישׁ הַמִּטַּהֵר וְאֹתָם לִפְנֵי יְהוָה פֶּתַח
אֹהֶל מוֹעֵד׃ וְלָקַח הַכֹּהֵן אֶת־הַכֶּבֶשׂ הָאֶחָד וְהִקְרִיב אֹתוֹ לְאָשָׁם וְאֶת־לֹג
הַשָּׁמֶן וְהֵנִיף אֹתָם תְּנוּפָה לִפְנֵי יְהוָה׃

## אחרי מות AHAREI MOT

וַיְדַבֵּר יְהוָה אֶל־מֹשֶׁה אַחֲרֵי מוֹת שְׁנֵי בְּנֵי אַהֲרֹן בְּקָרְבָתָם לִפְנֵי־יְהוָה ויקרא טז, א–יא
וַיָּמֻתוּ׃ וַיֹּאמֶר יְהוָה אֶל־מֹשֶׁה דַּבֵּר אֶל־אַהֲרֹן אָחִיךָ וְאַל־יָבֹא בְכָל־עֵת
אֶל־הַקֹּדֶשׁ מִבֵּית לַפָּרֹכֶת אֶל־פְּנֵי הַכַּפֹּרֶת אֲשֶׁר עַל־הָאָרֹן וְלֹא יָמוּת כִּי
בֶּעָנָן אֵרָאֶה עַל־הַכַּפֹּרֶת׃ בְּזֹאת יָבֹא אַהֲרֹן אֶל־הַקֹּדֶשׁ בְּפַר בֶּן־בָּקָר לְחַטָּאת
וְאַיִל לְעֹלָה׃ *כְּתֹנֶת־בַּד קֹדֶשׁ יִלְבָּשׁ וּמִכְנְסֵי־בַד יִהְיוּ עַל־בְּשָׂרוֹ וּבְאַבְנֵט לוי
בַּד יַחְגֹּר וּבְמִצְנֶפֶת בַּד יִצְנֹף בִּגְדֵי־קֹדֶשׁ הֵם וְרָחַץ בַּמַּיִם אֶת־בְּשָׂרוֹ וּלְבֵשָׁם׃
וּמֵאֵת עֲדַת בְּנֵי יִשְׂרָאֵל יִקַּח שְׁנֵי־שְׂעִירֵי עִזִּים לְחַטָּאת וְאַיִל אֶחָד לְעֹלָה׃
וְהִקְרִיב אַהֲרֹן אֶת־פַּר הַחַטָּאת אֲשֶׁר־לוֹ וְכִפֶּר בַּעֲדוֹ וּבְעַד בֵּיתוֹ׃ *וְלָקַח ישראל
אֶת־שְׁנֵי הַשְּׂעִירִם וְהֶעֱמִיד אֹתָם לִפְנֵי יְהוָה פֶּתַח אֹהֶל מוֹעֵד׃ וְנָתַן אַהֲרֹן
עַל־שְׁנֵי הַשְּׂעִירִם גֹּרָלוֹת גּוֹרָל אֶחָד לַיהוָה וְגוֹרָל אֶחָד לַעֲזָאזֵל׃ וְהִקְרִיב
אַהֲרֹן אֶת־הַשָּׂעִיר אֲשֶׁר עָלָה עָלָיו הַגּוֹרָל לַיהוָה וְעָשָׂהוּ חַטָּאת׃ וְהַשָּׂעִיר
אֲשֶׁר עָלָה עָלָיו הַגּוֹרָל לַעֲזָאזֵל יָעֳמַד־חַי לִפְנֵי יְהוָה לְכַפֵּר עָלָיו לְשַׁלַּח
אֹתוֹ לַעֲזָאזֵל הַמִּדְבָּרָה׃ וְהִקְרִיב אַהֲרֹן אֶת־פַּר הַחַטָּאת אֲשֶׁר־לוֹ וְכִפֶּר
בַּעֲדוֹ וּבְעַד בֵּיתוֹ וְשָׁחַט אֶת־פַּר הַחַטָּאת אֲשֶׁר־לוֹ׃

## קדשים KEDOSHIM

וַיְדַבֵּר יְהוָה אֶל־מֹשֶׁה לֵּאמֹר׃ דַּבֵּר אֶל־כָּל־עֲדַת בְּנֵי־יִשְׂרָאֵל וְאָמַרְתָּ אֲלֵהֶם ויקרא יט, א–יד
קְדֹשִׁים תִּהְיוּ כִּי קָדוֹשׁ אֲנִי יְהוָה אֱלֹהֵיכֶם׃ אִישׁ אִמּוֹ וְאָבִיו תִּירָאוּ וְאֶת־
שַׁבְּתֹתַי תִּשְׁמֹרוּ אֲנִי יְהוָה אֱלֹהֵיכֶם׃ אַל־תִּפְנוּ אֶל־הָאֱלִילִם וֵאלֹהֵי מַסֵּכָה
לֹא תַעֲשׂוּ לָכֶם אֲנִי יְהוָה אֱלֹהֵיכֶם׃ *וְכִי תִזְבְּחוּ זֶבַח שְׁלָמִים לַיהוָה לִרְצֹנְכֶם לוי
תִּזְבָּחֻהוּ׃ בְּיוֹם זִבְחֲכֶם יֵאָכֵל וּמִמָּחֳרָת וְהַנּוֹתָר עַד־יוֹם הַשְּׁלִישִׁי בָּאֵשׁ יִשָּׂרֵף׃
וְאִם הֵאָכֹל יֵאָכֵל בַּיּוֹם הַשְּׁלִישִׁי פִּגּוּל הוּא לֹא יֵרָצֶה׃ וְאֹכְלָיו עֲוֹנוֹ יִשָּׂא כִּי־
אֶת־קֹדֶשׁ יְהוָה חִלֵּל וְנִכְרְתָה הַנֶּפֶשׁ הַהִוא מֵעַמֶּיהָ׃ וּבְקֻצְרְכֶם אֶת־קְצִיר

אַרְצְכֶם לֹא תְכַלֶּה פְּאַת שָׂדְךָ לִקְצֹר וְלֶקֶט קְצִירְךָ לֹא תְלַקֵּט: וְכַרְמְךָ לֹא
תְעוֹלֵל וּפֶרֶט כַּרְמְךָ לֹא תְלַקֵּט לֶעָנִי וְלַגֵּר תַּעֲזֹב אֹתָם אֲנִי יְהוָה אֱלֹהֵיכֶם:
*לֹא תִּגְנֹבוּ וְלֹא־תְכַחֲשׁוּ וְלֹא־תְשַׁקְּרוּ אִישׁ בַּעֲמִיתוֹ: וְלֹא־תִשָּׁבְעוּ בִשְׁמִי ישראל
לַשָּׁקֶר וְחִלַּלְתָּ אֶת־שֵׁם אֱלֹהֶיךָ אֲנִי יְהוָה: לֹא־תַעֲשֹׁק אֶת־רֵעֲךָ וְלֹא תִגְזֹל
לֹא־תָלִין פְּעֻלַּת שָׂכִיר אִתְּךָ עַד־בֹּקֶר: לֹא־תְקַלֵּל חֵרֵשׁ וְלִפְנֵי עִוֵּר לֹא תִתֵּן
מִכְשֹׁל וְיָרֵאתָ מֵּאֱלֹהֶיךָ אֲנִי יְהוָה:

## אמר EMOR

וַיֹּאמֶר יְהוָה אֶל־מֹשֶׁה אֱמֹר אֶל־הַכֹּהֲנִים בְּנֵי אַהֲרֹן וְאָמַרְתָּ אֲלֵהֶם לְנֶפֶשׁ ויקרא כא, א–טו
לֹא־יִטַּמָּא בְּעַמָּיו: כִּי אִם־לִשְׁאֵרוֹ הַקָּרֹב אֵלָיו לְאִמּוֹ וּלְאָבִיו וְלִבְנוֹ וּלְבִתּוֹ
וּלְאָחִיו: וְלַאֲחֹתוֹ הַבְּתוּלָה הַקְּרוֹבָה אֵלָיו אֲשֶׁר לֹא־הָיְתָה לְאִישׁ לָהּ יִטַּמָּא:
לֹא יִטַּמָּא בַּעַל בְּעַמָּיו לְהֵחַלּוֹ: לֹא־יִקְרְחָה קָרְחָה בְּרֹאשָׁם וּפְאַת זְקָנָם לֹא יִקְרְחוּ
יְגַלֵּחוּ וּבִבְשָׂרָם לֹא יִשְׂרְטוּ שָׂרָטֶת: *קְדֹשִׁים יִהְיוּ לֵאלֹהֵיהֶם וְלֹא יְחַלְּלוּ לוי
שֵׁם אֱלֹהֵיהֶם כִּי אֶת־אִשֵּׁי יְהוָה לֶחֶם אֱלֹהֵיהֶם הֵם מַקְרִיבִם וְהָיוּ קֹדֶשׁ:* (עד כאן
אִשָּׁה זֹנָה וַחֲלָלָה לֹא יִקָּחוּ וְאִשָּׁה גְּרוּשָׁה מֵאִישָׁהּ לֹא יִקָּחוּ כִּי־קָדֹשׁ הוּא כהן)
לֵאלֹהָיו: וְקִדַּשְׁתּוֹ כִּי אֶת־לֶחֶם אֱלֹהֶיךָ הוּא מַקְרִיב קָדֹשׁ יִהְיֶה־לָּךְ כִּי קָדוֹשׁ
אֲנִי יְהוָה מְקַדִּשְׁכֶם: וּבַת אִישׁ כֹּהֵן כִּי תֵחֵל לִזְנוֹת אֶת־אָבִיהָ הִיא מְחַלֶּלֶת
בָּאֵשׁ תִּשָּׂרֵף: וְהַכֹּהֵן הַגָּדוֹל מֵאֶחָיו אֲשֶׁר־יוּצַק עַל־רֹאשׁוֹ | שֶׁמֶן
הַמִּשְׁחָה וּמִלֵּא אֶת־יָדוֹ לִלְבֹּשׁ אֶת־הַבְּגָדִים אֶת־רֹאשׁוֹ לֹא יִפְרָע וּבְגָדָיו לֹא
יִפְרֹם: וְעַל כָּל־נַפְשֹׁת מֵת לֹא יָבֹא לְאָבִיו וּלְאִמּוֹ לֹא יִטַּמָּא: וּמִן־הַמִּקְדָּשׁ
לֹא יֵצֵא וְלֹא יְחַלֵּל אֵת מִקְדַּשׁ אֱלֹהָיו כִּי נֵזֶר שֶׁמֶן מִשְׁחַת אֱלֹהָיו עָלָיו אֲנִי
יְהוָה: *וְהוּא אִשָּׁה בִבְתוּלֶיהָ יִקָּח: אַלְמָנָה וּגְרוּשָׁה וַחֲלָלָה זֹנָה אֶת־אֵלֶּה ישראל
לֹא יִקָּח כִּי אִם־בְּתוּלָה מֵעַמָּיו יִקַּח אִשָּׁה: וְלֹא־יְחַלֵּל זַרְעוֹ בְּעַמָּיו כִּי אֲנִי
יְהוָה מְקַדְּשׁוֹ:

## בהר BEHAR

וַיְדַבֵּר יְהוָה אֶל־מֹשֶׁה בְּהַר סִינַי לֵאמֹר: דַּבֵּר אֶל־בְּנֵי יִשְׂרָאֵל וְאָמַרְתָּ אֲלֵהֶם ויקרא כה, א–י
כִּי תָבֹאוּ אֶל־הָאָרֶץ אֲשֶׁר אֲנִי נֹתֵן לָכֶם וְשָׁבְתָה הָאָרֶץ שַׁבָּת לַיהוָה: שֵׁשׁ
שָׁנִים תִּזְרַע שָׂדֶךָ וְשֵׁשׁ שָׁנִים תִּזְמֹר כַּרְמֶךָ וְאָסַפְתָּ אֶת־תְּבוּאָתָהּ: *וּבַשָּׁנָה לוי

הַשְּׁבִיעִת שַׁבַּת שַׁבָּתוֹן יִהְיֶה לָאָרֶץ שַׁבָּת לַיהוָה שָׂדְךָ לֹא תִזְרָע וְכַרְמְךָ
לֹא תִזְמֹר: אֵת סְפִיחַ קְצִירְךָ לֹא תִקְצוֹר וְאֶת־עִנְּבֵי נְזִירֶךָ לֹא תִבְצֹר שְׁנַת
שַׁבָּתוֹן יִהְיֶה לָאָרֶץ: וְהָיְתָה שַׁבַּת הָאָרֶץ לָכֶם לְאָכְלָה לְךָ וּלְעַבְדְּךָ וְלַאֲמָתֶךָ
וְלִשְׂכִירְךָ וּלְתוֹשָׁבְךָ הַגָּרִים עִמָּךְ: וְלִבְהֶמְתְּךָ וְלַחַיָּה אֲשֶׁר בְּאַרְצֶךָ תִּהְיֶה
כָל־תְּבוּאָתָהּ לֶאֱכֹל: *וְסָפַרְתָּ לְךָ שֶׁבַע שַׁבְּתֹת שָׁנִים שֶׁבַע ישראל
שָׁנִים שֶׁבַע פְּעָמִים וְהָיוּ לְךָ יְמֵי שֶׁבַע שַׁבְּתֹת הַשָּׁנִים תֵּשַׁע וְאַרְבָּעִים שָׁנָה:
וְהַעֲבַרְתָּ שׁוֹפַר תְּרוּעָה בַּחֹדֶשׁ הַשְּׁבִעִי בֶּעָשׂוֹר לַחֹדֶשׁ בְּיוֹם הַכִּפֻּרִים תַּעֲבִירוּ
שׁוֹפָר בְּכָל־אַרְצְכֶם: וְקִדַּשְׁתֶּם אֵת שְׁנַת הַחֲמִשִּׁים שָׁנָה וּקְרָאתֶם דְּרוֹר
בָּאָרֶץ לְכָל־יֹשְׁבֶיהָ יוֹבֵל הִוא תִּהְיֶה לָכֶם וְשַׁבְתֶּם אִישׁ אֶל־אֲחֻזָּתוֹ וְאִישׁ
אֶל־מִשְׁפַּחְתּוֹ תָּשֻׁבוּ:

## בחקתי BEHUKOTAI

אִם־בְּחֻקֹּתַי תֵּלֵכוּ וְאֶת־מִצְוֺתַי תִּשְׁמְרוּ וַעֲשִׂיתֶם אֹתָם: וְנָתַתִּי גִשְׁמֵיכֶם בְּעִתָּם ויקרא כו, ג–יג
וְנָתְנָה הָאָרֶץ יְבוּלָהּ וְעֵץ הַשָּׂדֶה יִתֵּן פִּרְיוֹ: וְהִשִּׂיג לָכֶם דַּיִשׁ אֶת־בָּצִיר וּבָצִיר
יַשִּׂיג אֶת־זָרַע וַאֲכַלְתֶּם לַחְמְכֶם לָשֹׂבַע וִישַׁבְתֶּם לָבֶטַח בְּאַרְצְכֶם: *וְנָתַתִּי לוי
שָׁלוֹם בָּאָרֶץ וּשְׁכַבְתֶּם וְאֵין מַחֲרִיד וְהִשְׁבַּתִּי חַיָּה רָעָה מִן־הָאָרֶץ וְחֶרֶב
לֹא־תַעֲבֹר בְּאַרְצְכֶם: וּרְדַפְתֶּם אֶת־אֹיְבֵיכֶם וְנָפְלוּ לִפְנֵיכֶם לֶחָרֶב: וְרָדְפוּ
מִכֶּם חֲמִשָּׁה מֵאָה וּמֵאָה מִכֶּם רְבָבָה יִרְדֹּפוּ וְנָפְלוּ אֹיְבֵיכֶם לִפְנֵיכֶם לֶחָרֶב:
וּפָנִיתִי אֲלֵיכֶם וְהִפְרֵיתִי אֶתְכֶם וְהִרְבֵּיתִי אֶתְכֶם וַהֲקִימֹתִי אֶת־בְּרִיתִי אִתְּכֶם:
*וַאֲכַלְתֶּם יָשָׁן נוֹשָׁן וְיָשָׁן מִפְּנֵי חָדָשׁ תּוֹצִיאוּ: וְנָתַתִּי מִשְׁכָּנִי בְּתוֹכְכֶם וְלֹא־ ישראל
תִגְעַל נַפְשִׁי אֶתְכֶם: וְהִתְהַלַּכְתִּי בְּתוֹכְכֶם וְהָיִיתִי לָכֶם לֵאלֹהִים וְאַתֶּם תִּהְיוּ־
לִי לְעָם: אֲנִי יְהוָה אֱלֹהֵיכֶם אֲשֶׁר הוֹצֵאתִי אֶתְכֶם מֵאֶרֶץ מִצְרַיִם מִהְיֹת לָהֶם
עֲבָדִים וָאֶשְׁבֹּר מֹטֹת עֻלְּכֶם וָאוֹלֵךְ אֶתְכֶם קוֹמְמִיּוּת:

## במדבר BAMIDBAR

וַיְדַבֵּר יְהוָה אֶל־מֹשֶׁה בְּמִדְבַּר סִינַי בְּאֹהֶל מוֹעֵד בְּאֶחָד לַחֹדֶשׁ הַשֵּׁנִי בַּשָּׁנָה במדבר א, א–טז
הַשֵּׁנִית לְצֵאתָם מֵאֶרֶץ מִצְרַיִם לֵאמֹר: שְׂאוּ אֶת־רֹאשׁ כָּל־עֲדַת בְּנֵי־יִשְׂרָאֵל
לְמִשְׁפְּחֹתָם לְבֵית אֲבֹתָם בְּמִסְפַּר שֵׁמוֹת כָּל־זָכָר לְגֻלְגְּלֹתָם: מִבֶּן עֶשְׂרִים
שָׁנָה וָמַעְלָה כָּל־יֹצֵא צָבָא בְּיִשְׂרָאֵל תִּפְקְדוּ אֹתָם לְצִבְאֹתָם אַתָּה וְאַהֲרֹן:

לוי וְאִתְּכֶם יִהְיוּ אִישׁ אִישׁ לַמַּטֶּה אִישׁ רֹאשׁ לְבֵית־אֲבֹתָיו הוּא: *וְאֵלֶּה שְׁמוֹת
הָאֲנָשִׁים אֲשֶׁר יַעַמְדוּ אִתְּכֶם לִרְאוּבֵן אֱלִיצוּר בֶּן־שְׁדֵיאוּר: לְשִׁמְעוֹן שְׁלֻמִיאֵל
בֶּן־צוּרִישַׁדָּי: לִיהוּדָה נַחְשׁוֹן בֶּן־עַמִּינָדָב: לְיִשָּׂשכָר נְתַנְאֵל בֶּן־צוּעָר: לִזְבוּלֻן
אֱלִיאָב בֶּן־חֵלֹן: לִבְנֵי יוֹסֵף לְאֶפְרַיִם אֱלִישָׁמָע בֶּן־עַמִּיהוּד לִמְנַשֶּׁה גַּמְלִיאֵל
ישראל בֶּן־פְּדָהצוּר: לְבִנְיָמִן אֲבִידָן בֶּן־גִּדְעֹנִי: לְדָן אֲחִיעֶזֶר בֶּן־עַמִּישַׁדָּי: *לְאָשֵׁר
פַּגְעִיאֵל בֶּן־עָכְרָן: לְגָד אֶלְיָסָף בֶּן־דְּעוּאֵל: לְנַפְתָּלִי אֲחִירַע בֶּן־עֵינָן: אֵלֶּה
קְרוּאֵי קריאי הָעֵדָה נְשִׂיאֵי מַטּוֹת אֲבוֹתָם רָאשֵׁי אַלְפֵי יִשְׂרָאֵל הֵם:

## נשא — NASÓ

במדבר ד, כא-לג וַיְדַבֵּר יְהוָה אֶל־מֹשֶׁה לֵּאמֹר: נָשֹׂא אֶת־רֹאשׁ בְּנֵי גֵרְשׁוֹן גַּם־הֵם לְבֵית אֲבֹתָם
לְמִשְׁפְּחֹתָם: מִבֶּן שְׁלֹשִׁים שָׁנָה וָמַעְלָה עַד בֶּן־חֲמִשִּׁים שָׁנָה תִּפְקֹד אוֹתָם
כָּל־הַבָּא לִצְבֹא צָבָא לַעֲבֹד עֲבֹדָה בְּאֹהֶל מוֹעֵד: זֹאת עֲבֹדַת מִשְׁפְּחֹת
לוי הַגֵּרְשֻׁנִּי לַעֲבֹד וּלְמַשָּׂא: *וְנָשְׂאוּ אֶת־יְרִיעֹת הַמִּשְׁכָּן וְאֶת־אֹהֶל מוֹעֵד מִכְסֵהוּ
וּמִכְסֵה הַתַּחַשׁ אֲשֶׁר־עָלָיו מִלְמָעְלָה וְאֶת־מָסַךְ פֶּתַח אֹהֶל מוֹעֵד: וְאֵת קַלְעֵי
הֶחָצֵר וְאֶת־מָסַךְ ׀ פֶּתַח ׀ שַׁעַר הֶחָצֵר אֲשֶׁר עַל־הַמִּשְׁכָּן וְעַל־הַמִּזְבֵּחַ סָבִיב
וְאֵת מֵיתְרֵיהֶם וְאֶת־כָּל־כְּלֵי עֲבֹדָתָם וְאֵת כָּל־אֲשֶׁר יֵעָשֶׂה לָהֶם וְעָבָדוּ:
עַל־פִּי אַהֲרֹן וּבָנָיו תִּהְיֶה כָּל־עֲבֹדַת בְּנֵי הַגֵּרְשֻׁנִּי לְכָל־מַשָּׂאָם וּלְכֹל עֲבֹדָתָם
וּפְקַדְתֶּם עֲלֵהֶם בְּמִשְׁמֶרֶת אֵת כָּל־מַשָּׂאָם: זֹאת עֲבֹדַת מִשְׁפְּחֹת בְּנֵי הַגֵּרְשֻׁנִּי
ישראל בְּאֹהֶל מוֹעֵד וּמִשְׁמַרְתָּם בְּיַד אִיתָמָר בֶּן־אַהֲרֹן הַכֹּהֵן: *בְּנֵי מְרָרִי
לְמִשְׁפְּחֹתָם לְבֵית־אֲבֹתָם תִּפְקֹד אֹתָם: מִבֶּן שְׁלֹשִׁים שָׁנָה וָמַעְלָה וְעַד בֶּן־
חֲמִשִּׁים שָׁנָה תִּפְקְדֵם כָּל־הַבָּא לַצָּבָא לַעֲבֹד אֶת־עֲבֹדַת אֹהֶל מוֹעֵד: וְזֹאת
מִשְׁמֶרֶת מַשָּׂאָם לְכָל־עֲבֹדָתָם בְּאֹהֶל מוֹעֵד קַרְשֵׁי הַמִּשְׁכָּן וּבְרִיחָיו וְעַמּוּדָיו
וַאֲדָנָיו: וְעַמּוּדֵי הֶחָצֵר סָבִיב וְאַדְנֵיהֶם וִיתֵדֹתָם וּמֵיתְרֵיהֶם לְכָל־כְּלֵיהֶם וּלְכֹל
עֲבֹדָתָם וּבְשֵׁמֹת תִּפְקְדוּ אֶת־כְּלֵי מִשְׁמֶרֶת מַשָּׂאָם: זֹאת עֲבֹדַת מִשְׁפְּחֹת
בְּנֵי מְרָרִי לְכָל־עֲבֹדָתָם בְּאֹהֶל מוֹעֵד בְּיַד אִיתָמָר בֶּן־אַהֲרֹן הַכֹּהֵן:

## בהעלתך — BEHA'ALOTEJÁ

במדבר ח, א-יד וַיְדַבֵּר יְהוָה אֶל־מֹשֶׁה לֵּאמֹר: דַּבֵּר אֶל־אַהֲרֹן וְאָמַרְתָּ אֵלָיו בְּהַעֲלֹתְךָ אֶת־
הַנֵּרֹת אֶל־מוּל פְּנֵי הַמְּנוֹרָה יָאִירוּ שִׁבְעַת הַנֵּרוֹת: וַיַּעַשׂ כֵּן אַהֲרֹן אֶל־מוּל
פְּנֵי הַמְּנוֹרָה הֶעֱלָה נֵרֹתֶיהָ כַּאֲשֶׁר צִוָּה יְהוָה אֶת־מֹשֶׁה: וְזֶה מַעֲשֵׂה הַמְּנֹרָה

מִקְשָׁה זָהָב עַד־יְרֵכָהּ עַד־פִּרְחָהּ מִקְשָׁה הִוא כַּמַּרְאֶה אֲשֶׁר הֶרְאָה יְהוָה
אֶת־מֹשֶׁה כֵּן עָשָׂה אֶת־הַמְּנֹרָה׃
*וַיְדַבֵּר יְהוָה אֶל־מֹשֶׁה לֵּאמֹר׃ קַח אֶת־הַלְוִיִּם מִתּוֹךְ בְּנֵי יִשְׂרָאֵל וְטִהַרְתָּ לוי
אֹתָם׃ וְכֹה־תַעֲשֶׂה לָהֶם לְטַהֲרָם הַזֵּה עֲלֵיהֶם מֵי חַטָּאת וְהֶעֱבִירוּ תַעַר
עַל־כָּל־בְּשָׂרָם וְכִבְּסוּ בִגְדֵיהֶם וְהִטֶּהָרוּ׃ וְלָקְחוּ פַּר בֶּן־בָּקָר וּמִנְחָתוֹ סֹלֶת
בְּלוּלָה בַשָּׁמֶן וּפַר־שֵׁנִי בֶן־בָּקָר תִּקַּח לְחַטָּאת׃ וְהִקְרַבְתָּ אֶת־הַלְוִיִּם לִפְנֵי
אֹהֶל מוֹעֵד וְהִקְהַלְתָּ אֶת־כָּל־עֲדַת בְּנֵי יִשְׂרָאֵל׃ *וְהִקְרַבְתָּ אֶת־הַלְוִיִּם לִפְנֵי ישראל
יְהוָה וְסָמְכוּ בְנֵי־יִשְׂרָאֵל אֶת־יְדֵיהֶם עַל־הַלְוִיִּם׃ וְהֵנִיף אַהֲרֹן אֶת־הַלְוִיִּם
תְּנוּפָה לִפְנֵי יְהוָה מֵאֵת בְּנֵי יִשְׂרָאֵל וְהָיוּ לַעֲבֹד אֶת־עֲבֹדַת יְהוָה׃ וְהַלְוִיִּם
יִסְמְכוּ אֶת־יְדֵיהֶם עַל רֹאשׁ הַפָּרִים וַעֲשֵׂה אֶת־הָאֶחָד חַטָּאת וְאֶת־הָאֶחָד
עֹלָה לַיהוָה לְכַפֵּר עַל־הַלְוִיִּם׃ וְהַעֲמַדְתָּ אֶת־הַלְוִיִּם לִפְנֵי אַהֲרֹן וְלִפְנֵי בָנָיו
וְהֵנַפְתָּ אֹתָם תְּנוּפָה לַיהוָה׃ וְהִבְדַּלְתָּ אֶת־הַלְוִיִּם מִתּוֹךְ בְּנֵי יִשְׂרָאֵל וְהָיוּ לִי
הַלְוִיִּם׃

## שלח SHELAḤ

וַיְדַבֵּר יְהוָה אֶל־מֹשֶׁה לֵּאמֹר׃ שְׁלַח־לְךָ אֲנָשִׁים וְיָתֻרוּ אֶת־אֶרֶץ כְּנַעַן אֲשֶׁר־ במדבר יג, א–טז
אֲנִי נֹתֵן לִבְנֵי יִשְׂרָאֵל אִישׁ אֶחָד אִישׁ אֶחָד לְמַטֵּה אֲבֹתָיו תִּשְׁלָחוּ כֹּל נָשִׂיא
בָהֶם׃ וַיִּשְׁלַח אֹתָם מֹשֶׁה מִמִּדְבַּר פָּארָן עַל־פִּי יְהוָה כֻּלָּם אֲנָשִׁים רָאשֵׁי
בְנֵי־יִשְׂרָאֵל הֵמָּה׃ *וְאֵלֶּה שְׁמוֹתָם לְמַטֵּה רְאוּבֵן שַׁמּוּעַ בֶּן־זַכּוּר׃ לְמַטֵּה לוי
שִׁמְעוֹן שָׁפָט בֶּן־חוֹרִי׃ לְמַטֵּה יְהוּדָה כָּלֵב בֶּן־יְפֻנֶּה׃ לְמַטֵּה יִשָּׂשכָר יִגְאָל
בֶּן־יוֹסֵף׃ לְמַטֵּה אֶפְרָיִם הוֹשֵׁעַ בִּן־נוּן׃ *לְמַטֵּה בִנְיָמִן פַּלְטִי בֶּן־רָפוּא׃ לְמַטֵּה ישראל
זְבוּלֻן גַּדִּיאֵל בֶּן־סוֹדִי׃ לְמַטֵּה יוֹסֵף לְמַטֵּה מְנַשֶּׁה גַּדִּי בֶּן־סוּסִי׃ לְמַטֵּה דָן
עַמִּיאֵל בֶּן־גְּמַלִּי׃ לְמַטֵּה אָשֵׁר סְתוּר בֶּן־מִיכָאֵל׃ לְמַטֵּה נַפְתָּלִי נַחְבִּי בֶּן־
וָפְסִי׃ לְמַטֵּה גָד גְּאוּאֵל בֶּן־מָכִי׃ אֵלֶּה שְׁמוֹת הָאֲנָשִׁים אֲשֶׁר־שָׁלַח מֹשֶׁה
לָתוּר אֶת־הָאָרֶץ וַיִּקְרָא מֹשֶׁה לְהוֹשֵׁעַ בִּן־נוּן יְהוֹשֻׁעַ׃

## קרח KORAḤ

וַיִּקַּח קֹרַח בֶּן־יִצְהָר בֶּן־קְהָת בֶּן־לֵוִי וְדָתָן וַאֲבִירָם בְּנֵי אֱלִיאָב וְאוֹן בֶּן־ במדבר טז, א–יג
פֶּלֶת בְּנֵי רְאוּבֵן׃ וַיָּקֻמוּ לִפְנֵי מֹשֶׁה וַאֲנָשִׁים מִבְּנֵי־יִשְׂרָאֵל חֲמִשִּׁים וּמָאתָיִם
נְשִׂיאֵי עֵדָה קְרִאֵי מוֹעֵד אַנְשֵׁי־שֵׁם׃ וַיִּקָּהֲלוּ עַל־מֹשֶׁה וְעַל־אַהֲרֹן וַיֹּאמְרוּ

אֲלֵהֶם רַב־לָכֶם כִּי כָל־הָעֵדָה כֻּלָּם קְדֹשִׁים וּבְתוֹכָם יְהוָה וּמַדּוּעַ תִּתְנַשְּׂאוּ
עַל־קְהַל יְהוָה: וַיִּשְׁמַע מֹשֶׁה וַיִּפֹּל עַל־פָּנָיו: וַיְדַבֵּר אֶל־קֹרַח וְאֶל־כָּל־עֲדָתוֹ
לֵאמֹר בֹּקֶר וְיֹדַע יְהוָה אֶת־אֲשֶׁר־לוֹ וְאֶת־הַקָּדוֹשׁ וְהִקְרִיב אֵלָיו וְאֵת אֲשֶׁר
לוי יִבְחַר־בּוֹ יַקְרִיב אֵלָיו: *זֹאת עֲשׂוּ קְחוּ־לָכֶם מַחְתּוֹת קֹרַח וְכָל־עֲדָתוֹ: וּתְנוּ־
בָהֵן | אֵשׁ וְשִׂימוּ עֲלֵיהֶן | קְטֹרֶת לִפְנֵי יְהוָה מָחָר וְהָיָה הָאִישׁ אֲשֶׁר־יִבְחַר
ישראל יְהוָה הוּא הַקָּדוֹשׁ רַב־לָכֶם בְּנֵי לֵוִי: *וַיֹּאמֶר מֹשֶׁה אֶל־קֹרַח שִׁמְעוּ־נָא בְּנֵי
(עד כאן לֵוִי:* הַמְעַט מִכֶּם כִּי־הִבְדִּיל אֱלֹהֵי יִשְׂרָאֵל אֶתְכֶם מֵעֲדַת יִשְׂרָאֵל לְהַקְרִיב
לוי) אֶתְכֶם אֵלָיו לַעֲבֹד אֶת־עֲבֹדַת מִשְׁכַּן יְהוָה וְלַעֲמֹד לִפְנֵי הָעֵדָה לְשָׁרְתָם:
וַיַּקְרֵב אֹתְךָ וְאֶת־כָּל־אַחֶיךָ בְנֵי־לֵוִי אִתָּךְ וּבִקַּשְׁתֶּם גַּם־כְּהֻנָּה: לָכֵן אַתָּה
תַּלִּינוּ וְכָל־עֲדָתְךָ הַנֹּעָדִים עַל־יְהוָה וְאַהֲרֹן מַה־הוּא כִּי תלונו עָלָיו: וַיִּשְׁלַח מֹשֶׁה
לִקְרֹא לְדָתָן וְלַאֲבִירָם בְּנֵי אֱלִיאָב וַיֹּאמְרוּ לֹא נַעֲלֶה: הַמְעַט כִּי הֶעֱלִיתָנוּ
מֵאֶרֶץ זָבַת חָלָב וּדְבַשׁ לַהֲמִיתֵנוּ בַּמִּדְבָּר כִּי־תִשְׂתָּרֵר עָלֵינוּ גַּם־הִשְׂתָּרֵר:

## חקת HUKAT

במדבר יט, א–יז וַיְדַבֵּר יְהוָה אֶל־מֹשֶׁה וְאֶל־אַהֲרֹן לֵאמֹר: זֹאת חֻקַּת הַתּוֹרָה אֲשֶׁר־צִוָּה יְהוָה
לֵאמֹר דַּבֵּר | אֶל־בְּנֵי יִשְׂרָאֵל וְיִקְחוּ אֵלֶיךָ פָרָה אֲדֻמָּה תְּמִימָה אֲשֶׁר אֵין־בָּהּ
מוּם אֲשֶׁר לֹא־עָלָה עָלֶיהָ עֹל: וּנְתַתֶּם אֹתָהּ אֶל־אֶלְעָזָר הַכֹּהֵן וְהוֹצִיא אֹתָהּ
אֶל־מִחוּץ לַמַּחֲנֶה וְשָׁחַט אֹתָהּ לְפָנָיו: וְלָקַח אֶלְעָזָר הַכֹּהֵן מִדָּמָהּ בְּאֶצְבָּעוֹ
וְהִזָּה אֶל־נֹכַח פְּנֵי אֹהֶל־מוֹעֵד מִדָּמָהּ שֶׁבַע פְּעָמִים: וְשָׂרַף אֶת־הַפָּרָה לְעֵינָיו
אֶת־עֹרָהּ וְאֶת־בְּשָׂרָהּ וְאֶת־דָּמָהּ עַל־פִּרְשָׁהּ יִשְׂרֹף: וְלָקַח הַכֹּהֵן עֵץ אֶרֶז
לוי וְאֵזוֹב וּשְׁנִי תוֹלָעַת וְהִשְׁלִיךְ אֶל־תּוֹךְ שְׂרֵפַת הַפָּרָה: *וְכִבֶּס בְּגָדָיו הַכֹּהֵן
וְרָחַץ בְּשָׂרוֹ בַּמַּיִם וְאַחַר יָבֹא אֶל־הַמַּחֲנֶה וְטָמֵא הַכֹּהֵן עַד־הָעָרֶב: וְהַשֹּׂרֵף
אֹתָהּ יְכַבֵּס בְּגָדָיו בַּמַּיִם וְרָחַץ בְּשָׂרוֹ בַּמָּיִם וְטָמֵא עַד־הָעָרֶב: וְאָסַף | אִישׁ
טָהוֹר אֵת אֵפֶר הַפָּרָה וְהִנִּיחַ מִחוּץ לַמַּחֲנֶה בְּמָקוֹם טָהוֹר וְהָיְתָה לַעֲדַת
ישראל בְּנֵי־יִשְׂרָאֵל לְמִשְׁמֶרֶת לְמֵי נִדָּה חַטָּאת הִוא: *וְכִבֶּס הָאֹסֵף אֶת־אֵפֶר הַפָּרָה
אֶת־בְּגָדָיו וְטָמֵא עַד־הָעָרֶב וְהָיְתָה לִבְנֵי יִשְׂרָאֵל וְלַגֵּר הַגָּר בְּתוֹכָם לְחֻקַּת
עוֹלָם: הַנֹּגֵעַ בְּמֵת לְכָל־נֶפֶשׁ אָדָם וְטָמֵא שִׁבְעַת יָמִים: הוּא יִתְחַטָּא־בוֹ
בַּיּוֹם הַשְּׁלִישִׁי וּבַיּוֹם הַשְּׁבִיעִי יִטְהָר וְאִם־לֹא יִתְחַטָּא בַּיּוֹם הַשְּׁלִישִׁי וּבַיּוֹם
הַשְּׁבִיעִי לֹא יִטְהָר: כָּל־הַנֹּגֵעַ בְּמֵת בְּנֶפֶשׁ הָאָדָם אֲשֶׁר־יָמוּת וְלֹא יִתְחַטָּא

אֶת־מִשְׁכַּן יְהֹוָה טִמֵּא וְנִכְרְתָה הַנֶּפֶשׁ הַהִוא מִיִּשְׂרָאֵל כִּי מֵי נִדָּה לֹא־זֹרַק
עָלָיו טָמֵא יִהְיֶה עוֹד טֻמְאָתוֹ בוֹ: זֹאת הַתּוֹרָה אָדָם כִּי־יָמוּת בְּאֹהֶל כָּל־
הַבָּא אֶל־הָאֹהֶל וְכָל־אֲשֶׁר בָּאֹהֶל יִטְמָא שִׁבְעַת יָמִים: וְכֹל כְּלִי פָתוּחַ אֲשֶׁר
אֵין־צָמִיד פָּתִיל עָלָיו טָמֵא הוּא: וְכֹל אֲשֶׁר־יִגַּע עַל־פְּנֵי הַשָּׂדֶה בַּחֲלַל־חֶרֶב
אוֹ בְמֵת אוֹ־בְעֶצֶם אָדָם אוֹ בְקָבֶר יִטְמָא שִׁבְעַת יָמִים: וְלָקְחוּ לַטָּמֵא מֵעֲפַר
שְׂרֵפַת הַחַטָּאת וְנָתַן עָלָיו מַיִם חַיִּים אֶל־כֶּלִי:

## בלק BALAK

וַיַּרְא בָּלָק בֶּן־צִפּוֹר אֵת כָּל־אֲשֶׁר־עָשָׂה יִשְׂרָאֵל לָאֱמֹרִי: וַיָּגָר מוֹאָב מִפְּנֵי במדבר
הָעָם מְאֹד כִּי רַב־הוּא וַיָּקָץ מוֹאָב מִפְּנֵי בְּנֵי יִשְׂרָאֵל: וַיֹּאמֶר מוֹאָב אֶל־זִקְנֵי כב, ב–יב
מִדְיָן עַתָּה יְלַחֲכוּ הַקָּהָל אֶת־כָּל־סְבִיבֹתֵינוּ כִּלְחֹךְ הַשּׁוֹר אֵת יֶרֶק הַשָּׂדֶה
וּבָלָק בֶּן־צִפּוֹר מֶלֶךְ לְמוֹאָב בָּעֵת הַהִוא: *וַיִּשְׁלַח מַלְאָכִים אֶל־בִּלְעָם לוי
בֶּן־בְּעוֹר פְּתוֹרָה אֲשֶׁר עַל־הַנָּהָר אֶרֶץ בְּנֵי־עַמּוֹ לִקְרֹא־לוֹ לֵאמֹר הִנֵּה עַם
יָצָא מִמִּצְרַיִם הִנֵּה כִסָּה אֶת־עֵין הָאָרֶץ וְהוּא יֹשֵׁב מִמֻּלִי: וְעַתָּה לְכָה־נָּא
אָרָה־לִּי אֶת־הָעָם הַזֶּה כִּי־עָצוּם הוּא מִמֶּנִּי אוּלַי אוּכַל נַכֶּה־בּוֹ וַאֲגָרְשֶׁנּוּ
מִן־הָאָרֶץ כִּי יָדַעְתִּי אֵת אֲשֶׁר־תְּבָרֵךְ מְבֹרָךְ וַאֲשֶׁר תָּאֹר יוּאָר: וַיֵּלְכוּ זִקְנֵי
מוֹאָב וְזִקְנֵי מִדְיָן וּקְסָמִים בְּיָדָם וַיָּבֹאוּ אֶל־בִּלְעָם וַיְדַבְּרוּ אֵלָיו דִּבְרֵי בָלָק:
*וַיֹּאמֶר אֲלֵיהֶם לִינוּ פֹה הַלַּיְלָה וַהֲשִׁבֹתִי אֶתְכֶם דָּבָר כַּאֲשֶׁר יְדַבֵּר יְהֹוָה אֵלָי ישראל
וַיֵּשְׁבוּ שָׂרֵי־מוֹאָב עִם־בִּלְעָם: וַיָּבֹא אֱלֹהִים אֶל־בִּלְעָם וַיֹּאמֶר מִי הָאֲנָשִׁים
הָאֵלֶּה עִמָּךְ: וַיֹּאמֶר בִּלְעָם אֶל־הָאֱלֹהִים בָּלָק בֶּן־צִפֹּר מֶלֶךְ מוֹאָב שָׁלַח
אֵלָי: הִנֵּה הָעָם הַיֹּצֵא מִמִּצְרַיִם וַיְכַס אֶת־עֵין הָאָרֶץ עַתָּה לְכָה קָבָה־לִּי אֹתוֹ
אוּלַי אוּכַל לְהִלָּחֶם בּוֹ וְגֵרַשְׁתִּיו: וַיֹּאמֶר אֱלֹהִים אֶל־בִּלְעָם לֹא תֵלֵךְ עִמָּהֶם
לֹא תָאֹר אֶת־הָעָם כִּי בָרוּךְ הוּא:

## פינחס PINEḤÁS

וַיְדַבֵּר יְהֹוָה אֶל־מֹשֶׁה לֵּאמֹר: פִּינְחָס בֶּן־אֶלְעָזָר בֶּן־אַהֲרֹן הַכֹּהֵן הֵשִׁיב במדבר
אֶת־חֲמָתִי מֵעַל בְּנֵי־יִשְׂרָאֵל בְּקַנְאוֹ אֶת־קִנְאָתִי בְּתוֹכָם וְלֹא־כִלִּיתִי אֶת־ כה, י–כו, ד
בְּנֵי־יִשְׂרָאֵל בְּקִנְאָתִי: לָכֵן אֱמֹר הִנְנִי נֹתֵן לוֹ אֶת־בְּרִיתִי שָׁלוֹם: *וְהָיְתָה לּוֹ לוי

ולזרעו אחריו ברית כהנת עולם תחת אשר קנא לאלהיו ויכפר על־בני
ישראל: ושם איש ישראל המכה אשר הכה את־המדינית זמרי בן־סלוא
נשיא בית־אב לשמעני: ושם האשה המכה המדינית כזבי בת־צור ראש
אמות בית־אב במדין הוא:
ישראל וידבר יהוה אל־משה לאמר: צרור את־המדינים והכיתם אותם: כי־צררים
הם לכם בנכליהם אשר־נכלו לכם על־דבר פעור ועל־דבר כזבי בת־נשיא
מדין אחתם המכה ביום־המגפה על־דבר פעור: ויהי אחרי המגפה ויאמר
יהוה אל־משה ואל אלעזר בן־אהרן הכהן לאמר: שאו את־ראש | כל־
עדת בני־ישראל מבן עשרים שנה ומעלה לבית אבתם כל־יצא צבא
בישראל: וידבר משה ואלעזר הכהן אתם בערבת מואב על־ירדן ירחו
לאמר: מבן עשרים שנה ומעלה כאשר צוה יהוה את־משה ובני ישראל
היצאים מארץ מצרים:

## MATOT מטות

במדבר ל,ב–יג וידבר משה אל־ראשי המטות לבני ישראל לאמר זה הדבר אשר צוה
יהוה: איש כי־ידר נדר ליהוה או־השבע שבעה לאסר אסר על־נפשו לא
יחל דברו ככל־היצא מפיו יעשה: ואשה כי־תדר נדר ליהוה ואסרה אסר
בבית אביה בנעריה: ושמע אביה את־נדרה ואסרה אשר אסרה על־
נפשה והחריש לה אביה וקמו כל־נדריה וכל־אסר אשר־אסרה על־נפשה
יקום: ואם־הניא אביה אתה ביום שמעו כל־נדריה ואסריה אשר־אסרה
לוי על־נפשה לא יקום ויהוה יסלח־לה כי־הניא אביה אתה: *ואם־היו תהיה
לאיש ונדריה עליה או מבטא שפתיה אשר אסרה על־נפשה: ושמע
אישה ביום שמעו והחריש לה וקמו נדריה ואסרה אשר־אסרה על־נפשה
יקמו: ואם ביום שמע אישה יניא אותה והפר את־נדרה אשר עליה ואת
ישראל מבטא שפתיה אשר אסרה על־נפשה ויהוה יסלח־לה: *ונדר אלמנה
וגרושה כל אשר־אסרה על־נפשה יקום עליה: ואם־בית אישה נדרה
או־אסרה אסר על־נפשה בשבעה: ושמע אישה והחרש לה לא הניא
אתה וקמו כל־נדריה וכל־אסר אשר־אסרה על־נפשה יקום: ואם־הפר
יפר אתם | אישה ביום שמעו כל־מוצא שפתיה לנדריה ולאסר נפשה לא
יקום אישה הפרם ויהוה יסלח־לה:

# מסעי MAS'E

אֵלֶּה מַסְעֵי בְנֵי־יִשְׂרָאֵל אֲשֶׁר יָצְאוּ מֵאֶרֶץ מִצְרַיִם לְצִבְאֹתָם בְּיַד־מֹשֶׁה במדבר לג, א–נג
וְאַהֲרֹן: וַיִּכְתֹּב מֹשֶׁה אֶת־מוֹצָאֵיהֶם לְמַסְעֵיהֶם עַל־פִּי יְהוָה וְאֵלֶּה מַסְעֵיהֶם
לְמוֹצָאֵיהֶם: וַיִּסְעוּ מֵרַעְמְסֵס בַּחֹדֶשׁ הָרִאשׁוֹן בַּחֲמִשָּׁה עָשָׂר יוֹם לַחֹדֶשׁ
הָרִאשׁוֹן מִמָּחֳרַת הַפֶּסַח יָצְאוּ בְנֵי־יִשְׂרָאֵל בְּיָד רָמָה לְעֵינֵי כָּל־מִצְרָיִם:
*וּמִצְרַיִם מְקַבְּרִים אֵת אֲשֶׁר הִכָּה יְהוָה בָּהֶם כָּל־בְּכוֹר וּבֵאלֹהֵיהֶם עָשָׂה לוי
יְהוָה שְׁפָטִים: וַיִּסְעוּ בְנֵי־יִשְׂרָאֵל מֵרַעְמְסֵס וַיַּחֲנוּ בְּסֻכֹּת: וַיִּסְעוּ מִסֻּכֹּת
וַיַּחֲנוּ בְאֵתָם אֲשֶׁר בִּקְצֵה הַמִּדְבָּר: וַיִּסְעוּ מֵאֵתָם וַיָּשָׁב עַל־פִּי הַחִירֹת
אֲשֶׁר עַל־פְּנֵי בַּעַל צְפוֹן וַיַּחֲנוּ לִפְנֵי מִגְדֹּל: וַיִּסְעוּ מִפְּנֵי הַחִירֹת וַיַּעַבְרוּ בְתוֹךְ־
הַיָּם הַמִּדְבָּרָה וַיֵּלְכוּ דֶּרֶךְ שְׁלֹשֶׁת יָמִים בְּמִדְבַּר אֵתָם וַיַּחֲנוּ בְּמָרָה: וַיִּסְעוּ
מִמָּרָה וַיָּבֹאוּ אֵילִמָה וּבְאֵילִם שְׁתֵּים עֶשְׂרֵה עֵינֹת מַיִם וְשִׁבְעִים תְּמָרִים
וַיַּחֲנוּ־שָׁם: וַיִּסְעוּ מֵאֵילִם וַיַּחֲנוּ עַל־יַם־סוּף: *וַיִּסְעוּ מִיַּם־סוּף וַיַּחֲנוּ בְּמִדְבַּר־
סִין: וַיִּסְעוּ מִמִּדְבַּר־סִין וַיַּחֲנוּ בְּדָפְקָה: וַיִּסְעוּ מִדָּפְקָה וַיַּחֲנוּ בְּאָלוּשׁ: וַיִּסְעוּ
מֵאָלוּשׁ וַיַּחֲנוּ בִּרְפִידִם וְלֹא־הָיָה שָׁם מַיִם לָעָם לִשְׁתּוֹת: וַיִּסְעוּ מֵרְפִידִם וַיַּחֲנוּ
בְּמִדְבַּר סִינָי: וַיִּסְעוּ מִמִּדְבַּר סִינָי וַיַּחֲנוּ בְּקִבְרֹת הַתַּאֲוָה: וַיִּסְעוּ מִקִּבְרֹת
הַתַּאֲוָה וַיַּחֲנוּ בַּחֲצֵרֹת: וַיִּסְעוּ מֵחֲצֵרֹת וַיַּחֲנוּ בְּרִתְמָה: וַיִּסְעוּ מֵרִתְמָה וַיַּחֲנוּ
בְּרִמֹּן פָּרֶץ: וַיִּסְעוּ מֵרִמֹּן פָּרֶץ וַיַּחֲנוּ בְּלִבְנָה: וַיִּסְעוּ מִלִּבְנָה וַיַּחֲנוּ בְּרִסָּה:
וַיִּסְעוּ מֵרִסָּה וַיַּחֲנוּ בִּקְהֵלָתָה: וַיִּסְעוּ מִקְּהֵלָתָה וַיַּחֲנוּ בְּהַר־שָׁפֶר: וַיִּסְעוּ
מֵהַר־שָׁפֶר וַיַּחֲנוּ בַּחֲרָדָה: וַיִּסְעוּ מֵחֲרָדָה וַיַּחֲנוּ בְּמַקְהֵלֹת: וַיִּסְעוּ מִמַּקְהֵלֹת
וַיַּחֲנוּ בְּתָחַת: וַיִּסְעוּ מִתָּחַת וַיַּחֲנוּ בְּתָרַח: וַיִּסְעוּ מִתָּרַח וַיַּחֲנוּ בְּמִתְקָה:
וַיִּסְעוּ מִמִּתְקָה וַיַּחֲנוּ בְּחַשְׁמֹנָה: וַיִּסְעוּ מֵחַשְׁמֹנָה וַיַּחֲנוּ בְּמֹסֵרוֹת: וַיִּסְעוּ
מִמֹּסֵרוֹת וַיַּחֲנוּ בִּבְנֵי יַעֲקָן: וַיִּסְעוּ מִבְּנֵי יַעֲקָן וַיַּחֲנוּ בְּחֹר הַגִּדְגָּד: וַיִּסְעוּ מֵחֹר
הַגִּדְגָּד וַיַּחֲנוּ בְּיָטְבָתָה: וַיִּסְעוּ מִיָּטְבָתָה וַיַּחֲנוּ בְּעַבְרֹנָה: וַיִּסְעוּ מֵעַבְרֹנָה
וַיַּחֲנוּ בְּעֶצְיֹן גָּבֶר: וַיִּסְעוּ מֵעֶצְיֹן גָּבֶר וַיַּחֲנוּ בְמִדְבַּר־צִן הִוא קָדֵשׁ: וַיִּסְעוּ
מִקָּדֵשׁ וַיַּחֲנוּ בְּהֹר הָהָר בִּקְצֵה אֶרֶץ אֱדוֹם: וַיַּעַל אַהֲרֹן הַכֹּהֵן אֶל־הֹר הָהָר
עַל־פִּי יְהוָה וַיָּמָת שָׁם בִּשְׁנַת הָאַרְבָּעִים לְצֵאת בְּנֵי־יִשְׂרָאֵל מֵאֶרֶץ מִצְרַיִם
בַּחֹדֶשׁ הַחֲמִישִׁי בְּאֶחָד לַחֹדֶשׁ: וְאַהֲרֹן בֶּן־שָׁלֹשׁ וְעֶשְׂרִים וּמְאַת שָׁנָה בְּמֹתוֹ
בְּהֹר הָהָר: וַיִּשְׁמַע הַכְּנַעֲנִי מֶלֶךְ עֲרָד וְהוּא־יֹשֵׁב בַּנֶּגֶב בְּאֶרֶץ
כְּנַעַן בְּבֹא בְּנֵי יִשְׂרָאֵל: וַיִּסְעוּ מֵהֹר הָהָר וַיַּחֲנוּ בְּצַלְמֹנָה: וַיִּסְעוּ מִצַּלְמֹנָה
וַיַּחֲנוּ בְּפוּנֹן: וַיִּסְעוּ מִפּוּנֹן וַיַּחֲנוּ בְּאֹבֹת: וַיִּסְעוּ מֵאֹבֹת וַיַּחֲנוּ בְּעִיֵּי הָעֲבָרִים

בגבול מואב: ויסעו מעיים ויחנו בדיבן גד: ויסעו מדיבן גד ויחנו בעלמן
דבלתימה: ויסעו מעלמן דבלתימה ויחנו בהרי העברים לפני נבו: ויסעו
מהרי העברים ויחנו בערבת מואב על ירדן ירחו: ויחנו על־הירדן מבית
הישמת עד אבל השטים בערבת מואב: וידבר יהוה אל־משה ישראל
בערבת מואב על־ירדן ירחו לאמר: דבר אל־בני ישראל ואמרת אלהם
כי אתם עברים את־הירדן אל־ארץ כנען: והורשתם את־כל־ישבי הארץ
מפניכם ואבדתם את כל־משכיתם ואת כל־צלמי מסכתם תאבדו ואת
כל־במותם תשמידו: והורשתם את־הארץ וישבתם־בה כי לכם נתתי
את־הארץ לרשת אתה:

## דברים
## DEBARIM

אלה הדברים אשר דבר משה אל־כל־ישראל בעבר הירדן במדבר בערבה דברים א, א–יא
מול סוף בין־פארן ובין־תפל ולבן וחצרת ודי זהב: אחד עשר יום מחרב
דרך הר־שעיר עד קדש ברנע: ויהי בארבעים שנה בעשתי־עשר חדש
באחד לחדש דבר משה אל־בני ישראל ככל אשר צוה יהוה אתו אלהם:
*אחרי הכתו את סיחן מלך האמרי אשר יושב בחשבון ואת עוג מלך לוי
הבשן אשר־יושב בעשתרת באדרעי: בעבר הירדן בארץ מואב הואיל
משה באר את־התורה הזאת לאמר: יהוה אלהינו דבר אלינו בחרב לאמר
רב־לכם שבת בהר הזה: פנו | וסעו לכם ובאו הר האמרי ואל־כל־שכניו
בערבה בהר ובשפלה ובנגב ובחוף הים ארץ הכנעני והלבנון עד־הנהר
הגדל נהר־פרת: *ראה נתתי לפניכם את־הארץ באו ורשו את־הארץ ישראל
אשר נשבע יהוה לאבתיכם לאברהם ליצחק וליעקב לתת להם ולזרעם
אחריהם: ואמר אלכם בעת ההוא לאמר לא־אוכל לבדי שאת אתכם:
יהוה אלהיכם הרבה אתכם והנכם היום ככוכבי השמים לרב: יהוה אלהי
אבותכם יסף עליכם ככם אלף פעמים ויברך אתכם כאשר דבר לכם:

## ואתחנן
## VAETHANÁN

ואתחנן אל־יהוה בעת ההוא לאמר: אדני יהוה אתה החלות להראות דברים ג, כג–ד, ח

אֶת־עַבְדְּךָ אֶת־גָּדְלְךָ וְאֶת־יָדְךָ הַחֲזָקָה אֲשֶׁר מִי־אֵל בַּשָּׁמַיִם וּבָאָרֶץ אֲשֶׁר־
יַעֲשֶׂה כְמַעֲשֶׂיךָ וְכִגְבוּרֹתֶךָ׃ אֶעְבְּרָה־נָּא וְאֶרְאֶה אֶת־הָאָרֶץ הַטּוֹבָה אֲשֶׁר
לוי בְּעֵבֶר הַיַּרְדֵּן הָהָר הַטּוֹב הַזֶּה וְהַלְּבָנֹן׃* וַיִּתְעַבֵּר יְהוָה בִּי לְמַעַנְכֶם וְלֹא
שָׁמַע אֵלָי וַיֹּאמֶר יְהוָה אֵלַי רַב־לָךְ אַל־תּוֹסֶף דַּבֵּר אֵלַי עוֹד בַּדָּבָר הַזֶּה׃
עֲלֵה ׀ רֹאשׁ הַפִּסְגָּה וְשָׂא עֵינֶיךָ יָמָּה וְצָפֹנָה וְתֵימָנָה וּמִזְרָחָה וּרְאֵה בְעֵינֶיךָ
כִּי־לֹא תַעֲבֹר אֶת־הַיַּרְדֵּן הַזֶּה׃ וְצַו אֶת־יְהוֹשֻׁעַ וְחַזְּקֵהוּ וְאַמְּצֵהוּ כִּי־הוּא
יַעֲבֹר לִפְנֵי הָעָם הַזֶּה וְהוּא יַנְחִיל אוֹתָם אֶת־הָאָרֶץ אֲשֶׁר תִּרְאֶה׃ וַנֵּשֶׁב
בַּגָּיְא מוּל בֵּית פְּעוֹר׃

וְעַתָּה יִשְׂרָאֵל שְׁמַע אֶל־הַחֻקִּים וְאֶל־הַמִּשְׁפָּטִים אֲשֶׁר אָנֹכִי מְלַמֵּד אֶתְכֶם
לַעֲשׂוֹת לְמַעַן תִּחְיוּ וּבָאתֶם וִירִשְׁתֶּם אֶת־הָאָרֶץ אֲשֶׁר יְהוָה אֱלֹהֵי אֲבֹתֵיכֶם
נֹתֵן לָכֶם׃ לֹא תֹסִפוּ עַל־הַדָּבָר אֲשֶׁר אָנֹכִי מְצַוֶּה אֶתְכֶם וְלֹא תִגְרְעוּ מִמֶּנּוּ
לִשְׁמֹר אֶת־מִצְוֹת יְהוָה אֱלֹהֵיכֶם אֲשֶׁר אָנֹכִי מְצַוֶּה אֶתְכֶם׃ עֵינֵיכֶם הָרֹאוֹת
אֵת אֲשֶׁר־עָשָׂה יְהוָה בְּבַעַל פְּעוֹר כִּי כָל־הָאִישׁ אֲשֶׁר הָלַךְ אַחֲרֵי בַעַל־פְּעוֹר
הִשְׁמִידוֹ יְהוָה אֱלֹהֶיךָ מִקִּרְבֶּךָ׃ וְאַתֶּם הַדְּבֵקִים בַּיהוָה אֱלֹהֵיכֶם חַיִּים כֻּלְּכֶם
ישראל הַיּוֹם׃ *רְאֵה ׀ לִמַּדְתִּי אֶתְכֶם חֻקִּים וּמִשְׁפָּטִים כַּאֲשֶׁר צִוַּנִי יְהוָה אֱלֹהָי לַעֲשׂוֹת
כֵּן בְּקֶרֶב הָאָרֶץ אֲשֶׁר אַתֶּם בָּאִים שָׁמָּה לְרִשְׁתָּהּ׃ וּשְׁמַרְתֶּם וַעֲשִׂיתֶם כִּי
הִוא חָכְמַתְכֶם וּבִינַתְכֶם לְעֵינֵי הָעַמִּים אֲשֶׁר יִשְׁמְעוּן אֵת כָּל־הַחֻקִּים הָאֵלֶּה
וְאָמְרוּ רַק עַם־חָכָם וְנָבוֹן הַגּוֹי הַגָּדוֹל הַזֶּה׃ כִּי מִי־גוֹי גָּדוֹל אֲשֶׁר־לוֹ אֱלֹהִים
קְרֹבִים אֵלָיו כַּיהוָה אֱלֹהֵינוּ בְּכָל־קָרְאֵנוּ אֵלָיו׃ וּמִי גּוֹי גָּדוֹל אֲשֶׁר־לוֹ חֻקִּים
וּמִשְׁפָּטִים צַדִּיקִם כְּכֹל הַתּוֹרָה הַזֹּאת אֲשֶׁר אָנֹכִי נֹתֵן לִפְנֵיכֶם הַיּוֹם׃

## עקב
## EKEV

דברים ז,יב–ח,י
וְהָיָה ׀ עֵקֶב תִּשְׁמְעוּן אֵת הַמִּשְׁפָּטִים הָאֵלֶּה וּשְׁמַרְתֶּם וַעֲשִׂיתֶם אֹתָם וְשָׁמַר
יְהוָה אֱלֹהֶיךָ לְךָ אֶת־הַבְּרִית וְאֶת־הַחֶסֶד אֲשֶׁר נִשְׁבַּע לַאֲבֹתֶיךָ׃ וַאֲהֵבְךָ
וּבֵרַכְךָ וְהִרְבֶּךָ וּבֵרַךְ פְּרִי־בִטְנְךָ וּפְרִי־אַדְמָתֶךָ דְּגָנְךָ וְתִירֹשְׁךָ וְיִצְהָרֶךָ שְׁגַר־
אֲלָפֶיךָ וְעַשְׁתְּרֹת צֹאנֶךָ עַל הָאֲדָמָה אֲשֶׁר־נִשְׁבַּע לַאֲבֹתֶיךָ לָתֶת לָךְ׃ בָּרוּךְ
תִּהְיֶה מִכָּל־הָעַמִּים לֹא־יִהְיֶה בְךָ עָקָר וַעֲקָרָה וּבִבְהֶמְתֶּךָ׃ וְהֵסִיר יְהוָה
מִמְּךָ כָּל־חֹלִי וְכָל־מַדְוֵי מִצְרַיִם הָרָעִים אֲשֶׁר יָדַעְתָּ לֹא יְשִׂימָם בָּךְ וּנְתָנָם
בְּכָל־שֹׂנְאֶיךָ׃ וְאָכַלְתָּ אֶת־כָּל־הָעַמִּים אֲשֶׁר יְהוָה אֱלֹהֶיךָ נֹתֵן לָךְ לֹא־תָחוֹס

עינך עליהם ולא תעבד את־אלהיהם כי־מוקש הוא לך׃ כי
תאמר בלבבך רבים הגוים האלה ממני איכה אוכל להורישם׃ לא תירא
מהם זכר תזכר את אשר־עשה יהוה אלהיך לפרעה ולכל־מצרים׃ המסת
הגדלת אשר־ראו עיניך והאתת והמפתים והיד החזקה והזרע הנטויה
אשר הוצאך יהוה אלהיך כן־יעשה יהוה אלהיך לכל־העמים אשר־אתה
ירא מפניהם׃ וגם את־הצרעה ישלח יהוה אלהיך בם עד־אבד הנשארים
והנסתרים מפניך׃ לא תערץ מפניהם כי־יהוה אלהיך בקרבך אל גדול
לוי ונורא׃ *ונשל יהוה אלהיך את־הגוים האל מפניך מעט מעט לא תוכל
כלתם מהר פן־תרבה עליך חית השדה׃ ונתנם יהוה אלהיך לפניך והמם
מהומה גדלה עד השמדם׃ ונתן מלכיהם בידך והאבדת את־שמם מתחת
השמים לא־יתיצב איש בפניך עד השמדך אתם׃ פסילי אלהיהם תשרפון
באש לא־תחמד כסף וזהב עליהם ולקחת לך פן תוקש בו כי תועבת
יהוה אלהיך הוא׃ ולא־תביא תועבה אל־ביתך והיית חרם כמהו שקץ ׀
תשקצנו ותעב ׀ תתעבנו כי־חרם הוא׃
כל־המצוה אשר אנכי מצוך היום תשמרון לעשות למען תחיון ורביתם
ובאתם וירשתם את־הארץ אשר־נשבע יהוה לאבתיכם׃ וזכרת את־כל־
הדרך אשר הוליכך יהוה אלהיך זה ארבעים שנה במדבר למען ענתך
לנסתך לדעת את־אשר בלבבך התשמר מצותו אם־לא׃ ויענך וירעבך
ויאכלך את־המן אשר לא־ידעת ולא ידעון אבתיך למען הודיעך כי
לא על־הלחם לבדו יחיה האדם כי על־כל־מוצא פי־יהוה יחיה האדם׃
ישראל *שמלתך לא בלתה מעליך ורגלך לא בצקה זה ארבעים שנה׃ וידעת עם־
לבבך כי כאשר ייסר איש את־בנו יהוה אלהיך מיסרך׃ ושמרת את־מצות
יהוה אלהיך ללכת בדרכיו וליראה אתו׃ כי יהוה אלהיך מביאך אל־ארץ
טובה ארץ נחלי מים עינת ותהמת יצאים בבקעה ובהר׃ ארץ חטה
ושערה וגפן ותאנה ורמון ארץ־זית שמן ודבש׃ ארץ אשר לא במסכנת
תאכל־בה לחם לא־תחסר כל בה ארץ אשר אבניה ברזל ומהרריה תחצב
נחשת׃ ואכלת ושבעת וברכת את־יהוה אלהיך על־הארץ הטבה אשר
נתן־לך׃

# ראה REÉ

רְאֵה אָנֹכִי נֹתֵן לִפְנֵיכֶם הַיּוֹם בְּרָכָה וּקְלָלָה׃ אֶת־הַבְּרָכָה אֲשֶׁר תִּשְׁמְעוּ דברים יא,כו–יב,י
אֶל־מִצְוֺת יְהוָה אֱלֹהֵיכֶם אֲשֶׁר אָנֹכִי מְצַוֶּה אֶתְכֶם הַיּוֹם׃ וְהַקְּלָלָה אִם־לֹא
תִשְׁמְעוּ אֶל־מִצְוֺת יְהוָה אֱלֹהֵיכֶם וְסַרְתֶּם מִן־הַדֶּרֶךְ אֲשֶׁר אָנֹכִי מְצַוֶּה אֶתְכֶם
הַיּוֹם לָלֶכֶת אַחֲרֵי אֱלֹהִים אֲחֵרִים אֲשֶׁר לֹא־יְדַעְתֶּם׃ וְהָיָה כִּי
יְבִיאֲךָ יְהוָה אֱלֹהֶיךָ אֶל־הָאָרֶץ אֲשֶׁר־אַתָּה בָא־שָׁמָּה לְרִשְׁתָּהּ וְנָתַתָּה
אֶת־הַבְּרָכָה עַל־הַר גְּרִזִים וְאֶת־הַקְּלָלָה עַל־הַר עֵיבָל׃ הֲלֹא־הֵמָּה בְּעֵבֶר
הַיַּרְדֵּן אַחֲרֵי דֶּרֶךְ מְבוֹא הַשֶּׁמֶשׁ בְּאֶרֶץ הַכְּנַעֲנִי הַיֹּשֵׁב בָּעֲרָבָה מוּל הַגִּלְגָּל
אֵצֶל אֵלוֹנֵי מֹרֶה׃ כִּי אַתֶּם עֹבְרִים אֶת־הַיַּרְדֵּן לָבֹא לָרֶשֶׁת אֶת־הָאָרֶץ אֲשֶׁר־
יְהוָה אֱלֹהֵיכֶם נֹתֵן לָכֶם וִירִשְׁתֶּם אֹתָהּ וִישַׁבְתֶּם־בָּהּ׃ וּשְׁמַרְתֶּם לַעֲשׂוֹת אֵת
כָּל־הַחֻקִּים וְאֶת־הַמִּשְׁפָּטִים אֲשֶׁר אָנֹכִי נֹתֵן לִפְנֵיכֶם הַיּוֹם׃ *אֵלֶּה הַחֻקִּים לוי
וְהַמִּשְׁפָּטִים אֲשֶׁר תִּשְׁמְרוּן לַעֲשׂוֹת בָּאָרֶץ אֲשֶׁר נָתַן יְהוָה אֱלֹהֵי אֲבֹתֶיךָ
לְךָ לְרִשְׁתָּהּ כָּל־הַיָּמִים אֲשֶׁר־אַתֶּם חַיִּים עַל־הָאֲדָמָה׃ אַבֵּד תְּאַבְּדוּן אֶת־
כָּל־הַמְּקֹמוֹת אֲשֶׁר עָבְדוּ־שָׁם הַגּוֹיִם אֲשֶׁר אַתֶּם יֹרְשִׁים אֹתָם אֶת־אֱלֹהֵיהֶם
עַל־הֶהָרִים הָרָמִים וְעַל־הַגְּבָעוֹת וְתַחַת כָּל־עֵץ רַעֲנָן׃ וְנִתַּצְתֶּם אֶת־מִזְבְּחֹתָם
וְשִׁבַּרְתֶּם אֶת־מַצֵּבֹתָם וַאֲשֵׁרֵיהֶם תִּשְׂרְפוּן בָּאֵשׁ וּפְסִילֵי אֱלֹהֵיהֶם תְּגַדֵּעוּן
וְאִבַּדְתֶּם אֶת־שְׁמָם מִן־הַמָּקוֹם הַהוּא׃ לֹא־תַעֲשׂוּן כֵּן לַיהוָה אֱלֹהֵיכֶם׃
כִּי אִם־אֶל־הַמָּקוֹם אֲשֶׁר־יִבְחַר יְהוָה אֱלֹהֵיכֶם מִכָּל־שִׁבְטֵיכֶם לָשׂוּם אֶת־
שְׁמוֹ שָׁם לְשִׁכְנוֹ תִדְרְשׁוּ וּבָאתָ שָׁמָּה׃ *וַהֲבֵאתֶם שָׁמָּה עֹלֹתֵיכֶם וְזִבְחֵיכֶם ישראל
וְאֵת מַעְשְׂרֹתֵיכֶם וְאֵת תְּרוּמַת יֶדְכֶם וְנִדְרֵיכֶם וְנִדְבֹתֵיכֶם וּבְכֹרֹת בְּקַרְכֶם
וְצֹאנְכֶם׃ וַאֲכַלְתֶּם־שָׁם לִפְנֵי יְהוָה אֱלֹהֵיכֶם וּשְׂמַחְתֶּם בְּכֹל מִשְׁלַח יֶדְכֶם
אַתֶּם וּבָתֵּיכֶם אֲשֶׁר בֵּרַכְךָ יְהוָה אֱלֹהֶיךָ׃ לֹא תַעֲשׂוּן כְּכֹל אֲשֶׁר אֲנַחְנוּ עֹשִׂים
פֹּה הַיּוֹם אִישׁ כָּל־הַיָּשָׁר בְּעֵינָיו׃ כִּי לֹא־בָאתֶם עַד־עָתָּה אֶל־הַמְּנוּחָה
וְאֶל־הַנַּחֲלָה אֲשֶׁר־יְהוָה אֱלֹהֶיךָ נֹתֵן לָךְ׃ וַעֲבַרְתֶּם אֶת־הַיַּרְדֵּן וִישַׁבְתֶּם
בָּאָרֶץ אֲשֶׁר־יְהוָה אֱלֹהֵיכֶם מַנְחִיל אֶתְכֶם וְהֵנִיחַ לָכֶם מִכָּל־אֹיְבֵיכֶם מִסָּבִיב
וִישַׁבְתֶּם־בֶּטַח׃

## SHOFETIM שפטים

דברים טז, יח–יז, כ שֹׁפְטִים וְשֹׁטְרִים תִּתֶּן־לְךָ בְּכָל־שְׁעָרֶיךָ אֲשֶׁר יְהוָה אֱלֹהֶיךָ נֹתֵן לְךָ לִשְׁבָטֶיךָ
וְשָׁפְטוּ אֶת־הָעָם מִשְׁפַּט־צֶדֶק׃ לֹא־תַטֶּה מִשְׁפָּט לֹא תַכִּיר פָּנִים וְלֹא־תִקַּח
שֹׁחַד כִּי הַשֹּׁחַד יְעַוֵּר עֵינֵי חֲכָמִים וִיסַלֵּף דִּבְרֵי צַדִּיקִם׃ צֶדֶק צֶדֶק תִּרְדֹּף לְמַעַן
לוי תִּחְיֶה וְיָרַשְׁתָּ אֶת־הָאָרֶץ אֲשֶׁר־יְהוָה אֱלֹהֶיךָ נֹתֵן לָךְ׃ *לֹא־
תִטַּע לְךָ אֲשֵׁרָה כָּל־עֵץ אֵצֶל מִזְבַּח יְהוָה אֱלֹהֶיךָ אֲשֶׁר תַּעֲשֶׂה־לָּךְ׃ וְלֹא־
תָקִים לְךָ מַצֵּבָה אֲשֶׁר שָׂנֵא יְהוָה אֱלֹהֶיךָ׃ לֹא־תִזְבַּח לַיהוָה
אֱלֹהֶיךָ שׁוֹר וָשֶׂה אֲשֶׁר יִהְיֶה בוֹ מוּם כֹּל דָּבָר רָע כִּי תוֹעֲבַת יְהוָה אֱלֹהֶיךָ
הוּא׃ כִּי־יִמָּצֵא בְקִרְבְּךָ בְּאַחַד שְׁעָרֶיךָ אֲשֶׁר־יְהוָה אֱלֹהֶיךָ נֹתֵן
לָךְ אִישׁ אוֹ־אִשָּׁה אֲשֶׁר יַעֲשֶׂה אֶת־הָרַע בְּעֵינֵי יְהוָה־אֱלֹהֶיךָ לַעֲבֹר בְּרִיתוֹ׃
וַיֵּלֶךְ וַיַּעֲבֹד אֱלֹהִים אֲחֵרִים וַיִּשְׁתַּחוּ לָהֶם וְלַשֶּׁמֶשׁ ׀ אוֹ לַיָּרֵחַ אוֹ לְכָל־צְבָא
הַשָּׁמַיִם אֲשֶׁר לֹא־צִוִּיתִי׃ וְהֻגַּד־לְךָ וְשָׁמָעְתָּ וְדָרַשְׁתָּ הֵיטֵב וְהִנֵּה אֱמֶת נָכוֹן
הַדָּבָר נֶעֶשְׂתָה הַתּוֹעֵבָה הַזֹּאת בְּיִשְׂרָאֵל׃ וְהוֹצֵאתָ אֶת־הָאִישׁ הַהוּא אוֹ
אֶת־הָאִשָּׁה הַהִוא אֲשֶׁר עָשׂוּ אֶת־הַדָּבָר הָרָע הַזֶּה אֶל־שְׁעָרֶיךָ אֶת־הָאִישׁ
אוֹ אֶת־הָאִשָּׁה וּסְקַלְתָּם בָּאֲבָנִים וָמֵתוּ׃ עַל־פִּי ׀ שְׁנַיִם עֵדִים אוֹ שְׁלֹשָׁה
עֵדִים יוּמַת הַמֵּת לֹא יוּמַת עַל־פִּי עֵד אֶחָד׃ יַד הָעֵדִים תִּהְיֶה־בּוֹ בָרִאשֹׁנָה
לַהֲמִיתוֹ וְיַד כָּל־הָעָם בָּאַחֲרֹנָה וּבִעַרְתָּ הָרָע מִקִּרְבֶּךָ׃
כִּי יִפָּלֵא מִמְּךָ דָבָר לַמִּשְׁפָּט בֵּין־דָּם ׀ לְדָם בֵּין־דִּין לְדִין וּבֵין נֶגַע לָנֶגַע דִּבְרֵי
רִיבֹת בִּשְׁעָרֶיךָ וְקַמְתָּ וְעָלִיתָ אֶל־הַמָּקוֹם אֲשֶׁר יִבְחַר יְהוָה אֱלֹהֶיךָ בּוֹ׃ וּבָאתָ
אֶל־הַכֹּהֲנִים הַלְוִיִּם וְאֶל־הַשֹּׁפֵט אֲשֶׁר יִהְיֶה בַּיָּמִים הָהֵם וְדָרַשְׁתָּ וְהִגִּידוּ לְךָ
אֵת דְּבַר הַמִּשְׁפָּט׃ וְעָשִׂיתָ עַל־פִּי הַדָּבָר אֲשֶׁר יַגִּידוּ לְךָ מִן־הַמָּקוֹם הַהוּא
ישראל אֲשֶׁר יִבְחַר יְהוָה וְשָׁמַרְתָּ לַעֲשׂוֹת כְּכֹל אֲשֶׁר יוֹרוּךָ׃ *עַל־פִּי הַתּוֹרָה אֲשֶׁר
יוֹרוּךָ וְעַל־הַמִּשְׁפָּט אֲשֶׁר־יֹאמְרוּ לְךָ תַּעֲשֶׂה לֹא תָסוּר מִן־הַדָּבָר אֲשֶׁר־יַגִּידוּ
לְךָ יָמִין וּשְׂמֹאל׃ וְהָאִישׁ אֲשֶׁר־יַעֲשֶׂה בְזָדוֹן לְבִלְתִּי שְׁמֹעַ אֶל־הַכֹּהֵן הָעֹמֵד
לְשָׁרֶת שָׁם אֶת־יְהוָה אֱלֹהֶיךָ אוֹ אֶל־הַשֹּׁפֵט וּמֵת הָאִישׁ הַהוּא וּבִעַרְתָּ הָרָע
מִיִּשְׂרָאֵל׃ וְכָל־הָעָם יִשְׁמְעוּ וְיִרָאוּ וְלֹא יְזִידוּן עוֹד׃ כִּי־תָבֹא אֶל־
הָאָרֶץ אֲשֶׁר יְהוָה אֱלֹהֶיךָ נֹתֵן לָךְ וִירִשְׁתָּהּ וְיָשַׁבְתָּה בָּהּ וְאָמַרְתָּ אָשִׂימָה
עָלַי מֶלֶךְ כְּכָל־הַגּוֹיִם אֲשֶׁר סְבִיבֹתָי׃ שׂוֹם תָּשִׂים עָלֶיךָ מֶלֶךְ אֲשֶׁר יִבְחַר

יְהוָה אֱלֹהֶיךָ בּוֹ מִקֶּרֶב אַחֶיךָ תָּשִׂים עָלֶיךָ מֶלֶךְ לֹא תוּכַל לָתֵת עָלֶיךָ אִישׁ
נָכְרִי אֲשֶׁר לֹא־אָחִיךָ הוּא׃ רַק לֹא־יַרְבֶּה־לּוֹ סוּסִים וְלֹא־יָשִׁיב אֶת־הָעָם
מִצְרַיְמָה לְמַעַן הַרְבּוֹת סוּס וַיהוָה אָמַר לָכֶם לֹא תֹסִפוּן לָשׁוּב בַּדֶּרֶךְ הַזֶּה
עוֹד׃ וְלֹא יַרְבֶּה־לּוֹ נָשִׁים וְלֹא יָסוּר לְבָבוֹ וְכֶסֶף וְזָהָב לֹא יַרְבֶּה־לּוֹ מְאֹד׃
וְהָיָה כְשִׁבְתּוֹ עַל כִּסֵּא מַמְלַכְתּוֹ וְכָתַב לוֹ אֶת־מִשְׁנֵה הַתּוֹרָה הַזֹּאת עַל־סֵפֶר
מִלִּפְנֵי הַכֹּהֲנִים הַלְוִיִּם׃ וְהָיְתָה עִמּוֹ וְקָרָא בוֹ כָּל־יְמֵי חַיָּיו לְמַעַן יִלְמַד לְיִרְאָה
אֶת־יְהוָה אֱלֹהָיו לִשְׁמֹר אֶת־כָּל־דִּבְרֵי הַתּוֹרָה הַזֹּאת וְאֶת־הַחֻקִּים הָאֵלֶּה
לַעֲשֹׂתָם׃ לְבִלְתִּי רוּם־לְבָבוֹ מֵאֶחָיו וּלְבִלְתִּי סוּר מִן־הַמִּצְוָה יָמִין וּשְׂמֹאול
לְמַעַן יַאֲרִיךְ יָמִים עַל־מַמְלַכְתּוֹ הוּא וּבָנָיו בְּקֶרֶב יִשְׂרָאֵל׃

## כי תצא KI TEṢÉ

דברים כא,י–כב ז

כִּי־תֵצֵא לַמִּלְחָמָה עַל־אֹיְבֶיךָ וּנְתָנוֹ יְהוָה אֱלֹהֶיךָ בְּיָדֶךָ וְשָׁבִיתָ שִׁבְיוֹ׃ וְרָאִיתָ
בַּשִּׁבְיָה אֵשֶׁת יְפַת־תֹּאַר וְחָשַׁקְתָּ בָהּ וְלָקַחְתָּ לְךָ לְאִשָּׁה׃ וַהֲבֵאתָהּ אֶל־
תּוֹךְ בֵּיתֶךָ וְגִלְּחָה אֶת־רֹאשָׁהּ וְעָשְׂתָה אֶת־צִפָּרְנֶיהָ׃ וְהֵסִירָה אֶת־שִׂמְלַת
שִׁבְיָהּ מֵעָלֶיהָ וְיָשְׁבָה בְּבֵיתֶךָ וּבָכְתָה אֶת־אָבִיהָ וְאֶת־אִמָּהּ יֶרַח יָמִים
וְאַחַר כֵּן תָּבוֹא אֵלֶיהָ וּבְעַלְתָּהּ וְהָיְתָה לְךָ לְאִשָּׁה׃ וְהָיָה אִם־לֹא חָפַצְתָּ בָּהּ
וְשִׁלַּחְתָּהּ לְנַפְשָׁהּ וּמָכֹר לֹא־תִמְכְּרֶנָּה בַּכָּסֶף לֹא־תִתְעַמֵּר בָּהּ תַּחַת אֲשֶׁר
עִנִּיתָהּ׃ כִּי־תִהְיֶיןָ לְאִישׁ שְׁתֵּי נָשִׁים הָאַחַת אֲהוּבָה וְהָאַחַת
שְׂנוּאָה וְיָלְדוּ־לוֹ בָנִים הָאֲהוּבָה וְהַשְּׂנוּאָה וְהָיָה הַבֵּן הַבְּכֹר לַשְּׂנִיאָה׃ וְהָיָה
בְּיוֹם הַנְחִילוֹ אֶת־בָּנָיו אֵת אֲשֶׁר־יִהְיֶה לוֹ לֹא יוּכַל לְבַכֵּר אֶת־בֶּן־הָאֲהוּבָה
עַל־פְּנֵי בֶן־הַשְּׂנוּאָה הַבְּכֹר׃ כִּי אֶת־הַבְּכֹר בֶּן־הַשְּׂנוּאָה יַכִּיר לָתֶת לוֹ פִּי שְׁנַיִם
בְּכֹל אֲשֶׁר־יִמָּצֵא לוֹ כִּי־הוּא רֵאשִׁית אֹנוֹ לוֹ מִשְׁפַּט הַבְּכֹרָה׃ *כִּי־ לוי
יִהְיֶה לְאִישׁ בֵּן סוֹרֵר וּמוֹרֶה אֵינֶנּוּ שֹׁמֵעַ בְּקוֹל אָבִיו וּבְקוֹל אִמּוֹ וְיִסְּרוּ אֹתוֹ
וְלֹא יִשְׁמַע אֲלֵיהֶם׃ וְתָפְשׂוּ בוֹ אָבִיו וְאִמּוֹ וְהוֹצִיאוּ אֹתוֹ אֶל־זִקְנֵי עִירוֹ וְאֶל־
שַׁעַר מְקֹמוֹ׃ וְאָמְרוּ אֶל־זִקְנֵי עִירוֹ בְּנֵנוּ זֶה סוֹרֵר וּמֹרֶה אֵינֶנּוּ שֹׁמֵעַ בְּקֹלֵנוּ
זוֹלֵל וְסֹבֵא׃ וּרְגָמֻהוּ כָּל־אַנְשֵׁי עִירוֹ בָאֲבָנִים וָמֵת וּבִעַרְתָּ הָרָע מִקִּרְבֶּךָ
וְכָל־יִשְׂרָאֵל יִשְׁמְעוּ וְיִרָאוּ׃ וְכִי־יִהְיֶה בְאִישׁ חֵטְא מִשְׁפַּט־מָוֶת

והומת ותלית אתו על־עץ: לא־תלין נבלתו על־העץ כי־קבור תקברנו
ביום ההוא כי־קללת אלהים תלוי ולא תטמא את־אדמתך אשר יהוה
אלהיך נתן לך נחלה: לא־תראה את־שור אחיך או את־
שיו נדחים והתעלמת מהם השב תשיבם לאחיך: ואם־לא קרוב אחיך
אליך ולא ידעתו ואספתו אל־תוך ביתך והיה עמך עד דרש אחיך אתו
והשבתו לו: וכן תעשה לחמרו וכן תעשה לשמלתו וכן תעשה לכל־אבדת
אחיך אשר־תאבד ממנו ומצאתה לא תוכל להתעלם: לא־
תראה את־חמור אחיך או שורו נפלים בדרך והתעלמת מהם הקם תקים
ישראל עמו: *לא־יהיה כלי־גבר על־אשה ולא־ילבש גבר שמלת
אשה כי תועבת יהוה אלהיך כל־עשה אלה:
כי יקרא קן־צפור ׀ לפניך בדרך בכל־עץ ׀ או על־הארץ אפרחים או ביצים
והאם רבצת על־האפרחים או על־הביצים לא־תקח האם על־הבנים:
שלח תשלח את־האם ואת־הבנים תקח־לך למען ייטב לך והארכת
ימים:

## KI TABÓ — כי תבוא

דברים כו, א־יא והיה כי־תבוא אל־הארץ אשר יהוה אלהיך נתן לך נחלה וירשתה וישבת
בה: ולקחת מראשית ׀ כל־פרי האדמה אשר תביא מארצך אשר יהוה
אלהיך נתן לך ושמת בטנא והלכת אל־המקום אשר יבחר יהוה אלהיך
לשכן שמו שם: ובאת אל־הכהן אשר יהיה בימים ההם ואמרת אליו
הגדתי היום ליהוה אלהיך כי־באתי אל־הארץ אשר נשבע יהוה לאבתינו
לוי לתת לנו: *ולקח הכהן הטנא מידך והניחו לפני מזבח יהוה אלהיך: וענית
ואמרת לפני ׀ יהוה אלהיך ארמי אבד אבי וירד מצרימה ויגר שם במתי
מעט ויהי־שם לגוי גדול עצום ורב: וירעו אתנו המצרים ויענונו ויתנו עלינו
עבדה קשה: ונצעק אל־יהוה אלהי אבתינו וישמע יהוה את־קלנו וירא
את־ענינו ואת־עמלנו ואת־לחצנו: ויוצאנו יהוה ממצרים ביד חזקה ובזרע
ישראל נטויה ובמרא גדל ובאתות ובמפתים: *ויבאנו אל־המקום הזה ויתן־לנו

אֶת־הָאָרֶץ הַזֹּאת אֶרֶץ זָבַת חָלָב וּדְבָשׁ׃ וְעַתָּה הִנֵּה הֵבֵאתִי אֶת־רֵאשִׁית
פְּרִי הָאֲדָמָה אֲשֶׁר־נָתַתָּה לִּי יְהוָה וְהִנַּחְתּוֹ לִפְנֵי יְהוָה אֱלֹהֶיךָ וְהִשְׁתַּחֲוִיתָ
לִפְנֵי יְהוָה אֱלֹהֶיךָ׃ וְשָׂמַחְתָּ בְכָל־הַטּוֹב אֲשֶׁר נָתַן־לְךָ יְהוָה אֱלֹהֶיךָ וּלְבֵיתֶךָ
אַתָּה וְהַלֵּוִי וְהַגֵּר אֲשֶׁר בְּקִרְבֶּךָ׃

## נצבים NISABIM

אַתֶּם נִצָּבִים הַיּוֹם כֻּלְּכֶם לִפְנֵי יְהוָה אֱלֹהֵיכֶם רָאשֵׁיכֶם שִׁבְטֵיכֶם זִקְנֵיכֶם דברים כט, ט–ל, ב
וְשֹׁטְרֵיכֶם כֹּל אִישׁ יִשְׂרָאֵל׃ טַפְּכֶם נְשֵׁיכֶם וְגֵרְךָ אֲשֶׁר בְּקֶרֶב מַחֲנֶיךָ מֵחֹטֵב
עֵצֶיךָ עַד שֹׁאֵב מֵימֶיךָ׃ לְעָבְרְךָ בִּבְרִית יְהוָה אֱלֹהֶיךָ וּבְאָלָתוֹ אֲשֶׁר יְהוָה
אֱלֹהֶיךָ כֹּרֵת עִמְּךָ הַיּוֹם׃ *לְמַעַן הָקִים־אֹתְךָ הַיּוֹם ׀ לוֹ לְעָם וְהוּא יִהְיֶה־לְּךָ לוי
לֵאלֹהִים כַּאֲשֶׁר דִּבֶּר־לָךְ וְכַאֲשֶׁר נִשְׁבַּע לַאֲבֹתֶיךָ לְאַבְרָהָם לְיִצְחָק וּלְיַעֲקֹב׃
וְלֹא אִתְּכֶם לְבַדְּכֶם אָנֹכִי כֹּרֵת אֶת־הַבְּרִית הַזֹּאת וְאֶת־הָאָלָה הַזֹּאת׃ כִּי
אֶת־אֲשֶׁר יֶשְׁנוֹ פֹּה עִמָּנוּ עֹמֵד הַיּוֹם לִפְנֵי יְהוָה אֱלֹהֵינוּ וְאֵת אֲשֶׁר אֵינֶנּוּ פֹּה
עִמָּנוּ הַיּוֹם׃ כִּי־אַתֶּם יְדַעְתֶּם אֵת אֲשֶׁר־יָשַׁבְנוּ בְּאֶרֶץ מִצְרָיִם וְאֵת אֲשֶׁר־
עָבַרְנוּ בְּקֶרֶב הַגּוֹיִם אֲשֶׁר עֲבַרְתֶּם׃ וַתִּרְאוּ אֶת־שִׁקּוּצֵיהֶם וְאֵת גִּלֻּלֵיהֶם
עֵץ וָאֶבֶן כֶּסֶף וְזָהָב אֲשֶׁר עִמָּהֶם׃ פֶּן־יֵשׁ בָּכֶם אִישׁ אוֹ־אִשָּׁה אוֹ מִשְׁפָּחָה
אוֹ־שֵׁבֶט אֲשֶׁר לְבָבוֹ פֹנֶה הַיּוֹם מֵעִם יְהוָה אֱלֹהֵינוּ לָלֶכֶת לַעֲבֹד אֶת־אֱלֹהֵי
הַגּוֹיִם הָהֵם פֶּן־יֵשׁ בָּכֶם שֹׁרֶשׁ פֹּרֶה רֹאשׁ וְלַעֲנָה׃ וְהָיָה בְּשָׁמְעוֹ אֶת־דִּבְרֵי
הָאָלָה הַזֹּאת וְהִתְבָּרֵךְ בִּלְבָבוֹ לֵאמֹר שָׁלוֹם יִהְיֶה־לִּי כִּי בִּשְׁרִרוּת לִבִּי
אֵלֵךְ לְמַעַן סְפוֹת הָרָוָה אֶת־הַצְּמֵאָה׃ לֹא־יֹאבֶה יְהוָה סְלֹחַ לוֹ כִּי אָז יֶעְשַׁן
אַף־יְהוָה וְקִנְאָתוֹ בָּאִישׁ הַהוּא וְרָבְצָה בּוֹ כָּל־הָאָלָה הַכְּתוּבָה בַּסֵּפֶר הַזֶּה
וּמָחָה יְהוָה אֶת־שְׁמוֹ מִתַּחַת הַשָּׁמָיִם׃ וְהִבְדִּילוֹ יְהוָה לְרָעָה מִכֹּל שִׁבְטֵי
יִשְׂרָאֵל כְּכֹל אָלוֹת הַבְּרִית הַכְּתוּבָה בְּסֵפֶר הַתּוֹרָה הַזֶּה׃ וְאָמַר הַדּוֹר
הָאַחֲרוֹן בְּנֵיכֶם אֲשֶׁר יָקוּמוּ מֵאַחֲרֵיכֶם וְהַנָּכְרִי אֲשֶׁר יָבֹא מֵאֶרֶץ רְחוֹקָה
וְרָאוּ אֶת־מַכּוֹת הָאָרֶץ הַהִוא וְאֶת־תַּחֲלֻאֶיהָ אֲשֶׁר־חִלָּה יְהוָה בָּהּ׃ גָּפְרִית
וָמֶלַח שְׂרֵפָה כָל־אַרְצָהּ לֹא תִזָּרַע וְלֹא תַצְמִחַ וְלֹא־יַעֲלֶה בָהּ כָּל־עֵשֶׂב
כְּמַהְפֵּכַת סְדֹם וַעֲמֹרָה אַדְמָה וּצְבוֹיִם אֲשֶׁר הָפַךְ יְהוָה בְּאַפּוֹ וּבַחֲמָתוֹ׃ וצביים

וְאָמְרוּ כָּל־הַגּוֹיִם עַל־מֶה עָשָׂה יְהוָה כָּכָה לָאָרֶץ הַזֹּאת מֶה חֳרִי הָאַף הַגָּדוֹל
הַזֶּה׃ וְאָמְרוּ עַל אֲשֶׁר עָזְבוּ אֶת־בְּרִית יְהוָה אֱלֹהֵי אֲבֹתָם אֲשֶׁר כָּרַת עִמָּם
בְּהוֹצִיאוֹ אֹתָם מֵאֶרֶץ מִצְרָיִם׃ וַיֵּלְכוּ וַיַּעַבְדוּ אֱלֹהִים אֲחֵרִים וַיִּשְׁתַּחֲווּ לָהֶם
אֱלֹהִים אֲשֶׁר לֹא־יְדָעוּם וְלֹא חָלַק לָהֶם׃ וַיִּחַר־אַף יְהוָה בָּאָרֶץ הַהִוא לְהָבִיא
עָלֶיהָ אֶת־כָּל־הַקְּלָלָה הַכְּתוּבָה בַּסֵּפֶר הַזֶּה׃ וַיִּתְּשֵׁם יְהוָה מֵעַל אַדְמָתָם
בְּאַף וּבְחֵמָה וּבְקֶצֶף גָּדוֹל וַיַּשְׁלִכֵם אֶל־אֶרֶץ אַחֶרֶת כַּיּוֹם הַזֶּה׃ הַנִּסְתָּרֹת
לַיהוָה אֱלֹהֵינוּ וְהַנִּגְלֹת לָנוּ וּלְבָנֵינוּ עַד־עוֹלָם לַעֲשׂוֹת אֶת־כָּל־דִּבְרֵי הַתּוֹרָה
הַזֹּאת׃ וְהָיָה כִי־יָבֹאוּ עָלֶיךָ כָּל־הַדְּבָרִים הָאֵלֶּה הַבְּרָכָה וְהַקְּלָלָה ישראל
אֲשֶׁר נָתַתִּי לְפָנֶיךָ וַהֲשֵׁבֹתָ אֶל־לְבָבֶךָ בְּכָל־הַגּוֹיִם אֲשֶׁר הִדִּיחֲךָ יְהוָה אֱלֹהֶיךָ
שָׁמָּה׃ וְשַׁבְתָּ עַד־יְהוָה אֱלֹהֶיךָ וְשָׁמַעְתָּ בְקֹלוֹ כְּכֹל אֲשֶׁר־אָנֹכִי מְצַוְּךָ הַיּוֹם
אַתָּה וּבָנֶיךָ בְּכָל־לְבָבְךָ וּבְכָל־נַפְשֶׁךָ׃

## VAIELEJ וילך

וַיֵּלֶךְ מֹשֶׁה וַיְדַבֵּר אֶת־הַדְּבָרִים הָאֵלֶּה אֶל־כָּל־יִשְׂרָאֵל׃ וַיֹּאמֶר אֲלֵהֶם בֶּן־ דברים לא, א-י
מֵאָה וְעֶשְׂרִים שָׁנָה אָנֹכִי הַיּוֹם לֹא־אוּכַל עוֹד לָצֵאת וְלָבוֹא וַיהוָה אָמַר אֵלַי
לֹא תַעֲבֹר אֶת־הַיַּרְדֵּן הַזֶּה׃ יְהוָה אֱלֹהֶיךָ הוּא ׀ עֹבֵר לְפָנֶיךָ הוּא־יַשְׁמִיד
אֶת־הַגּוֹיִם הָאֵלֶּה מִלְּפָנֶיךָ וִירִשְׁתָּם יְהוֹשֻׁעַ הוּא עֹבֵר לְפָנֶיךָ כַּאֲשֶׁר דִּבֶּר
יְהוָה׃ *וְעָשָׂה יְהוָה לָהֶם כַּאֲשֶׁר עָשָׂה לְסִיחוֹן וּלְעוֹג מַלְכֵי הָאֱמֹרִי וּלְאַרְצָם לוי
אֲשֶׁר הִשְׁמִיד אֹתָם׃ וּנְתָנָם יְהוָה לִפְנֵיכֶם וַעֲשִׂיתֶם לָהֶם כְּכָל־הַמִּצְוָה אֲשֶׁר
צִוִּיתִי אֶתְכֶם׃ חִזְקוּ וְאִמְצוּ אַל־תִּירְאוּ וְאַל־תַּעַרְצוּ מִפְּנֵיהֶם כִּי ׀ יְהוָה אֱלֹהֶיךָ
הוּא הַהֹלֵךְ עִמָּךְ לֹא יַרְפְּךָ וְלֹא יַעַזְבֶךָּ׃ *וַיִּקְרָא מֹשֶׁה לִיהוֹשֻׁעַ ישראל
וַיֹּאמֶר אֵלָיו לְעֵינֵי כָל־יִשְׂרָאֵל חֲזַק וֶאֱמָץ כִּי אַתָּה תָּבוֹא אֶת־הָעָם הַזֶּה
אֶל־הָאָרֶץ אֲשֶׁר נִשְׁבַּע יְהוָה לַאֲבֹתָם לָתֵת לָהֶם וְאַתָּה תַּנְחִילֶנָּה אוֹתָם׃
וַיהוָה הוּא ׀ הַהֹלֵךְ לְפָנֶיךָ הוּא יִהְיֶה עִמָּךְ לֹא יַרְפְּךָ וְלֹא יַעַזְבֶךָּ לֹא תִירָא וְלֹא
תֵחָת׃ וַיִּכְתֹּב מֹשֶׁה אֶת־הַתּוֹרָה הַזֹּאת וַיִּתְּנָהּ אֶל־הַכֹּהֲנִים בְּנֵי לֵוִי הַנֹּשְׂאִים
אֶת־אֲרוֹן בְּרִית יְהוָה וְאֶל־כָּל־זִקְנֵי יִשְׂרָאֵל׃ וַיְצַו מֹשֶׁה אוֹתָם לֵאמֹר מִקֵּץ ׀
שֶׁבַע שָׁנִים בְּמֹעֵד שְׁנַת הַשְּׁמִטָּה בְּחַג הַסֻּכּוֹת׃

## HAAZINU האזינו

הַאֲזִ֥ינוּ הַשָּׁמַ֖יִם וַאֲדַבֵּ֑רָה    וְתִשְׁמַ֥ע הָאָ֖רֶץ אִמְרֵי־פִֽי: דברים לב, א–יח
יַעֲרֹ֤ף כַּמָּטָר֙ לִקְחִ֔י    תִּזַּ֥ל כַּטַּ֖ל אִמְרָתִ֑י
כִּשְׂעִירִ֣ם עֲלֵי־דֶ֔שֶׁא    וְכִרְבִיבִ֖ים עֲלֵי־עֵֽשֶׂב:
כִּ֛י שֵׁ֥ם יְהֹוָ֖ה אֶקְרָ֑א    הָב֥וּ גֹ֖דֶל לֵאלֹהֵֽינוּ:
הַצּוּר֙ תָּמִ֣ים פָּעֳל֔וֹ    כִּ֥י כָל־דְּרָכָ֖יו מִשְׁפָּ֑ט
אֵ֤ל אֱמוּנָה֙ וְאֵ֣ין עָ֔וֶל    צַדִּ֥יק וְיָשָׁ֖ר הֽוּא:
שִׁחֵ֥ת ל֛וֹ לֹ֖א בָּנָ֣יו מוּמָ֑ם    דּ֥וֹר עִקֵּ֖שׁ וּפְתַלְתֹּֽל:
הַ לְיהֹוָה֙ תִּגְמְלוּ־זֹ֔את    עַ֥ם נָבָ֖ל וְלֹ֣א חָכָ֑ם
הֲלוֹא־הוּא֙ אָבִ֣יךָ קָּנֶ֔ךָ    ה֥וּא עָֽשְׂךָ֖ וַיְכֹנְנֶֽךָ:
לוי *זְכֹר֙ יְמ֣וֹת עוֹלָ֔ם    בִּ֖ינוּ שְׁנ֣וֹת דֹּר־וָדֹ֑ר
שְׁאַ֤ל אָבִ֙יךָ֙ וְיַגֵּ֔דְךָ    זְקֵנֶ֖יךָ וְיֹ֥אמְרוּ לָֽךְ:
בְּהַנְחֵ֤ל עֶלְיוֹן֙ גּוֹיִ֔ם    בְּהַפְרִיד֖וֹ בְּנֵ֣י אָדָ֑ם
יַצֵּב֙ גְּבֻלֹ֣ת עַמִּ֔ים    לְמִסְפַּ֖ר בְּנֵ֥י יִשְׂרָאֵֽל:
כִּ֛י חֵ֥לֶק יְהֹוָ֖ה עַמּ֑וֹ    יַעֲקֹ֖ב חֶ֥בֶל נַחֲלָתֽוֹ:
יִמְצָאֵ֙הוּ֙ בְּאֶ֣רֶץ מִדְבָּ֔ר    וּבְתֹ֖הוּ יְלֵ֣ל יְשִׁמֹ֑ן
יְסֹבְבֶ֙נְהוּ֙ יְב֣וֹנְנֵ֔הוּ    יִצְּרֶ֖נְהוּ כְּאִישׁ֥וֹן עֵינֽוֹ:
כְּנֶ֙שֶׁר֙ יָעִ֣יר קִנּ֔וֹ    עַל־גּוֹזָלָ֖יו יְרַחֵ֑ף
יִפְרֹ֤שׂ כְּנָפָיו֙ יִקָּחֵ֔הוּ    יִשָּׂאֵ֖הוּ עַל־אֶבְרָתֽוֹ:
יְהֹוָ֖ה בָּדָ֣ד יַנְחֶ֑נּוּ    וְאֵ֥ין עִמּ֖וֹ אֵ֥ל נֵכָֽר:
ישראל *יַרְכִּבֵ֙הוּ֙ עַל־בָּ֣מֳתֵי אָ֔רֶץ    וַיֹּאכַ֖ל תְּנוּבֹ֣ת שָׂדָ֑י    בָּמוֹתֵי
וַיֵּנִקֵ֤הוּ דְבַשׁ֙ מִסֶּ֔לַע    וְשֶׁ֖מֶן מֵחַלְמִ֥ישׁ צֽוּר:
חֶמְאַ֨ת בָּקָ֜ר וַחֲלֵ֣ב צֹ֗אן    עִם־חֵ֙לֶב֙ כָּרִ֔ים
וְאֵילִ֤ים בְּנֵֽי־בָשָׁן֙ וְעַתּוּדִ֔ים    עִם־חֵ֖לֶב כִּלְי֣וֹת חִטָּ֑ה
וְדַם־עֵנָ֖ב תִּשְׁתֶּה־חָֽמֶר:    וַיִּשְׁמַ֤ן יְשֻׁרוּן֙ וַיִּבְעָ֔ט
שָׁמַ֖נְתָּ עָבִ֣יתָ כָּשִׂ֑יתָ    וַיִּטֹּשׁ֙ אֱל֣וֹהַ עָשָׂ֔הוּ

וַיְנַבֵּל צוּר יְשֻׁעָתוֹ׃ | יַקְנִאֻהוּ בְּזָרִים
בְּתוֹעֵבֹת יַכְעִיסֻהוּ׃ | יִזְבְּחוּ לַשֵּׁדִים לֹא אֱלֹהַ
אֱלֹהִים לֹא יְדָעוּם | חֲדָשִׁים מִקָּרֹב בָּאוּ
לֹא שְׂעָרוּם אֲבֹתֵיכֶם׃ | צוּר יְלָדְךָ תֶּשִׁי
וַתִּשְׁכַּח אֵל מְחֹלְלֶךָ׃

## VEZOT HABERAJÁ — וזאת הברכה

(דברים לג, א-יז) וְזֹאת הַבְּרָכָה אֲשֶׁר בֵּרַךְ מֹשֶׁה אִישׁ הָאֱלֹהִים אֶת־בְּנֵי יִשְׂרָאֵל לִפְנֵי מוֹתוֹ׃
וַיֹּאמַר יְהֹוָה מִסִּינַי בָּא וְזָרַח מִשֵּׂעִיר לָמוֹ הוֹפִיעַ מֵהַר פָּארָן וְאָתָה מֵרִבְבֹת
(אֵשׁ דָּת) קֹדֶשׁ מִימִינוֹ אֵשְׁדָּת לָמוֹ׃ אַף חֹבֵב עַמִּים כָּל־קְדֹשָׁיו בְּיָדֶךָ וְהֵם תֻּכּוּ לְרַגְלֶךָ
יִשָּׂא מִדַּבְּרֹתֶיךָ׃ תּוֹרָה צִוָּה־לָנוּ מֹשֶׁה מוֹרָשָׁה קְהִלַּת יַעֲקֹב׃ וַיְהִי בִישֻׁרוּן
מֶלֶךְ בְּהִתְאַסֵּף רָאשֵׁי עָם יַחַד שִׁבְטֵי יִשְׂרָאֵל׃ יְחִי רְאוּבֵן וְאַל־יָמֹת וִיהִי מְתָיו
מִסְפָּר׃ וְזֹאת לִיהוּדָה וַיֹּאמַר שְׁמַע יְהֹוָה קוֹל יְהוּדָה וְאֶל־עַמּוֹ
תְּבִיאֶנּוּ יָדָיו רָב לוֹ וְעֵזֶר מִצָּרָיו תִּהְיֶה׃
(לוי) *וּלְלֵוִי אָמַר תֻּמֶּיךָ וְאוּרֶיךָ לְאִישׁ חֲסִידֶךָ אֲשֶׁר נִסִּיתוֹ בְּמַסָּה תְּרִיבֵהוּ עַל־מֵי
מְרִיבָה׃ הָאֹמֵר לְאָבִיו וּלְאִמּוֹ לֹא רְאִיתִיו וְאֶת־אֶחָיו לֹא הִכִּיר וְאֶת־בָּנָו לֹא
יָדָע כִּי שָׁמְרוּ אִמְרָתֶךָ וּבְרִיתְךָ יִנְצֹרוּ׃ יוֹרוּ מִשְׁפָּטֶיךָ לְיַעֲקֹב וְתוֹרָתְךָ לְיִשְׂרָאֵל
יָשִׂימוּ קְטוֹרָה בְּאַפֶּךָ וְכָלִיל עַל־מִזְבְּחֶךָ׃ בָּרֵךְ יְהֹוָה חֵילוֹ וּפֹעַל יָדָיו תִּרְצֶה
מְחַץ מָתְנַיִם קָמָיו וּמְשַׂנְאָיו מִן־יְקוּמוּן׃ לְבִנְיָמִן אָמַר יְדִיד יְהֹוָה
(ישראל) יִשְׁכֹּן לָבֶטַח עָלָיו חֹפֵף עָלָיו כָּל־הַיּוֹם וּבֵין כְּתֵפָיו שָׁכֵן׃ *וּלְיוֹסֵף
אָמַר מְבֹרֶכֶת יְהֹוָה אַרְצוֹ מִמֶּגֶד שָׁמַיִם מִטָּל וּמִתְּהוֹם רֹבֶצֶת תָּחַת׃ וּמִמֶּגֶד
תְּבוּאֹת שָׁמֶשׁ וּמִמֶּגֶד גֶּרֶשׁ יְרָחִים׃ וּמֵרֹאשׁ הַרְרֵי־קֶדֶם וּמִמֶּגֶד גִּבְעוֹת עוֹלָם׃
וּמִמֶּגֶד אֶרֶץ וּמְלֹאָהּ וּרְצוֹן שֹׁכְנִי סְנֶה תָּבוֹאתָה לְרֹאשׁ יוֹסֵף וּלְקָדְקֹד נְזִיר
אֶחָיו׃ בְּכוֹר שׁוֹרוֹ הָדָר לוֹ וְקַרְנֵי רְאֵם קַרְנָיו בָּהֶם עַמִּים יְנַגַּח יַחְדָּו אַפְסֵי־
אָרֶץ וְהֵם רִבְבוֹת אֶפְרַיִם וְהֵם אַלְפֵי מְנַשֶּׁה׃

## LECTURA DE LA TORÁ PARA ROSH ḤODESH, DÍAS DE AYUNO, ḤANUCÁ Y PURIM

# קריאת התורה
## לחנוכה, לפורים, לראש חודש ולתעניות ציבור

### PRIMER DÍA DE ḤANUCÁ — קריאה ליום הראשון של חנוכה

וַיְדַבֵּר יְהוָה אֶל־מֹשֶׁה לֵּאמֹר׃ דַּבֵּר אֶל־אַהֲרֹן וְאֶל־בָּנָיו לֵאמֹר כֹּה במדבר ו,כב–ז,יז
תְבָרְכוּ אֶת־בְּנֵי יִשְׂרָאֵל אָמוֹר לָהֶם׃ יְבָרֶכְךָ יְהוָה
וְיִשְׁמְרֶךָ׃ יָאֵר יְהוָה ׀ פָּנָיו אֵלֶיךָ וִיחֻנֶּךָּ׃ יִשָּׂא יְהוָה ׀
פָּנָיו אֵלֶיךָ וְיָשֵׂם לְךָ שָׁלוֹם׃ וְשָׂמוּ אֶת־שְׁמִי עַל־בְּנֵי יִשְׂרָאֵל וַאֲנִי
אֲבָרְכֵם׃

וַיְהִי בְּיוֹם כַּלּוֹת מֹשֶׁה לְהָקִים אֶת־הַמִּשְׁכָּן וַיִּמְשַׁח אֹתוֹ וַיְקַדֵּשׁ אֹתוֹ וְאֶת־כָּל־
כֵּלָיו וְאֶת־הַמִּזְבֵּחַ וְאֶת־כָּל־כֵּלָיו וַיִּמְשָׁחֵם וַיְקַדֵּשׁ אֹתָם׃ וַיַּקְרִיבוּ נְשִׂיאֵי יִשְׂרָאֵל
רָאשֵׁי בֵּית אֲבֹתָם הֵם נְשִׂיאֵי הַמַּטֹּת הֵם הָעֹמְדִים עַל־הַפְּקֻדִים׃ וַיָּבִיאוּ אֶת־
קָרְבָּנָם לִפְנֵי יְהוָה שֵׁשׁ־עֶגְלֹת צָב וּשְׁנֵי־עָשָׂר בָּקָר עֲגָלָה עַל־שְׁנֵי הַנְּשִׂאִים
וְשׁוֹר לְאֶחָד וַיַּקְרִיבוּ אוֹתָם לִפְנֵי הַמִּשְׁכָּן׃ *וַיֹּאמֶר יְהוָה אֶל־מֹשֶׁה לֵּאמֹר׃ קַח לוי
מֵאִתָּם וְהָיוּ לַעֲבֹד אֶת־עֲבֹדַת אֹהֶל מוֹעֵד וְנָתַתָּה אוֹתָם אֶל־הַלְוִיִּם אִישׁ כְּפִי
עֲבֹדָתוֹ׃ וַיִּקַּח מֹשֶׁה אֶת־הָעֲגָלֹת וְאֶת־הַבָּקָר וַיִּתֵּן אוֹתָם אֶל־הַלְוִיִּם׃ אֵת ׀
שְׁתֵּי הָעֲגָלוֹת וְאֵת אַרְבַּעַת הַבָּקָר נָתַן לִבְנֵי גֵרְשׁוֹן כְּפִי עֲבֹדָתָם׃ וְאֵת ׀ אַרְבַּע
הָעֲגָלֹת וְאֵת שְׁמֹנַת הַבָּקָר נָתַן לִבְנֵי מְרָרִי כְּפִי עֲבֹדָתָם בְּיַד אִיתָמָר בֶּן־אַהֲרֹן
הַכֹּהֵן׃ וְלִבְנֵי קְהָת לֹא נָתָן כִּי־עֲבֹדַת הַקֹּדֶשׁ עֲלֵהֶם בַּכָּתֵף יִשָּׂאוּ׃ וַיַּקְרִיבוּ
הַנְּשִׂאִים אֵת חֲנֻכַּת הַמִּזְבֵּחַ בְּיוֹם הִמָּשַׁח אֹתוֹ וַיַּקְרִיבוּ הַנְּשִׂיאִם אֶת־קָרְבָּנָם
לִפְנֵי הַמִּזְבֵּחַ׃ וַיֹּאמֶר יְהוָה אֶל־מֹשֶׁה נָשִׂיא אֶחָד לַיּוֹם נָשִׂיא אֶחָד לַיּוֹם יַקְרִיבוּ
אֶת־קָרְבָּנָם לַחֲנֻכַּת הַמִּזְבֵּחַ׃ *וַיְהִי הַמַּקְרִיב בַּיּוֹם הָרִאשׁוֹן אֶת־ ישראל
קָרְבָּנוֹ נַחְשׁוֹן בֶּן־עַמִּינָדָב לְמַטֵּה יְהוּדָה׃ וְקָרְבָּנוֹ קַעֲרַת־כֶּסֶף אַחַת שְׁלֹשִׁים
וּמֵאָה מִשְׁקָלָהּ מִזְרָק אֶחָד כֶּסֶף שִׁבְעִים שֶׁקֶל בְּשֶׁקֶל הַקֹּדֶשׁ שְׁנֵיהֶם ׀ מְלֵאִים

סֹלֶת בְּלוּלָה בַשֶּׁמֶן לְמִנְחָה׃ כַּף אַחַת עֲשָׂרָה זָהָב מְלֵאָה קְטֹרֶת׃ פַּר אֶחָד
בֶּן־בָּקָר אַיִל אֶחָד כֶּבֶשׂ־אֶחָד בֶּן־שְׁנָתוֹ לְעֹלָה׃ שְׂעִיר־עִזִּים אֶחָד לְחַטָּאת׃
וּלְזֶבַח הַשְּׁלָמִים בָּקָר שְׁנַיִם אֵילִם חֲמִשָּׁה עַתּוּדִים חֲמִשָּׁה כְּבָשִׂים בְּנֵי־שָׁנָה
חֲמִשָּׁה זֶה קָרְבַּן נַחְשׁוֹן בֶּן־עַמִּינָדָב׃

## SEGUNDO DÍA DE ḤANUCÁ קריאה ליום השני של חנוכה

במדבר ז, יח–כג בַּיּוֹם הַשֵּׁנִי הִקְרִיב נְתַנְאֵל בֶּן־צוּעָר נְשִׂיא יִשָּׂשכָר׃ הִקְרִב אֶת־קָרְבָּנוֹ
קַעֲרַת־כֶּסֶף אַחַת שְׁלֹשִׁים וּמֵאָה מִשְׁקָלָהּ מִזְרָק אֶחָד כֶּסֶף שִׁבְעִים שֶׁקֶל
בְּשֶׁקֶל הַקֹּדֶשׁ שְׁנֵיהֶם ׀ מְלֵאִים סֹלֶת בְּלוּלָה בַשֶּׁמֶן לְמִנְחָה׃ כַּף אַחַת
לוי עֲשָׂרָה זָהָב מְלֵאָה קְטֹרֶת׃ *פַּר אֶחָד בֶּן־בָּקָר אַיִל אֶחָד כֶּבֶשׂ־אֶחָד בֶּן־
שְׁנָתוֹ לְעֹלָה׃ שְׂעִיר־עִזִּים אֶחָד לְחַטָּאת׃ וּלְזֶבַח הַשְּׁלָמִים בָּקָר שְׁנַיִם
אֵילִם חֲמִשָּׁה עַתֻּדִים חֲמִשָּׁה כְּבָשִׂים בְּנֵי־שָׁנָה חֲמִשָּׁה זֶה קָרְבַּן נְתַנְאֵל
בֶּן־צוּעָר׃

*El שלישי repite el primer párrafo: desde בַּיּוֹם הַשֵּׁנִי hasta נְתַנְאֵל בֶּן־צוּעָר.*

## TERCER DÍA DE ḤANUCÁ קריאה ליום השלישי של חנוכה

במדבר ז, כד–כט בַּיּוֹם הַשְּׁלִישִׁי נָשִׂיא לִבְנֵי זְבוּלֻן אֱלִיאָב בֶּן־חֵלֹן׃ קָרְבָּנוֹ קַעֲרַת־כֶּסֶף אַחַת
שְׁלֹשִׁים וּמֵאָה מִשְׁקָלָהּ מִזְרָק אֶחָד כֶּסֶף שִׁבְעִים שֶׁקֶל בְּשֶׁקֶל הַקֹּדֶשׁ שְׁנֵיהֶם ׀
מְלֵאִים סֹלֶת בְּלוּלָה בַשֶּׁמֶן לְמִנְחָה׃ כַּף אַחַת עֲשָׂרָה זָהָב מְלֵאָה קְטֹרֶת׃
לוי *פַּר אֶחָד בֶּן־בָּקָר אַיִל אֶחָד כֶּבֶשׂ־אֶחָד בֶּן־שְׁנָתוֹ לְעֹלָה׃ שְׂעִיר־עִזִּים אֶחָד
לְחַטָּאת׃ וּלְזֶבַח הַשְּׁלָמִים בָּקָר שְׁנַיִם אֵילִם חֲמִשָּׁה עַתֻּדִים חֲמִשָּׁה כְּבָשִׂים
בְּנֵי־שָׁנָה חֲמִשָּׁה זֶה קָרְבַּן אֱלִיאָב בֶּן־חֵלֹן׃

*El שלישי repite el primer párrafo: desde בַּיּוֹם הַשְּׁלִישִׁי hasta אֱלִיאָב בֶּן־חֵלֹן.*

## CUARTO DÍA DE ḤANUCÁ קריאה ליום הרביעי של חנוכה

במדבר ז, ל–לה בַּיּוֹם הָרְבִיעִי נָשִׂיא לִבְנֵי רְאוּבֵן אֱלִיצוּר בֶּן־שְׁדֵיאוּר׃ קָרְבָּנוֹ קַעֲרַת־
כֶּסֶף אַחַת שְׁלֹשִׁים וּמֵאָה מִשְׁקָלָהּ מִזְרָק אֶחָד כֶּסֶף שִׁבְעִים שֶׁקֶל בְּשֶׁקֶל

הַקֹּדֶשׁ שְׁנֵיהֶם ׀ מְלֵאִים סֹלֶת בְּלוּלָה בַשֶּׁמֶן לְמִנְחָה: כַּף אַחַת עֲשָׂרָה
זָהָב מְלֵאָה קְטֹרֶת: *פַּר אֶחָד בֶּן־בָּקָר אַיִל אֶחָד כֶּבֶשׂ־אֶחָד בֶּן־שְׁנָתוֹ לוי
לְעֹלָה: שְׂעִיר־עִזִּים אֶחָד לְחַטָּאת: וּלְזֶבַח הַשְּׁלָמִים בָּקָר שְׁנַיִם אֵילִם
חֲמִשָּׁה עַתֻּדִים חֲמִשָּׁה כְּבָשִׂים בְּנֵי־שָׁנָה חֲמִשָּׁה זֶה קָרְבַּן אֱלִיצוּר בֶּן־
שְׁדֵיאוּר:

*El* שלישי *repite el primer párrafo:*
*desde* בַּיּוֹם הָרְבִיעִי *hasta* אֱלִיצוּר בֶּן־שְׁדֵיאוּר.

## QUINTO DÍA DE ḤANUCÁ קריאה ליום החמישי של חנוכה

בַּיּוֹם הַחֲמִישִׁי נָשִׂיא לִבְנֵי שִׁמְעוֹן שְׁלֻמִיאֵל בֶּן־צוּרִישַׁדָּי: קָרְבָּנוֹ קַעֲרַת־כֶּסֶף במדבר ז, לו–מא
אַחַת שְׁלֹשִׁים וּמֵאָה מִשְׁקָלָהּ מִזְרָק אֶחָד כֶּסֶף שִׁבְעִים שֶׁקֶל בְּשֶׁקֶל הַקֹּדֶשׁ
שְׁנֵיהֶם ׀ מְלֵאִים סֹלֶת בְּלוּלָה בַשֶּׁמֶן לְמִנְחָה: כַּף אַחַת עֲשָׂרָה זָהָב מְלֵאָה
קְטֹרֶת: *פַּר אֶחָד בֶּן־בָּקָר אַיִל אֶחָד כֶּבֶשׂ־אֶחָד בֶּן־שְׁנָתוֹ לְעֹלָה: שְׂעִיר־ לוי
עִזִּים אֶחָד לְחַטָּאת: וּלְזֶבַח הַשְּׁלָמִים בָּקָר שְׁנַיִם אֵילִם חֲמִשָּׁה עַתֻּדִים חֲמִשָּׁה
כְּבָשִׂים בְּנֵי־שָׁנָה חֲמִשָּׁה זֶה קָרְבַּן שְׁלֻמִיאֵל בֶּן־צוּרִישַׁדָּי:

*El* שלישי *repite el primer párrafo:*
*desde* בַּיּוֹם הַחֲמִישִׁי *hasta* שְׁלֻמִיאֵל בֶּן־צוּרִישַׁדָּי.

## קריאה ליום השישי של חנוכה

## SEXTO DÍA DE ḤANUCÁ Y ROSH ḤODESH

*El sexto día es* ראש חודש טבת. *Se extraen dos* ספרי תורה *del* ארון קודש.
*En el primero se leen tres* עליות *de la* קריאת התורה *de* ראש חודש
*(página 1192 y en el segundo el cuarto* עולה *lee* 'בַּיּוֹם הַשִּׁשִּׁי'.

בַּיּוֹם הַשִּׁשִּׁי נָשִׂיא לִבְנֵי גָד אֶלְיָסָף בֶּן־דְּעוּאֵל: קָרְבָּנוֹ קַעֲרַת־כֶּסֶף אַחַת במדבר ז, מב–מז
שְׁלֹשִׁים וּמֵאָה מִשְׁקָלָהּ מִזְרָק אֶחָד כֶּסֶף שִׁבְעִים שֶׁקֶל בְּשֶׁקֶל הַקֹּדֶשׁ שְׁנֵיהֶם ׀
מְלֵאִים סֹלֶת בְּלוּלָה בַשֶּׁמֶן לְמִנְחָה: כַּף אַחַת עֲשָׂרָה זָהָב מְלֵאָה קְטֹרֶת:
פַּר אֶחָד בֶּן־בָּקָר אַיִל אֶחָד כֶּבֶשׂ־אֶחָד בֶּן־שְׁנָתוֹ לְעֹלָה: שְׂעִיר־עִזִּים אֶחָד
לְחַטָּאת: וּלְזֶבַח הַשְּׁלָמִים בָּקָר שְׁנַיִם אֵילִם חֲמִשָּׁה עַתֻּדִים חֲמִשָּׁה כְּבָשִׂים
בְּנֵי־שָׁנָה חֲמִשָּׁה זֶה קָרְבַּן אֶלְיָסָף בֶּן־דְּעוּאֵל:

## SÉPTIMO DÍA DE ḤANUCÁ קריאה ליום השביעי של חנוכה

*Si el séptimo día es también* ראש חודש*, entonces se extraen dos* ספרי תורה *del* ארון קודש*. En el primero se leen tres* עליות *de la* קריאת התורה *de* ראש חודש *(página 1192 y en el segundo el cuarto* עולה *lee* בַּיּוֹם הַשְּׁבִיעִי*.*

במדבר ז, מח–נג בְּיוֹם֙ הַשְּׁבִיעִ֔י נָשִׂ֖יא לִבְנֵ֣י אֶפְרָ֑יִם אֱלִֽישָׁמָ֖ע בֶּן־עַמִּיהֽוּד׃ קָ֨רְבָּנ֜וֹ קַֽעֲרַת־כֶּ֣סֶף
אַחַ֗ת שְׁלֹשִׁ֣ים וּמֵאָה֮ מִשְׁקָלָהּ֒ מִזְרָ֥ק אֶחָד֙ כֶּ֔סֶף שִׁבְעִ֥ים שֶׁ֖קֶל בְּשֶׁ֣קֶל הַקֹּ֑דֶשׁ
שְׁנֵיהֶ֣ם ׀ מְלֵאִ֗ים סֹ֛לֶת בְּלוּלָ֥ה בַשֶּׁ֖מֶן לְמִנְחָֽה׃ כַּ֥ף אַחַ֛ת עֲשָׂרָ֥ה זָהָ֖ב מְלֵאָ֥ה
לוי קְטֹֽרֶת׃ *פַּ֣ר אֶחָ֞ד בֶּן־בָּקָ֗ר אַ֧יִל אֶחָ֛ד כֶּֽבֶשׂ־אֶחָ֥ד בֶּן־שְׁנָת֖וֹ לְעֹלָֽה׃ שְׂעִיר־
עִזִּ֥ים אֶחָ֖ד לְחַטָּֽאת׃ וּלְזֶ֣בַח הַשְּׁלָמִים֮ בָּקָ֣ר שְׁנַ֒יִם֒ אֵילִ֤ם חֲמִשָּׁה֙ עַתֻּדִ֣ים חֲמִשָּׁ֔ה
כְּבָשִׂ֥ים בְּנֵֽי־שָׁנָ֖ה חֲמִשָּׁ֑ה זֶ֛ה קָרְבַּ֥ן אֱלִֽישָׁמָ֖ע בֶּן־עַמִּיהֽוּד׃

*Si el séptimo día no es* ראש חודש *entonces se lee lo de abajo.*
*En* ארץ ישראל *el* שלישי *repite el primer párrafo:* בַּיּוֹם הַשְּׁבִיעִי *hasta* אֱלִישָׁמָע בֶּן־עַמִּיהוּד*.*

## OCTAVO DÍA DE ḤANUCÁ קריאה ליום השמיני של חנוכה

ישראל בַּיּוֹם֙ הַשְּׁמִינִ֔י נָשִׂ֖יא לִבְנֵ֣י מְנַשֶּׁ֑ה גַּמְלִיאֵ֖ל בֶּן־פְּדָהצֽוּר׃ קָ֨רְבָּנ֜וֹ קַֽעֲרַת־כֶּ֣סֶף
במדבר ז, נד–ח, ד אַחַ֗ת שְׁלֹשִׁ֣ים וּמֵאָה֮ מִשְׁקָלָהּ֒ מִזְרָ֥ק אֶחָד֙ כֶּ֔סֶף שִׁבְעִ֥ים שֶׁ֖קֶל בְּשֶׁ֣קֶל הַקֹּ֑דֶשׁ
שְׁנֵיהֶ֣ם ׀ מְלֵאִ֗ים סֹ֛לֶת בְּלוּלָ֥ה בַשֶּׁ֖מֶן לְמִנְחָֽה׃ כַּ֥ף אַחַ֛ת עֲשָׂרָ֥ה זָהָ֖ב מְלֵאָ֥ה
לוי קְטֹֽרֶת׃ *פַּ֣ר אֶחָ֞ד בֶּן־בָּקָ֗ר אַ֧יִל אֶחָ֛ד כֶּֽבֶשׂ־אֶחָ֥ד בֶּן־שְׁנָת֖וֹ לְעֹלָֽה׃ שְׂעִיר־עִזִּ֥ים
אֶחָ֖ד לְחַטָּֽאת׃ וּלְזֶ֣בַח הַשְּׁלָמִים֮ בָּקָ֣ר שְׁנַ֒יִם֒ אֵילִ֤ם חֲמִשָּׁה֙ עַתֻּדִ֣ים חֲמִשָּׁ֔ה
כְּבָשִׂ֥ים בְּנֵֽי־שָׁנָ֖ה חֲמִשָּׁ֑ה זֶ֛ה קָרְבַּ֥ן גַּמְלִיאֵ֖ל בֶּן־פְּדָהצֽוּר׃ עד כאן ללוי.
בַּיּוֹם֙ הַתְּשִׁיעִ֔י נָשִׂ֖יא לִבְנֵ֣י בִנְיָמִ֑ן אֲבִידָ֖ן בֶּן־גִּדְעֹנִֽי׃ קָ֨רְבָּנ֜וֹ קַֽעֲרַת־כֶּ֣סֶף אַחַ֗ת
שְׁלֹשִׁ֣ים וּמֵאָה֮ מִשְׁקָלָהּ֒ מִזְרָ֥ק אֶחָד֙ כֶּ֔סֶף שִׁבְעִ֥ים שֶׁ֖קֶל בְּשֶׁ֣קֶל הַקֹּ֑דֶשׁ שְׁנֵיהֶ֣ם ׀
מְלֵאִ֗ים סֹ֛לֶת בְּלוּלָ֥ה בַשֶּׁ֖מֶן לְמִנְחָֽה׃ כַּ֥ף אַחַ֛ת עֲשָׂרָ֥ה זָהָ֖ב מְלֵאָ֥ה קְטֹֽרֶת׃
פַּ֣ר אֶחָ֞ד בֶּן־בָּקָ֗ר אַ֧יִל אֶחָ֛ד כֶּֽבֶשׂ־אֶחָ֥ד בֶּן־שְׁנָת֖וֹ לְעֹלָֽה׃ שְׂעִיר־עִזִּ֥ים אֶחָ֖ד
לְחַטָּֽאת׃ וּלְזֶ֣בַח הַשְּׁלָמִים֮ בָּקָ֣ר שְׁנַ֒יִם֒ אֵילִ֤ם חֲמִשָּׁה֙ עַתֻּדִ֣ים חֲמִשָּׁ֔ה כְּבָשִׂ֥ים
בְּנֵֽי־שָׁנָ֖ה חֲמִשָּׁ֑ה זֶ֛ה קָרְבַּ֥ן אֲבִידָ֖ן בֶּן־גִּדְעֹנִֽי׃
בַּיּוֹם֙ הָעֲשִׂירִ֔י נָשִׂ֖יא לִבְנֵ֣י דָ֑ן אֲחִיעֶ֖זֶר בֶּן־עַמִּישַׁדָּֽי׃ קָ֨רְבָּנ֜וֹ קַֽעֲרַת־כֶּ֣סֶף אַחַ֗ת
שְׁלֹשִׁ֣ים וּמֵאָה֮ מִשְׁקָלָהּ֒ מִזְרָ֥ק אֶחָד֙ כֶּ֔סֶף שִׁבְעִ֥ים שֶׁ֖קֶל בְּשֶׁ֣קֶל הַקֹּ֑דֶשׁ שְׁנֵיהֶ֣ם ׀
מְלֵאִ֗ים סֹ֛לֶת בְּלוּלָ֥ה בַשֶּׁ֖מֶן לְמִנְחָֽה׃ כַּ֥ף אַחַ֛ת עֲשָׂרָ֥ה זָהָ֖ב מְלֵאָ֥ה קְטֹֽרֶת׃
פַּ֣ר אֶחָ֞ד בֶּן־בָּקָ֗ר אַ֧יִל אֶחָ֛ד כֶּֽבֶשׂ־אֶחָ֥ד בֶּן־שְׁנָת֖וֹ לְעֹלָֽה׃ שְׂעִיר־עִזִּ֥ים אֶחָ֖ד

לְחַטָּאת׃ וּלְזֶבַח הַשְּׁלָמִים בָּקָר שְׁנַיִם אֵילִם חֲמִשָּׁה עַתֻּדִים חֲמִשָּׁה כְּבָשִׂים בְּנֵי־שָׁנָה חֲמִשָּׁה זֶה קָרְבַּן אֲחִיעֶזֶר בֶּן־עַמִּישַׁדָּי׃

בְּיוֹם עַשְׁתֵּי עָשָׂר יוֹם נָשִׂיא לִבְנֵי אָשֵׁר פַּגְעִיאֵל בֶּן־עָכְרָן׃ קָרְבָּנוֹ קַעֲרַת־כֶּסֶף אַחַת שְׁלֹשִׁים וּמֵאָה מִשְׁקָלָהּ מִזְרָק אֶחָד כֶּסֶף שִׁבְעִים שֶׁקֶל בְּשֶׁקֶל הַקֹּדֶשׁ שְׁנֵיהֶם ׀ מְלֵאִים סֹלֶת בְּלוּלָה בַשֶּׁמֶן לְמִנְחָה׃ כַּף אַחַת עֲשָׂרָה זָהָב מְלֵאָה קְטֹרֶת׃ פַּר אֶחָד בֶּן־בָּקָר אַיִל אֶחָד כֶּבֶשׂ־אֶחָד בֶּן־שְׁנָתוֹ לְעֹלָה׃ שְׂעִיר־עִזִּים אֶחָד לְחַטָּאת׃ וּלְזֶבַח הַשְּׁלָמִים בָּקָר שְׁנַיִם אֵילִם חֲמִשָּׁה עַתֻּדִים חֲמִשָּׁה כְּבָשִׂים בְּנֵי־שָׁנָה חֲמִשָּׁה זֶה קָרְבַּן פַּגְעִיאֵל בֶּן־עָכְרָן׃

בְּיוֹם שְׁנֵים עָשָׂר יוֹם נָשִׂיא לִבְנֵי נַפְתָּלִי אֲחִירַע בֶּן־עֵינָן׃ קָרְבָּנוֹ קַעֲרַת־כֶּסֶף אַחַת שְׁלֹשִׁים וּמֵאָה מִשְׁקָלָהּ מִזְרָק אֶחָד כֶּסֶף שִׁבְעִים שֶׁקֶל בְּשֶׁקֶל הַקֹּדֶשׁ שְׁנֵיהֶם ׀ מְלֵאִים סֹלֶת בְּלוּלָה בַשֶּׁמֶן לְמִנְחָה׃ כַּף אַחַת עֲשָׂרָה זָהָב מְלֵאָה קְטֹרֶת׃ פַּר אֶחָד בֶּן־בָּקָר אַיִל אֶחָד כֶּבֶשׂ־אֶחָד בֶּן־שְׁנָתוֹ לְעֹלָה׃ שְׂעִיר־עִזִּים אֶחָד לְחַטָּאת׃ וּלְזֶבַח הַשְּׁלָמִים בָּקָר שְׁנַיִם אֵילִם חֲמִשָּׁה עַתֻּדִים חֲמִשָּׁה כְּבָשִׂים בְּנֵי־שָׁנָה חֲמִשָּׁה זֶה קָרְבַּן אֲחִירַע בֶּן־עֵינָן׃

זֹאת ׀ חֲנֻכַּת הַמִּזְבֵּחַ בְּיוֹם הִמָּשַׁח אֹתוֹ מֵאֵת נְשִׂיאֵי יִשְׂרָאֵל קַעֲרֹת כֶּסֶף שְׁתֵּים עֶשְׂרֵה מִזְרְקֵי־כֶסֶף שְׁנֵים עָשָׂר כַּפּוֹת זָהָב שְׁתֵּים עֶשְׂרֵה׃ שְׁלֹשִׁים וּמֵאָה הַקְּעָרָה הָאַחַת כֶּסֶף וְשִׁבְעִים הַמִּזְרָק הָאֶחָד כֹּל כֶּסֶף הַכֵּלִים אַלְפַּיִם וְאַרְבַּע־מֵאוֹת בְּשֶׁקֶל הַקֹּדֶשׁ׃ כַּפּוֹת זָהָב שְׁתֵּים־עֶשְׂרֵה מְלֵאֹת קְטֹרֶת עֲשָׂרָה עֲשָׂרָה הַכַּף בְּשֶׁקֶל הַקֹּדֶשׁ כָּל־זְהַב הַכַּפּוֹת עֶשְׂרִים וּמֵאָה׃ כָּל־הַבָּקָר לָעֹלָה שְׁנֵים עָשָׂר פָּרִים אֵילִם שְׁנֵים־עָשָׂר כְּבָשִׂים בְּנֵי־שָׁנָה שְׁנֵים עָשָׂר וּמִנְחָתָם וּשְׂעִירֵי עִזִּים שְׁנֵים עָשָׂר לְחַטָּאת׃ וְכֹל בְּקַר ׀ זֶבַח הַשְּׁלָמִים עֶשְׂרִים וְאַרְבָּעָה פָּרִים אֵילִם שִׁשִּׁים עַתֻּדִים שִׁשִּׁים כְּבָשִׂים בְּנֵי־שָׁנָה שִׁשִּׁים זֹאת חֲנֻכַּת הַמִּזְבֵּחַ אַחֲרֵי הִמָּשַׁח אֹתוֹ׃ וּבְבֹא מֹשֶׁה אֶל־אֹהֶל מוֹעֵד לְדַבֵּר אִתּוֹ וַיִּשְׁמַע אֶת־הַקּוֹל מִדַּבֵּר אֵלָיו מֵעַל הַכַּפֹּרֶת אֲשֶׁר עַל־אֲרֹן הָעֵדֻת מִבֵּין שְׁנֵי הַכְּרֻבִים וַיְדַבֵּר אֵלָיו׃

וַיְדַבֵּר יְהוָה אֶל־מֹשֶׁה לֵּאמֹר׃ דַּבֵּר אֶל־אַהֲרֹן וְאָמַרְתָּ אֵלָיו בְּהַעֲלֹתְךָ אֶת־הַנֵּרֹת אֶל־מוּל פְּנֵי הַמְּנוֹרָה יָאִירוּ שִׁבְעַת הַנֵּרוֹת׃ וַיַּעַשׂ כֵּן אַהֲרֹן אֶל־מוּל פְּנֵי הַמְּנוֹרָה הֶעֱלָה נֵרֹתֶיהָ כַּאֲשֶׁר צִוָּה יְהוָה אֶת־מֹשֶׁה׃ וְזֶה מַעֲשֵׂה הַמְּנֹרָה מִקְשָׁה זָהָב עַד־יְרֵכָהּ עַד־פִּרְחָהּ מִקְשָׁה הִוא כַּמַּרְאֶה אֲשֶׁר הֶרְאָה יְהוָה אֶת־מֹשֶׁה כֵּן עָשָׂה אֶת־הַמְּנֹרָה׃

## PURIM — קריאה לפורים

*El último versículo se repite.*

שמות יז, ח–טז ויבא עמלק וילחם עם־ישראל ברפידם: ויאמר משה אל־יהושע בחר־לנו
אנשים וצא הלחם בעמלק מחר אנכי נצב על־ראש הגבעה ומטה האלהים
בידי: ויעש יהושע כאשר אמר־לו משה להלחם בעמלק ומשה אהרן וחור
לוי עלו ראש הגבעה: *והיה כאשר ירים משה ידו וגבר ישראל וכאשר יניח
ידו וגבר עמלק: וידי משה כבדים ויקחו־אבן וישימו תחתיו וישב עליה
ואהרן וחור תמכו בידיו מזה אחד ומזה אחד ויהי ידיו אמונה עד־בא
השמש: ויחלש יהושע את־עמלק ואת־עמו לפי־חרב:
ישראל ויאמר יהוה אל־משה כתב זאת זכרון בספר ושים באזני יהושע כי־מחה
אמחה את־זכר עמלק מתחת השמים: ויבן משה מזבח ויקרא שמו יהוה
נסי: *ויאמר כי־יד על־כס יה מלחמה ליהוה בעמלק מדר דר:

## LECTURA PARA ROSH ḤODESH — קריאה לראש חודש

במדבר כח, א–טו וידבר יהוה אל־משה לאמר: צו את־בני ישראל ואמרת אלהם את־
לוי קרבני לחמי לאשי ריח ניחחי תשמרו להקריב לי במועדו: *ואמרת
להם זה האשה אשר תקריבו ליהוה כבשים בני־שנה תמימם שנים ליום
עד כאן לכהן עלה תמיד:* את־הכבש אחד תעשה בבקר ואת הכבש השני תעשה
בין הערבים: ועשירית האיפה סלת למנחה בלולה בשמן כתית רביעת
שלישי ההין: *עלת תמיד העשיה בהר סיני לריח ניחח אשה ליהוה: ונסכו
רביעת ההין לכבש האחד בקדש הסך נסך שכר ליהוה: ואת הכבש
השני תעשה בין הערבים כמנחת הבקר וכנסכו תעשה אשה ריח ניחח
ליהוה:

וביום השבת שני־כבשים בני־שנה תמימם ושני עשרנים סלת מנחה בלולה
בשמן ונסכו: עלת שבת בשבתו על־עלת התמיד ונסכה:

רביעי ובראשי חדשיכם תקריבו עלה ליהוה פרים בני־בקר שנים ואיל אחד
כבשים בני־שנה שבעה תמימם: ושלשה עשרנים סלת מנחה בלולה
בשמן לפר האחד ושני עשרנים סלת מנחה בלולה בשמן לאיל האחד:
ועשרן עשרון סלת מנחה בלולה בשמן לכבש האחד עלה ריח ניחח

קוֹרֵן ירושלים

אִשֶּׁה לַיהֹוָה: וְנִסְכֵּיהֶם חֲצִי הַהִין יִהְיֶה לַפָּר וּשְׁלִישִׁת הַהִין לָאַיִל וּרְבִיעִת הַהִין לַכֶּבֶשׂ יָיִן זֹאת עֹלַת חֹדֶשׁ בְּחָדְשׁוֹ לְחָדְשֵׁי הַשָּׁנָה: וּשְׂעִיר עִזִּים אֶחָד לְחַטָּאת לַיהֹוָה עַל־עֹלַת הַתָּמִיד יֵעָשֶׂה וְנִסְכּוֹ:

## LECTURA PARA LOS DÍAS DE AYUNO קריאה לתענית ציבור

שמות לב, יא–יד וַיְחַל מֹשֶׁה אֶת־פְּנֵי יְהֹוָה אֱלֹהָיו וַיֹּאמֶר לָמָה יְהֹוָה יֶחֱרֶה אַפְּךָ בְּעַמֶּךָ אֲשֶׁר הוֹצֵאתָ מֵאֶרֶץ מִצְרַיִם בְּכֹחַ גָּדוֹל וּבְיָד חֲזָקָה: לָמָּה יֹאמְרוּ מִצְרַיִם לֵאמֹר בְּרָעָה הוֹצִיאָם לַהֲרֹג אֹתָם בֶּהָרִים וּלְכַלֹּתָם מֵעַל פְּנֵי הָאֲדָמָה שׁוּב מֵחֲרוֹן אַפֶּךָ וְהִנָּחֵם עַל־הָרָעָה לְעַמֶּךָ: זְכֹר לְאַבְרָהָם לְיִצְחָק וּלְיִשְׂרָאֵל עֲבָדֶיךָ אֲשֶׁר נִשְׁבַּעְתָּ לָהֶם בָּךְ וַתְּדַבֵּר אֲלֵהֶם אַרְבֶּה אֶת־זַרְעֲכֶם כְּכוֹכְבֵי הַשָּׁמָיִם וְכָל־הָאָרֶץ הַזֹּאת אֲשֶׁר אָמַרְתִּי אֶתֵּן לְזַרְעֲכֶם וְנָחֲלוּ לְעֹלָם: וַיִּנָּחֶם יְהֹוָה עַל־הָרָעָה אֲשֶׁר דִּבֶּר לַעֲשׂוֹת לְעַמּוֹ:

שמות לד, א–י
לוי וַיֹּאמֶר יְהֹוָה אֶל־מֹשֶׁה פְּסָל־לְךָ שְׁנֵי־לֻחֹת אֲבָנִים כָּרִאשֹׁנִים וְכָתַבְתִּי עַל־הַלֻּחֹת אֶת־הַדְּבָרִים אֲשֶׁר הָיוּ עַל־הַלֻּחֹת הָרִאשֹׁנִים אֲשֶׁר שִׁבַּרְתָּ: וֶהְיֵה נָכוֹן לַבֹּקֶר וְעָלִיתָ בַבֹּקֶר אֶל־הַר סִינַי וְנִצַּבְתָּ לִי שָׁם עַל־רֹאשׁ הָהָר: וְאִישׁ לֹא־יַעֲלֶה עִמָּךְ וְגַם־אִישׁ אַל־יֵרָא בְּכָל־הָהָר גַּם־הַצֹּאן וְהַבָּקָר אַל־יִרְעוּ אֶל־מוּל הָהָר הַהוּא:

ישראל *וַיִּפְסֹל שְׁנֵי־לֻחֹת אֲבָנִים כָּרִאשֹׁנִים וַיַּשְׁכֵּם מֹשֶׁה בַבֹּקֶר וַיַּעַל אֶל־הַר סִינַי כַּאֲשֶׁר צִוָּה יְהֹוָה אֹתוֹ וַיִּקַּח בְּיָדוֹ שְׁנֵי לֻחֹת אֲבָנִים: וַיֵּרֶד יְהֹוָה בֶּעָנָן וַיִּתְיַצֵּב עִמּוֹ שָׁם וַיִּקְרָא בְשֵׁם יְהֹוָה: וַיַּעֲבֹר יְהֹוָה ׀ עַל־פָּנָיו וַיִּקְרָא יְהֹוָה ׀ יְהֹוָה אֵל רַחוּם וְחַנּוּן אֶרֶךְ אַפַּיִם וְרַב־חֶסֶד וֶאֱמֶת: נֹצֵר חֶסֶד לָאֲלָפִים נֹשֵׂא עָוֹן וָפֶשַׁע וְחַטָּאָה וְנַקֵּה לֹא יְנַקֶּה פֹּקֵד ׀ עֲוֺן אָבוֹת עַל־בָּנִים וְעַל־בְּנֵי בָנִים עַל־שִׁלֵּשִׁים וְעַל־רִבֵּעִים: וַיְמַהֵר מֹשֶׁה וַיִּקֹּד אַרְצָה וַיִּשְׁתָּחוּ: וַיֹּאמֶר אִם־נָא מָצָאתִי חֵן בְּעֵינֶיךָ אֲדֹנָי יֵלֶךְ־נָא אֲדֹנָי בְּקִרְבֵּנוּ כִּי עַם־קְשֵׁה־עֹרֶף הוּא וְסָלַחְתָּ לַעֲוֺנֵנוּ וּלְחַטָּאתֵנוּ וּנְחַלְתָּנוּ: וַיֹּאמֶר הִנֵּה אָנֹכִי כֹּרֵת בְּרִית נֶגֶד כָּל־עַמְּךָ אֶעֱשֶׂה נִפְלָאֹת אֲשֶׁר לֹא־נִבְרְאוּ בְכָל־הָאָרֶץ וּבְכָל־הַגּוֹיִם וְרָאָה כָל־הָעָם אֲשֶׁר־אַתָּה בְקִרְבּוֹ אֶת־מַעֲשֵׂה יְהֹוָה כִּי־נוֹרָא הוּא אֲשֶׁר אֲנִי עֹשֶׂה עִמָּךְ: